NOVO DICIONÁRIO DE TEOLOGIA

SINCLAIR B. FERGUSON
*Ministro da Tron Church, Glasgow;
ex-professor de teologia sistemática do
Westminster Theological Seminary, Filadélfia, EUA.*

DAVID F. WRIGHT
*Catedrático de história eclesiástica do
New College, da universidade de Edimburgo, Escócia.*

EDITOR CONSULTIVO:

J. I. PACKER
*Professor de Teologia do
Regent College, Vancouver, Canadá*

Universities and Colleges Christian Fellowship, Leicester, England 1988. All rights reserved.
This translation of **New Dictionary of Theology** first published in 1988 is published by arrangement with Inter-Varsity Press, Leicester, United Kingdom.
© 2011 Editora Hagnos Ltda

Revisão
Regina Aranha

Revisão técnica
Josemar de Souza Pinto

Capa
Souto Crescimento de Marca

Diagramação
OM Designers Gráficos

1ª edição – abril 2011

Gerente editorial
Juan Carlos Martinez

Coordenador de produção
Mauro W. Terrengui

Impressão e acabamento
Imprensa da Fé

Todos os direitos desta edição reservados para:
Editora Hagnos
Av. Jacinto Júlio, 27
04815-160 – São Paulo – SP
Tel (11) 5668-5668
hagnos@hagnos.com.br
www.hagnos.com.br

Dados Internacionais de Catalogação na Publicação (CIP)
(Câmara Brasileira do Livro, SP, Brasil)

Ferguson, Sinclair B.
    Novo dicionário de teologia / Sinclair B. Ferguson, David F. Wright. -- São Paulo : Hagnos, 2009.

Título original: New dictionary of theology.
ISBN 978-85-7742-063-6

    1. Bíblia - Teologia - Dicionários I. Wright, David F. II. Título.

09-08598   CDD-230.04103

Índices para catálogo sistemático:

1. Dicionários : Teologia bíblica   230.04103

Sumário

Prefácio 5

Como usar este dicionário...............................7

Abreviaturas...10

Colaboradores..15

Artigos do dicionário 24

Prefácio

"Qualquer coisa que um teólogo faça na Igreja", disse Lutero, "contribui para a difusão do conhecimento de Deus e a salvação dos homens." Essa frase pode não resumir a atitude de todo cristão para com os teólogos e a teologia, mas vai ao ponto certo da questão. O significado original de "teologia" é "falar a respeito de Deus". O que a teologia cristã procura fazer é explicar detalhadamente o significado da revelação de Deus de si próprio, sumamente em Jesus Cristo, assim como de sua providência e seus propósitos para este mundo e os homens e mulheres que criou. A teologia faz isso de diferentes modos, alguns dos quais sugeridos por epítetos qualificativos como "teologia bíblica", "histórica" ou "sistemática". Todos os mais variados métodos e modelos de teologia, no entanto, visam a estabelecer um entendimento ordenado do pensamento revelado de Deus — a respeito de si próprio, de suas criaturas em seu mundo e de como planeja que vivamos em comunhão com ele e uns com os outros. O cristão cujo alimento espiritual diário não contenha ingredientes teológicos, está sujeito a sofrer um crescimento deficiente e não equilibrado, em lugar de desenvolver maturidade de mente e de coração.

Este dicionário tem por objetivo proporcionar ao leitor que tenha de fazer uso de consulta ou pesquisa nessa área uma introdução básica ao mundo da teologia — seus temas, tanto os mais importantes quanto os de menor relevância; suas mais famosas formulações e seus momentos históricos mais relevantes; seus expoentes mais ilustres e notórios, tanto do passado como do presente; suas fontes, disciplinas e estilos; seu vocabulário técnico; seu fluxo e refluxo de movimentos, escolas e tradições e sua interação com outras correntes de pensamento e religião. Muito embora o ponto de vista em comum dos editores e colaboradores seja o de lealdade à suprema autoridade das Escrituras, e sua preocupação compartilhada a de apresentar uma base bíblica para o conhecimento e o julgamento das ideias teológicas, não há de sua parte a menor intenção ou tentativa de excluir ou minimizar a diversidade de interpretações dentro dessas linhas de demarcação.

A produção de uma obra como esta não teria sido possível sem a participação de muitos durante muitos meses. Menção especial deve ser feita a Richard Bauckham, que colaborou nas etapas de planejamento, e aos sucessivos editores teológicos da IVP, David Preston, Claire Evans e David Kingdon. A este último coube suportar o calor e o fardo da maior parte da jornada. A recompensa deles, e a nossa, será em grande parte saber que este dicionário cumpre seu propósito — o de propiciar um meio de informação, biblicamente controlado, para se pensar e falar a respeito de Deus e sua obra.

Sinclair B. Ferguson
David F. Wright

Como usar este dicionário

Esta introdução visa a orientar sobre como este dicionário pode ser usado de maneira mais proveitosa.

Referências cruzadas

O sistema editorial adotado para o presente dicionário consistiu em agrupar tópicos afins menores e tratá-los, juntos, em um único artigo. Por exemplo, o texto referente a **BIOÉTICA** inclui os tópicos: contracepção, engenharia genética e eutanásia; mas não abrange o assunto **ABORTO**, o qual mereceu todo um artigo independente; as diversas confissões de fé da Reforma e pós-Reforma, por sua vez, estão reunidas em um mesmo texto, sob o verbete **CONFISSÕES DE FÉ;** e vários assuntos são tratados em um só artigo sobre **EUCARISTIA**. As referências cruzadas são, assim, importantes. Quatro métodos foram adotados para isso:

1. Numerosos verbetes levam o usuário ao título do artigo, ou aos títulos dos artigos, onde o tópico é tratado. *Por exemplo,*
    MASCALL, ERIC, ver TEOLOGIA ANGLO-CATÓLICA.
    GRAÇA COMUM, ver GRAÇA.

2. Um asterisco após uma palavra ou uma frase indica que uma informação relevante posterior será encontrada no artigo sob aquele título. Ele é equivalente à abreviação q.v. Os leitores deverão observar que:

    a. A forma da palavra com asterisco nem sempre será exatamente a mesma que a do título do artigo ao qual o asterisco se refere. Por exemplo, "Trinitarianismo"* remete o leitor para o artigo sobre TRINDADE; "kenótico"*, para KENOTICISMO; "misticismo"*, para TEOLOGIA MÍSTICA.

    b. O asterisco algumas vezes se aplica a duas ou três palavras, e não apenas à palavra com asterisco. Assim "teologia do pacto"* remete ao artigo TEOLOGIA DO PACTO, e "Tomás de Aquino"*, ao verbete TOMÁS DE AQUINO, e não apenas a "Aquino".

Como usar este dicionário

3. A referência entre parênteses no corpo de um artigo, tal como: (ver Anjos*) ou: (*cf.* Oecolampadius*) já fala por si só.

4. A referência cruzada no final de um artigo é também autoexplicativa. *Por exemplo*, ver também TEOLOGIA ANABATISTA.

Abreviaturas
Uma relação das abreviaturas usadas no dicionário é encontrada mais adiante.

Autoria dos artigos
Os autores (em alguns casos, coautores) de artigos são indicados por suas iniciais no final de cada artigo. Uma relação completa dos autores é encontrada mais à frente, por ordem alfabética das iniciais dos nomes, e não dos sobrenomes.

Bibliografias
Em quase todo artigo é oferecida orientação para estudos complementares referentes ao assunto, sendo algumas vezes no corpo do próprio artigo, mas na maioria das vezes no final do texto. Obras relativas diretamente ao assunto do artigo são referidas em primeiro lugar. As obras citadas em uma bibliografia podem incluir estudos que expressam opinião diversa daquela do autor ou coautores do artigo.

Versões da Bíblia
As citações da Bíblia são a do texto da Nova Versão Internacional, a menos quando especificada outra versão.

Transliteração
Foram adotados os seguintes sistemas de transliteração em todo este dicionário:

Hebraico

א = ʾ	ד = $\underline{d}$	י = y	ס = s	ר = r
ב = b	ה = h	כ = k	ע = ʿ	שׂ = $ś$
ב = $\underline{b}$	ו = w	כ = $\underline{k}$	פ = p	שׁ = $š$
ג = g	ז = z	ל = l	פ = $\bar{p}$	ת = t
ג = $\bar{g}$	ח = $ḥ$	מ = m	צ = $ṣ$	ת = $\underline{t}$
ד = d	ט = $ṭ$	נ = n	ק = q	

Como usar este dicionário

Vogais longas

(ה)ָ = â	ָ = ā
ֵ = ê	ֶ = ē
ִ = î	
ֹ = ô	ֹ = ō
וּ = û	

Breves / Muito breves

Breves		Muito breves	
ַ = a		ֲ = a	
ֶ = e		ֱ = e	
ִ = i		ְ = e (se)	
ָ = o		ֳ = o	
ֻ = u			

Grego

α = a	ι = i	ρ = r	ῥ = rh
β = b	κ = k	σ, ς = s	' = h
γ = g	λ = l	τ = t	γξ = nx
δ = d	μ = m	υ = y	γγ = ng
ε = e	ν = n	φ = ph	αυ = au
ζ = z	ξ = x	χ = ch	ευ = eu
η = ē	ο = o	ψ = ps	ου = ou
θ = th	π = p	ω = ō	υι = yi

Abreviaturas

1. Livros e jornais

ACW
Ancient Christian Writers
(Westminster, MD, &
London, etc., 1946-)

ANCL
*Ante-Nicene Christian
Library*
25 vols. (Edinburgh,
1866-1897)

ANF
Ante-Nicene Fathers
(reedição da ANCL em
10 vols., Buffalo & New
York, 1885-1896, e Grand
Rapids, MI, 1950-1951)

AV (KVJ)
Authorized Version (King
James), 1611

BJRL
*Bulletin of the John
Rylands Library*
(Manchester, 1903-)

BS
Bibliotheca Sacra
(Nova York, etc., 1843)

BTB
Biblical Theology Bulletin
(Roma, 1971-)

CBQ
Catholic Biblical Quarterly
(Washington, DC., 1939-)

CC
*Christianity and
Civilization*
(Tyler, TX, 1983-)

CCCM
*Corpus Christianorum,
Continuatio Medievalis*
(Turnhout, 1966-)

CCG
*Corpus Christianorum,
Series Graeca*
(Turnhout, 1977-)

CCL
*Corpus Christianorum,
Series Latina*
(Turnhout, 1935-)

CD
Church Dogmatics, Karl
Barth,
4 vols., em 13 + index vol.
(TI, Edinburgh, 1936-1981)

CG
Christian Graduate
(London, etc., 1948-1983)

CH
Church History
(Scottdale, PA, etc., 1932)

CHLGEMP
*Cambridge History of
Later Greek and Early
Medieval Philosophy*, ed.
A. H. Armstrong
(Cambridge, 1967)

CPG
Clavis Patrum Graecorum,
ed. M. Geerard
(Turnhourt, 1983-)

CPL
Clavis Patrum Latinorum,
ed. E. Dekkers & A. Gaar
(Turnhout, ²1961)

CT
Christianity Today
(Washington, 1956-)

CTJ
Calvin Theological Journal
(Grand Rapids, MI, 1966-)

DBS
*Dictionnaire de la Bible,
Supplement*, ed. L. Pirot
et al.
(Paris, 1928-)

Abreviaturas

DCB
Dictionary of Christian Biography, ed. W. Smith & H. Wace,
4 vols. (London, 1877-1887)

DNB
Dictionary of National Biography, ed. L. Stephen, S. Lee *et al.*
(London, 1885-)

DSp
Dictionnaire de spiritualité, ed M. Viller *et al.*
(Paris, 1937)

DTC
Dictionnaire de théologie catholique, ed. A. Vacant *et al.*,
15 vols. (Paris, 1903-1950)

EBT
Encyclopaedia of Biblical Theology, ed. J. B. Bauer,
3 vols. (³1967; TI, London, 1970)

EC
Encyclopedia of Christianity
Vols. 1-4 (não mais publicada), ed. E. H. Palmer, G. G. Cohen e P.E. Hughes
(Wilmington, DI, & Marshalton, DL, 1964-1972)

EP
Encyclopedia of Philosophy, ed. P. Edwards
8 vols. (New York, 1967)

EQ
Evangelical Quarterly
(London, etc., 1929-)

ERE
Encyclopaedia of Religion and Ethics, ed. J.

Hastings,
13 vols. (Edinburgh, 1908-1926)

ExpT
Expository Times
(Aberdeen, etc., 1889-)

FC
Fathers of the Church
(New York, etc., 1947-)

FP
Faith and Philosophy
(Wilmore, KY, 1984-)

HBT
Horizons in Biblical Theology
(Pittsburg, PA, 1979-)

HDB
Dictionary of the Bible, ed. J. Hastings, 5 vols.
(Edinburgh, 1898-1904)

HR
History of Religions
(Chicago, 1961-)

HTR
Harvard Theological Review
(New York, etc., 1908-)

IBD
The Illustrated Bible Dictionary, ed. J. D. Douglas *et al.*,
3 vols. (Leicester, 1980)

ICC
International Critical Commentary
(London, etc., 1895-)

IDB
The Interpreter's Dictionary of the Bible,
ed. G. A. Buttrick *et al.*, 4 vols. (New York & Nashville, TN, 1962)

IDBS
IDB, Supplement, 1976

IJT
Indian Journal of Theology
(Serampore, etc., 1952-)

Int
Interpretation
(Richmond, VA, 1947-)

IRB
International Reformed Bulletin
(London, 1958-)

ISBE
International Standard Bible Encyclopaedia, ed. J. Orr, 5 vols. (Chicago, ²1930); nova edição, ed. G. W. Bromiley
(Grand Rapids, MI, 1979-)

JAAR
Journal of the American Academy of Religion
(Chambersburg, PA, 1967-)

JBL
Journal of Biblical Literature
(Boston, etc., 1881-)

JEH
Journal of Ecclesiastical History
(London, 1950-)

JETS
Journal of the Evangelical Theological Society
(Wheaton, IL, 1969-)

JNES
Journal of Near Eastern Studies
(Chicago, 1942-)

JR
Journal of Religion
(Chicago, 1921-)

Abreviaturas

JSOT
Journal of the Study of the Old Testament
(Sheffield, 1976-)

JSSR
Journal of the Scientific Study of Religion
(Wetteren, etc., 1961-)

JTS
Journal of Theological Studies
(Oxford, 1899-)

JTSA
Journal of Theology for Sourthern Africa
(Braamfontein, 1972-)

LCC
Library of Christian Classics
26 vols. (London & Philadelphia, 1953-1970)

LCL
Loeb Classical Library
(London & Cambridge, MA, 1912-)

LW
Luther's Works
("American edition"),
ed. J. Pelikan e H. T. Lehmann
(Philadelphia & St. Louis, MO, 1955-)

MC
Modern Churchman
(London, 1911-)

MQR
Mennonite Quarterly Review
(Goshen, IN, 1927-)

NBD
New Bible Dictionary,
ed. J. D. Douglas *et al.*
(Leicester, ²1982)

NCE
New Catholic Encyclopedia, ed. W. J.

McDonald, 17 vols.
(New York, 1967-1979)

NIDNTT
The New International Dictionary of New Testament Theology,
ed. C. Brown, 3 vols.
(Exeter, 1975-1978)

NovT
Novum Testamentum
(Leiden, 1956-)

NPNF
A Select Library of Nicene and Post-Nicene Fathers of the Christian Church,
First Series, ed. P. Schaff, 14 vols. (New York, 1886-1990); Second Series, ed. H. Wace & P. Schaff, 14 vols. (New York, 1890-1900); nova edição (Grand Rapids, MI, 1980)

NRT
Nouvelle revue théologique
(Tournai, etc., 1879-)

NTS
New Testament Studies
(Cambridge, 1954-)

ODCC
The Oxford Dictionary of the Christian Church,
ed. F. L. Cross & E. A. Livingstone
(Oxford, ²1974)

PG
Patrologia Graeca,
ed. J. P. Migne, 162 vols.
(Paris, 1857-1966)

PL
Patrologia Latina,
ed. J. P. Migne, 221 vols.
(Paris, 1844-1864)

PTR
Princeton Theological Review
(Philadelphia, 1903-1929)

RAV
Revised Authorized Version, 1982, = New King James' Version, anglicizada, 1987

RB
Revue Biblique
(Paris 1892-)

RBén
Revue Bénédictine
(Maredsous, 1884-)

RGG
Die Religion in Geschichte und Gegenwart, ed. K. Galling,
7 vols. (Tübingen, ³1957-1965).

RJ
Reformed Journal
(Grand Rapids, MI, 1951-)

RR
The Reformed Review
(Holland, MI, 1947-)

RVS
Revised Standard Version;
NT, 1946; AT, 1952;
Bíblia comum, 1973

SBET
Scottish Bulletin of Evangelical Theology
(Edinburgh, 1983-)

SBT
Studies in Biblical Theology
(London, 1958-1976)

SCJ
Sixteenth Century Journal
(Kirksville, MO, 1970-)

SJT
Scottish Journal of Theology
(Edinburgh, etc., 1948-)

SL
Studia Liturgica
(Roterdã, 1962)

■ 13 Abreviaturas

SM
Sacramentum Mundi, ed.
K. Rahner *et al.*, 5 vols.
(New York, 1968-1970)

SP
Studia Patristica
(Belin, etc., 1957-)

TDNT
*Theological Dictionary
of the New Testament*,
ed. G. W. Bromiley, 10
vols. (Grand Rapids,
MI, 1965-1976), TI
de: *Theologisches
Worterbuch zum Newen
Testament*, ed. G. Kitell
& G. Friedrich (Stuttgart,
1932-1974)

Th
Theology
(London, 1920-)

Them
Themelios
(Lausanne, 1962-1974;
nova série, London, etc.,
1975-)

Tr
Transformation
(Exeter, 1984-)

TRE
*Theologishe
Realenzyklopädie*, ed. G.
Krause *et al.*
(Berlin, NY, 1977-)

TS
Theological Studies
(Woodstock, MD, 1940-)

TSFB
*Theological Students'
Fellowship Bulletin*
(London, 1951-1975)

TU
*Texte und Untersuchungen
zur Geschichte der
altchristilichen Literatur*
(Leipzig, etc., 1882-)
TynB
Tyndale Bulletin
(London, etc., 1956-)

VC
Vigiliae Christianae
(Amsterdam, 1947-)

VT
Vetus Testamentum
(Leiden, 1951-)

USQR
*Union Seminary Quarterly
Review* (New York, 1945-)

WTJ
*Westminster Theological
Journal*
(Philadelphia, 1938-)

ZAW
*Zeistschrift für die
alttestamentliche
Wissenschaft*
(Geissen, etc., 1881-)

ZKG
*Zeitschrift für
Kirchensgeschichte*
(Gotha, etc., 1877-)

ZTK
*Zeitschrift für Theologie
und Kirche*
(Tübingen, 1891-)

As edições estão
indicadas por um número
menor sobrescrito; *por
exemplo*, [2]1982.

2. Obras cristãs primitivas

EH
Eusébio, *História
eclesiástica*

Ep.
Policarpo, *Epístola aos
Filipenses*

Eph.
Inácio, *Efésios*

Strom.
Clemente de Alexandria,
Stromateis

Tral.
Inácio, *Trálios*

3. Livros bíblicos

Antigo Testamento
Gn, Êx, Lv, Nm, Dt, Js,
Jz, Rt, 1Sm, 2Sm, 1Rs,
2Rs, 1Cr, 2Cr, Ed, Ne, Et,
Jó, Sl, Pv, Ec, Ct, Is, Jr,
Lm, Ez, Dn, Os, Jl, Am,
Ob, Jn, Mq, Na, Hc, Sf,
Ag, Zc, Ml.

Novo Testamento
Mt, Mc, Lc, Jo, At, Rm,
1Co, 2Co, Gl, Ef, Fp, Cl,
1Ts, 2Ts, 1Tm, 2Tm, Tt,
Fm, Hb, Tg, 1Pe, 2Pe,
1Jo, 2Jo, 3Jo, Jd, Ap.

Abreviaturas

4. Abreviaturas gerais

ad loc.	*ad locum* (lat.): no lugar	LXX	Septuaginta (versão grega do AT)
Al.	Alemão		
AT	Antigo Testamento	m.	morto
c.	circa (lat.): cerca de, aproximadamente	Mac.	Macabeus (livro apócrifo)
		mg.	margem
cap. (caps.)	capítulo (capítulos)	MS (MSS)	manuscrito(s)
cf.	confer (lat.): confrontar com	n.	nascido em
		n.s.	nova série
col. (cols.)	coluna (colunas)	NT	Novo Testamento
Ecclus.	Eclesiástico (livro apócrifo)	*op. cit.*	*opere citato* (lat.), na obra citada acima
ed. (eds.)	editado por, edição, editor(es)	par.	e paralelo(s)
		repr.	reimpresso
et al.	*et alii* (lat.): e outros	s.d.	sem data.
fl.	*floruit* (lat.): florescido	ss	e seguintes (versículos, etc.)
gr.	grego		
heb.	hebraico	TI	Tradução em inglês
ibid.	*ibidem* (lat.): a mesma obra	tr.	traduzido, tradução
		v. (vv)	versículo(s)
idem	*idem* (lat.): o mesmo autor	VI	Versões em inglês
		viz.	*videlicit* (lat.), a saber
ing.	inglês	vol. (vols.)	volume(s)
lat.	latim	vss	versões
lit.	literalmente		
loc. cit.	*loco citato* (lat.): no lugar já citado		

Colaboradores

A.A.H. A. A. Hoekema (falecido), A.B., A.M. D.D., Th.D., ex-professor emérito de Teologia Sistemática do Calvin Theological Seminary, Grand Rapids, EUA.

A.C.T. A. C. Thiselton, B.D, M.Th., Ph.D., professor de Teologia da Universidade de Nottingham, Inglaterra.

A.D. A. Dallimore (falecido), B.Th., D.D., ex-pastor da Cottam Baptist Church, Ontário, Canadá.

A.F.H. A. F. Holmes, B.A., M.A., Ph.D., professor de Filosofia do Wheaton College, Illinois, EUA.

A.N.S.L. A. N. S. Lane, catedrático de Doutrina Cristã do London Bible College, Londres, Inglaterra.

A.S.W. A. S. Wood (falecido), B.A., Ph.D., F.R. Hist.S., ex-reitor do Cliff College, Calver, Derbyshire, Inglaterra.

A.T.B.McG. A. T. B. McGowan, B.D., S.T.M., ministro da Trinity Possil and Henry Drummond Church of Scotland, Glasgow, Escócia.

A.V. A. Vos, A.B., M.A., Ph.D., professor de Filosofia da Western Kentucky University, EUA.

B.D. B. Demarest, B.Sc., M.Sc., M.A., Ph.D., professor de Teologia Sistemática do Denver Seminary, Colorado, EUA.

B.E.F. B. E. Foster, M.A., M.Div., Ph.D., pastor da Calvary Lutheran Church, Lemmon, South Dakota, EUA.

B.J.N. B. J. Nicholls, M.A., B.D., M.Th., D.D., presbítero da St. John's Church, Mehrauli, e da Church of the Epiphany, Gurgaon, Nova Déli, Índia.

B.K. B. Kristensen, B.A., M.A., lente do College for Social Work, Ede, Holanda.

B.R.R. Bong Rin Ro, B.A., B.D., S.T.M., Th.D., reitor da Asia Graduate School of Theology, Taichung, Taiwan.

C.A.B. C. A. Baxter, B.A., Ph.D., lente no St. John's College, Nottingham, Inglaterra.

C.A.R. C. A. Russell, Ph.D., D.Sc., C.Chem., F.R.S.C., professor de História da Ciência e Tecnologia da The Open University, Milton Keynes, Inglaterra.

C.B. C. Brown, M.A., B.D., Ph.D., professor de Teologia Sistemática do Fuller Theological Seminary, Pasadena, Califórnia, EUA.

C.D.H. C. D. Hancock, M.A., B.A., Ph.D., professor adjunto de Teologia do Virginia Theological Seminary, Virgínia, EUA.

C.E.A. C.E. Armerding, A.B., B.D., M.A., Ph.D., diretor da Schloss

Colaboradores

Mittersall Study Centre; consultor acadêmico sênior do Oxford Centre for Mission Studies, Inglaterra.

C.H.P. C. H. Pinnock, B.A., Ph.D., professor de Interpretação Cristã do McMaster Divinity College, Hamilton, Ontário, Canadá.

C.M.C. C. M. Cameron, B.A., B.D., Ph.D., ministro da St. Ninian's Parish Church, Dunfermline, Escócia.

C.M.N.S. C. M. N. Sugden, M.A., M.Phil., arquivista do Oxford Centre for Mission Studies, Inglaterra.

C.O.B. C. O. Buchanan, M.A., bispo de Woolwich, ex-reitor do St. John's College, Nottingham, Inglaterra.

C.P.D. C. P. Duriez, B.A., editor de livros gerais da InterVarsity Press, Leicester, Inglaterra.

C.P.W. C P. Williams, M.A., B.D., M.Litt., Ph.D., ex-vice-reitor do Trinity College, Bristol; vigário de All Saints, Ecclesall, Sheffield, Inglaterra.

C.S. C. Seerveld, Ph.D., membro titular da Philosophical Aesthetics, do Institute for Cristian Studies, Toronto, Canadá.

C.W. C. Wigglesworth, B.Sc., Ph.D., B.D., M.B.E., ex- catedrático de Teologia Prática da Universidade de

Abeerden; secretário geral do Board of World Mission and Unity, da Igreja da Escócia, Edimburgo.

D.A.Ha. D. A. Hagner, B.A., B.D., Th.M., Ph.D., professor de Novo Testamento do Fuller Theological Seminary, Pasadena, Califórnia, EUA.

D.A.Hu. D. A. Hughes, B.A., B.D., Ph.D., consultor de Educação Teológica do Tear Fund; ex-catedrático de Estudos Religiosos da Polytechnic of Wales, País de Gales.

D.C.D. D. C. Davis, B.A., M.A., B.D., D.Theol., professor de História da Igreja do Westminster Theological Seminary, Filadélfia, EUA.

D.C.T.S. D. C. T. Sheriffs, B.A., B.D., M.A., D.Litt., lente de Antigo Testamento do London Bible College, Londres, Inglaterra.

D.D.S. D. D. Seats, M.A., reitor de Colton, Staffordshire; ex-lente de História da Igreja e Teologia Histórica no Trinity College, Bristol, Inglaterra.

D.F.K. D. F. Kelly, B.A., B.D., Ph.D., professor adjunto de Teologia no Reformed Theological Seminary, Jackson, Mississipi, EUA.

D.F.W. D. F. Wright, M.A., reitor da Faculdade de Teologia e catedrático de História

Eclesiástica do New College, Universidade de Edimburgo, Escócia.

D.Ga. D. Garlington, B.A., M.Div., Th.M., Ph.D., lente de Estudos Bíblicos do Toronto Baptist Seminary, Canadá.

D.Gu. D. Guthrie (falecido), B.D., M.Th., Ph.D., ex-presidente do London Bible College, Londres, Inglaterra.

D.G.D. D. G. Deboys, B.D., M.Litt., cura auxiliar de St. Augustine, Ipswich, Inglaterra.

D.G.J. D. G. Jones, B.Sc., M.B.B.S., D.Sc., professor de Anatomia da Universidade de Otago, Dunedim, Nova Zelândia.

D.G.P. D. G. Preston, M.A., Ph.D., ex-catedrático de Francês, na Ahmadu Bello University, Zaria, Nigéria.

D.H.F. D. H. Field, B.A., diretor de ministério e vocação, Church Pastoral Aid Society, Warwick; ex-vice-reitor do Oak Hill College, Londres, Inglaterra.

D.J.T. D. J. Tidball, B.A., B.D., Ph.D., reitor do London Bible College, Londres, Inglaterra.

D.K.C. D. K. Clark, B.A., M.A., Ph.D., professor adjunto de Teologia e Filosofia do Toccoa Falls College, Geórgia, EUA.

D.L. D. Lyon, B.Sc., Ph.D., professor adjunto de Sociologia da Queens

University, Kingston, Canadá.

D.L.B. D. L. Baker, B.A., Ph.D., lente de Antigo Testamento do Jakarta Theological Seminary, Indonésia.

D.L.W. D. L. Williams, M.A., Vet M.B., M.R.C.V.S., erudito em Pesquisa, Wellcombe, Royal Veterinary College, Londres, Inglaterra.

D.M. D. Macleod, M.A., professor de Teologia Sistemática no Free Church College, Edimburgo, Escócia.

D.M.MacK. D. M. MacKay (falecido), B.Sc., Ph.D., F.Inst. P., ex-professor de Comunicação da Universidade de Keele.

D.P.K. D. P. Kingdon, M.A., B.D., gerente editorial da Bryntirion Press, Bridgend; ex-reitor do The Irish Baptist College, Belfast, Irlanda do Norte.

D.W.A. D. W. Amundsen, B.A., M.A., Ph.D., professor de Clássicos da Western Washington University, EUA.

D.W.Be. D. W. Bebbington, M.A., Ph.D., lente de História da Universidade de Stirling, Escócia.

D.W.Br. D. W. Brown, A.M., B.D., Ph.D., professor de Teologia Cristã do Bethany Theological Seminary, Oak Brook, Illinois, EUA.

D.W.C. D. W. Clowney, B.A., M.A., B.D., professor assistente de Filosofia do Blassboro State College, Glassboro, New Jersey, EUA.

E.D.C. E. D. Cook, B.A., M.A., Ph.D., M.A., membro do Green College, Oxford; diretor do Whitefield Institute, Oxford, Inglaterra.

E.E. E. Evans, B.D., Ph.D., ministro presbiteriano, Pembroke Doc, Dyfeld, Inglaterra.

E.E.E. E. E. Ellis, B.Sc., M.A., B.D., Ph.D., professor de Pesquisa em Teologia do Southwestern Baptist Theological Seminary, Fort Worth, Texas, EUA.

E.F. E. Ferguson, B.A., M.A., S.T.B., Ph.D., professor da Abilene Christian University, Texas, EUA.

E.M.Y. E. M. Yamauchi, B.A., M.A., Ph.D., professor de História da Miami University, Oxford, Ohio, EUA.

E.P.C. E. P. Clowney, B.A., Th.B., S.T.M., D.D., professor emérito de Teologia Prática do Westminster Seminary, Escondido, Califórnia; ex-presidente do Westminster Theological Seminary, Filadélfia, EUA.

F.F.B. F. F. Bruce (falecido), M.A., D.D., F.B.A., ex-professor emérito de Crítica e Exegese Bíblica de

Rylands, Universidade de Manchester, Inglaterra

F.L. F. Lyall, M.A., LL.B., LL.M., Ph.D., professor de Direito Público da Universidade de Aberdeen, Escócia.

F.P.C. F. P. Cotterell, B.D., B.Sc., Ph.D., membro do Institute of Linguists; diretor da Graduate School of Theology, Adis-Abeba, Etiópia.

G.A.K. G. A. Keith, M.A., D.Phil., professor, Ayr, Escócia.

G.D.D. G. D. Dragas, B.D., Th.M., Ph.D., catedrático de Patrística da Universidade de Durham, Inglaterra.

G.G.S. G. G. Scorgie, B.Th., M.A., Ph.D., M.C.S., professor assistente de Teologia do Canadian Bible College, Regina, Canadá.

G.H.T. G. H. Twelftree, B.A., M.A., Ph.D., miniso da Uniting Church in Australia, Adelaide, Austrália.

G.L.B. G. L. Bray, B.D., M.Litt., D.Litt., professor de Estudos Anglicanos, Beeson, Divinity School, Universidade de Samford, Birmingham, Alabama, EUA.

G.M. G. Maier, Dr. Theol., reitor da Albrecht Bengel Haus, Tübingen, Alemanha.

G.M.M. G. M. Marsden, B.A., B.D., M.A., Ph.D.,

Colaboradores

professor de História da Universidade de Notre Dame, Indiana, EUA.

G.M.R. G. M. Rosell, B.A., M.Div., Th.M., Ph.D., vice-presidente de Assuntos Acadêmicos, reitor e professor de História do Gordon-Conwell Theological Seminary, South Hamilton, Massachusetts, EUA.

G.R.B.-M. G. R. Beasley-Murray, M.A., Ph.D., D.D., ex-professor titular de Novo Testamento no Southern Baptist Theological Seminary, Kentucky, EUA.

G.W.B. G. W. Bromiley, M.A., Ph.D., D.Litt., D.D., professor titular emérito de História da Igreja e Teologia Histórica do Fuller Theological Seminary, Pasadena, Califórnia, EUA.

G.W.K. G. W. Kirby, M.A., ex-reitor do London Bible College, Londres, Inglaterra.

G.W.M. G. W. Martin, M.A., B.D., B.A., Ph.D., ministro da Durham City Baptist Church, Durham; ex-reitor do Scottish Baptist College, Glasgow, Escócia.

H.B. H. Burkhardt, lente de Teologia Sistemática no Seminário Teológico St. Chrischona, Basileia, Suíça.

H.D.McD. H. D. McDonald, B.A., B.D., Ph.D., D.D., ex-vice-reitor e catedrático de Filosofia da Religião e Teologia

Histórica do London Bible College, Londres, Inglaterra.

H.H. H. Harris, B.A., Dip.Mus., B.D., D.Theol., erudito cristão, Teversham, Cambridge, Inglaterra.

H.H.D. H. H. Davis, B.A., Ph.D., lente de Sociologia da Universidade de Kent, Inglaterra.

H.H.R. H. H. Rowdon, B.A., Ph.D., ex-catedrático de História da Igreja do London Bible College, Londres, Inglaterra.

H.J.L. H. J. Loewn, Ph.D., M.Div., B.A., B.Th., professor adjunto de Teologia e diretor da Divisão de Estudos Teológicos e Históricos do Mennonite Brethren Biblical Seminary, Fresno, Califórnia, EUA.

H.M.C. H. M. Conn, B.A., B.D., Th.D., Litt.D., professor de Missões do Westminster Theological Seminary, Filadélfia, EUA.

H.O.J.B. H. O. J. Brown, B.A., S.T.B., S.T.M., Ph.D., professor de Teologia e Ética da Trinity Evangelical Divinity School, Deerfield, Illinois, EUA.

H.W.S. H. W. Smart, B.Sc., Ph.D., escritor, Montrose, Escócia.

I.B. I. Breward, M.A., B.D., Ph.D., professor de História da Igreja do Ormond College,

Parkville, Victoria, Austrália.

I.D.B. I. D. Bunting, M.A., Th.M., diretor de Ordenandos da Diocese de Southwell, Nottingham, Inglaterra.

I.Ha. I. Hamilton, B.A., B.D., M.Phil., ministro da Loudoun Church of Scotland, Ayrshire, Escócia.

I.He. I. Hexham, B.A., M.A., Ph.D., professor assistente do Departamento de Estudos da Religião da Universidade de Calgary, Alberta, Canadá.

I.H.Ma. I. H. Marshall, M.A., B.D., B.A., Ph.D., professor de Exegese do Novo Testamento da Universidade de Aberdeen, Escócia.

I.H.Mu. I. H. Murray, B.A., editor geral da Banner of Truth Trust, Edimburgo, Escócia.

I.McP. I. McPhee, B.A., M.A., Ph.D., editor da Trinity Press, Ontário, Canadá.

I.S. I. Sellers, M.A., M.Litt., Ph.D., catedrático no North Cheshire College, Warrington, Inglaterra.

I.S.R. I. S. Rennie, B.A., M.A., Ph.D., reitor e professor de História da Igreja do Ontario Theological Seminary, Canadá.

J.A. J. Atkinson, M.A., M.Litt., Dr. Theol., cônego

Colaboradores

e teólogo da Catedral de Sheffield, Inglaterra.

J.A.E.V. J. A. E. Vermaat, dr., escritor e jornalista, Leiden, Holanda.

J.A.K. J. A. Kirk, B.D., B.A., M.Phil., A.K.C., reitor do Mission Selly Oak College, Birmingham, Inglaterra.

J.A.P. J. A. Punshon, M.A., instrutor de Estudos Quacres do Woodbroke College, Selly Oak, Birmingham, Inglaterra.

J.B. J. Barrs, B.A., M.Div., professor de Estudos Cristãos e Cultura Contemporânea do Covenant Theological Seminary, St. Louis, Missouri, EUA.

J.B.R. J. B. Root, B.A., M.A., vigário da Saint James' Church, Alperton, Middlesex, Inglaterra.

J.B.Wa. J. B. Walker, M.A., B.D., D.Phil., reitor do Queen's College, Birmingham, Inglaterra.

J.B.We. J. B. Wesbster, M.A., Ph.D., professor de Teologia Sistemática do Wycliffe College, Toronto, Canadá.

J.D.De. J. D. Dengerink, LL.D., ex-professor de Filosofia Cristã das Universidades de Groningen e Utrecht, Holanda.

J.D.Do. J. D. Douglas, M.A., B.D., S.T.M., Ph.D., editor e escritor.

J.E.C. J. E. Colwell, B.D., Ph.D., lente de Teologia Sistemática do Spurgeon's College, Londres, Inglaterra.

J.G. J. Goldingay, B.A., Ph.D., ex-reitor e lente de Antigo Testamento do St. John's College, Nottingham, Inglaterra.

J.G.McC. J.G. McConville, M.A., B.D., Ph.D., catedrático de Estudos da Religião do Cheltenham and Gloucester College of Higher Education, Inglaterra.

J.H.E. J. H. Elias, B.Sc., B.D., catedrático de Estudos da Religião da Polytechnic of Wales, País de Gales.

J.H.G. J. H. Gerstner, B.A., M.Div., Th.M., Ph.D., D.D., L.H.D., professor emérito do Pittsburgh Theological Seminary, Pensilvânia, EUA.

J.I.P. J. I. Packer, M.A., D.Phil., professor de Teologia do Regent College, Vancouver, Canadá.

J.I.Y. J. Isamu Yamamoto, B.A., M.A., editor-gerente do Public Management Institute, San Pablo, Califórnia, EUA.

J.M.F. J. M. Frame, A.B., B.D., M.Phil., professor adjunto de Apologética e Teologia Sistemática do Westminster Theological Seminary, Califórnia, EUA.

J.N.D.A. J. N. D. Anderson (falecido), O.B.E., M.A., LL.D. (hon.), D.D., Q.C., F.B.A., ex-professor de Direito Oriental e diretor do Institute of Advanced Legal Studies da Universidade de Londres, Inglaterra.

J.N.I. J. N. Isbister, M.A., diretor-gerente da SIMA (UK) Ltd., Oxford, Inglaterra.

J.P. J. Philip, M.A., ministro da Holyrood Abbey Church of Scotland, Edimburgo, Escócia.

J.P.B. J. P. Baker (falecido), M.A., B.D., ex-reitor de Newick, Lewes, East Sussex, Inglaterra.

J.S.W. J. Stafford Writh (falecido), ex-reitor do Tyndale Hall, Bristol; cônego da Catedral de Bristol, Inglaterra.

J.T. J. Tiller, M.A., B.Litt., chanceler e cônego-residente da Catedral de Hereford, Inglaterra.

J.W. J. Wilkinson, B.D., M.D., F.R.C.P., M.F.C.M., D.T.M.&H., especialista em Medicina Comunitária do Lothian Health Board, Edimburgo, Escócia.

J.W.C. J. W. Charley, M.A., vigário de Great Malvern St. Mary, Worcestershire, Inglaterra.

J.W.G. J. W. Gladwin, M.A., Dip.Theol., bispo de Guildford, Inglaterra.

Colaboradores

J.W.W. J. W. Ward, B.D., B.Sc., M.Sc., diretor de Estudos do Elim Bible College, Nantwich, Cheshire, Inglaterra.

J.Y.A. J. Y. Amanu, B.A., Th.M., adjunto de Pesquisa do Dallas Theological Seminary, Dallas, Texas, EUA.

K.Be. K. Bediako, B.A., M-ès-L, Doct.3e.cycle, Ph.D., diretor do Akrofi-Christaller Memorial Centre for Mission Research and Applied Theology, Acra, Gana.

K.Bo. K. Bockmuehl (falecido), Dr. Theol., ex-professor de Teologia e Ética do Regente College, Vancouver, Canadá.

K.G.H. K. G. Howkins, M.A., B.D., catedrático de Estudos da Religião do Hertfordshire College of Higher Education, Inglaterra.

K.R. K. Runia, B.D., M.Th., Th.D., ex-professor de Teologia Prática do Reformed Seminary, Kampen, Holanda.

L.L.M. L. L. Morris, Ph.D., M.Th., M.Sc., ex-reitor do Ridley College, Melbourne, Austrália.

L.P.Z. L. P. Zuidervaart, B.A., M.Phil., Ph.D., professor adjunto de Filosofia do Calvin College, Grand Rapids, Michigan, EUA.

M.A.J. M. A. Jeeves, M.A., Ph.D., F.B.Ps. S., F.R.S.E., professor honorário de Pesquisa da University of St. Andrew's School of Psychology.

M.A.N. M. A. Noll, B.A., M.A., Ph.D., professor de História do Wheaton College, Illinois, EUA.

M.C.G. M. C. Griffiths, M.A., D.D., ministro em Large da International Fellowship of Evangelical Students.

M.D. M. Dowling, B.A., B.D., M.Th., Ph.D., lente de História da Igreja e Teologia Histórica do Irish Baptist College, Belfast, Irlanda do Norte.

M.D.G. M. D. Geldard, M.A., vigário de St. John the Divine, Liverpool, Inglaterra.

M.F.G. M. F. Goldsmith, M.A., lente no All Nations Christian College, Ware.

M.G.B. M. G. Barker, M.B., Ch.B., F.R.C.P.Ed., F.R.C.Psych., D.P.M., psiquiatra consultor da Bristol and Weston Health Authority, Inglaterra.

M.J.H. M. J. Harris, M.A., Dip.Ed., B.D., Ph.D., ex-professor de Exegese do Novo Testamento e de Teologia da Trinity Evangelical Divinity School, Deerfield, Illinois, EUA.

M.J.N.-A. M. J. Nazir-Ali, M.Litt., Ph.D., bispo de Rochester; ex-secretário geral da Church Missionary Society, Londres, Inglaterra.

N.J. N. Jason, B.A., B.D., M.A., Ph.D., pastor da Christ Church (Church of South India), Madras, Índia.

N.J.S. N. J. Smith, B.A., B.D., D.D., lente de Missiologia da Universidade da África do Sul, Pretória; ex-professor de Missiologia no Theological Seminar, Universidade de Stellenbosch, África do Sul.

N.L.G. N. L. Geisler, B.A., M.A., Th.B., Ph.D., reitor do Liberty Center for Christian Scholarship, Virgínia, EUA.

N.M.deS.C. N. M. de S. Cameron, M.A., B.D., Ph.D., corretor dos Programas Doutorais Acadêmicos e catedrático do Departamento de Teologia Sistemática da Trinity Evangelical Divinity School, Deerfield, Illinois, EUA.

N.P.F. N. P. Feldmeth, A.B., Th.M., Ph.D., professor adjunto assistente de História da Igreja do Fuller Theological Seminary, Califórnia, EUA.

N.R.N. N. R. Needham, B.D., ex-bibliotecário da Rutherford House, Edimburgo, Escócia.

N.S. N. Sagovsky, B.A., Ph.D., reitor do Clare College, Cambridge, Inglaterra.

N.T.W. N. T. Wright, M.A., D.Phil., reitor de Lichfield.

N.Y. N. Yri, B.D., M.Th.,

Dr. Theol., professor de Estudos do Novo Testamento do Lutheran Theological College, Tanzânia.

O.M.T.O.´D. O.M.T. O'Donovan, M.A., D.Phil., professor régio de Teologia Moral e Pastoral da Universidade de Oxford; cônego da Christ Church, Inglaterra.

O.R.B. O. R. Barclay, M.A., ex-secretário geral de Universities and Colleges Christian Fellowship, Leicester, Inglaterra.

P.A.L. P. A. Lillback, B.A., Th.M., Ph.D., pastor da Bethany Orthodox Presbyterian Church, Oxford, Pensilvânia, EUA.

P.D.L.A. P. D. L. Avis, B.D., Ph.D., vigário de Stoke Canon, Exeter, Inglaterra.

P.D.M. P. D. Manson, B.Sc., B.D., superintendente geral da Área Sul de Gales da Baptist Union of Great Britain.

P.E. P. Ellingworth, M.A., B.A., Ph.D., consultor de tradução das United Bible Societies, Aberdeen, Escócia.

P.F.G. P. F. Jensen, M.A., B.D., D.Phil., reitor do Moore College, Sydney, Austrália.

P.H. P. Helm, M.A., professor de História e Filosofia da Religião do King's College, Londres, Inglaterra.

P.H.L. P. H. Lewis, pastor titular da Cornerstone Evangelical Church, Nottingham, Inglaterra.

P.J.A.C. P. J. A. Cook, B.A., M.A., Ph.D., lente da Episcopal High School, Louisiana, EUA.

P.M.B. P M. Bechtel, M.A., Ph.D., professor emérito de Inglês do Wheaton College, Illinois, EUA.

P.M.J.McN. P. M.J. McNair, M.A., D.Phil., Ph.D., professor e chefe do Departamento de Italiano da Universidade de Birmingham, Inglaterra.

P.M.K. P. M. Krishna, B.A., LL.B., M.Litt., Ph.D., Dip. em Filosofia e Religiões da Índia, ex-professor de Estudos Orientais da Universidade de Durban, Westville, África do Sul.

P.M.W. P. M. Walters, M.A., Ph.D., Diretor de Pesquisa do Keston College.

P.N.H. P. N. Hillyer, B.D., Ph.D., ex-lente de Teologia do Bishop's College, Calcutá, Índia.

P.P.J.B. P. P. J. Beyerhaus, D.Th., diretor do Instituto de Disciplina de Missões e Teologia Ecumênica da Universidade de Tübingen, Alemanha.

P.R.F. P. R. Forster, M.A., B.D., Ph.D., instrutor titular do St. John's College, Durham, Inglaterra.

P.T. P. Toon, M.A., M.Th., D.Phil., professor de Teologia do Philadelphia Theological Seminary, EUA.

R.B. R. Brown, M.A., B.D., M.Th., Ph.D., ex-reitor do Spurgeon's College, Londres, Inglaterra.

R.B.G. R. B. Gaffin Jr., A.B., B.D., Th.M., Th.D., professor de Teologia Sistemática do Westminster Theological Seminary, Filadélfia, EUA.

R.D.K. R. D. Knudsen, A.B., Th.B., Th.M., S.T.M., Ph.D., professor adjunto de Apologética do Westminster Theological Seminary, Filadélfia, EUA.

R.D.P. R. D. Preus, Ph.D., D.Theol., presidente do Concordia Theological Seminary, Fort Wayne, Indiana, EUA.

R.E.F. R. E. Frische, pastor da Casa das Diaconisas, Berna, e lente do Colégio de Pregadores, St. Chrischona, Basileia, Suíça.

R.F.G.B. R. F. G. Burnish, J.P., B.A., M.Th., Ph.D., organizador de área do Centro-Sul da Inglaterra da The Leprosy Mission, Peterborough.

R.G.C. R. G. Clouse, B.D., M.A., Ph.D., professor de História da Universidade do Estado de Indiana, EUA.

Colaboradores

R.G.H. R. G. Hower, B.D., S.T.M., Th.D., professor adjunto de História da Igreja da Evangelical School of Theology, Myerstown, Pensilvânia, EUA.

R.J.B. R. J. Bauckman, M.A., Ph.D., professor de Novo Testamento da Universidade de St. Andrews, Escócia.

R.J.S. R. J. Song, B.A., instrutor de Ética do St. John's College, Durham, Inglaterra.

R.K. R. Kearsley, B.D., Ph.D., lente de Teologia Sistemática do Glasgow Bible College, Escócia.

R.L.G. R. L. Greaves, B.A., M.A., Ph.D., F.R.Hist.S., professor de História da Universidade do Estado da Flórida, EUA.

R.L.S. R. L. Sturch, M.A., D.Phil., reitor de Islip, Oxfordshire, Inglaterra.

R.M.P. R. M. Price, B.A., M.T.S., M.Phil., Ph.D., instrutor do Montclair State College, Upper Montclair, New Jersey, EUA.

R.M.V. R. M. Vince, M.A., B.D., M.Th., M.Sc., diretor da St. Mark's Day School, Shreveport, Louisiana, EUA.

R.N. Roger Nicole, M.A., Th.D., Ph.D., ex-professor de Teologia do Gordon-Conwell Theological Seminary, Massachusetts.

R.N.C. R. N. Caswell,

M.A., Ph.D., ex-diretor de Educação Religiosa de The Academical Institution, Irlanda do Norte.

R.P.G. R. P. Gordon, M.A., Ph.D., lente de teologia da Universidade de Cambridge, Inglaterra.

R.P.M. R. P. Martin, B.A., M.A., Ph.D., ex-professor adjunto de Estudos Bíblicos da Universidade de Sheffield, Inglaterra.

R.S.G. R. S. Greenway, B.A., B.D., Th.M., Th.D., diretor executivo da Board of World Ministries of the Christian Reformed Church of North America, Grand Rapids, Michigan, EUA.

R.S.W. R. S. Wallace, M.A., B.Sc., Ph.D., professor emérito de Teologia Bíblica do Columbia Theological Seminary, Decatur, Geórgia, EUA.

R.T.B. R. T. Beckwith, M.A., D.D., ex-bibliotecário da Latimer House, Oxford, Inglaterra.

R.T.J. R. T. Jones, D.Phil., D.D., D.Litt., ex-reitor do Coleg Bala-Bangor, Bangor, Irlanda do Norte.

R.W.A.L. R. W. A. Letham, B.A., M.A., Th.M., Ph.D., ministro da Emmanuel Orthodox Presbyterian Church, Wilmington, Delaware, EUA.

R.W.C. R.W. Cowley (falecido), M.A., B.D.,

D.D., ex-dirigente de curso do Non-Stipendiary Ministry Training Course, Oak Hill College, Londres, Inglaterra.

S.B.F. S. B. Ferguson, M.A., B.D., Ph.D., ministro da Tron Church, Glasgow, Escócia; ex-professor de Teologia Sistemática do Westminster Theological Seminary, Filadélfia, EUA.

S.H.T. S. H. Travis, M.A., Ph.D., lente de Novo Testamento no St. John's College, Nottingham, Inglaterra.

S.J.S. S. J. Smalley, B.D., M.Th., ex-lente de Teologia Histórica e Contemporânea da Universidade de Manchester, Inglaterra.

S.N.L. S. N. Lieu, M.A., D.Phil., F.R.A.S., F.R.Hist.S., lente de História Antiga da Universidade de Warwick, Inglaterra.

S.N.W. S. N. Williams, M.A., Ph.D., professor de Teologia Sistemática do Union Theological College, Belfast, Irlanda do Norte.

S.P.K. S. P. Kanemoto, B.S., M.S., M.A., M.Dv., Th.M., lente do Tokyo Christian College; lente do Kyoritsu Christian Institute, Japão.

S.R.P. S. R. Pointer, A.B., M.A., Ph.D., professor assistente de História do Trinity College, Deerfield, Illinois, EUA.

Colaboradores

S.S.S. S. S. Smalley, M.A., B.D., Ph.D., deão da Catedral de Chester, Inglaterra.

T.A.N. T. A. Noble, M.A., B.D., professor de Teologia do Nazarene Theological Seminary, Kansas City, Missouri, EUA.

T.G.D. T. G. Donner, B.D., Ph.D., lente de Teologia Histórica do Seminário Bíblico de Colombia.

T.H. T. Howard, B.A., M.A., Ph.D., professor de Inglês do St. John's Seminary, Boston, Massachusetts, EUA.

T.J.N. T. J. Nettles, B.A., M.Div., Ph.D., professor adjunto de História da Igreja da Trinity Evangelical Divinity School, Deerfield, Illinois, EUA.

T.L. T. Longman III, B.A., M.Div., M.Phil., Ph.D., professor e catedrático do Westminster Theological Seminary, Filadélfia, EUA.

T.R.A. T. R. Albin, B.A., M.A., lente do University of Dubuque Theological Seminary, Dubuque, Iowa, EUA.

T.W.J.M. T. W. J. Morrow, M.A., B.D., M.Th., Ph.D., ministro da Lucan Presbyterian Church, Co., Dublin, República da Irlanda.

V.K.S. V. K. Samuel, B.Sc., M.Litt., D.D., diretor executivo da International Fellowship of Evangelical Mission Theologians, Oxford, Inglaterra.

W.C.K. W. C. Kaiser Jr., A.B., B.D., M.A., Ph.D., deão acadêmico e vice-presidente de Educação, professor de Línguas Semíticas e de Antigo Testamento, da Trinity Evangelical Divinity School, Deerfield, Illinois,EUA.

W.D.B. W. D. Beck, B.A., M.A., Ph.D., professor de Filosofia da Liberty University, Lynchburg, Virgínia, EUA.

W.G.M. W. G. Morrice,

M.A., B.D., S.T.M., Ph.D., instrutor de Novo Testamento e bibliotecário do St. John's College, Durham, Inglaterra.

W.J.R. W. J. Roxborogh, B.E., B.D., Ph.D., lente de História da Igreja e de Novo Testamento do Seminari Theoloji, Kuala Lumpur, Malásia.

W.N.K. W. N. Kerr, B.A., B.D., Th.D., Ph.D., professor de História da Igreja do Gordon-Conwell Theological Seminary, Massachusetts, EUA.

W.R.G. W. R. Godfrey, A.B., M.Div., M.A., Ph.D., professor de História da Igreja do Westminster Theological Seminary, Califórnia, EUA.

W.W.C. W. W. Chow, B.Sc., B.D., M.A., Ph.D., reitor da China Graduate School of Theology, Hong Kong.

W.W.G. W. W. Gasque, B.A., B.D., M.Th., Ph.D., reitor do Eastern College, Davids, Pensilvânia, EUA.

A

ABELARDO, PEDRO (1079-1142) (ou, mais acuradamente, Abailard). Nascido próximo a Nantes, França, de pais bretões, foi provavelmente o mais brilhante pensador do século XII, tendo sua vida repetidamente marcada pela tragédia.

Abelardo estudou primeiramente sob Roscelin (m. c. 1125), consumado nominalista*, depois sob Guilherme de Champeaux (c. 1070-1121), realista também consumado. Embora Roscelin fosse acusado de considerar os conceitos universais como meras palavras sem nenhuma realidade em si mesmas, Guilherme sustentava que o conceito universal é mais real do que os individuais e que, na verdade, existe independentemente destes. Abelardo adotou uma posição mediana, vendo os conceitos universais como mentais. Eles não teriam existência independente dos indivíduos em particular, mas não seriam nomes arbitrários. Um conceito universal, como "cachorro", por exemplo, é real, mas não é algo que exista independentemente dos cães individuais. Ele precede os cães individuais no sentido de que, quando Deus planejou a criação dos cães, a ideia universal de "cão" estava em sua mente; ela existe nos cães individuais; e existe em nossa mente quando temos o conceito de "cão". Essa ideia veio a ser geralmente aceita e encerrou a discussão até a época de Guilherme de Occam*.

Abelardo não apenas discordou de seus mestres, mas opôs-se ativamente a eles. Atacou a doutrina de Roscelin sobre a Trindade,* que beirava o triteísmo*. Opôs-se ao realismo de Guilherme de Champeaux, colocando-se como seu preletor rival em Paris, forçando-o a deixar a cidade e a repensar sua posição a respeito dos conceitos universais. Deu, mais tarde, o mesmo tratamento a Anselmo de Laon (m. 1117), de quem discordou dos métodos exegéticos. Deixando Laon, Abelardo retornou a Paris, onde cometeu grave imprudência. Hospedou-se na casa de Fulbert, cônego de Notre Dame, de cuja atraente e inteligente sobrinha, Heloísa, tornou-se preceptor. Heloísa veio a engravidar dele, dando à luz um menino. Fulbert vingou-se mais tarde, com terrível incidente, mandando castrar Abelardo.

Em 1122, Abelardo escreveu *Sic et Non* [*Sim e não*]. Nesse livro, considera 158 questões teológicas diferentes, justapondo passagens aparentemente contraditórias da Bíblia, dos pais da igreja e de outras autoridades. Seu alvo não era, como se chegou a supor, desacreditar essas autoridades. Queria, na verdade, confiar na razão como árbitro para reconciliar autoridades conflitantes e, se necessário, fazer opção entre elas. Todavia, não inventou esse método. Graciano (morto não depois de 1179), especialista em direito canônico*, usou dessa abordagem com grande sucesso em sua obra *Concord of Discordant Canons* [*Concordância de cânones discordantes*]. A novidade de Abelardo reside em sua aplicação à teologia e aos documentos da revelação.

No *Sic et Non* encontra-se a abordagem básica de Abelardo à teologia. Anselmo*, semelhantemente a Agostinho, tinha seguido o método da fé em busca do entendimento: "Eu creio a fim de que possa entender" (ver Fé e Razão*). Abelardo reverteu esse pensamento, introduzindo o método da dúvida. O caminho para encontrar a verdade é o da dúvida, o de questionar. No prefácio de *Sic et Non*, Abelardo afirma que "pela dúvida chegamos ao questionamento, e pelo questionamento alcançamos a verdade". Ele vê a dúvida* não propriamente como um pecado (visão tradicional), mas, sim, como o começo necessário de todo conhecimento. A teologia torna-se ciência em vez de meditação, como ocorria na tradição da teologia monástica*.

Em seu comentário de Romanos 3.19-26, Abelardo aplica esse método à doutrina da expiação*. Questiona quanto ao significado da afirmação de que somos redimidos pela morte de Cristo. Ridiculariza a ideia, já declinando em popularidade desde Anselmo, de que o Diabo tenha algum direito sobre a humanidade. Se existe algo nesse sentido, então a sedução de Satanás à raça humana *nos dá, sobre ele*, o direito de reparação. A morte de Cristo não foi oferecida a Satanás como resgate pela raça humana. O resgate foi pago a Deus, e não ao Diabo.

Abelardo, porém, continua a questionar quanto à necessidade de resgate, qualquer que seja. Como poderia Deus exigir a morte de um homem inocente, muito menos a morte de seu próprio Filho? Como poderia Deus se reconciliar com o mundo mediante uma morte? Abelardo vê de modo diverso o significado da cruz. Ele a vê como um exemplo supremo do amor de Deus por nós que desperta uma resposta de amor em nós. Abelardo aponta aqui para a "teoria da influência moral" da expiação, que vê seu valor em seu efeito sobre nós.

A ideia de que a cruz desperta uma resposta de amor de nossa parte é, sem dúvida, verdadeira; mas, expressamente, não faz jus, de modo total, a Rm 3.19-26. Estaria Abelardo, no entanto, procurando de fato limitar a expiação a um *simples* exemplo de amor? Em outro lugar de seu texto, ele continua a empregar a linguagem tradicional de que Cristo suportou a punição por nossos pecados. Alguns sustentam que tais passagens não podem ser consideradas seriamente à luz de um comentário de Romanos. Outros as vêem como prova de que não era pretensão de Abelardo reduzir a cruz a meramente um exemplo de amor. Pode ser significativo o fato de que, ao mesmo tempo que ele nega que haja sido pago um resgate a Satanás, indague tão-somente *por que seria necessário* que fosse pago um resgate a Deus. Talvez com *Sic et Non* seu objetivo tenha sido o de estimular um questionamento racional, e não o de desacreditar o ensino das Escrituras.

O brilhantismo inovador de Abelardo juntamente com seu desdém por aqueles que foram seus orientadores, mas não superiores a ele, lançaram-no em uma rota de colisão que terminaria de forma desastrosa. Sua obra *Sobre a Unidade e a Trindade divinas* foi condenada, em sua ausência, no Concílio de Soissons, em 1121, e queimada. Isso não afetou sua carreira para sempre. Mas ele conseguiu incorrer na ira de Bernardo de Claraval (Clairvaux)*, que ficou chocado com sua abordagem racionalista

ABORTO

e o acusou de inventar um quinto evangelho. Abelardo foi intimado a comparecer perante um concílio em Sens, em 1140, e ali foi condenado. Apelou para Roma, mas Bernardo já havia convencido o papa mediante seu tratado intitulado *Os erros de Pedro Abelardo*. Recolheu-se então como monge na abadia de Cluny, onde veio a morrer em 1142.

Bibliografia
Obras: *PL* 178 e *CCCM* 11-12. *Sic et Non*, ed. B. B. Boyer & R. McKean (Chicago, 1976-1977); *A Dialogue of a Philosopher...*, tr. P. J. Payer (Toronto, 1979); *Ethics*, tr. D. E. Luscombe (Oxford, 1971).
Estudos: L. Grane, Peter Abelard (London, 1970); J. R. McCallum, Abelard's Christian Theology (Oxford, 1948); R. E. Weingart, The Logic of Divine Love. A Critical Analysis of the Soteriology of Peter Abelard (Oxford, 1970).

A.N.S.L.

ABORTO. É a perda ou a expulsão, do ventre materno, de um feto vivo antes que haja alcançado seu estado de viabilidade. Muitos abortos ocorrem espontaneamente, enquanto outros são deliberadamente induzidos. Esse último tipo de aborto constitui o ponto focal de um debate ético e teológico contemporâneo.

Tradicionalmente, a opinião cristã tem sido de forte resistência ao término deliberado de qualquer gravidez. Tertuliano* foi uma autoridade típica dentre as que denunciaram o aborto como "precipitação de assassinato", porque, quanto ao feto, "ele também é um homem, que está por ser um deles" (*Apologia* 9). Agostinho* assumiu uma linha um pouco mais leve, posicionando um ponto crítico, o do "despontar da alma" (60 a 80 dias após a concepção), antes do qual o aborto teria um caráter criminoso, embora sem ser considerado um pecado capital. Essa abordagem dualista, no entanto, acha-se amplamente desacreditada.

A principal base teológica para um posicionamento estritamente antiaborto é a convicção de que cada ser humano é feito à imagem de Deus desde a sua concepção (*cf.* Gn 1.27). A retirada da vida, tal qual sua doação, é uma prerrogativa de Deus, e do homem se requer um mandato especial para poder acabar com a existência física de qualquer ser humano. A permissão para matar é concedida nas Escrituras em circunstâncias cuidadosamente definidas, como restrita resposta à injustiça (mais especificamente, assassinato e guerra, *cf.* Gn 9.6; 1Rs 2.5-6); mas nenhum feto, evidentemente, terá feito coisa alguma que justifique sua execução por uma pena de morte. O aborto, portanto, moralmente é considerado mau.

O suporte bíblico para essa conclusão é frequentemente encontrado nas alusões do Antigo Testamento à vida antes do nascimento (*e.g.*, Sl 139-13.17; Jr 1.5; Ec 11.5) e no uso que o NT faz da palavra grega *brephos* para descrever tanto o feto como a criança (Lc 1.41; 2.12). Tais referências presumem a continuidade de uma pessoa em qualquer desses aspectos do nascimento.

A posição rígida antiaborto tem sido desafiada de três modos.

Primeiro, a Igreja Católica Romana (que, de outro modo, é

implacavelmente contra o aborto) permite que uma gravidez possa ser interrompida, sob o preceito ético de "duplo efeito", quando um procedimento médico visando a salvar a vida da gestante (como, por exemplo, uma histerectomia, no caso de câncer) possa resultar na morte do feto.

Em segundo lugar, alguns teólogos protestantes argumentam que o feto é mais um potencial de pessoa do que propriamente uma pessoa real em potencial. Muito embora o feto exija cuidados e respeito em qualquer estágio de sua existência, argumentam eles, sua reivindicação de vida deverá ser proporcional ao seu estágio de desenvolvimento. Por mais plausível que essa teoria possa parecer, no entanto, não se coaduna facilmente com a ênfase bíblica sobre a continuação da personalidade, além de não ser, de modo algum, de fácil aplicação na prática.

Em terceiro lugar, e de maneira mais radical, afirmam os cristãos situacionistas que somente o amor deverá ditar a decisão de aborto, ou não, em cada caso particular. A compaixão pela mulher (se sua vida ou saúde estiver ameaçada), ou pela criança ainda não nascida (se provavelmente estiver para nascer deformada ou defeituosa), poderá ditar o final antecipado da gravidez. Além disso, alegam eles, já que o amor deve sempre ditar a escolha de máximo benefício para o maior número de pessoas possível, o aborto pode ser indicado também quando o bebê não seja desejado pela família, ou pela sociedade, ou ainda, desse mesmo modo, por um mundo superpovoado como é o atual.

A ética situacional tem estado sob pesado fogo de artilharia por parte dos cristãos que preferem a autoridade das Escrituras. Em nenhum lugar, a Bíblia ensina que o amor substitui o princípio divino ou cancela a lei divina. Tampouco oferece suporte à suposição utilitária de que as melhores ações devem ser tomadas pela contagem de votos.

No entanto, a ênfase dos situacionistas sobre a compaixão é um lembrete salutar e bíblico de que aos que se opõem ao aborto em princípio cumpre encontrar também alternativas práticas e amorosas para as mulheres com gravidez indesejável (*cf.* Tg 2.14-17).

Ver também Bioética; Ética.

Bibliografia
R. F. R. Gardner, *Abortion* (Exeter, 1972); O. M. D. O'Donovan, *The Christian and the Unborn Child* (Bramcote, Nottingham, 1973); M. Potts, P. Diggory, J. Peel, *Abortion* (Cambridge, 1977); M. J. Gorman, *Abortion and the Early Church* (Downers Grove, IL, 1982).

D.H.F.

ABSOLVIÇÃO, ver Culpa e Perdão.

ACOMODAÇÃO, ou condescendência. É um princípio básico subjacente a toda revelação de Deus ao homem. Significa que Deus nos fala de forma adequada à nossa capacidade de ouvintes, tal como um pai se dirige a um filho pequeno ou um professor a um aluno ainda criança. O exemplo supremo de acomodação é a encarnação*, mediante a qual Deus nos falou do modo o mais apropriado

ADÃO

possível — como um ser humano mesmo. Nas Escrituras*, também, a palavra de Deus vem a nós de um modo humano — por meio de autores humanos, usando uma linguagem humana, dirigindo-se a nós em situações humanas específicas. No ministério da palavra e dos sacramentos, Deus nos fala e se comunica conosco de uma forma adaptada à nossa condição — seja mediante agentes humanos seja mediante os elementos terrenos como o pão e o vinho.

A acomodação, se corretamente entendida, significa não que Deus se comunique conosco falsamente, mas, sim, que nos comunica a verdade de uma maneira que, necessariamente, tem de ser menos que perfeita. Ezequiel reconhece as limitações de sua visão de Deus: "Essa foi a aparência da figura da glória do Senhor" (Ez 1.28). Paulo reconhece a imperfeição de todo o nosso presente conhecimento de Deus, concluindo: "Agora, pois, vemos apenas um reflexo obscuro" (1Co 13.9-12). A mensagem bíblica nos é dada em linguagem humana e em formas de pensamento de épocas específicas não porque os escritores a tenham "entendido errado", mas simplesmente por ser essa a única forma de a palavra de Deus chegar a nós. Em sua condescendência, Deus preferiu submeter sua verdade a um processo limitativo e de redução a um nível humanamente compreensível do que preservá-la pura no céu.

A ideia da acomodação era comum aos pais primitivos (e.g., João Crisóstomo, c. 344/354-407), tendo sido revivida por Calvino* e outros.

Bibliografia
F. L. Battles, *God was Accommodating Himself to Human Capacity, Interpretation* 31(1977), p. 19-38; J. B. Rogers, (ed.), *Biblical Authority* (Waco, TX, 1977), p. 19-29.

A.N.S.L.

ADÃO. 1. Do heb. 'ādām. Na maior parte do Antigo Testamento, a palavra é genérica, significando "homem", "homens" ou "raça humana" (*e.g.*, Sl 73.5; Is 31.3). Em Gênesis 1—5, todavia, a palavra denota, seja especificamente seja como nome próprio ("Adão"), o primeiro ser humano. A primeira mulher, Eva, é formada de seu corpo (Gn 2.22; 3.20). Macho e fêmea eles são, distinguindo-se de todas as outras criaturas por serem feitos por Deus à sua própria "imagem"* ou "semelhança" (Gn 1.27; 5.1,2; ver Antropologia*, Criação*, Teologia Feminista*, Imagem de Deus*). Inicialmente, eles são bons e sem pecado; mas, subsequentemente, juntos, pecaram, trazendo a maldição de Deus sobre si e a totalidade da criação (Gn 3; ver Queda*, Pecado*).

Adão é mencionado em outro lugar do AT somente uma vez, em uma genealogia em 1Crônicas 1.1 (possivelmente também em Jó 31.33 e em Os 6.7); aparece também no Novo Testamento, especialmente em Paulo, como explicação de sua importância. Todavia, de modo evidente, o que Gênesis 1—3 ensina a respeito de Adão não somente fundamenta como domina profundamente todo o AT: a origem e a unidade da humanidade pela descendência de Adão e Eva; a singularidade do homem, feito à imagem de Deus; o homem como dependente de Deus e responsável

ADÃO

perante ele; a origem do pecado e da morte, e a natureza do pecado, não como um fenômeno natural praticamente inevitável, mas como uma transgressão voluntária do homem da lei de Deus.

2. O NT se refere a Adão em cinco lugares: Lucas 3.38; Romanos 5.14; 1Coríntios 15.22,45; 1Timóteo 2.13,14; Judas 14. Diversas outras passagens contêm alusões inconfundíveis. Em Lucas 3.38, ele é o cabeça da genealogia de Jesus: "Filho de Adão, filho de Deus". Diferente de Mateus, que remonta a genealogia de Jesus a Abraão (Mt 1.1), a extensa genealogia de Lucas provavelmente pretende apontar para Jesus como o último Adão (ver abaixo). Além disso, o lugar da genealogia em Lucas, não no começo de seu evangelho, como Mateus, mas no meio da narrativa, exatamente antes do relato que faz da tentação de Jesus (Lc 4.1-13), sugere uma comparação: enquanto Adão sucumbiu diante de uma simples tentação de Satanás e nas circunstâncias favoráveis do jardim do Éden, Jesus resiste com êxito a múltiplas seduções de Satanás e sob condições difíceis no deserto. Primeira Timóteo 2.13,14 se refere a Adão e Eva com a finalidade de regularizar as assembleias da igreja. As mulheres não podem ensinar ou exercer autoridade sobre os homens na congregação não porque sejam moralmente mais fracas ou inferiores a eles, mas por causa da ordem da criação e da desordem introduzida pela queda: Adão, e não Eva, foi criado primeiro; Eva, e não Adão, foi enganada primeiro. Em outros lugares do NT, é feita alusão a Adão como criado à imagem de Deus (1Co 11.7-9; Tg 3.9), ao seu

pecado e à queda (Rm 1.21-23; 3.23). Em Atos 17.26, Paulo (em seu sermão no Areópago) ensina sobre a origem e a unidade da raça humana em Adão: "De um só ele fez todos os povos".

3. Romanos 5.12-19 e 1Coríntios 15.21,22,45-49 contrastam Adão com Cristo e ao mesmo tempo identificam este como o último Adão (explicitamente em 1Co 15.45,47). O propósito desse contraste é abrir a mais ampla visão da obra de Cristo. Em 1Coríntios, Adão é o grande contraponto do Cristo ressurreto: assim como a morte entrou no mundo por meio de um homem, Adão, em quem todos morrem, assim também a ressurreição veio mediante um homem, Cristo, em quem todos (os crentes) serão vivificados (vv. 21,22). Sendo, portanto, o oposto à morte trazida por Adão no começo da história da humanidade, a ressurreição de Cristo não constitui meramente um evento isolado no passado, mas, sim, possui profunda significação ligada ao futuro: representa "as primícias" da grande colheita da ressurreição, em que os crentes têm seu lugar reservado no final da história humana (v. 20); (ver Ressurreição Geral*, Ressurreição de Cristo*).

O paralelo em antítese desenvolvido detalhamente nos versículos 42-49, começando com as diferenças entre o corpo morto ("semeado") e a ressurreição corporal dos crentes (v. 42-44a), se amplia nos versículos 45-49 para incluir Adão e Cristo. Eles não somente exemplificam esses corpos, respectivamente, mas também constituem a chave, as figuras representativas, a cabeça das ordens contrastantes da existência. Adão

ADÃO

é "o primeiro homem" (vv. 45,47), não havendo nenhum outro antes dele; Cristo é "o segundo" (v. 47), não havendo nenhum entre Adão e ele; e Cristo é também "o último" (v. 45), não havendo nenhum outro depois dele. Em virtude da criação (não por causa da queda, observe-se o uso de Gn 2.7 no v. 45b), Adão se tornou "um ser vivente" (*psychē*) e, assim, representa o "homem natural" (*psychikos*, vv. 44,46) ou de ordem "terrena" (vv. 47-49), sujeito agora à morte, desde a sua queda. Pela ressurreição (*cf.* vv. 20,21b,22b), Cristo, "o último Adão", se torna (economicamente, não ontologicamente) "espírito vivificante" (v. 45c; *pneuma* aqui se refere ao Espírito Santo; ver esp. 2Co 3.6: "O Espírito vivifica", e a única outra ocorrência no NT do contraste entre o "natural" e o "espiritual" é em 1Co 2.14,15); como tal, ele representa a correspondente ordem "espiritual" (vv. 44,46), "celestial" (vv. 47,49), da vida escatológica. Em foco estão, enfim, duas criações, a original se tornando "perecível" em contraste com a final, "imperecível" (v. 42), cada uma delas tendo seu próprio Adão. O Cristo ressurreto, no poder do Espírito, é a cabeça de nada menos que uma nova criação (*cf.* 2Co 5.17). Todavia, essa antítese não significa propriamente um dualismo* irredutível. Na ressurreição de Cristo, são alcançados os propósitos originais de Deus para a criação. Onde Adão falhou, o último Adão obtém sucesso. A consumação pretendida para a ordem "natural" é realizada na "espiritual", que é a ordem da ressurreição. A imagem de Deus, distorcida pelo pecado de Adão, é restaurada em Cristo; na verdade, como ressuscitado, ele é a imagem escatológica de Deus (ver 2Co 4.4; Cl 1.15). Os crentes, que agora portam "a imagem do homem terreno'" (Adão), quando ressuscitarem corporalmente, portarão "a imagem do homem celestial" (v. 49), a imagem do Cristo exaltado (*cf.* Fp 3.20). É a conformidade a essa imagem o objetivo de sua predestinação* por Deus (Rm 8.29), conformidade essa que presentemente já está sendo neles realizada (2Co 3.18; Ef 4.23,24).

O significado representativo e determinante de Adão e Cristo é também tema importante em Romanos 5.12-19. Adão "era um tipo daquele que haveria de vir" (v. 14) porque seu pecado coloca o mundo sob o "reino" (v. 17) do pecado, da condenação e da morte em antítese ao "reino" de justiça*, justificação* e vida, assegurado a todos (os crentes) por Cristo. Uma questão debatida de maneira constante é exatamente como "por meio da desobediência de um só homem muitos foram feitos pecadores" (v.19a). Tendo em vista a ênfase dada a um só pecado de um só homem (v.15-19), assim como o modo paralelo antitético, tanto aqui como em outros lugares (ver esp. Rm 4.1-8), pelo qual os crentes são justificados, todos os homens são pecadores não somente porque herdam uma natureza pecaminosa de Adão, mas, principalmente, porque seu pecado lhes é imputado ou considerado como sendo deles.

4. Desde o Iluminismo*, especialmente, a *historicidade* de Adão tem sido negada ou questionada. Sob a aceitação de um ponto de vista evolucionista quanto à origem do homem (ver Criação*), Gênesis 1—3 é geralmente interpretado

ADIÁFORA

como um mito*, uma parábola ilustrativa da condição humana em geral. Típica (*e.g.*, Karl Barth*, H. Berkhof*) é a transposição da sequência "antes" e "depois" da criação e queda histórica para uma dialética atemporal entre "acima" (a criação como boa, o homem como livre) e "abaixo" (o homem na condição de pecaminoso). No entanto, não há nenhuma evidência exegética ou literária que possa sugerir esses capítulos devam ser entendidos como menos históricos do que as narrativas relativas aos patriarcas em capítulos posteriores. Além do mais, os escritores do NT veem de modo claro Adão, historicamente, como o primeiro ser humano (ver as passagens listadas acima, em Gn 2). Romanos 5 e 1Coríntios 15 ensinam que existe uma relação essencial e inseparável entre a realidade histórica da obra de Cristo e a realidade histórica da queda de Adão. O entendimento bíblico a respeito da criação, do homem, da pessoa de Cristo e sua obra e da salvação está enraizado na historicidade de Adão.

Bibliografia
K. Barth, *CD* IV. 1, p. 504-513; H. Berkhof, *Christian Faith* (Grand Rapids, MI, 1979); J. Murray, *The Epistle to the Romans*, 1 (Grand Rapids, MI, 1959); H. Ridderbos, *Paul* (Grand Rapids, MI, 1975); J. P. Versteeg, *Is Adam a "Teaching Model" in the New Testament?* (Nutley, NJ, 1978); G. Vos, *The Pauline Eschatology* (1930: Grand Rapids, MI, 1979).

R.B.G.

ADIÁFORA. Esse conceito (da palavra grega significando "coisas in-

diferentes") foi explorado de modo controverso, particularmente, por teólogos luteranos* em meados do século XVI, época em que o movimento protestante se encontrava sob ameaça do poder católico na Alemanha. A questão básica se relacionava ao *status* de determinados ritos e cerimônias, públicos ou privados, não ordenados nem proibidos pela palavra de Deus nas Escrituras, que haviam sido introduzidos na igreja, como se alegava, em nome da boa ordem, do decoro e da disciplina. Um grupo, liderado por Filipe Melâncton*, sustentava que, em um período de perseguição, alguém poderia, em sã consciência, por causa da insistência do inimigo, restaurar certas coisas, como o rito da confirmação*. Outro grupo, liderado por Matthias Flacius (1520-1575), afirmava que sob nenhuma circunstância isso poderia ser feito em sã consciência. Na *Fórmula de Concórdia* (1577), no cap. X, que se intitula "Os ritos eclesiásticos chamados 'adiáfora' ou coisas indiferentes", é proposto um meio-termo. Em tempos de perseguição, não devem ser feitas concessões, mas em outras ocasiões, "a comunidade de Deus em qualquer lugar e em qualquer época tem o direito, autoridade e poder para mudar, reduzir ou ampliar as cerimônias, de acordo com suas circunstâncias, desde que isso seja feito sem leviandade e transgressão, mas de modo ordenado e apropriado [...] para a boa ordem, o decoro evangélico e a edificação da igreja".

A questão da adiáfora foi também motivo de debate contencioso na Inglaterra do século XVI, no pietismo* luterano do século XVII

ADOÇÃO

e tem sido levantada, de forma vigorosa ou moderada, em igrejas que consideram a palavra de Deus como autoridade normativa.

Bibliografia
C.L. Manschreck, Melanchton, *The Quiet Reformer* (New York & Nashville, 1958); B. J. Verkamp, *The Indifferent Mean. Adiaphorism in the English Reformation to 1554* (Athens, OH, 1977).

P.T.

ADOÇÃO, ver Filiação.

ADOCIANISMO. Termo mais comumente aplicado à ideia de que Jesus era meramente um homem comum, mas de virtude ou proximidade com Deus, incomuns a quem Deus "adotou" em filiação divina. Essa elevação excepcional, que no adocianismo primitivo estava geralmente associada ao evento do batismo de Cristo, implica, no entanto, somente uma atividade divina especial sobre Jesus, ou nele, e não a presença individual em sua pessoa de um segundo membro da Trindade*, sob o nome próprio de Verbo (Logos*) ou Filho.

Embora seja escasso o material primitivo relativo ao adocianismo, tudo indica que o movimento passou a ser proeminente a partir do ensino de Teodoto, mercador de couro e erudito que vivia em Roma por volta do ano 190. Ele ensinava que o "Espírito" ou "Cristo" desceu sobre Jesus no batismo, induzindo poderes miraculosos em alguém que, embora supremamente virtuoso, era apenas um homem comum. Teodoto causou indignação aos seus críticos por definir Jesus como um "mero homem"

(*psilos anthrōpos* — daí o rótulo de "psilantropismo"), termo destacado, na própria definição dos adocianistas da sua prévia falta de fé, como uma negação "não de Deus, mas de um homem". De acordo com Hipólito*, Teodoto "estava determinado a negar a divindade de Cristo". Artemon, convertido em Roma ao ensino de Teodoto, procurou estabelecer a origem histórica do adocianismo; a significativa resposta de um contemporâneo, sustentada por alguns eruditos como de Hipólito, foi a de demonstrar que todos e cada um dos primitivos apologistas* cristãos "proclamam Cristo tanto sendo Deus como homem".

O mais famoso herdeiro da primitiva tradição do adocianismo foi Paulo de Samósata, o qual, segundo a maior parte dos testemunhos primitivos, está ligado firmemente ao ensino de Artemon. Paulo de Samósata foi condenado por suas ideias no Sínodo de Antioquia (268 d.C.). Não se possui nenhum registro contemporâneo de sua doutrina, mas não há dúvida de que ele é tido como tendo ensinado que Jesus era "por natureza um homem comum" (*koinou tēn physin anthrōpou*). No século seguinte, foi acusado por Eusébio*, historiador da igreja, de sustentar uma ideia aviltante de Cristo e, desse modo, negar "seu Deus e seu Senhor". Esse seu aviltamento, alegava Eusébio, suprimia o reconhecimento de que o Filho de Deus desceu do céu, confessando, pelo contrário, que Jesus tinha vindo "de baixo".

As cristologias modernas algumas vezes se defendem, com alguma propriedade, da suspeição

ADORAÇÃO

de adocianismo, por negarem, conscientemente, certos aspectos insustentáveis do movimento de adocianismo original, tais como a interpretação de uma presença divina não pessoal em Jesus, omissão da iniciativa divina nas realizações humanas e a falta de clareza quanto à distinção, no NT, entre a filiação de Cristo e a correlata adoção divina dos crentes. Esses aspectos duvidosos eram, no entanto, pelo menos no entender dos críticos do movimento, de certo modo secundários, em relação à identidade expressa inadequadamente pelo adocianismo do Jesus nascido de Maria. Seu erro característico foi, de fato, negar a origem e a identidade divinas de Jesus, considerando-o mero homem, erro combatido depois pelo titulo *Theotokos* (portadora de Deus) conferido a Maria*.

Adocianismo (ou adotianismo) é, tecnicamente, o título também para um movimento menos conhecido na igreja da Espanha, no século VIII, condenado por fazer a humanidade de Cristo participante de sua dignidade como Filho somente por adoção.

Ver também MONARQUIANISMO.

Bibliografia
Grillmeier, *Christ in Christian Tradition*, vol. 1: *From the Apostolic Age to Chaldecon AD 451* (London, [2]1975); J. N. D. Kelly, *Early Christian Doctrines* (London, [5]1977).

ADORAÇÃO. O senso de admiração do homem ante o magnificente, o assombroso ou o miraculoso dá uma ideia, em parte, do que seja "adoração". A resposta pode-se traduzir em mudez, paralisação, emulação ou dedicação.

Revelação e resposta
No centro da adoração cristã, está o próprio Deus. Dois elementos fundamentais são necessários à verdadeira adoração: a revelação, mediante a qual Deus se mostra ao homem, e a resposta, pela qual o homem, afetado pelo assombro, responde a Deus. Martinho Lutero afirmava que "conhecer a Deus é adorá-lo". Nessa afirmativa, ele resumia os dois aspectos da adoração. Insistia também em que a adoração não é algo extra e opcional para a pessoa piedosa, mas, sim, um sintoma ou expressão essencial desse conhecimento.

Deus se faz conhecido de diversas maneiras: mediante suas obras na criação (Sl 19.1); por meio de sua palavra escrita (Sl 19.7); e, de modo supremo, por meio de Jesus Cristo (Jo 1.18), assim como do Espírito Santo (Jo 16.13).

A adoração cristã se apoia nessa revelação. Está, assim, fundada na teologia — o conhecimento de Deus. O caminho mais curto para uma adoração mais profunda e mais rica é uma teologia mais clara. Isso capacita o adorador a conhecer quem e quão grande é Deus. Além disso, informa ao adorador sobre como Deus quer que a adoração seja expressa.

Culto
As palavras bíblicas usadas para adoração transmitem uma compreensão significativa de sua natureza. Uma das palavras hebraicas mais comuns deriva da raiz '*ebed*, que significa "serviçal". Contém, assim, a ideia de serviço de toda espécie,

ADORAÇÃO

de atos de adoração como o fazem os coros (*e.g.*, Êx 3.12; 20.5; Dt 6.13; 10.12; Js 24.15; Sl 2.11). Já o uso ocasional da palavra *hištahᵃwâ* (prostrar-se, seja religiosamente seja durante a realização de um dever), refere-se exclusivamente, no AT, a atos rituais (Gn 27.29; 49.23). Seu equivalente grego, *proskyneō*, é usado mais extensivamente na LXX e no NT (*e.g.*, Mt 4.9,10; 14.33; Mc 15.19; At 10.25).

As duas palavras mais importantes com o significado de adoração no NT são: 1. *latreia*, na acepção de "serviço" ou "adoração", dependendo a tradução exata do contexto (ver, especialmente, Rm 12.1 e discussão em comentários, assim como Mt 4.10; Lc 2.37; At 26.7; Hb 8.5; 9.9); 2. *leitourgia*, palavra tomada do uso secular, significando serviço à comunidade ou ao Estado, geralmente sem ônus ou salário (Lc 1.23; 2Co 9.12; Fp 2.30; Hb 9.21; 10.11), implicando que adoração cristã e serviço são, essencialmente, a mesma coisa.

Segundo a Bíblia, somente Deus deve ser adorado ou servido (Êx 20.1-3). Ele deve ser servido pelo ser humano na totalidade deste (Dt 6.5; Lc 10.27): tanto a mente como as emoções, o físico como os sentimentos devem se combinar no louvor de Deus. A verdadeira natureza de Deus, sobrepujante em seus atributos, exige do homem tudo de si. A adoração pessoal, individual, é praticada (*e.g.*, Salmos), e atos coletivos são descritos (*e.g.*, 2Cr 7). O hino de Wesley, Ah, se eu tivesse mil vozes para cantar o louvor de meu grande Redentor", reflete este fato: de que Deus é tão grande que ninguém pode adorá-lo adequadamente.

Deus transcendente e imanente

A tensão entre a transcendência de Deus (sua total alteridade) e imanência (estar disponível) tem frequentemente causado dissensão. Em ambos os Testamentos, esses atributos são explícitos (Êx 19.10; Jó 38—41; Sl 8; Is 40.12ss; Jo 1.1-14; Hb 1—2; e Gn 3.8; Dt 7.21,22; Sl 23; Is 43.1,2; Mt 1.23; 28.20; Fp 4.19). A partir do AT, fica claro que o pecado* separa o povo de Deus, mas, mediante sacrifício, o Senhor efetua nova aliança (Gn 3; Lv 26; *cf.* Redenção*). Com a expiação* definitiva, feita pelo próprio sacrifício* de Jesus*, os rituais de Êxodo, Levítico, Números e Deuteronômio não são mais relevantes; mas sua exposição cuidadosa é ainda importante, porque eles revelam princípios permanentes da adoração. Por exemplo, a sinceridade, a pureza e a santidade são exigências constantes, assim como a oferta daquilo que se tem de melhor para Deus (*e.g.*, Êx 24—40; Lv 1—10; 16; 21—27; Nm 7; 15; 28; 2Cr 3—4).

No NT, os mandamentos de Jesus implicam amplo entendimento de adoração e serviço (*e.g.*, comunhão, Jo 13.34; ordenanças, Mt 28.19,20; 1Co 11.23,24; evangelização, Mt 28.19,20). O cumprimento desses mandamentos é adoração — "no esplendor da sua santidade" (Sl 96.9).

Com o derramamento do Espírito de Deus sobre todos os crentes em Cristo (At 2), em Pentecoste, em cumprimento à profecia (Jl 2.28-32; Jo 14.26; 16.7), a igreja fica capacitada como "reino e sacerdotes para servir a [...] Deus" (Ap 1.6; Êx 19.6). De tempos em tempos, em sua história, a igreja tem-se engajado em controvérsias

ADORAÇÃO

divisoras a respeito da natureza dos dons* do Espírito, mas os cristãos, sem exceção, concordam em que a capacitação do Espírito é vital para o serviço de adoração.

Adoração na história

Desde o começo, a igreja cristã reconheceu a si mesma como um povo que adora, e não tanto como um lugar de adoração. Na igreja primitiva, os cristãos normalmente adoravam em lares (At 2.46; 11; 12.12), lugares públicos (At 19.9), sinagogas (At 13.14ss; 14.1; 17.1,2) e no templo (At 2.46; 3). A evangelização era feita naqueles lugares e ao ar livre (At 16.13,14; 17.22,23). A conversão do imperador Constantino (312 d.C.) trouxe maior liberdade para a construção de basílicas para a adoração coletiva.

A música e o canto eram partes importantes da adoração do judaísmo bíblico (*e.g.*, Salmos; 1Cr 16.7ss; 25). Constituía, juntamente com a leitura e explanação das Escrituras e a oração, o cerne da adoração na sinagoga, mantendo-se paralelamente ao aspecto sacrifical da adoração templária (1Cr 22.17-19; 2Cr 6.12ss; Ne 8.1-8). Os cristãos primitivos adotaram a música e o canto em suas reuniões (Cl 3.16; Ef 5.19), assim como na devoção pessoal (At 16.25), embora a história mostre sensíveis diferenças de opinião a respeito da posição da música e de outras artes criativas na adoração.

A divisão entre a igreja do Oriente e a do Ocidente, no século XI, refletiu tensões nos pontos de vista quanto à adoração, para as quais contribuíram o elemento místico mais forte do Oriente e o elemento racional do Ocidente.

Com a Reforma*, a prática religiosa no Ocidente foi grandemente liberta da superstição e daquilo que se havia tornado meramente cerimonial ou ritual. A ênfase da Reforma na palavra como centro da adoração levou ao realce protestante na pregação*, na condição de sacramento real e da mais elevada razão de ser da adoração coletiva. No contexto de exposição da Escritura com amplitude mental, relevância e entusiasmo, a liturgia de música e oração se tornou mais simples e menos ritualística. Essa ênfase tem estado por detrás da adoração evangélica até hoje, aliada a um destaque sobre a necessidade de avivamento do pregador e da congregação pelo Espírito Santo. As tensões continuam entre os que buscam uma liturgia comum, unindo igrejas onde quer que se reúnam, e os que se apoiam em uma expressão espontânea da fé. Muitos têm achado ser necessária a liberdade de se poder usar ambas as formas. O que é central na adoração cristã não é a "forma", mas, sim, a presença do Deus trino, que, mediante sua palavra, a Bíblia, e seu Espírito Santo, aviva, ilumina e capacita todos que creem a fim de que possam adorá-lo em espírito e em verdade.

Bibliografia

J. J. von Allmen, *Worship — Its Theology and Practice* (London, 1965); O. Cullmann, *Early Christian Worship* (London, 1953); R. P. Martin, *The Worship of God* (Grand Rapids, MI, 1982); N. Micklem, *Christian Worship* (Oxford, 1936); J. I. Packer, *Keep in Step with the Spirit* (Leicester, 1984); R. Otto, *The Idea of the Holy* (Oxford, 1923); E.

ADVENTISMO DO SÉTIMO DIA

Underhill, *Worship* (London, 1948). Artigos em *HDB*; *ERE*.

P.D.M.

ADVENTISMO DO SÉTIMO DIA. A Igreja Adventista do Sétimo Dia teve início oficialmente em 1863, quando se realizou sua primeira Conferência Geral, nos Estados Unidos. William Miller (1782-1849), estudioso leigo da Bíblia (mais tarde, pregador batista) predisse que Cristo retornaria à terra a qualquer instante entre 21 de março de 1843 e 21 de março de 1844. Um dos seguidores de Miller adiou a segunda data, depois, para 22 de outubro de 1844. Um "grande desapontamento" ocorreu, no entanto, quando Cristo não retornou à terra naquele dia.

Os três grupos sucessores dos "mileritas" se uniriam, mais tarde, para formar uma Igreja Adventista do Sétimo Dia. O primeiro deles era o grupo alinhado em torno de Hiram Edson (1806-1882), que, na manhã seguinte ao "grande desapontamento", teve uma visão de Cristo entrando em um santuário celestial — que ele interpretou como o significado real da profecia de Miller; o segundo era o grupo que seguia Joseph Bates (1792-1872), capitão da Marinha americana aposentado, que por meio de estudo individual da Bíblia se tornou convencido de que o sétimo dia era o próprio *Sabbath** dos judeus; o terceiro, o grupo dos seguidores de Ellen G. White (1827-1915), que começou a ter visões, firmando vários dos ensinamentos que seriam adotados posteriormente pelos adventistas, e que foi reconhecida como dotada de dom profético.

As primeiras sedes centrais da Igreja Adventista do Sétimo Dia foram em Battle Creek, Michigan, sendo transferida, em 1903, para Takoma Park, subúrbio de Washington, DC. O total de membros no mundo, em 1985, era calculado em 4.863.047. Quatro entre cada cinco adventistas do sétimo dia residem fora dos Estados Unidos. Os adventistas sustentam um ambicioso programa missionário e são muito ativos em empreendimentos educacionais e médicos.

A denominação compartilha com os demais grupos evangélicos doutrinas como as da Trindade, da divindade de Cristo, da obra expiatória de Cristo e de sua segunda vinda. Mas os adventistas sustentam também doutrinas que os colocam à parte da cristandade evangélica. Uma delas é o ensino de que o dia próprio de descanso para o cristão é o sábado, o sétimo dia semanal dos judeus. Outra é a doutrina do chamado "julgamento investigativo" — ou seja, de que após a morte de cada pessoa é realizada uma investigação de sua vida para determinar e revelar se será considerada digna de participar da "primeira ressurreição" (a ressurreição dos crentes). Ensina-se, além disso, que a Igreja Adventista do Sétimo Dia é a "igreja remanescente", a saber, o último remanescente do povo que guarda os mandamentos de Deus. Uma das marcas da igreja remanescente, dizem os adventistas, seria o dom de profecia* que foi dado a Ellen G. White, sendo seus ensinos considerados fundamentais na teologia adventista. Observam, ainda, normas de alimentação natural, sendo os adventistas mais conservadores, quase sempre, vegetarianos.

AGOSTINHO

O Adventismo do Sétimo Dia pode ser considerado um ramo do cristianismo evangélico? Isso ainda não está bem definido. A alegação adventista de ser sua igreja a única remanescente implica que todos os outros cristãos estão vivendo sob algum grau de trevas. Ellen G. White disse, certa vez, que a observância do sábado como sétimo dia distinguia os súditos leais de Deus dos transgressores. Muitos adventistas, hoje, gostariam de ser considerados cristãos evangélicos, e, em anos recentes, tem havido considerável discussão interna sobre questões doutrinárias centrais. Mas a doutrina da igreja remanescente, que permanece como um ensino oficial adventista, parece tornar difícil, senão impossível, sua identificação com as principais correntes evangélicas.

Bibliografia
Seventh-day Adventists Answer Questions on Doctrine (Hagerstown, MD, 1957); D. M. Canright, *Seventy-day Adventism Renounced* (1889; reimpr. Grand Rapids, MI, 1961); J. Craven, The Wall of Adventism, *CT* 28 (1984), p. 20-25; A. A. Hoekema, *The Four Major Cults* (Exeter, 1963); G. Land, (ed.), *Adventism in America: A History* (Grand Rapids, MI, 1986); G. J. Paxton, *The Shaking of Adventism — A documental account of the crisis among Adventists over the doctrine of justification by faith* (Grand Rapids, MI, 1978).

A.A.H

AGAPE, ver Amor; Nygren, Anders.

AGNOSTICISMO. Termo cunhado por T. H. Huxley (1825-95) para expressar a perspectiva de que a evidência da existência de Deus é contrabalançada pela evidência contra ela e que, assim, a única posição consistente em relação à questão é não julgar. À medida que o agnosticismo se fundamenta na ética da crença que exige que se acredite apenas no que apresenta evidência suficiente, a posição agnóstica foi desafiada de forma interessante por William James (1842-1910), que argumentava ser racional acreditar sem evidência suficiente quando a escolha envolvida era "viva, poderosa e coerciva".

O agnosticismo, se não no nome, é, de fato, uma consequência dos argumentos de Kant a respeito do conhecimento humano estar preso às categorias de tempo e de espaço. Deus, que está além do tempo e do espaço, é o incognoscível. É mais um agnosticismo a respeito de Deus que sobre a questão de se ele existe ou não. Mais recentemente, esse debate mais antigo a respeito do limite do conhecimento humano foi suplantado pelas declarações inspiradas pelo positivismo de que a própria linguagem utilizada para falar de Deus, do ponto de vista cognitivo, é sem sentido, pois não é verificável (veja Positivismo lógico).

O agnosticismo sempre foi um elemento na teologia que quer observar os limites da revelação divina e evitar a especulação, além de reconhecer que falar de Deus contém elementos analógicos.

AGOSTINHO (354-430). O maior teólogo entre os pais latinos e um dos maiores de todos os tempos. Sua influência dominou o cristianismo medieval no Ocidente (onde

AGOSTINHO

se tornou um dos quatro "Doutores da Igreja") e proporcionou o mais poderoso estímulo não bíblico para a Reforma. Tanto para católicos quanto para protestantes, permanece como uma grande fonte teológica.

Vida

Agostinho nasceu em Tagaste, no norte da África sob governo romano (atual Souk Ahras, na Argélia), filho de Patricius, que mais tarde se tornaria cristão, e da piedosa Mônica, que o levou a ser catecúmeno ainda na infância. Suas *Confissões* (espécie de autobiografia espiritual e intelectual) são a principal fonte para se conhecer seu desenvolvimento. Durante sua formação, local e, depois, em Cartago, sua conexão com o cristianismo era tênue. Distinguiu-se, nos estudos, em literatura e retórica, mas nunca dominou o grego. Sua leitura de *Hortensius* (373), obra perdida de Cícero, inflamou-o com ardente amor pela sabedoria divina (filosofia), pelo que se voltou para o maniqueísmo*, deprezando a leitura das Escrituras. Enquanto ensinava retórica na África e em Roma (383) e Milão (384), permaneceu adepto do maniqueísmo, a despeito do crescente desencanto com suas pretensões intelectuais.

Foi em Milão que se converteu. Sua conversão (386) e batismo (Páscoa de 387) resultaram das persistentes orações de sua mãe, Mônica, da pregação do bispo Ambrósio* (que lhe mostrou como interpretar a Bíblia espiritualmente ou alegoricamente e cuja sabedoria o impressionou profundamente), dos escritos neoplatônicos de Plotino e Porfírio (que completaram sua libertação das algemas do maniqueísmo) e do impacto do movimento ascético* do Oriente. Seu ideal era agora a busca contemplativa da verdade pelos caminhos gêmeos da razão e da fé, e ele os palmilhou tanto em retiro antes de seu batismo como em uma comunidade ascética após voltar a Tagaste.

Seus escritos desse período, parcialmente dirigidos contra o maniqueísmo, mostram quão profundamente o neoplatonismo (ver Platonismo*) o influenciou. Diversos deles são diálogos no estilo de Platão. Agostinho esperava confiantemente que a filosofia platônica pudesse revelar os tesouros da fé da igreja (*cf. Religião verdadeira*, 389-391). Para defender a posição da fé e da autoridade na religião, contra as objeções dos maniqueístas, argumentou que a fé deve preceder o entendimento (*cf.* Is 7.9, LXX), mas possui as próprias bases em que se apoia — bases que ele encontrou nas realizações morais e numéricas da igreja mundial (*cf. O proveito de crer*, 391-392). Contra o determinismo maniqueísta, insistiu em que o pecado culpável procede somente do abuso do livre-arbítrio* (*cf. Livre-arbítrio*, 391-395). Contra o dualismo* maniqueísta, enfatizou a bondade da criação* e adaptou a abordagem neoplatônica do mal*, vendo-o como ausência do bem, carente de realidade substancial. Seu platonismo cristão nutria alta estima pelo potencial moral e espiritual do homem.

Em 391, Agostinho foi recrutado para o ministério da igreja em Hipona (atual Annaba). Logo se tornava bispo de sua congregação (396), fazendo da casa do bispo um seminário asceta com cabido. As necessidades da igreja passaram a determinar cada vez mais sua produção teológica. Dedicou-se intensamente ao estudo das Escrituras, especialmente em Paulo, sob o incentivo de Ticônio (*c.* 370-390), donatista* não conformista de quem Agostinho aprendeu sobre diversos pontos significativos. A exposição à realidade pastoral também prontamente minou seu otimismo humanista, conduzindo a uma consciência mais profunda da fraqueza e da perversidade humanas. Fruto dessa mudança é a análise perscrutadora de sua própria pecaminosidade nas *Confissões* (397-401). Outra decorrência foi *Para Simplício*, sobre questões diversas (396), em que mostra haver Romanos 9.10-29 o convencido das inter-relações básicas entre eleição, graça, fé e livre-arbítrio, que mais tarde defenderia contra os pelagianos*. Somente nessa subsequente controvérsia, percebeu ele que Romanos 7.7-25 deveria se referir ao cristão, e não a uma pessoa sob a lei anterior à graça, como argumenta em *Simplício*.

Em Hipona, Agostinho continuou a refutar os erros maniqueístas. Defendendo o AT das críticas destes, apresentou a argumentação cristã mais substancial, até época, sobre a questão das guerras justas (em *Contra Fausto,* 397-398). Mas os adversários donatistas da igreja passaram a se tornar sua principal preocupação, oferecendo ele, então, importante contribuição para as doutrinas ocidentais sobre a igreja* e os sacramentos* (*cf.* especialmente *Contra a carta de Parmenas*, 440; *Batismo, contra os donatistas*, 400-401; *Contra as cartas de Petílio*, 401-405; e *A uni-*

dade da Igreja Católica, 405). Os ensinos de Agostinho se basearam em Ticônio e em Optato de Milevis (*c.* 365-385), o único prior católico da África que era crítico do donatismo com consistência teológica.

Donatismo

Às argumentações exclusivas do donatismo, Agostinho opôs tanto a universalidade (ou catolicidade) da igreja, conforme predito nas Escrituras, quanto o seu caráter misto, ou seja, o de conter o joio e o trigo, juntos, até o juízo final. A busca por uma comunidade pura estava condenada a falhar (porque somente Deus conhece quem são os seus), sendo contrária às Escrituras. A santidade da igreja não é a de seus membros, mas, sim, a de Cristo, seu cabeça, e só seria realizada escatologicamente. Agostinho enfatiza a ligação entre Cristo e seu corpo de tal modo que poderia deles dizer serem "um Cristo amando a si mesmo", ou até "uma única pessoa'" compactada pelo amor ou pelo Espírito (que Agostinho identificou intimamente — ver abaixo).

Visto que o cisma* é, acima de tudo, uma ofensa ao amor, os cismáticos não possuem o Espírito de amor. Embora professem a fé católica e administrem os sacramentos, estes permanecem sem proveito para eles até que entrem para o rebanho católico, que é a única esfera do Espírito. Todavia, reforçando o abandono, ocorrido no século IV, da posição africana original (*cf.* Cipriano*), Agostinho argumenta que os sacramentos cismáticos ou heréticos são válidos (mas não regulares), porque a validade deles não depende da dignidade do

AGOSTINHO

ministro humano, mas de Cristo, que é o verdadeiro ministro dos sacramentos. Agostinho pode, assim, aceitar os donatistas na igreja sem exigir deles o (re)batismo* ou a (re)ordenação, mas é bastante sutil sua distinção entre a validade sacramental (dependente de Cristo) e o proveito sacramental (dependente do Espírito). Era a própria doutrina da igreja que realmente precisava de desenvolvimento para poder acomodar os cismas ortodoxos como o donatismo. A distinção artificial feita por Agostinho ajudou a apadrinhar a infeliz noção do "caráter" indelével dos sacramentos, sem considerar seu relacionamento com a comunidade eclesiástica.

Agostinho ofereceu também uma justificação teológica à coerção dos hereges e cismáticos (*Epístola* 93, 408; *Epístola* 185, 417). As ameaças e sanções deveriam ser essencialmente corretivas (e, assim, nunca poderiam incluir a pena de morte), mediante serviço especial à religião por cristãos exercendo uma tarefa de natureza secular. Agostinho adotou basicamente essa diretriz por motivos pragmáticos, mas a defendeu com o uso dúbio das Escrituras (incluindo textos como Lc 14.23) e em termos de como Deus lidava com a humanidade recalcitrante — por meio de rigorosa disciplina de sua "severidade benevolente". Nesse contexto foi que Agostinho proferiu seu ditado frequentemente citado de modo errôneo: "Ame, e faça o que quiser" — por ele emitido em favor de um castigo corretivo de caráter paternal.

Pelagianismo

O legado mais influente de Agostinho ao protestantismo foi a sua obra antipelagiana (411-430). Desde o primeiro de seus muitos escritos (*Os méritos e a remissão dos pecados e o batismo infantil*, 411-412), ele uniu diversas ênfases dos pelagianos* em uma única heresia. A controvérsia se desenvolveu em três fases: contra Celéstio e Pelágio (411-418: *O Espírito e a letra*; *Natureza e Graça*, *A perfeição da justiça humana*, *A Graça de Cristo e o pecado original*, *Epístola* 194); contra Juliano (419-430: *Casamento e concupiscência*, *Contra duas cartas dos pelagianos*, *Contra Juliano*, *Obra inacabada contra Juliano*); e contra os monges, chamados "semipelagianos", da África e da Gália (427-430: *Graça e livre-arbítrio*, *Correção e graça*, *Epístola* 217, *A predestinação dos santos*, *O dom da perseverança*).

O longo conflito testemunhou a edificação, por Agostinho, de uma fortaleza teológica inexpugnável e tremenda, como jamais tinha havido. Seu material de construção incluiu: uma elevada visão das perfeições de Adão e Eva e, em decorrência disso, as desatrosas consequências da queda*; a insistência em que, havendo todos pecado "em Adão" (no que Agostinho usou da interpretação incorreta de Rm 5.12 nas *Ambrosiaster*), acham-se todos presos aos castigos decorrentes desse pecado — morte espiritual, culpa e a desordem doentia da natureza humana; "concupiscência", da qual nenhum ato sexual da humanidade decaída está isento (mesmo no casamento cristão), por ser o próprio meio de transmissão do pecado original de pais para filhos; a impossibilidade de haver mesmo que seja "o surgimento de fé" sem o dom da graça

AGOSTINHO

preveniente*, mediante cujo poder "a vontade é capacitada" a se voltar para Deus; a estrita limitação dessa graça a quem for batizado, de modo que a criança que venha a morrer sem estar batizada já se acha condenada ao inferno — a não ser, talvez, em virtude de um maior alcance de indulgência pela graça ou relativamente a um "número fixo" de eleitos que recebem a graça tão somente pela misericórdia livre e soberana de Deus, estando o resto da humanidade entregue aos seus justos merecimentos (Agostinho raramente fala de uma predestinação* divina para a condenação paralelamente à predestinação para a salvação); a negação de que Deus "deseja que todas as pessoas sejam salvas" e a disjunção de eleição e batismo, pois nem todos os batizados pertencem aos eleitos; a infalibilidade da redenção* eterna dos eleitos, em quem a graça de Deus opera irresistivelmente (mas não coercitivamente) e que recebem o "dom da perseverança"; e a apelação definitiva à inescrutabilidade dos juízos de Deus quando meros homens se atrevem a questioná-los.

A igreja, tanto no Ocidente quanto no Oriente, repudiou as crenças pelagianas básicas, mas não canonizou a visão total da refutação de Agostinho, fosse na mesma época fosse mais tarde, no Segundo Concílio de Orange (529). No próprio pensamento de Agostinho, identifica-se indubitável avanço em alguns pontos importantes, especialmente quanto à natureza e à transmissão do pecado original*, em comparação com a abordagem voluntarista do pecado em sua obra *Livre-arbítrio* (391-395). Tem

sido frequentemente levantada a questão (*e.g.*, por Harnack*) de se as doutrinas institucionais da igreja e do batismo contidas em seus escritos antidonatistas podem sobreviver ante a pesada carga antipelagiana do seu conceito de *certus numerus* de eleitos. Dogmaticamente, a falha deve estar na desconexão entre o Deus amoroso que elege alguns e o Deus justo que condena o restante. Todavia, em suas obras menos controversas (*e.g.*, *O Espírito e a letra*), a teologia de Agostinho oferece uma exposição do incomparável evangelho paulino pregado na igreja primitiva.

Trindade

Em seu longo labor da obra *Da Trindade* (399-410), Agostinho entregou-se à busca do entendimento da fé, livre das pressões de controvérsia. O resultado é um respeitável exercício em teologia dogmática, bem como uma investigação profundamente contemplativa. Ele dedica excepcional importância à ideia da plena igualdade das três pessoas divinas, que diferem somente em suas relações mútuas. Começa não com o Pai como a fonte da divindade, mas com o próprio Deus, de quem fala como tendo mais "essência" do que "substância" (para evitar implicações derivadas das categorias aristotélicas). Rejeita qualquer sugestão de que a essência única de Deus e das três pessoas exista em níveis diferentes, referindo-se em termos como "pessoa" e "hipóstase" para a própria essência divina em suas relações internas. A inseparabilidade das obras da Trindade o conduz à sugestão de que algumas das teofanias* do AT

AGOSTINHO

podem ter sido mais do Pai ou do Espírito do que do Filho.

Como alternativa quanto a "proceder" em relação à diferença do Espírito (como tendo sido "gerado" do Filho), Agostinho contempla o Espírito como "dom" e "amor". Na qualidade de vínculo de comunhão entre Pai e Filho, o Espírito é seu amor mútuo, assim como o dom que une o povo de Deus. Agostinho liga, assim, a Trindade e a igreja. O espírito é, sem ambiguidade, o Espírito de ambos, do Pai e do Filho, de forma que Agostinho é um claro adepto do *filioque*.

Uma vez que o ser humano foi feito à imagem* de toda a Trindade, Agostinho procura na criação do homem padrões de relacionamento que ajudem o entendimento das relações trinitárias. Com a ajuda de ideias neoplatônicas, encontra a mais sugestiva analogia na autorrelação da mente ou alma na memória (conhecimento latente de si mesma), no entendimento (compreensão ativa de si mesma) e na vontade ou no amor (ativando tal autoconhecimento). O modelo da mente seria mais próximo ainda disso, lembrando, conhecendo e amando o próprio Deus. Como imagem de Deus, o ser humano é chamado a se tornar mais semelhante a Deus. A contemplação das imagens da Trindade no homem serve, portanto, para conformá-lo à imagem divina. A teologia, a adoração e a santidade têm aqui um frutífero ponto de encontro.

Cidade de Deus

A obra *Cidade de Deus* também ocupou Agostinho por muitos anos (413-426). Oferece uma cristalização de grande alcance de seu pensamento sobre a história* e a sociedade*. O interesse dominante dessa obra é a história da salvação*, baseada na concepção cristã comum dos sete dias-eras do mundo. A era da igreja é no sexto dia, anterior ao sábado eterno. É o milênio de Apocalipse 20. Abandonando decisivamente o quiliasmo (milenarismo) do cristianismo primitivo, que havia sustentado em determinada época, Agostinho vê agora o período total entre a encarnação e a parúsia como homogêneo. Rejeita a teologia de Eusébio do Império Romano cristão como nova fase nos propósitos de Deus. A cidade de Deus, consistentemente, despreza a importância da história secular, mesmo a de Roma sob governantes cristãos. Pagãos e cristãos têm investido igualmente muito capital religioso nela. A existência da cidade de Deus sobre a terra é definitivamente independente do Estado ou da sociedade. Todas as instituições humanas são essencialmente ambíguas na visão de Agostinho, de forma que a cidade de Deus não pode ser identificada *simpliciter* com a igreja tanto quanto a cidade do Diabo o seria com Roma, porque somente Deus conhece os amores, de Deus ou do próprio ego, que nos torna cidadãos de uma cidade ou de outra.

A noção de Agostinho do papel do governo é minimalista: ele existe para refrear os excessos do pecado, embora os governantes cristãos, como cristãos, tenham o dever de promover a igreja. Está muito longe, também, de sugerir qualquer espécie de poder eclesiástico teocrático (como teoristas medievais erroneamente o entenderam). Como bom cristão platonista e

■ 43

teólogo bíblico, ele projeta a sólida realidade para além deste mundo, para o céu e para o futuro.

Bibliografia
A edição mais útil de obras (em andamento), *Bibliothèque Augustinienne* (Paris, 1947ss); P. Brown, *Augustine of Hippo* (London, 1967), com tabelas cronológicas e detalhes de obras, sobre os quais veja também B. Altaner, *Patrology* (New York, 1960); literatura atual é revista em *Revue des études augustiniennes*.

G. Bonner, *St. Augustine of Hippo* (London, [2]1986); H. Chadwick, *Augustine* (Oxford, 1986); H. A. Deane, *The Political and Social Ideas of St. Augustine* (New York & London, 1963); G. R. Evans, *Augustine on Evil* (Cambridge, 1982); E. Gilson, *The Christian Philosophy of St. Augustine* (London, 1961); S. J. Grabowski, *The Church: An Introduction to the Theology of St. Augustine* (St. Louis, 1957); A. Harnack, *History of Dogma*, vol. 5 (London, 1898); R. A. Markus, *in:* CHLGEMP, p. 341-419; *idem, Saeculum: History and Society in the Theology of St. Augustine* (Cambridge, 1970); J. B. Mozley, *A Treatise on the Augustinian Doctrine of Predestination* (London, [3]1883); J. J. O'Meara, *The Young Augustine* (London, 1954); A. Pincherle, *La formazione teologica di Sant'Agostino* (Roma, 1947); E. TeSelle, *Augustine the Theologian* (New York, 1970); G. G. Willis, *St. Augustine and the Donatist Controversy* (London, 1950).

D.F.W.

AGOSTINIANISMO. A influência de Agostinho tem sido tão grande no cristianismo ocidental que o presente levantamento só pôde ser seletivo, concentrando-se principalmente em suas "doutrinas da graça" (antipelagianas), às quais o agostinianismo, como um sistema teológico, mais comumente se refere.

A reação crítica aos escritos de Agostinho começou ainda em vida, com os pelagianos* e semipelagianos*. O resultado dessa controvérsia foi a canonização do cerne do ensino de Agostinho nos séculos V e VI, tendo confirmando o papa Bonifácio II, em 531, os decretos do Segundo Concílio de Orange.

Legado
Agostinho já desfrutava, porém, de elevada estima. Cesário de Arles (m. 542), que geralmente mostra ter sido mais do que simples adaptador de Agostinho, assim como outros pais da igreja posteriores, como Gregório, o Grande* e Isidoro de Sevilha (c. 560-636), tratam-no com respeitosa admiração. Muitos sumários e florilégios de seus escritos foram produzidos, como, por exemplo, por Próspero de Aquitânia (m. 463), Eugípio, um abade das proximidades de Nápolis (m. 535), Beda (m. 735) e Floro de Lião (m. c. 860). Na Renascença carolíngia, da qual uma das inspirações era a obra de Agostinho voltada para a cultura e a educação, *Da doutrina cristã*, fizeram muito uso de suas ideias as homilias de Paul Deacon (m. c. 800) e outras e os comentários bíblicos e compilações teológicas de Alcuin (m. 804), Walafrid Strabo (m. 849), Rabanus Maurus (m. 856) e muitos outros.

No século IX, Gottschalk* foi um expoente da controvérsia ao agostinianismo, em particular, quanto à dupla predestinação* e

AGOSTINIANISMO

ao supralapsarianismo. Entre seus oponentes, estava o neoplatônico Eriugena*, que devia muito a um outro lado de Agostinho, embora entre os que o sustentavam estivesse Ratramnus*, cuja visão mais espiritual da eucaristia* dirigia-se contra o ensino "realista" de Pascásio Radberto*. Ambos foram capazes de apelar para Agostinho — aspecto muito comum das disputas eucarísticas tardias.

Tanto Anselmo*, pioneiro da abordagem da nova escolástica* em teologia, como Bernardo*, um de seus críticos mais incisivos, muito ficaram devendo a Agostinho. A correlação da fé com a razão (ver Fé e Razão*) feita por Agostinho parecia uma justificação feita sob medida para o escolasticismo, enquanto a espiritualidade de Bernardo e sua obra *Graça e livre-arbítrio* usaram Agostinho com efeito totalmente diverso. Apesar de o escolasticismo substituir Platão* por Aristóteles* como apoio filosófico à teologia, Agostinho permaneceu sendo a autoridade predominante, nada menos que em Pedro Lombardo* e Tomás de Aquino*; mas a tendência dos escolásticos foi a de se inclinar cada vez mais para explanações da relação entre livre-arbítrio* e mérito* humano e a graça* divina, que eram, na verdade, semipelagianas.

Os franciscanos*, em particular, concederam um lugar de destaque a Agostinho em seus estudos teológicos. Boaventura*, por exemplo, era mais platonista do que aristoteliano, expondo uma teoria da iluminação não diferente da de Agostinho. Duns Scotus* assimilou também motivos agostinianos em sua ênfase sobre a liberdade de Deus e sobre vontade e amor.

O legado de Agostinho foi reconhecido, igualmente, por movimentos monásticos, que ganharam sua denominação em razão da obediência ao regulamento ou à regra agostiniana (que passou a ganhar influência somente no século XI, sendo até hoje discutida a autenticidade de suas diferentes versões). Confrarias de cônegos, ou padres, agostinianos (regulares) foram criadas durante a reforma gregoriana, no século XI, reunindo seus participantes não em uma única ordem, mas em congregações separadas. Entre essas, a dos vitorinos*, em Paris, que se constituiria destacada escola cultora do pensamento e da espiritualidade de Agostinho. Já a de Windesheim, nos séculos XIV e XV, contaria com os principais representantes monásticos do movimento de renovação conhecido como *Devotio Moderna*, em cujas fileiras pontificavam Geert de Groote (1340-1384), fundador dos Irmãos da Vida Comum, e Thomas à Kempis (ver Espiritualidade*). Erasmo*, altamente influenciado pela agitação que alimentou a Reforma* em diversos pontos, foi também, por algum tempo, padre agostiniano.

No século XIII, formava-se uma ordem de monges ou frades agostinianos. Originariamente eremitas, logo se tornaram mendicantes. Gregório de Rimini*, dirigente da ordem, era um teólogo agostiniano assumido. Os estudiosos têm analisado com interesse a força e a importância que exerceu um agostinianismo renovado entre os agostinianos em geral, nos séculos imediatamente precedentes à Reforma. Algumas dessas congregações de frades agostinianos, mais tarde,

AGOSTINIANISMO

aderiram à Reforma (tornaram-se congregações de estritos "observantes" do Regulamento), incluindo a confraria alemã, de que Lutero* fazia parte, em Erfurt, em 1505. Seu vigário geral era John Staupitz (1460/1469-1529), predecessor de Lutero como professor de Bíblia em Wittenberg. Era um expoente inflexível da doutrina da eleição, ensinada por Agostinho, que a ela correlacionou um pacto* unilateral, pelo qual Deus designou Cristo como mediador* da justificação* para os eleitos. Staupitz enfatizava o louvor a Deus, entusiasmado pela dependência total do homem à eleição e justificação divinas e por sua certeza de poder contar com a presença pessoal do Cristo ressurreto. A influência de Staupitz sobre Lutero foi significativa em uma época dramática para este, apontando-lhe o amor de Deus na cruz e dando a interpretação de suas tentações como um sinal de sua eleição divina. Carlstadt (c. 1450-1541), colega de Lutero e seu crítico radical, dedicou seu comentário sobre a obra de Agostinho *O Espírito e a letra* a Staupitz, embora tenha sido Lutero que o trouxe de volta ao estudo de Agostinho.

Os reformadores protestantes

Todos os reformadores de caráter dominador como que se assentaram aos pés de Agostinho. Eles beneficiaram-se da redescoberta da antiguidade cristã pela Renascença. Diversas novas edições de Agostinho foram impressas, notadamente por Erasmo. Por causa de sua lealdade a Agostinho, o protesto da Reforma foi dirigido contra a preponderância, na teologia medieval do final daquele período, de uma ou outra forma de equivalência do semipelagianismo. Os nominalistas*, tais como Guilherme de Occam* e Gabriel Biel*, ensinavam que fazer o que estava no poder natural de uma pessoa (*facere quod in se est*) representava a primeira infusão da graça procedente de Deus (*meritum de congruo*). O inglês Thomas Bradwardine* se opôs fortemente ao semipelagianismo de Occam com um agostinianismo relativamente extremo.

Os reformadores realçaram diferentes pontos em Agostinho. Calvino sistematizou mais plenamente sua doutrina da predestinação, enquanto Lutero foi atraído por sua inflexível descrição da humanidade decaída, provavelmente indo além da narrativa de Agostinho sobre a servidão da vontade. Em alguns elementos, como livre-arbítrio e pecado original, outros reformadores também favoreceram formulações divergentes, mas o cerne do agostinianismo foi, por toda parte, o coração do evangelho protestante.

Catolicismo romano

Roma, porém, não poderia permitir que os protestantes fossem considerados os verdadeiros intérpretes de Agostinho. Os dois séculos seguintes à Reforma foram marcados por controvérsias no catolicismo a respeito da importância dos ensinos de Agostinho. De forma concentrada, foi sendo descoberto continuamente o espectro de um criptoprotestantismo se infiltrando no rebanho católico. Michel Baius (De Bay, 1513-1589), teólogo de Louvain, Bélgica, que alegava ter lido setenta vezes as obras antipelagianas (!), teve condenadas, em 1567, por bula papal, muitas

AGOSTINIANISMO

das proposições de seus escritos. Baius, sem dúvida, esposava uma versão mais pronunciada do agostinianismo que o catolicismo da Contrareforma poderia tolerar. Isso se tornou evidente na adoção oficial pela, então, nova Ordem Jesuíta* das opiniões molinistas, substancialmente semipelagianas. Dominicanos* que acusavam os jesuítas de pelagianismo foram, por sua vez, acusados de calvinismo. Uma disposição papal de 1607, no entanto, permitiu essas duas principais correntes de ensino. A controvérsia irrompeu renovada um século depois, em torno de Henri Noris (1631-1704), eremita agostiniano, autor de uma história erudita do pelagianismo e defesa do agostinianismo contra o molinismo. O resultado foi mais uma autorização de adoção de sistemas diferentes de pensamento na igreja. Na prática, o molinismo semipelagiano dos jesuítas se tornou amplamente predominante.

O ano de 1640 viu a publicação de uma obra póstuma chamada *Augustinus*, escrita por Cornelius Jansen (1585-1638), holandês que lecionava em Louvain. Essa obra deflagrou um conflito bastante intenso, especialmente na França, onde o convento cisterciense de Port-Royal, com dois estabelecimentos, em Paris e próximo dali, tornou-se o quartel-general do jansenismo, sob a liderança de St. Cyran (Jean Duvergier de Hauranne, 1581-1643, abade de St. Cyran), Antoine Arnauld (1612-1694) e sua irmã Jacqueline Angélique (1591-1661), abadessa de Port-Royal. Eles receberam apoio dos dominicanos, de Pascal* e de outros, simpáticos a um movimento que se pretendia

também favorável à renovação da piedade e da devoção. O alvo principal dos jansenistas era a teologia dos jesuítas, especialmente o molinismo. Em 1653, o papa Inocêncio X condenou cinco proposições, supostamente extraídas do livro de Jansen, que afirmavam o seguinte: os mandamentos de Deus não podem ser cumpridos sem a graça; a graça é irresistível; o homem decaído é livre da coerção, mas não da necessidade; o erro dos semipelagianos era a negação da irresistibilidade da graça; é semipelagiano dizer que Cristo morreu por todos os membros da raça humana. Os jansenistas contestaram essa apresentação do ensino de Jansen, e a disputa continuou. Em 1713, uma condenação papal mais abrangente foi feita a uma obra escrita pelo francês Pasquier Quesnel (1634-1719), da congregação da Oratória. Port-Royal foi fechada em 1709, mas os jansenistas holandeses formaram um bispado independente, que tem sobrevivido como parte da Veterocatólica Igreja.

Essa longa controvérsia estimulou o extensivo estudo de Agostinho e dos episódios pelagianos. Um de seus frutos foi a edição de suas obras, considerada ainda a mais completa, feita pelos beneditinos mauristas (1679-1700). Concordâncias com os jansenistas são observadas entre os mauristas.

Desde o século XVIII, a teologia agostiniana tem sido uma questão menos controversa para os católicos. O estudo de suas obras continuou a aumentar com o advento de diversos periódicos e centros de pesquisa, especialmente o Institut des Études Augustiniennes [Instituto de Estudos Agostinianos], em

Paris. Na teologia construtiva, outros aspectos de seu pensamento têm despertado, de modo crescente, interesse mais intenso do que toda a sua obra antipelagiana.

Protestantismo
No protestantismo, o legado do agostinianismo antipelagiano tem sido grandemente considerado segundo as tradições luterana e reformada. O dualismo platônico* é tido por teólogos da tradição de Barth* como a maior falha estrutural no ensino de Agostinho. Eles também o culpam pela preocupação ocidental maior com a antropologia do que com a cristologia. O "realismo cristão" de Reinhold Niebuhr muito deve, explicitamente, a Agostinho, sendo sua obra *Natureza e destino do homem*, em geral, considerada como a *Cidade de Deus* da atualidade.

Bibliografia
N. J. Abercrombie, *The Origins of Jansenism* (Oxford, 1936); J. Cadier, "S. Augustin et le Réforme", *Rech. august.* 1 (1958), p. 357-371; L. Cristiani, "Luther et S. Augustin", *in Augustinus Magister*, vol. 2 (Paris, 1954), p. 1029-1035; H. De Lubac, *Augustinisme et théologie moderne* (Paris, 1963); A. Hamel, *Der Junge Luther und Augustin*, 2 vols. (Güttersloh, 1934-1935); H. Marrou, *St. Augustine and His Influence Through the Ages* (London, 1957); H. A. Oberman, *Masters of the Reformation* (Cambridge, 1981), cap. 6, The Augustine Renaissance in the Later Middle Ages; A. Sedgwick, *Jansenism in Seventeenth-Century France* (Charlottesville, VA, 1977); L. Smits, *S. Augustin dans l'oeuvre de Jean Calvin*, 2 vols. (As-

sen, 1957-1958); D. C. Steinmetz, *Misericordia Dei: The Theology of Johannes von Staupitz in Its Late Medieval Setting* (Leiden, 1968); D. Trapp, "Augustinian Theology of the Fourteenth Century", *Augustiniana* 6 (1956), p. 146-274.

D.F.W.

ALBERTO MAGNO (c. 1193-1280) estudioso, santo e bispo da igreja medieval que nasceu na Bavária em algum momento entre 1193 e 1206. Em 1223, ele ingressou na ordem dominicana e estudou nas universidades de Pádua e de Bolonha. Durante o período de 1228-40, ele lecionou em conventos da Alemanha, onde compôs uma série de comentários sobre a obra *Sentences* [*Sentenças*], de Pedro Lombardo. Ele frequentou a Universidade de Paris, obtendo seu doutorado lá e se tornando professor de 1245 a 1248. Foi nessa época que Tomás de Aquino foi seu aluno e assistente. Em 1248, ele foi enviado para Colônia a fim de instituir um novo currículo para sua ordem. Depois, ele tornou-se bispo de Regensburgo (1260-62). Ele, após deixar suas obrigações administrativas, passou o resto de sua vida em Colônia, onde foi escritor, professor e controversista.

Alberto foi um dos principais líderes do movimento conhecido como escolasticismo. Esse movimento, em sua definição mais ampla, foi o produto intelectual da tentativa das universidades medievais de harmonizar fé e razão. Houve escolásticos místicos, como Bernard* e Bonaventura, escolásticos empíricos, como Robert Grosseteste (c. 1175-1253) e Roger Bacon (c. 1214-92) e houve escolásticos

ALBIGENSES

racionais, como Alberto e Tomás de Aquino. Os escolásticos racionais, como os estudiosos judeus e árabes contemporâneos, tentavam conciliar sua fé com a filosofia de escritores pagãos da Antiguidade, especialmente Aristóteles,* por meio da razão.

Alberto sentiu-se atraído pelas obras científicas de Aristóteles, que estavam sendo traduzidas e estudadas nas universidades europeias pela primeira vez. Ele dominou esse assunto em uma série de trabalhos que foram republicados em 28 volumes (1890-99). Ele leva o crédito de ter instituído o estudo da natureza como uma preocupação legítima dos intelectuais cristãos do Ocidente. A abordagem enciclopédica da época levou-o a lidar com uma vasta gama de assuntos nas ciências naturais, incluindo geografia, psicologia, física, botânica, zoologia e mineralogia. Seus principais livros sobre o pensamento religioso são comentários sobre a obra de Lombardo, explicações dos profetas maiores e menores e um livro de teologia (*Summa theologiae* [*Suma teológica*]). Sua obra difere da de muitos outros escolásticos porque ele não comenta cada linha do texto, mas, em vez disso, parafraseia a obra e acrescenta suas próprias observações. Ele não foi tão bem-sucedido em desenvolver uma síntese entre o cristianismo e o pensamento aristotélico, como seu aluno Tomás de Aquino, mas ele insistiu na integridade tanto na área da revelação* como no reino da razão. Ele ensinou a importância do aprendizado secular, mas afirmou que, em última instância, esse conhecimento não pode contradizer a revelação divina.

Em um sentido, Alberto foi único, tendo vivido durante a "era dourada do escolasticismo" e, a despeito da vida muitíssimo atarefada e variada, dominou o mais avançado conhecimento de sua época. Ele, impaciente com outros que não tinham sua compreensão, combinou sua leitura de obras científicas com observações da natureza, tentando sempre ajustar os detalhes em esquemas coerentes. As realizações dele foram reconhecidas por seus contemporâneos, muitos dos quais acreditavam que elas se deviam à mágica. Ele foi canonizado em 1931 e tornou-se patrono dos que estudam ciências naturais.

Bibliografia
S. M. Albert, *Albert the Great* (Oxford, 1948); Thomas Maria Schwertner, *St Albert the Great* (Milwaukee, WI, 1932); James A. Weisheipl, *Albertus Magnus and the Sciences: Commemorative Essays* (Toronto, 1979).

R.G.C.

ALBIGENSES. O albigensianismo, seita medieval dualista, é o derradeiro herdeiro do ensinamento maniqueísta,* que se espalhou ao longo das rotas de comércio do Oriente Médio e se tornou popular no norte da Itália e no sul da França durante os séculos XI e XII. Os seguidores desse grupo, às vezes chamados de cataristas, ficaram conhecidos como albigensianos por causa de sua grande força centrada na cidade de Albi. Eles ensinavam que havia um deus de luz (espírito) e um deus de trevas (matéria). A vida perfeita, destituída de coisas materiais, podia ser alcançada por

ALEGRIA

meio do rigoroso asceticismo,* incluindo a abstinência de refeições e de sexo, e também pela condenação da igreja medieval. Eles também repudiavam o ensino ortodoxo a respeito de Cristo porque não acreditavam que o Filho de Deus pudesse se encarnar como homem.

Os albigensianos dividiam-se entre os "perfeitos", que seguiam de perto o ensinamento do grupo, e os "crentes", que podiam continuar a levar uma vida normal até estar à beira da morte, época em que podiam assegurar a salvação se eles se arrependessem. De início, o papado tentou trazê-los de volta à igreja por meios pacíficos, como o envio de pregadores especiais para o sul da França a fim de convertê-los. Contudo, em 1208, o representante papal foi morto em Toulouse, fazendo com que Inocente III (1160-1216) recorresse a uma cruzada que esmagou o movimento.

Bibliografia
S. Runciman, *The Medieval Manichee* (Cambridge, 1947).

R.G.C.

ALEGORIA, ver Hermenêutica.

ALEGRIA. Componente essencial de todo verdadeiro cristianismo, era um aspecto merecedor de destaque na religião hebraica, na melhor das hipóteses. A leitura da nova edição da lei levou a um grande regozijo, no tempo de Esdras, que resumiu o sentimento geral, declarando: "A alegria do Senhor é a nossa força [*ou*: os fortalecerá]" (Ne 8.10). O livro de Salmos ressoa cheio de alegria da adoração, especialmente a associada às grandes festas judaicas no templo, em Jerusalém.

O NT é "o livro mais cheio de ânimo, divertido e alegre do mundo" (J. Denney, *Studies in Theology* [London, 1895], p. 171). É um livro que contém razoável variedade de palavras com o sentido de alegria, palavras que nele ocorrem em um total de 325 vezes. Ali estão, por exemplo, a alegria exultante (*agalliasis* — *e.g.* At 2.46); o otimismo, que é o bom humor da fé (*euthymein*, ter bom ânimo — At 27.22,25); Paulo podendo exultar em Deus por causa da morte de Cristo (*kauchasthai*, jactar-se — Rm 5.11); e, nas bem-aventuranças, Jesus declarando felizes aqueles que demonstram determinadas características (*makarios*, bem-aventurados, felizes — Mt 5.3-11; Lc 6.20-22). A raiz mais comum para alegria no NT, contudo, é aquela que expressa alegria interior (*chara*, alegria; *chairein*, regozijar-se). Ela ocorre 146 vezes, do total dos 326 casos mencionados. Afinal, a mensagem predominante em todo o NT é a de "boas-novas de grande alegria, que são para todo o povo" (Lc 2.10).

Cada escritor do NT tem sempre alguma coisa a dizer sobre a alegria, em uma ou mais de suas variedades. O evangelho de Lucas, por excelência, é o evangelho da alegria, enquanto a carta de Paulo aos Filipenses, que tudo indica haver sido escrita na prisão, é a epístola do regozijo. Na literatura de João, esse apóstolo enfatiza a plenitude do júbilo (ver, *e.g.*, Jo 17.13; 1Jo 1.4). Pedro ensina a respeito da alegria no sofrimento (1Pe 3.14; 4.13,14), e a alegria da prática da religião é mostrada por Tiago (*e.g.*, Tg 1.25). A alegria dos redimidos é a que encontramos em Apocalipse (*e.g.*, Ap. 22.14).

ALIANÇA

A base da alegria cristã repousa nas principais doutrinas teológicas da fé: a paternidade de Deus* e o perdão de pecados, a encarnação*, a expiação*, a ressurreição de Cristo* e a doutrina do Espírito Santo*. Os cristãos regozijam-se porque Deus é seu Pai celestial, que perdoa o pecador arrependido; porque Deus enviou seu Filho ao mundo para a salvação de todo aquele que tem fé (Jo 3.16); porque Jesus Cristo não somente morreu, mas ressurgiu dentre os mortos; e porque a alegria é um dos nove frutos do Espírito (Gl 5.22). Tais são os firmes fundamentos teológicos da alegria cristã.

A alegria encontra expressão na nova atitude do crente para com a vida em sua totalidade e na adoração revitalizada. Esse último aspecto tornou-se conhecido em anos recentes, especialmente por meio do movimento carismático. Para o crente em Cristo, cada domingo é uma celebração da ressurreição e, como tal, deve sempre trazer consigo a alegria da Páscoa. A alegria, no entanto, não se limita ao primeiro dia da semana, mas afeta toda a vida diária e obra do cristão. A vida cristã, em seu todo, deve ser empregada no serviço alegre de Jesus.

Bibliografia
J. Moltmann, *Theology and Joy* (London, 1973); W. G. Morrice, *We Joy in God* (London, 1977); *idem, Joy in the New Testament* (Exeter, 1984).

W.G.M.

ALIANÇA, ver Pacto.

ALIENAÇÃO. É a experiência de ser um estranho, "fora de casa", estranho para os outros e para si mesmo. No NT, o verbo grego *apallotrioō* (estranhar, alienar) é encontrado somente em Efésios 2.12; 4.18 e Colossenses 1.21 e sempre na voz passiva (ver Stott, p. 90). Paulo se refere tanto à alienação da raça humana de Deus quanto à sua de seus correligionários. Essa alienação básica é superada na cruz de Cristo (ver Expiação*).

A alienação é também um tema das Escrituras, como um todo. A expulsão de Adão e Eva do Éden; a peregrinação de Caim como um fugitivo; a servidão de Israel no Egito e seu posterior exílio na Babilônia simbolizam, todos, uma alienação que faz parte da raça humana. Em Lucas 15, a parábola do filho pródigo, narrada por Jesus, oferece uma "anatomia microcósmica da alienação" (Jones, p. 176).

A palavra "alienação" por séculos significou a transferência de posse de bens ou insanidade mental. Desde a década de 1940, no entanto, a palavra passou a ser usada cada vez mais para descrever também a alienação social e cultural. Influências que contribuíram para isso foram, entre outras, a vasta desorientação causada pela Segunda Guerra Mundial e os escritos de Weber*, Kierkegaard* e de Tillich*.

Fonte importante constituiu também a obra, na época recentemente publicada, dos *Manuscritos econômicos e filosóficos* de Marx. Enquanto Hegel* e Feuerbach* tinham visto a alienação como parte do desenvolvimento da autoconsciência do homem, Marx a via como problema social e econômico urgente. Para ele, o homem era alienado na religião, sob o Estado, mas sobretudo em seu trabalho.

ALMA, ORIGEM

"Para Marx e Kierkegaard, o mundo em que Hegel se sentia 'em casa' se tornara alienado" (Löwith, p. 173).

Ao que parece, somos herdeiros desse mundo. A alienação, importante conceito em psicologia social, tem suas raízes em uma realidade teológica básica: a de que a raça humana está alienada de Deus, da criação, de seus semelhantes e de si mesma.

Bibliografia
EB (ed. 1974), vol. 1, p. 574-576; G. V. Jones, *The Art and Truth of the Parables* (London, 1964); K. Löwith, *From Hegel to Nietzsche: The Revolution in Nineteenth-Century Thought* (London, 1965); B. Ollman, *Alienation: Marx's Conception of Man in Capitalist Society* (Cambridge, 1976); J. R. W. Stott, *The Message of Ephesians: God's New Society* (Leicester, 1979); R. M. Vince, *Alienated Man: The Theme of Alienation in the Writings of Karl Marx and Søren Kierkegaard* (dissertação não publicada de Mestrado em Teologia no King's College, Londres, 1980).

R.M.V.

ALMA, ver ANTROPOLOGIA.

ALMA, ORIGEM. A origem da alma nos descendentes de Adão é uma questão que por longo tempo resistiu a uma explicação concorde entre os teólogos cristãos, em grande parte por terem as discussões assumido uma antropologia* que considerava a alma uma entidade diferente do corpo.

Para os pais primitivos, três seriam as principais opções:

1. *Preexistência*. O platonismo* inspirou a crença de que a alma desfrutaria de uma existência mais elevada antes de seu ingresso no corpo humano. Essa ideia coexistiu frequentemente com a noção de uma queda pré-cósmica e da transmigração da alma (ver Metempsicose*). Entre os gnósticos* e outros, a alma era apresentada como uma emanação da própria substância divina. Embora defendida por Orígenes*, essa ideia foi amplamente condenada nos séculos V e VI.

2. *Traducianismo* (também conhecido como *generacionismo*). Esta ideia preconiza que, tal como o corpo, a alma procede de pais para filhos mediante a procriação. Tal pensamento foi advogado por Tertuliano*, que, sob influência estóica*, acreditava que a alma era material. O traducianismo sustentava, de modo mais consentâneo, a doutrina de nossa solidariedade no pecado original* "em Adão" (consequentemente negada pelos pelagianos*), que se tornou ensino do luteranismo*.

3. *Criacionismo*. Esse ponto de vista tem desfrutado do mais amplo apoio, afirmando que Deus cria a alma *ex nihilo* para cada ser humano. (Isso conduz a uma questão adicional, a respeito de quando Deus implanta a alma — se na concepção ou em algum outro momento posterior na gestação.) O criacionismo é a doutrina oficial do catolicismo romano (reafirmado em 1950, na encíclica *Humani Generis*, contra o evolucionismo), mas tem geralmente recebido também apoio de teólogos reformados (*cf.* H. Heppe, *Reformed Dogmatics*, 1861, reimp. London, 1950, p. 227-231). Mantém, de modo mais determinado, a diferenciação entre a alma (*e.g.*, imortal*, imaterial e

ALTHAUS, PAUL

indivisível) e o corpo, assim como a posse de Cristo da alma humana liberta do pecado. (O apolinarismo* assumiu uma posição traducianista.) Os criacionistas encontram suporte bíblico em textos como Gênesis 2.7; Eclesiastes 12.7; Zacarias 12.1 e Hebreus 12.9.

As opções quanto a essa questão têm sido fortemente influenciadas pelos diferentes entendimentos a respeito do pecado original e do seu impacto sobre a natureza humana. Isso se mostra evidente nos constantes conflitos de Agostinho no tocante a esse tema. Ele permanece indeciso até o fim e somente a transmissão do pecado o resguarda de esposar o ponto de vista criacionista. As diferentes ideias dos reformados e luteranos a respeito relacionam-se também a suas perspectivas distintas quanto à queda do homem criado à imagem de Deus.

Na era moderna, a rejeição em larga escala pela teologia bíblica de todas as antropologias dicotomistas parece favorecer o traducianismo, mas, na verdade, subverte uma suposição comum a todas as tradições. A "alma" (palavra escassamente usada nas traduções modernas da Bíblia) não é uma parte da natureza humana, mas a caracteriza em sua totalidade, exatamente como o fazem "carne" e "espírito" (*cf*. Estado Intermediário*). Uma origem à parte ou diferente para a "alma" não entra mais em cogitação. Todavia, se devemos aos nossos pais a totalidade do nosso ser, a fé bíblica nega também que Deus não esteja mais ativamente criando (como alegava o traducianismo, citando Gn 2.2). A totalidade da pessoa humana, tanto alma como corpo, é uma criação divina maravilhosa (*cf*. Jó 10.8-12; Sl 33.4; 139.13-16, etc.), mesmo em sua formação no ventre materno.

Bibliografia
G. C. Berkouwer, *Man: The Image of God* (Grand Rapids, MI, 1962).

D.F.W.

ALTHAUS, PAUL (1888-1966). Um dos mais relevantes teólogos luteranos do século XX, Althaus teve uma longa carreira de magistério na Universidade de Erlangen, Alemanha. A maior parte de sua obra é caracterizada por um profundo entrosamento com o pensamento de Lutero*. Juntamente com contemporâneos seus, como Werner Elert (1885-1954), e sob a influência de seus mestres Holl* e Carl Stange (1870-1959), Althaus representa a mudança de um interesse puramente histórico em Lutero para o uso deste como fértil estímulo teológico. Seu restabelecimento de Lutero como teólogo corrige avaliações ritschilianas* prematuras, notadamente quanto à centralidade da doutrina da justificação de Lutero e sua teologia da cruz*, embora Althaus faça crítica do que considera o pessimismo excessivo de Lutero sobre o pecado e sua teologia eucarística. A própria dogmática de Althaus, em *Die christliche Wahrheit* [*A verdade cristã*), representa uma das principais alternativas ao entendimento cristocêntrico da revelação* por Barth. Entre seus outros escritos, estão uma escatologia, estudos de ética e um comentário sobre a epístola para os Romanos muito empregado.

Bibliografia
Obras em TI: *The Ethics of Martin Luther* (Philadelphia, 1972), ver

Prefácio; *The Theology of Martin Luther* (Philadelphia, 1966).

H. Grass, *in: TRE* 2, p. 329-337; W. Lohff, *in:* L. Reinisch (ed.), *Theologians of Our Time* (Notre Dame, IN, 1964), p. 48-64.

J.B.We.

AMBROSIASTER, ver AMBRÓSIO.

AMBRÓSIO (*c.* 339-397). De formação cristã no seio de família aristocrática romana, Ambrósio abraçou a carreira profissional da administração pública. Aos 30 anos, foi nomeado governador da Ligúria-Emília, com residência em Milão. Em 374, essa cidade entrou em agitação por causa da eleição episcopal. Ambrósio foi, então, eleito novo bispo por aclamação popular.

No exercício do cargo, revelou-se decidido oponente do arianismo*. Perito conhecedor da língua grega, pôde traduzir em latim claro o melhor da teologia oriental de Niceia. Frutos desse trabalho foram suas obras *Sobre a fé* e *Sobre o Espírito Santo*. Envolveu-se também politicamente pelo fim do arianismo, tomando providências para eliminá-lo da Ilíria. No entanto, por volta de 380, em Milão, foi pressionada pela própria mãe do imperador infante Valentiniano II para ceder uma igreja aos adeptos do arianismo naquela cidade. Ambrósio, tendo sua vida ameaçada, obteve sucesso na resistência contra os arianos, graças ao apoio da população local, baseando sua firme posição na alegação de que um templo de Deus não poderia jamais ser entregue assim justamente por um bispo.

Não foi essa a única ocasião em que Ambrósio afirmou a independência da igreja do controle imperial. No reinado de Teodósio I, imperador que se tornou responsável por indiscriminado massacre em Tessalônica, Ambrósio excomungou esse governante até que viesse a assumir penitência pública pela prática de tal crime. Teodósio aceitou a disciplina eclesiástica. Em outras oportunidades, porém, a asserção de Ambrósio como autoridade eclesiástica não foi tão feliz. O bispo de Callinicum havia estimulado alguns monges a queimar a sinagoga local. Teodósio queria que a sinagoga fosse reconstruída pelo bispo, mas Ambrósio o impediu, alegando que um imperador cristão não devia se mostrar favorável a judeus incrédulos. Ambrósio assumiu tal posição por não distinguir entre seus deveres pessoais e os do seu cargo público. Mas de um modo geral sua contribuição para a autoridade eclesiástica no Ocidente foi boa. Estabeleceu que havia esferas separadas de autoridade para a Igreja e para o Estado. Em algumas áreas, também, o imperador foi conduzido mediante orientação da igreja.

Ambrósio preocupava-se grandemente com os deveres práticos do episcopado, entre os quais deu destacado valor à instrução das Escrituras. Adquiriu considerável reputação como pregador (qualidade com que viria a contribuir significativamente para a conversão de Agostinho*), ao mesmo tempo em que seus escritos foram muito adequados como auxílio aos crentes em geral. Ele não deu origem a um pensamento teológico muito novo, embora tenha esboçado a doutrina do pecado original*. Mas em teologia eucarística* foi o primeiro no Ocidente a falar em mudança na natureza dos elementos, sendo ato

AMES, WILLIAM

eucarístico, quase criativo, produzido, segundo ele, pelo sacerdote, agindo no lugar de Cristo, ao repetir as palavras usadas pelo Senhor na última ceia. Ambrósio foi também destacado pioneiro no Ocidente em exegese alegórica (ver Hermenêutica*), neoplatonismo cristão e teologia ascética*.

Entre os muitos manuscritos de Ambrósio, encontra-se uma série de comentários sobre as epístolas paulinas. O verdadeiro autor desses escritos, chamados por Erasmo de *Ambrosiaster*, no entanto, foi um desconhecido contemporâneo de Ambrósio. Tais comentários exerceram importante influência no desenvolvimento da doutrina do pecado original, pela interpretação de Romanos 5.12 como do envolvimento da totalidade da raça humana no pecado de Adão e consequente legado de corrupção para todos os seus descendentes.

Ver também ESTOICISMO.

Bibliografia
F. H. Dudden, *The Life and Times of St Ambrose*, 2 vols. (Oxford, 1935); H. von Campenhausen, *The Fathers of the Latin Church* (London, 1964).

G.A.K.

AMES, WILLIAM, ver TEOLOGIA PURITANA.

AMIRALDISMO. Essa palavra é derivada da forma latina do nome de Moise Amyraut (1596-1664), talvez o mais eminente e influente professor da Academia Protestante Francesa de Saumur.

Essa instituição foi fundada em 1598 por decisão do Sínodo Nacional das Igrejas Reformadas Francesas. Desfrutou do favor especial de Philippe Duplessis-Mornay (1549-1623), governador de Saumur e um dos líderes protestantes mais destacados e influentes naquela virada de século. Tendo alcançado grande sucesso na França e nos países estrangeiros pelo seu brilho como faculdade, atraiu considerável número de estudantes, até vir a ser extinta por ordem do rei Luís XIV, com a revogação do Édito de Nantes, em 1685.

A escola ficaria conhecida também pelo seu encorajamento a ideias progressistas e por sua consideração especial aos nobres e abastados. Isso se tornou bastante claro na filosofia, pela vigorosa defesa dos ramistas (adeptos das ideias de Petrus Ramus, Pierre de la Ramée*) contra a lógica aristotélica*, que permanecia sendo o padrão em instituições mais tradicionais, como de Sedan, Genebra ou Leiden. Na teologia, a influência de John Cameron (1579-1625) foi ali um aspecto predominante, muito embora ele tenha lecionado em Saumur somente entre 1618 e 1621. Durante esse tempo, no entanto, pôde exercer grande influência sobre três de seus alunos: Louis Cappel (1585-1658), Josué de la Place (Placaeus, 1596-1655), e o mencionado Moise Amyraut.

Esses três estiveram envolvidos, cada qual individualmente, em controvérsias a respeito de ensinos cuja tendência era a de ampliar a ortodoxia reformada*, representada, por exemplo, no Sínodo de Dort*. Cappel tomou parte ativa em uma discussão relacionada à presença de sinais gráficos em vogais no texto hebraico original, afirmando,

AMIRALDISMO

em contenda com Johann Buxtorf, de Basileia, que esses sinais eram uma adição posterior, feita pelos massoretas (ver Crítica Bíblica*) para facilitar a leitura das Escrituras por pessoas que tivessem pouco conhecimento do hebraico. Os estudiosos, mais tarde, viriam a lhe dar razão, embora permaneça como verdadeiro que o texto sem os referidos sinais constitua um padrão indubitável de autenticidade. Placaeus promoveu a teoria da imputação mediata, de acordo com a qual os descendentes de Adão* não eram considerados culpados do pecado original, mas já nasciam corruptos como resultado daquele pecado, incorrendo assim no desagrado de Deus por causa de sua corrupção. O Sínodo Nacional de Charenton (1645) expressou suas reservas quanto a essa afirmativa, embora os teólogos de Saumur insistissem em que isso não significava que houvesse condenado as ideias de Placaeus.

Moise Amyraut foi, sem dúvida, o teólogo mais festejado dessa escola, onde atuou desde 1633 até a época de sua morte, em 1664. Esteve envolvido em séria discussão relativa ao alcance da graça divina, à predestinação* e à extensão da expiação* de Cristo. Pretendia ele suavizar o extremismo do ponto de vista reformado tradicional e ortodoxo a fim de superar dificuldades nas controvérsias com os católicos e possibilitar uma união dos protestantes em que reformados e luteranos pudessem, juntos, cerrar fileiras. Em seu Traité de la Prédestination [Tratado da predestinação] (1634), declarava que Deus, movido por seu amor pela raça humana, havia designado todos os seres humanos para a salvação, contanto que se arrependessem e cressem. Para implementar esse propósito, Deus enviou seu Filho, o Senhor Jesus Cristo, para morrer pelos pecados de toda a humanidade. Todavia, visto que os seres humanos não iam se arrepender nem creriam por sua própria iniciativa, Deus resolveu conceder seu Espírito, em medida especial, para alguns somente, os eleitos. A graça é vista, assim, como universal na provisão da salvação, mas como particular em sua aplicação. Considerando a questão desse modo, Amyraut pensava poder continuar adepto dos Cânones de Dort e, ao mesmo tempo, oferecer uma mostra da benevolência de Deus mais fiel às Escrituras, na verdade à Calvino*, em vez de recorrer a uma abordagem totalmente particularista, que caracterizava a ortodoxia reformada no segundo quartel do século XVII.

As ideias de Amyraut ganharam o apoio de seus colegas de Saumur e dos pastores da influente Igreja Reformada de Charenton, próxima a Paris. Ele recebeu forte oposição de Pierre du Moulin, de Sedan (1568-1658), André Rivet, da Holanda (1572-1651), e Friedrich Spanheim, de Genebra e Leiden (1600-1649). No Sínodo Nacional de Alençon (1637), Amyraut foi admoestado, mas não condenado por heresia. A controvérsia se inflamou até 1661, com três períodos de intensidade especial: 1634-1637, 1641-1649 e 1655-1661. No último período, Amyraut não participou dos debates, levados a efeito por Jean Daillé (Dallaeus, 1594-1670) e por Samuel Desmarets (Maresius, 1599-1673).

AMOR

Várias avaliações do impacto da teologia de Saumur têm sido realizadas. Parece evidente que ela tendia a enfraquecer a unidade do pensamento reformado e a abrir a porta para crescentes desvios da ortodoxia reformada. Pode ter contribuído para levar Luís XIV e seus conselheiros à ideia de não haver incompatibilidade intrínseca entre a fé reformada e o catolicismo. Assim, foi o rei levado a crer, erroneamente, que a revogação do Édito de Nantes não causaria grande tumulto na França.

Os três professores de Saumur produziram juntos a grande obra *Theses Theologicae Salmurienses* [*Teses teológicas salmurienses*] (4 partes em 2 vols., 1664 e, novamente, 1665), que se tornou, com frequência, manual de estudo da teologia.

Um dos alunos e sucessores de Amyraut em Saumur, Claude Pajon (1625-1685), levou sua tendência ainda mais longe ao definir a obra da regeneração* como apenas uma iluminação da mente, que produziria, necessariamente, uma mudança na direção da vontade humana (congruísmo; ver Mérito*). Essa ideia, que recebeu forte oposição de Pierre Jurieu (1637-1713), fez aumentar as apreensões a respeito da ortodoxia de Saumur. Em 1675, J. H. Heidegger criaria, em conjunto com F. Turretin (1623-1687) e L. Gernler, a *Formula Consensus Helvetica* [*Regra de consenso helvética*], elaborada especificamente como um documento anti-Saumur. Todavia, a influência de Saumur se fez sentir em todos os países para os quais os protestantes franceses fugiram após a revogação do Édito de Nantes.

Bibliografia

A mais completa abordagem a respeito de Saumur pode ainda ser encontrada em P. Daniel Bourchenin, *Étude sur les Académies protestantes en France au XVIIe et au XVIIIe siècles* (Paris, 1882). Pesquisas feitas por Jean Paul Pittion no Trinity College, de Dublin, Eire, são muito valiosas, mas de difícil acesso.

Brian Armstrong, *Calvinism and the Amyraut Heresy* (Madison, WI, 1969); François Laplanche, *Orthodoxie et Prédication* (Paris, 1965); J. Leith, *Creeds of the Churches* (Richmond, VA, [3]1982); Roger Nicole, *Moyse Amyraut. A Bibliography* (New York & London, 1981); P. Schaff, *Creeds of Christendom,* vol. 1 (London, 1877), p. 477-489; B. B. Warfield, *The Plan of Salvation* (Grand Rapids, MI, 1942). Considerem-se também as dissertações de doutorado feitas por J. Moltmann, em Göttingen (1951), e L. Proctor, em Leeds (1952).

R.N.

AMOR. Cristo sintetizou todo o nosso dever de amar a Deus com a totalidade do nosso ser e ao próximo como a nós mesmos (Mt 22.34-40). Mas o que é amor?

Os vários tipos de "amor"

No AT, a palavra hebraica mais comum para "amor", *āhēb*, tem conotações tão amplas quanto a referida palavra em nosso idioma, mas no grego diversas palavras são usadas para descrever os diferentes tipos e facetas do amor. *Storgē* significa "afeição natural" (como, por exemplo, entre mãe e filho); *philia*, a afeição de amigos ou de espíritos familiares (ou, ainda, gosto por alguma coisa); e *erōs*, a

AMOR

atração do desejo, especialmente no amor sexual (embora empregado às vezes, também com um significado filosófico mais elevado). Mas é *agapē* o substantivo grego, relativamente incomum, usado tanto na LXX quanto no NT para descrever o amor autodoador de Deus*, revelado em Jesus Cristo* (ver Graça*), e que constitui o poder motivador e o padrão da vida cristã. Todos esses quatro tipos de "amor" denotam, em comum e ao mesmo tempo, um estado interior de sentimento ou disposição do coração, além de uma atitude mental ou modo de pensar, bem como uma forma de conduta, de ação ou reação, para com o(s) objeto(s) do amor.

Agapē e erōs

Agapē, no sentido de amor semelhante ao de Deus, é, além disso, claramente distinto dos demais tipos de amor. Os três primeiros são, todos, naturais, mesmo no homem decaído*, enquanto *agapē*, amor semelhante ao de Deus, não o é. Todos os quatro são essencialmente dados por Deus, mas o pecado*, na humanidade decaída, distorceu de modo perverso os três primeiros e efetivamente afastou o *agapē*, até a graça do Espírito Santo de Cristo começar a recriá-lo com a regeneração* e renovar a pessoa humana, gradativamente, à imagem de Deus*. (O amor *erōs* tornou-se tão maldosamente degradado em luxúria no mundo greco-romano que o NT evita o seu uso de modo total). Além disso, nas Escrituras, enquanto *philia* pode ser usado até com referência a objetos impessoais, *agapē* é empregado apenas no tocante a relacionamentos inteiramente interpessoais (humanos e/ou divinos).

A. Nygren* (em *Agape and Eros*) acusa Agostinho* e outros de confundir *agapē* e *erōs* com o amor divino, especialmente quanto ao amor humano por Deus, e de acabar desembocando em um híbrido de ambos — *caritas* ("caridade") —, baseado mais em atração e desejo do que no amor generoso e altruísta de Deus, que desperta uma resposta semelhante no coração humano. Embora importante a advertência de Nygren quanto a essa confusão, é questionável se sua crítica é inteiramente justa para com Agostinho*. Com certeza, que um tanto da linguagem dos Salmos, por exemplo, transmite alguma ideia de atração e desejo espirituais conduzindo o coração do crente a Deus; mas evidentemente procurar fundamentar o amor por Deus (como Agostinho algumas vezes pode parecer fazer) em típico amor de uma pessoa por si mesma ou pelo seu bem maior seria arriscar a cair em equívoco. Mais arriscado ainda é o uso abusivo de imagens físicas e sexuais, conforme feito por alguns místicos* medievais, para descrever a relação da alma crente para com Cristo (amplamente fundamentado no uso alegórico, excessivo e errôneo, de Cântico dos Cânticos).

Torna-se necessário que o *agapē*, o amor em homens e mulheres que representa a graça divina, permeie, informe, dirija e controle todos os outros tipos de "amor" e todos os relacionamentos do cristão com as demais pessoas. Na verdade, as outras formas de amor só serão sanadas, para funcionar verdadeiramente, permanecer e serem desfrutadas na devida medida, quando o *agapē* estiver no

AMOR

controle. Isso pode ser visto, justamente, na aplicação que Paulo faz dos seus princípios de controle aos diversos relacionamentos específicos da vida, em Efésios 5.21—6.9 e Colossenses 3.12—4.1. A esse amor não compete apenas controlar os relacionamentos, por exemplo, na família ou no local de trabalho, mas também e especialmente os dos membros da igreja entre si (1Jo 4.7—5.3), assim como para com os necessitados e até mesmo para com os inimigos (Lc 10.25-37; 6.27-36).

Um amor singular e distinto

O *agapē*, por ser semelhante ao amor de Deus, mantém-se em total contraste com todas as ideias pagãs de amor em um mundo decaído. Enquanto essas ideias estão sujeitas a manipulação, porque são amplamente autocentradas e agem em interesse próprio, auto-satisfação e autoproteção, o *agapē* é completamente altruísta. Não tem por base nem a necessidade sentida pela pessoa amada nem um desejo revelado por um aspecto atraente dela; não está sujeito a se tornar vulnerável nem busca meios próprios de ocultar artifícios e "jogos" psicológicos. Mas procede de um coração amoroso, dirigindo-se a outra pessoa para abençoá-la e buscar o seu mais elevado bem (*cf.* 1Co 13.4-7). Sua fonte é Deus, e seu padrão e inspiração são Jesus Cristo (1Jo 4.7-19). Avalia as outras pessoas tendo um fim digno em si mesmas e não as usa meramente como um meio para um fim. Seja em relação a Deus seja em relação ao homem, o princípio que nele predomina não é simplesmente a emoção, mas a devoção, demonstrada em comprometimento e determinada pelo

doar de si mesmo, em ação prática e sacrifício (Jo 14.1,24; 15.12-14). Por tal amor, como a mais essencial e duradoura qualidade na vida humana, os cristãos devem ser conhecidos (1Co 13; Jo 13.34,35).

Amor e lei

O amor específico relativo à lei* de Deus é um dos indicadores mais puros de uma teologia e vida cristãs equilibradas (ver Lei e Evangelho*). Dois riscos, iguais e contrários, têm de ser evitados: o legalismo, que expulsa o amor como dinâmica do evangelho e da vida cristãs (banindo assim a alegria* da religião), pela redução à obediência ou conformidade a uma série de mandamentos ou regras externas, à moda dos escribas e fariseus, como narram os Evangelhos; e seu oposto, o antinomianismo, que interpreta erroneamente tanto o ensino de Paulo a respeito de havermos "morrido para a lei" quanto a famosa máxima de Agostinho, frequentemente citada de modo equívoco, que diz: "Ame [a Deus] e faça o que quiser". Dizem os adeptos do antinomianismo que o cristão deve esquecer totalmente a lei, deixando para trás todo mandamento, exceto o do amor — procedimento que geralmente acaba degenerando, na prática, em licenciosidade moral, em lugar de promover a verdadeira liberdade cristã* (*i.e.*, libertação do pecado para servir a Deus e ao próximo).

O evangelho da graça de Deus em Jesus Cristo liberta o cristão de ambas essas tendências errôneas. Em primeiro lugar, ninguém pode ganhar a salvação* mediante boas obras da lei, mas somente recebê-la como livre dom do amor de Deus em Cristo (Rm 3.19-28; Ef 2.8,9). Em segundo lugar, o Espírito Santo* vem habitar no interior do cristão e escreve a lei de Deus em seu coração como verdadeira carta de amor (Hb 10.16; 2Co 3.1-6). Em terceiro lugar, o coração rebelde, convencido do pecado pelos mandamentos da lei é transformado pelo amor de Deus, passando a ver a lei como boa, expressão da vontade amorosa de Deus para com a vida humana, bênção e estrutura para os relacionamentos de amor. Por conseguinte, começa a desfrutar de prazer interior (Rm 7.7—8.8; 13.8-10; Tg 2.8-13). Por fim, embora não desprezando, mas, do contrário, respeitando literalmente os mandamentos da lei de Deus, o cristão é ensinado por Cristo a olhar além da letra, ou seja, para a intenção e o espírito que se acham por trás dos mandamentos, procurando aplicar, qualquer que seja a situação, os princípios que neles se encontram subjacentes de amor total por Deus e pelos outros (Mt 22.34-40; 23.23,24). Mas a base total da vida do cristão (sua segurança, motivação, dinâmica e padrão) não é a lei, mas, sim, a graça — o *agapē* de Deus, derramado no coração por meio do Espírito Santo (Rm 5.5) —, que torna as pessoas livres para cumprir sua vontade em obediência de fé (Rm 5.5-8; 6.14; 7.6; Gl 5.1,13-25).

Ver também AMOR DE DEUS.

Bibliografia
J. N. D. Anderson, *Law, Morality and Grace* (London, 1972); M. C. D'Arcy, *The Mind and Heart of Love* (London, 1945); D. Day Williams, *The Spirit and the Forms of Love* (London, 1968); D. Guthrie, *New Testament Theology* (Leicester, 1981); E. W. Hirst, *Studies in Christian Love* (London, 1944); C. S. Lewis, *The Four Loves* (London, 1960); J. Moffat, *Love in the New Testament* (London, 1929); L. Morris, *Testaments of Love* (Grand Rapids, MI, 1981); A. Nygren, *Agape and Eros*, 3 vols. (TI, London, 1932-1939); O. O'Donovan, *The Problem of Self-Love in St Augustine* (New Haven & London, 1980); C. Spicq, *Agape in the New Testament* (TI, St Louis & London, 1963).

J.P.B.

AMOR DE DEUS. Já que Deus é luz (1Jo 1.5) e amor (1Jo 4.8), seu amor não é apresentado nas Escrituras separadamente de sua santidade.

Deus é amor santo
A autorrevelação de Deus, culminando em Jesus Cristo, mostra seu caráter interior como um amor essencialmente santo (1Jo 4.7,8). Amor e santidade combinam tão perfeitamente nele a ponto de ser ao mesmo tempo bondoso e paciente e, no entanto, firme e forte. Esse amor encontra expressão eterna em Deus, nas relações entre Pai, Filho e Espírito Santo (Jo 17.5,22-26), e, portanto, não depende de um relacionamento com as criaturas, embora seja extensivo a elas (Sl 50.12ss). O AT e o NT usam de diversas imagens de relacionamento humano para ilustrar o amor de Deus pela humanidade — pelos pecadores e pelo seu próprio povo ou seus filhos: imagens de amizade, de pais e filhos, de namoro e casamento e de cuidado compassivo pelos necessitados (Jo 15.13-15; Lc 15.11-32;

AMOR DE DEUS

Ez 16; Lc 11.5-8). Na verdade, todos esses tipos de relacionamento têm sua fonte no próprio Deus (Ef 3.14,15). O amor humano, no entanto, diferentemente do de Deus, com frequência, é desfigurado e distorcido pelo pecado, e, portanto, deve ser tomado apenas como uma representação, nessas imagens humanas.

Um amor singular

O amor de Deus é tão singular e distinto em um mundo decaído que a Bíblia, regularmente, usa de uma palavra grega incomum para descrevê-lo (*agapē*; ver Amor*). O amor de Deus é eterno, constante e definitivamente invencível ante o poder do ódio e do mal dos demônios ou dos homens. É identificado por seu relacionamento benevolente para com a totalidade da criação (Sl 145.9), mas mais claramente ainda por sua salvação dos pecadores e o seu relacionamento com seu povo. O amor de Deus é soberano, livre e gracioso, havendo por bem conferir sua graça e suas bênçãos com base em seu próprio caráter, desejo e propósito, e não em qualquer mérito elevado por parte daqueles que são amados (Dt 7.6-9; Ef 2.8,9; Rm 3.20-28; 9.6-24). O amor de Deus está constantemente se estendendo em direção à humanidade rebelde: perdoa o pecador e o aceita arrependido em seu reino. Esse amor espera, presume e infere uma resposta de confiança e amor no coração humano (Jo 3.16-21).

Amor revelado de modo supremo em Jesus Cristo

A extensão e a profundidade do amor divino podem ser observadas bem nitidamente em Jesus* — em seu nascimento, em sua vida, em seu ministério, em sua paixão e em seu dom do Espírito Santo*. O esvaziamento de si mesmo do Criador para assumir a natureza humana em Belém; o ministério e a atenção especial de Jesus com os desprezados, os proscritos e os negligenciados; suas parábolas sobre o amor e os cuidados do Pai; a humilhação deliberada de si mesmo, sofrendo a ignomínia, a vergonha e a agonia de sua morte para levar sobre si o pecado, assim como sua paixão em favor daqueles que o rejeitavam — tudo isso proclama a uma só voz o admirável amor de Deus (Fp 2.5-8; Lc 5.27-32; 7.36-50; 15; 1Pe 2.22-24). A atividade característica desse amor é a doação comprometida de si mesmo, e seu padrão próprio é o do sacrifício de si mesmo. Sua ressurreição mostrou a invencibilidade de tal amor santo, e o dom da promessa do Espírito Santo o transformou, a partir de uma demonstração exterior, em uma realidade interior de profunda segurança e poder duradouro, pelo qual faz retornar os homens e mulheres, de modo progressivo, à sua própria imagem (Rm 8.9-30).

Motivação, dinâmica e padrão da vida cristã

O amor de Deus revelado às pessoas em Cristo e recebido interiormente mediante o Espírito é a segurança definitiva e inabalável do cristão (Rm 8.31-39), constituindo a motivação, a dinâmica e o padrão da vida do cristão e dos seus relacionamentos, tanto com o próprio Deus quanto com o semelhante, homem ou mulher. Os cristãos são chamados a tratar os outros com o mesmo amor, perdão e compaixão que eles mesmos recebem de Deus em Cristo (Mt

ANALOGIA

5.43-48; 18.21-35; Ef 4.32—5.2; 1Jo 4.7—5.3; Gl 6.10; 1Pe 2.19-25; 3.8,9). O aspecto mais distintivo do amor similar ao de Deus na vida humana é sua capacidade e desejo de amar não apenas aqueles seres humanos por si só atraentes, consentâneos do mesmo modo de pensar ou amigáveis para conosco, mas também os indesejados, os desprezados, aqueles a quem os outros geralmente não amam (Lc 6.27-38; 14.12-14). Tal amor não representa um mero sentimento ou desejo do coração, mas, sim, uma disposição interior e uma atitude mental constante, assim como uma maneira de tratar as pessoas, por palavras e ações, colocando os interesses delas acima dos próprios (1Co 13.4-7; Mt 7.12; Fp 2.4).

Bibliografia
Ver as respectivas bibliografias de: Deus e Amor.

J.P.B.

ANALOGIA. O argumento por analogia considera que se alguns princípios forem obtidos em uma área, eles também podem ser obtidos em alguma outra área análoga. Por isso, se a complexidade e a regularidade em um relógio implica que ele foi conscientemente planejado, talvez a complexidade e a regularidade do universo também implique que ele foi planejado por Deus. Um uso teológico celebrado desse tipo de analogia foi o argumento de Joseph Buttler* de que há uma semelhança entre o curso da natureza e o sistema descrito na revelação; por essa razão, pode-se acreditar que ambos têm o mesmo autor.

A doutrina analógica é uma teoria da linguagem (veja Linguagem religiosa*) usada para descrever a Deus. A linguagem humana nasce da experiência de finito, criou coisas; depois, sem dúvida, ela não pode ser usada em seu sentido natural para descrever um Criador infinito. Todavia, ela não pode ser usada de forma *não natural* e ainda permanecer relevante. A teoria do tomismo* é de que há analogia entre o sentido das palavras aplicadas ao mundo e o das mesmas palavras quando aplicadas a Deus; e isso é recíproco. Encontramos *analogia de atribuição* quando, por exemplo, um clima é chamado de "saudável", pois torna seus habitantes saudáveis (habitantes esses a quem a palavra "saudável" é aplicada de forma apropriada). Por essa razão, Deus pode ser chamado de "bom" como a origem da bondade criada. Mas essa forma de analogia, à medida que também poderia igualmente justificar chamar a Deus de "lilás", não tem comparativamente importância. A *analogia de proporcionalidade* mantém-se entre qualidades correspondentes de duas coisas de tipos distintos. Por isso, a lealdade em um cachorro não é idêntica à lealdade no ser humano nem é totalmente diferente desta; há uma analogia entre as duas.

De forma semelhante, a justiça, a sabedoria, etc. perfeitas de Deus não são idênticas nem totalmente diferentes da justiça, da sabedoria, etc. que vemos ao nosso redor, mas são análogas a elas: por isso, palavras como "justo" e "sábio" podem ser aplicadas de forma inteligível a Deus, embora a exata natureza dele permaneça um mistério.

As objeções à doutrina análoga são as seguintes: 1. Ela não

ANAMNESE

impossibilita o raciocínio a respeito de Deus? Se a sabedoria de Deus é misteriosamente distinta da sabedoria humana, ele não pode agir de maneiras que, em linguagem clara, não são sábias? Os analogistas podem responder que as qualidades de Deus diferem das nossas por serem melhores, não piores (e citar 1Co 1.25). 2. A teoria não está muito intimamente ligada à teologia tomista natural? Historicamente, as duas têm sido associadas, mas não há necessariamente ligação entre elas. 3. Talvez ainda mais sério: a analogia é realmente *necessária*? A Bíblia e o discurso cristão, em geral, falam mais dos atos de Deus no mundo criado que do ser interior dele. Além disso, se a diferença entre as qualidades de Deus e as nossas, como alguns analogistas sustentam, é que ele está totalmente livre das imperfeições que nós temos, isso pode ser entendido sem a ajuda da analogia. Deus permanece maior do que aquilo que as palavras podem expressar, mas, sempre que as palavras podem ser usadas, elas são usadas naturalmente.

Bibliografia
Tomás de Aquino. *Summa contra Gentiles*, 1:32-34; J. Butler, *Analogy of Religion* (1736, reimp. com frequência) Introduction. A. Farrer, *Reflective Faith* (Londres, 1949); H. Palmer, *Analogy* (Londres, 1973); P. Sherry, "Analogy Reviewed" e "Analogy Today", *Philosophy* 51, 1976, p. 337-345 e 431-446.

ANAMNESE, ver Eucaristia.

ANGLICANISMO. Nome dado a uma forma de cristianismo, que teve início na Inglaterra, País de Gales e Irlanda, sob influência da Reforma* do século XVI, sendo depois transposta também, por emigrantes e missionários, para as possessões britânicas no exterior e para outros lugares. Seu grande arquiteto foi Thomas Cranmer (1489-1556), arcebispo de Cantuária desde 1532, que muito deveu aos reformadores europeus que o precederam (tanto luteranos* quanto suíços ou reformados*), mas cuja própria erudição e independência de pensamento deu à Reforma inglesa seu caráter distinto (ver Reformadores Ingleses*).

Do mesmo modo que Lutero, Cranmer agiu com base no princípio, um tanto cauteloso, de mudar o que (à luz da Bíblia) precisava mudar, mas sem começar de novo. Garantiu os direitos de edição da tradução da Bíblia em inglês (obra de William Tyndale, *c.* 1494-1536, e Miles Coverdale, 1488-1568); criou a liturgia inglesa do *Livro de oração comum* (revisão de grande repercussão da liturgia Sarum latina, no vernáculo); esboçou a confissão de fé anglicana* (os chamados 39 Artigos, vazados em sua forma atual em 1571); deu apoio ao rompimento com o papado* e a supressão dos monastérios (embora a iniciativa se devesse ao rei Henrique VIII e seus ministros), mas permitiu que a Igreja da Inglaterra preservasse sua identidade, com sua membresia, seus lugares de adoração e muitos de seus padrões de vida prosseguindo substancialmente sem mudança. A Igreja da Inglaterra permaneceu litúrgica na adoração*, paroquial na organização e episcopal na supervisão, ministrando batismo infantil e sendo religião oficial em

ANGLICANISMO

suas relações com o Estado*. A descrição do anglicanismo como "catolicismo reformado" não é, portanto, imprópria, se corretamente entendida. O anglicanismo permaneceu "católico"*, *i.e.*, tradicional em muitas de suas práticas, embora reformado em sua teologia. Isso, todavia, não o torna singular na cristandade, como a escola anglo-católica afirma e o Concílio Vaticano II admitiu (*Decreto sobre Ecumenismo*, 13), pois o mesmo poderia ser dito do luteranismo, embora as práticas "católicas'" mantidas pelo luteranismo sejam de algum modo diferentes.

Os 39 Artigos são principalmente baseados na Confissão de Augsburgo, mas os artigos referentes a sacramentos* são menos luteranos e mais suíços, e os oito finais, sobre questões da ordem eclesiástica (ver Governo de igreja)* e das relações entre Igreja e Estado são, sob vários aspectos, particularmente ingleses. Embora o clero anglicano tenha, historicamente, aceito todos os artigos, e em muitos países ainda o faça, o documento não influenciou o pensamento teológico no mesmo grau com que outras confissões dessa natureza* o fizeram.

O *Livro de oração comum* de Cranmer, contudo, que inclui os três credos cristãos* e expressa a mesma diretriz dos Artigos, embora de maneira devocional, tem exercido maior influência do que qualquer outra liturgia das igrejas da Europa e, especialmente em sua forma de 1662, foi até pouco tempo a força unificadora mais poderosa do anglicanismo.

Desde o século XVI, várias escolas de pensamento surgiram entre os anglicanos — puritanos*, latitudinários*, tractarianos (anglo-católicos*), liberais* —, representando maior ou menor lealdade ao protestantismo anglicano* histórico. As três últimas ainda desfrutam de bastante destaque nos dias de hoje, tendo sua ênfase principal, respectivamente, nas Escrituras*, na tradição e na razão (ver Hooker*), com base na Reforma anglicana, mas guardando a supremacia das Escrituras.

O episcopado anglicano foi originalmente norma local, sem excluir, todavia, o fato de os protestantes vindos de fora, de ordenação presbiteriana*, serem admitidos na vida anglicana sem necessidade de nova ordenação. Em 1662, como reação à abolição do episcopado por presbiterianos e congregacionais* na Comunidade Britânica, essa permissão foi retirada, decisão que desde então colocou os anglicanos sob a imputação de negarem a validade das ordens não episcopais, embora só a escola tractariana realmente o faça.

A Comunhão Anglicana é atualmente uma união mundial de igrejas autogovernadas (e centrada principalmente no Reino Unido, na Australásia, África e América do Norte), dando primazia de honra, mas não de jurisdição, ao arcebispo de Cantuária. Somente a Igreja da Inglaterra é ainda oficial, ligada ao Estado. Assim, só na Inglaterra, o arcebispo de Cantuária está subordinado ao governante supremo da igreja, o rei (ou rainha) da Inglaterra, muito embora durante o período colonial todos os arcebispos anglicanos e bispos do exterior também o estivessem. Hoje, o monarca exerce

ANIMISMO

essa autoridade, principalmente, mediante o primeiro-ministro.

Exceto por essa ligação histórica e afetiva com Cantuária, que ganhou expressão na conferência de bispos de Lambeth, com dez anos de duração, está se tornando cada vez mais difícil mencionar fatores em comum que possam manter unidas todas as igrejas anglicanas. Em 1888, a Conferência de Lambeth emitiu uma declaração de quatro pontos, que listava esses fatores naquela ocasião, e conhecidos, desde então, como Quadrilátero de Lambeth. Eram eles os seguintes: 1. a supremacia e suficiência das Escrituras; 2. o Credo Apostólico* como símbolo batismal (não mais hoje) em muitos lugares, e o Credo de Niceia como suficiente profissão de fé cristã; 3. os dois sacramentos dominicais; 4. o episcopado histórico. Isso já revelava o absurdo de não serem incluídos fatores que não fossem *absolutamente* universais, notadamente os 39 Artigos (superficialmente revisados nos Estados Unidos), o Credo de Atanásio (descartado nos Estados Unidos) e o *Livro de oração* de 1662 (revisado em alguns países). No entanto, a recente adoção de liturgias revisadas, não baseadas de forma alguma no *Livro de oração* e diferindo de país para país, tem enfraquecido muito mais seriamente o vínculo litúrgico anglicano. Além disso, a ordenação (ver Ministério*) de mulheres (ver Teologia Feminista*) para o presbitério em alguns países, mas não em todos, tem colocado barreiras no reconhecimento mútuo dos ministros anglicanos em âmbito mundial. Os 39 Artigos são hoje considerados superados em vários países e até descartados em um ou dois. Tais situações têm prejudicado as ligações com Cantuária, sendo essencial, antes de tudo, enfatizar atualmente os fatores que *a maioria* das igrejas anglicanas ainda tem em comum se se pretende que sobreviva qualquer coesão ou qualquer característica distintiva anglicana.

Bibliografia

C. S. Carter, *The English Church and the Reformation* (London, 1912); *idem, The Anglican Via Media* (London, 1927); R. Hooker, *Of the Laws of Ecclesiatical Polity* (ver Hooker*); S. C. Neill, *Anglicanism* (Harmondsworth, 1960); S. W. Sykes, *The Integrity of Anglicanism* (London, 1978); W. H. Griffith Thomas, *The Principles of Theology* (London, 1930); A. T. P. Williams, *The Anglican Tradition in the Life of England* (London, 1947).

R.T.B.

ANIMISMO. Termo introduzido na discussão a respeito da origem e natureza da religião pelo antropólogo E. B. Tylor (1832-1917). Ele o usou como sinônimo de religião, que definiu como "a crença em seres espirituais". Essa crença teria surgido, segundo Tylor, quando o homem primitivo, na tentativa de explicar fenômenos como o sono, a morte, os sonhos e as visões, chegou à conclusão de que possuía uma alma espectral, ou espiritual, à parte. Sua imaginação o levou, assim, a atribuir alma similar aos animais, às plantas e até mesmo aos objetos inanimados.

De acordo com Tylor, foi a partir desse raciocínio e mediante uma influência cultural genérica, que

65　　　　　　　　　　　　　　　　　**ANJOS**

todas as formas de religião se desenvolveram. Como positivista*, ele acreditava também que o animismo, ou a "filosofia espiritualística", tendo por base um falso processo de raciocínio, estava destinado a desaparecer diante da forte torrente da "filosofia materialista".

Apesar de sua grande influência no decorrer de meio século, sua teoria viria a ser superada, por se basear na falha pressuposição de que os chamados "primitivos contemporâneos" seriam "sobreviventes" de um período primitivo verdadeiro na evolução humana. Todavia, sua influência se torna evidente no sentido de que, *e.g.*, as teorias do monoteísmo* primitivo de Lang (1844-1912) e de Schmidt (1868-1954), o pré-animismo de Marett (1866-1943) e a teoria social de Durkheim* foram todas formuladas como alternativas a ela. Além disso, a despeito do fato de a teoria haver sido suplantada, o termo "animismo" pode ser usado com proveito para descrever uma religião caracterizada pela crença em uma multiplicidade de espíritos.

Bibliografia
E. Durkheim, *The Elementary Forms of the Religious Life* (London, 1915); E. E. Evans Pritchard, *Theories of Primitive Religion* (Oxford, 1965); A. Lang, *The Making of Religion* (London, 1898); R. R. Marett, *The Threshold of Religion* (London ²1914); W. Schmidt, *The Origin and Growth of Religion* (London, 1931); E. B. Tylor, *Primitive Culture* (London, 1871); *idem, in: Mind* 2 (1877), p. 141-156.

D.A.Hu.

ANIPOSTASIA, ver Hipóstase.

ANJOS. A palavra "anjo" significa, simplesmente, "mensageiro" (heb. *mal'āk*; gr. *angelos*), sem referência alguma a esplendor visual. Onde um mensageiro *de Deus* esteja à vista, podem estar presentes credenciais da glória e majestade divinas (Mt 24.31; Lc 2.9; Hb 1.7, etc.), embora nem sempre seja esse o caso (*cf.* Hb 13.2). De modo geral, o termo "Senhor dos exércitos" implica a existência de seres angélicos (*cf.* o paralelismo de "anjos" e "hostes" em Sl 148.2), podendo a expressão "santos" frequentemente ser lida também desse modo, em particular, no AT.

Que os anjos são considerados parte da criação, não há nenhuma dúvida (Sl 148.2,5; Cl 1.16), mas as Escrituras atribuem aos seres angélicos uma posição incomum de autoridade sobre a ordem criada e histórica, incluindo responsabilidade por crianças (Mt 18.10), proteção ao povo de Deus (Sl 34.7), envolvimento em questões internacionais (Dn 10.13; 10.20—11.10) e participação nos juízos de Deus (Ap 15—16).

No exercício de tal atividade, observa-se uma hierarquia de poder entre os anjos, sendo Miguel, por exemplo, descrito como príncipe e arcanjo, com autoridade especial (Dn 10.13,21; 12.1; Jd 9; Ap 12.7). Além disso, o NT descreve os anjos, em termos tomados da LXX, como "potestades" (*dynameis*), "autoridades" (*exousiai*), "principados" (*archai*) e "governadores" (*archontes*).

Schleiermacher e muitos outros têm colocado a questão da *necessidade* dos anjos. Diversas respostas têm sido oferecidas. A primeira é que na adoração angélica é dada expressão concreta em número e

ANOMOEANOS

poder absolutos à glória e majestade de Deus (Is 6.3; Ap 5.11). Não porque Deus necessite de mais realce do que já possui, mas para que o homem, como criatura adoradora elevada em Cristo aos lugares celestiais, possa desfrutar de uma nova participação no louvor celestial (Ef 1.3,20; Hb 12.22; Ap 5.6-14). A segunda é que os anjos funcionam como portadores de força e sustentação para a criatura humana, sendo eles sem pecado e, sob certo aspecto, livres das limitações da constituição humana (Mt 4.11; Mc 1.13; Hb 1.14). A terceira resposta, mais problemática, é que, em virtude da distância infinita entre o Criador e a humanidade criada, o conhecimento de Deus deve sempre ser *mediado* para a humanidade. O problema evidente nessa visão é que os anjos também são criaturas e, de todo modo, qualquer sugestão de serem intermediários tem, tradicionalmente, levado a um desgaste da transcendência divina. Contudo, os anjos exercem, na verdade, significativo papel na mediação da revelação* (Lc 1.30-33; Gl 3.19; Hb 2.2).

Em Judas 6, alguns anjos se rebelam, e no NT, de modo geral, os seres malignos, consentaneamente, recebem títulos próprios dos anjos (Ef 2.2; 6.12; provavelmente Cl 2.14). O principal desses espíritos rebeldes é o Diabo* ou Satanás (heb. "acusador"), cuja atividade começa com ações oponentes, consideradas próprias dele (Zc 3.1; Jd 9; Ap 12.10), mas logo se estende a atos, mais amplos, de assédio e tentação (1Pe 5.8).

A objeção moderna a uma doutrina de anjos, embora não raro proveniente de preconceito irracional contra qualquer coisa que represente mistério, surge, na maioria das vezes, do problema de se ter de adequar esses seres a um mundo, ao que tudo indica, explicável tão somente em termos de questões sujeitas a exame científico. Alguns teólogos diriam que os anjos *são* suscetíveis a essa espécie de verificação, mas outros relacionam o assunto ao mistério, similar, da providência* divina em geral.

No cristianismo do século II, foram feitas tentativas de descrever tanto Cristo como o Espírito Santo em termos angélicos, prevalecendo, porém, a imagem transmitida pelo Novo Testamento de um Cristo distinto dos anjos e infinitamente superior a todos os poderes e potestades (*cf.* Ef 1.21,22; Cl 1.16; Hb 1.4,5).

Bibliografia
K. Barth, *CD*, III. 3; G. B. Caird, *Principalities and Powers* (London, 1956); W. Carr, *Angels and Principalities* (London, 1981).

R.K.

ANOMOEANOS, ver ARIANISMO.

ANSELMO (*c.* 1033-1109). Nascido em Aosta, Itália, com a idade de 26 anos Anselmo tornou-se monge beneditino*, entrando para a Abadia de Bec, na Normandia. Em 1063, foi feito prior, sucedendo a Lanfranc (*c.* 1005-1089), e quinze anos depois, abade, cargo em que permaneceu pelos quinze anos seguintes (1078-1093). Sucedeu, então, novamente a Lanfranc, como arcebispo de Cantuária, até sua morte, em 1109. Anselmo procurou sustentar a autoridade papal na Inglaterra e manter a

ANSELMO

independência da igreja inglesa em relação à coroa real. Como resultado, a maior parte de seu tempo como arcebispo foi tomada pelo seu exílio no continente.

Foi ele verdadeiramente o primeiro grande teólogo da igreja medieval ocidental, sendo considerado por alguns o fundador do escolasticismo*. Permitiu à filosofia exercer importante papel, ainda que limitado, em sua teologia, seguindo o método de Agostinho* da "fé buscando entendimento". Muito embora o conteúdo da fé cristã seja dado pela revelação*, e não pela filosofia, o teólogo crente pode buscar, pelo uso da razão, o entendimento mais pleno daquilo em que crê. A razão pode, assim, mostrar a racionalidade e a coerência interior da fé cristã (*cf.* Fé e Razão*).

Anselmo adotou esse método em suas principais três obras. No *Monologion* (1077), originalmente intitulado *Um exemplo de meditação no campo da fé*, oferece uma "prova" da existência de Deus (ver Teologia Natural*). O fato de podermos discernir graus de bondade significa que há um bem absoluto, pelo qual a medimos. Esse bem é único em si mesmo e é bom de modo supremo. Ser bom de modo supremo é ser também grande de modo supremo. Existe, portanto, um ser bom e grande de modo supremo, o mais elevado de todos os seres existentes — *i.e.*, Deus.

O argumento de Anselmo não era original; Agostinho já havia argumentado de modo semelhante. O argumento apoia sua força na suposição "realista" de que o universal é mais verdadeiro do que suas próprias manifestações particulares (ver Nominalismo*). Assim, a ideia (platônica)* de bondade é mais real do que sua manifestação particular na vida de uma pessoa. A apologética de Anselmo ganhou força, certamente, em uma época em que o realismo platônico era amplamente aceito, mas, hoje, conduz a pouca convicção.

No ano seguinte, Anselmo abriu uma nova frente com a publicação de seu *Proslogion*, originalmente intitulado *Fé buscando entendimento*. Começando já como crente, procura entender o que ele crê. "Eu não procuro entender a fim de crer, mas eu creio a fim de entender. Por isso, também, eu creio: se eu não crer, nunca entenderei." Nessa obra, Anselmo apresenta o seu famoso argumento ontológico para a existência de Deus. Deus é definido como "aquele além do qual nada maior pode ser concebido" ou, para expressar de modo mais simples, "o maior ser concebível". Esse ser deve existir. Se não existisse, seria inferior a um ser idêntico que exista e, assim, não seria "o maior dos seres concebíveis". Na verdade, o "maior ser concebível" existe tão certamente que não pode nem mesmo ser *concebido* não existir. Porque a mente pode conceber um ser que não pode ser concebido não existir; e tal ser é maior do que um ser que *pode* ser concebido não existir. Portanto, existe um "maior ser concebível", que não pode nem mesmo ser concebido como não existente. Anselmo identifica esse ser com o Deus cristão.

Anselmo tem sido acusado, com alguma justeza, de tentar limitar Deus dentro da existência. Sua abordagem representa a confiança máxima do Ocidente do século XI

ANSELMO

no poder da razão. Anselmo achava que seu argumento deveria ser suficiente para persuadir até mesmo o "néscio" que nega a existência de Deus (Sl 14.1). Mas a validade de seu argumento foi imediatamente questionada por um monge chamado Gaunilo, que escreveu *Em favor do néscio*. Assim, o debate a respeito da validade do argumento ontológico prosseguiu intensamente, sem dar sinal algum de arrefecimento.

O *Proslogion* foi obra de particular importância para um teólogo moderno: Karl Barth*. Em seu trabalho *Fides Quaerens Intellectum* [*Fé buscando entendimento*, 1931], Barth analisa o método de Anselmo com o mesmo título, nele encontrando precedente para sua própria abordagem à teologia no século XX.

A obra mais ambiciosa de Anselmo foi *Cur Deus Homo* [*Por que Deus se tornou homem*], escrita na década de 1090. É apresentada na forma de um diálogo entre Anselmo e Boso (um de seus monges em Bec). Ali, Anselmo, tal como os apologistas* da igreja primitiva, enfrenta a acusação de que seria impróprio e degradante para Deus se humilhar a fim de se tornar homem e morrer para nos salvar. Anselmo expõe razões pelas quais a encarnação* e a cruz são de fato necessárias e justas (ver Expiação*). Isso não significa, porém, que esteja adotando uma teologia natural*, construindo teologia puramente com base na razão. Aqui, como no *Proslogion*, seu método é o da "fé buscando entendimento". Crendo nas doutrinas da encarnação e da cruz, usa da razão para entender por que essas doutrinas

são verdadeiras. Não exclui a fé em si mesma, mas somente o apelo à fé. Não quer dizer, também, que seja um fideísta, ou seja, fazendo teologia simplesmente a partir de uma posição de crente e para os crentes. Dispõe-se a convencer o incrédulo, questionando a respeito do *remoto Christo*, como se de Cristo nada conhecêssemos. Começa, assim, não sem fazer pressuposições, mas, sim, assumindo a existência de Deus como Trindade*, juntamente com o caráter de Deus, a natureza do homem e seu pecado contra Deus. Procura, a seguir, mostrar, por motivos indiscutíveis, que, devido a essas pressuposições, a encarnação e a cruz são absolutamente necessárias, o único curso de ação possível e aberto para Deus. Busca mostrar, desse modo, ao incrédulo que a encarnação e a cruz, longe de serem impróprias e degradantes para Deus, são o único processo de ação possível para Deus, sob o ponto de vista cristão de Deus e do homem.

Anselmo argumenta que o pecado, compreendido como uma falha em prestar a devida obediência a Deus, desonra-o. Como mantenedor da justiça (cf. Justiça*) e da lei*, Deus não pode simplesmente perdoar, mas deve restaurar a própria honra. Isso só pode acontecer em uma de duas alternativas: ou é oferecida a Deus uma devida satisfação* ou ele restaura sua honra punindo o homem. Mas desse último recurso Deus abre mão quando se torna necessário ao homem substituir anjos caídos*. (Esse último ponto, tomado de Agostinho, não desfruta de maior consideração hoje em dia, embora haja outros motivos pelos quais Deus não poderia simplesmente desamparar a humanidade.) O homem pecaminoso deve, portanto, procurar restaurar a honra de Deus oferecendo uma satisfação adequada. Mas, então, Deus se vê diante de um dilema. É *o homem* que deve satisfação a Ele, mas somente *Deus* será capaz de cumpri-la, ou pagá-la (o que Anselmo argumenta mostrando a gravidade do pecado). É tarefa para um Deus-homem — daí sua encarnação. Como homem, Cristo deve a Deus a obediência de uma vida perfeita. Todavia, sendo um homem *perfeito*, não precisa morrer. Sua morte traz para ele mérito e constitui a satisfação correta para os pecados do homem — eis por que a cruz.

As conjecturas de Anselmo são notáveis, mas têm seus pontos fracos. Ele tem recebido muitas críticas, entre as quais a de se voltar para o próprio contexto em que vivia, em que, por exemplo, honra e satisfação eram elementos de conhecimento geral, por causa do sistema penitencial da igreja (ver Penitência*) e dos conceitos feudais vigentes. Tem sido censurado também, com certa razão, por situar a obra salvífica de Cristo exclusivamente na cruz, negligenciando sua vida, ressurreição* e ascensão*. Deve ser lembrado, no entanto, que o alvo do teólogo era exatamente o de oferecer as razões pelas quais a cruz, o grande escândalo para os incrédulos, teria sido necessária. Anselmo, aliás, foi além da mera alegação cristã usual de que a cruz era simplesmente necessária (*i.e.*, Deus tinha de fazer *alguma coisa*) para afirmar que era *absolutamente* necessária (*i.e.*, Deus não poderia ter feito outra coisa). Aqui, mais uma vez, reflete a confiança do pensamento do século XI no poder da razão. Mas o que seu argumento tem de atrativo é ser bastante flexível. Sua ideia principal, devidamente adaptada, constitui poderoso argumento hoje em dia, em que a encarnação e a cruz são, de fato, elementos de doutrina pertinentes e razoáveis.

O alvo de Anselmo em seus escritos, enfim, era mostrar quão racional é a fé cristã, mais do que propriamente oferecer uma prova estrita dela. A beleza da harmonia interior da fé cristã proporciona alegria ao crente, que constata haver concordância entre fé e razão. O incrédulo, por sua vez, tem devidamente respondidas por ele suas objeções (*e.g.*, de que seria degradante para Deus ter de se tornar humano), sendo efetivamente conduzido assim à verdade da mensagem cristã.

Bibliografia
Obras: in: *PL* 158-159, *Opera Omnia*, ed. F. S. Schmidt, 6 vols. (Edinburgh, 1946-1961), TI J. Hopkins & H. Richardson, 4 vols. (London, 1974-1976).

Estudos: G. R. Evans, *Anselm and Talking about God* (Oxford, 1978); J. Hopkins, *A Companion to the Study of St Anselm* (Minneapolis, MN, 1972); J. McIntyre, *St Anselm and his Critics. A Re-Interpretation of the Cur Deus Homo* (Edinburgh & London, 1954); R. W. Southern, *Saint Anselm and his Biographer* (Cambridge, 1963; [2]1982).

A.N.S.L

ANTICRISTO. O termo (gr. *antichristos*) é usado na Bíblia somente em 1João 2.18,22; 4.3; 2João.7. Como

ANTICRISTO

usado ali, indica provavelmente um oponente de Cristo, mais do que propriamente (como o gr. *anti* poderia também significar) alguém que reivindique falsamente ser o Cristo. Muitos intérpretes posteriores, no entanto, consideraram essa última possibilidade, vendo o anticristo como um falso Cristo (*cf.* Mc 13.22), além de oponente deste.

Primeira João 2.18 indica que o conceito de anticristo, senão o termo, já era bem conhecido. A apocalíptica judaica* desenvolvera a expectativa de uma personificação humana derradeira do mal, um governante político que se apresentaria como divino e lideraria as nações pagãs em um ataque final ao povo de Deus. Essa figura foi moldada especialmente sobre as descrições feitas por Daniel de Antíoco Epifânio, que estabeleceu a "abominação da desolação" (ou "do assolamento") no templo (Dn 8.9-12,23-25; 11.21-45; *cf.* Mc 13.14). A expectativa judaica, às vezes, incluía também a ideia de um falso profeta nos últimos dias, que realizaria milagres e enganaria as nações (*cf.* Mc 13.22).

Os escritores do NT partilharam da expectativa judaica de um crescendo do mal no período final da história humana, levando à sua derrota final e ao estabelecimento do reino universal de Deus. Tomaram ambos os tipos da figura do anticristo — do rei que reivindica para si adoração divina e do falso profeta enganador —, interpretando-os de modos diversos. Em 2Ts 2.3-12, o "homem do pecado" é uma figura ainda futura, que se estabelecerá no lugar de Deus e seduzirá o mundo, levando-o a crer em suas mentiras. Em Apocalipse

13, as duas bestas representam, respectivamente, o anticristo político e o falso profeta (*cf.* Ap 16.13), sendo usadas para destacar o caráter antidivino e anticristão do Império Romano da época (*cf.* Ap 17) e seu culto e adoração a César. Nas epístolas de João, os hereges que negam a realidade da encarnação são "muitos anticristos" (1Jo 2.18), *i.e.*, falsos profetas, voltados para o engano. Outras passagens do NT advertem sobre o surgimento de falsos mestres na igreja nos últimos dias (At 20.30; 1Tm 4.1-3; 2Pe 2.1; Jd 18).

No decurso da história cristã, as figuras do anticristo da profecia bíblica têm sido interpretadas, principalmente, de três modos diferentes.

Nos períodos patrístico e medieval, era comum a ideia de um anticristo individual futuro, tendo sido desenvolvida uma narrativa detalhada de sua carreira. Essa ideia foi rejeitada pelos reformadores protestantes, vindo a se tornar popular no protestantismo somente no século XIX, quando foi revivida uma interpretação futurista do Apocalipse. Indivíduos como Napoleão III e Mussolini têm sido, por vezes, identificados como o anticristo, algumas vezes por meio de interpretações do número da besta (Ap 13.18).

O segundo modo foi a ideia que os protestantes do século XVI desenvolveram, de que as principais narrativas bíblicas do anticristo se refeririam a uma entidade histórica específica, e não a um homem individual. Identificaram o anticristo, assim, com uma sucessão institucional de homens durante muitos séculos: o papado católico. Essa visão permaneceu como a visão protestante predominante a respeito do anticristo até o século XIX.

O terceiro modo em que o anticristo tem sido entendido é mais o de um princípio de oposição a Cristo que continuamente aparece na história da humanidade sob a forma de indivíduos ou movimentos que se colocam contra Deus e que perseguem ou enganam seu povo. Essa ideia é compatível, naturalmente, com a expectativa da personificação final do princípio do anticristo no futuro.

Bibliografia
R. Bauckham, *Tudor Apocalypse* (Appleford, 1978); W. Bousset, *The Antichrist Legend* (London, 1896); D. Brady, *The Contribution of British Writers between 1560 and 1830 to the Interpretation of Revelation 13.16-18* (Tübingen, 1983); R. K. Emmerson, *Antichrist in the Middle Ages* (Manchester, 1981); D. Ford, *The Abomination of Desolation in Biblical Eschatology* (Lanham, MD, 1979); C. Hill, *Antichrist in Seventeenth-Century England* (London, 1971).

R.J.B.

ANTINOMIANISMO, ver LEI E EVANGELHO.

ANTISSEMITISMO, ver HOLOCAUSTO; JUDAÍSMO E CRISTIANISMO.

ANTROPOLOGIA. A questão da natureza do homem é assunto que seria de se esperar poder considerar independentemente, sem referência a quaisquer outros elementos da doutrina cristã, nem mesmo à fé. Afinal de contas, sabemos o que significa fazer parte da humanidade, porque somos humanos; então,

já que nós mesmos, no caso, não somos apenas os inquiridores, mas também o objeto real da inquirição, deveríamos, então, estar qualificados para formular uma antropologia válida. Essa suposição, no entanto, não é verdadeira. Tem havido sempre uma considerável quantidade de antropologias rivais, entre as quais podemos escolher à vontade, cada qual desenvolvendo um entendimento próprio, conforme os dogmas da posição filosófica ou religiosa de seus proponentes. Como em qualquer outra condição, o que cremos a respeito da natureza humana é determinado pelo que acreditamos a respeito de questões mais fundamentais do que essa.

As referências bíblicas à natureza humana devem ser consideradas como dentro do contexto geral de nosso lugar na criação e nossa posição perante Deus. Biblicamente, a questão antropológica não pode ser respondida sem referência a esse contexto teológico da criação*; os seres humanos são, basicamente, criaturas de Deus. Não somos emanações emergentes do próprio Ser de Deus, mas uma parte da ordem criada total, inteiramente distinta de Deus. Mas a raça humana tampouco evoluiu como produto de um processo independente de seleção e desenvolvimento "natural"; é, ao contrário, descrita na Bíblia como criação especial e direta de Deus.

Gênesis 2.7 se refere a Deus formando Adão* "do pó da terra" e soprando em suas narinas o fôlego da vida, de forma que o homem se tornasse "um ser vivente". A palavra "ser" é a tradução do hebraico *nepeš*, que, embora frequentemente traduzido por "alma", não deve ser

ANTROPOLOGIA

interpretado no sentido sugerido pelo pensamento helenista* (ver Platonismo;* Alma, Origem da*); deve, isso sim, ser entendido em seu próprio contexto do AT, ou seja, indicativo de homem e mulher como seres vivos ou pessoas em relacionamento com Deus e com outras pessoas. A LXX traduz essa palavra do hebraico com a palavra grega *psychē*, o que explica o hábito de se interpretar esse conceito do AT à luz do uso grego de *psychē*. Todavia, é certamente mais apropriado entender o uso de *psychē* (tanto na LXX quanto no NT) à luz do uso que o AT faz de *nepeš*. Em conformidade com Gênesis 2, qualquer concepção de alma como uma parte separada (e separável), ou divisão, de nosso ser pareceria inválida. Assim também a conhecida questão sobre se a natureza humana é de um ser bipartite ou tripartite tem toda a indicação de ser de uma irrelevância indevidamente fundamentada e inútil. A pessoa humana é uma "alma" em virtude de ser um "corpo" tornado vivo pelo "sopro" (ou "Espírito") de Deus.

Além do mais, o fato de Adão ter-se tornado vivo pelo sopro de Deus implica que sua vida como "alma" nunca foi independente da vontade de Deus e de seu Espírito (Gn 6.3; Ec 12.7; Mt 10.28). A questão sobre se Adão foi criado mortal ou imortal antes da queda* pode desviar-se ao seguir o pressuposto de Platão de que haja alguma forma de imortalidade* independente da vontade de Deus. A vida humana nunca pode ser concebida em termos de uma imortalidade independente, uma vez que a vida jamais é independente da vontade e do Espírito de Deus. Antes da queda, Adão

era "efetivamente imortal" e, como tal, existia em um relacionamento ininterrupto com Deus, no qual sua vida era constantemente mantida pela vontade e pelo Espírito de Deus. Em consequência da queda, a morte foi pronunciada como juízo de Deus sobre Adão, uma vez que se rompeu o relacionamento que era a base dessa "imortalidade efetiva". Essa ruptura do relacionamento espiritual constitui a "morte espiritual", que caracteriza a totalidade da existência humana sem Cristo (Rm 7.9; Ef 2.1ss).

Do mesmo modo, a esperança bíblica para a vida além da morte é expressa principalmente em termos de ressurreição* do corpo. Nem as referências à existência sombria do Sheol, nem as passagens que poderiam ser interpretadas como sugerindo alguma forma de existência consciente contínua antes da ressurreição final (ver Estado Intermediário*) proporcionam base suficiente para manter o conceito grego de uma imortalidade independente da alma. O testemunho dos evangelhos sobre os aparecimentos da ressurreição de Jesus sugere que a ressurreição futura do corpo deverá existir como um fenômeno físico, com continuidade física. Paulo, todavia, se refere ao corpo dessa ressurreição, em 1Coríntios 15.44ss, como um "corpo espiritual" (*sōma pneumatikon*) em contraste com o "corpo natural" (*sōma psychikon*), sugerindo, portanto, um grau de descontinuidade física tanto quanto de continuidade. Uma decorrência prática dessa referência à descontinuidade física, e mais ainda o fato de que a ressurreição final deve ser considerada um ato criador de Deus, e não mera "reconstituição", é de que não há como existir algum argumento dogmático rígido a favor da prática de sepultamento em detrimento da cremação.

Tal como no caso das palavras bíblicas tradicionalmente traduzidas por "alma" (*nepeš*; *psychē*), as palavras hebraica e grega usadas para expressar o ser físico, emocional e psicológico são um campo minado para o intérprete. A dificuldade resulta do fato de, frequentemente, poder ser usada uma única palavra em nossos idiomas para traduzir tanto uma palavra hebraica como uma grega com significados e referências distintos (*e.g.*, tanto o heb. *bāśār* quanto o gr. *sarx* são comumente traduzidos por "carne", embora as palavras pareçam ter conotações totalmente diferentes). No entanto, o efeito combinado de tais palavras é descrever a pessoa humana como criatura de Deus, existindo perante Deus como sujeito pensante e de decisão, com necessidades e desejos emocionais, físicos e sexuais. Homens e mulheres são capazes de autoexpressão por meio da criatividade na arte e de relacionamento humano, mas continuamente dependentes da providência* de Deus para comer, vestir e o próprio sopro da vida.

Definir teologicamente a natureza do homem como criatura de Deus seria totalmente inadequado em si mesmo se não se reconhecesse que ele ocupa um lugar singular na criação. A determinação de Deus, na criação, para a espécie humana é que deveríamos reinar: encher a terra e subjugála, dominar sobre os peixes do mar, sobre as aves do céu e sobre todos os animais que se movem pela terra (Gn 1.28). Todavia, justamente porque não possuímos vida alguma independentemente da vontade e do Espírito de Deus, também não possuímos nenhuma autoridade independente: a autoridade do homem na criação é uma autoridade delegada de mordomia*; somos responsáveis por nossos atos perante Deus. Nesse sentido, a queda de Adão pode ser interpretada não somente como desobediência e rebelião, mas também como a avidez de autonomia moral e autoridade independente. Nessa vindicação enganosa por uma independência, a raça humana caiu de seu destino, divinamente determinado, na criação. Por causa do pecado de Adão, a terra é amaldiçoada, e ele só poderá comer dela mediante "o suor do seu rosto" (Gn 3.17-19), estando a própria criação sujeita à vaidade, ou inutilidade (Rm 8.20).

A determinação de Deus para a humanidade governar é expressa em Salmos 8 sob a forma de uma pergunta: "Que é o homem?" (Sl 8.4). A pergunta é repetida de várias formas em outros lugares no AT (Jó 7.17; 15.14; Sl 144.3), mas só é respondida, finalmente, no NT, referindo-se a Cristo: é Ele "aquele que por um pouco foi feito menor que os anjos" e que agora é "coroado de honra e de glória por ter sofrido a morte" (Hb 2.6-9). Enfim, a resposta à pergunta antropológica: "Que é o homem?", pode ser discernida somente em Cristo. Tal como não há nenhum conhecimento autêntico de Deus independentemente de sua autorrevelação em Jesus Cristo, também não pode haver conhecimento autêntico da

ANTROPOLOGIA

natureza humana independentemente dessa revelação.

Uma recente abordagem teológica começa pela definição da humanidade de Jesus e continua com a definição de sua divindade (*i.e.*, cristologia* de baixo para cima). Isso é assumir enganosamente a premissa de que se pode dispor de uma compreensão independentemente válida da natureza humana como ponto de partida cristológico. Somente em Jesus a vontade e o propósito eternos do Pai são ao mesmo tempo revelados e cumpridos; os que nele são escolhidos o são "antes da fundação do mundo" (Ef 1.14ss). Além do mais, somente na cruz de Jesus estão reveladas a profundeza, a totalidade e as consequências da queda da humanidade segundo a vontade e o propósito eternos de Deus. É nesse sentido que Karl Barth* fala de Jesus como a revelação tanto do homem real que somos quanto do verdadeiro homem que não somos. A pessoa de Jesus Cristo é a única fonte determinante de uma antropologia teológica válida; a meta e a natureza autênticas da vida humana têm de ser discernidos primariamente nele e só secundariamente em nós.

O homem e a mulher foram originalmente criados à "imagem de Deus". A identidade exata dessa "imagem" tem sido questão constante de debate na história do pensamento e da doutrina cristãos. Calvino* sustentava que a verdadeira natureza dessa "imagem" é revelada somente em sua renovação mediante Cristo (*cf.* 2Co 4.4; Cl 1.15). Além do mais, se Deus é em si mesmo quem ele é em sua revelação, então a pessoa e a obra de Cristo não constituem apenas a revelação temporal da relação interior de Pai, Filho e Espírito na eternidade, mas também a revelação e o cumprimento do propósito eterno desse Deus triúno de eleger homens e mulheres para o relacionamento consigo mesmo por meio de um pacto*, mediante a graça.

A questão teológica da antropologia não terá sido respondida adequadamente até que essa determinação divina do relacionamento por um pacto tenha sido reconhecida. Talvez a "imagem de Deus" não deva ser pensada em termos estáticos ou individualistas, mas em termos dinâmicos dessa ligação; homens e mulheres são chamados em Cristo para ser a "imagem" da relação interior eterna da Trindade* (Jo 17.21-23). Talvez Barth esteja correto quando sugere que, já que o homem foi criado à imagem de Deus como "macho e fêmea" (Gn 1.27), o relacionamento por pacto entre marido e mulher pode ser também um reflexo dessa imagem divina (ver Sexualidade*). Certamente, não pode haver doutrina adequada da natureza humana sem o reconhecimento de que somos criados à imagem de Deus como macho e fêmea; não em uma falsa uniformidade em que essa distinção criada seja obscurecida, nem sob pressão de oposição ou desigualdade, nem em um isolamento individualista — mas em igualdade de condições e complementaridade e na unidade de relação (ver Teologia Feminista*).

Em outras palavras: não pode haver nenhuma antropologia adequada sem referência a uma doutrina adequada e inteiramente trinitariana da natureza de Deus.

APOCALÍPTICO

Bibliografia

Karl Barth, *CD*, III. 2; Louis Berkhof, *Systematic Theology* (London, 1958); G. C. Berkouwer, *Man: The Image of God* (Grand Rapids, MI, 1962); Calvino, *Institutes*, I.xv; II.i.v; W. Eichrodt, *Man in the Old Testament* (TI, London, 1951); Bruce Milne, *Know the Truth: A Handbook of Christian Belief* (Leicester, 1982); H. W. Wolff, *The Anthropology of the Old Testament* (TI, Philadelphia, 1983).

J.E.C.

ANTROPOMORFISMO. Termo que se refere às descrições do Ser de Deus*, ações e emoções (mais propriamente antropopatismo) em termos humanos. Deus é invisível, infinito e sem um corpo, mas características humanas são frequentemente atribuídas a ele a fim de prestar informação a respeito de sua natureza e ações.

As ilustrações nas Escrituras, nesse particular, são abundantes. Embora Deus não tenha corpo, é dito que seus atos são o resultado do poder de seu braço (Êx 15.16). Apesar de Deus não possuir propriamente gênero, masculino nem feminino, é caracterizado no gênero masculino (Pai, pastor, rei), embora ocasionalmente também em termos femininos (mãe compassiva). Além de braço, Deus é descrito tendo uma face (Sl 27.8), mão (Sl 10.12; 88.5), dedo (Dt 9.10) e costas (Êx 33.23). Deus fala, anda, ri, chora; é ciumento, caprichoso, furioso e zeloso.

Os antropomorfismos são, assim, símbolos poéticos ou, mais particularmente, metáforas para os atributos divinos que, de outra forma, seriam indescritíveis. As Escrituras se utilizam de linguagem antropomórfica, condescendendo à capacidade limitada dos homens e mulheres para que entendam a natureza e os meios de Deus.

O risco é quando os antropomorfismos são tomados no sentido literal, em vez de metaforicamente, atribuindo-se um corpo ao Criador invisível (*e.g.*, os audianos dos séculos IV e V). Por outro lado, a rejeição da linguagem antropomórfica leva ao ceticismo e ao agnosticismo*, uma vez que Deus não pode ser discutido de maneira diversa. Outras concepções equivocadas têm origem na crença de que os antropomorfismos seriam a expressão de uma religião primitiva, ou que a religião bíblica concebeu Deus à imagem do homem (Feuerbach*).

A Bíblia oferece justificativa divina para a linguagem antropomórfica. É plena de tal tipo de linguagem, mas reconhece as limitações dos antropomorfismos (Is 40.18; 57.15; Jo 1.8). A propriedade da linguagem antropomórfica, além disso, é apoiada no reconhecimento de que o homem (ver Antropologia*) é feito à imagem* de Deus e que o próprio Deus tomou a forma humana na pessoa de Jesus Cristo.

Ver também e inclusive a **Bibliografia**, ACOMODAÇÃO; ANALOGIA; LINGUAGEM RELIGIOSA.

T.L.

APARTHEID, ver TEOLOGIA REFORMADA HOLANDESA; RAÇA.

APOCALÍPTICO. Esse termo deriva da palavra "apocalipse" e descreve basicamente um corpo de literatura, os apocalipses. É comumente

APOCALÍPTICO

usado também em referência às ideias características dessa literatura, especialmente de determinada forma de escatologia*. O termo pode ainda se relacionar a um tipo de movimento religioso que produz literatura apocalíptica e que é motivado por expectativas escatológicas, mas esse emprego da palavra não é tão indicativo, já que a literatura apocalíptica tem sido escrita e usada por grupos religiosos sociologicamente bem diversos e em circunstâncias bastante diferentes. A única generalização válida, provavelmente, é que a literatura apocalíptica e a escatologia tendem a surgir espontaneamente em períodos de crise.

Como gênero de literatura religiosa na tradição judaico-cristã, a literatura apocalíptica se origina no final do período do AT e persiste como uma tradição literária relativamente contínua, tanto no judaísmo como no cristianismo, até o final da Idade Média. Muitos eruditos identificam partes dos livros proféticos do AT como "protoapocalípticos", porque neles já se encontram alguns aspectos dos apocalipses posteriores, mas o único verdadeiro apocalipse no cânon do AT é o livro de Daniel. Muitos outros apocalipses judaicos foram escritos durante a grande era da literatura apocalíptica, que vai do século II a.C. ao século II d.C. Desses séculos, são os apocalipses de *1Enoque, 2Baruque, 4Esdras* (conhecido como *2Esdras* nos apócrifos, *3Baruque,* o *Apocalipse de Abraão* e, provavelmente, *2Enoque* e *Apocalipse de Sofonias.*

Como está implícito no termo (gr. *apokalypsis,* "revelação"), os apocalipses judaicos contêm revelações de mistérios celestiais, que podem se relacionar à natureza do cosmo, ao conteúdo dos céus, ao reino dos mortos, ao problema do sofrimento e da teodicéia*, ao plano divino da história ou ao futuro escatológico do mundo e dos indivíduos. O recipiente da revelação é geralmente uma grande figura bíblica do passado, como Enoque ou Esdras, a quem o apocalipse é atribuído de maneira fictícia. Esse instrumento pseudonímico pode ser visto como uma forma de se vindicar autoridade para obras reveladoras escritas num período em que se acreditava houvesse cessado a revelação profética; mas pode também ser melhor entendida como uma convenção literária mediante a qual o escritor se apresenta como um intérprete autorizado de revelação bíblica dada no passado. Os meios de revelação nos apocalipses são, comumente, sonhos ou visões, nos quais surgem frequentemente imagens vividamente simbólicas, interpretadas por um anjo*. A revelação é, por vezes, comunicada em longos discursos pelo anjo ou em diálogos entre o anjo e o vidente. Algumas vezes o vidente é arrebatado em uma viagem ao cosmo ou aos sete céus para contemplar seu conteúdo. Uma visão da sala do trono celestial é um aspecto proeminente em muitos apocalipses.

Distinguem-se dois tipos principais de apocalipses judaicos: os apocalipses *cosmológicos,* que focalizam os segredos do cosmo e dos céus, revelados em viagens extraterrestres, e os apocalipses *histórico-escatológicos* (incluindo o de Daniel), voltados para os propósitos de Deus na história da

APOCALÍPTICO

humanidade, abrangendo, quase sempre, retrospectos históricos, dentro de um esquema de períodos divinamente ordenados, e mostrando a vinda do fim da história da era atual, considerada geralmente como iminente, quando Deus há de derrotar os poderes malignos que oprimem seu povo, de eliminar todos os males e sofrimentos e de estabelecer seu reino universal para sempre. A ressurreição dos mortos, o julgamento eterno dos ímpios e a bem-aventurança eterna dos justos são os principais aspectos da escatologia apocalíptica. Esse gênero de apocalipse, por assegurar aos crentes que, a despeito da evidente dominação do mal no mundo, Deus está no controle da história e a conduzirá a uma conclusão triunfante, tem contribuído para sustentar a fé em tempos de crise e perseguição.

A apocalíptica judaica era um aspecto importante do contexto do qual os cristãos primitivos emergiram. Os temas gerais da escatologia apocalíptica, incluindo a ressurreição dos mortos e o julgamento final, destacam-se nos escritos do NT, embora sejam observadas modificações significativas no panorama apocalíptico. Em primeiro lugar, os cristãos primitivos criam que, com os eventos da história de Jesus, sua ressurreição e a vinda do Espírito, já havia começado o cumprimento escatológico. Em segundo lugar, como esse cumprimento aconteceria por intermédio de Jesus Cristo, a apocalíptica cristã passou a se concentrar na figura do Salvador. A apocalíptica no NT é, basicamente, um meio de expressar a importância de Jesus no destino futuro do mundo.

Além das ideias da escatologia apocalíptica, algumas passagens do NT refletem formas literárias apocalípticas, mas há somente um verdadeiro apocalipse no cânon do NT: o livro da Revelação (o Apocalipse), que pertence à tradição escatológica dos apocalipses judaicos. Entre os seus aspectos novos e cristãos, está o fato de que o profeta João o escreve em seu próprio nome, refletindo o ressurgimento da inspiração profética na igreja primitiva. Outro antigo apocalipse cristão, *O pastor*, de Hermas (ver Pais Apostólicos*), é também escrito por um profeta cristão em seu próprio nome, mas daí em diante, os escritores dos apocalipses cristãos reverteram à prática da pseudonímica, escrevendo sob os nomes de figuras do AT ou de apóstolos do NT.

Mas a influência da apocalíptica judaica no cristianismo não foi, de modo algum, só canalizada através do AT e do NT. Todos os apocalipses judaicos mencionados anteriormente, mesmo aqueles escritos após o surgimento do cristianismo, foram preservados por escribas cristãos e tornaram-se influentes nas igrejas cristãs. *Quarto Esdras* foi considerado quase canônico durante grande parte da Idade Média. Muitos apocalipses cristãos foram escritos na tradição de ambos os tipos de apocalipses judaicos. Os de tipo cosmológico, com descrições visionárias dos tormentos do inferno e dos prazeres do paraíso, foram especialmente populares nos períodos patrístico e medieval. O mais influente desses foi o *Apocalipse de Paulo*, e a culminância literária dessas obras foi a *Divina comédia*, de Dante. Entre os do tipo histórico-escatológico, o *Apocalipse*

APÓCRIFOS

de Tomé foi o que exerceu a maior influência na Idade Média.

Durante os períodos patrístico e medieval, a tradição do pensamento e especulação apocalípticos no cristianismo mudou, gradativamente, da produção de novos apocalipses para comentários e reflexão sistemática sobre as partes apocalípticas da Escritura canônica, sendo a mudança praticamente completada no século XVI. No final da Idade Média, as interpretações escriturísticas de Joaquim* de Fiore foram a base de amplas expectativas escatológicas, e no período da Reforma, tanto protestantes como católicos procuraram interpretar em termos apocalípticos a grande crise religiosa de seu tempo. Desde o século XVI até o presente, uma tradição protestante contínua tem encontrado no livro de Apocalipse a chave para o significado de eventos do próprio tempo do intérprete e uma base para a expectativa do fim da história em futuro próximo. Na Inglaterra, acontecimentos nos meados do século XVII, o período da Revolução Francesa e das guerras napoleônicas foram pontos altos da expectativa apocalíptica nessa tradição. O milenarismo (ver Milênio*) tem sido um destacado aspecto dessa tradição apocalíptica protestante. Essa forma de interpretar o Apocalipse tem sido de certo modo equivocada, como mostra a falha contínua de suas predições. A consciência moderna a respeito das convenções literárias da antiga apocalíptica e da visão na qual o livro de Apocalipse precisa ser entendido no contexto de sua própria época pode nos capacitar a evitar algumas das armadilhas da interpretação apocalíptica do passado. Todavia, a tradição estava correta em detectar na apocalíptica bíblica a certeza dos propósitos de Deus operando na história humana, mesmo quando o mal pareça prevalecer, e a esperança na realização culminante de seus propósitos no futuro, quando Jesus Cristo virá para julgar os vivos e os mortos.

Bibliografia

R. Bauckham, *Tudor Apocalypse* (Appleford, 1978); J. J. Collins, *The Apocalyptic Imagination in Ancient Judaism* (New York, 1984); D. Hellholm (ed.), *Apocalypticism in the Mediterranean World and the Near East* (Tübingen, 1983); B. McGinn, *Visions of the End* (New York, 1979); *idem* (ed.) *Apocaliptic Spirituality* (London, 1979); C. Rowland, *The Open Heaven* (London, 1982).

R.J.B.

APÓCRIFOS, ver Escritura.

APOLINARISMO. A heresia das naturezas misturadas em um só Cristo, chamada apolinarismo, de Apolinário, bispo de Laodicéia, na Síria (361-390), foi menos infame que outras. Apolinário, amigo de Atanásio* e defensor do *homoousion* (ver Trindade*), escreveu "inumeráveis volumes sobre as Escrituras" (Jerônimo) e "encheu o mundo com seus livros" (Basílio) sobre assuntos teológicos e apologéticos. Da maioria deles restou, no entanto, somente fragmentos e citações de outros escritores. Algumas de suas obras apareceram sob outras autorias, *e.g.*, a *Detalhada confissão de fé*, atribuída a Gregório Taumaturgo; um sermão, *Esse Cristo é um*, sobre a encarnação do

APOLINARISMO

Verbo de Deus, e um credo endereçado ao imperador Joviano, atribuídos a Atanásio; *Sobre a união do corpo com a divindade em Cristo, Sobre fé e encarnação* e uma carta a Dionísio de Roma, atribuídos ao papa Júlio I.

O contexto da cristologia* de Apolinário é o da Escola de Alexandria*, de Atanásio e Cirilo, forte na afirmação da divindade de Cristo e união das duas naturezas em sua pessoa encarnada. A partir dessas pressuposições, Apolinário atacou a cristologia dualística da Escola de Antioquia*. Sua visão era totalmente soteriológica. Um Cristo que fosse menos que inteiramente divino não poderia salvar. A morte de um mero homem não teria nenhuma eficácia redentora. Mas sendo Cristo totalmente divino, sua natureza humana deveria ser, de alguma forma, "absorvida" por sua divindade, tornando-se, assim, o objeto correto da adoração. A salvação consistiria na participação do homem na carne deificada na eucaristia. Pela deificação do elemento humano, mediante a união com o Logos divino, Cristo tornara-se moralmente imutável.

Apolinário, de modo negativo, rejeita assim qualquer mera justaposição das duas naturezas em Cristo. Escreve a Joviano, afirmando: "Não há duas naturezas (em Cristo), uma para ser adorada e outra, não. Há somente uma natureza (*mia physis*) no Verbo de Deus encarnado". As Escrituras apresentam Cristo como um ser, como a encarnação de um único princípio ativo, o Logos divino. De modo positivo, no entanto, ele creditou a Cristo uma "nova natureza", resultando em que, na constituição de sua pessoa, é "uma nova criação e uma mistura maravilhosa, Deus e homem tendo se constituído em uma só carne". Mas como o divino e o humano poderiam se amalgamar em uma tal absoluta unidade? Um meio poderoso para Apolinário foi o de eximir Cristo da possibilidade de pecar. Para a psicologia, a mente humana foi concebida como autodeterminante, sendo impelida por sua própria vontade e sendo, assim, lugar de origem das más escolhas. Apolinário eliminou esse elemento de sua estrutura da pessoa de Cristo. "Se com a divindade, que em si mesma é mente, havia em Cristo também uma mente humana, o propósito primeiro da encarnação, que é a destruição do pecado, nele não se realiza" (*Apodeixis*, fragmento, 74). A pessoa de Cristo é, portanto, uma "comistura" do Logos com uma "natureza humana resumida": "um meio-termo entre Deus e o homem, nem totalmente homem nem totalmente Deus, mas uma combinação de Deus e homem" (*Syllogysmoi*, fragmento, 113). O despojamento do humano na encarnação é contrabalançado do fim divino por uma *kenosis* (ver Kenoticismo*). Porque o Logos que em sua ilimitação permeia toda a existência deve ser submetido à autolimitação na carne humana.

Apolinário foi criticado por Gregório de Nissa* por repudiar as experiências inteiramente humanas de Cristo, de que os evangelhos e a epístola aos Hebreus dão ampla prova. A salvação plena do homem exige a identificação plena de Cristo com ele em todos os elementos de sua composição. O apolinarismo foi sucessivamente condenado pelos concílios de Roma (377),

APOLOGÉTICA

Alexandria (378), Antioquia (379) e, por fim, de Constantinopla (381).

Bibliografia
J. N. D. Kelly, *Early Christian Doctrines* (London, [5]1977); H. Lietzmann, *Apollinarius von Laodicea und seine Schule* (Tübingen, 1904; A. G. McGiffert, *A History of Christian Thought* (New York & London, 1932), vol. 1; Jaroslav Pelikan, *The Christian Tradition*, vol. 1: *The Emergence of the Catholic Tradition (100-600)* (Chicago, 1971); C. E. Raven, *Apollinarianism* (Cambridge, 1923).

H.D.McD.

APOLOGÉTICA. A palavra "apologética" deriva do grego *apologia*, termo usado para definir a defesa que uma pessoa como Sócrates, por exemplo, poderia fazer de suas ideias e ações. O apóstolo Pedro diz que os cristãos devem estar preparados para responder a qualquer pessoa (*apologia*) que lhes pedir a razão da esperança que há neles (1Pe 3.15). A apologética é, portanto, uma atividade da mente cristã que busca mostrar que a mensagem do evangelho é verdadeira em suas afirmações. Apologista é aquele que está preparado para defender a mensagem evangélica contra críticas e distorções e mostrar evidências de sua credibilidade.

Hoje, infelizmente, o termo "apologética" tem conotações desagradáveis para muitos: em um nível superficial, soa como se estivessem pedindo que nos desculpássemos por termos fé. Em nível mais profundo, também, o termo "apologista" pode sugerir uma espécie de pessoa agressiva ou oportunista que recorre a meios, razoáveis ou não, para fazer as pessoas aceitarem seus pontos de vista. Tais entendimentos errôneos da apologética são lamentáveis, tendo em vista sua importância. Uma defesa sadia da fé era tão importante nos tempos do Novo Testamento quanto o é hoje.

O livro de Atos nos mostra os apóstolos envolvidos com não cristãos em debates e argumentações a respeito da verdade do evangelho (At 17.2-4; 19.8-10), e não é exagero dizer que os documentos do NT, em sua maioria, foram escritos por motivos apologéticos. Foram escritos para recomendar a fé a um grupo ou outro de pessoas ou visando esclarecer questões que haviam sido levantadas a respeito do evangelho.

As atividades de apologética foram intensamente exercidas durante o período da igreja primitiva, mas, na verdade, o têm sido sempre na maior parte da história da igreja. No começo, a apologética era necessária tanto para definir aquilo em que a igreja cria, em face das tendências heréticas, quanto para oferecer uma explicação de sua base em racionalidade aos inquiridores e críticos de diferentes espécies. Visto que muitos dos apologistas* haviam, eles mesmos, passado por crucial conversão — homens como Justino, Clemente* e Agostinho* — sabiam perfeitamente o que era necessário para recomendar a fé em Cristo aos que ainda estavam de fora. Os crentes, por sua vez, precisavam também ser fortalecidos ante o impacto de críticas hostis. Pode-se, em verdade, afirmar que a apologética firmou-se orgulhosamente ao lado

APOLOGÉTICA

da dogmática* como duas respostas indispensáveis aos desafios da época. Não podia ser de outro modo naquele período de expansão missionária.

Os primeiros apologistas eram, geralmente, políticos ou religiosos. As apologias políticas destinavam-se a ganhar aceitação, assim como certa tolerância e legitimidade, para o cristianismo na sociedade, enquanto as apologias religiosas visavam a ganhar adeptos convertidos tanto do judaísmo como do paganismo. Tais escritos tinham de ser necessariamente flexíveis e responder a questões específicas, exatamente como acontece hoje. Dentre os praticantes da arte da apologética, podemos enumerar algumas das mais excelentes mentes e personalidades, como Agostinho, Anselmo*, Tomás de Aquino*, Pascal*, Butler*, Newman* e C. S. Lewis*. A obra deles contém uma grande variedade de abordagens e estilos de argumento, mas o que caracteriza todos é a intrepidez e confiança na veracidade da mensagem bíblica e sua relevância para a história e a filosofia humanas.

No período moderno, todavia, a apologética tem sofrido severo revés. Encontrou no Iluminismo europeu um espírito de ceticismo em relação à teologia e à metafísica e um ataque indiscriminado às crenças cristãs. Os argumentos apologéticos de séculos anteriores foram sujeitos, assim, a críticas destruidoras, feitas por Hume* e outros, e muitos vieram a achar que a totalidade do cristianismo precisava ser revisada e reelaborada. Kant* declarou que a mente humana era incapaz de conhecer além do domínio do fenomenológico. No futuro, disse ele, a teologia teria de se contentar em funcionar dentro dos limites da razão e reduzir suas alegações ao conhecimento. Uma barreira foi erguida no caminho dos apologistas. A religião poderia ser praticada no âmbito da existência ou da moralidade, mas não poderia avançar, como o fizera anteriormente, em terrenos supostamente racionais.

O Iluminismo fez deflagrar uma séria crise para o cristianismo. Em seu rastro, o liberalismo* religioso procurou operar dentro dos limites que Kant havia indicado, aceitando as implicações que isso teria para o pensamento cristão. Essa atitude conduziu a uma espécie de revisionismo, facilmente constatável nas obras de Paul Tillich*, Rudolf Bultmann* e John A. T. Robinson.

Mesmo entre os cristãos clássicos, o efeito da crítica do Iluminismo repercutiu claramente com uma nova hesitação em relação à apologética. Em Kierkegaard* e Barth*, pode-se observar uma espécie de ortodoxia que não repousa sobre a argumentação apologética, mas procura apoiar as alegações do cristianismo unicamente no compromisso da fé.

Existem, porém, sinais de ressurgimento da atividade apologética. Os escritos de C. S. Lewis e de Francis A. Schaeffer* têm ajudado a estimular o interesse popular na defesa da fé. Outros têm contribuído para o reavivamento da apologética em nível mais técnico, como E J. Carnell*, Basil Mitchell (n. 1917), A. Plantinga*, Richard Swinburne (n. 1934), Keith Ward (n. 1938) e C. Van Til*. A apologética contemporânea parece estar

APOLOGISTAS

se recobrando do choque causado pelo Iluminismo e começando a aceitar o desafio de uma cultura secular e pluralista.

Bibliografia

Colin Brown, *Philosophy and the Christian Faith* (London, 1969); *idem, Miracles and the Critical Mind* (Grand Rapids, MI & Exeter, 1984); E. J. Carnell, *An Introduction to Christian Apologetics* (Grand Rapids, MI, 1952); Avery Dulles, *A History of Apologetics* (Philadelphia, 1971); Gordon R. Lewis, *Testing Christianity's Truth Claims, Approaches to Christian Apologetics* (Chicago, 1976); C. Van Til, *The Defense of the Faith* (Philadelphia, 1955).

C.H.P.

APOLOGISTAS. Pequeno grupo de autores gregos do século II, que apresentou uma defesa do cristianismo em face de perseguições, difamações e ataques de natureza intelectual (ver Apologética*). Procuravam tornar o cristianismo inteligível (e aceitável) para um público greco-romano ou judeu, a fim de estabelecer uma ponte entre essa religião "bárbara" e a cultura de sua época. Todavia, seus escritos contêm, também, abordagens importantes para o desenvolvimento da teologia cristã. Em todos, encontramos uma visão "elevada" da transcendência de Deus*. Deus é o "incriado, eterno, invisível, impassível, incompreensível e infinito que pode ser apenas detectado pela mente e pela razão, cercado de luz, beleza, espírito e poder indescritível e que criou, adornou e agora governa o universo" (Atenágoras, *Súplica* 10.1). Eles expõem a imoralidade e irracionali-

dade da religião pagã e defendem a verdade da ressurreição* da carne. Como diferem também em sua teologia, abordaremos cada um deles separadamente.

Aristides. Escreveu sua *Apologia* em *c*. 125 ou *c*. 140. Problemas textuais tornam difícil a certeza sobre detalhes de seu pensamento (o texto menos confiável é o que contém as afirmações teológicas mais explícitas). Deus é entendido como o "motor primário", o que criou todas as coisas por causa do homem. Jesus Cristo é visto como Filho de Deus e (talvez) como Deus que encarnou mediante uma virgem, morreu, ressuscitou e foi pregado pelos doze apóstolos em todo o mundo. Os cristãos vivem uma vida exemplar, com conhecimento de um juízo após a morte. Essas doutrinas podem ser encontradas nas Escrituras dos cristãos.

Justino Mártir. O mais importante dos apologistas, escreveu uma *Apologia* (I), algum tempo depois do ano 151, à qual acrescentou depois um *Apêndice* (ou *Apologia* II). Em seu *Diálogo com Trífon,* procura convencer um judeu da verdade do cristianismo. Diferentemente de outros apologistas, Justino concentra-se principalmente sobre a natureza e o significado de Cristo. Cristo era o Logos* que havia inspirado os filósofos gregos e que está presente em todos os homens como o *Logos spermatikos* (razão ou palavra seminal; ver Estoicismo*). Por meio dele, os melhores filósofos eram capazes de captar certas verdades cristãs (*e.g.*, criação, Trindade, julgamento final, etc.). Aqueles que viveram de acordo com o Logos, mesmo antes de Cristo, seriam cristãos. Nas teofanias* do AT, era

APOLOGISTAS

o Logos que se revelava porque de outra forma o Deus transcendente não poderia falar aos homens. Embora Justino use a fórmula trinitária, o seu entendimento de Cristo é subordinacionista (ver Trindade*). A relação do Filho com o Pai é comparada à relação da luz do Sol com o próprio Sol, mas ele também fala de um fogo aceso apartir de outro fogo. Por vezes, o Logos e o Espírito Santo aparentemente se confundem. Cristo encarnou para a nossa salvação e cura, para nos ensinar e para triunfar sobre os demônios (ver Diabo*), mediante o mistério da cruz. Os demônios eram responsáveis por escravizar e enganar os homens. Ao verem o que fora predito no AT a respeito de Cristo, insinuaram aos poetas gregos dizer coisas semelhantes a respeito de seus deuses. Eles sempre instigaram a perseguição dos justos. Para que os homens possam ser considerados dignos de incorrupção e de comunhão com Deus, é necessário que creiam nessas coisas e façam a vontade de Deus.

A principal evidência do cristianismo consiste no fato de que cada fato relacionado à vinda de Cristo foi predito pelos profetas hebreus. A exegese do AT é importante na *Apologia* e também no *Diálogo*, em que Justino argumenta que a lei de Moisés foi ab-rogada, que o AT fala de "um outro além de Deus", o qual foi manifesto nas teofanias do AT, e que os cristãos são o verdadeiro Israel. Justino busca mostrar a continuidade entre a filosofia grega e o cristianismo (ver Filosofia e Teologia*; Platonismo*), assim como a continuidade entre AT e NT. Cristo é a culminância e a complementação de todo o conhecimento parcial da verdade manifesto na filosofia grega, assim como a culminância da história de Israel. Ele próprio é Israel e por causa dele a igreja porta agora o nome de Israel.

Taciano. Discípulo de Justino, escreveu *Discurso aos gregos, c.* 160. Ele sustenta a divindade do Logos (entendido como "luz procedente da luz"). Especula sobre a natureza do homem e sobre a natureza e atividade dos demônios. Enfatiza o livre-arbítrio e a necessidade de obedecer a Deus.

Atenágoras. Escreveu *Súplica, c.* 177. O tratado *Sobre a ressurreição*, tradicionalmente atribuído a ele, pode ser obra de um autor posterior. Atenágoras diz que Pai, Filho e Espírito Santo são unidos em poder, mas distintos em posição. O Espírito é entendido como uma efluência, como a luz de um fogo. A bondade é tão integrante de Deus que sem ela ele não poderia existir. O mal* existe por causa da queda de [alguns] anjos*, aos quais fora confiada a administração do mundo. O mal está associado à matéria. A vida exemplar dos cristãos é fortemente enfatizada. As instruções para a vida cristã, assim como todos os demais conhecimentos sobre Deus, encontram-se nos escritos dos profetas.

A obra *Sobre a ressurreição* argumenta quanto à ressurreição de Cristo em bases quase puramente racionais, mostrando que Deus é tão capaz quanto desejoso de ressuscitar os mortos e que isso corresponde ao propósito da criação do homem. A alma é imortal*. Tanto os justos quanto os ímpios serão ressuscitados.

Teófilo de Antioquia. Escreveu três livros intitulados *Para Autólico*

APOSTASIA

(depois do ano de 180), em que fala de Deus, do Logos e de Sofia (sabedoria*) como uma "tríade". O Logos era primeiramente inato (*endiathetos*) em Deus e foi feito externo (*prophorikos*) antes da criação. Por vezes, torna-se obscura a distinção entre Logos e Sofia (entendida como o Espírito Santo). Deus pode ser detectado por meio de suas obras no universo, que ele criou do nada. O homem foi feito para conhecer a Deus, com a possibilidade tanto de mortalidade quanto de imortalidade. Por meio da desobediência, tornou-se mortal. Usam-se termos como fé, arrependimento, perdão e regeneração, e de Deus é dito ser aquele que cura. Todavia, o homem deve alcançar a imortalidade, principalmente, mediante a obediência a Deus. Todas essas doutrinas podem ser encontradas nos escritos dos profetas, que foram inspirados pela sabedoria (Sofia) e cuja autenticidade é garantida por sua antiguidade e pelo fato de que suas predições se cumpriram.

Bibliografia
O texto grego dos apologistas pode ser encontrado em: E. J. Goodspeed, *Die ältesten Apologeten* (Götingen, 1914); J. R. Harris, *The Apology of Aristides* (Cambridge, [2]1893); J. C. Th. Otto, *Corpus Apologetarum Christianorum Saeculi Secundi* (Jena, 1847-1872). Traduções em inglês podem ser encontradas em *ANCL* (repr. *ANF*); R. M. Grant (ed.), *Theophilus of Antioch: Ad Autolycum* (Oxford, 1970); C. C. Richardson (ed.), *The Early Christian Fathers* (Philadelphia, 1953); W. R. Schoedel (ed.), *Athenagoras: Legatio and De Resurrectione* (Oxford, 1972); A. Lukyn Williams (ed.), *Justin Martyr: The Dialogue with Trypho* (London, 1930).

T.G.D.

APOSTASIA. É o abandono geral da religião ou negação da fé por aqueles que antes a sustentavam. Paulo profetizou uma séria apostasia antes do fim dos tempos (2Ts 2.3; ver também Anticristo*). Outrora, um crente nominal poderia, certamente, deixar de se identificar como tal até mesmo para professar a fé*. Mas um crente pode realmente convertido deixar de crer e, por fim, perder-se? É concordância geral que o crente pode decair temporariamente da plenitude da fé, mas, depois, deve se arrepender. Sustentam os calvinistas* que o chamamento de Deus dos eleitos para a fé os impede de apostatar, citando textos que asseveram a segurança eterna dos crentes: um Deus fiel não permitiria que alguém de seu povo venha a ser vencido pela incredulidade e acabe se perdendo. Já outros indicam numerosas advertências no NT contra o perigo da apostasia, assim como referências específicas quanto aos apóstatas. Afirmam os calvinistas, porém, que essas advertências são hipotéticas: sua finalidade é evitar que as pessoas venham a cometer apostasia (exatamente como se fossem um aviso: "Perigo! Mantenha-se afastado do precipício!", para evitar que as pessoas caiam em um despenhadeiro). Aqueles que apostatam seria porque nunca foram verdadeiramente convertidos. O debate exegético continua. Enquanto as Escrituras advertem ao pecador deliberado que ele se encontra em perigo eterno, asseguram ao crente preocupado que nada pode arrancá-lo da mão do Senhor.

Bibliografia

G. C. Berkouwer, *Faith and Perseverance* (Grand Rapids, MI, 1958); D. A. Carson, *Divine Sovereignty and Human Responsibility* (London, 1981); I. H. Marshall, *Kept by the Power of God* (Minneapolis, MN, 1975).

I.H.Ma.

APÓSTOLO. Termo usado no NT, para qualificar os integrantes de determinados grupos de pessoas. São eles: 1. Os doze discípulos chamados por Jesus para ajudá-lo em sua missão (Mt 10.2). Esse número inevitavelmente lembra as doze tribos de Israel (*cf.* Mt 19.28; Lc 22.29,30), sugerindo que os Doze constituíam o núcleo de um novo Israel, formado por aqueles que aceitaram Jesus como Messias. O papel futuro atribuído aos apóstolos — julgar as tribos de Israel — pode ser simplesmente um modo de dizer que eles compartilharão do futuro reino de Deus* enquanto o Israel incrédulo será descartado. 2. Um grupo mais amplo, incluindo os Doze, que viu o Senhor ressuscitado e cujos integrantes receberam ordem de ser missionários (1Co 15.7; *cf.* 9.1). Lucas tende a restringir esse título aos Doze (exceto em At 14.4,14), como companheiros do Senhor e testemunhas de sua ressurreição (At 1.21,22; 10.40-42), mas Paulo enfatiza o seu papel como pioneiros plantadores de igrejas, cujas credenciais são justamente as congregações que fundaram (1Co 9.2). 3. Em sentido mais amplo, obreiros ou representantes de congregações, chamados, no original grego, "apóstolos das igrejas" (2Co 8.23; Fp 2.25). 4. Pessoas que falsamente reivindicavam (aos olhos de Paulo) ser apóstolos e trabalhavam como missionários em rivalidade com ele (2Co 11.13).

A palavra "apóstolo" pode ter várias conotações. Se for uma tradução do hebraico *šālîah*, significa uma pessoa que age como representante plenamente autorizado de alguma organização. O sentido de "missionário" é também bastante frequente. Para Paulo, seu sentido de apostolado era de importância primordial em sua autocompreensão. Apóstolo, para ele, equivalia a ser um servo, ou escravo, de Jesus (observe como Paulo se define no começo de todas as suas epístolas ao apresentar suas credenciais). O apostolado está associado à fundação de igrejas e comunica autoridade sobre elas em termos de impor disciplina e de receber e transmitir revelação normativa*, de modo que os apóstolos, juntamente com os profetas*, formam o fundamento da igreja (Ef 2.20; *cf.* 1Co 12.28,29; 2Pe 3.2). Paulo enfatiza também ser destino especial do apóstolo sofrer, e até mesmo morrer, de tal forma que seus convertidos possam viver, explorando o paradoxo da posição humilde do apóstolo a despeito de sua alta vocação (1Co 4.9; 2Co 4).

Tendo sido os apóstolos (exceto no sentido de representantes, ou emissários, das igrejas) testemunhas da ressurreição e formando o fundamento da igreja, sua atividade era um fenômeno *sui generis*, incapaz de repetição. Eles não tiveram propriamente sucessores e, em princípio, não pode haver sucessor algum. A igreja, no entanto, pode e deve ser ainda apostólica, no mesmo sentido em que deve viver em conformidade com o

ARIANISMO

ensino deles, enraizado nas Escrituras do NT e seguir seu exemplo de sofrimento junto com o Senhor. Estudiosos há que, todavia, argumentam que a igreja somente será "apostólica" se seus dirigentes (geralmente bispos) forem consagrados pela imposição de mãos em uma cadeia de natureza física que remonta aos primeiros apóstolos. João Wesley* disse o que parece ter sido a palavra definitiva sobre o assunto, ao declarar que "a *sucessão ininterrupta* eu acredito ser uma fábula, que nenhum homem jamais provou nem poderá provar". Há grupos não episcopais em que os líderes se declaram a si mesmos apóstolos; os quais, no entanto, também se equivocam ao julgar que o apostolado esteja associado às testemunhas originais da ressurreição.

Bibliografia

C. K. Barrett, *The Signs of an Apostle* (London, 1970); J. A. Kirk, Apostleship since Rengstorf: Towards a Synthesis, *NTS* 21 (1974-1975), p. 249-264; K. H. Rengstorf, *in: TDNT* I, p. 407-447; W. Schmithals, *The Office of Apostle in the Early Church* (London, 1971).

I.H.Ma.

ARIANISMO. Ário (*c.* 250-*c.* 336), presbítero em uma paróquia urbana de Alexandria*, tornou-se suspeito, por volta de 318, de doutrinação contrária ao ensino de seu bispo, Alexandre (m. 328). Após o devido exame, a diferença foi julgada fundamental e inaceitável. Ário e seus adeptos foram excomungados. A essa altura, no entanto, ele obtivera notável apoio por parte dos bispos de fora do Egito, particular-

mente Eusébio de Nicomédia (m. *c.* 342), primeiro bispo proeminente da corte na era de Constantino. A controvérsia ariana não poderia, assim, ficar restrita a uma questão puramente egípcia.

A doutrina de Ário partiu da singularidade absoluta e distintividade de Deus* — "um Deus, unicamente não gerado, unicamente eterno, único sem começo, único verdadeiro, único detentor de imortalidade, único sábio, único bom e único soberano". Segundo Ário, esse Deus não poderia, muito provavelmente, comunicar sua essência a nenhum outro, pois isso removeria o grande abismo entre Criador e criatura, sendo, na verdade, uma reversão ao politeísmo*. O ser supremo de Ário era Deus Pai, e não Deus Tri-úno (ver Trindade*). O Filho, para ele, era um ser criado pela vontade e poder do Pai. Consequentemente, o Filho não era "sem começo". (Ário abriu exceção, nesse particular, à asserção do bispo Alexandre de que "uma vez o Pai, sempre o Filho".) Naturalmente, Ário estava determinado a tratar o Filho como criatura especial no sentido de que o Pai o havia criado primeiro e pela função específica que lhe dera de tomar a seu encargo todo o restante da criação*. Na verdade, segundo ele, o Filho fora gerado exatamente porque a ordem criada não poderia suportar a mão imediata de Deus. Assim, o papel principal de Cristo, para os arianistas, era o de servo de Deus na obra da criação e (em dimensão menor) na revelação*.

No começo da controvérsia a que seu pensamento deu origem, alguns arianistas chegaram a afirmar que, como criatura, Cristo estaria sujeito a mudar e a pecar,

ARIANISMO

mas que, por sua própria virtude pessoal, havia conseguido, de fato, não pecar. Prevendo a resistência vitoriosa de Cristo à tentação, Deus teria concedido antecipadamente a Cristo uma honra especial. Todavia, com o correr do tempo, preferiram os arianista adotar ideia mais simples, passando a crer que Deus havia feito de Cristo uma criatura inalterável.

A fim de colocar seus oponentes em dificuldade, alguns arianistas destacaram uma série de passagens dos Evangelhos ilustrando o desenvolvimento humano de Cristo e sua fraqueza. Questionavam de que modo tais experiências poderiam ser atribuídas a uma pessoa divina. Adotaram esse ponto de vista porque não achavam possível haver uma autêntica alma humana em Cristo, mas poucos oponentes do arianismo (exceto Eustátio de Antioquia, c. 300-c. 377), foram capazes, a princípio, de perceber essa contradição.

O arianismo foi motivo de violenta controvérsia quando Constantino assumiu o controle do Império Romano do Oriente, em 324. Ele prontamente convocou um concílio* em Niceia, destinado, entre outras coisas, a assumir tal debate. O concílio falhou no sentido de que o arianismo prosseguiu em atividade, clandestinamente, por um período de trinta anos. Mas o Credo de Niceia permaneceu em sua refutação ao arianismo. Sua declaração principal — de que Cristo era de uma única substância (*homoousios*) com o Pai — permaneceu rigorosamente oposta à crença arianista de que o Filho (ou qualquer outra criatura) fosse de natureza diferente da substância do Pai.

O arianismo desfrutou de ressurgimento na década de 350, ganhando até patrocínio imperial de c. 353 a 378. Mas, em termos teológicos, seu ímpeto mudou, do grupo arianista dominante, para um grupo mais radical, conhecido como anomoeanos ou eunomianos. Eles diferiam tanto em ênfase doutrinária como em tática dos bispos arianizantes da corte, que frequentemente se satisfaziam em esconder seus reais sentimentos. Os anomoeanos, centrados inicialmente em Aécio (m. c. 370), homem que não foi além do diaconato, ao contrário, acreditavam, em um debate teológico aberto.

Na verdade, Aécio e seu sucessor, Eunômio (m. c. 395), apresentavam considerável agilidade lógica em demonstrar suas doutrinas. Partiam da ideia de que Deus era *per se* uma essência não gerada. Embora os primeiros arianistas tivessem descrito o ser supremo como singularmente não gerado, eles achavam que isso não revelava a essência de Deus. Na verdade, Ário tinha chocado seus oponentes ao asseverar que o Pai era incompreensível até mesmo para o Filho. Os eunomianos, no entanto, alteraram essa ideia. A essência de Deus, afirmavam, poderia ser conhecida por qualquer um que raciocinasse por meio de implicações lógicas da não geração. Essa alegação ousada baseava-se na crença, que eles derivavam das Escrituras, de que o nome correto de qualquer coisa revelava sua essência. Assim, a uma trivialidade coube a atribuição da não geração de Deus, fazendo com que os eunomianos, ao se sentirem à vontade em um terreno movediço, assumissem como o próprio nome de Deus. Os eunomianos

ARISTOTELISMO

permaneceram firmes e distintivos em sua dupla reivindicação de que conheciam o nome de Deus e que esse nome revelava sua essência.

A ênfase deles na não geração de Deus tinha simplesmente o objetivo de separar o ser supremo, único não gerado, de seu Filho, para eles gerado. Com base nisso, argumentavam que o Filho era diferente (*anomoios*) do Pai em substância e, por isso (de *anomoios*), passaram a ser conhecidos como "anomoeanos".

O arianismo declinou rapidamente com a perda do patrocínio imperial do grupo dirigente arianista, em 378, e com o Concílio de Constantinopla, em 381, que tornou a ortodoxia de Niceia predominante. Na verdade, o credo* afirmado provavelmente por esse concílio (o segundo ecumênico) não era idêntico ao promulgado em Niceia, mas uma versão ampliada, que acrescentou alguns pontos, sobretudo visando a salvaguardar a divindade do Espírito Santo*.

No início da controvérsia arianista, pouca atenção foi dada ao Espírito Santo, mas isso mudaria a partir de *c.* 360. Esse novo aspecto pode ter surgido pelo fato de os anomoeanos afirmarem, claramente, encontrar-se o Espírito próximo à posição dos seres criados após o Filho, tendo sido feito para propiciar iluminação e santificação*. A corrente principal do partido niceno quis colocar o Espírito Santo juntamente com o Pai e o Filho, uma vez que todos os três eram mencionados juntos na fórmula batismal e na doxologia. Mas alguns dos que eram contrário ao ensino arianista sobre o Filho não concordaram com a divindade do Espírito Santo. Esse grupo, chamado por seus adversários de "pneumatômacos" ("combatentes ao Espírito"), reclamava haver falta de evidência escritural da deidade do Espírito Santo. Não viam motivo algum, na verdade, para existir outro relacionamento além do Pai com o Filho na divindade. O Credo Niceno-Constantinopolitano rejeitou os argumentos dos pneumatômacos, assim como todos os dos arianistas. Fez isso afirmando simplesmente os títulos divinos, como "Senhor", que são usados em relação ao Espírito Santo nas Escrituras e lidou com a difícil questão da origem do Espírito declarando que Ele "procede do Pai".

Bibliografia
R. C. Gregg & D. E. Groh, *Early Arianism: A View of Salvation* (London, 1981); J. N. D. Kelly, *Early Christian Creeds* (London, [3]1972); *idem*, *Early Christian Doctrines* (London, [5]1977); T. A. Kopecek, *A History of Neo-Arianism*, 2 vols. (Cambridge, MA, 1979); R. D. Williams, *Arius. Heresy and Tradition* (London, 1987).

G.A.K.

ARISTOTELISMO. Filosofia daqueles que apoiam em métodos ou doutrinas de Aristóteles o seu próprio pensamento. Em sua ciência e filosofia, Aristóteles (384-322 a.C.) desenvolveu e sistematizou a ampla erudição grega anterior a ele, sendo seus escritos, como resultado disso, fonte de inspiração nas mais diferentes épocas e lugares. Foi ele o mestre dos gregos alexandrinos, sírios, árabes e judeus, dos séculos VII ao XII, e do Ocidente cristão nos séculos XIII

ARISTOTELISMO

e seguintes. A influência da ciência de Aristóteles terminou com o surgimento das ciências empíricas modernas. Na física e na astronomia, sua influência se desvaneceu mais rapidamente do que na biologia, onde durou até o século XIX. A ética, a política e a metafísica de Aristóteles permanecem uma fonte para a qual os filósofos ainda se voltam até hoje.

Enquanto Platão* desenvolveu uma filosofia orientada para o mundo espiritual das ideias e do divino, Aristóteles, partindo de seu mestre, desenvolveu um sistema filosófico que focaliza o domínio da natureza* e os métodos para estudá-la. Uma análise penetrante dos processos de pensamento encontra-se em suas obras de lógica. Seus tratados sobre a filosofia natural fornecem uma narrativa extraordinariamente abrangente do universo material. Seus escritos éticos revelam a mesma captação introspectiva tanto da vida do indivíduo quanto da sociedade. É também o fundador da ciência da Metafísica*, embora nessa área um bom número de questões permanece ainda como não estudadas ou não resolvidas. Lacunas na metafísica de Aristóteles têm causado também problemas básicos na área da psicologia humana. Os mundos, tanto o espiritual como o material, se encontram no homem; o corpo humano pertence a um mundo material em mutação, mas seu entendimento transcende o corpóreo e pertence ao eterno, incorruptível e divino. Ele estabeleceu um debate interminável a respeito da relação do entendimento com o individual. Existe uma alma intelectual para todos os homens ou cada pessoa tem uma alma separada? Como essa alma é unida ao corpo? O que acontece a ela após a morte? Os seguidores de Aristóteles respondem a essas e a outras questões afins de modo diverso.

A história do aristotelismo tem sido determinada também pela disponibilidade dos seus escritos. Durante seu tempo de vida, Aristóteles ficou conhecido por diálogos populares, escritos em estilo platônico, mas todos esses se perderam. Os escritos de que dispomos eram todos, quase sempre, apenas anotações feitas para sua escola, o Liceu. Foram editados e publicados por Andrônico de Rhodes por volta de 70 a.C. No século III, o neoplatonista Porfírio (ver Platonismo*) escreveu um comentário sobre a obra *Categorias*, que foi traduzido para o latim por Boécio* no século VI. Embora Boécio tenha planejado traduzir todas as obras de Aristóteles para o latim, ele foi morto antes de haver completado seu projeto. Como resultado, somente as obras lógicas de Aristóteles vieram a ser conhecidas na Europa Ocidental até o século XII, com as quais Abelardo* e seus contemporâneos puderam estudar e debater a respeito dos universais, mas nada sabiam a respeito do restante do pensamento de Aristóteles. Entretanto, os textos de Aristóteles foram traduzidos para o siríaco, árabe e hebraico e, assim, tornaram-se bem conhecidos no mundo islâmico e, posteriormente, no Ocidente a partir de traduções árabes, assim como, mais tarde, por meio de traduções feitas diretamente do grego. Acessíveis, assim, em latim e grego desde o século XIII, os escritos de Aristóteles exercem

ARISTOTELISMO

influência mais na dependência do interesse do que da acessibilidade.

Aristóteles exerceu influência relativamente limitada sobre os pais da igreja. Seu foco científico e empírico não era atraente para a orientação predominantemente religiosa da época. Para alguém como Agostinho*, os platonistas* (neoplatonistas) haviam incorporado tudo o que era valioso de Aristóteles em seu próprio pensamento. Em suas *Confissões*, Agostinho registra haver lido *Categorias* de Aristóteles e a entendido, mas para ele fez muito pouco bem, porque permaneceu materialista.

A influência de Aristóteles foi sentida de modo mais significativo no século XII. A discussão do problema dos universais (ver Nominalismo*) tomou lugar entre os teólogos, e os métodos lógicos de Aristóteles foram, assim, naturalmente aplicados às questões teológicas, tais como Trindade*, encarnação* e assim por diante. A contribuição mais influente foi a de Abelardo*, com seu *Sic et Non* [*Sim e não*]. Nessa obra, Abelardo reuniu opiniões dos pais da igreja que pareciam contraditórias, mas que, quando devidamente entendidas, puderam ser, quase sempre, harmonizadas. Seu método dialético ganhou grande desenvolvimento nas questões controversas e sumas teológicas do século XIII.

A influência aristotélica alcançaria o apogeu nos séculos XIII e XIV. No começo dos anos 1300, a filosofia natural, a psicologia e a metafísica de Aristóteles se tornaram disponíveis no Ocidente latino. Filósofos e teólogos da época reconheceram nelas uma riqueza filosófica e científica que excedia em muito qualquer coisa que já haviam conhecido; mas também mostrou-se evidente que Aristóteles sustentava algumas posições que eram contrárias à fé cristã. Sustentava, por exemplo, que o mundo era eterno e que havia somente uma alma intelectual para todos os homens — pelo menos foi assim que Averróis*, seu maior comentarista, o interpretou. Além disso, achava Aristóteles ser a filosofia ou a razão natural o único meio de se alcançar o maior bem do homem, a alegria. A despeito das tentativas de se banir os seus escritos, Aristóteles passou a ser estudado nas universidades. Eram os agostinianos* que, de modo geral, formavam a oposição conservadora que tentava limitar a influência de Aristóteles. O outro extremo era encontrado em alguns mestres de artes, que simplesmente ensinavam o pensamento de Aristóteles sem procurar avaliá-lo à luz da fé. Ficaram conhecidos como averroístas. Um meio-termo foi adotado por Tomás de Aquino*, que abraçou o pensamento de Aristóteles de todo o coração como filosofia, mas o reviu naquilo que achou necessário. Essa filosofia se tornou a ferramenta básica para sua teologia. Conforme sua famosa frase: "A filosofia é serva da teologia". Em quase toda discussão teológica — a natureza de Deus, a Trindade, a alma humana, a graça, a fé, etc. — podemos encontrar Aquino usando ideias desenvolvidas por filósofos, especialmente por Aristóteles, para explicar o significado da fé.

Nos últimos anos do século XII, todos os mestres das universidades eram aristotelianos, no sentido de que estavam familiarizados com os conceitos e métodos de Aristóteles e os empregavam. Havia, no entanto, uma variedade de interpretações dos textos de Aristóteles, de modo que esse aristotelismo nunca chegou a ser um movimento unificado. Ao contrário, Tomás de Aquino*, Duns Scotus" e Guilherme de Occam*, para mencionar apenas alguns, tiveram suas próprias e diferentes interpretações, com uma tradição daí resultante.

Os humanistas* da Renascença foram os primeiros a atacar o aristotelismo da Escolástica*, mas a maior parte deles não foi, nesse sentido, eficaz. Sua crítica do mau estilo dos escolásticos não foi complementada pela apresentação de uma explicação alternativa igualmente abrangente da realidade, não passando, assim, de uma crítica literária, bastante similar às que são hoje publicadas nos suplementos literários dos jornais. Mas à medida que os humanistas desenvolveram seus estudos literários, assim como uma consciência histórica na interpretação de textos antigos, eles foram além do que os aristotelianos tinham a oferecer, e isso veio a influenciar até o método de teologia, como se pode ver em Calvino*, por exemplo. No escolasticismo protestante do século XVII, há um retorno ao método teológico que muito deve à influência de Aristóteles (ver Ramus*).

Quando a ciência aristotélica tornou-se superada, o aristotelismo como sistema explicativo abrangente caiu em decadência. Muitos concluíram que, tendo sido a ciência aristotélica suplantada, todas as outras coisas do seu pensamento haviam saído de moda. Outros, no entanto, continuam a encontrar inspiração nos escritos de Aristóteles. Austin Farrer*, Bernard Lonergan* e Karl Rahner*, entre outros, devem, tanto direta como indiretamente, ao pensamento de Aristóteles. Com estudos históricos e novas traduções de Aristóteles continuando a aparecer, o aristotelismo parece ter garantida uma vida longa.

Bibliografia

J. Barnes, *Aristotle* (Oxford, 1982); E. Gilson, *History of Christian Philosophy in the Middle Ages* (London, 1955); N. Kretzmann *et al.* (eds.), *The Cambridge History of Later Medieval Philosophy* (Cambridge, 1982); R. P. McKeon, *Aristotelianism in Western Christianity* (Chicago, 1939); W. D. Ross, *Aristotle* (London, [4]1945).

A.V.

ARMINIANISMO. Jacobus Arminius (1560-1609), ou simplesmente Armínio, foi um teólogo holandês educado em Leiden, Basileia e Genebra, tendo estudado nessa última cidade sob a orientação de Beza*. Retornando à Holanda, serviu como pastor em Amsterdã, antes de se tornar professor em Leiden, em 1603. Armínio questionou algumas suposições básicas da teologia reformada*, dando surgimento a uma controvérsia amarga e injuriosa.

O centro da teologia de Armínio residiu em sua visão radical da predestinação*. Atacou o supralapsarianismo especulativo de Beza, no tocante à sua falta de cristocentricidade, ou seja, não ser Cristo o fundamento da eleição, mas tão somente a causa subordinada de uma salvação já

ARMINIANISMO

previamente ordenada, resultando em rompimento entre o decreto da eleição e o concernente à salvação mediante o Cristo encarnado. Essa visão cristocêntrica levou Armínio a inverter a ordem de eleição e graça*. Para a ortodoxia reformada, a manifestação histórica da graça de Deus era dependente da eleição; para Armínio, ao contrário, a eleição era subsequente à graça. Deus decreta salvar todos os que se arrependem, creem e perseveram. A eleição é condicional à resposta do homem, dependente da presciência que Deus tem de sua fé e perseverança*. Não há também que negar a possibilidade de um verdadeiro crente cair totalmente ou finalmente da graça. Consequentemente, não pode haver nenhuma certeza* de salvação definitiva. Além disso, Deus dá graça suficiente, de modo que o homem pode crer em Cristo se assim quiser. Para isso, tem livre-arbítrio*. Pode crer ou pode resistir à graça de Deus. A graça redentora é universal, e não particular; suficiente, e não irresistível; e é de livre-arbítrio a vontade do homem, e não constrangida, cooperando mais com a graça de Deus do que sendo por ela vivificada. Efetivamente, Armínio estava dizendo que Deus não escolhe ninguém, mas, em vez disso, prevê que alguns o escolherão. Era uma posição com raízes pelagianas* e patrísticas gregas.

As ideias de Armínio foram desenvolvidas por seus seguidores nas cinco teses dos *Artigos remonstrantes* (1610): 1. A predestinação está condicionada à resposta de uma pessoa, tendo por base a presciência de Deus; 2. Cristo morreu em favor de todas as pessoas, mas somente os crentes são salvos; 3.

uma pessoa é incapaz de crer e precisa da graça de Deus; mas 4. essa graça é resistível; 5. se todos os convertidos perseverarão exige uma investigação posterior. A controvérsia daí resultante assumiu uma importância tal que agitou a nação, culminando no Sínodo de Dort* (1618-1619), com a condenação dos *Artigos remonstrantes* e a demissão e o exílio dos ministros que com eles concordavam. Para os adversários dos remonstrantes, os seguidores de Armínio tinham adotado uma visão semipelagiana da graça*, destruído a doutrina da certeza na salvação ao questionarem a perseverança do crente e, por meio da sua inversão da ordem da predestinação, introduzido um evangelho condicional, que ameaçava as doutrinas da expiação* e da justificação*.

Alguns dos temores dos contraremonstrantes, ao que parece, logo vieram a se cumprir. Simon Episcopius (1583-1643), líder remonstrante em Dort, professor em Leiden, figura proeminente por detrás dos artigos de Armínio, procedeu a desenvolvimentos posteriores que culminaram em uma teologia própria. Reiterando a doutrina da predestinação condicional, sustentou que somente o Pai detinha divindade em si mesmo, sendo o Filho e o Espírito Santo a ele subalternos, não somente em termos de geração e expiração, mas também em essência (ver Trindade*). Sua ênfase estava em Cristo como exemplo com a doutrina subordinada à ética.

O compromisso com a expiação universal (ver Expiação, Extensão*) levou os seguidores de Armínio a se oporem à visão da substituição

ARMINIANISMO

penal pela expiação, sustentada pela teologia reformada, segundo a qual Cristo realmente pagou a pena de todos os pecados de todo o seu povo com a expiação, que foi, assim, eficaz. Para o arminianismo, embora se sustentasse que Cristo havia sofrido em favor de todos, ele não poderia ter pago a pena por seus pecados, já que nem todos são salvos. Sua morte simplesmente permitiria, sim, que o Pai perdoasse a todos os que se arrependessem e cressem. Ele tornara possível a salvação, mas não expiou, intrinsecamente, por qualquer pessoa em particular. Na verdade, a morte vicária de Cristo não seria essencial para a salvação em virtude da própria natureza de Deus, amoroso e justo, sendo, na verdade, o meio que Deus escolheu para nos salvar, por motivos administrativos de sua providência. O arminianista Hugo Grotius* foi o primeiro a expor claramente essa teoria governamental da expiação.

A despeito de sua supressão inicial na Holanda, o arminianismo espalhou-se, infiltrando-se por todo o mundo, vindo a permear todas as igrejas protestantes. Seu crescimento foi facilitado, particularmente, pelo impacto causado por João Wesley*. O arminianismo wesleyano concordava que a depravação humana era total, afetando cada aspecto do ser, realçando assim a necessidade da graça. Todavia, preservou o sinergismo (ver Vontade*), mantendo estar a obra de Cristo relacionada a todos os homens, libertando a todos da culpa do primeiro pecado de Adão e concedendo graça suficiente para arrependimento e fé, fazendo com que as pessoas possam "melhorar" ou dela se apropriar. A ênfase wesleyana recai, assim, sobre a apropriação humana da graça. A possibilidade de um verdadeiro crente cair da graça, porém, foi expressamente aceita, com a conclusão de que, conquanto alguém pudesse ter certeza da presente salvação, não poderia haver certeza alguma presente de uma salvação definitiva. O mais importante teólogo wesleyano, Richard Watson (1781-1833), em sua *Theological Institutes* (1823), nem mesmo incluiu a eleição em seu índice de assuntos, considerando-a um ato temporal subsequente à administração dos meios de salvação.

Nesses últimos anos, o arminianismo tem-se mesclado com ideias batistas* e dispensacionalistas*, particularmente pelo seu contato com o fundamentalismo* americano. Contudo, em termos estritos, conviria ser desembaraçado de tais acréscimos estranhos no que diz respeito ao enfoque de seus aspectos intrínsecos próprios: a eleição baseada na presciência, a depravação parcial, a expiação universal ineficaz, a graça universal resistível, uma visão voluntarista da fé, a cooperação (semipelagianismo) de uma pessoa com a graça de Deus e a possibilidade de o verdadeiro crente cair da graça com o concomitante enfraquecimento da certeza da salvação.

Bibliografia
J. Arminius, *Works*, 3 vols. (London, 1825, 1828, 1875).

C. Bangs, *Arminius* (Grand Rapids, MI, ²1985); A. H. W. Harrison, *Arminianism* (London, 1937); P. K. Jewett, *Election and Predestination*

ARREPENDIMENTO

(Grand Rapids, MI, 1985); J. Owen, *Works* (repr. London, 1967), vol. 10; C. H. Pinnock (ed.), *Grace Unlimited* (Minneapolis, MN, 1975); P. Schaff, *The Creeds of Christendom* (New York, 1919 edit.); C. W. Williams, *John Wesley's Theology Today* (London, 1969).

R.W.A.L.

ARREPENDIMENTO. O AT frequentemente fala em arrependimento para descrever a volta da Israel a seu Deus (*e.g.*, 2Cr 7.14), em resposta a uma promessa divina de restauração de felicidade para a nação. No NT, contudo, a pregação de arrependimento, grandemente exaltada, assume conteúdo específico para o indivíduo. Esse aspecto começa com a pregação de João Batista (Mt 3.5-12; Lc 3, 7.7-17). As palavras gregas usadas por todo o NT são principalmente formas relacionadas ao verbo *metanoein*, "mudar a mente de alguém". Essa breve expressão quer significar toda uma mudança radical na *disposição* do indivíduo, sendo a mudança de mente referente ao seu julgamento sobre si próprio e seu pecado, juntamente com uma avaliação das exigências de Deus a respeito de sua pessoa. A transformação aí implícita não é, portanto, uma simples questão de julgamento mental, mas, sim, de uma nova atitude religiosa e moral (a volta a *Deus*, 1Ts 1.19) e uma nova conduta (At 26.20), como a pregação de João fazia ver com toda a clareza.

Sendo o arrependimento dirigido a Deus e afirmando novos princípios de vida, é inseparável da fé*, pela qual, somente, vem o conhecimento de Deus. É uma sensível distorção das Escrituras separar o arrependimento da fé, como se o primeiro fosse, em algum sentido, uma condição para se ter a última. Isso está claro no fato de que a pregação dos apóstolos instava as pessoas, algumas vezes, a se arrependerem (At 2.38; 17.30; 26.20), mas, em outras ocasiões, a crer (At 13.38-41; 16.31). Do mesmo modo, o perdão dos pecados resulta do arrependimento e da fé (At 2.38; 3.19; 10.43). O arrependimento e a fé são assim, simplesmente, dois aspectos de uma mesma ação, muito embora, no caso da fé, é bem verdade, o NT enfatize uma conscientização de Cristo (At 20.21). Tal como a fé, o arrependimento é considerado, portanto, um dom de Deus (At 5.31; 11.15-18; 2Tm 2.25).

Pode-se observar a importância do arrependimento desde o começo da pregação apostólica e de sua posição como o primeiro princípio da mensagem cristã (Hb 6.1). Embora haja na conversão uma decisiva mudança de mente, a renovação da mente humana relativamente a Deus é um processo *contínuo* (Rm 12.2; Ef 4.23), exatamente à medida que a fé cresce. A mudança de mente e renovação da fé na vida do cristão constituem o lado ativo do processo chamado de santificação*, do qual regenerar-se* e resguardar-se do mal são os aspectos passivos.

Em virtude do aumento na ênfase da penitência (a tristeza pelo pecado) associada ao arrependimento, a ideia de confissão e penitência* acabou por se sobrepor ao sentido de "mudança da mente de alguém". Mas foi, então, que Lutero redescobriu a palavra no grego do NT para arrependimento, *metanoein*. Substituiu, assim, a tradução predominante da Vulgata latina de "fazer penitência" e uniu o arrependimento intimamente à fé.

Não cabe a ênfase demasiada na ideia de que o arrependimento seja um ato moral, que implica o ato de se voltar a totalidade da pessoa, em espírito, mente e vontade, à aquiescência e sujeição à vontade de Deus. O arrependimento é mais, em sentido bem real, um milagre moral, um dom da graça. Os termos que costumam ser confundidos com ele, como penitência, remorso ou autopunição*, não fazem jus ao verdadeiro impacto da graça a que chamamos arrependimento.

Bibliografia

F. Lauback & J. Goetzmann, *in NIDNTT* I, p. 353-362; J. Murray, *Redemption — Accomplished and Applied* (Edinburgh, 1973); W. Telfer, *The Forgiveness of Sins* (London, 1959).

R.K.

ARTE, ver ESTÉTICA.

ASCENSÃO E SESSÃO CELESTIAL DE CRISTO. A doutrina cristã da ascensão e sessão celestial de Cristo, embora, sem dúvida, parte importante do testemunho no NT (Lc 24.51; At 1.9-11; Ef 4.8), foi pouco desenvolvida antes da época de Agostinho*, em parte por ser tida até à época como integrante da Cristologia*, conforme testemunham os credos romano antigo e de Niceia.

Vista, no entanto, separadamente, como doutrina, a ascensão de Cristo é por diversas razões significativa. Antes de mais nada, representa a culminância do ministério terreno de Jesus. Sua morte e ressurreição não poderiam ter pleno efeito até haver Cristo subido à presença do Pai, a quem apresentou sua obra consumada da expiação (Hb 4.1-15). A ascensão é o momento em que a humanidade de Jesus é levada a Deus e glorificada, a certeza final e os primeiros frutos de nossa salvação eterna.

A ascensão é importante também por nos lembrar que o corpo de Cristo não mais está presente na estrutura do tempo e espaço, mas pertence ao Filho de Deus na eternidade. Isso oferece uma base significativa para o uso da figura do "corpo de Cristo" referindo-se tanto à igreja* como à eucaristia*. Agostinho e depois os reformadores frisaram que esse fato deveria ser entendido como realidade espiritual, e não física. Queriam os reformadores, particularmente, com isso significar que as doutrinas medievais da transubstanciação e da igreja visível como corpo e noiva de Cristo poderiam não ser verdadeiras.

A ascensão tem sido interpretada, ainda, em termos da glorificação do homem, como consequência da ressurreição. Isso, por vezes, tem sido levado a ponto de se negar o período de quarenta dias que perdurou entre a ressurreição de Cristo dentre os mortos e a sua subida ao céu, e cuja importância reside no ministério de ensino de Jesus junto aos discípulos nesse espaço de tempo. Alguns estudiosos têm até argumentado que o registro sobre a transfiguração nos evangelhos foi deslocado de uma suposta narrativa original referente à ascensão. Na verdade, porém, embora possa haver similitudes superficiais entre as duas, a transfiguração lembra mais, nos detalhes, uma descida

ASCETICISMO E MONASTICISMO

do céu (*e.g.*, a presença de Moisés e Elias) do que uma ascensão.

Antes da Reforma, a sessão celestial não era, geralmente, distinta da ascensão e continua sendo um aspecto característico da teologia calvinista*. É importante por enfatizar o ingresso de Cristo em sua posição real* e se distingue justamente por essa razão nos antigos credos. O reinado de Cristo é um constante memorial de que Sua obra em nosso favor continua no presente. Seu triunfo vitorioso nos garante a eficácia de sua obra de mediação* e é particularmente importante para a nossa compreensão da obra do Espírito Santo*.

Sendo a doutrina da sessão celestial encoberta, a obra do Espírito pode vir a ser separada da obra de Cristo, ou mediante uma doutrina muito elevada de igreja visível, ou por uma espiritualidade que praticamente ignore a obra de Cristo em sua totalidade ou a considere somente como o começo da vida da igreja. Nesse caso, a ênfase muda, da expiação histórica de Cristo, para o poder de Deus em operação no mundo atual. Por isso mesmo, disso, e como resultado muitos cristãos hoje em dia creem ser possível alcançar esse poder independentemente da expiação, verdadeira base e conteúdo da mediação de Cristo. A sessão celestial, todavia, nos lembra que a obra de Cristo é ao mesmo tempo eficaz e completa, uma vez que aquele que se assenta no trono é o mesmo Cordeiro, morto na cruz do Calvário (Ap 22.1,3).

Bibliografia
J. G. Davies, *He Ascended into Heaven* (London, 1958); W. J. Mar-revee, *The Ascension of Christ in the Works of St Augustine* (Ottawa, 1967); W. Milligan, *The Ascension and Heavenly Priesthood of Our Lord* (London, 1892); H. B. Swete, *The Ascended Christ* (London, 1922); P. Toon, *The Ascension of Our Lord* (New York, 1984).

G.L.B.

ASCETISMO E MONASTICISMO. A palavra "ascetismo" deriva do gr. *askēsis* (exercício), referindo-se a um sistema de disciplina espiritual cuja principal preocupação é a renúncia ao mundo e à carne como parte da luta contra o diabo. O ascetismo tem tomado diferentes formas, mas a tradição mais adotada caracteriza-se pelos princípios de pobreza, castidade e obediência. A pobreza é o abandono dos bens do mundo; a castidade é a recusa dos prazeres da carne; e a obediência é a submissão espiritual à diretriz ou à regra de vida, cujo propósito é o de guiar a alma em sua jornada ascensional à presença de Deus.

O ascetismo era bastante praticado nos tempos bíblicos, sendo determinados eventos, como a tentação de Jesus no deserto (Mt 4.1-11), considerados, depois, como modelo para os cristãos. O deserto era o lugar primordialmente escolhido para a vida ascética. Por volta do ano 250, havia eremitas (*eremitae*, moradores do deserto) vivendo em cavernas no deserto, no Médio Egito. Dali, o movimento se espalharia para o mundo mediterrâneo, onde seria popularizado por Basílio* de Cesareia e Jerônimo*.

A despeito de considerável resistência entre o laicato e alguns membros do clero, as práticas ascéticas logo se tornaram como que

ASCETICISMO E MONASTICISMO

um sinal padrão de santidade. O papa Gregório, o Grande*, passou a determinar sobre o clero e a igreja de Roma uma disciplina ascética, cujo apogeu viria a ser atingido pelo decreto do Primeiro Concílio de Latrão (1123) que impunha o celibato sobre todo o clero. O celibato foi rejeitado pelos reformadores, mas permanece como norma obrigatória de disciplina na Igreja Católica Romana.

Basílio de Cesareia foi parcialmente o responsável pelo desenvolvimento de uma forma de ascetismo dita "coenobítica" (de *coenobium*, vida em comum), que se tornou o que veio a se chamar monasticismo. A palavra "monge" (*monachos*) significa "solitário", mas passou a ser usada quase que exclusivamente para aqueles que vivem reunidos em uma comunidade. O monasticismo oriental permaneceu altamente individualista e contemplativo em sua ênfase, enquanto a variante ocidental, ou latina, rapidamente assumiu importante dimensão social e evangelística, mesmo no cristianismo celta, grandemente influenciado pelos ideais eremitas do Oriente.

A regra de Basílio foi modificada por Benedito de Núrsia (ver Benedito e a Tradição Beneditina*), que, juntamente com seu contemporâneo Cassiodoro, lançou os fundamentos do monasticismo medieval. Até o século XII, quase todos os monges do Ocidente eram beneditinos, mas a institucionalização da tradição monástica já havia levado, àquela altura, a um considerável relaxamento nos ideais primitivos de pobreza, castidade e obediência. Uma série de reformas começou a ser levada a efeito, resultando no surgimento de novas ordens monásticas, a maioria das quais originadas na França ou na Itália. Cistercienses, dominicanos*, premonstratensianos e franciscanos* foram ordens que emergiram, todas, separadamente, nessa época.

As Cruzadas também tiveram um efeito sobre a vida monástica, produzindo ordens contemplativas, como a dos carmelitas, e ordens militares, como a dos templários e a dos cavaleiros de São João. No final da Idade Média, ocorreria um reavivamento do individualismo na tradição monástica, surgindo frades itinerantes, alguns dos quais seguidores da Regra de Santo Agostinho. Houve também o crescimento das ordens leigas, especialmente na Holanda, que muitos eruditos creem ter influenciado os primeiros reformadores.

Ordens religiosas formadas por mulheres exerceram também papel importante no monasticismo medieval, pelo menos, por fornecerem a mulheres portadoras de dons a oportunidade de exercerem autoridade e desfrutarem de liberdade que a sociedade leiga da Idade Média não lhes permitia. Houve até instituições monásticas em que homens e mulheres viviam lado a lado, mas essas tenderam a despertar suspeita e foram posteriormente extintas.

Após a Peste Negra (1346-1349), o despovoamento da Europa Ocidental tornou-se muito grande para poder dar suporte ao monasticismo em grande escala, e as ordens monásticas começaram, então, a declinar. Por ocasião da Reforma, muitos mosteiros ficaram virtualmente vazios, e sua propriedade foi secularizada sem maior resistência.

ASCETICISMO E MONASTICISMO

Ao mesmo tempo, muitos dos reformadores mais destacados, especialmente Martinho Lutero*, eram monges que haviam deixado o claustro. Tendo abandonado as formas tradicionais de piedade monástica, eles procuraram, no entanto, recuperar os ideais espirituais subjacentes de um modo não ascético.

O monasticismo jamais ocupou papel de destaque no protestantismo*, embora tenha havido entre os protestantes certo reavivamento da vida disciplinada da comunidade desde cerca de 1850, com singular sucesso. Nas igrejas Católica Romana e Ortodoxa Oriental continua, porém, como quase sempre foi, embora as pressões da vida moderna cobrem seu tributo, mesmo em instituições das mais antigas e famosas. Ocorre atualmente uma deficiência geral de novos vocacionados, o que provavelmente poderá vir a significar que a influência tradicional que monges e freiras têm exercido decrescerá mais ainda em um futuro próximo.

Os ascetas são contados entre os escritores teológicos mais espiritualmente fecundos de todos os tempos, e em alguns períodos, notadamente durante a Idade Média, a história da espiritualidade* monástica praticamente se identifica com a da teologia em geral. Nas igrejas ortodoxas orientais, os monges são até hoje considerados uma elite teológica privilegiada, sendo a experiência ascética considerada a mais alta forma de teologia, muito acima das realizações da disciplina acadêmica, conhecida por esse nome.

Essa tradição de produtividade, no entanto, deve ser cuidadosamente distinguida dos princípios teológicos do próprio ascetismo, que podem ser agrupados em dois tópicos, de acordo com o tipo de monasticismo praticado. Em termos de *espiritualidade individual*, o ascetismo exige um programa de rigorosa autodisciplina, particularmente no que concerne à carne, vista como o maior impedimento para a comunhão com Deus. A experiência mística* exerce papel central nessa teologia, sendo seu alvo definitivo a visão beatífica* de Deus. A oração, em alguns casos sem cessar, é a principal tarefa dos monges, juntamente com práticas meditativas afins. Aos monges ocidentais é geralmente requerido que participem de um padrão regulamentado de adoração comunitária e que recebam os sacramentos tão frequentemente quanto possível; mas no monasticismo oriental há uma tendência em se considerar essas regras como sinais exteriores, que a verdadeira contemplação pode deixar para trás em sua ascensão à presença divina.

Ao padrão da espiritualidade individual, o monasticismo ocidental acresce a prática da *espiritualidade corporativa*. O mosteiro é considerado uma janela para o reino do céu, um lugar em que a vida perfeita do povo redimido de Deus pode ser vivida como antegozo da parúsia. O monasticismo oriental possui também um aspecto corporativo, mas é muito menos desenvolvido que no ocidental, não apresentando em sua teologia a mesma separação radical do mundo como no Ocidente.

Os temas fundamentais da espiritualidade monástica incluem o conceito de batalha espiritual, que o monge é chamado a travar contra os espíritos maus que o ameaçam de todos os lados. De grande importância também é a interpretação alegórica da Bíblia, com ênfase especial no Cântico dos Cânticos e na vida de Moisés, juntamente com a narrativa do Gênesis sobre os antigos patriarcas. Isso acontece porque a tradição monástica considera a alma individual como a noiva de Cristo, interpretando o Antigo Testamento como uma poesia de amor nesse sentido. O período patriarcal, por sua vez, é atraente, em parte, por causa de sua ênfase sobre a vida solitária, que corresponde às origens do monasticismo, e, em parte, porque a tipologia da lei mosaica parece corresponder à experiência espiritual do cristão individualmente, com base em que a lei é de natureza espiritual.

Convém lembrar que a diversidade do monasticismo tem produzido, naturalmente, muita variação sobre esses temas básicos, além do que muitos dos escritores tradicionais têm feito pouco ou nada para desenvolvê-los, estando mais voltados para outros aspectos da teologia ou para questões inteiramente diversas.

Bibliografia
D. Chitty, *The Desert a City* (London, 1966); C. H. Lawrence, *Medieval Monasticism* (London, 1984).

G.L.B.

ASTROLOGIA, ver Oculto.

ATANÁSIO (*c.* 297-373). Poucos pais da igreja são mais renomados do que Atanásio. Quando ele ainda muito jovem, uma terrível perseguição sobreveio à igreja, no Egito e em outros lugares. Tendo recebido sua educação formal na escola catequética de Alexandria (ver Escola de Alexandria*), sua capacidade e devoção cristã chamaram a atenção do bispo Alexandre. Atanásio, como diácono, acompanhou Alexandre a Niceia (ver Concílios*), e, com a morte deste, foi sagrado bispo. Nesse cargo, serviu por quarenta e seis anos (sendo 17 deles em cinco exílios). Foi muito amado por seu povo, mas odiado e perseguido pelos adeptos do arianismo*. Seus escritos revelam amplitude de caráter — rica devoção pelo Verbo que se fez carne, inflexível e bem argumentada postura contra os arianos, grande preocupação pastoral, manifestada em suas *Cartas festivas* anuais, e profundo interesse pelo monasticismo (ver Ascetismo* e Monasticismo), evidente em sua obra *Vida de Antônio*. Para a fé e a teologia de Atanásio, o principal era a encarnação* do Verbo de Deus, culminando com sua morte e ressurreição*. Considerava a encarnação e a expiação* inseparáveis. A soteriologia (ver Salvação*) impregnava todo o seu pensamento, juntamente com uma adoração viva e o reconhecimento do Deus triúno (ver Trindade*). Sua obra *Sobre a Encarnação*, datada de 318 por alguns e bem depois por outros, é um clássico. Atanásio esboça ali a doutrina da criação* e do lugar do homem nela. O homem perdeu a vida em Deus, passando, então, a entrar cada vez mais em queda, corrupção e perda da imagem* e do conhecimento de Deus. Somente seu Criador o poderia restaurar, fazendo isso ao se tornar carne, revelando a si mesmo e indo para a cruz, anteriormente um símbolo de vergonha, mas a

ATANÁSIO

partir de então troféu de vitória, proclamada em sua ressurreição.

Em sua obra *Contra os arianos* e em outras obras antiarianistas, a teologia e a epistemologia* cristãs deram um grandioso passo à frente. As questões, como Atanásio as via, diziam respeito à verdadeira vida ou morte da igreja. Assumindo posição inflexível contra o arianismo, Atanásio reconhecia que o núcleo da fé cristã deveria estar sujeito a rigoroso questionamento. Sua própria posição teológica anterior teve de ser reavaliada, especialmente por causa de sua conscientização, então mais clara, moldada pela controvérsia ariana, do seguinte princípio: "Deus em seu ser é diferente do mundo". Em cada coisa, argumentava ele, deve-se pensar em Deus de acordo com o que realmente tenha feito e revelado. Deus não pode estar sujeito às categorias da criação ou limitado pelo entendimento finito do homem. Em vez disso, deverá se desenvolver uma verdadeira teologia, centrada em Deus, dirigida e relacionada a tudo o que ele tenha feito em criação, redenção* e revelação*. As conexões do pensamento deverão refletir e fazer vir à tona as conexões interiores da ação e do ser de Deus.

A obra *Sobre a encarnação* apresenta forte sentido cosmológico, tendo como principal ênfase a relação do Verbo com o mundo. Seu entendimento do Verbo é o de pertencer plenamente à divindade, e da criação, como existente pela graça, mas a maneira pela qual o Verbo é visto evoca uma perspectiva mais do mundo do que propriamente do ser interior do Deus triúno. Era esse, simplesmente, o contexto da teologia tradicional. A controvérsia com os arianistas levou Atanásio a pensar a questão por meio das relações internas do Pai e do Verbo, o Filho, assim como da relação deles com o mundo. Deus existe eternamente como Pai, Filho e Espírito Santo, total e independentemente da ordem criada, sendo as Pessoas da Trindade uma só, tanto na substância (*homoousios*) quanto na ação. Qualquer dualismo* que exclua Deus de agir em seu verdadeiro ser e em seu próprio mundo, tal como implícito no arianismo, é radicalmente rejeitado.

Em sua obra *Contra os arianos*, Atanásio desenvolve, depois, seu sentido de harmonia e ordem maravilhosas, ou racionalidade criada, no mundo, racionalidade que não deve ser confundida com a racionalidade ou Verbo de Deus, embora conectada a esta e dela indicativa. Deus é conhecido, contudo, não apenas mediante a criação, mas basicamente por meio das Escrituras*, e Atanásio mostra uma profunda compreensão do texto bíblico e sua hermenêutica*.

Diferenças consideráveis se revelam entre o pensamento anterior e posterior de Atanásio, em seu entendimento do Deus-homem. Sua soteriologia foi inteiramente repensada e aprofundada. Proeminente, tal como antes, é a necessidade da encarnação do Verbo de Deus por causa da salvação do homem, e reforçada é a inseparabilidade da encarnação e da expiação. A reconciliação* ocorre, primeiramente, na intimidade com o próprio Cristo, entre Deus e o homem, constituindo a base para a salvação do homem, seu conhecimento e recebimento do Espírito, para que o homem seja incorporado

ATANÁSIO

em Cristo. O Deus e o homem em Cristo devem ser entendidos em suas respectivas naturezas, nunca divorciadas, mas também não confundidas ou misturadas uma com a outra, sendo o Verbo, sempre, o centro do Verbo-homem. A conscientização real da diferença de ser entre Deus e o homem repousa, em última análise, na encarnação.

Em recente estudo sobre Atanásio é levantada a questão de se ele seria um apolinarista primitivo*. Embora muitos teólogos eminentes argumentem que ele o foi, há razões convincentes em contrário que podem ser apresentadas. No que se refere ao conhecimento que o homem tem de Deus, em *Contra os arianos* Atanásio assume, novamente, mais uma perspectiva trinitária, com a encarnação voltando a se tornar o ponto central. Todo conhecimento de Deus como Pai e Criador ocorre somente no Filho e mediante Ele, quando o Filho é conhecido em conformidade com sua natureza. O conhecimento que o homem tem de Deus é sempre como criatura, mas não é falso, porque Deus se acomoda* ao modo de o homem melhor o conhecer. As palavras usadas a respeito de Deus devem ser entendidas à luz do seu ser e da sua natureza, e determinados termos, como "Pai" e "Filho", se aplicam com propriedade unicamente dentro da Trindade e apenas de modo secundário em relação à humanidade.

Em suas *Cartas concernentes ao Espírito Santo*, Atanásio, que enfrentava agora uma negação da divindade do Espírito, desenvolveu mais ainda seu pensamento trinitário, integrando o Espírito Santo mais plenamente em sua teologia. Suas referências anteriores ao Espírito tendiam a ser mais formais, exceto em *Contra os arianos III*, em que o seu entendimento amadurecido da pessoa e obra do Espírito emerge claramente; mas, então, nessas suas *Cartas* torna-se evidente uma rica compreensão de Deus como Pai, Filho e Espírito Santo não somente quanto às relações intratrinitárias, mas também na relação com o mundo.

Muito da teologia de Atanásio pode ser resumido na palavra *homoousion* — o Filho constitui "uma única substância" com o Pai. O Filho encarnado é a base de toda a revelação e expiação. Essa palavra, embora não ocorra nas Escrituras, era para ele uma "indicação" maravilhosa, ou "uma declaração exata", possuindo um poder extraordinariamente esclarecedor e explicativo, trazendo à luz a totalidade da obra e do ser do Deus triúno. A defesa vigorosa que Atanásio faz dessa palavra apóia-se no fato de estar totalmente convencido de sua verdade.

Bibliografia

J. A. Dorner, *History of the Development of the Doctrine of the Person of Christ*, vol. I:2 (Edinburgh, 1862); G. Florovsky, "The Concept of Creation in St. Athanasius", in *SP* 6 (1962), p. 36-57; T. E. Pollard, *Johannine Christology and the Early Church* (Cambridge, 1970); A. Robertson, "St Athanasius", *in NPHF* 4 (1892); R. V. Sellers, *Two Ancient Christologies* (London, 1940); C. R. B. Shapland, *The Letters of Saint Athanasius Concerning the Holy Spirit* (London, 1951); T. F. Torrance, "Athanasius: A Study in the Foundations of Classical Theology", *in Theology in Reconciliation* (London, 1975).

J.B.Wa.

ATEÍSMO

ATEÍSMO. É o ponto de vista que sustenta que Deus* não existe. O termo é usado convencionalmente para indicar a ausência de fé no Deus da tradição judaico-cristã.

Vários argumentos têm sido desenvolvidos pelo ateísmo, incluindo os da falta de evidência para a existência de Deus ou da manifesta ocorrência de certos fenômenos (*e.g.*, dor e sofrimento*) supostamente inconsistentes com a existência de Deus. Alternativamente, o ateísmo tem sido argumentado em termos de simplicidade e economia lógica: segundo alega uma frase de Lessing que se tornou famosa, não há necessidade alguma da hipótese de que Deus existe, uma vez que tudo o que existe pode ser explicado em termos de leis científicas ou decisões humanas. Esse naturalismo é característico do ateísmo do humanismo* e do secularismo* modernos e ajudou a provocar as discussões sobre a "morte de Deus" e o "cristianismo sem religião" (ver Bonhoeffer*), na década de 1960.

Na verdade, tal ideia se baseia em uma compreensão errônea do conceito e da "função" bíblicos de Deus, que é declarado ser não a causa de tais e tais eventos (implicando haver outros eventos dos quais Deus *não* seja a causa), mas, sim, o sustentador de todo o universo.

O ateísmo, segundo o seu próprio ponto de vista, vê-se obrigado a explicar a persistência da crença na existência de Deus. Tem feito isso alegando tanto características humanas em geral, como a ingenuidade e o sentimentalismo, quanto mecanismos mais específicos. Assim, Marx*, repetindo em parte Feuerbach*, sustenta ser a crença em Deus um elemento na "falsa consciência" humana, crença e percepção falsas que brotam das circunstâncias sociais e econômicas da classe oprimida. Mesmo que isso fosse verdade, como uma hipótese empírica, não seria suficiente, no entanto, para mostrar que Deus não existe.

Segundo Paulo, em Romanos 1.18-32, a criação dá testemunho da existência de Deus. Seu poder e divindade são claramente percebidos na criação. O que Paulo quer dizer exatamente ali não é para ser tomado como uma sustentação de que o ateísmo seja uma contradição em termos, mas, sim, que, em nível prático, todos os homens vivem de tal modo que reconhecem um universo objetivo físico e regras morais objetivas às quais se submetem sem a desculpa de se recusar a reconhecer Deus. Com isso, deixa aberta a dúvida de se as pessoas, por vezes, não se rotulam de "ateístas" para poder se distanciar de determinadas questões, para elas muito complicadas.

A ênfase das Escrituras é, todavia, muito mais sobre o que é chamado de "ateísmo prático", a negação efetiva de Deus na vida humana. Assim, a parábola de Cristo sobre o homem que planejava construir celeiros maiores sem considerar Deus (Lc 12.16-21), assim como o conselho de Tiago para os cristãos dedicados a negócios (Tg 4.13-17) são típicas advertências contra o ateísmo prático, a recusa surgida do pecado de uma pessoa em reconhecer Deus em todos os seus caminhos. As Escrituras enfatizam também a necessidade de se evitar pensar a respeito de Deus à imagem do homem e de não se

AUTORIDADE

idolatrar algum objeto, ou um aspecto deste, do universo criado.

Bibliografia
John Hick (ed.), *The Existence of God* (London, 1964); Hans Küng, *Does God Exist?* (London, 1980).

P.H.

AULÉN, GUSTAV (1879-1977). Professor de Teologia Sistemática em Lund e bispo em Strängnäs da Igreja Luterana sueca, Aulén foi (juntamente com Nygren* e Wingren*) um dos principais teólogos escandinavos da era moderna. Aluno de Nathan Söderblom (1866-1931) em Uppsala, foram muitas e diversas as suas contribuições para o ecumenismo e o reavivamento da teologia luterana e da vida da igreja na Suécia.

Muitos de seus escritos teológicos são caracterizados por uma elevada apreciação da dramática apresentação que Lutero faz das realidades do pecado, da graça e redenção e por uma correspondente visão modesta do escolasticismo*, medieval ou luterano.

Aulén é conhecido, principalmente, por sua breve obra sobre a expiação*, intitulada *Christus Victor* [*Cristo vencedor*], que tenta restabelecer a chamada visão "clássica" da expiação. Essa interpretação, com base no NT e em Ireneu* e Lutero considera a cruz um poderoso ato do triunfo de Deus sobre os poderes do mal hostis à sua vontade, diferenciando-se das ideias latinas de satisfação* e das avaliações "subjetivas" e "exemplaristas". Seu trabalho abrange não apenas algumas das preocupações centrais das teologias da Reforma sobre a cruz e a graça, mas também as

técnicas de "pesquisa-motivo", das quais Anders Nygren é o principal expoente.

Foi também autor de uma obra de teologia sistemática, *The Faith of the Christian Church* [*A fé da Igreja cristã*] e de livros sobre eclesiologia e teologia sacramental. Quase ao final de sua vida, publicaria *Jesus in Contemporary Historical Research* [*Jesus na pesquisa histórica contemporânea*], argumentando vigorosamente contra o ceticismo histórico aplicado aos Evangelhos. Foi ainda destacado músico e compositor.

Bibliografia
Principais obras em TI: *Christus Victor* (London, 1931); *The Drama and the Symbols* (London, 1970); *Eucharist and Sacrifice* (Edinburgh, 1958); *The Faith of the Christian Church* (London, 1954); *Jesus in Contemporary Historical Research* (London, 1976); *Reformation and Catholicity* (Edinburgh, 1961).

J.B.We.

AUSCHWITZ, ver HOLOCAUSTO.

AUTORIDADE. É o "direito ou poder de ordenar ação ou submissão, ou determinar crença ou costume, esperando obediência por parte daqueles que estão sob a autoridade e, por sua vez, assumindo a responsabilidasde da vindicação ao direito ou poder" (B. Ramm).

Autoridade é a questão mais fundamental com que todo teólogo tem de lidar. De acordo com R. Clyde Johnson, "essa é a questão básica em teologia, a questão que tem de ser respondida antes de se arriscar dar uma resposta a qualquer outra questão teológica". A solução

AUTORIDADE

do problema constitui a base sobre a qual todo um sistema teológico é construído. Sua importância não deve ser superestimada, mas representa, de fato, o meio pelo qual a adoração, a pregação, a prática, a disciplina e a organização são mantidas sob o exame contínuo da verdade. O papel crucial exercido pela autoridade em matéria teológica é expresso de modo bastante apropriado na afirmativa de P. T. Forsyth de que, "quando o problema da autoridade realmente emerge, todas as outras questões ficam para trás [...], o princípio da autoridade constitui, enfim, a questão religiosa total". Diferentes formas de autoridade produzem sistemas contrastantes de teologia e religião e, invariavelmente, formam a base da maioria das outras diferenças teológicas. Isso acontece mesmo que o assunto não seja adequadamente formulado ou avaliado.

A questão da autoridade é complexa. Abarca uma multiplicidade de critérios objetivos e subjetivos, que devem ser inter-relacionados corretamente para que se possa estabelecer um equilíbrio teológico e espiritual apropriado. Entre os diversos elementos envolvidos na discussão, estão o lugar e o papel de Deus (Pai, Filho e Espírito Santo), da Bíblia, da tradição, da igreja (a de Cristo e a local), das estruturas e dos sistemas teológicos, da razão, da consciência, da vontade, da emoção ou sentimento e da fé.

Qualquer posicionamento teológico, se analisado, ocupa normalmente de modo consciente ou inconscientemente, um lugar e um papel de acordo com o padrão de critérios de autoridade de cada um deles. Ocorrem, assim, diferenças,

como resultado da prioridade dada a cada critério e a função a ele atribuída, nos diversos sistemas, contrastantes entre si. Tal como o caleidoscópio que, mediante apenas determinado número de diferentes peças coloridas, produz uma vasta e infinita variedade de figuras geométricas, assim também surgem os mais diferentes sistemas teológicos quando os diversos elementos do espectro da autoridade são funções e situações contrastantes que estão sendo compartilhadas. Todas as diferentes peças ou elementos geralmente estão presentes em cada quadro ou sistema; mas os quadros ou sistemas são marcantemente contrastantes entre si porque as partes que os compõem são inter-relacionadas, em cada conjunto, dos modos mais diversos.

Um fator comum a todos os pontos de vista teológicos clássicos é que o próprio Deus* é o *principium essendi* ou a causa primeira da teologia como de qualquer outra coisa. É ele o fundamento ao qual subjaz toda atividade teológica; é o seu início e seu fim. Ponto pacífico similar fica evidente na aceitação do axioma de que a revelação* é a única fonte cognitiva da teologia. As diferenças surgem quando se busca determinar o *principium cognoscendi* — o lugar ou *locus* da revelação (ver também Epistemologia*). A verdade revelada, acessível em razão das fontes de revelação, constitui a autoridade suprema na teologia. Discordâncias com respeito às fontes tornam praticamente impossível uma conciliação a respeito do corpo de verdade e das formulações doutrinárias subsequentes.

Em uma ou outra etapa da história do cristianismo, um dos *loci*

AUTORIDADE

anteriormente mencionados tem sido considerado a fonte exclusiva ou principal de autoridade. Mas pouca atenção, comparativamente, tem sido dada ao relacionamento existente entre a fonte suprema e os outros *loci* envolvidos no padrão de autoridade. Entre as posições historicamente adotadas, encontram-se as seguintes:

Sola Scriptura

Os principais aspectos dessa visão foram afirmados de modo formal pela primeira vez durante a Reforma*. Declara, basicamente, que as Escrituras* são a única fonte de todo o conhecimento teológico sobrenatural. O Criador não deixa suas criaturas entregues a conjecturas quanto à verdade no que concerne à sua pessoa e vontade. Ele revelou dados a respeito de si mesmo. As Escrituras constituem o registro do que Deus falou a seu povo. Nesse sentido, a Bíblia "é um registro e uma explanação da revelação divina, que tanto é completa (suficiente) quanto abrangente (perspícua); o que significa que contém tudo o que a igreja precisa saber neste mundo para sua orientação no caminho da salvação e do serviço [...]" (J. I. Packer). A Bíblia é a palavra inspirada de Deus, um registro verdadeiro do que Deus tem a dizer à humanidade.

Essa posição é, por vezes, interpretada como se a Bíblia se situasse esplendidamente isolada diante de outros meios de discernimento. Não é bem assim. O Espírito Santo*, o agente divino supervisor de todo o registro e compilação das Escrituras sagradas, é a causa instrumental que capacita os crentes ao reconhecimento da Bíblia como a palavra divina e à sua correta interpretação. No processo de interpretação (ver Hermenêutica*), o lugar e a função de outros critérios, como a tradição e a razão, são de vital importância. Mas, feitas todas as qualificações, as Escrituras permanecem, para o cristianismo bíblico e evangélico, como a instrução suprema e o árbitro da fé e da prática cristã. A Bíblia constitui o árbitro de toda afirmativa apresentada por qualquer outra suposta autoridade.

Tradição

Esse é um termo elástico. Pode se referir a um conjunto de material extrabíblico que seja aceito como apostólico e em igualdade de valor com as Escrituras ou pode estar vinculado à autoridade da igreja e a seus pronunciamentos históricos, embora, nesse contexto, o termo "igreja" venha a ser tão problemático quanto o próprio termo "tradição". Qualquer que seja a conotação, no entanto, todo empenho em querer estabelecer a autoridade da tradição no mesmo nível da Bíblia reflete alguma incerteza a respeito da clareza e suficiência das Escrituras (ver Escrituras e Tradição*). Desse modo, a tradição busca suplementar deficiências, lançando luz sobre material ausente ou que, se presente, não é bastante claro. Sua autoridade repousa, assim, em última instância, em um material extrabíblico que pode ser impossível de identificar e muito menos de sistematizar. A voz oficial da tradição, quando vista como autoridade, é mencionada, geralmente, como o *magisterium* (em latim, "ofício do ensino") da igreja. No entendimento católico-romano,

AUTORIDADE

trata-se de uma ação exercida por meio de concílios* de bispos, ou do papado*, ou, ainda, com menor precisão, do consenso da igreja. O protestantismo rejeita a alegação de um *magisterium* infalível, considerando que todo ensino da igreja e toda tradição estão sujeitos a confrontação com as Escrituras.

Critérios subjetivos

Desde a Reforma, tem ocorrido ampla mudança de critérios objetivos para subjetivos. A autoridade suprema das Escrituras é constantemente enfraquecida, enquanto a razão, a consciência*, o sentimento, a experiência e a fé* têm seguido o rastro da tradição na qualidade de oráculos que, como é variadamente alegado, estão aptos a se pronunciar em caráter decisivo sobre o significado e o valor do evangelho. Assim, com a tradição, a intenção de *suplementar* tem frequentemente resultado em um ato de *substituição*. A propósito disso, eis o que diz o ensaio *Essays and Reviews*, [*Ensaios e revisões*], de Frederick Temple, de 1860. Escreve ele: "Quando a consciência e a Bíblia parecem diferir, o cristão piedoso imediatamente conclui que realmente não entendeu a Bíblia [...]. A forma [da Bíblia] é tão admiravelmente adaptada à nossa necessidade que deve ganhar de nós toda a reverência de uma autoridade suprema, e, mesmo assim, não impõe sobre nós nenhum jugo de sujeição. Isso acontece em virtude do princípio de julgamento privado, que coloca a consciência entre nós e a Bíblia, tornando a consciência um intérprete supremo, a quem pode ser um dever iluminar, mas jamais poderá ser um dever deso-

bedecer". Ao intérprete supremo, cabe sempre a palavra final.

Mesmo que um padrão de autoridade seja apropriadamente estruturado, existem diversos assuntos que podem anular a sua efetividade. Entre eles, estão:

Ignorância. Qualquer que seja o padrão que professarmos, a tarefa de acumular conhecimento e relacionar suas numerosas partes deveria sempre nos manter humildes, cônscios do apelo de Cromwell: "Eu lhe imploro, no mais íntimo da misericórdia: pense ser possível que você esteja errado".

Ilogicidade. Muito da orientação contida nas epístolas do NT foi gerada pelos apóstolos em razão de uma falha deles em captar e aplicar as implicações da graça (*e.g.*, Rm 5.20—6.23).

Inconsistência. Muitos sistemas teológicos supostamente subordinados ao ensino das Escrituras assumem, na prática, autoridade superior à da palavra de Deus. Esse erro é observado também entre os evangélicos, quando, contrariamente ao princípio de *sola Scriptura*, a tradição teológica determina suas convicções.

Ineficiência. Muitos professam obedecer ao ensino da palavra de Deus, mas, na verdade, se submetem a outro padrão. As confrontações entre o apóstolo Pedro e Ananias e Safira (At 5.1-10) e entre Paulo e Pedro (Gl 2.11-14) são exemplos disso.

Bibliografia

P. T. Forsyth, *The Principle of Authority* (London, 1952); C. F. H. Henry (ed.), *Revelation and the Bible* (Grand Rapids, MI, 1967); *idem, God, Revelation and Authority*, 6

107 AVERROÍSMO

vols. (Waco, TX, 1979-1983); R. C. Johnson, *Authority in Protestant Theology* (Philadelphia, 1959); D. M. Lloyd-Jones, *Authority* (London, 1958); J. I. Packer, *Fundamentalism and the Word of God* (London, 1958); *idem, Freedom, Authority and Scripture* (Leicester, 1981); B. Ramm, *The Pattern of Religious Authority* (Grand Rapids, MI, 1959).

J.H.E.

AVERROÍSMO. Ramo da tradição filosófica aristotélica*, inspirada pelo filósofo árabe Averróis (forma latina de Ibn-Rushd, 1126-1198), o mais influente comentarista dos escritos de Aristóteles. Embora Averróis tenha sido o maior filósofo islâmico, sua influência foi sentida principalmente no Ocidente latino (sendo procedente de Córdoba, Espanha), na Universidade de Paris, nos séculos XIII e XIV, e nas Universidades de Bolonha e Pádua, do século XIII à metade do XVII. Mais recentemente, esse movimento veio a ser chamado de "aristotelismo radical" ou "ortodoxo". Essa denominação é imprópria, porque o alvo principal de seus mestres era ensinar a filosofia de Aristóteles; não seguir o filósofo grego, mas simplesmente apresentar seu pensamento. Os mais famosos dentre esses mestres na Universidade de Paris foram Siger de Brabant (*c.* 1235-*c.* 1282) e Boécio de Dácia (*fl.* meados do século XIII). Entre os averroístas italianos, tornou-se o mais conhecido Caesar Cremoninus (*c.* 1550-1631), que se supõe ter sido o amigo de Galileu que se recusou a olhar por um telescópio porque isso poderia compeli-lo a abandonar a astronomia aristotélica.

Há três áreas em que o pensamento de Aristóteles representava um desafio direto ao cristianismo. Aristóteles asseverava que o mundo é eterno, o que contraria a doutrina da criação*. Parece ter sustentado também que existe uma alma imaterial para todos os homens, colocando em questão o ensino da imortalidade* pessoal e da possibilidade de recompensa ou punição individual após a morte. Por fim, supunha Aristóteles que o homem pode alcançar a perfeição seguindo somente a razão, opondo-se assim ao ensino cristão de que a fé é necessária à salvação. Por causa desses problemas, a assimilação de Aristóteles pelo Ocidente cristão foi difícil. Alguns desejavam rejeitar totalmente suas ideias, já outros, como Tomás de Aquino*, fizeram uso de seu pensamento, mas somente após havê-lo criticado e modificado. A tendência dos averroístas foi a de adotar Aristóteles sem reservas, parecendo assim sustentar ensinos contrários à fé. O averroísmo recebeu, por isso, a oposição de Aquino e de outros, sendo os averroístas cristãos condenados pela igreja na década de 1270.

Durante muito tempo, foi atribuída a Averróis a teoria da verdade dupla. De acordo com essa teoria, uma tese pode ser verdadeira na filosofia, e a tese contrária ser verdadeira pela fé (ver Duns Scotus*). Por exemplo, de acordo com a filosofia, o mundo existe eternamente, mas de acordo com a fé o mundo teve um começo. Na verdade, nem Siger nem qualquer outro mestre averroísta alega que tais verdades contraditórias sejam compatíveis; pelo contrário, sempre que a

BAILLIE, DONALD MACPHERSON

filosofia e a fé estejam em conflito, afirmam que a verdade está do lado da fé. Ainda que aleguem isso, no entanto, dão a impressão de permanecer presos à conclusão da filosofia. Parecem sustentar que duas proposições contraditórias sejam verdadeiras. Seus oponentes buscaram atribuir a Averróis a teoria da verdade dupla justamente para mostrar a insustentabilidade dessa posição.

Na preocupação dos averroístas pela razão não há interesse algum pela liberdade de pensamento, como se poderia supor, mas, sim, uma consideração excessiva pela tradição filosófica. Siger de Brabant afirma que tratar matéria filosófica é se ocupar da determinação do pensamento dos filósofos, mais do que propriamente descobrir a verdade. Essa mesma posição para com os filósofos, especialmente Aristóteles, parece haver também dominado Cremoninus. O averroísmo foi, em suma, a forma mais conservadora e estéril de aristotelismo.

Bibliografia
E. Gilson, *History of Christian Philosophy in the Middle Ages* (London, 1955); F. van Steenberghen, *Thomas Aquinas and Radical Aristotelianism* (Washington, DC, 1980).

A.V.B

B

BAILLIE, DONALD MACPHERSON. Teólogo escocês (1887-1954). Nascido em Gairloch, Ross-shire, e educado em Edimburgo, Marburgo e Heidelberg, ministrou em Bervie, Cupar e Kilmacolm antes de se tornar professor de Teologia Sistemática em St. Andrews em 1935. Ecumenista dedicado e brilhante erudito e escritor, viajou extensivamente pela Europa e América. Sua reputação acadêmica e santidade de vida atraíram muitos estudantes estrangeiros a St. Andrews. Suas obras mais conhecidas são *God Was in Christ* [*Deus estava em Cristo*] e *Theology of the Sacraments* [*Teologia dos sacramentos*], sendo a primeira aclamada, geralmente, como uma das maiores contribuições para a literatura teológica nos últimos tempos. Ali, ele escreveu: "Uma cristologia reduzida é um absurdo. Ela deve ser tudo ou nada — tudo ou nada em ambos os lados, divino e humano". Baillie podia comunicar com candura, convicção e clareza. Embora teologicamente possa ser dito que ele ocupa uma posição reconciliadora entre o velho liberalismo e a neo-ortodoxia*, uma visão talvez confirmada pelo caloroso apoio que deu ao Student Christian Moviment [Movimento de Estudantes Cristãos], sua própria formação profundamente evangélica e sua sensibilidade pessoal asseguraram que os estudantes mais conservadores também encontrassem nele um sábio conselheiro e um amigo.

Bibliografia
God Was in Christ (London, 1948); *The Theology of the Sacraments* (London, 1957).

Ensaios biográficos em *The Theology of the Sacraments*, por seu irmão, John Baillie*, e em *To Whom Shall We Go?* (Edinburgh, 1955), por J. Dow; J. P. Carter, *The Christology of D. M. Baillie*, dissertação

BAILLIE, JOHN

não publicada (Edinburgh, 1969); artigos sobre cristologia em *SJT* 11 (1958), p. 1-12 (J. H. Hick); p. 265-270 (J. Baillie); 17 (1964), p. 303-308 (J. L. M. Haire).

J.D.Do.

BAILLIE, JOHN (1886-1960), clérigo escocês e teólogo, irmão de Donald Baillie*. Sua vida espelhou a união presbiteriana na Escócia: filho de um presbítero da Free Church; aluno no United Free Church's New College, Edimburgo; moderador na Assembleia Geral da Igreja da Escócia (1943), assim como refletia um ecumenismo mais amplo: administrador da Palestra de Edimburgo de 1910; presidente do WCC; signatário do *Bishops Report* (*Relatório dos Bispos*) recomendando o episcopado anglicano para a Igreja da Escócia (1957). Foi ele destacado condutor da Church's Commission for the Interpretation of God's Will in the Present Crisis [Comissão da Igreja para Interpretação da Vontade de Deus na Crise Atual], 1940-1945 (ver *God's Will for Church and Nation* [*A vontade de Deus para a Igreja e a nação*], 1946; *cf.* também *What is Christian Civilization?* [*O que é civilização cristã?*], 1945).

Baillie ensinou filosofia em Edimburgo e, em seguida, teologia nos Estados Unidos e Canadá (1919-1934), antes de se tornar professor de teologia em Edimburgo (1934-1956) e, por último, também reitor da faculdade e diretor no New College (1950-1956). Talvez tendo conhecido seu apogeu na qualidade de apologista (cf. *Invitation to Pilgrimage* [*Convite à peregrinação*], 1942), foi chamado também de "teólogo mediador" (W. L. Power, *USQR* 24, 1968, p. 47-

68). Seu liberalismo determinado seguiu-se ao enfraquecimento do calvinismo de seu pai. Merecedor de julgamento crítico de Bonhoeffer*, em New York, isso se reflete em seus escritos, como *The Roots of Religion in the Human Soul* [*As raízes da religião na alma humana*], 1926. Por volta de 1930, mudou sua posição para uma "neo-ortodoxia liberal"* (*cf. And the Life Everlasting* [*E a vida eterna*], 1933; *Our Knowledge of God* [*Nosso conhecimento de Deus*], 1939), mas subsequentemente se reafirmou nele uma confiança maior na razão, ao predizer uma forte reação ao barthianismo. *The Belief in Progress* [*A crença no progresso*] (1950) foi seguida de *The Idea of Revelation in Recent Thought* [*A ideia da revelação no pensamento atual*] (1956), um influente estudo sobre as posições antiproposicionais, e de suas Palestras de Gifford (não publicadas), sob o título *The Sense of the Presence of God* [*O sentido da presença de Deus*] (1962). Sua obra mais conhecida é *A Diary of Private Prayer* [*Diário de oração particular*] (1936). Baillie combinava uma devoção contemplativa com um liberalismo cristão humano, que sabia discriminar entre as tendências teológicas em competição.

Bibliografia

Ensaios selecionados em *Christian Devotion* (London, 1962), contendo tributo feito por I. M. Forrester, e em *A Reasoned Faith* (1963). Ensaios não publicados, Biblioteca do New College, Edimburgo.

Apreciações feitas por D. S. Klinefelter, *SJT* 22 (1969), p. 419-436; John Mackay, *ibid.* 9 (1956), p. 225-235; T. F. Torrance, *Religion*

BALTHASAR, HANS URS VON

in Life 30 (1961), p. 329-333. P. V. O'Leary, *Revelation and Faith in Our Knowledge according to the Theology of John Baillie* (Roma, 1968).

D.F.W.

BALTHASAR, HANS URS VON. Nascido em 1905, destacou-se como um dos principais teólogos e escritores suíços católicos romanos. Após estudos de filosofia e literatura, tornou-se membro da Companhia de Jesus, fundando em seguida um instituto secular (*Johannesgemeinschaft*) dedicado a amplas atividades literárias e editoriais. Tem publicado grande quantidade de livros, produzindo obras de teologia e filosofia e estudos interpretativos de história da cultura e de espiritualidade, assim como editando e traduzindo obras de outros.

Sua *magnum opus*, destinada a se tornar uma das peças clássicas dos escritos teológicos do século XX, é uma obra de muitos volumes, dividida em três partes, sintetizando teologia, filosofia e literatura em um estudo massivo do belo, do bom e do verdadeiro. A primeira parte, *Herrlichkeit* (título traduzido em inglês como *The Glory of the Lord* [*A glória do Senhor*]), examina a revelação sob o ponto de vista superior da estética* teológica; a segunda, intitulada *Theodramatik*, questiona a respeito da natureza da ação divina e humana; e a terceira constitui uma abordagem de "lógica teologal". O alcance praticamente irrestrito do conhecimento e dos interesses de Von Balthasar testificam a catolicidade* de seu pensamento, direcionado por uma visão da universalidade da automanifestação de Deus em Cristo: sua dívida para com alguns dos pais da igreja, aqui, torna-se evidente. A amplitude de sua visão está intrinsecamente relacionada, contudo, a uma firme adoção da particularidade e singularidade de Cristo, que é a forma de Deus, a glória divina concentrada e focada de modo insuperável.

A obra de Von Balthasar foi bastante influenciada pela de Barth*, sobre quem escreveu com grande percepção e a quem deve muito, particularmente por seu forte cristocentrismo (especialmente na construção da doutrina de Deus em base cristológica*), assim como pelo entendimento da tarefa teológica como dirigida por uma revelação* dada. O uso que ele faz da categoria "beleza", para descrever a natureza de Deus em sua automanifestação para a criação, é um meio de recobrar o sentido de autoevidência, autoridade e necessidade da revelação, de maneira bem sirmilar ao entendimento de Barth sobre a automanifestação de Deus como irredutível e não necessitando de autenticação alguma além de si mesma.

O caráter gracioso da relação de Deus com o homem é uma abordagem central em sua teologia, e alguns de seus destaques, aqui, devem muito à obra de E. Przywara, cuja parte voltada à analogia* deu ênfase maior à distinção entre Deus e o mundo do que o "tomismo transcendental", que se tornaria famoso com Karl Rahner*.

Talvez mais do que tudo, no entanto, a obra de Von Balthasar foi profundamente afetada por seu relacionamento com a mística Adrienne von Speyr (1902-1967). Com base em suas experiências, ele desenvolveu uma notável

BAMPTON LECTURES

teologia, a do Sábado Santo, em que a descida de Cristo ao inferno se torna o principal aspecto da cristologia, da soteriologia e da teologia trinitária. Como ato supremo de autoesvaziamento do Filho de Deus, o sábado santo fornece uma teologia da reconciliação, como a solidariedade de Cristo com os condenados. Proporciona também a base para uma teologia das relações trinitárias, centrada, tal como outras teorias trinitárias contemporâneas, no Calvário.

Von Balthasar é cada vez mais reconhecido como um pensador que tem produzido poderosa reafirmação de alguns dos temas constantes da teologia cristã clássica, notadamente na área da doutrina da encarnação e trinitária. Seu entrelaçamento das referências teológicas e culturais, no entanto, juntamente com o tom integrativo e especulativo de muitos de seus escritos, pode não recomendá-lo a alguns segmentos da teologia contemporânea, mais preocupados com o embasamento crítico e a avaliação das alegações verdadeiras cristãs e menos confiantes na objetividade da revelação.

Bibliografia

Elucidations (London, 1965); *Engagement with God* (London, 1975); *The Glory of the Lord. A Theological Aesthetics* (Edinburgh, 1983-); *Love Alone. The Way of Revelation* (London, 1968); *Prayer* (London, 1971); *Theodramatik* (Einsiedeln, 1973-1978).

M. Kehl & W. Löser (eds.), *A Von Balthasar Reader* (Edinburgh, 1983); J. K. Riches, "The Theology of Hans Urs von Balthasar", *Th* 75 (1972), p. 562-570, 647-655.

J.B.We.

BAMPTON LECTURES. Uma eminente série de oito palestras proferidas em Oxford por John Bampton (1690-1751), cônego de Salisbury, inspirariam a criação, mais tarde, do evento conhecido como Bampton Lectures [Conferências de Bampton], que teve início em 1780, anualmente, mas se tornou bienal a partir de 1895. John Bampton havia especificado os propósitos de suas conferências como os de "confirmar e estabelecer a fé cristã e refutar todos os hereges e cismáticos — a respeito da autoridade divina das sagradas Escrituras — a respeito da autoridade dos escritos dos pais primitivos, quanto à fé e prática da igreja primitiva — a respeito da divindade de nosso Senhor e Salvador Jesus Cristo — a respeito da divindade do Espírito Santo — a respeito dos Artigos da Fé Cristã, como incluídos nos Credos Apostólico e Niceno". As Bampton Lectures ficaram restritas a anglicanos ordenados (e anteriormente somente aos diplomados em Letras em Oxford e Cambridge), mas em 1952 foi criado, a partir do Fundo Bampton, o Sarum Lectureship, evento constituído de uma série de preleções similares, realizado em anos alternados com as Bamptom Lectures e aberto aos não anglicanos.

Entre as conferências de maior repercussão, estão: de R. D. Hampden, *The Scholastic Philosophy Considered in its Relation to Christian Theology* [*A filosofia escolástica considerada em sua relação com a teologia cristã*] (1832); de H. L. Mansel, *The Limits of Religious Thought* [*Os limites do pensamento religioso*] (1858); de J. B. Mosley, *Miracles* [*Milagres*] (1865); de H. P. Liddon, *The Divinity of Our Lord*

BARCLAY, ROBERT

112 ∎

and Saviour Jesus Christ [*A divindade de nosso Senhor e Salvador Jesus Cristo*] (1866); de C. Bigg, *The Christian Platonists of Alexandria* [*Os cristãos platônicos de Alexandria*] (1886); de W. Sanday, *Inspiration* [*Inspiração*] (1893); de N. P. Williams, *The Ideas of the Fall and of Original Sin* [*As ideias acerca da queda e do pecado original*] (1924); de K. E. Kirk, *The Vision of God* [*A visão de Deus*], (1928); de G. L. Prestige, *Fathers and Heretics* [*Os pais e os hereges*] (1940); de T. G. Jalland, *The Church and the Papacy* [*A Igreja e o papado*] (1942); de H. E. W. Turner, *The Patterns of Christian Truth* [*Os padrões da verdade cristã*] (1954).

Em 1968, foi criada uma sociedade de confraternização Bampton. As Bampton Lectures tiveram início nos Estados Unidos em 1950, destacando-se, entre elas, a de John Baillie*, *The Idea of Revelation in Recent Thought* [*A ideia da revelação no pensamento atual*].

Bibliografia
Lista até 1893, na obra de J. F. Hurst, *Literature of Theology* (New York, 1896); sumários, em J. Hunt, *Religious Thought in England in the Nineteenth Century* (London, 1896), p. 292-332; palestrantes, na obra *The Historical Register of the University of Oxford* (1900) e *Supplements*.

D.F.W.

BARCLAY, ROBERT, ver TEOLOGIA QUACRE.

BARCLAY, WILLIAM (1907-1978). Erudito bíblico escocês. Nascido em Wick e formado em Glasgow e Marburgo, ministrou na área industrial de Clydeside, sendo, em 1947, nomeado lente e, em 1964, designado professor titular de Novo Testamento na Universidade de Glasgow. Unia a erudição clássica à capacidade de se comunicar com todos os níveis sociais, fosse nos estaleiros, fosse nas salas de aula, fosse com o grande público, pela imprensa ou pela televisão. Sua série *Daily Study Bible* [*Bíblia de Estudo Diário*] (NT) vendeu cerca de 1,5 milhões de exemplares, foi traduzida para muitos idiomas, inclusive da Birmânia [atual Mianmar] e da Estônia, e lhe propiciou, posteriormente, um ministério mundial de correspondência. Teologicamente, ele se autodenominava um "liberal evangélico"*. Afirmava ser o único membro do corpo docente de sua faculdade de teologia que acreditava terem sido Mateus, Lucas e João que escreveram os evangelhos a eles atribuídos. Não obstante, era um universalista*, reticente quanto à inspiração das Escrituras*, crítico da doutrina da expiação substitutiva* e com ideias próprias a respeito do nascimento virginal* e de milagres*, que os conservadores consideravam heréticas ou imprecisas. Referiu-se a Bultmann*, certa vez, como o pregador mais evangélico que já havia ouvido, pois todos os seus escritos visavam confrontar o indivíduo com Cristo. No contexto do marcante declínio da membresia da Igreja da Escócia, Barclay deplorou o desaparecimento virtual da disciplina eclesiástica* e sugeriu duas categorias de membresia: a daqueles "profundamente atraídos por Jesus Cristo" e a dos já preparados para assumir um compromisso total.

Bibliografia
Testament of Faith (London, 1975), publicado também em inglês como *A Spiritual Autobiography* (Grand Rapids, MI, 1975).

R. D. Kernohan (ed.), *William Barclay: the Plain Uncommon Man* (London, 1980); J. Martin, *William Barclay* (Edinburgh, 1984); C. L. Rawlins, *William Barclay* (Grand Rapids, MI & Exeter, 1984).

J.D.Do.

BARTH, KARL (1886-1968). Considerado por muitos o mais importante teólogo do século XX. Sua obra, em quatro volumes, *Dogmática da igreja*, é tida como uma das maiores, senão a maior, contribuição à teologia protestante desde Schleiermacher*.

Vida
Nascido em uma família de teólogos suíços, Barth estudou em Berna, Berlim, Tübingen e Marburgo, com alguns dos mais destacados professores da época, notadamente Harnack* e Herrmann*. Após breve período trabalhando para o jornal *Die christliche Welt* [*O mundo cristão*] e como pastor auxiliar em Genebra, foi nomeado pastor na aldeia de Safenwil, em Aargau, de 1911 a 1921. Durante o decurso de seu ministério ali, Barth foi-se tornando cada vez mais insatisfeito com sua própria formação teológica liberal*. A redescoberta gradual das Escrituras como revelação o levou, a seguir, a escrever um conhecido comentário explosivo sobre Romanos. De 1921 a 1930, ensinou em Göttingen e Münster, exercendo importante papel no chamado movimento da "teologia dialética"* e publicando diversos escritos,

incluindo um volume, precoce, de preâmbulo à *Dogmática*. Mudando-se para Bonn, Barth começou então a escrever sua extensa obra teológica, ao mesmo tempo que se envolvia cada vez mais na oposição a Hitler, fornecendo substancial matéria teológica à sua Igreja Confessante, notadamente no Sínodo de Barmen*, em 1934. Isso levou à sua exoneração do ministério e designação para uma cátedra de magistério em sua cidade natal de Basileia, onde permaneceria pelo restante de sua carreira e aposentadoria e onde escreveu diversos volumes de sua obra, deixada, ao falecer, inacabada.

Para a compreensão de seu pensamento anterior, é necessário saber de sua rejeição à herança liberal recebida de seus mentores teologais. Juntamente com Edward Thurneysen (1888-1974), seu companheiro de pastorado, Barth se tornaria cada vez mais insatisfeito, com o método crítico-histórico como meio de exame das Escrituras. Insatisfação combinada com sua leitura de Kierkegaard*, Nietzsche*, Dostoievski* e Franz Overbeck (1837-1905), a rejeição de Barth do pensamento liberal da fé cristã o conduziria a uma ênfase renovada no elemento escatológico e sobrenatural do cristianismo. Sua recusa de qualquer síntese entre a igreja e a cultura secular sofreria, depois, uma guinada decisiva, sob a influência do socialismo cristão radical de Christoph Blumhardt (1842-1919) e de pensadores como Hermann Kütter (1863-1931) e Leonhard Ragaz (1868-1945). Os frutos dessas mutações profundas no panorama teológico seriam encontrados nos sermões de Barth

BARTH, KARL

e em seus escritos ocasionais durante a Primeira Guerra Mundial, mas, acima de tudo, no comentário *A epístola aos Romanos*.

Comentário de Romanos

Primeiramente publicado em 1919 e, depois, completamente reescrito para uma segunda edição em 1922, o comentário de Romanos de autoria de Barth não é tanto uma exegese quanto uma reflexão sustentada e intensa sobre o que o teólogo chamaria mais tarde de "a bondade de Deus". Nesse livro, Karl Barth despeja todo o seu descontentamento com a síntese sobre Deus e o homem que encontrara no ideal religioso liberal, salientando a disjunção radical entre Deus e o homem, em que Deus se torna o inquiridor do homem, aquele que inicia uma crise na continuidade da história humana. Tanto o conteúdo como o estilo do livro são, por vezes, apocalípticos*, tendo recebido forte crítica por parte da tradição acadêmica.

Não obstante, Barth, já então professor, continuou seu ataque sobre o núcleo do liberalismo. Depois da obra sobre Romanos, prosseguiu com exposições referentes a 1Coríntios 15 (1924) e Filipenses (1927); e em famoso debate público com Harnack, em 1923, editado, criticou o método crítico-histórico (que para Harnack era a expressão da pesquisa disciplinada para uma verdade objetiva), pelo seu equívoco em tratar as Escrituras como uma revelação perturbadora. Em uma coleção anterior de ensaios, *A palavra de Deus e a palavra do homem*, Barth desenvolvera sua hostilidade à religião humana*. Do mesmo modo, suas palestras da década de 1920, publicadas, mostram quão radical era sua confrontação com o que ele entendia ser uma teologia da subjetividade, assim como suas conferências sobre Schleiermacher em Göttingen, entre 1923 e 1924, e as palestras sobre ética, realizadas, pouco depois, em Münster (1928-1929).

Dogmática

Quase ao final da década de 1920, Barth inicia intensa obra, publicando em 1927, sua *Dogmática cristã em esboço*. Mais tarde, ele consideraria esse trabalho como meio caminho entre seus escritos do começo da década de 1920 e sua *Dogmática* definitiva. Muito embora mais construtiva que os escritos anteriores, ela retinha ela ainda vestígios do método teológico protestante liberal, que Barth finalmente corrigiu por meio de intensivo estudo de Anselmo*. Foi justamente mediante sua leitura de Anselmo, parcialmente aplicada no debate com o filósofo Heinrich Scholz (1884-1956), que Barth deixou a "teologia dialética" de seu período anterior, podendo, então, ser capaz de expandir uma base mais sólida para a dogmática do que havia sido produzido tanto pelos teólogos da consciência religiosa como por sua própria rejeição, escatológica e quase sempre agressiva, da obra destes. O estudo de Barth, de 1931, sobre o procedimento teológico de Anselmo (procedimento que produziu frutos como *Fides Quaerens Intelectum* [*Fé em busca de entendimento*]) o capacitaria a esclarecer o relacionamento entre a fé e a inquirição racional de um modo melhor desenvolvido do que no debate anterior com Harnack,

BARTH, KARL

fornecendo os fundamentos para a *Dogmática da igreja*. Barth consideraria a teologia, particularmente, como uma pesquisa moldada pelo próprio objeto que examina. A tarefa do teólogo não é tanto o de estabelecer o objeto da pesquisa (por exemplo, pela "prova", disponível naturalmente, de Deus), mas, sim, ser conduzido pela racionalidade inerente do próprio objeto. A teologia pressupõe uma ordem objetiva de existência, apreendida no Credo da igreja, que, por si só, proporciona base para o discurso racional sobre Deus. Associada à sua obra sobre o método teológico* estaria a rejeição polêmica de Barth da teologia natural*, em debate com um antigo companheiro de viagens, Emil Brunner*, e uma série de exposições suas sobre os credos e as confissões da Reforma.

Em Bonn e, depois, na Basileia, em meio a preocupações controversas políticas e religiosas, Barth começou a trabalhar na *Dogmática*. Originalmente expressa sob a forma de palestras e, depois, revisada para publicação, a obra é, por toda a sua consistência interior, o registro de um processo de crescimento e mudança no decorrer de trinta anos. Barth não está simplesmente mapeando um sistema. Talvez o aspecto mais notável do seu trabalho seja a capacidade incansável do autor para a admiração: a *Dogmática* é, em seu todo, o registro da fascinação de Barth pelo valor, a beleza e a variedade total da verdade cristã.

O cerne dessa empreitada, tanto do modo metodológico quanto substantivo, é a cristologia*. Para Barth, a cristologia não é simplesmente uma doutrina paralela a outras, mas, sim, o ponto central do qual todas as outras doutrinas cristãs provêm. O procedimento teológico de Barth assume, por isso, uma forma distinta: a doutrina cristã é construída por inferência da pessoa de Jesus Cristo, que é o *locus* de toda verdade a respeito de Deus e do homem. Isso conduz não somente ao resoluto realismo de Barth e sua hostilidade a todos os fundamentos abstratos, metafísicos e antropológicos supostos à teologia, mas também ao seu manuseio diferente da analogia*. Barth, na verdade, reverte a direção usual da analogia: em vez de se mover pela analogia a partir das realidades conhecidas da criação em direção ao conhecimento do divino, Barth se movimenta a partir de Deus em Cristo como o dado fundamental em direção às afirmações concernentes à criação e à humanidade. É a profundidade que Barth faz de sua teocentricidade que torna a *Dogmática* uma das obras mais importantes da teologia protestante.

O estudo completo compreende quatro volumes, que discorrem sobre a doutrina da palavra de Deus, sobre a doutrina de Deus, sobre a doutrina da criação e (volume inacabado) sobre a doutrina da reconciliação. Um quinto volume sobre a doutrina da redenção foi projetado, mas nunca chegou a ser iniciado. Cada volume é subdividido em tomos parciais, nos quais o autor expõe e medita sobre uma série de teses, incluindo grande riqueza de discussão detalhada histórica e exegética, assim como uma abordagem das consequências éticas da discussão dogmática principal.

O primeiro volume entrelaça as doutrinas da revelação* e da

BARTH, KARL

Trindade, propondo que a teologia surge a partir do autoposicionamento do sujeito divino. A revelação, como a autorrepetição graciosa de Deus, cria na igreja a experiência da fé, constituindo o homem como recipiente da palavra de Deus, que é a sua autorrevelação. A tarefa teológica é a do autoescrutínio da igreja contra seu objetivo referente, do qual a teologia recebe seu *status* como ciência.

Desde o princípio, o realismo teológico consistente de Barth é evidente: seu ponto de partida, totalmente diferente da herança liberal ou de seus pares existencialistas* contemporâneos, é a realidade dada do Deus que se autorrevela. Isso vem à tona no segundo volume, na discussão do conhecimento* de Deus, da capacidade que reside não na prontidão do homem em relação a Deus, mas na prontidão de Deus de compartilhar o conhecimento que tem de si próprio com o homem: o autoconhecimento de Deus é graciosamente reduplicado no recipiente da revelação. Barth apresenta, de fato, uma avaliação severamente negativa da teologia natural e do que entendia serem as doutrinas tradicionais da analogia. A discussão sobre o ser de Deus, nesse segundo volume, é um dos tratamentos mais importantes do tema desde Calvino*. O ser de Deus é descrito como o seu ser em ação, isto é, Deus é em Si mesmo ou se torna a si mesmo no ato de amor de criar comunhão com o homem em Jesus Cristo. Na verdade, Barth remodela radicalmente a doutrina de Deus por tornar central a pessoa de Cristo para a própria teologia. A condição de absoluto em Deus é, portanto, nada mais do que sua liberdade de ação por amor. Do mesmo modo, a doutrina da eleição é uma afirmação a respeito da escolha de Deus de ser ele próprio em Jesus Cristo e, assim, escolher a humanidade como sua parceira pactual, a quem é dada a tarefa de obediência à ordem divina.

A realidade do homem como parceiro de Deus é tratada em detalhes no terceiro volume. Barth recusa-se a trabalhar com a doutrina da criação* como uma verdade que esteja naturalmente disponível. Em vez disso, vincula a criação à aliança*: o fato de o homem ser criatura deriva de sua adoção pelo pacto de Deus com a humanidade, tornada real em Jesus Cristo, que é tanto Deus, que elege, como homem, eleito. Assim, a história humana e o ser humano, como tais, são o que são por causa da própria assunção de Deus da sua existência histórica e como criatura na encarnação. Barth expõe o tema em discussões particularmente significativas sobre a temporalidade e o pecado humanos, desenvolvendo mais uma vez de forma rigorosa o método de analogia a partir da cristologia, que passa a assumir, cada vez mais, importante papel em sua argumentação.

Quando Barth se volta para a cristologia no quarto volume, seu estilo e pensamento tornam-se gradativamente mais concretos. Ao tempo em que trabalhava nesse volume, publicou importante ensaio sobre "a humanidade de Deus", em que corrigia algo de seu pensamento "dialético" anterior, focando-o com concentração ainda maior sobre o homem Jesus como o começo e o fim dos caminhos de Deus para com o homem. Nessa última

BARTH, KARL

parte da *Dogmática*, seu registro se torna gradualmente narrativo no tratamento do tema cristológico da humilhação e exaltação. A seção ética do volume quatro, que nunca foi terminada — sendo partes dela publicadas como um último fragmento, *CD* IV.4, e outras, em edição póstuma, como *The Christian Life* [*A vida cristã*]) — contém uma narrativa realista da ação ética humana. Está exposta na apresentação que Barth faz do batismo com água, cujo *status* sacramental ele nega, a fim de afirmar seu próprio caráter como ato humano de resposta obediente. O quarto volume é a expressão mais madura das convicções de Barth a respeito de Jesus Cristo, o Deus-homem, fornecendo uma descrição do caráter de Deus e a origem da participação humana no pacto de Deus e na criação. Contém, ainda, muitas sugestões para a revisão de aspectos de sua teologia anterior, notadamente na narrativa interativa do relacionamento de Deus com a ordem natural.

Após a aposentadoria, Barth trabalhou um pouco mais em sua obra, ganhou um vívido interesse pelo Concílio Vaticano II e publicou alguns breves trabalhos, incluindo suas palestras finais em Basileia, sob o nome de *Evangelical Theology* [*Teologia evangélica*]. Uma avaliação plena de sua obra terá de levar em conta também seus sermões publicados enquanto em prisão política na Basileia, *Deliverance to the Captives* [*Libertação para os cativos*] e *Call for God* [*Chamado a Deus*]; suas coleções de ensaios, como *Against the Stream* [*Contra a corrente*] e *Theology and Church* [*Teologia e igreja*]; e suas reflexões sobre teólogos e filósofos do pas-

sado, em *Protestant Theology in the Nineteenth Century* [*Teologia protestante no século XIX*].

Interpretação

A obra de Barth afetou substancialmente o curso da teologia protestante na Europa e além dela. Muito embora ele tenha resistido à pressão de se tornar o centro de uma corrente de pensamento, sua obra tem sido interpretada e estendida por muitos, notadamente H. Gollwitzer (n. 1908), O. Weber (1902-1966) e E. Jüngel*, na Alemanha, e T. F. Torrance*, na Inglaterra. A avaliação crítica de Barth frequentemente focaliza sua narrativa da relação de Deus com a criação, questionando se seu método e suas convicções teológicas fundamentais o levam a oferecer tão somente uma afirmação ambígua do valor e da realidade da ordem natural. Em termos de sua abordagem do conhecimento de Deus, Pannenberg*, por exemplo, argumenta que a confiança de Barth na autoevidência do objeto da teologia o conduz a um fideísmo que se recusa a oferecer quaisquer espécies de pontes entre o conhecimento da revelação e o conhecimento do mundo dos homens. Algo relativo a esse mesmo conjunto de questões emerge nas discussões da doutrina barthiana do homem. Críticos sugerem que, por fundamentar a realidade do homem tão completamente na humanidade de Deus em Cristo, Barth deixa de dar valor real à ordem natural. Consequentemente, em suas perspectivas da liberdade humana, do pecado e da rejeição de Deus, alguns detectam a ausência de um sentido real do homem diante de Deus. Ou, mais

BARTH, KARL

uma vez, nas seções sobre ética da *Dogmática*, particularmente antes ao quarto volume, Barth é interpretado como tendo se fundamentado de tal modo na ação delegada do homem em Cristo que o ímpeto da obediência humana é removido e a santificação não é reconhecível como um processo humano. Os teólogos católicos, em especial, apontam um "realismo" ou "ocasionalismo" na antropologia* de Barth, em que não parece colocar ênfase suficiente sobre a continuidade do homem como recipiente da graça divina. O efeito da concentração de Barth na cristologia em sua doutrina da Trindade forma outra área de discussão. Por considerar o Espírito como essencialmente uma dimensão "aplicativa" ou "subjetiva" da obra de Cristo, Barth parece deixar de realizar uma plena abordagem personalista do Espírito Santo como agente divino distinto. Isso estaria vinculado a questões mais genéricas sobre um suposto "modalismo" seu (ver Monarquianismo*), sendo a sua preferência pela expressão "modo de existência", em vez de "pessoa", sugestiva de uma avaliação muito elevada da unidade divina à custa de um sentido próprio da pluralidade em Deus.

Muitas críticas a Barth são inválidas, por tratarem sua teologia demasiadamente em caráter sistemático, sem perceberem os investimentos e o saldo no conjunto de sua obra. A grande força de Barth, acima de tudo, talvez tenha sido sua capacidade de começar tudo outra vez. As diversas mudanças de posição em sua obra estão longe em ser volúveis; muito mais do que isso, fazem parte de sua reavaliação incansável do próprio pensamento, dando testemunho de seu compromisso, crucialmente interrogativo e constantemente renovado, para com a teologia. Barth nunca sossegava, e suas leituras das Escrituras, assim como dos teólogos clássicos do passado — Calvino e Schleiermacher, acima de tudo — foram constantemente submetidas à sua reavaliação e crítica. A obra de Barth não é apenas uma reafirmação convincente das principais linhas da fé cristã; constitui também uma das principais respostas críticas ao Iluminismo*, com um lugar significativo na história intelectual da Europa.

Bibliografia

Obras selecionadas: *Gesamtausgabe* (Zurich, 1971-). Escritos acadêmicos: para uma bibliografia cronológica proveitosa, ver E. Busch, *Karl Barth* (London, 1976). Principais obras: *The Christian Life* (Edinburgh, 1981); *Church Dogmatics, 1:1-IV:4*; *Credo* (London, 1936); *Dogmatics in Outline* (London, 1949); *The Epistle to the Romans* (Oxford, 1935); *Ethics* (Edinburgh, 1981); *Evangelical Theology* (London, 1963); *Fides Quaerens Intellectum* (London, 1960); *The Humanity of God* (London, 1961); *The Knowledge of God and the Service of God* (London, 1938); *Prolegomena zur christlichen Dogmatik* (München, 1928); *Protestant Theology in the Nineteenth Century* (London, 1972); *The Resurrection of the Dead* (London, 1933); *Theology and Church* (London, 1962); *The Theology of Schleiermacher* (Edinburgh, 1982); *The Word of God and the Word of Man* (London, 1928).

Ver bibliografia em M. Kwiran, *An Index of Literature on Barth, Bonhoeffer and Bultmann* (*Sonderheft to Theologische Zeitschrift*, 1977). Ver especialmente: H. U. von Balthasar, *The Theology of Karl Barth* (New York, 1971); G. C. Berkouwer, *The Triumph of Grace in the Theology of Karl Barth* (London & Grand Rapids, MI, 1956); G. W. Bromiley, *An Introduction to the Theology of Karl Barth* (Edinburgh, 1980); C. Brown, *Karl Barth and the Christian Message* (London, 1967); C. Gunton, *Becoming and Being* (Oxford, 1978); E. Jüngel, *Barth-Studien* (Gütersloh, 1982); *idem, The Doctrine of the Trinity* (Edinburgh, 1976); *idem, Karl Barth: A Theological Legacy* (Edinburgh, 1987); H. Küng, *Justification* (London, 1964); K. Runia, *Karl Barth's Doctrine of Holy Scripture* (Grand Rapids, MI, 1962); S. W. Sykes (ed.), *Karl Barth* (Oxford, 1979); J. Thompson, *Christ in Perspective* (Edinburgh, 1978); T. F. Torrance, *Karl Barth* (London, 1962); R. E. Willis, *The Ethics of Karl Barth* (Leiden, 1971).

J.B.We.

BASÍLIO DE CESAREIA (*c.* 329-379), também chamado Basílio, o Grande, foi a principal figura do grupo dos três pais capadócios que defenderam a ortodoxia de Niceia contra os arianistas*, nos anos finais do século IV. Gregório de Nazianzo*, o segundo do grupo, estabeleceu uma amizade fraternal com Basílio quando eram estudantes em Atenas. O terceiro membro do grupo era Gregório de Nissa*, o irmão mais jovem de Basílio, educado em seu lar. Retornando à Capadócia, Basílio dedicou-se a uma vida asceta e devocional e se tornou pioneiro do monasticismo coenobítico. Ele e Gregório de Nazianzo compilaram uma influente coleção dos escritos de Orígenes*, a *Philocalia*. Os dons intelectuais e administrativos de Basílio o levaram a ser eleito bispo metropolitano de Cesareia, capital da Capadócia, em 372. Com a morte de Atanásio*, no ano seguinte, tornou-se a principal coluna da ortodoxia no Oriente, defendendo a divindade do Filho e do Espírito Santo contra os arianistas e os pneumatoquianos. Foi ele o principal arquiteto da doutrina capadócia da Trindade*, que se tornaria definitiva para o Oriente e o Ocidente. Foi também notável liturgista.

As duas obras mais importantes de Basílio são: *Contra Eunômio*, uma resposta ao arianismo extremado, e *Sobre o Espírito Santo*. Eunômio argumentava que, visto que as criaturas eram geradas, o Filho, sendo gerado, não poderia ser Deus. Basílio nega que "não ser gerado" seja uma definição adequada da essência de Deus, ao mesmo tempo que defende a doutrina (herdada de Orígenes e Atanásio) da geração eterna do Filho. A geração das criaturas é física e temporal; a geração do Filho é inefável e eterna.

O segundo principal tratado de Basílio, escrito para defender a glorificação do Espírito em sua doxologia, deve ser visto no contexto da emergência dos chamados macedonianos e pneumatoquianos, que negavam a divindade do Espírito. Basílio aceita claramente a divindade do Espírito em suas cartas, mas para repentinamente de fazê-lo com esse tratado, que declara, em muitas palavras, que o Espírito é Deus e consubstancial

BATISMO

(*homoousion*) com o Pai. Foi essa uma estratégia política, para não dar a seus inimigos a oportunidade de derrotá-lo, mas também diplomática. Sem ofender aqueles hesitantes, obrigando-os a fazer uma confissão pública da divindade do Espírito, Basílio argumenta que o Espírito não pode ser uma criatura (a única alternativa de ele ser Criador) e que deve ser adorado.

Aqui, ele dá sua contribuição distintiva à doutrina trinitariana. Atanásio e os nicenos mais antigos tinham defendido a divindade do Filho, insistindo em que era consubstancial (*homoousios*) com o Pai e da mesma essência (*ousia*) dele. Basílio faz a distinção entre *ousia* e *hipóstase** (que, confusamente, poderia ser traduzida por "substância"), termos até então usados indistintamente. Refere-se a uma só *ousia* de Deus, mas com três *hipóstases*: a do Pai, a do Filho e a do Espírito Santo. Foi essa que se tornou a doutrina da Trindade definitiva no Oriente. A doutrina dos capadócios viria a influenciar grandemente o Ocidente por meio de Ambrósio*, embora o Ocidente tenha começado a partir da unicidade de Deus, mas falando de três "pessoas".

Bibliografia

Obras selecionadas em TI, em *NPNF*, 2ª série, vol. 8, e na série *FC*.

H. von Campenhausen, *The Fathers of the Greek Church* (London, 1963); W. K. L. Clarke, *Basil the Great: A Study in Monasticism* (London, 1913); P. J. Fedwick, *The Church and the Charisma of Leadership in Basil of Caesarea* (Toronto, 1979); *idem* (ed.), *Basil of Caesarea: Christian, Humanist, As-*

cetic, 2 vols. (Toronto, 1981); J. N. D. Kelly, *Early Christian Doctrines* (London, [5]1977); G. L. Prestige, *God in Patristic Thought* (London, 1952); *idem, St Basil the Great and Apollinaris of Laodicea* (London, 1956); I. P. Sheldon-Williams, *in CHLGEMP*, p. 432-438; E. Venables, *in DCBE* 1, p. 282-297; J. W. C. Wand, *Doctors and Councils* (London, 1962).

T.A.N.

BATISMO. A fim de oferecer uma abordagem consistente do batismo desde suas raízes bíblicas até o presente, o assunto é discorrido aqui em duas partes: teologia bíblica do batismo e reflexão sobre o batismo na teologia histórica e sistemática.

1. Teologia bíblica

Natureza do rito. O batismo, como lavagem em água com significado espiritual, tem suas raízes no judaísmo do AT e pré-cristão. A lei prescrevia o banho de pessoas consideradas "imundas" (ver, *e.g.*, Lv 14.8,9 e Lv 15). Arão e seus filhos foram lavados cerimonialmente em sua ordenação ao sacerdócio (Lv 8.5,6). No Dia da Expiação, Arão tinha de se banhar antes de entrar no Lugar Santo e novamente ao deixá-lo (Lv 16.3,4); igualmente, quem soltasse o bode expiatório no deserto teria de se banhar, assim como aquele que queimasse suas roupas (Lv 16.26-28). Esses rituais de lavagem levaram a uma aplicação simbólica de purificação espiritual na oração (*e.g.*, Sl 1.1,2,7-10).

Pouco antes do advento da era cristã, ocorreu uma espécie de movimento batismal no vale do Jordão, sendo seu exemplo mais marcante o da comunidade monástica de Cunrã (*cf.* Manuscritos do Mar Morto*).

BATISMO

Originária de entre sacerdotes que rejeitavam como corrupta a adoração no templo, os membros dessa comunidade enfatizavam a manutenção do ritual de pureza com banhos diários, acompanhados de atitude interior de arrependimento. É bem provável que o batismo administrado por João Batista fosse uma adaptação da prática de Cunrã. João pregava "um batismo de arrependimento para o perdão dos pecados" (Mc 1.4), como preparação para a vinda do Messias e o seu batismo com o Espírito Santo e com fogo (Mt 3.11-12). Por ser de conversão, esse batismo era aplicado *somente uma vez*, diferentemente das lavagens repetidas da comunidade de Cunrã.

Não se sabe ao certo, no entanto, se o batismo praticado em judeus prosélitos surgiu, antes, a tempo de influenciar o batismo cristão primitivo. Fazia parte do rito de iniciação dos gentios no judaísmo, que abrangia circuncisão, batismo e oferta de sacrifícios; e, como as mulheres tinham somente que ser batizadas e oferecer sacrifício, seu batismo certamente assumia, nesse caso, importância maior.

A submissão de Jesus ao batismo de João, cuja intenção era a de preparar os pecadores para a vinda do Messias, é explicável como um ato deliberado de solidariedade do Senhor para com os homens e mulheres pecadores arrependidos. Era a iniciação no processo pelo qual a soberania salvadora de Deus chegava aos homens, para se manifestar em seu ministério da palavra e de atos do reino de Deus, sua morte e ressurreição e envio do Espírito Santo. Não é de surpreender, por isso, que a comissão missioná-

ria dada pelo Senhor ressurreto incluísse a ordem de batizar (Mt 28.18-20). A expressão (batizar) "em nome de", em um contexto semítico, significa batismo "com o devido respeito a", mas aqui, especialmente, denota a base do batismo e seu propósito de ingresso da pessoa em um relacionamento em que passa a pertencer a Deus. Os leitores gregos do evangelho certamente entendiam a frase de modo muito semelhante, como que significando: "Apropriação pelo Pai, Filho e Espírito Santo, mediante o uso desse nome" (W. Heitmüller, *Im Namen Jesu*, [*Em nome de Jesus*], Göttingen, 1903, p. 121).

Significado do rito. No ensino apostólico sobre o batismo, o rito primariamente significa *união com Cristo**: " [...] pois os que em Cristo foram batizados, de Cristo se revestiram" (Gl 3.27). A linguagem reflete o ato de se despir para, depois, vestir-se, no batismo (*cf.* o uso da figura em Cl 3.9-14); "revestir-se de" Cristo denota receber Cristo, estar em Cristo e, assim, se tornar um com ele. No ensino de Paulo, uma vez que Cristo é o Senhor crucificado e ressuscitado, o batismo significa *união com Cristo em seus atos redentores**; o que inclui a ideia de jazer com ele em seu túmulo e ser com ele um só em sua ressurreição (Rm 6.1-5; Cl 2.11,12), participando assim da nova criação, iniciada com a sua ressurreição (2Co 5.17), antecipadamente à ressurreição* para o reino final (Cl 3.1-4). O batismo significa, além disso, *união com Cristo em seu corpo, a igreja*, pois estar "em Cristo" significa ser um com todos os que estão unidos a ele (Gl 3.26-28; 1Co 12.12,13).

BATISMO

Mais ainda, como é inconcebível a união com Cristo sem o "Espírito de Cristo", o batismo significa *renovação pelo Espírito Santo* (assim já com Pedro na proclamação de Pentecoste, At 2.38; e, depois, na teologia de Paulo sobre a igreja, 1Co 12.12,13). O batismo significa também *entrada no reino* de Deus*, pois a salvação de Cristo não é senão vida sob a soberania salvadora de Deus (*cf.* Mt 12.28; Jo 12.31,32; Rm 14.17; Cl 1.13,14). A conexão dessa condição com o batismo é feita em João 3.5, em que "o nascer de novo" (v. 3) é explicado como o nascimento "da água e do Espírito". Isso é mais bem entendido como uma alusão ao batismo de arrependimento, ao qual Nicodemos certamente tinha deixado de se submeter, e ao derramamento do Espírito, que deveria vir com o reino de Deus. No evangelho, esses dois aspectos se unem mediante a redenção de Cristo. O batismo em nome de Jesus, em arrependimento e fé, e a ação recriadora do Espírito e entrada no reino de Deus se tornam, assim, um só fato encadeado. Finalmente, o batismo significa *vida em obediência ao governo de Deus*, como nos indica Rm 6.4, ao dizer: "Portanto, fomos sepultados com ele na morte por meio do batismo, a fim de que [...] também nós vivamos uma vida nova". Isso é ilustrado de forma breve em Colossenses 3.1-17 e detalhamente explanado no ensino catequético do NT.

Tudo isso pressupõe uma das proposições fundamentais da proclamação apostólica, de que o batismo é uma corporificação tanto do evangelho como da resposta do homem a este (como é perfeitamente ilustrado em 1Pe 3.21).

Contudo, no caso de muitos cristãos batizados na infância, como pode o seu batismo se relacionar com a exposição apostólica a respeito desse sacramento? A crença tradicional de que tudo aqui se encaixa perfeitamente é questionada por teólogos sacramentais. Uma teologia do batismo infantil terá de enfatizar a função iniciatória do rito na comunidade do Espírito, respeitando tanto a redenção consumada de Cristo quanto o alvo de apropriação dessa redenção pela fé e consagração ao serviço de Cristo. Qualquer que seja a idade do batizando, o batismo significa graça e chamado para crescimento em Cristo por toda a vida com vistas à ressurreição no último dia.

Bibliografia

Baptism, Eucarist and Ministry (Geneva, 1982); M. Thurian (ed.), *Ecumenical Perspectives on Baptism, Eucarist and Ministry* (Geneva, 1983); M. Thurian & G. Wainwright (eds.), *Baptism and Eucarist, Ecumenical Convergence in Celebration* (Geneva, 1984).

K. Barth, *Baptism as the Foundantion of the Christian Life*, CD, IV.4; G. R. Beasley-Murray, *Baptism in the New Testament* (London, 1963); D. Bridge & D. Phypers, *The Water that Divides* (Leicester, 1977); G. W. Bromiley, *Baptism and the Anglican Reformers* (London, 1953); N. Clark, *An Approach to the Theology of the Sacraments* (London, 1956); Oscar Culmann, *Baptism in the New Testament* (London, 1951); W. F. Flemington, *The New Testament Doctrine of Baptism* (1948); P. T. Forsyth, *The Church and the Sacraments* (London, ²1947); J. Jeremias, *Infant Baptism in the First Four Centuries*

(London, 1960); P. K. Jewett, *Infant Baptism and the Covenant of Grace* (Grand Rapids, MI, 1978); G. W. H. Lampe, *The Seal of the Spirit*, [2]1967); E. Schlink, *The Doctrine of Baptism* (St Louis, 1972); R. Schnakenburg, *Baptism in the Thought of St. Paul* (Oxford, 1964); G. Wainwright, *Christian Initiation* (London, 1969); R. E. O. White, *The Biblical Doctrine of Initiation* (London, 1960).

G.R.B.-M.

2. Teologia histórica e sistemática

As referências mais antigas pós-NT vêm da *Didaquê* (*c.* 100; ver Pais Apostólicos*). Justino (ver Apologistas*) descreveu o batismo como um renascimento na água e, depois, como uma "iluminação", termo técnico usado para o batismo por volta do século IV.

Orígenes* via no batismo a ligação tipológica entre o AT, culminando no batismo de Jesus feito por João, e o batismo escatológico inaugurador da nova era. O batismo teria derivado seu significado das realidades espirituais e, comunicando a graça de Cristo, prefiguraria o estágio final de batismo, a ressurreição dos mortos.

Tertuliano* indicava a conexão do Espírito Santo com a água do batismo, preparando assim o terreno para a bênção da água batismal. Em meio à perseguição à igreja no século III, não seria de surpreender a descrição do martírio* como o batismo de sangue, que admitia o mártir diretamente na igreja triunfante. Advogava o adiamento do batismo, até que os então batizandos ainda crianças pudessem vir a tomar sua própria decisão, para não acontecer de prejudicarem o futuro espiritual de seus padrinhos. A visão de Tertuliano, Cipriano* e outros de que o batismo cismático era inválido não sobreviveu no Ocidente além do século III, exceto no donatismo*.

Agostinho* enfatizava o aspecto objetivo do batismo e que, por ser Cristo o ministro real do batismo, a validade do sacramento não seria afetada pelo seu agente humano. Ele tinha absoluta convicção de ser o batismo indispensável à salvação. Em sua disputa com Pelágio, justificou o batismo infantil, desenvolvendo a ligação entre o sacramento e o pecado original*. Não sugeriu que a criança tivesse fé, mas, sim, afirmou que a fé da igreja era benéfica a ela, sendo essa uma postura clássica que tem permanecido como justificativa do batismo infantil. A criança, pelo batismo, seria incorporada à igreja, compartilhando desse modo a fé da igreja, de que agora fazia parte. Os padrinhos, ao se tornarem responsáveis pelo batizando, não o faziam meramente em favor próprio nem simplesmente como menos representantes da criança, mas como agentes da totalidade da igreja, da qual eram os instrumentos de apresentação da criança para o batismo.

Para os catecúmenos adultos, no entanto, havia a exigência de uma necessária preparação cuidadosa para o batismo. Por volta do século IV, as classes de preparação catequética requeriam uma frequência regular por parte dos discípulos, com reuniões diárias durante a Quaresma. Palestras doutrinárias proferidas, nessa época, por homens como Ambrósio* de Milão, Cirilo de Jerusalém (*c.* 315-386), João Crisóstomo (*c.* 344/354-407) e Teodoro de Mopsuéstia (*c.* 350-

BATISMO

428) permanecem disponíveis para nosso conhecimento. Antes dessas aulas, o exorcismo* era uma prática regular e elemento comum no rito batismal. Registros destacam que no batismo os batizandos compartilhavam a redenção, a morte e a ressurreição de Cristo por uma real confissão de fé, colocando-se, assim, em submissão ao Senhor crucificado e ressuscitado. Efetuava o batismo, desse modo, o renascimento do batizando, que era revestido da roupa nova da imortalidade e sobre quem se conferia um selo indissolúvel. O pecado praticado pelo cristão batizado era considerado extremamente grave, fazendo assim muitos seguirem o exemplo de Constantino, adiando seu batismo para o leito de morte (o chamado "batismo clínico"). Um pré-requisito para o batismo era a renúncia a Satanás e a profissão de fé em Cristo, uso que permanece em muitas confissões ainda hoje.

Os teólogos escolásticos* definiam o batismo como um sacramento de fé, um sinal sagrado que abrangia a totalidade da obra da redenção, representando a santificação do batizando por meio da paixão de Cristo, a graça do Senhor e a consumação escatológica. Contudo, Cristo permanecia Senhor de seus dons, podendo escolher salvar uma alma sem o sacramento do batismo. Tomás de Aquino* ensinava que, embora o batismo removesse a culpa do pecado original, a qualquer momento o pecado poderia se manifestar novamente. Já para Pedro Lombardo*, o batismo enfraquecia o desejo de pecar.

O Concílio de Trento cristalizou o ensino pré-Reforma que enfatizava a eficácia do batismo infantil, mas destacou a necessidade de o candidato adulto se achegar ao batismo com sinceridade. Reafirmou, ainda, que a graça batismal poderia ser perdida por causa de pecado grave.

Lutero*, embora adotando muita coisa da teologia batismal católica-romana, assinalou que a água do batismo tornava-se graciosa água de vida, proporcionando um lavar regenerativo pelo poder divino intrínseco da palavra de Deus. Inicialmente, Lutero considerava o efeito do batismo dependente da fé, mas depois, modificando sua opinião, passou a enfatizar a ordem de Deus como justificação para o batismo.

A acessibilidade das Escrituras produzida pela Reforma levou grupos de anabatistas*, em formação na época, a se recusarem a permitir que seus filhos fossem batizados ainda crianças e a reenfatizar o batismo somente de crentes, considerando-o como o único batismo existente no NT. Contatos com esse tipo de grupo em Amsterdã, em 1609, veio a confirmar a visão a respeito de batismo de John Smyth (1618-1652) e de Thomas Helwys (c. 1550-c. 1616), os primeiros batistas britânicos*.

A tradição da Igreja Reformada* deu destaque à ideia de que o batismo seria o sinal do novo pacto* e que, portanto, as crianças deveriam ser admitidas à nova aliança tão cedo possível, quanto os meninos judeus eram admitidos à antiga aliança mediante a circuncisão. O batismo fortaleceria a fé, daria aos pais a certeza de que seus filhos estavam incorporados ao novo pacto e, à criança o direito à aliança, mesmo sem ter ainda consciência disso, tornando-se rica fonte de

125

BATISMO DE CRISTO

bênçãos e consolação à medida que a criança crescia.

Barth* introduziu a questão do batismo na esfera do debate ecumênico, advogando a extinção do batismo infantil em favor unicamente do batismo dos crentes, mas sem nenhum rebatismo*. Assumindo a ideia de Cristo como o ministro principal do batismo, enfatizou que o batizando seria "a segunda personagem mais importante no ato". Palavras e ações de Cristo no batismo tinham um propósito cognitivo, assegurando ao crente sua salvação e recebendo seu penhor de serviço obediente ao Senhor. Como a natureza, o poder e o significado do batismo são dependentes de Cristo, ele não pode ser anulado pela imperfeição humana. Tanto a exegese do NT quanto o ato sacramental requereriam do batizando um desejo e uma disposição responsáveis de receber a promessa da graça a ele conferida e a assumir a promessa de lealdade ao serviço a Deus por gratidão, dele exigido.

O Concílio Vaticano II (ver Concílios*; Teologia Católica Romana*) ocupou tempo considerável na abordagem da questão do batismo e da restauração do catecumenato, reafirmando que o batismo de adultos deveria ser visto como rito definitivo de iniciação e procurando restaurá-lo em sua condição de Páscoa. Essa restauração tem sido bem recebida em congregações missionárias, mas seus benefícios plenos ainda não foram de todo considerados por ordens tradicionais.

O documento de Lima do Conselho Mundial de Igrejas (*Batismo, eucaristia e ministério*, Genebra, 1982) afirma que o batismo "é uma participação na morte e ressur-reição de Cristo, uma lavagem do pecado, um novo nascimento, uma iluminação feita por Cristo, um revestimento de Cristo, uma renovação feita pelo Espírito, a experiência da salvação do dilúvio, um êxodo da escravidão e uma libertação para uma nova humanidade, em que são ultrapassadas as barreiras divisórias". Refere-se ainda ao batismo como "sinal e selo de nosso discipulado em comum" e que, desse modo, constitui um vínculo básico de unidade. O pensamento atual a respeito do batismo o tem visto, não poucas vezes, como uma ordenança válida para todo o povo de Deus. Uma vez que o ministério do cristão está centrado na obra reconciliadora de Cristo, o batismo torna-se a comissão de nos engajarmos nesse ministério.

Bibliografia
K. Aland, *Did the Early Church Batptize Infants?* (London, 1963); R. F. G. Burnish, *The Meaning of Baptism* (London, 1985); J. D. C. Fisher, *Christian Initiation: Baptism in the Medieval West* (London, 1965); J. Jeremias, *Infant Baptism in the First Four Centuries* (London, 1959); Murphy Center for Liturgical Research, *Made, not Born* (Notre Dame, IN, 1976); B. Neunheuser, *Baptism and Confirmation* (Westminster, MD, 1964); H. M. Riley, *Christian Initiation* (Washington, 1974); E. C. Whitaker, *Documents of the Baptismal Liturgy* (London, 1960).

R.F.G.B.

BATISMO DE CRIANÇAS, ver Batismo.

BATISMO DE CRISTO. O batismo de Jesus por João Batista no rio Jordão

BATISMO DE CRISTO

está registrado nos evangelhos sinópticos (Mt 3.13-17; Mc 1.9-11; Lc 3.21,22) e aludido em João 1.31-33. Nas narrativas dos três sinópticos, o evento envolve o Espírito Santo descendo sobre Jesus em forma de pomba, assim como uma voz do céu declarando a aprovação de Jesus como "meu Filho amado, em quem me agrado". Um entrelaçamento de pleno envolvimento trinitário (Pai, Filho e Espírito Santo) parece aqui inconfundível.

A importância desse evento no evangelho reside em seu significado público e messiânico. O batismo de Jesus não se trata de simples assunto de natureza particular ou pessoal. O batismo ministrado por João era "de arrependimento" (Mc 1.4; Lc 3.3), e pessoalmente Jesus não tinha necessidade alguma de se arrepender. Ele era santo e sem pecado (e.g., Lc 1.35). Em vez disso, o batismo de Jesus é a sua "coroação", a ocasião de sua instalação pública e oficial como Messias. A aprovação pronunciada pela voz celestial traduz beneplácito e satisfação na designação messiânica. Ao se submeter ao batismo de João, Jesus dá uma expressão pública inicial de sua identidade e de seu chamado messiânico e, ao fazê-lo, identifica-se também com os pecadores arrependidos. Revela, com esse ato, especificamente, sua solidariedade para com eles em seus pecados e que, como Messias, aqui estava, justamente, para ser o seu representante, o portador dos seus pecados, "o Cordeiro de Deus, que tira o pecado do mundo" (Jo 1.29). Confirma o Pai, consistentemente, sua identidade messiânica, ao mesmo tempo que o unge com o Espírito Santo. Essa unção propor-

ciona a Jesus o requisito essencial de capacitação espiritual, indispensável à tarefa messiânica que tinha diante de si (cf. At 10.38). Tal tarefa, os sinópticos mostram como começando com a tentação (Mt 4.1-11; Mc 1.12,13; Lc 4.1-13), entendida, no contexto mais amplo dos evangelhos sinópticos, como abertura à luta culminante, escatológica, entre o reino de Deus* e o reino de Satanás.

Em todos os sinópticos, o registro do batismo de Jesus segue-se a uma descrição sumarizada do ministério de João Batista, e cada uma dessas narrativas tem seu auge na profecia de João Batista de futuro batismo, pelo Messias, com o Espírito Santo e com fogo. Em Mateus 3.12 e Lucas 3.17, fica claro que esse batismo futuro envolveria julgamento, sob uma ordem judicial separando os arrependidos (o "trigo") dos não arrependidos (o "joio"). A conexão íntima entre essa profecia e o batismo de Jesus é que o batismo com o Espírito e com fogo, que não aconteceria de imediato, deveria ser precedido e mediado por um período baseado no próprio batismo do Messias e em sua própria recepção do Espírito. Para que o batismo messiânico profetizado viesse a ser uma bênção salvadora, e não um julgamento destruidor para a comunidade messiânica, o próprio Messias deveria primeiro ser capacitado ("batizado") com o Espírito, a fim de poder suportar a ira e a condenação que os pecados do mundo mereciam (cf. Jo 1.33; Hb 9.14).

O batismo no Jordão aponta para o Messias o caminho que ele deveria seguir: caminho de sofrimento, condenação e morte, terminando na cruz, e a cruz sendo sua

BATISMO NO ESPÍRITO

exposição culminante à ira violenta de Deus sobre o pecado — este, o "batismo" supremo pelo qual teria de passar (Lc 12.50; cf. Mc 10.38,39; Lc 22.42). Na verdade, a totalidade do ministério terreno de Jesus, desde o Jordão até a cruz e a ressurreição, pode ser vista como uma espécie de "batismo", um batismo de provação.

O batismo de Jesus não é, portanto, um evento de interesse meramente passageiro: marca uma conjuntura épica, não apenas do ministério de Jesus, mas de toda a história da salvação. Envolve considerações que estão no cerne do evangelho. Isso não significa, no entanto, que Jesus já não fosse o Messias antes de seu batismo por João nem que somente a partir dali se tenha tornado cônscio, pela primeira vez, de o ser. Ensinam os evangelhos, claramente, que ele tanto era o Messias desde seu nascimento quanto estava, de modo correspondente, perfeitamente consciente de sua condição (*cf., e.g.,* Mt 1.21; Lc 1.31ss; 2.21,25-38,49). Ao mesmo tempo, porém, em virtude de sua real humanidade, tinha Jesus a legítima necessidade de sua capacitação pelo Espírito Santo para sua nova fase de filiação e obediência messiânica, inaugurada pelo seu batismo nas águas e tendo culminância na cruz.

Bibliografia

J. D. G. Dunn, *Baptism in the Holy Spirit* (London, 1970); W. L. Lane, *The Gospel According to Mark* (Grand Rapids, MI, 1974); G. Smeaton, *The Doctrine of the Holy Spirit* (1882; London, 1958).

R.B.G.

BATISMO NO ESPÍRITO. É aqui abordado sob diversos aspectos:

Bíblico

O Novo Testamento proclama o dom pessoal do Espírito Santo* de estabelecer sua habitação no crente (At 2.18; Rm 8.9; Gl 3.2), como selo, garantia, meio e primícias (Rm 8.23; 2Co 1.22; Ef 1.13,14) de sua vida eterna em comunhão com o Pai e com o Filho (Jo 17.3; 1Jo 1.3). O Espírito, assim, revelado como agente distinto, que fala, indica, testemunha, ajuda, intercede, entristece-se e a ele se pode até mentir (Jo 16.13-15; Rm 816,26; Ef 4.30; At 5.3), é mediador da presença de Cristo (Jo 14.16-18; Ef 3.16, 17); une-nos a ele (Ef 4.3,4); regenera (Jo 3.5,8; 2Co 3.6; Tt 3.5); ilumina (1Co 2.13-16; Ef 1.17); nos transforma (2Co 13.18; Gl 5.22,23); testifica nossa adoção, alterando assim o nosso autoconhecimento (Rm 8.16); sustenta nossa oração (Gl 4.6; Ef 6.18; Jd 20) e nos confere todos os dons para o serviço (1Co 12.4-11). Seu pleno ministério do novo pacto, que pressupunha o retorno de Jesus à glória (Jo 7.39; *cf.* 17.5; 20.22, uma profecia em ação), teve início no Pentecoste (At 2), de acordo com a promessa pré-ascensional de Jesus de batismo no Espírito (At 1.5; 11.16), em cumprimento à predição de João de que, em sua vinda, o Senhor iria batizar com o Espírito Santo (Mc 1.8; Mt 3.11; Lc 3.16; Jo 1.33). O livro de Atos corporifica as expectativas de que o dom do Espírito, sinalizado visivelmente por manifestações carismáticas, acompanharia o batismo nas águas dos crentes adultos (2.38, etc.), considerando o não acompanhamento como anômalo

BATISMO NO ESPÍRITO

(8.14-17; 19.1-6). A imagem do batismo mostra que o dom deve ser visto como iniciatório, elemento integrado no processo total pelo qual os pecadores, conscientemente, tornam-se novas criaturas em Cristo, aceitos e vivos como membros de seu corpo (tal como Paulo usa essa figura, em 1Co 12.13). A narrativa de Pentecoste revela o dom como que animando, transformando, encorajando e trazendo capacidade e utilidade ao ministério.

Histórico
A ideia de que a experiência apostólica de At 2 (*cf.* 4.31) fosse um modelo paradigmático e uma necessidade pessoal para todos os cristãos surgiu no protestantismo pietista, de várias formas.

1. John Fletcher (1729-1785), designado sucessor de Wesley*, e alguns professores reformados posteriores referiam-se a batismos repetidos do Espírito, significando intensificação na certeza e melhor capacitação de uma vida santificada e ministério poderoso.

2. Charles Finney*, D. L. Moody (1837-1899), R. A. Torrey (1856-1928), Andrew Murray*, A. B. Simpson (1844-1919) e outros fizeram coro a essa ideia, mas assimilando-a de modo diverso da abordagem do pensamento wesleyano, ou seja, de experiência de uma única "segunda bênção", que elevaria a vida de uma pessoa a um novo nível, permanentemente.

3. Pentecostais* e carismáticos geralmente veem o batismo no Espírito do modo wesleyano, relacionando-o à recepção plena ou liberação do Espírito no ser de uma pessoa, com segurança, exuberância emocional, glossolalia, li-

berdade interior para falar de Cristo e florescimento de toda espécie de dons para o ministério, inclusive (assim frequentemente alegado) dons de profecia e de cura. O falar em línguas é geralmente considerado como uma espécie de pedra de toque do batismo no Espírito (ver Dons do Espírito*).

Teológico
1. Já que 1Co 12, embora afirmando que todos foram batizados no Espírito, presume que nem todos os assim batizados falam línguas estranhas (v. 30), é difícil fazer da glossolalia uma pedra de toque desse batismo.

2. O motivo pelo qual os apóstolos tiveram uma experiência cristã em dois estágios é que eles se tornaram crentes antes de ter início o pleno ministério do novo pacto do Espírito neste mundo; e uma vez que esperavam que outros se unissem a esse ministério desde sua conversão (At 2.38; 5.32) é difícil fazer da experiência dos dois estágios uma norma universal.

3. Visto que a essência de toda denominada experiência de batismo no Espírito parece ser a intensificação da certeza da salvação, enquanto o Espírito testemunha o amor de Deus na adoção e a segurança do crente nesse amor, é mais adequado explicá-la teologicamente, com precisão, nesses termos (Rm 5.5; 8.15-17,38,39, *cf.* Jo 14.16-23).

4. Como a experiência de qualidade apostólica é rara e deve ser muito almejada, sendo a igreja, hoje, fraca em razão de sua carência, é justo pedir a Deus que nos conduza a ela, seja qual for o nome que usemos

BAVINCK, JOHAN HERMAN

para ela e seja qual for a teologia que a expresse. Nesse sentido, 1Coríntios 12.13; Atos 11.15-17 e João 1.33, com Atos 1.5; 2.4,33,38 como pano de fundo, oferecem, conjuntamente, a definição de batismo no Espírito como o ingresso, mediante a comunhão e o compromisso que a fé gera, à realidade experimentada da vida de ressurreição de Cristo: ingresso que as águas do batismo tanto representam quanto confirmam (Rm 6.2-11; Cl 2.11-13).

Bibliografia

F. D. Bruner, *A Theology of the Holy Spirit* (Grand Rapids, MI, 1970); J. D. Dunn, *Baptism in the Holy Spirit* (London, 1970); T. M. Smail, *Reflected Glory* (London, 1976); J. I. Packer, *Keep in Step with the Spirit* (Old Tappan, NJ & Leicester, 1984).

J.I.P.

BAUR, F. C., ver Escola de Tübingen.

BAVINCK, HERMAN (1854-1921). Teólogo reformado*. Em 1882, foi nomeado professor de Teologia Dogmática no Seminário Reformado de Kampen, Holanda. Em 1902, assumiu a mesma cátedra na Universidade Livre de Amsterdã, como sucessor do dr. Abraham Kuyper*, que se havia tornado primeiro-ministro holandês. Bavinck foi um teólogo proeminente, profundamente enraizado na tradição reformada. Embora possuísse conhecimento perfeito e uma profunda apreciação da teologia pós-calvinista, preferiu voltar ao próprio Calvino. Ao mesmo tempo, pretendia desenvolver a teologia reformada em constante interação com o pensamento teológico e filosófico de sua época. Sua principal obra em quatro volumes é *Gereformeerde Dogmatiek* [*Dogmática reformada*], [4]1928-1930). Uma característica de seu método é o seu firme fundamento de teologia bíblica, sua completa percepção da teologia histórica e sua abordagem sintética. Buscava sempre incorporar ao seu sistema teológico os elementos da verdade que encontrasse em outros sistemas. Na própria teologia reformada, procurou reunir várias correntes de pensamento em uma nova síntese (*e.g.,* infra e supralapsarianismo — ver Predestinação*; criacionismo e traducianismo — ver Alma, Origem*). Na Holanda, sua obra dogmática é ainda considerada padrão.

Bibliografia

Obras em TI: *The Doctrine of God*, vol. 2 da *Gereformeerde Dogmatiek* (Grand Rapids, MI, 1955); *Our Reasonable Faith*, versão popularizada da *Gereformeerde Dogmatiek* (Grand Rapids, MI, 1956); *The Philosophy of Revelation* (Grand Rapids, MI, 1953).

E. P. Heideman, *The Relation of Revelation and Reason in E. Brunner and H. Bavinck* (Assen, 1959); C. Jaarsma, *The Educational Philosophy of H. Bavinck* (Grand Rapids, MI, 1935); B. Kruithof, *The Relation of Christianity and Culture in the Teaching of Herman Bavinck* (Edinburgh, 1955).

K.R.

BAVINCK, JOHAN HERMAN (1895-1964), missiólogo* holandês. Sobrinho de Herman Bavinck*, estudou teologia em Amsterdã e Erlangen. Sua tese de doutorado (1919) tratou do místico medieval Henry Suso (*c.* 1296-1366). Serviu como ministro nas Índias Orientais

BAXTER, RICHARD

Holandesas e, depois, em Heemstede, Holanda, onde estudou e escreveu sobre psicologia. Retornando para Java, Índias Orientais, seu conhecimento de psicologia religiosa e misticismo* o capacitou a comunicar o evangelho efetivamente aos místicos javaneses. Em 1934, publicou um livro sobre a confrontação entre o evangelho e o misticismo oriental.

Serviu cerca de quinze anos como missionário, ensinou até mesmo, por alguns anos, Teologia em Jodja. Em 1939, se tornou o primeiro professor de Missiologia no seminário de Kampen das Igrejas Reformadas da Holanda, tendo sido também professor extraordinário de Missiologia na Universidade Livre de Amsterdã. Desde 1955, passou a acumular essa última posição com a de catedrático de Homilética, Liturgia e Pastoral na mesma universidade.

Embora bastante versado em misticismo, psicologia e religiões não cristãs e sensível à demanda do trabalho missionário, Bavinck foi ardente opositor do sincretismo* e do comprometimento do evangelho. A salvação em Jesus Cristo era inteiramente diferente da salvação oferecida pelas religiões (místicas) — explica ele em um livro sobre a consciência religiosa e a fé cristã, publicado em 1949. Sua principal obra, traduzida para o inglês como *An Introduction to the Science of Missions* [*Introdução à ciência de missões*] (Philadelphia, 1960), enfatiza tanto a vocação do missionário para compartilhar a vida e a cultura da comunidade ao seu redor quanto o vasto abismo existente entre a fé em Cristo e as religiões não cristãs. Semelhanças superficiais quando investigadas se tornam diferenças profundas. Um de seus últimos livros, sobre religiões e visão mundial, de 1961, enfatiza a singularidade do evangelho contra as tentativas de se querer harmonizar as diversas religiões do mundo em uma frente comum.

Ver também CRISTIANISMO E OUTRAS RELIGIÕES.

Bibliografia

Obras em TI: *The Church between Temple and Mosque* (Grand Rapids, MI, 1966); *Faith and its Difficulties* (Grand Rapids, MI, 1959); *The Impact of Christianity on the Non-Christian World* (Grand Rapids, MI, 1948); *The Riddle of Life* (Grand Rapids, MI, 1958).

J. du Preez, "Johan Herman Bavinck on the Relation between Divine Revelation and the Religions", *Missionalia* 13 (1985), p. 111-120; J. Verkuyl, *Contemporary Missiology* (Grand Rapids, MI, 1978).

J.A.E.V.

BAXTER, RICHARD (1615-1691). Importante clérigo puritano inglês. Em 1641-1642 e 1647-1661 (tendo sido capelão do Exército do Parlamento, 1642-1647), Baxter exerceu em Kidderminster, Worcestershire, o mais próspero pastorado puritano jamais registrado, convertendo quase a totalidade daquela cidade. Sob a estrutura da igreja estabelecida por Cromwell (que propiciava independência), formou uma associação interdenominacional de pastores de Worcestershire, comprometida com a prática da evangelização congregacional, catequizando famílias inteiras e mantendo a disciplina eclesiástica paroquial, tendo ministros

BAXTER, RICHARD

como membros na corte do consistório informal. Na Restauração, Baxter recebeu o bispado de Hereford, mas declinou do cargo. Na Conferência de Savoy, em 1661, advogou, sem sucesso, a forma não prelatícia e sinodal de episcopado, esboçada por seu falecido amigo arcebispo Ussher (1581-1656), bem como uma revisão puritana do *Livro de oração*. Após as deposições de 1662, Baxter passou a viver nos arredores de Londres, como reconhecido líder dos depostos, e a escrever muito, tornando-se o mais fecundo autor de obras dentre todos os teólogos britânicos.

Sua fértil produção inclui três livretes: *A Christian Directory* [*Orientador cristão*] (1673), que sumariza, em muitas palavras, toda a teologia "prática", "experimental" e "casuística"* dos puritanos (*i.e.*, ensino ético e devocional); *Catholick Theology* [*Teologia católica*] (1675), obra, como indica o subtítulo, "clara, pura e amena, para a pacificação dos contendores de palavras", abrangendo as visões sobre a graça* segundo as perspectivas calvinista, arminiana, luterana e católica-romana (dominicana e jesuíta), em um esforço de acomodação ecumênica; e *Methodus Theologiae Christianae* [*Método de teologia cristã*] (1681), análise em estilo ramista da verdade cristã, em latim, tricotomizando-a, em vez de a dicotomizar, como o fizeram Ramus* e outros puritanos. Outros três livros referenciais seus são: *The Saints' Everlasting Rest* [*O descanso eterno dos santos*] (1650), clássico de 800 páginas que estabeleceu Baxter como o supremo autor devocional do puritanismo; o apaixonado *Reformed Pastor* [*O pastor reformado*] (1656) (não

significando "reformado", no caso, propriamente, calvinista, mas, sim, "revivificado"), trabalho que o bispo Hensley Henson, da Broad Church (facção liberal da Igreja Anglicana), descreveu, em 1925, como "o melhor manual dos deveres do clérigo em língua inglesa"; e o eletrizante *Call to the Unconverted* [*Chamado ao não convertido*] (1658), livro de bolso pioneiro em evangelização, que vendeu dezenas de milhares de exemplares na época. A crônica bem elaborada que Baxter fez de sua vida e época, *Reliquiae Baxterianae* [*Relíquias baxterianas*] (1696), é, também, uma obra interessante, fonte básica e confiável para a história da igreja no século XVII.

Chamado indevidamente de presbiteriano, Baxter foi um hesitante não conformista que favorecia a monarquia, as igrejas nacionais, a liturgia e o episcopado. Ele poderia até aceitar a nada simpática revisão do *Livro de oração* de 1662; mas o Ato de Uniformidade, daquele ano, exigia a renúncia do juramento dos ideais puritanos de reforma como condição de participação em cargos na Igreja da Inglaterra restaurada, e Baxter simplesmente se recusou a aceitar isso.

O evangelho de Baxter apresenta a morte de Cristo como um ato de redenção universal, penal e vicário, embora não estritamente substitutivo, em virtude do qual Deus decretou uma nova lei, oferecendo anistia aos transgressores penitentes da antiga lei. O arrependimento e a fé, formas de obediência à nova lei, constituem a justiça salvadora individual, a que a vocação eficaz induz e a graça preservadora sustém. Chamado de "neonomianismo", esse esquema

BECK, JOHANN TOBIAS

é substancialmente amiraldista*, acrescido do ensino arminiano da "nova lei". Sua evidente tendência legalista, não reconhecida por Baxter, foi muito criticada na própria época. Baxter abordou também a razoabilidade do cristianismo, com base em sua coerência com a teologia natural*, método que se tornou impraticável por produzir unitarismo* entre seus seguidores presbiterianos ingleses após a sua morte.

Bibliografia
Practical Works, ed. W. Orme, 23 vols. (London, 1830).

C. F. Allison, *The Rise of Moralism* (London, 1966); W. M. Lamont, *Richard Baxter and the Millennium* (London, 1979); Hugh Martin, *Puritanism and Richard Baxter* (London, 1946); G. F. Nuttall, *Richard Baxter* (London, 1965); F. J. Powicke, *A Life of the Reverend Richard Baxter* (London, 1924); *idem, The Reverend Richard Baxter Under the Cross* (London, 1927).

J.I.P.

BECK, JOHANN TOBIAS (1804-1878). Teólogo bíblico alemão, professor em Basileia (1836-1843) e Tübingen (1843-1878). Batalhador quase sempre solitário contra o racionalismo e a crítica histórica, foi influenciado pelo pietismo* de Württemberg, embora divergindo, às vezes, de alguns pietistas, individualmente. Apesar de identificado com o "biblicismo", não pode ser enquadrado em determinado molde específico. Entre seus discípulos, sobressaíram-se C. A. Auberlen (1824-1864) e Martin Kähler*. A Sociedade para a Promoção do Conhecimento Teológico e da Vida Cristã levou Beck para Basileia a

fim de poder contrabalançar a força da crítica de Wilhelm De Wette (1780-1849).

Beck exigia que fosse feita uma "exegese pneumática das Escrituras". Para ele, sem fé é impossível chegar a "um entendimento com o espírito do cristianismo". A Bíblia é um sistema unificado de ensino, "a imagem fiel (*Abbild*) da revelação, da qual é a apresentação transmitida". Não deveríamos ser conduzidos pelas confissões de igrejas nem por pressuposições dogmáticas, mas só pelas Escrituras.

O "plano divino para o mundo" é expresso pelo reino de Deus, que já está presente, mas ainda não visível. Somente Deus pode realizá-lo. Beck acreditava no reino milenar* de Cristo: a profecia* é uma coluna fundamental da Bíblia.

Ele insiste na "separação moral" do mundo, na "apropriação pessoal" da verdade e na "purificação moral". A santificação*, nesse caso, é a preocupação central do pietismo.

Bibliografia
Obra principal: Die Christliche Lehr-Wissenschaft nach den Biblischen Urkunden (Stuttgart, 1841); em TI somente: *Outlines of Biblical Psychology* (Edinburgh, 1877); *Outlines of Christian Doctrine* (Madras, 1879); *Pastoral Theology of the New Testament* (Edinburgh, 1885).

K. Barth, *Protestant Theology in the Nineteenth Century* (London, 1972), cap. 25; vida alemã, em B. Riggenbach, *Johann Tobias Beck* (Basileia, 1888); H. M. Wolf, in *TRE* 5, p. 393-394.

G.M.

BELARMINO, ROBERTO (1542-1621). Roberto Francesco Romolo

BELARMINO, ROBERTO

Belarmino nasceu em Monte Pulciano, na Toscana, Itália. Sua mãe era irmã do futuro papa Marcelo II. Em 1560, uniu-se aos jesuítas*, sendo enviado para Louvain, Bélgica, em 1569, para ajudar na luta contra o protestantismo* militante. No ano seguinte, tornou-se o primeiro jesuíta professor de Teologia na Universidade de Louvain. Ali serviu por seis anos, após o que retornou a Roma para se tornar professor de Teologia Polêmica no Collegium Romanum. De 1576 a 1588, Belarmino ensinou inglês e alemão a estudantes missionários em Roma. Viria a se tornar, depois, diretor espiritual (1588) e, a seguir, reitor (1592) do colégio local da província napolitana dos jesuítas (1594) e teólogo a serviço do papa Clemente VIII (1597). Em 1599, foi designado cardeal. Serviu durante algum tempo como arcebispo de Cápua (1602-1605), mas foi chamado de volta a Roma para um ministério mais amplo.

Belarmino dedicou-se à controvérsia com o protestantismo. Nunca chegou a se defrontar pessoalmente com líderes do protestantismo e era cuidadoso em apresentar suas posições com justeza. Estava preparado para saber reconhecer tanto a força quanto a fraqueza da teologia de seus adversários. Seu objetivo era o de responder ao protestantismo por meio de argumentação racional, em vez de usar de abuso ou de um vulnerável apelo às autoridades. Dedicou-se ao estudo da Bíblia, dos pais da igreja e da história eclesiástica, a fim de se tornar bem equipado para sua tarefa. Era um formidável oponente, tanto assim que passaram a ser criadas cáte-

dras de Teologia em universidades protestantes com o propósito primacial de refutá-lo. Suas palestras no Collegium Romanum formaram a base de sua maior obra, em três volumes, intitulada *Debate sobre controvérsias a respeito da fé cristã contra os hereges da presente época* (1586-1593). Essa obra é geralmente considerada uma das melhores afirmações da teologia trinitária católica-romana.

Belarmino, contudo, deixou-se enredar seriamente em algumas dessas controvérsias. Suas ideias a respeito do papado* trouxeram-lhe problemas. Ele assumiu posição ao lado do papa em polêmica com líderes de Veneza sobre as imunidades clericais (1606-1607). Todavia, em 1610, refutando uma obra de W. Barclay, de Aberdeen (1546-1608), que negava que o papa tivesse qualquer autoridade temporal (em oposição à espiritual), Belarmino alegou que o papa não detinha nenhuma autoridade temporal *direta*. Os governantes recebiam sua autoridade de Deus. Ao papa cabia somente uma jurisdição temporal *indireta*. Mas, se um governante prejudicasse a salvação eterna de seus súditos, o papa poderia, sim, intervir, a ponto de depor o governante, para libertar os súditos da obrigação de obedecer-lhe. Isso poderia até parecer uma concessão de considerável poder para o papa; mas para Sisto V não era o suficiente. Em 1590, esse papa colocou no Índex [catálogo de livros cuja leitura era proibida pela igreja] o primeiro volume do *Debate sobre as controvérsias*, de Belarmino, onde nega o poder temporal direto do pontífice.

Belarmino esteve também envolvido na fase inicial da questão

BENGEL, JOHANN ALBRECHT

da igreja contra Galileu, condenado por afirmar que a terra girava em torno do sol. A Inquisição declarou solenemente, em 1616, que era a terra, e não o sol, que estava no centro do universo e que o sol é que se movia ao redor da terra. A Belarmino foi confiada simplesmente a tarefa de comunicar essa decisão a Galileu.

Ele foi também muito atuante em outras áreas. Integrou a comissão que produziu a edição revisada, chamada "Sisto-Clementina", da Vulgata, em 1592. Escreveu uma gramática hebraica e, no final de sua vida, diversas obras ascéticas. Logo após sua morte, iniciou-se um movimento em favor de sua canonização, mas a apreciação dessa proposta foi adiada por séculos, até 1930, por causa de suas ideias a respeito da autoridade papal.

Ver também CONTRARREFORMA CATÓLICA; TEOLOGIA CATÓLICA ROMANA.

Bibliografia
Coleções de edições de suas obras, publicadas em Colônia (1617-1621), Nápoles (1856-1862) e Paris (1870-1874).

J. Brodrick, *The Life and Work of Blessed Robert Francis Cardinal Bellarmine, S.J. 1542-1621*, 2 vols. (1928, London, New York & Toronto, 1950).

A.N.S.L.

BENGEL, JOHANN ALBRECHT

(1687-1752), luterano alemão que se distinguiu como erudito do Novo Testamento. Foi o pioneiro da moderna crítica textual (ver Crítica Bíblica*), tendo produzido uma edição do NT grego (1734) e formulado a regra sobre o cânon de que "a interpretação mais difícil deve ser a preferida". É principalmente lembrado por sua obra *Gnomon Novi Testamenti* [*Guia do Novo Testamento*] (1742), um comentário bastante apreciado, profundamente focado no contexto. João Wesley* escreveu: "Não conheço nenhum outro comentador da Bíblia que se iguale a Bengel", referindo-se ao *Gnomon* (que aqui significa algo como "aquilo que aponta para") como a base de suas *Explanatory Notes upon the New Testament* [*Notas explicativas sobre o Novo Testamento*].

Bengel era um pietista da corrente de Württemberg* "que em seu biblicismo se aproximava da atitude da ortodoxia e em seu moralismo, à do iluminismo cristão" (Barth). Herdeiro de Johannes Cocceius (1603-1669) (ver Teologia Pactual*), assim como oponente à "neologia" do Iluminismo*, expôs também um quiliasmo profético (ver Milênio*) em estudo que fez sobre o Apocalipse (TI, parcial, London, 1757) e é autor de obras cronológicas que fixam o início do milênio em 1836.

Bibliografia
M. Brecht, *in TRE* 5, p. 583-589 (com bibliografia); J. C. F. Burk, *A Memoir of the Life and Writings of John Albert Bengel* (London, 1837).

D.G.D.

BENTO E A TRADIÇÃO BENEDITINA.

O padrão de vida monástica estabelecido por Bento de Núrsia (*c.* 480-*c.* 550), na regra que impôs à sua comunidade de Monte Cassino, Itália, iria se tornar a principal norma observada por todo o monasticismo ocidental, especialmente a partir de *c.* 800. As reformas monásticas

BENTO E A TRADIÇÃO BENEDITINA

geralmente se centraram em um retorno à observância estrita da regra beneditina, como aconteceu no muitíssimo infuente movimento dos monges cluniacenses, ocorrido dos séculos X ao XII. Outras ordens, nessa mesma época, notadamente a dos cartusianos e dos cistercienses, basearam-se na regra de Bento de Núrsia apesar de sua exigência de disciplina da maior austeridade. Esse regulamento foi, assim, de extraordinária importância por todos os "séculos monásticos" do cristianismo europeu.

Bento não frequentou propriamente os bancos escolares. Como narra seu biógrafo Gregório, o Grande*, "deu as costas" para a educação mais elevada, assumindo a vida asceta "conscientemente ignorante e sabiamente inculto*" (*scienter nescius et sapienter indoctus*). Não obstante, era dotado de muita leitura dos grandes pais latinos, e seus monges empregavam até quatro horas por dia em *lectio divina*, leitura contemplativa espiritual das Escrituras e dos pais da igreja, especialmente de escritores monásticos como Basílio* e João Cassiano (*c.* 360-435). A escola (destinada ao ensino dos mais jovens consagrados à vida monástica), a biblioteca e o escritório (onde eram copiados manuscritos) se tornaram aspectos característicos das comunidades beneditinas. Nelas desenvolveu-se uma cultura monástica distinta, com seu estilo próprio de teologia, brilhantemente analisado pelo eminente erudito cisterciense moderno Jean Leclercq (n. 1911), membro da abadia de Claraval, Luxemburgo.

A teologia da regra beneditina não é notável em si mesma exceto no que se refere à sutil ordenação da vida asceta na comunidade. A teologia mostra-se de uma continuidade deliberada da teologia patrística*, derivando desta tanto sua forma literária quanto seu conteúdo, amplamente procedente dos pais. (Os clássicos latinos, que eram também ensinados nas escolas monásticas beneditinas, de acordo com o programa educacional das *Instituições* de Cassiodoro [*c.* 485-*c.* 580], exerceram, igualmente, alguma influência no estilo.) Assim, era orientada para a tradição. Na teologia, tomando a *auctoritas* da Bíblia e dos ais como sua base, representava a humildade, tão fortemente inculcada pela regra monástica. Como salientou um escritor, os monges beneditinos tão somente respigavam a seara, após grandes ceifeiros, como Agostinho*, Jerônimo* e Gregório, o Grande*, terem feito a colheita. Abordavam a Bíblia em espírito de meditação e frequentemente a interpretavam de maneira alegórica.

Não é de admirar que pouca originalidade apresentassem os luminares do princípio da Idade Média, tais como Beda (*c.* 673-735), o primeiro e mais notável erudito bíblico, que se apoiava grandemente nos pais em seus comentários e homilias. Os beneditinos constituíam uma ordem destacada na Renascença carolíngia, mas sua contribuição em teologia residiu principalmente em colher a sabedoria bíblica e doutrinária dos pais da igreja e aplicá-la às necessidades de seu tempo. Escritores como Alcuin de York (*c.* 735-804), Rabanus Maurus de Fulda (*c.* 776-856) e Walafrid Strabo de Reichenau (c. 808-849) eram muitíssimo prolíficos,

BENTO E A TRADIÇÃO BENEDITINA 136 ▪

enquanto outros, como Paschasius Radbertus* e Ratramnus*, ambos monges em Corbie, envolveram-se em controvérsias sobre a eucaristia e predestinação* em que dependiam da interpretação sobre o assunto dada pelos pais.

A teologia na tradição beneditina floresceu nos séculos XI e XII, sobretudo com Bernardo de Claraval*. A controvérsia com o escolasticismo* emergente retrata em cores bem vivas suas características. A teologia determinada para os monges visava ao objetivo da vida monástica — o conhecimento de Deus — e era estudada relativamente à experiência monástica, cujo cerne se contituía em adoração e oração. Preservava respeito pelo mistério e desconfiava muito da ênfase dada à técnica da dialética.

Por sua vez, os teólogos de formação monástica, como Anselmo*, Guilherme de St. Thierry (c. 1085-c. 1148) e Ailred de Rievaulx (1109-1167), o "Bernardo inglês", combinavam com eficiência uma diretriz de vida ascética com métodos especulativos. Discípulo de Anselmo, Eadmer de Cantuária (c. 1055-1124) foi expositor pioneiro da imaculada conceição de Maria*. Outros mestres importantes foram o reformador Pedro Damião (1007-1072), Pedro, o Venerável (c. 1092-1156), abade de Cluny, e Rupert (c. 1070-1129), abade de Deutz, próximo a Colônia.

No final da Idade Média, os mosteiros perderam sua proeminência como centros de reflexão teológica. O surgimento das universidades, a predominância do escolasticismo, o sucesso de novos movimentos como os dos franciscanos* e dominicanos*, assim como a atração do humanismo, vieram a eclipsar a tradição beneditina de teologia. Mais tarde, a Reforma e os conflitos políticos reduziriam drasticamente o número de comunidades obedientes à regra básica monástica.

Durante um século antes da Revolução Francesa, os estabelecimentos da congregação de St. Maur, perto de Cluny, especialmente o de St. Germain-des-Prés, em Paris, realizaram feitos monumentais em matéria de erudição, incluindo uma imponente edição de Agostinho (com um admirável índice), expondo-se à acusação de jansenismo (ver Agostinianismo*). Jean Mabillon (1632-1707) editou as obras de Bernardo, enquanto Montfaucon (1655-1741) editou as de Atanásio* e Crisóstomo. Nem todos os clérigos, porém, aprovavam tamanha dedicação à erudição por parte dos monges.

Com o ressurgimento da vida beneditina no século XIX, a tradição maurista de erudição teológica foi também revivida. Importantes abadias foram fundadas: na Bélgica, em Maredsous, abadia publicadora da *Revue Bénédictine*, e em Steenbrugge, abadia editora das coleções patrística e medieval do *Corpus Christianorum*; na Alemanha, em Beuron e em Maria Laach, e na França, em Solesmes, essas três dedicadas ao estudo e à renovação da liturgia, cerne do cristianismo beneditino e que em seu regulamento é chamado "obra de Deus" (*opus Dei*).

Bibliografia

C. Butler, *Benedictine Monachism* (London, [2]1924); L. J. Daly, *Benedictine Monasticism* (New York, 1965); D. H. Farmer (ed.), *Benedict's*

BERKELEY, GEORGE

Disciples (Leominster, 1980); D. Knowles, *The Benedictines* (London, 1929); J. Leclercq, *The Love of Learning and the Desire for God* (New York, 1961).

D.F.W.

BERDYAEV, NICOLAI, ver TEOLOGIA ORTODOXA RUSSA.

BERENGÁRIO (c. 999-1088). Teólogo, último oponente importante da doutrina da transubstanciação antes de Wyclif*. Era reitor das escolas de St. Martin, em Tours, e arcediago de Angers. Em 1049, Berengário enviou uma carta a Lanfranc (c. 1005-1089), na época prior de Bec, firme defensor do ensino eucarístico* de Paschasius Radbertus*, em que se declarava discípulo de João Escoto Erígena* (a quem ele pode também ter atribuído o tratado de Ratramnus*), opositor de Paschasius. Como resultado dessa posição e sua persistência nela, foi condenado em mais de um sínodo e por algum tempo excomungado. Foi obrigado também a fazer diversas retratações, incluindo um famoso "Ego Berengário [...]" (1059), em que afirma que o corpo de Cristo, com seu sangue, é "perceptivelmente, e não apenas simbolicamente, mas verdadeiramente, tocado e partido pelas mãos dos sacerdotes e mastigado pelos dentes dos fiéis". Sua principal obra, *De Sacra Coena* [*Sobre a Santa Ceia*], escrita, por volta de 1068-1070, em resposta ao tratado de Lanfranc permaneceu perdida até 1770. O ensino positivo ali apresentado é uma forma de simbolismo*, embora Berengário dedique muito de sua obra em defender a própria conduta e desenvolver objeções lógicas à transubstanciação.

Bibliografia

Edição crítica de *De Sacra Coena*, in W. H. Deekenkamp (ed.), *Kerkhistorisch Studien 2* (The Hague, 1941); N. Dimock, *The "Ego Berengarius"* (London, 1895); A. J. Macdonald, *Berengar and the Reform of Sacramental Doctrine* (London, 1930).

R.T.B.

BERKELEY, GEORGE (1685-1753). Filósofo irlandês, bispo e apologista. Nascido em Kilkenny e educado no Trinity College, Dublin, foi ordenado na Igreja Anglicana em 1707. De 1728 a 1731, empenhou-se em fundar um colégio nas Bermudas para a obra missionária anglicana. Foi bispo de Cloyne desde 1734 até sua morte.

Embora seus escritos sobre filosofia da ciência sejam de interesse, Berkeley é mais conhecido pelo "imaterialismo" desenvolvido em sua obras *Principles of Human Knowledge* [*Princípios do conhecimento humano*] e *Three Dialogues between Hylas and Philonous* [*Três diálogos entre Hylas e Philonous*]. As cores, os sons e as sensações ("ideias", na terminologia de Berkeley) de que somos diretamente conscientes são suficientemente reais; portanto, é a mente que as percebe. Mas não há por que supor que haja qualquer "substância material" inerte subjacente às ideias, de algum modo indefinível, mas incognoscível, a não ser mediante as próprias ideias; na verdade, um tal conceito não tem significado. Os objetos físicos consistem de "ideias", e sua *esse* e *percipi*, ou seja, a existência delas

BERKHOF, HENDRIKUS

consiste em serem percebidas; é impossível um objeto totalmente imperceptível. Desse modo, como ninguém duvida de que os objetos existem quando nós mesmos não os percebemos, deve haver outra mente que está sempre consciente deles todos, a mente infinita de Deus. Além do mais, uma vez que as "ideias" não são causa umas das outras, e não há nenhuma "substância material" para causá-las, as fontes delas devem ser a mente ou espírito. (As leis científicas expressam padrões de eventos entre as coisas, mas não explicam sua existência.) Nós mesmos causamos algumas "ideias", as da memória e imaginação, mas a maioria delas tem de ser atribuída a um outro espírito — Deus.

Em *Alciphron*, sua única obra puramente apologética, Berkeley acrescentou um argumento, não ligado ao imaterialismo, ao tradicional argumento do desígnio (ver Teologia Natural*). A melhor indicação da pessoalidade é a linguagem, isto é, sinais usados para comunicar significados, mas sem nenhuma conexão intrínseca com a coisa significada. É esse exatamente o relacionamento que nossas experiências visuais têm com as coisas sobre as quais elas nos informam: assim, tamanho pequeno e tenuidade indicam distância, embora não a acarretem nem a representem. As impressões visuais são, desse modo, análogas à linguagem humana, "a linguagem universal do Autor da natureza", pela qual ele nos instrui e nos guia e é prova de sua realidade e pessoalidade.

Berkeley era filósofo e apologista, e não teólogo, e, de certo modo, até duvidava do valor da teologia.

"A religião cristã", disse ele em um sermão, "foi calculada para a maior parte da humanidade e, portanto, não pode consistir em noções sutis e agradáveis". Seus mistérios deveriam ser aceitos com humildade e fé, e não medidos pela razão. Mas a razão poderia defendê-los contra os críticos ateístas* e deístas*, mostrando a razoabilidade da religião em geral e dando suporte à ideia de revelação.

Bibliografia
Obras ed. por A. A. Luce & T. E. Jessup, 7 vols. (London, 1948-1956); textos selecionados, em *Principles of Human Knowledge* (London, 1962) e *Philosophical Works* (London, 1910).

A. A. Luce, *Life of George Berkeley* (London, 1949); E. A. Sillem, *George Berkeley and the Proofs for the Existence of God* (London, 1957); G. Warnock, *Berkeley* (Harmondsworth, 1953).

R.L.S.

BERKHOF, HENDRIKUS (n. 1914). Professor de Teologia Sistemática na Universidade de Leiden e um dos mais importantes dogmaticistas reformados* do século XX. Sua obra combina a total familiaridade com as tradições dos dogmaticistas reformados clássicos e a apreciação delas, com a sensibilidade para com os desenvolvimentos em teologia e filosofia contemporâneas. Seu principal trabalho, *Christian Faith* [*Fé cristã*], é uma das tentativas mais convincentes de elaboração de uma teologia sistemática* nas últimas décadas, não menos por causa de seu uso intenso de crítica bíblica* e mais por causa de seu relacionamento

BERKHOF, LOUIS

não crítico com a ortodoxia clássica. Berkhof é autor também de escritos abordando a teologia histórica, como no caso de *Christ the Meaning of History* [*Cristo, o sentido da história*], que contém discussões valiosas quanto aos tratamentos do tema sob as visões existencialista* e da história da salvação. Sua obra *The Doctrine of the Holy Spirit* [*A doutrina do Espírito Santo*] é, por sua vez, um dos melhores estudos do assunto já realizados por um teólogo protestante da atualidade. Berkhof é, além disso, bastante dedicado a assuntos ecumênicos.

Bibliografia
Obras em TI: *Christ and the Powers* (London, 1962); *Christ and the Meaning of History* (London, 1966); *Christian Faith. An Introduction to the Study of the Faith* (Grand Rapids, MI, 1979, ²1986); *The Doctrine of the Holy Spirit* (London, 1964); *Well-founded Hope* (London, 1969).

J.B.We.

BERKHOF, LOUIS (1873-1957).
Teólogo reformado*, influente, sobretudo, pelo uso constante em seminários, faculdades e igrejas, de sua obra, continuamente reimpressa, *Systematic Theology* [*Teologia Sistemática*], publicada inicialmente em 1932 sob o título de *Reformed Dogmatics* [*Dogmática reformada*].

Nascido na Holanda, Berkhof foi para os Estados Unidos em 1882. Graduou-se no Calvin College e no Calvin Seminary, da Igreja Cristã Reformada, tendo realizado estudos posteriores no Princeton Seminary (1902-1904), sob orientação de B. B. Warfield* e G. Vos*. De 1906 a 1944, atuou em vários cargos no Calvin Seminary, ocupando, desde 1931, a presidência da instituição.

Berkhof esteve sempre muito vinculado à tradição reformada holandesa, seguindo especialmente a de H. Bavinck*. A força de sua *magnum opus* reside, mais do que propriamente em sua criatividade teológica, em sua apresentação, nessa tradição, com uma roupagem de língua inglesa e em sua forma de compêndio inteligível, com discussões atualizadas (*e.g.*, do primitivo Barth*).

Bem menos conhecida é sua obra anterior, que mostra considerável interesse no desenvolvimento de uma cosmovisão reformada coerente (*e.g.*, *The Church and Social Problems* [*A Igreja e os problemas sociais*], Grand Rapids, MI, 1913; *The Christian Laborer in the Industrial Struggle* [*O trabalhador cristão na luta pela vida na era industrial*], Grand Rapids, MI, 1916). Em 1920-1921, participou de conhecida série de conferências denominada Palestras Stone, no seminário de Princeton, discorrendo sobre "O reino de Deus na vida e no pensamento modernos", palestra publicada sob esse mesmo título em 1951.

Na ausência de um compêndio recente mais adequado da teologia reformada em inglês, sua obra de teologia sistemática continua a desfrutar da mais ampla aceitação.

Bibliografia
James D. Bratt, *Dutch Calvinism in Modern America: A History of a Conservative Subculture* (Grand Rapids, MI, 1984); H. Zwaanstra, Louis Berkhof, *in* D. F. Wells (ed.), *Reformed Theology in America* (Grand Rapids, MI, 1985).

S.B.F.

BERKOUWER, GERRIT CORNELIS

(n. 1903), teólogo reformado*. Tendo atuado no magistério da Universidade Livre de Amsterdã desde 1940, foi designado, em 1945, para a cátedra de Dogmática* da instituição, anteriormente ocupada por A. Kuyper*, H. Bavinck* e V. Hepp (1879-1950). Mostrou-se indubitavelmente mais atraído pela abordagem bíblico-histórica de Bavinck do que pela mais especulativa de Kuyper ou pelo método fortemente escolástico de Hepp. Sua tese de doutorado, de 1932, tratou do relacionamento entre fé* e revelação* na teologia alemã recente. Esse relacionamento conquistou especialmente a sua atenção por toda a sua carreira teológica.

Em seus primeiros anos de atividade, Berkouwer revelou dois principais focos de interesse, sendo o primeiro deles a teologia de Karl Barth*. Em sua primeira obra de destaque, *Karl Barth* (1936), mostra-se muito crítico. Em sua segunda grande obra, *The Triumph of Grace in Theology of Karl Barth* [*O triunfo da graça na teologia de Karl Barth*] (1954; TI, Grand Rapids, MI, & London, 1956), demonstra um entendimento mais cordial quanto às intenções de Barth, embora não lhe tenha poupado críticas incisivas. O segundo foco de interesse de Berkouwer foi a teologia católica-romana*. Em seu primeiro estudo sobre o dogma católico-romano, *Barthianisme en Katholicisme* [*Barthianismo e catolicismo*] (1940), a crítica novamente prevalece. Isso prossegue no segundo trabalho sobre o tema, *Conflict with Rome* [*Conflito com Roma*] (1948; TI, Philadelphia, 1958), embora a abordagem seja, de modo geral, mais conciliatória. Em 1961, foi convidado como observador oficial do Concílio Vaticano II. Desde essa época, publicou dois outros livros sobre a teologia católica: *The Second Vatican Council and the New Theology* [*O Concílio Vaticano II e a Nova Teologia*] (Grand Rapids, 1965) e *Nabetrachting op het Concilie* [*Reflexão após o Concílio*] (Kampen, 1968), em que ele oferece uma análise penetrante tanto do concílio quanto do pensamento teológico católico em tempos recentes.

A principal realização de Berkouwer, no entanto, é a sua série *Studies in Dogmatics* [*Estudos em dogmática*], em que trata de diversas áreas do tema (edição holandesa em 18 volumes, a maioria dos quais disponíveis em TI, Grand Rapids, MI, 1952-1975).

Berkouwer nunca escreveu uma introdução formal à teologia (prolegômenos), mas deixa bastante evidente que o pensamento condutor de toda a sua teologização é a correlação entre a fé e a revelação (*cf.* os títulos de seus *Studies in Dogmatics: Faith and Justification* [*Fé e justificação*], 1954; *Faith and Santification* [*Fé e santificação*], 1952; *Faith and Perseverance* [*Fé e perseverança*], 1958). A revelação de Deus não é uma comunicação de verdades reveladas, mas, sim, a vinda de Deus ao pecador em Jesus Cristo. Essa revelação somente pode ser aceita pela fé. Não há nenhuma salvação sem fé. A fé, todavia, não é um fator constitutivo no processo da revelação, mas, sim, totalmente dependente e dirigida ao seu objeto: a salvação de Deus em Cristo. Essa correlação torna a teologia de Berkouwer fortemente antiespeculativa e antiescolástica. Toda a nossa

141

teologia tem de ser "passível de ser pregada". Ele também se volta gradativamente contra todos os modos causais-deterministas de pensamento (*cf.* sua obra *Divine Election* [*Eleição divina*], 1960). O princípio de *sola Scriptura* dos reformadores o atraía profundamente e determinou sua própria teologia. A questão que tem sido levantada é se seu método de correlação e de retorno à abordagem do *sola Scriptura-sola fide* dos reformadores (De Moor, p. 46ss) não conduz a uma limitação das possibilidades da teologia e a um afastamento demasiadamente fácil da ideia de "mistério".

Bibliografia

A Half Century of Theology (Grand Rapids, MI, 1977).

Alvin Baker, *A Critical Evaluation of G. C. Berkouwer's Doctrine of Election* (Dallas, 1976); Charles Millar Cameron, *The Problem of Polarization: An Approach Based on the Writings of G. C. Berkouwer* (tese de doutorado, Universidade de Glasgow, 1983); P. D. Collord, *The Problem of Authority for Dogmatics in G. C. Berkouwer* (tese de doutorado, Universidade de Iowa, 1964); G. W. de Jong, *De Theologie van Dr. G. C. Berkouwer. Een Structurele Analyse* (Kampen, 1971); J. C. de Moor, *Towards a Biblically Theological Method. A Structural Analysis and a Further Elaboration of Dr. G. C. Berkouwer's Hermeneutic-dogmatic Method* (Kampen, 1980); S. Meijers, *Objectiviteit en Existentialiteit* (Kampen, 1979), p. 149-273; L. B. Smedes, G. C. Berkouwer, in P. E Hughes (ed.) *Creative Minds in Contemporary Theology* (Grand Rapids, MI, 1966), p. 63-97.

K.R.

BERNARDO DE CLARAVAL (1090-

1153). Bernardo nasceu em Fontaines, próximo a Dijon, França, de pais nobres. Com 21 anos, ingressou na abadia então recém-fundada de Cîteaux, naquela ocasião a única abadia da nova e rigorosa ordem cisterciense. Três anos mais tarde, era designado abade de um novo mosteiro, em Claraval (Clairvaux). Sob a direção de Bernardo, o mosteiro cresceu rapidamente e ainda durante seu tempo de vida deu origem a cerca de setenta abadias cistercienses.

Bernardo tinha ido para Cîteaux a fim de fugir do mundo, mas acabou se tornando um dos líderes mais ativos e viajados da igreja do século XII. Na década de 1130, empenhar-se-ia a favor do papa Inocêncio II, em um embate contra um papa rival, Anacleto. Conseguiu garantir a vitória de Inocêncio, que, em troca, proporcionou privilégios aos cistercienses. Opôs-se, depois, ao ensino de Pedro Abelardo*, conseguindo sua condenação pelo Sínodo de Sens, em 1140, e, consequentemente, pelo papa. Sua autoridade foi ampliada mais ainda quando nada menos que um de seus próprios monges, Bernardo Paganelli, tornou-se, em 1145, o papa Eugênio III.

Nos dois anos seguintes, atendendo a pedido de Eugênio, Bernardo pregou pela Europa buscando apoio para a Segunda Cruzada, que foi organizada em 1148, mas fracassou terrivelmente, causando sério golpe para ele. Sua reputação, no entanto, manteve-se elevada o suficiente para sobreviver a esse revés, não tendo jamais perdido sua popularidade.

Bernardo tem sido chamado "o último dos pais" da igreja. Foi ele

BERNARDO DE CLARAVAL

o último grande representante do começo da tradição medieval da teologia monástica*. Foi também brilhante escritor, conquistando o título de "melífluo" ("doce como o mel"). Pregava regularmente, e muitos de seus sermões sobreviveram. O texto de alguns deles não tem polimento, tendo-se mantido, provavelmente, tal como foram originariamente pregados. Outros apresentam uma forma literária altamente polida, destinada à leitura. Os sermões baseiam-se mais nos diversos domingos e dias santos do calendário eclesiástico. Sua correspondência foi também das mais vastas, tendo sido preservadas mais de quinhentas de suas cartas, indo das pessoais e devocionais às de cunho oficial e político. Algumas delas constituem, praticamente, verdadeiros tratados versando sobre o batismo*, o ofício de bispo e contra os erros de Abelardo.

Bernardo, todavia, escreveu realmente vários tratados. Três desses são sobre o monasticismo: *Apologia,* a favor dos cistercienses contra os monges de Cluny; *A regra e a dispensação*, sobre a interpretação correta do regulamento dos beneditinos*, e *Em honra à nova ordem de cavaleiros*, sobre a então nova ordem dos templários. Escreveu, ainda, uma biografia do arcebispo Malaquias de Armagh (1094-1148), que ajudou a alinhar a igreja irlandesa com as práticas da igreja romana.

Em seus primeiros anos de ministério, Bernardo escreveu um alentado tratado, *Graça e livre-arbítrio,* no qual aborda a obra da graça* de Deus ante o livre-arbítrio humano* em conformidade com o pensamento agostiniano*. Argumenta que nossas boas obras são, ao mesmo tempo, totalmente a obra da graça de Deus (não deixando, assim, lugar para a jactância) e também inteiramente obra do nosso livre-arbítrio; e que somos *nós* que temos de realizá-las (propiciando, assim, a base para o mérito* e a recompensa).

Quase ao final de sua vida, Bernardo escreveu *Consideração*, para seu ex-discípulo, o papa Eugênio III. Bernardo insta o pontífice a encontrar tempo para reflexão ou meditação em sua vida ocupada. Ele vê a posição do papa como a do "vigário ímpar de Cristo, que preside não apenas sobre um único povo, mas sobre todos", dotado de plenos poderes. Todavia, é igualmente enfático em sua oposição à tirania papal (ver Papado*).

O monge ficou mais conhecido como escritor de obras de cunho espiritual. Seu livro *Amar a Deus* tem sido elogiado como "um dos mais notáveis de todos os livros medievais de misticismo*". Outra obra sua de destaque é *Passos de humildade e orgulho*, baseada nos doze passos de humildade da regra monástica de Bento. Sua obra de tema espiritual mais conhecida, no entanto, é a que reúne 86 *Sermões sobre os Cantares de Salomão*, alegadamente destinada a comentar Cântico dos Cânticos 1.1—3.1, mas constituindo, na verdade, um tratado em forma de sermões sobre a vida espiritual dos monges.

Bibliografia

Obras em *PL* 182-185. Edição crítica: J. Leclercq, H. Rochais, *et al.* (eds.), *Sancti Bernardi Opera*, 8 vols. (Roma, 1957-1977). TI de obras da série dos pais cistercienses (Kalamazoo, MI, 1970ss).

G. R. Evans, *The Mind of St Bernard of Clairvaux* (Oxford, 1983); E. Gilson, *The Mystical Theology of Saint Bernard* (London, 1940); J. Leclercq, *Bernard of Clairvaux and Cistercian Spirit* (Kalamazoo, MI, 1976); E. Vacandard, *Vie de Saint Bernard*, 2 vols. (Paris, 1895).

A.N.S.L.

BEZA, TEODORO (1519-1605). Como sucessor de Calvino, Beza foi o reconhecido defensor da ortodoxia de Genebra e o principal porta-voz do protestantismo reformado*. Em Genebra, serviu como moderador do clero (1564-1580), reitor da Academia (1559-1563) e professor de Teologia (1559-1599). Além disso, durante muitas gerações de estudantes, pastores, homens e mulheres de Estado e de negócios, que o conheceram pessoalmente ou mediante correspondência, a influência de Beza se fez sentir na França, Grã-Bretanha, Holanda, Polônia e Alemanha. Foi principalmente por meio de seus escritos, no entanto, que se firmou como polemista e homem de letras capaz, realmente o guia competente de definição da integridade doutrinária da fé reformada. Escreveu cerca de uma centena de tratados, a maioria dos quais escritos polêmicos sobre eucaristia*, cristologia* e igreja*. Sua obra-prima, *Novum Testamentum* [*Novo Testamento*], foi dedicada à rainha Elizabeth, em 1565.

A interpretação do pensamento de Beza e de seu papel no desenvolvimento do calvinismo* tem causado considerável controvérsia. Sua fidelidade a Calvino foi aceita por seus contemporâneos, mas, nos meados do século XVII, Pedro Heylyn (1600-1662), na Inglaterra, e Amyraut*, na França, consideraram Beza responsável pelo enrijecimento da teologia de Calvino. Esses protestos foram basicamente ignorados até que, já no século XIX, Heinrich Heppe (1820-1879) rearticulou essa tese em estudo sobre o papel de Beza no desenvolvimento do elemento racional no calvinismo. Essa denúncia, no entanto, contribuiu para muitas conversões ao calvinismo do século XIX, que, muito ao contrário de Heppe, apreciava a real coerência racional do sistema calvinista, que esse autor deplorava.

Na metade do século XX, a nova onda era a da historiografia. A essa altura, a teologia revolucionária de Barth havia criado clima favorável a uma nova interpretação de Calvino, que celebrava o centro dinâmico, cristológico e bíblico de sua teologia contrastando com a estrutura mais metafísica* e sistemática do calvinismo atribuído a Beza.

É possível certamente encontrar nos escritos de Beza uma abertura maior para a metafísica* e a dialética aristotélicas, mais confiança na autoridade patrística* e maior ênfase na coerência sistemática. Tudo isso serviu para remodelar a teologia de Calvino em um corpo de verdades mais firmemente argumentado e incontestável do ponto de vista lógico.

Isso não significa, porém, que Beza tenha produzido uma síntese racional baseada numa metafísica da lei de Deus nem que haja uma linha direta ligando Beza ao escolasticismo reformado do século XVII, como tem insistido a escola alemã de interpretação. Evidências de estudos recentes exigem uma

BIEL, GABRIEL

revisão dessa tese. A educação de Beza no humanismo francês resultou em um impacto duradouro tanto no estilo quanto no conteúdo de sua teologia. Usando modelos das literaturas grega e romana, o humanismo viu-se atraído para um estilo retórico e ético, voltado para os clássicos. Além do mais, a lógica e a filosofia que Beza absorveu em Paris era mais propriamente um aristotelismo amplamente embasado do que um escolasticismo* medieval de natureza técnica, impessoal e gradativamente obscuro. É essa cultura literária do humanismo francês que separa Beza de qualquer identificação fácil com o escolasticismo e que o liga intimamente ao centro religioso e bíblico da teologia de seu mentor, Calvino.

Bibliografia
Muitos tratados teológicos, em *Tractationes Theologicae*, 3 vols. (1570-82). Correspondência, em *Correspondance de Théodore de Bèze* (Genebra, 1960-1983), vols. 1-11.
Estudos: P. F. Geisendorf, *Théodore de Bèze* (Genebra, 1949); W. Kickel, *Vernunft und Offenbarung bei Theodor Beza* (Neukirchen-Vluyn, 1967); R. Letham, Thedore Beza: A Reassessment, *SJT* 40 (1987), p. 25-40; T. Maruyama, *The Ecclesiology of Thedore Beza* (Genebra, 1978); J. Raitt, *The Eucharistic Theology of Theodore Beza* (Chambersburg, PA, 1972)

I.McP.

BIEL, GABRIEL (c. 1415-1495). Um dos últimos grandes teólogos escolásticos*. Após longa carreira universitária na Alemanha, em Heidelberg (Artes) e em Erfurt e

Colônia (Teologia), durante a qual foi exposto tanto à *via antiqua* (ao método antigo) de Tomás de Aquino* e Alberto Magno*, em Colônia, quanto à *via moderna* (ao método moderno) de Duns Scotus* e Guilherme de Occam*, em Erfurt, tornou-se, em sua meia-idade, pastor e pregador. Passou a pregar na catedral de Mogúncia, tornando-se, da década de 1460 em diante, figura importante na ordem dos Irmãos da Vida Comum, especialmente como primeiro dirigente do seu novo estabelecimento em Urach, Württemberg, acumulando essas funções com as do magistério de Teologia na nova universidade de Wittenberg, de 1484 a c. 1490.

Era um autêntico seguidor do nominalismo* de Occam, mas também crítico de todas as escolas de pensamento. Preservador fiel da estrutura admiravelmente coerente do sistema occamista (Oberman), seu ensino, no entanto, era mais explicitamente teológico do que o de Occam, demonstrando um potencial do nominalismo para a aplicação pastoral, tal como fez seu amigo e seguidor, o famoso pregador de Estrasburgo, João Geiler de Kaysersberg (1445-1510) (ver o estudo feito por E. J. Dempsey Douglass, *Justification in Late Medieval Preaching* [A justificação na pregação medieval tardia], Leiden, 1966). O pensamento de Biel tem sido cada vez mais apreciado tanto por seu completo embasamento na primitiva tradição medieval como por sua influência sobre as respostas católicas à Reforma. Ele se destaca entre os escritores nominalistas com os quais a teologia inicial de Lutero se envolveu de modo crítico.

Bibliografia

H. A. Oberman, *Forerunners of the Reformation: The Shape of Late Medieval Thought*, (London, 1967); *idem, The Harvest of Medieval Theology: Gabriel Biel and Late Medieval Nominalism* (Grand Rapids, MI, 21967).

D.F.W.

BIOÉTICA. Conjunto de princípios e questões colocados entre a ética e a moderna tecnologia médica no que diz respeito ao controle da vida humana. Refletindo recentes avanços tecnológicos, seu interesse tem sido mais focado, particularmente, nos procedimentos para controle ou indução da fertilização e para a inibição ou retardamento do processo natural de morte. Diversas questões teológicas e éticas surgem, assim, relacionadas, sobretudo, à soberania de Deus, ao valor do homem, à mordomia dos recursos da criação, à vontade de Deus para o casamento e a paternidade e à natureza da vida humana.

Alguns cristãos creem que a tecnologia aplicada à indução e controle da procriação, na verdade, tenta usurpar o *papel soberano de Deus* ao decidir quem deverá nascer ou não e quando. O texto das Escrituras é claro sobre Deus estar envolvido na paternidade (Gn 4.1,25; Sl 100.3), bem como sobre as más consequências que podem advir quando casais sem filhos se tornam por demais impacientes quanto à fecundidade (*cf.* Abrão e Sara, Gn 16). Desse modo, os que se dedicam à criação de novas vidas em laboratório e tratam bebês como meros produtos humanos sujeitos a controle técnico de qualidade assumem uma posição ética inteiramente estranha ou contrária ao ensino da Bíblia.

Na teologia moral* da Igreja Católica Romana, esse conceito está firmemente ancorado na doutrina da lei natural*. O natural para a ocorrência da gravidez é a prática de relação sexual, diz o argumento, sendo, portanto, contrário à natureza* (e, consequentemente, errado) tanto evitar a gravidez por meios contraceptivos como aumentar a fertilidade por inseminação artificial ou fertilização *in vitro.*

Os que se opõem a tais princípios apoiam sua argumentação no conceito bíblico da *mordomia*.* Deus deu ao homem e à mulher a responsabilidade de governar todo o restante da criação e administrar seus recursos (Gn 1.28). Disselhes também, no contexto de um mundo ainda sem população, que fossem férteis e se multiplicassem. Daí se tiram duas ilações, conforme é sugerido. Primeiramente, sendo da vontade de Deus que o homem e a mulher casados procriem, torna-se totalmente certo o uso de tecnologia médica para ajudar os casais com dificuldades de fertilização a ter filhos. Em segundo lugar, é igualmente certo considerar a tecnologia dos meios contraceptivos um dom de Deus para ajudar homens e mulheres a limitar o número de suas gestações em um mundo que se torna cada vez mais superpopuloso.

O ensino sobre a criação contido na Bíblia estabelece também fundamentos para uma apreciação cristã do *valor e da dignidade humanos.* De modo particular, a criação do homem e da mulher à imagem de Deus* tem levado, desde há muito, os estudiosos de ética cristã a

BIOÉTICA

considerarem ser errado usar as pessoas como simples meios ou para experiências. Esse princípio se relaciona claramente às práticas de substituição paterna ou materna e a experimentos com embrião. O desejo de ser pai ou mãe está correto, mas nem todos os meios possíveis podem ser considerados corretos para se chegar a esse fim. Empregar um doador de sêmen ou uma mãe de aluguel para a reprodução desejada é degradar essa terceira pessoa a um estado subumano de simples fornecedor de esperma ou de locadora de ventre. Por outro lado, buscar benefícios duradouros para a humanidade por meio de experiências com embriões é usar indevidamente alguns seres humanos indefesos como meio, de produzir satisfação material para outros.

Do lado oposto ao da concepção, encontra-se a eutanásia, que é inaceitável por corresponder, na verdade, ao equivalente humano de se dar um tiro de misericórdia em um animal em sofrimento quando considerado incurável. Mais controverso, no entanto, é o contrário: o uso extensivo de técnicas cirúrgicas e sistemas de auxílio ventilatório para retardar o processo natural da morte, altamente questionável do ponto de vista ético, em especial, se o paciente estiver sendo mantido vivo só para propósitos utilitários. O vitalismo (crença de que a vida física deve ser preservada a todo custo) é fundamentalmente idólatra do ponto de vista da teologia cristã.

Sérias questões são também levantadas quanto às práticas de inseminação artificial e fertilização *in vitro* à luz do ensino cristão sobre sexo*, casamento e paternidade. O catolicismo romano tradicional se opõe a essas práticas porque, semelhantemente à contracepção, constituem uma ilegitimidade em relação aos principais propósitos da relação sexual no casamento. A encíclica *Humanae Vitae* [*As vidas humanas*] (1968) resume essa objeção ao chamar a atenção para "a conexão inseparável, desejada por Deus e que não pode ser rompida pelo homem por iniciativa própria, entre os dois significados do ato conjugal: o significado de união e o de procriação" (12).

A maioria dos especialistas em ética protestante, conquanto concordem que os dois fins do sexo no casamento (o relacional e o procriador) nunca devem ser divorciados, aplica o princípio ao casamento tomado como um todo, e não a cada ato de relação sexual nele praticado. Alguns deles, no entanto, argumentam que a inseminação artificial e a fertilização (por doador) conduzem a uma situação difícil e fora do comum por separar de maneira não ética a paternidade biológica da social. Moralmente, o doador do óvulo ou do sêmen não poderia, simplesmente, ser afastado da criança de cuja procriação participou.

O pai e a mãe substitutos, na qualidade de um terceiro grupo, podem também representar uma ameaça, embora não intencional, para a condição natural de "uma só carne" do próprio relacionamento matrimonial. Embora não se possa considerar como uma situação de adultério, pois não existe, no caso, nenhum ato de relação sexual, nenhum desejo

147 BLASFÊMIA

sexual, nenhuma intenção de infidelidade, o esperma e o óvulo mantêm, de todo modo, ligações intimamente pessoais com seus respectivos doadores e de uma maneira que nem o sangue nem os rins conseguem manter.

O mais crucial de tudo isso é que a bioética, como um todo, levanta a questão da *natureza* e do *significado* da vida. A sofisticação dos sistemas que dão suporte à vida e dos procedimentos de ressuscitação têm levado a uma redefinição da morte como ausência de atividade cerebral. Por outro lado, prossegue sério debate a respeito do começo da pessoa humana. A vida (com seu pleno valor humano) tem início na fertilização? Se assim for, toda a experimentação com embriões deverá ser impedida, com base ética. Mas se, por exemplo, o surgimento do "elemento primitivo" (aos quinze dias de fecundação do óvulo) for considerado como o momento mais adiantado possível em que se pode dizer já existir uma pessoa, toda experiência anterior a esse ponto se torna aceitável, assim como a eventual perda de embriões "estocados", destinados à fertilização *in vitro*.

Muitos cristãos acreditam que as referências bíblicas à vida antes do nascimento (ver Aborto*) os leva ao compromisso e à responsabilidade de proteger o embrião desde o seu começo como pessoa, com plenos direitos humanos. O valor da vida humana, argumentam eles, é conferido por Deus desde o momento da concepção e não depende do desenvolvimento, por exemplo, do sistema nervoso. Outros acham que essa evidência bíblica esteja equivocada, preferin-

do falar de potencialidade do ser desde os primeiros estágios da vida intrauterina. Concordam todos, no entanto, que é inteiramente inaceitável a tendência da cultura tecnológica de determinar o valor do indivíduo por sua função (o que pode vir a fazer, em vez de o que é), seja quanto ao começo ou quanto ao fim da vida. Nas palavras de Richard McCormick, "esse é um racismo do mundo adulto profundamente em disparidade com o evangelho".

Bibliografia
D. G. Jones, *Brave New People* (Leicester, 1984); *idem, Manufacturing Humans: The challenge of the new reproductive technologie*s (Leicester, 1987); R. A. McCormick, *How Brave a New World?* (London, 1981); O. M. D. O'Donovan, *Begotten or Made?* (Oxford, 1984); P. Ramsey, *Ethics at the Edges of Life* (New Haven, 1979).

D.H.F.

BLASFÊMIA. Palavra ou ato que traduz insolência direta para com o caráter de Deus, ou com a verdade cristã, ou com as coisas sagradas. Em sua forma mais simples, a blasfêmia constitui "um ataque deliberado e direto à honra de Deus com a intenção de insultá-lo" (*NCE* 2, p. 606). Transgressão do terceiro mandamento da lei (Êx 20.7; Dt 5.11), a blasfêmia nega a Deus sua suprema majestade e santidade, sendo assim considerada pelas Escrituras como abominável pecado.

A maior incidência de blasfêmias nas Escrituras é a daquelas contra o próprio Deus (Lv 24.11-23; Is 52.5; Ez 20.27; Ap 13.6; 16.9,11,21). Outras ali registradas

BOAS OBRAS

são as blasfêmias contra Cristo (At 26.11) e o Espírito Santo (Mt 12.24-32; Mc 3.22-30; Lc 12.10). A chamada "blasfêmia contra o Espírito", mencionada nos textos referidos, não é um pecado específico, como, por exemplo, a negação da divindade do Espírito, mas, sim, manifesta-se na disposição de hostilidade deliberada ao poder de Deus, por meio da terceira pessoa da Trindade, que visa à contrição e ao arrependimento do pecador (*cf.* 1Jo 5.16). Podem também sofrer blasfêmia, como deixa claro o texto grego: a palavra de Deus (Sl 107-11; Is 5.24); os anjos (Jd 8, 10); o ensino cristão (1Tm 6.1), e os próprios cristãos (At 13.45; 18.6; 1Co 4.13).

A blasfêmia pode ser cometida não somente por meio de palavras caluniosas (Lv 24.11,15,16), mas também na negação de Cristo (1Tm 1.13), na prática da idolatria (Ne 9.18,26), na falsa doutrina (1Tm 1.20), na opressão dos santos (Is 52.5), no insulto ao pobre (Tg 2.6,7), e em professar a fé sem praticá-la, ou não professá-la (Rm 2.24; 2Tm 3.2).

Bibliografia
H. W. Beyer, *in TDNT* I, p. 621-615; G. D. Nokes, *A History of the Crime of Blasphemy* (London, 1928); H. Währisch *et al.*, *in NIDNTT* III, p. 340-347.

B.D.

BOAS OBRAS, ver Santificação.

BOAVENTURA (1221-1274). Teólogo escolástico* nascido na Toscana, Itália, e que se tornaria o maior místico* franciscano* depois do próprio Francisco de Assis. Tendo se formado em Filosofia e Letras, em Paris, ingressou na ordem dos franciscanos (1243), passando a estudar, como discípulo, com alguns dos mais renomados eruditos da ordem, entre os quais Alexandre de Hales (*c.* 1170-1245). Em 1248, começou a lecionar sobre Escrituras e Teologia. Somente em 1257, porém, foi formalmente recebido no grêmio corporativo dos mestres, por causa de uma disputa entre frades e professores seculares. A essa altura, no entanto, não estava mais ensinando, porque fora eleito ministro-geral dos franciscanos (1257) e havia deixado o magistério para se dedicar a seus deveres administrativos. Todavia, apesar de muitas outras responsabilidades, continuou a estimular o envolvimento franciscano na vida acadêmica. Além disso, embora estivesse frequentemente ausente, entregue às atividades da ordem e da igreja, sempre que possível pregava na universidade sobre assuntos de importância filosófica e teológica para o corpo docente e o discente. Declinando de sua nomeação para arcebispo de York (1265), foi persuadido a se tornar bispo de Albano (1273), sendo, depois, nomeado cardeal. Participou do Concílio de Lião (1274), contribuindo para um acordo visando reunir as igrejas do Ocidente e do Oriente.

Boaventura foi um escolástico místico tão diferente de outros franciscanos, que eram escolásticos da ciência, quanto dos dominicanos*, como Tomás de Aquino*, escolásticos racionais. Sua liderança dos franciscanos livrou temporariamente a ordem de uma dissensão por conseguir obter um comprometimento entre as duas facções contrárias. Seu pensamento mais

BOEHME, JACOB

original, expresso, entre outros, em seus livros *As sete jornadas da eternidade* e *A jornada do pensamento para Deus*, está centrado no misticismo, o que o levaria a ser cognominado de "Doutor Seráfico". Suas obras foram profundamente influenciadas por Agostinho*, a quem Boaventura considerava como o equilíbrio ante a ênfase dada a Aristóteles* e os comentários dos árabes tão populares na época.

O conhecimento de Deus, de acordo com ele, não vem mediante a formulação de proposições, mas, sim, por experiência com Deus na alma. O conhecimento racional de Deus é impossível porque Ele difere dos humanos em sentido qualitativo. A informação a respeito do divino é na verdade obscura, equivocada e análoga. O entendimento de Deus é obtido mais por intermédio de uma luta longa e árdua do espírito do que por meio de uma série de progressões lógicas. A preparação para um encontro com Deus exige o afastamento das preocupações materiais. A pessoa deverá, assim, perceber Deus mediante a sombra ou o reflexo do divino nas coisas do mundo. Tendo alguém percebido a presença de Deus no mundo, poderá, então, ver Deus através do seu próprio ser. Por exemplo, a vontade humana demonstra sua bondade, e o intelecto, sua verdade. Isso leva à apreciação da graça e da transcendência de Deus, mas torna-se necessário um salto de fé para aceitar o mistério da Trindade. Nesse estágio da busca mística, adverte Boaventura, tem início um período de prova, monotonia e fadiga espiritual; mas, a seguir, qual a luz da aurora, surge o dom do Espírito, consistindo em uma experiência da alegria inefável da presença divina.

Boaventura influenciou e prefigurou o grande período do misticismo durante os séculos XIV e XV, que produziu homens como Meister Eckhart, John Tauler e Thomas à Kempis. O agostinianismo* e a devoção individual que enfatizava ajudaram a preparar o caminho para a Reforma Protestante.

Bibliografia

E. Bettoni, *Saint Bonaventure* (Notre Dame, IN, 1964); J. G. Bougerol, *Introduction to the Works of Bonaventure* (New York, 1964); L. Costello, *Saint Bonaventure* (New York, London, etc., 1911); E. Gilson, *The Philosophy of St Bonaventure* (New York, 1965).

R.G.C.

BOEHME, JACOB (1575-1624). Sapateiro e místico alemão, de Görlitz, que associou interesse pela experiência* religiosa pessoal, como reação ao escolasticismo luterano, à especulação a respeito da natureza de Deus e sua relação com a criação.

A maioria dos escritos de Boehme, datados de 1612 a 1622, induzidos por suas experiências místicas* entre 1600 e 1619, usou da mesma linguagem e ideias de longo estudo seu a respeito de neoplatonismo (ver Platonismo*), cabalismo judaico e alquimia. Seus escritos posteriores, incluindo tratados reunidos na obra *O caminho para Cristo* (1624), foram expressos mais nitidamente em temas e imagens tradicionais cristãos, mas seu pensamento permaneceu complexo e especulativo. Os textos de Boehme foram proibidos durante

BOÉCIO

sua vida e, por conseguinte, foram, em geral, ignorados. Mesmo assim, viriam a influenciar fortemente *The Spirit of Love* [*O espírito de amor*] (1752, 1754) e outros escritos posteriores de William Law*, causando rompimento entre Law e João Wesley*, que considerava os escritos de Boehme "o mais sublime absurdo".

Conquanto as ideias de Boehme não possam ser enquadradas em sistema algum, sua influência pode ser detectada no pietismo* e no idealismo*. O "deslumbrante caos" (Boutroux) de seu pensamento atraiu também a imaginação de artistas e poetas, como John Milton (1608-1674), William Blake (1757-1827) e S. T. Coleridge*.

Bibliografia
P. Erb (tr.), *Jacob Boehme: The Way to Christ* (London & New York, 1978); J. J. Stoudt, *Jacob Boehme: His Life and Thought* (New York, 1968).

P.N.H.

BOÉCIO (*c.* 480-524), estadista e filósofo cristão. A despeito de seu nobre nascimento romano e de sua posição senatorial, ele conquistou poder político, de fato, na corte do governante gótico de Roma, Teodorico. Essa sua proeminência, no entanto, não teve muita duração. Acusado de mancomunação traiçoeira com o imperador de Constantinopla, foi aprisionado em Pavia e depois ali executado.

Boécio foi uma figura de transição entre o mundo clássico e o medieval. Lançou os fundamentos do *quadrivium* ("os quatro caminhos"), introdução-padrão ao estudo sério da Filosofia (ver também Filosofia e

Teologia*). Mais importante ainda, grande foi sua influência na aceitação praticamente universal pelo cristianismo ocidental* de união da teologia cristã com o melhor da filosofia grega, a bem dizer Aristóteles* e os neoplatonistas. A tradução e o comentário que Boécio fez da obra de Porfírio, *Introdução*, mostrou-se particularmente influente no período medieval.

Escreveu também sobre doutrina cristã, notadamente sobre a Trindade e a pessoa de Cristo. Mas sua obra mais famosa é *A consolação da Filosofia*, escrita na prisão e atribuída à ajuda da providência divina*, após a dolorosa falência de sua carreira política. Essa obra foi criticada pela falta de referência explícita às Escrituras e por se apoiar no raciocínio lógico. Boécio identifica, na verdade, o "bem mais elevado" dos filósofos com o Deus cristão; mas, juntamente com isso, podem ser reconhecidos na obra paralelos deliberados com a literatura de sabedoria do AT, particularmente ao Eclesiastes.

Bibliografia
H. Chadwick, *Boethius: The Consolations of Music, Logic, Theology and Philosophy* (Oxford, 1981); M. Gibson (ed.), *Boethius: His Life, Writings and Influence* (Oxford, 1981); H. Liebschütz, *in CHLGEMP*, p. 538-555.

G.A.K.

BONHOEFFER, DIETRICH (1906-1945). Teólogo e líder da Igreja Confessante na Alemanha até seu martírio* pelos nazistas, Bonhoeffer permanece como uma das vozes mais avivadoras do cristianismo contemporâneo, a despeito do

BONHOEFFER, DIETRICH

caráter fragmentário e ocasional de grande parte de seus escritos.

Nascido em família de posição social destacada e educado em Berlim, Tübingen e Roma, a primeira obra teológica de Bonhoeffer, *Sanctorum Communio* [*Comunhão dos santos*], buscou estender uma ponte entre a teologia da revelação* e a sociologia filosófica ao descrever o modo pelo qual o transcendente é encontrado na vida corporativa. A obra contém muitas das sementes de seus escritos posteriores famosos como acontece com outro estudo sobre o lugar da ontologia na teologia sistemática, *Act and Being* [*Agir e ser*].

Um período no Union Theological Seminary, em New York, levou Bonhoeffer a assumir forte reação contra a teologia liberal* e confirmou sua nascente atração por Barth*, naquela época começando sua vasta obra *Dogmática da igreja*. Ao retornar à Alemanha, Bonhoeffer foi ensinar em Berlim. Suas palestras, depois publicadas, *Criação e queda*, uma interpretação de Gênesis 1—3 altamente carregada de acusação, e *Cristologia* mostram muita influência de Barth.

Ao mesmo tempo, Bonhoeffer envolve-se cada vez mais no movimento ecumênico jovem e na oposição a Hitler. Na metade da década de 1930, emerge como líder da Igreja Confessante, que recusa qualquer aliança entre cristianismo e nazismo. Até seu trágico fim, passa a administrar um seminário da Igreja Confessante, em Finkenwalde.

Desse período de sua obra são alguns de seus escritos mais conhecidos sobre espiritualidade, notadamente *Vida em comunhão* e *O preço do discipulado*. Até sua prisão, em 1943, Bonhoeffer esteve trabalhando em sua obra *Ética,* publicada postumamente. Suas criações no cárcere, reunidas sob o título de *Cartas e escritos da prisão,* tornar-se-iam documentos teológicos dos mais influentes de nossa época, notadamente por levantar questões a respeito do relacionamento entre o cristianismo e o aparato da religião humana.

Adeptos da proposta da chamada "teologia da secularidade" buscaram um pioneiro em Bonhoeffer, mas deixaram escapar, de modo geral, as nuanças de sua obra. Por trás das *Cartas e escritos*, não há tanta confiança a respeito do poder humano quanto no abandono posterior de Bonhoeffer da perspectiva de Barth quanto à relação da revelação para com a história humana. Assim é mais do que a negação da possibilidade de toda linguagem objetiva a respeito de Deus que deveria proporcionar o ponto de partida para a avaliação das asserções fragmentárias de Bonhoeffer sobre "cristianismo sem religião" ou a "iminente era" do homem. Na verdade, Bonhoeffer procura corrigir Barth ao voltar a introduzir a ênfase na relativa autonomia da ordem natural como esfera da presença e ação de Deus. Desse modo, Bonhoeffer move em direção a uma visão teológica da responsabilidade humana, tema que ocuparia o próprio Barth em seus anos finais. A própria biografia de Bonhoeffer, da qual sua teologia é inseparável, mostra seu crescimento paralelo da consciência de responsabilidade para com a história. Ele viveu em um período altamente crucial da

BOSTON, THOMAS

152 ∎

história política e intelectual da Europa e boa parte das tragédias da época ele condensou em sua própria vida.

Bibliografia

Obras: *Gesammelte Schriften*, 6 vols. (Munique, 1958-74); *Sanctorum Communio* (London, 1963); *Act and Being* (London, 1962); *Christology* (London, 1978); *The Cost of Discipleship* (London, 1959); *Creation and Fall* (London, 1959); *Ethics* (London, 1978); *Letters and Papers from Prison* (London, ²1971); *Life Together* (London, 1954); *No Rusty Swords* (London, 1965); *True Patriotism* (London, 1973); *The Way to Freedom* (London, 1966).

Estudos: E. Bethge, *Dietrich Bonhoeffer* (London 1970); A. Dumas, *Dietrich Bonhoeffer, Theologian of Reality* (London, 1971); J. D. Godsey, *The Theology of Dietrich Bonhoeffer* (London, 1960); H. Ott, *Reality and Faith* (London, 1971); J. A. Phillips, *The Form of Christ in the World* (London, 1967); R. Gregor Smith (ed.), *World Come of Age* (London, 1967).

J.B.We.

BOSTON, THOMAS (1676-1732). Ministro da Igreja da Escócia e consumado teólogo. Nascido em Duns, Berwickshire, obteve o grau de bacharel em Filosofia e Letras na Universidade de Edimburgo e estudou por algum tempo Teologia na mesma instituição, curso que viria a completar mais tarde sob supervisão pastoral. Foi ministro, sucessivamente, em Simprin e Ettrick, na fronteira escocesa.

Boston publicou diversos livros durante a vida, sendo o mais famoso *Human Nature in its Fourfold State*

[*A natureza humana em seu estado quádruplo*], que chegou a disputar em popularidade com *Pilgrim's Progress* [*O peregrino*], de Bunyan, entre os cristãos da Escócia. Os tratados de Boston sobre os pactos da lei e da graça rivalizam até mesmo com os trabalhos congêneres de Herman Witsius (1636-1708) e Johannes Cocceius (1603-69), por sua apresentação convincente da teologia do pacto*.

Foi também ilustre hebraísta, tendo seu *Tractatus Stigmologicus Hebraicus* [*Tratado estigmológico hebraico*], apontando a inspiração divina nos acentos do idioma hebraico (publicado postumamente, em latim, em 1738), conquistado para ele elevada apreciação dos eruditos da língua hebraica de todo o mundo, muito embora estudos posteriores hajam demonstrado que sua tese central era insustentável.

O nome de Thomas Boston ficou mais conhecido por seu envolvimento na chamada "controvérsia sobre a essência".

No começo do século XVIII, ocorreu uma tendência legalista na teologia escocesa. Isso veio à tona em uma disputa entre o presbitério de Auchterarder e um estudante, a quem foi recusado se graduar por causa do seu entendimento da doutrina do arrependimento*. O presbitério requisitou ao estudante que subscrevesse a seguinte declaração: "Creio não ser correto e ortodoxo ensinar que deixamos o pecado a fim de chegarmos a Cristo". O estudante recusou-se a fazê-lo e a Assembleia Geral de 1717 deu apoio a ele, censurando o presbitério.

Boston concordou com a intenção do que ficou sendo chamado

153 BRADWARDINE, THOMAS

de "Credo de Auchterarder", embora tivesse alguma reserva quanto à exatidão de sua formulação. No contexto dessa disputa, passou a recomendar a obra de Edward Fisher, *The Marrow of Modern Divinity* [*A essência da divindade atualmente*] (1645). Era uma compilação de escritos reformados, incluindo passagens de Lutero*, Calvino* e dos teólogos puritanos* ingleses, disposta em forma de debate. Boston ressaltou que essa obra lhe havia ajudado a entender e pregar a doutrina da graça. (James Hog de Carnock viria a republicar esse livro em 1718.)

As duas principais correntes de pensamento da Igreja da Escócia se tornaram, então, evidentes. James Hadow (*c.* 1670-1747), diretor do St. Mary's College, de St. Andrews, opôs-se ao livro, que foi definitivamente proibido pela Assembleia Geral. Boston e onze outros (chamados "homens da essência") apelaram, sem sucesso, pela suspensão dessa proibição. Ambos os lados alegavam representar a posição correta do regulamento-padrão da igreja, a Confissão de Fé de Westminster.

Hoje, em retrospectiva, pode-se afirmar perfeitamente que Hadow e os que o apoiavam sustentavam uma distorção legalista da teologia do pacto. Eles tinham feito do arrependimento uma condição para a salvação e restringido a oferta do evangelho, na errônea crença de que a oferta universal exigia como base necessária uma redenção universal. Boston e os outros apresentavam a teologia do pacto como uma teologia da graça*. Quanto à ideia equivocada de Hadow de que a obra da "essência" e os "homens da essência" se encontravam em oposição à Confissão de Westminster é significativo o fato de que a edição de 1645 do citado livro trouxesse prefácio de Joseph Caryl (1602-1673), que fora especificamente designado pela Assembleia de Westminster justamente para "revisar e aprovar obras teológicas para impressão" (Beaton). Boston o reeditou, mais tarde, contendo suas próprias notas (em *Works* [*Obras*], vol. 7). Essa edição é a mais importante para o entendimento do referido debate.

Bibliografia
Memoirs, ed. G. H. Morrison (Edinburgh, 1899); *Works*, ed. S. McMillan, 12 vols. (Edinburgh, 1853). D. Beaton, "The Marrow of Modern Divinity and the Marrow Controversy", *Records of the Scottish Church History Society* 1 (1926), p. 112-134.

A.T.B.McG.

BRADWARDINE, THOMAS (*c.* 1290-1349). Chamado, algumas vezes, de *"Doctor profundus"* ["Doutor profundo"], Bradwardine era membro do Merton College, de Oxford, e um estudioso de Matemática e Teologia. Foi designado arcebispo de Cantuária poucas semanas antes de morrer vítima da peste negra.

A principal obra de Bradwardine, *De Causa Dei Contra Pelagium* [*Sobre a causa de Deus contra Pelágio*], é uma polêmica ampla e profunda em oposição tanto às doutrinas características do pelagianismo* quanto ao comportamento pelagiano. A obra foi editada em 1618 por *sir* Henry Savile, com a ajuda de William Twisse (1575-1646), mais tarde presidente da Assembleia de Westminster. Nessa

BRUNNER, EMIL

obra, os temas agostinianos* (e bíblicos) de servidão da vontade*, predestinação* e necessidade da graça preveniente* são desenvolvidos com sutileza e precisão inigualáveis por alguém que certamente havia provado a doçura da graça divina em si mesmo. Esses termos são desenvolvidos a partir de um ponto de vista predominantemente teocêntrico: de um Deus que, em uma eternidade atemporal, dispõe e controla imutavelmente tudo o que acontece sem ser o autor do pecado. Até onde isso pode representar um enrijecimento da posição de Agostinho é assunto de contínuo debate.

Considera-se que Bradwardine (juntamente com Wyclif*, por exemplo) exerceu relevante influência na preparação do caminho da Reforma*, sendo assim elemento importante na continuidade entre a igreja medieval e a Reforma luterana* e seus efeitos.

Bibliografia

H. A. Oberman, *Archbishop Thomas Bradwardine* (Utrecht, 1965); G. Leff, *Bradwardine and the Pelagians* (Cambridge, 1957).

P.H.

BRUNNER, EMIL (1889-1966). Teólogo reformado suíço, que foi pastor antes de se tornar professor de Teologia Sistemática e Prática em Zurique, de 1924 a 1955. Viajou muito, demonstrando por toda a sua vida interesse no ecumenismo e em missões, e passou os dois últimos anos de sua carreira de ensino no Japão.

Reagindo contra a teologia de Schleiermacher e a da escola protestante liberal, Brunner tem sido identificado com Barth* e outros como parte do movimento neo-ortodoxo, cuja teologia, expressa em termos dialéticos*, foi influenciada por Kierkegaard* e Buber*.

Brunner considera que a revelação* sobre a qual o cristianismo está baseado consiste em um encontro de pessoa a pessoa. Assim, a revelação de Deus, tendo ocorrido singularmente na vida, morte e ressurreição de Jesus, só é completada quando o indivíduo reconhece que Jesus é o Senhor. As Escrituras*, em si mesmas, não constituem a revelação porque não são verbalmente inspiradas e infalíveis, mas podem ser a ponte usada pelo Espírito para levar a pessoa à fé. Admite haver incerteza histórica quanto aos eventos do evangelho, mas afirma que as naturezas divina e humana estavam unidas em Jesus Cristo, que, desse modo, corporifica e realiza a mediação entre Deus e o homem. Daí a cristologia* de Brunner ser intitulada *The Mediator* [*O Mediador*] (London, 1934).

Era convicção de Brunner que a crença em Cristo necessitava da revelação universal de Deus na criação, na história e na consciência humana. Isso o fez entrar em conflito direto, em 1934, com Barth, que rejeitava inteiramente qualquer ideia a respeito de uma revelação geral (ver o texto *Nature and Grace* [*Natureza e graça*], de Brunner, que Barth rejeitou com um "não!", ambos em *Natural Theology* [*Teologia natural*], introdução de John Baillie*, London, 1946). Brunner, contudo, não estava sugerindo que a revelação geral oferecesse o primeiro passo confiável para o conhecimento de Deus, conhecimento esse a revelação específica completaria. Ao contrário, sugeria que o homem decaído retém alguma coisa da imagem de Deus*, que o capacita a perceber a verdade distorcida a respeito de Deus. A revelação específica coloca essa verdade em realce, confirmando o que é certo e reformulando o que é errado.

A principal exposição doutrinária de Brunner pode ser encontrada em sua *Dogmatics* [*Dogmática*], em três volumes (London: vol. 1, 1949; vol. 2, 1952; vol. 3, 1962).

Emil Brunner herdou de sua família o interesse por questões sociais que se manteve vivo mediante as questões surgidas nas duas guerras mundiais e o avanço do comunismo. Embora a revolta do homem contra Deus haja conduzido ao desespero e ao sentimento de culpa, o incrédulo ainda se encontra relacionado com Deus e é responsável perante ele. Esse tema, desenvolvido em *Man in Revolt* [*O homem em revolta*] (London, 1939), acha-se por trás de sua ética apresentada em *The Divine Imperative* [*O imperativo divino*] (London, 1937). Deus dá ao ser humano a oportunidade de obedecer a seu mandamento e de amar a ele e ao homem. O amor pela humanidade é apropriadamente expresso quando alguém reconhece as diferentes ordens da sociedade: a família; a comunidade, entendida econômica, legal (o Estado) e culturalmente; e a igreja. Ambos esses seus livros se opunham aos totalitarismos manifestos pelo nacional-socialismo de Hitler e pelo comunismo por promoverem a desumanização ateísta da sociedade, devendo, segundo Brunner, ser identificados com o anticristo. Em consequência, ambas as obras foram banidas na Alemanha nazista.

Deu Brunner uma contribuição positiva à reconstrução do mundo pós-guerra com seu livro *Justice and the Social Order* [*Justiça e ordem social*] (London, 1945), que discutia tanto os princípios quanto a prática da justiça nos diferentes níveis da sociedade. Esse teólogo dogmático também se preocupou com questões práticas, em decorrência de sua convicção de que a dogmática e a ética estão inseparavelmente ligadas no Novo Testamento e na proclamação e experiência cristãs.

Bibliografia
C. W. Kegley (ed.), *The Theology of Emil Brunner* (New York, 1962).

C.A.B.

BUBER, MARTIN (1878-1965). Neto do famoso erudito do *Midrash* Solomon Buber, filósofo, teólogo, sionista e adepto do movimento pietista e messiânico Hasidim, é imensa a influência exercida por Martin Buber sobre o judaísmo e o cristianismo.

Os judeus consideram Buber, sobretudo, em três áreas:

1. *Hasidim*. Esse movimento do judaísmo ultraortodoxo e místico foi fundado no século XVIII, tendo sua base na Europa Oriental. O contato de Buber, quando jovem, com comunidades hasidímicas o levaria, já adulto, a editar sua obra *Tales of the Hasidim* [*Histórias do Hasidim*] e outras, abordando lendas e crenças ligadas ao movimento. Seu amor pelas comunidades hasidímicas o levariam a captar a importância do testemunho comunitário, pelo qual

BUCER (BUTZER), MARTIN

a vida de Israel deveria permear o mundo gentílico. Ele observou a influência judaica na formação do cristianismo, do islamismo e do marxismo. Considerou Israel como "porta das nações", fundindo os espíritos do Oriente e do Ocidente em frutífera reciprocidade.

2. *Sionismo*. Buber tornou-se sionista na universidade e, mais tarde, publicou o ensaio *Die Welt* [*O mundo*]. No decorrer de ambas as guerras mundiais, trabalhou incansavelmente pelos judeus nos países sob ocupação alemã. Tendo apoiado as colônias judaicas na Palestina durante toda a sua vida, migrou para lá em 1938, tornando-se professor de Filosofia Social em Jerusalém. Como sionista, advogava "paz e fraternidade com o povo árabe".

3. *Bíblia*. Buber dedicou-se à tradução das Escrituras hebraicas para o alemão, visando os judeus de fala alemã. Sua tradução tem sido usada, no entanto, principalmente, por cristãos gentílicos, enquanto a comunidade judaica para a qual ela fora projetada foi praticamente exterminada nos anos da Segunda Guerra Mundial. Seus estudos bíblicos o levaram também à significativa obra *A realeza de Deus*, assim como aos livros *Moisés* e *A fé profética*.

Os cristãos conheceriam Buber melhor por seu livro *Eu e tu* e por sua obra sobre o diálogo. Ambos surgiram da influência do existencialismo*, na década de 1920. Apoiado pela doutrina do Hasidim de que o bem se encontra em todas as coisas, Buber enfatiza a necessidade da educação, que revela o que está no homem, em lugar da propaganda ideológica. Ensina também

quanto à necessidade de uma relação Eu-Tu de amor e apreciativo entendimento, em vez da proselitista confrontação do Eu-Coisa, que usa de abordagem bem diversa. Na obra *Escritos sobre o princípio do diálogo*, sustenta, também, que "o diálogo não significa uma relativização mútua de convicções, mas, sim, a aceitação do outro como pessoa".

A influência do pensamento Eu-Tu de Buber se espalhou, por intermédio de Emil Brunner*, para os pensadores da "presença cristã", como Max Warren (1904-1977) e John V. Taylor (*n*. 1914). Buber tem contribuído também na formação do desenvolvimento do pensamento cristão sobre diálogo e proselitismo. Todavia, deve-se observar que, nesse contexto, Buber defende firmemente o chamado de Israel de levar a salvação às nações.

Bibliografia

I and Thou (New York, 1970); *On Judaism* (New York, 1967); *Tales of the Hasidim* (New York, 1947).

M. L. Diamond, *Martin Buber, Jewish Existentialist* (New York, 1968); M. Friedman, *Martin Buber: The Life of Dialogue* (Chicago, 1955).

M.F.G.

BUCER (BUTZER), MARTIN (1491-1551). Reformador de Estrasburgo e importante fonte da tradição reformada*. Natural de Sélestat, Alsácia, Bucer entrou para a ordem dos dominicanos* (1506); mas o humanismo* da Alsácia o conduziu primeiramente a Erasmo* e depois a Lutero*, que o cativou nas disputas de Heidelberg, em 1518. Deixou, a seguir, a clausura, casou-se em 1522 e foi excomungado; refugiando-se

BUCER (BUTZER), MARTIN

em Estrasburgo, (1523), tornou-se o líder, ali, da Reforma.

Bucer envolveu-se destacadamente na grande contenda protestante quanto à ceia do Senhor (ver Eucaristia*). Após apoiar a abordagem de Zuínglio* e Oecolampadius*, adotou, a partir de *c.* 1528, no sul da Alemanha, uma posição mediana, afirmando que Lutero e Zuínglio estavam brigando meramente por uma questão de palavras. À primeira vista, a liderança de Estrasburgo não subscreveu a Confissão de Augsburgo (1530), submetendo-se, ao contrário, no interesse da concórdia protestante, à Confissão Tetrapolitana. Posteriormente, Bucer e Melâncton* chegaram a um acordo sobre a eucaristia na Concórdia de Wittenberg (1536). Embora não satisfeito quanto a algumas fórmulas luteranas, Bucer frisava que mesmo os crentes indignos (mas não os incrédulos) participam pela fé da verdadeira presença do corpo e do sangue de Cristo, apresentados e comunicados (*exhibere*) pelos elementos em uma "união sacramental". Nem todos, porém, apoiavam a facilidade quase escolástica de Bucer em formular afirmações de concordância. Isso se aplica também a seus esforços junto a Melâncton para negociar um acordo doutrinário com os católicos na Alemanha, em *c.* 1540. Um acordo provisório sobre a justificação foi alcançado em Regensburg, em 1541. Em sua busca do consenso, Bucer muito fez em favor da pura unidade da igreja primitiva.

A força da teologia de Bucer repousa em sua eclesiologia. Ele era mais profundamente comprometido do que Lutero com a vida ordenada de uma comunidade renovada, em conformidade com o padrão bíblico, marcada pelo amor mútuo e serviço no Espírito. As autoridades civis, sob o seu ponto de vista, tinham importante papel na reforma religiosa. Seu interesse na disciplina* da igreja refletia parte de sua sensibilidade a algumas exigências dos numerosos reformadores radicais de Estrasburgo (ver Reforma Radical*). A respeito dessa e de outras questões (*e.g.*, as quatro ordens do ministério, a ordem do culto, o cântico congregacional, a educação), Calvino aprendeu muito em Estrasburgo (1538-1541), e a visão de Bucer quanto à igreja reformada e à sociedade cristã encontrou uma realização mais plena em Genebra e em outras comunidades reformadas do que foi possível em Estrasburgo.

Tão forte era a ênfase de Bucer na renovação espiritual que ele chegaria a identificar uma dupla justificação*. A verdadeira fé, que definia como uma convicção segura, estava sempre "operando por amor" (Gl 5.6). Mostrava-se também mais apto que Lutero e Calvino para falar a respeito do livre-arbítrio* do homem não regenerado.

Seus últimos anos de vida (1548-1551), Bucer passou no exílio, principalmente como professor *regius* em Cambridge. Exerceu ali influência na elaboração do *Livro de oração comum* (1552) e sobre reformadores ingleses* como John Bradford (*c.* 1510-1555), Matthew Parker (1504-1575) e John Whitgift (*c.* 1530-1604). Concebeu para o rei Eduardo VI um notável projeto de uma Inglaterra cristã, em sua obra *The Kingdom of Christ* [*O reino de Cristo*] e, por ser um dos melhores

BUDISMO E CRISTIANISMO

158

expositores reformados da Palavra, contribuiu para a formação da tradição exegética britânica.

Bibliografia
Edição antológica de obras em andamento: em TI, textos selecionados em D. F. Wright, *Common Places of Martin Bucer* (Appleford, 1972), e em *Kingdom of Christ, in* W. Pauck, *Melanchthon and Bucer, LCC* 19 (London, 1970).

H. Eells, *Martin Bucer* (New Haven, 1931); W. P. Stephens, *The Holy Spirit in the Theology of Martin Bucer* (London, 1970); W. Pauck, *The Heritage of the Reformation* (Oxford, [2]1968).

D.F.W.

BUDISMO E CRISTIANISMO. Sidarta Gautama nasceu príncipe, na Índia, no século VI a.C., e seu pai o cobriu de toda proteção, evitando que ele viesse a assistir ao sofrimento humano. Quando Sidarta chegou à idade adulta, no entanto, viu-se, pela primeira vez, face a face com o povo, envelhecido e cheio de enfermidades, assim como deparou-se com cadáveres humanos. Após sério encontro que teve com um monge, Sidarta convenceu-se de que a vida é realmente cheia de dor. Desiludido, voltou-se para a busca da verdade suprema, abandonando todo luxo e conforto e se tornando monge peregrino. Praticava a austeridade para alcançar a iluminação.

Veio a entender, contudo, que nem a severidade atual nem a antecipação de prazeres futuros poderiam lhe proporcionar paz interior. Decidiu enveredar, então, pelo que ficou conhecido no budismo como Caminho Médio — uma vida

esvaziada tanto de autoflagelação quanto de permissividade física. Enquanto meditava sob uma árvore, alcançou iluminação interior e se tornou Buda, "o Iluminado". Nessa experiência, aprendeu quatro importantes verdades:

1. A vida é cheia de tristeza. Toda pessoa nasce, a maioria envelhece, e todos morrem. Mas o sofrimento marca um ciclo interminável de vidas. A reencarnação (ver Metempsicose*) é, portanto, uma maldição.

2. A origem do sofrimento é a ignorância. As pessoas desconhecem quem são elas e o que a vida é. Da ignorância provém o desejo de coisas materiais e imateriais. Todavia, não existe juventude eterna, nem poder supremo, nem alegria absoluta. E todos sofrem por causa da ignorância.

3. Uma pessoa pode romper o ciclo de renascimentos se compreender que a essência de todas as coisas, inclusive da alma, é o vazio. A grande doutrina do budismo é *anatta*, "não alma", que difere do entendimento hindu de alma. No hinduísmo*, é buscada a união entre a alma universal (*Brahman*) e a alma individual (*Atman*), a fim de resultar em uma só unidade, tal como uma gota de chuva se torna uma só unidade com o oceano. No budismo, não há alma. Ao contrário, a consciência é renascida e deve ser extinta, tal como é apagada a chama de uma vela. A consciência não é uma alma (como o hindu ou o cristão definiria a alma), mas, sim, resultado da ignorância, sendo extinta quando alguém percebe o vazio de sua existência.

4. O caminho conduz à cessação do sofrimento. O caminho tem oito

BUDISMO E CRISTIANISMO

passos: ideias corretas, aspirações corretas, falar correto, conduta correta, modo de vida correto (*i.e.*, libertação da luxúria), esforço correto, consciência correta e concentração correta. Andando nesse caminho de oito passos, a pessoa poderá (após muitas reencarnações sucessivas) receber iluminação. Embora a doutrina budista da extinção possa parecer niilista ao cristão, para o budista viver uma vida pura até o final de um ciclo de vidas cheio de sofrimento é entendido como algo mais idealista do que propriamente fatalista.

As escolas budistas subsequentes responderam aos ensinos de Buda e os interpretaram de modo diferente. Duas principais filosofias logo emergiram no budismo: o budismo Theravada e o Mahayana. Os adeptos do Mahayana, ou o Grande Veículo, referiam-se aos outros budistas, que se mantinham estritamente fiéis ao documento básico da doutrina budista, como seguidores do budismo Hinayana, ou seja, Veículo Pequeno ou Menor. Os seguidores do Hinayana ressentiram-se desse termo, que denotava um método de budismo inferior, passando, então, a chamar sua doutrina de budismo Theravada, doutrina dos anciãos.

O budismo Theravada contém pontos importantes de doutrina que diferem das crenças da maioria das escolas Mahayana. Muito significativo é que seus adeptos reverenciam Buda como um grande mestre ético, e não como um deus, como muitos dos Mahayanistas. Além do mais, seus ensinos são reservados aos chamados santos budistas (*arhats*), e não oferecidos ao povo comum. É esse outro afastamento de muitas das escolas Mahayana, que exaltam os budistas que tenham alcançado o papel de salvadores (*bodhisattvas*).

Algumas correntes budistas do ramo Mahayana, no decorrer dos séculos, mudaram o foco da doutrina do vazio (*sunyata*), preferindo se concentrar no chamado paraíso Ocidental, lugar ideal de bem-aventurança onde, segundo sua doutrina, os budistas fiéis permanecem até alcançar o *parinirvana* — ou seja, a extinção. Isso não significa que a doutrina *sunyata* haja sido retirada de sua filosofia, mas, sim, que o *parinirvana* foi deslocado mais para a frente, em sua odisséia espiritual, em favor de um lugar precedente, que esses budistas visualizam com a ideia de conforto e esperança — o paraíso Ocidental.

Muitos budistas japoneses e americanos creem em Amida Buda, acatando ensinamentos de Shinran, fundador do culto Jodo-Shinshu, que fomenta a crença no paraíso Ocidental. Apesar de diversas correntes budistas importantes, como zen e budismo tibetano, não aceitarem a doutrina ligada a Amida Buda, muitos são os asiáticos que acreditam que a fé na compaixão de Amida Buda lhes assegurará um lugar no referido paraíso.

Os budistas asiáticos da crença em Amida têm ocidentalizado sua religião na América do Norte e na Europa. Enquanto os budistas na Ásia podem comparecer a um templo ou santuário seu em qualquer dia da semana, no Ocidente, eles se reúnem de preferência aos domingos, mantêm escolas dominicais e chamam seus lugares de adoração de "igreja". Além do mais,

BUDISMO E CRISTIANISMO

a arquitetura de seus templos no Ocidente é bastante semelhante a edifícios ocidentais modernos.

Já o budismo zen e o tibetano não somente retêm aspectos culturais do Japão e do Tibete, como também enfatizam técnicas espirituais em relação à simples fé.

Ocidentais que rejeitam o que consideram doutrina e cultura cristãs tendem a gravitar em torno dessas escolas de meditação budista por causa dessas características. Entre os cristãos, são os católicos, principalmente, os que têm adotado ou advogado um "zen cristão" ou "catolicismo zen" — resultado de aspectos do zen-budismo enxertados no cristianismo. A teoria e prática da meditação zen têm sido particularmente atraentes para os católicos tendentes a promover uma renovação na contemplação mística (*cf.* W. Johnston, *Christian Zen*, [*Cristão zen*], New York, 1971; A. Graham, *Zen Catholicism*, [*Catolicismo zen*], London, 1964). Outros têm identificado pontos de conexão entre o Zen *satori* (iluminação) e a conversão cristã, e entre o *koan* (instrumento heurístico, geralmente sob a forma de perguntas e respostas) e o estudo bíblico (J. K. Kadowaki, *Zen and the Bible*, [*Zen e a Bíblia*], London, 1980). Até mesmo a economia budista tem atraído a emulação cristã ocidental (E. F. Schumacher, *Small is Beautiful*, [*Pequeno é bonito*], London, 1973).

O evangelismo cristão tem de considerar os dois tipos de budistas existentes no Ocidente: os que, principalmente, são de ascendência asiática e herdaram fé na compaixão de Amida Buda; e os que, principalmente, são de ascendência européia e têm adotado uma religião que enfatiza a técnica espiritual da meditação. Não obstante, o cristão pode perfeitamente ter um diálogo com um budista em áreas que são comuns a ambos.

Os contrastes entre a doutrina cristã e a budista se ressaltam, pelo menos, em três áreas:

1. O budismo nega a existência da alma. Na doutrina bíblica, ao contrário, é fundamental que o homem *seja* alma, ou "ser vivente" (Gn 2.7; ver Antropologia*). Sua vida deve ser definida em termos de sua criação por Deus, sua dependência de Deus e seu relacionamento com Deus. Isso não é destruído pela morte, como assinala Jesus (Mt 20.28).

2. O NT nega a doutrina da reencarnação. Os homens morrem apenas *uma vez* e, depois disso, são julgados com base em apenas uma vida (Hb 9.27). A esperança do cristão não é o rompimento do ciclo de renascimentos, mas, sim, a vida eterna com Cristo (1Ts 5.9,10).

3. No ensino bíblico, a origem do sofrimento* não é a ignorância do homem, mas sua pecaminosidade. Embora as Escrituras advirtam contra relacionar todo sofrimento individual ao pecado, fecham questão quanto à entrada do mal e do pecado no mundo por causa da queda do homem. Em contraste com a doutrina budista, o evangelho conclama os discípulos a partilharem dos sofrimentos de Cristo (Rm 8.16,17), e não a virem a ser separados de todo sofrimento.

A igreja ocidental tem ministrado cursos sobre autoajuda, seminários sobre autoaperfeiçoamento e sucesso, assim como dado certo foco na alegria e riqueza, que têm

BULLINGER, JOHANN HEINRICH

confundido a mensagem do evangelho para muitos asiáticos, os quais passam a ver pouca diferença entre a felicidade material da igreja ocidental e a própria separação, que eles almejam fazer, do sofrimento. Se os cristãos querem compartilhar a boa-nova de Jesus Cristo, devem assumir aquilo que ele assumiu, ou seja, não propriamente o sofrimento pelo sofrimento, mas, sim, o sofrimento em nome da justiça e da verdade e em favor dos outros. Jesus colocou-se ao lado dos oprimidos, dos rejeitados socialmente, e foi, em consequência disso, rejeitado. O que Jesus fez, ao morrer na cruz e sofrer pelos outros, é sem igual, mas o materialismo e o egocentrismo dos cristãos constantemente mascaram essa incomparabilidade.

Ao compartilharmos Jesus Cristo com os budistas, seu sacrifício e sua ressurreição devem ser enfatizados e contrastados com os ensinos budistas sobre separação e vazio. As pessoas precisam compreender que os cristãos têm em vista sofrer a favor dos outros, exatamente como Jesus sofreu. Tal testemunho para os budistas culturais e ocidentais seria singular e poderoso.

Bibliografia
Edward Conze (ed.), *Buddhist Texts Through the Ages* (New York, 1954); H. Creel, *Chinese Thought from Confucius to Mao Tse-Tung* (New York, 1960); P. O. Ingram & F. J. Streng (eds.), *Buddhist-Christian Dialogue* (Honolulu, HI, 1986); David J. Kalupahana, *Buddhist Philosophy: A Historical Analysis* (Honolulu, 1976); Walpola Rahula, *What the Buddha Taught* (New York, 1974); Edward J. Thomas, *The Life of Buddha as Legend and History*

(London, 1973); I. Yamamoto, *Beyond Buddhism: A Basic Introduction to the Buddhist Tradition* (Downers Grove, IL, 1982).

J.I.Y.

BULGAKOV, SERGEI, ver TEOLOGIA ORTODOXA RUSSA.

BULLINGER, JOHANN HEINRICH (1504-1575). Nascido em Bremgarten, Suíça, filho de um pároco, Bullinger foi educado na Alemanha, primeiramente em Emmerich, depois em Colônia, onde estudou o pensamento dos pais da igreja, recebeu forte influência de Erasmo*, Lutero* e Melâncton*, e deu início a um exame direto do NT. De volta à Suíça, em 1522, viveu em Bremgarten, lecionou em Kappel e fez cursos em Zurique, onde deu apoio a Zuínglio* e foi eleito delegado na Disputa de Berna. Ordenado em 1528, ministrou em sua cidade natal, casando-se com uma ex-freira, em 1529.

A derrota em Kappel (1531) forçou-o a refugiar-se em Zurique, e ali, rejeitando ofertas de Berna e Basileia, sucedeu a Zuínglio como líder virtual da vida eclesiástica, tanto na cidade como no cantão. Permaneceu nesse posto até a morte, exercendo um ministério pastoral tranquilamente eficaz, fortalecendo a comunhão com outras igrejas e protegendo refugiados, especialmente os exilados anglicanos marianistas, *e.g.*, John Jewel (1522-1571).

Além de suas atividades ministeriais regulares, Bullinger desenvolveu amplo ofício literário. Ele mesmo reuniu seus principais escritos em dez volumes, mas sem publicar uma edição completa

BULLINGER, JOHANN HEINRICH

deles. Destacam-se, entre suas obras, comentários, tratados polêmicos contra anabatistas* e luteranos, escritos doutrinários sobre a eucaristia* e as Escrituras, sermões sobre o sacrifício cristão e a ceia do Senhor, diário e uma história da Reforma. De interesse especial para os anglicanos são as *Decades* [*Décadas*], cinco livros contendo dez sermões, cada um deles sobre tópicos da doutrina cristã que, por ordem do arcebispo Whitgift, em 1586, tornaram-se leitura obrigatória ao clero inglês, em um empenho de satisfazer os protestos puritanos contra a insuficiência de erudição.

Mais importantes, no entanto, do que os labores acadêmicos de Bullinger foram provavelmente suas contribuições confessionais, a partir de 1536, quando, juntamente com Bucer* e Leo Jud (1482-1542), esboçou a Primeira Confissão Helvética (ver Confissões de Fé*), em uma tentativa, fracassada, de obter um acordo com os luteranos. Propenso à pacificação, Bullinger alcançou sucesso ecumênico maior em 1549. Naquele ano, após discussões com Calvino, o Consensus Tigurinus (Consenso de Zurique), constituído de 26 artigos sobre os sacramentos, uniu a igreja em Zurique e outras igrejas suíças de fala alemã com a de Genebra e Neuchâtel. A realização confessional gloriosa de Bullinger aconteceria, em 1566, quando, a pedido do eleitor do Palatinado, emitiu a declaração de crença comumente conhecida como Segunda Confissão Helvética, que encontrou ampla aceitação na Suíça, França, Escócia, Hungria, Polônia e Holanda, tanto quanto na Alemanha.

Dignas de nota entre as ênfases de Bullinger, tanto em seus escritos como nas confissões, são o seu comprometimento com os credos*, sua consideração pelos pais e sua convicção de que a Reforma era uma restauração, e não uma inovação, do cristianismo. Na tradição de Zuínglio, os credos e os escritos dos pais permanecem subordinados à palavra de Deus, na tríplice forma desta como palavra encarnada, escrita e falada. O papel do Espírito, tanto na interpretação como na inspiração das Escrituras, recebe a devida atenção, embora não à expensa de uma exegese erudita, se acompanhada de oração. Bullinger sustenta a posição de Zuínglio sobre o pacto batismal* e acrescenta um enfoque positivo ao ensino eucarístico mais negativo. Sua abordagem sobre a eleição tem um interessante foco cristológico. Ele partilha das ideias comuns da Reforma sobre questões como justificação*, expiação*, igreja* e papado. Sua posição sobre a adiáfora* e as relações entre igrejas lhe angariou simpatia entre os líderes da igreja elizabetana primitiva contra os críticos puritanos.

Bibliografia

J. Wayne Baker, *Heinrich Bullinger and the Covenant* (Athens, OH, 1981); G. W. Bromiley, *Historical Theology* (Grand Rapids, MI, 1978); *idem* (ed.), *Zwingli and Bullinger* (London, 1953); T. Harding (ed.), *The Decades of Henry Bullinger*, 5 vols. (Cambridge, 1849-1852); D. J. Keep, *Henry Bullinger and the Elizabethan Church*, dissertação não publicada, University of Sheffield, 1970); P. Schaff, *Creeds of Christendom*, vol. III (New York, 1919).

G.W.B.

BULTMANN, RUDOLF (1884-1976). Erudito e influente teólogo do NT, especialmente por meio de sua obra sobre uma interpretação existencialista* da fé cristã. Após estudar em Tübingen, Berlim e Marburgo, Bultmann ensinou em Breslau e, de 1921 a 1951, foi professor de NT em Marburgo. Seu pensamento está exposto em sua obra *Theology of the New Testament* [*Teologia do Novo Testamento*], assim como em uma variedade de estudos do NT e de questões teológicas em suas várias coleções de ensaios e em seu amplo comentário do evangelho de João.

Bultmann concebeu suas proposições básicas sobre uma interpretação existencialista no início de seu desenvolvimento teológico, embora a terminologia de "querigma" e "mito" não tenha emergido senão no final da década de 1930. Para Bultmann, a interpretação do NT implica "demitização", *i.e.*, uma interpretação adequada da linguagem mitológica na qual é expressa seu querigma ou mensagem a respeito da existência humana. "Mito" é um termo flexível no uso de Bultmann, mas muito comumente denota uma linguagem de "objetificação". Tal linguagem projeta a realidade "lá fora", falando desta como um objeto essencialmente não relacionado com o autoentendimento e a existência humana. "Demitizar" os escritos bíblicos não significa eliminar sua mitologia, embora retenham material não mitológico: Bultmann criticou tal seletividade nas tentativas de alguns teólogos liberais do século XIX em querer desemaranhar os ensinos morais de Jesus de sua escatologia, por exemplo. Trata-se, mais propriamente, de um processo de interpretar a mitologia de modo consistente, em termos do entendimento da existência humana que ela enuncia. Assim, por exemplo, demitizar as narrativas da criação não é repudiá-las como inverossímeis, mas, sim, interpretá-las como expressões objetificadas do entendimento que o homem tem de si mesmo como casual*.

Até certo ponto, demitizar é um exercício apologético*, procurando distinguir a fé cristã de uma cosmovisão sobrenatural obsoleta, na qual a fé encontra expressão e que não está mais disponível para nós. Mas mais determinantes no pensamento de Bultmann do que tais considerações são os fatores filosóficos e teológicos. Ele absorveu muito da obra de Martin Heidegger (1899-1976) (ver Existencialismo*), seu colega de Marburgo, cujo livro *Being and Time* [*O ser e o tempo*] (1927) é um dos textos fundamentais do existencialismo alemão. A análise que Heidegger faz da existência humana nesse livro o influenciou, principalmente, quanto à questão do homem como sujeito da história* e cuja identidade não é a expressão de uma natureza dada antecipadamente, mas, sim, criada em atos históricos de decisão e escolha. Esse sentido do homem mais como "história" do que como "natureza", que emerge no tratamento que Bultmann dá à antropologia* teológica em sua obra *Theology of the New Testament*, [*Teologia do Novo Testamento*], estaria em ligação estreita com a posterior influência da filosofia neokantiana de Marburgo de Hermann Cohen (1842-1918) e Paul Natorp (1854-1924), com seu dualismo radical de "fato" e "valor".

BULTMANN, RUDOLF

Essas influências filosóficas são, no entanto, absorvidas no que é essencialmente um projeto *teológico*. Por trás da demitização, acha-se uma tradição do luteranismo do século XIX, de acordo com a qual o conhecimento dos fatos objetivos constitui a "obra" humana, isto é, a tentativa de garantir o "eu" contra o encontro com Deus, mediante uma descrição codificada do ser e dos atos divinos. Na verdade, a demitização é, para Bultmann, o equivalente epistemológico* da justificação* pela fé: tanto as obras meritórias quanto o conhecimento objetificado de Deus são tentativas de garantir o eu contra Deus. Nesse ponto, Bultmann tem muito que ver com o teólogo luterano da virada do século Wilhelm Herrmann*, que colocou ênfase na fé como um encontro com Deus no presente, mais do que um mero assentimento a realidades objetivas doutrinariamente descritas. Sob essa perspectiva, deve-se acrescentar que a atração primeira de Bultmann pela teologia dialética* dos iniciantes Barth* e Friedrich Gogarten (1887-1967) é prontamente compreensível, na medida em que ele, tal como Barth em *The Epistle to the Romans* [*A epístola aos Romanos*] (1919), rejeita qualquer base para a segurança humana contra a interrupção da parte de Deus.

Essa abordagem da demitização ou "desobjetificação" ajuda a contribuir para o ceticismo radical de Bultmann quanto à historicidade dos registros do NT. Juntamente com outros primeiros críticos da forma (ver Crítica Bíblica*), como Martin Dibelius (1883-1947), Bultmann deduz, em *The History of the Synoptic Tradition* [*História da tradição sinóptica*] (1921), que os evangelhos não contêm quase nada de informação histórica autêntica a respeito de Jesus, mas, sim, material moldado e geralmente criado pelas comunidades cristãs primitivas. A teologia de Bultmann pode se permitir tal ceticismo, no entanto, exatamente porque os fatos históricos objetivos simplesmente constituem "conhecimento decorrente da carne". O conhecimento verdadeiro de Cristo é um encontro com ele, na palavra do querigma, como alguém que chama o homem para uma existência significativa. Assim, Bultmann elimina da cristologia* o "Jesus da história" (ver Jesus histórico*); o interesse histórico pela personalidade e pelos atos de Jesus não pode nem deve ser satisfeito, uma vez que simplesmente fornece ocasião para a evasão do homem da conclamação feita por Deus, a fim de se voltar a realidades objetivas. Do mesmo modo que Martin Kahler*, cujo livro *The So-Called Historical Jesus and the Historic, Biblical Christ* [*O chamado Jesus histórico e o Cristo histórico e bíblico*] o influenciou profundamente, Bultmann considera ser objetivo da cristologia o "Cristo da fé", o Cristo que pode ser encontrado mais na existência do crente (ou, como protestantes mais antigos afirmariam, nos *benefícios* auferidos pelo crente) do que na observação histórica abstrata.

Conquanto a influência de Bultmann sobre o curso da teologia do século XX e sobre a interpretação bíblica tenha sido imensa, a erudição bíblica subsequente modificou muito de seu ceticismo histórico. Muitos de seus seguidores, asso-

BULTMANN, RUDOLF

ciados à chamada "nova busca do Jesus histórico" (tais como E. Käsemann*, E. Fuchs, 1903-1983, e G. Ebeling*), encontraram uma âncora histórica mais forte para o querigma na história de Jesus do que Bultmann se permitiu; outros têm criticado radicalmente sua leitura do NT por refletir influências do gnosticismo* e helenismo* sobre o cristianismo primitivo.

Em teologia sistemática e em filosofia, Bultmann recolocou acentuadamente algumas questões fundamentais concernentes à relação da fé para com a história e a natureza da presença e ação divinas de modo que seu pensamento permanece fundamentalmente determinante para algumas reflexões teológicas contemporâneas. Ele buscou, consistentemente, construir uma teologia em que a questão de Deus e a questão da existência humana fossem inseparáveis. Mas, em razão de suas raízes históricas no luteranismo e da influência tanto da filosofia dualista* quanto da existencialista*, encontrou muita dificuldade em falar da transcendência de Deus e sua ação na história humana, uma vez que sempre suspeitou que tal discurso fosse objetificante. Sua teologia é considerada por muitos como carente de qualquer referência ontológica na interpretação da fé cristã, sendo desse modo radicalmente subjetiva, transformando afirmações a respeito de Deus em afirmações a respeito do homem. Conquanto isso possa ser verdadeiro em alguns dos seguidores de Bultmann, como H. Braun (n. 1903) e F. Buri (n. 1907), o próprio Bultmann, no entanto, sempre lutou pela necessidade de falar de Deus, mesmo que só de forma paradoxal. "O fato de Deus não poder ser visto ou apreendido fora da fé não significa que ele não exista fora da fé" (*Jesus Christ and Mythology* [*Jesus Cristo e mitologia*], p. 72).

Juntamente com seu contemporâneo mais chegado, Karl Barth, Bultmann decisivamente reformou o cenário da teologia protestante, e sua obra continua a estabelecer os termos de referência para algumas tradições teológicas.

Bibliografia

Obras: *Essays* (London, 1955); *Existence and Faith* (London, 1964); *Faith and Understanding* (London, 1969); *The Gospel of John* (Oxford, 1971); *History and Eschatology* (Edinburgh, 1957); *The History of the Synoptic Tradition* (London, 1963); *Jesus and the Word* (London, ²1958); *Jesus Christ and Mythology* (London, 1960); *Primitive Christianity* (London, 1960); *Theology of the New Testament*, 2 vols. (London, 1952, 1955).

Estudos: H. R. Bartsch (ed.), *Kerygma and Myth*, 2 vols. (London, 1962, 1964); G. Ebeling, *Theology and Proclamation* (London, 1966); R. A. Johnson, *The Origins of Demythologizing* (Leiden, 1974); C. W. Kegley (ed.), *The Theology of Rudolf Bultmann* (London, 1966); J. Macquarrie, *An Existentialist Theology* (London, 1955); *idem, The Scope of Demythologizing* (London, 1960); S. M. Ogden, *Christ without Myth* (London, 1962); H. P. Owen, *Revelation and Existence* (Cardiff, 1957); R. C. Roberts, *Rudolf Bultmann's Theology* (London, 1977); J. M. Robinson, *A New Quest of the Historical Jesus* (London, 1963); W. Schmithals, *An Introduction to the Theology of*

BUNYAN, JOHN

Rudolf Bultmann (London, 1968); A. C. Thiselton, *The Two Horizons* (Exeter, 1980).

J.B.We.

BUNYAN, JOHN (1628-1688). Pastor em Bedford e escritor, Bunyan foi bem possivelmente a figura religiosa inglesa mais influente do seu tempo. Cerca de doze anos e meio na úmida cadeia do condado de Bedford lhe propiciaram o galardão de mártir. Sua recusa corajosa em aceitar a liberdade em troca do silêncio o colocou na linhagem dos apóstolos. A oportunidade de provar a si mesmo lhe veio após sua conversão e chamado para o ministério, quando passou a fazer parte de uma igreja não conformista, congregacional na sua forma de governo e batista em suas ordenanças.

Bunyan era consumado calvinista* em sua teologia, sendo o exemplo por excelência do casamento puritano* da doutrina com a vida. Preocupava-se em apresentar a verdade de maneira experimental (*i.e.*, mediante a experiência) em suas pregações e em seus escritos. Teólogo guiado pelo Espírito Santo, tinha o dom de interpretar a verdade evangélica para multidões, aplicando, em seus muitos e variados textos e sermões, intencionalmente, as Escrituras à vida diária. Sua pregação era, assim, ao mesmo tempo bíblica e, quase sempre, de natureza terrena e, sendo centrada em Cristo, poderosa, prática e causadora de mudança de vida.

Surpreendente o talento de Bunyan com a pena: embora não tendo recebido uma educação formal, produziu nada menos que 66 obras. Seus escritos foram amplamente publicados e distribuídos em edições populares, de baixo custo, poucos exemplares dos quais restaram, porque suas obras eram lidas por todos até se desfazerem. O estilo muito humano de Bunyan e seu estilo alegórico contribuíram para a popularidade de seus livros. Os de maior sucesso foram *Grace Abounding to the Chief of Sinners* [*Graça abundante para o maior dos pecadores*] (1666), que narra sua própria conversão, e *Pilgrim's Progress* [*O peregrino*] (1682), famoso livro que descreve a batalha espiritual do crente. Não foi apenas a inigualável capacidade de expressão alegórica de Bunyan que assegurou sua popularidade, mas também sua nítida visão da condição desesperada da raça humana e da graça soberana e redentora de Deus. Para ele, justificação, regeneração, mortificação e santificação não são coisas que devam ficar arquivadas, mas são a própria substância da experiência cristã.

Bunyan, o pregador, pastor, evangelista e autor nos cativa e impressiona; somos, no entanto, muito mais tocados por Bunyan, o peregrino, o homem talhado por Deus que tornou seu caminho uma porta para o céu.

Bibliografia

George Offor (ed.), *The Whole Works of John Bunyan*, 3. vols. (London, 1862); Roger Sharrock (ed.), *The Miscellaneous Works of John Bunyan* (Oxford, 1976- , a ser completada em 17 vols.); *idem* (ed.), *Pilgrim's Progress* (Harmondsworth, 1965).

James F. Forrest e Richard L. Greaves, *John Bunyan: A Reference*

Guide (Boston, 1982); Richard L. Greaves, *An Annotated Bibliography of John Bunyan Studies* (Pittsburgh, PA, 1972).

W.N.K.

BUSHNELL, HORACE (1802-1876). Após graduar-se na Universidade de Yale, Bushnell tornou-se jornalista e passou a estudar Direito, ingressando depois na Escola de Teologia de Yale. Em 1833, foi ordenado ministro congregacional da North Church, em Hartford, Connecticut, onde serviu até sua saúde abalada o levar a se aposentar, em 1859. Achegando-se aos pensamentos do idealismo* alemão e da tradição puritana* americana, tornou-se conhecido como pai da teologia liberal americana* e do movimento do evangelho social*. Durante seu ministério, teve de batalhar contra amarga oposição às suas ideias e à ameaça de julgamento por heresia.

Em seus escritos, Bushnell tentou desenvolver um modo de fazer teologia que tornasse o dogma servo do espírito. Em *Christian Nurture* [*Educação cristã*] (²1861), expressa a crença de que filhos de pais cristãos devem ser educados de tal forma que nunca conheçam um tempo em que não tenham sido cristãos. Isso representava uma crítica à ênfase dada à experiência da conversão* pelo popular reavivalismo*. Em *God in Christ* [*Deus em Cristo*] (1849), que se mostrou altamente controverso, ele argumenta, com base em sua própria experiência, que a linguagem humana não teria como expressar a verdade absoluta, mas poderia comunicar verdades espirituais mediante o uso de imagens, analogia* e contrastes. Com tal entendimento do uso da linguagem, ele afirma uma visão instrumental da Trindade* e um conceito moral da expiação*, contra os unitaristas*, que, por um lado, acreditavam serem essas doutrinas antiquadas e, por outro lado, sustentavam uma teoria substitutiva da crucificação de Cristo. Em *Nature and the Supernatural* [*A natureza e o sobrenatural*] (1858), ele declara que esses dois elementos constituíam o único sistema de Deus, conclamando a um "liberalismo cristocêntrico", tendo Jesus Cristo como centro e meta da história. Em *The Vicarious Sacrifice* [*O sacrifício vicário*] (2 vols., 1866), Bushnell expressa uma visão desenvolvida da expiação: há uma cruz em Deus, antes de o madeiro ser erguido no Calvário, oculta na própria virtude de Deus, empenhada em sério embate, com um sentimento carregado de peso, durante todas as eras anteriores, e que prossegue lutando, tão pesadamente quanto antes, agora mesmo, no trono do mundo.

Bibliografia

Selected Writings, ed. D. L. Smith (Chico, CA, 1984); *Selections*, ed. H. S. Smith (New York, 1965).

W. A. Johnson, *Nature and the Supernatural in the Theology of Horace Bushnell* (Lund, 1963); H. D. McDonald, *The Atonement of the Death of Christ* (Grand Rapids, MI, 1985); D. L. Smith, *Symbolism and Growth: The Religious Thought of Horace Bushnell* (Chico, CA, 1981); Claude Welch, *Protestant Thought in the Nineteenth Century* (New Haven & London, 1972).

L.D.B.

BUTLER, JOSEPH

BUTLER, JOSEPH (1692-1752). O bispo Butler, "filósofo do anglicanismo", destacou-se em sua época como apologista* religioso e filósofo moral. Sua obra *Analogy of Religion* [*Analogia da religião*] constituiu a mais vitoriosa publicação de refutação ao deísmo*. Nela, Butler argumentava que, uma vez aceitando-se que Deus é o autor da natureza, a veracidade da religião cristã revelada alcança uma probabilidade significativa. Isso acontece porque há aspectos nela contidos que são análogos aos encontrados na religião natural, como vemos quando interpretamos milagre*, profecia* e a meditação messiânica corretamente. A probabilidade racional proporciona uma base adequada para a aceitação do cristianismo na prática.

A filosofia moral de Butler (ver Teologia Moral*), contida principalmente em seus sermões, analisa as realidades empíricas da natureza humana e da psicologia. Contém elementos de intuição (quando alguma coisa é apresentada na experiência moral como autoevidentemente correta ou verdadeira), utilitarismo (em que a obrigação moral é dirigida ou relacionada àquilo que produza alegria) e naturalismo (em que, nesse caso, é moralmente advogada uma conduta de acordo com a natureza de alguém). Teologicamente, Butler atribuía importância ao papel da consciência* na esfera moral.

Embora o clima contemporâneo da discussão nas áreas relevantes seja basicamente incompatível com a abordagem de Butler, o respeito de Hume e a grande aclamação do século seguinte sinalizam algo de sua estatura como pensador religioso.

Bibliografia
J. H. Bernard (ed.), *The Works of Bishop Butler*, 2 vols. (London, 1900); A. Duncan-Jones, *Butler's Moral Philosophy* (Harmondsworth, 1952); A. Jeffner, *Butler and Hume on Religion: a Comparative Analysis* (Stockholm, 1966); D. M. Mackinnon, *A Study in Ethical Theory* (London, 1957), cap. 5; E. C. Mossner, *Bishop Butler and the Age of Reason* (New York, 1936); T. Penelhum, *Butler* (London, 1985).

S.N.W.

C

CALCEDÔNIA, DEFINIÇÃO DE CALCEDÔNIA, ver CONCÍLIOS; CREDOS; CRISTOLOGIA.

CALENDÁRIO LITÚRGICO. O judaísmo, do qual surgiu o cristianismo, tinha um elaborado calendário de dias santos: um semanal (sábado*), um mensal (lua nova), mas a maioria anual. O sábado e os principais dias santos anuais (mas não a lua nova) estão listados em Levítico 23 como "santas convocações", ou "reuniões sagradas", dias em que a congregação era chamada a se reunir para adorar a Deus, e não dias comuns, em que somente os sacerdotes tinham essa obrigação. Todos os dias santos eram festas, exceto o Dia da Expiação, dia de contrição e jejum. Mais tarde, seriam acrescentadas, para os judeus, no AT a festa do Purim, no período intertestamentário a festa da Dedicação (*cf.* Jo 10.22), além de outras festas e jejuns.

O cristianismo judaico continuou a praticar, durante algum

CALENDÁRIO LITÚRGICO

tempo e de certo modo, as antigas observâncias, juntamente com as novas, cristãs. Contudo, desde o começo, os cristãos gentílicos estavam livres de obediência literal à lei, e no concílio de Jerusalém (At 15), até mesmo o sábado, considerado o principal dos dias santos, ou feriados, viria a ser excluído da lista das observâncias restantes, que ainda se poderia esperar fossem praticadas pelos gentios. Com a destruição do templo, no ano 70, e a crescente desavença entre judeus cristãos e não cristãos no século I, os judeus cristãos parecem ter se adaptado, em sua maioria, cada vez mais ao cristianismo gentílico, continuando a observância literal da lei somente em grupos sectários (ebionitas, nazarenos). Daí em diante, mesmo na Palestina, o calendário sagrado passou a consistir somente em dias santos cristãos.

O mais antigo dia santo cristão estabelecido foi o Dia do Senhor, domingo, o que é atestado no NT e nos pais apostólicos*, o qual foi ajustado à semana judaica, correspondendo ao sábado. Os dias santos posteriores de que se veio a tomar conhecimento eram também semanais: os jejuns, na quarta e sexta-feiras, prescritos em *Didaquê* 8 (*c.* ano 100), deliberadamente fixados nesses dias da semana em oposição aos jejuns judaicos, na segunda e quinta-feiras (*cf.* Lc 18.12). As primeiras festas anuais são, significativamente, as que seguiam modelos judaicos, celebrando eventos de conotação cristã ocorridos em duas das principais festas judaicas: a Páscoa* (que provavelmente surgiu no Oriente no começo do século II) e o Pentecoste (surgido no Ocidente no final do mesmo século), que encerrava com uma conclusão adequada as sete semanas de celebração após a Páscoa. Os dias da Ascensão, da Epifania e do Natal surgiriam somente no século IV, sendo esses dois últimos originalmente as festas do Natal respectivas no Oriente e no Ocidente (embora as datas festivas da Natividade que comemoravam na época remontem ao ano 200 ou pouco depois). O domingo da Trindade é peculiar do Ocidente, datando do século X.

Durante a Idade Média, o ano cristão foi se tornando cada vez mais complexo, com o preenchimento de cada dia do calendário com festas ou comemorações dos santos*, algumas vezes lendários e com mais de um santo para determinado dia. Outro desenvolvimento medieval foi o das comemorações referentes a doutrinas surgidas na época, como Todos os Santos (concernente às almas no purgatório*) e *Corpus Christi* (comemorativo da transubstanciação; ver Eucaristia*). Os reformadores, em consequência disso, tiveram de expurgar o ano cristão de forma drástica, chegando a ser na Escócia quase que inteiramente abolido, sendo mantido nele apenas o Dia do Senhor. No entanto, até a Escócia viria a considerar que a existência dos dias santos é um modo de reconhecer que todo o nosso tempo pertence ao Senhor. O ano cristão, na verdade, celebra o curso da vida, a morte e a exaltação de Cristo.

Bibliografia

Ver as Bibliografias dos verbetes: Páscoa; Santo.

R.T.B.

CALVINISMO

CALVINISMO, ver Teologia Reformada.

CALVINO, JOÃO (1509-1564). Teólogo da Reforma. Nascido em Noyon, Picardia, França, Calvino passou grande parte de sua idade jovem estudando em Paris, preparando-se para o sacerdócio católico. Após estudos que fez de teologia escolástica medieval, seguiu-se um período em sua vida de preparo para exercer a advocacia, o que o colocou em contato com o humanismo cristão* vigente na França, por intermédio de mestres como Lefèvre d'Étaples (1455-1529) e Guillaume Dudé (1468-1540). Grandemente influenciado por seus ensinamentos, ele escreveria, como sua primeira obra, um comentário sobre a obra *De Clementia* [*Sobre a clemência*], de Sêneca.

Veio a experimentar, porém, "repentina conversão", cuja data não se sabe ao certo, disso resultando desconectar sua mente dos estudos para advogado que vinha realizando e se voltar com toda a dedicação ao estudo das Escrituras e do ensino da Reforma*. Em 1536, publicava em Basileia a primeira edição de suas *Institutas da religião cristã*. Daí em diante, após curto e fracassado ministério em Genebra, viveria uma experiência enriquecedora de ensino e obra pastoral em Estrasburgo, de 1538 a 1541. Aceitando, então, um chamado para voltar a Genebra, ali permaneceu trabalhando pacientemente e lutando por muitos anos, procurando colocar em prática suas crenças a respeito do evangelho, da igreja e da sociedade.

Quando Calvino começou sua obra teológica, a Reforma estava entrando em uma segunda fase importante de seu desenvolvimento. Sob Lutero* e outros, a palavra de Deus havia rompido poderosamente com as antigas formas que durante muitos séculos tinham restringido o Espírito e obscurecido a verdade. O movimento inspirara inumeráveis sermões, escritos, conferências e controvérsias, produzindo significativas mudanças na vida social e política da Europa. As pessoas haviam sido levadas a novas experiências, ideais e esperanças. A remoção das antigas restrições, contudo, fizeram surgir especulações precipitadas, que ameaçavam a dissolução dos padrões morais e da ordem social.

Em meio à confusão, Calvino assume a liderança da definição de novas formas de vida e de trabalho cristão, da igreja e da vida comunitária, que, sob o ensino recém-descoberto da Bíblia e o poder do Espírito, tornam-se relevantes para as condições da Europa de sua época. Além do mais, mostra-se capaz de ajudar seus contemporâneos a conseguir clareza de visão e ordenação no pensamento e na expressão teológicos, fornecendo-lhes uma compreensão mais firme do evangelho em sua plenitude. Ao mesmo tempo, pelo poder de sua pregação, pela clareza e simplicidade convincentes de seu ensino e por sua capacidade prática e integridade moral, que lhe deram indiscutível e definitiva liderança em sua comunidade, é visivelmente bem-sucedido em alcançar seus alvos em sua própria cidade-paróquia. Sua obra em Genebra faz crescer muitíssimo a fama amplamente espalhada, que seus escritos já lhe haviam granjeado. Sua vida e obra passam a ser, assim, ilustração bem importante e desafiadora de como nossa teologia, se saudável, deve estar relacionada à nossa situação de vida.

A teologia de Calvino é uma teologia da palavra de Deus. Ele sustentava que a revelação* dada a nós por meio das Escrituras* é a única fonte confiável de nosso conhecimento de Deus. Embora a natureza também revele Deus, e todos os homens e mulheres tenham um instinto natural para a religião, a perversidade humana nos impede de sermos capazes de saber aproveitar sadiamente aquilo que a natureza nos apresenta. Desse modo, devemos nos voltar para o testemunho da revelação dada por Deus a seus profetas e servos no AT e para o testemunho apostólico de Cristo no NT. As próprias Escrituras são inspiradas e, até mesmo, "ditadas" por Deus. Suas afirmativas, narrativas e verdades devem ser consideradas como dotadas de autoridade infalível.

Calvino acreditava em uma unidade básica no ensino das Escrituras, cabendo ao teólogo procurar esclarecer e dar expressão a essa unidade na composição ordenada de suas doutrinas. Como teólogo, procurava, assim, atender a todo o conteúdo da palavra escrita de Deus. Reconhecia, contudo, que as Escrituras nos foram dadas por Deus não só e simplesmente para nos presentear na atualidade com verdades e doutrinas, mas também para nos introduzir na revelação viva, da qual a palavra escrita dá testemunho. No âmago dessa revelação, sobre a qual os apóstolos e profetas escreveram, ocorrera o encontro pessoal deles com o próprio Verbo de Deus, a segunda pessoa da Trindade. Ainda que recipientes de verdades e doutrinas, no entanto, as testemunhas bíblicas também se reconheciam como simples seres humanos diante do próprio Deus, presente em amor pessoal e majestade. Calvino estava convicto de que o teólogo, em sua abordagem às Escrituras, deveria procurar se encontrar e se considerar nessa mesma posição. Deveria buscar assim, mediante as Escrituras, colocar-se em comunhão e confrontação com o próprio Senhor e, ao dar forma à sua teologia, levar em conta todos os eventos originais, nos quais e pelos quais Deus se revelou ao seu povo.

Calvino usa, por vezes, a linguagem do misticismo para descrever como a fé nos capacita, por meio da palavra e do Espírito, compreender em visão muito mais do que poderia ser compreendido imediatamente pelo nosso entendimento. Em sua abordagem às Escrituras e em sua tarefa teológica, portanto, foi parte importante a busca em oração por um entendimento mais pleno daquilo que já tivesse de algum modo compreendido e por uma comunhão mais próxima com o Deus vivo.

Calvino não tentou, desse modo, criar uma teologia sistemática* sujeitando as verdades das Escrituras a qualquer princípio controlador do pensamento ou da lógica humanos. Permitiu, ao contrário, que seu próprio pensamento fosse controlado por toda a palavra que Deus havia falado em Cristo. A ordem com que era capaz de dispor seu pensamento era a mesma que detectava na revelação que se registrava em sua mente.

CALVINO, JOÃO

Calvino escreveu comentários sobre quase todos os livros da Bíblia. Esses comentários tiveram ampla aceitação e são ainda de grande uso nos estudos. Aplicou métodos da erudição humanista à Bíblia a fim de encontrar o significado exato das palavras no texto, bem como as circunstâncias históricas particularmente envolvidas na narrativa (ver Hermenêutica*). Sua crença na autoridade e integridade da palavra tornava impossível, no entanto, uma abordagem crítica ao texto. Embora concordasse em que um texto pudesse ter vários sentidos, escasso foi seu uso do método alegórico de interpretação. Acreditava que Cristo esteve presente junto ao povo de Deus no AT, embora sua revelação manifesta na época tomasse formas diversas da do NT. Foi dos primeiros a reconhecer o uso da tipologia como chave para o entendimento da unidade existente entre os dois testamentos. Sua crença nessa unidade o capacitou a interpretar como um só texto a totalidade das Escrituras.

Em sua exegese e obra teológica, Calvino sempre se colocou em débito com outros eruditos. Foi especialmente influenciado por Agostinho* e dedicado estudioso dos pais gregos e latinos. Ele daria expressão final à sua teologia na última edição das *Institutas*, em 1559 (a francesa, em 1560). A obra é constituída de quatro partes, seguindo até certo ponto a ordem sugerida pelo Credo Apostólico: Livro I, Deus, o Criador; Livro II, Deus, o Redentor; Livro III, O modo de recebermos a graça de Cristo; Livro IV, a igreja.

Na doutrina de Deus, Calvino evita a discussão da essência oculta de Deus (*o que* Deus é), restringindo-se ao ensino bíblico sobre a natureza de Deus (*de que espécie* Ele é). O próprio Deus proclama sua "eternidade e autoexistência" ao pronunciar seu nome: "Eu Sou o que Sou". A ênfase de Calvino é sempre sobre os atributos morais ou "poderes" de Deus. Ele vê tais qualidades devidamente listadas em dois textos específicos: Êxodo 34.6,7 e Jeremias 9.24, que se referem, principalmente, à sua misericórdia e justiça. Também em suas atividades na igreja e na administração civil, Calvino sempre procurou mostrar que Deus era tanto "um Deus justo quanto salvador", sem que um aspecto de sua bondade excluísse o outro. Discutindo a doutrina de Deus, não faz menção à "soberania* de Deus", que não foi sempre (como alguns pensam) um princípio predominante de sua teologia. Para ele, a glória* era um atributo especial de Deus, revelado por toda parte no mundo, brilhando em todas as suas obras redentoras, mas mais plenamente exibida na humilhação e no amor revelados na cruz. Calvino coloca a Trindade* no centro de sua discussão sobre a natureza de Deus, uma vez que a revelação nos faz ingressar no cerne do mistério do próprio ser divino. Frequentemente, em sua teologia, Calvino nos lembra que Deus se revela plenamente em Cristo e que não devemos nos voltar para nenhuma outra fonte além do evangelho para o nosso conhecimento dele.

Ao discutir sobre como Deus age com sua providência*, é frequente discorrer de um modo pastoral (característica de grande parte da teologia de Calvino). Garante ele que Deus está sempre atuante, sustentando e guiando a totalidade de sua criação e dirigindo todo o curso da história humana, com preocupação paternal e graciosa. A igreja e o cristão, não obstante, estão sob cuidado especial nas mãos de Deus, tal como Cristo estava. Jamais nos encontramos nas mãos do "destino" ou do acaso.

A discussão que Calvino faz da providência apresenta, no entanto, uma dificuldade quando sugere que, por um decreto de Deus desde a eternidade mais remota, os planos e a vontade das pessoas são tão governados que se movem exatamente no curso que ele já destinou. Desse modo, ao discutir a predestinação*, remonta à rejeição desse decreto de Deus pelos não eleitos, o que define com a palavra latina *horribile*, ou seja, "horrível, terrível, apavorante, aterrador". Nesse ponto, muitos hoje levantariam questão, indagando se o próprio Calvino estaria sendo fiel ao impulso central de seu próprio ensino sobre Deus e se estaria fazendo justiça ou não à liberdade com que, na Bíblia, Deus parece agir e reagir em situações em desenvolvimento. Convém lembrar que Calvino revisou por diversas vezes suas *Institutas* enquanto redigia seus comentários e não considerava sua teologia como tendo alcançado finalidade definitiva.

Em sua discussão sobre a pessoa e a obra de Cristo, Calvino repetiu, concisa e acuradamente, o ensino dos pais e concílios da igreja (ver Cristologia*). Enfatizou o mistério oculto na pessoa do Mediador, afirmando que "o Filho de Deus desceu do céu de tal forma que, sem deixar o céu, quis nascer do ventre de uma virgem, para vir à terra e ser pendurado em uma cruz; todavia, preencheu continuamente o mundo, exatamente do mesmo jeito que havia feito desde o começo". Contudo, algumas vezes enfatiza serem tantas as limitações e a fraqueza da humanidade de Jesus que alguns chegaram a suspeitar dele, não crendo em sua divindade. Ele compreendeu que temos de procurar compreender a pessoa de Jesus mais em termos das funções que exerceu do que em termos da essência que ocultava. Foi Calvino o primeiro teólogo a interpretar sistematicamente a obra de Cristo em termos do tríplice ofício* de profeta, sacerdote e rei. Destacou o elemento penal nos sofrimentos de Cristo sobre a cruz, enfatizando também, todavia, o valor colocado por Deus sobre sua obediência constante, tanto obediência ativa como passiva, e sua autoidentificação empática para conosco em nossa humanidade. A encarnação, Calvino, criou uma "santa irmandade'" entre ele e nós, de tal modo que ele pudesse "tragar a morte e substituí-la pela vida, vencer o pecado e substituí-lo pela justiça".

Discutindo a respeito de como a queda* afetou a humanidade, originalmente feita à imagem de Deus*, Calvino permite-se, quanto a nós, usar a expressão "depravação total", mas no sentido de que nenhum aspecto do ser ou da atividade original do homem deixou de ser afetado pelo seu pecado. Em todas as nossas relações com os outros, diz ele, deveríamos considerar cada pessoa como estando ainda dotada da imagem divina, não importa quão baixo ela possa ter caído. Há duas esferas em que

CALVINO, JOÃO

a vida humana é estabelecida por Deus — a espiritual e a temporal. A respeito dos assuntos espirituais ou celestiais, a humanidade foi destituída de todo verdadeiro conhecimento e capacidade. No tocante às atividades temporais ou terrenas, o homem natural ainda detém qualidades e habilidades admiráveis, pelas quais conduz seus múltiplos afazeres humanos. Calvino admirava, por exemplo, a luz divina que havia brilhado nos antigos legisladores pagãos na concepção dos seus códigos legislativos, reconhecendo que o homem foi capacitado por Deus, mesmo em seu estado de decaído, com brilhantes dons, que adornariam sua existência, permitindo seu conforto e um tanto de contentamento e autoexpressão artística em sua vida na terra. Ele lembra a seus leitores que, na criação, Deus proveu para o nosso uso não somente as coisas que são necessárias para sustentar nossa vida, mas também muitas outras coisas, proveitosas e belas, destinadas a nos proporcionar prazer e alegria. Uma das realizações finais de Calvino foi fundar em Genebra uma academia onde as "artes liberais e a ciência" eram ensinadas por mestres versados em estudos humanísticos. Calvino, contudo, preocupava-se com que o desenvolvimento e o uso dessas artes e ciências estivessem de acordo com a lei de Deus e que fossem especialmente usadas no serviço da palavra de Deus e na promoção de uma comunidade cristã estável.

Ele buscou dar continuidade e completar a obra começada por Lutero e outros reformadores. Repetia frequentemente as críticas feitas por seus predecessores a Roma por negar ao homem comum qualquer condição de segurança pessoal perante um Deus tão gracioso. Nove capítulos de suas *Institutas* foram dedicados somente à doutrina da justificação* pela graça e à liberdade cristã que ela implicava. Todavia, influenciado pela situação prevalecente ao seu redor, passou a insistir mais fortemente do que já fizera antes sobre a importância da santificação* ou do arrependimento*, definindo mais claramente para sua época um novo padrão de vida cristã, que por si só pudesse formular uma resposta adequada e digna à graça de Deus e ao chamado em Cristo. Assim, na edição final (de 1559) de suas *Institutas*, precedeu os nove capítulos sobre justificação com outros nove sobre santificação e arrependimento. Enfatiza o fato de que não pode haver perdão sem arrependimento, pois ambas essas graças fluem de nossa união* com Cristo, e nenhuma das duas pode ser anterior à outra. Insiste em que nada do que Cristo sofreu ou fez por nós em sua obra redentora terá valor se não estivermos unidos a ele pela fé a fim de recebermos pessoalmente dele a graça que nos quer propiciar. Ensina, enfim, que essa "união mística" entre nós e Cristo é obra do Espírito Santo.

Para Calvino, o cristão deve não só estar unido, a Cristo, mas viver em conformidade com ele, em sua morte e ressurreição. Tem de ouvir a ordem imperativa de Deus: "Sejam santos, porque eu sou santo", assim como o chamado do Senhor para negar-se a si mesmo, tomar sua cruz e segui-Lo. Calvino ataca a raiz do pecado humano, que reside no amor a si mesmo, mostrando que somente a autonegação pode ser a base de um eminente amor a todas as pessoas. Insta quanto à aceitação triunfal de toda forma de sofrimento para nos conformarmos à imagem de Cristo. Cada um de nós dará expressão obediente à fé cristã ao buscar nosso chamado* neste mundo. É verdade que pretendemos desfrutar dos benefícios terrenos que Deus frequentemente faz chover sobre nós, e usá-los ao buscarmos nosso caminho na vida; todavia, até mesmo desse prazer devemos procurar nos manter afastados, aspirando sempre à vida vindoura, da qual mesmo aqui e agora podemos desfrutar algum tipo de antegozo.

Foi o desejo de Calvino de ajudar o crente a viver a vida cristã em plena segurança que o levou a dar destaque à doutrina da predestinação* em sua teologia. Era seu pensamento que nenhum cristão poderia ser finalmente vitorioso e se sentir confiante a menos que tivesse algum senso de sua eleição para a salvação. Acreditava que as Escrituras realmente ensinam essa doutrina e que assinalam, também que aqueles que se recusassem a crer devem estar predestinados à condenação. Os ataques aos seus escritos sobre esse assunto o forçaram a defender-se em diversos tratados sobre a matéria. Não se deve supor, no entanto, que essa fosse a doutrina central de sua teologia. É bastante significativo que, junto aos seus capítulos sobre a predestinação nas *Institutas*, Calvino tenha posto seu magnificente capítulo sobre a oração*, em que somos instados a exercer nosso livre-arbítrio em intercessões junto a Deus e a procurar a resposta para as orações que fazemos.

Uma grande seção das *Institutas* trata da igreja* e seu ministério*. Calvino almejava que a forma de ministério na igreja, especialmente o do pastor, refletisse o próprio ministério de Cristo, de completa humildade, interesse voltado a cada indivíduo e fidelidade à verdade, exercido no poder do Espírito. Preocupava-o a instrução, a disciplina* e a assistência aos pobres. Por isso, cria que, juntamente com o pastor, no ministério, Deus colocava mestres ou "doutores" (especialistas nas Escrituras e em teologia), presbíteros e diáconos. Ele encontrara, naturalmente, esses ofícios indicados nas Escrituras, mas não insistia em que cada detalhe da vida ordenada da igreja exigisse uma autorização bíblica explícita. Admirava o desenvolvimento da doutrina e liturgia durante os primeiros seis séculos de vida da igreja e não teve nenhuma hesitação em reproduzir aspectos desse desenvolvimento. Era de opinião que o "bispo" do NT e da igreja primitiva correspondia ao então pastor de uma congregação, em uma igreja verdadeiramente reformada. Todas as cerimônias eclesiásticas deveriam ser simples, claramente inteligíveis e justificáveis à luz da Bíblia. Estava convencido de que o segundo mandamento proibia não só o uso de imagens* na adoração, mas também a invenção de cerimônias para simplesmente estimular a emoção religiosa. Encorajava o cântico congregacional, embora achando que os instrumentos musicais tinham um som muito incerto para constituir um acompanhamento adequado da adoração racional.

CALVINO, JOÃO

Calvino seguiu Agostinho com respeito ao sacramento*, como sinal visível de uma graça invisível. Só o batismo* e a ceia do Senhor (ver Eucaristia*) eram sacramentos com autoridade dominical. Denunciou a doutrina da transubstanciação e a ideia de que um sacramento fosse eficaz em virtude de ser meramente apresentado como ritual. Mas rejeitou também a ideia de que o pão e o vinho fossem dados por Cristo como meros símbolos, representando seu corpo e sangue, apenas para estimular nossa memória, devoção e fé. Os sacramentos oferecem o que representam, insistia ele. Não somos ordenados simplesmente a olhar os elementos, mas, sim, a comer e a beber. Esse é um sinal de que, entre ele e nós há uma união de doação de vida (em relação ao que Calvino chega mesmo a usar a palavra "substancial"). Essa união é dada e criada quando a palavra é pregada e respondida em fé; é, também, aumentada e fortalecida quando o sacramento é recebido pela fé. Calvino rejeitou, ainda, explicações luteranas, vigentes na época, sobre o mistério da eficácia do sacramento. Ele afirmava, com frequência, que o corpo de Cristo do qual nos alimentamos permanece no céu e que nossa alma é elevada até lá pelo poder maravilhoso do Espírito para nos alimentarmos dele. Calvino insistia em que um sacramento era ineficaz independentemente da fé do recipiente. Justificava o batismo infantil por sua visão de unidade da antiga com a nova aliança*, realçando ainda que a eficácia de um sacramento não precisa estar necessariamente ligada ao momento mesmo de sua administração.

O relacionamento entre a igreja e o Estado* era uma questão crucial no tempo de Calvino. Seus embates em Genebra o colocaram em uma posição firme contra as tentativas da autoridade civil de interferir nas questões relativas à disciplina eclesiástica, que ele achava que devia estar inteiramente sob o controle de uma corte especificamente eclesiástica. Tinha o Estado em alta conta, salientando o dever dos cidadãos de obedecer à lei e honrar seus governantes. Enfatizava também, no entanto, o dever dos governantes de, semelhantemente aos pastores, cuidar de cada um e de todos os seus súditos. Aconselhava a obediência dos cidadãos até mesmo aos tiranos e a aceitação do sofrimento injusto como opção preferível a ter de recorrer à conspiração revolucionária*. Acreditava, no entanto, que um tirano poderia vir a ser afastado pela ação deliberada de uma autoridade inferior, devidamente constituída, do mesmo Estado ou por intermédio de um agente "vingador" procedente de outro lugar, tendo sido para isso levantado e eleito por Deus.

Bibliografia

Institutes, tr. F. L. Battles, ed. J. T. McNeill, 2 vols., London, 1961; *Commentaries* on the NT, tr. e ed. D. W. Torrance & T. F. Torrance, 12 volumes (Edinburgh, 1959-1972).

F. L. Battles (ed.), *The Piety of John Calvin* (Grand Rapids, MI, 1978); J. T. McNeill, *The History and Character of Calvinism* (New York, 1954); W. Niesel, *The Theology of Calvin* (London, 1956); T. H. L. Parker, *John Calvin* (London, 1975); H. Quistorp, *Calvin's Doctrine of the*

Last Things (London, 1955); H. Y. Reyburn, *John Calvin: His Life, Letters and Work* (London, 1914); R. S. Wallace, *Calvin's Doctrine of the Word and Sacrament* (Edinburgh, 1953); *idem, Calvin's Doctrine of the Christian Life* (Edinburgh, 1957); F. Wendel, *Calvin: The Origins and Development of His Religious Thought* (London, 1963); E. D. Willis, *Calvin's Catholic Christology* (Leiden, 1966).

R.S.W.

CAMPBELL, JOHN McLEOD (1800-1872). Um historiador, recentemente, sugeriu ser Campbell o nome mais proeminente da teologia escocesa do século XIX (B. M. G. Reardon, *From Coleridge to Gore* [*De Coleridge a Gore*], London, 1971, p. 404). A importância de Campbell deriva do fato de que ele se afastou significativamente da ortodoxia então vigente, lançando a ideia mais inovadora na época a respeito da expiação*.

John McLeod Campbell nasceu em Kilninver, perto de Oban, filho de um ministro da Igreja da Escócia. Após estudos na Universidade de Glasgow e no Divinity Hall da Universidade de Edimburgo, foi designado, em 1825, para a paróquia de Row (Rhu). Segundo todos os testemunhos a seu respeito, era pastor fiel e mui amado.

Contudo, não tardou para que deixasse sua relativa obscuridade e fosse levado à notoriedade eclesiástica. Em 1830, era denunciado por heresia, primeiramente por seu presbitério e depois pela Assembleia Geral, acusado de ensinar que Jesus morreu para salvar a totalidade da humanidade, e que a certeza* da salvação pertencia à essência da fé salvadora. Ambas doutrinas contradiziam o ensino da Confissão de Fé de Westminster, principal "Padrão Subordinado de Fé", assim chamado, da Igreja da Escócia. Em 1831, a Assembleia Geral decidiu, por 119 a 6 votos, exonerar Campbell do ministério, decisão que ele aceitou sem rancor. Usou do restante de seu ministério servindo em uma congregação independente em Glasgow.

Campbell é mais lembrado por sua obra *The Nature of the Atonement* [*A natureza da expiação*], mencionado por R. S. Franks como sendo "o livro mais sistemático e magistral sobre a obra de Cristo produzido por um teólogo britânico no século XIX" (*The Work of Christ* [*A obra de Cristo*], London, 1962, p. 665). A aclamação à obra de Campbell levou o ex-herege a ser exaltado como teólogo de renome a ponto de, em 1868, vir a ser laureado com o título de doutor *honoris causa* pela Universidade de Glasgow.

A teoria inovadora de Campbell resultou de sua intensa insatisfação com as premissas da teologia calvinista e representava sua definitiva rejeição a estas. Partindo da convicção de que a premissa calvinista da natureza penal e substitutiva da expiação de Cristo levaria à conclusão de Cristo só haver morrido pelos eleitos (ver Expiação, Extensão*), Campbell sustentava que essa visão "destrói a afirmação de ser a obra de Cristo o que plenamente revela e ilustra o grande fundamento de toda a religião, que ensina que Deus é amor" (*The Nature of the Atonement*, [*A natureza da expiação*], p. 65). Entre os aspectos mais importantes do novo modelo de expiação, de

CÂNON

Campbell, estão: 1. A encarnação* de Cristo, e não a cruz, ser considerada o "fato principal e mais elevado na história da relação de Deus com o homem"; 2. o modelo penal-substitutivo, com suas categorias legais, ser substituído por um modelo filial, construído sobre categorias pessoais; 3. a expiação ser vista como tendo um elemento prospectivo, assim como um retrospectivo; 4. ser a expiação feita não com Cristo sofrendo vicariamente a ira de Deus pelos pecadores, mas, sim, pela perfeita confissão e arrependimento* de Cristo por causa do pecado — ideia que Campbell atribuiu a Jonathan Edwards*, que sustentava que a expiação pelo pecado exigia ser "uma punição equivalente ou uma tristeza e um arrependimento equivalentes" (*The Nature of the Atonement*, [*A natureza da expiação*], p. 137).

A teoria de Campbell mereceu destaque em passado recente, sobretudo da parte de Karl Barth*, T. F. Torrance* e J. B. Torrance (n. 1923). A consideração que tiveram de seu modelo de expiação muito contribuiu para seu ressurgimento como teólogo importante. A despeito disso, no entanto, a teoria de Campbell está cercada de dificuldades. Em primeiro lugar, é na cruz, e não na encarnação de Cristo, que está o cerne da visão bíblica da expiação. Em segundo lugar, Campbell não explica de modo algum *como* o arrependimento de Cristo beneficia os outros, ao rejeitar toda ideia de substituição* como indigna. Robert Mackintosh* observou que, "quanto à conexão entre Cristo e a humanidade, as ideias de Campbell parecem peculiarmente obscuras" (*Historic Theories of Atonement* [*Teorias históricas da expiação*], London,

1920, p. 218). Críticos de todas as escolas têm sugerido que a teoria de Campbell, em lugar de superar a visão tradicional da expiação, a substituiu, como disse Bruce, por "algo muito semelhante ao disparate. A ideia de uma confissão de pecados feita por um ser perfeitamente santo, com *todos* os elementos de um perfeito arrependimento *exceto* a consciência pessoal de pecado, é certamente bastante absurda" (A. B. Bruce, *The Humiliation of Christ* [*A humilhação de Cristo*], Edinburgh, 1881, p. 318).

Bibliografia
The Nature of the Atonement (London, [4]1959).

T. J. Crawford, *The Doctrine of Scripture Respecting the Atonement* (Edinburgh, 1871); J. Macquarrie, John McLeod Campbell, 1800-1872, *ExpT* 83 (1972), p. 263-268; G. M. Tuttle, *So Rich a Soil: John McLeod Campbell on Christian Atonement* (Edinburgh, 1986).

I.Ha.

CÂNON, ver ESCRITURAS.

CANONIZAÇÃO, ver SANTO.

CARNELL, EDWARD JOHN (1919-1967). Apologista evangélico e teólogo americano, presidente do Fuller Theological Seminary (1954-1959), Carnell foi uma figura importante no desenvolvimento, nos meados do século XX, de uma exposição articulada e inteligente do evangelicalismo nos Estados Unidos. Foi autor de livros sobre Kierkegaard* (*The Burden of Soren Kierkegaard* [*O ônus de Sören Kierkegaard*], Grand Rapids, MI, 1965) e sobre Reinhold Niebuhr*

(*The Theology of Reinhold Niebuhr* [*A teologia de Reinhold Nieburh*], Grand Rapids, MI, 1951) e de três apologias* influentes.

Na primeira de suas apologias, *An Introduction to Christian Apologetics* [*Introdução à apologética cristã*] (Grand Rapids, MI, 1948), Carnell propõe como prova da verdade uma "consistência sistemática" (a saber, "obediência à lei da não contradição" e conformidade com "a totalidade de nossas experiências"). Mostra que a cosmovisão cristã passa nesse teste, enquanto outras religiões e cosmovisões não o conseguiriam.

Sua obra *A Philosophy of the Christian Religion* [*Filosofia da religião cristã*] (Grand Rapids, MI, 1952) acrescenta à anterior uma apologética baseada em valores (axiologias). Carnell examina, aqui, "um conjunto de opções típicas de valor" pelas quais um indivíduo poderia viver e morrer. Em cada caso, mostra o motivo pelo qual "alguém é capaz de se mover do nível mais baixo ao mais alto". As "posições mais baixas" dos bens e prazeres materiais, as "mais elevadas" da busca do conhecimento, e as "opções limiares" de devoção ao homem e a deuses subcristãos são, todas, incapazes de proporcionar uma satisfação definitiva, que só pode ser encontrada por meio da fé na pessoa de Cristo.

O argumento que apresenta em *Christian Commitment* [*O compromisso cristão*] (New York, 1957) é mais de ordem moral do que axiológico ou racional. Carnell propõe "uma terceira maneira de conhecer", além do conhecimento por familiaridade e por inferência. Trata-se do "conhecimento pela autoaceitação moral" ou conhecimento da verdade como retidão, que está intimamente envolvido com o conhecer as pessoas, inclusive a própria pessoa de Deus. Mas ninguém pode ter essa espécie de conhecimento sem ser "moralmente transformado pelas realidades que já sustentam uma pessoa". Essa terceira apologia de Carnell constitui não só um argumento procedente do "sentimento judicial" para com Deus, que é a sua fonte, mas também um chamado para que nos humilhemos, a fim de conhecermos a pessoa de Deus.

Bibliografia

M. Erickson, *The New Evangelical Theology* (Westwood, NJ, 1968); G. Marsden, *Reforming Fundamentalism* (Grand Rapids, 1988); R. Nelson, *The Making and Unmaking of an Evangelical Mind: Case of Edward Carnell* (New York, 1988).

D.W.C.

CASAMENTO, ver SEXUALIDADE.

CASTIGO. Considera-se geralmente que a definição de um castigo, ou uma punição legal, deve conter três elementos: 1. a penalidade, constituída de determinado sofrimento sobre o transgressor, ou ofensor, 2. com base na transgressão específica e 3. administrada por autoridade legítima. O castigo distingue-se, portanto, de qualquer forma de reabilitação do transgressor, em que o sofrimento é incidental, assim como de outras formas legítimas de causar a supressão de alguma liberdade ou o sofrimento, tais como a taxação de tributos ou a cirurgia e da vingança pessoal. Todo castigo é uma paga, ou retribuição,

CASTIGO

no sentido estrito de que atinge o transgressor por causa da transgressão. Mas nem todas as teorias de castigo são "retributivas", no sentido mais amplo de não considerar a prática da paga, ou retribuição, autojustificável e suficiente para a manutenção da instituição do castigo a que deu origem.

Tem sido comumente sustentado que uma avaliação teórica do castigo deve mostrar como a punição retribuidora cumpre as exigências gerais de justiça. Opcionalmente, deverá também procurar mostrar quais os modos ou aplicações específicos de castigo que melhor venham a cumprir essas exigências. Não é de se esperar, geralmente, que tal avaliação mostre, também, aquilo que outros interesses possam legitimamente determinar quanto ao tratamento a ser dado ao transgressor (tal como o desejo de vê-lo professar a fé cristã ou o desejo de mitigar os males sociais e psicológicos que possam resultar da punição), essa preocupação pertence a uma teoria social mais ampla. Tampouco a avaliação é obrigada a considerar se o castigo é justificável em cada caso particular, que é matéria de inquérito judicial comum.

Das três teorias formais de castigo tradicionalmente reconhecidas no Ocidente, duas partem da suposição de que o castigo retribuidor não é autojustificável. A teoria mais antiga tentava justificar a punição como um benefício moral para o transgressor. Platão* (*Górgias*, 476-477) argumenta que, sendo o castigo justo "um bem", faz bem a quem o recebe: fica liberto da injustiça da alma. A teoria foi influente na Antiguidade, e uma corrente do pensamento cristão (mais tarde considerada heterodoxa) interpretava o fogo do castigo eterno nesses termos (ver Orígenes*; Gregório de Nissa*). A falha dessa teoria está em sua suposição de que o castigo justo, por si mesmo, torna justo o sofredor.

A segunda teoria está associada ao surgimento do moderno pensamento político contratualista, no século XVII. De acordo com essa visão, o propósito do castigo deve ser a segurança dos demais membros da sociedade mediante o constrangimento do transgressor e a intimidação de outros praticamente transgressores. Pelo pensamento contratualista, os indivíduos cedem algumas liberdades ao Estado em troca da proteção de seus direitos, de modo que a racionalidade do castigo reside em sua função de salvaguardar as vítimas em potencial dos transgressores. A deficiência dessa teoria é que a intimidação e o constrangimento do transgressor não parecem proporcionar justificação suficiente para o limitado alcance da punição retributiva (como é indicado nos itens 1. e 2., acima); nem a teoria oferece motivo convincente para a intuição de que o castigo justo deva ser proporcional à transgressão.

A terceira teoria, associada, na atualidade, ao pensamento de Kant*, Hegel* e Schleiermacher*, e elaborada sobre uma concepção aristotélica*, trata a prática da retribuição como inerentemente autojustificável. É, por isso, quase sempre designada como teoria "retributivista", embora possa ser melhor chamada de teoria da "satisfação" ou "anulação" penal. Sua ideia básica é que o dano resultante da transgressão é cancelado

CASTIGO

ou anulado pela aplicação de uma injúria a ela comparável. A teoria trata mais efetivamente do que outras da questão da existência de uma base lógica para o caráter proporcional do castigo justo. Falha caracteristicamente, porém, sob outros aspectos, deixando de afirmar a dignidade do transgressor como portador de responsabilidade moral. No entanto, enfatiza, por vezes, a ideia de retribuição igual a tal ponto que parece insistir sobre a *lex talionis*, ou o princípio do "olho por olho"; além do mais, sua ênfase sobre justiça absoluta de retribuição proporcional dá pouco espaço para a misericórdia e o perdão.

As limitações das teorias tradicionais do castigo resultam da sua falha em tratar a punição por meio de uma visão mais ampla da justiça na sociedade. As Escrituras têm pouco a dizer a respeito de castigo como tal, mas muito sobre "juízo"* (esse substantivo concreto é mais característico do que "justiça", abstrato; ver Justiça*). O juízo, ou julgamento, nas Escrituras, faz uma afirmação pública dos valores nos quais repousa a vida em comum da sociedade. A forma retributiva que o juízo usa, no AT, é derivada do fenômeno natural da vingança de sangue (*e.g.*, Gn 4.10,11; 9.6). O papel do juiz humano (como aparece, especialmente, no caso paradigma das cidades de refúgio, Nm 35; Dt 19; Js 20) é presumir a responsabilidade comunal de vindicar a queixa da vítima, transferindo assim o direito e dever de vingança da esfera pessoal para a esfera pública. Ao julgar, discriminando, desse modo, entre inocência e culpa* e retribuindo o transgressor com pena proporcio-

nal ao seu delito, o juiz transforma o ato de vingança, originalmente cego e arrebatado, em ocasião de afirmação pública da verdade. A proporcionalidade, nesse caso, não significa necessariamente acarretar uma arbitrária *lex talionis*, nem necessariamente implicaria um equilíbrio supostamente preciso entre responsabilidade e penalidade. Em vez disso, a prática da retribuição, aqui, é conformada em uma tal linguagem simbólica de resposta proporcional que permite um elevado grau de flexibilidade quanto aos métodos e aos graus de castigo.

O fato de a retribuição derivar da ira pessoal da parte ofendida ajuda a explicar a ambivalência persistente com que é vista. A ira, porém, não pode ser dispensada nem absolutizada porque constitui um aspecto do julgamento humano que existe sob as condições sociais e cósmicas rompidas com a queda* do homem. As Escrituras usam naturalmente, também, os conceitos retributivos referentes ao juízo final* de Deus, admitindo assim a concepção geral de que uma penalidade apropriada à transgressão deve fazer parte da justiça. Todavia, ao caracterizar o julgamento divino, por outro lado, como a livre justificação* dos pecadores, evita a aplicação indevida de normas da retribuição humana à retribuição divina. Explorar a interação desses dois conceitos na esfera escatológica requer uma discussão sobre a morte expiatória de Cristo — o castigo definitivo pelo pecado que, ao mesmo tempo, é o ato decisivo de perdão.

Bibliografia

Históricos: Tomás de Aquino, *Summa Theologica* II:1:87; H. Grotius,

CASUÍSTICA

182

The Right of War and Peace (London & New York, 1964), livro 2, caps. 20, 21; G. W. F. Hegel, *The Philosophy of Right* (TI, Oxford, 1967), seções 88-103; T. Hobbes, *Leviathan* (London, 1914), cap. 28; I. Kant, *The Metaphysical Elements of Justice*, seção 49E, parte 1 de *The Metaphysics of Morals* (TI, Indianapolis, IN, 1965); W. Perkins, *Epieikeia: or a Treatise of Christian Equitie and Moderation* (London, 1604); H. Rashdall, *The Theory of Good and Evil* (Oxford, 1907), livro 1, cap. 9; F. de Suarez, *De legibus ac Deo legislatore* (London, 1679), livro 5, caps. 1-12.

Contemporâneos: W. Berns, *For Capital Punishment. Crime and the Morality of the Death Penalty* (New York, 1981); Lord Longford, *The Idea of Punishment* (London, 1961); W. Moberly, *Responsibility* (London, 1951); O. O'Donovan, *Measure for Measure: Justice in Punishment and the Sentence of Death* (Bramcote, Nottingham, 1977); *Punishment*, Relatório do Grupo de Trabalho da Junta de Responsabilidade Social da Igreja da Inglaterra (London, 1963); J. H. Yoder, *The Christian and Capital Punishment* (Newton, KS, 1961).

O.M.T.O'D. e R.J.S.

CASUÍSTICA. Aplicação de princípios morais e determinação do certo e do errado em casos particulares à luz de circunstâncias e de situação peculiares. A casuística se torna necessária por não ser possível estruturar ou expressar as regras morais gerais mais importantes para cada situação e em cada caso sem exceção. Busca a casuística, assim, aplicar a regra geral mais específica e diretamente relacionada à real situação moral. Isso deve ser visto positivamente, como meio de tornar a lei mais adequada, eliminando a obscuridade e a dúvida quanto à sua aplicação. No puritanismo*, a casuística acompanhava o julgamento escrupuloso de "casos de consciência"*. Infelizmente, porém, na história cristã, a casuística tem sido vista negativamente, proporcionando desculpas e permitindo exceções onde não deveriam acontecer, como, particularmente, entre os jesuítas* no século XVII. Seu uso frequentemente sugere uma defesa capaz de justificar até o que é errado mediante um processo de raciocínio baseado em exceções. Assemelha-se, assim, de certa forma, à ética "situacional"*. Teologicamente, porém, a casuística leva em consideração a natureza decaída do mundo e da humanidade e reconhece a complexidade das decisões morais. Para poder lidar com a ambiguidade e a finitude da existência humana, as pessoas necessitam de uma orientação moral dada de modo detalhado.

Bibliografia

J. C. Ford & G. Kelly, *Contemporary Moral Theology*, 2 vols. (Westminster, MD, 1958-1963); K. E. Kirk, *Conscience and its Problems: An Introduction to Casuistry* (London, 1927); P. Lehmann, *Ethics in a Christian Context* (London, 1963).

E.D.C.

CATECISMOS. "Eu ainda tenho de ler e estudar o catecismo diariamente", declara Martinho Lutero* no prefácio do seu próprio *Breve Catecismo* (1529), acrescentando que, "todavia, não posso me comportar como mestre, como gostaria,

CATECISMOS

mas, sim, tenho de permanecer criança e aluno do catecismo e o faço alegremente". Os memoráveis catecismos longo e breve, de Lutero foram escritos para fazer face à ignorância espiritual que ele constatou existir na Saxônia. Para ele, o catecismo era uma explanação clara, em forma de perguntas e respostas, das coisas essenciais da fé cristã, especialmente o Decálogo, o Credo dos Apóstolos*, a Oração do Senhor e os sacramentos*. Esse tornou-se o principal significado da palavra que também pode ser usada para designar meios auxiliares de ensino religioso de diferentes tipos, como, por exemplo, cartazes ou livros, e contendo os mais diversos assuntos.

Enquanto Lutero, por um lado, iniciou um movimento de catequese que durou até o presente século, por outro lado, sua obra tornou-se parte de tradição bem mais ampla. Desde seus primeiros dias, tem estado a igreja preocupada em instruir os recém-convertidos e os seus membros. O foco e os métodos de instrução têm, por vezes, mudado. A iniciação cuidadosa no catecumenato, característica dos primeiros séculos, por exemplo, deu lugar a métodos muito menos estruturados na Idade Média, basicamente como resultado da prática difundida do batismo infantil. Permaneceu, no entanto, a preocupação de que o cristão comum deveria aprender as verdades básicas da religião e da piedade. Os reformadores protestantes, ao iniciar sua obra educacional, foram capazes de projetar um bom padrão para a instrução de crianças, mas que já tinha sido executado. Contudo, como as palavras de Lutero indi-

cam, o catecismo não deveria ser só para crianças, mas foi feito para formar o entendimento doutrinário básico de todo cristão.

Os catecismos de Lutero não foram os primeiros nem os últimos dos luteranos. Imensa multiplicação desses livretes de ensino ocorreu na Alemanha e em outros países da Europa à medida que pastores produziam os seus próprios, quase sempre impressos e distribuídos em grande quantidade.

Na Igreja Católica, os catecismos, como, por exemplo, o de 1555, feito pelo jesuíta* Pedro Canisius (1521-1597), foram usados amplamente pelo laicato, o que aconteceu também com o catecismo do Concílio de Trento (1566), feito para os sacerdotes. Catecismos têm continuado a ser publicados sempre entre os católicos.

Dos milhares de catecismos protestantes compostos nos séculos XVI e XVII, contudo, alguns merecem atenção especial. O *Breve Catecismo* de Lutero é uma obra-prima em seu gênero. Suas respostas incisivas objetivavam ser ouvidas, sobretudo, pelo coração; mas Lutero estava cônscio dos perigos do aprendizado mecânico, por isso, insistia em sua compreensão. Ao adotar a ordem de assuntos "lei, credo, oração, sacramentos", Lutero estava intencionalmente expondo o evangelho tal como o ensinava: primeiramente, a lei*, para revelar o pecado, em seguida a fé*, para propiciar a cura espiritual, enfim, a oração do Senhor, para pedir sua graça. Não obstante, ele pretendia, claramente, que a lei também guiasse a vida dos cristãos. Sua divisão do Credo Apostólico em três partes, correspondendo à obra

CATECISMOS

da Trindade* na criação*, redenção* e santificação*, proporcionou ao seu trabalho uma orientação evangélica* poderosa.

Os calvinistas, ou reformados, foram também rápidos na elaboração de catecismos. O Catecismo da igreja de Genebra, de autoria do próprio João Calvino (1541), exerceria forte influência entre as igrejas de seu segmento cristão. Calvino começa com a fé, em vez da lei, que ele via mais como uma regra de vida para os cristãos. As notas que distinguem seu catecismo podem ser encontradas nas abordagens da descida de Cristo ao inferno* e da ceia do Senhor (cf. Eucaristia*), assim como em uma ênfase persuasiva na união do crente com Cristo*. O diácono Alexander Nowell (c. 1507-1602), cujo longo catecismo inglês, de 1563, baseou-se muito em Calvino, abrandou o ensino sobre a união com Cristo, assim como reverteu a ordem de Calvino, tratando em primeiro lugar da lei.

Contudo, o mais importante dos primeiros catecismos calvinistas foi o de Heidelberg (1563), composto por Zacharias Ursinus (1534-1583) e Caspar Olivianus (1536-1587) para ser usado na região do Palatinado. Sua teologia sacramental é nitidamente reformada, mas em seu todo procura mediar entre os ensinos de Calvino e Lutero. Está ainda em uso nas igrejas reformadas de tradição holandesa (cf. Teologia Reformada Holandesa*), em razão de sua clareza, brevidade e fervor piedoso. A pergunta inicial, brilhantemente concebida — "Qual o seu único conforto na vida e na morte?" — tem uma resposta profunda que começa assim: "Que

eu, em corpo e alma, tanto na vida quanto na morte, não me pertenço, mas pertenço ao meu fiel Salvador Jesus Cristo [...]". Sua tríplice forma de desenvolvimento — "A miséria do homem"; "A redenção do homem" e "A gratidão do homem" — contribui, igualmente, para cativar a atenção do leitor.

O *Livro de oração comum* contém um breve catecismo inglês, mas o uso mais intenso dos catecismos britânicos se daria entre os puritanos*, como é o caso do catecismo de William Perkins (1558-1602), intitulado *The Foundation of Christian Religion* [*O fundamento da religião cristã*]. Ele é interessante, sobretudo, por oferecer um exemplo de como o ensino da experiência e de assuntos teológicos pode modificar a forma e o conteúdo do catecismo. Esse catecismo foi projetado para ser usado antes do catecismo convencional, numa tentativa de tornar real para o aluno a experiência da fé cristã, a fim de que pudesse ser "de algum modo sentida no coração".

Talvez o mais famoso de todos os catecismos reformados, contudo, seja o *Catecismo Breve* produzido pela Assembleia de Westminster, em 1648. Sua influência, especialmente na Escócia, tem sido ímpar. T. F. Torrance* chama-o de "um dos mais importantes e notáveis documentos de toda a história da teologia cristã". Esse catecismo aborda a lei, os sacramentos e a oração do Senhor, mas abre mão do credo em favor de uma seção preliminar que trata da pessoa de Deus, de seus pactos e decretos, expondo a história da redenção consumada e posta em prática. Sua eficácia reside na progressão teológica de seu pensamento e nas respostas, breves, mas excelentes, às perguntas feitas.

A intenção para a instrução dos catecismos era de que esta se realizasse nos lares e nas escolas, além de nas igrejas. A congregação, devidamente instruída, estaria, assim, pronta a receber o benefício dos sermões, já tendo o catecismo proporcionado a estrutura doutrinária básica adequada à compreensão da exposição de passagens das Escrituras. O método dialogal buscava oferecer respostas perceptíveis da verdade divina, os catecismos tentaram estruturar essa verdade de um modo ordenadamente correspondente ao progresso da vida cristã. Todavia, como forma de ensino, os catecismos parecem ter perdido basicamente a atenção das igrejas, apesar de um novo catecismo ainda ser ocasionalmente publicado e até a prática da catequese vir experimentando ultimamente certo reavivamento. É salutar, no entanto, observar a avaliação de G. Strauss de que os resultados de todos os esforços das primeiras gerações de luteranos foram escassos e contraproducentes. A questão, agora, é se é possível ou desejável organizar o crescimento espiritual dos crentes ou se a abstração do credo, do Decálogo e da ceia do Senhor do corpo da verdade cristã é teologicamente justificável. Apesar de quaisquer que sejam seus pontos fracos, porém, os catecismos buscam ensinar a doutrina cristã básica e foi para o empobrecimento da igreja que nada parece ter podido substituí-los.

Bibliografia
H. Bonar, *Catechisms of the Scottish Reformation* (London, 1866); D.

Janz, *Three Reformation Catechisms: Catholic, Anabaptist, Lutheran* (New York, 1982); G. Strauss, *Luther's House of Learning* (Baltimore, MD, 1978); T. F. Torrance, *The School of Faith* (London, 1959); J. H. Westerhoff III & O. C. Edwards Jr., *A Faithful Church* (Wilton, CT, 1981).

P.F.J.

CATOLICIDADE. É um dos "sinais" (ou marcas) característicos da igreja* de Cristo, juntamente com sua unidade, santidade e apostolicidade. No período patrístico*, a catolicidade indicava o fato de ser a igreja uma sociedade universal, confessando uma só fé, com um só batismo e envolvida na missão de Deus neste mundo por estar unida a Cristo, o Senhor.

Contudo, os cismas*, as divisões e as heresias* levaram à necessidade de haver critérios para se estabelecer a catolicidade. O texto a respeito desse tema mais famoso e amplamente usado é o de Vincent de Lérins (m. antes de 450), que, no começo do século V, apresentou o seguinte critério tríplice, conhecido como Cânon Vicentino: *Quod ubique, quod semper, quod ab omnibus creditum est* — "aquilo que tem sido crido em toda parte, sempre e por todos". Os que aceitam esse critério, o vêem como apontando para as sagradas Escrituras, os credos antigos*, os dois sacramentos* e o triplo ministério na condição de serem as regras necessárias à existência de catolicidade; outros acrescentam ainda o papado*, como o meio pelo qual as regras seriam mantidas. Considerado assim, no entanto, o cânon vicentino exclui grande parte

CEIA DO SENHOR

do ramo protestante* ortodoxo da igreja. Portanto, para que a palavra "catolicidade" possa ser aplicável, deve ter outro significado.

Uma possibilidade é que seja usada com um significado mínimo que indique meramente um fato histórico e existencial, pois como Cristo ordenou que o evangelho fosse pregado por toda a ordem criada, a igreja se tornou uma sociedade universal. Outra abordagem, mais adequada, lembra que o termo "católico" indica "totalidade" (gr. *kath'holou*, "no todo"), devendo-se ver, desse modo, a catolicidade como aquilo que Deus chama de sua igreja, pois ele proveu a totalidade de seu povo no Senhor Jesus. Essa totalidade inclui tudo aquilo que Cristo, em seu Espírito, e por intermédio dele, quer compartilhar com o seu corpo e nele derramar em termos do fruto e dos dons do Espírito, santificante e libertador. Nesse entendimento, portanto, a catolicidade é experimentada de forma maior ou menor no presente e é para ela que o povo de Deus se move em esperança, como peregrino. Deve-se acrescentar que essa abordagem está de pleno acordo com o primeiro uso registrado do termo "católico" na literatura eclesiástica. Por volta do ano 112, Inácio de Antioquia escrevia à igreja de Esmirna: "Onde quer que Cristo esteja, existe a igreja católica".

Bibliografia

TI do *Commonitorium*, de Vincent, *in:* G. E. McCraken, *Early Medieval Theology* (*LCC* IX; London, 1957).

R. N. Flew & R. E. Davies (eds.), *The Catholicity of Protestantism* (London, 1950); A. Harnack, *History of Dogma*, vol. 2 (London, ²1896); D. T. Jenkins, *The Nature of Catholicity* (London, 1942); J. H. Maude, *in ERE* 3, p. 258-261; J. Pearson, *An Exposition of the Creed* (1659), ed. E. Walford (London, 1850).

P.T.

CEIA DO SENHOR, ver Eucaristia.

CELIBATO, ver Sexualidade.

CERTEZA DA SALVAÇÃO. Historicamente, a questão de se a certeza (ou segurança) da salvação definitiva é possível ou não nesta vida ganhou destaque por ocasião da Reforma*. Anteriormente, embora alguns, *e.g.* Agostinho* e Duns Scotus*, tivessem aceitado essa possibilidade, o consenso geral permitia cada vez mais só o conhecimento conjectural da graça com base nas boas obras, pois a doutrina medieval da penitência* havia ligado o perdão à autoridade eclesiástica. O Concílio de Trento (ver Contrareforma Católica*), por sua vez, anatematizou tudo aquilo que ensinasse que tal certeza era possível, mas só por uma revelação especial. A asserção dos reformadores sobre a supremacia das Escrituras anulou o papel intermediário da hierarquia eclesiástica. Para Lutero*, Calvino*, Zuínglio* e Bucer*, a certeza da salvação era um componente normal da fé*. Calvino considerava a fé salvadora como certeza da salvação (*Institutas*, II.ii.7), pois baseava essa certeza em Cristo (*e.g.*, *ibid.*, III. xxiv.5). O calvinismo* posterior baseou a certeza de salvação cada vez mais na santificação*, tornando-a, assim, dependente da condição

CERTEZA DA SALVAÇÃO

de piedade da pessoa. Não era mais tida, portanto, como elemento indispensavelmente constituinte da fé salvadora. Do mesmo modo, a Confissão de Fé de Westminster* (1647) separou a fé salvadora e a certeza da salvação em dois capítulos não contíguos. Tem-se procurado a explicação para essa mudança em fatores tais como a extensão da expiação* e a teologia do pacto*.

Têm ocorrido debates sobre se Calvino veio a permitir que a santificação fosse uma base para a certeza da salvação. Alguns (*e.g.*, Niesel, Kendall) negam isso, enquanto outros (*e.g.*, Barth*, Berkouwer*) sustentam que ele permitiu, sim, mas em sentido estritamente secundário. No rastro do Iluminismo*, a absolutização do tempo*, ocasionada pelo dualismo* pós-kantiano*, tornou problemáticas as questões da eternidade. Não obstante, o pensamento criativo voltou-se com extensas implicações para a certeza da salvação, notadamente em Karl Barth e Jürgen Moltmann*.

A maneira como o AT se concentra sobre os atos de Javé não oferece uma anatomia detalhada da fé e da certeza da salvação. Embora a fé paradigmática de Abraão fosse sua confiança em Javé e na promessa do pacto (Gn 15.6), ela é descrita por Paulo, no entanto, como certeza da salvação plena (Rm 4.13-25). Muitos salmos, por sua vez e a despeito de lutas preponderantes, mostram essa mesma confiança (*e.g.*, Sl 22, 40—44, 46, 102, 130), embora, às vezes, haja neles até uma tristeza inconsolável (Sl 38, 88, 109).

No NT, a esperança da redenção se cumpre na morte e ressurreição de Cristo, enquanto Pentecoste marca a presença da futura con-

sumação na era atual. Assim, o NT enfatiza o caráter de normalidade da certeza da salvação, descrevendo a fé cristã como uma confiança alegre em Jesus Cristo. O mais próximo de uma definição de fé está em Hebreus 11.1, em que é descrita como "a certeza daquilo que esperamos e a prova das coisas que não vemos", indicando o contexto uma resposta obediente à promessa de Deus com certa expectativa de sua realização futura. Os leitores de 1Pedro, mesmo que em sofrimento, são direcionados para o recebimento de sua herança garantida para a qual eles mesmos são preservados por Deus (1Pe 1.3-5). Paulo, por sua vez, baseia a certeza da salvação no propósito de Deus, na obra salvadora de Cristo e no ministério do Espírito, contra o que nada pode prevalecer (Rm 8.12-39); enquanto 1João insiste, repetidamente, em que "sabemos".

Teologicamente, a certeza da salvação está baseada no caráter de Deus e na finalidade de sua revelação em Jesus Cristo. Uma vez que Cristo é consubstancial com o Pai desde a eternidade, sua palavra para nós é a verdadeira expressão da eterna vontade de Deus. Sua encarnação é "garantia de nossa filiação" (Calvino, *Institutas*, II.xii.3), pois tomou a nossa natureza e a colocou em união com Deus. Sua morte constitui expiação eficaz pelos nossos pecados. Sua ressurreição estabelece nossa própria exaltação junto com ele. Em união com Cristo, é-nos dado partilhar da vida de Deus na comunhão (Jo 6.56,57; 17.21,23; 2Pe 1.4). Além de tudo, o propósito eterno de Deus permanece firme. Ele comprometeu-se consigo mesmo

CÉU

188

em nos preservar (Jo 6. 37-40; 10.28,29; 17.12). A promessa central do pacto — "serei o seu Deus, e vocês serão o meu povo" (Lv 26.12; Jr 32.38; Ez 37.27; Ap 21.3) — é a afirmação que Deus faz de nossa futura salvação em Cristo. Mostra também a natureza corporativa do evangelho, pois só na igreja a certeza da salvação é dada, o Espírito Santo batiza-nos no corpo de Cristo e capacita-nos a nos alimentarmos nele na eucaristia.

A santificação é a base da certeza da salvação? Com certeza, a obra do Espírito Santo em nós atesta a obra de Cristo na expiação e a obra do Pai na eleição. Todavia, a introspecção pode nos conduzir ao desespero ou à autojustiça. Embora a certeza possa ser encontrada somente quando Deus nos confere santificação, o fundamento de uma e outra é a obra consumada de Cristo. Com o crescente questionamento do individualismo da pós-Renascença, teremos a dimensão corporativa da certeza da salvação provavelmente revelada em um foco mais nítido.

Bibliografia
Karl Barth, *CD*, II.2, p. 334-340; G. C. Berkouwer, *Divine Election* (Grand Rapids, MI, 1960); Calvino, *Institutas*, II.xii-xvii; III.ii.1-43; III.xxiv.5; R. T. Kendall, *Calvin and English Calvinism to 1649* (London, 1979); Jürgen Moltmann, *Theology of Hope* (London, 1967).

R.W.A.L.

CÉU, ver Escatologia.

CHALMERS, THOMAS (1780-1847). Professor de Teologia em Edimburgo, de 1828 até sua morte,

Chalmers foi famoso como pregador, ministro paroquial e líder do partido evangélico* na Igreja da Escócia, bem como dirigente da Igreja Livre da Escócia após a Ruptura de 1843. Embora resida nisso sua maior reputação e seu desprezo pelos sistemas teológicos fosse bem conhecido, se não bem lembrado, sua influência sobre gerações de estudantes de teologia foi profunda. Preservou muitos dos valores mais importantes da tradição moderada, que havia abraçado antes de sua conversão, em 1811, e que viria a representar a tradição evangélica de preocupação principal na proclamação e aplicação do evangelho mais do que em uma formulação excessivamente precisa de seu conteúdo. Para Chalmers, a expiação* era o ponto central da missão da igreja na transformação pessoal e social, mas aconselhava os estudantes a não pregar sobre predestinação*, que era assunto de Deus, e não deles. A liberação da adesão presbiteriana aos aspectos mais rígidos da Confissão de Fé de Westminster, que se deu cerca de trinta anos após sua morte, reflete muitos dos valores teológicos de sua pregação e de suas preleções. Seu sermão *The fullness and freeness of the gospel offer* [*A plenitude e a liberdade da oferta do evangelho*] resume, no título e no conteúdo, o entendimento básico de Chalmers da mensagem cristã. Suas *Theological Institutes* [*Instituições teológicas*], que constituem os volumes 7 e 8 de suas *Posthumous Works* [*Obras póstumas*], 1847-1849, e outros escritos relevantes podem ser encontrados em sua coletânea de obras (*Works*), 1836-1842.

Bibliografia

S. J. Brown, *Thomas Chalmers and the Godly Commonwealth* (Oxford, 1982); A. C. Cheyne (ed.), *The Practical and the Pious: Essays on Thomas Chalmers* (1780-1847) (Edinburgh, 1985); S. Piggin & J. Roxborogh, *The St Andrews Seven* (Edinburgh, 1985).

W.J.R.

CHAMADO. Teólogos, especialmente da tradição reformada*, costumam distinguir entre chamado geral e chamado eficaz. *Chamado geral* é o termo aplicado à oferta universal de salvação, do evangelho, feito a todos, sem distinção, mediante a pregação da palavra de Deus. Como tal, encontra ampla variedade de respostas. Já o *chamado eficaz* é o evento ou processo pelo qual cada pessoa é conduzida a um estado de salvação em Cristo. Consequentemente, esse chamado é restrito em seu fim. Constitui um ato da graça e do poder de Deus, pelo qual ele soberanamente nos une a Cristo (1Co 1.9; 2Tm 1.8,9). Deus Pai é seu agente específico (Rm 8.28-30; Gl 1.15; Ef 1.17,18; 1Co 1.9; 2Tm 1.8,9), não só nos convidando, mas nos introduzindo de forma poderosa e graciosamente em seu reino, em conformidade com seu eterno propósito em Cristo que nunca falha (Rm 8.28-30; 11.29).

Dessa maneira, sendo o chamado eficaz um ato soberano de Deus, de nenhum modo poderá ser definido em termos de resposta de uma pessoa. É o passo inicial para a aplicação da redenção de que são dependentes a fé*, a justificação*, a adoção (ver Filiação*), a santificação* e a glorificação (ver *Ordo Salutis*). Tem uma orientação teleológica, estando associada no NT aos propósitos supremos de Deus para o seu povo de comunhão com Jesus Cristo (1Co 1.9), de bênção (1Pe 3.9), de liberdade (Gl 5.13), de paz (1Co 7.15), de santidade (1Ts 4.17), de vida eterna (1Tm 6.12) e de participação em seu reino e em sua glória (1Ts 2.12).

Contudo, o chamado geral e o chamado eficaz não devem ser entendidos como dois fenômenos separados, mas, sim, como um só chamado visto de diferentes perspectivas. O chamado eficaz baseia-se no chamado geral feito no evangelho, pois o atrativo apelo que Deus faz à mente e à consciência humanas mediante a pregação da palavra é a ocasião normal, mais comum, do seu chamado de cada pecador para si (1.Co 1.18—2.5; 1Ts 1.4-10; 2.13; At 16.13,14). Muito embora no NT o peso e a força dos argumentos sejam quase que totalmente colocados na atração eficaz do homem para Cristo, deve-se também levar em conta a ênfase igualmente forte sobre a responsabilidade e o privilégio de proclamar Cristo ao mundo, em conexão com que é realizada a aplicação soberana da redenção de Deus.

Na igreja primitiva e, depois, novamente nos períodos da Reforma e de pós-Reforma, o chamado eficaz era comumente identificado com a própria regeneração*.Todavia, o chamado eficaz se relaciona mais com a vida consciente do ser humano, enquanto a regeneração, em seu sentido estrito, ocorre mais no íntimo do ser. O chamado tem, além disso, uma orientação teleológica que a regeneração, no sentido acima, não possui.

CHEMINITZ, MARTIN

Bibliografia
H. Bavinck, *Our Reasonable Faith* (Grand Rapids, MI, 1977); L. Berkhof, *Systematic Theology* (London, 1958); L. Coenan, *in: NIDNTT*, p. 271ss; J. Murray, *Redemption Accomplished and Applied* (London, 1961).

R.W.A.L.

CHEMINITZ, MARTIN, ver LUTERANISMO.

CHICAGO, ESCOLA DE TEOLOGIA.

Principal proponente do modernismo teológico e reduto da ala radical do movimento liberal* no protestantismo norte-americano, a escola de teologia de Chicago esteve amplamente associada à Escola de Teologia da Universidade de Chicago durante meio século, de 1890 a 1940. Atingiu seu auge durante o período em que Shailer Mathews (1863-1941) era o diretor (1908-1933); contando, como destacados membros de seu corpo docente, entre outros, com George Burman Foster (1858-1918), Shirley Jackson Case (1872-1947), Gerald Birney Smith (1868-1929), Edward Scribner Ames (1870-1958) e Henry Nelson Wieman (1884-1975). Incorporando ampla variedade de perspectivas, os modernistas de Chicago defendiam uma abordagem empírica* e pragmática à religião cristã, enfatizando seus valores funcionais, evidenciando, em suas posições, débito para com as filosofias, sobretudo, de William James (1842-1910), John Dewey (1859-1952), George Herbert Mead (1863-1931) e Charles Peirce (1839-1914).

O modernismo de Chicago celebrava o "espírito da época", tanto na dimensão científica quanto na democrática. Teologicamente, isso implicava rejeitar uma revelação especial* como base para a autoridade teológica, em favor da experiência como critério da verdade em matéria de religião. Sua ênfase na experiência, no entanto, não estava ligada à tradição de Schleiermacher* do uso da experiência religiosa pessoal*, mas, sim, consistia em uma abordagem mais radical, visando a assegurar legitimidade científica à religião, apelando, para tanto, à vivência de domínio público — ou seja, àquilo que fosse acessível e verificável por todos os pesquisadores. Promovia, desse modo, um método sócio-histórico para estudo dos fenômenos religiosos como conduta humana e não divina, supondo que todas as tradições teológicas deveriam evoluir com o passar do tempo. Eram, assim, características de realce nas posições da escola a abertura ao questionamento radical das formas teológicas, a vontade manifesta de experimentar novas concepções de Deus e uma afirmação dos ideais e valores humanos, com uma visível tendência para o humanismo.

Sob o ponto de vista sociocultural, os modernistas de Chicago foram, de fato, também apóstolos de uma "religião de democracia". Transpirando otimismo a respeito da natureza humana altruísta e quanto a uma ascensão evolucionária que apontava para o futuro do homem, seus teólogos combinavam e confundiam cristianismo com democracia. Tal crença liberal numa deidade imanente e democrática foi extremamente afetada, no entanto, por um novo espírito geral, de pessimismo e cinismo emergentes, quando da deflagração da Primeira Guerra

Mundial e da depressão econômica, principalmente norte-americana, que se seguiu ao conflito.

Bibliografia
C. H. Arnold, *Near the Edge of Battle: A Short History of the Divinity School and the Chicago School of Theology 1866-1966* (Chicago, 1966); W. J. Hynes, *Shirley Jackson Case and the Chicago School: the Socio-Historical Method* (Chico, CA, 1981).

S.R.P.

CIÊNCIA CRISTÃ, ver Seitas.

CIÊNCIA E TEOLOGIA. No presente artigo, a palavra "ciência" significa o estudo sistemático do mundo natural, atividade ao mesmo tempo intelectual, prática e social. Deve ser diferenciada, desse modo, do vasto corpo de "fatos" empíricos acumulados por essa atividade, chamado comumente de "ciência" em linguagem popular.

O caráter exato da empreitada científica e sua metodologia têm variado com o tempo. Considera-se que a "ciência moderna" tenha tido origem na Europa Ocidental, na época da Renascença e da Reforma. Desde então, seu relacionamento com a teologia tem sido concebido em uma variedade de modos.

1. Modelos de relacionamento entre ciência e teologia
Alguns imaginam um modelo de *independência total* entre ciência e teologia, eliminando assim qualquer das possibilidades e questões discutidas abaixo. Tal modelo de interação zero é irreconciliável com a evidência histórica, que aponta para uma série contínua de forte interação de ambas por muitos séculos.

Em seguida, vem o modelo de *conflito* entre ciência e teologia, constantemente desenvolvido, a partir de Darwin, por aqueles, por exemplo, que ansiavam que a ciência tivesse supremacia cultural sobre a igreja na Inglaterra no final da era vitoriana. Com base em episódios em que a evidência científica chegou realmente a solapar tradições aparentemente baseadas na Bíblia (*e.g.*, Galileu e Darwin), uma imagem triunfalista generalizada passou a ser cultivada em relação à ciência, muito disso se devendo ao pensamento da filosofia positivista* de que somente o conhecimento científico era significativo. A despeito da constatação muito evidente das grosseiras distorções históricas introduzidas por essa preconceituosa generalização, sua manutenção e sobrevivência na literatura e no conhecimento de âmbito popular, que prossegue nos dias de hoje, testifica sua forte influência na mentalidade pública.

Um terceiro modelo é o da *complementaridade*, que (embora não com esse nome) pode ser datado do século XVII, desde Francis Bacon (1561-1626). Bacon referia-se à existência de "dois livros", o livro da natureza e o livro das Escrituras, cada um dos quais deveria ser lido e entendido. Como ambos provinham do mesmo Autor, dizia ele, não poderiam estar em conflito. Mas, como cada um deles tinha um propósito diferente, seria inútil misturar "filosofia" (ciência) com teologia e procurar dados científicos nas páginas das Escrituras. Os problemas surgiam, contudo, quando as evidências

CIÊNCIA E TEOLOGIA

bíblica e científica pareciam se chocar e, nessas circunstâncias, era necessário reconhecer a complementaridade de seus modos de explicação. Calvino*, valendo-se do conceito de "acomodação" de Agostinho*, afirmava que o Espírito Santo acomodava sua linguagem à do homem comum a fim de poder ensinar princípios espirituais. Daí, permanecerem ainda as narrativas bíblicas dos dias da criação*, da estrutura do cosmo, do sol em oposição à terra e a de um dilúvio literalmente universal ser suscetível de interpretação não literal. Em outras palavras, as narrativas bíblica e científica dos fenômenos naturais têm propósitos complementares, e não contraditórios, sendo as preocupações da Bíblia não materiais, mas espirituais e eternas. Essa perspectiva continua vigente ainda hoje, podendo ser proveitosamente aplicada a problemas diversos nessa área, a começar pelo debate a respeito da criação do universo.

Apesar de todos os seus méritos, no entanto, esse modelo falha em uma série de aspectos, particularmente por ignorar a considerável rede de relacionamentos entre a ciência e a teologia revelada pela recente erudição histórica. Um quarto modelo, todavia, leva em conta esses dois últimos, podendo ser chamado de *simbiose*. Ele reconhece que, historicamente, os pensamentos científico e teológico devem muito um ao outro e que seu crescimento tem sido promovido mutuamente. Concorda com a constatação de que muita coisa do conhecimento é dependente da própria cultura, mas não fere a independência dos dados, quer da Bíblia quer do mundo natural;

simplesmente reconhece que, na interpretação desses dados, as ideias teológicas e científicas são frequentemente mescladas no cérebro, como, de fato, o são em uma sociedade. Daí, poder-se esperar algum grau de influência mútua, sendo esse, justamente, o caso.

2. Influência da ciência sobre a teologia

Muitas têm sido as respostas da teologia face à ciência. Uma das mais antigas foi a da *teologia natural*. Desde Robert Boyle (1627-1691) até Paley*, a literatura inglesa está cheia de tentativas de descobertas científicas com base na apologética cristã. Tem-se argumentado, de certa forma dubiamente, que por trás de tais empenhos estaria uma busca por estabilidade social, que poderia ser escorada por uma forte Igreja Anglicana. Suas fórmulas, inalteráveis seriam confirmadas por leis inalteráveis da ciência. Seja como for, no entanto, o argumento do "desígnio" acabou por sobreviver, embora de forma enfraquecida, até mesmo aos ataques violentos do darwinismo. Com o conhecimento maior que se tem hoje da complexidade do mundo natural, tentativas têm sido feitas para revivê-lo, mas sem grande sucesso.

Foi, na verdade, a regularidade impressionante do universo mecânico, enfatizado por Isaac Newton*, que levantou questões urgentes sobre a intervenção divina. Deus intervinha no movimento da máquina que havia criado ou não? O dilema foi cristalizado na observação atribuída a Laplace (1749-1827) (e provavelmente apócrifa) de que "não necessitava dessa hipótese (Deus)" em sua cosmologia. Surgia, assim, um estímulo poderoso para o crescimento do *deísmo** e seus derivados, como, por exemplo, o unitarismo*. Ao final do século XVIII, já existia um reconhecimento de que todos os eventos naturais (e não apenas aqueles explicáveis pelas leis científicas conhecidas) deveriam ser vistos como atividade de Deus. Uma teologia de Deus-nas-lacunas comprovou ser, surpreendentemente, duradoura, representando mais um equívoco popular a respeito do relacionamento entre ciência e religião.

Uma outra resposta da teologia à ciência surgiu na área da *interpretação bíblica*. Remonta, pelo menos, ao famoso gracejo de Galileu, em 1615, de que, nas Escrituras, "a intenção do Espírito Santo é nos ensinar como alguém vai para o céu, e não como o céu funciona" — resposta gerada, certamente, em parte, por suas próprias descobertas telescópicas e em defesa das de Copérnico. Desde aquele tempo, as descobertas e teorias da ciência têm, não raramente, conduzido a uma revisão das interpretações tradicionais das Escrituras. Isso inclui antigas ideias sobre a idade da Terra, a estrutura do universo, a extensão do dilúvio de Noé e as origens das espécies biológicas, inclusive do ser humano. Poucos comentadores bíblicos discordam quando tal revisão acontece em relação à cosmologia, mas a aplicação de semelhante metodologia à questão da origem humana é ainda controversa.

É importante não tornar implícito que exista uma função ímpar para a ciência de reinterpretação das Escrituras, mas esta também não pode ser negligenciada. Uma área onde a resposta teológica à ciência tem sido argumentada com muito menos justificação é na *"demitização"* (ver Mito*), preconizada por Bultmann* e outros. A asserção de que não é possível se crer no chamado "milagre"* em uma era científica é tão não filosófico quanto não histórico. Ignora o fato de que a ciência está, por definição, preocupada com o que é natural, não devendo, assim, pronunciar-se a respeito de rupturas ou anormalidades. Além disso, deixa de observar que, na época em que a demitização entrou em voga, o dogmatismo científico positivista e fora de moda estava em pleno declínio, podendo, para isso, ser citada uma variedade de causas, entre as quais, notadamente, o fim do mundo determinista* da mecânica de Newton em face dos desafios sucessivos a ele apresentados pelas novas leis da termodinâmica, da relatividade e da teoria quântica.

Finalmente, deve-se observar que a *teologia do processo**, de Whitehead, Hartshorne e outros, surgiu, pelo menos assim parecendo ostensivamente, da preocupação em entender o relacionamento de Deus com o mundo natural conforme é estudado pela ciência.

3. Influência da teologia sobre a ciência

As origens e o crescimento da ciência podem ser considerados de forma útil em termos de uma resposta à visão bíblica liberada na Reforma e a partir desta (Hooykaas, Russell). Essa resposta pode ser vista nos escritos de muitos homens da ciência e na similaridade morfológica entre teorias científicas e religiosas.

CIÊNCIA E TEOLOGIA

Cinco aspectos podem ser, no caso, identificados:

1. A eliminação do mito* na natureza: uma natureza dotada de ânimo próprio ou, assim, "divina" não é suscetível à pesquisa científica nem compatível com as injunções bíblicas que, ao contrário, tratam a natureza como criação dependente de Deus (Sl 29, 89, 104, 137, etc.), o único que deve ser adorado (Dt 26.11; Is 44.24; Jr 7.18, etc.). A substituição de um universo orgâmico por um mecânico ("demitização" da própria natureza) coincidiu com uma consciência de reserva renovada em relação tal ensino.

2. As leis da natureza: sua emergência, no século XVII, foi considerada por Zilsel (*Physical Review* [*Revisão de física*] 51, 1942, p. 245-279) como um derivativo das doutrinas bíblicas, citando, entre outras passagens, Jó 28.26 e Provérbios 8.29. Escritores posteriores (Whitehead, Oakley, etc.) fortaleceram essa tese.

3. O método experimental: tanto no puritanismo* inglês quanto no calvinismo* europeu, o questionamento da natureza foi fortemente encorajado como alternativa ao raciocínio abstrato das culturas pagãs antigas. Foi visto, então, como plenamente compatível com a ordenança bíblica de se "testar" todas as coisas (1Ts 5.21; Rm 12.2; Sl 34.8; etc.).

4. O controle da terra: Bacon e seus seguidores viam presente nas Escrituras (Gn 1.26; Sl 8.6-8, etc.) um nítido mandamento para que o mundo natural fosse alterado em benefício do homem.

5. Para a glória de Deus: até os escritores patrísticos já acreditavam que a pesquisa científica pudesse adicionar brilho ao nome divino; mas isso floresceria mais fortemente no século XVII. Assim, Kepler (1571-1630), ao estudar os céus, que declaram a glória de Deus (Sl 8, 19, 50), declarou estar "pensando os pensamentos de Deus de acordo com ele". Isso foi, por si mesmo, motivo poderoso para a exploração científica da natureza.

Como a ciência pode ser vista, sem exagero, como historicamente dependente, dado seu surgimento da teologia cristã, então, em uma época em que isso parece ter sido basicamente esquecido, a teologia bíblica tem contribuição até mais importante a fazer. É na área de *direção ética*. Para tal impacto, é crucial haver uma renovação no conceito bíblico de mordomia*, que deve ser visto como uma saída para os dilemas presentes em questões preocupantes que vão desde a poluição da biosfera até um possível holocausto nuclear. Pois tudo isso resulta de tecnologia disponibilizada pela ciência. Além disso, muitos dos aspectos da ciência moderna têm sido vistos como meios de erodir a dignidade e o valor humanos, desde extrapolações da ciência biológica até a chamada "sociobiologia", ou em um reducionismo ingênuo, que, à maneira dos atomistas gregos, considera todos os fenômenos em termos puramente materiais. Para uma cosmovisão que se intitula "científica", tão esvaziada de conforto e esperança, a teologia certamente muito tem a dizer.

Ver também MACKAY, DONALD M.; POLANI, MICHAEL; TEOLOGIA DA NATUREZA; TORRANCE, THOMAS F.

Bibliografia

G. Barbour, *Issues in Science and Religion* (London, 1966); J.

195 CIPRIANO

Dillenberger, *Protestant Thought and Natural Science* (London, 1961); R. Bube, *The Human Quest* (Waco, TX, 1971); R. Hooykaas, *Christian Faith and the Freedom of Science* (London, 1957); *idem, Religion and the Rise of Modern Science* (Edinburgh, ²1973); M. A. Jeeves (ed.), *The Scientific Enterprise and Christian Faith* (London, 1969); D. M. MacKay, *The Clock-work Image: A Christian Perspective on Science* (London, 1974); *idem, Human Science and Human Dignity* (London, 1979); H. Montefiore (ed.), *Man and Nature* (London, 1975); A. R. Peacocke, *Creation and the World of Science* (Oxford, 1979); A. Richardson, *The Bible in the Age of Science* (London, 1964); C. A. Russell, *Crosscurrents: Interactions between Science and Faith* (Leicester, 1985).

C.A.R.

CIENTOLOGIA, ver Seitas.

CIPRIANO (*c.* 200-258). Pai da igreja latina, bispo de Cartago de cerca de 249 até sua morte, Cipriano foi um pagão que se converteu ao cristianismo na meia-idade e rapidamente ascendeu à posição episcopal. Teve uma boa formação educacional e era ótimo orador, capaz de unir e inspirar a igreja, que passava, naquela época, por severa perseguição. No ano de 250, ele mesmo teve de se refugiar em local seguro por causa de perseguição. Isso o deixou mal preparado, então, para lidar com o rigorismo na igreja, que passou a exigir que nenhuma concessão fosse feita aos apóstatas. Cipriano discordou, passando a se voltar então para questões subjacentes de ordem da igreja,

que tinham vindo à tona durante a controvérsia sobre o assunto.

Seus escritos são menos volumosos que os de Agostinho* e menos variados que os de Tertuliano*, mas constituem fonte importante para melhor conhecimento daquele período e de seus problemas. A importância duradoura de Cipriano para a teologia reside em sua visão "elevada" da igreja*, que desenvolveu para se opor às tendências cismáticas latentes no norte da África. Ele sustentava uma teoria avançada da sucessão apostólica e insistia na exigência de respeito aos seus direitos como bispo, não cedendo sua autoridade nem mesmo ao bispo de Roma (ver Governo da igreja*; Ministério*). Mostrou determinação também em insistir que fora da igreja não há salvação (*extra ecclesiam nulla salus*), tendo presidido o Concílio de Cartago (256), que decretou expressamente serem inválidos os batismos* cismáticos e heréticos (ver Rebatismo*). Essa decisão foi repudiada pela sé de Roma, e não é sustentada hoje, mas foi típica da perspectiva rigorosa da igreja do norte da África. Cipriano foi destacado defensor do batismo infantil, cuja necessidade ele ligava ao pecado original, assim como à aplicação dos termos "sacerdotal" e "sacrificial" em relação ao ministério e aos sacramentos da igreja.

Ironicamente, ele poderia ter sido levado ao cisma com Roma não fora pela deflagração de nova perseguição à igreja, que visava acabar com sua vida e provavelmente com a do bispo de Roma também. Após a morte, Cipriano se tornou o santo católico padroeiro da igreja do norte da África e a autoridade

CIRILO DE ALEXANDRIA

a quem os posteriores rigoristas e cismáticos, notadamente os donatistas*, viriam a apelar.

Bibliografia
P. Hinchliff, *Cyprian of Carthage* (London, 1974); G. S. M. Walker, *The Churchmanship of St Cyprian* (London, 1968).

G.L.B.

CIRILO DE ALEXANDRIA (375-444). Nascido e criado em Alexandria, Cirilo sucedeu, em 412, seu tio Teófilo (385-412) como bispo daquela cidade. O início de sua atividade nesse cargo, até 428, foi voltado mais à exposição das Escrituras e refutação dos hereges e incrédulos. O segundo período do seu episcopado, até 433, foi o mais intenso e frutífero, marcado por sua oposição a Nestório*. Sua posição, fortalecida pela aliança com a Igreja de Roma, levou à convocação do Concílio de Éfeso (431), que condenou Nestório. O último período da vida de Cirilo, 433-444, foi razoavelmente pacífico, embora tivesse de defender sua doutrina junto aos críticos, tanto da Escola de Alexandria* quanto da Escola de Antioquia*.

Foi um autor prolífico, escrevendo em grego ático, e possuía grande conhecimento dos clássicos, das Escrituras e dos pais, especialmente de Atanásio* e dos capadócios. Seus muitos comentários demonstram sua instrução bíblica. Empregou os métodos tipológico e histórico de interpretação, que são os que mais claramente se revelam em seus escritos *Adoração em espírito e em verdade* e *Glafira sobre o Pentateuco*. Suas obras dogmáticas anti-heréticas são numerosas, sendo as mais subs-

tanciais: *Tese sobre a Santíssima e Consubstancial Trindade, Diálogos sobre a Santíssima e Consubstancial Trindade* e *Cinco livros de negação contra as blasfêmias de Nestório.* Nesta última, ele argumenta a favor da existência de união verdadeira e pessoal (*kath'hypostasin*) do divino *Logos*/Filho com a carne nascida de Maria em oposição à cristologia de Nestório, que se baseava na conjunção entre o *Logos* divino e o homem nascido de Maria. Cirilo também argumenta a favor de dois nascimentos de um único e mesmo Filho: um nascimento divino, na eternidade, e um humano, temporal, enquanto o argumento de Nestório implica dois filhos, um divino e um humano, que se conjugam em Cristo.

Cirilo escreveu muitas homilias, e cerca de setenta de suas cartas ainda existem. Algumas dessas exerceram papel central no conflito com Nestório (ver T. H. Bindley, rev. de F. W. Green, *The Oecumenical Documents of the Faith* [*Os documentos ecumênicos da fé*], London, 1950, e L. R. Wickham, *Cyril of Alexandria: Select Letters* [*Cirilo de Alexandria: cartas selecionadas*], Oxford, 1983).

Cirilo foi um dos mais destacados teólogos da igreja primitiva, reconhecido por seus contemporâneos e sucessores, tanto no Oriente (monofisistas ortodoxos calcedônios e anticalcedônios*) como no Ocidente (católicos-romanos e protestantes). Foi o primeiro pai da igreja a estabelecer firmemente o argumento patrístico*, baseado nos primeiros pais da igreja, para o entendimento correto da pregação apostólica e do evangelho de Cristo.

Seguindo Atanásio e os capadócios, Cirilo aceitou o *homoousios*

CIRILO DE ALEXANDRIA

de Niceia, as três *hypostaseis**, do Pai, do Filho e do Espírito Santo, assim como a unidade da divina *ousia* (ver Substância*) das três *hypostaseis*, expressa em sua vontade e atividade comum. Se não é tão original no conteúdo de sua triadologia, Cirilo o é em sua apresentação, não estando tanto interessado na Trindade "essencial" quanto na "econômica", por causa do interesse soteriológico que herdou de Atanásio. No que concerne à Trindade essencial, enfatiza tanto a coerência das três *hypostaseis* ou pessoas quanto a primazia do Pai, de quem o Filho é nascido e de quem o Espírito procede. Mas fala a respeito da processão do Espírito tanto do Pai quanto do Filho; não, todavia, com referência à *hypostasis* do Espírito, mas, sim, com referência à essência comum do Espírito Santo com o Pai e o Filho.

A cristologia* é chave da teologia de Cirilo, sendo o tópico para o qual sua contribuição se tornou mais decisiva para a igreja primitiva e as gerações subsequentes. Sua terminologia inicialmente apresentava certos problemas por ser flexível e parecer um tanto equívoca, mas seu pensamento era bastante nítido, tendo ajudado a esclarecer e, depois, a solucionar problemas relativos a formulações linguísticas. Ele seguiu o princípio de Atanásio de que as disputas teológicas não eram a respeito de termos, mas a respeito do significado neles contido. Esse é o motivo pelo qual Cirilo pode usar o termo *physis* (natureza) como referente tanto a *hypostasis*, ou pessoa, quanto a *ousia* e, assim, falar tanto de uma "natureza de Deus o Verbo encarnado" quanto de uma "pessoa de Deus o Verbo em (procedente de) duas naturezas". Não é certo, portanto, afirmar-se que haja mudado o seu pensamento em cristologia do ponto de vista monofisista para diofisista. Ele tem sido acusado injustamente de apolinarismo*, tanto quanto o foi por seus oponentes nestorianos, pelos atuais estudiosos da patrística, desejosos de enfatizar a humanidade (ou, especificamente, a psicologia) de Cristo quase que independentemente do *Logos*/Filho de Deus. Igualmente injusta, no entanto, é a acusação moderna de que a cristologia de Cirilo seja somente uma cristologia dita de "procedência do alto". A doutrina dos dois nascimentos de Cristo não significa também uma opção excludente entre um esquema de "procedência de baixo" e um de "procedência do alto", mas, sim, coloca-os conjuntamente no mistério de Emanuel, em sua *kenosis**, sua economia, sua união hipostática de duas naturezas, sua comunicação de atributos (propriedades) e, acima de tudo, em sua mãe virgem, verdadeiramente *theotokos* (ver Maria*).

Cirilo entende a salvação* em termos tanto de participação como de imitação da natureza humana em relação à natureza divina, objetivamente em Cristo e subjetivamente apropriada pelos seres humanos por meio do Espírito Santo, que age nos sacramentos e por meio deles (no que se refere à sua doutrina eucarística, ver Ezra Gebremedhin, *Life-Giving Blessing* [*Benção doadora de vida*], Uppsala, 1977). O aspecto objetivo da salvação em Cristo é particularmente enfatizado em sua doutrina da justificação pela graça, desenvolvida de modo magistral em sua interpretação

CISMA

198 ■

evangélica da lei em *Adoração em espírito e em verdade.*

O legado teológico de Cirilo tem influenciado todos os contextos cristãos, seja no Oriente seja no Ocidente. Uma reavaliação positiva contemporânea de seu legado se mostraria especialmente benéfica para o presente diálogo ecumênico, uma vez que afirma as percepções básicas dogmáticas do cristianismo clássico.

Bibliografia

Obras, listadas em *CPG* III, nᵒˢ 5200-5438, e, com literatura secundária, em J. Quasten, *Patrology*, vol. 3 (Utrecht, 1960), p. 116-142.

Estudos recentes selecionados: A. M. Bermejo, *The Indwelling of the Holy Spirit according to St Cyril of Alexandria* (Oña, Spain, 1963); ensaios sobre a cristologia de Cirilo por J. N. Karmiris, J. S. Romanides, V. C. Samuel, em *Does Chalcedon Divide or Unite?* (Geneva, 1981); C. Dratsellas, "Questions of the Soteriological Teaching of the Greek Fathers with Special Reference to St Cyril of Alexandria" (dissertação, Edinburgh, 1967), *in Theologia* 38 (1967), p. 579-608, 39 (1968), p. 192-230, 394-424, 621-643; A. Grillmeier, *Christ in Christian Tradition*, vol. 1 (London, ²1975); F. J. Houdek, *Contemplation in the Life and Works of St Cyril of Alexandria* (dissertação não publicada, University of California, Los Angeles, 1979); A. Kerrigan, *Cyril of Alexandria, Interpreter of the Old Testament* (Rome, 1952); T. F. Torrance, *Theology in Reconciliation* (London, 1975).

G.D.D.

CISMA. Do grego *schisma*, divisão (*cf.* 1Co 1.10), ou ruptura, na igreja. Nos primeiros séculos, não havia distinção clara entre o cisma, a ofensa contra a unidade e o amor, e a heresia*, ou o erro em doutrina. Acreditava-se que os hereges estivessem fora da igreja, na realidade, ou tendentes a sair (*i.e.*, cismáticos) e vice-versa. Um esclarecimento melhor resultou da reação a movimentos divisionista como novacianismo* e donatismo*, reconhecidos como ortodoxos na fé e dissidentes somente em questões de disciplina ou ordem. Enquanto Cipriano* considerava a separação da igreja institucional como morte espiritual, e, os sacramentos* ministrados no cisma como inválidos, a teologia posterior — especialmente na controvérsia de Agostinho* com o donatismo — aceitou a realidade, se não o próprio benefício, dos sacramentos cismáticos. A teologia católica-romana tradicional, até recentemente, tratava alguns dos segmentos separados da comunhão com o papado (*e.g.*, a igreja oriental, a partir de 1054, e as igrejas da Reforma, incluindo a anglicana*) como estando fora da igreja de Cristo; mas a maior parte da teologia protestante e ecumênica vê a "igreja una", a dos credos, como internamente em cisma. A reunião, assim, não exigiria a reintegração à igreja dos cismas ditos não eclesiásticos, mas, sim, a reconciliação das igrejas umas com as outras.

Bibliografia

G. C. Berkouwer, *The Church* (Grand Rapids, MI, 1976); S. L. Greenslade, *Schism in the Early Church* (London, ²1964).

D.F.W.

CLEMENTE DE ALEXANDRIA (c. 150-c. 215).

Filósofo cristão, provavelmente nascido em Atenas, Clemente sucedeu seu mestre, Panteno, como dirigente de uma escola cristã (catequética?) em Alexandria, algum tempo após 180. Por volta de 202, ele deixava essa cidade.

Além de fragmentos de seus escritos, preservados por vários autores, suas obras conhecidas existentes consistem em: *Protrepticus* [*Exortação aos gregos*], uma obra culta de apologética cristã; *Paedagogus* [*O tutor*], guia detalhado para a vida e a conduta cristãs; *Stromateis* [*Miscelânea*], rica variedade de notas e esboços sobre uma ampla diversidade de tópicos, e *Quis Dives Salvetur?* [*Que rico pode ser salvo?*], extenso sermão sobre o episódio do jovem rico registrado em Marcos 10.17-31.

Seu pensamento se mantém, sob muitos aspectos, na mesma linha dos apologistas* gregos, contrastando, no entanto, com o dos escritores ocidentais contemporâneos quanto à avaliação positiva da filosofia grega, sua tendência é pela especulação e deliberada ausência de um sistema. Tendo sido Alexandria reduto da alegoria filônica* (ver Hermenêutica*) e de vários tipos de gnosticismo*, torna-se significativo observar o uso que faz Clemente da alegoria (embora não de forma sistematizada, como Orígenes*) em sua definição do cristão perfeito como "verdadeiro gnóstico".

Muito embora opondo-se vigorosamente ao gnosticismo, Clemente reteve elementos docéticos* em sua cristologia* ao negar emoções e funções corpóreas ao homem Jesus. Usa; com frequência, a fórmula trinitariana, enfatizando a distinção entre Pai, Filho (*Logos**) e Espírito Santo e afirmando a eternidade da existência do Filho, sem chegar, contudo, a uma clara definição da natureza da Trindade*.

Afirma que antes da encarnação o conhecimento de Deus fora dado aos judeus mediante a lei, e aos gregos, por meio da filosofia, inspirada pelo *Logos*, *i.e.*, por Cristo. O *Logos* encarnou para nos transmitir conhecimento e servir de nosso modelo. Clemente usa a linguagem da expiação* e do triunfo sobre o mal* com respeito a Cristo, mas sua ênfase principal reside no Cristo como mestre. Embora a fé, entendida como aceitação do ensino de Cristo, seja suficiente para a salvação, o crente "verdadeiro gnóstico" caminha, além da fé, para o conhecimento, ou seja, o entendimento pleno do ensino de Cristo, combinado com um modo de vida exemplar (correspondente, bem próximo, dos ideais platônicos* e estóicos*). Esse conhecimento conduz ao amor perfeito e a um relacionamento místico* com Deus, plenamente consumado só após a morte, quando o crente se torna (como) Deus.

A obtenção da salvação se relaciona com a igreja, da qual alguém se torna membro mediante o batismo. Em seus argumentos contra os hereges, Clemente enfatiza a antiguidade e a unidade da igreja como católica, a tradição transmitida oralmente na igreja desde os apóstolos e a importância de se interpretar as Escrituras (o que para ele incluía mais do que o atual cânon) de acordo com a "regra da igreja".

Clemente afirma fortemente a existência do livre-arbítrio* e a

COCCEIUS

necessidade de o homem cooperar com Deus aceitando a salvação; e concebe e expressa a possibilidade de arrependimento mesmo após a morte.

Bibliografia
Obras em TI, em *ANCL* e *ANF*; seleções em: G. W. Butterworth (ed.), *Clement of Alexandria* (*LCL*, London, 1919) e H. Chadwick & J. E. L. Oulton (eds.), *Alexandrian Christianity* (*LCC*, London, 1954); H. Chadwick, *Early Christian Thought and the Classical Tradition* (Oxford, 1966); S. R. C. Lilla, *Clement of Alexandria: A Study of Christian Platonism and Gnosticism* (Oxford, 1971); E. F. Osborn, *The Philosophy of Clement of Alexandria* (Cambridge, 1975).

T.G.D.

COCCEIUS, ver PACTO.

COINONIA. Essa transliteração do termo grego do NT frequentemente traduzido por "comunhão"* é de uso comum na teologia ecumênica*, particularmente em debates envolvendo católicos-romanos e anglicanos. É apresentada como conceito chave nas Declarações do Acordo da Comissão Internacional Anglicana-Católica-Romana sobre eucaristia, ministério e ordenação e autoridade na igreja (*The Final Report* [*O relatorio final*], London, 1982). Seu significado é próximo ao de "comunhão", ou seja, uma relação entre cristãos individualmente ou entre comunidades cristãs resultante de sua participação comum em uma mesma e única realidade. "A coinonia de um com o outro está vinculada à nossa coinonia com Deus em Cristo." Tem-se tornando, assim, o padrão

determinante para a compreensão da natureza da igreja*, que não a que se encontra no NT. Seu uso constante, com um significado um tanto fluido, comprova a prevalência da noção de igreja como "mistério" sobre abordagens mais institucionais ou sociais dela. Um conceito de alguma forma comparável à coinonia, na ortodoxia oriental, é o de *sobornost**.

Bibliografia
B. C. Butler, *The Church and Unity* (London, 1979); A. Dulles, *Models of the Church* (Garden City, NY, 1974).

D.F.W.

COLEGIALIDADE E CONCILIARIDADE. Esses dois conceitos dizem respeito, principalmente, ao governo* ou ministério* da igreja.

A Constituição do Concílio Vaticano II sobre a igreja (*Lumen Gentium*) refere-se ao colégio de bispos como sucessor do colégio de apóstolos (II:22-23). Trata-se de uma tentativa de reparar o desequilíbrio resultante da concentração exclusiva da primazia do bispo de Roma desde o Concílio Vaticano I. A aplicação do conceito de colegialidade não resolve o problema, da Igreja de Roma, da relação entre o papado* e o episcopado no governo eclesiástico, mas tem encorajado a realização de conferências episcopais regionais (praticamente, sínodos) e promovido mais, de modo geral, um estilo e um espírito cooperativo e colegiado na vida da Igreja Católica-Romana.

O relatório de Fé e Ordem, *Batismo, Eucaristia e Ministério* (Genebra, 1982), estabelece o ideal de uma dimensão de ministério colegiado, bem como individual e comunal, em todo nível geográfico. Esse padrão encontra expressão clara, no presbiterianismo*, no corpo de presbíteros (incluindo quaisquer presbíteros ordenados) em nível congregacional e em níveis mais amplos no presbitério, no sínodo e na assembleia geral.

Nas tradições romana e ortodoxa, os concílios se compõem só de bispos, de forma que a colegialidade e a conciliaridade inevitavelmente se sobrepõem. Mas na medida em que a conciliaridade seja aplicável a outras igrejas, a tomada de decisão nos sínodos, nas assembleias ou nas conferências envolve normalmente o laicato e ministros ordenados, talvez de diferentes ordens. A "comunhão conciliar" tem-se destacado nos círculos do Concílio Mundial de Igrejas, especialmente desde a Assembleia de Nairóbi (1975), como modo de descrever o alvo de unidade de toda a igreja. Referese a uma unidade entre as igrejas que seja publicamente manifesta quando seus representantes se reúnem para um concílio cujas decisões sejam normativas para todas as igrejas participantes. Tal conciliaridade permitiria a manutenção de certa diversidade entre as igrejas. A palavra "conciliar" é usada também para ressaltar uma qualidade de vida nas igrejas locais — a de integrar e coordenar, em vez de excluir, os dons de membros individuais.

A conciliaridade constitui, assim, um ideal mais abrangente do que o da colegialidade, embora as aplicações mais genéricas de ambas estejam bem próximas umas das outras. Ambas levam a uma comparação com os conceitos de *sobornost** e coinonia.

Bibliografia
Faith and Order: Louvain 1971 (Geneva, 1971); L. Vischer, "After the Debate on Collegiality", *Ecumenical Review* 37 (1985), p. 306-319.

D.F.W.

COLERIDGE, SAMUEL TAYLOR

(1772-1834), um dos mais importantes pioneiros a surgir no cenário teológico inglês durante o século XIX. É muito provável que seja o criador do termo "existencialismo", além de também ter conquistado o título de "primeiro" teólogo de percepção sensorial aguçada". O impacto de sua obra permeou todo o espectro religioso inglês durante o último século. Entre os que foram influenciados por ele estão figuras importantes como J. S. Mill (1806-73), Thomas Carlyle (1795-1881), J. C. Hare (1795-1855), J. H. Newman*, Thomas Arnold (1795-1842), James Martineau (1805-1900), Rowland Williams (1817-70), F. D. Maurice (1805-72; veja socialismo cristão*) e F. A. Hort (1828-92).

Em 1795, Coleridge casou-se com Sara Fricker, mas eles logo sentiram que eram incompatíveis. No fim, eles concordaram em se separar. Ele, enquanto sofria o tormento da tensão doméstica, tornou-se dependente do ópio. Por volta da mesma época, ele fez amizade com os Wordsworths e emergiu de seu fascínio pelo determinismo*, que o cativara na Universidade de Cambridge.

O ópio introduziu Coleridge em um amplo domínio espiritual desconhecido. A atração da experiência de uma nova dimensão de existência

COMPACTUANTES

foi intensificada pela sensação de libertação das limitações de tempo e espaço. Às vezes, a razão conseguia desfrutar livremente da compreensão de seu potencial em perceber a verdade espiritual. Ele considerava que essas descobertas eram revolucionárias. "Precisamos nos perguntar", inquiriu ele, "as opiniões de Platão concernentes ao corpo, pelo menos, precisamos que o homem se pergunte a quem uma coisa perniciosa torna capaz de conceber e expressar pensamentos, antes, escondidos em seu interior [...] isso não quer dizer que, por um momento ilusório, o temível veneno tornou o corpo [...] um instrumento mais apropriado para todo o poder da alma?"

A natureza de sua experiência religiosa*, levou-o a insistir: "Toda revelação é ab intra [do interior]". A teologia intelectualmente árida e judicial dos apologistas do século XVIII foi um desserviço para a verdadeira religião. "Evidências de cristianismo", objeta ele, "estou cansado do mundo. Faça um homem sentir seu trabalho e você pode seguramente confiar nisso para suas próprias evidências."

Coleridge, para proteger a religião do ataque de céticos, adota a diferenciação de Kant entre razão e compreensão e adapta esses conceitos para que se ajustem aos seus próprios propósitos. Ele insiste, em particular, que a razão se esforça em "contemplar" a verdade e "é a fonte e a substância de verdades que ultrapassam o sentido". A compreensão não tem jurisdição sobre o conhecimento acima do visível. Ela não pode compreender a essência da verdadeira religião. É inevitável que as hesitantes tentativas da compreensão de enunciar as verdades da realidade sejam incompletas e errôneas. A história, a teologia, a ciência natural e a humana pertencem ao campo da compreensão.

Ele defendia que a Bíblia, como documento histórico expressando "ideias" ou verdades em termos do homem, contém muito material ineficaz e errôneo. Os que apoiam a "doutrina da inspiração (com isso, ele quer dizer ditado) da Escritura* são rotulados de mentirosos ortodoxos por Deus". Discernimos a verdade contida na Escritura em virtude do fato de que "todo aquele que me encontra testemunha por si mesmo que ela procede do Espírito Santo".

Coleridge, de diferentes maneiras, apelou para teólogos e influenciou teólogos partidários de todos os pontos de vista. Muitas das questões que ele levantou continuam a inquietar até hoje.

Bibliografia

Obras: ed. W. G. Shedd, 7 vols. Nova York, 1953, em especial: *Aids to Reflection*, 1825; *On the Constitution of Church and State*, 1820; *Confessions of a Inquiring Spirit*, 1840.

Estudos: J. R. Barth. *Coleridge and Christian Doctrine*. (Cambridge, MA, 1969); T. McFarland, *Coleridge and the Pantheist Tradition*. (Oxford, 1969); B. Willey, *Samuel Taylor Coleridge*. (Londres, 1972).

J. H. E.

COMPACTUANTES. Assim ficaram conhecidos (em inglês, "covenanters") os presbiterianos escoceses que a partir de 1638 resistiram às tentativas dos monarcas da família Stuart de impor e manter um sistema episcopal de governo* na Igreja da Escócia. Já anteriormente intranquilo com o episcopado modificado, estabelecido sob Jaime VI (m. 1625), o país ficou cada vez mais preocupado quando Carlos I não só fez amistosas concordâncias com Roma, mas também impôs sobre a Igreja da Escócia um Livro de Cânones (1636) e uma liturgia (1637) sem o endosso da Assembleia Geral da Igreja ou do Parlamento. Esses documentos exigiam o reconhecimento explícito da supremacia real, transferiam plenos poderes aos bispos e ameaçavam de excomunhão aqueles que rejeitassem o episcopado.

Tendo o rei ignorado seus protestos, os líderes presbiterianos escoceses elaboraram uma união associativa conhecida como Pacto Nacional (1638). Além de reiterar a confissão de 1581, condenando os erros católicos-romanos, inclusive "leis tirânicas, feitas [...] contra nossa liberdade cristã", o pacto detalhava os atos do Parlamento que tinham estabelecido a fé reformada e o governo eclesial, comprometendo-se os "compatuantes", ou seja, os subscritores do pacto, a defender a fé presbiteriana e "a majestade do rei [...] na preservação da verdadeira religião, acima mencionada".

O rei usou de evasivas e subterfúgios, mas o arcebispo Laud (1573-1645) mostrou-se irredutível. Assim, uma Assembleia Geral da Igreja da Escócia se reuniu em Glasgow, acabando por rejeitar essas tendências estatistas (ver Estado*) e as pretensões da realeza, proclamando Cristo, mais

uma vez, como único cabeça da igreja. Os bispos escoceses foram depostos, a legislação eclesiástica ofensiva foi condenada e a Corte de Alta Comissão, abolida. O rei, que se envolvera na mesma disputa com o Parlamento inglês, perdeu a batalha de Newburn contra as forças dos compactuantes, sendo forçado a fazer concessão às exigências escocesas. A Assembleia de Glasgow recebeu validade legal, e a Igreja da Escócia, por via das dúvidas, pediu ao Conselho de Estado que requeresse a todos os escoceses que assinassem o pacto. Desse modo, os líderes compactuantes tomaram para si mesmos o poder que haviam negado à coroa. Todavia, mais culpa coube ao rei, que obtusamente acabara transformando um protesto contra o episcopado em uma rebelião contra si mesmo.

Essencial para o posicionamento desse pacto foi, sem dúvida, a firme oposição da Igreja Reformada da Escócia a dois princípios: a autoridade do poder civil em assuntos espirituais e a superioridade de prelazia de um ministro sobre os outros. Entre os primeiros subscritores do pacto, que guiaram a Igreja da Escócia em seu retorno ao presbiterianismo, encontravam-se Alexander Henderson (1583-1646), George Gillespie (1613-1649) e Samuel Rutherford*, todos com destacada participação na Assembleia de Westminster. Henderson, além disso, foi o principal formulador da Liga e Pacto Solenes, aliança de cunho religioso entre os escoceses e o partido parlamentar inglês, embora os primeiros hajam forçado especialmente o último por interesse político.

COMMUNICATIO IDIOMATUM

Logo após a Restauração de 1660, o então rei Carlos II faria com que dois importantes subscritores do pacto fossem executados: o marquês de Argyle e James Guthrie, ministro de Stirling. O episcopado foi imposto novamente sobre o país e o governo da igreja assumido pela coroa real. Os ministros subscritores do pacto foram exonerados de suas paróquias, sendo seu processo apoiado por uma corte dissoluta, um conselho governamental escocês de nobres libertinos e um comando militar que desenvolvia uma política de repressão selvagem. Conhecido, mais tarde, como "tempo de matar", a perseguição aos compactuantes continuou até a fuga de Jaime VII, em 1688, tendo então a declaração revolucionária restaurado os rebeldes e restabelecido o presbiterianismo.

As igrejas reformadas presbiterianas mantêm até hoje uma sucessão de *compactuantes*, em ambos os lados do Atlântico.

Bibliografia
J. D. Douglas, *Light in the North: The Story of the Scottish Covenanters* (Exeter, 1964); J. K. Hewison, *The Covenanters*, 2 vols. (Glasgow, [2]1913); A. Smillie, *Men of the Covenant* (1908; reimp. London, 1975); E. Whitley, *The Two Kingdoms* (Edinburgh, 1977).

J.D.Do.

COMMUNICATIO IDIOMATUM, ver Cristologia.

COMUNHÃO. Pesquisa linguística feita por H. Seesemann, A. Raymond George e outros confirma que o significado das palavras derivadas da raiz grega *koin* (seja sob a forma de substantivo, de adjetivo ou de verbo), tal como é o caso das diversas palavras traduzidas nas diferentes versões do NT por "comunhão", "confraternização", "comunicação", "contribuição", contêm sempre a ideia de "compartilhar em", ou "participar de", ou de "conceder a participação ou o compartilhamento em".

Toda uma série de usos de palavras adjetivadas, em contextos diferentes do NT (Mt 23.30; Lc 5.10: Rm 1.5; 11.17; 1Co 9.23; 10.18; 2Co 1.7; Fp 1.7; Ef 3.2,8; 1Pe 5.1; 2Pe 1.4; Ap 1.9) comprova a acepção de "compartilhar em". Isso serve para dissipar qualquer dúvida quanto à interpretação da palavra *koinonia*, da qual seriam possíveis traduções e significados alternativos, como, por exemplo, em 1Coríntios 1.9, em que a frase: "Os chamou à comunhão com seu Filho Jesus Cristo, nosso Senhor" poderia ser entendida como se referindo à vocação dos coríntios para integrar a família de Deus, mas que, na verdade, significa o chamado deles por Deus para compartilhar da comunhão com seu Filho Jesus. Esse é o mesmo significado que se encontra em passagens como 1Coríntios 10.16; 2Coríntios 8.4; 13.14; Filipenses 2.1; 3.10, estendendo-se às citações em 1João 1.3,6,7, nas quais, diz Brooke, em seu *ICC Commentary* [*Comentario ICC*], a palavra "é sempre usada com respeito a uma participação ativa em que o resultado depende não só da cooperação do recebedor mas também da ação do doador". Fora do NT, *koinonia* [coinonia] é usada, igualmente, para significar amizade, parceria ou até casamento, ou ainda, para os gregos, compartilhar com os deuses uma refeição em comum.

COMUNHÃO DOS SANTOS

O segundo significado da palavra, o de "conceder a participação ou o compartilhamento em", se encontra em Romanos 12.13; 2Coríntios 9.13; Gálatas 6.6; Filipenses 4.14,15; 1Timóteo 6.18; Filemon 6. Esse significado é uma necessária implicação lógica do anterior. Compartilhar ou participar das bênçãos da graça inevitavelmente conduz ao desejo e à determinação de "continuar" compartilhando essas bênçãos com outros (*cf.* a conexão lógica entre Sl 68.18, "*recebeste* homens como dádivas", e o uso paulino dessa passagem em Ef 4.8, "*deu* dons aos homens'). Isso expressa-se de modos diversos, como as referências acima mostram, podendo *koinonia* tomar "uma forma concreta, como a de uma generosidade que se reveste de ação prática, aplicando-se assim à coleta de ajuda para os crentes da igreja de Jerusalém, acometidos por inesperada condição de pobreza" (R. P. Martin).

À luz do que foi dito acima, não há dúvida de que o uso da palavra "comunhão" para significar "companhia dos crentes" é um equívoco do uso que o NT faz de *koinonia*. A interpretação de C. A. Anderson Scott de que *koinonia* é uma tradução do hebraico *hᵃ b̲ûrâ*, significando uma sociedade ou associação religiosa, tem sido questionada pela maioria dos estudiosos. Contudo, a ideia contida na expressão "*a* comunhão" pode ser mantida como implícita na palavra, visto que a participação mútua envolve uma associação mútua. A ideia da igreja como uma comunhão, no entanto, só pode ter validade em termos *daquilo em* que ela participa, *i.e.*, a vida de Deus, em Cristo, mediante o Espírito Santo.

Ver também Coinonia.

Bibliografia
A. R. George, *Communion with God in the New Testament* (London, 1953); R. P. Martin, "Communion", *in NBD*; H. Sessemann, *Der Begriff Koinonia im Neuen Testament* (Giessen, 1933).

J.P.

COMUNHÃO DOS SANTOS. Termo teológico, significando a "confraternidade dos crentes", conforme é encontrado nos credos* clássicos. O termo foi ali inserido para expressar a crença de que os vivos e os mortos acham-se unidos no corpo de uma única igreja*; mas logo recebeu vários outros significados, de acordo com as definições de "comunhão" e "santo".

Na teologia medieval, tanto do Oriente como do Ocidente, santo* era chamado aquele cujo nome estivesse registrado na Bíblia como crente em Cristo, um mártir ou um cristão cuja vida terrena revelasse notável grau de santidade. Assim, a comunhão dos santos significava sua confissão comum em Cristo, a qual a igreja formulava nos credos e em outros documentos confessionais. Na teologia medieval tardia, estendeu-se o entendimento à crença de que a expressão significava também a participação em coisas santas, especialmente nos sacramentos*, sendo esse significado substanciado, basicamente, na fórmula em latim *communio sanctorum*. Essa acepção, que alguns alegam ser a original, tem reaparecido de tempos em tempos, mas nunca substituiu o significado principal de "comunhão" que tem ganho

CONCILIARIDADE

nova importância à luz de discussões ecumênicas modernas.

Era crença na Idade Média que um cristão poderia desfrutar a comunhão dos santos somente por permanecer membro da Igreja de Roma ou de uma das igrejas orientais. Essa visão é ainda a posição oficial dessas igrejas, mas é rejeitada pelos reformadores protestantes, que seguiram o NT e definiram "santo" como qualquer crente verdadeiro em Cristo. Isso, no entanto, levou à ideia de que nem todos os membros da igreja visível sejam santos e, embora as principais correntes do protestantismo se acomodem a essa discrepância, tem havido sempre grupos sectários que se separam das principais denominações na esperança de fundar uma igreja pura, constituída exclusivamente de "santos".

No momento, a doutrina da comunhão dos santos é geralmente interpretada segundo a dimensão tanto do tempo quanto do espaço.

Quanto ao tempo, significa a comunhão de cristãos de todas as épocas, do passado, presente e futuro. Em termos práticos, significa que a igreja, hoje, tem o dever de preservar a fé herdada do passado e transmiti-la intacta às gerações futuras. Os católicos-romanos sustentam haver nisso também uma relação direta com a igreja triunfante no céu e usam dessa doutrina como justificativa para orar pelos mortos e, especialmente, aos "santos" oficialmente canonizados. Os protestantes rejeitam vigorosamente tal interpretação, argumentando que: a oração só pode ser feita devidamente a Deus; que Jesus Cristo, e nenhum santo, é o único mediador entre Deus e o homem (1Tm 2.5) e que a igreja triunfante já entrou no descanso eterno.

No que se refere ao espaço, a doutrina da comunhão dos santos significa, atualmente, que todos os verdadeiros crentes estão unidos em comunhão, independentemente de nacionalidade, língua ou cultura. Os ortodoxos orientais, os católicos-romanos e alguns protestantes continuam a levar em conta a harmonia e a comunhão confessional na igreja visível como parte necessária à comunhão dos santos, embora na prática esses grupos se vejam obrigados a reconhecer a existência de verdadeiros crentes fora de suas respectivas igrejas. No atual clima de ecumenismo, essa concessão pode chegar a ser totalmente generosa, como quando, por exemplo, os católicos-romanos já se referem a outros cristãos como "irmãos separados" e não mais como "cismáticos" ou "hereges"; embora deva ser lembrado que não tem havido ainda mudança alguma no princípio fundamental católico de que a comunhão com a sé de Roma é parte essencial da plenitude da comunhão dos santos.

Bibliografia

P. D. Avis, *The Church in the Theology of the Reformers* (London, 1981); G. C. Berkouwer, *The Church* (London, 1976); O. C. Quick, *Doctrines of the Creed* (Welwyn, 1960).

CONCILIARIDADE, ver Colegialidade.

CONCÍLIO DE ORANGE, ver Semipelagianismo.

CONCÍLIO DE TRENTO, ver Concílios; Contrarreforma Católica; Teologia Católica-Romana.

CONCÍLIOS. Concílio de uma igreja é a reunião de todos os seus membros responsáveis pela guarda do depósito da fé apostólica.

1. Na teologia cristã

Os concílios são convocados para decidir disputas de interpretação ou promover o julgamento de assuntos não encontrados nas Escrituras*. Suas decisões são consideradas obrigatórias se "recebidas" pela igreja que os promove como estando de acordo com as Escrituras e sua interpretação tradicional. Um concílio geral, ecumênico ou universal é aquele do qual se espera uma "recepção" universal pela igreja de Cristo.

Essa teoria, no entanto, contém pontos fracos, sendo, na verdade, entendida de modos diferentes. Para começar, existe discordância sobre quem tem o direito de convocar um concílio. De acordo com a tradição bizantina, seguida, por exemplo, pela Igreja da Inglaterra (Artigo VIII), somente a autoridade secular tem esse poder. Já a Igreja Católica acredita ser uma prerrogativa do papa*. Outras igrejas não têm esse direito definido, mas, na prática, é geralmente conferido aos sínodos representativos ou oficiais, eleitos por meios mais ou menos democráticos.

Não há unanimidade sobre quem tem o direito de participar e votar em um concílio. As igrejas orientais restringem a participação e votação somente aos bispos. Roma permite participação mais ampla, mas restringe a votação também aos bispos. Já as igrejas protestantes*, em geral, creem que os representantes da totalidade da igreja devem tomar parte e votar.

A autoridade* dos concílios é também assunto de debate. A igreja oriental crê que os concílios são infalíveis por serem inspirados pelo Espírito Santo, que fala não só pela voz unânime dos bispos, mas também pela resposta que ecoa da igreja, a qual deve receber e dar aplicação própria para as decisões tomadas. O problema aqui, na prática, é que os bispos dissidentes têm sido quase sempre silenciados ou excomungados a fim de se poder alcançar unanimidade; por outro lado, tem havido exemplos destacáveis de decisões conciliares rejeitadas pela igreja, muitas vezes, em área não teológica.

A posição romana é a de que o papa é o árbitro supremo e executor das decisões conciliares. Nenhum concílio católico é considerado válido enquanto o papa não aprovar suas decisões. Todavia, ressalte-se, os grandes concílios da igreja primitiva, pelo menos em alguns casos, foram convocados sem a aprovação ou participação de Roma, embora Roma os tenha sempre aceito como devidamente competentes. Essa posição cria tensão entre a monarquia papal e a oligarquia episcopal, mas esse é um aspecto padrão da vida da igreja romana e que permanece sem solução.

Após o cisma de 1378, que chegou a levar à existência de mais dois papas rivais do de Roma, a teoria da monarquia papal, que havia ganhado força na Idade Média, passou a ser questionada por muitos clérigos. Eles prefeririam ver a igreja governada por concílios, que se reuniriam a cada cinco anos. A membresia desses concílios seria escolhida em base nacional, e sua autoridade seria,

CONCÍLIOS 208

pelo menos, igual à do papa, que, no entanto, ainda reteria sua antiga primazia. O movimento conciliar, como essa corrente veio a ser chamada, alcançou seu ponto mais alto no Concílio de Constança (1414-1418), onde foi acordado que se estabelecesse um sistema adequado visando a esse fim. Um concílio desse tipo chegou a se reunir em Basileia em 1431, mas a essa altura o papado já havia reconquistado muito do seu prestígio anterior e, aos poucos, sufocou o movimento, interrompendo primeiramente as atividades em Basileia e, depois, transferindo o concílio para Ferrara, onde poderia ser mais facilmente manipulado. Ao encerrar-se aquele encontro, o papado havia reconquistado o controle completo, tendo o movimento conciliar morrido efetivamente. Sobreviveu a memória do movimento, no entanto, sendo de certa influência por ocasião da Reforma, quando vários teólogos católicos propuseram seu reavivamento como resposta ao rompimento causado pelo protestantismo.

Os protestantes não atribuem nenhuma autoridade infalível aos concílios, reconhecendo suas decisões somente à medida que possam estar de acordo com as Escrituras. Na verdade, para a maioria dos protestantes, os concílios dos tipos descritos anteriormente não mais exercem nenhum papel significativo na vida da igreja cristã. Não há uma estrutura de concordância suficiente, no entanto, para ser convocado um concílio interdenominacional ou para que, se este for supostamente realizado, possa tornar suas decisões obrigatórias

aos participantes. Nesses últimos anos, a palavra "concílio" tem sido mais usada, principalmente, para descrever organizações intereclesiásticas, como, por exemplo, o Conselho (= Concílio) Mundial de Igrejas (ver também Movimento Ecumênico*), cuja constituição, todavia, não permite, explicitamente, qualquer interferência na vida interna e na doutrina das igrejas membros.

Ver também COLEGIALIDADE E CONCILIARIDADE.

Bibliografia
B. Lambert, *Ecumenism: Theology and History* (London, 1967); P. Sherrard, *Church, Papacy and Schism* (London, 1978); G. Tavard, *Holy Writ or Holy Church: The Crisis of the Protestant Reformation* (New York, 1959); B. Tierney, *Foundations of the Conciliar Theory* (Cambridge, 1955).

G.L.B.

2. Panorama dos concílios
O que é chamado de o primeiro concílio dos dirigentes da igreja foi o que se reuniu em Jerusalém, no ano 48 ou 49 de nossa era, a fim de decidir a questão do ingresso de gentios convertidos na comunidade do pacto (At 15). Depois disso, uma série de sínodos locais se reuniu em Antioquia, Cartago e Alexandria, assim como em Serdica (Sofia), Lião e outros lugares para decidir sobre questões doutrinárias e procurar sanar cismas de diferentes espécies. Algumas de suas decisões foram preservadas na tradição da igreja, sendo aceitas em um âmbito mais amplo no mundo cristão. A mais famosa

CONCÍLIOS

série desses sínodos foi a de Toledo, entre 400 e 694, os quais a tradição registra em números de dezoito ao todo. Seus cânones tornaram-se fonte inestimável para a história e a teologia da igreja espanhola no decorrer daqueles séculos.

Não há praticamente dúvida alguma de que os concílios mais importantes da igreja têm sido os chamados ecumênicos ou universais. A Igreja Católica-Romana reconhece 21 deles. As outras igrejas reconhecem número muito menor. Diferentemente de Roma, essas igrejas nunca conferiram o título de ecumênico ou universal a uma assembleia constituída exclusivamente de membros de sua própria igreja ou comunhão.

Os concílios ecumênicos podem ser apropriadamete agrupados por períodos históricos, dos quais os realizados em tempos antigos são os que contam com maior probabilidade de um verdadeiro reconhecimento universal. Destes, o Primeiro Concílio de Niceia (325) e o Primeiro Concílio de Constantinopla (381) detacaram-se por estabelecer a divindade de Cristo e do Espírito Santo. Estão tradicionalmente ligados pelo chamado Credo de Niceia, ou niceno-constantinopolitano (ver Credos*), supostamente composto em 381 com base em credo promulgado em 325. Estudiosos modernos têm dúvidas quanto a essa tradição, mas não há como deixar de constatar que esse credo, os referidos concílios e sua teologia têm sido aceitos por quase todos os principais ramos da igreja cristã.

O terceiro concílio ecumênico se reuniu em Éfeso, em 431. Dedicou-se a questões cristológicas* levantadas por Nestório*, que viria a ser condenado em circunstâncias que pouco fizeram jus à igreja.

Foi seguido, vinte anos depois, pelo quarto concílio, reunido em Calcedônia, em 451, que condenou a cristologia de Eutíquio (c. 378-454), monge que antes defendera e, depois, contradisse a tradição de Alexandria. A famosa definição desse concílio, talvez a afirmação cristológica mais significativa na história da igreja, decretou ser Jesus Cristo uma Pessoa divina em duas naturezas, uma humana e outra divina. Isso levaria posteriormente as igrejas do Egito e da Síria a um cisma por apoiarem uma doutrina monofisista*, ou seja, de que Cristo teria uma só natureza, a divina.

O quinto concílio foi o Segundo de Constantinopla (553), que tentou solucionar a ruptura dos monofisitas. Decretou que a natureza humana de Cristo não era independente, mas que recebera sua identidade por ser unida à Pessoa divina do Filho de Deus. Essa tentativa, no entanto, falhou, e a ruptura se tornou permanente após o sexto concílio, o Terceiro Concílio de Constantinopla (680), que declarou que Cristo tinha duas vontades, uma humana e outra divina, o que os monofisitas e alguns de seus adeptos ortodoxos tinham negado.

Em 691-692, reuniu-se um sínodo no palácio de Trullum, em Constantinopla, que se empenhou por completar a obra do quinto e sexto concílios, sendo, por isso mesmo, conhecido como o Quinisexto (Quinto-Sexto) Concílio *em Trullum*. Estabeleceu a lei canônica* da igreja oriental, mas não foi aceito pela Igreja de Roma, de

CONCÍLIOS

tradições diferentes, especialmente na prática litúrgica. Como resultado, não foi incluído na lista dos concílios ecumênicos.

O sétimo concílio ecumênico foi o Segundo Concílio de Niceia (787), convocado para resolver a controvérsia iconoclasta*. Autorizou a veneração de ícones com base no fato de que era possível retratar a pessoa divina de Cristo após a encarnação. Essa decisão foi rejeitada no Concílio de Frankfurt (794) e nunca afetou a prática da Igreja Ocidental, embora tenha sido, mais tarde, aceita por Roma. Os reformadores protestantes o rejeitaram, mas na igreja oriental o Segundo Concílio de Niceia viria a ocupar lugar importante como o último dos concílios ecumênicos ali oficialmente reconhecidos.

O oitavo concílio ecumênico, reconhecido como tal somente pelo Ocidente, tem sido assunto de disputa até hoje. Os canonistas romanos tradicionalmente reivindicam haver sido o concílio reunido em Constantinopla em 870. Ele condenou e depôs o patriarca de Constantinopla, Fócio (c. 820-c. 895), que havia rompido com Roma quanto à questão da processão dupla do Espírito Santo (cláusula *filioque* do Credo de Niceia) e a respeito da evangelização da Bulgária. Contudo, Fócio foi reabilitado em outro concílio, o de Constantinopla, reunido em 880, e Roma aprovou tal decisão na época. Os estudiosos de hoje creem que os canonistas do século XI preferiram considerar o concílio anterior ecumênico porque nessa época as duas igrejas estavam em cisma e era conveniente para os canonistas de Roma argumentar que a igreja

oriental fora condenada na pessoa de Fócio. Já no clima ecumênico atual, pesquisa feita por estudiosos católicos alterou o entendimento daqueles dois eventos, levando à possibilidade de que tanto Roma como as igrejas orientais venham a ser capazes, um dia, de declarar o concílio de 880 como o verdadeiro oitavo concílio ecumênico.

A série de concílios seguintes constitui a dos dez concílios convocados pela igreja ocidental durante a Idade Média. Nenhum deles é reconhecido atualmente pelo Oriente, sendo indeterminada sua posição entre as igrejas protestantes.

Os primeiros quatro se reuniram no palácio de Latrão, residência oficial do papa em Roma. Sua importância está, basicamente, em que marcaram os sucessivos estágios no surgimento do poder papal* na igreja medieval. No primeiro deles, em 1123, a igreja condenou a investidura leiga, ou seja, a prática de os governantes seculares designarem os titulares do clero mais alto em seus respectivos territórios. Determinou também a prática monástica do celibato para todo o clero. O segundo desses concílios invectivou os falsos papas (1139), e o terceiro, os hereges albigenses*, que fomentavam rebelião contra a igreja no sul da França (1179). O Quarto Concílio de Latrão (1215) afirmou a primazia singular da sé de Roma sobre toda a cristandade, sendo geralmente considerado representante do ponto alto do poder papal na Idade Média. Definiu também oficialmente o dogma da transubstanciação.

Os concílios medievais posteriores buscaram abordar temas similares, mas as circunstâncias e

CONCÍLIOS

os locais em que vieram a se reunir indicam um desvanecimento do poder papal.

O Primeiro Concílio de Lião (1245) atacou o monarca titular do Sacro Império Romano, imperador Frederico II (1194-1250), mas este não deu muita atenção a tal atitude, e o papa se viu obrigado a voltar à França para obter apoio às suas pretensões.

O Segundo Concílio de Lião (1274) tentou solucionar a ruptura com a igreja oriental. O imperador bizantino Miguel VIII (1259-1282) concordou em ter sua autoridade papal de algum modo limitada em troca de ajuda contra os turcos e os normandos (na Sicília), mas, como a ajuda não veio, seus próprios súditos o repudiaram, e a união falhou após sua morte.

O seguinte, Concílio de Viena (1311-1312), foi convocado com o fim de dissolver a Ordem dos Cavaleiros Templários, oriunda das Cruzadas, com base no fato de estarem seus membros transigindo em práticas de magia.

O Concílio de Constança (1414-1418), que se seguiu, teve por objetivo resolver o problema do cisma papal, que, irrompido em 1378, resultara na existência de três papas. O concílio solucionou o cisma, assim como, por outro lado, condenou João Hus* a ser queimado na fogueira por heresia. Decidiu, como vimos, enfraquecer o poder papal, ao decretar que a igreja, dali por diante, seria governada por sínodos que se reuniriam a intervalos de cinco anos, esquema que não foi aplicado até 1429, quando um concílio se reuniu em Basileia sem apoio ou participação papal. Mas os papas estavam determina-

dos a acabar com esse movimento conciliar, e a oportunidade para fazê-lo veio em 1438, quando o imperador bizantino João VIII (1425-1448) ofereceu a união com o Ocidente em troca de apoio contra os turcos. O papa convocou por conta própria um concílio, que se reuniu em Ferrara, sendo mudado para Florença poucos meses depois por causa da irrupção de uma praga. Mais tarde, foi transferido para Roma, onde recebeu o golpe final em 1445. O Concílio de Florença, como é geralmente mais conhecido, promulgou a união com as diferentes igrejas orientais, incluindo a dos nestorianos e monofisitas; mas era uma ligação forçada, dependendo de ajuda contra os turcos, ajuda que se materializou, mas não obteve sucesso. Seu interesse, na verdade, era especialmente o de endossar as acusações papais contra o Concílio de Basileia, que gradualmente ia se enfraquecendo à medida que os participantes retiravam dele apoio e se voltavam para Roma. No Oriente, a união da igreja não foi nem mesmo proclamada abertamente até 1452, sendo imediatamente rejeitada quando, no ano seguinte, 1453, Constantinopla caiu nas mãos dos turcos. Não obstante, os decretos do Concílio permanecem ainda como base nas chamadas Igrejas Católicas de Rito Oriental ("Uniatas"), que são orientais no ritual, mas prestam lealdade a Roma.

O último concílio medieval foi o Quinto Concílio de Latrão (1512-1517), que tentou introduzir algumas modestas reformas na igreja, mas foi alcançado pelos acontecimentos na Alemanha que levaram à Reforma Protestante.

CONCÍLIOS

Desde a Reforma*, a Igreja Católica convocou três concílios a que deu o nome de "ecumênicos", ainda que nenhuma outra igreja os reconheça. O primeiro e o mais importante deles foi o de Trento, que se reuniu em três estágios distintos entre 1545 e 1563. Após tentativas iniciais frustradas de incluir, pelo menos, alguns protestantes no encontro, a posição do Concílio endureceu e se tornou extremamente hostil à Reforma. Trento teve seu tempo todo tomado na definição e regulamentação das doutrinas e práticas católicas que os reformadores haviam atacado, e o fez de tal modo que conseguiu polarizar a Igreja de Roma, levando-a a uma Contrarreforma, que a caracterizou até o século XX (ver Reforma*, Contrarreforma Católica*). Produziu um catecismo* muito influente e a Missa Tridentina, autorizada como cânon romano oficial desde 1570 até 1970, missa que conservou, como que em um relicário, as doutrinas da transubstanciação e o sacrifício eucarístico de maneira tal que vieram a ser considerados caracteristicamente católicos. O desinteresse por essa missa após 1970 causou até a acusação de alguns católicos conservadores de haver a igreja romana se vendido ao protestantismo.

O Concílio Vaticano I (1869-1870) completou a obra do de Trento, ao definir a infalibilidade do papa quando este formulasse afirmativas oficiais (*ex cathedra*) em matéria de fé e moral. O Concílio Vaticano II (1962-1965) tem sido amplamente interpretado como reação ao espírito da Contrarreforma de Trento e do Vaticano II, embora não haja rejeitado suas decisões.

O Concílio Vaticano II adotou, sim, alguns dos princípios dos reformadores, tais como, por exemplo, o uso do idioma local, em lugar do latim, no culto. Muitos católicos radicais têm desde essa época apelado para isso como justificativa para suas ideias de vanguarda e ocasionalmente heterodoxas. Não há dúvida de que a Igreja de Roma tornou-se mais aberta a influências externas do que era antes do Concílio Vaticano II, embora não estejam ainda muito bem definidos os efeitos dessa abertura a longo prazo. Roma acha-se no momento comprometida com o diálogo ecumênico como nunca antes e não é admirar que o papa não venha mais a convocar um concílio ecumênico sem a participação de outras igrejas. Por outro lado, não é possível ainda saber se as igrejas ortodoxas e protestantes estariam preparadas para participar de um concílio sob a presidência papal, coisa que jamais aconteceu, nem mesmo na igreja ainda não dividida dos primeiros séculos.

Bibliografia

The Seven Ecumenical Councils (textos), *in: NPNF*, série 2, vol. 14; W. H. Abbott (ed.), *The Documents of Vatican II* (New York, 1966); C. J. Hefele, *A History of the Christian Councils*, 5 vols. (Edinburgh, 1883-1896); P. Hughes, *The Church in Crisis: A History of the Twenty Great Councils* (London, 1961); H. Jedin, *Ecumenical Councils of the Catholic Church* (Freiburg, 1960); H. J. Margull (ed.), *The Councils of the Church: History and Analysis* (Philadelphia, 1966); R. V. Sellers, *The Council of Chalcedon* (London, 1961).

G.L.B.

Lista dos Concílios Ecumênicos

Concílios antigos
1.	Niceia	325
2.	Constantinopla I	381
3.	Éfeso	431
4.	Calcedônia	451
5.	Constantinopla II	553
6.	Constantinopla III	680
5-6.	*em Trullum***	692
7.	Niceia II	787
8.	Constantinopla IV*	870
	Constantinopla IV**	880

Concílios medievais
9.	Latrão I*	1123
10.	Latrão II*	1139
11.	Latrão III*	1179
12.	Latrão IV*	1215
13.	Lião I*	1245
14.	Lião II*	1274
15.	Viena *	1311-1312
16.	Constança	1413-1418
17.	Florença*	1438-1445
18.	Latrão V	1512-1517

Concílios modernos
19.	Trento*	1545-1563
20.	Vaticano I*	1869-1870
21.	Vaticano II*	1962-1965

* Não reconhecido pelas igrejas orientais

** Não reconhecidos pelas igrejas ocidentais

CONCUPISCÊNCIA, ver Agostinho; Pecado.

CONFIRMAÇÃO (CRISMA) O rito conhecido como crisma ou confirmação tornou-se "um rito em busca de uma teologia". A confirmação desenvolveu-se na igreja ocidental a partir da separação, no século III, de uma parte secundária do rito atual do batismo*, (água), ganhando no século V seu título latino de *confirmatio*. Embora possa parecer haver-se originado no ato apostólico da imposição* de mãos pós-batismal (At 8.14-17; 19.1-7), na verdade, nenhuma continuidade direta daquele ato lhe pode ser atribuída. Mesmo que a crisma ou confirmação atual tivesse algum precedente, é duvidoso que esse pudesse ser considerado um ato regular para a iniciação cristã da maneira em que era o batismo.

Os evangelhos não dão indicação alguma para esse rito. Atos dos Apóstolos tem muitos exemplos de batismo sem a subsequente imposição de mãos, de modo que os exemplos anteriormente citados aparecem como exceções. Além disso, os dois exemplos citados têm pouco em comum entre si: a passagem de Atos 8 mostra uma imposição de mãos bem distante do batismo da época, enquanto em Atos 19 a sequência é imediata. O *corpus paulinus* (entendido estrita ou amplamente) não faz menção alguma a esse rito, embora tenha muita coisa concernente ao batismo. A única evidência bíblica posterior possível seria uma referência obscura em Hebreus 6.2 — em que o original grego *baptismōn* não se refere necessariamente a batismo e, aliás, nem sempre é traduzido por "batismos".

Em geral, há silêncio sobre o assunto. Não se conhece teologia de iniciação alguma, de natureza externa e sacramental ou interna e regeneradora, que venha a corresponder a essa cerimônia. Há referências ao batismo em alguns dos escritos pós-apostólicos mais

CONFIRMAÇÃO (CRISMA)

antigos, notadamente em Inácio de Antioquia, na obra *Didaquê*, em *O pastor* de Hermas (ver Pais Apostólicos*) e em Justino Mártir (ver Apologistas*); contudo, nada dizem a respeito de imposição de mãos ou unção* pós-batismal. A prática primitiva mais constatável, seja no Ocidente seja no Oriente, parece ter sido a do simples batismo com água para adultos e possivelmente também para crianças, o que levava diretamente à participação na comunhão.

A imposição de mãos pós-batismal na iniciação se revela primeiramente no Ocidente, no final do século II, em Tertuliano* e, logo após, em Hipólito*. O Oriente não a seguiu até a segunda metade do século IV, quando passou a usar a unção, ou "selo", e continuou a usar tal prática até o presente, ministrando tanto o batismo quanto o "selo", mesmo em crianças, em um único rito de iniciação que conduz o batizando à comunhão. No Ocidente, o completo ritual do batismo (com ou sem unção), imposição de mãos, ósculo da paz e participação na comunhão foi mantido como um só até cerca do século VI, após o que passou a ser praticado, na maioria dos lugares, como atos separados. A doutrina do pecado original, de Agostinho (ver Adão*), e a necessidade de batismo imediato subsequente ao nascimento, em face da probabilidade da morte do nascituro, levou ao chamado "batismo clínico" infantil na idade das trevas, baixa Idade Média. A confirmação (como ficou sendo chamada a imposição de mãos desde o século V) não poderia ser praticada ao mesmo tempo — como ainda acontece em muitos casos,

atendendo à exigência de que somente um bispo poderia fazê-lo. A idade ideal para a confirmação ou crisma da criança batizada passou a oscilar, daí por diante, de modo nada planejado, adaptando-se às reais circunstâncias de que um bispo estivesse presente para exercê-la. Desde o século V, essa imposição de mãos episcopal, separada, começou também a receber o título latino de *confirmatio*. O rito, em processo temporal, veio a ser interpretado, assim, não mais como de iniciação, mas, sim, como seu próprio uso agora declarava, de "confirmação" da conversão. Tomás de Aquino* considerava o ato de confirmação tão separado da iniciação batismal que chega a afirmar que se poderia levar a efeito a ordenação para o serviço ministerial sem necessidade de haver sido o candidato confirmado!

Os reformadores herdaram, desse modo, um padrão em que a confirmação era dada por meio da unção, sendo considerada um sacramento de fortalecimento, ou crescimento, na fé cristã, ministrado a candidatos de qualquer idade, desde a infância (embora raro no século XVI) até a maturidade, apesar de variar a média da idade dos candidatos, usualmente, entre os 3 e os 9 anos. Afirmaram os reformadores, no entanto, ser o batismo com água a única iniciação sacramental, recusando-se a acrescentar a crisma ao rito do batismo, o qual, de um modo geral, continuaram a administrar a crianças. Em vez disso, conduziram o padrão medieval à sua conclusão lógica, elevando a idade básica da confirmação para entre 13 e 16 anos, exigindo massiva catequização* para proceder a ela

CONFIRMAÇÃO (CRISMA)

e usando-a como rito na admissão de adultos à comunhão. Quanto a isso, devem ter-se apoiado inteiramente em equívoco cometido por Calvino na história da igreja primitiva por ele promulgada, crendo em sua autoridade. Na verdade, esse novo uso não tinha qualquer precedente. O que aconteceu foi que o sinal visível tornou-se a imposição de mãos, substituindo "a bajulação do bispo de Roma".

O *Livro de oração comum* da Igreja da Inglaterra adotou exatamente essa disciplina a partir de Calvino e está em funcionamento até o presente. Por outro lado, o Artigo XXV de 1563 (ver Confissões*) acrescentou um parágrafo ao texto da época do rei Eduardo, dizendo que a confirmação não deveria ser considerada um sacramento procedente do evangelho, por haver surgido dos seguidores corruptos dos apóstolos, sem sinal visível ou cerimônia ordenada da parte de Deus. O *Livro de oração comum* referia-se a isso no sentido de que a oração com a imposição de mãos (tal como: "Defende, ó Senhor, este teu servo com tua graça celestial") não possuía nenhum caráter ou conteúdo sacramental. Uma seção acrescida ao catecismo anglicano, em 1604, embora relativa ao serviço de confirmação e visando a preparar os candidatos a esse ato, asseverava haver apenas dois sacramentos do evangelho na igreja, sem mencionar de forma alguma a crisma.

O século XX tem visto diferentes tentativas de se produzir uma teologia satisfatória, bem como uma prática pastoral e litúrgica de acordo com ela. Algumas igrejas não episcopais têm seguido o padrão de Calvino. Já os anglicanos, por exemplo, sentiram-se atraídos, primeiramente, pela ideia de que o batismo mais a imposição de mãos equivaleria à iniciação cristã plena e passaram a tentar "reintegrar" as partes "separadas" que compunham o rito primitivo (*i.e.*, segundo Hipólito). Mais recentemente, no entanto, sua tendência é a de considerar o simples batismo uma iniciação sacramental plena, passando, então, à etapa de comunhão, do adulto ou mesmo da criança. Os católicos, por sua vez, têm ampliado em muito o uso da crisma ou confirmação presbiteral, de longa história na igreja romana, e procurado, em alguns lugares, associá-la à primeira comunhão. Todavia, a escassez de fundamentos teológicos, tanto nas Escrituras quanto na história e na teologia sistemática, deixam ainda a crisma ou confirmação, geralmente, na situação de um rito em busca de uma teologia.

Bibliografia
R. J. Bastian, *The Effects of Confirmation in Recent Catholic Thought* (Rome, 1962); C. Buchanan, *Anglican Confirmation* (Bramcote, Nottingham, 1986); G. Dix, *The Theology of Confirmation in Relation to Baptism* (London, 1946); J. D. G. Dunn, *Baptism in the Holy Spirit* (London, 1970); J. D. C. Fisher, *Confirmation Then and Now* (London, 1978); G. W. H. Lampe, *The Seal of the Spirit* (London, 1951); B. Neunhauser, *Baptism and Confirmation* (Freiburg, 1964); E. C. Whitaker, *Sacramental Initiation Complete in Baptism* (Bramcote, Nottingham, 1975).

C.O.B.

CONFISSÃO DE AUGSBURGO

CONFISSÃO DE AUGSBURGO, ver CONFISSÕES DE FÉ.

CONFISSÃO BELGA, ver CONFISSÕES DE FÉ.

CONFISSÃO DE WESTMINSTER, ver CONFISSÕES DE FÉ.

CONFISSÃO ESCOCESA, ver CONFISSÕES DE FÉ.

CONFISSÃO SUÍÇA, CONFISSÕES HELVÉTICAS, Ver CONFISSÕES DE FÉ.

CONFISSÕES DE FÉ. A confissão tem sido constitutiva do cristianismo desde o seu começo. O movimento de Jesus distinguiu-se do restante do judaísmo pela convicção declarada de que Jesus era o Messias. Em contextos diversos, no decorrer do desenvolvimento da vida da igreja, crenças cristãs distintas têm sido sintetizadas em fórmulas de maior ou menor firmeza em estrutura e linguagem (*cf.* 1Tm 3.16; O. Cullmann, *The Earliest Christian Confessions* [As primeiras confissões cristãs], London, 1949). Os mártires*, em particular, fizeram sua confissão de fé perante o mundo enquanto enfrentavam a morte (*cf.* 1Tm 6.12-13); o chamado mártir era um cristão confesso.

Para atender à necessidade das igrejas, desenvolveu-se, no século II, a "regra de fé" e, mais tarde, os credos*, manifestações essas que podem ser definidas, todas, como confissões de fé. Do mesmo modo, são outras afirmações de fé, como a Definição de Calcedônia (ver Cristologia*) que tecnicamente não é um credo e que começa dizendo: 'Todos, a uma só voz, confessamos nosso Senhor Jesus Cristo [...]".

Geralmente, no entanto, a expresão "confissão de fé" tem servido para designar as demonstrações formais de crença, produzidas principalmente por cristãos protestantes em suas respectivas divisões da igreja decorrentes da Reforma. Nisso se incluem também, todavia, textos que não se intitulam "confissões'", tais como os decretos e o credo do Concílio de Trento, o Catecismo de Heidelberg, os 39 Artigos e os Cânones de Dort*. Muitas dessas confissões permanecem como o padrão doutrinário de uma dada tradição eclesiástica — daí a palavra "confissão" ser também, não raro, usada como referente a determinada comunhão.

O texto, a seguir, restringe-se a confissões de ramos da Reforma e pós-Reforma, sendo, necessariamente, seletivo. Outras confissões além dessas, porém, foram formuladas, tais como os Artigos Metodistas* de Religião (revisão de Wesley dos 39 Artigos, adotada pelos metodistas americanos em 1784) e o Quadrilateral Lambeth (de 1888, estipulando o essencial anglicano* para a unidade dessa igreja). Importantes exemplos no século XX são: a Declaração de Barmen* (1934); a base confessional, ampliada, mas ainda breve, do Conselho Mundial de Igrejas, aprovada em Nova Déli em 1961; o Pacto de Lausanne* (1974), e a Confissão de 1967 da Igreja Presbiteriana Unida dos Estados Unidos. Essa última foi incluída no *Livro de confissões* da igreja presbiteriana (1967), juntamente com o Credo dos Apóstolos e o Credo Niceno; a Confissão Escocesa e Segunda Confissão Helvética; o Catecismo de Heidelberg;

CONFISSÕES DE FÉ

a Confissão de Fé e o Breve Catecismo de Westminster; e a Declaração de Barmen (*cf.* E. A. Dowey Jr., *A Commentary on the Confession of 1967 e an Introduction to the Book of Confessions*, Philadelphia, 1968). O movimento ecumênico tem também produzido muitas formulações doutrinárias, incluindo a amplamente fundamentada *Batismo, eucaristia e ministério*, de 1982.

A confusão pluralista contemporânea em teologia não tem sido muito favorável à emissão de novas confissões. O *Livro de confissões* representa, na verdade, uma busca de solução para problemas das igrejas advindos de seus documentos confessionais dos séculos XVI e XVII, que frequentemente falam afrontosamente contra o papa ou inapropriadamente da relação entre a igreja e o poder civil ou que são ofensivos ao liberalismo teológico. Outra solução tem sido o de relevar termos com os quais os detentores de cargos não são obrigados a concordar. A Igreja da Escócia, por exemplo, exige o reconhecimento somente das doutrinas fundamentais [inespecificadas] da Confissão de Westminster, com liberdade de opinião sobre as questões que não façam parte da substância [indefinida] da fé. Ou, ainda, há igrejas que têm relegado suas confissões à simples condição de afirmações "históricas" de sua fé.

Nesse contexto, as confissões são frequentemente comparadas com desvantagem em relação aos credos, mas tal contraste é comumente exagerado. A maioria das confissões é certamente produto de igrejas que se encontravam em processo de divisão, se já não estavam divididas, como aconteceu quando da Definição de Calcedônia. Tanto as confissões quanto os credos foram elaborados para excluir ou contradizer crenças errôneas, sendo historicamente condicionados pelas heresias que refutavam. As limitações dos credos (*e.g.*, nenhum deles menciona a santa ceia, e todos eles pouco abordam a expiação*) e suas obscuridades (*cf.* "desceu ao inferno" no Credo dos Apóstolos*, sem falar dos termos técnicos contidos nos de Niceia e Calcedônia) são muito mais evidentes do que as das confissões, estas geralmente mais equilibradas e completas. As confissões podem ser mais controversas, mas os credos, por seu turno, são mais resumidos, tendo, talvez por isso, na prática, perdido mais inteiramente que as confissões a sua função básica original de pedra de toque da ortodoxia, o que só não é verdadeiro com respeito ao Credo dos Apóstolos.

Por outro lado, também, cristãos protestantes conservadores costumam colocar-se em defesa das confissões indiscriminadamente, esquecendo-se de que para os evangélicos elas só podem, tal como os credos, encontrar-se subalternas às Escrituras, sujeitas a julgamento e revisão sob a palavra, como muitas delas, aliás, explicitamente afirmam. Em algumas tradições mais importantes, *e.g.*, a batista, os membros das igrejas têm frequentemente se recusado a aceitar qualquer credo ou confissão, alegando serem crentes "em conformidade somente com a Bíblia"; assim como há igrejas que ignoram a força quase confessional de documentos como a constituição eclesiástica, as regras de adoração e prática, os hinários e os esquemas

CONFISSÕES DE FÉ

tradicionais de interpretação bíblica. Tanto quanto a maioria das igrejas protestantes tem percebido, elas não podem prescindir, de todo modo, das confissões, pois a melhor defesa das confissões da Reforma repousa em seu amplo uso nas atividades de ensino das congregações.

Panorama das confissões

As referências, aqui, são feitas às seguintes obras: P. Schaff, *The Creeds of Christendom* [*Os credos da cristandade*], 3 vols. (New York, 1877ss, best ed. 1919); J. H. Leith, *Creeds of the Churches* [*Credos das igrejas*] (Richmond, VA, [3]1982); A. C. Cochrane, *Reformed Confessions of the Sixteenth Century* [*Confissões reformadas do século XVI*] (London, 1966).

Confissão de Schleitheim (1527). São sete artigos elaborados por Michael Sattler (*c.* 1490-1527) e adotados pelos Irmãos Suíços, "igreja livre da Reforma zuingliana", contendo uma afirmação clara das visões distintivas das principais correntes de anabatistas* sobre: batismo, disciplina ("o banimento"), ceia do Senhor, separação do mundo, pastores, "a espada" ("ordenada por Deus exteriormente à perfeição de Cristo"), e juramentos (Leith).

Confissão de Augsburgo. É a primeira grande confissão protestante, uma descrição moderada dos ensinos luteranos, compilada por Melâncton* e apresentada à Dieta Imperial (ao Parlamento) de Augsburgo. Detém uma posição ímpar em todo o luteranismo*. Em 1531, Melâncton escreveu para essa confissão uma *Apologia*, em resposta a uma *Confutação* católica. Sua consequente revisão da Confissão,

aliviando, em particular, sua asserção da presença real de Cristo na ceia, resultou em forte controvérsia. Foi a original, inalterada (*Invariata*), que foi reafirmada como o documento básico do luteranismo no *Livro de Concórdia* (ver abaixo). Ela começa falando a respeito da Trindade, condena antigos hereges e anabatistas e nada diz sobre predestinação (Schaff; Leith; T. G. Tappert, *The Book of Concord* [*O livro de concórdia*], 1959).

Confissão Tetrapolitana (1530). Foi submetida à mesma Dieta de Augsburgo por "quatro cidades" do sul da Alemanha, tendo à frente Estrasburgo (basicamente, portanto, uma obra de Bucer*). Mostra-se incapaz de aceitação da Confissão de Augusburgo na questão da ceia do Senhor, sobre a qual, *inter alia*, procurava mediar junto a luteranos e zuinglianos (Schaff; Cochrane).

Primeira Confissão Helvética (ou *Suíça*) (1536). Confissão comum das cidades suíças reformadas, elaborada por Bullinger* e outros, com a ajuda de Bucer* e Capito (1478-1541), feita na expectativa de conciliar reformados suíços com luteranos. Começa abordando as Escrituras, dá destaque ao ministério da igreja e abrange o governo temporal (cuja tarefa suprema é promover a verdadeira religião) e o casamento (Schaff; Cochrane). É também conhecida como Segunda Confissão de Basileia, onde foi promulgada. A Primeira Confissão de Basileia (1534) caracterizava-se pela afirmação mais antiga dos reformados suíços no sentido de que deveria haver somente uma autoridade local.

Confissão Genebrina (1536). Produzida por Calvino* e Farel*

CONFISSÕES DE FÉ

como parte da constituição da igreja recentemente reformada da cidade de Genebra. Foi a única entre as confissões da Reforma a exigir a subscrição de todos os cidadãos e residentes locais — uma impossibilidade, como os fatos demonstraram. Seus 22 breves artigos começam pelas Escrituras, como a palavra de Deus, e incluem a excomunhão e a "vocação cristã" dos magistrados, mas não a predestinação (Schaff; Cochrane).

Segunda Confissão Helvética (ou *Suíça*) (1566). Uma revisão da confissão pessoal de Bullinger, aprovada em Zurique pelas cidades suíças reformadas, agora incluindo Genebra (mas não Basileia). Embora sendo um pequeno texto, tem sido amplamente traduzida e influente como a mais madura das confissões reformadas. É inteiramente marcada por um interesse na continuidade da ortodoxia católica da igreja primitiva e por uma perspectiva prática e pastoral. O Artigo 1º, versando sobre as Escrituras, declara que "a pregação da Palavra de Deus é a Palavra de Deus" (Schaff; Leith; Cochrane). A integração de Genebra foi realizada com o Consenso de Zurique (*Consensus Tigurinus*, 1549) sobre a ceia do Senhor, entre Calvino e Farel por Genebra e Bullinger pela maioria das igrejas suíças zuinglianas. O ponto de vista de Bullinger provavelmente predominou no Consenso.

Confissão Gaulesa (ou *Francesa*) (1559). Adotada no primeiro sínodo nacional das igrejas reformadas em Paris. Foi uma reformulação em quarenta artigos de texto original enviado de Genebra, com algumas mofidicações importantes. O Artigo 2 declara que Deus se revela primeiramente na criação e, "em segundo lugar, e mais claramente", em sua palavra, o que o esboço genebrino colocava tão somente no Artigo 1. Reconhece os três credos, sem as reservas de Calvino. O sínodo em La Rochelle em 1571 a reafirmou, após mínimas revisões (Schaff; Cochrane).

Confissão Escocesa (1560). É a primeira confissão da Igreja Reformada da Escócia (substituída pela Confissão de Westminster, em 1647), elaborada por João Knox* e cinco outros autores, todos com o nome de João — Douglas, Row, Spottiswoode, Willock e Winram. Ecoa com um vigor espontâneo e até desordenado, refletindo a pressa em sua produção. Vale-se de amplo espectro de fontes da Reforma, abrangendo as experiências de Knox na Inglaterra e no continente europeu. Deus e a criação vêm em primeiro lugar, mas entre a encarnação e a cruz já aparece a eleição. "Fora dessa igreja não há vida nem felicidade eterna" — mas "essa igreja é invisível, conhecida somente de Deus". Os princípios da verdadeira igreja incluem a disciplina, a palavra e os sacramentos. É condenada a ideia de que os sacramentos sejam meramente "sinais nus e expostos". Essa combativa e vívida confissão tem desfrutado de considerável apreciação nos dias de hoje (Schaff, Cochrane, G. D. Henderson, J. Bulloch (eds.), *The Scots Confession* [*As confissoões escocesas*] (versão moderna inglesa), Edinburgh, 1960; K. Barth, *The Knowledge of God and the Service of God* [*O conhecimento de Deus e o serviço de Deus*], London, 1938).

Confissão Belga (1561). Esboçada por Guido de Brès (1522-1567)

CONFISSÕES DE FÉ

como uma apologia dos cristãos reformados perseguidos nos Países Baixos, tornando-se finalmente, em Dort*, 1619, em um dos padrões doutrinários da Igreja Reformada Holandesa, juntamente com o Catecismo de Heidelberg e os Cânones de Dort. Segue de perto a Confissão Gaulesa, *e.g.*, em sua dissociação apologética dos anabatistas, embora sua afirmação sobre a revelação natural seja mais cuidadosa (Schaff & Cochrane).

39 Artigos (1563). É a confissão básica da Igreja da Inglaterra reformada e, consequentemente, da maioria das outras igrejas anglicanas. Foram extraídos, sob Elizabeth I, dos 42 Artigos de Cranmer, de 1553, recebendo uma mudança final em 1571. Propostos como instrumento de unidade religiosa nacional, meio caminho entre Roma e os anabatistas (não entre Roma e Genebra), refletem influências européias diversas — mais luteranas quanto à predestinação e em permitir crenças e práticas não contrárias à Escritura e mais reformadas quanto aos sacramentos. A interpretação dos artigos tem sido seriamente questionada (*cf.* Newman's* *Tract* 90) (Schaff, Leith, W. H. Griffith Thomas, *Principles of Theology* [*Princípios de teologia*], London, 1956; O. O'Donovan, *On the Thirty Nine Articles* [*Sobre os 39 artigos*], Exeter, 1986).

Fórmula de Concórdia (1577). Longo documento que resolveu as controvérsias luteranas entre os chamados "filipistas", que seguiam a acomodação de Melâncton, e os ditos "gnesioluteranos", discípulos considerados "autênticos" do próprio Lutero. Compilada basicamente por James Andreae (1528-1590), que dela também escreveu um *Epítome*, e Martin Chemnitz (1522-1586), sua exposição cuidadosamente equilibrada teve o efeito de excluir a conciliação com os calvinistas, como os melanctonistas esperavam. Foi incluída no *Livro de Concórdia* (1580) dos luteranos juntamente com os três credos, a *Confissão de Augsburgo* e sua *Apologia*, os *Artigos pouco escaldados*, de Lutero e o *Tratado sobre o poder e a primazia do papa*, de Melâncton, ambos de 1537, e os *Catecismos, maior* e *menor*, de Lutero. Essa coleção compreende todos os padrões doutrinários geralmente aceitos no luteranismo, sendo adotada pela maioria do clero desse ramo quando de sua ordenação (Tappert, *Livro de Concórdia*; E. Schlink, *The Theology of the Lutheran Confessions,* [*A teologia das confissões luteranas*], Philadelphia, 1961).

Uma resposta conciliadora com a *Fórmula de Concórdia* é a obra *Harmony of the Confessions of Fatih of the Orthodox and Reformed Churches,* [*Harmonia das confissões de fé das igrejas reformadas e ortodoxas*], publicada em Genebra em 1581. Produzida por Jean Salvart (m. 1585), Beza* e outros, essa coletânea harmoniosa de quinze confissões protestantes, incluindo a de Augsburgo, argumentava que não se devia perder a esperança quanto à unidade protestante, mas que pouco interesse ela deveria despertar além dos círculos da Reforma (Peter Hall, *The Harmony of Protestant Confessions of Faith* [*A harmonia das confissões de fé protestantes*], London, 1842).

Confissão de Westminster (1646). Uma exposição altamente siste-

221 CONFISSÕES DE FÉ

mática da ortodoxia calvinista, de notável abrangência, equilíbrio e precisão. Adotada pela Igreja da Escócia em 1647, tornou-se subsequentemente a confissão da maioria das igrejas presbiterianas e, com mudanças devidas, de igrejas congregacionais (e mesmo batistas) da Inglaterra e dos Estados Unidos. Foi obra de teólogos sumamente puritanos da Assembleia de Westminster, comissionados para produzir uma confissão que unisse, em termos religiosos, a Escócia à Inglaterra. Atende a um calvinismo desenvolvido e de tendências "escolásticas" refletindo a teologia do pacto*, puritana, e os Artigos Irlandeses de 1615 (adotados por breve período pela Igreja [Episcopal] da Irlanda, a despeito de nada se referirem à necessidade de ordenação episcopal e de três ordens de ministério, tendo sido escritos principalmente por James Ussher, 1581-1656). Os aspectos mais controversos dessa confissão são: a dupla predestinação (juntamente com o livre-arbítrio* e as "causas secundárias" contingentes); o pacto das obras com Adão; uma doutrina puritana da certeza da salvação, e uma visão sabatina a respeito do domingo. Mesmo seus críticos, todavia, reconhecem sua solidez e majestade (Schaff, Leith, S. W. Carruthers [eds.], *The Westminster Confession of Faith... with Notes* [*Confissão de fé... com notas*], Manchester, 1937; B. B. Warfield, *The Westminster Assembly and Its Work* [*A assembleia de Westminster e sua obra*], New York, 1931; A. I. C. Heron [ed.], *The Westminster Confession in the Church Today* [*A confissão de Westminster na igreja de hoje*], Edinburgh, 1982).

Plataforma de Cambridge (1648) e *Declaração de Savoy* (1658). Documentos fundamentais dos congregacionalismos americano e inglês, respectivamente. Em matéria de doutrina, reproduzem essencialmente a Confissão de Westminster, com as mudanças necessárias para proporcionar uma forma de governo adequada às congregações independentes (Schaff; Leith; W. Walker, *The Creeds and Platforms of Congregationalism* [*Os credos e plataformas do congregocionalismo*], New York, 1893).

Confissão Batista de Londres (1677). Conhecida também como Confissão de Filadélfia, que também adaptou as proposições calvinistas da Confissão de Westminster, nesse caso para as formas de batismo e de governo eclesial dos batistas. Foi a mais amplamente aceita das confissões batistas de cunho calvinista. Outra confissão, a de New Hampshire (1833), por sua vez, constituiu uma afirmação mais leve da fé batista calvinista.

Confissão de Dositeu (1672). Considerada a mais importante confissão ortodoxa dos tempos modernos, definindo a teologia ortodoxa contra o protestantismo. Dositeu (1641-1707) foi patriarca de Jerusalém, tendo presidido o sínodo ortodoxo que canonizou essa confissão (Leith). Seu alvo "calvinista" específico foi Cirilo Lucáris (1572-1638), patriarca de Constantinopla, fortemente atraído pelo protestantismo, cuja própria confissão de fé (Genebra, 1629; Schaff; G. A. Hadjiiantoniu, *Protestant Patriarch* [*Patriarca protestante*], Richmond, VA, 1961) é uma interpretação totalmente calvinista da doutrina ortodoxa.

CONFUCIONISMO E CRISTIANISMO

Bibliografia
W. A. Curtis, *A History of the Creeds and Confessions of Faith* (Edinburgh, 1911); E. Routley, *Creeds and Confessions* (London, 1962); C. Plantinga Jr., *A Place to Stand: A Reformed Study of Creeds and Confessions* (Grand Rapids, MI, 1979).

D.F.W.

CONFUCIONISMO E CRISTIANISMO. O confucionismo tem sido, por séculos, o sistema filosófico mais significativo entre chineses, japoneses e coreanos na propiciação de princípios éticos e contribuição para a estabilidade da sociedade entre esses povos. Apesar de Mao Tsé-tung e outros líderes da China comunista terem tentado abafar ou eliminar o confucionismo na sociedade chinesa, alegando que impedia a causa da revolução comunista, o pensamento religioso-filosófico de Confúcio tem sido, ao contrário, fortemente revitalizado nos anos mais recentes na Ásia, com o apoio até mesmo de governos como o de Taiwan e Cingapura, em uma linha de ressurgimento de valores tradicionais.

O confucionismo é visto pelos chineses mais como uma filosofia do que propriamente uma religião. Todavia, o sentido de "filosofia", para eles, não é o mesmo do uso geral dessa palavra no Ocidente. O confucionismo, na verdade, pode ser considerado até mais que uma filosofia, pois combina filosofia com a própria vida.

Há similaridades entre o confucionismo e o cristianismo no ensino ético* de ambos e em seu interesse, por exemplo, pela paz em família, na sociedade e na nação. Contudo, os meios de alcançar a paz e a tranquilidade na sociedade são, nos dois, radicalmente diferentes.

1. Para Confúcio (551-479 a.C.), a "regra de ouro" da existência e a perfeição moral do indivíduo têm sua base na harmonia em cinco relacionamentos humanos essenciais, entre: governante e súditos; marido e mulher; pais e filhos; irmão e irmã, e irmão/irmã e amigos.

No confucionismo, o homem ideal é chamado "cavalheiro" (*Jün Tze*). Não é necessariamente um aristocrata, mas, sim, alguém que cultiva as características morais de *Jen* (benevolência, amor pelos outros), *Shiao* (piedade filial) e *Li* (senso de propriedade) e que guarda as cinco virtudes, a saber, cortesia, magnanimidade, boa-fé, diligência e amabilidade. O homem ideal sabe como cultivar a si próprio, como governar sua família e como governar sua nação devidamente.

O principal objetivo a que se propõe o confucionismo é o de estabelecer a paz e a ordem na sociedade por meio de uma forte base moral e com a ajuda de rituais e música.

No cristianismo, o sermão do monte de Jesus (Mt 5—7), no Novo Testamento, e os Dez Mandamentos, no Antigo Testamento, enfatizam, do mesmo modo, uma sociedade moral e pacífica. Isso poderia vir a constituir um dos principais pontos de apoio para uma comunicação entre confucionismo e cristianismo.

2. No confucionismo, a principal preocupação do homem deve ser a de suas obrigações na vida presente, mais do que o que acontecerá depois da morte. Há, portanto, uma ênfase no "agora" deste mundo. Quando perguntaram a Confúcio

sobre como o homem deveria servir aos espíritos dos mortos, ele replicou: "Como é que você, ainda não sendo capaz de servir aos vivos, pode vir a servir ao espírito dos mortos?" (*Analect* XI.11). Consultado a respeito da morte, disse: "Se você nada ainda conhece sobre a vida, como pode conhecer alguma coisa sobre a morte?" (*ibid*). A morte e a vida devem ser aceitas com resignação, como resultado da lei natural, sendo determinadas por uma "vontade do céu" (Ming), em vez de por um destino ou predestinação*.

Contrastando com o ensino bíblico a respeito do pecado*, o confucionismo, embora considere o mal como impróprio, inconveniente e antissocial, não faz nenhuma referência à responsabilidade direta do homem perante um ser mais elevado ou Deus. O mais importante é a reforma humana.

Já as Escrituras apresentam uma doutrina de salvação*, arrependimento* e perdão dos pecados por Deus (ver Culpa e Perdão*). A Bíblia, além disso, dá o verdadeiro peso tanto à existência presente como à eterna, enfatizando que a vida terrena do homem possui significado para ele e para Deus, justamente à luz de sua futura existência (ver Escatologia*; Juízo de Deus*).

Há também uma diferença radical entre o confucionismo e o cristianismo na área da epistemologia* e dos meios para alcançar os objetivos humanos. O confucionismo começa a partir do homem e da natureza (humanismo), o cristianismo pela autorrevelação de Deus (em uma perspectiva sobrenatural, teocêntrica e cristocêntrica da vida). Confúcio era um agnóstico, ensinando a bondade básica da natureza humana, que o homem poderia cultivar para o aperfeiçoamento da humanidade. Para Confúcio, o homem pode chegar a uma sociedade pacífica por meio de sua própria benignidade.

A Bíblia, porém, ensina que o homem não pode fazer nada sem Deus e sua graça*, sendo totalmente dependente de Deus em sua vida moral e espiritual (Jo 15.5). É justamente essa questão, de que o homem precisa de Deus para sua vida moral e espiritual, que distingue o cristianismo do confucionismo. Algumas pessoas, no Ocidente, por negarem a presença de elementos sobrenaturais no cristianismo, são atraídas pelo confucionismo, enquanto outras, no Oriente, vendo finitude e falha no humanismo do confucionismo, sentem-se tendentes a aceitar o cristianismo.

Bibliografia

Ching Feng, periódico trimestral produzido por Tao Fong Shen Ecumenical Centre, New Territories, Hong Kong; Julia Ching, *Confucionism and Christianity* (Tokyo, 1977); Paul E. Kauffman, *Confucius, Mao and Christ* (Hong Kong, 1978); Bong Rin Ro (ed.), *Christian Alternatives to Ancestor Practices* (Taichung, Taiwan, 1985).

B.R.R.

CONGREGACIONALISMO. As origens do congregacionalismo se acham na Inglaterra de Elizabeth I (1558-1603). O objetivo da rainha para a Igreja da Inglaterra era uma reforçada uniformidade; havia, porém, quem almejasse ver a igreja nacional reorganizada com base no presbiterianismo* (ver também

CONGREGACIONALISMO

Governo Eclesiástico*), em vez de na linha episcopal. Outros, ainda, repudiavam totalmente o conceito total de igreja estatal, favorecendo o princípio de "igreja congregada". Esses últimos se tornaram conhecidos como "independentes", tendo sido os precursores do congregacionalismo. Afirmavam que a igreja* deveria se constituir somente daqueles que houvessem respondido pessoalmente ao chamado de Cristo e feito pacto com ele, assim como de um crente com o outro para viver junto como discípulos do Senhor.

Figura destacada entre os primeiros independentes foi Robert Browne (1553-1633), formado em Cambridge, chamado "o pai do separatismo inglês". Em 1582, Browne publicou na Holanda o seu famoso *Treatise of Reformation without Tarrying for Anie* [*Tratado de Reforma sem aguardar ninguém*], em que expunha princípios congregacionais. Afirmava que "a igreja organizada ou reunida é uma companhia ou um grupo de cristãos, ou crentes, que, mediante pacto voluntário feito com seu Deus, estão sob o governo de Deus e de Cristo e guardam suas leis em santa comunhão". Uma tal igreja, argumentava, não está sujeita a bispos ou magistrados. A ordenação ao ministério não cabe aos presbíteros, mas, sim, está nas mãos de toda a congregação.

Grupos de homens e mulheres, em várias localidades, puseram em prática o ensino de Browne. Muitos ingleses, em vez de se submeterem ao regimento eclesiástico, buscaram liberdade religiosa na Holanda. Alguns deles cruzaram o Atlântico, indo para onde as igrejas de padrão congregacional se tornariam uma de suas mais fortes influências formadoras, ou seja, o Novo Mundo. Foi da igreja de John Robinson (*c.* 1575-1625), em Leiden, que partiram os "pais peregrinos", embarcando no *Mayflouwer*. O congregacionalismo se tornaria um ramo eclesiástico reconhecido em Connecticut e Massachusetts e assim continuou a ser até o primeiro quarto do século XIX.

Enquanto isso, na Inglaterra, o padrão de vida eclesiástica ensinado por Robert Browne se difundiria por todo o país, com a formação de igrejas congregacionais e batistas*, particularmente no final do século XVII. Após o Ato de Uniformidade (1662), cerca de 2 mil clérigos optaram pela não conformidade ao *Livro de oração comum* e à ordem episcopal. A fé e as crenças dos congregacionalistas foram expressas na Declaração de Savoy, em 1658, exatamente como a Confissão de Westminster, poucos anos antes, tinha expresso o ponto de vista presbiteriano*.

Durante o século XVIII, houve menor crescimento na não conformidade, mas dois grandes independentes desse período merecem menção — o autor de hinos Isaac Watts (1674-1748) e Philip Doddridge (1702-1751). Igrejas independentes e presbiterianas, nessa época, se tornaram virtualmente unitaristas* na doutrina, perdendo os dissidentes, assim, muito de seu entusiasmo inicial.

Contudo, o Reavivamento Evangélico trouxe nova vida às igrejas, como um todo. Em 1831, formava-se a União Congregacional, com o objetivo primacial de "promover a religião evangélica em conexão com a denominação congregacional". A ênfase na independência da comunidade cristã local nunca foi considerada impedimento para uma comunhão livre de igrejas locais independentes com o propósito de consulta mútua e edificação.

Um dos grandes nomes do congregacionalismo durante a segunda metade do século XIX foi R. W. Dale (1829-1895). Foi ele um dos pastores de uma longa série de ilustres ministros da Igreja Congregacional de Carr's Lane, em Birmingham. Dale unia ao fervor moral o poder intelectual e intensa convicção religiosa. Era a personificação da visão não conformista no tocante a reformas sociais e educacionais. Sustentava que as convicções cristãs deveriam ser manifestas em ações de cunho social ou político, ou se evaporariam em sentimentalismo pietista. Tornou-se figura nacional britânica de destaque, estabelecendo na Inglaterra a Comissão Real de Educação. Aliado e amigo dos líderes do Partido Liberal, dizia-se que na cidade de Birmingham nenhuma decisão municipal importante poderia ser tomada sem que a opinião de Dale fosse consultada. Encontrou tempo, ainda, para escrever *History of Congregacionalism* [*História do congregacionalismo*]. Foi participante ativo na fundação do Mansfield College, em Oxford (1886), estabelecimento do qual o primeiro diretor, A. M. Fairbairn (1838-1912), viria a ser significativo representante da erudição teológica crítica alemã na Grã-Bretanha.

No final do século XIX, a influência da crítica bíblica germânica se fez sentir de modo gradativamente intenso na Inglaterra. Em muitos casos, congregacionalistas e presbiterianos mostraram-se demasiadamente tendentes a absorver os ensinos dos teólogos "liberais". "Os congregacionalistas absorveram muito mais profundamente [dos liberais] do que o fizeram quaisquer outros ramos. O congregacionalismo, livre da escravidão do paroquialismo por sua nova organização, e livre tradicionalmente, por seu caráter intelectual, de qualquer risco de se tornar mentalmente estagnado, ofereceu entusiástica hospitalidade aos novos ensinos críticos sobre a Bíblia que chegavam da Alemanha. Sempre houve um movimento 'modernista', incisivo e energético, no congregacionalismo" (Rutley, *The Story of Congregationalism* [*A história do congregacionalismo*]).

O congregacionalismo deu um passo decisivo na Grã-Bretanha, em 1966, quando suas igrejas locais foram chamadas a firmar um pacto a fim de formarem, juntas, uma igreja congregacional. Esse passo teve continuidade mais tarde com a união da igreja congregacional com a Igreja Presbiteriana da Inglaterra, levando à formação da Igreja Reformada Unida. Com esse novo desenvolvimento, o congregacionalismo, como tradicionalmente entendido, veio basicamente a desaparecer do cenário da Inglaterra; mas não da Irlanda, da Escócia e do País de Gales, embora a base de sua ordem eclesiástica haja permanecido nas igrejas batistas, assim como em um número crescente de igrejas evangélicas independentes. Foi formada, então, uma associação do tipo federativo por um grupo de congregacionalistas, para resguardar a independência histórica: a Federação Congregacional.

CONGRUÍSMO

Sua disputa com o esquema de união não se relacionaria a diferenças teológicas, senão somente à questão da liberdade da igreja local de poder gerir suas próprias atividades, sob a direção do Espírito Santo. A Federação colocou sua crença básica fortemente no valor da unidade na diversidade, deplorando qualquer tendência para a submissão a qualquer regimento.

Um bom número de igrejas fortemente congregacionais também não quis participar do esquema da união, sob a alegação fundamental de que isso não passava de um exemplo a mais de comprometimento ecumênico. Criticaram aquele esquema, sobretudo, por sua ambiguidade teológica, assim como pelo seu abandono do princípio da independência. Essas igrejas estão hoje ligadas fraternalmene em uma Comunhão Evangélica de Igrejas Congregacionais.

Em âmbito mundial, todavia, o congregacionalismo tem estado intimamente ligado ao movimento ecumênico. Esse fato poderia explicar, certamente, e de algum modo, os motivos subjacentes das diversas uniões que têm ocorrido, em diferentes partes do mundo, entre congregacionais e presbiterianos e, em alguns casos, congregacionais e metodistas. A tendência geral no congregacionalismo mundial tem sido a de renunciar à sua total independência.

O sistema congregacional de governo eclesiástico tem sido frequentemente descrito, de modo equívoco, como francamente democrático. Idealisticamente, porém, a igreja é vista como sob o governo de Cristo e buscando discernir sua vontade em suas assembleias e atividades. Não é de surpreender, por isso mesmo, que muitas igrejas congregacionais tenham relativamente pequena membresia — em uma grande congregação parece haver sempre maior dificuldade em se trabalhar sob o princípio da "cristocracia" em uma assembleia. Em uma igreja congregacional, o que ocorre somente é que à membresia é delegado o poder coletivo de escolher seu próprio ministro. A membresia tem por base a profissão de fé pessoal em Cristo de cada componente seu, sendo os novos membros recebidos com boas-vindas e a destra da comunhão em um culto com a celebração da ceia do Senhor.

Bibliografia
R. W. Dale, *Manual of Congregational Principles* (London, 1884); D. Jenkins, *Congregationalism: A Restatement* (London, 1954); A. Peel, *A Brief History of English Congregationalism* (London, 1931); E. Routley, *The Story of Congregationalism* (London, 1961); W. Walker, *The Creeds and Platforms of Congregationalism* (New York, 1893).

G.W.K.

CONGRUÍSMO, ver MÉRITO.

CONHECIMENTO DE DEUS. As questões sobre se Deus pode ser conhecido e em que grau têm sido intensamente debatidas tanto na filosofia quanto na teologia. Os filósofos chegam quase sempre a uma posição agnóstica* (Kant*, Fichte, Comte, Spencer e outros), se não a uma posição ateísta* assumida (Feuerbach*, Marx*, Freud, etc.). Na teologia, a possibilidade de o homem conhecer Deus raramente tem sido questionada ou negada.

CONHECIMENTO DE DEUS

Ao contrário, as indagações que preocupam os teólogos têm sido, basicamente, sobre em que grau Deus pode ser conhecido e como o homem pode chegar a um verdadeiro conhecimento de Deus.

No tocante à *extensão* do conhecimento de Deus, a visão geralmente sustentada é a de que Deus, embora possa ser conhecido, permanece incompreensível não somente quanto ao seu ser mais interior mas também na revelação* de si mesmo. Essa incompreensibilidade de Deus deve-se, por um lado, às nossas limitações humanas e, por outro, à natureza da revelação. A posição ortodoxa é bem estabelecida por H. Bavinck*: "A revelação de Deus na criação e na redenção não o revela adequadamente. Deus não pode comunicar-se plenamente às criaturas, pois, nesse caso, estas precisariam também ser Deus. Portanto, um conhecimento adequado de Deus não existe. Não existe um nome que torne seu ser conhecido de nós. Nenhum conceito pode abarcá-lo plenamente. Nenhuma descrição faz jus a Ele. O que se encontra oculto por trás da cortina da revelação é totalmente incognoscível [*A doutrina de Deus*], (*The Doctrine of God*, p. 21; *cf.* Jó 11.7; Is 40.28; Rm 11.33-34).

A impossibilidade de um total conhecimento de Deus não significa, no entanto, que nosso conhecimento dele não seja verdadeiro ou digno de confiança; a teologia cristã tem sustentado sempre que a revelação de Deus nos comunica um conhecimento tão confiável quanto verdadeiro. É, na verdade, um conhecimento analógico*, por sua natureza: Deus revela-se sempre "indiretamente", ou seja, por meio

de algo pertencente à criação. Todo o nosso conhecimento de Deus é, enfim, "um reflexo obscuro, como que em espelho" (1Co 13.12). É, portanto, tão somente uma aparência do perfeito conhecimento que Deus tem de si mesmo; mas por ser semelhança desse perfeito conhecimento, é real, seguro e verdadeiro.

Quanto ao *modo* pelo qual o homem chega ao conhecimento de Deus, há primeiramente a questão de se saber se há ou não um *conhecimento inato* de Deus. Embora alguns teólogos tenham chegado muito perto dessa ideia sob influência do pensamento platônico*, a teologia cristã em geral a tem rejeitado, ainda que fale com certa frequência em *cognitio Dei insita* (conhecimento inato de Deus). H. Bavinck descreve esse conhecimento da seguinte maneira: "Isso indica que o homem possui tanto 'capacidade, aptidão, poder, habilidade' quanto 'inclinação, tendência, disposição' para obter algum conhecimento definido, certo e indubitável de Deus; um conhecimento obtido no curso normal de seu desenvolvimento e no ambiente no qual Deus o fez ver a luz e ao qual fez chegar de modo natural; *i.e.*, 'sem argumentação e raciocínio erudito' " (*op. cit.*, p. 58). Aqui, é ainda um termo um tanto confuso, pois sugere que o homem nasce com tal conhecimento.

Calvino* também não é totalmente claro nesse ponto. Em suas *Institutas*, ele fala do "sentido de divindade" que Deus imprimiu na mente humana (I.iii.1) e da "semente de religião" plantada divinamente em todos os homens (I.iv.1); para falar, em seguida, sobre a revelação no restante da ordem criada (I.v.1ss).

CONHECIMENTO DE DEUS

É aceito de modo geral na teologia cristã que todo conhecimento de Deus é fruto da própria autor-revelação de Deus. Se Deus não se houvesse revelado, ninguém conheceria coisa alguma a seu respeito. Nesse sentido, todo conhecimento humano de Deus é um conhecimento adquirido (*cognitio Dei acquisita*). Esse conhecimento, porém, é de duas espécies, pois a autorrevelação de Deus ocorre de dois modos. Há uma autorrevelação *geral* de Deus, na criação, na história e no próprio homem; e há uma autorrevelação *especial* de Deus na história da salvação, que começa imediatamente após a queda, continua na história dos patriarcas e de Israel e encontra seu ápice na história de Jesus Cristo e do Espírito na igreja primitiva. Essa revelação especial chega a nós nas Escrituras e por meio delas.

Na história da teologia cristã, essa distinção em uma dupla revelação tem conduzido à ideia de um duplo conhecimento de Deus: teologia *natural* e teologia *revelada*. Na teologia medieval, especialmente e, por conseguinte, na católica-romana, a ideia da teologia natural* tem exercido papel importante. Segundo Tomás de Aquino*, é possível obter um conhecimento estritamente científico de Deus, no tocante, por exemplo, à sua existência e alguns de seus atributos. Esse pensamento tornou-se dogma oficial da Igreja Católica, ao afirmar o Concílio Vaticano I (1870) que Deus "pode certamente ser conhecido pela luz natural da razão humana, por meio das coisas criadas" (note-se a palavra "certamente"). A verdade sobre as coisas divinas que não se encontram além da razão humana pode vir a ser conhecida por toda pessoa "com facilidade, firme certeza e sem risco de erro". Não é de admirar que as chamadas provas da existência de Deus foram sempre destacadas na teologia católica-romana.

Em nosso tempo, Karl Barth* opôs-se fortemente a qualquer ideia de teologia natural, não somente em suas formas católica-romana e liberal, mas também na maneira em que foi advogada por Emil Brunner*. Para Barth, não há revelação alguma de Deus além de sua autorrevelação em Jesus Cristo. É simplesmente impossível para o homem vir a conhecer Deus, o mundo e ele mesmo como realmente são, sem Cristo.

Barth rejeitava, desse modo, não somente a teologia natural, mas também a ideia de uma revelação geral na natureza e na história. Mais tarde, em sua *Dogmática* IV.3, ele modificou ligeiramente sua posição sobre isso na estrutura da doutrina do ofício profético de Cristo, admitindo que na história do mundo poderia haver "luzes" menores que, de uma maneira secular, refletissem a "Luz do mundo".

A teologia protestante, em suas formas tanto luterana* como reformada*, tem aceito comumente a realidade de uma autorrevelação geral de Deus, mas rejeitado, ao mesmo tempo, a ideia de uma teologia natural. Para os protestantes, muito embora a revelação geral seja um fato, não constitui uma fonte de teologia à parte. O único ponto de partida para a teologia cristã são as Escrituras, que revelam quem é Deus em Jesus Cristo e o que Deus tem revelado de si mesmo na

CONSCIÊNCIA

natureza, na história do homem e no próprio homem. Usando "os óculos" das Escrituras (Calvino), o teólogo crente reconhece, então, essa autorrevelação de Deus e Pai de Jesus Cristo no mundo em redor. Mas nunca se torna para ele uma fonte à parte para o conhecimento de Deus. As Escrituras permanecem sendo a única fonte para toda a nossa *teo*-logia.

Bibliografia
K. Barth, *CD, passim*; H. Bavinck, *The Doctrine of God* (Grand Rapids, MI, 1955); L. Berkhof, *Systematic Theology* (Grand Rapids, MI, 1953); G. C. Berkouwer, *General Revelation* (Grand Rapids, MI, 1955); E. Brunner & K. Barth, *Natural Theology* (London, 1946); G. H. Clark, *Religion, Reason and Revelation* (Nutley, NJ, 1961); E. A. Dowey, *The Knowledge of God in Calvin's Theology* (New York, 1952); H. Küng, *Does God Exist?* (London, 1980); T. H. L. Parker, *Calvin's Doctrine of the Knowledge of God* (Grand Rapids, MI, 1959); B. Ramm, *Special Revelation and the Word of God* (Grand Rapids, MI, 1961).

K.R.

CONSCIÊNCIA. Termo que tem sido entendido de várias maneiras: um sentido moral interior do certo e do errado; a voz interior de Deus; a mente dos seres humanos fazendo constante julgamento moral.

Tradicionalmente, consideram-se dois elementos ligados à consciência: a sindérese (termo alterado do gr. *syneidesis*), que significa a consciência geral humana das regras e princípios de conduta universalmente usuais; e a consciência, propriamente dita, que é a capacidade de relacionar regras gerais a situações específicas. A consciência, tal como a entendemos, inclui ambos esses elementos.

A consciência é uma capacidade universal propiciada ao homem por criação divina. Alguns a vêem como parte da imagem de Deus*. Paulo afirma que toda pessoa tem uma consciência moral e que até mesmo os gentios "mostram que as exigências da lei estão gravadas em seu coração" e que "disso dão testemunho também a sua consciência e os seus pensamentos" (Rm 2.15). A humanidade, enfim, diferentemente dos animais, tem a capacidade de distinguir o certo do errado. Isso envolve a mente, as emoções e a vontade, agindo a consciência tanto como juiz quanto guia.

A consciência é retrospectiva, assim como prospectiva. Julga ações praticadas ou omitidas, traz sentimento de culpa e adverte sobre a necessidade de arrependimento. Ela nos orienta e dirige antes de agirmos, a fim de podermos atuar adequadamente, em "boa consciência".

Conquanto o AT não contenha referências específicas à consciência, sua noção está subjacente à lei e aos profetas, apontando para um discernimento do que seja certo ou errado. No NT, no entanto, a consciência é apresentada como parte integral da personalidade humana. É a interiorização do julgamento e da orientação sobre o que vem de fora.

Problemas com a consciência
A noção de consciência tem sido abordada em diversos níveis. Freud

CONSCIÊNCIA NEGRA

e os behavioristas (ver Psicologia da Religião*) têm descrito a consciência como simplesmente a interiorização de normas ditadas pelos pais e pela sociedade e que quase sempre age de modo repressivo, com ênfase exagerada e prejudicial quanto à culpa. A consciência nada mais seria, então, do que um condicionamento social ou psicológico. Essa análise deixa de entender o escopo da consciência sob o ponto de vista cristão, firmando-se em uma visão restrita apenas à sua origem. Comete, assim, uma "falácia genética" — explicar a origem não explica a realidade total.

Todavia, a consciência está sujeita à queda*, não sendo um guia infalível. Pode variar em suas decisões, permitir exceções a regras gerais e nem sempre ser clara em relação ao que é certo em situações complexas. Historicamente, tem ocorrido casos de consciências supersensíveis que se têm revelado obsessivas e paralisado até a ação moral.

Hoje em dia, acontece o extremo oposto. O NT mostra que a consciência dos indivíduos pode estar enfraquecida ou amortecida (1Tm 4.1-5; Ef 4.19; Tt 1.5), cabendo ao cristão a responsabilidade moral de educar e desenvolver sua própria consciência (Hb 5.14; 9.9; 9.14; 10.2; 10.22; 2Co 1.12). Isso inclui direcionar a consciência a fim de colocá-la em harmonia com as normas morais externas. Muito embora não seja conveniente que a consciência venha a ser desobedecida, ela não é por si só o guia da vida moral; é necessário que seja avaliada e provada em relação ao caráter de Deus, revelado em Cristo, orientada pelas Escrituras como

um todo e renovada pelo Espírito Santo. A consciência poderá, então, operar com base na graça de Deus, resultando em amor pelos outros.

Ver também Casuística; Teologia Puritana.

Bibliografia

J. C. Ford & G. Kelly, *Contemporary Moral Theology* (Westminster, MD, 1960); H. C. Hahn & C. Brown, *NIDNTT* I, p. 348ss.; K. E. Kirk, *Conscience and its Problems* (London, 1927); P. Lehmann, *Ethics in a Christian Context* (London, 1963); C. A. Pierce, *Conscience in the New Testament* (London, 1955).

E.D.C.

CONSCIÊNCIA NEGRA. Surgida na África do Sul, no final da década de 1960 e começo da de 1970, entre os universitários negros, a "consciência negra" rapidamente se espalhou para outros setores da população africana do país e do continente, tornando-se a filosofia mais influente ali entre os negros, especialmente os jovens. Foi basicamente, embora não exclusivamente, uma criação do brilhante estudante e líder Steve Biko (1946-1977), cuja morte enquanto se encontrava sob detenção da polícia sul-africana causou uma onda de choque que se irradiou por todo o mundo.

Analisando a situação socioeconômica do povo negro sul-africano sob o *apartheid* (ver Raça*), Biko percebeu que esse povo sofria de opressão dupla. Externamente, os negros eram vítimas de um sistema político e econômico que os excluía do poder e lhes negava

CONSCIÊNCIA NEGRA

justiça social e financeira. Internamente, estavam condicionados a se sentir inferiores em relação aos brancos e a ter medo destes. Articulada por Biko, a consciência negra sustentava que o caminho para a liberdade política residia na vitória sobre a alienação interior que escravizava os negros. Biko argumentava que seria necessário alcançar primeiramente "a emancipação mental, como precondição para a emancipação política". Isso, no entanto, não resultaria de um simples esforço individual de automelhora, mas, sim, a consciência negra deveria ser "essencialmente a percepção por parte do homem negro da necessidade de se unir com seus irmãos em torno da causa de sua opressão — a cor negra de sua pele — para operar como um grupo a fim de se libertarem das algemas que os prendem a uma servidão perpétua".

A consciência negra rejeitaria deliberadamente as metas do liberalismo político dos brancos de "integração" dos negros à sociedade por eles dominada, porque os brancos estabeleceriam certamente um esquema de proteção aos seus próprios interesses. Numa sociedade em que o racismo branco era tão defendido, "somente poderia haver uma antítese válida, *e.g.*, uma sólida união dos negros, para contrabalançar a balança. Para que a África do Sul venha a ser uma terra onde negros e brancos possam conviver juntos e em harmonia sem temer a exploração de um grupo pelo outro, isso só será possível quando esses dois opositores tiverem interagido e produzido uma síntese viável de ideias e um *modus vivendi* ".

A consciência negra não é, de modo algum, uma versão sul-africana, adaptada, do *Black Power* [Poder Negro] norte-americano. Biko considerava-a, isso sim, "uma ação contínua para o alcance da independência por muitos Estados africanos em um espaço de tempo bem curto". E, embora tendo importantes pontos de contato com a teologia negra, não deve também ser confundida com esta*. Biko via a teologia negra como "uma interpretação situacional do cristianismo que procura relacionar com Deus o homem negro do presente em um determinado contexto de seu sofrimento e de suas tentativas de sair dele".

A consciência negra, na verdade, é uma ideologia de mudança psicológica e política que, em princípio, não exige crença em Deus, embora muitos de seus defensores sejam cristãos professos. Vista teologicamente, a consciência negra pode ser perfeitamente considerada uma afirmação da dignidade do homem negro, que, não menos do que o branco, porta a imagem de Deus. Contudo, devido à sua ênfase na separação temporal entre negros e brancos, poderia parecer negar, na prática, a unidade e a catolicidade da igreja de Cristo, em quem negros e brancos são um (Gl 3.28) — não em uma sociedade futura mais justa, mas, sim, aqui e agora, mesmo em um país tão tristemente dividido racialmente como era ainda há pouco a África do Sul.

Bibliografia

Steve Biko, *I Write What I Like*, uma seleção de seus escritos editados por Aelred Stubbs (London, 1979).

D.P.K.

CONSELHO MUNDIAL DE IGREJAS

CONSELHO MUNDIAL DE IGREJAS, ver Movimento Ecumênico.

CONSERVADORISMO EM TEOLOGIA, ver Liberalismo.

CONTEXTUALIZAÇÃO. Processo dinâmico de reflexão da igreja, em obediência a Cristo e sua missão no mundo, sobre a interação de um texto da palavra de Deus e o contexto de determinada situação humana específica. É, essencialmente, um conceito missiológico*. O intérprete ou outro indivíduo engajado nesse processo pode fazer parte do próprio contexto ou, na condição de comunicador transcultural, representar um segundo contexto, num processo tripartite.

A contextualização não é moda passageira nem uma opção discutível. É elemento fundamental para o nosso entendimento da autorrevelação de Deus. O paradigma* ideal de tradução do texto no contexto está na encarnação* de Cristo. O Verbo de Deus encarnado como homem judeu identificou-se perfeitamente com determinda cultura humana em particular, em determinado momento histórico, muito embora os transcendesse. Por sua vida e ensino, é ele o modelo* supremo da contextualização. Cada mandamento seu, seja para amar o próximo seja para discipular as nações, constitui, na realidade, um mandamento de contextualização. A implicação desse processo pode ser vista depois, no testemunho apostólico e na vida da igreja do Novo Testamento. A diferença, tanto na ênfase teológica quanto no método de pregação de Paulo, entre seus ouvintes da sinagoga de Antioquia, da Pisídia (At 13.16-41),

e os do Areópago, em Atenas (At 17.22-31), é simplesmente uma notável ilustração da inevitabilidade sociológica e teológica da contextualização.

Na história do dogma, as afirmações das verdades da revelação de Deus nas Escrituras têm sempre envolvido uma seleção de temas e de linguagem contextualizada em resposta a questões específicas de teologia e ética que confrontavam a igreja naquele momento histórico. Os credos*, as confissões* e as declarações de fé refletem esse processo.

Com a rápida expansão do movimento missionário ocidental nos séculos XVIII e XIX, os estratégicos missionários Henry Venn (1725-1797), Rufus Anderson (1796-1880) e outros desenvolveram o conceito de "indigenização", pelo qual o evangelho, imutável, era transplantado às culturas estáticas e geralmente consideradas "primitivas" de povos não cristãos. Esse movimento estava basicamente interessado na indigenização das formas de culto, dos costumes sociais, da arquitetura de igrejas e dos métodos de evangelização.

Essa ênfase é ainda válida, como o indicam o atual interesse em antropologia cultural e o movimento Crescimento da Igreja*. A falha na indigenização, ou aculturação, tem resultado na perpetuação do colonialismo e no desenvolvimento de uma mentalidade de *ghetto* entre as comunidades cristãs. Contudo, em anos recentes, a adequação do princípio da indigenização tem sido seriamente questionada. Desde a Segunda Guerra Mundial, o surgimento de nacionalismos, a derrota do colonialismo ocidental

CONTEXTUALIZAÇÃO

e o espraiar de revoluções políticas conduzindo a ditaduras militares ou a governos socialistas tem atingido um número cada vez maior de nações. A explosão do conhecimento humano, da ciência e da tecnologia, assim como o espírito de materialismo e humanismo secular que permeiam toda a sociedade moderna têm resultado em uma crise de fé e uma busca pela verdade que ultrapassam a questão da identidade indígena.

A necessidade de mudança de indigenização para contextualização tem sido também acelerada por questões levantadas por teólogos modernos e pelo ministério global dos movimentos conciliares ecumênicos*. Essas questões incluem: a hermenêutica situacional*, de R. Bultmann*; chamado à igreja, em meio à rápida transformação social, para que se lance mais na ação, como foi feito na Conferência Mundial sobre Igreja e Sociedade, de Genebra (1966); o questionamento de distinção entre história da salvação* e a história do mundo, como levantado na Assembleia do Conselho Mundial de Igrejas, em Uppsala (1968); a aceitação do princípio de humanização e universalismo* da salvação pela Comissão WCC do Conselho Mundial de Igrejas sobre Missão Mundial e Evangelização, em Bangcoc (1972); e a busca pela união da humanidade, na Assembleia do Conselho Mundial de Igrejas, em Nairóbi (1975). O enfoque em questões de reconciliação social, humanização e libertação tem levado a uma mudança de prioridade na interpretação do texto bíblico para uma reflexão sobre o sofrimento e a opressão em contextos específicos.

A contextualização tornou-se um modo de fazer teologia politizada (ver Teologia Política*).

Interpretações radicais

Estudiosos modernos e teólogos da libertação*, em particular, têm feito extenso uso do conceito de contextualização como parte de um debate teológico mais amplo. Começam por rejeitar a visão tradicional a respeito da revelação divina registrada na Bíblia, uma vez que a palavra de Deus não pode ser igualada a qualquer forma particular, seja Escritura seja sistema teológico. Negam que a Bíblia contenha verdades proposicionais, argumentando que, sendo toda Escritura condicionada histórica e culturalmente, sua mensagem é relativa e situacional. Sustentam, além disso, que não há nenhuma verdade fora da ocorrência de acontecimentos históricos concretos de embate humano. Não pode haver nenhuma separação epistemológica entre o pensamento e a ação, entre a verdade e a prática. Assim, para eles, toda teologia autêntica deve ser participativa. O conhecimento teológico vem somente da participação em ação e da reflexão sobre a práxis*. Assim, advogam esses teólogos radicais que, por conseguinte, o processo hermenêutico não deve começar a partir da exegese das Escrituras, mas, sim, de uma "leitura profética dos tempos", discernindo os atos de Deus de humanização e libertação, seja no processo histórico geral seja em situações particulares. Gustavo Gutiérrez argumenta que a teologia é a reflexão sobre a práxis à luz da fé. Trata-se de um movimento dialético entre a ação e a reflexão.

CONTEXTUALIZAÇÃO

A hermenêutica das Escrituras dá lugar à hermenêutica da história. Outros teólogos evangélicos latino-americanos, como René Padilla, Emilio Antonio Núñez e alguns mais, conquanto reconheçam a validade das preocupações profundas levantadas pelos teólogos da libertação, argumentam que esse modo de fazer teologia conduz a um evangelho truncado, uma teologia política secularizada e finalmente à falência da igreja institucionalizada e da centralidade da evangelização.

Interpretações conservadoras

Estudiosos evangélicos, missionários, igrejas e líderes leigos têm levado a sério a validade da mudança da indigenização para uma agenda mais ampla de contextualização. Um começo ocorreu no Congresso sobre Evangelização Mundial de Lausanne* (1974), e o assunto foi levado adiante na consulta sobre Evangelho e Cultura, nas Bermudas (1978). Não obstante, para muitos evangélicos, a tarefa de contextualização está restrita à comunicação fiel e relevante da mensagem imutável para a linguagem e as formas do pensamento cultural daqueles a quem é comunicada. Essa preocupação destaca as questões de condicionamento cultural da mensagem bíblica, do autoentendimento do comunicador e do recebimento da mensagem e resposta a ela pela comunidade. A contextualização é entendida, assim, em termos de "equivalência dinâmica", pela qual a mensagem bíblica é vista como produzindo no receptor uma resposta equivalente à que produziu naqueles a quem foi primeiramente transmitida.

Contudo, a tarefa da contextualização exige um entendimento mais profundo da tradução do evangelho em seu relacionamento com a situação histórica contemporânea. O método gramático-histórico de exegese bíblica, consagrado pelo tempo, continua a ser aceito como fundamental para uma contextualização autêntica, fornecendo clareza e comprensão do que os escritores bíblicos dizem e querem dizer em seu próprio contexto. Todavia, a contextualização somente acontece quando a exegese fiel do texto entra em um encontro dialógico com as questões da situação humana. Esse encontro será tão teológico quanto ético, com a fé e a ação sendo interdependentes. Deve acontecer na dependência do Espírito Santo, chave hermenêutica para relacionar o texto com o contexto.

A reflexão crítica do intérprete sobre seu próprio pré-entendimento cultural é uma parte essencial desse processo tripartite. Muito embora atraídos pela visão do círculo hermenêutico de Bultmann, estudiosos como Orlando Costas encontram um símbolo alternativo em uma espiral dialógica, que aponta para um alvo escatológico. Esse processo dinâmico de reflexão crítica e interpretação identifica-se com o texto da Escritura pela fé, ao mesmo tempo em que dele se distancia em estudo e reflexão. Simultaneamente, o intérprete identifica-se e se distancia também do contexto. A contextualização autêntica acontece quando esses horizontes se encontram. No diálogo entre texto e contexto, as questões levantadas pelo contexto são trazidas ao texto para resposta, enquanto o texto, por sua vez, levanta novas questões que confrontam o

CONTEXTUALIZAÇÃO

contexto. Por exemplo, o contexto pode focar questões específicas de violência, enquanto o texto levanta questões a respeito do pecado e do poder demoníaco. Já que o texto é determinante e afirmativo, e o contexto, relativo e mutante, o movimento dialógico será sempre do texto para o contexto. Desse modo, o processo de reflexão difere extremamente daquele dos de pontos de vista mais radicais. No entanto, embora reconheça não haver nenhum sistema absoluto e final de teologia, o intérprete trabalha sempre confiante em que o Espírito de Deus dará crescente clareza e na certeza da natureza do evangelho e sua relevância em cada situação humana.

Os evangélicos, em geral, ponderam que a contextualização válida acontece somente onde haja um comprometimento sem reservas com o caminho do discipulado. Em primeiro lugar e o mais importante, isso exige lealdade e comprometimento com Jesus Cristo como Salvador e Senhor de toda a vida, pessoal e social, e ao seu evangelho. Os evangélicos compartilham com os teólogos da libertação seu comprometimento com o Jesus histórico em sua humildade e sofrimento e sua repreensão profética da hipocrisia e injustiça. Mas se acham principalmente comprometidos com o Cristo da fé — o Filho de Deus encarnado, crucificado, ressuscitado dentre os mortos e que há de vir de novo no final dos tempos para consumar o seu reino. Esse comprometimento com Jesus Cristo está de acordo com a estrutura trinitária de que fazem parte igualmente Deus Pai e Deus Espírito Santo.

Além do mais, a verdadeira contextualização exige um comprometimento da igreja* como povo de Deus. A igreja voltada para Deus em adoração e comunhão é chamada também à obediência em serviço humilde, especialmente para com o pobre, e a proclamar a todas as pessoas que a salvação está unicamente em Jesus Cristo. A contextualização acontece primordialmente dentro da esfera da igreja e só em segundo lugar no mundo. A reflexão e interpretação da palavra são obra da igreja. O sacerdócio de todos os crentes e a obra do Espírito Santo iluminando a Escritura enfatizam que a igreja é a esfera em que a contextualização acontece. Não é, assim, prerrogativa exclusiva de uma elite teológica profissional, mas se encontra aberta a todo o povo de Deus. A igreja, como corpo de Cristo, com a diversidade de dons para seu ministério, dada pelo Espírito Santo, pode garantir que esse processo dinâmico de teologia contextualizadora e sua prática aconteçam.

A verdadeira contextualização está atenta aos perigos do sincretismo* em crenças teológicas, práticas religiosas e estilos éticos de vida, mas sem ser levada à inércia ou à manutenção do *status quo* só por temor desses perigos. A voluntariedade em assumir riscos e comprometimento com os alvos missiológicos capacita o comunicador da palavra a vencer esse temor. O Espírito Santo, como o grande comunicador divino, é o pioneiro e o capacitador no cumprimento dessa tarefa.

Nesse relacionamento de diálogo entre o texto bíblico e o contexto humano, todas as formas de crenças

CONTINGÊNCIA

e práticas idolátricas, religiosas ou seculares são julgadas e condenadas. A igreja está, na verdade, comprometida com sua destruição. Mas mesmo que toda uma cultura esteja corrompida pelo pecado, ela pode ainda refletir as verdades e a beleza da revelação geral de Deus. Desse modo, o que for compatível com a lei de Deus pode e deve ser purificado, transformado e colocado sob o senhorio de Cristo.

A contextualização culmina com as boas-novas irrompendo, em cada situação, com a novidade da redenção humana do pecado, da culpa e do poder demoníaco, da libertação do desespero e da injustiça social e da efetividade da fé, da esperança e do amor. A contextualização é tarefa central da igreja em sua missão no mundo.

Ver também CULTURA.

Bibliografia

J. Miguez Bonino, *Doing Theology in a Revolutionary Situation* (Philadelphia,1975); O. E. Costas, *The Church and its Mission* (Wheaton, IL, 1974); J. D. Douglas (ed.), *Let the Earth Hear His Voice* (Minneapolis, MN, 1975); B. C. E. Fleming, *Contextualization of Theology* (Pasadena, CA, 1980); D. J. Hesselgrave, *Theology and Mission* (Grand Rapids, MI, 1978); J. A. Kirk, *Theology and the Third World Church* (Exeter, 1983); C. H. Kraft, *Christianity in Culture* (Maryknoll, NY, 1979); L. J. Lutzbetak, *The Church and Cultures* (Pasadena, CA, 1976); I. H. Marshall (ed.), *New Testament Interpretation: Essays on Principles and Methods* (Exeter, 1977); B. J. Nicholls, *Contextualization: A Theology of Gospel and Culture*

(Exeter, 1979); Bong Rin Ro & R. Eshenaur, *The Bible and Theology in Asian Context* (Taichung, 1984); V. K. Samuel & C. Sugden (eds.), *Sharing Jesus in the Two-Thirds World* (Bangalore, 1983); J. Stott & R. R. Coote, *Gospel and Culture* (Pasadena, CA, 1979); J. Sobrino, *Christology at the Crossroads: A Latin American Approach* (Maryknoll, NY, 1978); TEF staff, *Ministry in Context* (London, 1972); A. C. Thiselton, *The Two Horizons* (Exeter, 1980).

B.J.N.

CONTINGÊNCIA. Todas as proposições são logicamente contingentes ou necessárias. São logicamente contingentes se sua negação for consistente. Os estados das ocorrências são contingentes ou necessários de modo causal. São contingentes de modo causal se sua existência depender da existência de outra coisa, causalmente necessária ou não.

A existência de Deus pode ser crida como de modo causal necessária (não sendo ele causado) e mesmo logicamente necessária (por ser sua não existência inconcebível). Pode-se considerar essas posições como tendo base bíblica (Sl 90.2). Já o universo, ao contrário, pode ser visto como causal e logicamente contingente, como expressão da bondade livre (*i.e.*, não constrangida) de Deus (Gn 1).

A contingência do universo pode parecer requerer uma explicação. Esse pensamento tem sido a base de numerosos argumentos cosmológicos para a existência de Deus, a maioria dos quais de validade dúbia (ver Teologia Natural*). O argumento ontológico de Anselmo, se irrefutável, seria uma demons-

237 · CONTRARREFORMA CATÓLICA

tração da necessidade lógica de Deus. Filósofos desde Hume* e Kant* têm alegado que todas as verdades logicamente necessárias não são informativas e que, por conseguinte, a afirmativa "Deus existe" é, na melhor das hipóteses, uma verdade contingente.

Pensadores da corrente existencialista têm dado proeminência ao mistério da contingência humana como elemento que, sob o seu ponto de vista, representa a inexpressibilidade da vida do homem. A Bíblia, ao contrário, dá ao reconhecimento de tal contingência motivo para temor, reverência, humildade e ação de graças a Deus (Sl 90.12; 100).

Bibliografia
D. R. Burrhill (ed.), *The Cosmological Arguments* (Garden City, NY, 1967); A. Plantinga, *The Nature of Necessity* (Oxford, 1974).

P.H.

CONTRACEPÇÃO, ver BIOÉTICA.

CONTRARREFORMA, ver CONTRARREFORMA CATÓLICA; TEOLOGIA CATÓLICA-ROMANA.

CONTRARREFORMA CATÓLICA. O nome "Contrarreforma", embora agora geralmente aceito, é indevido. O que chamamos de Reforma* foi um movimento iniciado por Lutero*, que buscou *re*-formar uma cristandade *de*-formada; efetuando isso segundo uma linha de conhecimento bíblico, tradição idônea e razão esclarecida. O movimento chamado Contrarreforma não surgiu propriamente para combater diretamente a Reforma, mas, sim, para tentar recuperar a Igreja Católica dos fortes ataques da crítica protestante à penúria teológica e espiritual, secularização e corrupção que ela havia atingido. Os verdadeiros reformadores católicos foram, assim, silenciados, e os reformadores evangélicos, excluídos. Os primeiros nada conseguiram efetuar, e os segundos nos deram o que, depois, ficou conhecido como protestantismo*. A Contrarreforma pode ser descrita, portanto, como tendo surgido com os eruditos católicos que se envolveram em debate com Lutero desde a década de 1520, culminando com os jesuítas*, a Inquisição e o Concílio* de Trento, alcançando seu declínio e conclusão na Guerra dos Trinta Anos e no Tratado de Vestefália (Westfalen), em 1648. A Contrarreforma é, corretamente falando, a ideia católica de uma reforma: a Reforma, propriamente dita, é que caminhou contra esse movimento.

No final do século XV, todos os grupos da sociedade, exceto apenas aqueles que tinham interesse em manter a cúria romana, consideravam o papado* uma chaga aberta existente na Europa. As queixas, em geral, baseavam-se, principalmente na secularização e corrupção da igreja, que a tinham feito perder sua razão de ser, a saber, a pregação do evangelho e a cura das almas, para se tornar uma sórdida instituição em busca tão somente de riqueza e poder. Mais do que isso: a sociedade estava arrasada com tremendos escândalos que vinham à tona sobre favorecimentos para o clero; o direito de santuário; o domínio da lei civil pela lei canônica; o absenteísmo clerical... a lista era longa. Havia os humanistas*, também,

CONTRARREFORMA CATÓLICA

que desenvolveriam uma ideia diferente de reforma, a saber, repúdio ao escolasticismo* e retorno à filosofia simples do cristianismo dos primeiros séculos cristãos. Os verdadeiros reformadores, mestres teologais, buscavam restabelecer o puro evangelho e a autoridade das Escrituras, sabendo que a falsa tradição, a corrupção, os escândalos, as superstições, tudo isso o homem comum havia experimentado quando o cristianismo sofrera sua derrocada e se tornara tal qual escória.

A perspectiva mais clara da natureza da reforma católica pode ser vista na Espanha. Ali, os reformadores católicos medievais conceberam uma reforma na linha de algumas medidas de controle secular da igreja, reforço da lei canônica* para poder efetuar a reforma moral clerical, uma certa dose de erudição humanista, manutenção da teologia escolástica*, preservação da hierarquia e dos ritos e usos da igreja medieval, juntamente com supressão violenta da heresia ou mesmo da crítica. O rei Fernando V (1452-1516) e a rainha Isabel (1451-1504) praticamente efetuaram essa espécie de reforma com o apoio de Pedro González de Mendoza (1428-95), Hernando de Talavera (1428-1507) e Francisco Ximenes de Cisneros (1436-1517) em particular. O pio Ximenes, após purificar a moral do clero espanhol, iniciou a educação cultural e teológica deste, estabelecendo universidades e seminários. A teologia dessas instituições era mais a do primeiro escolasticismo (tomismo*) e menos a do posterior (Duns Scotus* e Guilherme de Occam*), com um toque de teologia

agostiniana* e traços de erudição erasmiana. Nos primeiros estágios, lia-se Erasmo* e até mesmo se acolhiam os ataques iniciais de Lutero aos escândalos da época, embora evitando sua poderosa e perturbadora teologia evangélica. Foi essa ideia espanhola de reforma que o imperador Carlos V (1500-1558) buscou e o papa Adriano VI (pontífice de 1522 a1523) admitiu.

Três forças se defrontaram, assim, em Worms em 1521 — a reforma teológica, representada por Lutero; o tipo de reforma católica espanhola, representada por Carlos V; e a impassível recusa da cúria papal de tolerar qualquer espécie de reforma representada pelo enviado papal Girolamo Aleander (1480-1542). A ideia da Reforma de Lutero era a de despertar a Igreja mediante uma consciência renovada da obra de Deus em Cristo e que o sacerdócio* universal dos crentes permanecesse sobre seus próprios pés por meio de uma teologia bíblica e uma experiência espiritual, mesmo a custo da separação do papado. A ideia espanhola era um reavivamento da vida da igreja, mas deixando sem mudança o ministério sacerdotal, o poder do papa e a tradição católica, tendo a autoridade do braço secular para purgar, perseguir e punir qualquer um que se desviasse.

A Itália proporcionaria uma visão a mais na natureza da Contrarreforma católica. Os camponeses eram pouco mais do que pagãos supersticiosos; já nas cidades, os grupos sociais desejavam sinceramente a reforma da moral e dos costumes do clero, bem como dos próprios cidadãos; enquanto os intelectuais viam a igreja, decadente, de um

CONTRARREFORMA CATÓLICA

modo um tanto realístico, como uma instituição política, quase um mal necessário que não servia para mais nada em termos de ajuda a alguém genuinamente religioso. Além disso, no entanto, surgiu na Itália importante grupo de reformadores católicos, organizado de tal forma que seria intitulado Oratório do Amor Divino, ao qual estavam associados os devotos e justos Gasparo Contarini (1483-1542), Giovanni Pietro Caraffa (1476-1559), futuro papa Paulo IV, de 1555 a 1559), assim como um grupo de distintas senhoras, como Renée, Duquesa de Ferrara (1510-1574), Vittoria Colonna (1490-1547) e Caterina Cibo (1501-57). Em Nápoles, Juan de Valdés* foi o centro de um círculo reformador, que incluía Pedro Mártir Vermigli*. Outras forças propulsoras da reforma católica constituíram o reavivamento das ordens monásticas, tais como os capuchinhos (franciscanos*), e a renovação do clero secular, pelos novos teatinos. A ascensão de Paulo III ao trono papal (1534) deu nova esperança a todos esses movimentos. Ele convocou determinados cardeais para lhe relatar sobre a reforma da igreja, mas o relatório deles (1538) foi uma acusação muito severa, que o papa recusou tornar conhecida e, embora os cardeais instassem a respeito de medidas a serem adotadas, o concílio longamente esperado foi mais uma vez posposto. Na busca da reforma, Contarini compareceu ao parlamento de Regensburgo (1541), de onde retornou após discussão com os protestantes com uma declaração de concórdia; mas esse acordo fora, na verdade, mais semântico que teológico, sendo, mais tarde,

anulado pelo papa. A essa altura, o ideal da reforma católica morrera, e a ideia da Contrarreforma tomava um único rumo: em 1542, Paulo III reorganizava a Inquisição na Itália.

Contudo, o reavivamento do zelo missionário, sob a liderança de Inácio de Loyola*, cuja Companhia de Jesus (jesuítas*) já fora estabelecida na Itália pelo próprio papa Paulo III, em 1540, incitou o entusiasmo em se tomar uma ofensiva da Contrarreforma. Loyola propôs-se a executar uma tríplice tarefa: reformar a igreja internamente, principalmente por meio da educação; pregar o evangelho aos perdidos afastados da igreja e aos pagãos; lutar contra o protestantismo em quaisquer de suas formas, usando de todos os meios e todas as armas para isso. Por seu zelo, devoção e espiritualidade, o movimento jesuíta alcançou progresso considerável, pois as multidões mostraram-se mais desejosas de aceitar uma arrumação geral em favor de si mesmas do que enfrentar a profunda reforma evangélica preconizada por Lutero, com todas as suas consequências. Inácio de Loyola demonstrou também profunda preocupação pastoral quando esteve na Itália, atacando ali os principais males sociais de sua época, a saber, a rejeição de crianças indesejadas, a mendicância e a prostituição. Com o apoio de seus discípulos, seu zelo missionário favoreceu a Igreja Católica com efetividade notável no Novo Mundo, na África e no Extremo Oriente.

A marca decisiva dos jesuítas na Contrarreforma foi a exigência, que tiveram de aceitar, de obediência cega e quase fanática a uma igreja infalível, encabeçada por um papa

CONTRARREFORMA CATÓLICA

infalível. Isso duraria até o século XX, quando, no Concílio Vaticano II (1962-1965), viria à tona uma certa ideia da verdadeira reforma católica do século XVI.

A Companhia de Jesus, acompanhada, na época, da Inquisição universal, tornou-se a força motriz do Concílio de Trento (1545-1563; ver também Concílios*; Teologia Católica-Romana*). Trento foi a mais impressionante incorporação dos ideais da Contrarreforma. Suas reformas doutrinárias e internas selaram o triunfo do papado tanto sobre os católicos que desejavam reconciliação com os protestantes quanto sobre aqueles que se opunham às exigências papais. O concílio proporcionou um novo olhar para a doutrina, modificando o escolasticismo mais recente e se opondo, desde a raiz até os ramos, à teologia evangélica. Formulou de modo renovado sua própria base intelectual, nela estabelecendo uma hierarquia adequada e respeitada. Proporcionou um sistema de reforma gradual, visando a libertar a igreja católica de muitos dos males e corrupções que haviam dado margem e substância à crítica e ao rompimento protestantes. Propiciou a existência de um clero bem formado. Teve também o efeito de tornar o catolicismo tão romano quanto antiprotestante.

Uma sucessão de papas reformadores sustentaria o movimento de Contrarreforma: Pio V (papa de 1566 a 1572), Gregório XIII (de 1572 a 1585) e Sisto V (de 1585 a 1590). Apoiado pela Inquisição, o movimento estenderia uma concepção espanhola de disciplina eclesiástica à Itália e a outros lugares; ao mesmo tempo em que o rei Filipe II, da Espanha (1527-1598), governante católico intolerante e fanático, tomado pela ideia obsessiva de estender o catolicismo e extirpar o protestantismo, colocava-se como o forte braço secular da Contrarreforma em toda a Europa.

Não obstante, nem tudo na Contrarreforma foi perseguição, tortura e intolerância. O francês Francisco de Sales (1567-1622) e o italiano Carlos Borromeo (1538-1584) mostraram grande zelo pastoral, enquanto místicos espanhóis mostraram profunda espiritualidade, resultando em um florescimento da teologia, da música, da literatura espiritual e de inspirada arquitetura

O zelo dos jesuítas, a atividade do papado, o *Índex de livros proibidos*, a habilidosa manobra política da constituição de um Sagrado Império Romano e o apoio secular dos príncipes e monarcas católicos — foram, todos, fatores que viriam a desempenhar importante papel no novo poder que o catolicismo começou a exibir, na época, em relação ao protestantismo. A Igreja Católica reconquistou sua ascendência na região do Reno, na Áustria, no sul da Alemanha e na Polônia; posteriormente, veio a perder a Holanda, embora tenha mantido a Bélgica; manteve sua firme posição na Espanha, na França e na Itália; todavia, perdeu todo o norte da Europa para o protestantismo.

O resultado de tudo isso foi que a Igreja Católica se tornaria, assim, "espanhola", lutando intensamente por clericalizar novamente a totalidade do mundo ocidental e sujeitá-lo ao controle de Roma, à Inquisição e à censura. Em toda parte, ela procuraria sufocar e esmagar, mediante reação autoritária, cada movimento e cada pessoa que lutasse para manter o livre espírito de pesquisa dos primeiros tempos. Isso significaria uma verdadeira cruzada de reconquista em que se empenharia toda uma igreja, monárquica e burocratizada. Sua estrutura hierárquica e sacerdotal em aliança com as cortes dinásticas mais opressivas produziria uma mistura desastrosamente reacionária. A resposta de Roma a Lutero, em Trento — já quase noventa anos após Lutero ter levantado suas teses — foi pouco mais do que uma reafirmação desafiadora daquilo que os reformadores tinham considerado como paganismo. Via-se agora não menos pompa, mas até mais, com cultos e ritos excessivos; mais hagiografia; mais adoração à Virgem Maria* e aos santos*; mais "milagres" e imagens e medalhas que operavam maravilhas; mais procissões; mais ordens monásticas; mais devoção aos soberanos católicos como braços seculares da igreja; tudo isso e muito mais, acompanhado de menos pregação das Escrituras e proibição cada vez mais estrita de sua tradução; controle mais rígido do clero; censura mais restrita do pensamento e de publicações. Eis ao que a Contrarreforma acabou correspondendo desafiadoramente orgulhosa em seu novo esplendor barroco. Somente metade da cristandade pôde vir a conhecer a importância de um Lutero profético, e, mesmo assim, parte dessa metade tinha largamente o esquecido, assim como aos seus companheiros de Reforma.

O Concílio Vaticano II, todavia, pareceu proporcionar um vislumbre de esperança de que o catolicismo não teria se esquecido de seus próprios verdadeiros reformadores do século XVI e de que, algum dia, ainda possa chegar a uma reavaliação mais sadia da Reforma e da Contrarreforma.

Bibliografia

J. C. H. Aveling, *The Jesuits* (London, 1981); J. Delumeau, *Catholicism between Luther and Voltaire* (London, 1977); P. Janelle, *The Catholic Reformation* (Milwaukee, WI, 1949); G. V. Jourdan, *The Movement towards Catholic Reform in the Early Sixteenth Century* (London, 1914); B. J. Kidd, *The Counter-Reformation 1550-1600* (London, 1933); D. Mitchell, *The Jesuits* (London, 1980); A. R. Pennington, *The Counter-Reformation in Europe* (London, 1899); H. Tüchle *et al.*, *Réforme et Contre-réforme* (Paris, 1968); A. D. Wright, *The Counter-Reformation* (London, 1982).

J.A.

CONTROVÉRSIA SOBRE A ESSÊN-CIA, ver BOSTON, THOMAS.

CONTROVÉRSIAS ICONOCLASTAS. Uma série de divergências quanto à situação das imagens* (gr. *eikones*, ícones) na adoração cristã praticada em Bizâncio, entre 726 e 843. A primeira dessas controvérsias teve início quando o imperador Leão III (717-741) emitiu um decreto ordenando a destruição das figuras de santos nas igrejas (726). Seus motivos podem ter sido, em parte, religiosos, muito embora fossem certamente muito mesclados, não havendo, todavia, evidência alguma de que a proibição islâmica de adoração de imagens tivesse tido

CONTROVÉRSIAS ICONOCLASTAS

qualquer efeito sobre seu pensamento. A política de Leão III teve prosseguimento com seu filho, Constantino V (741-775) e com Leão IV (775-780), mas, após a morte deste último, foi sendo gradativamente mudada pela viúva, Irene, que agiu em nome do filho, Constantino VI (780-797). No sétimo Concílio Ecumênico*, reunido em Niceia, em 787, a prática do iconoclasmo (a destruição de ícones) foi condenada e declarada ilegal.

As decisões desse concílio foram fortemente apoiadas pelo papado, que nunca tinha aprovado o iconoclasmo, mas rejeitadas pela Igreja dos Francos, no Concílio de Frankfurt, em 794. Em 815, durante o reinado de Leão V (813-820) houve uma renovada eclosão do que agora havia se tornado uma heresia e não foi definitivamente superada até 842. A restauração das imagens foi formalmente proclamada no chamado Triunfo da Ortodoxia, em 11 de março, primeiro domingo da Quaresma, de 843. Desde então, o primeiro domingo da Quaresma tem sido especialmente comemorado, por esse motivo, na igreja oriental.

O iconoclasmo teve grandes implicações sociais e políticas, mas constituiu, essencialmente, uma controvérsia teológica. Os iconoclastas apelaram para o segundo mandamento da lei e para passagens como João 4.24 como apoio à sua convicção em uma adoração a Deus puramente espiritual. Seus oponentes, os chamados iconólatras, adoradores de imagens (em grego, inconódules, de *douleia*, adoração), acusaram os iconoclastas de querer negar a realidade da encarnação*. O grande expoente desse ponto de vista foi João Damasceno*, que apresentou uma distinção clássica entre a adoração prestada a Deus (*latreia*), juntamente com a honra prestada aos santos (*douleia*), e a veneração prestada a objetos criados (*proskynēsis*). Argumentou João que o homem era a imagem de Deus* (Gn 1.26), que Cristo era a imagem do Deus invisível (Cl 1.15) e que o destino do cristão era o de ser novamente formado à imagem do Filho de Deus (Rm 8.29). Os que viram Jesus na carne, tivessem reconhecido esse fato ou não, viram Deus. Para dizer de forma diferente, os iconoclastas, segundo ele, estavam a um passo de cair na heresia de Ário*, que havia negado a divindade de Cristo.

No segundo período do iconoclasmo, João foi substituído por um monge de Constantinopla, Teodoro Studita (729-826). Teodoro argumentou que um ícone era uma verdadeira representação da *hipóstase* (*i.e.*, pessoa) de seu sujeito, mas dotada de natureza diferente (*ousia*; ver Substância*). Um ícone de Cristo seria, dessa forma, capaz de trazer o crente a um contato direto com sua pessoa, mas sem ser um ídolo. Defendeu também a veneração compulsória dos ícones, alegando serem uma parte necessária da adoração cristã. Esse pensamento tornou-se doutrina da igreja oriental após 842, mas nunca obteve realmente repercussão no Ocidente, mesmo nas igrejas que usam imagens na adoração.

Observe-se, porém, que a igreja oriental não permite na adoração o uso de estátuas, alegando ser isso idolatria. Isso porque a terceira

243 CONVERSÃO

dimensão, que em um ícone deveria ser supostamente a realidade divina transcendente, está contida pela escultura em um limite finito.

Bibliografia

A. Bryer & J. Herrin (eds.), *Iconoclasm* (Oxford, 1977); E. J. Martin, *A History of the Iconoclastic Controversy* (London, 1930; New York, 1978); L. Ouspensky, *The Theology of the Icon* (London, 1977).

G.L.B.

CONTROVÉRSIAS PASCAIS, VER PÁSCOA.

CONVERSÃO. O termo "conversão" pode ser usado em relação a uma variedade de disciplinas, entre as quais estudos bíblicos, História, Teologia, Sociologia e Psicologia. Suas implicações são as mais amplas e diversificadas, uma vez que a conversão é um fenômeno universal que pode ser manifesto tanto em uma experiência* religiosa como não religiosa. Focalizamos aqui sua importância para a experiência cristã.

As palavras gregas usadas para esse conceito no NT são *epistrephō* (que na LXX é geralmente traduzido do hebraico *šûḇ*, significando "voltar", "retornar") e seus cognatos, especialmente *strephō*. O significado literal desses dois verbos é "voltar", no sentido de mudar a direção (*cf.* Jo 21.20). Desse uso deriva a ocorrência figurativa e intransitiva no NT de "tornar" para denotar (como em 1Ts 1.9) uma reorientação decisiva em direção a Deus.

Na teologia cristã, a conversão pode se distinguir do renascimento espiritual, ou regeneração*. A conversão é o ato de voltar-se do pecado e do eu em direção a Deus, mediante Jesus Cristo, quase sempre como resultado de alguma forma de pregação cristã. Em determinado ponto no processo, Deus, por sua graça*, regenera o crente e lhe dá a vida eterna (Rm 6.23; 2Co 5.17). De acordo com o ensino do NT, ambas as ações são simbolizadas no batismo*, que expressa tanto o processo envolvido na conversão quanto o momento exato da regeneração.

A regeneração e a conversão incluem, assim, uma participação de Deus e uma do homem. Da parte humana, está o arrependimento* (ou mudança de mente) e a fé salvífica* (Mc 1.15), resultando em nova orientação individual (Rm 6.11). Mas o início do processo da conversão é uma resposta à obra de Jesus Cristo. Assim, mediante uma fé dada por Deus, manifestada pelo batismo (Ef 2.8; Cl 2.12), torna-se possível receber o perdão (At 2.38a), incorporação em Cristo (Rm 6.3-5), o dom do Espírito Santo (At 2.38b; *cf.* Jo 3.5,8), renovação (Tt 3.5) e graça para viver uma nova vida (Rm 6.4,22).

A conversão está também relacionada à santificação* do crente. Pode-se argumentar, com base na evidência linguística do NT, que a conversão é *completada* pela regeneração. Não obstante, a incorporação batismal, que age como foco dessa resposta de duas vias entre Deus e o homem, está ligada, no NT, à exigência de crescente santidade (1Pe 1.4-6). O cristão convertido é chamado a isso para *ser convertido*, mas uma pessoa renascida, batizada, precisa superar continuamente as implicações desse ato. Além disso, enquanto

CORPO

a conversão é uma experiência individual, aquele que se converte passa a pertencer a uma comunidade, a comunidade da igreja, sendo-lhe requerido manter sua fé e exercer serviço em um contexto corporativo (*cf.* At 20.32). Assim, a conversão e a renovação pelo Espírito são aspectos duradouros da vida cristã.

A exigência de conversão pessoal fazia parte da pregação apostólica e, desde essa época, é o aspecto principal de algumas das formas de evangelização. Mas será a conversão, no sentido de "nascer duas vezes", essencial para o comprometimento cristão? Evidentemente, não existe nenhuma experiência de conversão arquetípica à qual todo cristão deveria se submeter. Mas mesmo que o processo de se voltar para Deus possa assumir muitas formas, possa ser repentina ou gradual em seu caráter, a evidência do NT sugere que se trata de um fundamento indispensável para a crença do cristão e tudo o mais que possa fluir daí. Podemos concluir, com base nisso, que a "pregação para conversão e renascimento", de tal modo que os que estejam sendo salvos possam ser acrescidos à comunidade cristã, é tarefa crucial na igreja de hoje.

Bibliografia
J. Baillie, *Baptism and Conversion* (London, 1964); W. Barclay, *Turning to God* (London, 1963); G. Bertram, *TDNT* VII, p. 714-729; W. James, *The Varieties of Religious Experience* (1902; ed. M. E. Marty, Harmondsworth, 1983); F. Laubach, J. Goestzmann, U. Becker, *NIDNTT* I, p. 353-362; A. D. Nock, "*Conversion* (Oxford, 1933); S. S.

Smalley, Conversion in the New Testament", *Churchman* 78 (1964), p. 193-210.

S.S.S.

CORPO, ver Antropologia.

CORPO DE CRISTO, ver Igreja.

CRANMER, THOMAS, ver Reformadores ingleses.

CREDO APOSTÓLICO, ver Credos.

CREDO DE ATANÁSIO (ATANASIANO), ver Credos.

CREDO DE NICEIA, ver Credos.

CREDOS. Um credo (do latim *credo*, "eu creio") é uma afirmação categórica dos pontos essenciais da fé cristã, com os quais se espera que todos os crentes concordem. De modo amplo e geral, a religião bíblica tem sido sempre, na verdade, a de credo. O judaísmo bíblico e pós-bíblico confessa a unidade e a singularidade absolutas de Iavé mediante o *Shema*: "Ouça, ó Israel: o Senhor, o nosso Deus, é o único Senhor" (Dt 6.4). Os símbolos da igreja (como os credos têm sido chamados desde os primeiros tempos) tiveram sua origem em afirmações anteriores de fé e adoração encontradas no NT (ver Confissões de Fé*). Com a confissão "Jesus é Senhor" (Rm 10.9; 1Co 12.3), os primeiros cristãos já reconheciam que o Nazareno deveria ser considerado como o mesmo Iavé do AT. O texto que aparece no diálogo de At 8.37 — "Creio que Jesus Cristo é o Filho de Deus" — representa uma primitiva afirmação batismal cristã. Outras fórmulas de credo

CREDOS

do NT afirmam a encarnação de Cristo, sua morte salvadora e sua ressurreição gloriosa (Rm 1.3,4; 1Co 15.3,4; 1Jo 4.2). A grande passagem cristológica em Filipenses 2.6-11 pode perfeitamente ter sido cantada nos serviços batismais dos cristãos primitivos. Primeira Coríntios 8.6, por sua vez, afirma a unidade de Deus e a coordenação do Pai com Jesus Cristo. Finalmente, emerge no NT um padrão confessional trinitário (Mt 28.19; 2Co 13.14; ver Trindade*) que se tornaria o paradigma de formulações posteriores de credos.

Os pais apostólicos* refletem o que J. N. D. Kelly chama de "fragmentos quase credos", e os apologistas*, um corpo de ensino crescente que destila a essência da fé cristã. Ao que os estudiosos se referem como o credo antigo romano (c. 140, Harnack) era uma fórmula batismal trinitária expandida: "Creio em Deus Pai Todo-Poderoso e em Cristo Jesus, Seu Filho, nosso Senhor, e no Espírito Santo, na Santa Igreja e na ressurreição da carne". Nos escritos de Ireneu*, Clemente de Alexandria*, Tertuliano* e Hipólito*, encontra-se a "regra de fé", ou "tradição", que era um corpo de ensino informal ministrado aos catecúmenos. O chamado Credo Apostólico, ou dos Apóstolos, conquanto, na verdade, não apostólico na autoria, é, não obstante, apostólico em seu conteúdo. Sua forma atual (do século VIII) representa um desenvolvimento mais extenso de fórmulas batismais trinitárias mais simples, particularmente o credo antigo romano. O Credo Apostólico refuta indiretamente várias heresias (*e.g.*, ebionismo, marcionismo*, gnos-

ticismo*, docetismo*'), tendo sido amplamente usado no Ocidente para instrução e adoração. O chamado "Credo dos credos" (P. Schaff) contém os pontos fundamentais da fé cristã necessária à salvação.

O Credo de Niceia, ou Niceno (325), provavelmente baseado em credos mais antigos de Jerusalém e Antioquia, foi criado para refutar a reivindicação ariana* de que o Filho seria a criação mais elevada de Deus e, assim, essencialmente diferente do Pai. O que hoje conhecemos é, na verdade, uma ampliação do credo doutrinário de Niceia, de 325, provavelmente aprovada pelo Concílio de Constantinopla (381). Afirma a unidade de Deus, insiste em que Cristo foi "gerado do Pai antes de todas as eras", e declara que Cristo é "da mesma essência (*homoousios*) do Pai". Assim, o Filho é Deus em todo sentido.

Esse credo sustenta ainda a divindade do Espírito Santo* e sua processão do Pai. No Ocidente, a frase "que procede do Pai" foi mais tarde alterada para "do Pai e do Filho". É a chamada cláusula *filioque*, que afirma a dupla processão do Espírito, segundo o ensino de Hilário*, Ambrósio*, Jerônimo* e Agostinho* e que aparece também no Credo de Atanásio, mas é rejeitada pela igreja oriental. Tornou-se a mais importante questão doutrinária no cisma entre Oriente e Ocidente, que se deu em 1054.

O Credo de Atanásio, ou Atanasiano, chamado também *Quicunque vult* (palavras de abertura do seu texto latino), foi escrito por autor desconhecido de tradição agostiniana*, no sul da Gália, por volta da metade do século V. Contém uma afirmação clara e

CREDOS

concisa da Trindade e da encarnação* de Cristo que devem ser cridas, ambas, para a salvação. Concernente à Trindade, afirma que "o Pai é Deus, o Filho é Deus, e o Espírito Santo é Deus; e, todavia, não há três Deuses, mas um só Deus". Os enfoques sobre Cristo sustentam sua geração na eternidade da substância do Pai, Sua completa divindade e completa humanidade, sua morte pelos pecados, ressurreição, ascensão, sua segunda vinda e seu juízo final. O Oriente nunca reconheceu o Credo Atanasiano.

A Definição de Calcedônia foi elaborada por, aproximadamente, quinhentos bispos gregos no Concílio de Calcedônia, em 451. Afirma, em resposta às interpretações errôneas da pessoa de Cristo sustentadas por Apolinário*, Nestório* e Êutico [ou Eutiques] (ver Monofisismo*), que Jesus Cristo é perfeitamente Deus e perfeitamente homem, que ele é consubstancial com Deus quanto à sua divindade, e com o homem quanto à sua humanidade. Além do mais, sua humanidade e divindade estão unidas "sem confusão, sem mudança, sem divisão e sem separação". A Dclaração de Calcedônia representa a afirmação definitiva, ainda que em linguagem ontológica grega, de como Jesus Cristo é Deus e homem ao mesmo tempo.

Os credos têm sido úteis em uma variedade de funções na igreja. Os elementares foram, inicialmente, usados em um contexto batismal*. Ao responder a questões ou recitar determinadas fórmulas que, mais tarde, se tornaram fixas, o candidato ao batismo fazia sua confissão de fé em Cristo. Além disso, os credos

eram usados para propósitos catequéticos, i.e., para instruir os novos cristãos nos pontos essenciais da fé. Os credos (especialmente a "regra de fé") foram também empregados para propósitos confessionais, isto é, para refutar e contradizer os ensinos heréticos de docetistas, gnósticos, monarquianos*, arianos e outros. Finalmente, os credos serviam a um propósito litúrgico ao serem recitados em várias ocasiões na adoração nas igrejas.

Com relação à autoridade dos credos, as igrejas ortodoxas orientais atribuem autoridade aos decretos dos sete concílios ecumênicos*, desde o primeiro em Niceia (325) ao segundo de Niceia (787). Mas as igrejas orientais não têm aceito os credos doutrinários ocidentais e rejeitam a adição da cláusula filioque ao Credo Niceno. Por outro lado, Roma alega infalibilidade para todos os pronunciamentos do magistério. Tradicionalmente, os Credos Apostólico, Niceno e Atanasiano ficaram conhecidos como "os três símbolos". De acordo com Roma, as fórmulas antigas de credos contêm verdades reveladas por Deus e, sendo assim, categóricas em todas as épocas. Os reformadores protestantes aceitaram o Credo Apostólico e os decretos dos primeiros quatro concílios em virtude de sua concordância com as Escrituras, única regra de fé e prática para eles. A respeito do Credo dos Apóstolos, Lutero* disse o seguinte: "Talvez a verdade cristã não pudesse ser colocada numa afirmação mais curta e mais clara" (LW 37, p. 360). Calvino* disse das fórmulas dos concílios ecumênicos: "Eu as venero do fundo do meu coração, e queria que todas elas fossem sustentadas com a devida honra" (*Institutas,* IV.ix.1).

Os principais ramos do protestantismo valorizam os quatro credos acima como fielmente incorporando os ensinos das Escrituras. Todavia, a erudição crítica, começando por A. von Harnack*, tem rejeitado os credos clássicos, alegando sua dependência do considerado estranho sistema filosófico grego e por refletir uma cosmologia ultrapassada. Pensadores protestantes como Tillich*, Bultmann* e J. A. T. Robinson* argumentam, assim, que os credos antigos possuem pouco valor no mundo de hoje. Mesmo católicos romanos, como H. Küng, e compiladores holandeses do *New Catechism* [*Novo catecismo*], (1966), sustentam que os credos são afirmações humanas formuladas em contextos culturais estranhos ao nosso atual, por isso, têm sérias limitações e estão comprometidos até mesmo com erros.

O protestantismo ortodoxo vê cada um dos credos acima mencionados como uma *norma normata, i.e.,* uma regra governada pela autoridade final da palavra de Deus. Em termos gerais, os credos expõem "o que sempre tem sido crido, em toda parte, e por todos" (Cânon Vicentino; ver Catolicidade*). Mas mesmo as melhores formulações humanas devem ser governadas pela infalível palavra de Deus. Em suma, em virtude de sua concordância geral com as Escrituras, os credos ortodoxos proporcionam um sumário valioso das crenças cristãs universais, refutam ensinos estranhos à palavra de Deus e são úteis à instrução, à fé e à adoração cristã.

Ver também Confissões; Concílios.

Bibliografia
P. T. Fuhrmann, *Introduction to the Great Creeds of the Church* (Philadelphia, 1960); J. N. D. Kelly, *Early Christian Creeds* (London, ³1972); *idem, The Athanasian Creed* (London, 1964); J. H. Leith, *Creeds of the Churches* (Richmond, VA, ³1982); P. Schaff, *The Creeds of Christendom,* 3 vols. (New York, 1877ss, melhor ed. 1919).

B.D.

CREMER, HERMANN (1834-1903). Erudito e teólogo bíblico luterano de grande influência sobre o pensamento protestante* conservador na Alemanha do final do século XIX. Nascido em família profundamente influenciada pelos pietistas*, ele deixaria esse movimento marcado pela espiritualidade em troca de uma opção mais voltada para o texto bíblico, principalmente em seus anos de maturidade, como professor em Greifswald, a partir de 1870.

Personalidade vigorosa e determinada, além de pensador de excepcional poder de convicção, Cremer se tornou firme oponente do que ele considerava um legado destrutivo do Iluminismo*, rejeitando aliança com a cultura secular*, que encontraria entre muitos protestantes contemporâneos. Além de consagrado por sua obra sobre a linguagem do NT — que resultou em seu *Biblico-Theological Lexicon of New Testament Greek* [*Dicionário teológico bíblico do Novo Testamento grego*], TI, Edinburgh, 1878, amplamente usado tanto na Alemanha quanto na Inglaterra em fins do século XIX — ele é lembrado, particularmente, por sua obra sobre a doutrina da justificação* na qual realça uma forte doutrina do pecado*

CRESCIMENTO DA IGREJA

humano e uma argumentadora narrativa da obra de Cristo.

Cremer foi uma figura de destaque em questões eclesiásticas e, tanto pelo seu caráter como por sua teologia, profundamente influente sobre seus alunos e colegas (notadamente o teólogo bíblico e doutrinário Adolf Schlatter*). Próximo do término de sua vida, tornara-se notável oponente de Harnack*, então no ápice de sua influência na vida intelectual alemã.

Bibliografia

H. Beintker, *in: TRE* 8, p. 230-236 (com bibliografia alemã); G. Friedrich, *in TDNT* X, p. 640-650 (*in: Lexicon*); W.Koepp, *in RGG* 1, cols. 1881-2.

J.B.We.

CRESCIMENTO DA IGREJA. Fundado por Donald A. McGavran (n. 1897), o movimento Crescimento da Igreja tem-se tornado a escola de pensamento missionário mais influente nessas últimas décadas. McGavran nasceu na Índia; seus pais e avós foram missionários, e ele dedicou sua vida ao mesmo serviço. Após cerca de trinta anos de obra missionária na Índia, foi para os Estados Unidos, levando consigo profundas convicções para o novo direcionamento que deveria ser dado às missões cristãs no exterior. Fundou, então, em Eugene, Oregon, em 1961, o Instituto de Crescimento da Igreja (Institute of Church Growth). Poucos anos depois, essa instituição se tornaria parte do Seminário Teológico Fuller (Fuller Theological Seminary), em Pasadena, Califórnia, sendo Donald McGavran nomeado o primeiro reitor da fundada, na época,

a Escola de Missões Mundiais (School of World Mission), além de dirigente do Instituto. Essa escola lidera atualmente o pensamento, a literatura específica e a pesquisa na área missionária nos Estados Unidos e provavelmente em todo o mundo.

Entre os missiólogos ilustres que participam do movimento Crescimento da Igreja estão: Alan R. Tippet, antropólogo; Ralph Winter, historiador de missões e um dos teóricos pioneiros do recente movimento de Povos Não Alcançados; C. Peter Wagner (n. 1930), estrategista de missões; J. Edwin Orr (1912-1987), estudioso dos grandes movimentos de reavivamento; Arthur Glasser (n. 1914), teólogo de missões, e Charles H. Kraft (n. 1932), antropólogo e etnólogo. A serviço da escola de Pasadena, encontra-se também, desde anos recentes, o destacado estudioso Eddie Gibbs (n. 1938), da Grã-Bretanha.

Não é fácil resumir as principais ideias ligadas ao movimento Crescimento da Igreja, uma vez que se projetam em muitas direções, abrangendo tanto teologia e antropologia quanto sociologia, linguística, geografia, economia, estatística, princípios gerenciais e pesquisa. Alan Tippett descreve o movimento como "antropologicamente baseado, indigenamente focado e biblicamente orientado". As principais contribuições conceituais da escola de missiologia* do Instituto de Crescimento da Igreja têm sido as seguintes:

1. O conceito de "movimento populacional", que é a ideia de que a conversão à fé cristã tem uma dimensão social [sociológica] que pode e deve ser fomentada pelos

CRESCIMENTO DA IGREJA

missionários, de tal modo que uma grande parte de um grupo culturalmente homogêneo possa, por vezes, tornar-se cristã e, ao mesmo tempo, tornando a mudança pouco chocante para as estruturas sociais do grupo.

2. A interpretação, do Crescimento da Igreja, de que a grande comissão é primariamente um imperativo para fazer discípulos e para erguer e multiplicar igrejas. McGavran reagia fortemente contra missões que não resultavam em crescimento e multiplicação de igrejas nem faziam convertidos, discípulos de Jesus Cristo. Pelos numerosos escritos de McGavran e seus companheiros percorre um chamado de urgência e paixão pelo discipulado das massas no mundo inteiro e por um "rebanho" correspondente de novos crentes em toda a igreja visível.

3. A abordagem de Crescimento da Igreja quanto a missões, colocando forte ênfase no uso das ciências sociais, pesquisa e análise como ferramentas necessárias para o desenvolvimento da tarefa missionária.

A oposição às várias ênfases do movimento Crescimento da Igreja procede de fontes diversas. No começo, a crítica partia mais daqueles que se sentiam na obrigação de defender os serviços missionários que não estivessem produzindo conversões ou multiplicando igrejas. Tem havido, todavia, uma oposição contínua de setores da comunidade cristã, que acham que as preocupações sociais e questões de justiça são negligenciadas pelo movimento Crescimento da Igreja. Alguns líderes evangélicos, por sua vez, têm-se voltado contra a escola do Instituto de Crescimento da Igreja quanto ao que consideram um sério descuido por parte do estabelecimento no tocante a abordagem de questões do reino em missões. As vozes mais ouvidas têm sido, sobretudo, a daqueles que se opõem ao chamado conceito de "unidade homogênea", que, elevado a um princípio universal e normativo de crescimento das igrejas, deixa seus proponentes sujeitos à acusação de estarem preocupados exclusivamente com o crescimento numérico eclesiástico, minimizando o contexto social, ético e cultural em que o evangelismo acontece. O argentino René Padilla tem sido um dos críticos constantes da missiologia de Crescimento da Igreja, dizendo que ela representa um "cristianismo cultural" norte-americano, mas não constitui resposta eficaz às necessidades do Terceiro Mundo.

Bibliografia
H. H. Conn (ed.), *Theological Perspectives on Church Growth* (Nutley, NJ, 1976); E. Gibbs, *I Believe in Church Growth* (London, ²1985); Charles H. Kraft, "An Anthropological Apologetic for the Homogeneous Unit Principle in Missiology", *Occasional Bulletin of Missionary Research* 2:4 (1978), p. 121-127; Donald A. McGavran, *Understanding Church Growth* (Grand Rapids, MI, 1970); C. René Padilla, Unity of the Church and the Homogeneous Unit Principle, *International Bulletin of Missionary Research* 6:1 (1982), p. 23-31; Charles Van Engen, *The Growth of the True Church* (Amsterdam, 1981); Johannes Verkuyl, *Contemporary Missiology: An Introduction*

CRIAÇÃO

(Grand Rapids, MI, 1978); C. Peter Wagner, *Our Kind of People* (Atlanta, GA, 1979).

R.S.G.

CRIAÇÃO. "No princípio Deus criou os céus e a terra". A Bíblia, em geral, atribui a criação ao Pai, mas no AT, o Espírito Santo é mencionado como participante (*e.g.*, Gn 1.2), e o NT diz que Jesus Cristo também é agente, tanto quanto meta da criação: "[...] todas as coisas foram criadas por ele e para ele" (Cl 1.16). A criação é um ato soberano do Deus triúno e que aconteceu "antes da fundação do mundo".

O fato da soberana criação de Deus *ex nihilo* ("do nada") é o mais claro ensino bíblico. Não há matéria eterna ou eterno espírito do mal. O sol é uma mera criatura, e não um deus. Gênesis 1.1 abrange a totalidade da realidade, inclusive o tempo*, como criação de Deus. Essa verdade-chave tem importância bem maior do que sempre se percebeu. É necessário, contudo, primeiro tirarmos do caminho alguns debates que tendem a obscurecer as principais finalidades dessa doutrina na Bíblia.

A contagem do tempo da criação

Agostinho foi um dos primeiros teólogos que deu a entender que a contagem do tempo em Gênesis 1 poderia ser muito longa. Já antes do surgimento da teoria evolucionista, geólogos sugeriam uma grande idade de existência para a terra com base em fatos científicos. A reação cristã, todavia, depende da interpretação da forma literária de Gênesis 1, sobre a qual os crentes têm sustentado conceitos diversos. Se o que é relatado no primeiro capítulo da Bíblia for algo semelhante à história da humanidade atual, então a criação terá realmente acontecido em seis períodos de 24 horas e não muito tempo atrás. Na verdade, porém, o significado da palavra "dia" não é assim tão absolutamente certo — especialmente antes da existência do sol e da lua. Embora Gênesis 2 ou 3 possam ser considerados "história", Gênesis 1 parece ter uma forma literária diferente. Então, se Gênesis 1 não for de fato "história", mas uma narrativa mais simbólica, a contagem do tempo de criação está aberta à indagação.

Criação e processo

As palavras usadas para "criou" e "fez", em Gênesis 1, não têm como deixar dúvida. *Bārā'*, usado nos versículos 1, 21, 27, é a mesma palavra empregada no salmo 104.30 e em outros lugares para significar um processo histórico ou "natural". Na verdade, na Bíblia, não há distinção clara entre criação por um processo e criação sem processo. Não há, portanto, em princípio, nenhum conflito entre a verdade da criação soberana de Deus e a ideia de que se possa incluir nisso uma espécie de processo que pudesse ser descrito cientificamente. Ambas são igualmente ação soberana de Deus.

Evolução

A obra *Origem das espécies*, de Charles Darwin (1859), chamou a atenção pública para a ideia de que as espécies não seriam entidades rígidas e imutáveis, mas que teriam chegado ao seu estado presente por um longo processo de "descendência com modificação" de, no máximo, uns poucos espécimes originais.

CRIAÇÃO

A palavra "evolução" é atualmente um termo perigosamente ambíguo para designar esse processo.

A teoria de Darwin tem-se modificado com o tempo. A visão neodarwiniana do momento, sustentada por muitos cientistas dos campos mais importantes, é que as novas variedades, conduzindo a novas espécies, que no decorrer do tempo se desenvolveram em novos gêneros, novos tipos de animais e plantas e mesmo novos espécimes de plantas, surgiram, por descendência com modificação, de provavelmente um único primeiro ancestral. A isso se pode chamar "macroevolução".

O mecanismo proposto é o de uma seleção natural (ou artificial, praticada pelo homem), baseada em variações hereditárias, surgidas naturalmente. A palavra "possibilidade" é frequentemente introduzida aqui, mas nada mais significa que o modo de os cientistas descreverem o fato de que não temos praticamente conhecimento de como essas variações surgem e de que não podemos predizê-las.

Mesmo os mais ferrenhos antievolucionistas concordam que muitas mudanças em pequena escala desse tipo realmente surgem e que isso acontece por esse tipo de mecanismo. A isso se pode chamar "microevolução". Deus trouxe à existência organismos que não são rígidos, mas que se podem adaptar a mudanças em seu meio-ambiente, e, assim, sobreviver. Esse é um aspecto maravilhoso e intrincado do mundo de Deus como o temos hoje.

As disputas surgem quanto ao fato, primeiramente, de se a macroevolução realmente aconteceu; e, em segundo lugar, se tais mecanismos poderiam ser uma explicação científica para essas mudanças em grande escala. Em terceiro lugar, é argumentado por alguns que a seleção natural, mesmo que sendo evidentemente parte do mundo de Deus agora, poderia não ter sido parte do mundo antes da queda do homem, pois, segundo esse argumento, tais mecanismos não poderiam ter sido descritos na Bíblia como "bom" ou "muito bom". Se Gênesis 1 for mais simbólico do que a história moderna e existiu realmente uma longa história de criação da terra, então as duas primeiras dessas questões, pelo menos, continuam sem resposta — a não ser que haja outra evidência bíblica que possa ser levantada e sustentada. Já a terceira questão é especulativa e há pouca evidência bíblica para insistir nela. Todas as teorias científicas, tanto a da evolução como a da "criação especial", apresentam problemas. As questões que têm levantado estão sempre em constante debate (ver Bibliografia).

As chamadas filosofias evolucionistas, que representam grande parte do naturalismo do século XX, são um assunto à parte. Sua alegação de que derivam de algum modo da ciência é muitíssimo fraca. São ideias filosóficas sem nenhuma procedência lógica dos pontos de vista de como Deus escolheu criar o mundo — sem falar em o porquê de ele ter feito assim. A evolução biológica não conduz necessariamente a um "evolucionismo", embora muitos não cristãos tenham tentado fazer com que conduzisse. Isso, por sua vez, tem também levado muitos cristãos a se oporem a tudo que esteja sob o nome de "evolução".

CRIAÇÃO

A doutrina bíblica da criação

Sem considerar, talvez, Gênesis 1, a Bíblia, na verdade, não coloca sua ênfase no método ou na contagem de tempo da criação do mundo por Deus, mas, sim, nas amplamente extensas implicações dessa grande verdade. Essas implicações são aplicadas frequentemente à adoração (*e.g.*, em muitos Salmos), à obediência a Deus, à fé na capacidade divina de governar a história do homem, ao nosso comportamento e entendimento de ética, etc. A Bíblia destaca a singularidade espiritual do homem feito à imagem de Deus* e sua mordomia* sobre a natureza* (*e.g.*, Sl 8), mas, ao mesmo tempo, enfatiza o fato de sua natureza como mera criatura e a total insensatez e impiedade do homem em querer ignorar o Criador e sua vontade. Toda a ordem criada pertence a Deus, e não passamos de simples administradores de seu uso, verdade que deve reger todo o nosso conceito de ambiente e de uso dos animais.

A doutrina da criação se opõe basicamente às várias formas de naturalismo e panteísmo*, que se tornaram populares, sobretudo, desde o final do século XX. Suas ideias de "Natureza" ou "Mãe Natureza" (com iniciais maiúsculas) passaram a se tornar praticamente conceitos substitutivos de Deus, especialmente na mente popular. Aqueles que questionam o direito e dever da humanidade de subjugar a terra costumam ser os que pensam os animais (ver Direitos dos animais*) como "nossos irmãos" — ou seja, como que vendo o homem *somente* na condição animal. No entanto, a crença no valor singular de todo indivíduo como criatura tem, na verdade, consequências

bem mais amplas para a educação e a política se confrontada com as ideias daqueles que pensam no ser humano apenas em termos inferiores, como se fora um mero animal, ou uma unidade econômica, ou uma simples massa informe de protoplasma.

Alega-se frequentemente hoje em dia que a ética* não tem base objetiva. Os cristãos, ao contrário, creem que as ordens de Deus são mandamentos do nosso amoroso Criador, que sempre conhece o que é melhor para nós: "Ele nos fez e somos dele" (Sl 100.3). Portanto, desconsiderar seus mandamentos é, na melhor das hipóteses, sofrer empobrecimento espiritual e, na pior das hipóteses, sofrer julgamento parcial ainda nesta vida, por contrariarmos a maneira pela qual devemos viver. Os cristãos creem que existem normas morais absolutas por ser este mundo um mundo criado, e não infinitamente em elaboração. Creem também que existe algo como a verdade porque Deus criou e mantém este mundo com toda a sua fidelidade. Esse foi, aliás, o principal fator de surgimento da ciência moderna. As frequentes chamadas, nos Salmos e em outros lugares da Bíblia, para que nos maravilhemos e nos detenhamos estupefatos diante da admirável criação de Deus têm sido um estímulo para a pesquisa e a ciência e deveriam ser compartilhados até mais pelos cientistas do que pela maioria das demais pessoas.

A doutrina da criação tem servido de apoio necessário a muitas outras doutrinas; todavia, por si só pode ser até intimidadora. Para nossa admiração e júbilo, no entanto, Deus, o Criador, revelou-se também em Cristo como nosso amoroso Pai e até mesmo nosso querido Salvador. Embora a criação seja uma verdade fundamental, ela não é, de fato, a coroa da fé cristã.

Bibliografia
H. Blocher, *In the Beginning* (Leicester, 1984); E. Brunner, *Dogmatics*, vol. 2: *The Christian Doctrine of Creation and Redemption* (London, 1952); D. C. Burke (ed.), *Creation and Evolution* (Leicester, 1985); K. Heim, *The World: Its Creation and Consummation* (Edinburgh, 1962); R. Hooykaas, *Religion and the Rise of Modern Science* (Edinburgh, 1972); K. L. McKay, Creation, *in: NDB*; F. A. Schaeffer, *Genesis in Space and Time* (London, 1972); A. N. Triton, *Whose World?* (London, 1970).

O.R.B

CRISTIANISMO ANÔNIMO. Conceito teológico desenvolvido por Karl Rahner* para explicar a possibilidade de salvação sem fé cristã explícita, como a moderna teologia católica-romana tem amplamente reconhecido. Segundo Rahner, a ideia procede de alguns dos pontos básicos de sua teologia. Sustenta que cada pessoa humana é direcionada em relação a Deus em experiência pré-refletiva e que Deus se dá em graça* a cada ser humano no centro de sua existência, como uma oferta que pode ser aceita ou rejeitada. Assim, Deus está sempre e em toda parte presente na experiência humana, sendo universal a possibilidade de um relacionamento salvífico com Deus, correspondendo à vontade universal de Deus da salvação humana (ver Universalismo*).

Essa revelação universal de Deus e a experiência salvífica divina que a torna possível são pré-refletivas, implícitas na experiência humana, antes de serem entendidas explícita e conceitualmente. As religiões do mundo são tentativas mais ou menos bem-sucedidas de tornar explícita essa experiência "transcendental" de Deus, em formas refletivas e concretizações sociais e históricas. A salvação, assim, é possível em religiões não cristãs, e não somente nessas, mas até para o ateu*, que de forma nenhuma tematizará sua experiência transcendental em termos religiosos.

Para Rahner, a revelação* especificamente cristã de Deus é sua revelação "categórica", *i.e.*, a revelação de si mesmo em formas explícitas e históricas. É a forma explícita de sua revelação transcendental e universal. Consequentemente, a salvação que está universalmente disponível é, em essência, a mesma salvação da igreja cristã. A fé cristã explícita é a forma explícita da fé implícita e possível sem nenhum conhecimento da revelação cristã. Aos que são salvos mediante essa fé implícita, Rahner chama de "cristãos anônimos". São anônimos por não terem fé cristã explícita, mas devem ser considerados cristãos porque Rahner, de todo modo, guarda a doutrina de que sem Cristo não há salvação. A fé implícita deles deve estar relacionada a Cristo para haver a salvação.

Como isso é possível? Jesus Cristo é a expressão completa e definitiva da autocomunicação de Deus à humanidade e a aceitação humana disso. É, portanto, o cumprimento supremo e singular da possibilidade de relacionamento salvífico com Deus, presente em toda parte no espírito humano.

CRISTIANISMO COPTA

Como tal, é ele o alvo para o qual a fé, mesmo do cristão anônimo, implicitamente se orienta. Rahner consegue, desse modo, argumentar que o cristão anônimo é salvo por causa de Jesus Cristo.

Esse conceito de Rahner tem influído muito no pensamento católico-romano atual, mas tem sido também fortemente criticado por alguns teólogos católicos. Hans Urs von Balthasar* acusou Rahner de relativizar a revelação bíblica de Deus. Hans Küng*, conquanto concorde que os não cristãos possam ser salvos, acha que a ideia de "cristianismo anônimo" é ofensiva aos não cristãos e que foge ao desafio real das religiões do mundo por esvaziar o diálogo entre elas antes mesmo de haver começado.

Uma avaliação plena da proposta de Rahner torna-se necessária para se poder examinar o entendimento da experiência transcendental e da salvação cristã em que se apóia. É possível que a abordagem totalmente transcendental que Rahner faz da teologia seja insuficiente para a natureza histórica de toda a experiência humana e, portanto, para o caráter histórico do conhecimento de Deus disponível mediante Jesus Cristo.

Ver também CRISTIANISMO E OUTRAS RELIGIÕES.

Biliografia
K. Rahner, Theological Investigations (London, 1961-81), vol. V. cap. 6; vol. VI, cap. 23; vol. IX, cap. 9; vol. XII, cap. 9; vol. XVI, caps. 4, 13; vol. XVII, cap. 5; vol. XVIII, cap. 17; *idem, Foundations of Christian Faith* (London, 1978), p. 311-321.

R.J.B.

CRISTIANISMO COPTA. A igreja copta é essencialmente a igreja centrada no antigo patriarcado de Alexandria*, a igreja egípcia (em árabe, *qibit*, em etíope, *qibs*, "Egito"). Podemos nela identificar quatro grupos: coptas ortodoxos monofisitas;* melquitas ("homens do imperador"), adeptos da posição de Calcedônia; coptas católicos orientais, datando de 1741; e a Igreja Ortodoxa* Etíope, copta somente em seus laços históricos com Alexandria. O título de igreja copta só é usado com propriedade em relação ao primeiro desses quatro grupos.

Embora a igreja copta seja geralmente incluída no ramo das igrejas ortodoxas orientais, na verdade ela é, diferentemente das outras, monofisista. Sua diferença surgiu nos debates cristológicos* do século V, que vieram à tona no Concílio de Calcedônia, em 451. As conclusões daquele concílio não foram aceitas pela igreja copta. A visão monofisista é a de que em Cristo há somente uma natureza, divino-humana. Os coptas rejeitam a posição extrema de Eutiques, ou Êutico (*c.* 378-454), mas subscrevem a fórmula, atribuída a Cirilo de Alexandria*, de "natureza única do Verbo encarnado". O monofisismo é, na verdade, periférico à teologia copta, podendo sua aceitação dessa visão ser atribuída basicamente ao orgulho nacional, certamente ferido pela deposição e banimento de seu patriarca, Dióscoro (m. 454) em Calcedônia, assim como à religião tradicional do Egito, que condicionou o pensamento egípcio à unidade divino-humana e à influência da filosofia. A igreja copta reconhece, porém, as formulações dos concílios* de Niceia, Constantinopla e Éfeso.

A igreja atua por meio de três ordens de clérigos: o diaconato, o sacerdócio e o episcopado. Em tese, no entanto, considera-se que o laicato age com o clero na realização da liturgia e dos sacramentos. O patriarca copta é um monge, o que reflete a importância histórica do monasticismo*, tido como originário no Egito com Antônio (c. 251-356) e Pacômio (c. 287-346). O monasticismo, todavia, exerce papel menor na igreja copta contemporânea.

Embora nenhuma ênfase particular seja colocada sobre o seu número, sete são os sacramentos* reconhecidos pela igreja copta. Pratica o batismo infantil, seguido de unção* com óleo consagrado (crisma) e confirmação*. A comunhão é tomada pelo clero com ambos os elementos, mas o laicato, mais comumente, toma apenas um dos elementos. A doutrina copta a respeito da presença divina no pão e no vinho corresponde, de modo geral, ao que quer dizer o termo cristão ocidental "transubstanciação". As ordenações de sacerdócio são as dos ministérios referidos anteriormente. À confissão, segue-se a penitência. Quanto ao casamento, é teoricamente considerado indissolúvel, embora com uma visão modificada por uma referência à eternidade sacramental do relacionamento. A unção do enfermo é o sétimo sacramento.

A liturgia copta é muito rica, empregando língua copta ou árabe. Lecionários das Escrituras são amplamente usados, como também as *synaxaria*, vidas dos santos, relacionadas ao calendário da igreja. O

jejum é amplamente praticado. Na igreja copta, há, além disso, fortes elementos evangélicos.

Bibliografia

A. S. Atiya, *A History of Eastern Christianity* (London, 1968); K. Baus *et al.*, *The Imperial Church from Constantine to the Early Middle Ages* (London, 1980); W. H. C. Frend, *The Rise of the Monophysite Movement* (Cambridge, 1972; incluindo uma magnificente bibliografia); P. Gregorius, W. H. Larareth, N. A. Nissiotis (eds.), *Does Chalcedon Divide or Unite?* (Geneva, 1981); O. F. A. Meinardus, *Christian Egypt, Faith and Life* (Cairo, 1970); K. Ware, *The Orthodox Way* (London, 1982).

F.P.C.

CRISTANDADE. Cabe aplicar o termo "cristandade", particularmente, ao período da história cristã em que a religião cristã era uma parte integrante e fundamental da ordem social. Passou a ser usado, depois, de modo mais genérico, referindo-se ao mundo cristão como um todo. Naquele período, em um sentido estrito, para alguém ser considerado membro da comunidade teria de ser necessariamente membro da igreja cristã.

O ponto decisivo na história cristã, que mudou o relacionamento da igreja com o Estado* de hostil ou aceitação relutante para o de privilégio e afirmação mútua, foi a conversão de Constantino, *c.* 312. O advento de um imperador cristão, nessa ocasião, mudou totalmente a relação da igreja com o poder civil. A possibilidade de uma sociedade conformada aos valores cristãos pareceu, então,

CRISTIANISMO E OUTRAS RELIGIÕES

estar aberta a toda a coletividade, e não apenas à igreja dentro dela. Assim, tanto na prática como no pensamento, passou a ser dada mais atenção aos respectivos papéis e relacionamentos da Igreja e do Estado na condição de aspectos diferentes de uma só ordem social cristã (ver Teologia da Sociedade*).

A sociedade medieval é geralmente considerada o tempo de florescimento pleno da cristandade. A divisão da cristandade nas tradições ocidental e oriental evitou que as partes cristãs do mundo se unissem em uma cultura única em uma só igreja. Sob o ponto de vista político, o símbolo do imperador cristão, seguindo a tradição de Carlos Magno (coroado pelo papa no dia de Natal de 800), e sob o ponto de vista eclesiástico, o símbolo do papa como vigário de Pedro e de Cristo resumem as esperanças e os alvos da cristandade. A falha em resolver o embate pelo poder entre o papado e o imperador e as realezas da Europa, a tentativa de destruir o islamismo por meio das Cruzadas, o florescimento do pensamento clássico não cristão nas universidades e o desenvolvimento de organização política nacional em diversos países, tudo isso plantou as sementes de fracasso da experiência da cristandade. Não obstante, a Reforma, no século XVI, não chegou a destruir a noção de uma sociedade uniforme Igreja—Estado. Ela desfez o poder universal do papado sobre a igreja na Europa Ocidental, mas, de modos diversos, teólogos como Lutero*, Calvino* e Hooker* continuaram a crer e a trabalhar em uma forma de ordem social cristã unificada, com atuações complementares da igreja e do Estado.

Foi preciso uma combinação de Iluminismo*, secularização*, revolução política e reforma, juntamente com o desenvolvimento de uma ordem social pluralista para poder extinguir a realidade da cristandade. Sua memória, no entanto, ainda permanece em aspectos de nossa cultura e na religiosidade popular. Alguns pensadores cristãos, por exemplo, acreditam que se deveria recuperar alguma forma cristã de sociedade no mundo atual. Um modelo desse pensamento foi o movimento de cristandade, que obteve alguma repercussão na Inglaterra nas décadas de 1920 e 1930, apoiado e desenvolvido por homens como V. A. Demant (1893-1983) e Maurice B. Reckitt (1888-1980). T. S. Eliot, em seu livro *The Idea of a Christian Society* [*A ideia de uma sociedade cristã*] (1939), é um exemplo posterior de um pensador comprometido com uma forma cristã de ordem social.

Bibliografia
S. L. Greenslade, *The Church and the Social Order* (London, 1948); M. B. Reckitt (ed.), *Prospect for Christendom* (London, 1945); Group of Churchmen, *The Return of Christendom*, introd. C. Gore (London, 1922). Ver também Bibliografia em Teologia da Sociedade.

J.W.G.

CRISTIANISMO E OUTRAS RELIGIÕES. A fé cristã confessa Jesus Cristo como o único mediador entre Deus e o homem (1Tm 2.5; *cf.* Jo 14.6 e At 4.12). Essa confissão tem tradicionalmente implicado a rejeição da alegação de que um

CRISTIANISMO E OUTRAS RELIGIÕES

conhecimento* salvador de Deus possa ser encontrado em religiões não cristãs, como hinduísmo* e budismo*. (O judaísmo* requer uma consideração à parte; bem como, de certo modo, o islamismo, dada a dependência original e parcial deste em relação ao judaísmo e ao cristianismo*.)

Um dos mais vigorosos defensores modernos da ideia de descontinuidade radical entre a fé cristã e outras religiões foi, por exemplo, Hendrik Kraemer*. Todavia, em décadas recentes, tem sido amplamente revisada ou abandonada tal negação de presença da revelação* e da salvação* em outras religiões, em parte, como consequência do indiferentismo promovido pelo liberalismo teológico endêmico e da busca pela harmonia universal, conduzindo, talvez, até à ideia de uma única religião mundial, buscada mediante o diálogo inter-religioso.

Essa mudança pode ser claramente observada na reinterpretação drástica da convicção dogmática do catolicismo romano (que tão constantemente tem demonstrado grande capacidade de assimilação), herdada dos pais da igreja e categoricamente enunciada pelo papa Bonifácio VIII na bula *Unam sanctam* (1302), segundo a qual "fora da igreja não há salvação" (*extra ecclesiam nulla salus*). O Concílio Vaticano II (1962-1965) viria a declarar que a salvação eterna pode ser obtida por aqueles que "sem ser por culpa própria não conhecem o evangelho de Cristo ou sua igreja e, no entanto, buscam a Deus sinceramente e, movidos pela graça, esforçam-se, em seus atos, por fazer sua vontade, como lhes é conhecida mediante os ditames da consciência" (Constituição Dogmática da Igreja [*Lumen Gentium*] 2:16; *cf.* Declaração sobre o relacionamento da igreja com religiões não cristãs). À luz da universalidade da providência de Deus e de seu desígnio salvador, o concílio afirmou que tudo o que seja verdadeiro e santo em outras religiões reflete "um raio daquela Verdade que ilumina todo homem".

Teólogos católicos têm argumentado, após o Concílio Vaticano II, que outras religiões são pré-cristãs em vez de não cristãs e que estão destinadas a encontrar sua realização em Cristo; que uma decisão fundamental de vida feita com fé e amor em outra religião, sob influência da graça sobrenatural, envolve a aceitação implícita da igreja; e que essas outras religiões podem ser chamadas de modo "comum" de salvação (sendo a igreja o modo "extraordinário") para a humanidade não cristã (*cf.* J. Neuner (ed.), *Christian Revelation and World Religions* [*Revelação cristã e religiões do mundo*], London, 1967, para ensaios de Küng* e outros; E. D. Piryns, Current Roman Catholic Views of Other Religions [*Atuais percepções católico-romanas de outras religiões*], *in Missionalia* 13, 1985, p. 55-62).

Essa reavaliação católica, todavia, depende, em parte, das doutrinas compartilhadas com outras tradições cristãs, especialmente as da revelação geral (ver Revelação*) e graça comum (ver Graça*). De acordo com as Escrituras, Deus revela incessantemente seu ser e seu caráter geral a toda a humanidade, seja na ordenação da criação, seja na providência, seja na constituição da natureza humana (Rm 1.19,20; 2.14,15; 14.17; At 17.26-28). Em

CRISTIANISMO E OUTRAS RELIGIÕES

virtude justamente de sua natureza humana, feita à imagem de Deus*, homens e mulheres se envolvem em relacionamento com o seu Criador. Mas esse *sensus divinitatis*, esse "sentido de Deus", dado ao ser humano pelo próprio Deus não significa um conhecimento salvador, pois homens e mulheres, sem exceção, têm pervertido o que conhecem de Deus, em idolatrias rebeldes (Rm 1.21-28). Não obstante, permanece na humanidade corrupta uma inerradicável *semen religionis* ("semente da religião"). A religião não cristã constitui, assim, testemunho tanto da autocomunicação universal de Deus à raça humana como da recusa da humanidade em reconhecer esse Deus que Se autorrevela. Como afirma J. H. Bavinck*, "Deus tem tido muito contato com elas [as pessoas] antes do contato delas [com a fé cristã] [...]. Há no íntimo do coração dos homens, mesmo entre os que convivem e creem em religiões não cristãs, um sentido um tanto vago de que o homem parece disputar um jogo com Deus, no qual ele, o homem, está sempre procurando, secretamente, escapar de Deus". O ser dividido do homem decaído se manifesta em suas religiões, tal como em tudo o mais, em que "ele *ao mesmo tempo* que procura Deus, seu Criador, foge de Deus, seu Juiz".

Alguns mestres evangélicos ensinam que a Bíblia, embora sem estimular a salvação pelas boas obras religiosas, permite-nos crer que os benefícios da mediação ímpar de Cristo possam, pela graça de Deus, ser estendidos a alguns adeptos de outras religiões. J. N. D. Anderson, por exemplo, reportando a textos como Atos 17.27 e (mais questionavelmente) 10.34,35, argumenta isso em favor daqueles que, conquanto ignorantes de Cristo, alcançam um "sentido de pecado ou carência e um autoabandono à misericórdia de Deus". Se essa é uma interpretação aceitável das Escrituras, um tal sentimento genuíno a respeito de Deus, seja ele atribuído de forma categórica ao estimulante âmago do Espírito, seja à iluminação do *Logos** (Jo 1.9), não pode ser totalmente separado de sua matriz religiosa não cristã. Outros, à luz de Mateus 11.21-23, têm relacionado esse modo de pensar com o chamado "conhecimento médio" de Deus de como tais pessoas responderiam se o evangelho lhes tivesse sido pregado.

A reflexão patrística inicial sobre a atividade do *Logos* pré-encarnado segundo a filosofia grega, gerando vislumbres de entendimento verdadeiro sobre Deus, o mundo e a alma, e preparatória para a vinda plena do *Logos* na carne de Jesus (ver Apologistas*), tem sugerido, com frequência, uma interpretação paralela dos ensinos das grandes religiões do mundo. Todavia, os pais da igreja nunca reconheceram, na verdade, mais do que distorções nos filósofos, e se um budista ou hindu, por exemplo, for levado a um desejo autêntico de Deus, isso pode acontecer tanto a despeito de sua religião como por causa dela. A "iluminação" universal pelo *Logos* (Jo 1.9) é melhor interpretada na revelação geral de Deus a toda a humanidade, no contexto da criação (*cf.* Jo 1.3-5). A forte arremetida do prólogo de João em direção à afirmação da encarnação* histórica definitiva do *Logos* argumenta contra a presença salvadora de um *Logos*, ou Cristo

CRISTOLOGIA

não encarnado, em outras religiões. Não há na Bíblia coisa alguma que permita falar do ser divino de Cristo como presente, mas latente, oculto, incógnito ou desconhecido em outras religiões ou que leve a discernir encarnações menores ou parciais, ou cristofanias em outras pessoas que não Jesus de Nazaré.

Todavia, não podemos deixar de reconhecer, ao mesmo tempo, tanto a continuidade como a descontinuidade entre a busca de Deus em outras religiões e a plenitude e o caráter definitivo do conhecimento de Deus "na face de Jesus Cristo". As religiões não cristãs, tanto em sua mais humilde quanto em sua mais elevada manifestação, sempre trazem consigo a dupla impressão da revelação graciosa que Deus faz de si mesmo a toda a humanidade e a transformação, de natureza universal, que a humanidade faz da verdade de Deus para uma mentira. À medida que na Bíblia essas duas perspectivas bíblicas gêmeas são mantidas, abre-se espaço para diferenças legítimas no modo em que a teologia cristã as equilibra ou correlaciona em sua avaliação de outras religiões. Ambas essas perspectivas são admiravelmente apresentadas no discurso de Paulo, em Atenas. A despeito da universalidade da atenção e da presença de Deus (At 17.24-28), a religiosidade dos atenienses suprimira o conhecimento do verdadeiro Senhor. Sua abundância de ídolos e imagens testemunhava a ignorância que tinham de Deus (17.16,22,23,29,30) e até mesmo sua consciência de tal ignorância (17.23). A mensagem de Paulo alcançaria ouvintes cuja recusa em conhecer o Deus vivo havia marcado sua religião.

Bibliografia
J. N. D. Anderson, *Christianity and World Religions: The Challenge of Pluralism* (Leicester, 1984); G. H. Anderson & T. F. Stransky (eds.), *Christ's Lordship and Religious Pluralism* (Maryknoll, NY, 1981); J. H. Bavinck, "Human Religion in God's Eyes: A Study of Romans 1.18-22", *Them* 2:2 (1964), p. 16-23; Calvino, *Institutas* I; C. Davis, *Christ and the World Religions* (London, 1970); J. du Preez, "Johan Herman Bavinck on the Relation Between Divine Revelation and the Religions", *Missionalia* 13 (1985), p. 111-120; L. Newbigin, *The Finality of Christ* (London, 1969; *idem, The Open Secret* (London, 1978); S. C. Neill, *Crises of Belief* (London, 1983); O. C. Thomas (ed.), *Attitudes Towards Other Religions: Some Christian Interpretations* (London, 1969); W. A. Visser t' Hooft, *No Other Name: The Choice Between Syncretism and Christian Universalism* (London, 1963); artigos, *in: Them* 9:2 (1984).

D.F.W.

CRISTO, CRISTO JESUS, JESUS CRISTO, ver CRISTOLOGIA; JESUS.

CRISTOLOGIA. Em sentido estrito, é a doutrina de Cristo, de sua pessoa e suas naturezas. No passado, a cristologia abrangia também a obra de Cristo, agora esta é mais comumente tratada em separado, como soteriologia (*cf.* Expiação*; Salvação*).

A importância da cristologia para o cristianismo é óbvia: sem Jesus Cristo, a religião que toma seu nome nunca teria existido. Estudiosos atuais discutem o papel do Jesus histórico* na formação do cristianismo, mas não há dúvida

CRISTOLOGIA

de que ele ocupa um lugar diferente daquele que geralmente é dado aos fundadores de outras religiões. O cristianismo é Jesus Cristo, de um modo inteiramente singular.

A descrição que o NT faz de Jesus tem sido intensamente debatida nos tempos modernos. Há concordância quase unânime em que Jesus foi, pelo menos, um profeta extraordinário, que atraiu para si um número considerável de seguidores, um dos fatores que o fez parecer perigoso para as autoridades judaicas. Estas o prenderam e crucificaram pelas mãos dos romanos, somente para vir a constatar, poucos dias depois, que seus seguidores estavam pregando que ele havia ressuscitado dentre os mortos. A importância da ressurreição*, ou do evento ocorrido na Páscoa, é indiscutível para o cristianismo, mas os fatos históricos não o são. Todavia, os cristãos de todas as igrejas têm sempre insistido em que Jesus ressuscitou dentre os mortos como fato histórico, e essa crença é pedra fundamental da fé no NT (1Co 15.19). O próprio Paulo relata haver-se encontrado com Cristo ressuscitado no caminho de Damasco, somando assim seu testemunho aos dos apóstolos que foram seus discípulos. Tentativas de reduzir essa experiência a uma dimensão puramente espiritual não correspondem às narrativas dos próprios primeiros cristãos.

Mais complicado que isso, no entanto, é a questão de decidir sobre quanto do testemunho do NT a respeito de Jesus vem diretamente dele e quanto é resultado de reflexão eclesiástica posterior. Isso tem uma relação bem significativa com alguns dos textos de prova da divindade de Cristo, como é o caso da confissão de Pedro (Mt 16.16), que muitos, se pudessem, gostariam de mostrar ser uma narrativa de desenvolvimento posterior. É indubitavelmente verdadeiro que os evangelhos foram escritos à luz da ressurreição; de outra maneira, em que iriam eles se basear? Mas, longe de apresentarem distorções na descrição que fazem de Jesus, proporcionam uma exposição de sua real importância.

Outro problema da cristologia com o NT é o conteúdo deste, que parece diferir de tradição posterior. Particularmente, os evangelhos fazem frequentes referências a diferentes títulos portados pelo Messias-Salvador, alguns dos quais, e.g., Filho do homem, são universalmente aceitos como tendo sido usados pelo próprio Jesus. Esses títulos, que não servem de base a uma cristologia dogmática posterior, têm levado eruditos modernos a afirmar que o NT apresenta uma cristologia funcional na estrutura da história da salvação* (Heilsgechichte). A possibilidade dessa afirmativa deve ser medida por passagens das mais ontológicas dos evangelhos, algumas das quais, como João 3, portam traços de uma origem primitiva, e não são provavelmente de criação posterior. Como parece lógico que a ideia de quem Jesus era determinaria o que ele poderia fazer, a ontologia deve inevitavelmente preceder a história da salvação em termos teológicos.

O NT proclama que Jesus, o Filho de Davi e herdeiro da tradição real de Israel, tornou-se sumo sacerdote e vítima de sacrifício

CRISTOLOGIA

vicário, feito de uma vez por todas na cruz, a fim de salvar os homens de seus pecados. Somente Deus teria autoridade de destruir desse modo a ordem estabelecida da sociedade israelita, estabelecendo uma nova ordem. O fato de que isso aconteceu é consistente com a proclamação dos primeiros cristãos de que Jesus era Deus em carne humana, o que na verdade está implícito nas frequentes discussões a respeito de sua autoridade que ocorrem nos evangelhos.

A cristologia pós-apostólica se desenvolveu, pelo menos em parte, como resposta a heresias de diferentes espécies. Há uma certa evidência de que mesmo nos tempos do NT havia quem cresse que Jesus era uma espécie de anjo, parecendo um homem, mas não realmente humano (*cf.* 1Jo 4.2,3). Essa tendência, depois conhecida como *docetismo** (gr. *dokein*, "parecer"), muitos eruditos acreditam ter sido endêmica entre os cristãos ortodoxos, além de entre os hereges. Isso, no entanto, não pode ser provado, não se prestando tal asserção, assim, para justificar a recusa da parte de alguns estudiosos em admitir que os primeiros cristãos acreditavam ser Jesus, ontologicamente, Deus.

1. Cristologia clássica

O período clássico da cristologia começa no século IV, em resposta à doutrina de Ário*. Ele pregava haver sido Jesus Cristo um ser celestial, intermediário entre Deus e homem, apesar de criatura. Argumentava que, se Cristo não fosse uma criatura, teria sido impossível sofrer e morrer em nosso favor, visto que Deus é tanto imortal

quanto inalterável. Ário foi condenado no Concílio* de Niceia, em 325, mas suas ideias subsistiram de várias formas até, pelo menos, o século VIII.

Após Niceia, tornou-se evidente que havia duas escolas principais de pensamento na igreja centradas em Alexandria* e Antioquia*, respectivamente. Em termos doutrinários, Alexandria alegava prioridade, sendo Antioquia melhor considerada como uma reação contra o que se julgava ser excesso de Alexandria.

Os alexandrinos enfatizavam, acima de tudo, a unicidade de Cristo. Acreditavam que a *hipóstase** (pessoa) divina do Filho de Deus assumira carne humana para nossa redenção. A dificuldade que encontravam residia na definição da natureza dessa carne. Era uma tentação constante argumentar que esse termo se referisse somente ao corpo físico de Jesus, não incluindo sua alma. Foi realmente o que afirmou Apolinário*, discípulo de Atanásio*, no século IV, sendo, por isso, condenado no segundo Concílio Ecumênico, realizado em Constantinopla em 381. O apolinarismo foi rejeitado pela escola de Alexandria, mas nunca refutado satisfatoriamente.

No século V, tornou-se artigo de fé na tradição alexandrina que o Cristo encarnado tinha somente uma "natureza" (*physis*, usada quase no sentido de *hipóstase*), que, por definição, tinha de ser divina. Isso trouxe à baila a questão da autenticidade de sua natureza humana, sendo, assim, o monofisismo*, como tal doutrina viria a ser conhecida, condenado no quarto Concílio Ecumênico, em Calcedônia, em 451.

CRISTOLOGIA

A escola de Antioquia, de modo contrário, poderia reportar sua ascendência ao herege Paulo de Samósata (ver Adocianismo*), no século III, condenado em Antioquia, em 268, por crer que Cristo seria um homem que Deus havia adotado como Filho. Essa crença viria a ser modificada subsequentemente de modo considerável, mas seus resquícios se mostraram evidentes na cristologia de Teodoro de Mopsuéstia (m. 428) e de Nestório*. Ambos sustentavam que Cristo era uma conjunção (*synapheia*) de duas naturezas distintas. Antes da união, havia o Filho de Deus, com sua natureza divina, e um embrião humano, com sua natureza humana. O Filho de Deus entrou no feto humano no momento da concepção, mas não se misturou a este de modo algum. Deus e o homem foram, assim, ligados em uma união simétrica (como a das mãos em oração), sendo o todo maior do que suas partes. Esse todo é a pessoa de Cristo, a aparência de uma união que poderia teoricamente ser dissolvida sem destruir o Filho de Deus ou o homem Jesus.

Nestório foi condenado, pessoalmente, no terceiro Concílio Ecumênico, em Éfeso, 431, condenação reafirmada em Calcedônia. O ponto de vista ortodoxo foi estabelecido por Leão*, bispo de Roma, em seu *Tomo*, no ano 449. Afirmava ser Cristo uma única pessoa, tendo, na encarnação, acrescentada a natureza humana à divina, que já possuía. A ligação entre o humano e o divino devia ser buscada na pessoa divina, e não nas duas naturezas. A fórmula de Leão era uma síntese bem elaborada das ênfases de Alexandria e Antioquia. Ambas essas escolas, no entanto, não a aceitaram como comprometimento. A maioria em Calcedônia, todavia, iria subscrevê-la, permanecendo até hoje como o principal fundamento da cristologia clássica. Foi uma das principais bases da própria Definição de Calcedônia, que professava o "único e mesmo Cristo, Filho, Senhor, unigênito, que deve ser reconhecido em duas naturezas, sem confusão, sem mudança, sem divisão, sem separação, não sendo abolida a distinção de duas naturezas, de modo algum, por causa da união, mas, ao contrário, sendo preservada a propriedade característica de cada uma delas e ocorrendo as duas ao mesmo tempo em uma única pessoa e um único ser".

O período de 451 a 787, geralmente negligenciado pelos estudiosos modernos, foi de importância capital para elucidar o significado da Definição de Calcedônia. Concordava-se, particularmente, em que Cristo teria duas vontades (diotelismo), e não uma (monotelismo), como havia sustentado Heráclio, imperador bizantino (610-641). Havia também concordância em que a natureza humana de Cristo estaria "hipostatizada"* no *Logos**, o Filho de Deus. Isso explicava como era possível ser a humanidade de Cristo completa, sem precisar frisar ser ele uma pessoa humana ao mesmo tempo que divina. Finalmente, ficou acertado que ver Cristo na carne era ver Deus, e não apenas um homem.

Um problema constante para os teólogos desse período era o testemunho dos evangelhos dos milagres e outros atos extraordinários de Jesus. A muitos parecia ser sua carne humana divinizada pela presença nela do *Logos*, pois do contrário ele não teria sido capaz de andar sobre as águas, nem pessoas seriam curadas simplesmente por tocá-lo. Contudo, em outras vezes, ele parecia mostrar sinais de fraqueza, que não poderiam certamente ser atribuídos à sua natureza divina. O dilema foi temporariamente resolvido apelando-se ao princípio da transferência de propriedades (*communicatio idiomatum*). De acordo com essa teoria, a humanidade de Jesus se apropriava de atributos divinos como e quando necessário. Com a cristologia voltada a explicar, principalmente, como duas naturezas com capacidades tão diferentes poderiam coabitar num único indivíduo, seria impossível, no entanto, evitar que a *communicatio idiomatum* se tornasse total. O resultado foi Atanásio e outros se restringirem a explicar que Jesus preferira mostrar-se ignorante da futura ocasião de seu retorno à terra, por exemplo, simplesmente para provar a seus discípulos que era também, e de fato, humano!

O problema viria a ser realmente solucionado com a doutrina de que a pessoa de Cristo é o agente da encarnação, de tal modo que tornou a natureza divina dependente de sua pessoa, e não o contrário. A cristologia de pensamento ortodoxo passava a crer, assim, numa pessoa divina que se manifestava nas capacidades de suas duas naturezas, delas se utilizando. Na cruz, a pessoa divina sofreu e morreu por nós em sua natureza humana, tal ideia combinando assim, nitidamente, o sacrifício de Deus em nosso lugar com a doutrina de uma divindade intangível e imortal.

2. Cristologia moderna

Após o término do período patrístico, durante séculos, pouco ou nenhum desenvolvimento formal da cristologia (considerada distintamente da soteriologia) ocorreu. Até mesmo os reformadores foram concordes em aceitar a herança antiga. Calvino, particularmente, defendeu convictamente a formulação doutrinária da cristologia clássica como a fiel representação do ensino das Escrituras (*Institutas* I.xiii). Esse ponto de vista foi seguido por seus adeptos, permanecendo como característico da ortodoxia protestante até hoje.

O debate acerca da pessoa e das naturezas de Cristo, todavia, foi retomado no século XVIII, sob o impacto do Iluminismo*. Uma sucessão de pensadores, começando por Hermann Reimarus (1694-1768) e prosseguindo até a época da Primeira Guerra Mundial, empenhou-se em reconstruir a vida do Jesus histórico sob a conjectura de que as afirmativas a respeito de sua divindade fossem um desenvolvimento posterior, ligado somente de forma superficial com sua própria vida e ensino. A cristologia do Iluminismo produziu um Jesus que era, essencialmente, um moralista de caráter profético e um reformador religioso, crucificado tão somente porque seu pensamento estava além da compreensão de sua época.

Albert Schweitzer* criticou fortemente essa descrição de Jesus, sem retornar, no entanto, à posição ortodoxa mais antiga. Schweitzer

CRISTOLOGIA

afirmava ter sido Jesus realmente uma figura apocalíptica, mas cujo ensino fora reduzido, e não exagerado, pelos escritores do NT. Isso criou uma dimensão a mais no debate a respeito do Jesus histórico, mas, fundamentalmente, em nada alterou as suposições subjacentes do pensamento iluminista.

A cristologia moderna se encontra, todavia, dividida em campos opostos, usando de princípios diferentes de metodologia teológica. Dos expoentes da cristologia tradicional de Calcedônia se diz que sustentavam uma cristologia de cunho "superior", enquanto os adeptos do Iluminismo teriam adotado uma cristologia "inferior". Os primeiros têm sido constantemente caricaturados como uma forma de docetismo que não faz jus à psicologia humana de Jesus. Na verdade, porém, a forma exagerada da cristologia "superior" é mais semelhante ao monofisismo do que ao docetismo, embora haja raros teólogos sérios, hoje, que possam, com justiça, ser acusados disso. A cristologia dita "inferior", por outro lado, mostra geralmente um tipo de nestorianismo, ou mesmo adocianismo*, em bruto, deixando os não especialistas se perguntando se existe afinal algo de diferente quanto à vida de Jesus.

Os expoentes extremados dessa última ideia têm ganho ampla publicidade por usar a palavra "mito"* para descrever a cristologia do NT. Afirmam que os estruturadores da ortodoxia clássica erraram por tratar os mitos do NT como fatos históricos em vez de tratá-los como verdade simbólica. Muitos são os estudiosos, porém, que rejeitam tal conclusão, muito embora sigam os métodos da cristologia "inferior". Alguns deles, como P. T. Forsyth* e D. M. Baillie*, acreditam até que as evidências que temos quanto ao Jesus histórico somam provas críveis de sua divindade. Já outros, como Oscar Cullmann (n. 1902; ver História da Salvação*) e Ferdinand Hahn (n. 1926), têm enfatizado os títulos cristológicos que o NT aplica a Jesus para argumentar que os escritores dos evangelhos usaram de conceitos originalmente míticos para descrever fatos históricos. Outros teólogos contemporâneos, como Martin Hengel (n. 1926) e Wolfhart Pannenberg*, têm reafirmado a historicidade fundamental dos evangelhos, mas argumentado nessa base a divindade de Cristo. São estudiosos desse gênero que chegam mais perto da abordagem da ortodoxia tradicional, a qual a maioria deles está, de fato, preocupada em preservar.

A possibilidade de os métodos opostos virem a ser harmonizados em favor da posição clássica tem sido recentemente muito fortalecida pela obra de eruditos como I. H. Marshall (n. 1934), C. F. D. Moule (n. 1908) e J. Galot.

Bibliografia

D. M. Baillie, *God Was in Christ* (London, 1948); J. Galot, *Who is Christ?* (Roma, 1981); A. Grillmeier, *Christ in Christian Tradition*, vol. 1 (Atlanta, GA, e London, ²1975), vol. 2:1 (Oxford, 1987); A. T. Hanson, *The Image of the Invisible God* (London, 1982); I. H. Marshall, *The Origins of New Testament Christology* (Leicester, 1976); Alister E. McGrath, *The Making of Modern German Christology: From the Enlightenment to Pannenberg* (Oxford, 1986); C. F.

265 CRÍTICA BÍBLICA

D. Moule, *The Origin of Christology* (Cambridge, 1977); K. Runia, *The Present-day Christological Debate* (Leicester, 1984); J. Ziesler, *The Jesus Question* (London, 1980).

G.L.B.

CRÍTICA BÍBLICA. É a aplicação aos escritos bíblicos de uma variedade de técnicas, empregadas no exame de muitos tipos de literatura a fim de averiguar seu fraseado original, a natureza de sua composição, suas fontes, data, autoria e fatores congêneres.

Crítica textual

A crítica textual é a atividade que se dedica a restaurar o texto original de documentos que possam ter sido expostos a incidentes devido a sucessivas cópias e recópias. Como, antes da invenção da imprensa (*c.* 1450), cada cópia tinha de ser feita à mão, os lapsos e as alterações dos copistas tendiam a se multiplicar cada vez que se repetia o processo. As cópias podem ser corrigidas tendo como referência o original autógrafo, se este ainda subsistir, mas na maior parte da literatura antiga, incluindo todos os livros da Bíblia, o original não mais existe. O texto original poderá, então, vir a ser reconstituído, mas somente mediante cuidadoso estudo das cópias sobreviventes. Comumente, mas não invariavelmente, as cópias mais antigas têm sofrido menos alterações do que as mais recentes. Os hábitos de escrituração tanto de copistas individuais como de escolas de copistas devem ser estudados; os principais tipos de erros devem ser identificados e classificados, fazendo-se distinção entre os causados pela leitura im-

perfeita de uma cópia-mestra e os resultantes de audição imperfeita, se a cópia tiver sido feita a partir de ditado.

A crítica bíblica textual opera não somente nos manuscritos do AT e NT nas línguas originais, mas também nas versões mais antigas em outras línguas (notadamente siríaco, copta e latim; ver Versões Bíblicas*) e citações bíblicas em autores primitivos.

No AT, a base é o texto massorético da Bíblia hebraica, considerando-se sua forma final, entre os séculos VII e XI d.C., mas voltando-se também mais para trás, tanto quanto diz respeito ao texto consonantal de cerca do ano 100. A partir da descoberta dos manuscritos de Cunrã (ver Manuscritos do Mar Morto*), em 1947, e no decorrer dos anos seguintes, evidências se tornaram disponíveis para se poder traçar a história da Bíblia hebraica, pelo menos, em um período de mil anos antes do estabelecimento final do texto massorético. A principal versão de ajuda no estudo textual do AT é a Septuaginta (LXX), tradução grega dos originais hebraicos feita em Alexandria nos séculos III e II a.C.

No NT, um número de textos-padrão pode ser discernido, dos séculos IV e V d.C., mas uma quantidade razoável de cópias, principalmente em papiros, tem vindo cada vez mais à luz, dos séculos II e III, antedatando esses textos. O estudo textual do NT está progredindo intensamente e até mesmo as mais recentes edições clássicas críticas são consideradas estudos temporários.

O estabelecimento de um texto razoavelmente confiável é uma

CRÍTICA BÍBLICA

condição necessária para um posterior estudo crítico ou exegético. A crítica textual já chegou a ser conhecida como "mais baixa crítica" porque representava o recurso mais raso e fácil no edifício do estudo bíblico.

Crítica literária e histórica

Já a crítica literária e histórica chegou a ser chamada de "mais alta crítica", porque se baseava nos achados da crítica textual, ou "mais baixa crítica". A mais alta crítica se voltava para três questões: estrutura literária, data e autoria — mas sua designação é agora praticamente obsoleta.

A crítica da fonte — discernimento das fontes orais ou escritas das quais a obra literária foi extraída — pode ser realizada com maior confiança quando uma ou mais fontes escritas da obra haja sobrevivido junto com ela. O autor de Crônicas, por exemplo, usou os livros de Samuel e Reis, entre outras fontes, e uma comparação de sua obra com esses textos capacita o estudioso a chegar a conclusões razoavelmente sólidas a respeito de seu método literário e histórico. No NT, o livro de Marcos é comumente reconhecido como a principal fonte de Mateus e Lucas. Uma vez que Marcos sobreviveu, independentemente desses outros dois, torna-se mais fácil ter certezas a respeito do uso que Mateus e Lucas fizeram dele do que da utilização que ambos fizeram de outras fontes, como a hipotética fonte "Q" (compilação dos ditos de Jesus que se acredita subjacente ao material não procedente de Marcos e comum a Mateus e Lucas).

Onde quer que hajam desaparecido as fontes, sua reconstituição deverá ser essencialmente especulativa. Por exemplo, seria praticamente impossível reconstituir os quatro evangelhos separadamente, se tivessem desaparecido e deixado como sombra somente a obra de Taciano *Diatessaron* — uma narrativa contínua, produzida em c. 170, combinando materiais dos quatro evangelhos juntos e usando como estrutura o registro de João.

É possível discernir no livro de Atos alguns pontos nos quais o autor começa a seguir nova fonte, mas não há como reconstituir as fontes sobre as quais ele traça seu trabalho, pois as integra habilmente no fluxo de sua narrativa. Única exceção são os diários de viagens de Paulo, facilmente reconhecidos porque o pronome "nós" foi deixado inalterado, em lugar de ser substituído por "eles". O autor deixou o pronome "nós" inalterado somente para indicar, de modo discreto, ter estado realmente presente nos incidentes ali registrados.

Também onde um documento exista em mais de uma revisão, compete à crítica literária distinguir a mais antiga da mais recente das revisões. Isso pode ser um procedimento arriscado se não houver evidência explícita; ocasionalmente, porém, tal evidência existe. Por exemplo, da primeira edição das profecias de Jeremias, registrando seu ministério de pregação por cerca de vinte e cinco anos, escrito por Baruque e ditado pelo próprio Jeremias, existia somente uma cópia, quase que imediatamente destruída por Jeoiaquim; esta, todavia, foi rapidamente substituída por uma segunda cópia, em edição ampliada (Jr 36.1-32) e, mesmo assim, não seria a edição definitiva de suas

CRÍTICA BÍBLICA

profecias, porque Jeremias continuou a profetizar por mais dezessete anos. Da coleção póstuma de seus oráculos, subsistiram duas edições (acompanhadas de algum material biográfico e histórico): uma mais longa, no texto massorético, e uma mais curta, na LXX (Septuaginta). Entre os documentos de Cunrã, foram encontradas algumas cópias hebraicas suas, fragmentadas, de ambas as edições.

A crítica histórica abrange o que se refere ao contexto histórico dos documentos. Isso inclui uma correlação de evidências internas e externas. A data essencial de uma narrativa (a data dos eventos que registra) deve ser distinta da de sua composição. Os estudiosos, por exemplo, que consideram as narrativas patriarcais de Gênesis verdadeiras em relação à sua data essencial (por refletirem a situação cultural na qual os patriarcas são apresentados como ainda vivendo) concordam geralmente em que a data de elaboração do Gênesis é de muitos séculos posterior à era patriarcal.

Na crítica histórica dos livros dos profetas, o elemento de predição autêntica deve ser tratado com seriedade. Uma predição autêntica é anterior ao evento predito, mas não anterior aos eventos pressupostos como o pano de fundo para a predição. Nesse sentido, a profecia de Naum, por exemplo, deve ser datada entre a queda de Tebas (663 a.C.), à qual se refere como evento passado (Na 3.8-10), e a queda de Nínive (612 a.C), que visualiza adiante. Um estudo detalhado dessa profecia pode ajudar a datá-la mais precisamente dentro daquele período.

Duas escolas de crítica bíblica do século XIX devem sua influência especial à combinação de crítica literária com crítica histórica. Julius Wellhausen (1844-1918), construindo sobre a crítica literária do Pentateuco feita por seus antecessores, encontrou seu princípio básico na história do culto israelita, primeiramente praticado numa ampla variedade de santuários locais e por fim centralizado em um único santuário. Infelizmente, porém, muito de sua tentativa de reconstituição do desenvolvimento cúltico teve de ser efetuado sobre um vazio histórico, e, assim que novas descobertas o preencheram, os defeitos de sua restauração ficaram expostos.

Duas gerações antes, Ferdinand Christian Baur (1792-1860) e outros membros da escola de Tübingen* reconstituíram a história da era apostólica e subapostólica, preconizando uma primitiva antítese entre a interpretação do evangelho promovida por Pedro e a igreja de Jerusalém, esta representada por Paulo e a missão gentílica. Essa antítese teria dado lugar, no século II, a uma síntese apresentada na maior parte dos escritos do NT, particularmente Atos e Efésios — síntese perpetuada pela Igreja Católica. A escola de Tübingen, certamente, exagerou quanto a essa antítese, subestimando o papel positivo de Pedro como pioneiro e estendendo indevidamente a decorrência de tempo exigida para o desenvolvimento que imaginou. O estágio final desse desenvolvimento foi levado de volta para o século I, quando Joseph Barber Lightfoot (1828-89) demonstrou qual a verdadeira data, no século II, das genuínas

CRÍTICA BÍBLICA

sete cartas de Inácio (*The Apostolic Fathers* [*Os pais apostólicos*], pt. II, vol. 1, London, 1885, ²1889).

Tradição e crítica da forma

Exceto se um autor estiver relatando diretamente, por seu conhecimento pessoal eventos que fazem parte de sua própria experiência de vida ou comunicando algum ensino seu imediato, a história anterior ao material registrado é assunto para exame pela crítica bíblica. Já que, de um modo ou de outro, tal narrativa chegou até o escritor, sua transmissão anterior deverá ser examinada. Se foi por ele recebida sob a forma de documentos escritos, a crítica da fonte terá de algum modo de tratar a respeito deles; mas, se comunicada oralmente, constitui, mais especificamente, uma questão de crítica da tradição. Isso pode vir a ser aplicado, no AT, às narrativas, leis, poemas e ditos de sabedoria que passaram por um estágio de transmissão oral antes de serem registrados. No NT, tem sido aplicado ao material do evangelho, embora, aqui, seja menor o hiato entre os eventos e o conteúdo dos documentos que os registraram. Todavia, como o evangelho foi pregado antes de vir a ser escrito, é útil estudar os estágios de sua apresentação oral. O processo é até mais especulativo do que a crítica da fonte documental. Se o método usado se baseia nas "leis" da tradição oral, deve-se ter em mente que tais "leis" não passam de tendências e regularidades geralmente observadas, não devendo ser aplicadas, indiscriminadamente, onde não se encaixam.

Aspecto importante da crítica da tradição é a crítica da forma — estudo das diversas "formas" que o material possa ter tomado no decurso do tempo até ser escrito. No AT, essa abordagem tem-se mostrado frutífera no estudo de Salmos: eles têm sido classificados de acordo com seus principais tipos, cada um dos quais relacionado ao seu ambiente de existência na adoração comunitária ou devoção particular.

No NT, a crítica da forma dos evangelhos — classificação de suas narrativas e ditos de acordo com suas "formas" principais — tornou-se a base de uma tentativa de traçar sua história em seu estágio pré-literário. Apesar de algumas alegações exageradas, a classificação da forma lança pouca luz sobre a historicidade de qualquer elocução ou incidente especificamente. Juntamente com a classificação da forma, tem estado ligada a tentativa de se averiguar o ambiente de vida de várias unidades da tradição do evangelho. Aqui, devem-se distinguir diferentes ambientes de vida — o ambiente de existência do ministério de Jesus; os sucessivos ambientes de existência no curso da tradição (quais os fatores que ditaram a preservação de determinados incidentes e ditos enquanto outros se perderam?); o ambiente de existência da obra literária final. Quando alcançado esse estágio, a crítica da tradição abre caminho para a crítica da redação. Graças à crítica da forma e da tradição, torna-se claro que, não importa quanto se retroceda a investigação, nunca se poderá alcançar um nível em que um Jesus inteiramente não sobrenatural seja descrito.

Aplicada às epístolas do NT, a crítica da forma de uma outra espécie pode ajudar os estudiosos a reconhecerem em uma epístola completa a mesma forma de uma

CRÍTICA BÍBLICA

tese, segundo os nossos padrões retóricos contemporâneos (*cf.* H. D. Betz, *Galatians*, Philadelphia, 1979), ou colocar determinado aspecto repetitivo no estilo epistolar a um estudo comparativo de redação de minutas (*cf.* P. Schubert, *Form and Function of the Pauline Thanksgivings* [*Forma e função das ações de graças paulinas*], Berlin, 1939).

Crítica da redação

A crítica da redação é complementar à crítica da tradição: estuda o uso que um autor faz do material à sua disposição, tenha sido recebido por tradição ou de qualquer outro modo. Tem sido particularmente frutífera no estudo dos evangelhos, reconhecendo os evangelistas como verdadeiros autores, e não meros compiladores. Mateus, por exemplo, por seu manuseio do material, revela-se alguém interessado na igreja como uma irmandade, onde o ensino de Jesus deva ser transmitido e observado a partir da ressurreição até a consumação final. Já Marcos escreve não só para encorajar os cristãos sofredores por sua fé a "tomarem a cruz" e seguirem a Jesus, mas também para apresentar Jesus como o Filho de Deus: esse é o "segredo messiânico" divulgado no final de sua narrativa da paixão, no rasgar do véu e na confissão do centurião. Lucas vê o ministério de Jesus como o cumprimento de obras poderosas e palavras proféticas nas quais Deus se revelara nos tempos do AT, tendo continuidade e sendo difundidas amplamente no testemunho apostólico. João mostra a validade permanente e universal do evangelho essencial, ao introduzir Jesus como a encarnação do Verbo eterno de Deus, que manifesta a glória divina para todos os que sejam capazes de discerni-la.

No AT, a crítica da redação tem levado à novidade de encorajar os estudiosos a pensar no Pentateuco, por exemplo, como uma só unidade literária e a estudar, desse modo, o propósito e a mensagem do(s) autor(es) (cf. D. J. A. Clines, *The Theme of the Pentateuch* [*O tema do Pentateuco*], Sheffield, 1978).

Crítica do cânon

A crítica do cânon surge no ponto em que cessa a da redação, possuindo um conteúdo mais teológico que esta. Nela, a empreitada crítica é dirigida ao cânon completo das Escrituras;* aos livros, individualmente, em seu novo contexto e no inter-relacionamento que adquiriram por sua inclusão no cânon, bem como à sua forma canônica (*i.e.*, sua forma final). A ênfase na forma canônica contrasta com a tentativa de estabelecer a forma "original" que preocupa as outras abordagens críticas. A crítica do cânon não substitui as outras abordagens, mas se empenha em complementá-las, ajudando-as a realizar o devido objetivo delas.

Estruturalismo

O estruturalismo* estuda a operação e interação dos sinais em um sistema estruturado e controlado por um "código" subjacente. Muitos estruturalistas negam qualquer interesse seu no ambiente e no propósito histórico original de um documento: o que os preocupa é a forma final do texto como fenômeno linguístico ou semântico. A mensagem dos textos é tida como verdadeira ou relevante em seus próprios termos, e não em termos

CRÍTICA DOUTRINÁRIA

históricos. Qualquer processo que capacite o leitor a ver os textos bíblicos sob nova luz tem valor positivo, mas uma averiguação que exclua qualquer consideração da intenção do autor é improvável que possa ser realmente proveitosa para o estudo bíblico.

Bibliografia
C. E. Armerding, *The Old Testament and Criticism* (Grand Rapids, MI, 1983); R. S. Barbour, *Traditio-Historical Criticism of the Gospels* (London, 1972); J. Barr, *Holy Scripture: Canon, Authority, Criticism* (Oxford, 1983); J. Blenkinsopp, *Prophecy and Canon* (Notre Dame, IN, 1977); R. E. Brown, *The Critical Meaning of the Bible* (London, 1982); B. S. Childs, *Introduction to the Old Testament as Scripture* (London, 1979); *idem, The New Testament as Canon: An Introduction* (London, 1984); A. M. Johnson (ed.), *The New Testament and Structuralism* (Pittsburgh, 1979); J. Knox, *Criticism and Faith* (London, 1953); K. Koch, *The Growth of the Biblical Tradition* (TI, London, 1969); E. Krentz, *The Historical-Critical Method* (London, 1976); G. E. Ladd, *The New Testament and Criticism* (Grand Rapids, MI, 1967); B. M. Metzger, *The Text of the New Testament* (Oxford, ²1968); N. Perrin, *What is Redaction Criticism?* (London, 1970); E. B. Redlich, *Form Criticism* (London, 1939); J. A. Sanders, *Torah and Canon* (Philadelphia, 1972); E. Würthwein, *The Text of the Old Testament* (TI, Grand Rapids, MI, ²1979).

F.F.B.

CRÍTICA DOUTRINÁRIA. É a apreciação da verdade e da pertinência de afirmações doutrinárias. O termo, na teologia britânica, deve seu uso a um ensaio programático feito por G. F. Woods (1907-1966) estabelecendo como tarefa da crítica doutrinária sujeitar as afirmações doutrinárias à mesma espécie de escrutínio usado pela crítica bíblica*. Assim, ao analisar a capacidade dos símbolos humanos de articular o transcendental, o crítico avaliaria a doutrina à luz do ambiente histórico em que foi formulada e à luz da compreensão contemporânea da realidade. As sugestões de Woods têm sido grandemente desenvolvidas e aplicadas na obra de Maurice Wiles (n. 1923), notadamente na área da cristologia. Embora a crítica doutrinária tenha contribuído muito para um renovado interesse na teologia reformada de anos recentes, ela herdou do Iluminismo* uma perspectiva mudada sobre autoridade e auto-evidência da revelação*, segundo a qual a nenhum sistema ou afirmação contingente* pode ser concedida uma posição privilegiada de imunidade de exame crítico.

Ver também CORRENTES TEOLÓGICAS CONTEMPORÂNEAS.

Bibliografia
B. L. Hebblethwaite, *The Problems of Theology* (Cambridge, 1980); *idem, Th* 70 (1967), p. 402-405; M. F. Wiles (ed.) *Explorations in Theology*, vol. 4 (London, 1979); *idem, Working Papers in Doctrine* (London, 1976); G. F. Woods, "Doctrinal Criticism", in F. G. Healey (ed.), *Prospect for Theology* (London, 1966).

J.B.We.

CULMANN, OSCAR, ver HISTÓRIA DA SALVAÇÃO.

CULPA E PERDÃO

CULPA E PERDÃO. Culpa é o estado de alguém que cometeu um pecado ou um crime. É definida, às vezes, em termos de penalidade — a situação de alguém passível de punição — mas essa é uma definição inadequada. Mesmo que a penalidade seja protelada ou cancelada, o ofensor continua sendo uma pessoa culpada porque a culpa diz respeito ao passado, inalterável. A humanidade é vista nas Escrituras como culpada por causa do mal que tem feito e que não pode desfazer.

Culpa e senso de culpa não são a mesma coisa. É de todo possível ser culpado sem se sentir culpado. É também possível ter um senso de culpa doentiamente desproporcional e mórbido. É importante saber lidar com tal "complexo de culpa", mas não se deve cometer o erro de pensar que aliviar a condição mental do indivíduo extingue a culpa em si. Não são a mesma coisa.

A Bíblia descreve a humanidade como criada por Deus para cumprir os bons propósitos dele. Somos responsáveis perante Deus e chamados a sermos obedientes aos seus mandamentos. Mas "todos pecaram e estão destituídos da glória de Deus" (Rm 3.23), incorrendo, assim, em culpa. Tiago enfatiza a gravidade dessa situação, advertindo que "quem obedece a toda a Lei, mas tropeça em apenas um ponto, torna-se culpado de quebrá-la inteiramente" (Tg 2.10). Ninguém, portanto, pode declarar-se sem culpa.

A culpa, segundo Jesus, pode ser eterna (Mc 3.29). Sua gravidade jamais deve ser subestimada. Pecadores culpados podem ter de enfrentar a morte eterna (Rm 6.23).

A ênfase central do NT recai sobre a maravilha do perdão. Nesse sentido, nenhum dos escritores do NT trata propriamente da culpa. É o perdão, e não o pecado, que está no centro de seu interesse.

Nas Escrituras, ser salvo da culpa significa mais do que ser salvo do poder do mal. Há hoje muito empenho concentrado na libertação das pessoas do poder do mal, de forma que possam viver vidas melhores. Essa é, sem dúvida, uma parte importante do evangelho; mas não importa quão maravilhoso isso seja, não é a libertação da culpa. Somos responsáveis pelo mal que fazemos, e a salvação em Cristo significa a libertação da culpa tanto quanto do poder do mal.

O perdão divino significa mais do que o perdão comum. O criminoso perdoado é ainda uma pessoa culpada. Todos sabem que ele cometeu o erro do qual está recebendo o perdão. É, portanto, a punição que desaparece, e não a culpa. O perdão de Cristo, porém, significa que o pecado também desaparece. O pecador torna-se limpo e também é perdoado. Todos nós, pecadores, estávamos mortos em nossas transgressões, mas Deus permitiu que nos tornássemos vivos juntamente com Cristo, pois "nos perdoou todas as transgressões" (Cl 2.13). Nossos pecados são perdoados por causa de Cristo (Ef 4.32; 1Jo 2.12).

Uma parte muito importante da mensagem cristã é a de proclamar o perdão de pecados. Na história da igreja, esse elemento do evangelho tem sido considerado tão significativo que é usado no culto de adoração. Nele, confessamos nossos pecados e somos

CULTOS

272 ■

assegurados do perdão em Cristo. A absolvição desse gênero tem sido uma parte importante da liturgia nas igrejas. Todavia, a ideia de que um ministro ou sacerdote na igreja tenha o poder de conceder perdão em nome de Deus e o direito de decidir se o perdão deve ser concedido ou recusado baseia-se em uma interpretação errônea de João 20.22,23. Essa passagem fala da igreja como um todo, e não de seus ministros particularmente; e fala de pecadores, no plural. Diz que a igreja, cheia do Espírito, é capaz de declarar com autoridade que grupos de pecadores têm seus pecados perdoados e quais não os têm. Não confere poderes a quaisquer cristãos, sejam eles ministros, sejam sacerdotes, sejam leigos, para dar ou recusar perdão. O perdão é um dom conferido por Deus em Cristo, não havendo no NT referência a nenhum poder de absolvição conferido a ministros ou leigos cristãos. A remissão dos pecados é, enfim, uma prerrogativa divina.

Bibliografia
E. M. B. Green, *The Meaning of Salvation* (London, 1965); T. Mc Comiskey, *NIDNTT* II, p. 137-145; V. Taylor, *Forgiveness and Reconciliation* (London 2.1946).

L.L.M.

CULTOS, ver Novas Religiões; Seitas.

CULTURA. Esse é um termo não facilmente definível. Contudo, se tomado como significando o modo de pensar e de conduta compartilhados por um substancial grupo social e que inclusive lhe confere identidade em relação a outros, torna-se então evidente que todas as pessoas, sem exceção, participam de uma ou outra determinada cultura.

O efeito da cultura sobre a teologia pode ser atribuído ao fato de que "ninguém pode deixar de compartilhar a mentalidade e o clima intelectual de sua própria cultura" (John Macquarrie, *Principles of Christian Theology* [*Princípios de teologia cristã*], London, 1966, p. 12). Não se pode dizer, no entanto, que esse fato tenha sido reconhecido em todas as épocas. Em nossos dias, a questão da cultura tem sido levantada intensamente, ao mesmo tempo que o cristianismo tem-se tornado, mais do que nunca, uma fé mundial. O impacto que tem levado ao surgimento atual de comunidades cristãs relativamente grandes em muitas áreas do mundo, em boa parte, deve-se ao reconhecimento de que as tradições teológicas do cristianismo ocidental, sendo culturalmente determinadas, não são universalmente normativas.

Um dos desenvolvimentos mais notáveis quanto a essa conexão tem acontecido entre os cristãos evangélicos. O Pacto de Lausanne* (1974), importante afirmação de compromisso evangélico abrangendo um amplo raio de questões, declara que "por ser o homem criatura de Deus, alguma coisa de sua cultura é rica em beleza e bondade. Por ser decaído, tudo nela é manchado pelo pecado e algo nela é demoníaco" (parágrafo 10). A Consulta de Willowbank (Bermudas), em 1978, que teve por finalidade o estudo das inter-relações entre evangelho e cultura, reafirmaria essa visão. O Relatório de Willowbank assevera de modo bastante claro: "Nenhuma afirmação teológica é isenta de cultura. Todas as formulações teológicas, portanto, devem ser julgadas pelo ensino da própria Bíblia, que permanece acima de todas elas. Seu valor deve ser julgado por sua fidelidade à Bíblia, assim como pela relevância com que aplicam sua mensagem à própria cultura" (parágrafo 5 [b]).

Isso não significa negar que a Bíblia, em si mesma, foi dada em um contexto particular culturalmente condicionado. No entanto, ao mesmo tempo que os evangélicos mantêm sua tradicional ênfase na realidade de uma revelação divina* permanente dada em Jesus Cristo e nas Escrituras do AT e NT, eles reconhecem também que a teologia, como um empenho intelectual para expressar em linguagem humana a apreensão dessa revelação, compartilha das limitações da própria cultura do homem.

Pode-se dizer que essa relativização* de *todas* as culturas humanas abriu caminho para uma aceitação geralmente positiva entre os evangélicos do princípio da contextualização*. Por esse processo, é feita uma tentativa de reformular a mensagem cristã em outra linguagem e cultura, de modo que responda à preocupação dupla de ser fiel à revelação divina e, ao mesmo tempo, relevante para determinada cultura. A encarnação* pode ser vista como modelo adequado a esse empreendimento teológico, naquilo que demonstra a possibilidade de identificação divina com o que é humano e culturalmente particular, sem nenhuma perda de identidade. Do mesmo modo, não é necessário que a busca por uma teologia indígena e culturalmente relevante se faça a expensas da integridade de um evangelho que deve ser comunicado a todos.

Tais considerações mostram que as questões levantadas por qualquer teologia da cultura permanecem tão complexas como nunca. Em *Christ and Culture* [*Cristo e cultura*], Richard Niebuhr* distingue cinco atitudes diferentes, embora sobrepostas, na cultura humana que têm encontrado expressão na história do pensamento cristão a respeito dessa questão. Ele as descreve como respectivamente: "Cristo contra a cultura"; "o Cristo da cultura"; "Cristo acima da cultura" (ou melhor, Cristo e cultura em síntese), "Cristo e a cultura em paradoxo"* e "Cristo como o transformador da cultura". Exceto a primeira atitude, que representa uma oposição radical entre a revelação em Cristo e as realizações da cultura humana, todas as demais indicam, em graus variados, uma avaliação positiva da cultura.

Como se pode observar, a própria teologia é uma empreitada culturalmente determinada e, portanto, temporária. Assim, uma teologia da cultura implica uma contínua revisão da percepção da igreja e do teólogo das polaridades de Cristo e cultura à luz da importância suprema da morte e ressurreição de Cristo para o destino do mundo e para toda realização humana (Ef 1.9,10). Significa também que não pode haver solução definitiva para a questão da cultura antes do *eschaton*, assim como não pode existir formulação teológica da relação da "mente de Cristo" da igreja com as formas de cultura sem uma certa medida de tensão.

CURA

Bibliografia
C. H. Kraft, *Christianity in Culture* (New York, 1979); H. Richard Niebuhr, *Christ and Culture* (New York, 1951); J. R. W. Stott & R. Coote (eds.), *Down to Earth — Studies in Christianity and Culture* (Grand Rapids, MI, 1980); P. Tillich, *Theology of Culture* (New York, 1959); The Willowbank Report — G*ospel and Culture* (Lausanne Ocasional Papers, 2; Wheaton, IL, 1978), também publicado em *Explaining the Gospel in Today's World* (London, 1978).

K.Be.

CURA, a restauração de uma pessoa doente à saúde.

Saúde
A palavra "saúde" significa "integridade" e "sanidade", ou seja, pureza. A saúde é definida pela Organização Mundial de Saúde como "um estado de completo bem-estar físico, mental e social, e não meramente a ausência de doença ou enfermidade". A essa definição devemos acrescentar a dimensão de bem-estar espiritual que surge de um relacionamento correto com Deus. Esse bem-estar completo do homem em todos os aspectos de seu ser representa o propósito original de Deus para o homem.

No AT, a saúde é descrita pela palavra hebraica *shalom*, usualmente traduzida por "paz", mas significando, por derivação, "sanidade" ou "bem-estar". Ocorre 250 vezes no AT. Como bem-estar total do homem, é ilustrada pela vida dos patriarcas (especialmente Abraão) e referida pelo salmista e por profetas (especialmente Isaías e Jeremias). Há uma conexão vital entre a saúde do homem e sua obediência ética e espiritual a Deus (Êx 15.26; Dt 28.58-61). A saúde no AT consiste em totalidade, ou integridade, e sanidade.

O NT pressupõe o ensino do AT a respeito de saúde, mas tem mais a dizer sobre a cura. Quando Jesus fala a respeito da saúde, refere-se à bem-aventurança (*makarios*, Mt 5.3-11), à vida (*zoe*, Jo 10.10) e como total (*hygiēs*, Jo 5.6). Nos evangelhos, o verbo *sōzō*, "salvar", é usado igualmente tanto para a cura do corpo quanto para a salvação da alma (Lc 7.50; 9.24).

No entendimento cristão, a saúde é o bem-estar completo de uma pessoa que esteja em relacionamento correto com Deus, consigo mesma, com seus familiares e companheiros e com seu ambiente.

Doença
A doença, o oposto de saúde, é representada nas Escrituras por palavras que denotam a fraqueza que produz: heb. *holī*, gr. *astheneia*. A doença humana é o resultado do pecado e da rebelião contra Deus que produziu a queda do homem. Não haveria enfermidade no mundo se não houvesse o pecado. Nem toda doença, contudo, é devido a pecado pessoal, como lemos no livro de Jó e em Jonas 9.3. A presença da doença no mundo é testemunho da exigência de Deus de haver obediência a ele de nossa parte e da solidariedade humana no pecado, assim como é resultado de suscetibilidade à infecção, à doença, ao parasitismo, à corrupção e à queda, que ainda persiste no nosso presente mundo decaído (Rm 8.18-25). Não obstante, Deus pode usar a doença e o sofrimento para sua

CURA

glória e como meio de graça para homens e mulheres (Jó 42.1-6; 2Co 12.1-10).

Cura

A palavra "cura" é incomum tanto na medicina quanto nas Escrituras. No uso comum, é amplamente aplicada ao tratamento não médico de doenças, geralmente considerado como fé, cura divina ou espiritual. Esse uso da palavra se baseia em uma visão fragmentada da pessoa humana, pela qual o médico cuida do corpo e a igreja cuida da alma. Se adotamos a visão bíblica da pessoa como um ser total, então a cura abrange a pessoa integralmente e todos os meios de cura, seja cura médica, seja não médica, seja física, seja espiritual. Toda cura vem de Deus, seja ela propiciada mediante a criação*, a providência* ou a redenção*. Deus criou o corpo e a mente com poderes limitados de cura própria, mas colocou ao nosso redor, agentes de cura. A cura mediante a criação é a praticada pelas profissões que tratam da saúde; todavia, não oferece resposta para os problemas de pecado*, culpa* e morte*. Para a restauração completa do bem-estar humano, torna-se indispensável a cura mediante a redenção. É essa a cura providenciada por Deus por meio do ministério e da obra de seu Filho, Jesus Cristo. A cura mediante a redenção nos traz perdão dos pecados, reconciliação* com Deus, renovação de todos os relacionamentos humanos e a promessa de integridade completa quando nosso corpo terreno perecível for transformado em um corpo imperecível, na ressurreição (1Co 15.52,53).

Nos evangelhos, é reconhecida a obra dos médicos mediante a cria-ção (Mc 2.17; Lc 4.23), mas muito mais é proclamado sobre a cura miraculosa e mediante a redenção. Jesus não veio, em princípio, para curar nosso corpo (*cf.* Jo 5.1-9, em que cura somente uma pessoa dentre uma multidão), mas para tornar a pessoa integral. Nas epístolas, por exemplo, nada lemos a respeito de curas miraculosas, mas, sim, de quatro pessoas doentes que não foram curadas, no sentido de terem suas doenças imediatamente extintas. Essas pessoas são: Paulo (2Co 12.7-9), Epafrodito (Fp 2.25-27), Timóteo (1Tm 5.23) e Trófimo (2Tm 4.20). E, no entanto, lemos a respeito de dons de cura (1Co 12) e sobre a participação de presbíteros e membros da igreja em curas (Tg 5.14-16).

Os dons de cura foram dados pelo Espírito Santo a alguns membros das igrejas para o benefício de todos (1Co 12.7,9, 28). Distinguem-se do dom de operação de milagres (v. 10,28-30), sendo mencionados somente em 1Coríntios. Sua natureza não é bem clara, parecendo ser ou uma elevação de dons naturais já existentes ou dons sobrenaturais inteiramente novos. Enquanto alguns creem que esses dons continuam na igreja, outros os negam (ver Dons do Espírito*). O movimento carismático moderno coloca ainda grande ênfase em sua continuidade e posse, tal como já fazia o pentecostalismo* inicial.

Em Tiago 5.14-16 é recomendado que o doente chame os presbíteros, os quais devem, então, atender ao seu chamado, orar por ele e ungi-lo. Essa última instrução pode ser interpretada como ritual ou medicinal. O verbo usado para unção* (*aleiphō*) sugere uma

DABNEY, ROBERT LEWIS

interpretação de aplicação de unguento, remédio; de outra forma, provavelmente teria sido usado o verbo *chriō*. Assim, Tiago pode estar dizendo que os presbíteros deveriam orar pelo doente e aplicar o tratamento médico prescrito em nome do Senhor. A cura mediante a redenção pode ser combinada à cura mediante a criação.

O ministério de cura da igreja

A expressão "ministério de cura" foi usada pela primeira vez como título de um livrete escrito pelo rev. A. J. Gordon, de Boston (1836-1895), em 1881. Tem sido comumente empregada para descrever o envolvimento da igreja na cura desde os primeiros séculos de sua história. Esse envolvimento tem sido abrangente, incluindo a cura natural, desde quando a igreja fundou e passou a atuar em hospitais (desde o século IV) e em hospícios, ou cultivou plantas medicinais nos mosteiros. Com o surgimento de profissões organizadas da área da saúde, a igreja prosseguiu nesse seu ministério, também, por meio da obra de médicos e enfermeiros cristãos, incluindo missionários. Tem ainda complementado as ações médicas com cuidados de natureza física e espiritual por meio de oração, imposição de mãos* e, por vezes, unção com óleo. Existe atualmente um interesse renovado nesse aspecto do ministério da igreja, de complementar a cura médica e, juntamente com a cura, ministrar em favor do bem-estar e das necessidades da pessoa integral.

Bibliografia

J. P. Baker, *Salvation and Wholeness* (London, 1973); V. Edmunds & C. G. Scorer, *Some Thoughts on Faith Healing* (London, [3]1979); M. T. Kelsy, *Healing and Christianity in Ancient Thought and Modern Times* (London, 1973); F. MacNutt, *Healing* (Notre Dame, IN, 1974); M. Maddocks, *The Christian Healing Ministry* (London, 1981); J. C. Peddie, *The Forgotten Talent* (London, 1966); D. Trapnell, "Health, Disease and Healing", *in NBD*, p. 457-465; B. B. Warfield, *Counterfeit Miracles* (1918), repr. *Miracles: Yesterday and Today* (Grand Rapids, MI, 1965); J. Wilkinson, *Health and Healing. Studies in NT Principles and Practice* (Edinburgh, 1980).

J.W.

D

DABNEY, ROBERT LEWIS (1820-1898). Importante teólogo do presbiterianismo do sul dos Estados Unidos, educador, escritor e crítico social, Dabney ensinou por muitos anos no Union Theological Seminary, em Richmond, VA. Aderiu firmemente à tradição da chamada "Antiga Escola" do presbiterianismo americano. Seu popular manual, *Lectures in Systematic and Polemic Theology* [*Estudos de teologia sistemática e polêmica*] ([2]1878; repr. Edinburgh, 1985), muito deve aos escritos de Calvino*, aos puritanos* britânicos e, especialmente, à Confissão de Fé de Westminster. Sua abordagem das correntes filosóficas e teológicas de sua época é influenciada pelo realismo do senso comum* escocês.

A exposição que Dabney faz de tópicos como os decretos de Deus

DARBY, JOHN NELSON

(ver Predestinação*), soberania* e responsabilidade, imputação de pecado* e escatologia* é marcada pela mesma sobriedade não especulativa de afirmação encontrada nos padrões de Westminster. Ele deu muita atenção à antropologia*, particularmente à psicologia humana e à organização apropriada das instituições sociais. Empenhou-se inteiramente em basear sua teologia no significado claro de textos relevantes das Escrituras.

Ver também TEOLOGIA DE PRINCETON.

Bibliografia
Discussions, 4 vols. (1890-97), repr. *Discussions: Evangelical and Theological*, 2 vols. (London, 1967), *Discussions: Philosophical, Discussions: Secular* (Harrisonburg, VA, 1980/ 1979); *The Practical Philosophy* (1897; repr. Harrisonburg, VA, 1984).

T. C. Johnson, *The Life and Letters of Robert Lewis Dabney* (1903; repr. Edinburgh, 1977); D. F. Kelly & Robert Lewis Dabney, *in* D. F. Wells (ed.), *Reformed Theology in America* (Grand Rapids, MI, 1985); M. H. Smith, *Studies in Southern Presbyterian Theology* (Jackson, MO, 1962).

D.F.K.

DALE, R. W. ver CONGREGACIONALISMO.

DARBY, JOHN NELSON (1800-1882). Um dos fundadores do movimento dos Irmãos, exerceu influência constitutiva sobre as formas modernas do dispensacionalismo*, sendo também destacado expoente do premilenarismo (ver Milênio*). Quando servia como pároco auxiliar na Igreja da Irlanda, em Calary, Co.

Wicklow, Darby desiludiu-se com a instituição e, associando-se aos membros de tendência separatista, no final da década de 1820, desenvolveu alguns conceitos distintivos, particularmente sobre a "ruína da igreja" como corpo estruturado. Passou a preconizar a necessidade de os crentes se reunirem para uma adoração sem estrutura eclesial, associada com o "partir do pão", a fim de pregarem o evangelho aos incrédulos e conduzirem vidas à devoção sacrificial a Cristo na expectativa de sua segunda vinda (que, afirmava ele, seria precedida pelo "arrebatamento secreto" dos crentes).

Em 1845, Darby rompeu com B. W. Newton (1807-1899), de Plymouth, e, em 1848-1849, com George Müller (1805-1898) e Henry Craik (1805-1866), de Bristol, levando a uma divisão permanente entre os Irmãos que o seguiram (chamados "Exclusivos") e os que não o fizeram (denominados "Abertos"). A despeito de seu estilo um tanto exagerado, seus volumosos escritos sobre temas controversos, expositivos, doutrinários, apologéticos e devocionais têm atraído, em massa, tanto leitores quanto divulgadores (notadamente, C. H. Mackintosh, 1820-1896). Suas traduções da Bíblia, em alemão, francês e inglês, refletem sua profunda erudição. Darby viajou muito pela Europa e, mais tarde, pela América do Norte, na época, Índias Ocidentais e Nova Zelândia. Embora sua eclesiologia tenha tido pouca influência além da denominação dos Irmãos Exclusivos, sua escatologia* tem recebido muito apoio, particularmente nos Estados Unidos.

DARWINISMO

278

Bibliografia
W. Kelly (ed.), *Collected Writings of J. N. Darby*, 34 vols. (London, 1867-1900; repr. Winschoten, Holland, 1971); F. R. Coad, *A History of the Brethren Movement* (London, 1968); H. H. Rowdon, *The Origins of the Brethren 1825-1850* (London, 1967); W. G. Turner, *John Nelson Darby* (rev. ed., London, 1944).

H.H.R.

DARWINISMO, ver Criação.

DECLARAÇÃO DE BARMEN. A Declaração de Barmen (1934) compreendia seis artigos, elaborados por representantes do protestantismo da Alemanha, em oposição ao movimento "Cristão Alemão", que apoiava o nazismo. Ao se tornar cada vez mais evidente que esse movimento estava ligando nacionalismo extremado e antissemitismo com posicionamento teológico aparentemente liberal, Martin Niemöller (1892-1984) e outros pastores, incluindo Dietrich Bonhoeffer*, organizaram o primeiro sínodo da Igreja Confessante em Barmen, na região do Ruhr. Os chamados "cristãos alemães" haviam conquistado predomínio sobre algumas igrejas regionais e provavelmente intimidavam outras; contudo, em Barmen se reuniram representantes conscientes de diversas igrejas luteranas, reformadas e unidas do país. A declaração não tinha o propósito de ser uma afirmação abrangente, mas, contra os desvios contemporâneos, enfatizava o senhorio e os propósitos de Cristo, bem como a preeminência das Escrituras para a fé e como guia de ação prática para os cristãos. O documento constituiu marcante repúdio à subordinação dos chamados "cristãos alemães" e da igreja ao Estado nazista. Redigida principalmente por Karl Barth*, a Declaração de Barmen, surgida em consequência do grave momento político daquela época, destacava a falácia de qualquer compromisso cristão com o regime totalitário de Adolf Hitler.

Bibliografia
Textos em J. H. Leith, *Creeds of the Churches* (Richmond, VA, ²1973) e, com discussão, *in* W. Niesel, *Reformed Symbolics* (Edinburgh & London, 1962).

J.D.Do.

DECLARAÇÃO DE BERLIM. A Declaração de Berlim sobre ecumenismo, intitulada *Liberdade e comunhão em Cristo* (1974), é uma crítica radical à, na época, recente orientação teológica do Conselho Mundial de Igrejas (CMI). Afirma as convicções teológicas sobre as quais sua crítica se informa, conclamando ao retorno a uma preocupação com a unidade cristã baseada biblicamente.

O documento foi produzido pela mesma Convenção Teológica das Comunhões Confessantes que emitira a Declaração de Frankfurt*, com a colaboração de outras convenções por todo o mundo que haviam respondido positivamente a essa referida declaração. Embora com a finalidade de ser crítica, tornou-se uma contribuição construtiva à Quinta Assembleia do CMI, que aconteceria, em 1975, em Nairóbi, sob o tema "Cristo liberta e une". O texto foi adotado no primeiro Congresso Confessional Europeu, em Berlim*, em maio de 1974, exatamente quarenta anos

DECLARAÇÃO DE FRANKFURT

após o sínodo evangélico histórico promovido pela Igreja Confessante na Alemanha, que havia emitido a Declaração de Barmen*.

Em 1975, antes da assembléia de Nairóbi, um volume documentando a Declaração em detalhes (listado abaixo) foi apresentado aos líderes da CMI e da Federação Luterana Mundial, assim como à Secretaria do Vaticano para a Unidade Cristã. Em doze afirmações e refutações sobre o ecumenismo, são analisados e condenados, por suas tendências politizantes e sincretistas, pronunciamentos então recentes sobre aspectos cristológicos, soteriológicos e eclesiológicos do tema da reunião de Nairóbi, sendo ao mesmo tempo exposto o autêntico conteúdo bíblico desses termos. O chamado da Declaração de Berlim por uma comunhão vindoura de grupos cristãos interessados, em âmbito mundial, foi parcialmente cumprido com a formação do movimento de Lausanne para a Evangelização do Mundo, no final desse mesmo ano.

A Declaração tem sido usada como modelo para documentos congêneres, *e.g.*, a Declaração de Seul sobre Missões Cristãs (1975).

Bibliografia
Hendrikus Berkhof, Berlin versus Geneva: Our Relationship with the "Evangelicals", *Ecumenical Review* 28 (1976), p. 80-86; Walter Künneth/Peter Beyerhaus (eds.), *Reich Gottes oder Weltgemeinschaft? Die Berliner Ökumene-Erklärung zur utopischen Vision des Weltkirchenrats* (Bad Liebenzell, 1975).

P.P.J.B.

DECLARAÇÃO DE FRANKFURT. A Declaração de Frankfurt sobre a Crise Fundamental da Missão Cristã (1970) reafirma os elementos básicos da missão bíblica contra suas distorções no pensamento missiológico* contemporâneo, particularmente no movimento ecumênico*, desde a integração do anterior Conselho Missionário Internacional com o Concílio Mundial de Igrejas em Nova Déli, em 1961. A Declaração foi promulgada por um grupo de teólogos alemães que se havia unido nos embates do movimento de confissão "Nenhum Outro Evangelho" para se contrapor aos efeitos da crítica bíblica radical sobre a vida da igreja. A Declaração foi causada pela discordância de muitos líderes de missões evangélicas e teólogos quanto à Seção II, "Renovação em Missão", da Quarta Assembleia do CMI, em Uppsala, 1968, e poderia ser considerada o equivalente alemão da Declaração de Wheaton* (1966). Ambas pertencem à tradição das afirmações confessionais modernas, das quais a Declaração de Barmen*, da Igreja Confessante da Alemanha, em 1934, é o exemplo mais notável.

A forma da Declaração de Frankfurt, na verdade, está moldada na da Declaração de Barmen. Suas sete afirmações, cada uma introduzida por um texto-chave da Bíblia, reafirmam o entendimento clássico de missão, condenando os conceitos teológicos modernos opostos. Os "Sete Elementos Básicos Indispensáveis da Missão" têm a intenção de salvaguardar: 1. a autoridade única da Bíblia contra a hermenêutica* situacional; 2. a primazia da doxologia* contra a humanização como alvo missionário; 3. a cristologia bíblica contra

DECLARAÇÃO DE WHEATON

uma presença anônima de Cristo na história humana; 4. a importância da fé pessoal na salvação, contra o universalismo;* 5. a natureza espiritual da igreja, contra um entendimento meramente funcional dela; 6. a singularidade do evangelho, contra outras religiões; 7. a realidade da segunda vinda de Cristo como orientação escatológica de missões, contra ideologias de progresso* ou revolução*.

O propósito original da Declaração não era o de propor a separação da Comissão de Missões e Evangelização Mundiais do CMI, mas, sim, de conclamar seu retorno à tradição bíblica anterior, conforme vista mais claramente nos pronunciamentos da Conferência Missionária Mundial de Whitby (1947) e de Willingen (1952). Esse chamado, porém, foi basicamente ignorado. Em vez disso, o resultado da Declaração de Frankfurt foi o de levar a um intenso debate, não somente na Alemanha, mas em todo o mundo, sobre as questões nela levantadas. Na Alemanha, contribuiu para a ruptura entre a organização conciliar de sociedades missionárias e uma "comunhão atuante de missões evangélicas", que viria a se concretizar após a Conferência Missionária Mundial de Bangcoc, em 1973. As preocupações básicas da Declaração iriam também influenciar o Pacto de Lausanne*, em 1974.

Bibliografia

CT XIV:19 (June 19, 1970), p. 3-6; P. Beyerhaus, *Missions: Which Way?* (Grand Rapids, MI, 1971); *idem, Shaken Foundations* (Grand Rapids, MI, 1972).

P.P.J.B.

DECLARAÇÃO DE WHEATON. Foi emitida por uma conferência ecumênica de missionários evangélicos reunida no Wheaton College, em Illinois, de 9 a 16 de abril de 1966. Esse "Congresso sobre a Missão Mundial da Igreja", convocado pela Associação Interdenominacional de Missões Estrangeiras e pela Associação Evangélica de Missões Estrangeiras, atraiu mais de novecentos participantes entre missionários e líderes cristãos norte-americanos tendo sido a maior reunião evangélica do gênero na América do Norte até aquela data.

A Declaração reivindica maior cooperação e mais pesquisa quanto à obra evangelística. Reconhece, também, que os evangélicos não vinham aplicando as doutrinas bíblicas à solução de muitas das grandes questões do mundo moderno, incluindo relações raciais*, decadência da família*, guerra*, revolução social e comunismo (ver Marxismo*). Em questões diretamente teológicas afirma que a Bíblia, "a única palavra de Deus autorizada e inequívoca", é a única fonte de toda a estratégia missionária. Nega que outras religiões* possam conduzir verdadeiramente a Deus (ver Cristianismo e outras Religiões*), salientando, ainda, que acréscimos culturais* podem vir a comprometer a proclamação do evangelho. Reafirma a realidade do castigo eterno (ver Escatologia*) e rejeita a ideia de que todas as pessoas, algum dia, venham a ser redimidas (ver Universalismo*). Adverte também quanto ao risco de tratar a Igreja Católica Romana como "igreja irmã".

O Congresso de Wheaton ajudou a pavimentar o caminho para maiores reuniões internacionais

DEIFICAÇÃO

de evangélicos, como as de Berlim (1966), Lausanne (1974) e outras.

Bibliografia
H. Lindsell, Precedent-Setting in Missions Strategy, *CT*, April, 29, 1966, p. 43; The Wheaton Declaration, *CT*, May, 13, 1966, p. 48.

M.A.N.

DECRETOS, ver PREDESTINAÇÃO.

DEIFICAÇÃO. No grego *theosis*, na igreja eslava, *obozhenie*, a deificação é uma doutrina professada, principalmente, em igrejas ortodoxas do Oriente. Pode ser comparada à doutrina de santificação* do crente em igrejas ocidentais, mas possui características peculiares que lhe conferem distinção própria.

A deificação se baseia na afirmação de Gênesis 1.26,27 de que o homem e a mulher foram criados à imagem* e semelhança de Deus. Pais gregos da igreja entenderam isso com o significado de que na queda a humanidade perdeu a semelhança, mas reteve a imagem divina, sendo, assim, a vida cristã melhor desenvolvida com a restauração da semelhança perdida aos redimidos em Cristo. É uma obra do Espírito Santo que comunica ao crente a energia do próprio Deus, tornando-o participante da natureza divina (2Pe 1.4).

A energia de Deus se irradia desde sua essência e compartilha sua natureza. Mas deve ser entendido que uma pessoa deificada retém a própria identidade pessoal, não sendo absorvida na essência de Deus, o qual permanece para sempre oculto aos seus olhos.

Na prática, os líderes espirituais ortodoxos tendem a enfatizar aqueles atributos de Deus* que na teologia protestante são chamados de "comunicáveis", havendo assim certa similaridade entre as crenças evangélicas e ortodoxas neste ponto. Contudo, as igrejas orientais nunca definiram os atributos de Deus do modo que as igrejas ocidentais o fazem, sendo impossível equalizar exatamente as duas doutrinas. Isso se torna particularmente evidente quando comparadas as visões protestante e ortodoxa da imagem de Deus. A visão da igreja ocidental de que a imagem divina se corrompeu ou até se perdeu no ser humano não encontra eco na teologia oriental, que é geralmente otimista em sua avaliação do estado decaído do homem, embora sem ir tão longe a ponto de negar a necessidade da graça para a salvação.

A deificação corresponde, na verdade, de modo mais próximo, ao entendimento ocidental da imitação* de Cristo. Na teologia ortodoxa, o Espírito Santo procede do Pai, repousa no Filho e se torna sua energia. Os que somos chamados para a imitação de Cristo, o somos igualmente para manifestar a energia do Espírito Santo, o qual, ao nos adotar como filhos de Deus, torna acessível para nós o poder espiritual que pertence a Cristo. Pode-se assim cumprir o que é considerado como a promessa bíblica de que os redimidos por Cristo serão semelhantes a deuses (*cf., e.g.*, Sl 82.6).

Ver também VISÃO DE DEUS.

Bibliografia
V. Lossky, *The Vision of God* (New York, 1963); *idem, The Mystical*

DEÍSMO

Theology of the Eastern Church (Cambridge, 1957); D. Staniloae, "The Basis of Our Deification and Adoption", *in* L. Vischer (ed.), *Spirit of God, Spirit of Christ* (Geneva, 1981); T. Ware, *The Orthodox Church* (London, 1964).

G.L.B.

DEÍSMO. Nome dado a um movimento que começou no final do século XVII e persistiu por muito tempo no século seguinte com sua proposta de substituir a religião tradicional por uma "religião racional". É popularmente considerado como a crença num criador remoto, sem envolvimento com o mundo cujo mecanismo ele mesmo planejou. Isso, no entanto, não fornece prontamente a característica definidora ou essencial do movimento. O deísmo, na verdade, é difícil de definir, e seus adeptos têm sido, muitas vezes, difíceis de serem identificados.

O deísmo, de modo geral, preconizava a abolição de dogma fundado em alegada revelação*, promulgado por um sacerdócio autoritário e de tal forma que o princípio do escrutínio racional fora suprimido, e seus resultados, rejeitados. Sob o ponto de vista construtivo, os deístas como que buscavam promover uma religião natural, concedida universalmente à humanidade por um Deus imparcial e benevolente, tendo seu conteúdo em conformidade com uma lei moral imutável. Consistindo em um ataque ao princípio da revelação na história* (por proclamar mais do que aquilo que a razão pode conhecer com independência) e à afirmação de que ela ocorreu (por se basear na crença em milagres*, em profecias* ou em infalível Escritura), o deísmo se dispunha a defender a razão contra a superstição. Seus adeptos, observou Dryden, eram, na verdade, "racionalistas com coração esfomeado por religião". Seus mais destacados representantes conhecidos foram: na Inglaterra, John Toland (1670-1722), Anthony Collins (1676-1729) e Matthew Tindal (1655-1733); na Europa continental, Hermann Reimarus (1694-1768) e Voltaire;* e na América do Norte, Thomas Paine (1737-1809).

O deísmo raramente tem sido considerado um movimento de elevado calibre intelectual. Seus representantes eram comumente suplantados no nível do puro debate. Estranhamente, no entanto, conseguiam fazer sua oposição se expandir em uma defesa que, no final das contas, mostrava-se incapaz de sustentar alegações sob a forma de concessão (por exemplo) à razão e à religião natural. O deísmo pôde demonstrar, pelo menos, quais as forças que se achavam em operação no século XVIII para minar o cristianismo clássico. Sua percepção de Deus exibe o retrocesso sentido naquilo que fora percebido como a deidade primitiva no AT e a deidade arbitrária da revelação historicamente específica. Seu entendimento do homem indica a confiança daquela época em ser a moralidade racional suficiente para a vida e a salvação. Sua visão de natureza* ilustra como a harmonia estável em que Newton* tinha envolvido o mundo poderia inspirar uma adoração não cristocêntrica de Deus. Sua avaliação do clero vigente mostra como a estrutura do poder socioeclesiástico irritava uma confraria intelectual

283 DENNEY, JAMES

livre-pensante, revoltada com um dogmatismo agressivo, mascarado como virtude cristã primordial. No meio disso tudo, acabou o esquema bíblico de queda e redenção sendo dispensado e até sua apresentação literária considerada grosseira, alterada e cheia de defeitos. A Bíblia, enfim, foi desacreditada como o único, suficiente e necessário fundamento da verdadeira religião.

O deísmo foi por muito tempo considerado uma força superada e nada combatente nas batalhas teológicas de nossa época. Todavia, pode ainda oferecer um conjunto de ideias, como as referentes à perfeição divina ou à moral da discriminação racional na religião, que tiveram, a seu tempo, grande potencial para derrubar o esquema tradicional. Buscar de volta a força impulsionadora se não os argumentos especialmente reais dos deístas pode ainda vir a promover uma frutífera reflexão sobre a natureza do cristianismo.

Bibliografia

G. R. Gragg, *Reason and Authority in the Eighteenth Century* (Cambridge, 1964); J. Redwood, *Reason, Ridicule and Religion: The Age of Enlightenment in England, 1660-1750* (London, 1976); L. Stephen, *English Thought in the Eighteenth Century*, vol. 1 (London, 1962); R. E. Sullivan, *John Toland and the Deist Controversy: a Study in Adaptations* (Cambridge, MA, 1982).

S.N.W.

DEMITIZAÇÃO, ver MITO.

DENNEY, JAMES (1856-1917). Teólogo escocês nascido em Paisley, formado pela Universidade de Glasgow e pelo Free Church College, tornou-se ministro da East Free Church, de Broughty Ferry (1886-1897), antes de ser designado, primeiramente, catedrático de Teologia Sistemática (1897), depois, de Linguagem, Literatura e Teologia do Novo Testamento (1900) e, por fim, diretor, do United Free Church College, em Glasgow.

A volumosa produção literária e sua correspondência revelam um homem de grande estatura espiritual, de quem H. R. Mackintosh* disse: "Jamais conheci alguém como ele, capaz de tornar o Novo Testamento inteligível como o registro e o depósito de uma experiência insuperável de redenção".

Erudição apaixonada e convicção fervorosa quanto ao poder do evangelho eram marcas de sua posição teológica, centrada na expiação*. Narra W. Robertson Nicoll (1851-1923) que sua esposa "o levou a um credo evangélico mais pronunciado", induzindo-o a ler Spurgeon*, a quem veio a admirar grandemente e que seria instrumento para levá-lo a proclamar a morte expiatória de Cristo como o cerne do evangelho. A cruz, de fato, se tornou para Denney o centro de toda teologia cristã e de toda verdadeira pregação.

Foi influenciado de algum modo, no entanto, pelo espírito teológico crítico de sua época: sua atitude em relação a assuntos como a inspiração e autoridade da Escritura* (*cf.* seus *Studies in Theology* [*Estudos em teologia*]) e a subscrição confessional* que propôs que deveria ser abandonada em favor de uma simples confissão de fé em Deus, mediante Jesus Cristo (*cf. Jesus and the Gospel* [*Jesus e o*

DEPRAVAÇÃO

284 ∎

evangelho]), tornar-se-iam matéria de debate, assim como sua posição trinitária e sua escatologia.

Bibliografia
J. R. Taylor, *God Loves Like That — The Theology of James Denney* (London, 1962), contendo uma bibliografia completa.

J.P.

DEPRAVAÇÃO, ver PECADO.

DESCARTES, RENÉ (1596-1650). Francês, mas tendo atuado muito na Holanda, Descartes é amplamente conhecido como o pai da Filosofia moderna. Propondo-se a reconstituir os fundamentos do conhecimento humano, inaugurou um método de pesquisa cujo procedimento e resultados conquistaram o sucesso definitivo, a admiração e o respeito do pensamento científico e filosófico do mundo inteiro até os dias de hoje e provavelmente para sempre.

Na época da Reforma, levantou-se marcantemente a questão da validade do conhecimento: as diferentes convicções religiosas, a pesquisa científica e a recuperação do ceticismo clássico eram, todos, entre outros, fatores fortemente contribuintes para isso. Descartes resolveu, assim, vir a ser metodicamente duvidoso* de tudo e de qualquer certeza obtida, a fim de poder descobrir quais os critérios e o conteúdo da verdade indubitável. Isso o levou, por meio de argumentos que podem ser tanto descritos como avaliados de modos diversos, a formular seu famoso preceito básico: *Cogito, ergo sum* — "Penso, logo existo". O próprio ato de alguém duvidar da própria existência já constitui uma prova dessa existência, pois somente um eu existente pode pensar ou duvidar.

Uma vez tendo chegado a essa ilação, Descartes entregou-se à tarefa de estabelecer, sucessivamente, a existência de Deus e do mundo externo (*cf.* Teologia Natural*). A existência de Deus tem sido provada mais de uma vez: a ideia de um ser perfeito, implícita no conhecimento da própria imperfeição de alguém, não pode vir de outra fonte senão desse mesmo ser. Sobre isso, consideraria Descartes que, tal como um triângulo contém a igualdade de seus três ângulos por meio de dois ângulos retos, assim também a ideia de um ser perfeito contém a existência real de Deus. Além disso, se (como se pode concluir) Deus é benevolente e não enganoso, podemos deduzir que o mundo que percebemos realmente existe, pois a bondade de Deus garante a correspondência, aqui, entre o que parece e o que é a realidade. O ceticismo fora dominado.

Teologicamente, seguiram-se importantes consequências de outro conjunto de convicções do pensador, pertencentes à relação da mente com o corpo. Descartes era um dualista*. Sustentava que o ser humano é composto de duas entidades substancialmente distintas: mente ou alma e corpo, caracterizadas, respectivamente, pelo pensamento e pela extensão. É a alma imaterial, e não o corpo físico, o que constitui a pessoa. Essa convicção, além das tentativas de Descartes de expô-la e defendê-la, tem enfrentado pesada crítica, sobretudo na filosofia de nossa época (ver Antropologia*). Alguns filósofos

DESCIDA AO INFERNO

cristãos, como H. D. Lewis (n. 1910) advogam, no entanto, que uma forma de "dualismo cartesiano" é indispensável à crença cristã, incluindo a crença na vida após a morte. Na teologia e na ética, de modos diferentes, essa questão é de vital importância.

Descartes foi mais que um filósofo; foi matemático de grande destaque, usando a notação de álgebra para descrever as relações espaciais em sua "geometria analítica", assim como consumado cientista. Pensadores sucessores seus, especialmente Spinoza* e Leibniz*, têm sido, muitas vezes rotulados, juntamente com Descartes, de "racionalistas", mais para atrair a atenção para o papel da mente, à parte dos sentidos, de reter e adquirir conhecimento.

Bibliografia
J. Cottingham, R. Stoothoff, D. Murdoch, *The Philosophical Writings of Descartes* (Cambridge, 1985); E. M. Curley, *Descartes Against the Skeptics* (Oxford, 1978); A. Kenny, *Descartes: a Study of his Philosophy* (New York, 1968); B. Williams, *Descartes: the Project of Pure Enquiry* (Harmondsworth, 1978).

S.N.W.

DESCIDA AO INFERNO. Essa expressão provém da cláusula do Credo Apostólico*, incluída também no Credo de Atanásio, que diz que Cristo "desceu ao inferno" (*descendit ad inferna*). "Inferno", aqui, no entanto, não se refere ao inferno do castigo eterno (geena), mas, sim, ao "reino dos mortos", o "mundo inferior" (*sheol*, no AT, e hades, no NT). Desse modo, as modernas traduções do Credo não dizem mais que Cristo "desceu ao inferno", mas que ele "desceu aos mortos".

Que Cristo se apartou na morte, em sua alma humana, para o lugar dos mortos até sua ressurreição é afirmado no NT (At 2.31; Rm 10.7; Ef 4.9), o que significa dizer que ele realmente morreu. De acordo com uma interpretação do que diz 1Pedro 3.19; 4.6, Cristo pregou ali o evangelho àqueles que haviam morrido antes de sua chegada, a fim de tornar a salvação disponível também a eles. Observe-se, no entanto, que essa interpretação, dada pela primeira vez por Clemente de Alexandria*, foi rejeitada por Agostinho e por muitos exegetas medievais e só nos tempos modernos passou a ser base exegética principal para a doutrina da descida ao inferno. Embora ainda fortemente defendida por alguns estudiosos (*e.g.*, E. Schillebeeckx*, *Christ: The Christian Experience in the Modern World* [*Cristo: a experiência cristã no mundo moderno*], London, 1980, p. 229-234), muitos exegetas atualmente tomam o texto de 3.19 como que se referindo à ascensão de Cristo, durante a qual ele proclamou sua vitória aos anjos rebeldes aprisionados nos céus mais inferiores, enquanto 4.6 se referiria aos cristãos que morreram após o evangelho já haver sido pregado a eles em vida (ver W. Dalton, *Christ's Proclamation to the Spirits* [*A proclamação de Cristo aos espíritos*], Roma, 1965).

Tem-se acreditado, como uma implicação de Mateus 27.52 e Hebreus 12.23, que a descida de Cristo efetuou a transferência dos crentes do AT, do hades, para o céu. Essa ideia pode ser encontrada nos mais antigos escritos

DESENVOLVIMENTO DA DOUTRINA 286

pós-apostólicos (Inácio, *Ascensão de Isaías*), juntamente com a pregação do evangelho que Cristo teria feito aos mortos (Hermas, *Evangelho de Pedro*, Justino Mártir, Ireneu*). Era esse, de modo geral, o entendimento comum no período patrístico sobre a descida de Cristo ao inferno. Embora os pais alexandrinos* incluíssem também os pagãos entre os mortos a quem Cristo pregou no hades, a ideia predominante e que se tornou a visão ortodoxa medieval era a de que somente os crentes do período pré-cristão foram os beneficiários dessa pregação.

Além do tema da pregação aos mortos, outro motivo associado à descida ao inferno, desde o período mais antigo (*Odes de Salomão, Ascensão de Isaías*, Hipólito*), foi o da vitória de Cristo sobre os poderes infernais, libertando as almas até então mantidas aprisionadas no hades. A menção mais antiga à descida existente em um credo, no "Credo Datado" de Sirmium (359), refere-se claramente a esse tema, e certamente estava na mente dos que recitavam as palavras "desceu ao inferno" quando essa cláusula apareceu nos credos ocidentais a partir do século V e depois no Credo Apostólico. O triunfo de Cristo sobre o diabo e a morte em sua descida foi vividamente narrado no *Evangeho de Nicodemos*, que se tornou muito popular no Ocidente e foi graficamente ilustrado pela arte medieval. Embora o tema do "tormento do inferno" se referisse apenas estritamente à salvação dos pré-cristãos, representava simbolicamente a libertação da morte e dos poderes do mal de todos os crentes realizada por Cristo. Dra-matizava o tema do *Christus victor* na teologia da expiação* para o cristão medieval comum.

Lutero* continuou a fazer uso pedagógico da ideia dos tormentos do inferno, tornando-se, ela, doutrina luterana na *Fórmula de Concórdia*. Mas Calvino* (*Institutas* II.xvi.10) interpretou a cláusula no Credo como uma referência ao sofrimento vicário de Cristo dos tormentos do inferno na cruz, e essa se tornou uma ideia reformada comum.

No século XIX, a descida ao inferno, com interpretação apropriada de 1Pedro 3.19, tornou-se parte da ideia, então relativamente nova, de oportunidade de salvação após a morte para todos os que não tinham tido tal oportunidade nesta vida e, até mesmo, de esperança de salvação universal*, com base na "provação estendida" após a morte (o tratamento clássico desse assunto é o de E. H. Plumptre, *The Spirits in Prison* [*Os espíritos aprisionados*], London, 1885). Entre os teólogos contemporâneos que usam a descida ao inferno para simbolizar a possibilidade de salvação em Cristo para os que não ouviram o evangelho nesta vida estão Schillebeeckx (*loc. cit.*) e W. Pannenberg (*The Apostles' Creed* [*O Credo Apostólico*], London, 1972, p. 90-95).

Bibliografia
F. Loofs, *ERE IV*, p. 654-663; J. A. MacCulloch, *The Harrowing of Hell* (Edinburgh, 1930).

R.J.B.

DESENVOLVIMENTO DA DOUTRINA. Em matéria de doutrina, contam os cristãos não somente com a Bíblia, como uma coleção de

DESENVOLVIMENTO DA DOUTRINA

livros doutrinários escritos ao longo de muitos séculos, mas também com um número continuamente crescente de afirmações doutrinárias, individuais ou proferidas por grupos de pessoas, no decorrer de séculos também (ver Confissões* e Credos*). Quando se fala de desenvolvimento da doutrina, pode-se geralmente se referir a uma relação do ensino posterior da Bíblia com o seu ensino anterior (e.g., o ensino da doutrina da ressurreição* do corpo com o conceito de existência sombria no sheol). Contudo, essa expressão é mais frequentemente usada com referência a: 1. a relação da doutrina/teologia produzida na igreja nos tempos pós-apostólicos com a que se encontra nos livros da Bíblia (e.g., o dogma da Trindade*, como se acha no Credo de Atanásio, em relação às afirmações doutrinárias a respeito de Pai, Filho e Espírito Santo* existentes nos livros do NT); 2. a relação de um dogma*, ou de uma afirmação doutrinária exata que apareceu posteriormente na história da igreja com as expressões anteriores referentes ao mesmo ensino básico (e.g., a doutrina da justificação* como ensinada por Lutero* em relação ao que foi ensinado por Agostinho*). Visto que há uma diferença — que pode se expressar em ênfase, disposição das palavras, contextualização*, linguagem, meta ou propósito — entre o ensino que aparece na Bíblia e o de afirmações doutrinárias da igreja, supostamente baseadas em informação escriturística original, a questão que surge é a seguinte: de que modo essa diferença pode ser melhor explanada? Que espécie de modelo* pode nos ajudar a entender melhor as (frequentemente

sutis) mudanças? Há, ainda, outras questões: quais os fatores primordiais em determinada situação que conduzem à formulação de uma doutrina pela primeira vez ou a uma formulação mais precisa de uma doutrina já professada na igreja? Que modelos podem fornecer uma visão útil nesses processos?

Antes da metade do século XIX, a palavra "desenvolvimento" não era usada para se referir a esses processos dentro da história e do pensamento humanos. Os apologistas católicos-romanos enfatizavam a imutabilidade da doutrina e que ela fora preservada inalterada desde o ensino apostólico registrado na Bíblia e no ensino da igreja (católica, ocidental) através dos séculos. Mudanças verbais não faziam parte da essência do assunto; o conceito tinha sido sempre o mesmo. Em resposta, os protestantes* enfatizavam a corrupção da doutrina — especialmente após o período patrístico*, através de toda a era medieval — e viram suas próprias ênfases e pontos de vista doutrinários recuperados do ensino primitivo e original dos apóstolos e dos antigos pais.

Todavia, J. H. Newman*, em sua importante obra, An Essay on the Development of Doctrine [Ensaio de desenvolvimento da doutrina] (1845), insistiu no desenvolvimento como novo modelo, substituindo os de imutabilidade e corrupção. Newman sabia haver uma diferença real entre os dados bíblicos e as afirmações da igreja, assim como entre pronunciamentos anteriores e posteriores da igreja. Sugeriu modelos baseados na maneira em que uma ideia entra na mente, cresce e se desenvolve antes de vir a ser

DETERMINISMO

288

expressa como um conceito claro. No entanto, achava ainda necessária a existência do papado*, para garantir que o desenvolvimento da doutrina na mente da igreja fosse o único aprovado por Deus.

Desde a obra de Newman, tem-se tornado costume falar a respeito do problema do desenvolvimento da doutrina. Embora alguns teólogos protestantes possam julgar que suas afirmações doutrinárias do tempo presente sejam equivalentes aos dados bíblicos, a maioria dos eruditos está bastante consciente de que deve ser feita uma avaliação da formulação de novas doutrinas e dogmas, bem como do relacionamento entre estes, enquanto coexistam na igreja, que permanece. É provavelmente certo dizer que, enquanto os católicos têm estado muito mais absorvidos com o problema do desenvolvimento da doutrina na época atual, os protestantes têm estado mais voltados ao problema da hermenêutica* — como interpretar a Bíblia hoje. Naturalmente, no entanto, que tudo isso está relacionado, e ambos esses exercícios são necessários.

Bibliografia
O. Chadwick, *From Bossuet to Newman* (Cambridge, ²1987); R. P. C. Hanson, *The Continuity of Christian Doctrine* (New York, 1981); N. Lash, *Newman on Development* (London, 1975); P. Toon, *The Development of Doctrine in the Church* (Grand Rapids, MI, 1978).

P.T.

DETERMINISMO. A maioria das discussões sobre o determinismo é obstruída por confusão entre os diversos usos do termo.

1. Na *ciência*, corresponde estritamente à hipótese de que a forma de cada fato físico é determinado, de modo único, pela conjunção dos eventos que o precedem. A ciência busca descobrir o padrão da interdependência e o expressa em "leis" físicas. Essa hipótese, porém, não implica necessariamente que todos os eventos sejam *previsíveis por nós*, nem mesmo *previsíveis para nós* (ver abaixo). É também coerente com a doutrina bíblica teísta (embora distinta dela) de que cada evento físico depende de Deus para sua existência (Cl 1.16,17; Hb 1.3).

Na física, o "Princípio da Incerteza", de Heisenberg (1927), assevera que os dados *observáveis* nunca podem ser adequados para as predições exatas dos eventos físicos; mas (a despeito de asserções comuns em contrário) não nega de modo lógico o determinismo estrito.

2. O determinismo *teológico* é a doutrina de que a forma de todos os eventos é determinada de acordo com "o propósito determinado e o pré-conhecimento de Deus" (At 2.23). Isso não depende do determinismo científico, nem o implica: poderia ser aplicado mesmo num mundo cientificamente indeterminado.

3. Na *filosofia*, o determinismo geralmente corresponde à doutrina de que o futuro dos seres humanos é inevitável para eles, de maneira que a liberdade de escolha é ilusória. Considera-se essa doutrina, comumemente, como uma extensão do determinismo científico, sendo o princípio de Heisenberg invocado como defesa contra ele; mas os chamados "compatibilistas" (incluindo este escritor) consideram ambas as ideias errôneas. Um evento futuro

E pode ser fisicamente determinado sem que seja inevitável para um agente *A*, se sua forma *depender* (entre outras coisas) *do que A pense ou decide a respeito dele.*

Suponhamos, por exemplo, que os estados do cérebro de *A* refletem o que *A* pensa e crê, de forma que nenhuma mudança pode acontecer naquilo que *A* crê sem uma mudança correspondente no estado de seu cérebro (como presumido na ciência mecanicista do cérebro). Segue-se que nenhuma especificação completamente detalhada do futuro imediato de cérebro de *A* poderá ser exata independentemente do que *A* pensa dele, porque (*ex hypothesi*) ele deverá *mudar* de acordo com o que *A* pensa dele! Em outras palavras, nenhuma especificação totalmente determinada do futuro de *A* existe, mesmo sendo desconhecida para *A*, em que *A* estaria certo em crer e equivocado em descrer se ao menos a conhecesse. O que existe é um leque de opções, se qualquer uma delas será realizada, e se, somente se, *A* optar por ela, não sendo qualquer uma delas inevitável para *A*. Essa é uma base racional para fazer *A* responsável pelo resultado, seja este previsível ou não para outros. Há aqui um princípio de relatividade: o que outros poderiam estar corretos em crer a respeito do futuro de *A* não é o que *A* estaria certo em crer.

Observe-se que a questão aqui *não* é o que *A* faria se para ele houvesse uma predição. A questão é se o futuro de *A* é inevitável ou não para *A*, no sentido de ter uma, e somente uma, especificação determinada (desconhecida para *A*) com a *exigência lógica* e incondicional do consentimento de *A*. O argumento mostra que tal especificação não pode existir.

Essa refutação do "determinismo teológico" não exige de nós, no entanto, que assumamos ou que neguemos o determinismo, tanto no sentido científico como no teológico.

Bibliografia
G. Dworkin (ed.), *Determinism, Freewill, and Moral Responsibility* (London, 1970); D. M. MacKay, *Human Science and Human Dignity* (London, 1979), p. 50-55; G. Watson (ed.), *Freewill* (London, 1982).

D.M.MacK.

DEUS. Como revelado nas Escrituras, objeto de confissão, adoração e serviço da igreja.

1. A identidade de Deus
A visão cristã de Deus vem da revelação* bíblica, em que o Criador da raça humana aparece como seu Redentor imutável e inalteravelmente soberano na criação*, providência* e graça*. Uma vez que Deus não está exposto à observação direta, somente pode ser dada uma significativa descrição dele indicando-se, a cada ponto, sua relação conosco e com o mundo que conhecemos. As Escrituras o fazem, conforme os exemplos que a seguir mostramos.

a. Os nomes de Deus. No principal uso cristão, "Deus" (com "D" maiúsculo) funciona como nome próprio; ou seja, é um nome pessoal, pertencendo a um único ser, atraindo para si todos os pensamentos que os nomes e as descrições bíblicas de Deus expressem.

Os principais nomes de Deus no AT, todos proclamando aspectos de

DEUS

sua natureza e relação com a raça humana, são os seguintes:

1. *El, Eloah, Elohim* ("Deus", derivado de *ho theos,* na LXX), *El Elyon* ("Deus Altíssimo"). Esses nomes comunicam o pensamento de um ser transcendente, sobre-humanamente forte, com vida inexaurível em si mesmo e de quem depende tudo o que não seja ele próprio.

2. *Adonay* ("Senhor"; *kyrios,* na LXX). Significa aquele que governa sobre tudo que seja externo a ele mesmo.

3. *Yahweh* ("o Senhor", seguido de *kyrios,* na LXX), *Yahweh Sebaoth* ("Senhor das hostes, dos exércitos, celestiais, angelicais"). *Yahweh* é o nome pessoal que Deus dá a si próprio, nas Escrituras, pelo qual seu povo deveria invocá-lo como o Senhor que com ele havia feito um pacto* a fim de lhes fazer o bem. Quando Deus afirma seu nome pela primeira vez a Moisés, na sarça ardente, ele o explica como significando: "Eu Sou O Que Sou", ou talvez com mais exatidão: "Eu Serei O Que Serei". Foi essa uma declaração de existência independente e autodeterminante (Êx 3.14,15). Mais tarde, Deus "proclama", isto é, expõe, "o nome do Senhor", como se segue: "Senhor, Senhor, Deus compassivo e misericordioso, paciente, cheio de amor e fidelidade, que mantém o seu amor a milhares e perdoa a maldade, a rebelião e o pecado. Contudo, não deixa de punir o culpado, castiga os filhos e os netos pelo pecado de seus pais, até a terceira e quarta gerações" (Êx 34.6,7). Em suma, *Yahweh* é o nome que traz consigo o pensamento de alguém maravilhosamente amável e paciente, embora também tremendamente severo, comprometido com o povo do pacto, escolhido por esse próprio ser autossustentado e autorrenovado, a quem a teofania* da sarça ardente descreve.

O NT identifica o Deus Pai de Jesus Cristo e dos cristãos, mediante Cristo, como o mesmo Deus do AT, o único Deus que existe (*cf.* 1Co 8.5,6), vendo a salvação por Cristo como o cumprimento das promessas do Deus do AT. Assim, é detido o avanço de todos os dualismos, que se oponham a Deus ou à ideia de Deus que o AT apresenta, para com o Deus-Redentor visto e descrito em Jesus. "Pai"* torna-se a invocação a Deus, que Jesus, orando a Deus Pai, prescreve para seus discípulos (*cf.* Mt 6.9; 1Pe 1.17); "Senhor", usado na LXX para sugerir tanto a divindade como o domínio de Deus, torna-se o termo comum para caracterizar, confessar e invocar Cristo ressuscitado e entronizado (At 2.36; 10.36; Rm 10.9-13; 1Co 8.6; 2Co 12.8-10; Ap 22.20; etc.). O "nome" (singular) sob o qual os discípulos de Jesus deveriam ser batizados, como sinal de um comprometido relacionamento salvífico de Deus para com eles e do comprometimento responsivo deles para com Deus, é o nome tripessoal dos agentes distintos, embora inteiramente inseparáveis, Pai, Filho e Espírito Santo (Mt 28.19). É este, na verdade, o "nome cristão" de Deus, como Barth radiosamente afirma.

b. *O conceito de teísmo.* Os conceitos sobre Deus, do gênero judaico-cristão, são chamados de "teísmo", para diferenciá-los de deísmo* e panteísmo* e de "monoteísmo"* para distingui-los de politeísmo*. O deísmo, originalmente formulado no século XVII, vê o cosmo como um sistema fechado e seu Criador fora dele, negando assim o controle providencial direto de Deus e sua direção e orientação criativas e miraculosas na vida e na ordem física contínua do mundo. O panteísmo, que remonta a religiões pré-cristãs do Oriente, não reconhece nenhuma distinção entre criador e criatura, mas vê tudo, incluindo o bem e o mal, como uma forma ou expressão direta de Deus; de tal modo que, como observou William Temple*, "Deus menos o universo é igual a nada" (para o teísmo, ao contrário, Deus menos o universo é igual a Deus). O politeísmo, constante forma do antigo paganismo do Oriente Médio e greco-romano que as Escrituras denunciam, pressupõe muitos seres sobrenaturais, limitados uns pelos outros, nenhum deles sendo onipotente, de forma que adoração e a lealdade devem ser divididas entre todos, por nunca se saber a ajuda de qual deles se pode vir a precisar. A ideia bíblica de Deus é, portanto, restringida pelo deísmo, dissolvida pelo panteísmo e aviltada pelo politeísmo. A criação, o controle do cosmo e a disposição beneficente para com as criaturas racionais dele são aspectos essenciais do teísmo em todas as suas formas.

c. *Trinitarismo**. Distinta do teísmo cristão é a crença de que o nosso Criador pessoal é tão verdadeiramente três quanto um só. Na unidade complexa de seu ser, três centros pessoais de consciência racional eternamente convivem, interpenetram-se, relacionam-se em mútuo amor e cooperam em todas as ações divinas. Deus não é somente *ele*, mas também e ao mesmo tempo é *eles* — Pai, Filho e Espírito, coiguais e coeternos em poder e glória, funcionando, embora em um entrosamento padrão, pelo qual o Filho obedece ao Pai, e o Espírito age subserviente a ambos. Todas as afirmações a respeito de Deus, em geral, ou a respeito do Pai, do Filho e do Espírito, em particular, devem ser expressas em termos trinitários para não perder algo de seu verdadeiro significado. Essa forma de crença, defendida por Atanásio* e os pais capadócios, afirmada no Credo Niceno-Constantinopolitano, do século IV, e detalhada no chamado Credo de Atanásio, dos séculos V e VI (ver Credos*), reflete a convicção de que o ensino e as atitudes registradas de Jesus com respeito ao Pai e ao Espírito (*cf.* Jo 14-16), assim como as formas de pensamento triádico pelas quais o NT apresenta a salvação como obra conjunta das três Pessoas (*cf.*, *e.g.*, Rm 3; 1Co 12.3-6; 2Co 13.14; Ef 2; 2Ts 2.13,14; 1Pe 1.2; Ap 1.4,5), realmente revelam Deus, em vez de o obscurecerem. Sendo singular, a Trindade é um mistério para nós, ou seja, uma questão de fato incompreensível, e, por isso, os pensadores e as seitas racionalistas têm atacado constantemente a doutrina da personalidade tripla de Deus. Mas as implicações do conteúdo do NT são claras demais para ser negadas.

d. *A linguagem da crença*. A linguagem humana é tudo o que temos para adorar, confessar e discutir sobre Deus, sendo adequada para isso; mas tem de ser sistematicamente adaptada a tal propósito. As próprias Escrituras discretamente exibem essa adaptação, pois normalmente apresentam Deus como uma superpessoa que

DEUS

fez a raça humana à sua imagem (ver Imagem de Deus*) e cuja vida, pensamentos, atitudes e ações são basicamente comparáveis aos nossos, embora contrastando conosco por serem livres tanto das limitações da nossa finitude de criaturas quanto das falhas morais que fazem parte integrante do nosso estado de decaídos. As narrativas da Bíblia e sua linguagem descritiva sobre Deus são usadas, assim, em sentido análogo, embora jamais totalmente idêntico, ao sentido que as palavras possuem quando usadas a respeito dos seres humanos, devendo a linguagem da teologia seguir conscientemente a Bíblia nesse ponto. A base ontológica para essa regra de pensamento e linguagem é o que Tomás de Aquino chamou de *analogia do ser* que existe entre Deus e nós, *i.e.*, a similitude, assim dita, entre sua existência como Criador e a nossa como criatura (ver Analogia*).

Quando o cristianismo espalhou-se da Palestina para o amplo mundo de fala grega, os porta-vozes judeus cristãos tiveram de usar palavras comuns à cultura helênica. Os pensadores platônicos*, aristotélicos* e estóicos* viam o mundo como moldado, de algum modo, por determinado princípio dotado de certo sentido divino, princípio esse imaterial, impassível, inamovível, imutável e atemporal. Os apologistas* e teólogos cristãos tomaram, então, esse vocabulário para expressar a transcendência de Deus e a diferença entre ele e o homem. Em termos de argumentação, esses termos gregos, estáticos e impessoais eram pobres para se adequar aos padrões bíblicos, mas aqueles que os têm usado, desde o

século II até os dias de hoje, nunca permitiram que tais palavras obscurecessem o fato de que Deus é pessoal, ativo e muitíssimo vivo.

2. O ser de Deus

Os "atributos" de Deus — a saber, as qualidades que podem verdadeiramente ser atribuídas a ele — dizem respeito a seu modo de existir, quando comparados com o nosso, ou ao seu caráter moral, demonstrado em suas palavras e atos. Os principais pontos do teísmo cristão, de base histórica na Bíblia e testados pelo tempo, em relação ao modo de Deus existir, são os seguintes:

a. Deus é autoexistente, autossuficiente e autossustentado. Deus não tem em si nem o propósito nem o poder de parar de existir; ele existe *necessariamente* sem precisar de nenhuma ajuda ou apoio de nossa parte (*cf.* At 17.23-25). Essa é sua *asseidade*, a qualidade de ter vida em si mesmo e de si mesmo.

b. Deus é simples (ou seja, totalmente integrado), **perfeito e imutável**. Essa afirmativa significa que ele está total e inteiramente envolvido em tudo o que é e faz e que sua natureza, suas metas, seus planos e modos de agir jamais mudam, nem para melhor nem para pior (sendo perfeito, não pode ser melhor nem pior). Sua imutabilidade, porém, não é a de uma postura eternamente "congelada", mas a consistência moral que o mantém ligado a seus próprios princípios de ação o faz tratar diferentemente aqueles que mudam a própria conduta com relação a ele (*cf.* Sl 18.24-27).

b. Deus é infinito, incorpóreo (Espírito), **onipresente, onisciente**

e eterno. Deus não está atado por nenhuma limitação de espaço ou tempo que se aplique a nós, suas criaturas, em nossa presente existência corporal. Está sempre presente em toda parte, embora de modo invisível e imperceptível, e em cada momento sabe tudo que foi, é ou será. Alguns teístas têm negado que Deus conheça o futuro, o que impõe sobre ele uma limitação, não bíblica e, portanto, excêntrica.

d. Deus é dotado de plenos propósitos, é todo-poderoso e soberano em relação ao universo. Deus tem um plano para a história do universo e, em sua execução, governa e controla todas as realidades criadas por ele. Sem violar a natureza das coisas e a livre ação humana, Deus age em suas criaturas, com elas e mediante elas, de tal forma que façam tudo que ele quer e exatamente como deseja que seja feito. Por sua ação sobrepujante, a despeito da desobediência humana e da obstrução satânica, realiza seus objetivos preestabelecidos. Alguns questionam a realidade do decreto (decisão) de natureza eterna com que Deus tem preordenado tudo que venha a acontecer, mas isso impõe também uma limitação não bíblica, contariando textos como Efésios 1.11 e diversos outros, e que, do mesmo modo, deve ser considerada excêntrica.

e. Deus é tão transcendente quanto imanente em relação ao mundo. Essas palavras, representando atributos de Deus realçados, sobretudo, a partir do século XIX, querem expressar a idéia de que, de um lado, Deus é distinto do mundo e do universo, a ele pertencentes, não precisando deles e excedendo a captação de qualquer inteligência criada que nele se encontra (verdade, algumas vezes, expressa quando se menciona o *mistério* e a *incompreensibilidade* de Deus). Ao mesmo tempo, permeia o mundo e o universo com seu poder criador-sustentador, moldando e dirigindo-os de tal modo que os mantém em seu curso planejado. A chamada teologia do processo*, no entanto, recusa a ideia de sua transcendência e, assim, enfatiza a imanência de Deus e seu envolvimento de empenho constante no cosmo, supostamente em desenvolvimento, em que ele próprio se torna finito e em desenvolvimento também; mas esse pensamento é, certamente, mais uma excentricidade não bíblica.

f. Deus é impassível. Isso não significa que Deus seja impassível e sem sentimentos (erro de interpretação frequentemente cometido), mas, sim, que nenhum ser criado, por sua própria vontade, pode lhe impingir dor, sofrimento ou distúrbio. Quando e se Deus entra em sofrimento e dor (o que os muitos antropopatismos da Escritura, mais o fato da cruz, mostram que ele sente), isso acontece por sua própria vontade: Ele nunca é vítima infeliz de suas criaturas. O principal ramo do cristianismo tem elaborado a impassibilidade como significando não que Deus seja um estranho à alegria e ao prazer, mas, antes, que sua alegria é permanente, não anuviada por qualquer dor involuntária.

3. O Caráter de Deus

Caráter é a natureza moral pessoal, revelada em ação. Nas relações de Deus com a humanidade, seu caráter é plenamente mostrado, de modo

DEUS

294 ■

supremo, no Filho encarnado: Deus é, similarmente, da mesma natureza de Jesus, porque Jesus é Deus em carne. A respeito do caráter de Deus, as principais afirmações têm mostrado ser as seguintes:

a. Deus é amor santo. A essência de todo o amor é o doar, movido de boa vontade, com alegria para com o benefício feito a quem recebe. A afirmação "Deus é amor" (*agapē*, 1Jo 4.8) é explicada, no contexto, com o sentido de que Deus deu seu Filho como sacrifício, para debelar sua ira* contra os pecados humanos e, assim, trazer vida aos crentes. *Agapē* é a palavra grega usual no NT para o amor generoso de Deus, dado até mesmo aos não amáveis e imerecedores. Por trás dessa afirmação, no entanto, há que ser sustentada e permanecer a convicção joanina de que o amor é a qualidade constante das relações intratrinitárias (*cf.* Jo 5.20; 14.31). Tanto interna como externamente, o doar a fim de honrar quem recebe deve ser entendido como a forma moral da vida do Deus triúno.

Acima de tudo, Deus é "o único santo" (cerca de cinquenta referências bíblicas), sendo a santidade (pureza, abominação ao mal moral e compulsão interior de mostrar contrariedade e juízo contra ele) o que qualifica sempre o amor divino. É nisso que se encontra a raiz da necessidade do julgamento* retributivo de nossos pecados mediante a cruz de Cristo (a medida e o penhor do amor, *cf.* Jo 3.16; Rm 5.8), como base do livre dom de justificação* e perdão (ver Culpa e Perdão*), sendo, por isso, assim também, a exigência de santidade aos justificados (Rm 6; 2Co 6.14—7.1; 1Ts 4.3-7; Hb 12.14; 1Pe 1.15,16).

b. Deus é perfeição moral. Os caminhos revelados de Deus para com a humanidade o tornam não somente assombroso, admirável, mas também digno de adoração em razão de sua veracidade, fidelidade, graça, misericórdia, amabilidade, paciência, constância, sabedoria, justiça, bondade e generosidade — encontrando-se todas essas qualidades no exercício das funções de seu amor pelos crentes, assim como no domínio que mantém sobre um mundo rebelde, o qual governa tanto com benignidade quanto com severidade. Pela exibição dessas qualidades gloriosas, Deus é digno de louvor sem fim, e o estudo correto do caráter moral de Deus acaba terminando em doxologia*.

Bibliografia

K. Barth, *CD*, I.1, II.1,2; H. Bavinck, *The Doctrine of God* (Grand Rapids, MI, 1952); L. Berkhof, *Systematic Theology* (Grand Rapids, MI, 1949); E. Brunner, *Dogmatics*, vol. I: *The Christian Doctrine of God* (London, 1949); E. J. Fortman, *The Triune God* (London, 1972); C. F. H. Henry, *God, Revelation and Authority*, vols. V, VI (Waco, TX, 1982, 1983); C. Hodge, *Systematic Theology*, vol. I (Grand Rapids, MI, 1960); E. Kleinknecht, G. Quell, E. Stauffer, K. G. Kuhn, *TDNT* III, p. 65-123; E. L. Mascall, *Existence and Analogy* (London, 1949); H. P. Owen, *Concepts of Deity* (New York, 1971); *idem*, *Christian Theism* (Edinburgh, 1984); J. I. Packer, *Knowing God* (London, 1973); *idem*, Theism for Our Time, *in:* P. T. O'Brien & D. G. Peterson (eds.), *God Who is*

DEUS OCULTO E REVELADO

Rich in Mercy (Homesbush West, NSW, 1986); G. L. Prestige, *God in Patristic Thought* (London, 1936); J. Schneider & C. Brown, *NIDNTT* II, p. 66-84; A. E. Taylor, Theism, *ERE* XII, p. 261-287; A. Wainwright, *The Trinity in the New Testament* (London, 1962).

J.I.P.

DEUS OCULTO E REVELADO. Conceito particularmente associado à teologia de Martinho Lutero* e Karl Barth*.

Significado dos termos

Falar de Deus como revelando-se a si mesmo é sugerir que Deus é um Deus oculto: o *Deus revelatus* ainda permanece um *Deus velatus*. Moisés, Jacó, Jó, os salmistas e os profetas mostram-se, todos, conscientes do fato de Deus ser "oculto", mesmo em seu ato de se revelar. Clemente*, Orígenes*, Crisóstomo (*c.* 344/354-407), Agostinho*, doutores, místicos e escolásticos estavam, todos também, conscientes da incognoscibilidade de Deus, e o próprio Lutero também estava e de modo intenso. A humanidade moderna e secularizada pode ter perdido sua antiga consciência do mistério de Deus, da santidade divina que transcende todas as experiências humanas, estéticas, intelectuais e morais. Não obstante, o mistério de Deus permanece, assim como a pergunta: "Como posso conhecer a Deus?".

Na revelação* bíblica, a verdade a respeito de Deus é descoberta por meio de sua ação, diferentemente da descoberta que o homem faz da verdade quando investiga sua própria experiência secular. No NT, ela é expressa como a revelação de Deus, em juízo e salvação, em seu Messias, evento já efetuado na primeira vinda de Jesus, embora ainda por vir no último dia.

O AT deixou sem solução o problema de como o Deus de Israel poderia ser "enquadrado" na história de seu povo. Já o NT desenvolveu isso intensamente na revelação da obra de um Deus que, mostrando sua justiça e misericórdia, ainda sofreu pelo homem na cruz. A revelação de Deus não pode ser meramente apagada da história e da experiência humanas. A pergunta radical ainda permanece: como pode o Deus oculto ser revelado a mim? Como posso encontrar um Deus de graça?

O Deus oculto revelado em Cristo

Nenhum teólogo mais do que Lutero buscou resolver com maior empenho o problema de Deus como oculto e revelado. Lutero asseverava que o conhecimento de Deus é duplo: 1. *Geral*, ou seja, existe um Deus, ele criou o céu e a terra, é justo e pune o ímpio. Esse conhecimento está aberto a toda a humanidade; 2. *Particular*, ou "próprio": Deus nos ama e busca nossa salvação. Esse conhecimento foi revelado somente em Cristo.

Lutero não compartilha a ideia escolástica* de Tomás de Aquino*, ou de Duns Scotus*, ou Guilherme de Occam* de que o conhecimento geral de Deus é obtido por inferência e de ser a razão o fundamento sobre o qual poderia ser edificado o conhecimento próprio de Deus revelado em Cristo. Lutero argumentava, biblicamente, que nenhum homem pode ver Deus e viver. Não podemos afirmar com o que Deus em si mesmo é parecido, mas somente o que

DEUS OCULTO E REVELADO

ele fez por nós. Em qualquer relacionamento com o homem, Deus tem de usar uma "máscara" (*larva*), e suas "máscaras" mostram como Deus vem ao encontro do homem em sua existência concreta, *i.e.*, mediante os mandamentos que estabeleceu e nos seres humanos que fazem sua obra nas funções a eles designadas.

Isso tem um exato paralelismo na encarnação. Exatamente do mesmo modo que não podemos inferir a natureza, os atributos e a existência de Deus a partir de suas "máscaras", mas reconhecemos que é as usando que Deus nos encontra, assim também somente Deus e ninguém mais além de Deus é que vem a nós e nos encontra em Cristo. Deus não nos oferece dom menor do que ele mesmo. Essa é a suprema revelação, em que o Deus oculto é revelado. "Quem me vê a mim, vê o Pai" (Jo 14.9). "Ninguém vem ao Pai a não ser por mim" (Jo 14.6). Nós vemos pela fé e só em fé. Assim também, a faculdade da razão, embora de origem divina, não pode por si mesma encontrar a Deus ou o caminho para a salvação.

Em notável passagem na Disputa de Heidelberg (1518), referindo à "face" e às "costas" de Deus (Êx 33.23), Lutero argumentou contra a "teologia da glória" dos escolásticos e em favor da "teologia da cruz". As "costas" de Deus significam sua humanidade, sua fraqueza, sua "loucura" (1Co 1.21, 25; *cf.* Is 45.15), *i.e.*, a encarnação. Deus é sempre revelado "sob uma forma contrária": fraqueza nele é força, loucura é sabedoria, morte é vida. Nessa verdade simples do evangelho, reside o segredo divino, a revelação suprema. Devemos parar para aprender a respeito de Deus, do Deus revelado em Cristo, e não a partir de nosso próprio entendimento.

Libertação pela fé

Os problemas de eleição e predestinação*, do sofrimento* e da ira* de Deus permanecem, mas pela fé são liberados de nossa mente nas mãos de Deus, a quem pertencem: passam a aparecer como soluções, e não mais como problemas. Lutero nunca especulou sobre esses problemas porque nunca vacilou na fé: é a fé somente que fortifica e salvaguarda uma alma da dúvida, da especulação e do desespero. Em suas memoráveis palavras — "*Wer glaubt, der hat*" — "Se você crer, você já possui", ele argumentou que a verdade suficiente para o homem fora revelada em Cristo e que só poderia ver isso o coração que tivesse captado a teologia da cruz (ou que houvesse sido atraído por ela). No entanto, Deus se encontrava mais profundamente oculto no Cristo crucificado do que o é na criação ou tem sido na história humana. O poder na fraqueza, a glória no sofrimento, a vida na morte, todas essas coisas mostram quão oculto ele é. O paradoxo da cruz, de Deus operando em "forma contrária", revela-o como oculto, deixando-o aberto somente à fé. Lutero experimentou a eleição e a predestinação como amor de Deus, sem o mover do qual nada haveria conhecido e teria permanecido perdido. Mesmo na ira de Deus, está oculto o seu amor, porque a ira é a reação aniquiladora do amor de Deus ao pecado e à desobediência do homem: dissimula o cuidado e a preocupação de Deus de redimir o

DIABO E DEMÔNIO

homem. Semelhantemente, ocorre na fraqueza, no temor e no sofrimento: tudo o que precisamos saber é que sua graça é suficiente, que é em nossa fraqueza que se aperfeiçoa sua força.

Quando Barth, tal como Lutero muito antes dele, argumentou que só podemos conhecer a Deus somente em Cristo, quis dizer que é somente numa experiência de fé em relação a Cristo que uma pessoa se torna aberta à revelação: os problemas de ira, predestinação, sofrimento, assim como o aflitivo ocultamento de Deus, são, assim, todos transmutados em experiência de amor, cuidado e misericórdia de Deus. Todas as experiências de vida, más ou boas, tornam-se a matéria-prima da nova e boa vida, em que o crente experimenta o amor cuidadoso de Deus em todas as coisas. Nessa experiência com Cristo, justamente, o Deus oculto se torna o Deus revelado.

Bibliografia
J. Atkinson, *Luther's Early Theological Works*, LCC 16 (London, 1962); J. Dillenberger, *God Hidden and Revealed* (Philadelphia, 1953); B. A. Gerrish, "To the Unkown God: Luther and Calvin on the Hiddenness of God", *JR* 53, 1973, p. 263-292.

J.A.

DIA DO SENHOR, ver SHABAT (SÁBADO).

DIABO E DEMÔNIO. Na teologia cristã, a ideia de um diabo tem suas origens na noção do AT de um "adversário" (heb. *śātān*) — quando pessoas se opunham umas às outras (2Sm 19.22), quando Deus usava pessoas se opondo a alguém (1Rs 11.14) ou um agente sobrena-

tural enviado por Deus (Nm 22.22). O AT conta com poucas referências às criaturas consideradas demônios. Os sátiros "cabeludos" (Lv 17.7; 2Cr 11.15; Is 13.21; 34.14); o *śēḏîm* (Dt 32.17; Sl 106.37); o sanguessuga ou vampiro (Pv 30.15); Azazel (Lv 16,8,10,26; *cf. Enoque Etíope* 10.8); Lilith (criatura noturna, Is 34.14); demônio acadiano encontrado em lugares desolados com corujas e aves imundas — podem ter sido entendidos como demônios. Buscava-se proteção contra eles (Sl 91), mas Isaías 6.2,6 e outras passagens mostram que determinados seres estranhos, como os *śᵉrāphim*, poderiam, ao contrário, desempenhar funções positivas, a serviço de Deus (ver Anjos*). No AT, há também a crença de que os espíritos malignos estão sob o controle de Javé (1Sm 16.14-23). Somente em poucos lugares, a LXX usa a palavra "demônio", e quase sempre como descrição de deuses pagãos: Deuteronômio 32.17; Salmos 91.6; 96.5; 106.37; Isaías 13.21; 34.14; 65.3,11. Provavelmente sob a influência persa, *Satā* (Satanás) aparece como acusador do homem na corte celestial (Jó 1—2). Há, enfim, especulações sobre a origem dos demônios (*Jubileus* 4.22; *Enoque Etíope* 6ss) e de Satanás se tornar o principal de um exército de demônios contra Deus e seus anjos (*1QS* 3.19ss).

Fora da soteriologia, os escritores do NT estão pouco interessados em demonologia. Eles creem que os demônios são subordinados a Satanás (Mc 3.22); habitam tanto nas águas (Mt 8.32) como em lugares áridos (Mt 12.43); são objetos potenciais de adoração (1Co 10.20,21; 1Tm 4.1; Ap 9.20); podem falar por

DIABO E DEMÔNIO

meio daqueles que possuem (Mc 1.34); podem também ter possessão de animais (Mc 5.12); causam sofrimento (Mt 12.22-24; Mc 1.21-28; 5.1-20; 7.24-30; 9.14-29), mas dão força sobre-humana (Mc 5.3-5); podem enganar os cristãos (1Jo 4.1,3,6), pelos quais devem ser resistidos (Ef 6.12). Paulo usa comumente a expressão "principados e potestades" para descrever os seres espirituais que se opõem a Deus e, potencialmente, são capazes de separar o cristão de Deus (Rm 8.38,39; 1Co 15.24; Cl 2.8-15). O apóstolo também associa os ídolos aos demônios (1Co 10.20-22). Jesus considera seu próprio ministério de cura e exorcismo* como a primeira de uma dupla derrota de Satanás (Mt 12.22-30; *cf.* Lc 10.18). Nas teologias de Paulo e João, a cruz é o foco principal dessa derrota (Cl 2.15; Jo 12.31). Jesus prega que a derrota final será no final dos tempos (Mt 13.24-30), visão que é compartilhada pelos cristãos primitivos (Ap 20).

No período patrístico, tornou-se abundante a especulação sobre o assunto, sendo *Enoque Etíope* especialmente influente. Alegando que os demônios, que também teriam se tornado os deuses do mundo pagão, eram os filhos de anjos caídos e mulheres em Gênesis 6, a obra *Homilias clementinas* foi amplamente representativa do pensamento desse período. Orígenes não aceitava a influência de *Enoque Etíope* nem que as potestades tivessem caído do céu por causa da inveja (*cf. Sabedoria* 2:24). Ele igualou Lúcifer (Is 14.12-15) a Satanás, que, com as potestades, revoltara-se e caíra do alto por causa do orgulho. Agostinho*

seguiu Orígenes, mas não na ideia de que o diabo poderia vir a ser reconciliado com Deus. Abelardo*, contrariando Anselmo*, aceditava que a expiação* de Cristo não tinha nenhuma relação com o diabo.

Tomás de Aquino sustentava que o diabo, que é a causa de todo pecado, foi uma vez provavelmente o anjo mais elevado e que por causa do orgulho caiu, imediatamente após a criação, seduzindo aqueles que o seguiram a se tornarem seus súditos.

Calvino* refutou aqueles "que falam confusamente dos demônios como nada mais que emoções malignas", indicando textos nos quais é mostrada a realidade da existência de Satanás e dos demônios. O diabo foi um anjo, cuja maldade veio como resultado de sua revolta e queda. O pouco que as Escrituras nos dizem a respeito é para nos despertar e "tomarmos cuidado contra seus estratagemas" (*Institutas* I.xiv.13-19).

Teólogos do século XIX mostraram pouco interesse em demonologia. Schleiermacher*, por exemplo, questionou a concepção de uma queda entre os anjos bons e disse que Jesus não associou o diabo ao plano da salvação; ao contrário, Jesus e seus discípulos retiraram sua demonologia da vida comum da época, em vez de das Escrituras. Desse modo, a concepção de Satanás, para ele, não é um elemento permanente da doutrina cristã. Na pesquisa teológica contemporânea, Bultmann* resume a visão geral ainda dominante: "É impossível usar a luz elétrica e a radiotelegrafia e nos valermos das descobertas modernas cirúrgicas e médicas crendo ao mesmo tempo no mundo

DILTHEY, WILHELM

de demônios e espíritos do Novo Testamento" (*The New Testament and Mythology* [*O Novo Testamento e Mitologia*], *in:* H. W. Bartsch (ed.), *Kerygma and Myth* [*Querigma e mito*], vol. 1, London, 1953; p. 5. E. L. Mascall, *e.g.*, em *The Christian Universe* [*O universo cristão*] (London, 1966), representa uma significativa minoria de teólogos que crê que há, em nossa situação e experiência humanas, sinais e dimensões do mal e da doença que podem ser melhor encarados pela aceitação da existência de alguma forma de ação maligna legitimamente caracterizada como "diabo" e "demônios".

Bibliografia
O. Böcher, *Dämonenfurcht und Dämonenabwehr* (Stuttgärt, 1970); S. Eitrem, *Some Notes on the Demonology in the NT* (Oslo, [2]1966); W. Foerster, *in TDNT* II, p. 1-20; H. Kaupel, *Die Dämonen in Alten Testament* (Minneapolis, MN, 1930); E. Langton, *Essentials of Demonology* (London, 1949); J. B. Russell, *The Devil: Perceptions of Evil from Antiquity to Primitive Christianity* (Ithaca, NY, 1977); *idem, Satan: the Early Christian Tradition* (Ithaca, NY, 1981); H. Schlier, *Principalities and Powers in the New Testament* (Freiburg, 1961).

G.H.T.

DÍDIMO, ver Escola de Alexandria.

DILTHEY, WILHELM (1833-1911). Professor de Filosofia em Basileia a partir de 1866, em Kiel, em 1868, Breslau, em 1871, e Berlim, de 1882 até sua morte, Dilthey estudou teologia no começo de sua carreira universitária, com a intenção de entrar para o ministério; mas, percebendo

não poder aceitar as doutrinas tradicionais da fé cristã, deixou o curso. Daí em diante, dedicou-se a estudos filosóficos, psicológicos e sociológicos, em que desenvolveu uma posição e metodologia relativistas* das *Geisteswissenschaften* (ciências culturais e humanas), em oposição às *Naturwissenschaften* (ciências naturais). Em sua metodologia não cabe o sobrenatural*; o conhecimento da vida vem do entendimento dos processos mentais e da cosmovisão (*Weltanschauungen*) do homem, considerados como parte do fluxo contínuo da história universal.

Nos círculos teológicos, Dilthey é mais conhecido por sua biografia de Schleiermacher* (1870), mas sua maior importância está no desenvolvimento de uma filosofia da história* em que, contrariamente ao entendimento bíblico da história humana, Deus não tem lugar. Esse esquema da história forneceu base à fenomenologia* de Edmund Husserl (1859-1938), ao historicismo de R. G. Collingwood (1889-1943) e ao existencialismo* de Martin Heidegger (1889-1976), que influenciaria Bultmann. Embora Dilthey não esteja incluído na principal corrente da erudição teológica, sua abordagem à filosofia da história influenciaria o curso total da metodologia histórica de nossa época, não somente no campo filosófico, mas também no teológico.

Bibliografia
I. N. Bulhof, *Wilhelm Dilthey* (The Hague, 1980); H. A. Hodges, *The Philosophy of Wilhelm Dilthey* (London, 1952); H. P. Rickmann, *Wilhelm Dilthey* (London, 1979).

H.H.

DIODORO DE TARSO, ver Escola de Antioquia.

DIONÍSIO DE ALEXANDRIA, ver Escola de Alexandria.

DIONÍSIO, O AREOPAGITA, ver Pseudo-Dionísio, o Areopagita.

DIOTELISMO, ver Cristologia.

DIREITOS DOS ANIMAIS. O crescente interesse demonstrado hoje no relacionamento entre os seres humanos e animais é bastante evidente nas atividades, por vezes até agressivas e violentas, de movimentos como a Frente de Libertação dos Animais, da Inglaterra, assim como na volumosa literatura especializada que vem sendo produzida por organizações de defesa dos direitos dos animais, tanto sobre matéria prática como filosóficas, a respeito do uso ou do abuso dos animais por parte dos seres humanos.

É lamentável, porém, que pouco empenho seja feito ainda por parte de estudiosos evangélicos para estabelecer a base bíblica sobre a qual possa haver um entendimento melhor de nosso comportamento correto, como cristãos, em relação ao mundo animal. Essa falta de ênfase não reflete a Bíblia. Ao contrário, uma vez que, numa sociedade primacialmente agrícola como a bíblica, o relacionamento entre seres humanos e o mundo animal era muito próximo na vida diária, não é de surpreender que a narrativa da criação, nos primeiros capítulos de Gênesis, dê grande importância ao ensino sobre essa interação. O homem (Adão) deveria governar sobre os animais e dominar a terra (Gn 1.26-30).

Conquanto a terminologia hebraica aqui usada venha a ser a mesma usada em toda parte no AT a respeito de reis coagindo povos e nações em escravidão e do esmagar das uvas para a fabricação de vinho, não podemos concordar com ambientalistas da década de 1960, como Ian McHarg e Lyn White (n. 1907), em suas conclusões de que o Gênesis descreveria uma dominação inaceitável ao mundo não humano, justificando a pilhagem ambiental nos tempos modernos. Essa linguagem de "domínio" deve ser vista no contexto daquelas passagens. Adão recebeu o papel como de "jardineiro", para cuidar da criação de Deus e torná-la produtiva (Gn 2.15). Além do mais, como observa Von Rad, a ideia do homem criado à imagem de Deus está intimamente relacionada ao seu relacionamento com o mundo, porque, "assim como os poderosos reis da terra, para indicar sua vindicação de domínio, levantavam uma imagem de si mesmos nas províncias de seu império onde não apareceriam pessoalmente, assim também o homem é colocado na terra como emblema da soberania de Deus. Ele é realmente o único representante de Deus, chamado a manter e reforçar sua vindicação de domínio sobre a terra" (*Genesis*, London, 1961, p. 58). Isso deve significar que o nosso controle sobre a terra visa a emular o governo justo de Deus, o que se reflete no AT, onde tanto o homem como os animais devem descansar no sábado (Êx 23.12), devendo ser feita provisão tanto para a manutenção dos animais no sábado quanto para o seu bem-estar durante a semana,

DIREITOS DOS ANIMAIS

enquanto trabalham (Dt 25.4). "O justo cuida bem dos seus rebanhos." (Pv 12.10). Os animais estão incluídos até no pacto de Deus com Noé (Gn 9.8-17).

Com base nisso, seria fácil sugerir que deveríamos, então, só cuidar dos animais e não usá-los para os nossos próprios fins. Contudo, recebemos os animais tanto para usá-los vivos como para matá-los e utilizá-los em nossa alimentação, ficando claro o entendimento, porém, de que o animal é de Deus, e não nosso. O derramamento de sangue em Gênesis 9.4 foi instituído para que Noé pudesse perceber que a vida do animal é um dom de Deus, e não alguma coisa de que o homem possa lançar mão como queira. Barth vai mais longe ao afirmar que podemos ser culpados de matar um animal se o eliminarmos sem o entendimento de que não pertence a nós, mas a Deus (*CD* III.4, p. 353-355).

Tem sido argumentado que o referido em Gênesis 9.2 é meramente uma concessão para homens e mulheres decaídos consumidores de carne. Não há nenhuma prova disso nesse texto, assim como no modo em que os escritores do NT consideram a carne animal. Além disso, conquanto Cristo tenha deixado claro, por exemplo, que o divórcio fora concedido somente "por causa da dureza de coração" dos homens (Mt 19.1-9), não sendo, portanto, no caso, ideal, o fato de ele comer peixe (Lc 24.43) e, provavelmente, carne também, inclusive na ceia pascal, sugere ser legítimo para nós fazermos o mesmo. Paulo não estava falando a respeito de "vegetarianismo moral"

algum quando escreveu que "tudo o que Deus criou é bom, e nada deve ser rejeitado, se for recebido com ação de graças" (1Tm 4.4; *cf.* 1Co 8.7-10; Rm 14.1-4). Fica evidente, assim, que ele considerava comer carne como algo aceitável para um cristão.

Jesus ensinou claramente que, embora os pássaros e as ovelhas sejam uma preocupação de Deus, os seres humanos são tidos por ele na mais alta conta (Mt 6.26; 12.12). Isso está em total contraste em relação aos movimentos de direitos dos animais, para os quais os animais, os homens e mulheres têm o mesmo valor. Para esses movimentos, o erro supremo está em usar os animais, sendo a crueldade para com eles uma mera parte desse erro. Para os cristãos, todavia, embora seja correto usar os animais, está errado causar-lhes sofrimento de modo injustificado.

No entanto, o que é sofrimento injustificado? A ideia de um animal ter o direito de não sofrer em nada ajuda quando considerado o conflito de direitos. Seria muito mais bíblico ver-nos como tendo o dever de aliviar o sofrimento humano. Assim, o experimento médico que causa sofrimento ao animal pode até ser justificável, enquanto o uso do animal para produzir cosméticos pode ser tido como inaceitável. As questões práticas envolvidas em relação aos princípios bíblicos no que se refere a laboratórios e o uso agrícola de animais são, todavia, muito complexas, ultrapassando o escopo do presente artigo. O que é claro é que os animais podem ser usados pelo homem, mas nos limites da "mordomia responsável"*.

DIREITOS HUMANOS

Bibliografia

A. Linzey, *Animal Rights* (London, 1976); *idem, The Status of Animals in the Christian Tradition* (Birmingham, 1985); *idem, Christianity and the Rights of Animals* (London, 1987); D. L. Williams, "Assault and Battery", *Third Way* 9:7 (July, 1986), p. 25-28; R. Griffiths, *The Human Use of Animals* (Bramcote, Nottingham, 1979).

D.L.W.

DIREITOS HUMANOS. A fim de evitar um pensamento ideológico vago, tornam-se necessárias definições claras nessa questão. Os direitos humanos consideram os indivíduos como seres singulares. Eles não incluem os direitos, propriamente, que uma pessoa tenha como membro de uma comunidade, *e.g.*, o direito político de votar; mas, sim, compreendem aqueles direitos que a pessoa tem que a diferem em uma comunidade. São, por isso, uma rejeição radical de toda forma de totalitarismo — político, industrial, sindicalista/trabalhista, eclesiástico, etc.

A doutrina dos direitos humanos recebeu seu impulso espiritual no humanismo* da Renascença, mediante a ideia de uma pessoa essencialmente livre, autônoma e autodeterminada. Locke* e Kant* traduziram isso em termos políticos de Estado liberal, que teria como única tarefa a proteção da liberdade e dos direitos individuais de seus cidadãos. O Estado teria de refrear tanto quanto possível sua interferência na sociedade. Essa ideia foi expressa em termos econômicos pelos fundadores da chamada teoria clássica, Adam Smith (1723-1790) e David Ricardo (1772-1823), e nos tempos modernos por Milton Friedman (n. 1912) e outros.

Esse conceito individualista e liberal do Estado tem sido frequentemente ligado a um deísmo* implícito ou explícito. A alegação aqui é a de que se as forças sociais e econômicas fossem deixadas operar livremente, como que movidas por uma "mão invisível", uma harmonia perfeita seria automaticamente estabelecida.

Contudo, o *pensamento cristão* explícito sobre esse tema, assim como a articulação do pensamento dos direitos humanos são de origem mais recente, embora a questão em si exista há muito tempo. Do ponto de vista *bíblico*, os direitos humanos são fundados não na liberdade fundamental da humanidade, mas nas verdades reveladas de que: 1. homens e mulheres são fruto da palavra eterna de criação* (Gn 1.26-27), como confirmado na pessoa e obra de Jesus Cristo (Rm 8.29; Ef 4.24; Cl 1.15), e, sendo os portadores da imagem de Deus*, têm dignidade e valor garantidos pelo seu Criador (Gn 9.6; Tg 3.9); 2. homens e mulheres são chamados e capacitados pela mesma palavra criadora a serem mordomos* da criação de Deus (Gn 1.28; 9.1,2; Sl 8.6-9); 3. por esse motivo, são dotados de uma força viva em si mesmos e de responsabilidade para consigo mesmo e para com os outros, perante Deus (Mt 22.35-40). Essa responsabilidade permanece em conjunção com a comunidade de que são parte, mas, se necessário, pode ser exercida até mesmo contra esta (*e.g.*, At 4.19; 5.29). Os direitos humanos podem precisar ser reivindicados contra o próprio Estado (*e.g.*, 1Rs 21.3; At

16.37) ou até memo contra a própria família (*cf.* Mt 8.21,22).

Os conceitos individualistas de liberdade e direitos humanos e do Estado foram implementados em vários países ocidentais no século XIX. Eles falharam em produzir, contudo, a harmonia predita. Como foram somente formais em sua natureza, não ofereceram uma base substancial para a liberdade de cada pessoa, particularmente dos trabalhadores braçais. A consequência foi um processo de proletarização, uma negação básica da humanidade. Isso tornou necessária, em muitos países, a adoção de uma legislação trabalhista em muitos países, para a proteção dos trabalhadores e suas famílias das más condições de serviço e salários inadequados, a fim de garantir o nível mínimo aceitável de sobrevivência. Esse processo se acelerou rapidamente após a Segunda Guerra Mundial, pelo menos, nos países altamente industrializados, levando a uma mudança fundamental. Normas foram baixadas não somente para proteger os indivíduos de condições indignas de trabalho, mas também para aumentar suas possibilidades de desenvolvimento humano.

O resultado tem sido tal que, juntamente com os direitos humanos clássicos — liberdade de religião e consciência, expressão de opinião, imprensa, associação, uso de propriedade, igualdade perante a lei, segurança pessoal —, novos direitos humanos sociais, econômicos e culturais foram formulados, uma gama dos quais encontrou lugar em documentos internacionais como a Declaração Universal dos Direitos Humanos, da ONU (Organização das Nações Unidas) (1948) e, com um efeito talvez mais positivo, na Convenção Européia dos Direitos Humanos (1953), assim como na Lei Magna de diversas nações. Esses novos direitos incluem o direito a vida, alimento, roupa, casa, integridade física, seguro saúde, benefício de desemprego, pensão aos idosos, educação, participação na cultura, democracia na indústria, etc.

Uma questão-chave, então, surgiu: "Quem poderá garantir esses direitos?" A resposta de muitos tem sido que ao Estado cabe a responsabilidade primacial no assunto. O desenvolvimento total desses direitos, no entanto, tem causado: 1) uma individualização de amplas consequências e até uma fragmentação da sociedade, com um processo de "massificação" como consequência; 2) uma tendência para uma democracia totalitária em nome da liberdade e da igualdade, no espírito de Jean-Jacques Rousseau (1712-1778; *cf.* seu pensamento de "contrato social"); 3) uma negação da pluralidade básica e da diversidade de comunidades na vida humana (*e.g.*, famílias, indústrias, sindicatos, organizações artísticas e culturais, escolas, igrejas, universidades), cada uma delas tendo, dentro do mandato cultural dado à humanidade (Gn 2.15), sua tarefa específica e responsabilidades. Os direitos humanos somente podem florescer em sociedade pluralista, não totalitária, em que grupos de pessoas tenham a liberdade de organizar, pelo menos em parte, sua própria vida comunitária e na qual o indivíduo possa ter certa liberdade de se mover de uma comunidade para outra.

DISCIPLINA

Bibliografia

J. N. D. Anderson, *Liberty, Law and Justice* (London, 1978); J. Gladwin, "Human Rights", *in* D. F. Wright (ed.), *Essays in Evangelical Social Ethics* (Exeter, 1979); P. Marshall, *Human Rights Theories in Christian Perspective* (Toronto, 1983); A. O. Miller (ed.), *A Christian Declaration of Human Rights* (Grand Rapids, MI, 1978); J. Moltmann, *On Human Dignity* (London, 1984); Reformed Ecumenical Synod, *Testimony on Human Rights* (Grand Rapids, MI, 1983); M. Stackhouse, *Creeds, Society and Human Rights* (Grand Rapids, MI, 1984); J. R. W. Stott, *Issues Facing Christians Today* (Basingstoke, 1985); *Theological Aspects of Human Rights* (WCC Exchange 6; Geneva, 1977); C. J. H. Wright, *Human Rights: A Study in Biblical Themes* (Bramcote, Nottingham, 1979).

J.D.De.

DISCIPLINA. Para os eclesiásticos reformados do século XVI, a disciplina constituía uma das atividades essenciais da igreja. Para Calvino*, era uma das *marcas* da igreja* verdadeira: "Aqueles que julgam que a igreja pode permanecer por longo tempo sem este vínculo da disciplina estão enganados; a menos que por acaso possamos nos permitir omitir esse apoio que o Senhor previu que seria necessário para nós" (*Institutas* IV.xii.4).

A disciplina na igreja foi considerada elemento essencial por estar baseada na palavra de Deus; e tão necessária quanto os ligamentos do corpo humano ou a disciplina na família. Aqueles que se unissem à igreja deveriam, portanto, submeter-se à sua disciplina.

Ela já se encontra implícita na pregação*. O ser humano é chamado não somente para o perdão, mas também para santidade de vida; com esse fim, a palavra deve ser aplicada aos membros da igreja individualmente. Sem aconselhamento e admoestação pessoal, a pregação estará "atirando palavras ao ar" (Calvino). A ordem da igreja exige o cuidado das almas com uma disciplina *positiva*, a fim de evitar ofensas, podendo-se relevar somente de forma secundária qualquer indisciplina que possa surgir.

Seu fundamento primacial é a doutrinação pessoal. A admoestação não deve ser feita apenas pelos ministros, mas, sim, é direito e dever de todo membro da igreja poder admoestar (Mt 18.15-20). Naturalmente, "pastores e presbíteros, além de todos os outros, devem estar vigilantes no desempenho desse dever [...] a doutrina, então, obtém sua autoridade plena e produz seu devido efeito" (*Institutas* IV.xii.10).

É responsabilidade da igreja orientar seus membros e ajudá-los a progredir na santificação*. Desse modo, a pregação, a obra pastoral e a disciplina, quando entendidas devidamente, devem ser consideradas como intimamente ligadas e possuindo mútua interação.

Por outro lado, é um erro pensar na disciplina como puramente negativa e repressiva. Ela deve ser, acima de tudo, pedagógica. No grande tratado de Martin Bucer* *Von der Waren Seelsorge* [*Sobre o verdadeiro cuidado das almas*] (1538), primeira obra de teologia pastoral das igrejas reformadas*, o exercício da disciplina é apresentado como inseparavelmente ligado ao do ofício pastoral, bem

DIVERGÊNCIAS SOBRE A CEIA

como à tarefa dos presbíteros de cuidado das almas. A obra pastoral de Richard Baxter em Kidderminster, por exemplo, muito deveu a Bucer.

Quando, no entanto, torna-se impossível evitar ofensas mediante a aplicação constante da palavra, aspectos negativos da disciplina terão de ser, então, necessariamente empregados como censura e, finalmente, a excomunhão. As transgressões de natureza pública deverão ser repreendidas publicamente (1Tm 5.20; Gl 2.11,14). A disciplina, porém, não importa quão cuidadosamente seja aplicada, nunca resultará em uma igreja totalmente pura. O joio estará sempre misturado ao trigo, no campo.

A disciplina é *eclesiástica*. Paulo, embora sendo apóstolo, não excomungava como indivíduo a um membro da congregação; participava, sim, da autoridade comum da igreja (1Co 5.4) exercida por meio de seus representantes, devidamente eleitos.

O alvo máximo da disciplina é recuperar o ofensor para a comunhão. Por trás da disciplina, deve estar o amor, não a intransigência e muito menos o farisaísmo. É um poder que faz parte do uso das chaves do reino (Mt 18.17,18), sendo a "ligação", aqui, equivalente à exclusão. Mediante o arrependimento, o ofensor é "solto". Evita-se a tirania eclesiástica usando-se do propósito de amor e de oração sincera pedindo orientação e autoridade a Deus (Mt 18.19,20).

A inspiração que se acha por trás da restauração feita pela disciplina deve ser a honra de Cristo, que tem seu nome desonrado pela indignidade praticada em seu corpo, a igreja. A negligência, por sua vez, não pode ser permitida, pois somente fará o erro se espalhar (1Co 5.6). A verdadeira disciplina é uma expressão de preocupação cristã que estimula a diferença real entre a igreja e o mundo. Ela tem sido tradicionalmente exercida em conexão com os sacramentos*: não se deve, por exemplo, tomar "indignamente" (1Co 11.27) a ceia do Senhor; e se o batismo infantil* for praticado, deve ser limitado a crianças das quais um dos pais, pelo menos, seja crente. Atualmente, existem, por exemplo, nas igrejas, problemas diversos de disciplina a resolver, tais como relativos a casamento, ou a novo casamento de crentes após o divórcio, ou de escolha ou eleição de líderes elesiásticos devidamente credenciados, etc.

Ver também PENITÊNCIA.

Bibliografia
J.-D. Benoit, *Calvin, directeus d'âmes* (Strasburg, 1947); *Calvin: Theological Treatises*, ed. J. K. S. Reid (London, 1954); R. N. Caswell, "Calvin's View of Ecclesiastical Discipline", *in* G. E. Duffield (ed.), *John Calvin* (Appleford, 1966), p. 210-226; I. M. Clark, *A History of Church Discipline in Scotland* (Aberdeen, 1929); N. Marshall, *The Penitential Discipline of the Primitive Church* (1714; repr. Oxford, 1844); F. Wendel, *Calvin* (London, 1963).

R.N.C.

DISCIPULADO, ver MOVIMENTO DE PASTOREAR.

DIVERGÊNCIAS SOBRE A CEIA, ver EUCARISTIA.

DIVINDADE DE CRISTO

DIVINDADE DE CRISTO, ver Cristo-logia.

DIVÓRCIO, ver Sexualidade.

DOCETISMO. Era assim chamada a corrente de pensamento que afirmava que o corpo de Cristo não seria real, mas somente aparente (gr. *dokein*, "parecer") e que, portanto, seriam aparentes os seus sofrimentos; ou, então, que o Redentor, que não poderia de modo algum sofrer, separado do homem que ele aparentaria ser.

A premissa desse silogismo foi uma tendência na igreja desde o seu começo. Sua conclusão resultou em uma teoria da maioria das seitas gnósticas*, no século II, e dos maniqueus*, no século IV. A referência de João à "carne" e ao "sangue" (1Jo 4.2; 5.6) sugere que essa ideia surgiu bem cedo. Logo recebeu o repúdio apostólico. Todavia, as ideias docéticas chegaram, de certo modo, a repercutir até mesmo entre os mais ortodoxos pais primitivos. Ireneu*, por exemplo, fala do corpo de Cristo como "uma sombra da glória de Deus que o encobre", embora, em outra passagem, assevere que seu corpo não é de modo algum "aparente". Afirmações com certa nuança docética similar podem ser atribuídas, também, a Atanásio*, em sua obra *Sobre a encarnação da Palavra de Deus*. Nos alexandrinos, como Clemente* e Orígenes*, para os quais o *Logos* habitava, e até de algum modo permeava, o corpo do homem Jesus, a tendência ao docetismo é marcante. Heresias cristológicas posteriores, derivadas da escola de Alexandria*, *i.e.*, apolinaris-

mo*, eutiquianismo e monofisismo*, tendiam para o docetismo. Para estas, Deus se mostra quase de forma disfarçada na aparência de um corpo humano. A visão foi condenada especificamente e por suas implicações pelos grandes concílios ecumênicos* da igreja.

Os docetas gnósticos e maniqueus negavam explicitamente a realidade do corpo humano de Cristo. Sua teoria era consequência lógica da suposição que faziam de ser o mal inerente à matéria. Sendo a matéria má, e Cristo sendo puro, raciocinavam eles, então o corpo de Cristo deveria ter, simplesmente, uma forma fantasmagórica. A origem do pensamento doceta, porém, não era propriamente bíblica, mas pagã, tendo em Alexandria sua principal base de apoio.

O correspondente teológico do docetismo é a negação de uma real encarnação* de Deus Filho, de sua expiação* mediante a morte na cruz e sua ressurreição. O docetismo encontrou sua oposição mais forte por parte de Inácio (m. *c.* 115), que condenou essas ideias dominantes na Ásia Menor, na época, afirmando que "Jesus Cristo era da linhagem de Davi, filho de Maria", que "verdadeiramente nasceu, comeu e bebeu e verdadeiramente foi perseguido sob Pôncio Pilatos". Inácio usa o termo "verdadeiramente", ou, talvez melhor traduzido, "legitimamente" (*alethos*), como uma espécie de lema contra o docetismo. Tertuliano*, porém, foi mais notável no repúdio ao docetismo gnóstico: "Examinemos a substância corporal do Senhor, porque a respeito de sua natureza espiritual

DOGMA

nós todos já concordamos [*certum est*]. É a carne que está em questão. Sua realidade e qualidade são os pontos em questão". Passa, assim, a demonstrar que a condição de Cristo era "uma condição plenamente humana". A escola de Antioquia*, com sua ênfase sobre a humanidade de Cristo, era fortemente antidocética, tal como é a ênfase atual sobre Cristo não apenas como mero representante da humanidade, mas sendo ele próprio *um homem*. No entanto, a teologia moderna, ao procurar divorciar o Cristo da fé do Jesus histórico (ver Cristologia*; Jesus Histórico*), coloca-se sob o risco de dar início a uma nova forma de docetismo.

Bibliografia
A. Grillmeier, *Christ in Christian Tradition*, vol. 1 (²1975).

M.D.McD.

DODD, CHARLES HAROLD (1884-1973). Provavelmente, o mais importante estudioso britânico do NT do século XX. Mostrou que Jesus ensinava já se encontrar o reino de Deus* aqui presente, durante seu ministério. Dodd procurou inicialmente entender o ensino de Jesus, especialmente as parábolas, sob o ponto de vista de que ele não manifestava nenhuma expectativa de eventos apocalípticos futuros; mais tarde, no entanto, modificou sua posição. O reconhecimento da "escatologia realizada" por Dodd foi uma inescapável reação à escatologia "futurista" de A. Schweitzer* e outros. Fez também profunda análise do uso de ideias judaicas em uma estrutura helenista* no evangelho de João, examinando

seu conteúdo histórico para, então, mostrar que continha tradições valiosas, não encontradas nos outros três evangelhos.

Dodd enfatiza a combinação na revelação* dos fatos históricos com a interpretação. Coloca-se, assim, do lado oposto ao espectro teológico de R. Bultmann*, demonstrando ser possível e legítimo escrever a respeito do Jesus histórico*. Prova também que um padrão básico de pregação (querigma*) se encontra na raiz da teologia do NT*, e como essa teologia foi desenvolvida com base em um estudo dos vários "campos" das Escrituras do AT. Apesar da presença de alguns elementos "liberais" em sua interpretação das Escrituras, Dodd ofereceu positiva e duradoura contribuição à erudição do NT.

Bibliografia
F.F. Bruce & C. H. Dodd, *in* P. E. Hughes (ed.), *Creative Minds in Contemporary Theology* (Grand Rapids, MI, 1966), p. 239-269; F. W. Dillistone, *C. H. Dodd, Interpreter of the New Testament* (Grand Rapids, MI, 1977).

I.H.Ma.

DOENÇA, ver Cura.

DOGMA. Esse termo grego era usado no mundo pré-cristão relativamente a ordenanças públicas, decisões judiciais ou afirmação de princípios em filosofia ou ciência. Na LXX, é empregado com referência a decretos governamentais, em Ester 3.9; Daniel 2.13; 6.8. No NT, são assim mencionados o julgamento da lei em Efésios 2.15 e Colossenses 2.14 e as decisões do concílio de Jerusalém em Atos 16.4.

DOGMA

Na igreja, veio a ser chamada "dogma" a doutrina considerada dotada de devida autoridade. Durante os três primeiros séculos cristãos, os escritos latinos e gregos tendiam a chamar de dogma todas as coisas relacionadas à fé. Crisóstomo usou a palavra para indicar especificamente as verdades reveladas por Cristo acima da razão. Já Tomás de Aquino* e os escolásticos* usaram o termo com bem menor frequência, preferindo falar em "artigos de fé".

A partir da Reforma, a palavra viria a designar aqueles artigos de fé que a igreja formulava oficialmente como verdade revelada, refletindo um reconhecimento, comum às igrejas reformadas e católica, de que a formulação do dogma é uma atividade própria da igreja, emergindo frequentemente de controvérsia teológica ou da necessidade de esclarecer a fé a ser abraçada.

O ambiente reformado

Nos debates sobre a natureza da autoridade, o entendimento reformado a respeito do dogma espelhava sua crença de fundamento da autoridade nas Escrituras em vez de na igreja.

As respostas da Igreja Católica a controvérsias doutrinárias eram consideradas *materialmente* baseadas nas Escrituras; *formalmente*, porém, o dogma portava as marcas do caráter intelectual e cultural com que era formulado. Não sendo infalível, proporcionava, não obstante, uma base para a unidade e a estabilidade dentro da Igreja Católica.

O pietismo* desafiou a dimensão *formal* do dogma, entendendo que perpetuava um escolasticismo árido e intelectual, muito longe da experiência de Deus na vida do crente. O Iluminismo*, por sua vez, minou de modo progressivo a substância clássica *material* do dogma ao descrer da identificação que a igreja fazia da palavra de Deus com as Escrituras. Surgiu, assim, uma nova compreensão do dogma e do modo em que se desenvolve. Isso é encontrado nos escritos de Schleiermacher*, Ritschl* e especificamente na *História do dogma,* de Harnack*, onde se enfoca a experiência religiosa e ética da comunidade cristã em que é autenticada a revelação divina. O dogma é a articulação da comunidade, e para ela, de sua percepção da revelação de Deus.

O retorno à ortodoxia, liderado por Emil Brunner* e Karl Barth*, na Alemanha do pós-guerra, procurou purgar a fé reformada do escolasticismo do século XVII, embora preservando o fundamento dogmático da revelação de Deus em Jesus Cristo. O dogma foi considerado como a articulação do entendimento da igreja dessa revelação, por dar o Espírito Santo o testemunho de Cristo nas Escrituras. Diferentemente de seus imediatos predecessores liberais* ou sucessores existencialistas*, a escola da neo-ortodoxia não via o dogma como tentativa de entender e expressar a experiência humana de Deus, mas, sim, como resposta necessária e científica "à luz do conhecimento da glória de Deus na face de Jesus Cristo". O *modus operandi* para a formulação dogmática tem suas raízes na natureza de Deus e em sua revelação, e não na natureza do homem e em sua consciência religiosa. Qual,

DOGMA

então, é o papel das Escrituras? Permanecem, nessa estrutura, como a fonte do conteúdo material do dogma, mas somente na medida em que sua equação com a palavra é indireta, pois a palavra de Deus é a revelação em si mesma, *i.e.*, Jesus Cristo.

O dogma é essencialmente um corolário da ortodoxia. O crescente pluralismo nas igrejas confessionais reformadas e sua incapacidade de funcionar com critérios objetivos de autoridade* têm produzido uma ambivalência cada vez maior para a articulação do dogma. Somente nas áreas práticas de moralidade, as igrejas reformadas parecem realmente falar com autoridade.

A postura católica

A Igreja Católica Romana tem procurado afirmar seu entendimento de dogma sob as mesmas pressões que ocorrem na comunidade reformada. A visão tradicional da Igreja Católica é a de que o dogma é a verdade revelada por Deus nas Escrituras e/ou pela tradição, sendo formulado pela igreja, e para ela, contra o erro. É verdade irrevogável, imutável e infalível. O dogma, para a Igreja Católica, não acrescenta nada ao que foi revelado, mas meramente o define e declara.

Embora não negando essa visão de dogma, muitos teólogos católicos, desde o século XIX, têm questionado a maneira estática e escolástica com que sua igreja entende ter afirmado o dogma. Newman* argumentou em favor de um processo dinâmico de desenvolvimento dogmático* na Igreja Católica. A verdade seria implantada como semente na mente da igreja e organicamente desenvolvida, de forma que a verdade latente traria, sob o foco da controvérsia, um dogma plenamente desenvolvido e explicitamente aprovado pela igreja.

Estágio posterior nessa reflexão católica é a conscientização de que há um processo contínuo de descoberta do significado do que está expresso no dogma. Além de a verdade transcender o pensamento humano e exigir uma linguagem analógica para ser comunicada, reconheceu-se gradativamente que os pronunciamentos da igreja são um produto de sua época, refletindo as normas culturais, filosóficas e linguísticas do período. A maioria dos teólogos católicos talvez argumentasse que a realidade expressa no dogma permanece imutável e sem alteração e que o dogma tem um conteúdo objetivo cujo significado é válido para todas as épocas. Não obstante, *a forma* de expressão do dogma pode estar sujeita a revisão.

Três convicções, mais recentes, afetaram a postura católica contemporânea. Primeira, a de que a revelação não é a comunicação divina de uma verdade abstrata, que o dogma colocaria em proposição. Em segundo lugar, que toda verdade cristã é organicamente inter-relacionada, tendo seu foco central em Jesus Cristo. Em terceiro lugar, que a verdade revelada é autenticada por si mesma, exigindo uma resposta existencial. Karl Rahner* argumenta que o dogma é deduzido da revelação, a qual é "o evento salvador" em que a "Palavra encarnada" comunica a realidade do próprio Deus. Os dogmas não

DOMINGO

são, portanto, meramente afirmações a respeito de Deus, mas palavras "exibidoras", de natureza "sacramental", *i.e.*, "o que [o dogma] afirma realmente ocorre e é pressuposto por sua existência". O dogma, portanto, quando corretamente afirmado e pessoalmente assimilado, é "vida". Essa é uma visão que Rahner quer incorporar dentro da distinção dupla tradicional entre *o formal* (o que é expresso pela igreja, explicita e definitivamente, como verdade revelada) e *o material* (pertencente à revelação cristã como é encontrada na palavra de Deus que nos é dirigida nas Escrituras e/ou na tradição).

A neo-ortodoxia* das igrejas reformadas e da Igreja Católica Romana continua como que a retirar da revelação verdades que são organicamente independentes e cuja lógica estende padrões tradicionais, a tal ponto que podem chegar à ruptura, mas que, quando articuladas de forma dogmática, podem receber a lealdade do crente.

O ecumenismo* e a realidade social e econômica têm sido, em termos práticos, as influências mais poderosas sobre as principais tradições cristãs na reavaliação dos dogmas. O diálogo ecumênico tem aumentado a conscientização da influência das formas de pensamento ocidental/greco-romano sobre formulações dogmáticas, que, aos olhos das culturas mais ligadas ao mundo do AT e do NT, constituem uma distorção da revelação, resultando em posicionamentos espirituais e morais instáveis. Por sua vez, as condições socioeconômicas das pessoas e comunidades às quais o evangelho deve falar expõem a natureza burguesa das

afirmações dogmáticas históricas das igrejas e sua falha ao deixar de enfatizar os aspectos da revelação que mantêm unidas a criação* e a redenção* na libertação cósmica.

Ver também Contextualização; Teologia da Libertação; Teologia Política; Teologia Sistemática.

Bibliografia
K. Barth, *CD* I:1; E. Brunner, *The Christian Doctrine of God* (*Dogmatics*, vol. 1, London, 1949); A. Harnack, *History of Dogma*, vol. 1 (London, 1894); A. Lecerf, *An Introduction to Reformed Dogmatics* (London, 1949); J. Orr, *The Progress of Dogma* (London, ³1908); W. Pannenberg, *Basic Questions in Theology*, vol. 1 (London, 1970), p. 182-210 (What is a Dogmatic Statement?); O. Weber, *Foundations of Dogmatics*, vol. 1 (Grand Rapids, MI, 1981).

T.W.J.M.

DOMINGO, ver Shabat (Sábado).

DOMINGOS E OS DOMINICANOS. Os dominicanos, oficialmente conhecidos como a Ordem dos Irmãos Pregadores (O.P.) e mais popularmente chamados de Frades Negros, são uma das quatro grandes ordens mendicantes da Igreja Católica Romana. O fundador, Domingos (Domenico) de Guzman (1170-1221), era espanhol. Sua carreira de religioso começou em Castela. Educado na Universidade de Palencia, instituição que mais tarde se mudou para Salamanca, tornou-se membro da comunidade religiosa ligada à catedral de Osma. Devido à sua destacada atividade, foi enviado ao sul da França para ajudar a converter os hereges

DOMINGOS E OS DOMINICANOS

albigenses*. Domingos convenceu-se de que o único modo de alcançá-los seria com uma pregação evangélica acompanhada de um estilo de vida de pobreza apostólica. Para tanto, pôs-se a caminho, exercendo sua missão de pregador em mercados de praças públicas e às margens das estradas e vivendo em pobreza tão extrema que andava descalço e esmolava comida. À primeira vista, sua missão pareceu ter pouco sucesso, de modo que teve de encerrá-la, justamente quando o papa Inocêncio III (1198-1216) passou a usar de força contra os hereges, em 1208.

Todavia, ainda inspirado pelo ideal que tinha, de um grupo de pregadores ganhando hereges e pagãos pela pregação da palavra e vivendo uma vida simples, Domingos atraiu um grupo de seguidores (1214) que preparou para a tarefa mediante cuidadosa instrução e o compartilhar do seu sonho de uma ordem de pregação erudita de frades mendicantes. A despeito de sua natureza, o grupo não recebeu nenhum apoio ou reconhecimento por parte do Quarto Concílio de Latrão* (1215). Mais tarde, porém, o papa Honório III (1216) oficializava sua missão e, em 1220, era aprovado seu regulamento, emprestado dos agostinianos*, com exigências acrescidas de pregação e vida apostólica. Domingos empregou todo o restante de sua vida viajando pela Itália, França e Espanha, empenhado na organização e desenvolvimento de sua ordem. Foi canonizado santo da Igreja Católica, em 1234. Homem de inteligência, coragem e zelo, foi também um administrador extremamente eficaz.

Desde o começo, a ordem tem acatado a síntese indicada por seu fundador de manutenção de um ministério ativo juntamente com uma vida espiritualizada. Os membros vivem em comunidade, observam dieta e regras de jejum, realizam atos litúrgicos, mas, de acordo com sua constituição, o tempo deve ser aplicado sobretudo em estudo e pregação. Os dominicanos são governados por um sistema relativamente democrático, mantendo-se o equilíbrio entre os grupos representativos ou cabidos de cônegos, eleitos, e seus superiores, eleitos também. Em contraste com outras ordens em sua época de fundação, os dominicanos não formaram um conjunto de casas autônomas, mas, sim, uma espécie de milícias de pregadores, organizadas nas chamadas províncias, sob a direção de um chefe geral, preparados para ir onde quer que se fizessem necessários. Esse tipo de organização serviu de modelo a muitos movimentos monásticos constituídos depois.

Desde o começo de sua existência, têm persistido os dominicanos em que ninguém deva pregar sem passar por três anos de treinamento teológico. Cerca de quarenta anos depois de fundada a ordem, seus eruditos ensinavam em Oxford, Paris, Bolonha e Colônia. Sua atividade intelectual levou à criação de diversas universidades, onde foi enfatizado o ensino das línguas, incluindo grego, hebraico e árabe, acrescido de um currículo padrão de estudos das Escrituras e de teologia. Alguns dos grandes mestres do pensamento teológico medieval, a começar por Tomás de Aquino* e Alberto Magno*, foram

DOMINGOS E OS DOMINICANOS

dominicanos que buscaram harmonizar a fé e a razão*, expondo ideias em uma série de alentados volumes (ver Escolasticismo*). Viviam a época em que eruditos muçulmanos tinham tornado as obras de Aristóteles* disponíveis, pela primeira vez, aos europeus medievais. Essas obras gregas, que apresentavam uma explicação filosófica da realidade sem nenhuma referência ao Deus cristão, desafiaram a mente acadêmica do século XIII. Após um período de conflito e incerteza, o pensamento de Tomás de Aquino, unindo os sistemas aristotélico e cristão, foi aceito como a base para a teologia católica-romana.

Os estudos acadêmicos dos dominicanos nunca os afastaram de sua missão primacial de combater a heresia e converter os pagãos. Continuaram a trabalhar entre os albigenses e estenderam seus esforços para a conversão de judeus e mouros na Espanha. Seu empenho evangelístico os levou a pregar aos pagãos na Europa Oriental e na Ásia. Mas quando a Inquisição foi estabelecida, os dominicanos receberam a incumbência de ajudar a implantá-la, dada sua dedicação à igreja e à ortodoxia. Foram, então, para o Novo Mundo, como os primeiros e mais enérgicos missionários, sob o comando dos exploradores e colonizadores espanhóis e portugueses.

A ordem dominicana tem experimentado períodos de alta realização e de declínio. Durante os séculos XIV e XV, quando a Europa sofreu grandes pragas, guerras e divisões na igreja, sua disciplina correu mais solta. Mas durante o século XVI, que testemunharia um período de renovação tomista, os dominicanos, sob lideranças como as de Francisco de Vitória (*c*. 1485-1546) e Tomás de Vio Cajetan (1469-1534; ver Lutero*), tiveram revisados seus estudos, para poder enfrentar os desafios do humanismo* e do protestantismo*. No Concílio de Trento (1545-1563), frequentado por muitos dominicanos, a teologia tomista tornou-se a base das decisões dogmáticas. Com algumas revisões modernas, essa teologia ainda permanece sendo a base de muito do pensamento teológico católico-romano.

Apesar desse mérito, forças em operação procuraram minar a ordem. O surgimento de novos grupos, como os jesuítas*, e a perda de grande parte da Europa Oriental para o controle do Ocidente começaram a forçar os dominicanos para um segundo plano. O Iluminismo*, no século XVIII, também refrearia seu entusiasmo, enfraqueceria sua disciplina e tornaria mais difícil o seu recrutamento.

A ordem dos dominicanos continua, atualmente, em posição firme com a ortodoxia, opondo-se às novidades em teologia. Paradoxalmente, porém, muitos são os dominicanos em plena atividade em modernos movimentos de reforma da Igreja Católica, como o que resultou no Concílio Vaticano II, incluindo reforma teológica (*e.g.*, E. Schillebeeckx*). Têm participado também de movimentos de padres-operários, falado convictamente ao Terceiro Mundo e feito uso extensivo de rádio, televisão, cinema e palco em seu ministério de pregação.

DONATISMO

Bibliografia
R. F. Bennett, *The Early Domini-cans: Studies in Thirteenth-Century Dominican History* (Cambridge, 1937); W. R. Bonniwell, *A History of the Dominican Liturgy* (New York, 1944); A. T. Drane, *The History of St Dominic, Founder of the Friars Preachers* (London, 1891); W. A. Hinnebusch, *The History of the Do-minican Order* (Staten Island, NY, 1966); B. Jarret, *Life of St Dominic* (1170-1221) (London, 1924); *idem, The English Dominicans* (London, 1921); P. F. Mandonnet, *St Dominic and His Work* (St Louis, MO, 1944); *idem, in DTC* 6 (1920), cols. 863-924; M. H. Vicaire, *Saint Dominic and His Times* (London, 1964).

R.G.C.

DONATISMO. Cisma* que irrom-peu no norte da África, *c.* 313, e persistiu até após a conquista muçulmana, em 698. O donatismo é assim chamado por ser a sua principal personalidade Donato, a quem os cismáticos elegeram bispo de Cartago em 313, logo após a irrupção da controvérsia.

As origens do cisma foram riva-lidades pessoais em Cartago que logo assumiriam implicações so-ciais e políticas, com os donatistas retirando muito de seu apoio das tribos bérberes menos católico-romanizadas do país. Todavia, a causa principal e duradoura foi religiosa e teológica. Os donatistas eram rigorosos quanto à crença na doutrina de recompensa es-piritual dos mártires*. Assim, a política de negligência da igreja, em Cartago, para com os *traditores* (os "traidores"), *e.g.*, crentes que haviam "cedido" suas cópias das Escrituras para ser queimadas durante a Grande Perseguição de 303, responsável pelo martírio de crentes, provocaria mal-estar entre eles. A eleição para bispo, em 312, de Caeciliano, que se mostrava pouco entusiasmado a respeito dos mártires, e sua consagração por um *traditor* suspeito causaria grande escândalo entre os rigoris-tas, conduzindo à separação. Os donatistas passaram a considerar a si mesmos a autêntica Igreja*, reivindicando a autoridade de Ci-priano* para rebatizar católicos.

No século IV, o donatismo con-tava entre seus mestres com Par-meniano (contra quem Agostinho* escreveu mais tarde) e Ticônio (*c.* 370-90), leigo donatista um tanto não conformista, que exerceria grande influência sobre Agostinho (o qual incorporou a essência do *Livro de regras*, primeiro tratado cristão latino sobre hermenêutica*, de autoria deste, em sua *Instrução cristã*), bem como sobre as inter-pretações ocidentais do Apocalipse de João. Ticônio ensinava que a igreja era verdadeiramente univer-sal, uma mistura "bipartida" das "cidades" de Deus e do diabo. Seu paulinismo também influenciou Agostinho.

Tem-se dito que os donatis-tas eram contra as ligações que o imperador Constantino estava começando a forjar entre a Igreja e o Estado* no momento em que o cisma irrompeu; mas o fato de que estavam prontos a pedir apoio ao imperador é argumento forte contra essa conclusão. A oposição donatista à autoridade de Roma nasceu das tentativas desta de persegui-los, tentativas essas que começaram em 317 e continuaram depois de modo

DONS DO ESPÍRITO

314

intermitente. Conferência realizada em Cartago em 411 buscou reintegrar os donatistas à Igreja Católica, obtendo algum sucesso. Agostinho escreveu contra eles, justificando a enérgica repressão que sofriam, mas na época em que Agostinho morreu, o donatismo já era uma força em declínio. Parte de seus remanescentes devem ter-se unido novamente à Igreja Católica durante a ocupação do norte da África pelos vândalos (439-533) e a fase final do Império Romano do Ocidente (533-698).

Bibliografia
W. H. C. Frend, *The Donatist Church* (Oxford, 1952).

G.L.B.

DONS DO ESPÍRITO. Devem ser distinguidos do dom do Espírito prometido por Jesus.

O dom, os dons e o fruto do Espírito Santo
O Espírito Santo* passou a ser recebido pela igreja, do Pentecoste em diante, como o Espírito de Cristo presente para de si mesmo encher seu povo e capacitá-lo (At 1.4,5,8; 2.1ss). O Espírito é distinto dos vários dons específicos, ou manifestações de sua presença e ministério, concedidos aos (e mediante os) cristãos, individualmente. Esses dons, que proporcionam capacitação para formas específicas de serviço, devem, por sua vez, ser diferenciados do "fruto" ou (como posteriormente os teólogos passaram a chamar) da "graça" do Espírito Santo, representado(a) por uma série de qualidades do caráter cristão (Gl 5.22,23). Os dons do Espírito Santo são concedidos a todos os crentes que se encontram sob o novo pacto* (diferentemente do AT), enquanto seu fruto, ou graça, é uma necessidade na vida de todo cristão. Muito embora o Espírito Santo possa manifestar perfeitamente qualquer dos seus dons por meio de qualquer pessoa que os haja recebido (como quiser e onde as pessoas estejam abertas à sua obra), não fornece todos os dons a uma só pessoa, mas, sim, confere diferentes dons a diferentes pessoas. As palavras do NT costumam enfatizar sua natureza como livres dons de Deus, procedentes de sua graça e como manifestações do Espírito Santo, que opera como Espírito de Jesus Cristo no meio de seu povo.

Dons para o corpo de Cristo
Diversos escritos do NT mencionam vários dons espirituais; mas é Paulo que oferece toda uma estrutura para melhor se entender seu propósito e operação mediante a descrição que faz da igreja*, como corpo de Cristo, comparando as funções de seus diferentes membros no uso dos dons que receberam, com as diversas partes do corpo humano (1Co 12; Rm 12.3ss; Ef 4.11-16). Os principais destaques nessa analogia são que: Cristo continua a manifestar sua vida, seu ministério e sua palavra no mundo por meio da igreja, como seu corpo; que ele confere dons aos membros desse seu corpo, mediante seu Espírito que neles habita; que os dons dos diversos membros e as funções deles resultantes diferem de um membro para outro; que os dons são dados sempre para o bem do corpo, e nunca para benefício puramente pessoal; que a proeminência

DONS DO ESPÍRITO

de um dos dons, ou sua falta, nada tem que ver com sua importância; que os dons devem ser usados sob a direção do Senhor e controlados pelo amor; e que o uso dos dons deve ser examinado e provado por aqueles que detenham autoridade sobre a congregação ou mediante discernimento espiritual maduro.

Tipos de dons — e pentecostalismo
O NT contém diversas listas de diferentes espécies de dons (*e.g.*, em At 2; Rm 12; 1Co 12; Ef 4; 1Pe 4) e outras referências a eles (*e.g.*, em Lc, Hb, etc.). O atual pentecostalismo*, tanto em sua fase inicial (posteriormente denominacional) como na fase mais recente (neopentecostalismo e movimentos carismáticos ou de renovação), tem dado atenção especial aos dons abordados em 1Coríntios 12 e 14, acreditando que a igreja tenha negligenciado seriamente quanto a alguns deles ou todos. O pentecostalismo inicial causou uma forte reação, por parte das denominações cristãs históricas mais destacadas, contra tais manifestações de dons, então incomuns, o que, na prática, obrigou os pentecostais a ter de organizar suas próprias igrejas. Isso só aconteceu de modo parcial com os posteriores movimentos neopentecostal e carismático (a partir de 1950). Os pentecostais mais antigos ligaram a recepção dos dons ao "batismo no Espírito"*, subsequente à conversão, mas os movimentos neopentecostais posteriores têm variado seu ponto de vista a respeito desse ponto.

Historicamente, a visão reformada clássica (Calvino, John Owen, Jonathan Edwards, Warfield) era a de que o grupo de dons de 1Coríntios 12 cessou, fosse com os apóstolos fosse com a conclusão do cânon do NT. Até onde existe apoio do NT a essa posição é uma questão de debate. No julgamento de escritores carismáticos e muitos outros, hoje, esse posicionamento carece de base neotestamentária adequada. Alguns desses, que acham que a posição cessacionista não seja biblicamente demonstrável, explicam a aparição repentina e como que irregular dos dons na história da igreja usando como referência unicamente a escolha soberana do Espírito Santo (1Co 12.11; Hb 2.3,4 e a história da redenção no AT). Outros, inclusive escritores pentecostais/carismáticos, atribuem a ausência desses dons na vida passada da igreja à falta de desejar e orar por eles e de esperar a operação de Deus por esses modos (recorrendo, por exemplo, a 1Co 12.31; 14.1, 5,13,19, etc.). O autor do presente artigo sugere que uma combinação desses dois pontos de vista possa provavelmente proporcionar uma explicação mais confiável.

Ao contrário de alguns ensinos pentecostais, convém observar que nenhum dom, ou manifestação espiritual (como o de falar em línguas), pode ser considerado como sinal universal, invariável e exclusivo de que uma pessoa tenha recebido o Espírito Santo, muito embora em Atos a vinda do Espírito seja evidenciada, em diversas ocasiões, pela presença de algum dom ou de vários dons nos recebedores. Há outras listas de dons além de 1Coríntios 12, não havendo motivo algum para nos concentrarmos exclusivamente em determinada lista, em detrimento de outras. De

DONS DO ESPÍRITO

qualquer modo, as listas do NT não parecem ser catálogos completos e conclusivos, mas, sim, exemplos representativos. Não existe também concordância geral sobre quais dos dons listados realmente se referem, por exemplo, à "palavra de sabedoria/conhecimento", seja como revelação, como querem alguns, ou como dons de conselho e ensino, como preferem outros interpretar. Entre os vários dons de pregação, revelação, poder, organização e cuidados pastorais, alguns deles envolvem habilidades inatas ou aprendidas, ou aptidões, santificadas e possivelmente fortificadas pelo Espírito Santo, enquanto outros dons mostram-se mais claramente como sendo dotações supranormais *ab initio*, resultantes da recepção do Espírito pelo crente.

Ofício institucional e/ou ministérios carismáticos

Em princípio, presume-se que o raio de ação pleno dos dons e ministérios de Cristo concedidos mediante seu Espírito abranja todas as igrejas, em toda parte, justamente também como todo cristão deve ser cheio do Espírito Santo e aberto à sua obra. No plano de Deus, jamais deveria haver dois grupos de cristãos ou igrejas chamados "carismático" e "não carismático". Este último seria uma contradição anômala em termos do Novo Testamento. Contudo, tanto a história de Israel, no AT, como a da igreja, no NT e em todos esses séculos, ilustra copiosamente a tensão entre dois aspectos na vida do povo de Deus: o institucional e o carismático. O AT registra as tensões sacerdotal/profética e de

juízes/monarquia, e não muito depois do advento do NT encontra-se a tensão entre os ministérios de bispos/presbíteros e diáconos, juntamente com o de profetas itinerantes, etc. A tendência institucionalizante da Igreja Católica tem sido posta frequentemente em tensão com aspectos e movimentos (heréticos ou ortodoxos) reavivalistas e carismáticos, desde, pelo menos, o montanismo* e do século II em diante. Isso, no entanto, deve ser considerado uma tensão criativa, e não destrutiva, porque a igreja necessita tanto de ordem quanto de abertura para o ministério carismático e os dons do Espírito Santo, do modo pelo qual Ele continuamente levanta as pessoas ou grupos para atender à necessidade de determinado tempo ou lugar específico.

Testando os dons e regulando seu uso

Tanto o AT como o NT enfatizam a necessidade de colocar à prova os dons espirituais, confrontando sua conformidade com as Escrituras, sua consistência e se exaltam o Senhor (Dt 13.1-5; 18.21,22; Mt 7.15-20; 1Co 12.1-3;14.29; 1Ts 5.19-22; 1Jo 4.1-6). Esse "teste" mostra-se necessário devido à presença de poderes espirituais do mal em ação no mundo, procurando iludir a igreja, espíritos de anticristo predominantes, sobretudo, na idolatria e no ocultismo*. Esses poderes demoníacos produzem falsidade, grosseiras imitações malignas dos dons do Espírito Santo, como falso ensino, falsa profecia, visões mentirosas, o falar e o interpretar falsamente línguas, falsos poderes de cura

DOOYEWEERD, HERMAN

"espiritual" ou ocultista, sinais e prodígios mentirosos, etc. A igreja tem, portanto, de se precaver contra o perigo tanto de permitir falsos dons, demoniacamente inspirados, de resultados desastrosos, quanto de rejeitar os dons bons e verdadeiros de Deus juntamente com os falsos e maus. Não há necessidade maior que de um teste de discernimento e ponderação dos dons espirituais para livrar a igreja desses erros fatais. Para a adoração e o ministério, as Escrituras exigem da congregação que o uso dos dons seja adequadamente regulado e supervisionado, mas jamais apagado ou proibido (1Co 14 e 1Ts 5.19-21). A liberdade para a operação do Espírito e a boa ordem *são* altamente compatíveis, devendo o equilíbrio entre elas ser mantido de forma correta.

Bibliografia

A. Bittlinger, *Gifts and Graces* (London, 1967); *idem, Gifts and Ministries* (London, 1974); N. Bloch-Hoell, *The Pentecostal Movement* (London, 1964); D. Gee, *Concerning Spiritual Gifts* (Springfield, MO, 1947); J. Owen, *Works,* ed. W. H. Goold, vol. IV (Edinburgh, 1852), p. 429-520; J. I. Packer, *Keep in Step with the Spirit* (Leicester, 1984).

J.P.B.

DOOYEWEERD, HERMAN (1894-1977). Jurista e filósofo cristão holandês que, ao tempo de sua morte, era professor emérito da Universidade Livre de Amsterdã e editor-chefe de *Philosophia Reformata,* periódico erudito da Associação de Filosofia Calvinista. Fundador, juntamente com seu colega D. H. Th. Vollenhoven (1892-1978) e outros, da corrente de pensamento cristão atualmente conhecida como Filosofia da Ideia Cosmonômica, Dooyeweerd nasceu de família de forte ligação com o movimento encabeçado, na Holanda, pelo teólogo, jornalista e estadista Abraham Kuyper*. Como jurista, ele abordou a filosofia a partir de investigação do próprio campo da jurisprudência a que pertencia, penetrando em seus fundamentos, os quais, dizia ele, somente poderiam ser perfeitamente entendidos em termos de cosmovisão e visão de vida radicalmente cristã.

Dooyeweerd atingiu o ponto crítico de seu pensamento ao chegar à conclusão de que todo raciocínio, e até mesmo a totalidade da vida, tem uma raiz religiosa. Passou, então, a examinar os fundamentos da jurisprudência e da arte de governar, enquanto diretor adjunto da Fundação Abraham Kuyper, em Haia (1922-1926). Após assumir sua cátedra na Universidade Livre, em 1926, elaborou seus princípios mais ampla e detalhadamente, publicando, em 1935-1936, sua obra-prima, em três volumes, *Filosofia da Ideia de Lei* (ou *Ideia Cosmonômica*). Essa obra original marcou o começo de uma nova filosofia, que buscava se basear nos ensinos das Escrituras e participar da reforma da totalidade da vida em nome de Jesus Cristo.

Em toda ciência e filosofia, argumenta Dooyeweerd, o pensamento é guiado por uma ideia tripla: a da coerência (como as coisas permanecem juntas), da unidade mais profunda (onde e como as coisas chegam a um único foco) e da origem de todas as coisas (como, sob esse foco, as coisas manifestam

DOSTOIEVSKI, FEDOR MIKHAILOVITCH

sua dependência do Deus Criador, que expressou e continua a expressar sua vontade em sua lei, *i.e.*, na ordem criada que sustenta todo o cosmo). Procura demonstrar por completo que o pensamento, por sua própria natureza, é dependente de pressuposições subjacentes e, definitivamente, de motivos religiosos. Argumenta ainda que a ciência e a filosofia somente poderão desempenhar suas respectivas tarefas com sucesso se estabelecidas sobre um sadio fundamento cristão. Entra, assim, juntamente com outros pensadores cristãos reformados, na crítica dos sistemas de pensamento que procuram se basear em fundamentos não cristãos ou combinar motivos cristãos com não cristãos, ou apóstatas.

Por causa da relação intrínseca que faz de pensamento e religião, a crítica de Dooyeweerd é, fundamentalmente, uma crítica do próprio pensamento teórico, tema que veio a assumir maior destaque em sua filosofia à medida que nela progredia. Suas ideias têm oferecido também muitas contribuições positivas para outras disciplinas, como, por exemplo: em seu exame dos fundamentos da jurisprudência; no desenvolvimento de uma teoria das estruturas da individualidade, como fundamento, *e.g.*, de uma sociologia cristã*; e no estabelecimento de uma nova teoria de entretecimento (*enkapsis*) de tais estruturas da individualidade no corpo do homem, como fundamento para uma antropologia* cristã.

Intimamente ligados ao nome de Dooyeweerd, estão os de outros representantes iniciais, falando-se de um modo geral, dessa filosofia e

que, seguindo a orientação legada por Abraham Kuyper, têm merecida proeminência, em seus respectivos campos na busca de uma reforma da erudição em nome de Cristo: D. H. Th. Vollenhoven (na história da filosofia); H. G. Stoker (n. 1899, em psicologia); e C. Van Til* (em apologética).

Bibliografia

A New Critique of Theoretical Thought, 4 vols. (Philadelphia, 1953-1958); *In the Twilight of Western Thought* (Philadelphia, 1960); *Roots of Western Culture: Pagan, Secular, e Christian Options*, tr. John Kraay (Toronto, 1979); *Transcendental Problems of Philosophic Thought: An Inquiry into the Transcendental Condition of Philosophy* (Grand Rapids, MI, 1948).

V. Brümmer, *Transcendental Criticism and Christian Philosophy* (Franeker, 1961); L. Kalsbeek, *Contours of a Christian Philosophy* (Toronto, 1975); C. T. McIntire (ed.), *The Legacy of Herman Dooyeweerd: Reflections on Critical Philosophy in the Christian Tradition* (Lanham, MD & Toronto, 1986).

R.D.K.

DOSTOIEVSKI, FEDOR MIKHAILO-VITCH (1821-1881). Romancista russo, educado em um lar piedoso da Igreja Ortodoxa Russa, Dostoiveski, quando jovem, passou por um período de sérias dúvidas. Preso e exilado na Sibéria (1849-1859), por motivo de suposto envolvimento em uma conspiração contra o czar, o isolamento o ajudaria a reafirmar seu comprometimento com os princípios cristãos da forma em que se encontram incorporados na tradição e espiritualidade da igreja russa, levando-o a desenvolver um sentido de "destino messiânico" de seu povo.

Como romancista, Dostoievski deu expressão, de diversos modos, a conceitos como o do tremendo poder do mal, dos perigos do catolicismo-romano e do socialismo (os quais tendia a equalizar), do individualismo — na verdade de qualquer pensamento ou filosofia que não desse a Deus seu lugar correto e não reconhecesse o valor salvífico do sofrimento*. Não foi, no entanto, um pensador sistemático. Não escreveu obras de filosofia ou teologia, muito menos romances a respeito de ideias filosóficas abstratas. Escritor brilhante e criativo, ele nos deixou uma série de personagens inesquecíveis, motivadas por diferentes espécies de ideias e paixões, a maior parte das quais, naturalmente, do próprio autor.

A mais marcante exposição de suas ideiaideiaideiaideias ocorre, sem dúvida, na "Lenda do grande inquisidor" (*Os Irmãos Karamazov*, livro 5, cap. 5, da qual Dostoievski faz de sua personagem Ivan Karamazov o autor. O escritor objetivava, aqui, descrever a derrocada e a influência perniciosa da filosofia desse Ivan Karamazov, o Grande Inquisidor, que levava à colocação do próprio homem no lugar de Deus. Para Dostoievski, era essa a heresia tanto do catolicismo--romano, cujo Grande Inquisidor condena Cristo por rejeitar as três tentações no deserto, quanto do socialismo.

Bibliografia
A. B. Gibson, *The Religion of Dostoevsky* (London, 1973).

M.D.

DOXOLOGIA. É uma oferenda de adoração a Deus em "arrebatamento, amor e louvor", exaltando-o, glorificando-o e proclamando sua grandeza em "humilde adoração". "Na doxologia, o crente [...] simplesmente adora a Deus [...] 'porque teu é o reino, o poder e a glória, para sempre. Amém' " (E. Schlink). A teologia não pode fazer nenhum progresso sem o espírito de adoração. Doutrina, por sua vez, e doxologia andam juntas. Adoração sem sã doutrina se degenera em emocionalismo superficial; doutrina afastada da adoração verdadeira cai em intelectualismo estéril. A teologia tem de levar sempre em conta o imperativo do NT: "[...] transformem-se pela renovação da sua mente", para que sua obra possa ser oferecida a Deus como adoração espiritual, com base nas "misericórdias de Deus" (Rm 12.1,2).

Uma teologia verdadeiramente doxológica dará a devida ênfase tanto às Escrituras quanto ao poder de Deus (Mt 22.29); dará destaque tanto ao conhecimento da palavra quanto à iluminação do Espírito Santo. A autoridade das Escrituras é essencial se o interesse na doxologia for realmente o de acrescentar algo mais que a teologia, expressando a experiência de adoração do homem; mas o poder do Espírito Santo é, sem dúvida, essencial, para que a teologia, na adoração, seja "cantada como um hino, e não lida como uma lista telefônica" (C. Pinnock).

A doxologia não é meramente um tema, entre tantos outros temas teológicos, mas, sim, o espírito com que a teologia deve buscar tudo em sua obra. Quando as sagradas Escrituras são estudadas

DOXOLOGIA

na dependência do Santo Espírito, a teologia vai entrando cada vez mais no espírito doxológico das Escrituras, inspiradas por Deus. O Espírito Santo capacita o leitor crente a penetrar profundamente na afirmação doxológica quanto a Jesus Cristo: "Senhor meu e Deus meu!" (Jo 20.28). Mediante a palavra e o Espírito, o teólogo aprende a levantar suas questões a respeito de Deus e do homem doxologicamente (Mq 7.18; Sl 8.4). Aprende tanto a devoção pessoal fervorosa, que chama Deus de "minha Rocha e meu Resgatador" (Sl 19.14), como a doxologia cósmica, que clama: "Ó Senhor, Senhor nosso, como é majestoso o teu nome em toda a terra!" (Sl 8.1,9). Vendo a totalidade da vida à luz da "lei do Senhor" que "revigora a alma" (Sl 19.7), ele adora a Deus, que é grandioso, mas próximo. "O aleluia ressoa ao Deus que não está distante, mas muito perto" (G. C. Berkouwer). E porque Deus está próximo, assim como é grande, a doxologia não pode ser de uma superespiritualidade com pouca relevância prática. O mesmo crente que profere a doxologia deve também orar "seja feita a tua vontade, assim na terra como nos céus" (Mt 6.10). A doxologia deve estar inserida no contexto tanto da vida cristã prática e do serviço de cuidado ao próximo como de oração e ministério da palavra (At 6.1-4). Não pode ser separada, também, da disciplina da oração intercessória: "A doxologia sem a oração de petição não é mais uma doxologia verdadeira" (Schlink). O contraste usual de "mais adoração e menos pregação" não deve ser permitido para evitar obscurecer a conexão vital entre a clareza da proclamação e a legítima adoração (1Co 14.24,25). Na doxologia, não pode haver condição alguma de "competição entre o louvor a Deus e a necessidade do homem" (Berkouwer).

Uma teologia doxológica, escrita "na linguagem de adoração" (A. W. Tozer), procura "unir a linguagem do coração às palavras do intelecto" (E. P. Heideman). Buscar "casar o espírito da pesquisa com o da devoção" (A. P. F. Sell) visa a enfatizar "o louvor a Deus na adoração, na doutrina e na vida" (G. Waingright). A natureza da teologia doxológica é bem expressa pela ênfase de Berkouwer (característica de sua abordagem em seus *Studies in Dogmatics* [*Estudos em Dogmática*]) de que "na doutrina, um cântico de louvor soa para fora". Na verdade, toda teologia deveria exemplificar o princípio de que "a obra da teologia deve culminar [...] com uma doxologia ao Deus da graça" (L. B. Smedes).

Ver também TEOLOGIA LITÚRGICA.

Bibliografia

G. C. Berkouwer, *Studies in Dogmatics*, 14 vols. (Grand Rapids, MI, 1952-1975); E. P. Heideman, *Our Song of Hope* (Grand Rapids, MI, 1975); E. Schlink, *The Coming Christ and the Coming Church* (Edinburgh, 1967); A. P. F. Sell, *God our Father* (Edinburgh, 1980); L. B. Smedes & G. C. Berkouwer, *in* P. E. Hughes (ed.), *Creative Minds in Contemporary Theology* (Grand Rapids, MI, 1969); A. W. Tozer, *The Knowledge of the Holy* (London, 1965); G. Wainwright, *Doxology* (London, 1980).

C.M.C.

DUALISMO. O dualismo existe quando há duas substâncias, forças ou modos em que nenhuma das duas pode ser reduzida à outra. O dualismo é justamente distinto do monismo*, segundo o qual há somente uma substância ou um só poder ou modo. Na argumentação filosófica, a vantagem de poder contar com a diversidade da experiência humana em se ter um dualismo (por exemplo, o dualismo de corpo e mente como dois tipos de substância irredutíveis um ao outro) deve ser averiguada em face dos problemas de como as duas espécies de substância possam vir a se relacionar (*e.g.*, de como uma mente não física possa influenciar de modo causal um corpo físico e vice-versa).

Na teologia cristã, é possível discernir, pelo menos, quatro contextos diferentes em que parece ser necessário afirmar ou negar alguma forma de dualismo.

1. *Deus e a criação*. É um erro identificar Deus em si mesmo com a sua própria criação*, seja pela metafísica panteísta* seja de maneira mística*. Deus, em si, é diverso da criação. Ele é sua base e (ao contrário do que acontece no deísmo*) é a sua causa sustentadora, sendo tanto transcendente além dela como imanente nela. O modo de Deus agir ao ser essa causa sustentadora faz gerar sérios problemas, *e.g.*, sobre a relação entre a ação divina e a humana. Tais questões, todavia, são melhor tratadas ao se observar que a relação de Deus com a criação *não* implica, *e.g.*, que ele seja o autor do pecado.

2. *A mente e o corpo*. Muito embora as Escrituras façam ver que o ser humano é uma unidade (ver Antropologia*), e que o corpo não se relaciona com a alma ou a mente do mesmo modo que uma pessoa se relaciona com o carro que ela dirige, é difícil evitar alguma versão de dualismo em face do ensino bíblico de que uma pessoa sobrevive à morte do corpo (2Co 5.1-10). Se tal sobrevivência acontece, então o que sobrevive é o não físico, ou seja, por exemplo, o Paulo que anelava "estar com Cristo" (Fp 1.23; ver Estado Intermediário*). Essa dedução se revela arrasadora para com o monismo, tanto materialista* quanto idealista*.

3. *Mal moral e físico*. Tentativas têm sido feitas em se considerar tanto o mal* moral quanto físico como decorrência de dois princípios, um do bem e outro do mal, incessantemente em conflito. A teologia cristã rejeita esse dualismo, característico, *e.g.*, do zoroastrismo*, considerando tais males como consequência da queda humana*, voluntária ou, na concepção agostiniana*, determinada por Deus. Os males ocorrem, portanto, segundo a teologia cristã, tanto, como no caso de Jó, pela permissão de Deus quanto pela própria ação divina, como na punição de cidades e nações no AT. O pecado e o mal, porém, estão derrotados pela obra de Cristo (1Co 15.52-57).

4. *Revelação e razão*. A fonte de conhecimento da salvação de Cristo é a revelação divina, enquanto o conhecimento, por exemplo, de que Londres é a capital da Grã-Bretanha não procede, evidentemente, da revelação, mas vem por meio da razão e do senso de experiência humana. É característico do raciocínio teológico supor que as

DUNS SCOTUS, JOHN

Escrituras sejam uma republicação de verdades que de outro modo seriam discerníveis pela razão, assim como é característico de algumas formas de "positivismo da revelação" supor que todo conhecimento seja, afinal, passível de ser derivado das Escrituras. Ambos pensamentos não devem ser aceitos, preservando-se o dualismo de revelação e razão, com todos os problemas que disso possam resultar disso.

Bibliografia
R. Descartes, *Meditations of the First Philosophy* (1641; muitas reedições); T. S. L. Sprigge, *Theories of Existence* (Harmondsworth, 1984).

P.H.

DUNS SCOTUS, JOHN (1255/1256-1308). Nascido na Escócia, em Maxton-on-Tweed, ou Duns, Duns Scotus foi aceito com a idade de 15 anos pela ordem franciscana*. Em 1291, era ordenado sacerdote, tendo estudado Teologia provavelmente em Oxford e em Paris, onde também estudou entre 1294 e 1297. Por volta de 1302, ensinava em Paris, tendo já lecionado em Oxford e Cambridge. No ano seguinte, porém, teve de deixar Paris e retornar a Oxford. Em 1304, retornava a Paris, retomando seu ensino. Novamente, no entanto, sua estada ali foi breve e, em 1307, era transferido para Colônia, onde lecionou na Casa Franciscana de Estudos até sua morte prematura.

Tendo morrido relativamente jovem, Duns Scotus nunca chegou a escrever, por exemplo, como Tomás de Aquino, uma *Summa Theologica*. Mas deixou dois comentários sobre as *Sentenças* de Pedro Lombardo. Um deles, *Opus Oxoniense* [*Obra de Oxford*], síntese de seus vários conjuntos de palestras sobre as referidas *Sentenças*, tornou-se sua obra mais importante, por expor como um todo seu pensamento. Não viveu para revisar plenamente esse trabalho, mas sua tarefa teve continuidade com seus discípulos. Uma edição crítica moderna buscou restaurá-la à forma em que o próprio Duns a deixou. A segunda obra mais importante de Duns, e provavelmente a última, é *Quaestiones Quodlibetales* [*Questões diversas*]. É mais clara e mais metódica que a anterior, proporcionando valioso complemento à *Opus Oxoniense*.

Os escritos de Duns, de modo geral, não são fáceis de serem lidos, devido, em parte, ao seu estilo e, por outro lado, ao fato de que se foi antes de poder apresentar seu pensamento de forma definitiva. Essa dificuldade acabou conferindo a ele, pela maioria, o título de "Doutor Sutil". Humanistas e reformadores do século XVI, no entanto, foram menos polidos, passando a tratá-lo pela alcunha de "*Dunce*", trocadilho com seu nome, que, em inglês, significa "estúpido".

Como franciscano, Duns seguiu a tradição agostiniana* de Boaventura*. Atacou a tradição rival aristotélica*, especialmente o ensino de Tomás de Aquino*. Mas Duns não foi um sustentador acrítico da tradição franciscana. Ele a revisou justamente à luz da filosofia aristotélica, rejeitando, por exemplo, a teoria da iluminação divina, de Boaventura.

Tomás de Aquino acreditava na primazia da razão e do conhecimento sobre a vontade*. A vontade segue o que a razão apresenta para

DUNS SCOTUS, JOHN

ela como o bem mais elevado. A vontade de Deus, portanto, pode ser explicada pelo uso da razão. Duns, pelo contrário, enfatizou a primazia da vontade. A razão mostra à vontade o que é possível, mas a vontade é livre para escolher qualquer outra opinião que queira. O livre-arbítrio, ou seja, a liberdade da vontade, significa que a vontade simplesmente não segue nenhuma coisa que a razão dite.

Disso se seguem duas principais implicações. Duns destacou a liberdade de Deus. As coisas são do modo que são não porque a razão assim as exija, mas porque Deus livremente decidiu assim. Todavia, a vontade de Deus não é propriamente arbitrária ou além de qualquer controle. Deus não pode se contradizer. Um aspecto da liberdade de Deus está em sua predestinação das coisas*. Exemplo: ele primeiramente predestinou Pedro (representando os eleitos) à eterna glória; em seguida, decidiu dar a Pedro os meios para esse fim — a graça; em terceiro lugar, permitiu que tanto Pedro como Judas (este representando os reprovados) pecassem; finalmente, Pedro foi salvo pela graça de Deus, enquanto Judas foi com justiça rejeitado por haver insistido em pecar.

A ênfase de Duns sobre a liberdade de Deus significa que o papel da razão e da filosofia é necessariamente limitado. Enquanto os apologistas mais antigos, como Anselmo*, buscam demonstrar racionalmente que a encarnação e a cruz *tinham* de acontecer, Duns sustenta que tais fatos aconteceram porque Deus *resolveu* que assim deveriam acontecer. Isso enfatiza a liberdade de Deus, mas também limita a possibilidade de mostrar serem tais doutrinas razoáveis. Em sua ênfase sobre a liberdade de Deus, Duns chega a ponto de sugerir que o Filho teria encarnado mesmo que o homem não tivesse pecado, tornando assim a encarnação uma livre escolha da parte de Deus, mas não uma necessidade por causa do pecado do homem. Duns acreditava que a razão e a filosofia poderiam provar a existência de Deus e de alguns de seus atributos; mas muito daquilo que Tomás de Aquino julgava ser demonstrável pela razão (bondade, justiça, misericórdia e predestinação de Deus) Duns sustenta poder ser conhecido somente por meio da revelação. Algumas doutrinas, diz ele, são aceitas pela fé somente, mas não provadas pela razão. Concordava com Aquino, no entanto, que as verdades teológicas nunca são *contrárias* à razão.

Duns ficou famoso também como o primeiro dos principais defensores da doutrina da imaculada conceição de Maria*. A opinião favorável, nesse assunto, predominante na ocasião era a de que Maria fora livrada do pecado *após* sua concepção, embora antes do seu nascimento. Duns foi quem começou a virar a maré, e o fez de modo notável para alguém que tinha tão pouca confiança no poder da razão para falar a respeito de Deus. Argumentou ele ser mais perfeito preservar alguém, do que livrar, do pecado original. Jesus Cristo, como o perfeito Redentor, deve ter redimido alguém do modo mais perfeito possível — e quem mais adequado do que sua própria mãe? Ao apresentar a proposta da concepção imaculada de Maria

DURKHEIM, ÉMILE

como a forma mais perfeita de redenção, Duns refreou a principal objeção à doutrina — de que significaria que Maria não precisaria de redenção; pois, sabidamente, alegou não a certeza da concepção imaculada, mas, sim, sua *probabilidade*. Argumentou, porém, que, se há uma série de opções, todas elas consistentes com o ensino das Escrituras e da igreja, uma deveria ser escolhida que atribuísse maior glória a Maria. Esse princípio, em adição ao seu argumento referente à imaculada concepção, veio a ser de grande valor para o catolicismo, em sua intenção de promover o crescimento da "mariologia", tendo sido Duns, por isso, devidamente honrado, pelos católicos, com o apodo de "Doutor Mariano".

Ver também FÉ E RAZÃO.

Bibliografia
Edição crítica: C. Balic (ed.), *Opera Omnia* (Cidade do Vaticano, 1950ss).

E. Bettoni, *Duns Scotus: The Basic Principles of his Philosophy* (Washington, DC, 1961); J. K. Ryan & B. M. Bonansea (eds.), *John Duns Scotus 1265-1965* (Washington, DC, 1965).

A.N.S.L.

DURKHEIM, ÉMILE (1858-1917). Sociólogo francês da tradição positivista*, geralmente considerado, junto com Max Weber*, um dos fundadores da teoria sociológica moderna*, sua obra mais significativa sobre a religião é *As formas elementares de vida religiosa* (1912). Argumenta Durkheim, nessa obra, que uma das características básicas da religião é a classificação de todas as coisas em duas categorias, a sacra e a profana. "Crenças, mitos, dogmas e lendas são [...] representações que expressam a natureza das coisas sagradas" (p. 37).

Essas representações são também coletivas, uma vez que provêm da experiência humana em sociedade. O tipo primordial de uma "representação coletiva" é o totem, que é "ao mesmo tempo, o símbolo do deus e da sociedade", o que significa que "o deus e a sociedade são um só" (p. 206). Os símbolos são criados como resultado da emoção coletiva. Durkheim, nisso influenciado por W. Robertson Smith (1846-94), enfatizava, assim, a primazia do ritual sobre o mito* na formação das tradições religiosas.

Suas ideias influenciaram diretamente, embora de forma efêmera, os estudos bíblicos, por intermédio das obras de estudiosos como A. Lods (1867-1948) e C. A. H. Guignebert (1867-1939). Mas Durkheim é mais importante como manancial do modo sociológico de ver a religião em termos de sua função, que se tornou parte do pensamento atual e com o qual a teologia contemporânea se tem harmonizado.

Bibliografia
The Elementary Forms of the Religious Life, tr. J. W. Swain (London, 1915); G. Baum, "Definitions of Religion in Sociology", *in What is Religion?*, ed. M. Eliade & D. Tracy (*Concilium* 136, 1980), p. 25-32; S. Lukes, *Emile Durkheim* (Harmondsworth, 1973); J. Macquarrie, *Twentieth-Century Religious Thought* (London, 1963); W. S. F.

DÚVIDA

Pickering, *Durkheim's Sociology of Religion: Themes and Theories* (London, 1984); K. H. Wolff (ed.), *Emile Durkheim 1858-1917* (Columbus, OH, 1960).

D.A.Hu.

DÚVIDA. Um conceito popular e errôneo é o de que a dúvida equivale à incredulidade. Na verdade, embora a dúvida possa levar à incredulidade, pode também produzir uma fé* mais firme. As palavras gregas usadas para "dúvida" no NT têm o significado original de julgamento dividido (duas opiniões a respeito de um mesmo assunto) ou de perda de recursos, desamparo. Essas palavras são, por vezes, traduzidas em termos de perplexidade, como quando de uma perda ou insegurança (*e.g.*, Jo 13.22; At 2.12; 10.17).

Em sentido cristão, dúvida é ter uma opinião dividida a respeito de Deus ou de sua palavra. Toma muitas formas. Pode se originar de questões angustiantes, surgidas de uma contradição aparente entre a palavra de Deus e a experiência humana (*cf.* Sofrimento*; Teodicéia*). Esse tipo de dúvida costuma ser encontrada no AT, quando manifestações de confusão ou perplexidade acabam conduzindo a uma fé muito mais segura. Os que apresentam essa forma de dúvida geralmente necessitam somente de ajuda.

A dúvida pode também revelar o desejo de querer conhecer mais. Desde Descartes*, o aprendizado por meio do questionamento radical tem sido um método importante e adotado para chegar ao entendimento. Exemplo disso pode ser encontrado em Tomé (Jo 14.5; 20.25). Aqui a dúvida é realmente temporária e aberta à instrução.

A dúvida pode vir, ainda, da fraqueza na fé, como em Mateus 14.31; 28.17 e Marcos 9.24. O que duvida gostaria de crer, mas não se permite confiar inteiramente na palavra de Deus. A fé, aqui, existe, mas é fraca, precisando de encorajamento para se tornar forte.

A dúvida, todavia, pode ser passível de censura. Pode ter sua origem em obstinação moral ou ceticismo intelectual. O exemplo mais antigo que geralmente se conhece é o do questionamento insubordinado da palavra de Deus pela serpente, em Gênesis 3.1. Sua forma pode variar desde a má vontade em se convencer ante uma nítida evidência (Mt 12.38-42; Mc 6.6), passando pela incapacidade de interpretar a evidência, devido a uma imoralidade voluntária (2Ts 2.10-12), até a total recusa da verdade (Tg 2.19). Esses tipos de dúvida, sim, já constituem verdadeira expressão de incredulidade.

Como ação pastoral, a palavra nos recomenda que tenhamos compaixão daqueles que duvidam (Jd 22), mostrando que os que duvidam podem vir a ser salvos de cair na apostasia*. Falando de um modo geral, portanto, aquele que duvida não deve ser condenado, mas amavelmente encorajado e pacientemente instruído. Mais especificamente, a dúvida não é, na verdade, simplesmente uma questão "espiritual", mas envolve também dimensões intelectuais, emocionais, morais e de experiência de vida. Assim, todo cuidado deve ser dispensado em se descobrir qual a forma particular de dúvida de que se trata e sua causa antes de

EBELING, GERHARD

tentar aplicar o remédio que possa vir a ser adequado à solução.

Guinness argumenta que algumas dúvidas surgem por causa de nascimento espiritual defeituoso, *e.g.*, por meio de ingratidão, visão inadequada de Deus, fundamentos fracos ou compromisso deformado, enquanto outras se relacionam a problemas de ausência de fé permanente, *e.g.*, falta de crescimento, emoções obstinadas ou perda de confiança.

A maturidade cristã deve ter por alcance vencer a dúvida e produzir uma fé solidificada. Jesus ensina que certa dose de fé é essencial para que se tenha a oração respondida (Mt 21.21; Mc 11.23). Tiago desenvolve mais amplamente o mesmo enfoque, enfatizando os riscos da dúvida e advogando a necessidade de uma estabilidade de fé madura (Tg 1.5-8).

Bibliografia
R. Davidson, *The Courage to Doubt* (London, 1983); O. Guinness, *Doubt: Faith in Two Minds* (Berkhamsted, 1976); B. Gärtner, *in NIDNTT* I, p. 503-505.

D.J.T.

E

EBELING, GERHARD (n. 1912). De nacionalidade alemã, Ebeling estudou Teologia, em Marburgo, com Bultmann*, em Zurique, com Brunner* e em Berlim. Em seguida, após ter sido colega de Bonhoeffer* no seminário teológico de Finkenwald (1936-37), assumiu o ministério de uma congregação provisória da Igreja Confessante em Berlim. Em 1946, tornou-se professor de História Eclesiástica e, em 1954, de Teologia Sistemática, em Tübingen. Dois anos mais tarde, transferia-se para Zurique, onde passou a exercer as cátedras de Teologia Sistemática, de História da Teologia e de Teologia Simbólica. Ali, fundou o Instituto de Hermenêutica (1962), tendo-se aposentado como professor de Teologia Fundamental e Hermenêutica, em 1979.

O pensamento teológico de Ebeling mostra-o em débito tanto para com Lutero* quanto para com Schleiermacher*. Todas as suas monografias (históricas, exegéticas, dogmáticas), quase sempre incomumente amplas, concentram-se na tentativa de interpretar o relacionamento entre Deus, o homem e o mundo como uma continuidade da realidade da vida a ser experimentado, entendido e articulado pela fé. Sua *Dogmatik des christlichen Glaubens* [*Dogmática da fé cristã*], em três volumes (Tübingen, 1979), oferece a primeira visão geral, substancial e sistemática da escola de Bultmann. Nela, Ebeling não somente expõe diferenças teológicas básicas e essenciais (*e.g.*, entre Deus e o mundo, vida visível e eterna, uso político e evangélico do ensino bíblico), mas também, com uma expressão digna de nota, torna-nos cônscios de que a prova de toda teologia cristã é a oração.

Bibliografia
Diversas obras (TI) de Ebeling, incluindo: *God and Word* (Philadelphia, 1967); *Introduction to a Theological Theory of Language* (London, 1973); *Luther: An Introduction to His Thought* (London, 1970); *Word and Faith* (London,

EDWARDS, JONATHAN

1963); *The Word of God and Tradition* (London, 1968). Ebeling foi também um dos responsáveis pela edição Weimar das obras de Lutero (*Weimarer Ausgabe*) e edição completa das de Shleiermacher.

S. P. Schilling, *Contemporary Continental Theologians* (London, 1966), cap. 6.

R.E.F.

ECKHART, ver Teologia Mística.

ECLESIOLOGIA, ver Igreja.

ECOLOGIA, ver Teologia da Natureza.

EDWARDS, JONATHAN (1703-1758). Teólogo e filósofo americano, Edwards foi criado em lar e cultura cristãos. Tendo estudado na Universidade de Yale, o primeiro período de seu ministério, na Igreja Congregacional, em Northampton, Massachussets (1727-1733), de relativa obscuridade, foi seguido por uma época de grande popularidade e sucesso (1734-1747) que terminaria, no entanto, com sua rejeição (1750) e seu "sepultamento" virtual em um pequeno posto militar avançado entre os índios, em Stockbridge (1751-1757), onde escreveu sua maior obra: *Freedom of the Will; Original Sin; End of Creation; True Virtue* [*Livre-arbítrio; Pecado original; Finalidade da criação; Virtude verdadeira*]. Foi chamado, então, para ocupar a presidência, na época, nascente Universidade de Princeton, pouco antes de sua morte.

Segundo Edwards, "nada mais certo de que deve existir um ser não criado e ilimitado" (*The Insufficiency of Reason as a Substitute for Revelation* [*A insuficiência da razão como substitutiva da revelação*]). Em sua obra *On Being* [*A respeito do ser*], sustenta que somente se pode crer em um ser eterno e, em *Freedom of the Will* [*Liberdade da vontade*], diz que "provamos primeiramente *a posteriori* [...] que deve haver uma causa eterna [...] e provamos *a priori* muitas de suas perfeições". A despeito disso, no entanto, diz ele, sem a revelação bíblica o homem é "naturalmente cego nas coisas de religião" (sermão sobre Sl 94.8ss). Isso acontece, em parte, por causa da complexidade das questões metafísicas, mas principalmente por causa da influência mental do pecado. A Bíblia dá provas de sua própria inspiração, por irradiar "o brilho da agradável singeleza da verdade" (*Observations on Scripture* [*Observações sobre a Escritura*]), tanto quanto na certificação externa dos poderes concedidos por Deus a seus autores (*The Miracles of Jesus Not Counterfeited* [*Os milagres autênticos de Jesus*]).

Pela razão natural e pelas Escrituras, Deus revela seu propósito de criação do mundo para sua glória e, portanto, de bem-aventurança para seu povo (*End of Creation*), o que é compatível com se ter boa vontade desinteressada, de um modo geral, para com o seu ser (*Religious Affections; True Virtue* [*Afeições religiosas; a virtude verdadeira*]). Adão foi, em princípio, criado justo, mas caiu em tentação (não tendo clamado pela graça eficiente que lhe estava disponível), levando à ruína a raça humana, com ele "constituída" em uma só (*Original Sin*). Mediante a obra do pacto, realizada por Deus-Homem (*On Satisfaction* [*Sobre o pagamento*]), Deus redime os eleitos

ELEIÇÃO

(*Efficacious Grace* [*Graça eficaz*]), deixando os não eleitos entregues, indesculpáveis, à sua incredulidade e julgamento (*The Justice of God in the Damnation of Sinners* [*A justiça de Deus na condenação dos pecadores*]).

A obra de Cristo é levada aos eleitos, geralmente, mediante a pregação — para a qual o Espírito desperta previamente as pessoas "embriagadas" (*Sinners in the Hands of an Angry God* [*Pecadores nas mãos de um Deus irado*) à "busca" (*Pressing Into the Kingdom; Ruth's Resolution* [*Tomando o reino à força; a decisão de Rute*]). Dos muitos que são chamados, poucos são os escolhidos. Somente aqueles que fazem legítima profissão de fé e assumem compromisso de vida cristã são devidamente admitidos à membresia da igreja, em sua membresia permanecem* e estão habilitados a participar dos sacramentos* (*Qualifications for Communion* [*Qualificações para a comunhão*]); sendo os demais impedidos de fazê-lo ou excomungados (*The Nature and End of Excommunication* [*Natureza e finalidade da excomunhão*]).

Um avivamento geral que viria, assim, a ocorrer nas colônias americanas levou Edwards a crer que o milênio* dos "últimos dias" deveria estar começando (*Thoughts on Revival* [*Meditações sobre o Reavivamento*]), ao que se seguiriam, certamente, o juízo final, a conflagração, o céu e o inferno eternos (*The Portion of the Wicked; The Portion of the Righteous* [*A porção dos ímpios; a porção dos justos*]). Esse despertamento da época de Edwards, além de seus efeitos imediatos, teve o considerável poder de preparar as igrejas já estabelecidas

nas colônias para a separação entre Igreja e Estado, que viria com a Revolução Americana, assim como também, segundo alguns estudiosos, ajudar a produzir a própria revolução. B. B. Warfield afirma que a apologia que Edwards fazia do calvinismo é que reteve por cerca de cem anos a conquista arminiana* da Nova Inglaterra.

Edwards é considerado até hoje como provavelmente a mente filosófica e teológica mais profunda da América do Norte. Suas obras têm sido republicadas, na atualidade, pela editora da Universidade de Yale (ed. P. Miller, New Haven, CT, 1957-).

Ver também Teologia da Nova Inglaterra.

Bibliografia

Obras: diversas edições, *e.g.*, 2 vols. (Edinburgh, 1974-75); *cf.* H. T. Johnson, *The Printed Writings of Jonathan Edwards, 1703-1758: A Bibliography* (Princeton, NJ, 1940).

Estudos mais abrangentes: O. E. Winslow, *Jonathan Edwards 1703-1758: A Biography* (New York, 1940); C. Cherry, *The Theology of Jonathan Edwards. A Reappraisal* (New York, 1966); D. J. Elwood, *The Philosophical Theology of Jonathan Edwards* (New York, 1961); I. H. Murray, *Jonathan Edwards. A New Biography* (Edinburgh, 1987).

J.H.G.

ELEIÇÃO, ver Predestinação.

ELLUL, JACQUES (n. 1912). Historiador, cientista social e teólogo leigo, Ellul nasceu em Bordeaux, França, tendo atuado como professor no Instituto de Estudos Políticos

ELLUL, JACQUES

da universidade local. Converteu-se à fé cristã em sua juventude, tornando-se ativo pregador leigo da Igreja Reformada da França.

Seus escritos, prolíficos, podem ser classificados em cinco categorias: 1. *História.* Escreveu extensa história das instituições. 2. *Sociologia.* Na obra *A sociedade tecnológica,* seu estudo mais importante, examina a influência da chamada "técnica moderna" em todas as esferas da sociedade, assim como na mente humana. A técnica é por ele considerada um fator independente que funciona de acordo com suas próprias regras e está se transformando em um "sistema" técnico. 3. *Crítica social.* Mostra-se Ellul um desafiador de muitos lugares-comuns modernos, questionando, por exemplo, se o homem de hoje é ou não um produto de sua época e se a sociedade atual tem-se tornado realmente secular. Em sua concepção, o homem moderno está subordinado às exigências da técnica, crendo que seu futuro e bem-estar dependem unicamente dela como se a técnica fora "o próprio Deus". 4. *Estudos bíblicos.* Alguns comentários notáveis seus merecem atenção, como os referentes a Jonas, 2Reis e Apocalipse. Seu estudo bíblico *O significado da cidade* é fundamental para o entendimento de seu pensamento teológico. A cidade representa a civilização, resultante de esforços humanos em construir um mundo sem o Deus vivo, o que inclui sistemas próprios de religião, moral, defesa, seguro, etc. O homem está agora condenado a viver na cidade, que se encontra sujeita ao juízo de Deus. Contudo, o cristão sabe também que Deus promete uma transformação das obras dos homens. O fim da história humana será marcado não apenas pelo terror de Babilônia, mas também, e sobretudo, pela chegada da Nova Jerusalém. 5. *Ética.* Está baseada no "significado da cidade". Em suas obras éticas, Ellul procura escapar dos riscos do idealismo, do moralismo ou do planejamento de uma sociedade sadia, que pode somente levar a um sistema bem ordenado que controle tudo e todos. O que resta apenas é a pessoa individual, encorajada a ser realista a respeito da situação em que se encontra, determinada por necessidades técnicas e políticas, estimulada a aceitar suas responsabilidades e a continuar esperando pelo aparentemente impossível: diálogo verdadeiro, justiça, paz, liberdade e amor.

Em seu pensamento teológico, é possível observar a influência de Karl Barth. Característica da obra de Jacques Ellul é a tensão dialética entre a revelação bíblica e a consciência tecnológica moderna. Também característica é sua insistência sobre a importância da liberdade pessoal e do diálogo entre Deus e a pessoa humana, continuamente obstruído pelos sistemas do homem.

Bibliografia
The Tecnological Society (New York, 1964); *The Meaning of the City* (Grand Rapids, MI, 1970); *The Politics of God and the Politics of Man* (Grand Rapids, MI, 1972); *The Ethics of Freedom* (Grand Rapids, MI, 1976).

G. C. Christians & J. M. van Hook, *Jacques Ellul, Interpretative Essays* (Champagne, IL, 1981); J.

EMPIRISMO

M. Hanks, assistido por R. Asal, *Jacques Ellul: A Comprehensive Bibliography* (Greenwich, CT & London, 1984); B. Kristensen, Jacques Ellul, *CG* 29:4 (1976), p. 106-110.

B.K.

EMPIRISMO. É a visão de que a fonte de todo conhecimento é o senso da experiência. O empirismo se baseia na percepção, comum nas pessoas, de que os nossos sentidos nos proporcionam algum conhecimento. Suas raízes se encontram entre os antigos gregos, mas, como um sistema de ideias, viria a florescer mais fortemente já em nossa era, como reação ao racionalismo e sua crença de que a razão seria a base do conhecimento certo. Em oposição ao racionalismo, nos séculos XVII e XVIII, John Locke*, o bispo Berkeley* e David Hume*, entre outros pensadores, argumentaram que todo conhecimento tinha por base os sentidos. Era uma resposta que fazia parte da crítica ao ceticismo, empenhado por encontrar uma fonte do conhecimento absolutamente certa.

Hume dividiu tudo aquilo que conhecemos em duas categorias: matérias de fato e relações de ideias.

A esfera da *relação de ideias* é a da lógica e da matemática. As verdades da matemática e da lógica são verdadeiras por definição, necessárias (*i.e.*, elas não poderiam ser falsas) e conhecidas *a priori*. Essas verdades não fazem parte do mundo real.

Em contraste, *as matérias de fato* procedem da experiência comum dos sentidos. São verdadeiras devido a contingências — poderiam ser de outra maneira. Tornam-se conhecidas somente por meio de nossa experiência direta e *a posteriori*. Fornecem um conhecimento autêntico do modo como é o mundo, podendo ser usadas para se verificar a veracidade do que é dito ou reivindicado como verdadeiro com base apenas na experiência. O senso comum nos informa que temos ideias e conceitos, assim, como resultado da experiência dos sentidos. Hume argumentava que as ideias e os conceitos ou são relações de ideias ou podem ser analisados tendo-se deles sensações, ou se refletindo a seu respeito. Para ele, as impressões constituem o conteúdo real da mente no momento mesmo da percepção. As ideias seriam então cópias menos vívidas das impressões, que podem vir a ser amalgamadas em ideias complexas por meio da imaginação. O empirismo alega, por fim, no entanto, que nada há na mente que não tenha estado anteriormente nos sentidos.

Empirismo atual

O empirismo proporciona uma resposta ao ceticismo e uma fonte unificada de todo conhecimento. Isso se desenvolve de duas maneiras. A busca pela certeza leva à análise da experiência nas unidades irredutíveis e infalíveis da experimentação, chamadas de dados dos sentidos. Eles são os fundamentos básicos, em bruto, da nossa experiência (*e.g.*, uma nódoa avermelhada), sobre os quais não há como estarmos enganados. Essa abordagem realça os problemas da realidade do mundo exterior e do eu.

O positivismo lógico* tem tornado o empirismo a busca de um significado baseado em uma definição

ENCARNAÇÃO

ostensiva. Essa é uma visão que considera o conhecimento como semelhante, por exemplo, ao aprendizado de uma língua em que indicamos uma palavra e assinalamos o objeto correspondente a ela de modo que nenhum outro entendimento é possível, a não ser unicamente de que aquela palavra significa aquele objeto. Existe, todavia, uma base diferente para o significado, que é a capacidade de verificação. Por ela, uma afirmação é significativa se, e somente se, puder ser verificada pela experiência dos sentidos. Isso veio a ser modificado, tornando-se o chamado "princípio da capacidade de falsificação" que baseia o conhecimento em não poder se refutar uma afirmação. O empirismo se baseia, ainda, na verificação* pela experiência dos sentidos, usando os métodos das ciências empíricas e indutivas, como solução para o ceticismo. Isso, porém, tem gerado dúvidas sobre a verdade e a validade das afirmações religiosas e doutrinárias, com base em uma visão estreita de reduzir a experiência unicamente ao seu sentido.

Bibliografia
A. J. Ayer, *The Problem of Knowledge* (Harmondsworth, 1971); D. Hume, *An Inquiry Concerning Human Understanding*, ed. L. A. Selby-Bigge (Oxford, ³1975); H. Morick (ed.), *Challenges to Empiricism* (Belmont, CA, 1972).

E.D.C.

ENCARNAÇÃO. Considera-se como evidente que os autores dos evangelhos viram Jesus como um ser totalmente humano. Ele é descrito como um judeu do século I d.C., sujeito a toda a gama de experiências emocionais e físicas que são comuns aos homens em geral. Nasceu e viveu seu processo normal de crescimento e desenvolvimento, desde a infância até a idade adulta (Lc 2.52). É visto como "filho" (descendente) de Davi (Mt 1.6; Lc 2.4; 3.31) e de Adão (Lc 3.38). Apresenta-se a si mesmo como homem comum, mortal (Jo 8.40) e fala de seu corpo e da iminente dissolução deste (Mt 26.26,28), continuando a enfatizar sua realidade após a ressurreição* (Lc 24.36,37). É descrito passando por uma série completa de experiências humanas: compaixão (Mt 9.36), amor pelos amigos (Jo 11.35,36), surpresa (Mt 8.10; Mc 6.6), oração (Mt 14.23), agonia (Lc 22.44), sede (Jo 19.28), cansaço (Jo 4.6), sono (Mt 8.24) e morte (Jo 19.30, etc.). Como homem, é visto, ainda, como limitado em seu conhecimento e necessitando de aprendizado e desenvolvimento (Mc 13.32; At 1.7; Hb 5.8). A opinião pública o considerava um profeta, um notável mestre religioso, mas não mais do que isso. À parte de sua impecabilidade*, a respeito da qual os escritores do NT não têm nenhuma dúvida (Jo 8.46; 2Co 5.21; Hb 4.15; 7.26,27; 1Pe 1.19; 2.22,23; 1Jo 3.5), sua identidade e solidariedade conosco é absoluta e completa.

Todavia, tornou-se claro também aos discípulos que Jesus era mais do que simplesmente um ser humano comum. Seus milagres demonstravam sua autoridade pessoal sobre a criação (*e.g.*, Mt 8.23-27; 14.22,23 e paralelos). Ele reivindicava o direito de perdoar pecados (*e.g.*, Mt 9.2-8; Mc 2.3-12;

ENCARNAÇÃO

Lc 5.18-26). Ele mostrava igualdade e reciprocidade em seu relacionamento com Deus, chamando-o de Pai e a si próprio de Filho (Mt 11.25-27; Jo 5.19-23; 10.14-30; 14.1ss). A ressurreição confirmaria como corretas determinadas atitudes e posicionamentos seus. Depois disso, os escritores do NT, especialmente Paulo, sentiram-se capazes de empregar o título *Kyrios*, usado para Deus em 95% de suas ocorrências na LXX, com referência a Jesus, como indicação de sua real condição. Assim, em Filipenses 2.5-11, Jesus de Nazaré é exaltado como Deus e recebe o nome supremo de *Kyrios*, em alusão a Isaías 45.23, onde é Javé assim designado (*cf.* também Rm 10.13; 14.11; 1Co 1.31; 2Ts 1.8-9). Consentaneamente, surge uma doutrina da preexistência de Jesus Cristo, pela qual Cristo é considerado Criador do universo assim como Salvador de sua igreja (Cl 1.16-17; Hb 1.1ss; Jo 1.1-5; 1Co 8.6), além de detentor de igualdade com Deus Pai (Fp 2.5,6) e por este tendo sido enviado ao mundo (Rm 8.3; Gl 4.4). É também, ao mesmo tempo, o escatológico Filho do homem, que virá ao mundo para julgá-lo (Mt 25.31-46; *cf.* Jo 5.27-30; At 17.31; 2Co 5.10; 2Ts 1.7-10). Consequentemente, não é de admirar que em muitas e muitas ocasiões seja adorado como a divina pessoa a quem se oferece a doxologia (Rm 9.5; 2Pe 3.18; Ap 1.5b,6; provavelmente 2Tm 4.18) ou se dirige uma oração (At 7.59,60; 1Co 16.22; 1Ts 3.11,12; 2Ts 3.5,16; Ap 22.20).

A questão de cristologia* daí resultante dominou a agenda da igreja por séculos. O problema, em essência, apresentava uma dupla dimensão: primeiramente, como a igualdade de Jesus Cristo e sua identidade com Deus seriam relacionadas ao estrito monoteísmo* do AT — o problema da Trindade*; em segundo lugar, como o homem Jesus de Nazaré seria simultaneamente Deus e um só indivíduo na carne — o problema da encarnação. Sejam quais forem os parâmetros e configurações dos debates que daí se seguem, essas questões emergem dos próprios ensinos bíblicos. A salvação prometida no AT era alguma coisa que somente o próprio Deus poderia realizar. Os profetas haviam vislumbrado o dia em que Javé viria em pessoa para a libertação de seu povo e o estabelecimento de seu reino (Is 11.12; 31.1ss; Sl 33.16,17; Os 5.13ss; *cf.* Is 11.1-10; 25.9-12; 45.16,17; Jr 14.8; Mq 7.7; Hc 3.18). Todavia, seria a semente da mulher que esmagaria a cabeça da serpente (Gn 3.15), pois somente um homem poderia de forma definitiva expiar o pecado do homem (como muitos pais da igreja viriam a sustentar: "O que quer que seja que não for assumido não pode ser sanado"). O amplo cenário da doutrina da encarnação pode assim, em princípio, ser discernido, embora ainda fracamente, no AT. A promessa crucial do antigo pacto — "[...] serei o seu Deus, e vocês serão o meu povo" (Lv 26.12) — encontraria o seu completo cumprimento somente no Cristo encarnado.

Assim sendo, a motivação subjacente no testemunho bíblico refere-se a todo um movimento feito por Deus em direção ao homem. O Pai envia o Filho. O Verbo se torna carne. Deus está em Cristo.

EPISTEMOLOGIA

Em suma, Deus, para nos salvar, vem a nós não em sua plena glória, como Deus, mas, antes, como homem; como um bebê chorando nos braços de sua mãe, querendo amparo e alimento, tal qual um condenado em uma cruz. Deus oculta sua glória, limita-se na carne. Para permanecer como alguém com Deus e igual a ele, toma a forma de servo. Por se tornar um conosco, é capaz de compartilhar nossas tristezas, suportar nossos fardos, expiar nossos pecados e unir-nos a Deus.

Ver também QUENOTICISMO.

Bibliografia

Histórica: A. Grillmeier, *Christ in Christian Tradition*, vol. 1 (Atlanta, GA, & London, ²1975), vol 2:1 (Oxford, 1987); J. N. D. Kelly, *Early Christian Doctrines* (London, ⁵1977); J. Pelikan, *The Christian Tradition*, vol. 1 (Chicago, 1971).

Bíblica: J. D. G. Dunn, *Christology in the Making* (Philadelphia & London, 1980); M. Hengel, *The Son of God* (London, 1976); S. Kim, *The Origin of Paul's Gospel* (Grand Rapids, MI, 1982); C. F. D. Moule, *The Origin of Christology* (Cambridge, 1977).

Dogmática: D. M. Baillie, *God Was in Christ* (London & New York, 1948); G. C. Berkouwer, *The Person of Christ* (Grand Rapids, MI, 1954); A. B. Bruce, *The Humiliation of Christ* (Edinburgh, 1881); C. E. Gunton, *Yesterday and Today* (Grand Rapids, MI & London, 1983); K. Runia, *The Present-day Christological Debate* (Leicester, 1984); T. F. Torrance, *Space, Time and Incarnation* (Grand Rapids, MI & London, 1969); D. F. Wells, *The Person of Christ* (Westchester, IL, 1984; Basingstoke, 1985).

R.W.A.L.

ENIPOSTASIA, ver HIPÓSTASE.

EPICLESE, ver EUCARISTIA.

EPISCOPADO, ver MINISTÉRIO.

EPISCOPIUS, ver ARMINIANISMO.

EPISTEMOLOGIA. Termo originado da palavra grega para designar conhecimento ou ciência (*epistēmē*), a epistemologia é o estudo da natureza e da base da experiência, da crença e do conhecimento. Indaga sobre o que é que conhecemos e como o conhecemos. Seu interesse está voltado para a diferenciação entre o conhecimento e o sentido de certeza ou crença. Pergunta como justificamos procurar saber alguma coisa; se podemos estar ou não errados a respeito do que sabemos; se o que podemos saber somente faz sentido se nós também *não* o pudermos conhecer; e se sabemos ou não que conhecemos.

Há muitas áreas que apresentam dificuldades no conhecimento, *e.g.*, o conhecimento do eu, do passado, do futuro, de fatos universais, de leis científicas e fatos relativos a filosofia, estética, moral, religião, lógica e matemática. Diversos filósofos atuais têm elaborado meios de distinção que visam a ajudar analisar a natureza do conhecimento. Bertrand Russell (1872-1970) distingue o conhecimento por convivência, que é direto e imediato, do conhecimento por descrição, que é indireto. Gilbert Ryle (1900-1976) distingue o saber como fazer as coisas do saber como elas são.

EPISTEMOLOGIA

Racionalismo e empirismo

Descartes* procurava a certeza absoluta no conhecimento. Enfatizava que a razão somente proporciona o caminho para a certeza absoluta. Essa ênfase, racionalista, foi contestada pelo empirismo* de Locke*, Berkeley * e Hume*, que argumentaram que a certeza deveria ser encontrada somente por meio dos sentidos. Essas vertentes-chave da filosofia participam de uma discussão em comum sobre a origem do conhecimento, estão conscientes dos problemas dos universais e das ideias abstratas, usam de abordagens racionais e científicas e se envolvem em uma busca da certeza. Ambas são respostas ao desafio cético ao conhecimento. O ceticismo questiona a respeito da confiabilidade do conhecimento, argumentando ser sempre possível duvidarmos dele. O racionalismo e o empirismo são tentativas de sanar a dúvida.

Kant* ofereceu uma ponte entre os sentidos e a razão, dando destaque às categorias de entendimento sintéticas *a priori*, que tornam o conhecimento possível. O conhecimento dessas categorias não deriva da experiência, mas constitui uma condição de compreensão desta. Essa teoria das sínteses *a priori* têm sido muito questionada.

Filósofos recentes têm argumentado de modo diverso. G. E. Moore (1873-1958) e Wittgenstein* têm deixado de lado as questões da dúvida e analisado o conhecimento em termos de significado mediante o uso linguístico. A linguagem usual e o senso comum não têm muita dificuldade para com a dúvida filosófica, oferecendo para ela uma solução simples. Polanyi*, por exemplo, tem enfatizado a natureza pessoal do conhecer e sua dimensão tácita, em que conhecemos mais do que podemos explicar. Os positivistas lógicos* têm tomado o empirismo, pelo caminho da verificação* e da falsificação, como meio de comprovar o conhecimento e as alegações da verdade, usando constantemente os dados dos sentidos como fonte definitiva da certeza. A. J. Ayer (n. 1910) oferece uma análise do conhecimento em termos de sua verdadeira crença ser justificada.

Na epistemologia, as questões essenciais parecem ser as que interessam: ao papel da justificação e sua natureza; à maneira de afastar ou enfrentar a dúvida* e se a posição do cético faz sentido; à natureza do que é conhecido (seja em termos de ideias seja em termos do que é real); a uma teoria adequada da verdade* (seja em termos de coerência seja em termos correspondência à realidade); e ao relacionamento entre a objetividade e a subjetividade, em termos de se podemos saber alguma coisa de modo totalmente objetivo e em até que grau a subjetividade se entremeia ou é considerada problemática.

A epistemologia na teologia

A distinção entre crença e conhecimento tem, tradicionalmente, tomado a forma de distinção entre fé* e razão em teologia. Os escritores bíblicos parecem não hesitar quanto à afirmativa de que Deus é conhecido e que o cristianismo não é simplesmente uma questão de fé, mas também de conhecimento. Anselmo* argumenta que a fé busca o entendimento, asseverando outros, de modo semelhante, que cremos a

EPISTEMOLOGIA

fim de que possamos entender. Os teólogos exprimem em termos de revelação* e de experiência as fontes diversas do conhecimento em religião. A revelação é, geralmente, considerada como especial ou geral. A revelação especial refere-se à encarnação, à ressurreição e aos milagres, em que Deus se revela de um modo "incomum" a determinadas pessoas em particular. Já a revelação geral é aberta a todos, sendo vista, comumente, em termos de teologia natural*. Dirige-se à natureza do mundo e da humanidade como que revelando alguma coisa da natureza de Deus; ou seja, sugere ser possível conhecer a Deus deduzindo-se sua natureza do mundo ou da humanidade. A experiência religiosa* parece oferecer um conhecimento direto de Deus, conforme pode ser constatado na pregação dos profetas e em muitas experiências diretas com Deus e com Cristo, como narradas nas Escrituras.

Experiências religiosas distintivas, ou simplesmente de interpretação do mundo, ou de eventos ocorridos na vida de alguém ou do mundo como resultantes da ação divina têm permitido alegações pessoais de um conhecimento direto de Deus. Essas alegações têm sido criticadas pelos filósofos, especialmente pelos positivistas lógicos, por causa da ausência da espécie de prova exigida pelas teorias de verificação e falsificação. Os teólogos, por sua vez, têm reagido a elas de diversos modos. Argumentam alguns que a experiência religiosa é autolegitimável; outros, que a visão positivista da experiência é definida muito estritamente em termos de experiência dos sentidos.

A experiência religiosa tem sido também interpretada como um padrão de revelação, ou situação, paralela às descobertas científicas (ver Ramsey, Ian*). John Hick* apresenta a verificação escatológica como a base para o conhecimento de Deus. Outros ainda argumentam que a razão não oferece conhecimento absoluto em qualquer esfera e que a crença é melhor do que aquilo que qualquer área de estudo ou da vida possa oferecer; desse modo, as pressuposições cristãs não seriam piores nem melhores que qualquer outro conjunto de pressuposições.

Tomando como norma o equilíbrio bíblico entre a fé e o conhecimento, é essencial tratar-se dos problemas da verdade e da justificação onde quer que sejam levantadas questões a respeito de conhecimento ou crença. Ambos os conjuntos de requisições sobre esses assuntos pedem evidência e apoio, não devendo o teólogo deixar de buscar a melhor prova que possa encontrar e de oferecer a mais forte justificativa para o conhecimento e a afirmação da fé. Não obstante, há que se reconhecer os limites da razão e quando ocorrem exigências ininteligentes e impróprias para prova e justificação. Essa circunstância pode ser facilmente comprovada ao se verificar que nada de proveitoso se ganharia se fosse tentado atender a tais exigências. Os cristãos, particularmente, precisam refletir, sobretudo, quanto ao que poderia vir a ser usado distorcidamnente contra o conhecimento de Deus e a crença nele. O cristianismo bíblico não reivindica nenhuma imunidade de crítica nem impõe a aceitação

ERASMO, DESIDÉRIO (ERASMO DE ROTERDÃ)

automática de fé por parte de seus ouvintes; oferece, porém, simplesmente, boas razões para a esperança que está em nosso interior.

Bibliografia
A. J. Ayer, *The Problem of Knowledge* (Harmondswoth, 1956); S. T. Davis, *Faith, Skepticism and Evidence: An Essay in Religious Epistemology* (Cranbury, NJ, 1978); D. W. Hamlyn, *Theory of Knowledge* (London, 1971); J. Hick, *Faith and Knowledge* (London, 1966); T. Penelhum, *Problems of Religious Knowledge* (London, 1971); D. L. Wolfe, *Epistemology* (Leicester, 1982).

E.D.C.

ERASMO, DESIDÉRIO (ERASMO DE ROTERDÃ) (*c.* 1469-1536). O mais renomado erudito de sua época, Desidério Erasmo, que se tornou quase que somente conhecido como Erasmo de Roterdã, era um cristão humanista, complexo e cosmopolita. Apesar de cortejado por universidades, papas, reis e um imperador, esse intelectual nada poderoso soube preservar cuidadosamente sua independência. A ardente paixão que possuía por piedade e unidade seria melhor atendida, pensava ele, pelo poder de sua pena.

Superando o estigma de um nascimento ilegítimo, Erasmo foi criado em uma esfera clerical de escolas e regulamentos monásticos. Ordenado em 1492, o jovem sacerdote, contudo, procurou libertar-se de sua ordem agostiniana* e partiu em busca dos estudos universitários em Paris. Mergulhou na literatura clássica e se tornou um latinista consumado.

Uma visita que fez à Inglaterra, em 1499, mostrou ser decisiva para sua vida quando foi tão cativado quanto desafiado por um lente da Universidade de Oxford, John Colet (c. 1466-1519), futuro deão da Catedral de São Paulo, que incendiou sua imaginação com os ideais de um humanismo cristão e, especificamente, a importância de um retorno ao sentido normal do texto bíblico. Essa meta, concordavam os dois, seria melhor alcançada mediante um conhecimento, que viesse a ser produtivo, das línguas originais da Bíblia.

Seus anos seguintes foram, assim, empregados em viagens e pesquisas, especialmente no estudo da gramática grega. Entusiasmado pelas possibilidades que oferecia a descoberta de um manuscrito obscuro, feita, então, por Lorenzo Valla (1407-1457), que criticava a exatidão da Vulgata latina, Erasmo se entregou à produção de um novo texto latino do NT, baseado em um comentário crítico grego. Em 1516, publicava esse seu *Novo instrumento*, como nomeou a primeira edição. Sua influência foi imensa. Com apenas um livro, Erasmo já colocava o NT grego ao alcance de eruditos e pregadores.

À medida que sua fama crescia, Erasmo passou a se utilizar do poder de sua inegável influência contra os vários abusos da Igreja Católica-Romana. Sua mais famosa e satírica obra, *O elogio da loucura*, salientava os pontos fracos do monasticismo da época. Voltou-se inteiramente contra o indevido abuso das indulgências pela igreja, e quando Lutero* apresentou suas 95 Teses, Erasmo lhe deu todo o seu apoio.

337 | **ERÍGENA, JOÃO ESCOTO**

Quando Lutero, no entanto, passou a se tornar mais litigioso, o pacífico Erasmo de Roterdã foi se distanciando cada vez mais do controverso reformador. A correspondência entre os dois eclesiásticos foi se tornando mais e mais amarga. Instigado por Roma a golpear a heresia luterana, Erasmo escreveu, em 1524, um tratado *Sobre o livre-arbítrio*, que levou Lutero a ter de trabalhar sobre a espinhosa questão da predestinação* em face da liberdade humana.

As diferenças entre os dois pensadores, contudo, não eram, de modo algum, simplesmente teológicas. Erasmo almejava com toda a sinceridade a reforma, mas não à custa da unidade da igreja. Defendia a liberdade de Lutero de criticar os abusos, mas não conseguia aceitar uma rebelião eclesiástica contra a própria autoridade religiosa.

Apesar de acusações feitas pelos adeptos da Reforma protestante a Erasmo, culpando-o por vacilação e timidez, e a despeito de haverem vários papas colocado obras suas no *Índex* dos livros proibidos pela Igreja Católica, a influência filosófica e teológica desse humanista cristão foi enorme. Protestantes e católicos, igualmente, citam-no, sem retrições sobre questões cruciais de interpretação bíblica e teológica. As *Institutas* de Calvino têm para com ele uma dívida bem maior do que parece à primeira vista. Suas *Paráfrases do Novo Testamento*, traduzidas para muitas línguas, têm desfrutado de constante interesse e influência em nível popular. Sua mais importante contribuição à teologia, contudo, juntamente com o seu NT, de 1516, ficou sendo, provavelmente, a edição que fez dos escritos selecionados dos pais mais influentes da igreja primitiva.

Vários estudos sobre Erasmo têm florescido nesses anos mais recentes; além disso, diversas biografias suas têm sido publicadas, assim como destacadas novas edições de suas obras e cartas.

Bibliografia

R. A. B. Mynors *et al.* (eds.), *The Correspondence of Erasmus* (Toronto, 1974-, integrando a nova e completa TI de J. K. McConica *et al.* (eds.), *The Collected Works of Erasmus*); E. G. Rupp *et al.* (eds.), *Luther and Erasmus: Free Will and Salvation* (*LCC* 17; London, 1969); *Opera Omnia*, ed. C. Reedijk *et al.* (Amsterdam, 1969-).

R. H. Bainton, *Erasmus of Christendom* (New York, 1969); J. Huizinga, *Erasmus of Rotterdam* (New York, 1952).

N.P.F.

ERASTIANISMO, ver Estado.

ERÍGENA, JOÃO ESCOTO (*c.* 810-*c.* 877). Teólogo filosófico do neoplatonismo cristão (ver Platonismo*). Criado na Irlanda (como "Escoto" [originalmente, "Scotus"] e "Eriugena" tautologicamente indicam), João se tornaria o pensador mais original da Renascença carolíngia, sendo, por mais de trinta anos, desde 840, o principal destaque da academia palaciana de Carlos de Bald, perto de Laon, na Gália. É provável que no final de sua vida haja lecionado na Inglaterra.

O conhecimento que possuía do idioma grego, raro no Ocidente, naquela época, e certamente adquirido na Irlanda, capacitou-se a poder latinizar o pensamento

ERÍGENA, JOÃO ESCOTO

do neoplatonismo cristão grego. Traduziu e comentou, também, as obras de Gregório de Nissa* e Máximo, o Confessor, assim como o influente conjunto de escritos do pseudo-Dionísio*. Devia muito à interpretação da lógica aristotélica feita por Boécio*, cujo estilo dialético o fez merecer de Erígena o título de "o primeiro escolástico".

Sua obra mais importante, *Periphyseon*, ou *A divisão da natureza* (*c.* 862), viria a ser condenada no século XIII. Sua aparente fusão de doutrina bíblica com o neoplatonismo — por ver tanto a razão quanto a revelação* como manifestações da sabedoria divina e praticamente igualar filosofia e religião — tendia ao panteísmo*. Para ele, toda criação procede de Deus como fonte, por "divisão" ou "progressão", que um movimento circular de "resolução" ou "regresso" faz retornar a ele, como alvo. O pensamento de João traz as marcas típicas do neoplatonismo: uma preferência pela teologia apopática ou negativa; fervor e intensidade poéticos, quase místicos; uma escala hierárquica do ser; a deificação* de todas as criaturas; e a "restauração de todas as coisas", proposta por Orígenes*. Natureza e graça muito dificilmente poderiam ser separadas em seu sistema.

Erígena opôs-se à predestinação ensinada por Gottschalk. Lançando mão das obras primitivas e das antimaniqueístas de Agostinho* desenvolveu o que parecia ser uma apreciação pelagiana* da capacidade moral da humanidade, negando que Agostinho tivesse ensinado uma dupla predestinação. Nenhuma versão possível de predestinação ou eleição pode ser encontrada em seu pensamento, não mais do que de punição eterna ou inferno.

Na controvérsia eucarística* que envolveria Paschasius Radbertus* e Ratramnus*, ele apresentou uma interpretação simbolista refinada do sacramento. Cristo é oferecido e recebido pelo crente "não dentalmente, mas mentalmente" (*mente non dente*). Em sua visão da realidade, todas as coisas visíveis e corpóreas significavam algo incorpóreo e inteligível.

A erudição irlandesa atual tem-se inclinado a considerar João Escoto Erígena como o maior filósofo irlandês (exceto talvez quanto a Berkeley*). Tem sido também descrito, com frequência, como o único posto avançado do pensamento grego no Ocidente medieval. Todavia, atuava em uma comunidade variada de eruditos e não deve ser separado da tradição derivada de Agostinho*. Ele soube, isso sim, inegavelmente, colocar de forma sutil a perene questão da relação entre a fé e a razão.

Bibliografia

A maioria das obras: *PL* 122; para relação das obras, ver I. P. Sheldon-Williams, *in*: *JEH* 10 (1960), p. 198-224; *Periphyseon*, ed. e tr. Sheldon-Williams (Dublin, 1968ss).

H. Bett, *Johannes Scotus Erigena* (Cambridge, 1925); *CHLGEMP*, p. 518-533 (Sheldon-Williams), 576-586 (H. Liebeschütz); J. J. O'Meara, *Eriugena* (Cork, 1969); J. Pelikan, *The Growth of Medieval Theology* (600-1300) (*The Christian Tradition*, vol. 3; Chicago & London, 1978), p. 95-105.

D.F.W.

EROS, ver AMOR

ERSKINE (OF LINLATHEN), THOMAS
(1788-1870). Notável teólogo leigo escocês, que combinava em si as atividades de proprietário de terras, autor teológico e correspondente. Sem compromisso denominacional, Erskine viajou, teologicamente, de um calvinismo inicial, por meio do irvingismo*, para um final, ainda que distante, universalismo* natural. Seu primeiro livro, *Remarks on the Internal Evidence for the Truth of Revealed Religion* [*Observações a respeito da evidência interna da verdade na religião revelada*] (1820), argumentando que a verdade do cristianismo é demonstrada por sua correspondência às necessidades morais do homem, foi bem recebido pelos meios ligados à ortodoxia. Outra obra sua, *Unconditional Freeness of the Gospel* [*Liberdade incondicional para o evangelho*] (1828), no entanto, provocou amarga crítica, devido à sua apologia da expiação universal. Em 1828, Erskine veio a conhecer John McLeod Campbell*, ao qual apoiou com entusiasmo durante o julgamento e depois da exoneração deste da Igreja da Escócia. Tornaram-se amigos por toda a vida. A cristologia madura de Campbell está na base da obra de Erskine intitulada *Brazen Serpent* [*Serpente de bronze*](1831). Por essa mesma época, conheceria também Edward Irving, de quem adotaria as ideias sobre o pré-milenarismo, a humanidade de Cristo e os dons* do Espírito. Sua obra *The Doctrine of Election* [*A doutrina da eleição*] (1837) concluiria seu rompimento com o calvinismo.

O pensamento de Erskine mostra um crescente enfoque da consciência* como critério da verdade. Considerava Deus um Pai universal que está educando todos os homens para um relacionamento filial consigo mesmo. Anos depois, passaria a considerar a salvação definitiva de todos como o evangelho essencial. Sempre profundamente piedoso e encantador, os escritos de Erskine e sua influência pessoal contribuíram de modo notável para a liberalização da teologia britânica do século XIX.

Bibliografia
Outros escritos de Erskine não referidos, incluindo *An Essay on Faith* (1822); *The Gifts of the Spirit* (1830); *The Spiritual Order* (1871).

Para sua vida e pensamento, ver: W. Hanna, *Letters of Thomas Erskine*, 2 vols. (Edinburgh, 1877); J. S. Candlish, *in: British and Foreign Evangelical Review 22* (1873), p. 105-128; H. F. Henderson, *Erskine of Linlathen* (Edinburgh, 1899); N. R. Needham, *Thomas Erskine of Linlathen, His Life and Theology 1788-1837* (tese de Ph.D, não publicada; University of Edinburgh, 1987).

N.R.N.

ESCATOLOGIA
. Do grego *eschatos*, "último", o termo se refere à "doutrina das últimas coisas".

1. Desenvolvimento da doutrina
Em contraste com a visão cíclica sobre a História* que sustenta que o universo está preso a um ciclo de repetição interminável, uma revelação divina especial* levou os hebreus a verem a história da humanidade como que se movendo

ESCATOLOGIA

340

em direção a um alvo futuro. Embora os primeiros profetas do AT clamassem a Deus para exercer juízo e salvação na história, logo se desenvolveu a esperança de uma resolução histórica final, pela qual Deus baniria definitivamente o mal e estabeleceria uma era permanente de salvação, paz e justiça. Essa perspectiva, que quase sempre considerava a salvação somente em um mundo transcendente, era caracteristicamente apocalíptica*.

Jesus assume as formas de pensamento profético apocalíptico*, mas com uma diferença importante: em seu ministério, a salvação por tanto tempo anelada haveria de finalmente se manifestar — o tempo era chegado, o reino* de Deus estava próximo (Mc 1.15). Sua plenitude do Espírito, seus milagres, seus exorcismos eram evidente prova disso (Mt 11.2-6; 12.28). O reino, porém, não chegara ainda plenamente, completo; pois, a despeito das reais bênçãos de Deus experimentadas com a nova mediação, o mal, a morte e muitas das ambiguidades atuais da vida permaneceriam. A realização completa do reino se fará somente no futuro, na vinda do Filho do homem (Mc 13.26). Esse aspecto distintivo da escatologia do NT, encontrada especialmente em Paulo, determina, desse modo, uma tensão entre o que *já* é conhecido e experimentado (porque Cristo já veio) e o que *ainda não* o é (porque Cristo ainda virá).

Após o período inicial do NT, a atenção gradualmente vem a ser focalizada menos sobre a desejada e esperada volta de Cristo e mais nas perpectivas possíveis para o indivíduo após sua morte. Na Idade Média e nos períodos da Reforma* e do escolasticismo*, a chamada doutrina das últimas coisas — a morte, a segunda vinda de Cristo, a ressurreição dos mortos, o juízo, o céu e o inferno — alcançaria sua expressão clássica. A forma de abordagem dessas questões tendia a "nos aquietar confortavelmente para dormir, com a adição às conclusões da Dogmática Cristã de um capítulo curto e perfeitamente inofensivo — a 'Escatologia' (Karl Barth, *The Epistle to the Romans* [*A epístola aos Romanos*], London, 1933, p. 500).

O aparecimento da crítica* bíblica, no entanto, causou uma série de impetuosos despertamentos. Argumentou-se, por exemplo, que as predições nos evangelhos sobre as aflições e sobre o fim do mundo (*e.g.*, Mc 13) derivariam não de Jesus, mas da atmosfera apocalíptica da igreja primitiva. Daí, protestantes liberais como A. Ritschl* entenderem a concretização do reino de Deus como "a associação da humanidade por meio da ação moral recíproca de seus membros". Essa amena combinação da mensagem de Jesus com o mito do progresso* do século XIX foi, todavia, danificada pelas argumentações de J. Weiss (1863-1914) e A. Schweitzer* de que a mensagem de Jesus era totalmente escatológica e que não poderia, por isso, ser adequada às formas modernas de pensamento. Schweitzer argumentava que Jesus cria que ele próprio era o Messias designado; que ao enviar os Doze e haver falhado em produzir o reino escatológico, ofereceu-se, então, a si mesmo na morte, para que Deus pudesse lhe conceder a nova era;

ESCATOLOGIA

mas que Jesus estava enganado ao acreditar que o reino final chegaria logo após sua morte (*The Quest of the Historical Jesus* [*O questionamento sobre o Jesus histórico*], London, 1981, cap. 19).

Muito da erudição do NT dos nossos dias tem mostrado uma reação a Schweitzer. Bultmann*, por exemplo, embora concordando que Jesus tivesse proclamado um iminente reino apocalíptico, procura tornar isso significativo para o homem atual, ao "demitificar" a mensagem (ver Mito*): Jesus, segundo Bultmann, não estaria "vindo novamente" e em uma data futura, mas "vem para mim", ou seja, para cada um de nós, exigindo isso uma decisão. A obra inicial de C. H. Dodd propõe uma "escatologia realizada" e inalterada: o cerne da mensagem de Jesus é que o reino de Deus já estaria realizado em seu próprio ministério. Uma síntese mais equilibrada seria alcançada por estudiosos como O. Cullmann (n. 1902) (ver História da Salvação*), R. H. Fuller (n. 1915) e G. E. Ladd (1911-82), argumentando que as referências presentes e futuras na mensagem de Jesus a respeito do reino de Deus deverão permanecer em tensão: o reino prometido no AT foi *inaugurado* com a vinda de Jesus, mas espera sua consumação. (A expressão "escatologia inaugurada" vem de J. A. T. Robinson*, embora seu ponto de vista seja mais próximo do de Dodd.) Nas décadas de 1970 e 1980, os eruditos do NT debateram exaustivamente sobre se Jesus usou ou não o termo "Filho do homem" para se referir à sua própria vinda futura e proclamação.

Em uma frente mais ampla, a discussão da vida após a morte tem sido levada a chegar a termo em questões sobre se a vida além da morte é filosoficamente concebível (*e.g.*, P. Badham, *Christian Beliefs about Life after Death* [*Crenças cristãs sobre a vida após a morte*], London, 1976) e se a vida eterna é prevista para toda a humanidade ou somente para alguns (a questão do universalismo*). Tentativa digna de menção é a de John Hick*, em *Death and Eternal Life* [*Morte e vida eterna*] (Collins, 1976), de construir uma teologia (universalista) para a vida eterna sobre pontos de vista do cristianismo e das religiões orientais.

A teologia política* e a teologia da libertação* têm usado categorias escatológicas para argumentar a favor de uma ação cristã à luz do futuro para o qual Deus nos chama. (Para um panorama do desenvolvimento histórico, ver P. Hebblethwaite, *The Christian Hope* [*A esperança cristã*], London, 1984).

2. O reino e a vinda de Cristo
Os principais aspectos de uma escatologia cristã podem ser resumidos da seguinte forma: ao inaugurar o reino de Deus, Jesus revelou as intenções de Deus para com o mundo que incluem: o perdão de pecados (Lc 7.48-50); a vitória sobre o mal, o sofrimento e a morte (Mt 12.28-29; Lc 4.18-21; Mt 11.5; Jo 11); o advento de uma nova ordem de coisas que supera as presunções comuns a respeito do poder na sociedade e do valor das pessoas (Lc 6.20ss.; 13.30). Todavia, muito embora se revele uma evidência real do poder do reino em operação nas vidas individuais

ESCATOLOGIA

e na criação de uma comunidade incorporando tais objetivos e valores, a vinda do reino permanece ainda incompleta. Aguarda-se o dia final, quando as intenções de Deus reveladas em Jesus Cristo venham a ser triunfantemente cumpridas.

Esse "dia final" é comumente chamado no NT de *parousia* de Cristo (1Co 15.23; 1Ts 4.15). Essa palavra grega significa "presença" ou "chegada" e era usada a respeito de visitas de deuses ou de governantes. A *parousia* pode ser chamada de "segunda vinda de Jesus" (*cf.* Hb 9.28) e ser descrita como "pessoal", uma vez que se trata da revelação e reconhecimento, ou dignificação, da pessoa de Jesus de Nazaré (At 1.11). A escatologia diz respeito, portanto, a uma pessoa, e não meramente a um evento. Todavia, não é certo considerar a *parousia* simplesmente como a chegada de uma pessoa ou um "evento histórico no futuro", porque a *parousia* não somente marca o final de nossa presente ordem histórica, mas também estará, por si mesma, além da história, introduzindo uma ordem nova e de descontinuidade em relação ao curso histórico presente.

Os estudiosos de nossa época têm estado muito atentos para o problema do aparente "atraso" da *parousia*: já que não chegou a se realizar a expectativa da igreja primitiva de uma iminente *parousia* em sua época, não deveria ser desacreditada toda essa ideia da segunda vinda de Cristo? Na verdade, tem havido exagero nessa questão. Poucas são as referências claras no NT quanto à *parousia* (2Pe 3.1-10; Jo 21.22,23). Passagens a respeito dos "sinais dos

tempos" (*e.g.*, Mc 9.1; 13.30; Rm 13.11,12) mostram, por sua vez, ser desconhecida a data do fim (Mc 13.32; At 1.7). As passagens que sugerem iminência em sua ocorrência indicam um relacionamento *teológico*, mais do que propriamente cronológico, entre o presente e o futuro; indicam a certeza, mas não o cronograma, da complementação por Deus do que ele começou. (No que se refere a questões relacionadas a esse assunto, ver Milênio*, Seitas*.)

Na verdade, os escritores do NT estavam menos preocupados com o cronograma e a forma da vinda de Cristo que com seu propósito.

3. Imortalidade e vida eterna

Cristo virá para receber o seu povo em sua presença. Seu povo será ressuscitado e transformado para estar "com o Senhor para sempre" (1Ts 4.13-18; 1Co 15.35-57). Na visão bíblica (diferentemente do platonismo*), o homem (ou sua alma) não é, por natureza, imortal. A imortalidade* pertence a Deus somente (1Tm 6.16), sendo concedida aos crentes como um dom (1Co 15.42,50-54). Certamente para enfatizar o fato de que o destino dos crentes constitui um ato da graça de Deus, e não um atributo natural da humanidade, o NT fala menos de imortalidade e mais de ressurreição* e vida eterna.

Contudo, como a primeira vinda de Cristo deu como inaugurado seu reino, a vida eterna é experimentada desde agora pelo crente, durante a presente vida (Jo 3.36; 5.24; 1Jo 5.13; 2Co 4.7-18). Uma vez que significa "a vida na era vindoura", a vida eterna implica não somente ser duradoura, mas representa,

ESCATOLOGIA

também, uma qualidade de vida derivada do relacionamento com Cristo (Rm 6.23; Jo 17.3). A vida perfeita do reino definitivo de Deus é, assim, a consumação da vida "em Cristo" experimentada agora (Cl 3.1-4; Jo 6.54). Embora a morte física represente descontinuidade entre esta vida e a próxima, a vida eterna garante uma continuidade de relacionamento com Cristo mesmo através da morte.

4. Julgamento, céu e inferno

Há distinção entre aqueles que possuem a vida eterna e aqueles que, não a possuindo, não serão absolvidos no juízo final*. Os crentes entrarão na presença de Deus. O significado tradicional de "ir para o céu" não tem fundamento nas Escrituras, ao contrário do que geralmente se supõe. O "destino" definitivo do povo de Deus é o de um universo transformado, "novos céus e nova terra" (Ap 21.1). Enquanto a história realiza ainda seu curso, os céus são o lugar onde Deus está (Mt 6.9), para onde Cristo foi elevado (Hb 4.14) e, portanto, por consequência, para onde os crentes vão na morte já que estão "com Cristo" (Lc 23.43; Fp 1.23). Mas há ambiguidade nas Escrituras e na tradição cristã no tocante ao relacionamento entre o destino do cristão na morte e no julgamento e ressurreição final (ver Estado Intermediário*). Afirmam alguns que entre a morte e a ressurreição, o crente está no céu, com Cristo, de uma forma desincorporada. Esse talvez seja o significado de 2Coríntios 5.1-8, em que, como em outras passagens, as Escrituras parecem descrever o que está além de nossa experiência, considerando as limitações do nosso conhecimento das distinções temporais (*e.g.*, Ap 6.10). Na morte, no entanto, uma pessoa deixa as limitações do tempo. De sua perspectiva (e da de Deus) pode não haver nenhuma consciência de um "intervalo"; ele pode passar através da morte para a ressurreição na presença de Deus com todo o seu povo. Nesse reino definitivo, Deus garante libertação da morte, do sofrimento, do temor e do pecado (Ap 21.4). No mais, devem ser suficientes imagens evocativas: um banquete (Mt 8.11), uma festa de casamento (Ap 19.9), uma cidade segura, cheia de adoração e atividade de amor (Hb 11.10; 12.22-24).

O "inferno", o destino final daqueles rejeitados no julgamento, é uma tradução do gr. *Gehenna*, derivado do heb. *Gêhinnom*, vale fora de Jerusalém que se tornou símbolo da condenação, por terem sido ali oferecidos sacrifícios de crianças (2Cr 28.3; 33.6). A descrição que o evangelho faz do *geena* (inferno), como lugar de trevas e fogo inextinguível (Mc 9.43; Mt 8.12), representa a destruição e a negatividade absolutas envolvidas na exclusão da presença de Deus. Essa exclusão da presença de Deus é o significado real do inferno, que está claro no ensino de Jesus (Mt 7.23; 10.32ss) e de Paulo. O apóstolo não menciona *gehenna*, mas apresenta imagens de destruição, morte e corrupção que se referem à separação, do homem, de Deus, fonte de toda a verdadeira vida. Questão de contínuo debate é se isso implica o tormento consciente eterno (como é a visão cristã tradicional) ou a cessação da existência como ser (conforme ensinam

ESCOLA DA HISTÓRIA DAS RELIGIÕES

os que advogam a "imortalidade condicional").

Céu e inferno, de todo modo, não detêm posições iguais nos propósitos de Deus. O reino tem sempre sido a meta de Deus para o seu povo (Mt 25.34), sendo o inferno "preparado para o Diabo e seus anjos" (Mt 25.41); se as pessoas vão para lá é porque certamente rejeitaram seu verdadeiro destino.

5. Cristo, nossa esperança
O aspecto distintivo da escatologia cristã é sua centralidade em Cristo. A segunda vinda de Cristo marca o completamento de sua obra, iniciada desde Belém e no Calvário. A ressurreição dos crentes apoia-se na ressurreição de Jesus (1Co 15.20-22). A esperança cristã não é o mero cumprimento de um desejo, pois aspira à consumação total de um plano já em operação. O reino de Deus não é mera compensação ao homem pelos infaustos da vida presente, mas, sim, a experiência plena e completa de bênçãos já em parte experimentadas mediante o Espírito, "que é a garantia da nossa herança" (Ef 1.14).

A escatologia se refere à confirmação dos propósitos de Deus para com toda a criação. Chama as pessoas não para contemplar propriamente seus destinos individuais, mas, sim, para permitir a perspectiva da esperança* que deverá influenciar a totalidade da vida.

Bibliografia
Em adição às obras citadas: G. C. Berkouwer, *The Return of Christ* (Grand Rapids, MI, 1972); E. Brunner, *Eternal Hope* (London, 1954); R. Bultmann, *History and Eschatology* (Edinburgh, 1957); O. Cullmann, *Salvation in History* (London, 1967); C. H. Dodd, *The Parables of the Kingdom* (London, 1936); R. H. Fuller, *The Mission and Achievement of Jesus* (London, 1954); M. J. Harris, *Raised Immortal and the Future* (Grand Rapids, MI & Exeter, 1979); H. Küng, *Eternal Life?* (London, 1984); G. E. Ladd, *The Presence of the Future* (Grand Rapids, MI, 1974); N. Perrin, *The Kingdom of God in the Teaching of Jesus* (London, 1963); W. Strawson, *Jesus and the Future Life* (London, 1970); H. Thielicke, *The Evangelical Faith*, vol. 3 (Grand Rapids, MI, 1982); S. H. Travis, *Christian Hope and the Future of Man* (Leicester, 1980).

S.H.T.

ESCOLA DA HISTÓRIA DAS RELIGIÕES.
É uma tradução da expressão em alemão *Religionsgeschichtliche Schule*, designando um grupo de eruditos que, no final do século XIX e começo do século XX, tentou entender os desenvolvimentos religiosos do AT, do NT e da igreja primitiva relacionando-os ao contexto de outros movimentos religiosos. Inspirados em princípios positivistas*, esses estudiosos usaram de abordagens históricas e filológicas para explicar a origem bíblica da religião.

Antigo Testamento
A obra de Hermann Gunkel, *Schöpfung und Chaos in Urzeit und Endzeit* [Criação e caos no começo e final dos tempos] (Göttingen, 1895), apresentou muito dos temas da criação e do caos, do AT, como derivados da mitologia babilônica. Ao contrário das afirmativas de

ESCOLA DA HISTÓRIA DAS RELIGIÕES

Julius Welhausen (1844-1918), Gunkel (1862-1932) não datou essa derivação do período do exílio, mas, sim, do segundo milênio a.C. Já Hugo Gressmann (1877-1927), em *Der Ursprung der israelitisch-judischen Eschatologie* [*A origem da escatologia israelita-judaica*] (Göttingen, 1905), procurou demonstrar a antiguidade dos temas mitológicos encontrados nos profetas. O trabalho de Rudolf Kittel (1853-1929) *Geschichte des Volkes Israel* [*História do povo de Israel*] (rev. edn., Gotha, 1912) sustentava que Moisés havia ensinado não um monoteísmo, mas uma "monolatria ética".

Novo Testamento

Em 1903, Wilhelm Heitmüller (1869-1926) argumentava que o entendimento que Paulo tinha da eucaristia* não era derivado dos ensinos originais de Jesus, mas do mundo helênico.

Wilhelm Bousset (1865-1920), por sua vez, considerava a igreja primitiva um fenômeno helênico-judaico, e sua obra mais importante, *Kyrios Christos* [gr. *Senhor Cristo*] (1913; TI 1970), apresentou a tese de que foram cristãos gentios, no contexto de sua adoração, que primeiramente chamaram Cristo de "Senhor", em lugar do título "Filho do homem", derivado da escatologia judaica: alguns dos cristãos, que haviam sido membros de cultos de mistério, teriam interpretado Cristo como seu novo "Deus misterioso". Em outro estudo, *Hauptprobleme der Gnosis* [*Os principais problemas do gnosticismo*] (1907), Bousset explica os ensinos gnósticos como resultantes da transformação de uma filosofia helênica oriental mais antiga. Alegava com convicção que, portanto, o gnosticismo* já existia antes do cristianismo.

Richard Reitzenstein (1861-1931), filólogo, estudou o papel do misticismo no helenismo. Sua obra intitulada *Poimandres* (1904, repr., Darmstadt, 1966) sugere que o tratado hermético desse mesmo nome seria a fonte do pensamento de João. Usou também, depois, de textos maneanos (ver Gnosticismo*) para reconstituir a suposta base do batismo em *Die Vorgeschichte der christlichen Taufe* [*A pré-história do batismo cristão*] (1924; repr. Darmstadt, 1967). Em seu famoso livro *Die hellenistischen Mysterienreligionen* [*As religiões de mistério helênicas*] (1910; TI 1978), ele argumenta que Paulo foi profundamente influenciado pelas tradições religiosas helênicas, como as religiões de mistério e o gnosticismo. Na verdade, vai ainda mais longe ao chamar Paulo de "o maior de todos os gnósticos". Na obra *Das iranische Erlösungsmysterium* [*A religião de mistério iraniana*] (1921), Reitzenstein lança mão de documentos, na época, recentemente descobertos no Turquestão para recuperar as alegadas raízes iranianas de um gnosticismo pré cristão — sem perceber, na ocasião, que esses eram textos maniqueístas*. Mais tarde, viria a sustentar que o maniqueísmo deve ter preservado algumas tradições gnósticas iranianas muito antigas.

Avaliação

As ideias de eruditos como Reitzenstein e Bousset tiveram grande impacto sobre Rudolf Bultmann*,

ESCOLA ALEXANDRINA

um dos maiores estudiosos do NT no século XX. Apesar do impacto de Bousset e Reitzesntein na Europa, no entanto, seus escritos não foram traduzidos enquanto viviam.

Tem sido seriamente criticado o uso, pelos estudiosos adeptos da história das religiões, de fontes recentes não relacionadas ao assunto para explicar a religião de Paulo ou para reconstituir um hipotético gnosticismo pré cristão. Como disse Earle Ellis: "Há uma tendência em converter paralelismos em influências e influências, em fontes" (*Paul and His Recent Interpreters* [*Paulo e seus recentes intérpretes*], Grand Rapids, MI, 1961, p. 29).

Bibliografia
W. Bousset, *Kyrios Christos* (TI, Nashville, TN, 1970); H. F. Hahn, *The Old Testament in Modern Research* (rev. ed., Philadelphia, 1966), cap. III, The Religio-Historical School and the Old Testament; R. Reitzenstein, *Hellenistic Mystery-Religions* (TI, Pittsburgh, PA, 1978); E. M. Yamauchi, *Pre-Christian Gnosticism* (Grand Rapids, MI, ²1983).

E.M.Y.

ESCOLA ALEXANDRINA A Alexandria foi o centro intelectual do início do Império Romano, especialmente célebre pelos estudos filológicos e pelo sincretismo* na religião e na filosofia. Professores gnósticos (como Basílides, Carpócrates e Valentino) eram ativos em Alexandria desde o início do século II. Talvez a *Epístola de Barnabé*, um dos pais apostólicos,* com sua interpretação não literal do AT, venha da Alexandria.

A tradição literária alexandrina ortodoxa começa com Clemente de Alexandria*, aluno de Pantaenus (190 d.C.). Clemente dirigiu uma escola particular em Alexandria onde ele retomou a obra de Filo* da Alexandria, filósofo judeu do século I, obra essa que tenta conciliar a revelação bíblica com a herança educacional grega.

A principal figura do empreendimento intelectual cristão alexandrino foi Orígenes*. Ele dedicavase ao ensino particular quando foi procurado pelo bispo Demétrio para empreender o ensino catequético da igreja para os candidatos ao batismo. Mais tarde, ele designou Heraclas para o ensino fundamental e empreendeu o ensino mais avançado, no qual atingiu uma universidade particular. A oposição do bispo Demétrio forçou Orígenes a se mudar para a Cesareia. O pensamento de Orígenes foi passado para os capadócios do século IV por intermédio de seu pupilo Gregório Traumaturgo (c. 213-c. 270).

As preocupações intelectuais influenciadas por Orígenes, embora acompanhadas do repúdio ao próprio Orígenes, tiveram continuidade nos bispos de Alexandria do final do século III, Heraclas e Dionísio (d. 264/5). O último, conhecido como o Grande, aplicou o desenvolvimento da crítica literária em Alexandria para argumentar que o apóstolo João não foi o autor do livro de Apocalipse. A ênfase dele na distinção entre as três pessoas divinas em contraposição ao modalismo (veja Monarquismo) provocou a repreensão de Dionísio, bispo de Roma, em favor da unidade divina. Ele assumiu uma posição moderada ao readmitir a comunhão daqueles que

ESCOLA ALEXANDRINA

esmoreceram na perseguição e rejeitou o novo batismo* de hereges.

A controvérsia ariana* do século IV, em seus estágios iniciais, pode ser entendida como um conflito entre duas alas do pensamento de Orígenes. Ário, presbítero de Alexandria, buscou a tendência subordinacionista na doutrina da divindade de Orígenes, tomando, em um sentido literal, a metáfora sobre o gerar. O bispo Alexandre e seu sucessor Atanásio* desenvolveram as implicações da divindade ser da mesma natureza e tiraram as distinções temporais do reino da eternidade.

O mais celebrado professor da Alexandria do século IV foi Dídimo, o Cego (d. 398), o último grande líder da escola catequética e que, de forma espantosa, conseguiu estudar, apesar de ter ficado cego aos quatro anos. Dídimo defendeu a doutrina nicena a respeito de Deus, em especial, estendendo-a ao Espírito Santo. Muitos de seus extensos escritos e comentários doutrinais perderam-se porque, como resultado de sua defesa da ortodoxia de Orígenes, ele compartilhou a condenação deste pelo Concílio de Constantinopla, em 553. Orígenes permaneceu controverso em Alexandria, recebendo grande oposição do bispo Teófilo (385-412). Seu sucessor Cirilo, bispo de Alexandria de 414 a 444, persistiu na ênfase alexandrina em relação à divindade de Cristo na controvérsia nestoriana*. Ele, em sua interpretação das Escrituras, preferiu o termo *theoria* para o sentido secreto discernido por meio de especulação.

Os interesses especiais da escola de pensamento alexandrino podem ser enumerados de acordo com os quatro tópicos a seguir: 1. o lugar do professor e da livre inquirição intelectual na igreja; 2. a relação da fé e da razão;* 3. a interpretação das Escrituras (veja Hermenêutica*); e 4. cristologia*

1. O professor independente, de fora da hierarquia da igreja, mantinha-se mais tempo em Alexandria que em outros centros cristãos. Orígenes foi um dos últimos e foi ordenado como presbítero pelos bispos da Palestina. Ele — e também Clemente antes dele — enfatizou uma hierarquia espiritual na igreja fundamentada na compreensão das Escrituras e nas qualidades espirituais. As obrigações intelectuais e administrativas, com frequência, eram combinadas nos bispos de Alexandria, e Heraclas, Dionísio e, provavelmente, Pedro (d. 311) foram líderes da escola catequética antes de se tornarem bispos. O erudito e ascético Dídimo era secular.

2. A grande tarefa dos professores de Alexandria era a reconciliação da fé cristã com o aprendizado pagão. Clemente declarou o conceito de *gnosis* (veja Gnoticismo*) para a ortodoxia e desenvolveu a ideia da existência de gnósticos cristãos, fiéis à igreja, embora estes integrassem a sabedoria, a educação e a espiritualidade gregas a sua religião. Orígenes possuía o conhecimento mais enciclopédico que qualquer professor cristão primitivo, mas seu sistema total tinha elementos que muitos consideravam incompatíveis com a Bíblia. A filosofia cristã da Alexandria foi desenvolvida durante os estágios de formação do neoplatonismo (veja Platonismo*) e era permeada pela perspectiva deste.

ESCOLA DE ANTIOQUIA

3. A exegese alegórica era crucial para a acomodação da Bíblia ao aprendizado grego, método desenvolvido pelos estoicos* e que ficava à vontade entre os estudiosos de Alexandria. Essa exegese foi aplicada à Bíblia judaica por Filo de Alexandria. Orígenes encontrou três estágios de sentido nos textos bíblicos: histórico, moral e alegórico (espiritual). A variada terminologia dele levou intérpretes posteriores a sistematizar a interpretação em quatro estágios: literal, alegórica, moral e anagógica. Dídimo e Cirilo apenas fizeram distinção entre o sentido literal e o espiritual. O mesmo Espírito que inspirou o texto guiou o intérprete para encontrar os sentidos espirituais escondidos.

4. O pensamento de Orígenes sustentou a natureza divina do Pai, do Filho e do Espírito Santo, ao mesmo tempo em que marcava claramente as distinções entre os três. Atanásio enfatizou a unidade deles como um só Deus. A tendência alexandrina era enfatizar a divindade em Cristo. O texto-chave deles era: "A Palavra tornou-se carne" (Jo 1.14). Por isso, Cirilo de Alexandria e seus sucessores opuseram-se à divisão antioquense* entre o divino e o humano em Cristo, insistindo na unidade da pessoa dele na qual a Palavra é a matéria de toda atividade de Cristo. O termo *theotokos* ("condutor de Deus") foi usado em Alexandria para Maria,* antes de Cirilo tornálo um lema de sua oposição a Nestório. Os alexandrinos, até mesmo nas controvérsias cristológicas com Antioquia, entendiam sua ênfase sobre a unidade da Palavra encarnada como uma importante defesa do Credo Niceno e de refutação dos argumentos arianos. A unidade de Cristo não só modelou a cristologia alexandrina, mas também forneceu um esquema para a interpretação dos evangelhos. A abordagem alexandrina, embora salvaguarde a unidade da pessoa de Cristo, levou ao monofisismo* que declarava Cirilo como seu mentor teológico.

Bibliografia

Além das bibliografias acompanhando artigos sobre os indivíduos mencionados, observe o seguinte: C. Bigg, *The Christian Platonists of Alexandria* (Oxford,[1] 1913); E. Molland, *The Conception of the Gospel in the Alexandria Theology*, (Oslo, 1938); R. V. Sellers, *Two Ancient Christologies* (Londres, 1940); R. B. Tollinton, *Alexandrian Teaching on the Universe* (Londres, 1932); Robert Wilken, "Alexandria: A school for Training in Virtue", em Patrick Henry (ed.). *Schools of Thought in the Christian Tradition*. Filadélfia, 1984.

ESCOLA DE ANTIOQUIA. A escola de Antioquia é oposta em sua cristologia*, de modo geral, à de Alexandria*, mas convém lembrar que ambas as escolas, inicialmente, refletiam diferentes respostas à mesma ameaça, ariana*. Contrariando a atribuição ariana de sofrimento ao Verbo divino, os de Antioquia insistiram em uma rigorosa separação entre as duas naturezas em Cristo, a humana e a divina. A natureza humana experimentava sofrimento, enquanto a divina permanecia intocada. Um ponto central na teologia de Antioquia era o grande abismo existente entre a imortalidade, a incorruptibilidade e a impassibilidade de Deus* e a

ESCOLA DE ANTIOQUIA

mortalidade, a corruptibilidade e passibilidade do ser humano.

Diodoro de Tarso (*c.* 330-394), comumente considerado o pioneiro dessa escola, usava, com frequência, o tema preferido de Alexandria, "o Verbo tornou-se carne". Afastou-se, no entanto, da tradição alexandrina ao rebater a doutrina de Apolinário* quanto à existência de uma *hipóstase* (substância ou pessoa) em Cristo. Para Apolinário, isso acarretaria uma completa transferência de atributos (*communicatio idiomatum*; ver Cristologia*) do Verbo para a parte humana da natureza, única, de Jesus. Para Diodoro, isso inevitavelmente envolveria a participação do Verbo em sofrimento e, por conseguinte, comprometeria a natureza divina. Diodoro preferiu continuar pregando a existência de dois Filhos e duas naturezas, negando qualquer espécie de transferência de atributos. Assim, para ele, somente a natureza humana de Jesus era a que havia morrido na cruz, enquanto o Verbo divino nada sofrera. A negação de uma comunicação de propriedades, ou atributos, permaneceu sendo ensino-padrão da escola de Antioquia.

Foi um discípulo de Diodoro, Teodoro de Mopsuéstia (*c.* 350-428), quem primeiramente fragmentou a estrutura Verbo-carne em favor da estrutura Verbo-homem, que passou a ser mais comumente associada aos adeptos de Antioquia. Motivou-o a preocupação de fazer justiça às experiências humanas de Cristo. Uma vez que a fraqueza evidente nessas experiências não poderia ser postulada como pertencente à natureza divina, o Verbo divino deveria, para ele, ter assumido uma humanidade completa, de corpo e alma.

Diodoro morreu pouco tempo antes da irrupção da controvérsia nestoriana*, centrada em Nestório, outro de seus discípulos. Teodoro de Mopsuéstia pode ter, de certo modo, preparado o caminho para tal controvérsia, já que seu pensamento sobre a humanidade de Cristo, como "homem assumido", passou a ser conduzido pelas mãos dos expoentes mais extremados da suspeição de adocianismo*. Tão clara era para Teodoro a diferença entre as duas naturezas que ele podia tratar da humanidade de Cristo quase que como uma pessoa separada, como, por exemplo, aparece em João 10.27,28, que ele explicava ser uma conversa entre as duas naturezas de Jesus.

Os oponentes de Teodoro assinalavam também que ele falhara em explanar corretamente o inter-relacionamento das duas naturezas em Cristo. Ele o descrevera como uma "conjunção", termo que, para eles, não alcançava a ideia de união plena. Teodoro costumava ilustrar sua ideia com uma metáfora de habitação. A natureza humana de Cristo funcionaria como um templo em que a divindade habitava. Mas essa habitação, existente graças ao beneplácito de Deus, diferiria da habitação de Deus nos profetas e em outros homens santos, em virtude de sua permanência e integralidade. Essa construção teológica, porém, foi criticada como dando somente uma aparência de união.

Embora sob fogo dessa controvérsia, a escola de Antioquia não se identificou completamente com

ESCOLA DE ANTIOQUIA

Nestório, produzindo outros expoentes mais moderados, dos quais o mais ilustre foi o bispo-monge, Teodoreto de Ciro (c. 393-458). Nas conclusões do Concílio de Éfeso (431), Antioquia apresentou uma afirmação esvaziada de excessos nestorianos. Esse documento, que se tornou conhecido como Formulário de Reunião, foi aceito até por Cirilo de Alexandria* e trouxe quinze anos de relativa paz na igreja oriental.

No começo da controvérsia nestoriana, Teodoreto tinha objetado o ponto de vista adotado por Cirilo de uma união "hipostática", ou natural, em Cristo porque isso significava para ele uma fusão da divindade com a humanidade em um composto híbrido, sob a influência de alguma lei física de combinação mecânica, totalmente em oposição a qualquer conceito de ato gracioso e voluntário que caracterizava a encarnação*. Nesse estágio de sua carreira, Teodoreto sustentava que Cristo tinha duas naturezas e duas hipóstases, mas posteriormente estava pronto a modificar sua terminologia, passando a distinguir entre sua única hipóstase e duas naturezas. Apoiado nessa linha de pensamento, considerou a ortodoxia como uma via média entre o erro de dividir Cristo em duas pessoas e o erro oposto de confundir as duas naturezas.

Os adeptos da escola de Antioquia sustentavam apaixonadamente sua cristologia a fim de salvaguardar sua doutrina da salvação*. Enfatizavam a perfeição e a distintividade da humanidade de Cristo por haverem o pecado e a morte sido introduzidos no mundo por um homem e somente por um homem poderiam ser desfeitos. Além disso, Cristo teria de demonstrar uma perfeição moral real, porque o pecado era essencialmente um ato de desobediência voluntária da parte da alma e poderia somente ser extinta pela absoluta obediência humana à vontade divina. Uma iniciativa divina fora necessária para poder assegurar a salvação humana. Deus teve de intervir na história humana criando e unindo a si mesmo um novo homem para que o homem viesse a ser restabelecido na obediência à sua vontade. Após sua obediência na terra, a natureza humana de Cristo foi, então, elevada também ao céu, em virtude de sua conjunção, aqui, com a natureza divina. Por um processo paralelo, é concedido ao cristão, unido a Cristo no batismo, intimidade com a natureza divina — embora não se possa jamais sugerir que essa intimidade seja do mesmo grau que a desfrutada por Cristo.

Os moderados da escola de Antioquia deixaram sua marca na Definição de Calcedônia (451; ver também Concílios*; Credos*), que, para muitos estudiosos, marca a solução das controvérsias cristológicas do século V. A frase-chave de que Cristo era uma só pessoa "tornada conhecida em duas naturezas" reflete bem a preocupação de Antioquia em preservar a integridade de suas duas naturezas. Todavia, a ênfase correspondente sobre a unicidade de Cristo representa um corretivo à tendência de Antioquia de não conceder peso suficiente ao Verbo como sujeito da encarnação e de subordinar o conceito de pessoa ao de natureza.

ESCOLA DE FRANKFURT

Antioquia conferiu um valor muito maior à exegese bíblica do que à teologia sistemática. Seus membros expoentes elaboraram comentários sobre as Escrituras, sendo contado entre eles o que é considerado o maior expositor da igreja primitiva, João Crisóstomo (c. 344/354-407). A escola desenvolveu também seus próprios princípios hermenêuticos* em reação à alegorização exagerada da escola de Alexandria. Antioquia insistia na interpretação literal, ou histórica, embora não sendo contrária a um posterior sentido espiritual, contanto que não solapasse a historicidade das passagens e pudesse formar algum paralelo razoavelmente óbvio ao sentido literal. "Teoria" era o nome que davam a esse sentido adicional. Diodoro e Teodoro, entre os representantes da escola, foram também pioneiros de uma abordagem crítica ao cânon das Escrituras, mas sua obra a respeito disso não obteve grande aprovação. Tampouco afetou significativamente a excelente reputação que desfrutava a escola na exegese bíblica.

Bibliografia

A. Grillmeier, *Christ in Christian Tradition*, vol. 1 (London, ²1975); R.V. Sellers, *Two Ancient Christologies* (London, 1940); D. S. Walace-Hadrill, *Christian Antioch. A Study of Eastern Christian Thought* (Cambridge, 1982).

G.A.K.

ESCOLA DE FRANKFURT. Fundada, em 1923, como Instituto de Pesquisa Social, a influência da escola alemã de Frankfürt pode ser datada a partir da época de sua direção sob Max Horkheimer, iniciada em 1930. Seus membros logo deixaram a Alemanha no tempo do Terceiro Reich; estabelecendo-se em New York, retornando, porém, e voltando a atuar após a Segunda Guerra Mundial, representando a única instituição sobrevivente desde a República de Weimar.

Na geração anterior de eruditos, suas figuras-chave foram Max Horkheimer (1895-1973), Theodor Adorno (1903-1969) e Herbert Marcuse (1898-1979). Como líder da geração mais jovem, destaca-se Jürgen Habermas (n. 1929). Um caráter escatológico no pensamento da escola reflete certa influência de Marx* e Hegel*, mas o fundamento judaico de muitos de seus integrantes é uma marca distinta e consciente. O principal tema em suas obras tem sido a crítica do Iluminismo*, tanto de sua filosofia como de seu impacto sobre a "cultura de massa". Intimamente ligado a isso, está a análise que fizeram do nazismo.

A escola tem também atacado, consentaneamente, o positivismo*, básico na teoria do conhecimento do Iluminismo; a visão de que a natureza* deve estar sujeita ao controle humano e que essa sujeição deve ser o propósito principal do conhecimento; assim como a alegação de que "quem quer que não se conforme à regra da computação e da utilidade seja suspeito" (Adorno e Horkheimer, *Dialectic of Enlightenment* [*Dialética do Iluminismo*] (1944, repr. London, 1979, p. 6). Um mundo dominado pela tecnologia, denuncia a escola, é a realização material do alvo iluminista.

Mostra Frankfurt que o positivismo e a tecnologia estão ligados

ESCOLA DE TÜBINGEN

por uma concepção popular da ciência física, como sendo esta tanto uma forma-padrão de conhecimento quanto o meio provedor de benefício material ao mundo. Legitimam, assim, um ao outro. O resultado disso é que "o mundo pleno de Iluminismo irradia um desastre triunfante" (*ibid.*, p. 3). Sob o ponto de vista do homem, "a prática social existente, que dá forma à vida do indivíduo até em seus mínimos detalhes, é desumana, e essa desumanidade afeta tudo que acontece na sociedade" (Horkheimer, Traditional and Critical Theory [*Teoria tradicional e crítica*], 1937, *in*: P. Connerton, ed., *Critical Sociology* [*Sociologia crítica*], Harmondsworth, 1976, p. 220).

A antropologia da escola de Frankfurt tem, desse modo, um caráter dialético; no presente mundo, desumano, "o pensamento crítico tem um conceito de homem como em conflito consigo mesmo" até que a desumanidade seja superada. Há paralelos, aqui e ali, com o pensamento de Jacques Ellul*.

Uma visão correta da realidade torna-se, então, imperativa, sendo primacial, para isso, uma recusa da distinção kantiana entre sujeito e objeto. A "realidade social" não é "extrínseca" ao indivíduo. O pensador crítico rejeita as análises do mundo que eliminam o indivíduo da "experiência da totalidade cegamente dominante e do desejo impulsionador de que ela deveria, enfim, tornar-se algo mais" (Adorno *et al.*, *The Positivist Dispute in German Sociology* [*A disputa positivista na sociologia alemã*], London, 1976, p. 14). A "totalidade", aqui, tem mais do que uma importância retórica: "totalidade é aquilo que é

mais real" (p. 12), mas é também ilusória (esconde o fato de que um mundo realmente humano seria diferente).

O debate público, mesmo numa democracia, é visto por eles como deformado. A preocupação principal de Habermas é criticar as formas de racionalidade que conduzem a tal discurso distorcido (contando com pontos de vista da psicanálise e da filosofia clássica), construindo uma teoria de "ação comunicativa" em que uma genuína ética consensual genérica possa ser desenvolvida. A construção dessa teoria, nesse sentido, é uma atividade salvífica: "A teoria é o *telos*, não o veículo" (*ibid.*, p. 113).

Bibliografia

P. Connerton, *The Tragedy of Enlightenment* (Cambridge, 1980); J. Habermas, *Knowledge and Human Interests* (London, 1978); D. Held, *Introduction to Critical Theory* (London, 1980); M. Jay, *The Dialectical Imagination* (London, 1973); H. Marcurse, *From Luther to Popper* (London, 1972).

H.W.S.

ESCOLA DE TÜBINGEN. Tübingen é uma cidade universitária em Württemberg, no sul da Alemanha. O nome de escola de Tübingen se refere a um pequeno grupo de eruditos que, nos meados do século XIX, reuniu-se em torno de Ferdinand Christian Baur (1792-1860), professor de Teologia naquela universidade. Foram membros proeminentes da escola, entre outros, Eduard Zeller (1814-1908), genro de Baur, e Albert Schwegler (1819-57). Relacionados à escola, embora de modo mais livre, foram também

ESCOLA DE TÜBINGEN

Albrecht Ritschl*, Adolf Hilgenfeld (1823-1907) e Gustav Volkmar (1809-1893).

Embora Baur fosse reconhecido como líder da escola, a importância do nome de Tübingen começa a partir da obra *Vida de Jesus*, de seu discípulo David F. Strauss*. A publicação desse livro, em 1835, fez que Tübingen viesse a se tornar quase sinônimo de "incredulidade". Daí em diante, as investigações do NT de Baur e seus discípulos passaram a ser consideradas com extremo ceticismo pelos adeptos da ortodoxia, já que a posição teológica de Strauss de descrença em milagres foi mantida por toda a escola. "Com um milagre", escreveria Baur, "toda explanação e entendimento cessam". Esse ponto de vista antimiraculoso poderia ser chamado de uma perspectiva *teológica* de Tübingen. Com base nessa pressuposição, começa ali uma investigação concentrada na autoria e datação de todos os livros no NT.

Dentro da perspectiva teológica predominante ocorreu também em Tübingen uma perspectiva *histórica*, mais limitada, primeiramente desenvolvida por Baur durante a década de 1830. Ela considera a história da igreja primitiva como uma luta entre dois partidos rivais — o partido judaico-cristão, liderado por Pedro, e o gentio-cristão, liderado por Paulo. Por um século, segundo Tübingen, esses dois partidos permaneceriam em amarga e mútua hostilidade. Somente no final do século II iriam se reconciliar, em um movimento altamente pacífico e medianeiro, em que ambas as facções foram definitivamente absorvidas.

Em conformidade, então, com essa perspectiva histórica, todos os livros do NT foram avaliados por Tübingen a fim de apurar sua "tendência" (*tendenz*) — se petrina, paulina ou mediana. Uma vez estabelecida tal tendência, sua autoria e a datação puderam ser determinadas com maior exatidão, ao se enquadrar os livros em determinada estrutura histórica que Baur já havia elaborado. Como resultado dessa análise, somente cinco livros do NT foram considerados autênticos — Romanos, 1 e 2Coríntios, Gálatas e Apocalipse de João. Todos os outros livros foram atribuídos a autores desconhecidos principalmente do século II.

O ponto alto da escola foi alcançado em 1846 com a obra de dois volumes de Schwegler, *A era pós-apostólica*, proporcionando uma descrição abrangente da posição da escola. A partir do ano seguinte, no entanto, a escola lentamente começa a dar sinais de rompimento; e com a morte de Baur, em 1860, pode-se dizer que chegava ao seu final.

A perspectiva histórica de Baur gradualmente se revelou como insustentável; a estrutura histórica à qual ele adequou as "tendências" estava baseada, em parte, em um entendimento errôneo da evidência histórica. A obra *Homilias clementinas*, em que Baur havia vislumbrado uma caricatura do apóstolo Paulo na pessoa de Simão, o mágico, foi composta, na verdade, mais tarde (século III ou IV) do que a estimativa de Baur (século II) e absolutamente não descrevia Paulo em dissimulação. Uma investigação sobre as cartas de Inácio (ver Pais Apostólicos*) feita por Theodor

ESCOLASTICISMO

Zahn e J. B. Lightfoot, na década de 1870, pode-se dizer que "martelou o prego final no caixão" de Tübingen no sentido de que essas cartas, escritas por Inácio no começo do século II, não revelam, de modo algum, nenhum traço da suposta amarga controvérsia que Baur havia postulado como tendo sido intensa entre os cristãos judeus e gentios no tempo de Inácio. Outra evidência viria também a contestar a datação que Baur tinha atribuído aos livros do NT.

Todavia, em termos de influência sobre a erudição do NT, a escola de Tübingen foi provavelmente o movimento mais importante na teologia do século XIX no sentido de que as pressuposições não miraculosas constituíam a base de sua metodologia. Antes de 1835, a erudição bíblica tinha examinado até então as questões históricas e teológicas sob a pressuposição implícita da autenticidade e veracidade geral dos registros bíblicos. Com Strauss, essa perspectiva teológica foi completamente transtornada no sentido de que nenhum milagre deveria ser doravante admitido. O cristianismo, em sua origem e desenvolvimento, deveria ser considerado completamente *não* sobrenatural. Essa foi a posição mantida por Baur e seus seguidores — uma perspectiva não sobrenatural teológica e histórica determinando toda a interpretação bíblica.

Bibliografia

H. Harris, *The Tübingen School* (Oxford, 1975); P. C. Hodgson, *The Formation of Historical Theology* (New York, 1966); R. Morgan, Ferdinand Christian Baur, *in*: N. Smart *et al.* (eds.), *Nineteenth-Cen-*

tury Religious Thought in the West (Cambrdige, 1985), I, chap. 8.

H.H.

ESCOLASTICISMO. O termo "escolástico" foi usado pela primeira vez por humanistas* e, no século XVI, por historiadores da filosofia para se referir aos filósofos e teólogos da Idade Média. Era um apodo negativo, depreciativo, querendo indicar uma mentalidade presa à tradição e contrária à mudança de lógica, implicando rígido servilismo às ideias de Aristóteles*. Muito embora permaneçam ainda traços desse uso antigo, hoje a palavra diz respeito simplesmente à forma de filosofia e teologia predominante da metade ao final da Idade Média. Há também um escolasticismo moderno, que data desde cerca de 1550 a 1830, associado à era da "ortodoxia confessional", influente tanto nas universidades católicas como protestantes da Europa Ocidental. Finalmente, entre os católicos contemporâneos ocorre o neoescolasticismo, que tem suas raízes na Idade Média, especialmente em Tomás de Aquino (ver Tomismo*).

Quando, do século IX em diante, a ordem política começou a ser restaurada na Europa Ocidental, a educação veio a ser patrocinada, começando, então, junto aos eruditos do Ocidente a tarefa de assimilar a cultura clássica, tradição intelectual bem mais rica do que a do Ocidente, naquela época. Assim, muito do ensino nas escolas monásticas* e catedrais e, mais tarde, nas universidades viria a ser constituído na leitura e interpretação de textos clássicos. Uma vez que as escolas eram fundadas e mantidas por eruditos cristãos, a fim de nutrir sua fé, e estando a fé baseada na Bíblia como texto normativo, seria natural para eles um método de ensino baseado em textos.

Os cristãos medievais estavam convencidos de que a revelação* divina tornara disponível a eles toda a verdade*, pois, de outra forma, teria utlrapassado o entendimento humano (ver Fé e Razão*). Consequentemente, as Escrituras, aceitas como divinamente inspiradas, eram para ser estudadas e comentadas. Clareavam as coisas espirituais, iluminando também o entendimento do homem* e do mundo*.

Com a descoberta dos escritos de Aristóteles (ver abaixo), todavia, tanto um método dialético sofisticado como uma narrativa alternativa da realidade surgiram no cenário. Mais do que qualquer outra coisa, o problema de um acordo possível ou não com as ideias de Aristóteles passou a dominar o debate nas escolas medievais. A fé, no entanto, ainda permanecia mais importante, tendo os teólogos, em geral, acatado como certa a proposição de Anselmo* de que alguém não poderia procurar entendimento a fim de crer, mas deveria crer para poder entender.

O exemplo mais antigo da espécie de análise racional da doutrina que se tornaria característica do escolasticismo é encontrado na obra de Boécio* *Sobre a Trindade*. Mas maior influência teria Abelardo*, que procurou proporcionar explicações das afirmações de fé. Em sua obra *Sim e não*, ele desenvolveu um método teológico que tornava parte da tarefa dos teólogos a solução das diferenças entre as autoridades eclesiásticas. As *Sentenças*, de Pedro Lombardo*, por sua vez, se tornariam o manual didático mais amplamente usado em teologia. Era uma coleção de textos da Bíblia e dos pais da igreja (ver Teologia Patrística*) sobre tópicos como Deus, criaturas, encarnação*, redenção*, sacramentos* e últimas coisas (ver Escatologia*). Escrita no século XII, em cerca de 1150, essa obra estava ainda sendo usada, e comentários sobre ela ainda estavam sendo feitos no tempo da Reforma*, ou seja, quatro séculos depois.

O estudo do texto bíblico continuou no século XIII, mas, gradativamente, os mestres passaram a tratar também de questões cruciais e difíceis por si mesmas. Assim, desenvolveu-se o que ficou sendo chamado de "questão disputada", exame abrangente de um único tópico baseado na Bíblia, nos pais e na tradição filosófica. Eram questões tratando de assuntos tais como verdade, o poder de Deus, a vontade divina e o livre-arbítrio.

Atingiu-se, então, a realização máxima do escolasticismo — a *Summa*, uma apresentação ordenada das questões teológicas, sendo a mais conhecida de todas, certamente, a *Summa Theologica*, de Tomás de Aquino, que a escreveu para os iniciantes em teologia. Nela, Tomás de Aquino discute questões numa ordem adequada para os neófitos, tratando cada tópico mais brevemente do que o faria nas questões disputadas.

Na condição de primeiros pensadores medievais do Ocidente, Abelardo e seus contemporâneos, no século XII, tiveram acesso somente aos escritos lógicos de

ESCOLASTICISMO

Aristóteles; mas já no século XIII, o restante dos escritos de Aristóteles se tornava disponível no Ocidente. Em *Física*, *Metafísica*, *Ética* e outras obras de Aristóteles, os eruditos medievais foram encontrar uma narrativa da realidade muito superior a qualquer coisa que, na época, conheciam. A dificuldade era que esses escritos continham ideias fundamentalmente opostas à doutrina cristã em pontos como a eternidade do mundo, a natureza da alma e o fim da existência humana. Guilherme de Auvergne (*c.* 1180-1249), Alberto Magno*, Boaventura*, Rogério Bacon (*c.* 1214-92) e Tomás de Aquino estão entre os mais proeminentes dos muitos mestres que procuraram articular uma posição cristã no contexto novo de Aristóteles. Cada um deles viria a contribuir com uma tentativa de solução própria. No século XIX, a crítica histórica mostraria que o escolasticismo não era uma simples teologia ou filosofia, mas, sim, que consistia em uma multiplicidade de posições buscando tratar de um problema comum: o desafio do pensamento de Aristóteles.

Por volta de 1270, a situação em Paris tornou-se complicada. Membros da faculdade de artes estavam promovendo a interpretação mais avançada de Aristóteles, por meio do comentador Averróis*, que sustentava, por exemplo, que há somente uma alma intelectual para todos os homens. O mais famoso dos mestres envolvidos nessa interpretação era Siger de Brabant (*c.* 1235-*c.* 1282). Ele e outros eruditos pareciam de fato acreditar que, no que dizia respeito à razão, Aristóteles tinha dado a palavra final. Siger apresentou o pensamento de Aristóteles sem alegar que fosse verdadeiro, mas também sem contestá-lo no que contradizia a revelação cristã. Porque não demonstrou que Aristóteles estivesse errado, deu a impressão de que a razão natural inevitavelmente contrariava a revelação. Isso levou seus oponentes a insinuar que ele sustentava uma teoria de verdade dupla, ou seja, a visão de que uma tese pode ser verdadeira para a filosofia, e seu oposto ser verdade para a fé. Mais satisfatória, no entanto, foi a abordagem feita por Tomás de Aquino. Ele não somente insistiu, em princípio, que toda verdade é uma só, mas também criticou Aristóteles e seus comentadores, mostrando, assim, que a razão não contradiz a fé.

A ameaça de um racionalismo desenfreado, como manifestado por Siger e outros, levou-os à condenação, em 1277. O bispo de Paris condenou suas 219 proposições. A maioria delas era sustentada por Averróis e seus seguidores, mas uma variedade de outras, incluindo algumas de Tomás de Aquino, estavam anexas. Mais importante do que o conteúdo dessa condenação é a reação que se seguiu a ela. A convicção de Aquino e outros de que a filosofia pode servir à fé deu lugar a dúvidas nessa questão. Em Duns Scotus* e Guilherme de Occam* pode-se observar a colaboração da fé e da razão começando a se desintegrar.

Por volta de 1350, o escolasticismo estava em declínio. As palestras sobre a Bíblia não eram mais obrigatórias e havia também declinado o estudo dos escritos dos pais da igreja. As sutilezas

ESCOLASTICISMO

dialéticas se tornaram mais e mais o foco das discussões. Esse desenvolvimento piorou mais ainda o que já estava enfraquecendo o escolasticismo — sua falta de senso histórico. Os escolásticos posteriores tenderam a se restringir aos extratos dos antigos, perdendo assim o contexto histórico e muita coisa do significado dos escritos originais. Desenvolveu-se também uma tendência entre esses escolásticos mais recentes de se agruparem em escolas e, então, enfocar somente questões relativamente menores, sobre as quais diferiam entre si. Occamistas, escotistas e tomistas passaram a se digladiar, e a teologia se tornou cada vez mais afastada da vida da igreja. Nesse contexto, não é de admirar que um Erasmo* quisesse retornar ao simples evangelho, que Lutero* não tivesse nenhum interesse em Aristóteles e que Calvino* repetidamente atacasse as ideias irreais dos escolásticos.

Após a Reforma, as escolas nominalista, escotista e tomista continuaram em atividade nas universidades católicas. O mais influente dos novos pensadores escolásticos foi Francisco de Suarez (ver Teologia Jesuíta*), cuja obra *Discussões metafísicas* influenciou Leibniz*, Christian Wolff (1679-1754) e outros filósofos. Entre os protestantes, Melâncton* empregou um aristotelismo humanista em sua teologia, enquanto Petrus Ramus* promoveu um humanismo antimetafísico. Mesmo assim, até mesmo entre os protestantes Suarez foi influente. A despeito do antiescolasticismo de Calvino, Francisco Turretini (1623-1687) e outros teólogos reformados*

adotaram o método escolástico em sua teologia.

O escolasticismo contemporâneo é um movimento extenso nos círculos católicos, que começou no princípio do século XIX e floresceu após a encíclica *Aeterni Patris* (1879), de Leão XIII, em que o papado exigia a restauração da filosofia cristã e indicava ensinos de Tomás de Aquino para consideração especial (ver Tomismo*). Para isso, institutos foram criados e periódicos fundados, tanto na Europa como na América. Entre os membros mais conhecidos desse movimento estão E. Gilson*, J. Maritain (1882-1973), K. Rahner* e B. Lonergan*.

Observam-se fraquezas no escolasticismo, mas deve-se acrescentar que constantemente, também, os pensadores escolásticos têm sido condenados sem serem ouvidos. Têm sido, inclusive, algumas vezes, ridicularizados (como o foram por Erasmo) e, mais frequentemente, ignorados; mas raramente refutados. Alguns oponentes do escolasticismo os repelem simplesmente pelo seu modo analítico de pensamento, que, devido à precisão, torna-se pesada exigência sobre o leitor. Mas as definições exatas e os argumentos cuidadosos não deixam de ser tão apropriados em teologia como em qualquer outra área. Historicamente, os escolásticos são os que mais cuidadosamente consideram a relação entre fé e razão (ver Fé e Razão*), assim como a relação da teologia com outras ciências. Por esse motivo, os escolásticos ainda permanecem como fonte de inspiração para os filósofos e teólogos mesmo nos dias de hoje.

ESCRAVIDÃO

358 ∎

Bibliografia
M.-D. Chenu, *Nature, Man, and Society in the Twelfth Century* (Chicago, 1968); F. C. Copleston, *A History of Philosophy*, vols. II e III (Westminster, MD, 1950, 1953); E. Gilson, *A History of Christian Philosophy in the Middle Ages* (London, ²1980); *idem*, *The Spirit of Medieval Philosophy* (New York, 1936); N. Kretzmann, A. Kenny, J. Pinborg (eds.), *Cambridge History of Later Medieval Philosophy* (London, 1982); P. O. Kristeller, *Renaissance Thought: The Classic, Scholastic, and Humanist Strains* (New York, 1955); A. Maurer, *Medieval Philosophy* (New York, 1962); J. Pieper, *Scholasticism: Personalities and Problems of Medieval Philosophy* (New York, 1960); F. van Steenberghen, *Aristotle in the West* (Louvain, 1955); G. Van Riet, *Thomistic Epistemology* (St Louis, 1963).

A.V.

ESCRAVIDÃO. Instituição social que usa e justifica a servidão involuntária de indivíduos, tratados como se fossem propriedade de outros. Suas formas sociais e seu grau de opressão têm variado grandemente através da história e em lugares e culturas as mais diversas. Embora amplamente aceita por todo o mundo antigo, como se vê refletido na Bíblia, não poucos cristãos vieram a considerar a escravidão uma situação antinatural e indigna para o ser humano. Foi, no entanto, somente no final do século XVIII e começo do século XIX que determinado movimento cristão começou a desenvolver a luta por sua abolição. Apesar, porém, de consideráveis sucessos durante todo o século XIX, a Sociedade Antiescravidão, de Londres, registra, ainda hoje, que a escravidão persiste, sobretudo, em muitas partes da África e da Ásia, embora haja governos de países que oficialmente neguem, contrariando as evidências, que ela seja praticada em seus territórios.

Os antigos hebreus aceitavam a escravidão e até mesmo comercializavam escravos (Gn 14.14; 17.23,27; 24.35; 26.14; Jó 1.3). Em tese, a escravidão entre os hebreus foi, no entanto, pelo menos comparativamente, um tanto humanista, não possuindo a rudeza encontrada em outras culturas a ponto de os escravos dos hebreus terem direito a receber alguma proteção legal (Êx 12.44; 21.20,21,26,27). Contudo, até onde tais disposições legais eram cumpridas na realidade, é difícil determinar.

Na Grécia antiga, os escravos desfrutavam privilégios consideráveis quando servos de famílias; mas em Roma, a severidade rígida era mais frequentemente a regra. Em grande parte, o tratamento aos escravos dependia do acaso, embora a doutrina grega estóica* da igualdade de todas as pessoas haja, aos poucos, influenciado tanto o pensamento helênico como o romano nessa questão. Parece haver pouca evidência de que o cristianismo ou o judaísmo tenha conseguido modificar as noções greco-romanas da escravidão.

Na Bíblia hebraica, a ideia da escravidão é usada para ilustrar o relacionamento entre Deus e seu povo Israel. Os israelitas são redimidos do cativeiro egípcio por um ato histórico de Javé (Êx 22.2; Dt 5.6). Como consequência, passam

ESCRAVIDÃO

os hebreus a acreditar haverem sido adquiridos e se tornado escravos, ou servos, de Deus c que dele dependem para sua existência e subsistência. Desse modo, não podem ou não devem mais viver por sua conta nem adorar outros deuses (Êx 20.2-6; Lv 25.42,55).

Uso semelhante da figura de escravidão é encontrado no NT em que os cristãos são descritos como servos, ou escravos, de Deus (Rm 1.1; 1Pe 2.16). Na prática, porém, os cristãos continuaram a possuir escravos, e a instituição como tal não é condenada no NT (Mt 18.23; 1Co 7.21; Fm). Alguns escritores argumentam que, a despeito da aceitação da escravidão, os escritos cristãos primitivos apresentam, no entanto, uma atitude significativamente mudada em relação ao escravo, revelando uma nova consciência de serem os escravos pessoas feitas à imagem de Deus (*cf.* Hermas, *O pastor*; Ef 5.5ss; Cl 3.22; 4.1; Tt 2.9,10).

Apesar desses argumentos, o Concílio de Agde, em St. Gaul, no ano de 506, proibiu os abades ou bispos de libertarem escravos para que não reduzissem, assim, o patrimônio de suas respectivas igrejas. As ordens monásticas, por sua vez, recebiam escravos na condição de homens livres, recusando-se também a possuir seus próprios escravos. Por volta dos séculos XII e XIII, a escravidão tinha praticamente desaparecido na parte noroeste da Europa, embora um novo sistema de servidão o tivesse substituído. Em 1031, o papa Conrado II proibiu o tráfico de escravos; todavia, o papa Paulo III viria a confirmar, depois, o direito de o clero possuir escravos, o que foi mantido em vigor até 1548.

O abuso da escravidão por pessoas presumidamente cristãs alcançou sua forma mais elevada nos séculos XVII e XVIII, com o comércio de escravos no Atlântico. Entre 1579 a 1807, mais de 15 milhões de escravos foram transportados para as Américas, vindos da África. A maioria da carga humana nos navios negreiros frequentemente morria na viagem. Quando chegavam às Américas, os escravos eram destinados a uma dura existência nas plantações das, então, chamadas Índias Ocidentais. As fugas e revoltas de escravos eram frequentes e reprimidas com extrema severidade.

No século XVIII, vários escritores cristãos buscaram desenvolver uma defesa teológica da escravidão. Provavelmente, as primeiras de tais obras escritas na América foram a de John Saffin: *A True and Particular Narrative...*; *A Brief and Candid Answer...* [*Uma narrativa verdadeira e particular...; Uma resposta breve e sincera...*]. Ambos esses tratados foram publicados em Boston, em 1701, e diziam respeito aos afazeres de Saffin e seu escravo, Adam. Saffin procurava justificar a escravidão como uma instituição perpétua criada por Deus e até ordenada nas Escrituras. Tentou também refutar os argumentos antiescravagistas do juiz Samuel Sewall, que atacou tanto Saffin quanto a instituição da escravidão em sua obra *The Selling of Joseph...* [*A venda de José...*] (Boston, 1700). Argumentava o juiz, simplesmente, que todas as pessoas estavam unidas em Cristo pelos laços do amor.

ESCRAVIDÃO

Durante os séculos XVIII e XIX, muitas outras defesas teológicas da escravidão apareceram. Em 1772, Thomas Thompson publicava *The Trade in Negro Slaves on the African Coast in Accordance with Humane Principles and with the Laws of Revealed Religion* [*O comércio de escravos negros na costa africana feito em conformidade com princípios humanos e as leis da religião revelada*]. Mais tarde, na década de 1850, Samuel A. Cartwright argumentaria que "esperar civilizar ou cristianizar o negro sem a instituição da escravidão é esperar o impossível" (citado no livro de E. N. Elliot, *Cotton is King, and Pro-Slavery Arguments* [*O algodão é o rei, e outros argumentos em favor da escravidão*], Augusta, GA, 1860, p. 596). Em defesa dos numerosos argumentos em favor da escravatura, foram desenvolvidas algumas falsas ilações, como a ligação dos africanos negros com a maldição sobre Cam, filho de Noé (Gn 9.22-27), ou a ideia de que os escravos estariam provavelmente recebendo alguma punição "justa" de Deus por seus "pecados, natureza má, desonestidade, traição, pobreza de mente e malícia[...]". Josiah Priest chegou a argumentar em sua *Bible Defence of Slavery* [*Defesa bíblica da ecravidão*] (Glasgow, KY, 1852), que Levítico 8.18 indicava que Cam havia cometido "abuso e uma real violação de sua própria mãe" e que os "horrores" associados ao nome de Cam poderiam ser observados como "concordando, de maneira muito surpreendente, com a cor de sua pele" (p. 3). Todos esses argumentos, contudo, aconteceram antes de manifestar-se a força da crítica filosófica à escravidão e o zelo de reformadores evangélicos.

Os escritos de Jean-Jacques Rousseau (1712-78) e Tom Paine (1739-1809) conduziram a um ataque filosófico à escravidão. Mas foram cristãos evangélicos, em grande parte, que buscaram impulsionar a causa da abolição com um vigor extremo. Em 1772, Granville Sharp (1735-1813) começou uma campanha para a supressão da escravidão. John Wesley* e os metodistas aceitaram o desafio de lutar por sua abolição, como o fizeram também William Wilberforce (1759-1833) e a seita anglicana Clapham, na Inglaterra. quacres, presbiterianos e batistas, entre outros, lutaram todos contra a escravidão que foi banida finalmente, em 1807, na Inglaterra. Em 1808, o comércio estrangeiro de escravos foi proibido nos Estados Unidos. Em 1833, a escravidão era abolida em todo o Império Britânico, e a Marinha Real britânica se engajou em vigorosa campanha para suprimi-la do mar. Em terra, missionários como David Livingstone (1813-1873), expuseram as realidades do comércio interno de escravos na África e lutaram por sua abolição. Muita coisa do esforço missionário na África, no final do século XIX, como, por exemplo, a fundação de Blantyre no Malauí, fez parte de uma estratégia que visava à abolição do comércio de escravos árabes. Nos Estados Unidos, a escravatura foi finalmente abolida após a Guerra da Secessão, em 1865. Hoje, a escravidão ainda existe em muitas sociedades, embora receba menor atenção e seja geralmente considerada uma questão praticamente superada.

ESCRITURA

Ver também Thornwell, J. H.

Bibliografia
D. B. Davis, *The Problem of Slavery in Western Culture* (New York, 1966); G. D. Kelsey, *Racism and the Christian Understanding of Man* (New York, 1965); J. O. Buswell III, *Slavery, Segregation and Scripture* (Grand Rapids, MI, 1964).

I.He.

ESCRITURA. Do latim *Scriptura*, traduzindo o grego *graphē*, Escritura, palavra que significa "escrito", usada cerca de cinquenta vezes na Bíblia, por alguns livros no NT e por quase todos no AT, é o nome histórico judaico-cristão para a literatura específica que a igreja recebe como instrução divina, ou seja, o testemunho de Deus de si mesmo, sob a forma de testemunho humano, a respeito de sua obra, vontade e caminhos e de como e porque a humanidade deve adorá-lo. A palavra "Bíblia", por sua vez, é uma criação ocidental mais recente, resultante de uma leitura medieval equivocada do grego *biblia*, que significa "livros", substantivo masculino plural, como substantivo feminino singular latino. O termo "Escritura" é usado, essencialmente, no mesmo sentido, tanto no singular quanto no plural: a Escritura, ou as Escrituras, significa, assim, o conjunto de todos os textos que compõem a Bíblia, como portador de conteúdo divino, unidade orgânica do ensino divino.

Escritura e cânon
A Escritura expressa e medeia a autoridade de Deus. Representa formalmente seu direito de ser cri-
do quando fala e obedecido quando ordena; e, materialmente, representa a soma de declarações e direções segundo as quais Deus requer que vivamos. Daí, a Escritura ser chamada também de "cânon", ou "canônica". Cânon, do gr. *kanon*, significa regra, norma, medida, padrão, sendo derivativo o uso da palavra referindo-se a essa série de livros, que são "canônicos" no sentido que acabamos de definir.

A igreja sempre teve consciência, mais ou menos clara, de não haver propriamente criado o cânon, por um decreto arbitrário, mas, sim, recebido de Deus o cânon que o Senhor criou para ela. O cânon do AT (*i.e.*, os 39 livros do cânon palestino do século I, a Bíblia de Jesus) veio para a igreja como se fosse das mãos de Cristo e dos apóstolos, dos quais as credenciais do cristianismo pressupunham a autoridade divina das Escrituras judaicas, que os fatos cristãos cumpriram (Mt 5.17; 26.56; Lc 4.21; 18.31; At 3.18; 13.27-33; Rm 1.2; 16.25-27; 1Pe 1.10-12; 2Pe 1.19-21, etc.). O cânon do NT veio da mesma fonte, porque foi o Espírito Santo, a quem Cristo enviou, que capacitou os apóstolos a falarem e escreverem a verdade divina a respeito de Jesus e que, continuamente, tem produzido o reconhecimento dos documentos apostólicos contendo essa verdade como canônica. A base desse reconhecimento foi e é: a) a autoria ou a autenticação apostólica; b) o conteúdo doutrinário, que honra Cristo, em harmonia com o ensino conhecido de outros apóstolos; c) o reconhecimento contínuo e o uso espiritualmente frutífero dos livros na igreja da era apostólica em

ESCRITURA

diante — consideração que ganha maior força e impulso à medida que os anos passam.

A afirmativa protestante* de que o Espírito Santo autentica de modo categórico a Escritura canônica, levando-a a se impor aos crentes como divina regra de fé e vida, deveria ser entendida em termos corporativos — significando que o corpo da igreja, por inteiro, jamais teria rejeitado, em tempo algum, qualquer dos livros existentes atualmente no cânon e que, por isso, a autoridade divina é constantemente experimentada pela fidelidade dos crentes sempre que a Escritura canônica é lida e pregada na congregação. Todavia, não tem havido unanimidade perfeita quanto ao âmbito total do conteúdo do cânon. Os protestantes sustentam e mantêm uma lista de 66 livros apresentada na *Carta festiva* de Atanásio, do ano 367, em Jerônimo e nos cânones do concílio provincial que se reuniu em Cartago em 397; o Concílio de Trento, por sua vez, incluiu mais doze livros, considerados apócrifos, no cânon católico-romano, em 1546; o Sínodo de Jerusalém incluiu quatro desses mesmos livros (Judite, Tobias, Sabedoria e Eclesiástico) no cânon ortodoxo oriental, em 1672; Lutero rejeitou Tiago; e assim por diante.

Na verdade, porém, esses são assuntos de menor importância. O problema de Lutero, por exemplo, foi simplesmente o de haver entendido Tiago erroneamente, supondo-o contradizer Paulo; e quanto aos livros apócrifos, não são nada significativos no tocante à doutrina. Importante, sim, é o fato de que os princípios de canonicidade aos quais se recorreu sempre que

necessário, embora nem sempre de modo convincente, permaneceram constantes do começo ao fim. Assim, o que diz o item "b", que mostramos alguns parágrafos atrás, coloca-se acima da suposta autoridade de Lutero ao rejeitar Tiago; e o que está na letra "c", ali também, impõe-se acima da provável certeza da Igreja Católica-Romana e da Ortodoxa ao canonizar os livros apócrifos, que, embora não fossem parte da Bíblia de Cristo, já faziam parte tanto da LXX (versão grega do AT, que a igreja assumiu na era apostólica) quanto foram mantidos depois na Vulgata.

Escritura e revelação

A visão cristã histórica de que a Escritura é uma revelação* originalmente verbal, depois escrita, é hoje bastante desconsiderada. A maioria dos teólogos fala da Escritura como somente um registro humano, uma exposição e celebração de Deus na história, que é também o meio instrumental do encontro autorrevelador de Deus conosco no presente. Essa fórmula, embora verdadeira até agora (a menos que "humano" seja tomado como significando impropriedade, incoerência ou incorreção), é teologicamente incompleta. É necessário afirmar, ainda, que a Escritura é, intrinsecamente, revelação (ver a próxima seção deste artigo, Escritura e Inspiração). Todavia, se tal afirmação não estiver relacionada à obra salvadora de Deus na história e à obra de iluminação e interpretação do Espírito Santo, ela é também teologicamente incompleta. Os escritores da Bíblia descrevem a revelação como uma complexa obra da graça divina, pela qual o Criador, tornado

ESCRITURA

Redentor, conduz o pecador a um conhecimento, relacional e salvador, de si mesmo, tendo a natureza da Escritura de ser entendida como uma revelação nessa estrutura funcional de referência.

Na revelação, de acordo com a própria Escritura, Deus age em três níveis interligados. O primeiro nível é o da revelação *em manifestações públicas históricas* mediante uma série de eventos redentores, dos quais fazem parte as predições verbais e as explicações de Deus a cada manifestação. Essa série alcança um penúltimo clímax na encarnação, expiação e entronização do Filho de Deus e no derramamento pentecostal do Espírito. É esperado agora o clímax final com o retorno de Cristo para o julgamento e a renovação cósmica, encerrando a história humana tal como a conhecemos.

Nessa estrutura, emerge o segundo nível, o da revelação *nos registros públicos da Escritura.* Os registros públicos escritos (como Calvino chama a Escritura) foram feitos para informação exata e disponibilidade permanente. Como se trata de uma revelação redentora sendo exposta, Deus faz dela um escrito narrativo, explicativo, de celebração e antecipação a fim de preservar e, ao mesmo tempo, difundir o verdadeiro conhecimento de sua obra contínua de graça, assim como para dessa obra motivar uma resposta. A Escritura canônica é uma reunião desse material escrito e que nos foi dado por mercê de sua providência, dividido em duas partes, estendendo-se o AT por muitos séculos, apontando e conduzindo em direção ao Cristo que estava por vir, e o NT, bem menos extenso, concentrando-se em uma única geração de testemunho apostólico do Cristo que veio e que há de voltar.

O nível três é o da revelação *na consciência pessoal do indivíduo,* a saber, a concessão ao ser humano, cego pelo pecado, do dom de um entendimento responsivo a respeito do Deus da história e da Escritura, a quem Jesus revelou (Mt 11.25-27; 16.17; 2Co 4.6; Gl 1.12-16; Ef 1.17-20; 1Jo 5.20). Essa realidade da revelação, presente e contínua na vida de todo crente, ocorre sob o ministério iluminador do Espírito, que nos interpreta o conteúdo da Escritura, tornando-a compreensível. Os reformadores insistiam, corretamente, em que tão somente a Escritura, sem nenhum acréscimo procedente de qualquer fonte, filosófica ou religiosa, pode nos proporcionar o conhecimento de Deus; e que somente quando o Espírito abre a Escritura para nós e inscreve seu ensino em nosso coração, esse conhecimento se torna realidade para nós.

Em torno da função instrumental da Escritura nesse terceiro nível está a confiabilidade total que sua origem divina garante (ver Infalibilidade e Inerrância*). Se seus "registros públicos" fossem incoerentes e enganosos, o conhecimento de Deus baseado neles seria, do mesmo modo, incoerente e incerto. Os que hoje afirmam ser esse o caso questionam não somente a veracidade de Deus como autor primário da Escritura, mas também sua sabedoria e competência em matéria de comunicação. Se os documentos destinados a tornar Deus, em Cristo, conhecido de todas as gerações não são dignos

ESCRITURA

de confiança e, assim, inadequados ao seu propósito, Deus, então, teria falhado terrivelmente. No entanto, somente as teologias liberal*, modernista*, existencialista* e do processo* podem chegar a uma tal conclusão.

Escritura e inspiração

A descrição histórica da Escritura como inspirada não significa, propriamente, que seja inspiradora (embora o seja), mas, sim, que é como que "soprada por Deus" (gr. *theopneustos*, 2Tm 3.16). É, assim, produto da obra do Espírito Criador, a ser visto sempre como pregação e ensino do próprio Deus, mediante palavra de testemunho do adorador por intermédio do qual o Espírito Santo os dá. Tanto o AT quanto o NT consideram as palavras da Escritura como as próprias palavras de Deus. Passagens do AT tratam a lei de Moisés como elocuções diretas feitas por Deus (1Rs 22.8-16; Ne 8; Sl 119, etc.); os escritores do NT, por sua vez, veem o AT, em seu todo, como oráculos, ou palavras, de Deus (Rm 3.2), profético em seu caráter (Rm 16.26; *cf.* 1.2; 3.21), escrito por homens a quem o Espírito Santo moveu e ensinou (2Pe 1.20,21; *cf.* 1Pe 1.10-12). O próprio Cristo e o NT citam constantemente textos do AT não apenas como oriundos do que homens como Moisés, Davi e Isaías disseram mediante o Espírito (Mc 7.6-13; 12.36; Rm 10.5,20; 11.9), mas também registrando como oriundos do que Deus disse por intermédio dos homens (Mt 19.4,5; At 4.25; 28.25; 1Co 6.16; 2Co 6.16; Hb 1.5-13; 8.5; 8) ou o que disse o Espírito Santo (Hb 3.7;10.15). As citações que Paulo faz, por exemplo, da promessa de Deus a Abraão e da ameaça ao faraó como elocuções da Escritura, diretamente dela extraídas, em ambos os casos (Gl 3.8; Rm 9.17), mostram quão inteiramente ele considerava as afirmações da Escritura como as próprias palavras de Deus. Por outro lado, quando Paulo ensina e ordena em nome de Cristo (2Ts 3.6), alegando a autoridade de Deus por ser apóstolo de Cristo (1Co 14.37) e sustentando haverem sido tanto o seu tema quanto as suas palavras dados pelo Espírito Santo (1Co 2.9-13) apresenta um paradigma* da inspiração apostólica. Este requer a mesma atitude para com os escritos do NT que os mestres do NT tiveram para com os do AT (*cf.* a própria promessa e expectativa de Cristo quanto ao ensino apostólico: Jo 14.26; 15.26,27; 16.13-15; 17.20, em que o tempo do verbo presente é incoativo; 20.21-23). Como a Escritura, sendo dada por Deus, "não pode ser anulada" (Jo 10.35), assim também ocorre com o testemunho apostólico: seja oral ou escrito, é verdade garantida de Deus e que "todo aquele que conhece Deus", que "é de Deus", certamente ouvirá (1Jo 4.6; *cf.* 2.7,20,27).

Uma vez que o Deus que criou a Escritura, santificando o labor autoral de seus servos, é verdadeiro, e não enganador, a infalibilidade* bíblica se torna um artigo de fé. Não é por ter tido participação humana na sua elaboração que a Bíblia deva ser, algumas vezes, necessariamente, errônea, pois Jesus, embora tivesse também natureza humana, não cometeu erros. Aqueles que confessam o Cristo sem pecado (ver Impecabilidade

ESCRITURA

de Cristo*) não podem, do mesmo modo, deixar de ter crença análoga em uma Bíblia inerrante. Tratar o testemunho de Cristo e dos apóstolos em relação à natureza da Escritura como se ela não fosse capaz de resolver o assunto, indo contra ela nesse ponto, é ilógico, irreverente e indefensável, totalmente à parte do caminho que determina o conceito de revelação afirmado anteriormente. O caminho correto é o de tratar os fenômenos da Escritura na suposição de que, sendo a Escritura dada por Deus, é fiel ao fato físico, moral e espiritual, sendo essa a abordagem que os fundadores do cristianismo desenvolveram em seu próprio ministério e segundo a qual ensinaram categoricamente a seus seguidores.

Escritura, autoridade e interpretação

Autoridade* é a questão teológica básica nas discussões de revelação, inspiração, infalibilidade e inerrância, a ela se seguindo as questões da necessidade, da suficiência e da clareza da Escritura (três temas clássicos), assim como da interpretação bíblica. O que está em debate é a natureza e a extensão do controle que a Escritura canônica deveria exercer sobre a doutrina, a disciplina e a devoção da igreja e de cada um de seus membros. São pontos de concordância unânime que a Escritura medeia a autoridade do Deus que a deu e do Cristo de quem testifica; que ela o faz apresentando as realidades da história da salvação* em seu significado universal; que não pode possuir mais autoridade do que já possui, em um sentido apropriadamente verdadeiro (já que a falsidade não

faz jus a governar). São princípios que devem ser geralmente aceitos, também (embora algumas vezes não o sejam), que a igreja não tem o direito de inferir da Escritura, ou nela enxertar, ideias, ditas de tradição, que não possam ser lidas senão nela; assim como, que cada cristão, individualmente, não tem o direito de se voltar em julgamento contra a Bíblia. (Nem é de grande proveito ter a herança de interpretação da igreja como se fosse sempre reconhecida; nem é obrigatório sustentar uma coerência racional com a interpretação sendo feita de maneira cuidadosa.) O que não se pode negar, no entanto, é que somente quando corretamente interpretada, a Escritura exerce realmente sua autoridade correta. Um só enfoque falso que seja na interpretação frustra inteiramente essa autoridade.

Alguns comentários sobre a interpretação tornam-se ainda necessários, todavia, para concluirmos satisfatoriamente este artigo (ver também Hermenêutica*).

A tarefa do intérprete é extrair da Escritura e aplicar ao pensamento e à vida de hoje o conjunto de verdades a respeito de Deus, da humanidade e de suas mútuas relações que o texto examinado possa conter. Sendo os livros bíblicos, como são, textos próprios referentes a pessoas e situações distantes de nós, o método interpretativo implica extrair verdades das aplicações particulares em que se encontram neles encrustadas e reaplicá-las a nós. Caminhar dessa forma, ou seja, do que o texto historicamente significava para o que ele significa como palavra de Deus para os dias de hoje, nem sempre

ESCRITURA

é fácil, principalmente quando a exatidão é uma preocupação.

Captar o que o texto significava (primeiro passo na interpretação) exige exegese gramático-histórica, que leva em conta o sentido linguístico do texto e seu gênero literário, seu ambiente geográfico, cultural e histórico e a situação de vida específica tanto do autor como dos seus primeiros leitores, conquanto tudo isso possa ser conhecido. É necessário, ainda, perguntar onde, quando, por quem, por qual motivo, com que finalidade e usando de quais recursos foi escrito cada livro e redigida cada parte dele. Essas são as indagações feitas pela crítica bíblica*, que, assim, em certo nível, torna-se de interesse geral. As respostas que tratam os autores das Escrituras como enganadores ou enganados, como várias teorias críticas o fazem, deveriam, no entanto, ser descartadas como inúteis, desnecessárias e injustificadas.

Discernir o que o texto significa, aplicado hoje (segundo passo na interpretação), exige, assim, de nós dois passos. As verdades universais escavadas pela exegese devem ser primeiramente verificadas para nos certificarmos de que se enquadram na estrutura pactual, cristocêntrica, redentora e orientada para a santidade da revelação canônica como um todo (alguém somente se dispõe a crer se as perceber corretamente). Devem, a seguir, inquirir-nos "para a repreensão, para a correção e para a instrução na justiça" (2Tm 3.16), confrontando nossas imperfeições, tornando claras nossa vocação e esperança e nos animando à prática de ações com as quais a verdade de Deus é obedecida.

Deve-se buscar sempre, do começo ao fim, a ajuda do Espírito Santo, pois somente o Espírito nos permite captar o significado e a direção dos princípios escriturísticos e perceber a realidade de Deus tal como mostram os textos. Sem o ministério do Espírito como autenticador e intérprete da Escritura, da qual é o próprio autor, na melhor das hipóteses ficaremos presos a um biblicismo infrutífero e mecânico. Mediante o Espírito, contudo, a vida sob a autoridade da Escritura se torna o que deve ser — de plena e realizada comunhão com o Pai e o Filho (*cf.* 1Jo 1.3). Viver sob a autoridade bíblica é uma prescrição não somente para a retidão teológica, mas também para a vida espiritual.

Bibliografia
R. Abba, *The Nature and Authority of the Bible* (London, 1958; J. Barr, *The Bible in the Modern World* (London, 1973); K. Barth, *CD* I.1-2; D. A. Carson & J. Woodbridge (eds.), *Scripture and Truth* (Leicester, 1983); *idem, Hermeneutics, Authority and Canon* (Leicester, 1986); N. Geisler (ed.) *Inerrancy* (Grand Rapids, MI, 1979); R. Laird Harris, *The Inspiration and Canonicity of the Bible* (Grand Rapids, MI, 1957); C. F. H. Henry, *God, Revelation and Authority*, vols. I-IV (Waco, TX 1976-1979); *idem* (ed.), *Revelation and the Bible* (Grand Rapids, MI, 1958); A. Kuyper, *Principles of Sacred Theology* (Grand Rapids, MI, 1954); B. M. Metzger, *The Canon of the New Testament* (Oxford, 1987); J. I. Packer, *God Has Spoken* (London, 1979); C. Pinnock, *Biblical Revelation* (Chicago, IL, 1971); *idem, The Scripture Principle* (San Francisco, CA, 1984);

E. Radmacher & R. Preus (eds.), *Hermeneutics, Inerrancy, and the Bible* (Grand Rapids, MI, 1984); A. C. Thiselton, *The Two Horizons* (Exeter, 1980); B. Vawter, *Biblical Inspiration* (London, 1972); B. B. Warfield, *The Inspiration and Authority of the Bible* (Philadelphia, 1948).

J.I.P.

ESCRITURA E TRADIÇÃO. O relacionamento entre Escritura e tradição não pode ser estudado isoladamente. Elas interagem mutuamente somente por meio de um terceiro participante: a igreja contemporânea*.

Definições dos dois termos nos ajudarão sobremodo. "Escritura" refere-se aos escritos canônicos de ambos os Testamentos, AT e NT. Os cristãos primitivos herdaram as Escrituras judaicas (AT), mas não adquiriram de imediato um conjunto paralelo de Escrituras cristãs. Movimentos iniciais com essa finalidade (*e.g.*, 2Pe 3.15ss) chegaram a frutificar no tempo de Ireneu*, quando houve um conceito claro de um *Novo* Testamento juntamente com o Antigo. A aceitação das Escrituras cristãs levantou a questão da relação entre esses textos e a tradição cristã, que incluía o ensino dos apóstolos* legado por outros meios à igreja.

"Tradição" é, por vezes, entendida de um modo mais estrito, como se referindo somente a uma tradição extraescriturística ou até mesmo não escriturística. Isso, naturalmente, existe, mas o nosso interesse, aqui, está voltado para a tradição em um sentido mais amplo de como a fé cristã tem sido legada a nós desde o passado. Essa definição mais ampla poderia certamente *incluir* a Escritura, mas como a nossa preocupação é com as relações entre a Escritura e a tradição, preferimos excluir a Escritura desse conceito.

Todo grupo cristão tem como manter um relacionamento entre Escritura e tradição. Não há grupo cristão, mesmo sendo informal, que não siga alguma tradição. Assim também, todo grupo cristão, mesmo informal, dispõe de alguma estrutura de norma com padrões do que seja ou não "cristão". É esse elemento, a norma doutrinária contemporânea de cada igreja, que não pode deixar de ser levado em conta ao se considerar a relação entre Escritura e tradição.

O relacionamento entre Escritura, tradição e igreja tem sido diferente ao longo do tempo. A visão mais antiga pode ser chamada de *visão da coincidência*: a igreja ensina o que os apóstolos ensinaram, o que ela recebe das Escrituras apostólicas e da tradição apostólica. Escritura, tradição e igreja devem ensinar a mesma mensagem apostólica. Não há conflito entre elas, sendo encontrada em cada uma delas a totalidade da mensagem cristã. Foi essa a abordagem adotada por Ireneu* e Tertuliano* contra o gnosticismo*. Os gnósticos faziam uso de suas escrituras próprias e recorriam às suas próprias tradições secretas. Ireneu argumentou que a doutrina dos apóstolos, encontrada em seus escritos autênticos, fora legada mediante uma tradição de ensino público às igrejas que eles mesmos tinham fundado e onde era ainda ensinada. Esse "cordão de três voltas" foi a resposta mais eficaz para as alegações gnósticas.

ESCRITURA E TRADIÇÃO

Com o tempo, a visão da coincidência veio a ser superada pela *visão suplementar*: a tradição é necessária para suplementar a Escritura, para proporcionar ensino não encontrado na Escritura. A ideia de que a tradição apostólica suplementa a Escritura como um guia para a *prática* vem desde muito cedo, mas foi apenas pouco antes de os teólogos defenderem as *crenças* que eles reconheceram que estas não se achavam na Escritura. Passo importante nessa direção foi dado por Basílio de Cesareia*, em sua defesa da divindade do Espírito Santo em que afirmava que algumas crenças cristãs não eram encontradas na Escritura. Essa maneira de ver se tornou mais comum na Idade Média com a emergência de doutrinas que não se encontram nas Escrituras, como, por exemplo, as referentes a Maria*. Mas a visão da coincidência nunca foi abandonada. Com o uso da alegoria não haveria necessidade de se admitir que uma doutrina não é encontrada na Escritura. A visão suplementar poderia ser invocada para justificar crenças sem base escriturística.

Contudo, quais das crenças são realmente *contrárias* à Escritura? No final da Idade Média, vários grupos levantariam contra algumas doutrinas católicas-romanas essa acusação, que veio à tona, sobretudo, na Reforma. A questão realmente fundamental na Reforma não foi propriamente a da justificação* pela fé, nem o papel da tradição, mas, sim, o relacionamento entre Escritura e igreja. Os reformadores rejeitaram ensinos da Igreja de Roma em nome do evangelho registrado na Escritura.

Enfrentaram, porém, por sua vez, a acusação de heresia por rejeitarem doutrina da igreja. A questão era simples: o evangelho define a igreja, ou vice-versa? Os reformadores estigmatizaram a Igreja Católica-Romana como falsa igreja por suprimir o evangelho; Roma acusou os reformadores de hereges por rejeitarem o ensino da "santa madre igreja". Os reformadores não acreditavam em "julgamento particular" com cada homem sendo seu próprio teólogo, mas, sim, criam que todo ensino da igreja precisa ser testado pela Escritura. Tinham um profundo respeito pela tradição, especialmente o ensino dos pais primitivos. Mas a tradição, para eles, não deveria acrescentar nada à Escritura e, por esta, deveria ser testada.

O Concílio de Trento (ver Contrarreforma Católica*) respondeu aos reformadores com o seu *Decreto sobre a Escritura e a tradição* (1546), que afirmava que "a verdade e a disciplina [do evangelho] estão contidas nos livros escritos e nas tradições não escritas, ou seja, as tradições recebidas pelos apóstolos da boca do próprio Cristo ou dos próprios apóstolos (ditadas pelo Espírito Santo) e que chegaram até nós, transmitidas como se fosse de boca em boca". Além do mais, segundo o documento, Escritura e tradição devem ser veneradas "com o mesmo sentimento de devoção e reverência". Costumava-se supor que isso comprometia Roma com a visão suplementar, mas, em anos mais recentes, J. R. Geiselmann (n. 1890) e outros questionaram essa suposição. É agora amplamente aceito que Trento não fechou questão sobre suficiência material, ou qualquer outra, da Escritura. Em outras palavras, Trento permitiu a visão de que toda doutrina católica é encontrada na Escritura. O que fica inteiramente claro na doutrina de Trento é o papel da igreja. Ninguém deverá "presumir interpretar [as Escrituras] contrariamente ao sentido em que a santa madre igreja, a quem cabe julgar sobre seu verdadeiro sentido e interpretação, tem sustentado e sustenta ou mesmo contrário ao ensino unânime dos pais".

Muitas mudanças ocorreram desde o século XVI. A crítica histórica afetou a abordagem da Bíblia pela igreja (ver Crítica Bíblica*) e mostrou, também, quanto tem mudado a doutrina no decorrer dos anos. Hoje, o fato do desenvolvimento* da doutrina é amplamente aceito tanto por teólogos católicos quanto protestantes. A despeito dessas mudanças, no entanto, a questão fundamental, que é o relacionamento entre Escritura e igreja, permanece basicamente a mesma. No Concílio Vaticano II (1962-1965), a constituição dogmática em *Revelação divina* expôs, no segundo capítulo, o relacionamento entre Escritura, tradição e igreja. Como resultado do empenho de J. R. Geiselmann e outros, a questão da (in)suficiência material da Escritura foi deixada em aberto. O ensino apostólico do evangelho é transmitido para nós tanto por meio da Escritura como da tradição, que, como já vimos, "devem ser aceitas e veneradas com o mesmo sentimento de devoção e reverência". O desenvolvimento da doutrina é reconhecido: "[...] há um crescimento no entendimento das realidades e das palavras que nos

têm sido passadas". Mas a autoridade final não é a Escritura nem a tradição, mas o ensino oficial da igreja (católica): "A tarefa de interpretar autenticamente a palavra de Deus, seja escrita ou transmitida, tem sido confiada exclusivamente ao ensino oficial vivo da Igreja [Católica-Romana], cuja autoridade é exercida em nome de Jesus Cristo". Entre os protestantes, existe hoje uma disposição maior do que antes em reconhecer a importância da tradição e lhe atribuir um papel relevante. Isso se pode constatar claramente no relatório *Scripture, Tradition and Traditions* [*Escritura, tradição e tradições*], da Quarta Conferência Mundial sobre Fé e Ordem do Conselho Mundial de Igrejas que teve lugar em Montreal, em 1963. Não há sinais, no entanto, de que os protestantes estejam querendo submeter a interpretação da Escritura ao "ensino oficial vivo da Igreja" de Roma.

Não se pode relegar a tradição. Um sermão em nossa igreja, um livro lido em casa, o compartilhar a fé com outra pessoa — tudo isso é tradição em ação. A tradição não só é inevitável — mas também desejável. O adágio de que "aqueles que ignoram a História são condenados a repeti-la" é verdade na história da teologia. Os que desprezam com arrogância a tradição têm frequentemente acabado por reaprender algumas das lições mais básicas que o passado pode nos ensinar. Karl Barth* sabiamente afirmou que a atitude correta para com a tradição se resume no quinto mandamento: honra teu pai e tua mãe. Devemos honrar os nossos precursores teológicos e ouvir com todo o respeito a voz do passado,

ESPERANÇA

embora sem estarmos presos a ela. No caso da tradição, tal como acontece por vezes com os pais, há ocasiões em que realmente temos de declarar: "Obedecemos a Deus em vez de aos homens". A tradição é digna de respeito, mas, sem dúvida, está sujeita à palavra de Deus nas Escrituras.

Os reformadores cunharam seu lema "*sola Scriptura*": "somente a Escritura". O que isso significa? Não significa que nada deveríamos utilizar a não ser a Bíblia — que não há lugar para livros, dicionários de teologia e fontes de consulta ou ensino semelhantes. Não significa que deveríamos aprender a doutrina cristã, tão somente, diretamente da Bíblia, tornando os sermões, os livros e escritos sobre a palavra redundantes. Não significa, enfim, que não possamos reconhecer outra autoridade além da Bíblia em nosso cristianismo. A tradição e a igreja funcionam, inevitável e apropriadamente, em certo sentido, como autoridades. A Bíblia, porém, permanece como autoridade decisiva e *final*, como a norma pela qual todo o ensino da tradição e da igreja deve ser testado.

Bibliografia

F. F. Bruce & E. G. Rupp (eds.), *Holy Book and Holy Tradition* (Manchester, 1968); Y. M. J. Congar, *Tradition and Traditions* (London, 1966); P. C. Rodger & L. Vischer (eds.), *The Fourth World Conference on Faith and Order* (London, 1964), 3:II, Scripture, Tradition and Traditions; G. H. Tavard, *Holy Writ or Holy Church: The Crisis of the Protestant Reformation* (London, 1959).

A.N.S.L.

ESPERANÇA. O termo "esperança" tem dois sentidos principais em teologia. Pode definir tanto o *objeto* da esperança, ou seja, Cristo, e tudo o que implica sua vinda final (ver Escatologia*), ou a *atitude* de esperar. Este artigo trata desse último significado.

Esperar significa olhar à frente, na expectativa de uma atividade futura de Deus. A base da esperança é a passada atividade de Deus em Jesus Cristo, que aponta o caminho para os propósitos de Deus à sua criação. Assim, o crente espera a ressurreição* do povo de Deus e a chegada de seu reino com toda a confiança, porque Jesus já inaugurou o reino e foi levantado dentre os mortos. Na adoração, ora: "Venha o teu reino", e celebra a ceia do Senhor como uma antecipação do banquete celestial porque olha para a morte e ressurreição que abrem o caminho ao reino (1Co 11.26). Em comunhão com outros crentes, o cristão experimenta a presença do Espírito como antegozo do reino escatológico (2Co 1.22). Por esperar ser igual a Cristo no final, procura ser igual a Cristo agora (1Jo 3.2,3). Porque anela uma "pátria melhor" (Hb 11.13-16), adota a atitude de um peregrino.

Enquanto vive na esperança, e não na plenitude do reino, ele anda por fé*, em vez de por aquilo que vê (2Co 5.7). Sua vida, na verdade, é marcada mais pelo sofrimento* do que pelo triunfo (1Co 4.8-13; 2Co 4.7-18).

O cristão, no entanto, é liberto do temor a respeito de seu futuro a fim de se voltar para cuidados com o temor e a luta dos outros. A esperança não é assunto meramente particular, porque o escopo

ESPÍRITO SANTO

do reino de Deus é universal. Consequentemente, a dimensão mais ampla e sociopolítica da esperança tem-se tornado proeminente na teologia moderna. O debate tem sido estimulado pelo reconhecimento de que a escatologia está no âmago da mensagem de Jesus e pelo interesse filosófico no fenômeno da esperança como experiência humana (*e.g.*, Ernst Bloch, *The Principle of Hope* [*O princípio da esperança*], 3 vols., Oxford, 1986), pelo desafio do marxismo* e pelo clamor dos grupos oprimidos (ver J. B. Metz*; J. Moltmann*; W. Pannenberg*; Teologia da Libertação*; Teologia Política*).

Uma perspectiva escatológica, diferentemente de visões cíclicas da história*, contém a expectativa de coisas *novas* acontecerem, permitindo, portanto, a possibilidade de progresso* na história. O futuro reino de Deus, caracterizado por justiça, paz, comunhão e amor, proporciona orientação e motivação para uma ação social cristã (ver Missiologia*; Justiça*; Ética Social*). Pois se esses valores constituem a vontade suprema de Deus para a futura sociedade humana, devem ser também sua vontade para a sociedade humana atual. Ao se comprometer tanto com a proclamação do evangelho* quanto com a luta sociopolítica para a justiça e a libertação*, a igreja torna-se "tal qual uma seta enviada ao mundo para apontar o futuro" (Moltmann, *Theology of Hope* [*Teologia da esperança*], p. 328).

No entanto, a esperança do cristão não é utópica. Espera o progresso, sim, mas não a perfeição*, que somente virá pelo próprio ato de Deus na vinda final de Cristo. Pode, por isso, enfrentar com sucesso a falha humana sem desespero porque confia no "Deus da esperança" (Rm 15.13), cujo reino está chegando, com toda a certeza.

Bibliografia

C. E. Braaten, *Christ and Counter-Christ* (Philadelphia, 1972); E. Hoffmann, *NIDNTT* II, p. 238-246; J. Moltmann, *Theology of Hope* (London, 1967); S. H. Travis, *I Believe in the Second Coming of Jesus* (London, 1982).

S.H.T.

ESPÍRITO SANTO. Estudado pela teologia sistemática, geralmente, sob o título de pneumatologia (ver abaixo).

Bíblia

No AT, o Espírito (*rûah*) de Javé é o poder de Deus em ação. O Espírito de Javé é o próprio Deus presente e em operação, como o são sua "mão" e seu "braço". A personalidade distinta do Espírito pode, e deveria, de acordo com o NT, ser lida no AT, mas não pode ser lida fora daí. Significando tanto sopro de fôlego quanto do vento (o vento é considerado, nas Escrituras, o sopro de Deus: Is 40.7; Ez 37.9), o termo *rûah* passa a ter vívidas e impressionantes associações quando usado em referência à energia de Deus liberada. É nessa acepção empregado, em aproximadamente, 100 dentre as suas 400 menções no AT. Do Espírito de Javé é dito que: 1. molda a criação, dá vida aos animais e à humanidade, direciona a natureza e a história (Gn 1.2; 2.7; Jó 33.4; Sl 33.6; 104.29,30; Is 34.16); 2. revela as mensagens de Deus a seus porta-vozes (Nm

ESPÍRITO SANTO

24.2; 2Sm 23.2; 2Cr 12.18; 15.1; Ne 9.30; Jó 32.8; Is 61.1-4; Ez 2.2; 11.24; 37.1; Mq 3.8; Zc 7.12); 3. ensina, por meio dessas revelações, o caminho da fidelidade e frutuosidade (Ne 9.20; Sl 143.10; Is 48.16; 63.10-14); 4. faz vir à tona a fé, o arrependimento, a obediência, a justiça, a docilidade, o louvor e a oração (Sl 51.10-12; Is 11.2; 44.3; Ez 11.19; 36.25-27; 37.14; 39.29; Jl 2.28,29; Zc 12.10); 5. capacita para uma liderança forte, sábia e efetiva (Gn 41.38; Nm 11.16-29; Dt 34.9; Jz 3.10; 6.34; 11.29; 13.25; 14.19; 15.14; 1Sm 10.10; 11.6; 16.13; 2Rs 2.9-15; Is 11.1-5; 42.1-4); 6. confere aptidão e aplicação para uma obra criativa (Êx 31.1-11; Ag 2.5; Zc 4.6). Revelar e capacitar são suas atividades principalmente enfatizadas.

No NT, como na LXX, o Espírito é *pneuma*, palavra com associações semelhantes a *rûah*, e o Espírito Santo derramado por Cristo no Pentecoste (Jo 1.33; At 2.33) é identificado com o Espírito de Deus do AT (At 2.16-21; 4.25; 7.51; 28.25; 1Pe 1.11; 2Pe 1.19-21). Agora, porém, é referido como uma pessoa da Trindade distinta do Pai e do Filho e com ministério próprio. Além e acima de suas funções anteriores, ele é dado à igreja como "outro (*i.e.*, um segundo) Conselheiro" (Jo 14.16), assumindo o papel de Jesus como consolador, aconselhador, ajudador, fortalecedor, apoiador, consultor, advogado, aliado — pois a palavra grega *paraclētos* [paracleto], empregada para designá-lo, significa tudo isso. Como o Pai e o Filho, o Espírito age como somente uma pessoa poderia agir — ouve, fala, convence, testifica, mostra, conduz, guia, ensina, induz o falar, ordena,

proíbe, deseja, auxilia, apoia, consola, intercede com gemidos (Jo 14.26; 15.26; 16.7-15; At 2.4; 8.29; 13.2; 16.6,7; 21.11; Rm 8.14,16,26,27; Gl 4.6; 5.17,18; Hb 3.7. 10.15; 1Pe 1.11; Ap 2.7, etc.). Também como ocorre com o Pai e o Filho, ele pode até ser pessoalmente insultado (ser blasfemado, Mt 12.31,32; mentir-se a ele, At 5.3; ser resistido, At 7.51; entristecido por causa do pecado, Ef 4.30). O "nome" (singular, significando realidade revelada) de um só Deus toma agora a forma de três pessoas divinas juntas, Pai, Filho e Espírito Santo (Mt 28.19; *cf.* as referências "triádicas" à atividade de Deus, Jo 14.16—16.15; Rm 8; 1Co 12.4-6; 2Co 13.14; 2Co 13.14; Ef 1.3-14; 2.18; 3.14-19; 4.4-6; 2Ts 2.13,14; 1Pe 1.2; Ap 1.4,5). No NT, aparece constantemente menção às três pessoas da divindade (ver Trindade*).

Em João, Jesus declara que a tarefa do segundo paracleto, ou Conselheiro (o Espírito), é de mediar conhecimento do Salvador, assim como união e comunhão com ele, fisicamente retirado de nós, ascenso e glorificado (Jo 14.15-26; 16.14). As afirmações cristocêntricas menos explícitas a respeito do Espírito em qualquer lugar do NT deveriam ser entendidas como baseadas nesse entendimento, raiz mestra de toda a espiritualidade apostólica. Somente após o retorno de Jesus à glória (*cf.* Jo 17.5), poderia ter início o ministério consolador do Espírito (Jo 7.37-39 e 20.22 é, nitidamente, profecia em ação): Naquela manhã de Pentecoste foi quando esse ministério realmente começou.

Em seu ministério, o Espírito: 1. *revela* a realidade de Jesus e a verdade a respeito dele, primeiramente

ESPÍRITO SANTO

por lembrar e, depois, por instruir os apóstolos (Jo 14.26; 16.13; Ef 3.2-6; 1Tm 4.1), e por iluminar outros para que recebam o testemunho apostólico com entendimento, confessem o senhorio divino do homem Jesus e experimentem seu poder de mudança de vida mediante a fé (Jo 16.8.11; At 10.44-48; 1Co 2.14-16; 12.3; 2Co 3.4—4.6; Ef 1.17-20; 3.14-19; 1Jo 2.20,27; 4.1-3; 5.6-12); 2. *une* os crentes a Cristo na corressurreição regenerativa e doadora de vida de tal modo que se tornem os que compartilharão de seu reino (*cf.* Rm 14.17) e membros (ramos vivos) do corpo do qual ele é o cabeça (Jo 3.5-8; Rm 6.3-11 com 7.4-6; 8.9-11; 1Co 6.17-19; 12.12,13; Gl 3.14 com 3.26-29; Ef 2.1-10 com 4.3-16; Tt 3.4-7); 3. *assegura* aos crentes que eles são filhos e herdeiros de Deus (ver Filiação*) tanto por meio do testemunho direto de certeza interior imediata quanto pelo testemunho indireto dos instintos e disposições filiais implantados, dos quais a realidade da nova vida pode seguramente ser inferida (Rm 8.12-17; 2Co 1.22; Gl 4.6; Ef 1.13; 1Jo 3.24; 4.13; 5.7); 4. *medeia a comunhão* do cristão com o Pai e com o Filho como se a vida do céu já tivesse, assim, como se fora uma primeira prestação de "entrada" é, a garantia da plenitude de vida vindoura no céu (Rm 5.5; 8.23; 2Co 5.5; Ef 1.14; 2.18; 4.30; 1Jo 1.3 com 3.1-10,24); 5. *transforma* os crentes, progressivamente, mediante oração e conflito com o pecado, em semelhantes moral e espiritualmente a Cristo (2Co 3.18; Gl 5.16-25; Jd 20,21); 6. *concede dons** — aptidão para servir e testemunhar — destinados a expressar Cristo na comunidade crente, edificando, assim, seu Corpo (Rm 12.3-13; 1Co 12; Ef 4.7-16; 1Pe 4.10,11), e à proclamação evangelística no mundo, estendendo, assim, a igreja (At 4.8, 31; 9.31; Ef 6.18-20); 7. *intercede efetivamente* nos crentes e pelos crentes em Cristo porque se sentem incapazes de orar devidamente por si mesmos (Rm 8.26,27); 8. *insta à ação missionária,* a fim de tornar Cristo conhecido (At 8.29; 13.2; 16.6-10), e à *decisão pastoral,* para consolidar a igreja de Cristo (At 15.28).

A exuberância extática (línguas e profecia) legitimamente procedente do Espírito pode ser mantida sob controle para edificação do corpo (1Co 14.26-33). Essas manifestações são os ímpetos "religiosos" que enganam e desordenam as pessoas ou desonram a Cristo, que degradam seus apóstolos e a autoridade que receberam diretamente dele, revelados, consequentemente, como não procedentes do Espírito (1Co 12.3; 1Jo 4.1-6).

Uma vez que o Espírito Santo é o agente de Cristo fazendo sua vontade, o que o Espírito faz nos cristãos pode ser dito que é o próprio Cristo quem o faz (habita, Cl 1.27; *cf.* Jo 15.4,5; dá vida, Cl 3.4; santifica, Ef 5.26; etc.). Esse foco cristocêntrico do ministério consolador do Espírito é consistentemente sustentado no pensamento do NT.

Teologia

O pensamento cristão a respeito do Espírito tem sido intermitente e um tanto fragmentado. No Ocidente, o hábito de Agostinho* de atribuir poder à graça interna, em lugar de atribuí-lo ao Espírito, e a

ESPÍRITO SANTO

substituição medieval do Espírito e da palavra pela igreja institucional e seus sacramentos como meios de salvação, bloqueou a verdadeira pneumatologia durante séculos. Somente a ortodoxia oriental*, com seu formalismo trinitário rigoroso, e, mais tarde, no Ocidente, o evangelicalismo reformado*, metodista* e pietista*, com sua ênfase na ética e na experiência da salvação, não seguiram por esse caminho. As principais áreas abordadas têm sido as seguintes:

1. O Espírito e a divindade. Após rejeitar a ideia montanista* de uma era presente do Espírito, em seguida, a duas eras anteriores, do Pai e do Filho, respectivamente, a teologia patrística* deu pouca atenção ao Espírito até o final do século IV, quando sua coigualdade e coeternidade com o Pai e o Filho foram afirmadas contra vários oponentes (tropici, pneumatoquianos, "macedonianos") e o Credo Niceno-constantinopolitano (381) o chamou de "o Senhor, o Doador da vida, que procede do Pai, que com o Pai e o Filho é adorado e glorificado, que falou por meio dos profetas" (ver Credos*). A questão acerca de se o Espírito "procede" (a saber, em seu próprio ser, como distinto de sua missão à humanidade, a respeito do que João 14.16,26 e 16.7 não deixam dúvida) do Filho, assim como do Pai, dividiu o Ocidente e o Oriente. A adição da cláusula *Filioque* ("e do Filho") ao Credo Niceno, em 589, pelo Concílio Ocidental de Toledo, sempre pareceu à igreja oriental ser herético e cismático. É natural supor que o envio duplo do Espírito reflete e, assim, revela dupla processão no padrão de vida divino, mas a Escritura fala somen-

te da primeira, deixando a última de fato totalmente opaca para nós, embora haja muito argumento a seu favor.

2. O Espírito e a palavra. Desafiando a equação de Roma, de tradição com interpretação bíblica verdadeira, e as alegações anabatistas* de o Espírito agir separadamente, sem considerar a Escritura, os reformadores sustentaram que a Escritura e o Espírito são inseparavelmente unidos. A expressão s*ola Scriptura* (a Escritura somente) fazia parte do lema da Reforma: a clareza intrínseca e a suficiência da Escritura* para o conhecimento da salvação e o serviço fiel a Deus foram, assim, afirmados, negando-se novas revelações interiores. Mas a palavra não seria entendida sem o Espírito, que inspira a palavra bíblica, autenticando-a, interpretando-a e iluminando os corações, cegos pelo pecado, se não a receberem. Calvino* fala de o testemunho interno e secreto do Espírito fazer o que a evidência externa nos argumentos apologéticos não conseguiria, isto é, selar em nosso coração (ou seja, tornar-nos incapazes de duvidar) a divina qualidade de toda a Escritura, particularmente da promessa bíblica de misericórdia em Cristo. Posteriormente, Calvino sustentaria que, por meio da palavra, franqueada audivelmente em pregação e tornada visível na ceia do Senhor, o Espírito efetua a comunhão direta de doação da vida entre o Cristo vivo e aqueles que creem.

3. O Espírito e a salvação. Os reformadores e os puritanos*, seguindo Agostinho, enfatizaram a escravidão do homem caído ao pecado e a consequente necessidade da graça preveniente do Espírito, em chamado eficaz* para renovar seu coração e conduzi-lo à fé pessoal, sem o que nenhuma pregação ou sacramento poderia salvá-lo. Mestres puritanos, pietistas e metodistas desenvolveram a partir daí um conceito profundo de experiência da conversão* (ou novo nascimento), abrangendo a convicção de pecado, a fé como clamor de ajuda, arrependimento e consagração totais e o dom inicial da certeza da salvação*, concedido pelo Espírito. Com isso, teólogos pastorais puritanos, tais como John Owen, expandiram o conceito de progressão na piedade, de Calvino, mediante autonegação, suportar a cruz, restrição como estilo de vida, esperança, oração e obediência, tornando-o uma análise profunda da santificação como contínua peregrinação e batalha em que, pela "livre graça de Deus [...] somos renovados na totalidade do homem criado à imagem de Deus e capacitados cada vez mais a morrermos para o pecado e vivermos para a justiça" (Catecismo menor de Westminster, p. 35). Por trás dessa linguagem, reside o pensamento de o Espírito, soberanamente, levar os cristãos a querer e a agir em obediência agradável a Deus (Fp 2.12-13) e a um piedoso ativismo cristão, em que muito se realiza para Deus, sabendo que sem Cristo nada de significativo pode ser alcançado (Jo 15.5).

João Wesley* inseriu nesse esquema uma segunda obra da graça efetuada pelo Espírito (sendo a primeira o novo nascimento). Essa segunda obra erradica o desejo pecaminoso totalmente e deixa o "perfeito amor" a Deus e ao ser humano, daí em diante, como o único motivo no coração. A maior parte dos evangélicos espera que essa mudança ocorra só na morte, mas Wesley instava que, se buscada em fé, a mudança poderia ser desfrutada ainda nesta vida. Segundo Wesley, o resultado não seria, estritamente, de uma perfeição* sem pecado, que asseguraria tão somente uma motivação perfeita, nem um desempenho sem erro; mesmo assim, os reformados evangélicos têm julgado essa ideia irreal e julgam que os que professam um "coração limpo" estariam, de alguma forma, enganando a si mesmos.

Da doutrina da "segunda bênção" de Wesley, tem surgido uma variedade de esquemas de "dois passos" na vida cristã, em que o ponto de transição de um nível mais baixo para um mais elevado no avanço cristão seria o "batismo no Espírito" (ver Batismo no Espírito*), ou a "plenitude do Espírito", seja para santidade (ver Movimento de Santidade*) seja para o poder no serviço, seja para dons espirituais com ou sem glossolalia (falar em línguas).

Diferente dessas ideias era a crença de alguns puritanos (e.g., Thomas Goodwin, Thomas Brooks) de que o Espírito concederia aos cristãos uma segurança predominantemente direta e intensa do amor de Deus. Eles basearam suas ideias numa exegese de Efésios 1.13 diversa das demais, vendo o Espírito como um selador de Deus, em vez de seu próprio selo, e estabelecendo haver um tempo de intervalo entre crer e ser selado. Um confronto pode ser feito para argumentação, no entanto, com

ESPÍRITO SANTO

Efésios 3.14-19, juntamente com Romanos 8.15,16 e João 14.18-23. É justamente esse elemento da experiência cristã entendido erroneamente que muitos testemunhos produziram, confirmando o que diversas doutrinas da "segunda benção" realmente refletem.

4. O Espírito e a igreja. Embora para sua autoexpressão a organização seja necessária, a igreja*, em essência, não é propriamente uma organização, mas, sim, um organismo, o corpo de Cristo, batizado no Espírito (1Co 12.13) — a nova humanidade criada, em que a vida ressurreta de Cristo (Cl 3.3) é realizada mediante a adoração no Espírito (Ef 2.18; Fp 3.3; Hb 12.22-24), compartilhada mediante o ministério* no Espírito (1Co 12; 2Co 13.14) e demonstrada por meio de "boas obras" e evangelização no poder do Espírito (Rm 15.18,19; Ef 2.4-10; 1Ts 1.5,6; Tt 3.4-7). Cada reunião da igreja local é um afloramento microcósmico da comunidade universal dos crentes, na qual, como agente de Cristo, o Espírito Santo age, designando e capacitando indivíduos, em particular, para ministérios específicos (At 13.1,2; 2Tm 1.6,7; *cf.* 1Tm 4.14) e habilitando cada membro do corpo para prestar serviço que promova o crescimento do corpo à maturidade de Cristo (Ef 4.11-16). Toda organização, de estrutura episcopal, presbiteriana ou congregacional, tem como alvo implementar esses princípios, embora somente na época atual o aspecto do "ministério de cada membro" venha sendo amplamente enfatizado. Os movimentos pentecostais* contemporâneos, que o enfatizam, sustentam também a manifestação de dons* de sinais e prodígios, como os que autenticaram o ministério pessoal dos apóstolos (Hb 2.3,4), *i.e.*, falar línguas com interpretação, operação de milagres, cura* sobrenatural, profecia contendo novas revelações — o que pode ser questionável, embora o poder de Deus para renovar essas manifestações, segundo sua vontade, permaneça. A grande vitalidade espiritual na igreja, que o derramamento do Espírito no Pentecoste e após ele produziu, ocorre, em grande parte, periodicamente, em tempos de reavivamento*, quando o ministério de renovação no Espírito é buscado e encontrado (Lc 11.13). A missão, significando proclamação do evangelho ligada a toda forma de serviço, é delegada pelo Espírito (Jo 20.22) e tarefa de todo cristão; a Grande Comissão de Cristo, dada em João 20.22,23; Mateus 28.19,20; Atos 1.8, foi designada aos apóstolos, mas como representantes de toda a igreja.

Bibliografia
H. Boer, *Pentecost and Missions* (Grand Rapids, MI, 1961); F. D. Bruner, *A Theology of the Holy Spirit* (Grand Rapids, MI, 1970); J. Calvino, *Institutas*, I.vii, ix, III.i, ii, vi-ix, IV.xvi, xvii; J. D. G. Dunn, *Baptism in the Holy Spirit* (London, 1970); *idem, Jesus and the Spirit* (London, 1975); D. Ewert, *The Holy Spirit in the New Testament* (Scottdale, PA, 1983); M. Green, *I Believe in the Holy Spirit* (London, 1975); A. I. C. Heron, *The Holy Spirit* (Philadelphia, 1983); A. Kuyper, *The Work of the Holy Spirit* (Grand Rapids, MI, 1946); H. Lindström, *Wesley and Sanctification* (London, 1946); John Owen, *Works*, ed. W. H.

Goold, vols. II, III, IV, VI, VII (repr. Edinburgh, 1965); J. I. Packer, *Keep in Step With the Spirit* (Old Tappan, NJ, e Leicester, 1984); T. A. Smail, *Reflected Glory* (London, 1975); W. B. Sprague, *Lectures on Revivals of Religion* (London, 1959); W. H. Griffith Thomas, *The Holy Spirit of God* (London, 1913).

J.I.P.

ESPIRITUALIDADE. É uma palavra que entrou em voga em nossos dias. De origem católica francesa, é agora comum também ao protestantismo. O termo não tem nenhum equivalente direto nas Escrituras, tendo surgido, historicamente, como ramo bem definido da teologia somente no século XVIII, quando Giovanni Scaramelli (1687-1752), da Companhia de Jesus, estabeleceu a teologia ascética* e mística* como ciência da vida espiritual.

É termo usado em vários sentidos por diferentes eruditos e tradições cristãs, de certo modo, porque a vida espiritual é, em si mesma, muito complexa. Tentaremos, aqui, buscar uma definição ampla da palavra, apresentando algumas das principais questões envolvidas nas tentativas de entender a espiritualidade de qualquer grupo em particular.

A espiritualidade cristã implica o relacionamento entre a totalidade da pessoa e um Deus santo, que se revela por meio dos dois Testamentos — de modo supremo na pessoa de seu Filho Unigênito, Jesus Cristo. Esse relacionamento teve início na criação, foi rompido pelo pecado* e pode ser restaurado somente mediante a fé* em Jesus Cristo (ver Salvação*). A prova da espiritualidade cristã é a conformidade do coração e da vida com a confissão e assunção do caráter de Jesus como Senhor (1Co 12.3). Sua garantia é a presença e o poder do Espírito Santo na vida do crente, resultando na conformidade com a vontade revelada de Deus. Jesus descreve claramente qual é a prova máxima, fundamental, da espiritualidade cristã, ao declarar aos seus primeiros seguidores: "Como eu os amei [...] todos saberão que vocês são meus discípulos, se vocês se amarem uns aos outros (Jo 13.34,35; ver Imitação de Cristo*).

Espiritualidade é um termo necessariamente mais sintético do que analítico, uma vez que a Bíblia nada diz sobre fragmentação do relacionamento divino-humano no sagrado e no secular, no religioso e no social, etc. O uso contemporâneo do termo em círculos protestantes, por sua vez, procura integrar disciplinas teológicas sem negar a importância ou utilidade delas.

O estudo da espiritualidade cristã permite que o entendimento e a imaginação de uma pessoa sejam elevados além dos limites comumente colocados sobre o Espírito Santo pela prática contemporânea. Alguma familiaridade com as várias formas e estilos de espiritualidade desenvolvidos no decorrer das eras e ao redor do mundo pode ajudar a evitar uma visão míope, limitada à tradição religiosa de uma pessoa.

Historicamente, a espiritualidade cristã pode ser amplamente dividida em oriental e ocidental — e, no Ocidente, em protestante e católica (ver Ascetismo*; Anglicanismo*; Experiência Religiosa*; Luteranismo; Metodismo*; Pietismo*; Protestantismo*; Teologia Católica-

ESPIRITUALIDADE

-romana*; Teologia Evangélica; Teologia Menonita*; Teologia Mística*; Teologia Ortodoxa Oriental*; Teologia Ortodoxa Russa*).

Um dos aspectos importantes resultantes do estudo da espiritualidade é o da observação de interação entre doutrina, disciplina, liturgia e vida. *Doutrina* é o que se refere àquilo em que se crê (a respeito do eu, de outros, do mundo e do sobrenatural); *disciplina*, às fontes de autoridade, à estrutura da vida corporativa e às consequências de desvios da fé; *liturgia* diz respeito à vida corporativa de adoração e louvor: música, oração, sacramentos e outros atos públicos de adoração, que exercem influência sobre as atitudes, ações e estilo de vida dos adoradores; e *vida* se refere ao estilo de vida individual do crente não somente quanto à oração, ao estudo e à devoção, mas também quanto ao trabalho, à diversão e à participação da pessoa no seu meio comunitário e social. Devidamente entrelaçados, esses quatro fatores proporcionam o padrão básico para o entendimento da estrutura de qualquer espiritualidade.

Alguns eruditos sugerem que a teologia doutrinária tanto forma como informa a espiritualidade (*e.g.*, Pourrat e Bouyer). Outros estudiosos de nossa época sustentam que a espiritualidade dá forma e substância à teologia (R. N. Flew, *The Idea of Perfection* [*A ideia de perfeição*], London, 1934; G. Wainwright, *Doxology* [*Doxologia*], London, 1980). Quando se ganha consciência da necessária interação entre a crença e o comportamento das pessoas, no contexto das Escrituras e da cultura contemporânea, fica mais fácil apreciar os diferentes padrões de espiritualidade cristã autêntica. Antônio do Egito, Thomas à Kempis e William Law podem ser tomados como exemplos de três padrões clássicos.

Antônio do Egito (*c.* 250-356) baseou sua espiritualidade na admoestação de Jesus para ir e vender tudo a fim de se tornar seu discípulo (Lc 18.18-24). Um dos pioneiros da tradição monástica*, Antônio cria que o caminho para a salvação era estreito e difícil (Mt 7.14) e que o celibato se relacionava ao mais elevado modelo, o exemplo de Paulo, de discipulado (1Co 7.8). Outros aspectos da espiritualidade de Antônio eram os de longos períodos de isolamento, extrema austeridade física e disposição de aconselhar e auxiliar todos aqueles que buscassem ajuda.

Thomas à Kempis (1379/1380-1471) foi poderosamente influenciado por uma comunidade informal de monges cenobitas, conhecida como Irmãos da Vida Comum. Seu devocional clássico, *A imitação de Cristo*, compreende quatro livros. O livro 1, *Conselhos sobre a vida espiritual*, é dedicado ao crescimento em autoconhecimento por parte do crente e seu progressivo desinteresse pelos valores seculares; o livro 2, *Conselhos sobre a vida interior*, desenvolve o tema da meditação sobre a paixão de Cristo como meio de crescimento espiritual; o livro 3, *Sobre a consolação interior*, é uma série de diálogos entre Cristo e o discípulo, cujas ricas abordagens sobre a natureza humana e a psicologia cristã neles encontrados tornaram-se um fator significativo para a popularidade

ESSÊNCIA DO CRISTIANISMO

duradoura da obra; o quarto e último livro é voltado à eucaristia*, enfatizando a necessidade de preparação cuidadosa e participação frequente nesse sacramento.

William Law*, um dos mais conhecidos dentre os mais recentes estudiosos independentes, era intensamente individualista e intransigente em suas ideias de como deveria ser o cristianismo autêntico. Sua obra *Serious Call to a Devout and Holy Life* [*Chamado sério a uma vida piedosa e santa*] (1728) é uma vigorosa exortação para se abraçar a vida cristã em toda a plenitude moral, sendo toda atividade voltada para a glória de Deus. Mostra atos diários de temperança, humildade e autonegação mediante atitudes e ações de personagens muito bem retratados. Infelizmente, a proporção da atividade humana que pode ser validamente voltada para a glória de Deus é rigorosamente limitada por Law — o aprendizado secular é considerado suspeito; o descanso, indolência e a cultura deve ser, perigosamente, fechada para o mundo.

Bibliografia
J. Aumann, T. Hopko e D. G. Bloesch, *Christian Spirituality, East and West* (Chicago, IL, 1968); L. Bouyer et al., *History of Christian Spirituality*, 3 vols. (London, 1963-1969); R. J. Foster, *Celebration of Discipline* (New York, 1978); C. Jones, G. Wainwright e E. Yarnold (eds.), *The Study of Spirituality* (London, 1986); R. F. Lovelace, *Dynamics of The Spiritual Life* (Exeter, 1979); P. Pourrat, *Christian Spirituality*, 4 vols. (Westminster, MD, 1953-1955); G. S. Wakefield (ed.), *The Westminster Dictionary of Christian Spirituality* (Philadelphia, 1983); *Dictionary of Christian Spirituality* (London, 1983).

T.R.A.

ESPIRITUALISMO, ver SEITAS.

ESSÊNCIA DO CRISTIANISMO. Muito embora a associação às obras *A essência do cristianismo* (1841), de Feuerbach, e *O que é cristianismo?* (1900), de Harnack, seja comumente de sugestão de que o assunto é somente de interesse dos historiadores do pensamento do século XIX, ou cujas ilações levam inevitavelmente a generalizações abstratas ou a uma redução da religião viva aos princípios sociológicos e éticos, essas não são, na verdade, conclusões definitivas a respeito desse assunto. A questão, de fato, é de suma importância, contemporânea, permanente e crescente em, pelo menos, cinco áreas. Os aspectos essenciais do cristianismo, incluindo experiência religiosa*, adoração* e ética*, assim como doutrina, podem ser considerados como: 1. disponíveis em graus variados em todos os credos*, confissões* de fé e catecismos*, tanto antigos quanto modernos; 2. a base de discussões ecumênicas* é de proposta de reunião das igrejas (*cf.* H.-G. Link, [ed.], *Apostolic Faith Today, Faith and Order Paper 124* [*Fé apostólica hoje, Documento 124 sobre Fé e Ordem*], Geneva, 1985); 3. necessários a um entendimento no diálogo intrarreligioso; 4. vinculados a toda tentativa de contextualização* ou comunicação transcultural do evangelho, questão particularmente delicada para a Igreja Católica-Romana em diferentes partes do mundo (*cf. Concilium*

ESTADO

135, 1980; 171, 1984; R. J. Schreiter, *Constructing Local Theologies* [*Construindo teologias locais*], London, 1985); 5. a base implícita ou explícita de toda obra de teologia sistemática* ou apologética*.

Considerando-se a amplitude e as implicações do assunto visto desse modo, torna-se evidente ser necessário fazer uma distinção entre o entendimento da essência do cristianismo que busca reduzi-lo a uma ou mais ideias e aquele que procura fazer jus aos seus complexos elementos. A esse respeito, há diferenças importantes entre as abordagens feitas por Feuerbach e Harnack e as adotadas por contemporâneos como Schleiermacher* ou Newman* (*cf.* S. Sykes, *The Identity of Christiniaty* [*A identidade do cristianismo*], London, 1984).

É preciso resistir à tendência constante da busca de uma "essência" para "des-historizar" o cristianismo (*cf.* N. Lash, *Theology on Dover Beach* [*Teologia na praia de Dover*], London, 1979), tanto por cuidadosa consideração de seus componentes — experiência religiosa, adoração, ética e doutrina — como pela devida consideração à unidade e diversidade. da manifestação desses desde os primeiros tempos da fé cristã (*cf.* J. D. G. Dunn, *Unity and Diversity in the New Testament* [*Unidade e diversidade no Novo Testamento*], London, 1977; G. E. Gunton, *Yesterday and Today; A Study of Continuities in Christology* [*Ontem e hoje; um estudo das continuidades em cristologia*], London, 1983).

A questão da "essência" torna-se, desse modo, intimamente ligada à de desenvolvimento* da doutrina. Pode ser útil, assim, na considera-ção dos argumentos do celebrado *Essay on the Development of Doctrine* [*Ensaio sobre o desenvolvimento da doutrina*] (1845, [3]1878), de Newman. Seja tido ou não como inteiramente satisfatório o entendimento de Newman do papel da igreja em interpretar o mistério da revelação, duas de suas conclusões são dignas de nota. A primeira é que a verdade cristã pode ser organizada ao redor de uma ideia, no caso a encarnação*, desde que não exclua outros aspectos da revelação. A segunda é que a revelação constitui, definitivamente, um mistério que não pode ser sistematizado ou esgotado em palavras — lembrete oportuno de que o conhecimento de Deus vem mediante a resposta da pessoa total.

P.N.H.

ESTADO. A questão sobre como os cristãos devem entender o poder temporal e com ele se relacionar tem desafiado a igreja desde os seus primeiros tempos. Exigências políticas de Roma contribuíram para o nascimento de Jesus* ocorrer em Belém; tendo como pano de fundo a agitação política e uma aspiração nacional característica de território ocupado foi que se desenvolveu seu ministério; e por ordem do poder "secular" é que ele foi executado. Jesus enfrentou as questões que, para o cristão moderno, estão resumidas nas palavras "Igreja e Estado", tanto confrontando as autoridades religiosas dos judeus quanto em sua resposta às implicações políticas da presença romana na Judeia. Os escritores do NT, do mesmo modo, trataram da matéria tanto explícita como implicitamente, levando em

ESTADO

conta a realidade das relações da igreja com o poder "secular" na respectiva época em que escreveram.

Em face de questão política e teológica — "É justo pagar tributo a César ou não?" —, Jesus responde: "[...] deem a César o que é de César e a Deus o que é de Deus" (Mt 22.21), sem mais especificar o que essa distinção traz consigo. Para Paulo, referindo-se às autoridades romanas, "não há autoridade que não venha de Deus; as autoridades que existem foram por ele estabelecidas. Portanto, aquele que se rebela contra a autoridade está se colocando contra o que Deus instituiu" (Rm 13.1,2). A autoridade "é serva de Deus para o seu bem", assim como é "agente da justiça para punir quem pratica o mal" (v. 4). Pedro, igualmente, exige sujeição ao rei ou aos governantes (1Pe 2.13,14). Mais tarde, no entanto, no mesmo NT, o escritor de Apocalipse apresenta uma teologia mais radical, que vê Roma como "Babilônia [...] a mãe das prostitutas [...] embriagada com o sangue dos santos" (Ap 17.5,6), em cuja queda o céu e a igreja se regozijam (cap. 18). Paulo estava pronto para apelar a César como cidadão romano (At 25.11), mas argumenta que a cidadania cristã estava no céu (Fp 3.20). Assim também, Hebreus apresenta os heróis do antigo pacto como homens e mulheres que não estavam pensando em uma pátria terrena, mas, sim, esperavam por uma celestial (Hb 11.15,16). Essas diferentes tendências no NT serviriam de base ao desenvolvimento subsequente de uma teologia do Estado, bem como o serviriam respeitáveis conjecturas a respeito da posição de Israel e seus reis no AT.

O cristão atual, contudo, deve evitar atribuir a esse desenvolvimento suposições e expectativas inadequadas. O Estado moderno é, com exceções relativamente raras, uma entidade inteiramente secular*. Mesmo onde, como na Inglaterra e na Escócia, a igreja é, de algum modo, "oficial", o Estado, em si, permanece secular e pluralista. As palavras "Igreja e Estado" representam, hoje, um conflito implícito — entre uma comunidade de fé com ideais e aspirações focados no poder de Deus supremo e eterno e uma comunidade de pessoas descrentes, cujos alvos e objetivos são estritamente limitados à esfera temporal, somente para ser realizados mediante a ação do "possível". Para essa entidade secular, o Estado, a fé religiosa não passa de uma das muitas maneiras de pensar e agir dos indivíduos, que os órgãos de poder, em um país livre, devem apenas observar e respeitar, sem intervir nelas.

No mundo do NT, contudo, e até em tempos relativamente recentes, era inimaginável o Estado inteiramente secular. Todo Estado era necessariamente religioso, dando suporte à tradição religiosa, em particular, que expressava seus ideais e objetivos e, por ela, sendo apoiado. Isso era especialmente uma realidade para os judeus, dentre os quais procederam os primeiros discípulos de Jesus, mas não deixava de ser também para cada nação e comunidade do mundo antigo. Ao entrar em contato direto com o Império Romano, a igreja primitiva passou a se confrontar com um fenômeno religioso, o que explica o conflito que se desenvolveu entre eles. A religião romana era,

ESTADO

na verdade, pluralista. Qualquer culto era tolerável, desde que não ofendesse o decoro público e cujos adeptos se mostrassem prontos a expressar sua lealdade a Roma, participando das adorações romanas. Mas os cristãos criam que isso era idolatria, e sua recusa em fazê-lo foi entendida como desacato à lei e à autoridade imperial.

A resposta teológica da igreja à perseguição que se seguiu foi direcionada, de modo amplo, em duas linhas, ambas apoiadas no NT. Aqueles que, à semelhança de Paulo, confirmavam os poderes do Estado, procuraram apelar para a tolerância dos cristãos, sem a necessária condição de sua participação nos cultos romanos. Argumentavam, com efeito, que o cristão deveria ser sempre o melhor dos cidadãos por causa de sua percepção da origem divina do poder temporal: a obediência a Deus implica compromisso para com a comunidade. Os que, por outro lado, tinham sua inspiração nas tradições da apocalíptica* judaica, incluindo aí o livro de Apocalipse, desenvolveram uma teologia em que o Império Romano era fortemente rejeitado como a materialização do próprio mal e da idolatria. Para estes, o objetivo do cristão não deveria ser o de relações de amizade com o mundo, mas, sim, preferivelmente, o martírio* — a vitória pela qual o crente preparava o caminho para a derrota definitiva dos estados terrenos pelo reino de Cristo.

O caráter religioso dos estados no mundo antigo, no entanto, ajuda a explicar também a solução para a qual marchou o conflito entre Roma e a igreja. Uma vez que o imperador romano se tornou adepto do cristianismo, era inevitável, na ausência de qualquer conceito de Estado secular na época, que o cristianismo devesse se tornar a expressão cúltica oficial de sua fé e de seus súditos. O resultado da conversão de Constantino, em 312, foi que a igreja trocou de lugar com o culto pagão oficial de Roma. De fato, inaugurava-se aí a cristandade* da Idade Média. Isso marcaria, de modos diversos, o triunfo da teologia moderada, da tolerância, sobre a tradição dos mártires. Alguns seguidores dessa última, como os donatistas*, continuaram a rejeitar o Estado, identificando, então, a igreja estatal com a idolatria e o mal. A maioria dos cristãos, no entanto, voltou-se mais para padrões mundanos de espiritualidade em um crescente movimento ascético*.

Nos mil anos que se seguiram, a identificação da Igreja com o Estado, como ideal ou realidade, seria o aspecto mais marcante da sociedade europeia. Na verdade, a igreja medieval *era* o próprio Estado, sob muitos aspectos: detinha uma estrutura coerente, um governante único (o papa), uma administração efetiva e um corpo de leis; contava com seus próprios tribunais; e controlava toda a erudição e quase todos, senão todos, os meios de comunicação, de modo que até mesmo o poder civil dependia dela para sobreviver. A Europa medieval era, com efeito, uma Igreja-Estado (ver Teocracia*), e as relações entre a Igreja e o Estado não passavam, em grande parte, de uma questão de manobra entre leigos e eclesiásticos para o exercício do poder efetivo nela. Teologicamente, a sociedade era uma estrutura de poder piramidal descendente, tendo o papa (ver Papado*) no seu posto mais alto, como representante de Deus, fonte terrena de toda autoridade, tanto espiritual como temporal. O Estado era, portanto, uma instituição essencialmente religiosa, sendo sustentado pela unidade efetiva da igreja e, por sua vez, dando todo o apoio a essa unidade, para tal usando até do seu poder temporal para repelir ou punir qualquer dissidência por parte dos que fossem declarados hereges pela igreja — ação que hoje se pode considerar como de perseguição, mas que, na época, não parecia ser mais do que um inevitável e natural dever religioso.

O modelo estatal medieval sobreviveu enquanto os representantes do poder civil aceitaram ser válida sua racionalidade teológica e definitiva a sanção da excomunhão. Somente quando começou a despontar um clima intelectual em que se aceitava haver questionamentos, como resultado do movimento da chamada Renascença (ver Humanismo*), mudanças significativas passaram a ocorrer no equilíbrio entre Igreja e Estado.

Contudo, já com a Reforma*, no século XVI, tais mudanças afetariam mais os padrões de relacionamento do que propriamente os conceitos fundamentais. A maioria dos reformadores parece ter aceitado a noção básica de um caráter religioso do Estado, para o qual encontravam suporte bíblico no AT, na maioria dos casos. Na busca de fundamento legal para suas reformas eclesiásticas, eles acabaram se tornando dependentes do poder civil. Os príncipes e os conselhos municipais, por sua vez, buscavam uma base teológica com que pudessem disputar as reivindicações do papado quanto à administração de autoridade civil. A aliança entre reformadores e poder estatal conduziu, de modo geral, como na Inglaterra, ao chamado erastianismo, ou seja, à sujeição da Igreja à autoridade do Estado, mesmo em questões de fé e disciplina (muito embora o próprio Thomas Erastus [1524-1584], que deu nome a essa condição, fosse apenas um leigo zuingliano que contestou o poder de excomunhão dos presbíteros da igreja de Heidelberg, sem qualquer referência com o poder civil, ou seja, o conselho municipal). Os reformadores, em geral, continuaram ainda a construir sobre os alicerces de Constantino conceito protestante de magistrado piedoso chamado a governar a comunidade de fé da qual ele era membro.

Entre os teólogos mais radicais da Reforma, no entanto, estavam alguns que começaram a questionar o papel do poder civil da igreja (ver Reforma Radical*). Há exemplos entre os puritanos* ingleses, mas foram particularmente os anabatistas*, na mesma tradição espiritual dos donatistas* do século IV, que insistiram na separação entre Igreja e Estado e no princípio de voluntarismo da membresia da igreja. Contudo, foi somente como resultado do Iluminismo*, do século XVIII, quando já havia sido preparada a base para uma nova percepção do Estado como uma entidade inteiramente secular, tanto pelos estadistas como pelos eclesiásticos, que começou a ganhar ampla adoção a ideia da igreja

ESTADO INTERMEDIÁRIO

como uma associação voluntária para propósitos religiosos, mais que como o próprio Estado visto sob aspecto religioso.

Tal voluntarismo, contudo, oferece seus próprios riscos, surgindo mais de concentração da atenção sobre os relacionamentos entre o Estado e a *igreja* do que entre o Estado e o *Reino*. O evangelho de Jesus Cristo é a respeito do reino de Deus* (Mc 1.15) — *i.e.*, a administração do poder por Deus. Sua visão suprema é a de o reino deste mundo se tornar "de nosso Senhor e do seu Cristo" (Ap 11.15). Isso deve advertir os cristãos quanto a se guardar de qualquer teologia de Igreja e Estado que possa levar a igreja a abrir mão de sua responsabilidade de confrontar os administradores do poder secular com as exigências da realeza de Deus para com todos os integrantes da sociedade humana. Ao mesmo tempo, é preciso estar consciente de que, antes que o reino de Deus venha em toda a sua plenitude, deve ser na igreja, não no Estado, que as pessoas deverão buscar o modelo de governo da realeza divina. Em uma época como a atual, em que o Estado vindica para si a mesma onicompetência da igreja medieval, os cristãos estão insistindo, correta e cada vez mais, na definitiva autoridade inalienável de Cristo sobre a igreja para ordenar sua vida e sua proclamação das boas-novas do reino.

Bibliografia

W. H. C. Frend, *Martyrdom and Persecution in the Early Church* (Oxford, 1965); D. Sceats, "Quid Imperatori cum Ecclesia?" The Contemporary Church and the Royal Supremacy, *Churchman* 93 (1979), p. 306-320; R. W. Southern, *Western Society and the Church in the Middle Ages* (Harmondsworth, 1970); W. Ullmann, *The Middle Ages* (Harmondsworth, 1965); L. Verduin, *The Reformers and their Stepchildren* (Exeter, 1964).

D.D.S.

ESTADO INTERMEDIÁRIO. Essa expressão não é encontrada na Bíblia, mas tradicionalmente se refere à condição da humanidade entre a morte e a ressurreição*. Para os descrentes, é um estado de angústia e tormento no Hades (Lc 16.23-25,28; 2Pe 2.9), enquanto esperam a ressurreição — e o juízo final (Jo 5.28,29). Como o juízo divino deverá se basear unicamente na avaliação da vida da pessoa sobre a terra (Rm 2.6; 2Co 5.10; 1Pe 1.17), o estado intermediário não permite uma segunda oportunidade para arrependimento e aceitação do evangelho. Para o crente, é um período durante o qual sua alma descarnada, em comunhão consciente com Cristo, espera a recepção da ressurreição corporal. Uma ideia alternativa, porém, é a de que os crentes recebem seu corpo espiritual na morte, não havendo assim nenhum hiato de desencarnação entre a morte e o segundo advento, denotando o estado intermediário, de forma genérica, o intervalo entre a morte e a consumação de todas as coisas. Em qualquer dos casos, o estado é temporário e imperfeito (Ap 6.9-11). O foco do NT não está nesse penúltimo e interino estado do crente, mas, sim, em seu destino final, ou seja, seu estado ressurreto de imortalidade.

Embora o corpo dos que partem não mais esteja ativo no mundo terreno de tempo e espaço, ou dele consciente (*cf.* Is 63.16), acha-se plenamente alerta quanto ao seu novo ambiente; pois não está somente "descansando" de seus labores, em jubilosa satisfação (Hb 4.10; Ap 14.13), a salvo nas mãos de Deus (Lc 23.46; *cf.* At 7.59), mas (literalmente) na presença de Cristo (Fp 1.23; *cf.* 2Co 5.8), "vivo" na glória de Deus (Lc 20.38), vivendo "pelo Espírito segundo Deus" (1Pe 4.6).

Através de toda a história da igreja, cristãos têm sustentado que, entre a morte e a ressurreição, o espírito ou "homem interior" do crente, desencarnado, é mantido em um estado letárgico, ou de sono, na presença de Cristo. É o chamado psicopaniquismo, a doutrina do "sono da alma", como, recentemente, em O. Cullmann, *Immortality of the Soul or Resurrection of the Dead?* [*Imortalidade da alma ou ressurreição dos mortos?*] (London, 1958, p. 48-57). Há diversas objeções a essa visão:

1. O verbo *koimasthai*, usado por Paulo nove vezes e sempre com referência à morte dos cristãos, geralmente significa "adormecer". Somente quando se refere à necessidade de sono físico, o verbo significa "estar adormecido". Os cristãos, ao morrer, "adormecem", com isso, cessando a relação ativa com o presente mundo. Se esse eufemismo comum para o ato de morrer tem quaisquer outras implicações é somente a de que certamente haverá o "despertar" de uma ressurreição, mas não que o estado intermediário seja de inconsciência ou de suspensão de animação.

2. Imediatamente após a morte, o cristão está "com" o Senhor (*meta*, Lc 23.43; *pros*, 2Co 5.8; *syn*, Fp 1.23), o que se refere a uma comunhão ativa interpessoal, não a uma justaposição espacial impassível.

3. Paulo prefere (2Co 5.8) ou deseja (Fp 1.23) partir e estar na presença de Cristo. É bem provável que ele não estivesse se referindo a um descanso inconsciente com Cristo no céu como "muito melhor" do que a comunhão consciente com Cristo na terra.

4. Lucas 16.19-31 sugere que no estado intermediário há (pelo menos) consciência da circunstância (v. 23,24), lembrança do passado (v. 27,28) e pensamento racional (v. 30; *cf.* Ap 6.9-11).

A doutrina do purgatório*, advogada pela Igreja Católica-Romana e pela Ortodoxa Grega afirma que durante o período entre a morte e a ressurreição as almas dos crentes que morreram em estado de graça eclesiástica, mas sem a perfeição cristã, experimentam sofrimento penal e purificador em graus e duração variados para expiar os pecados veniais e prepará-los para o céu. Alegando base em passagens do NT, como Lucas 12.59; 1Coríntios 3.15; 5.5; Judas 23, essa visão ignora a imediação da transição, na morte do crente, de sua residência no corpo para habitar com o Senhor (Lc 23.43; 2Co 5.6-8; Fp 1.23), assim como a bem-aventurança do estado dos crentes que partiram (Ap 14.13), solapando a suficiência do sacrifício único de Cristo para expiar todos os pecados completamente e para sempre (Hb 1.3; 9.26; 10.12).

ESTÉTICA

Ver também Antropologia; Morte; Purgatório; Ressurreição Geral.

Bibliografia
K. Hanhart, *The Intermediate State in the New Testament* (Franeker, 1966); M. J. Harris, *Raised Immortal* (London, 1983); P. Hoffmann, *Die Toten in Christus* (Münster, 1969); P. H. Menoud, *Le Sort des Trépassés* (Neuchâtel, 1966).

M.J.H.

ESTÉTICA. É o estudo dos aspectos gerais das artes e da experiência estética. As "artes" abrangem teatro, música, pintura, poesia e muitos outros campos. A estética tem sido um ramo da filosofia desde seu batismo por A. Baumgarten (1714-1762), nos anos de 1700. Mas contribuições importantes têm sido oferecidas também por outras disciplinas acadêmicas, bem como por artistas e críticos de arte.

A estética contemporânea inclui teoria da estética, filosofia das artes e filosofia da crítica das artes (G. Dickie). Para os cristãos, as questões mais significativas surgidas nessa área dizem respeito a: 1. responsabilidade estética; 2. abordagem à arte; 3. estruturas sociais; 4. relacionamentos entre teologia e filosofia. Este artigo resume cada uma dessas questões.

Responsabilidade estética
Falar de "responsabilidade estética" é desafiar a estética tradicional. Desde a influente *Crítica do juízo* (1790), de Kant (1790), a experiência estética tem sido frequentemente considerada um santuário tanto da necessidade natural como da obrigação moral. Em posição extrema, a "experiência estética" de "beleza" ou de "objetos estéticos" tem-se tornado matéria de "prazer pelo prazer". Um dos primeiros e provocativos desafios cristãos veio da parte de L. Tolstoi*. Ao rejeitar a "beleza" como um aspecto definidor da arte, Tolstoi rejeitava a própria "experiência estética" como desculpa pobre para o hedonismo irreligioso e elitista.

Dois filósofos cristãos desafiaram recentemente a noção tradicional de beleza sem rejeitar a "experiência estética" como tal. Distinguindo mais acuradamente que Tolstoi entre *estética* e *excelência artística*, esses filósofos argumentam que todos os seres humanos têm responsabilidade estética. N. Wolterstorff dá importância à excelência estética nas cidades e igrejas. C. Seerveld insta os cristãos a assumirem uma "vida estética obediente" em suas famílias, habitação e interações sociais. Conquanto discordando a respeito dos principais aspectos dos objetos estéticos, ambos os filósofos veem a dimensão estética como a única em que somos criados para dar louvor a Deus e chamados a buscar a renovação em Cristo.

Abordagem à arte
Autores que detêm noções tradicionais de beleza tendem a condenar a recente *"high art"* ("alta arte"). Essa é uma tendência evidente nos escritos de H. R. Rookmaaker (1922-1977) e F. A. Schaeffer*. Para eles, obras, por exemplo, como as de artes plásticas de Picasso (1881-1974), teatrais de Samuel Beckett (1906-1989) e cinematográficas de Ingmar Bergman (1918-2007) não demonstram a proporção agradável, a integridade e o brilhantismo

ESTÉTICA

que Tomás de Aquino* associava à beleza, e a falta desses aspectos pode ser considerada como sinais de defeito artístico ou até decadência cultural. Outros autores, no entanto, como Harvey Cox (n. 1929) e Amos Wilder, em *The New Orpheus* [*O novo Orfeu*], elogiam algumas obras de arte moderna pelo seu poder artístico, sua capacidade de instabilizar o cristianismo acomodado e seu destaque de necessidades sociais.

Ligados a tais contribuições divergentes estão as diferentes teologias da cultura*. A maneira em que os cristãos praticam e veem as artes depende, em parte, de como se relacionam à sua cultura e sociedade. Os isolacionistas tendem a repelir a arte contemporânea como algo perigoso à sua fé. Os cristãos sintéticos e tendentes à acomodação costumam usar o ensino cristão para justificar a arte contemporânea, seja como meio litúrgico de adoração seja como algo de bom em si mesmo. Os cristãos adeptos da transformação comumente esperam que os cristãos promovam uma renovação na arte contemporânea.

Duas questões filosóficas, aqui, dizem respeito a aspectos característicos da arte e a papéis próprios da arte na vida humana. Uma resposta a essas questões, não importa quão vagas possam ser, já é assumida em decisões específicas a respeito de que obras promover ou como usar a arte na adoração. Assim, por exemplo, a rejeição de Tolstoi por Shakespeare e sua recomendação de Charles Dickens presume que a principal tarefa da arte seja a de comunicar sentimentos.

Segundo H. Osborne, podemos distinguir três tipos de filosofias ocidentais a respeito da arte: as teorias instrumentais que entendem a arte como um meio de melhora, doutrinação, educação ou expressão emocional; as teorias referenciais que entendem a arte como uma imitação, reflexo ou projeção das realidades imaginativas, verdadeiras ou ideais; e as teorias formalistas que entendem as obras de arte como criações autônomas, cuja importância intrínseca reside em suas propriedades formais e estéticas. Cada um desses tipos de teoria erra em fazer jus ao amplo alcance de projetos e papéis da arte na vida humana. Uma abrangente filosofia cristã das artes buscaria corrigir e incorporar essas três teorias. Tal filosofia observaria, por exemplo, que as teorias instrumentais frequentemente subestimam o valor intrínseco das artes; que as referenciais geralmente ignoram as funções não cognitivas da arte; e as formalistas quase sempre tratam as obras de arte como se nada mais fossem do que objetos isolados de devoção secular.

Estruturas sociais
Não se pode negar que muitas obras, na verdade, funcionam como objetos isolados de devoção secular. Esse fato tem levado cristãos a repudiarem a "religião" da arte, criada pelo romantismo* do século XIX. Uma abordagem mais útil parece residir na análise das estruturas sociais dentro das quais operam as artes contemporâneas. Wolterstorff mostra aspectos de destaque da "instituição da *high art*", na sociedade ocidental. Essa maneira característica de fazer e

ESTÉTICA

usar arte contribui diretamente para o isolamento dessa "alta arte" e, ao mesmo tempo, o empobrecimento estético da vida comum diária. Wolterstorff insta, então, os cristãos a participarem, embora controladamente, da instituição da *high art* a fim libertar a vida do fascínio exercido por esse tipo de estética.

A abordagem de Wolterstorff, embora útil, ignora, no entanto, basicamente, a instituição também da chamada "baixa arte" na sociedade ocidental. Boa parte de nosso empobrecimento estético é induzido, ou causado, pela música popular, por filmes e propaganda de massa. Essas artes operam dentro do que T. Adorno chamou de "indústria da cultura". É uma instituição de natureza e finalidade puramente comercial, cujo alvo principal é o sucesso nos negócios. Até mesmo a alta arte, dos museus, das exposições e das salas de concerto parece estar hoje primacialmente dependente ou ligada a uma indústria da cultura de molde internacional. A crítica da arte e o envolvimento artístico cristãos não parecem poder fazer grande diferença redentora, a menos que nos voltemos para mudanças na base econômica das estruturas sociais da arte contemporânea.

Teologia e filosofia
Artistas e críticos de arte cristãos costumam se voltar para a teologia como seu guia. A teologia, em si mesma, no entanto, pode, no caso, mostrar-se insuficiente às suas demandas. Após observar que não existe uma "filosofia cristã das artes", por exemplo, Dorothy Sayers procura derivar a maior parte de sua própria estética de uma teologia leiga da criação. Todavia, o uso que faz dessa *teologia* fica devendo à *filosofia*, particularmente à obra *The Principles of Art* [*Princípios da arte*] (Oxford, 1938), de R. G. Collingwood.

A teologia deveria, sem dúvida, prover os critérios para a reflexão cristã a respeito das artes e da experiência estética. Para que se torne aproveitável à arte e à vida, no entanto, essa reflexão terá de ser refinada pela filosofia, à qual a estética pertence. Os cristãos evangélicos têm sido travados, há longo tempo, pela falta que lhes faz uma estética adequada à sua fé. A estética necessitaria, certamente, de ser fundamentada nas Escrituras, na teologia e nas tradições cristãs, mas mantendo a genuína filosofia. Usada em conjunção com a reflexão teológica, a obra em matéria de estética efetuada por filósofos cristãos poderia ajudar a nos libertar, para que pudéssemos servir a Deus e aos nossos semelhantes de maneira mais plena em questões artísticas e estéticas.

Ver também BALTHASAR, HANS URS VON.

Bibliografia
T. W. Adorno, *Aesthetic Theory* (London, 1984); N. C. Beardsley, "Aesthetics, History of, e J. Hospers, Aesthetics, Problems of", *Encyclopedia of Philosophy*, vol. 1 (New York, 1967), p. 18-56; G. Dickie, *Aesthetics: An Introduction* (Indianapolis, 1971); G. S. Heyer, *Signs of Our Times* (Grand Rapids, MI, 1980); H Küng, *Art and the Question of Meaning* (New York, 1981); J. Maritain, *Creative Intuition in Art and Poetry*

ESTOICISMO

(Cleveland, OH, 1953); H. Osborne, *Aesthetics and Art Theory* (New York, 1970); H. R. Rookmaaker, *Art Needs No Justification* (Leicester, 1978); idem, *Modern Art and the Death of a Culture* (London, 1970); D. L. Sayers, *Christian Letters to a Post-Christian World* (Grand Rapids, MI, 1969); F. A. Schaeffer, *Art and the Bible* (Downers Grove, IL, 1973); idem, *How Should We Then Live?* (London, 1980); N. A. Scott Jr. (ed.), *The New Orpheus* (New York, 1964); C. Seerveld, *Rainbows for the Fallen World* (Toronto, 1980); idem, Relating Christianity to the Arts, *CT* (nov./7, 1980); *idem, A Turnabout in Aesthetics to Understanding* (Toronto, 1974); L. Tolstoy, *What Is Art?* (1896; Indianapolis, MN, 1960); G. Van der Leeuw, *Sacred and Profane Beauty* (New York, 1963); N. Wolterstorff, *Art in Action: Toward a Christian Aesthetic* (Grand Rapids, MI, 1980); L. Zuidervaart, "Toward a Shared Understanding of the Arts", *Pro Rege* 11 (Dordt College, Sioux Centre, IA, dec./1982), p. 18-25.

ESTOICISMO. Corrente de pensamento fundada por Zenão, ou Zênon (335-263 a.C.), que ensinava, em Atenas, sob uma *stoa* (pórtico), palavra da qual derivou o nome de sua escola. Sucedeu-o Cleanto (331-232 a.C.), que infundiu um espírito mais pessoal à concepção estóica de divindade, como fez no seu *Hino a Zeus*. Por sua vez, Crisipo (c. 280-207 a.C.) deu ao estoicismo sua forma completa e argumentação lógica.

A cosmovisão estóica pode ser caracterizada como um panteísmo* materialista*. A matéria, contudo, é constituída de duas espécies: uma mais grosseira, correspondendo à concepção comum da matéria, e uma espécie mais refinada, descrita como sopro ou espírito, difusa por toda a realidade. Essa última é o poder predominante e a força diretiva da realidade, correspondendo à deidade porque exerce providência, tornando este mundo "o melhor de todos os mundos possíveis". O ser humano é composto dessas duas mesmas espécies da realidade material, tal como o é o cosmo. O presente mundo derivou do fogo e retornará ao fogo (a conflagração mundial), após o que o mesmo mundo emergirá novamente, repetindo-se o ciclo (a *palingenesia*, regeneração).

O espírito que rege esse pensamento é o da racionalidade, tendo os estóicos contribuído para a lógica no seu empenho de representar a realidade racionalmente e de defesa do seu sistema. Desenvolveram o método de interpretação alegórica mediante a vinculação de suas teorias físicas à mitologia clássica. Sua filosofia propiciou uma defesa da religião tradicional, incluindo divinização e astrologia, com base na interconexão do universo.

A influência duradoura do estoicismo, no entanto, não se deveu ao panteísmo e ao racionalismo, mas, sim, ao seu ensino moral e à sua atitude em relação à vida. O objetivo da vida é a virtude, e virtude é viver de acordo com a natureza racional da realidade, sendo a vida emocional menosprezada como irracional e não natural. A única coisa importante na vida é a virtude; assim, a pessoa deve permanecer sem dar a menor importância a afazeres externos, ou seja, a qualquer coisa que não esteja no

ESTOICISMO

limite do seu próprio poder, devendo concentrar-se nas atitudes e no caráter que estão sob seu controle. Já que, segundo a visão estóica da providência e da natureza cíclica da realidade, tudo está determinado, a pessoa deve aceitar as coisas como são. Ninguém pode controlar as circunstâncias, mas qualquer pessoa pode controlar o modo pelo qual as vê. Embora tudo que se encontrasse fora da virtude fosse indiferente, com o desenvolvimento da ética estóica, posteriormente, mais e mais atenção foi sendo dada ao que era preferível, ou não, entre as coisas indiferentes.

A mudança do interesse ético surgiu com o estoicismo mediano de Panécio (c. 185-109 a.C.), que adaptou o pensamento estóico para os romanos, dando maior atenção à teoria política e permitindo espaço maior às preocupações emocionais e estéticas. Posidônio (c. 135-50 a.C.), por sua vez, ampliou mais ainda o estoicismo, nele incluindo o experimento científico e, mediante a teoria do relacionamento simpático entre todas as partes do mundo, contribuiu para a compreensão das espécies de unidade. Ele igualou o universo à unidade de um corpo vivo. Estóicos posteriores permitiram uma independência maior para a vida da alma, enfraquecendo assim o monismo anterior do estoicismo.

O estoicismo romano apresentava quase que exclusivamente preocupações éticas. Sêneca (c. 1-65) desnudou a impiedade da natureza humana e em suas exortações morais chegou a se aproximar do ensino cristão mais do que qualquer outro filósofo clássico. Musônio Rufo (30-101)

e Epíteto (55-c. 135) usavam de uma linguagem comparável à do NT. O estoicismo ascendeu ao trono imperial com Marco Aurélio (131-180 d.C.), nobre homem, introspectivo e melancólico. Daí por diante, não se ouve mais falar do estoicismo como corrente ou escola de pensamento. Não foi, porém, extinto. Seus significativos enfoques morais tornaram-se propriedade comum, sendo um dos legados permanentes do mundo antigo à civilização ocidental.

Muitos pontos de contato entre o estoicismo e o NT têm sido observados. Por exemplo, Paulo, em Atos 17.28, cita um conhecido dito estóico dos *Phaenomena* [*Fenômenos*], de Arato (c. 315-240 a.C.), discípulo de Zenão. Muitos termos no NT eram familiares ao estoicismo, como espírito, consciência*, *logos**, virtude, autossuficiência e culto racional. As similaridades substantivas, contudo, são estabelecidas em cosmovisões diferentes. O estoicismo não tinha um Deus plenamente pessoal e criador, nem imortalidade pessoal, muito menos salvador. Na ética, na qual as semelhanças foram as mais próximas, houve também diferenças fundamentais. O estoicismo preconizava que uma pessoa tivesse uma atitude com relação ao próprio eu como tinha para com os outros; o cristianismo reverteu essa perspectiva. A motivação era diferente: no estoicismo, era viver de acordo com o eu mais elevado; no cristianismo, resposta ao amor de Deus em Cristo.

A influência penetrante do estoicismo no pensamento ético do Império Romano, inclusive do filósofo judeu do século I Fílon*, explica

ESTRUTURALISMO

por que os primeiros escritos cristãos sobre ética mostram alguns contatos com o estoicismo. Isso se torna evidente, por exemplo, no tratado *Paedagogus* [*O instrutor*], de Clemente de Alexandria. O tratado *Sobre os deveres do clérigo*, de Ambrósio, é uma adaptação cristã de *Sobre os deveres,* de Cícero, por sua vez, influenciada por Panécio. A visão estóica de antropologia* exerceu influência em Taciano (século II), assim como na obra *Sobre a alma*, de Tertuliano, que dá uma visão mais "material" da alma do que a do platonismo*.

Aspectos do estoicismo assimilados ao pensamento cristão se tornaram parte de nossa herança. Reavivamentos independentes de elementos do estoicismo ocorreram na Renascença e no começo da era moderna. A atitude estóica de que o caráter é superior e indiferente aos afazeres externos continua viva. A visão estóica de que a virtude é suficiente para a felicidade traz encorajamento ao se buscar moral com base na religião. Além disso, o estímulo estóico da ideia de uma religião natural e seu humanitarismo e universalismo cosmopolita foram, também, devidamente absorvidos pelo pensamento cristão.

Bibliografia

L. Edlestein, *The Meaning of Stoicism* (Cambridge, 1966); R. MacMullen, *Enemies of the Roman Order* (Cambridge, MA, 1966), cap. 2; M. Pohlenz, *Die Stoa*, 2 vols. (Göttingen, 1955-1959); J. M. Rist, *Stoic Philosophy* (Cambridge, 1969); F. H. Sandbach, *The Stoics* (London, 1975); J. N. Sevenster, *Paul and Seneca* (Leiden, 1962); M.

Spanneut, *Le Stoïcisme des pères de l'Église de Clément de Rome à Clément d'Alexandrie* (Paris, 1957); R. M. Wenley, *Stoicism and its Influence* (New York, 1963); E. Zeller, *Stoics, Epicureans, and Sceptics* (London, 1880).

E.F.

ESTRUTURALISMO. É o nome comumente aplicado a um movimento que surgiu em meio a um círculo de filósofos linguistas franceses, após a publicação da obra de Ferdinand de Saussure, *Cours de linguistic générale* [*Curso de linguística geral*], em 1916. Saussure (1857-1913) e seus seguidores argumentam que a linguagem reflete determinadas estruturas ou padrões universais, que, por sua vez, refletem ordens de caráter universal no cérebro humano. A partir daí, concluiu-se que toda narrativa, especialmente a literatura mais inconsciente ou de tradição popular, refletiria de algum modo as "estruturas profundas" estabelecidas, pelas quais é governada a consciência da sociedade.

Estudos bíblicos

Embora a maioria dos estruturalistas franceses esteja mais interessada na mitologia primitiva do que em estudos bíblicos, sua obra inspirou uma série de experiências por parte de estudiosos das Escrituras, em que os métodos do estruturalismo, mais do que seus fundamentos filosóficos, são aplicados aos textos bíblicos. Esses estudos são geralmente conhecidos como "análise estrutural". Constituem um amplo leque, abrangendo qualquer abordagem às Escrituras que considere o material de maneira "sincrônica"

ESTRUTURALISMO

(em que os relacionamentos devem ser encontrados no próprio texto), em vez de forma "diacrônica" (em que os relacionamentos devem ser encontrados em diversas etapas históricas do desenvolvimento do texto), como na crítica bíblica* tradicional.

Deve ser feita, aqui, uma distinção importante entre o genuíno estruturalista, cuja inclinação filosófica leva quase sempre a uma desconsideração da história como uma categoria de significado, e os praticantes da análise estrutural dos círculos de estudos bíblicos, dos quais muito poucos compartilham da rejeição da história, característica do estruturalismo, e alguns de seus mais frutíferos trabalhos, embora voltados para o relacionamento sincrônico, têm usado também em sua análise pesquisa diacrônica.

Outro interesse em que se destaca a "semiologia", como o estruturalismo é também frequentemente chamado, é traçar a dinâmica operativa do processo "do texto ao leitor", em lugar da preocupação tradicional dos estudos bíblicos com o processo "do autor ao texto". Uma convicção comum no estruturalismo é a de serem importantes não apenas as estruturas do pensamento da sociedade encontradas nas mitologias do passado, mas também as "estruturas profundas" da sociedade ou grupo que em uma era posterior receba a mensagem. Para se ter um panorama linguístico pleno, é preciso, então, verificar as estruturas mitológicas originais, depois, as estruturas operativas da sociedade receptora, comparar as duas e traçar o desenvolvimento do mito sob essa luz.

Método

O objeto da verdadeira pesquisa estruturalista não é, primariamente, revelar o significado do texto em si mesmo, mas, sim, descobrir como o texto, como reflexo das estruturas mais profundas, que transcendem o tempo e as circunstâncias, comunica uma estrutura (ou uma significação) simbólica e atemporal. Isso tem levado os estruturalistas, ao contrário dos "analistas estruturais" bíblicos, a preferir, geralmente, a categoria "mito"* ao estudo da narrativa histórica, resultando em algumas abordagens excêntricas do material bíblico.

O estruturalista Claude Levi-Strauss (n. 1908) agrupou todos os textos mitológicos de determinada cultura, encontrando naqueles textos "variações de um mito básico", ao reduzir os eventos de cada narrativa estudada a curtas sentenças, que chama de "temas míticos" ("*mythemes*"). Agrupando-os, então, deles emerge uma "visão da realidade" mais abrangente (C. Levi-Strauss, The Structural Study of Myth [*O estudo estrutural do mito*], in: *Structural Anthropology* [Antropologia estrutural], TI, Garden City, NY, 1963). Aplicando os métodos de Levi-Strauss, Edmund Leach (n. 1910) dá um exemplo de como os estudos bíblicos poderiam ser feitos a partir de um ponto de vista estruturalista, em sua obra *Genesis as Myth and Other Essays* [*Gênesis como mito e outros ensaios*] (Londres, 1969), uma série de análises que ilustra amplamente os motivos pelos quais os eruditos bíblicos têm geralmente rejeitado o método estruturalista em sua forma mais pura.

ÉTICA

Quanto aos estudos bíblicos tradicionais, neles se pode encontrar um material cada vez maior. A partir de uma crítica inicial de Leach (Some Comments on Structural Analysis and Biblical Studies [*Comentários sobre análise estrutural e estudos bíblicos*], *Supplements to VT* 22 [Congress Volume, Uppsala, 1971], Leiden 1972, p. 129-142; Structural Analysis: Is it Done with Mirrors? [Análise estrutural: feita com espelhos?], *Interpretation* 28, 1974, p. 165-181), R. C. Culley aplicou o método a diversos grupos de narrativas bíblicas, embora deixando claro que sua abordagem filosófica e metodológica variava significativamente da dos estruturalistas (ver Culley, *Studies in the Structure of Hebrew Narrative* [*Estudos da estrutura da narrativa hebraica*], Philadelphia, e Missoula, MT, 1976).

Outros estudiosos bíblicos, que têm discordado disso, sugerem uma modificação radical nas abordagens pressuposicionais e metodológicas do estruturalismo. Isso, em parte, provavelmente, significaria mais do que realizar uma simples mudança, das preocupações históricas para as estruturas internas, na visualização do texto; mas, sim, seria uma nova maneira de estudar a Bíblia que vem emergindo desde o surgimento da nova disciplina. Quanto menos, o próprio texto, em vez de representar uma forma presumida de sua versão mais antiga reconstruída, tem voltado a tornar-se novamente o foco da atenção, uma ênfase certamente necessária na erudição bíblica contemporânea.

Bibliografia

C. E. Armerding, *The Old Testament and Criticism* (Grand Rapids, MI, 1983); J. W. Rogerson, *Myth in Old Testament Interpretation* (Berlin & New York, 1974).

C.E.A.

ETERNIDADE, ver TEMPO e ETERNIDADE.

ÉTICA. Toda a ética tem a ver com a conduta humana. O objetivo específico da ética cristã é relacionar um entendimento de Deus com a conduta dos homens e mulheres e, mais particularmente, usar da resposta a Deus que Jesus Cristo requer e torna possível.

Este artigo focalizará os aspectos distintivos da ética cristã quando examinada do ponto de vista da teologia bíblica. (Para uma perspectiva mais ampla, ver Teologia Moral*).

Deus em primeiro lugar

O ensino ético da Bíblia é essencialmente centrado em Deus: "O poder do bem reside totalmente naquele que é bom. Da conduta moral em nome de um bem abstrato nada existe" (W. Eichrodt, *Theology of the Old Testament* [*Teologia do Antigo Testamento*], vol. 2, London, 1967, p. 316). Essa base teocêntrica significa que a doutrina é inseparável da ética nas Escrituras. Elas estão relacionadas como fundamentos para a edificação. Assim, as exigências éticas do Decálogo são deliberadamente baseadas na redenção, e o ensino moral de Jesus, no sermão do monte, é apresentado como uma série de deduções de premissas religiosas (cf. Mt 5.43-48).

ÉTICA

Se quisermos descobrir a natureza da bondade, a Bíblia nos conduz à própria pessoa de Deus. Como afirma Jesus, somente Deus é bom (Mc 10.18). Quando o Senhor promete a Moisés: "Diante de você farei passar toda a minha bondade" (Êx 33.19), Moisés é recompensado com uma visão de revelação especial relacionada com o caráter do Senhor (Êx 34.6,7).

A partir daí que a exigência ética fundamental nas Escrituras é imitar a Deus. A repetida ordem do Senhor no AT "[...] sejam santos, porque eu sou santo" (*e.g.*, Lv 11.44,45) está bem de acordo com a instrução de Jesus a seus discípulos de que deveriam almejar refletir a perfeição moral do Pai celestial (Mt 5.48; *cf.* Lc 6.36). Na verdade, o NT vai ainda mais longe por instar os cristãos a imitarem Cristo também. Se vivermos "uma vida de amor, como também Cristo nos amou", tornar-nos-emos "imitadores de Deus" (Ef 5.1,2).

O amor* (*agapē*) resume o caráter de Deus (1Jo 4.8). Segue-se, então, que o mais importante dos mandamentos éticos de Deus é que as pessoas reflitam esse *agapē* em sua vida (Mc 12.28-31). E isso o farão copiando o amor de Jesus por elas (Jo 15.9,12).

O NT expõe o significado de *agapē* com grande cuidado (ver especialmente 1Co 13). É um amor que vai além de família, amizade e nação (Lc 10.25-37). Abarca até os que não merecem ou não correspondem ao amor (*cf.* Cl 1.21,22), e não busca retorno (Lc 6.32-35; 14.12-14).

Alguns estudiosos tomam a ênfase de Jesus sobre o amor como um ponto de partida no NT apoiado na lei ética do AT. Isso, contudo, é um entendimento equivocado do relacionamento entre lei* e amor nos dois Testamentos. A lei, no AT, é estabelecida em um contexto de pacto*. Expressa o amor de Deus por seu povo, exaltando os salmistas, em particular, a guarda da lei como um meio poderoso de o povo expressar seu amor pelos mandamentos (Sl 19.7-11; 119.33-36,72). Jesus, também, não vê nenhum conflito entre o amor e a lei dentro dos parâmetros da ética centrada em Deus (Jo 15.10; *cf.* 1Jo 2.3-6). Combina a afirmação da lei com a ênfase de que a guarda da lei deve ser avivada e motivada pelo amor (Mt 5.17-20).

Tanta presença da lei na Bíblia, na verdade, dá o próprio testemunho do fundamento teocêntrico sobre o qual a ética cristã está construída. Não sendo o conhecimento do certo e do errado propriamente um objeto de pesquisa filosófica, mas, sim, uma aceitação da revelação* divina, é de se esperar que os imperativos se destaquem entre as indicações da Bíblia. E se a descoberta do que é certo é o mesmo que discernir a vontade de Deus, não é de admirar a ausência de argumentos em favor de suas exigências.

Criação
A narrativa bíblica da criação* do mundo mostra algumas verdades teológicas significativas a respeito da humanidade, que determinam os princípios éticos cristãos. Em destaque entre essas verdades está a asserção de que homem e mulher foram feitos à imagem de Deus* (Gn 1.27). Isso traz implicações fundamentais para o valor da vida

ÉTICA

humana na formação de atitudes cristãs, como a conduta com relação ao aborto*, à eutanásia e a experiências médicas utilizando fetos (ver também Bioética*); assim como quanto à alimentação da ira cristã em situações em que a distinção de raça*, gênero ou classe social é usada para exploração de qualquer grupo ou indivíduo (*cf.* At 17.26; Gl 3.28).

Como o caráter de Deus define a bondade, a criação do ser humano à sua imagem implica também um conhecimento ético inato, em princípio, por parte de todos os homens e mulheres. Conforme bem ressalta Paulo, pessoas que não têm nenhum conhecimento da revelação "mostram que as exigências da lei [*e.g.*, de Deus] estão gravadas em seu coração" por meio da atuação de sua consciência (Rm 2.14,15).

A doutrina da criação oferece orientação para a ética social e pessoal (distinção que a Bíblia, aliás, nem esboça). Princípios éticos adicionais surgem do relacionamento da humanidade com o restante da criação, de acordo com os desígnios do Criador estabelecidos em Gênesis.

A instituição do casamento, por exemplo, é especialmente proeminente. A narrativa da criação da mulher (Gn 2.18-24) fornecerá a base da ênfase do NT no ideal de um relacionamento exclusivo e permanente de homem e mulher como único contexto eticamente correto para a união sexual humana* (Mt 19.3-6; *cf.* Ef 5.28-31). O intercurso carnal de natureza adúltera, ou com uma prostituta, é, portanto, considerado pecado "contra o próprio corpo", porque "o corpo [...] não é para a imoralidade" (1Co 6.13-18).

A prática homossexual é rejeitada pelas mesmas razões: é antinatural duas pessoas do mesmo sexo expressarem sua afeição uma pela outra genitalmente (Rm 1.25-27).

O governo dos povos é outra instituição dada por Deus que o homem não pode ignorar (ver Estado*). Muito embora possa ser moralmente legítimo resistir a autoridades governantes individuais em ocasiões específicas (*cf.* Dn 3.14-18; At 16.35-39), o princípio de governar e ser governado é fundamental à vida humana da forma que o Criador, assim, designou (Rm 13.1-7).

No que diz respeito à atitude dos seres humanos para com a natureza, a palavra-chave, biblicamente, é "gerência". O Criador colocou o homem e a mulher na responsabilidade do restante da criação com instruções para gerenciar seus recursos (Gn 1.26-29; *cf.* Sl 8.3-8). Consequentemente, é dupla a preocupação ética do cristão — de conservar (porque perda ou desperdício significa péssimo gerenciamento) e de desenvolver (porque é parte da responsabilidade gerencial usar os recursos de modo generoso e criativo, *cf.* Lc 19.12-26; ver Mordomia*).

O chamado para gerenciar fornece o ponto de partida para uma atitude positiva para com o trabalho* nas Escrituras. Teologicamente, o trabalho é parte vital do que significa ser humano — asserção que fortifica a oposição cristã ao desemprego, embora o ganho salarial seja também, em si, estritamente, uma definição de trabalho, que satisfaz a ética bíblica quanto à criação. O próprio Deus é frequentemente descrito como trabalhador (*cf.* Is 45.9; Sl 19.1), de

ÉTICA

forma que o chamado implícito para imitá-lo é um aspecto importante na abordagem bíblica do trabalho. Esse implícito se torna explícito ao codificar o Decálogo o exemplo do Criador na manutenção de um equilíbrio próprio entre trabalho e descanso, ou lazer (Gn 2.2-3; Êx 20.9-11).

Pecado

Enquanto a doutrina da criação estabelece ideais teocêntricos, é a doutrina do pecado* que proporciona a análise mais poderosa da vida como a conhecemos hoje. Especificamente, a rebelião do homem e da mulher contra Deus resultou na obscuridade do conhecimento ético, no enfraquecimento da vontade* em fazer o que é certo, na ruptura dos relacionamentos básicos e na complicação dos julgamentos morais.

O pecado distorce a orientação da consciência, que é corrompida e anestesiada pelos repetidos atos de desobediência (Tt 1.15; 1Tm 4.2). O conhecimento que a mulher e o homem têm do certo e do errado tornou-se, portanto, totalmente ofuscado e confuso. A consciência de uma pessoa pode levá-la a fazer alguma coisa errada com o zelo mais entusiástico (At 26.9), enquanto outra pessoa poderá experimentar sentimentos de culpa inteiramente injustificados (1Jo 3.19,20).

Há vezes, sem dúvida, em que a consciência louva ou se culpa em plena harmonia com a vontade de Deus (cf. Rm 2.15). Contudo, mesmo nessas ocasiões — quando o curso certo de ação é claro como cristal — o poder de fazê-lo costuma estar ausente. O pecado enfraquece a vontade (Rm 7.15-23)

e torce o conhecimento especial do certo e do errado, que a lei de Deus proporciona, para um desejo mais ardente em relação ao que é errado (Rm 7.8,9). Isso justifica a presença de forte elemento penal na ética bíblica, não menos que no ensino de Jesus (cf. Mc 9.41-48). As pessoas que se encontram demasiadamente fracas em seu desejo de fazer o que é certo por amor a Deus e aos outros devem ser dissuadidas a não fazer o que é errado pelo temor da punição*.

Os relacionamentos sociais são também vítimas do poder destrutivo do pecado. A passagem bíblica que registra o surgimento do pecado consegue mostrar também suas consequências para o relacionamento entre homem e mulher. Passam a se ver um ao outro como objetos sexuais, não pessoas, tornando-se a nudez motivo de vergonha e temor (Gn 3.7-10; confrontar com 2.25). Os laços de amor e lealdade se rompem quando o homem tenta justificar seu pecado (Gn 3.12-13); e a experiência da mulher de dar à luz seus filhos é arruinada (Gn 3.16).

Os relacionamentos resultantes de trabalho são rompidos, também, pelo egocentrismo. O vendedor passa a trapacear o comprador, e o patrão, o empregado (Dt 25.13-16; Tg 5.4). O mesmo se dá no cenário internacional, com guerras sendo continuamente travadas por fins ambiciosos. Isso propicia o pano de fundo para a denúncia que os profetas do AT fazem contra a discriminação e sua fervorosa proclamação da justiça do Senhor. O amor de Deus expressar-se-á, trovejam eles, na defesa dos oprimidos (e.g., Ml 3.5).

ÉTICA

Em um mundo encharcado pelo pecado, as questões éticas se tornam extraordinariamente complexas. Situações surgem em que cada linha de ação possível é menos do que seria o ideal. A Bíblia aceita e reflete esse dilema advogando a escolha do mal menor. Assim, o divórcio, embora sempre mau (*cf.* Ml 2.16), pode, eventualmente, ser justificado (Mt 19.9; 1Co 7.12-15). Até mesmo tirar a vida a um ser humano, ser que porta a imagem de Deus, pode se tornar justificado em circunstâncias extremas (*e.g.*, Gn 9.6).

Redenção

Tendo por cenário esse pano de fundo sombrio, a intervenção redentora de Deus vem proporcionar uma rota de fuga do desespero moral. Eticamente, a doutrina bíblica da redenção* oferece quatro contribuições especiais: 1. Chama os homens e mulheres decaídos para conhecerem a Deus e seguirem seu exemplo. 2. Dá estímulo para fazer o que é certo e evitar o que é errado. 3. Estabelece metas para a vida moral. 4. Aponta para uma fonte de poder sobrenatural para fortalecer a decadente vontade humana.

A lei resultante do pacto, no AT, contém muitos apelos específicos ao caráter de Deus e a suas ações, como suporte às exigências éticas. Assim, a ordem da lei de tratar os escravos* generosamente é endossada por um lembrete do modo generoso com que Deus tratou os hebreus quando escravos no Egito. Os homens de negócios recebem ordem de não enganar nem oprimir seus devedores e clientes, tendo em mente que foi o Deus da justiça que vingou os ancestrais oprimidos deles (Dt 15.12-15; Lv 19.35,36). Tais lembretes do amor e da justiça de Deus proporcionam um estímulo poderoso para a boa conduta. Como parceiros do pacto de Deus, homens e mulheres são chamados a responder com gratidão ao amor, imerecido, do Redentor (*cf.* Lv 22.31-33).

O NT reforça essa luta na consciência, por lembrar aos crentes que Cristo está constantemente do lado deles e que no interior deles vive o Espírito Santo. Assim, os filhos cristãos são instados a obedecer a seus pais "em tudo, pois isso agrada ao Senhor", e os servos ou escravos cristãos encontram motivação nova em trabalhar para seus senhores terrenos, "como se para o Senhor, não para homens" (Cl 3.20,22,23). Incentivo semelhante é o de evitar a imoralidade sexual, porque o corpo "é santuário do Espírito Santo, que habita em vocês" (1Co 6.18-20).

O ensino de Cristo a respeito do reino* de Deus acrescentou um sentido de urgência. Porque a vinda do reino é iminente (e porque traz consigo a promessa — ou ameaça — de juízo*), há um estímulo poderoso para se viver a vida do modo que Deus quer que seja vivida *agora* (Mc 1.15). A pessoa egoísta, que só pensa em ganhar dinheiro ou acumular riquezas, para poder viver no ócio e desfrutando de prazeres excessivos, pode vir a entrar em choque com seu Rei e Juiz mais cedo do que imagina (*cf.* Lc 12.16-21).

A inauguração do reino também proporciona aos cristãos metas ético-sociais. Embora a plena manifestação do governo do Rei deva

ÉTICA SOCIAL

aguardar a intervenção repentina e decisiva dele próprio, há um sentido de que os valores do reino já permeiam o mundo agora (*cf.* Mt 13.31-33). Porque a obra de Cristo está completa, o reino já está estabelecido. Os cristãos são, portanto, chamados a viver seus valores e a testemunhar novos relacionamentos, sabendo que isso não raras vezes pode envolver conflito e desafio (*cf.* Lc 4.18,19).

Tal chamado teria seu sonido esvaziado se os cristãos não tivessem poder para dar atenção a ela. Mas aqui faz o NT, provavelmente, sua contribuição mais importante. Porque o reino é uma realidade presente, o poder do Rei está disponível para aqueles que se coloquem sob seu governo. A habitação do Espírito Santo nos crentes faz produzir seu fruto na vida destes (Gl 5.22,23). Paulo explica que "é Deus quem efetua em vocês tanto o querer como o realizar, de acordo com a boa vontade dele" (Fp 2.13).

Não há nenhum triunfalismo automático nesse aspecto do ensino da Bíblia, mas, sim, uma promessa clara de potencial. A ética bíblica não cessa de demonstrar os princípios da criação e a análise dos efeitos do pecado. Aponta aos crentes o poder redentor que pode transformar sua vida e seu modo de viver.

Bibliografia
D. Cook, *The Moral Maze* (London, 1983); A. F. Holmes, *Ethics* (Leicester, 1984); O. O'Donovan, *Resurrection and Moral Order — An Outline for Evangelical Ethics* (Leicester, 1986); H. Thielicke, *Theological Ethics*, 2 vols. (London, 1968); C.

J. H. Wright, *Living as the People of God* (Leicester, 1983).

D.H.F.

ÉTICA SOCIAL. O alvo da ética social é tornar claros os valores e princípios básicos que devem informar o entendimento das questões sociais e sua resposta na prática. Os cristãos podem assumir essa tarefa buscando ajudar na identificação dessas perspectivas a partir da fé e do pensamento cristãos.

O motivo que nos leva a um interesse específico pela ética *social* é a nossa experiência de vida social corporativa. Os cristãos creem que a experiência social é essencial para o ser humano, constituindo um dos aspectos importantes do que Deus, com a criação, tem para o ser humano. O resultado prático para nós na tarefa de ajudar a estruturar a ética social é capacitar a igreja a formar juízos e poder agir na esfera da vida social.

Há três aspectos a considerar em nossa empreitada em favor da ética social. Em primeiro lugar, há necessidade de um pleno entendimento da questão social tanto quanto for possível. A comunidade cristã não poderá formar juízos adequados se não fizer uso de toda informação e avaliação de que possa dispor. A boa ética social, comumente, requer um trabalho detalhado, amplo e diligente para a compreensão da natureza do sujeito-matéria da questão. Em segundo lugar, há necessidade de contínua reflexão sobre a tradição cristã. Há uma série de aspectos envolvidos nisso. Devem-se buscar padrões ou modelos* bíblicos que tenham relação com a matéria que está sendo discutida e analisada.

Nenhuma discussão séria sobre família* ou guerra*, por exemplo, pode ser desenvolvida sem que se considerem os modelos bíblicos de vida em família e a experiência, ou o ensino, que está nas Escrituras a respeito de guerra. A tarefa teológica não será completa, no entanto, se limitada a comparações textuais. O pensamento social cristão deve continuar refletindo sobre os temas básicos da fé bíblica e suas implicações de valores cristãos. A teologia deve, então, procurar manter continuamente estável, sem que seja abalada, a crença de que: 1) o mundo e sua história são criações de Deus; 2) não obstante, o mundo e a vida humana têm sido danificados e corrompidos pelo pecado; 3) no propósito de Deus em Jesus Cristo há salvação e restauração para o ser humano; e 4) o futuro deve ser de esperança, da transformação da nossa vida e do nosso mundo e de unidade de todas as coisas reconciliadas com Deus e de uns para com os outros, em Cristo Jesus. Essa tarefa teológica deve ser acompanhada de atenta consideração quanto ao modo de a igreja tratar as questões sociais por toda a sua história.

O aspecto final da obra de ética social é a formação de raciocínio ou juízo cristão sobre as questões enfocadas. Juntamente com o nosso entendimento do que está ocorrendo em matéria de ordem social com o mundo vivo do evangelho, a igreja estará apta a começar a estabelecer o modelo de uma ética social que possa sustentar na prática a experiência social.

A igreja tem feito uma ampla série de abordagens diversas a essa obra. Essas abordagens incluem uma gama de ideias que não aceitam ser possível relacionar o evangelho diretamente à ordem social. A tarefa da ética cristã é analisar o que há no meio disso e ultrapassar as barreiras dos valores. Na tradição católica-romana, especialmente, tem sido enfatizado poder a tradição da lei natural (ver Lei*) prover a ponte necessária entre a fé e a sociedade (o teólogo católico clássico nessa tradição é Tomás de Aquino*). Há certos princípios naturais consagrados aos quais a sociedade poderá se enquadrar para poder viver dentro dos limites dos propósitos de Deus. Outras propostas enfatizam constantemente a necessidade de se pesquisar e elucidar axiomas de compreensão média geral, que tanto detêm um tanto do bom senso da fé cristã quanto podem nos ajudar a viver humanamente, de maneira prática, na ordem social contemporânea. Exemplo dessa abordagem no pensamento atual é a obra do inglês Ronald Preston (n. 1913). Alguns autores, todavia, têm insistido na impossibilidade de relacionar a elevada ética cristã do amor com o mundo corrupto da sociedade e da prática social modernas. Necessitamos de um valor que possa unir as forças da vida coletiva aos propósitos humanos. A obra de Reinhold Niebuhr* é exemplo clássico atual da tentativa de apresentar a justiça como o valor-chave derivado da fé cristã que pode vir a produzir esse resultado.

Há ainda aqueles que são bastante confiantes de ser possível uma transferência mais direta da fé bíblica para a ética social. A obra *A Christian Social Perspective* [*Uma perspectiva social cristã*] (Leicester,

EUCARISTIA

1979), de Alan Storkey, é um exemplo desse pensamento, cujas raízes se encontram em parte na teologia calvinista* e parcialmente na tradição anabatista*.

Essas diferenças são importantes. Todavia, são também exemplos da tentativa do pensamento cristão de fazer a nossa vocação social ter sentido à luz da nossa fé em Jesus Cristo. Buscam, desse modo, ajudar a igreja a formar juízos específicos sobre assuntos essenciais referentes à ordem social dos nossos dias e poder, assim, testemunhar do significado do reino de Cristo em nossa história social atual e em nossa experiência pessoal.

Bibliografia

Grove Booklets on Ethics (Bramcote, Nottingham, 1974-); R. Niebuhr, *Moral Man and Immoral Society* (New York, 1934); W. Temple, *Christianity and Social Order* (Harmondsworth, 1942); D. F. Wright (ed.), *Essays in Evangelical Social Ethics* (Exeter, 1979).

J.W.G.

EUCARISTIA. Do grego, significando "dar graças" ou "ação de graças", é o nome dado, no começo da patrística (encontrado na *Didache*, em Inácio, etc.), à ceia do Senhor, ou santa comunhão. O termo nasceu da ação de graças que, desde a última ceia do Senhor, passou a ser parte de ato sacramental.

A última ceia de Jesus, em que esse sacramento* foi instituído, constituiu um jantar com que o Mestre e seus discípulos deram início, naquele ano, à semana religiosa comemorativa da Páscoa, ou festa dos pães ázimos, entre os judeus, embora se possa supor, com base especialmente em João 18.28, que essa ceia deve ter sido realizada com, pelo menos, um dia de antecedência da data que normalmente seria efetuada. Uma vez que a ceia pascal era realizada na cidade (a despeito das multidões que afluíam a Jerusalém para a comemoração), continuava, desde o entardecer, pela noite adentro. A páscoa de Jesus e os discípulos foi certamente feita com eles assentados de modo reclinado como era hábito comum dos judeus ao fazer suas refeições. Incluiu vinho e, pela interpretação dada pelo Senhor aos elementos da ceia, teve alguns aspectos distintivos da refeição pascal judaica, sendo os três primeiros desses aspectos encontrados na narrativa de João.

Durante algum tempo, a eucaristia continuou a ser, tal como na ceia em que fora instituída, parte de uma refeição maior. A refeição ficou sendo chamada de *agapē* (*i.e.*, amor, ou seja, festa do amor, ou da fraternidade, Jd 12) e era geralmente promovida pelos irmãos materialmente mais prósperos para os mais pobres (cf. 1Co 11.20-22). Pelos relatos no NT, pode-se deduzir o costume que, então, provavelmente se estabeleceu de manter o sacramento sendo realizado semanalmente, não mais anualmente, como era a ceia pascal judaica (*cf.* At 20.7ss). A eucaristia era constituída de *duas* partes na refeição maior: o ato de comer o pão, no decorrer da refeição, e o ato de beber do cálice, após a refeição. Quando, no começo do século II, o *agapē* foi separado da eucaristia, as duas partes desta vieram, então, a se unir, juntando-se também duas ações de graças em uma só.

EUCARISTIA

Daí, uma única oração de ação de graças, ou consagração, na antiga liturgia cristã.

A palavra "consagração" significa "separar como santo", havendo um desentendimento que perdura até hoje entre as igrejas ocidental e oriental sobre o que é que, na verdade, consagra o sacramento, *i.e.*, o que o torna mais do que um simples ato de refeição comum. Diz a igreja oriental ser a *epiclesis*, ou seja, a invocação, o chamamento, do Espírito Santo* sobre os elementos, incluído nas orações consagratórias mais antigas, desde o tempo de Hipólito; afirma a Igreja do Ocidente serem as palavras da instituição da eucaristia, ditas pelo Senhor Jesus, semelhantemente, incluídas nas orações de consagração. Muitos liturgistas modernos acrescentam uma terceira proposta: seria a ação de graças. Todavia, a única coisa nova que Cristo realmente manifestou foi sua interpretação dos elementos, *i.e.*, as palavras com que instituiu o sacramento; porque a ação de graças, o partir do pão e a distribuição dos elementos aconteciam em qualquer refeição judaica formal, mesmo comum, como mostra a literatura rabínica. Havia, na verdade, palavras interpretativas na refeição pascal judaica, mas os judeus interpretavam os elementos componentes da ceia em relação à libertação do Egito, geradora do êxodo, e não, evidentemente, em relação à nova libertação mediante a morte do Cordeiro de Deus, do Filho do homem, como o fez Cristo.

Tudo o que o Senhor instituiu precisa ser realizado; mas como a única coisa distintiva, no caso, são suas palavras interpretativas, a visão ocidental tem mais que ver com a instituição da eucaristia. O modo, porém, como as palavras de instituição vieram a ser usadas, como fórmula de "transubstanciação", não de interpretação, é outro assunto.

As ações sacramentais são interpretadas porque são simbólicas*. Interpretadas e entendidas, elas evocam a fé*, exatamente como pelo ministério da palavra (ver Pregação*), e mediante a fé, os cristãos se alimentam espiritualmente de Cristo (Jo 6). Há, portanto, uma realidade por trás do simbolismo, como os pais primitivos nunca cessaram de enfatizar. Em sua época, porém, a linguagem enfática que usavam deu margem a ser entendida como que identificando o próprio símbolo com a realidade simbolizada. Paschase Radbert* é geralmente tido como o primeiro proponente da ocorrência, na ceia, da transubstanciação, ou seja, mudança da substância do pão e do vinho em substância real do corpo e do sangue de Cristo. A transubstanciação foi considerada dogma* na igreja ocidental pelo Quarto Concílio de Latrão* (1215), recebendo sutil explicação filosófica por Tomás de Aquino*, de que acontece de tal modo que o corpo e o sangue de Cristo nunca, na verdade, são separados um do outro ou de sua alma e divindade (concomitância). Lutero apresentou, quando da Reforma*, uma alternativa a esse dogma, discutida também pela filosofia medieval, que veio a ser conhecida como "consubstanciação". De acordo com essa ideia, o corpo e o sangue de Cristo estão presentes "com, em e sob" o pão e o

EUCARISTIA

vinho, em vez de substituí-los. Os suíços e outros reformadores, no entanto, firmemente distinguiram o símbolo da realidade simbolizada, diferença que levou à penosa "controvérsia eucarística" entre os reformadores, enquanto Bucer*, Calvino e outros preferiram tomar uma posição mediana.

Zuínglio chegou, certa vez, até mesmo a negar que os sacramentos fossem meios de graça; posição que, conforme Hooker* viria a afirmar mais tarde, constituiu um dos maiores divisores na cristandade. Em uma de suas elocuções mais felizes, no entanto, o mesmo Zuínglio viria a concordar plenamente com os outros reformadores de que os sacramentos são meios de graça em que Cristo é oferecido aos homens, para ser recebido em arrependimento e fé ou rejeitado por impenitência e incredulidade. A oferta é objetiva, e de modo algum criada por nossa fé, porque onde não há fé ou arrependimento ela traz juízo, como diz 1Coríntios 11. Esse ensino é algumas vezes chamado de recepcionismo, por sustentar que Cristo é verdadeiramente recebido pela pessoa, embora sem nenhuma mudança (exceto de uso) nos elementos, estando ligado ao virtualismo, que sustenta que a virtude ou o benefício de seu sacrifício sobre a cruz é igualmente recebido.

Outra grande controvérsia a respeito da eucaristia que tomou conta da Reforma foi relativa ao chamado sacrifício* eucarístico, ou sacrifício da missa, da liturgia católica-romana. Aqui os reformadores se uniram contra a doutrina de Roma. Na última ceia, Cristo usou de linguagem sacrifical, mas falando a respeito de sua morte iminente. O sacramento que estava instituindo não era propriamente uma *oferta* de seu corpo e seu sangue e, sim, na verdade, uma comemoração de seu corpo e seu sangue, a serem oferecidos na cruz. Cristo estava, então, olhando em direção à cruz, exatamente como a igreja deve olhar, pois foi na cruz que sua oferta de fato se consumou. sua refeição pascal, do mesmo modo, não constituiu uma oferta do cordeiro pascal, mas, sim, uma comemoração do Cordeiro, tal como já era, simbolicamente, oferecido a Deus nos sacrifícios realizados no pátio do templo.

Muito cedo, porém, a linguagem da oferta começou a ser usada em relação à própia eucaristia e não somente, como seria de se esperar, em relação à cruz. Podemos encontrá-la na *Didache*, em Justino Mártir (ver também Apologistas*), Ireneu*, Hipólito*, etc. Inicialmente, eram oferecidos ou a ação de graças ou os elementos para uso no sacramento; mas por volta do século IV, a linguagem litúrgica já fora transferida para o corpo e o sangue que os elementos significam. Com a doutrina da transubstanciação, a ideia veio a se desenvolver de tal modo que os elementos transubstanciados passaram a ser oferecidos a Deus; e, desse modo, o sacrifício oferecido na cruz passou a ser repetido, ou (uma vez que tal linguagem estava em contradição direta com Hb 7.27; 9.25-28; 10.10, 12, 14, 18) "se fez presente outra vez".

O sacrifício eucarístico foi definido como dogma da igreja ocidental pelo Concílio* de Trento, em 1562: "Nesse sacrifício divino, que

EUCARISTIA

é celebrado na missa, está contido e sacrificado de maneira incruenta esse mesmo Cristo que uma vez se ofereceu a si mesmo de maneira cruenta sobre o altar da cruz [...]. A vítima é única e a mesma, a mesma agora oferecida pelo ministério dos sacerdotes, aquele que então se ofereceu a si mesmo na cruz, a única maneira de a oferta ser diferente [...]. Se alguém disser que o sacrifício da missa é somente um sacrifício de louvor e ação de graças [...] mas não um sacrifício propiciatório [...] seja anátema".

Nos últimos cem anos ou um pouco mais, um grande esforço tem sido feito por teólogos católicos-romanos e anglo-católicos para expor de modo diverso a doutrina de Trento, sem basicamente, no entanto, se apartar dela. Alguns deles têm procurado evitar a objeção do caráter definitivo do sacrifício de Cristo na cruz, transferindo a atenção de sua morte para sua intercessão celestial (V. Thalhofer, S. C. Gayford, F. C. N. Hicks). Outros têm procurado afastar a objeção com a alegação de que os atos do Verbo divino são atemporais ou que o mundo sacramental é um mundo próprio, no qual aquilo que historicamente foi um evento definitivo pode ser tornado presente novamente sem ser necessariamente repetido (O. Casel, A. Vonier, E. Masure, G. Dix, E. Mascall). Há ainda os que argumentam que a última ceia era parte da oferta do sacrifício de Cristo, assim a eucaristia também (M. de la Taille, W. Spens). Mais comumente tem sido argumentado que, quando os cristãos se oferecem a si mesmos a Deus, Cristo está se oferecendo, já que a igreja é o corpo místico de Cristo

(E. Mersch, Dix, Mascall, etc.). O último desses argumentos é, pelo menos, obviamente, uma variante da epístola aos Hebreus, mas a auto-oferta dos cristãos de modo algum está limitada à eucaristia; e mesmo que seja teologicamente correto dizer que Cristo se oferece a si mesmo em nossa auto-oferta, isso não torna a auto-oferta dos cristãos uma expiação, como foi a oferta de Cristo de si mesmo na cruz. Assim, essa consideração, embora verdadeira, é irrelevante.

Muito debate tem ocorrido a respeito do termo *anamnesis*. É esse o substantivo em grego usado no registro bíblico da ordem de nosso Senhor: "Façam isto em memória de mim" (Lc 22.19; 1Co 11.24,25), significando geralmente "rememoração" ou "recordação". Em uso litúrgico, destaca a oferta comemorativa, incluída regularmente como parte das orações consacratórias da pré-Reforma. Importante, porém, é a seguinte questão: o que Cristo quis dizer com isso na última ceia? Tem-se argumentado que o Senhor quis se referir a uma memória divina, não de homens, possivelmente de implicações sacrificiais; mas a respeito do que está sendo propriamente lembrado depende do contexto. O pano de fundo da Páscoa indica uma lembrança pelos homens (Êx 12.14; 13.3, 9; Dt 16.3), tal como indica também a paráfrase de Paulo do termo por *katangellō* (proclamação), palavra comum usada para significar pregação aos homens em 1Coríntios 11.25,26. Recentemente, tem sido comumente asseverado que o termo não tem realmente nada que ver com lembrança ou rememoração, falando, na verdade, de alguma

EUNOMIANOS

coisa feita no passado e que se encontra presente novamente hoje. Este é o modo com que o termo vem sendo usado nos relatórios ecumênicos atuais, como os da Comissão Internacional Anglicana-Católica-Romana e da conferência Fé e Ordem de Lima (*Batismo, eucaristia e ministério*, Genebra, 1982). Isso, no entanto, faz parte, evidentemente, de um pensamento idealizado, sem o suporte da etimologia ou do uso. O sentido real do termo no grego dos judeus, nos dias de Cristo, é mostrado por Fílon, em *De Congressu* [Sobre reuniões] 39.44.

Bibliografia
A. Barclay, *The Protestant Doctrine of the Lord's Supper* (Glasgow, 1927); R. Bruce, *The Mystery of the Lord's Supper* (1590-1591; ed. T. F. Torrance, London, 1958); N. Dimock, *The Doctrine of the Lord's Supper* (London, 1910); D. Gregg, *Anamnesis in the Eucharist* (Bramcote, Notts., 1976); J. Jeremias, *The Eucharistic Words of Jesus* (London, 1966); A. J. Macdonald (ed.) *The Evangelical Doctrine of Holy Communion* (Cambridge, 1930); J. I. Packer (ed.), *Eucharistic Sacrifice* (London, 1962); J. B. Segal, *The Hebrew Passover from the Earliest Times to AD 70* (London, 1963); G. Wainwright, *Eucharist and Eschatology* (London, ²1978).

R.T.B.

EUNOMIANOS, ver Arianismo.

EUSÉBIO DE CESAREIA (*c.* 265-*c.* 339). Eusébio é principalmente famoso por sua *História eclesiástica* (edição definitiva em *c.* 325), mas, teologicamente, por pronunciamentos sobre a Trindade na época da controvérsia ariana*. Adotou o estilo do ensino de Orígenes*, que tendia para um subordianismo, sendo imbuído, como Orígenes, de um sentido da autoexistência singular de Deus como autor de todas as coisas. Embora insistisse em que o Filho, ou *o Logos**, existia antes de todas as eras e todos os tempos, negava, no entanto, que o Filho fosse coeterno com Deus, associando sua geração à vontade do Pai. O foco de unidade entre o Pai e o Filho residiria em uma glória compartilhada. Não é de admirar que Eusébio tenha tido dificuldade com a fórmula de *homoousios*, de Niceia, provavelmente por lembrar as ideias de Paulo de Samósata (ver Adocianismo*). Para o Espírito Santo foi até pior, com ele, descrito como pertencendo a uma "terceira" posição e poder e, como dizia Orígenes, "uma das coisas que vieram à existência mediante o Filho".

Eusébio era radical, mas não tão radical quanto Ário, embora possivelmente tenha sido atraído, pelo temor do sabelianismo (ver Monarquianismo*), para o círculo da influência ariana. Aqueles que não eram arianos (mas que também não podiam ser contados entre os mais moderados oponentes de Atanásio*) prontamente se identificaram com as suas ideias.

Outra tendência procedente de Orígenes em Eusébio revelou-se em sua abordagem à cristologia*. Continuou a tradição de enfatizar a função medianeira* pré-encarnação do Verbo, mas levou a centralidade do Verbo na encarnação para uma posição extrema tal que a alma humana foi totalmente por ele eclipsada. Antecipou assim, de

EVANGELHO

certo modo, o desenvolvimento que levaria ao apolinarismo*.

A maior influência de Eusébio talvez tenha surgido de seu papel como apologista da "revolução constantiniana". Sua teologia do império e do imperador cristãos correlacionados ao reino de Deus e ao *Logos* estabeleceu as principais linhas do pensamento bizantino nos séculos que se seguiram, muito embora tenha tido impacto menor no Ocidente.

Bibliografia

J. N. D. Kelly, *Early Christian Creeds* (London, [3]1973); *idem*, *Early Christian Doctrines* (London, [5]1977); C. Luibhéid, *Eusebius of Caesarea and the Arian Crisis* (Dublin, 1981); D. S. Wallace-Hadrill, *Eusebius of Caesarea* (London, 1960).

R.K.

EUTANÁSIA, ver Bioética.

EUTIQUES, ver Monofisismo.

EVANGELHO. O uso que o NT faz do vocábulo grego *euangelion*, "notícias jubilosas", "boas-novas", tem como base Isaías 40—66, em que o verbo, na LXX, *euangelizomai*, "dar boas notícias", é usado a respeito da declaração de libertação de Jerusalém do cativeiro (Is 40.9; 52.7) e, ainda, para anúncio mais amplo, da libertação dos oprimidos (Is 61.1,2). Essa última passagem proporcionou o texto da primeira pregação de Jesus em Nazaré: Ele deu pessoalmente a notícia de que, com ele mesmo, aquilo que estava lendo era cumprido, conforme fora prometido (Lc 4.17-21). A mensagem de Jesus era descrita de outra maneira, como o evangelho, as boas-novas, do reino de Deus*. Seu conteúdo está no ensino e nas parábolas, onde é apresentada com vivacidade e entusiasmo a concessão do amor, da misericórdia e do perdão libertador do Pai ao pecador não merecedor e proscrito.

Com a morte e a ressurreição de Jesus, começa nova fase do evangelho. O pregador se torna o preconizado: seus seguidores, a quem havia comissionado para pregar o evangelho após sua partida, o proclamam como o único que havia recebido a graça do Pai de perdoar. Assim, "o evangelho de Deus [...] acerca de seu Filho" (Rm 1.1-3) diz como, na obra redentora de Cristo, Deus havia cumprido sua antiga promessa de abençoar todas as nações.

Para a primeira geração após a ascensão de Cristo, o evangelho foi exclusivamente uma mensagem falada; o registro escrito mais antigo do evangelho apareceria na década de 1960.

Somente uma mensagem salvadora é atestada pelo NT. O "evangelho para os circuncisos", pregado por Pedro e seus companheiros, não diferia em conteúdo do "evangelho aos incircuncisos", confiado a Paulo (Gl 2.7), embora a forma de apresentação variasse de acordo com os ouvintes. O testemunho de Paulo é: "Portanto, quer tenha sido eu, quer tenham sido eles, é isto que pregamos, e é isto que vocês creram" (1Co 15.11).

Os elementos básicos da mensagem eram: 1. as profecias haviam sido cumpridas, e a nova era fora inaugurada, pela vinda de Cristo; 2. Jesus havia nascido na família de Davi; 3. morreu de acordo com as Escrituras, para libertar seu

EVANGELHO SOCIAL

povo da era do mal; 4. foi sepultado e ressuscitou ao terceiro dia, de acordo com as Escrituras; 5. está exaltado à destra de Deus, como Filho de Deus, Senhor dos vivos e dos mortos; 6. voltará novamente para julgar o mundo e consumar sua obra salvadora.

Bibliografia
C. H. Dodd, *The Apostolic Preaching and its Development* (London, 1936); J. Munck, *Paul and the Salvation of Mankind* (TI, London, 1959).

F.F.B.

EVANGELHO SOCIAL. O Evangelho Social foi um movimento vagamente organizado nos Estados Unidos por volta da década de 1880 até o começo da Grande Depressão (1929), que tentou formular uma resposta cristã para as rápidas mudanças sociais do período. Suas origens foram tanto domésticas quanto estrangeiras. Os fortes laços da tradição do reavivamento americano entre a santidade pessoal e a reforma social contribuíram para o movimento, como contribuiu também um novo interesse pelo estudo científico dos problemas sociais que acompanharam o surgimento da América moderna após a Guerra Civil. Além disso, o exemplo de britânicos como Thomas Chalmers*, na Escócia, ou do Socialismo Cristão*, de F. D. Maurice (1805-1872), que buscava respostas cristãs inovadoras para os problemas da sociedade industrial, também influenciou os norte-americanos que desejavam uma reforma social cristã.

Entre as primeiras expressões do Evangelho Social, encontra-se a obra de Washington Gladden (1836-1918), ministro congregacional em Springfield, Massachusetts, e em Columbus, Ohio. Quando ainda em Massachusetts, ele publicou *Working People and their Employers* [Pessoas que trabalham e seus empregadores] (1876), um apelo por justiça para com os trabalhadores. Sua congregação de Ohio era constituída de donos de minas, cujos trabalhadores fizeram greve por duas vezes na metade da década de 1880 em prol de melhores salários e condições de trabalho. A crença de Gladden na causa justa das reivindicações dos mineiros o levou a apelar mais insistentemente pelos direitos trabalhistas, com a aplicação da "Regra de Ouro" (fazer ao próximo o que queremos que nos façam) nas organizações industriais. Uma outra expressão, diversa, do Evangelho Social está na obra de Charles Sheldon (1857-1946), um clérigo de Topeka, Kansas, cujo livro, famosíssimo, *In His Steps* [*Em seus passos, que faria Jesus?*] (1897) apresenta uma descrição do que poderia acontecer a uma comunidade dilacerada pela dissensão social se os cristãos somente se perguntassem a si mesmos, antes da tomada de cada decisão: "Em meu lugar, que faria Jesus?".

Todavia, o expoente mais importante do Evangelho Social foi Walter Rauschenbusch (1861-1918), um batista germano-americano, que ministrou por dez anos na chamada "Cozinha do Inferno", na cidade de New York, tornando-se depois professor de História da Igreja no Rochester Seminary, no Estado de New York. A experiência inicial de Rauschenbusch ante a exploração industrial e a indiferença governamental para com os trabalhadores

EVANGELICALISMO LIBERAL

o levou a se tornar um tremendo crítico da ordem estabelecida. Seu próspero relacionamento com socialistas nova-iorquinos, como Henry George (1839-1897), lhe ofereceria modelos alternativos de organização social. Mas a preocupação primordial de Rauschenbusch era buscar nas Escrituras uma mensagem solucionadora para as circunstâncias perturbadoras da sociedade industrial. Os resultados dessa busca foram publicados em 1907 em *Christianity and the Social Crisis* [O cristianismo e a crise social], obra que trazia de volta as denúncias proféticas dos profetas do AT contra a insensibilidade social, assim como as injunções do NT sobre os perigos do deus Mamon. Rauschenbusch deu prosseguimento à sua obra com outros livros influentes, entre os quais *Prayers of the Social Awakening* [Orações do despertamento social] (1910), *Christianizing the Social Order* [Cristianização da ordem social] (1912), e *A Theology for the Social Gospel* [Teologia do Evangelho Social] (1917). Nessas obras, Rauschenbusch combinou um ideal profético de justiça (ver Justiça*) com um comprometimento com a construção do reino* de Deus mediante o poder de Cristo.

O Evangelho Social é frequentemente identificado, e com alguma justiça, com o liberalismo teológico*. Gladden, por exemplo, foi um popularizador da chamada alta crítica bíblica, e Rauschenbusch, embora muito mais realista a respeito do caráter intratável da natureza humana decaída*, reinterpretou, no entanto, alguns elementos tradicionalmente sobrenaturais da doutrina cristã. Ao mesmo tempo, porém, temas de serviço à comunidade associados ao Evangelho Social tornaram-se destacados entre associações evangélicas como Exército de Salvação* ou junto a líderes evangélicos como A. J. Gordon (1836-1895), em Boston. A partir da década de 1930, o Evangelho Social desapareceria como movimento próprio. Mas sua influência permaneceu, tanto em denominações mais liberais como na renovada preocupação social demonstrada pelos norte-americanos evangélicos desde a década de 1960.

Ver também ÉTICA SOCIAL; TEOLOGIA DA SOCIEDADE.

Bibliografia
P. A. Carter, *Decline and Revival of the Social Gospel... 1920-1940* (New York, 1956); R. T. Handy (ed.), *The Social Gospel in America, 1870-1920* (New York, 1966); C. H. Hopkins, *The Rise of the Social Gospel in American Protestantism 1865-1915* (New Haven, CT, 1940); W. S. Hudson (ed.), Walter *Rauschenbusch: Selected Writings* (New York, 1984); R. C. White Jr. & C. H. Hopkins (eds.), *The Social Gospel: Religion and Reform in Changing America* (Philadelphia, 1976).

M.A.N.

EVANGELICALISMO LIBERAL. Por volta de 1880, o grupo evangélico era forte na Igreja da Inglaterra. A Igreja Livre da Escócia e as principais igrejas protestantes na Irlanda e na América do Norte eram grandes, sendo seu ensino teológico ainda quase que inteiramente de caráter do protestantismo ortodoxo. O Student Christian Movement

EVANGELICALISMO LIBERAL

[Movimento Cristão Estudantil], SCM, que estava se desenvolvendo fortemente entre os estudantes, e a Keswick Convention [Convenção de Keswick] (ver Teologia de Vida Mais Elevada*) exerciam constante influência em todas as denominações, podendo, àquela altura, serem descritas como firmemente evangélicas*, de algum modo pietistas*. O entusiasmo missionário era exaltado, e muitos estudantes, tanto quanto outros crentes, estavam se oferecendo grandemente para atuar no campo missionário.

Por volta de 1900, contudo, uma mudança se fez evidente, basicamente como resultado da introdução da teologia racionalista nas escolas e faculdades teológicas. O que foi chamado de "visão moderna" da Bíblia começou a prevalecer. Isso equivalia a uma perda de confiança na confiabilidade das Escrituras* como autoridade final em matéria de fé e conduta. Muitas das lideranças do pensamento e dos movimentos evangélicos, tais como a Church Missionary Society [Sociedade Eclesiástica Missionária], CMS, e o já citado SCM, foram profundamente influenciadas, embora preservando alguns aspectos de vida e devoção evangélicas, à parte de sua nova doutrina da Bíblia. Gradativamente, foram mudando suas ênfases. Por volta de 1910, já havia clara divisão entre os líderes evangélicos mais conservadores e os mais liberais. Na década de 1920, muitos eram os evangélicos que preferiam ser vistos como "evangélicos liberais".

Em 1922, dividia-se o CSM na Inglaterra, com a maioria da ala conservadora deixando-o para fundar a Bible Churchmen's Missionary Society (Sociedade Bíblica Missionária de Homens da Igreja). Em 1928, era criada a Inter-Varsity Fellowship (União Inter-Agremiações Universitárias), atual Universities and Colleges Christian Fellowship [União Cristã de Universidades e Colégios], reunindo os que haviam deixado o SCM desde 1910. Divisão quase idêntica aconteceu em outros países.

Na Inglaterra, o Anglican Evangelical Group Movement [Movimento do Grupo Evangélico Anglicano], com sua Cromer Convention (Convenção de Cromer) (uma alternativa ao movimento de Keswick), ainda prosseguiu com suas atividades por algum tempo. Todavia, veio seu colapso e o dramático declínio do SCM, entre 1940 e 1960, sendo o evangelicalismo liberal basicamente substituído por um franco liberalismo teológico. Restaram poucos elementos de protestantismo ortodoxo remanescente, caminhando sua liderança em direção a uma negação cada vez mais audaciosa das crenças cristãs tradicionais.

No final da década de 1970 e começo da de 1980, surgiu um novo tipo de evangelicalismo liberal, embora não organizado. Atualmente, poucas pessoas talvez quisessem adotar o epíteto de "evangélico liberal", apesar de sua posição ser semelhante à daqueles que assim se intitulavam na década de 1920.

Bibliografia

O. R. Barclay, *Whatever Happened to the Jesus Lane Lot?* (Leicester, 1977); R. Rouse, *The World Student Christian Federation* (London, 1948); V. F. Storr (ed.), *Liberal Evangelicalism: An Interpretation* (London, 1922); *idem, Freedom and Tradition: A Study of Liberal Evangelicalism* (London, 1940); T. Tatlow, *The Story of the Student Christian Movement of Great Britain and Ireland* (London, 1933).

O.R.B.

EXCOMUNHÃO, ver Disciplina.

EXÉRCITO DE SALVAÇÃO. O ato de fundação do Exército de Salvação (1878) afirma que, no ano de 1865, William Booth "começou a pregar o evangelho, em uma tenda erigida no Friends Burial Ground, na Rua Thoas, paróquia de Whitechapel, condado de Middlesex, e em outros lugares nas mesmas cercanias", e que ele formou um grupo de pessoas que pensavam da mesma forma, "a fim de trazer para o evangelho aqueles que não tinham o hábito de frequentar qualquer lugar de culto" — uma sociedade conhecida primeiramente como East London Revival Society [Sociedade de Reavivamento da Zona Leste de London] e depois como East London Christian Mission [Missão Cristã da Zona Leste de London]. Mais tarde, tendo proliferado vários grupos como esse, uniram-se sob o nome único de Missão Cristã. Foi essa associação, então, que se tornou, em 1879, o Exército de Salvação, tendo William Booth como seu primeiro "general".

Nascido em 1829, em Nottingham, Booth foi convertido em 1844 na Igreja Metodista, de que se tornou pregador em 1852. Em 1854, ingressava na New Connection [Nova Conexão], tornando-se dela evangelista em 1855, e nesse mesmo ano casando com Catherine Mumford. Em 1862, após ministérios em Brighouse e Gateshead, deixou a instituição, empregando seus três anos seguintes em um empenho evangelístico na Cornuália e nas províncias britânicas, antes de, finalmente, vir a fundar a Missão Cristã da Zona Leste de London.

O crescimento do novo movimento Exército de Salvação foi fenomenal. Em uma época de despertamento espiritual geral, era "uma ideia cujo momento [de pôr em prática] havia chegado". Seus locais de pregação se desenvolviam, seus evangelistas de tempo integral se multiplicavam. Por volta de 1884, o Exército de Salvação já havia estabelecido mais de 900 grupos. Em seu progresso, conseguia prosperar contra uma oposição feroz e até, por vezes, agressiva e brutal.

A expansão além-mar começou primeiramente nos Estados Unidos, em 1880, depois no Canadá e na Índia, em 1882. A obra social foi um desenvolvimento seu inevitável, em um tempo em que as carências sociais eram uma ferida aberta na sociedade britânica: envolvimento na denúncia de tráfico de escravos brancos, albergues para desabrigados e desamparados, serviços de sopa para os famintos e de ajuda a desempregados e pessoas perdidas, evangelismo e obra social nas prisões, lares-abrigos para mães solteiras, além de serviços médicos gratuitos, em mais de trinta lugares no mundo inteiro. O Exército de Salvação atua hoje em mais de setenta países, contando com mais de 2 milhões de membros, mais de 2.500 oficiais de tempo integral e cerca de 100 mil soldados, ou obreiros.

A teologia adotada é basicamente arminiana*, remontando às

EXISTENCIALISMO

origens metodistas* de Booth, com forte ênfase sobre o livre-arbítrio*. Sustenta ser possível ao cristão perder sua salvação devido à falta de vigilância, falha moral ou espiritual, ou outras manifestações de apostasia, em acentuado contraste, por exemplo, com a doutrina reformada* de perseverança* final dos santos. A influência metodista mostra-se também evidente, no entanto, em sua doutrina da "santidade"*, desenvolvida em literatura própria, podendo tanto ser resultante de experiência subsequente à conversão quanto significar e implicar uma "santificação total ou completa"*, ou seja, um estado em que o crente não mais comete pecado.

O Exército de Salvação se considera parte integrante da Igreja de Cristo, desfrutando da posição de fraterno (observador) no Conselho Mundial de Igrejas. Mas não é uma organização sacramental. Booth decidiu não mais acatar e praticar os sacramentos* da Igreja, baseando-se em que: 1. não via nenhuma afirmação nas Escrituras de que os sacramentos fossem essenciais para a salvação ou para serem perpetuados; 2. os sacramenrtos se mostravam polêmicos entre os cristãos; e as questões de controvérsia deveriam ser evitadas, dizia ele, por serem "verdadeiro veneno do inferno".

O Exército de Salvação partilhou destacadamente do amplo despertamento espiritual ocorrido na Inglaterra na segunda metade do século XIX, entre os muitos movimentos presentes naquele fluxo de reavivamento. Sua difusão e seu êxito mundial se devem, certamente, ao seu notável ímpeto evangelístico naquela ocasião. Como outros movimentos e denominações similares, porém, já no final do século XX precisava retomar muito do fervor e inspiração dos seus primeiros tempos.

Bibliografia

J. Coutts, *The Salvationists* (Oxford, 1977); St John Ervine, *God's Soldier: General W. Booth*, 2 vols. (London, 1934); R. Sandall *et al.*, *The History of Salvation Army*, 6 vols. (London, 1947-1973); B. Watson, *A Hundred Years' War* (London, 1964).

J.P.

EXISTENCIALISMO. O existencialismo cobre um grande espectro de temas e autores cristãos, judeus e ateus, desde Kierkegaard*, K. Jaspers (1883-1969), J. P. Sartre (1905-1980) e M. Heidegger (1889-1976) até A. Camus (1913-1960), G. Marcel (1889-1973) e S. Weil (1909-1943). Tem encontrado sua expressão em, ou mediante, teatro, literatura, poesia, artes plásticas, música, psicanálise e filosofia. A variedade de autores está ligada geralmente à sua recusa em pertencer a uma escola de pensamento ou filosofia, à negação de serem enquadrados em todo e qualquer sistema ou conjunto de crenças e por sua insatisfação com a filosofia tradicional, tida por eles como superficial e distante da vida real. Essencialmente, o existencialismo é uma rebeldia contra o racionalismo e sua ênfase unicamente na razão, sua falha em ir além do óbvio e de entrosamento com as pessoas, ignorando suas necessidades reais. O existencialismo se indigna contra o romantismo*, baseado em

EXISTENCIALISMO

seu escape autoenganador dos horrores da vida aqui e agora e seu otimismo injustificável a respeito das pessoas.

Devido à rejeição existencialista dos sistemas, sua principal via em comum reside nos temas sobre os quais os pensadores existencialistas expressam sua visão de modo oblíquo. O existencialismo é para ser experimentado diretamente, em vez de ser pensado.

Temas principais

1. *Ansiedade* (Angst), *pavor e morte*. O pensamento existencialista tem em mira abranger a personalidade toda de uma pessoa. Envolve a totalidade da vida de alguém. A pessoa pensa existencialmente quando estão em jogo as coisas da vida e da morte. Essas realidades fundamentais e nossa experiência delas evocam sentimentos dominantes de ansiedade, pavor e assombro ontológico — a perplexidade de ser. A experiência do sofrimento e a falta de significado da vida causam tais sentimentos.

2. *Ser e existência*. O existencialismo está preocupado com a natureza de ser e não ser. Essas realidades escapam sempre dos nossos conceitos e não podem ser reduzidas a fórmulas claras. Sartre distingue o ser dos objetos, que são ser *en soi* (em si), o ser que reside em si mesmo e está presente, disponível, para a humanidade usar e abusar. O ser humano, em oposição, é ser *pour soi* (para si), é autoconsciente e capaz de moldar outros seres e o próprio ser. Para Heidegger, o ser é entendido mediante uma análise do tempo. A temporalidade é essencial para a real constituição da existência, em termos de passado, presente e futuro. A isto ele chama de "cuidado". O passado, o presente e o futuro podem ser colocados paralelamente, por sua exequibilidade, decadência (perda) e possibilidade. A humanidade é possibilidade, porque permanece perante um futuro aberto, no qual se encontra sempre em processo e incompleta. A humanidade é exequibilidade, porque seu passado em termos de hereditariedade, ambiente e experiência prévia inevitavelmente molda o que somos e o que podemos nos tornar. A humanidade é decadência em sua tendência de fugir da responsabilidade para com o passado e o futuro escondendo-se no presente. A humanidade é confrontada com uma escolha na existência. A existência inautêntica carece de vontade (de decisão), vive no presente, no passado ou no futuro e se recusa a reconhecer a exequibilidade e a possibilidade. A existência autêntica é decidida, fazendo escolhas no presente à luz do passado e sendo aberta para o futuro. O eu autêntico é uma estrutura unitária, estável e relativamente duradoura, em que as polaridades da existência são mantidas em equilíbrio e suas potencialidades são levadas à realização.

3. *Intencionalidade*. O existencialismo enfoca as experiências interiores da vontade, as emoções, crenças, imaginação e intenção. Elas são entendidas pelo exame da consciência individual. A chave para o entendimento de todo conhecimento é o estudo dos fenômenos internos, em vez do comportamento externo, que parece seguir-se a esses estados.

EXISTENCIALISMO

4. Absurdo. O existencialista crê que não há qualquer significado em coisa alguma ou em todas as coisas juntas. O mundo é absurdo e sem sentido.

5. Escolha e o indivíduo. A escolha é o centro da existência humana. O ser autoconsciente é ser que escolhe. Somos o que escolhemos. Nós nos fazemos a nós mesmos por nossas escolhas. Não escolher é, por si mesmo, uma escolha. As escolhas não possuem nenhuma base racional ou propósito, de forma que não importa o que escolhemos, mas somente o fato de que escolhemos. Assim, no teatro, na literatura, na poesia, o autor existencialista comumente enfatiza as escolhas impossíveis, especialmente as de variedade moral, e a necessidade humana de escolher em face do absurdo. O agente individual é o único que tem de escolher, porque a multidão é uma mentira e oferece escapes da responsabilidade. É necessária a alguém a responsabilidade individual da própria existência.

Impacto na teologia

O existencialismo, por meio de Heidegger, influenciou e veio a formar a teologia existencial, especialmente na obra de Barth*, Bultmann*, Tillich* e Macquarrie*. Esse pensamento enfatiza o momento existencial na hermenêutica* e na pregação, em que a humanidade é convocada a responder ao chamado de Deus para viver uma vida autêntica. Jesus é o exemplo perfeito de existência autêntica. A natureza do ser, como esboçada pelo existencialismo, levou Tillich a interpretar Deus como a "base do nosso ser", em vez de interpretá-lo como um ser. Isto afeta tanto a epistemologia teológica* quanto a ontologia (ver Ser*). A filosofia existencialista levanta as questões humanas fundamentais sobre a existência. A tarefa da teologia é propiciar as respostas.

Escritores como Marcel e Weil têm adotado uma abordagem existencial à teologia em contraste com uma teologia doentiamente abstrata. Para eles, a teologia deve ser participativa e encarnacional, enfatizando o valor ontológico da experiência humana. A chave é o diálogo e a comunicação como se fosse de um indivíduo (o "eu") com o eterno "tu". Isto conduz à fé e à convicção.

Reflexões críticas

Em sentido positivo, o existencialista nos lembra que a verdadeira religião deve ser individual, envolvida com as reais necessidades das pessoas e vivida autenticamente. O existencialista fornece uma descrição exata da vida sem Deus. Não é casualmente que muitos encontram no existencialismo as raízes da teologia da "morte de Deus"*. Negativamente, essa filosofia é autocontraditória em sua afirmação básica de que "nada tem significado". Ela isola a vontade do total da personalidade, o indivíduo da comunidade e a vida interior da exterior. Concentra-se no excepcional e no incomum, dando muito pouco entendimento sistemático da natureza do próprio ser. Em termos teológicos, há risco de perda de objetividade e de qualquer compreensão genuína de Deus. Há risco também do amalgamento de uma filosofia que se acha na raiz do antropocentrismo e do ateísmo,

EXORCISMO

com uma abordagem à teologia demasiadamente individualista e orientada pela experiência. Isso permite à cultura moderna ter uma função crítica como padrão pelo qual se julguem o entendimento e a expressão bíblicos e teológicos.

Bibliografia
J. Macquarrie, *An Existentialist Theology* (London, 1955); *idem*, *Existentialism* (London, 1972); D. E. Roberts, *Existentialism and Religious Belief* (New York, 1957); J. P. Sartre, *Existentialism and Humanism* (TI, London, 1948); M. Warnock, *Existentialism* (London, 1970).

E.D.C.

EX OPERE OPERATO, ver SACRAMENTO.

EXORCISMO. Textos babilônicos e egípcios indicam que a prática de expelir seres espirituais maus das pessoas (e lugares) é muito antiga. A narrativa de exorcismo mais antiga nas Escrituras está em 1Samuel 16-19. A influência ocidental na Palestina resultou em aumento na crença de que os demônios (ver Diabo*) poderiam controlar as pessoas, de modo que o exorcismo era relativamente comum na época de Jesus.

Os relatos do Evangelho, assim como o uso do nome de Jesus por exorcistas, mostram que Jesus era considerado um exorcista particularmente vitorioso, de quem os demônios procuravam se defender (Mc 1.24). Seu ministério de exorcismo foi, todavia, distintivo, no sentido de que ele não fazia uso de ajuda mecânica ou prova; tampouco a oração fazia parte de sua técnica, nem invocava qual-quer autoridade ou poder externo (todavia, *cf.* Mt 12.28; Lc 11.20). Pelo contrário, ao ordenar a saída, Jesus deliberadamente atraía a atenção para si e seus recursos próprios na capacidade de expelir demônios.

Não é de admirar que a reação aos exorcismos de Jesus seja descrita como de temor e assombro (Mc 1.27; 5.14,15). Alguns judeus chegaram até a dizer que ele estava possesso de demônio (Mc 3.20-27). A interpretação de que seus exorcismos mostravam ser Jesus o Messias reflete muito certamente a fé dos cristãos, pois há pouca ou nenhuma evidência pré-cristã quanto à esperança de que o Messias viesse a ser exorcista. Jesus, porém, foi, na verdade, o primeiro a fazer uma ligação específica entre o exorcismo e a primeira fase da derrota do diabo*. Quanto à acusação de que Jesus exorcizava por mágica é posterior (*cf.* Eusébio, *EH* 4.3.2; Orígenes, *Contra Celsus* 1.6, 68-71).

Os discípulos compartilharam do ministério de exorcismo de Jesus (Lc 9.1-6), sendo uma parte importante do ministério da Igreja apostólica, exceto na comunidade joanina. Em João, é sempre a cruz que funciona como o foco da derrota completa do governante maligno deste mundo (12.31; 14.30; 16.11) e que se torna existencial à medida que Jesus atrai todos os homens a si mesmo (12.32). Paulo esteve envolvido em exorcismo, mas com certa relutância (At 16.16-18). Mateus, por sua vez, não destaca o exorcismo, provavelmente porque sua Igreja sofresse a exploração de falsos profetas, cujas atividades incluíam exorcismo (7.15-23;

EXORCISMO

24.11,24). Já Marcos e Lucas enfatizam o exorcismo no ministério da Igreja (Mc 6.7-13; 9.14-29; Lc 10.17-20), mostrando que os cristãos primitivos, a exemplo de outros exorcistas, usam o nome de uma autoridade poderosa, *viz.*, Jesus (Mc 9.38-41; Lc 10.17; At 16.18; 19.13). Os cristãos primitivos criam ter êxito como exorcistas não por causa do que dissessem ou fizessem, mas porque, por simples ordem, os demônios eram enfrentados e derrotados por Jesus. A oração era exigida somente em casos difíceis (Mc 9.28,29).

O entendimento carismático da autoridade para exorcizar demônios, mediante o uso do nome de Jesus, continuou por algum tempo no período pós-apostólico. Fora do uso central do nome de Jesus, no entanto, a prática do exorcismo logo começou a variar. Em alguns lugares, uma "história" de Jesus (Orígenes, *Contra Celsus*, 1.6; 3.24) era usada, assim como seu nome. O sopro dos exorcistas, seu toque e o sinal da cruz eram também usados. O exorcismo era comumente um elemento do rito batismal, e a obra *Reconhecimentos clementinos* chega a afirmar que o batismo liberta a pessoa de espírito imundo. Uma carta de Cornélio de Roma a Fábio de Antioquia, em 252, mostra que, no Ocidente, o "exorcista" tinha se tornado uma das quatro ordens menores do clero. Por volta do século VI, o exorcista autorizado recebia um livro de fórmulas contendo orações e evocações.

Até 1969, o exorcismo era parte do rito do batismo infantil na Igreja Católica Romana, sendo ainda mantido no batismo de adultos. Somente sacerdotes ordenados, com permissão do bispo, podem desempenhar o exorcismo. A Ordem de Batismo revisada, de Lutero (1526), reduzia os exorcismos de três para um (J. D. C. Fisher, *Christian Initiation: The Reformation Period* [Iniciação cristã: o período da Reforma], London, 1970, p. 6-16, 23-25). Fora do batismo, Lutero recomendava oração, em lugar de exorcismo. O primeiro *Livro de Oração Comum* (1549) continha um rito para o exorcismo pré-batismal, mas, a partir de 1552, passou a não conter referência alguma a exorcismo. O Cânon 72 (1604) da Igreja da Inglaterra proíbe ao sacerdote sem licença episcopal "jejuar e orar para expelir demônio ou demônios". Hoje, para alguns estudiosos, há uma visão mudada do mundo, o que significa que pouco ou nada pode ser atribuído à atividade de demônios. Do contrário, o modo apropriado de expelir demônios é pelo arrependimento, pela fé, por oração e pelos sacramentos (*cf.* Don Cupitt, *Explorations in Theology* [Investigações em teologia], vol. 6, London, 1979, p. 60-51). Apesar da hesitação entre teólogos e hierarquias das igrejas cristãs, a prática do exorcismo tem aumentado em anos recentes em quase todas as denominações como resposta às necessidades pastorais.

Ver também DIABO E DEMÔNIOS.

Bibliografia
O. Böcher *et al.*, Exorzismus, *TRE* 10 (1982), p. 747-761; T. K. Oesterreich, *Possession, Demoniacal and Other* (London, 1930); J. Richards, *But Deliver Us From Evil: An Introduction to the Demonic Dimension to Pastoral Care* (New York, 1974);

EXPERIÊNCIA RELIGIOSA

G. H. Twelftree, *Christ Triumphant* (London, 1984).

G.H.T.

EXPERIÊNCIA RELIGIOSA. Tem sido declarado, algumas vezes, que podemos crer em Deus somente, *a despeito da* experiência, "porque vivemos por fé, e não pelo que vemos" (2Co 5.7). Essa ideia, no entanto, pode-se argumentar, além de não levar em conta que "vemos", pelo menos, parcialmente (*cf.* 1Co 13.12), desconsidera também o fato de que andar por fé é, por si só, uma experiência religiosa. O testemunho de Jeremias, de Jó ou de Jesus no jardim de Getsêmani sugere que mesmo a experiência da ausência de Deus é uma experiência real, tão real quanto o afastamento, a separação ou a perda de um ser amado. As lamentações presentes em Salmos nos lembram, ainda, que a ausência de Deus pode ser sentida coletivamente (*cf.* Sl 44; 60; 74; 79; 80), tanto quanto individualmente, como e quando quer que o seu povo, seja sob a perseguição, seja sob a pressão do secularismo, veja-se forçado a questionar: "Como poderíamos cantar as canções do Senhor numa terra estrangeira?" (Sl 137.4).

Essas ideias contrastantes procedem de diferentes entendimentos da experiência religiosa. A primeira visão é a que define tal experiência estritamente em termos de acontecimentos particulares, frequentemente dramáticos ou incomuns, que podem ser reconhecidos como originários das Escrituras, da teologia mística* ou de determinados fenômenos típicos, como os chamados sentidos de "encontro com o Sagrado" identificados por Buber* e Otto*.

A segunda ideia define geralmente a experiência religiosa em termos de reação de pessoas que se encontram abertas a entender de uma maneira religiosa qualquer fato de sua experiência de vida e do mundo em torno, quer esse fato ocorra em um contexto religioso quer não. Se a interpretação dessas experiências puder se integrar a outras crenças de natureza religiosa, isso pode vir a formar importante elemento da teologia pessoal de um indivíduo, ou mesmo ser compartilhado e sistematizado como teologia na Igreja ou parte substancial dela. A reflexão sobre experiências exerceu papel significativo nas definições da Igreja sobre a pessoa de Cristo e a doutrina da Trindade (ver Credos*). É também destacado aspecto de recentes tendências em teologia. O interesse na espiritualidade*, as exigências de contextualização*, a teologia da libertação* e a teologia narrativa* são, pelo menos em parte, alguns dos exemplos de protesto contra as teologias que parecem divorciadas da experiência e inconscientes de que a reflexão religiosa sem experiência religiosa é vazia.

Contudo, é também verdadeiro que a experiência religiosa sem reflexão religiosa é cega. Desse modo, toda alegação de ocorrência de uma experiência com Deus requer ser submetida a exame, seja ela direta e objetiva (a da primeira ideia, acima) seja indireta e subjetiva (a da segunda ideia). Como toda experiência humana tem tanto um lado objetivo como subjetivo, a experiência religiosa pede uma avaliação de sua fonte, natureza e interpretação.

Os escritores do NT nos apresentam o cristianismo como um

EXPERIÊNCIA RELIGIOSA

modo de vida a ser experimentado e não apenas uma teoria a ser criada; mas não são ingênuos ou isentos de espírito crítico a respeito da natureza atraente das experiências religiosas. Jesus e os apóstolos não foram os únicos operadores de milagres de sua época. Mesmo dentro da Igreja foi necessário, desde o começo, "provar os espíritos", para ver se realmente eram de Deus, em termos de seus efeitos resultantes em amor, verdade e unidade na comunhão eclesiástica (*cf.* 1Co 12—14; 1Ts 5.21; 1Jo 4). Tais testes doutrinários e éticos têm sido aplicados, desde então, tanto para a experiência religiosa individual como a coletiva. Uma vez que o cristianismo não conta com nenhum conceito de experiência religiosa que não resulte em consequências doutrinárias ou éticas, nem experiência com Deus que não envolva uma resposta humana, o compromisso religioso sem discernimento é considerado tão danoso quanto o discernimento sem compromisso.

Da época dos pais ascetas (*cf.* Ascetismo e Monasticismo*), a teologia mística* dá ênfase à importância de se avaliar a fonte e a natureza da experiência religiosa, recomendando que tudo, aparentemente comum ou extraordinário, seja discutido com o conselheiro espiritual da pessoa que diz ter vivido a experiência. Os protestantes têm-se inclinado a enfatizar o acesso direto do indivíduo a Deus, mas, nas cartas de alguns dos reformadores e puritanos, é revelada uma espécie de tradição de direcionamento ou aconselhamento pessoal mais ocasional e menos determinativa. Digna de nota é ainda a prática de grupos de discernimento dos antigos quacres e metodistas que tem sido revivida em algumas comunidades cristãs modernas.

Movimentos na Igreja que destacam a importância da experiência (*cf.* R. A. Knox, *Enthusiasm* [Entusiasmo], Oxford, 1950) convidam também à sua avaliação. Jonathan Edwards*, por exemplo, ao descrever o despertamento espiritual na colônia americana da Nova Inglaterra, em sua obra *Narrative of Surprising Conversions* [Narrativa de conversões surpreendentes] (1737), e posteriormente em *A Treatise Concerning Religious Affections* [Tratado concernente a sentimentos religiosos] (1746), oferece-nos reflexões amadurecidas sobre sua importância. Sua cuidadosa distinção entre seus aspectos positivos e negativos foi precursora da abordagem de William James em *Varieties of Religious Experience* [Variedades de experiência religiosa] (1902; ed. M. E. Marty, Harmondsworth, 1983), que deu o tom para os estudos modernos sobre o assunto. Estes, por sua vez, suplementaram as preocupações teológicas com critérios psicológicos e sociológicos, análise filosófica e comparação com experiências induzidas por drogas, assim como ampliaram o campo para incluir outras religiões além do cristianismo na matéria.

Esse último enfoque levanta a questão das alegações sobre a verdade entre as religiões e o papel da experiência religiosa em validá-las. Se uma experiência religiosa for julgada válida e importante dentro da religião em que ocorre, isso torna a religião mais verdadeira do que outra? O debate sobre essa

EXPIAÇÃO

questão continua, entre aqueles que defendem que toda experiência religiosa é fundamentalmente a mesma (embora inevitavelmente interpretada dentro do contexto religioso em que acontece) e os que assinalam que muitas alegações cristãs de experiência direta com Deus são especificamente trinitárias em seu caráter, não podendo, por isso, serem confundidas com experiências de uma "união com o Único" em outras religiões.

É difícil também com uma única interpretação ou classificação da experiência religiosa chegar à conclusão de que algumas das experiências desse gênero sejam destrutivas ou demoníacas, ou então que outras experiências, consideradas positivas, de bem-aventurança ou êxtase, possam ocorrer fora de qualquer contexto religioso e com pessoas que não possuem nenhuma crença. Nesse último caso, talvez convenha ser mais útil distinguir entre, digamos, misticismo natural e misticismo religioso, do que diluir o conceito de experiência religiosa, para nele poder incluir tudo que se desejar. De todo modo, as distinções verbais, por mais úteis e necessárias que sejam, não substituem a avaliação do valor religioso de uma experiência, mediante critérios derivados do entendimento que se tem da revelação* e da teologia natural.

Ver também Psicologia da Religião.

Bibliografia
C. D. Batson & W. L. Ventis, *The Religious Experience* (New York, 1982); J. Bowker, *The Sense of God* (Oxford, 1973); *idem, The Reli-*

gious Imagination and the Sense of God (Oxford, 1978); A. Hardy, *The Spiritual Nature of Man* (Oxford, 1979); M. Kelsey, *Encounter with God* (London, 1974); H. D. Lewis, *Our Experience of God* (London, 1959); A. O'Hear, *Experience, Explanation and Faith* (London, 1984); H. P. Owen, *The Christian Knowledge of God* (London, 1969); N. Smart, *The Religious Experience of Mankind* (London, 1971); R. Woods (ed.), *Understanding Mysticism* (London, 1981).

P.N.H.

EXPIAÇÃO. A centralidade ou importância da expiação pelo pecado do homem a que Cristo se submeteu na cruz é tão significativa para o cristianismo que influenciou até a linguagem dos povos cristãos, gerando, em muitos dos nossos idiomas, a palavra "crucial", que simplesmente qualifica algo, semelhantemente, como bastante importante, ou decisivo, ou peremptório, categórico, essencial, significativo, capital — enfim, tão central quanto a expiação o foi e é para o cristianismo; e lembrando ainda a cruz, ao ter outra acepção, também muito usada, de algo árduo, dificultoso, duro de encarar, fazer ou resolver — tanto quanto foi certamente o ato da expiação para Cristo.

O que Cristo fez na cruz tornou-se, na verdade, o cerne da fé cristã. A expiação foi e é essencial ao cristianismo, constituindo-se em nada menos que sua principal doutrina. Não significa que as outras doutrinas cristãs (*e.g.*, a da encarnação*) devam ser negligenciadas. Cada uma delas é de grande importância e ocupa seu destaque e lugar merecido no pensamento cristão. Mas

EXPIAÇÃO

418

não se pode minimizar de modo algum a importância e a centralidade da expiação.

A necessidade da expiação surgiu da pecaminosidade universal da humanidade e de nossa incapacidade de enfrentar e solucionar em definitivo o problema apresentado pelo nosso pecado*. Que todos somos pecadores está bastante claro, e expresso literalmente, nas Escrituras (*e.g.*, 1Rs 8.46; Sl 14.3; Rm 3.23), mas o mais importante talvez seja a totalidade da afirmação categórica da Bíblia nesse sentido. É evidente, por todo o texto bíblico, de que não nos estamos à altura dos padrões de Deus estabelecidos para o ser humano, criado à sua imagem e semelhança. Torna-se, além disso, questão mais grave ainda, ao nos conscientizarmos de que "o salário do pecado é a morte" (Rm 6.23). As Escrituras deixam claro que o pecado exclui o homem das bênçãos de Deus (Is 59.2; Hc 1.13), e Jesus acrescenta, especificamente, que o pecado da blasfêmia contra o Espírito Santo jamais pode ser perdoado (Mc 3.29). O pecador não arrependido encontra-se, enfim, constantemente, em uma situação de vida terrível e desesperadora.

Deus, todavia, em seu imenso amor e misericórdia, sempre fez funcionar sua inigualável providência para com o homem. O AT descreve detalhadamente todo um sistema de sacrifícios* que Deus concedeu a Israel, mostrando a maneira completa de como a expiação temporária do pecado deveria ser feita (Lv 17.11). A matança dos animais, em si, não tinha nenhum valor intrínseco que fosse útil para livrar o ser humano do pecado (Hb 10.4); os sacrifícios somente eram de proveito sagrado porque Deus assim decidiu que fossem. O amor de Deus, não o sangue de bodes e bezerros, é que afastava, embora ainda não definitivamente, o pecado; e, naturalmente, no caso, Deus procurava, da parte de seus adoradores, uma disposição correta correspondente, de amor por Ele, traduzida em coração contrito e arrependimento (1Rs 8.47; Ez 18.30,31).

Doutrina do Novo Testamento

A palavra "expiação" é muito rara no NT, ocorrendo, no original grego, somente uma vez, em Rm 5.11, e nenhuma vez, na citada passagem, em muitas das traduções. Sua ideia, no entanto, está presente no NT do começo ao fim. Deus enviou seu Filho para redimir o pecador (*e.g.*, Gl 4.4,5), e, por todo o texto neotestamentário, está claro que foi o que Deus fez mediante Cristo que capacita pecadores a se aproximarem dele e receberem novamente suas bênçãos, agora e na vida futura, por todo o sempre.

A obra expiatória de Cristo é vista sob vários ângulos. Assim, por exemplo, os pecadores são escravos de seus pecados (Jo 8.34), mas Cristo os liberta (Gl 5.1). Foram incluídos no pecado de Adão: "... em Adão todos morrem" (1Co 15.22). Mas Cristo morreu, então, pelos nossos pecados (1Co 15.3), anulando para a humanidade os efeitos do pecado de Adão (Rm 5.12-21). Todos os homens, salvos ou não, estão sujeitos a julgamento, tanto um julgamento aqui e agora (Rm 1.24,26,28) como um julgamento final, no fim dos atuais tempos (Rm 2.16) — mas nenhuma

EXPIAÇÃO

condenação há para aqueles que já estão salvos em Cristo Jesus (Rm 8.1). Enquanto não redimidos, somos cativos da lei e do pecado (Rm 7.23); todavia, ninguém será justificado pelas obras da lei (Rm 3.20). Em Cristo, somos libertos da lei, mortos para aquilo que nos mantinha em escravidão (Rm 7.4). A ira* de Deus é exercida contra os pecadores — doutrina da qual a teologia moderna tem procurado se evadir, mas que está clara no NT (Lc 3.7; Jo 3.36; Rm 1.18; 2.5; etc.); todavia, há também a doutrina, cristalina, de que Cristo, com seu gesto na cruz, retirou essa ira de sobre os pecadores (1Ts 1.10; 5.9). Este é o significado, também, de "propiciação" (Rm 3.25; 1Jo 2.2).

A morte é também um tirano (Rm 6.23) do qual Cristo nos libertou (Rm 5.17; 1Co 15.52-57). A carne é má (Gl 5.19-21; Ef 2.3), mas foi crucificada com Cristo naqueles que são de Cristo (Gl 5.24). Há imensa futilidade em grande parte da nossa vida neste mundo, mas dela os cristãos são também libertos (Rm 8.20-23), não mais tendo sua vida em vão (1Co 15.58; Fp 2.16). O "mundo" é hostil a Cristo (Jo 7.7; 15,18), mas ele o venceu (Jo 16.33). A condição do pecador tem muitos ângulos e aspectos, mas, seja visto como se queira ver, a verdade é que Cristo salvou seu povo mediante sua morte expiatória.

Os escritores do NT usam de várias e vívidas palavras descritivas para mostrar o que Cristo fez por nós. Sua obra pode ser vista, assim, como um processo de redenção* (Gl 3.13) ou o pagamento de um resgate (Mc 10.45), tornando os pecadores livres da escravidão ou de uma sentença de morte. É uma oferta em autossacrifício (Ef 5.2), o que deve ter sido uma imagem vívida para um povo acostumado a oferecer animais sobre os altares em adoração a Deus. As frequentes referências ao sangue de Cristo apontam, evidentemente, para esses sacrifícios. Há por vezes referência a um sacrifício específico, tal como a Páscoa (1Co 5.7), a oferta pelo pecado (Rm 8.3) ou o Dia da Expiação (Hb 9.7; 11—12); mas é mais usual a referência em sentido geral. Afirma-se que Cristo recebeu sobre si nossa maldição (Gl 3.13) e que morreu no lugar dos pecadores (Mc 10.45). Sua obra é vista como tendo efetuado justificação* (Rm 4.25) ou firmado novo pacto*, prometido desde muito antes, como em Jeremias (Lc 22.20; Hb 8). Dele se pode dizer que, ao ser crucificado, "cancelou a escrita de dívida [...] que nos era contrária" (Cl 2.14).

Especialmente importante em algumas discussões recentes é o conceito paulino de reconciliação. É usado em poucas passagens (Rm 5.10,11; 2Co 5.18-20; Ef 2.16; Cl 1.20-22), mas está implícito em muitas outras, como, por exemplo, em textos que falam da paz sendo feita entre Deus e o homem. É sem dúvida um conceito importante, sendo significativo que Paulo tenha podido ver a morte de Cristo como o instrumento eficaz da extinção da hostilidade que o pecado trouxera e efetuando a reconciliação do maior alcance. É mais um aspecto expressivo da expiação na cruz, embora não deva ser destacado de tal modo que venha a minimizar a variedade dos outros aspectos que a expiação por Cristo oferece.

EXPIAÇÃO

420

Teologia histórica

A Igreja primitiva enfatizava o fato de que Cristo nos havia salvado, mas poucos perguntavam sobre como ele o tinha feito. A teoria de alguns teólogos, no entanto, era a de que: os pecadores iriam para o inferno por pertencerem a Satanás, mas que, em uma situação como essa, Deus oferecera Cristo para o Maligno como resgate, em troca dos pecadores; Satanás teria ansiosamente aceitado a oferta, por ver que obteria muito mais com a morte de Cristo do que estava abrindo mão, mas, quando Cristo desceu ao inferno, viu que não tinha como prendê-lo — no terceiro dia, Cristo ressuscitou triunfante e Satanás não ficou nem com seus prisioneiros originais, libertos com Cristo, nem com o preço do resgate. Bastaria um pouco de reflexão para ver que nessa visão distorcida, Deus teria de ter enganado Satanás. Mas isso não perturbou os pais da Igreja, que a adotaram. Para eles, tal interpretação da expiação simplesmente mostrava que Deus era mais sábio do que Satanás. Assim, desenvolveram a teoria, ilustrando-a com o ato de se pescar com rede ou de se armar ratoeira para roedores. Chegava a beirar o grotesco, terminando esse conceito por fenecer à luz de melhores formas de visualizar e valorizar o que Cristo tinha feito pela humanidade. Em nossos dias, porém, G. Aulén* reviveu esse conceito, assinalando que, por mais absurdo que fosse, abrigava uma verdade importante: de que Cristo obteve, em sua morte, vitória completa sobre todas as forças do mal. Certamente que há também lugar para isso em qualquer outra teoria, mais adequada, da expiação.

Anselmo* desenvolveu a teoria da satisfação*. Assinalou ele que um rei está em posição muito diversa da de um cidadão comum. Pode estar apto a deixar passar um insulto ou uma injúria a ele, particularmente, por conta própria; mas, como suprema autoridade no reino, ele não pode fazê-lo. Todos os que ofendam o reino têm de prestar a devida satisfação. Anselmo via, assim, Deus como um grande rei, a quem não caberia deixar de não tomar conhecimento de qualquer pecado praticado em seu reino. Todavia, o pecado cometido contra Deus era tão grave que o homem seria totalmente incapaz de poder prestar a satisfação exigida. Essa satisfação, que deveria então ser prestada por alguém que fosse homem, somente poderia ser prestada por alguém que fosse Deus. Desse modo, tornou-se necessário a Deus tornar-se homem.

Essa interessante teoria é geralmente vista como contendo muito das ideias presentes no tempo de Anselmo. Não se veem, mais tarde, ideias medievais a respeito de satisfação como válidas. Anselmo, na verdade, não aceitava o fato de que um rei poderia exercer sua prerrogativa de misericórdia sem causar dano ao seu reino. Mas, pelo menos, levou a sério o pecado muito mais que seus predecessores. Desde então, ninguém mais poderia pensar a respeito da expiação sem considerar quão grande é o peso do pecado.

Os reformadores assumiram algumas das ideias de Anselmo, mas, em lugar do seu pensamento de que o pecado ultrajava a majestade de Deus, substituíram a ideia afirmando ser o pecado uma quebra de sua lei. Quanto à essência da expiação, diziam, Cristo tomou a si a nossa penalidade. Ficou no lugar dos pecadores e, como suportou a punição que lhes cabia, esta não virá mais sobre os salvos. Seus oponentes assinalaram, porém, que esse pensamento não levava em conta o fato de que, embora penalidades como multas, por exemplo, possam ser transferidas para outrem, castigos como aprisionamento e execução não o podem. Além disso, o pecado, em si, não é algo também que pudesse ser transferido de uma pessoa para outra, dos pecadores para Cristo. Embora tais críticas possam ser levadas em conta, deve-se ter em mente que os reformadores não estavam pensando a respeito de um processo comum, externo e mecânico. Há, aqui, uma dupla identificação: Cristo é um com o Pai ("... Deus em Cristo estava reconciliando consigo o mundo...", 2Co 5.19), e é um também com os pecadores que salva (os quais estão "em Cristo").

Essa ideia resguarda uma importante verdade das Escrituras, a de que Deus salva de modo correto. A penalidade devida não foi deixada de lado no processo pelo qual Cristo nos libertou. Muitas concepções modernas parecem se resumir à convicção de que Deus é mais forte do que o mal; no final, quem pode, pode. Naturalmente, é verdade que Deus é mais forte do que o mal, e esta é uma verdade preciosa. Mas é também verdade que Deus está voltado perpetuamente para o que é certo, mesmo no processo pelo qual ele salva as pessoas do pecado.

Abelardo*, por sua vez, enunciou uma visão subjetiva da expiação, ideia que voltou e tem sido amplamente popular nos tempos modernos. A cruz nos mostra quanto Deus nos ama, e isso causa em nós uma resposta de amor. Somos libertos do pecado, que tão dolorosamente feriu Cristo, vivemos uma vida nova. Existem variadas formas dessa teoria, mas todas têm em comum o fato de que a essência da expiação é o seu efeito sobre os pecadores. Certamente há verdade nisso. Quando vemos o que Cristo fez em morrer por nós, somos movidos ao arrependimento, ao amor e à fé. Todavia, dizer que isso é tudo é totalmente errôneo. Essa ideia não considera a maior parte da evidência escriturística, deixando-nos na posição um tanto incerta de termos praticamente que operar nossa própria salvação, pelo modo com que venhamos a responder ao gesto amoroso de Cristo.

Há outros modos, porém, de se olhar para o ato da cruz. Nos dias de hoje, alguns pregadores têm dado ênfase ao conceito de sacrifício, enquanto outros chamam a atenção para o sentido de abandono de Jesus pelo Pai, que experimentou em lugar do pecador (Mc 15.4). Nenhuma dessas teorias, no entanto, tem ganhado aceitação universal, e é provável que nenhuma delas venha a ter. A obra expiatória de Cristo é, na verdade, muito complexa, e nossa mente, muito pequena. Não podemos pretender entender tudo. Precisamos, sim, das contribuições positivas de todas as teorias, porque cada uma delas chama nossa atenção para algum aspecto daquilo de grandioso que Cristo fez por nós. Mesmo assim, talvez no

EXTENSÃO DA EXPIAÇÃO

final não o entenderemos de todo, ou de forma alguma, de modo que só nos cabe aceitar humildemente, com muito amor e gratidão, "tão grande salvação".

Bibliografia
Anselmo, *Cur Deus Homo*; G. Aulén, *Christus Victor* (London, 1931); D. M. Ballie, *God Was in Christ* (London, 1948); K. Barth, *CD*, IV. 1, *The Doctrine of Reconciliation*; J. Denney, *The Death of Christ* (London, 1951); R. S. Franks, *The Work of Christ* (London, 1962); R. Martin, *Reconciliation* (Atlanta, GA, 1981); J. Moltmann, *The Crucified God* (London, 1974); L. Morris, *The Apostolic Preaching of the Cross* (London, [3]1965); *idem*, *The Cross in the New Testament* (Grand Rapids, MI, 1965); J. R. W. Stott, *The Cross of Christ* (Leicester & Downers Grove, IL, 1986); V. Taylor, *The Atonement in New Testament Teaching* (London, 1940); F. M. Young, *Sacrifice and the Death of Christ* (London, 1975).

L.L.M.

EXTENSÃO DA EXPIAÇÃO. Por que Cristo morreu? Na história da Igreja, tem havido duas respostas básicas a essa pergunta. A maioria dos cristãos tem aprendido e ensinado que Cristo morreu em favor de todos os homens, sendo a expiação*, portanto, universal em seu alcance e extensão. Outros cristãos, porém, têm aprendido e ensinado que Cristo morreu somente pelos eleitos, sendo a expiação, desse modo, um gesto limitado, definido ou particular em sua extensão.

Entre os que sustentam que a expiação é universal em sua extensão, há diferenças significati-vas sobre seu efeito salvador. Um pequeno grupo, historicamente conhecido como universalistas*, ensina que o efeito da expiação é tão universal quanto a extensão dela. Portanto, todos os humanos são salvos. A maioria dos que defendem que a expiação é universal em extensão nega que seja universal em seu efeito salvador. Creem que Cristo, com a expiação, quis, de fato, propiciar salvação extensiva a todos, mas o efeito salvador somente é realizado no indivíduo quando determinada condição é por este satisfeita, como fé e/ou obediência. Sustentam essa posição os católicos, ortodoxos orientais, luteranos, arminianos* e amiraldianos* (sendo o amiral-dianismo uma visão desenvolvida pelos calvinistas franceses no século XVII, que aceitava o particularismo do calvinismo, exceto quanto à extensão da expiação).

Os que pensam que a expiação é limitada ou definida em extensão ensinam que Cristo morreu para salvar somente aqueles que o Pai havia predestinado para a vida eterna. Para eles, a obra expiatória de Cristo é aplicada, no devido tempo, somente àqueles pelos quais foi realizada. Essa visão emergiu claramente entre os seguidores de Agostinho*, como uma consequência da sua doutrina acerca da soberania de Deus e graça particular na salvação. Por toda a Idade Média, os agostinianos* como Próspero de Aquitânia, Tomás Bradwardine* e João Staupitz ensinavam uma expiação limitada. Pedro Lombardo*, em suas *Sentenças*, ofereceu uma saída transigente e ambígua, a de que Cristo morreu *suficientemente* por todos, mas *eficientemente* somente

423

FAMÍLIA

pelos eleitos. Nos século XVI e XVII, a expiação limitada foi ensinada por católicos-romanos como Cornélio Jansen (ver Agostinianismo*) e pelos calvinistas. João Calvino* não ensinou explicitamente tal doutrina, que parece, no entanto, estar inteiramente implícita em sua obra. Seus sucessores a tornaram expressa, incluindo-a como parte da ortodoxia confessional reformada dos Cânones de Dort* e na Confissão de Fé de Westminster.

Os defensores da expiação universal apelam para o apoio escriturístico de textos como João 3.16; Romanos 5.18 e 1João 2.12. Argumentam que sua visão é indispensável a uma pregação verdadeiramente efetiva, de tal modo que a todo indivíduo se possa dizer, com convicção: "Cristo morreu por você."

Os que advogam uma expiação limitada referem-se a apoios escriturísticos de textos como Mateus 1.21; 20.28; Jo 17.9. Explicam que os textos que aparentemente se mostram universais se referem, de modo genérico, a todas as espécies ou classes de pessoas, e não a cada indivíduo. Argumentam que somente a visão deles é teologicamente consistente com o caráter da expiação substitutiva e a harmonia da Trindade. Se Cristo suportou toda a ira de Deus por todo pecado como um substituto do pecador, então a extensão da expiação e seu efeito devem ser os mesmos; mas se o Pai elegeu alguns pecadores para a vida eterna, e o Espírito Santo aplica a obra salvadora de Cristo somente aos eleitos, então Cristo, em harmonia com o propósito do Pai e do Espírito, morreu na cruz unicamente pelos eleitos.

Bibliografia

D. G. Bloesch, *Essentials of Evangelical Theology*, vol. 1 (San Francisco, 1978); R. H. Culpepper, *Interpreting the Atonement* (Grand Rapids, MI, 1966); W. R. Godfrey, Reformed Thought on the Extent of the Atonement to 1618, *WTJ* 37 (1974-1975), p. 113-171; P. Helm, The Logic of Limited Atonement, *SBET* 3:2 (1985), p. 4754; J. I. Packer, introd. repr. J.Owen, *The Death of Death in the Death of Christ* (London, 1959); J. B. Torrance, The Incarnation e "Limited Atonement", *EQ* 55 (1983, p. 83-94).

W.R.G.

EXTREMA-UNÇÃO, ver UNÇÃO.

F

FAIRBAIRN, A. M., ver CONGREGACIONALISMO.

FAMÍLIA. A família do AT é um círculo bem mais amplo do que o típico núcleo familiar de duas gerações, constituído de pais e filhos, característico da sociedade ocidental contemporânea. Consiste em todos aqueles que compartilham de um sangue em comum e uma habitação em comum, incluindo, ainda, servos, estrangeiros (*gērîm*) residentes na casa e pessoas sem pátria, viúvas e órfãos, que vivem sob a proteção do chefe de família, assim como sua esposa (ou suas esposas e concubinas, se for polígamo) e as de seus filhos (ver Gn 7.1,7; 46.8-26).

Embora fosse a intenção divina desde o princípio que o casamento (ver Sexualidade*) deveria ser

FAMÍLIA

monógamo (Gn 2.21-24), o AT fornece amplas evidências da prática da poligamia e do concubinato pelos primeiros povos de que falam as Escrituras (*e.g.,* 2Sm 5.13; 1Rs 11.3). Todavia, ao que parece, não era a poligamia, mas, sim, a monogamia, embora não praticada estritamente por todos os seus reis, a forma mais comum de casamento em Israel. Samuel e Reis, por exemplo, registram um único exemplo de poligamia entre os israelitas, a do pai de Samuel. A poligamia, tudo indica, era permitida por Deus pela mesma razão que o divórcio, a saber, uma concessão temporária por causa da fraqueza e pecaminosidade humana até a vinda de Cristo (sobre esse assunto, ver J. Murray, *Principles of Conduct* [Princípios de conduta], London, 1957, p. 14-19). O NT não dá lugar à poligamia; do contrário, seria inteiramente impróprio o paralelo de Paulo entre a união mística de Cristo e sua Igreja e a união de marido e esposa (Ef 5.24-33).

A família israelita é patriarcal, como o termo "casa do pai" (*bêth 'āb*) indica. As genealogias sempre são fornecidas pela linhagem do pai, sendo as mulheres somente mencionadas e não de modo frequente. Por todo o texto das Escrituras, o marido, como chefe de família, é o responsável pela ordenação piedosa da vida familiar. Isso inclui o cuidado carinhoso de sua esposa (Ef 5.28,29; 1Pe 3.7) em fazer provisões para a família (1Tm 5.8) e em dar instrução básica, estimular e disciplinar os filhos nos caminhos da piedade (Dt 6.4-7; Ef 6.4; Cl 3.21). A autoridade dos pais sobre a família, dada por Deus, deve ser respeitada e aceita pelos filhos (Êx 20.12; Ef 6.2).

O chefe de família, no AT, exerce uma função quase sacerdotal. Antes do estabelecimento formal do sacerdócio levítico, ele era o responsável por oferecer sacrifícios a Deus em favor de si mesmo e sua família (Gn 8.20; 12.7,8; 22.2-9). Na Páscoa, observada no lar, o dever sacerdotal da oração era (e é até hoje) atribuído ao pai de família, a ele cabendo também explicar o significado daquela refeição celebrativa aos filhos (Êx 12.24-27). O repouso semanal era igualmente observado na família, com todos os membros compartilhando do dia de descanso (Êx 29.9-11; Dt 5.13-15).

No seio da família, a fidelidade do pacto* de Deus para com o seu povo deve ser espelhada na fidelidade conjugal de marido e mulher (Pv 5.18ss). No amor e cuidado que concede aos filhos, o pai deve oferecer um modelo, ainda que imperfeito, do amor e cuidado paternais do próprio Deus. De acordo com Efésios 3.14,15, toda família (gr. *patria*) implica necessariamente a existência de um pai (*pater*), "de forma tal que por detrás dele permanece a paternidade universal de Deus, da qual deriva todo o esquema de relacionamentos devidamente ordenados" (D. W. B. Robinson, *NBD*, p. 372). Por sua vez, o afeto do amor materno, ao confortar os filhos, espelha o terno amor de Deus pelo seu povo (Is 66.13).

À luz dos dados bíblicos, é possível estruturar um entendimento teológico da família. Primeiramente, é evidente que a unidade familiar é uma parte básica da estrutura da criação*. Desde o princípio, é propósito de Deus que a raça humana

FAMÍLIA

se multiplique por meio da família, e não por indivíduos isolados. Mas, assim como para Adão não era bom estar só, criado que fora para viver em companhia de outrem, em comunidade, assim também Deus estabeleceu a solidão em famílias (Sl 68.6). Sob essa perspectiva, os que não têm ou ficam sem filhos (Is 54.1; *cf.* 1Sm 1.10,11), a viuvez (Lm 1.1) e a orfandade (Lm 5.3) podem ser experiências amargas por envolverem uma perda desoladora de companhia, de comunidade.

Em segundo lugar, a família se encontra no centro do propósito pactual de Deus. Deus promete a Abraão que nele todas as famílias da terra seriam benditas (Gn 12.3 — em hebraico significando família ou clã ampliado). A família é, dessa forma, uma estrutura teológica, tanto quanto biológica e social. Sob o pacto abraâmico, o sinal da circuncisão é administrado a todo menino dentro do contexto da família (Gn 17.11-14). Aquele que não tiver esse sinal deverá ser cortado do povo de Deus (v.14), significando que mediante sua membresia em uma família pertencente ao pacto a criança se relaciona a Israel, o povo do pacto.

O relacionamento da família cristã com a Igreja* visível continua até hoje a ser discutido. A tradição reformada* considera a criança como relacionada à Igreja mediante sua conexão de nascimento de pais crentes (Confissão de Westminster, XXV.ii). Contudo, a situação dos filhos de pais crentes é entendida de modo diferente por teólogos reformados. Charles Hodge* representa a maioria dos que sustentam que o batismo se baseia na suposta regeneração da criança, enquanto R. L. Dabney* e J. H. Thornwell* argumentam que os filhos de pais cristãos devem ser considerados filhos do pacto não convertidos até a ocasião em que sejam conduzidos à fé em Cristo. Outros debates surgiram sobre a justeza de se batizar crianças adotadas e escravos.

Aqueles que definem a Igreja visível como constituída de crentes professos tendem a relacionar a família à Igreja somente em termos do privilégio concedido aos filhos de pais crentes. Contudo, seu privilégio não significa que tais crianças devam ser consideradas cristãs. Elas têm de ser, pelo contrário, instadas a melhorar seu privilégio entregando-se pessoalmente ao Salvador.

A responsabilidade que recai sobre os pais de criar seus filhos "segundo a instrução e o conselho do Senhor" (Ef 6.4) é vista tanto na tradição católica quanto na reformada como um necessidade do estabelecimento de escolas cristãs. A diferença, no entanto, é que, enquanto as escolas católicas são estabelecimentos pertencentes à sua igreja, a ênfase reformada está em escolas controladas por pais e professores, sendo consideradas assim como consequência inevitável da posição que a família ocupa nas Escrituras, até mesmo mais que a própria Igreja, como o meio fundamental de sustento e educação da criança.

O núcleo familiar é visto de maneira diversa por pensadores contemporâneos: como repressivo, por marxistas e feministas, entre outros; como instrumento de controle social; como subversivo para com a autoridade estatal ou religiosa; como fonte frequente de

FAREL, GUILHERME

desordens psicológicas; e sendo potencialmente idólatra. Muitos são também os que no Ocidente consideram atualmente a família de formato tradicional em crise, buscando formas alternativas de comunidade, tais como as já revividas famílias ampliadas, grupais, ou comunas.

Bibliografia
R. de Vaux, *Ancient Israel* (London, 1961); J. Gladwin, *Happy Families* (Bramcote, Notthingham, 1981); M. Gordon (ed.), *The Nuclear Family in Crisis: The Search for an Alternative* (New York & London, 1972); A. Greeley (ed.), *The Family in Crisis or in Transition: A Sociological and Theological Perspective* (New York, 1979); João Paulo II, Bula *Familiaris Consortio — The Christian Family in the Modern World* (London, 1981); O. R. Johnston, *Who Needs the Family? A Survey and a Christian Assessment* (London, 1979); D. Kingdon, *Children of Abraham: A Reformed Baptist View of Baptism, the Covenant, and Children* (Worthing and Haywards Heath, 1973); L. B. Schenk, *The Presbyterian Doctrine of Children in the Covenant* (New Haven, CN, 1940); M. Schluter & R. Clements, *Reactivating the Extended Family*, Jubilee Centre Papers, no. 1 (Cambridge, 1986); L. Segal (ed.), *What is to be Done about the Family?* (Harmondsworth, 1983) (por uma perspectiva feminista radical); J. A. Walter, *A Long Way from Home: A Sociological Exploration of Contemporary Idolatry* (Exeter, 1980).

D.P.K.

FAREL, GUILHERME (1489-1565), nasceu em Gap, França. Matriculou-se na Universidade de Paris (1509), recebendo total influência de Jacques Lefèvre, que o direcionou para as Escrituras, especialmente para a doutrina de Paulo sobre a justificação* pela fé. Após intensa luta interior, Farel experimentaria a ruptura em suas crenças evangélicas em 1516. Em 1520, foi com Lefèvre para Meaux para pregar a reforma na Igreja francesa. Seu banimento, então, da França, em 1522, o tornou pregador itinerante nos cantões suíços enquanto se envolvia em confrontos com a teologia romana.

Durante esse período, compôs seu *Sommaire* (1525), manual de bolso apresentando uma teologia para o laicato, baseada fortemente nas Escrituras. Juntamente com a doutrina da justificação forense, Farel enfatizou uma doutrina da vida cristã, com forte ênfase na obediência à lei por meio de boas obras e ardente devoção. Exposições da Oração do Senhor e do Credo dos Apóstolos (não existentes) e uma liturgia completariam uma trilogia sua de escritos explicando a "nova" teologia.

A fama de Farel reside no fato de haver conseguido ganhar ouvidos para as pregações do protestantismo em Genebra, de 1532 a 1535. Sua vigorosa instância ao então jovem Calvino para que permanecesse em Genebra é memorável. Mais tarde, de 1541 a 1565, dedicar-se-ia à pregação em Neuchâtel, onde teve de enfrentar intensa oposição. Sua luta pelas "ovelhas perdidas" revelam um incansável evangelista, cheio de compaixão pelo homem comum.

Bibliografia
R. Hower, *William Farel, Theologian of the Common Man, and the Genesis*

of Protestant Prayer (tese de doutorado em teologia não publicada, Westminster Theological Seminary, Philadelphia, 1983); D. H. McVicar, *William Farel, Reformer of the Swiss Romand: His Life, His Writings, and His Theology* (tese de doutorado em teologia não publicada, Union Theological Seminary, New York, 1954); S. E. Ozment, *The Reformation in the Cities* (New Haven, CT, 1975); B. Thompson, *Liturgies of the Western Church* (Cleveland & New York, 1962), p. 216-218.

R.G.H.

FARRER, AUSTIN MARSDEN (1904-1968). Formado em Filosofia e Letras Clássicas e em Teologia, capelão de St. Edmund Hall, 1931-1935, e do Trinity College, 1935-1960, e diretor do colégio Keble, 1960-1968, Farrer foi um pensador cristão brilhante, de gênero quintessência, de Oxford.

Seus prolíficos escritos sobre filosofia, teologia e exegese do NT mostram um mente independente, lúcida, ágil, argumentativa e articulada, meticulosamente caprichosa, arguta como poeta metafísico que era, da linha de Newman, em sensibilidade, encantador na expressão e comprometido com uma ortodoxia de credo racional. Farrer incorporava um catolicismo anglicano devocionalmente robusto, comparável ao de seus pares Kenneth Kirk (1886-1954), E. L. Mascall (n. 1905) e C. S. Lewis*. Não é fácil de ler, devido à sua informalidade de estilo, alternativamente meditativo e aos saltos, emprestando uma aparência de instabilidade aos seus mais firmes argumentos.

Sua teologia filosófica (*Finite and Infinite* [Finito e infinito], 1943; *The Freedom of the Will* [A liberdade de arbítrio], 1957; *Love Almighty and Ills Unlimited* [Amor todo-poderoso e males ilimitados], 1961; *Faith and Speculation* [Fé e especulação], 1964) tem raízes tanto na filosofia da substância, do escolasticismo* medieval, quanto na metafísica* moderna de ação e clarificação, baseada em uso linguístico (ver Linguagem Religiosa*). Sua exegese de Mateus, Marcos e Apocalipse é fortemente (alguns diriam, fantasticamente) tipológica. Na obra *The Glass of Vision* [O espelho da visão], 1948, ele argumenta em favor de imagens*, em vez de sentenças, como portadoras da verdade revelada de Deus.

Bibliografia
C. C. Conti (ed.), *Reflective Faith: Essays in Philosophical Theology* (London, 1972); P. Curtis, *A Hawk Among Sparrows: A Biography of Austin Farrer* (London, 1985); J. C. Eaton, *The Logic of Theism: Analysis of the Thought of Austin Farrer* (Lanham, MD, 1983); J. C. Eaton & A. Loades (eds.), *For God and Clarity. New Essays in Honor of Austin Farrer* (Pittsburgh, PA, 1983).

J.I.P.

FÉ. Fé é uma palavra que desfruta de pouca influência em nossos dias. Muitos a consideram uma simples propensão, ou então como a expressão de um espírito acrítico, inapropriado para homens e mulheres "atingirem a maioridade". As Escrituras, contrariamente, parecem considerar a fé um passo à frente, e não na escuridão, mas à luz que Deus proporciona.

A fé, naturalmente, deve ser entendida de várias maneiras. Pode

FÉ

ser referir à crença em um dogma* (nesse sentido, a expressão "a fé" vem logo à mente), ou se referir à confiança em uma pessoa, essencialmente relacionada ao caráter desta.

A fé é uma qualidade altamente valorizada nas Escrituras. Hebreus 11.6 sumariza isso quando diz que "sem fé é impossível agradar a Deus". Os reformadores recuperaram, a partir das Escrituras, notadamente das cartas de Paulo, a doutrina da justificação* pela fé (*sola fide*; Rm 4.5; 9.30; Gl 3.2). Mas a teologia evangélica tem estado, algumas vezes, em risco de tornar a fé uma "obra" em si mesma. Contudo, a tradição da Reforma, no que tem de melhor, insiste em que o crente é justificado e salvo somente pela graça de Deus, que opera mediante a fé. A fé tem sido essencial, assim, por exemplo, para a justificação; mas não o é tanto em termos estritos de sermos salvos *por* ela: mais propriamente, na verdade, *não* somos salvos *sem* ela.

Nas Escrituras, a fé é tanto uma atitude de espírito que assumimos livremente quanto um dom de Deus. Efésios 2.8 enfatiza o aspecto do dom. Todavia, por todo o NT, as pessoas são exortadas a crer, ou confiar, ou ter fé (*e.g.*, Jo 14.1; At 16.31). O relacionamento entre a liberdade de nos arrependermos e crermos em Cristo, por um lado, e a concessão de Deus a nós de arrependimento e fé, por outro, tem sido motivo de disputa entre os cristãos desde os dias de Agostinho*, no século V. Tanto as Escrituras como as tradições das igrejas católica e protestante parecem afirmar que a fé é, misteriosamente, ambas as coisas — um dom divino e um ato humano livre de qualquer coerção.

Uma distinção tradicional comum é a que existe entre *assensus*, concordância, assentimento, e *fiducia*, confiança. Ao mesmo tempo que a confiança em Deus e em seu Filho, Jesus Cristo, é de importância capital nas Escrituras e na experiência cristã, *o que* cremos é claramente, também, de considerável importância prática. O que cremos tende a determinar nossa atitude e conduta. Além do mais, como Hebreus 11.6 reconhece, antes de uma pessoa chegar a Deus, deve crer na realidade de Deus e depois crer que ele recompensa aqueles que o buscam diligentemente.

Tal como as ênfases diferem na colocação de destaque no caráter divino ou humano da fé na justificação e salvação, alguns teólogos dão ênfase maior aos fatores humanos que conduzem à convicção a respeito de Deus e Cristo, enquanto outros sugerem que essa convicção é, total ou primordialmente, resultante de uma operação inequívoca do Espírito Santo no coração dos homens.

O *assensus* é frequentemente associado, na teologia natural* tradicional, à concordância com as verdades gerais sobre Deus e sua providência, que são consistentes com a razão, mas não estabelecidas por ela. Relacionado à crença nas verdades que nos são disponíveis pelas Escrituras ou mediante a Igreja, nosso assentimento é consistente com a razão que reside na autoridade das Escrituras e/ou da Igreja. Este, o motivo que nos leva a aceitar as verdades oferecidas por esses meios, tais como a

FÉ

doutrina da Trindade e a da salvação. Isso se assemelha ao modo de as pessoas accitarem comumente as verdades que são dadas a conhecer mediante a autoridade da ciência, como a idade da Terra, a composição química dos astros, etc.

Outra tendência da teologia cristã, associada a Tertuliano na Igreja primitiva*, e nos séculos modernos a nomes como Calvino*, Kierkegaard* e Barth*, é a de colocar ênfase maior na incapacidade da pessoa natural de receber as verdades a respeito de Deus, assim como na capacidade e obra do Espírito Santo em lhe comunicar de modo sobrenatural esse conhecimento. Karl Barth é, sem dúvida, o expoente mais destacado nessa ênfase, mas teólogos da Reforma e Pós-Reforma tenderam em adotá-la também.

As opções não são simplesmente entre descobrir pelo menos algumas verdades básicas a respeito de Deus por meio da razão ou descobri-las mediante a revelação sobrenatural da verdade testemunhada nas Escrituras. Os teólogos liberais, influenciados pela filosofia idealista do século XIX, têm tratado com grande consideração a fé, seja em Deus seja em Cristo, como uma questão de julgamento. Os liberais não pretendem negar a influência divina em conduzir-nos à verdade, mas têm resistido a ver a revelação da verdade divina como operando de algum modo especial que não o modo com que apreendemos as verdades a respeito do mundo. A apreensão das verdades da teologia, sustentam eles, deve ser da mesma ordem da apreensão de toda verdade.

Nas Escrituras e na tradição cristã histórica, a fé sempre aponta, além de si mesma, para aquilo ou aquele em que se crê. Tal como acontece na justificação, em que a fé é necessária, mas vale como um meio de conexão, relacionando-nos à fonte de nossa salvação, assim também na obtenção das verdades da teologia cristã, a ênfase deve ser dada à concessão das verdades, em sua realidade objetiva; a fé é somente o meio pelo qual nós as apreendemos. Por trás de toda fé, nas Escrituras e nas principais correntes da tradição cristã (especialmente em seu entendimento mais evangélico), reside a realidade de Deus e de seu Cristo. Quanto à captação intelectual da verdade, isso tem afinidade com o entendimento do mundo natural, que o vê como objetivamente "estando aí" e disponível ao nosso entendimento. Nosso conhecimento não é propriamente uma visão relativa centrada no homem, em que essas verdades nos garantem o bem, mas não podem ser inseparáveis da realidade além de nós. Nosso conhecimento é, em vez disso, uma penetração na realidade, seja da criação ou do divino, que existe além da percepção de nosso espírito.

Na fé cristã que experimentamos, também enfrentamos dificuldades ao nos tornarmos mais preocupados com o caráter da nossa fé do que com aquele a quem a fé deve ser dirigida, Jesus Cristo. Quando isso acontece, enfraquece nossa certeza* da salvação.

A fé, em suas várias formas, é central para a vida cristã. O entendimento de Paulo é de que a fé genuína é expressa em conduta ética, enquanto Tiago a vê como intimamente ligada à sua expressão em boas obras: "... a fé sem obras

FÉ E ORDEM

está morta" (Tg 2.26). A fé tem relação com o intelecto, com o coração e com a vontade, assim como com os nossos padrões de conduta.

Bibliografia
H. Berkhof, *Christian Faith* (Grand Rapids, MI, ²1986); G. Ebeling, *The Nature of Faith* (London, 1961); J. Hick, *Faith and Knowledge* (London, 1974); B. Milne, *Know the Truth* (Leicester, 1982); K. Runia, *I Believe in God* (London, 1963); T. F. Torrance, *God and Rationality* (London, 1971).

G.W.M.

FÉ E ORDEM, ver Movimento Ecumênico.

FÉ E RAZÃO. Como a concepção tanto de fé quanto de razão tem variado amplamente na Igreja cristã, não há uma resposta única para a questão do relacionamento entre ambas. Podemos, contudo, distinguir alguns poucos padrões gerais.

Se "razão" significa a faculdade de *raciocínio* — a extração de conclusões dedutivas e indutivas de dados —, há uma ampla dose de concordância dentro da Igreja cristã de que a fé (seja entendida como fé em si ou como ato de fé) é compatível com a razão. Na verdade, a fé requer a razão, tanto para poder entender o que é crido como para estruturar o que é crido de maneira ordenada, sistemática e coerente. Os cristãos reconhecem essa ligação lógica tanto naquilo que é mais fácil de compreender e superficial na Bíblia (*e.g.,* Mt 12.26; Lc 6.39) quanto na citação dos mistérios da fé nos credos* e nas fórmulas confessionais (*e.g.,* o Credo Niceno). Essa atitude da razão para com a fé encontra sua expressão clássica nas palavras da Confissão de Westminster, de que "todo o conselho de Deus concernente às coisas necessárias à sua glória e à salvação, fé e vida do homem, ou está expressamente declarado na Escritura ou pode ser lógica e claramente deduzido dela" (I.vi.). O próprio Lutero*, que chegou a fazer considerações um tanto indelicadas a respeito de filósofos como Aristóteles, não recusou escrever uma obra de primeira ordem de teologia sistemática, *De Servo Arbitrio* [A escravidão da vontade, *ou* O livre-arbítrio escravizado], em 1525.

Tanto no período medieval como no Iluminismo* (assim como, embora menos predominantemente, em outros períodos), "razão" veio a significar não somente a faculdade de raciocínio a partir de determinados dados ou informações básicas, como também a capacidade de se certificar que certos dados não são "razoáveis". Isso tem levado, de modo destrutivo, a ataques ao evangelho, vindos de fora da Igreja; mas também tem operado dentro da Igreja de três modos, discerni-velmente diferentes:

1. Na posição medieval clássica, e em todas as formas de teologia natural* ou racional desde então, é dito que a razão providencia um suprimento de proposições ou dados iniciais "evidentes aos sentidos", ou aceitáveis por todas as pessoas, de forma racional, do qual podem ser deduzidas certas conclusões teológicas, que agem como *preambula fidei*. Embora nem todos os cristãos sejam capazes de fazer as inferências exigidas, podem todos ter certeza de que

FÉ E RAZÃO

tais inferências são possíveis. Um sentido mais fraco do "razoável" operava, também, em escritores antideístas*, como Joseph Butler* e William Paley*, e outros influenciados por eles. O perigo religioso e teológico dessa abordagem, totalmente à parte do sucesso ou não das "provas" da existência de Deus, reside, todavia, em seu racionalismo abstrato.

2. Na posição característica do Iluminismo do século XVIII, segundo a qual, nas palavras de Kant*, a religião deveria ficar confinada "dentro dos limites da razão somente". Isso significaria, na prática, extirpar todas as referências sobrenaturais das Escrituras, ou a adoção de uma hermenêutica* que efetivamente as "naturalizasse", considerando a Escritura uma releitura das verdades da razão de forma figurativa e emblemática, para consumo popular, assim como (no caso de Kant e seus seguidores imediatos) a destilação da essência pura da religião em termos de ética individual (Kant), de sentimento e afeição piedosa (Schleiermacher*) ou de engajamento social (mediante a implementação da ética de Jesus: Ritschl*). É importante reconhecer que esses apelos à "razão" e "lógica" não são neutros e objetivos como podem parecer, mas, sim, incorporam posições substantivas ontológicas, epistemológicas* e, algumas vezes, morais.

3. Em posição na qual a "razão" tem sido chamada a estabelecer uma barreira contra a incursão do que é considerado um excesso místico ou entusiástico. Assim, John Locke*, escrevendo em meio do que ele considerava um caos sectário na Inglaterra do século XVII, declara:

"Se qualquer coisa deva ser crida como *revelação* e que seja contrária aos princípios claros da razão e do conhecimento evidente que a mente tem de suas próprias ideias claras e distintas, deve-se dar toda atenção à sua razão, como assunto dentro de sua área própria" (*Essay* [Ensaio], IV.xviii.8). Locke está equivocado de alguma forma em como emprega esse critério, pois não o usa somente para afirmar que nenhuma revelação crível pode ter uma linguagem desarticulada e que não seja inteligível, mas também para sugerir um controle mais substancial do que possa ser tido como revelação.

Tem havido uma correlação de certo modo definida e uma conexão possivelmente lógica entre as ideias de fé e aquelas sobre o papel da razão na articulação, reconstrução ou delimitação da fé*. Na Igreja medieval, assim como em grande parte da teologia católica atual, a *fé* consiste, primordialmente, se não exclusivamente, em assentimento às doutrinas básicas da fé cristã. A credibilidade dessas doutrinas é atestada pela autoridade da Igreja, por sua vez baseada na apreciação dos argumentos racionais da existência de Deus e revelação divina, sendo a Igreja autoridade de ensino infalível. A fé é, assim, o assentimento (algumas vezes explícito e quase sempre implícito) às proposições certificadas pela Igreja.

No outro extremo, a fé é vista por muitos, particularmente pelos influenciados pelo existencialismo* de Søren Kierkegaard* em diante (alguns encontrariam antecedentes em Lutero* e Pascal*, mas provavelmente de modo equivocado), como um salto no escuro. É um

FENOMENOLOGIA

ato de confiança em Deus que vai além das evidências. (Essa desconfiança da razão tem sido chamada algumas vezes de "fideísmo"*). Está claro que seria difícil sustentar tal visão juntamente com a aceitação da teologia natural. Mas seria um engano supor que, porque a fé não exige razões, nenhuma razão possa ser dada a essa visão de fé.

No protestantismo clássico, a fé é a confiança em Cristo para a salvação, o Cristo de quem as Escrituras exclusivamente testemunham. Embora alguns tenham se aventurado na tentativa de autenticar as Escrituras como a revelação divina pela razão, apelando a alguns de seus aspectos singulares por serem assim, no protestantismo, em geral, as Escrituras têm sido consideradas como autenticando a si próprias. Deus, pelo seu Espírito, dá testemunho a seu povo do caráter divino e salvador de sua Palavra, não por revesti-la de significados especiais ou gnósticos, mas por dar testemunho, à mente e à consciência do crente, de maneira dinâmica e contínua, da autoridade divina das Escrituras. A fé em Cristo é, assim, idêntica à fé na confiabilidade das Escrituras, que revelam e testificam de Cristo. Não é a "razão" apenas à qual as Escrituras recorrem, mas, sim, à pessoa total do homem, no contexto de comunhão da Igreja.

Ver também FILOSOFIA DA RELIGIÃO; FILOSOFIA E TEOLOGIA; EPISTEMOLOGIA; TEOLOGIA FILOSÓFICA.

Bibliografia
G. H. Clark, *Religion, Reason and Revelation* (Nutley, NJ, 1961); P. Helm, *The Varieties of Belief* (London, 1973); J. Hick, *Faith and Knowledge* (London, 1967); C. Michalson, *The Rationality of Faith* (London, 1964).

P.H.

FENOMENOLOGIA. Esudo descritivo dos *fenômenos* (gr. "coisas que aparece"), em diferentes sentidos e de vários modos, em filosofia, psicologia, sociologia e ciências da religião. Descartes* declarou: "Penso, logo existo", mas Husserl (1859-1938) estendeu a "dúvida cartesiana". Argumentou que, em primeiro lugar, se penso, tudo o de que estou certo é que há pensamento, ou um fluxo de consciência. Portanto, deve haver um ponto de partida filosófico, um exame da consciência do homem. Deve ser consciência de alguma coisa. Os conteúdos da consciência foram chamados de "fenômenos", objetos aparentes, ou aparências. Husserl introduziu o termo gr. *epochē*, para significar a suspensão de julgamento de questões de validade dos fenômenos e se eles oferecem ou não um conhecimento real do mundo exterior. O primeiro estágio seria a coleta de dados, não feita de modo objetivo, mas subjetivo, pois os dados seriam as aparências na consciência.

Como a corrente de consciência flui para a mente vinda das percepções, a mente reduz sua variedade para formas gerais. Isso foi denominado "redução (ou visão) eidética", do grego *eidos*, que quer dizer "o que é visto", ou "forma". A "intencionalidade" indica que a mente, como sujeito, se dirige para determinados objetos. Se a mente encontrar alguma unidade nas percepções, isso tem um significado. Se

FENOMENOLOGIA

outras mentes encontrarem essa unidade, isso demonstra que o significado não é apenas subjetivo, mas intersubjetivo. Assim alegou Husserl alcançar o mundo real.

Husserl não reivindicou sucesso em sua filosofia religiosa, alegando que seu erro fora o de buscar a Deus sem Deus. Uma descrição inteligível da difícil filosofia de Husserl (*cf. The Paris Lectures* [Palestras de Paris], The Hague, 1969) é dada por John Bowker, em *The Sense of God* [O sentido de Deus] (Oxford, 1973).

O termo "fenomenologia da religião" foi usado pela primeira vez por Chantepie de la Saussaye em 1887. Ele buscava observar a religião tanto em sua essência quanto em sua manifestação, empenhando-se por reunir grupos de fenômenos religiosos (ações ou itens sagrados) em ambientes culturais diversos, como elementos básicos da religião. É o que se chama de "fenomenologia descritiva" (Eric Sharpe, *Comparative Religion: A History* [História das religiões comparadas], London, 1975).

Por sua vez, Nathan Söderblom (1866-1931) considerava a santidade uma parte essencial de qualquer religião real, mas que se evidenciava de diferentes modos nas diversas religiões. Dois pontos importantes surgem aqui: primeiro, ser este um estudo *religioso* das religiões, por um homem que sustentava convicções religiosas profundas; segundo, que Söderblom estudava mais as religiões do que propriamente a religião em si como fenômeno. Para ele, não era evidente que houvesse algo chamado "religião" e que todas as religiões particulares tivessem de manifestar a mesma coisa. Se essa realidade é o caso, então necessitaria ser provada a partir de evidências, e não apenas presumida.

Gerardus van der Leeuw (1890-1950) é, sem dúvida, a principal figura desse gênero de estudo (*Phänomenologie der Religion* [Fenomenologia da religião], 1933, publicada em inglês como *Religion in Essence and Manifestation* [Religião em sua essência e manifestação], London, 1948). Para ele, o assunto envolvia não apenas descrição e categorização, mas também discussão e entendimento, devendo levar ao encontro da "essência" da religião. Aqui, tanto existe visão eidética quanto *epochē,* sendo deixada à teologia a avaliação da verdade.

Desde a publicação na Inglaterra do documento *Religious Education in Secondary Schools* [Educação religiosa nas escolas secundárias]: *Schools Council Working Paper* 36 [Documento de Trabalho nº 36 do Conselho Escolar] (London, 1971), muitos são os que, nesse país, têm insistido em que a educação religiosa escolar deva ser "objetiva" ou "fenomenológica" (p. 43 do referido documento). Todavia, equalizar o "objetivo" com o "fenomenológico" seria negar a natureza da fenomenologia da religião. Sharpe (*op. cit.*, p. 248) fala da "lamentável tendência de se apoderarem da expressão 'fenomenologia da religião' e a usarem, de toda maneira, com sentidos próximos". Nas escolas inglesas, atualmente, significa observar simplesmente o fenômeno das religiões sem nenhuma manifestação de compromisso religioso pessoal. Um método de estudo sugerido é o de examinar as "seis dimensões da religião" (Ninian

FEUERBACH, LUDWIG ANDREAS

Smart, *The Religious Experience of Mankind* [A experiência religiosa da humanidade], London, 1971), a saber, ritual, mitológica, doutrinária, ética, social e experimental. Mas uma sétima dimensão, a histórica, precisa ser acrescentada. A inclusão, que Smart faz, da história na mitologia pode servir, por exemplo, ao hinduísmo, mas é totalmente insatisfatória para o cristianismo (ver W. Pannenberg, *Basic Questions in Theology* [Questões básicas de teologia], vol. 3, London, 1973).

K.G.H.

FEUERBACH, LUDWIG ANDREAS

(1804-1872). Foi o melhor e mais conhecido proponente da ideia, no século XIX, de que a religião* surge de uma projeção das aspirações humanas. Após estudar com Hegel*, em Berlim, e ser por muitos anos um hegeliano convicto, Feuerbach passou por uma conversão filosófica. O resultado aparece primeiro em sua obra *The Essence of Christianity* [A essência do cristianismo] (1842) e, em seguida, por uma série de obras que explicam suas convicções distintivas, antihegelianas, sobre religião. Os argumentos de Feuerbach se apoiam em uma concepção pós-kantiana da realidade. Uma vez que não podemos conhecer o mundo *em si mesmo*, nossa mente contribui para nossa concepção do que realmente existe. Valeu-se também da asserção de Schleiermacher* de que a religião consiste numa convicção ou sentido interior de dependência absoluta. Feuerbach, contudo, difere de Kant* e de Schleiermacher, que eram teístas*. Argumenta que, se esses pensadores estivessem corretos, teriam demonstrado que todo o nosso suposto conhecimento de Deus é meramente uma ampliação das ideias que temos a respeito de nós mesmos e de nossa experiência humana. Feuerbach escreveu em 1841 que "Deus é em si mesmo o desejo realizado do coração, o desejo exaltado para a certeza de seu cumprimento [...] o segredo da teologia nada mais é que antropológico — o conhecimento de Deus nada mais é que um conhecimento do homem!" (*Essence of Christianity*, p. 121, 207). Assim, quando os seres humanos falam a respeito do seu Deus ou da religião, nada mais fazem do que abstrair e externar sua própria experiência.

Feuerbach reivindica apoiar-se em Lutero*, que enfatiza o modo pelo qual Deus expressou sua divindade em qualidades humanas por meio da encarnação. Vai também mais longe, ao fazer uma afirmação geral a respeito da base da realidade. Contra Hegel, que postulava a ideia ou a inteligência como o fundamento, Feuerbach argumenta que "a Natureza, a matéria, não pode ser explicada como resultado da inteligência; pelo contrário, é a base da inteligência [...]. A Consciência se desenvolve somente fora da natureza" (*Essence of Christianity*, 87). Feuerbach sente que o ateísmo* acaso resultante de suas ideias não é propriamente uma mensagem de desespero, mas um testemunho para o engrandecimento da humanidade. Se os seres humanos pudessem projetar tal fé enobrecedora e altruísta como a do cristianismo, isso diria muito, na verdade, em relação à qualidade da humanidade em si mesma.

As ideias de Feuerbach tiveram uma influência significativa sobre Karl Marx* e Friedrich Engels, que dele retiraram a crença de que a esfera material é a base para toda ideologia. Para Marx, Feuerbach estabeleceu o verdadeiro materialismo e a verdadeira ciência, ao demonstrar que a experiência social humana estabelece a nossa concepção de humanidade. Marx, todavia, critica Feuerbach por não haver rompido claramente com Hegel. A chave para Marx não é uma humanidade idealizada, mas, sim, as pessoas em seus relacionamentos sociais e econômicos concretos. A influência de Feuerbach pode ser vista também no tratamento que Sigmund Freud dá à religião como "uma ilusão" (ver Psicologia de Profundidade*; Psicologia da Religião*), assim como na concentração de Martin Buber* sobre os relacionamentos entre os homens como a fonte de conhecimento e ética.

A marca de Feuerbach tem sido especialmente forte na teologia dos dias de hoje. Pensadores radicais, como John A. T. Robinson* admitem que "em um sentido real, Feuerbach estava certo em querer traduzir teologia por antropologia" (*Honest to God* [Sinceramente para Deus], London, 1963, p. 50). Outros teólogos têm argumentado contra Feuerbach. O principal deles é Karl Barth*, cuja insistência sobre a transcendência de Deus constitui, entre outras coisas, um esforço em rejeitar Feuerbach. Quando Barth nega o valor da teologia natural*, afirmando que o cristianismo não é uma religião, está justamente respondendo à definição de Feuerbach da fé como mera projeção humana. A seriedade da resposta de Barth a Feuerbach sugere que, embora o ateísmo deste, centrado no homem, seja importante para o entendimento da história filosófica alemã do século XIX, é na verdade mais importante como desafio contínuo para aqueles que creem na revelação divina*, no sobrenatural* e na diversidade de Deus.

Bibliografia

The Essence of Christianity, tr. G. Eliot (New York, 1957); *The Essence of Faith According to Luther* (TI, New York, 1967).

Karl Barth, *Protestant Thought From Rousseau to Ritschl* (TI, New York, 1959); M. Buber, What is Man?, *in: Between Man and Man*, tr. R. G. Smith (Boston, 1955); K. Marx, Theses on Feuerbach (1845), *in: Marx and Engels on Religion* (TI, New York, 1964); E. Schmidt, Ludwig Feuerbachs Lehre von der Religion, *Neue Zeitschrift für systematische Theologie und Religionsphilosophie* 8 (1966), p. 1-35.

M.A.N.

FIDEÍSMO, ver Fé e Razão; Teologia Filosófica; Filosofia da Religião.

FILARET (PHILARET), DROZDOV (1782-1867). Teólogo e eclesiástico da Igreja Ortodoxa Russa*, Filaret era um monge que, após haver lecionado Estudos Bíblicos, Teologia e Filosofia em São Petersburgo, tornou-se arcebispo (1821) e prelado metropolitano de Moscou (1826). Por meio de suas palestras e sermões e de sua obra *Catecismo cristão da Igreja Católica Ortodoxa Oriental Greco-Russa* (1823), exerceu ampla influência na teologia russa do século XIX. Tendo

FILIAÇÃO
436

assimilado elementos protestantes em sua juventude (especialmente das obras de Feofan Prokopovich, 1681-1736), foi exemplo de um biblicismo intenso, que o levou a tentativas de querer purgar seu catecismo de certo "luteranismo". Ele deu discreto suporte à obra da Sociedade Bíblica, discordou das declarações de que os cristãos ocidentais fossem hereges e personalizou a saída do estilo escolástico* em teologia em favor do modelo patrístico*. Foi grandemente influente, também, nas questões do relacionamento entre Igreja e Estado, a despeito das regras restritivas do imperador Nicolau I (1825-1855). A este, Filaret sobreviveu o suficiente para se tornar o prestigiado autor do manifesto de 1861, que emancipava os camponeses da Rússia de sua servidão.

Bibliografia
TI do *Catecismo, in:* P. Schaff, *The Creeds of Christendom*, vol. 2 (New York, 1877), p. 445-542; G. Florovsky, *Ways of Russian Theology*, pt. 1 (*Collected Works*, vol. 5: Belmont, MA, 1979).

D.F.W.

FILIAÇÃO. Como termo teológico, "filiação" tem diversos significados, dependendo de o sujeito ser um anjo, um ser humano comum ou Jesus Cristo nas três fases de sua existência (de pré-encarnação, terrena e de glorificação). Vejamos então cada uma dessas situações, conforme o sujeito, separadamente.

Anjos*
A expressão "filhos de Deus" é usada poucas vezes no AT com referência a seres celestiais (Gn 6.2,4; Jó 1.6; 2.1; 38.7; Sl 82.6; Dn 3.25). Nem todas, porém, são exatamente alusões à ordem angélica, *i.e.*, a integrantes da corte celestial de Javé; como também não está claro se o termo "Deus", no caso, significa sempre o Deus de Israel. "Filhos de deuses" é, por vezes, a melhor tradução. É comum também a referência a outros seres mundanos, a quem é atribuída natureza divina. Não há caso claro de paternidade física (como no panteão greco-romano, onde Zeus/Júpiter é o pai de filhos e filhas). No pensamento hebreu, mantém-se a distinção clara entre Deus e sua criação, mesmo angélica.

Seres humanos
Indivíduos de grupos diversos são dignificados nas Escrituras com o título de "filhos de Deus", nem sempre se referindo ao povo israelita (*e.g.,* Nm 21.29). Na maior parte das vezes, no entanto, é Israel* que reivindica esse relacionamento com seu Deus. Algumas vezes, é mais metafórico e descritivo do que literal, *e.g.*, Pv 3.11,12. Todavia, mesmo nas passagens em que a ligação mostra-se mais realista, não há uma ideia de paternidade direta. Deus escolheu Israel para ser seu (Êx 4.22: "Israel é o meu primeiro filho"; Dt 14.1,2; Jr 31.9); e as evidências dessa eleição são vistas primeiramente no êxodo (Os 11.1: "... do Egito chamei o meu filho"). Israel é proclamado povo de Javé e chamado a viver como aqueles que compartilham de sua natureza santa (Dt 14.2). Assim, onde haja apostasia do pacto a filiação é rompida (Dt 32.5,6), mas com a promessa de restauração (Os 1.2-10). Essa esperança passou a se

FILIAÇÃO

centrar em um rei messiânico, que incorporaria em si a obediência e a lealdade da nação, tal como Davi e seus sucessores espelhavam esse ideal (2Sm 7.14). Os Salmos 2.7 e 110.3 falam da filiação real como investida em um rei israelita que desfrutaria de relacionamento especial com Deus (Sl 89.19-29). No período intertestamentário, mostram-se nítidas duas linhas de desenvolvimento: esse restaurador da sorte de Israel atuaria, em nome de Deus, para castigar o povo, como "filhos de Deus" rebeldes (Sl 17.30; 18.4); e na Sabedoria de Salomão 2—5, o "homem justo" de Israel é chamado de "filho de Deus" (2.18). Ambas as ideias são importantes para o NT.

Os escritores do NT colocam a eleição de Israel (Rm 9.4) no alto da lista dos privilégios dessa nação. Mas interpretam seu chamado sob uma nova maneira, relacionando-o à consecução do destino de Israel de bênção a todos os povos (Gn 12.2,3; Gl 3.6-25; Rm 4.1-25). Assim, a "filiação" é reinterpretada como uma promessa a todas as nações de um lugar na família de Deus pela fé, estendida aos gentios, juntamente com os judeus (1Pe 2.4-10). A vinda de Jesus como o Filho de Deus e o Messias de Israel tornou isso possível. Ele é saudado como o "primogênito" (Rm 8.29; Cl 1.15; Ap 3.14) e, desse modo, o "irmão mais velho", em uma família divina de âmbito mundial, chamada a um relacionamento pessoal, pela fé, em Deus, revelado, única e definitivamente, por sua vida, morte e triunfo.

O processo de nos tornarmos "filhos de Deus" (numa linguagem isenta de referência à reprodução sexual, como em 2Co 6.18) é chamado de "adoção", termo encontrado somente em Paulo (Rm 8.15,23; 9.4; Gl 4.5; Ef 1.5). Unida a esse ato, está a obra do Espírito Santo, que, como Espírito de adoção, leva os crentes a invocarem Deus sob o título carinhoso de "Abba", "Paizinho querido" (Rm 8.16; Gl 4.6) e nele esperarem sua salvação final (Rm 8.23-25).

Como termo em teologia posterior, "filiação" é mais bem traduzido como um aspecto da regeneração*. Uma vez que Deus traz nova vida àqueles que antes estavam mortos em seus pecados (Ef 2.1), é descrito como seu Pai, que os considera como filhos adotados em sua família da graça. Se a graça é negada ou degradada como fator distintivo central das relações de Deus com a humanidade pecaminosa, como acontecia em muito do pensamento medieval, a adoção tende a ser desvalorizada. Os escolásticos visualizaram uma diferença, que mais tarde seria importante para Lutero*, entre o "temor servil" (do qual Cristo nos liberta) e o "temor filial", que é a consciência constante dos crentes de sua dependência como criaturas diante de Deus, tanto Criador como Pai, importante faceta, também, das *Institutas* de Calvino (III.xxiv). No século XVIII, os irmãos Wesley fizeram da certeza da salvação uma das principais ênfases da doutrina metodista e, ao celebrá-la nos sermões e nos hinos, mencionaram o privilégio do cristão como aquele que recebia o "espírito de adoção" (com base em Rm 8.15), em substituição ao "espírito de escravidão", que era o legalismo (ver João Wesley, Sermon IX,

FILIOQUE

in: Sermons on Several Occasions [Sermões sobre ocasiões diversas]; e Carlos Wesley, em seus versos, típicos: "Ele me possui como seu filho; eu não mais tenho temor"). O evangelicalismo moderno tem endossado plenamente essa verdade como parte da herança de fé dos crentes como filhos de Deus.

Jesus Cristo

Ele é o Filho de Deus por excelência. O título nos remete à sua existência eterna (Jo 1.18), mas é, especialmente, o termo descritivo de sua vida na carne, expressando profunda união filial a partir de seu batismo como o eleito (Mc 1.11). Os pontos altos da consciência de sua singular condição filial podem ser vistos em Marcos 9.7; 12.6; 14.36, mais a confissão manifesta em Marcos 15.39, quando o centurião romano se torna, de fato, sua primeira testemunha (At 8.27). O reino mediador de Cristo é exercido por ele em seu papel de Filho (1Co 15.25-28), até ser um dia absorvido pelo reino aperfeiçoado de Deus.

Bibliografia

B. Byrne, *Sons of God — Seed of Abraham* (Roma, 1979); G. Cooke, The Israelite King as Son of God, *ZAW* 73 (1961), p. 202-225; M. J. Lagrange, La paternité de Dieu dans l'Ancient Testament, *RB* 5 (1908), p. 481-499; W. H. Rossell, New Testament Adoption — Greco-Roman or Semitic?, *JBL* 71 (1952), p. 233,234; M. W. Schoenberg, Huiothesia: The Word and the Institution, *Scripture* 15 (1963), p. 115-23; J. Swetnam, On Romans 8.23, and the Expectation of Sonship, *Biblica* 48 (1967), p. 102-108.

R.P.M.

FILIOQUE, ver Credos; Espírito Santo; Teologia Ortodoxa Oriental; Trindade.

FÍLON (*c.* 20 a.C.-*c.* 50 d.C.). Judeu helenista, cidadão importante da comunidade judaica em Alexandria, Fílon foi um escritor prolífico que, por meio de interpretação alegórica (ver Hermenêutica*) do Pentateuco, foi capaz de encontrar as doutrinas de Platão* e dos estoicos* já presentes nas palavras de Moisés. Seus escritos podem ser classificados, de modo geral, como os que se referem diretamente ao texto bíblico e os que não o fazem. Esses últimos incluem *Sobre a vida contemplativa*, tratado que descreve a vida em uma ordem monástica chamada *Terapeutas*, que reivindicava haverem seus integrantes experimentado a visão de Deus*, e *Contra Flaccus* e *A missão diplomática a Gaio*, documentos que abordam ações antijudaicas do imperador Gaio Calígula, em 38 d.C. Seus escritos concernentes ao texto bíblico são constituídos de divisões maiores, intituladas: *Exposição da Lei*, subdividida em vários assuntos, *e.g.*, *A vida de Moisés, Sobre Abraão, O decálogo, Recompensa e castigo*; *Alegoria da lei*, uma série de livres exposições sobre passagens do Gênesis; e *Questões e respostas*, abordando Gênesis e Êxodo.

Fílon é importante não somente por sua interpretação alegórica do AT, mas também por procurar fazer uma fusão da filosofia grega com o pensamento hebreu. Em ambos esses aspectos, tem sido considerado como precursor significativo do cristianismo (ver Apologistas*; Helenização do Cristianismo*;

FÍLON

Platonismo*). Essa consideração, todavia, não é de todo correta, sendo sua influência mais importante para o cristianismo alexandrino* posterior (*e.g.*, Clemente* e Orígenes*), a exegese alegórica e a teologia em geral do que para o surgimento do próprio cristianismo do NT. O primitivo entendimento cristológico que o cristianismo tinha do AT é somente de modo muito superficial similar à exegese alegórica de Fílon; a teologia do NT, com toda a sua novidade, não resultou essencialmente do amálgama de dois mundos diferentes de ideias, o judaico e o grego, sendo plenamente explicável dentro de uma única estrutura, a judaica.

O alvo de Fílon não era a filosofia, mas a prática da religião, culminando na visão mística* de Deus, *i.e.*, comunhão com Deus. Sua apropriação eclética da filosofia grega é, sobretudo, uma tentativa de comunicar a verdade do judaísmo a seus iluminados contemporâneos helenistas. O dualismo* fundamental entre o material e o não material é básico na totalidade da abordagem de Fílon. O mundo inteligível é altamente importante para Fílon que, com sua exegese alegórica, avança consistentemente para além do material, quer em questões de entendimento quer em de conduta, em direção ao domínio transcendental das ideias de Platão. Fílon utiliza o conceito estoico do *Logos** como fator intermediário entre o Deus transcendente e o mundo material (*e.g.*, em sua obra *Quem é o herdeiro das coisas divinas*).

Tem sido amplamente debatido como Fílon deve ser relacionado ao judaísmo palestino (*i.e.*, rabínico) e aos escritos do NT. Quanto à primeira dessas questões, discordam dois grandes eruditos judeus, E. R. Goodenough, que alega que o judaísmo de Fílon tornou-se essencialmente uma religião grega de mistério, e H. A. Wolfson, que sustenta que Fílon mantinha uma forma variada de judaísmo fariseu. Outro destacado erudito judeu, S. Sandmel, porém, está certo em concluir que Fílon, com toda a sua singularidade, é um lídimo representante do judaísmo helenista. Já a possível relação de Fólon com os escritos do NT é questão ainda mais complexa. Tem havido muita discussão sobre possível influência de Fílon sobre a epístola aos Hebreus. Spicq, por exemplo, argumenta que o autor da epístola foi discípulo de Fílon, enquanto Williamson nega qualquer influência direta do pensador. O evangelho de João*, por causa do uso do "*Logos*" no prólogo e seu frequente contraste entre material e imaterial — em que o primeiro é simbólico do segundo —, tem sido também apontado como muito influenciado por Fílon. Estudiosos têm encontrado também paralelismos com Fílon nas principais cartas de Paulo e nas epístolas pastorais. Mas, se tivermos em mente as grandes diferenças entre Fílon e os escritores do NT, a conclusão provavelmente será de que nenhum dos escritos do NT reflete diretamente uma dependência de Fílon e que as similaridades observadas traduzem, isso sim, o ambiente geral das ideias helenistas, bastante penetrantes por todo o mundo mediterrâneo do século I.

Bibliografia

H. Chadwick, Philo and the Beginnings of Christian Thought, *in:*

FILOSOFIA DA RELIGIÃO

CHLGEMP, p. 137-192; *idem*, St. Paul and Philo, *BJRL* (1965-1966), p. 286-307; E. R. Goodenough, *An Introduction to Philo Judaeus* (New Haven, CT, 1940); S. Sandmel, *Philo of Alexandria: An Introduction* (Oxford, 1979); C. Spicq, Le philonisme de l'Epître aux Hébreux, *RB* 56 (1949), p. 542-572; 57 (1950) p. 212-242; R. Williamson, *Philo and the Epistle to the Hebrews* (Leiden, 1970); R. McL. Wilson, Philo and the Fourth Gospel, *ExpT* 65 (1953), p. 47-49; H. A. Wolfson, *Philo* (Cambridge, MA, 1947).

D.A.Ha.

FILOSOFIA DA RELIGIÃO. Deve-se distingui-la tanto da teologia filosófica* quanto da apologética*. Diferentemente da teologia filosófica, que diz respeito à reflexão ontológica e lógica sobre a doutrina de Deus (e intimamente ligada à tradição judaico-cristã), a filosofia da religião está voltada para a religião* como aspecto integrante da cultura humana. Diferentemente também do objetivo do apologista, o alvo do filósofo da religião é entender e avaliar a religião de um ponto de vista filosófico e não defender a religião de um modo geral, ou determinada religião, por meio de argumentação filosófica. Isso não significa que a obra do apologista não seja de interesse para o filósofo da religião. Tomás de Aquino*, em *Summa Contra Gentiles* [Súmula contra os pagãos], destinada a ser um manual para missionários ao islamismo, oferece, por exemplo, material da maior importância para o filósofo da religião.

A palavra "religião" é usada algumas vezes em sentido amplo, para incluir tudo com que qualquer pessoa se comprometa essencialmente ou sem reservas. Assim, por exemplo, o marxismo ou o materialismo ateísta têm sido algumas vezes cognominados de "religião". De modo geral, no entanto, o filósofo da religião não está preocupado com a religião nesse sentido amplo, mas, sim, na religião como a atitude que envolve a fé ou a crença em um Deus ou alguns deuses. Seu interesse se concentra em dois aspectos da religião e em dois níveis, como veremos a seguir.

Escopo

O filósofo da religião está interessado, em primeiro lugar, nos estados humanos subjetivos conhecidos como religiosos, como, por exemplo, adoração, oração, crença religiosa — na verdade, em toda uma gama de fenômenos, desde as visões às convicções, que são mais comumente considerados em conjunto, em vez de separadamente, sob a rubrica de "experiência religiosa"*. Em segundo lugar, o filósofo da religião está interessado nas alegações a respeito da realidade objetiva feitas pelas diversas religiões. Essencial nessas alegações é, naturalmente, a declaração de que pelo menos um Deus existe. Mas, além dessa questão essencial (na qual sua obra mais coincide com a do teólogo filosófico), o interesse do filósofo da religião se estende a outras questões: se Deus existe, como interage com sua criação? O politeísmo pode ser verdade? Os milagres existem? A ideia de milagre não conflita com a ciência? Há uma ordenação providencial de ocorrências? De que modo a ideia da providência divina está de acordo com as intenções e a

FILOSOFIA DA RELIGIÃO

responsabilidade humanas, assim como com a aparente casualidade e a inutilidade de muita coisa que acontece?

O filósofo da religião está interessado nesses estados subjetivos e alegações objetivas em dois níveis. Em primeiro lugar, procura deixar claro o que *significa dizer* que alguém tem uma visão, ou que um milagre ocorre, ou que Deus existe e é infinitamente sábio. O que qualquer uma dessas afirmações significa é, em parte, questão das implicações lógicas de uma proposição particular. Por exemplo: Dizer que Deus existe é a mesma coisa que dizer que a Lua existe? Deus seria um objeto no espaço, como a Lua? Se assim é, onde ele está? Se Deus não está no espaço, como deve ser entendida sua existência? É igual à existência de um objeto abstrato, como bondade ou beleza? Mas Deus age. A bondade e a beleza são capazes de agir? Alguma coisa é chamada de milagre simplesmente porque nos faz ficar maravilhados? É milagre um fato que não podemos explicar? O que aconteceria se fosse descoberta uma explicação física do milagre da ressurreição? Deixaria de ser milagre? O que é crença religiosa? É igual, por exemplo, à certeza de que eu seja canhoto? Ou mais semelhante a um arriscado jogo de azar, ou a um salto no escuro? Esse tipo de perguntas, que podem ser feitas, naturalmente, com relação a toda a gama de fenômenos religiosos, são questões conceituais, com que se busca obter o entendimento a respeito das categorias básicas e do comprometimento da religião e sua teologia. Descobrir o significado é também procurar determinar como diversos termos e sentenças funcionam distintivamente na religião, ou em uma religião em particular, para representar testemunho, louvor, confissão, pedido. O equilíbrio entre esses dois aspectos do significado já é, por si mesmo, uma questão de controvérsia, tanto na filosofia em geral como na filosofia da religião.

Além de estudar os conceitos e as proposições da religião, a fim de ganhar compreensão do que significam, o filósofo se interessa também em conhecer como se pode considerar uma pessoa como razoavelmente crendo, ou sabendo, que determinadas proposições religiosas ou teológicas sejam ou não verdadeiras. Aqui, tornam-se mais evidentes as conexões entre a filosofia da religião e as principais posições filosóficas. Podem-se discernir três respostas amplas a essa questão que, todavia, não devem ser consideradas reciprocamente excludentes.

A primeira é que determinadas proposições teológicas básicas podem ser reconhecidas como verdadeiras pela razão somente, *a priori*, seja mediante a reflexão racional sobre o conceito de Deus (Anselmo*; Descartes*) seja pela argumentação a partir de proposições tidas como verdadeiras por qualquer homem racional (Tomás de Aquino). As principais questões que surgem aqui são quanto à legitimidade de tal esquematização, à sua tendência racionalista e à sanidade e validade de argumentos específicos.

A segunda é que determinadas verdades teológicas essenciais podem ser conhecidas pela experiência, seja por experiência direta,

FILOSOFIA DA RELIGIÃO

mediante descoberta pessoal, seja pela visão ou inspiração, seja pela experiência indireta, mediante a reflexão racional de um ou outro aspecto da natureza. Os principais problemas aqui se referem à ambiguidade da capacidade da experiência, por si só, de proporcionar bases razoáveis para se crer que existe Deus, fundamento transcendental da experiência; a legitimidade de se lançar mão da experiência; e os problemas particulares que surgem do caráter analógico* do "argumento", com ameaça de antropomorfismo* e reducionismo.

Uma terceira abordagem poderia ser chamada de "fideísta". Pode abarcar desde um extremo, um irracionalismo irrefletido, a outro, uma argumentada confiança na revelação divina. A confiança na revelação divina argumentada não é, em termos, uma contradição. O raciocínio em questão pode envolver a consideração de impropriedades tanto do racionalismo quanto do empirismo*; um apelo às categorias da própria revelação pretendida; categorias pessoais de certeza e confiança; e ainda considerações gerais de pontos de vista pessoais, autoconhecimento e coerência explicativa. É um erro pensar que não se possa dar razão geral alguma, pela ideia de que a justificação da crença religiosa não consiste na apresentação de razões gerais. Mas tal fideísmo racional, como tem sido claramente definido, depende da aceitação de confiabilidade na razão e nos sentidos humanos; e assim é, mesmo que se concorde ser a revelação bíblica a pressuposição que, por si só, torna razoável confiar na razão e nos sentidos de uma pessoa.

Essas preocupações epistemológicas* quanto à justificação das alegações de conhecimento, incluindo conhecimento de verdades a respeito de Deus, vêm sendo muito mais predominantes desde o século XVII do que o foram nos períodos medieval e anterior, quando a confiabilidade na razão e nos sentidos era tomada por certa e prevalecia a autoridade da Igreja. Até mesmo os celebrados "Cinco Modos" de Tomás de Aquino exercem papel mais subalterno em seu sistema filosófico e teológico do que a proeminência dada a eles em discussões subsequentes poderia sugerir.

Importante divisor de águas na filosofia da religião é representado pela marcante posição de Immanuel Kant*. O filósofo rejeitou toda teologia natural ou racional porque, em sua visão, as verdadeiras questões por ela levantadas constituíam uma ilegítima extensão da pesquisa natural humana além de seus limites racionais, alegando ainda ser necessário "negar o *conhecimento*, a fim de dar lugar à *fé*". Por fé, quis Kant referir-se, aqui, a uma "fé moral pura", não a um assentimento a proposições, fossem de teologia natural ou revelada, e, sim, a uma confiança tanto na existência de Deus como em ser ele o que recompensa a virtude e pune o pecado. Essa posição se tornou importante e influente na teologia protestante pós-kantiana, desde Ritschl* até Barth*, ganhando o estado de presunção inquestionável.

Ênfases contemporâneas

A filosofia da religião tem sido caracterizada no presente, em algumas partes do mundo, por controvérsias

443 FILOSOFIA DA RELIGIÃO

a respeito do significado da linguagem religiosa.

Na década de 1930, positivistas* lógicos alegaram que, à parte das proposições analíticas e puramente tautológicas da matemática e da lógica, uma proposição para ter cognitivamente um significado deve ser passível de verificação* (ou falsificação) por meio dos sentidos. Para eles, as proposições teológicas eram inverificáveis (ou infalsificáveis), sendo, por conseguinte, cognitivamente sem significado, ou seja, incapazes de expressar assertivas verdadeiras ou falsas. As sentenças de teologia, alegavam, eram pseudoproposições.

Esse desafio causou reações diversas. Alguns se contentaram em aceitar o argumento, endossando uma certa versão de reducionismo. Outros contra-argumentaram que o princípio da verificação, cerne do positivismo lógico, era incapaz de ser afirmado de tal modo que satisfizesse a eles próprios, positivistas. As leis da ciência, por exemplo, não são verificáveis, mas os próprios positivistas as consideravam como paradigmas* do significado.

Outros, ainda, têm procurado demonstrar que as sentenças teológicas são, em princípio, verificáveis, ao passo que outros mais têm argumentado que a linguagem religiosa tem funções e propósitos próprios e distintos e que, segundo Wittgenstein*, forma um jogo de linguagem diferenciado, ou "forma de vida" irredutível ao esquema de linguagem da ciência ou a qualquer outro. O risco nesse tipo de argumento é uma certa espécie de relativismo conceitual.

Além dessa preocupação com o significado, muito da atual filosofia da religião é caracterizada por um trabalho de grande rigor técnico e sofisticação, como nunca tinha havido antes desde os períodos medieval e pós-Reforma, bem como por interesse em uma gama muito ampla de problemas, incluindo desde a tradição judaico-cristã até drogas e fenômenos supostamente paranormais.

Justificação

Pode a filosofia da religião ser justificada como legítima área de interesse para o cristão? Ao erudito cristão cabe, na verdade, interesse pela filosofia da religião por causa de sua influência sobre o desenvolvimento histórico da teologia. Todavia, a filosofia da religião constitui por si mesma para o cristão uma empreitada legítima? A tradição tem sido de uma enfática resposta negativa a essa pergunta, alegando-se que a filosofia em geral e a filosofia da religião em particular envolvem uma intrusão corruptora na pureza da fé bíblica. No entanto, apesar de haver sempre risco de se contaminar ou corromper a fé, essa argumentação negativa é exagerada.

Questões filosóficas do tipo: "O que você quer dizer?"; e: "Como você sabe?", quando aplicadas à fé cristã, *podem* ser tomadas como desafios céticos, podendo as respostas envolver uma negação implícita, quando não explícita, da fé. Já quando aplicadas a outras alegações que não religiosas, tais questões podem ser tomadas como implicitamente céticas a respeito das possibilidades da comunicação humana ou da confiabilidade nos sentidos. Contudo, *não precisam ser necessariamente* consideradas

FILOSOFIA E TEOLOGIA

como insinuações críticas ou céticas, mas, sim, somente como chamadas para refletir racionalmente sobre como as afirmações e elocuções referentes à religião devam ser entendidas e justificadas. São perguntas que um cristão pode e deve fazer a si mesmo e com as quais, portanto, não deve ter problema em que lhe sejam formuladas pela filosofia.

Sendo, então, perguntas legítimas, que resposta o cristão deve dar? Aqui, é necessário e importante reconhecer que, como acontece com muitas — se não com todas — questões científicas e teóricas, a Bíblia, assim como os credos básicos e confissões da Igreja, são considerados indeterminados, tanto em relação ao significado quanto à verdade, pelos padrões correntes do rigor filosófico. Assim como a Bíblia não é um manual de ciências naturais, também não o é de filosofia. Todavia, enquanto, por um lado, é nitidamente errado interpretar as afirmações centrais da fé cristã como descrições não cognitivas ou "bliks" (termo criado por R. M. Hare, em ensaio publicado em 1955), por outro lado é igualmente errôneo interpretá-las de modo inteiramente literal, sem qualquer analogia* ou interpretação*. Não são afirmações de natureza científica, nem redutíveis a suposições a respeito do pensamento e dos sentimentos dos primeiros discípulos. Dentro desses limites, amplos mas definidos, compete à Igreja e individualmente ao cristão articularem a fé filosoficamente, da melhor maneira possível. Assim também, e embora o ceticismo total e o racionalismo não possam ser tidos como teorias do conheci-

mento, não está definido se o uso daquilo que se mostre verdadeiro sem o benefício da revelação divina não pode ajudar a estabelecer a aceitação dessa mesma revelação.

Bibliografia

B. A. Brody (ed.), *Readings in the Philosophy of Religion* (Englewood Cliffs, NJ, 1974); A. Flew, *God and Philosophy* (London, 1966); A. Plantinga, *God, Freedom and Evil* (London, 1974).

P.H.

FILOSOFIA E TEOLOGIA. Uma vez que a filosofia envolve pesquisa fundamental sobre a natureza da realidade e do pensamento humano a respeito desta, e estando a teologia cristã preocupada com a natureza de Deus, da humanidade e da criação em geral, pode parecer inevitável que a teologia encontre expressão nas categorias filosóficas de cada época. Inevitável, talvez; mas será desejável?

Sempre houve, ao que parece, uma corrente, na história da teologia cristã, de Tertuliano* a Karl Barth*, que demonstrou certa desconfiança ou suspeita de qualquer ligação positiva entre a teologia cristã e os achados e as preocupações da filosofia secular. Que relação tem Atenas com Jerusalém? Todavia, embora os teólogos cristãos estejam certos em querer questionar o que possa vir a enfraquecer ou comprometer as características próprias da fé, e enquanto os esforços dos filósofos possam ter mostrado, por vezes, alguma tendência para com esse comprometimento, nada há intrínseco na filosofia, na verdade, que seja diretamente hostil à fé cristã. Existe, pelo contrário, muita coisa

FILOSOFIA E TEOLOGIA

que lhe parece ser benéfico. Pode-se detectar na teologia sistemática, mesmo daqueles que censuram a filosofia, o uso involuntário de alguns de seus conceitos.

Desde o começo, têm sido os cristãos instados a dar a razão de sua esperança (1Pe 3.15) e a distinguir a verdade revelada da heresia (1Jo 4.1), e para isso têm usado da linguagem de pensadores não cristãos e até mesmo de seus pontos de vista (At 17). A não ser que a Igreja tivesse que se restringir, nesse caso, a uma repetição literal ou a paráfrases próximas a passagens das Escrituras, ela se vê necessariamente atraída à adoção e adaptação de formas filosóficas correntes de pensamento, a fim de discutir com mais profundidade ou explicar ou defender algum aspecto da fé. É este o processo da "fé buscando entendimento", na influente palavra de Anselmo.

O teólogo filosófico cristão se encontra sob dois constrangimentos não facilmente reconciliáveis. O primeiro é a crença de que as questões conceituais básicas devem ter resposta. Exemplo: Deus, presumivelmente, é ou atemporal ou se acha no tempo. O outro constrangimento é que as Escrituras parecem, geralmente, não ter definição nessas questões. Na verdade, a situação é ainda mais complexa, porque muito da linguagem das Escrituras é figurativa. Por exemplo: a afirmação de Deus "Desde o início faço conhecido o fim, desde tempos remotos" (Is 46.10) é uma expressão figurativa da atemporalidade de Deus, ou uma expressão literal do fato de que Deus está no tempo?

Além de uma tal relação positiva e de adaptação entre filosofia e teologia, é possível discernir dois outros relacionamentos, menos positivos, mas historicamente influentes.

O argumento filosófico se baseia somente na razão, usando de padrões de lógica dedutiva e indutiva. Mas a "razão" chega a ter também um significado normativo: aquilo que parece ser "razoável" a determinada pessoa em um tempo específico. Assim, Descartes* sustenta que deveria crer somente naquilo que por ele fosse "clara e distintamente percebido", constatado por intuição e ponto de vista racionais. Tal "racionalismo", como viria a ser chamado, levou Descartes à conclusão de que somente poderia estar certo da existência de Deus por estar certo de sua própria existência. Variantes de racionalismo levaram ao panteísmo* de Spinoza* ou ao otimismo de Leibniz*, que sustentava que há uma boa razão para crer que este mundo é o melhor de todos os mundos possíveis. De modo paralelo, Locke* afirmava que é somente razoável crer naquilo que a experiência dos sentidos nos informa ou mostra ser provável.

Apesar de tais abordagens gerais da razão — que todas as pessoas ou a maioria delas acham razoáveis — serem as mais populares e adotadas (pois ninguém quer passar por não ser razoável), elas devem ser vistas com certa reserva. O risco imposto pelo racionalismo é o de se colocar *a priori* quanto à teologia, não permitindo a colocação dos dados da revelação, para falar somente em seus próprios termos.

Esse risco é maior ainda no caso de abordagens à teologia cristã e ao método teológico inspiradas pelo Iluminismo*. Aqui, não se trata apenas da questão de a razão colocar limites à revelação, mas, sim, de fazer uma reformulação da teologia cristã de modo racional, descartando os elementos que não se encaixem em seu molde. Um exemplo disso digno de nota é Kant*, que negou, com base filosófica, a possibilidade de que Deus pudesse ser conhecido pela razão ou pela revelação, mas sustentando que a existência de Deus deveria ser postulada em bases morais.

A constrição da teologia pela filosofia alcança o máximo na alegação feita pelos positivistas* lógicos de que as elocuções teológicas são cognitivamente sem significado, incapazes de afirmar qualquer coisa que possa ser falsa ou verdadeira.

É importante ter em mente, no entanto, que esses vários ataques filosóficos sobre a superestrutura ou os fundamentos da teologia cristã são, por si mesmos, abertos às críticas filosóficas de várias espécies. Esse fato exemplifica outro relacionamento possível entre a filosofia e a teologia, aquele em que a filosofia "cria um espaço" para a teologia, ao tentar refutar as objeções filosóficas à sua possibilidade.

Todavia, até mesmo esse uso restrito da teologia pela desamparada razão humana é desconsiderado pela abordagem religiosa extrema às questões filosóficas conhecida como "fideísmo". De acordo com os fideístas, as questões de fé e teologia somente se justificam por causa da insuficiência ou impropriedade da razão humana em poder inquirir ou debater tais questões. Tal posição tem sido por vezes apoiada por argumentação e outras vezes assumida de modo dogmático. O fideísmo tem sido também associado a alegações de união ou contato místico com o divino. Os riscos do relativismo e do completo irracionalismo, no entanto, são também muito grandes.

P.H

FINNEY, CHARLES GRANDISON

(1792-1875). Para Finney, "pai do reavivalismo moderno", fazer teologia foi sempre um assunto eminentemente prático. Fosse servindo como evangelista itinerante, pastor, professor de Teologia ou diretor de faculdade, seu objetivo fundamental permanecia o mesmo: garantir a conversão* de pecadores e capacitá-los a trabalhar na preparação do caminho para a vinda do reino milenar*.

Finney estudou para advogado, mas, após se converter, em 1821, buscou ser ministro da Igreja Presbiteriana. Começou seu presbitério como missionário, junto aos colonos do norte do Estado de New York. Usando de "novas medidas", como o "banco dos ansiosos", reuniões prolongadas e permissão para que as mulheres orassem em público, passou a presidir uma série de reavivamentos*, que começaram a ocorrer naquela área, e com tal frequência que a região viria a ser conhecida como "território inflamado". Embora envolvido na promoção de reavivamentos durante toda a sua vida, tendo, inclusive, viajado para a Inglaterra com esse único propósito (1849-1850; 1859-1860), o período de 1824-1832 foi o que ficou sendo o mais marcante de sua carreira.

Quando seu estado de saúde não lhe permitiu mais viajar, Finney tornou-se pastor da Igreja da Rua Chatham, em New York. Pastoreou, em seguida, o Tabernáculo da Broadway, em New York (1836-1837), e a Primeira Igreja Congregacional de Oberlin, Ohio (1837-1872). Em 1835, passou a ser professor de Teologia no recém-inaugurado Oberlin Collegiate Institute, depois Oberlin College, em Ohio, do qual, posteriormente, tornar-se-ia diretor (1851-1866).

Finney seria melhor descrito teologicamente como calvinista da Nova Escola (ver Teologia de New Haven*). Sua pregação e seu ensino, sempre fortes e entusiásticos, enfatizavam o governo moral de Deus, a capacidade humana para se arrepender e criar um novo coração, a perfectibilidade da natureza e da sociedade humanas e a necessidade de os cristãos aplicarem a fé à sua vida diária. Para Finney, isso incluía investimento de tempo e de energia das pessoas no estabelecimento do reino milenar de Deus sobre a terra, com o ganhar de convertidos e o envolver-se em reformas sociais (aqui, abrangendo ideais de antiescravatura, temperança e similares).

Por toda a sua vida, Finney produziu uma variedade de livros, coleções de sermões e artigos. Entre os mais importantes, estão *Lectures on Revivals of Religion* [Preleções sobre reavivamentos religiosos] (1835; repr. ed. W. G. McLoughlin, Cambridge, MA, 1960), uma espécie de manual sobre como liderar reavivamentos; *Lectures on Systematic Theology* [Preleções sobre teologia sistemática] (Oberlin, 1846), que reflete sua inclinação particular por um calvinismo "arminizado"*; e *Memoirs* [Memórias] (1876), que narra sua participação ativa nos grandes reavivamentos do começo do século XIX.

Bibliografia
W. G. McLoughlin Jr., *Modern Revivalism: Charles Grandison Finney to Billy Graham* (New York, 1959); G. M. Rosell, Charles G. Finney: His Place in the Stream of Evangelicalism, *in:* L. I. Sweet (ed.), *The Evangelical Tradition in America* (Macon, GA, 1984); G. F. Wright, *Charles Grandison Finney* (Boston & New York, 1891).

G.M.R.

FLACIUS, MATTHIAS, ver Luteranismo.

FÓRMULA DE CONCÓRDIA, ver Confissões de Fé; Luteranismo.

FORSYTH, PETER TAYLOR (1848-1921). Teólogo escocês, nascido em Aberdeen, onde posteriormente se formou, Forsyth estudou sob Ritschl* em Göttingen e, por um breve período, no New College, de Londres, para onde mais tarde retornaria, na condição de diretor (1901-1921). Serviu em quatro pastorados junto aos congregacionais ingleses. No começo da década de 1880, passaria por uma mudança de grande importância teológica, rejeitando suas ideias humanistas iniciais, mas retendo os instrumentos da alta crítica liberal. Confessando, de forma grata, haver-se tornado, "de um amante de Deus, um objeto da graça", sua ênfase, em certo sentido, anteciparia (mas não influenciaria) Barth*.

Forsyth buscou uma fervorosa concentração na santidade de Deus, visando a desviar seus contemporâneos otimistas da

FOX, GEORGE

descrição sentimentalizada da Paternidade divina, escrevendo fortemente sobre o pecado*, como um ataque arrogante e persistente contra o Senhor. Seu ensino sobre a expiação* ganha a forma de uma interpretação marcantemente ética da visão penal. A cruz, para ele, é um ato de redenção autoimposta por Deus em que Cristo "sentiu plenamente o peso da ira divina". Seus escritos, apesar de extensos e por vezes repetitivos e obscuros, mostram um estilo finamente burilado e altamente epigramático, com admiráveis ilustrações e o uso frequente de paradoxos, tendo desfrutado de considerável popularidade desde a Segunda Guerra Mundial.

Bibliografia

R. McA. Brown, *P. T. Forsyth: Prophet for Today* (Philadelphia, 1952); A. M. Hunter, *P. T. Forsyth: per Crucem ad Lucem* (London, 1974); D. G. Miller, B. Barr e R. S. Paul, *P. T. Forsyth: The Man, the Preachers' Theologian, Prophet for the 20th Century* (Pittsburgh, PA, 1981); J. H. Rodgers, *The Theology of P. T. Forsyth: The Cross of Christ and the Revelation of God* (London, 1965).

R.B.

FOX, GEORGE, ver TEOLOGIA QUACRE.

FRANCISCO E A TRADIÇÃO FRANCISCANA.

Francisco de Assis (1182-1226), fundador da Ordem dos Frades Menores (frades franciscanos), é uma das figuras mais admiradas da cristandade. Criado em um ambiente de luxo e prazeres e uma sociedade requintada, durante a juventude sonhava com uma carreira de glórias militares e compunha poesia romântica no melhor estilo dos trovadores medievais. Seu pai, Pietro Bernardoni, idealizava torná-lo cavaleiro ou mercador. Todavia, no começo dos seus 20 anos, Francisco experimentou marcante conversão* religiosa, que se expressaria em uma série de atitudes dramáticas de sua parte. Uma delas foi a da distribuição, a pessoas bem menos favorecidas, de alguns dos bens da família, com evidentes propósitos religiosos.

Por volta de 1209, passou a viver em estado de "pobreza apostólica", perambulando pelo interior da Itália vestido de um manto esfarrapado, com um cinturão de corda tirado, ao que consta, de um espantalho — e que se tornaria a veste característica dos franciscanos. Francisco não tardou a atrair seguidores para o estilo de vida de pobreza, amor e irmandade que preconizava e exemplificava. Os franciscanos viviam de esmolar dos ricos, de dar ajuda e ministrar aos pobres e doentes e pregar o evangelho a todos os proscritos da sociedade medieval.

Em 1210, o papa Inocêncio III permitiu que Francisco organizasse uma ordem religiosa, a dos Pequenos Irmãos, baseada na pobreza e no serviço ao próximo. Uma segunda ordem foi fundada em 1212, quando uma mulher influente chamada Clara foi comissionada por Francisco a desempenhar muitas das mesmas tarefas dos Irmãos. Foi criada assim a ordem religiosa para mulheres chamada Clarissas Pobres. Além de suas atividades entre os cristãos, Francisco interessou-se pela

FRANCISCO E A TRADIÇÃO FRANCISCANA

ação missionária, tendo ido para a Síria (1212), Marrocos (1213-1214) e Egito (1219), com o objetivo de evangelizar muçulmanos. Doença e outros infortúnios, porém, não permitiram que obtivesse muito sucesso nesses empreendimentos.

Devido ao rápido crescimento de sua ordem e à necessidade de organização, além de algumas poucas regras simples formuladas por Francisco, um novo conjunto de normas foi estabelecido, sendo aprovado pelo papa Honório III em 1223. Um cardeal foi nomeado protetor do grupo, mas isso desagradou Francisco, que passou a se envolver menos na ordem. O restante de sua existência, ele viveu em solidão, oração e escrevendo. Durante esse período, produziu seu poema *Cântico ao Sol*, suas *Exortações* e seu *Testamento*.

Em 1224, estranha e supostamente, Francisco de Assis teria passado a apresentar em seu corpo estigmas, chagas similares às sofridas por Cristo crucificado. Foi canonizado (ver Santos*) por Gregório IX em 1228.

De todas as suas realizações, a que provavelmente pode ser de maior interesse hoje foi o amor e o respeito que Francisco demonstrou não somente pelo ser humano, mas por toda a criação de Deus. Sua visão entusiástica e fervorosa a respeito do mundo e do universo o conduziu a ver todas as coisas criadas como irmãos e companheiros. Muitas fontes registram, por exemplo, seus sermões aos pássaros, que geralmente continham uma bela e poética exortação, como esta: "Meus irmãos pássaros, vocês devem louvar muito o seu Criador e amá-lo...".

A despeito de seu exemplo pessoal, talvez fosse inevitável que a ordem dos franciscanos, fundada nos princípios de simplicidade, pobreza e serviço, não pudesse se manter fiel a tais preceitos, por haver se tornado um movimento social de monta. Os franciscanos, na verdade, constituíram uma das principais ordem de frades no século XIII, dentre as que buscavam atender às necessidades espirituais do homem, devido ao rápido crescimento urbano e à difusão de heresias na era medieval. Diferentemente de grupos anteriores de monges, eles viviam em contato constante com a comunidade e transitando entre as pessoas comuns, ministrando o evangelho e prestando serviços sociais aos mais carentes. O problema é que empreendimentos de natureza comunitária ou social em grande escala necessitam sempre de financiamento e organização. Todas as atividades semelhantes a negócios, no entanto, eram rejeitadas por Francisco de Assis, que deixou um testamento pedindo que o voto de pobreza não fosse mudado entre seus seguidores. Quatro anos após sua morte, porém, o papa Gregório IX declarava que o testamento não era consistente, permitindo assim que a ordem pudesse vir a ter propriedades. Um conflito se levantou entre os mais espirituais, os *fraticelli*, que insistiam em observar o pedido do fundador, e os que aceitavam o novo tipo de organização. O corpo principal dos franciscanos, os chamados conventuais, concordou com as mudanças. Durante a última metade do século XIII, a tensão entre os dois grupos relaxou sob a liderança de Boaventura*, que

FRANCISCO E A TRADIÇÃO FRANCISCANA

preconizava uma posição equilibrada entre estrutura e espírito. Dotado de notável inteligência, Boaventura passou a representar o papel crescente da erudição dentro da ordem, que começava a operar nas novas universidades urbanas.

Enquanto os franciscanos aumentavam sua riqueza material, a Europa entrava em um tempo difícil, durante os séculos XIV e XV, experimentando pragas, guerras e divisão papal. A ordem declinaria durante esses anos, mas um movimento de reforma própria, os observantes, desenvolveu-se em suas fileiras, buscando restabelecer a regra franciscana estrita. Conseguindo obter seu reconhecimento eclesiástico em 1415, o novo grupo sofreu a oposição dos franciscanos mais moderados, representados pelos conventuais. Em 1517, o papa Leão X separava oficialmente a ordem em dois ramos distintos e independentes: Frades Menores dos Observantes Regulares e Frades Menores Conventuais. Discordância posterior entre os observantes os levou à subdivisão em diversas facções, como os capuchinhos, os descalços e os recoletos. Uma crescente subdivisão fez Leão XIII, em 1897, voltar a reunir todos os franciscanos observantes, exceto os frades capuchinhos.

Apesar do ensino de Francisco de que a fé cristã "não consiste em operar milagres [...], nem na erudição e no conhecimento de todas as coisas; nem na eloquência para converter o mundo", seus seguidores têm estado fortemente envolvidos na erudição teológica, na pregação, em missões e até mesmo em política. Durante o período medieval, todos os ramos do escolas-

ticismo* foram influenciados por contribuições franciscanas. Por ser a ordem tão diversificada, incluiu aqueles como Duns Scotus* e Guilherme de Occam*, que minaram o sistema teológico de Tomás de Aquino* mediante a lógica aristotélica*; outros seguiram Boaventura, enfatizando o papel da meditação e da oração no pensamento cristão; e um terceiro grupo dava suporte à perspectiva de Robert Grossteste (c. 1175-1253) e Roger Bacon (c. 1214-1292), insistindo na centralidade da observância em chegar à verdade. Todos os grupos franciscanos, no entanto, concordaram em se opor à síntese entre fé e razão* elaborada por Tomás de Aquino.

Os franciscanos têm estado na ativa, também, na pregação do evangelho. Suas missões os levaram à China já desde 1294 e acompanhando portugueses e espanhóis, depois, em suas jornadas pioneiras rumo à Índia e às Américas. Hoje, encontram-se em atividade por todo o campo missionário do mundo.

Muitas práticas devocionais populares da Igreja Católica Romana têm sido estimuladas por influência franciscana. Entre as mais conhecidas, estão a devoção ao Presépio, no Natal, ao Sagrado Coração e ao Sangue Precioso de Jesus e às Estações da Cruz.

Os franciscanos acham-se atualmente divididos em três grupos principais: os observantes, os conventuais e os capuchinhos. O maior desses grupos é o dos observantes (calculado em cerca de 21 mil membros, no mundo, em 1985). Revisaram sua constituição após o Concílio Vaticano II (1962-1965) e definiram o objetivo da ordem como o de um movimento que visa continuamente a reinterpretar o evangelho à luz dos problemas correntes. Muitos desses frades consideram seu papel como o da consciência da Igreja. Tal atitude levou recentemente frades como, por exemplo, Leonardo Boff (n. 1938), professor de Teologia brasileiro, a buscar aplicar ideias com certa base de inspiração marxista* ao problema da pobreza. O apoio e a acolhida a esse pensamento, o da teologia da libertação*, adotado por Boff e outros eclesiásticos católicos, acabaram, todavia, por causar sério conflito com o Vaticano. Já outros grupos franciscanos têm permanecido em posição conservadora, continuando a buscar aplicar o ensinamento de seus eruditos principais da era medieval, como Boaventura, às questões contemporâneas.

Os franciscanos têm contribuído de modo importante tanto para o catolicismo como para o cristianismo em geral. Sua obra na evangelização de novas cidades da Idade Média, desenvolvendo a erudição cristã e servindo em uma variedade de ministérios missionários e sociais, tem ajudado a tornar a fé em Cristo uma realidade viva e presente.

Bibliografia

L. Boff, *Church: Charism and Power* (New York, 1985); *idem*, *St. Francis: A model for Human Liberation* (London, 1985); I. Brady (ed. & tr.), *The Marrow of the Gospel: A Study of the Rule of St. Francis of Assisi* (Chicago, IL, 1958); L. Cunningham (ed.), *Brother Francis: An Anthology of Writings by and about S. Francis of Assisi* (New York, 1972); O. Englebert, *Saint Francis of Assisi* (Chicago, 1966); E. H. Gilson, *History of Christian Philosophy in the Middle Ages* (New York, 1955); M. A. Habig, *St. Francis of Assisi: Writings and Early Biographies* (Chicago, IL, 1973); H. Holzapfel, *The History of the Franciscan Order* (Teutopolis, IL, 1948); A. George Little, *A Guide to Franciscan Studies* (London & New York, 1920); P. Sabatier, *Life of St. Francis of Assisi* (New York, 1917).

R.G.C.

FUNDAMENTALISMO. O fundamentalismo desenvolveu suas características próprias, primordialmente, na América do Norte, com maior influência, sobretudo, nos Estados Unidos, onde o evangelicalismo* reavivalista tornou-se a herança religiosa predominante. Embora conte com missionários no exterior e movimentos protestantes antimodernistas paralelos em outros países, pode-se entender melhor seus aspectos distintivos observando-se seu desenvolvimento, paradigmático e amplamente influente, no próprio território americano.

A palavra "fundamentalista" surgiu em 1920 nos Estados Unidos, como termo com que o editor Curtis Lee Laws (1868-1946) usou para designar seu grupo partidário antimodernista na Convenção Batista do Norte. Logo passaria a significar ampla coalizão de protestantes evangélicos colocados em luta militante contra a teologia modernista* (*i.e.*, liberal) e contra alguns aspectos de secularização* da cultura moderna. Esse último permanece sendo o uso mais apropriado da palavra atualmente.

FUNDAMENTALISMO

452

Para ser considerado um fundamentalista, é necessário ser: 1. protestante evangélico; 2. antimodernista, significando total concordância com os fundamentos do cristianismo bíblico tradicional de caráter sobrenatural; 3. militar no movimento antimodernista ou em oposição a certos aspectos da secularização. Um fundamentalista é, em suma, um evangélico antimodernista militante.

O quadro, porém, torna-se complicado a partir de uma série de outros usos mais amplos ou mais estritos do termo. Algumas vezes, a palavra é usada genericamente para designar qualquer religioso antimodernista, como, por exemplo, na expressão "fundamentalista islâmico". Outras vezes, os oponentes ao fundamentalismo protestante usam o termo livremente para se referir a qualquer um de quase todos os aspectos do reavivalismo evangélico, especialmente os mais extravagantes ou, por eles, considerados não racionais. Esse uso leva, sobretudo, à confusão de fundamentalismo com reavivalismo em geral, assim como com movimentos que se relacionam por raízes reavivalistas em comum, mas que são diversos. O movimento de santidade*, por exemplo, que surgiu na segunda metade do século XIX, distinguia-se especialmente pela ênfase em experiências do derramamento do Espírito Santo para a condução de vidas a uma perfeição* sem pecado. Já o pentecostalismo, surgido no começo do século XX, é marcado pela ênfase no recebimento de dons espirituais espetaculares do Espírito Santo. A militância antimodernista fundamentalista foi adotada por alguns desses grupos; não obstante, mesmo assim, tendem a permanecer doutrinariamente distintos e eclesiasticamente separados. Todos eles estão relacionados entre si por suas origens comuns, mas com uma herança ampla e diversa, do reavivalismo americano do século XIX, e muitos de seus aspectos chamados de fundamentalistas deveriam ser, na verdade, mais propriamente chamados de reavivalistas.

Outro emprego amplo do termo "fundamentalismo" tornou-se comum no modo de falar dos cristãos ingleses. Nesse caso, "fundamentalismo", frequentemente, tem-se referido mais a qualquer conservadorismo evangélico que adote uma correta visão da Bíblia e suas proclamações fundamentais. J. I. Packer, por exemplo, defende o fundamentalismo nesse sentido, em sua obra *"Fundamentalism" and the Word of God* [O "fundamentalismo" e a Palavra de Deus] (London, 1958); enquanto James Barr, em *Fundamentalism* [Fundamentalismo] (London, 1977), confunde a maioria dos ramos do evangelicalismo conservador em seu ataque ao movimento.

Nos Estados Unidos, por outro lado, "fundamentalismo", quando usado criteriosamente, refere-se, de modo estrito, ao fenômeno específico dos principais grupos de evangélicos antimodernistas militantes. Os grupos evangélicos negros norte-americanos, por exemplo, são quase sempre reavivalistas no estilo, fundamentalistas na doutrina e conservadores, ou antimodernistas, na ética; mas não se chamam nem se consideram a si mesmos "fundamentalistas".

FUNDAMENTALISMO

As características do movimento genuinamente fundamentalista podem ser mais bem visualizadas a partir de sua história. Como mostra Ernest R. Sandeen em seu importante estudo *The Roots of Fundamentalism: British and American Millenarianism, 1800-1930* [As raízes do fundamentalismo: o milenarismo britânico e norte-americano, 1800-1930] (Chicago, 1970), uma das principais fontes do fundamentalismo foi o movimento de caráter profético premilenarista originado da obra de J. N. Darby* e outros. Embora na Inglaterra esse movimento tenha resultado em atitudes separatistas, como a dos irmãos Plymouth, que deixaram as igrejas tradicionais, nos Estados Unidos suas principais expressões, no final do século XIX, foram dentro das próprias principais denominações do norte do país, como igrejas presbiterianas e batistas. O aspecto distintivo desse movimento era o chamado dispensacionalismo*, que se tornou quase um cânon nas notas e comentários da famosa *Reference Bible* [Bíblia de Referência], de C. I. Scofield (New York, 1909). Muitos dispensacionalistas americanos vieram a adotar também os ensinos da doutrina da santidade moderada, promovidos pela Convenção Keswick, da Inglaterra.

O dispensacionalismo, que predizia a ruína da Igreja em sua época, encorajou uma militância contra o surgimento do agressivo modernismo teológico do começo do século XX. Nos Estados Unidos, especialmente, onde o modernismo se tornava forte, os dispensacionalistas encontraram aliados nos que desejavam defender os fundamentos da fé contra as novidades.

Entre os presbiterianos do Norte, o conservadorismo era marcante, amparado pela liderança intelectual do Princeton Theological Seminary (ver Teologia de Princeton*). Eles desenvolveram a estratégia de listas dos principais aspectos defensáveis das doutrinas fundamentais. Os dispensacionalistas, por sua vez, produziram também a publicação, de 1909 a 1915, do periódico *The Fundamentals* [Os fundamentos], defendendo as doutrinas tradicionais. Muitos grupos fundamentalistas organizaram suas listas de doutrinas fundamentais, embora nenhuma delas fosse padrão. Os pontos mais comuns nas listagens eram: a inerrância das Escrituras* (ver Infalibilidade e Inerrância*); a divindade de Cristo; seu nascimento virginal*; a expiação substitutiva*; a ressurreição de Cristo; e sua segunda vinda.

Durante a década de 1920, os fundamentalistas lutaram duramente contra êxitos modernistas nas principais denominações do Norte, batista e presbiteriana. Controvérsias menores ocorreram em outras denominações, e rupturas paralelas entre conservadores e liberais aconteceram em diversas igrejas, nos Estados Unidos e Canadá. Enquanto isso, o fundamentalismo assumia uma dimensão cultural, tanto quanto eclesiástica, ao atacar aspectos da erosão moral da sociedade após a Primeira Guerra Mundial. Uma das principais expressões de tal preocupação foi uma campanha liderada por William Jennings Bryan (1860-1925) para impedir que a teoria da evolução das espécies, de Darwin, fosse ensinada nas escolas públicas norte-americanas: a difusão do ensino evolucionista

FUNDAMENTALISMO

era vista como solapando a autoridade da Bíblia na vida americana e promovendo o relativismo moral. O marxismo, o romanismo católico, o álcool, o fumo, as danças de salão, os jogos de cartas e de azar e a frequência ao cinema e ao teatro foram outros alvos principais dos ataques fundamentalistas. Em meio a esses conflitos, o fundamentalismo veio a crescer como uma coalizão de protestantes antimodernistas de muitas tradições, por todo o território dos Estados Unidos, de norte a sul, costa a costa, por outros países de língua inglesa e alcançando postos avançados missionários. No centro dessa coalizão, encontravam-se os dispensacionalistas americanos, cujo fundamentalismo era menos temperado que o de outras tradições.

Por volta do final da década de 1930, o movimento fundamentalista começou a assumir uma expressão eclesiástica distintiva. Os fundamentalistas mais radicais e militantes acharam que deveriam se separar de grupos ou igrejas evangélicos que continham em sua membresia também modernistas, para formar congregações ou denominações independentes. A maioria deles, que era dispensacionalista, tornou-se batista. O separatismo veio a se tornar quase um teste de verdadeira fé.

O que tinha sido a coalizão antimodernista militante mais ampla, nos anos de 1920, começou então a se dividir na década de 1940. O principal grupo nos Estados Unidos arrefeceu sua militância e tentou manter contato com as principais denominações. Liderados por porta-vozes como Harold John Ockenga (n. 1905), Carl F.

H. Henry* e Edward J. Carnell*, a princípio eles se autointitularam "neoevangélicos", e, no final da década de 1950, simplesmente "evangélicos". Sua associação com Billy Graham (n. 1918) assinalou o crescimento dessa ala moderada dos ex-fundamentalistas. Enquanto isso, separatistas como John R. Rice (1895-1980), Bob Jones (1883-1968), e Carl McIntire (n. 1906) passaram a reivindicar serem os únicos fundamentalistas verdadeiros. Após 1960, o termo "fundamentalismo", nos Estados Unidos, servia mais para distinguir esse subgrupo separatista do "evangelicalismo" mais amplo, que abrangia ex-fundamentalistas e outros cristãos fiéis à doutrina bíblica, de diversas tradições.

O fundamentalismo separatista continuou a crescer. Mas provavelmente nunca chegou a constituir mais do que cerca de 10% dos 40 a 50 milhões de evangélicos que, estima-se, existiam nos EUA nas décadas de 1970 e 1980. Durante a década de 1980, especialmente, com o surgimento do movimento de Maioridade Moral, liderado pelo ministro batista, fundamentalista, Jerry Falwell (n. 1933), as preocupações políticas dos fundamentalistas de preservar a moral cristã tradicionalista na vida pública americana viriam a tornar-se proeminentes de novo, como ocorrera na década de 1920. A doutrina política fundamentalista incluía agora, também, forte apoio ao Estado de Israel*, importante para a interpretação profética dispensacionalista.

Bibliografia

G. W. Dollar, *A History of Fundamentalism in America* (Greenville,

455 GLÓRIA DE DEUS

SC, 1973); G. M. Marsden, *Fundamentalism and American Culture: the Shaping of Twentieth-Century Evangelicalism, 1870-1925* (New York, 1980); C. A. Russell, *Voices of American Fundamentalism: Seven Biographical Studies* (Philadelphia, 1976).

G.M.M.

G

GALICANISMO, ver Papado.

GERAÇÃO ETERNA, ver Trindade.

GILL, JOHN, ver Hipercalvinismo.

GILSON, ETIENNE (1884-1978). Filósofo histórico tomista*, ensinou filosofia medieval na França, principalmente na Sorbonne (1921-1932) e no Collège de France (1932-51), assim como no Canadá, no Pontifical Institute of Medieval Studies [Pontifício Instituto de Estudos Medievais], de Toronto, estabelecimento este que ele dirigiu também durante algum tempo, desde seu começo em 1929. Residindo novamente na França, a partir de 1959, escreveu prolificamente, produzindo mais de uma centena de livros e artigos, após já haver completado 75 anos de idade.

Gilson foi, ainda cedo, influenciado por H. Bergson (1859-1941), filósofo francês defensor da "intuição" e da evolução criativa. De estudos sobre Descartes*, ele passou à era medieval, com monografias sobre Boaventura* (1924), Agostinho* (1928; TI, *The Christian Philosophy of St. Augustine* [A filosofia cristã de Sto. Agostinho], Londres, 1961),

e Bernardo* (Londres, 1934). Suas conferências no evento Palestras de Gifford*, em 1930-1931, foram traduzidas e publicadas como *The Spirit of Medieval Philosophy* [O espírito da filosofia medieval] (1936).

Etienne Gilson apresentava-se sempre como filósofo *cristão* e se recusava a modernizar o tomismo, como se sua essência pudesse ser independente da teologia. Para ele, como igualmente para seu aliado Jacques Maritain (1882-1973), o tomismo, entre as diferentes sínteses escolásticas* da filosofia cristã medieval, era a melhor base criativa para interpretar a cultura moderna. Defendeu a teleologia tanto para a filosofia como para a biologia e chamou-se a si mesmo de dogmático, insistindo em que o dogma*, imutável, exige sempre uma nova expressão.

Homem de vida pública, honrado pela Resistência Francesa e tendo exercido o mandato de senador, desfruta de reconhecimento universal de ser um dos mais destacados, se não o mais ilustre, historiador de filosofia medieval de nossa época.

Bibliografia

A. C. Pegis, *A Gilson Reader* (New York, 1957); L. K. Shook, *Etienne Gilson* (1984), M. McGrath, *Etienne Gilson. A Bibliography* (1982), ambos *in: The Etienne Gilson Series* (Toronto).

D.F.W.

GLÓRIA DE DEUS. Característica fundamental de Deus, à qual os crentes respondem dando glória a Ele.

Biblicamente

"Glória" em hebraico é *kābôd*,

GLÓRIA DE DEUS

procedente de raiz significando "peso" (fato que Paulo parece lembrar em 2Co 4.17); no grego (LXX e NT) a palavra é *doxa*, que originalmente significava "opinião". Em ambos os Testamentos das Escrituras, "glória" significa: 1) excelência e laudabilidade expostas (a glória *demonstrada*); e, daí, 2) honra e adoração, expressas em resposta a essa demonstração (a glória que é *dada*). Em seus atos de criação, providência e graça, Deus mostra sua glória, "glorificando" a si mesmo (Is 44.23; Jo 12.28; 13.31,32), a seu Filho (Jo 13.31,32; 17.5; At 3.13; *cf.* 1Pe 1.21) e a seus servos (Rm 8.17,18,30; 2Co 3.18). Ao verem isso, Seus adoradores lhe dão glória, o "glorificam" mediante louvor, ação de graças, obediência e aceitação do sofrimento determinado por sua providência e em seu santo nome (Jo 17.4; 21.19; Rm 4.20; 15.6, 9; 1Co 6.20; 10.31; 1Pe 4.12-16).

Quando se refere ao ser humano, a glória, geralmente, toma a forma de riqueza, sucesso, posição ou poder (Gn 31.1; 45.13; Is 8.7). A glória que Deus expõe, no entanto, é a realidade de sua própria presença ativa, ligada à qualidade de seus próprios atos. Tanto no AT como no NT, ela pode tomar a forma física de luz (o relampejar citado em Sl 29.3; o resplendor da teofania*, como em Ez 1.27,28; a nuvem radiante — que conduz Israel pelo deserto; que se coloca sobre o tabernáculo e nele ingressa, Êx 40.34-38; que aparece depois no templo, 2Co 7.1-3; *cf.* Ez 8.4; 9.3; 43.2); a luz resplandecente na anunciação aos pastores e na conversão de Paulo (Lc 2.9; At 7.55). Deus faz Moisés perceber, contudo, que a essência de sua glória é sua santidade e bondade (Êx 33.18-34.8; *cf.* Is 6.1-5; Jo 12.41); e no NT, a glória de Deus está comumente ligada à manifestação de seu poder, sabedoria e amor na morte, ressurreição, entronização celestial e ministério medianeiro de Jesus Cristo (Jo 12.23; 13.31,32; Rm 6.4; 2Co 3.7-11; 4.6; Ef 1.6,12,14,17,18; Fp 4.19), cuja glória, como Filho atuante, tanto incorpora como reflete a glória do Pai (Jo 1.14; Hb 1.3).

Darmos glória a Deus na adoração é chamado *doxologia**. Os Salmos estão cheios de doxologia. A doxologia formal aparece, por exemplo, em Rm 9.5; 11.36; 16.25-27; Ef 3.20,21; Fp 4.20; 1Tm 1.17; 6.16; 1Pe 4.11; 2Pe 3.18; Jd 24,25; Ap 1.6; 5.13.

Teologicamente

Os pensadores cristãos conscienciosos reconhecem que glorificar a Deus é ao mesmo tempo a vocação divina do homem e sua alegria mais elevada, tanto aqui como no futuro. A teologia reformada* vai além de outros conceitos, contudo, ao enfatizar três verdades. 1. O objetivo de Deus em tudo o que faz é a sua glória, no sentido de: a) demonstrar sua excelência moral a suas criaturas; b) evocar delas o louvor pelo que veem e pelo benefício que lhes traz (cf. Ef 1.3). 2. O objetivo do homem em todas suas ações deve ser a glória de Deus, no sentido de doxologia em palavra e ação. 3. Deus assim nos fez para que possamos experimentar o dever da doxologia como nosso supremo prazer, para o nosso próprio e mais elevado bem. Essa coincidência de dever com interesse e de devoção com satisfação é, aliás, o que está

GNOSTICISMO

classicamente formulado no primeiro ensino do Catecismo Menor de Westminster: "O fim principal do homem é glorificar a Deus e nele deleitar-se para sempre".

Bibliografia
S. Aalen, *NIDNTT* II, p. 44ss; A. M. Ramsey, *The Glory of God and the Transfiguration of Christ* (London, 1949).

J.I.P.

GNOSTICISMO. Os gnósticos eram seguidores de movimentos religiosos diversos que enfatizavam a salvação mediante a *gnôsis* (gr.), ou conhecimento, acima de tudo, das origens de alguém. Aspecto essencial do gnosticismo era o dualismo* cosmológico — oposição entre o mundo espiritual e bom e o mundo material e mau.

O gnosticismo foi atacado nos escritos dos pais da Igreja, do século II ao século IV (ver Teologia Patrística*), que consideravam seus vários grupos como perversões heréticas* do cristianismo. Muitos estudiosos de hoje creem que se tratasse, em alguns casos, de fenômeno religioso independente do cristianismo. Não há consenso sobre quando e como se originou essa ideia, mas conta com o suporte de diversos eruditos a ideia de se referir a um contexto do judaísmo heterodoxo ou não oficial.

Fontes patrísticas
Até o século XIX, as informações de que se dispunha sobre os gnósticos eram inteiramente dependentes das descrições encontradas nos textos dos pais da Igreja. As fontes patrísticas preservaram em alguns casos extratos dos escritos gnósti-cos, mas em sua maior parte são polêmicas por natureza. As mais importantes dessas fontes incluem: Justino Mártir (ver Apologistas*), Ireneu*, Hipólito*, Tertuliano*, Clemente de Alexandria*, Orígenes* e Epifânio de Salamina, em Chipre (c. 315-403). Especialmente valiosa é a narrativa de Ireneu, que foi preservada, em sua maior parte, somente em uma tradução latina, *Adversus Haereses* [Contra heresias]. Clemente e Orígenes, por sua vez, mostraram, de algum modo, certa simpatia a ênfases gnósticas. Epifânio, que teve um contato um tanto superficial com os gnósticos no Egito, não é muito confiável, apesar de abrangente, em sua obra *Panarion* [Caixa de remédios].

Algumas observações feitas pelos pais, particularmente Ireneu, têm sido confirmadas pela descoberta de documentos gnósticos originais em Nag Hammadi (ver abaixo). Por outro lado, no entanto, nada existe ainda das próprias fontes gnósticas que corresponda à descrição patrística a respeito da ala libertina do gnosticismo.

Líderes gnósticos
Os pais da Igreja são unânimes em considerar Simão, de Samaria, o primeiro gnóstico, embora nossa fonte mais antiga, Atos 8, o descreva somente como um homem que praticava magia, ou feitiçaria. De acordo com fontes adicionais, Simão alegava ser divino, ensinando que sua companheira, uma ex-prostituta, era a reencarnação de Helena de Troia. A obra *Apophasis Megale*, atribuída a Simão por Hipólito, era uma exposição filosófica posterior ligada ao seu nome.

GNOSTICISMO

Simão teria sido sucedido por outro samaritano, Menander, que ensinava em Antioquia da Síria no final do século I. Manander proclamava que aqueles que criam nele não morreriam. Sua alegação, porém, foi anulada quando ele próprio morreu. Também Saturnino, ou Satornilos, que ensinava em Antioquia no começo do século II, sustentava que Cristo "incorpóreo" era o redentor; ou seja, sustentava uma visão "docética" de Cristo, que negava a encarnação* (*cf.* 1Jo 4.2,3). Por sua vez, Cerinto, que ensinava na Ásia Menor no começo do século II, sustentava que Jesus era apenas um homem sobre quem o Cristo descera como uma pomba. Como o Cristo não poderia sofrer, afastara-se de Jesus antes da crucificação. Outro conhecido mestre gnóstico foi Basilides, no Egito, a quem foi atribuído tanto o sistema dualista (por Ireneu) quanto o monista* (por Hipólito).

Um gnóstico atípico, embora importante, foi Marcião*, do Ponto. Marcião colocou em contraste o Deus do AT com o Deus do NT. Esboçou também o primeiro câ-non ou lista dos livros do NT (ver Escritura*), incluindo um truncado evangelho de Lucas e dez cartas supostamente paulinas. Os ensinos docéticos de Marcião foram fortemente contestados por Tertuliano.

O mais famoso mestre gnóstico foi, no entanto, Valentino, que veio de Alexandria para Roma em 140. Ensinava existir uma série de emanações divinas, incluindo o Primeiro Ogdoad (quatro pares), e dividia a raça humana em três classes: *hílicos*, ou incrédulos, imersos na natureza e na carne; *psíquicos*, ou cristãos comuns, que viviam pela fé; e *pneumáticos*, ou os gnósticos espirituais. Os últimos valentinianos dividiram-se em escolas latina e oriental quanto à questão de ter Jesus um corpo psíquico ou pneumático. Entre os muitos notáveis valentinianos destacaram-se Ptolomeu, Heráclio, Teódoto e Marco. O comentário mais antigo conhecido de um livro do NT é o de Heráclio sobre o evangelho de João.

Fontes gnósticas coptas

No século XIX, foram publicados os conteúdos de dois códices gnósticos coptas: o Códice Askewianus, contendo o texto *Pistis Sophia*, e o Códice Brucianus, contendo os *Livros de Jeu* — composições gnósticas relativamente das mais antigas. Uma terceira obra, o Códice Berolinensis, embora tenha vindo à luz no século XIX, foi publicado somente em 1955. Contém um *Evangelho de Maria* [Madalena], uma *Sophia* [Sabedoria] *de Jesus, Atos de Pedro* e um *Apócrifo de João* — obra mencionada por Ireneu.

Em 1945, onze códices e fragmentos coptas de duas espécies foram encontrados, por um camponês, próximo a Nag Hammadi, no Alto Egito. A primeira tradução desses textos, um tratado, *The Gospel of the Truth* [O Evangelho da Verdade], foi publicada em 1956. Após várias vicissitudes, uma tradução inglesa de 51 tratados foi editada em 1977, devido, em grande parte, ao empenho de James Robinson. Atualmente, um considerável conjunto de escritos gnósticos originais encontra-se, pela primeira vez, à disposição dos eruditos. A biblioteca de Nag Hammadi, como essa importante

GNOSTICISMO

coleção veio a ser chamada, contém uma variedade de textos: não gnósticos, gnósticos não cristãos e gnósticos cristãos. O exemplo mais famoso desse último grupo é *O evangelho de Tomé*, apócrifo, provavelmente composto no ano 140, na Síria, que contém mais de uma centena de supostos ditos de Jesus. Estudiosos que presumem que o gnosticismo fosse um fenômeno religioso já desde antes de Cristo têm citado, especialmente, *O Apocalipse de Adão* e *A paráfrase de Sem* como obras gnósticas não cristãs. Alguns têm sustentado que *A protenoia trimórfica* é um texto que forneceria o modelo para o prólogo do evangelho de João.

Fontes mandeanas
Comunidades de adeptos do mandeísmo (mandeanos) no sul do Iraque e no sudoeste do Irã são hoje os únicos grupos remanescentes do gnosticismo. Seus textos, conhecidos somente por meio de recentes manuscritos, foram usados por eruditos da história da religião*, inclusive Bultmann*, para a reconstituição de um gnosticismo supostamente pré-cristão. Além dos manuscritos, há textos de inscrições em vasilhames usados na prática de magia, mais antigos, que podem datar desde o século III d.C. Não há nenhum sinal marcante, no entanto, que possa levar a datar-se as origens dos gnósticos mandeanos antes do século II de nossa era.

Ensinos gnósticos
Não possuindo autoridade central ou cânon de Escrituras, os gnósticos ensinavam uma variedade desconcertante de ideias. O que parece ser central e essencial para os sistemas claramente gnósticos é um dualismo que confrontava uns com os outros na questão de um Deus transcendente e um demiurgo (ver Platonismo*) ignorante e presunçoso, frequentemente uma caricatura do Javé do AT. Em alguns sistemas, a criação* do mundo resultava da queda* de Sofia (Sabedoria). De qualquer modo, a criação material era sempre vista como má.

Traços de divindade, no entanto, eram encapsulados nos corpos dos indivíduos pneumáticos, ou espirituais. Os pneumáticos, porém, ignoravam suas origens celestiais. Deus lhe enviava então um redentor, geralmente um Cristo docético, que lhes trazia salvação na forma de uma *gnōsis* secreta. Isso é quase sempre comunicado por Cristo após sua ressurreição. A maioria dos gnósticos, todavia, sustentava que Cristo não era verdadeiramente encarnado, nem poderia verdadeiramente sofrer na cruz.

Assim despertos, os gnósticos escapariam da prisão de seu corpo na morte, atravessando as esferas planetárias dos demônios hostis para estarem junto a Deus. Não há ressurreição alguma do corpo.

Visto que, desse modo, a salvação não dependeria nem da fé nem das obras, mas do conhecimento da verdadeira natureza de uma pessoa, alguns gnósticos perderam-se, deliberadamente, em uma conduta libertina. Carpocrates, por exemplo, instou seus seguidores a pecar, e seu filho Epifânio ensinava que a promiscuidade era lei de Deus.

Contudo, a maioria dos gnósticos assumia uma atitude radical-

GOGARTEN, FRIEDRICH

mente ascética* em relação ao sexo* e ao casamento, considerando a criação da mulher como fonte do mal e a procriação de filhos senão a multiplicação de almas para a escravidão aos poderes das trevas. Esperavam um tempo em que as mulheres seriam transformadas em homens, como no Éden antes da criação da mulher. Havia mulheres, no entanto, proeminentes em muitas de suas seitas.

Sabemos ainda muito pouco a respeito do culto e da comunidade dos gnósticos. Como regra geral, interpretavam ritos como o batismo* e a eucaristia* como símbolos espirituais da *gnôsis*.

O gnosticismo e o NT

Apesar da falta de textos gnósticos anteriores ao cristianismo, muitos eruditos (*e.g.*, J. M. Robinson, K. Rudolph) têm presumido, como já vimos, uma origem pré-cristã do gnosticismo. Creem também que podem detectar referências ao gnosticismo nos textos canônicos do NT, especialmente nos escritos de João* e Paulo*.

Bultmann considera o evangelho de João como a revisão de um documento originalmente gnóstico, que continha tradições similares às dos mandeanos. Seguindo as ideias de R. Reitzenstein (1861-1931), Bultmann sustenta também que o NT se apoia em um mito gnóstico pré-cristão de um redentor "redimido". Tal mito, no entanto, é encontrado somente no maniqueísmo*, uma forma posterior de gnosticismo. A maioria dos eruditos está hoje convencida de que esse mito seria um desenvolvimento pós-cristão, padronizado a partir da pessoa de Cristo.

O desenvolvimento de um gnosticismo rudimentar pode ser visto, na melhor das hipóteses, no final do século I d.C. Seria um anacronismo querer ver antes do período do NT o gnosticismo plenamente desenvolvido do século II.

Bibliografia

F. Borsch, *The Christian and Gnostic Son of Man* (London, 1970); J. Doresse, *The Secret Books of the Egyptian Gnostics* (London, 1960); R. M. Grant, *Gnosticism and Early Christianity* (New York, [2]1966); H. Jonas, *The Gnostic Religion* (Boston, MM, [2]1963); B. Layton (ed.), *The Rediscovery of Gnosticism*, 2 vols. (Leiden, 1980-1981); A. Logan e A. Wedderburn (eds.), *The New Testament and Gnosis* (Edinburgh, 1983); E. Pagels, *The Gnostic Gospels* (London, 1979); P. Perkins, *The Gnostic Dialogue* (New York, 1980); J. M. Robinson (ed.), *The Nag Hammadi Library in English* (New York, 1977); K. Rudolph, *Gnosis* (New York, 1983); R. McL. Wilson, *Gnosis and the New Testament* (Philadelphia, 1968); E. Yamauchi, *Pre-Christian Gnosticism* (Grand Rapids, MI, [2]1983).

E.M.Y.

GOGARTEN, FRIEDRICH, ver TEOLOGIA DIALÉTICA.

GOODWIN, THOMAS, ver TEOLOGIA PURITANA.

GORE, CHARLES (1853-1932). Líder e estudioso anglo-católico, bispo de Worcester (1902-1905), Birmingham (1905-1911) e Oxford (1911-1919). De família aristocrática, Gore foi educado em Harrow, onde sua espiritualidade "católica"

GORE, CHARLES

inicial foi nutrida por B. F. Westcott, entre outros*. Formado com distinção em Balliol, Oxford, foi eleito membro dos quadros do Trinity College em 1875. Como vice-diretor da então recém-fundada faculdade teológica em Cuddesdon (1880-1883) e o primeiro a exercer o cargo de bibliotecário principal do iniciante centro de estudos anglo-católico* em Oxford, a chamada Pusey House (1884-1893), Gore exerceu uma influência pessoal e espiritual comparável à de J. H. Newman*.

Esses primeiros anos de atividade foram também teologicamente os mais significativos para Gore, quando, por meio de controvérsia, procurou imbuir o tratadismo tradicional do espírito moderno de um escrituralismo crítico, em sua busca de uma dogmática popular eficaz. Todavia, sua obra *The Ministry of the Christian Church* [O ministério da Igreja cristã] (1888, nova ed. 1919), é uma defesa cheia de espírito conservador das opiniões da ala tradicional da Igreja Anglicana a respeito das origens históricas do episcopado. Seu catolicismo liberal viria à tona em sua colaboração (além de haver prestado serviços editoriais) a um polêmico volume reunindo ensaios de eruditos de Oxford, coparticipantes da mesma opinião, intitulado *Lux Mundi: A Series of Studies in the Religion of the Incarnation* [Luz do mundo: uma série de estudos sobre a religião da encarnação] (1889). Os tratadistas tradicionais foram, mais tarde, inteiramente vencidos pelas preleções realizadas por Gore nas Bampton Lectures*, sob o título de *The Incarnation of the Son of God* [A encarnação do Filho de Deus] (1891), que não somente continham uma reafirmação da patrística grega quanto à centralidade dogmática da encarnação, mas também afirmavam que a humanidade plenamente terrena de Cristo envolvia um autoesvaziamento (*kenosis**) voluntário de seu conhecimento divino e consequente ignorância humana.

Não sendo um aristocrata acadêmico de mentalidade restrita, Gore tornou-se intensamente preocupado com a justiça social e com uma autêntica manifestação das camadas mais baixas da população no tocante ao pensamento e à vida cristã; daí, o envolvimento, por toda a sua vida, com a Missão Oxford em Calcutá e com a União Socialista Cristã (Christian Socialist Union)*, assim como sua participação cívica e seu apoio à Works Educational Association [Associação de Obras Educacionais] quando bispo de Birmingham. Dedicou-se, inclusive, a uma apologética anglocatólica voltada à preocupação com a ação social cristã. Seus escritos *Dissertations* [Dissertações] (1895), *The Body of Christ* [O Corpo de Cristo] (1905), *Christ and Society* [Cristo e a sociedade] (1928) e sua exposição *Sermon on the Mount* [Sermão do Monte] (1896) revelam uma dogmática sacramental católica que acompanha seu chamado ao serviço cristão na Igreja e no mundo.

Apesar de seus trabalhos episcopais vitoriosos, Gore se tornou, no entanto, cada vez mais isolado, ao denunciar, de modo vigoroso, mas impopular, um anglocatolicismo dito progressista, que adotava uma liturgia de caráter suplementar (*e.g.*, limitação à eucaristia) e era

GOTTSCHALK

negligente na prática da fé. Dedicou seus últimos anos, em Londres, a ensinar e a escrever, notadamente, em defesa da fé cristã (cf. sua trilogia dogmática, *Belief in God* [Crer em Deus], 1922, *Belief in Christ* [Crer em Cristo], 1922, e *The Holy Spirit and the Church* [O Espírito Santo e a Igreja], 1924), assim como de sua posição anglo-católica (e.g., sua crítica *The Anglo-Catholic Movement Today* [O movimento anglo-católico hoje], 1925).

Bibliografia

J. Carpenter, *Gore, A Study in Liberal Catholic Thought* (London, 1960); W. R. Inge, *in: Edinburgh Review* 207 (1908), p. 79-104; G. L. Prestige, *The Life of Charles Gore: A Great Englishman* (London, 1935); A. R. Vidler, Charles Gore and Liberal Catholicism, *in: Essays in Liberality* (London 1957); A. T. P. Williams, *in: DNB* (1931-1940), p. 349-353.

C.D.H.

GOTTSCHALK (c. 803-869). Teólogo beneditino*, poeta e monge, Gottschalk levantou argumentação quanto à predestinação* que agitou a Igreja na França e Alemanha durante a era carolíngia. Seu pai, Berno, nobre saxão, o colocou ainda muito jovem em um mosteiro em Fulda. Ao atingir a idade adulta, Gottschalk pediu para ser liberado de seus votos. Esse pedido foi concedido pelo Sínodo de Mogúncia (829), mas Luís I, o Pio, atendendo a um apelo do abade do monastério, Rabanus Maurus, reverteu a decisão. Gosttschalk foi então levado para o mosteiro de Orbais, onde se dedicou a um estudo intenso da obra de Agostinho*. Já sacerdote, visitou Roma e serviu mais tarde como missionário nos Bálcãs.

Sua constante ênfase sobre dupla predestinação o levou à sua condenação nos Sínodos de Mogúncia (848) e Quiercy (849 e 853). Foi dispensado do sacerdócio, surrado até quase à morte e aprisionado no restante de sua vida no mosteiro de Hautvillers.

Sua ideia de predestinação incluía as crenças de que: Deus predetermina aqueles que deseja levar para o céu ou para o inferno; toda pessoa pode ter absoluta certeza de salvação ou condenação; Deus não quer que todos sejam salvos, Cristo morreu somente pelos eleitos; ninguém pode exercer seu livre-arbítrio* para fazer boas obras, somente para praticar atos maus. Diversos teólogos deram apoio, em seus escritos, às ideias de Gottschalk, entre os quais Ratramnus*, Prudentius de Troyes (m. 861) e Remigius de Lião (m. 875). Quando três oponentes de seu pensamento, entre eles Hincmar de Reims (c. 806-882), enviaram cartas a Remigius justificando o duro tratamento que Gottschalk havia recebido, Remigius retrucou, em nome da Igreja de Lião, com uma *Resposta às três cartas*, na qual não só criticava o tratamento dado ao monge, mas esclarecia várias questões e dava parcialmente o seu apoio à posição de Gottschalk.

O vívido debate sobre a predestinação demonstraria que as questões levantadas anteriormente na controvérsia pelagiana* não tinham sido devidamente solucionadas. Viriam à tona novamente no tempo da Reforma* e, ainda mais recentemente, como resultado do movimento wesleyano*.

GOVERNO DA IGREJA

Essas discussões, acompanhadas até, por vezes, de uma certa dose de rancor, continuam ainda hoje a dividir o evangelicalismo. Houve pouco progresso na fase da argumentação de Gottschalk, no século IX, não prevalecendo nenhum dos grupos contrários nem se alcançando qualquer acordo ou conclusão.

Alguns dos monges companheiros de Gottschalk tentaram libertá-lo, apelando para o papa, mas sua tentativa falhou. Permaneceu na prisão sem se reconciliar com seus superiores eclesiásticos, e o sofrimento que certamente sentiu, por causa do tratamento severo que havia recebido, pode ter até contribuído para o desequilíbrio mental que experimentaria pouco antes de morrer. Homem de grande talento literário, Gottschalk deixou notáveis poemas, considerados dos mais inspirados produzidos pela Renascença Carolíngia.

Bibliografia

G. W. Bromiley, *Historical Theology* (Grand Rapids, MI, 1978); J. Jolivet, *Godescalc d'Orbais et la Trinité* (Paris, 1958); J. Pelikan, *The Growth of Medieval Theology (600-1300)* (*The Christian Tradition*, vol. 3; Chicago, 1978); K. Vielhaber, *Gottschalk der Sachse* (Bonn, 1956).

R.G.C.

GOVERNO DA IGREJA. É discutível se o NT nos apresenta um padrão único, definitivo e uniforme de governo eclesiástico que pudesse servir de norma em todas as épocas. Existe, sem dúvida, considerável desenvolvimento e modificação nesse sentido entre o Pentecoste e as epístolas pastorais.

Inicialmente, estava tudo nas mãos dos apóstolos*. A primeira divisão de trabalho eclesiástico é a que se vê indicada em At 6.1-6, quando a igreja em Jerusalém designa sete homens, que, pelas funções, seriam depois chamados "diáconos", para ajudar os apóstolos, aliviando-os de responsabilidades e tarefas de rotina. Mais tarde, seriam designados os presbíteros, diferentemente chamados, no original grego do NT, de *presbyteroi, episkopoi, proistamenoi* e *hēgoumenoi* (At 14.23; 20.17; 1Tm 3.1-7; Tt 1.5-9; Hb 13.7; 1Pe 5.1). Atuavam juntamente com os apóstolos e profetas* e funcionários de cargos indefinidos, como evangelistas (At 21.8; Ef 4.11; 2Tm 4.5) ou diaconisas (Rm 16.1).

Não é conveniente tentar-se traçar uma descrição de cargos eclesiásticos consistente com base unicamente na nomenclatura de cargos e funções. Os termos são geralmente muito imprecisos e variáveis. Por exemplo, um apóstolo poderia ser descrito como um presbítero (1Pe 5.1), e pelo menos um dos sete diáconos pioneiros de Jerusalém poderia ser chamado mais apropriadamente de evangelista (At 21.8). Alguns dos primeiros presbíteros pregavam, mas nem todos o faziam (1Tm 5.17); e alguns outros (como Apolo) pregavam, mas não eram presbíteros (At 18.24-26).

O que pode ser destacado do NT não é uma listagem de cargos e ofícios, com designações precisas e funções claramente definidas, mas, sim, a constatação clara da existência de três formas de ministério* no começo da Igreja: ministério das mesas, realizado pelos

GOVERNO DA IGREJA

apóstolos, diáconos e algumas mulheres; ministério de supervisão e cuidado pastoral, desempenhado pelos apóstolos, presbíteros, bispos e pastores; e ministério da Palavra, desempenhado pelos apóstolos, profetas, evangelistas, presbíteros, diáconos — e por alguns outros membros da Igreja, sem designação alguma.

Após a era apostólica, a política de administração eclesiástica se desenvolve em três linhas distintas, que veremos a seguir.

1. Episcopado

No que se refere ao episcopado, é essencial sabermos que:

a. Pela metade do século II, o tríplice ministério de bispo, presbítero e diácono estava firme e amplamente estabelecido. Isso se mostra evidente em documentos como as *Epístolas* de Inácio (*c.* 115) e de Policarpo (*c.* 70-155/160). A evidência também se apoia em suposições tácitas de escritores cristãos no final do século II. "O episcopado está tão inseparavelmente vinculado a todas as tradições e crenças de homens como Ireneu* e Tertuliano* que eles não deixam escapar nenhuma informação a respeito de um tempo anterior, em que o episcopado não existia" (Lighfoot, *Philippians* [Filipenses], p. 227).

b. Traços desse tríplice ministério podem ser encontrados no próprio NT. Os exemplos geralmente mais citados são os de Tiago, o irmão do Senhor, que detinha uma posição especial na igreja em Jerusalém; e de Timóteo e Tito, que parecem ter exercido mais do que simples autoridade presbiteral, como delegados apostólicos.

c. Os bispos tinham autoridade sobre as igrejas e os presbíteros de suas áreas. Charles Gore* chega a manifestar a ideia (que ele atribui a Inácio) de que os presbíteros teriam a mesma relação para com o bispo como os discípulos tinham para com Cristo: seriam "como o círculo dos Doze ao redor de seu Mestre" (*The Church and the Ministry* [A Igreja e o ministério], p. 302).

d. Quanto às origens e desenvolvimento do episcopado, diferentes conceitos prevalecem. De acordo com Lightfoot (p. 227), "o episcopado surgiu do presbitério". Hatch, em *The Organization of the Early Christian Churches* [A organização das primeiras igrejas cristãs], p. 39), é da mesma opinião: "As funções da pluralidade inicial dos oficiais, coordenados, das igrejas, vieram praticamente a passar para as mãos de um só oficial". Gore, porém, não concorda. Para ele, os presbíteros nunca tiveram os poderes que pertencem aos bispos: os bispos seriam sucessores dos apóstolos, não dos presbíteros, sendo a única diferença a de que a autoridade dos bispos era localizada, enquanto a dos apóstolos era universal. Gore sustenta até que os bispos seriam sucessores do próprio Cristo: "Cada igreja, com seu bispo e seu presbitério, é tal qual uma pequena teocracia, em que o bispo representa a autoridade de Deus, sendo ele uma nova representação da presença divina que se encontrava no mundo quando Cristo se achava entre os apóstolos a seu redor" (p. 303). Nessa visão, a posição episcopal é a de um apostolado permanente e oficial.

e. As opiniões diferem também sobre se o episcopado é parte da essência da Igreja. Lightfoot o via muito em termos de utilidade. Assim também Hatch: "O episcopado cresceu pela força das circunstâncias, sob ordenação da Providência, para satisfazer uma necessidade sentida" (p. 99). Aqui, mais uma vez, Gore discorda. O episcopado é de direito divino. Não pode ser desprezado, e as igrejas que o possuem não podem ser solicitadas a que o considerem simplesmente como uma das muitas formas permitidas de governo eclesiástico (p. 348). O princípio da sucessão apostólica, para Gore, não pode ser deixado de lado, sob risco de traição a Cristo (p. 349).

f. De acordo com os que sustentam a tese da sucessão apostólica do episcopado, somente os bispos têm autoridade para ordenar. Consequentemente, qualquer crente admitido ao ofício ministerial da Igreja que não por intermédio de um bispo não detém, para eles, um ministério eclesiástico válido. Isso significaria que batistas, presbiterianos* e congregacionais*, principalmente, além de outros, têm violado a lei fundamental da vida eclesiástica. Suas congregações seriam meras organizações, não propriamente igrejas (Gore, p. 344).

2. Presbiterianismo.

Os aspectos básicos do presbiterianismo foram estabelecidos por Calvino* (*Institutas* IV.iii-iv) e desenvolvidos na Escócia e na Inglaterra, no século XVII, em grande parte mediante uma polêmica interação com o anglicanismo* episcopal. Os presbiterianos afirmam que:

a. No original do NT, as palavras gregas *presbyteros* e *episkopos* são sinônimos equivalentes, designando um só e o mesmo ofício. Isso é sustentado por Lightfoot (p. 96) e até mesmo aceito por Gore (p. 302). A única diferença é que a designação *episkopos* era usada somente nas igrejas gentílicas.

b. As primeiras igrejas cristãs não tiveram que criar seu sistema de governo. Encontraram um sistema pronto, à mão, na organização das sinagogas. O paralelo entre igreja e sinagoga constituía argumento dos mais fortes dos primeiros presbiterianos: "Toda espécie de cargo ou ofício que a igreja judaica teve, a igreja cristã deve ter também. A igreja judaica tinha anciãos do povo, mas que davam assistência ao governo eclesiástico deles, sendo membros de seus consistórios eclesiásticos; assim, portanto, deveria tê-los também a igreja cristã" (George Gillespie, *Assertion of the Government of Church of Scotland* [Afirmativa do governo da Igreja da Escócia], cap. 3). Pesquisas mais recentes de estudiosos anglicanos têm servido somente para dar mais força ainda ao argumento presbiteriano. "Quando a maioria dos membros de uma comunidade judaica se convencia de que Jesus era o Cristo", escreve Hatch, "não havia por que interromper sua prática da vida comum anterior. Não havia necessidade de secessão, de cisma, de mudança na organização. A forma antiga de adoração e os antigos moldes de governo poderiam ainda continuar" (p. 60).

c. Os alegados traços de episcopado no NT são extremamente nebulosos. A posição especial de Tiago em Jerusalém era provavelmente um reflexo de sua piedade pessoal, força de caráter e íntimo

GOVERNO DA IGREJA

relacionamento com o Senhor, e não propriamente qualquer coisa inerente ao seu ofício. Para todos os efeitos, como assinala Lightfoot (p. 197), Tiago aparece em Atos como um membro do presbitério. Ele pode ter sido até chefe ou dirigente dos presbíteros, mas nada indica que fosse considerado hierarquicamente superior a eles. Lightfoot não vê, aliás, muito apoio para sua própria suposição nos casos de Timóteo e Tito: "É uma concepção de época recente que apresenta Timóteo como bispo de Éfeso e Tito como bispo de Creta. A própria linguagem de Paulo implica que a posição que detinham era temporária" (p. 109). Daí, sua conclusão: "Portanto, até o ano 70, não se manifesta nenhum sinal próprio de governo episcopal na cristandade gentílica" (p. 201).

d. A situação na literatura subapostólica (ver Pais apostólicos*), por sua vez, não é tão definida como alegam os episcopais. Na *Didache*, por exemplo, *presbyteros* e *episkopos* são ainda sinônimos; o poder (até mesmo para designar bispos) pertence à congregação; e o padrão básico de ministério é ainda o duplo, de presbíteros e diáconos. Além do mais, o bispo não possuía poderes diocesanos. Em vez disso, cada congregação, ainda que pequena, tinha seu próprio bispo: "Quando o sistema episcopal se estabeleceu, havia um bispo onde quer que houvesse o que depois se considerou uma igreja paroquial" (Hatch, p. 79). As *Epístolas* de Inácio confirmam isto. Nada poderia ser feito sem o bispo: nenhum batismo, nenhuma eucaristia, nenhuma celebração de casamento, nem mesmo uma festa. Isso certa-mente não reflete propriamente um episcopado *diocesano*, mas, sim, *paroquial*. Além disso, longe de ser autocrático, o poder do bispo era severamente limitado pelo da congregação, que ainda designava seus próprios oficiais, exercia a disciplina*, enviava delegados a outras igrejas e dirigia até bispos para irem em missão. Desse período, Inácio dá testemunho de que os bispos se achavam intimamente ligados aos presbíteros: "O vosso honrado presbitério está afinado com o bispo, tal como as cordas estão para com a lira" (*Efésios* 4). Como T. M. Lindsay assinala, no pensamento de Inácio, o grupo governante eclesiástico é como um tribunal que se reúne, em que o bispo se senta como presidente, mas cercado por seu conselho (ou sessão) de presbíteros e no qual "um é impotente sem o outro, porque, sendo o bispo a lira, os presbíteros são as cordas, e ambos são necessários para produzir melodia" (*The Church and the Ministry in te Early Centuries* [A Igreja e o ministério nos primeiros séculos], p. 197). Somente no século III é que o que havia sido uma relação de primazia se tornaria de supremacia.

e. Os principais aspectos do presbiterianismo são:

1) Presbítero e bispo são o mesmo cargo.

2) Todos os presbíteros ou bispos são iguais em autoridade.

3) Deve haver uma pluralidade de presbíteros/bispos/pastores em cada congregação. Juntos, formam o corpo governante local (conselho da igreja, tradição escocesa influente).

4) Tradicionalmente, os presbiterianos têm buscado sustentar a

teoria de um duplo ministério de presbíteros e diáconos. Foi feita uma tentativa para encontrar um lugar distintivo para o pregador, denominando-o *presbítero docente*, para distingui-lo de um *presbítero regente*. Mas isso só leva a uma artificialidade: por exemplo, um presbítero "regente" que se torne um presbítero "docente" tem de passar por uma segunda ordenação. Na prática, o presbiterianismo opera com um tríplice ministério, de pregador, presbítero e diácono. Pode ser difícil encaixar isto na nomenclatura do NT, mas se harmoniza bem com os perfis básicos do sistema de governo apostólico. O que importa não é como a Igreja designe seus oficiais, mas, sim, se cumprem os ministérios essenciais de proclamação do evangelho, cuidado pastoral e compaixão.

5) Os presbíteros não são meros representantes do povo, constituídos para executar os desejos deste. São líderes, *hēgoumenoi*, chamados para decidir (Hb 13.7), governar (1Co 12.28), e estar *sobre* a Igreja no Senhor (1Ts 5.12).

6) Não obstante, o povo detém o que Hodge chama de "uma parte substancial no governo da Igreja" (*The Church and its Polity* [A Igreja e sua organização], p. 119). Isto se aplica, particularmente, quanto à designação de oficiais e ao exercício da disciplina.

7) Grupos de igrejas locais (provinciais, nacionais e mesmo internacionais) devem se associar em presbitérios e sínodos (e, idealmente, em concílios ecumênicos).

8) Os poderes dos presbitérios e sínodos são limitados pelos direitos das congregações locais. A função deles é exercer um episcopado geral,

i.e., um ministério de supervisão e revisão criativas. Especialmente, deverão remediar injustiças locais, assegurar ao máximo a cooperação entre igrejas locais e encorajar os fortes a ajudarem os fracos.

9) As decisões dos presbitérios e sínodos não são meramente consultivas, mas normativas, como foram as decisões do concílio de Jerusalém (At 15.6-29).

3. Independência

A melhor exposição de modelo independente é ainda o clássico de R. W. Dale, *Congregational Church Polity* [Forma de governo de igreja congregacional] (1885). Uma forma de governo essencialmente independente é também apresentada por John Owen, em *The True Nature of a Gospel Church* [A verdadeira natureza de uma igreja evangélica] (1689). Tal como o presbiterianismo, ele rejeita o episcopado diocesano. Mas nega também, no entanto, a legitimidade de presbitérios e sínodos.

As igrejas independentes têm geralmente três princípios essenciais:

a. A palavra "igreja" no NT se refere tanto à igreja universal (e invisível) como a igrejas locais particulares. Nunca é usada para se referir a igrejas regionais ou nacionais. "Não existe outra espécie de igreja visível organizada senão a igreja ou congregação particular, cujos membros se reúnem comumente em determinado lugar" (Owen, p. 3).

b. A igreja local é independente de controle externo e não deve pertencer a uma organização maior nem se submeter a um governo central. (Na prática, contudo,

GRAÇA

manifesta-se, não raro, a necessidade de alguma espécie de associação de igrejas locais: veja-se as várias associações, uniões, convenções, alianças, comunhões, etc., de igrejas batistas, congregacionais e outras).

c. As igrejas mais independentes têm sido as de governo congregacional, *i.e.*, as que são governadas pela própria membresia (praticamente, pela assembleia da igreja). "Se todos os membros de uma igreja cristã são diretamente responsáveis perante Cristo pela manutenção de sua autoridade na igreja, deverão eleger seus próprios oficiais, regulamentar sua adoração, determinar que pessoas serão recebidas em sua comunhão e deverão ser dela excluídas" (Dale, p. 69).

Todavia, um número cada vez maior de igrejas independentes não é congregacional, mas, sim, governado por um corpo de presbíteros. Eles são eleitos pela membresia, mas funcionam, na verdade, como líderes e supervisores.

No moderno movimento ecumênico*, especialmente desde a Conferência Fé e Ordem de Lausanne, em 1927, várias tentativas foram feitas para combinar os principais elementos de dois ou mesmo de todos os três principais sistemas existentes de governo da Igreja.

Ver também COLEGIALIDADE e CONCILIARIDADE; PAPADO.

Bibliografia
J. Bannerman, *The Church of Christ*, 2 vols. (Edinburgh, 1868); R. W. Dale, *Congregational Church Polity* (London, 1885); G. Gillespie, *An Assertion of the Government of the Church of Scotland* (1641), repr. *in: The Presbiterian's Armoury*, 3 vols. (Edinburgh, 1846); C. Gore, *The Church and the Ministry* (London, 1882); E. Hatch, *The Organization of the Early Christian Churches* (London, 1909); C. Hodge, *The Church and its Polity* (London, 1879); J. B. Lightfoot, *The Christian Ministry*, dissertação anexa a *Commentary on St. Paul's Epistle to the Philippians* (London, 1879); T. M. Lindsay, *The Church and the Ministry in the Early Centuries* (London, 1910); J. Owen, *The True Nature of a Gospel Church* (*Works*, vol. 16, London, 1868).

D.M.

GRAÇA. As palavras bíblicas traduzidas por "graça" são *hēn* (heb.) e *charis* (gr.). Nenhuma traz consigo, porém, o sentido comum da palavra "graça", como o conhecemos, que implica virtude pessoal. Indicam, pelo contrário, uma relação objetiva de favor imerecido conferido por alguém superior a outro inferior, que, no caso da graça de Deus para com a pessoa humana está ligado às ideias de pacto* e de escolha (ver Predestinação*). Esse favor divino ao indivíduo, tanto como criatura quanto como pecador, resultará, contudo, em vida transformada, mediante o chamado eficaz* (Gl 1.15), com a produção de fé* e arrependimento* (Ef 2.8,9; 2Tm 2.25). Os efeitos subjetivos da graça podem parecer, algumas vezes, transformar a graça de Deus em uma virtude independente, uma "coisa" possuída pelo crente (At 4.33; 11.23; 13.43; Rm 5.21), mas, atentando para o contexto, observamos que se referem, na verdade, à operação do Espírito da graça (Hb 10.29). É

GRAÇA

inteiramente sem prova a teoria da ideia grega de *charis,* como poder independente, estar presente no uso do NT. A graça no NT vem, de modo supremo, de uma Pessoa, Jesus Cristo, e está ligada a ele (Jo 1.14,16,17; Rm 5.21; 1Co 1.4, etc.).

O real sentido da palavra abrange a liberdade da graça. Ela é totalmente imerecida, não evocada por disposição da criatura (*e.g.,* Ef 2.1-10; Tt 3.3-7). No início do século II, no entanto, obscureceu-se a prioridade da graça sobre a resposta humana por um interesse na redenção como nova revelação e lei, assim como por uma canalização da graça por meio da ministração clerical, enquanto a doutrina do Espírito Santo era negligenciada. De certo modo, Ireneu* e Tertuliano* recuperaram o lugar do Espírito como fonte singular de toda a graça e seus efeitos transformadores; todavia, a insistência de Tertuliano em um realismo concreto e terminologia válida ameaçou ainda mais deixar a graça de voltar a ser uma "substância" impessoal.

Foi Agostinho* quem falou novamente sobre a prioridade da graça, especialmente em sua doutrina da predestinação*. Em oposição à afirmação de Pelágio, de que cada indivíduo, desimpedido de qualquer fardo do pecado herdado, estaria essencialmente livre para uma escolha moral, Agostinho* elaborou plenamente o caráter radical e escravizador do pecado, baseando a salvação na graça "preveniente", que por si só induz ao arrependimento e à fé. Para Agostinho, no entanto, há também uma graça subsequente à fé e que torna a vontade renovada do homem em

agente dos próprios atos do amor de Deus para com o próximo.

Nos períodos pré-escolástico e escolástico*, muitos refinamentos ocorreram no conceito de graça, levando especialmente à distinção entre graça "real" (realizada em atos concretos) e graça "habitual" (graça como princípio fundamental de uma nova natureza), assim como à distinção entre graça "incriada" (o dom do próprio Deus que está latente em todas as outras espécies de graça na salvação) e a graça "criada" (efeito ou impacto da graça incriada sobre a "natureza" ou disposição do próprio indivíduo).

Por ocasião da Reforma*, no entanto, a graça estava sendo amplamente idealizada como virtude independente, por meio da qual o pecador poderia produzir atos que o recomendavam ao favor divino, tendo antes a recebido como dom de Deus. Sob a pregação dos reformadores, ocorreria um reavivamento da primazia da graça, juntamente com uma convicção de seu sentido básico de favor divino.

Lutero* renovou a avaliação que Agostinho fizera da pecaminosidade humana, enfatizando assim a justificação* como para obscurecer qualquer processo de real santificação* ou consolidação do estado de graça. A graça, para Lutero, manifestava-se em impulsos irregulares de fé contra a tentação do legalismo e da autossuficiência.

Para Calvino*, porém, um novo estado de santificação ou regeneração* acompanhava inseparavelmente a justificação pela fé. Calvino formulou também uma doutrina da graça em operação no mundo em geral, distinguindo entre a graça de Cristo, pela qual alguém

GRACIANO

se tornava e permanecia cristão, e a graça "geral" ou "comum", à qual poderia ser atribuído *grosso modo* o refreamento dos pecados, extensiva também à aspiração religiosa, conduta decente, irmandade social, bons desempenhos da arte e conquistas úteis da ciência. Havia ainda uma graça "especial", que era uma capacidade, virtude, ou capacitação especial. Essa ideia agradável complementava, mas não modificava, a concordância de Calvino com Lutero e, portanto, com Agostinho, sobre a impotência humana para com o pecado e sua necessária aceitação da ação de Deus.

Os teólogos arminianos*, posteriores, rejeitaram a distinção entre graça comum e graça salvadora, vendo somente uma só graça divina, concedida a toda pessoa. Não conseguiram, porém, explicar as referências do NT à predestinação e eleição ou de explanar satisfatoriamente quanto às muitas distinções da resposta e do privilégio humanos antes da graça. Mais recentemente, teólogos calvinistas americanos rejeitaram, em conjunto, a doutrina de Calvino da graça comum, crendo que mesmo a bondade de Deus no evangelho intensifica a severidade da rejeição ao pecador por parte de Deus aos não eleitos. Essa ideia, de modo geral, não tem convencido a maioria das pessoas da tradição calvinista.

Desde a Reforma, tem havido controvérsia sobre o modo de a graça alcançar os cristãos mediante os sacramentos* e sobre a relação da graça com a lei*. Recentemente, alguns estudiosos optaram pela ideia de Lutero a respeito da lei como meramente um poder sempre-presente que conduz à graça, enquanto outros têm adotado o "terceiro uso" da lei, de Calvino, como elemento ativo na santificação cristã. A dispensação do AT para alguns se parece como um parêntese "legal" (ou mesmo legalista), e para outros como um período preparatório, da lei, para a vinda da graça em Cristo e em parte antecipando-a; ou como uma fase de um pacto da graça, centrado definitivamente em Jesus Cristo.

A primazia da graça no pensamento cristão nos tem chegado, em nossos dias, pela obra de Karl Barth* e Karl Rahner*, cada qual, à sua própria maneira, retornando à ideia de que Deus essencialmente se dá a si mesmo na graça.

Bibliografia
K. Barth, *CD, passim*, mas especialmente II.1, p. 351-368; J. Calvino, *Institutas*; J. Daane, *The Freedom of God* (Grand Rapids, MI, 1973); C. Moeller e G. Philips, *The Theology of Grace and the Oecumenical Movement* (London, 1961); J. Pohle, *Grace Actual and Habitual* (London, 1919); K. Rahner, *Theological Investigations*, vol. (London, 1965); T. F. Torrance, *The Doctrine of Grace in the Apostolic Fathers* (Edinburgh, 1948); C. Van Til, *Common Grace and the Gospel* (Philadelphia, 1974); P. S. Watson, *The Concept of Grace* (London, 1959).

R.K.

GRACIANO, ver Lei Canônica.

GREGÓRIO DE NAZIANZO (*c.* 329-390). Também conhecido como Gregório, o Teólogo, foi um dos três grandes pais capadócios (com Basílio* e Gregório de Nissa*). Firmou

GREGÓRIO DE NAZIANZO

com Basílio, depois a figura mais importante do grupo, um relacionamento bem próximo, enquanto ambos estudavam em Atenas. Retornando à Capadócia, Gregório relutantemente submeteu-se à ordenação como presbítero para ajudar seu idoso pai, o bispo de Nazianzo. Seu sermão pregado em seguida (*Oração* II) é a obra seminal da teologia pastoral*. Gregório foi mais tarde, também contra sua vontade, e para ajudar Basílio, consagrado bispo pelo então bispo metropolitano de Cesareia, em uma luta travada, então, pelo poder eclesiástico.

Após a morte de Basílio, foi chamado a conduzir o pequeno número de remanescentes dos cristãos ortodoxos em Constantinopla, capital do Império Romano do Oriente. A oratória notável de Gregório e a aquiescência do imperador Teodósio I contribuíram para triunfo da ortodoxia sobre o arianismo*. Após tornar-se bispo de Constantinopla e haver presidido por algum tempo o marcante concílio* reunido naquela cidade em 381, Gregório renunciou ao cargo, aposentando-se, cheio de gratidão à Capadócia.

A teologia de Gregório pode ser encontrada em seus sermões, cartas e poemas. Suas cinco *Orações teológicas*, pregadas em Constantinopla em 380, contêm sua clássica exposição da doutrina da Trindade*. Após enfatizar a purificação necessária para o teólogo e a incompreensibilidade de Deus*, Gregório expõe a doutrina da Trindade em termos de relacionamentos no interior da divindade. O Pai é o gerador e o emissor, o Filho é o gerado, e o Espírito Santo é a emissão. A geração do Filho e a processão do Espírito estão além do tempo, de modo que os três são coeternos. Conquanto o Pai possa ser maior do que o Filho no sentido de que é a causa, não o é, no entanto, por natureza, porque da mesma natureza são os dois, Pai e Filho. Os nomes Pai e Filho, por sua vez, nos dão a conhecer uma relação íntima existente no interior da divindade.

Nessa base, Gregório defende fortemente a deidade do Espírito Santo*. O Espírito poderia ser criatura ou Deus, mas somente essa última alternativa dá coerência à doutrina cristã. Ele não é, contudo, nem gerado nem não gerado, mas, sim, o que procede (*to ekporeuton*). A distinção dos três é, dessa forma, preservada em uma única natureza. Gregório proclama inequivocamente o que Basílio havia expresso tão cuidadosamente: que o Espírito é Deus e consubstancial com o Pai.

A principal contribuição de Gregório para o desenvolvimento da cristologia* está em sua oposição a Apolinário*. Argumenta que a totalidade da natureza humana que caiu com Adão deve estar unida no Filho, em corpo, alma e mente, "pois o que não se presume é que não tem cura".

Bibliografia

TI de obras selecionadas por C. G. Browne & J. E. Swallow, *in: NPNF*, segunda série, vol. 7 (1894; repr. Grand Rapids, MI, 1974); *cf.* também E. R. Hardy & C. C. Richardson, *Christology of the Later Fathers* (*LCC* 3, London, 1954).

A. Benoit, *Saint Grégoire de Nazianze* (1876; repr. Hildesheim, 1973); J. L. González, *A History of*

GREGÓRIO DE NISSA

Christian Thought, vol. 1 (Nashville, TN, 1970); J. N. D. Kelly, *Early Christian Doctrines* (London, ⁵1977); J. Plagnieux, *Saint Grégoire de Nazianze Théologien* (Paris, 1951); R. R. Ruether, *Gregory of Nazianzus. Rhetor and Philosopher* (Oxford, 1969); I. P. Sheldon-Williams, *in: CHLGEMP*, p. 438-447; J. H. Srawley, *in: ERE* III, p. 212-217; J. W. C. Wand, *Doctors and Councils* (London, 1962); H. H. Watkins, *in: DCB* II, p. 741-761.

T.A.N.

GREGÓRIO DE NISSA (c. 335-395). O mais jovem dos três pais capadócios (juntamente com seu irmão mais velho, Basílio de Cesareia*, e o amigo de ambos, Gregório de Nazianzo*). Ajudou na obtenção, no final do século IV, da vitória da ortodoxia nicena sobre o arianismo* e deu forma definitiva à doutrina da Trindade*. Gregório de Nissa não tinha a mesma formação acadêmica que os outros dois, mas se tornou professor de Retórica, como eles, e chegou mesmo a superá-los como pensador especulativo. Foi nomeado bispo de Nissa em 372, por Basílio, para auxiliá-lo em embate pelo poder na Igreja. Em 381, após a morte de Basílio, o bispo Gregório de Nissa foi uma das figuras de destaque do Concílio* de Constantinopla.

Sua contribuição para a doutrina capadócia da Trindade é bem e sucintamente expressa em seu breve tratado, *Não se deve nem pensar em dizer que existem três Deuses*. Os capadócios deram equilíbrio à ênfase de Atanásio* e dos nicenos mais antigos sobre a unidade e a *ousia* (substância*) comum da Trindade, destacando a distintividade das três *hypostaseis* (pessoas). Isso poderia, no entanto, levar ao risco de triteísmo*, especialmente se usada a analogia de três homens compartilhando a mesma substância de humanidade. Gregório argumenta, no entanto, que não devemos falar de três deuses compartilhando a mesma substância da deidade (ou divindade), sendo realmente, no caso, inexato e errôneo falar de três homens, por ser neles o "homem" (*i.e.*, a natureza humana) um só e o mesmo. Além do mais, a analogia falha no sentido de que três homens podem buscar atividades separadamente, enquanto em Deus cada ato em relação ao mundo criado é comum às três Pessoas, tendo sua origem no Pai, procedendo por meio do Filho e sendo aperfeiçoado pelo Espírito. As obras dogmáticas de Gregório também incluem o importante tratado *Contra Eunômio* e outro em oposição a Apolinário*.

Uma narrativa completa da doutrina cristã é dada em sua *Oração catequética*, escrita para ajudar na instrução de convertidos. Aqui, a influência do neoplatonismo (ver Platonismo*) e de Orígenes* está evidente em sua interpretação das doutrinas cristãs da criação*, da humanidade (particularmente sexualidade*) e do mal*.

Gregório é mais fiel à tradição ortodoxa do que Orígenes; todavia, ensina claramente o universalismo*, uma redenção e restauração da totalidade da criação (incluindo o diabo): aqueles não purificados nesta vida serão purificados pelo fogo após a morte. Sua originalidade é vista, particularmente, em suas doutrinas da expiação* e da eucaristia*. Explica a expiação em termos de pagamento de resgate (a vida de Cristo) a Satanás (ver Redenção*), o qual a tomou "como um peixe voraz" engolindo a "isca", não percebendo que a divindade estava escondida dentro da carne "como um anzol". Essa ilustração grotesca, juntamente com a ideia de resgate sendo pago ao diabo, tem sido geralmente rejeitada pela Igreja. Os méritos da teoria de Gregório repousam, porém, em sua visão objetiva e cósmica da expiação e em como a ligou aos atributos divinos de bondade, poder, justiça e sabedoria. Sua doutrina da eucaristia se baseia em entendimento seu do aspecto físico da salvação na ressurreição* do corpo. Ensinava que a salvação* era comunicada ao corpo por meio da eucaristia. O pão e o vinho se tornariam os elementos do corpo de Cristo por meio das palavras de sua consagração, de forma que quando os recebêssemos nossos corpos compartilhariam da imortalidade divina.

Destaca-se também por seus influentes escritos místicos*, em que traça três estágios na ascensão da alma, desde a *apatheia*, ou libertação da paixão, passando pela *gnōsis*, conhecimento místico em que os sentidos são deixados para trás, até a *theōria*, o mais alto estágio da contemplação, em que, já que uma alma criada não pode ver a Deus, alguém passa para a ascensão sem limites na escuridão divina.

Bibliografia

TI de obras selecionadas por W. Moore e H. A. Wilson, *in: NPNF*, segunda série, vol. 5 (1890; repr. Grand Rapids, MI, 1976); *cf.* também E. R. Hardy e C. C. Richardson,

Christology of the Later Fathers (*LCC* 3, London, 1954).

G. W. Bromiley, *Historical Theology, An Introduction* (Edinburgh, 1978); A. S. Dunstone, *The Atonement in Gregory of Nyssa* (London, 1964); *idem*, The Meaning of Grace in the Writings of Gregory of Nyssa, *SJT* 15 (1962), p. 235-244; J. L. González, *A History of Christian Thought*, vol. I (Nashville, TN, 1970); J. N. D. Kelly, *Early Christian Doctrines* (London, [5]1977); I. P. Sheldon-Williams, *in: CHLGEMP*, p. 447-456; J. H. Srawley, , *in: ERE* III, p. 212-217; E. Venables, *in: DCB* II, p. 761-768.

T. A. N.

GREGÓRIO DE RIMINI (*c.* 1300-1358). Nasceu em Rimini, Itália, e, tendo se tornado ali frade agostiniano, passou a estudar e, depois, a ensinar Teologia. De 1341 a 1351, ensinou em Paris, regressando então ao mosteiro, onde foi, entre 1356 e 1357, vigário geral e prior da ordem. Sua obra mais importante que sobreviveu é um comentário sobre os primeiros dois livros das *Sentenças* de Pedro Lombardo.

A teologia de Gregório de Rimini tem sido descrita como uma resposta agostiniana* às questões do século XIV. Aceitava, com seus contemporâneos, a separação entre fé e razão*, verdade revelada e conhecimento natural. Enfatizava os limites da razão e a insondabilidade dos caminhos de Deus. Sua teologia se baseava na revelação* de Deus, permitindo pouco espaço a uma teologia natural*. Era um filósofo nominalista*. Estava de acordo, desse modo, com a escola de Guilherme de Occam*, predominante e radicalmente não tradicional. Mas

GREGÓRIO, O GRANDE

sua teologia era, na verdade, tradicional, um retorno ao ensino de Agostinho.

Juntamente com seu contemporâneo Bradwardine*, opôs-se ao então presente semipelagianismo*. Deu ênfase à soberania de Deus e à nossa total dependência da graça para a salvação. A humanidade caída não pode praticar o bem sem a graça de Deus. A eleição é a escolha imerecida de nós pela soberania de Deus.

Gregório seguiu ainda Agostinho no ensino de que os que morrem não batizados na infância estariam condenados ao inferno, pelo que ele ganhou o título de "tortor infantium" ["torturador de crianças"]. Mas uma definição mais justa dele e de sua teologia como um todo é encontrada em outro título, mais tradicional, que lhe deram: "doctor authenticus" ["sábio autêntico"].

Bibliografia

G. Leff, Gregory of Rimini (Manchester, 1961).

A.N.S.L.

GREGÓRIO, O GRANDE (c. 540-603). Este Gregório renunciou a uma carreira secular como prefeito de Roma a fim de se tornar monge pela regra beneditina* (ver Ascetismo ou Monasticismo*). Além de abrir mão de seu patrimônio material, fundou mosteiros na Sicília e na Itália. Mesmo como papa, a partir de 590, continuou a vestir-se de monge e viver com seu clero sob a regra monástica estrita. Sua obra mais influente é a Regra pastoral, de tom categoricamente monástico.

O papado* de Gregório ocorreu justamente em época de verdadeiro caos e luta interna na Itália. Em situação, então, de vácuo no poder temporal, Gregório tomou diversas iniciativas, designando governadores para cidades italianas e providenciando material bélico para a luta contra os lombardos. Estendeu assim efetivamente o poder temporal do papado.

Embora afirmasse a autoridade soberana da sé apostólica quando suspeitava de heresia ou procedimento não canônico, preferia não interferir na autoridade dos bispos. Repudiou o título de "patriarca ecumênico" adotado pelo Patriarca de Constantinopla, como não canônico e arrogante. Como reação, adotou para si mesmo o título de "o servo de todos os servos de Deus".

Gregório combinava um agostinianismo* erudito com vários traços de piedade popular. Publicou a obra Diálogos, cheia de narrativas de prodígios e visões bizarras de santos italianos, que ele credulamente aceitava. Deu à doutrina do purgatório* importante extensão, tornando-a em dogma de que as almas no purgatório seriam libertas pelo sacrifício da missa. Embora ele próprio, pessoalmente, não aprovasse a adoração de imagens*, a consentiu na adoração feita pelos iletrados.

Gregório, o Grande, exerceu também um papel ativo na expansão da Igreja. Ficou bem conhecida sua iniciativa por trás da missão de Agostinho de Cantuária na Inglaterra, assim como deu passos decisivos no fortalecimento da Igreja na Espanha, na Gália e no norte da Itália.

Bibliografia

F. H. Dudden, Gregory the Great, 2 vols. (London, 1905); G. R. Evans,

475

GRÓCIO, HUGO

The Thought of Gregory the Great (Cambridge, 1986).

G.A.K.

GREGÓRIO PALAMAS, ver Hesicasmo; Teologia Ortodoxa OrientaL.

GRÓCIO, HUGO (1583-1645). Huig de Groot foi jurista, publicista, estadista e teólogo holandês. Precoce nos estudos e em talento, Grócio absorveu o humanismo racional tanto de sua família quanto de seus estudos na Universidade de Leiden, onde ingressou bem cedo, em 1595. Doutor em leis pela Universidade de Orleans, praticou a advocacia e exerceu importantes cargos públicos.

Em 1610, os seguidores de Armínio* publicaram uma exposição em que afirmavam os cinco pontos pelos quais se haviam separado do calvinismo absoluto (ver Teologia Reformada*). O debate era, contudo, bastante complexo, envolvendo questões referentes aos poderes relativos das Províncias Holandesas e à autoridade central. Grócio, de pensamento favorável ao arminianismo, empenhou-se no apaziguamento das partes, instando pela moderação, em sua obra *Ordinum Pietas* [Piedade em boa ordem] (1613). Esboçou, ainda, o texto da Resolução pela Paz (1614), com que os Estados Gerais proibiriam a pregação de doutrinas controvertidas e recomendariam tolerância. Politicamente, no entanto, a disputa foi resolvida mediante um golpe de Maurício de Nassau, príncipe de Orange e líder dos calvinistas, apoderando-se, em 1618, das principais cidades holandesas. Jan van Oldenbarnevelt, líder dos arminianos e sustentador da autonomia provincial, foi então executado por traição, e Hugo Grócio recebeu prisão perpétua. O Sínodo de Dort* (1619) reafirmou os cinco pontos básicos do calvinismo contra a exposição arminiana.

Em 1621, Grócio escapou da prisão e se estabeleceu em Paris. Em 1631, retornaria por pouco tempo à Holanda, retirando-se depois para a Alemanha. De 1635 a 1645, foi embaixador sueco em Paris. Morreu em Rostock, vítima de um naufrágio nas proximidades de Danzig.

Hugo Grócio desfrutava de boa reputação intelectual e literária. Sua peça teatral *Adamus exul* [O suor de Adão] (1601) influenciou o *Paraíso perdido*, de Milton. Em matéria de direito, sua obra *Mare Liberum* [Mar livre] (1609) foi pioneira na defesa da liberdade dos altos mares, e obras suas em Direito Civil são até hoje compulsadas. Seu trabalho *De Iure Praedae* [Sobre o direito ao despojo] (de 1604, mas publicada somente em 1868) prefigurou sua obra *De Iure Belli ac Pacis* [Do direito às guerras tanto quanto à paz] (1625), obra seminal do Direito Internacional moderno, na qual Grócio indicava que os princípios da lei natural* poderiam ser baseados tanto na razão e na ordem social como na revelação, sendo válidos mesmo se não existisse Deus — sugestão que outros levaram mais adiante.

Em teologia, Grócio se moveu para uma posição sem credo em particular, colocando a moderação e a tolerância* em um plano superior. Sua obra *De Veritate Religionis Christianae* [Sobre a verdade da religião cristã] (1627) afirmava o cerne comum do cristianismo, sem

GUERRA E PAZ

levar em conta denominações e teologias, aconselhando confiança em Deus e a observância dos ensinos de Cristo. Foi traduzida, com propósitos missionários, para o árabe, o persa, o chinês e outros idiomas. Outras obras, tais como *Via ad Pacem Ecclesiasticam* [Caminho para a paz eclesiástica] e *Votum pro Pace Ecclesiastica* [Voto pela paz eclesiástica], ambas de 1642, constituíram tentativas suas de promover a união e a paz na Igreja. Foram, no entanto, rejeitadas por muitos, alegando-se sacrificarem demasiadamente a causa protestante e reformada. Suas *Annotationes in Vetus et Novum Testamentum* [Anotações no Antigo e Novo Testamentos] (1642) baseavam-se na filosofia, ciências e história para explicar os textos comentados, de maneira incomum, em uma época em que as doutrinas, recebidas por inspiração, haviam excluído tal método.

Sua obra *Defensio fidei catholicae de satisfactione Christi adversus Faustum Socinum Senensem* [Defesa da fé católica quanto à justificação de Cristo contra Faustus Socinus Senensem] (1617, ²1626), ataque ao socinianismo* de efeito duvidoso, contém o que ficou sendo conhecido como teoria governamental da expiação*, derivada das teorias penais da expiação, embora tangencial a estas. A teoria, matizada pelas noções então em desenvolvimento do papel da soberania de Deus, antecipa-se ao pensamento teológico moderno. O perdão de Deus aos pecadores está dentro de sua liberdade de ação irrestrita e absoluta, sendo a morte de Cristo aceita por ele como governante, não como credor ou parte

ofendida. Como governante, o interesse de Deus está no bom governo do mundo. A morte de Cristo ilustra a punição a que o pecado pode levar e, portanto, serve ao seu bom governo como meio de intimidação. Além disso, forma um contraste com a misericórdia mostrada pelo seu perdão aos pecadores, fazendo assim a humanidade refletir sobre a profundidade de uma tal misericórdia.

Bibliografia

F. W. Kelsey, TI de *De Iure Belli ac Pacis* (London & Washington, DC, 1923-1928; repr. New York, 1964); E. Dumbauld, *The Life and Legal Writings of Hugo Grotius* (Norman, OK, 1969); W. S. M. Knight, *The Life and Works of Hugo Grotius* (London, 1925, repr. New York & London, 1962); R. W. Lee, Hugo Grotius, *Proceedings of the British Academy* 16 (1930), p. 3-61; J. ter Meulen, *Concise Bibliography of Hugo Grotius* (Leiden, 1925); *idem* & P. J. J. Diermanse, *Bibliographie des écrits imprimés de Hugo Grotius* (The Hague, 1950).

F.L.

GUERRA E PAZ. Um dos maiores problemas sociais, igualado à pobreza* e ao racismo (*cf.* Raça*), a guerra tem recebido uma série de variadas reações por parte dos cristãos, indo desde o pacifismo e a não violência até a ideia de guerra justa e o conceito de cruzada. Entre os motivos para tal variedade de opiniões estão o problema de harmonização do AT com o NT e a dificuldade de aplicar alguns dos ensinos éticos de Jesus. No AT, muitas são as passagens que endossam o conflito armado, tais como Dt 7 e 20 e as narrativas de guerras em Josué, Juízes e Samuel. Embora sejam passagens não raro usadas por cristãos para justificar sua participação na guerra, estudiosos chamam a atenção para o fato de que o antigo Israel* era um Estado teocrático, enquanto nos tempos do NT nunca houve até hoje, propriamente, uma nação tendo Deus como governante ou rei. Na dispensação do NT, Deus tem lidado com a humanidade mediante um corpo internacional, a Igreja*, distinta, em princípio, de qualquer unidade política e constituída de indivíduos de todas as raças e nacionalidades que professam a fé em Jesus Cristo.

Outro problema, no entanto, procede da orientação que Jesus deu aos seus seguidores. Ele faz questão de indicar que não devemos de modo algum ser violentos, em afirmações tais como: "Não resistam ao perverso. Se alguém o ferir na face direita, ofereça-lhe também a outra" (Mt 5.39) e "Amem os seus inimigos e orem por aqueles que os perseguem" (Mt 5.44). Todavia, como os cristãos são cidadãos de Estados nacionais, além de membros da Igreja, tem parecido a uma grande maioria deles que essas palavras deveriam ser interpretadas de modo que permitam aos crentes lutar, se necessário, pelo seu país.

Tendo essas considerações como base, vale considerar a reação dos cristãos à guerra e à paz no decorrer da história da Igreja. Dada a dificuldade em aplicar os comentários bíblicos a respeito da guerra, creem alguns que os cristãos deveriam procurar encontrar na Igreja primitiva o modelo para sua conduta nessa contingência. Os que preconizam a não resistência têm assinalado que não há nenhuma evidência de crentes servindo nas legiões de Roma antes de *c.* 170. A dificuldade reside em parte, no entanto, na falta de evidências completas referentes a esse período. O Império Romano não possuía recrutamento militar de natureza universal, e isso parece já resultar em uma restrição à discussão sobre esse assunto. Durante os anos finais do século II, há realmente evidências de cristãos servindo no exército romano, apesar de protestos de líderes da Igreja. A *Tradição apostólica*, de Hipólito*, guia de disciplina na Igreja no século III, indica a vida militar como aceitável, mas desde que o indivíduo alistado não mate ninguém. Essa afirmação aparentemente contraditória, todavia, é explicável à luz do fato de que, durante o período da *Pax Romana* (por volta de 30 a.C. a 325 d.C.), os soldados prestavam serviços que normalmente são desempenhados atualmente por policiais e bombeiros. Nessa época, sim, era possível servir no exército e não matar. Durante os séculos IV e V, a sociedade romana foi sendo progressivamente cristianizada, após a conversão do imperador Constantino. Eusébio* escreve, então, a respeito das campanhas de Constantino chamando-as de "guerras santas".

O crescimento da Igreja tornou difícil manter o pacifismo, porque os cristãos não eram mais uma minoria. Além disso, o perigo constante representado pelas invasões bárbaras tornou parecer necessária a guerra defensiva. Agostinho* conduz o modo de revisão da atitude cristã em relação à guerra ao

GUERRA E PAZ

formular uma série de regras para regular a violência e permitir que os crentes lutassem pelo império. Ele combina o AT com ideias de Aristóteles*, Platão* e Cícero em uma doutrina cristã de guerra justa. De acordo com sua visão, a guerra deve ter como meta o estabelecimento da justiça e a restauração da paz; deve ser travada sob autoridade do governante legítimo e conduzida de maneira equânime, inclusive guardando respeito à pessoa humana do inimigo e evitando saques, massacres e incêndios, de tal modo que os não combatentes não sejam prejudicados. Mas os engajados no serviço de Deus, como monges e sacerdotes, devem, segundo ele, ser isentos do serviço militar. A despeito, porém, de sua aparente aceitação da guerra, observa-se na visão de Agostinho um respeito genuíno pelo pacifismo. Suas afirmativas sobre a vida militar são caracterizadas pela mesma tristeza e resignação que permeiam as suas perspectivas de um modo geral sobre o governo civil.

Foi deixado para a Igreja medieval rejeitar o pacifismo completamente, exceto sob a visão de algumas seitas heréticas menores. Durante esse período, a maioria dos teólogos apoiou o ideal do cavaleiro cristão, e as práticas militares e religiosas se entrelaçaram. O influxo na Europa dos bárbaros germânicos, com sua perspectiva marcial, encorajou a Igreja a ajustar-se à nova situação. Essa atitude é tipicamente ilustrada pela série de cruzadas lançadas para libertar a Terra Santa do controle islâmico. Começando em 1095, essas campanhas, promovidas sob os auspícios da Igreja por um ideal santo, foram caracterizadas por uma atitude viciosa em relação aos adversários, considerados representantes do diabo. Em consequência, foram suspensos os conselhos de moderação da teoria de uma guerra justa, tornando-se a tortura e a pilhagem a ordem do dia.

As interpretações pacifistas, as de uma guerra justa e as das cruzadas quanto a conflitos armados já estavam todas francamente articuladas entre si no final da Idade Média e têm continuado a ser seguidas pelos cristãos até hoje. As Guerras da Religião, que acompanharam a Reforma, levaram os crentes, porém, a pensar uma vez mais a respeito das questões de guerra e paz. Luteranos* e anglicanos*, de modo geral, adotaram a posição agostiniana de guerra justa, reformados* e muitos católicos romanos* sentiram-se engajados numa cruzada, enquanto o pacifismo foi a abordagem dos anabatistas* e quacres*.

Com o desenvolvimento dos grandes exércitos e das ideologias de nacionalismo durante os séculos XIX e XX, o problema dos conflitos armados se tornou mais crucial ainda. Várias sociedades foram fundadas para trabalhar pela paz. A Comunhão de Reconciliação, fundada nos EUA em 1915, por exemplo, como organização pacifista internacional, prossegue ainda hoje em seu empenho por encorajar a cooperação e entendimento entre as nações de todo o mundo. O período entre as duas Guerras Mundiais viu também um reavivamento do sentimento pacifista tanto na Igreja como fora dela. Os esforços nesse sentido encontraram sua expressão na Liga das Nações, precursora das Nações

Unidas, e no movimento pela independência da Índia, liderado por Mohandas Ghandi. Nos anos que se seguiram à Segunda Guerra, o equilíbrio de terror entre Ocidente e Oriente com base nas armas nucleares tem levado muitos clérigos e membros da Igreja Católica Romana e das principais denominações protestantes a advogar o pacifismo, em alguns casos mais o pacifismo nuclear do que até o pacifismo total. Dois exemplos disso são a Constituição Pastoral sobre o Mundo, do Concílio Vaticano II, que reconhece o pacifismo como compatível com os ensinos católicos, e a declaração *Pacificação, a Vocação do Crente*, da Igreja Presbiteriana dos Estados Unidos.

Bibliografia

P. Brock, *Pacifism in Europe to 1914* (Princeton, NJ, 1972); *idem*, *Twentieth-Century Pacifism* (New York, 1970); C. J. Cadoux, The *Early Christian Attitude to War: A Contribution to the History of Christian Ethics* (London, 1919); R. G. Clouse (ed.) *War-Four Christian Views* (Downers Grove, IL, 1981); P. C. Craigie, *The Problem of War in the Old Testament* (Grand Rapids, MI, 1978); V. Eller, *War and Peace from Genesis to Revelation: King Jesus' Manual of Arms for the Armless* (Scottdale, PA, 1981); J. Ellul, *Violence: Reflections from a Christian Perspective* (New York, 1969); G. F. Hershberger, *War, Peace and Nonresistance* (Scottdale, PA, 1944); A. F. Holmes (ed.), *War and Christian Ethics* (Grand Rapids, MI, 1975); F. D. Kidner, I. H. Marshall, D. F. Wright & G. L. Carey, Perspectives on War, *in: EQ* 57 (1985), p. 99-178; G. H. C.

Macgregor, *The New Testament Basis of Pacifism* (London, 1958); Reinhold Niebuhr, *Moral Man and Immoral Society: A Study in Ethics and Politics* (New York & London, 1932); G. F. Nuttall, *Christian Pacifism in History* (Oxford, 1958); R. Ramsey, *War and the Christian Conscience: How Shall Modern War be Conducted Justly?* (Durham, NC, 1961); M. Walzer, *Just and Unjust Wars: A Moral Argument with Historical Illustrations* (New York, 1977); R. A. Wells (ed.), *The Wars of America: Christian Views* (Grand Rapids, 1981); J. H. Yoder, *Nevertheless: A Meditation on the Varieties and Shortcomings of Religious Pacifism* (Scottdale, PA, 1971); *idem*, *The Politics of Jesus* (Grand Rapids, MI, 1972).

R.G.C.

GUILHERME DE OCCAM (1280-1349). Teólogo escolástico* e filósofo do século XIV, Occam se uniu à ordem franciscana* e estudou em Oxford. Seguindo o programa então usual em Teologia, realizou primeiramente estudos sobre a Bíblia e em seguida sobre as *Sentenças* de Pedro Lombardo* (provavelmente 1317-1319). Antes que recebesse licenciatura para ensinar, no entanto, o chanceler da universidade o acusou de heresia. Occam foi chamado à corte papal, em Avinhão, em 1324, para se defender. Cláusulas de censura chegaram a ser esboçadas, mas o inquérito nunca foi completado. Enquanto esteve em Avinhão, Occam foi levado a uma disputa de sua ordem franciscana com o papa a respeito da pobreza evangélica. Em 1328, fugiu para Pisa, Itália, onde o imperador Luiz da Bavária, oponente

GUILHERME DE OCCAM

do papa, estava então residindo. Excomungado após haver deixado Avinhão, Occam permaneceu asilado na corte imperial bávara pelo resto de sua vida. Morreu em Munique, provavelmente por causa da peste negra.

A ida de Occam para Avinhão divide sua carreira. Antes, era um acadêmico que escrevia obras teológicas e filosóficas; depois, tornou-se um polemista, defendendo sua ordem e o imperador Luiz da Bavária e condenando o papa por heresia e abuso de poder espiritual.

Seu *Comentário sobre as Sentenças* [de Pedro Lombardo] apresenta a exposição mais completa de seu pensamento. Ele revisou e editou somente o primeiro livro (*Ordinatio* [Plano da obra]). Os outros três volumes restaram disponíveis em apenas um relato (*Reportationes*), não revisado. Importante também é a sua *Summa Logicae* [Epítome de lógica], visto ser uma expressão madura de seu raciocínio.

Occam é a figura mais importante no desenvolvimento da "via moderna", o movimento nominalista* ou terminista, oposto ao realismo moderado da "via antiga", representada por teólogos como Boaventura*, Tomás de Aquino* e Duns Scotus*. Enquanto alguns intérpretes sustentam que Guilherme de Occam foi um destruidor, que desconcertou o cuidadoso equilíbrio entre fé e razão trabalhado pelos escolásticos anteriores, outros intérpretes têm visto uma preocupação cristã autêntica como a fonte de sua posição.

A raiz de seu pensamento é a consciência de que tudo depende de Deus*, como criador e mantenedor tanto da existência quanto do lugar de todas as coisas e seres na criação. As implicações lógicas dessa dependência estão evidentes em seu ensino de que Deus tem o poder de conservar, destruir, criar separada ou diferentemente cada coisa encontrada por meio da experiência ou sustentada pela fé. Isso não significa que Occam não esteja muito seguro ou desconfie da natureza de Deus; pelo contrário, ele aceita as regularidades da natureza e a constância das normas morais, mas mostra as limitações da certeza natural à luz da onipotência de Deus. Essa oposição a toda necessidade na criação é uma resposta cristã ao determinismo* natural, que se havia tornado proeminente na faculdade de artes de Paris por volta de 1270. Assim, para Occam, Deus é onipotente e livre, capaz de fazer tudo que não envolva uma contradição lógica, sendo o mundo inteiramente contingente*. As verdadeiras afirmações a respeito das coisas finitas são verdades contingentes, dependentes da vontade divina.

Para Occam, somente os indivíduos realmente existem. A consciência imediata dos indivíduos, o conhecimento intuitivo, é a base do conhecimento dos indivíduos. Os objetos do conhecimento intuitivo não estão limitados às coisas materiais, porque há conhecimento intuitivo dos atos de desejar e querer. Tanto a percepção dos sentidos quanto a introspecção constituem fontes do conhecimento natural da realidade. Por meio da generalização, outros indivíduos da mesma natureza podem ser conhecidos, sendo esta a base do conhecimento encontrado nas proposições universais.

Occam insiste em que somente as proposições na forma de possibilidade podem se tornar necessárias. Daí não ser possível deduzir a existência do que não é conhecido, incluindo a existência de Deus, do que é conhecido. Onde os escolásticos haviam analisado diversos aspectos do ser, Occam substituiu tais análises metafísicas* por uma análise lógica do uso de termos, o papel significativo e não significativo destes nas proposiçõe e conexões em argumentos. Ele não nega o princípio da causalidade nem o reduz à ideia de consequência regular, mas afirma que descobrimos a causa de um fato somente mediante a experiência. Rejeita, enfim, de modo geral, a maioria dos ensinos metafísicos dos antigos escolásticos.

Em seus tratados políticos, Guilherme de Occam está principalmente preocupado em restringir os abusos provenientes da alegação do papa de poder absoluto (*plenitudo potestatis*). Ele não procurava subordinar o poder eclesiástico ou temporal a outro poder, mas aspirava à liberdade do poder eclesiástico total e procurava alcançar isso restringindo todo poder à própria esfera. O verdadeiro poder espiritual, para ele, está exposto em Cristo, que renunciou a todas as possessões e a todas as tentativas de o fazerem rei temporal, viveu de esmolas, ou pequenas doações, e exerceu tão somente sua missão espiritual. Occam considerou o não envolvimento em questões temporais o critério de um poder espiritual legítimo; o papa errara ao alegar poder temporal quando Cristo havia recusado justamente exercer tal autoridade. Nem o papa, nem os governantes civis, nem o clero, mas homens sábios que sinceramente amam a justiça e são guiados pelo evangelho são competentes para julgar o que é legítimo para a Igreja.

Bibliografia
Obras: *Philosophical Writings*, ed./tr. P. Boethner, OFM (Nashville, TN, 1957); *Ockham's Theory of Propositions: Part II of the Summa Logicae*, tr. A. J. Freddoso e H. Shuurman (Notre Dame, IN, 1980); *Predestination, God's Foreknowledge and Future Contingents*, tr. M. McCord Adams e N. Kretzmann (East Norwalk, CT, 1969).

Obras-padrão de história da filosofia medieval contêm narrativa introdutória da obra de Occam. Ver também G. Leff, *William of Ockham* (Manchester, 1975); E. A. Moddy, William of Ockham, *in: EP* 8, p. 306-317.

A.V.

HALLESBY, OLE (1879-1961). Teólogo evangélico norueguês que havia perdido suas convicções evangélicas devido a influências do liberalismo* na Universidade de Oslo, mas foi convertido pouco antes de sua formatura (1903). Hallesby foi chamado a ser pregador na "Missão Interna" da Igreja da Noruega (luterana), resultando sua atuação em um reavivamento espiritual que se difundiu por vasta área.

Em 1909, recebeu seu Ph.D. em Erlangen, tornando-se professor de Teologia Sistemática na Universidade Livre de Teologia, em Oslo,

HARNACK, ADOLF

então recentemente fundada (em 1907) como uma reação ao liberalismo dominante na universidade estatal.

A partir de 1919, Hallesby tomou posição clara em suas pregações, passando a ensinar e escrever, exclusivamente com base na fé bíblica, contra as ideias liberais, que negavam as verdades do Credo Apostólico. Instou os evangélicos a não cooperarem com teólogos e pastores liberais. Embora enfatizando a necessidade de conversão pessoal e experiência individual do crente, Hallesby permaneceu, ele mesmo, um luterano firme, depositando forte destaque no ensino das confissões e doutrinas da Igreja Luterana da Noruega. Nesse aspecto, foi exemplo para muitos dos líderes de organizações ditas "livres" dentro daquela igreja, iniciando o estabelecimento de uma variedade de instituições sustentadas por tais sociedades voluntárias.

Durante a Segunda Guerra Mundial, Hallesby foi membro do Concílio Cristão que resistiu ao controle nazista da Igreja Protestante na Europa. Foi preso, por esse motivo, juntamente com outros líderes cristãos da Noruega.

Autor de manuais de Teologia Sistemática e Ética, Hallesby é mais conhecido fora da Noruega por suas obras como *Prayer* [Oração] (TI, London, 1948) e *Why I Am a Christian* [Por que sou cristão] (TI, London, 1950).

N.Y.

HARNACK, ADOLF (1851-1930). Harnack (*von* Harnack a partir de 1914), historiador da Igreja, era filho do teólogo luterano Theodosius Harnack. Após estudar nas universidades de Dorpat (onde seu pai era catedrático) e Leipzig, ensinou nessa última (1874-1879) e nas de Giessen (1879-1886), Marburgo (1886-1889) e Berlim (1889-1921). De 1905 a 1921, foi diretor da Biblioteca do Estado Prussiano; em 1910, tornou-se presidente da instituição Kaiser Wilhelm Gesellschaft, voltada para a promoção do ensino e da ciência. Com Emil Schürer, fundou, em 1876, a publicação periódica *Theologische Literaturzeitung*, e, em 1882, tornava-se editor-fundador, com Oscar von Gebhardt, da série *Texte und Untersuchungen zur Geschichte der alt-christlichen Literatur*. Sua atividade literária continuou sem interrupção, abrangendo desde sua colaboração com Von Gebhardt e Theodor von Zahn em uma edição dos pais apostólicos (1876-1878) até seu estudo final de *1 Clemente* (1929).

Em teologia, Harnack era, de modo geral, adepto das ideias de Albrecht Ritschil*. Com a publicação de sua popular série de palestras *What is Christianity?* [O que é cristianismo?] (1900), veio a ser visto como porta-voz do protestantismo liberal*. Percebeu Harnack que a essência* do cristianismo residia em: a paternidade de Deus; o valor infinito da alma individual; a altíssima justiça; e o mandamento do amor. Essa obra, por influenciar Alfred Loisy a escrever *L'Evangile et l'eglise* (1908), provocou indiretamente a crise modernista na Igreja de Roma (ver Modernismo Católico*). Outro modernista, George Tyrrell, observou, porém, que "o Cristo que Harnack vê, olhando para trás através de dezenove séculos de escuridão católica, é somente o reflexo de uma face protestante liberal vista no fundo de um poço escuro" (*Christianity at the Crossroads* [O cristianismo em uma encruzilhada], Londres, 1909, p. 44).

A mensagem simples de Jesus, cria Harnack, fora distorcida e corrompida pelo catolicismo, resultando em uma intrusão estranha da metafísica* grega. Essa crença foi elaborada em seu estudo do Credo Apostólico (*Das apostolische Glaubensbekenntnis*, 1892) e em sua alentada obra em volumes *History of Dogma* [História do dogma] (1886-1890, [6]1922; TI, 1894-1899).

Sua obra sobre a história da Igreja primitiva é de valor inestimável. Um de seus mais destacados trabalhos é o estudo sobre Marcião* (1921, [2]1924), herege cujos pontos de vista (especialmente sobre o AT) contavam com razoável simpatia de sua parte. Menção digna de honra deve ser dada também às suas obras *Geschichte der altchristlichen Literatur bis Eusebius*, 3 vols. (1893-1904), *The Mission and Expansion of Christianity* [A missão e a expansão do cristianismo] (1902, [4]1924; TI, 1904-5), *The Constitution and Law of the Church* [A constituição e a lei da Igreja] (1910; TI, 1910) e *Die Briefsammlung des Apostels Paulus* (1926).

Em suas monografias sobre crítica do NT, Harnack chega a conclusões bem conservadoras. Em sua obra *Sayings of Jesus* [Palavras de Jesus] (1907, TI 108), ele reconstitui o texto de Q (fonte presumivelmente subjacente ao material de origem não Marcos comum a Mateus e Lucas), argumentando ser "documento da mais alta anti-guidade", que refletiria com toda a certeza "a memória de um ouvinte apostólico" e apresentava uma descrição confiável de Jesus. Em *Luke the Physician* [Lucas, o médico] (1906; TI, 1907), argumenta que Lucas e Atos foram compostos por um só homem, pessoa ligada a Paulo, e que, particularmente, era esse o mesmo autor das narrativas de Atos feitas na primeira pessoa do plural (no pronome "nós"). Outra evidência mais sobre esse último ponto foi acrescentada depois em *The Acts of Apostles* [Os Atos dos Apóstolos] (1908; TI, 1909), que também investigava as fontes subjacentes aos primeiros capítulos do livro de Atos. Em *The Date of the Acts and of the Synoptic Gospels* [A data de Atos e dos Evangelhos sinópticos] (1911; TI, 1911), Harnack considera como a época da produção dos livros de Lucas e Atos (e, com muita mais razão, Marcos) não mais que 64 d.C., e de Mateus, logo depois do ano 70.

Bibliografia

G. D. Henderson, *EXpT* 41 (1929-30), p. 487-491; W. Pauck, *Harnack and Troeltsch: Two Historical Theologians* (New York, 1968); Agnes von Zahn-Harnack, *Adolf von Harnack* (Berlin, [2]1951).

F.F.B.

HARTSHORNE, CHARLES, ver Teologia do Processo.

HEGEL, GEORG WILHELM FRIEDRICH (1770-1831). Considerado geralmente como o maior filósofo alemão da primeira metade do século XIX, Hegel nasceu em Stuttgart, na província de Württemberg,

HEGEL, GEORG WILHELM FRIEDRICH

e estudou Teologia em Tübingen. Ensinou por alguns anos em Jena e na Bavária, sendo então designado, em 1818, professor de Filosofia em Berlim, onde permaneceu até sua morte (por cólera) em 1831.

Ele vai além do racionalismo moral de Kant*, considerando toda realidade como razão cósmica (Espírito, Ideia, Verdade ou Deus seriam termos mais ou menos sinônimos), que se autocumpre em processos específicos. Expõe um idealismo* que tudo abrange e que opera por um processo dialético*, no qual o infinito se torna finito, e o finito se torna o infinito.

Para entender a teologia de Hegel, é essencial entender seu conceito de Deus. O Deus de Hegel é uma Ideia absoluta, eterna e dinâmica, um processo de pensamento que consiste em três estágios ou momentos. No primeiro momento, Deus é um Espírito infinito, não uma unidade estática, mas um processo de pensar que chega à autoconsciência. Para esse fim, o Espírito, no segundo momento, desce ("separando" a si mesmo) até as formas finitas de expressão social — arte, literatura, religião, ciência, etc. —, onde se torna consciente de si mesmo como parte do Espírito Absoluto, ao qual é impelido de volta ao retornar de sua "separação". No terceiro momento, em que a "separação" é abolida e o Espírito retorna a si mesmo, ele se concilia consigo mesmo em sua própria unidade como Espírito Absoluto. Nesse triplo processo de ser (tese), descer a formas finitas (antítese) e se autorreconciliar (síntese), firma-se a base de todo o pensamento de Hegel, inclusive sua teologia.

Para ele, a vida não é estática, mas se desenvolve sempre, por meio dessa evolução dialética do Espírito Infinito. Deus, portanto, não deve ser pensado como um ser pessoal, mas, sim, como um processo. O Espírito Absoluto é a identidade de Deus com a humanidade, a unidade do infinito com o finito. Em Jesus, essa unidade foi manifestada à humanidade de forma concreta. Hegel distingue três momentos separados nesse processo. O primeiro é o momento histórico, a visão de Jesus como figura histórica, embora quem quer que Jesus fosse é considerado por Hegel como problema puramente histórico, sem nenhuma importância decisiva. O segundo momento, o momento da fé, vê Jesus como o divino Filho de Deus. O terceiro momento é o momento *real* ou *verdadeiro*, a cristalização do que Jesus realmente era, a saber, a unidade do infinito e do finito, do divino e do humano, o que, em essência, para Hegel significa que Jesus foi o homem que primeiramente percebeu e incorporou a realidade dessa unidade.

Sua interpretação da fé cristã extingue assim o entendimento tradicional de Jesus como o Filho de Deus que era e é uma Pessoa, o planejador e criador do universo. Embora o Espírito Absoluto, de Hegel, funcionando triadicamente, possa parecer semelhante ao entendimento cristão tradicional do Deus triúno que se revela na história humana, na realidade são dois conceitos diferentes. Para Hegel, as crenças cristãs são pouco mais que conceitos e pressentimentos da realidade e que precisam ser

HELM, KARL

interpretados e reformulados em termos de seu próprio sistema.

As ideias de Hegel permearam a teologia alemã durante a primeira metade do século XIX, mediante a influência de teólogos como P. K. Marheineke (1780-1846), professor de Teologia a partir de 1811 em Berlim e que promoveu a filosofia hegeliana por mais de trinta anos. A *Vida de Jesus* (1835-1836) de David Friedrich Strauss, foi escrita enquanto hegeliano ardoroso, como foram as obras dogmáticas de F. C. Baur datadas do final da década de 1830 e começo da seguinte. Nas pegadas de Strauss, seguiram-se Bruno Bauer (1809-1882) e Ludwig Feuerbach*, com ataques mais agressivos à fé cristã e à historicidade do NT. A ortodoxia tradicional em geral, no entanto, permaneceu basicamente intocada por esses ataques, tendo a filosofia de Hegel influenciado somente, ou mais, os teólogos da vanguarda. Os ortodoxos consideraram simplesmente Strauss e Baur como incrédulos e a Bruno Bauer e Feuerbach como consumados ateus. Além disso, durante a década de 1840, a maioria dos hegelianos abandonaria as ideias metafísicas de seu mestre e se dirigiria para o ateísmo de Feuerbach, que declarava que Deus — fosse o Deus cristão ou o Espírito Absoluto — era meramente uma projeção da mente humana.

Ver também ESCOLA DE TÜBINGEN.

Bibliografia
W. J. Brazill, *The Young Hegelians* (London, 1970); D. McLellan, *The Young Hegelians and Karl Marx* (London e Toronto, 1959); J. E. Toews, *Hegelianism* (Cambridge,

1980); J. Yerkes, *The Christology of Hegel* (Albany, NY, 1983).

H.H.

HEIDEGGER, MARTIN, ver EXISTENCIALISMO.

HELM, KARL (1874-1958). Teólogo sistemático protestante, Heim ensinou em Tübingen. Sua formação teológica foi fortemente influenciada pelo pietismo*, especialmente pela ênfase evangelística deste.

O principal legado teológico de Heim é uma obra de seis volumes de apologética, *Der evangelische Glaube und das Denken der Gegenwart* [A fé protestante e o pensamento contemporâneo] (Tübingen, 1931-52), traduzida para o inglês numa variedade de volumes. Ele procura mediar entre a teologia protestante e as cosmovisões modernas, notadamente aquelas que julga pressupostas na ciência natural, buscando desenvolver um papel crítico para a teologia cristã no mundo de hoje. Sua obra foi por algum tempo influente sobre professores e pastores na Alemanha, sendo considerado como um dos poucos teólogos alemães a abordar as ciências naturais com seriedade.

Bibliografia
Christian Faith and Natural Science (TI, London, 1953); *God Transcendent* (TI, London, 1935); *Jesus the Lord* (TI, Edinburgh, 1959); *Jesus the World's Perfecter* (TI, Edinburgh, 1959); *Spirit and Truth* (TI, London, 1935); *The Transformation of the Scientific World-View* (TI, London, 1953).

I. Haolmstrand, *Karl Heim on Philosophy, Science and the*

HELENIZAÇÃO DO CRISTIANISMO

Transcendence of God (Stockholm, 1980); C. Michalson, Karl Heim, *in:* D. G. Peerman & M. E. Marty (eds.), *A Handbook of Christian Theologians* (Nashville, TN, ²1984).

J.B.W.

HELENIZAÇÃO DO CRISTIANISMO. Penetração no cristianismo de crenças e práticas originadas em cultura pré-cristã ou não cristã da antiga Grécia. De modo geral, esse processo vem sendo considerado ultimamente como um desenvolvimento positivo pela maioria dos teólogos católicos romanos e ortodoxos, enquanto a maioria dos protestantes vê a helenização do cristianismo como uma corrupção da fé.

Além de um nível superficial, todavia, torna-se quase impossível documentar a helenização com algum grau de certeza. O NT foi escrito em grego seguindo a prática e o estilo já estabelecidos no judaísmo helênico, e não como inovação cristã. Há muito debate sobre se a interpretação apostólica do AT foi seriamente afetada pelas ideias gregas ou não. Acreditou-se por algum tempo que João 1.1-14 refletiria a doutrina médio-platônica do *Logos**, possivelmente transmitida por meio de Fílon de Alexandria*, mas essa hipótese tem sido fortemente questionada pela erudição moderna, que tende a enfatizar as raízes hebraicas do evangelho de João.

As questões se tornam ainda mais complexas quando nos voltamos para o período pós-apostólico. O cristianismo se espalhou no Império Romano helênico mais do que em qualquer outro lugar, e isso certamente deixou suas marcas.

Justino Mártir chega a alegar que Sócrates e Platão fossem como que cristãos antes de Cristo, e a crença de que o platonismo* fosse uma espécie de AT gentílico, preparando os gregos para a vinda de Cristo, tornou-se mais tarde difundida. Houve também seitas sincretistas, agora conhecidas, de modo genérico, entre as "gnósticas"*, que procuravam mesclar ideias pagãs com cristãs de diferentes formas. Talvez o desenvolvimento mais significativo entre esses tenha sido a ampla adoção do método alegórico de interpretação (usado anteriormente por escritores judaicos, como Fílon), para superar dificuldades que as mentes gregas costumavam sentir na compreensão do texto literal das Escrituras. Por usar esse método, Orígenes* e outros foram capazes de poder harmonizar o cristianismo com o platonismo médio (e o posterior neoplatonismo), mas em detrimento deste.

Até onde as tendências helenizantes tenham sido responsáveis pelo desenvolvimento da doutrina cristã, eis uma questão de considerável controvérsia. Os conservadores, em geral, argumentam que os credos* e outras afirmações doutrinárias cristãs foram uma reação à influência do "helenismo", termo que após o século IV se tornou sinônimo de abuso, mesmo entre os gregos — os quais, em consequência, passaram a se chamar a si mesmos de *rōmaioi*, em vez de *hellēnes*. Os liberais, contudo, argumentam que o dogma* é, por si mesmo, um conceito filosófico. De acordo com eles, o cristianismo não helenizado teria sido muito mais pluralista em sua teologia e provavelmente não teria insistido que Jesus Cristo era Deus encarnado. Alguns deles consideram até o Islã, em termos, como certa reação semítica ao cristianismo helenizado, embora isso possa ser, certamente, uma simplificação exagerada daquilo que constitui, sem dúvida, um desenvolvimento complexo.

Bibliografia

J. Daniélou, *Gospel Message and Hellenistic Culture* (London & Philadelphia, 1973); E. Hatch, *The Influence of Greek Ideas on Christianity* (New York, 1888); M. Hengel, *Judaism and Hellenism*, 2 vols. (London, 1974; R. H. Nash, *Christianity and the Hellenistic World* (Grand Rapids, MI, n.d.).

G.L.B.

HENOTEÍSMO, ver MONOTEÍSMO.

HENRY, CARL F. H. (1913-2003). Teólogo protestante, amplamente reconhecido como porta-voz intelectual do cristianismo evangélico. Convertido em 1933, quando jornalista em New York, Henry realizou estudos no Wheaton College (Licenciatura em Letras), Northern Baptist Theological Seminary [Seminário Teológico Batista do Norte, dos EUA] (Bacharel e depois Doutor em Teologia) e Universidade de Boston (Ph.D.). Lecionou Teologia no Northern Baptist Theological Seminary (1940-1947) e no Fuller Theological Seminary (1947-1956), antes de se tornar editor-fundador (1956-1968) do influente periódico *Christianity Today*. Notável incentivador e conselheiro dos escritores cristãos jovens, a partir de 1968 passou a se dedicar mais à pesquisa e à literatura. Presidiu o Congresso Mundial sobre Evangelização (Berlim, 1966), assim como, em seu país, organizações como The Evangelical Theological Society [Sociedade Teológica Evangélica] (1967-1970) e The American Theological Society [Sociedade Teológica Americana] (1980-1981).

Entre os seus muitos livros, destacam-se *The Uneasy Conscience of Modern Fundamentalism* [A consciência intranquila do fundamentalismo moderno] (1948), que incita os conservadores protestantes nos Estados Unidos a saírem do isolamento cultural para um engajamento social, e *Christian Personal Ethics* [Ética pessoal cristã] (1957), que se tornou um manual-padrão no seu gênero. Sua obra-prima é *God, Revelation and Authority* [Deus, revelação e autoridade] (Waco, TX, 1976-1982), em seis volumes, disponível também em traduções em coreano e mandarim. Henry foi, ainda, fundador do Institute for Advanced Christian Studies [Instituto de Estudos Cristãos Avançados], que produz literatura dirigida a estudantes de universidades seculares. Atuando como preletor na Visão Mundial desde 1974, exerceu ali, realizando palestras e pregações, um ministério seu de ensino evangelístico de âmbito internacional.

Bibliografia

Confessions of a Theologian (Waco, TX, 1986).

G. Fackre, Carl F. H. Henry, *in:* S. F. Peerman & M. E. Marty (eds.), *A Handbook of Christian Theologians* (Nashville, TN, ²1984); Bob E. Patterson, *Carl F. H. Henry* (Waco, TX, 1984).

J.D.Do.

HERBERT DE CHERBURY

HERBERT DE CHERBURY (c. 1583-1648). Edward Herbert, primeiro barão de Cherbury e irmão do poeta George Herbert, ganhou reputação como filósofo, historiador, diplomata e aventureiro. Embora cognominado por muitos "pai do deísmo"*, seu sistema difere significativamente do pensamento deísta posterior, e o grau de sua influência sobre ele é questionável.

Em sua obra fundamental, *De Veritate* [Sobre a verdade], procurou refutar a negação cética da possibilidade de conhecimento, esboçando um método original de descobrir a verdade. Sua teoria de "noções comuns" universais proporcionou as bases para a certeza cognitiva e produziu um esquema de religião racional ao se estender para essa esfera. Suas cinco "Noções Religiosas Comuns" são: 1. há um Deus supremo; 2. ele deve ser adorado; 3. a virtude e a piedade constituem os principais elementos de tal adoração; 4. o pecado deve ser expiado por arrependimento; 5. há recompensas e punições* futuras.

Herbert advogou intensamente uma forma tanto de tolerância religiosa quanto de liberação religiosa para o laicato. Por ter assimilado o religioso à epistemologia* geral e sustentado que a prática da religião natural pode conduzir à bem-aventurança eterna, introduziu uma abordagem à religião que se tornaria amplamente característica de grande parte do pensamento inglês e europeu dos séculos XVII e XVIII.

Bibliografia
M. H. Carré (tr./ed.), *De Veritate* (Bristol, 1937).

R. D. Bedford, *The Defence of Truth: Herbert of Cherbury and the Seventeenth Century* (Manchester, 1979); R. H. Popkin, *The History of Scepticism from Erasmus to Spinoza* (Berkeley, CA, 1979).

S.N.W.

HERESIA. Significa um desvio doutrinário, a partir de verdades fundamentais ensinadas pelas Escrituras e pela ortodoxia da igreja cristã, e a propagação ativa de tal desvio. A palavra grega de origem, *hairesis*, que aparece nove vezes no NT, tinha a acepção inicial de escola de pensamento, ou seita: assim, a seita dos saduceus (At 5.17), dos fariseus (At 15.5; 26.5) e dos nazarenos, ou seja, dos cristãos (At 24.5; 28.22). Em Atos 24.14, Paulo cita propositadamente o fato de "o caminho" (*hodos*) ser então chamado de "seita" (*hairesis*), porque *hairesis* já tinha, nessa ocasião, uma conotação negativa.

Em sentido secundário, *hairesis* passou a ter o significado de cisma, ou de facção que se desenvolvia dentro da Igreja devido a forte espírito partidário ou falta de amor (1Co 11.19; Gl 5.20). O uso que Paulo faz do adjetivo *hairetikos* (herético) em Tt 3.10 sugere que o herege é pessoa divisora ou facciosa. Reflexo desse significado, e que veio a predominar no uso cristão, é quanto à doutrina teológica falsa. Assim, 2Pe 2.1 se refere às "heresias destruidoras" de falsos mestres que negavam a pessoa e obra de Cristo.

Escritos de muitos pais da Igreja contêm advertências contra o ensino herético. Inácio (m. 98/117) compara a heresia à ação de drogas letais (*Trall.* 6.1-2) e a

HERESIA

ataque de feras ou cachorros raivosos (*Eph.* 7.1). Ireneu* escreveu seu tratado *Contra heresias* para refutar os vários erros gnósticos* no mundo do século II, instando os cristãos a "evitarem toda doutrina herética, ateia e ímpia" (III, 6.4). Clemente de Alexandria* insiste em que as heresias fluem de presunção, vaidade e manuseio deliberadamente errado das Escrituras (*Strom.* VII.15). Tertuliano* alega que "os filósofos são os pais dos hereges" (*Contra Hermógenes* 8), e Cipriano* acrescenta: "Satanás inventou heresias e cismas, com os quais arruinou a fé, para corromper a verdade e dividir a unidade" (*Unidade da Igreja* 3).

Em certo sentido, a história da Igreja é a história das heresias. No século II, o gnosticismo* e o marcionismo* perverteram a doutrina ortodoxa de Deus. Mais tarde, várias formas de modalismo (ver monarquianismo*) e arianismo* corromperam a doutrina de Cristo. O apolinarismo*, o nestorianismo* e o monofisismo* trataram inadequadamente a questão das duas naturezas de Cristo. No tempo da Reforma, o socinianismo* negou a Trindade e a eficácia da obra expiatória de Cristo, como fez mais tarde o unitarianismo. Nos tempos modernos, o neoprotestantismo tem negado a personalidade de Deus, a expiação substitutiva de Cristo e a inspiração divina das Escrituras.

A Igreja primitiva defendeu-se do ensino herético apelando para a "regra de fé" ou "regra da verdade", sumários breves das verdades cristãs essenciais (ver Credos*). Ireneu lamenta que os hereges não seguissem as Escrituras nem a tradição originada dos apóstolos e preservada nas igrejas por meio da sucessão de presbíteros (*Contra heresias* III.2). Tertuliano acrescenta que "nada conhecer em oposição à regra de fé é conhecer todas as coisas" (*Prescrição de hereges* 7). A fluida "regra de fé" daria origem a instrumentos mais precisos para refutar as heresias e definir a fé, como as formulações do tipo Credo Apostólico, Credo Niceno, Definição de Calcedônia e Credo de Atanásio (ver Concílios*; Credos*). Desde os tempos da Reforma, grupos protestantes têm distinguido a verdade da heresia em muitas afirmações confessionais*, como a Fórmula de Concórdia, os Trinta e Nove Artigos e a Confissão de Westminster.

Walter Bauer (1877-1960), em seu livro *Orthodoxy and Heresy in Earliest Christianity* [Ortodoxia e heresia no cristianismo primitivo] (1934), adianta a tese radical de que a Igreja de Roma reescreveu a história da Igreja primitiva, fazendo de sua interpretação do cristianismo primitivo a visão "ortodoxa" e apontando outros mestres cristãos primitivos como "hereges" e imorais. De acordo com Bauer, formas de cristianismo que vieram a ser entendidas como "heréticas" eram anteriores e até mais difundidas que o chamado ensino "ortodoxo". Assim, muitos movimentos cristãos na Igreja primitiva comumente vistos como heterodoxos podem ser considerados como tendo constituído expressões primitivas autênticas da religião de Jesus.

Todavia, o cônego H. E. W. Turner rejeita a tese de Bauer em seu livro *The Pattern of Christian Truth* [O padrão da verdade cristã] (1954). Embora admita ter havido certa flexibilidade no ensino cristão

HERMENÊUTICA

primitivo, Turner argumenta que o cristianismo primitivo, universalmente, sustentava três espécies de "elementos fixos": 1. "fatos religiosos" cruciais, como o Deus criador e o divino Cristo como o redentor histórico; 2. a centralidade da revelação bíblica; e 3. o credo e a regra de fé. Os cristãos, diz ele, "viviam trinitariamente antes da evolução da ortodoxia nicena" (p. 28).

A maioria das autoridades evangélicas concorda que os dados da história e teologia da Igreja primitiva mostram que a ortodoxia era anterior e mais difundida do que acredita Bauer. Na verdade, os ensinos de Jesus e dos apóstolos foram sumarizados em data anterior à da "regra de fé" e dos escritos dos Pais Apostólicos. A fé ortodoxa foi atacada por oponentes heréticos (seitas gnósticas, Marcião, Ário, etc.), mas estes foram refutados pelos apóstolos e pais da Igreja primitiva, tanto no Oriente quanto no Ocidente. As autoridades evangélicas, igualmente, concordam que a narrativa de Bauer do triunfo da "ortodoxia" romana carece de credibilidade.

Devido à tendência moderna contra verdades atemporais e proposicionais e a crença de que a fé é uma questão de experiência vivida, a noção de heresia tem sido substancialmente diluída no cristianismo não evangélico. Por exemplo, Karl Rahner*, trabalhando a partir da visão ética da verdade como uma realidade vivida, vê a heresia como deixar de alcançar uma existência autêntica no ponto em que Deus se encontra com uma pessoa. Para ele, mais do que propriamente o repúdio de doutrinas específicas, a heresia compreende atitudes subjetivas, como indiferença espiritual e espírito crítico. A responsabilidade principal dessa "heresia latente" é mais do cristão individualmente do que do magistério da Igreja.

Todavia, o NT expressa séria preocupação com as "falsas doutrinas" (1Tm 1.3; 6.3) e coloca a mais alta prioridade sobre a manutenção dos padrões de "sã doutrina" (2Tm 1.13; *cf.* 1Tm 6.3). As Escrituras instam os cristãos a estar alertas contra o engano doutrinário (Mt 24.4) e a evitar a heresia, guardando cuidadosamente o conteúdo puro do evangelho (1Co 11.2; Gl 1.8).

Bibliografia

W. Bauer, *Orthodoxy and Heresy in Earliest Christianity* (Philadelphia, 1971; London, 1972); J. D. G. Dunn, *Unity and Diversity in the New Testament: An Inquiry into the Character of Earliest Christianity* (Philadelphia, 1977); K. Rahner, *On Heresy* (New York, 1964); T. Robinson, *The Bauer Thesis Examined* (New York, 1988); H. E. W. Turner, *The Pattern of Christian Faith: A Study in the Relations Between Orthodoxy and Heresy in the Early Church* (London, 1954).

B.D

HERMENÊUTICA. Termo derivado do verbo grego *hermēneuō*, "interpretar".

Definição e escopo

A hermenêutica pode ser definida, sumariamente, como a teoria da interpretação. Tradicionalmente, e até bem recentemente, entendia-se a hermenêutica como estudo das regras ou princípios para a interpretação de textos específicos. Essa definição, no entanto,

HERMENÊUTICA

é estrita. Primeiramente, porque a hermenêutica diz respeito não somente à interpretação de textos, mas também à interpretação e entendimento de qualquer ato de comunicação, quer escrito, quer oral, quer verbal ou quer não verbal (como símbolos ou atos simbólicos). A hermenêutica bíblica, por exemplo, é uma área específica, relativa à interpretação, ao entendimento e à adequação de textos das Escrituras. Em segundo lugar, os estudiosos não mais se satisfazem, falando de hermenêutica, em se referir a regras para a interpretação de textos, pois isso implicaria que o entendimento pudesse ser gerado meramente pela simples aplicação mecânica de princípios. A hermenêutica, na verdade, levanta questões anteriores e mais fundamentais a respeito da real natureza da linguagem, do significado, da comunicação e do entendimento.

O assunto envolve, desse modo, um exame da totalidade do processo interpretativo. Isso levanta questões relativas a filosofia da linguagem, teorias do significado, teoria literária e semiótica (teoria dos sinais), assim como questões na hermenêutica bíblica que também são formuladas em estudos bíblicos e na teologia cristã.

A hermenêutica não é vista mais, portanto, como simples ferramenta suplementar que assegure uma interpretação "correta", mas, sim, como uma reflexão profunda sobre a base real e o propósito da interpretação e daquilo que se decidiu que seria, primacialmente, uma interpretação "correta". Na verdade, se nos referirmos a uma interpretação como "correta",

"produtiva", "válida" ou "responsável", permanece, de todo modo, a questão hermenêutica. O primeiro passo, assim, é inquirir a respeito das condições sob as quais qualquer espécie de interpretação seja possível ou apropriada para determinados propósitos de leitura, escrita ou entendimento.

Principais questões na história da hermenêutica bíblica tradicional
Período propriamente bíblico.
O termo "hermenêutica" apareceu provavelmente pela primeira vez como referência à área de um assunto da obra *Hermeneutica Sacra* [Interpretação sagrada], de J. C. Dannhauer (Estrasburgo, 1654). Mas a reflexão a respeito da interpretação e do processo interpretativo vem desde muito antes, da Antiguidade. A interpretação começa com a própria Bíblia, quando quer que tradições ou escritos mais antigos tenham sido revistos a partir de pontos de vista posteriores. Jesus interpreta sua morte de acordo com as Escrituras do AT, mas interpreta o AT em face de sua própria obra (Lc 24.25-27; gr. *diermēneusen*, "interpretado"): Ele interpreta Is 61.1,2, por exemplo, em termos de seu presente ministério (Lc 4.21). Alguns estudiosos veem um paralelo entre essa espécie de "cumprimento" das profecias do AT no NT e as chamadas interpretações *pēsher* dos manuscritos do mar Morto*, que releem certas passagens do AT em termos de experiência presente ou iminente da comunidade de Qumram. As aplicações atuais de textos anteriores é uma questão constante na hermenêutica. No judaísmo rabínico, é o termo *midrash* que, de um modo mais amplo,

HERMENÊUTICA

representa "interpretação". Atribui-se ao rabi Hillel a formulação de sete "regras" básicas (*middoth*) para a interpretação, embora sua aplicabilidade seja estritamente limitada: em sua maior parte, referem-se a comparações e inferências lógicas.

Interpretação alegórica e tipologia. A teoria e a prática de interpretação alegórica remontam aos tempos pré-cristãos. Muitos filósofos estoicos* respeitaram Homero como um texto clássico, mas ficaram constrangidos pelas coisas grosseiras e absurdas existentes nas histórias de deuses e deusas da antiga religião grega politeísta. Alguns intérpretes da tradição estoica e platônica* reduziram então esse constrangimento interpretando as personagens e atividades desses deuses e deusas como qualidades humanas ou elementos da natureza. As fábulas protagonizadas por Apolo, Poseidon e Hera, por exemplo, poderiam ser, assim, lidas como narrativas de interações entre o Sol, a água e o ar. Platão fala de um significado situado abaixo (*hyponoia*) da superfície do texto, a que muitos escritores do século I passam a chamar de *alegoria*. A partir do pensamento grego, esse método de ler interpretativamente o texto se espalharia para o meio judaico. Fílon*, escrevendo como judeu que busca recomendar a fé judaica aos gregos e romanos cultos, usa da interpretação alegórica como instrumento para fazer uma nova leitura de passagens nos primeiros capítulos de Gênesis, que considerava constrangedoramente antropomórficos*, ou passagens em Levítico que descrevem em minúcias um sacrifício animal. O método fora estabelecido, portanto, nos meios judaico e grego antes de seu desenvolvimento na Igreja cristã.

A interpretação alegórica tem ocupado uma posição ambivalente na tradição cristã. Orígenes* argumenta que o próprio Paulo proporcionou precedente para a interpretação alegórica, por meio, por exemplo, da identificação da rocha no deserto com Cristo em 1Co 10.1-4. Todavia, tem havido constante controvérsia sobre se essa passagem e outras, como Gl 4.22-26, constituem ou não exemplos de interpretação alegórica. Depende de definição e questões quanto aos propósitos de Paulo. Alguns asseveram haver uma firme distinção entre *alegoria*, que se baseia em uma correspondência entre *ideias*, e *tipologia*, que se apoia em uma correspondência entre *eventos*. Argumentam que Paulo usa tipologia, e não alegoria. Embora eventos sejam apresentados enquanto ideias são sugeridas, os critérios para a interpretação tipológica desses eventos, no entanto, permanecem problemáticos.

Clemente de Roma (*c.* 96) oferece um dos primeiros exemplos de autêntica interpretação alegórica cristã. Comentando Js 2.18, observa que os espias israelitas deram a Raabe um sinal "de que ela deveria atar um cordão de fio de escarlata na janela por onde eles haviam escapado, prefigurando que todos aqueles que alcançam ou esperam em Deus terão libertação mediante o sangue do Senhor" (*1 Clem.* 12.7). Clemente de Alexandria*, um século mais tarde, argumentava que o intérprete deveria esperar encontrar significados ocultos nos

HERMENÊUTICA

escritos bíblicos, pois o mistério do evangelho transcendia o significado de qualquer passagem em particular. Orígenes argumentava que o intérprete deveria começar pelo significado comum ou gramatical, mas, depois, "passar da letra para o espírito". Ele via os eventos exteriores ou gramática exterior de um texto como o corpo humano: o que lhe dava a *alma* era a aplicação *moral*; e o *espírito*, a estrutura de referência informada pela percepção *espiritual*. Apesar dessa tentativa de reconhecer, pelo menos em teoria, a importância da letra ou do significado histórico-gramatical de um texto, a própria prática de interpretação alegórica por parte de Orígenes, no entanto, foi longe demais, em direção à dos oponentes gnósticos*, que também esquadrinharam a Bíblia em busca de significados esotéricos ou "secretos". Os pais de Antioquia*, especialmente Teodoro de Mopsuéstia (350-428) e João Crisóstomo (344/354-407), opuseram-se aos excessos alegóricos de Alexandria*, insistindo na prioridade das considerações linguísticas.

Significado múltiplo e perspicuidade das Escrituras. No período medieval, os três sentidos, de Orígenes, foram desenvolvidos para quatro. O significado básico de uma passagem (o chamado sentido "literal") foi expandido para considerar sua posição no contexto da salvação (sentido alegórico ou tipológico). O intérprete poderia então extrair do texto um significado para conduta na prática (sentido moral) e, finalmente, considerar sua relação à culminação dos propósitos de Deus na eternidade (sentido anagógico). Do ponto de

vista religioso, isso poderia redundar em resultados edificantes. Mas, frequentemente, o significado principal de um texto era sepultado e se perdia sob as camadas de tradição piedosa. Os reformadores, por sua vez, estavam mais preocupados em mostrar que a Bíblia poderia se sustentar por si mesma e falar de fato como juiz da validade das tradições da Igreja. Nem Lutero* nem Calvino* depreciavam a importância da história e da tradição. Mas Lutero afirmava que o significado primário e gramatical da Bíblia era claro (*claritas Scripturae*), e não obscuro, enquanto Calvino insistia que o significado de uma passagem era único (*simplex*), em vez de múltiplo. De modo nenhum, pretenderam sugerir que a hermenêutica fosse desnecessária. A questão era justamente o contrário. Contra Erasmo*, Lutero argumentou que o conhecimento bíblico era suficientemente acessível para produzir resultados positivos quando aplicadas todas as ferramentas apropriadas de linguagem e literatura. Quanto ao significado "único" de Calvino, era aquele que poderia ser recuperado pela pesquisa histórica, linguística e contextual. Nenhum termo deve ser retirado do contexto do debate da Reforma para desvalorizar a necessidade da hermenêutica.

Posição do AT. Seguindo o exemplo de Jesus e das comunidades cristãs mais antigas, a tradição cristã tem sempre afirmado a posição de autoridade do AT. No século II, Marcião* tentou desvalorizar o AT com base no contraste paulino entre o evangelho e a lei, mas os cristãos repudiaram suas ideias. O principal problema hermenêutico

HERMENÊUTICA

resultante da autoridade do AT tem sido o de simultaneamente respeitar a integridade de seus escritos e reconhecer o relacionamento deles em seu cumprimento no NT e decisivo testemunho em favor de Cristo (ver Teologia Bíblica*).

O papel da crítica histórica. No século XVII, Baruch Spinoza* argumentou sobre a importância de levantar questões quanto a autoria, data, ocasião e propósito de escritos bíblicos específicos. Cerca de cem anos depois, J. S. Semler (1725-1788) foi mais além, argumentando que as questões puramente históricas deveriam ser formuladas sem referência a doutrina ou teologia; mas a pesquisa crítica histórica não precisaria excluir as considerações teológicas, nem deveria fazê-lo. A teoria hermenêutica exige o horizonte de uma interpretação mais ampla, e não mais estreita, e a perspectiva positivista ou reducionista entra em conflito com a abertura interpretativa a que a hermenêutica conduz. Contudo, e por isso mesmo, essa abertura inclui também o reconhecimento da importância do método histórico e das contribuições concretas de uma pesquisa rigorosamente crítica histórica (ver Crítica Bíblica*).

Perspectivas e abordagens modernas e recentes
Hermenêutica do romantismo.
Com a obra de Friedrich Schleiermacher*, uma nova era teve início na hermenêutica. Na tradição do romantismo*, o alvo do intérprete é alcançar, "por trás" do texto, a mente de seu autor e, enfim, a experiência criativa que trouxe o texto à existência. O texto é visto como a objetivação, ou o resultado objetivo, dessa experiência humana criativa. Tal como G. A. F. Ast (1778-1841) e F. A. Wolf (1759-1824), Schleiermacher viu uma natureza circular na pesquisa hermenêutica. O intérprete tem de se lançar criativamente ao entendimento provisório do que o texto diz, *i.e.*, captar seu significado como um todo. Isso resultará do entendimento de suas partes, *i.e.*, de suas palavras e frases componentes. Contudo, o que as palavras e frases significam depende igualmente de seu contexto, dentro do significado do texto como um todo. Consequentemente, permanece uma interação circular entre captar as partes e captar o todo. É este o aspecto do círculo hermenêutico. Do mesmo modo, a interpretação vincula tanto os processos linguísticos quanto psicológicos. No nível linguístico, as considerações científicas de gramática e vocabulário têm seu papel a exercer. Mas, em nível mais profundo, o intérprete deve procurar entrar em harmonia psicológica com o autor. Uma ponte hermenêutica essencial é a da "experiência vivida" (*Erlebnis*).

Wilhelm Dilthey* desenvolveu a abordagem de Schleiermacher com referência específica ao problema do entendimento histórico. O alvo do intérprete é "redescobrir o 'eu' em 'mim' ". Em outras palavras, a experiência de vida do intérprete proporciona um ponto de contato, ou de "pré-entendimento", com o qual aborda o texto. Dilthey admite que esse método se coloca em contraste com o das ciências físicas e naturais. Mas o entendimento histórico e a interpretação de textos nascidos da história humana não

HERMENÊUTICA

podem ser igualados a um empreendimento puramente científico. O que conta como objetividade não é o mesmo em cada caso. A ciência natural se torna "conhecimento" e, ao interpretar as expressões das pessoas, torna-se "entendimento" (*Verstehen*). O entendimento nunca é inteiramente sem valor, porque tanto o autor como o intérprete são pessoas históricas, cujos horizontes, portanto, são moldados por seu lugar na história.

O mais conhecido e mais importante representante da tradição hermenêutica do romantismo em nossos dias é Emilio Betti (1890-1968). Betti considera a hermenêutica vital para o bem-estar da sociedade. O reconhecimento de que toda interpretação está aberta à correção e revisão deveria, argumenta ele, promover uma tolerância maior entre as pessoas. Tal como Schleiermacher, vê a interpretação essencialmente como uma reconstituição do processo de composição, em que se caminha a partir do texto para a experiência que o produziu.

Hermenêutica existencial* e fenomenológica. A impossibilidade de começar a pesquisa, a não ser a partir de *determinados* horizontes é a base do pensamento inicial de Martin Heidegger (1889-1976) sobre o assunto. Cada pessoa, argumenta Heidegger, interpretará o que vê em termos dos propósitos e pontos de vista práticos em torno dos quais sua vida está organizada. O pré-entendimento se torna, portanto, a questão hermenêutica primacial. Em teologia, Rudolf Bultmann* compartilha alguma coisa, não tudo, das perspectivas de Heidegger. Bultmann acredita que os escritos bíblicos apenas aparente ou secundariamente apresentam afirmações generalizantes e descritivas a respeito de Deus e do homem. Seu propósito principal, afirma, é a função existencial ou prática de chamar as pessoas a tomadas de atitude e respostas da vontade apropriadas. Por exemplo, a elocução "Deus julgará o mundo" deve ser interpretada menos como uma afirmação a respeito de um evento futuro e mais como uma chamada à responsabilidade perante Deus no momento presente; a declaração "Jesus é o Senhor" representa não tanto uma afirmação a respeito do posicionamento cósmico real de Cristo quanto uma confissão de que Cristo dirige e controla minha própria vida (ver Mito*).

Hermenêutica ontológica. Uma tradição intimamente ligada à hermenêutica, mas diferente na teoria, recusa reduzir questões de significado e verdade à experiência individual segundo o modo sugerido para a hermenêutica existencialista. Em seus escritos posteriores, Heidegger e, mais particularmente, seu aluno Hans-Georg Gadamer (1900-2002), procuram relacionar a linguagem e o significado à descoberta da verdade, de um modo que transcende e chama atenção para a realidade do "mundo" projetado e mediado por uma obra de arte. Teologicamente, Ernst Fuchs (1903-1983) dá maior atenção ao "mundo" narrativo das parábolas, no qual o leitor *entra*, sendo então *captado* por ele. O foco hermenêutico não está mais, assim, sobre o intérprete que escrutina ativamente o texto como objeto, mas, sim, no texto, que dirige e escrutina ativamente o intérprete. O texto deve

HERMENÊUTICA

nos traduzir, antes que possamos traduzir o texto. A hermenêutica, para Gadamer e Fuchs, não é, portanto, uma simples questão de usar o método correto, sendo essa sua abordagem chamada, por vezes, de "nova hermenêutica".

Hermenêutica sociocrítica. Entre as ciências sociais, a exploração hermenêutica teve início também com Dilthey, chamando atenção, especialmente, para o papel do "interesse" na interpretação de textos. Os interesses moldam o que se possa considerar como a interpretação "natural" dentro da estrutura de uma tradição de suposições e práticas sociais. Exemplos disso proporcionam as interpretações de textos bíblicos a respeito de escravidão, mulheres ou pobres nas recentes teologia da libertação* e hermenêutica feminista* (ver Teologia Feminista*). A teoria social e a obra neomarxistas de J. Habermas (n. 1929) são frequentemente usadas a serviço dessa perspectiva. Teólogos da libertação latino-americanos preconizam uma releitura da Bíblia no contexto das presentes lutas sociais ou práxis. Juan Luis Segundo (n. 1925), por exemplo, insiste na necessidade não propriamente de se demitificar, mas, sim, de se "desideologizar" a interpretação. A hermenêutica da erudição ocidental tradicional é, no caso, rejeitada, basicamente, como intelectualista, além de incapaz, por ser portadora de suficiente suspeição ideológica.

A hermenêutica bíblica e o problema de unidade e diversidade. O recente reavivamento do interesse na hermenêutica bíblica recebeu um ímpeto maior por parte de duas principais tendências nos estudos bíblicos, a saber, a crítica da redação e a crítica canônica (ver Crítica Bíblica*). Enquanto os movimentos da chamada teologia bíblica* ou história da salvação*, da década de 1940, enfatizavam a unidade dos escritos bíblicos, uma atenção crescente vem sendo dada desde a década de 1950 a ênfases teológicas e preocupações distintivas na Bíblia representadas por autores ou editores individualmente. Em outras palavras, a crítica da redação chamou a atenção para um leque de ênfases dentro dos escritos bíblicos. Ao mesmo tempo, porém, essas ênfases diferentes dizem respeito, juntas, a um único cânon das Escrituras. Sua coexistência e interação moldam seu significado canônico. A preocupação para com esse nível de significado, presentemente conhecida como crítica canônica, está associada especialmente ao nome de Brevard Childs (n. 1923). A hermenêutica bíblica contemporânea luta assim com dois aspectos de um único problema. Paulo e Tiago, por exemplo, devem ser interpretados cada um em seus próprios termos. Cada qual fala de uma situação pastoral e histórica particular sobre fé e obras. Mas as ênfases distintivas deles dentro do cânon não devem ser reduzidas ou horizontalizadas no interesse de uma harmonização superficial; nem deve ser eclipsada uma delas para se tratar a outra como a chave da mensagem total do evangelho. O foco principal da hermenêutica bíblica contemporânea deve ser, então, de como o intérprete poderá evitar da melhor forma possível tais armadilhas e, todavia, fazer justiça plena tanto à unidade quanto à diversidade bíblicas.

Outras abordagens hermenêuticas. Impossível listar em apenas um artigo como este todo o leque de abordagens hermenêuticas que estão sendo atualmente aplicadas. Em suas obras iniciais, Paul Ricoeur (1913-2005) explora o papel da suspeição na interpretação, não com base em Marx*, mas tomando como ponto de partida a obra de Freud sobre a capacidade humana de autoenganação na interpretação de sonhos, símbolos e linguagem (ver Psicologia de Profundidade*; Psicologia da Religião*). Em trabalhos posteriores, Ricoeur examina a metáfora e as teorias dos sinais (semiótica). Vem sendo dada uma atenção cada vez maior na hermenêutica bíblica e literária ao papel ativo do leitor em criar significados (hermenêutica de resposta do leitor). Além da noção mais comum de hermenêutica como processo de entendimento (relacionado à teoria do conhecimento), outros modelos estão agora presentes, como o da ação textual ou o do processo de leitura. Tudo isso não representa o resultado de um mero modismo acadêmico, mas, sim, implica o amplo reconhecimento das diversas e diferentes disciplinas que participam da natureza fundamental e de longo alcance das questões hermenêuticas. A hermenêutica bíblica nunca poderá ultrapassar a obra dos especialistas em Bíblia. Mas jamais poderá também voltar a ser isolada dessas questões interdisciplinares, mais amplas e, todavia, fundamentais.

Bibliografia

J. Bleicher, *Contemporary Hermeneutics* (London, 1980); D. A. Carson (ed.), *Biblical Interpretation and the Church* (Exeter, 1984); D. A. Carson & J. D. Woodbridge (eds.), *Hermeneutics, Authority and Canon* (Grand Rapids, MI, e Leicester, 1986); R. W. Funk, *Language, Hermeneutics and Word of God* (New York, 1966); H.-G. Gadamer, *Truth and Method* (TI, London, 1975); R. M. Grant & D. Tracy, *A Short History of the Interpretation of the Bible* (Philadelphia, 1984); I. H. Marshall (ed.), *New Testament Interpretation* (Exeter, 1977); E. V. McKnight, *Meaning in Texts* (Philadelphia, 1978); R. Palmer, *Hermeneutics* (Evanston, IL, 1969); P. Ricoeur, *Interpretation Theory* (Fort Worth, TX, 1976); *idem*, *Hermeneutics and the Human Sciences* (London, 1981); J. D. Smart, *The Interpretation of Scripture* (London, 1961); P. Stuhlmacher, *Historical Criticism and Theological Interpretation of Scripture* (Philadelphia, 1977); A. C. Thiselton, *The Two Horizons* (Exeter, 1980); C. Walhout, A. C. Hiselton & R. Lundin, *The Responsibility of Hermeneutics* (Exeter, 1985).

A.C.T.

HERRMMANN, WILHELM (1846-1922). Tendo crescido sob influência pietista*, durante seus estudos teológicos, no entanto, Herrmann abraçou a então promissora teologia de Albrecht Ritschel*, tornando-se seu principal discípulo. Após um período como palestrante em Halle, em 1879 foi nomeado professor de Teologia em Marburgo, onde permaneceu até o final de sua vida. Sua obra mais famosa é *The Communion of the Christian with God* [A comunhão do cristão com Deus] (1886; TI, 1971), que trata da doutrina de Deus e do relacionamento do fiel com ele.

HESICASMO

498

Deus, para Herrmann, não é o tradicional ser supremo três-em-um do cristianismo ortodoxo, mas, sim, "a vitalidade e o poder pessoal da bondade". Jesus não é o Filho de Deus no sentido tradicionalmente entendido pela Igreja, mas um homem em cujo caráter exemplar o poder de Deus, *i.e.*, o poder do bem mais elevado, foi revelado. Para Herrmann, não há milagres sobrenaturais. Jesus demonstrou que o bem mais elevado é uma vida de amor. É a beleza da vida de Jesus que revela Deus.

Em contraste com o ceticismo do movimento "Jesus viveu?", Herrmann sustentou que a descrição que os evangelistas fizeram de Jesus era completamente independente da realidade histórica. Mesmo se Jesus nunca tivesse existido, sua descrição seria ainda permanentemente válida para seu propósito. Considerou, assim, os resultados das investigações da alta crítica da Bíblia como não exigindo de modo algum uma reformulação na descrição de Jesus contida nos Evangelhos. Na opinião de Herrmann, tal descrição, ainda que fosse completamente esvaziada de historicidade, deveria permanecer como modelo de como deveríamos viver. O cristianismo não precisa de uma apologética histórica.

Bibliografia

R. T. Voekel, *The Shape of the Theological Task* (Philadelphia, 1968).

H.H.

HESICASMO. O mesmo que quietismo (do gr. *hesychia* = quietude). Embora geralmente considerado como um movimento teológico da Bizâncio do século XIV originado a partir de um tipo específico de espiritualidade cristã, o hesicasmo teve seu começo desde muito antes, no desenvolvimento primitivo do ascetismo* anacorético. Constituía no início uma simples prática; todavia, a partir do século IV, com o surgimento de grandes figuras como Basílio, o Grande*; Evágrio, o Pôntico (346-399); Macário*; Pseudo-Dionísio, o Areopagita*; Máximo, o Confessor*, João Clímaco (c. 570-649) e Simeão, o Novo Teólogo (ver Teologia Ortodoxa Oriental*), o hesicasmo asceta recebeu uma base teórica e teológica.

O hesicasta do século IV era aquele que buscava ser liberto totalmente da realidade visível, mediante domínio das paixões e aquisição de virtudes, assim como pela iluminação da mente por meio da contemplação e oração mental (ou de coração), de modo que pudesse chegar em quietude a Deus ou à visão* de Deus.

A partir do século VI em diante, o meio de alcançar a *hesychia* divina tornou-se a oração "monológica", que consistia na repetição rítmica de uma sentença, frase ou palavra, comumente o nome do Senhor Jesus Cristo. No século seguinte, o mosteiro de Santa Catarina no Sinai se tornou o centro de um tipo de hesicasmo, epitomizado na obra *A Escada*, de João Clímaco. Na segunda metade do século X, Simeão, o Novo Teólogo, dava ao hesicasmo um novo impulso, ligando-o à visão puramente cristocêntrica da "luz divina" (*cf. Symeon the New Theologian: The Discourses* [Simeão, o Novo Teólogo: discursos], tr. C. J. de Catanzaro, London, 1980; G. A. Maloney, *The Mystic of Fire and Light: St Symeon The New Theologian* [A mística do fogo e da luz: São Simeão, o Novo Teólogo, Denvkille, NJ, 1975]. A partir daí, desenvolveu-se uma técnica psicológica de oração. O elemento central era a repetição sem cessar, em solidão, da frase: "Senhor Jesus Cristo, tem misericórdia de mim, pecador", para o que poderiam ser acrescentados, como elementos secundários, a postura do corpo e a maneira de respirar. O resultado seria a visão da "luz incriada" de Deus.

No século XIV, tanto a visão da "luz divina" quanto especialmente o método usado para sua obtenção se tornaram motivos de áspera controvérsia. Barlaão da Calábria (*c.* 1290-1350) e Jorge Akindynos (*c.* 1300-1349) conduziram uma forte oposição ao hesicasmo, alegando que a luz "incriada" dos hesicastas implicava sugerir diteísmo. O maior apologista do hesicasmo foi Gregório Palamas (1296-1359), que expôs uma distinção entre a essência (*ousia*) e as energias de Deus, ligando a essas últimas a luz divina incriada e argumentando que Deus, sendo invisível, inacessível e incomunicável em sua essência, torna-se visível, acessível e comunicável mediante suas energias. Após intenso conflito, um decisivo sínodo em 1351 endossou a distinção de Gregório, assim como os princípios de que: 1. as energias são incriadas; 2. Deus não é composto; 3. a palavra "divina" pode ser atribuída não somente à essência, mas também às energias de Deus; 4. todos os homens participam não da essência, mas das energias e da graça de Deus. Barlaão e Akindynos foram considerados hereges, e

Palamas, o arauto da ortodoxia. As disputas sobre o hesicasmo, contudo, continuaram, especialmente como resultado da influência latina vinda do Ocidente. O hesicasmo sobrevive ainda no Oriente ortodoxo, especialmente nos mosteiros de Monte Atos.

Bibliografia

Gregory Palamas: The Triads, tr. N. Gendle (London, 1983).

L. Lucas, *The Hesychast Controversy in Byzantium in the Fourteenth Century*, dissertação não publicada, UCLA, 2 vols. (Los Angeles, CA, 1975); J. Meyendorff, *Byzantine Hesychasm* (London, 1974); *idem*, *St. Gregory Palamas and Orthodox Spirituality* (New York, 1974); *idem*, *A Study of Gregory Palamas* (London, 1962); G. C. Papademetriou, *Introduction to St. Gregory Palamas* (New York, 1973).

G.D.D.

HICK, JOHN HARWOOD (n. 1922). Filósofo da religião e teólogo radical. Educado em Edimburgo, Oxford e Cambridge e tendo sido ministro da Igreja Reformada Unida da Grã-Bretanha e professor de Teologia em Birmingham, veio a lecionar em Claremont, Califórnia.

Suas primeiras obras estão voltadas para questões centrais tradicionais na filosofia da religião* (*cf. Philosophy of Religion* [Filosofia da religião], Englewood Cliffs, NJ, [3]1983; *Faith and Knowledge: a Modern Introduction to the Problem of Religious Knowledge* [Fé e conhecimento: introdução ao problema do conhecimento religioso nos dias de hoje], New York, 1957; ensaios sobre a existência de Deus, etc.). Seu livro mais significativo nesse

HILÁRIO DE POITIERS

campo é *Evil and the God of Love* [O mal e o Deus de amor] (London, ³1985), que prefere a abordagem dita de Ireneu* à de Agostinho* ao problema do mal*, levando também a uma resolução escatológica a ser revelada somente no fim dos tempos.

A atenção de Hick voltou-se depois para questões a respeito da singularidade* de Jesus como o Filho de Deus encarnado no contexto das outras religiões mundiais (*cf. God and the Universe of Faiths* [Deus e o universo de fés], London, 1973). Argumenta em favor da redução da "alta" cristologia do Credo de Niceia e da Definição de Fé de Calcedônia (*cf.* Hick, [ed.], *The Myth of God Incarnate* [O mito do Deus encarnado], London, 1977). Pode-se dar como certo ter havido um desenvolvimento histórico na cristologia* de Hick, de uma ortodoxia anterior para uma rejeição posterior desta. Isso, devido às suas suposições posteriores de que: é impossível qualquer revelação especial de Deus; é certa a salvação universal incondicional* (cf. *Death and Eternal Life* [Morte e vida eterna], London, ²1985); todas as religiões mundiais são iguais em suas aspirações e reivindicações teológicas. Hick alega que os argumentos tradicionais da singularidade de Jesus Cristo são inválidos, regressivos e até prejudiciais à coexistência harmoniosa de povos e crenças diferentes, que é a necessidade do momento. Ele pleiteia, assim, um retorno da teologia cristocêntrica para a teocêntrica, com todos os grandes sistemas religiosos, do mesmo modo, proporcionando acesso à "realidade última" de Deus.

Ver também CRISTIANISMO E OUTRAS RELIGIÕES.

Bibliografia

C.-R. Brakenheim, *How Philosophy Shapes Theories of Religion...* — com referência especial a Hick (Lund, 1975); N. Jason, *A Critical Examination of the Christology of John Hick, with Special Reference to the Continuing Significance of the "Definitio Fidei" of the Council of Chalcedon, AD 451* (dissertação não publicada, University of Sheffield , 1978); T. R. Mathis, *Against John Hick: An Examination of His Philosophy and Religion* (Lanham, MD, 1985).

N.J.

HILÁRIO DE POITIERS (c. 315-367). Hilário nasceu em família nobre, pagã. Semelhantemente a Agostinho*, encontrou na filosofia pagã uma preliminar útil para o evangelho. Logo após sua conversão, foi designado bispo de Poitiers. A subsequente resistência às tendências arianizantes na Igreja gaulesa o levou a um período de banimento na Ásia Menor.

Durante o exílio, Hilário ganhou diretamente experiência de teologia oriental, sendo particularmente influenciado pelo pensamento, inspirado em Orígenes*, de homens como Basílio de Ancira (fl. 340-360). Data desse período sua obra *Sobre os sínodos*, tentativa de reconciliar seus correligionários ocidentais com a abordagem teológica diferente dos antiarianos do Oriente.

Seu exílio foi também oportunidade para produzir seu trabalho *On the Trinity* [Sobre a Trindade], o notável tratado teológico latino da controvérsia ariana. Hilário

HINDUÍSMO E CRISTIANISMO

acrescentou pouca coisa à visão ortodoxa sobre o relacionamento do Pai com o Filho ou sobre o papel do Espírito Santo; mas traria realmente uma contribuição original em cristologia*, pois usou de oposição mais efetiva à insistência ariana quanto à fraqueza humana de Cristo ao postular três estágios distintos na existência de Cristo. No primeiro estágio, Cristo era preexistente como Filho de Deus, unido com o Pai em coabitação mútua. No segundo estágio, da encarnação, nasce na condição de homem, mas sem deixar de modo algum de ser Deus. Não obstante, ao haver Cristo encarnado sob a forma de servo para benefício do ser humano, dá-se efetivamente uma ruptura dentro da divindade. A natureza humana que Cristo assumiu era separada por distância infinita de Deus Pai, embora estivesse indissoluvelmente ligada à divindade de Deus Filho. Seria tarefa desse último erguer a natureza humana ao nível divino — tarefa realizada com sua ressurreição e ascensão. No terceiro estágio, Cristo é restaurado à glória que compartilhava com o Pai antes da encarnação. Os crentes podem esperar, assim, que venham a compartilhar da glória à qual Cristo elevou a natureza humana.

A chave da soteriologia de Hilário é a deificação* da humanidade, que Deus havia desde o princípio proposto. Sua consecução havia simplesmente sido complicada, mas não basicamente inspirada, pelo pecado. Hilário mostra um conceito claro das duas naturezas no Cristo encarnado, assim como da unidade de sua pessoa. Seu tratamento dos eventos da vida de Cristo, no entanto, leva ao docetismo*. Argumenta que Cristo possuía uma espécie singular de corpo — um corpo celestial, porque seu possuidor, que tinha descido do céu e estava na terra, ainda estava no céu. Esse corpo poderia cumprir todas as funções de um corpo humano e passar por sofrimento, mas ele o fez por condescendência especial, e mesmo assim, então, não teria realmente sentido dor. Por causa de sua própria natureza, o corpo estava isento das necessidades humanas, tendo evidenciado o tipo de poder revelado nos milagres e na transfiguração.

Hilário, na verdade, alcançou uma posição de extremo oposto dos arianos quanto ao Cristo encarnado. Para ele, as demonstrações miraculosas de poder eram regra, e não exceção, para o corpo humano de Cristo.

Bibliografia

Obras seletas em TI, *in: NPNF*; P. Galtier, *Saint Hilaire de Poitiers* (Paris, 1960); G. M. Newlands, *Hilary of Poitiers: a Study in Theological Method* (Berna, 1978).

G.A.K.

HINDUÍSMO E CRISTIANISMO.
Frederic Spiegelberg comenta: "Ao estudarmos as religiões do mundo atual, imediatamente nos tornamos cônscios de um fenômeno notável – de que o Ocidente e o Oriente estão aptos a conceber os conceitos básicos de que a raça humana seja capaz, em caminhos diametralmente opostos" (*Living Religions of the World* [Religiões vivas do mundo], London, 1957, p. viii).

Uma familiaridade superficial poderia talvez transmitir outra

HINDUÍSMO E CRISTIANISMO

impressão diferente, mas o fato inquestionável, e que permanece, é que o hinduísmo e seus derivados, budismo*, jainismo e siquismo, permanecem em divergência diametral em relação ao cristianismo quanto a toda doutrina principal de fé e prática. Um breve panorama dos ensinos básicos do hinduísmo para o entendimento do destino e da salvação humanos demonstra amplamente a veracidade dessa afirmação.

Escrituras

A teologia hindu coloca em elevada importância os textos chamados Vedas, como escrituras reveladas, firmadas na onisciência divina e recebidas por sábios em profunda meditação transcendental. Os Vedas são mencionados com muita reverência e, ao que tudo indica, desfrutam, no hinduísmo, da mesma posição de autoridade da Bíblia para com os cristãos. Apesar da ênfase na origem divina dos Vedas, no entanto, outra doutrina altera completamente a natureza da autoridade escriturística. Isso está bem afirmado posteriormente no Gita, provavelmente a escritura mais popular no hinduísmo atualmente: "Tal como um poço de água num lugar inundado de água, assim são todos os Vedas para uma pessoa que obteve a Iluminação" (2:46); *i.e.*, uma vez que quem busca haja alcançado a *Moksha,* "Consciência Iluminada", "Nirvana" ou "Realização Divina" (tudo isso significando, no hinduísmo, salvação*), nem mesmo as escrituras reveladas terão mais qualquer importância para essa pessoa. Essa doutrina, na verdade, eleva a experiência subjetiva

de realização divina além do que representa a palavra objetiva das escrituras. Como consequência disso, possivelmente nem mesmo um pequeno número de hindus jamais tenha lido completamente os Vedas. Os aspirantes à iluminação preferem saltar o estudo da escritura para a busca de experiência por meio da prática meditativa (ver Experiência Religiosa*). Nesse arriscado retiro do mundo subjetivo da experiência particular, cada indivíduo é supremo e está acima da autoridade.

Deus

Não há concepção de Deus no hinduísmo semelhante à doutrina cristã do Deus soberano* que criou o universo e o governa mediante o exercício de seu poder onipotente (ver Soberania*; Criação*; Providência*). No hinduísmo, Deus está totalmente além da forma e da definição; é totalmente o outro, desconhecido e incognoscível. Onisciência distante nos céus, ele é imanente no universo, de forma que tudo na natureza é traspassado pelo divino. Por esse motivo, a adoração e a propiciação das forças da natureza ou mesmo de grandes homens são facilmente aceitáveis pelos hindus.

Encarnação

Os hindus têm uma doutrina da encarnação um tanto diversa da cristã. Durante os tempos de crise no mundo, o divino incognoscível se torna humano, em carne e sangue, habitando entre os homens, a fim de restaurar a justiça. Mas, ao contrário da finalidade da encarnação de Cristo, a encarnação no hinduísmo é um processo

HINDUÍSMO E CRISTIANISMO

recorrente onde e quando quer que o mundo seja ameaçado por graves crises. O conceito de um Deus de amor, especialmente amor sacrifical, presente no evangelho cristão, é estranho ao entendimento que os hindus têm das coisas divinas.

A humanidade e seu destino

No hinduísmo, a pessoa humana é um ser aperfeiçoável. Admite-se francamente que seja imperfeito e inclinado ao mal, mas a causa disso não é inerente à sua natureza, por ser devido meramente à sua ignorância (*Avidya*). Essa ignorância é sua falta de entendimento de sua natureza verdadeiramente divina. O ser humano é essencialmente um ser espiritual, possuindo uma centelha divina em seu cerne. Se isso for verdadeiramente assumido e tornado manifesto, sua natureza espiritual radiante haverá de brilhar. O caminho que leva a esse estado é a prática espiritual, especialmente de silêncio, meditação, intensa autorrenúncia e punição da natureza carnal grosseira da pessoa. Assim, o homem é o arquiteto de sua própria salvação e não precisa de mediador*, muito menos de um salvador ou redentor. O hinduísmo constitui, enfim, um esquema por excelência de autossalvação. O indivíduo alcança sua própria saída do amarramento da escravidão humana para uma liberdade de espírito de pessoa divinamente realizada.

Carma e reencarnação

Essas doutrinas gêmeas são características de todo o misticismo* oriental, especialmente no mundo indo-ariano. A lei do carma é simplesmente a lei de causa e efeito aplicada rigorosamente na esfera moral e conceitual, tal como o é na física. A frase: "Um homem é o que ele pensa", é um exemplo dessa lei fatalista aplicada à esfera do pensamento e da intenção moral. A lei do renascimento ou reencarnação (ver Metempsicose*) é, todavia, a válvula de escape no hinduísmo. Se a pessoa deixar de alcançar seu destino de consciência divina nesta vida, pode sempre reiniciar, a partir de uma segunda oportunidade, a voltar a se empenhar por sua salvação em outra encarnação. Sua provação, portanto, não se esgota em uma só vida. Haverá sempre uma segunda oportunidade para quem não consegue enfrentar os rigores da disciplina prescrita para o atleta espiritual que se coloca em mentalização para atravessar os empecilhos de sua escravidão terreal. A graça divina opera somente no extremo do processo, quase ao final do esforço humano.

Diálogo hindu-cristão

É doutrina essencial do hinduísmo que todas as religiões são caminhos para Deus e que nenhuma religião poderá fazer justificavelmente qualquer reivindicação de exclusividade (ver Cristianismo e Outras Religiões*; Singularidade de Cristo*). Qualquer religião que insista em ser a única verdadeira é desautorizada, restrita e restritiva, à luz da amplitude abrangente da vontade divina. Aqui, cristianismo e hinduismo entram em nítido conflito (*cf.* Jo 14.6).

Por mais interessante e atraente que o hinduísmo possa, ou pareça, ser, superficialmente, em especial devido às suas técnicas de meditação e prática espiritual,

HIPERCALVINISMO

é preciso afirmar claramente que seu "calcanhar de Aquiles", seu defeito mais sensível, está em sua falha total em abordar de modo significativo o fato frio, inegável e inescapável do pecado. O pecado, pelo que entendemos a alienação que o ser humano tem de Deus e que conduz à alienação de seus semelhantes e, sobretudo, de si mesmo, é sem dúvida o grande tormento da humanidade. A menos que o pecado venha a ser tratado pelo método divinamente traçado, ou seja, mediante a reconciliação com Deus pelo arrependimento e autoentrega do pecador, por meio da fé, ao Senhor Jesus e à sua redenção, quem quer que se entregue à meditação e à disciplina espiritual, mesmo que de modo sincero, estará disputando, perigosamente, um jogo para perder.

As diferenças profundas entre as crenças hindu e cristã não têm impedido, no entanto, que escritores e mestres de ambas as tradições tenham procurado identificar e construir pontos de contato entre elas. Hindus reformados, como Sri Aurobindo (1872-1950), têm utilizado a Bíblia e ensinos cristãos para corrigir o que consideram como fraquezas do hinduísmo. Cristãos, como Raimundo Panikkar (n. 1918), têm lançado mão de conceitos hindus para pregar o cristianismo aos hindus. Seu livro *The Unknown Christ of Hinduism* [O Cristo desconhecido do hinduísmo] (London, ²1980) encontra uma base comum na humanidade compartilhada por hindus e cristãos e vai ao verdadeiro foco, a encarnação — pois os hindus não acham impossível considerar Jesus como encarnação da divindade. Mas outros teólogos cristãos indianos (*e.g.*, S. Kulandran, *Grace: A Comparative Study of the Doctrine in Christianity and Hinduism* [Graça: um estudo comparativo da doutrina no cristianismo e no hinduísmo], London, 1964) continuam a ver as duas crenças como incompatíveis e consideram a abordagem de Panikkar fronteiriça ao sincretismo*.

Bibliografia
S. Nirved-Ananda, *Hinduism at a Glance* (Calcutta, 1957); S. Radhakrishnan, *The Hindu View of Life* (London, 1960); D. S. Sarma, *Hinduism Through the Ages* (Bombay, 1967); H. E. W. Slade, *Schools of Oriental Meditation* (London, 1973); H. Smith, *The Religions of Man* (New York, 1957); R. Tagore, *The Religion of Man* (London, 1966).

P.M.K.

HIPERCALVINISMO. Uma espécie de teologia reformada* exagerada, ou desequilibrada, ligada aos chamados batistas particulares ou estritos, de origem inglesa, e a grupos reformados holando-americanos. Originária do século XVII, anterior ao reavivamento evangélico, tem sido constantemente a teologia de uma minoria extremamente pequena hoje. Aqui estão duas definições do hipercalvinismo:

1. Sistema de teologia estruturado para exaltar a honra e a glória de Deus, e o faz minimizando intensamente a responsabilidade moral e espiritual dos pecadores. Coloca ênfase excessiva nos atos pertencentes ao Ser imanente de Deus (*cf.* Deus Escondido e Revelado*) — os atos imanentes de Deus —, na justificação eterna, na adoração

HIPÓLITO

eterna e no pacto eterno da graça. Não faz nenhuma distinção significativa entre a vontade de Deus secreta e revelada, por meio disso deduzindo o dever dos pecadores a partir dos decretos secretos de Deus. Enfatiza a graça irresistível em tal grau que parece não haver necessidade real de evangelização; além do mais, Cristo pode ser oferecido somente aos eleitos *(P. Toon, *The Emergence of Hyper-Calvinism in English Nonconformity, 1689-1765*, [O surgimento do hipercalvinismo no não-conformismo inglês, 1689-1765], London, 1967).

2. Escola do calvinismo supralapsariano dos "cinco pontos" que enfatiza muito a soberania de Deus por enfatizar demasiadamente a vontade secreta sobre a vontade revelada e a eternidade sobre o tempo; que minimiza a responsabilidade dos pecadores, notadamente com respeito à negação do uso da palavra "oferta" em relação à pregação do evangelho; assim, solapa o dever universal dos pecadores de crer salvificamente no Senhor Jesus com a certeza de que Cristo realmente morreu por eles e encoraja a introspecção na busca de alguém saber se é eleito ou não (C. D. Daniel, *Hyper-Calvinism and John Gill* [Hipercalvinismo e John Gill], tese não publicada de Ph.D., University of Edinburgh, 1983).

O maior teólogo dessa escola de pensamento é John Gill (1697-1771), cujo ensino se encontra resumido nas obras de sua autoria *A Body of Doctrinal Divinity* [Corpo de teologia doutrinária] e *A Body of Practical Divinity* [Corpo de teologia prática], diversas vezes reimpressas. O mais recente teólogo proeminente da escola é o holando-americano Herman Hoeksema, com sua obra *Reformed Dogmatics* [Dogmática reformada] (Grand Rapids, MI, 1966). Todavia, a constatação de que esses e outros livros semelhantes representam o pensamento hipercalvinista é somente evidente para os que estejam plenamente familiarizados com o autêntico calvinismo e a teologia reformada ortodoxa.

Bibliografia
D. Engelsma, *Hyper-Calvinism and the Call of the Gospel* (Grand Rapids, MI, 1980)

HIPÓLITO (c. 170-c. 236). Hipólito, que veio para Roma procedente do Mediterrâneo Oriental, talvez do Egito, foi o último principal escritor em grego da Cidade Eterna. Presbítero e depois bispo auxiliar na igreja em Roma, foi exilado (c. 235), sob o imperador Maximino, para a Sardenha, onde veio a falecer.

Os fatos de sua vida são obscuros, e a autoria de algumas das obras a ele atribuídas é questionada. A principal de suas obras, *Refutação a todas as heresias* (*Philosophumena*), busca traçar a origem dos sistemas gnósticos* e outros ensinos errôneos a partir das filosofias gregas. A Ireneu*, ele deveu muito de sua informação sobre as heresias (assim como muito de sua teologia), mas teve acesso também a outras fontes. Seu *Comentário a Daniel* é o mais antigo texto ortodoxo em seu gênero que sobreviveu. Ali, coloca a volta de Cristo quinhentos anos após seu nascimento, procurando desse modo aquietar a ansiedade a respeito do fim dos tempos. Preocupações escatológicas semelhantes são encontradas em outra obra,

HIPÓLITO

Sobre Cristo e o anticristo. Por sua vez, sua obra *A tradição apostólica* afigura-se importante para a teologia e a prática litúrgica, especialmente com referência ao batismo, à eucaristia, à ordenação e à festa do amor. A recuperação desse texto é difícil, principalmente por ter sobrevivido em versões posteriores (expandidas). Em *Contra Noeto,* Hipólito opôs-se ao modalismo (ver Monarquianismo*) de Noeto de Esmirna, uma corrente ativa no final do século II.

Logo após Calisto ter sido eleito bispo de Roma, em 217, Hipólito levou seus seguidores a um cisma. Eram rivais pessoais e de diferentes origens. Hipólito, de boa formação educacional, viera de meios culturais, enquanto Calisto era um ex-escravo cujas habilitações na vida prática o haviam tornado um diácono líder. Os dois homens se digladiaram sobre a questão da disciplina na Igreja:* se os pecadores poderiam ou não reconciliar-se com a Igreja e em que termos, e qual seria a atitude de comunhão da Igreja quanto a questões sociais e morais. Calisto era a favor do recebimento do perdão, assumindo uma posição moderada, buscando reconciliar com a Igreja os culpados de pecados sexuais e reconhecer os casamentos não sancionados pela lei de Roma. Para ele, uma vez que a Igreja* é uma sociedade salvadora, deveria ser inclusiva quanto à sua membresia. Hipólito, pelo contrário, era a favor da ideia de manter os pecadores graves sob disciplina até o leito de morte, deixando o perdão nas mãos de Deus. Queria uma Igreja de puros.

Hipólito e Calisto representavam também duas cristologias* rivais.

Enquanto Calisto enfatizava a unidade de Deus, tentando situar-se a meio caminho entre o modalismo de Sabélio e o que ele chamava de diteísmo de Hipólito, esse último desenvolveu sua doutrina de Cristo a partir da cristologia do *Logos*,* dos apologistas* e de Ireneu. O *Logos*, imanente em Deus, embora eterno, veio a ter uma existência separada ao entrar em conexão com a criação e personalidade separada na encarnação, quando se tornou plenamente Filho de Deus.

Hipólito e Ponciano, segundo sucessor de Calisto, acabaram, porém, sendo exilados na mesma época. Eles então se reconciliaram, pois seus dois partidos, antes rivais, reuniram-se e comemoraram as pessoas de ambos os exilados. Uma estátua de Hipólito chegou a ser esculpida em sua homenagem. Foi reencontrada muito depois, contendo uma lista de seus escritos e escalas, que ele mesmo havia elaborado, para determinar, durante anos, a data móvel da Páscoa*.

Bibliografia

G. Dix, *The Treatise on the Apostolic Tradition of St. Hippolytus of Rome* (London, [2]1968); J. H. I. von Döllinger, *Hippolytus and Callistus* (Edinburgh, 1876); D. G. Dunbar, The Delay of the Parousia en Hippolytus, *VC* 37 (1983), p. 313-327; J. M. Hanssens, *La Liturgie d'Hippolyte* (*Orientalia Christiana Analecta* 155, Roma, [2]1965); J. B. Lightfoot, *The Apostolic Fathers*, part 1. vol. 2 (London, 1890), p. 317-477; P. Nautin, *Hippolyte et Josipe: Contribution à l'histoire de la literature chrétienne du troisième siècle* (Paris, 1947); D. L. Powell, The Schism of Hippolytus, *SP* 12

(1975), p. 449-456; J. E. Stam, Charismatic Theology in the "Apostolic Tradition" of Hippolytus, *in:* G. F. Hawthorne (ed.), *Current Issues in Biblical and Patristic Interpretation* (Grand Rapids, MI, 1975); C. Wordsworth, *St Hippolytus and the Church of Rome* (London, ²1880).

E.F.

HIPÓSTASE. Substantivo grego, que, na teologia oriental, tornou-se a designação padrão de cada pessoa da Trindade divina. Seu termo latino mais próximo e equivalente é *persona*.

A palavra tem uma ampla gama de significados não técnicos (*cf.* suas ocorrências no NT em 2Co 9.4; 11.17; Hb 1.3; 3.14; 11.1), apresentando em filosofia e teologia uma acepção de "ser, realidade substancial" com referência à natureza ou à substância da qual consiste uma coisa (*cf.* Hb 1.3) ou à sua particularidade. Contra o monarquismo*, Orígenes* insistia que Pai, Filho e Espírito eram *hipóstases* eternamente distintas. Até o século IV (*e.g.*, o Credo de Niceia, em 325), a palavra *hipóstase* era usada quase que em intercâmbio com *ousia* (ver Substância*), mas Basílio* e seus companheiros capadócios atribuíram-lhe a relevância de designar as três apresentações objetivas de Deus, restringindo *ousia* para a divindade como única. Essa diferenciação corresponderia, em sentido amplo, a uma só *substantia* e três *personae*, em termos teológicos latinos — só que causou confusão, pois *substantia* teria como equivalente etimológico grego *hipóstase*, e não *ousia*.

A diferença entre *hipóstase* e *ousia* é sutil, porque ambas falam de entidades ou seres avulsos. *Ousia* refere-se mais à essência ou natureza interna (Deus, quanto à sua divindade), enquanto hipóstase diz respeito mais à individualidade objetiva e concreta das três pessoas (de que o termo latino correspondente mais próximo seria *subsistentia*).

Em cristologia*, o Concílio de Calcedônia (451) distinguiu entre a hipóstase única do ser encarnado de Cristo e suas duas *physeis*, naturezas (divina e humana), unidas naquilo que os teólogos alexandrinos* chamavam de "união hipostática". (Eles haviam anteriormente usado a palavra *physis* quase no sentido de hipóstase, para o ser único de Cristo.) Após Calcedônia, o debate continuaria, sobre a integridade da natureza humana de Cristo — se carecia ou não de um centro ou foco pessoal e se era ou não uma natureza estritamente "não pessoal" (*anipostática*), como ensinavam os teólogos a exemplo de Cirilo de Alexandria*. (Alguns dos teólogos antioquinos* atribuíam uma hipóstase à natureza humana de Cristo). A hipóstase única, afirmada por Calcedônia, era geralmente interpretada como o *Logos*, o Verbo Divino.

Uma solução para o problema foi propiciada por Leôncio de Bizâncio (m. *c.* 543), cuja vida permanece obscura, mas que foi provavelmente um monge palestino que viveu alguns anos em Constantinopla. Leôncio escreveu obras tanto contra os nestorianos* como contra os monofisistas*, usando de categorias aristotélicas* de um modo novo a serviço da definição cristológica. De acordo com a interpretação tradicional, seu ensino,

HISTÓRIA

basicamente inspirado em Cirilo, declarava que a humanidade de Cristo, embora *anipostática*, era *enipostática*, "intra-hipostática", *i.e.*, tinha sua subsistência pessoal na pessoa do *Logos*, embora ainda preservando, como os adeptos de Calcedônia afirmavam, suas propriedades características. O Deus encarnado encerrava dentro de si mesmo, desse modo, a perfeição da natureza humana. Essa noção de *enipostasia* (o termo grego *enhypostatos*, já usado anteriormente pelos neoplatonistas) viria a ser desenvolvida por Máximo, o Confessor*, e João Damasceno*.

Uma recente reinterpretação, de D. B. Evans (*Leontius of Byzantium: an Origenist Christology* [Leôncio de Bizâncio: uma cristologia baseada em Orígenes], Washington, 1970), alega que para Leôncio tanto a natureza divina quanto a humana eram enipostáticas, na hipóstase de Jesus Cristo, que não era a do *Logos*. Essa visão, que torna Leôncio um seguidor de Orígenes em cristologia e que é devida a Evágrio, o Pôntico (346-399), escritor pioneiro em espiritualidade monástica, tem encontrado razoável aceitação (*e.g.*, J. Meyendorff, *Christ in Eastern Christian Thought* [Cristo no pensamento cristão oriental], New York, ²1975), mas também muita resistência (*e.g.*, J. J. Lynch, *in: TS* 36, 1975, p. 455-471; B. Daley, *in: JTS* 27, 1976, p. 333-369).

Bibliografia
J. N. D. Kelly, *Early Christian Doctrines* (London, ⁵1977), G. L. Prestige, *God in Patristic Thought* (London, 1959); H. M. Relton, *A Study in Christology* (London, 1917); M. Richard, *Opera Minora*, vol. II (Turnhout & Louvain, 1977), capítulos sobre hipóstase e sobre Leôncio.

D.F.W.

HISTÓRIA. No sentido de processo histórico, a história é reconhecida pelos cristãos como a área da existência terrena em que Deus mantém relacionamento com a humanidade. Embora a cadeia total dos acontecimentos do mundo, os passados, os presentes ou os futuros, tenha sido raramente descrita (se é que o foi) como "história" antes do século XVIII, a discussão de sua importância tem sido parte da teologia desde tempos antigos. Na Bíblia, há um amplo material para se constituir um entendimento da história, mesmo que (como tem sido muito debatido) isso leve a pouca elaboração de uma teologia da história como tal.

No AT, Deus é apresentado como um agente no processo histórico. De modo supremo no êxodo do Egito, mas, sem dúvida, também em muitos outros eventos, Deus demonstra ali o seu poder (*e.g.*, Sl 136). Em contraste com a natureza das divindades das nações circunvizinhas, Deus se revela* primordialmente na história do homem. No NT, Deus tem uma participação decisiva na vida do homem por intermédio de Cristo; seus propósitos começam a se revelar mediante a Igreja, e realça-se a promessa de que a história terrena um dia terá um fim, com o retorno de Cristo para o julgamento de todos*. Assim, as principais convicções bíblicas a respeito da história são que: 1. Deus molda o curso geral do processo histórico, desde o princípio, na criação*; 2.

HISTÓRIA

Deus intervém em eventos particulares, comumente para julgamento ou misericórdia; 3. Ele conduz seu plano a uma conclusão triunfante nas últimas coisas. Ao contrário da visão cíclica da história, difundida nas civilizações antiga e oriental, pela qual os acontecimentos se dão regularmente, em padrões sazonais da natureza, os cristãos têm sustentado uma visão linear da história, como um processo que caminha para um clímax predeterminado por Deus. Seu controle é descrito como providência*; o clímax futuro é a base para a esperança* cristã.

Diferentes avaliações cristãs do futuro têm sido feitas, quase sempre baseadas em crenças a respeito do milênio*. Se a bem-aventurança do milênio, particularmente, deverá ser esperada antes do final da história, essa esperança pode ser intensificada em fervoroso otimismo. Por volta do século IV, o milenarismo foi se desvanecendo ante uma "teologia imperial", que sustentava que o Império Romano ganhara o favor de Deus por adotar a fé cristã. Proclamada mais eloquentemente por Eusébio*, o primeiro grande historiador da Igreja, a teologia imperial foi duramente contestada por Agostinho*, juntamente com o milenarismo. Em sua *Cidade de Deus*, Agostinho propõe uma teologia magisterial da história, segundo a qual o bem-estar da comunidade de crentes em cada época não depende do poder temporal, e o milênio é identificado com a presente história da Igreja. A periodização que Agostinho fez do tempo em sete épocas destinava-se a contrariar a imaginação cristã medieval. Somente com o surgi-mento do joaquinismo*, no século XIII, a estrutura de Agostinho seria mudada significativamente. O ensino de Joaquim de que a história abordava uma nova era do Espírito, liberta das formas eclesiásticas, serviu para inspirar uma série de grupos, muitos dos quais associados à Reforma Radical*. Não obstante, Agostinho permaneceu sendo a principal influência sobre os reformadores clássicos, ao mesmo tempo que o tema cíclico, retirado da literatura antiga, foi reinjetado no pensamento cristão pela Renascença.

A última teologia da história de caráter agostiniano*, *Discurso sobre a história universal* (1681), escrita pelo bispo J. B. Bossuet (1627-1704), seria ridicularizada, por seu paroquialismo, por Voltaire*. O Iluminismo*, na verdade, gerou sua própria visão da história, uma secularização* do entendimento cristão, dentro da ideia de progresso*. As filosofias da história, contudo, estariam mais em voga na era do romantismo*, quando o esquema de Hegel* não era senão o mais elaborado. Desse mesmo solo, brotaria a tradição germânica do historicismo, de acordo com o qual cada sociedade produz seus próprios valores distintivos no curso de sua história. Essa tradição deveria declinar, como aconteceu nas mãos de F. C. Baur, da Escola de Tübingen*, diminuindo assim a possibilidade de milagre* na história. Isso posteriormente conduziria, no pensamento de Troeltsch*, à crença de que, sem Deus, todos os valores são relativos.

Com Troeltsch, entramos no vívido debate dos nossos dias sobre a relação da fé* com a história. Talvez

HISTÓRIA DA SALVAÇÃO

o principal incentivo a esse debate tenha sido a declaração de molde existencialista* de Bultmann* de que a história é irrelevante para a fé, afirmativa para a qual uma nova fase de busca do Jesus histórico* constitui, sem dúvida, uma resposta. Outra fonte de debate tem sido o interesse em Hegel, principal influência tanto sobre a afirmação de Pannenberg de que toda a história é reveladora quanto sobre a crítica do catolicismo tradicional por Gustavo Gutiérrez e demais expoentes da teologia da libertação*.

Os estudos bíblicos, especialmente em Gerhard von Rad (1901-1971) e Oscar Cullmann, têm chamado atenção para a centralidade da "história da salvação"*. Moltmann argumenta que a escatologia* é a chave para o entendimento da história e da teologia. Enquanto isso, outros têm tentado afirmar um entendimento cristão da história em nosso tempo. Nicolas Berdyaev, do ponto de vista da ortodoxia do Oriente (ver Teologia Ortodoxa Russa*), Herman Dooyeweerd*, de um ponto de vista reformado holandês, e Eric Voegelin (1901-1985), de uma perspectiva luterana, têm-se confrontado com essa questão; mas os mais influentes nesse assunto têm sido Reinhold Niebuhr*, com sua rejeição da ideia de progresso, e *sir* Herbert Butterfield (1900-1979), historiador metodista, cuja obra *Christianity and History* [Cristianismo e história] (1949) discerne Deus operando no passado. Por trás desses estudos, no entanto, está a questão central de qualquer filosofia cristã da história: o problema do sofrimento*. Este talvez tenha sido tratado de modo mais notável até agora por P. T. For-syth*, em sua obra, feita em tempo de guerra, *The Justification of God* [A justificação de Deus] (1916).

Bibliografia
D. W. Bebbington, *Patterns in History* (Leicester, 1979); D. P. Fuller, *Easter Faith and History* (London, 1968); V. A. Harvey, *The Historian and the Believer* (London, 1967); C. T. McIntire (ed.), *God, History and Historians: Modern Christian Views of History* (New York, 1977).

D.W.Be.

HISTÓRIA DA SALVAÇÃO. Existem atualmente duas principais interpretações da relação da mensagem bíblica com os eventos da história. Para R. Bultmann*, a base histórica subjacente ao evangelho cristão ou "querigma" não é acessível ao historiador, devido ao que ele considera como falta de evidência confiável; de qualquer modo, a investigação sobre tal base não é legítima para o teólogo, pois significaria estar a fé* na dependência dos achados dos historiadores. O evangelho, portanto, deverá ser visto como uma mensagem que anuncia o simples fato da vinda de Cristo, mas sendo essencialmente, para quem a receba, um desafio de responder à possibilidade de existência autêntica, por tornar-se aberto ao futuro.

Essa versão "demitizada" do que representa o evangelho parece conservar seu mínimo absoluto, ou seja, que a justificação* é pela fé e somente em Cristo, que é a Palavra da graça* de Deus ao homem pecador; mas as aparências enganam. Requer de nós aceitarmos a simples Palavra, independentemente da história; e que, apesar de toda

HISTÓRIA DA SALVAÇÃO

a ênfase de Bultmann no fato de Cristo em si, não existe realmente um evento salvador e, portanto, nenhum ato de graça real. Em contraste com essa visão, que limita de fato a revelação à Palavra, permanece, todavia, o modo de pensar que vê a revelação acontecendo em palavras e eventos.

"História da salvação" (em alemão, *Heilsgechichte*) é uma expressão que se refere a uma série de acontecimentos históricos interpretados pela fé cristã como atos específicos de Deus para salvar seu povo. A expressão está particularmente ligada, no passado, a J. C. K. von Hofmann (1810-1877) e a Adolf Schlatter*, mas na teologia, após a Segunda Guerra Mundial, seu principal protagonista tornou-se Oscar Cullmann (1902-1999), que apresentou um entendimento da Bíblia categoricamente contrário ao de Bultmann. Cullmann insiste em que a estrutura do pensamento bíblico seja histórica, e que a revelação* acontece por meio de uma série de ocorrências nas quais Deus se mostra ativo. Para o crente, o que importa é o que realmente aconteceu. Para sermos mais exatos, Cullmann argumenta que o reconhecimento dos acontecimentos como a história da salvação é uma questão de fé, e não de comprovação histórica, mas isso não afeta o fato de Deus ser visto, então, como participante ativo no mundo, nos eventos históricos da encarnação, da morte sacrifical, da ressurreição e da *parousia* de seu Filho. As narrativas bíblicas nos falam, enfim, de um tipo de eventos em que Deus é atuante, estendendo-se desde a criação até a consuma-

ção, com a vinda de Cristo como o ponto central do tempo, o pivô da história humana. Embora os seguidores de Bultmann continuem a negar que a história da salvação seja uma categoria usada pelos escritores bíblicos (ou, pelo menos, por aqueles escritores que eles consideram como os que oferecem o cerne do ensino bíblico), não se pode duvidar que seja a estrutura correta para a interpretação da Bíblia. Essa abordagem tem sido considerada como particularmente adequada por eruditos evangélicos, que têm visto nela uma alternativa viável para o existencialismo* bultmaniano, ou seja, sua abordagem demitizante, que pretende negar a história.

A mais destacada iniciativa evangélica de escrever uma teologia* do NT sob o ponto de vista da história da salvação pode se considerar como a de G. E. Ladd (1911-1982). Ele alega que a revelação acontece por meio de eventos, mas somente quando interpretados pela própria Palavra. Faz-se jus, assim, a dois modos da revelação divina: em atos (supremamente em Jesus Cristo) e na Palavra. A restrição da revelação à Palavra seria negar a realidade dos fatos da encarnação e da expiação, de modo que a teologia evangélica não pode senão reconhecer os critérios da abordagem da história da salvação.

Bibliografia

O. Cullmann, *Christ and Time* (London, 1951); idem, *Salvation as History* (London, 1967); G. E. Ladd, *A Theology of the New Testament* (Grand Rapids, MI, 1974); D. H. Wallace, 'Oscar Cullmann', *in*: P. E. Hughes (ed.), *Creative Minds*

HISTÓRIA DA TEOLOGIA

in Contemporary Theology (Grand Rapids, MI, 1966), p. 163-202.

I.H.Ma.

HISTÓRIA DA TEOLOGIA. Tal como o que é dito a respeito de Deus, a teologia é dada pelo próprio Deus por meio das Escrituras*. Mas essa teologia primária e básica implica uma resposta humana na forma de estudo teológico e de formulação, i.e., a exposição da teologia primária, reflexão sobre ela e sua apresentação e aplicação. Consequentemente, surgem um pensamento e uma prática teológicos que exigem uma constante revisão, avaliação e correção à luz da norma bíblica. Nesse processo, podem se discernir historicamente quatro divisões: as eras patrística, medieval, reformada e moderna.

Era patrística*
A era patrística diz respeito ao período de estudo teológico que começa com os Pais apostólicos, alcança o clímax com o grande período da formulação trinitária* e cristológica e termina com o declínio de Roma.

Após algum empenho cristológico fragmentário, filósofos convertidos deram, nessa era, os primeiros passos considerados teológicos, procurando apresentar o evangelho sob a forma de apologias* (*cf.* Justino*) para governantes e as classes sociais mais cultas. Contatos com o pensamento pagão, porém, conduziram aos riscos do gnosticismo* e da especulação, que nem mesmo homens como Clemente* e Orígenes*, em Alexandria, conseguiram evitar de todo ao buscarem alvos semelhantes na catequese.

A prática do ensino exercida por Ireneu*, Tertuliano* e Hipólito*

mostrou-se de uma influência mais estabilizante, se não menos formativa. Suas obras, apoiadas pela formulação do cânon e lançando mão do ministério e da tradição históricos, logo moldariam o pensamento da Igreja em matéria de cristologia e soteriologia.

Segue-se uma preocupação com os problemas levantados pela confissão básica de Jesus Cristo como Senhor. Todo desvio concebível e toda ênfase exagerada emergiram durante esse longo debate, à medida que os teólogos ajustavam aos dados bíblicos o seu vocabulário metafísico (*e.g.*, em termos como "natureza", "pessoa" e "substância"). Todavia, em meio a embates e confusão, a Igreja viria a forjar as afirmações nicena e calcedoniana, em um processo em que a discussão conciliar contaria com uma participação teológica importante. Às discussões então travadas, deve-se um tanto do melhor da teologia patrística, por parte de bispos ou presbíteros teólogos como Atanásio*, os pais capadócios, Cirilo de Alexandria* e Cirilo de Jerusalém (*c.* 315-386) e Jerônimo*, quer seja em um contexto pastoral, polêmico, confessional ou catequético.

Ao mesmo tempo, as controvérsias pelagiana* e donatista* testificam das preocupações antropológicas e eclesiológicas da Igreja mesmo na parte mais densa do debate cristológico. Essas questões capacitaram Agostinho*, em particular, a desenvolver uma forte doutrina tanto do pecado original* quanto da graça eletiva*, de um lado, e uma doutrina mais rígida da Igreja e dos sacramentos, de outro lado. O episódio pelagiano anunciou também a emergência do monasticismo* como contexto de reflexão teológica, um desenvolvimento importante tendo em vista o papel posterior dos mosteiros na preservação das Escrituras e no cuidado da educação teológica.

Por trás de outras questões, estava a questão central da expiação*, apresentada de diversas formas, especialmente a de um resgate, mas que dava o devido realce ao que, de outra forma, poderia parecer um debate com sentido obscuro. Era, afinal, por causa da obra mediadora de Cristo que sua divindade precisava ser asseverada contra os arianos*, sua unidade contra os nestorianos* e sua humanidade contra os apolinarianos* e eutiquianos* (ver Monofisismo*). A Bíblia, que supria os dados primários, formava o centro permanente de interesse nas várias formas de estudo textual, tradução, exposição e aplicação catequética e homilética. De especial importância foi a distinção entre a exposição alegórica, de Alexandria* (*cf.* Orígenes*), e a exegese mais natural, de Antioquia* (ver Hermenêutica*).

Em razão de seu raio de ação e variedade, a era patrística resiste a uma generalização simples. Produziu figuras notáveis que usaram de ferramentas disponíveis para fazer teologia de significado duradouro. De modo geral, foi fiel às Escrituras, que tinha em alta conta, e as estudou com assiduidade. Deixou estabelecidas para todas as gerações doutrinas bíblicas essenciais, mesmo que expressas no que, frequentemente, consideramos um vocabulário estranho ou fora do comum. Ainda assim, influências filosóficas e ascéticas militaram contra um entendimento bíblico mais autêntico, melhor preservado em sua essência nos meios pastoral, confessional e catequético. Em particular, muito da teologia patrística ficou exposta aos riscos dos intrometimentos racionalista e dualista*. Mesmo a teologia pastoral e a catequética, conquanto resguardando melhor o tesouro cristão essencial, abriram a porta à subversão, sob as formas de um novo legalismo e de eclesiasticismo. Sob esse aspecto, a era patrística preparou o terreno para o crescimento de muitos males no pensamento e na prática teológica posteriores.

Era medieval

A era patrística termina com Gregório, o Grande*, no Ocidente, e João Damasceno*, no Oriente. Segue-se um período comparativamente menos influente, em que a ortodoxia se torna mais rígida no Oriente, os bárbaros levam à necessidade de recomeço no Ocidente, um cisma separa os dois e a cláusula *filioque* se constitui em um ponto extremo de divisão doutrinária. Durante a confusa era de reajustamento no Ocidente, os mosteiros e as escolas catequéticas exercem um papel vital, copiando manuscritos, treinando o clero e produzindo notáveis eruditos como Beda (*c.* 673-735) e Alcuíno (*c.* 735-804). O debate sobre a predestinação expandiu-se durante algum tempo com Gottschalk*, enquanto Radbert* e Ratramnus*, em Corbie, se engajaram em uma discussão sobre a presença eucarística*, que ganharia renovação, com ímpeto maior, no século XI, entre Berengário* e Lanfranc (*c.* 1005-1089), e

HISTÓRIA DA TEOLOGIA

reemergência na época da Reforma (*e.g.*, na Inglaterra de Eduardo VI e Maria Tudor).

O período medieval mais desenvolvido veria passar o destaque, das escolas monásticas e catedrais, para as universidades recém-formadas, com faculdades devotadas especificamente ao estudo teológico e cursos importantes de preparo para qualificações, reconhecidas, em teologia. É bem verdade que Anselmo* procederia de um ambiente monástico, em Bec, trazendo consigo uma nova tentativa de fé buscando o entendimento, em assuntos como a existência de Deus e a razão da encarnação e da expiação. Mas Abelardo*, com seu racionalismo inquisidor, já pertencia ao período formativo tempestuoso de nova erudição, das escolas.

A redescoberta da filosofia grega daria vez, em seguida, à questão total de fé e razão*. Mais tarde, os nominalistas*, como Guilherme de Occam*, tenderiam a dar magnitude ao papel da fé em submissão à soberania divina. Tomás de Aquino*, contudo, tomaria o caminho mediano que, por fim, seria tão poderoso quanto influente. Admitia ele que a filosofia poderia dar algum conhecimento de Deus ao permitir o uso liberal de seus recursos. Todavia, atribuía ainda o verdadeiro conteúdo do conhecimento cristão à revelação apreendida pela fé.

O escolasticismo* absorveria, em vez de extinguir, as formas mais antigas do estudo teológico, extraindo muito de sua força das ordens monásticas, das recém-fundadas ordens dos dominicanos* e franciscanos* e contando com o apoio da hierarquia eclesiástica e das autoridades seculares. Sua superioridade de método e organização garantiria seu sucesso, tanto na prática quanto em sua aplicação ao âmbito total de problemas teológicos. Sua contribuição só não foi totalmente benéfica porque, a par de suas promulgações oficiais, tal como as do Quarto Concílio de Latrão, em 1215, ajudaria a estabelecer várias ideias distorcidas, *e.g.*, purgatório*, penitência*, graça infusa, fé implícita, transubstanciação e sacrifício eucarístico. No entanto, entre seus aspectos valiosos, destacam-se a transmissão de doutrinas históricas e o pensamento seminal sobre a expiação, seja na forma da teoria da satisfação* de Anselmo, seja na abordagem subjetiva de Abelardo, na orientação cristológica de Bernardo de Claraval* ou na apresentação equilibrada de Tomás de Aquino. Tornou sensível a necessidade de um comprometimento bíblico, como pode ser visto nos extensos comentários, na citação de textos de referência comprobatórios das afirmativas e em apelos mais diretos, como os de Wyclif* e Hus*. A exegese alegórica infestou muito da obra bíblica, mas a exegese natural teve seus adeptos, e Tomás de Aquino chegou a esboçar os limites dos cuidados para uso do método alegórico. O escolasticismo preservou também as doutrinas da graça, embora por vezes de uma forma mais racionalista, semipelagiana* ou exageradamente sacramentalista. Sustentou, ainda, um bom espírito de pesquisa, que somente em estágios posteriores degeneraria em minúcias formais tediosas. Suas virtudes, em muito, puderam compensar os problemas que colocariam definitivamente em

HISTÓRIA DA TEOLOGIA

perigo a empreitada escolástica, entre os quais a melhora da educação teológica somente para alguns poucos a expensas de muitos e o consequente declínio daí resultante do conhecimento teológico pelo povo e mesmo pelo sacerdócio.

Era reformada

Por volta do começo do século XV, o escolasticismo, embora retendo sua utilidade, havia perdido sua força construtiva. Novas influências se infiltraram em universidades mais antigas (*e.g.*, Cambridge), ou levaram à fundação de outras, mais atualizadas (*e.g.*, Wittenberg). A recuperação das línguas bíblicas, uma exegese mais direta, a publicação de textos dos pais da Igreja e o desenvolvimento da imprensa se uniram para produzir uma mudança no currículo educacional teológico e uma recondução à piedade simplificada, como a preconizada por Erasmo*, ou a uma teologia bíblica mais profunda, como a de Lutero*. Apesar de todas as diferenças entre luteranos, calvinistas e mesmo radicais* em questões periféricas, a teologia centrada na Bíblia teria suficiente homogeneidade para justificar o título único de "reformada".

Era, basicamente, uma teologia bíblica*, em seu sentido direto. A filosofia poderia estar presente, mas não formava essencialmente sua base ou estrutura. A exposição das Escrituras no original como regra suprema de fé estava em primeiro lugar em seu esquema. Para poder pensar ou falar a respeito de Deus, a pessoa deveria ser ensinada, antes de tudo, pelo próprio Deus. O estudo dos textos sagrados, sustentado pela oração e iluminado pelo Espírito Santo, deveria informar e dirigir toda reflexão. A razão tinha o papel apenas de ser orientada para a Bíblia e colocada a serviço do uso bíblico. Comentários inspirados no senso comum natural serviam somente como base, e não como coroação, do estudo teológico, na obra de Lutero, Calvino* ou Bullinger*. O foco bíblico da teologia reformada logo a tornaria capaz de expor metodologias falsas, para destronar autoridades concorrentes e corrigir aberrações doutrinárias e práticas.

Por ser bíblica, a teologia reformada reconquistou as verdades evangélicas essenciais. Era cristológica, não apenas no sentido de reter dogmas estabelecidos, mas no de encontrar somente em Cristo a base da aceitação. Lutero, Zuínglio*, Calvino e os radicais compartilhavam da percepção do próprio Cristo como a base, o centro e o tema da mensagem. Era uma teologia da fé em Cristo como nossa única sabedoria e justiça. Voltada para Cristo pela fé, tornou-se uma teologia do evangelho, se não sem qualquer dialética da lei judaica (ver Lei e Evangelho*). Lutero recuperaria com ela o entendimento da justificação*; Calvino, admiravelmente, a relacionaria à santificação*; e todos os demais reformadores enfatizariam a impotência do pecador e a onipotência de Deus quanto à graça eletiva e à reconciliação.

O ministério e os sacramentos receberiam também o devido valor como meios de graça, mas somente no contexto do ministério supremo do Espírito. Assim foi feito na aplicação prática. Aqui estava uma teologia que reformava as escolas, mas não permanecia nelas; fluía

HISTÓRIA DA TEOLOGIA

para o púlpito, e do púlpito para a vida cristã, transformando a piedade pessoal e coletiva, com a eliminação do sacrifício da missa, procissões, peregrinações, devoções, promessas, relíquias e coisas como essas, moldando a conduta mais adequada à liberdade e ao poder do evangelho, à medida que eram agora franqueados mediante a tradução para línguas nacionais e a exposição clara das Escrituras.

Os reformadores não desfrutavam da infalibilidade que eles mesmos negavam a outros. Estavam expostos a influências mundanas contemporâneas, cometendo erros, tendo disputas sobre assuntos importantes ou não tanto assim, deixando por vezes de ensinar verdades essenciais e enfatizando demasiadamente outras. Todavia, revitalizaram o estudo teológico por fazer a obra apropriada da teologia, a ela conferindo uma base verdadeira, alcançando uma combinação feliz de poder acadêmico, espiritual e prático, promovendo a autoridade das Escrituras e aceitando a necessidade de submeter toda fé e prática ao escrutínio bíblico.

Era moderna

Infelizmente, muita coisa do Ocidente, assim como do Oriente, resistiu à correção promovida pela Reforma, embora não sem se dar início a outras mudanças significativas. Em consequência, a era moderna ocidental se caracteriza pela presença constante de duas forças separadas, mas interativas, cada qual com suas próprias tensões e cada qual em contato cada vez maior com o Oriente.

No tocante ao catolicismo romano, a teologia continuou nas escolas, nas ordens e nos novos seminários. Muito dela tomou um rumo polêmico (*cf.* Belarmino*). O agostinianismo* renovado do jansenismo levou a uma tentativa abortada de reconstrução no século XVII, enquanto a empreitada missionária abria debate a respeito do relacionamento entre cristianismo e cultura. O liberalismo* encontrou forte resistência católica no século XIX e começo do século XX. O ultramontanismo (ver Papado*), com sua ênfase na Igreja (católica) e em seu ofício de doutrinação, resultaria na decretação da infalibilidade papal, em 1870; e a mariologia, ressurgente, desembocaria nos dogmas da imaculada conceição de Maria (1854) e de sua assunção corporal ao céu (1950). Todavia, o rejuvenescimento do estudo bíblico culminaria no Concílio Vaticano II (1962-1965), com suas reformas práticas, redefinições e relativização das formulações tradicionais. A preparação dos católicos para uma discussão ecumênica fazia parte dessa tendência mais esperançosa.

Na esfera não romana, teólogos universitários do século XVII moldaram as ortodoxias luterana e reformada em debate mútuo e como resposta aos católicos, aos radicais* e aos arminianos*. Os teólogos carolinos*, na Inglaterra, desenvolveram sua própria *via media*, enquanto os puritanos* acrescentaram um interesse prático, unindo-se aos escoceses para levar uma teologia confessional ao clímax na Assembleia de Westminster, além de terem oferecido talvez, com Jonathan Edwards*, a contribuição mais significativa à teologia americana.

HODGE, CHARLES

No século XVIII, que traria posteriormente a expansão da universidade, a ênfase nos estudos bíblicos deu uma virada mais racionalista e empirista*. Isso provocou o questionamento das Escrituras, mas trouxe também imensos ganhos no conhecimento de seu contexto humano. Os vários movimentos do protestantismo liberal tentaram preencher o abismo daí resultante com religião natural (deístas*), experiencialismo subjetivo (Scheleiermacher*), moralismo (Ritschl*) e evangelho social* (Walter Rauschenbusch, 1861-1918). Por sua vez, os movimentos contrários desenvolviam preocupação por santidade*, a ênfase princetoniana* sobre inerrância bíblica (Hodge e Warfield*), tentativa de integração pelo catolicismo liberal (Gore*) e a nova concentração bíblica e cristológica de Barth*.

Do século XX em diante, mostra-se uma face negativa e outra positiva. O liberalismo, dominante nas escolas mais antigas, tem-se dissolvido em movimentos sucessivos, como a demitização, de Bultmann*, a teologia da morte de Deus*, a teologia da libertação* e o catolicismo romano atenuado, de Küng*. Todavia, a teologia bíblica, histórica e hermenêutica tem desfrutado de um crescimento sadio, com a obra de Barth tendo revivido o interesse dogmático, o diálogo ecumênico constituindo um modo frutífero de estudos teológicos e, por meio de seminários, publicações e eruditos, o evangelicalismo* oferecendo uma contribuição significativa ao ensino, à literatura, ao pensamento e à difusão da teologia.

No decorrer de toda a era moderna, a teologia tem passado por uma formulação super-rígida ou pelo intrometimento de forças estranhas. Não obstante, tem experimentado uma expansão sem paralelo do conhecimento bíblico, um contínuo testemunho da norma bíblica e reconstituições comparáveis, por sua força e grandeza, às de quaisquer outras épocas. Em caso de situações ambivalentes, o estudo teológico, buscado intensamente e de muitas formas, sustenta a promessa de resultados genuinamente fiéis, informados pelas Escrituras, sob o Espírito, na revelação que Deus faz de si mesmo e de sua obra reconciliadora em Cristo.

Bibliografia

G. W. Bromiley, *Historical Theology* (Grand Rapids, MI, 1978); H. Cunliffe-Hones (ed.), *History of Christian Doctrine* (Edinburgh, 1978); A. Harnack, *History of Dogma*, 7 vols. (London, 1894-1899); P. Hodgson & R. H. King (eds.), *Christian Theology* (Philadelphia, 1982); P. Schaff, *Creeds of Christendom*, 3 vols. (New York, 1877).

G.W.B.

HODGE, CHARLES (1797-1878). O mais conhecido defensor da teologia calvinista conservadora procedente do seminário presbiteriano de Princeton*, New Jersey, desde sua fundação em 1812 até sua reorganização em 1929. Hodge chegou de sua Filadélfia natal em 1812 para estudar no Princeton College, onde se converteu durante um período de reavivamento. Ingressou então no seminário, tornando-se estudante dedicado e muito amigo de Archibald Alexander (1772-1851), professor de Teologia. Em 1822, foi designado professor de Literatura

HODGE, CHARLES

Oriental e Bíblica em Princeton, sendo transferido em 1840 para a cátedra de Teologia Exegética e Didática, cargo ao qual, com a morte de Alexander, foi-lhe acrescentado o magistério de Teologia Polêmica, em 1851.

Bem antes, no entanto, Hodge comprovara seu valor como vigorosa voz da teologia reformada* conservadora contra uma variedade de propostas alternativas. Particularmente nas páginas da *Princeton Review*, revista que editaria por quase cinquenta anos, Hodge revelou-se verdadeiro leão em assuntos de controvérsia. Seus adversários variavam, no espectro teológico — desde Schleiermacher* e outros teólogos românticos* do pensamento da subjetividade interior, passando pelos representantes do Oxford Movement (ver Teologia Anglo-Saxônica*) e do catolicismo romano conservador do século XIX, até opositores seus americanos, como Charles G. Finney*, Hofracde Bushnell*, John W. Nevin (1803-1886) e Philip Schaff (1819-1893), de Mercesburg*, ou Nathaniel W. Taylor (1786-1858) e Edwards Amasa Park (1808-1900), da Nova Inglaterra*.

O ponto de vista de Hodge era consistente. Lutava por uma melhor compreensão do calvinismo dos séculos XVI e XVII. Denunciava os riscos de experiências religiosas não verificadas, fosse sob a forma do sofisticado romantismo* europeu ou do reavivalismo americano de fronteira. Defendia o método científico, entendido em termos do empirismo* de Francis Bacon, como o modo próprio de organizar os ensinos infalíveis* das Escrituras. Mas o que mais o afligia eram os posicionamentos que desvalorizavam as mais elevadas convicções calvinistas a respeito da soberania divina na salvação* ou que valorizavam exageradamente a capacidade moral da natureza humana não regenerada. Poderia, algumas vezes, parecer excessivamente racionalista nessas polêmicas e ocasionalmente se equivocava quanto à desvantagem de seus oponentes; mas, de modo geral, conduzia suas polêmicas em nível bem elevado. Após sua morte, disse dele o teólogo luterano C. P. Krauth que "tão gratificante quanto ter Hodge como aliado era o prazer de tê-lo como antagonista" (A. A. Hodge, *Life of Charles Hodge*, p. 616).

Embora Hodge haja empreendido seus maiores esforços em defesa do calvinismo, seus interesses eram mais amplos. Foi autor de excelentes comentários de Romanos, Efésios e 1 e 2Coríntios. Escrevia frequentemente sobre questões eclesiásticas presbiterianas. Redigiu numerosas exposições do ensino cristão para leigos, das quais *The Way of Life* [O modo de vida] (1841) foi talvez a mais notável em sua maneira natural e límpida de escrever e seu poder afetivo. Hodge escreveu ainda significativa objeção ao evidente assalto de Darwin à ideia do desígnio (*What is Darwinism?* [Que é o darwinismo?], 1874). Comentava com frequência e de forma convincente as questões públicas, assumindo geralmente posição conservadora em questões sociais. Resumiu seu ensino em sala de aula durante toda a sua vida em sua obra *Systematic Theology* [Teologia sistemática], em 1872, obra que, tal como muitos de seus outros escritos, permanece sendo reeditada e em uso nos dias de hoje.

Tem sido observado que essa sua *Systematic Theology* e alguns de seus principais ensaios polêmicos parecem negligenciar o papel do Espírito Santo e das dimensões não cognitivas da fé. Em outros escritos, no entanto, como seus comentários e obras para o laicato, esses aspectos da experiência cristã recebem atenção muito maior. Hodge provavelmente não integra os vários aspectos de seu pensamento tão cuidadosamente quanto se poderia desejar. Mas sua obra continua sendo a mais eficaz abordagem americana do calvinismo no século XIX. É abrangente em seus enfoques, espiritualmente sensível em seus pontos de vista e desafiadora no pensamento, em sua defesa dos autênticos reformados.

Bibliografia
Systematic Theology, 3 vols. (New York, 1872-1873); *Essays and Reviews: Selections from the Princeton Review* (New York, 1857).
W. S. Barker, The Social Views of Charles Hodge (1797-1878): A Study in 19th-century Calvinism and Conservantism, *Presbyterion. Covenant Seminary Review* 1 (1975), p. 1-22; A. A. Hodge, *The Life of Charles Hodge* (New York, 1880); J. O. Nelson, Charles Hodge (1797-1878): Nestor of Orthodoxy, *in:* Willard Thorp (ed.), *The Lives of Eighteen from Princeton* (Princeton, NJ, 1946); D. F. Wells, Charles Hodge, *in: idem* (ed.), *Reformed Theology in America* (Grand Rapids, MI, 1985); *idem*, The Stout and Persistent "Theology" of Charles Hodge, *CT* XVIII:23 (30 Aug. 1974), p. 1015.

M.A.N.

HODGSON, L., ver Teologia Anglocatólica.

HOLL, KARL (1866-1926). Professor de História da Igreja (Tübingen, 1901-1906; Berlim; 1906-1926), destacado historiador da Igreja da Alemanha, foi autor de obra, Habilitationsschrift, sobre o monasticismo grego (1896), além de estudos sobre João Damasceno* (1897) e Anfilócio de Icônio (c. 340-395) (1904). Assumindo a editoria do chamado "corpo berlinense" dos pais gregos (Griechische Christliche Schriftsteller), publicaria nessa série uma renomada obra em três volumes sobre Epifânio (c. 315-403) (1915-1933). Durante anos dessa intensa pesquisa sobre os pais gregos, Holl trabalhou também sobre Lutero*, Calvino* e os entusiastas (ver Reforma Radical*). Esses anos culminariam em sua obra, que marcou época, *Gesammelte Aufsätaze* [Ensaios selecionados] (vol. 1, 1921, 71948; vols. 2-3, 1928, 21932).

Seu imenso conhecimento da patrística, reforçado por sua captação sem-par do pensamento de Lutero, propiciou-lhe tanto originalidade quanto independência para os julgamentos, assim como interesse em teologia sistemática*. Não era, porém, homem de tomar partido, tendo horizontes mais amplos, como ficou demonstrado ao cobrir a história da Igreja russa, assim como a da Igreja inglesa. Sua amplitude de visão lhe deu mente equilibrada e bem informada. Reagiu, no entanto, a determinadas ênfases da ortodoxia luterana, notadamente a visão forense da justificação* (como formulada mais propriamente por Melâncton do que

HOLOCAUSTO

por Lutero). Mais do que qualquer outra pessoa, individualmente, foi responsável pelo renascimento do pensamento de Lutero, na década de 1920.

A principal contribuição de Holl foi, primeiramente, no sentido de haver feito a única base de seu pensamento do estudo histórico e filológico das fontes. Em segundo lugar, relacionou Lutero ao desenvolvimento espiritual e histórico do Ocidente, tornando-o figura de grande significado contemporâneo. Em terceiro lugar, Holl mostrou ser a religião de Lutero teocêntrica, baseada na relação do homem com Deus, uma teologia de consciência.

Bibliografia

W. Bodenstein, *Die Theologie Karl Holls* (Berlin, 1968); A. Jülicher & E. Wolf, *RGG* III, cols. 431-433); W. Pauck, introd. TI, Holl, *The Cultural Significance of the Reformation* (New York, 1959); J. Wallmann, *TRE* XV, p. 514-518.

J.A.

HOLOCAUSTO. Termo grego, da LXX, para oferta totalmente queimada (e.g., Lv 6.23). Originalmente usado de modo figurado como significando sacrifício em grande quantidade, o termo, de acordo com Yehuda Bauer, entrou em uso nas línguas modernas, provavelmente por meio do inglês, entre 1957 e 1959, para descrever o que acontecera aos judeus europeus sob o regime nazista, quando 6 milhões deles foram assassinados em campos de concentração, em uma ação governamental, constante e planejada, de genocídio racista. O nome de um desses campos, Auschwitz, é frequentemente o mais usado como símbolo do horror total desse atentado, a mando de Hitler, considerado e assim denominado, pelas autoridades nazistas, de "Solução Final".

O Holocausto judaico tem inspirado reflexão profunda e angustiada, tanto por teólogos judeus quanto cristãos. Muitos deles concordam que foi, como nas palavras de Roy Eckartd, um ato "incomparavelmente sem qualquer comparação". Há também uma concordância geral entre os teólogos de que o Holocausto marca tal ruptura na história humana* que não mais se pode entendê-la como linear ou contínua, muito menos como evolução das formas de civilização consideradas mais inferiores para as chamadas mais elevadas. "Quando nos confrontamos com *esse* evento, a história se torna uma interrupção" (Elizabeth Schussler Fiorenza & David Tracy (eds.), *The Holocaust as Event of Interruption* [O Holocausto como evento de interrupção], p. xi). O teólogo judaico Arthur A. Cohen aplica o termo *tremendum*, usado por Rudolf Otto* para o Holocausto, a fim de enfatizar tanto sua vastidão quanto seu terror.

A ocorrência do Holocausto levanta a pergunta: "Onde estava Deus?". Para Richard Rubenstein, "após Auschwitz, é impossível crer em Deus". Arthur Cohen argumenta que o Deus Onipotente da teologia tradicional não mais existe; é necessário construir uma nova doutrina de Deus, que possa fazer face realisticamente ao terrível mal ocorrido nos campos de morte nazistas.

Jürgen Moltmann*, porém, vê a questão da teodiceia*, aqui, de modo diferente. Em sua visão,

HOLOCAUSTO

teologizar após o Holocausto prova ser um exercício fútil. Deus estava em Auschwitz, sim, participando do sofrimento das vítimas porque é o Deus crucificado, e não o Deus impassível da teologia tradicional. A resposta de Moltmann à questão tem, por si mesma, gerado outras questões. Como observa John Pawlikowski, "tem de ser levantada a questão da propriedade de combinar a teologia da cruz com a experiência de Auschwitz, dada a significativa cumplicidade cristã a essa ação nazista" (*ibid.*, p. 47). Além disso, conforme se destaca, a cruz foi ato voluntário do Filho de Deus, enquanto as vítimas dos campos de concentração não renderam voluntariamente sua vida.

A reflexão sobre o antissemitismo (ver Judaísmo e Cristianismo*) que inspirou o Holocausto levou alguns eruditos a argumentar que esse pensamento racista pode ser encontrado não somente em grande parte da teologia cristã tradicional, mas também no próprio NT. Assim, por exemplo, a apresentação que Marcos faz dos fariseus, a designação de João sobre os inimigos de Cristo como simplesmente "os judeus" e a observação de Paulo em 1Tessalonicenses 2.14-16 podem ser consideradas antissemíticas, ou antijudaicas. Da visão de tais elementos no NT, Rosemary Ruether deduz ser o antijudaísmo "a esquerda da cristologia". As alegações absolutistas da cristologia* do NT constituem uma base sobre a qual o antissemitismo pode perfeitamente ter-se desenvolvido. A tendência é reinterpretá-las, abandonando a ideia de insistir em converter os judeus à fé cristã. Um necessário esquema de reflexão teo-lógica após o Holocausto é assim explicado por Louise Schottroff: "No que diz respeito ao presente, do ponto de vista teológico, significa que não é suficiente promover uma conscientização do real anti-judaísmo existente no NT e depois na teologia cristã; é simplesmente irresponsável citar passagens do NT sem provê-las de uma hermenêutica* que reflita seu ambiente social. Tal hermenêutica deverá levar em conta a presente realidade do cristianismo e judaísmo, assim como de sua compartilhada história" (*Anti-Judaism in the New Testament* [O antijudaísmo no Novo Testamento], *ibid.*, p. 58).

Todavia, por mais horrendo que tenha sido o Holocausto, é difícil imaginar de que modo uma cristologia reduzida e uma suspensão temporária ou não da evangelização do povo judeu possa se conciliar com as asserções fundamentais do NT de que Jesus é o Messias que veio cumprir as expectativas do AT e de que o evangelho "é o poder de Deus para a salvação de todo aquele que crê: primeiro do judeu, depois do grego" (Rm 1.16).

Ver também Judaísmo e Cristianismo; Mal; Sofrimento; Teodicéia.

Bibliografia
Y. Bauer, *The Holocaust in Historical Perspective* (Seattle, WA, 1980); A. A. Cohen, *The Tremendum* (New York, 1981); E. Schussler Fiorenza & D. Tracy (eds.), *The Holocaust as Event of Interruption* (*Concilium*, 175; Edinburgh, 1984); A. H. Friedlander, *The Death Camps and Theology within the Jewish-Christian Dialogue* (London, 1985).

D.P.K.

HOMEM, ver Antropologia; Teologia Feminista.

HOMOOUSIOS, ver Arianismo; Atanásio; Credos; Trindade.

HOMOSSEXUALIDADE, ver Sexualidade.

HOOKER, RICHARD (c. 1553-1600). Teólogo e apologista anglicano. À parte de famosa controvérsia que manteve com o puritano* Walter Travers (c. 1548-1635) na Temple Church, em 1586, a vida de Hooker foi rotineira (membro do conselho do Corpus Christi College, Oxford, 1577-1584, instrutor na Temple, 1585-1591, e encargos em áreas rurais); mas os seus últimos anos foram dedicados a escrever sua obra-prima, *Of the Laws of Ecclesiastical Polity* [As leis da organização eclesiástica], da qual os Livros I-IV foram publicados em 1593 e o Livro V em 1597). Os livros restantes, aos quais Hooker, ao que parece, deixou de dar a forma final, foram publicados após sua morte (VI e VIII, 1648, e VII, 1662). A autenticidade desses últimos três livros, desacreditados por não serem as suas ideias sobre monarquia e episcopado aquelas do final do século XVIII na Igreja da Inglaterra, tem sido defendida pela erudição dos nossos dias. O alvo de Hooker na Polity era defender a Igreja da Inglaterra da era elizabetana contra as críticas puritanas de sua organização, cerimonial e liturgia.

Tal como a maioria dos teólogos anglicanos de sua época, Hooker estava mais preocupado inicialmente em uma apologética contra Roma. Somente após sua controvérsia com Travers, sua preocupação mais importante passou a ser a defesa das instituições eclesiásticas elizabetanas contra os puritanos. Embora seus críticos puritanos, inclusive Travers, o considerassem como perigosamente simpático à Igreja de Roma, e a interpretação tradicional de Hooker elogie sua perspectiva ecumênica, sua atitude em relação ao catolicismo romano era, na verdade, somente um pouco mais generosa do que a da maioria de seus contemporâneos protestantes. Sua lealdade à supremacia real (o papel do monarca como dirigente da Igreja da Inglaterra) e à doutrina de igrejas nacionais separadas, bem como sua firme convicção de que a justificação* mediante tão somente a fé é essencial ao verdadeiro cristianismo, o levaram a considerar as doutrinas da Igreja Católica Romana quanto ao papado* e à justificação como erros extremamente sérios. No entanto, sem se entregar a uma posição fundamentalmente protestante*, seu desenvolvimento teológico, bastante independente, resultou, em sua obra, mais do que qualquer dos anglicanos de sua época, em um pensamento menos influenciado pela teologia reformada europeia e mais pelos pais da Igreja e, especialmente, pelos escolásticos* medievais.

A abordagem de Hooker à apologética antipuritana na *Polity* difere da de outros apologistas, que preferiam debater as diferenças detalhadas quanto à organização e à liturgia* da Igreja com base em uma posição teológica calvinista* comum. O método de Hooker consistia em produzir uma ampla estrutura teológica sobre a qual baseava sua defesa dos detalhes das

HOOKER, RICHARD

instituições eclesiásticas. Ampliou assim a totalidade da discussão e o ambiente das questões imediatas da controvérsia, no contexto de uma abrangente estrutura teológica de sua própria criação. Com isso, produziu uma obra polêmica que constituiu uma contribuição duradoura para a tradição teológica inglesa. Sua teologia, embora não sendo, de modo algum, representativa da teologia anglicana de sua época, exerceria mais tarde importante influência sobre o desenvolvimento de uma tradição teológica anglicana distintiva.

Em oposição ao que julgava ser uma exagerada confiança exclusiva dos puritanos nas Escrituras, que as consideravam como orientação única e suficiente em toda e qualquer questão religiosa ou eclesiástica, Hooker voltou-se para a síntese escolástica (especialmente a tomista*) da razão e revelação*, apropriando-se tanto da tradição filosófica aristotélica* quando da platônica* (ver Fé e Razão*). Desenvolveu, com isso, a visão de um universo ordenado pela razão expressa na lei*. Toda realidade é ou deveria ser governada por uma estrutura harmônica da lei racional, que se estende desde a lei eterna do próprio ser de Deus, mediante as leis naturais da criação e da razão humana e a lei divina positiva revelada nas Escrituras, até as leis humanas positivas da Igreja e do Estado. Como todos os seres, em seus vários níveis, derivam de Deus, assim também todas as leis, em seus diversos níveis, derivam da lei racional do ser de Deus. Desse modo, tanto as Escrituras como a razão humana, expressas na antiguidade, na tradição e na autoridade política baseada no consenso implícito, pertencem a uma ordem racional hierárquica e universal. A ênfase está mais na harmonia do que no conflito, de tal modo que a razão, sob a forma de tradição e autoridade, possa vir a complementar e interpretar a revelação.

A partir de sua estrutura, o conservadorismo profundo do pensamento de Hooker faz de sua obra uma defesa massivamente não crítica do status quo da Igreja e do Estado. Um conceito de universo orgânico, hierárquico, governado por lei, dá suporte a um conceito de sociedade humana exatamente da mesma forma. A natureza racional da hierarquia, da lei e tradição, proporciona a base racional para a ordem estabelecida. A harmonia da revelação e razão dá suporte à harmonia integral entre a Igreja e o Estado, como aspectos coextensivos de uma sociedade cristã.

Em sua defesa da liturgia anglicana contra os puritanos, Hooker exalta o valor da beleza e da ordem nas cerimônias e sinais externos, não dá o devido valor à necessidade de pregação e confere um papel central aos sacramentos. Dentro do conceito geral de harmonia entre natureza e graça (ver Teologia Natural*), a teologia de Hooker é encarnacionista e sacramental. Os sacramentos* efetuam nossa participação em Cristo, que é a participação da humanidade em Deus.

Hooker teve pouca influência em sua época, mas durante o século XVII, com o crescimento da teologia anglicana que se distanciou do calvinismo, atingiu a posição em que passou a ser o apologista anglicano por excelência. Foi especialmente o

HUMANISMO

caso após a Restauração (1660), quando, com a ajuda da biografia tendenciosa e não confiável de Walton, os bispos ingleses promoveram a teologia de Hooker como a quintessência do anglicanismo, enquanto, ao mesmo tempo, criavam uma imagem dele mais de acordo com os princípios da Igreja da Inglaterra na Restauração do que do próprio Hooker histórico.

À influência de Hooker, a teologia anglicana tradicional deve muito de sua moderação razoável, seu senso de harmonia de Escrituras e tradição*, fé e razão, graça e natureza, Igreja e Estado, assim como sua pretensão de representar o meio-termo ideal entre os extremos católico-romano e protestante e seu conservadorismo social e político.

Bibliografia

Of the Laws of Ecclesiastical Polity, 4 vols. (Folger Library edition, Cambridge, MA, 1977-1982); *The Works of Mr Richard Hooker*, ed. J. Keble, 7. ed., revista por R. W. Church & F. Paget, 3 vols. (Oxford, 1888).

R. Bauckham, Hooker, Travers and the Church of Rome in the 1580's, *JEH* 29 (1978), p. 37-50; W. Speed Hill (ed.), *Studies in Richard Hooker* (Cleveland, OH, 1972); O. Loyer, *L'Anglicanisme de Richard Hooker*, 2 vols. (Lille, 1979).

R.J.B.

HUMANISMO. Movimento intelectual que se desenvolveu juntamente com a Renascença. Ressurgimento da cultura clássica, que caracterizou a Europa Ocidental nos século XV e XVI, a Renascença foi um período transitório dinâmico de notá-veis descobertas, novas formas de arte e avaliação crítica de dogmas até então sustentados por longo tempo.

Em sentido estrito, o humanismo começou como uma reação ao currículo acadêmico tradicional do período escolástico*. Em seu cerne, residia uma confiança básica no poder da realização humana intelectual e cultural. Especificamente, advogavam os humanistas uma nova abordagem da educação, então moldada, em forma e conteúdo, pelo ensino de línguas, história, retórica, filosofia, poesia e ética da civilização greco-romana. Sua insistência era por um retorno *ad fontes*, ou seja, às antigas fontes. Ao pretender recuperar tais fundamentos, visavam a uma revitalização cultural, intelectual e sociopolítica da Europa.

Na Itália, onde teve início o movimento, a ênfase do humanismo foi sobre os clássicos pagãos. Francesco Petrarca (*c.* 1304-1374) e Lorenzo Valla (*c.* 1406-57), dois dos primeiros luminares do humanismo, dedicaram-se ao desenvolvimento da crítica literária e à sua aplicação aos manuscritos clássicos, então recentemente redescobertos. Uma geração após Valla, Marsilio Ficino (1433-1499) e Giovanni Pico della Mirandola (m. 1463-1494) já buscavam harmonizar a filosofia secular com o cristianismo.

Na Europa Setentrional no século XVI, um amálgama da piedade evangélica com a erudição clássica produziu um humanismo cristão ou bíblico. Assim como as fontes de sabedoria secular deveriam ser buscadas nas palavras dos filósofos gregos e romanos, também o humanista cristão procurava a verdade mais pura mediante um retorno à fonte da fé, as Escrituras. Esses estudiosos queriam retirar as camadas de interpretação escolástica que se haviam acumulado por quatrocentos anos sobre as Escrituras, retornando à essência do cristianismo. Como expressou Erasmo*, o "príncipe dos humanistas", a teologia deveria voltar "às fontes e à simplicidade antiga". Dois foram os focos principais na realização desse alvo: a necessidade de um conhecimento funcional das línguas bíblicas e de disponibilidade de textos acurados dos dois Testamentos.

Em sua exposição das Escrituras, os humanistas cristãos lançavam mão de fontes clássicas da literatura pagã e de estudos de hebraico havia pouco tempo alcançados. Incentivados pelo recém-inventado processo de impressão com tipos móveis, alguns se tornaram editores, como Robert Estienne (1503-1559) e seu filho Henri (1531-1598) e Johann Froben (c. 1460-1527), em cujas oficinas de impressão, em Paris, Genebra e Basileia, foram editados milhares de exemplares de textos bíblicos e seculares. Outros, como Erasmo, editaram obras dos pais da Igreja primitiva.

Na Inglaterra, John Colet (c. 1466-1519) promoveu grandemente a abordagem gramático-histórica da interpretação bíblica. Na França, Jacques Lefèvre d'Etaples (c. 1455-1536) publicou um comentário em latim das cartas de Paulo e uma tradução francesa do NT. Johannes Reuchlin (1455-1522), humanista alemão, por sua vez, foi pioneiro de estudos cristãos em idioma judaico com sua obra *Rudimentos de hebraico* (1506).

Mais recentemente, o termo "humanismo" passou a ser aplicado livremente a qualquer sistema de pensamento ou filosofia centrado na realização humana, algumas vezes com a exclusão de qualquer referência divina. Historicamente, no entanto, uma conexão definida se deu entre humanismo e Reforma*. Não poucos reformadores importantes, inclusive Calvino*, Thomas Cranmer (1489-1556), Melâncton* e Zuínglio*, tiveram preparo e inclinação humanistas.

Bibliografia
E. H. Harbison, *The Christian Scholar in the Age of the Reformation* (New York, 1956); A. Hyma, *Renaissance to Reformation* (Grand Rapids, MI, 1951); L. Spitz, *The Religious Renaissance of German Humanism* (Cambridge, MA, 1963).

N.P.F.

HUME, DAVID (1711-1776). É tal a influência de Hume sobre a filosofia no mundo de fala inglesa de nosso século que ele tem sido referido como fundador da moderna filosofia da religião*. Em sua filosofia, de modo geral, ele pode ser, na verdade, considerado como descendente radical de Locke*, usando e desenvolvendo a ênfase deste sobre o papel da experiência-sentido (ver Empirismo*) no conhecimento para alcançar o ceticismo epistemológico*. Quaisquer que sejam, no entanto, os méritos dessa qualificação, Hume anunciou teses distintivas e independentes , e que ainda são vigorosas – como, por exemplo, sobre a atribuição errônea de julgamentos morais mais

HUS, JOÃO   526

à razão do que ao sentimento, ou o equívoco de supor que a observação ou a inferência pode estabelecer uma conexão causal como matéria do fato empírico.

Dois aspectos do pensamento religioso de Hume têm exigido atenção especial:

1. No celebrado Livro X de sua obra *Enquiry Concerning Human Understanding* [Inquirição a respeito do conhecimento humano] (1748), ele desafia a razoabilidade da crença em milagres*. A probabilidade de os milagres ocorrerem, segundo Hume, é menor do que a probabilidade de um relato falso; portanto, ninguém pode alegar uma base racional para a crença neles. A definição de milagre dada por Hume, sua relação para com as leis da natureza e as asseverações do filósofo quanto à sua impossibilidade científica poderão levar à conclusão de que ele rejeitava os milagres até mesmo em tese. Todavia, esse veredicto, especialmente no tocante ao contexto da obra acima citada, não é correto. A investigação das bases da concordância a determinadas alegações lhe bastaram para levar à conclusão de que milagres não poderiam constituir o fundamento de uma religião confiável.

2. Em sua obra, publicada postumamente, *Dialogues Concerning Natural Religion* [Diálogos a respeito da religião natural] (1779), Hume descarta a validade de um argumento que tenha por base um mundo que, conforme se considera, existe por ordem do Deus do cristianismo tradicional. Para ele, não somente tal argumento seria falho, como também nem remotamente poderia ter sucesso em demonstrar os atributos morais de Deus, como tradicionalmente descritos. A discussão clássica de Hume aborda um número de questões constantemente significativas de teologia filosófica*, tais como o problema do mal* e a coerência do teísmo*. Contudo, no contexto do século XVIII, demolir o argumento do "desígnio" já por si só constituía uma séria ameaça às bases da crença teísta.

Alguns estudiosos têm sustentado que Hume, por livrar o cristianismo da falsa dependência das ideias malevolamente concebidas de "racionalidade", prestou um serviço à fé. Mas não há dúvida de haver pouca coisa de diretamente útil ou estimulante para o crente que se possa encontrar em sua obra. Hume pode não ter sido um ateu, mas sua empreitada, de modo geral, prejudicou os meios tradicionais de falar ou de crer em Deus, sem proporcionar uma alternativa positiva compatível com o cristianismo. Seus seguidores, adotando seu espírito e sua argumentação, todavia, ainda sobrevivem.

Bibliografia

Dialogues Concerning Natural Religion, ed. N.K. Smith (Edinburgh, 1947).

R. M. Burns, *The Great Debate About Miracles: from Joseph Glanvill to David Hume* (London, 1981); A. Flew, *Hume's Philosophy of Belief* (London, 1961); J. C. A. Gaskin, *Hume's Philosophy of Religion* (London, 1978); N. K. Smith, *The Philosophy of David Hume* (London, 1941).

S.N.W.

HUS, JOÃO (1372/3-1415). Reformador checo, mártir, Hus foi

HUS, JOÃO

pregador de raro poder, assim como erudito e teólogo. Sustentava como verdade básica que as Escrituras possuem autoridade incomparável, como "a lei de Deus". Considerava a tradição da Igreja, especialmente o ensino dos pais primitivos até Agostinho*, fonte de doutrina, com a ressalva de estar também sujeita à autoridade superior da Bíblia. A mesma condição se aplicava às declarações dos líderes da Igreja, em todos os tempos, as quais até mesmo leigos estariam autorizados a desafiar, se inconsistentes com as Escrituras. Por isso mesmo, preconizava firmemente que a Bíblia deveria ser colocada disponível para todo o povo, em tradução em sua língua nacional.

Isso lhe serviu de base para duras críticas aos abusos de poder e riqueza pela Igreja de sua época. Essas ideias, especialmente expressas em seu admirável livro *De ecclesia* [A Igreja] (1413), o levaram à condenação e morte nas mãos do Concílio de Constança, em 1415.

Para Hus, a Igreja no sentido real da palavra, é a totalidade da comunhão dos eleitos. É o corpo místico de Cristo, cujo único cabeça é o próprio Senhor — nesse sentido, o papa, portanto, não pode ser cabeça da Igreja. Como instituição terrena, contudo, a Igreja de Roma seria uma comunhão misturada, já que os não predestinados — os não eleitos — faziam parte dela também. Cargos e funções na Igreja, por si sós, não colocavam ninguém entre os eleitos. Esse entendimento agostiniano da natureza da Igreja sugeria que os cardeais, até mesmo o próprio papa, poderiam pertencer aos não predestinados, em vez de aos eleitos. Na verdade, o contraste

total entre a vida extravagante desses homens e a pobreza de Cristo levantava profundas suspeitas a respeito da sua posição espiritual.

A verdadeira Igreja, segundo ele, é mais ampla do que a comunhão da Igreja de Roma, incluindo todos aqueles no mundo que confessam, como Pedro o fez, que Cristo é o Filho do Deus vivo. Essa fé é a rocha sobre a qual a verdadeira Igreja está fundada. Hus entendia a fé no sentido católico, como "fé formada pelo amor, acompanhada pela virtude da perseverança".

Se o papa assumir para si a vida virtuosa de Cristo, ele é o vigário de Cristo. Todavia, sua autoridade é apenas espiritual, não civil. Por outro lado, não é nada próprio que qualquer sacerdote exerça poder coercitivo, e, assim, Hus chega à conclusão de que não há nenhuma justificativa para o uso de violência para erradicar heresias.

Aceitava Hus haver sete sacramentos, exigindo, porém, uma ênfase mais firme sobre o caráter espiritual deles. Assim, com respeito à penitência*, insistia que somente Deus pode perdoar o pecado, tendo o sacerdote autoridade apenas para declarar o perdão de Deus na absolvição. Era adepto da doutrina da transubstanciação na eucaristia*, mas enfatizava não estar o corpo de Cristo presente de forma material nos elementos, sendo, sim, uma presença somente sacramental.

É incorreto pensar ser o ensino de Hus um mero eco do de Wyclif*. Honrava esse seu predecessor, mas era um judicioso usuário de seus livros. Foi, enfim, um reformador católico moderado, mas com toda a razão admirado pelos protestantes,

IDEALISMO

por causa de sua correta atitude com relação à autoridade bíblica, seu intenso interesse por uma reforma na Igreja e sua insistência no senhorio de Cristo sobre a Igreja, tendo contribuído significativamente para pavimentar o caminho para a iluminação espiritual que culminaria na Reforma Protestante.

Bibliografia
D. S. Schaff, trad., *John Hus' De Ecclesia* (New York, 1915); D. S. Schaff, *John Huss* (London, 1915); M. Spinka, *John Hus* (Princeton, NJ, 1968).

R.T.J.

I

IDEALISMO. Doutrina metafísica, o idealismo é a visão de que tudo que realmente existe são a mente e suas ideias. Embora sejam possíveis versões de caráter secular do idealismo (e.g., fenomenalismo*), seu expoente mais notável, George Berkeley*, desenvolveu uma versão teísta, motivo suficiente para combater as consequências supostamente ateístas da doutrina da substância material, de John Locke*, segundo a qual os objetos do mundo externo são substâncias dotadas de conjuntos de qualidades primárias e secundárias. Admitindo-se que um pensamento seja uma imagem mental, é possível obter uma versão idealista plausível de teologia cristã, como Berkeley mostra e Jonathan Edwards* e outros parecem ter sustentado, mas isso raramente pode ser considerado como a visão mais natural. Pois embora o

decreto ou pensamento de Deus de que x existirá ou acontecerá seja uma condição necessária e suficiente para x existir ou acontecer, não se deduz daí que x seja, por si só, uma ideia na mente de Deus.

Nas filosofias de Kant* e Hegel*, o idealismo é uma consequência da "revolução copérnica" de Kant — sua visão de que a mente que conhece contribui para o caráter do que é conhecido. De acordo com Hegel, a realidade se desenvolve historicamente de uma maneira dialética em relação à ideia absoluta, e a distinção entre o sujeito conhecedor e o objeto conhecido é uma realidade conveniente e convencional mais do que uma propriedade que corresponda à realidade como ela é.

A influência do idealismo transcendental ou absoluto sobre a teologia cristã é exercida principalmente por versões do idealismo pós-kantiano. Negando, com Kant, qualquer possibilidade de conhecer Deus por meio da razão ou da revelação, o idealismo entende a fé cristã em termos imanentes e basicamente éticos. O evangelho cristão não é a proclamação da redenção do pecado pela oferta do Deus-homem de si mesmo, mas um modo de vida que consiste na observância de ensinos éticos de Jesus de Nazaré, em um empenho em vir a produzir o reino de Deus na terra. Essa perspectiva é característica da teologia, por exemplo, de Albrecht Ritschl*.

O idealismo se tornou influente na Inglaterra e no mundo de fala inglesa por meio dos escritos de S. T. Coleridge* e F. D. Maurice (ver Socialismo Cristão*) na Inglaterra

IGREJA

e dos Cairds (Edward, 1835-1908, e seu irmão John, 1820-1898) na Escócia, sendo importante fonte do liberalismo teológico protestante.

Kant deu destaque à chamada prova moral da existência de Deus, mas, para ele, a moralidade se encontra à parte do mandamento divino, sendo colocada ênfase quanto à autonomia humana em criar e endossar a lei moral. Em termos de teologia cristã, segundo Kant, a criatura assume alguns de seus papéis do Criador, dando ao mundo sua firmeza moral e legislando a lei moral.

Em sentido menos técnico, idealismo diz respeito à manutenção e à propagação dos *ideais*, como opostos a *ideias*. Embora sustentando perfeita conformidade à vontade de Deus ou à imitação de Cristo* como ideais, a teologia cristã tem-se acautelado, tipicamente, contra o pensamento de que tais ideais possam ser alcançados ou alcançáveis nesta vida, considerando isso como perfeccionismo*, que deixa de levar em conta, com a devida seriedade, o efeito do pecado que reside no homem, mesmo no homem regenerado.

Bibliografia

A. C. Ewing, *Idealism: A Critical Survey* (London, 1969); B. M. G. Reardon, *From Coleridge to Gore* (London, 1971); W. H. Walsh, *Hegelian Ethics* (London, 1969).

P.H.

IDOLATRIA, ver Imagens.

IGREJA. A Igreja é uma das realidades mais fundamentais da fé cristã. A doutrina da Igreja é comumente chamada eclesiologia.

Escrituras

As Escrituras apresentam a Igreja como o povo de Deus, a comunidade e o corpo de Cristo e a comunhão do Espírito Santo.

Povo de Deus. Pedro aplica à Igreja, no NT, termos usados no AT para o povo de Deus (1Pe 2.9). A palavra bíblica "igreja" (gr. *Ekklesia*, heb. *qāhāl*) significa "assembleia". Ela se refere à assembleia da firmação do pacto no monte Sinai (Dt 9.10;10.4; LXX Dt 4.10). Israel, depois, reuniu-se em assembleia outras vezes, para renovação do pacto (*e.g.*, Dt 29.1; Js 8.35; Ne 5.13) e nas festas (Lv 23). Os profetas prometem que haverá uma assembleia convocada para festejar a vinda do Senhor nos últimos dias (Is 2.2; Zc 14.16). Cristo veio para reunir a assembleia de Deus (Mt 9.36; 12.30; 16.18), anunciando que a festa está preparada (Lc 14.17). Cristo celebrou a festa da Páscoa com sua morte e ressurreição e enviou depois o Espírito Santo para os discípulos reunidos na festa de Pentecoste (At 2). Quando os cristãos se reúnem para adorar, eles se reúnem não no Sinai, mas na Sião celestial, a assembleia festiva dos santos e anjos, onde Jesus se encontra (Hb 12.18-29). Essa assembleia celestial define a Igreja.

A Igreja é também a habitação de Deus. O simbolismo da habitação de Deus no meio do seu povo em seu tabernáculo é cumprido por Jesus Cristo primeiramente no tabernáculo de sua carne (Jo 1.14; 2.19,20), depois em seu Espírito. A Igreja, como o cristão, é um templo de Deus (1Co 3.16,17; 6.19; 2Co 6.16).

A escolha que Deus fez de Israel para ser seu povo fluiu de seu

IGREJA

chamado a Abraão. Expressa o amor de Deus ao chamar Israel para a filiação (Dt 7.7,8), assim como seu propósito de que todas as nações sejam benditas em Abraão (Gn 12.1-3). Quando o rompimento do pacto, por parte de Israel, trouxe juízo divino e exílio, Deus prometeu poupar um remanescente de Israel e renovar um remanescente das nações (Is 19.24ss; 45.20; 66.18-23; Jr 48.47). As bênçãos do novo pacto chegariam somente com a vinda do próprio Deus (Is 40.3-11; Sf 3.17-20; Zc 12.8; Is 59.17; Ez 34.11-16). Sua vinda é a vinda do Messias, Senhor e servo do pacto (Sl 110; Is 9.6ss; 53).

A comunidade messiânica. Essas promessas são realizadas no advento de Cristo, o Senhor (Lc 2.11), que mostra sua autoridade divina por seus milagres, proclama a chegada do reino* salvador de Deus com sua própria presença (Lc 4.21; 11.20; 12.32) e triunfa sobre o pecado e Satanás com sua crucificação e ressurreição. Para aqueles que rejeitam sua autor-revelação, Jesus anuncia que o reino será tomado deles e dado a um novo povo de Deus (Mt 21.43). Ele reúne seus discípulos como o rebanho remanescente que receberá o reino (Lc 12.32). Jesus - após Pedro declarar que o Mestre é o Cristo, o Filho de Deus - afirma que esse apóstolo é a Rocha apostólica*, sobre a qual Cristo construiria sua Igreja (Mt 16.18). Pedro reparte as "chaves do reino" com os outros discípulos (Mt 18.18), mas é Cristo quem constrói sua assembleia como novo povo de Deus. Sua palavra é a lei da Igreja (Hb 1.1; 2.3,4; Mt 28.20;

Jo 14.26; 16.13,14; 1Co 14.37); Seu Espírito dá vida à Igreja (Jo 14.16-18; Rm 8.9).

Governante do universo e Senhor da Igreja, Cristo envia seus apóstolos e discípulos para reunir as nações (Mt 28.19). Seu governo salvador constitui, administra e protege a Igreja como a comunidade do reino. Espalhado em dispersão pelo mundo, tal qual o antigo Israel (1Pe 1.1), o novo povo de Deus deverá respeitar os governos de suas terras de habitação (Jr 29.7; 1Tm 2.1,2). O poder da espada, dado por Deus aos governos, todavia, não deverá ser exercido para implantar o reino de Deus, mas somente para manter a ordem enquanto o juízo final de Deus não vem e seu reino de graça se espalha (Jo 18.36; Rm 13.1-7).

O corpo de Cristo. Por causa de sua união com Cristo*, Paulo descreve a Igreja como o corpo de Cristo (Ef 1.22-23). Sua união é, em primeiro lugar, uma união representativa. Cristo, o último Adão*, é o cabeça da nova humanidade. Ao morrer Cristo, os que estão "em Cristo" morreram com ele. O corpo de Cristo na cruz é, portanto, o corpo ao qual a Igreja está unida e pelo qual é redimida (Ef 2.16). O pão da comunhão, na ceia, simboliza a união da Igreja com o corpo partido do Senhor. A Igreja está também unida vitalmente a Cristo (Rm 8.9-11; Jo 14.16-18).

Paulo usa a figura do corpo para descrever a interdependência dos cristãos como membros de Cristo e uns dos outros. Cristo está unido a seu corpo, a Igreja, como um marido à sua esposa. Ele é o cabeça, não como parte do corpo, mas, em figuração, separadamente, como

IGREJA

Senhor sobre o corpo (Ef 1.22-23; *cf.* Cl 2.10; 1Co 11.3; 12.21).

A comunhão do Espírito. A vinda do Espírito Santo* no Pentecoste cumpre promessas do Pai e de Cristo (Jo 14.18; At 1.4). O Espírito possui a Igreja em senhorio divino. Como Espírito da verdade, completa a revelação da Escritura e ilumina a Igreja (Jo 16.2-14). Como Espírito de testemunho, conduz a Igreja em sua missão (At 5.32; 13.2). Como Espírito de vida, liberta a Igreja do pecado, da morte e da condenação da lei (Rm 5-8; Gl 4; 2Co 3.17). Cria uma santa comunhão* com laços de amor (Gl 5.22). Proporciona um antegozo da glória como Espírito de adoção, ao mesmo tempo que fortifica a Igreja para o sofrimento (Rm 8.14-17). A Igreja passa, também, a possuir o Santo Espírito. Seus dons* capacitam a Igreja a louvar a Deus, nutrir na verdade os santos e testemunhar ao mundo. A mordomia* dos diversos dons não divide, mas une a Igreja como um organismo em pleno funcionamento.

Definição
Distinguindo os aspectos da Igreja. Como pode o ensino bíblico da Igreja ser aplicado? Há organizações que falsamente têm reivindicado serem a Igreja, assim como igrejas que se tornaram apóstatas. É necessário distinguir a verdadeira Igreja e entender sua natureza e ministério.

A Igreja pode ser definida como Deus a vê, ou seja, a chamada "Igreja invisível". É formada por todos os homens e mulheres cujos nomes estão inscritos no Livro da Vida do Cordeiro (Ap 21.27). Por outro lado, a "Igreja visível" é justamente a

Igreja como a vemos, a família unida dos crentes. Essa distinção evita uma equalização da membresia da Igreja visível com a salvação, assim como uma identificação pública com o povo de Deus.

A Igreja pode ser definida como igreja local, de modo que somente a igreja local seja propriamente a Igreja, e as assembleias maiores sejam apenas associações de igrejas ou de cristãos; mas, por outro lado, pode ser definida como de âmbito universal, de maneira que a igreja local seja considerada somente uma porção da Igreja, uma parte do todo. Nenhuma dessas posições exclusivistas parece levar em conta a flexibilidade do uso da palavra no NT: o termo é generosamente aplicado tanto às igrejas locais ou às das cidades quanto à totalidade do povo de Deus (1Co 16.19; Cl 4.15,16).

A Igreja pode também ser vista como um *organismo*, em que cada membro funciona e se associa com outros membros, assim como uma *organização*, em que os vários dons individuais são exercidos.

Definindo os atributos da Igreja. O Credo de Niceia* confessa "uma Igreja santa, católica e apostólica". A qualidade apostólica da Igreja se refere a seu fundamento no ensino dos apóstolos. A Igreja é construída sobre o alicerce dos apóstolos* e profetas (Ef 2.20), como recipientes da revelação (Ef 3.4,5). Como os apóstolos foram testemunhas oculares da ressurreição (At 1.22) e os primeiros comunicadores da verdade de Cristo (Jo 14.26; 15.26; 16.13), seu ofício fundamental não pôde ter prosseguimento (1Co 15.8), mas sua tarefa missionária prossegue.

IGREJA

O atributo de santidade da Igreja reflete simbolicamente o cerimonial da purificação do AT, mediante uma pureza moral operada pelo Espírito (1Co 6.14—7.10). A separação da descrença e do pecado, juntamente com a dedicação ao serviço de Deus na totalidade da vida, deve marcar a existência corporativa da Igreja. O amor no Espírito liga os santos a Deus e uns aos outros.

A Igreja do NT é católica*, ou universal, por não estar limitada geograficamente (como era Israel) e se unir em uma comunhão de pessoas e povos de toda etnia e nacionalidade. A Igreja não pode excluir de sua membresia quem quer que, de modo sincero e verdadeiro, confesse Cristo como Senhor e Salvador. Qualquer sectarismo que limite a membresia da Igreja a alguma teologia, doutrina, raça, nacionalidade, posição ou classe social nega a catolicidade e, portanto, a verdadeira natureza da Igreja de Cristo.

A Igreja é família única de Deus Pai (Ef 4.6) e única no Senhor Jesus Cristo (Ef 2.14,16; 1Co 10.17; Gl 3.27; João 17.20-26) e comunhão no Espírito (Ef 4.3; At 4.32). Quando a divisão denominacional ameaçava a igreja de Corinto, Paulo clamou: "Acaso Cristo está dividido? Foi Paulo crucificado em favor de vocês?" (1Co 1.13). O único corpo sacrifical de Cristo oferece salvação em uma única comunhão (Ef 4.3). Os santos são unidos pela graça unificadora do Espírito (Ef 4.15,31,32; Cl 3.14). Quando a Igreja se divide, torna-se ferida e enfraquecida, mas não destruída. A tarefa de recuperar a unidade espiritual exige retorno ao fundamento apostólico com zelo amoroso.

As marcas da Igreja, como definidas pela Reforma Protestante, não podem ser encontradas em uma unidade externa com a sé papal e sua reivindicação de sucessão apostólica, mas, sim, devem ser reconhecidas na apostolicidade bíblica. A pregação* pura da Palavra de Deus, a celebração correta dos sacramentos* e o fiel exercício da disciplina* da Igreja distinguem a verdadeira Igreja de Cristo.

Ministério

A Igreja adora a Deus diretamente (1Pe 2.9; Hb 12.28,29; Rm 15.5-12) e ministra aos santos (Ef 4.12-16) e ao mundo (Lc 24.48; At 5.32; Fp 2.14-18). Seus ministérios* abrangem o da palavra; da ordem, pelo qual a vida cristã é sujeita à lei do amor; e da misericórdia, manifestando a compaixão de Cristo. Esses meios de ministério são comuns a todos os crentes que busquem cumprir sua vocação. Há membros do corpo de Cristo que possuem dons, em uma ou mais dessas áreas, em grau incomum. Há ainda dons administrativos que exigem o reconhecimento público para seu exercício. O NT descreve assim os ofícios na Igreja, de modo geral, como de: apóstolos e profetas, destinados aos fundamentos e lançamento de missões (Ef 2.20; 3.5); evangelistas, pastores e mestres, para proclamarem a palavra revelada com autoridade (Ef 4.11); outros, com dons de governo, para se dedicar especificamente à administração da Igreja (Rm 12.8; 1Co 12.28; 1Tm 5.17); e diáconos, para ministrar a obra de misericórdia (1Tm 3.8-13).

Aqueles que governam são colocados à disposição da Igreja

IGREJA

por Cristo para servirem em seu nome, sob seu senhorio. O poder da Igreja é espiritual (2Co 10.3-6), ministerial (Mt 20.25-28; 1Pe 5.3) e somente declarativo (Mc 7.8; Ap 21.18, 19); todavia, desfruta do caráter de autoridade (Mt 16.19; 18.17-20; 10.14ss; Hb 13.17).

Governo e disciplina

Os padrões de governo* da Igreja diferem principalmente por causa das diferenças referentes à sua normatividade no NT. A organização administrativa eclesiástica se desenvolveu a partir de raízes em Israel e na sinagoga, tendo alguns estudiosos concluído que esse desenvolvimento não foi completado na era apostólica, mas, sim, que os bispos metropolitanos da primitiva Igreja católica forneceram o modelo para um governo eclesiástico hierárquico. Outros, no entanto, pensam que a revelação das Escrituras com respeito à organização da Igreja é ilimitada, por intenção divina, deixando-a livre para adotar uma ordem adequada às circunstâncias.

A tradição reformada tem sustentado que os princípios da ordem eclesiástica e a especificação dos ofícios da Igreja são oferecidos no NT. Assim, "bispo" e "presbítero" eram termos intercambiáveis no NT (At 20.17,28), descrevendo, portanto, um só ofício. Ensinando e governando, os presbíteros exerciam o governo em conjunto, nos presbitérios (1Tm 4.14; At 13.1; 15.23). Mulheres, de acordo com a autoridade apostólica de Paulo, não podiam, no NT, governar sobre os homens, na família eclesiástica (1Tm 2.12-15); mas, no ministério diaconal de misericórdia, Paulo já recomenda o serviço de mulheres (Rm 16.1,2). O apóstolo parece considerar poder-se atribuir um serviço remunerado às viúvas mais velhas, chegando a descrever as qualificações necessárias às mulheres a serem designadas para o ofício diaconal (1Tm 3.11).

Os concílios* da Igreja têm sido concebidos de modos diferentes: enquanto o congregacionalismo independente dá autoridade final à congregação local, autônoma, o episcopalismo sustenta a realização de concílios sob a presidência de bispos ou arcebispos, e o presbiterianismo encontra no NT autorização para instâncias graduadas.

Por sua vez, a disciplina* na Igreja busca honrar a glória de Deus (2Co 6.14—7.1), preservar a pureza da Igreja (1Co 5.6; 11.27) e obter a recuperação do ofensor (1Tm 1.20; 1Co 5.5; 2Ts 3.14). A disciplina fidedigna pode contribuir para impedir outros crentes de pecar (1Tm 5.20) e para prevenir sobre o juízo de Cristo (Ap 2.14-25). A disciplina administrativa busca manter a boa ordem na Igreja, enquanto a judicial se preocupa com as ofensas individuais, particulares ou públicas. Os diversos graus de censura servem para repreender ou restaurar o culpado, indo desde admoestação (Mt 18.15-18; 1Tm 5.20) até suspensão da ceia do Senhor (1Co 11.27; 2Ts 3.6-15) e excomunhão (Mt 18.17; Tt 3.10; 1Co 5.5,11; Gl 1.9). A comunhão no amor oferece o contexto e o clima necessários a uma disciplina mais restauradora e preventiva do que propriamente corretiva e punitiva.

Ver também Coinonia; Comunhão dos Santos.

IGREJA DA UNIFICAÇÃO

Bibliografia

J. Bannerman, *The Church of Christ*, 2 vols. (Edinburgh, 1868); G. C. Berkouwer, *The Church* (Grand Rapids, MI, 1976); L. Cerfaux, *The Church in the Theology of St. Paul* (New York, 1959); A. Dulles, *Models of the Church* (Garden City, NY, 1978); R. Newton Flew, *Jesus and his Church* (New York, 1938); J. A. Heyns, *The Church* (Pretoria, 1980); R. B. Kuiper, *The Glorius Body of Christ* (Grand Rapids, MI, n.d.); Hans Küng, *The Church* (New York, 1967); Paul Minear, *Images of the Church in the New Testament* (Philadelphia, 1950); L. Newbigin, *The Household of God* (London, 1957); Alan Stibbs, *God's Church* (London, 1959).

E.P.C.

IGREJA DA UNIFICAÇÃO, VER SEITAS.

ILUMINISMO. Entre o final do século XVII e começo do século XVIII, o panorama intelectual da Europa e da América mostrou tal sinal de desenvolvimento que toda essa era passou a ser chamada pelo nome com que esse processo foi denominado: a era do Iluminismo.

O Iluminismo variou de nação para nação; tomou formas moderadas ou radicais; foi classificado, de modo genérico, em Iluminismo "alto" ou "baixo"; e, em seu decorrer, desenvolveu-se, em vez de se manter inalterado. Essas e outras considerações sugerem ser difícil, se não impossível, identificar um "Iluminismo" só e único. Sua natureza também não poderá ser captada se ele for tratado como fenômeno puramente intelectual, científico, artístico ou literário. Por exemplo, estudos demográficos, como os que revelam fatos a respeito do declínio na mortalidade infantil em algumas das nações onde predominava o Iluminismo, mostram o contexto vital social de temas como "progresso"*. Quaisquer que sejam os aspectos ou conclusões de estudos futuros, enfim, para podermos entender e avaliar a "modernidade", precisamos nos reportar ao Iluminismo.

Em matéria de pensamento religioso, os pensadores proeminentes do Iluminismo foram marcantemente hostis ao cristianismo tradicional. A Reforma* e seu resultado testemunharam a dissipação, mas não o fim, do dogma*, enquanto interpretações alternativas do cristianismo reivindicavam sua herança autêntica e condenavam umas às outras com a descrença. Perseguição e derramamento de sangue acompanharam tudo isso. Desse modo, os pensadores iluministas passaram a atacar as consequências e o conteúdo do dogma tradicional. Sob o aspecto negativo, rejeitaram o princípio de autoridade do dogma e, com ele, um amplo leque de ideias, fossem formais (tal como a revelação*, em que proporcionasse conhecimento exclusivo e necessário) ou materiais (como a doutrina geralmente aceita do pecado original*). Sob o ponto de vista positivo, buscaram o predomínio da razão e, com ele, o esboço de novas ideias formais (tal como a relação de Deus com a natureza física). Kant* definiu o Iluminismo como a determinação do espírito humano de exercer suas faculdades intelectuais com livre integridade — "Atrever-se a conhecer". E, porque assim fez,

ILUMINISMO

almejou, de alguma forma, ser chamado pensador "iluminado".

Contudo, o uso do termo "razão" para selecionar uma atitude típica do Iluminismo requer tratamento cauteloso. Construções metafísicas amplas, baseadas em deduções racionais, poderiam ser criticadas em nome da filosofia prática. A razão analítica fria, concebida como instrumento de entendimento universal, poderia ser censurada em nome da sensibilidade apaixonada. Se a era do Iluminismo é a da razão, deve-se entender a razão tanto como uma alternativa para o dogma como em termos de autonomia intelectual ampla. Tampouco os pensadores iluministas abandonaram de todo a religião ou a revelação. O materialismo ateísta poderia, sem dúvida, desenvolver-se na França, mas tinha entre os seus críticos pensadores anticristãos (tais como Voltaire*). A revelação poderia ser privada de autoridade religiosa, do direito de comunicar qualquer coisa não reconhecível pela razão ou da capacidade até de proporcionar significativo estímulo à vida religiosa; todavia, poderia ser "domesticada" (como na neologia alemã), em vez de ser eliminada.

É difícil considerar a respeito das forças situadas por trás do pensamento iluminista sem oferecer, nesse caso, uma interpretação teológica. O surgimento da ciência moderna foi um fator principal: Newton*, algumas vezes quase deificado no século XVIII, tinha impulsionado a busca pela explicação científica, que conduziria à interpretação do mundo em termos de lei física. O crescimento da crítica histórica foi também significativo: apesar de o Iluminismo ser geral-mente considerado como deficiente em entendimento histórico real, podia distinguir, no entanto, entre seu próprio mundo e o mundo bíblico. No entanto, Newton não teve contenda alguma com o cristianismo em questões como aquelas em que seus admiradores posteriores o fizeram, e a Antiguidade, em si, não foi negligenciada pelos pensadores iluministas, como revela o prestígio com que honravam o antigo mundo romano. A não ser que se suspeite ser a lógica do método científico — seja em Física seja em História — inteiramente hostil à fé, deve-se contar com um contexto mais amplo, em que a explicação científica possa ter-se desenvolvido em rival, em vez de complemento, da explicação religiosa; e em que a crítica histórica haja podido se desenvolver como oponente, em vez de expoente, da doutrina cristã. Isso não significa apontar para a ciência de Newton, nem para os princípios operativos da crítica histórica original — nem sustentá-los também — como intrinsecamente responsáveis pelo que se seguiu.

Esse contexto mais amplo é certamente constituído do sentido, explícito ou implícito, da autonomia humana. Na verdade, em qualquer consideração abrangente, isso deve estar relacionado a mudanças políticas e econômicas. Mas, sob a presente perspectiva, a "autonomia" tem tanto um significado relativo como absoluto. Tratava-se de uma autonomia *relativa* quanto ao pensamento cristão a respeito do homem; e *absoluta* em sua voluntariedade, em princípio, de dispensar a autoridade externa, mesmo a divina, se a isso sua lógica o conduzisse. O cristianismo

IMAGEM DE DEUS

se opõe à autonomia com base na criação, queda e redenção. Já o Iluminismo podia relegar o Criador a uma posição remota ou possibilidade irrelevante, negar a incapacidade da natureza humana de alcançar o céu por seus recursos próprios e criados e afirmar que a vida moral, conduzida em boa fé, se não completar o conhecimento, cumpre, pelo menos, o propósito básico da existência. Se Deus, enfim, é descartado, como dramaticamente chegou a ser no século XIX, é porque não se faz necessário; e se não se faz necessário, não é porque seja simplesmente, de modo intelectual, descartado, mas, sim, porque o coração humano parece estar satisfeito, ou satisfeito em olhar para outras coisas. Em tais situações, opera tanto a vontade quanto o intelecto.

O presente breve sumário não pode evitar, mais do que talvez o possam outras generalizações, de apresentar o Iluminismo equivocadamente em alguns de seus aspectos. Também não é mais desinteressadamente neutro do que qualquer outra interpretação fundamental. Todavia, em um sentido verdadeiro ou profundo, a autonomia é perfeitamente compatível com o fenômeno do pensamento iluminista, em seu fluxo e em suas formulações. Hume*, Edward Gibbon (1737-1794), Voltaire, Jean-Jacques Rousseau (1712-1778), Christian Wolff (1679-1754), Lessing*, Giovanni Battista Vico (1668-1744), Thomas Jefferson (1743-1826) — são alguns dos que melhor representam o amplo raio de ação cultural e intelectual do Iluminismo, embora possa haver outros mais importantes. Pois a questão de quem tenha sido importante e por que, no Iluminismo, continuará a ser debatida, assim como a importância do próprio movimento, se considerado como conceito viável. Rejeitar ou aceitar especificamente o Iluminismo, porém, parece fútil. Se houve consequências calamitosas da adoção de alguns de seus axiomas, observe-se que ocorreram igualmente aspectos calamitosos na precedente história do cristianismo. Karl Popper (1902-1994) observa que a vontade de querer melhorar a sorte dos que nos cercam é, ao mesmo tempo, "admirável e arriscada", achando-se enraizada "no anelo de incontáveis homens desconhecidos de se libertarem e libertar sua mente da tutela da autoridade e do preconceito". Considerando o que, nessa frase, possa estar sugerido ou assumido no tocante aos motivos dos "iluministas" é que gostaríamos de encarar e avaliar a natureza e o significado de sua empreitada.

Ver também Escola de Frankfurt.

Bibliografia
E. Cassirer, *The Philosophy of the Enlightenment* (Princeton, NJ, 1951); P. Gay, *The Enlightenment: an Interpretation*, 2 vols. (London, 1970); N. Hampson, *The Enlightenment* (Harmondsworth, 1968); M. Jacob, *The Radical Enlightenment: Pantheists, Freemasons and Republicans* (London, 1981); R. Porter e M. Teich (eds.), *The Enlightenment in National Context* (Cambridge, 1981).

IMAGEM DE DEUS. O homem foi criado à (= "como"; a partícula hebraica é a *beth essentiae*) imagem

IMAGEM DE DEUS

(*selem*) e semelhança (*demût*) de Deus (Gn 1.26,27). "Imagem" sugere a ideia de uma estátua ou outra representação visual (Eichrodt). "Semelhança" qualifica "imagem" de duas maneiras: 1. limita — o homem não é idêntico a Deus; 2. amplia — o homem é realmente um reflexo do próprio Deus, devendo viver como sua analogia criada. De um ou de outro modo, a expressão é, assim, usada para transmitir o conceito total (Gn 5.1; Tg 3.9). A tradição teológica, provavelmente prenunciada em Ireneu*, que distingue perspicazmente as duas ideias, não tem base no texto bíblico.

Referências específicas ao homem como imagem ou semelhança de Deus são raras nas Escrituras (Gn 1.26,27; 5.1-3; 9.6; 1Co 11.7; Tg 3.9, sobre o homem assim criado; 2Co 4.4; Cl 1.15; *cf.* Hb 1.3, sobre Cristo; Rm 8.29; 1Co 15.49; 2Co 3.10; Ef 4.22-24; Fp 3.21; Cl 3.10, sobre o cristão sendo renovado em Cristo). Mas a alegação (*e.g.*, feita por Hermann Gunkel, 1862-1932) de que a *imago Dei* exerce um papel muito mais significativo na teologia sistemática do que no pensamento bíblico deve ser questionada. Embora, como expressão, não seja estatisticamente frequente, a interpretação do homem como seu portador é bastante difundida nas Escrituras (*cf.* acima com Sl 8; Rm 1.18ss; Fp 2.5-11).

Interpretações da imagem de Deus
Uma ampla variedade de interpretações da *imago Dei* aparece no decorrer da história da teologia. Entre as mais dignas de nota estão:

1. A visão dos chamados antropomorfistas (ou *audiani*, século IV) de que o homem é fisicamente a imagem de Deus, o qual é, por isso, também, corporificado fisicamente.

Embora considerando seriamente a conotação plástica ou visual da palavra "imagem", essa visão comete uma injustiça para com a natureza antropomórfica da linguagem bíblica a respeito de Deus. Deus é invisível, portanto imaterial. A criação como um todo, no entanto, confere "visibilidade" ao Deus invisível (Rm 1.19,20). Nesse sentido, argumentam os teólogos reformados que, mesmo fisicamente, o homem reflete o que Deus é, moral, espiritual e invisivelmente. Calvino* assevera que no corpo do homem brilha intensamente "alguma centelha" da imagem de Deus (*Institutas* I.xv.3; *cf.* também H. Bavinck*).

2. Outra abordagem é a que, tomando o Ser de Deus na Trindade* como protótipo, busca *vestigia Trinitatis* (vestígios da Trindade) no homem (*cf.* Gn 1.26, "Façamos..."). Diz Agostinho*: "Devemos encontrar na alma do homem a imagem do Criador, que está imortalmente plantada em sua imortalidade" (*De Trinitate* 14:4). Ele identifica "vestígios" na "trindade" da memória, inteligência e vontade do homem.

Esse conceito tem diversos pontos atrativos, além de seu fundamento trinitário. É consistente com a suposição bíblica de que a imagem de Deus não foi totalmente destruída pela queda (Gn 9.6; Tg 3.9). Sua fraqueza, porém, reside no elemento de dualismo inerente em sua formulação (a imagem localizada na "alma" racional) e na localização que faz da imagem *no* homem, quando a Escritura dá a entender que o homem é *como* a imagem divina.

IMAGEM DE DEUS

3. A imagem tem sido definida em termos de domínio do homem (*cf.* a conexão entre imagem e domínio em Gn 1.26-28), o que parece encaixar bem com outras afirmações bíblicas —*e.g.*, a confirmação de que o homem é a imagem de Deus em Gênesis 9.6, no contexto de domínio do homem na "nova criação" pós-diluviana, em Gênesis 9.1-3; o reflexo do homem como imagem de Deus no contexto de seu domínio em Salmo 8; Cristo como o Novo Homem, a verdadeira *imago Dei*, coroado com glória e honra, à espera da consumação de seu domínio, em Hebreus 2.5-9. A falha aqui é que na exegese de Gênesis 1.26, dada em seguida nos v. 27,28, o domínio é uma *função* do homem como imagem de Deus, e não uma *definição* da imagem em si mesma.

4. A imagem tem sido definida em termos éticos e cognitivos. Deus é santo e justo. O homem, feito à sua imagem, deve ser assim também. Calvino, em particular, argumenta em favor dessa posição, via princípio hermenêutico de que o que foi restaurado pela graça (na recriação) era o que havia sido desfigurado pelo pecado (na queda). Assim, em Efésios 4.24 e Colossenses 3.10, ele descarta a natureza da regeneração, como "também o que é a imagem de Deus, de que Moisés fala, a saber, a retidão e a integridade da totalidade da alma" (*Comentário* sobre Cl 3.10; *cf. Institutas* I.xv.4). A imagem de Deus, portanto, consistindo em santidade, justiça e conhecimento da verdade, é dinâmica, em vez de estática, em sua natureza.

A teologia reformada* reconhece que mais do que isso é necessário para expressar plenamente o ensino bíblico (*cf.* a crença de Calvino de que nem mesmo o corpo pode ser excluído da ideia de imagem divina do homem). Consequentemente, é de se crer ter a imagem um sentido "amplo" e "estrito", denotando o primeiro o homem como tal, e o último focando o relacionamento em fé do homem com Deus, destruído pela queda.

5. Mais recentemente, tem sido dada atenção à natureza societária da imagem. Assim, Brunner* argumenta que a expressão divina "nossa" de Gênesis 1.26 reflete-se no homem, tal como também o *"os criou"* de Gênesis 1.27. A imagem de Deus não é uma posse do indivíduo isolado, mas, sim, do homem comunitário, expressando sua "existência para o amor" pela real "existência em amor" (*Dogmatics*, vol. 2, p. 64). Barth* desenvolve essa ideia de maneira caracteristicamente cristocêntrica: a imagem de Deus é refletida em homem-e-mulher, criados como sinal da esperança da vinda do Filho do homem, que é, em si mesmo, a imagem de Deus. Em última análise, para Barth, somente Cristo é a imagem de Deus. (Sugerir que o homem *em si mesmo* o poderia ser estabeleceria no homem o "ponto de contato", que Barth energicamente rejeitava.) Embora a *imago Dei* tenha profunda relevância para o ser duplo homem-e-mulher (ver abaixo), o ensino de Barth afirma que o "último Adão" da Bíblia, Jesus Cristo, é, na verdade, o "Primeiro Adão". O cristocentrismo de Barth acaba, porém, minando a historicidade da narrativa da criação e o significado do fluxo da história redentora.

A imagem de Deus na teologia bíblica

Recentes estudos no antigo Oriente Próximo ajudam a lançar luz sobre o significado original da expressão bíblica. Uma imagem podia ser uma estátua que representasse alguém assim imaginado, ou talvez um rei, adotado como filho de um deus. A imagem costumava expressar a presença de fato do senhor, então pessoalmente ausente, em área de seus domínios. Nesse contexto, a imagem seria o mesmo que estar um deus presente na esfera total de seu senhorio. Isso sugere que é o homem *como homem*, e não algum elemento de sua constituição, o que representa a imagem divina.

Em Gênesis 1.26-28, podem ser, desse modo, enfatizados, em uma teologia bíblica, certos aspectos da visão do homem:

1. O homem, em sua inteireza, é o vice-regente da terra. Deve ser para a terra o que Javé é para todo o universo. Sua vida deve ser um microcosmo do macrocosmo da vida divina.

2. Como tal, o homem é "filho" do Grande Rei (*cf.* Lc 3.28). O homem é feito para ter comunhão filial com o que é divino, e é de se pretender que expresse sua semelhança familial em retidão, santidade e integridade.

3. Todos os homens e mulheres (e não somente os reis, ou, ocasionalmente, também sacerdotes) são assim criados. A doutrina da imagem de Deus é o fundamento para a dignidade humana e para a ética bíblica (*cf.* o uso que Calvino faz dessa ideia em *Institutas* III.vii.6).

A imagem de Deus na teologia sistemática

A doutrina da imagem de Deus forma, consequentemente, o princípio fundamental para o entendimento que tem o cristão de determinadas coisas: assuntos ecológicos (o domínio do homem é uma mordomia*, regulada pelo princípio do sábado, dado ao homem como imagem, *cf.* Gn 2.1-3; Lv 23-26); preocupações humanitárias (todos os homens são vistos em termos de imagem de Deus); relacionamento sexual* (as Escrituras enfatizam radicalmente a dignidade da mulher, no sentido de que, singularmente, ela vê a ambos, homem e mulher, como feitos para serem filhos nobres do Rei-Pai celestial); aspecto evangelístico e apologético (o homem nunca pode escapar do "ponto de contato" de sua própria existência como imagem de Deus, apesar de desfigurada e distorcida; além disso, ele é sempre visto na totalidade de sua humanidade); aspecto escatológico (tem-se em vista a restauração do homem total, tanto física como espiritualmente, à imagem da glória de Deus; *cf.* 1Co 15.47-49; 2Co 3.18; Fp 3.21).

Ver também Antropologia.

Bibliografia

K. Barth, *CD* III.1, p. 183-206; G. C. Berkouwer, *Man: The Image of God* (Grand Rapids, MI, 1957); D. Cairns, *The Image of God in Man* (London, 1953); D. J. Clines, The Image of God in Man, *TymB* 19 (1968), p. 53-103; A. A. Hoekema, *Created in God's Image* (Grand Rapids, MI, 1986); M. G. Kline, *Images of the Spirit* (Grand Rapids, MI, 1980); H. D. McDonald, *The Christian View of Man* (London/Westchester, IL, 1981); J. Orr, *God's Image in Man* (London, 1906).

S.B.F.

IMAGENS. Uma imagem (lat. *imago*; gr. *eikōn*) é uma semelhança de

IMAGENS

alguém, ou de alguma coisa, como é uma estátua à semelhança de um grande personagem, e.g., em mármore. Uma imagem, na verdade, não apenas representa e simboliza, mas é mais: é a própria semelhança de alguém ou alguma coisa, procurando, por isso, refletir ou espelhar o original. O homem, criado à imagem de Deus*, foi feito, assim, para refletir ou espelhar a natureza divina, muito embora à maneira de criatura que é. A destacada passagem cristológica de Colossenses 1.15-20 declara que Cristo é a imagem do Deus invisível, sem sugerir que ele seja alguém menos do que o próprio Deus, embora em forma verdadeiramente humana. Todavia, como imagem integral de Deus que é, Cristo o manifesta e representa no todo, refletindo sua natureza. Como ele mesmo disse, "Quem vê a mim vê ao Pai" (Jo 14.9).

Na Bíblia e na história da Igreja, "imagem", geralmente, está intimamente associada à ideia de "ídolo". Os efésios, por exemplo, adoravam a deusa Diana mediante sua imagem, que criam haver caído do céu. A pregação do evangelho pelos apóstolos, com a mensagem de que Deus não é, de modo algum, qualquer coisa formada pela invenção humana, ameaçou essa adoração, acabando por provocar violenta reação por parte dos artesãos, que ganhavam a vida esculpindo imagens de Diana, e pela população fanatizada de Éfeso, que foi levada pelos artesãos, em um frenesi, à defesa de sua adoração (At 19.23-41). O segundo mandamento proíbe claramente a idolatria: "Não farás para ti nenhum ídolo, nenhuma imagem [...]. Não te prostrarás diante deles nem lhes prestarás culto"

(Êx 20.4,5). Podemos visualizar esse mandamento mais nitidamente se o examinarmos em sua amplitude, ou melhor, em seu significado original. De acordo com a revelação bíblica, a compreensão a respeito de Deus e do homem depende de um entendimento apropriado da relação do Criador com a criatura. Deus Criador não pode nem deve ser confundido com qualquer coisa criada. Não é casualmente que o mandamento que proíbe a idolatria vem em seguida ao mandamento proibindo ter outros deuses diante da face de Deus. Prestar qualquer tipo de adoração ou culto, que somente a Deus pertence, é idolatria; na verdade, é servir à criatura em vez de ao Criador (Rm 1.23,25).

Além disso, Deus é invisível. Ele é discernido somente por meio de sua consciente autorrevelação. É também exaltado e santo. Não deve, assim, ser tratado de uma maneira comum. A desconsideração a essas verdades conduz facilmente a uma distorção da verdadeira religião, transformando-a em uma espécie de magia que procura ganhar controle sobre o poder divino e manipulá-lo. O Deus invisível está presente em toda parte de sua criação*; não obstante, é tangível e abordável, mas somente da forma que ele mesmo estabeleceu. "Ninguém jamais viu a Deus, mas o Deus Unigênito, que está junto do Pai, o tornou conhecido" (Jo 1.18).

Alguns luteranos e anglicanos, por exemplo, acreditam poder evitar adorar imagens do próprio Deus, ao mesmo tempo, no entanto, que usam imagens de seres criados na adoração. A questão diz respeito, particularmente, quanto às implicações da encarnação* visível de Deus em Cristo. Assim, em contraste com a proibição total de imagens da tradição reformada, tem havido o uso de algumas figuras de ícones de baixo-relevo. Tem-se procurado fazer distinção entre a adoração, devida somente a Deus, e a reverência que pode ser prestada às imagens. Em resposta a isso, deve ser lembrado, no entanto, que o Deus invisível e seu poder são tangíveis somente quando e como ele próprio estabelece. Ele nos deu como único mediador a Jesus Cristo* (ver Expiação*; Cristologia*) e como memorial os sacramentos*. Os adoradores, feitos à imagem de Deus, não deveriam procurar preservar a Deus ou o seu poder em imagens. Muito pelo contrário, deveriam procurar servir a Deus de acordo com a própria revelação de sua vontade em Cristo Jesus, trazendo, dessa forma, a expressão da imagem de Deus dentro de si mesmos.

Ver também Controvérsias Iconoclastas; Imagem de Deus.

Bibliografia
O. Barfield, *Saving the Appearance: A Study of Idolatry* (London, 1957); E. Bevan, *Holy Images* (London, 1940); J. Gutmann (ed.), *The Image and the Word: Confrontations in Judaism, Christianity and Islam* (Missoula, MT, 1977); L. Ouspensky, *The Theology of the Icon* (London, 1977).

R.D.K.

IMAGINAÇÃO EM TEOLOGIA. A imaginação tem sido uma órfã na filosofia e teologia do Ocidente. Platão* desqualificou toda atividade de fazer imagens (*eikasia*) como in-

trinsecamente enganosa: imaginar sempre descreve o que realmente não está ali. Aristóteles* creditou à imaginação humana (*phantasia*) o poder de relembrar padrões de imagens dos sentidos, e acreditava que tal memória ajudaria o intelecto a construir conceitos gerais como "coragem".

No começo de sua história, a Igreja discutiu sobre se as imagens* tinham um lugar próprio na adoração. O papa Gregório, o Grande* aprovou, mas o imperador Leão III disse não (édito de 726); e o filho de Leão, o imperador Constantino V (que governou de 741 a 775), foi um forte iconoclasta*, um "quebrador de imagens", porque achava que as imagens nas igrejas tinham se tornado ídolos. O Segundo Concílio de Niceia (787) decidiu a disputa decretando o dogma de que somente Deus merece adoração (*latreia*), mas as imagens poderiam ser veneradas (*proskynēsis*), como ajuda na devoção e no ensino das confissões da Igreja.

Até hoje, há confusão a respeito de imagens, ícones e ídolos. *Imagens* são figuras retinianas, ou lembradas, das quais a pessoa está consciente. *Ícones* são imagens legitimadas na ortodoxia oriental como meios da graça de Deus, iguais aos sacramentos. *Ídolos* são imagens que constituem não mais que canais de louvor ou adoração, tornando-se substitutas de Deus, sem serem deuses, como relíquias, e usurpando a atenção devida somente ao Senhor.

Em sua obra *Crítica do juízo* (1790), Kant* distinguiu a imaginação normal, que reproduz imagens para nossa atividade cognitiva, de um poder de imaginar produtivo,

IMANÊNCIA

que transcende os afazeres naturais, criando ideias estéticas*. Essas "ideias estéticas", para Kant, realmente não proporcionam conhecimento, mas são boas, achava ele, para enobrecer a humanidade. Idealistas* românticos* como Coleridge* e Schelling (1775-1854) vieram a idolatrar essa imaginação transcendental, secundária, como órgão supremo do conhecimento humano.

Teólogos modernos de várias tradições têm sido tentados a adotar o posicionamento romântico sobre a imaginação, a fim de lutar contra o posicionamento antigo, dos dogmáticos racionalistas. O menonita Gordon D. Kaufman (*The Theological Imagination* [A imaginação teológica], Philadelphia, 1981) e o católico David Tracy (*The Analogical Imagination* [A imaginação analógica], New York, 1981), assim como Paul Ricoeur (1913-2005); *The Rule of Metaphor* [A regra da metáfora], Toronto, 1977), creem que a imaginação humana proporciona um contexto mais flexível do que a análise restrita em discutir Deus e imaginar o que Deus realmente quer que seja feito hoje. A imaginação tende a se tornar, então, um dissolvente gnóstico da ortodoxia.

Uma concepção biblicamente cristã da imaginação poderá diferenciar a imaginação do erro de percepção, do equívoco de imaginar e ser oráculo da verdade. A atividade humana imaginativa é totalmente distinta do sentir ou pensar, mas é também uma atividade *bona fide*, inter-relacionada com todo o funcionamento humano. Imaginar é um dom de Deus, com o qual os seres humanos podem fazer coisas em que creem. Com a capacidade de imaginar, alguém pretende e age "como se" isso ou aquilo fosse de fato assim (*e.g.*, Deus é uma rocha, Is 17.10; Cristo é o noivo, Mt 25.1-13). A imaginação humana é fonte de conhecimento metafórico e de alegria, importantes para a vida de toda pessoa. A imaginação é considerada um momento elementar, importante e residual em cada coisa que os filhos adotados de Deus possam fazer. A imaginação se torna um mal somente quando se torna um exercício da vaidade.

Bibliografia

M. W. Bundy, *The Theory of Imagination in Classical and Medieval Thought* (Champaign, IL, 1927); J. Coulson, *Religion and Imagination* (Oxford, 1981); R. L. Hart, *Unfinished Man and the Imagination* (Freiburg, 1968); G. D. Kaufman, *The Theological Imagination* (Philadelphia, 1981); J. McIntyre, *Faith, Theology and Imagination* (Edinburgh, 1987); J. P. Mackey (ed.), *Religious Imagination* (Edinburgh, 1986); P. Ricoeur, *The Rule of Metaphor* (Toronto, 1977); C. Seerveld, Imaginativity, *FP* 3 (1986-87); D. Tracy, *The Analogical Imagination* (New York, 1981).

C.S.

IMANÊNCIA, ver Deus.

IMITAÇÃO DE CRISTO. A expressão desse ideal do discipulado cristão tem variado amplamente, sendo seu significado, sua possibilidade e sua validade frequentemente questionados. Todavia, quando quer que o discipulado seja levado a sério, o ideal tem ressurgido, conduzindo ao reexame de seu fundamento bíblico.

IMITAÇÃO DE CRISTO

A imitação de Cristo é sugerida por todos os evangelhos e mais explicitamente ensinada nas epístolas (cf. 1Co 11.1; Fp 2.5; Hb 12.1-3; 1Pe 2.21; 1Jo 2.6; 4.7-11). No pensamento cristão pós-NT, o tema pode ser encontrado a partir dos pais apostólicos*. Algumas vezes, como aconteceu com Francisco de Assis*, aparece de forma literal; mas geralmente, no entanto, destaca-se na devoção à humanidade de Cristo, na teologia mística*. Continuou em voga no catolicismo após Teresa de Ávila (1515-1582), como tema da espiritualidade francesa no século XVIII e inspirou diversos reformadores e idealistas posteriores, entre os quais Charles de Foucauld (1858-1916) e seus seguidores, os Pequenos Irmãos e as Pequenas Irmãs de Jesus.

A obra desse título, comumente atribuída a Thomas à Kempis (i.e., de Kempen, c. 1380-1471), tem tido uma grande popularidade. Thomas foi educado na piedade reformadora dos Irmãos da Vida Comum, vivendo por toda a sua existência em um estabelecimento agostiniano próximo a Zwolle. O título se aplica, na verdade, somente ao primeiro capítulo. O livro é um guia para a comunhão espiritual com Deus.

No protestantismo, as dificuldades de Lutero com essa doutrina têm obscurecido a aceitação que Calvino* fez dela. Lutero não encontrou nas distinções feitas na espiritualidade medieval entre a imitação de Cristo ativa e passiva uma reflexão adequada do ensino bíblico sobre a graça* e a união com Cristo*. Declarando que "não é a imitação que faz os filhos, mas a filiação é que faz os imitadores",

preferiu falar da conformidade a Cristo. Enfatizou também a vocação* cristã individual contra os ideais de qualquer padrão fixo de imitação, como a vida monástica* ou os literais excessos da Reforma Radical*.

Apesar da influência de Lutero, no entanto, o ideal voltou a emergir novamente sempre que pessoas como William Law* ou Kierkegaard* convocaram os crentes para o discipulado levado a sério. A interpretação da imitação de Cristo na atual teologia protestante pode ser descrita como uma combinação de assimilação parcial do pensamento de Kierkegaard com uma reação contra Schleiermacher* e seus sucessores, que parecem enfatizar Cristo como exemplo à custa de Cristo o Redentor. Isso tem produzido: movimentos significativos, embora não concluídos, para um novo entendimento do assunto (Bonhoeffer*); sua aprovação qualificada (Barth*); ou, ainda, sua rejeição (Bultmann*).

A exegese mais recente do NT tende a desconsiderar a imitação de Cristo, interpretando categoricamente "imitação" como "seguir" e "obedecer" (cf. W. Michaelis, Mimenomai, TDNT IV, p. 659-674). Contudo, pode-se questionar sobre quanto dessa interpretação foi afetada pelo agnosticismo a respeito do Jesus histórico ou pressuposições a respeito da natureza existencial* da fé. No caso de Bultmann, isso claramente envolve uma ênfase sobre as palavras, mais do que as ações, de Jesus, assim como uma tendência de ver a conexão de Jesus com o crente somente em termos de resposta individual e isolada aos mandamentos. Essa

IMORTALIDADE

tomada de posição não somente elimina a prática das virtudes na imitação de Cristo, como também não deixa quase conteúdo algum à ideia de caráter cristão, desconhecida na teologia moral* tradicional. A remoção da imitação de Cristo da ética* ou seu confinamento à teologia mística ou à espiritualidade* individual é também sugerida pela teologia da libertação*. Tudo isso leva, no entanto, a que a imitação e o seguir a Cristo Jesus assumam um lugar na teologia sistemática como fonte de conhecimento em cristologia*, pois "é o seguir real a Jesus que capacita alguém a entender sua realidade" (J. Sobrino).

Bibliografia

W. Bauder, Disciple, *NIDNTT*, p. 490-492; M. Griffiths, *The Exemple of Jesus* (London, 1985); J. M. Gustafson, *Christ and the Moral Life* (New York, 1968); E. Malatesta (ed.), *Imitating Christ* (Wheathampstead, 1974); E. J. Tinsley, *The Imitation of God in Christ* (London, 1960); R. E. O. White, *Biblical Ethics* (Exeter, 1979).

P.N.H.

IMORTALIDADE. O AT carece de um termo inteiramente distinto para imortalidade, embora Provébios 12.28, por exemplo, contenha a expressão hebraica "não morte" (*'al-māwet*). Assim diz literalmente o texto original hebraico: "No caminho da justiça está a vida [eterna]; o trilhar do seu caminho é a não morte (= a imortalidade)". Nas relativamente poucas ocasiões em que o AT expressa uma esperança positiva com relação ao futuro (e.g., Jó 19.26; Sl 17.15; 49.15; 73.24; Is 26.19; 53.10-12; Dn 12.3,13), essa esperança é apresentada em termos que implicam não propriamente imortalidade, mas ressurreição*.

Três termos gregos expressam a ideia de imortalidade no NT: *athanasia*, "não mortalidade" (1Co 15.53,54); *aphatharsia*, "incorruptibilidade" (Rm 2.7); e *aphthartos*, "incorruptível" (1Pe 1.4). A imortalidade denota a imunidade a qualquer espécie de decadência e morte (aspecto negativo), resultante do fato de se ter ou de se compartilhar a vida eterna divina (aspecto positivo).

Primeira a Timóteo 6.16 assevera inequivocamente que somente Deus possui imortalidade (*cf.* Rm 1.23; 1Tm 1.17). Por possuir Deus em si mesmo fontes inesgotáveis de vida e energia (Sl 36.9; Jo 5.26; 1Tm 6.13), a decadência e a morte são estranhas à sua Pessoa. Jamais morrerá, porque é, para sempre, a vida (Jr 10.10). A imortalidade de Deus implica sua santidade inviolável e sua vida perpétua. Justamente como o homem é mortal, porque pecador (Rm 5.12), Deus é imortal porque é santo (1Tm 6.16). Quando Jesus ressuscitou dentre os mortos (Rm 6.9; Ap 1.18), sua imortalidade foi reconquistada, e não, propriamente, alcançada.

Segundo parece indicar a narrativa de Gênesis, o homem não foi criado, na verdade, imortal ou mortal (ver Gn 2.17; 3.22), mas, sim, com a possibilidade de se tornar qualquer dos dois, dependendo de sua resposta em relação a Deus. Foi criado, sim, *para* vir a ter imortalidade, em vez de *com* imortalidade. Essa visão é coerente com o que diz 1Timóteo 6.16. Deus é inerentemente imortal, mas o homem é somente imortal

IMORTALIDADE

de modo derivativo, ou seja, tendo recebido a imortalidade como dom divino gracioso (Rm 2.7). Assim, potencialmente imortal por natureza, o homem se torna realmente imortal por meio da graça. Paulo descreve a imortalidade, portanto, como uma aquisição futura (1Co 15.52-54), e não uma possessão presente; como um privilégio reservado aos justos (Rm 2.6.7, 10; 1Co 15.23, 42, 52-54), e não um direito inalienável de toda a humanidade ou uma propriedade da alma humana.

A imortalidade está intimamente ligada à vida eterna e à ressurreição. A vida eterna é o aspecto positivo da imortalidade (o compartilhar da vida divina), enquanto a imortalidade é o aspecto futuro da vida eterna. A ressurreição, ou a transformação, no caso daqueles que estejam vivos no segundo advento de Cristo (1Co 15.51-54), é o meio de o homem ganhar imortalidade (Lc 20.35,36; At 13.34,35; 1Co 15.42), que garante que o estado de ressurreição gloriosa seja permanente.

Portanto, dado o claro ensino de Paulo de que a imortalidade é dom divino que será adquirido somente pelos justos e mediante futura ressurreição ou transformação, pode-se concluir que as Escrituras nos ensinam uma "imortalidade condicional" para o homem. Condicional no sentido de que após a ressurreição somente haverá imunidade da morte corporal e espiritual para aqueles que estejam "em Cristo". Não no sentido, porém, de que somente os crentes viverão para sempre e de que os incrédulos serão todos aniquilados. As advertências do NT sobre as consequên-

cias eternas de se rejeitar a Cristo (Mt 25.46; 2Ts 1.9) deixam claro que os primeiros cristãos rejeitavam tanto o universalismo* como o aniquilanismo*.

Platão* argumenta em favor da imortalidade da alma em sua função racional ou divina, enquanto Aristóteles* reserva a divindade e eternidade para o "intelecto ativo", a operação mais elevada da alma. Sob influência de Platão, a Igreja cristã tem afirmado a "imortalidade da alma", no sentido de que a alma de cada pessoa tem, pelo *fiat* divino, uma subsistência imortal (por exemplo, na Confissão de Fé de Westminster, XXXII). Embora o conceito que se acha incorporado nessa expressão seja certamente bíblico, a expressão em si não é encontrada nas Escrituras, em que os termos "imortal" e "imortalidade" são usados a respeito da ressurreição física futura dos crentes (1Co 15.52-54), nunca a respeito do presente estado terreno das "almas". Há ainda o perigo de que se creia ser a alma humana como intrinsecamente imortal, contrariando 1Tm 6.16. De acordo com as Escrituras, o que é imortal é o crente ressuscitado, bem como o relacionamento Criador-criatura (o que inclui tanto o crente quanto o descrente).

Os teólogos cristãos têm defendido a imortalidade da alma (no sentido platônico de subsistência imortal) sobre bases diversas: 1. sendo imaterial e indivisível por natureza, a alma é independente do corpo e indestrutível; 2. somente uma vida futura pode levar à necessária fruição as capacidades e a dons da natureza humana, assim como retificar as desigualdades e

IMPASSIBILIDADE

injustiças do presente; 3. a crença instintiva, universal e persistente da humanidade de vida após a morte argumenta a favor dessa realidade.

Ver também ESCATOLOGIA; ESTADO INTERMEDIÁRIO; MORTE; RESSURREIÇÃO DE CRISTO; RESSURREIÇÃO GERAL.

Bibliografia
J. Baillie, *And the Life Everlasting* (Oxford, 1934); H. C. C. Cavallin, *Life After Death*, part 1 (Lund, 1974); K. Hanhart, *The Intermediate State in the New Testament* (Groningen, 1966); M. J. Harris, *Raised Immortal* (London, 1983); J. H. Leckie, *The World to Come and Final Destiny* (Edinburgh, 1918); C. H. Moore, *Ancient Beliefs in the Immortality of the Soul* (Oxford, 1931); G. W. E. Nickelsburg Jr., *Resurrection, Immortality and Eternal Life in Intertestamental Judaism* (Oxford, 1972).

M.J.H.

IMPASSIBILIDADE, ver Deus.

IMPECABILIDADE DE CRISTO. A crença na impecabilidade de Cristo está presente em todos os principais testemunhos do NT (2Co 5.21; 1Jo 3.5; 1Pe 3.18; Hb 4.15). Sua importância teológica é principalmente soteriológica. Cristo há que ser isento de pecado para poder realizar a redenção da humanidade pecaminosa (ver em Hb 7.23-28 a argumentação a respeito da natureza de Cristo como sumo sacerdote; cf. Ofícios de Cristo*).

Devido à sua ampla base bíblica e função crítica na teologia do NT, não é de admirar que essa doutrina tenha sido afirmada universalmen-

te na Igreja da Patrística. Infelizmente, porém, veio a experimentar desenvolvimentos que, embora possam ter pretendido conferir uma posição elevada à doutrina, na verdade contradiziam seus fundamentos bíblicos e minaram sua importância teológica.

Isso ocorreu em duas fases. Na primeira, a argumentação, incentivada involuntariamente por Agostinho*, transferiu-se da fidelidade extraordinária de Jesus em resistir à tentação (enfatizada nas narrativas da tentação e em Hebreus) para condições metafísicas que teriam de ser necessárias para Cristo não possuir pecado desde seu nascimento. O nascimento virginal* recebeu em Agostinho a importância de haver quebrado o liame do pecado original, transmitido sexualmente. A força desse argumento levou a discussões posteriores a respeito da posição da mãe de Jesus e ao desenvolvimento da doutrina de sua própria imaculada conceição (ver Maria*).

A segunda fase caracterizou-se pela mudança da afirmação do fato de que Cristo *não pecou* para a afirmação de que ele *não poderia pecar*. Extensão também das ideias agostinianas, isto mostra quão distante a tradição acabou se afastando do NT, nesse particular. Essa crença levou alguns teólogos (*e.g.*, Basílio*) a alegar que Cristo não assumira uma natureza humana idêntica à nossa, mas, sim, uma análoga, assim como cobrou certa importância à ideia de como as tentações "impossíveis" de Cristo poderiam ser meritórias.

Na atual teologia, a ideia de impecabilidade de Cristo tem dado uma série de voltas interessantes.

547   IMPOSIÇÃO DE MÃOS

A teologia liberal clássica, embora negando que Jesus fosse incapaz de pecar, coloca, de todo modo, ênfase maior sobre o fato de que não pecou. Para os seguidores de A. Ritschl*, a impecabilidade constitui a única prova do *status* divino de Cristo, tornando-se mais significativa ainda por serem outros sinais de sua divindade, como nascimento virginal, milagres e ressurreição, colocados por eles em dúvida.

É nas teologias radicais, no entanto, que a importância religiosa subjacente da impecabilidade de Cristo se mostra mais claramente revelada. O temor do docetismo presente, em J. A. T. Robinson* e G. W. H. Lampe (1912-1980), leva-os a rejeitar qualquer elemento da cristologia* tradicional que separe Jesus do restante da humanidade; e, no entanto, ambos afirmam sua impecabilidade. Embora isso possa parecer paradoxal, uma vez que a pecaminosidade é apresentada nas Escrituras como característica universal humana, a crença desses pensadores tem, no entanto, uma lógica fundamental. Já que Jesus é considerado digno de devoção religiosa, é psicologicamente impossível, alegam, atribuir-se pecado a ele, mesmo que alguma teologia supostamente assim o exigisse.

Bibliografia
W. Pannenberg, *Jesus — God and Man* (Philadelphia, 1968); C. Ullmann, *The Sinlessness of Jesus* (Edinburgh, 1870).

B.E.F.

IMPOSIÇÃO DE MÃOS. A imposição de mãos tem suas raízes no Antigo Testamento. É praticada pela Igreja desde o seu começo, geralmente com oração, estando incluída, em Hebreus 6.2, entre os "fundamentos" da crença cristã. As ideias básicas a ela associadas são as de identificação e transmissão de alguma benesse (bênção, poder, autoridade, etc.). O adorador do AT punha as mãos sobre a cabeça do animal sacrifical*, a ser morto como oferta pelo pecado; e o sumo sacerdote o fazia sobre o segundo bode no Dia da Expiação, confessando os pecados do povo e colocando-os com imposição de mãos sobre o animal (Lv 1.4; 16.21).

Em nossa era, os principais usos e ocasiões desse rito, que continua, embora modificado, a ser praticado, têm sido: 1) fazer invocação ou o pronunciamento de bênção, tal como fez Jacó em Gn 48.8-20 e Jesus em Mt 19.13-15; 2) ser realizado comumente com oração, quando destinado a significar e transmitir cura* sobre quem as mãos são impostas (Mc 5.23; 6.5; Lc 13.13; At 28.8); 3) ser praticado em conexão com o dom e o recebimento do Espírito Santo, usualmente quando do batismo*, embora não de maneira universal (*cf.* Dt 34.9; At 8.14-19; 19.6; 2Tm 1.6); 4) celebrar a ordenação ou separação de crentes para um ministério específico ou ofício na igreja, *e.g.*, presbíteros e missionários cristãos (At 6.5,6; 13.3; 1Tm 1.18; 4.14), tal como, no AT, levitas (Nm 8.10), ou Josué como líder (Nm 27.18-23), etc.

A Igreja tem dado, enfim, continuidade a esse uso pelos séculos, ligando-o, em algumas igrejas, ao batismo; outras, à unção* dos enfermos; e outras, ainda, à crisma ou confirmação*. Esse último rito é visto de modo variado, como o de

INÁCIO DE LOYOLA

conferir/receber o dom do Espírito Santo, ou de admissão à comunhão, ou plena aceitação, em idade adulta, na membresia da igreja, de crentes já batizados na infância. (Muitas igrejas, mesmo algumas que praticam o batismo infantil, não têm o rito da crisma ou confirmação). Igrejas de denominações diversas têm atribuído importância a uma sucessão contínua da ordenação de ministros, através dos séculos, mediante a oração e a imposição de mãos, unindo os assim ordenados, segundo suas tradições, a uma linhagem ininterrupta que procede de Cristo e dos apóstolos (ver Ministério*). Tal conceito pode ser valioso por fortalecer o sentido de continuidade histórica. Carece, todavia, tanto de comprovação histórica conclusiva quanto de evidência do NT da necessidade de sua existência para fins de organização das igrejas.

Bibliografia

J. Coppens, *L'imposition des mains et les rites connexes dans le NT et dans l'église ancienne* (Paris, 1925); G. W. H. Lampe, *The Seal of the Spirit* (London, 1951); I. H. Marshall, *in: IBD*, p. 889-214; J. K. Parratt, *in: ExpT* 80 (1968-1969), p. 210-214; H. G. Schütz, *in: NIDNTT* II, p. 150-153; H. B. Swete, *in: HDB* 2, p. 84-85.

J.P.B.

INÁCIO DE LOYOLA (1491-1556). Espanhol, fundador da Companhia de Jesus (jesuítas*). Após sua conversão, mudando de uma carreira militar para a determinação de ser soldado de Cristo, Inácio entrou em retiro em Manresa (1522-1523). Suas meditações e experiências místicas nessa ocasião forneceriam a base para sua obra *Exercícios espirituais*, completada por volta de 1535 e que se tornaria, daí em diante, o instrumento principal da formação da espiritualidade* jesuíta.

É nessa obra que a teologia espiritual de Inácio se mostra em sua mais clara expressão. Os *Exercícios* proporcionam instruções para um mês de retiro intensivo e supervisionado, com o objetivo específico de alguém descobrir a si mesmo e se comprometer com a vontade particular de Deus para sua vida, ou de renovar esse compromisso. Visam às meditações fundamentais sobre o reino de Cristo e os dois padrões, ali existentes, para que o exercitante receba o chamado de Cristo Rei para se engajar em seu serviço na batalha contra Satanás. Para tanto, concentra-se a obra na contemplação do evangelho e da história de Jesus, mediante os quais o exercitante encontra o Cristo vivo e se compromete com o discipulado, seguindo o caminho de Cristo de serviço a Deus e sua vitória por meio da cruz. A espiritualidade de Inácio é basicamente a do serviço mediante o amor, em que, por causa da total compreensão que obtém do amor de Cristo por ele, o cristão sempre se perguntará: "O que *mais* posso fazer por Cristo?"

Ver também Contra-Reforma Católica.

Bibliografia

H. Rahner, *Ignatius the Theologian* (London, 1968).

R.J.B.

INDULGÊNCIAS, ver Mérito.

INFALIBILIDADE E INERRÂNCIA DA BÍBLIA

INFALIBILIDADE E INERRÂNCIA DA BÍBLIA. Palavras usadas por evangélicos para definir a autoridade bíblica.

A infalibilidade significa plena confiabilidade em um guia que não engana e não se engana. A Confissão de Fé de Westminster (1647), por exemplo, fala da "verdade infalível" da Bíblia; a Confissão Belga (1561) a chama de "regra infalível" (Ver Confissões*); e Wyclif* (1380) a nomeou "infalível regra da verdade".

A inerrância significa confiabilidade total em uma fonte de informação que não contém erros. A palavra veio à tona com esse sentido no século XIX, mas a crença que expressa é tão antiga quanto o cristianismo. Clemente de Roma sustentava que nas "Sagradas Escrituras, que são dadas por meio do Espírito Santo [...] nada de iníquo ou falsificado está escrito"; e Agostinho declarou: "Creio o mais firmemente que nenhum desses autores [canônicos] tenha errado, em qualquer aspecto dos escritos". A crença cristã na autoridade normativa das Escrituras tem sua base na confiança de que constituem totalmente o verdadeiro ensino de Deus, dado por meio de escritores humanos.

Tendo o ceticismo do Iluminismo desafiado a confiabilidade da história bíblica e da teologia, elaboraram-se novos procedimentos interpretativos, para tentar fazer surgir uma nova autoridade divina, não presente no material que então passara a ser visto como falho e como tradição humana não confiável. Atualmente, apenas os conservadores, seja no protestantismo*, seja no catolicismo romano*, seja na ortodoxia (ver Teologia Ortodoxa Oriental*), baseiam sua fé na autoridade bíblica, com a aceitação de toda a Escritura como verdadeira. Embora considerem os protestantes que católicos e ortodoxos ainda imponham interpretações errôneas sobre determinados pontos-chave do texto, os conservadores se unem sempre que necessário para censurar a interpretação pós-iluminista*. Essa interpretação jamais avalia o texto como uma instrução infalível e inerrante de Deus, mas é: constantemente seletiva, catando cânones dentro do cânon; impressionista, desconsiderando muitos dados e generalizando a respeito dos principais impactos da Bíblia; uma visão relativista-reducionista, diminuindo o genuíno ensino bíblico para encaixar percepções supostamente definitivas, extraídas da cultura secular; e existencialista-iluminista, frequentemente deduzindo do texto desafios que a exegese histórica não autoriza, enquanto ignora alguns dos desafios que ela realmente faz. É inevitável, no entanto, essa espécie de interpretação subjetiva sempre que a asserção da autoridade bíblica é colocada justamente a serviço da negação da infalibilidade bíblica.

Teologicamente, tal como os conservadores a veem, a autoridade* das Escrituras significa seu funcionamento real como meio de chegar ao conhecimento de Deus, por intermédio da sequência de suas palavras e atos autorreveladores, desde o Éden até a vida, morte, ressurreição e reinado de Jesus Cristo, assim como mediante o ensino da maneira de como responder a essa revelação redentora com fé, adoração e obediência. Eis por que

INFALIBILIDADE E INERRÂNCIA DA BÍBLIA

quanto menor confiabilidade seja atribuída às Escrituras e menos exata se torne sua autoridade, quanto mais pluralista, enfim, torna-se a teologia cristã, mais turvada se tornará a visão que o crente tem de Cristo e menos certa sua fé, tornando-se cada vez mais problemática a comunicação da sabedoria de Deus. Negar a infalibilidade bíblica é, assim, transformar problemas perfeitamente controláveis do texto em perplexidades incontroláveis tanto na teologia quanto na vida espiritual.

A garantia para afirmar a autoridade da Bíblia como apoiada em sua infalibilidade é o testemunho dos escritores bíblicos a esse princípio, especialmente o ensino registrado de Jesus. Sua submissão inquestionável à Bíblia (para nós, o AT) como a Palavra do Pai (*cf.* Mt 19.4,5), que ele veio para cumprir (Mt 5.17-19; 4.1-11; 26.53-56; Lc 22.37; *cf.* Jo 10.35), moldou seu ministério, levando-o à crucificação, na confiança de que se seguiria a ressurreição como fora predito (Lc 18.31-33) — e como aconteceu (*cf* Lc 24.25-27,46,47). Semelhante submissão às Escrituras se exige de seus discípulos — tanto ao AT quanto ao NT, à verdade dada por Deus que é garantida pela inspiração apostólica exatamente como a inspiração profética concede autoridade à verdade divina no AT (*cf.* Jr 1.6-9; 2Pe 1.19-21).

Nestes dois milênios, a Igreja tem celebrado as Escrituras como a Palavra de Deus escrita e transformadora de vida; e que constitui, justamente, o testemunho de que o ensino do NT sobre a presença do Espírito Santo — para convencer as mentes obscurecidas pelo pecado sobre a autoridade divina de Cristo e da mensagem concernente a ele — é o que deveríamos esperar. A infalibilidade como fortalecedora da autoridade bíblica é questão de convicção universal como de instrução dominical, na Igreja.

Em nossos dias, eruditos evangélicos, como James Orr*, Herman Ridderbos (1909-2007) e G. C. Berkouwer*, juntamente com outros, sentindo a pressão da crítica bíblica, têm afirmado que, uma vez que a infalibilidade bíblica está centrada em orientação salvífica (mostrando Deus em Cristo e o caminho da piedade), detalhes históricos, geográficos e científicos podem ser substancialmente falsos sem que se perca essa infalibilidade (ver Evangelicalismo Liberal*; Ciência e Teologia*). Outros evangélicos, no entanto, que reconhecem a particularidade do condicionamento cultural do ensino bíblico e a legitimidade da pesquisa crítica, e tão exegeticamente conhecedores das Escrituras quanto o grupo anterior, censuram essa proposta, como "uma faca de dois gumes". (O que se pode descartar como não teologicamente importante? E, uma vez que se dê início a um estudo, como se poderá evitar tratar depois determinados pontos da teologia e da ética* bíblica como sendo falhos?) Destacam que a inerrância bíblica plena deverá ser mantida para que a infalibilidade não seja uma mentira; que é profundamente irreverente tratar como inverossímeis afirmações factuais procedentes da verdade; e que somente uma Bíblia absolutamente digna de confiança pode servir de base para restaurar a racionalidade ao nosso mundo,

551   INFALIBILIDADE E INERRÂNCIA DA BÍBLIA

radicalmente irracional. O debate ainda está de pé.

Alguns evangélicos que afirmam que a Escritura é infalível, sem jamais querer nos enganar ou informar erroneamente, certamente não chamariam a Bíblia de inerrante. Isso porque acham que essa palavra está manchada, por associação. Eles a veem como comprometendo seus usuários com: 1. apologética* racionalista, que procura basear a confiança na Bíblia em comprovação de sua verdade, em vez de no seu testemunho divino; 2. uma visão docética* das Escrituras, que obscurece sua participação humana; 3. exegese sem erudição, que carece de profundidade semântica e precisão histórica; 4. harmonização não plausível e conjecturas não científicas a respeito de corrupção textual em que apareçam supostamente inconsistências; 5. uma teologia preocupada com detalhes periféricos e, assim, desviada de Cristo, que é o centro focal da Bíblia. Esses receios são compreensíveis, por já haverem inerrantistas professos, especialmente na América do Norte, falhado em todos esses aspectos, devendo os eruditos inerrantistas atuais procurar evitar todas as possíveis ciladas nesse campo.

Assim como existe um inerrantismo racionalista, que baseia a crença da Bíblia na comprovação de sua verdade, assim também existe um não inerrantismo relativista que, à luz da lógica, da erudição secular e da experiência da crítica, alega encontrar nas Escrituras erros que realmente não têm maior importância. Ambos são teologicamente objetáveis, embora se apresentem como posições corretas e ortodoxas, pois erram ao colocar a razão humana como árbitro das realidades divinas.

Contudo, a fé é mostrada nas Escrituras, com muito sucesso, como razoável, e a incredulidade, como desarrazoada. É esta uma garantia para se crer, de modo real e habitual, que permanece, objetivamente, o ensino de Cristo e seus apóstolos, quanto à sua natureza e seu posicionamento e, subjetivamente, para se ter a convicção de sua autoridade divina, a que o Espírito Santo induz. Sobre essa base dupla, devem os cristãos se comprometer, de maneira ampla, em crescer em confiança no ensino bíblico, submetendo-se à sua totalidade, seja a respeito de Cristo, da salvação, da vida, da história do mundo ou de qualquer outro tópico de que trate o texto escriturístico; assim como trabalhar constantemente para cumprir esse compromisso, à medida que, por meio do estudo favorecido pelo Espírito, aumente sua compreensão das Escrituras. Na verdade, menos importantes são as palavras usadas para enunciar a autoridade da Bíblia do que viver sob ela.

Ver também ESCRITURA.

Bibliografia

G. C. Berkouwer, *Holy Scripture*, tr./ed. J. B. Rogers (Grand Rapids, MI, 1975); D. A. Carson & J. D. Woodbridge (eds.), *Scripture and Truth* (Leicester, 1983); *idem, Hermeneutics, Authority and Canon* (Grand Rapids, MI/Leicester, 1986); P. D. Feinberg, The Meaning of Inerrancy, *in:* N. L. Geisler (ed.), *Inerrancy* (Grand Rapids, MI, 1979); J. D. Hannah (ed.) *Inerrancy*

INFALIBILIDADE PAPAL

552

and the Church (Chicago, 1984); C. F. H. Henry, *God, Revelation and Authority*, IV (Waco, TX, 1979); A. Kuyper, *Principles of Sacred Theology* (Grand Rapids, MI, 1954); C. H. Pinnock, Limited Inerrancy: A Critical Appraisal and Constructive Alternative, *in:* John Warwick Montgomery (ed.), *God's Inerrant Word: An International Symposium on the Trustworthiness of Scripture* (Minneapolis, MN, 1973); *idem*, *The Scripture Principle* (San Francisco, CA, 1984); J. B. Rogers & D. K. McKim, *The Authority and Interpretation of the Bible. An Historical Approach* (San Francisco, CA, 1979); J. D. Woodbridge, *Biblical Authority, A Critique of the Rogers/McKim Proposal* (Grand Rapids, MI, 1982); E. J. Young, *Thy Word is Truth* (London, 1963).

J.I.P.

INFALIBILIDADE PAPAL, ver Papado.

INFERNO, ver Escatologia.

INFRALAPSARIANISMO, ver Predestinação.

INSPIRAÇÃO, ver Escritura.

INTERCESSÃO DE CRISTO, ver Ofícios de Cristo.

INTERPRETAÇÃO, ver Hermenêutica.

INVOCAÇÃO, ver Eucaristia; Santo.

IRA DE DEUS. Parte necessária do caráter moral, que aborrece o mal e ama o bem. Deus é ativa e fortemente contrário a todas as formas de mal; e os escritores bíblicos expressam essa oposição, pelo menos em parte, ao falar da ira de Deus. Centenas de passagens bíblicas se referem à ira divina. Deus é "um Deus que manifesta cada dia seu furor" (Sl 7.11); "é Deus zeloso; é fogo consumidor" (Dt 4.24/Hb 12.29).

Nos últimos tempos, isso raramente é enfatizado. Na verdade, têm sido feitas até tentativas de eliminar totalmente esse conceito, sugerindo que Deus não fica pessoalmente irado com os pecadores. Um processo impessoal entra em operação — argumenta-se —, pelo qual o pecado é inevitavelmente seguido de consequências desagradáveis, processo ao qual os antigos chamaram de "ira de Deus".

Embora seja verdade que a ira humana frequentemente envolve paixão e perda de calma, tais emoções não se devem levar em conta ao considerarmos a ira de Deus. Temos de visualizá-la sem as imperfeições que vemos na ira humana, na melhor das hipóteses. Na verdade, torna-se necessária essa visão ao atribuirmos qualquer qualidade a Deus, até mesmo o amor. Além disso, mesmo na vida humana, pode ocorrer uma "ira santa", ou "indignação justa", que não é pecaminosa.

A negação da ira de Deus, porém, não resolve o problema moral imaginado. Pois qual seria o significado de um processo impessoal, como querem alguns, em um universo genuinamente teísta*? Deus criou um universo moral, em que o homem colhe o que semeia. Uma vez que ele se encontra também ativo neste universo, não podemos negar seu envolvimento simplesmente despersonalizando sua ira.

Além do mais, se não houvesse ira alguma, não haveria salvação.

553 IRENEU

Se Deus não se opusesse do modo em que se opõe ao pecado, os pecadores não estariam em perigo e não precisariam de salvação. Somente quando levamos em conta a gravidade da ira de Deus contra o que fazem e como agem os pecadores é que entendemos o real significado da salvação que Cristo nos proporcionou no Calvário.

A ideia de que Deus não fique irado com a impiedade, a iniquidade e a desobediência dos pecadores não pertence nem ao AT nem ao NT; nem mesmo é judaica ou cristã. Trata-se de uma intromissão estranha, procedente do pensamento grego. Em uma sã doutrina cristã, há necessidade do conceito de um Deus inalteravelmente contrário ao mal e que age em oposição a ele.

Bibliografia

A. T. Hanson, *The Wrath of the Lamb* (London, 1957); L. Morris, *The Apostolic Preaching of the Cross* (London, ³1965); H. Schönweiss & H. C. Hahn, *in: NIDNTT* I, p. 105-113; R. V. G. Tasker, *The Biblical Doctrine of the Wrath of God* (London, 1951).

L.L.M.

IRENEU (c. 130-c. 200). Vigoroso escritor anti-herético dedicado à fé bíblica, Ireneu, cujo tempo de vida faz a conexão entre a Igreja subapostólica e a antiga Igreja Católica, foi figura central no desenvolvimento da teologia cristã. Oriundo da Ásia Menor, onde havia ouvido Policarpo de Esmirna ensinar, e tornando-se presbítero e depois bispo em Lyon, uniu as tradições teológicas da Ásia e do Ocidente. Tendo contatos constantes com Roma, procurou servir de media-

dor nas controvérsias pascal (ver Páscoa*) e montanista*, visando a preservar a unidade da Igreja, importante em sua teologia.

A obra de Ireneu *Demonstração da pregação apostólica* expõe uma instrução de catequese em conformidade com a história bíblica, apresentando-a como o plano salvador de Deus. Relata uma história literal dos poderosos atos de Deus, a começar pela criação e prosseguindo com os eventos de Gênesis, o pacto mosaico, a tomada da terra prometida, o envio dos profetas, a vinda de Cristo, a pregação dos apóstolos e a ressurreição geral. Aborda o sentido espiritual das Escrituras, mostrando como as profecias do AT constituem testemunhos da preexistência de Cristo, Suas naturezas divina e humana, seu nascimento virginal, seus milagres, paixão, ressurreição e seu chamado de um novo povo por meio dos apóstolos.

A fama principal de Ireneu, no entanto, resulta de sua obra *Contra heresias*. Os primeiros dois livros dessa obra expõem vários sistemas gnósticos* e oferecem argumentos racionais contra eles. Os livros terceiro ao quinto contêm refutação aos ensinos gnósticos a partir dos escritos dos apóstolos e da Palavra do Senhor. Embora sendo primacialmente um teólogo, Ireneu era instruído em filosofia e empregou recursos retóricos na estruturação de seu tratado.

Pode-se considerar Ireneu como um "teólogo bíblico" por sua ênfase nas Escrituras, na criação, na redenção e na ressurreição, ou um como teólogo do desenvolvimento da tradição católica, devido à sua argumentação quanto a tradição,

IRENEU

sucessão apostólica (ver Ministério*), importância de Roma e a de Maria* como "a nova Eva". Uma vez que as Escrituras e a tradição* tinham para ele o mesmo conteúdo (*i.e.*, o evangelho), a substância do seu pensamento é a teologia bíblica. Os elementos "católicos" aparecem, basicamente, como argumentos polêmicos contra os gnósticos e a heresia de Marcião*. Assim também, as doutrinas que enfatiza são as contestadas pelos hereges.

Ireneu argumentava a existência de unidade nas Escrituras, como a revelação histórica de um "único e mesmo Deus", que havia firmado diferentes pactos com o ser humano. O AT estava, pois, em harmonia com o NT, embora a lei de Moisés fosse agora substituída pelo evangelho de Cristo. O padrão histórico da revelação são os profetas, Cristo e os apóstolos; mas o conteúdo essencial, do começo ao fim, é Cristo.

Considerando que os gnósticos interpretavam a Bíblia de acordo com suas visões míticas da realidade, Ireneu defendeu a interpretação da Bíblia de acordo com "o cânon (a regra) da verdade". Para isso, elaborou sumários da pregação apostólica, representando o conteúdo próprio das Escrituras. Argumentava que o entendimento correto do ensino apostólico estava preservado nas igrejas que voltavam aos tempos apostólicos e tinham familiaridade com o ensino dos apóstolos (*cf.* E. Molland, *in: JEH* 1, 1950, p. 12-28). Opondo-se às alegações gnósticas de uma tradição secreta transmitida a partir dos apóstolos, Ireneu insistia em negar que estes tivessem designado como bispos e presbíteros crentes a quem teriam revelado supostos segredos. A sucessão na doutrina e na vida cristã, afirmava, era transmitida, em cada igreja, pelo detentor do magistério para o detentor seguinte (e não propriamente pelos que ordenassem, aos ordenados). A consistência do ensino nas igrejas de seu tempo com o ensino dos apóstolos seria assegurada por seu caráter público. Sua correção seria posteriormente garantida por sua concordância em cada localidade.

Ireneu contribuiu para a explicação da imagem da Palavra e da Sabedoria de Deus (Cristo e o Espírito Santo) como "as duas mãos de Deus" na Trindade. Essa imagem expressava a ação direta de Deus na criação e na revelação. O Deus único criou todas as coisas do nada. Mas a providência de Deus coexiste com o livre-arbítrio do homem. Adão, por sua vez, foi gerado como se fora criança e, por isso, facilmente enganado ao ser levado ao pecado.

O Filho de Deus, plenamente divino, tornou-se Filho do homem para a salvação humana. A encarnação por meio do nascimento virginal implicou assumir verdadeiramente a carne e reconduzir os passos da humanidade, levando-a à perfeição em si mesmo (recapitulação). Seu contato com cada circunstância da experiência humana santificou todas as eras e condições de vida. A perfeita obediência de Cristo reverteu os efeitos da desobediência do primeiro Adão, o sangue de sua morte trouxe o perdão dos pecados, e sua ressurreição, um triunfo sobre a morte; consequentemente, o Diabo foi derrotado.

O batismo, para Ireneu, traz a regeneração e o dom do Espírito

555   IRVING, EDWARD

Santo. A adição do Espírito Santo à pessoa humana, que consiste em corpo e alma, restaura sua semelhança com Deus, perdida na primeira transgressão. A salvação é realizada progressivamente, é um processo a ser completado somente no final dos tempos. Ao se habituar o Espírito Santo a residir na carne, a pessoa cresce na plenitude da salvação, chegando à comunhão com Deus e à participação na imortalidade. Além disso, a disponibilidade da graça para todos e a liberdade humana para responder à graça eram pontos importantes do seu argumento contra o gnosticismo.

A criatura humana é salva em sua totalidade, incluindo a carne. A escatologia de Ireneu abrange, assim, um reino terreno do Senhor em sua segunda vinda, um mundo material renovado e a ressurreição literal da carne. O reino milenar* é a última fase de preparo do homem para a perfeição definitiva segundo a visão de Deus*.

Os elementos eucarísticos do pão e vinho, por receberem a invocação de Deus, consistem em duas realidades, uma terrena e outra celestial. Os corpos humanos nutridos pelo corpo e sangue de Cristo se tornam capazes da ressurreição e da vida eterna.

A Igreja* contém o depósito da verdade e nela se encontra o Espírito Santo. Os presbíteros, incluindo os bispos, ao assumir seu magistério recebem o ensino apostólico (o depósito da verdade) para transmitir a outros. A Igreja de Roma, porque fundada por Pedro e Paulo, era para Ireneu especialmente importante como preservadora da tradição apostólica (ver Papado*). Em uma passagem que tem recebido muitas interpretações (*Contra heresias* III.3.2), Ireneu parece afirmar que todos devam concordar com a Igreja de Roma. Seria Roma um modelo de doutrina sadia, devendo a concordância, assim, ser primordialmente com a sã doutrina preservada por essa igreja e secundariamente pela própria Igreja de Roma como exemplo do ensino apostólico (*cf.* J. F. McCue em *TS* 25, 1964, p. 161-196).

Bibliografia
A. Benoit, *Saint Irénée: Introduction à l'étude de sa théologie* (Paris, 1960); R. Berthouzos, *Liberté et grace suivant la théologie d'Irénée de Lyon* (Paris, 1980); D. Farkasfalvy, Theology of Scripture in Irenaeus, *RBén* 78 (1968), p. 319-333; R. M. Grant, Irinaeus and Hellenistic Culture, *HTR* 42 (1949), p. 41-51; J. Lawson, *The Biblical Theology of Saint Irenaeus* (London, 1948); J. T. Nielsen, *Adam and Christ in the Theology of Irenaeus de Lyons* (Assen, 1968); W. R. Schoedel, Theological Method in Irenaeus, *JTS* 35 (1984), p. 31-49; J. P. Smith, *St. Irenaeus: Proof of the Apostolic Preaching* (London, 1952); G. Vallee, Theological and Non-Theological Motives in Irenaeus's Refutation of the Gnostics, *in:* E. P. Sanders (ed.), *Jewish and Christian Self-Definition*, vol. 1 (Philadelphia, 1980), p. 174-185; G. Wingren, *Man and the Incarnation: A Study in the Biblical Theology of Irenaeus* (Philadelphia, 1959).

E.F.

IRVING, EDWARD (1792-1834). Nasceu em Haddington e, após se

IRVING, EDWARD

graduar na Universidade de Edimburgo, em 1809, passou seus dez anos seguintes ensinando, primeiramente em Haddington, depois em Kirkcaldy, onde se tornou amigo íntimo de Thomas Carlyle (1795-1881), que também tinha vindo ensinar ali. Em 1815, Irving foi licenciado para atuar como pregador da Igreja da Escócia, tornando-se assistente, em 1819, em Glasgow, de Thomas Chalmers*, um dos mais destacados ministros evangélicos escoceses da época.

Era Irving um homem de consideráveis dons, e ao surgir a oportunidade de se tornar ministro da Caledonian Church, em Londres, prontamente aceitou. Logo se tornaria o pregador mais famoso de sua época, e muitos dos grandes nomes da sociedade de Londres compareciam à igreja só para ouvi-lo. Sua popularidade era tal que um edifício novo e mais espaçoso teve de ser construído para acomodar sua vasta congregação. A essa altura, em 1827, Irving havia se casado com Isabella Martin, apesar de sua conhecida atração por Jane Welsh, que mais tarde se casou com Carlyle.

Em parte devido à influência de Coleridge*, que ele viria a admirar, a pregação de Irving se tornou cada vez mais profética e apocalíptica. Chalmers chegou até a temer "que suas profecias, assim como a duração excessiva e o cansaço resultante de seus cultos, viessem a prejudicá-lo totalmente". Quando Irving chegou à Escócia em 1828 para fazer preleções sobre a segunda vinda de Cristo, Chalmers achou-o um tanto intolerante e "angustiado".

Dois eventos conduziram Irving mais ainda à notoriedade eclesiástica. Por volta de 1828, começou a sustentar uma natureza pecaminosa da carne de Cristo (*cf.* também Campbell e J. Mcleod*). Passou a argumentar, em sua pregação e seus escritos, que a impecabilidade* e a incorruptibilidade da carne de Cristo eram devidas não "à sua própria natureza", mas à presença nele do Espírito Santo. Tal ensino o expôs à acusação de heresia, sendo privado, em 1833, de sua condição ministerial, pelo presbitério de Annan. O alvoroço causado por suas ideias a respeito da humanidade de Cristo foi comparativamente maior que pelo seu ensino sobre os "dons pentecostais" (ver Dons do Espírito*), que, segundo ele, teriam sido restituídos à Igreja. Nesse particular, Irving foi grandemente influenciado por um de seus assistentes, A. J. Scott (1805-1866), que o convenceu de que os dons sobrenaturais que a Igreja havia possuído nos tempos apostólicos teriam sido a ela restaurados. Em 1831, um dos membros da igreja de Irving falou em línguas. Os conselheiros da igreja solicitaram a Irving que fizesse cessar tal atitude. Como ele se recusasse a atendê-los, apelaram para o presbitério de Londres, e ele foi exonerado daquela igreja. Nada atemorizado, desenvolveu uma doutrina de batismo* no Espírito Santo, "cujo sinal estabelecido, se não nos enganamos", sustentava, "é o falar em línguas". Seus seguidores se reconstituíram em uma "(Santa) Igreja Católica Apostólica", sendo ele designado "Anjo" da igreja. Logo se tornaria, de algum modo, dominado por aqueles que em sua igreja possuíam os "dons", já que ele próprio nunca falou em línguas. Sua saúde rapidamente declinou, morrendo em Glasgow em dezembro de 1834.

Irving é, na verdade, mais conhecido por seu ensino sobre os dons pentecostais, embora suas ideias sobre a humanidade pecaminosa de Cristo tivessem atraído maior interesse mais recentemente. Dois comentadores atuais o descrevem, respectivamente, como "o primeiro teólogo pentecostal reformado" e "o precursor do movimento carismático". Um estudo de Gordon Strachan favorável à teologia de Irving acusa seus críticos de atacá-lo em nível puramente psicológico. Argumenta que as manifestações dos dons em sua igreja "eram causados não por uma avalancha de poderoso sentimento religioso, mas pela resposta fiel ao estudo sistemático e à pregação da Palavra de Deus". Strachan talvez seja excessivamente generoso para com os métodos do ministério de Irving, mas a experiência que ele viveu não pode ser descartada como uma simples e curiosa ocorrência de equívoco religioso.

Bibliografia
A. Dallimore, *The Life of Edward Irving* (Edinburgh, 1983); M. O. W. Oliphant, *The Life of Edward Irving* (London, 1862); C. G. Strachan, *The Pentecostal Theology of Edward Irving* (London, 1973); B. B. Warfield, *Counterfeit Miracles* (1918; Grand Rapids, MI, 1972); H. C. Whitley, *Blinded Eagle. An Introduction to the Life and Teaching of Edward Irving* (London, 1955).

I.Ha.

ISLÃ E CRISTIANISMO. Dentre as grandes religiões mundiais, à parte o judaísmo), somente o islã tem tido contato contínuo e amplo com o cristianismo através de toda a sua história. A Arábia, berço do islã, era uma nação cercada de países e civilizações cristãs. De um lado, a Síria, o Egito e a Palestina, ou seja, toda a parte do Império Romano do Oriente; de outro, a Etiópia e suas colônias, tais como o Iêmen. O fundador do islã, Maomé (c. 570-632), fez contatos iniciais com ambos os lados. Na própria Arábia existiam também tribos e comunidades cristãs estabelecidas, com as quais os islâmicos mantinham contato regularmente.

O Alcorão faz referências ao cristianismo. Embora reconhecendo determinadas qualidades em particular, como a humildade (5:85) e certo grau de comunhão entre os cristãos (2:136; 29:46), o livro sagrado islâmico critica certas crenças cristãs básicas, incluindo a filiação divina de Jesus Cristo* (ver Cristologia*) e a doutrina da Trindade*.

É possível, no entanto, que certas críticas do Alcorão estejam baseadas em um entendimento errôneo da posição cristã. Do lado cristão, apologistas da estatura de João Damasceno* e, mais tarde, Timóteo de Bagdá (séculos VIII e IX) chegaram a concordar teologicamente com o islã. Por essa época, o islã tinha estabelecido sua hegemonia sobre quase a totalidade do Oriente Médio, e os cristãos que ali habitavam, juntamente com judeus e outros, se tornaram seus súditos. Como tais, foram divididos em *millats* (comunidades) que correspondiam a diferentes

ISLÃ E CRISTIANISMO

seitas cristãs (melquitas, jacobitas, nestorianos*). Tais comunidades tinham certa autonomia e são ainda a base da organização social e política dos cristãos no Oriente Médio de hoje.

Os cristãos do Oriente Médio têm sido sempre uma comunidade aculturada e instruída e contribuído de maneira significativa para o desenvolvimento da civilização islâmica clássica. Eles transmitiram a erudição helênica clássica (particularmente a ciência, a medicina e a filosofia) aos árabes muçulmanos. Essa erudição foi, então, levada à Europa Ocidental por meio dos islâmicos da Espanha (ver também R. Walzer, *Greek into Arabic*, Oxford, 1962; D. L. E. O'Leary, *How Greek Science Passed to the Arabs*, London, 1949).

As Cruzadas conduziriam o islã a um contato prolongado e doloroso com a cristandade ocidental, e muitas das ideias do cristianismo na mente islâmica datam desse período. Mesmo durante esse período, no entanto, cristãos ocidentais como Raymond Lull* e Francisco de Assis advogavam uma abordagem pacífica junto ao islã.

O colonialismo e o advento do movimento missionário ocidental resultaram em um contato cada vez maior entre cristãos e muçulmanos e, mais significativamente ainda, no estabelecimento de novas igrejas em terras islâmicas, pela primeira vez, desde o surgimento do islã. Embora os cristãos sejam um pequeno grupo em todo o mundo islâmico, constituem uma minoria significativa e têm constantemente oferecido contribuição valiosa, que excede a proporção de seu número.

As questões doutrinárias que permanecem pendentes entre islã e cristianismo abrangem os seguintes quatro pontos teológicos:

1. *A rejeição islâmica da doutrina do pecado original**. Os muçulmanos creem, de modo geral, que os seres humanos nascem inocentes, mas fracos. Sua fraqueza costuma conduzi-los ao pecado, embora se creia que os profetas estão isentos de pecado durante toda a sua vida. Embora se considere a maioria dos seres humanos capaz de pecar, não há nenhuma crença na disposição humana para pecar. Algumas tradições a respeito de Maomé, todavia, registram ensino seu de que todas as crianças (com exceção de Jesus e Maria) são tocadas pelo Diabo no nascimento (ver A. J. Wenswick, *The Muslim Creed*, London, 1965, p. 137).

2. *A rejeição da doutrina da expiação**. A expiação é rejeitada no Alcorão (6:164); mas o profeta Maomé é amplamente considerado um intercessor que afasta a ira divina. Há também sugestões no Alcorão de que o profeta teria consciência da noção de sacrifício substitutivo (37:107). Os muçulmanos ortodoxos comumente sustentam que o Alcorão nega a morte de Cristo, ensinando que ele ascendeu corporalmente ao céu quando de sua prisão. A referência no Alcorão, no entanto, é mais ambígua, parecendo mencionar a morte de Cristo, Sua ressurreição física e ascensão ao céu (3:54-44; 4:157ss; 19:33, etc.). É difícil dizer qual o conteúdo que realmente o Alcorão dá a essas referências a eventos da vida de Jesus.

3. *A integridade das Escrituras cristãs*. Os muçulmanos alegam

ISLÃ E CRISTIANISMO

frequentemente que os judeus e os cristãos têm alterado as próprias Escrituras e que isso responde às discordâncias entre a Bíblia e o Alcorão. Mas alguns comentadores sustentam que os judeus e os cristãos têm apenas falsificado a verdadeira interpretação do texto bíblico. A questão de confiabilidade das Escrituras encontra-se, assim, no ponto crucial de encontro entre cristãos e muçulmanos.

4. *A natureza e autenticidade da experiência religiosa de Maomé.* Esta é também uma área de controvérsia. Independentemente do que seja dito a esse respeito, contudo, há que se reconhecer que Maomé é o fundador de uma importante civilização, que tem tido um impacto profundo sobre a história do nosso mundo.

Na área sociopolítica, as questões mais importantes mostram ser a aplicabilidade da *Sahr'iah* (lei islâmica) aos não muçulmanos, a relação dos atuais movimentos de direitos humanos para com as sociedades muçulmanas onde as leis penais da *Shar'iah* vêm sendo impostas pela força e os direitos das mulheres nessas mesmas sociedades. Uma área que desperta o interesse também para debate é a da relação entre os direitos das minorias religiosas nos países ocidentais e as relações de tais minorias em nações islâmicas. A natureza e o alvo da justiça social e econômica nos países islâmicos é também assunto que tem sido frequentemente discutido no diálogo entre o cristianismo e o islã.

Os muçulmanos acreditam ter uma séria obrigação quanto ao *Da'wah* — ao convite para as pessoas se converterem à religião islâmica. Os cristãos se veem na necessidade de ter de explicar que eles também têm a obrigação de compartilhar — as boas-novas de Jesus Cristo, sua pessoa, obra e ensino — com todos os homens e mulheres, incluindo os muçulmanos. Em sua ação de recomendar o evangelho aos muçulmanos, os apologistas cristãos entre os islâmicos precisam lançar mão de um amplo espectro da erudição teológica. Terão de levar em conta a pesquisa crítica sobre as Escrituras, já que seu interlocutor islâmico provavelmente possa ser capaz disso. Deverão expressar as doutrinas da Trindade, encarnação e expiação de tal modo que sejam fiéis tanto às Escrituras quanto à tradição cristã, bem como compreensíveis para um muçulmano. Precisam estar cônscios das questões sociais contemporâneas e da resposta cristã distintiva para elas, assim como da ampla variação de respostas que podem ser encontradas no mundo islâmico. Somente se considerarmos com seriedade os muçulmanos e sua situação, seremos capazes de compartilhar com eles o evangelho de modo efetivo.

Bibliografia

A. S. Atiya, *A History of Eastern Christianity* (London, 1968); R. Bell, *The Origin of Islam in its Christian Environment* (London, 1926); D. Brown & G. Huelin, *Christianity and Islam Series*, 5 vols. (London, 1967-1968); K. Cragg, *Muhammad and the Christian: A Question of Response* (London, 1984); W. Young, *Patriarch, Shah and Caliph* (Rawalpindi, 1974); M. J. Nazir-Ali, *Islam: A Christian Perspective* (Exeter, 1983).

M.J.N.-A.

ISRAEL

ISRAEL. O surgimento de Israel tem de ser visto dentro do cenário dos capítulos iniciais das Escrituras. Os propósitos de Deus para o mundo são frustrados pela rebelião da humanidade, e o mundo se funda sob sua maldição em lugar de sua bênção. Deus passa a reafirmar suas promessas da criação para uma família em particular que, com o tempo, se tornaria Israel.

Israel é, assim, o povo por meio do qual os propósitos de Deus de abençoar o mundo deveriam ser cumpridos. Essa sua importância é afirmada em várias passagens do AT (*e.g* ,. Is 2.1-4), sendo este o contexto teológico em que tem sido visto o interesse do AT para com o destino dessa nação, mesmo quando o foco pareça ser mais sobre Israel por si próprio.

À medida que essa visão da existência de Israel se desenvolve, vários são os aspectos que emergem do que significa ser povo de Deus. No período patriarcal, é uma família vinda à luz pela soberania, pelo poder e pela graça de Deus — povo que, de certa forma, vivia entre a promessa e o seu cumprimento; comunidade fraterna em que o conflito é vencido pela reconciliação. Desde Moisés até Juízes, é uma nação teocrática*, diretamente conduzida por Deus, comprometida com uma vida de cuidadosa obediência à sua vontade, com estruturas de liderança humana a que não é permitido encobrir a realeza divina; nação que experimenta, e no decorrer de sua vida testifica de, bênçãos derramadas sobre um povo que depende unicamente das promessas de Deus. De Saul até o exílio babilônico, é um Estado institucio-nal, que prefere a realeza de Iavé à humana e, no entanto, continua a comprovar a graça de Deus, como agora aquele que condescende em oferecer ao seu povo um caminho alternativo se não conseguir trilhar o mais elevado; nação pronta a aprender do mundo, assim como a atrair o mundo, e que logo acha um meio de adotar o estilo dos gentios como o estilo do povo de Deus. Com o exílio, a nação se reduz a um simples remanescente de povo afligido, tendo sua teimosia provado que o propósito supremo de Deus não poderia ser cumprido por meio dela. Sua aflição, no entanto, torna-se o contexto da visão de que Deus poderia transformar essa mesma aflição, resultante da confrontação com o mundo, em uma ponte que atravessasse o vão entre o mundo e ele. Após relativa decepção do retorno do exílio, Judá/Israel teria de ser um povo que viveria, no presente, voltado ao louvor a Deus pelo que ele fez no passado, embora também esperando em Deus o que ele ainda faria no futuro.

Quando Jesus* chega, é para restaurar e renovar Israel espiritualmente, mas é rejeitado como Messias. Revela, porém, claramente, que Israel perdeu seu lugar como povo de Deus e que o Senhor exercerá agora sua capacidade de gerar novos filhos de Abraão, a partir das nações gentílicas (Mt 21.33—22.10). Paulo fala em termos semelhantes (Fp 3.2,3; 1Ts 2.14b-16). Os cristãos passam a se considerar, assim, como herdeiros da posição de Israel como povo de Deus (Fp 3.3; 1Pe 2.9,10).

Pode parecer que o NT esteja, por conta disso, declarando que

ISRAEL

Deus rejeitou a Israel definitivamente como povo. Todavia, no AT, profetas já haviam falado de um modo tão radical como se Israel tivesse sido rejeitado (Is 5.1-7: deixado para trás; Mt 21.33-44; ver também Am 9.7). No entanto, não se tratava, evidentemente, de uma rejeição final. Além disso, outras passagens do NT apresentam uma perspectiva diferente. O assunto é abordado, principalmente, por Paulo, de maneira ampla e sistemática, em Romanos 9—11. Argumenta ele que, muito embora o Israel contemporâneo haja perdido seu lugar privilegiado de povo escolhido, Deus não rejeitou propriamente Israel em si. Pois, como teria o Senhor agido assim sem ser infiel a si próprio (11.29)? Deus, pelo contrário, restauraria Israel, que se converteria, com fé, em Jesus como Messias: "... todo o Israel será salvo", afirma Paulo (11.26) (e toda vez que Israel é citado, nesses dois capítulos de Romanos, a referência é ao próprio Israel, e não à Igreja). A rejeição que resultou da resposta de Israel a Jesus e à pregação do evangelho é somente uma rejeição àquela geração, tal como acontecera antes, nos tempos do AT. Isso está de acordo com os propósitos de Deus, a fim de se dar maior atenção primeiramente à pregação aos gentios, que compartilham com os judeus (mas não os substituem), mediante a bênção do evangelho, do contexto de membresia do novo ou renovado Israel. Consentâneo com seu ensino em Rm 9—11, Paulo, em Gl 6.16, ora por paz e misericórdia do Senhor "sobre o Israel de Deus", como podemos ler em versões diversas da Bíblia (e é menos provável ainda que aqui a expressão "Israel de Deus" se refira à Igreja — que, aliás, em nenhum lugar é chamada literalmente de "Israel" ou "novo Israel", no NT).

Nos estudos contemporâneos, a questão da importância teológica de Israel surge em mais dois contextos.

O primeiro é o da importância teológica do judaísmo*. No contexto do diálogo judaico-cristão, alguns cristãos — discordando, como que arrependidos, da atitude cristã no passado para com os judeus, considerando-os totalmente rejeitados por Deus por haverem crucificado o Messias — têm levantado a possibilidade de judaísmo e cristianismo serem modos alternativos de salvação, por serem ambos o resultado do relacionamento de pactos* feitos por Deus com grupos diferentes. Isso, todavia, é difícil de conciliar com a abordagem que Paulo faz da questão em Rm 9—11. A fidelidade de Deus para com Israel, tendo por base o compromisso que ele assumiu com seu povo sob o pacto antigo, não significa que o novo pacto não deva ser aplicado também a Israel. O argumento de Rm 9—11 opera justamente de modo oposto à proposta acima: é esse comprometimento que garante que o novo pacto também pertença a Israel e que os judeus venham também a aceitar Jesus, para obterem o perdão, que, assim como os gentios, necessitam.

O segundo contexto é a questão da importância teológica do retorno dos judeus à Palestina e o estabelecimento do atual Estado de Israel. É difícil não ver nesse retorno um sinal do cumprimento por Deus de suas promessas a Israel. Esse fato, todavia, não implica de modo

ISRAELISMO BRITÂNICO

algum julgar que os povos árabes (muitos deles cristãos) estejam fora do interesse direto de Deus; nem esquecer que o povo judeu ainda está em grande parte espalhado pelo mundo, não constituindo, portanto, apenas aqueles que vivem geograficamente na Palestina o Israel "físico"; tampouco deduzir que os cristãos (talvez para tranquilizar sua consciência pelas atitudes hostis para com os judeus até bem recentemente) devam oferecer apoio inquestionável a qualquer ação ou atitude, seja qual for ela, da política externa do moderno Estado de Israel.

Ver também SIÃO.

Bibliografia
K. Barth, *CD* II. 2, p. 195-305; C. E. B. Cranfield, *The Epistle to the Romans,* vol. 2 (Edinburgh, 1979); J. Goldingay, The Christian Church and Israel, *Theological Renewal* 23 (1983), p. 4-19; *idem, Theological Diversity and the Authority of the Old Testament* (Grand Rapids, MI, 1987); P. Richardson, *Israel in the Apostolic Church* (London, 1969); D. W. Torrance (ed.), *The Witness of the Jews to God* (Edinburgh, 1982).

J.G.

ISRAELISMO BRITÂNICO. Ideia que teve início na metade do século XIX, centrando-se depois em uma organização, a British Israel World Federation [Federação Mundial Israelita Britânica], com o periódico The National Message e sua editora, a Covenant Publishing Co. Não chegou a se tornar uma seita ou igreja, mas, sim, atraiu membros de todas as denominações, uma vez que declarava sua crença "no Senhor Jesus Cristo como o único Salvador dos homens". Uma recente exceção foi sua adoção pela Worldwide Church of God [Igreja Mundial de Deus] (armstrongismo).

O israelismo britânico se baseia em uma aplicação da profecia que enfatiza a distinção entre os israelitas de Judá e os das dez tribos dissidentes, que formaram o Reino do Norte, o reino de Israel, e foram depois levados para o exílio pelos assírios, em 721 a.C. — dos quais não se soube mais que houvessem retornado. Eles têm sido identificados, *e.g.*, como os saxões ("filhos de Isaque") e os danitas (da tribo de Dã), que teriam cruzado a Europa até a Grã-Bretanha e, mais tarde, teriam ido, como manassitas (da tribo de Manassés), para a América. Uma vez que Jeremias profetizou que Israel teria sempre um rei da linhagem de Davi (Jr 33.17), supõe-se que uma das filhas de Zedequias, levada para o Egito juntamente com exilados voluntários, entre os quais Jeremias (Jr 43.6,7), haja depois navegado até a Irlanda e ali se casado com um rei. Eles teriam se tornado os ancestrais da família real britânica. Assim, as promessas bíblicas a Israel teriam sido passadas à Grã-Bretanha e à América do Norte.

Outros assinalam, porém, que as promessas quanto ao rei e sacerdote perpétuo em Jeremias 33.17,18 seguem de imediato a promessa da vinda de Cristo, tal como está em Lc 1.32,33. No NT, a Igreja cristã é por vezes interpretada, em sentido puramente espiritual, mas não citada literalmente, como novo Israel (Hb 8.8-13), ou seja, nação escolhida

563

JESUS

(1Pe 2.9), mas abrangendo todos os povos (Cl 3.11). Sua vitória contra os seus inimigos é sempre elevada a um plano espiritual (Mt 1.21; Ef 6.12) — observe-se, por exemplo, a forma de citação de Amós 9.11,12 em Atos 15.16-18.

Bibliografia
H. L. Goudge, *The British Israel Theory* (London, 1933); John Wilson, *in:* B. R. Wilson (ed.), *Patterns of Sectarianism* (London, 1967), p. 345-376.

J.S.W.

J

JANSENISMO, ver Agostinianismo.

JASPERS, KARL, ver Existencialismo

JERÔNIMO (c. 347-420). Batizado jovem na Igreja de Roma, Jerônimo manteve uma relação duradoura com esta, apesar de haver vivido seus últimos anos no Oriente. Em seus primeiros anos, procurou levar uma vida solitária e monástica no deserto, mas concluiu que o isolamento era uma atitude cristã inapropriada. Contudo, permaneceu sendo destacado expoente dos ideais de castidade e de um ascetismo* modificado. Devido a esse seu posicionamento, bem como à sua reputação de erudito da Bíblia, ganhou a admiração de um grupo de mulheres aristocráticas romanas piedosas, de quem se tornou mestre e conselheiro.

A maior realização de Jerônimo constitui sua tradução da Bíblia. Vigoroso defensor de referência às línguas originais, reformulou com-pletamente as traduções latinas então existentes. O fruto desse trabalho foi a obra que ficou conhecida como Vulgata. Todavia, as tentativas de Jerônimo de restringir o cânon do AT ao que estava escrito em hebraico (ver Escritura*) não encontrou resposta alguma até o tempo da Reforma*.

Paralelamente, Jerônimo dedicou-se também a uma série de comentários, particularmente sobre os profetas do AT. Esses comentários contêm valiosas informações sobre assuntos filológicos e topográficos, mas raramente apresentam um substancial enfoque teológico. Jerônimo não contribuiu também de modo significativo para os debates teológicos de sua época, aos quais se acercava invariavelmente com certa aspereza. Seu posicionamento contra Orígenes, por exemplo, parece ter sido determinado mais por uma dissidência de caráter pessoal do que por uma reflexão teológica, já que em seus anos jovens havia demonstrado grande admiração pela vasta erudição de Orígenes. O mesmo pode-se aplicar a seu antipelagianismo*, pois Jerônimo parece não revelar muito entendimento das questões teológicas então em jogo.

Bibliografia
J.N.D. Kelly, *Jerome* (London, 1975).

G.A.K.

JERUSALÉM, ver Sião.

JESUS. Quem é Jesus? Quanto daquilo que se tem revelado sobre ele é confiável? Qual a real importância de seu ministério na Palestina do século I? São estas as questões

JESUS

principais discutidas pelos estudiosos do NT dos nossos dias.

Questões atuais sobre Jesus

Questões sobre Jesus têm constituído um dos enfoques centrais (e sintomáticos) dos principais movimentos teológicos nestes últimos três séculos. O racionalismo do Iluminismo*, apesar de todas as suas falhas, pressionou essas questões de modo inegavelmente útil, forçando a igreja a assumir seriamente sua própria confissão de que Deus em Jesus não havia meramente se voltado mais intensamente para o mundo, mas, sim, realmente ingressado nele. Tal pressão produziria o chamado "questionamento sobre o Jesus histórico"*, registrado e criticado por A. Schweitzer*, que, em contraste, ofereceu um Jesus apocalíptico*, firmemente ancorado no judaísmo do século I (como era este então concebido), em quase tudo bastante diverso das necessidades e expectativas religiosas do começo do século XX.

Crítica diferente foi feita pelo teólogo protestante alemão Martin Kähler*, que argumentava, já em 1892, que a busca pelo "Jesus histórico" baseava-se em equívoco e era teologicamente sem valor. Essa posição foi desenvolvida de modo diverso por Barth* e Bultmann*, negando esse último, resolutamente, até a possibilidade, se não a importância, do conhecimento de qualquer detalhe a respeito da "personalidade" de Jesus, categoria com a qual Schweitzer tinha procurado fazer o Jesus do século I relevante para as eras subsequentes. O que a Igreja precisava, segundo Bultmann, era de um "Cristo da fé", do Senhor vivo conhecido no presente. Uma chamada "nova busca", iniciada por Käsemann*, como um antídoto para o docetismo* potencial do posicionamento de Bultmann, conseguiu modificar o ceticismo deste somente em grau limitado.

Desde a metade da década de 1970, contudo, um novo movimento distinto, uma terceira "busca", teve início, considerando o cenário histórico judaico e a tarefa de pesquisa atual com maior seriedade que a maioria de seus predecessores. Isso pode ser encontrado em livros (bem diferentes entre si) de B. F. Meyer, Geza Vermes, A. E. Harvey, M. Borg e E. P. Sanders. Um aspecto dos estudos modernos sobre Jesus é uma renovada consciência da importância do assunto para o relacionamento contemporâneo entre judeus e cristãos. Nesse sentido, escritores judeus têm até procurado "reivindicar" Jesus como um bom judeu interpretado erroneamente por seus seguidores subsequentes. Poucas questões importantes têm sido levantadas, na verdade, nessa nova fase de estudos, mas é potencialmente promissor o modo pelo qual os problemas vêm sendo colocados, a despeito de ceticismos como o de Kähler, que ainda acolhe qualquer obra histórica sobre Jesus, mesmo aquelas cuja utilidade teológica para a Igreja não seja imediatamente evidente.

Dentro da presente erudição, existe assim, ainda, ampla divergência sobre a massa de informações que nos é colocada disponível a respeito de Jesus. Esse estado de coisas tem, pelo menos, o mérito de chamar a atenção para o fato de

JESUS

que a maioria das reconstituições inclui ou exclui determinados materiais não por motivos objetivos, nem por causa de pontos de vista em particular da crítica da fonte dos Evangelhos, mas, sim, por causa da hipótese geral do historiador sobre o assunto. Vai se tornando cada vez mais claro que a antiga separação liberal entre atos e valores de "evento" e "interpretação", entre, enfim, "história" e "teologia", revela-se insatisfatória. Todo relato do passado envolve seleção e, portanto, interpretação: três pessoas foram crucificadas na chamada "sexta-feira santa", de modo que até já o fato de dizer que "Jesus morreu" naquele dia seleciona a morte de Jesus como a mais importante. Dizer então que "Jesus morreu por nós" não é se deslocar do evento em si para a interpretação, mas, sim, vindicar que o evento em si tem uma importância particular. O fato de que tal linguagem permeia os Evangelhos, no entanto, não os invalida como fontes históricas: significa, simplesmente, que eles devem ser lidos com sensibilidade incomum.

Jesus no contexto histórico
1. Qualquer tentativa de reconstituir a história de Jesus, no seu sentido mais pleno, deverá começar pelo contexto judaico (ver também Paulo*). O estudo moderno do judaísmo do século I tem revelado um quadro mais variado do que o usualmente proposto por aqueles que simplesmente descrevem o judaísmo, e os fariseus em particular, em cores sombrias, a fim de contrastar com a joia radiante do evangelho. Três aspectos se destacam no judaísmo do século

I: a) a crença em um Deus criador que havia firmado um pacto* com Israel; b) a esperança de que esse Deus ingressasse na história humana para reafirmar seu pacto, sustentando Israel contra os seus inimigos (uma metáfora disso seria a ressurreição* do povo de Deus); c) a determinação de apressar esse fato idealizado, permanecendo leal às obrigações pactuais, conservadas como joias engastadas na lei (Torá). Os debates no judaísmo tendiam a enfocar o modo exato como a esperança seria cumprida ou sobre detalhes precisos da obrigação pactual.

Para muitos judeus, a esperança se cristalizava na expectativa de um Messias (*i.e.*, um rei "ungido", da família de Davi), que lideraria a libertação que Deus traria a seu povo. Acima praticamente de tudo, o templo era o foco da vida e da esperança nacionais; mais do que meramente o lugar de oração ou sacrifício, era o símbolo da presença de Deus com seu povo, o sinal de que ele não tinha se esquecido deles. O templo e o Messias estavam juntos na mente judaica: o templo original tinha sido construído pelo filho de Davi (Salomão), e a vinda do Filho de Davi restauraria o templo à sua glória prometida e suprema.

Jesus, então, nasce em um povo cujas aspirações nacionais eram fortes demais para serem constantemente esmagadas pelo insensível governo romano, assim como constantemente incitado a reagir por líderes revolucionários em potencial. Era uma época em que quase todos os judeus, de qualquer condição, buscavam a Deus para que implantasse seu

JESUS

reino, Seu governo soberano na terra, e, assim, assumisse a causa judaica, em cumprimento à sua antiga promessa.

2. A mensagem de Jesus consistia no anúncio de que havia raiado o tempo do cumprimento da promessa. O reino de Deus*, longamente aguardado, estava agora às portas. Ele via a si mesmo, e era visto por seus contemporâneos, como um profeta, trazendo a Palavra de Deus a seu povo. Todavia, boa parte de seu ministério teve de ser dedicada a explicar, em palavras, símbolos e atos, que, embora as aspirações da nação estivessem agora prestes a ser satisfeitas, o cumprimento da promessa não seria propriamente como os judeus esperavam. Muitas das parábolas se destinam a responder à objeção dominante tanto no judaísmo moderno quanto no antigo: se o reino de Deus está realmente aqui, por que o mundo continua ainda a ser como é? A resposta de Jesus é que o reino está presente aqui como o fermento é introduzido na massa; igual a uma semente, que cresce secretamente; semelhante, enfim, ao convite do rei para as festivas bodas do filho, às quais acabam sendo chamadas a participar outras pessoas, para ocupar o lugar de seus convidados, faltosos. Seu ministério, na verdade, põe em prática a advertência de João Batista aos judeus (Mt 3.9): "Não pensem que vocês podem dizer a si mesmos: 'Abraão é nosso pai'. Pois eu lhes digo que destas pedras Deus pode fazer surgir filhos a Abraão".

Assim, Jesus chama Israel a se arrepender de sua ambição nacionalista e a segui-lo em uma nova visão do propósito de Deus para seu povo. A intransigente resistência a Roma deveria ser substituída por amor e oração pelos inimigos. O alvo de Israel teria de ser radicalmente redefinido: o pecado, não Roma, era seu real inimigo. Os exorcismos* de Jesus mostram a cura de Deus a seu povo Israel, pertencendo às narrativas de controvérsias (*e.g.*, Mc 2.1—3.6), como parte de sua batalha permanente contra as forças do mal, que chega ao clímax na cruz (*cf.* Mt 4.1-11; 8.28-34; 12.22-32; 27.39-44). Suas curas de cegos, aleijados, surdos e mudos, assim como seu chamado aos pobres e rejeitados para desfrutarem de comunhão consigo, tudo, enfim, que dependesse da fé como a resposta apropriada a Jesus, indicam sua reconstituição do povo de Deus (Lc 13.16; 19.9,10). Para quem tivesse "olhos para ver", a ressurreição, *i.e.*, a reconstrução de Israel, já havia começado (Lc 15.1,2, 24,32; 16.19-31).

3. Juntamente com o anúncio feito por Jesus da (paradoxal) inauguração do reino de Deus, encontramos uma advertência constante: se a nação se recusar a voltar atrás de sua rota de colisão com os propósitos de Deus, o resultado inevitável será uma terrível devastação nacional. Jesus expressa essa advertência em linguagem-padrão das profecias apocalípticas*. Exatamente como Jeremias havia profetizado que o "Dia do Senhor" consistiria não na salvação de Jerusalém das mãos de Babilônia, mas, pelo contrário, em sua destruição pelos caldeus, assim também Jesus avisa que a vinda do verdadeiro reino haveria de significar, dentro de uma geração, a destruição daquela nação,

daquela cidade e daquele templo que haviam dado suas costas aos autênticos propósitos para os quais haviam sido chamados e escolhidos por Deus (*e.g.* Lc 13.1-9,22-30,34,35). Essa advertência está no cabeçalho do grande discurso (Mt 24; Mc 13; Lc 21) em que é predita a destruição iminente de Jerusalém, bem como do templo.

4. Em ambos esses elementos do ministério de Jesus encontramos: uma autorreferência velada, embora constante; e as sementes do conflito com as autoridades judaicas que levaram Jesus à morte. Assim:

a) Na recepção de Jesus aos pecadores e desprezados e em sua pregação das boas-novas do reino aos pobres e humildes, há a sugestão constante de que ser aceito por ele é o mesmo que receber as boas-vindas do próprio Deus de Israel à membresia de seu verdadeiro povo. O chamado dos doze discípulos aponta para o mesmo ponto, significando a renovação das doze tribos, com Jesus não na posição de *primus inter pares*, mas, sim, como aquele que chama esse Israel renovado à existência. Ele traça o verdadeiro destino da nação para si mesmo, cumprindo ele mesmo o chamado de Israel, imitando a Deus na santidade da misericórdia e de não separação do mundo (Lc 6.27-36) e convocando outros a ingressarem em sua verdadeira vocação em segui-lo.

O título Filho do homem, que aparentemente usava como auto-designação favorita, poderia ter sido ouvido como significando simplesmente "Eu" ou "alguém semelhante a mim"; mas também poderia significar uma sugestão da descrição apocalíptica em Daniel 7, em que um Israel sofredor é visto como uma figura humana que subjuga os "animais" (*i.e.*, as nações estrangeiras) e que é protegido por Deus. Existem evidências de que essa figura representativa de Israel fosse ao tempo de Jesus já considerada como messiânica. Não seria de surpreender, portanto, encontrar Jesus sendo considerado Messias durante seu tempo de vida: o título em si mesmo não quer dizer mais do que "o representante ungido de Israel por meio do qual Deus está redimindo seu povo", muito embora Jesus estivesse engajado no cumprimento desse título, também, com um novo significado.

Assim, na advertência à nação, a repetição constante de "dentro de uma geração" indica que a destruição iminente de Jerusalém viria inevitavelmente sobre a geração que rejeitara *a Ele próprio*: acima e além de quaisquer ideias de um conhecimento especialmente inspirado, Jesus sabia que ele era a Palavra definitiva e categórica de Deus para seu povo, cuja rejeição poderia significar prontamente o Juízo (*cf.* Lc 23.31).

b) Além de seu anúncio do reino, a ação de Jesus encontrou forte oposição por parte de vários grupos, particularmente dos fariseus, com os quais, em outros assuntos, Jesus tinha muito em comum. Seus ataques radicais sobre a observância escrupulosa do sábado e das leis *kosher* (purificação, limpeza, regulamentos alimentares) objetivavam não tanto o "legalismo" em si, mas os símbolos-chave do nacionalismo judaico. Podem ser, assim, diretamente correlacionados com ações

JESUS

como a aceitação dos cobradores de impostos, considerados entre os judeus como colaboracionistas de Roma. Jesus, desse modo, como o haviam sido Elias e Jeremias, por exemplo, era tido por alguns como um traidor da causa nacional. Ao mesmo tempo, no entanto, há evidências, que dão suporte à impressão transmitida pelos escritores do Evangelho, de que a aristocracia nacional (os saduceus, os quais se mantinham no poder como marionetes dos romanos), ficaria alarmada diante de alguém que, considerado profeta e arauto do reino de Deus, pudesse inflamar um sentimento nacionalista (embora a intenção de Jesus estivesse muito longe disso).

5. Todos esses elementos do ministério de Jesus aparecem juntos nos eventos que, pelo menos nos evangelhos sinópticos, agrupam-se na última semana de sua existência terrena. Jesus entra em Jerusalém aparentemente em um cumprimento deliberado da profecia messiânica. Pratica de forma simbólica o juízo de Deus sobre o templo, que se tornara o ponto focal da ambição nacional espúria. Envolve-se em controvérsia com os fariseus e saduceus, apontando para sua própria rejeição final iminente por parte deles como o clímax da renúncia de Israel ao chamado de Deus (Lc 20.9-19) e sugerindo que o Messias poderia ser muito mais que um simples líder nacionalista (Lc 20.41-44). Faz predições finais sobre o juízo iminente de Deus sobre a nação judaica (em linguagem caracteristicamente apocalíptica, frequentemente mal interpretada por muitos como que se referindo ao fim do mundo). Celebra a Páscoa com seus discípulos, revestindo a ocasião de um novo significado, apontando não para o passado, para o êxodo, mas para a própria morte, como a verdadeira redenção do povo de Deus. Após a traição por um dos doze, é processado por causa de uma denúncia que, igual a tudo o mais em sua vida e obra, desafia a separação dos elementos "religioso" e "político": Suas palavras contra o templo e alegações de messianidade são mais uma vez enfatizadas em sua resposta final ao sumo sacerdote (Mc 14.62), alegando que o destino de Israel e sua longamente esperada restauração por Deus após o sofrimento estava para ser cumprida nele e, ao que tudo indicava, nele somente. Jesus executaria a tarefa de Israel; e, tendo pronunciado o julgamento iminente de Israel, sob a forma da ira de Roma, que viria a ser a de Deus, iria à frente de Israel e tomaria o julgamento sobre si mesmo, bebendo o cálice da ira de Deus, de modo que seu povo não precisasse bebê-lo (Mc 14.36; 20.45, etc.).

Em sua crucificação, portanto, Jesus se identificou plenamente (ainda que paradoxalmente) com as aspirações de seu povo, morrendo como o legítimo "rei dos judeus", o representante do povo de Deus, cumprindo para Israel e consequentemente para o mundo o que nem o mundo nem Israel poderiam cumprir para si mesmos. À pergunta: "Por que Jesus morreu?", há, tradicionalmente, duas espécies de resposta: a teológica ("Ele morreu por nossos pecados") e a histórica ("Ele morreu porque apontou os erros das autoridades"). Essas duas respostas acabam sendo dois modos de dizer a mesma coisa. Na crise nacional derradeira de Israel, o mal do mundo, alinhado contra o povo de Deus, e o mal dentro do próprio povo de Deus se destacaram e, como matéria histórica, colocaram Jesus à morte. Tal como a história do êxodo é o relato de como Deus redimiu a Israel, assim também a história da cruz é a narrativa de como Deus redimiu o mundo por meio de Israel, em pessoa, em Jesus, o Messias.

6. Dentro dessa história, não vindo de fora nem sobreposto a ela, é que podemos traçar o início da doutrina da encarnação*, que já no tempo de Paulo (ver Fp 2.5-11) se tornara propriedade comum da Igreja primitiva. A tarefa para a qual Jesus sabia que fora chamado e à qual foi obediente era a que, em termos do AT, só poderia ser realizada pelo próprio Deus (Is 59.15-19; 63.7-9; Ez 34.7-16). Consciente de uma vocação específica do próprio Deus de Israel, o homem Jesus dirigiu sua vida em confiante fé e obediência, tornando implícita e explícita a vindicação que, se não fosse verdadeira, seria blasfema. Falou e agiu com autoridade autêntica. Sob essa luz, podemos entender a expressão "Filho de Deus", que no AT é um título para Israel e o Messias e que no NT se transforma em veículo de uma verdade maior, que inclui, mas transcende, a ambos. O Deus que pode ser visto ativo no ministério e especialmente na morte de Jesus é exatamente o Deus de Israel, o Deus de amor e fidelidade pactual. O amor que aparentemente contrairia impureza em contato com os doentes e pecadores, mas que

veio a ser doador de vida, está plenamente revelado na cruz, quando o próprio Deus assume o papel de rei dos judeus, conduzindo seu povo em triunfo contra o verdadeiro inimigo.

7. A ressurreição (ver Ressurreição de Cristo*) é, desse modo, a demonstração de Deus de serem verdadeiras as afirmativas feitas durante o ministério que alcançou seu clímax na cruz. "Nós esperávamos", disseram os discípulos no caminho de Emaús, "que era ele que ia trazer a redenção a Israel" (Lc 24.21), dando a entender que "estávamos equivocados: ele morreu crucificado". A ressurreição provou que eles tinham estado certos o tempo todo, e que a cruz, longe de ser a falha da missão messiânica de Jesus, era sua realização culminante.

À luz da expectativa judaica, uma ressurreição não física seria uma contradição em termos. Ao mesmo tempo, porém, os judeus esperavam a ressurreição de todos os justos mortos somente no final dos tempos, não a de um homem dentro da continuação da história humana; de modo que a ressurreição de Jesus aconteceu dentro da remodelação total da expectativa então corrente quanto ao reino de Deus. Aquilo que fora vislumbrado em seu ministério — uma ordem mundial renovada e um povo de Deus renovado, chamado a de novo se reunir — tinha sido levado à realização. Foi deixado aos seguidores de Jesus, capacitados por seu Espírito, implementar sua concretização mediante missões mundiais, averiguando quais as suas implicações em matéria de adoração e reflexão teológica.

JOAQUIMISMO

Bibliografia

E. Bammel & C. F. D. Moule (eds.), *Jesus and the Politics of His Day* (Cambridge, 1984); M. Borg, *Conflict, Holiness and Politics in the Teachings of Jesus* (New York/Toronto, 1984); J. W. Bowker, *Jesus and the Pharisees* (Cambridge, 1973); G. B. Caird, *Jesus and the Jewish Nation* (London, 1965); A. E. Harvey, *Jesus and the Constraints of History* (London, 1982); B. G. Meyer, *The Aims of Jesus* (London, 1979); J. M. Robinson, *A New Quest of the Historical Jesus* (London, 1959); E. P. Sanders, *Jesus and Judaism* (London, 1985); E. Schillebeeckx, *Jesus: An Experiment in Christology* (TI, London, 1979); A. Schweitzer, *The Quest of the Historical Jesus* (TI, London, 1954); G. Vermes, *Jesus the Jew* (London, 1973).

N.T.W.

JOAQUIMISMO. Joaquim de Fiore (c. 1135-1202) desenvolveu uma interpretação elaborada e muito influente da história* e do futuro, que expressou em escritos exegéticos e figuras simbólicas (*figurae*). Entendia o desenvolvimento histórico em termos de atividade da Trindade na história, de forma que essa última refletiria os relacionamentos trinitários. Como o Espírito procede do Pai e do Filho, assim uma era (*status*) do Espírito se desenvolveria a partir da era do AT, do Pai, na era do NT, do Filho. Entre diversos modos de pensar essa terceira era do Espírito, Joaquim a identificou com o milênio do Apocalipse. Diferentemente de alguns de seus seguidores, radicais, não sustentava que o evangelho de Cristo do NT seria substituído na era do Espírito,

mas, sim, que o pleno significado espiritual dos dois Testamentos seria alcançado nesse período de paz e contemplação, antes do final da história.

O pensamento de Joaquim causou uma revolução na escatologia* medieval: ele tornou possível, pela primeira vez no cristianismo dessa época, especular um progresso de forma teologicamente significativa na futura história do mundo.

A sutileza de sua teologia se perdeu com muitos de seus seguidores, mas a poderosa expectativa de uma terceira era do Espírito inspirou muitos dos dedicados fiéis, no período final da Idade Média (especialmente os franciscanos espirituais), no século XVI (tanto católicos quanto protestantes) e até mesmo nos tempos modernos.

Bibliografia

M. Reeves, *Joachim of Fiore and the Prophetic Future* (London, 1976); *idem, The Influence of Prophecy in the Later Middle Ages* (London, 1969); D. C. West (ed.), *Joachim of Fiore in Christian Thought* (New York, 1975); A. Williams (ed.), *Prophecy and Millenarianism* (London, 1980).

R.J.B.

JOÃO DA CRUZ, ver Teologia Mística.

JOÃO DAMASCENO (c. 652-c. 750). Nascido e criado em Damasco por uma eminente família cristã chamada Mansur, João primeiramente assumiu um elevado cargo civil, mas, mais tarde, após a erupção da política iconoclasta* do imperador Leão Isauro, juntou-se a seu irmão de criação Cosme

JOÃO DAMASCENO

como monge, no claustro de São Saba, próximo a Jerusalém. Foi ordenado ao sacerdócio e devotou o restante de sua vida a escrever livros e compor hinos para a Igreja, com os quais se tornou famoso. Alguns de seus hinos são cantados ainda hoje.

João defendeu o uso de ícones e, como resultado, foi condenado pelo sínodo iconoclasta de 1754. Morreu em idade bem avançada, mais provavelmente pouco antes do Sétimo Concílio Ecumênico (Niceia II, 787), que o reintegrou na Igreja, reconhecendo sua contribuição. Gerações posteriores o chamaram *Chrysorroas*, "derramamento de ouro", por causa de sua erudição e seus hinos inspirados.

Foi no mosteiro de São Saba, onde ainda se pode ver sua cela, que João Damasceno escreveu a maioria de suas obras, usando material de autores anteriores, mas adaptando-o a um modo imponentemente metódico e original. Seus trabalhos foram traduzidos para diversos idiomas e utilizados por muitos autores (*e.g.*, Pedro Abelardo* e Tomás de Aquino*, no Ocidente, e praticamente todos os teólogos sistemáticos no Oriente). Sua obra *Vida*, em grego, está dividida em quatro categorias: "Hinos melódicos"; "Orações panegíricas"; "Bíblia sagrada e sinopse divinamente inspirada" (*i.e.*, sua obra sistemática/dogmática mais importante, *A fonte da sabedoria*); e "Tratados sobre os ícones". Estudiosos atuais a dividem pelas categorias: exegética, dogmática, anti-herética, polêmica, ética, homilética, hagiográfica e poética.

Como teólogo, João Damasceno foi um tradicionalista, que seguia as Escrituras e os pais reconhecidamente aceitos, porque a ambos considerava inspirados pelo Espírito Santo. Estava interessado em questões e discussões teológicas específicas, mas era, acima de tudo, um teólogo sistemático*, que visava a produzir uma *summa* de conhecimento teológico abrangente. Assim, cobriu quase todos os tópicos teológicos tanto de maneira geral quanto detalhada. Fez uso da filosofia de forma eclética, distinguindo claramente entre o conhecimento filosófico verdadeiro ("psíquico") e o falso ("demoníaco"), argumentando que a filosofia estava relacionada à teologia como uma serva relacionada a uma rainha.

Sustentava que Deus é transcendente em seu Ser e imanente em sua graça, *i.e.*, em seus atos criadores e redentores, por meio dos quais são revelados respectivamente os atributos divinos (eternidade, imutabilidade, majestade, etc.) e as divinas pessoas (as três *hipóstases**, do Pai, Filho e Espírito Santo). Seguindo a doutrina dos pais gregos e, especialmente, dos capadócios (ver Basílio de Cesareia*, Gregório de Nazianzo* e Gregório de Nissa*), João Damasceno começa sempre sua exposição com a Trindade, movendo-se então para a unidade da divindade, que explana em termos de comunhão (*koinonia*), embora sempre mantendo a prioridade do Pai, que gera o Filho e projeta (*ekporeuein*) o Espírito Santo*. O mundo, consistindo em criaturas espirituais e materiais, sem qualquer dualismo* (posição antimaniqueísta), é contingente, tendo sido destinado a durar para revelar os planos de Deus, principalmente por

JOÃO DAMASCENO

meio das atividades dos anjos* e dos homens. Todavia, uma queda* livre (ele se opõe radicalmente à predestinação dos muçulmanos), da bondade para o mal, levou ao fracasso desse destino, ocasionando a escravidão e morte. Alguns anjos tornaram-se demônios e os seres humanos caíram em pecado*, o que não somente constituiu uma perda da graça de Deus, da vida e do entendimento, mas também a sujeição à corrupção e morte por intermédio da procriação.

A solução para esses problemas é dada em Cristo, o Salvador. Para Damasceno, Cristo, em sua pessoa, é não somente um homem deificado, mas um Deus humanizado, que consiste, assim, em duas naturezas, a divina e a humana, semelhante ao ser humano comum, que consiste em duas partes, uma imaterial e a outra material, mas diferente dos demais seres humanos por não formar "um outro ser a partir de dois", mas, sim, permanecendo "um em dois".

João segue, aqui, tanto a ortodoxia de Calcedônia quanto as clarificações pós-calcedônicas, particularmente a doutrina da *enipostasia* (ver Hipóstase*), de Leôncio de Bizâncio e de Máximo, o Confessor, assim como a das "duas energias e vontades", do Sexto Sínodo Ecumênico, que permanecem distintas embora harmonizadas. Por essas doutrinas, expõe ele tanto o erro nestoriano* quanto o monofisista* (ver Cristologia*).

Para Damasceno, a obra salvadora de Cristo abrange seu ensino, sua vida e seu sacrifício sobre a cruz, resultando em sua ressurreição, ascensão e *parousia* final, que se tornam dons ofertados aos crentes, assim como fins a serem livremente obtidos por eles, mediante, respectivamente, a recepção dos sacramentos e a resposta pessoal de fé e obras. Essas últimas se resumem no ideal asceta* cristão da renúncia ao "mundo". Ligada intimamente à ênfase sobre as obras está a sua doutrina do juízo final, o qual deverá se seguir à ressurreição física geral de todos os seres humanos (fortemente asseverada em sua obra *Contra os maniqueístas*), assim como os cultos e as orações memoriais pelos mortos, considerados de benefício especial para os vivos.

João Damasceno considera a Virgem Maria* e os santos* como "cartas vivas da verdade salvadora de Cristo", "amigos de Cristo" e "filhos de Deus", que deveriam ser honrados e exaltados, mas não adorados. Esse ponto se torna mais claro em sua defesa do uso de ícones, com a qual afirma que "a veneração de honra dada ao ícone vai para o protótipo", mas, também, que há uma distinção categórica entre a veneração de honra dada aos ícones (*proskynesis, timē*) e a verdadeira adoração (*latreia*), a ser oferecida tão somente à Trindade. Em sua doutrina sobre Maria e os santos, bem como sobre os ícones, João mantém Cristo como seu foco principal e concentra seus esforços em expor a apropriação do dom da salvação de Cristo pelo ser humano. Foi provavelmente esta a razão, como com a maioria dos pais orientais, pela qual não desenvolveu nenhuma doutrina explícita sobre a Igreja.

Bibliografia

Obras em TI: NPNF, vol. ix; M. H. Allies, *St. John Damascene on Holy*

Images followed by Three Sermons on the Assumption (London/Philadelphia, 1898); D. Anderson, *St. John of Damascus, On the Divine Images* (New York, 1910); F. C. Chase, *St. John of Damascus' Writings in FC* 37.

Estudos em inglês: D. Ainslee, *John of Damascus* (London, [3]1903); B. Altaner, *Patrology* (Freiburg, 1960), p. 635-640; P. M. Baur, *The Theology of St. John Damascene's "De Fide Orthodoxa"* (Washington, DC, 1951); F. Cayré, *Manual of Patrology and History of Theology* (Paris/Tournai/Roma, 1940), p. 326-339; A. Fortescue, John of Damascus, *in: The Greek Fathers* (London, 1908), p. 202-248; J. H. Lupton, *John of Damascus* (London, 1882); V. A. Michell, *The Mariology of St John Damascene* (Kirkwood, MO, 1930); D. J. Sahas, *John of Damascus on Islam* (Leiden, 1972).

G.D.D.

JUDAÍSMO E CRISTIANISMO. O problema principal da Igreja primitiva, amplamente judaica, não era a atitude para com sua base religiosa, israelita, mas, pelo contrário, era a questão de os gentios se tornarem crentes no Deus de Israel e no Messias judeu. Deveriam os gentios se tornar como os judeus a fim de se fazerem seguidores de Jesus? Deveriam adotar a lei* de Moisés e, portanto, os crentes do sexo masculino serem circuncidados? Nesse contexto, a Igreja do NT, particularmente Paulo, apóstolo dos gentios, reafirma que a justificação* vem mediante a fé, e não pela lei judaica. Como se pode ver em Romanos (e.g., 3.28-31) e em Gálatas (e.g., 3.10-14,23-29), o contexto da justificação mediante

a fé demonstra a universalidade do modo cristão de salvação*. A lei judaica não é necessária para isso. Todavia, não há sugestão no NT de que os judeus, como crentes em Cristo, não devessem mais seguir a lei. Tanto Jesus quanto os apóstolos sempre afirmaram jamais negarem a lei de Moisés. Em Atos 21, Paulo mostra ser falsa a acusação de que ele ensina aos crentes judeus "se afastarem de Moisés, dizendo-lhes que não circuncidem seus filhos" nem vivam de acordo com os costumes de Israel (At 21.21). Ele mesmo, como judeu, continua observando os rituais de purificação, incluindo a raspagem da cabeça, e de apresentação de ofertas, no templo (At 21.24,26). Essa observância, no entanto, não devia ser mais obrigatória para os judeus convertidos a Cristo, como parece indicar o comportamento de Pedro (Gl 2.14).

Contudo, a Igreja do NT enfrentou o problema de as autoridades judaicas rejeitarem Jesus como Messias; e os Evangelhos (particularmente João) e Atos frequentemente se referem aos "judeus" recusando e se opondo ao Senhor. Embora isso seja verdadeiro a respeito da maioria deles, é preciso lembrar, no entanto, que o próprio João era judeu e que muitos dos sacerdotes e judeus importantes foram convertidos. Não obstante, as sementes de iminente ruptura entre a Sinagoga e a Igreja são evidentes no NT. Após a destruição do templo, as autoridades judaicas se fortaleceram cada vez mais em sua posição anticristã. Por sua vez, a Igreja passou a retaliar os judeus tão logo ela ganhou poder sob Constantino, no século IV,

JUDAÍSMO E CRISTIANISMO

passando os concílios* a emitir afirmações e juízos antissemíticos. Assim, com o correr dos tempos, tornou-se cada vez mais difícil para os judeus crentes em Cristo sustentar simultaneamente sua fé cristã e permanecer culturalmente judeus. Seguir a *kashrut* (lei judaica) e permanecer na Igreja grandemente gentílica se tornou impossível.

O antissemitismo passou a constituir uma parte normal da vida cristã. Entre outras coisas, os cristãos acusavam os judeus de deicídio [a morte de Deus em Cristo] e comumente acreditavam e sustentavam que estes estivessem sob maldição divina. Como se pode ler no evangelho (judaico) de Mateus, o povo judeu teria dito a Pilatos, a respeito de Jesus: "Que o sangue dele caia sobre nós e sobre nossos filhos"(Mt 27.25). Os cristãos supunham, portanto, que essa automaldição haveria de ser aplicada por Deus a todas as gerações futuras de judeus.

Quando os cristãos ganharam poder no Império Romano, os judeus, por sua vez, perderam as liberdades civis. Os pregadores cristãos receberam permissão de entrar à vontade nas sinagogas e ali pregar a fé cristã. Perseguições de autoridades e da Igreja cristã ocorriam com certa frequência. E assim o judaísmo acumula hoje em sua sofrida lembrança histórica os muitos e muitos batismos e "conversões" forçados, os abusos das Cruzadas, os horrores da Inquisição, os escritos antissemíticos de Lutero*, os massacres oficiais na Rússia imperial e a "solução final", mediante o terrível Holocausto*, a política de extermi-

nação total promovida por Hitler, quando cerca da terça parte da população civil judaica do mundo da época, inclusive velhos, mulheres e crianças, foi assassinada, destruída em massa, com pouca ou insuficiente reação contrária por parte da Igreja. Como resultado, palavras como Cristo, cristão, igreja, cruzada, etc. são associadas por muitos dos judeus a odiosas ideias e geralmente nem são proferidas, em seu próprio meio étnico ou cultural, por judeus que creem em Jesus como o Messias.

Enquanto a Igreja do NT enfrentava a questão de se os gentios deveriam se tornar judeus, a questão atual é inversa. Devem os judeus crentes em Cristo deixar a lei de Moisés, unir-se inteiramente à igrejas gentílicas e adorar usando de formas, para eles, estranhas? Alguns judeus crentes têm respondido a essa pergunta formando "sinagogas messiânicas" nos Estados Unidos, "assembleias messiânicas" em Israel e "comunhões messiânicas" em vários lugares. Na busca do estabelecimento de igrejas com formato judaico, surgem diversas questões a respeito das relações com os cristãos gentios e as igrejas gentílicas existentes; quais as atitudes para com as leis *kashrut*; que formas de culto da sinagoga devem ser preservadas; qual o uso do hebraico e o desenvolvimento dos padrões de liderança que melhor se ajustam à base judaica. A despeito dos riscos de uma cristologia enfraquecida e isolacionismo, os cristãos judeus sentem a importância de uma identidade judaica mais clara na Igreja cristã.

No entanto, a própria Igreja enfrenta hoje diversas controvérsias

JUDAÍSMO E CRISTIANISMO

em relação à evangelização* dos judeus, tais como:

1. Sua conversão* é realmente necessária? Alguns estudiosos cristãos argumentam existir o dado de um duplo pacto* na questão judaico-cristã. Alegam que, muito embora seja o novo pacto em Jesus Cristo o caminho da salvação válido para os gentios, o modo ordenado por Deus para os judeus continua ainda a ser o do antigo pacto. Isto inevitavelmente levanta a questão do significado do cumprimento do AT por Jesus — e.g., a ênfase no evangelho de João de que Jesus já cumpriu por todos o AT em sua totalidade (cf. R. E. Brown, *Anchor Bible Commentary*).

2. Há descontinuidade ou continuidade na conversão judaica? O judaísmo afirma a crença na Torá, na palavra e na lei de Deus. Os estudos rabínicos e talmúdicos são considerados como a "torá oral" revelada por Deus a Moisés e desenvolvida então em séculos subsequentes. Se o judaísmo é de fato puramente fundado na rocha da revelação de Deus no AT, então a fé cristã em Jesus como Messias seria somente uma continuidade sua. Se, no entanto, considerarmos os estudos rabínicos e talmúdicos como adições feitas por homens à Torá de Deus, então o erro e a falibilidade humanos formam uma parte essencial do judaísmo e há descontinuidade na conversão, que requer arrependimento e novo nascimento.

3. Têm os cristãos o direito de evangelizar os judeus? A história da perseguição cristã dos judeus tem levado alguns a julgar que não possam ir além de amizade com os judeus. Desenvolve-se uma forma de diálogo que não permite ou não faz tentativa alguma de procurar levar os judeus à conversão. Acreditam outros cristãos, no entanto, que isso contraria o mandado bíblico da missão da Igreja, missão dotada, no caso, de esperança, humilde e amorosa, de ver os judeus compartilharem a plenitude da vida em Jesus Cristo.

4. Que futuro aguarda os judeus? Os cristãos se dividem em sua opinião quanto ao Estado de Israel*. O estabelecimento geográfico de Israel em 1948 seria cumprimento da profecia? Ou já é Jesus Cristo o cumprimento de tudo prometido no AT? A Igreja seria, de algum modo, um "novo Israel"? Deus está interessado somente no povo, ou também na terra, na nação física, de Israel? Todos os cristãos são concordes em que Deus é o Senhor soberano da história; portanto, o retorno dos judeus à terra de Israel deve estar em seus propósitos soberanos.

O debate a respeito do futuro dos judeus está centrado em Romanos 9—11. Paulo diz bem claramente que os gentios têm a oportunidade de receber o evangelho em obediência por causa da desobediência dos judeus. A fé dos gentios provocará ciúme nos judeus, de modo que eles também serão enxertados, novamente, em sua própria oliveira. Se a desobediência dos judeus já traz riqueza de bênçãos aos gentios, pergunta Paulo, o que a "plena inclusão" dos judeus não significará para o mundo? Assim, prevê o dia em que há de chegar "a plenitude dos gentios", quando então "todo o Israel" será salvo. Seja o que for que isso possa significar em detalhes, podemos, pelo menos,

JUÍZO DE DEUS

esperar por uma considerável conversão tanto de judeus quanto de gentios à fé em Jesus Cristo.

Ver também HOLOCAUSTO; ISRAEL; SIÃO.

Bibliografia

L. Baeck, *Judaism and Christianity* (New York, 1970); G. Hedenquist (ed.), *The Church and the Jewish People* (London, 1954); J. Jocz, *The Jewish People and Jesus Christ* (London, 1949); *idem*, *The Jewish People and Jesus Christ after Auschwitz* (Grand Rapids, MI, 1981); C. Klein, *Anti-Judaism in Christian Theology* (London, 1978); P. Lapide & J. Moltmann, *Jewish Monotheism and Christian Trinitarian Doctrine* (Philadelphia, 1981); J. Parkes, *The Conflict of the Church and the Synagogue* (London, 1934); M. H. Tamenbaum, M. Wilson & J. Rudin (eds.), *Evangelicals and Jews in Conversation* (Grand Rapids, MI, 1978); Christian Witness to the Jewish People, *Lausanne Occasional Papers* 7 (Wheaton, IL, 1980).

M.F.G.

JUÍZO DE DEUS. A crença de que um Deus Supremo exerce juízo, ou julgamento, sobre a vida de suas criaturas humanas é importante para o cristianismo, como o é para a maioria das demais tradições religiosas do mundo (ver, e.g., S. G. F. Brandon, *The Judgment of the Dead* [O julgamento dos mortos], London, 1967). No AT, a sentença do juízo divino toma a forma, comumente, ou de bênção terrena (e.g., colheita, segurança nacional), como resultado da obediência dos homens aos mandamentos de Deus, ou de punição (e.g.,

praga, terremoto, exílio), por sua desobediência. O NT, no entanto, pressupõe a crença, desenvolvida, em geral, pela literatura apocalíptica*, de um grande julgamento no final da história deste mundo. A doutrina desse juízo final de Deus inclui geralmente os seguintes elementos:

1. Todos os seres humanos serão igualmente julgados, tanto os vivos quanto os mortos (At 10.42), tanto os cristãos quanto os não cristãos (Rm 14.10-12). Esse julgamento está associado ao retorno final de Cristo (Mc 8.38; 1Co 4.5; 2Ts 1.5-10) (ver Escatologia*).

2. O julgamento será de acordo com as boas obras de cada um (Mt 16.27; Rm 2.6; Ap 22.12). Isso, porém, não entra em conflito com a doutrina da justificação* pela graça mediante a fé. Embora a justificação seja um dom da livre graça de Deus, envolve a obrigação do salvo, uma vez que nele foi efetuada a justificação, agir de acordo com sua nova condição, pôr sua fé em prática, fazendo somente o bem. De nada valem as obras frias, interesseiras e vazias daqueles que, não tendo recebido ainda a salvação em Cristo, ou a recusam, ou mesmo já a hajam recebido, não tenham fé. Assim, no juízo final, as obras de uma pessoa serão a evidência de ser a sua fé viva ou não. Não se trata, portanto, de merecer a salvação pelas boas obras: elas são, pelo contrário, consequência e evidência da realidade da fé mediante a qual fomos salvos.

3. No juízo final, Deus fará divisão entre aqueles que são verdadeiramente, e assim se revelam, pertencentes a Cristo e aqueles que não o são. A divisão não será,

porém, imposta arbitrariamente, mas, sim, o veredicto do julgamento final sublinhará e tornará conhecido o autojulgamento que cada homem e mulher tenha escolhido na presente vida. Há um sentido real em que, pelas escolhas que as pessoas fazem, por como reagem quando confrontadas por Cristo e seu evangelho, acabam por trazer julgamento sobre si mesmas. Essa ideia do autojulgamento é destacada no evangelho de João (*e.g.*, 3.19,20), embora não peculiar a ele (Mt 10.32,33; Rm 1.18-32).

4. Salvação e condenação são mais bem entendidas em termos de relacionamento ou não com Deus. O destino das pessoas será determinado por um duplo critério: a prontidão ou omissão/negligência em adorar e servir ao Deus revelado na ordem criada (Rm 1.18-20), e sua correspondente atitude, positiva ou negativa, em relação a Cristo — seu relacionamento com o Senhor, do qual seus atos dão evidência (Jo 3.36). O destino em si mesmo consistirá em estar na presença de Deus ou excluído dessa presença, na eternidade (*cf.* 2Ts 1.8-10).

A imagem do grande juízo final continua tendo, nos dias de hoje, para muitos perdidos o poder que sempre manteve em toda a história da Igreja. Serve, sobretudo, para salvaguardar verdades importantes: é um julgamento sério, justo, inescapável; julgamento sob a inspeção atenta do santo amor; julgamento pelo próprio Cristo.

Debate recente questiona se o juízo divino pode ser percebido ou não nos eventos da história humana (ver D. Bebbington, *Patterns in History* [Padrões na história], Lei-cester, 1979); em que base Deus poderá julgar aqueles que não ouviram o evangelho; e se a possibilidade de condenação eterna é consistente com seu amor (ver Universalismo*).

Bibliografia

J. A. Baird, *The Justice of God in the Teaching of Jesus* (London, 1963); J. P. Martin, *The Last Judgment* (Edinburgh, 1963); L. Morris, *The Biblical Doctrine of Judgment* (London, 1960); S. H. Travis, *Christ and the Judgment of God* (London, 1986). Ver também Bibliografia para Escatologia*.

S.H.T.

JÜNGEL, EBERHARD. Nascido em 1934, professor de Teologia Sistemática na Universidade de Tübingen, é importante teólogo protestante contemporâneo. Jüngel tem escrito amplamente sobre NT, Teologia Histórica e Sistemática e Filosofia da Religião. Sua obra é profundamente influenciada pelas teorias da linguagem de Ernst Fuchs (1903-1983) e pelo cristocentrismo rigoroso de Barth.

Três principais áreas de preocupação teológica podem ser identificadas em sua obra: 1. Jüngel expõe um entendimento encarnacional e trinitário de Deus enraizado na autoidentificação humilde de Deus com o Cristo crucificado. Muito de sua obra está voltada às implicações teológicas e ontológicas do Calvário. 2. Usa o motivo da justificação para desenvolver uma antropologia* que enfatiza o homem como receptivo e relacional, em vez de autorrealizador. 3. Busca reintitular a teologia natural* como teologia *do* natural, a saber,

JUSTIÇA

como averiguação das implicações universais da autorrevelação particular de Deus.

Esses três aspectos contribuem para uma teologia cuja intenção é mostrar as distinções próprias entre o Deus humano e sua criação humana.

Jüngel tem publicado também estudos de percepção sobre Barth, ensaios relativos a analogia, metáfora e ontologia e um livro que trata do tema da morte.

Bibliografia
Death (TI, Edinburgh, 1975); *The Doctrine of the Trinity* (TI, Edinburgh, 1976); *God as the Mystery of the World* (TI, Edinburgh, 1983).

G. Wainwright, *ExpT* 92 (1981), p. 131-135; J. B. Webster, *Evangel* 2:2 (1984), p. 4-6; *idem, Eberhard Jüngel: An Introduction to his Theology* (Cambridge, 1986).

J.B.We.

JUSTIÇA. O significado básico de "justiça" e seus cognatos na Bíblia deriva do hebraico *sedeq*, traduzido de modo geral na LXX por *dikaiosynē*. Denota não tanto a ideia abstrata de justiça ou virtude, e mais a posição de retidão e consequente conduta reta dentro de uma comunidade. Esse campo semântico tem entre nós duas raízes diferentes: "reto" (ou "correto"), "retidão" (ou "correção"); e "justo", "justiça", "justificar" (ou "justiçar"), "justificação". Em hebraico e grego, no entanto, essas palavras e seus sinônimos têm uma só origem e estão inseparavelmente associadas em significado, linguística e teologicamente.

No AT, no qual se baseia a ideia vigente no NT, dois campos de pensamento dão forma específica à ideia de justiça.

1. Os tribunais de justiça estabelecidos atribuem à justiça a ideia da posição de uma pessoa em relação a uma decisão da corte a seu favor. No tribunal de justiça hebraico, não havia promotor público: todos os casos tinham de ser trazidos pelo próprio queixoso contra determinada pessoa acusada. Justiça era considerada a situação que tinha resultado para um dos dois lados a favor do qual a corte se havia decidido. Visto que o critério-padrão de julgamento é a lei dada pelo pacto* de Deus, a justiça adquire todo um sentido da posição de se estar de acordo com as exigências pactuais, ou da lei, levando à possibilidade, portanto, de a posição reta do pacto ser observada na conduta comum de toda pessoa. O juiz, ou o rei que julga, deve, por sua vez, se enquadrar em um outro sentido de justiça: o de que deve julgar com justiça, ou seja, ser verdadeiro para com a lei, ou o pacto, condenar o mal, não mostrar parcialidade e sustentar a causa dos indefesos. Esse significado completo explica as instâncias ocasionais em que a Septuaginta usa *dikaiosynē* para traduzir não *sedeq* e seus cognatos, mas outros termos, como *hesed* (graça, pacto de misericórdia), *mispāt* (julgamento, justiça), etc.

2. A posição pactual funde-se com a do tribunal de justiça, devido, em parte, ao fato de que a lei (Torá) é a escritura do pacto. Embora algumas vezes o próprio Deus seja visto até como adversário de Israel na lei, a descrição para ele mais frequentemente encontrada é a de Deus como juiz ou rei,

JUSTIÇA

tendo Israel ou como demandante (pleiteando causa contra seus inimigos) ou acusado (sendo julgado por deixar de guardar o pacto). A justiça de Deus é então invocada como o motivo pelo qual ele pode ser considerado o libertador de seu povo: Deus está comprometido por um pacto a agir assim. Quando isso possa porventura ser posto em dúvida (como no exílio de Babilônia, por exemplo, ou, mais tarde, na revolta dos macabeus e na queda de Jerusalém no ano 70 d.C.), os escritores desses períodos respondem que Deus é justo em julgar seu povo pecaminoso; que é justo em esperar antes de julgar seus inimigos, dando-lhes tempo para o arrependimento; e que ele deve, mais uma vez, mostrar-se justo, ao restaurar a felicidade de seu povo e renovar o pacto com Israel (Dn 9; Ed 9, etc.). O livro de Jó pode ser visto como um longo julgamento em um tribunal, no qual Jó reivindica justiça para ele, imaginando ser Deus seu litigante, acabando por descobrir que não é Deus que deveria ser trazido à barra do tribunal: os primeiros dois capítulos revelam ser Satanás (o Diabo*) o real e injusto acusador e os amigos confortadores de Jó seus conselheiros inteiramente desinformados.

Esses dois aspectos (de tribunal e de pacto), combinados, produziriam a teologia pactual desenvolvida, que se acha nos fundamentos do judaísmo no tempo de Jesus. Ter justiça significava pertencer ao pacto, cujo limite de controle era a Torá e cuja esperança era a de que Deus, de acordo com sua própria justiça, agiria na história para "defender" e "justificar" seu povo (*i.e.*, para mostrar que era realmente seu povo), salvando-o de seus inimigos. Esses significados se refletem, particularmente, no evangelho de Mateus, em que "justiça" é uma espécie de expressão abreviada para significar tanto o plano salvador de Deus (Mt 3.15) quanto as obrigações pactuais de seu povo (5.20; 6.1); e nos escritos de Lucas, o qual enfatiza a posição "justa" de muitos dos atores-chave no drama então descrito (Lc 1.6; 2.25; 23.50; At 10.22). O próprio Jesus é, algumas vezes, chamado de "o Justo", em virtude de haver sido o único homem designado por Deus como seu verdadeiro parceiro no pacto (*e.g.*, At 3.14; 7.52; 22.14; Tg 5.6).

A crença judaica de que Deus julgaria o mundo com justiça ecoa repetidamente no NT (*e.g.*, 2Ts 1.5,6; Rm 2.1-16; Hb 12.23). Mas o desenvolvimento pleno dessa ideia encontra-se em Paulo, particularmente em sua exposição da justiça de Deus em Romanos. Paulo viu que o problema judeu da justiça de Deus (se o Criador do mundo é o mesmo Deus do pacto com Israel, por que então Israel era ainda oprimido?) fora respondido mediante um novo e notável modo, com a morte e a ressurreição de Jesus Cristo. A resposta, na verdade, havia levado a uma reformulação da pergunta, ao revelar a universalidade do pecado, tanto de judeus quanto de pagãos. O evangelho, declara Paulo, prova que Deus é justo, apesar das aparências em contrário: Deus guarda o pacto feito com Abraão, trata de maneira própria e correta o pecado, atua e continuará atuando sem nenhuma parcialidade

JUSTIÇA

e sustenta todos aqueles que, desamparados, se lançam em busca da sua misericórdia (Rm 1.16,17; 2.1-16; 3.21—4.25). Em outras palavras, Deus demonstra justiça no sentido o mais apropriado de Juiz e Senhor supremo do pacto. É, dessa forma, capaz de antecipar o veredicto do último dia (Rm 2.1-16) e declarar no presente (Rm 3.21-26) que todos aqueles que creem no evangelho já são participantes da comunidade do pacto (ver Justificação*).

A visão de que a "justiça de Deus" se refere à justiça que Deus dá ou aplica aos seres humanos, ou neles reconhece, procede de Agostinho, mas ganhou força, em termos do desenvolvimento da teologia moderna, a partir da reação de Lutero contra uma *iustitia distributiva*. O termo *iustitia*, como encontrado na Vulgata Latina, tinha levado realmente o entendimento de textos como Romanos 1.17 à falsa ideia de uma justiça feita meramente de concessões, em que Deus simplesmente concederia recompensa à virtude e punição ao pecado. A alternativa de Lutero, apesar de frutuosa no sentido de haver aberto novas perspectivas teológicas para ele, era, porém, de algum modo, equivocada, pois tirou o foco da atenção de sobre a noção bíblica da fidelidade do pacto de Deus para colocar ênfase maior na posição do ser humano. Após Lutero, a teologia protestante retornou amplamente à noção da justiça distributiva de Deus: porque Deus é justo, deve, na verdade, recompensar a virtude e punir o pecado, tendo a plenitude dessa justiça acontecido em Cristo.

De acordo com o NT, o povo de Deus na verdade tem "justiça". Em sentido restrito, não é a justiça própria de Deus (*cf.* 2Co 5.21), mas aquela própria da pessoa em cujo favor a corte sentenciou; ou, no contexto do pacto, é a posição correta dos membros do povo de Deus. "Justiça", assim, vem a significar, mais ou menos, "membresia do pacto", participação no pacto, com todas as implicações resultantes da conduta apropriada (*e.g.*, Fp 1.11). A terminologia exerce um papel central no debate de Paulo com aqueles que procuravam manter a comunidade do pacto dentro dos limites do judaísmo físico: são eles, diz o apóstolo, ignorantes da justiça de Deus (*i.e.*, do que Deus está realizando com justiça, de como está cumprindo o pacto) e procuram estabelecer uma justiça por si mesmos (*i.e.*, uma membresia do pacto somente para os judeus), enquanto, no plano de Deus, Cristo oferece a membresia do pacto a todos os que creem no evangelho (Rm 10.3,4). (Ver o que Paulo diz ainda, na sequência dessa passagem).

As discussões bíblicas centrais sobre a justiça dizem respeito principalmente à membresia do pacto e à conduta apropriada para essa membresia. Uma vez que as passagens envolvidas se baseiam em uma teologia em que Deus é o Criador e Juiz de toda a terra e o povo de Deus deve refletir o próprio caráter de Deus, não é demais deduzir qual a justiça que Deus quer e tem em vista para o seu mundo. A Igreja deve ser não apenas exemplo da nova humanidade pretendida por Deus, mas o meio pelo qual seu plano, incluindo

JUSTIFICAÇÃO

o estabelecimento da justiça em todo o mundo, deverá ser levado a efeito. A falta de ênfase no assunto em escritos teológicos mais antigos, devido por vezes ao individualismo e outras vezes à separação dualista entre a Igreja e o mundo, tem levado a uma reação (e.g., do tipo, talvez, Teologia da Libertação*) em que a "justiça" tem sido elevada como uma virtude abstrata e de maneira quase sempre não bíblica (e.g., em detrimento da misericórdia). Isso, no entanto, não deve impedir a uma visão ortodoxa equilibrada da justiça mundial recuperar e deter seu lugar no ensino e na prática da Igreja.

Bibliografia
Sobre "justiça": P. Marshall, *Thine is the Kingdom: A Biblical Perspective on Government and Politics Today* (Basingstoke, 1984); R. J. Mouw, *Politics and the Biblical Drama* (Grand Rapids, MI, 1983); N. Wolterstorff, *Until Justice and Peace Embrace* (Grand Rapids, MI, 1984); J. H. Yoder, *The Politics of Jesus* (Grand Rapids, MI, 1972). Sobre "retidão", ver Justificação.

N.T.W.

JUSTIÇA ORIGINAL, ver QUEDA.

JUSTIFICAÇÃO. Termo que significaria, basicamente, o ato pelo qual o juiz, ou grupo de juízes, aceitava considerar e sustentar a argumentação, as provas e os testemunhos apresentados, em favor de sua causa ou pleito, por qualquer das partes, fosse acusadora ou acusada, em ação disputada perante ele — particularmente no tribunal hebraico, em que essa imagem se origina e todos os casos consistiam apenas em acusadores e acusados, não havendo promotor público nem advogado. Tendo ouvido as partes, suas alegações, provas, testemunhos, etc., o juiz, ou tribunal, fazia então seu pronunciamento em favor de uma delas, "justificando-a" com isso. Se fosse um pronunciamento a favor do acusado, esse ato seria considerado "absolvição", ou "livramento", deste, da acusação que lhe fora feita. A pessoa justificada era considerada "justa", "reta" (sobre essa terminologia, ver Justiça*), não como uma descrição de seu caráter moral, mas, sim, como uma afirmação de seu estado perante o tribunal (estado que, idealmente, deveria ser equiparado pelo seu caráter, mas esta não é aqui a questão).

Essa figura do tribunal é usada nas Escrituras para elucidar o relacionamento de Deus para com Israel*, seu povo do pacto*: a "justificação" denota a ação de Deus em restaurar a sorte de Israel após ele haver sido oprimido. É como se Israel, ou alguém em Israel, fosse réu inocente em um julgamento (ver Sl 43.1; 135.14; Is 50.8; Lc 18.7), cuja causa é defendida e sustentada pelo justo Deus do pacto. Quando os problemas de Israel aumentam no período pós-exílio, torna-se cada vez mais claro vir a ser necessário um dia de julgamento final, quando Deus corrigirá todos os erros e justificará seu povo de uma vez por todas. Essa noção, intimamente relacionada à esperança da ressurreição* (a justificação por Deus de Israel após seu sofrimento), é firmemente sustentada no NT.

Ao mesmo tempo, porém, a expectativa de Israel é radicalmente

JUSTIFICAÇÃO

redefinida no NT. Com o seu bom acolhimento aos acusados e pecadores, Jesus está determinando a justificação de Deus do grupo (aparentemente) errado de Israel — os pobres, os humildes, os deprezados. "Eu lhes digo que este homem [o cobrador de impostos], e não o outro [o fariseu], foi para casa justificado diante de Deus" (Lc 18.14). Como clímax bem coerente com seu paradoxal ministério, Jesus é levado à cruz condenado aparentemente por Deus. A ressurreição*, no entanto, é imediatamente percebida pelos discípulos como a "justificação" de Deus, ou de Jesus (*e.g.*, At 3.14,15,26; 1Tm 3.16). Deus finalmente age dentro da história humana identificando seu povo do pacto e mostrando que Jesus, o "rei dos judeus", tão somente, e legitimamente, representava seu povo.

Justificação em Paulo e Tiago
Embora a *doutrina* da justificação seja de modo muito raro discutida no NT, seu *fato* é evidente por toda parte das Escrituras. Deus redefine seu povo do pacto em torno de Jesus. Toda a missão apostólica cristã é construída sobre esse fundamento. A Paulo, no entanto, cabe articular essa convicção plenamente, dela extraindo as implicações. Ele o faz em momento adequado, quando levanta a questão da identidade do povo do pacto (Rm 3.21—4.25; 9.30—10.13; Gl *passim*; Fp 3.2-11). Cinco pontos devem ser aqui observados:

1. A questão da justificação é um assunto de *membresia do pacto*. A questão subjacente em (por exemplo) Gálatas 3 e 4 é a de quem são os verdadeiros filhos de Abraão. A resposta de Paulo é que a membresia pertence a todos os que creem no evangelho de Jesus, seja qual for sua origem, nacional, étnica ou moral.

2. A *base* desse veredicto é a *morte vicária (representativa) e a ressurreição do próprio Jesus*. Em vista do pecado universal, Deus somente poderá manter um pacto com os seres humanos se o pecado destes for considerado e solucionado, o que é alcançado pelo próprio Deus com a morte de seu Filho (Rm 3.24-26; 5.8,9). Jesus toma para si a maldição que teria evitado que a bênção prometida de Deus pudesse ser cumprida (Gl 3.10-14). A ressurreição é a declaração de Deus de que Jesus e, consequentemente, seu povo, são justos perante ele (Rm 4.24,25).

3. O veredicto emitido na presente era, com base na fé (Rm 3.21-26), *antecipa corretamente o veredicto a ser emitido no julgamento final*, com base na vida total (Rm 2.1-16). (Sobre isso, ver Granfield, *Romans* [Romanos], vol. 1, p. 151-153). Esse "veredicto" futuro, na verdade, visto de outro ângulo, é simplesmente a própria ressurreição (Fp 3.9-11). A lógica dessa perspectiva "escatológica" pode ser explicada do seguinte modo: a fé é em si mesma o sinal da obra de Deus de dar vida, mediante o seu Espírito (1Co 12.3), e o que Deus começou ele completará (Fp 1.6).

4. A justificação estabelece, portanto, *como nova entidade, a Igreja,* o Israel renovado, diferente qualitativamente tanto do judeu quanto do grego, transcendendo as barreiras étnicas, nacionais e sociais (Gl 3.28). A parte mais

JUSTIFICAÇÃO

crucial para Paulo, nesse ponto, era uma dupla convicção: de que não somente os convertidos pagãos ao cristianismo não precisavam se tornar judeus a fim de pertencerem plenamente ao povo de Deus; mas também que a tentativa de fazer isso seria uma verdadeira renúncia ao evangelho, implicando que a obra de Cristo na cruz era insuficiente ou mesmo desnecessária (Gl 2.21; 5.4-6). Ao mesmo tempo, no entanto, Paulo adverte os pagãos convertidos contra o erro oposto: imaginar que os judeus devessem ficar para sempre sem esperança — imagem espelhada no próprio erro judeu característico e que alguns teólogos pós-Reforma nem sempre têm evitado (Rm 11.13-24).

5. "Justificação pela fé" é uma abreviação de "justificação pela graça mediante a fé" e, pelo menos no pensamento de Paulo, *nada tem que ver com o assumir-se, por isso, uma suspeita para com a boa conduta*. Pelo contrário: Paulo espera que os convertidos vivam de maneira apropriada à sua condição de membros do pacto (Rm 6 etc.). Isso se torna realmente indispensável se a fé não for simulada (2Co 13.5). Sua polêmica contra as "obras da lei", na verdade, não é dirigida contra aqueles que tentavam *ganhar* a membresia do pacto por meio de guardar a lei judaica (tais pessoas, ao que parece, não teriam existido no século I), mas, sim, contra os que procuravam *provar* sua membresia no pacto mediante a obediência à lei judaica. Contra esses, Paulo argumenta que: a) a lei não pode, de fato, ser guardada perfeitamente — ela simplesmente salienta o pecado; b) essa tentativa restringiria o pacto somente àqueles que seguem a lei judaica, enquanto o desejo de Deus, agora, é o de um povo, ou uma família, universal (Rm 3.27-31; Gl 3.15-22). Isso significa, também, que Tiago 2.14-26 não está em conflito com Paulo, mas, sim, expressa a mesma verdade, de uma perspectiva diferente. A "fé" que Tiago considera insuficiente é a do simples e vazio monoteísmo judaico (Tg 2.19); enquanto a fé de Abraão, por meio da qual Deus o declara participante do pacto em Gênesis 15 (Tg 2.23), é simplesmente "cumprida" logo depois, em Gênesis 22 (Tg 2.21).

Novo desenvolvimento

Superada a necessidade da posição polêmica de Paulo, a doutrina da justificação passa a ser reaplicada de um novo modo. Isso acontece com o seu desenvolvimento para uma visão global de como alguém se torna um cristão — noção bem mais ampla do que a do seu uso preciso e estrito no NT. Aliado à visão medieval da justiça de Deus como *iustitia distributiva* (ver Justiça*), isso encorajaria a crença na prática de boas obras como um meio pelo qual alguém pode ganhar mérito ou o favor de Deus. Reagindo contra essa falsa suposição, Lutero* não conseguiu, porém, evitar inteiramente o risco de fazer da própria fé um substitutivo para as obras e torná-la assim, por si mesma, uma realização meritória do homem. Sua falha em observar o conteúdo judaico, pactual e escatológico da doutrina de Paulo levou a dificuldades exegéticas (*e.g.*, o significado de Rm 2 e Rm 9—11) e problemas teológicos (o perigo de uma rejeição dualista da lei e a dificuldade em oferecer um fundamento completo para a ética), que viriam a afligir o pensamento protestante subsequente. O protestantismo popular tem, por exemplo, com frequência, eliminado a distinção entre justificação e regeneração*, usando "justificação pela fé" como um lema para uma visão romântica* e existencialista* do cristianismo, corretamente criticada pelos católicos-romanos. As ideias católicas sobre a justificação continuam a ser influenciadas por Agostinho*, que a via como a ação de Deus em *tornar* as pessoas justas, por meio do derramamento nos corações do amor para com ele próprio. Essa ênfase na mudança real que Deus efetua no pecador tem continuado na teologia católica-romana de hoje. O resultado é, significativamente, uma ampliação da referência da palavra, incluindo muito mais do que Paulo ou os reformadores pretenderam.

Debate atual

O debate atual a respeito da justificação tem conduzido a questões bem maiores que as preocupações específicas de Paulo. O acordo ecumênico sobre o assunto (cf. Küng*), embora bem-vindo, nem sempre faz jus às nuanças do ensino bíblico. Assim, por exemplo, para Paulo, não é propriamente a doutrina da justificação, como se sabe, que constitui "o poder de Deus para a salvação" (Rm 1.16), mas, sim, o evangelho de Jesus Cristo. Observa Hooker* ser perfeitamente possível alguém ser salvo por crer em Jesus Cristo sem jamais ter ouvido falar na justificação pela fé. O que essa doutrina proporciona, isto sim, é a certeza dada ao crente de que, embora sua obediência cristã seja ainda imperfeita, ele já é membro ou participante pleno do povo de Deus a partir de sua salvação. Essa certeza estabelece uma base e motivo para maior amor (e verdadeira obediência) a Deus. O ensino da justificação é, assim, um meio essencial pelo qual o fruto do Espírito — amor, alegria, paz, paciência, etc. (Gl 5.22) — possa ser produzido.

Bibliografia

J. Buchanan, *The Doctrine of Justification* (London, 1961); C. E. B. Cranfield, *A Critical and Exegetical Commentary on the Epistle to the Romans*, 2 vols. (Edinburgh, 1975, 1979); Richard Hooker, *Sermon on Justification* (1612), in: I. Walton (ed.) *Works* (London, 1822, etc.); H. Küng, *Justification: The Doctrine of Karl Barth and a Catholic Reflection* (London, 1964); A. E. McGrath, *Iustitia Dei: A History of the Christian Doctrine of Justification*, 2 vols. (Cambridge, 1986); G. Reid (ed.), *The Great Acquittal* (London, 1980); J. Reumann, *"Righteousness" in the New Testament: "Justification" in the United States Lutheran–Roman Catholic Dialogue*, com respostas por J. A. Fitzmyer e J. D. Quinn (Philadelphia, 1982); H. N. Ridderbos, *Paul: An Outline of His Theology* (TI, Grand Rapids, MI, 1975).

N.T.W.

JUSTINO MÁRTIR, ver Apologistas.

KÄHLER, MARTIN (1835-1912). Teólogo protestante alemão, Kähler estudou Direito na Universidade de

KANT, IMMANUEL

Königsberg e Teologia nas Universidades de Heidelberg, Tübingen e Halle. Após breve tempo em Bonn (1864-1867), atuou como professor de Teologia Sistemática e Exegese do NT em Halle (a partir de 1879). Sua obra-prima é um tratado em três volumes sobre a doutrina cristã (*Die Wissenschaft der christlichen Lehre*, 1883-1887); mas a obra pela qual até hoje é lembrado é um livrete intitulado *Der sogenannte historische Jesus und der geschichtliche, biblische Christus* (1896) (*The So-called Historical Jesus and the Historic Biblical Christ* [O chamado Jesus histórico e o Cristo histórico bíblico], TI, Philadelphia, 1964), em que rejeita os termos de referência do "questionamento sobre o Jesus histórico" liberal, com sua implícita separação de fé e história, ou entre o Jesus que viveu na Palestina e aquele da proclamação da Igreja.

A tentativa de buscar nos Evangelhos dados quanto ao "Jesus real", argumenta ele, é inútil. Kähler levanta objeções críticas, dogmáticas e apologéticas à obra dos "pesquisadores" liberais. Sua base crítica é o erro deles, segundo Kähler, em supor que os Evangelhos oferecem o material necessário para reconstituir uma vida coerente e de desenvolvimento de Jesus, quando, na verdade, não foram aqueles textos escritos com a intenção de fornecer essa informação. Equivocaram-se teologicamente os investigadores ao pressupor que Jesus seria um mero ser humano, igual a eles próprios ou a nós, e apologeticamente tornaram a fé do crente cristão comum dependente das mais recentes conclusões ou opinião dos estudiosos, em lugar de lhe permitirem um acesso direto ao objeto de sua fé, o Jesus histórico descrito nos Evangelhos e proclamado pelos apóstolos. A confissão una da Igreja primitiva de que "Jesus é o Senhor" não é uma mera construção teológica, mas se encontra firmemente enraizada na história.

Bibliografia
C. E. Braaten, Martin Kähler on the Historic, Biblical Christ, *in:* Braaten & R. A. Harrisville (eds.), *The Historical Jesus and the Kerygmatic Christ* (Nashville, TN, 1964), p. 79-105; Braaten & Harrisville (eds.), *Kerygma and History* (Nashville, TN, 1962).

W.W.G.

KANT, IMMANUEL (1724-1804). Por muitos anos professor de Lógica e Metafísica na Universidade de Königsberg, Prússia Oriental, Kant é hoje considerado figura seminal de destaque do período do Iluminismo*. Sua imensa influência no campo total do pensamento, incluindo a teologia, provém de seu entendimento distintivo da natureza da fé e do conhecimento humano.

O desenvolvimento de duas tradições filosóficas serviu de base às ideias de Kant: do empirismo* inglês e do racionalismo europeu continental. O empirismo, em seu entendimento da natureza da crença humana, colocava ênfase primordial sobre a experiência. O racionalismo enfatizava a importância dos princípios e das ideias inatas na mente humana. Kant, ao mesmo tempo que as une, permanece no clímax dessas duas tradições. Afirma, assim, a importância

KANT, IMMANUEL

das experiências dos órgãos nos sentidos para o conhecimento humano. Mas argumenta também que a mente humana não é um receptor totalmente passivo dessas experiências. A mente, pelo contrário, encontra-se constantemente ativa na organização e classificação dos *materiais brutos* das experiências. Desse modo, impõe *sobre* toda experiência suas próprias categorias e conceitos distintivos ("formas de intuição" ou "ideias puras", que Kant denomina, como a dimensão sintética *a priori* do entendimento humano).

Aqui, contudo, surge uma questão evidente: se estamos impondo constantemente nossas próprias ideias e categorias sobre cada experiência, não será isso uma fonte de distorção e preconceito? Podemos, por exemplo, usar continuamente óculos tingidos de vermelho. Se assim for, cada coisa ou ser, sem exceção, parecerá ser somente vermelho. Isso não significa, no entanto, na verdade, que a totalidade da realidade seja somente vermelha.

É a resposta de Kant a esse problema que constitui sua contribuição mais importante para a filosofia. Kant sustenta que não podemos conhecer as *coisas em si mesmas*: todo conhecimento vem de certa perspectiva e por meio de um modo particular de entendimento. Todavia, argumenta ele, embora a mente humana imponha suas próprias formas de entendimento do mundo, o mundo deve apresentar determinado caráter a fim de poder *receber* essas formas de entendimento.

Um exemplo é seu ensino sobre a causalidade. O filósofo escocês David Hume* havia argumentado que a experiência dos sentidos nunca poderia, por si mesma, fornecer-nos a ideia de uma conexão causal, mas somente a de conjunção constante (nunca teremos, por exemplo, uma experiência real dos sentidos do relacionamento causal entre a chama do fogão quente e a água fervendo; tudo o que poderemos experimentar será a conjunção constante ou coexistência desses dois eventos). De onde, então, vem a ideia da causalidade? A resposta de Hume foi a de que a mente é psicologicamente (e não racionalmente) predisposta a passar da conjunção constante para a conexão causal. Mas, adverte provocativamente, o fato de os seres humanos terem essas tendências psicológicas particulares não significa que o mundo material seja realmente de determinada natureza. É esta a base do ceticismo de Hume.

A filosofia do conhecimento de Kant é mais bem entendida pelo modo com que, nesse ponto, afasta-se da de Hume. Sua posição fundamental é a de que nossa experiência real da natureza (e do método, da regularidade e consistência que caracterizam essa experiência) resulta em um mundo ao qual as leis causais são aplicáveis. Somente determinada espécie de mundo seria capaz de *receber* nossos pré-entendimentos causais. Uma ordem da realidade que se caracterizasse pela anarquia natural e pelo acaso inadequado nunca poderia se *conformar* às nossas categorias fundamentais de causa e efeito. Há discordância filosófica sobre exatamente até que ponto Kant estabelece esse preceito. No entanto, fica claro, nele, o afastamento da ideia de Hume. Para

Kant, a noção de causalidade se estabelece como uma parte autêntica do julgamento racional humano, por ser uma crença — juntamente com outras crenças fundamentais a respeito do mundo material —, que expressa as *condições da possibilidade de experiência*.

Muito embora essa abordagem filosófica estabeleça a possibilidade de um *conhecimento* distintivo do mundo material, para Kant ela confirma nossa incapacidade de *conhecer* qualquer coisa além: algo a respeito de Deus, da alma ou da vida depois da morte. Para ele, isso assim se apresenta porque não existe proposição teológica cuja verdade possa explicar o caráter das experiências que realmente temos. (Ao fazer essa afirmativa, Kant já havia rejeitado, por conta própria, as provas tradicionais da existência de Deus. Ver Teologia Natural*). Para Kant, o problema essencial quanto ao conhecimento religioso não é uma deficiência de dados básicos (como seria o caso de um detetive que não prosseguisse em sua investigação pela falta absoluta de qualquer indício que fosse); mas, sim, é o Deus infinito que frustra para sempre nosso pré-entendimento: Ele está além do nosso sistema conceitual limitado, e não podemos, por isso, conhecê-lo em qualquer sentido substancial. As categorias mediante às quais apreendemos o mundo de experiência dos sentidos são, enfim, simplesmente impróprias para serem aplicadas ao conhecimento do infinito, do que não seja condicionado, do metafísico e do eterno. Desse modo, em religião, a *razão* demonstrativa deverá dar lugar à *fé prática*.

As implicações para a teologia, aqui, são evidentemente imensas. Se Deus é, em sentido mais estrito, incognoscível, então o objeto e o estudo próprio na teologia não é Deus, mas, sim, seriam os estados e sentimentos religiosos e suas expressões individuais e comunitárias. A teologia se torna, então, antropocêntrica. (Ver, por exemplo, o impacto direto do pensamento de Kant sobre a teologia de Schleiermacher*). Do memo modo, e em consonância com esse antropocentrismo, as Escrituras deverão ser vistas como um registro descritivo da experiência religiosa humana, mas não tendo, além disso, autoridade alguma.

O que seria, então, para Kant, a fé prática? É inteiramente divorciada da razão? Embora, para ele, as crenças humanas sobre Deus, transcendência, livre-arbítrio, alma e imortalidade não estejam dentro do escopo da razão demonstrativa, constituem, todavia, *pressuposições práticas* da vida moral. Kant (contrariamente ao que algumas vezes se afirma) não argumenta que Deus seja a única fonte possível de julgamento moral — de uma moralidade objetiva. Argumenta, na verdade, que para se comprometer com a vida moral é mister fazer-se a pressuposição prática de um ser beneficente, com poder suficiente para poder unir a plena virtude à alegria (ou seja, produzir o *summum bonum*), assim como de um estado futuro em que a alma venha a desfrutar dessa união.

A ideia (antecipada por Hume) de que a mente está constantemente impondo seus próprios pré-entendimentos aos sucessivos itens da experiência é hoje parte do uso

KÄSEMANN, ERNST

comum intelectual. É, por exemplo, ideia central nos atuais debates sobre interpretação bíblica (cf. Hermenêutica*). É também, para citar apenas mais dois exemplos, um conceito-chave na sociologia do conhecimento e em muito do pensamento a respeito de relacionamento pessoal. Trata-se igualmente de uma concepção que, pelo menos nos escritos de Wittgenstein*, continua a exercer um papel significativo na filosofia formal. Tudo isso testifica da considerável importância histórica da contribuição de Kant para o pensamento humano. Como figura de prol do Iluminismo, sua confiança autossuficiente no entendimento e na razão humanos o separa extremamente dos princípios mais fundamentais do cristianismo. Mas não seria sábio subestimar sua influência sobre a mente moderna.

Bibliografia

A Critique of Pure Reason, trad. N. Kemp Smith (London, 1929); *Critique of Practical Reason*, trad. T. K. Abbott (London, ⁶1909).

S. Körner, *Kant* (Harmondsworth, 1955); D. J. O'Connor (ed.), *A Critical History of Western Philosophy* (New York, 1964).

M.D.G.

KÄSEMANN, ERNST (1906-1998). Aluno de Bultmann*, Käsemann foi professor de NT sucessivamente em Mongúcia, Göttingen e Tübingen e identificou-se com a Igreja Confessante Alemã durante o Terceiro Reich. Suas principais realizações foram modificações significativas e necessárias na hipótese dominante de Bultmann.

1. Käsemann iniciou a chamada "nova busca do Jesus histórico",

assinalando que ter o "Cristo da fé", de Bultmann, sem amparo histórico levava a um docetismo* em potencial. Insistiu, no entanto, sobre a importância da demitização (ver Mito*) dos Evangelhos como corolário necessário da justificação* somente pela fé* (para Bultmann, a fé não deve ser baseada na história, para que não se torne "obra": ver o item 4, abaixo).

2. Argumentava que a apocalíptica*, não o gnosticismo*, era a "mãe do cristianismo primitivo", *i.e.*, que o cristianismo, incluindo a teologia de Paulo*, era essencialmente judaico em sua origem.

3. Afirmava não ser a "justiça de Deus", como em Bultmann (e, alegava ele, também em Lutero), uma condição ou um atributo dado por Deus a seu povo, mas o "poder criador e salvador" do próprio Deus.

4. Entendia a teologia de Paulo como girando em torno da "justificação do ímpio", sendo oposta ao processo imanente de desenvolvimento da história da salvação* (que via embrionariamente em Lucas).

Käsemann foi participante ativo em esferas do Conselho Mundial de Igrejas, voltado para a eclesiologia e as implicações políticas do evangelho (ver sua obra *Jesus Means Freedom* [Jesus significa liberdade]). Em 1977, deixou a Igreja Luterana e se tornou metodista, após uma polêmica sobre um protesto estudantil em Tübingen. Além de obras menores sobre Hebreus e João, seu principal trabalho é um comentário sobre Romanos (1973; TI, London/Grand Rapids, MI, 1980), para o qual preparou três volumes de ensaios sobre a teologia do NT, particularmente a de Paulo.

589

Uma coleção de ensaios em sua homenagem foi publicada em 1976 sob o título *Rechtfertigung* (*Justificação*), editado por J. Friedrich *et al.* (Tübingen).

Bibliografia

R. Morgan, *The Nature of New Testament Theology* (London, 1973), p. 52-65; N.T. Wright, A New Tübingen School? E. Käsemann and His Commentary on Romans, *Them* 7 (1982), p. 6-16.

N.T.W.

KIERKEGAARD, SØREN AABYE

(1813-1855). Em termos filosóficos, Kierkegaard pode ser considerado o pai do existencialismo*. Opôs-se categoricamente à filosofia de Hegel*, enfatizando, em contraste, o papel individual de decisão e de engajamento ativo com a verdade, dentro dos limites da existência concreta e finita. A verdade deve ser verdadeira "para mim". Em termos religiosos, considerava o propósito de seus escritos mostrar o que significava ser cristão. Isso era bastante diferente de ser "cristão nominal", como os cristãos da igreja estatal dinamarquesa de sua época. Em termos teológicos, rejeitou uma noção ultraintelectual da fé*, refletindo intensamente sobre o papel da decisão ética e um estágio da fé que poderia ser visto como até transcendendo-a.

Kierkegaard nasceu e foi educado em Copenhague. Três conjuntos de eventos ou relacionamentos são especialmente importantes para a compreensão de seus escritos:

1. Søren cresceu sob a sombra de um pai dominante que, por sua vez, era perseguido por um sentimento de culpa. Mikaël, seu pai, acreditava que o próprio ato de haver amaldiçoado Deus na infância jamais poderia ser perdoado. Desse modo, exigia padrões elevados de sucesso acadêmico ao filho que se dedicou ao máximo a seus estudos para o agradar, em uma sombria atmosfera de dever, ansiedade e culpa. Todavia, Søren ficou profundamente chocado ao descobrir que o pai não era o homem moralmente reto que ele presumia que fosse. Sua figura de autoridade entrou em colapso, e ele passou a buscar descobrir o que significava viver como ele mesmo e por si mesmo. Por determinado período, experimentou declínio moral, mas a autodescoberta o levou posteriormente a uma experiência de arrependimento e fé.

2. Kierkegaard reassumira os estudos e havia começado o ministério pastoral na Igreja Luterana quando se apaixonou profundamente por Regine Olsen. Mas tão logo eles se comprometeram, sentiu-se tomado de um sentido de completa indignidade. Viu-se compelido a deixar tanto o compromisso com a moça quanto sua vida de pastor. Ele interpretou seu "sacrifício" de renunciar a Regine em termos de vocação divina como a de Abraão para sacrificar Isaque. Matar o filho da promessa era certamente para Abraão algo na esfera paradoxal e um rompimento temporário da ética. Não obstante, o chamado de Deus teve, aparentemente, primazia sobre o racional e o ético. Para Søren, a quebra do compromisso foi o caminho do discipulado autêntico, em toda a sua solidão e contradição com as convenções.

3. Kierkegaard vivia agora uma vida isolada, de retiro. Começou a escrever prodigamente, produzindo

KIERKEGAARD, SØREN AABYE

mais de 20 livros nos anos que lhe restaram antes de sua morte prematura. Um terceiro evento, contudo, contribuiria mais ainda para sua angústia. Ele atacou o baixo padrão moral de um jornal satírico, *O Corsário*, e o jornal o refutou, tornando-o efetivamente objeto de ridículo público. Uma caricatura devastadora de sua pessoa o transformou em alvo de zombaria na Dinamarca. Ele interpretou isso como o preço de uma autêntica obediência cristã, em contraste com a despreocupada e não compromissada pseudo fé dos "cristãos nominais" da igreja estatal dinamarquesa.

Individualismo

A vida de Kierkegaard parece ter constituído um verdadeiro contraste radical entre fé autêntica, individual, do mais elevado valor, e a aceitação não autêntica de valores secundários. Kierkegaard viu esse contraste em termos religiosos, escrevendo: "A fuga mais ruinosa de todas é estar escondido na multidão, numa tentativa de evadir-se da supervisão de Deus [...] numa tentativa de escapar de ouvir a voz de Deus, como indivíduo" (*Purity of Heart is to Will One Thing* [A pureza de coração está em desejar uma só coisa], London, ²1961, p. 163). Continua, dizendo que "cada um deverá prestar contas a Deus como indivíduo".

No moderno existencialismo* secular, esse princípio de Kierkegaard tornou-se basicamente negativo, como pode ser visto desde Nietzsche* a Camus e Sartre. A existência autêntica é vista por estes em termos de rejeitar todas as convenções da sociedade bur-

guesa ocidental e seu esperado comportamento predeterminado. A crítica de Kierkegaard, no entanto, dirigia-se a uma proclamação de segunda categoria da fé cristã: "O cristianismo tem sido *abolido* pela sua *expansão* — por esses milhões de cristãos nominais..." (*Attack upon "Christendom"* [Ataque ao "cristianismo"], London, 1944, p. 237.) A ideia de se passar por "cristão", para ele, só poderia ser algo "astutamente planejado para tentar tornar Deus confuso em sua mente com todos esses milhões, dos quais ele não poderia descobrir senão que teria sido enganado, que não há neles um só cristão" (*ibid.*, p. 127). Para ele, na ventura da fé, o indivíduo permanece sozinho perante Deus. Kierkegaard escolheu para o seu próprio epitáfio somente as palavras: "Esse tal de indivíduo". No entanto, pagou um preço por seu individualismo. Em seu isolamento da Igreja, sua fé foi sempre assolada por uma dúvida angustiante, embora visse nisso uma marca de autenticidade.

Participação e subjetividade

Segundo Kierkegaard, é simplesmente impossível adquirir a verdade passivamente de outros, porque a apropriação da verdade envolve um engajamento ativo com ela por parte do sujeito humano individual. Crucial em seu posicionamento é que "todo aquele que obtenha simplesmente um resultado como tal não o possui; pois não obtém o caminho" (*The Concept of Irony* [O conceito de ironia], London, 1966, p. 340). Tornar-se ativamente engajado em decisão, luta e reação é o que Kierkegaard chamava de "a tarefa de se tornar subjetivo".

A subjetividade, em seu uso do termo, *não* significa a elevação arbitrária da opinião pessoal sobre as alegações da evidência objetiva. Ele define a subjetividade como algo "sendo mais afiado em um 'Eu' do que sem corte em uma terceira pessoa" (*Journals* [Diários], London/Princeton, NJ, 1938, p. 533). "A marca objetiva recai sobre *o que* é dito; a marca subjetiva recai sobre *como* é dito [...]. Assim, a subjetividade se torna a verdade" (*Concluding Unscientific Postscript* [Pós-escrito conclusivo não-científico], Princeton, NJ, 1941, p. 181).

Finitude e comunicação indireta

Kierkegaard ironicamente chamou a filosofia de Hegel de "o Sistema". Atacou Hegel por alegar, de fato, que a realidade poderia ser vista "eterna, divina e teocentricamente", quando, na verdade, segundo Kierkegaard, o filósofo é "apenas um pobre ser humano que existe, incapaz de contemplar o eterno, seja eterna, divina ou teocentricamente" (*ibid.*, p. 190). Ele não teria concordado com o existencialismo secular moderno que reduz efetivamente a verdade a "uma questão de pontos de vista"; mas afirmava que a comunicação da verdade só se dá de forma indireta ou dialética. A verdade não é para ser apresentada pronta, como se pudesse ser reduzida às dimensões de um simples pacote. Assim, em seus primeiros escritos, Kierkegaard assina com pseudônimos, deixando ao leitor julgar entre uma e outra perspectiva de competência, de tal modo que a verdade fosse percebida mediante luta, engajamento e decisão. A verdade, para ele, não poderia jamais ser "examinada" com a pessoa estando acomodada em um confortável sofá situado em algum lugar além ou acima dos confins da finitude humana. Diz mais: "A verdade se torna inverdade na boca dessa ou daquela pessoa" (*ibid.* p. 181).

Bibliografia

Obras: além das mencionadas acima: *Either/Or*, 2 vols. (London, 1944); *Fear and Trembling* (London, 1954); *Philosophical Fragments* (Princeton, NJ/New York, 1936); *The Point of View* (London/New York, 1939); *Christian Discourses* (London/New York, 1939); *The Last Years: Journals 1853-1855* (London, 1965); R. Brettall (ed.), *A Kierkegaard Anthology,* (New York, 1946). TI de obra completa em desenvolvimento (Princeton, NJ, 1978-).

Estudos críticos, incluindo: E. J. Carnell, *The Burden of Søren Kierkegaard* (Grand Rapids, MI, 1965); H. Diem, *Kierkegaard's Dialectic of Existence* (Edinburgh, 1959); L. Dupré, *Kierkegaard as Theologian* (ET, London, 1963); W. Lowrie, *Kierkegaard* (London/New York, 1938); *idem*, *A Short Life of Kierkegaard* (Princeton, NJ, 1942); D. G. M. Patrick, *Pascal and Kierkegaard* (London, 1947).

A.C.T.

KIRK, **KENNETH E.**, ver Teologia Anglo-Católica.

KNOX, **JOÃO** (c. 1514-1572). Principal teólogo e arquiteto da Igreja Reformada da Escócia, João Knox nasceu em Haddington e fez seus estudos na St. Andrews University, possivelmente com John Major

KNOX, JOÃO

(1467-1550), propugnador do escolasticismo* e do conciliarismo. Ordenado em 1536, Knox assumiu cargos menores, como tabelião e tutor. Após sua conversão ao protestantismo, passou a receber influência de George Wishart (c. 1513-1546), de quem ele aprenderia um amálgama das ideias luteranas* e reformadas*, inclusive as de Martin Bucer sobre a ceia do Senhor (ver Eucaristia*). A concepção que Knox tinha de sua vocação como profeta também data desse período.

Muito embora desse apoio a um grupo de protestantes rebeldes no castelo de St. Andrews, foi capturado pelos franceses e colocado escravizado em um navio francês. Durante o período de sua prisão, preparou um sumário do compêndio de pensamento luterano feito por Henry Balnaves (m. 1579). Assim, por volta de 1549, sendo solto e retornando à Inglaterra, Knox expressaria uma teologia caracterizada pela fusão eclética dos princípios do pensamento luterano e do reformado, particularmente com respeito às doutrinas da justificação* e da ceia do Senhor.

Na Inglaterra, sua pregação em Berwick, perto da fronteira com a Escócia, atraía tantos escoceses que o governo escocês ficou preocupado. Aceitou convite para pregar para a corte de Eduardo VI, mas declinou da oferta de se tornar bispo de Rochester. Durante a revisão do primeiro *Livro de Oração Comum*, foi instrumento da inclusão da "Rubrica Negra", que estipulava que o crente se ajoelhar durante a comunhão (ceia) não implicava aceitar a transubstanciação dos elementos.

Quando a católica Maria Tudor se tornou rainha em 1553, Knox lutou com sua consciência sobre o dever de martírio antes de decidir se fugiria do país. Seus anos de exílio foram vividos em Frankfurt, onde perdeu a batalha de continuar reformando o segundo *Livro de Oração Comum*, e, em Genebra, onde ele foi influenciado por João Calvino*. Em Genebra, Knox escreveu uma série de tratados sobre desobediência civil a governantes idólatras, particularmente a bem conhecida obra *First Blast of the Trumpet Against the Mounstrous Regiment of Women* [Primeiro toque da trombeta contra o horrendo governo de mulheres], que negava o direito das mulheres de governar, com exceção somente para raras mulheres, como Débora, entre os judeus, que possuíam vocação divina. Nesses tratados de caráter político, John Knox desenvolveu uma visão revolucionária de que o povo comum tinha o direito de derrubar qualquer soberano tirano e idólatra (ver Teologia da Revolução*). Durante seu exílio, escreveu também uma longa e tendenciosa defesa da doutrina calvinista da predestinação* contra a obra de um anabatista desconhecido.

O exílio de Knox foi interrompido em 1555-1556 com um retorno à Escócia católica, onde teve a ventura de escapar da acusação de heresia. Um grupo de lordes protestantes locais o convidou a retornar em 1559, e sua pregação e liderança no ano seguinte foram o principal fator no sucesso da Reforma da Escócia. Com um grupo seleto de correligionários, ajudou a esboçar a Confissão de Fé Escocesa (1560), clássico do protestantismo reformado (ver Confissões*), e o *Livro de Disciplina*, contendo um padrão para o governo eclesiástico e um ambicioso projeto de reforma educacional. Após o retorno de Maria Stuart à Escócia, em 1561, Knox a confrontou em três entrevistas carregadas de emoção em que firmemente condenou a idolatria. Seus anos ali foram caracterizados por importantes controvérsias teológicas com os católicos, sendo a primeira com Ninian Winzet (*c.* 1518-1592) sobre ordenação e a segunda com Quintin Kennedy (1520-1564) sobre a missa. A grande realização de Knox nesses anos foi sem dúvida sua obra *History of the Reformation of Religion within the Realm of Scotland* [História da reforma da religião no reino da Escócia]. O triunfo do protestantismo na Escócia seria assegurado quando Maria Stuart abdicou, em 1567, e Knox pregou o sermão de coroação para o filho dela, Jaime VI.

Bibliografia
D. Laing (ed.) *Works*, 6 vols. (Edinburgh, 1846-1852); M. Breslaw (ed.) *John Knox: Political Writings* (Cranbury, NJ, 1986).

R. L. Greaves, *Theology and Revolution in the Scottish Reformation: Studies in the Thought of John Knox* (Grand Rapids, MI, 1980); R. G. Kyle, *The Mind of John Knox* (Lawrence, KS, 1984); W. S. Reid, *Trumpeter of God* (New York, 1974); J. Ridley, *John Knox* (Oxford, 1958).

R.L.G.

KRAEMER, HENDRIK (1888-1965). Leigo holandês que influenciou profundamente o pensamento missionário internacional no período de 1930-1960.

Após a morte prematura do pai e da mãe, Hendrik foi colocado em um orfanato diaconal, onde começou a estudar a Bíblia. Com a idade de 15 anos, passou por profunda experiência espiritual que o levou à fé e à Igreja cristã. Tendo recebido treinamento como missionário e após haver estudado idiomas da Indonésia, foi para ali enviado em 1922, a serviço da Sociedade Bíblica Holandesa. Na Indonésia, obteve profundo e amplo conhecimento do misticismo javanês e do islamismo indonésio. Prestou efetiva assistência às igrejas indonésias na luta por independência.

Em 1928, participou, na Conferência Missionária Internacional, em Jerusalém, da discussão a respeito do relacionamento entre a fé cristã e as outras religiões mundiais. A convite do Conselho Missionário Internacional, escreveu, como guia de estudo para a Conferência Missionária do Terceiro Mundo, realizada em Tambaram, Índia, em 1938, *The Christian Message in a non-Christian World* [A mensagem cristã em um mundo não cristão] (London, 1938). Constituiria uma réplica ao relatório intitulado *Re-thinking Missions* [Repensando missões], da Laymen's Foreign Mission Inquiry [Pesquisa de Missões Estrangeiras de Homens Leigos] (1932), que asseverava que o alvo das missões seria o de "buscar com pessoas de outras terras um verdadeiro conhecimento de Deus e amor a ele, expressando na vida e na palavra o que temos aprendido por intermédio de Jesus Cristo". Em seu livro, Kraemer enfatizou

KÜNG, HANS

fortemente a descontinuidade radical entre o "realismo bíblico" e a experiência religiosa* não cristã. Reconhecendo que a nossa *religião** cristã também permanece sob o julgamento de Deus, ele sustentava que a *revelação** cristã é incomparável e absolutamente *sui generis*, por ser "o registro da automanifestação e revelação recriadora de Deus em Jesus Cristo [...] oferecendo a resposta divina a essa desarmonia demoníaca e culpável do homem e do mundo". Não negava a realidade da "revelação geral" que, para ele, não conduzia por si mesma à verdadeira religião, embora pudesse vir a ser objeto de fé, a qual somente seria descoberta à luz da "revelação especial" em Cristo. A cooperação com religiões não cristãs e uma busca combinada de uma verdade adicional significariam, assim, na opinião de Kraemer, traição à Palavra de Deus.

Em 1937, foi designado professor de Ciência da Religião em Leiden. Durante a Segunda Guerra Mundial, foi aprisionado como refém pelos alemães. Após o conflito, destacou-se na reorganização da Igreja Reformada da Holanda. Em grande parte devido à sua influência, os novos manuais da igreja mencionavam missões como elemento essencial na vida e obra eclesiástica. De 1948 a 1958, atuou como primeiro diretor do Instituto Ecumênico, em Bossey, perto de Genebra.

Kraemer foi um dos mais influentes missionários e pensadores ecumênicos de nossos dias. Outros livros importantes dele, traduzidos para o inglês, são: *Religion and the Christian Faith* [Religião e fé cristã] (London, 1956); *The Communication of the Christian Faith* [A comunicação da fé cristã] (Philadelphia, 1956); *A Theology of the Laity* [Teologia do laicato] (London/Philadelphia, 1956); *World Cultures and World Religions: The Coming Dialogue* [Culturas e religiões do mundo: o próximo diálogo], London, 1958).

Ver também CRISTIANISMO e OUTRAS RELIGIÕES; MISSIOLOGIA.

Bibliografia

C. F. Hallencreutz, *Kraemer towards Tambaram. A Study in Hendrik Kraemer's Missionary Approach* (Uppsala, 1966); *idem, New Approaches to Men of Other Faiths*, WCC Research Pamphlet no. 18 (Geneva, 1970) (para Kraemer, após Tambaram); A. Th. Van Leeuwen, *Hendrik Kraemer, Dienaar der Wereldkerk* (Amsterdam, 1959).

K.R.

KÜNG, HANS (n. 1928). Teólogo católico-romano suíço, que passou a ensinar em Tübingen em 1960. A obra teológica de Küng tem sido dominada por três principais preocupações: apologética, ecumenismo e reforma na Igreja Católica Romana. Considera sua tarefa mais importante que a de um teólogo que usa de todos os recursos da teologia de hoje para apresentar o evangelho cristão como mensagem crível e relevante para o mundo moderno. Especialmente em sua obra *On Being a Christian* [Ser cristão], que ele chama de "uma espécie pequena de 'Suma teológica' da fé cristã", mas que, por todo o seu valor teológico, alcançou amplo público leitor, Küng expõe um cristianismo centrado no Jesus histórico como seu aspecto mais distintivo e uma fé cristã compatível com a racionalidade crítica moderna e as aspirações e realizações do humanismo atual. Jesus é apresentado como homem verdadeiro, que torna possível para os homens dos nossos dias viverem de um modo genuinamente humano. Outros escritos, como os que versam sobre a existência de Deus e a vida após a morte, têm dado continuidade à sua obra apologética.

As preocupações ecumênicas de Küng remontam ao seu primeiro livro, em que tentou com um intenso empenho reconciliar as doutrinas de católicos e protestantes sobre justificação*, comparando os ensinos do Concílio de Trento (ver Concílios*; Teologia Católica Romana*) e de Karl Barth* sobre esse ponto clássico de divisão denominacional. Seus estudos eclesiológicos demonstram também forte preocupação ecumênica. De modo geral, aliás, pode-se dizer que a abordagem teológica de Küng resulta mais em uma teologia ecumênica do que especificamente católica. Ela pertence à chamada "catolicidade evangélica" ou "evangelicidade católica", que é, na verdade, um compromisso de toda a Igreja cristã, mas levando cada detalhe a passar pela prova de "evangelismo", ao ser confrontado com o próprio evangelho, tendo unicamente Jesus como critério de fé.

Após o Concílio Vaticano II (ver Concílios*; Teologia Católica-Romana*), parecendo a Küng que a determinação progressiva iniciada pelo papa João XXIII estava sendo frustrada por um autoritarismo reacionário na Igreja Católica, colocou-se no papel de "opositor leal a sua Santidade". Sua crítica em prol de uma reforma da Igreja Romana se baseia em dois princípios: prioridade normativa do Jesus histórico e do evangelho sobre todos os desenvolvimentos subsequentes da tradição; e necessidade de a Igreja ser mais receptiva à racionalidade crítica e a atitudes liberais no mundo moderno. Esses princípios caracterizam a recente teologia católica progressiva, mas a atitude radical e frequentemente polêmica de Küng, assim como sua aplicação provocativa desses princípios, tornou-o praticamente um protestante ante os olhos do catolicismo conservador.

A crítica de sua teologia está focada sobre sua cristologia*. Em sua obra *On Being a Christian,* ele interpreta a cristologia ontológica do dogma encarnacional em termos puramente funcionais e com base em sua negação explícita do dogma da infalibilidade eclesiástica (e não somente papal). Nesse último caso, sua rejeição deliberada do ensino dos concílios Vaticano I e Vaticano II e sua reivindicação de um reconhecimento franco de que a Igreja Católica tenha inequivocamente errado em algumas afirmações doutrinárias no passado constituem, sem dúvida, um rompimento radical com os princípios e métodos da teologia romana* tradicional. Prolongadas investigações de sua obra pela Congregação para a Doutrina da Fé levaram à suspensão pelo Vaticano, em 1979, de sua missão canônica, *i.e.*, de sua autorização de lecionar como teólogo católico.

Bibliografia

H. Küng. *The Church* (London, 1967); *Does God Exist?* (London,

KUYPER, ABRAHAM

1980); *Eternal Life?* (London, 1984); *Infallible?* (London, 1971); *Justification* (London, 1965); *On Being A Christian* (London, 1977).

H. Häring e K.-J. Kuschel (eds.), *Hans Küng: His Work and His Way* (London, 1979); C. M. LaCugna, *The Theological Methodology of Hans Küng* (Chico, CA, 1982); R. Nowell, *A Passion for Truth* (London, 1981).

R.J.B.

KUYPER, ABRAHAM (1837-1920). Filho de um ministro da Igreja Reformada Holandesa, Kuyper nasceu em Massluis e se distinguiria na Universidade de Leiden como brilhante aluno e forte defensor do liberalismo. Durante seu primeiro pastorado, numa pequena vila de pescadores em Beesd, experimentou marcante conversão evangélica ao ler o romance inglês *The Heir of Redclyffe* [O herdeiro de Redclyffe], de Charlotte Yonge. Influenciado pela piedade calvinista simples de seus paroquianos, renovou seus estudos de teologia, tornando-se líder do movimento neocalvinista holandês.

Kuyper escreveu centenas de livros e artigos sobre tópicos tão diversos como política, literatura, filosofia e questões sociais. Em todos eles, procurou desenvolver uma visão cristã e consistente da vida e do mundo. Fundou dois jornais, a revista religiosa semanal *De Heraut* [O Arauto] e o jornal diário *De Standaard* [O Estandarte].

Em 1874, foi eleito para o parlamento holandês, como representante de um recém-fundado partido antirrevolucionário, que, seguindo a liderança de Groen van Prinsterer (1801-1876), era adver-

sário dos princípios expressos pela Revolução Francesa e pelo liberalismo político. Tornou-se primeiro-ministro em 1900, mas perdeu seu posto em 1905, em grande parte devido à sua incapacidade de saber lidar eficientemente com uma tremenda greve dos ferroviários em 1902. De 1908 até pouco antes de sua morte, em 1920, foi membro da Segunda Câmara Holandesa do parlamento e continuou a editar o *De Standaard.*

Kuyper foi ativo na "luta pela escola cristã", propugnando por ajuda estatal às escolas cristãs privadas. Pouco depois, conduziria um grupo de crentes à separação vitoriosa da igreja estatal, fundando a Gereformeerd Kerk (Igreja Reformada), independente, em 1886.

Teologicamente, desenvolveu os ensinos de Calvino sobre a graça comum* a fim de proporcionar uma base para a ação social cristã. Deu também grande ênfase à importância do reino de Deus*, ideia que parece haver absorvido de F. D. Maurice (1805-1872; ver Socialismo Cristão*). Sua maior contribuição está no desenvolvimento da noção de "esfera-soberania", similar à ideia de "estruturas intermediárias" de Michael Novak e Peter Berger (n. 1929), como base para o desenvolvimento do pluralismo religioso, social e político. Não poucos movimentos cristãos contemporâneos podem ser delineados a partir de seu trabalho. Provavelmente o pensador evangélico mais conhecido dos que foram influenciados por ele seja Francis Schaeffer*, cuja obra tem ajudado a popularizar algumas das ideias de Kuyper, como, entre outras, a chamada "maioria moral", que

597 LAICATO

vingou nos Estados Unidos. Ativistas cristãos de esquerda têm sido influenciados por Kuyper, havendo na América do Norte um grande e crescente interesse em sua obra.

Ver também TEOLOGIA REFORMADA HOLANDESA.

Bibliografia

A. Kuyper, *Lectures on Calvinism* (Grand Rapids, MI, 1898); *Principles of Sacred Theology* (Grand Rapids, MI, 1898); *The Work of the Holy Spirit* (Grand Rapids, MI, 1900).

P. Kasteel, *Abraham Kuyper* (Louvain, 1938); F. Vanderberg, *Abraham Kuyper* (Grand Rapids, MI, 1960).

I.He.

L

LAICATO. Designação convencional dos membros das igrejas não ordenados. A palavra grega *laos*, "povo", é usada no NT a respeito de Israel* (Mt 2.6; At 7.34; Hb 11.25), refletindo um uso característico da LXX e da Igreja* (Tt 2.14; Hb 4.9; Ap 18.4). Em 1Pedro 2.9,10 ("Vocês são [...] sacerdócio real [...] povo [*laos*] exclusivo de Deus [...] agora são povo [*laos*] de Deus") fica demonstrado que tanto "laicato" quanto "sacerdócio" deveriam ser usados para a totalidade da Igreja. (Nos escritos cristãos primitivos, *laos* denota quase sempre a Igreja como "o novo povo" ou como o povo de Deus reunido para adoração).

O laicato tem tido maior aceitação teológica onde opera um sacerdócio restrito. Em algumas tradições, é usado, se o é, não teologicamente, por costume ou conveniência. (*Cf.* "membros e ministros" sugerindo frequentemente categorias separadas: em algumas denominações, os ministros não são membros de suas congregações.)

Laos pode significar também "população, massa", para a distinguir de líderes ou especialistas (Lc 20.19; At 6.12; *cf.* "leigo" em contraste a "sábio", "doutor", "cientista", etc.); assim como distinguir o povo de Israel dos sacerdotes (Hb 5.3; 7.27). Com esse uso, o adjetivo *laikos* entrou na literatura cristã, inicialmente em *1Clemente*, que distingue a pessoa "leiga" do sumo sacerdote e demais sacerdotes e dos levitas (40.5; *laikos* nunca ocorre na LXX, mas ocorre ocasionalmente em outras versões gregas do AT, significando "comum"). Clemente está tratando, no caso, a respeito do judaísmo, não da Igreja, mas desde *c.* 200 (Tertuliano*, Hipólito*) o termo "leigo" se tornou usual na designação daqueles que não fazem parte do clero, como sendo justamente o contrário de se considerar bispos e presbíteros como sacerdotes.

O laicato tem tido relativamente pouco destaque durante grande parte da história da Igreja, especialmente nas atividades relacionadas a adoração e governo eclesiástico, muito embora haja ocorrido exceções notáveis em diversas oportunidades no decorrer dos séculos. O primitivo monasticismo, por exemplo, foi, em parte, como que um protesto leigo contra a crescente monopolização clerical, bem como era comum o anticlericalismo na dissidência medieval (*cf.* Valdenses*). A Reforma teve

LATITUDINARISMO

inicialmente um impulso fortemente anticlerical. Lutero*, seguido por todos os reformadores, derrubou a dicotomia medieval confortável entre "religioso" (e, portanto, considerado "superior", como os monges e o clero) e "secular" (portanto, "inferior"), com suas doutrinas do sacerdócio* universal de todos os crentes e da vocação de todos os cristãos (ver Vocação*); todavia, a distinção entre "ordenado" e "não ordenado" sobreviveu, ou voltou à tona, em todas as igrejas resultantes da Reforma.

O movimento ecumênico* reivindica o crédito pela redescoberta do laicato, *i.e.*, da Igreja como povo de Deus, e não como hierarquia ou instituição. "Nunca na história da Igreja, desde seu período inicial, o papel e a responsabilidade do laicato na Igreja e no mundo têm sido assunto de discussão intensa tão básica, sistemática e abrangente", implicando "um novo exame e reformulação geral de todas as eclesiologias que temos tido por séculos" (H. Kraemer*). Merecem crédito também, no entanto, o começo da expansão missionária, o movimento de teologia bíblica*, a secularização* e a desintegração da cristandade e o avanço da educação em geral. Maior ênfase tem sido dada ao papel dos leigos cristãos na sociedade — "o laicato como dispersão da Igreja" (Kraemer). Os católicos romanos falam de "apostolado leigo".

Apesar de sua conveniência total, o laicato permanece sem substância teológica, porque seus ministros* pertencem ao *laos* de Deus. Não constituem uma ordem à parte da Igreja nem diferem dos outros membros, exceto em sua função.

Bibliografia

H. Kraemer, *A Theology of the Laity* (London, 1958); *idem, Laici in Ecclesia: An Ecumenical Bibliography* (Geneva, 1961); S. C. Neill e H.-R. Weber (eds.), *The Layman in Christian History* (London, 1963); H. Strathmann, *in: TDNT* IV, p. 29-57.

D.F.W.

LATITUDINARISMO. Esse termo descreve o posicionamento de membros da Igreja da Inglaterra nos séculos XVII e XVIII, que buscavam um padrão de crença e experiência religiosa independente do que era então considerado como os extremos, diametralmente opostos, do fanatismo puritano* e do conservadorismo de uma parte dessa igreja, chamado de Igreja Alta. Recebeu esse nome por ser caracteristicamente amplo, ou extenso (latitudinário), além de variado; mas seus aspectos mais destacados foram o apelo à razão como norma em questões religiosas, a busca da tolerância* e do espírito pacífico no debate teológico e eclesiástico e rejeição categórica ao "entusiasmo" exagerado. O movimento marca a emergência da tendência às opiniões liberais e pluralistas, típica do amplo meio-termo vigente no seio da atual Igreja Anglicana (cf. Anglicanismo*).

As origens do latitudinarismo remontam ao apelo de Richard Hooker* para a luz da razão como autoridade suplementar à Bíblia e que veio a ser assumido no começo do século XVII por teólogos como William Chillingworth (1602-1644). Os primeiros latitudinaristas formavam um grupo, que incluía Chillingworth, associado a lorde Falkland, em Grand Tew,

LATITUDINARISMO

Oxfordshire, durante a década de 1630. O termo foi também aplicado aos platônicos do *Interregnum* de Cambridge*, por causa de sua amplitude de tolerância e rejeição às animosidades pessoais que caracterizavam a controversa teologia puritana.

O termo é hoje, no entanto, mais usado como referência a um extenso grupo de importantes eclesiásticos do final do século XVII, muitos dos quais seguidores dos platônicos de Cambridge, que abriram mão do misticismo* e da ênfase sobre a experiência religiosa* em favor do apelo à razão como "luz do Senhor" na alma. Mesmo sob esse aspecto, os latitudinários foram nada menos do que inteiramente fiéis a seus mentores, pois onde os platonistas viam a razão como uma luz divina que permeia a totalidade da personalidade eles tendiam a identificá-lo com o senso comum. Como resultado, por comparação, parecem ser mui dignos, mas geralmente um tanto enfadonhos e pragmáticos.

O cenário para a emergência do latitudinarismo foi o do baixo nível de moralidade pessoal, característico dos círculos da corte da Restauração, na Inglaterra, e o surgimento das ciências naturais no mundo intelectual. Nesse contexto, seus adeptos voltaram-se para a razão como defesa contra o que viam como um "entusiasmo" desenfreado de seitas dissidentes. Correspondendo à novidade das ciências naturais, passaram a enfatizar a teologia natural* e a capacidade da mente racional em captar os fundamentos da religião sem necessidade do recurso da revelação*, o que levou a uma tendência de formular a fé em termos mínimos.

Para eles, a motivação religiosa básica era a esperança da imortalidade. Sobre esse fundamento, insistiam em um chamado utilitário à conduta moral, recomendando a religião por suas vantagens, como no sermão de John Tillotson (1630-1694) sobre a sabedoria em ser religioso (*The Wisdom of Being Religious*, London, 1664). Opunham-se a toda espécie de superstição e ao dogmatismo que havia caracterizado a teologia calvinista da era precedente. A complexidade teológica era por eles considerada como suspeita de um conluio, que, imaginavam, teria sido feito pelos teólogos para manter o povo simples longe de perceber a verdade. Em contraste, cultivavam uma pregação e um estilo de escrita de simplicidade desapaixonada. Sua pregação, assim, carecia da dramatização do púlpito puritano, sendo atraente, no entanto, para uma época que parecia estar cansada de controvérsias religiosas. O cuidado pastoral desfrutava entre eles de alta prioridade, embora substancialmente fosse apenas uma parte de sua abordagem total.

Embora evitando a manifestação pública da emoção, demonstravam conhecer algo sobre a interioridade religiosa. Assim como os platônicos, que os precederam, passaram para as gerações sucessivas praticamente tudo o que eram, sendo o seu esvaziamento do *sentimento* de religião de marcante influência na fome emocional que tornaria o despertamento evangélico dos meados do século XVIII uma experiência tão catártica para tantos.

LAW, WILLIAM

Bibliografia

G. R. Cragg, *From Puritanism to the Age of Reason* (Cambridge, 1950); *idem, Reason and Authorithy in the Eighteenth Century* (Cambridge, 1964); N. Sykes, *From Sheldon to Secker* (Cambridge, 1959); B. Willey, *The Eighteenth Century Background* (Harmonsdworth, 1972).

D.D.S.

LAW, WILLIAM (1686-1761). Escritor e místico anglicano, sua obra mais conhecida, *A Serious Call to a Devout and Holy Life* [Chamado verdadeiro para uma vida piedosa e santa] (1728), possivelmente fica atrás somente da obra *O Peregrino* (1678), de Bunyan, em seu marcante impacto sobre a consciência protestante. Grandemente admirada por João Wesley*, este, no entanto, mostrar-se-ia perplexo quando, por volta de 1734, Law deixou a teologia mística* clássica, voltando-se para as obras de Boehme*. O rompimento de sua amizade, em 1738, foi tornado público por Wesley somente em 1756, em uma carta em que criticava a teologia exposta por Law nos livros *Spirit of Prayer* [Espírito de oração] (1749, 1750) e *Spirit of Love* [Espírito de amor] (1752, 1754).

Wesley pensava que a influência de Boehme havia levado Law a uma negação da onipotência e da justiça de Deus e a um entendimento equivocado quanto a justificação, novo nascimento, presença de Cristo em cada pessoa, oração interior e inferno como estado de alma.

Embora haja escrito vários panfletos inspirados dando suporte à posição anglicana sobre questões cristãs em pauta na época, Law não defendeu publicamente suas visões místicas. A partir de 1740, quando retornou ao seu lugar de nascimento, Kings's Cliffe, Northamptonshire, Law passou a viver sossegadamente, como capelão de uma comunidade familiar de apenas três pessoas: ele próprio, sua tia Hester Gibbon e uma viúva rica chamada sra. Hutcheson. Eles viviam, em pequena dimensão, grandes resultados que obtinham de sua união, dedicados aos princípios da obra *A Serious Call*: oração, ajuda aos pobres e direção de escolas e albergues.

Bibliografia

Muitas edições de *A Serious Call, e.g.*, juntamente com: *Spirit of Love* (London, 1979); *Spirit of Prayer*, *Spirit of Love* (Cambridge, 1969).

A. K. Walker, *William Law: His Life and Thought* (London, 1973).

P.N.H.

LEÃO, O GRANDE. Leão I, papa de 440 a 461, exaltou o papado* de diversos modos. Não somente se considerava um legítimo sucessor de Pedro, mas acreditava também que Pedro realmente falava por meio de tudo o que pregava e escrevia. Em consequência, esperava que todas as suas declarações como papa fossem aceitas sem questionamento. Na área política, conseguiu obter do imperador Valenciano III (425-455) a jurisdição efetiva sobre o Império Romano do Ocidente. Assim, contra qualquer bispo ou governante que resistisse à autoridade papal, Leão I poderia lançar mão de sua autoridade secular. Além disso, acrescentou os decretos de seus predecessores à lei canônica* ocidental, de que se tornou guardião efetivo.

601 · LEI

Sua posição política viria a ser historicamente realçada por suas realizações em notáveis negociações com os inimigos de Roma, os hunos e vândalos. Deu ainda força maior à própria tradição cristã de Roma ao estabelecer Pedro e Paulo como seus patronos, em substituição a Remo e Rômulo, fundadores lendário-históricos da cidade.

Leão deu uma contribuição significativa às controvérsias cristológicas* orientais de sua época. Um pouco antes do chamado "Concílio do Ladrão", ou seja, do concílio que se reuniu em Éfeso em 449, o papa situou-se decisivamente contra Eutiques (ver Monofisismo*), escrevendo ao bispo Flaviano, de Constantinopla (m. 449), um documento (*Tomo*) que o confirmava em sua posição contra aquele professador de heresia. Leão esperava que a promulgação de sua própria doutrina tornaria desnecessário o concílio geral, mas não aconteceu assim. Em Éfeso, o *Tomo* papal não foi nem mesmo lido, e os apoiadores de Eutiques ganharam o controle. Leão exerceu imediatamente pressão para que as decisões do concílio fossem derrubadas. Circunstâncias que seguiram à morte de Teodósio II (em 450) o favoreceram. Logo, em novo concílio geral*, reunido em Calcedônia em 451, o *Tomo* foi aclamado, entre outros documentos, como afirmação de caráter ortodoxo.

O *Tomo* refutava Eutiques, o qual estaria negando ser real a carne humana de Cristo, legada de Maria*. Leão sustentava em seu documento que Cristo havia assumido verdadeira natureza humana, pois viera para restaurar a humanidade, pelo seu poder divino, das coisas que se haviam perdido por causa do pecado. Igualmente vital é que Cristo nada teria perdido, no entanto, de sua divindade. Em uma única pessoa de Jesus Cristo, cada uma de suas duas naturezas havia retido intactas suas próprias qualidades naturais e, todavia, tinham sempre as duas atuado em harmonia uma com a outra.

Não é de admirar que esse aspecto do *Tomo* tenha levantado em Calcedônia certa apreensão entre os bispos da Palestina e do Ilírico, que julgaram, embora equivocadamente, que Leão fosse culpado de cometer o erro nestoriano* de dividir as duas naturezas de Cristo e de ver nele duas pessoas. Essa ambiguidade do *Tomo* pode ser explicada pelo seu propósito imediato, de responder a Eutiques. Em outro lugar, Leão nega o nestorianismo, que interpretava como uma forma de adocianismo*. Desse modo, Leão enfatizava, isso sim, a conexão indivisível que fora alcançada quando as duas naturezas vieram a estar juntas em Jesus Cristo. Mas o fato permaneceria — pois ele não chegou a explicar a unidade da pessoa de Cristo da forma categórica com que manifestou a presença das duas naturezas no Verbo encarnado.

Bibliografia

T. G. Jalland, *The Life and Times of St. Leo the Great* (London, 1941); J. N. D. Kelly, *Early Christian Doctrines* (London, [5]1977).

G.A.K.

LEGALISMO, ver Lei e Evangelho.

LEI. O termo "lei" é usado numa variedade de contextos e sentidos:

por exemplo, as leis da Física, da natureza, de higiene, leis que formam um sistema legal, etc. Uma distinção básica é geralmente feita entre as leis essencialmente descritivas (que, caso não estejam de acordo com a realidade dos fatos, são para isso modificadas) e as leis prescritivas (que exigem uma conformidade que nem sempre pode existir). É mais com as leis prescritivas que este artigo está preocupado.

Nenhuma sociedade tem se mostrado capaz de ser administrada mediante leis que regulam como os seres humanos deveriam se conduzir. Em uma autocracia, as leis repousam, de modo definitivo, na ordem de um governante autoritário; em uma oligarquia, na autoridade de um grupo exclusivo — seja uma aristocracia econômica ou social, seja de superioridade intelectual, seja de poder militar, seja mesmo de domínio pela força física; em uma democracia, as leis devem representar a vontade da comunidade como um todo, seja esta determinada por meio de consultas, de plebiscitos ou de referendos, seja, mais frequentemente, pela decisão de representantes, devidamente escolhidos e designados. Na maioria das sociedades, no entanto, uma parte considerável das leis consiste, na verdade, em usos e costumes que veem a ganhar a força de norma ou obrigatoriedade; ou seja, usos e costumes que venham a ser impostos pela autoridade. Essa é a lei dita "positiva".

Um fenômeno comum entre as sociedades mais antigas era considerar todas as suas leis ou parte delas como tendo sido divinamente reveladas a algum profeta, sacerdote ou rei. Eram mantidas, portanto, como algo especialmente sacrossanto, para serem impostas definitivamente pela autoridade terrena, com sanções do poder divino. Assim é a "lei divina".

Frequentemente, também, alega-se que certos princípios da lei são inerentes à própria natureza das coisas, podendo ser discernidos por quaisquer criaturas racionais à luz da razão. É a chamada "lei natural", que, em geral, é distinguida da lei "divina" simplesmente pelo fato de essa última depender de revelação especial*, enquanto a natural representa princípios que, pelo menos em tese, todas as pessoas razoavelmente inteligentes podem perceber por si mesmas. Mas a distinção, algumas vezes, pode exigir um pouco mais para ser feita, como sustenta a corrente mais rigorosa de juristas muçulmanos: de que é impossível para o homem distinguir o bem do mal, a não ser pela revelação divina. E não somente isso, mas também que, sob sua visão, um ato somente é bom se Deus o haja recomendado, ou somente mal se ele o tenha proibido. Mas não Deus ordena o bem porque seja intrinsecamente bom ou proíbe o mal por ser inerentemente mau; se ele tivesse revertido seu decreto, o que se considera agora como virtude teria se tornado pecado, e o pecado, como virtude. Outros juristas muçulmanos menos extremados sustentam que Deus ordena o bem porque o bem é bom por natureza e proíbe o mal por ser essencialmente mau; e que o homem poderia *algumas vezes* distinguir a virtude do pecado pela luz da razão. Há uma ligação clara aqui com os escolásticos cristãos

LEI

medievais (ver Escolasticismo*), alguns dos quais, como Tomás de Aquino*, insistiam que a lei divina procederia da mente e da sabedoria de Deus, enquanto outros, como Duns Scotus*, a atribuíam à vontade e decreto de Deus.

O antigo Israel era praticamente uma teocracia*, em que a lei divina era quase sinônimo de moralidade. Tal como no islamismo, entretanto, pouca coisa distinguia a lei da moralidade, visto que ambas repousavam essencialmente na revelação divina. Todavia, uma distinção básica parece ter sempre prevalecido: alguns preceitos e injunções podiam ser impostos pela autoridade humana, enquanto outros, não. A Torá (literalmente, "instrução", mas comumente traduzida no AT por "lei"), por exemplo, podia ordenar, e o fazia, que o homem amasse seu próximo; mas nenhum juiz humano podia fazer mais do que penalizar qualquer ação ou palavra do homem que prejudicasse o próximo.

Então, na plenitude dos tempos, veio Jesus, não "para abolir a Lei ou os Profetas [...] mas para cumprir" (Mt 5.17). Era para a sua própria pessoa, obra e ensino que eles apontavam e nele encontraram o perfeito cumprimento. Jesus, em sua perfeita obediência, observou e cumpriu inteiramente o Decálogo e, com seu ensino competente, o reinterpretou, sendo os preceitos basicamente tão imutáveis quanto ele mesmo, o Legislador, cujo caráter refletiam. Cumpriu a lei sacrifical, oferecendo sacrifício de si mesmo, uma vez por todas, pelos pecados e, por meio disso, superou a lei do AT nesse sentido, pois "por meio de um único sacri-

fício, ele aperfeiçoou para sempre os que estão sendo santificados" (Hb 10.9-14). Superou também os preceitos quanto à impureza cerimonial, mediante seu ensino de que o que realmente polui um homem e levanta uma barreira entre ele e o Deus santo é a corrupção moral de seu coração, não a impureza cerimonial de seu corpo (cf. Mc 7.1-23). A lei, porém, só teria cumprido seu propósito (cf. Mt 5.18) quando "o Reino de Deus" fosse "tirado" de Israel e "dado a um povo que dê os frutos do Reino" (Mt 21.43).

Chamados, como são, de "todas as nações, tribos, povos e línguas" (Ap 7.9), os cristãos estão sujeitos também à lei de seu governo humano, à qual, em princípio, devem ser leais (1Pe 2.13-17). Quando essa lei "positiva" conflita com a lei moral de Deus, são os cristãos instados a "obedecer antes a Deus do que aos homens" (At 5.29; cf. 4.19). Mas tão somente quando as autoridades do país em que vivem agem realmente em sentido totalmente contrário ao do mandato que Deus lhes deu é que podem os cristãos deixar de lhes prestar o respeito e a obediência que, de outra forma, tais governantes podem corretamente exigir (Rm 13.1-7).

O NT reconhece também o conceito de "lei natural", no sentido que Paulo deixa bem explanado: que, quando aqueles que não conhecem a lei revelada de Deus "praticam naturalmente o que ela ordena, tornam-se lei para si mesmos [...] pois mostram que as exigências da Lei estão gravadas em seu coração. Disso dão testemunho também a sua consciência e os pensamentos deles, ora acusando-os, ora

LEI CANÔNICA

defendendo-os" (Rm 2.14,15). Por ser assim, é que apóstolo declara que "a ira de Deus é revelada dos céus contra toda impiedade e injustiça dos homens que suprimem a verdade" que, de fato, conhecem — e são, por isso, "indesculpáveis" (Rm 1.18-20). Somente assim ele poderia se referir a uma distinção inteligível entre as relações sexuais* "naturais" e "contrárias à natureza" (Rm 1.26,27) e, após uma ampla lista de pecados, concluir dizendo que: "Embora conheçam o justo decreto de Deus, de que as pessoas que praticam tais coisas merecem a morte, não somente continuam a praticá-las, mas também aprovam aqueles que as praticam" (Rm 1.32).

Os teólogos católicos romanos, principalmente, têm buscado desenvolver a doutrina da "lei natural" como um sistema detalhado além dessa base bíblica. O ponto mais controverso hoje em dia, todavia, parece ser a doutrina oficial católica de que a contracepção, exceto por abstinência total de relações sexuais (seja permanentemente seja durante os períodos um tanto dúbios de "segurança" de infecundação), é "intrinsecamente imoral". O argumento apresentado é que o propósito principal das relações maritais, na lei natural, é a procriação de filhos, mais do que a expressão mútua e a renovação do amor conjugal. Admite-se, de modo geral, que esse propósito principal seja correto e próprio, mesmo quando haja pouca ou nenhuma procriação. O problema, todavia, parece estar na insistência da peremptória afirmativa papal de que nenhum meio "artificial" de contracepção possa de modo algum ser correto, não importa quanto possa vir a ser o custo da abstenção natural (se pessoal ou em termos de relacionamento no casamento). Atribuir esse dogma à "lei natural", quando, na verdade, a imensa maioria dos homens e mulheres no mundo não podem, em são consciência, considerar o uso responsável de meios de contracepção como "intrinsecamente imoral", parece minar a real base dessa doutrina — uma visão compartilhada por alguns teólogos somente, mas por um grande número de leigos, na Igreja de Roma.

Ver também Amor; Bioética; Ética; Lei e Evangelho; Teologia Moral.

Bibliografia
J. N. D. Anderson, *Morality, Law and Grace* (Leicester, 1972); *idem*, *God's Law and God's Love* (London, 1980); B. N. Kaye & G. J. Wenham (eds.), *Law, Morality and the Bible* (Leicester, 1978); E. F. Kevan, *The Grace of Law* (London, 1964); O. O'Donovan, *Resurrection and Moral Order: An Outline for Evangelical Ethics* (Leicester, 1986); *Contraception and Holiness: The Catholic Predicament*, um simpósio apresentado pelo arcebispo Thomas D. Roberts (London, 1965).

J.N.D.A.

LEI CANÔNICA. A palavra grega *kanōn* significa "regra". A lei canônica abrange os regulamentos disciplinares da Igreja. Esses regulamentos começaram a ser formulados nos primeiros séculos, por concílios* locais e ecumênicos. Distinguem-se das decisões conciliares em matéria de fé, sendo, contudo, expressões da preocupação,

605   LEI E EVANGELHO

no NT, com a ordem e a disciplina moral na Igreja.

A lei comum da Igreja oriental ainda consiste, essencialmente, dos cânones estabelecidos nos primeiros concílios (entre os quais, os chamados *Cânones Apostólicos*, apensos às *Constituições Apostólicas* do século IV, e os numerosos cânones aprovados pelo Concílio Quinisexto, de 692, não reconhecido no Ocidente).

Também decretos emitidos por influentes bispos foram incorporados à lei canônica. Foi esse, especialmente, o caso dos decretos papais, que continuaram a ser acrescidos à lei canônica por toda a Idade Média. Os chamados *Falsos decretos*, do século IX, encontram-se na mesma condição de autoria individual. Já o *Decretum* de Graciano de Bolonha, no século XII, ganhou fama de ser uma esquematização sistemática e anotada, bastante necessária, da lei canônica ocidental, colocada oficialmente no *Corpus* da lei canônica romana. O *Corpus*, por sua vez, foi revisado diversas vezes, mais recentemente em 1983.

Bibliografia
The Canons of the Church of England (London, 1969); *New Code of Canon Law* (London, 1983); Earl of Halsbury, *Ecclesiastical Law*, ed. R. P. Moore (London, ⁴1957); E. W. Kemp, *An Introduction to Canon Law in the Church of England* (London, 1957); R. C. Mortimer, *Western Canon Law* (London, 1953).

R.T.B.

LEI E EVANGELHO. Enquanto a lei* revelada a Moisés expressa a santa vontade de Deus para a vida e con-

duta da humanidade, o evangelho* é a boa-nova de reconciliação com Deus realizada por Jesus Cristo.

No decorrer de toda a história da Igreja, todavia, lei e evangelho têm sido relacionados um ao outro de modo diverso.

Na Idade Média, a tendência era a de identificar a lei com o evangelho, sendo o evangelho, por vezes, chamado de "a nova lei". Para muitos cristãos (como até hoje), guardar a lei judaica representaria elemento essencial para se poder reconciliar com Deus.

Já Lutero* e a Reforma Protestante viam a relação da lei e o evangelho de modo diferente. Havia diferenças de ênfase e expressão dentro do protestantismo* clássico sobre a relação da lei com o evangelho, mas se preservava uma subjacente concordância conceitual básica. Para os primeiros protestantes, a lei era entendida como o caminho para a vida dado a Adão. Após a queda*, porém, a lei não mais poderia funcionar como caminho para a vida para a humanidade, pecaminosa e corrompida, pois esta não mais poderia perfeitamente guardá-la. Assim, a lei — boa e espiritual em si mesma — condenava a humanidade. O homem precisava de outro caminho para a vida, que pudesse libertá-lo da culpa do pecado. Esse caminho foi proporcionado por Jesus Cristo. O evangelho é a boa-nova de que Jesus, o único sem pecado, guardou a lei em lugar de seu povo, morrendo crucificado por receber a maldição da culpa de seus pecados; que sua obra salvadora é recebida somente pela fé*, não mais pela rigorosa obediência à lei. O evangelho é, assim, a vida

LEI E EVANGELHO

mediante Cristo, quem justifica* os crentes por conduzi-los ao perdão de seus pecados e imputar a misericordiosa justiça divina sobre eles.

À medida que os reformadores refletiram sobre a lei, passaram a considerar três aspectos principais. Primeiro: a lei serve como guia para a sociedade*, promovendo a justiça secular. Segundo: a lei convence pecadores e os conduz a Cristo. Terceiro: a lei dirige os cristãos em uma vida santa.

Para a teologia luterana*, a distinção entre lei e evangelho se tornou um princípio básico organizador. A lei produz arrependimento, e o evangelho conduz à fé. Sobre o terceiro aspecto da lei, ensinava Lutero que uma vida santa surge espontaneamente no coração do crente, mas a lei o ajuda a reconhecer e a enfrentar o pecado* que permaneça nele.

Na teologia reformada*, a diferença entre lei e evangelho é fundamental, mas é mais implícita que explícita. Para a ortodoxia reformada, uma manifestação básica da diferenciação de lei e evangelho reside justamente na distinção entre o pacto da obra e o da graça (ver Pacto*). Quanto ao terceiro aspecto da lei, ensina a teologia reformada que o crente necessita da lei para dirigi-lo na vida santa.

Historicamente, porém, tanto luteranos quanto reformados têm tido dificuldade em manter o necessário equilíbrio adquado entre lei e evangelho. O desequilíbrio produziu, por um lado, o antinomismo e, por outro, o legalismo e moralismo.

O antinomismo enfatiza de tal modo a liberdade cristã* de conde-nação pela lei que deixa de salientar a necessidade de o crente confessar constantemente seus pecados e buscar de modo sincero a santificação*. Isso o leva a deixar de ensinar que, à justificação, segue-se inevitavelmente a santificação. Os católicos romanos, com efeito, ao acusar a Reforma de antinomismo o fizeram sob a alegação de que a doutrina da justificação somente pela fé poderia levar à lassidão moral. Já na década de 1530, Lutero expressava a preocupação de que um de seus seguidores, João Agrícola (c. 1494-1566), tivesse se tornado antinomiano. Lutero o criticou por não enfatizar adequadamente a responsabilidade moral dos cristãos. No século XVII, diversos calvinistas ingleses, como Tobias Crisp (1600-1643), foram acusados de antinomismo. Nos primeiros três séculos do protestantismo, o número de antinomianos era muito pequeno, mas entre os protestantes ingleses do século XVII já havia temores demasiados a seu respeito.

O perigo maior que historicamente tem confrontando o equilíbrio entre lei e evangelho tem sido, no entanto, o do legalismo e moralismo. Os moralistas, ou legalistas, ou neonomianos, enfatizam a responsabilidade cristã a tal ponto que a obediência se torna mais do que um fruto ou evidência da fé. Passa, ao contrário, a ser vista como um elemento constituinte da fé que justifica. O legalismo solapa inevitavelmente a certeza da salvação* e a alegria* do cristão e tende a criar uma piedade individualmente autocentrada e excessivamente introspectiva — notadamente similar à piedade medieval. Ele se tornou tão penetrante nas igrejas reformadas no século XVIII que diversas reações ocorreram. Homens com Thomas Boston*, os irmãos Ebenezer (1680-1754) e Ralph Erskine (1685-1752) e outros enfrentaram o excessivo moralismo dominante na Igreja da Escócia e foram duramente repelidos. Já na América do Norte, o Grande Despertamento, liderado pela pregação de George Whitefield*, conseguiu desafiar o moralismo exagerado das igrejas com maior sucesso. No século XIX, o dispensacionalismo* de J. N. Darby* representou outro esforço para combater o moralismo demasiadamente rigoroso. A lei era, assim, identificada como o modo de salvação na dispensação mosaica, enquanto o evangelho da graça era reconhecido ser o único modo de salvação na dispensação do NT. O resultado efetivo do dispensacionalismo foi o de ir em direção ao antinomismo, especialmente com o desenvolvimento de sua distinção entre Cristo como Salvador e como Senhor. Essa distinção, porém, é não só teoricamente antinomista, como tem, na verdade, levado à lassidão moral e a justificado nos meios cristãos.

Outra etapa fundamental no empenho de buscar equilibrar a lei e o evangelho está na obra de Karl Barth*. Discorrendo sobre a questão de evangelho e lei, Barth argumenta uma unidade básica entre os dois. Concorda com o católico Hans Küng* em que os reformadores haviam colocado a lei e o evangelho em grande oposição mútua. O amálgama de lei e evangelho feito por Barth o levou a concordar ainda com Küng de que a justificação pode ser tanto pela imputação quanto pela infusão da justiça de Cristo, resultando em transformação moral. Sua posição, ao rejeitar autoconscientemente o equilíbrio dado pela Reforma, move-se, todavia, em direção ao moralismo, embora haja afetado seriamente teólogos evangélicos, como Daniel Fuller (n. 1925).

A Igreja de hoje precisa entender de um modo novo a doutrina biblicamente equilibrada sobre lei e evangelho ministrada pelos reformadores do século XVI e suas confissões* e teologias, pois tal entendimento é fundamental para uma também equilibrada vida cristã.

Bibliografia

W. Andersen, *Law and Gospel. A Study in Biblical Theology* (London, 1961); Karl Barth, *God, Grace and Gospel* (Edinburgh, 1959); C. H. Dodd, *Gospel and Law* (Cambridge, 1951); G. Ebeling, *Word and Faith* (London, 1963); H.-H. Esser, em *NIDNTT* II, p. 438-456; W. Gutbrod, em *TDNT* IV, p. 1059-91; E. F. Kevan, *The Grace of Law: A Study in Puritan Theology* (London, 1964); T. M. McDonough, *The Law and the Gospel in Luther* (Oxford, 1963); H. Thielicke, *The Evangelical Faith*, vols. 2-3 (Grand Rapids, MI, 1978, 1982); *idem*, *Theological Ethics*, vol. 1 (London, 1968); O. Weber, *Foundations of Dogmatics*, vol. 2 (Grand Rapids, MI, 1983).

W.R.G.

LEIBNIZ, GOTTFRIED VON (1646-1716). Matemático e filósofo alemão. De acordo com Leibniz, a definição plena de qualquer coisa envolve descrever todas as coisas de seu ponto de vista singular. Cada coisa é uma "mônada" independente, que

LEÔNCIO DE BIZÂNCIO

"espelha" o restante. A mônada mais elevada e criadora de todas as outras é Deus.

Leibniz produziu versões clássicas dos argumentos da existência de Deus, acrescentando o seu próprio da "harmonia preestabelecida", necessária para assegurar que as mônadas espelhassem umas às outras de modo exato (ver Teologia Natural*). Elaborou também uma famosa refutação de argumentos antiteístas do mal*, sustentando que, muito embora não sendo um mundo perfeito ainda, este é melhor de todos os mundos possíveis, por constituir, pelo menos, a melhor sequência possível de eventos em movimentação rumo ao que é perfeito; e que os elementos maus nele presentes são ingredientes essenciais no todo.

Leibniz foi o primeiro a usar a palavra "teodicéia". Foi, ainda, um promotor de esquemas, sem sucesso, de reunião das igrejas católica-romana e protestante e entre calvinistas e luteranos. Por fim, voltou-se para um tipo de religião mais puramente "natural" e declinou da assistência de qualquer ministro em seu leito de morte.

Bibliografia

Seleções de obras de Leibniz em inglês, feitas por G. Montgomery (La Salle, IL, 1977) e M. Morris & G. Parkinson (London, 1973).

S. Brown, *Leibniz* (Brighton, 1984); B. Russel, *Critical Exposition of the Philosophy of Leibniz* (London, ²1937); R. Saw, *Leibniz* (Harmondsworth, 1954).

R.L.S.

LEÔNCIO DE BIZÂNCIO, ver HIPÓSTASE.

LESSING, GOTTHOLD EPHRAIM (1729-1781). Escritor e autor teatral, pioneiro na moderna dramaturgia alemã, Lessing foi, além disso, um dos pensadores religiosos menos fáceis de entender e, todavia, um dos mais produtivos de sua época. Mesmo em essência, seu pensamento teológico tem sido interpretado de modos amplamente variados e incompatíveis. Lessing, ao que parece, procurou adotar uma posição teológica que evitava o racionalismo hermético e a ortodoxia de seu tempo, mas pode também, por outro lado, ser considerado um racionalista dissimulado ou haver assumido uma posição não racional, alternativa àquela sustentada pelos ortodoxos.

Há, pelo menos, duas razões para adotar esses e outros veredictos contraditórios a seu respeito. Primeiro, Lessing foi um autor sutil, cujas ideias reais, como geralmente se acredita, desafiam o acesso fácil. Em segundo lugar, ele, obviamente, não correlacionava suas principais ideias com certa coerência, nem forneceu uma forma sistemática e abrangente de entendê-las. Pode-se colocar em termos, portanto, o que ele próprio aplicou à religião: o espírito empreendedor de Lessing, não a letra de seus escritos, é que nos guia melhor na interpretação de seu pensamento.

Essa visão ganha unidade, em parte, a partir de seu interesse em uma série de questões, a saber, aquelas que se aglomeram em torno do problema da verdade religiosa e de como é apreendida. Lessing, especialmente, propôs diversas teses sobre a relação geral entre a religião e a história, das quais estão entre as mais

LEWIS, CLIVE STAPLES

importantes as seguintes: 1. A Bíblia, incluindo seu registro histórico, está aberta à investigação crítica. Ele próprio fez publicar, significativamente, entre 1774 e 1778, a obra *Wolfenbüttel Fragments*, de H. S. Reimarus (1694-1768), e adotou, pelo menos, o princípio crítico utilizado por este em seu ataque à abordagem ortodoxa da Bíblia. 2. A verdadeira religião está além de sua expressão literária, fornecendo um critério espiritual para estimar o valor da "letra". Não é a narrativa histórica, portanto, que realmente confere autoridade a nossa crença. 3. O testemunho histórico é tecnicamente "incerto", no sentido de que, mesmo sob o seu aspecto mais confiável, não pode autorizar nossa convicção absoluta. Assim, sua credibilidade não estabelece autoridade em matéria de religião. 4. As verdades históricas são, logicamente, de ordem diferente das "verdades necessárias da razão". As primeiras são contingentes (um evento relatado, por exemplo, pode realmente não ter acontecido); as últimas, indispensáveis (suas contradições não podem ser supostas). 5. Por ser a história um processo, a comunicação ou a apreensão da verdade religiosa pode variar com a sua mudança. A revelação pode ser concebida como a educação da raça humana a fim de que venha ser possível compreender as verdades da moral e da religião sem precisar recorrer a meios de apreensão mais antigos e parciais.

Essas teses de Lessing, certamente, podem ser formuladas diferentemente, relacionadas de modos diversos e complementadas com outras. Sua afirmação abstrata, aqui, não permite, além disso, captar o estilo fluido, sugestivo e impulsionador de seu autor. Ele parece julgar a ortodoxia como totalmente não realística em seus fundamentos religiosos e o racionalismo como inteiramente ineficaz, por falhar em criar novas bases. É difícil traçar com precisão a influência direta ou indireta do pensamento de Lessing, mas os vários modos com que ele dispôs a questão de fé e história continuam a dominar nossa atenção. Quando Lessing escreve que o empenho para encontrar a verdade é preferível a sua própria posse, parece revelar muita coisa de si mesmo e seu pensamento: nesse sentido, talvez se deva intelectualmente mais a ele por suas tentativas do que por suas realizações.

Bibliografia

H. E. Allison, *Lessing and the Enlightenment* (Ann Arbor, MI, 1966); K. Barth, *Protestant Theology in the Nineteenth Century* (London, 1972); H. Chadwick (ed.), *Lessing's Theological Writings* (London, 1956); L. P. Wessel, *G. E. Lessing's Theology: a Reinterpretation* (The Hague, 1977).

S.N.W.

LEWIS, CLIVE STAPLES (1898-1963). Nascido em Belfast, Irlanda, Lewis destacou-se em seus estudos em Oxford e, após breve período lecionando Filosofia, tornou-se docente de língua inglesa do Magdalen College. Em 1954, tornava-se professor de Inglês Medieval e da Renascença em Cambridge.

Tendo abandonado a fé cristã na adolescência, Lewis veio a converter-se em 1929 ao teísmo* e, dois anos depois, ao cristianismo.

LEWIS, CLIVE STAPLES

Para melhor se conhecer sua vida até a conversão, consulte sua obra *Suprised by Joy* [Surpreso pela alegria] (London, 1955).

Durante muitos anos, ele foi o centro de um grupo de amigos, os "*Inklings*" ("Boateiros"), que incluía, entre outros, o destacado escritor e teólogo leigo Charles Williams* e J. R. R. Tolkien (1892-1973), famoso autor de *O senhor dos anéis*.

Autor prolífico, seus escritos cristãos específicos podem ser classificados em três categorias.

Suas obras de *ficção* incluem: uma série de três novelas no estilo "*science fantasy*" ("ficção científica"): *Out of the Silent Planet* [Além do planeta silencioso], *Perelandra* — mais tarde reintitulada *Voyage to Venus* [Viagem a Vênus] — e *That Hideous Strength* [Aquela força terrível]; uma nova versão do mito grego de *Psyche*, intitulada *Till We Have Faces* [Até que tenhamos rosto]; e seus sete conhecidos livros da série *Nárnia*, para crianças. Nessas obras, temas cristãos estão presentes de modo inconfundível e, no entanto, bem natural. Ao apresentá-los nesse novo contexto, Lewis esperava que os leitores pudessem vê-los tal como justamente são, e não, dizia ele, distorcidos por meio de "vitrais coloridos e escolas dominicais".

As obras reconhecidamente *apologéticas* abrangem: palestras radiofônicas reunidas na coletânea *Mere Christianity* [em português, *Cristianismo puro e simples*], os estudos *The Problem of Pain* [O problema do sofrimento] e *Miracles* [milagres], e o alegórico *Pilgrim's Regress* [A volta do peregrino]. Aqui, Lewis procurou, sem se limitar a qualquer posição filosófica ou teológica, defender a base comum da ortodoxia cristã tradicional, misturando argumentação lógica com uma visualização da atividade da mente humana (especialmente a consciência*) e conduzindo à cosmovisão transformada que se segue à conversão.

Os outros de seus escritos compõem a série *Christian Life* [Vida cristã], o mais conhecido dos quais são as irônicas *The Screwtape Letters* [em português, *Cartas de um diabo a seu aprendiz*]: cartas de um demônio superior a um tentador noviço, aconselhando armadilhas para a alma do crente. Já a obra *Letters to Malcolm* [Cartas a Malcolm], a mais próxima da teologia propriamente dita do que a maioria de suas obras, trata dos problemas levantados pela oração*. *The Four Loves* [Os quatro amores], por sua vez, analisa a afeição, a amizade, o amor e a caridade e o papel que exercem na vida comum e cristã, enquanto *Reflections on the Psalms* [Reflexões sobre os salmos], que poderia, pelo título, parecer um comentário, é na verdade uma exposição sobre o uso cristão do Saltério.

Lewis foi provavelmente o apologista mais conhecido do grande público em sua época, e sua popularidade continua hoje. Suas obras se caracterizam pelo domínio de uma linguagem lúcida e agradável, filosofia suficiente para tornar seus argumentos coerentes e persuasivos, mas sem se tornar altamente didático ou técnico, e a capacidade de levar o leitor, com base em seu dia a dia, e usando até mesmo de humor, à sugestão da glória em Cristo. Seu apelo é principalmente dirigido à imaginação e à inteligência. Apesar, porém, de raramente

LIBERALISMO ALEMÃO

parecer ser muito profundo (exceto talvez em *A Grief Observed* [Guardando luto], escrito após a morte da esposa), a verdade é que há sempre profundidade em tudo aquilo que, com tanta clareza, escreveu.

Bibliografia
H. Carpenter, *The Inklings* (London, 1978); J. Gibb (ed.), *Light on C. S. Lewis* (London, 1965) (ensaios por amigos e alunos); R. L. Green & W. Hooper, *C. S. Lewis* (London, 1974); W. H. Lewis (seu irmão) (ed.), *Letters of C. S. Lewis* (London, 1966); C. Walsh, *The Literary Legacy of C. S. Lewis* (San Diego, CA, 1979).

R.L.S.

LIBERALISMO ALEMÃO. As raízes do liberalismo alemão do século XIX podem ser encontradas principalmente no Iluminismo* do século XVIII, na Revolução Francesa e no romantismo* e idealismo* da virada do século. As ideias filosóficas e políticas geradas durante esse último período citado permearam tanto o pensamento secular como o eclesiástico, produzindo uma crescente reação às instituições e crenças tradicionais.

Dentro do campo do liberalismo teológico, deve-se distinguir entre o liberalismo de doutrina e o liberalismo de erudição bíblica. O de doutrina constituiu um solapamento ou negação das doutrinas tradicionais da fé cristã, enquanto o de erudição desafiou a autenticidade, a historicidade e a inspiração divina da Bíblia. Essas duas formas de liberalismo se conectaram entre si, de modo geral, em graus variados, mas cada qual deles podia se sustentar sem necessariamente sustentar o outro.

Na esfera da doutrina cristã, o liberalismo alemão pode ser remontado a Kant* e a Lessing*, mas também, e acima de tudo, a Schleiermacher*, que reinterpretou drasticamente as doutrinas fundamentais do cristianismo a partir de um ponto de vista antropológico. Para Schleiermacher, não havia nenhum Deus transcendente, que se autorrevelava, no sentido tradicional; os próprios sentimentos do homem constituiriam a base da realidade, sendo Jesus o homem em quem esses sentimentos de consciência de Deus teriam alcançado sua perfeição mais elevada.

O primeiro desafio sério à autenticidade dos escritos do NT foi de Strauss* em sua obra *Vida de Jesus*, em 1835. Com esse livro, Strauss proclamava que os elementos sobrenaturais* da história do evangelho eram um mito* não histórico. Nesse mesmo ano, apareceu o comentário de Peter von Bohlen (1796-1840) sobre o Gênesis e a obra de Wilhelm Vatke (1806-1882), *Biblischen Theologie*, ambos demonstrando que a abordagem não sobrenatural de Strauss poderia também ser aplicada ao AT. Essas obras causaram um dilúvio de literatura abordando a Bíblia e sua confiabilidade. À frente desses movimentos, encontrava-se também a Escola de Tübingen* que, a partir de uma perspectiva teológica e histórica não sobrenatural, examinou a história da Igreja primitiva e buscou determinar a datação e autoria de cada livro bíblico de acordo com sua própria "tendência" particular. Os evangelhos foram todos considerados como produções do século II de nossa era e, exceto por Romanos, 1 e 2Coríntios, Gálatas

LIBERALISMO ALEMÃO

e Apocalipse, nenhum livro do NT, para Tübingen, era autêntico.

No que diz respeito ao AT, surgiu a teoria documentária, pela qual o Pentateuco foi dividido em pelo menos quatro diferentes fontes ou documentos, que se acreditava terem se originado em épocas diferentes, diversos séculos depois de Moisés. Essa hipótese foi plenamente desenvolvida por Karl Heinrich Graf (1815-1869), Abraham Kuenen (1828-1891) e Julius Wellhausen (1844-1918), que a trouxe à sua posição dominante no final do século XIX.

Subjacente, de modo implícito, à totalidade da investigação crítica da Bíblia, encontrava-se a filosofia idealista que se desenvolveu a partir do Iluminismo, na segunda metade do século XVIII, e culminou com os escritos de J. G. Herder (1744-1803), Hegel*, J. G. Fichte (1762-1814), F. W. J. von Schelling (1775-1854) e J. W. von Goethe (1749-1832). Deus era concebido como um Espírito Absoluto, manifestado de muitas formas e modos diferentes, principalmente como imanente na natureza e revelado na história e na humanidade. Acreditava-se ser essa revelação* geral, por toda a história, a todos os povos e culturas, e não uma revelação especial e miraculosa a uma nação específica, i.e., Israel. Assim, a religião judaica era considerada simplesmente uma religião comum entre todas as demais, tendo mitos e folclore parecidos e paralelos aos de outras culturas primitivas, desenvolvendo-se a partir de um simples começo para um culto sacerdotal complexo, de acordo com um padrão que poderia ser constatado de modo mais ou menos claro na história e na

cultura de qualquer povo ou nação. Tal como exatamente a Escola de Tübingen havia colocado os livros do NT sob a perspectiva história de Baur, assim também os estudiosos do AT enquadraram a literatura de Israel nesse esquema evolucionista de religião, determinando a data e a procedência de cada parte e cada seção conforme sua "tendência" melhor se encaixasse em uma estrutura histórica e religiosa predeterminada.

À obra de Strauss, seguiu-se uma série de outras obras do mesmo gênero, cada qual advogando uma interpretação própria, do autor, da vida de Jesus: a descrição racionalista (1855) de G. H. A. von Ewald (1803-1875); a monótona narrativa de três volumes (1867-1872) de K. T. Keim (1825-1878); uma *Nova Vida de Jesus* de Strauss (1864); e o ornamento sentimental (1863) de J. E. Renan (1823-1892) — para mencionar apenas as mais lidas. Por volta da década de 1880, esses livros e uma gama de obras menores estavam sendo avidamente traduzidas para o inglês, sendo por isso primordialmente essa erudição considerada como liberalismo na Grã-Bretanha. Somente a partir dessa década e da seguinte, viria o liberalismo a possuir um sentido mais estrito, que se originaria da teologia de Ritschl*.

A escola ritschiliana se tornaria, a partir da década de 1880, a influência dominante na esfera da dogmática. Foi o liberalismo dessa escola que determinou em grande parte a teologia não ortodoxa até a Primeira Guerra Mundial. Para Ritschl, o reino de Deus* era um reino ético e moral, que se desenvolveria e cresceria em direção à

LIBERALISMO ALEMÃO

maturidade, tendo Jesus como o grande exemplo a ser seguido pela humanidade. O pecado não constituía o mal radical da vontade humana, mas, sim, a ignorância que poderia ser perfeitamente corrigida por formação e educação. Para W. Herrmann*, discípulo de Ritschl, a descrição de Jesus contida nos evangelhos fornecia ao homem o exemplo ao qual deveria aspirar. Para A. Harnack*, o próprio Jesus nem mesmo era parte do evangelho: "Nem o Filho, mas o Pai somente, pertence ao evangelho, como Jesus proclamou". Para outros, Jesus era simplesmente um grande mestre moral que ensinava um reino puramente ético de bondade, amabilidade, tolerância e amor pelo próximo. Sua morte era considerada não uma expiação pelo pecado — que seria uma relíquia do judaísmo primitivo —, mas, sim, um exemplo maravilhoso de firmeza e resolução moral. Acima de tudo, o liberalismo reivindicava uma forma *não* dogmática de cristianismo, livre das algemas restringentes das doutrinas e credos tradicionais, ainda que retivesse um vestígio exterior que poderia passar por ortodoxia.

Tal era a essência do liberalismo alemão na virada do século XIX. Havia outros movimentos que negavam a autenticidade das Escrituras, tais como a escola da história das religiões*, mas que não se identificavam necessariamente com o liberalismo doutrinário dos ritschilianos. As distinções sutis entre esses vários pontos de vista, no entanto, não eram de grande importância para os crentes de pensamento tradicional ou ortodoxo, que consideravam toda a literatura não ortodoxa como igualmente liberal, incrédula ou ateísta.

Duas causas principais levaram ao declínio do liberalismo teológico na Alemanha.

A primeira foi o ataque violento desencadeado pelos racionalistas contra esse movimento, na década que precedeu a Primeira Guerra Mundial. Liderados por Albert Kalthoff (1850-1906) e Arthur Drews (1865-1935), que argumentavam simplesmente que Jesus nunca tinha vivido, os racionalistas consideraram a visão liberal de Jesus como situada justamente entre o Jesus sobrenatural da ortodoxia e suas próprias explicações racionalistas. Que fosse um ou outro, argumentavam, mas não metade de cada um! Esse posicionamento racionalista resultou numa longa e espinhosa controvérsia em que foram expostas muitas das falhas do ponto de vista liberal.

A segunda causa foi a própria Primeira Guerra Mundial por si mesma, que danificou a ideia básica liberal de uma civilização se desenvolvendo em bondade e perfeição. Tornou-se evidente que o mundo não estava ficando melhor. Além de tudo, o mal exposto pela avançada civilização europeia foi sem dúvida um golpe mortal na ideia liberal de que o mal era apenas resultado da ignorância e que poderia ser corrigido pela educação. Após a guerra, surgiu Karl Barth*, que, opondo-se radicalmente à teologia liberal de antes do conflito, proclamou que o Deus da Bíblia não deveria ser confundido com as ideias humanas a respeito de Deus.

Todavia, muito embora seja verdade que o liberalismo doutrinário recebeu uma severa coibição, o

LIBERALISMO E CONSERVADORISMO EM TEOLOGIA 614 ∎

liberalismo de erudição bíblica continuou se mantendo no esquema de demitização (ver Mito*) dos bultmanianos*. Foi, portanto, somente o velho liberalismo ritschiliano que teve fim, enquanto a incredulidade do liberalismo erudito na veracidade da Bíblia simplesmente adotava novas formas.

Bibliografia
A. I. C. Heron, *A Century of Protestant Theology* (Guildford/ London, 1980); H. R. Mackintosh, *Types of Modern Theology: Schleiermacher to Barth* (London, 1937); B. M. G. Reardon, *Liberal Protestantism* (London, 1968); C. Welch, *Protestant Thought in the Nineteenth Century*, vol. 1: 1799-1870 (New Haven, CT/London, 1972).

H.H.

LIBERALISMO E CONSERVADORISMO EM TEOLOGIA.
Ser "liberal", segundo uma descrição autolaudatória, implica estar pronto a ser receptivo a novas ideias e se manter liberto das restrições do tradicionalismo obscurantista e da intolerância irracional. Tem sido esta, em princípio, a posição relativa ao pensamento cristão, adotada, em ocasiões diversas, nos últimos 150 anos, por: a) católicos romanos franceses que favoreceram a democracia política e a reforma da Igreja; b) eclesiásticos anglicanos que aspiravam a uma certa liberalidade doutrinária; c} protestantes do mundo inteiro que sustentaram as ideias do pós-Iluminismo* procedentes de Schleiermacher* e Ritschl* em teologia, Kant* e Hegel* em filosofia, Strauss* e Julius Wellhausen em estudos bíblicos.

O liberalismo geralmente significa o padrão de pensamento encontrado nos grupos dos itens "a" e "b" acima. Desenvolvido por teólogos acadêmicos que eram realmente homens de seu tempo e críticos do pensamento anterior ao Iluminismo, o liberalismo tem mostrado, senão todos, em sua maioria, os seguintes aspectos:

1. O propósito de adaptar a substância da fé, seja ela concebida por qualquer meio, a pontos de vista naturalistas e antropocêntricos correntes, rejeitando os dogmas tradicionais, se necessário.

2. Uma visão cética a respeito do sobrenaturalismo* cristão histórico, assim como aversão em aceitar ou considerar qualquer coisa como certa simplesmente porque a Bíblia ou a Igreja assim o afirma; uma tendência de caráter positivista* em tornar "objetiva", "científica", antimiraculosa, a contribuição do ensino bíblico e eclesiástico; uma voluntariedade arrojada em elevar prontamente as opiniões dos eruditos dos dias de hoje, moldadas culturalmente, acima da tradição.

3. Uma visão da Bíblia como simplesmente um registro humano, passível de todo tipo de falha, do pensamento e da experiência religiosa, em vez de a revelação* divina da verdade e realidade a respeito da vida e do homem; dúvidas, mais ou menos extensivas, quanto aos fatos históricos sobre os quais os escritores da Bíblia baseiam o advento do cristianismo; insistência em que as igrejas deveriam ter um caráter nada dogmático, tolerar uma pluralidade e variedade de teologias e ideias e considerar como sua principal preocupação a ética

615   LIBERALISMO E CONSERVADORISMO EM TEOLOGIA

pessoal e social; a crença de que a tarefa cristã principal é a de procurar a renovação da sociedade, em vez de evangelizar o indivíduo.

4. Uma ideia, de ordem imanentista e subtrinitariana, de que Deus opera principalmente nos desenvolvimentos culturais, filosóficos, sociológicos, morais e estéticos da humanidade; uma cristologia* não encarnacional, que concebe Jesus como pioneiro e modelo religioso, homem supremamente cheio de Deus, em vez de o salvador divino; uma cosmovisão evolucionista (*cf.* Progresso*), que entende o plano de Deus como apenas o de aperfeiçoar uma humanidade tão somente imatura, e não de redimir, curar e libertar do pecado uma humanidade degradada e caída.

5. Uma visão, excessivamente otimista, de capacidade da humanidade civilizada de perceber Deus ao refletir sobre a própria experiência e de poder formular uma verdadeira teologia natural*; uma crença de que todas as religiões repousam na mesma percepção comum de Deus, diferindo somente nos detalhes e nas ênfases, de acordo com a posição que cada uma delas ocupa numa escala evolutiva ou ascensional; hostilidade e aversão para com qualquer afirmativa ou proclamação exclusiva da fé cristã (*cf.* Cristianismo e Outras Religiões*).

6. A negação de que a queda* de um casal humano primitivo trouxe culpa*, impureza e impotência espiritual sobre a humanidade, em favor de uma visão do ser humano se movendo espiritualmente de forma ascendente; negação da ideia substitutiva penal da expiação* e da justiça de Cristo imputada como base da justificação*, em troca de argumentações da influência moral, representativa e pioneira da morte de Cristo, ou a respeito de um Deus perdoador simplesmente porque a penitência nos torna perdoáveis; negação da segunda vinda de Cristo, em favor da crença de que simplesmente o progresso moral universal humano poderá estabelecer o chamado "reino de Deus"* sobre a terra.

O liberalismo dominou o protestantismo europeu durante meio século, até a Primeira Guerra Mundial, que destruiu simplesmente o exagerado otimismo liberal na raça humana, passando então a liderança do pensamento para o existencialismo* biblicista da genialidade neo-ortodoxa de Karl Barth*. No mundo de fala inglesa, formas reconstituídas de liberalismo, quase sempre em desacordo umas com as outras, ainda detêm uma relativa influência na teologia acadêmica.

O termo "conservadorismo" significa, de modo geral, a rejeição da perspectiva liberal como uma aberração um tanto ingênua, nem objetiva, nem científica, nem racional, sem qualquer sentido importante. Com isso, o propósito conservadorista é manter as doutrinas e disciplinas do cristianismo histórico intactas e não diluídas. Existem não poucos protestantes, evangélicos, anglo-católicos e católicos romanos conservadores. Há eruditos e teólogos bíblicos, congregações e denominações, diversas instituições e organizações paraeclesiásticas e de ensino cristão conservadores. Há uma literatura cristã conservadora e uma missiologia conservadora, em que a evangelização é colocada

LIMBO

616 ■

acima de tudo. Nesse sentido, o conservadorismo não implica posição política específica ou expectativa escatológica alguma, embora o contrário seja frequentemente alegado. O fundamentalismo*, com seu estilo próprio, é uma forma militante, quase extrema, de conservadorismo. O conservadorismo protestante tem ganhado grande força durante os quarenta últimos anos, mas é ainda uma posição minoritária nas igrejas mais antigas.

Ver também LIBERALISMO ALEMÃO; TEOLOGIA EVANGÉLICA.

Bibliografia
D. G. Bloesch, *Essentials of Evangelical Theology*, 2 vols. (San Francisco, 1978); R. J. Coleman, *Issues of Theological Conflict: Evangelicals and Liberals* (Grand Rapids, MI, 1980); J. D. Douglas (ed.), *Let the Earth Hear His Voice: International Congress on World Evangelization* (Minneapolis, 1975); G. M. Marsden, *Fundamentalism and American Culture* (New York, 1980); J. I. Packer, *"Fundamentalism" and the Word of God* (London, 1958); B. Reardon, *Liberal Protestantism* (London, 1968).

J.I.P.

LIMBO. Na teologia católica-romana, esta palavra (lat. limbus, borda, margem, extremidade) significa uma região na fronteira do inferno que se acredita ser local espiritual daqueles destinados a não experimentar após a morte nem a angústia do inferno nem as alegrias do céu, tampouco as injunções do purgatório*. Sob essa visão, o limbo é a morada de duas categorias de falecidos:

1. Aqueles que na terra não ganharam o uso da razão e não foram batizados, bebês, crianças pequenas (*limbus infantium*, "limbo dos infantes"), pessoas incapazes ou deficientes mentalmente. Embora inocentes de culpa pessoal*, seu pecado original, no entanto, não foi removido pelo batismo*. De acordo com o papa Inocêncio III (1160-1216), a punição do pecado original é a privação da visão beatífica de Deus*. Alguns escritores sustentam que, no caso de bebês e criancinhas, estes têm de algum modo consciência de sua exclusão permanente da bem-aventurança eterna; já outros creem que se mantêm inconscientes dessa perda ou em um estado de felicidade natural, tal como aquele que Adão desfrutou antes da queda*.

2. Os santos do AT, antes de sua libertação por Cristo em sua "descida ao inferno" e da ascensão deles ao céu (ver Escatologia*) (*limbus patrum*, "limbo dos Pais", algumas vezes referidos como *sinu Abrahae*, "seio de Abraão", com base em Lc 16.22).

Bibliografia
P. Gumpel, Limbo, *SM* III, p. 139.

M.J.H.

LINGUAGEM RELIGIOSA. Linguagem expressa em mandamentos, questões, julgamentos morais, afirmações históricas, louvor, oração, etc. A maior parte dessas expressões possui algo em comum com as da linguagem não religiosa.

Há dois modos de linguagem religiosa, porém, em que podem surgir alguns problemas, particularmente quando se fazem afirmações a respeito de Deus.

617

LINGUAGEM RELIGIOSA

Um deles é reconhecido há séculos. Deus não pode ser descrito em palavras humanas sem torná-lo menos do que ele verdadeiramente é. A linguagem que usamos foi desenvolvida para descrever as criaturas e as coisas, não o Criador (*cf.* Antropomorfismo*). Todavia, não dispomos de outra, e se a inventássemos, e mesmo que não fosse falsa em relação às Escrituras, como entenderíamos os seus termos a não ser definindo-os justamente por meio de palavras que já entendemos?

Várias soluções têm sido propostas, que negam a verdade *literal* de certas asserções religiosas, mas mantêm o sentido de sua verdade, embora não literal, supostamente adequado. Uma delas é a teoria da *analogia**: as palavras aplicadas a Deus devem ser tomadas como significando alguma coisa análoga ao seu significado normal, mas diferindo, naquilo em que estão sendo usadas, de assunto tão diverso.

Outra solução é que os termos religiosos são *simbólicos*. Eis uma palavra extremamente vaga, usada de modos muito variados. "Símbolo" pode ser talvez mais bem entendido como uma espécie de metáfora que não há como ser traduzida em termos não metafóricos. De acordo com a visão de C. A. Campbell (1897-1974), as emoções que sentimos ao encontrar ou contemplar Deus (*e.g.*, adoração) se parecem com (ou apontam na mesma direção que) nossas emoções como amor ou admiração, e em direção oposta a nossas emoções como desprezo ou ódio, para com os seres humanos. As qualidades que amamos e admiramos nos seres humanos, como a bondade,

podem, portanto, agir como símbolos para as qualidades divinas às quais correspondem. De modo quase similar, C. S. Lewis* aponta para a forma como os poetas atingem seus efeitos ao gerar em nós emoções adequadas ao assunto do poema e descrever, assim, algo que nunca experimentamos. A linguagem religiosa, embora em parte, não toda, opera do mesmo modo.

As ideias de H. L. Mansel (1820-1871) e Edwyn Bevan (1870-1943) são também "simbolistas", mas de modo diverso. Para eles, as noções humanas de Deus são inadequadas; todavia, as que se revelam na Escritura são as melhores de que dispomos e suficientes para guiar nossa vida, embora não provavelmente para nos permitir especulações. (O problema aqui é se a "revelação", por si mesma, é um conceito adequado.)

Uma abordagem menos radical é a que sustenta que os conceitos aplicados a Deus são, na verdade, conceitos humanos, mas já tendo sido removidos todos os defeitos encontrados nos exemplos dos homens, e as qualidades concebidas estando em completa perfeição. Os tomistas* consideram essa abordagem como uma forma de analogia. Duns Scotus*, no entanto, e de modo certamente correto, pensava que isso seria usar as palavras em seu sentido natural — de modo que nossa dificuldade original fosse, talvez, injustificada.

Mais recentemente, têm ocorrido debates sobre problemas levantados inicialmente pelo positivismo* lógico, que alegava que todas as afirmações (além das tautologias), para ter significado, devem ser verificáveis por meio dos sentidos.

LINGUAGEM RELIGIOSA

Muitas afirmações feitas pelos cristãos, todavia, parecem falhar nessa verificação. Como pode, por exemplo, a experiência de "Jesus Cristo ser meu salvador" vir a ser constatada? Ainda que o positivismo lógico em si mesmo não tenha durado muito tempo, permanecem, porém, questões de significado na linguagem religiosa que essa corrente levantou. Palavras e sentenças, é de se ressaltar, podem ser usadas de muitas maneiras, não somente para registrar fatos; e filósofos como R. Braithwaite, R. M. Hare (1919-2002) e D. Z. Phillips (n. 1934) têm afirmado que as asserções religiosas não são propriamente afirmativas a respeito de assuntos de fato. O que realmente elas *são* é questionado: podem expressar uma resolução, ou um modo de entender o mundo; ou ainda, em termos extraídos de Wittgenstein*, a religião poderia ser vista como uma "forma de vida" ou um "jogo de linguagem". O debate *dentro* da "forma de vida" é válido, mas a respeito da forma em si não pode ser, quer ela adotada quer não. Já que não se afirma fato algum, todas as religiões se tornam imunes à crítica e, do mesmo modo, é impossível sua defesa pelo uso da apologética*. (Assim também, sustentam alguns, ocorre com outros "jogos de linguagem", como a ciência — ou a astrologia.) O problema dessas teorias é que, na verdade, poucos crentes têm percebido se há ou não conteúdo factual quanto ao que professam; supõem apenas que crendo em Deus, na salvação de Cristo ou na vida eterna, estão crendo em alguma coisa verdadeira. (Os incrédulos, por sua vez, pensam que os cristãos creem em alguma coisa falsa, que só pode ser criticada por sua falsidade.)

Os filósofos mais moderados têm argumentado que, embora as experiências sensórias diárias possam não justificar asserções religiosas, há outras experiências que podem e fazem isso. Assim, Ian Ramsey* sugere que situações religiosas envolvem discernimentos especiais associados a um comprometimento total, não sendo de admirar, por isso, que seja necessária uma linguagem ímpar para falar a respeito delas. Essa linguagem, segundo ele, frequentemente toma a forma do uso de um "modelo" e qualificando-o, como, por exemplo, ao descrever Deus como nos amando *infinitamente* — noção bem próxima à da analogia. John Hick* e I. M. Crombie assinalam que o cristianismo, como muitas outras religiões, crê que esta vida não é a única, de modo que as asserções cristãs que não podem ser verificadas agora serão verificáveis, certamente, no porvir.

É quase certo que as afirmações que os crentes fazem normalmente não precisam ser entendidas como se estivessem usando uma linguagem estranha ou especial. (Há, sem dúvida, uma "terminologia técnica" ou específica, restrita ao contexto religioso ou teológico cristão, mas isso é verdadeiro também para quaisquer outras áreas e atividades, desde a informática até a bioquímica ou o futebol.) O que há de especial, no caso, são os assuntos bastante importantes que constituem aquilo a respeito do que falam, e o compromisso que normalmente acompanha a declaração ou proclamação que fazem.

619 LLOYD-JONES, DAVID MARTYN

Bibliografia

E. R. Bevan, *Symbolism and Belief* (London, 1962); C. A. Campbell, *On Selfhood and Godhood* (London, 1957); J. Duns Scotus, *Philosophical Writings*, ed. A. Wolter (London, 1962), p. 19-25; J. Hick (ed.) *The Existence of God* (London, 1964); A. Keightley, *Wittgenstein, Grammar and God* (London, 1976); C. S. Lewis, *Christian Reflection* (London, 1967); E. Mascall, *Words and Images* (London, 1957); D. Z. Phillips, *Faith and Philosophical Enquiry* (London, 1970); I. Ramsey, *Religious Language* (London, 1957); R. Trigg, *Reason and Commitment* (London, 1973). (Ver também Bibliografia sobre Analogia.)

R.L.S.

LITURGIA, ver TEOLOGIA DA ADORAÇÃO; TEOLOGIA LITÚRGICA.

LIVRO DA CONCÓRDIA, ver CONFISSÕES DE FÉ.

LLOYD-JONES, DAVID MARTYN (1899-1981). Embora nascido no País de Gales, Lloyd-Jones completou sua formação educacional e depois profissional na Marylebone Grammar School e no St. Bartholomew's Hospital, em Londres. Tinha pela frente promissora carreira como médico quando, em 1926, após severa luta interior, assumiu o compromisso de exercer o ministério cristão. Após notável pastorado em Aberavon (1927-1938), foi chamado para ser colega e depois sucessor de G. Campbell Morgan (1863-1945) na igreja Westminster Chapel, na capital britânica. Desde o começo, exerceu papel de liderança na InterVarsity Fellowship (união ingle-

sa de educandários e agremiações estudantis), além de participar da fundação de novas instituições educacionais e culturais cristãs na Inglaterra, como a Evangelical Library [Biblioteca Evangélica], o London Bible College [Colégio Bíblico de London] e a International Fellowship of Evangelical Students [União Internacional de Estudantes Evangélicos].

Embora haja dedicado constantemente boa parte de seu tempo ao apoio e à ajuda a estudantes, ministros e missionários, foi o púlpito, no entanto, a atividade mais significativa de seu ministério. Fazendo uso de competente exposição da Palavra e aplicação às Escrituras, buscou restaurar a verdadeira natureza da pregação*, rejeitando a opinião então prevalecente de que o conhecimento científico já tornara superada a crença na inerrância da Bíblia (ver também Infalibilidade*). Considerava a fé na Palavra de Deus e a dependência ao Espírito Santo como as principais necessidades do cristianismo contemporâneo, assim como achava que a descrença humana era um problema moral, e não intelectual (ver sua obra *Truth Unchanged, Unchanging* [Verdade inalterada, inalterável], London, 1951). Introduziu novamente a pregação expositiva consecutiva, com a publicação, a seguir, de *The Sermon on the Mount* [O Sermão do Monte] (London, 1959-1960), *Ephesians* [Efésios] (Edinburgh, 1974-1982), *II Peter* [2Pedro] (Edinburgh, 1983), e *Romans* [Romanos] (London/Edinburgh, 1970-). A maior parte de sua pregação era evangelística, tendo vivido de forma itinerante continuamente por cerca de cinquenta anos, visitando

LOCKE, JOHN

inclusive países da Europa continental e os Estados Unidos nas férias de verão.

Plenamente comprometido com o metodismo calvinista*, o ministério de Lloyd-Jones não combinava com o etos religioso prevalecente no País de Gales e na Inglaterra. Conquanto colaborasse constantemente com diversas instituições evangélicas, suas convicções sobre a importância da teologia reformada* manteve-o distante de qualquer outra identificação. Todavia, esteve intensamente envolvido com um movimento de despertamento doutrinário, iniciado por meio da InterVarsity Fellowship, das Conferências Puritanas e da editora Banner of Truth Trust, que depois viria a ser a sua principal publicadora.

Em seus últimos anos, marcados por um declínio geral do cristianismo na Inglaterra, Lloyd-Jones exortou as igrejas à necessidade da unidade evangélica, acima da fidelidade denominacional, como prioridade. Não propunha uma nova denominação, mas, sim, instava sobre a importância da verdadeira união das igrejas, que esperava poder ver expressa, um dia, no Conselho Evangélico Britânico [British Evangelical Council]. Advertia que a neutralidade evangélica em relação ao movimento ecumênico* estava contribuindo para a difusão de ideias de baixo nível a respeito da fé salvadora.

Deixando a Westminster Chapel em 1968, manteve-se, todavia, ativo na pregação e preparação de sermões para publicação até pouco antes de sua morte. Com sua palavra e seus escritos, LLoyd-Jones influenciaria profundamente a to-

talidade do mundo de fala inglesa, sendo incluído para sempre na tradição dos grandes evangelizadores e teólogos reformados e puritanos, como Whitefield*, Edwards* e Spurgeon*. Nada menos que alguém do porte de Emil Brunner* chegar a defini-lo como "o maior pregador do cristianismo nos dias de hoje".

Bibliografia

D. M. LLoyd-Jones (além das obras citadas acima, *Preaching and Preachers* (London, 1971), que dá uma noção incalculável de suas ideias sobre o ministério. Para conhecer sua biografia, ver C. Catherwood, *Five Evangelical Leaders* (London, 1984); *idem* (ed.), *Chosen by God* (Crowborough, 1986); B. Lloyd-Jones, *Memories of Sandfields* (Edinburgh, 1983); I. H. Murray, *D. Martyn Lloyd-Jones: The First Forty Years, 1899-1939* (Edinburgh, 1982); J. Peters, *Martyn Lloyd-Jones: Preacher* (Exeter, 1986).

I.H.Mu.

LOCKE, JOHN (1632-1704). Primeiro dos grandes filósofos empiristas* da Inglaterra, Locke sustentava que o conhecimento deriva somente da experiência, buscando abranger, nessa base, desde o senso comum até a ciência. Em política, sua insistência em que o governo deve se apoiar no consentimento dos súditos e sua defesa da supervisão e estabilidade constitucional foram notadamente influentes durante a Revolução Americana.

Seu *Essay Concerning Human Understanding* [Ensaio sobre o conhecimento humano] (1690) supõe a aquisição de conhecimento religioso tanto por meio da razão quanto da revelação*. Sua obra

The Reasonableness of Christianity [A razoabilidade do cristianismo] (1695) faz a defesa da revelação: ela é garantida pelos milagres* de Cristo e pelo cumprimento da profecia* e se faz necessária tanto pela impossibilidade da salvação pelas obras quanto porque a razão não revela, de fato, a plena verdade a respeito de Deus ou dos nossos deveres. A fé, que Deus aceita em substituição a toda a justiça pela lei, é simplesmente a crença de que Jesus é o Messias; crenças mais elaboradas são desnecessárias e não foram pregadas por Jesus ou seus apóstolos. (As epístolas foram escritas para os crentes, que já conheciam tudo o que era necessário à salvação.)

A ênfase de Locke sobre a razão e o seu elemento doutrinário mínimo ajudaram no crescimento do deísmo* — o que certamente não era sua intenção. Ele influenciou também teólogos ortodoxos, como foi o caso de Jonathan Edwards*.

Bibliografia
J. Locke, *Essay*, frequentemente reimpresso; condens./ed. A. D. Woozley (London, 1964); *Reasonableness*, condens./ed. I. Ramsey (London, 1958); *Two Treatises of Government* (London, 1975).

R. I. Aaron, *John Locke* (Oxford, [2]1955).

R.L.S.

LÓGICA EM TEOLOGIA. A lógica é o estudo das condições de inferência válida e dos métodos de prova. Em sentido mais amplo, diz respeito a estruturas e princípios de raciocínio e argumentação sadia. A lógica é importante para toda área da vida em que for usada uma argumentação. Seus métodos se distinguem entre raciocínio correto e incorreto e argumentos bons e maus. Os especialistas em lógica estão interessados na forma do argumento, e não no seu conteúdo, de modo que não é necessário que um argumento logicamente válido seja baseado em premissas verdadeiras: o argumento pode ser válido mesmo que as premissas sejam falsas. No exame da relação entre as premissas de um argumento e sua conclusão, observa-se que há duas formas principais de inferência. A dedução implica uma relação necessária, de modo que a aceitação das premissas significa a aceitação posterior da conclusão supostamente mais correta; a indução implica somente uma probabilidade na relação entre premissas e conclusão. A lógica dedutiva repousa no princípio da não contradição e está interessada na validade, e não propriamente na verdade. A lógica indutiva está mais interessada nos padrões de raciocínio usados no raciocínio empírico e científico, em que o que seja razoável ou provável não está baseado em evitar contradição.

Como a lógica está voltada para a forma, ela é neutra e simplesmente uma ferramenta para permitir que o argumento apropriado se manifeste. As variedades de sistemas e notações lógicos parecem, no entanto, sugerir algumas suposições a respeito da natureza da realidade e da necessidade de ser examinada nessa base.

Os teólogos usam argumentos na discussão e apresentação da fé cristã. Consequentemente, é essencial que entendam e usem os meios lógicos de forma devida, para evitar contradições e apresentar, com

LOGOS

argumentação válida, a verdade do que defendem. Os teólogos medievais usaram vários argumentos dedutivos e indutivos da variedade ontológica e cosmológica para provar a existência de Deus (ver Teologia Natural*). Argumentavam dedutivamente que, a partir da aceitação do conceito de Deus como "aquele do qual nada maior pode ser concebido", Deus deve necessariamente existir, porque existir é mais perfeito do que não existir. Isto conduziu a um debate filosófico sobre a natureza da existência, necessidade, perfeições, conceitos e suas relações com a realidade. Os argumentos cosmológicos argumentavam indutivamente, a partir dos aspectos de nossa experiência do mundo, como movimento, causa, ser, valores, o propósito para uma fonte de tudo isso a que se chamava Deus. A crítica desses argumentos se centrou no relacionamento entre cada premissa do argumento e sua alegada conexão com a conclusão. Alegou-se que esses argumentos haviam dado um salto ilícito a partir da experiência deste mundo para uma esfera transcendente.

A teologia moderna tem revitalizado as provas da existência de Deus, mas usa de argumento lógico para defender a teologia dos ataques filosóficos. Esses ataques enfatizam as contradições na teologia, seja na natureza de Deus seja em nosso falar a respeito de Deus, Cristo, o Espírito Santo e de outras doutrinas. A tarefa do teólogo cristão é clarificar a natureza das premissas, a validade das conclusões e a verdade das alegações feitas pelos cristãos usando tanto o raciocínio dedutivo quanto o indutivo.

Bibliografia

E. J. Lemmon, *Beginning Logic* (London, 1965); S. E. Toulmin, *The Uses of Argument* (Cambridge, 1958); N. Wolterstorff, *Reason within the Bounds of Religion* (Grand Rapids, MI, 1984).

E.D.C.

LOGOS. O termo grego *logos* pode indicar discurso ou razão. É teologicamente importante porque Cristo é entendido como o *Logos*, no prólogo de João (1.1-18) e depois nos pais primitivos. Esses dois casos devem ser considerados separadamente:

1. Na filosofia grega, o conceito sobre o *logos* é primeiramente encontrado em Heráclito (século V a.C.), como o princípio unificador e racional que sustenta um mundo em fluxo perpétuo. Para os estóicos* (*c.* 300 a.C. em diante), o *logos* era o princípio ativo e unificador do universo e fonte de todas as coisas existentes por meio das *logoi spermatikoi*, sementes das quais as coisas vêm à existência. O *logos* era também a lei natural*, em conformidade com a qual as pessoas deviam viver. No judaísmo helênico de Fílon*, o termo "logos" denotava o instrumento pelo qual o mundo fora criado e representava uma ponte entre um Deus transcendente e o mundo material.

Da perspectiva do AT, o conceito evoca a palavra de Deus que chamou à existência a criação (Gn 1.1-3; Sl 33.6,9); a palavra reveladora que veio aos profetas (Jr 1.4,11; 2.1) e que foi pregada por eles (Jr 2.4; 7.2); a palavra como equivalente à lei (Sl 119.9,105) e a palavra como agente de salvação (Sl 107.20) ou de juízo de Deus

(Jr 23.29; Os 6.5) e que cumpriria o propósito a que fora designada (Is 55.11). Essa palavra continha também, provavelmente, ecos do conceito da divina sabedoria* que se encontra em Provérbios 8.22-31.

Embora toda essa base seja importante, João rompe categoricamente com os conceitos gregos, indo além da perspectiva do AT ao afirmar a preexistência pessoal e a encarnação* do *Logos*. Seu foco não se volta para qualquer dos conceitos metafísicos do *Logos*, mas, sim, para a identificação de Cristo como o *Logos* divino, por quem o mundo foi feito, a luz dos homens que, todavia, foi rejeitado, e que se tornou carne para capacitar os seres humanos a se tornarem de fato filhos de Deus.

2. Nos escritos pós-NT, o conceito de *Logos* do prólogo de João tornou-se importante nas primeiras formulações da relação de Cristo com a Divindade (ver Cristologia*; Trindade*). Usando os conceitos gregos acima mencionados e o estoicismo modificado do platonismo* médio, os apologistas* procuraram manter tanto o monoteísmo* quanto a divindade de Cristo. Era Cristo por eles entendido como tendo sido a razão imanente (*logos endiathetos*) do Pai, surgida e existente antes da criação (*logos prophorikos*, a palavra proferida), sendo então, embora já existente no Pai, gerada, manifesta, para se tornar homem na encarnação*.

O *Logos* era, dessa forma, entendido como: a) revelador e intérprete do Pai invisível e transcendente; b) o princípio racional em Deus, relacionado à razão do homem (para Justino Mártir e Clemente de Alexandria*, o *Logos* era o inspirador da melhor filosofia grega); c) a (expressão da) vontade do Pai, mantendo assim a unidade de palavra e atos vista na compreensão que o AT tinha da palavra de Deus.

Embora essa perspectiva evitasse os extremos do modalismo (*cf.* Monarquianismo*), do subordinacionismo (ver Trindade*) e do adocianismo*, a ideia de "datação" da geração do Filho no tempo criou dificuldade. Por outro lado, o conceito (de Fílon) do *Logos* como intermediário entre um Deus transcendental e o mundo material (*e.g.*, em Justino Mártir) levou facilmente a alguma forma de subordinacionismo. Mais tarde, a teologia trinitária desenvolveu diferentes linhas, mas reteve o termo *Logos* como um título de Cristo.

Bibliografia

A. Debrunner *et al.*, *in: TDNT*, p. 71-136; G. Fries *et al.*, *in: NIDNTT* III, p. 1081-1117; J. N. D. Kelly, *Early Christian Doctrines* (London, [5]1977); G. E. Ladd, *A Theology of the New Testament* (Grand Rapids, MI, 1974); G. L. Prestige, *God in Patristic Thought* (London, 1952).

T.G.D.

LOISY, **A. F.**, ver MODERNISMO CATÓLICO.

LOMBARDO, **PEDRO** (c. 1100-1159). Nasceu em Navarra, na região da Lombardia. Estudou nas Universidades de Bolonha, de Reims e de Paris. A partir de cerca de 1140, passou a ensinar em Paris, onde se tornou bispo em 1158 e pouco depois morreu.

Dos seus sermões, 20 sobrevivem, juntamente com comentários sobre os Salmos e sobre as cartas de

LOMBARDO, PEDRO

Paulo, esses últimos escritos entre 1139 e 1142. Mas é lembrado principalmente por seus *Quatro livros das sentenças* (*Sententiarum Libri Quatour*), que cobrem: Trindade, providência e mal (Livro I); criação, pecado e graça (Livro 2); encarnação, redenção, virtudes e mandamentos (Livro III); sacramentos e as quatro últimas coisas (Livro IV). Nessa obra, Pedro discute várias questões teológicas e as resolve mediante referência à Bíblia, aos pais (especialmente Agostinho*) e a outras autoridades. Ele cita excertos (*sententiae*, "sentenças", significando máximas ou opiniões) e usa a razão, a dialética e a lógica* para arbitrar entre eles. Segue os métodos dos defensores* do cânon, como Graciano, que tinham sido aplicados à teologia por Pedro Abelardo*. Mas enquanto Abelardo carecia de autoridade, Lombardo encontraria aprovação geral. Bernardo de Claraval*, que tinha perseguido Abelardo, recomendou Lombardo.

Todavia, embora usando métodos utilizados por Abelardo, Lombardo os conjuga com um respeito pela autoridade, não característico em Abelardo. Seu alvo, na verdade, não era introduzir novas ideias, mas simplesmente decidir a verdade sobre a base das autoridades estabelecidas. Em uma área, porém, ele abre um novo terreno: na teologia dos sacramentos*. Foi, provavelmente, o primeiro a oferecer o que é agora a lista-padrão católica de sete sacramentos.

O conceito de sete sacramentos obteve rápida aprovação, por ser o sete considerado "o número perfeito". Mas nem todos concordaram com Lombardo, na ocasião, quanto aos sete ritos que ele incluiu no número. No devido tempo, no entanto, sua lista prevaleceu, sendo definida como ortodoxia pelo Concílio de Florença, em 1439. Seu rol tinha por base a distinção, que fazia, entre o único sacramento propriamente dito, que supunha haver sido instituído pelo próprio Jesus Cristo, e os demais ritos, considerados menos importantes, os chamados "sacramentais". Argumentava, além disso, que um sacramento não é simplesmente o "sinal visível de uma graça invisível" (Agostinho), mas também a *causa* efetiva daquela graça. Aqui, mais uma vez, sua visão prevaleceu.

A teologia de Pedro Lombardo não encontrou aceitação imediata. A ortodoxia de seu ensino sobre as doutrinas da Trindade e sobre a pessoa de Cristo foi questionada inicialmente por Joaquim* de Fiore (c. 1135-1202) e outros. No Quarto Concílio de Latrão, em 1215, foi, no entanto, plenamente aceita, o que o encorajou à difusão do uso de suas *Sentenças*. Elas se tornaram o padrão de manual teológico entre os estudiosos católicos, que continuaram a compulsá-las até mesmo depois da Reforma. Assim, durante séculos, escrever um comentário sobre as *Sentenças* de Lombardo fazia parte, como que obrigatoriamente, da preparação para um doutorado em teologia. Lombardo veio a ser conhecido, por isso, e com toda a razão, como "o Senhor das Sentenças".

Bibliografia

Obras, *in*: *PL* 191-192; *Libri IV Sententiarum*, 2 vols. (Quaracchi, [2]1916). Seleções TI, *in*: E. R. Fairweather, *A Scholastic Miscellany:*

Anselm to Ockham (*LCC* 10; London, 1956); R. McKeon, *Selections From Medieval Philosophers*, 2 vols. (New York, 1929-1930).

P. Delhaye, *Pierre Lombard: sa vie, ses oeuvres, sa morale* (Montreal/ Paris, 1961); J. de Ghellinck, Pierre Lombard, in: *DTC* 12, cols. 1941-2019; E. F. Rogers, *Peter Lombard and the Sacramental System* (New York, 1917).

A.N.S.L.

LONERGAN, BERNARD (1904-1984). Teólogo jesuíta* canadense. Após ensinar no Canadá (1940-1953), Lonergan foi lecionar Teologia na Universidade Gregoriana de Roma, onde permaneceu até sua aposentadoria, em 1965, após o que voltou a viver na América do Norte. Dedicou-se durante sua vida ao estudo da pesquisa intelectual, em geral, e do método teológico*, em particular. Em suas primeiras obras sobre doutrinas cristãs específicas, começou a desenvolver seu próprio método, para o qual uma obra sua sobre Tomás de Aquino* também prepararia o caminho de estudo. Em seu livro Insight [Introspecção] (1957; London, 31983), aborda a estrutura do entendimento humano em todos os campos do conhecimento e depois, especialmente em Method in Theology [O método em teologia] (London, 1972), aplica seu pensamento à questão do método teológico.

Lonergan buscou um "método transcendental" de refletir sobre a atividade do conhecer, uma pesquisa dentro da pesquisa. Isso revelaria uma estrutura cognitiva básica comum a todo conhecimento humano, em todas as áreas do saber. Para ele, em todo conheci-mento, há três operações envolvidas, ou seja, experiência, entendimento e julgamento, e uma quarta — decisão —, em que resolvemos agir com base no que conhecemos. A atividade do conhecimento pode ser, assim, resumida em quatro "preceitos transcendentais" de Lonergan: ser esforçado, inteligente, razoável e responsável. Mediante o uso do método transcendental de refletir, aplicado à estrutura dinâmica de todo conhecimento, ocorre, segundo ele, uma elevação da consciência e um movimento para a interiorização, "uma apropriação pessoal da própria autoconsciência racional de alguém" e que Lonergan chama de "conversão intelectual".

Em discussão bastante complexa, o texto de *Insight* se move, a partir de uma análise cognitiva, através da epistemologia*, para a metafísica* e uma espécie de teologia natural*. As três operações envolvidas no conhecimento levam além do realismo e do idealismo* ingênuos para a espécie de realismo crítico implícito na combinação das três operações. O conhecimento é o conhecimento objetivo da realidade, e a realidade é inteligível. O desejo ilimitado da humanidade de conhecer a realidade inteligível aponta para Deus.

Em sua obra sobre o método teológico, Lonergan apresenta seu esquema de operações mentais, dividindo também a tarefa teológica em oito "especialidades funcionais". Não são elas, todavia, as especializações usuais da teologia (estudos do AT, patrística, etc.), mas, sim, "fases distintas e separadas de um processo único, a partir dos dados para os resultados definitivos". Há uma sequência de especialidades

LULL, RAYMOND

em duas fases. As da primeira fase (pesquisa, interpretação, história, dialética) são voltadas para o entendimento da religião no passado: assimilar e avaliar a tradição; as da segunda fase (fundamentos, doutrinas, sistemática, comunicação) são atinentes à apropriação, interpretação e comunicação contemporâneas. Os quatro níveis de operação mental (experiência, entendimento, julgamento, decisão) operam todos em cada especialidade, mas, em cada uma delas, visando a alcançar o fim próprio a um nível único. Assim, por exemplo, na primeira fase, a pesquisa corresponde à experiência; a interpretação ao entendimento; a história ao julgamento; e a dialética à decisão.

De interesse especial é a transição da primeira fase para a segunda, por meio da dialética e dos fundamentos. A dialética põe em ordem e esclarece os conflitos fundamentais que surgem na tradição religiosa e dela procedem, e que podem ser resolvidos ou superados com base em uma perspectiva intelectual fundamental, moral ou religiosa. Tal perspectiva resulta da conversão (intelectual, moral ou religiosa), sendo expressa na quinta especialidade, que são os fundamentos. Assim, embora as especialidades da primeira fase não pressuponham conversão, as da segunda fase a pressupõem. Uma apropriação pessoal da tradição é exigida para sua mediação contemporânea.

Ao delinear essa série de etapas interdependentes em um único processo da obra teológica, Lonergan objetiva unificar a área total do empenho teológico, proporcionan-

do "uma estrutura para a criatividade colaborativa". Seu método, como tal, não é confessional*, mas ecumênico*, de forma que fornece uma estrutura metodológica para o estudo e a avaliação em teologia em todas as tradições religiosas, e de um modo não meramente fenomenológico*, mas adequadamente teológico. Lonergan tem feito discípulos entusiastas, embora os primeiros resultados de seu método só recentemente tenham começado a aparecer.

Bibliografia

Collection (London, 1968); A Second Collection (London, 1974).

P. Corcoran (ed.), Looking at Lonergan's Method (London, 1975); H. A. Meynell, An Introduction to the Philosophy of Bernard Lonergan (London, 1976); M. C. O'Callaghan, Unity in Theology: Lonergan's Framework for Theology in its New Context (Lanham, MD, 1983); D. Tracy, The Achievement of Bernard Lonergan (Freiburg, 1970).

R.J.B.

LULL, RAYMOND (c. 1232-1316). O pai de Lull participou da esquadra naval que libertou Maiorca dos mouros islâmicos. O jovem cresceu com relacionamentos influentes, que lhe permitiam considerável número de viagens e contatos com os mouros. Uma série de visões de Cristo o fez voltar-se de uma vida dissoluta para a segurança dos pecados perdoados e dedicação total a uma missão entre os muçulmanos. Sua aspiração era tríplice: 1. escrever livros sobre apologética*, especialmente para os muçulmanos; 2. inspirar papas, prelados e príncipes na fundação de educandários para

LUTERANISMO E TEOLOGIA LUTERANA

o estudo das ciências cristãs e do idioma árabe; 3. dar sua vida, se necessário, como mártir cristão entre os muçulmanos.

1. Lull rompeu com a tradição medieval ao escrever não somente em latim, mas também em seu catalão nativo e em árabe. Foi prolífico, produzindo cerca de 290 livros, dos quais cerca de 240 ainda sobrevivem. Amava alegorias religiosas com objetivos apologéticos. *The Book of the Gentiles and the Three Wise Men* [O livro dos gentios e os três sábios] e *Blanquerna* tipificam isso. Escreveu também obras semiautobiográficas como *The Book of Contemplation* [O livro da contemplação], em sete volumes, em árabe, e obras mais diretamente apologéticas — *e.g.*, *The Great Art* [A grande arte], mediante a qual prestou exames na Universidade de Paris em 1287 e ganhou seu título de mestre. Nessa obra, Lull procura dar respostas indiscutíveis a questões de teologia (particularmente nas doutrinas da Trindade* e da encarnação*), de metafísica e de ciências naturais. A filosofia aristotélica* e a teologia escolástica* são nelas amalgamadas — assim como Tomás de Aquino*, Al Ghazzali (teólogo de formação muçulmana, 1059-1111) e o filósofo judeu Maimônides (1135-1204).

2. Lull viajava de modo amplo e frequente para compartilhar sua visão da fundação de educandários com o papa, prelados e príncipes. Muitas vezes, porém, suas visitas coincidiam com a realização de eventos, o que impedia que os líderes pudessem dar a devida atenção a seus projetos. Persuadiu, porém, o rei Jaime, de Maiorca, a estabelecer um colégio em Miramar, com treze frades, o qual, todavia, para tristeza de Lull, durou apenas dezesseis anos. Então, em 1285, o papa Honório IV foi por ele levado a estabelecer uma escola que ensinava árabe e outras línguas em Paris. O próprio Lull não só dedicou nove anos após sua conversão ao estudo do árabe e do latim, como também lecionou esses idiomas, depois, na Universidade de Montpellier e os utilizou em Paris, combatendo as heresias dos averroístas*.

3. Lull realizou três marcantes viagens missionárias ao norte da África em 1291, 1307 e 1313. Era seu costume desafiar os principais líderes muçulmanos a debate, sob o pretexto de que se tornaria muçulmano se vencido pelos argumentos contrários. Fez pregação evangelística também em ruas e mercados públicos. Tal como o apóstolo Paulo, experimentou naufrágio, pregou a visitantes na prisão e enfrentou violento tumulto. Somente em sua terceira viagem, ao alcançar a idade de 80 anos, teve a alegria de ver pessoas convertidas a Cristo, tanto simples aldeãos quanto destacados líderes mouros em Túnis. Por fim, foi apedrejado nas ruas de Bugia e morreu como mártir.

Ver também ISLÃ E CRISTIANISMO.

Bibliografia
E. A. Peers, *The Fool of Love: The Life of Ramon Lull* (London, [2]1948); F. A. Yates, *Lull and Bruno* (London, 1982); S. M. Zwemer, *Raymond Lull, First Missionary to the Moslens* (New York/London, 1902).

M.F.G.

LUTERANISMO E TEOLOGIA LUTERANA. A Reforma luterana foi,

LUTERANISMO E TEOLOGIA LUTERANA

preeminentemente, um movimento teológico. Sua meta dominante não era mudar as estruturas políticas e sociais. Embora tenha tido um efeito profundo sobre a vida política, social e acadêmica na Europa Ocidental, a Reforma foi profundamente religiosa e evangélica. A meta de toda a atividade e produção teológica de Lutero* era encontrar o Deus da graça e levar a ele pecadores para a salvação*. As contribuições significativas em liturgia, catequese* e hinódia*, e até mesmo a profunda preocupação de ordem e justiça social, tudo isso serviu e colaborou em sua busca de alcançar esse grande alvo soteriológico.

Há três fontes para o entendimento da natureza e estrutura do luteranismo. Primeira, as confissões luteranas, inclusas no Livro da Concórdia (ver Confissões*); segunda, os escritos de Lutero; terceira, os escritos de outros reformadores luteranos, notadamente Melâncton*, Matthias Flacius (1520-1575) e Martin Chemmnitz (1522-1586).

Embora o Livro da Concórdia (que praticamente todos os ministros luteranos subscrevem até hoje) seja normativo para a teologia luterana, as diversas confissões luteranas não variam em nenhum ponto significativo da teologia do próprio Lutero. Melâncton não ofereceu contribuição substancial alguma além da que Lutero já havia articulado, e a Confissão de Augsburgo (1530), escrita por ele, é o principal símbolo da igreja luterana e uma exposição brilhante da teologia por ela adotada. Flacius, um dos pais do estudo da história da Igreja e da hermenêutica*, defendeu com efi-

ciência a doutrina e a prática luteranas de todos os seus detratores. Chemnitz, por sua vez, foi o principal autor da Fórmula de Concórdia (1577), escrita para decidir disputas que haviam surgido entre os luteranos após a morte de Lutero, principalmente entre os chamados gnesio-luteranos (ou "luteranos autênticos", *i.e.*, os seguidores de Lutero) e os filipistas (*i.e.*, seguidores de Filipe Melâncton), mais interessados em assegurar uma aproximação com os calvinistas. A Fórmula de Concórdia, última das confissões luteranas, embora não diferente da teologia de Lutero ou dos primeiros símbolos* luteranos, esclarece, reformula e defende a teologia primitiva em uma série de importantes artigos de fé, como: o pecado original* e a servidão da vontade humana*; justificação*; lei e evangelho*; ceia do Senhor*; a pessoa de Cristo (ver Cristologia*); e predestinação*. Chemnitz apresentou ainda a teologia luterana completa em um alentado livro sobre dogmática. Sua marcante defesa da teologia luterana contra o Concílio de Trento (ver Concílios*; Contrareforma Católica*; Teologia Católica Romana*) o colocou na posição de "o segundo Martinho Lutero", pois, de fato, sem seus trabalhos a obra teológica do primeiro Martinho poderia ter sido menos frutífera.

Nos artigos fundamentais quanto à Trindade*, à pessoa de Jesus, à criação* e à expiação vicária* de Cristo, a teologia luterana segue, conscientemente, os grandes credos* orientais e ocidentais e os pais da Igreja primitiva (ver Teologia Patrística*). Lutero e a teologia luterana posterior construíram

629 LUTERANISMO E TEOLOGIA LUTERANA

deliberadamente suas confissões e tratados dogmáticos de acordo com um esquema e padrão de pensamento trinitários. A contribuição distintiva da teologia luterana para a história da teologia cristã está em duas áreas: na autoridade* da Palavra de Deus (ver Escritura*) na Igreja e na soteriologia.

Teologia da palavra

As Escrituras Sagradas são a real palavra de Deus e como tal trazem consigo a autoridade e confiabilidade do próprio Deus. Contra a autoridade papal, os concílios* da Igreja, a razão (ver Fé e Razão*) e a experiência, até mesmo a experiência religiosa*, a teologia luterana ensina que somente as Escrituras (*sola Scriptura*) constituem a fonte de toda teologia e a regra e norma para julgar todos os instrutores e instruções da Igreja.

As Escrituras divinas e a palavra proclamada que as tem por base contêm um propósito soteriológico, sendo, com esse fim, inerentemente poderosas, tanto para condenar quanto para destruir (lei), assim como para confortar, criar fé e salvar (evangelho). Tal como a lei é o meio próprio para julgar e condenar o pecador, seu meio de salvação e graça é a palavra do evangelho, que é a mensagem cognitiva da efetivação da salvação mediante a obra expiatória de Cristo. A palavra do evangelho (inclusive a "palavra visível" do batismo* e da eucaristia*) realmente gera e sustenta a Igreja, a comunidade de todos os crentes em toda parte. Melhor dizendo, o Espírito Santo* Se encontra agindo sempre e somente por esses meios da graça para chamar, edificar, confortar e salvar a Igreja. A doutrina da presença real do corpo e do sangue de Cristo na comunhão dá suporte a essa função do sacramento como meio da graça, pois, mediante seu corpo e sangue, Cristo buscou e obteve o perdão dos pecados para todos. Além disso, o evangelho e todos os seus artigos, isto é, a doutrina extraída das Escrituras, são o meio de que se utiliza o Espírito Santo para reformar a Igreja e, ao mesmo tempo, uni-la contra todo cisma*. A unidade da Igreja e a unidade de comunhão* externa em doutrina bíblica são indispensáveis.

Teologia da cruz

De acordo com a teologia luterana, o principal artigo da fé cristã está centrado na pessoa e na obra de Cristo, em sua expiação substitutiva*. É essa obra salvadora e redentora* de Cristo, frequentemente chamada de sua obediência* (em viver e sofrer no lugar de toda a humanidade pecaminosa), que constitui não somente a causa, mas também a base, da amorosa e graciosa justificação, ou absolvição, por Deus, do pecador. Além disso, a obediência vicária de Cristo constitui a forma real e a essência da justiça*, que passa a ser justiça do pecador, mediante a fé. Em outras palavras, na justificação (ato forense e efetivo de Deus de perdão e absolvição por causa de Cristo), Deus imputa ao pecador a justiça real que Cristo adquiriu por sua perfeita obediência à lei de Deus e sua morte expiatória.

O artigo da justificação pela fé, tão central na teologia luterana, é construído sobre a teologia da cruz*, de Lutero. Mediante somente a fé (*sola fide*), que serve

LUTERO, MARTINHO

de instrumento, o pecador recebe todos os benefícios que Cristo adquiriu para o mundo — sua justiça, o perdão de Deus, a paz e a reconciliação com Deus e a vida eterna — e de todos eles se apropria. Assim, o artigo da justificação, ou melhor, a realidade da justificação do pecador mediante a fé, oferece conforto e segurança abundantes ao cristão quando se encontre em dúvida ou situação aflitiva. Do mesmo modo que a teologia da palavra proporciona ao cristão a certeza da doutrina que ele segue e de sua confissão de fé, a teologia da cruz lhe confere a certeza da graça de Deus e a de sua própria salvação pessoal.

A fé mediante a qual o pecador é justificado lhe é dada pelo Espírito Santo, por meio da palavra do evangelho e dos sacramentos*. Somente o Espírito Santo e a palavra são as causas da fé em Cristo. O homem, ímpio, pecaminoso, morto no pecado, em nada contribui, com sua própria vontade*, interesse, esforço ou obra, para sua justificação, conversão e salvação. A salvação e todas as coisas pertencentes a ela são concedidas somente pela graça de Deus (*sola gratia*). As boas obras, a vida cristã e todos os princípios de ética* pessoal e social, dos quais é norma a lei de Deus exposta nas Escrituras, resultam da expiação consumada na cruz, que constitui tanto seu poder quanto sua razão de existir. Deus se agrada da fé do cristão não porque a fé seja uma virtude, mas por causa do Filho, ou seja, por ser Jesus Cristo o objeto da fé. Deus se agrada da vida do cristão não por causa de qualquer nobreza ou valor que possa haver em suas

obras, mas, sim, do mesmo modo, por causa de Cristo, ou seja, por viver e permanecer o crente perante Deus por causa da justiça de Cristo que lhe é imputada. Até mesmo a adoração* do cristão agrada a Deus não por causa de sua intensidade ou sinceridade, tampouco por sua forma externa, mas por causa de Cristo: a mais elevada adoração a Deus está em crer nele. Toda a vida cristã flui da teologia da cruz, e todos os artigos de fé procedem desse artigo de fé central para o cristão.

Bibliografia

P. Althaus, *The Theology of Martin Luther* (Philadelphia, 1966); W. Elert, *Structure of Lutheranism* (St Louis, MO, 1962); A. Koeberle, *Quest for Holiness* (New York, 1936); F. Pieper, *Christian Dogmatics*, vol. 2 (St Louis, MO, 1951); H. Sasse, *Here We Stand* (New York, 1938).

R.D.P.

LUTERO, MARTINHO (1483-1546). A linhagem de Martinho Lutero era de gente do campo, independente, da Saxônia. Foi criado em um lar caracterizado por dois aspectos: religião profunda e pobreza com dignidade. Levaria consigo essas marcas para a sepultura, pois por toda sua vida buscou uma religião verdadeira e morreu sem um centavo.

Educado na escola da catedral de Magdeburgo e na escola de gramática em Eisenach, Lutero ingressou na já famosa e antiga Universidade de Erfurt (1501-1505) a expensas do pai. Devido a algumas experiências de perigo de morte, deixou o emprego secular que lhe fora

LUTERO, MARTINHO

destinado, indo em busca de uma vida de caráter religioso. Entrou para o prestigioso mosteiro dos ermitãos agostinianos*, em Erfurt, em 1505, e, uma vez ordenado sacerdote, em 1507, o brilhante jovem Lutero foi selecionado por seus superiores, em 1508, para fazer preleções na nova Universidade de Wittenberg. Em 1510, foi enviado a Roma para tratar de negócios do mosteiro. Essa experiência lhe abriu os olhos para a corrupção da cúria, assim como para a grande falha da Igreja em cumprir a missão que lhe era designada por Deus. Em 1511, tornou-se doutor em Teologia, sendo chamado para Wittenberg como professor de estudos bíblicos, cargo em que permaneceu até sua morte. Em 1511, Lutero era nomeado vigário de sua ordem e prior de onze mosteiros.

Lutero havia entrado no mosteiro visando a encontrar a paz com Deus, mas a experiência mais próxima de Deus que ele obteve veio a ser um tormento e uma luta desesperada, até mesmo uma alienação ainda pior de sua presença. Entender essa luta e como Lutero foi conduzido à gloriosa liberdade dos filhos de Deus é entender sua intensa teologia evangélica, assim como sua importância para a Reforma* e a posteridade.

Durante seus primeiros anos de intensa batalha espiritual, realizou profundos estudos da Bíblia, lecionando, como monge-professor, sobre Gênesis (1512), Salmos (1513), Romanos (1515) e Gálatas (1516). É comum pensar ter Lutero feito uma ruptura dramática rumo a uma teologia evangélica; mas uma leitura mais detida de sua tendência mostra, já desde seu primeiro sermão monástico, em Leitzkau (1512), sua mente e seu espírito atraídos pela teologia bíblica, descobrindo, a cada etapa, a autêntica experiência cristã evangélica.

Embora clara em suas primeiras exposições, a teologia evangélica de Lutero surge em nível de controvérsia, em sua obra *Contestação à teologia escolástica* (1517). Nela, ele desafia a filosofia (Duns Scotus*, Biel*), em favor da teologia (agostiniana*); ataca o aristotelismo* dos escolásticos (ver Escolasticismo*) como prejudicial tanto às doutrinas da graça do NT como à ética cristã*; expõe a distinção entre lei* e evangelho*. Pode-se tomar essa obra como um começo do movimento da Reforma, embora se considere, posteriormente, a exposição das 95 Teses contra a venda de indulgências (ver Mérito*; Penitência*), ainda em 1517, o que realmente deflagrou o processo. A série de teses de Lutero se espalhou rapidamente: em duas semanas, haviam percorrido a Alemanha e dentro de um mês a Europa.

Em abril de 1518, Martinho Lutero participou da reunião trienal de cônegos de seus companheiros agostinianos, em Heidelberg. Deixando de lado as questões controversas e periféricas de indulgências e penitência, tratou ali dos grandes temas teológicos centrais: a justiça* de Deus e a justiça do homem; lei e evangelho (ver Lei e Evangelho*); pecado*, graça, livre-arbítrio* e fé*; justificação* pelas obras e justificação em Cristo; e a teologia da cruz*. Não podendo extraditá-lo, o papa convocou Lutero para ir a Augsburgo, a fim de ser corrigido e disciplinado pelo cardeal Cajetan

LUTERO, MARTINHO

(1469-1534), dominicano*. Após um encontro fracassado, em 1519 teve de se confrontar com o temível João Eck (1486-1543), em Leipzig, para uma disputa sobre sua teologia que duraria uma semana, quando então negou a primazia do papado* e a infalibilidade dos concílios* gerais. Lutero estava agora, praticamente, na liderança de um movimento em prol de uma reforma geral da Igreja.

O ano de 1520 marcaria seu rompimento decisivo com o catolicismo medieval, ao publicar seus três definitivos tratados sobre uma necessária reforma. O primeiro deles era uma convocação ao laicato*, em que concitava os príncipes alemães a tomarem nas próprias mãos a referida reforma, abolindo os tributos destinados a Roma, o celibato do clero, as missas pelos mortos, as peregrinações, as ordens religiosas e outras práticas e instituições católicas. Em uma segunda obra, *O cativeiro de Babilônia da Igreja*, dirige-se diretamente ao clero, estabelecendo, de modo positivo, uma teologia sacramental* do NT e a prática da comunhão (ceia) usando-se de ambos os elementos, o pão e o vinho, e, negativamente, rejeitando a transubstanciação e o sacrifício da missa, assim como os abusos que representavam (ver Eucaristia*; Sacramentos*). No terceiro desses tratados, *Da liberdade do cristão,* obra excelente, espiritual, não-controversa, Lutero expõe a justificação pela graça como distintiva da justificação pelas obras.

A resposta não tarda. Pela bula papal *Exsurge, Domine* [Ressuscita, Senhor] (15 de junho de 1520), as teses de Lutero são censuradas como heréticas. É ordenado que seus livros fossem queimados, recebendo Lutero sessenta dias para se retratar. Lutero queima então, publicamente, não os seus livros, mas a bula, juntamente com alguns tomos obsoletos da lei canônica* (15 de dezembro de 1520), sendo, em consequência disso, excomungado pela bula *Decet Romanum* [É dever da Igreja Romana] (3 de janeiro de 1521).

Convocado pelo imperador, ele é obrigado a comparecer à Dieta (parlamento civil) de Worms (1521), em que, mais uma vez, se recusa a se retratar, argumentando que seus livros são sadios e que, a menos que ele pudesse ser convencido pelas Escrituras* e pela sã razão, não voltaria atrás. Lutero é condenado a banimento do império; mas, ao voltar para casa, sob salvo-conduto imperial, escapa, com a ajuda de amigos, para Wartburg, onde é resguardado secretamente e sob custódia estrita.

Qual exatamente é a natureza do protesto de Lutero e o que fez que seu protesto, tão erudito e religioso, resultasse em sua excomunhão e, posteriormente, rachasse a cristandade de alto a baixo?

O protesto de Lutero não surge propriamente como crítica à doutrina católica, pois era ele um crente católico profundamente comprometido. Tampouco constituía mera crítica dos abusos como tais, porque sabia Lutero que abusos aconteciam em todo tipo de instituição humana. Surge, isso sim, da natureza de sua experiência religiosa*. No mosteiro, Lutero havia buscado, com dedicada diligência e por todos os modos pelos quais era ensinado um monge, a encontrar a Deus: pelo caminho místico* da confissão, devoção e oração; pelo caminho intelectual da razão; e pela disciplina prática de boas obras. Lutero passa então pela mais sombria agonia do desespero ao perceber que, quanto mais diligentemente buscava os caminhos bem delineados do crescimento espiritual, Deus parecia mais distante e até mesmo hostil para com ele.

Nesse momento, a simples verdade fundamental do cristianismo irrompe como uma luz nas trevas: ele não deveria pensar em Deus como remoto e distante, pois na verdade era ele mesmo, Martinho Lutero, em sua centralidade em si mesmo, que se distanciava de Deus. Deus tinha vindo em Cristo para achá-lo e continuava a vir a todo coração arrependido e crente. Lutero redescobre assim o evangelho original — a verdade que está em Efésios 2.8. Como depois ele mesmo diria, "a porta do Paraíso foi aberta perante mim, e eu entrei".

Essa descoberta significava a centralidade absoluta de Cristo, a proclamação da mensagem original do evangelho e a restauração do genuíno pensamento bíblico e evangélico. Aqui reside a fonte da teologia da reforma liderada por Lutero, que passa a se sentir conduzido por Deus para reformular o que fora deformado. Segundo o próprio Lutero, ele se sente conduzido com segurança, por Deus, tal como um cavalo, por exemplo, sente-se conduzido com segurança por um destro cavaleiro, acrescentando: "Declaro simplesmente que o verdadeiro cristianismo deixou de existir entre aqueles que deveriam tê-lo preservado — os bispos e eruditos".

Ele redescobre a autoridade* e os propósitos de Cristo: ele era um corretivo cristológico. Lutero corrige, desse modo, as distorções feitas na teologia medieval e as superstições da prática medieval, em favor de uma cristologia plena do NT, com base na teologia encarnacional* de João* e na teologia da redenção* de Paulo*. Estabelece Cristo e sua obra no centro, em lugar de o homem e as obras humanas. Recoloca o homem comum em seu correto caminho teológico, ao restaurar a doutrina do sacerdócio* de todos os crentes. Essa abordagem contesta a força e a autoridade misteriosas do sacerdócio e, por remover os poderes mediadores* e quase mágicos* do sacerdote, joga ao chão o sistema e o culto católicos, predominantes. A ameaça do purgatório*, com sua absolvição mediante indulgências pagas em dinheiro, contrafação inteiramente oposta e ofensiva à verdade do evangelho, é desafiada e contestada pelo vigor da mensagem bíblica do perdão imerecido mediante somente a fé em Cristo. A missa e a ideia da transubstanciação são substituídas pela realidade da comunhão no NT. O culto de Maria* e dos santos*, as peregrinações, os votos e os pagamentos de promessa e as imagens* operadoras de milagres passam a ser vistos como falsos e supersticiosos ou quinquilharias eclesiásticas inúteis. As alegações papais de autoridade secular universal, até mesmo a de infalibilidade doutrinária, são agora encaradas como reivindicações iguais às de um simples príncipe secular, não mais de um verdadeiro vigário de Cristo. A doutrina da salvação somente em

LUTERO, MARTINHO

Cristo significava justificação somente pela fé, mediante somente a graça de Cristo. Lutero a via como a mensagem central da totalidade da Bíblia, AT e NT, e isso para ele era a Palavra de Deus, única e suficiente autoridade teológica.

Resguardado em local seguro em Wartburg, Lutero pôde traduzir, em questão de semanas, todo o NT, para um alemão puro, poderoso e fervoroso, contribuindo não somente para que essa obra fosse de influência predominante na religião alemã, mas também que viesse a moldar de maneira criativa o idioma germânico.

Devido à proeminência indesejada de elementos fanáticos e radicais no movimento da Reforma em Wittenberg, em sua ausência (ver Reforma Radical*), Lutero para ali retornou em 1522, a fim de estabilizar a vida universitária e da Igreja. Em sua volta, teve de enfrentar em Wittenberg os problemas gerados por protestantes extremistas, católicos, humanistas* e preconizadores de um evangelho socialmente radical.

A mais considerável resistência católica com que se confrontou nessa fase inicial da Reforma, todavia, pode-se dizer que foi a representada principalmente por Latomus (1521) e pelo rei Henrique VIII (1522), assim como João Cochlaeus (1479-1552), Thomas Murner (1475-1537) e Eck, entre outros. O ataque à Reforma, nessa época, culminaria, porém, com a trágica revolta chamada Guerra dos Camponeses, de 1525, na Alemanha. Embora sensível à causa dos homens do campo, Lutero opunha-se à rebelião civil como o pior mal que poderia acontecer a

uma sociedade, resistindo assim à revolta dos camponeses; mas, nesse caso, não somente por esse motivo, senão também porque tornaria desastrosa a identificação de rebelião social com a causa do protestantismo e da teologia evangélica. De todo modo, a Reforma veio a sofrer duro golpe na Guerra dos Camponeses, do qual dificilmente se recuperaria. Esse movimento de rebelião e tumulto destrutivos afastou eruditos e humanistas* sensíveis da causa luterana, fazendo um homem da inteligência de Erasmo*, por exemplo, voltar-se contra a Reforma, embora, como humanista, a tivesse até então apoiado. Erasmo resolveu atacar a teologia (agostiniana) de Lutero do não livre-arbítrio, em resposta ao que Lutero escreveu *A servidão da vontade* (1525) — considerado seu mais brilhante livro, no sentido de que oferece uma defesa erudita da teologia bíblica e evangélica, demonstrando a escravidão do homem natural a si mesmo e aos seus próprios interesses, assim como a libertação* por meio da qual Cristo o torna realmente livre.

Obrigado a manter-se confinado na Saxônia, Lutero fortalece então a vida da igreja local, esboçando uma *Missa* reformada (1523) e, sob exigência popular, uma *Missa Alemã* (1526). Ali, escreveu livros sobre o ministério paroquial, para pastores, coleções de sermões, uma litania, um rito de ordenação pastoral, uma cerimônia de batismo e cerca de 24 belos hinos com música. O ano de 1529 traria uma divisão no protestantismo quanto à doutrina da presença eucarística. Nesse mesmo ano, enquanto

635

MACÁRIO (PSEUDO-)

a Dieta de Speier assegurava aos príncipes alemães o direito de organizar igrejas nacionais, Lutero produzia dois magníficos catecismos*: o Catecismo Maior, como base para o ensino pelos pastores, e o Breve Catecismo, para todos os crentes. Lutero produziu, ainda, imenso corpo de obras teológicas, comentários e sermões e, com a ajuda de outros eruditos, completou a tradução de toda a Bíblia em alemão.

Foi o maior erro da cristandade católica da época haver rejeitado esse notável monge de Wittenberg — eis um fato admitido hoje em dia pela maioria dos eruditos católicos. Perto do fim de sua vida, Lutero disse a seus alunos: "Tenho ensinado Cristo a vocês, puramente, de maneira simples e sem adulteração". Essa afirmativa retrata grandemente o que foi toda a sua existência. Em 1546, cerca de trinta anos após ter pregado suas 95 teses na porta da igreja do castelo de Wittenberg, Lutero foi sepultado dentro de seus muros, onde seus restos mortais ainda permanecem. Não poderíamos resumir a obra da vida de Lutero em palavras melhores do que as dele próprio: "Eu simplesmente ensinei, preguei, escrevi a Palavra de Deus: não fiz nada... a Palavra fez tudo!".

Ver também DEUS OCULTO E REVELADO; LUTERANISMO; VOCAÇÃO.

Bibliografia

Fontes: a melhor edição de obras é *Weimarer Ausgabe*, ed. J. C. F. Knaake e outros (Weimar, 1883-); a melhor coleção de traduções, *Luther's Works*, 55 vols. (St. Louis/Philadelphia, 1955-).

Biografias: J. Atkinson, *Martin Luther and the Birth of Protestantism* (Basingstoke, [2]1982); R. Bainton, *Here I Stand* (New York, 1950); H. Bornkamm, *Luther in Mid-Career; 1521-1530* (Philadelphia, 1983); M. Brecht, *Martin Luther* (Stuttgart, 1983); W. von Loewenich, *Martin Luther* (München, 1982); Mackinnon, *Luther and the Reformation*, 4 vols. (London, 1925-1930); J. M. Todd, *Luther* (London, 1982).

Teologia: T. Harnack, *Luthers Theologie*, 2 vols. (Erlangen, 1862-1886); J. Köstin, *The Theology of Luther*, 2 vols. (1863; TI, Philadelphia, 1897); H. H. Kramm, *The Theology of Martin Luther* (London, 1947); W. von Loewenich, *Luther's Theology of the Cross* (Belfast, 1976); E. G. Rupp, *The Righteousness of God* (London, 1953); P. S. Watson, *Let God be God* (London, 1947).

J.A.

M

MACÁRIO (PSEUDO-). Este professor asceta* grego foi bastante atuante na Ásia Menor, ou Síria-Mesopotâmia, entre c. 380 e 430. Muitas de suas homilias e cartas são atribuídas, erroneamente, a Macário do Egito (c. 300-c. 390), ou, talvez acertadamente, a Simeão da Mesopotâmia, provavelmente seu verdadeiro nome, sendo ele, além disso, mencionado, algumas vezes, como Macário-Simeão. O alcance e a importância de seus escritos, reconsiderados somente recentemente, continuam ainda sendo pesquisados.

Macário tinha ligações com os messalianos, extremistas ascetas

MACDONALD, GEORGE

que enfatizavam a oração, com a exclusão da religião exterior, e (como os maniqueístas*) eram inclinados a denegrir a matéria. O movimento foi condenado pela Igreja oriental no final do século IV e começo do V. Mas Macário está também relacionado à tradição mais central da teologia ascética e mística*, estimulada por Orígenes* e notadamente exemplificada em Gregório de Nissa*, cujas obras parecem se apoiar na *Grande Carta* de Macário, que trata da vida monástica (ou, talvez, vice-versa; os estudiosos discordam quanto a isso). Sua obra *Cinquenta homilias espirituais* viria a ser apreciada no Ocidente, especialmente por não menos que João Wesley*, que traduziu diversas dessas pregações. Macário enfatizou e interiorizou a busca da perfeição cristã, a libertação de todas as paixões terrenas e o iluminismo místico.

Bibliografia

As obras de Macário estão listadas em: *CPG* nos. 2410-2427; uma edição de obras reunidas, iniciada por V. Desprez, *Pseudo-Macaire, oeuvres spirituelles*, vol. 1 (*SC* 275, 1980-); *Fifty Spiritual Homilies*, tr. A. J. Mason (London, 1921).

W. Jaeger, *Two Rediscovered Works of Ancient Christian Literature: Gregory of Nyssa and Macarius* (Leiden, 1954); V. Desprez, *in:* em *DSp* 10, cols. 20-43.

D.F.W.

MACDONALD, GEORGE (1824-1905). Nascido em Huntly, na área rural de Aberdeenshire, Escócia, MacDonald escreveu cerca de trinta romances, diversos livros de sermões, uma série de fábulas

para adultos e crianças, contos e poesia. Sua infância está registrada na obra semiautobiográfica Ranald Bannerman's Boyhood [A meninice de Ranald Bannerman] (1871). Tal como os escritores C. S. Lewis* e J. R. R. Tolkien (1892-1973), em nossos dias, MacDonald era, sobretudo, um pensador e intelectual cristão. Ingressando na Universidade de Aberdeen em 1840, obteve formação de natureza científica. Mais tarde, foi durante algum tempo professor de Literatura no Bedford College, de London.

Após curto período como ministro congregacional, MacDonald encontraria maior liberdade em uma vida simples de escritor e conferencista. A teologia ampla por ele adotada lhe permitiria aceitar tanto C. H. Spurgeon* quanto F. D. Maurice (ver Socialismo Cristão*). É, no entanto, por sua teologia da imaginação*, com desdobramentos em seus escritos, que ele é memorável. Sua captação psicológica das leis do inconsciente, sobre as quais se baseia a elaboração humana da compreensão, antecede Freud e Jung (ver Psicologia de Profundidade*; Psicologia da Religião*). Seu sentido de que todo significado imaginativo se origina com o Deus Criador dos cristãos se tornaria o fundamento do pensamento e da imaginação de C. S. Lewis. Dois de seus ensaios, *The Imagination: Its Functions and its Culture* [A imaginação: suas funções e cultura] (1867) e *The Fantastic Imagination* [A imaginação fantasiosa] (antes de 1882), foram germinativos, prefigurando, notadamente, o famoso ensaio de Tolkien *On Fairy Stories* [Sobre os contos de fadas] (1947), cujo ponto essencial tocaria e

637 MACHEN, JOHN GRESHAM

convenceria C. S. Lewis sobre a verdade do cristianismo, em uma noite tempestuosa de 1931.

Escreveu MacDonald: "A diferença entre a obra de Deus e a do homem é que, enquanto a obra de Deus não pode significar mais do que ele quis dar a entender, a do homem deve significar mais do que ele quis dar a entender".

Bibliografia
R. N. Hein, *The Harmony Within: The Spiritual Vision of George MacDonald* (Grand Rapids, MI, 1982); C. S. Lewis (ed.), *George MacDonald: An Anthology* (London, 1924); K. Triggs, *The Stars and the Stillness: A Portrait of George MacDonald* (Cambridge, 1986).

C.P.D.

MACHEN, JOHN GRESHAM (1881-1937). Último dos mais importantes defensores da teologia de Princeton*, Machen foi um estudioso do NT, apologista e teólogo popular, que, por sua formação e disposição, fora preparado a levar uma tranquila vida de erudito; todavia, como resultado de um tumultuado conflito eclesiástico, acabou se tornando criador de novas instituições, destinadas a dar continuidade ao calvinismo presbiteriano conservador nos Estados Unidos.

Machen pertencia a uma família americana abastada de Baltimore, tendo estudado na Johns Hopkins University, no Princeton Theological Seminary (sob a direção de B. B. Warfield*), onde mais tarde, (1906-1929) passaria a ensinar, na Universidade de Princeton e na Alemanha. Quando foi negada sua designação para uma cadeira de Teologia em Princeton, ao mesmo tempo que a estrutura governativa do seminário era mudada em favor do presbiterianismo "inclusivo", Machen o deixou, fundando o Westminster Theological Seminary, em Filadélfia. Logo depois, empenhado em garantir a ortodoxia de missionários presbiterianos, ajudou a estabelecer uma junta de missões independente, vinculada à Assembleia Geral Presbiteriana. Essa ação levou Machen e outros líderes conservadores a serem expulsos da grande Igreja Presbiteriana do Norte, dos Estados Unidos. Como resultado, foi formada a Orthodox Presbyterian Church (Igreja Presbiteriana Ortodoxa), visando a manter o testemunho presbiteriano, considerado legítimo, no país.

Machen era um erudito cuidadoso, organizador incansável e, principalmente, fonte de inspiração pessoal para muitos outros ministros, especialmente os mais jovens, que se sentiam confusos quanto a desvios teológicos do presbiterianismo americano. Sua produção de caráter erudito mais conhecida são livros em que defende o entendimento tradicional de tópicos diversos do NT. Entre esses, está Origin of Paul's Religion [A origem da religião de Paulo] (London, 1921), que apresenta detalhada refutação à moderna suposição de que Paulo* teria proposto um evangelho altamente ligado à filosofia grega e em desacordo com os ensinos de Jesus. Outro estudo seu, The Virgin Birth [O nascimento virginal] (London, 21932) faz uma meticulosa análise, por meio de erudição bíblica, histórica e filosófica, para concluir não existir razão alguma válida para

MACKAY, DONALD M.

questionamento da crença da Igreja na concepção sobrenatural de Jesus (ver Nascimento Virginal*). Nessas e em outras obras similares, Machen demonstra o tipo de erudição ortodoxa perfeita que havia caracterizado o antigo Seminário de Princeton desde sua fundação em 1812, mas que se tornara raridade nos atribulados dias mais recentes que marcaram, ali, a controvérsia fundamentalista—modernista (ver Fundamentalismo*).

Outras obras mais populares de Machen apresentam argumentos lógicos e inteligentes em prol da fé cristã tradicional. Entre essas, *Christianity and Liberalism* [Cristianismo e liberalismo] (Grand Rapids, MI, 1923), que despertou grande interesse. Nela, Machen examina o liberalismo* teológico com relação às crenças sobre Deus e a humanidade, a Bíblia, Cristo, salvação e Igreja. Sua conclusão é de que o liberalismo constitui, na verdade, "o principal rival moderno do cristianismo". Um exame que faz dos ensinos do liberalismo em comparação com os do cristianismo mostra que os dois movimentos se encontram em oposição direta em todos os pontos. A argumentação nesse livro é detalhada e, no entanto, bastante atraente. O crítico Walter Lippman, que não era a favor de nenhum tipo de cristianismo, classificou-o como "uma defesa racional e rigorosa do protestantismo ortodoxo" (*Preface to Morals*, [Prefácio à moral], New York, 1929).

Com a morte de Machen, em 1º de janeiro de 1937, os presbiterianos conservadores americanos perderam mais que um importante líder. Ele foi, ao mesmo tempo, modelo de erudição e ponto de união, em torno de si, dos membros de igrejas reformadas de base sólida dos Estados Unidos. Críticos menos rigorosos de sua obra sugerem que seu pensamento estava talvez, de modo muito próximo, ligado às convenções intelectuais do século XIX, sendo ele excessivamente propenso à independência. De todo modo, tanto críticos como admiradores de Machen reconhecem igualmente a integridade de sua obra e a influência de sua vida.

Bibliografia

G. M. Marsden, J. Gresham Machen, History, and Truth, *WTJ* 42 (1979), p. 157-175; W. S. Reid, J. Grescham Machen, *in:* D. F. Wells (ed.) *Reformed Theology in America* (Grand Rapids, MI, 1985); C. Allyn Russell, J. Grescham Machen: Scholarly Fundamentalist, *in: Voices of American Fundamentalism* (Philadelphia, 1976); N. B. Stonehouse, *J. Gresham Machen: A Biographical Memoir* (Grand Rapids, MI, 1954).

M.A.N.

MACKAY, DONALD M. (1922-1987). Neurocientista internacionalmente renomado, foi professor de Comunicação e Neurociência no Granada Research, Universidade de Keele (1960-1982), onde liderou um grupo de pesquisa interdisciplinar sobre a organização do cérebro. Toda sua obra, tanto nessa área quanto em suas reflexões filosóficas sobre a pessoa humana, assim como relativa à ciência e à fé, foi motivada por forte crença cristã. Ele fora criado sob fervorosa fé reformada* da Igreja Livre da Escócia.

Teologicamente, a obra de MacKay é importante por duas arrojadas teses metafísicas, que desenvolveu com eficácia e firmeza. Ele insiste em que a ciência* e a religião permanecem em um relacionamento lógico complementar. A ciência expressa o que é fisicamente mensurável e os aspectos comprováveis da realidade criada. Os achados da ciência não são exaustivos — MacKay era um antirreducionista convicto —, mas são complementados por outros níveis de exposição significativa, entre os quais o da religião cristã. Assim, a exposição de um ato como "confissão do pecado" não rivaliza com a descrição da mesma ocorrência em termos de mudanças físicas no cérebro, mas, sim, a complementa. Tanto a ciência quanto a teologia cristã fazem afirmativas que podem ser objetivamente verdadeiras ou falsas, e a fé cristã nada tem a temer da pesquisa científica. Tanto a ciência quanto a fé se desenvolvem, embora de modos diferentes, mediante uma atitude humilde de ouvir e inquirir quanto aos dados das informações recebidas.

As raízes da abordagem de MacKay acerca de ciência e religião se encontram em sua visão a respeito da relação entre cérebro e mente e em sua ênfase agostiniana* sobre a sustentação divina, atemporal, de todas as coisas. Para ele, Deus não está ativo nas "lacunas" do nosso entendimento presente, nem interfere na operação das diferentes e imutáveis leis físicas.

MacKay empenhou-se também, longa e intensivamente, em defender a visão de que a livre escolha é de indeterminação lógica (ver Determinismo*; Vontade*). Para quem escolhe, não há especificação futura alguma de suas ações livres que estaria correta para ele crer agora, ainda que essa especificação, em princípio, possa existir para outro observador humano e exista, de fato, na mente de Deus.

Suas ideias estão expostas em dois livros, *Science, Chance and Providence* [Ciência, oportunidade e providência] (Oxford, 1978) e *The Clockwork Image* [A imagem da precisão de um relógio] (London, 1974) e em numerosos artigos e resenhas. MacKay foi conferencista nas Palestras Gifford* em 1986.

P.H.

MACKINNON, DONALD M. (1913-1994). Catedrático em Filosofia Moral na Universidade de Aberdeen, Escócia, e posteriormente em Filosofia da Religião na Universidade de Cambridge, Inglaterra, até 1978. Sua obra representa uma rejeição poderosa e consistente do idealismo* em filosofia e teologia, em favor de um realismo cuja forma distintiva é oferecida pelas doutrinas da pessoa e da expiação* de Cristo. Seus principais interesses abrangem as áreas de teologia, metafísica e filosofia moral, sobrepostas. Especialmente, MacKinnon busca explorar as implicações ontológicas e metafísicas* das crenças cristãs a respeito da pessoa e da obra de Cristo, em que sua incansável e inquisidora análise apresenta melhor desempenho. Sua obra ética procura oferecer um aspecto realista da natureza e do significado da ação e da liberdade moral humanas, particularmente quando isso determina o caráter da ação política. Escreveu também, e de modo compreensivo, sobre história da filosofia

MACKINTOSH, HUGH ROSS

(abordando notadamente Kant* e Butler*), marxismo-leninismo* e teologia sacramental e dogmática. Muita coisa de sua melhor obra, porém, é altamente complexa e alusiva, enfocando questões de maneira tangencial, por meio de incidentes ou textos históricos. Em parte devido a isso, mas em parte também porque sua forma de apresentação preferida é o ensaio sugestivo, em lugar do tratado sistemático, sua obra não tem recebido devidamente a atenção que merece.

Bibliografia
MacKinnon, D. M., *Borderlands of Theology and Other Essays*, ed. G. W. Roberts & D. E. Smucker (London, 1968); *Christian Faith and Communist Faith*, ed. MacKinnon (London, 1953); *Explorations in Theology*, vol. 5., ed. MacKinnon (London, 1979); *Making Moral Decisions*, ed. MacKinnon (London, 1969); *The Problem of Metaphysics* (London, 1974) — Gifford Lectures 1965-1966; *A Study in Ethical Theory* (London, 1957).
B. Hebblethwaite, S. Sutherland (eds.), *The Philosophical Frontiers of Christian Theology: Essays Presented to D. M. MacKinnon* (Cambridge, 1982); P. G. Wignall, D. M. MacKinnon: An Introduction to his Early Theological Writings, *New Studies in Theology* 1, 1980, p. 75-94.

J.B.We.

MACKINTOSH, HUGH ROSS (1870-1936).
Teólogo escocês, nascido em Paisley, educado em Edimburgo e na Alemanha, pastoreou em Tayport e Aberdeen antes de sua designação, em 1904, para a cadeira de Teologia Sistemática no New College, de Edimburgo, cargo que ocupou até sua morte. Sua experiência no continente europeu estimulou nele o interesse constante pelos escritores protestantes alemães do século XIX, cuja obra buscou publicar na Escócia, tendo participado, particularmente, na tradução de Schleiermacher* e Ritschl*. Como aconteceria depois também com o destacado erudito cristão escocês William Barclay*, Mackintosh aceitou para si a classificação de "evangélico liberal" *. Ambos foram semelhantes, aliás, em recomendar a seus alunos que tivessem uma gama de interesses não religiosos. Mackintosh rejeitou a ideia do propiciatório ou do aspecto punitivo na expiação*. Suas obras, que se têm mostrado mais duradouras que as de outros estudiosos do começo do século XX, incluem, entre outras, *The Doctrine of the Person of Jesus Christ* [A doutrina da pessoa de Jesus Cristo] (Edinburgh, 1912), *The Christian Experience of Forgiveness* [A experiência cristã do perdão] (London, 1927) e *Types of Modern Theology* [Tipos de teologia moderna] (London, 1937), que posteriormente viria a apresentar desenvolvimentos desde Schleiermacher até Barth*.

Bibliografia
J. W. Leitch, *A Theology of Transition: H. R. Mackintosh as an Approach to Barth* (contendo bibliografia) (London, 1952); T. F. Torrance, H. R. Mackintosh: Theologian of the Cross, *SBET* 5:2 (1988).

J.D.Do.

MACQUARRIE, JOHN (1919-2007).
Dos mais conhecidos teólogos

641

MAL

ingleses da atualidade, ensinou em Glasgow, New York e Oxford e publicou amplamente obras nas áreas de doutrina cristã e filosofia da religião. Muitos de seus escritos mostram a influência de uma variedade de pensadores da tradição existencialista*. Suas primeiras obras, *An Existentialist Theology* [Uma teologia existencialista] (London, 1955) e *The Scope of Demythologizing* [*O alcance da demitificação*] (London, 1960), estão voltadas, particularmente, para os recursos que se podem encontrar na teologia de Bultmann*, embora não aconselhando uma aceitação não crítica do pensamento deste. Por outro lado, o manual de sua autoria, muito usado, *Principles of Christian Theology* [Princípios de teologia cristã] (London, 1966, 21977), extrai muito do pensamento de Tillich*, entre outros aspectos, quanto à reinterpretação das doutrinas cristãs centrais. Macquarrie é também conhecido por sua história do pensamento religioso do século XX, que expõe na obra intitulada, justamente, *Twentieth Century Religious Thought* (London, 1963), além de uma variedade de outros livros sobre assuntos os mais diversos, como ética*, espiritualidade*, linguagem teológica e escatologia cristã. Sua obra mais recente se encontra em dois grandes tratados sobre as doutrinas cristãs de Deus e do homem: *In Search of Deity* [Em busca de Deus] (London, 1984) e *In Search of Humanity* [Em busca da humanidade] (London, 1982). Esses livros, que podem ser mais bem considerados e lidos como ensaios sobre teologia natural*, constituem, especialmente, bons exemplos da abrangência da referência teológica e filosófica, tanto histórica como contemporânea, de sua obra em geral.

Ver também MITO.

Bibliografia
Christian Hope (London, 1978); *Existentialism* (Harmondsworth, 1973); *God and Secularity* (London, 1968); *God-Talk* (London, 1967); *Paths in Spirituality* (London, 1972); *Studies in Christian Existentialism* (London, 1966).]

J.B.We.

MAL. A aparente contradição na coexistência do mal e de um Deus* bom é talvez a acusação mais comum feita ao teísmo* pelos seus críticos. Muitos sistemas filosóficos têm tentado resolver esse dilema oferecendo uma visão diferente da natureza do mal ou da natureza de Deus. Algumas formas de panteísmo* alegam que o mal não é real, ou, pelo menos, "não tão real". Já uma das versões de dualismo* argumenta que o mal é eterno, como perpétua é a sua guerra contra o bem. Aqueles que tentam resolver a questão por meio de sua definição de Deus asseveram que Deus não é propriamente todo-bondade, ou não todo-poderoso, ou ambas as coisas (e.g., panenteísmo*). O teísta clássico, contudo, não consegue resolver o problema do mal simplesmente negando ou limitando sua realidade ou a bondade e o poder de Deus.

A natureza do mal
Uma das dificuldades enfrentadas pela explicação teísta do problema do mal é que, de acordo com

MAL

o teísmo, Deus é o autor de tudo. Portanto, se o mal é *algo*, Deus é necessariamente o seu autor. Conquanto os teístas não rejeitem a primeira premissa (de que Deus é o autor de tudo), contestam a premissa de que o mal seja *algo*. Ou seja, a realidade do mal, para eles, não implica necessariamente que o mal seja alguma substância ou alguma coisa. O mal pode ser a privação real ou ausência de uma coisa boa (como sustentava Agostinho*). Consequentemente, o mal pode existir em uma coisa boa, na condição de uma imperfeição desta, como, por exemplo, um buraco em um pedaço de madeira. Não se conclui, assim, que Deus seja o autor de alguma coisa má.

A origem do mal

Todavia, se Deus é o autor perfeito de todas as coisas, tudo o que ele faz tem de ser perfeito. Como podem então suas criaturas (*e.g.*, Adão*, o homem perfeito) ser a origem do mal? Os teístas clássicos concordam que Deus é o Criador* perfeito. Na verdade, uma das coisas perfeitas que Deus criou foram criaturas *livres*.

Sem a livre escolha das criaturas, nem o bem nem o mal poderiam ser escolhidos. Daí, sempre que um homem pode escolher o bem, deve ter igualmente a liberdade de escolher o mal. Assim, uma vez que o livre-arbítrio* é a causa do mal, a imperfeição (o mal) pode surgir do que é perfeito (não de forma direta, mas indiretamente, por meio da liberdade).

Em outras palavras, embora tenha Deus criado o *fato* da liberdade, é o homem que desempenha o *ato* da liberdade. Deus fez o mal *possível*; Suas criaturas o tornaram *real*.

A persistência do mal

No século XVII, Pierre Bayle (1647-1706) formulou o seguinte argumento: se Deus fosse todo-bondade, ele destruiria o mal; se Deus fosse todo-poderoso, ele poderia destruir o mal; mas, como o mal não é destruído, consequentemente tal Deus não existe.

A primeira objeção teísta a Bayle é que o mal não poderia ser destruído sem a destruição da liberdade. Mas o amor, por exemplo, seria impossível sem a liberdade. O mesmo é verdade para com outros bens morais como misericórdia, amabilidade e compaixão. Desse modo, ao contrário do argumento de Bayle, destruir a liberdade não seria um bem maior, porque destruiria o maior dos bens.

Os teístas afirmam, no entanto, que o mal será derrotado sem a destruição da livre escolha. Porque Deus é todo-poderoso, ele pode derrotar o mal; porque Deus é todo-bondade, ele derrotará o mal. Assim, embora o mal não esteja *ainda* inteiramente derrotado, a natureza real de Deus todo-poderoso e todo-bondoso é para os teístas a garantia de que o mal virá a ser totalmente derrotado.

O propósito do mal

Mesmo com a explicação sobre o livre-arbítrio do homem e seu papel quanto à existência do mal, o que dizer a respeito daqueles que comprovadamente não tenham tido oportunidade alguma de reação contra um grande sofrimento* que hajam suportado? Ao que tudo indica, não há bom propósito algum em um excessivo sofrimento. Ora, um Ser todo-bondoso como Deus deve ter um bom propósito para tudo. Daí, pode-se argumentar, pode de fato não existir um Deus todo-bondoso.

Todavia, é lógico também pensar que, uma vez que a mente de Deus é infinita e é finita a mente do homem, este jamais compreenderá totalmente o intelecto divino. Portanto, mesmo que não possamos conhecer os propósitos de Deus, ainda assim ele pode ter um bom propósito para permitir o mal. Na verdade, conhecemos alguns bons propósitos para Deus permitir o mal: advertir-nos de um mal maior; guardar-nos da autodestruição; ajudar-nos a produzirmos boas obras; enfim, derrotar o mal. Já que uma mente finita como a nossa pode descobrir alguns bons propósitos para existir o mal, certamente que Deus, infinitamente bom e infinitamente sábio, tem um bom propósito para todo e qualquer sofrimento. A crucificação de Jesus pode ser vista como o exemplo máximo disso.

A evitabilidade do mal

Alguns críticos argumentam que eles próprios poderiam propor opções moralmente muito mais atraentes para o presente mundo do que um Deus onisciente supostamente tenha feito. Se Deus fosse onisciente, alegam, saberia que o mal ocorreria quando criou o mundo. Deus teria então outras possibilidades que não a do mal, tais como: 1. não criar coisa alguma; 2. não criar coisa alguma livre; 3. criar criaturas livres que não pecassem; 4. criar criaturas livres que pecassem, mas que tudo fosse salvo no final.

De modo sumário, todas essas alternativas são substitutos pobres para a realidade.

A opção 1 implica erroneamente que o nada é melhor do que alguma coisa. Toda comparação presume um ponto de similaridade — como poderia alguém, assim, comparar a não existência com a existência?

A opção 2 comete o mesmo erro, ao presumir erroneamente que um mundo não livre, não criado, poderia ser comparado a um livre, criado. Um mundo não moral não tem nada moralmente em comum com um mundo moral.

A opção 3, embora logicamente possível, pode ser que não fosse realmente realizável e que moralmente fosse menos desejável. Em outras palavras, essa opção pode ser executável num quadro-negro, mas não na vida real.

É possível que as opções 3 e 4, enfim, nunca se produzissem livremente. Mas Deus não pode forçar a liberdade, porque coagir uma livre escolha seria uma contradição em termos. Além disso, como já mencionamos, a opção 3 pode ser também moralmente menos desejável. A possibilidade e a realidade do mal proporcionam ocasiões em que as mais altas virtudes podem ser alcançadas. Sem as provações, a paciência provavelmente não poderia ser produzida (*cf.* Jó); sem o temor do mal real, a coragem não poderia ser realizada.

Em resumo, não há como o teísta clássico alegar, e tampouco é seu desejo, que este mundo seja o melhor de todos os mundos possíveis. Sem dúvida, este mundo poderia ser moralmente melhor do que é se houvesse menos gente sendo continuamente agredida ou

MANIQUEÍSMO

morta. Mas este mundo pode ser o melhor *meio* para se chegar ao melhor mundo possível, *i.e.*, onde as criaturas morais recebam o bem moral máximo segundo seu livre-arbítrio, incluindo o bem moral da justa misericórdia para aquele que se arrepende e o bem moral da punição justa para o ímpio que não se arrepende.

Bibliografia
Augustine [Agostinho], The Nature of the Good, *in: LCC* vol. 6, *Augustine: Earlier Writings*, trad. J. H. S. Burleigh (London, 1953); S. T. Davis (ed.), *Encountering Evil: Live Options on Theodicy* (Atlanta, GA, 1986); A. Farrer, *Love Almighty and Ills Unlimited* (Garden City, NY, 1961/London, 1972); N. Geisler, *The Roots of Evil* (Grand Rapids, MI, 1981); G. Leibniz, *Theodicy* (London, 1951); C. S. Lewis, *The Problem of Pain* (London, 1940); J. Wenham, *The Enigma of Evil* (Grand Rapids, MI/Leicester, 1985).

N.L.G & J.Y.A.

MANIQUEÍSMO. Considerado outrora como uma forma cristianizada de zoroastrismo*, o maniqueísmo é atualmente aceito, de modo geral, como uma das últimas e mais completas manifestações de gnosticismo*. O movimento foi fundado pelo siro-persa Mani (216-276), que fora criado sob influência de uma seita judaico-cristã no sul da Babilônia e que depois se rebelou contra ela. A gnôsis dos maniqueístas incorpora um drama cósmico complexo, que se centra em uma batalha primordial entre os princípios originários da Luz e das Trevas. Uma invasão inicial da Luz pelas Trevas condu-

ziu a um contra-ataque da Luz, destinada a falhar, enganando os poderes das Trevas e levando-os a absorver partículas da Luz. O universo foi então criado para redimir e purificar essa luz cativa e punir e aprisionar os dirigentes das Trevas. Usando de concupiscência, parte da Luz corrompida escapou dos corpos daqueles líderes e se tornou vida vegetal. Criou também a raça humana mediante uma série de atos tenebrosos envolvendo aborto, incesto e canibalismo, o que resultou no aprisionamento das partículas de Luz, a alma, em um corpo totalmente mau e corrupto. A alma, todavia, poderia vir a ser despertada pela gnôsis e se conscientizar de sua origem divina.

Jesus, no maniqueísmo, é um dos salvadores, de uma série de salvadores gnósticos, sendo sua manifestação histórica puramente docética*. Os detalhes do drama cósmico maniqueísta derivam principalmente da literatura apócrifa judaica e cristã e dos ensinos cosmogônicos do filósofo Bardaisan (154-222), de Edessa. Mani foi também muito influenciado por Marcião*, de quem adquiriu forte antinomianismo "paulino", auto-atribuindo-se o título de "apóstolo de Jesus Cristo".

A seita dos maniqueístas era extremamente hierárquica e dividida em eleitos e ouvintes, sendo sacerdotes os primeiros, que tinham por dever observar abstinência sexual e tabus estritos de alimentação, inclusive vegetarianismo, para possibilitar a liberação das partículas de Luz aprisionadas nas plantas. Os ouvintes, que constituíam a camada dos seguidores, tinham de atender às necessidades dos

645 MANUSCRITOS DO MAR MORTO

eleitos, sem estar presos, porém, às mesmas regras rígidas.

Facilmente organizada em pequenas unidades, a religião foi capaz de se espalhar prontamente e sobreviver à perseguição. Uma combinação de sua devoção missionária com perseguição pelas autoridades sassânidas resultou na difusão da religião pelo Império Romano e pelas terras a leste do rio Oxo (atual Amu-Daria), na Ásia Menor. Estabeleceu-se bem, particularmente na África romana, onde passou a ser considerada uma forma muito perfeita de cristianismo, conquistando o jovem Agostinho* (antes de sua conversão), entre aqueles captados por sua crítica "mais elevada" das Escrituras judaica e cristã. O dualismo* dos maniqueístas foi considerado, mais tarde, pelas autoridades da Igreja medieval, como herdado de movimentos heréticos como os paulicianos, bogomilos, paterenos e cátaros (ver Albigenses*). No Extremo Oriente, a religião gradualmente se expandiu ao longo do Caminho da Seda, alcançando a China, onde foi banida. Após o século IX, no entanto, a religião se tornou fortemente estabelecida na Ásia Central. Mais tarde, desenvolveu-se de forma clandestina na China e ali sobreviveu, no sul, como religião secreta, até o século XVI.

O cânon maniqueísta consiste em um conjunto de sete obras escritas por Mani, nenhuma das quais preservada de forma completa. Além de um grande corpo de escritos polêmicos sobre a seita pelos Pais da Igreja, nosso conhecimento a seu respeito foi bastante ampliado pela descoberta de escritos maniqueístas genuínos, procedentes de Turfã e Dunhuang, na China, Medinet Medi, no Egito, e Teveste, no norte da África. Mais recentemente, um pequeno códice em papiro, do Egito, pertencente à coleção de papiros da Universidade de Colônia, Alemanha, contendo uma versão hagiográfica da vida do fundador — *Cologne Mani Codex* — foi restaurado e editado com sucesso. Ele mostra que a seita teve suas origens na orla do cristianismo judaico, e não nas religiões iranianas.

Bibliografia

Fontes: A. Adam (ed.), *Texte Zum Manichäismus* (Berlin, [2]1969); A. Böhlig & J. P. Asmussen (eds.), *Die Gnosis*, vol. 3: *Der Manichäismus* (Zurich/München, 1980); R. Cameron & A. J. Dewey (eds.), *The Cologne Mani Codex* (Missoula, MT, 1979).

Estudos: F. Decret, *Mani et la tradition manichéenne* (Paris, 1974); H. J. Klimkeit, *Manichean Art and Calligraphy* (Leiden, 1982); S. N. C. Lieu, *Manichaeism in the Later Roman Empire and Medieval China. A Historical Survey* (Manchester, 1985); H.–Ch. Puech, *Le Manichéisme, son fondateur, sa doctrine* (Paris, 1949); *idem, Sur le Manichéisme et autres essais* (Paris, 1979); M. Tardieu, *Le Manichéisme* (Paris, 1983).

S.N.L.

MANUSCRITOS DO MAR MORTO. É esta a designação mais conhecida de uma coleção de manuscritos descobertos entre 1947 e 1956 nas vizinhanças de Qumran, a noroeste do mar Morto, na Palestina, e datados, paleograficamente, de cerca

MANUSCRITOS DO MAR MORTO

646

de dois ou três séculos antes do ano 70. Pertenciam provavelmente a uma biblioteca de uma comunidade religiosa judaica. Essa comunidade era mais possivelmente um ramo da difundida ordem dos essênios. Em 1951-1956, o terreno foi ali escavado, revelando um complexo de construções, denominado Khirbet Qumran, em um terraço debruçado sobre o mar Morto, que certamente constituiu a sede da comunidade, estimadamente de c. 130 a c. 37 a.C. e, novamente, de c. 4 a.C. a 68 d.C.

A maioria dos manuscritos era muito fragmentada. Completos, formaram cerca de quinhentos documentos. Desses, cem são textos bíblicos: todos os livros da Bíblia hebraica, exceto Ester, estão neles presentes. Os outros documentos contêm comentários bíblicos, textos apócrifos e pseudoepígrafos, textos litúrgicos e de calendário, prescrições para a vida comunitária, tratados apocalípticos, etc. Os fragmentos bíblicos oferecem valiosa evidência para a história do texto da Bíblia hebraica, um milênio antes da produção do texto massorético.

A comunidade de Qumran retirou-se da vida em comum judaica, principalmente, por causa da aceitação pela família dos asmoneus do sumo sacerdócio (153 a.C.), que se acreditava estar reservado por decreto divino à casa de Zadoque. A usurpação pelos asmoneus do ofício sagrado, assim pensavam, comunicava corrupção ao templo de Jerusalém e seus serviços. A comunidade, portanto, não mais tomaria parte neles, mas se consagraria como templo vivo a Deus, com os membros leigos constituin-

do o lugar santo, e os sacerdotes, o lugar santíssimo. Durante a emergência inicial ("época de Belial"), eles se contentaram com o oferecimento do sacrifício espiritual de vida de oração e obediência.

Os membros eram "voluntários de santidade". Eram admitidos somente após rigorosa triagem e prova, mas, uma vez iniciados plenamente, sujeitavam-se a um regime ascético*. A interpretação e a aplicação entre eles da lei de Moisés eram mais estritas do que as dos fariseus, aos quais, na verdade, desprezavam por preferirem interpretações consideradas amenas (cf. Is 30.10). Os membros de Qumran ansiavam pelo advento de uma nova era, quando, como eleitos de Deus, seriam seus agentes na extinção dos ímpios e restauração da adoração aceitável, em um templo purificado e servido por um sacerdócio digno. Essa nova era seria inaugurada pelo surgimento do Messias davídico, acompanhado de um sacerdote ungido (que seria o chefe de Estado) e um profeta (semelhante a Moisés, como previsto em Dt 18.15-19), que esclareceria, sem erro, o pensamento de Deus.

O advento da nova era, constantemente esperado pela comunidade desde seus primórdios, foi tranquilamente sendo preparado. O Mestre de Justiça, organizador da comunidade, levou seus seguidores ao deserto da Judeia para "preparar o caminho para o Senhor" (Is 40.3), e lhes ensinou a entender o papel escatológico deles nas Escrituras, corretamente interpretado. Não reivindicava, nem era reivindicado pelos demais, ser ele o Messias. Quando ele morreu (c. 100 a.C.), a era messiânica repousava ainda no

MARCIÃO

futuro, e ainda era assim quando a comunidade deixou de existir, por volta de 68 d.C.

Após a revolta judaica de 66 d.C., a comunidade deve ter certamente assumido a mesma causa dos rebeldes zelotes. Foi dispersa dois anos depois, quando os romanos tomaram e destruíram a colônia de Qumran.

Bibliografia
G. Vermes, *The Dead Sea Scrolls in English* (Harmondsworth, [2]1975); *idem, The Dead Sea Scrolls: Qumran in Perspective* (London, [2]1982).

F.F.B.

MARCELO DE ANCIRA (m. c. 374). Bispo de Ancira, na Galácia. Destacou-se inicialmente como apoiador de Atanásio* e do termo niceno homoousios (o Filho sendo "de substância única" com o Pai). Sob essa visão, atacou as doutrinas dos seguidores de Ário*, Astério (m. c. 341), Eusébio de Nicomédia (m. c. 342) e Eusébio de Cesareia*, mas, ao fazê-lo, exagerou na unicidade do Pai e do Filho antes e após a encarnação. Eusébio de Cesareia o refutou com as obras Contra Marcellum [Contra Marcelo] e De ecclesiastica theologia [Sobre teologia eclesiástica], acusando-o de sabelianismo* (ver Monarquianismo*). Marcelo foi devidamente condenado por um sínodo de Constantinopla (336). No exílio, em Roma, ganhou o apoio do papa Júlio I e, com a chegada ali de Atanásio (339), foi absolvido "da falsidade de Sabélio, da malignidade de Paulo de Samósata e das blasfêmias de Montano" (em Roma, 341; Sardica, 343). Contudo, foi novamente removido de sua sede pelo imperador Constâncio (347) e morreu no exílio, tendo seu ensino rejeitado por Basílio* e condenado pelo Concílio de Constantinopla (381).

As ideias de Marcelo, expostas em sua obra *A submissão do Filho*, foram preservadas por Eusébio e em sua própria carta ao papa Júlio I. De acordo com Basílio, ele ensinava que o título "Filho" era devidamente aplicado somente ao *Logos** encarnado; com o retorno ou contração do Filho ao estado préencarnado, sua existência separada temporariamente de Deus chegara ao fim. "Ele retornou novamente a ele de onde ele veio, não tendo existência antes de sua manifestação, nem hipóstase* após seu retorno" (Basílio, *Carta* 69). Foi justamente para contrariar esse ensino de Marcelo que a frase "cujo reino não terá fim" foi incluída no Credo de Niceia. Marcelo também considerava a carne do *Logos* encarnado em si mesma como a imagem de Deus, tendo desenvolvido assim uma cristologia* do *Logos*-homem total em oposição à cristologia do *Logos*-carne dos arianos.

Bibliografia
Grillmeier, *Christ in Christian Tradition*, vol. 1 (Atlanta, GA/London, [2]1975); T. E. Pollard, *Johannine Christology and the Early Church* (Cambridge, 1970), cap. 8; *idem, in:* J. Fontaine & C. Kannengiesser (eds.), *Epektasis, Mélanges Patristiques... Jean Daniélou* (Paris, 1972), p. 187-196.

H.D.McD.

MARCIÃO (c. 80-c. 160). Marcião, ou Márcion, foi criado em Sinope, no Ponto, onde, pelo que se sabe, seu pai foi bispo, e ele chegou a

MARCIÃO

ser próspero construtor naval. Foi professor na Ásia Menor, provavelmente nas primeiras décadas do século II, antes de ir para Roma. A rejeição de seu ensino pelos líderes dos principais centros cristãos o levou a estabelecer uma igreja rival, que, em poucos anos, estava quase tão espalhada quanto a grande Igreja cristã.

Marcião é mais conhecido por sua obra sobre o texto e o cânon da Bíblia (ver Escritura*). Rejeitando o AT como parte do cânon cristão, organizou o primeiro cânon do NT mais conhecido, composto de uma versão abreviada do evangelho de Lucas e dez cartas paulinas já editadas (faltando as pastorais). Suas opiniões teológicas foram expostas em sua obra *Antítese*, em que, ao que consta, apresentava contradições entre o AT e o NT. Como suas obras não sobreviveram, suas posições tiveram de ser reconstituídas a partir das refutações feitas por seus oponentes, sendo a mais completa a dos cinco livros de Tertuliano* intitulados *Contra Marcião*.

Era sua convicção ser Paulo* o único e verdadeiro apóstolo e que os doze apóstolos originais, por haverem "judaizado" o cristianismo, haviam se tornado "falsos apóstolos". Em sua reunião das cartas de Paulo, Gálatas foi colocada em primeiro lugar. Eram palavras de abertura da *Antítese*: "Ó riquezas das riquezas! Arrebatamento, poder, admiração! Ao constatar que nada pode haver para dizer a respeito, ou nada imaginar ou a nada se comparar!", que assim expressavam seu verdadeiro assombro ante o evangelho paulino da graça. De Paulo, Marcião deduziu

um contraste exagerado entre lei e evangelho*. Tal como seu contemporâneo Áquila, do Ponto, ele dava uma interpretação literal às Escrituras, rejeitando toda alegoria (ver Hermenêutica*). Marcião foi, assim, muito além de Paulo, concluindo que haveria dois deuses: o Deus do AT, o Criador, um Deus da lei e da justiça, que predisse o Messias judeu; e o Deus desconhecido antes do NT, o Pai de Jesus Cristo, um Deus de misericórdia e salvação.

Segundo ele, Jesus Cristo revelou o Pai no décimo quinto ano do imperador Tibério, porque Marcião omitiu do evangelho as narrativas sobre seu nascimento. A morte de Jesus teria comprado a salvação humana e erguido sua própria alma da sepultura. Marcião advogava o ascetismo*; administrava o batismo somente aos não casados e abstinentes, precedendo o final da vida. A água substituía o vinho em sua ceia do Senhor. Com relação à acusação de antinomianismo, na ausência da lei, ele respondeu simplesmente com: "Deus me livre!".

Os pais da Igreja objetaram à separação da salvação, que Marcião fez, da criação*, e a separação da Igreja de sua herança do AT. O desafio de Marcião acelerou o reconhecimento da Igreja da necessidade de organização do cânon do NT e ajudou a intensificar a ênfase sobre determinadas doutrinas da regra de fé (ver Credos*). Marcião compartilhava com o gnosticismo* algumas ideias, como a do Deus desconhecido, de visão negativa do mundo criado e de depreciação do AT; mas diferia dos gnósticos em sua falta de interesse especulativo e mitológico, rejeição de alegoria,

649 MARIA

ênfase sobre a fé, em vez de sobre o "conhecimento", e preocupação em querer estabelecer uma igreja.

Bibliografia
B. Aland, Marcion. Versuch einer neuen Interpretation, *ZTK* 70 (1973), p. 420-427; A. Amann, *in: DTC* 9, cols. 2009-2032; D. Balas, *in: Texts and Testaments: Critical Essays on the Bible and Early Church Fathers*, ed. W. Eugene March (San Antonio, TX, 1980), p. 95-108; G. Bardy, *in: DBS* 5, cols. 862-877; E. C. Blackman, *Marcion and his Influence* (London, 1948); E. Evans, *Tertullian: Adversus Marcionem*, 2 vols. (Oxford, 1972); A. Harnack, *Marcion: Das Evangelium vom fremden Gott* (*TU* 45, Leipzig, ²1924, repr. 1960); R. J. Hoffmann, *Marcion: On the Restitution of Christianity* (Chico, CA, 1984); J. Knox, *Marcion and the New Testament: An Essay on the Early History of the Canon* (Chicago, 1942); G. Ory, *Marcion* (Paris, 1980); R. S. Wilson, *Marcion: A Study of a Second-Century Heretic* (1933; repr. New York, 1980).

E.F.

MARIA. A doutrina católica-romana a respeito de Maria é exemplo clássico do desenvolvimento gradual* de uma doutrina. Desde o século XIX, esse desenvolvimento tem-se acelerado, estimulado pelas supostas aparições de Maria em Lourdes, Fátima e em outros lugares. Alguns católicos esperavam que o Concílio Vaticano II (1962-1965; ver Concílios*) avançasse o processo, proclamando Maria "corredentora" (com Cristo), mas outros sentiram que a necessidade maior era a de refrear os excessos da piedade popular. O primeiro grupo almejava um documento à parte sobre Maria, mas o concílio, por uma pequena maioria, preferiu votar, em vez de devotar, um capítulo dedicado a ela na Constituição Dogmática da Igreja Católica. A decisão de ver Maria como membro da Igreja já era, em si, um passo moderado e significativo; mas o documento reafirma todas as doutrinas marianas tradicionais, embora com certas qualificações. O alvo era "evitar, cuidadosa e igualitariamente, a falsidade do exagero, de um lado, e o excesso de estreiteza de mente, do outro" (67). (Este e os próximos números entre parênteses se referem às seções do referido capítulo 8 da Constituição Dogmática.)

A visão ortodoxa oriental de Maria é semelhante, com duas qualificações principais. Os ortodoxos hesitam quanto à doutrina da imaculada conceição de Maria e tendem a sua rejeição. Objetam também, em princípio, à elevação católica-romana à posição de dogmas* das crenças e práticas referentes a Maria.

Theotokos (53, 61, 66)
Em Lucas 1.43, Maria é chamada de "a mãe do meu Senhor". Na tradição alexandrina, isso se tornou mais explícito com o termo *theotokos* ("alguém que dá à luz Deus", ou, como é geralmente traduzido, "a mãe de Deus"). A preocupação inicial era cristológica*, não mariológica, visando a afirmar a deidade de Cristo e a realidade da encarnação. No Concílio de Antioquia, em 325, o termo foi usado para afirmar a divindade de Cristo, em oposição a Ário*. No século seguinte, Nestório* atacou o termo, preferindo *Christotokos*. Como consequência,

MARIA

theotokos foi afirmado pelo Concílio de Éfeso, em 432, como uma salvaguarda contra o adocianismo*. Assim, a preocupação era muito mais cristológica, embora Nestório, num sermão, haja advertido seus ouvintes de "estarem cônscios a fim de não tornar a Virgem uma deusa". Essa advertência foi oportuna, já que o culto de Maria começava a brotar durante a Idade Média. A Virgem passou a ser vista como Rainha do Céu, título que não encontra base alguma nas Escrituras (Jr 7.18; 44.17-19,25). Passou a ser cada vez mais venerada, com adoração superior (*hiperdoulia*, gr. *hyperdouleia*) à oferecida a outros santos (*doulia*, gr. *douleia*), embora abaixo da oferecida a Deus (*latreia*).

Mediadora (60-62)

Na Idade Média, cresceu a prática da oração aos santos*. Maria, especialmente, tornou-se popular. Havia a tendência em se ver Jesus Cristo como austero e inabordável, sendo então os fiéis conduzidos a Maria como a figura maternal e simpática que poderia mediar* entre o crente e Cristo. Essa visão de Maria foi fortemente afirmada em 1891 pelo papa Leão XIII numa encíclica: "Nada é concedido a nós, exceto mediante Maria, como o quer o próprio Deus. Portanto, assim como ninguém pode se aproximar do Pai supremo, exceto mediante o Filho, assim também raramente alguém poderia se aproximar do Filho, a não ser mediante sua mãe". O Concílio Vaticano II reafirmou o papel de Maria como mediadora, mas afirmando que deveria ser assim considerado "não para retirar nem para acrescentar qualquer coisa à dignidade e eficácia de Cristo, o único mediador" (62; *cf.* 60, em que é citado 1Tm 2.5,6).

Imaculada conceição (59)

No começo da Idade Média, passou-se a crer que Maria tinha vivido sem pecado*. Mas *quando* ela foi liberta do pecado? Anselmo* sustentava que ela nasceu *sem* o pecado original (*Cur Deus Homo*? 2:16). Bernardo de Claraval* sustentava que Maria foi *concebida* com o pecado original, mas purificada *antes* do nascimento (*Ep.* 174). Essa visão também foi sustentada por Tomás de Aquino* e pela escola dominicana*. Foi Duns Scotus* que popularizou a ideia de que a pessoa de Maria foi gerada, ou concebida, já sem o pecado original. Essa nova ideia não teve aceitação universal, e o papa Sixto IV, em 1485, e o Concílio de Trento* (ver Concílios*; Teologia Católica Romana*), em 1546, deixaram o assunto sem decisão. Todavia, o pensamento de Duns Scotus veio a prevalecer e, em 1854, o papa Pio IX o proclamou como dogma, em sua bula *Ineffabilis Deus*: "Declaramos, pronunciamos e definimos que a mui bendita Virgem Maria, no primeiro instante de sua concepção, foi preservada imaculada de toda mancha do pecado original, pela graça singular e privilégio do Deus onipotente, em virtude dos méritos de Jesus Cristo, o Salvador da humanidade, e que essa doutrina foi revelada por Deus e, portanto, deve ser crida firmemente e constantemente por todos os fiéis".

Essa doutrina foi proclamada com base na *unanimidade* da Igreja (Católica) *contemporânea*. Não houve base *escriturística* para ela.

651　　MARIA

Foi asseverado que essa doutrina sempre havia sido sustentada pela Igreja Católica como doutrina revelada. Mas isso não significa tanto um apelo à tradição (que não dá apoio à doutrina) quanto o triunfo do dogma sobre a tradição. A definição da imaculada conceição pode ser considerada, de modo correto, como uma "prova" para a doutrina da infalibilidade papal, a ser definida somente dezesseis anos mais tarde, no Concílio Vaticano I.

Assunção (59)

No século IV, surgiu a crença de que Maria poderia ter subido ao céu, como Enoque e Elias nos tempos do AT. Durante o começo da Idade Média, ela era apenas uma crença popular. A partir do século VII, começou a haver pressão para sua definição como dogma. Isso finalmente aconteceu, mas somente no século XX, em 1950. O papa Pio XII assim o definiu, em sua constituição apostólica *Munificentissimus Deus*: "Visto que [Jesus Cristo] foi capaz de fazer [a Maria] tão grande honra como a de guardá-la livre da corrupção do sepulcro, devemos crer que ele realmente o fez [...]. A majestosa mãe de Deus [...] finalmente alcançou, como coroa suprema de seus privilégios, que devesse ser preservada imune da corrupção do sepulcro e, tal como seu Filho antes dela, tendo conquistado a morte, devesse ser levada em corpo e alma à glória celestial do céu, para ali reinar como Rainha, à mão direita de seu Filho, o rei imortal de todas as eras".

Aqui, novamente, a base para tal definição é alegada como sua adequação teológica e o consenso da Igreja Católica Romana *con-temporânea*. Observe-se que a doutrina diz respeito mais do que a um suposto episódio na história pessoal de Maria, mas, sim, é a base ou o pretexto para a crença nela como mediadora e Rainha do Céu.

Corredentora

Havia alguma expectativa entre os católicos de que Maria fosse proclamada "corredentora" da humanidade com Cristo no Concílio Vaticano II, mas isso não aconteceu. Todavia, embora o *termo* tenha sido evitado, o *conceito* tornou-se claramente afirmado. Maria, para a Igreja Católica, exerce significativo papel (embora subsidiário) na obra de redenção feita por Cristo. Pois a encarnação, alega-se, não poderia ocorrer sem a permissão, o *fiat* ("faça-se") de Maria (Lc 1.38). Maria "deu vida ao mundo" (53); "a morte veio por Eva, e a vida, por Maria" (56). Ela teria sofrido penosamente com Cristo na cruz e "amorosamente consentiu na imolação dessa Vítima que ela própria tinha produzido" (58). Ela "foi unida [a Cristo] no sofrimento quando ele morreu na cruz", tendo cooperado "na obra do Salvador de restaurar vida sobrenatural para as almas" (61).

Mãe da Igreja (53ss, 61ss)

A partir do Vaticano II, Maria é vista tanto como "preeminente e, ao mesmo tempo, singular membro da Igreja" (Católica) quanto como "a mãe de todos os cristãos" (53). Muito embora a Constituição Dogmática realmente não se refira a ela como "mãe da Igreja", o papa Paulo VI lhe deu esse título na promulgação do documento, em 1964.

MARTÍRIO

Os protestantes, em sua totalidade, rejeitam tais doutrinas. Conquanto o termo nascimento virginal* seja escriturístico e *theotokos* possa ser visto como uma afirmação da doutrina bíblica da encarnação, as demais doutrinas marianas são vistas como exemplo clássico de *mau* desenvolvimento doutrinário, da maneira em que determinadas práticas devocionais, nada escriturísticas, se não pagãs, vieram a se tornar dogmas. Essas doutrinas católicas podem ser consideradas, enfim, como uma prova da necessidade indispensável de se fazer testar toda doutrina pelas Escrituras* e do perigo de se ter como infalível a tradição eclesiástica.

Ver também Escritura e Tradição.

Bibliografia

D. Attwater, *A Dictionary of Mary* (London/New York/Toronto, 1956); H. Graef, *Mary: A History of Doctrine and Devotion*, 2 vols. (London/New York, 1963/1965); G. Miegge, *The Virgin Mary* (London, 1955); P. F. Palmer, *Mary in the Documents of the Church* (London, 1953); M. Warner, *Alone of All Her Sex. The Myth and Cult of the Virgin Mary* (London, 1976).

A.N.S.L.

MARTÍRIO. A palavra "mártir" deriva do grego martys, "testemunha". No uso cristão, o termo logo adquiriu (pelo menos a partir da obra Martírio de Policarpo [ver Pais apostólicos*] e talvez de Apocalipse 2.13; cf. At 22.20) o significado de "testemunha de sangue" — de pessoa que era morta por causa do testemunho de Jesus Cristo.

Embora a perseguição aos cristãos tenha sido esporádica e local, antes de intensificada pelo imperador Décio (*c.* 250), constituía sempre, de todo modo, uma possibilidade que os seguidores de Cristo teriam de vir a encarar. Os mártires, as testemunhas de sangue, foram assim, desde cedo, heróis da Igreja nascente.

Uma considerável literatura sobre martírio cristão foi então produzida pela Igreja primitiva: 1. *atos dos mártires*, narrativas de julgamentos (sem transcrição dos procedimentos nos tribunais, mas quase sempre baseados neles), das quais a mais antiga são os *Atos de Justino* * e seus companheiros* (*c.* 165); 2. *paixões*, narrativas mais livres dos últimos dias e da morte dos mártires, sendo considerada a mais antiga das paixões autênticas o *Martírio de Policarpo*, surgido não muito depois de sua morte, em *c.* 156; 3. *exortações ao martírio*, representadas por tratados de Tertuliano* e Orígenes*; 4. *panegíricos* sobre aniversários da morte de mártires, destinados à edificação dos fiéis, muitos dos quais encontrados em sermões dos Pais da Igreja; 5. invenções e embelezamentos lendários posteriores.

Privilégios extraordinários foram atribuídos aos mártires. A eles era assegurada a presença de Cristo e do Santo Espírito para lhes dar perseverança, visões e palavras para falar. O martírio trazia o perdão de pecados. Os mártires iam diretamente para o céu, não para um estado intermediário* a fim de esperar a ressurreição.

A elevada consideração pelos mártires foi o pressuposto para o desenvolvimento de um culto dos mártires, difundido no século III.

MARXISMO E CRISTIANISMO

Uma deferência especial pelos seus restos mortais ("relíquias") já vinha desde tempos mais antigos. Banquetes comemorativos em memória dos falecidos e comemorações anuais das pessoas dos mortos acabaram sendo assimilados pela eucaristia*. Uma vez que os mártires já estavam na presença de Deus, passaram a ser invocados como intercessores em favor dos vivos. O culto dos mártires alcançou pleno desenvolvimento por volta do final do século IV, promovido mediante festividades anuais, construção de edifícios memoriais e a descoberta de relíquias anteriormente esquecidas ou desconhecidas (ver também Santos*).

A importância do martírio foi enfatizada pelos conceitos teológicos usados para interpretá-lo. Como o mártir, em sua morte, estava em conformidade com a paixão de Jesus e obtinha vitória sobre Satanás, era considerado o cristão perfeito, que trazia em si os dons escatológicos para a realização espiritual de si mesmo. O mártir bebia a taça de Jesus e compartilhava do "batismo de fogo" do sofrimento (cf. Imitação de Cristo*). O cristão não deveria forçar o martírio, pois tinha de ser escolhido para isso pela graça de Deus.

Durante a "paz da igreja", de Constantino (m. 337) em diante, o martírio passou a ser um ato espiritualizado, sob a forma de sacrifício ascético* de monges e culto de bispos. Mediante toda a história cristã, no entanto, continuou a oposição à fé que produziu a experiência do martírio.

Bibliografia

T. Baumeister, *Die Anfänge der Theologie des Martyriums* (Münster, 1980); N. Brox, *Zeuge und Märtyrer: Untersuchungen zur frühchristlichen Zeugnis-Terminologie* (München, 1961); H. von Campenhausen, Die Idee des Martyriums in der alten Kirche (Göttingen, [2]1964); H. Delehaye, *Les passions des martyrs et les genres littéraires* (Brussels, 1921); *idem, Les origins du culte des martyrs* (Brussels, [2]1933); W. H. C. Frend, *Martyrdom and Persecution in the Early Church* (Oxford, 1965); H. Musurillo, *The Acts of the Christian Martyrs* (Oxford, 1972); D. W. Riddle, *The Martyrs: A Study in Social Control* (Chicago, 1931); W. C. Weinrich, *Spirit and Martyrdom* (Washington, 1981).

E.F.

MARXISMO E CRISTIANISMO. Alguém que em sua tese de doutorado cita de maneira elogiosa Prometeu, como Karl Marx (1818-1883) o fez, com a seguinte afirmativa: "Numa palavra, odeio todos os deuses", está deixando bem clara sua posição. Todavia, os temas pelos quais ele se tornou famoso no mundo, quando traduzidos em termos de "justiça para os oprimidos", atingem marcantemente o pensamento cristão.

Esse paradoxo se encontra na raiz de todo empenho em considerar a relação do marxismo com o cristianismo. Muito embora severo em sua denúncia da Igreja estabelecida (não somente por ser ela conivente com a exploração do homem pelo homem, mas também por querer criar seu próprio e inadequado "socialismo cristão"), Marx, no entanto, reconheceu, também, que a religião* poderia ser "o coração do mundo sem coração"; que poderia trazer consolação genuína

MARXISMO E CRISTIANISMO

para os sofredores. Sua crítica da religião, na verdade, enfoca, principalmente, sua suposta superfluidade. Removam-se as condições de infelicidade que apelam para uma resposta religiosa, pensava ele, e a religião murchará, com o desuso.

As condições sociais que ele analisou com tanta eficácia (sobre tudo em *Das Kapital*, 1867) são as até hoje conhecidas como capitalismo (ver Webber, Max*). Sua denúncia principal era a de que a exploração está fundada no sistema capitalista de produção, porque o trabalho se vê obrigado a vender seu poder para o capital, mas depois não tem voz nem vez a respeito do que seja produzido, como seja produzido ou para onde vai o lucro. A classe associada à posse ou ao controle do capital obtém proventos ou lucro, dizia Marx, às custas da classe proletária (trabalhadora, assalariada), que, de fato, "nada tem a perder, exceto seus grilhões". Marx dedicou sua vida a explicar os mecanismos pelos quais isso acontece e por que o capitalismo acabaria um dia por entrar em colapso por causa de suas próprias contradições internas, permitindo assim uma revolução trabalhadora, ou do proletariado.

As relações entre marxismo e o cristianismo foram hostis desde o começo. Marx era o que se poderia chamar um "humanista pós-cristão", que rejeitava sua herança judaico-luterana, empenhando-se na proclamação de uma independência humana de Deus e da religião. Na prática, contudo, seus seguidores estenderam sua hostilidade além do nível da crítica filosófica. Em países que passaram por revoluções de inspiração marxista, tornando-se quase todos colonizados pela extinta União Soviética, a religião passou a ser raramente tolerada. O cristianismo, em particular, foi considerado um veículo de reação contrarrevolucionária e de alienação antissocial. Seus adeptos estavam sujeitos a vários graus de repúdio, antagonismo e perseguição por parte dos dirigentes políticos da nação, desde o rebaixamento de posição no trabalho até encarceramento psiquiátrico.

Durante a década de 1960, todavia, em pleno período da "guerra fria" entre os mundos comunista e capitalista, surgiu um esforço de redução dessa tensão, que veio a ser conhecido como "diálogo marxista-cristão". Motivos para isso foram descobertos a partir de escritos do "jovem Marx" (especialmente "alienação"), e o ancestral em comum deles no cristianismo formou a base para o debate. Muito embora alguns cristãos tenham sido colocados face a face com algumas exigências sociais da fé temporariamente esquecidas, representantes de países comunistas encontraram ferramentas marxistas autênticas com que criticar seus regimes dogmáticos e repressivos. No entanto, apesar de tentativas esporádicas de continuar o diálogo (principalmente nos Estados Unidos), a invasão soviética da então Checoslováquia (1968) marcou, simbolicamente, sua morte.

O diálogo, de certo modo, foi retomado na América Latina, por meio da teologia da libertação*, na década de 1970. Uma vez mais, os temas de Marx — alienação, exploração, práxis* — foram enfocados em função de seus pontos em comum com o pensamento cristão.

MARXISMO E CRISTIANISMO

Dessa feita, porém, o debate tinha como base a ação política em situações de opressão e pobreza, em vez de ser um mero debate de caráter intelectual. A questão crucial vinha a ser sobre quando poderiam os cristãos andar de mãos dadas com os marxistas na luta contra a dominação, usando das mesmas formas de análise via classes sociais e cultivando as mesmas esperanças de revolução*.

As posições cristã e marxista continuam ainda hoje sendo confrontadas. A persistência do capitalismo (sem mencionar suas origens, que alguns alegam ter parentesco cristão) tem mostrado que a agenda de Marx ainda parece de certo modo relevante. Uma sensível diferença de classes ainda divide algumas sociedades capitalistas, produzindo assimetrias de recursos e poder*. O sistema capitalista, na verdade, ainda se apoia, de um modo geral, nessa falta de equilíbrio para manter sua real existência. Os genuínos sentimentos cristãos para com a justiça (ver Justiça*) e a equidade se acham frequentemente um tanto desconfortáveis diante do capitalismo, particularmente em suas formas mais cruas. Esses fatos deveriam ser, no mínimo, tentativas estimulantes de fazer uma crítica cristã do capitalismo.

Todavia, deve ser dito também que o marxismo, em si, parece ter escassas ferramentas para poder entender melhor fenômenos contemporâneos como o nacionalismo, ou outras divisões sociais que não apenas as das classes econômicas — baseadas, por exemplo, no gênero (masculino ou feminino) ou na origem étnica (ver Consciência Negra*; Teologia Feminista*).

Assim, o fato de algum item da análise marxista ser visto como tendo aplicação qualificada dentro do pensamento social cristão não significa que o marxismo (como "pacote" total) e o cristianismo sejam inteiramente compatíveis nem mesmo complementares.

Em nível de cosmovisão, existe uma colisão fundamental entre os dois sistemas de crença. Apesar de o marxismo desafiar de algum modo corretamente a Igreja à práxis (no sentido joanino* de "praticar a verdade"*) ou a fazer uma crítica sistemática do *status quo* político e econômico do mundo, deixa de oferecer uma convincente exposição da raiz, das causas e da cura das alienações humanas, ou uma orientação satisfatória sobre como a vida humana deveria ser adequadamente vivida. O marxismo coloca categoricamente o ser humano, em vez de Deus, no centro do universo, tornando assim todos os seus critérios vulneráveis à futilidade da vida "debaixo do sol".

Ao se considerar as relações entre marxismo e cristianismo, há que se ter em mente, então, tanto as divergências básicas quanto os critérios mais em conta. Mas não somente isso. O marxismo transformou-se, no decorrer dos anos, em uma hidra de muitas cabeças. Profundas brechas dividem filosoficamente os marxistas "humanistas", que enfatizam a ação humana intencional na luta de classes, e os marxistas "científicos", que alegam serem as suas crenças capazes de uma demonstração empírica e tendem a enfatizar a estrutura social acima da ação humana. Na prática, as principais variações ocorrem entre o superestruturado

MASCALL, ERIC

e dogmático *marxismo-leninismo*, que acabou se tornando a ideologia conservadora dos países "comunistas"; o *marxismo revolucionário* da América Latina ou da África (ver Teologia da Revolução*), dedicado à destruição dos regimes elitistas e neocolonialistas; e o que se poderia chamar de *marxismo crítico*, geralmente associado aos sindicatos trabalhistas ou à atividade intelectual da ala esquerdista na Europa e nos Estados Unidos.

O cristianismo continua a enfrentar a ameaça do marxismo como um sistema de crença alternativo, uma ideologia que atinge grande parte do mundo. Uma ameaça por não reconhecer ser necessário mais do que uma alteração do sistema político-econômico para vencer a alienação; que nem só de pão vive o homem; e que, na prática, a dignidade e o destino humanos acabam sempre subordinados ao Estado. Ao mesmo tempo, o cristianismo tem de enfrentar o desafio do marxismo — o desafio da preocupação global (ver Missiologia*); de identificar as causas e combater as realidades da pobreza* e da injustiça; e de praticar o que proclama, em cada esfera da vida humana.

Bibliografia
K. Bockmühl, *The Challenge of Marxism* (Leicester, 1979); J. A. Kirk, *Theology Encounters Revolution* (Leicester, 1980); D. Lyon, *Karl Marx – A Christian Appreciation of his Life and Thought* (Tring, 1979); M. Machovec, *A Marxist Looks at Jesus* (London, 1976); J. Miguez Bonino, *Christians and Marxists: the Mutual Challenge to Revolution* (London, 1975).

D.L.

MASCALL, ERIC, ver Teologia anglo-católica; Tomismo.

MATERIALISMO. Doutrina que prega que o que quer que exista é matéria física ou dela depende. Afirmada desse modo, a doutrina é suficientemente vaga para já ter tido numerosas expressões, desde o materialismo de Demócrito (c. 460-c. 370 a.C) e o epicurismo, em que tudo é reduzível aos movimentos dos átomos, até o materialismo mecânico de Thomas Hobbes (1588-1679) e o fisicalismo, tanto do positivismo lógico* quanto do materialismo dialético de Karl Marx*. Além de constituir uma posição filosófica com explicações ontológicas definidas (como a negação da existência da mente ou do espírito), o materialismo pode também ser considerado um programa de pesquisa e uma metodologia de pesquisa sem tais implicações.

O materialismo é contestado tanto pelas formas de dualismo* mente-corpo (*e.g.*, Descartes*) quanto por um antirreducionismo mais genérico, que adverte que, embora o universo tenha um aspecto materialista, não é válido concluir que ele nada seja senão matéria. A ênfase bíblica sobre a humanidade como parte de toda a criação* pode parecer, à primeira vista, favorável a uma visão da criação totalmente material; mas a doutrina bíblica da continuidade pessoal após a morte do corpo (2Co 5.1-10) acaba prevalecendo (ver Imortalidade*; Estado Intermediário*).

"Materialismo" pode também se referir a uma perspectiva ética que considera, como o único objetivo vantajoso na vida, a riqueza e a gratificação sensual. Todavia, não

MÁXIMO

existe conexão lógica entre a doutrina filosófica do materialismo e tal postura ética.

Bibliografia
J. R. Smythies (ed.), *Brain and Mind* (London, 1965).

P.H.

MAURICE, F. D., ver Socialismo Cristão.

MÁXIMO (c. 580-662). Chamado "o Confessor" por haver sofrido por causa de sua confissão de fé e seu ensino, Máximo foi o teólogo mais criativo de sua época e o principal arquiteto da teologia bizantina.

Aristocrata de nascimento, exercia cargo elevado em Bizâncio antes de se tornar monge, em *c.* 614, sendo mais tarde abade, em Crisópolis, do outro lado do estreito de Bósforo.

Máximo desafiou a política do imperador Heráclio de conciliar os monofisistas* em uma só unidade segura contra os persas. Escapando da invasão persa (626), foi para Alexandria e regiões ocidentais da África, onde, a partir de 640, liderou vitoriosamente a resistência ao monotelismo (ver Cristologia*), primeiramente em disputa em Cartago, em 645, depois nos sínodos africanos e finalmente em Roma, no Concílio de Latrão, em 649. Embora repatriado forçadamente para Bizâncio, em 653, recusou-se a fazer concessões e, após condenado e punido com mutilação, morreu novamente exilado. A condenação do monotelismo pelo (sexto e ecumênico) Concílio de Constantinopla (680-681), porém, consagrou sua posição, e Máximo passou a ser, após a morte, amplamente reverenciado.

Ele estudara o pensamento de Aristóteles* juntamente com o de Platão*, em Bizâncio. Em cerca de noventa obras, Máximo desenvolveu os ensinos básicos dos Pais capadócios e do Pseudo Dionísio*, apoiando-se em categorias aristotélicas, dando ao misticismo destes uma estrutura mais racional e a seu platonismo cristão um impulso mais dinâmico, mediante conceitos próprios de "movimento" dirigido a uma meta e da "energia" natural de todas as coisas. Suas paráfrases e citações de Dionísio foram importantes no estabelecimento da eminente ortodoxia dionisíaca no Oriente e no Ocidente.

Para Máximo, o centro da história humana era a encarnação do Verbo, e a humanidade, o pivô da criação. Por meio de incorporação no *Logos* divino, o ser humano seria capaz de deificação* ("embora permanecendo em sua alma e corpo inteiramente homem por natureza, ele se torna de corpo e alma totalmente Deus pela graça") e, consequentemente, de mediar o retorno da criação à perfeição e à harmonia primevas. Havia uma forte dimensão cósmica na teologia de Máximo, *e.g.*, em sua interpretação da crucificação e ressurreição e em sua teologia litúrgica mística. Máximo era adepto, do mesmo modo que Orígenes* e Gregório de Nissa*, da ideia da "restauração de todas as coisas" (ver Universalismo*), mas não de sua divulgação.

A soteriologia de Máximo se baseava na cristologia pós-calcedônica, em que era fundamental a defesa de duas vontades, a divina e a humana, em Cristo, contra os monotelistas. Em Cristo, somente a vontade "física" da natureza humana se

MEDIAÇÃO

conformaria plenamente à vontade intencionalmente "gnômica", dirigida pela "pessoa" (*hipóstase**) do *Logos*, excluindo, assim, todos erros e pecados. Na união hipostática com o *Logos* (e, aqui, Máximo se baseia na doutrina da *enipostasia* – ver Hipóstase*), a humanidade de Cristo foi tão deificada quanto capacitada a cumprir seu "movimento natural" verdadeiramente humano. Todos os seres humanos que desfrutem de comunhão com ele terão, assim, acesso à deificação, sendo libertos da delinquência da própria vontade gnômica pessoal e restaurados à sua imagem divina. O alvo final é sua união com Deus, mediante o amor. Quanto à visão de Deus* somente sua energia, não sua essência, poderia ser conhecida — distinção que antecedeu a de Gregório de Palamas (ver Teologia Ortodoxa Oriental*).

A cristologia, a antropologia* e a teologia mística* de Máximo proporcionaram um fundamento terminológico e conceitual para o pensamento e a espiritualidade bizantinos, sendo básica para a exposição de João Damasceno em *A fé ortodoxa*.

Bibliografia
H. Urs von Balthasar, *Liturgie cosmique: Maxime le Confesseur* (Paris, 1947); J. Meyendorff, *Byzantine Theology* (New York, ²1979); J. Pelikan, *The Spirit of Eastern Christendom* (600-1700) (Chicago, 1974); P. Sherwood, *An Annotated Date-List of the Works of Maximus the Confessor* (Roma, 1952); L. Thunberg, *Microcosm and Mediator: The Theological Anthropology of Maximus the Confessor* (Lund, 1965).

D.F.W.

MEDIAÇÃO. Literalmente, é a função ou condição de se situar entre duas partes com o propósito de encontro, transação ou conciliação. No pensamento cristão, a mediação pode se referir tanto (legitimamente) à interposição suprema de Cristo entre Deus e homem quanto (ilegitimamente) à intercessão de outros intermediários, celestiais ou terrenos.

O princípio de mediação é comum em qualquer das religiões do mundo, com vários mediadores religiosos (*e.g.*, sacerdotes, curandeiros, invocadores de chuva, feiticeiros) que se interpõem, usando de poderes naturais ou sobrenaturais, entre uma ordem transcendental (frequentemente, com uma deidade ofendida) e um âmbito terrestre (onde se encontra a parte terrena supostamente ofensora). O AT mostra uma variedade de mediações e de mediadores, *e.g.*, os patriarcas (Gn 18.22-32), Moisés (Êx 3.10), juízes, profetas, reis (2Sm 6.14-18) e sacerdotes. Existe, essencialmente, um duplo padrão de mediação: o profético (em direção ao homem), em que um agente designado revela, proclama, e interpreta a vontade de Deus para o povo; e o sacerdotal (dirigido para Deus), em que Deus é abordado, apaziguado e suplicado, por um representante designado, em favor do homem. Esse duplo padrão de mediação é consumado em Cristo. Ele representa tanto a consumação da mediação que antecede quanto a redefinição de mediação.

A fé cristã centra-se, assim, na pessoa e obra de Cristo como mediador. O NT apresenta a mediação singular de Cristo de modo direto e indireto. Cristo é declarado dire-

MELÂNCTON, FILIPE

tamente único mediador (*mesitēs*) entre Deus e os homens (1Tm 2.5), assim como de uma nova e melhor aliança (Hb 8.6; 9.15; 12.24); e é indiretamente descrito, em sua pessoa e obra, como intermediário singular, o princípio da unidade cósmica (Cl 1.16-20), que em si mesmo não somente cumpre um ministério profético de revelação, proclamação e interpretação da vontade de Deus (*cf.* Mt 11.27; Jo 1.18; 14.6; At 2.36; 3.13; 4.10; 2Co 4.6; Ap 19.13), mas também um ministério "sacerdotal" de aproximação a Deus e reconciliação do pecador com ele mediante sacrifício, intercessão perpétua e bênção celestial (*cf.* Lc 22.19; Jo 17.9; Rm 3.24ss; 5.5ss; 6.23; 2Co 5.19; Hb 1.2; 2.17; 7.25; 9.14,15). O NT apresenta a mediação de Cristo como uma função ativa (como agente da salvação) e como condição estática (unindo em si mesmo Deus e o homem, céu e terra). Ambas as posições têm às vezes vindo à baila somente em reflexões separadas.

O pensamento patrístico e escolástico* enfatizava a mediação estática de Cristo tanto quanto o fato de ser o Deus-homem a base ou o pré-requisito para sua mediação ativa da salvação, mediante sua morte, ressurreição e exaltação. Tomás de Aquino, todavia, de algum modo artificialmente, situava a mediação de Cristo ao assumir ele a perfeita humanidade, que o distinguia de Deus e da humanidade pecaminosa. Os reformadores protestantes reafirmaram a obra ativa de mediação salvífica de Cristo. A teologia reformada* apresentou a pessoa e obra de Cristo como mediadoras em termos de seu tríplice ofício como profeta, sacerdote e rei (ver Ofícios de Cristo*). Além disso, em oposição ao sacerdotalismo católico-romano medieval, os reformadores afirmaram a singularidade*, finalidade e permanência da mediação de Cristo. A tradição protestante tem rejeitado de modo consistente e contínuo uma oficial e humana casta sacerdotal, com o poder de perdoar pecados (absolvição) e oferecer sacrifício* (eucaristia*), tanto quanto intermediários celestiais (*e.g.*, Maria* e os santos*), enfatizando a perfeição do sacrifício expiatório de Cristo e sua constante intercessão, assim como a prerrogativa sacerdotal acessível a todos os crentes em Cristo (ver Ministério*; Sacerdócio dos Crentes*). No Concílio Vaticano II (1962-1965), o catolicismo romano reafirmou explicitamente Cristo como "único Mediador". Todavia, sua manutenção de um sacerdócio humano derivativo, cooperativo com Cristo, o grande Sumo Sacerdote, bem como de representantes intermediários (os santos) e Maria como Mediadora, ou Auxiliadora, juntamente com Cristo, continua a ser visto pelos protestantes como um comprometimento do ensino escriturístico e acréscimo desnecessário à consumação da mediação de Cristo.

Bibliografia
L. Berkhof, *Systematic Theology* (London, 1969); E. Brunner, *The Mediator* (London, 1934); Calvin, *Institutas* II.xii-xv; A. Oepke, *in: TDNT* IV, p. 598-624.

C.D.H.

MELÂNCTON, FILIPE (1497-1560). Nascido em Bretten, Alemanha,

MELÂNCTON, FILIPE

sobrinho-neto do humanista Johannes Reuchlin (1455-1522), Melâncton foi uma criança prodígio, que se tornaria destacado reformador protestante. Sua erudição manifestou-se em 1515, quando ele tinha apenas 17 anos, recebendo a admiração de Erasmo*. Nessa época, Filipe Melâncton era um humanista*. Em 1518, foi para Wittenberg, para ser professor de Grego. Logo absorveu a teologia da Reforma, e isso, juntamente com seu brilhantismo como mestre e erudito, granjeou-lhe uma grande apreciação por parte de Lutero*. Em 1521, lançava a primeira edição de sua obra Loci Communes [Lugares comuns], que aperfeiçoou por toda a sua vida como manual de dogmática luterana.

Melâncton foi, na verdade, mais um erudito propriamente do que um homem de ação, demonstrando fraqueza quando diante de situações de conflito. Confrontado por exigências de Carlstadt (c. 1480-1541) e dos profetas de Zwickau (ver Reforma Radical*) de uma reforma mais rápida e radical em Wittenberg, em 1521-1522, mostrou-se incapaz de uma liderança forte e resistente que se fazia necessária. Mesmo assim, com o apoio de Lutero, exerceu importante influência no Colóquio de Marburgo (1529), tendo esboçado a Confissão de Augsburgo (1530) (ver Confissões de Fé*) e a Apologia (1531) que acompanhou essa Confissão. Os documentos de Augsburgo foram altamente significativos para a Reforma, sendo o temperamento e a capacidade de Melâncton bastante apropriados a seus objetivos pacíficos. Sua capacidade foi novamente demonstrada no Colóquio

de Regensburgo (1541), quando Melâncton, Bucer* e os representantes católicos, incluindo João Eck (1486-1543) e Gaspar Contarini (1483-1542), chegaram a um acordo sobre a justificação*, sem, contudo, conseguirem persuadir os respectivos correligionários sobre a propriedade dessa concordância. Melâncton assinou também, como era de esperar, os Artigos de Schmalkald (1537), mas sob a condição de que, se o papa permitisse a difusão do evangelho, ele, em troca, lhe reconheceria a superioridade sobre os demais bispos.

Por toda a vida de Lutero, Melâncton evitou se envolver em teologia tanto quanto Lutero desejava. Por isso mesmo, por exemplo, jamais obteve doutorado em Teologia. Permaneceu sempre, no entanto, um pensador independente. Sobre eucaristia*, inclinou-se para o pensamento de Calvino*; sobre predestinação* versus livre-arbítrio*, em direção a Erasmo; sobre justificação, mais para uma visão forense do que para a posição de Lutero.

Quando Lutero se foi, em 1546, Melâncton tornou-se seu sucessor natural. Mas não teve como enfrentar a tarefa. Comprometeu-se com os católicos, após a derrota protestante de 1548, ao aceitar o Ínterim de Leipzig, que, de fato, permitia o ensino da teologia protestante, mas exigia a manutenção do ritual católico-romano nas igrejas adeptas da Reforma. Esse grau de comprometimento solapou totalmente sua autoridade e, pelo restante da vida, esteve envolvido em uma série de conflitos dentro do luteranismo: com Andréas Osiander (1498-1565) sobre justificação; com Nicholas

661 MÉRITO

von Amsdorf (1483-1565) sobre predestinação; e com muitos outros protestantes sobre a ceia do Senhor. Melâncton morreu orando por ser liberto da "fúria dos teólogos".

Amplamente versado, Melâncton soube manter seus interesses humanistas. Foi também um reformador educacional muito importante, oferecendo importante contribuição para a universidade e a educação escolar na Alemanha. As avaliações sobre ele, de modo geral, variam. Tem sido muitas vezes interpretado como uma figura um tanto alienada da verdadeira direção da Reforma. Contudo, nas ocasiões de recuo de algumas das mais veementes polêmicas de Lutero, como ele fez, não deixou de representar uma necessária figura racional, moderada e ecumênica, mais capaz do que Lutero de encontrar a reconciliação e visualizar um caminho do meio.

Bibliografia
TI *Loci Communes* (1521) *in:* W. Pauck, *Melanchthon and Bucer*, *LCC* 19 (London, 1969); C. L. Manschreck (tr.), *Melanchthon on Christian Doctrine: Loci Communes 1555* (Oxford, 1965).

K. Aland, *Four Reformers: Luther, Melanchthon, Calvin, Zwingli* (Minneapolis, 1979); F. Hildebrandt, *Melanchthon: Alien or Ally?* (Cambridge, 1946); C. L. Manschreck, *Melanchthon, the Quiet Reformer* (New York, 1968); D. C. Steinmetz, *Reformers in the Wings* (Philadelphia, 1971); R. Stupperich, *Melanchthon* (TI) (London, 1966).

C.P.W.

MÉRITO. Aquilo que qualifica o realizador de uma boa ação a uma recompensa.

A ideia teológica de mérito se encontra, de forma genérica, em muitas passagens das Escrituras, que prometem recompensa pela obediência e punição (ou demérito) pela desobediência (*e.g.*, Dt 5.28-33; Mt 5.3-12). Paulo afirma que "Deus retribuirá a cada um conforme o seu procedimento" (Rm 2.6), mas continua ensinando que a rebelião do homem impede a possibilidade de relacionamento com Deus na base do mérito. A confiança no princípio da recompensa é, na verdade, fatal, "pois o salário do pecado é a morte, mas o dom gratuito de Deus é a vida eterna em Cristo Jesus, nosso Senhor" (Rm 6.23). Jesus* recusava-se a atribuir mérito à simples obediência, advertindo a seus discípulos que, uma vez tendo obedecido a Deus e realizado suas obrigações, deveriam simplesmente dizer: "Somos servos inúteis; apenas cumprimos o nosso dever" (Lc 17.10). Ele proclama, em parábolas, a graça de Deus, sem prejuízo da sua justiça (Mt 20.1-16; Lc 15.11-32). O evangelho oferece bênção mediante o perdão de Deus, não por merecimento pessoal do pecador (Mt 18.21-35); só assim há boas-novas e esperança para o ímpio. Tanto Jesus quanto Paulo* discordavam da teologia do mérito de sua época, deixando claro que Deus escolheu seu povo por sua própria graça*, sem qualquer bondade anterior por parte de Israel (*cf.* Dt 7.7,8). Quando o texto das Escrituras fala de recompensa pelo serviço, refere-se àqueles já salvos, expressando assim a justiça* paternal de um Deus que pune seus filhos, mas os abençoa, e que por si mesmo constitui a principal recompensa para eles (*e.g.,* Hb 12.4-11).

METAFÍSICA

Embora a teologia posterior haja incorporado a visão de Agostinho* de que os atos meritórios surgem da graça de Deus em nós, insiste-se também na necessidade da cooperação humana. Discussões surgiram na teologia medieval sobre distinguir entre mérito *congruente* e mérito *condigno*. O mérito congruente era entendido como um reflexo do caráter generoso de Deus, ao recompensar os atos daqueles que não possuíssem as condições necessárias para o mérito. O mérito condigno seria uma simples questão de justiça para com aqueles que se encontrassem em tal estado de graça que Deus se visse compelido a recompensá-los como realizadores de boas obras. Além disso, era sustentado também haver atos que estavam além do que Deus normalmente requeria de uma pessoa (obras de supererrogação), e que, desse modo, os méritos excedentes ganhos pelos santos poderiam ser acrescentados ao "tesouro de méritos" da Igreja, para que pudessem ser aplicados em benefício de outros cristãos, menos dignos, mediante indulgências. A punição do pecado poderia ser, assim, remida.

Os reformadores protestantes repudiaram fortemente essas ideias, asseverando que a perfeita obediência a Deus era exigida de todos, que a ninguém era dado ganhar mérito extra algum e que o único "tesouro de méritos" era o próprio evangelho. A justificação* era entendida como a declaração do perdão de Deus, independentemente de boas obras, mesmo produzidas mediante a graça, com base somente nos méritos de Jesus Cristo. O Concílio de Trento (sessão VI:16) buscou melhorar a posição católica, sem mudar sua essência, argumentando que as boas obras eram mérito para a vida eterna.

Estudos recentes feitos em conjunto por eruditos católicos e protestantes questionam se "mérito" é uma palavra adequada para descrever a abordagem bíblica quanto às boas obras e se tem sua ênfase colocada na graça de Deus na justificação. Não obstante, os católicos em geral ainda retêm sua convicção de que o "tesouro da Igreja" inclui o valor das orações e das boas obras dos santos, naquilo em que contribuam para "salvação de seus irmãos na unidade do Corpo místico" — visão essa que os protestantes rejeitam como contrária à suficiência única e bastante de Cristo.

Bibliografia

Calvino, *Institutas*, III. Xv-xviii; D. A. Carson, *Divine Sovereignty and Human Responsibility* (London, 1981); H. G. Anderson *et al.* (eds.), *Justification by Faith* (*Lutherans and Catholics in Dialogye VII*; Minneapolis, MN, 1985).

P.F.J.

METAFÍSICA. Pode ser definida como a tentativa de desenvolver a estrutura mais básica da realidade, não pela observação e pelo experimento, como em ciência, mas pelo pensamento crítico e sistemático, procurando analisar, testar e conectar conceitos como "causa", "qualidade", "matéria", "mente" e "evento". A metafísica pode simplesmente procurar descrever a forma tomada pelo nosso pensamento normal a respeito do mundo, quando demonstrado sistematicamente,

METAFÍSICA

ou então, mais comumente, revisar e melhorar isso e, talvez, demonstrar uma realidade por trás das aparências. Na primeira dessas possibilidades, encontram-se pensadores como Aristóteles*, Locke* e, certamente, Tomás de Aquino*, além de contemporâneos como sir Peter Strawson (1919-2006); na segunda, Platão*, Spinoza*, Leibniz*, Berkeley* e Hume*. A maioria dos filósofos metafísicos tem incluído em seu pensamento elementos de ambas as abordagens; alguns deles poderiam sustentar, como o fez R. G. Collingwood (1889-1943), que, como as pressuposições de nosso pensamento variam com o decorrer dos anos, até mesmo a primeira espécie de metafísica necessita de revisão constante.

Os pensadores metafísicos fazem, por vezes, alegações espetaculares, para mostrar, por exemplo, que: o tempo é uma ilusão; a totalidade da existência forma uma única unidade e tudo o mais é, na melhor das hipóteses, real somente em parte; a mente e a matéria são ambas constituídas de um "material neutro" básico; ou, de relevância maior para o cristão, que a razão pode provar ou contestar a existência de Deus ou da alma humana. Os constantes conflitos causados por essas afirmativas e geralmente a falha dos metafísicos em convencer uns aos outros têm lançado certa suspeita sobre suas asserções.

Na verdade, não poucos filósofos são de opinião que a metafísica é, em princípio, algo impossível, exceto talvez no primeiro sentido, de ser mais propriamente uma descrição do que uma revisão do nosso pensamento normal. Kant*

argumentava que as "categorias" que tornam possível a ciência (e geralmente a experiência), como unidade, limitação, substância e causa, não são parte da realidade em si, mas somente condições de nossa experiência dela; não podendo, assim, ser usadas para irmos além daquilo que experimentamos, como, por exemplo, argumentarmos que o mundo seja ou não limitado em extensão ou em duração, ou que foi ou não criado e causado por Deus. Mais recentemente, o positivismo lógico* das décadas de 1920 e 1930 afirmava que as alegações metafísicas não têm nenhum significado real: uma vez que as alegações metafísicas não oferecem nenhum caminho ou meio para comprovarmos sua veracidade ou falsidade, como podem afirmar qualquer coisa que seja? Para o crente cristão, esta é uma visão crítica mais radical e perturbadora que a de Kant. Este havia conservado a possibilidade (e, na verdade, ele mesmo acreditava) de que a realidade de Deus poderia ser conhecida pela fé, embora não provada pela razão; enquanto o positivismo lógico argumentava que todas as proposições metafísicas, incluindo aquelas que os cristãos desejassem fazer, eram totalmente destituídas de significado e que nenhuma delas poderia ser aceita pela fé.

Assim também, alguns filósofos vêem a metafísica não propriamente como um sistema de asserções sobre a realidade, mas, sim, um modo de ver e interpretar o mundo, enquanto outros aceitam alguns dos argumentos metafísicos como uma análise de nossos conceitos, embora sem esperança de qualquer

METAFÍSICA

sistema que possa abranger tudo. Um bom número de metafísicos, no entanto, permanece obstinado. Podem replicar que, como buscam a estrutura necessária de *qualquer* mundo, é um absurdo exigir que aspectos particulares do mundo provem ou contestem a realidade dessa estrutura; e que, se é legítimo analisar conceitos como tempo ou causa, é também legítimo verificar, por exemplo, se há contradições na ideia de tempo, ou se a crença na existência de causas implica a crença em uma primeira causa, Deus.

Alguns sistemas metafísicos, como os de Hegel* ou Spinoza, apresentam-se explicitamente como supostos substitutos das crenças religiosas tradicionais (e melhoria nelas); outros, como os de Tomás de Aquino, Descartes* ou Leibniz, embora confessando-se cristãos, alegam ser o raciocínio humano capaz de provar certas verdades religiosas, como a realidade e a bondade de Deus, parecendo assim, para alguns, depreciativos da revelação* (ver Teologia Natural*). Teólogos há, portanto, que repudiam todo e qualquer pensamento metafísico. Naturalmente que não há necessidade alguma de os cristãos construírem um sistema metafísico nem aceitarem um já existente. Todavia, muitas crenças e conceitos cristãos envolvem asserções metafísicas, muito embora não argumentados por meio de métodos metafísicos: as ideias de criação*, milagre*, espírito, revelação, graça* e, acima de tudo, Deus* contêm, todas, implicações a respeito da estrutura da realidade e podem precisar da metafísica, não para sua descoberta, mas

como meio de sua explicação e defesa. Pode haver certo equívoco, portanto, em alguns teólogos rejeitarem inteiramente a metafísica. A verdade do cristianismo implica, sem dúvida, que alguns sistemas metafísicos (*e.g.*, os ateístas* ou materialistas*) são totalmente falsos, mas isso sugere também que algum sistema — talvez conhecido somente de Deus — possa ser verdadeiro. A não ser que, de fato, como uns poucos radicais, abandonemos a ideia de verdade sobrenatural, para reduzirmos o cristianismo a um simples modo de vida (apesar de termos de rejeitar, no caso, muita coisa das crenças e ensinos de Cristo que deram fundamento a esse modo de vida). Na verdade, se a razão (com ou sem a ajuda da revelação de Deus que nos é dada) é de fato adequada, ou não, para detectar a natureza fundamental da realidade, isso só pode ser descoberto na prática.

Ver também Fé e Razão; Filosofia da Religião.

Bibliografia

A. J. Ayer, *The Central Questions of Philosophy* (London, 1973); B. Blanshard, *Reason and Analysis* (London, 1962; C. D. Broad, Critical and Speculative Philosophy, *in:* J. H. Muirhead (ed.), *Contemporary British Philosophy* (London, 1924); R. G. Collingwood, *An Essay on Metaphysics* (London, 1940); I. Kant, *Prolegomena to any Future Metaphysics* (TI, Manchester, 1957); J. McTaggart, Introduction to the Study of Philosophy, *in: Philosophical Studies* (London, 1934); D. F. Pears (ed.), *The*

METEMPSICOSE

Nature of Metaphysics (London, 1957); W. H. Walsh, *Metaphysics* (London, 1963).

R.L.S.

METEMPSICOSE. É a crença na "transmigração das almas", ou seja, que as almas humanas e dos animais vão além de uma única existência corporal neste mundo. Em algumas versões, a reencarnação das almas humanas é restrita aos corpos humanos; em outras, podem se estender a animais (por isso mesmo, seus defensores são quase sempre vegetarianos). O propósito da metempsicose é comumente apresentado como o de uma purificação progressiva ou desenvolvimento evolucional, não raro relacionado à visão de que a participação da alma na vida corporal é, em algum sentido, um confinamento punitivo, resultante de uma queda espiritual preexistente ou pré-cósmica.

Crê-se amplamente na reencarnação nas religiões orientais, como budismo* e hinduísmo*, tendo sido ensinada também em tradições gregas influentes, especialmente no pitagorismo, platonismo* e neoplatonismo. Essas fontes, passaram a ser adotadas por muitos gnósticos* (e, portanto, pelos maniqueístas* e seus correspondentes mais recentes, como cátaros e albigenses*). Consequentemente, foi foco de questionamento pelos Pais da Igreja primitiva, normalmente com hostilidade inapropriada, embora hajam observado algumas vezes, por motivos apologéticos, que a ideia apresentava certa semelhança com a crença cristã da ressurreição do corpo (*cf.* Tertuliano*, *A ressurreição da carne* e *A alma*), tal como a doutrina estóica de sucessão cíclica dos mundos.

Se Clemente de Alexandria* e Orígenes* esposaram a ideia da metempsicose, é ainda uma questão até hoje debatida. Orígenes, sem dúvida, adotou a ideia da preexistência da alma (ver Alma, Origem*), mas pode ter visualizado somente uma única encarnação corporal (pelo menos, neste mundo). De todo modo, ele certamente rejeitaria qualquer tipo de pensamento fatalista de reencarnação. Se o aceitasse, certamente o teria abordado, como fez, quanto à preexistência da alma, de forma apologética, como apoio à explicação de aparentes injustiças e desigualdades da vida.

Nos séculos seguintes, a metempsicose encontrou defensores ocasionais, como, por exemplo, entre os neoplatonistas da Renascença italiana, depois em Lessing*, ou entre os espiritualistas e teosofistas, como Emanuel Swedenborg (1688-1772; ver Seitas*) e Annie Besant (1847-1933), assim como entre alguns poucos pensadores cristãos de pensamento liberal.

A teoria da metempsicose não somente carece de suporte bíblico, mas também é incompatível com as doutrinas cristãs centrais, como a da ressurreição* do corpo. Está ligada, além disso, à noção, atualmente abandonada pela teologia cristã, de ser a alma uma substância ou essência diferente do corpo (ver Antropologia*).

Bibliografia
Q. Howe Jr., *Reincarnation for the Christian* (Philadelphia, 1974); G. MacGregor, *Reincarnation as a Christian Hope* (London, 1982).

MÉTODO TEOLÓGICO

Crítica: M. Albrecht, *Reincarnation: A Christian Appraisal* (Downers Grove, IL, 1982); R. A. Morey, *Reincarnation and Christianity* (Minneapolis, MN, 1980).

D.F.W.

MÉTODO TEOLÓGICO. O conceito de teologia* detém atualmente duas posições, relacionadas, mas distintas.

1. No âmbito das universidades e seminários, teologia é uma denominação genérica, atribuída a um grupo de estudos interligados, que informam e instruem a mente cristã: exegese, análise e síntese do ensino bíblico; história do pensamento cristão, ação e experiência; dogmática, ética, apologética e liturgia; missiologia, espiritualidade e pastoral; além de religiões comparadas e sociologia religiosa estudada sob foco cristão.

2. No âmbito de adoração, testemunho e serviço da Igreja, a teologia significa: a) uma reflexão ordenada, analítica e crítica, temática e sistemática, descritiva, interpretativa ou normativa, sobre o conteúdo e a expressão da crença cristã distintiva; b) análise e estudo de artes, ciências, problemas humanos, questões filosóficas, etc., à luz da crença cristã ("a abrangência de todo o conhecimento, dirigido ao seu verdadeiro fim", como Locke* a definiu, por volta de 1698).

Questões de método se levantam quanto a ambas essas posições. Tem havido também algumas tensões entre a exigência educacional de que o método seja imparcial, sem preconceito, de mente aberta, científico — em uma palavra, *racional* — e a exigência eclesial de que o método seja fiel e obediente, confessional, doxológico — em suma, *religioso*. Contudo, há crentes que definem "imparcial", "sem preconceito", "de mente aberta" e "científico" mais com o significado de "determinado pelo objeto de estudo em si mesmo" do que moldado por um positivismo* anticristão de cientistas naturais e históricos. Eles continuam a reconhecer, assim, que o objeto central do estudo se encontra, de fato, no Criador vivo, autorrevelado nas Escrituras como Sujeito tripessoal, e têm vencido, portanto, essa tensão, de toda forma que ela pudesse porventura afetá-los.

O presente artigo trata, então, do método teológico em relação especificamente à segunda posição, de natureza eclesial.

A questão do método abarca, primeiramente, o modo de os teólogos procederem quanto à crítica e à construção teológicas e, em segundo lugar, o modo com que justificam seu procedimento. Historicamente, tem havido três métodos principais, dos quais os dois primeiros reconhecem dados absolutos e estabelecem, assim, limites para o alcance de opinião aceitável, enquanto o terceiro torna impossível estabelecer tais limites e, assim, produz um pluralismo relativista incontrolável. São eles os seguintes.

Primeiro método — Identifica a palavra revelada de Deus com o testemunho dos escritores bíblicos de sua obra, sua vontade e seus caminhos. Avalia por esse padrão todas as crenças, práticas e propostas reais e "teologiza" — *i.e.*, constrói abordagens da realidade e fornece respostas a questões a seu respeito —, mas formulando e aplicando diretamente o ensino bíblico.

MÉTODO TEOLÓGICO

Esse procedimento encontra sua justificação: 1) na posição de toda Escritura* canônica, qualquer que seja o seu caráter literário, como essencialmente uma instrução divina; e 2) na incapacidade de nossa mente, decaída, pervertida e ligada à cultura humana, de pensar os verdadeiros pensamentos a respeito de Deus sem a orientação corretiva e diretiva do Espírito Santo*. É ele quem nos ensina o significado para nós mesmos das Escrituras que originalmente inspirou e que constantemente as autentica e interpreta para a Igreja. Esse método, exemplificado e usado de modo enfático e substancial pelos apóstolos, em parte perdido nas eras patrística e medieval, foi recuperado na Reforma* e tem caracterizado, desde então, o protestantismo conservador e escolástico, assim como o evangelicalismo* pietista* (ver Hermenêutica*).

Segundo método — Insere na estrutura do primeiro método a noção de Igreja institucional e histórica, que identifica e interpreta infalivelmente as Escrituras. Esse método torna a tradição da ortodoxia eclesiástica, como tal, em necessário objeto imediato de crença para o fiel, isentando-a, em questões básicas, do desafio e da correção bíblica, sendo, no mais, permitida a sua amplificação e reformulação à luz das Escrituras, o que, de modo algum, são consideradas a mesma coisa. A justificação oferecida para esse método é que: 1) a Escritura é, intrinsecamente, obscura; e 2) Cristo prometeu permanecer em sua Igreja, sustentá-la e preservá-la por meio do Espírito Santo, garantindo assim a confiabilidade permanente de todos seus ensinos considerados concordemente essenciais. Esse método, com variações de detalhes, marca as teologias patrística*, medieval, católica*, ortodoxa oriental* e anglo-católica*. Para ele, portanto, as Escrituras estão na tradição e viceversa (ver Escritura e Tradição*).

As suposições são amplas, em ambos os métodos: 1. A revelação bíblica de Deus é *racional* e, consequentemente, *inteligível*. A linguagem bíblica antropomórfica* a respeito de Deus é realmente analógica*, expressando similaridades qualificadas entre o nosso pensar, nosso falar e nosso agir e a existência pessoal do Criador, cuja imagem portamos. Uma vez que Deus, muito embora não propriamente igual a nós, não é inteiramente diferente de nós, podemos realmente, senão perfeitamente, entender o que ele nos diz nas Escrituras a respeito de si mesmo. 2. O ensino das Escrituras canônicas, procedendo, como procede, de uma única mente divina, é substancialmente *verdadeiro* e *coerente*. 3. Deus, o Criador infinito, pessoal e autossustentado, opera também de modo *sobrenatural* no mundo que ele sustenta. 4. A obra graciosa de Deus de salvação do pecador de modo sobrenatural, que assegura um novo povo do pacto e demonstra seu reino em Cristo e mediante Cristo, é o centro substancial da doutrina bíblica; e a semelhança de Cristo produzida por Deus, como estilo de vida para a nova comunidade, é o centro substancial da ética bíblica. 5. A tradição da Igreja, que se expressa por meio de credos, hinos, liturgias, literatura e padrões de conduta, flui ampla ou totalmente da interpretação das Escrituras, feita

METODISMO

mediante o Espírito Santo, sendo, assim, um guia importante (para o segundo método, decisivo) daquilo que quer dizer a Bíblia.

Ambos os métodos estimulam a oposição a qualquer solapamento ou erosão dessas suposições, baseadas na Bíblia.

Terceiro método — Considera as Escrituras não como verdade divina absoluta, pelo menos não totalmente, mas essencialmente, um produto da imaginação, experiência, pesquisa e reflexão humanas, a cada detalhe alterado e limitado pela cultura da qual procede. A revelação é vista, então, como uma percepção pessoal e autoautenticada do divino (com alguma proclamação imperativa, embora não necessariamente dotada de conteúdo cognitivo), que se torna instrumento das Escrituras, estimulando ou cristalizando a própria situação de uma pessoa. Uma vez que essa percepção é culturalmente relativa, torna-se inevitável um pluralismo teológico infindável. As considerações apresentadas para justificar essa abordagem são as de que: 1) um estudo crítico intenso da Bíblia como literatura humana torna impossível considerá-la mais do que isso; 2) a filosofia, desde Kant*, tem sido hostil a ideias de sobrenaturalismo e revelação verbal definitiva; 3) encontramo-nos culturalmente bem distantes dos escritores bíblicos para que seja possível nos identificarmos com os seus pensamentos. Esse método, no decorrer de um século e meio, produziu, no protestantismo e no catolicismo, as teologias liberal*, modernista*, radical e revisionista, todas moldadas na prática, mais ou menos de modo explícito, por

tendências da filosofia secular, psicologia, teoria econômica, sociologia e ciências naturais, para as quais as afirmações bíblicas se tornam relativas.

A comprovação das teorias mediante o recurso das evidências, das certezas anteriores e das implicações constitui, formalmente, um processo paralelo, nos três métodos. Mas geralmente não há concordância sobre quais são as evidências relevantes, os pontos de certeza estabelecidos e as implicações aceitáveis.

Bibliografia

M. J. Erickson (ed.), *The Living God*, part 1 (Grand Rapids, MI, 1973); C. F. H. Henry, *God, Revelation and Authority*, vol. 1 (Waco, TX, 1976); B. Lonergan, *Method in Theology* (New York, 1972); J. W. Montgomery, *The Suicide of Christian Theology* (Minneapolis, MN, 1970).

J.I.P.

METODISMO. Embora a designação "metodista" fosse inicialmente atribuída a todos os adeptos do despertamento evangélico ocorrido na Inglaterra no século XVIII, seria depois restrita aos seguidores de João Wesley, que, após sua morte, deixaram a Igreja Anglicana para formar uma denominação à parte. O metodismo teve início como uma sociedade religiosa dentro da comunhão anglicana, e a intenção de Wesley era que assim permanecesse. Todavia, a secessão tornouse praticamente inevitável ante sua própria insistência em que os "sacrossantos" limites paroquiais devessem ceder às exigências da evangelização itinerante e, mais

METODISMO

tarde, à ordenação de ministros para trabalharem na Escócia e em missões na América do Norte, juntamente com a autorização para abrir novos pontos de pregação, sob o Ato de Tolerância.

Em ato oficial de 1932, que autoriza o funcionamento da Igreja Metodista, reunida, na Grã-Bretanha, é feita referência às doutrinas de fé evangélica* que o metodismo sustenta desde o princípio até hoje. Elas se baseiam na revelação divina registrada nas Escrituras*, reconhecidas como regra suprema de fé e prática, estando tais doutrinas contidas na obra de Wesley *Notes on the New Testament* [Comentários sobre o Novo Testamento] e em seus sermões.

A teologia wesleyana foi moldada em suas origens pelo envolvimento metodista em missões, sendo focada na doutrina da salvação*. Outros aspectos da crença cristã foram abordados sob a mesma perspectiva. Ênfase é dada à soberania* de Deus, embora não isolada dos outros atributos divinos e sem isenção da responsabilidade humana. Sustenta-se a divindade de Cristo ante as tendências arianas* e socinianas* (ver Cristologia*). A incapacidade humana de alcançar a própria salvação é fortemente destacada. A expiação* é vista como um aspecto distintivo do autêntico evangelho, em oposição aos deístas*, cumprida em favor de todos, muito embora não seja aceita por todos. A justificação* mediante a fé é ponto central e determinante, que leva a transformação efetuada por novo nascimento (ver Regeneração*). A obra do Espírito Santo* em produzir certeza da salvação* e santidade (ver Santificação*) ganha relevo, em uma época em que essa dimensão estava em risco de vir a ser negligenciada. Compromisso firme do crente com a ética da graça representa corretivo necessário.

A postura da teologia wesleyana é inteiramente a de um arminianismo* evangélico, infuso com calor e poder do Espírito Santo, como bem ressalta M. B. Wynkoop. Todavia, embora ecoando Armínio em sua resistência ao determinismo teológico, a abordagem wesleyana não recebeu a simpatia do arminianismo inglês de sua época de surgimento, contido em associações pelagianas* e unitaristas*.

Nas últimas etapas de controvérsia mantida com os calvinistas (ver Whitefield*) sobre predestinação, foi principal porta-voz metodista John William Fletcher (1729-1785), cujos cinco livretes *Checks to Antinomianism* [Restrições ao antinomianismo] (1771-1775) refletiam as ideias de Wesley, endossadas por ele. Fletcher sustentava o princípio da liberdade evangélica, mas, ao mesmo tempo, salvaguardava a iniciativa e o controle divinos na área da salvação. Seu receio era de que a ideia exagerada de eleição soberana pudesse abrir as portas para uma anarquia moral — daí o título de suas publicações. Em outra obra, Fletcher ampliava o ensino de Wesley sobre a santificação total, sublinhando seu relacionamento com o Pentecoste e interpretando-a como ocorrência instantânea. A essa experiência ele aplicou os termos "batismo"* e "plenitude" do Espírito (ver também Movimento de Santidade*; Perfeição*).

A teologia de Wesley foi desenvolvida de modo mais amplo

METODISMO

pelo notável erudito bíblico Adam Clarke (c. 1760-1832), que reiterou a ênfase de Wesley sobre a autoridade e a suficiência das Escrituras na revelação do Ser e dos propósitos de Deus. Clarke antecipou as tendências teológicas mais recentes, ao reconhecer que a tarefa da teologia bíblica implica buscar recuperar a importância original do texto das Escrituras e demonstrar sua relevância contemporânea.

A primeira explanação de teologia sistemática do pensamento wesleyano, todavia, foi feita por Richard Watson (1781-1833), em sua obra *Theological Institutes* [Instituições teológicas] (1823-1824), que se coloca como defensor da fé evangélica contra os críticos deístas e unitaristas. Contende também com as ideias pelagianas e calvinistas, em uma seção muito alentada, que trata da extensão da expiação*. Watson não cita Wesley com muita frequência, mas foi, inegavelmente, fiel à perspectiva wesleyana. Enfatiza o uso dedutivo das Escrituras, que considera como inerrantes, embora haja recorrido também a reformadores protestantes e teólogos ingleses ortodoxos.

A teologia wesleyana encontrará, enfim, sua expressão clássica na obra *Compendium* [Compêndio] (1875-1876), de William Burt Pope (1822-1903). A essa altura, o metodismo já havia se libertado amplamente das algemas sectárias e reivindicava seu lugar de participação e comunhão na Igreja cristã universal. Embora expondo e defendendo as ênfases wesleyanas, Pope insiste em que a teologia metodista é, essencialmente, escriturística*, católica* (universal) e ortodoxa, em termos de tradição evangélica contínua. Para isso, ele traça um panorama desde a Igreja primitiva até o próprio Wesley. Quanto ao arminianismo da teologia wesleyana, Pope o vê como divergência somente das formas mais extremas do calvinismo. Sua obra é importante como forte afirmação confessional, embora contenha pouca informação a respeito do desenvolvimento de tendências críticas do metodismo. Nesse particular, de importância maior é a contribuição de William Arthur (1819-1901), como apologista que lida com questões intelectuais de sua época, como ultimamente se percebeu.

O metodismo foi mais produtivo, posteriormente, em eruditos bíblicos do que em teólogos propriamente ditos. Contudo, menção especial deve ser feita aos pensadores metodistas John Scott Lidgett (1854-1953), que buscou, particularmente, relacionar o conceito do NT da paternidade* divina com a doutrina da expiação, e Geoffrey Wainwright (n. 1939), cuja recente obra *Doxology* [Doxologia] faz surgir uma área relativamente nova, ao tentar interpretar a teologia por meio do louvor a Deus na adoração*, na doutrina e na vida (ver Doxologia*; Teologia Litúrgica*). O entendimento metodista da perfeição cristã é, por sua vez, estabelecido no contexto da tradição contínua por Robert Newton Flew (1886-1962). De modo geral, pode-se dizer que o interesse por uma abordagem especificamente wesleyana à teologia encontra-se hoje em menor evidência no berço de seu nascimento, a Inglaterra, e mais entre grupos americanos cultivadores da ideia de santidade.

671   METODISMO CALVINISTA

Manuais metodistas amplamente usados, como os de A. M. Hills (1848-1935) e H. Orton Wiley (1877-1962), são atualmente suplementados por um simpósio editado na América por Charles W. Carter.

Ver também METODISMO CALVINISTA.

Bibliografia
R. W. Burtner & R. E. Chiles (eds.), *A Compend of Wesley's Theology* (Nashville, TN, 1954); W. R. Cannon, *The Theology of John Wesley* (Nashville, TN, 1956); C. W. Carter (ed.), *A Contemporary Wesleyan Theology*, 2 vols. (Wilmore, KY, 1983); R. E. Davies, *Methodism* (Harmondsworth, 1963); T. A. Langford, *Practical Divinity: Theology in the Wesleyan Tradition* (Nashville, TN, 1984); W. E. Sangster, *The Path to Perfection: An Examination and Restatement of John Wesley's Doctrine of Christian Perfection* (London, 1943); C. W. Williams, *John Wesley's Theology Today* (London, 1960); M. B. Wynkoop, *Foundations of Wesleyan-Arminian Theology* (Kansas City, KS, 1967).

A.S.W.

METODISMO CALVINISTA. Produto do despertamento evangélico do século XVIII na Inglaterra e no País de Gales, seus principais representantes foram George Whitefield* e Daniel Rowland (1713-1790). Sua teologia encontra expressão em seus sermões, nas obras em prosa e poesia de William Williams de Pant-y-celyn (1717-1791) e na Confissão de Fé dos Metodistas Calvinistas Galeses, de 1823.

Esse movimento pode ser descrito como de uma teologia para a alma e coração, dando expressão a um calvinismo ortodoxo mediante ação experimental e prática. Baseava-se em parte no puritanismo* primitivo e, todavia, compartilhava sem nenhum constrangimento o pietismo individual do metodismo* (arminiano*) da época. Como tal, confessava a autoridade bíblica em assuntos de fé e conduta e uma fé trinitária, protestante* e evangélica*;

Os elementos distintivos do metodismo calvinista estão no destaque dado à influência do Espírito Santo* na salvação do homem e no caráter experimental próprio de sua cultura da alma. Luz e vida, santidade e amor, submissão à vontade divina e realização da dignidade humana deveriam ser mantidos em um equilíbrio bíblico. Deveriam ser desfrutados e estimulados no contexto disciplinado da comunhão, ou das reuniões, fervorosas, mas de sentimentos controlados, da "sociedade" (congregação) metodista.

Na Inglaterra, o metodismo calvinista perdeu força após a morte de Whitefield, mas, no País de Gales, permaneceu vigoroso por mais um século. Isso aconteceu por dois motivos: por causa de liderança competente de homens como Thomas Charles ("de Bala", 1755-1814) e John Elias ("de Anglesey", 1774-1841) e de reavivamentos repetidos e poderosos. A paixão calvinista pela organização transbordaria mais tarde para sua administração eclesiástica, resultando em um lugar para o metodismo calvinista galês na família presbiteriana*. O liberalismo* e o ecumenismo* do século XX, no entanto, contribuiriam para o declínio de sua teologia.

METZ, JOHANNES BAPTIST

Bibliografia
E. Evans, *Daniel Rowland and the Great Evangelical Awakening in Wales* (Edinburgh, 1985); *idem*, *Howel Harris* (Cardiff, 1974); *idem*, The Confession of Faith of the Welsh Calvinistic Methodists, *Journal of the Historical Society of the Presbyterian Church of Wales* 59 (1974), p. 2-11; G. T. Hughes, *Williams Pantycelyn* (Cardiff, 1983); D. M. Lloyd-Jones, William Williams and Welsh Calvinistic Methodism, *The Manifold Grace of God* (The Puritan and Reformed Studies Conference) (London, 1968); W. Williams, *Welsh Calvinistic Methodism* (London, ²1884).

E.E.

METZ, JOHANNES BAPTIST (n. 1936). Professor na Universidade de Mogúncia, Alemanha, importante representante católico da teologia política*. Aluno de Karl Rahner*, do qual algumas obras ele tem reeditado, sua teologia está particularmente voltada para as dimensões políticas da fé cristã e da reflexão teológica. Opõe-se fortemente a qualquer redução da religião a mera opção na sociedade secular, entendendo a fé cristã e suas expressões na vida comunitária e na atividade teológica como força dotada de potencial crítico e libertador. Considera especialmente a teologia não uma simples disciplina interna do cristianismo, mas, sim, uma forma de crítica construtiva da realidade social, vendo-a, assim, como um diálogo com o mundo sobre a modelagem futura da sociedade. O relacionamento da teologia com a política não é uma consequência nem uma aplicação; a política,

para ele, é intrínseca ao exercício teológico. Além disso, a teologia tem um papel crítico na Igreja, à medida que permite a identificação de elementos ideológicos nas formas hierárquicas da vida eclesiástica, contribuindo assim para o estabelecimento de uma Igreja "pós-burguesia".

Muito de sua teologia tem por base forte doutrina da criação* e entendimento da salvação*, por ser voltada, primordialmente, para o homem em sua existência neste mundo, política e comunitariamente.

Bibliografia
Faith in History and Society (TI, London, 1980); *Theology of the World* (TI, London, 1969).

R. D. Johns, *Man in the World. The Political Theology of Johannes Baptist Metz* (Chico, CA, 1976).

J.B.We.

MILAGRE. A palavra "milagre" procede do latim miraculum, significando "maravilha". Sugere uma interferência sobrenatural* na natureza* ou no curso dos acontecimentos. Na história da Igreja, os milagres têm sido vistos não somente como expressões extraordinárias da graça de Deus, mas também como atestado divino da pessoa ou do ensino de quem realiza o milagre.

Desde o surgimento da ciência* e da crítica histórica, os milagres têm passado por um crescente ataque. As objeções clássicas aos milagres foram resumidas por David Hume* em sua obra *Enquiry Concerning Human Understanding* [Inquirição a respeito do conhecimento humano] (1748), seção 10, em que Hume argumenta: "Um

MILAGRE

milagre é uma violação das leis da natureza; e como essas leis estão estabelecidas por experiência firme e inalterável, a prova contra um milagre a partir da própria natureza do fato é tão completa quanto qualquer argumento procedente da experiência que possa certamente ser imaginado". Hume argumenta ainda que o testemunho real dos milagres é fraco. Para ele, as testemunhas quase sempre são pessoas de escassa formação cultural ou reputação duvidosa. Além disso, diz ele, os milagres alegados geralmente acontecem em lugares obscuros do mundo. Hume observa ainda que há uma propensão comum humana ao exagero e argumenta que os milagres registrados por religiões diferentes se cancelam uns aos outros. Em vista disso, para Hume, os milagres não podem ser usados para estabelecer alegações de verdade do cristianismo. Em vez de proporcionarem motivos para crença, são objeto de uma fé crédula.

Os argumentos de Hume podem parecer plausíveis, mas requerem algum questionamento. Hume estava, na verdade, descartando a possibilidade de fatos para os quais a ciência de sua época (ou qualquer época) não conseguiria oferecer uma explicação. Ao definir o milagre em termos de violação das leis da natureza, excluía a possibilidade de que pudesse constituir um acontecimento em que Deus tivesse controle sobre as forças da natureza.

A tentativa de negar milagres em nome da ciência é, por si mesmo, um ato de fé, que pressupõe que o mundo é um sistema de causas naturais fechado à intervenção sobrenatural. As "leis" da ciência, contudo, são generalizações baseadas em experiências repetidas ou testáveis. São provisórias, à medida que estão abertas a modificação e correção à luz de entendimento posterior. A argumentação de Hume importa na recusa de testemunhar qualquer fato incomum que esteja fora do alcance de tais generalizações provisórias.

Os argumentos de Hume a respeito do tipo de testemunho de milagres são arbitrários e genéricos. É arbitrário exigir como pré-requisito de credibilidade de um milagre que as testemunhas devam possuir certas qualificações educacionais ou culturais, ou que o milagre deva ter ocorrido somente em determinados lugares. Além disso, o fato de que algumas pessoas são inclinadas a exagerar não significa que todas exagerem; é arbitrário, portanto, presumir que todas as testemunhas sejam naturalmente inclinadas a exagerar e fantasiar a respeito de milagres. Se uma testemunha for cética, antes de mais nada, mas, caso se convença pela experiência, seu testemunho ganhará credibilidade.

O argumento de que os milagres descritos em diferentes religiões cancelam uns aos outros seria válido se religiões rivais pudessem apresentar milagres comparáveis para estabelecer suas alegações de verdade. Algumas religiões, contudo, nem apelam para milagres, enquanto outras reconhecem milagres, mas não os associam com suas verdades doutrinárias. Nenhuma grande religião que não o cristianismo, por exemplo, reivindica ter tido um milagre comparável à ressurreição* de Cristo.

MILAGRE

A credibilidade dos milagres depende da cosmovisão com que os considerarmos. Se visualizarmos o mundo como um sistema natural fechado, podemos reconhecer determinados fatos como incomuns, mas nos recusaremos a considerá-los milagres. Se, no entanto, visualizarmos o mundo como uma criação* de Deus aberta a sua interação, os milagres, então, são possíveis de acontecer.

Embora alguns dos milagres bíblicos possam ser vistos como expressões do controle de Deus sobre a natureza, e.g., os eventos relacionados ao êxodo do Egito (Êx 7—14) ou alguns casos de cura*, outros podem representar um irrompimento em nossa presente ordem mundial da ordem que está por vir. A ressurreição de Cristo não é somente sua restauração à vida e a justificação que o Pai faz dEle; é também a manifestação da nova ordem de Deus em nosso mundo (1Co 15).

Os milagres não estão uniformemente distribuídos por toda a história bíblica, nas Escrituras. Ocorrem em determinadas épocas e ocasiões associados à obra especial de salvação de Deus, como é, por exemplo, o caso do êxodo, do conflito com o paganismo no tempo de Elias e Eliseu (1Rs 17; 2Rs 4—5) e do ministério de Jesus.

As Escrituras reconhecem também que falsos profetas podem realizar igualmente sinais e maravilhas (Dt 13.1-5; Mt 7.22; 24.24; Mc 13.22; 2Ts 2.9), mas esses sinais devem ser ignorados. Um testemunho indireto, mas importante, para o fato de que Jesus realizou milagres pode ser visto na atitude dos líderes judeus. Eles o viam como um impostor blasfemo, que operava sinais e maravilhas para desviar o povo do caminho de Deus, chegando a acusá-lo de estar vinculado a Satanás (Mt 12.22-32; Mc 3.6, 20-30; Lc 11.14-23; Jo 7.12,20,25; 8.59; 10.20,33; 11.47-53). Sob a lei, tal atividade era punível com a morte (Dt 13.5; cf. Dt 18.20).

A ressurreição de Jesus representa o reverso de Deus do veredicto dado a Jesus pelos líderes judeus. Ela confirma o caráter de suas obras, do Pai e do Espírito Santo mediante o Filho (Mt 12.18,23-32; Mc 3.29; Lc 4.18; 11.20; Jo 5.20-29,36; 8.28; 9.4; 10.37,38; 14.10,11; 15.24; 17.2-10,21; At 2.22; 10.36-38). Assim, os milagres de Jesus o atestam como o Cristo, o Filho de Deus, e apontam para a Trindade*.

A alegação de que os milagres cessaram com a fundação apostólica da Igreja foi desenvolvido por B. B. Warfield*. Isso tem sido cada vez mais contestado, e.g., pela constatação e a certeza de curas* e outras manifestações de caráter milagroso, tanto entre pentecostais* como em meio a denominações evangélicas tradicionais, assim como por reafirmações a respeito do recebimento de dons do Espírito* no seio do movimento católico de renovação carismática. Por outro lado, tem-se desenvolvido uma abordagem de "sinais e maravilhas" visando à evangelização (reportando-se, especialmente, a Mc 16.15-20), evidenciando uma possibilidade de manipulação de milagres, geralmente com ênfase exagerada, não bíblica, sobre bem-estar físico e prosperidade material. Ao mesmo tempo, porém, a recuperação de um

MILÊNIO

entendimento holístico da salvação* tem contribuído para um vívido interesse naquilo que a Escritura deve realmente conduzir a Igreja contemporânea a esperar de Deus.

Ver também PODER.

Bibliografia

C. Brown, *Miracles and the Critical Mind* (Grand Rapids, MI e Exeter, 1984); *idem, That You May Believe: Miracles and Faith — Then and Now* (Grand Rapids, MI, 1985); H. C. Kee, *Miracle in the Early Christian World* (New Haven, CT/London, 1983); C. S. Lewis, *Miracles: A Preliminary Study* (London, 1947); H. van der Loos, *The Miracles of Jesus* (Leiden, 1968); L. Monden, *Signs and Wonders: A Study of the Miraculous Element in Religion* (New York, 1966); C. F. D. Moule (ed.), *Miracles; Cambridge Studies in their Philosophy and History* (London, 1965); A. Richardson, *The Miracle-Stories of the Gospels* (London, 1941); R. Swinburne, *The Concept of Miracle* (London, 1970); G. Theissen, *The Miracle Stories of the Early Christian Tradition* (Edinburg/Philadelphia, 1983); B. B. Warfield, *Counterfeit Miracles* (1918; repr. Edinburgh, 1972), repr. *Miracles: Yesterday and Today, True and False* (Grand Rapids, MI, 1953).

C.B.

MILÊNIO. O termo se refere ao período de mil anos mencionado em Apocalipse 20.2-7 como o tempo do reinado de Cristo e dos santos sobre a terra. Embora o termo "milenarismo" tenha vindo a ser usado amplamente, neste artigo abordamos a crença no milênio em seu sentido estrito, referindo-nos às interpretações do milênio de Apocalipse 20. Há três principais correntes relativas ao milênio, de modo geral distintas: pré-milenarismo, pós-milenarismo e amilenarismo. Essas correntes, tal como surgiram na história do cristianismo, podem ser mais bem entendidas relacionadas a cinco tradições de interpretação:

1. O pré-milenarismo (quiliasmo) da Igreja primitiva

Muitos dos pais primitivos, entre os quais Papias (*c.* 60-*c.* 130), Justino (*c.* 100-*c.* 165), Ireneu*, Tertuliano*, Vitorino de Pettau (m. *c.* 304) e Lactâncio (*c.* 240-*c.* 320), eram pré-milenaristas, *i.e.*, esperaram a volta de Cristo em glória para inaugurar o reino milenar sobre a terra antes do julgamento final* (ver Escatologia*). Essa crença era não somente uma interpretação de Apocalipse 20, mas também a continuação da expectativa da apocalíptica* judaica de um reino provisório messiânico. A estrutura de Apocalipse 20 foi recheada de conteúdo derivado da apocalíptica judaica, especialmente das profecias do AT, resultando em que o milênio foi entendido inicialmente como uma restauração do paraíso perdido. Em meio a uma abundante frutificação da terra renovada e paz entre os animais, os santos ressuscitados desfrutariam mil anos de vida paradisíaca sobre a terra antes de serem trasladados para a vida eterna no céu. Os mil anos eram explicados como o período original da vida humana sobre a terra ou como o descanso sabático do mundo no final de sete mil anos ("semanas") da história.

A natureza materialista desse milenarismo, todavia, o tornou passível

MILÊNIO

de objeção por outros pais da Igreja, inclusive Agostinho*, cuja rejeição altamente influente levou praticamente ao desaparecimento do pré-milenarismo até o século XVII.

2. O amilenarismo agostiniano

A interpretação de Apocalipse 20 que se manteve além da Idade Média e permaneceu influente até o presente foi iniciada por Ticônio, donatista* do século IV, cujas ideias foram adotadas por Agostinho. Segundo essa visão, o reino milenar de Cristo é a era da Igreja, desde a ressurreição de Cristo até sua volta. Agostinho tomou a figura dos mil anos como simbólica, não como um período real de tempo. Tal interpretação de Apocalipse 20 é comumente chamada amilenarista, porque rejeita a crença em um milênio *futuro*. O reino terreno aguardado pelos adeptos do quiliasmo foi nela substituído por uma ênfase dupla sobre o governo presente de Cristo e a esperança escatológica sobrenatural.

Os reformadores protestantes adotaram uma forma modificada dessa visão. Tomaram o milênio como um período real de mil anos no passado (datado de forma variada), durante o qual o evangelho floresceu. A soltura de Satanás no final desse período (Ap 20.7) marcaria a ascensão do papado* medieval. Os reformadores esperavam, para o futuro, a vinda iminente de Cristo, chegando-se imediatamente ao juízo final e à dissolução deste mundo.

3. O joaquimismo e o pós-milenarismo protestante

As ideias do abade Joaquim*, no século XII, inspiraram nova forma de esperança escatológica, que se tornou a principal alternativa para a visão agostiniana, no final da Idade Média e no século XVI. Antes do final da história, haveria uma era do Espírito, período de paz e prosperidade espiritual para a Igreja aqui na terra, identificada com o milênio de Apocalipse 20, embora não derivada basicamente desse texto. Essa expectativa viria a ser chamada pós-milenarista, pois sustentava que o milênio seria inaugurado por uma intervenção espiritual de Cristo, no poder de seu Espírito, não por seu advento físico, que se seguiria ao milênio.

O joaquimismo influenciou alguns dos primeiros protestantes, que viram no sucesso do evangelismo da Reforma a aurora de uma nova era de prosperidade para a Igreja. A influência joaquimista, mais o otimismo protestante e a exegese de Apocalipse, combinados, produziram o pós-milenarismo protestante, cujo primeiro expoente de influência foi Thomas Brightman (1562-1607), e começou a florescer no século XVII. Segundo essa visão, o milênio se daria por meio da pregação do evangelho, capacitada pelo Espírito, resultando na conversão do mundo e em um reino espiritual universal de Cristo mediante a evangelização.

Contudo, foi o século XVIII a grande era do pós-milenarismo, que exerceria papel-chave no desenvolvimento do pensamento missionário. Os movimentos de reavivamento foram vistos como os primeiros sinais de um movimento de conversão que empolgaria o mundo, visão essa que dava à ação humana papel significativo no propósito de Deus de estabelecer seu

MILÊNIO

reino na terra, resultando em forte estímulo à atividade missionária. No século XIX, no entanto, a expectativa pós-milenarista aproximou-se cada vez mais da doutrina secular do progresso* e acabou se fundindo em uma identificação da teologia liberal* do reino de Deus*, de melhora moral e social da humanidade. O declínio do pós-milenarismo, já em nossos dias, coincide com a perda da credibilidade cristã, causada pelas doutrinas do progresso.

4. O pré-milenarismo protestante

O pré-milenarismo protestante se originou no começo do século XVII, especialmente sob a influência de Joseph Mede (1586-1638). Difere radicalmente do pós-milenarismo, por esperar que advento pessoal de Cristo e a ressurreição corporal dos santos precedam o milênio, tendendo, portanto, mais do que o pós-milenarismo, a afirmar a descontinuidade entre a época presente e a era milenar. Desfrutou de grande reavivamento na Inglaterra na década de 1820, do qual derivam suas formas modernas. Enquanto o pós-milenarismo prosperava por observar sinais esperançosos da aproximação do milênio, o pré-milenarismo ganhava popularidade em círculos cuja visão da situação presente era profundamente pessimista. Para ele, não seria a influência da Igreja, mas somente a intervenção pessoal de Cristo, que poderia estabelecer seu reino na terra.

Os pré-milenaristas têm assumido muitas posições sobre o caráter do reino milenar, tendendo os do século XIX a uma interpretação literal das profecias, inclusive das previsões do AT aplicadas ao milênio. Essa tendência alcançou forma extremada na teologia dispensacionalista*, inaugurada por J. N. Darby*, em que um "arrebatamento secreto" da Igreja, precedendo a vinda de Cristo, deve produzir o fim da era da Igreja, enquanto o milênio funcionaria como tempo de cumprimento das profecias do AT feitas a Israel.

5. O amilenarismo simbólico

Muitos dos proponentes das correntes aqui assinaladas nos tópicos 2, 3 e 4 consideravam os mil anos de Apocalipse 20 como um número simbólico, mas, mesmo assim, interpretaram o milênio como um período de tempo.

Uma ideia encontrada ocasionalmente nos dias atuais é a de tomar o milênio como símbolo, não como período, de realização completa do reino de Cristo e sua vitória total sobre o mal na segunda vinda. As diversas correntes se baseiam, naturalmente, em parte, em detalhes debatidos de exegese, mas representam, em um sentido mais amplo, diferentes atitudes no tocante ao relacionamento entre o reino de Cristo e a história deste mundo. De todo modo, a crença milenar, em todas as suas formas, traduz, em oposição a uma escatologia inteiramente sobrenatural, a convicção de que o milênio faz parte do propósito de Deus de concretizar seu reino neste mundo.

Bibliografia

O. Blöcher, G. G. Blum, R. Konrad & R. Bauckham, Chiliasmus, *TRE* VII, p. 723-745; R. C. Clouse (ed.), *The Meaning of the Millennium: Four View* (Downers Grove, IL, 1977); J.

MINISTÉRIO

678

Daniélou, *The Theology of Jewish Christianity* (London, 1964); P. Toon (ed.), *Puritans, the Millennium and the Future of Israel* (London, 1970).

R.J.B.

MINISTÉRIO. Este termo é usado, na linguagem cristã, tanto em um sentido mais amplo como mais estrito. Em seu sentido mais amplo, refere-se ao serviço prestado por qualquer pessoa a Deus ou a seu povo. Em seu uso mais estrito, denota o serviço, reconhecido oficialmente, de determinadas pessoas, devidamente designadas para isso (geralmente por meio de ordenação formal) pelas igrejas.

O ministério de Jesus Cristo

O ministério de Jesus foi inicialmente o de pregação das boas-novas do reino de Deus* e de ensino, cura e oração* (Mc 1 *passim*). Segundo ele mesmo, não veio para ser servido, mas para servir: os termos gregos característicos usados para descrever seu ministério são *diakonia* e seus cognatos, particularmente relacionados com "servir à mesa". Essa característica está nos quatro evangelhos (Mt 20.28; Mc 10.45; Lc 22.27; *cf.* Jo 13.4-17, em que se usa título de posição ainda mais baixa, *doulos*, "servo", ou "escravo"). Esse ministério de serviço dedicado implicava a oferta da totalidade de sua vida a Deus, culminando com a crucificação, que os escritores do NT entendem como um ato sacerdotal autossacrifical de expiação* pelo pecado humano (Hb 10.5-14; *cf.* Rm 5.2; Ef 2.13-18; 3.12; 5.2; 1Jo 2.1,2). Assim, Jesus de Nazaré, um "leigo", em termos religiosos judaicos, agiu tanto como *rabi* (mestre) quanto como sacerdote, ao desempenhar o que seus seguidores vieram a entender como um ministério divino de reconciliação de Deus com o mundo (2Co 5.18,19).

O ministério da Igreja primitiva
O sacerdócio cristão. A totalidade da comunidade cristã continuou o ministério de reconciliação de Jesus: sua oferta de si mesmo pelo pecado foi definitiva e completa, mas abriu caminho para que seus seguidores desempenhassem deveres sacerdotais e sacrificais (Hb 10.12,19-22). A terminologia sacerdotal e litúrgica do AT é amplamente usada pelos escritores do NT para descrever o ministério da Igreja, tanto como comunidade sacerdotal (1Pe 2.5,9; Ap 1.5-6) quanto um grupo de adeptos de Jesus (Rm 12.1). Os sacrifícios oferecidos não eram rituais, mas atos diários pelos quais Deus era honrado e sua graça proclamada entre os homens (Rm 15.16; Fp 4.18; 2Tm 4.6; Hb 13.15,16). Esse sacerdócio era básico na membresia da comunidade inicial cristã (*laos*, ver Laicato*), nunca sendo aplicado, no NT, a um grupo restrito de pessoas ou como ofício particular na Igreja (ver Mediação*).

Serviço mútuo. Do mesmo modo que Jesus, seus seguidores deveriam exercer a *diakonia*: deveriam como que servi-lo aos necessitados (Mt 25.31-46), usando seus dons (*charismata*) em benefício dos outros (1Pe 4.10). Paulo usa, mais de uma vez, referindo-se à comunidade cristã com esse ministério, a analogia de um corpo humano com seus vários membros e órgãos,

MINISTÉRIO

cada qual tendo função diversa (Rm 12; 1Co 12; Ef 4). Sendo corpo de Cristo, a totalidade da comunidade é habitada pelo Espírito Santo, que concede dons* específicos a cada membro. Os ministérios por ele listados não descrevem propriamente diferentes ofícios ou ordens dentro da Igreja, mas, sim, dão exemplos das diferentes funções que o Espírito Santo, mediante "carismas" diferentes, faz acontecer.

Apóstolos*, profetas*, evangelistas. Os seguidores de Jesus são ordenados a testificar sua ressurreição*, como o evento pelo qual Deus vindicou e honrou seu ministério. Entre estes, os Doze ocupavam uma posição especial, como o grupo que estivera mais intimamente vinculado a seu ministério terreno e, mais especialmente, como testemunhas escolhidas (embora não as únicas) da ressurreição (At 1.8,21,22). Esse papel não admitia sucessores (exceto Judas, substituído, nenhum dos outros 12 apóstolos o foi, ao morrer), embora a tarefa apostólica e missionária de fundar igrejas haja sido logo partilhada por outros, especialmente Paulo, cujo comissionamento apostólico, pelo Senhor ressuscitado, foi independente dos Doze.

Mais tarde, Paulo e Barnabé seriam separados pela Igreja em Antioquia, mas isso, claramente, não foi uma ordenação no sentido moderno, pois já eram contados ali entre os mestres e profetas (At 13.1-3). Era costume de Paulo viajar com um grupo de cooperadores, algumas vezes chamados "apóstolos" (Rm 16.7); outros grupos de ministros itinerantes são também mencionados no NT (*e.g.*, profetas, em Atos 11.27). No período seguinte, a *Didachê* (*c.* 100) indica peregrinações contínuas de "apóstolos e profetas".

Supervisores, presbíteros, diáconos. A Igreja infante era um "rebanho" sob o cuidado de Jesus, o Bom Pastor. Ao que parece, Simão Pedro, entre os Doze (Jo 21.15-17), e posteriormente outros apóstolos, em cada comunidade (1Pe 5.2-4), teriam recebido a responsabilidade de pastorear a Igreja. Em documentos do NT mais antigos, contudo, esses líderes não se encontram destacados por um perfil mais elevado nem fica claro como foram designados. As primeiras cartas de Paulo se referem a obreiros que lideram e guiam a Igreja (1Ts 5.12), mas nenhum ofício específico com título aparece, além de uma única referência a supervisores (*episkopoi*) e a diáconos, em Filipos (Fp 1.1).

É digno de nota não haver referência a qualquer desses ofícios ou de seus deveres na explanação de Paulo sobre a "ordem eclesiástica" em 1Coríntios, em que é dada a descrição da adoração no contexto do ministério carismático já abordado. Além disso, em nenhum lugar do NT há um ofício específico associado ao ministério da ceia do Senhor (ver Eucaristia*). O livro de Atos menciona a designação de anciãos (*presbyteroi*) nas igrejas fundadas por Paulo e seus companheiros, existindo grupo semelhante em Jerusalém (At 14.23; 15.2; 21.18). Ancião ou supervisor (presbítero ou bispo) eram, provavelmente, nomes alternativos para os mesmos líderes, nessas igrejas locais (ver At 20.17,28). Não há nenhuma menção de como mais tarde apareceram títulos para indicar outros ofícios,

MINISTÉRIO

separados. Os anciãos devem ter sido, literalmente, homens mais velhos, a princípio, ou qualquer outra categoria de veteranos entre os primeiros convertidos, os quais teriam de ser necessariamente mais maduros e experientes, capazes de poder aceitar a responsabilidade de alimentar na fé os crentes mais novos. Os presbíteros ou supervisores são sempre referidos como um grupo em cada lugar.

Os diáconos aparecem nas Pastorais, juntamente com bispos/presbíteros, como oficiais da congregação. É provável que entre eles houvesse mulheres (Rm 16.1). Não há explicação por que esse termo, de designação geral para o ministério, tornou-se próprio de determinado ofício específico. Cabe dúvida se a designação propriamente dita dos sete primeiros diáconos, em Atos 6.1-6, tenha dado origem a esse ofício posterior, na Igreja: aqueles certamente passaram a ser "diáconos (servidores, serviçais) das mesas" somente de modo que os Doze pudessem continuar sendo especificamente "diáconos da Palavra". Os dons do Espírito é que subsequentemente abriram outras possibilidades para o ministério diaconal.

Ministério ordenado. Logo após o final do período do NT, o ministério "oficial" ganha proeminência maior em muitos lugares. Os motivos para isso provavelmente foram, entre outros, as mortes gradativas dos apóstolos e seus companheiros de ministério e o perigo de falsos profetas e apóstolos. Já nas cartas pastorais e nas de João, a necessidade de líderes para proteger o rebanho e sua designação formal para esse propósito são evidentes.

Clemente de Roma (c. 96), que parece conhecer somente a liderança corporativa de supervisores/presbíteros e diáconos, mostra-se preocupado com uma sucessão regular no ministério (enquanto Paulo, por exemplo, em Atos 20, parece não ter tido necessidade de fazer menção da designação de sucessores para os presbíteros em Éfeso). Inácio de Antioquia (c. 110), por sua vez, revela que em alguns lugares (mas não aparentemente em Roma, até então) existia somente um único supervisor (bispo) para salvaguarda da unidade da Igreja. Ele assemelha o bispo e os presbíteros a Cristo e seus apóstolos; e o bispo, também, a Deus.

O desenvolvimento das ordens

Nem todas as igrejas locais desenvolveram seu ministério "oficial" no mesmo grau ou necessariamente na mesma direção. Em Alexandria, os presbíteros consagravam um novo bispo dentre os seus como uma espécie de presidente, em uma mesma época em que, em outros lugares, um novo bispo somente poderia ser consagrado por outros bispos. A seu tempo, cada cidade com uma comunidade cristã relativamente grande teria um bispo. Havia, também, "bispos do interior", ou de cidades com comunidades menores (*chõrepiskopoi*), que atuavam em posição subalterna. Os presbíteros formavam uma espécie de junta de conselheiros do bispo, enquanto os diáconos exerciam um ministério de caráter "profissional", assistindo o bispo em funções litúrgicas e administrativas. Os bispos eram, quase sempre, escolhidos a partir de ambas as fileiras. As mulheres, como

MINISTÉRIO

diaconisas, assistiam no batismo de outras mulheres. Mudança importante ocorreu quando os bispos começaram a presidir sobre mais de uma comunidade eucarística. Isso significava, na verdade, que os presbíteros se tornavam fixos em determinadas congregações em particular, dirigindo-as em nome do bispo.

Após o ano 200, o ministério ordenado, especialmente o de bispo, começa a ser descrito em termos sacerdotais por autores como Tertuliano* e Hipólito*. Desenvolvimentos na teologia eucarística levam ao uso de linguagem de oferta sacerdotal de orações e adoração em uma oferta mais específica de pão e vinho. Com Cipriano*, surge um sacrifício sacerdotal cristão de oferta do corpo e do sangue de Cristo. Escritores subsequentes (*e.g.*, Lactâncio, *c.* 240-*c.* 320, e Eusébio)* continuaram a empregar uma ideia mais geral do sacerdócio na igreja. Com o pleno desenvolvimento da doutrina medieval da transubstanciação, no começo do século XIII, o sacerdócio se torna a ordem essencial do ministério da igreja. A absolvição individual do pecado feita por um sacerdote, originária do monasticismo celta, torna-se pré-requisito de admissão à comunhão. Ordens litúrgicas menores, de porteiro, leitor, exorcista* e acólito (coroinha) tinham existido desde o século III, mas estas, juntamente com as de diácono e subdiácono, tornaram-se, na prática, apenas trampolim na via de admissão plena ao sacerdócio.

A exigência do celibato para os sacerdotes é efetivada a partir do século XI no Ocidente, enquanto no Oriente homens casados continuam sendo elegíveis para o sacerdócio, mas não para o ofício de bispo. A teologia medieval passa a considerar a ordem como um sacramento*, de modo que a ordenação, tal como o batismo, comunica um caráter indelével ao adquirente, o que significa que sob nenhuma circunstância poderia ser permitida a readmissão para a mesma ordem. O caráter sacramental das ordens inferiores, todavia, permanece obscuro.

Ministério nas igrejas reformadas

Os reformadores rejeitaram o conceito do sacerdócio como ordem separada, do qual a Igreja dependeria para sua existência por meio de seu ministério sacramental. Mantiveram, no entanto, o ofício pastoral e de ensino, em padrões profissionais elevados, que, na prática, perpetuou a distinção entre clero e laicato (como disse Milton, "o novo presbítero é apenas o antigo sacerdote em maior escala"). Essa solução foi contestada por grupos mais radicais (*e.g.*, os quacres*), que consideravam a pregação como um dom que não dependia da ordenação.

As diferenças de ordens entre as igrejas protestantes* afetaram a maneira pela qual os pastores eram escolhidos e ordenados, assim como os direitos das congregações locais (ou grupos de presbíteros dentro delas) de designar e dispensar seus ministros. Algumas igrejas estabeleceram um ministério diaconal separado e distinto. A Igreja da Inglaterra observou uma divisão tríplice de bispos, sacerdotes e diáconos, que se acreditava terem existido "desde o tempo dos apóstolos" (*Livro de*

MINISTÉRIO

Oração Comum). Os bispos continuaram a ter a responsabilidade de grandes dioceses, e fazia-se uma oração em favor dos diáconos para que pudessem ser dignos de terem sido chamados "para um dos mais elevados ministérios". O ministério anglicano reteve, portanto, a estrutura medieval, tosquiada de suas funções sacerdotais. Essa continuidade foi tornada uma virtude pelo movimento anglo-católico* do século XIX, que reivindicava validade para as ordens anglicanas por meio de uma sucessão ininterrupta de ordenações episcopais. Em 1896, o papa Leão XIII decretava na bula *Apostolicae Curae* que a intenção havia mudado, porque o ritual anglicano não capacitava os sacerdotes a oferecer sacrifício e que, portanto, as ordens anglicanas eram nulas e vazias. Cerca de cinquenta anos depois, era ainda mantido por representantes da escola anglo-católica que "um ministério válido é aquele que [...] vem, na devida sucessão, desde os apóstolos, mediante a imposição de mãos do Ministério Essencial [*i.e.*, bispos, na sucessão devida]; e que se tal ministério viesse a falhar, a Igreja Apostólica, que é o Corpo de Cristo no tempo e no espaço, desapareceria com ele" (K. E. Kirk, [ed.], *The Apostolic Ministry* [O ministério apostólico], London, 1946, p. 40).

Desenvolvimentos atuais

Em tempos recentes, quase todas as igrejas têm sido afetadas por um entendimento teológico renovado da base escriturística do ministério, o qual enfatiza dois aspectos: 1) que nenhum padrão moderno de ministério ordenado pode alegar estar em conformidade com o que poucos de nós conhecemos como ministério "oficial" no NT e que, portanto, reivindicar autoridade bíblica para um padrão particular é prejudicial; 2) que se as funções do ministério no NT distintas de sua organização forem seriamente consideradas, cada membro do *laos* (laicato) deve estar envolvido ativamente em seu exercício. A discussão ecumênica desses assuntos tem produzido afirmações concordes importantes (ver Bibliografia), mas as diferenças de organização e a análise teológica racional teológica por trás delas continuam sendo um empecilho nas negociações.

Ver também COLEGIALIDADE E CONCILIARIDADE

Bibliografia

R. S. Anderson (ed.), *Theological Foundations for Ministry* (Edinburgh, 1979); Anglican-Roman Catholic International Commission, *ARCIC: The Final Report* (London, 1982); *Baptism, Eucharist and Ministry*, Faith and Order Paper No. 111 (Geneva, 1982); J. M. Barnett, *The Diaconate — A Full and Equal Order* (New York, 1981); C. K. Barrett, *Church, Ministry and Sacraments in the New Testament* (Exeter, 1985); A. T. & R. P. C. Hanson, *The Identity of the Church: A Guide to Recognizing the Contemporary Church* (London, 1987); R. P. C. Hanson, *Christian Priesthood Examined* (Guilford, 1979); H. Küng, *Why Priests?* (London, 1972); P. C. Moore (ed.), *Bishops — But What Kind? Reflextions on Episcopacy* (London, 1982); D. M. Paton & C. H. Long (eds.), *The Compulsion of the Spirit: A Roland Allen Reader* (Grand Rapids, MI, 1983);

A. Russell, *The Clerical Profession* (London, 1980); E. Schillebeeckx, *The Church with a Human Face: A New and Expanded Theology of Ministry* (London, 1985); E. Schweitzer, *Church Order in the New Testament* (London, 1961); M. Thurian, *Priesthood and Ministry: Ecumenical Research* (London, 1983).

J. T.

MISSIOLOGIA. É o estudo ordenado da missão da Igreja. Como tal, é uma disciplina dentro da Teologia, abrangendo uma série de aspectos. Como estudo bíblico, investiga a base da missão da Igreja na *missio Dei*, a vocação de Israel para ser uma luz para todas as nações (Is 49.6) e a comissão de Jesus a seus discípulos de serem suas testemunhas até os confins da terra e o final dos tempos (Mt 28.18-20; At 1.8). Como estudo histórico, examina o crescimento e a expansão da Igreja nos seus vários períodos históricos e avalia seu impacto sobre as diferentes sociedades e culturas. No caráter de teologia sistemática*, estuda a interação da fé cristã tanto com as filosofias e ideologias seculares como com outros sistemas de crença. Estudos éticos incorporam-se à missiologia para o exame e conhecimento de como a Igreja tem a responsabilidade de declarar a vontade de Deus para a totalidade da vida (ver Ética*; Ética Social*). Como teologia pastoral*, busca os caminhos para instruir novos convertidos e integrá-los na Igreja.

Por causa do amplo escopo da missiologia, ela tem importante papel a exercer na integração de outras áreas da teologia. Em outras palavras, cada aspecto da teologia em geral tem uma inegável dimensão missiológica, pois cada um deles existe em função da missão da Igreja.

No imaginário popular, a missão é constantemente concebida de modo errôneo, como cristãos cruzando fronteiras para espalhar o evangelho. Essa visão reflete uma era passada, quando os cristãos tendiam a dividir o mundo nitidamente em cristão e não cristão. Hoje, no entanto, "a fronteira missionária percorre o mundo inteiro. É a linha que separa a crença da descrença". A missão acontece a partir de todos os continentes e para todos e em toda nação.

Alguns cristãos ainda restringem as missões à evangelização*, entendida como a proclamação das boas-novas a respeito de Jesus Cristo e do chamado às pessoas a crerem nele para a salvação. A maioria dos atuais estudiosos de missão, contudo, a veem em termos mais amplos (ver Pacto de Lausanne*). "Missão" traz consigo a ideia bíblica de "ser enviado", classicamente expressa no dito de Jesus: "Assim como o Pai me enviou, eu também vos envio" (Jo 20.21). O paralelo entre Deus enviando Jesus, e Jesus enviando seus discípulos mostra tanto o método quanto o conteúdo da missão da Igreja. Ela abarca tudo o que Jesus envia seu povo a fazer no mundo. Não inclui, no entanto, tudo o que a Igreja faz ou pode fazer ou tudo que Deus faz no mundo. Portanto, dizer que "Igreja é missão" é exagero. Não obstante, ignorar ou evitar a comissão de ir a todo o mundo como representante de Jesus revela uma vida cristã defeituosa. "Uma igreja

MISSIOLOGIA

existe para missão como o fogo existe para queimar."

A missão da Igreja hoje pode ser resumida em cinco tarefas gerais. A ordem em que as tarefas estão aqui listadas não pretende sugerir qualquer prioridade. Biblicamente falando, todas são vitais e importantes. Por adotarem uma ou algumas mais do que outras é que diferentes grupos cristãos tendem a vê-las como alternativas. Todavia, Deus não nos propõe, nem deseja, no caso, escolha alguma. Eis as tarefas a realizar:

1. A Igreja deve estar envolvida na administração* dos recursos materiais da criação*. Isso significa encorajar um uso sábio e harmonioso da ordem natural revelada por Deus, engajando-se nos numerosos aspectos de conservação e eliminação da poluição (ver Teologia da Natureza*). A Igreja deve apontar para o dom de vida do Criador para tudo que implique renunciar à ganância e restrição do prazer e da posse de bens materiais visando a que as gerações futuras possam vir a encontrar vida sustentável na terra.

2. Deve servir aos seres humanos sem distinção e em qualquer necessidade. A Igreja tem uma tarefa de compaixão a cumprir na ajuda a refugiados, a vítimas de intempéries e de fome e no auxílio ao estabelecimento de esquemas de desenvolvimento, campanhas de alfabetização e educação, saúde e programas habitacionais. Tem a responsabilidade particular de ministrar às necessidades dos incapazes, das pessoas idosas, desoladas, dos filhos em risco e das famílias sob tensão, e a reabilitar os marginais à lei, os alcoólatras, os viciados em droga e jogadores crônicos.

3. A Igreja deve dar testemunho da "verdade que está em Jesus" (Ef 4.21). Isso inclui uma gama de tarefas, algumas vezes separadas em apologética*, pré-evangelização e evangelização. Dar testemunho significa fazer tanto a comunicação do evangelho apostólico quanto a demonstração do seu poder de trazer nova vida e esperança aos relacionamentos humanos e suas comunidades.

4. Deve a Igreja se empenhar por ver a justiça de Deus feita na sociedade (ver Retidão*; Teologia da Sociedade*). Especialmente, deve ser ativa em promover e defender a integridade da vida de família* contra a separação e o divórcio estimulados e feitos com facilidade (ver Sexualidade*), o aborto*, relacionamentos sexuais fortuitos ou anormais, a pornografia, a exploração de mulheres e crianças, e as experiências científicas com uso do começo da vida humana (ver Bioética*). Deve também procurar alternativas para políticas e atitudes que dão surgimento aos sem-teto, pessoas com péssima formação, subnutridas e desempregadas. Deve lutar pelos direitos humanos* e contra a discriminação (especialmente, o racismo; ver Raça*). Finalmente, deve contestar a construção inexorável de armas de destruição em massa e o comércio crescente de armas entre as nações (ver Guerra e Paz*).

5. A Igreja tem a responsabilidade de mostrar o que significa na prática ser uma comunidade reconciliada e liberta em meio a um mundo corrupto, angustiado e desesperado. É enviada a

MITO

demonstrar a realidade da graça* imerecida de Deus, a praticar o perdão (ver Culpa*), a estimular a se compartilhar bens e recursos e a eliminar o preconceito e a suspeição, exercendo poder* como serva, não como dominadora e controladora. A Igreja dever ser tanto o sinal como o agente do propósito de Deus de criar uma nova ordem em que sua paz e justiça venham a reinar.

A missiologia se empenha em séria reflexão teológica sobre todos os aspectos da missão da Igreja. Além disso, nos anos mais recentes, tem enfocado uma gama de questões específicas para a implementação de suas tarefas. Por exemplo: a) é correto aos cristãos se envolver em violência visando a derrubar governantes não eleitos tirânicos ou regimes altamente repressivos (ver Teologia da Violência*)?; b) qual a abordagem correta para compartilhar Cristo com povos de outras crenças — diálogo, proclamação ou simplesmente presença entre eles?; c) devem as igrejas de grupos étnica e culturalmente homogêneos ser encorajadas a manter isso em nome do crescimento de igreja?*; d) que papel devem exercer as agências missionárias independentes de igrejas na evangelização ou no desenvolvimento de missões?; e) quanto de participação de recursos humanos e financeiros pode ser compartilhado numa genuína parceria cristã entre diferentes ramos da Igreja mundial de um modo que faça jus ao evangelho?

Bibliografia
D. Bosch, *Witness to the World: the Christian Mission in Theological Perspective* (Basingstoke, 1980);

O. Costas, *Christ outside the Gate. Mission beyond Christendom* (New York, 1983); R. Padilla, *Mission Between the Times* (Grand Rapids, MI, 1985); W. Scott, *Bring Forth Justice* (Grand Rapids, MI, 1980); J. R. W. Stott, *Christian Mission in the Modern World* (London, 1975); J. Verkuyl, *Contemporary Missiology: an Introduction* (Grand Rapids, MI, 1978).

J.A.K.

MITO. Este é um termo de significado confuso e incerto em teologia. É usado de tantos modos indefinidos por teólogos, individualmente, que até já se sugeriu que não seria ruim se seu uso fosse proibido. No linguajar popular, a palavra é usada para se referir a coisas mentirosas ou fictícias, tendo adquirido um sentido pejorativo. Tradicionalmente, refere-se a narrativas a respeito de deuses, em que se portam como seres humanos, mas com poderes sobre-humanos. Intimamente ligado a esse sentido da palavra está seu uso para se referir especificamente a narrativas que podem acompanhar e supostamente formar a base de rituais religiosos. Assim, o mito grego de Demétrio e sua filha Perséfone (que se casou com Plutão e vivia seis meses de cada ano no submundo com seu marido e seis meses com sua mãe na terra) era recitado nos ritos da religião de mistério celebrada em Eleusis, próximo a Atenas, sendo considerado como a justificativa para os ritos serem celebrados. Muitos escritores modernos argumentariam que esses mitos refletem, de algum modo, aspectos fundamentais do pensamento humano.

MITO

Da maneira em que o termo é usado tecnicamente na discussão teológica, ele apresenta quatro nuanças, podendo todas ou qualquer delas estar presentes em qualquer ocasião: 1) Um mito pode ser uma narrativa que busca explicar as origens das coisas sem o uso da investigação histórica e científica. O mito pode ser apresentado, assim, como um pensamento précientífico, o que pode conduzir à sua avaliação negativa. 2) Um mito pode descrever algum aspecto da experiência humana sob a forma de uma narrativa referente ao passado. Um mito dessa espécie seria o relato de um "contrato social" original que expressaria a estrutura da sociedade mediante um exemplo fictício de "como tudo começou". 3) Um mito pode ser uma narrativa apresentada em termos de algum simbolismo, tendo assim certo atrativo poético e emocional, capaz de sua reinterpretação à luz de novas experiências. Alguns dos mais profundos sentimentos das pessoas a respeito de uma situação humana desagradável pode encontrar expressão em forma mítica. 4) O termo é frequentemente usado para se referir a qualquer espécie de narrativa que envolva os deuses ou outros atores sobrenaturais.

A narrativa da queda* do homem em Gn 3, por exemplo, pode ser vista de vários modos. 1) Diz-se que serve para explicar como o pecado e a desobediência entraram no mundo. 2) Expressaria o presente estado caído da raça humana, resumida na afirmação: "Cada um de nós se tornou nosso próprio Adão" (*2Baruque* 54.19). Descreveria, assim, *nossa* situação sob uma forma narrativa. 3) Sua linguagem contém simbolismos capazes de desenvolvimentos posteriores e que podem evocar novas ideias e oferecer entendimento mais profundo. 4) Uma fábula que inclui entre suas personagens Deus e uma serpente que miraculosamente fala.

Dizer que essa narrativa desempenha as funções de mito nos leva a reconhecer que: 1) Afirmar ser uma narrativa um mito não é pronunciar sua verdade ou falsidade histórica, mas, sim, dizer de que modo ela funciona (exatamente como uma parábola pode ser fictícia ou histórica). Um mito pode ou não empregar materiais genuinamente históricos. Por exemplo, F. F. Bruce comenta que Êx 1—15 funciona como o *mithos* da Páscoa ritual anual em Israel: "Mas — e aqui reside a diferença total da fé de Israel quando colocada em contraste com as religiões vizinhas dos dias do Antigo Testamento — o *mithos*, nessa instância é [...] o recitativo de alguma coisa que realmente aconteceu na história, interpretada como ato todo-poderoso e autorrevelador do Deus de Israel" (*in:* C. Brown, *op. cit.* abaixo, p. 80). 2) A questão importante a respeito de um mito é se é válido ou não quanto ao ponto que quer mostrar: um mito que nos diga que o homem está caído é claramente válido, enquanto um que assevere que o homem não é realmente pecaminoso é inválido. 3) O mito é um gênero literário bastante usado e conhecido, e não há motivo algum, em princípio, pelo qual a Bíblia não deva conter material mítico. A questão concernente à verdade histórica de um mito deve estar separada da questão de sua validade; um mito pode ser válido ainda que

MITO

a narrativa seja fictícia, exatamente como no caso das parábolas. Um veredicto sobre a verdade literal ou sobre a historicidade de Gênesis 3, por exemplo, depende de considerações gerais relativas à natureza do relato e de como veio a ser composto, bem como de que modo avaliamos as referências do NT a Adão* como pessoa histórica.

A questão da presença do mito na Bíblia levanta vários problemas. Alguns dos próprios escritores do NT rejeitam o uso do que chamam de "fábulas" (1Tm 4.7; 2Pe 1.16), com isso indicando que a substância da crença cristã não é semelhante à dos mitos pagãos. Como respeito ao AT, os escritores, em sua totalidade, não assumem também a mitologia pagã, embora, como já vimos, o uso de material que funciona como mito não deva ser excluído. É possível encontrar alguns paralelos na mitologia pagã com relação aos conceitos e narrativas bíblicos no NT, mas aqui também a influência, se existir, é desprezível.

Os problemas surgem quando o material que parece ser histórico é rotulado como mito no sentido de não ser histórico. Um vigoroso corpo de opiniões, que se estende desde D. F. Strauss* a R. Bultmann* e daí à escola do "mito do Deus encarnado", tem argumentado, de um modo ou de outro, que algumas afirmações centrais da fé cristã — encarnação*, morte sacrifical (ver Expiação*), ressurreição* e segunda vinda de Jesus (ver Escatologia*) — são míticos. Alguns eruditos simplesmente chegam a rejeitar o que consideram como tais mitos e a argumentar que deveriam ser retirados da teologia cristã.

Outros sustentam que esses mitos expressam "na verdade" um modo de entendimento da humanidade, o qual deve ser liberado de sua expressão mitológica (*i.e.*, "demitizada") e expresso de outra forma, em outros termos que venham a ser inteligíveis aos homens e mulheres de hoje, que não têm como crer no sobrenatural.

Esses pontos de vista e propostas estão sujeitos a objeções básicas. Fundamentalmente, partem do princípio, presumido, de que a estrutura de referência materialista do cientificismo moderno deve ser o critério pelo qual a verdade do ensino bíblico deva ser avaliada, sem haver percebido suficientemente que tal entendimento ímpio é que continua sendo julgado pelo ensino bíblico. Além disso, como resultado de ser "mito" um termo inconsistente, pode-se vir a considerar como "mítico" todo um conjunto de conceitos variados, deixando de se diferenciar entre eles. Por exemplo, a visão de ser o mundo um "navio de três conveses", de muitos povos antigos, não é essencial para a expressão de verdade bíblica e não precisa ser compartilhada pelos povos modernos. Mas rejeitar isso como sendo "mítico" ou "pré-científico", é totalmente diferente de rejeitar a verdade da encarnação. O perigo é argumentar que as narrativas que envolvem Deus são "míticas" no mesmo sentido do mundo de três conveses, sem reconhecer que, se o mito é definido em termos de "narrativas que envolvem Deus", não é possível prescindir do mito. Dizer que os mitos são "na verdade" expressões a respeito da natureza e da existência da humanidade, é

MOBERLY, ROBERT CAMPBELL

não reconhecer que os escritores bíblicos haviam chegado à conclusão de que quaisquer expressões a respeito da existência da humanidade deveriam ser também inevitavelmente afirmações a respeito da natureza e da existência de Deus. Isso não significa negar que seja preciso encontrar modos de traduzir as expressões bíblicas de tal modo que se tornem inteligíveis aos povos modernos; mas a questão da tradução é que ela fielmente apresente em nossa linguagem de hoje o que foi originalmente dito ou subentendido em outra. Seria melhor reconhecer que muita coisa do que é geralmente chamado de linguagem mítica é realmente linguagem analógica* ou simbólica* em que falamos a respeito de um Deus que se acha além da captação de expressões literais comuns em termos de analogia com a pessoa humana.

Bibliografia
H.-W. Bartsch (ed.), *Kerygma and Myth* (London, 1972); C. Brown (ed.), *History, Criticism and Faith* (Leicester, 1976); D. Cairns, *A Gospel Without Myth?* (London, 1960); J. D. G. Dunn, Demythologizing — the problem of Mith in the NT, *in:* I. H. Marshall (ed.), *New Testament Interpretation* (Exeter, 1977); R. Johnson, *The Origins of Demythologizing* (Leiden, 1974); G. Stählin, *in: TDNT* IV, p. 762-795.

I.H.Ma.

MOBERLY, ROBERT CAMPBELL (1845-1903). Teólogo criativo da tradição anglo-católica*. Filho do bispo G. H. Moberly, de Salisbury (1869-1885), Moberly foi professor titular de Teologia Pastoral em Oxford desde 1892 até sua morte. Educado em Winchester e no New College, de Oxford, foi diretor da St. Stephen's House, Oxford (1876), do Diocesan Theological College, em Salisbury (1878), e dirigente do Great Bedworth, de Cheshire (1880-92).

Moberly se considerava acima de tudo um escritor, sendo lembrado principalmente por suas obras teológicas. Como anglo-católico liberal*, contribuiu com um ensaio, *The Incarnation as the Basis of Dogma* [A encarnação como base do dogma], para a publicação controversa *Lux Mundi*, de Oxford (1889). Sua influente obra *Ministerial Priesthood* [Sacerdócio ministerial] (London, 1897) reflete uma justificativa da ala conservadora da Igreja Anglicana quanto às ordens e centros anglicanos do sacerdócio de Cristo como determinadores da base e da natureza de um "sacerdócio ministerial" nessa igreja (ver Ministério*). Seu livro *Atonement and Personality* [Expiação e personalidade] (London, 1901) constitui uma reinterpretação significativamente mais liberal da expiação*, baseada nas ideias hegelianas* sobre personalidade, o poder redentor da vida exemplar de Cristo e seu pagamento pelo pecado. Outras obras suas dignas de nota são: *Sorrow, Sin and Beauty* [Tristeza, pecado e beleza] (London, 1889), *Christ our Life* [Cristo, nossa vida] (sermões) (London, 1902), *Undenominationalism as a Principle of Primary Education* [O não denominacionalismo como princípio de educação primária] (London, 1902) e *Problems and Principles* [Problemas e princípios] (coleção de ensaios) (London, 1904).

Bibliografia

Apreciações feitas por A. Clark, *DNB, Second Supplement 1901-1911*, vol. 2, p. 624-626; W. H. Moberly, *JTS* 6 (1905), p. 1-19; W. Sanday, *JTS* 4 (1903), p. 481-499.

R. S. Franks, *A History of the Doctrine of the Work of Christ*, vol. 2 (London, 1918); M. Hutchison, Classics Revisited: Ministerial Priesthood, R. C. Moberly, *Anvil* 2 (1985), p. 247-253; T. A. Langford, *In Search of Foundations. English Theology 1900-1920* (Nashville, TN/ New York, 1969).

C.D.H.

MODELOS. "Modelo" se tornou recentemente um termo técnico usado em teologia, tomado emprestado do mundo científico. Em ciência, um modelo é uma espécie de "ajuda visual" — um conjunto de ideias, um processo natural ou alguma outra série de fenômenos conhecidos, que podem ser usados como diretrizes para investigar áreas relativamente desconhecidas. Um exemplo é a antiga descrição do sistema nervoso como semelhante a uma rede de cabos, alavancas e roldanas. Esse exemplo serve para mostrar também como o conhecimento científico desenvolve certos modelos que têm de ser descartados como inadequados e substituídos por outros — como a descrição do sistema nervoso comparável a uma série de impulsos elétricos.

A teologia tem sempre a necessidade, de fato, de usar modelos, pois a realidade nela apresentada transcende o mundo do qual a linguagem é tomada e usada para abordar tal realidade transcendente. Exemplo clássico de modelo em teologia é o uso do termo "palavra" ou "Verbo" (*Logos*) no AT e em João 1, enquanto da história da doutrina podemos tomar o conceito de *Logos** dos apologistas, das analogias trinitarianas de Agostinho* ou da imagem corpo-e-alma da união das naturezas em Cristo. Uma das principais questões em cristologia* hoje diz respeito a se a linguagem a respeito das "duas naturezas" é em si mesma um modelo que precisa ser descartado, ou ao menos revisado. Há o perigo, contudo, de que a introdução de novos modelos possa levar não a um entendimento maior do mistério de Cristo, mas à eliminação desse mistério, por reduzir Cristo à condição de mero homem.

Ver também ANALOGIA; PARADIGMA; RAMSEY, IAN THOMAS.

Bibliografia

I. G. Barbour, *Myths, Models and Paradigms* (London, 1974); J. McIntyre, *The Shape of Christology* (London, 1966); I. T. Ramsey, *Models and Mystery* (London, 1964).

M.D.

MODERNISMO CATÓLICO. "Modernismo católico-romano" é um termo aplicado a um movimento livre do final do século XIX e começo do século XX, em que estudiosos, atuando em uma gama de campos diversos, tentaram cruzar o amplo vão entre o cristianismo como tradicionalmente entendido pela Igreja Católica Romana e o mundo do pensamento e conhecimento modernos. Desde a Contrarreforma, Roma vinha apresentando cada vez mais a verdade cristã como um sistema escolástico logicamente

MODERNISMO CATÓLICO

impermeável. Contra esse entendimento estático, não histórico, e o autoritarismo com que foi imposto, emergiu o protesto de um grupo diverso de eruditos, alegando que deveriam ser reexaminadas questões cruciais a respeito das origens históricas da Bíblia, do desenvolvimento* da doutrina, do autoentendimento da Igreja e da relação da religião com a ciência*. Os "modernistas", como foram chamados pela Sé romana e como alguns deles mesmos se autodenominaram, insistiam nesse ponto. O papa Leão XIII (1878-1903) pareceu dar algum encorajamento a essa tentativa.

Um dos mais destacados desses estudiosos, Alfred Loisy (1857-1940), brilhante erudito da Bíblia, dedicou-se à aplicação de métodos modernos e críticos. Em 1890, tornou-se professor de Escrituras Sagradas no Instituto Católico, em Paris. Loisy era de opinião que, como "aquisição permanente do conhecimento", o Pentateuco, em sua presente forma, não poderia ser obra de Moisés; que os primeiros capítulos de Gênesis não contêm uma narrativa exata e confiável do começo da humanidade; que os livros históricos da Bíblia, incluindo os do NT, foram compostos "de uma maneira mais livre do que os escritos históricos modernos" e que há um desenvolvimento real de doutrina dentro das Escrituras.

Por causa da incompreensão de seu reitor, Loisy perdeu o cargo de professor em 1893, tornando-se capelão de uma escola por cinco anos. Quando Adolf von Harnack* publicou sua clássica narrativa protestante liberal das origens cristãs, *What is Christianity?* [O que é cristianismo?] (1900), Loisy já tinha em mãos todo o material necessário para uma refutação abrangente, criticando o entendimento individualista de Harnack a respeito do evangelho e de sua rejeição da apocalíptica*, mas que, em alguns aspectos, foi até mais radical do que Harnack em questões de crítica do evangelho. Em *L'Evangile et l'eglise* [O evangelho e a Igreja] (Paris, 1902), Loisy enfatizou a continuidade entre o ministério de Jesus e a vida eclesiástica: "Jesus predisse o reino*, e foi a igreja que veio". A rigorosa distinção que fez entre história e fé e a concessão que fez na esfera histórica foram inaceitáveis para Roma. Loysi tornou seu significado ainda mais claro em um segundo livro, mas cinco de suas obras, incluindo *L'Evangile et l'église*, foram colocadas no *Index* em 1903. Evidentemente, Loisy não poderia aceitar a condenação como uma crítica sobre a sua obra histórica, mas, basicamente por causa das relações políticas entre França e Roma, ele não foi excomungado senão somente em 1908.

Outro nome muito importante é o do jesuíta* britânico George Tyrrell (1861-1909), que não era um erudito no mesmo sentido que Loisy, mas foi, sem dúvida, o escritor mais dotado do movimento. Numa série de livros e artigos brilhantemente agradáveis sobre devoção, ética e apologética, escritos entre 1897 e 1909, ele defendeu uma nova síntese entre cristianismo e "ciência", particularmente história. Tornou-se crítico ainda mais franco da mentalidade racionalista e autoritária de Roma e, a partir de 1900, entrou em sério conflito com seus superiores jesuítas. Em 1906, foi dispensado dos jesuítas e quando, em 1907, publicou no jornal *The Times* uma dura crítica da encíclica papal antimodernista *Pascendi*, foi excomungado.

Tyrrel, como Loisy, rejeitava a noção de que os dogmas* da Igreja tinham sido revelados em forma proposicional. Enfatizou a "revelação* como experiência" e o dogma como uma tentativa humana de falar a respeito dessa experiência. Para ele, a função do dogma não é, basicamente, informar a mente, mas promover uma vida de amor divino. A chave para a vida religiosa não é a teologia, mas, sim, oração e amor cristão, e a comprovação da verdade religiosa é pragmática, sendo a verdade do dogma medida pelo seu poder de promover santidade.

Significativa influência tanto sobre Loisy quanto Tyrrell exerceu o filósofo Maurice Blondel (1861-1949). Em *L'Action* [A ação] (Paris, 1893), ele apresenta uma fenomenologia* do homem como ser integrado, ativo no mundo. Blondel e Lucien Laberthonnière (1860-1932) mostraram como o sobrenatural* pode ser considerado não como um elemento estranho que se imponha, vindo de fora, sobre o natural, mas, sim, a pressuposição transcendental de toda ação humana. O sobrenatural não é "extrínseco" à vida natural do homem, mas discernido *dentro* do natural, pelo "método de imanência".

A coerência de um "movimento modernista" católico na França, na Itália e na Inglaterra se deve a que o fator comum entre os eruditos abrangia a amizade entre eles, como foi o caso do barão Friedrich von Hügel*, destacado erudito bíblico e historiador crítico do misticismo*. Von Hügel se correspondeu com eles e os manteve em contato uns com os outros. Semelhantemente a Blondel, ele conseguiu se esquivar da condenação papal.

Desde a ascensão, em 1903, de Pio X, homem de devoção firme e intolerante, estudiosos como esses foram considerados ameaça quase mortal à fé católica. Em 1907, a encíclica *Pascendi* advertia contra "a doutrina dos modernistas" e apresentava como exemplo a figura de um "modernista", que, como filósofo, encontrava sua filosofia da religião no agnosticismo; como crente, rejeitava a noção da revelação proposicional; como teólogo, acreditava que os dogmas representam a realidade divina somente de maneira "simbólica"; como historiador, era um racionalista que excluía o miraculoso; como crítico, sustentava que as Escrituras fossem um sumário humano de experiências religiosas; e como apologista, tentava promover a experiência* religiosa, não a aceitação da verdade religiosa. O "modernismo" (que, na verdade, nunca chegou a ser um sistema) foi marcado por Roma como "a síntese de todas as heresias", e, a partir de 1910, foi imposto um juramento antimodernista sobre o clero católico. Somente após o Concílio Vaticano II (1962-1965), a erudição católica-romana recuperou a confiabilidade em seus estudos críticos da Bíblia e das origens cristãs.

Bibliografia

A. F. Loisy, *L'Evangile et l'église* (Paris, 1902), TI, *The Gospel and*

MODERNISMO INGLÊS

692

the Church (London, 1903); *idem, Mémoires pour server à l'histoire religieuse de notre temps,* 3 vols. (Paris, 1930-1931); E. Poulat, *Histoire, dogme et critique dans la crise moderniste* (Paris, [2]1979); G. Tyrrell, *Christianity at the Crossroads* (London, 1909); A. R. Vidler, *The Modernist Moviment in the Roman Catholic Church* (Cambridge, 1934).

N.S.

MODERNISMO INGLÊS. Escola de teologia do final do século XIX e começo do século XX vagamente unida pela crença de que a resposta própria ao pensamento moderno é fazer alterações radicais na doutrina cristã. Esta é uma suposição que muito do pensamento religioso assumira desde o Iluminismo*, mas que, no modernismo, tornou-se princípio explícito.

O nome "modernismo" foi dado primeiramente à escola dos teólogos católicos modernistas, representados na França, sobretudo, por A. F. Loisy (1857-1940) e na Inglaterra pelo barão F. von Hügel* e por G. Tyrrell (1861-1909), que foi condenada pela Igreja de Roma em 1907. Esse movimento, adotando uma crítica* bíblica de longo alcance e uma atitude cética em relação às origens cristãs e o dogma* tradicional, enfatizava a conduta ética e, algumas vezes, a devoção mística* (ver Modernismo Católico*, acima).

No contexto, embora diferente, do protestantismo inglês, o modernismo manifestaria muito desses mesmos aspectos. Apresentava a mesma demolição racionalista da autoridade bíblica e da doutrina tradicional, a mesma ênfase sobre a ética (sendo particularmente destacado o exemplo e o ensino moral de Jesus) e, em alguns escritores, notadamente Dean W. R. Inge (1860-1954), a mesma preocupação por devoção mística. Também frequentes eram a afirmação da bondade humana e do progresso histórico* do pensamento racional e moral e a negação de qualquer distinção real entre natural e sobrenatural* ou entre cristianismo e outras religiões. A divindade de Jesus era comumente explicada como diferente somente quanto ao grau de divindade de cada pessoa criada à imagem de Deus.

Embora uma teologia dessa espécie tenha tido muitos representantes nas chamadas igrejas livres britânicas, ganhou muitos adeptos na própria Igreja da Inglaterra, onde seus propugnadores se ligaram totalmente pela Modern Churchmen's Union [União dos Homens de Igreja Modernos] (fundada em 1898). Um de seus associados, E. W. Barnes (1874-1953), se tornaria bispo de Birmingham em 1924. Nessa posição, Barnes adquiriria notoriedade por seus ataques sobre o que considerava superstição anglo-católica, especialmente com a publicação de seu livro cético *The Rise of Christianity* [O surgimento do cristianismo] (London, 1947), após o que os arcebispos de Cantuária e de York o convidaram publicamente a se exonerar do cargo.

O modernismo inglês, a essa altura, estava declinando rapidamente. Suas ideias de bondade humana e de progresso tinham sido desacreditadas pela experiência do nazismo e da Segunda Guerra Mundial. Além disso, seus representantes

MÖHLER, JOHANN ADAM

anglicanos continuavam tendo problemas de consciência com o sobrenaturalismo do *Livro de Oração Comum*, especialmente com a obrigação de usar os credos*. O radicalismo que surgiu na década de 1960, quando a guerra já estava suficientemente longe e a revisão do *Livro de Oração* havia começado, trouxe de volta muitas das ideias dos modernistas, mas não sua forte ênfase ética (*cf.* Robinson, John Arthur Thomas*).

O mais destacado dos modernistas ingleses foi Hastings Rashdall (1858-1924), professor de Filosofia em Oxford e posteriormente deão em Carlisle. Além de sua história das universidades europeias, considerada padrão, ele escreveu uma grande variedade de obras teológicas, notadamente: *The Theory of Good and Evil* [A teoria do bem e do mal] (Oxford, 1970), propondo uma ética utilitária modificada; *Philosophy and Religion* [Filosofia e religião] (London, 1909), defendendo o idealismo* como base para a filosofia religiosa; e *The Idea of Atonement in Christian Theology* [A ideia da expiação na teologia cristã] (London, 1919), sustentando a teoria exemplarista* de Abelardo* sobre a expiação* e rejeitando a ideia de sacrifício* substitutivo*, como detestável ante as concepções modernas de justiça. Rashdall foi também fortemente contrário ao misticismo, demonstrando assim a variedade de opinião possível entre os modernistas.

Bibliografia
H. P. V. Nunn, *What is Modernism?* (London, 1932); A. M. G. Stephenson, *The Rise and Decline of English Modernism* (London, 1984); A. R. Vidler, *The Modernist Movement in the Roman Church* (Cambridge, 1934).

R.T.B.

MÖHLER, JOHANN ADAM (1796-1838). Teólogo católico e historiador da Igreja, que lecionou em Tübingen e Munique. Cedo adquiriu familiaridade com a obra de importantes teólogos protestantes de sua época, notadamente J. A. W. Neander (1789-1850) e Schleiermacher*. Muito de sua obra está implicitamente preocupada em mediar entre catolicismo e protestantismo, especialmente Symbolik [Simbólico] (Mainz, 1832; TI, Symbolism, or Exposition of the Doctrinal Differences... [Simbolismo, ou exposição de diferenças doutrinárias...], 2 vols., London, 1843), em que são deliberadamente destacadas as divergências confessionais estabelecidas. Outras obras suas importantes são: Die Einheit der Kirche [A unidade da Igreja] (Tübingen, 1825); Athanasius der Grosse [Atanásio, o Grande] (Mainz, 1827); e Neue Untersuchungen [Novas pesquisas] (Viena, 1834).

Sua obra inicial recebeu a acusação de ser não ortodoxa, notadamente em sua asserção de prioridade da unidade espiritual da Igreja sobre sua unidade institucional, que seria garantida pela comunhão com a hierarquia eclesiástica. Escritos posteriores mudaram sua direção para uma avaliação mais positiva das formas institucionais visíveis de organização, possivelmente sob a influência da teoria da religião de Hegel*. Muitos teólogos católicos modernistas* obtiveram inspiração na obra de Möhler, que

MOLTMANN, JÜRGEN

permanece como uma das influências decisivas sobre o pensamento católico pós-Iluminismo.

Bibliografia
J. Fitzer, *Möhler and Baur in Controversy* (Tallahassee, FL, 1974); R. H. Nienaltowski, *J. A. Möhler's Theory of Doctrinal Development* (Washington, 1959).

J.B.We.

MOLTMANN, JÜRGEN (n. 1926). Teólogo protestante reformado, desde 1967 tem sido professor de Teologia Sistemática em Tübingen. É bastante conhecido por sua obra mais antiga, que consiste de: Theology of Hope [Teologia da esperança] (London, 1967), que é uma das obras teológicas mais influentes do período após a Segunda Guerra Mundial, não somente no Ocidente, mas também no Terceiro Mundo; The Crucified God [O Deus crucificado] (London, 1974), um dos mais importantes estudos da cruz; e sua teologia política*, com a qual em vários ensaios reunidos demonstra as implicações de sua teologia dogmática* para a práxis* cristã no mundo.

Em seus primeiros livros, especialmente, a teologia de Moltmann tem seu centro determinante num entendimento dialético* da cruz e da ressurreição*, segundo o qual essas são situações extremamente opostas — o desamparo por Deus e a aproximação dele —, tendo Jesus sua identidade revelada em tal contradição. Em sua obra sobre a teologia da esperança, o foco é sobre a ressurreição, que Moltmann interpreta como a promessa de Deus para o futuro do mundo, por meio da qual restaura à teologia a dimensão da esperança* escatológica*. Tendo Jesus em sua morte se identificado com o presente estado do mundo em toda a negatividade, assim sua ressurreição, que contradiz a cruz, é uma promessa para a transformação da realidade total. A escatologia de Moltmann é, portanto, uma escatologia dialética e universalista*. Além disso, por estar no futuro a promessa de transformação por Deus de toda a realidade deste mundo, essa escatologia constitui incentivo para a atividade transformadora do mundo desde agora, no presente. Esse pensamento conduz assim a teologia e a Igreja, simultaneamente, em direção ao futuro e ao mundo, em esperança e em práxis esperançosa.

A partir de sua ressurreição e esperança, o Deus crucificado, de Moltmann, muda o foco para a cruz e para o sofrimento* de amor* (ver Teologia da Cruz*). A morte de Jesus, desamparado pelo Pai, é interpretada como ato de solidariedade amorosa por parte de Deus para com todos os ateus e adoradores de Deus, pelo qual é mediada a presença salvadora de Deus, prometida pela encarnação de Jesus. Isso leva Moltmann tanto à doutrina de Deus como à questão da teodiceia*. Como um acontecimento ocorrido entre Pai e Filho, e como evento de sofrimento divino, a cruz requer uma teologia trinitária* e uma doutrina da passibilidade divina. Como identificação do ato de amor de Deus para com todos os que sofrem, leva o problema do sofrimento para a história trinitária de Deus, em esperança de vitória escatológica de todo sofrimento.

MONARQUIANISMO

A importante trilogia de Moltmann é completada pela obra *The Church in the Power of the Spirit* [A Igreja no poder do Espírito] (London, 1977), em que desenvolve uma eclesiologia no contexto de uma doutrina do Espírito*, como operando a dialética da cruz e da ressurreição, em processo que conduz ao reino* escatológico. A Igreja* é vista, então, como uma sociedade aberta de amigos, uma comunidade carismática de discípulos comprometidos, em comunhão com os pobres e oprimidos.

Os livros da trilogia se completam, como aspectos diversos de uma única visão teológica. Mas Moltmann os considerou obra preparatória para uma segunda série de livros, abrangendo estudos de doutrinas específicas. Os dois primeiros desses foram: *The Trinity and the Kingdom of God* [A Trindade e o reino de Deus] (London, 1981), que propõe uma doutrina fortemente social da Trindade, profundamente envolvida no mundo e afetada por ele; e *God in Creation* [Deus na criação] (London, 1985), em que a doutrina do Espírito na criação* está relacionada a preocupações ecológicas (*cf.* Teologia da Natureza*).

Em todas essas suas obras mais importantes e muitas outras menores, Moltmann combina uma fidelidade criativa aos temas centrais do cristianismo bíblico e histórico com uma abertura crítica e orientada pela práxis para as realidades do mundo moderno.

Bibliografia

The Experiment Hope (London, 1975); *On Human Dignity* (London, 1984); *Religion, Revolution and the Future* (New York, 1969).

M. D. Meeks, *Origins of the Theology of Hope* (Philadelphia, 1974); R. Bauckham, Bibliography: Jürgen Moltmann, *MC* 28 (1986), p. 55-60; *idem, Moltmann: Messianic Theology in the Making* (London, 1987).

R.J.B.

MONARQUIANISMO. Sob o nome geral de "monarquianismo", reapareceram no século III as heresias do ebionismo e do docetismo*, do século anterior. Sua doutrina básica, de que Deus é único e um princípio só de toda a existência, constituiu, por si mesma, a verdade aceita do monoteísmo ético do AT, herdada pelo cristianismo. O termo grego monarchia aplicado a Deus tem uma história honrosa. Foi usado por Platão, Aristóteles e, com uma conotação mais religiosa, por Fílon*. Tertuliano*, que foi quem primeiramente deu o nome "monarquianismo" a essa heresia específica, declara, após exame do uso grego e latino do termo, que monarchia não tem outro significado além de "regra única e individual" (Contra Praxeas 3).

A heresia do monarquianismo se desenvolveu naturalmente como consequência do seu interesse inicial. Onde a preocupação teológica fosse a mais forte, a heresia era considerada como que necessária para enfatizar a *unicidade* de Deus contra o politeísmo pagão. A tendência era a de exaltar a unidade de Deus em detrimento da divindade de Cristo. Como resultado, foi elaborada uma nova forma de ebionismo, ou, como depois designado, "monarquianismo dinâmico".

MONARQUIANISMO

Cristo é concebido como sujeito de uma influência especial, ou *dynamis* (gr. "poder"), da monarquia única, o qual vem a residir no homem Jesus. Por introduzir essa "heresia que nega a divindade" de que "Cristo é um mero homem (habitado)", Teodoto de Bizâncio foi expulso da Igreja de Roma, em *c.* 190. Seu expoente mais notável foi, contudo, Paulo de Samósata, bispo de Antioquia em 260-262. Para este, somente uma questão de grau marcava a diferença entre Jesus e os outros homens: Jesus havia entrado progressivamente em tal relacionamento ético com Deus que se tornara o mais perpassado pela *ousia* (ver Substância*) divina, até que, "a partir de homem, ele se tornou Deus". Paulo de Samósata usou da palavra *homoousios* para negar que Pai e o Filho fossem pessoas diferentes. Foi condenado pelo grande sínodo de Antioquia, em 268.

O monarquianismo modalista, também designado patripassianismo e sabelianismo, partia de firme convicção da divindade de Cristo, livre de todos os subordinacionismos e emanacionismos comprometedores. Contudo, pôs em questão a integridade do corpo de Cristo, inclinando-se assim para o docetismo. Procurou unir a divindade do Filho com a unicidade de Deus Pai ao declarar que as designações Pai e Filho eram simples modos, ou expressões, da manifestação de uma mesma pessoa divina. Essa ideia fora primeiramente elaborada por Neto de Esmirna (*c.* 200-225), que introduziu a "heresia dos princípios de Heráclito" (segundo Hipólito*), e desenvolvida pelo antimontanista Praxeas, que acrescentou o Espírito Santo como um terceiro modo de representação do Deus único e, assim, "fez um duplo serviço para o diabo, em Roma: retirou a profecia e colocou a heresia; afugentou o Paráclito e crucificou o Pai" (Tertuliano, *Contra Praxeas* 1).

O nome de Sabélio (que viveu em Roma em *c.* 198-220) é atualmente identificado com o monarquianismo modalista. No interesse de um monarquianismo estrito, Sabélio declarou que, embora os nomes Pai, Filho e Espírito Santo fossem bíblicos, estavam ligados a uma só pessoa. Assim, Deus, como mônada única, é manifesto em três operações distintas e sucessivas de autorrevelação. A unicidade de Deus é assegurada, desse modo, em detrimento da triunidade divina de pessoas dentro da divindade. O Filho e o Espírito Santo são apenas modos temporários de autoexpressão de um Pai de todos. Para ele, foi o próprio Pai que se tornou encarnado como o Filho e crucificado (patripassianismo — literalmente, "sofrimento do Pai"). A forte asserção de Orígenes* a respeito do *Logos**, como ao mesmo tempo eterno com o Pai e, todavia, subordinado a ele, deu o golpe decisivo e final no monarquianismo.

Ver também Adocianismo; Trindade.

Bibliografia

J. F. Bethune-Baker, *An Introduction to the Early History of Christian Doctrine* (London, 1903); J. N. D. Kelly, *Early Christian Doctrines* (London, [5]1977); G. L. Prestige, *God in Patristic Thought* (London, 1956).

H.D.McD.

MONOFISISMO

MONISMO. Como teoria filosófica, o monismo é a visão de que toda realidade é definitivamente uma, não dupla (como no dualismo*) nem muitas. A realidade como única, contudo, pode ser entendida quantitativa ou qualitativamente. No primeiro sentido, tudo é numericamente um, e qualquer pluralidade que apareça é ilusória (e.g., Parmênides e a escola grega eleática, séculos VI e V a.C.) ou apenas um modo de operação transitório do único fundamental (e.g., Spinoza*). No segundo sentido, tudo é de uma espécie única, seja física (como no naturalismo e materialismo*), imaterial e espiritual (como no idealismo*) ou de uma espécie neutra quanto distinção entre matéria e espírito.

Aplicado à religião, o monismo quantitativo apaga a distinção Deus-criação, básica à crença teísta*, chegando, por meio disso, a formas de panteísmo* ou panenteísmo*, como na teologia neoplatônica e hegeliana*; já o monismo qualitativo considera o teísmo uma espécie de idealismo metafísico (*e.g.*, Berkeley*) ou como um panpsiquismo (*e.g.*, teologia do processo*).

O problema do monismo é que, quando tudo é tratado como único, a generalização total suprime distinções importantes, e, assim, tende-se a uma posição reducionista. Mente ou espírito fica reduzido a um subproduto de processos físicos; a individualidade é diminuída; qualquer distinção definitiva entre o bem e o mal sofre erosão; e a transcendência de Deus (numérica ou qualitativamente) é perdida. Em algumas religiões orientais e em F. H. Bradley (1846-1924), Deus é uma manifestação daquele ser absoluto que abrange tudo, em vez de ser ele próprio a única realidade eterna.

A.F.H.

MONOFISISMO. No monofisismo, a pessoa do Cristo encarnado é considerado como de uma única natureza (monos, "única", physis, "natureza"). Suas origens se reportam a uma polêmica de Cirilo de Alexandria com Nestório*. A obra de Cirilo, *Esse Cristo é único,* afirma que "há uma única natureza (*mia physis*) de Deus o Verbo encarnado, mas adorado com sua carne em uma única adoração".

Segundo Harnack*, embora a teoria de Cirilo seja um monofisismo puro, não intencional, não se pode afirmar, no entanto, que ele discorra sua ideia claramente. Isso foi feito depois por Eutiques, idoso monge antinestoriano de Constantinopla (*c.* 378-454). Eutiques apoiou Cirilo contra Nestório no Sínodo de Éfeso, em 431, mas ele mesmo foi acusado por Eusébio de Dorileu, em 448, de confundir as duas naturezas e destituído de suas funções, por isso, por Flaviano, bispo de Constantinopla (m. 449). Todavia, com apoio da corte, Eutiques obteve a revogação da decisão de Flaviano no chamado Latrocínio, ou Sínodo dos Ladrões, reunido em Éfeso, em 449. Ambos colocaram então o caso sob julgamento de Leão* de Roma. A decisão foi contra Eutiques, sendo sua doutrina rejeitada em Calcedônia, em 451 (ver Cristologia*; Concílios*), e o monge novamente deposto e desta vez exilado.

A visão de Eutiques era tão somente uma reação, a partir do nestorianismo, em favor do

MONOFISISMO

apolinarismo*. Em face da questão sobre se confessava duas naturezas no Cristo encarnado, Eutiques declarou ser "nosso Senhor proveniente de duas naturezas antes da união. Mas confesso haver uma única natureza após a união". Concebia Cristo como uma mistura de duas naturezas, que o constituía em um *tertium quid*. Na união, o divino foi a parte principal, sendo a humanidade fundida com a divindade como uma gota de mel se misturasse com o oceano.

O *Tomo*, de Leão, em que repudiava o monofisismo de Eutiques, tornou-se uma das bases do dogma de Calcedônia. A Definição de Calcedônia declarava a existência de duas naturezas após a união, mas sem explicar como se uniam no único Cristo. Assim, não foi bem recebida por todos no Oriente. A fórmula de Cirilo, da "natureza única do Verbo feito carne", ganhou lealdade popular e algumas vezes chegou a ser defendida com rompantes de violência.

Após Calcedônia, o monofisismo dividiu-se em duas correntes principais. A mais moderada, seguindo Severo, o monofisista patriarca de Antioquia (*c.* 460-538), chegou próxima de Cirilo, considerando as duas naturezas como uma mera abstração ideal. Os severianos asseveravam fortemente o caráter humano da natureza resultante, que declaravam ser capaz de corrupção por si mesma, natureza igual à nossa. Eles foram por vezes chamados, por seus oponentes, de *phthartolatrai*, "adoradores do que é corruptível". O outro grupo, de Juliano, bispo de Halicarnasso (deposto em *c.* 518), adotou a posição de Eutiques. Para eles, o corpo humano de Cristo foi modificado pela união com o divino a ponto de se tornar incorruptível. Cristo sofreu por sua própria vontade, e não porque possuísse uma natureza humana corruptível. Passaram a ser, por isso, designados *aphthartodokëtai*, "mestres do incorruptível", ou *phantasiastai*, "declaradores do corpo de Cristo como meramente ilusório".

Outro grupo, porém, floresceu por volta de 519 em Constantinopla, ensinando que "um dos participantes da Trindade sofreu na carne", sendo por isso chamado por seus oponentes de *theopaschitai*, por ensinar que "Deus sofreu".

A obra *Encyclion*, de Basilisco, usurpador do trono do Império do Oriente (m. 477), que, pressionando todo o Oriente, considerava como certa a doutrina da "natureza única", e a obra *Henoticon* (de 482), do imperador que o destronou, Zenão, declarando o Credo de Niceia como único digno de confiança, serviram tão somente para intensificar, respectivamente, a oposição ou o apoio a Calcedônia. No século VI, Leôncio de Bizâncio (ver Hipóstase*), por interpretar Calcedônia no sentido de Cirilo, obteve sucesso em trazer a maior parte do Oriente e do Ocidente, finalmente, a contribuir para a afirmação do dogma de Calcedônia.

O monofisismo permanece até hoje como interpretação oficial de cristologia nas igrejas jacobita siríaca, copta* e etíope*.

Bibliografia

W. H. C. Frend, *The Rise of the Monophysite Movement* (London, 1972); A. A. Race, *Monophysitism, Past and Present* (London, 1920);

W. A. Wigram, *The Separation of the Monophysites* (London, 1923).

H.D.McD.

MONOTEÍSMO. É a crença de que há somente um Deus*. O termo se refere geralmente à crença de Israel em um único Deus, assumida também pela Igreja cristã. Opõe-se ao animismo* (adoração de espíritos da natureza), politeísmo* (adoração de muitos deuses), e honoteísmo/monolatria* (reconhecimento de muitos deuses, mas aceitação de comprometimento pessoal com um só).

O monoteísmo caracteriza a religião de Israel, seja em contraste com as de outros povos orientais asiáticos, seja em seu estágio de máximo desenvolvimento em contraposição a suas etapas anteriores. Observe-se, porém, que, em todos os períodos da religião hebraica, o AT afirma sempre que Javé tem poder e sabedoria inigualáveis e que seu Ser é, singularmente, sem origem e eterno. Gênesis 1, por exemplo, descreve a atividade criadora de Deus em termos absolutos. Distinguindo-o da natureza e do cosmos, e não deixando espaço para a existência de outros seres de sua estatura, subverte os politeísmos da Babilônia e de Canaã e — por antecipação — até as manifestações do gnosticismo*. Êxodo 1—15 relaciona a obra redentora de Deus em termos similares absolutos, asseverando seu poder na história e sobre as forças naturais, de tal modo que isso implica a proclamação de que Javé é a deidade exclusiva. Os Salmos e Jó declaram que ele é Senhor sobre todas as forças, inclusive do caos e do mal, excluindo implicitamente qualquer dualismo* metafísico (*cf.* Is 45.7).

Ao mesmo tempo, o AT reconhece a existência de outros "deuses" em todos os períodos, embora reduzindo-os à posição de servos de Javé, seres cuja divindade não é absoluta como a dele (*cf.* 1Co 8.4-6). O AT, na verdade, não se desenvolve a partir do animismo ou politeísmo para o monoteísmo. Além do mais, algumas das declarações iniciais sobre o monoteísmo, no AT (*e.g.*, Dt 6.4), destinam-se principalmente a convocar Israel para um comprometimento exclusivo com Javé. De modo geral, o aspecto distintivo da fé bíblica é mais a convicção de que o Deus de Israel, que é também o Deus e Pai de nosso Senhor Jesus Cristo, é (o único) Deus, do que propriamente que esse Deus (quem quer que seja) é um só. Essa última crença não seria peculiar a Israel, tendo sua expressão mais precisa no culto ao deus único Aton, imposto por Aquenaton (Amenófis IV) no Egito.

O monoteísmo se tornou tema teológico explícito nos primeiros séculos do cristianismo, sob a forma de ênfase na *monarchia* de Deus (ver Monarquianismo*). O testemunho bíblico da singularidade da divindade do redentor de Israel e Pai de Jesus veio a ser associada a convicções platônicas* e aristotélicas* com respeito a uma mônada divina. A mistura de perspectivas bíblicas e filosóficas tornou possível operar as implicações do testemunho escriturístico com respeito à singularidade de Deus, mas também impediu o desenvolvimento da teologia trinitária. Na verdade, a palavra "monoteísmo" em seu uso mais

MONOTELISMO

antigo denota crenças não cristãs ou subcristãs que contrastam com o trinitarianismo.

Bibliografia
C. Geffré & J.-P. Jossua (eds.), *Monotheism* (*Concilium* 177, Edinburgh, 1985); J. N. D. Kelly, *Early Christian Doctrines* (London, [5]1977); P. Lapide & J. Moltmann, *Jewish Monotheism and Christian Trinitarian Doctrine* (Philadelphia, 1981); J. Moltmann, *The Trinity and the Kingdom of God* (London, 1981); H. H. Rowley, *From Moses to Qumran* (London, 1963); J. F. A. Sawyer, Biblical Alternatives to Monotheism, *Th* 87 (1984), p. 172-180); O. Weber, *Foundations of Dogmatics*, vol. 1 (Grand Rapids, 1981).

J.G.

MONOTELISMO, ver Cristologia.

MONTANISMO. Movimento profético que se originou por volta de 170 na Frígia, Ásia Menor, onde um cristão chamado Montano começou a proferir profecias*, sob um estado de frenesi convulsivo. Ele e seus adeptos reivindicaram ser sua condição de êxtase um sinal de estar totalmente possuído pelo Espírito Santo, o qual estaria inaugurando nova dispensação da revelação divina, e exigiam reconhecimento inequívoco da nova profecia.

Surgiram logo objeções, argumentando-se que o modo extático de profecia era contrário à tradição da Igreja. Alguns, inclusive, acreditando que Montano estivesse possesso pelo demônio, tentaram exorcizá-lo*, no que foram impedidos por seus seguidores. Diversos concílios de igrejas locais condenaram as profecias de Montano,

mas não puderam impedir que o movimento montanista ganhasse força, criando divergência no seio das igrejas.

Os montanistas davam atenção exclusivamente a Montano e a duas mulheres, Prisca e Maximila, como seus profetas, e se dedicavam à difusão dos seus oráculos. Não levavam em conta que todo crente pudesse apresentar dom profético. Na verdade, quando a última dessas profetisas, Maximila, morreu, em *c.* 189, deixou uma profecia de que não haveria outro profeta antes do fim da era cristã. Daí por diante, o movimento se tornou, na Frígia, um culto em memória dos três profetas e seus escritos. Em outros lugares, ganhou alguma aceitação, de forma diluída. Foi considerado como parte da evidência de que Deus tinha nova revelação a dar ao seu povo. Sob essa forma, a "nova profecia", como era chamada, ganhou seu mais notável convertido no erudito cristão africano Tertuliano*.

Tertuliano foi atraído para o movimento por sua rigorosa disciplina. As profecias montanistas, por exemplo, condenavam novo casamento na viuvez como ilegal, assim como exigiam estritamente o cumprimento e a frequência dos jejuns que se haviam tornado estatutários na Igreja. Tertuliano acreditava que esse posicionamento estava de acordo com a interpretação do ensino em João 16.12,13 de que o Espírito Santo teria uma verdade a mais a revelar. A Igreja da época de Tertuliano tinha alcançado tal maturidade que poderia até tolerar normas além de sua capacidade; todavia, os oponentes do montanismo consideravam tais proposições como inovações contrárias às Escrituras.

MORDOMIA

A influência do montanismo sobre a Igreja durou cerca de uma geração. Inicialmente, provocou um debate, inconcluso, sobre a validade da profecia extática, mas mais tarde faz as atenções se voltarem para a questão, mais importante, de se a Igreja deveria esperar uma revelação após a era apostólica. O montanismo não conseguiu, porém, convencer a Igreja de ser uma complementação válida para as Escrituras. O movimento, simplesmente, perdeu o fenômeno da profecia em sua forma diretamente inspirada, enquanto sua posição a respeito do segundo casamento foi considerada contrária às Escrituras. A linha principal da Igreja continuou mantendo sua mais alta apreciação pelo ensino apostólico, e a profecia, em todas as suas formas, praticamente desapareceu da Igreja.

Bibliografia
H. von Campenhausen, *Ecclesiastical Authority and Spiritual Power in the Church of the First Three Centuries* (London, 1969); *idem, The Formation of the Christian Bible* (Philadelphia, 1972).

G.A.K.

MOONIES, ver NOVAS RELIGIÕES; SEITAS.

MORDOMIA. O princípio da mordomia está intimamente ligado ao conceito de graça: tudo vem de Deus como um dom e deve ser administrado fielmente em favor dele. Ocorre, assim, tanto com a mordomia da terra quanto com a mordomia do evangelho (cf. J. Goetzmann, TDNT II, p. 253-256); tanto com a mordomia dos recursos pessoais de tempo, dinheiro e talento quanto com a mordomia dos recursos da Igreja e da sociedade. Juntamente com questões de estratégia e sustento de missões, existem, no caso, aspectos de estilo de vida pessoal e coletivo, de salários justos e preços razoáveis, pobreza e riqueza*, tudo relacionado, que tornam explícitas ou implícitas teologias do reino de Deus*, do trabalho* e da natureza*.

O tema da mordomia, como reconhecimento da unidade da criação e a consequente necessidade de o homem cuidar de toda a terra, pode ser remontado à ortodoxia oriental e à teologia ocidental até Calvino. Pode-se dizer, no entanto, que, na prática, um entendimento mais preponderante de "domínio" (Gn 1.28) como dominação propriamente do que como mordomia é a justificativa, se não a causa, da exploração. Contudo, desde a publicação, entre outros, da obra *Only One Earth* [Uma única Terra], de Barbara Ward e René Dubois (London, 1972), e o relatório *North-South: A Programme for Survival* [Norte-Sul: um programa para a sobrevivência], da Comissão Brandt (London, 1980), tem crescido constantemente a consciência internacional do relacionamento entre a exploração ecológica e política e a necessidade de buscar o que o Conselho Mundial de Igrejas considera uma "sociedade justa, participativa e sustentável", com as atenções voltadas, principalmente, tanto na Igreja como fora dela, para a cessação da corrida armamentista e o desarmamento nuclear. Mais recentemente, sobretudo na Europa, a mordomia dos recursos humanos tornou-se

MÓRMONS

preocupação fundamental, com as igrejas buscando responder, na esfera pessoal, comunitária e nacional às consequências sociais do desemprego e da mudança tecnológica da indústria.

Bibliografia

R. Attfield, *The Ethics of Environmental Concern* (Oxford, 1983); Church of England Board of Social Responsibility, *Our Responsibility for the Living Environment* (London, 1986); D. J. Hall, *Imaging God: Dominion as Stewardship* (Grand Rapids, MI/New York, 1986); R. Mullin, *The Wealth of Christians* (Exeter, 1983); publicações do CMI (Geneva): P. Gregarios, *The Human Presence: An Orthodox View of Nature* (1978); *Faith Science and the Future* (1978); *Faith and Science in an Unjust World* (2 vols., 1980); H. Davis & D. Gosling (eds.), *Will the Future Work?* (1985); publicações da World Evangelical Fellowship [União Mundial Evangélica]: R. J. Sider (ed.), *Lifestyle in the Eighties: An Evangelical Commitment to Simple Lifestyle; Evangelicals and Development: Towards a Theology of Social Change* (Exeter, 1981); The Wheaton '83 Statement, *in: Transformation 1* (1984), p. 23-28; C. Sugden (ed.), *The Church in Response to Human Need* (Exeter, 1987). Literatura inicial de C. Sugden, *Radical Discipleship* (London, 1981).

P.N.H.

MÓRMONS, ver Seitas.

MORTE. No uso bíblico, essa palavra tem quatro sentidos principais: o de morte física, significando, de modo geral, a cessação irreversível das funções corporais (2Sm 14.14; Rm 6.23; Hb 9.27), mas também, eventualmente, o enfraquecimento gradual dos poderes físicos (2Co 4.12, 16); morte espiritual, descrevendo a alienação natural de Deus por parte do homem, sua falta de resposta ou sua hostilidade a Deus, por causa do pecado (Gn 2.17; Mt 8.22; Jo 5.24,25; 8.21,24; Rm 6.23; Ef 2.1; Tg 5.20; Jd 12; Ap 3.1); segunda morte, referindo-se à separação permanente de Deus, o destino do iníquo não arrependido (Mt 10.28; Ap 2.11; 20.6,14,15; 21.8); e morte para o pecado, envolvendo a suspensão de toda relação com o pecado, que resulta de a pessoa passar a viver para Deus, mediante morrer e ressuscitar com Cristo (Rm 6.4,6,11).

A morte física e a espiritual são, por determinação divina, consequências e penalidades da prática do pecado (Ez 18.4,20; Rm 5.12; 6.23; 7.13; Ef 2.1,5), sendo porção comum da humanidade, já que todos pecaram (Js 23.14; 1Rs 2.2; Ec 9.5; Rm 5.12; Hb 9.27). Homem e mulher não foram criados incapazes de morrer, mas, sim, capazes de não morrer, tornando-se a morte, após a queda, necessidade biológica universal. Deus não tem nenhum prazer na morte humana (mesmo do ímpio, Ez 18.23); mas a morte prematura pode ser resultado de desprazer divino (Sl 55.23; 1Co 11.29,30).

Tão penetrante e devastadora é a influência da morte que o NT pode descrever a morte como uma área em que reina o diabo (Hb 2.14; Ap 1.18; 20.13); como um guerreiro pronto a causar destruição (At 2.24; 1Co 15.26; Ap 6.8; 20.14); ou, ainda, como um governante

MOVIMENTO DE OXFORD

dominador (Rm 5.14,17). Mas Cristo, com sua morte e ressurreição, tirou o poder da morte (Rm 6.9; 14.9; Cl 1.18; 2Tm 1.10) e libertou dela os cativos (Rm 8.2,38,39; 1Co 3.21,22; Hb 2.14,15; Ap 1.18); e, mediante seu segundo advento, a morte será finalmente destruída (1Co 15.23-26,54,55; Ap 20.14; 21.4).

A visão cristã da morte física é a de uma força destrutiva, porque, por meio dela, a habitação corporal temporária é permanentemente desfeita (2Co 5.1), ou deixada (2Pe 1.14), rompendo-se toda ligação com a segurança da existência terrena (2Sm 12.23); há, enfim, uma perda de corporalidade e associação. Todavia, positivamente, a morte pode ser vista como a reafirmação de haver dado Deus o sopro da vida (Sl 104.29; Ec 12.7); como descanso do labor terreno (Ap 14.13); como entrega às mãos divinas do espírito humano (Lc 23.46; At 7.59); ou como a partida do crente desta vida (Lc 2.29; 2Tm 4.6; 2Pe 1.15) para, imediatamente, estar na presença do Senhor (2Co 5.8; Fp 1.23; comparar com Sl 6.5; 88.5), onde o crente pode desfrutar de uma forma enriquecida da comunhão íntima com Cristo usufruída na terra. Mediante a ressurreição, o crente se torna imortal (Lc 20.35,36; Jo 11.25,26; 1Co 15.52-54), isto é, torna-se imune a qualquer tipo de declínio ou morte, por meio de compartilhamento direto na vida de Deus, único inerentemente imortal (1Tm 6.16).

A atitude do cristão em relação à morte física é, portanto, ambivalente, não devendo ser bem-vinda, mas também não temida. O advento iminente da morte a qualquer instante e a falta total de certeza a respeito de sua ocasião deveriam, no entanto, induzir à preparação para ir ao encontro de Deus (2Rs 20.1; Lc 12.16-20), já que, com a morte, encerra-se toda oportunidade de arrependimento (Hb 9.27).

A igreja Católica Romana e a Ortodoxa Oriental ensinam que, após a morte, os que morreram em comunhão com a Igreja, mas não possuem a perfeição cristã, entram numa fase intermediária de sofrimento no purgatório, na qual, como o nome indica, são "purgados", ou limpos, dos pecados veniais e preparados para a vida eterna de bem-aventurança celestial com Deus (*2Macabeus* 12.39-45). Já Lutero* ensinava que na morte todos os traços remanescentes da depravação original são erradicados da alma do crente; a morte marca a própria purgação final da alma cristã.

Ver também Imortalidade; Estado Intermediário; Ressurreição Geral.

Bibliografia

L. R. Bailey, Sr. (ed.), *Biblical Perspectives on Death* (Philadelphia, 1979); L. O. Mills (ed.), *Perspectives on Death* (Nashville, TN, 1969); L. Morris, *The Wages of Sin. An Examination of the New Testament Teaching on Death* (London, 1954); J. Pelikan, *The Shape of Death. Life, Death, and Immortality in the Early Fathers* (London, 1962); K. Rahner, *On the Theology of Death* (London, 1972).

M.J.H.

MOVIMENTO DE OXFORD, ver Teologia Anglocatólica.

MOVIMENTO DE PASTOREIO

MOVIMENTO DE PASTOREIO. Esse movimento surgiu basicamente com as igrejas domésticas ("em casa"), que floresceram nas décadas de 1960 e 1970, embora haja influenciado também congregações carismáticas das principais denominações (ver Dons do Espírito*).

Trata-se de um movimento que, considerando diversas falhas das igrejas tradicionais — pouco compromisso cristão, sentido fraco de comunidade, cópia dos valores do mundo, débil disciplina* — está voltado para o desenvolvimento do genuíno discipulado e o crescimento em maturidade espiritual cristãos. Busca ajudar e restaurar a Igreja (reino de Deus*), mediante a prática do que acredita serem os padrões bíblicos de liderança e prestação de contas. Na visão do movimento, todos os cristãos devem ser pastoreados e, assim, sujeitos à autoridade do reino. Cada membro da igreja torna-se assim responsável perante um líder da Igreja doméstica, o qual deverá se certificar de que o membro está sendo discipulado devidamente, *i.e.*, crescendo na vida espiritual, sendo adequadamente utilizado, usando seus dons na Igreja e se tornando um membro compromissado de sua congregação. Os líderes dos grupos domésticos são, por sua vez, responsáveis perante líderes (presbíteros) da Igreja em relação tanto à própria vida quanto à vida daqueles sob seus cuidados. Os presbíteros, por sua vez, respondem a pastores, e estes, a apóstolos*, os quais podem ser considerados como implantadores de igrejas ou equivalentes a bispos, tendo uma área, correspondente a uma "diocese", sob sua supervisão, mas cujo ministério* é, algumas vezes, comparado ao dos apóstolos do NT (ver Governo Eclesiástico*). Esses apóstolos devem estar sujeitos uns aos outros "no Senhor".

Para assegurar que o pastoreio está sendo adequadamente implementado, pode ser adotada uma "cobertura". A "cobertura" significa que qualquer decisão importante, e, algumas vezes, até menos importante, de um membro da igreja deve ser "coberta", ou aprovada, pelo líder do grupo familiar, presbítero ou pastor. Essa aprovação de decisões é exigida a fim de que escolhas corretas possam ser feitas, e o diabo não venha a ganhar terreno. Exemplos de decisões com cobertura de um presbítero, ou de cristãos mais maduros, são: mudar de casa, emprego, casamento ou, até mesmo, uma consulta ao médico. A cobertura pode também ser exigida para qualquer novo ministério ou exercício de dom que o indivíduo possa sentir ser chamado a empreender. Em algumas igrejas, pode ser exigida a manifestação de profecia* para novas orientações à igreja, às famílias e aos indivíduos. Às palavras proféticas é dado algumas vezes importância igual à das Escrituras.

As igrejas do movimento de pastoreio são frequentemente caracterizadas por comunidades fortes, zelo pela obra do Senhor, prontidão em obedecer às Escrituras, adoração vibrante e oração intensa — em resumo, muitas das qualidades de verdadeiro discipulado.

É difícil traçar a origem dos conceitos de pastoreio e cobertura. Alguns veem como fonte possível a ênfase do argentino Juan Carlos Ortiz sobre discipulado. Outros apontam para o grupo de igrejas domésticas de Fort Lauderdale (Flórida, EUA) e o ensino de Bob Mumford, Derek Prince, Charles Simpson, Don Basham e Ern Baxter, que alegam autoridade apostólica. Todavia, já nas décadas de 1920 e 1930, Watchman Nee (1903-1972) aplicava semelhante sistema de prestação de contas às suas igrejas Pequeno Rebanho, na China. Mas o próprio Nee, por sua vez, fora influenciado pelo movimento dos Irmãos, em visitas feitas à Inglaterra. Seja qual tenha sido a fonte, no entanto, é clara a motivação de se produzir responsabilidade moral e maturidade espiritual para toda a Igreja, numa época de generalização de imoralidade, irresponsabilidade e individualismo egoísta.

Há riscos, no entanto. O ensino dos apóstolos do NT estava ligado à totalidade da igreja (Jo 14.26; 15.26,27; 16.13; 20.21; At 1.22; Gl 1.1), mas nenhum grupo desse tipo existe mais hoje. Todos os crentes são sacerdotes* mediante Cristo e, assim, têm igual acesso ao Pai (1Pe 2.9; Hb 4.15,16). O Espírito e a sabedoria são dados ricamente a todo aquele que pede (Lc 11.13; Tg 1.5). Pode-se buscar aconselhamento; comunidade e apoio devem ser encorajados, mas nenhuma pessoa, individualmente, tem o direito exclusivo de reivindicar conhecer a vontade específica de Deus para outros crentes. A disciplina deve ser aplicada por desobediência doutrinária e moral às Escrituras, não para questionar profecia ou "cobertura". Imaturidade espiritual, em vez de verdadeiro discipulado, pode resultar de autoridade excessiva.

Bibliografia
J. Barrs, *Freedom and Discipleship* (Leicester, 1983); J. C. Ortiz, *Disciple* (London, 1976); D. Watson, *Discipleship* (London, 1983).

J.B.

MOVIMENTO DE SANTIDADE. O movimento protestante de santidade surgiu com João Wesley.* Ele alegava que Deus levantara o metodismo* para difusão da "santidade escriturística". Ensinava que Deus extirpa pela raiz todo pecado do coração do crente, de tal forma que o coração se torna, de maneira motivacional, totalmente amor. "Perfeição cristã"*, "amor perfeito"*, "santificação total"* e, no século XIX, "segunda bênção" ou simplesmente "santidade" foram os diversos nomes dados a essa obra da graça.

A santidade pode ocorrer instantaneamente, em resposta a uma busca sincera, e ser atestada imediatamente pelo testemunho do Espírito Santo* no íntimo do ser. Buscar essa bênção e mantê-la quando alcançada exige empenho, sob a forma de autorrenúncia e devoção a Deus, bem como imersão em toda boa obra. Ao ser santificado, o cristão prossegue avançando espiritualmente como antes, mas tendo sua experiência alterada, por ter agora seu coração abrasado de amor a Deus e ao próximo. Pode ainda cometer uma ou outra ação insensata ou impensada, mas não tem mais motivação para pecar.

A doutrina de Wesley misturava erudição mística* clássica a respeito da purificação do coração por Cristo com ênfase pietista* do elemento afetivo na experiência espiritual e ênfase da Reforma* quanto

MOVIMENTO DE SANTIDADE

à segurança da fé* como únicos meios de salvação* completa.

Quando o compromisso da principal corrente metodista para com essa doutrina pareceu esfriar, surgiu um "movimento de santidade", que alcançaria seu ápice entre 1850 e 1950, buscando restaurar a centralidade e recuperar o poder da "segunda bênção", assim como o discipulado enriquecido a que conduz. Teologicamente, esse movimento tomou três formas:

Santidade wesleyana

Ramos denominacionais surgidos da principal corrente metodista (*e.g.*, Igreja do Nazareno, Exército de Salvação*), bem como algumas instituições educacionais (*e.g.*, Asbury College and Seminary, de Kentucky, EUA) e alguns eruditos, como Oswald Chambers (1874-1917) e A. Paget Wilkes (1871-1934), oriundos dessa mesma corrente, passaram a sustentar a doutrina de Wesley essencialmente sem alteração, equiparando a santidade à vida interior transformada como tal, em vez de identificá-la com qualquer consequente manifestação de sabedoria e retidão moral.

Santidade Keswick

Foi assim chamada a doutrina institucionalizada pela primeira vez na Convenção de Keswick, na Inglaterra, inaugurada em 1875 (ver Teologia da Vida Elevada*). Representa uma modificação quádrupla da posição wesleyana, sob influência reformada, da seguinte forma: 1) A "segunda bênção", conquanto aumente o amor de alguém e transforme a sua vida, não erradica o pecado. 2) A bênção consti-

tui, essencialmente, a condição de ser cheio do Espírito Santo, a fim de prosseguir na batalha contínua contra a corrupção interior. 3) Um único ato decisivo de confiante rendição de si próprio traz a bênção automaticamente, que a pessoa pode "assumir por fé", sentindo-a ou não. 4) Na batalha moral, não se deve lutar contra os impulsos pecaminosos diretamente ("na própria força"), que a derrota virá. Deve-se entregá-los a Cristo em oração, para vencê-los, tendo os olhos voltados para ele em passiva confiança e expectativa. Lemas como "sua ação é deixar Deus agir", "pare de se fiar em si mesmo e comece a confiar em Deus" indicam bem os apelos a esse imperativo. Entre os expoentes da doutrina Keswick, estão: Phoebe Palmer (1807-1884); W. E. Boardman (1810-1886); Robert Pearsall Smith (1827-1898) e Hanna Whitall Smith (1832-1911); Evan H. Hopkins (1837-1919); H. C. G. Moule (1841-1920); F. B. Meyer (1847-1929); e Andrew Murray*.

Santidade pentecostal

O pentecostalismo*, historicamente uma mutação da doutrina da santidade wesleyana, equipara a "segunda bênção" ao batismo do Espírito* sobre os apóstolos registrado em Atos 2; liga-o à glossolalia (ver Dons do Espírito*), como sua evidência mais costumeira; e concebe a prática da santidade como um estilo exuberante de vida cristã e adoração, junto com rigorosa separação dos caminhos do mundo.

Muito embora represente, indubitavelmente, uma desafiadora atitude de profunda piedade, em uma era materialista como a atual,

MOVIMENTO ECUMÊNICO

o movimento de santidade, de modo geral, tem caído, constantemente, em algumas equivocadas desfigurações, tais como: elitismo; legalismo; quietismo; negativismo cultural; anti-intelectualismo; auto-engano; fanatismo; insensibilidade moral e não realística, entre outras — e que seus expoentes nem sempre percebem. O ensino da santidade agostiniana*, na teologia luterana* e reformada*, que se abstém de dividir a salvação em uma "primeira" e uma "segunda bênção, é defensavelmente mais verdadeira e mais saudável.

Bibliografia
S. Barabas, *So Great Salvation* (on Keswick) (London, 1946); M. E. Dieter, *The Holiness Revival of the Nineteenth Century* (Metichan, NJ, 1980); H. Lindström, *Wesley and Sanctification* (London, 1946); J. I. Packer, *Keep in Step with the Spirit* (Old Tappan, NJ/Leicester, 1984); V. Synan, *The Holiness-Pentecostal Movement in the United States* (Grand Rapids, MI, 1971).

J.I.P.

MOVIMENTO ECUMÊNICO. A busca da unidade da Igreja, que tanto se tem destacado na discussão teológica, mostra-se com grande relevo em nossos dias. Desde o impulso dado pela Conferência Missionária de Edimburgo, de 1910, a preocupação anterior das denominações cristãs em confrontar as questões divisivas de doutrina, de organização eclesiástica e de prática deu lugar ao movimento Fé e Ordem, do qual o principal organizador foi o bispo da Igreja Episcopal americana Charles H. Brent (1862-1929). Após encontro preliminar em Genebra, em 1920, a primeira conferência mundial sobre Fé e Ordem se reuniu em Lausanne em 1927. Enquanto, em Edimburgo, a reunião fora de sociedades missionárias, Lausanne se caracterizou formalmente como uma assembléia intereclesiástica, com cerca de noventa igrejas representadas, não incluindo, no entanto, a igreja Católica Romana, a Ortodoxa Russa e muitas igrejas evangélicas. O marco seguinte foi a segunda conferência de Fé e Ordem em Edimburgo, em 1937, quando representantes de 123 igrejas se reuniram sob a presidência de William Temple (1881-1944), arcebispo da Cantuária. Ambas essas conferências discutiram o ministério e os sacramentos, entre outros temas centrais.

A assembleia de Edimburgo endossou a proposta de criação de um Conselho Mundial de Igrejas, que veio a existir, após atraso ocasionado pela Segunda Guerra Mundial, em Amsterdã, em 1948. Uma das principais agências do CMI se tornou a Comissão de Fé e Ordem, que tem submetido relatórios de suas atividades constantemente às assembleias gerais do Conselho, como ocorreu em Avaston, Illinois (1954), Nova Délhi (1961), Uppsala (1968), Nairóbi (1975), Vancouver (1983) e assembleias posteriores. Sua membresia se multiplicou, de 147 igrejas em Amsterdã, para mais de 300 em Vancouver. Em Nova Délhi, a igreja Ortodoxa Russa e as primeiras pentecostais se uniram ao Conselho e, desde então, também, observadores oficiais católicos-romanos têm uma participação cada vez mais plena nas questões levantadas no CMI e não menos na Comissão de Fé e

MOVIMENTO ECUMÊNICO

Ordem, sob a atmosfera mais aberta promovida pelo Concílio Vaticano II (1962-1965).

As conferências internacionais de Fé e Ordem continuaram a se reunir, notadamente em Lund (1952) e Montreal (1973). Uma reunião em Lima em 1982 completou importante consenso sobre *Batismo, eucaristia e ministério* (Genebra, 1982), como parte do programa destinado a se chegar a uma apresentação concorde da fé apostólica nos dias de hoje. Esse protocolo representaria a restauração de Fé e Ordem a um lugar central nas atividades do CMI, após certo desprestígio, no período da assembleia de Uppsala, por sua preocupação maior com questões econômicas, políticas e sociais.

O ecumenismo, no entanto, não se restringe ao CMI. Em anos recentes, conversações bilaterais têm ocorrido entre as principais tradições na esfera mundial, sendo a mais conhecida a articulada via Comissão Internacional Católica Romana-Anglicana (*ARCIC*: *The Final Report* [CICRA: Relatório final], London, 1982; *ARCIC* II: *Salvation and the Church* — on justification [CICRA II: Salvação e a Igreja — sobre justificação], London, 1987). Outras conversações têm reunido anglicanos e reformados (*God's Reign and Our Unity* [O reino de Deus e nossa unidade], London/Edinburgh, 1984) e batistas e reformados (*Baptists and Reformed in Dialogue* [Diálogo entre batistas e reformados], Genebra, 1984). Com relação a outros colóquios, ver H. Meyer & L. Vischer, *Growth in Agreement: Reports and Agreed Statements of Ecumenical Conversations on a World Level* [Progressos em relatórios de acordos e declarações concordes, em conversações ecumênicas na esfera mundial] (Ramsey, NJ/Genebra, 1984).

O manifesto de criação do CMI declarava ser essa organização "uma comunhão de igrejas que aceitam nosso Senhor Jesus Cristo como Deus e Salvador". Essa confissão limitada (e facilmente sujeita a crítica) foi ampliada em Nova Délhi, para "uma comunhão de igrejas que confessam o Senhor Jesus Cristo como Deus e Salvador, de acordo com as Escrituras, e, portanto, procuram cumprir conjuntamente seu chamado em comum para a glória do único Deus, Pai, Filho e Espírito Santo".

Dada a variedade das tradições participantes, com pontos de vista confessionais diferentes, especialmente sobre em que ponto reside a autoridade em questões de fé, o acordo teológico ecumênico parece exigir formulações capazes de serem entendidas em sentidos diferentes, se não irreconciliáveis. Ao mesmo tempo, o estudo da teologia tornou-se, sobretudo a partir da segunda metade do século XX, uma atividade crescentemente ecumênica, com a participação cooperativa e a interação de eruditos de diferentes tradições, de um modo tão comum que distinções confessionais têm sensivelmente diminuído. O envolvimento ecumênico veio a tornar as diversas igrejas cristãs mais críticas de si mesmas e mais conscientes dos fatores não teológicos que têm ajudado a moldar suas próprias posições particulares. A conferência de Montreal produziu um esclarecimento útil da relação entre a tradição (em sentidos diferentes) e as Escrituras (P. C.

Rodger & L. Vischer, [eds.], *The Fourth World Conference on Faith and Order* [Quarta Conferência Mundial de Fé e Ordem], London, 1964).

A ordem ministerial, por sua vez, tem se mostrado um problema de difícil tratamento. Lausanne afirmou, e Edimburgo endossou, uma influente declaração de que elementos episcopais, presbiterianos e congregacionais deveriam, todos, retratar uma só igreja, reunida. Essa conclusão, no entanto, foi alcançada sem consideração a critérios bíblicos ou teológicos (e, na verdade, sem nem considerar sua praticabilidade) (*cf.* a crítica de Ian Henderson, *Power Without Glory: A Study in Ecumenical Politics* [O poder sem a glória: um estudo de organização ecumênica], London, 1967). A adoção do episcopado (ver Governo da Igreja*) parece continuar sendo a mudança crucial mais esperada nas igrejas não episcopais, mas a questão quanto a isso tende a residir cada vez menos nos conceitos de sucessão apostólica (ver Ministério*) e de "episcopado histórico" e cada vez mais em bases pragmáticas. Embora essa tendência abrande o caráter "agressivo" do episcopado, sua adoção o torna, porém, discutível não somente perante razões pragmáticas, mas também pela teologia bíblica e exegética. Não obstante, o esclarecimento no debate ecumênico tornou-se evidente com o reconhecimento da CICRA de que "o Novo Testamento não contém registro explícito de uma transmissão da liderança de Pedro; nem a transmissão da autoridade apostólica é de modo geral muito clara" (*The Final Report*, p. 83).

Os eclesiásticos evangélicos criticam continuamente a teologia ecumênica em diversas bases: a imprecisão de sua linguagem (*e.g.*, em *Batismo, eucaristia e ministério*, em que muitas afirmações indicativas expressam mais ideais ou aspirações do que realidades); seu abuso de termos e conceitos bíblicos (exemplificado estritamente no uso de Uppsala de: "Estou fazendo novas todas as coisas", Ap 21.5, mas frequentemente visto também no uso de "paz", "salvação", "vida", etc.); sua busca por consensos antes do que pela verdade, tornando inevitável considerar como base mais os pontos de vista das igrejas do que a Bíblia (o que fica evidente quanto ao batismo, com a tendência de querer acomodar tanto o batismo infantil quanto o de crentes adultos como "alternativas equivalentes" dentro da mesma Igreja, em vez de persistir em questionar e esclarecer se o batismo de crianças é ou não bíblico e historicamente primitivo); uma sutil penetração de suposições universalistas*, tendendo a abarcar outras religiões, na busca de uma comunidade mundial, diminuindo assim o papel da evangelização como responsável por interferir no diálogo inter-religioso (muito embora *Mission and Evangelism: An Ecumenical Affirmation* [Missão e evangelismo: uma afirmação ecumênica], 1982, haja sido amplamente bem recebida pelos evangélicos); unilateralidade política, com uma análise social de tendência marxista, e a negligência da ética pessoal, como distintiva da social; justificação de revolução violenta*, como em algumas formas de teologia da libertação*; e excessiva deferência ao feminismo*.

MULHER

Na assembleia de Vancouver, a opinião evangélica se dividiu, embora estivessem em minoria os que se opunham à continuação de uma participação evangélica no Conselho. Já outros têm observado que a influência dos ortodoxos, agora o maior grupo confessional no CMI, tem levado a uma atenção maior às crenças conservadoras bíblicas e teológicas (como também intensificado a "sacramentalização" de abordagens ao batismo e à ceia do Senhor). Por outro lado, um ecumenismo evangélico alternativo ou complementar, nascido de cooperação na evangelização, produziu significativo manifesto no Pacto de Lausanne* de 1974 e tem sido seguido de várias consultas internacionais, que têm trazido sua contribuição própria ao debate teológico ecumênico sobre questões como a natureza da salvação e a missão da Igreja.

Ver também DECLARAÇÃO DE BERLIM; DECLARAÇÃO DE FRANKFURT.

Bibliografia
G. K. A. Bell (ed.), *Documents on Christian Unity*, 4 vols. (Oxford, 1924-1958); J. D. Douglas (ed.), *Evangelicals and Unity* (Appleford, 1964); E. Flesseman-van Leer (ed.), *The Bible: its Authority and Interpretation in the Ecumenical Movement* (Geneva, 1980); ver artigos sobre o tema de R. T. Beckwith, *in: Churchman* 89 (1975), p. 213-224/P. G. Schrotenboer, *in: CTJ* 12 (1977), p. 144-163; D. Gillies, *Revolt from the Church* (Belfast, 1980); H. T. Hoekstra, *Evangelism in Eclipse. World Mission and the World Council of Churches* (Exe-ter, 1979); D. A. McGavran (ed.), *The Conciliar-Evangelical Debate: the Crucial Documents 1964-1976* (Pasadena, CA, 1977); R. Rouse & S. C. Neill, *A History of the Ecumenical Movement:* vol. 1, *1517-1948* (London, ²1967)/ H. E. Fey, vol. 2, *The Ecumenical Advance 1948-1968* (London, 1970); A. J. van der Bent, *Major Studies and Themes in the Ecumenical Movement* (Geneva, 1981); L. Vischer (ed.), A *Documentary History of the Faith and Order Movement* 1927-1963 (St Louis, MO, 1963).

D.F.W.

MULHER, ver ANTROPOLOGIA; TEOLOGIA FEMINISTA.

MUNDO. Em algumas poucas passagens bíblicas, a palavra "mundo" (*kosmos*) é usada no sentido de humanidade. Em João 3.16, por exemplo, Jesus nos fala sobre amor de Deus pelo "mundo" nesse sentido. Quando é este o significado, então é dever do cristão amar o mundo, ou seja, a humanidade. Em seu outro sentido mais usual, no entanto, o termo traz consigo uma série de consequências. Nesse sentido mais amplo, "mundo" significa, geralmente, "o ambiente em torno da humanidade". Isso quer dizer que abrange não somente o ambiente natural, com todos os seus variados recursos, mas também o ambiente cultural e social criado pela humanidade pecaminosa. O diabo é descrito nas Escrituras como o "príncipe" ou "governador deste mundo", condenado e derrotado pelo poder e obra de Cristo (Jo 12.31; 16.11; Ef 6.12): "... o mundo está sob o poder do Maligno" (1Jo 5.19).

MUNDO

Às passagens que falam a respeito do governo do diabo sobre o mundo, nesse sentido, acrescentem-se versículos como 1João 2.15, em que somos advertidos a não amar o mundo nem o que nele existe. Devemos assumir assim, à primeira vista, uma atitude negativa tanto para com bens materiais quanto para com possibilidades culturais e naturais do homem, como o casamento.

Por outro lado, no entanto, "tudo criado por Deus é bom", mesmo em um mundo decaído, cabendo a nós receber todos esses dons com ação de graças se "cremos e conhecemos a verdade". Uma visão totalmente negativa quanto, por exemplo, ao alimento, ao casamento e até mesmo ao dinheiro e às coisas que ele pode comprar é claramente condenada pelo NT, especialmente nas Epístolas Pastorais (notadamente 1Tm 2.1-4; 4.1-10; 5.8-23; 6.7-19; Tt 3.8-14).

Durante todos esses séculos, a Igreja tem estado em contenda entre essas duas ênfases competitivas, com o clima das ideias vigentes influenciando, naturalmente, o pensamento cristão. Quando, por exemplo, o gnosticismo*, com sua visão negativa do corpo, fazia parte normalmente do pensamento religioso, era fácil para os cristãos absorverem, nem que fosse um pouco, esse espírito. O monasticismo e o culto de vida eremita devem alguma coisa a isso, resultando na tradição ascética*, que considerava a pobreza, o celibato e o jejum, em si mesmos, como espiritualmente superiores. A Reforma Protestante fez um rompimento importante com essa tradição. Os reformadores, tendo constatado haver na Bíblia uma atitude positiva em relação ao corpo, às capacidades naturais dadas por Deus ao ser humano, ao trabalho manual e às coisas boas da vida, passaram a encorajar o casamento clerical, as alegrias puras da vida em família e o desfrute dos dons de Deus na totalidade do ambiente natural e cultural do mundo. Isso certamente contribuiu para o desenvolvimento da vida econômica, da ciência e da tecnologia.

Enquanto uma teologia bíblica viva controlava, no mundo ocidental, o uso desses dons e essas atitudes, não ocorreram abusos excessivos ou proeminentes. Ao acercar-se o século XX, contudo, começa a ocorrer cada vez mais a versão distorcida e secularizada desse comportamento, mediante a idolatria do sexo, a demasiada e abusiva liberdade artística, o materialismo e o liberalismo econômico, sem nenhum respeito aos princípios éticos e humanos. O controle feito pela santificação, mediante a Palavra de Deus e a oração, de que fala 1Timóteo 4.4, foi completamente esquecido e abandonado. O prazer, o sexo, a prosperidade material e o sucesso são os novos ídolos de uma sociedade antes cristianizada.

O resultado é que um novo ascetismo se torna atraente, principalmente para os protestantes. Se for preciso escolher entre o mau uso, indevido, ganancioso e falsamente piedoso do mundo e uma atitude negativa para com ele, essa última opção certamente parece ser mais cristã. A Bíblia, no entanto, condena ambos. Por um lado, não somos chamados a amar o mundo e todas as coisas que há no mundo; mas também, por outro lado, não

MURRAY, ANDREW

podemos negar que a vida em si, o casamento, o bom governo e a saúde física, por exemplo, sejam dons de Deus. São destinados, como bem ressalta 1Timóteo 4.8, para a presente vida somente e, portanto, não devem ser preferidos em detrimento das coisas eternas; mas os cristãos não deixam, por isso, de ser mordomos* desses dons, para a glória de Deus: "... todas as coisas são de vocês [...] seja o mundo, a vida, a morte, o presente ou o futuro, tudo é de vocês, e vocês são de Cristo..." (1Co 3.21-23). Por causa do pecado, o mundo jamais será perfeito, podendo ser altamente sedutor para o homem pecaminoso; mas "para os puros todas as coisas são puras" (Tt 1.15). Não honramos Deus por entendermos que a criação seja má quando nós próprios é que somos responsáveis pela degradação ou pela ganância desenfreada daquilo que realmente é bom. Deveríamos, pelo contrário, ser gratos a Deus por estar o mundo, embora tão decaído, ainda longe de ser um inferno e ainda deter aspectos excelentes, de modo tal que possamos deles desfrutar ricamente, debaixo do indispensável controle, mediante a Palavra de Deus e a oração.

Bibliografia
O. R. Barclay, *Developing a Christian Mind* (Leicester, 1984); R. Morgenthaler *et al.*, *NIDNTT* I, p. 517-526; H. R. Niebuhr, *Christ and Culture* (London, 1952); H. Sasse, *TDNT* III, p. 867-898; R. V. G. Tasker, World, *IBD* 3, p. 1655, 1656.

O.R.B.

MURRAY, ANDREW (1828-1917). Líder religioso, evangelista e educador sul-africano, autor de mais de 250 livros e numerosos artigos sobre teologia, estratégia missionária, questões pastorais e piedade pessoal. Filho de um ministro da Igreja Reformada Holandesa da Escócia (DRC), Andrew Murray nasceu em Graaf-Reinet, África do Sul, sendo educado em Aberdeen e Utrecht. Ordenado em 1849, retornou a seu país para se tornar o primeiro presbítero de ministério regular da DRC ao norte do rio Orange. Após nove anos ministrando na região da fronteira, regressou a Colônia do Cabo, onde viria a se envolver em uma série de disputas teológicas e legais com clérigos liberais.

Em 1860, iniciava um movimento de reavivamento* em seu pastorado, em Worcester, que rapidamente varreu toda a África do Sul. Murray se tornou então conhecido como "reavivalista", passando, em 1879, a realizar uma série de incursões evangelísticas pela África do Sul, Europa e América, que obtiveram pleno sucesso.

Ficou mais conhecido, todavia, por seus livros sobre piedade pessoal, tais como *With Christ in the School of Prayer* [Aprendendo com Cristo na escola da oração] (London, 1885), *The New Life* [A nova vida] (London, 1891) e *Absolute Surrender* [Entrega absoluta] (London, 1895), assim como por seu estudo em Hebreus, *The Holiest of All* [*O mais santo de tudo*] (London, ²1895).

Embora não sendo pentecostal* no sentido moderno, Murray foi profundamente influenciado pela tradição de santidade* metodista* e ajudou a moldar o pentecostalismo* com seus livros *The Spirit of Christ* [O Espírito de Cristo] (London, 1888);

The Second Blessing [A segunda bênção] (Cidade do Cabo, 1891), *The Full Blessing of Pentecost* [A bênção plena de Pentecoste] (London, 1907) e *Divine Healing* [Cura divina] (London, 1900). Afirma Bengt Sundkler, em *Zulu Zion and Some Swazi Zionists* [Sião zulu e alguns sionistas suazis] (London, 1976), que os ensinos e a ênfase sobre experiência cristã de Murray contribuíram sensivelmente para o surgimento de igrejas independentes africanas*. Suas obras influenciaram ainda, nitidamente, o surgimento de movimentos interdenominacionais, como a organização cultural acadêmica Inter-Varsity (Christian) Fellowship, nos EUA e Reino Unido, e a teologia do líder cristão chinês Watchman Nee (1903-1972). A obra de Nee, por sua vez, tem ajudado o crescimento de igrejas "bíblicas" transdenominacionais na América do Norte, que são similares, em muitos aspectos, ao movimento das "igrejas independentes" na África e em outras partes do Terceiro Mundo.

Apesar de pregar uma mensagem pietista*, Murray se envolveu na vida social sul-africana. Opôs-se fortemente ao crescimento do movimento nacionalista africâner, assim como ao imperialismo britânico. Foi homem cheio de dons, cuja influência é ainda fortemente sentida no cristianismo evangélico.

Ver também TEOLOGIA REFORMADA HOLANDESA.

Bibliografia
J. Du Plessis, *The Life of Andrew Murray of South Africa* (London, 1919).

I.He.

MURRAY, JOHN (1898-1975). Teólogo presbiteriano escocês. Após o cumprimento de promessa feita de ensinar durante um ano (1929-1930) em sua alma *mater*, o Princeton Theological Seminary, John Murray se juntou ao corpo docente do recém-formado Westminster Seminary, da Filadélfia, que J. G. Machen* e outros haviam fundado. Isso se deu após a designação para a Junta de Princeton de dois signatários da Auburn Affirmation, de 1924, documento que se caracterizava, essencialmente, como apelo à tolerância de diversidade teológica dentro da Igreja Presbiteriana americana.

Defensor eloquente e zeloso da ortodoxia clássica dos Padrões de Westminster, Murray unia a essa teologia uma forte piedade pessoal e profunda apreciação pela importância da teologia bíblica* para o pensamento dogmático* (provável elemento, em sua obra, de influência no ensino de G. Vos*; ver *Collected Writings* [Textos reunidos], vol. 2, p. 1ss). O ensino e os escritos de Murray são, desse modo, constantemente marcados pelos argumentos exegéticos e teológicos característicos do seu *Commentary on Romans* [Comentários a Romanos] (Grand Rapids, vol. 1, 1960; vol. 2, 1965).

De interesse especial em seu pensamento são: 1) seu entendimento de serem os pactos* bíblicos promessas juramentadas, que o levou à reticência em adotar o clássico pensamento do pacto dual da Teologia Reformada* (*Covenant of Grace* [Pacto da graça], London, 1954; *Collected Writings*, vol. 2, p. 49, 50); 2) sua fundamentação da ética cristã* nas ordenanças da

NASCIMENTO VIRGINAL

criação (*Principles of Conduct* [Princípios de conduta], Grand Rapids, 1957); 3) sua exposição de imputação imediata (*The Imputation of Adam's Sin* [A imputação do pecado de Adão], Grand Rapids, 1959; ver Adão*; Pecado*); 4) sua reelaboração da doutrina da santificação* para que esta viesse a refletir mais plenamente o seu caráter tanto definitivo como progressivo (*Collected Writings*, vol. 2, p. 277-317).

Eclesiástico profundamente comprometido em suas atribuições, Murray atuou, em 1961, como moderador da Assembleia Geral da Igreja Presbiteriana Ortodoxa, dos Estados Unidos.

Bibliografia
Collected Writings, 4 vols. (Edinburgh, 1976-1983), incluindo: I. H. Murray, *The Life of John Murray*, vol. 3, p. 1-158; Bibliography, vol. 4, p. 361-375.

S.B.F.

N

NASCIMENTO VIRGINAL. A expressão "nascimento virginal" neste artigo refere-se, tal como é seu uso popular, à crença cristã da concepção virginal de Jesus por Maria*, ou seja, sem que haja ocorrido relação sexual. Há, na tradição católica, uma crença, posterior, de que a virgindade de Maria teria sido também fisicamente preservada, ou seja, de que o hímen não foi rompido, durante o processo real do nascimento de Jesus. Essa crença é encontrada no Tomo de Leão, oficialmente aceito pelo Concílio de Calcedônia, sendo hoje, todavia, questionada por alguns eruditos católicos, como Karl Rahner*.

A concepção virginal de Jesus é afirmada claramente em duas passagens do NT: Mateus 1.18-25 e Lucas 1.26-38. Outros lugares são por vezes também citados, como Marcos 6.3; João 1.13 (ver abaixo); Gálatas 4.4 —, mas neles não há referência direta e exata a esse fato. A exiguidade das referências no NT tem sido algumas vezes usada como hipótese ou argumento contra a historicidade da doutrina. Deve-se observar, no entanto, que o nascimento ou concepção virginal é praticamente o único ponto em comum das duas citadas narrativas da infância de Jesus, indicação de que provavelmente ambas se baseiam em uma tradição comum mais antiga. Note-se também que, tendo em vista o registro do evangelho, a alternativa à concepção virginal não seria o nascimento normal dentro do regime de casamento legítimo (de que não há evidência), mas, sim, um nascimento ilegítimo, que parece até ser uma acusação ofensiva em João 8.41, mas contestada em Mateus 1.18-25.

O nascimento virginal é crença comum a todas as principais confissões cristãs ortodoxas históricas. Na igreja primitiva, foi questionado somente pelos ebionitas (que negavam a divindade de Jesus) e pelos docetistas* (que negavam sua verdadeira humanidade). Foi incluído em todos os credos* primitivos e é afirmado até hoje nos Credos Apostólico e de Niceia. Com o surgimento da moderna teologia liberal*, porém, passou a ser cada vez mais questionado. Isso porque a posição de autoridade das Escrituras é negada, mas também,

715 NASCIMENTO VIRGINAL

algumas vezes, por ser negada a possibilidade daquilo que seja miraculoso.

Por causa, no entanto, de sua inclusão nos credos e da confusão feita entre nascimento virginal e encarnação, essa doutrina tem-se tornado constantemente um ponto central de controvérsia. Por causa disso, tem um destaque desproporcional à sua verdadeira posição no NT ou importância teológica.

Afirma o NT simplesmente que Maria permaneceu virgem "enquanto ela não deu à luz um filho" (Mt 1.25). No século II, porém, surgiu a crença de que Maria teria permanecido *perpetuamente* virgem, ou seja, de que seu casamento com José nunca chegara a ser carnalmente consumado. Essa ideia foi contestada por alguns eruditos — notadamente Tertuliano* — e alguns oponentes do ascetismo* no século IV. A ideia da maioria predominante na Igreja primitiva, no entanto, permaneceu sendo a da virgindade perpétua de Maria. Nesse caso, os irmãos de Jesus, citados nas Escrituras, seriam ou filhos de um casamento anterior de José ou primos de Jesus (Jerônimo*). Essa doutrina, a princípio, não foi combatida pelos reformadores. Calvino* se guardou de julgamento sobre a questão e a fortemente protestante Bíblia de Genebra (1560), de forma reiterada, defende a hipótese. Mas mais importante do que o apoio numérico a essa crença é a sua falta de evidência *anterior* e a motivação dogmática que se encontra visivelmente por trás dela, a saber, a crença, não bíblica, de que a relação sexual é maculada.

Na mente popular, o nascimento virginal é constantemente confundido com a encarnação. Essa confusão é encorajada por alguma literatura sobre o assunto. A doutrina da encarnação afirma que o Filho eterno, a segunda pessoa da Trindade, tornou-se homem. A doutrina do nascimento virginal afirma que esse homem, Jesus, não teve pai humano. Ela *não* afirma que Deus era seu pai carnal; o nascimento virginal não deve ser confundido com mitos pagãos de deuses se acasalando com mulheres humanas. O nascimento virginal significa que a concepção de Jesus foi miraculosa; que ele não teve pai humano. Isso, porém, não deve ser confundido com a crença de ser ele o eterno Filho de Deus que se tornou homem.

Uma vez que o nascimento virginal e a encarnação são fatos distintos, logicamente um deles obriga a existência do outro? Não. O nascimento virginal, por si mesmo, não prova a divindade de Cristo. Os arianos* (que negam a divindade de Cristo), os adocianistas* (que negam a encarnação) e os muçulmanos creram sempre no nascimento virginal de Jesus. O nascimento virginal é uma concepção sobrenatural, que mostra Jesus como alguém muito especial; não *prova* sua divindade. De modo inverso, mesmo que se possa argumentar que a encarnação do Filho de Deus exigiria um nascimento sobrenatural, isso não significa que teria de ser necessariamente um nascimento *virginal*. As Escrituras afirmam que Jesus foi, de fato, concebido por uma virgem, mas não nos dizem que deveria ser este o único modo possível de sua concepção.

Qual, então, o relacionamento entre o nascimento virginal e a

NASCIMENTO VIRGINAL

encarnação? O nascimento virginal não deve ser visto como uma explicação biológica da encarnação. Ele é mostrado, por vezes, equivocadamente, nesses termos, e foi esse o motivo pelo qual eruditos como Brunner* e Pannenberg* rejeitaram a doutrina. O nascimento virginal deve ser melhor considerado, como o é por Barth*, como um sinal que aponta para a encarnação. Encaixa-se, isso sim, e é coerente com a encarnação, de que dá testemunho. O nascimento miraculoso de Jesus indica, enfim, o fato de ser ele uma pessoa singular.

O nascimento virginal é por vezes criticado, como o foi por J. A. T. Robinson*, entre outros, por tornar Jesus, aparentemente, diferente de nós, não verdadeiramente humano. (É irônico que aqueles que têm muita coisa a dizer quanto à cristologia funcional, muitas vezes, tomem posições diametralmente opostas quando se trata da *humanidade* de Jesus.) Em resposta a essa crítica, R. F. Aldwinkle declara, com justeza, que "não é o método pelo qual alguém vem a se tornar um ser humano que é decisivo, mas, sim, o produto final em si, a saber, o ser humano". Todavia, há uma questão mais profunda aqui. O papel de Cristo requer que haja tanto continuidade quanto descontinuidade entre ele e nós; que ele deva ser um de nós (Hb 2.10-18) e, todavia, diferente também de nós. Jesus é o segundo Adão* — um membro da raça humana, mas, inaugurando uma nova humanidade redimida. O nascimento virginal aponta para essa combinação de continuidade e descontinuidade.

Tradicionalmente, sustenta-se, em geral, que o nascimento virginal seria necessário para a impecabilidade* de Jesus Cristo. Essa ideia foi introduzida por alguns pais primitivos (especialmente Agostinho*), devido a sua crença a respeito do pecado original*. Com base nessa crença, Agostinho sustentava que a *luxúria* está envolvida em todo relacionamento sexual na humanidade decaída. Se assim é, o nascimento virginal, então, claramente protege Cristo de ser produto de ato pecaminoso. Tal teoria, no entanto, não possui base bíblica. Uma variante mais recente desse argumento é a alegação de que o pecado original é transmitido por meio da linhagem masculina. Essa teoria serviria também para explicar por que o nascimento virginal isentou Jesus do pecado original — mas também não há base bíblica para ela.

Karl Barth discerne no nascimento virginal uma negação da capacidade natural da humanidade para com Deus, um tema barthiano favorito. De acordo com essa visão, a importância do nascimento virginal é a ausência não do ato sexual ou da luxúria humana, mas, sim, da participação humana *ativa*. A humanidade está nele envolvida, mas somente como um "ser humano virgem, meramente receptivo, que não deseja, não realiza e não cria" (CD I.2, p. 191). Os homens, mais que as mulheres, são os agentes ativos na história do mundo, e, portanto, o macho teve de ser colocado de lado na concepção de Cristo. Essa visão se expõe a várias objeções. Além de suas implicações sexistas, parece afirmar a depravação total de todos os seres do sexo masculino. Barth não deixa de estar certo, no entanto, em aplicar

NEO-ORTODOXIA

a doutrina do nascimento virginal à esfera da graça.

Uma versão variante de João 1.13 afirma que Cristo foi "nascido não de linhagem natural, nem de decisão humana ou da vontade de um marido, mas nascido de Deus". Não é universalmente concorde que seja esta a ideia original, mas o texto tem alguma relevância. É altamente provável que João soubesse da tradição do nascimento virginal e é possível que estivesse deliberadamente traçando um paralelo entre o nascimento virginal e a regeneração. Na conversão, tal como no nascimento virginal, a iniciativa e a soberania repousam inteiramente em Deus.

Bibliografia

T. Boslooper, *The Virgin Birth* (London, 1962); R. E. Brown, *The Virginal Conception and Bodily Resurrection of Jesus* (London, 1974); D. Edwards, *The Virgin Birth in History and Faith* (London, 1943); A. N. S. Lane, The Rationale and Significance of the Virgin Birth, *Vox Evangelica* 10 (1977), p. 48-64; J. G. Machen, *The Virgin Birth of Christ* (London, 1930); H. von Campenhausen, *The Virgin Birth in the Theology of the Ancient Church* (London, 1964).

A.N.S.L.

NEO-ORTODOXIA. Esse termo se aplica a um desenvolvimento em teologia da época atual. É chamado de "ortodoxia" por enfatizar temas-chave tradicionais da teologia reformada, mas também "neo", i.e., "nova", por considerar novos desenvolvimentos teológicos e culturais, contemporâneos. Teve origem com teólogos europeus modernos, como Barth*, Brunner*, Bultmann* e Friedrich Gogarten (1887-1967), aos quais se associaram outros, como Aulén*, Nygren*, Tillich*, C. H. Dodd*, Richardson*, J. Baillie*, D. M. Baillie*, Reinhold Niebuhr* e H. Richard Niebuhr*. Não se trata de um movimento organizado, sendo impossível traçar suas definições ou limites precisos.

A neo-ortodoxia emergiu em reação ao protestantismo liberal*, que havia dominado o final do século XIX e começo do século X. Rejeita, particularmente, a noção de que a investigação histórica possa proporcionar certeza absoluta quanto aos eventos registrados nas Escrituras*, com que alguns eruditos esperavam poder construir uma teologia segura. Além disso, veio a recusar a tentativa de tornar a experiência do homem a respeito de Deus como ponto de partida para a teologia (*cf.* Experiência Religiosa*).

A crise na cultura humana causada pela Primeira Guerra Mundial levou ao reconhecimento da falência de uma teologia ingenuamente otimista. Na busca de um novo modo de fazer teologia, a obra de Kierkegaard*, a redescoberta do pensamento de Lutero* e a obra do escritor russo Fiodor Dostoievki* se tornaram especialmente influentes. De volta à Bíblia, e instados pela necessidade de serem capazes de se envolver com questões sociais contemporâneas, alguns estudiosos desenvolveram um novo método de teologia, que, não obstante, não poderia ignorar as descobertas que haviam sido feitas com a aplicação do método histórico-crítico às Escrituras (ver Crítica Bíblica*; Hermenêutica*).

NEO-ORTODOXIA

A neo-ortodoxia afirma a transcendência absoluta de Deus, ao qual o homem não pode conhecer, exceto se o próprio Deus a ele se revelar. Isso Deus tem feito, principalmente, mediante Jesus Cristo, mas também nos eventos da história da salvação*, de que as Escrituras dão testemunho. A neo-ortodoxia aceita os resultados da pesquisa histórica que apontam as Escrituras como um documento humano, falível e passível de erro, pois sua certeza está em crer no fato de que Deus escolheu tornar-se conhecido por meio dos textos bíblicos. Por conseguinte, a Bíblia é teologicamente confiável como meio pelo qual Deus, em Cristo, pode ser encontrado. Esse fundamento mostrou ser uma base mais segura para a teologia do que eventos históricos ou experiências religiosas questionáveis, passíveis de explicações alternativas, desde séculos.

Com base em um encontro com a palavra de Deus encarnada, escrita e pregada, os teólogos neo-ortodoxos afirmam a condição pecaminosa da humanidade, redimida somente pela graça* de Deus mediante Cristo. A fé* receptiva é o único meio para entrar no relacionamento salvador com Deus; na verdade, somente quem crê pode conhecer a Deus, ou saber como agradá-lo. Expõem, desse modo, os princípios-chave da Reforma*, de *sola gratia* e *sola Scriptura*.

Embora alguns aspectos teológicos comuns caracterizem os chamados neo-ortodoxos, discordâncias surgiram sobre como operá-los de um modo teológico sistemático. Tillich e Bultmann, por exemplo, mostraram-se influenciados pela filosofia contemporânea mais do que Barth achava ser permissível; enquanto, de outra parte, a vinculação de Brunner à ideia de revelação geral* (cf. Teologia natural*) causaria grande disputa.

As críticas clássicas ao pensamento neo-ortodoxo são, geralmente, que: 1) A neo-ortodoxia não oferece justificativa para se basear na revelação de Deus conhecida somente pela fé (a menos que a fé se tornasse algo visível), fazendo seu fundamento impenetrável à verificação* ou falsificação. 2) A ênfase sobre a "alteridade" transcendente de Deus leva ao ceticismo extremo de se é possível ou não falar a respeito de Deus, ou até mesmo, na verdade, se esse Deus existe (*cf.* Teologia da Morte de Deus*). 3) Pannenberg* e outros contestam sua posição sobre a história secular como essencialmente incerta, suscetível de diferentes interpretações e separável da atividade de Deus no mundo, por considerarem a revelação como história. 4) A neo-ortodoxia pode não ter resposta para aqueles que alegam haver encontrado Deus por meio de outras religiões e, portanto, adotam uma base alternativa para a teologia deles.

Bibliografia

G. C. Berkouwer, *A Half Century of Theology* (Grand Rapids, 1977); J. Livingston, *Modern Christian Thought* (London, 1971); H. R. Mackintosh, *Types of Modern Theology* (London, 1937); W. Nicholls, *Pelican Guide to Modern Theology*, vol 1: *Systematic and Philosophical Theology* (Harmondsworth, 1969); S. Sykes, *The Identity of Christianity* (London, 1984).

C.A.B.

NESTÓRIO

NEOPLATONISMO, ver PLATONISMO.

NESTÓRIO. Tendo o auge de sua vida no período 428-c. 451, Nestório, patriarca de Constantinopla e expoente da cristologia* de Antioquia*, ligou seu nome a uma heresia da existência de duas pessoas, divina e humana, em justaposição, no Cristo encarnado. Provável discípulo de Teodoro de Mopsuéstia (c. 350-428), ele foi monge e presbítero em Antioquia antes de sua elevação à sé de Constantinopla pelo imperador Teodósio II. Sua cristologia, pela qual viria a ser condenado, foi elaborada relativamente à questão da legitimidade do termo *theotokos* ("portadora de Deus", comumente traduzido como "mãe de Deus"), referente à Virgem Maria*. Seu capelão em Constantinopla, Anastácio, fez objeções ao uso cada vez maior do termo, particularmente pelos monges. Nestório lhe deu apoio, declarando tal designação não escriturística e colocando-se assim "melhor que os que negam a verdadeira humanidade de Cristo". Nestório afirmou dar preferência à designação *anthropotokos* ("portadora de homem") ou *Cristotokos* ("portadora de Cristo"). Em sua estruturação da pessoa de Cristo, Nestório fez então clara distinção entre as naturezas divina e humana (que ele parece haver considerado como "pessoas") em Cristo, negando qualquer união orgânica real entre o homem Jesus e o *Logos* divino que nele habitava.

Fragmentos existentes de seus sermões e seus *Doze contra-anátemas* reiteram que "não uma natureza, mas duas, somos constrangidos a conceder a Cristo" (*Fragmentos* 216). O tema é constante, Cristo "não é dividido", "o Filho de Deus é duplo em suas naturezas". A questão de *theotokos* é discutida do começo ao fim, sendo reafirmada a conclusão de que "a Virgem portava de fato o Filho de Deus, mas, visto que o Filho de Deus é duplo em sua natureza, ela portava a humanidade, que é Filho por causa do Filho que está ligado a isso" (*Sermões* X).

A veemente oposição de Cirilo de Alexandria, em seus *Doze anátemas contra Nestório*, resultou na condenação do patriarca pelo Concílio de Éfeso (431). Ele morreu no exílio, em algum lugar no Oriente.

Nestório mantinha sua ortodoxia declarando que as Escrituras mostram Cristo como verdadeiramente divino e, como tal, não esteve envolvido em sofrimento e mudança humanos. Todavia, as Escrituras apresentam Cristo vivendo uma existência de formação e crescimento verdadeiramente humanos, inclusive com tentações e sofrimento. O único modo de entender a relação desses dois elementos distintos, o da plena divindade e o da plena humanidade, é reconhecer a presença deles em uma "*prosōpon* comum" de união. "Cristo é indivisível naquilo em que é Cristo, mas é duplo naquilo em que é tanto Deus quanto homem; é único em sua filiação, mas é duplo naquilo que assume e em que é assumido. Na *prosōpon* do Filho, ele é um indivíduo, mas, tal como no caso dos nossos dois olhos, é separado em suas naturezas de humanidade e divindade" (*Fragmentos* 297).

Embora Nestório tenha sido condenado por heresia pelo zelo excessivo e disposição de vingança

NEWMAN, JOHN HENRY

de Cirilo, a questão sobre sua não ortodoxia persistiu. A descoberta de sua obra *O bazar de Heráclides*, em tradução siríaca, em 1910, reabriu o debate a respeito. Veredictos opostos têm surgido. J. F. Bethune-Baker declara que "Nestório não era nestoriano", enquanto F. Nau sustenta sua condenação. *O bazar* é consistente em sua rejeição da designação "Mãe de Deus", ao mesmo tempo que assevera fortemente a plena humanidade de Cristo como necessária à salvação. As objeções de Cirilo são ali consideradas uma a uma, e suas afirmações monofisistas* recebem tréplica. Nestório nega admitir a união somente moral das duas naturezas, declarando-a "sintática" e "voluntária".

A defesa de Nestório de sua ortodoxia foi aceita por diversos bispos orientais, que continuaram a reconhecer sua primazia patriarcal após o Concílio de Éfeso e se uniram para formar uma Igreja Nestoriana. Cristãos nestorianos, dotados de forte zelo missionário, levaram o evangelho à Índia e Arábia. Nos séculos XIII e XIV, seus seguidores sofreram grandemente com as invasões mongóis. Grupos de "cristãos assírios", que sobreviveram, consideram-se nestorianos e proíbem entre eles a designação de Maria como "Mãe de Deus".

Bibliografia

G. R. Driver & L. Hodgson (trad.), *Bazaar* (Oxford, 1925); A. Grillmeier, *Christ in Christian Tradition*, vol. 1: *From the Apostolic Age to Chalcedon AD 451* (London, ²1975); R. V. Sellers, *Two Ancient Christologies* (London, 1940).

H.D.McD.

NEWMAN, JOHN HENRY (1801-1890). Teólogo e filósofo anglicano e católico-romano. Tendo experimentado aos 15 anos gradativa conversão intelectual, que mais tarde descreveria como a experiência de sucumbir "sob a influência de um credo definido", Newman lutou continuamente com a doutrina da Igreja* e com questões quanto a sua autoridade* e seu papel apostólico de guardiã e mestra da verdade cristã. Encontrou inspiração nos estudos patrísticos, nos quais baseou seu primeiro livro, *The Arians of the Fourth Century* [Os arianos do século IV] (London, 1833).

Seus *Sermões paroquiais*, proferidos, antes de publicados, na Igreja de St. Mary, em Oxford, obtiveram considerável impacto espiritual sobre seus ouvintes e leitores, e suas contribuições a *Tracts for the Times* [Tratados temporários] (London, 1834-1841) exerceram significativo papel na formação da teologia* anglo-católica do Movimento de Oxford. Ele apoiou, por algum tempo, a teoria de que a Igreja da Inglaterra era a verdadeira herdeira da Igreja primitiva e constituía a *via media* entre os erros de Roma e o protestantismo. Gradualmente, porém, mudou de opinião. Sentindo-se magoado pela condenação pública e eclesiástica de sua tentativa, em *Tract 90* (1841), de conciliar os Trinta e Nove Artigos com a doutrina católica-romana, Newman se retirou para uma localidade nos arredores de Littlemore, onde passou a viver uma vida semimonástica. Ali, trabalhou, sobretudo, em seu *Essay on the Development of Christian Doctrine* [Ensaio sobre o desenvolvimento

NEWMAN, JOHN HENRY

da doutrina cristã] (London, 1845), obra que seria publicada logo após haver sido recebido como membro da Igreja Católica Romana, na qual então ingressou.

Os fortes e contraditórios sentimentos causados tanto em anglicanos quanto católicos pela nova conversão de Newman foram aquietados por sua sincera autobiografia espiritual, *Apologia Pro Vita Sua* [Apologia da própria vida] (Londres, 1864). Todavia, seus hábitos de pensamento independente encontraram pouco acolhimento em uma Igreja Católica que marchava em direção ao Concílio Vaticano I e à definição da infalibilidade papal* (1870). Newman acabou convencido da supremacia papal e da posição do papa como divinamente designado e centro visível da unidade da Igreja; mas não chegou a entender autoridade como autoritarismo e absolutismo, tampouco confinou o ofício de ensino da Igreja Católica aos pronunciamentos papais. As sugestões por ele apresentadas, em *On Consulting the Faithful in Matters of Doctrine* [Sobre consulta à fidelidade em matéria de doutrina] (1859), lhe acarretaram reputação, em Roma, de ser um dos homens mais perigosos, se não o mais perigoso, da Inglaterra. Sua argumentação em favor de um inter-relacionamento criativo entre as funções profética (ensino), sacerdotal (adoração) e real (governo) da Igreja Católica — exposta no prefácio à terceira edição de *Lectures on the Prophetical Office of the Church* [Estudos sobre o ofício profético da Igreja] (London, 1837), depois reintitulado *The Via Media of the Anglican Church*, vol. 1 [O caminho do meio da Igreja Anglicana] — antecedia em quase um século o seu próprio tempo.

Embora Newman tenha sido nomeado cardeal em 1879 e oficialmente considerado isento da influência do modernismo* em 1908, sua teologia foi, de modo geral, negligenciada ou mal compreendida oficialmente pela Igreja Católica até a realização do Concílio Vaticano II (1962-1965), que centralizou toda a atenção da Igreja sobre muitas questões paralelas. Tornou-se claro, então, que ele havia abordado muitas questões de importância duradoura, mesmo que suas próprias soluções tivessem provado ser fragmentárias, mais ilustrativas que explicativas, mais inspiradoras que definitivas. A relevância de Newman para a teologia atual pode ser vista em duas de suas obras, em particular: *Essay on the Development of Christian Doctrine* (London, 1845, [8]1891) e *An Essay in Aid of a Grammar of Assent* [Ensaio em ajuda a uma linguagem de aceitação] (London, 1870).

A primeira dessas, embora sendo primordialmente a causa intelectual e justificativa da conversão de Newman ao catolicismo, exerceu função muito mais ampla, ao ser pioneira na ideia do desenvolvimento*, em doutrina, quinze anos antes de a obra de Darwin *A origem das espécies* haver popularizado a ideia de evolução. Deu também, em sua forma final (1878), contribuição significativa à questão de definição da essência* do cristianismo, discutida atualmente, com frequência, em termos de contextualização*.

O segundo ensaio, que contém uma análise de Newman do

NEWTON, ISAAC

movimento de fé implícita para explícita, pode ser criticado por assumir que fé* é, principalmente, uma questão de crer em proposições teológicas e por definir "aceitação" em termos de um ato da vontade para com a verdade que captamos, e não para com a verdade que nos capta. Em outras ocasiões, contudo, como em suas *Lectures on Justification* [Estudos sobre a justificação (London, 1838) e em seus sermões e hinos, Newman enfatiza a graça divina.

Por outro lado, sua *Grammar of Assent*, em que enfoca o que chama de "sentido conclusivo", ou capacidade instintiva de se fazer sentido de uma quantidade de evidências diversas, determinando "o limite das probabilidades convergentes e as razões suficientes para uma prova", constituiu um passo importante para o reconhecimento atual da importância da intuição. Lonergan* atesta seu débito para com Newman nesse particular, buscando explanar mais claramente o que ele quis descrever, em uma área em que, hoje, a obra de Wittgenstein, *On Certainty* [Sobre a certeza] (Oxford, 1984) e a de H.-G. Gadamer, *Truth and Method* [Verdade e método] (TI, London, ²1979) têm trazido significativa contribuição. Muitos outros estudos sobre o lugar da imaginação* na fé e o relacionamento entre fé e dúvida* têm encontrado inspiração na obra *Grammar of Assent*, de Newman.

Bibliografia
Edições diversas de: *Apologia Pro Vita Sua; Essay on the Development of Christian Doctrine; Idea of a University* (1852) e do poema *The Dream of Gerontius* (1865); *On Consulting the Faithful in Matters of Doctrine*, ed. J. Coulson (London, 1961).

Estudos: biografia por M. Trevor (1962), resumido como *Newman's Journey* (Glasgow, 1974); sua vida após 1845, *in:* C. S. Dessain *et al.* (eds.), *The Letters and Diaries of John Henry Newman*, vols. XI-XXVI (London, 1962-1974); introdução geral ao pensamento de Newman: O. Chadwick, *Newman* (Oxford, 1983); J. M. Cameron, John Henry Newman and the Tractarian Movement, *in:* N. Smart *et al.* (eds.), *Nineteenth Century Religious Thought in the West*, vol. II (Cambridge, 1985), p. 69-109; obras especializadas: J. Coulson, *Newman and the Common Tradition* (Oxford, 1970); *Religion and Imagination* (Oxford, 1981); N. Lash, *Newman on Development: The Search For an Explanation in History* (London, 1980); P. Misner, *Papacy and Development* (Leiden, 1976); T. J. Norris, *Newman and his Theological Method* (Leiden, 1977); D. A. Pailin, *The Way to Faith* (London, 1969); R. C. Selby, *The Principle of Reserve in the Writings of John Henry, Cardinal Newman* (Oxford, 1975); S. Sykes, *The Identity of Christianity* (London, 1984).

P.N.H.

NEWTON, ISAAC (1642-1727). Professor de Matemática em Cambridge (desde 1699) e presidente da Sociedade Real (1703-1727), Newton foi o físico mais eminente da sua época. Sua realização de maior repercussão foi a formulação da lei universal da gravidade, que explicava o movimento dos planetas e o comportamento de todos os corpos celestiais do sistema solar. A publicação de sua teoria, em seus *Principia Mathematica* (1687), representou um grandioso avanço na ciência. O universo não mais foi visto como quase um caos irracional ou lugar de intervenção constante e imprevisível de Deus, mas, sim, um mecanismo que funcionava de acordo com leis que poderiam ser calculadas e, em princípio, pelo menos, poder ter todos os seus segredos descobertos pela pesquisa lógica e paciente.

Newton, homem profundamente religioso, como muitos dos cientistas seus contemporâneos, acreditava estar descobrindo leis estabelecidas pelo Criador e ser necessário Deus intervir, de vez em quando, para corrigir irregularidades no sistema solar que, de outra forma, ocorreriam devido à perda de energia. Mas essa visão não prevaleceu por muito tempo. À medida que avançava o século XVIII, concluía-se que qualquer irregularidade aparente no universo seria captada, na devida ocasião, pela apuração, gradativa, da teoria científica. O "Deus dos abismos" viria assim a desaparecer, juntamente com qualquer conceito de milagre* ou providência*.

Muito embora a visão científica de Newton fosse revolucionária, sua crença religiosa não poderia ser considerada como inovadora para a época. Em um debate público, ele sustentou a convenção de não haver ligação entre ciência* e religião, mantendo suas pesquisas, em cronologia bíblica e mundial, profecia e alquimia, para si mesmo, juntamente com suas dúvidas a respeito da doutrina da Trindade*. Os ensaios privados de Newton sugerem que ele não se considerava um unitarista*, criticando Ário* e Atanásio* por estarem entre os muitos, antes e desde então, que haviam corrompido com a metafísica* o significado claro das Escrituras. Ele não mostra se dar conta de que sua dificuldade em crer sinceramente na encarnação* fosse totalmente consistente com o seu entendimento de espaço e tempo. Porque se o espaço e o tempo absolutos, como sustentava Newton, são atributos de Deus, Deus torna-se o "recipiente" do universo, e sua encarnação neste se torna impensável.

No começo do século XIX, experiências com magnetismo e eletricidade viriam a pôr em dúvida a aplicação geral e universal dos princípios newtonianos, pavimentando a estrada para a teoria da relatividade e da mecânica quântica. Resta ainda, porém, verificar se, e em que grau, a revolução científica a partir de Albert Einstein (1879-1955) terá produzido um novo clima de pensamento, favorável ao entendimento cristão de criação como contingente e aberto, "finito e livre" (Torrance*).

Bibliografia

S. L. Jaki, *Science and Creation* (Edinburgh, 1974); F. E. Manuel, *A Portrait of Isaac Newton* (Oxford, 1968); idem, *The Religion of Isaac Newton* (Oxford, 1974); J. Moltmann, *God in Creation* (London, 1985); T. F. Torrance, *Divine and Contingent Order* (Oxford, 1981); idem, *Space, Time and Incarnation* (London, 1969); R. S. Westfall, *Science and Religion in Seventeenth-Century England* (New Haven, CN, 1958).

P.N.H.

NICÉIA, ver Concílios.

NICOLAU DE LYRA

NICOLAU DE LYRA (c. 1265-1349). Foi o exegeta bíblico mais influente do final da Idade Média. Nascido na Normandia, entrou para a ordem franciscana*, passando depois a estudar teologia na Universidade de Paris e, então, a ensinar ali. Hebraísta competente, Nicolau de Lyra era familiarizado com os comentários judaicos das Escrituras. Foi designado provincial de sua ordem na França e mais tarde na Burgúndia.

Veio a se envolver em uma controvérsia a respeito de visão beatífica*, em reação contra a ideia do papa João XXII de que as almas daqueles que morrem na graça não a desfrutariam senão depois do juízo final. Lyra tinha profunda preocupação com a conversão de judeus, como fica refletido tanto em sua pregação quanto em seus escritos.

Lyra foi autor de numerosas obras, algumas das quais até hoje ainda não publicadas. Sua principal realização está na contribuição que deu à hermenêutica*, como apresentada em seu comentário sobre toda a Bíblia, em duas partes, expondo a primeira (escrita em 1322-1331) o sentido literal, e a segunda (produzida em 1339), o sentido místico, ou o moral, das Escrituras. Essas suas duas obras, *Postillae,* estabeleceram-se como manuais reconhecidos e amplamente citados por outros eruditos bíblicos. Quando publicadas (1471-1472), tiveram por distinção serem o primeiro comentário impresso das Escrituras, ganhando logo diversas edições subsequentes. Lyra escreveu também um tratado comparando a tradução Vulgata do AT com o texto hebraico original e dois tratados contestando interpretações judaicas de Cristo.

As *Postillae* de Lyra foram tidas em tão alta conta que vieram a ser adotadas como suplemento da *Glossa Ordinaria* padrão e até mesmo integradas a esta em algumas edições. Foram consideradas, enfim, como a coroa da exegese medieval.

No prólogo do primeiro volume, Lyra declara que a função principal das Escrituras é revelar a verdade divina, descrevendo-as como única fonte de teologia. Admitia que as Escrituras poderiam portar mais de um significado, mas insistia em que o sentido literal é básico, do qual dependem outros significados. Propõe, assim, evitar uma confusa variedade de interpretações, como a que havia estorvado a abordagem escolástica*, e usar do significado histórico-gramatical como critério global.

Tendo esse princípio por guia, Lyra percebeu quão importante era recuperar o texto bíblico autêntico, que fora obscurecido por descuidos dos copistas e condição inadequada de algumas emendas. Enfatizou a necessidade de submeter a Vulgata ao original hebraico como um modo corretivo. O que Lyra devia a Rashi (rabino Solomon ben Isaac, 1040-1105) foi assunto de muita discussão. Ele, na verdade, não foi o primeiro expositor cristão a usar os escritos de Rashi, mas o fez de maneira mais completa, embora cautelosa, do que outros. Posteriormente, sua independência se tornaria visível.

Atitude similar teve para com a tradição da Igreja, alegando que as opiniões dos pais não deveriam ser aceitas como definitivas em si mesmas, mas estar sujeitas à

725 NIEBUHR, H. RICHARD

jurisdição final das Escrituras. Nessa sua insistência sobre a primazia do sentido literal, Lyra se antecipou a Lutero* e outros dos reformadores. Lutero, por sua vez, refere-se a ele com frequência, posicionando-o entre os comentadores mais úteis, por ser seu alvo descobrir o significado exato pretendido pelos próprios escritores bíblicos.

Bibliografia

H. Labrosse, Biographie de Nicolas de Lyre, *Etudes Franciscaines* 17 (1907), p. 489-505, 593-608; A. Skevington Wood, Nicolas de Lyra, *EQ 33* (1961), p. 196-206.

A.S.W.

NIEBUHR, H. RICHARD (1894-1962). Ensinou em Yale, de 1931 até sua morte. Irmão de Reinhold Niebuhr*, representou a ala esquerda da neo-ortodoxia* americana. Aspirava a uma cosmovisão holística e cristã crítica.

A obra teológica mais importante de H. Richard Niebuhr foi *The Meaning of Revelation* [O significado da revelação] (1941), que advoga um "relativismo de perspectiva" e aconselha os cristãos a adotarem uma postura "confessional". Sustenta que toda percepção da verdade é condicionada histórica e culturalmente, mas rejeita o agnosticismo*. Argumenta que nas experiências reveladoras percebemos verdadeiramente o Absoluto, mas nossa percepção em si mesma não é absoluta. Assim, não se deve menosprezar outras revelações e crenças a fim de afirmar a própria. A revelação* é primordialmente pessoal, não proposicional. O significado, e não a informação, é o revelado, e significados diferentes são revelados a outros. A tarefa do cristão é ver a totalidade da vida de acordo com o "padrão" de Jesus Cristo.

Richard Niebuhr buscou essa tarefa em seu famoso livro *Christ and Culture* [Cristo e cultura] (1951), no qual delineia cinco modelos possíveis para relacionar ambos: 1) "Cristo contra a cultura", que rejeita o mundo como mal. Os crentes devem se refugiar na comunidade dos eleitos, evitando a política, a arte, o militarismo e os entretenimentos mundanos. Deve-se preferir a revelação à "totalidade da razão". Cristo deu a lei do reino no Sermão do Monte, e seus discípulos devem viver como peregrinos em terra estrangeira. 2) "O Cristo da cultura", que faz de Cristo o cabeça principal da cultura* pessoal, incorporando valores da cultura, mas propiciando uma base para sua crítica. A revelação é acomodada à razão, a linha entre Deus e o mundo torna-se indistinta, e a salvação em Cristo é considerada mera "influência moral". 3) "Cristo acima da cultura", que adota esquema semelhante ao do pensamento de Tomás de Aquino*, com as instituições culturais baseadas na "lei natural" (ver Lei*), limitada, todavia, em seu alcance. A lei *sobrenatural* de Cristo é revelada para nos capacitar a alcançar a salvação. A natureza é, assim, suplementada e completada pela graça, ambas vindas de Cristo. 4) "Cristo e cultura em paradoxo", que propõe o mundo como radicalmente corrupto, não, todavia, abandonado por Deus, que tem estabelecido estruturas sociais para se poder controlar o caos. Vivemos neste mundo de males necessários como

NIEBUHR, REINHOLD

pecadores justificados pela graça, o que resulta em uma moralidade cristã predominantemente privada e pessoal. 5) "Cristo transformador da cultura", que vê o mundo como decaído, mas plausível de santificação, tanto social como pessoal.

Em sua terceira grande obra teológica, *Radical Monoteism and Western Culture* [Monoteísmo radical e cultura do Ocidente] (baseada em palestras realizadas em 1957), ele lança mão de uma abordagem integrativa de cultura, política, ciência, religião, etc. Deve-se rejeitar o "politeísmo"* (no sentido de busca fragmentada de muitos centros de valores distintos) e o "henoteísmo" (prevalência sectária de um único centro de valor finito, *e.g.*, de um país, de uma seita, de um partido político, contra outros) em favor do "monoteísmo" (adesão leal e confiante ao próprio Ser que é a fonte e o ponto de integração de todos os centros de valores antes referidos).

Todas as demais obras de H. Richard Niebuhr mostram tanto sua visão integrativa quanto o seu dom de criar tipologias úteis.

Bibliografia
L. A. Hoedmaker, *The Theology of H. Richard Niebuhr* (Philadelphia, 1970); J. Irish, *The Religious Thought of H. Richard Niebuhr* (Atlanta, GA, 1986); D. F. Ottali, *Meaning and Method in H. Richard Niebuhr's Theology* (Lanham, MD, 1983); P. Ramsey (ed.), *Faith and Ethics: The Theology of H. Richard Niebuhr* (New York, 1957).

R.M.P.

NIEBUHR, REINHOLD (1892-1971). O desenvolvimento do pensamento cristão em face dos desafios sociais e políticos, nos meados do século XX, na história ocidental, foi tema dominado por Reinhold Niebuhr. Políticos veteranos de ambos os lados do Atlântico e suprapartidários têm testemunhado seu débito para com a importante contribuição desse pensamento.

Graduando-se em 1914 em Yale, Niebuhr assumiu o pastorado da Igreja Presbiteriana em Detroit. Sua experiência de ministério entre os trabalhadores da Ford, e em face do forte desenvolvimento do poder corporativo da indústria automobilística, transformaria profundamente seu pensamento. Reinhold Niebuhr abandonou então as ideias sociais do liberalismo protestante, predominantes nos primeiros anos do século. Sua utopia parecia inadequada em face das duras realidades do poder corporativo no mundo contemporâneo.

Após a publicação de seu primeiro livro, *Does Civilization Need Religion?* [A civilização precisa de religião?] (New York, 1927), deixou Detroit para se tornar professor de Cristianismo Aplicado no Union Theological Seminary, em Nova York, onde permaneceria até sua aposentadoria. Em 1932, publicou um de seus livros mais influentes, *Moral Man and Immoral Society* [Homem moral e sociedade imoral] (New York), em que demolia as respostas do protestantismo liberal às estruturas sociais da época, passando a construir uma teologia de justiça como a verdadeira resposta da fé bíblica às realidades de poder.

Abrangendo questões estruturais da ordem social e da vida política, Niebuhr demonstrava certa

NIETZSCHE, FRIEDRICH

queda pelos aspectos da análise marxista*, chegando mesmo, algumas vezes, a se autodenominar um "marxista cristão". Contudo, as raízes de sua obra teológica poderiam ser encontradas no desenvolvimento da neo-ortodoxia*, representada na Europa por Barth* e Bonhoeffer*. De muitos modos, permaneceu na tradição de Calvino* e Agostinho*, exigindo uma afirmação plena e estruturada da transcendência e da justiça* de Cristo para o enfrentamento das forças de poder que ameaçavam consequências desastrosas para a experiência humana. *The Nature and Destiny of Man* [A natureza e o destino do homem] (1941; 1943, 2 vols.) (Gifford Lectures em 1939) constitui sua afirmação mais plenamente teológica. Esse trabalho é considerado obra-prima de exposição contemporânea de temas cristãos fundamentais.

Em sua ênfase sobre as manifestações corporativas de poder, ele tem sido criticado por ser demasiadamente pessimista a respeito da natureza humana e por enfatizar exageradamente o estado decaído da humanidade. Seria por esse motivo, segundo a crítica, que Niebuhr não conseguiria ver como relacionar o entendimento radicalmente cristão do *agapē* (ver Amor*) diretamente com as questões sociais; eis por que interpôs a noção de justiça como o único modo em que a fé cristã poderia se relacionar com as questões coletivas da época.

Após a Segunda Guerra Mundial, Niebuhr ficou preocupado com os efeitos da guerra fria. Seu livro *Children of Light and Children of Darkness* [Filhos da luz e filhos das trevas] (London, 1945) busca proporcionar uma justificativa mais plena e substancial da democracia do que o poderia ser pelo pensamento liberal: "A capacidade do homem para a justiça torna possível a democracia; mas a inclinação do homem para a injustiça faz a democracia necessária" (p. xiii). Previu a fraqueza do otimismo das noções liberais de democracia e os riscos do otimismo das ideias marxistas de ordem social. Do começo ao fim, sustenta uma visão de comunidade mundial e a necessidade, em face da guerra fria, de encontrar o entendimento, assim como de políticas realísticas práticas para mover o mundo em direção a esse entendimento.

Nenhuma teologia política* do século XX pode abrir mão da contribuição de Niebuhr ou das questões que procurou resolver em sua obra.

Bibliografia
E. J. Carnell, *The Theology of Reinhold Niebuhr* (Grand Rapids, MI, 1951); G. Harland, *The Thought of Reinhold Niebuhr* (New York, 1960); R. Harries (ed.), *Reinhold Niebuhr and the Issues of Our Time* (London, 1986); C. W. Kegley & R. W. Brettall (eds.), *Reinhold Niebuhr: His Religious, Social and Political Thought* (New York, 1956); D. B. Robertson, *Reinhold Niebuhr's Works* (Syracuse, NY, ²1976).

J.W.G.

NIETZSCHE, FRIEDRICH (1844-1900). Filólogo e filósofo alemão. Filho de ministro luterano, começou seus estudos universitários em teologia, mas, como seus interesses mudassem, empreendeu carreira em filologia, tornando-se, aos 26

NIETZSCHE, FRIEDRICH

anos, professor pleno da matéria em Basileia. Insatisfeito, devido à sua péssima saúde, assim como para com os seus deveres acadêmicos, crítico do estado em que se encontravam tanto a religião quanto a cultura, logo se entregaria à produção escrita filosófica.

Sua conhecida obra *Ecce Homo* (1888) exalta a autoafirmação em face da passividade cultural e religiosa da época. Com base no pensamento do filósofo Arthur Schopenhauer (1788-1860), que, pessimista a respeito de tudo o que a vida poderia oferecer, advogava uma moralidade de autorrenúncia, Nietzsche afirma que o cristianismo hostiliza a vida intrépida, deprecia o estético e, por sua ênfase sobre a lei moral universal, nega o instinto. Além do mais, teoricamente, a seleção natural nos teria feito facilmente ajustar-nos às circunstâncias externas, em vez de mudá-las e explorá-las pela força da vontade humana.

Nietzsche reage fortemente a tudo isso. Em lugar da renúncia da vontade de viver de Schopenhauer, assevera a força de vontade como poder capaz de transformar os valores humanos e criar um novo *Übermensch* (super-homem). Em lugar da seleção e regularidade da lei natural, ele se volta para o vitalismo biológico e a liberação de energia criativa. Em face, enfim, de um cristianismo sobrenatural excessivamente identificado com o *status quo* cultural, anuncia dramaticamente, em *Assim falava Zaratustra* (1883), a "morte de Deus", abrindo horizontes novos e vastos para aqueles que sejam dotados de força de vontade para enfrentar os desafios.

Duas atitudes com relação à vida chegam, desse modo, a um confronto. Em *O nascimento da tragédia* (1872), Nietzsche chama essas atitudes, respectivamente, de dionisíaca e apoloniana, assumindo a primeira uma unidade primordial com a natureza, que encontra expressão na vitalidade e na atividade instintiva, enquanto a segunda exige autorrepressão individual no interesse da forma e da ordem cósmica e cultural. Daí resultam duas moralidades, que entram em conflito: uma moralidade escrava, igualitária, democrática, aquiescendo em supostos absolutos; e uma moralidade magistral, que se afirma por um desejo de poder. Nietzsche advoga a autocriação do enérgico. A verdade será o que melhore o poder e a moralidade deliberadamente egoísta, porque somente desse modo uma cultura estéril poderá ser revitalizada e a raça humana liberta do declínio.

Todavia, embora o nazismo tenha alegado o pensamento de Nietzsche como justificativa do seu conceito de super-raça, ele teria certamente repudiado tal extremo. Sua influência real pode ser vista melhor nos romances de Thomas Mann (1875-1955) e Hermann Hesse (1877-1962), no existencialismo* de Sartre e Albert Camus (1913-60), e nas tentativas da chamada teologia da morte de Deus* em favor de uma religião mais vital do que o liberalismo poderia proporcionar. Nietzsche, na verdade, leva a um ponto culminante a revolta moderna contra o Iluminismo*, em favor de um romantismo* radical, que torna a liberdade humana a liberadora praticamente divina de

729

NOMINALISMO

tudo o que arrasta a humanidade para baixo.

Bibliografia
Obras: The Birth of Tragedy, tr. F. Golffing (Garden City, NY, 1956); *Thus Spake Zarathusa*, tr. T. Common (London, 61967); H. W. Riechert & K. Schlechta, *An International Nietzsche Bibliography (Cahpel Hill, NC, 1960)*.
Estudos: F. C. Copleston, *Friedrich Nietzsche: Philosopher of Culture* (London, 21975); W. Kaufmann, *Nietzsche, Philosopher, Psychologist, Antichrist* (Princeton, NJ, 31968).

A.F.H.

NOMINALISMO. Designa uma tendência filosófica, culminante no final da Idade Média. O termo se refere originalmente à questão sobre qual espécie de realidade os "universais" possuiriam. Quando se faz referência a um grupo ou classe de coisas individuais, essa classe ou universal é real por si mesmo (daí a posição dos realistas, inspirados pelo platonismo) ou é meramente uma convenção ou denominação (nome), sem existência à parte dos próprios indivíduos?

Embora os teólogos medievais concordassem em que a revelação* divina poderia ser definitivamente entendida somente mediante a fé*, diferiam quanto à importância da organização racional preliminar dos critérios teológicos como ajuda para aceitação destes pela fé (ver Fé e Razão*). A tradição agostiniana*/franciscana mais antiga colocava ênfase maior sobre a fé em termos de querer aceitar o que Deus tivesse desejado revelar; já a abordagem mais recente tomís-

tica*/dominicana* via significado maior na organização racional das verdades teológicas, como resposta apropriada à racionalidade divina. Com base nessa perspectiva, o nominalismo poderia ser considerado como variante do voluntarismo (ver Vontade*). A essência do nominalismo* não consiste meramente em empregar universais no reconhecimento de que não possuem nenhuma existência independente, mas, sim, estende-se a um reconhecimento de toda a atividade divina, sem exigir evidência física.

É este, especialmente, o caso da questão da salvação* individual. Apesar de todos os teólogos serem comprometidos com o valor da graça* sacramental*, tornou-se evidente que tal graça não teria valor sem a presença de uma graça preliminar, a fim de produzir a devida disposição à recepção dos sacramentos. Quanto maior a ênfase colocada sobre essa graça preveniente agostiniana, menos necessários se tornaram os sacramentos e até mesmo a Igreja* que os administrava. A graça preveniente deveria ser encontrada, então, não por meio da causalidade sacramental, mas mediante fazer, mística* ou moralmente*, o melhor que pudesse ser feito, *i.e.*, por merecer* a graça de forma congruente (ver Agostinianismo*; Teologia Jesuíta*; Guilherme de Occam*).

À medida que findava o período medieval, tais tendências se polarizaram. A mais tomista foi considerada racionalista, enquanto a mais extrema se tornou a resposta franciscana. A graciosidade de Deus foi sendo cada vez mais entendida como arbitrariedade. Embora fosse ainda empregada uma linguagem

NOVACIANO

de causa e efeito, gradativamente ela viria a assumir o sentido moderno de correlação estatística ou regularidade de observação. O nominalismo pode, então, ser considerado como contribuição para o ceticismo geral da era que precedeu a Reforma*. Não é de admirar, portanto, que agostinianos do final da Idade Média, como Gregório de Rimini e Thomas Bradwardine*, denunciem o nominalismo como pelagiano*.

O entendimento que a Reforma tem do nominalismo é fortemente negativo, ligado como estava ao congruísmo. Lutero identificou-se como nominalista, mas falou também da tolice da especulação nominalista. Isso pode ser tomado, provavelmente, como apreciação do feito do nominalismo em expor o caráter especulativo da teologia anterior, combinada com a convicção de Lutero de que o nominalismo em si não tinha nada a oferecer. Similar é a rejeição que Calvino* teve da especulação a respeito de Deus (*cf. Institutas* I.ii.2; x.2; III.ii.6). Isso não significava entusiasmo pelo racionalismo tomista por parte dos reformadores. Pelo contrário, um novo interesse no caráter histórico da fé cristã substituiria ambas as direções filosóficas, expresso com mais vigor na ênfase reformada* sobre a doutrina do pacto*. A causalidade divina não é tanto racional quanto pactual. Deus *se obriga a si mesmo* por sua palavra de promessa.

Pode-se, todavia, ver o interesse protestante nos caminhos de Deus na obra secreta da regeneração*, com consideração quanto à importância do provável efeito que determinadas ações humanas têm sobre ela, como um reavivamento do congruísmo. Esta, pelo menos, foi a visão do teólogo reformado holandês Herman Bavinck*.

Ver também BIEL, GABRIEL.

Bibliografia

E. Gilson, History *of Christian Philosophy in the Middle Ages* (London, 1955); E. A. Moody, *Truth and Consequence in Medieval Logic* (Amsterdam, 1953); H. Oberman, *The Harvest of Medieval Theology; Gabriel Biel and Late Medieval Nominalism* (Grand Rapids, MI, ²1967); P. Vignaux, *Le Nominalisme au XIVᵉ Siècle* (Montreal, 1948).

D.C.D.

NOVACIANO (249-251). Sacerdote, teólogo e escritor, de elevada formação, que liderou o clero romano durante a vacância entre dois papas, Fabiano e Cornélio, em 250-251. Durante esse período, Novaciano se correspondeu com Cipriano* de Cartago. Após a perseguição promovida pelo imperador romano Décio, Novaciano se opôs à readmissão na Igreja dos muitos crentes que haviam então decaído da fé. Mas, por ser sua severa negação de reconciliação contrária à prática cristã, foi excomungado por um sínodo romano. Estabeleceu então uma igreja cismática, que durou até o século VIII.

Segundo informa Jerônimo*, Novaciano escreveu diversas obras, incluindo: *Sobre a Páscoa; Sobre o sábado; Sobre a circuncisão; Sobre o sacerdócio; Sobre a oração; Sobre o jejum regular; Sobre a comida judaica* e muitas outras, algumas

731 NOVAS RELIGIÕES

das quais ainda existentes, "especialmente um grande volume sobre a Trindade".

Em sua obra *Sobre a Trindade*, a teologia de Novaciano avança além do pensamento anterior, de Tertuliano, na sustentação da eterna filiação de Cristo (*cf.* Cristologia*). Fornece uma explicação clara dos antropomorfismos* bíblicos, em termos de acomodação* de Deus à linguagem humana. Usa a doutrina da circumincessão trinitariana e antecipa o que mais tarde a teologia viria a chamar de "união hipostática" das duas naturezas de Cristo em uma pessoa e a "comunicação de atributos" entre essas naturezas.

Bibliografia
Obras, ed. G. F. Diercks (*CCL* 4, 1972); tr. R. J. DeSimone (*FC* 67, 1974); *De Trinitate*, ed. W. Y. Fausset (Cambridge, 1909), tr. H. Moore (London, 1919).

D.F.K.

NOVAS RELIGIÕES. É um nome genérico e o mais ameno para grupos comumente chamados de "cultos" ou "seitas". O problema da palavra "culto" é que carece de uma definição teórica e tem sido usada geralmente pela mídia para se referir a grupos de caráter religioso os mais diversos, alguns dos quais considerados legítimos pelos cristãos. Assim, por exemplo, há grupos de judeus americanos rotulados de "Judeus para Jesus", enquanto outros grupos judeus evangélicos são chamados de "cultos"; ao mesmo tempo, humanistas têm atacado grupos religiosos como Campus Crusade [Cruzada Universitária] e Navigators [Navegadores],

nos Estados Unidos, como "seitas" ou "cultos".

O sociólogo Rodney Stark sugere que um culto pode ser tanto uma "nova fé" que tenha sido "importada de outra sociedade" quanto resultado de uma "inovação cultural". De modo geral, no entanto, os evangélicos têm usado o termo "culto" para se referir a grupos religiosos que se desviam de algum padrão reconhecido de ortodoxia evangélica. Devido, porém, à confusão criada pela popularização do termo "culto" na mídia, a maioria dos cientistas sociais prefere se referir, no caso, a "novos movimentos religiosos".

Livros evangélicos, como *The Chaos of the Cults* [O caos dos cultos], de J. K. van Baalen (1936), e *The New Cults* [Os novos cultos], de Walter Martin (1980), apresentam extensas descrições históricas e doutrinárias de movimentos religiosos específicos, tais como Mórmons e The Way [O Caminho]. Embora essa abordagem seja útil, sofre da falha de que a popularidade das novas religiões está constantemente se alterando. Nos meados da década de 1960, a Transcendental Meditation [Meditação Transcendental] constituía um dos grupos religiosos mais populares nos EUA; já no começo da década de 1970, viria à proeminência a Divine Light Mission [Missão Luz Divina], e nos meados da mesma década, a Unification Church (Igreja da Unificação), do "reverendo" Moon, parecia ser o movimento de mais rápido crescimento. No início da década de 1980, os Rajneeshies se tornariam a maior "nova religião" na América, excetuando-se os vários grupos de

NOVAS RELIGIÕES

tipo fundamentalista, como The Way e Local Church [Igreja Local], ainda então em crescimento. Cada um desses grupos experimentou um período de rápido desenvolvimento, seguido de declínio espetacular. Portanto, é grande a possibilidade de se encontrar sempre grupos religiosos relativamente novos e desconhecidos. Assim, é mais conveniente entender como tais grupos crescem e a dinâmica em geral dos sistemas religiosos dessas crenças do que propriamente ter conhecimento de detalhes específicos a respeito de grupos que podem já estar entrando em um período de decadência.

No âmago das novas religiões, há uma esfera de experiências que reflete as necessidades espirituais dos indivíduos (ver Experiência Religiosa*). Esse âmago inclui experiências como sonhos reveladores, visões, pré-cognição, percepção extrassensorial, sentido de reverência, sentido de presença divina, espíritos, pavor, etc. Na avaliação dessas experiências, tudo o que nos é exigido é reconhecer que as pessoas crêem nelas como reais.

Em adição ao âmago experimental, as novas religiões prosperam no que pode ser rotulado de "nova mitologia", uma coleção de crenças amplamente desconectadas entre si, que representam a "religião" ou crendice popular de nossa atual sociedade. Essa mitologia abrange crença em coisas como ufologia, curas místicas, astrologia (ver Oculto*), reencarnação (ver Metempsicose*) e um exército de ideias semelhantes, que não são cristãs e relativamente novas na sociedade ocidental. A importância desses mitos está em que podem proporcionar aos estudiosos uma estrutura conceitual dentro da qual as supostas experiências "espirituais" venham a ser interpretadas.

Ademais, todas as novas religiões fazem referência, geralmente, a grandes tradições religiosas, a fim de que lhes sejam atribuídos algum sentido aparentemente filosófico e uma teologia básica. As grandes tradições religiosas, nesse caso, podem ser divididas, em termos fenomenológicos, em dois tipos principais: a abrâmica e a procedente da ioga. A tradição abraâmica, ou seja, que vem de Abraão, representa o judaísmo, o cristianismo e o islamismo; a que deriva da ioga representa as religiões de origem indiana e que têm na prática da ioga, ou meditação, o seu âmago. As duas tradições religiosas de ioga mais importantes são o hinduísmo e o budismo.

O elemento final na análise das novas religiões é o papel exercido por uma crença na ciência ou na modernidade. Todas as novas religiões reivindicam, de um modo ou de outro, representar uma "ciência verdadeira", ainda que, como no caso do Movimento Hare Krishna, rejeitem a ciência moderna. Essa crença na "ciência verdadeira" funciona como pseudo-religião, encorajada pelas ideias populares a respeito de evolução e a tendência de "crer" na ciência, mais do que propriamente entendê-la. Assim, a fé na ciência substitui o método científico na vida de muita gente, sendo alvo fácil para as proclamações extravagantes de muitas das novas religiões, que misturam cura física e psíquica, percepção extrassensorial, ufologia e uma série de

NOVAS RELIGIÕES

outras ideias com "revelações" e doutrina retirada das grandes tradições religiosas.

Uma síntese das tradições pode ser vista em alguns grupos como a Igreja da Unificação, que combina crenças abraâmicas com religião ou crendice popular coreana e fé na tecnologia. Já o Hare Krishna representa uma tradição de ioga em uma forma relativamente pura, enquanto a cientologia, por exemplo, é basicamente uma religião de modernidade, que se apoia em ideias extraídas da ioga para fortalecer sua atração religiosa. Cada uma dessas novas religiões é reforçada, enfim, por elementos da nova mitologia e um forte núcleo experimental, que constrói a vida de experiência dos seus adeptos.

Ao contrário das alegações de alguns livros, como *Snapping* [Em um estalar de dedos) (1978), os adeptos das novas religiões não sofrem lavagem cerebral alguma. Aliás, essa ideia de lavagem cerebral como suposição possível para conversão religiosa foi primeiramente usada por William Sargant em *Battle for the Mind* [Batalha pela mente], pretendendo explicar a conversão evangélica. E, embora o citado livro *Snapping* trate principalmente da Igreja da Unificação, atraindo assim à sua leitura muitos evangélicos, os autores deixam também muito claro que, tal como o fez Sargant, consideram os evangélicos exemplo típico e primordial de lavagem cerebral (p. 46).

Evidência contra a tese da lavagem cerebral é apresentada pelos sociólogos David Bromley e Anson D. Shupe, em *Strange Gods* [Deuses estranhos] (1982), assim como um grande número de outros autores, entre os quais o investigador oficial do governo de Ontário, Canadá, em seu relatório *Study of Mind Development Groups, Sects and Cults in Ontario* [Estudo sobre grupos, seitas e cultos de desenvolvimento mental em Ontário] (1980). Mais importante ainda, como tem mostrado o psiquiatra Saul V. Levine, da Universidade de Toronto, Canadá, em diversos artigos sobre o assunto, as pessoas que se unem a novas religiões o fazem porque o grupo em questão satisfaz a uma necessidade psicológica.

Existe atualmente considerável evidência de que o crescimento da membresia das novas religiões depende das experiências de conversão e da escolha individual do que propriamente de um suposto controle psicológico misterioso por parte de sua liderança. É verdade que fortes pressões sociais são exercidas para encorajar a adesão à membresia e desencorajar as pessoas de desistir. Mas o fato é que a maioria das pessoas que se unem a novas religiões as abandona por sua livre e espontânea vontade após algum tempo relativamente curto.

Essencialmente, as pessoas aderem a novas religiões porque estas satisfazem às suas carências reais. Nesse sentido, a observação de Baalen de que "cultos são as contas não pagas pela Igreja" ainda é verdadeira. Torna-se importante, portanto, que toda pessoa que desejar ingressar em um desses grupos, ou apenas fazer um contato inicial com um deles, examine e considere a conversão dos que já são seus adeptos, procurando saber o que foi que causou sua adesão e por que julgaram esse grupo particularmente atraente.

NUMINOSO

O processo de levar alguém que se uniu a uma nova religião a revelar por que assim o fez é, todavia, um tanto longo e exige tato e entendimento. A menos, porém, que cristãos dispostos à evangelização dessas pessoas estejam preparados para entrar num diálogo real e sincero com elas antes de apresentar a mensagem de salvação, a comunicação poderá vir a ser inevitavelmente perdida e quebrada. Ao lidarmos com os membros das novas religiões, os princípios de evangelização pessoal se aplicam tanto quanto a outras situações. Infelizmente, porém, o rótulo "seita" ou "culto" frequentemente obscurece esse fato, e as acusações de suposta "lavagem cerebral" e outras semelhantes proporcionam uma desculpa para uma rejeição precipitada dos cristãos, por causa de simples rotulação. Tal atitude é anticristã e antiprodutiva. Desse modo, entender a lógica das crenças dos novos movimentos religiosos e a situação psicológica que tenha levado à conversão dos indivíduos a esses grupos é da maior importância, para que estejam os cristãos prontos a participar em uma verdadeira arena de debate sincero e evangelização, que se torna cada vez mais significativa.

Bibliografia
J. K. van Baalen, *The Chaos of the Cults* (Grand Rapids, MI, 1936); D. Bromley & A. D. Shupe, *Strange Gods* (Boston, MA, 1982); F. Conway & J. Siegelman, *Snapping: America's Epidemic of Sudden Personality Change* (Philadelphia, 1978); I. Hexham e K. Poewe, *Understanding Cults and New Religions* (Grand Rapids, MI, 1986); D.

G. Hill, *Study of Mind Development Groups, Sects and Cults* (Toronto, 1980); W. Martin, *The New Cults* (Santa Ana, CA, 1980); W. Sargant, *Battle for the Mind* (London, [2]1959); R. Stark & W. S. Bainbridge, *The Future of Religion: Secularization, Revival and Cult Formation* (Berkeley, CA, 1985); S. M. Tipton, *Getting Saved from the Sixties* (Berkeley, CA, 1982);

I.He.

NUMINOSO, ver Otto, Rudolf.

NYGREN, ANDERS (1890-1977). Serviu a Igreja Luterana Sueca como bispo e professor de Teologia em Lund. Juntamente com a obra de Gustav Aulén*, seu trabalho representa um paralelo escandinavo à teologia dialética* alemã das décadas de 1920 e 1930, especialmente na atitude crítica para com a teologia liberal* então predominante. Nygren, contudo, estava mais interessado do que Barth* ou Bultmann* na análise do cristianismo como sistema religioso humano, tornando-se um dos poucos e significativos filósofos da religião entre os luteranos.

Seu método de análise, sendo comumente chamado de "pesquisa motivacional", busca descobrir motivos distintivos básicos do cristianismo mediante análise histórica e contraste com outros sistemas religiosos. Sua obra mais conhecida nessa linha é a que se tornou clássica, *Agape e Eros*, que faz uma abordagem histórica e análise teológica do contraste entre o motivo de *agapē* (gr. amor que se autoentrega sem ser motivado) e o de *erōs* (gr. amor que deseja obter um bem maior). A apresentação desses motivos oferece a Nygren a oportunidade de discutir questões teológicas básicas em áreas como revelação, expiação e ética.

Sua análise histórica é questão de muito debate, assim como sua aguda distinção entre *agapē* e *erōs*. Alguns críticos são de opinião que Nygren não tem interesse no amor* como fenômeno humano e que sua teologia mostra uma deficiência geral na área da doutrina da criação. Por trás da análise motivacional, encontra-se certamente forte teologia da graça como realização divina, que não exige resposta humana ética. Tal ênfase na prioridade da ação divina é expressa também em breve obra sobre a doutrina da expiação, *Essência do cristianismo*, e se acha difundida por todo o seu *Comentário a Romanos*. A filosofia da religião de Nygren pode ser estudada ainda mais detalhadamente em *Significado e método,* de sua autoria.

Bibliografia
Agape and Eros, 2 vols. (TI, London, 1932-39); *Commentary on Romans* (TI, London, 1952); *Essence of Christianity* (TI, London, 1960); *Meaning and Method* (TI, London, 1972).

C. W. Kegley (ed.), *The Philosophy and Theology of Anders Nygren* (Carbondale, IL, 1970); G. Wingren, *Theology in Conflict* (TI, Edinburgh, 1958).

J.B.We.

OBEDIÊNCIA DE CRISTO. Conceito bíblico de particular importância na teologia e na piedade reformadas*.

Obediência Filial
O NT descreve claramente a totalidade da vida de Jesus como de obediência perfeita, impecável e consciente a Deus, como seu Pai (*e.g.*, 1Jo 2.2; 3.5; 1Pe 2.22), cuja vontade para sua vida foi aprendida por meio de meditação, em oração, das Escrituras do AT (Mt 3.15; Lc 22.37; Jo 8.29,46). Essa obediência se baseou na confiança e no amor ao Pai, envolvendo experiência real de tentação por Satanás, diretamente e por intermédio de outros, para fazê-lo duvidar da bondade de Deus e desviá-Lo do plano divino para sua vida (Mt 4.1-11; 16.22,23; 26.53,54). A tentação foi vencida pelas armas espirituais da oração, da palavra de Deus e do jejum, em uma vida de fé legitimamente humana. João enfatiza que o ministério e ensino de Cristo foram todos baseados na estrita obediência ao que o Pai lhe mostrou e lhe deu para fazer e dizer. A vivência militar de um centurião romano chegou a levá-lo a perceber que tal rigorosa e exata submissão a Deus constituía a fonte da autoridade de Jesus sobre o mal e a enfermidade (Mt 8.8-10; Jo 5.19,20; 7.16).

Conquanto a obediência de Cristo incluísse submeter-se às autoridades humanas, dadas por Deus, mesmo quando imperfeitamente exercidas (Mc 14.61,62; Lc 2.51; Jo 19.11; 1Pe 2.23), Sua obediência a Deus implicava, acima de tudo, adesão absoluta à vontade específica do Pai em toda e qualquer situação, tendo por isso de rejeitar, por vezes, outro curso moralmente permissível, a fim de poder confirmar essa perfeita vontade inteiramente assumida e realizada em sua vida e morte.

OCHINO, BERNARDINO

Obediência representativa

Como homem e como Messias, Jesus aprenderia o significado e o custo da obediência mediante a experiência que sofreu (Mc 8.31; Hb 5.7-9), ao tornar-se obediente até mesmo à morte na cruz (Fp 2.5-8). Foi esse um ato de obediência totalmente consciente e voluntário (Jo 10.17,18; 19.30). Como nem Satanás nem o mal tiveram lugar algum em sua vida justa, não poderia a morte, de fato, detê-lo (Jo 14.30; 16.10,11; At 2.24; Rm 1.4). Paulo contrasta a obediência de Jesus com a desobediência de Adão*, vendo-os como figuras representativas e agindo em nome da velha e da nova humanidade. A obediência de Cristo até a morte na cruz ganhou justificação* e vida eterna para os muitos em favor dos quais viveu e morreu (Rm 5.18,19; *cf.* também 1Co 15.20-22, 45-49).

A obediência de Cristo como entendida pela Igreja Cristã

A obediência e a vida sem pecado de Jesus têm sido entendidas pela Igreja, durante o decorrer dos séculos, de, pelo menos, quatro modos: 1) Como exemplo de perfeita obediência do Filho ao Pai, dando sua vida como inspiração a todos os filhos de Deus para viverem sua vida obedientemente (1Pe 2.18ss). 2) Como aquele que foi tentado e não cedeu, podendo por isso nos ajudar quando somos tentados (Hb 2.18; 4.14-16). 3) Somente sua vida justa e obediente poderia ser entregue em favor de pecadores como sacrifício expiatório eficaz (2Co 5.21; Hb 7.26,27; 1Pe 3.18; 1Jo 2.2). 4) O Espírito Santo* de Cristo, ao habitar nos cristãos, neles reproduz a vida e a imagem de Cristo, justo e obediente (Rm 8.9-30).

Calvino, corretamente, afirma que somos salvos por "toda a maldição de sua obediência" (*Institutas*, II.xvi.5). Com base nisso, os teólogos reformados distinguem, com frequência, entre a obediência *ativa* de Cristo (sua vida de obediência filial ao Pai) e sua obediência *passiva* (seu sofrimento pelo julgamento do Pai aos violadores do pacto). Essa última distinção não tem a intenção de denotar que Cristo tenha sido, sob aspecto algum ou em qualquer sentido, inativo (passivo) em sua obediência. A palavra "passiva" é usada aqui no sentido latino (*patior*: sofrer, submeter-se). Contudo, sua *plena* obediência é mais bem definida em termos de obediência *preceptiva* e *penal*.

Bibliografia

G. C. Berkouwer, *The Person of Christ* (Grand Rapids, MI, 1954); L. W. Grensted, *The Person of Christ* (London, 1934); D. Guthrie, *New Testament Theology* (Leicester, 1981); J. Murray, *Collected Writings*, vol. 2 (Edinburgh, 1977), p. 151-157; B. B. Warfield, *The Person and Work of Christ* (Philadelphia, 1950).

J.P.B.

OCHINO, BERNARDINO (c. 1487-1564). Reformador, evangelista e autor popular, Ochino nasceu em Siena, Itália. Aderiu aos franciscanos* aos 18 anos. Estudou Medicina em Perúsia. Transferindo-se para os Capuchinhos, então recentemente organizados, em 1534, foi eleito e reeleito vigário geral da Ordem, em 1538 e 1541.

OCULTO

Sua pregação, diretamente inspirada no evangelho, ganhou arrebatadora resposta por toda a Itália e particularmente a admiração de Carlos V, em Nápoles, em 1536. Muitos se voltaram para Cristo por seu intermédio. Mas sua doutrina, de moldes "luteranos", começou a provocar suspeita. Em julho de 1542, Ochino foi convocado a comparecer perante a então reconstituída Inquisição, em Roma. Em vez disso, deixou a Itália e foi para Genebra, causando, com sua fuga, sensação por toda parte.

Em 1547, Cranmer o convidou a ir à Inglaterra, onde permaneceria por seis anos, em Londres. Ali, escreveu sua obra-prima, engenhosa, *Tragoedie* [Tragédias] (1549), que influenciou o grande poeta Milton. Pastoreou depois comunidades de italianos exilados na Alemanha e na Suíça. Mas sua mente inquisidora e questionadora o tornava um aliado incômodo. Nenhuma ortodoxia o satisfazia, e o consideravam suspeito de rejeitar o trinitarianismo. Uma torrente de sermões e diálogos especulativos seus foram publicados, entre os quais, *Labyrinthi* [Labirintos] (1561), culminou nos *Dialogi XXX* [Diálogos XXX] (1563), que incluíam uma obra tida como escandalosa, *Dialogus de Polygamia* [Diálogo da poligamia]. Foi então banido da Zurique de Bullinger e, tendo-lhe sido negado asilo em Nuremberg, buscou refúgio na Polônia, de onde foi também, depois, expulso. Morreu como um exilado da cristandade na Morávia.

Bibliografia
R. H. Bainton, *Bernardino Ochino, esule e riformatore senese del cinque cento, 1487-1563* (Fiorenza, 1940); C. Benrath, *Bernardino Ochino de Siena* (London, 1876).

P.M.J.McN.

OCULTO. Este termo tem sido aplicado a práticas consideradas abaixo da superfície da vida normal. Podem ser contatos com o mundo espiritual maligno, deliberadamente buscados por meio de magia negra ou satanismo, ou favorecer experiências que ocasionalmente ocorram a cristãos ou não cristãos, como segunda visão, previsão e telepatia. Tais experiências podem ser espontâneas, mas, embora neutras em si mesmas, devem estar comprometidas com Deus quanto ao seu uso ou não; do contrário, podem se desenvolver por si mesmas, ou serem usadas como substituto da experiência espiritual ou contra Deus, e servir, assim, aos propósitos de Satanás. O modo de agir do mundo é o de dar apoio ao orgulho; o de Satanás, o de turvar nossa visão de Deus e nossa obediência a ele.

A Bíblia tem pouco ou nada a dizer a respeito de experiências paranormais neutras, mas reconhece que as verdadeiras experiências espirituais podem ser copiadas e forjadas por forças ocultas. Assim, falsos profetas são uma cópia psíquica dos profetas inspirados pelo Espírito de Deus. O verdadeiro e o falso podem parecer a mesma coisa, mas Jeremias, por exemplo, estava consciente de que os falsos profetas falavam "mentiras ou as ilusões de suas próprias mentes" (Jr 23.26). Semelhantemente, os cristãos primitivos tinham de distinguir entre a verdadeira e a falsa profecia* pelo conteúdo da mensagem a respeito

OECOLAMPADIUS, JOÃO

da pessoa de Jesus Cristo (1Jo 4.1-3; 1Co 12.1-3).

Uma lista de práticas ocultas proibidas é dada em Deuteronômio 18.10,11. A versão NVI traduz essas práticas como adivinhação, magia, presságios, feitiçaria, encantamentos, mediunidade, espiritismo e consulta aos mortos (outras versões modernas não são, essencialmente, diferentes). Nenhuma delas é permitida também no NT, e, em Atos 19.19, "grande número dos [convertidos] que tinham praticado ocultismo reuniram seus livros e os queimaram publicamente".

A adivinhação é hoje praticada pelos mais diversos meios, entre os quais cartas de tarô, bola de cristal e inúmeros outros. A feitiçaria prossegue existindo como magia (e não simplesmente no sentido de mágica inocente, para entretenimento). Os presságios são ainda um uso supersticioso, que quase sempre acaba se refletindo em se deixar de fazer determinados atos ou realizar certas práticas. Os encantamentos florescem em práticas frequentes de invocação de ídolos pagãos. Bruxos, magos e feiticeiros mobilizam também forças psíquicas para eliminar determinados feitiços. As restrições à mediunidade e à consulta aos mortos são hoje consideradas como algo que, hoje, foi abolido. Tentativas constantes são feitas por adeptos do ocultismo buscando demonstrar, por exemplo, que as descrições na Bíblia são de alguma forma diferentes da mediunidade moderna. No final das contas, porém, a soma daqueles que ainda "invocam" ou consultam os mortos é imensa.

Uma das formas mais populares de adivinhação hoje em dia é a astrologia, que se desenvolveu para o uso de tabelas individuais complicadas de planetas e casas astrais, que assinalam o presente e o futuro dos consulentes. Em capítulo no qual se refere à idolatria, diz Jeremias que o povo de Deus não deve se espantar com os sinais nos céus; enquanto Isaías como que zomba dos que praticam magia e feitiçaria e observam estrelas buscando adivinhação para sua vida (Is 47.12-15). Os corpos celestiais, na verdade, eram para serem observados como sinais de contagem do tempo, ou seja, como calendário (Gn 1.14). Uma versão americana da Bíblia traduz como "astrólogos" os magos que, vindos do Oriente, foram até Belém (Mt 2.1,9). Todavia, não eram astrólogos no sentido moderno. Eram, provavelmente, sábios, que haviam aprendido, em contato com judeus exilados, a profecia milenar (*e.g.*, Nm 24.17) a respeito de uma estrela que anunciaria o nascimento do Messias e grande Rei.

Ver também Diabo e Demônios.

Bibliografia
R. Palms, *The Occult: A Christian View* (London, 1972); J. Stafford Wright, *Understanding the Supernatural* (London, 1971).

J.S.W.

OECOLAMPADIUS, JOÃO (1482-1531). Reformador alemão, nascido em Württemberg. Frequentou a Universidade de Heidelberg e logo entrou em contato com o círculo humanista* que incluía Jacó Wimpfeling (1450-1528), João Reuchlin (1455-1522), Melâncton* e Bucer*. Após um período como tutor dos

OFÍCIOS DE CRISTO

filhos do príncipe Filipe I, do Palatinado, tornou-se pregador em Weinsberg (1510). Estudos posteriores na Universidade de Tübingen o levaram ao mestrado em grego, latim e hebraico, e, desde então, começou a trabalhar com Erasmo* no Novo Testamento deste (1515). Em 1518, conquistava seu doutorado em Basileia e rapidamente se tornaria respeitável estudioso em patrística, particularmente interessado nos pais gregos. Designado membro do tribunal eclesiástico da Catedral de Basileia, prosseguiu em seus estudos e, por um curto período, em 1521, atuou junto ao mosteiro das brigitinas, em Altomünster. Contudo, tendo se inclinado para a opção reformada, logo o deixou. Em 1522, retornava a Basileia e publicava a primeira de suas traduções de Crisóstomo.

Já sob a considerável influência de Zuínglio*, tornou-se figura principal da causa reformada em Basileia. Em 1525, foi nomeado professor de teologia e, de uma maneira suíça, promoveu a causa da reforma em disputas formais, obtendo muito sucesso em Basileia, assim como na Baden católica (1526), enfrentando João Eck (1486-1543), e, em menor grau, posteriormente, em Berna (1528) — mas, mesmo assim, com a ajuda de Bucer, Zuínglio e Wolfgang Capito (1478-1541), participou ativamente do processo que ganhou Berna para a causa reformada.

No ano seguinte, sob sua influência, Basileia se comprometia com a Reforma. Ele propôs estabelecer um grupo composto de pastores, conselheiros daquela cidade e presbíteros da Igreja, que procurasse evitar a dependência de concílio para a disciplina* eclesiástica, como era característico de Zurique. Foi uma antecipação a desenvolvimentos posteriores feitos por Bucer e Calvino*.

A teologia de Oecolampadius se desenvolveu em direção a uma visão da presença espiritual de Cristo na eucaristia*. Embora seguisse Zuínglio nesse ponto, seu pensamento era independente, usando de fontes patrísticas para dar suporte às suas convicções. Esteve envolvido no Colóquio de Marburgo (1529). No mesmo ano, tal como Zuínglio, teve sérios problemas e entrou em disputa com os anabatistas*, que preferiram deixar Basileia.

Oecalampadius morreu logo após a batalha de Kappel (1531). Reservado e muito erudito, foi sem dúvida figura das mais importantes da Reforma na Suíça. Tendo trabalhado em íntima colaboração com Erasmo na tradução de Crisóstomo, sua influência foi significativa para a manutenção da erudição de Erasmo e da patrística dentro do primitivo círculo da Reforma.

Bibliografia

G. Rupp, *Patterns of Reformation* (London, 1969).

C.P.W.

OFÍCIOS DE CRISTO. Durante o período intertestamentário, as expectativas judaicas da vinda de um libertador e rei que introduzisse o reino de Deus* levaram gradativamente ao uso do termo "Ungido" para descrever essa figura tão ansiosamente esperada (heb. māšîah, Messias; gr. christos, Cristo). Conquanto não usasse esse termo regularmente para si próprio, Jesus aceitou o título, reconhecendo que

OFÍCIOS DE CRISTO

ele era o Cristo, em seu julgamento, embora tivesse entendimento bem diferente da missão e do reino do Messias daqueles comumente sustentados por seus contemporâneos judeus (Mc 8.27-33; 14.61,62). Do Pentecoste em diante, a Igreja usou o título "Cristo" para Jesus, ligando-o ao seu nome pessoal, como "Jesus [o] Cristo", ou "Cristo Jesus", e logo seus seguidores eram chamados cristãos (At 2.36; 11.26).

A teologia cristã tem refletido constantemente sobre o significado desse título aplicado a Jesus. No AT, a unção* era normalmente feita com óleo, denotando a consagração por Deus para um oficio. Implicava fortalecimento para a tarefa pelo Espírito do Senhor. Em Isaías 61,1ss, isso é deixado explícito quanto ao Messias, e Jesus aplicou essa profecia a si mesmo no começo de seu ministério (Lc 4.16-21). Nos tempos pós-NT, muitos escritores cristãos até Lutero observaram que, tal como os sumos sacerdotes e os reis de Israel, no AT, haviam sido ungidos, assim também o título Cristo apontava para Jesus como sacerdote real, *i.e.*, a um oficio (sumo) sacerdotal e real. Lutero* desenvolveu isso de modo mais bíblico e pleno do que qualquer outro. Posteriormente, Calvino* observaria ainda que os profetas (*e.g.*, Elias) tinham também sido ungidos e que a obra do Espírito neles e sobre eles era frequentemente mencionada. Isso o levou a desenvolver, na edição final das *Institutas*, um tríplice entendimento dos oficios de Jesus Cristo: como mediador entre Deus e o homem (*viz.*, profeta), sacerdote e rei. Essa ideia, na verdade, havia sido

mencionada por Bucer* em 1536, tendo sido primeiramente aludida por Eusébio*. A teologia reformada* e todas as igrejas protestantes a têm seguido, desde então.

1. O profeta ungido

A proclamação das boas-novas seria a parte principal da obra do Messias que estava por vir (Is 61.1,2). Os discípulos de Jesus o chamavam de "mestre", e a Igreja do NT preservou seu ensino como palavra do Senhor, vendo nele o profeta semelhante a Moisés por excelência predito em Deuteronômio 18.15ss (*e.g.*, ver Atos 3.22,23; 7.37). A maior parte do ministério terreno de Jesus Cristo foi de seu ensino do reino, de Deus como Pai, de fé, discipulado e do verdadeiro significado da lei.

Nele, os ministérios de mestre e profeta se amalgamam perfeitamente; ele suplanta todos os profetas do AT, incluindo João; suas palavras nunca passarão, e ele julgará a todos no último dia (Mc 13.31; Jo 12.48). Jesus continua a ensinar à Igreja por seu Santo Espírito (a mesma unção, em princípio, que estava sobre ele), em primeira instância por meio dos apóstolos; e o Espírito continua, em todas as épocas, o ministério de Jesus Cristo como profeta em seu corpo, a Igreja, chamada a proclamar sua palavra, seu evangelho, para todos os povos.

2. O sacerdote ungido

A exposição clássica do tema de Jesus Cristo como nosso grande sumo sacerdote está na epístola aos Hebreus, especialmente na seção central, 4.14 a 10.25,39. O escritor de Hebreus enfatiza: a) a

OFÍCIOS DE CRISTO

designação divina de Jesus para esse ofício; b) as tarefas do sacerdócio, especialmente sua ação representativa em nosso favor para com Deus em oferecer sacrifício* pelos pecados; c) a aptidão de Cristo para o ofício mediante sua experiência humana, seu sofrimento e sua impecabilidade, e por sua vida consequentemente indestrutível; d) o fato de ele pertencer a uma ordem diferente do sacerdócio, melhor do que a do antigo sacerdócio levítico, a saber, a de Melquisedeque (Sl 110; Gn 14), não exigindo ascendência física da família de Arão e sem qualquer coocupante ou sucessor no ofício; e) sua mediação* de um pacto* melhor e eterno, baseado em melhores promessas (considerando que o antigo pacto não trazia a certeza do perdão, contendo somente a prefiguração da realidade que estava por vir); f) sua oferta de um sacrifício único, perfeitamente adequado, eficaz, feito somente uma vez e irrepetível, por todos os pecados, em sua própria morte no Calvário, aceita por Deus; g) consumada sua obra sacrifical, sua entrada na presença de Deus, "no verdadeiro tabernáculo" (8.2), em nosso favor, como nosso precursor, e onde "vive para sempre para interceder" por nós (7.25).

Jesus, o mesmo nosso precursor, é descrito ainda como nosso advogado perante o Pai (1Jo 2.2). Desde sua ascensão, trata de nossos interesses, ou pleiteia nossa causa, com o Pai no céu. Romanos 8.34 também fala a seu respeito como intercessor por nós. Como isso acontece? É assegurado simplesmente por sua presença diante de Deus na condição de homem? Estará Jesus realmente orando ao Pai constantemente por seu povo? Ambas essas ideias têm recebido sempre aceitação; mas a ideia de sua necessidade de orar por nós parece gratuita, uma vez que: a) ele parece negar isso especificamente em Jo 16.25,26; b) ele próprio está no trono do reino de Deus, com toda a autoridade no céu e na terra e todo julgamento entregue a ele pelo Pai (Mt 28.18-20; Jo 5.22,23); c) Jesus não precisa persuadir o Pai para ser gracioso conosco, pois sua obra salvadora procede da própria graça do Pai.

Um verdadeiro entendimento do sumo sacerdócio de Jesus Cristo teria guardado a Igreja da representação medieval, ainda persistente, da ceia do Senhor (ver Eucaristia*), assim como da ideia sacerdotal errônea de ministro ordenado. Há um sacerdócio, sim, de todos os crentes* — mas este é somente de espécie geral, ou seja, para ter acesso a Deus Pai mediante a morte de Cristo e oferecer, por intermédio dele, e tão somente dele, adoração e culto a Deus; *não* sendo o sacerdócio universal dos crentes: a) um sacerdócio representativo para fazer expiação pelo pecado; b) um mandato do ofício de sacerdócio de Melquisedeque; c) qualquer ordem especial de ministério* dentro da Igreja.

3. O rei ungido
O reinado do Messias, como reinado de Deus, está claramente predito no AT (*e.g.*, Sl 2; 110; Is 11, etc.). Conquanto Jesus rejeitasse qualquer reino mundano ou ideia de realeza neste mundo (Mt 4.8; Jo 6.15; 18.33-38), e nunca haja falado de si mesmo propriamente

OMAN, JOHN WOOD

como rei no reino de Deus, o Filho do homem é, sem dúvida, uma figura régia em diversos de seus ditos (tendo como fundo Daniel 7). A vinda de Jesus produziu um reino, que é de verdade espiritual, justiça, fé e amor, no qual Deus governa na vida humana e em que as obras do diabo são julgadas e expulsas. Sua ascensão é vista como sua investidura ou coroação como regente junto ao Pai, e seu reino tem início, então, de acordo com o NT, e não em alguma data futura (milenar* ou algo assim). O processo atual é o de seus inimigos sendo progressivamente colocados debaixo de seus pés (ver 1Co 15.25; Hb 10.12,13, seguindo Sl 110.1 e Ap). Jesus Cristo governa sua Igreja mediante sua Palavra e seu Espírito e chama os cristãos a reinarem com ele e compartilharem de sua vitória sobre o mal. Haverá um dia em que todo joelho se dobrará diante de seu domínio régio, e seu reino será definitivamente implantado, com seu glorioso retorno; o mal, totalmente banido; os mortos, ressuscitados; e uma nova criação, introduzida em pleno esplendor. Então, tendo todos os governos sujeitos ao seu, ele entregará o reino ao Pai, tendo completado sua obra mediadora (1Co 15.21-28; Ap 11.15).

Um ungido que cura?

Uma vez que o rito da unção é preservado no NT em conexão com a cura*, e sendo a cura na obra do Messias realçada claramente e de modo destacado (Is 35; 61; Evangelhos), alguns estudiosos têm argumentado que a Jesus Cristo deveria ser acrescentado um quarto ofício, o daquele que cura. Isso é perfeitamente possível, mas talvez não necessário, visto que: a) ele pode ser classificado, por sua obra, como profeta (fazendo de milagres) e rei (julgando e expulsando o mal na vida humana); b) embora os doentes sejam ungidos para serem curados, nunca parecem ter sido ungidos por quem os cura, seja no AT seja no NT.

Para concluir, o cristão deve aprender com Jesus Cristo, o Filho de Deus, como profeta; aproximar-se de Deus confiante em seu perfeito sacrifício expiatório pelos pecados, como nosso grande sumo sacerdote (e por seu intermédio oferecer a si mesmo em adoração e culto); submeter-se alegremente a seu governo como rei, orar e trabalhar para a difusão de seu reino e, como seu súdito, empenhar-se por derrotar o mal em seu nome.

Bibliografia
L. Berkohf, *Systematic Theology* (Grand Rapids, MI, 1953); J. Calvin, *Institutas* II.xvi; C. Hodge, *Systematic Theology* (Grand Rapids, MI, 1952); I. H. Marshall, Jesus Christ, Titles of, *in: IBD*.

J.P.B.

OMAN, JOHN WOOD (1860-1939). Teólogo presbiteriano irlandês, nascido nas ilhas Órcades, educado em Edimburgo e depois em Heidelberg, Alemanha, foi ministro em Alnwick (1889-1907), tornando-se, em seguida, professor e presidente do Westminster College, de Cambridge. Profundamente preocupado com a crise do cristianismo produzida pelo Iluminismo*, desenvolveu interesse no pensamento de Schleiermacher* e na autoridade interior da verdade*, que verifica

ORDO SALUTIS

e ajuda a elucidar todas as outras experiências. Todavia, para ele, essa elucidação interior não significa uma situação absoluta: relaciona-se com a realidade objetiva que chamamos de sobrenatural*. O que é "sagradamente discernido" para Oman não parece diferir da "ideia de santidade" de Rudolf Otto, embora Oman tenha criticado esse último, provavelmente de modo injusto.

Ele cria firmemente no progresso do homem em direção à liberdade definitiva e exaltava a consciência* religiosa individual, em detrimento de toda autoridade* externa, inclusive os credos* e a Igreja*. Em seu pensamento, o reino de Deus* tinha uma primazia singular, sendo assim empobrecida sua doutrina de igreja e ministério.

Escreveu 13 livros, entre os quais, notadamente, *The Natural and the Supernatural* [O natural e o sobrenatural] (1931), mas a nuança germânica do seu pensamento torna difícil sua leitura. Um discípulo de Oman, H. H. Farmer (1892-1981), continuou a enfatizar a personalidade do sobrenatural, sentindo talvez que seu mestre não tenha feito justiça a esse aspecto da divindade.

Bibliografia
G. Alexander e H. H. Farmer, *in:* J. Oman, *Honest Religion* (Cambridge, 1941), p. xv-xxxii (memórias); F. G. Healey, *Religion and Reality: The Theology of John Oman* (Edinburgh, 1965); Y. Woodfin, *John Wood Oman (1860-1939): A Critical Study of His Contribuition to Theology* (dissertação não publicada, New College, Edinburgh, 1962).

I.S.

ORDENAÇÃO, ver Ministério.

ORDO SALUTIS (lat. "ordem de salvação"). Ordenação sistemática dos vários elementos na salvação* pessoal. Responde à questão de como se relacionam entre si a regeneração*, a fé*, o arrependimento*, a justificação*, a santificação* e a glorificação*.

O termo é comum na teologia reformada*, mas aparece pela primeira vez com os dogmáticos luteranos Franz Buddeus (*Instituitiones Theologiae Dogmaticae* [Instituições teológicas dogmáticas], 1724) e Jakobus Karpov (*Theologia Revelata Dogmatica* [Teologia revelada dogmática], 1739). Seu conceito, no entanto, tem linhagem mais antiga, remontando à tentativa da teologia da pré-Reforma em relacionar os vários passos sacramentais e de experiência para a salvação (ver Penitência*). Nesse contexto, pode-se destacar o empenho pessoal de Lutero* como de uma pesquisa para obtenção de uma *ordo salutis* verdadeiramente evangélica.

A *ordo salutis* procura estabelecer, com base nas Escrituras, um padrão comum para todos os crentes, embora cada um possa experimentá-la em graus diferentes de consciência. A ordem é lógica, mas não cronológica, mesmo quando condições temporais pareçam estar implícitas.

Controvérsias sobre questões de soteriologia, aparentemente isoladas, são frequentemente ligadas às exposições diversas da *ordo salutis*. Isso pode ser ilustrado pela intenção manifesta de alguns teólogos (*e.g.*, Kuyper*) em salvaguardar a justificação dos ímpios, ao colocarem, na *ordo salutis*, a justificação

ORDO SALUTIS

antes da regeneração e ao ensinarem uma justificação existente desde a eternidade. Outros, por sua vez, procuram preservar a responsabilidade humana ao dar prioridade à fé sobre a regeneração; enquanto outros, ainda, dão prioridade à regeneração (à obra soberana de Deus) sobre a conversão (a resposta humana), a fim de exaltar a soberania divina*.

Importante em tais controvérsias (embora frequentemente negligenciado) é o reconhecimento e a fluidez da linguagem teológica. Nem todos os teólogos usam sua terminologia no mesmo sentido. Calvino*, por exemplo, usava a palavra "regeneração" para significar o processo total de renovação, arrependimento, mortificação e vivificação (vida nova), contrastando com o uso do termo por parte da teologia evangélica posterior, em um sentido especificamente inaugural, de novo nascimento.

Em anos recentes, o conceito tem passado por ampla crítica, pelos seguintes motivos:

1) Apoia-se em uma passagem das Escrituras (Rm 8.28-30) (*cf.* W. Perkins, *Golden Chain* [Cadeia de ouro]; ver Teologia Puritana*), que não reflete sobre a ordem, mas, sim, sobre a plenitude da salvação (*e.g.*, O. Weber, Berkouwer*).

2) Distorce a ênfase básica (paulina) do NT sobre a história da salvação*, substituindo-a por nada menos que uma ênfase bíblica sobre a experiência pessoal (H. N. Ridderbos). Transforma a *via salutis* do NT (Cristo, Jo 14.6) em "psicologização" (Barth*) ou "espiritualização" (Weber) da salvação. Esse foco subjetivo significa que a orientação básica do homem como

incurvatus in se ("voltado sobre si mesmo", Lutero) não tem solução.

3) Reduz a um único nível (*ordo*) elementos pertencentes a dimensões incompatíveis de salvação (atividade divina e responsabilidade humana). Essa aplicação de um "mínimo denominador comum" diminui sensivelmente a riqueza da graça* de Deus e praticamente anula a ênfase do NT sobre o caráter escatológico* (já/ainda não) da experiência cristã.

Algumas dessas críticas são saudáveis, mas: 1) Não podemos evitar de pensar a salvação de maneira (ordenadamente!) coerente. H. Berkhof* está certo em dizer de Barth que "ele necessita demasiadamente de uma espécie de ordem lógica" (The *Christian Faith* [A fé cristã], p. 479). 2) Segundo Calvino, deveríamos entender que todos os elementos incompatíveis em soteriologia têm seu centro em Cristo. Todas as bênçãos evangélicas são nossas somente nele (Ef 1.1-14). A união* com Cristo deve, portanto, ser o motivo predominante em qualquer formulação de aplicação da redenção e o aspecto prevalecente de qualquer "ordem" de salvação.

Bibliografia

K. Barth, *CD* IV.2; G. C. Berkouwer, *Faith and Justification* (Grand Rapids, MI, 1954); J. Calvin, *Institutas*, III; R. B. Gaffin, *The Centrality of the Resurrection* (Grand Rapids, MI, 1978); A. A. Hodge, The *Ordo Salutis*; or Relation in the Order of Nature of Holy Character and Divine Favor, *PTR* 54 (1878), p. 305-321; J. Murray, *Redemption — Accomplished and Applied* (Grand Rapids, MI, 1955); O.

745 ORÍGENES

Weber, *Foundations of Dogmatics*, vol. 2 (Grand Rapids, MI, 1983).

S.B.F.

ORÍGENES (c. 185-c. 254). Como exegeta erudito, filósofo criativo, mestre de vida espiritual e eclesiástico ativo, Orígenes foi uma das maiores figuras da Igreja primitiva. Nasceu em Alexandria*, de pais cristãos. Após o martírio de seu pai, na perseguição feita por Severo (202), Orígenes sustentou a família lecionando. Solicitado a instruir catecúmenos e prepará-los para o batismo, deixou de vez o ensino secular, adotando uma vida ascética*.

Dedicando-se ao estudo das Escrituras, passou a ser chamado a participar de discussões teológicas em diversos lugares. Em uma viagem à Palestina (c. 215), foi convidado a pregar, pelos bispos de Cesareia e Jerusalém. Seu bispo, Demétrio, porém, o impediu, levado talvez por ciúme de sua influência. Todavia, em visita posterior ali (c. 230), foi ordenado presbítero, não havendo assim mais motivo algum de objeção à sua pregação. Demétrio ficou furioso, e Orígenes preferiu então se mudar e transferir sua atividade de ensino para Cesareia. Na obra *Panegírico de Orígenes*, seu discípulo Gregório Taumaturgo (c. 213-c. 270) descreve seus métodos educacionais: ele proporcionava uma educação enciclopédica, encorajada pela leitura de todos os filósofos não ateístas; empregava o método socrático, ensinando mais pelo exemplo do que pela instrução.

Aprisionado e torturado durante a perseguição feita por Décio, Orígenes morreria não muito tempo depois em Tiro.

A grande obra erudita de Orígenes foi *Hexapla*, série de estudos do AT, apresentando em colunas paralelas o texto original hebraico, uma transliteração grega e as traduções, correspondentes, de Áquila, de Símaco, da Septuaginta e de Teodócio. Sua obra exegética encontrou expressão em breves notas sobre passagens difíceis, numerosas homilias pregadas regularmente em Cesareia, dirigidas aos crentes comuns, e comentários eruditos e completos sobre os principais livros do NT (ainda restam porções significativas de João e Mateus). Alcançaria, no entanto, o clímax da literatura apologética* cristã em grego com sua obra *Contra Celso,* em resposta à obra *Palavra da verdade*, desse crítico pagão. Nela, Orígenes, além dos temas usuais da apologética cristã, faz ampla defesa da excelência moral de Jesus e da influência benéfica do ensino cristão. Por outro lado, seus tratados *Sobre a oração* e *Exortação ao martírio* revelam a santa espiritualidade e a fé fervorosa de um homem comumente lembrado apenas como erudito e teólogo. A principal obra de teologia de Orígenes foi *Sobre os primeiros princípios*, que trata, em quatro volumes, respectivamente, de Deus e dos seres celestiais; do mundo material e dos seres humanos; do livre-arbítrio e suas consequências; e da interpretação das Escrituras.

A oposição oficial ao seu ensino sobre a preexistência da alma (ver Origem da Alma*) e a salvação universal* culminaram na condenação de suas ideias no Quinto Concílio

ORÍGENES

Ecumênico, em Constantinopla (553), afetando negativamente a difusão de suas obras, muitas das quais sobreviveram somente em traduções latinas, de exatidão por vezes duvidosa.

Educado em ambiente do emergente neoplatonismo (ver Platonismo*), a construção teológica de Orígenes opera mediante seus conceitos filosóficos. Suas pressuposições básicas são a unidade e a benevolência de Deus e a liberdade de suas criaturas. Trouxe significativa contribuição à doutrina da Trindade* com seu ensino de geração eterna do Filho pelo Pai, garantindo que o Filho fosse eternamente da mesma natureza do Pai, embora derivado dele. O Espírito Santo*, cuja relação exata com o Pai e o Filho não é, em Orígenes, bem clara, encontra-se, para ele, em terceira posição, como principal dos seres espirituais. O universo, por sua vez, inclui uma variedade de funções, unidas como que em um corpo, de modo que há várias posições de anjos e demônios, sendo a natureza destes determinada por sua livre escolha. Alguns seres espirituais, por haverem escolhido o mal, tornaram-se demônios; outros, cuja transgressão não era tão grave, teriam caído para uma existência corpórea, tornando-se as almas dos seres humanos. Orígenes parece fazer uma divisão mais significativa entre os seres que são espíritos puros (sem corpo) e aqueles que têm corpo do que entre os seres criados e não criados. Jesus Cristo, para ele, é a união do Logos*, alma que não tinha caído em pecado, e um corpo humano.

Em sua doutrina da redenção*, Orígenes usa de temas tradicionais cristãos, como a vitória de Cristo sobre os poderes espirituais ímpios, mas também define a redenção como um processo educacional. Para ele, o progresso continua em mundos sucessivos, em que a punição é disciplinar e corretiva (ver Metempsicose*). O amor de Deus acaba por triunfar, na salvação de todos os seres, que, por fim, escolhem livremente amar a Deus. A Igreja é, assim, importante como escola de Cristo. Tal como a natureza humana de Cristo, Orígenes não esquece o aspecto material dos sacramentos, mas sua ênfase é mais sobre o aspecto espiritual e de benefício à alma de quem os recebe. Os verdadeiros líderes da Igreja são aqueles que estão preocupados com o cuidado das almas.

A influência mais duradoura de Orígenes sobre a prática da Igreja foi a de sua interpretação bíblica (ver Hermenêutica*). As Escrituras, para ele, são inspiradas pelo Espírito Santo, o que significa que cada texto tem um significado espiritual, não importa o significado literal. O mesmo Espírito, porém, tem de estar presente no intérprete, para que possa discernir o significado do texto e ser acrescido poder divino às palavras, tornando-as efetivas. Nem todas as partes das Escrituras parecem ter, à primeira vista, um sentido espiritual elevado, por haver Deus as acomodado à linguagem humana e porque nem toda pessoa se encontra no mesmo estágio de crescimento espiritual para o devido discernimento. Problemas no texto devem sempre fazer o leitor olhar além do sentido literal, ou seja, para um sentido não literal. Como o ser

747

ORR, JAMES

humano é corpo, espírito e alma (ver Antropologia*), assim também as Escrituras têm, correspondentemente, três sentidos: a narrativa real, o significado para a Igreja e a doutrina cristã e a lição moral.

Era esta a ordem normal de Orígenes em suas homilias nas igrejas, indo diretamente do sentido histórico do texto abordado para sua aplicação às almas de seus ouvintes. Os significados não literais, ele os justificava com base em que, uma vez que as Escrituras têm um caráter sobremodo espiritual, devem ter um significado digno de Deus e serem aceitas como inerrantes, a despeito de suas aparentes dificuldades. O controle sobre a interpretação não literal havia sido propiciado pela história da salvação e por artigos de fé; mas o entendimento da natureza do homem e de Deus permitia que ideias filosóficas influenciassem a interpretação. A interpretação alegórica (espiritual) foi elevada à proeminência pelos seguidores de Orígenes, que, por causa disso, no entanto, perderam o controle exercido pelo propósito moral.

Bibliografia

H. Crouzel, *Origène et la philosophie* (Paris, 1959); *idem, Théologie de l'image de Dieu chez Origène* (Paris, 1956); J. Daniélou, *Origen* (London, 1955); B. Drewery, *Origen and the Doctrine of Grace* (London, 1960); W. Fairweather, *Origen and Greek Patristic Theology* (Edinburgh, 1901); E. de Faye, *Origène, sa vie, son oeuvre, sa pensée*, 3 vols. (Paris, 1923-1928); R. P. C. Hanson, *Allegory and Event* (London, 1959); *idem, Origen's Doctrine of Tradition* (London, 1954); M. Harl,

Origène et la function révélatrice du Verbe Incarné (Paris, 1958); H. Koch, *Pronoia und Paideusis: Studien über Origenes und sein Verhältnis zum Platonismus* (Berlin, 1932); P. Nautin, *Origène: sa vie et son oeuvre* (Paris, 1977); R. B. Tollinton, *Selections from the Commentaries and Homilies of Origen* (London, 1929); J. W. Trigg, *Origen: The Bible and Philosophy in the Third-Century Church* (Atlanta, GA, 1983).

E.F.

ORR, JAMES (1844-1913). Teólogo escocês, apologista e polemista, Orr foi educado, na maior parte de sua vida, na Universidade de Glasgow, onde se distinguiu em filosofia e teologia. Após 17 anos de ministério pastoral, proferiu uma série de palestras, publicada como *The Christian View of God and the World* [A visão cristã de Deus e do mundo](1893). Esse trabalho, que se destacaria como sua obra-prima, foi amplamente aclamado e o lançou em uma próspera carreira acadêmica. Tornou-se o teólogo mais importante da Igreja Presbiteriana Unida na época da reunião da Igreja Unida Livre da Escócia, em 1900, vindo a exercer significativa influência na América do Norte.

A idade adulta de Orr corresponde a um período particularmente dinâmico na teologia protestante e, nesse clima favorável, ele procura defender a ortodoxia evangélica em face de vários desafios. Foi um dos críticos ingleses mais antigos do pensamento de Albrecht Ritschl. Em sua obra *The Ritschlian Theology and the Evangelical Faith* [A teologia ritschiliana e a fé

ORR, JAMES

evangélica] (1897), Orr insiste em que esse pensamento contraria o cristianismo autêntico, sendo intelectualmente insustentável por causa de sua limitação do papel da razão no pensamento e na experiência cristã. Opõe-se também à hipótese documentária de Julius Wellhausen sobre o Pentateuco. Em *The Problem of the Old Testament* [O problema do Antigo Testamento] (1905), Orr argumenta em favor da "mosaicidade essencial" do Pentateuco e da construção tradicional da história do AT. Além disso, considera a teoria de Darwin sobre a origem do homem como grave ameaça às doutrinas cristãs da criação do homem e do pecado. A princípio, Orr pareceu tranquilo quanto à evolução teísta (ver Criação*), mas posteriormente, em *God's Image in Man* [A imagem de Deus no homem] (1905), enfatiza a necessidade da interrupção sobrenatural do processo evolutivo para que o homem seja responsabilizado, como alma incorporada que é, e mais tarde, em *Sin as a Problem of Today* [O pecado como problema de hoje] (1910), argumenta que a ideia de evolução moral mina a seriedade da ideia de pecado e da responsabilidade do homem por ele.

Há alguns elementos distintivos no pensamento apologético de Orr. Na obra *The Progress of Dogma* [O progresso do dogma] (1901), por exemplo, procura contestar o veredicto negativo de Adolf Harnack sobre a história do dogma, argumentando que o dogma se tem revelado em conformidade com uma lógica interior reconhecível. Por considerar esse movimento lógico uma manifestação da mão de Deus na história, Orr procura defender

as doutrinas ortodoxas que tal movimento haja produzido. Com respeito às Escrituras*, afirma sua inspiração plena e notável exatidão, embora considere a inerrância como apologeticamente indefensável, ou "suicida" (*Revelation and Inspiration* [Revelação e inspiração], 1910). Enfim, em uma obra como *The Virgin Birth of Christ* [O nascimento virginal de Cristo] (1907), Orr defende, teológica e biblicamente, a concepção virginal do Mediador.

A importância da contribuição teológica de Orr não reside em sua magnificência, tampouco em sua originalidade, mas na amplitude de sua compreensão da teologia ortodoxa, na exaustão da erudição na qual suas conclusões se baseiam e no vigor com que advoga e difunde suas ideias. Sua voz parece onipresente em toda a sua época, sendo sua última e grande obra, como editor da *The International Standard Bible Encyclopaedia* [Enciclopédia Bíblica Padrão Internacional] (1915), um meio substancial e duradouro de estender sua linha de defesa da ortodoxia conservadora. Foi também colaborador da série em 12 volumes *The Fundamentals* [Os fundamentos] (1910-1915).

Três temas permeiam sua obra. O primeiro é uma apreciável insistência em que a ortodoxia evangélica oferece uma cosmovisão unificada e coerente, uma, como se diria, *Weltanschauung* satisfatória. O segundo decorre do primeiro: uma vez que a doutrina cristã é uma unidade interconectada, nenhuma de suas partes pode ser negada ou mesmo alterada sem sérias consequências para o todo. Isso determinava a agenda

OSIANDER, ANDREAS

apologética de Orr, tendo ele transitado com notável competência por muitas disciplinas em seu empenho de apoiar a ortodoxia. O terceiro tema decisivo é a convicção de que todos os desvios modernos da ortodoxia evangélica são, praticamente, induzidos por pressuposições antissobrenaturais.

Bibliografia
J. Rogers & D. McKim, *The Authority and Interpretation of the Bible* (San Francisco, CA, 1979); G. G. Scorgie, *A Call for Continuity: The Theological Contribution of James Orr* (Ph.D. thesis: University of St. Andres, 1986); P. Toon, *The Development of Doctrine in the Church* (Grand Rapids, MI, 1979).

G.G.S.

ORTOPRAXIS, ver PRAXIS.

OSIANDER, ANDREAS (1498-1552). Teólogo luterano, nascido em Guzenhausen, perto de Nuremberg. Estudou hebraico na Universidade de Ingolstadt e se tornou capacitado hebraísta. Ordenado em 1520, aderiu aos agostinianos* e ensinou hebraico em Nuremberg. Revisou a Vulgata latina à luz do hebraico (1522). Adepto à causa da Reforma, tornou-se ardoroso advogado dos princípios doutrinários e litúrgicos dos luteranos em Nuremberg.

Osiander tinha uma personalidade difícil e irritava os outros com facilidade. Não obstante, sua capacidade garantiu estar presente, como representante luterano, no Colóquio de Marburgo (1529). Por ser, justamente, temperamentalmente agressivo, não teve grande simpatia pelos comprometimentos pacíficos de Melâncton* em Augs-burgo (1530). Não foi também uma ideia apropriada participar das delicadas negociações no Colóquio de Regensburgo (1541).

Em 1542, Osiander foi para o Palatinado, a fim de ali promover a Reforma luterana. Após o Ínterim de Leipzig (1548), com o que não concordou, seguiu para Königsberg (1549), onde foi atuar na faculdade teológica local. Envolveu-se então em uma controvérsia com Melâncton sobre a justificação*, por argumentar que Melâncton havia exagerado quanto à questão da imputação. Sustentava, e corretamente, que Lutero não havia falado somente de imputação externa, mas também de uma união* real com Cristo. Contudo, excedeu-se ao ensinar que a justiça* genuína era alcançada, negligenciando a tensão luterana de *simul peccator, simul justus* ("sempre pecador, sempre justificado"). Dava ênfase maior à habitação do Cristo divino no Cristo humano, em detrimento das consequências justificadoras da morte de Cristo. Assim, com Osiander, a natureza humana de Cristo e sua obra vieram a regredir em importância.

Como era de seu feitio, Osiander conduziu a controvérsia com muita crítica violenta e conseguiu atingir uma situação de ignomínia considerável. Calvino*, por sua vez, atacou tanto sua ideia de justificação quanto seu entendimento de imagem* de Deus no homem. Para Calvino, seus escritos "o mostram como tendo sido perversamente engenhoso em invenções fúteis" (*Institutas*, I.xv.3). No tocante à ceia do Senhor (ver Eucaristia*), Osiander mostrou-se, porém, forte luterano.

OTTO, RUDOLF

Ele foi também um estudioso muito interessado em ciência. Está provado haver escrito, inclusive, o prefácio (anônimo) à obra de Nicolau Copérnico *De Revolutionibus Orbium Caelestium* [Sobre as revoluções das esferas celestes], 1543). Alega-se, aliás, que por citar a teoria de Copérnico como uma "hipótese", nesse prefácio, Osiander acabou minando a obra do mestre polonês. Na verdade, porém, ele estava procurando encontrar um meio de contornar a oposição a Copérnico, mediante o uso de um termo filosófico geralmente bastante bem aceito.

Bibliografia

J. Dillenberger, *Protestant Thought and Natural Science: A Historical Interpretation* (London, 1961); D. C. Steinmetz, *Reformers in the Wings* (Philadelphia, 1971).

C.P.W.

OTTO, RUDOLF (1869-1937), teólogo luterano alemão, professor de teologia em Breslau (1914-1917) e Marburgo (1917-1929). Homem de profunda experiência religiosa, encontrou suas raízes intelectuais em Lutero*, Kant* e Schleiermacher*.

Sua preocupação dominante era advogar a integridade da experiência religiosa*, em oposição a outros tipos de experiência humana. Começou por defendê-la das ameaças impostas pela ciência materialista, mas, depois, continuou a explorar sua natureza essencial. Com esse fim, visitou a Índia em 1911 e empreendeu sério estudo do sânscrito.

O principal fruto dessa pesquisa foi *Das Heilige* (1917; TI, *The Idea of the Holy* [A ideia de santidade], Oxford, 1923), um dos estudos clássicos da religião* no século XX, que leva o subtítulo de *An inquiry into the non-rational factor in the idea of the divine and its relation to the rational* [Uma pesquisa do fator não racional na ideia de divino e sua relação com o racional]. Otto estava voltado, sobretudo, para o empenho de rejeitar a ênfase racionalista da religião comparada ou da história da religião, assim como enfatizar o elemento não racional e irredutível da religião. Para ele, no âmago da religião residia uma experiência que não podia ser reduzida a qualquer outra categoria. A isso ele denomina de experiência de santidade.

Otto argumenta, em termos kantianos, a favor da adição da santidade às categorias de entendimento e imperativo categórico. Contudo, ele não se sente perfeitamente confortável com o termo, por haver-se tornado demasiadamente identificado com a categoria moral; assim, para substituí-lo, cunhou o termo *numinoso* (lat. *numen*: espírito, divindade). Como a experiência do numinoso, para ele, é essencialmente suprarracional, toda linguagem religiosa será uma tentativa de expressar o inexprimível. Reconhece também que quaisquer termos que possa usar para descrever essa experiência podem, quando muito, apenas apontar para ela ou evocá-la. Assim, sua famosa fórmula de descrever o numinoso como *mysterium tremendum et fascinans* (lat. "mistério tremendo e fascinante") deve ser tomada como uma série de ideogramas, e não como definição racional.

Contudo, ao tentar evocar a experiência do numinoso, Otto não se mostra inteiramente subjetivo.

Considera, por exemplo, muito subjetiva a definição de religião de Schleiermacher, pois, segundo ele, não aponta claramente e de modo suficiente para a presença do objeto numinoso como base da experiência numinosa. Assim, a experiência do *mysterium* é descrita por Otto em termos de sentimento-criatura, sentimento de dependência do que permanece sobre e acima do homem como "totalmente outro". Esse *mysterium* é, de um lado, absolutamente inacessível ou inspirado por assombro (*i.e.*, *tremendum*), dotado de muito poder e repleto de energia ou vida, enquanto, por outro lado, há nele algo que enleva e atrai (*i.e.*, o aspecto *fascinans*), expresso, conceitualmente, em termos de amor, misericórdia, piedade e conforto.

Muito embora enfatize que a experiência numinosa é o fundamento de toda religião, Otto destaca também a necessidade de ser construída sobre ela uma superestrutura racional, para que possa vir a trazer algum benefício à humanidade. Para ser uma bênção, o mero sentimento deve ser transmitido em forma de crença; e a crença, para ele, é somente possível em termos racionais. Assim, torna-se possível a comparação de religiões, na qual Otto continua a argumentar em favor da superioridade do cristianismo, por causa, justamente, de sua conceituação superior do numinoso.

Bibliografia
Obras: *The Idea of the Holy* (Oxford, 1923); *Mysticism East and West* (London, 1932); *The Philosophy of Religion* (London, 1931); *Religious Essays, A Supplement to "The Idea of the Holy"* (Oxford, 1931).

Estudos: P. C. Almond, *Mystical Experience and Religious Doctrine* (Berlin/NY, 1982); D. A. Crosby, *Interpretative Theories of Religion* (Berlin/NY, 1981), p. 115-160; R. F. Davidson, *Rudolf Ottos's Interpretation of Religion* (Princeton, 1947); R. R. Marett, *The Threshold of Religion* (London, 1909); N. Smart, *Philosophers and Religious Truth* (London, 1964. Ver também The Piper at the Gates of Dawn, *in:* K. Grahame, *The Wind in the Willows* (London, 1908).

D.A.Hu.

OUSIA, ver SUBSTÂNCIA.

OWEN, JOHN, ver TEOLOGIA PURITANA.

PACTO. Um conceito de importância fundamental nas Escrituras e na história da teologia.

1. Na Bíblia
a. No Antigo Testamento. O modo de expressão do estabelecimento de um pacto, ou aliança, em hebraico é "cortar um pacto". Isso porque o pacto era feito mediante sacrifício (*e.g.*, Gn 15.7-21; Sl 50.5).

O pacto ou aliança se iniciava com uma declaração de Deus do tipo: "... estabelecerei meu pacto [minha aliança]..." (*e.g.*, Gn 6.18; 17.7; Êx 6.4,5). Nesse sentido, o pacto é unilateral e reflete o caráter incondicional de eleição por Deus do seu parceiro. Deus promete também ser sempre fiel ao seu pacto (*e.g.*, Lv 26.44,45; Dt 4.31). A essência do pacto de Deus especificamente com Israel é resumida

PACTO

na promessa do tipo: "Eu serei o seu Deus, e vocês serão meu povo" (*e.g.*, Gn 17.7; Êx 6.7; 2Co 6.16-18; Ap 21.2,3).

O pacto era unilateral em seu estabelecimento, mas mútuo, ou bilateral, em sua realização. Nisso reside a importância de santificação* e perseverança* pessoal. Deus ordena que seu povo guarde a aliança com ele mediante o amor e a obediência (*e.g.*, Dt 7.9,12; 1Rs 8.23). A lei e todo o sistema de adoração de Israel estavam relacionados com o pacto (Êx 24.7,8; 31.16; 34.28). Tanto bênçãos materiais e espirituais como maldições recaem sobre Israel, procedentes de Deus, conforme sua obediência (Êx 19.5; Lv 26.1-13; Dt 29.9) ou desobediência à aliança (Lv 26.14-39; Dt 29.18-28).

Embora sejam registrados diversos pactos ou alianças no AT, são considerados como pacto único pelas próprias Escrituras (Êx 2.24; 6.4,5; Lv 26.42; 2Rs 13.23; 1Cr 16.16,17; Sl 105.9,10). As alianças sucessivas de Deus abrangem as gerações seguintes das pessoas a que ele se uniu no mesmo pacto, anteriormente. Isso é verdade, por exemplo, quanto a: Adão (Gn 1.27,28; 3.15; Os 6.7; Rm 5.12-18; 1Co 15.22); Noé (Gn 6.18; 9.9); Abraão (Gn 17.7); Moisés (Êx 20.4-6, 8-12; 31.16); Arão (Lv 24.8,9); Finéias (Nm 25.13); Davi (2Cr 13.5; 21.7; Jr 33.19-22); e o povo da nova aliança (Is 59.21).

A história de Israel revela que o pacto gracioso de Deus foi violado pela infidelidade de seu povo (*e.g.*, Jz 2.20; Sl 55.20). Todavia, até mesmo Deus como que "rompe" seu próprio pacto por causa da rejeição da aliança por toda uma ge-

ração (Is 33.8; Jr 14.21; Ez 16.59; Zc 11.10). Israel, no entanto, volta oportunamente a reclamar quanto aos seus privilégios resultantes do pacto, com a maturidade de uma nova geração e ao renovar os votos feitos pelo povo na aliança com Deus (Dt 5.2,3; Js 24.25-27). Nos casos de apostasia, os israelitas voltam a entrar na comunhão do pacto por meio de arrependimento (2Rs 11.17; 23.3; 2Cr 15.12; 29.10; 34.31; Ed 10.3; Ne 9.38).

O AT volta a reafirmar sempre a esperança e a promessa de uma era vindoura, quando um novo pacto será concedido por Deus a seu povo (Is 55.3; 59.21; 61.8; Jr 31.31-40; 32.40; 50.5; Ez 20.37; 34.25; 37.26; Os 2.18). Essa era é descrita como a do reinado de justiça universal do Messias (Is 42.6; 49.8; Ml 3.1), ligado à regeneração humana pelo Espírito Santo (Is 59.21; Ez 36.24-38; Jl 2.28,29).

b. No Novo Testamento. A distinção entre o pacto antigo e o novo está nas Escrituras (Jr 31.31,32; 2Co 3.3-6,14; Hb 8.8,9,13; 9.15). Ambos são a mesma aliança em substância, no sentido de que ambos se baseiam na promessa de Deus de que será o único Deus de seu povo escolhido (2Co 6.16-18; Hb 8.10; Ap 21.2,3) e que há de redimi-lo (*e.g.*, Jo 8.56; Rm 9.3-5; 1Co 10.1-4). Todavia, o novo pacto é considerado superior ao antigo (Hb 7.20-22,28; 8.6). Daí diferirem no modo em que são administrados por Deus (Gl 3.23-25; 4.1-7). Nesse último sentido, pode ser dito apropriadamente que a nova aliança substitui a antiga (Hb 8.13; 10.9).

Os grandes eventos na vida de Jesus são relacionados ao pacto do AT: seu nascimento (Lc 1.72-75),

PACTO

seu reino e sua ressurreição (At 2.30), a ceia do Senhor (Êx 24.8; Mt 26.28; 1Co 11.25) e a cruz (Hb 9.15-22; 12.24; 13.20). Ele é o mediador do novo pacto (Hb 9.15; 12.24) e a fonte de todas as bênçãos da nova aliança (1Co 1.30; Ef 2.11-22; Hb 13.20,21).

A era de Cristo de modo algum diminuiu a exigência de Deus no sentido de seu (novo) povo guardar seu pacto (Mt 5.17-20). O novo pacto em si promete, assim, a capacidade de o novo povo poder guardar o pacto, como um de seus maiores benefícios (2Co 3.3-6; Hb 8.10; 10.16; 13.20,21). Os principais benefícios da nova aliança são a justificação* e a santificação (Hb 8.10-12; 10.15-18; 13.20,21). As maldições associadas à violação do novo pacto são, inclusive, mais severas do que as referentes à desobediência ao antigo pacto (Hb 10.28,29).

Somente Israel* recebia as bênçãos do pacto de Deus no AT, sendo os gentios estranhos à aliança (Ef 2.12). Tendo, porém, rejeitado o Messias, a posição pactual judaica tornou-se reivindicação vazia e sem sentido. Os israelitas não convertidos a Cristo são ainda povo de Deus somente pela letra do AT, enquanto os cristãos possuem o Espírito, que torna a lei de Deus em liberdade de servir a Cristo (Gl 4.21-31; 2Co 3.6,17,18). Todavia, há firme esperança na conversão futura de todo o antigo povo de Deus, em face das promessas feitas por Deus, em seu pacto, a Israel (At 3.25; Rm 9.4; 11.27-29).

Os teólogos do pacto (com exceção de alguns batistas e calvinistas) têm argumentado, primeiramente, que os filhos dos cristãos não deixam de estar incluídos no novo pacto tanto quanto os filhos dos judeus no antigo pacto (Is 59.21; Lc 18.15-17; At 2.39; 16.31; 1Co 7.14; Ef 6.4; 1Tm 3.4,5; 2Tm 3.15; Tt 1.6). Em segundo lugar, afirmam que a aplicação do batismo como sinal do novo pacto é paralela aos sinais da aliança do AT, cada um dos quais inclui os filhos: Noé (1Pe 3.20,21), Abraão (Cl 2.11,12), Moisés (1Co 10.1-4). Daí, os filhos dos crentes estarem incluídos na nova aliança, do mesmo modo que todos os crentes estão incluídos no pacto abraâmico, que dá o sinal básico do pacto aos filhos dos crentes (Gl 3.29). Eis por que muitos cristãos creem que o batismo, como sinal do novo pacto, deva ser administrado às crianças, como filhos dos crentes.

2. Na história da teologia cristã

a. Na Igreja Antiga. Nenhum uso sistemático da nova aliança surgiu durante o período inicial da Igreja. Ireneu* usou da ideia para advogar o pré-milenarismo, por causa das promessas sobre a terra do pacto do AT. Crisóstomo (*c.* 344/354-407) falou a respeito dos sacramentos da Igreja como se fossem pactos. Agostinho* definiu o pacto como um acordo entre duas partes.

b. Na Igreja Medieval. O período medieval veria o desenvolvimento de três ideias importantes, associadas ao pacto.

1) Com o advento do absolutismo papal, no século XI e seguintes, pensadores políticos da Igreja desenvolveram a ideia de um pacto batismal do cristão com o papa. A desobediência ao papa resultaria na ruptura do pacto, estando o papa, inclusive, em uma tal circunstância,

PACTO

quando grave, autorizado a resistir até ao poder de um rei e a orientar seus súditos a fazerem o mesmo. A quebra do pacto serviria, portanto, de base para a resistência à autoridade política.

2) Teólogos sacramentais passaram a falar das propriedades salvadoras do re-sacrifício de Cristo na missa como esse um pacto de Deus.

3) A mais importante forma de pensamento sobre pacto proveio de Gabriel Biel.* Esse pensador ajudou a desenvolver a ideia de um pacto de mérito*, pelo qual Deus justificaria o homem por ele praticar o melhor de si. Tal pacto era resumido no seguinte bordão: "Àqueles que fazem o seu melhor, Deus não nega a sua graça". Essa doutrina da justificação pelas obras, expressa no pacto de mérito de Deus, chegou a ser sustentada inicialmente por Lutero*, mas com sua redescoberta da justificação mediante a fé, em 1517, ele se tornou um sincero oponente da teologia pactual medieval.

c. Na Reforma. Com o advento da Reforma e a nova ênfase na autoridade das Escrituras, o pacto se tornou extremamente importante para a teologia. Sendo a distinção entre lei e evangelho feita por Lutero um resultado direto de seu repúdio à forma medieval de pacto, ele fez, no entanto, pouco uso da ideia de pacto em seu ensino.

Zuínglio, por sua vez, começou a enfatizar o pacto com Abraão, em Gn 17, como modelo para o relacionamento do cristão com Deus. Isso foi anterior aos debates com os anabatistas (1525), que negavam a validade do batismo infantil, sendo claro, assim, que

os reformadores não confiscaram a ideia do pacto dos anabatistas, como alguns alegam. Como resultado desses debates, no entanto, Zuínglio fez do pacto o principal argumento para o entendimento reformado do batismo infantil. Em 1534, Bullinger* escreveu o primeiro tratado sobre o pacto na história da Igreja, intitulado *Sobre o único e eterno testamento ou pacto de Deus*. Argumentava que a totalidade das Escrituras deveria ser vista à luz do pacto abraâmico, em que Deus se oferece graciosamente ao homem e, por sua vez, exige que o homem "ande em sua presença e seja inculpável".

Calvino é, de muitos modos, o precursor da teologia federal reformada. Ele faz um extenso uso da ideia do pacto em suas *Institutas* (1559) e em outros escritos, nas seguintes áreas: a unidade entre o AT e o NT; a mutualidade e condicionalidade do pacto; os benefícios da salvação; a vida cristã (lei, oração, arrependimento, certeza da salvação); predestinação (explica o porquê do pacto de obra, do modo em que o faz); a reforma da Igreja (a Igreja Romana rompera o pacto e, portanto, poderia e deveria ser contestada); os sacramentos. Pode-se observar em seus escritos uma forma, ainda que elementar, de pacto de obra.

Trabalhos de dois seguidores de Calvino levaram ao desenvolvimento das ideias de um pacto de obra antes da queda e de um pacto de redenção pré-temporal. Em 1562, Zacarias Ursino (1534-1583) mencionou pela primeira vez a respeito de um pacto legal antes da queda, entre Deus e Adão, no jardim do Éden, que exigia perfeita obediência

PACTO

do homem, com a promessa de vida, e ameaçava a desobediência com a pena de morte. Em 1585, Gaspar Oleviano (1536-1587) apresentava a ideia de um pacto pré-temporal entre Deus Pai e Deus Filho para a salvação do homem. Essas ideias vieram a se casar com a do pacto da graça, resultando na teologia federal, de homens como João Cocceius (1603-1669). Os pactos de obra e da graça receberam a condição estatutária de credo na Confissão e nos Catecismos de Westminster (1643-1649).

d. Desenvolvimentos da teologia federal. Cocceius não é o inventor da teologia do pacto; mas é importante para a história dessa teologia dado o seu empenho em querer desenvolver uma teologia a partir de uma visão avançada da história do pacto. Os teólogos de sua época usavam, quanto ao pacto, o arranjo lógico ainda muito encontrado na teologia sistemática. Cocceius, em vez disso, desenvolveu sua teologia com base na ideia de haver Deus graciosamente revogado o pacto de obra e sua maldição sobre a humanidade decaída, propiciando ao homem vida eterna. Consumado infralapsarista, ele não desenvolveu sua ideia de pacto com a finalidade de enfraquecer a de predestinação, como tem sido frequentemente difundido.

Nos anos que se seguiram, diversas controvérsias em torno do conceito de pacto aconteceram entre teólogos reformados, entre as quais: 1) resistência política à tirania, como na obra *Lex Rex* [Rei lei] (1644), de Samuel Rutherford; 2) a alegação de Armínio* e seus seguidores de uma eleição condicional, paralela ao pacto condicional; 3) a negação de um pacto de obra antes da queda, por algumas correntes de teologia reformada; 4) negação pela escola de Saumur, liderada por Moses Amyraut*, de que o pacto mosaico deveria ser incluído no pacto da graça; 5) o pacto como ponto central nas discussões dos puritanos da Nova Inglaterra a respeito de legalismo e antinomianismo, assim como 6) seu famoso "pacto mediano", que permitia aos adultos não professos que tivessem sido batizados na infância que apresentassem seus filhos ainda crianças para serem batizados.

A teologia federal (lat. *foedus* = "aliança", "pacto") constitui até hoje um aspecto importante da discussão teológica entre os reformados. Especialmente em seus desenvolvimentos do século XVII, tem contribuído com rigorosa crítica em relação, por exemplo, ao pacto de obra e à suposta coloração contratual, basicamente procedente de teólogos de tradição barthiana (*cf.* J. B. Torrance, *in: SJT* 23, 1970, p. 51-76; 34, 1981, p. 225-243). A discussão, todavia, permanece um tanto confusa, em parte devido à imprecisão linguística.

Bibliografia
J. W. Baker, *Heinrich Bullinger and the Covenant: the Other Reformed Tradition* (Athens, OH, 1980); L. D. Bierma, *The Covenant Theology of Caspar Olevian* (PhD dissertation: Duke University, 1980); J. W. Cottrell, *Covenant and Baptism in the Theology of Huldreich Zwingli* (PhD dissertation: Princeton Theological Seminary, 1971); E. M. Eenigenburg, The Place of the Covenant in Calvin's Thinking, *RR* 10 (1957), p. 1-22; K. Hagen,

PACTO DE LAUSANNE

From Testament to Covenant in the Early Sixteenth Century, *SCJ* 3 (1972), p. 1-20; A. A. Hoekema, The Covenant of Grace in Calvin's Teaching, *CTJ* 2 (1967), p. 133-161; P. A. Lillback, Calvin's Covenantal Response to the Anabaptist View of Baptism, *CC* 1 (1982), p. 185-232; *idem, The Binding of God: Calvin's Role in the Development of Covenant Theology* (PhD dissertation: Westminster Theological Seminary, 1985); *idem*, Ursinus' Development of the Covenant of Creation: A Debt to Melanchton or Calvin?, *WTJ* 43 (1981), p. 247-288; C. S. McCoy, *The Covenant Theology of Johannes Cocceius* (PhD dissertation: Yale University, 1956); J. Murray, Covenant Theology, *in: EC*, vol. III; E. A. Pope, *New England Calvinism and the Disruption of the Presbyterian Church* (PhD dissertation: Brown University, 1963); S. Preus, *From Shadow to Promise* (Cambridge, MA, 1969); L. B. Schenck, *The Presbyterian Doctrine of Children in the Covenant* (New Haven, CT, 1940); D. A. Stoute, *The Origins and Early Development of the Reformed Idea of Covenant* (PhD dissertation: Cambridge, 1979); G. Vos, The Doctrine of the Covenant in Reformed Theology, *in:* R. B. Gaffin Jr. (ed.), *Redemptive History and Biblical Interpretation* (Phillipsburg, NJ, 1980), p. 234-267.

P.A.L.

PACTO DE LAUSANNE. Em julho de 1974, reuniu-se em Lausanne, Suíça, o Congresso Internacional para Evangelização do Mundo, sob a liderança do evangelista Billy Graham (n. 1918). Ao encerramento, a grande maioria dos seus 2.700 participantes ratificou um documento denominado Pacto de Lausanne.

Esse pacto é um acordo de intenções relativo à tarefa, ainda inconclusa, da evangelização* mundial. Consiste em 15 parágrafos, que abordam: o propósito de Deus em criar um povo especial para si mesmo; Jesus Cristo como único Salvador do mundo; a natureza e a urgência da evangelização; a responsabilidade social cristã; a evangelização transcultural; os direitos humanos* (particularmente, a liberdade religiosa); a ação do Espírito Santo na evangelização; a esperança no retorno de Cristo. Sua decisão de evangelização é sublinhada em um parágrafo sobre a autoridade e o poder da Bíblia.

O documento foi redigido originalmente com base em afirmações feitas nas declarações dos principais oradores e revisto à luz das contribuições dos demais participantes, especialmente aqueles que representavam uma perspectiva do Terceiro Mundo. O título "pacto", em vez do clássico "declaração", objetiva enfatizar o compromisso das igrejas e dos grupos cristãos participantes para com a tarefa da evangelização do mundo.

O significado desse pacto está na extensão de sua visão da tarefa missionária da Igreja, sua coragem de discussão franca de questões controversas, sua capacidade de saber combinar tradições evangélicas diversas e sua subsequente e vasta aceitação, pelos círculos evangélicos mundiais, como novo e importante documento de caráter teológico, que expressa convicções básicas a respeito da múltipla tarefa da Igreja em um mundo em mudança.

757

PAIS APOSTÓLICOS

Bibliografia

J. D. Douglas (ed.), *Let the Earth Hear His Voice* (Minneapolis, MN, 1975) — Congress papers; C. R. Padilla (ed.), *The New Face of Evangelicalism* (London, 1976); J. Stott, *The Lausanne Covenant —An Exposition and Commentary* (Minneapolis, MN, 1975).

J.A.K.

PAIS APOSTÓLICOS. Designação usada de maneira ampla pela primeira vez no século XVI para se referir aos escritores cristãos primitivos, não incluídos no cânon do NT (ver Escritura*), mas mais próximos a este no tempo, em atividade nos anos 95 a 150. Esse grupo se distingue dos chamados apologistas*, que, nos meados do século II, passaram a defender sistematicamente o cristianismo de várias objeções e críticas que confrontavam a Igreja. Os pais apostólicos são chamados "apostólicos" no sentido de representarem um pensamento de caráter ortodoxo — i.e., mediante o qual continuaram a guardar e praticar fielmente o ensino dos apóstolos.* Além desses fatos gerais, nada há de especial que possa justificar ou caracterizar tal reunião dos incluídos nesse grupo de autores, na verdade bastante variado em matéria de escritos.

A coleção geral de suas obras consiste em: cartas um tanto reminiscentes das epístolas de Paulo, a saber, *1Clemente*, para a igreja em Corinto, e a carta de Policarpo, para a igreja de Filipos; sete cartas de Inácio, de caráter mais pessoal; o manual cristão de conduta denominado *Didaquê* (Ensino dos Doze Apóstolos); um sermão, *2Clemente*;

o tratado conhecido como *Epístola de Barnabé*; o livro de visões apocalípticas *Pastor* de Hermas; a narrativa *Martírio de Policarpo*; fragmentos de exegese dos ditos de Jesus, feita por Papias; e, algumas vezes também incluída, uma carta a Diogneto (alternativamente, e mais apropriadamente, agrupada na obra dos apologistas). Há nesse grupo três documentos com pseudônimos (*2Clemente, Barnabé* e *Didaquê*) e quatro de autoria de bispos da Igreja primitiva: Clemente de Roma (*fl. c.* 96), Inácio de Antioquia (*c.* 35-*c.* 107), Policarpo de Esmirna (*c.* 69-*c.* 155) e Papias de Hierápolis (*c.* 60-130).

Os pais apostólicos não eram criativos nem intencionalmente autocontidos e certamente não sistemáticos no que escreveram. Porque a maior parte de seus escritos, tais como as cartas do NT, são ocasionais e de caráter prático. Quando abordam questões doutrinárias, é especificamente para guardar a Igreja de contendas e divisão, livrá-la de conduta imprópria e convocá-la à experiência de uma autoridade estabelecida (ver Governo da Igreja*). Eles encontram soluções para problemas do seu tempo na dependência fiel à tradição da Igreja, tradição que lhes fora passada pela geração precedente, dos próprios apóstolos (ver Escritura e Tradição*). Nesse sentido, cumprem admiravelmente os mandamentos contidos nas Epístolas Pastorais, mantendo a tradição em vez de lançando novas bases. Principalmente a orientação prática desses documentos é responsável pela impressão equivocada de alguns de que a doutrina da graça* se perdeu no começo do século II.

PAIS APOSTÓLICOS

O apelo de Clemente de Roma pela restauração da unidade na Igreja em Corinto repousa, em grande parte, em extensa citação do AT, da tradição apostólica e até do pensamento estoico.* Os crentes são chamados a se submeter à autoridade dos bispos e presbíteros (termos usados indistintamente, como no NT). O apelo se apoia em alta cristologia*, de ênfase na ressurreição* de Cristo e na expiação* pelo seu sangue.

A epístola de Policarpo consiste basicamente em alusões aos escritos do NT e da tradição cristã. Preocupa-se também em exortar e instruir a respeito da vida cristã e apela para a importância da submissão aos líderes da Igreja. A cristologia de Policarpo inclui referência a Cristo como eterno sumo sacerdote.

As cartas de Inácio enfatizam a divindade de Cristo, referindo-se explicitamente a Jesus como Deus por mais de uma dezena de vezes. Inácio argumenta sobre a importância de uma tríplice ordem de ministério*, consistindo em bispo, presbíteros e diáconos, e insiste especialmente sobre a importância da autoridade absoluta de um único bispo em cada igreja. Somente com submissão a essa espécie de ordem administrativa, argumenta Inácio, poderia a Igreja resistir aos males da época. Inácio mostra também elevada consideração pelo martírio.*

A *Didaquê* é, principalmente, um manual de instrução prática para a Igreja, que inclui matérias como: catequese* pré-batismal; orientações para a adoração e para a administração do batismo* e da eucaristia*; conselhos sobre o devido tratamento dos missionários* cristãos; o papel dos bispos e diáconos.

A *Epístola de Barnabé* contém uma perspectiva muito antijudaica, que argumenta o cumprimento completo do AT pelo cristianismo usando de exegese livremente alegórica (ver Hermenêutica*), reminiscente de Fílon.*

O *Pastor* de Hermas, de longe o mais extenso documento dos pais apostólicos, contém igualmente pouca coisa de significativo para o desenvolvimento* da teologia da Igreja primitiva. Consiste em uma série de visões concernentes a questões práticas de justiça* e perdão, e se volta para a importante questão em debate no século II quanto à possibilidade de arrependimento dos pecados após o batismo (ver Penitência*).

Os pais apostólicos mostram, enfim, a Igreja primitiva pós-NT em embate com os problemas concretos de sua época, fazendo uso, na busca de suas soluções, de textos das Escrituras, dos ditos de Jesus e da tradição dos apóstolos, numa tentativa de consolidar a fé e a prática da Igreja e manter-se fiéis ao que haviam recebido. Nisso reside sua verdadeira contribuição. Eis o motivo de serem esses escritos tão significativos para o estudo do cânon emergente do AT e do NT, bem como do entendimento cristão e do uso das Escrituras na Igreja primitiva. Seu pensamento era, certamente, de algum modo influenciado pelo ambiente helenista* em que viviam; todavia, porque sua perspectiva era ditada pelas Escrituras e pela tradição, permaneceu bem mais judaica do que grega.

PALEY, WILLIAM

Bibliografia

E. J. Goodspeed, *The Apostolic Fathers. An American Translation* (New York, 1950); R. M. Grant (ed.), *The Apostolic Fathers. A New Translation and Commentary*, 6 vols. (New York, 1964-1968): ver especialmente vol. 1, R. M. Grant, *An Introduction*; R. A. Kraft, Apostolic Fathers, *IDBS*, p. 36-38 (para erudição atual); K. Lake, *The Apostolic Fathers*, Loeb Classical Library, 2 vols. (London, 1912-1913), texto grego em TI; J. B. Lightfoot, *The Apostolic Fathers*, 5 vols. (Clement, Ignatius, Polycarp) (London, 1885-1890), texto grego em TI.

D.A.Ha.

PAIS CAPADÓCIOS, ver Basílio; Gregório de Nazianzo; Gregório de Nissa; História da Teologia.

PALEY, WILLIAM (1743-1805). Paley é principalmente lembrado por seu uso da analogia do relógio e do relojoeiro como defesa da existência de Deus. Estudou no Christ's College, de Cambridge, de cujo conselho posteriormente se tornou membro, deixando-o em 1775 para assumir a carreira eclesiástica na diocese de Carlisle. Em uma época em que as universidades passavam por mau período, Paley foi um professor dotado e escrupuloso, cujas palestras tornaram-se populares.

A teologia de Paley seguia a tradição do latitudinarismo*, tendo escrito uma série de obras apologéticas contra o ceticismo dominante no século XVIII, que tinha suas raízes no deísmo*. Não era um pensador original, mas tinha a grande virtude de ser claro, e seus escritos são mais da natureza de manuais do que tratados. Suas principais obras teológicas são: *A View of the Evidences of Christianity* [Uma visão das evidências do cristianismo] (1794); *Natural Theology, or Evidence of the Existence and Attributes of the Deity Collected from the Appearances of Nature* [Teologia natural, ou prova da existência e dos atributos da Divindade, obtida dos aspectos da natureza] (1802); e *Principles of Moral and Political Philosophy* [Princípios de filosofia moral e política] (1785). Esse último é uma das afirmações mais claras da moralidade utilitária, proposta pelos teólogos latitudinaristas do século XVII, antecipando muitos dos argumentos de Jeremy Bentham (1748-1832). Embora Paley, diferentemente de Bentham, chame atenção para a sanção sobrenatural como incentivo à conduta moral, sua definição de virtude era a de "fazer o bem à humanidade, em obediência à vontade de Deus e em nome da alegria eterna".

A despeito de sua rejeição do ceticismo, suas ideias teológicas parecem ter sido afetadas pelo unitarismo*. No início de sua carreira de professor universitário, Paley declarou que a aceitação dos Trinta e Nove Artigos, da Igreja da Inglaterra, poderia ser tão somente um ato de consentimento "pacífico", já que aquelas cláusulas incluíam, segundo sua avaliação, "cerca de 240 proposições distintas, muitas das quais inconsistentes entre si". Com base nisso, continuou a aderir nominalmente aos credos, embora sob uma interpretação conservadora, com ideias discordantes do entendimento cristão da encarnação. Era, contudo, sincero, crendo que

PANENTEÍSMO

as doutrinas que advogava podiam ser logicamente demonstráveis.

A analogia do relojoeiro, que aparece em sua *Natural Theology*, é uma afirmação clássica do argumento do desígnio (argumento teleológico) da existência de Deus (ver Teologia Natural*). Paley começa por abordar a hipótese da reação de alguém que, ao atravessar um terreno baldio, descobre, de um lado, uma pedra e, do outro, um relógio; poderia razoavelmente considerar que a pedra devesse estar sempre lá, mas não o relógio. Relógio é algo que evidencia um propósito e um desígnio. É uma testemunha da existência de um relojoeiro, que o fabricou, sendo uma conclusão a que qualquer pessoa facilmente chegaria com a descoberta daquele relógio. Essa conclusão, aliás, não é invalidada nem pela suposição de o descobridor nunca ter visto antes um relógio, tampouco pelo relógio ser ou não ser exato, nem por suas peças terem uma função desconhecida, nada disso; nem sua existência ali poderia ser satisfatoriamente explicada por leis abstratas ou pelo acaso. O que o relógio simplesmente demonstra é o fato do desígnio. Paley encerra, afirmando: "Toda indicação de criação, assim como toda manifestação de desígnio, que existe no relógio, existe também nas obras da natureza..."; sendo a conclusão, portanto, a de que a natureza também tem seu feitor, seu criador e seu propósito.

Uma das ironias da história, bem como um exemplo dos abismos que frequentemente ocorrem nas discussões entre teólogos e filósofos, é que 23 anos antes de Paley publicar seu livro *Natural Theology*, David Hume* já havia publicado a crítica, que se tornaria clássica, do argumento do desígnio, em sua obra *Dialogues Concerning Natural Religion* [Diálogos concernentes à religião natural].

Bibliografia

M. L. Clarke, *Paley: Evidente for the Man* (Toronto, 1974); D. L. Le-Mahieu, *The Mind of William Paley* (Lincoln, NE, 1976).

D.D.S.

PANENTEÍSMO. É a ideia de que o universo é Deus, embora Deus seja mais do que o universo. Deve ser claramente distinguido do panteísmo*, em que Deus e o universo são estritamente idênticos. Para o panenteísmo, Deus tem uma identidade própria, ou seja, é algo que o universo não é. Por outro lado, o universo é parte da realidade de Deus. Ele é Deus.

O termo foi primeiramente usado pela teologia do processo* contemporânea, mas poderia ter sido usado em diversas teorias anteriores. Plotino (*c.* 205-270; ver Platonismo*), que influenciou a teologia medieval primitiva, sustentava que o mundo emana de Deus. Seria uma superabundância de seu ser criativo. Deus cria de si mesmo, não do nada.

Alguns idealistas*, como, por exemplo, George Berkeley*, sustentam que o mundo é real somente como um pensamento da mente de Deus. A genuína realidade do universo consiste em ter em si o conteúdo das ideias de Deus, e é assim, portanto, o próprio Deus. Embora bem diferente da visão de Plotino, aqui também, Deus tem sua própria realidade, mas o universo só é real como Deus.

PANNENBERG, WOLFHART

Alfred North Whitehead e Charles Hartshorne desenvolveram, individualmente, versões ligeiramente diferentes do panenteísmo, que se tornaram a base filosófica da teologia do processo*.

Para Whitehead, a visão geral da causalidade exige esse pensamento, juntamente com a insistência de que Deus não pode ser uma exceção aos princípios básicos da realidade, mas, sim, o principal exemplo destes. Ele faz ideia da realidade sendo composta de uma série múltipla de eventos e não objetos. Como somente o que é real pode ser causa, e já que cada evento precedente é passado e não presente, os eventos devem determinar a si mesmos. Todavia, algo deve criar a possibilidade de cada evento. Isso, argumenta Whitehead, deve ser Deus. As relações causais, incluindo a de conhecer, são conexões reais; são eventos. Portanto, Deus que cria e conhece cada evento não pode ser separado deles. São simplesmente sua experiência, sendo ele tão somente a subjetividade que sente todos os eventos.

Já Charles Hartshorne fornece uma visão mais detalhada de Deus. Em seus primeiros escritos, especialmente, começa por argumentar em favor de um novo conceito de perfeição. Se Deus está relacionado, por inclusão, a todos os eventos, então não pode ser perfeito no sentido clássico de não ser afetado pelas limitações do universo. Pelo contrário, Deus é perfeitamente relativo. É tudo aquilo que pode ser porque sente e detém tudo o que existe. Por incluir constantemente novos eventos, Deus está em perpétua mudança para estados novos e mais complexos. Deus cresce num avanço criativo ao experimentar o universo que inclui.

Hartshorne e seus seguidores teológicos frequentemente comparam a relação de Deus com o universo à relação de uma pessoa com seu corpo. Eu dependo de meu corpo como fonte de minha experiência, mas eu o transcendo. Conquanto Deus dependa de seu corpo, o universo, ele também o transcende, como mente que conhece todas as possibilidades dos eventos futuros.

Bibliografia

D. Brown, R. James, G. Reeves (eds.), *Process Philosophy and Christian Thought* (Indianapolis, 1971); C. Hartshorne, *Omnipotence and other Theological Mistakes* (New York, 1984); L. Ford, *The Lure of God* (Philadelphia, 1978); A. N. Whitehead, *Religion in the Making* (London, 1926).

W.D.B.

PANNENBERG, WOLFHART (n. 1928). Luterano alemão, nascido em Stettin, Pannenberg estudou Filosofia e Teologia, primeiramente em Göttingen (1948), com Nicolai Hartmann (1882-1950), depois em Basileia (1950), com K. Jaspers (1883-1969) e Karl Barth*, mais tarde em Heidelberg (1951-58), tendo conseguido seu doutorado sob a orientação de Edmund Schlink (1903-1984). Dois eruditos em particular o influenciaram: os pós-bultmanianos* Günther Bornkamm (n. 1905), com seu "novo questionamento" sobre o Jesus histórico*, e Hans Von Campenhausen (n. 1903), em destaque desde seu discurso de reitor, em 1947,

PANNENBERG, WOLFHART

"Agostinho e a queda de Roma". Pannenberg ajudou a formar um "círculo de trabalho" de estudantes de pós-graduação e com eles começou a buscar uma interpretação teológica ou um conceito de história* singular. A partir de 1958, passou a ocupar a cátedra de Teologia Sistemática* em Wuppertal, e a partir de 1960, em Mogúncia.

Com respeito à revelação*, a opinião de Pannenberg é que a teologia deve ir além da fórmula de Barth, "a Palavra [o Verbo] se tornou carne humana", devendo acrescentar: "tornou-se carne humana e *histórica*". Do contrário, a autorrevelação de Deus corre ainda o risco de ser dissolvida em mito* ou gnosticismo*. Dentro de um contexto de história universal, a teologia deve buscar uma visão hegeliana* do movimento histórico e da unidade total da Palavra da verdade de Deus revelada. Isso toma uma forma teológica apropriada, mas somente o faz quando a teologia enfatiza o alvo escatológico* que conduz toda a história para Deus, que Pannenberg chama de "a prioridade ontológica do futuro". Ou ainda, falando em Cristo, Ele representa a manifestação final (mesmo que provisória ou proléptica) do Deus por vir.

Pannenberg crê que a cristologia* é melhor abordada por meio do drama histórico da mensagem e do destino de Jesus*. Diz ser esta "uma cristologia 'que vem de baixo', emergindo do homem histórico Jesus até o reconhecimento de sua divindade" (*Jesus — God and Man* [Jesus — Deus e homem], p. 33). Ele insiste em que voltar à proclamação apostólica do Jesus histórico é não somente possível,

como necessário. Rejeita o que, desde Martin Kähler (1835-1912), tornou-se uma prática-padrão, a saber, abordar a cristologia por meio da proclamação pós-pascoal da Igreja. Recusa também a ideia moderna de que é um embaraço a estrutura apocalíptica* de ensino de Jesus: mediante seu ensino, sua morte e ressurreição*, Jesus antecipou o fim da história e da vida por vir. Sua proclamação pré-ressurreição, que reivindica ser ele um só com Deus Pai, foram plenamente confirmadas por Deus ao levantá-lo dentre os mortos. Desse modo, a ressurreição confere ao Jesus terreno, mediante "poder retroativo" inerente, seu título pleno de Filho divino e Messias.

O método teológico de Pannenberg afasta-se da tradição de Barth e Bultmann, retornando à história e à razão. Fala da "historicidade" do conhecer. Fé* e conhecimento (*cf.* Epistemologia*) estão enraizados em sua história própria. A história bíblica é definida como um "evento suspenso entre a promessa e o cumprimento". Contudo, ele não vê no AT ligação entre o evento e a interpretação, ou entre o fato histórico e seu significado; daí, deduzir que há um princípio hermenêutico básico em operação nas Escrituras pelo qual a tradição recebida de Israel* está constantemente sendo revisada à luz de novas experiências e novas expectativas para o futuro. Desse modo, para Pannenberg, a hermenêutica* e a história crítica são realmente uma ciência. Tudo o que recomenda é que, ao avaliar a alegação bíblica da verdade, a história crítica deva usar a linguagem da analogia* histórica de modo justo, sem excluir,

PANTEÍSMO

por definição, a entrada divina na história humana.

Em termos apologéticos, ele crê não poder haver defesa puramente subjetiva da fé (ver Apologética*). A teologia pode e deve defender sua alegação objetiva sobre a verdade ante o obstáculo da razão crítica. Na verdade, se tivesse sido aprendida adequadamente a lição do empenho dos escritores patrísticos na defesa da fé (ver Apologética*), a teologia moderna poderia ter enfrentado com maior coragem a maré do ateísmo intelectual que se seguiu no rastro do Iluminismo. Mas, por deixar de defender, por exemplo, a existência de Deus como pressuposição necessária de toda a verdade e de toda a dignidade e liberdade humana, a teologia do século XIX simplesmente abandonou a totalidade da ideia de Deus; tornou-se cada vez mais antropologizada, enquanto a noção da verdade se tornava meramente uma possibilidade criativa do homem. No pensamento de Pannenberg, residem claramente possibilidades bastante interessantes para o desenvolvimento de um novo programa apologético.

Bibliografia

Obras: Anthropology in Theological Perspective, tr. M. J. O'Connell (Edinburgh, 1985) — lista as obras de Pannenberg; *The Apostle's Creed* (London, 1972); *Basic Questions in Theology*, vols. I-III (London, 1970-193); *Christian Spirituality* (Philadelphia, 1983); *The Church* (Philadelphia, 1983); *Ethics* (Philadelphia/London, 1981); *Faith and Reality* (London/Philadelphia, 1977); *Human Nature, Election and History* (Philadelphia, 1977); *The Idea of God and Human Freedom* (Philadelphia, 1973); *Jesus — God and Man* (Philadelphia, 1982); *Revelation as History*, ed. Pannenberg *et al.* (London, 1969); *Spirit, Faith and Church* (Philadelphia, 1971); *Theology and the Kingdom of God* (Philadelphia, 1971); *Theology and the Philosophy of Science* (London, 1976); *What is Man?* (Philadelphia, 1970).

Estudos: P. J. A. Cook, Pannenberg: A Post-Enlightenment Theologian, *Churchman* 90 (1976), p. 245-264; A. D. Galloway, *Wolfhart Pannenberg* (London, 1973); B. O. MacDermott, *The Personal Unity of Jesus and God according to Wolfhart Pannenberg* (St. Ottilien, Deutschland, 1973); D. McKenzie, *Wolfhart Pannenberg and Religious Philosophy* (Lanham, MD, 1983); H. Neie, *The Doctrine of Atonement in the Theology of Wolfhart Pannenberg* (Berlin, 1979); J. M. Robinson & J. B. Cobb Jr. (eds.), *Theology as History* (New York e London, 1967), with focal essay by Pannenberg; E. F. Tupper, *The Theology of Wolfhart Pannenberg* (Philadelphia, 1973).

P.J.A.C.

PANTEÍSMO. Deriva do grego *pan* (tudo) e *theos* (Deus). Literalmente, significa "tudo é Deus". Especificamente, a metafísica do panteísmo, sua visão da realidade, afirma duas coisas: a unidade de toda realidade e a divindade dessa unidade. O panteísmo é paralelo ao naturalismo no aspecto em que ambos asseveram a existência de somente uma realidade; todavia, em contraste com o naturalismo, considera a realidade divina. O panteísmo se iguala ao teísmo* em outro aspecto, o de ambos reconhecerem que

PANTEÍSMO

o mundo depende de Deus; mas, diferentemente do teísmo, não sustenta a existência do mundo como separada da de Deus.

O panteísmo costuma ensinar que os opostos lógicos se amalgamam no ser divino. Os pares conceituais, como bem/mal, pessoal/impessoal, ou mesmo A/não A não podem ser separados em Deus; funcionam somente na esfera do pensamento lógico. Em esferas mais elevadas da realidade, as distinções conceituais não funcionam porque tratam como dividido o que realmente não é dividido. Uma vez que a linguagem depende da lógica, os panteístas usualmente afirmam Deus* como inefável ou indescritível.

Epistemologicamente*, em seu modo de conhecer, os panteístas podem ser classificados em duas categorias gerais. Os panteístas religiosos geralmente são místicos*. O misticismo ensina a adoção de uma comunhão com Deus que ignora o pensamento discursivo. Por meio de práticas ascéticas*, ou meditativas, os místicos alegam experimentar Deus de forma direta, intuitiva e/ou inefável. Os panteístas filosóficos usam comumente o racionalismo, o método de uso da razão não adulterada pelos dados dos sentidos, para o conhecimento de Deus. Entre os representantes desse último grupo encontram-se Baruch Spinoza* e Georg W. F. Hegel*.

O panteísmo religioso está presente em cada uma das cinco principais religiões do mundo. Mais particularmente, as mais destacadas religiões procedentes da Índia, ou seja, o hinduísmo* e o budismo* chamado mahayana ("Veículo Maior"), pressupõem e aceitam o panteísmo existente nas antigas escrituras hindus, *Upanishades*. Entre seus principais propugnadores atuais, estão o religioso hinduísta Sarvepalli Radhakrishnan (1888-1975) e o filósofo zen-budista D. T. Suzuki (1870-1966). Mas os panteístas podem ser também encontrados nas principais religiões teístas: judaísmo, cristianismo e islamismo. No cristianismo, místicos como João Escoto Erigena*, Meister Eckhart (*c*. 1260-1327) e Jacó Boehme* chegam próximo, pelo menos, do panteísmo, como resultado da influência do místico neoplatonista Plotino (*c*. 205-270; ver Platonismo*).

Contudo, os teístas em geral têm resistido às expressões panteístas. Sustentam, quase sempre, que o panteísmo destrói a personalidade e a bondade de Deus ao afirmar que ele está além de opostos conceituais como personalidade/impessonalidade e bem/mal. Criticam também o panteísmo por sugerir que a vida neste mundo, inclusive a ética, tem pouca importância. O cristianismo bíblico, em particular, acha o panteísmo inaceitável por obscurecer a distinção entre o Criador* e suas criaturas.

Filósofos que argumentam contra o panteísmo levantam diversas questões. Que evidência empírica, por exemplo, poderia se levar em conta, de qualquer modo, para a alegação de unidade feita pelo panteísmo? Além disso, que razões poderiam ser apresentadas para se chamar essa unidade de divina?

Bibliografia
Textos: Jacob Boehme, *Works*, ed. C. J. Barber (London, 1909); G. W.

765 PAPADO

F. Hegel, *Lectures on the Philosophy of Religion*, tr. E. B. Speirs e J. B. Sanderson, 3 vols. (London, 1962); Meister Eckhart, *Meister Eckhart: The Essential Sermons, Commentaries, Treatises, and Defense*, tr. E. Colledge & B. McGinn (New York, 1981); S. Radhakrishnan, *Indian Philosophy*, 2 vols. (London, 1929); B. Spinoza, *The Chief Works*, tr. R. H. M. Elwes, 2 vols. (New York, 1951).

Estudos: N. Geisler, *Christian Apologetics* (Grand Rapids, MI, 1976); C. Hodge, *Systematic Theology* (1872-1873, repr. Grand Rapids, MI, 1981); H. P. Owen, *Concepts of Deity* (New York, 1971); D. T. Suzuki, *Essays in Zen Buddhism*, 3 vols. (New York, 1949).

D.K.C.

PAPADO. A Constituição do Vaticano II sobre a Igreja (Católica Romana) declara: "O Pontífice Romano, como sucessor de Pedro, é a fonte e o fundamento visíveis e perpétuos da unidade dos bispos e da multidão dos fiéis" (Lumen Gentium, 23). O papado (do lat./gr. papa(s), significando "pai") destina-se a exercer um ministério de coesão da Igreja (Romana), preservando sua mensagem e missão apostólicas e sua identidade católica ou universal. Desenvolvimentos atuais do ecumenismo têm enfocado sua atenção no possível papel ecumênico desse ministério.

Na Igreja primitiva, importância especial foi dada a determinados centros do cristianismo, como Alexandria* e Antioquia*, parecendo ser necessário investir seus bispos de maior autoridade. O fator determinante de tal decisão seria sua ação destacada na missão e no testemunho apostólicos. Esse era notadamente o caso de Roma, onde, ao que constava, teriam sido martirizados os apóstolos Pedro e Paulo. Nesses apóstolos, tinha-se bem representada a ideia de estarem unidas as missões judaica e gentílica da Igreja, sendo seu testemunho, além do mais, coroado com o que se considerava o selo supremo do martírio. Ireneu* se refere à "mais poderosa origem" da igreja de Roma e à consequente necessidade de outras igrejas de concordarem com ela (*Contra heresias* III.3.3). Isso veio a dar impulso significativo à aceitação da carta do papa Leão I sobre cristologia* no Concílio* de Calcedônia, em 451. Também a importância política da cidade de Roma fez crescer, bem nitidamente, o prestígio de seu bispo.

No século III, começaram a ser feitas alegações a favor do bispo de Roma, baseadas em textos "petrinos" (Mt 16.18; Lc 22.31,32; Jo 21.15-17). Tertuliano chegou a refletir sobre a aplicação da frase de Jesus em Mateus: "Você é Pedro" para a primazia romana. Líderes subsequentes da Igreja, incluindo Agostinho*, mostraram-se mais hesitantes nesse particular, preferindo usar o texto de Lucas "fortaleça seus irmãos". Analogia foi feita também entre o papel de Pedro entre os apóstolos e o de seu vigário, ou sucessor, na sé de Roma entre os outros bispos, sendo o ofício petrino considerado, na melhor das hipóteses, como um ministério* de serviço, não de dominação.

Pelo que sabemos, as comunidades cristãs mais antigas consideravam Pedro como o primeiro dentre os Doze: ele foi o primeiro a ser chamado por Jesus (Mt 4.18,19); o

PAPADO

primeiro citado na lista dos apóstolos (Mt 10.2); o primeiro a confessar Jesus como o Messias (Mt
16.16); o primeiro apóstolo a ver
o Senhor ressuscitado (1Co 15.5)
e o primeiro a proclamar as boas-
novas (At 2.14). Todavia, Pedro,
em certa ocasião, foi considerado
em erro e em necessidade de repreensão (Gl 2.11). Além disso, há
grande diferença entre reconhecer
a importância do papel de Pedro e
a alegação de os bispos de Roma
serem seus sucessores. A teologia
católica contemporânea tende a
dar significado menor do que no
passado quanto às reivindicações
com base nos textos petrinos, mas
continua a enfatizar a importância
do ofício de Pedro.

Desde os seus primeiros tempos, a história do papado tem sido
a de seu crescimento em poder
político e de vindicações de ordem
espiritual. As ciladas do governo
imperial de Roma para derrubá-
lo ou neutralizá-lo foram sendo
pouco a pouco contornadas ou tornadas sem efeito pelo bispado da
"cidade eterna". A tensão cresceu
entre fiéis ao governo leigo e o papa
romano, até que o papa Gregório
VII (1073-1085) ganhou a batalha
pelo direito da Igreja de fazer suas
nomeações sem interferência leiga,
culminando com um humilhante
comparecimento do imperador
alemão Henrique IV a Canossa
(1077). Gregório chegou até a reivindicar poder temporal completo
sobre a cristandade ocidental. O
conflito, todavia, persistiu. Bonifácio VIII (1294-1303) apresentava
duas espadas à sua frente, para
simbolizar seus poderes temporais
e espirituais. Sua bula *Unam Sanctam* (1302) não somente declarou

não haver salvação ou perdão fora
da Igreja, mas também que a Igreja
toda deveria se identificar com a
igreja de Roma, sob o senhorio de
Pedro e seus sucessores. A Igreja
grega do Oriente, da qual o Ocidente havia se separado no século XI,
acabou sendo explicitamente considerada como excluída. Pouco ou
nada mais de tudo isso tinha ainda
que ver com a Igreja de Roma dos
primeiros séculos. Somente após
o papado haver sido desapossado
dos Estados papais, no século
XIX, foi que começou a ser rever-
tida a politização da sé romana. O
conceito de autoridade temporal,
na verdade, não desapareceu tão
facilmente.

A autoridade espiritual do bispo
de Roma, por seu turno, tornou-se
uma das principais fontes de disputa em controvérsia conciliar no
século XV.

Em uma época de cismas, com
dois ou mais papas disputando o
poder, um concílio ecumênico pareceu ser a solução ideal. Honório
I foi formalmente anatematizado
por heresia no Concílio de Constantinopla em 681; e, no entanto,
o Concílio de Florença (1438-1445)
acabou ficando, afinal, do lado da
superioridade do papa sobre os
concílios*, revertendo a decisão do
Concílio de Constança de trinta
anos atrás.

Essa situação desconfortável
tornou-se particularmente evidente na França, onde desde o
século XIII revelara-se um espírito
independente dentro da Igreja.
O galicanismo, como ficou sendo
chamado seu corpo de doutrina,
pretendia a independência da Igreja Católica francesa da autoridade
eclesiástica do papa. Um estatuto

PAPADO

intitulado Artigos Galicanos (1682) reafirmou a superioridade do concílio sobre o dirigente romano, sustentando assim os decretos de Constança. Proclamou também que o julgamento do papa não era irreformável até que fosse confirmado por um concílio geral. Com base nessa cláusula, adeptos franceses do jansenismo, movimento católico francês de tonalidade protestante (ver Agostinianismo*), chegaram a apelar para convocação de um concílio quando a bula papal *Unigenitus* (1713) condenou suas crenças. Os Artigos negavam ainda as pretensões papais de domínio sobre os governantes civis ou de poder impedir seus súditos de lealdade a eles.

Movimentos como o galicanismo conduziram de maneira crescente a uma reação, chamada de ultramontanismo*. A possibilidade de fazer desaparecer grupos com erros heréticos fez que muitos desejassem investir mais e mais autoridade no sistema centralizado da cúria papal. Desenvolvimentos anticristãos e liberais após a Revolução Francesa, em 1789, vieram à tona no século XIX. O clímax do ultramontanismo foi a declaração de infalibilidade papal no Concílio Vaticano I*, em 1870. Pio IX (1846-1878) deu pela primeira vez ao papado uma imagem pessoal e acessível, atualmente tão familiar. Houve, no entanto, séria divisão no concílio quanto a esse aumento do poder papal.

O Concílio Vaticano I declarou que o papa falava infalivelmente em assuntos de fé e moral ao dirigir-se *ex cathedra* à totalidade da Igreja. Um grande número de salvaguardas foi elaborado, de tal maneira que se tornou praticamente impossível julgar de modo retrospectivo quais os pronunciamentos papais seriam infalíveis. As únicas afirmações conhecidas como preenchendo tais condições são os dogmas concernentes à imaculada conceição da Virgem Maria* (1854) e sua assunção corporal ao céu (1950). Ambos esses dogmas careceram de autorização escriturística ou histórica e não poderiam ser descritos como assuntos de urgência que não pudessem esperar por um concílio. O Concílio Vaticano I recorreu ao uso do "direito divino" dos sucessores de Pedro, embora não haja uma interpretação uniforme sobre essa expressão até hoje. Foi também reivindicada para o papado a jurisdição universal. O término abrupto do concílio, quando soldados italianos sitiaram Roma, evitou a emissão de qualquer afirmação categórica posterior a respeito do papel dos bispos.

Embora não negando as resoluções do Vaticano I, o Concílio Vaticano II (1962-1965) deu ênfase à totalidade do colégio de bispos, em que o bispo de Roma é considerado "primeiro entre os pares" (ver Colegialidade*), agindo junto com todos e como porta-voz de todos, não de modo independente. O papa pode ser visto, assim, hoje como, um foco da fé e da comunhão católica. Para os não católicos, no entanto, continuam, na Igreja romana, as principais dificuldades, resultantes da falta de apoio escriturístico e das diferenças entre a obra ideal e real do papado, além de séria dúvida sobre se é possível ou desejável uma pessoa desempenhar esse papel na Igreja de Cristo.

PARADIGMA

Bibliografia
W. M. Abbott (ed.), *The Documents of Vatican II* (London, 1966); R. E. Brown, K. P. Donfried & J. Reumann (eds.), *Peter in the New Testament* (London, 1974); C. Butler, *The Vatican Council 1869-1870* (London, 1930); D. W. O'Connor, *Peter in Rome* (New York, 1969); B. Tierney, *The Origins of Papal Infalibility, 1150-1350* (Cambridge, 1972); J. M. R. Tillard, *The Bishop of Rome* (London, 1983).

J.W.C.

PARADIGMA. 1. Literalmente, um exemplo, especialmente um exemplo normativo, à luz do qual a categoria toda deve ser entendida. Em 1Coríntios 15.45-49, Paulo trata de Adão e Cristo como paradigmas, nesse sentido, da humanidade.

2. Em filosofia, argumentos ditos de "caso paradigma" são algumas vezes usados contra posições céticas; *e.g.*, contra a negação de que o livre-arbítrio exista, argumentando que "liberdade", nesse sentido, deve ser entendida não em termos de definição abstrata, mas, sim, de um caso paradigma, como o de um casal de noivos decidindo se e quando devem casar. Tais casos, certamente, existem; assim, há liberdade e livre-arbítrio. Críticos a esse recurso, porém, o refutam alegando que, sendo assim, se poderia "provar" a realidade das feitiçarias. Além do mais, os conceitos assim definidos são de uso limitado: a "liberdade" assim entendida é "liberdade" relevante para a responsabilidade moral?

3. Martin Dibelius (1883-1947) usou "paradigma" para designar passagens dos Evangelhos usadas pelos primeiros pregadores cristãos como exemplo "daquilo que Jesus era e trazia à existência" (*e.g.*, Mc 2.23-28). Os paradigmas resultavam em pensamentos úteis para os propósitos da pregação, geralmente um dito de Jesus. Dibelius acreditava serem os paradigmas historicamente valiosos, mesmo quando, por vezes, modificados por evangelistas ou pregadores.

Bibliografia
G. Carey, *I Believe in Man* (London, 1977), cap. 4; E. Gellner, *Words and Things* (London, 1959), cap. 2, seção 4; P. Schilpp (ed.), *The Philosophy of G. E. Moore* (New York, [2]1952), p. 343-368; M. Dibelius, *From Tradition to Gospel* (TI, London, 1934), cap. 3.

R.L.S.

PARADOXO EM TEOLOGIA. O paradoxo, i.e., o inesperado e aparentemente irracional ou impossível (do gr. *para* e *doxa*, "*contra a opinião*"), ocorre no pensamento humano em três esferas:

1. O paradoxo *verbal*, uso de palavras que, por ligar ideias que parecem impossíveis, desafia o pensamento em curso e leva a novas questões. Eis alguns exemplos: "cujo serviço é a perfeita liberdade" (*Livro de Oração Comum*); "Quem acha a sua vida a perderá" (Mt 10.39); ver também 2Co 6.4-10. Os paradoxos verbais são resolvidos por explicação e reformulação. Os teólogos frequentemente usam o paradoxo verbal para chamar a atenção e provocar reflexão, *e.g.*, "simultaneamente justo e pecador" (Lutero); que o Filho de Deus morreu "deve ser crido porque é absurdo" (Tertuliano); a ressurreição "é certa, porque é impossível"

PARADOXO EM TEOLOGIA

(*idem*). Tais afirmações dependem de explicações específicas sobre as palavras usadas e podem ser substituídas por afirmações não paradoxais.

2. O paradoxo *lógico*, uma forma aparente de se autocontradizer em asserções sobre matérias de fato. Os paradoxos lógicos têm fascinado os filósofos, tais como Zenão, o estóico, ao argumentar que, uma vez que a distância é infinitamente divisível e deve-se passar cada segmento seu antes de alcançar o próximo, o coelho nunca poderia ultrapassar a tartaruga. Ou, então: "Se eu disser que sempre minto, posso estar falando a verdade? Se sim, então, não". Para resolver paradoxos dessa espécie, torna-se necessário o uso de técnicas de análise filosófica.

3. O paradoxo *ontológico*, que é a aparente incompatibilidade de afirmações descrevendo a realidade, ou de inferências retiradas dessas afirmações. Kant* chamou a isto de *antinomia*. Em teologia, tomando-se as Escrituras como critério para a realidade de Deus, alguns exemplos de paradoxos ontológicos são: a tripersonalidade dentro da unidade e singularidade de Deus (ver Trindade*); "nosso Deus, contraído a um limite, incompreensivelmente feito homem" (Carlos Wesley, falando sobre a encarnação*); fé* como ato do homem e igualmente dom de Deus; Deus ordenando e supervisionando toda ação humana sem destruir a liberdade e a responsabilidade do homem; ou Deus se tornando o autor do pecado, em sentido moralmente culpável (ver Providência*; Soberania de Deus*); ou, ainda, determinando a palavra de profetas, apóstolos e escritores bíblicos sem impedir sua liberdade, espontaneidade e auto expressão (ver Escritura*). Todavia, como nenhuma dessas realidades pode tornar-se transparente à mente humana, melhor denominação sua do que "paradoxo" (que sugere que o fosse tão somente verbal ou conceitual) seria, para alguns, "mistério" — ou seja, estado de coisas subjetivo, que aceitamos como real, mas sem saber como *possa* ser real. Não é de admirar que diversos aspectos da existência e da atividade do nosso Criador nos sejam incompreensíveis, ou seja, além da nossa capacidade de entendimento como criaturas.

Teólogos neo-ortodoxos*, seguindo as pegadas de Kierkegaard*, têm frequentemente abraçado o paradoxo como paradigma* do método dialético* de teologizar — afirmação dentro da negação e vice-versa. Crê-se que esse método conduza para além do racionalismo de teólogos que domesticam Deus lutando com ele em seus próprios pensamentos, a uma fé dinâmica, que vai ao encontro de um Criador livre, vivo, soberano e transcendente, na crise do compromisso e da decisão. A força dessa forma de pensamento ("teologia do paradoxo", como é chamada) reside no reconhecimento de que Criador e criatura, eterno e temporal, infinito e finito, não são comensuráveis; além disso, que o pecado torce nosso pensamento natural a respeito de Deus para fora da verdade, de tal modo que não podemos esperar que a boa teologia e a fé real pareçam senão irracionais ante o mundo secular. Nossa fraqueza correspondente, contudo, é a falta de disposição de virmos a ser presas da racionalidade

PAROUSIA

consistente das Escrituras, o que resulta em muita irracionalidade e incoerência reais. No momento, a teologia do paradoxo se encontra, em algumas de suas partes, um tanto ultrapassada.

Bibliografia
C. F. H. Henry, *God, Revelation and Authority*, vol. 1 (Waco, TX, 1976), caps. 11-15; R. W. Hepburn, *Christianity and Paradox* (London, 1958); H. R. Mackintosh, *Types of Modern Theology* (London, 1937).

J.I.P.

PAROUSIA, ver Escatologia.

PASCAL, BLAISE (1623-1662). Pascal, cuja genialidade precoce emergiu em matemática, física experimental e invenções práticas, foi convertido ao jansenismo (ver Agostinianismo*) em Rouen, em 1646. Participou ativamente da vida social, intelectual e cultural de Paris até a noite em que ele mesmo denominou sua "noite de fogo" (1654), experiência de intensa segurança, alegria e paz mediante Cristo, que o levou à total consagração de sua vida a Deus. Visitando a comunidade jansenista em Port-Royal, Pascal foi convidado a conclamar apoio público em favor de seu líder, Antoine Arnauld, acusado de heresia pela Sorbonne. Durante quatorze meses, redigiu uma série de panfletos anônimos, dez dos quais dirigidos a um sacerdote provincial, e oito, aos jesuítas. Com sátira mordaz, suas cartas provinciais expuseram a desonestidade intelectual dos oponentes de Arnauld e a hipocrisia moral dos jesuítas, que constituíam a facção dominante da Igreja Católica na França.

Seu principal legado é uma apologia* da religião cristã, dirigida aos eruditos incrédulos de sua época. A má saúde o restringiu em seus projetos, alguns desenvolvidos, outros quase telegráficos, e que os jansenistas publicaram postumamente, como os *Pensées* [Pensamentos]. Pascal esquivou-se das tradicionais provas da existência de Deus, baseadas na razão pura ou deduzidas da realidade do cosmo. Para ele, a razão humana é falha, afetada pelos instintos, por doenças e enganos, sujeita ao orgulho, incapaz de estabelecer os princípios básicos (contrariando Descartes*), não nos dando o conhecimento de Deus e do nosso destino eterno. Oferece-nos, na melhor das hipóteses, tão somente um Deus abstrato e sem o poder de inclinar nosso coração (no sentido bíblico, Sl 119.36) — a ordem mais elevada da consciência humana, persuadida apenas pela graça. O empírico* Pascal, pelo contrário, começa a partir dos dados, notadamente do fenômeno inexplicável da humanidade, inquestionavelmente corrupta, sujeita a inconstância, enfado, ansiedade e egoísmo, fazendo de tudo enquanto acordada para distrair a mente de sua infelicidade, mas mostrando vestígios de grandeza inerente na realização dessa condição mental. A humanidade, pensa Pascal, também se encontra suspensa entre as infinidades reveladas tanto pelo telescópio como pelo microscópio e consciente de seu vazio interior, que o mundo finito falha em satisfazer. Nenhuma filosofia dá conta disso. Nenhum sistema moral nos faz melhores ou mais felizes. Uma única hipótese, que é a da criação à imagem divina seguida pela queda, explica nossa situação desagradável e, mediante um redentor e mediador junto a Deus, oferece a restauração de nosso estado de retidão. Pascal prossegue desafiando o leitor a assumir compromisso com Cristo e a vida eterna, particularmente em sua famosa passagem da "aposta", a seguir, apresenta a evidência da verdade do cristianismo, ao mostrar sua perpetuidade desde o primeiro homem até o fim dos tempos e a excelência de Cristo como mediador, combinando perfeitamente a grandeza com a degradação humana na cruz; além do mais, a totalidade do AT encontra seu cumprimento nele, cuja redenção, muito embora não nos torne totalmente sem pecado, alivia o desespero, humilha o orgulho e nos capacita a fazer o bem.

Pensées permanece até hoje impressionante por sua abordagem apologética quase singular, sua profundidade, seu entendimento compassivo da humanidade em Deus e a prosa persuasiva de algumas das seções mais desenvolvidas. Sua leitura tem-se multiplicado em nossa geração agitada e ansiosa; a maioria dos autores de nossa época, mesmo aqueles que rejeitam a solução cristã de Pascal, não podem deixar de reconhecer a sabedoria e a forte influência de sua análise da condição humana.

Bibliografia
A. Krailsheimer (ed.), *The Provincial Letters* (Harmondsworth, 1967); *idem* (ed.), *Pensées* (Harmondsworth, 1966).

J. H. Broome, *Pascal* (London, 1965); A. Krailsheimer, *Pascal* (Oxford, 1980); J. Mesnard, *Pascal, His Life and Works* (London, 1952).

D.G.P.

PASCÁSIO RADBERTO (c. 785-c. 860). Teólogo, foi o primeiro proponente explícito da transubstanciação. Monge, e por algum tempo abade, do mosteiro beneditino de Corbie, França, em 831 deu à luz o primeiro tratado específico sobre a doutrina da santa comunhão, *De Corpore et Sanguine Domini* [Sobre o corpo e o sangue do Senhor]. Trouxe à baila tendências dos séculos imediatamente precedentes, ao interpretar a linguagem enfática de muitos dos pais a respeito da presença de Cristo no sacramento, ou nos elementos, da ceia do Senhor, em sentido literal, significando que o verdadeiro corpo e sangue de Cristo expostos na cruz estariam ali presentes, mediante haverem tomado a substância do pão e do vinho, mas sem alterar a aparência ou o sabor destes (ver Eucaristia*).

A doutrina da transubstanciação foi definida pelo Quarto Concílio de Latrão (1215) (ver Concílios*), e Pascásio é santo no calendário da Igreja de Roma. Ele parece ter esperado oposição, sendo a edição revisada de seu livro (844) dada pelo rei de França Carlos II, o Calvo, a Ratramus* e talvez a João Escoto Erigena*, para elaborarem as necessárias eventuais respostas. Pascásio escreveu várias outras obras, incluindo um longo comentário sobre Mateus.

Bibliografia
Obras: em *PL* 120; extratos, com traduções, *in*: C. Herbert, *The Lord's Supper: Uninspired Teaching*

PÁSCOA

(London, 1879); discussão, *in:* N. Dimock, *The Doctrine of the Lord's Supper* (London, 1910).

R.T.B.

PÁSCOA (em grego, *pascha*, que também significa *passover*, Páscoa em hebraico). A mais antiga e a maior festa anual do calendário cristão*. Com base no que se refere Eusébio (EH 4.24.1-8), a existência da Páscoa cristã remonta certamente ao tempo de Aniceto e Policarpo (c. 155), ou ainda, provavelmente, ao tempo do nascimento de Polícrates (c. 125). Pela referência em Epístola dos Apóstolos 15, pode também datar de c. 125. É possível, porém, que tenha surgido em Antioquia por volta do ano 110, a partir de comemoração semanal, dominical, da ressurreição de Cristo, a fim de dar destaque especial ao domingo cuja data ficava mais próxima da do dia real da ressurreição, i.e., do domingo logo após a Páscoa judaica, em 14 de nisã.

No século II, a pequena província da Ásia observava a Páscoa no próprio 14 de nisã, enquanto quase o mundo todo cristão a observava no domingo seguinte. Isso fez surgir uma explicação alternativa da origem da festa da Páscoa cristã. A suposição (notadamente, de B. Lohse) era de que a prática da província da Ásia tivesse sido a original, como continuação da observância da própria Páscoa israelita pelos judeus cristãos nos primeiros tempos do NT. Contudo, é difícil entender por que a prática judaica foi preservada na Ásia, área basicamente gentília, evangelizada pelo próprio autor de Colossenses 2.16,17 e Gálatas 4.9-11, e não na Palestina ou na Síria,

onde havia mais judeus do que em qualquer outra parte e onde, justamente, ficava o centro do cristianismo judaico. Assim, pode-se considerar a prática na Ásia como pressupondo já a existência, na época, do Domingo de Páscoa cristão, e sendo, portanto, uma possível tentativa de ali se alcançar precisão cronológica maior do que no restante do mundo cristão, ao se transferir a comemoração, do primeiro domingo após a Páscoa, para a data da própria Páscoa judaica. Não há nenhuma evidência, por outro lado, para qualquer hipótese de que a igreja da Ásia estivesse rememorando a paixão e morte de Cristo, enquanto o restante da Igreja, sua ressurreição. O antigo dia da Páscoa celebrava ambos os eventos, tendo a Sexta-Feira Santa aparecido separadamente, pela primeira vez, somente no século IV.

A prática da Ásia deu surgimento a uma controvérsia interna entre Melito e Cláudio Apolinário (*c.* 150-160) e à chamada controversa Quartodécima ("cerca de quatorze"), de âmbito mundial (c. 190), em que a visão não asiática prevaleceu.

Até então, como vimos, todos os cristãos datavam sua Páscoa segundo a resolução tomada a cada ano pelos judeus quanto à data comemorativa da Páscoa judaica, que era ainda fixada por observação. Os cristãos guardavam assim a Páscoa da ressurreição, ou no domingo seguinte à festa judaica ou, na Ásia, no próprio dia dessa comemoração. Contudo, como essa dependência despertara crítica e até zombaria por parte dos judeus, os cristãos, a partir do século III, passaram a fixar sua Páscoa

PÁSCOA

independentemente, por meio de cálculo astronômico. Enfrentavam, porém, uma dificuldade, que era a de conciliar o ano lunar judaico com o ano solar padrão adotado no Império Romano. Com esse propósito, a Igreja romana passou a usar um ciclo de oito anos duplicado e, mais tarde, um ciclo de oitenta anos, enquanto a igreja de Alexandria adotou o chamado ciclo metônico, de dezenove anos, que era o mais exato e acabou prevalecendo definitivamente em toda parte. A tudo isso, no entanto, já surgira a segunda grande controvérsia sobre a Páscoa, entre os que haviam começado a fixá-la com ajuda da astronomia e os que continuavam a ser guiados pela prática judaica e a celebravam no domingo seguinte após a Páscoa judaica. Essa controvérsia — frequentemente confundida com a Quartodécima, causando o "quartodecimanismo" que, conforme se acreditava, era mais duradouro e difundido do que realmente era — teve sua solução dada, em princípio, pelo Concílio de Niceia, em 325, com decisão a favor do novo método. Os dissidentes, dessa vez, não eram da igreja na Ásia, mas das igrejas da Síria, Cilícia e Mesopotâmia.

Controvérsias subsequentes surgiram dos diferentes métodos de calcular a Páscoa. Uma delas ocorreu no século VII, devido às igrejas célticas haverem mantido o ciclo de oitenta e quatro anos após Roma já tê-lo há muito abandonado. Outra controvérsia estendeu-se do século XVI até praticamente os nossos dias, envolvendo os calendários juliano e gregoriano, por causa da ligeira, mas acumulada, inexatidão

no ano solar romano, tal como este fora estabelecido por Júlio César. Por volta de 1582, esse detalhe havia se tornado bastante significativo, a tal ponto de o papa Gregório XIII ter determinado corrigi-lo; mas as igrejas cristãs fora da comunhão de Roma demoraram a adotar a reformulação. O novo calendário não entrou em vigor na Inglaterra senão em 1752, quando, então, novas tabelas de calendário da Páscoa foram apresentadas, no *Livro de Oração Comum*. Muitas das igrejas orientais ainda não a adotaram até hoje. Como a Páscoa é uma festa móvel, concomitantemente com as fases da Lua, coincide a cada três anos nos calendários juliano e gregoriano; todavia, festas fixas, como a do Natal, ficaram em treze dias depois no calendário juliano, em relação ao gregoriano. Uma proposta secular atual de Páscoa cristã fixa, significando abrir mão de vez do ano lunar judaico, tem encontrado certa simpatia por parte de igrejas ocidentais, mas de nenhuma das igrejas do Oriente, em que o interesse predominante é ainda o de uma Páscoa cristã comum e entrosada.

As celebrações da Páscoa, já no século II, continuavam nas sete semanas seguintes, sendo também acrescentado um período preparatório de um ou mais dias de jejum, fonte última da Quaresma, posterior. A singular e prematura origem da Páscoa, a escala de suas celebrações e o calor com que sua datação foi debatida, tudo isso testemunha da importância incomparável da morte e ressurreição de Cristo — real cumprimento da *Passover* — no pensamento cristão primitivo.

PATERNIDADE DE DEUS

Bibliografia

R. T. Beckwith, The Origin of the Festivals Easter and Whitsun, *SL* 13 (1979), p. 1-20; J. G. Davies, *Holy Week* (London, 1963); A. A. McArthur, *The Evolution of the Christian Year* (London, 1953); T. Talley, "Liturgical Times in the Ancient Church: the State of Research", *SL* 14 (1982), p. 34-51.

R.T.B.

PATERNIDADE DE DEUS. O caráter de Deus como Pai é revelado de modo proeminente no ensino de Jesus registrado nos Evangelhos. Aqui, pela primeira vez, vemos Deus como Pai de cada fiel, e não apenas de toda a nação, surgindo essa revelação da vida interior do próprio Jesus.

O uso que o nosso Senhor faz da expressão íntima *abba* é tão significativo que está preservado, em grego, nos Evangelhos (Mc 14.36) e, como termo usado pelos próprios crentes, em outras partes no NT (Rm 8.15; Gl 4.6). Rompe categoricamente com os modos remotos e altamente formais de designação divina empregados pelos judeus ainda na época. Embora vários intérpretes tenham enfatizado a informalidade do termo (como equivalente a "paizinho"), ele é, na verdade, uma designação que um filho respeitoso, mas carinhoso, daria a seu pai, em qualquer fase de sua vida (melhor ainda, "papai", com sua conotação de respeito cheio de afeição). O evangelho testemunha que Jesus Cristo usou *abba* referindo-se a Deus em uma oração pessoal pública, com o seu convite aos discípulos de chamarem Deus de Pai, também ("Pai nosso..."), o que tem levado alguns a ver isso como o aspecto singular mais importante de seu ensino.

A forma desse ensino, com seu movimento indo de sua própria experiência de Deus à dos discípulos, é a mesma que alcança nosso entendimento. A base da paternidade divina de todos os crentes é sua paternidade de Cristo, o "irmão primogênito". Há uma relação analógica* entre a paternidade de Deus e a filiação de Cristo, de um lado, e a paternidade de Deus e a nossa filiação*, do outro. O conhecimento que o crente tem de Deus como Pai é o corolário de sua adoção como filho.

Qual a importância do emprego desse modo de tratamento? Uma intimidade familiar é imediatamente estabelecida no relacionamento divino–humano, em que o meramente formal, assim como o meramente tímido, não tem mais lugar. Todavia, as implicações vão muito mais longe. A preocupação e o interesse de Deus pelo indivíduo crente são realmente os de um pai por um filho. Se o homem deixara o Éden sob uma maldição, é sob o sorriso amável do pai que o filho pródigo retorna. A conduta total da religião do Deus único e todo-poderoso passa a ser estabelecida em contexto bastante diverso e distinto, com a entrada da nova terminologia de pai-filho. É importante observar, enfim, que isso não constitui uma simples ilustração de como Deus deva ser visto na condição de pastor do rebanho ou senhor dos servos. A base para essa nova abordagem, assim como do relacionamento que representa, está na própria Divindade, ou seja, nas relações eternamente subsistentes entre

PAULO

Pai e Filho eternos, na Trindade* Pai-Filho-Espírito Santo.

Essa doutrina, da paternidade de Deus, tem dado ocasião a mais de uma controvérsia. Um conceito diferente da paternidade divina ganhou ampla aceitação, como emblema do liberalismo teológico*, nos primeiros anos do século XX. Não restringia mais a paternidade de Deus somente aos crentes, mas a estendia a toda a humanidade, anulando assim, implicitamente, a distinção entre a Igreja e o mundo e negando, consequentemente, a necessidade do evangelho (*cf.* Harnack*, *What is Christianity?* [O que é cristianismo?]). Esse sentido de Deus ser descrito como Pai de todos — *i.e.*, como Criador, uso comum nos países primitivos e, provavelmente, o significado original no Credo Apostólico — é, fundamentalmente, distinto da sua paternidade redentora da Igreja. Também o surgimento do pensamento feminista* na Igreja tem levado à exigência de Deus ser designado igualmente "Mãe" ou, pelo menos, "Progenitor", em lugar de Pai. Esse é o resultado de uma série de equívocos. De acordo com a revelação bíblica, o tratamento de Pai a Deus é um privilégio gracioso anunciado pelo próprio Deus, não alguma teoria humana a respeito dele que esteja sujeita à revisão. Além disso, o caráter de Deus revelado nas Escrituras não é meramente masculino, pois a figura bíblica é, na verdade de alguém que cuida, compadece-se, afaga e protege, não de uma divindade chauvinista. E é o seu amor que fica supremamente evidente em nossa tendência natural em chamá-lo de "nosso Pai".

Bibliografia
P. T. Forsyth, *God the Holy Father* (London, 1897); J. Jeremias, *The Prayers of Jesus* (London, 1967).

N.M.deS.C.

PAULO. Este artigo apresenta um panorama da vida e obra de Paulo, sua teologia, seu lugar no cristianismo primitivo e sua importância nos dias de hoje.

1. Vida e obra
O apóstolo Paulo, judeu da tribo de Benjamim, nasceu como cidadão romano, em Tarso da Cilícia, com o nome hebraico de Saulo. Paulo era, mais provavelmente, um de seus nomes romanos. Educado como fariseu, viria a ser altamente capacitado na lei judaica e em sua tradição (Gl 1.14). Dedicado à violenta perseguição aos da Igreja, seria confrontado, no caminho de Damasco, com uma visão ofuscante de Jesus ressuscitado, que, segundo ele, imediatamente o converteu e o chamou à missão. Prosseguindo em seu caminho para Damasco, ali recuperou a visão, sendo então batizado, em *c.* do ano 34 (At 9.3-19). Em obediência ao novo Senhor, Paulo começou logo a pregar Jesus como o Messias Salvador nas sinagogas, tornando-se, por sua vez, em consequência disso, objeto da perseguição judaica (At 9.19-25; *cf.* 1Ts 2.14-16).

Levou algum tempo na Arábia (Gl 1.17), retornando a Damasco, onde permaneceu por três anos antes de ir para Jerusalém (At 9.26-29). A perseguição a ele novamente se manifestou, indo Paulo, então, para sua cidade natal, Tarso, até ser levado por Barnabé a ajudar na crescente Igreja multirracial de

PAULO

776 ■

Antioquia (At 11.19-26). Dali, os dois fizeram uma viagem a Jerusalém (At 11.30), a fim de ajudarem a proporcionar alívio em uma crise de fome local, na época prevalecente (c. 46). É bem provável que essa jornada seja a mesma descrita em Gálatas 2.1-10, embora alguns identifiquem mais a última com a visita a Jerusalém descrita em Atos 15.

De volta a Antioquia, Paulo e Barnabé foram chamados pelo Espírito para um ministério itinerante de pregação (At 13—14), cujo sucesso acabou levando a uma controvérsia sobre os termos de admissão dos não judeus ao povo de Deus (Gl.; Fp 3.2-11; ver At 15). Paulo fez ainda duas viagens com Silas e outros companheiros, permanecendo um tempo considerável em Corinto, em sua primeira viagem, e em Éfeso, na segunda (At 16-19). Retornando a Jerusalém, ali foi preso e julgado perante o Sinédrio e dois governadores romanos sucessivos, processo que terminaria somente quando usou de seu direito de cidadão romano de apelar para César. Foi então levado de navio a Roma, sofrendo naufrágio na costa da ilha de Malta (At 20-28). A narrativa de Atos termina com Paulo pregando abertamente em Roma (embora aparentemente detido), não sendo mencionando seu futuro julgamento ou execução. A Igreja, mais tarde, supriu a lacuna com suposta ocorrência de martírio de Paulo sob Nero, em *c*. 64.

Suas cartas às igrejas que restaram mostram formar uma parte vital do ministério de Paulo, sendo o principal meio pelo qual ele pôde, mesmo quando ausente, exercer autoridade pastoral sobre as congregações que havia fundado. Essas cartas levantam três questões principais: a) Como sua teologia deve ser entendida? b) Que papel Paulo exerceu no desenvolvimento do pensamento cristão primitivo? c) Como o apóstolo deve ser visto na Igreja contemporânea?

2. A teologia de Paulo

Alguns estudiosos têm colocado no centro do pensamento de Paulo a justificação*; outros, sua doutrina do "estar em Cristo" (ver União com Cristo*). Nenhuma dessas soluções, porém, resolve todos os problemas referentes à sua teologia. Um modo melhor de ver Paulo é como tendo repensado sua teologia farisaica à luz de Jesus Cristo, conforme se segue.

a. A formação anterior de Paulo. As afirmações básicas da teologia judaica são o monoteísmo* (há um só Deus, Criador do mundo) e a eleição de Israel (Deus o escolheu para ser seu povo). Essa dupla doutrina encontra sua expressão clássica no pacto*, cujo ponto focal é a lei* (Torá). A tarefa de Israel era ser fiel a Deus guardando a Torá, e Deus, por sua vez, seria fiel ao pacto ("justo"*) livrando Israel de seus inimigos. Como fariseu, Paulo cria que esse livramento tomaria a forma de uma nova era, irrompendo na presente época (maligna): Israel seria então "justificado", i.e., declarado estar verdadeiramente no pacto, sendo que aqueles que tivessem morrido fiéis ao pacto seriam ressuscitados dentre os mortos para partilhar dessa nova ordem mundial. Enquanto isso, a única esperança de Israel estaria na fidelidade à Torá e nas consequentes exclusividade perante Deus e separação da corrupção, particularmente por evitar contato com os gentios. Foi o aparente descumprimento voluntário das obrigações do pacto pelos judeus convertidos cristãos que deve ter levado Paulo à ira de persegui-los. Sua visão de Jesus ressurreto, no entanto, causou uma revolução total não somente em sua vida pessoal, por causa de seu reconhecimento de Jesus como Senhor, mas também em seu pensamento. Se Deus havia ressuscitado Jesus dentre os mortos, isso significava simplesmente que Jesus era o Messias, o libertador de Israel. Essa percepção levou imediatamente Paulo à reavaliação total do seu esquema teológico e de sua vocação na prática.

b. Deus e Jesus. Foi a visão que Paulo teve de Jesus que causou e moldou toda a reviravolta em suas ideias a respeito de Deus. Se Deus havia confirmado Jesus crucificado como Messias, então, nele, em Jesus — em seu sofrimento e confirmação — já ocorrera o ato de Deus de salvar seu próprio povo. Uma vez que as Escrituras consideravam esse ato como essencialmente do próprio Deus, Paulo concluiu que Jesus era o próprio Deus em ação: "Deus em Cristo estava reconciliando consigo o mundo" (2Co 5.19). O que Jesus havia feito na cruz era algo que somente Deus poderia fazer. Mas Jesus, que antes de se tornar humano estava "em forma de Deus", não considerou sua igualdade com Deus Pai algo de que poderia tirar vantagem e, sim, revelou o verdadeiro caráter de Deus, em sua autorrenúncia, encarnação e morte (Fp 2.6-8). A ressurreição é a afirmação de Deus

de que esse amor a ponto de autoentrega é, de fato, a revelação de sua própria vida, pessoa e caráter (Fp 2.9-11; *cf.* Rm 1.4). Deus, que não compartilha sua glória com ninguém, a compartilhou com Jesus (Is 45.22-25; *cf.* Fp 2.9-11).

O monoteísmo é, desse modo, redefinido, mas jamais abandonado: Paulo vale-se da metáfora judaica a respeito da "sabedoria* de Deus", mediante a qual o próprio Deus fez o mundo, para atribuir essa ação medianeira na criação, assim como na nova criação, a Jesus (1Co 8.6; Cl 1.15-20), colocando-o junto ao Pai, em formulações que constituem uma reafirmação do monoteísmo judaico em face do politeísmo pagão. Essa notável nova visão de Deus, realçando especialmente o amor divino, é preenchida, posteriormente, pela visão que Paulo tem do Espírito Santo, em operação nos seres humanos para realizar aquilo que Deus pretende, ou seja, a doação da verdadeira vida (Rm 8.1-11; 2Co 3.3,6,17,18). Paulo, por fim, reconhece que o monoteísmo não pode ter conteúdo se causar a divisão do mundo em dois. Porque há um só Deus e um só Senhor, deve haver um só povo de Deus (Rm 3.27-30; 10.12; Gl 3.19-20). Sua nova visão de Deus aponta, assim, para uma nova visão, também, de povo escolhido (*cf.* Igreja*).

c. O novo pacto. Ao reconhecer Jesus como o Messias (em grego, Cristo), *i.e.*, aquele em quem tinham sido resumidos os propósitos de Deus para com Israel*, Paulo é levado a ter de repensar o lugar de Israel e sua lei no propósito total de Deus. A menos que Deus tivesse mudado seus planos (o que seria impensável), o que havia acontecido

PAULO

com Cristo deveria ser, o tempo todo, parte do propósito de Deus. A cruz e a ressurreição forneceram a Paulo uma evidência: uma vez que o Messias representa Israel, o próprio Israel deveria "morrer" e "ressuscitar" (Gl 2.15-21). Relendo as Escrituras com isso em mente, Paulo descobriu que, na passagem em que as promessas do pacto são feitas pela primeira vez (Gn 15), dois temas se salientam: o desejo de Deus de que "todas as nações" compartilhem da bênção de Abraão e a da fé de Abraão como sinal de que ele era, de fato, parceiro do pacto de Deus (Rm 4; Gl 3). Isso significava que era errôneo o entendimento que Israel tinha sobre o seu papel no plano de Deus. Israel havia confundido o que era apenas uma fase temporária no plano (sua terra, sua lei, seus privilégios étnicos) como o objetivo final do plano de Deus em si mesmo. A lei, por sua vez, embora vinda de Deus e refletindo sua santidade, não poderia ser o meio de livramento definitivo, por causa do pecado. Agora, Cristo, não mais Israel, mostrava ser o ponto central do plano divino: nele, o plano de Deus para uma família mundial estava sendo de fato executado. Os inimigos de Israel haviam sido meramente uma metáfora, um símbolo, dos reais inimigos de Deus, a saber, o pecado e a morte (1Co 15.26,56), que não prevaleceriam não somente sobre Israel, mas sobre toda a humanidade. Esses inimigos supremos haviam sido vencidos na cruz e pela ressurreição.

Como representante, isento de pecado, de Israel e da humanidade, o Messias tinha permitido que o pecado e a morte o fizessem padecer o pior possível, e dos mortos havia ressurgido vitorioso. O poder do pecado havia se exaurido, ao causar a morte a um ser humano que, sendo por si mesmo sem qualquer pecado, poderia ser perfeitamente libertado por Deus após a morte (2Co 5.21).

A cruz permanece, assim, no centro da teologia de Paulo, sendo a base de sua missão (2Co 5.14-21) e de sua redefinição do povo de Deus. O fato de o pecado ser universal (Rm 1.18—3.20) demonstra a necessidade de um ato salvador da pura graça de Deus (3.21-26): a ira divina (1.18-2.16) é então desviada, como no Êxodo, pelo sangue do sacrifício (3.24—6). Não tivesse Israel se escravizado ao pecado, a participação no pacto teria sido definida nos termos da lei mosaica da circuncisão e, nesse caso, não haveria necessidade de Cristo morrer (Gl 2.11-21).

A ressurreição oferece a base para a verdadeira definição de povo de Deus. Deus confirmou Jesus como Messias, tendo, portanto, declarado que aqueles que pertencem a ele, e que no idioma hebraico estão "em Cristo" (cf. 2Sm 19.43—20.2), são o verdadeiro Israel. As marcas de participação no novo pacto são os sinais da obra do Espírito, *i.e.*, fé* em Jesus Cristo como Senhor, crença em sua ressurreição e batismo* como marca de ingresso e membresia no povo histórico de Deus (Rm 10.9,10; Cl 2.11,12).

A "justificação" é, desse modo, a declaração de Deus atualmente de que alguém está no pacto, declaração essa não feita com base em se buscar guardar a lei judaica, mas com base na fé; pois somente

PAULO

a fé em Cristo é a evidência de que Deus, mediante o Espírito, tem dado início a uma nova obra na vida humana, a qual certamente ele concluirá (Rm 5.1-5; 8.31,39; Fp 1.6; 1Ts 1.4-10). O atual veredicto divino antecipa corretamente que isso acontecerá com toda a certeza no último dia, tendo por base a vida total do cristão (Rm 2.5-11; 14.10-12; 2Co 5.10). Esse duplo veredicto está firmado em uma base dupla: a morte e ressurreição de Jesus e a obra do Espírito. Cristo e o Espírito realizam juntamente "aquilo que a lei fora incapaz de fazer" (Rm 8.1-4). A "justificação", assim, redefine o povo de Deus e se abre para todas as pessoas que creem, sejam quais forem seus antecedentes raciais ou morais.

É a totalidade do mundo, dessa forma, a esfera de ação redentora de Deus em Cristo, sendo convocados pelo evangelho todos os homens e mulheres, sem distinção, para aceitarem o senhorio de Jesus e desfrutar, assim, das bênçãos da vida na comunidade do pacto, tanto no presente mundo quanto no futuro. O novo povo de Deus forma, enfim, em Cristo, a verdadeira humanidade que Israel foi chamado a ser, mas que por si mesmo não pôde fazê-lo. Paulo expressa isso de modo adequado, referindo-se à Igreja, ao povo do Messias, como "o corpo de Cristo" (Rm 12; 1Co 12). Essa membresia em Cristo deve ser vivida por todo cristão, individualmente, permitindo ao Espírito dirigir seus atos e capacitando-o a viver no presente como é apropriado a todos os herdeiros do futuro reino de Deus (Rm 8.12-25; Gl 5.16-26; Cl 3.1-11). Já participando os cristãos,

assim, de uma nova era, o retorno final de Cristo, que pode ser logo ou mais tarde, deve encontrá-los "despertos", não "dormindo" em pecado (1Ts 5.1-11; *cf.* Fp 3.17-21). Quando esse dia chegar, aliás, não somente os seres humanos, mas a totalidade da criação, partilharão juntos da renovação que o único Deus tem planejado para este seu mundo (Rm 8.18-25).

d. A justiça de Deus. A descrição da renovação de toda a criação mediante a obra de Cristo e do Espírito Santo completa a definição que Paulo dá do próprio Deus. Na carta aos cristãos de Roma, ele aborda a questão judaica padrão a respeito da justiça de Deus (Se Israel é o povo de Deus, por que está sofrendo?), mas intensificando-a à luz do pecado universal (Se todos, inclusive Israel, estão em pecado, como pode Deus ser fiel com relação ao pacto?) e respondendo-a à luz do evangelho. A cruz e a ressurreição, declara ele, demonstram que Deus está correto: ele é fiel quanto ao pacto com Abraão; é imparcial em seu trato tanto com judeus como com gentios; solucionou o problema do pecado na cruz e agora salva todos aqueles que se lançam em busca de sua misericórdia. A questão seguinte, sobre se Deus é justo em aparentemente permitir que o povo judeu, o povo original do pacto, perca a salvação messiânica, é respondida em Romanos 9—11. Deus é fiel em sua promessa, a qual sempre se referiu a uma família de caráter mundial. A atual rejeição de Israel é parte necessária da totalidade do propósito divino, pois somente assim os gentios poderiam ser recebidos por ele, e os próprios judeus,

PAULO

salvos, como devem ser, pela graça somente. Paulo explica as coisas aparentemente incomuns do plano divino, como a ação do amor e da misericórdia de Deus em face do pecado humano, inclusive dos judeus.

A teologia de Paulo efetua, assim, uma redefinição de monoteísmo e da eleição de Israel, com base na morte e ressurreição de Jesus Cristo e na obra do Espírito. Essa teologia é inteiramente caracterizada pelo amor: o amor de Deus por este mundo e suas criaturas humanas; o amor de Jesus em sua morte expiatória; o amor das criaturas por Deus e de uns pelos outros com que Deus, pelo Espírito, está transformando a vida individual e comunitária de seu povo do novo pacto, de modo que se tornem os seres plenamente humanos que Deus pretende que sejam, refletindo sua própria imagem, que é a do próprio Jesus (2Co 3.18; Cl 3.10).

3. Paulo no cristianismo primitivo

Fica claro, portanto, que Paulo não é responsável pela "helenização" do cristianismo primitivo, *i.e.*, a transformação, que alguns postularam, a partir de pura fé judaica, em uma construção filosófica. Nem, por outro lado, está meramente usando de métodos rabínicos para perpetuar um sistema judaico de pensamento. Paulo põe em funcionamento, isso sim, a redefinição judaica de judaísmo que surgiu mediante Jesus, possibilitando que a cruz e a ressurreição informem constantemente a mensagem judaica de salvação mundial que ele prega. Chega a ficar sob suspeição por parte de cristãos que se sentiam mais seguros em manter a condição inata e especial de judeus mesmo dentro do novo pacto. Já, em contraposição a isso, suas ideias vieram a ser usadas inadequadamente por outros (*e.g.*, Marcião*) para denegrir a Torá e descrever a Igreja como entidade puramente gentílica. Sua obra, não obstante, forma uma parte-chave do fundamento para a vida e o pensamento da geração imediata e das subsequentes da Igreja.

4. Paulo para hoje

Desde a Reforma, costuma-se ler Paulo como inimigo do "legalismo" na religião (ver Lei e Evangelho*). Essa questão, embora importante em sua época, não chega a representar o motivo da teologia de Paulo. Ao contrário, a Igreja contemporânea faria bem em aprender com Paulo quanto ao verdadeiro significado do monoteísmo moldado em Cristo e do novo pacto no Espírito, que, juntos, proporcionam a base, o raciocínio lógico, o conteúdo e o padrão para a vida da igreja e, particularmente, sua responsabilidade por uma missão de caráter mundial.

Bibliografia

F. F. Bruce, *Paul, Apostle of the Free Spirit* (Exeter, 1977); W. D. Davies, *Paul and Rabbinic Judaism* (Philadelphia, 1980); E. Käsemann, *Perspectives on Paul* (London, 1969); S. Kim, *The Origin of Paul's Gospel* (Grand Rapids, MI, 1982); W. A. Meeks, *The First Urban Christians: The Social World of the Apostle Paul* (New Haven, CT, 1983); H. N. Ridderbos, *Paul: An Outline of His Theology* (Grand Rapids, MI, 1975);

781 **PECADO**

E. P. Sanders, *Paul and Palestinian Judaism* (London, 1977).

N.T.W.

PECADO. As Escrituras empregam uma variedade de palavras para significar "pecado", com acepções que variam desde "errar o alvo" e "quebra de relacionamentos" até "impiedade", "perversão" e "rebelião". Todavia, o tema comum de toda expressão bíblica relativa a pecado é a ideia central de que se trata de um estado do ser humano que o separa da santidade de Deus; biblicamente, o pecado é, em última análise, pecado contra Deus.

Segundo Agostinho*, o pecado não deve ser considerado em termos positivos, mas negativos, como privação do bem. Ele define a essência do pecado como concupiscência (*concupiscentia*), palavra usada para traduzir o sentido bíblico de desejo carnal, mas entendida por Agostinho como amor-próprio pervertido, oposto do amor a Deus. Todavia, essa definição de pecado como egoísmo deixa de fazer jus à sua seriedade em termos bíblicos, como, primacialmente, um ato praticado contra Deus.

Calvino* contesta Agostinho, argumentando que o pecado não deveria ser meramente concebido como privação do bem, mas, sim, corrupção total do ser humano. O desejo, por si mesmo, é pecado que mancha toda a natureza do homem, mas a raiz dessa corrupção não é meramente amor-próprio, mas, sim, desobediência, inspirada pelo orgulho.

À primeira vista, a definição que Barth* dá de pecado, como uma "insignificância", uma "possibilidade impossível", pode parecer semelhante à ideia de Agostinho, de privação do bem. Mas Barth não está falando meramente de "privação". "Insignificância", no caso, não tem o sentido ou o significado de "nada"; é aquela contradição da vontade positiva de Deus e quebra de seu pacto, que somente pode existir sob a contradição que é o seu julgamento. Assim, o pecado é o orgulho humano, a contradição da humilhação que Deus faz de si mesmo em Cristo; é a indolência humana, contradição do desejo de Deus de exaltar o homem em Cristo; a falsidade humana, contradição da promessa de Deus ao homem em Cristo.

Se a narrativa de Gênesis 3 deve ser interpretada não somente como relato histórico do pecado de Adão, mas também como relato da origem do pecado, então o pecado de Adão deve ser identificado como a definição bíblica básica da essência do pecado — *e.g.*, uma avidez por autonomia espiritual e moral, enraizada na descrença e na rebelião. Pode ter-se tornado comum pensar em uma disposição interior do homem para o pecado, que é passada à sociedade e suas estruturas mediante a influência dos pais, ambiente ou educação. Essa ideia, no entanto, não confere a necessária gravidade ao estado pecaminoso da humanidade, tal como a Bíblia o descreve. Tradicionalmente, a igreja considera essa disposição interior como uma referência ao conceito de pecado original, um meio de definir como o pecado de Adão afeta todos os seres humanos. Com base no salmo 51.5, Agostinho definiu o pecado original como pecado herdado, considerando que a natureza decaída

PECADO

de Adão fosse transmitida biologicamente, por meio da procriação. Anselmo*, embora considerando o pecado original como original em cada indivíduo, em vez de referente à origem da humanidade, entendia também a culpa e a impureza originais passando de pais para filhos: todos estavam, seminalmente, presentes em Adão e, portanto, pecaram em Adão. A falha dessa abordagem é que, se todos são culpados do pecado de Adão por meio da conexão orgânica, não são culpados também dos pecados de seus outros ancestrais? Para Calvino e Barth, o Sl 51.5 não deve ser interpretado como referência a esse pecado herdado, mas, sim, que, desde o começo, o salmista tem consciência de sua própria iniquidade e corrupção: "Desde sua real concepção traz consigo a confissão de sua perversão própria" (Calvino, *Institutas*, II.i.5).

Tanto Lutero como Calvino entendiam o pecado original não como uma compulsão externa, mas como uma necessidade interna, enraizada na perversão da própria natureza humana. Contudo, embora Calvino fale de uma "depravação e corrupção hereditária de nossa natureza" (*Institutas*, II.i.8), relaciona o pecado original não tanto à hereditariedade como a uma ordenança de Deus, um juízo de Deus sobre toda a raça humana, pelo qual o pecado de Adão é imputado a todos, da mesma maneira que a justiça de Cristo seria imputada depois aos que são salvos. Essa noção foi subsequentemente desenvolvida por Beza* e consagrada na Confissão de Westminster, em termos em que Adão é reconhecido não meramente como o cabeça natural da raça humana, mas também como seu representante federativo (federalismo). Todos os seres humanos já nascem corruptos porque já estão incorporados representativamente no pecado e na culpa de Adão. É essa representatividade corporativa a raiz da disposição inerente de cada pessoa para o pecado, um relacionamento federal que todos confirmam por meio de seus atos pecaminosos: ninguém é pecador porque peca, mas peca porque é pecador.

Tomás de Aquino* argumenta que para que uma pessoa fosse considerada culpada de pecado seria necessário que fosse um ser racional; a queda*, portanto, não poderia ter envolvido a perda da razão humana, que Aquino identificava na imagem de Deus* com que o homem e a mulher foram criados, mas, sim, deve ter envolvido a perda do dom sobrenatural (*donum superadditum*) que capacitava a razão de uma pessoa a estar sujeita a Deus. Para os reformadores, no entanto, a queda resultou na corrupção da natureza humana em toda a sua inteireza. A razão e todos os demais aspectos do ser se tornaram totalmente depravados, como consequência do pecado de Adão. Essa doutrina da depravação total não tem, porém, intenção de sugerir que a humanidade decaída seja inteiramente incapaz de voltar a praticar boas obras, mas, sim, que não há aspecto do ser humano que não tenha sido afetado pelo pecado: não há "resíduo ou núcleo ou bondade que persista no homem em decorrência do pecado" (Barth, *CD* IV,1, p. 493). Considerando, no entanto, que mesmo as boas ações

783 PELAGIANISMO

podem surgir de motivos os mais variados e misturados, a ética, a arte, a elevada criatividade e até a religião têm se tornado, para os homens, ocasiões para manifestar sua incredulidade e orgulho.

Conquanto uma pessoa possa certamente estar consciente de seus atos pecaminosos e motivos falsos, a realidade do estado de iniquidade do homem nunca pode ser percebido tão somente pelo autoconhecimento. A totalidade e a inclusividade do pecado de Adão, com a consequente depravação de tudo, é uma questão que se torna conhecida de modo verdadeiro somente na cruz, "em que ele toma o nosso lugar e decide-se qual é o nosso lugar" (Barth, *CD* IV.1, p. 240). A cruz de Cristo e a condenação do pecado humano que ela representa revelam a objetividade e a depravação total do nosso estado pecaminoso, tal como justamente revelam a total incompetência da redução existencialista* do nosso pecado em termos de "existência inautêntica", ansiedade ou desespero.

Ver também Antropologia.

Bibliografia
K. Barth, *CD* IV.1, p. 358ss; G. C. Berkouwer, *Studies in Dogmatics: Sin* (Grand Rapids, MI, 1971); J. Calvin, *Institutas*, II.i-ix; M. Luther, *The Bondage of the Will* (TI, Cambridge, 1957); B. Milne, *Know the Truth: A Handbook of Christian Belief* (Leicester, 1982).

J.E.C.

PECADO ORIGINAL, ver Pecado.

PEDOBATISMO, ver Batismo.

PELAGIANISMO. Foi uma corrente doutrinária do movimento ascético* ocidental no século V, da qual Pelágio é comumente considerado como fonte principal. Sua perspectiva teológica se caracterizava por: insistência sobre a suficiência da natureza humana, não enfraquecida essencialmente pela queda* de Adão, para cumprir a vontade de Deus; a negação do pecado original* transmitido como culpa* ou corrupção, desde Adão*, a toda a humanidade; as expectativas morais e espirituais mais elevadas do cristão batizado, capaz de uma vida de perfeita santidade, porque Deus assim determina; um entendimento dos dons da graça, que, para o pelagianismo, excluiriam ou, na melhor das hipóteses, minimizariam drasticamente o poder da capacidade humana, sem a obra interior do qual nada se poderia fazer de aceitável a Deus.

O movimento pelagiano não foi, na verdade, uniforme, tampouco unido tão somente pela inspiração de Pelágio. Não obstante, a denominação permaneceu, sendo, ainda hoje, frequente e amplamente empregada para condenar qualquer doutrina que, em princípio, pareça ameaçar a primazia da graça, da fé e da regeneração espiritual sobre a capacidade, as boas obras e o empenho moral humanos.

Pelágio era um leigo nascido britânico, que ganhou aceitação em Roma em *c.* 400 como professor de ascetismo cristão. Escreveu cartas de aconselhamento ascético, tratados (incluindo um tratado de caráter ortodoxo sobre o credo, *Fé na Trindade*) e um comentário sobre as epístolas paulinas. Suas obras se valeram de fontes cristãs

PELAGIANISMO

diversas, entre as quais Orígenes*, Ambrosiaster* e Agostinho*. Fortemente persuadido da bondade da ordem criada, opunha-se a qualquer coisa que a denegrisse, tal como o maniqueísmo* ou o ascetismo exagerado de Jerônimo*. O único dom da graça era a capacitação inviolável que a criatura humana tinha recebido de Deus, juntamente com sua autodeterminação. Embora a queda haja estabelecido uma sucessão de pecados, em detrimento das gerações subsequentes, a capacidade criada (*posse*) da vontade*, mesmo encoberta pelos usos inveterados ou obscurecida pelo esquecimento ou pela ignorância, permaneceu tal como Deus a fez, precisando somente de nosso ato de vontade (*velle*) para tornar uma realidade (*esse*) a vontade de Deus. Com esse fim, foi acrescida a graça da revelação e iluminação, tanto pela lei* quanto mediante o evangelho*. No ato de conversão e batismo (sendo, supostamente, do crente responsável), era assegurada a graça do perdão dos pecados passados (diferentemente de Paulo, Pelágio escreveu explicitamente a respeito da justificação*, *"pela fé somente"*); a seguir, porém, o cristão era considerado capaz de realizar o potencial dos seus poderes de criação. Acima de tudo, não havia lugar para derrotismo ou fatalismo sombrio em face do pecado, que Pelágio alegou encontrar nas *Confissões* de Agostinho. A Igreja, para ele, deveria ser uma comunidade dedicada à perfeição cristã.

O avanço dos godos sobre Roma em 410 dispersou Pelágio e seus adeptos rumo ao sul, à Sicília e à África romana, e ao leste, particularmente à Palestina. Seu correligionário Celéstio foi o primeiro pelagiano a incorrer em censura da Igreja, em Cartago, em 411. Similar em formação a Pelágio, ele não era, nem por isso, espírito mais combativo ou possivelmente menos traiçoeiro. Altamente magoado, acabou adotando as crenças católicas na África, passando a asseverar que Adão seria mortal antes da queda, o que não prejudicava senão a si próprio. Celéstio também afirmava que as crianças deveriam ser batizadas, não para a remissão dos pecados (por não acreditar na influência do pecado original), mas para obtenção da santificação, ou do reino do céu. Essas suas novas opiniões eram certamente desconhecidas de Pelágio, na Palestina, em 415, quando Celéstio foi absolvido por dois sínodos de bispos orientais. Ele próprio havia apelado a um certo Rufino, "o sírio", em defesa de sua negação da transmissão de pecado. Essa figura desconhecida (que não deve ser confundida com a de Rufino de Aquiléia) ilustra a diversidade das visões pelagianas, pois, diferentemente de Celéstio, Rufino ensinava que Adão não teria morrido se tivesse permanecido sem pecar; assim também, quanto às raízes orientais definitivas, das ideias pelagianas, senão pelo menos sua afinidade com elas (embora seu papel tenha sido exagerado por um autor, que o assinalou como inspirador do próprio Pelágio). Rufino rejeitava a teoria traducionista da origem da alma*, que adaptara a crença da transmissão do pecado original, sendo também rigoroso crítico de Orígenes*. Disputas a respeito das doutrinas especulativas de Orígenes, a começar pela da

PELAGIANISMO

preexistência da alma, tornaram-se uma forte tendência na controvérsia pelagiana.

A condenação de Celéstio e Pelágio foi liderada pelo episcopado africano, instruído por Agostinho. O Concílio de Cartago, em 418, anatematizou os seguintes ensinos pelagianos: a mortalidade natural, antes que penal, de Adão; a negação do batismo infantil, juntamente com a negação do pecado original, derivado de Adão, que, para a Igreja, exigia purificação no batismo para o recém-nascido; restrição da graça justificadora na remissão de pecados passados, mas mantendo sua ajuda contra a prática de pecados futuros; restrição da ajuda da graça contra o pecado para com a iluminação do entendimento e a exclusão da implantação do amor, que nos capacita a ter prazer na vontade de Deus e a obedecer a ela; a asserção de que a graça apenas nos capacita a fazer mais facilmente o que poderíamos fazer até mesmo sem ela, embora com maior dificuldade; negação das afirmações claras de 1João 1.8,9 e das implicações da Oração do Senhor ("perdoa as nossas dívidas"), a fim de alegar que alguém pode ser, na realidade, sem pecado.

A pressão africana serviu marcantemente de instrumento para fazer vir à luz, em 418, uma condenação conclusiva dos ensinos pelagianos, por parte do papa Zósimo. Seus termos foram somente parcialmente registrados. Certamente confirmava a transmissão universal do pecado de Adão, resultando no cativeiro ao pecado, do qual todos precisariam ser libertos mediante o batismo, com a mesma força tanto para a criança quanto para o adulto. O Terceiro Concílio Ecumênico de Éfeso, em 431, condenaria também qualquer pessoa que compartilhasse das opiniões de Celéstio.

Um grupo de bispos italianos, liderados por Juliano de Eclano, no sul da Itália (c. 386-c.455), recusou-se, porém, a subscrever o veredicto de Zósimo. Juliano passou a se tornar assim o protagonista das crenças pelagianas, mantendo-se à frente de uma controvérsia crescente e tremenda com Agostinho até a morte deste. Fragmentos de suas obras sobreviveram grandemente nas réplicas de Agostinho. Exposições feitas sobre Jó, Oseias, Joel e Amós podem, com probabilidade considerável, ser atribuídas a Juliano.

Essa fase da controvérsia é importante mais pelas elaborações do pensamento de Agostinho — provocando, por sua vez, a reação antiagostiniana conhecida enganosamente como semipelagianismo*— do que por haver propriamente novos ensinos significativos expostos por Juliano. Ele atribuiu a narrativa de Agostinho sobre a escravidão da humanidade ao pecado ao seu incurável maniqueísmo e, de modo geral, sistematizou as doutrinas pelagianas, que o tornaram o oponente mais forte do que o próprio Pelágio ou Celéstio. Os pontos centrais de discussão nessa etapa da controvérsia são: a predestinação (Juliano acusa o Deus de Agostinho de injustiça); a concupiscência pecaminosa que persistiria no cristão após o batismo; e a relação sexual entre parceiros inevitavelmente concupiscentes como meio de transmissão do pecado original.

PENITÊNCIA

O pelagianismo foi importante por provocar uma clarificação mais recente ou mais bem elaborada das crenças católicas sobre questões ainda não tocadas em controvérsias anteriores no Oriente, onde haviam sido entendidas inadequadamente. Estudos modernos têm resgatado Pelágio e seus seguidores da área dos moralistas e humanistas, reconhecendo sua intenção religiosa séria e sua alegação de fidelidade à tradição primitiva em setores em que muita coisa estava ainda sem definição. Contudo, a avaliação pelagiana dos efeitos da queda de Adão e seu entendimento de graça não estavam de acordo com as Escrituras, embora a Igreja, ao rejeitar definitivamente as visões de Pelágio, não endossou também totalmente as refutações de Agostinho.

Bibliografia
T. Bohlin, *Die Theologie des Pelagius und ihre Genesis* (Uppsala, 1957); G. Bonner, *Augustine and Modern Research on Pelagianism* (Villanova, 1972); *idem,* How Pelagian was Pelagius?, *SP* 9 (1966), p. 350-358; P. Brown, *Religion and Society in the Age of St. Augustine* (London, 1972); R. F. Evans, *Pelagius: Inquiries and Reappraisals* (London, 1968); *idem, Four Letters of Pelagius* (London, 1968); J. Ferguson, *Pelagius. A Historical and Theological Study* (Cambridge, 1956); G. de Plinval, *Pélage: ses écrits, sa vie et sa réforme* (Lausanne, 1943); D. F. Wright, Pelagius the Twice Born, *Churchmann* 86 (1972), p. 6-15.

D.F.W.

PENITÊNCIA. O substantivo gr. *metanoia,* frequentemente encontrado no NT, é usualmente traduzido por "arrependimento". A tradução na Vulgata Latina, contudo, foi *poenitentia*. Essa tradução veio a ser entendida em termos de um sacramento* medieval de caráter penal, com conotação muito diferente do significado de *metanoia.*

Quando a Vulgata traduziu o verbo gr. correspondente a "arrepender" poor *poenitentiam agite,* em Mateus 3.2, a palavra de João Batista tomou o seguinte sentido: "Façam penitência, pois o Reino dos céus está próximo" (versão Douay). Essa tradução conduziu ao entendimento medieval de que haveria um sacramento definido, dado por Deus, chamado "penitência". Ele apareceria no cânon dos sete sacramentos de Pedro Lombardo* e depois regularmente. A disciplina* da excomunhão e (em determinadas circunstâncias) da restauração, praticada pela Igreja primitiva, tinha levado, na Idade Média, à crença de que o sacerdote, simplesmente pela virtude de suas ordens, teria o poder de absolvição dos pecados confessados particularmente a ele. Sua sistematização incluiu a necessidade de confissão dessa espécie precedendo a recepção da ceia ou comunhão (raro na Idade Média), especialmente se o fiel houvesse cometido pecado mortal desde a última confissão. Apoiava-se também em João 20.23: "Se perdoarem os pecados de alguém, estarão perdoados...") — texto sobre o qual se baseava a forma de absolvição; assim como em alguns outros pontos, não muito claros, referentes ao sacramento, no começo da Idade Média, a declaração em João 20.23 passaria também

PENITÊNCIA

para o ritual romano de ordenação, em posição secundária.

A Reforma* começou com um protesto contra a venda de indulgências (ver Mérito*) — prática intimamente ligada à confissão e penitência, refletindo os questionamentos que, desde o começo, vinham sendo levantados contra o poder de perdoar dos sacerdotes. Não obstante, o sacramento da penitência mostrou ser mais duradouro do que quaisquer outros dos cinco adicionais chamados sacramentos. Foi ele, por exemplo, o único desses cinco a ser listado como sacramento, junto com batismo e comunhão, nos Dez Artigos de religião da Igreja da Inglaterra, de 1536. Foi reafirmado no Ato dos Seis Artigos, em 1539, e uma espécie opcional sua foi prevista nas inovações litúrgicas inglesas de 1548 e 1549. Todavia, a "confissão auricular" desapareceria no *Livro de Oração Comum*, de 1552: todos os principais rituais passaram a ter confissões "gerais", e as absolvições dadas, a ser do tipo declaratório ou precatório. No entanto, para os moribundos continuaram sendo aceitas, na chamada visita ao doente, a confissão e absolvição no estilo pré-Reforma ("Eu te absolvo de todos teus pecados...", etc); e para todas as pessoas, era ainda dada oportunidade de aliviar a consciência perturbada ante um "ministro discreto e erudito da Palavra de Deus", para que "pelo ministério da Palavra de Deus" pudessem receber o "benefício da absolvição". Tudo isso, porém, foi significativamente mudado a partir de 1549.

Os reformadores retiveram o uso de João 20.23 na imposição de mãos na ordenação — na verdade, tornaram esse texto central nesse rito; mas não usavam mais a passagem para conduzir ao sacramento da penitência. E passaram a traduzir *metanoia* no NT como "arrependimento".

Igrejas luteranas e anglicanas têm por vezes permitido o uso constante da confissão auricular por indivíduos escrupulosos, embora a disciplina nunca tenha sido requerida de seus membros. No século XIX, o "reavivamento católico" na Igreja Anglicana (ver Teologia anglo-católica*) levou a uma nova ênfase, entre alguns clérigos, sobre a importância do uso regular do confessionário, assim como a uma certa ligação contextual das palavras no rito de ordenação e na declaração de absolvição dos moribundos, como demonstração de que os clérigos anglicanos eram verdadeiros sacerdotes católicos, com todo o poder e dever sacerdotais de administrar a "penitência". Forte reação surgiu, então, entre os anglicanos mais protestantes, e a divisão sobre essa questão até hoje continua.

Desde o Concílio Vaticano II (1962-1965), tem havido mudanças na prática católica-romana. Em particular, o rito agora é o chamado "reconciliação do penitente", do qual tem havido uso experimental no modo semicorporativo de administrar. Tem-se levantado também preocupação maior a respeito do uso pastoral e de aconselhamento, no relacionamento entre sacerdote e penitente. Mas ainda permanece a questão teológica a respeito da propriedade da absolvição pessoal do penitente por parte do sacerdote.

PENTECOSTE

Bibliografia
T. W. Drury, *Confession and Absolution* (London, 1903); J. Macquarrie, *The Reconciliation of a Penitent* (London, 1987); R. C. Mortimer, *The Origins of Private Penance in the Western Church* (Oxford, 1939); J. R. W. Stott, *Confess your Sins* (London, 1964).

C.O.B.

PENTECOSTE, ver BATISMO NO ESPÍRITO; ESPÍRITO SANTO.

PERDÃO, ver CULPA E PERDÃO.

PERFEIÇÃO, PERFECCIONISMO. A base da preocupação cristã com a perfeição é a injunção bíblica à santidade, repetida de muitas formas, mas assim resumida por Pedro: "... segundo é santo aquele que os chamou, sejam santos vocês também em tudo o que fizerem, pois está escrito: Sejam santos, porque eu sou santo" (1Pe 1.15,16). Em todas as épocas, os cristãos têm sido confrontados pela tensão entre esse chamado, para refletir sobre sua vida e se conduzir à perfeita santidade de Deus, e o fato, em tudo muito evidente à experiência, da presença contínua em sua personalidade da tendência pecaminosa remanescente de sua vida secular pregressa. Não é de admirar que, de tempos em tempos, pregadores cristãos argumentem sobre a possibilidade do alcance de tal perfeição ainda na presente vida, como modo de solucionar tal tensão. Esse ensino perfeccionista, no entanto, tem sido considerado, geralmente, não ortodoxo.

Embora uma variedade de formas de perfeccionismo haja ocorrido na Igreja desde os primeiros tempos, muitas igrejas protestantes modernas se voltam, com maior disposição, em direção à ideia perfeccionista procedente de João Wesley*. A forma como Wesley afirma sua tese perfeccionista reaparece repetidamente: ele faz um paralelo entre a justificação* e a santificação*, considerando cada uma delas como um *dom* oferecido por Deus para ser apropriado mediante um ato de fé. Ambas são, no entanto, distintas no tempo, ocorrendo em sequência, sendo cada uma, portanto, apropriada por um ato próprio de fé, separadamente. De acordo com essa formulação, o paralelo aqui é completo: a santificação é recebida, da mesma forma que a justificação, de maneira completa, de tal forma que quem ingressar nesse segundo estágio da experiência cristã poderá vir a ser descrito, de certo modo, como "perfeito". Wesley usava frequentemente a expressão "perfeito amor" para descrever esse segundo estágio da experiência cristã; e uma gama de preconizadores do perfeccionismo tem se referido à experiência como devendo esse estado de graça ser considerado um "batismo do (ou no) Espírito Santo"*.

Um problema para o perfeccionista, contudo, é quanto à possibilidade de verificação moral da perfeição que acha deter. De fato, muito poucos sugeririam que realmente toda probabilidade de defeito moral seja afastada com o advento do estado de perfeição. Mais comumente, a proclamação de perfeição tem por base uma limitação cuidadosa e específica do que significa o pecado. Wesley define o pecado como "a transgressão consciente de uma conhecida

PERSEVERANÇA

lei de Deus", entendendo a perfeição como a libertação do ser humano do pecado assim definido. Referiu-se também, no entanto, a "transgressões involuntárias", tão requerentes do livramento pelo sangue da expiação de Cristo quanto quaisquer outros pecados.

Uma consequência dessa limitação do pecado é que os perfeccionistas tendem a reafirmar o caráter da perfeição a todo momento, como um estado que deve ser conscientemente mantido por meio da "permanência em Cristo". Outra decorrência é que ocorre uma significativa redução na estatura moral da perfeição que é buscada.

Muitos perfeccionistas têm tentado evitar o uso do termo "perfeição", preferindo "santificação total" ou similar. Um dos motivos para isso é que, como alguns deles têm ensinado, o cristão no estado de perfeição está realmente livre de pecar em qualquer coisa que venha a fazer, de modo que as ações que eram moralmente culpáveis antes de sua santificação agora não o são mais. Alguns exemplos de tal ensino têm sido, no entanto, algumas vezes, associados distorcidamente a desvios sexuais ou infidelidade marital. O antinomianismo (ver Lei e Evangelho*) dessa espécie era algo, porém, de que Wesley guardava profundo repúdio e tem sido rejeitado por todos os grupos perfeccionistas responsáveis.

As ideias perfeccionistas tiveram marcante influência no evangelicalismo dos países de língua inglesa nos séculos XIX e XX. Foram muito difundidas e se tornaram populares na América, vigorosamente promovidas pelo evangelista Charles Finney*, que depois viria a desenvolver sua própria forma peculiar da doutrina, baseado em seu conceito de "simplicidade de ação moral". Uma gama de evangelistas visitantes promoveu o perfeccionismo na Inglaterra, tendo sido o mais notável deles Robert Pearsall Smith, influente na fundação da Convenção Keswick (ver Teologia da Vida Mais Elevada*). O perfeccionismo exerceu também parte importante no pensamento de William Booth, fundador do Exército de Salvação*. Não é também de surpreender que nos círculos perfeccionistas americanos foi onde o moderno pentecostalismo* surgiu primeiramente, com sua ênfase no batismo do Espírito. A influência do perfeccionismo tem diminuído na Igreja contemporânea, no entanto, em face da difusão do movimento carismático (ver Dons do Espírito*).

Ver também Movimento de Santidade (Holiness); Teologia Pentecostal.

Bibliografia

S. Neill, *Christian Holiness* (London, 1960); J. C. Ryle, *Holiness* (Cambridge, 1956); B. B. Warfield, *Perfectionism* (Philadelphia, 1967); J. Wesley, *Thoughts on Christian Perfection* (London, 1759).

D.D.S.

PERICORESE, ver Trindade.

PERKINS, WILLIAM, ver Teologia Puritana.

PERSEVERANÇA. A doutrina da *perseverantia sanctorum* (perseverança dos santos), da teologia reformada*, ensina que os verdadeiros crentes certamente manterão sua fé até o fim, por meio de

PERSEVERANÇA

todas as provações e tentações, e, por último, entrarão na posse de sua herança celestial. O céu e o crente estão sendo guardados um para o outro (1Pe 1.4-5), e Cristo garante que todos os que crêem serão sem dúvida ressuscitados por ele no último dia (Jo 10.28-30, cf. 6.39, 40).

Promessas semelhantes são bem claras no NT. Jesus ensina que, diferentemente da semente que é arrebatada, na parábola (Mt 13.19), os crentes não serão arrancados de sua mão (Jo 10.29). Paulo também estava convencido de que Deus susteria e guardaria os crentes até o final (1Co 1.8,9; Fp 1.6; 1Ts 5.23,24). A perseverança, além disso, segue-se logicamente à natureza da união* do crente com Cristo (Cl 3.1,4) e sua justificação* (Rm 8.30; cf. Rm 5.1,2; Tt 3.7). Mais fundamentalmente, no entanto, ela se baseia na doutrina da eleição* (Rm 8.28-30; Ef 1.12-14).

Há uma série de passagens que parecem considerar uma possível queda na condição de salvo (Hb 3.21; 6.1-9; 10.1,2; 2Pe 2.20), mas que podem ser explicadas no contexto como advertências contra um cristianismo superficial, ou como argumentos puramente hipotéticos ad hominem, ou ainda como instando o crente à busca de uma base de santidade mais segura para confiança (2Pe 1.3-11).

Foi Agostinho* quem primeiramente elaborou uma doutrina da perseverança, como consequência de suas convicções a respeito da predestinação*, mas uma teologia posterior, tal como algum pensamento anterior, nutriu a possibilidade de uma queda da graça. Os sacramentos* assumiram papel tão

crucial na restauração dos caídos que o clero da pré-Reforma chegou a deter um impressionante poder! Lutero* equivocou-se a respeito da perseverança, por causa da tensão em seu pensamento entre a graça e a lei, mas Calvino* clareou e consolidou a doutrina agostiniana, delineando todas as etapas efetivas da vida cristã de "predestinação à glória". O esquema, oposto, do arminianismo* holandês, rejeitou, de modo contrário, a doutrina da perseverança, como fariam mais tarde os arminianos e wesleyanos* ingleses. Os opositores à doutrina da perseverança final frequentemente se recusam a tomar esse posicionamento de interesse demasiado pela ênfase bíblica sobre a contingência da salvação final, alegando que tal doutrina pode encorajar a complacência. Se há qualquer mal, contudo, tem sido o de assumir um interesse excessivo pela segurança* na perseverança final. Em geral, o resultado da convicção calvinista não tem sido a falta de zelo, pelo menos não mais do que a falta dos não-calvinistas de uma forte esperança cristã.

O propósito da doutrina no NT é conduzir a atenção, desde a sempre incompleta natureza da experiência cristã, para uma completa fidelidade e confiabilidade ao Deus de toda a graça, fortalecendo o crente para enfrentar o conflito com o pecado no serviço de Deus. Enfatiza que o destino supremo do cristão é alcançado pela graça de Deus, por meio da fé perseverante. É bem verdade que Calvino reconhece que a confiança dessa fé poderá ser, algumas vezes, como uma luz que vacila ou mesmo parece apagar-se inteiramente —

PIETISMO

mas ela certamente irromperá em chamas novamente e queimará, inextinguível, até o fim.

Bibliografia

G. C. Berkouwer, *Faith and Perseverance* (Grand Rapids, MI, 1958); J. Calvin, *Institutas*; J. S. Whale, *The Protestant Tradition* (London, 1955).

R.K.

PERSONALIDADE CORPORATIVA.

Nas Escrituras e na experiência humana, autoconsciência, responsabilidade moral e legal, bênçãos e dificuldades, recompensa e punição, são realidades corporativas, ou comunitárias, tanto quanto individuais. Assim, Israel e outras nações podiam falar como "eu" ou "nós" (Nm 20—21); o destino de uma família pode estar muito ligado entre si (Js 7); uma geração pode ter de suportar as consequências dos pecados de gerações anteriores (Mt 23.35); toda uma igreja pode ser tratada como uma pessoa convidada a abrir seu coração a Cristo (Ap 3.20).

Durante algum tempo, pelos meados do século XX, uma temporária influência da obra de H. Wheeler Robinson (1872-1945) levou a versão do AT desse fenômeno comum a receber uma conotação especialmente mística. Isso porque o fenômeno era descrito em termos de "personalidade corporativa", relativa a um modo primitivo de experimentar a realidade, diverso do nosso modo de vida atual. Tal teoria foi usada para explicar passagens nos Salmos em que se alternam o "eu" e o "nós", assim como as passagens que falam do Servo em Is 40—55, com sua mu-

dança de identificação do servo. Tornou-se, porém, desacreditada, sendo hoje tais passagens mais bem abordadas de outros modos. Não há necessidade de uma hipótese de que a autoconsciência de um povo ou individual no AT ou no NT seja radicalmente diferente da nossa.

Bibliografia.

P. Joyce, The Individual and the Community, *in:* J. Rogerson (ed.), *Beginning Old Testament Study* (London, 1983); J. R. Porter, The Legal Aspects of the Concept of "Corporate Personality" in the Old Testament, *VT* 15 (1965), p. 361-380; H. W. Robinson, *Corporate Personality in Ancient Israel* (Philadelphia, [2]1980): J. Rogerson, The Hebrew Conception of Corporate Personality: a re-examination, *JTS* 21 (1970), p. 1-16.

J.G.

PIETISMO.

É um dos movimentos menos entendidos na história do cristianismo. A palavra vem de *pietas* (piedade, devoção, religiosidade), tradução latina do gr. *eusebeia* e do heb. *hāsîd* (amável, benevolente, piedoso, bom). *Eusebeia* aparece cerca de uma dezena de vezes no NT, traduzida por "piedade", "religiosidade" ou "religião". A palavra "piedade" tem um significado positivo, mas pode denotar, por vezes, características de algo vão e mentiroso. Foi esse o caso, justamente, de Pietismus, apelido jocoso dado, pelos seus adversários, a um movimento alemão de reforma, ocorrido dentro do luteranismo*. Esse nome possivelmente surgiu como zombaria ao título que Phillip Jacob Spener (1635-1705) havia dado à introdução que fez do

PIETISMO

livro de sermões, escrito em 1675 por Johann Arndt (1555-1621), *Pia Desideria* [Desejos piedosos] (TI Th. Tappert, Philadelphia, 1964).

Spener é geralmente considerado o pai do pietismo. Nos círculos de fala alemã, sua importância religiosa é considerada como apenas logo abaixo de Lutero*. Ministro titular da famosa Paulskirche (Igreja de Paulo), em Frankfurt, o jovem pastor expressou sua preocupação a respeito do estado de corrupção, de modo geral, de sua congregação. Reagia a uma ortodoxia polêmica, estéril, em meio à imoralidade e às condições sociais terríveis que se haviam seguido à guerra dos Trinta Anos (1618-1648). Na esperança de tempos melhores, Spener estabeleceu seus "desejos piedosos" quanto à reforma de sua igreja, preconizando: 1) estudo mais intensivo da Bíblia, individualmente e em *collegia pietatis* (conventículos); 2) exercício do sacerdócio universal dos crentes, mediante o crescimento das atividades leigas; 3) prática do cristianismo na vida diária e obras de amor altruísta; 4) tratar com os incrédulos e hereges por meio de oração sincera, bom exemplo, diálogo persuasivo e espírito de amor, em vez de coação.

Essas propostas se tornariam foco de crescente controvérsia. Durante o ano de 1689, um dos filhos espirituais de Spener, o jovem professor August Hermann Francke (1663-1727), tentou implementar essas preocupações na Universidade de Leipzig. Promoveu reuniões, com o propósito de uma prática mais profunda de estudos exegéticos. Seu *Collegium philobiblicum* logo atraiu muitos estudantes e outros cidadãos, e os números e o entusiasmo deles cresceram a tal ponto de as autoridades dissolverem a sociedade. Um corpo docente oponente à iniciativa chegou a afirmar publicamente: "Nossa missão é fazer dos estudantes que sejam mais eruditos, e não mais piedosos". Em resposta, um professor de poesia defendeu o movimento com um pequeno poema descrevendo favoravelmente o que era ser "pietista".

Como pastor e professor, Francke fundou, ainda, muitos *Stiftungen*, instituições filantrópicas e educacionais relacionadas à então recentemente inaugurada Universidade de Halle. Entre outros empreendimentos, esses estabelecimentos abrangiam um orfanato, uma sociedade bíblica e um lar para viúvas. Francke emergiu como o gênio organizacional do pietismo. Halle se tornou centro internacional da disseminação da literatura pietista, missionários e crenças, para Rússia, Escandinávia, Inglaterra e Novo Mundo.

Por causa dessa difusão, a influência do pietismo continuou se fazendo valer, por meio de constante expressão, em muitas denominações e movimentos de despertamento religioso. Historiadores do cristianismo passaram a empregar o termo "pietismo" para abarcar um amplo espectro de movimentos doutrinários, incluindo o pietismo holandês, o puritanismo*, os reavivamentos * e o Grande Despertamento wesleyanos. Outros, porém, limitam o nome ao movimento de reforma proveniente das atividades de Spener, Francke, Bengel*, do conde Von Zinzendorf (1700-1760) e outros.

PIETISMO

Há um consenso cada vez maior em reconhecer os muitos legados e influências do pietismo sobre o cristianismo inglês e americano.

Embora se considere que o pietismo tenha raízes no misticismo*, no anabatismo* e em grupos reformados da Holanda, e seja acompanhado de manifestações radicais e separatistas, seus motivos são provavelmente definidos de modo mais justo pelo exame do pensamento de seus primeiros líderes. Na verdade, os temas místicos e espiritualistas de Jacob Boehme*, Gottfried Arnold (1666-1714) e outros ditos pietistas deveriam ser chamados mais propriamente de pietismo radical.

Críticos primitivos e contemporâneos também acusaram os pietistas de um subjetivismo que exaltava o "eu" acima de Deus e de produzir normas religiosas a partir da experiência e das necessidades das pessoas. O individualismo daí resultante era comumente entendido como solapador da sã doutrina. Os pietistas insistiam, contudo, em que a necessária reforma doutrinária de Lutero deveria conduzir a uma *reforma da vida*. Acreditavam ser inteiramente luteranos, ao enfatizarem que a fé deveria se tornar ativa no amor. Para seus oponentes, porém, sua insistência em que as formulações dos credos da Igreja deveriam ser reexaminadas e comprovadas pela teologia bíblica, assim como as suas propostas democráticas, tendiam a minar a autoridade da Igreja. O que os pietistas desejavam, no entanto, era a verdadeira *reforma* da Igreja, não *separação* dela. A ênfase pietista quanto ao estudo detalhado dos textos bíblicos nas línguas originais combinava com o seu uso devocional da Bíblia, vulnerável, certamente, aos riscos de interpretação pessoal. Todavia, de modo geral, isso servia para reavivar a ênfase da Reforma quanto à autoridade bíblica.

Desde o começo, os pietistas enfrentaram a tentação legalista. Não obstante, Spener e Francke permaneceram luteranos, mantendo a ideia de que a regeneração* era parte integral de uma experiência de justificação*. Contrário às obras meritórias do catolicismo medieval, o pietismo enfatizava o dom da graça santificante. A teologia pietista conduziu, em alguns casos, a um excessivo emocionalismo. Contudo, a experiência do Espírito era vista por seus líderes iniciais como uma apropriação da revelação, e não uma substituição dela.

Apesar de seu enfrentamento às muitas correntes responsáveis pela degeneração do mundo decaído, a interpretação do livro de Apocalipse feita por Spener conduzia os pietistas a esperar por tempos melhores, mediante participação ativa na obra de Deus de transformação de vidas humanas. Além disso, cabe considerar as tendências sobrenaturais e ascéticas* do pietismo à luz da preocupação e do empenho de caridade de caráter global de Francke. De maneira geral, Spener e Francke procuraram percorrer o caminho mediano entre a rigidez dogmática e o ardor emocional, entre fé e obras, entre justificação e santificação, e entre repudiar totalmente o mundo caído e reerguê-lo mediante amor ao próximo, aos vizinhos, aos inimigos e à boa criação de Deus.

PLANTINGA, ALVIN

Bibliografia

Obras: série *Classics of Western Spirituality* (London/New York): *Pietists: Selected Writings*, ed. P. Erb (1983); *Johann Arndt: True Christianity* (1979); Jacob Boehme: *The Way to Christ* (1978);

Estudos: Dale W. Brown, Understanding Pietism (Grand Rapids, MI, 1978); F. E. Stoeffler, *The Rise of Evangelical Pietism* (Leiden, 1965); *idem, German Pietism During the Eighteenth Century* (Leiden, 1973).

D.W.Br.

PLANTINGA, ALVIN (n. 1932). Plantinga é um filósofo analítico americano, membro da Igreja Cristã Reformada e professor do Calvin College, de Grand Rapids, MI. É mais conhecido por sua obra sobre as provas teístas e sobre o problema do mal. Ele alega que: 1) a evidência da existência de Deus é tão boa quanto a que se tem para a existência de pessoas humanas (God and Other Minds [Deus e outras mentes]); 2) o argumento ontológico pode oferecer uma formulação sadia (*The Nature of Necessity* [A natureza da necessidade]); 3) a onipotência, a onisciência e a bondade de Deus são logicamente consistentes com a existência do mal (*God, Freedom and Evil* [Deus, liberdade e mal]; *The Nature of Necessity*), existência essa que não torna a de Deus improvável (*The Probilistic Argument from Evil* [O argumento de probabilidade por parte do mal]). Sua abordagem do problema do mal inclui uma versão mais desenvolvida da clássica argumentação de "defesa do livre-arbítrio".

Entre outras obras suas de interesse teológico, figuram *Does God Have a Nature?* [Deus possui uma natureza?] (palestras realizadas em 1980 sobre Tomás de Aquino, que discutem a simplicidade de Deus e sua suposta identidade dotada de seus atributos) e diversos ensaios sobre epistemologia* cristã e ontologia. Uma das teses que constituem esses ensaios é que a crença em Deus é "apropriadamente básica", ou seja, é natural a nós (pecado à parte), e é o tipo de crença que podemos perfeitamente manter sem precisar recorrer a outras crenças para a comprovação de sua verdade.

Bibliografia

Does God Have a Nature? (Milwaukee, WI, 1980); *God and Other Minds* (Ithaca, NY, 1967); *God, Freedom and Evil* (Grand Rapids, MI, 1974); How to be an Anti-Realist, *Proceedings of the American Philosophical Society 56* (1982), p. 47-70; *The Nature of Necessity* (London, 1974); On Reformed Epistemology, *RJ*, vol. 32. no. 1 (1982), p. 13-17; The Probabilistic Argument from Evil, *Philosophical Studies 35* (1979), p. 1-53; Reason and Belief in God, *in:* Plantinga & Wolterstorff (eds.), *Faith and Rationality* (Notre Dame, IN & London, 1983).

J. E. Tomberlin & P. van Inwagen (eds.), *Alvin Plantinga* (Dordrecht, 1985).

D.W.C.

PLATÔNICOS DE CAMBRIDGE. No começo do século XVII, grande parte da teologia protestante estava muito intimamente relacionada à filosofia aristotélica*. O comprometimento puritano* com uma fé racional e uma teologia praticável, o interesse nos Pais e a insatisfação

PLATÔNICOS DE CAMBRIDGE

com a aridez dos sistemas teológicos levaram um grupo de eruditos de Cambridge a reafirmar a teologia de um modo platônico*, que enfatizasse a deificação* do crente.

Muito embora sem relegar muitas das abordagens anteriores, os platônicos de Cambridge buscavam os fundamentos do cristianismo autêntico fora da tradição agostiniana*. A leitura que tinham de Platão, Plotino e de pais como Orígenes* lhes insuflou novas perspectivas e otimismo a respeito do papel da razão. "Nossa razão não é confundida, mas, sim, despertada, estimulada, empregada, dirigida e melhorada, por nossa religião" (Benjamin Whichcote, 1609-1683). Whichcote, Henry More (1614-1687), Ralph Cudworth (1617-1688) e John Smith (1618-52) foram os líderes desse movimento. Rejeitaram a teologia reformada, que predominava na Igreja da Inglaterra. Foram, por vezes, acusados de socinianismo*, por causa da crítica que faziam à ortodoxia protestante, seu comprometimento com a tolerância*, seu apelo em favor do essencial e sua insistência em uma conexão inseparável entre a verdade e a santidade. Não estavam interessados, no entanto, no reducionismo teológico, mas, sim, buscavam basear a fé seguramente numa metafísica* mais adequada, que salvaguardasse o âmago do cristianismo do fanatismo dos entusiastas e da compreensão materialista errônea de filósofos como Thomas Hobbes (1588-1679). Seu otimismo quanto a uma aliança entre a revelação e a razão, no entanto, não estava isenta de crítica. More, por exemplo, que era inicialmente um admirador de Descartes*, passou a considerar Descartes, depois, cada vez menos como aliado e por volta de 1671 já o havia rejeitado.

Em livros como *The True Intellectual System of the Universe* [O verdadeiro sistema intelectual do universo] (1678), de Cudworth, ele procura defender o significado espiritual da realidade contra o determinismo* e o materialismo*. A complexidade do pensamento dos platônicos limita sua influência nesse campo, mas sua teologia da criação* proporcionava o contexto para a importância que davam a Cristo como Aquele que aviva a semente divina dentro de nós e nos molda à semelhança divina. Seus notáveis aforismos, de todo modo, eram mais facilmente lembrados do que os argumentos sutis e detalhados a respeito do espiritual e do racional.

Apesar de haverem dado admirável ênfase à importância da realidade da alma humana, nem sempre deram o devido destaque à pecaminosidade humana e aos pontos principais da soteriologia protestante. Proporcionaram, porém, relevante alternativa ao descrédito da razão natural e da virtude por parte dos puritanos. Cartas trocadas entre Anthony Tuckney (1599-1670) e Whichcote aumentariam ainda mais a amplitude das diferenças de pensamento entre puritanos e platônicos. A estatura acadêmica e religiosa do grupo resultaria em significativa contribuição para a reafirmação da teologia inglesa após 1660, ajudando a criar um espírito mais tolerante e generoso.

Infelizmente, porém, alguns de seus seguidores careciam da

PLATONISMO

796 ∎

profundidade de seus mentores. O latitudinarismo*, que resultou de seu pensamento, poderia algumas vezes passar facilmente para o deísmo*. Não obstante, compartilharam o poder criador da parceria entre revelação e razão. Sua ênfase no amor e na racionalidade de Deus proporcionou uma alternativa vital para a doutrina de Deus na Confissão de Westminster. Deixaram contribuição duradoura para a reflexão ética, assim como exploraram questões filosóficas contemporâneas com uma autoridade e um discernimento raros entre teólogos. O estilo de seus escritos torna um tanto difícil seu entendimento pelo leitor de hoje. Contudo, os platônicos de Cambridge ainda representam, indubitavelmente, um dos pontos altos da tradição teológica inglesa.

Bibliografia
G. R. Cragg, *The Cambridge Platonists* (Oxford, 1968); C. A. Patrides, *The Cambridge Platonists* (London, 1969); J. D. Roberts, *From Puritanism to Platonism in Seventeenth Century England* (The Hague, 1968).

I.B.

PLATONISMO. Tradição da filosofia, derivada de Platão de Atenas (c. 429-347 a. C.), uma das mais importantes figuras da história do pensamento humano, o platonismo tem grande influência na teologia cristã, especialmente por meio do seu desenvolvimento criativo posterior, conhecido como neoplatonismo.

A obra de Platão se baseia na notável vida e morte de Sócrates (469-399 a.C.), seu conterrâneo de

Atenas, talvez o primeiro pensador grego a dedicar atenção filosófica crítica à base da moral (e que, por sua firmeza em suas convicções, até mesmo à morte, era o herói pagão favorito do cristianismo primitivo). Nos seus últimos quarenta anos, Platão ensinava em uma clareira em um bosque, fora de Atenas, a que deu o nome de "Academia", título que se tornou tanto referente à sua escola (que durou até a dissolução das escolas pagãs, a mando de Justiniano, em 519 d.C.) quanto à tradição platônica em geral. Produziu cerca de 25 obras, quase todas em forma de diálogo, tendo Sócrates, frequentemente, como personagem participante. Sua influência mais significativa para o pensamento cristão provém de seus períodos mediano e final, notadamente das obras *Fédon, A república, Timeu* e *As leis*.

O verdadeiro entendimento em Platão é buscado mediante argumentação dialética. Seu chamado método socrático, que é mais bem observado em *Mênon* (conhecido em grego como "*maiêutica*", porque o filósofo age como um "parteiro"), demonstra que temos um conhecimento inato (*epistēmē*) das realidades básicas, a consciência desse conhecimento é extraída por meio de perguntas e respostas, e não comunicada pelo ensino formal. Mediante esse raciocínio, podemos alcançar um conhecimento explícito das "formas" (*ideai*), uma das contribuições mais destacadas de Platão para a filosofia. Ele salienta que a experiência por nós vivenciada produz tão somente uma opinião (*doxa*) falível, não um firme conhecimento, porque o mundo que observamos está em fluxo perpétuo e, por isso,

PLATONISMO

nos engana facilmente. Por trás dos fenômenos inconstantes, encontram-se "formas" arquetípicas, originais, das quais todas as coisas são cópias imperfeitas. Assim, existe uma "forma" da pessoa humana acima e à parte de todos os seres humanos individuais, seu modelo perfeito e eterno, que compartilha no que eles são aquilo que eles são. O mesmo se aplica aos artefatos (*e.g.*, mesas e a "forma" padrão de mesa) e às realidades abstratas, como a beleza e a sabedoria. O conhecimento das "formas" é a base da moral e da vida prática.

A "forma" suprema é a do bem, que o pensamento cristão facilmente identificou com Deus, embora Platão os distinga um do outro. Normalmente, as "formas" são independentes de Deus, mas na obra *Timeu* aparecem como seus pensamentos. Essa obra teve ampla influência sobre o pensamento cristão, mais tarde, em tradução e comentário em latim de Calcídio, *c.* 400 d.C., porque apresenta um esboço de cosmologia. O mundo seria moldado pelo Demiurgo ("Artesão"), aparentemente Deus, imprimindo os padrões das "formas" sobre a matéria caótica. O mundo é tanto corpo como alma e, assim, em sentido verdadeiro, ao mesmo tempo corruptível e divino. Em sua obra *As leis,* Platão dá a primeira versão do argumento cosmológico da existência de Deus (ver Teologia Natural*), baseada na necessidade de uma "alma perfeitamente boa" como fonte de todo movimento.

Ele acreditava na imortalidade* da alma (em *Fédon*), que pertence à área das "formas". Enquanto sujeita ao corpo que a aprisiona, a alma ganha conhecimento das "formas", mediante a lembrança (*anamnēsis*) de suas existências anteriores. A alma está sujeita à reencarnação (ver Metempsicose*), até que, finalmente liberta pela morte, encontra realização após o julgamento em um céu supramundano.

A similitude de determinadas ideias platônicas com crenças judaico-cristãs foi realçada pelos primitivos apologistas* cristãos. Ao mesmo tempo, porém, o dualismo* platônico veio a influir profundamente na atitude cristã, com sua depreciação do corpo e do mundo físico em favor da alma e da esfera da verdadeira realidade, acessível à razão somente.

Um dos elementos do pensamento de Platão foi desenvolvido por Arcesilau e Carnéades (séculos II e III) em direção a um ceticismo filosófico: o conhecimento seria impossível; a probabilidade serviria de orientação para a vida. Essa posição influenciou muito Cícero e levou à obra *Contra os acadêmicos,* de Agostinho*.

Foi o platonismo médio dos primeiros dois séculos de nossa era (particularmente, com Albino, Plutarco e Numênio) que mais diretamente influenciou os primitivos escritores cristãos, como Justino (ver Apologistas*) e Clemente de Alexandria*. Predominaram, naturalmente, as preocupações religiosas, com Platão sendo misturado a elementos de origem aristotélica*, estoica*, pitagórica e mesmo judaica. Numênio descreve Platão como um "Moisés falando grego ático". O platonismo médio realçou a transcendência de Deus, deixando-o descritível somente de modo negativo (*cf.* teologia apopática*) e ativo na criação somente por meio

PLATONISMO

de intermediários (*e.g.*, *Logos**, poderes planetários, mundo-alma). As antigas "formas" de Platão se tornaram então pensamentos sem ambiguidade na mente divina, e especulações a respeito da causa do mal as relacionaram à matéria em si de diferentes modos. Essas ideias alimentariam tanto o gnosticismo* como o cristianismo ortodoxo. Um platonismo eclético coloriu de modo difuso toda a primitiva teologia cristã, mais destacadamente entre os platônicos cristãos de Alexandria*, onde o judeu Fílon* já havia aberto o caminho.

A última fase dessa tradição foi o neoplatonismo (séculos III a VI), que se desenvolveu a partir do platonismo médio (especialmente, com Numênio), mas tomou seu formato com a genialidade criativa de Plotino (*c.* 205-270), contemporâneo de Orígenes* em Alexandria, que mais tarde ensinou em Roma. Por volta de 400, o neoplatonismo tinha assumido a própria Academia de Atenas, com Proclo (410-485), o professor neoplatônico mais enciclopédico e sua principal luz. O sírio Iamblico (*c.* 250-*c.* 325) encaixaria o neoplatonismo no politeísmo*, na magia e adivinhação, enquanto Porfírio (*c.* 232-303), discípulo, editor, biógrafo e divulgador de Plotino, daria uma guinada anticristã a esse pensamento. Sua obra *Contra os cristãos* foi bastante dura e pesada, exigindo a devida resposta à altura, que teve, de diversos escritores cristãos importantes.

No platonismo de Plotino, o dualismo é incluído em um monismo* mais elevado, e a filosofia aborda religião e misticismo. A fonte e alvo de toda existência é o ser Único, que está além não somente da descrição, mas mesmo da existência em si mesma. É acessível somente por abstração ascética*, acima do mundo dos sentidos e mesmo do pensamento, culminando nos raros momentos de visão extática em que o eu é unido com o Único. Do transbordamento criativo do Único emana uma hierarquia de níveis de existência, tendendo para a multiplicidade e inferioridade e aspirando a retornar ao Único. As primeiras emanações são a mente e a alma, princípios cósmicos respectivamente da inteligência e da animação. Todo ser em si, como tal, é bom, mesmo a matéria crua no limite mais baixo da "grande cadeia de ser" (daí a polêmica de Plotino contra o gnosticismo). O mal* é estritamente como um não ser — uma possibilidade real para aqueles que se afastam do Único.

Embora haja inspirado o último dos principais desafios intelectuais do antigo paganismo contra o cristianismo, o neoplatonismo mostrou-se altamente atraente aos pensadores cristãos desde os sucessores de Orígenes em diante. Os pais capadócios, Ambrósio*, Vitorino Afer*, Agostinho* e o Pseudo-Dionísio o Areopagita* foram, todos, profundos devedores de ideias a ele. Por intermédio de Dionísio, sobretudo, tornou-se talvez o fator mais formativo da teologia* mística cristã no Oriente e no Ocidente (ver Teologia Ortodoxa Oriental*). Por meio de Agostinho, coloriu praticamente a totalidade da tradição medieval no Ocidente. Outro pico do platonismo cristão, ou neoplatonismo, ocorreu com Boécio*, Erigena*, a escola de Chartres, Hugo de São Vitor (ver

POBREZA E RIQUEZA

Vitorinos*) e Nicolau de Cusa (c. 1400-1464).

Apesar de o redescoberto Aristóteles* haver se tornado o "filósofo" do escolasticismo*, a influência platônica e neoplatônica ainda sobreviveu. A Renascença testemunhou um renovado interesse por ele, tanto na Itália (particularmente, na Academia Florentina de Marsílio Ficino [1433-1499]) como na Inglaterra (*e.g.*, João Coleto, c. 1466-1519). As ideias platônicas fluíram em algumas das correntes da Reforma Radical*. O anglicanismo foi também receptivo, desde Hooker*, passando pelos platônicos de Cambridge* e os socialistas cristãos, até B.F. Westcott* e W. R. Inge (1860-1954) (ver Modernismo Inglês*). Na época atual, a despeito das reações contra o dualismo* e a metafísica* grega, a vitalidade do platonismo tem-se mostrado evidente em escritores tão diversos como A. E. Taylor (1869-1945), A. N. Whitehead (ver Teologia do Processo*), John Baillie*, Tillich* e Iris Murdoch. O universalismo* frequentemente trai sua influência neoplatônica na prática.

Bibliografia

A. H. Armstrong & R. A. Markus, *Christian Faith and Greek Philosophy* (London, 1960); *CHLGEMP*; E. Cassirer, *The Platonic Renaissance in England* (Edinburgh, 1953); J. Daniélou, *Gospel Message and Hellenistic Culture* (London/Philadelphia, 1973); J. Dillon, *The Middle Platonists* (London, 1977); W. R. Inge, *The Platonic Tradition in English Religious Thought* (London, 1926); J. B. Kemp, *Plato* (Nottingham, 1976); J. M. Rist, *Plotinus* (Cambridge, 1967); N. A. Robb, *Neoplatonism of the Italian Renaissance* (London, 1935); P. Shorey, *Platonism Ancient and Modern* (Berkeley, CA, 1938); R. W. Southern, *Platonism, Scholastic Method and the School of Chartres* (Reading, 1980); A. E. Taylor, *Plato* (London, [6]1949); *idem*, *Platonism and Its Influence* (London, n.d.); D. P. Walker, *The Ancient Theology: Studies in Christian Platonism from the Fifteenth to the Eighteenth Century* (London, 1972); R. T. Wallis, *Neo-Platonism* (London, 1972).

D.F.W.

PLOTINO, ver Platonismo.

PNEUMATÔMACOS, ver Arianismo; Espírito Santo.

POBREZA E RIQUEZA. A Bíblia dá atenção à riqueza não propriamente como o acúmulo de bens, ou à pobreza como sua falta, como uma mercadoria, mas, sim, aos relacionamentos entre as pessoas que a riqueza e a pobreza geralmente exprimem. Vejamos, portanto, como a Bíblia vê e aborda o relacionamento econômico entre as pessoas.

Em primeiro lugar, "pobre", na Bíblia, basicamente se refere à condição material da pessoa. Já pobres de espírito são os que, dada sua condição neste mundo, encontram-se dependentes de Deus e têm-se voltado para ele. O termo não se refere à morte espiritual, ateísmo ou humildade.

Em segundo lugar, o foco da obra de Deus em trazer libertação a todos está no pobre.

O foco da obra de Deus

Quando Deus aborda a deformidade que o pecado humano tem trazido ao mundo, começa por aqueles que,

POBREZA E RIQUEZA

na ocasião, provavelmente mais sofriam profundamente por causa da avareza, do egoísmo e do exercício de domínio errôneo de uns sobre outros — os migrantes hebreus no Egito. Ele os resgata da opressão, ordenando ao faraó: "Deixe o meu povo ir..." (v. Êx 3—5). A libertação de Israel feita por Deus enfocou e definiu o que estava fazendo neste mundo (Dt 26.1-10). Mostrou aspectos de rebelião contra Deus na opressão cruel por parte do faraó. Revelou com o que Deus estava preocupado — que todos os seres humanos, juntos, devessem ser mordomos* dos recursos da terra (Gn 1.27,28; Êx 3.8). Demonstrou como Deus opera no mundo para trazer redenção — escolhendo o que era o menor para envergonhar a jactância humana (Dt 7.7,8; 1Co 1.21-31).

Um propósito bem claro na lei mosaica é impedir que uma tal injustiça jamais venha a se levantar entre o povo de Deus (Dt 6.20-25), razão pela qual não deveria haver pobre algum entre eles (Dt 15.4). A instituição da monarquia israelita, no entanto, centralizou o poder e a riqueza e empobreceu grande parte da sua sociedade (1Sm 8.10-22; 1Rs 12.4; Am 2.6-8). O rei, que, em princípio, deveria proteger o pobre da exploração (Pv 31.1-8) se tornou, pelo contrário, um de seus principais agentes (*e.g.*, Acabe, 1Rs 21). Assim, cresce a esperança profética de um rei que haveria de trazer justiça ao pobre (Is 11.4).

Boas-novas ao pobre

O foco de Jesus era também sobre o pobre. Ele próprio se fez pobre (2Co 8.9). Seu ministério na Galiléia (lugar dos sem-posses e dos desprezados) era, por si, um juízo sobre os poderosos de Jerusalém; sua ação era junto aos doentes, aos samaritanos, aos estigmatizados como "pecadores" e aos socialmente rejeitados. Seu ministério não estava propriamente limitado a isso, mas ele identificava a natureza de sua atividade como uma referência àqueles; sua proclamação e demonstração eram, sobretudo, boas-novas para os pobres (Lc 4.18; 7.22).

O significado do ministério de Jesus entre os pobres daria o significado do que estava realizando entre as demais pessoas. A importância das boas-novas para os ricos estava naquilo que Jesus fazia junto aos pobres. A maneira de um coletor de impostos (socialmente pobre, menosprezado) experimentar o perdão era para mostrar quanto os fariseus precisavam experimentá-lo (Lc 18.9-14), e não vice-versa.

Assim, as boas-novas do evangelho total do reino* devem ser transmitidas a toda a comunidade por meio dos pobres. Como uma comunidade trata seus pobres é, para a Bíblia, a prova crucial de sua existência (Tg 2.1-7). Uma comunidade deve ser mudada por intermédio dos pobres. Na Bíblia, a graça de Deus se mostra universalmente disponível para todos. No AT, porém, sua realidade e natureza são reveladas por meio do que significa para Israel. O AT se concentra no que a graça significa nos relacionamentos econômicos (*e.g.*, Lv 25). No NT, os pobres substituem Israel, sendo o foco do evangelho. Quando os pobres experimentam as boas-novas do reino, a natureza real do evangelho se torna evidente para todos. O

NT dá atenção especial para o que isso significa em termos de indefesos e desamparados: crianças, mulheres, samaritanos, proscritos sociais, doentes, as "ovelhas perdidas da casa de Israel".

Assim, a questão de pobreza e riqueza não é de relacionamento econômico separado da experiência do reino de Deus e da proclamação do evangelho. As boas-novas são definidas para todos pelo que significam para os pobres: uma nova identidade para estes como filhos de Deus, que a recebem em plena sociedade humana que não lhes dá valor algum e os trata até mesmo como refugo; a imerecida graça perdoadora de Deus para aqueles que, para a sociedade, nada têm de merecimento; uma nova comunidade, na qual Deus dá boas-vindas àqueles que foram excluídos; o poder que o Senhor torna disponível para os desprovidos de poder. Segundo esses critérios, então, o problema da riqueza é que pode cegar as pessoas quanto à sua própria necessidade de depender de Deus e à sua responsabilidade de cuidar das carências dos pobres (Lc 12.13-34; 16.19.31).

Diz Paulo que o fato de que não muitos dentre os cristãos de Corinto fossem sábios, poderosos ou de alta posição social demonstrava a natureza e o poder do evangelho (1Co 1.28). "Não escolheu Deus os que são pobres aos olhos do mundo para serem ricos em fé e herdarem o Reino que ele prometeu aos que o amam?" (Tg 2.5).

O conteúdo do evangelho

O conteúdo do evangelho é mais bem demonstrado em sua realidade entre os pobres. Declara Jesus que os grupos que melhor demonstravam o evangelho em sua plenitude eram os pobres e "pecadores". Os fariseus, com sua autojustiça, somente aprenderiam sobre a verdadeira natureza do evangelho quando comessem junto com os "pecadores", como ele mesmo o fez, e aprendessem o que o evangelho significava para eles. Somente quando vivenciassem o abandono e a rejeição* em si próprios seriam transformados pelo evangelho e experimentariam seu verdadeiro poder.

O poder do evangelho

Quando os que se julgam "justos" e "ricos" experimentam o conteúdo do evangelho, como definido pelo que ele significa para os pobres, então o poder do evangelho lhes é revelado. Quando o jovem rico se afastou, Jesus comentou: "Como é difícil aos ricos entrar no reino de Deus! [...] [Mas] O que é impossível para os homens é possível para Deus" (Lc 18.24,27).

Essa perspectiva bíblica contesta inteiramente a visão de que os pobres necessitariam sempre da "generosidade" dos ricos, como intermináveis recebedores de ajuda. Os ricos, pelo contrário, é que necessitariam dos pobres, para aprender com eles sobre a natureza e o significado da libertação que Deus traz a ambos. A base do compartilhamento verdadeiro surge quando os que estão separados, por causa de relacionamento distorcido, descobrem que precisam, igualmente, uns dos outros. Somente Jesus Cristo pode produzir isso. "Portanto, aceitem-se uns aos outros, da mesma forma que Cristo os aceitou, a fim de que vocês glorifiquem a Deus" (Rm 15.7).

PODER

Bibliografia

B. C. Birch & L. Rasmussen, *The Predicament of the Prosperous* (Philadelphia, 1977); R. Holman, *Poverty: Explanations of Social Deprivation* (London, 1978); Comitê de Lausanne para a Evangelização do Mundo, *Christian Witness to the Urban Poor* (London, 1982); S. C. Mott, *Jesus and Social Ethics* (Notthingham, 1984); *idem, Biblical Ethics and Social Change* (New York, 1982; K. Nurnberger, *Affluence, Poverty and the Word of God* (Durban, 1978); V. Samuel & C. Sugden (eds.), *The Church in Response to Human Need* (Grand Rapids, MI, 1986); *idem, Evangelism and the Poor* (Exeter, 1983) (c/bibliografia extensa); D. Sheppard, *Bias to the Poor* (London, 1983); R. J. Sider, *Lifestyle in the Eighties* (Exeter, 1982); *idem, Rich Christians in an Age of Hunger* (London, 1978); P. Wogaman, *The Great Economic Debate* (Philadelphia, 1977).

C.M.N.S.

PODER. Realidade diária, da qual se fala muito, mas pouco entendida, é difícil definir satisfatoriamente o poder; e, todavia, todos nós o experimentamos. Entre outras coisas, o poder é expresso na liberdade e capacidade de fazer escolhas e agir sobre elas. É também revestido de certas posses — como riqueza, posição, conhecimento, qualificações, dons pessoais, participação em determinados grupos e lealdade dos comandados.

A Bíblia reconhece que o poder sobre áreas ou assuntos humanos é um fato da vida. É dominado ou controlado por chefes e governantes (Ec 8.4; Mc 10.42), grupos de pessoas (Js 17.17) e até pessoas capazes de ajudar o próximo (Pv 3.27,28). Saber exercer condignamente o poder é correto e bom, porque, em última análise, todo poder vem de Deus, que o delega a agentes humanos (2Cr 1.12; Is 40.10-17, 22-26; Jo 19.11). Ele é concedido mediante uma variedade de circunstâncias: para governar (o poder é a autoridade no ofício); para denunciar o mal; para orar; para demonstrar sabedoria e entendimento (Sl 8.5-8; Rm 13.1-7).

O NT fala particularmente do poder (e autoridade) de Jesus na implantação do reino de Deus (Lc 4.14; 5.17; 11.20): o poder de chamar discípulos; interpretar as Escrituras; curar enfermos; expulsar demônios; ressuscitar os mortos; controlar a natureza; perdoar pecadores em seu próprio nome; repreender líderes religiosos e políticos; e se associar aos injustiçados e desprezados pela sociedade. Mas a principal evidência do poder de Deus em Jesus é sua ressurreição dentre os mortos (Rm 1.4; Ef 1.19,20), bem como a ressurreição de pecadores mortos, para uma nova vida no Espírito (Rm 8.11; Ef 2.5,6; Cl 2.13); é a capacidade de Deus em Cristo de vencer todos os inimigos seus e de Deus (1Co 15.24-27); a capacidade de criação de um novo céu e uma nova terra em justiça e retidão (2Pe 3.13; Ap 21.5). Enquanto muitos cristãos creem na interpretação da Palavra, e a sustentam, afirmando que o poder de Deus em Cristo, manifesto nos "sinais e maravilhas" (At 8.6-7; 14.3; Hb 2.4), haveria de acompanhar a pregação do evangelho em toda parte e todas as épocas, alguns são de opinião que ele foi dado aos seguidores de Jesus somente uma

PODER

vez, para confirmar a mensagem apostólica.

O poder em mãos humanas, no entanto, tem sido facilmente corrompido e usado, sobretudo para oprimir os outros (Ec 4.1; 8.9; Mq 2.1.2; Tg 5.1ss). Os dons dados por Deus para criar riqueza e beleza e trazer ordem e harmonia ao mundo são empregados para explorar e humilhar o próximo. Na área de domínio espiritual, o "poder do Espírito" (Rm 15.13) tem sido falsamente entendido como uma força impessoal, usada para manipular as pessoas, de um modo contrário à sua integridade e dignidade humanas (cf. At 8.18-23).

Por trás da corrupção do poder, existem forças malignas ("principados e potestades" ou "poderes e autoridades") em operação, que embora devam sua origem, como tudo o mais no universo, ao próprio Deus em Cristo (Cl 1.16), direcionam agora o poder contra os propósitos divinos. O resultado destrutivo de sua ação pode ser constatado, particularmente, na esfera política (At 13.27; 1Co 2.6,8), na vida intelectual (Cl 2.8), na observância religiosa (Gl 4.3; Cl 2.20) e na luta do crente para manter o testemunho fiel de Cristo (Ef 6.12).

Jesus Cristo, porém, transforma o uso do poder. O evangelho, por si mesmo, é poder, revertendo a visão comum e distorcida do seu significado (Rm 1.16; 1Co 1.18). Enquanto os seres humanos usarem como exemplo de poder a própria inteligência, obras próprias, prática religiosa, posição social, privilégios e riquezas, etc., como base para sua jactância, serão incapazes de receber o poder da salvação como um dom de Deus (1Co 1.26-29).

O poder adquire, assim, o seu significado mais claro a partir do fato central da salvação — a crucificação de Jesus. É a liberdade que Jesus concede aos seus discípulos e seguidores de deixarem tudo o que lhes impede uma vida de amor sacrifical (Mc 10.42-45; Jo 10.17,18; 13.1; Fp 2.5). É o uso dos dons e posses concedidos por Deus para servir à necessidade espiritual e material dos outros (Rm 15.26,27). É a conquista e o domínio das forças internas e externas (tentação, pecado e mal), que nos fazem ficar escravizados a falsidades, a crendices e incredulidade e a toda influência destrutiva e opressiva no reino espiritual, moral, intelectual, emocional, político, econômico e social.

Bibliografia

O. Betz & C. Blendinger, *in: NIDNTT* II, p. 601-616; G. Braumann, *ibid.* II, p. 711-718; F. Bockle & J. M. Pohier (eds.), *Power, Domination, Service* (*Concilium,* n.s. 10.9, Dec. 1973); W. Foerster, *in: TDNT* II, p. 560-575; W. Grundmann, *ibid.* II, p. 284-317; M. Hengel, *Christ and Power* (Philadelphia, 1977); J. Moltmann, *Power of the Powerless* (London, 1983); C. D. Morrison, *The Powers that Be: Earthly Rulers and Demonic Powers in Romans 13.1-7* (London, 1960); K. Rahner, The Theology of Power, *Theological Investigations,* vol. IV (London, 1966, p. 391-409); W. Wink, *Naming the Powers* e *Unmasking the Powers* (Philadelphia, 1984, 1986), vols. 1 e 2, trilogy *The Powers.*

J.A.K.

POLANUS, AMANDUS

POLANUS, **AMANDUS**, ver Teologia Reformada.

POLANYI, **MICHAEL** (1891-1976). Cientista e filósofo, húngaro de nascimento, britânico por adoção, Polanyi veio à proeminência como cientista após a Primeira Guerra Mundial. Estimulado, por um lado, pela nova física de Einstein e, por outro lado, por contatos com o fascismo e o marxismo antes de se mudar para a Inglaterra, dedicou seus últimos anos à ampla investigação de questões filosóficas, sociais e culturais.

Sua principal obra, *Personal Knowledge* [Conhecimento pessoal] (London, 1958), mostra um caminho entre os extremos epistemológicos do subjetivismo e do objetivismo, que, embora transmitidos pela filosofia clássica, foram especialmente polarizados a partir do Iluminismo*. Para Polanyi, a fé e o conhecimento não devem ser colocados em oposição, mesmo nas ciências físicas, mas, sim, adequadamente combinados em um conceito de conhecimento *pessoal*. Essa nova epistemologia* é estabelecida tendo por referência um amplo raio de exemplos e argumentos e ajuda a unificar um espectro de conhecimentos que vai desde as ciências até as artes. Embora sem haver estendido seus argumentos substancialmente ao domínio da teologia, Polanyi reconhece a validade da empreitada em que os teólogos, mais notadamente T. F. Torrance*, têm estado envolvidos.

Após a obra *Personal Knowledge*, e além de refinar suas ideias epistemológicas em *The Tacit Dimension* [A dimensão tácita] (Londres, 1967), passou a explorar questões correspondentes em ontologia: de que modo, por exemplo, a real estrutura da realidade afeta nossa busca por um entendimento dela? Seus últimos escritos, resumidos em *Meaning* [Significado] (Chicago, 1975), apresentam um mundo estratificado, que os seres humanos, com sua atividade mental, habitam de modo pessoal e objetivamente. A análise de Polanyi da estrutura multinível da realidade lança uma luz interessante sobre vários aspectos do relacionamento entre a atividade divina e humana no mundo.

Bibliografia

Para uma introdução geral ao pensamento de Polanyi, ver R. Gelwick, *The Way of Discovery* (Oxford, 1977). Para sua aplicação à teologia, ver T. F. Torrance (ed.), *Belief in Science and in Christian Life* (Edinburgh, 1980); R. L. Hall *et al.*, *in: Zygon*, 17 (1982), p. 3-87; J. V. Apczynki, *Doers of the Word: Toward a Foundational Theology Based on the Thought of Michael Polanyi* (Chico, CA, 1982).

P.R.F.

POLITEÍSMO. Crença em muitos deuses e adoração a eles. Acreditou-se, no século XX, ser um estágio na evolução da religião*, do animismo* para o monoteísmo*. Essa visão é agora geralmente rejeitada, sendo o politeísmo visto como fruto da resposta pré-científica ao mundo natural, tanto assim que a maioria dos deuses está ligada a algum aspecto da natureza: céu, sol, lua, planetas, terra, fogo, água, animais e plantas são considerados seres divinos, além de identificados com várias

POSITIVISMO

características da vida individual e social.

O politeísmo nasceu, assim, com a personificação dos fenômenos naturais em seres sobre-humanos. As mitologias pagãs geralmente são constituídas de narrativas de atos dos deuses, caindo, não raro, a um nível de imoralidade a mais grosseira. Cada deus, por sua vez, tem geralmente um culto próprio, no centro do qual quase sempre impera a imagem ou o ídolo, como representação visual imaginativa do deus. A imagem pode ser a escultura ou pintura de um ser humano ou animal, ou uma figura híbrida, ou de uma árvore, um fogo, de órgãos sexuais, etc.

O deus é por vezes escolhido por um grupo em particular e por este elevado à posição de divindade suprema, embora a existência de outros deuses, subalternos, não seja negada. É o que se chama henoteísmo ou monolatria. Há quem argumente que a religião patriarcal do AT era uma espécie desse politeísmo. Todavia, não se pode negar que o AT condena categoricamente, desde o começo, a adoração de imagens do tipo politeísta, sobretudo como tentativas falsas de querer representar o Deus verdadeiro. O NT confirma a condenação, e Paulo chega a identificar os deuses de Corinto com demônios (Rm 1.22; 1Co 8.4-6; 10.19ss).

Bibliografia

J. H. Bavinck, *The Church Between the Temple and the Mosque* (Grand Rapids, MI, sem data); A. Daniélou, *Hindu Polytheism* (London, 1964); M. Eliade, *Patterns in Comparative Religion* (London, 1958); P. Grimal (ed.), *Larousse World Mythology* (London, 1965); W. B. Kristensen, *The Meaning of Religion* (The Hague, 1960).

D.A.Hu.

POSITIVISMO. Filosofia e "religião humanista", criada e desenvolvida pelo matemático e filósofo francês Auguste Comte (1798-1857). Segundo ele, os indivíduos e a humanidade em geral, por serem "teológicos", atribuem determinados eventos a poderes sobrenaturais. Alcançam então um estágio "metafísico", em que atribuem a esses poderes abstrações, tais como "força", que renomeiam, mas não explicam. Por fim, atingem o estágio mais elevado, o "positivo", em que os estágios anteriores são deixados de lado e é reconhecido o conhecimento como tão somente resultante dos fatos, ou, nas ciências, de regularidade entre os fatos. Esse progresso é inevitável. É equiparado ao progresso paralelo na sociedade. Comte propôs uma nova ciência da sociologia para se estudar a humanidade e capacitar a sociedade a ser organizada, racional e pacificamente, por uma elite cientificamente preparada.

Para o positivismo, Deus, como hipótese explicativa, é desnecessário; a religião deve se basear na adoração da própria humanidade como um todo. Comte criou toda uma "igreja positivista", completa com seus "santos" (personalidades humanas que foram ilustres em vida), cerimonial e assim por diante. Suas crenças nunca chegaram a se tornar populares, tampouco a filosofia de Comte; mas influenciaram muitos dos que não se intitulavam positivistas na filosofia da ciência e na sociologia,

POSITIVISMO LÓGICO

806 ∎

promovendo o crescimento do chamado "humanismo científico".

Ver também Positivismo Lógico.

Bibliografia

L. Kolakowski, *Positivist Philosophy from Hume to the Vienna Circle* (London, 1968); F. Copleston, *History of Philosophy*, vol. 9 (Tumbridge Wells, 1975), caps. 5 e 6.

R.L.S.

POSITIVISMO LÓGICO. Há duas fontes principais de positivismo lógico. A primeira é David Hume* e a filosofia empirista*, com sua ênfase na experiência do sentido, levando à certeza quanto às matérias de fato, em contraste com as relações de ideias, que nada diziam a respeito do mundo real. A segunda fonte é Augusto Comte, que cunhou a palavra "positivismo" para cobrir seis aspectos das coisas: ser real, útil, certo, exato, orgânico e relativo. Era sua ideia a adoção de uma atitude científica não somente em relação à ciência, mas também aos demais afazeres humanos. Essas filosofias viriam a se encontrar, nas décadas de 1920 e 1930, no Círculo de Viena, cujos principais membros eram M. Schlick (1882-1936), R. Carnap (1891-1970), O. Neurath (1882-1945), F. Waismann (1896-1959), contando com Wittgenstein* e K. Popper (1902-1994) como colaboradores e C. G. Hempel e A. J. Ayer (1910-1989) como aliados. Sua intenção geral era desenvolver e sistematizar o empirismo usando de ferramentas e conceitos derivados da lógica e da matemática, especialmente das primeiras obras de Wittgenstein e Bertrand Russell (1872-1970).

Sua abordagem era altamente crítica da teologia e da metafísica*, como sem significado. As afirmações eram sem sentido ou interpretadas como da ética e da estética quando expressavam sentimentos, atitudes ou questões de gosto. O Círculo de Viena enfatizava a natureza do significado e desenvolveu o "princípio da verificação"*. Este afirmava que uma afirmação ou proposição somente teria significado se verificável pela experiência dos sentidos. Desse modo, para uma afirmação ter real valor deveria ser conhecido o que contaria a seu favor ou contra em termos de experiência dos sentidos. Se não pudesse ser testada pela experiência dos sentidos, deveria ser rejeitada como destituída de significado.

Os positivistas, seguindo os empiristas, dividiram o conhecimento em: 1) relações de ideias tautológicas, iguais a verdades matemáticas e lógicas, sendo verdadeiras por definição, mas não informativas; ou 2) matérias de fato, conhecidas somente pela experiência dos sentidos. A teologia e a metafísica, assim como suas afirmações, não eram consideradas sem significado. Os positivistas se voltaram para os problemas que tratavam da situação do princípio da verificação, para constatar se o objetivo era a verificação em princípio ou na prática, em sentido fraco ou forte. Popper voltou-se para a capacidade de falsear como o melhor teste para as leis científicas, enquanto Carnap e Ayer tenderam a enfatizar a testabilidade ou a confirmabilidade. Muito do seu debate era sobre as tentativas de se preservar

PRÁXIS E ORTOPRÁXIS

a noção de verificação, mas isso tendia a perder terreno em vista do embate sobre a exclusão de leis científicas e proposições históricas. O positivismo lógico afirmava a unidade subjacente da ciência, assim como a forte crença de que a realidade poderia ser plenamente expressa por tradução em afirmações a respeito de objetos físicos ou experiência dos sentidos, tendo isso a forma de lógica ou matemática, de modo definitivo. O papel da filosofia não era estabelecer doutrinas filosóficas, mas elucidar o significado ou chamar a atenção para a falta de significado.

Com a falha da noção estrita de verificação, surgiu uma tendência para com as formas menos dogmáticas de linguística e análise conceitual (ver Linguagem Religiosa*). Não obstante, os temas de significado, verificação antimetafísica e ciência unificada continuaram a exercer poderosa influência sobre a filosofia moderna, propondo um grande desafio à religião e à teologia, mediante a obra de Ayer e A. Flew (n. 1923).

Bibliografia

A. J. Ayer, *Language, Truth and Logic* (London, [2]1946); *idem* (ed.), *Logical Positivism* (London, 1959); R. B. Braithwaite, *An Empiricist's View of the Nature of Religious Belief* (Cambridge, 1955).

Críticas: H. D. Lewis (ed.), *Clarity is not Enough. Essays in Criticism of Linguistic Philosophy* (London, 1963); E. L. Mascall, *Words and Images* (London, 1957); I. T. Ramsey (ed.), *Christian Ethics and Contemporary Philosophy* (London, 1966).

E.D.C.

PRÁXIS E ORTOPRÁXIS. "Práxis" significa, essencialmente, "ação". Tradicionalmente, o conceito se refere à aplicação de teoria ou de uma conduta humana socialmente inovadora. Sua longa história começa com Aristóteles*, mas o conceito alcançou destaque contemporâneo com Marx*, que usou a palavra de vários modos, mas, mais comumente, para significar a ação revolucionária por meio da qual o mundo seria mudado.

Em teologia, mais recentemente, a práxis ganhou relativo destaque por meio da teologia da libertação*. A teologia em geral costuma enfatizar a ortodoxia, *i.e*, a crença ou a reflexão conceitual correta sobre a verdade. A teologia política* equilibra isso dando ênfase à ação (práxis) e à ação correta (ortopráxis). Gutiérrez, tipicamente, se queixa de que "a igreja tem, por séculos, dedicado sua atenção em formular a verdade e, enquanto isso, nada fez para melhorar o mundo". Tal teologia. na verdade, não somente advoga ação, mas questiona se o conhecimento deve ser mais destacado, insistindo em que a verdade somente pode ser conhecida mediante a ação. O conhecer e o fazer estão relacionados dialeticamente, tornando-se a ação correta o critério para a verdade.

Como observa Miguez Bonino, o risco está em que a teologia seja reduzida a ética, sendo a dimensão vertical equalizada com a horizontal, e o conceito esteja construído sobre o marxismo. Contudo, em termos positivo, pode-se reivindicar raízes bíblicas. Deus se comunica com o seu mundo não por meio de uma estrutura conceitual de referência, mas em atividade criativa.

PREDESTINAÇÃO

808

No evangelho de João conhecer a verdade está na dependência de fazê-la (Jo 3.21).

Bibliografia
L. Boff, *Jesus Cristo Libertador* (Petrópolis, RJ, 1972); G. Gutiérrez, *A Theology of Liberation* (London, 1974); J. A. Kirk, *Liberation Theology: An Evangelical View from the Third World* (London, 1979); J. Miguez Bonino, *Revolutionary Theology Comes of Age* (London, 1975).

D.J.T.

PREDESTINAÇÃO. Em Rm 8—9 e Ef 1, o apóstolo Paulo ensina, definitivamente, uma doutrina da predestinação. Como resultado, a Igreja tem laborado através dos tempos para entender o que Paulo e outros escritores bíblicos quiseram dizer por predestinação.

Muitos têm, na verdade, definido predestinação como idêntica à presciência de Deus. Em sua onisciência, Deus prevê como todos os indivíduos hão de responder à oferta do evangelho e tem predestinado para a vida eterna aqueles de quem previu que responderiam com fé e obediência.

Outra definição de predestinação pode ser reportada a Agostinho*. Refletindo sobre estudo que fez nas Escrituras e nas experiências da própria vida, Agostinho veio a concluir que o indivíduo entregue a si mesmo está tão perdido em pecado* e rebelião contra Deus que certamente não buscará a Deus. Sua vontade*, decaída, encontra-se tão corrompida que ele não tem como buscar por si mesmo a salvação. Nesse sentido, a humanidade não tem livre-arbítrio. Portanto,

se existe salvação para o homem, esta deve vir por iniciativa divina. A graça de Deus* busca, restaura, salva e preserva o pecador. Então, por que alguns são salvos e outros não? Agostinho e outros de sua tradição argumentam que não pode ser por algo da parte dos homens e mulheres — por alguma bondade ou superioridade moral residualmente existente nos salvos e não nos perdidos. A própria doutrina agostiniana do pecado impediria essa conclusão. Assim, a razão pela qual alguns pecadores são salvos e outros se perdem deve estar mesmo em Deus. É de acordo com o propósito soberano de Deus, ou seu decreto eterno, que alguns pecadores sejam resgatados e outros sejam deixados em seu pecado. O fundamento desse decreto divino é, enfim, simplesmente o beneplácito ou a vontade de Deus.

A doutrina agostiniana da predestinação possui certos atrativos bem claros. Dá pleno destaque à doutrina bíblica do pecado e engrandece a atuação da graça de Deus na salvação*. Este, o motivo pelo qual uma maioria na Igreja ocidental, no século V, deu total apoio a Agostinho contra as doutrinas de livre-arbítrio e da capacidade natural de encontrar salvação à parte da graça, ensinadas por Pelágio. A Igreja pôde assim reafirmar perfeitamente o ensino de que a salvação é resultado somente da graça soberana de Deus.

O problema surgiu com o lado negativo da predestinação, comumente conhecido como reprovação. A doutrina da reprovação ensina que Deus, de acordo com sua vontade soberana, deixa alguns pecadores em seus pecados

PREDESTINAÇÃO

e, finalmente, os condena por sua impiedade. Essa doutrina, para muitos, parece demasiadamente severa, injusta e determinista. Desse modo, alguns crentes (entre os quais muitos luteranos* que sustentam a Fórmula de Concórdia) aceitam o lado positivo, aceitando, em princípio, a doutrina da predestinação, mas rejeitam a doutrina da reprovação. Diz-se desses que eles creem na "predestinação simples", e não na "dupla predestinação".

Os que defendem a "dupla predestinação" (eleição e reprovação) argumentam, no entanto, ser bíblica a reprovação (*e.g.*, Rm 9.10-23) e expõem como correta a justiça de Deus, exatamente como a salvação expõe a misericórdia. Alegam que, além de não ser injusto que Deus deixe alguns dos pecadores em seus pecados, a dupla predestinação não constitui fatalismo, uma vez que Deus designou a pregação, a evangelização e a Igreja como meios pelos quais realiza seus propósitos salvadores. Ademais, argumentam eles, a doutrina da "predestinação simples" é, teologicamente, inerentemente instável, tendendo a fazer de algo em nós o fator definitivo da salvação.

Muitos teólogos como Tomás de Aquino* e Gregório de Rimini* seguiram, na Idade Média, a doutrina agostiniana da predestinação. Outros, como Guilherme de Occam*, chamavam-se a si mesmos de agostinianos, mas, na verdade, tendiam a identificar a predestinação mais com a presciência.

Os principais reformadores protestantes, como Lutero*, Zuínglio* e Calvino*, ensinaram a plena doutrina agostiniana* da predes-

tinação. Tornou-se também o ensino oficial da Igreja da Inglaterra, como resumida nos Trinta e Nove Artigos. Houve ainda defensores da visão agostiniana da predestinação na Igreja Católica Romana, entre os quais o cardeal Gasparo Contarini (1483-1542) e teólogos dominicanos* e jansenistas (ver Agostinianismo*).

No final do século XVI, o jesuíta Roberto Bellarmino* sugeriu uma posição conciliatória sobre a predestinação, que veio a ser conhecida como congruísmo, mas que, de fato, não é agostiniana. O congruísmo ensina que Deus elege determinados indivíduos para a salvação, mas os salva por lhes oferecer graça suficiente e em circunstâncias que ele previu resultariam na livre aceitação da graça por parte deles (ver Mérito*). O agostinianismo, opostamente, ensina que a salvação vem aos eleitos mediante a graça eficiente, soberanamente dada aos indivíduos eleitos.

A predestinação veio a ter realce e papel especial na teologia de João Calvino* e seus seguidores. Calvino tornou a predestinação elemento integral da experiência cristã, insistindo em que os crentes deveriam estar seguros de que são eleitos porque estão em Cristo. Sendo então eleitos, sua vida deveria se caracterizar por um serviço alegre e confiante a Deus e aos outros. Para Calvino, a predestinação é uma doutrina de conforto e segurança*, capaz de libertar o cristão de introspecção mórbida e insegurança enfraquecedora.

Entre os calvinistas, no entanto, surgiu um desacordo sobre a ordem lógica dos decretos da

PRESBITERIANISMO

predestinação na mente de Deus, com duas posições básicas, o infralapsarianismo e o supralapsarianismo. Os supralapsarianistas sustentavam que Deus primeiro decretou salvar alguns e condenar outros e, depois, a queda* e a obra de Cristo como meio para esse fim. Seguiam Teodoro Beza* em sua interpretação de Romanos 9, bem como o princípio aristotélico de que o que é derradeiro em ação deve ser primeiro no pensamento. Os infralapsarianistas, que sempre foram maioria entre os calvinistas, sustentavam que Deus primeiro decretou ou permitiu a queda e, então, decretou salvar alguns e condenar outros.

Dentro das igrejas reformadas, houve várias reações à doutrina da predestinação de Calvino. Alguns puritanos*, por exemplo, sustentavam a doutrina, mas consideravam a certeza da salvação como resultado de longo processo ou luta por parte do cristão. Criaram uma espécie de calvinismo excessivamente introspectiva. Outros nas igrejas reformadas rejeitaram a doutrina da predestinação. O mais famoso foi, no século XVII, o teólogo holandês Jacobus Arminius (Armínio)*, que, tal como teólogos que o precederam, identificou a predestinação com a presciência. Seu nome foi tomado por protestantes posteriores que, na qualidade de arminianos, rejeitaram a doutrina agostiniana da predestinação. A Igreja Metodista*, de João Wesley*, adotou oficialmente a teologia arminiana. Já a maioria dos batistas nos séculos XVII e XVIII tornou-se agostiniana. Ficaram conhecidos como batistas regulares, ou particulares. Mais tarde, muitos batistas se tornaram batistas arminianos, batistas gerais.

A igreja evangélica contemporânea tem-se tornado amplamente arminiana, quase sempre como resultado de questão antidoutrinária do que de reflexão teológica. A doutrina agostiniana histórica da predestinação permanece bíblica e teologicamente discutível. Karl Barth propôs uma reinterpretação influente, fazendo de Cristo, de fato, o único a haver experimentado tanto a eleição quanto a reprovação, por toda a humanidade.

Ver também DETERMINISMO; SOBERANIA DE DEUS.

Bibliografia

G. C. Berkouwer, *Divine Election* (TI, Grand Rapids, MI, 1960); J. Calvin, *Institutas* III.xxi-xxiv; *idem*, *Concerning the Eternal Predestination of God*, tr. J. K. S. Reid (London, 1960); C. Hodge, *Systematic Theology*, vol. 3 (London/Edinburgh/New York, 1873); P. Jacobs, H. Krienke, *NIDNTT* I, p. 692-697; C. H. Pinnock (ed.), *Grace Unlimited* (Minneapolis, MN, 1975); B. B. Warfield, *Biblical Foundations* (London, 1958).

W.R.G.

PRESBITERIANISMO. Significa tanto uma forma de governo* eclesiástico, por meio de presbíteros, quanto um sistema de doutrina escriturística. O presbiterianismo contemporâneo se originou na Reforma Protestante*, particularmente na Genebra de Calvino*. A unidade da doutrina e da ordem presbiterianas aparece nas Instituições da Religião Cristã (Institutas), de Calvino. O reformador foi buscar nas Escrituras bases para formular os princípios para a organização, assim como para a doutrina da fé da Igreja. Nas Institutas, tal como na tradição presbiteriana e reformada posterior, a chave tanto para a doutrina quanto para a ordem da Igreja é encontrada na soberania de Deus*.

Os principais pontos distintivos doutrinários do presbiterianismo estão expressos nos credos reformados do século XVI, mas as igrejas presbiterianas adotaram a Confissão de Fé e os catecismos da Assembleia de Westminster (1643-1649). Todas as confissões* reformadas fazem da glória de Deus o fim supremo da criação do homem, de forma que tudo da vida está confiado a ele. A humanidade é culpada de pecado perante Deus e hostil a ele; a salvação, não menos que a criação, deve ser obra de Deus (Rm 11.36). A salvação de Deus provém da livre escolha de seu amor eletivo. É realizada mediante o dom do Filho eterno de Deus que, por sua perfeita obediência, mereceu a vida eterna para os eleitos de Deus; e que morreu na cruz como representante destes, expiando seus pecados e assegurando-lhes a salvação. O Espírito Santo, enviado do trono do Senhor Jesus Cristo, aplica sua salvação àqueles que foram dados pelo Pai ao Filho, regenerando-os de forma que sejam convencidos e capacitados a assumir Cristo, do modo em que ele é livremente oferecido no evangelho, dando-lhes ainda a graça de perseverarem na fé. A escolha humana tem consequências eternas, mas os pecadores somente podem escolher Cristo porque ele os escolheu primeiro.

Os presbiterianos consideram essas doutrinas como bíblicas, salientando como o apóstolo Paulo respondeu às objeções óbvias feitas a elas (Rm 9.14,19). Sustentam, portanto, permanecer em uma tradição de ensino apostólico jamais apagado na história da Igreja.

O presbiterianismo tem buscado também, por outro lado, restaurar uma forma de governo bíblico ideal na Igreja. Jesus Cristo, o Senhor exaltado sobre tudo e sobre todos, é o único rei e cabeça da Igreja, único mediador entre Deus e o homem. Ele governa sua Igreja diretamente, mediante sua palavra e seu Espírito; mas tem organizado o governo da Igreja, ao revelar os princípios desse governo mediante sua palavra, e ao prometer sua presença no seio da Igreja enquanto as chaves do reino forem usadas em seu nome. Todo ofício na Igreja existe, assim, por sua própria designação; é ele quem chama e capacita todos os detentores de ofícios para que exerçam seus ministérios*. Aos oficiais, a Igreja não concede propriamente autoridade, mas, sim, reconhece a autoridade e o chamado de Cristo que receberam.

O governo da Igreja deve, pois, ser conformado ao padrão escriturístico. Nas circunstâncias eventualmente não ordenadas especificamente nas Escrituras, a Igreja deverá observar as regras gerais da Palavra: todas as coisas devem ser feitas "com decência e ordem" para a glória do Senhor, para a edificação dos santos e como testemunho ao mundo. O padrão escriturístico de governo é necessário para o bem-estar da Igreja, mas não quer dizer que seja extremamente essencial

PRESBITERIANISMO

para a sua existência. Os presbiterianos reconhecem existir muitos graus de fidelidade às Escrituras, em sua igreja e em outras; e as igrejas reformadas devem sempre se reformar.

O governo de Cristo na Igreja mediante sua palavra e seu Espírito requer que todo poder na Igreja seja ministerial e declarativo. Nenhum oficial ou concílio da Igreja pode determinar novidades em matéria de fé ou adoração, mas somente ministrar a palavra do Senhor.

O julgamento final está entregue somente a Cristo. Ele não entregou a espada da justiça aos oficiais de seu reino (Jo 18.36). Todo poder da Igreja é totalmente moral e espiritual. Os oficiais da igreja não possuem jurisdição civil; não podem infringir as leis civis nem buscar ajuda do poder secular para o exercício de seu ministério. Eles reconhecem a autoridade divina do governo civil (Rm 13.17; 1Pe 2.13-17), o apoiam e oram por sua eficácia, para a manutenção da paz.

A Igreja é o corpo de Cristo: a ordem presbiteriana reflete o fato de que a salvação é corporativa, tanto quanto individual. A Igreja não é composta primacialmente de clérigos, possuidores de dons especiais ou singulares para poderem dispensar a graça sacramental. Ela é constituída do corpo de crentes e seus filhos, formando uma comunidade pactual, chamada por Cristo e dotada com o Espírito Santo, para se unir em ministério mútuo de adoração, edificação e testemunho. Os dons dos membros diferem dos dons dos oficiais não em espécie, mas somente em grau.

Os escolhidos por Cristo mediante a Igreja para se dedicarem ao governo desta são ministros da Palavra, presbíteros docentes e outros com dons para governar, chamados presbíteros regentes. Uma vez que a inspirada autoridade do ofício fundamental dos apóstolos não teve continuidade, todos os presbíteros governam em paridade ("bispo" e "presbítero" são títulos sinônimos no Novo Testamento). O reconhecimento do ofício de presbítero regente está baseado na distinção dos dons de ensino e governo (1Tm 5.17; Rm 12.8; 1Co 12.28) e no papel divinamente autorizado dos anciãos do povo de Deus no antigo pacto (Nm 11.16, 17), que prossegue no novo pacto (At 11.30; *cf.* Mt 13.52; 23.34).

Os presbíteros governam em conjunto por meio da assembleia local (conselho, consistório), assembleia regional (presbitério) e assembleias mais amplas (sínodo, assembleia geral ou supremo concílio). Esse sistema de assembleias ou cortes graduadas reflete a unidade, católica, regional e local, da Igreja. A preocupação de cada assembleia é determinada por seu propósito de convocação. Os dons de governo que Cristo concede à totalidade da Igreja podem ser legitimamente usados nas assembleias mais amplas daqueles que são reconhecidos pelos santos como estabelecidos sobre estes no Senhor.

O ofício de diácono é mais de ministério do que de governo espiritual. É encarregado do serviço de misericórdia aos pobres e necessitados dentre os santos e, se Deus lhe conceder ocasião, do mundo. Embora as epístolas paulinas

813 PRISCILIANISMO

restrinjam o papel de governo na família de Deus aos homens presbíteros (1Tm 2.12), é pacífico o lugar das mulheres nos ministérios de misericórdia, e algumas igrejas presbiterianas designam mulheres também para o ofício diaconal (Rm 16.1; 1Tm 3.11).

Bibliografia
J. L. Ainslie, *The Doctrines of Ministerial Order in the Reformed Churches of the Sixteenth and Seventeenth Centuries* (Edinburgh, 1940); A. C. Cochrane (ed.), *Reformed Confessions of the Sixteenth Century* (London, 1966); J. M. Gettys, *What Presbyterians Believe: An Interpretation of the Westminster Standards* (Clinton, SC, 1953); G. D. Henderson, *Presbyterianism* (Aberdeen, 1954); J. H. Leith, *Introduction to the Reformed Tradition* (Atlanta, GA, 1977); J. A. Mackay, *The Presbyterian Way of Life* (Englewood Cliffs, NJ, 1960); J. Moffatt, *The Presbyterian Churches* (London, ²1928); J. H. Nichols, *Corporate Worship in the Reformed Tradition* (Philadelphia, 1968); E. W. Smith, *The Creed of the Presbyterians* (Toronto, 1901).

E.P.C.

PRISCILIANISMO. Termo derivado de Prisciliano, membro da nobreza espanhola, designa um movimento ascético* que emergiu nas igrejas da Espanha e Aquitânia na década de 370. Enfatizava a castidade, a pobreza voluntária e o vegetarianismo como meios certos de alcançar alturas espirituais maiores, particularmente o dom de profecia*. Para os priscilianistas, isto significava a capacidade de discernir o significado espiri-

tual tanto das Escrituras como de diversos apócrifos. Muito embora Prisciliano, que se tornou bispo de Ávila, aceitasse o cânon corrente das Escrituras, convenceu-se de que a revelação divina não estava ali confinada. Mostrou também certo interesse pela literatura ocultista, acreditando que uma vida espiritual cheia de sucesso teria de envolver um conhecimento maior do inimigo e de sua estratégia.

O priscilianismo não desafiou diretamente as autoridades da Igreja nem fomentou a fundação de mosteiros próprios, apesar de terem sido estabelecidas algumas fraternidades suas informais. Alguns bispos, no entanto, passaram a achar que as atividades e as doutrinas priscilianistas pareciam revelar fortes nuanças de maniqueísmo e feitiçaria. Tais questões vieram à tona, sendo levantada acusação contra Prisciliano e alguns de seus adeptos perante o imperador Máximo, em Trier, em 385. Condenados, foram levados à execução, na primeira e quase única ocasião na Antiguidade em que hereges sofreram pena por seu delito nas mãos de um governante civil.

Na devida ocasião, no entanto, uma indignação ainda maior estaria reservada para os bispos que haviam pressionado o processo de acusação capital. De fato, após as execuções, ocorreu certa reação temporária em favor de Prisciliano, que, em alguns redutos, foi considerado como um mártir*. Um cisma* ameaçou irromper na Igreja da Espanha, mas foi evitado a tempo pela ação vigorosa do Concílio de Toledo, no ano 400. Na esfera popular, todavia, o priscilianismo

PROCESSÃO DO ESPÍRITO SANTO

ainda continuou a exercer alguma influência até o século VI.

Bibliografia

H. Chadwick, *Priscilian of Avila* (Oxford, 1976).

G.A.K.

PROCESSÃO DO ESPÍRITO SANTO, ver Espírito Santo; Trindade.

PROGRESSO, IDEIA DE. A ideia mais característica do pensamento do século XIX foi a de progresso. Muitos motivos concorreram para isso. A revolução industrial se tornou mola propulsora de rápido crescimento econômico e desenvolvimento social por todo o Ocidente. Por outro lado, descobertas científicas e sua aplicação em desenvolvimentos práticos, como técnicas de produção em massa e avanços na saúde pública, ajudaram a gerar um avanço de mentalidade otimista, estimulado ainda pela difusão do modo de vida de padrão europeu nos impérios neocolonialistas e por todo o continente americano. Ampla influência do racionalismo dialético de Hegel* proporcionaria, ao mesmo tempo, a sementeira em que viria a ser plantada e gerada a materialista teoria da evolução (ver Criação*).

A ideia de progresso evolutivo como uma hipótese explicativa da realidade precedeu, assim, o desenvolvimento da teoria da evolução das espécies, de Darwin (que, aliás, não foi, como se poderia julgar, a primeira teoria científica de seu gênero). O darwinismo, porém, pareceu proporcionar uma base científica para ideias filosóficas que já se tornavam populares. O uso da evolução biológica como achado para todo o desenvolvimento histórico alcançaria sua marca mais indelével nos extensos escritos de Herbert Spencer (1820-1903). Típico da mentalidade reinante nos meados do século XIX foi o fato de que sua hipótese científica se tornaria a base para construções filosóficas em geral. Antes, raramente, qualquer pensador, cristão ou não, evitaria ser influenciado pela ideia de progresso evolutivo, em que o desenvolvimento da sociedade humana e moral do homem fosse visto como contínuo e essencialmente análogo ao suposto progresso ascendente da evolução biológica.

Mais recentemente, o antropólogo jesuíta Teilhard de Chardin* buscaria forte aliança do darwinismo com a visão cristã do homem e da redenção. Todavia, Henry Drummond, contemporâneo posterior mais próximo de Spencer, já procurara, em termos evangélicos populares, fazer algo similar, com sua obra *Ascent of Man* [Ascensão do homem] (1894).

Uma implicação imediata desse modo de pensar começou a se verificar na escrita da história, em que foi traçada uma progressão evolutiva; e, como a Bíblia cristã é basicamente uma narrativa histórica, ocorreriam também repercussões importantes no modo de as Escrituras passarem a ser avaliadas. Um exemplo clássico disso é a obra *Religion of the Semites* [A religião dos semitas] (1889), de William Robertson Smith, que tenta encontrar a revelação mediante uma leitura naturalista da história. Não era propriamente novidade procurar dar uma explicação naturalista à história bíblica, já que, desde os

PROTESTANTISMO

primeiros tempos da Igreja, os céticos a respeito de sua proclamação tinham seu modo próprio de ler a Palavra. No entanto, tal a absorção da ideia de progresso evolutivo que, da metade até o final do século XIX, a própria Igreja começou a adotar esse tipo de interpretação de suas próprias Escrituras canônicas.

A Bíblia não fala da história do homem como um progresso evolutivo. Fala de uma perfeição original, da qual o homem caiu (ver Queda*), e a história que se segue é a das inúmeras tentativas falhas suas de querer fazer as coisas certas (Babel, dilúvio, exílio, etc.), com uma marcante experiência de regresso constante por parte do homem. O progresso vem somente de Deus. A ideia de progresso evolutivo natural é justamente a antítese exata da descrição bíblica do homem e sua religião, de modo que a tentativa de reinterpretar a história bíblica teria então de adotar os métodos violentos de Procusto, subordinando os dados à teoria. Esse simples fato explica, em grande medida, a história da erudição do AT, que, a despeito de sua renúncia posterior a um paradigma* evolutivo, encontra-se até hoje sujeita a forte crítica, pela inversão que fez da ordem da lei e dos profetas, que sua teoria requeria (pois a religião profética era considerada ser mais simples e, portanto, anterior).

Abalos sociais mais recentes, a começar pela Primeira Guerra Mundial e chegando ao amadurecimento atual de constante ameaça nuclear, deram um golpe mortal na visão progressista do homem, fazendo retornar as ideias de evolução ao laboratório, onde poderão vir ou não a sobreviver. O progresso econômico e tecnológico do homem tem mostrado ser de natureza tênue e de modo nenhum inevitável, sendo hoje questionada a alegação de que o homem possa ter avançado moralmente desde os seus dias mais antigos. A redenção, longe de ser um produto da evolução, somente pode ser realizada mediante uma revolução na história moral e espiritual, continuamente regressiva, do homem. A única ideia verdadeira de progresso é a de progresso de Deus na história da salvação*.

Ver também Crítica Bíblica.

Bibliografia
C. Dawson, *Progress and Religion. An Historical Enquiry* (London, 1945); C. S. Lewis, The Funeral of a Great Myth, *in: Christian Reflections* (London, 1967).

N.M.deS.C.

PROPICIAÇÃO, ver Expiação; Ira; Sacrifício.

PROTESTANTISMO. A palavra deriva do *Protestatio* dos representantes pró-Reforma no parlamento (dieta) de Speier (1529) contra as práticas católicas romanas. Logo viria a abranger toda a tradição cristã fora do catolicismo e da ortodoxia.

As origens do protestantismo se encontram no ensino e nas ações tanto dos reformadores principais, especialmente Lutero*, Zuínglio* e Calvino*, quanto dos líderes da Reforma Radical (ver Reforma Radical*). Embora tenham ocorrido algumas vezes dissensões de visão entre essas figuras seminais, uma série de iguais convicções importantes se manteve firme,

PROTESTANTISMO

caracterizando até hoje a maioria das confissões de doutrina protestante, conforme se segue.

1. Justificação pela fé*. A questão central do protestantismo se relacionava à salvação. A "descoberta" de Lutero de que a justificação não dependia do merecimento acaso obtido pelo homem, mas, sim, do ato salvador de Deus em Jesus Cristo, foi da maior importância para o pensamento protestante. Marcou a diferença básica na abordagem teológica, entre o entendimento católico da justificação, como analítica — resultante de algo feito pela pessoa justificada — e seu entendimento protestante, como sintética — devido a algo providenciado de fora. A questão da justificação permanece até os dias atuais como uma das grandes áreas de controvérsia entre católicos e protestantes.

2. Escrituras*. Os reformadores se uniram em seu compromisso para com as Escrituras como a única autoridade em matéria de doutrina. Os reformadores mantiveram alto respeito pela tradição, particularmente, dos pais (ver Teologia Patrística*) e dos concílios* da Igreja primitiva. Rejeitaram, contudo, qualquer subordinação das Escrituras à tradição (ver Escritura e Tradição*). Os reformadores radicais tinham, porém, respeito bem menor pela tradição, tendendo a considerar as Escrituras como único ponto de referência importante.

3. Igreja e Estado*. A Reforma, e, portanto, o protestantismo, não fez nenhuma reivindicação de exercer o poder político direto do modo que o catolicismo medieval o fizera.

Os reformadores pioneiros procuraram instruir os governantes em sua responsabilidade espiritual. Alguns de seus sucessores protestantes, particularmente luteranos e anglicanos*, estiveram sujeitos à acusação de erastianismo (ver Estado*). Os radicais, contudo, buscaram total separação entre Igreja e Estado.

4. Sacerdócio universal dos crentes*. Esta doutrina foi sustentada por todos os grupos protestantes. Teve imensas implicações para a demolição da estrutura ministerial hierárquica e de divisão entre clérigos e leigos do catolicismo medieval. De modo geral, o ministério* foi entendido pelos protestantes de uma maneira mais funcional do que ontológica. Ao mesmo tempo, no entanto, anglicanos e alguns luteranos retiveram determinadas estruturas ministeriais, que levaram apologistas posteriores a apontar a continuidade de uma prática católica tradicional.

A ênfase sobre o sacerdócio de todos os crentes alterou radicalmente a percepção dos leigos quanto ao papel do ministro ordenado em relação ao acesso a Deus e à salvação, mas as implicações relativas aos dons no corpo de Cristo não foram geralmente obedecidas. Nos ramos clássicos do protestantismo, o sentido de divisão entre os ministros e o laicato foi perpetuado quase tão fortemente pelo ministério da Palavra exercido por clérigos altamente preparados como o havia sido pelas funções sacramentais de sacerdotes medievais não tão treinados. O descontentamento dos leigos nesse sentido foi um fator importante na insatisfação dos

PROTESTANTISMO

reformadores radicais para com a Reforma tradicional, bem como de outros movimentos subsequentes de dissenção dentro do protestantismo. Todavia, muitos desses movimentos logo também desenvolveram instituições ministeriais comparáveis àquelas contra as quais haviam protestado.

5. Os sacramentos*. O protestantismo rejeitou firmemente os sete sacramentos do catolicismo, enfatizando somente os outorgados pelo Senhor — o batismo* e a ceia.* Todas as confissões protestantes rejeitaram a interpretação sacrifical católica da eucaristia*, aceitando a comunhão mediante os dois elementos; mas ainda permaneceram em debate considerável quanto ao real significado da ceia do Senhor. Lutero enfatizava a presença real corpórea de Cristo; Calvino, a presença espiritual; enquanto Zuínglio estava inclinado a considerar a ceia como uma comunhão dos crentes visando apenas lembrar a morte do Senhor. Os protestantes em geral têm mais frequentemente concordado com essa interpretação, embora no anglicanismo, no luteranismo e em algumas igrejas da tradição reformada prevaleçam ainda as ideias anteriormente referidas.

O protestantismo mundial

Após a considerável criatividade e formação espiritual e institucional do período da Reforma, o desenvolvimento do protestantismo tem sido menos dramático, nestes séculos subsequentes. Numérica e territorialmente, seguiu a emigração da Europa para os Estados Unidos, o Canadá, Austrália e Nova Zelândia, e as realizações consideráveis do movimento missionário a partir da Europa e América do Norte, nos séculos XIX e XX, para a África, a Ásia e a América do Sul. Em termos mais amplos, o protestantismo mundial pode ser hoje dividido em sete principais famílias — luteranos* (com cerca de 54 milhões de aderentes), anglicanos* (50 milhões), batistas* (48 milhões), presbiterianos* ou reformados (40 milhões), metodistas* (30 milhões), congregacionais* (3 milhões); e outros grupos, que mantêm em parte a herança dos reformados radicais.

Se definido, enfim, em amplos termos, o protestantismo detinha em dezembro de 2008 uma comunidade mundial de quase 600 milhões de membros. Alguns anglicanos, contudo, não concordam em serem rotulados de protestantes. Essa discordância não faz jus à sua realidade histórica, do mesmo modo que a maioria dos anglicanos não questiona sua descrição em relação ao Movimento de Oxford (ver Teologia Anglocatólica*). Alguns grupos ou famílias acima indicados escondem, na verdade, de certo modo, uma tendência divisória existente no protestantismo. Ao mesmo tempo, porém, apontam realmente para suas origens comuns e um mesmo sentido comum de identidade. Entre as principais denominações históricas, ocorrem movimentos em crescimento em uma direção mais ecumênica, que se refletem no Conselho Mundial de Igrejas, o qual inclui também as igrejas ortodoxas, assim como em diversas igrejas resultantes de amplas uniões, como é o caso da Igreja Unida do Canadá, da Igreja

PROTESTANTISMO

do Sul da Índia e da Igreja do Norte da Índia.

Tensões: objetiva e subjetiva

Da Reforma em diante, o Protestantismo tem tido a tendência de oscilar entre uma abordagem objetiva e dedutiva, olhando para a revelação bíblica como seu ponto de partida, e uma abordagem subjetiva e indutiva, que se volta de preferência para a experiência pessoal. Indicações anteriores dessa tensão podem ser vistas na luta de Lutero contra os chamados "entusiastas" (*Schwärmer*).

No século seguinte, a ruptura com Roma foi marcada por um período de ortodoxia confessional, em que emergiu um distintivo escolasticismo protestante*. Foi, tal como sua contraparte católica, uma fase profundamente intelectualizada. Quase ao final do século XVII, o protestantismo foi desafiado pelo pietismo*, que salientava a experiência como determinante e dava força ao trabalho externo ativo de compromisso cristão, como na obra missionária do conde Zinzendorf. O Iluminismo*, por sua vez, com sua exclusiva fé na razão, trouxe ao protestantismo, como a todo o cristianismo, uma contestação considerável, que foi respondida, sem dúvida, mas, em grande parte, nos mesmos termos filosóficos e racionalistas do Iluminismo. A obra substancial de figuras de destaque nos meios evangélicos, como os bispos Berkeley* e Butler*, por exemplo, pouco fez então para satisfazer a necessidade espiritual ou religiosa das pessoas comuns, em países tradicionalmente cristãos como a Irlanda e a Inglaterra. Foi certamente, em grande parte, em reação a isso que o Reavivamento Evangélico* surgiu para enfatizar a importância da religião experimental, sendo, nesse sentido, imensamente influente.

Semelhante reação ao Iluminismo racionalista teve Schleiermacher*, que, sob a influência tanto do pietismo* quanto do romantismo*, procurou desenvolver uma teologia que refletisse a experiência humana da fé. Começando a partir do sentimento de absoluta dependência e usando do método indutivo, Schleiermacher construiu uma teologia extremamente influente, contendo, caracteristicamente, muito do liberalismo* protestante, ao reduzir consideravelmente a importância da revelação* e do sobrenatural*. Os desafios da ciência e do pensamento histórico no século XIX acentuaram os problemas dos intelectuais protestantes, por levantarem a questão de se a revelação cristã, em qualquer sentido significativo, era divina e distintiva. O liberalismo, como refletido nas obras de Ritschl* e Harnack*, que continuaram a tradição de Schleiermacher, enfatizava a centralidade de Jesus como simplesmente aquele que ensinava a paternidade de Deus e a irmandade dos homens.

Por todo aquele século, o liberalismo veio a ser criticado por muitos cristãos conservadores, como, por exemplo, na Inglaterra, pelos evangélicos e os tractarianos (ver Teologia Anglocatólica*). Já no século XX, o pensamento existencialista* e a experiência da Primeira Guerra Mundial minaram o otimismo liberal. Karl Barth* se tornou o oponente mais significativo do liberalismo. Reafirmou a importância de se ter como ponto de

PROVIDÊNCIA

partida a palavra de Deus, em vez de a experiência humana. Apontou para o desencontro radical entre a religião natural, com sua confiança própria de que poderia encontrar Deus, e a palavra de Deus, que declarava que o homem não possui tal capacidade — somente mediante o dom da graça o homem pode experimentar Deus.

Barth polarizou, assim, a divisão entre a teologia natural* e a sobrenatural, entre a razão e a fé, entre a história secular e a sagrada. Teólogos mais nossos contemporâneos, como Pannenberg e Moltmann*, todavia, rejeitaram esses extremos contrastes, vendo na revelação, incluída, a ação de Deus através da história do mundo. Ao mesmo tempo, em suas teologias, mostram-se comprometidos com um entendimento bíblico, embora a Trindade* e a ressurreição*, por exemplo, permaneçam cruciais, juntamente com a escatologia*. Já uma visão mais imanentista se reflete, na Inglatera, na obra de Macquarrie*.

Bultmann* rejeitou o liberalismo quase tão vigorosamente quanto Barth, enfatizando também a palavra de Deus como decisiva. Ele traduziu sua mensagem em categorias existencialistas, mas revelou-se extremamente cético a respeito da realidade histórica dos eventos que aborda. Teólogos protestantes atuais, partidários de uma nova hermenêutica*, apoiam igualmente a ênfase de Barth e Bultmann sobre a centralidade crucial da palavra de Deus.

Muitos líderes protestantes, no entanto, mostraram-se bastante insatisfeitos com as conclusões dos teólogos radicais, reagindo fortemente contra a consequente atenuação da crença que haviam aprendido e aceito, e que ensinavam aos irmãos, em suas principais denominações históricas. Isso levou a numerosas confrontações com os liberais — desde, por exemplo, Spurgeon*, com sua chamada "controvérsia sobre a degradação", no final do século XIX, até o debate que irrompeu sobre a obra *Os Fundamentos*, nos Estados Unidos, na primeira quadra do século XX, obra de Macquarrie*, levando a um aumento das dissensões e da divisão protestantes. Outros, de inclinações também conservadoras, mas talvez com uma teologia da Igreja mais desenvolvida, têm sentido e declarado a importância de se permanecer dentro das denominações históricas.

Bibliografia

J. Dillenberger & C. Welch, *Protestant Christianity Interpreted through its Development* (New York, 1954); M. E. Marty, *Protestantism* (London, 1972); J. H. Nichols, *Primer for Protestants* (New York, 1947), republicado como *The Meaning of Protestantism* (London, 1959); W. Niesel, *Reformed Symbolics: A Comparison of Catholicism, Orthodoxy and Protestantism* (Edinburgh, 1962); P. Tillich, *The Protestant Era* (Chicago, IL, 1948); J. S. Whale, *The Protestant Tradition* (Cambridge, 1955).

C.P.W.

PROVAS DA EXISTÊNCIA DE DEUS, ver TEOLOGIA NATURAL.

PROVIDÊNCIA. A ideia de providência está implícita em qualquer noção de Deus como ser supremo.

PROVIDÊNCIA

Uma definição adequada da ideia de Deus requer seu senhorio da história de tudo o que existe. Todavia, a doutrina cristã da providência de Deus não reside nessa especulação metafísica, mas no ensino da Bíblia.

A providência é a realização benevolente da soberania de Deus*, pela qual todos os eventos são dirigidos e dispostos a fim de serem alcançados os propósitos de glória e de bem para os quais o universo foi criado. Esses eventos incluem a ação de agentes livres, embora permanecendo como ação livre, pessoal e responsável, sendo a ação pretendida também por esses agentes. A providência abrange, assim, tanto eventos naturais como pessoais, colocados igualmente dentro dos propósitos de Deus.

A providência é detalhadamente distinta da criação*. A sustentação e a direção de todas as coisas são entendidas nas Escrituras como subsequentes à criação e diferentes desta. A distinção é, em parte, sequencial: primeiramente Deus criou, depois sustentou e dirigiu; mas tem também um significado moral: a teodiceia* cristã enfatiza a bondade da criação original (Gn 1) e reconhece a transformação radical que a criação veio a sofrer com a queda"; a providência de Deus está amplamente voltada para a história da ordem caída, e sua confusão com a criação imediatamente atribuiria pecado à bondade criadora de Deus. Embora se possa argumentar que o evolucionismo teísta seja compatível com as doutrinas da criação e da providência, qualquer teoria incapaz de preservar a distinção entre as duas é insustentável.

A doutrina da providência proporciona a defesa contra três ideias errôneas principais.

1. *Deísmo*. Os deístas concebem Deus como separado das presentes ações do universo, pois, para eles, Deus o criou e deixou que o universo operasse como uma máquina. A doutrina da providência afirma o envolvimento pessoal de Deus em cada um dos afazeres humanos e sua constante sustentação de todos os processos naturais. A lei natural representa simplesmente a constância e a regularidade dos propósitos divinos. A ordem natural, não menos que a ordem humana, expressa o controle *pessoal* de Deus.

2. *Fatalismo*. Essa ideia pagã reconquistou recentemente ampla aceitação por meio da astrologia popular. Enquanto a providência personaliza a natureza, o fatalismo despersonaliza o homem. Suas ações não são mais livres, uma vez que as predições do horóscopo, por exemplo (diferente das dos profetas), não permitem uma reação pessoal. A providência jamais nega a ação ou a agência pessoal livre, embora visando a uma ordem de propósitos mais elevada junto com ela.

3. *Acaso*. A providência afirma o caráter direcional e pleno de propósito da história, proporcionando assim esperança para um mundo caído. Como dizia Calvino, a mão de Deus está no controle. É comum se falar da providência divina como geral ou especial (essa última quando dirigida para um fim beneficente específico), mas tal distinção não deve ser feita exageradamente. As Escrituras falam da preocupação divina em particular

PSEUDO-DIONÍSIO, O AREOPAGITA

até mesmo para com coisas aparentemente pequenas, efêmeras ou de pouco valor na natureza (*e.g.*, pela palavra de Jesus, os pardais, em Mt 10.29,30). O milagre* é um caso especial de providência, quando a ordem normal da esfera natural é colocada à parte para um propósito específico.

A providência de Deus exibe sua benevolência (Mt 5.45), especialmente ao crente, que se sente confortado ao saber e confirmar que todas as coisas concorrem para o seu bem (Rm 8.28). Nessa doutrina, portanto, o caráter soberano de Deus forma a base da esperança e do conforto, na prática, para todos os que nele confiam.

Bibliografia
G. C. Berkouwer, *Providence* (Grand Rapids, MI, 1952); J. Calvin, *Institutas* I.xvi, xvii.

N.M.deS.C.

PSEUDO-DIONÍSIO, O AREOPAGITA (século V/VI). Autor desconhecido, provavelmente um sírio, de um grupo extremamente influente de obras teológicas gregas da tradição do neoplatonismo cristão (ver Platonismo*).

Os escritos em questão compreendem quatro tratados e dez cartas dirigidas a pessoas da era apostólica, embora sugestões também sejam feitas nesses textos a respeito da existência de outras obras que, presumivelmente, não sobreviveram. A obra *Os nomes divinos* explica os atributos de Deus com base nos diversos nomes que lhe confere a Bíblia. *A hierarquia celestial* trata dos anjos* e de suas tríplices divisões e funções hierárquicas (*i.e.*, serafins-querubins-tronos, do-

mínios-autoridades-poderes, principados-arcanjos-anjos e tríplice função purificação-iluminação-perfeição). *A hierarquia eclesiástica* aborda as estruturas hierárquicas da igreja (*i.e.*, hierarcas-sacerdotes-liturgistas e terapeutas(monges)-leigos-catecúmenos e suas funções litúrgicas/sacramentais. *Teologia mística* trata de união mística da alma humana com Deus, alcançada por meio de procedimentos catafáticos e apofáticos*.

Os destinatários das cartas e as alegações do autor apontam claramente para sua identidade como Dionísio, o areopagita, de Atos 17.34. Essa visão foi a que prevaleceu em *c.* 649, quando o Concílio de Latrão, convocado em Roma contra o monotelismo (ver Cristologia*), apelou para esses escritos como testemunhas teológicas dignas de crédito. Já havia sido visão aceita por destacados autores da Igreja, como Gregório, o Grande*, Leôncio de Bizâncio (ver Hipóstase*) e Máximo,* o Confessor. Uma vez aceitos, os escritos de Dionísio se disseminaram rapidamente, exercendo profunda influência, tanto no Oriente como no Ocidente, nos séculos imediatos seguintes.

No final da Idade Média, sua autenticidade foi questionada por Lorenzo Valla (*c.* 1406-1457) e, especialmente, por Erasmo*, mas sem buscar um apoio geral, embora daí em diante sua autoria real permanecesse em controvérsia. Isso ocorreu tanto no tempo da Reforma como, novamente, durante o século XIX, até que, em 1895, Joseph Stiglmayr e Hugo Koch, cada qual, separadamente, argumentando com base nos próprios textos e, em particular, a partir de

PSEUDO-DIONÍSIO, O AREOPAGITA

sua dependênca literária de Proclo (411-485) e de sua clara referência a formas litúrgicas posteriores, estabeleceram que os escritos pertenciam a um autor que vivera no final do século V na Síria. Desde então, muitas tentativas têm sido feitas para identificar o autor, sem sucesso. O único ponto certo de um consenso emergente é o de haver sido provavelmente um monofisista* ou simpatizante do monofisismo.

A questão de como um autor desconhecido pode haver exercido tão forte influência sobre teólogos de todas as épocas e contextos só pode ser respondida com a referência ao profundo conteúdo e à qualidade excepcional de seu pensamento. Seus escritos representavam uma resposta a dois grandes desafios ao cristianismo primitivo, o gnosticismo* e o neoplatonismo, não tendo por base o desenvolvimento de um antípoda dialético a qualquer dos dois, mas, sim, uma visão da totalidade do ensino católico que incluía e transcendia ambos. Tal autor sustentava, por exemplo, contrariando o gnosticismo, que Deus é desconhecido (anõnymos), mas, em oposição ao neoplatonismo, que ele, contudo, é conhecido (polyõnymos) por muitos nomes (ou apeirõnymos, nomes infinitos). Em outras palavras, Deus tanto é transcendente quanto imanente em relação ao mundo, sendo a primeira dessas características relativa a seu ser e a última a seus atos e poderes. Essa visão é apresentada nos textos com base nas Escrituras, como entendida por mestres espirituais, e em um verdadeiro conhecimento do mundo natural, encontrando

pressuposição antropológica na vida cristã ascética*.

A obra de Pseudo-Dionísio consiste, na verdade, em uma teologia ou filosofia da teologia (o que é ainda debatido), que compreende três estágios: o catafático, o simbólico e o místico, relacionados, respectivamente: às três pessoas da Trindade* (dimensão teológica); à ascensão da alma à Trindade (dimensão antropológica*) mediante a purificação, iluminação e glorificação (deificação*, união com Deus); e à estrutura tríplice do cosmo.

A teologia catafática, desenvolvida na obra *Os nomes divinos*, trata do conhecimento* que o homem tem de Deus mediante seus atos (ou energias, ou atributos). A teologia simbólica, desenvolvida nas *obras A hierarquia celestial, A hierarquia eclesiástica* e *Epístola IX*, estuda o tríplice conhecimento do mundo, em que a revelação* de Deus (*theophaniai*) é concedida (*i.e.*, o mundo sensível, juntamente com o mundo terreno, dos seres humanos, e o mundo celestial, dos anjos*), e o movimento da alma: do mundo sensível ao eclesiástico (purificação), do eclesiástico ao celestial (iluminação) e do celestial ao divino (deificação). Esse último estágio é desenvolvido na *Teologia mística*.

Embora nenhuma de suas obras represente um sistema de teologia abrangente, o ensino de Pseudo-Dionísio como um todo apresenta notável coerência e estrutura sistemática. A terminologia, contudo, é cheia de neologismos e superlativos, e o estilo deixa a desejar. Sua cristologia* parece se alinhar com a da obra *Henotikon*, de Zenão (482), sendo interessante observar

PSICOLOGIA DA RELIGIÃO

que sua ideia central é a de uma "energia teândrica nova" (*Epistle IV*), em vez das tradicionais "uma" ou "duas naturezas" de Cristo. Apesar dos problemas que cercam o chamado Pseudo-Dionísio, o estudo de seu ensino é indispensável à teologia histórica tanto no Oriente quanto no Ocidente.

Bibliografia

Traduções inglesas: T. L. Campbell, *Dionysius the Pseudo-Areopagite, The Ecclesiastical Hierarchy* (Lanham, MD, 1981); J. D. Jones, *Pseudo-Dionysius Areopagite, The Divine Names and Mystical Theology* (Milwaukee, WI, 1980).

Estudos: A. Louth, *The Origins of the Christian Mystical Tradition from Plato to Denis* (Oxford, 1981); R. Roques, *in: DSp* 3, cols. 244-286; D. Rutledge, *Cosmic Theology Hierarchy of Pseudo-Denys: An Introduction* (London, 1964); I. P. Sheldon-Williams, The pseudo-Dionysius, *in: CHLGEMP*, p. 457-472.

G.D.D.

PSICOLOGIA DA RELIGIÃO. Não há somente uma "psicologia da religião", mas diversas. A razão para isso é que os psicólogos atualmente possuem interesses que vão desde o estudo das bases biológicas do comportamento ao dos fatos psicossociais que afetam a mudança de comportamento e atitude. Essa diversidade se espelha nas diversas abordagens psicológicas de como se formam as crenças e as atitudes religiosas. De modo geral, os psicólogos têm se concentrado mais nas raízes e nos frutos da religião*.

L. S. Hearnshaw, em *A Short History of British Psychology 1840-1940* [Uma breve história da psicologia britânica, 1840-1940] (London, 1964, p. 292-295), identifica quatro influências que convergiram, no final do século XIX, para fornecer a base de posteriores estudos psicológicos da religião: os estudos de Galton das manifestações de religião (*e.g.*, oração*); estudos feitos por antropólogos, como Fraser, da religião comparada e da origem das religiões; os escritos de teólogos, como Inge (1860-1954), sobre o misticismo* e experiência* religiosa; e os primórdios de uma psicologia sistemática da religião, melhor ilustrada por E. D. Starbuck em *The Psychology of Religion* [Psicologia da religião] (London, 1899). Essas vertentes culminaram na clássica obra de William James, *Varieties of Religious Experience* [Variedades de experiência religiosa] (1902; ed. M. E. Marty, Harmondsworth, 1983).

Muito embora haja permanecido de pé o debate sobre o que distinguiria a atividade religiosa da não religiosa ou irreligiosa, William James (1842-1910) apresentou uma diferença entre religião institucional e religião pessoal. A institucional, segundo ele, está voltada à "teologia, cerimonial e organização eclesiástica", enquanto a religião pessoal diz respeito a "disposição interior do homem consigo mesmo, sua consciência, sua solidão, seu desamparo, seu sentido de ser incompleto".

Os objetivos e as realizações dos psicólogos no estudo da religião podem ser mais bem ilustrados em um resumo de sua ação pioneira de contribuição nesse campo.

Uma das duradouras contribuições de William James é sua classificação da religião em "sadiamente

PSICOLOGIA DA RELIGIÃO

mentalizada" e "morbidamente mentalizada". Essas categorias, segundo ele, relacionam-se a fatores de temperamento e personalidade. Tal como Starbuck, James vê a conversão* como um aspecto normal do desenvolvimento adolescente, em que os processos de maturação subconsciente nos indivíduos conduzem à unificação do eu. J. B. Pratt, em *The Religious Consciousness* [A consciência religiosa] (London, 1924), identifica estágios do desenvolvimento religioso, do primitivo para o intelectual e o emocional, propondo que esses estágios estejam presentes em todas as religiões. Por contraste, J. H. Leuba (*Psychological Study of Religion* [Estudo psicológico da religião], New York, 1912) apresenta uma análise mais crítica da religião, tratando-a de um ponto de partida naturalista e afirmando que a vida religiosa pode ser explicada exclusivamente em termos de princípios fundamentais da psicologia em geral. Para Leuba, o homem, por meio da religião, busca determinados caminhos para satisfazer suas carências e desejos de uma vida melhor. Diferentemente de William James, que fortemente afirma que há de fato um poder mais elevado na vida, Leuba declara não existir qualquer agente ou fonte transcendente de natureza objetiva conectada com a experiência religiosa do homem. De acordo com ele, a crença em um Deus pessoal se desintegra com o tempo.

R. H. Thouless, em *An Introduction to the Psychology of Religion* [Introdução à psicologia da religião] (Cambridge, 1923), segue de maneira ampla o exemplo de William James. Estuda em detalhes os fatores envolvidos na crença religiosa e o papel exercido tanto pelo processo consciente como pelo inconsciente. Mostra também interesse em fenômenos específicos, entre os quais a oração, a conversão e experiências místicas. Como indica ele, em reedição desse seu livro em 1961, seu interesse está mais na consciência religiosa do que no comportamento religioso das pessoas e tem sua atenção mais voltada a fatos reais do que a pesquisas estatísticas. Sua confiança na realidade dos mistérios que se encontram por trás da fé é reiterada na citada reedição.

Freud e a religião

As ideias de Sigmund Freud (1856-1939) sobre religião podem ser divididas em ideias sobre religião primitiva e sobre religião desenvolvida. Na conhecida obra *Totem and Taboo* [Totem e tabu] (London, 1913), Freud atribui as origens da religião à conexão psicológica entre o "complexo de Édipo" e o "totemismo", conforme existiu em pequenos grupos humanos primitivos. Ele dá o nome de "complexo de Édipo" à ideia de uma hostilidade inconsciente que o homem em geral, quando menino, teria contra o pai. É suposição sua que em tribos bem primevas homens jovens possam ter matado o próprio pai a fim de possuir suas esposas; ainda segundo essa teoria, a adoração a um ídolo ou totem representaria o ato de temor surgido do sentimento de culpa do homem* (pecado original), sendo geradas, por meio dessa contínua adoração, a organização social, a religião e a restrição ética. O criador da psicanálise julgava

PSICOLOGIA DA RELIGIÃO

que isso mostraria, sobretudo, o provável caminho pelo qual as religiões primitivas se desenvolveram, especialmente as que detinham ou detêm alguma forma de totemismo patriarcal. Quando Freud escreveu essa obra, no entanto, o conhecimento antropológico era ainda limitado. Sabe-se hoje que muitos dos chamados "fatos" sobre os quais ele baseou sua teoria não eram corretos ou verdadeiros. Não é de admirar, portanto, que sua teoria fosse um tanto confusa. Em *Moses and Monotheism* [Moisés e o monoteísmo] (London, 1939), o cientista se aventura ir mais longe em suas teorias especulativas a respeito das origens da religião. Todavia, com o desenvolvimento da antropologia, suas ideias a esse respeito começaram a cair em descrédito (ver B. Malinowski, *Sex and Repression In Primitive Society* [Sexo e repressão na sociedade primitiva], London, 1927; e The *Foundations of Faith and Morals* [Os fundamentos da fé e da moral], London, 1936).

As ideias freudianas sobre a religião desenvolvida estão, por sua vez, resumidas em suas obras *The Future of an Illusion* [O futuro de uma ilusão] (London, 1934) e *Civilization and Its Discontents* [A civilização e seus descontentes] (London, 1939). Para ele, "ilusão" significa qualquer sistema de crença baseado nos desejos humanos. É cuidadoso ao assinalar que tal base não implica necessariamente que o sistema seja falso; mas, no que concerne ao cristianismo, crê abertamente que este o seja. Não nega que a religião tenha servido ao propósito útil de proporcionar um sentido de segurança ao homem, em face de um ambiente hostil,

como também, ao mesmo tempo, provara ser resguardadora importante dos padrões éticos, à medida que se desenvolvia a civilização. Contudo, chegara agora a ocasião em que tal base não mais poderia ser útil à necessidade do homem moderno e deveria ser substituída por bases racionais, para se poder viver uma vida civilizada.

Freud conclui que a religião é uma neurose social temporária, da qual o homem deve sair, para que se torne culto e capaz de participar da realidade. Mostra então como, no passado, a religião oferecera um meio de escape das realidades da vida. Assim, hoje, em face dos desafios e dificuldades do mundo natural e as restrições impostas sobre os indivíduos pela sociedade organizada, a religião, para Freud, oferece, por um lado, uma explicação para essas dificuldades e, por outro, um escape dos constrangimentos. A ideia de religião como um meio de proteção e escape está intimamente associada à visão de Freud de que a função dos deuses é a de ser substitutos dos pais ideais. A religião, dessa maneira, seria uma projeção do relacionamento da pessoa, quando criança, com seu pai terreno, sendo os deuses, em todas as suas mais diversas aparências, simplesmente figuras paternas magnificadas.

Jung e a religião

Carl Gustav Jung (1875-1961), que durante algum tempo trabalhou ligado a Freud, desenvolveu ideias próprias dentro da teoria geral da psicanálise. Quando ainda associado a Freud, Jung produziu pequena obra, em que deixou claro que suas ideias sobre a importância da

PSICOLOGIA DA RELIGIÃO

figura paterna eram semelhantes às de seu mestre. Logo depois, no entanto, suas ideias passavam por mudança considerável, desenvolvendo o pensamento de que todas as religiões têm raízes psicológicas no que ele chamou de "inconsciente coletivo" da humanidade.

A religião para Jung não é uma questão de conceitos teológicos, mas, primacialmente, de experiência, mediante a qual, somente, podem-se formular os conceitos. Isso não significa que Deus, para ele, nada seja a não ser uma manifestação do inconsciente coletivo. Jung teve o cuidado de assinalar que, em sua opinião, o que existe na psique humana existe na realidade. Refere-se a Deus, quase sempre, como o Deus-Imagem ou Deus-Símbolo. A esse respeito, alega apoiar-se na antiga tradição de Meister Eckhart (1260-1327), que sustentava que "o ser de Deus é da alma, mas sua Divindade é de si mesmo" (*cf.* Teologia Mística*). Para Jung, portanto, o Deus que está na alma (Deus-Imagem) é a realidade encontrada na experiência religiosa, enquanto a Divindade se acha além de nossa experiência e de toda compreensão humana, e — sob esse ponto de vista psicológico — pode nada ter a nos dizer.

Essas ideias levaram Jung a comentar a respeito das divisões na cristandade de um ponto de vista psicológico, bem como de um ponto de vista histórico e teológico. Para ele, a Reforma* teve início a partir do tipo de asserções sugeridas pela declaração de Meister Eckhart de que conhecemos Deus somente como experiência. Até então, a Igreja fora uma necessidade psicológica como instituição. Tinha sido o meio pelo qual a vida religiosa do homem poderia ser protegida das invasões arquetípicas do inconsciente coletivo. Nessa ideia de igreja, uma grande importância é dada aos símbolos, como meio de comunicação espiritual e experiência, assim como é conferido à Igreja, como comunidade espiritual, o contexto no qual o indivíduo pode desfrutar de uma experiência segura e apropriada da realidade. Jung assume o ponto de vista de que ambas essas crenças foram rejeitadas pela Reforma Protestante. A grande característica positiva do protestantismo*, na avaliação de Jung, é o seu aspecto de grande aventura espiritual. Assim, escreve ele, "o protestante é deixado sozinho com Deus... o protestante que sobrevive à perda completa de sua igreja e ainda permanece protestante é uma pessoa indefesa em relação a Deus, não mais protegida por muros ou comunidades, e tem então uma oportunidade espiritual singular de uma experiência religiosa imediata" (*Psychology and Religion: West and East* [Psicologia e religião: Ocidente e Oriente], em *Colletcted Works* [Obras escolhidas], vol. 11, London/New York, 1958, p. 48). Para que o homem seja uma personalidade integrada (ou, como ele diria, uma alma feliz espiritualmente), deve ter algum propósito para o que viver, algum objeto ao qual esteja unido; nesse ponto, para ele, reside o papel essencial da religião para a humanidade. Como esses fatos psicológicos podem ser relacionados a verdades objetivas é para Jung questão que permaneceu sem resposta.

Tal como no que se referia a outras matérias relativas a psicologia,

PSICOLOGIA DA RELIGIÃO

Freud e Jung logo vieram a diferir radicalmente quanto ao papel da religião na vida das pessoas. Enquanto Freud, segundo Jung, era inclinado a interpretar a natureza do homem muito exclusivamente em termos de seus defeitos, Jung preferia assumir uma visão mais otimista. Para ele, Freud seria incapaz de entender a natureza real da religião porque, como terapeuta, interpretava tudo sempre em termos de mente neurótica.

Houve, assim, diferenças totalmente fundamentais entre Freud e Jung com respeito à religião. De fato, enquanto para Freud a psicologia mostrava a religião como uma neurose, que com o tempo poderia ser desfeita e o paciente curado, Jung via a religião como uma atividade essencial no homem, não sendo tarefa da psicologia tentar explicá-la, mas, sim, procurar entender como a natureza do homem reage a situações normalmente descritas como religiosas. Resumindo a diferença entre as ideias freudianas e jungianas, G. S. Spinks, de maneira muito apropriada, escreve que, "para Freud, a religião era uma neurose obsessiva, e ele nunca modificou essa opinião. Para Jung, a ausência de religião era a principal causa das desordens psicológicas nos adultos. Essas duas afirmações indicam quão grande era a diferença entre os seus respectivos pontos de vista sobre religião" (*Psychology and Religion* [Psicologia e religião], London, 1963).

Outros estudos psicológicos sobre religião

Embora muito menos conhecido do que Freud ou Jung, contribuição significativa para o campo da psicologia da religião foi feita por G. W. Allport (*The Individual and His Religion* [O indivíduo e sua religião], London, 1950). Ele traçou o caminho que a religião desenvolve desde a infância e adolescência até a maturidade, sublinhando assim como a crença em Deus funciona diversamente para as pessoas em diferentes tempos de sua vida. A matéria é bem substanciada com resultados de estudos empíricos sobre crenças e conduta religiosa.

Outra contribuição significativa para esse campo são os livros de M. Argyle (*Religious Behaviour* [Comportamento religioso], London, 1958, e, com B. Beit-Hallami, *The Social Psychology of Religion* [Psicologia social da religião], London, 1975), que constituem uma boa fonte de informação, resumindo estudos empíricos de aspectos psicossociais da conduta religiosa.

Outros, ainda, cujas ideias têm recebido ampla difusão, são o dr. William Sargant e o professor B. F. Skinner. As ideias de Sargant apareceram na obra *Battle for the Mind* [Batalha pela mente] (London, 1957) e *The Mind Possessed* [A mente possuída] (London, 1973). Enquanto escritores como Argyle avaliaram teorias psicológicas da religião contra dados empíricos, Sargant se concentrou na psicofisiologia do comportamento religioso humano. O mais destacável são suas tentativas de ligar os estudos psicológicos de lavagem cerebral à conversão religiosa. Ele alega que a força da sugestão e até a lavagem cerebral entram em ação em algumas grandes campanhas evangelísticas. Alguns dos ingredientes efetivos em tais campanhas, ele os identificou com o exemplo de um evangelista,

PSICOLOGIA DA RELIGIÃO

que recebe ampla publicidade e constrói seu prestígio ao pregar com grande fervor, convicção e autoridade em um evento repleto de público, que começa com o cantar repetitivo de hinos e cânticos, trabalhando com a emoção. Acrescido a isso, pode haver luzes brilhantes, corais e música agitada, essa última frequentemente em ritmo forte. Em tais circunstâncias, argumenta Sargant, as tensões física e psicológica são habilidosamente aplicadas para produzir mudanças tremendas tanto na conduta como nas crenças das pessoas. Sargant afirma que esses são exemplos até mais amenos daquilo que costuma ocorrer em formas extremas de reuniões, por exemplo, de seitas que usam até do manuseio de serpentes, em Estados do sul dos Estados Unidos. Ali, a exaustão emocional conduz a uma alta possibilidade de sugestão, em que uma crença pode facilmente vir a ser implantada. Talvez um dia sejamos capazes de entender um pouco mais da psicofisiologia dos processos com que as crenças são inculcadas, mas, como veremos mais adiante, isso nada nos dirá, de um modo ou de outro, a respeito da verdade ou falsidade das crenças a que supostamente possam levar.

Encorajado por sucessos anteriores, Skinner chegou a usar uma ampla variedade de técnicas para procurar modificar a conduta e especulou a respeito de como processos similares poderiam ser utilizados para moldar o futuro de nossa sociedade (*Beyond Freedom and Dignity* [Além da liberdade e da dignidade], London, 1972). Ele estava convencido de que seus princípios de aprendizado, basea-

dos nos efeitos de recompensa e punição, poderiam oferecer uma explicação de como as práticas da religião funcionam psicologicamente. Assim, afirma ele, "uma agência religiosa é uma forma especial de governo, sob o qual o 'bem' e o 'mal' se tornam 'piedoso' e 'pecaminoso'. As contingências que envolvem os reforços do positivo e do negativo, quase sempre de espécie a mais extrema, são codificadas — por exemplo, como mandamentos — e mantidas por especialistas, usualmente com o apoio de cerimônias, rituais e narrativas" (p. 116). Skinner descreve, depois, de que modo pensa que as coisas boas personificadas em Deus são, em seus termos, reforçadas, enquanto a ameaça do inferno é um estímulo oposto para moldar a conduta. Sublinhando a totalidade da abordagem de Skinner, está a pressuposição reducionista. Ele fala, por vezes, de conceitos de Deus sendo "reduzidos" ao que é reforçado positivamente. O. H. Mowrer, cientista igualmente destacado da área comportamental, concorda plenamente com Skinner, uma vez que crê que este chegou, na verdade, "à teoria da ditadura política, que parece estar condicionada mais pela predileção pessoal do que pela necessidade lógica" (*in: Contemporary Psychology* 17:9 [1972], p. 470).

E o futuro?

Em *Advances in the Psychology of Religion* [Avanços na psicologia da religião] (Oxford, 1985), L. B. Brown (ed.) relata uma conferência voltada a identificar diretivas atuais e novas na psicologia da religião. Observa que muitos dos trabalhos mais recentes apresentados repousavam

PSICOLOGIA DA RELIGIÃO

muito fortemente na análise correlacional, tendo os participantes concordado em que métodos mais experimentais deveriam ser usados no estudo psicológico da religião. Os "experimentos naturais" acontecem, mas, quase sempre, falta oportunidade para um estudo mais cuidadoso. Assim, por exemplo, muito embora a educação religiosa e a seleção e preparo educacional do clero venham sendo alterados, poucas têm sido as avaliações cuidadosas e sistemáticas dos efeitos dessas mudanças. Ao contrário, a opinião para a mudança se baseia geralmente na intuição de membros de comissões e daqueles que estão em posição de autoridade para sancioná-la.

Desenvolvimentos em psicologia cognitiva têm levado a novos modelos de estudar o modo de as pessoas conceberem Deus (L. B. Brown & J. P. Forgas, *JSSR* 19, 1980, p. 423-431). Estudos dos efeitos da religião sobre a conduta têm conduzido a tentativas de identificar diferenças reais entre o comportamento de pessoas religiosas e não religiosas, sua moralidade e julgamentos. O uso de drogas alucinógenas tem mostrado quanto experiências de natureza religiosa podem ser artificialmente induzidas, levantando assim a questão de como essas experiências estariam relacionadas às normais, similares, não induzidas. Tentativas têm sido feitas para ligar os resultados de estudos de assimetrias cerebrais à conduta religiosa (J. Jaynes, *The Origin of Consciousness in the Break-down of the Bicameral Mind* [Origem e conscientização do colapso da mente bicameral], Boston, MA, 1976). O campo está aberto a estudos sistemáticos de novos cultos* (J. T. Richardson, *Psychological and Psychiatric Studies of New Religions* [Estudos psicológicos e psiquiátricos de novas religiões], *in: Advances in the Psychology of Religion*) e como eles beneficiam, ou, em caso contrário, de que modo seus adeptos podem ser avaliados, por exemplo, por sua saúde mental.

Avaliando narrativas de conversão
Qualquer aspecto de conduta religiosa pode, em princípio, vir a ser investigada por psicólogos. Isso pode ser ilustrado pelo exame de algumas das explicações psicológicas dadas a respeito da conversão. Alguns pesquisadores se concentram nas influências formadoras do ambiente social e cultural e em como a família e a Igreja moldam a experiência da conversão e prescrevem as crenças aos convertidos (*e.g.*, Argyle, 1958). Outros têm oferecido narrativas psicológicas da conversão* (*e.g.*, Sargant, 1957). Todavia, outros ainda têm especulado a respeito das funções dos deuses na vida dos seres humanos (*e.g.*, Freud). É claro, pelas Escrituras, que essas diversas pessoas vêm à fé de diferentes modos. Uma leitura de Atos dos Apóstolos mostra que as conversões descritas ali diferem amplamente em suas circunstâncias (M.A. Jeeves, *Psychology and Christianity: The View Both Ways* [Psicologia e cristianismo: a visão de ambos os lados], Leicester, 1976).

Enfocar os aspectos psicológicos da conversão não significa ignorar ou negar ser a verdade que domina a mente do convertido, em vez de a excitação das emoções constituir o

PSICOLOGIA DE PROFUNDIDADE

principal ingrediente em qualquer experiência de conversão. É evidente também que a preocupação das Escrituras é com o Deus que dá início e controla esses eventos. O homem responde ao evangelho porque Deus começou antes sua obra nele (At 8.26,29; 9.6; 10.3, 44; 16.14).

Apesar de alguns dos que têm estudado a psicologia da religião (*e.g.*, Freud, Skinner) terem a impressão de que, ao oferecer uma explanação sobre o comportamento religioso e as raízes das crenças, estejam, na verdade, explicando essas crenças, tal visão não é aceita pela maioria dos psicólogos. Argyle afirma muito categoricamente que "não significa que porque uma crença tenha raízes psicológicas ela venha a ser, em consequência disso, falsa" e que "não é necessário haver uma relação entre a base psicológica de uma crença e a verdade desta" (em *Seven Psychological Roots of Religion* [Sete raízes psicológicas da religião], *Th* 67 [1964], p. 333-339). Enquanto um convertido descreveria a sua experiência em termos pessoais como envolvendo um novo relacionamento com Deus em Jesus Cristo, um não cristão pode achar esse aspecto particular de explicação supérfluo ou essa interpretação sem significado. Nenhuma argumentação, por melhor que pareça, pode produzir provas incontestáveis de que um não cristão esteja correto e o cristão esteja errado nesse assunto, ou vice-versa. Ao mesmo tempo, considerar a explicação psicológica como em competição com a narrativa religiosa pessoal é confundir as categorias (*Psychology and Christianity: The View Both Ways*, p. 140-144).

A psicologia não pode explicar a experiência religiosa mais do que, por exemplo, o estudo da física do som poderia explicar a experiência estética de alguém ao ouvir música.

M.A.J.

Ver também PSICOLOGIA DE PROFUNDIDADE.

PSICOLOGIA DE PROFUNDIDADE.

É um termo genérico e amplo, próprio a qualquer sistema de psicologia que postule e use a noção de "inconsciente". É frequentemente denominada psicologia dinâmica, contrastando com a psicologia behaviorista ou experimental, em que é negada a existência do inconsciente e a utilidade desse termo; assim como, algumas vezes, também, com a psicologia humanista ou de terceira-força, que busca traçar um curso médio entre a psicologia de profundidade e a experimental. Das escolas de psicologia de profundidade, as mais importantes são, de longe, a psicanálise, derivada da obra de Freud, e a psicologia analítica, associada a Jung (ver Psicologia da Religião*). Para uma introdução ao âmbito das várias psicologias de profundidade, recomenda-se: Roger Hurding, *Roots and Shoots: a Guide to Counselling and Psychotherapy* [Raízes e rebentos: um guia de aconselhamento e psicoterapia] (London, 1986).

A maior parte dos elementos-chave da psicologia de profundidade pode ser encontrada na obra de Freud relativa à interpretação dos sonhos e em outros estudos seus anteriores, resultantes de sua autoanálise. Em suas próprias palavras, "Creio que uma grande parte da visão mitológica do mundo, que se

PSICOLOGIA DE PROFUNDIDADE

estende por um longo caminho até as religiões mais modernas, *nada mais é que psicologia projetada no mundo exterior*. O reconhecimento obscuro [...] de fatores e relações psíquicos no inconsciente é espelhado [...] na construção de uma *realidade sobrenatural*, fadada a se tornar, de novo, pela ciência, *psicologia do inconsciente*. Poder-se-ia tentar explicar, desse modo, os mitos do paraíso e da queda do homem, de Deus, do bem e do mal, da imortalidade e assim por diante, transformando a *metafísica* em *metapsicologia*" (*The Psychopathology of Everyday Life* [Psicopatologia da vida diária], 1901, repr. Harmondsworth, 1975, p. 321-322). Freud, portanto, via a religião como um adversário a ser levado a sério.

Jung, pelo contrário, embora sem nenhum sentido teologicamente ortodoxo, via a religião como uma tentativa nobre de explorar a transcendência: "... minha atitude em relação a todas as religiões é [...] positiva. Em seu simbolismo, reconheço as figuras que tenho encontrado em sonhos e fantasias de meus pacientes. Em seu ensinamento moral, vejo o mesmo empenho, ou similar, de meus pacientes, ao procurar, guiados por seu próprio discernimento ou inspiração, o caminho correto para lidar com as forças da vida psíquica. O ritual cerimonial, os ritos de iniciação e as práticas ascéticas, em todas suas formas e variações, interessam-me profundamente como técnicas diversas para produzir uma relação apropriada com as forças [psíquicas]" (Freud and Jung: Contrasts, *in: Freud and Psychoanalysis* [Freud e Jung: contrastes, *in:* Freud e Psicanálise], 1929, *Collec-*

ted Works, vol. 4, Princeton, NJ, 1985, p. 337).

O impacto da psicologia de profundidade pode ser considerado sob três aspectos:

1. Como psicologia da religião*

Diferentes percepções de crítica da psicologia religiosa a respeito da psicologia de profundidade se encontram em algumas das primeiras respostas teológicas a esta, apresentando uma tendência apologética (*cf.* a diferença de tom das obras de F. R. Barry, *Christianity and Psychology* [Cristianismo e psicologia] (London, 1923), e David Yellowlee, *Psychology, Defence of the Faith* [Psicologia, defesa de fé] (London, 1930), em relação ao Movimento Cristão de Estudantes, em relação à obra, mais agressiva, de J. C. M. Conn, *The Menace of the New Psychology* [A ameaça da nova psicologia] (London, 1939, ed. InterVarsity Fellowship). A partir da década de 1920, uma extensa literatura tem explorado o relacionamento entre o cristianismo e a psicologia de profundidade (*e.g.*, L. W. Grensted's Bampton Lectures, *Psychology and God: A Study of the Implications of Recent Psychology for Religious Belief and Practice* [Psicologia e Deus: estudo das implicações da atual psicologia da crença e da prática religiosas], London, 1931). Essa tradição continua. Suas afirmações mais modernas e abrangentes podem ser vistas no trabalho de W. W. Meissner *Psychoanalysis and Religious Experience* [Psicanálise e experiência religiosa] (New Haven, NJ/London, 1984), assim como em ensaio de David Wulff, Psychological Approaches (*in: Contemporary*

PSICOLOGIA DE PROFUNDIDADE

Approaches to the Study of Religion [Aspectos psicológicos, *in:* Aspectos contemporâneos do estudo da religião], vol. 2: *The Social Sciences* [Ciências sociais], ed. F. Whaling, Berlin, 1985, p. 21-88).

2. Como sistema psicoterapêutico

Muitas das tentativas de explorar o relacionamento entre a psicologia de profundidade e a teologia têm tido uma preocupação primordialmente pastoral. O estudo clássico de Leslie Weatherhead, *Psychology, Religion and Healing* [Psicologia, religião e cura] (London, 1951) e o de Albert Outler, *Psychotherapy and the Christian Message* [Psicoterapia e a mensagem cristã] (New York, 1954), ilustram esse gênero de resposta à psicologia de profundidade. Mesmo estudos teoricamente extensivos e expansivos, como o de R. S. Lee, *Freud and Christianity* [Freud e o cristianismo] (Harmondsworth, 1948), ou o de Victor White, *God and the Unconscious* [Deus e o inconsciente] (London, 1952), ou mais recentes, como os de Christopher Bryant, *Depth Psychology and Religious Belief* [Psicologia de profundidade e crença religiosa] (Mirfield, W. Yorks., 1972) e *Jung and the Christian Way* [Jung e o caminho cristão] (London, 1983), mostram fortes tendências pastorais ou terapêuticas. Teologicamente, abarcam todo um espectro que vai desde a ala católica (*e.g.*, Jack Dominian, *Cycles of Affirmation* [Ciclos de afirmação], London, 1975) até uma visão de caráter episcopal (*e.g.*, Morton Kelsey, *Christo-Psychology* [Cristopsicologia], New York, 1982; *idem, Christianity as Psychology: The Healing*

Power of the Christian Message [O cristianismo como psicologia: o poder de cura da mensagem cristã], Minneapolis, MN, 1986) ou posição amplamente evangélica de Gary Collins (*e.g., Christian Counselling* [Aconselhamento cristão], Waco, TX, 1980) e de Paul Tournier (*e.g., Guilt and Grace* [Culpa e graça], London, 1962). Seja qual for a tradição, todavia, o grau de assimilação das suposições da psicologia de profundidade varia, da total aceitação até uma tolerância cautelosa.

Ao comentar sobre as tendências inerentes nessas sínteses entre cristianismo e psicoterapia, o filósofo Ernest Gellner faz a seguinte afirmação, um tanto ferina: "[Há] um grupo de profissionais cujas atividades incluem o cuidado pastoral por pessoas angustiadas — em especial, certamente, pessoas em estado de aflição moral e emocional [...] Atuam, no entanto, mediante um sistema de crença, que sobrevive desde a sociedade pré-científica e pré-industrial e que praticamente ninguém (inclusive os membros desse próprio grupo e seus prelados de ensino) parece levar muito a sério [...] Consequentemente, a atenção pastoral que é dada pelos membros dessa confraria não tem, praticamente, eficácia alguma. Ironicamente, se desejam mostrar possuir qualquer carisma, acrescentam algo como a psicoterapia ao seu arsenal e imitam ansiosamente seu estilo e postura. Existe, na verdade, um sistema bem organizado de "aconselhamento religioso", que mistura a antiga fé com a nova terapia de profundidade. Ela fecha o círculo..." (*The Psychoanalytic*

PSICOLOGIA DE PROFUNDIDADE

Movement [O movimento psicanalítico] (London, 1985).

Outra posição, que talvez haja desabrochado na década de 1960, é a que procura combinar a psicologia de profundidade com o zen-budismo*. Suas raízes podem ser encontradas na obra de Jung e de Erich Fromm (*Psychoanalysis and Religion* [Psicanálise e religião], New Haven, NJ/London, 1950). As obras que melhor refletem essa perspectiva, essencialmente sincretista*, são as de D. T. Suzuki *et al.*, *Zen Buddhism and Psychoanalysis* [Zen-budismo e psicanálise] (New York, 1960) e Alan Watts, *Psychotherapy East and West* [Psicoterapia, Oriente e Ocidente] (London, 1960).

3. Como teoria geral da atividade humana

Aqui, o próprio Freud achava que sua contribuição fosse bastante profunda. Costumava até comparar sua realização, nesse particular, à de Copérnico ao desalojar a terra do centro da criação ou à de Darwin ao desalojar do pináculo da criação o próprio homem. Muitos estudos têm explorado as implicações teológicas da psicanálise, especialmente no protestantismo liberal, *e.g.*, via Tillich* e Reinhold Niebuhr*. Afirma Tillich: "A teologia tem recebido importante contribuição da [...] psicanálise, contribuição essa não sonhada cinquenta ou mesmo trinta anos atrás. Não é preciso que os próprios analistas saibam que deram à teologia essa grande contribuição. Mas os teólogos o deveriam saber" (*Theology of Culture* [Teologia da cultura], Oxford, 1959). Essa literatura é magnificamente comentada por

Peter Homans, em *Theology after Freud: An Interpretative Inquiry* [A teologia depois de Freud: uma averiguação interpretativa] (Indianapolis, IN, e New York, 1970). Ele opta de modo definitivo por uma posição dentro da tradição junguiana. Homans é particularmente importante também por sua análise das implicações teológicas de algumas das reinterpretações mais significativas da psicanálise. Do mesmo modo, a obra de Wolfhart Pannenberg, *Anthropology in Theological Perspective* [Antropologia em perspectiva teológica] (Philadelphia, 1985) envolve, em um diálogo criativo, a psicanálise clássica com algumas das mais valiosas tradições variantes atuais. Dessas tradições, talvez a mais importante teologicamente seja a que emana da obra de Paul Ricoeur, da qual *Freud and Philosophy: An Essay on Interpretation* [Freud e filosofia: um ensaio de interpretação] (New Haven, NJ/London, 1970) é texto-chave no desenvolvimento das modernas teorias da hermenêutica*.

A interpretação da psicanálise dentro da tradição católica tem-se destacado muito notadamente na obra de Hans Küng* *Freud and the Problem of God* [Freud e o problema de Deus] (New Haven, NJ/London, 1979) e em sua esplêndida obra *Does God Exist? An Answer For Today* [Deus existe? Uma resposta para hoje] (London, 1980). Ele procura fazer uma avaliação de alto a baixo da perspectiva psicanalítica. O filósofo Adolf Grünbaum, por sua vez, busca atingir uma avaliação abrangente similar em *The Foundations of Psychoanalysis: A Philosophical Critique* [Os fundamenrtos da psicanálise: uma crítica

PURGATÓRIO

filosófica] (Berkeley, CA/London, 1984), assim como nas palestras por ele realizadas nas Gifford Lectures. Obras como essas, que abordam o impacto filosófico e sociológico da psicanálise sobre a cultura, são essenciais para a obtenção de uma adequada perspectiva teológica quanto à psicologia de profundidade. Nas palavras de Gellner, "A posição estratégica crucial ocupada pelo freudianismo na história social e intelectual da humanidade nos torna possível aprender muitíssimo a respeito, de um lado, da anatomia geral dos sistemas de crença, e do outro, das condições especiais predominantes em nossa época" (*op. cit.*, p. 204).

Bibliografia
P. Gay, *A Godless Jew: Freud, Atheism and the Making of Psychoanalysis* (London/Cincinnati, 1987); J. N. Isbister, *Freud: An Introduction to his Life and Work* (Oxford, 1985); P. Rieff, *The Triumph of the Therapeutic: The Uses of Faith after Freud* (London, 1966).

J.N.I.

PURGATÓRIO. Na teologia católica-romana, um suposto estado médio entre céu e inferno (cf. Escatologia*). Como definiram os concílios* de Florença e Trento, o purgatório não é simplesmente um lugar de purificação (uma espécie de estado intermediário entre a morte e a ressurreição, sobre o qual mesmo alguns teólogos protestantes têm conjecturado), mas, sim, um lugar de castigo*, embora de pena temporária, não eterna.

Essa crença não se baseia nas Escrituras canônicas. Seu suporte é difícil de encontrar nos primeiros séculos da Igreja cristã; nunca foi aceita pela Igreja oriental e na Reforma foi rejeitada pelas igrejas dissidentes do catolicismo romano.

A ideia de purgatório parece ter raízes na mentalidade legalista, que supõe que a salvação seja pelas obras e que Deus exerça seu juízo somente pesando nossas boas obras contra as más, tornando-se necessária assim alguma providência especial para aqueles cuja proporção entre umas e outras possa ser, de certo modo, equilibrada. Os rabinos judeus frequentemente pensavam nesses termos. A doutrina do purgatório, contudo, é mais sutil. Reconhece que a salvação é pela graça, mas sustenta que uma penalidade temporária tem de ser cumprida pelo pecador, mesmo quando o castigo eterno por seus pecados já haja sido remido pelo perdão. Se o pecador cumpriu essa penalidade na presente vida, mediante atos de penitência (ver "Penitência"), o moribundo irá diretamente, junto com os santos*, para o céu; se for impenitente, irá diretamente para o inferno; mas se cumpriu parcialmente seu castigo, terá de pagar o restante no purgatório.

As almas no purgatório podem ser ajudadas, sendo sua permanência ali abreviada, conforme se crê, por atos dos vivos. Orações e esmolas podem e devem ser feitas em seu favor; o sacrifício propiciatório da missa (ver Eucaristia*) pode ser oferecido por eles (a missa de réquiem); e para eles podem ser obtidas indulgências (ver Mérito*). Na prática católica-romana, o antigo costume de rezar pelos fiéis que morriam acabou sendo totalmente substituído por orações

835

QUEDA

pelas almas no purgatório. As indulgências se baseiam na crença de que a Igreja tem o direito de propiciar benefícios do "tesouro de méritos"*, acumulado por Cristo e os santos. A venda de indulgências por agentes autorizados foi uma das causas que precipitaram a eclosão da Reforma.

Bibliografia

J. Le Goff, *The Birth of Purgatory* (London, 1984); C. H. H. Wright, *The Intermediate State and Prayers for the Dead* (London, 1900).

R.T.B.

Q

QUADRILÁTERO DE LAMBETH, ver Anglicanismo.

QUEDA. A primazia pós-Iluminismo* do racionalismo e do idealismo*, juntamente com o surgimento da crítica bíblica* e o desenvolvimento da teoria evolucionista (ver Criação*), tem proporcionado o contexto e o ímpeto para o questionamento rigoroso da doutrina da queda e dos conceitos de pecado original* e justiça original*. Terá havido alguma vez um estado de justiça original? Houve algum tempo em que a natureza não fosse "violenta"? Existiu um Adão* histórico e, caso tenha existido, como pode o pecado de um homem ter afetado toda a humanidade? Tais questões têm levado inevitavelmente a interpretações simbólicas da narrativa de Gênesis 3, que a veem como uma narrativa mítica da condição da humanidade e da natureza do pecado humano.

Embora a narrativa possa, naturalmente, conduzir a interpretações simbólicas e existencialistas*, elementos aparentemente históricos da narrativa, no entanto, não devem ser arbitrariamente ignorados ou evitados. A queda pode ser, de fato, uma experiência em que toda a raça humana esteja pessoalmente envolvida, uma saga concernente a toda a humanidade, mas, basicamente, narrada como experiência de um só homem em particular. Além disso, não apenas a humanidade foi afetada pela queda de Adão. A narrativa também mostra Deus amaldiçoando a terra, como consequência do pecado de Adão. Paulo declara que a totalidade da ordem criada se encontra "submetida à inutilidade" por causa da queda, na esperança de ser "libertada da escravidão da decadência" (Rm 8.20,21). Tais referências parecem significar uma "queda cósmica" como consequência do pecado e da queda de um único homem.

Apesar de marcante a narrativa de Gênesis 3 do evento da queda de Adão e suas consequências, não existe, todavia, texto bíblico algum que fale explicitamente em termos de uma *doutrina* da queda da raça humana, no sentido de uma afirmação clara e inequívoca do relacionamento entre o pecado e a culpa de Adão e o pecado e a culpa de toda a humanidade — exceto quanto a Romanos 5.12-21 e, implicitamente, ao já citado trecho Romanos 8.20,21 e, ainda, a 1Coríntios 15.21,22. Depois de Gênesis, o AT jamais se refere literalmente à origem ou à transmissão do pecado e da culpa, embora haja sugestões, como em Salmo 51.5; nem na literatura

QUEDA

rabínica nem na judaica, também, há qualquer referência a algo que possa ser reconhecivelmente similar à doutrina (cristã) da queda. O pecado e o mal, no AT, são, de modo variável, atribuídos a Satanás, a seres demoníacos ou a um "espírito do mal" no homem (em contraste com um "espírito do bem"). Fica entendido aqui, como nos Evangelhos, que o homem é responsável pelo pecado que comete e por viver de acordo com o "espírito" que é o oposto ao do bem. Mesmo nos Evangelhos, não há referência explícita à origem ou à transmissão do pecado.

Embora os pais da Igreja primitiva se refiram à queda de Adão, geralmente sustêm forte ênfase na responsabilidade humana individual. Em Agostinho*, no entanto, e somente nele, encontra-se uma explanação que busca definir claramente uma doutrina da queda, em termos de conexão entre o pecado e a culpa de Adão e o pecado e a culpa de toda a humanidade. Agostinho entendia a corrupção da natureza humana como, essencialmente, "concupiscência", *i.e.*, luxúria, especialmente luxúria sexual. Pensava a respeito do pecado original como um pecado herdado, sendo a natureza decaída de Adão transmitida biologicamente por meio da procriação sexual, de pais a filhos. Além disso, como todos os seres humanos se encontravam presentes seminalmente em Adão, todos nós realmente participamos do pecado de Adão.

Esse entendimento foi rejeitado por Pelágio*, que argumentava que homens e mulheres nasciam no estado anterior ao da queda de Adão, sendo, portanto, livres tanto da culpa quanto da contaminação pelo pecado de Adão, embora tivessem para sempre perante eles o exemplo das más consequências do pecado de Adão e de outros pecadores. A base da argumentação de Pelágio não é correta, por considerar o pecado como simples resultado de atos individuais, em vez de todo um estado de separação de Deus do qual precisamos ser libertos a fim de optarmos pelo que é bom (Rm 7.14-25). Além disso, como Calvino* haveria de expor, uma vez que a justiça de Cristo não nos beneficia meramente como exemplo a ser seguido, o mesmo deve ser certamente verdadeiro quanto ao pecado de Adão.

A interpretação de Agostinho foi amplamente confirmada pelo Concílio de Orange (529). A despeito de modificação feita por Anselmo* e moderação por parte de Tomás de Aquino*, permaneceu sendo, de modo geral, a da Igreja, por toda a Idade Média. O entendimento de concupiscência e de pecado herdado foi obviamente influente no desenvolvimento do ascetismo* monástico, assim como da mariologia (ver Maria*).

Apesar de os reformadores, de um modo geral (com a destacável exceção de Zuínglio), reafirmarem Agostinho, sua ideia da transmissão do pecado e da culpa foi modificada por Calvino. Em primeiro lugar, Calvino entende o texto de Romanos 5.12 de modo diferente. Agostinho interpretava o versículo como significando que todos os homens e mulheres estariam incluídos no pecado pessoal de Adão e, portanto, incluídos em sua culpa e sujeitos à condenação de morte. Calvino argumentava que, pelo fato de todos terem recebido a depravação de Adão,

QUEDA

todos são culpados e estão sob o domínio da morte; todos pecaram porque estão "imbuídos da corrupção natural". Além disso, embora Calvino fale de "uma depravação e corrupção hereditária em nossa natureza" (*Institutas* II.i.8), ele considera o relacionamento entre o pecado de Adão e o pecado de todos como resultante de uma ordenança de Deus, e não basicamente uma questão de hereditariedade biológica. O pecado original, para ele, resulta de juízo de Deus sobre a humanidade, imputando o pecado de Adão a todos, exatamente como a justiça de Cristo é depois imputada a todos os crentes. Beza*, sucessor de Calvino em Genebra, expressou esse entendimento da inclusão representativa de toda a raça humana na queda, ao referir-se a Adão como "representante federal" de todos os homens; inclusão que é confirmada pelos atos pecaminosos individuais que todos os homens e mulheres cometem.

A concepção de pecado original como "pecado herdado" é totalmente ignorada nos escritos de Karl Barth*. Ele interpreta o texto de Gênesis 2—3 como "saga" ou "relato" (*praehistorisch Geschichtswirklichkeit; i.e. Urgeschichte*), narrativa que contém não apenas a verdade a respeito de cada pessoa, mas a história e a verdade determinantes para cada qual. Sua concentração cristocêntrica tende a uma interpretação "supralapsariana" da criação, pela qual o homem é visto como criado e imediatamente caído (Barth enfatiza muito a falta de uma sequência temporal em Gênesis 2—3). Consequentemente, não existe estado de justiça original (além da do próprio Cristo); o

homem não está "sob provação", mas, sim, sua queda é inevitável e imediata. Nem é originalmente imortal: sua imortalidade* efetiva dependia da continuação do seu relacionamento com Deus; a morte era antes "oculta" para Adão, mas então passou a confrontar cada ser humano sob a forma de juízo.

O aspecto mais útil da contribuição de Barth (e de Calvino) talvez seja a determinação de argumentar a partir de Cristo para Adão, em vez de Adão para Cristo. Somente da perspectiva de nossa inclusão na justiça de Cristo e em suas consequências em termos de justificação e santificação é que podemos compreender a realidade de nossa inclusão no pecado de Adão e em suas consequências de culpa, morte e depravação total. Nossa inclusão em Adão pode ser "cronologicamente" anterior à nossa inclusão em Cristo, mas, na verdade, a situação, aqui, é invertida (o que pode explicar a ausência de uma doutrina da queda antes de Rm 5). Devido a essa estrutura cristológica, contudo, é que a queda de Adão deve ser considerada como realmente determinante para nós (para toda a humanidade, independentemente da extensão da "inclusão em Cristo"), e não apenas uma verdade a nosso respeito — uma vez que a morte e a ressurreição de Cristo são determinantes para nós, como a base da verdade de nossa experiência.

Outra questão fundamental levantada pela doutrina da queda é quanto ao *de onde* e *para o que* Adão caiu. Essa questão envolve as várias interpretações da expressão "à imagem de Deus"*. Se uma pessoa peca por causa da "escravidão da

QUENOTICISMO

vontade" (como pensavam Lutero e os reformadores) ou porque carece de uma "capacitação sobrenatural" da graça de Deus (como pensava Tomás de Aquino), são condicionais que não podem ser descartadas de um debate acadêmico relevante. Se a razão humana permaneceu sem ser afetada pela queda de Adão, pode-se então apelar à razão humana sem restrições. Mas se sofreu "depravação", como consequência do pecado de Adão, apelar para a razão poderá levar então a um "beco sem saída": "Quem não tem o Espírito [ou: "O homem natural"] não aceita as coisas que vêm do Espírito de Deus, pois lhe são loucura; e não é capaz de entendê-las, porque elas são discernidas espiritualmente" (1Co 2.14).

Bibliografia
Barth, *CD*, IV.1., p. 358ss; G. C. Berkouwer, *Sin* (Grand Rapids, MI, 1971); Calvin, *Institutas*, II.i-ix; M. Luther, *The Bondage of the Will* (1525; trans. J.I. Packer & O. R. Johnston, Cambridge, 1957); D. B. Milne, *Know the Truth: A Handbook of Christian Belief* (Leicester, 1982); J. Murray, *The Imputation of Adam's Sin* (Grand Rapids, MI 1959); H. Rondet, *Original Sin: The Patristic and Theological Background* (Shannon, 1972); N. P. Williams, *The Ideas of the Fall and of Original Sin* (London, 1929).

J.E.C.

QUENOTICISMO, do gr. kenōsis, significando (auto) "esvaziamento" (como é empregado em Fp 2.6,7), refere-se a uma série de teorias cristológicas concernentes ao estado divino do Cristo encarnado. O termo é encontrado em escritores da patrística e viria a constituir ponto-chave de controvérsia entre as faculdades teológicas luteranas de Tübingen e Giessen, no século XVII. O quenoticismo, todavia, é comumente mais associado a um grupo de teólogos alemães dos meados do século XIX, que contava, entre outros, com G. Thomassius (1802-1875), F. H. R. von Frank (1827-1894) e W. F. Gess (1819-1891), assim como a um grupo de teólogos britânicos do final daquele mesmo século e começo do XX, reunindo, além de outros, principalmente, Charles Gore*, H. R. Mackintosh*, Frank Weston (1871-1924), P. T. Forsyth* e O. C. Quick (1885-1944).

Os quenoticistas alemães levaram a ideia de autoesvaziamento além dos limites da simples auto-limitação voluntária da natureza divina por parte do Deus-homem (posição da faculdade de Giessen), crendo que o *Logos** divino se limitou no ato mesmo da encarnação*. As teorias, na verdade, variaram. Thomassius separou os atributos metafísicos de Deus, de onipotência, onipresença e onisciência, de seus atributos morais, de amor e santidade. O *Logos* abrira mão dos primeiros, enquanto reteve os últimos. Outros, como Frank e Gess, contudo, tomaram posições mais radicais, despojando Jesus de qualquer dos atributos da divindade e pondo em dúvida o uso do termo "encarnação".

Já os britânicos assumiram uma orientação mais positiva. Embora acusados de desenvolver o quenoticismo simplesmente como meio de acomodar as ideias da crítica bíblica, por admitirem a possibilidade da ignorância humana em

839 QUERIGMA, TEOLOGIA QUERIGMÁTICA

Jesus, seria mais apropriado dizer que, sob o impacto de uma leitura mais histórica dos Evangelhos, haviam chegado à conclusão de que as cristologias tradicionais não faziam justiça à vida humana de Jesus. Assim, asseveraram o registro nos Evangelhos da consciência humana e limitada de Jesus em contraposição à tradição dogmática, fortemente docética*. Entre os quenoticistas, individualmente, variava a maneira com que criam ter ocorrido o autoesvaziamento divino, mas a ênfase em geral recaía sobre o caráter gracioso da condescendência divina, e não na exata explicação metafísica do ato.

É difícil avaliar o atual estado do quenoticismo. Embora não seja um modo comum de expressar a natureza da encarnação entre os cristãos conservadores, deve-se observar que muitos dos temas principais dos quenoticistas britânicos têm sido incorporados à cristologia evangélica moderna. A realidade das tentações de Jesus, sua consciência única (em oposição a uma consciência dupla) e a profundeza patética do grito de desamparo da cruz são hoje universalmente afirmadas. No século XIX, eram frequentemente consideradas parte das inovações heréticas dos quenoticistas. Por outro lado, no entanto, o evangelicalismo moderno é justificavelmente cético quanto a qualquer especulação metafísica a respeito do processo da encarnação, vendo no uso da linguagem quenoticista, quase sempre, um convite a tal especulação.

Bibliografia
P. Dawe, *The Form Of a Servant: A Historical Analysis of the Kenotic Motif* (Philadelphia, 1963); P. T. Forsyth, *The Person and Place of Christ* (London, 1909); O. C. Quick, *Doctrines of the Creed* (London, 1938).

B.E.F.

QUERIGMA, TEOLOGIA QUERIGMÁTICA.
A palavra grega kērygma, comumente traduzida por "proclamação", "pregação" ou "anúncio", era geralmente usada, fora do NT, em referência a uma notícia pública proclamada por um arauto, proclamação essa pela qual o que era anunciado entrava logo em vigor e se tornava efetivo somente pelo ato de ser desse modo anunciada.

Assim também, o uso da palavra no NT não faz distinção entre o ato da proclamação e o conteúdo desta. Em razão disso, C.H. Dodd* e outros estudiosos buscaram traçar um único cerne de conteúdo na proclamação do evangelho* da Igreja primitiva, como registrada nos sermões e cartas do NT. No entanto, embora se possa supor haver uma unanimidade entre os escritores do NT a respeito dos elementos essenciais da mensagem do evangelho, não há provas de existência de um "credo"* fixo ou definitivo segundo o qual a proclamação do evangelho pela Igreja primitiva tivesse invariavelmente de se conformar. Nesse sentido, o conteúdo do querigma, como registrado no NT, deve ser discernido em cada contexto específico da proclamação.

A palavra adquiriu, todavia, nova importância técnica e filosófica específica na teologia moderna, segundo análise e argumentação que sobre ela faz Rudolf Bultmann*. Assevera Bultmann que a escrita

QUESTIONAMENTO SOBRE O JESUS HISTÓRICO

dos documentos do NT ocorreu dentro do contexto da proclamação do evangelho pela Igreja primitiva e que, portanto, os próprios documentos são querigmáticos por natureza. Alega, assim, ser tão impróprio quanto inútil investigar o querigma registrado nos documentos do NT com a finalidade de poder discernir dados históricos subjacentes. A tentativa, enfim, de se querer legitimar o querigma em termos históricos é considerada por Bultmann como sintomática da falta de fé*. Em outras palavras, a busca por se descobrir o "Jesus histórico"* por trás do "Cristo da fé" deve ser rejeitada como inválida. Bultmann considera então que, por ser o querigma do NT expresso em termos de uma cosmovisão primitiva, deve ser demitificado (ver Mito*) e reinterpretado em termos de uma filosofia existencialista*. Esse modo de esticar o termo "querigma" e a maneira forçada daí resultante com que é conduzido por entre o "Jesus da história" e o "Cristo da fé" são, no entanto, inúteis e enganosos. Não se pode deixar de concluir que, por meio de tal processo de demitificação e reinterpretação existencialista do querigma, haja Bultmann chegado a um "outro evangelho" (Gl 1.6).

A hermenêutica de Bultmann foi desenvolvida da sementeira da teologia dialética*, algumas vezes referida como teologia querigmática e característica dos primeiros escritos de Karl Barth*. Como reação ao liberalismo* da teologia alemã do século XIX, Barth proclamou a descontinuidade radical entre Deus e o homem. O autêntico sujeito da teologia não é o homem e sua religião, mas, sim, Deus e sua palavra

— palavra que exige obediência; que se autentica a si mesma; e que, portanto, não precisa de legitimação histórica. Embora em sua obra *Dogmática da Igreja,* Barth continue a negar a necessidade de qualquer autenticação da Palavra de Deus por meio da crítica histórica, ele evita o dualismo implícito na distinção de Bultmann entre o "Jesus da história" e o "Cristo da fé", rejeitando também o processo de demitificação de Bultmann: a ressurreição* de Jesus Cristo é um evento real no tempo e no espaço, ainda que não faça concessão ao escrutínio da ciência histórica positivista.

Bibliografia

H. W. Bartsch (ed.), *Kerygma and Myth*, 2 vols. (London, 1953, 1962); Rudolf Bultmann, *Theology of the New Testament*, 2 vols. (London, 1952, 1955); C. H. Dodd, *The Apostolic Preaching and its Developments* (London, 1936); Van A. Harvey, *The Historian and the Believer* (London, 1967).

J.E.C.

QUESTIONAMENTO SOBRE O JESUS HISTÓRICO. Esta expressão ganhou fama como título de um levantamento realizado por Albert Schweitzer sobre as tentativas de se escrever a vida de Jesus*, originalmente publicado como De Reimarus até Wrede. Nele, Schweitzer apresentava um sumário de todas as principais biografias de Jesus editadas desde o final do século XVIII até o começo do século XX.

Como nossas fontes básicas da vida de Jesus (para todos os fins essenciais, os quatro evangelhos) apresentam, cada qual, narrativas

QUESTIONAMENTO SOBRE O JESUS HISTÓRICO

um tanto diferentes entre si a seu respeito, os historiadores acharam que teriam de necessariamente questionar o que realmente aconteceu. Desejavam constatar se os evangelistas seriam historiadores confiáveis e quais as narrativas a serem levadas em conta no caso de diferenças entre elas. Anteriormente, a maioria dos estudiosos supunha que, por serem os Evangelhos parte das Escrituras, seriam relatos confiáveis, com diferenças entre si apenas aparentes, podendo-se então harmonizá-los. Mas, no século XIX, os eruditos passaram a insistir em que não poderiam mais ficar presos à suposição, não comprovada, de que os Evangelhos relatassem uma história confiável, ou de que os ensinos da teologia sistemática e da dogmática sobre Jesus devessem ser aceitos sem questionamento; que, ao contrário, a pessoa de Jesus deveria estar sujeita a inquirição histórica, exatamente como qualquer outra figura de destaque na história humana.

Na verdade, muitos dos "inquiridores" eram céticos a respeito da realidade do miraculoso*, ou de opinião de que, em uma obra histórica, não poderia haver lugar para milagre. Procuravam, assim, explicar, de um modo ou de outro, as narrativas dos Evangelhos sob o seu ponto de vista de que o Jesus "real" não seria de modo algum uma figura sobrenatural*. Desse modo, desde o começo, o questionamento assinalado por Schweitzer mostrou-se baseado na presunção de não serem os Evangelhos confiáveis e de ser o Jesus histórico uma pessoa comum, em torno de quem se haviam desenvolvido lendas me-

moráveis. O questionamento conduziu a um exame crítico detalhado dos Evangelhos. Pela primeira vez, tais relatos foram estudados como quaisquer documentos antigos, devidamente colocados em seu ambiente histórico. Mas o quadro geral da pessoa de Jesus que se obteve foi apenas o do chamado Jesus "liberal", um homem comum inofensivo e mestre eficaz de verdades religiosas um tanto triviais.

Todavia, o último dos pesquisadores da relação levantada por Schweitzer era Wilhelm Wred (1859-1906), que argumentava que os Evangelhos nunca pretenderam ser obras históricas, mas, sim, que eram inteiramente motivados e tingidos teologicamente. Isso veio a causar dúvida sobre se muitas das informações confiáveis a respeito de Jesus poderiam realmente ser extraídas dos Evangelhos. Essa posição viria a ser reforçada por eruditos como Rudolf Bultmann*, que usou a crítica da forma (ver Crítica Bíblica*) para demolir o valor das tradições orais incorporadas aos Evangelhos e acabar por declarar que o Jesus histórico era inacessível ao historiador; tudo o que possuíamos de valor histórico era apenas um punhado de seus ditos. Essa obra marcou o zênite do ceticismo histórico.

Coube ao estudioso norte-americano James M. Robinson (n. 1924) cunhar a expressão "novo questionamento sobre o Jesus histórico", criando algo de mito (no sentido popular do termo). Robinson argumentava não poder haver retorno nas conclusões de Bultmann e que nenhum método usado para resgatar alguma coisa desse "naufrágio" poderia funcionar. Não

QUESTIONAMENTO SOBRE O JESUS HISTÓRICO

obstante, via a possibilidade de progresso em uma nova espécie de abordagem histórica, que interrogaria os Evangelhos para se tentar encontrar alguma coisa a respeito do "eu" de Jesus, por meio de determinação do seu entendimento de sua própria existência. Pode até haver dúvida se Robinson estava querendo dizer exatamente o que os eruditos a quem rotulou de "os novos questionadores" pensavam estar fazendo. Na verdade, porém, E. Käsemann*, que geralmente recebe o crédito por inaugurar o chamado "novo questionamento", teve a intrepidez de discordar de Bultmann, de dentro da própria "escola" dos discípulos deste, alegando que havia mais história nos Evangelhos (embora não muito mais!) do que Bultmann havia suposto. A única importância real nisso é que, pela primeira vez, um erudito infectado pelo pensamento de Bultmann estava mostrando sinais de "anticorpos" se desenvolvendo em seu próprio sistema.

Fora do círculo bultmaniano, porém, sempre houve eruditos que creram, sobre bases históricas sadias, que os Evangelhos continham informações confiáveis, e concluíram isso de modo correto, apesar da acusação de falhas em seus métodos, feita por J. M. Robinson. Merecem menção, na Alemanha, Joachim Jeremias (1900-1979), "o mais significativo erudito do Novo Testamento da última geração" (como Martin Hengel, n. 1926, o chamou), assim como K. Bornhäuser (1868-1947), contemporâneo de Bultmann em Marburgo. Fora dali, há o grande trio inglês composto por C. H. Dodd*, T. W. Manson (1893-1958)

e Vicent Taylor (1887-1968), além de outros.

Há naturalmente, ainda, estudiosos que adotam a posição cética extrema (tais como W. Schmithals e S. Schultz), e seria falso otimismo julgar que os Evangelhos fossem atualmente, de modo geral, aceitos como obras de caráter histórico. Na verdade, não há como, certamente, reconstruir a partir dos Evangelhos — cujo material é bastante fragmentário para tal propósito — uma biografia atual de Jesus, com uma cobertura plena dos eventos de sua vida colocados em ordem cronológica e contendo alguma explanação sobre seu desenvolvimento psicológico. Não é possível, realmente, provar a historicidade de diversos dos eventos neles registrados. Não podemos ter certeza de que os evangelistas estavam, de fato, buscando contar a história justamente como aconteceu, em cada detalhe — as diferenças que mostram uns dos outros comprovam que eles permitiram a si mesmos uma boa dose de liberdade editorial. Não deveríamos, todavia, imputar-lhes falha pelo que *não* estavam querendo fazer, mas, sim, reconhecer que foram inspirados a escrever obras que apresentam o Jesus histórico em sua importância teológica. Ao aceitarmos isso, podemos então afirmar com confiança que as tradições registradas nos Evangelhos repousam em base historicamente confiável, sendo tarefa do crítico e historiador dos Evangelhos analisar o material e desenvolver qual seja, em cada ponto, essa base histórica. Assim, o questionamento sobre o Jesus histórico é um questionamento contínuo.

Bibliografia

R. Bultmann, *The History of the Synoptic Tradition* (Oxford, [2]1968); *idem, Jesus and the Word* (London, 1934); W. G. Kümmel, *The New Testament: The History of the Investigation of its Problems* (London, 1973); I. H. Marshall, *I Believe in the Historical Jesus* (London, 1977); S. Neill, *The Interpretation of the New Testament 1861-1961* (Oxford, 1964); J. M. Robinson, *A New Quest of the Historical Jesus* (London, 1959); A. Schweitzer, *The Quest of the Historical Jesus* (London, [3]1954).

I.H.Ma.

QUIETISMO. Este termo deriva da crença de que Deus se agrada somente de trabalhar no coração da pessoa cujo ser total seja passivo ou esteja quieto. Pode ser aplicado de modo geral ou especificamente. Em sentido geral, denota uma atitude, encontrada em muitas religiões e em todos os períodos da história da Igreja, que sugere que a pessoa deve "deixar para lá e deixar que Deus atue"; ou: "Pare de pensar e esvazie sua mente de tudo"; ou ainda: "Esvazie-se, individual e coletivamente, de preocupações com o mundo".

Tal tendência ou ensino pode ter ameaçado a crença ortodoxa mais seriamente na Idade Média, quando chegou a levar à condenação o místico flamengo Ruysbroeck (1293-1381). Mas o termo "quietismo" lembra mais comumente a controvérsia que causou no século XVII, quando recebeu censura papal: o ensino do sacerdote espanhol Miguel de Molinos (1628-1696) foi condenado por Inocêncio XI em 1687; e o "semiquietismo" ortodoxo da freira francesa Madame de Guyon (1648-1717), defendido pelo arcebispo Fénelon (1651-1715), foi condenado por Inocêncio XII em 1699.

Molinos foi condenado por sustentar que o fiel deveria "abandonar por completo a totalidade do seu eu em Deus e, depois disso, permanecer como um corpo sem vida", já que a "atividade natural é inimiga da graça e impede a ação de Deus e perfeição verdadeira, pois Deus deseja agir em nós sem nós". Isso pode parecer uma consideração muito especial pela graça e rejeição às obras, mas, na verdade, é justamente o contrário. As atividades "naturais" que deveriam ser descartadas pelo crente incluíam: oração de petição; autoexame; adoração junto com outros crentes; e participação na ceia do Senhor. Todos os meios de graça ordinários teriam de ser rejeitados, em favor de um único atalho, infalível: se o fiel se tornasse inteiramente passivo, Deus *deveria* levantar sua alma para uma união consigo mesmo.

O quietismo ensinava ainda que tal experiência de união com Deus não constituía um êxtase momentâneo, nem uma etapa temporária no decorrer do caminho da oração, mas, sim, uma experiência permanente de "puro amor". Além disso, porque nessa "morte mística" Deus era tudo e o crente não era coisa alguma, o crente estaria não somente despreocupado a respeito de sua própria conduta, mas — com base em que todos seus atos seriam atos do próprio Deus — ele poderia sustentar que, por definição, seus atos estavam isentos de qualquer pecado, mesmo se causassem prejuízo a outras pessoas.

QUMRAN

844

O quietismo representa, assim, uma abordagem individualista da salvação, com uma ética similar à encontrada no panteísmo*.

O quietismo é uma distorção da teologia mística ortodoxa*, mas sua condenação oficial levou à suspeição profunda da citada teologia. A incerteza durou por todo o século XVII no catolicismo, causando suspensão pratica de uma reflexão séria sobre a experiência religiosa*.

O efeito do quietismo sobre o protestantismo foi amplo. Exerceu, de fato, alguma influência sobre o entendimento do pietismo quanto à vida cristã como de santificação* e união com Cristo*. Mas a obra de Ritschel, *Geschichte des Pietismus* [História do pietismo], 3 vols., Bonn, 880-1886) não conseguiu dissuadir os subsequentes teólogos reformados de sua ideia de que todo chamado misticismo cristão fosse tão suspeito quanto o quietismo.

Bibliografia

J. Aumann, *Christian Spirituality in the Catholic Tradition* (London/ San Francisco, 1985); E. Herman, Quietism, *ERE* 10, p. 533-538; D. Knowles, *What is Mysticism?* (London, 1967); R. A. Knox, *Enthusiasm* (Oxford, 1950); E. Underhill, *Mysticism* (London, 1911).

P.N.H.

QUMRAN, ver Manuscritos do mar Morto.

R

RAÇA. Conceito usado para distinguir grupos diferentes de seres humanos. As distinções são feitas de acordo com uma série de critérios, que sempre inclui a aparência física e sua estrutura genética subjacente, mas que pode também incluir fatores culturais, sociais, políticos e econômicos.

Esse método de distinguir pessoas é totalmente estranho às Escrituras, em que as asserções primárias são: 1) de unidade da raça humana, tanto na criação (Gn 1.26,27; 5.1,2; At 17.26) quanto no escopo da salvação (Gn 12.3; Mt 28.19; Cl 3.11; Ap 5.9); 2) que o principal tipo de subdivisão da raça humana é o de "etnicidade", cuja referência é principalmente cultural, podendo a religião ser igualmente um fator principal. Observe-se que, muito embora os escritores de ambos os Testamentos se refiram algumas vezes a povos com uma cor da pele mais escura do que a deles (Nm 12.7; Ct 1.5; Jr 38.7; At 8.27; 13.1), nenhuma importância maior é dada a esse detalhe. Do mesmo modo, a maioria dos cientistas modernos se recusa a extrapolar a partir da formação genética para outras características humanas. Por outro lado, a existência de povos, os mais diversos, é reconhecida constantemente. O começo do chamado especial de Israel vem após uma relação de nações circunvizinhas (Gn 10), e um importante tema tanto dos historiadores como dos profetas de Israel é o da sua interação com outros povos. A vocação de Israel de ser uma bênção para todos os povos é vista no NT como cumprida em Jesus, com a difusão do evangelho para todas as nações. Suas culturas particulares são, então, consideradas (ver as numerosas referências étnicas incidentais em Atos) e afirmadas (Ap 21.24-26), mas reconhecendo que o indivíduo transcende a própria origem e cultura étnica (1Co 9.19-23), ao mesmo tempo que a identidade estritamente étnica traz em si um potencial idolátrico (Fp 3.4-9).

A reflexão bíblica sobre "raça" no mundo atual elimina, assim, a ênfase física e genética, para afirmar, de modo estrito, seu aspecto cultural. Há, contudo, atualmente no mundo, um elemento adicional e importante no significado de "raça": as diferenças de bem-estar econômico e poder político, tanto na esfera internacional quanto em cada nação em particular, ainda detêm uma falsa correlação, definida, embora não totalmente absoluta, a por diferenças de aparência. Essa injustiça foi e ainda é sustentada por ideologias manifestas de superioridade racial (como no recente regime de segregação racial que prevalecia na África do Sul), ou por suposições não reconhecidas, resultando em conduta discriminatória e opressiva. Para o julgamento dessa situação, há uma massa de material bíblico a respeito do repúdio de Deus à injustiça social, nacional e internacional, de sua preocupação com os oprimidos e de sua chamada para o estabelecimento de justiça no mundo (*cf.* Teologia da Libertação*; Teologia Política*).

Qualquer tentativa, portanto, de justificar o tratamento diferente de pessoas com base em sua aparência carece de ensino bíblico. As tentativas, em particular, de uma defesa teológica de regimes ou sistemas discriminatórios, como o era o *apartheid* sul-africano, erram pelos seguintes motivos: 1) Tratam "raça", em vez de etnicidade, como o principal fator determinante (e tomar as relações de Israel antigo com seus vizinhos como paradigma logicamente conduz a separar, por exemplo, os que falam o idioma sul-africano dos que falam inglês, ou seja, dos demais sul-africanos e dos europeus). 2) Tratam a identidade racial e a cultural como fixas, quando as Escrituras e a história estão aí mostrando como elas se desenvolvem, absorvem, concedem, formam, fragmentam e se reformam, dentro do fluxo da história dado por Deus. 3) Mantêm-se cegos ante a ímpia brutalidade, a opressão e a disparidade econômica, inseparáveis da implementação que fora dada, por exemplo, ao processo de segregação na África do Sul.

Ver também CONSCIÊNCIA NEGRA; TEOLOGIA NEGRA; TEOLOGIA REFORMADA HOLANDESA.

Bibliografia
J. A. Kirk, Race, Class, Caste and the Bible, *Them* 10:2 (1985), p. 4-14.

J.B.R.

RAHNER, KARL (1904-1984). Jesuíta*, que ensinou na Alemanha e Áustria, foi autor prolífico e, provavelmente, o teólogo católico-romano mais importante e influente do século XX.

Na base de toda a obra teológica de Rahner, encontra-se uma antropologia* teológica que ele desenvolveu sob a influência do tomismo transcendental de Joseph Marechal (1878-1944) e em

RAHNER, KARL

diálogo com a filosofia existencial* de Martin Heidegger. Adota o que chama de "método transcendental e antropológico de teologia", que faz da experiência humana a chave para todo o significado teológico e enfoca a "experiência transcendental", *i.e.*, uma experiência *a priori* e pré-refletiva, a condição para todas as outras experiências humanas. Essa experiência transcendental somente se torna consciente quando refletimos sobre as condições da possibilidade de conhecimento e atividade humanos. A reflexão revela uma transcendência humana do mundo finito, em que a humanidade como tal é aberta ao mistério infinito além do mundo, que a religião chama Deus. A análise de Rahner da experiência transcendental conclui que uma experiência pré-refletiva de Deus está presente em toda experiência humana. A natureza humana *constitui* autotranscendência em Deus.

Com base nessa reflexão, a obra de Rahner busca reinterpretar os dogmas tradicionais da Igreja (católica), de tal modo que, em vez de parecerem formulações fossilizadas em uma linguagem do passado, possam ser vistos como tendo um significado existencial* em termos de experiência humana universal e de seu condicionamento especificamente moderno. A mensagem do cristianismo é que o Mistério infinito, para o qual a existência humana é intrinsecamente orientada, embora permaneça sendo sempre um mistério, dá-se a si mesmo em absoluta autocomunicação à experiência humana. Essa graça da divina autocomunicação está presente na experiência transcendental de todos os seres humanos, como oferta que pode ser aceita ou não, embora seja a base da liberdade humana e determine a existência do ser humano mesmo quando rejeitada.

Para Rahner, portanto, a graça* está presente na natureza humana, sendo a possibilidade de salvação, em consequência, dada por Deus mediante a experiência humana como tal. A salvação, desse modo, segundo ele, pode ser percebida sem o conhecimento da revelação cristã histórica e a fé explícita em Cristo, pelos que chama de "cristãos anônimos". Estes podem até ser adeptos de outras religiões ou mesmo ateístas professos que deixam de tematizar seu parentesco transcendental com relação a Deus, mas não o rejeitam.

A cristologia* de Rahner interpreta Jesus como primacialmente o cumprimento absoluto do destino humano na aceitação da autocomunicação de Deus e, como tal, a oferta de Deus, na história, de sua autocomunicação para todos os homens e mulheres. Essa "cristologia transcendental" torna necessário tal "provedor absoluto da salvação" intrínseco à existência humana.

Rahner fez contribuições muito importantes e influentes em uma ampla esfera de tópicos dogmáticos específicos, tais como a Trindade*, a natureza da Escritura*, a tradição e a eclesiologia. Escreveu também extensivamente sobre a teologia da vida espiritual, unindo sua própria abordagem teológica à tradição jesuíta da espiritualidade* de Inácio de Loyola*.

RAMUS, PETRUS

Bibliografia
Foundations of Christian Faith (London, 1978); *Theological Investigations*, 20 vols. (London, 1961-1981).

G. S. McCool (ed.), *A Rahner Reader: A Comprehensive Selection from Most of Karl Rahner* (London, 1975); L. J. O'Donovan, *A World of Grace: An Introduction to the Themes and Foundations of Karl Rahner's Theology* (New York, 1984); C. J. Pedley, An English Bibliographical Aid to Karl Rahner, *Heythrop Journal* 25 (1984); p. 319-365; H. Vorgrimler, *Understanding Karl Rahner* (London, 1986); K.-H. Weger, *Karl Rahner: An Introduction to His Theology* (London, 1980).

R.J.B.

RAMSEY, IAN THOMAS (1915-1972). Ordenado em 1940, Ramsey se tornou professor do Christ's College, de Cambridge, em 1944, professor de Filosofia da Religião Cristã em Oxford, em 1951, e bispo anglicano de Durham, a partir de 1966. Em sua filosofia, Ramsey considera como situação religiosa característica aquela que combina, por um lado, um discernimento, em que "a ficha cai" e nos tornamos conscientes de algo, que, abrangendo os elementos visíveis da situação, vai mais além; e, por outro lado, um comprometimento total, que emana desse discernimento. Deus pode ser a "referência objetiva" de tal "revelação". Nesse caso, percebemos que qualquer linguagem apropriada tem sua singularidade lógica, usando, tipicamente, modelos* retirados de outros contextos, mas os qualificando de tal modo que os torna diferentes do uso normal, neles destacando um elemento de transcendência. Assim, Deus é infinitamente sábio, o Pai eterno, a causa primeira e assim por diante.

Bibliografia
Escritos principais (cf. J. H. Pye, *Bibliography*, Durham, 1979): *Christian Disclosure* (London, 1965); *Christian Empiricism* [ensaios selecionados] (London, 1974); *Freedom and Immortality* (London, 1960); *Models and Mystery* (London, 1964); *Models for Divine Activity* (London, 1973); *On Being Sure in Religion* (London, 1963); *Religion and Science* (London, 1964); *Religious Language* (London, 1957). *Avaliação crítica:* J. H. Gill, *Ian Ramsey: To Speak Responsibly of God* (London, 1976).

R.L.S.

RAMUS, PETRUS. Pseudônimo com que ficou mais conhecido Pierre de la Ramée (1515-1572), humanista francês, educado no Colégio de Navarra, da Universidade de Paris. Designado professor régio em 1551, ele se tornaria protestante por volta de 1561, sendo assassinado durante a noite de São Bartolomeu (a do massacre de protestantes), em 1572.

Ramus advogou uma ampla reforma do currículo acadêmico, que vinha por longo tempo sendo dominado pela dependência universal da lógica* aristotélica*. Sua ênfase era sobre o método, a utilidade prática e a simplificação no ensino. Seu método de divisão dicotômica, pelo qual qualquer assunto poderia ser distribuído inclusive em componentes menores e, então, disposto em diagramas, tornou possível ser demonstrada a totalidade da

RAMUS, PETRUS

topografia do conhecimento, com compreensão instantânea.

Esse método diagramático faria parte de importante revolução intelectual e cultural que marcaria a divisória entre os mundos medieval e moderno. A invenção da imprensa já estava dissociando o conhecimento do discurso e reconstruindo-o em termos espaciais e visuais. O desenvolvimento humanista dos *loci* (lugares em que se poderia buscar conhecimento em qualquer assunto) facilitou, depois, essa mudança, de categoria auditiva para visual, do pensamento. Ramus trouxe esse processo para a pedagogia.

O ramismo se espalhou rapidamente, tendo um impacto importante sobre a prática educacional, até *c.* 1650. A Alemanha foi seu centro principal, onde, de 1573 a 1620, foram publicadas 133 edições da *Dialética* de Ramus e 52 edições de sua *Retórica*. Seu método foi aplicado a uma exposição bíblica de Johannes Piscator (1546-1625) e a uma teologia sistemática de Amandus Polanus (1651-1610; ver Teologia Reformada*). J. H. Alsted (1588-1638), por sua vez, aplicou-a a toda sua própria obra. Na verdade, uma linha pode ser traçada desde Ramus, passando por Alsted, até Diderot e o enciclopedismo moderno. A influência de Ramus alcançou a Holanda, assim como a Inglaterra, onde o puritanismo de Cambridge* deu sua própria ênfase sobre a utilidade prática do método. Na Nova Inglaterra* do século XVII, o ramismo se estabeleceu também firmemente, em Harvard e Yale.

A despeito do apoio recebido do congregacionalismo*, o que o colocaria em conflito com Teodoro Beza*, a influência de Ramus sobre a teologia foi indireta, sendo sua única obra teológica (*Commentary on the Christian Religion* [Comentário sobre a religião cristã], 1576) de interesse escasso. Sua redefinição de teologia em consonância com utilidade prática, como "doutrina de bem viver", bem como sua principal dicotomia, daí consequente, de fé e observância, foi mais tarde desenvolvida por puritanos* ramistas como William Ames. Representava um novo fundamento na fé do homem, mais do que na revelação objetiva, preparando assim o caminho para o pietismo*. O método de Ramus foi também associado à emergente teologia do pacto*, tendo sua rigorosa dicotomização ajudado possivelmente na aceitação da ideia do pacto duplo, ou seja, do pacto pré-queda das obras adicionado ao pacto da graça.

O foco ramista sobre o visual, todavia, pode ser considerado como divergente da ênfase da Reforma* sobre a palavra. Sua persistente subdivisão, que impunha uma estrutura arbitrária sobre a teologia, estava focada nas distinções e divisões, e não nas conexões internas, tendendo, por sua simplificação rigorosa, a obscurecer a riqueza e a complexidade multiforme da teologia.

Bibliografia

W. S. Howell, *Logic and Rethoric in England 1500-1700* (Princeton, NJ, 1956); R. W. Letham, The *Foedus Operum*: Some Factors Accounting for its Development, *The Sixteenth Century Journal* 14 (1983), p. 457-467; J. Moltmann, Zur Bedeutung des P. Ramus für Philosophie und

RAVEN, C. E.

Theologie in Calvinismus, *ZKG* 68 (1957), p. 295-318; W. J. Ong, *Ramus, Method, and the Decay of Dialogue* (Cambridge, MA, 1958); *idem, Ramus and Talon Inventory* (Cambridge, MA, 1958); K. L. Sprunger, *The Learned Doctor William Ames* (Urbana, IL, 1972).

R.W.A.L.

RASHDALL, HASTINGS, ver MODERNISMO INGLÊS.

RATRAMNUS (m. 868). Conhecido dos reformadores como Bertram, foi um oponente do ensino eucarístico* de Pascásio Radberto. Outros destacados contemporâneos de Pascásio, como João Escoto Erígena* e Rabanus Maurus (m. 856), deixaram também escritos discordando de seu ensino, mas Ratramnus, monge de Corbie, dedicou, a pedido do rei Carlos o Calvo, todo um tratado formal sobre a matéria. Tal como o tratado de Pascásio (que foi abade do mosteiro beneditino do próprio Ratramnus), intitulava-se *De Corpore et Sanguine Domini* [Sobre o corpo e o sangue do Senhor]. Corbie tinha sido durante cinquenta anos um centro de ensino agostiniano*, e Ratramnus considerava que poderia recorrer ao ensino tanto de Agostinho* quanto de Ambrósio* contra o de Pascásio. Seu ensino não é tão claro como o de Erígena, embora enfatize o papel do simbolismo* e da fé; mas nega firmemente que o corpo sacramental de Cristo seja idêntico ao corpo nascido de Maria.

Muitas passagens de seu tratado foram tomadas emprestadas pelo escritor anglo-saxônico Aelfric (m. *c.* 1020), cujas obras foram publicadas depois, na época da Reforma, pelo arcebispo Matthew Parker. Teve forte influência direta também, especialmente, sobre Ridley (ver Reformadores Ingleses*), e em 1559, sete séculos depois de publicado, seu tratado era colocado no *Index* de obras proibidas pelo papado. Várias traduções, porém, passaram a ser editadas a partir de 1548. Ratramnus escreveu também sobre predestinação* (posicionando-se ao lado de Gottschalk*) e sobre a controvérsia com a Igreja oriental. Um tratado seu sobre a alma foi recentemente descoberto, podendo ser encontrado em D. D. Lambert (ed.), *Analecta Mediaevalia Namurcensia* 2 (1951).

Bibliografia
Works, in: PL 121; J. N. Bakhuizen van den Brink (ed.), *De Corpore* (Amsterdam, ²1974) (edição crítica); A. J. Macdonald (ed.), *The Evangelical Doctrine of Holy Communion* (Cambridge, 1933).

R.T.B.

RAVEN, C. E. (1885-1964). Um dos mais ilustres eruditos anglicanos do século XX, as origens de sua atividade, situadas no século XIX, refletem-se na diversidade de seus interesses, que incluíam teologia, ciência biológica e história. Pregador leigo por toda a sua vida, Raven foi sobretudo pródigo autor. Suas realizações literárias incluem importante biografia de John Ray (1628-1705), o "pai da história natural inglesa", e obras sobre ornitologia, botânica, ordenação de mulheres ao pastorado e pacifismo (sendo apoiador dessas causas). Ocupou a cátedra régia de Teologia em Cambridge e foi vice-chanceler da universidade por um período.

REARMAMENTO MORAL

A teologia de Raven foi profundamente influenciada por seus interesses científicos, particularmente por seu uso entusiástico da teoria da evolução orgânica na elaboração de uma estrutura interpretativa da religião e da ciência. Viu ele, desse modo, uma base evolutiva até mesmo quanto à encarnação, procurando entender o Deus-homem, como a si próprio, dentro da "série evolutiva". Esse uso extensivo da teoria evolutiva, comum no começo do século XX, somente saiu de moda, aliás, mais recentemente. É interessante observar que a obra de Raven inclui, assim, um trabalho sobre Teilhard de Chardin*; pois, tal como Teilhard de Chardin (embora com propostas mais modestas), ele se viu buscando reinterpretar a ortodoxia de acordo com o que julgava ser a nova ciência.

Bibliografia

Evolution and the Christian Concept of God (London, 1936); *Natural Religion and Christian Theology*, 2 vols. (Gifford Lectures, 1951-1952; Cambridge, 1953); *Science and the Christian Man* (London, 1952); F. W. Dillistone, *Charles Raven, Naturalist, Historian, Theologian* (London, 1975).

N.M.deS.C.

REARMAMENTO MORAL. Movimento que se originou com Frank Buchman (1878-1961), luterano americano. Após uma experiência de conversão, quando em Keswick (ver Teologia da Vida Mais Elevada*) para a convenção de 1908, Buchman foi se tornando cada vez mais interessado na reforma do mundo. Fundou então, em 1929, o Grupo de Oxford, que se tornaria em 1938 o movimento de Rearmamento Moral. O movimento se espalhou para além da fé cristã, aceitando qualquer pessoa que estivesse interessada em procurar mudar a sociedade, mediante a prática de quatro ítens absolutos: pureza absoluta, altruísmo absoluto, honestidade absoluta e amor absoluto. Todo meio legítimo era usado para difundir a mensagem do movimento e recrutar apoiadores. Grupos e convenções foram usados desde o começo com essa finalidade, sendo o público em geral alcançado também mediante filmes e peças teatrais, tendo estas como local central de apresentação o Teatro Westminster, em Londres.

Por seu empenho e os objetivos de sua causa, Buchman foi alvo, diversas vezes, de várias honrarias, inclusive da parte de líderes mundiais. Após sua morte, seu lugar viria a ser ocupado por Peter Howard (1908-1965), autor de várias peças encenadas em favor do movimento. Depois de Howard, a liderança do movimento passou às mãos de dirigentes seus nos EUA, mantendo-se também outros importantes locais de centralização em Caux, Suíça, no Japão e em outros países.

Os ítens absolutos seguidos pelos adeptos do movimento de Rearmamento Moral obedeciam, certamente, aos ideais cristãos; todavia, cada membro podia permanecer perfeitamente em sua própria religião, nem sempre o cristianismo. Evangélicos, como Buchman, dotados de nítida experiência de salvação em Cristo, sustentavam que, no movimento de Rearmamento

Moral, eles se achavam unidos em uma expressão corporativa de padrões cristãos; outros cristãos, porém, discordavam, alegando não haver necessidade de uma organização à parte da Igreja para a promoção dos valores cristãos, e que a promoção desses valores desacompanhada de doutrina cristã básica não constitui, na verdade, o evangelho proclamado no NT.

Bibliografia
K. D. Belden, *Reflections on MRA* (London, 1983); G. Ekman, *Experience into God* (TI, London, 1972); P. Howard, *The World Rebuilt* (Poole, 1951); C. Pignet & M. Sentis, *World at the Turning* (TI, London, 1982).

J.S.W.

REBATISMO. As principais correntes da teologia cristã têm geralmente sustentado que o batismo* é irrepetível — ou, mais precisamente, não deveria ser repetido. Esse ensino frequentemente se baseia em leitura indevida de Efésios 4.5 — em que "um batismo" se refere ao batismo comum e compartilhado por todos os cristãos — e em apelo não histórico ao Credo Niceno — que fala de "um só batismo para a remissão de pecados", mas relacionado à controvérsia sobre o pecado pós-batismal, não podendo, assim, ter incluído o batismo infantil; mas, de todo modo, é um ensino que tem sua base própria no caráter definitivo da obra de redenção de Cristo e, consequentemente, da iniciação batismal nele.

Não obstante, o rebatismo (que é como seus críticos o chamam, embora isso seja inevitável) tem sido praticado e defendido, principalmente, pelas seguintes razões:

1. *Negação da validade de batismo anterior.* Na era patrística, os donatistas* e adeptos de outros movimentos rejeitaram o batismo católico, que consideraram administrado por um clero corrompido de uma igreja apóstata. Os donatistas recorreram a uma prática católica anterior (*cf.* Cipriano*), que recusava reconhecer o batismo feito fora do aprisco católico e que, portanto, rebatizava; mas o Concílio de Arles (314) considerou essa posição como abandonada, tendo Optatus de Milevis (*fl. c.* 370) e Agostinho* proporcionado a justificação teológica para essa alegação.

O batismo é comumente tido como nulo ou inválido se faltar à cerimônia qualquer aspecto essencial, como, principalmente, água ou a citação do nome trinitário de Deus. Em casos de incerteza, algumas igrejas, como a. católica-romana, batizam, mas sob condição ("Se não és batizado, eu te batizo..."). Por outro lado, diversas igrejas, e em épocas diversas, não têm reconhecido o batismo de outras igrejas, rebatizando seus novos "convertidos".

2. *Negação do batismo infantil como verdadeiro batismo cristão.* Os anabatistas* e reformadores radicais* foram pioneiros nessa posição (com precedentes medievais insignificantes), mas desde o século XVI que tal alegação para o rebatismo é comum, tanto em igrejas que sustentam o batismo dos crentes somente quanto em casos individuais.

Em tempos recentes, especialmente no contexto da renovação

RECONCILIAÇÃO

carismática católica, católicos que não consideram mais seu batismo infantil como real — devido, por exemplo, a uma provável ou comprovada falta de fé de seus pais — um segundo batismo. Tais pedidos de rebatismo têm suscitado sutis e difíceis problemas pastorais, tocando também nas questões básicas da teologia batismal — *e.g.*, a relação entre batismo e fé (ou experiência).

Bibliografia
R. S. Armour, *Anabaptist Baptism* (Scottdale, PA, 1966); A. Aubry, Faut-il rebaptiser?, *NRT* 99 (1967), p. 183-201; C. Buchanan, *One Baptism Once* (Bramcote, Nottingham, 1978); T. H. Lyle, Reflections on "Second Baptism", *IJT* 21 (1972), p. 170-182.

D.F.W.

RECONCILIAÇÃO, ver Expiação.

REDENÇÃO. É um conceito encontrado no Antigo Testamento, também chamado remissão ou resgate, para expressar a ação de um parente em tornar livre um membro de sua família ou comprar de volta sua propriedade (Lv 25.25ss), ou, de modo geral, adquirir alguma coisa por determinado preço. O preço de redenção, remissão ou resgate é pago para garantir a liberação de quem, ou daquilo, que, de outra forma, estaria perdido (e.g., Êx 21.30). Sob a visão religiosa, Deus age como redentor ao libertar poderosamente seu povo do cativeiro (Êx 6.6,7; Is 48.20) ou do pecado (Sl 130.8). Resgate poderá ser pago a Deus na forma de sacrifício ou oferta, para libertar pessoas cujas vidas esta-

riam perdidas (Êx 13.13). Não há, porém, um consenso se, quando o ato de redimir é atribuído a Deus, deve ser considerado como se Deus estivesse pagando um preço para libertar seu povo; certamente há, no caso, custo e esforço aplicados, mas está fora de cogitação a ideia de alguém receber determinado preço cobrado de Deus (Is 43.3 é metafórico; cf. 52.3).

O termo era também aplicado no mundo greco-romano à libertação de escravos, referindo-se ao pagamento de um resgate aos seus senhores. Isso poderia ser feito de vários modos, um dos quais envolvia uma cerimônia religiosa em que o escravo era objeto de uma compra fictícia por um deus, de forma que se tornava livre dos senhores terrenos. A terminologia então usada não era muito diferente daquela empregada no NT, o que tem conduzido recentes eruditos a duvidarem se a origem da metáfora da redenção no NT estaria nessa área. De qualquer modo, a alforria de escravos teria fornecido certamente ilustração excelente e relevante da redenção.

O ponto de partida para o uso do conceito no Novo Testamento é encontrado nos ditos de Jesus, que afirma que ninguém pode dar coisa alguma em troca de sua vida, ou de sua alma (Mc 8.37; *cf.* Sl 49.7-9), mas que o Filho do homem veio para dar sua vida em resgate por muitos (*i.e.*, por todos; Mc 10.45, como parafraseado em 1Tm 2.6; *cf.* Tt 2.14). Assim, Jesus faz o que somente Deus pode fazer (Sl 49.15), ao dar a própria vida, e o uso aqui do substantivo *lytron* no original grego deixa claro que ele dá sua vida em troca daqueles cujas vidas

853 REFORMA RADICAL

estão perdidas e, assim, os liberta. A morte de Jesus é, portanto, concebida como o sacrifício (At 20.28; Rm 3.24; 1Pe 1.18) por meio do qual somos libertos de nossos pecados e suas consequências; em outras palavras, por meio do qual recebemos perdão (Cl 1.14; Ef 1.7). A redenção é pela fé em Cristo (Rm 3.24), não havendo mais nenhuma necessidade de guardar a lei, como os judeus supunham, para assegurar a salvação (Gl 3.13; 4.5). Dos crentes, contudo, pode também ser dito terem sido comprados por Deus para torná-los seu povo; ele pagou o preço por eles (1Co 6.20; 7.23). O termo "redenção" pode então, desse modo, ser usado em um sentido bem amplo para expressar o conceito geral de salvação e libertação (*e.g.*, Lc 24.21).

Bibliografia
F. Büchsel, *TDNT* IV, p. 328-356; D. Hill, *Greek Words and Hebrew Meanings* (London, 1967), cap. 3; L. Morris, *The Apostolic Preaching of the Cross* (London, [3]1965), cap. 1; J. Schneider & C. Brown, *NIDNTT* III, p. 177-223; B. B. Warfield, *The Person and Work of Christ* (Philadelphia, 1950), p. 325-348, 429-475.

I.H.Ma.

REENCARNAÇÃO, ver Metempsicose.

REFORMA RADICAL. Estes termos são usados para denominar o tipo de reforma* da Igreja preconizado e logo praticado por alguns protestantes, reforma essa mais extrema do que a pregada e levada a efeito pelos primeiros reformadores como Lutero*, Zuínglio" e Calvino*. Alguns historiadores preferem usar os termos "ala esquerda" para se referir ao grupo adepto de tal pensamento radical. Pesquisa recente aponta para uma continuidade entre esses reformadores radicais e grupos apocalípticos* medievais mais recentes. Erasmo* é também, no caso, referência particularmente importante, pois, estudando seriamente a Bíblia, chegou a conclusões diferentes daquelas dos reformadores mais ortodoxos.

Origens
As origens desse radicalismo reformador podem ser atribuídas às exigências de aceleração de mudança, feitas em Wittenberg, em 1522, por Carlstadt (*c.* 1477-1541) e pelos chamados profetas de Zwickau. Queriam a abolição total das práticas litúrgicas católicas; pregavam que o batismo infantil estava errado; os profetas de Zwickau alegavam receber revelações diretas de Deus. Thomas Müntzer (*fl.* 1490-1525), por exemplo, pregava em termos revolucionários e apocalípticos e foi agressivamente crítico de Lutero, por este pôr, segundo ele, confiança demasiada no ministério erudito e dar insuficiente destaque à condução do povo comum pelo Espírito Santo. Müntzer foi também muito influente em encorajar a resistência confiante, mas sem esperança, da Revolta dos Camponeses, da qual Lutero discordou totalmente. Por fim, com um grupo criado em Zurique e que foi crítico de Zuínglio, ficou claro que suas preocupações não eram somente sobre a questão de como os reformadores poderiam alcançar rapidamente seus objetivos, mas também qual era a natureza de tais objetivos. Os reformadores radicais

REFORMA RADICAL 854

conclamavam ao rompimento total com as tradições e uma separação de seus adeptos dos que "comprometiam" a fé.

G. H. Williams, em estudo que se pode considerar definitivo, afirma a existência comprovada de três grupos abrangentes de reformadores radicais, dentro dos quais alguns subgrupos podem ser detectados.

Anabatistas*. Enfatizavam o batismo dos crentes, a separação do mundo (incluindo a recusa em se envolver com instituições do Estado) e um biblicismo bastante literal. São, por vezes, acertadamente diferenciados dos reformadores por buscarem uma restauração ou "restituição" mais exata do cristianismo do NT (algumas vezes, por exemplo, advogando o uso das coisas em comum), em oposição a uma simples "reforma" segundo os princípios neotestamentários. De certa forma incorretamente, as atividades de elementos revolucionários entre os anabatistas — que procuraram estabelecer uma regra de piedade baseada em uma interpretação rígida e autoritária da lei do AT em Münster em 1534 —, os levaram a se tornarem, infelizmente, um símbolo dos perigos do radicalismo para a maioria dos seus contemporâneos. Na verdade, porém, não representavam ameaça alguma ao Estado, e os adeptos do pensamento de Menno Simons (1496-1561) e Jacob Hutter (m. 1536) sobreviveriam pelos séculos seguintes em significativos agrupamentos (ver Teologia Menonita*).

Espiritualistas*. Davam considerável ênfase à condução do Espírito, algumas vezes em detrimento da Bíblia. Isso poderia levar a um entendimento místico da fé e a uma concentração na habitação da Palavra no crente. Seu líder Caspar Schvenckfeld*, além disso, escandalizou os crentes de pensamento ortodoxo, ao sugerir uma suspensão temporária na prática da ceia do Senhor nas igrejas porque se tornara muito divisiva.

Racionalistas evangélicos. Consideravam a razão equivalente às Escrituras. Geralmente situavamse do lado da sã doutrina, mas favorecendo mais uma teologia unitarista*. Dentre seus adeptos, surgiu o socinianismo*, desenvolvido a partir do ensino de Lélio Socino (1525-1562) e de seu sobrinho Fausto Socino (1539-1604).

Características

É possível identificar oito características dos radicais, mas o movimento foi tão diverso que as exceções são abundantes.

1. Destaque maior à santificação do que propriamente à justificação. Lutero, diziam eles, havia dado ênfase excessiva à pecaminosidade contínua do homem (*semper peccator*). Em oposição, alguns sustentavam a possibilidade de se alcançar um estado de perfeição. Muitos achavam até que a lamentação de Paulo em Rm 7.24 ("Miserável homem que eu sou!") não se aplicava aos cristãos.

2. Reação contra uma fé demasiadamente intelectual. Havia uma forte convicção de que os reformadores tinham intelectualizado demais a fé na ênfase que davam à teologia e aos ministérios doutos. Para eles, mais importante era o testemunho íntimo do Espírito.

3. A convicção de que era possível estabelecer uma igreja santa.

REFORMA RADICAL

Todos os reformadores aceitavam que a Igreja visível não poderia ser uma réplica exata da verdadeira Igreja. Os radicais, todavia, tinham uma confiança ainda maior na possibilidade de criar uma Igreja constituída de verdadeiros crentes reais e, com esse fim, davam ênfase ao banimento (excomunhão).

4. Uma determinação de se manter separado do mundo. Em particular, salientavam que a administração civil, o Estado, era assunto dos não cristãos e que o cristão, tanto quanto possível, deveria ter muito pouco contato com as atividades estatais. Com isso, causaram sérios problemas, por se recusarem a prestar qualquer serviço público, de natureza civil ou militar, parecendo, assim, desafiar a estrutura de uma sociedade baseada, tanto na teoria católica como protestante, sobre um íntimo relacionamento entre a Igreja e o Estado.

5. Importância do batismo dos crentes. A maioria dos radicais era fortemente contra o batismo infantil e, consequentemente, praticavam o rebatismo*.

6. Tendência à heterodoxia teológica. Sua ênfase na restauração significava, entre outras coisas, ignorar as grandes formulações credais da Igreja. O resultado foi uma tendência às ideias teológicas não ortodoxas, particularmente em relação à Trindade* e à cristologia*. Muitos dos radicais, por exemplo, criam que Cristo não havia assumido a nossa carne humana, mas trouxera seu próprio corpo divino à terra ("carne celestial de Cristo").

7. Comprometimento apaixonado com a evangelização. Tinham forte sentido da força contínua da Grande Comissão, que os reformadores tendiam a limitar à era apostólica. Isso, juntamente com a sua ausência de interesse em fronteiras políticas e o destemor de enfrentar perseguição, os tornou evangelistas eficazes e corajosos.

8. Uma convicção crescente a respeito da tolerância. Embora seja indubitável que sua reação ao protestantismo e ao catolicismo tiveram o efeito de prejudicar a ideia de tolerância, aos radicais cabe uma parte importante na extensão da ideia de que a opinião religiosa deve ser deixada ao indivíduo decidir, sem nenhuma pressão da Igreja ou do Estado.

Na prática, os radicais, embora frequentemente liderados por homens de boa formação e posição, eram geralmente pessoas simples, quase sempre camponeses e artífices, manifestamente procurando uma identidade e um meio de auto expressão, que a doutrina do sacerdócio* universal dos crentes, dos reformadores, prometera, mas, assim se contestava, não havia cumprido. Geralmente se encontravam em ambientes simples e informais. Eram muito propensos à divisão. Algumas vezes, a ênfase deles sobre a orientação do Espírito produzia conduta perigosamente emocional, assim como extravagante para a moral vigente da época.

Os reformadores radicais e suas ênfases constituem um bom exemplo das tensões frequentes na Igreja cristã entre o entusiasmo e a ordem; entre o Espírito e a Palavra; entre a Escritura e a tradição*; entre ver a Igreja* como uma comunhão de santos ou uma escola de pecadores; entre entender o

REFORMADORES INGLESES

sacerdócio universal dos crentes como: ou dar ministério* igual para todos, ou dar ministério para todos, porém reservando-se um ministério especial de autoridade para alguns.

Bibliografia

C. P. Clasen, *Anabaptism: A Social History, 1526-1618* (Ithaca, NY/London, 1972); J. S. Oyer, *Lutheran Reformers against Anabaptists* (The Hague, 1964); G. H. Williams, *The Radical Reformation* (Philadelphia, 1962); Williams & M. M. Angel, *Spiritual and Anabaptist Writers* (London, 1957).

C.P.W.

REFORMADORES INGLESES. A Reforma Protestante desfrutou de sucesso especial na Inglaterra durante o século XVI, como resultado de diversos fatores, intelectuais, políticos, teológicos e sociais, mas, em seu âmago, devido à obra de um grupo de homens voltados, pessoalmente, às doutrinas protestantes e que as defenderam fervorosamente, mesmo à custa da própria vida. Os mais proeminentes dentre esses foram Thomas Bilney (c. 1495-1531), Hugh Latimer (1485-1555), Cranmer, Frith, Tyndale, Ridley, Robert Barnes (1495-1540), John Rogers (c. 1500-1555) e John Bradford (1510-1555), todos eles queimados como hereges, entre 1531 e 1555. Durante o reinado seguinte, de Elizabeth I (1558-1603), a causa do protestantismo triunfaria, sobretudo, mediante os escritos de John Foxe (1516-1587), e o testemunho desses e outros mártires* causaria profunda impressão no cristianismo inglês dos quatro séculos seguintes. Obras

de Tyndale, Frith, Ridley e Cranmer são de importância teológica específica e ajudaram a moldar o protestantismo, que posteriormente firmou raízes na Inglaterra. Estes, por sua vez, muito deviam à Reforma* na Europa continental, incluindo a influência inicial de Lutero*, moderada pelo crescente prestígio dos eruditos reformados da Suíça. Foram eficazes também, ao mesmo tempo, o movimento local de Wyclif* e seus seguidores, os lolardos.

A primeira prioridade para a reforma da Igreja na Inglaterra foi dada à realização de uma tradução* acurada da Bíblia para o vernáculo e sua disseminação. William Tyndale (*c.* 1494-1536) dedicou a maior parte de sua atividade a esse fim. Sua tradução do NT e de partes do AT lançou o fundamento para as versões bíblicas inglesas até hoje. Na busca incansável de seu objetivo, Tyndale exemplificava a crença protestante de que a reforma da Igreja e a salvação dos homens e mulheres dependeriam da dissipação da ignorância espiritual mediante conhecimento da verdadeira Palavra de Deus. As consequências práticas de sua crença na autoridade e suficiência das Escrituras* podem ser julgadas pela investida subsequente contra crenças e práticas não encontradas na Bíblia. Classificando-os como "superstição", os reformadores dispensaram diversos elementos da religião católica, tais como a crença no purgatório*, o uso de imagens* na devoção, oração pelos mortos, veneração de santos* e a crença em objetos sagrados e em milagres contemporâneos*. Ao mesmo tempo, assumiram profundo comprometimento com a tradição cristã (ver também Escritura e Tradição*), especialmente quanto aos escritos dos Pais da Igreja. Consideraram tanto os concílios* quanto os Pais (ver Teologia Patrística*) como propiciadores de orientação para a interpretação das Escrituras, embora tidos como eventos e pessoas passíveis de errar, podendo seus julgamentos serem, como algumas vezes o foram, dissidentes.

A doutrina da justificação* somente pela fé foi a segunda grande preocupação dos reformadores. John Frith (c. 1503-1533), o brilhante amigo mais jovem e associado de Tyndale, ilustrou a influência determinante da doutrina da justificação em sua obra *A Disputation of Purgatory* [Contestação do purgatório] (1531). Não foi somente a falta de apoio escriturístico que levou Frith a rejeitar a ideia de purgatório; foi a inconsistência desta para com a visão paulina* da graça, de que os pecadores são justificados não por obras, mas pela fé somente e mediante os méritos de Jesus Cristo. Qualquer outra visão, para ele, traria descrédito à cruz de Cristo, porque presumiria que o sangue de Cristo fosse ineficaz para assegurar o perdão dos pecados (ver Culpa e Perdão*); também subestimaria a gravidade do pecado* e seu poder sobre a personalidade humana. Confiar na mensagem da cruz, isso sim, é ser verdadeiramente purgado, ou seja, purificado; as tribulações nesta vida, para o cristão, podem-se comparar a um purgatório, mas, na morte, todos os cristãos são plenamente purificados, sem mais necessidade alguma de purgatório. Frith,

tal como os outros reformadores, completou o ensino sobre a graça ao expor uma doutrina da eleição, em que é totalmente assegurada a iniciativa de Deus na salvação.

As doutrinas das Escrituras e da graça forneceram assim o padrão pelo qual tudo o mais deveria ser reformado. A acusação levantada por seus oponentes de que a doutrina da graça que pregavam era antinomiana (ver Lei e Evangelho*) conduziu a uma ênfase constante dos protestantes na necessidade de boas obras como fruto da fé. Em Tyndale, isso encontrou particular expressão em uso do tema de pacto*, pelo qual ele passou a ser, um tanto injustamente, suspeito de legalismo. Thomas Cranmer (1489-1556) usou de diferente linguagem, mas com os mesmos propósitos, em sua clássica *Homily of Salvation* [Homilia da salvação], em que define a justificação somente pela fé como "a forte rocha e fundamento da religião cristã" e insiste na necessidade de obediência a Deus como fruto de uma verdadeira fé, sem a qual ninguém pode ser salvo.

As maiores controvérsias da Reforma inglesa ocorreram no tocante à doutrina da missa (ver Eucaristia*). Foi nesse ponto, sobretudo, que o entendimento das Escrituras e da fé sustentado por Cranmer, Frith e Ridley alcançou sua expressão mais perigosa em sua própria sociedade. Defendendo as ideias a respeito das Escrituras e da justificação do modo em que o faziam, contrariaram totalmente a teologia católica* em um ponto considerado pelos católicos essencial e da máxima importância. Não foi por outro motivo que acabaram

REFORMADORES INGLESES 858

sofrendo, como sofreram, as consequências de sua corajosa atitude,
no martírio de fogo.

Nicholas Ridley (c. 1500-1555)
argumentava que o debate a respeito da missa poderia ser reduzido
a uma só questão: se o assunto do
sacramento* era "a substância natural do pão ou a substância natural do próprio corpo de Cristo". Se
essa questão fosse respondida em
termos do corpo de Cristo, seguir-
-se-ia a ideia de transubstanciação,
com a honra devocional devida ao
sacramento, a oferta sacrifical de
Cristo pelo sacerdote sobre o altar
e a recepção da carne e do sangue
de Cristo pelo pecador indigno. Tal
resposta, no entanto, estava em
desacordo com a cristologia e a
soteriologia dos reformadores: eles
insistiam em que o corpo de Cristo
estava e permanecia no céu, sendo
o pão e o vinho apenas um sacramento ou sinal do corpo; e que o
crente fiel (e somente ele) se ali-
mentava de Cristo espiritualmente
pela fé. Estas foram as ideias de
um Cranmer maduro, assumidas
liturgicamente no *Book of Common
Prayer* [Livro de Oração Comum],
especialmente na revisão de 1552,
assim como nos Trinta e Nove Artigos da Religião (ver Confissões*).

Outro foco de debate foi a
doutrina da Igreja*. A luta com o
catolicismo romano sobre o papel
do papado* passou a ser, cada vez
mais, entendida, pelos protestantes, em termos da guerra entre Deus
e o suposto anticristo*, com o papa
exercendo o papel desse último.
Isto dava aos reformadores uma
forma de reinterpretar a história da
Igreja e de oferecer pontos de vista
teológicos a respeito do significado
de eventos da época. Contudo,
permaneceu sendo difícil o problema das relações da Igreja com
o Estado*. Cranmer teve de buscar
oferecer à autoridade real um lugar
certo nas atividades eclesiásticas,
sem, contudo, aquiescer a ponto
de ilegítimos constrangimentos.
Tyndale, por sua vez, declarou
categoricamente, em *Obedience of
the Christian Man* [Obediência do
cristão], a necessidade da correta
submissão a toda autoridade legal,
lembrando, porém, que, em eventual caso de conflito, o cristão deve
obedecer prioritariamente a Deus,
não aos homens. Esse ensino criou,
por vezes, aliança com os reinantes
Tudor; mas, outras vezes, constrangimentos, que se mostraram,
para Tyndale, difíceis, problemáticos e acabaram sendo fatais. De
maneira definitiva, no entanto,
para os principais reformadores
ingleses, como para muitos outros
protestantes, a fidelidade a Cristo,
como cabeça da Igreja sobre a qual
governa mediante as Escrituras,
requereu deles um exemplo de
obediência fiel, que repercute até o
tempo presente.

Bibliografia
R. Bauckham, *Tudor Apocalypse*
(Appleford, 1978); A. G. Dickens,
The English Reformation (London,
1964); G. E. Duffield, *The Work of
William Tyndale* (Appleford, 1964);
P. E. Hughes, *Theology of the En-
glish Reformers* (Grand Rapids, MI,
[2]1980); D. B. Knox, *The Doctrine of
Faith in the Reign of Henry VIII* (Lon-
don, 1961); M. L. Loane, *Masters of
the English Reformation* (London,
1954); J. I. Packer & G. E. Duffield,
The Work of Thomas Cranmer (Ap-
pleford, 1965); T. H. L. Parker (ed.),
English Reformers (*LCC* 26; London,

1966); A. Townsend (ed.), *Writings of John Bradford*, 2 vols. (1848, 1853; repr. Edinburgh, 1979); N. T. Wright, *The Work of John Frith* (Appleford, 1978).

P.F.J.

REGENERAÇÃO. Este importante conceito relaciona o cristão a Deus e a seus irmãos na fé.

1. Evidência bíblica
"Regeneração" ou "novo nascimento" (Jo 3.3; Tt 3.5; 1Pe 1.3) representa a renovação interior realizada pelo Espírito de Deus, que ocorre quando a pessoa se torna cristã. As bases históricas dessa renovação são a vinda de Jesus Cristo e sua morte vicária (Jo 3.16; Tt 2.12; 3.4,6). A pessoa recebe o perdão de seus pecados mediante sua fé em Cristo e nasce de novo para uma vida caracterizada por fé, amor e esperança.

O ensino bíblico sobre a regeneração inclui as seguintes ênfases: a) não é o resultado de esforço humano, mas, sim, um ato criador do Espírito de Deus (Jo 1.13); b) é um evento realizado uma só vez, em que Deus intervém substancialmente na vida de uma pessoa (Tt 3.5, "salvou"; *cf.* nos v. 3-5 o contraste entre passado e presente); c) implica ser acrescido à família de Deus: o ser regenerado se torna filho de Deus, sendo incorporado à comunhão de Seus filhos.

2. História da doutrina da regeneração
O batismo e a regeneração estão ligados no NT (Tt 3.5). Como o batismo infantil se tornara uma prática na Igreja primitiva e presumia-se que a regeneração acontecia ao mesmo tempo que este, o entendimento bíblico de regeneração foi esquecido. Os reformadores, por contraste, enfatizaram que, sem fé pessoal (sempre que apropriada), o batismo* não resultaria benéfico. Foi, todavia, somente com o surgimento dos anabatistas*, o desenvolvimento do pietismo* e os despertamentos evangélicos que uma ênfase especial passou a ser dada à regeneração como *ponto de partida* individual da vida cristã. Calvino viu a regeneração como um processo que *dura a vida inteira*. Na Igreja Católica Romana e em algumas denominações protestantes (*e.g.*, Igreja Luterana), é ainda apresentada a doutrina da regeneração batismal. A teologia liberal tende a entender a regeneração como um processo educacional de desenvolvimento pessoal. A teologia dialética* a interpreta como um encontro transubjetivo da palavra. Influenciada por esse conceito, a teologia da revolução* vê a regeneração como renovação social e melhoramento da realidade política, rumo à realização do reino de Deus*.

3. A doutrina da regeneração na teologia sistemática
Uma teologia da regeneração biblicamente orientada há de emergir da própria evidência bíblica. Assim, a regeneração constitui uma ilustração verbal da renovação espiritual, no início da vida cristã. Representa o mesmo evento da conversão*. Se colocada em primeiro lugar, conduz ao sacramentalismo ou misticismo; se depois, conduz ao sinergismo. Na regeneração, acontecem tanto a justificação* como a santificação*, mas, enquanto a regeneração em

REGRA DE FÉ

si e a conversão inauguram a vida cristã, o estado de justificação e o processo de santificação caracterizam essa vida em toda a sua inteireza (Fp 3.12).

A regeneração é o começo da vida cristã de comunhão* com Deus como Pai celestial, comunhão caracterizada pela libertação do temor e pelo amor cheio de gratidão. Ao mesmo tempo, contudo, a regeneração coloca o crente em um relacionamento, dado por Deus, com todos os cristãos como irmãos. A regeneração é, portanto, um começo orgânico da realização da comunhão humana livre do egoísmo.

Bibliografia
H. Burkhardt, *The Biblical Doctrine of Regeneration* (Exeter, 1978); B. Citron, *New Birth: A Study of the Evangelical Doctrine of Conversion in the Protestant Fathers* (Edinburgh, 1951).

H.B.

REGRA DE FÉ, ver CREDOS.

RELATIVISMO. Dizer que a verdade é relativa é alegar que varia com o tempo, o lugar ou de uma pessoa para outra e que depende das condições de mudança que isso possa trazer; que não há, enfim, verdade alguma universal, válida para todos os povos em todos os tempos e lugares. Essa alegação é repetida por toda a história. Protágoras, o sofista grego, asseverava que o homem é a medida de todas as coisas.

O relativismo é hoje encontrado na maioria das áreas de pesquisa. Os relativistas éticos veem os padrões morais como culturalmente relativos. A ética situacional nega haver regras morais universalmente comuns e afirma que as decisões dependem de seus contextos peculiares. Os relativistas religiosos veem as diferentes crenças e práticas religiosas como produtos legítimos de diferentes ambientes históricos e culturais. O relativismo tem-se manifestado até nas ciências naturais, com a percepção de que o crescimento do conhecimento científico é, em parte, uma função de fatores pessoais e sociológicos, em vez de apenas fatores experimentais ou matemáticos. Onde quer que sejam admitidas influências subjetivas ou sociológicas distintas do que é objetivo e universal, eis o meio apropriado para o relativismo fazer sua aparição.

Uma série de desenvolvimentos históricos tem estimulado essa tendência de pensamento. Estudos recentes na sociologia do conhecimento têm revelado influências sobre o aprendizado humano anteriormente desconhecidas. A extensão do emprego do conceito de evolução à história da religião e da ética tem popularizado a noção de que as ideias em mudança são historicamente dependentes. Todavia, em meio a esses desenvolvimentos corre um processo de ultrassecularização*, que faz a cultura ocidental se voltar de sua maneira teísta de pensar para uma cosmovisão naturalista, sem nenhum ponto de referência transcendental. O teísmo oferecia um ponto transcendental para a validade universal da verdade na sabedoria do Deus eterno e revelador de si mesmo. Sem um substituto adequado para esse seu ponto de referência divina, a verdade ficou deslocada, tornando-se relativa quanto às condições naturais de mudança.

Os críticos do relativismo, todavia, assinalam que mesmo que as crenças sejam tão diversificadas quanto os relativistas alegam, não significa que *devam* ser assim; na verdade, muitas de nossas diferenças fazem concessão à razão e à evidência. Além disso, a diversidade, no caso, parece grandemente exagerada, porque existem nítidas similaridades entre culturas diferentes; preocupações humanas comuns surgem de aspectos genéricos da natureza humana e do mundo em que todos vivemos. É exagerada também a suposta dependência das crenças humanas das condições culturais e históricas, porque o pensamento crítico e criativo transcende, em grande parte, as ideias que herdamos de outros. Na verdade, mesmo que todas as crenças humanas variassem e dependessem totalmente de condições locais, assim também se creria no relativismo. O relativismo total, por sua vez, não pode ser imutavelmente verdadeiro: esta é uma posição de autorrefutação. Se nem todas as crenças variam e nem todas são totalmente dependentes, conclui-se, então, que pelo menos algumas verdades universais sejam válidas para todas as épocas e lugares.

O relativismo, portanto, deve se resumir a questões epistemológicas*. Existe uma situação objetiva para a verdade? Pode o conhecimento humano transcender suas condições subjetivas e históricas a fim de poder apreender a verdade universalmente válida? A revelação divina nos dá acesso à verdade universal?

Bibliografia

N. L. Gifford, *When in Rome* (New York, 1983); J. Rachels, *The Elements of Moral Philosophy* (New York, 1986), cap. 3; R. Trigg, *Reason and Commitment* (Cambridge, 1973).

A.F.H.

Ver também Bibliografia para Verdade.

RELIGIÃO. Embora o significado deste termo possa parecer evidente, não há uma definição que, de um modo geral, concorde, além de ser usado em sentidos amplamente diferentes por diferentes escritores. Em seu uso latino original (*religio*), Cícero a definiu como o oferecimento de honra, respeito e reverência devidos ao que é divino, referindo-se aos deuses pagãos (Cícero, *A natureza dos deuses*, 2.3.8; *Invenção* 2.53.161). Ele distinguiu entre "religião", o dever de honrar aos deuses, e "superstição", um temor vazio destes (*A natureza dos deuses*, 1.4.2).

Começaremos por essa definição mais restrita de religião, como a crença em Deus ou deuses, juntamente com os resultados práticos de tal crença ao ser expressa em adoração, ritual, visão particular do mundo e da natureza do homem e seu destino, assim como da maneira pela qual alguém deva viver sua vida diária. Convém também distinguirmos, como fez Cícero, entre a religião por si mesma e outras coisas que a ela possam estar associadas ou façam parte dela.

O uso mais amplo possível da palavra "religião" detectado até hoje encontra-se possivelmente em

RELIGIÃO

um documento, de uma fonte de caráter oficial britânica, intitulado *Discovering an Approach: Religious Education in Primary Schools* [Verificando uma abordagem: a educação religiosa nas escolas primárias] (London, 1977), que se propõe a usar esse termo "tanto no sentido estrito, para se referir a uma religião em particular, quanto no sentido mais amplo, para abarcar sistemas de crença religiosa e não religiosa". De fato, esta é uma assertiva bastante indefinida, confusa e inexplicável.

Em língua inglesa, e em algumas áreas ligadas à educação religiosa, é comum o uso da expressão "religião implícita" para indicar o estudo de coisas que não são religiosas em si, mas que podem ter um significado religioso para pessoas religiosas. Assim, por exemplo, a beleza das flores, que é em si mesma somente estética, pode ser vista, de modo religioso, como uma obra de Deus, tornando-se, assim, parte da própria religião.

Nem sempre se pode considerar uma ou outra fé de caráter aparentemente religioso sendo constantemente uma religião ou não. É o caso do budismo*. Em sua forma mais ampla e geral, em que ocorre a adoração a deuses e por vezes ao próprio Buda, o budismo constitui, sem dúvida, uma religião. Todavia, em sua forma mais estrita, pode ser considerado como simples filosofia de vida. Alguns estudiosos, como Donald Horder, já têm até proposto mudar a definição de religião para poder nela incluir o budismo e manifestações ou movimentos humanos similares.

Algumas distinções, a seguir, podem ajudar-nos a definir religião.

Enquanto a teologia é um estudo intelectual, sistemático e teórico, a religião se refere à totalidade do homem e à sua ação. A religião é a prática; a teologia, a teoria. A política, como tal, trata dos afazeres deste mundo, enquanto a religião tem uma referência divina. Mas a visão política de uma pessoa religiosa será naturalmente moldada por suas concepções religiosas e sua escala religiosa de valores.

A ética cuida do modo de vida das pessoas e do lidar com elas, podendo ser totalmente não teísta. A religião inclui o modo de vida, mas está relacionada ao divino. A cerimônia e os rituais são por si mesmos ações puramente externas, enquanto a religião é tanto interna quanto externa; a religião pode ser expressa em cerimoniais e rituais, mas estes não necessariamente expressam religião.

O esporte pode produzir um entusiasmo muito grande, em nível puramente humano. A religião pode também produzir entusiasmo e excitação emocional, mas com uma referência obrigatoriamente divina. Sejam os fortes sentimentos expressos na religião procedentes diretamente de Deus, sejam gerados, em parte, por associação com outros de persuasão similar, tais sentimentos estão, de qualquer modo, ligados à crença religiosa. As emoções envolvidas no esporte e na religião podem, para o psicólogo, ser muito semelhantes, mas isso não justifica incluir o esporte na categoria de religião, como alguns têm tentado fazer. A similitude é somente superficial e em um só nível.

Barth* fez distinção entre religião — até mesmo a religião cristã

— e fé, procedente da revelação divina. Barth enfatiza tanto a soberania de Deus que nega qualquer possibilidade de se conhecer a Deus pelo simples esforço humano — e considerou toda religião como atividade humana. Deus somente pode ser conhecido por sua autor-revelação em Cristo, o qual somente pode ser aceito pela fé. Barth fala, assim, de "julgamento da revelação divina de toda religião" (*CD*, I.2, p. 299). "Além de que, sem Jesus Cristo, nada podemos dizer a respeito de Deus e do homem e do relacionamento de um com o outro" (IV.1, p. 45).

Do mesmo modo, afirma Brunner* que "revelação — no sentido cristão da palavra — significa algo totalmente diferente de todas as formas de religião e filosofia" (*The Mediator* [O Mediador], London, 1934, p. 202). Frisa que "nenhuma religião no mundo, nem mesmo a mais primitiva, deixa de possuir alguns elementos de verdade" e que isso, no entanto, "não é verdade pela metade, mas verdade distorcida" (p. 33). "Distinguindo-se de todas as outras formas de religião", diz Brunner, "a religião cristã é fé no único Mediador" (p. 40).

O estudo da religião, ou a ciência da religião, tem-se tornado matéria acadêmica cada vez mais popular. Tem um objetivo diferente da teologia, estando mais intimamente relacionado à antropologia, naquilo em que esta examina a experiência humana.

Bibliografia
J. Bowker, *The Sense of God* (Oxford, 1973); E. Brunner, *The Mediator* (London, 1934); H. Gollwitzer (ed.), *Karl Barth: Church Dogmatics. A*

Selection with Introduction (Edinburgh, 1961); H. Kraemer, *Religion and the Christian Faith* (London, 1956); E. Sharpe, *Comparative Religion: A History* (London, 1975); N. Smart, *The Religious Experience of Mankind* (London, 1971).

K.G.H.

RELIGIÃO CIVIL. O debate a respeito de "religião civil" se tornou importante questão acadêmica no final da década de 1960, com um artigo seminal do sociólogo Robert Bellah (n. 1927) intitulado "Civil Religion in America" [Religião civil na América] (*Daidalus* 96, 1967, p. 1-21). O ensaio de Bellah desenvolve argumento de Jean-Jacques Rousseau (1712-1778), que discute o papel da religião civil na sociedade em sua obra *O contrato social* (1792). Rousseau argumenta que, por introduzirem uma distinção entre Igreja e Estado, baseada na lealdade transnacional exigida pelo Deus da Bíblia, os cristãos, na verdade, solapam a sociedade civil. Bellah não discute a simpatia óbvia de Rousseau pela Roma pagã, mas se concentra em seu esboço da essência de uma religião civil. Segundo Rousseau, a crença na existência de Deus, em uma vida vindoura, na recompensa da virtude e punição do pecado, assim como a rejeição à intolerância religiosa, seriam fatores importantes para o desenvolvimento pacífico de um Estado. Todas as outras crenças religiosas poderiam ser mantidas particularmente, por indivíduos, mas não lhes deveria ser permitido que suas crenças afetassem seus deveres sociais ou sua lealdade fundamental ao Estado.

RELIGIÃO CIVIL

Bellah argumenta que os "pais" fundadores dos Estados Unidos partilhavam uma visão comum com Rousseau e prossegue argumentando a favor da existência de uma "religião civil americana", que, consciente ou inconscientemente, contasse com o apoio dos líderes políticos, especialmente os presidentes, dos Estados Unidos. Para reforçar sua argumentação, analisa diversos discursos presidenciais, desde o inaugural de George Washington, em 1789, até o de John Kennedy, em 1960. Por trás desses discursos, Bellah encontra forte afirmação dos propósitos e do destino dos Estados Unidos da América e apelo aos valores patrióticos nacionais com base em figuras e arquétipos bíblicos.

O artigo de Bellah provocou um vigoroso e estimulante debate entre teólogos, filósofos, sociólogos e historiadores. Em consequência, cinco tipos de atividade religiosa foram identificados como religião civil: 1) Religião e valores americanos populares, que parecem emergir da vida real dos americanos. 2) Uma religião universal transcendente da nação ou religião da república. Essa visão foi proposta por Sidney Mead (*CH* 36, 1967, p. 262-283) e supõe a existência de uma fé essencialmente profética americana. 3) Um nacionalismo religioso, que glorifica os líderes e os propósitos americanos. Martin Marty (em *Richey and Jones*, p. 139-157) argumenta que esse tipo de resposta religiosa poderia ser vista nos discursos de Richard Nixon, que identificava os propósitos americanos com os próprios propósitos de Nixon. 4) Uma fé democrática generalizada, que vê a América como o pináculo das instituições democráticas e sua expressão mais alta, dentro de uma história nacional de caráter providencial. 5) Uma piedade cívica protestante, que identifica o povo americano com o moralismo, o individualismo, o ativismo, o pragmatismo e trabalho ético protestantes.

Contra todas essas ideias, diversos teólogos têm feito fortes críticas a uma idolatria aí implícita. Herbert W. Richardson argumenta, em poderoso ensaio, "Civil Religion in Theological Perspective" [Religião civil sob uma perspectiva religiosa (*in: Richey and Jones*, p. 161-184), que o termo religião civil "une dois termos: a ordem civil e a ordem religiosa" e que esta é uma posição essencialmente não bíblica e anticristã. Reconhece que a religião civil tem tido grande influência na América, afirmando ser merecedora de vigorosa condenação por parte dos cristãos. Na visão de Richardson, a religião civil americana constitui uma força crescente, uma corrupção das ideias originais dos puritanos* americanos e ameaça potencial à futura liberdade religiosa.

Além de discutirem a religião civil na América, vários autores têm aplicado sua teoria à própria situação local. A mais extensa discussão sobre religião civil fora da América, por exemplo, foi provavelmente a que aconteceu na África do Sul. Ali, sociólogos e teólogos têm debatido o uso de figuras bíblicas pelos nacionalistas *africaners* em relação ao *apartheid* (ver Raça*). A obra *The Rise of Afrikanerdom* [A ascensão do domínio africanista], de T. Dunber Moodie, é uma mostra por excelência da aplicação dessa

RESSURREIÇÃO DE CRISTO

perspectiva à história sul-africana. Além de ajudar os cristãos a entenderam como um Estado pode vir a manipular símbolos religiosos, Moodie leva também a desacreditar a falsa noção popular de que o *apartheid* fosse um desenvolvimento natural histórico por influência do calvinismo.

Embora haja muita dificuldade em se identificar o que exatamente quer dizer religião civil e de que modo opera em uma sociedade, é uma ideia de certo modo criativa, capaz de sensibilizar os cristãos a praticar ou permitir o uso indevido de simbolismos religiosos por grupos seculares. Nas obras de Bellah e Moodie, revela-se a existência de uma religião civil no coração da vida política e social de Estados modernos. Mas nem sempre é necessariamente esse o caso. Na história da Inglaterra, surgiram grupos como os israelitas* britânicos, que representam uma tentativa de criação de uma religião civil que legitimasse o imperialismo colonialista britânico. Do mesmo modo, muitos observadores acham na Igreja da Unificação, ou moonismo (ver Novas Religiões*; Seitas*), elementos de religião civil visando a glorificar a Coreia do Sul e os Estados Unidos (Thomas Robbins, "The Last Civil Religion: Reverend Moon and the Unification Church", *Sociological Analysis* 37, 1976, p. 111-125).

Entre os evangélicos de hoje, as obras de Francis Schaeffer* chegam bem próximo de propor uma religião civil evangélica, como se pode constatar em seus livros tais como *How Should We Then Live?* [Como deveríamos então viver?] (1976). A intenção de Schaeffer, na verdade, é claramente promover uma apreciação bíblica da história. Todavia, na prática, entre o povo, não sofisticado teologicamente, essa história teológica frequentemente se traduz em alguma coisa completamente diferente e totalmente não bíblica. É fácil ver como as ideias bíblicas podem se tornar fontes para uma glorificação idólatra do Estado, o que, sob uma perspectiva cristã, constitui o verdadeiro perigo da religião civil.

Bibliografia

T. D. Moodie, *The Rise of Afrikanerdom: Power, Apartheid and the Afrikaner Civil Religion* (Berkeley, CA, 1975); R. E. Richey & D. G. Jones (eds.), *American Civil Religion* (New York, 1974).

I.He.

RENASCENÇA, ver Humanismo.

REPRESENTAÇÃO, ver Substituição e Representação.

REPROVAÇÃO, ver Predestinação.

RESSURREIÇÃO DE CRISTO. Este artigo, em duas partes, considera a ressurreição de Cristo dos pontos de vista da teologia bíblica e da sistemática.

1. Teologia bíblica

Como assinala Atos 13.30ss, pela voz de Paulo, Deus ressuscitou Jesus Cristo dentre os mortos a fim de cumprir suas promessas aos antepassados do povo israelita, especificamente "as santas e fiéis bênçãos prometidas a Davi" (Is 55.3). Intimamente relacionado a esse texto, está Romanos 1.3,4: a fase de "poder" da realeza de Cristo

RESSURREIÇÃO DE CRISTO

começa com a ressurreição. Sua capacitação pelo Espírito Santo* já tem início em um estágio de poder e domínio sem precedentes (Mt 28.18; 2Co 13.4; Ef 1.1,20). Nosso Senhor previra isso ao se referir à chegada do reino* em poder (Mc 9.1 e paralelos) mediante sua própria ressurreição, exaltação e o derramamento de seu Espírito (At 1.8; 2.33).

A ressurreição de Jesus marca o ponto decisivo de sua identidade como o último Adão*. Ele assume um novo modo de existência, como "Espírito vivificante" (1Co 15.45; 2Co 3.18), com o qual exerce papel praticamente sinônimo ao do Espírito de Deus. Cristo, portanto, está presente em sua Igreja pelo Espírito (Mt 28.20; 1Co 5.4), torna-se um só Espírito com seu povo (1Co 6.17) e habita seu coração pela fé (Ef 3.17).

A ressurreição do nosso Senhor inaugura uma nova criação. Ele morre na velha era, dominada pelo pecado, e ingressa em nova era, em que agora vive para Deus (Rm 6.9-10). Sua ascensão do túmulo ao raiar do dia é símbolo dessa verdade. Tal como na primeira criação, a nova criação tem seu advento assinalado pela intromissão e a expansão da luz nas trevas.

O que Cristo inaugura com a ressurreição prossegue em sua exaltação à destra de Deus (Ef 1.20,21; Hb 1.3,4). Vive para sempre para interceder por nós (Hb 7.25), devido à sua "vida indestrutível" (Hb 7.16), que é a vida da ressurreição (Rm 5.10).

O NT faz uso apologético* da ressurreição. Atos 2.23,24 e 13.26ss sustentam que Deus salvaguardou seu Filho, livrando-o das mãos de seus assassinos (*cf.* Jo 10.17,18; 1Tm 3.16); e que esse mesmo evento é a previsão do julgamento futuro do mundo por Deus em justiça (At 17.31).

Ao ressurgir dos mortos, Cristo o faz também em sua capacidade e representação de ser "as primícias dentre aqueles que dormiram" (1Co 15.20). Consequentemente: 1) Somos ressuscitados com Cristo (Rm 6.4; Cl 3.1), que nos faz assentar com ele nos lugares celestiais (Ef 2.6). 2) Cristo é nossa vida (Jo 11.25,26; Fp 1.21; Cl 3.4) e doravante viveremos para ele (Cl 3.1; 2Co 5.15). Vivendo agora sob o reinado do ressurreto Filho de Davi (Rm 1.3,4), cabe-nos tributar-lhe "a obediência que vem pela fé" (Rm 1.5). 3) O crente ingressa em uma nova criação (Rm 6.4,5; 2Co 4.6; 5.17), mediante seu renascimento, por causa da ressurreição de Jesus Cristo dentre os mortos (1Pe 1.3). 4) Em seu próprio "corpo espiritual", o cristão portará a imagem do homem celestial (1Co 15.44-49), recebendo a própria justificação, como assegurada pelo Cristo ressurreto e vivo (Rm 5.9,10).

A ressurreição de Cristo concentra a totalidade da salvação* em um único evento. É o ponto decisivo das eras e o centro do tempo. Daí em diante, não somente o tempo mas a própria vida nunca mais serão os mesmos.

Bibliografia

J. D. G. Dunn, *Jesus and the Spirit* (London, 1975); R. B. Gaffin, *The Centrality of the Resurrection* (Grand Rapids, MI, 1978); W. Künneth, *The Theology of the Resurrection* (London, 1965); G. E. Ladd, *I Believe in the Resurrection of Jesus*

(Grand Rapids, MI/London, 1975); E. Lövestam, *Son and Saviour: A Study of Acts 13.32-37* (Lund, 1961); A. M. Ramsey, *The Resurrection of Christ* (London, 1945); H. N. Ridderbos, *Paul: An Outline of his Theology* (Grand Rapids, MI, 1975).

D.Ga.

2. Teologia sistemática

A ressurreição de Cristo é decisiva para o nosso entendimento geral do cristianismo.

A natureza do cristianismo. Primeiramente, Cristo ressurgiu não na mente dos discípulos, mas no tempo e no espaço. Isso imediatamente estabelece o cristianismo como uma religião baseada na história e vulnerável à erudição da crítica histórica.

Em segundo lugar, a ressurreição representa uma afirmação quanto à atitude do cristianismo em relação ao mundo material. Expressa o comprometimento de Deus para com a redenção, primeiro do corpo de Cristo, depois do corpo dos crentes e finalmente do cosmo como um todo.

Em terceiro lugar, a ressurreição sublinha o fato de que o cristianismo é uma religião de cataclismo. O túmulo vazio não resulta de nenhuma coisa natural ocorrida antes. É um irrompimento divino inesperado na história.

Em quarto lugar, a ressurreição confirma que, no cristianismo, o princípio *forense* tem primazia sobre o *transformador*. A cruz estava arraigada a um princípio forense: Cristo representava o próprio detentor de pecado que carregava sua culpa. A ressurreição também estava arraigada em um princípio forense: Cristo ressuscitou porque, tendo sofrido a morte devido ao pecado, estava justificado. Sua exaltação e transformação foram a resposta de Deus à nova justiça do Salvador.

A pessoa de Cristo. A ressurreição é importante também para a pessoa de Cristo. Significa, por exemplo, que, nesse novo estado, ele possui plena humanidade. Cristo não retornou ao seu estado pré-encarnado de ser tão somente divino. Nem existe mais em estado incorpóreo. É ainda homem, e sua humanidade é agora tanto física como espiritual. Todavia, não se encontra mais no estado anterior a sua morte. Justamente porque é ressurreto, é glorificado e aperfeiçoado. Tem novo poder e majestade. Uma vez tão vulnerável, é agora inviolável.

A ressurreição tem evidentemente uma conexão muito próxima à filiação divina de Cristo (Rm 1.4), mas não quanto ao ponto em que ele se *tornou* Filho. Como Filho é que foi enviado ao mundo (Rm 8.3; Gl 4.4). Na verdade, é a filiação preexistente que dá sentido a passagens como João 3.16 e Romanos 8.32, que enfatizam o custo de nossa salvação para Deus, o Pai. As traduções de Romanos 1.4 geralmente não são tão expressivas quanto deveriam ser; o significado usual do verbo traduzido ali por "declarado" (gr. *horizō*) é "determinar" (*e.g.*, Lc 22.22). O que está sendo dito, enfim, não é que Cristo foi designado Filho de Deus, mas, sim, que foi designado Filho de Deus *com poder*. É o contraste entre o tempo em que o Filho de Deus teve de se mostrar fraco e foi humilhado com o tempo atual, em

RESSURREIÇÃO DE CRISTO

que se torna o Filho de Deus em toda a sua plenitude de majestade e autoridade. A ressurreição marca o fim de sua pobreza e *kenōsis**. Trata-se de uma *coroação*, não de uma simples adoção (*cf.* Hb 2.9).

A obra de Cristo. A ressurreição não é menos importante para a obra de Cristo. O intervalo entre sua primeira e segunda vindas é cheio de atividade redentora. Isso fica claro em João 17.2: "Pois lhe deste autoridade sobre toda a humanidade, para que conceda a vida eterna a todos os que lhe deste". Encontramos em Atos a mesma perspectiva, com a narrativa do que Jesus continuou a fazer e a ensinar (*cf.* At 1.1). É o Senhor ressuscitado que derrama seu Espírito no Pentecoste (At 2.33), detém Saulo no caminho de Damasco (At 9.5), abre o coração de Lídia (At 16.14) e orienta Paulo a prosseguir sua obra missionária em Corinto (At 18.9).

Essa atividade pós-ressurreição abarca os três aspectos da obra de Cristo, como sacerdote, profeta e rei (ver Ofícios de Cristo*).

Como *sacerdote*, sua obra de expiar o pecado humano está consumada, mas sua intercessão continua e se baseia especificamente no fato de que "vive sempre para interceder" (Hb 7.25). Por causa da ressurreição, essa intercessão acontece "junto ao Pai" (1Jo 2.1), e, assim, participa da autoridade própria à sua exaltação.

Quanto à sua obra como *profeta*, é o Senhor ressuscitado, nitidamente, a fonte da mensagem apostólica. Paulo deixa isso bem claro em 1Coríntios 11.23: "Pois recebi do Senhor o que também lhes entreguei" (*cf.* Gl 1.12). Como resultado, no ensino apostólico, "temos a mente de Cristo" (1Co 2.16) e "o que lhes estou escrevendo é mandamento do Senhor' (1Co 14.37). Não se trata apenas de uma questão de revelação. O Cristo ressuscitado é também aquele que dá o discernimento e a abertura de mente necessários ao recebimento da mensagem. Foi o Senhor quem abriu o coração de Lídia (At 16.14). Tanto sua obra como iluminador quanto sua obra como revelador seriam impossíveis sem a ressurreição.

Na *realeza* de Cristo, no entanto, é que a ressurreição se mostra mais notável. Sua soberania pós-ressurreição difere da pré-ressurreição em diversos aspectos importantes.

Em primeiro lugar, difere em alcance. Antes da ressurreição, o domínio dado ao Filho como mediador limita-se a Israel. Agora, toda a terra, até em suas partes mais distantes, é sua possessão (Sl 2.8). Ele tem agora *toda* a autoridade no céu e na terra (Mt 28.18). É essa a base para o ensino do Apocalipse de que Satanás não mais enganará as nações (Ap 20.3).

Em segundo lugar, difere em sua relação íntima com o ministério do Espírito: João chega mesmo a dizer que antes de Jesus ser glorificado "o Espírito ainda não tinha sido dado" a ele (Jo 7.39). A missão do Consolador, ou Conselheiro, dependia não somente da morte de Jesus, mas de sua exaltação (*cf.* Jo 16.7). Mediante seu Espírito, o Cristo ressuscitado conduz seu povo e governa o mundo.

Em terceiro lugar, a soberania pós-ressurreição é uma soberania modificada pela experiência da vida encarnada do Senhor. Em sua fase pré-ressurreição, a soberania do

RESSURREIÇÃO DE CRISTO

Filho de Deus já detinha todas as vantagens de seu amor, sua compaixão e sua onisciência. Retendo--as, no entanto, é agora enriquecida pelo seu envolvimento com muitos seres humanos durante sua vida na terra. As lembranças de Nazaré e Caná, de pobreza e dor, de tentação e sofrimento, Getsêmani e Calvário, ficaram certamente impressas indelevelmente na memória do Salvador e contribuirão para a maneira de ele administrar o mundo. Conhece agora, por experiência pessoal, a nossa humanidade e, tendo ele próprio vivido em seus limites extremos, pode nos assegurar que não somos provados pelo Pai além daquilo que podemos suportar.

A vida cristã. A ressurreição tem implicações para o cristão tanto quanto para Cristo. Por um lado, torna possível nossa união* com ele. O NT usa uma ampla gama de terminologia *incorporativa*, descrevendo a Igreja* como o corpo de Cristo, a vinha, o templo, a noiva, etc. Tudo isso pressupõe um Cristo vivo em quem *estão* todos os cristãos, por quem são habitados e com quem formam um corpo. Este é o segredo do poder do cristão. Ele pode fazer todas as coisas *naquele* que o fortalece (Fp 4.13).

Além do mais, a transformação por que passa o cristão tem por padrão a experimentada por Cristo. Exatamente como para ele há um vão entre a existência pré-ressurreição e a pós-ressurreição, assim também para o cristão há um hiato entre a vida pré-cristã e a cristã: "... já não sou eu quem vive, mas Cristo vive em mim" (Gl 2.20).

Todavia, o NT enfatiza não somente que estamos em Cristo, mas também que ele está em nós. Fala dele, ainda, como estando conosco. No mesmo contexto em que Cristo comissiona a Igreja à tarefa aparentemente impossível de evangelizar o mundo, promete estar com ela sempre. Tudo isso seria evidentemente impossível sem a ressurreição.

O mesmo é verdade quanto à presença eucarística* de Cristo, mas isso requer ser definido. É impossível (embora seja feita a tentativa) transplantar uma cristologia que enfatiza menos a ressurreição para o sacramentalismo católico. Como se pode experimentar ou encontrar Cristo vivo na eucaristia quando é enfatizado que sua vida cessou na cruz?

O universo moral. A ressurreição, enfim, dá-nos a segurança de podermos viver em um mundo governado por padrões absolutos de retidão; em um mundo em que o direito haverá de triunfar. À primeira vista, a cruz parece mostrar o triunfo do mal e da impiedade. Mas Deus responde com a ressurreição, para a glória do serviço de Cristo. A morte teria direitos sobre ele, por causa de haver assumido o pecado. Agora, porém, que Cristo morreu, de uma vez por todas, pelo pecado de todos e para o pecado, a morte não tem mais direito algum. O direito está agora com Cristo e seu povo salvo. Quando olhamos para o túmulo vazio, estamos olhando para o triunfo da justiça.

A ressurreição, colocada no meio da história, é o penhor de Deus de que o fim será a paz. Na verdade, isso é parte do escândalo da cruz. A vista humana que julga ver mais longe e mais profundamente alega que todo otimismo é superficial;

RESSURREIÇÃO GERAL

o pessimismo, costuma-se dizer, significa realismo. Mas a sabedoria ou loucura da Bíblia, tendo um túmulo vazio como símbolo, está comprometida com um final feliz.

Bibliografia

R. B. Gaffin, *The Centrality of the Resurrection* (Grand Rapids, MI, 1978); G. E. Ladd, *I Believe in the Resurrection of Jesus* (Grand Rapids, MI/London, 1975); W. Milligan, *The Resurrection of Our Lord* (London, 1913); O. O'Donovan, *Resurrection and Moral Order* (Leicester, 1986).

D.M.

RESSURREIÇÃO GERAL. A crença na ressurreição das pessoas em geral dentre os mortos encontra expressão em, pelo menos, oito passagens do AT: Jó 19.26; Salmos 17.15; 49.15; 73.24; Isaías 26.19; 53.10-12; Daniel 12.2,13); enquanto a terminologia específica da ressurreição é encontrada em duas destacadas passagens, Ezequiel 37.1-14; Oseias 6.2, para descrever uma restauração espiritual e futura da nação consequente de retorno do exílio.

Cinco tipos de ressurreição podem ser distinguidos no NT: 1) a ressurreição física ocorrida em alguns indivíduos para a mesma vida mortal, mas renovada (*e.g.*, Lc 7.14,15; Jo 11.43,44; Hb 11.35); 2) a ressurreição corporal em Cristo acontecida para a imortalidade* (Rm 6.9); 3) a ressurreição espiritual, ocorrida com cristãos, para uma nova vida em Cristo (Cl 2.12); 4) a futura ressurreição corporal de crentes para a imortalidade (1Co 15.42, 52); 5) a futura ressurreição pessoal dos incrédulos para o juízo final* (Jo 5.29; At 24.15).

A ressurreição se refere, então, ocasionalmente, a uma mera reanimação; mas geralmente implica transformação (1Co 15.52, "os mortos ressuscitarão incorruptíveis') e exaltação (At 2.32,33; 5.30,31). Em seu sentido mais pleno, a ressurreição é o levantamento das pessoas, por Deus, dentre o reino dos mortos para uma vida nova e sem fim em sua presença. É um evento que conduz a um novo estado.

A ressurreição de Cristo constitui tanto a garantia quanto o paradigma da ressurreição corporal dos crentes (1Co 6.14; 15.20,23,48,49; Cl 1.18). Os crentes são "ressuscitados com Cristo" (Ef 2.6; Cl 2.12; 3.1), ressurreição com que compartilham sua vitória sobre o pecado e vida ressuscitada (Rm 6.4,10,11). O Espírito Santo* também está intimamente associado à ressurreição dos crentes, por ser o "Espírito de vida" (Rm 8.2), Espírito que "vivifica" (2Co 3.6). De acordo com Paulo, o Espírito Santo é a garantia e o meio de uma futura ressurreição e transformação, aquele que sustenta a ressurreição da vida (Rm 8.10,11; 2Co 5.5; 13.4; Ef 1.13,14).

A ressurreição da humanidade redimida está ligada à renovação da totalidade da criação, segundo Romanos 8.18-25; 1Coríntios 15.20-28; Filipenses 3.20,21. Tal como ocorreu na queda, assim também será na restauração: o que afeta o homem afeta a totalidade da criação. "Novos céus e nova terra" (2Pe 3.13; *cf*. Ap 21.1, 5) correspondem ao nosso novo corpo da ressurreição.

Somente algumas poucas características da ressurreição corporal dos crentes são mencionadas nas Escrituras. A ressurreição é de origem divina (1Co 15.38; 2Co

REVELAÇÃO

5.1,2); é de ordem "espiritual" (1Co 15.44,46), não significado, no caso, algo "composto de espírito", mas, "animado e guiado pelo espírito", ou seja, plenamente responsivo ao espírito aperfeiçoado do cristão, por sua vez plenamente influenciado pelo Espírito de Deus, assim como livre de todas as inclinações pecaminosas e de domínio dos instintos físicos (1Co 6.13,14); é imperecível, gloriosa e poderosa (1Co 15.42,43), ou seja, isenta de doença ou decadência, dotada de beleza ímpar e infindável energia; comparável à condição dos anjos (Mc 12.25; Lc 20.36), sem atração sexual ou necessidade de procriação e não mortal; é celestial (1Co 15.40, 47-49), perfeitamente adaptada à ecologia do céu.

João 5.29 distingue uma ressurreição que conduz à vida eterna de uma ressurreição que conduz à eterna condenação (*cf.* At 24.15; Ap 20.4-6). Todas as pessoas serão submetidas à avaliação divina de suas obras, como evidência de sua crença ou incredulidade (Jo 3.36; At 10.42; Rm 2.12-16; 1Pe 1.17; Ap 20.12,13) e, então, um desses dois veredictos distintos será emitido — vida eterna ou condenação à perdição eterna (Mt 25.46; 2Ts 1.8,9). O juízo universal implicará a ressurreição universal; mas os injustos serão "ressuscitados" somente no sentido de que pelo poder divino sejam reanimados, comparecendo perante Deus de alguma forma pessoal não revelada.

Na Igreja ocidental, usamos a fórmula confessional "ressurreição da carne". Embora alguns argumentem que "carne" aqui significa a humanidade completa da própria pessoa, é mais provável que a intenção aqui tenha sido a de denotar o "corpo da carne", para distingui-lo da alma. Na Igreja oriental, após o Concílio de Constantinopla (381), tornou-se mais comum a expressão bíblica "ressurreição dos mortos". Ambas as expressões tradicionais enfatizam a continuidade pessoal entre os estados pré e pós-ressurreição, sem negar, porém, a necessidade de transformação do corpo antes de ser herdado o reino de Deus (1Co 15.50).

Ver também Escatologia; Estado Intermediário; Imortalidade.

Bibliografia

H. C. C. Cavallin, *Life After Death*, part I (Lund, 1974); R. B. Gaffin, *The Centrality of Resurrection* (Grand Rapids, MI, 1978); M. J. Harris, *Raised Immortal* (London, 1983); *idem*, Resurrection and Immortality, *Them* 1 (1976), p. 50-55; R. Martin-Achard, *From Death to Life* (Edinburgh, 1960); J. A. Schep, *The Nature of the Resurrection Body* (Grand Rapids, MI, 1964).

M.J.H.

REVELAÇÃO. Significa a descoberta ou o conhecimento de alguma coisa ou de alguém. Nesse sentido, a realidade se revela constantemente, esquadrinhando a mente à medida que esta a busca compreender. Abordamos o mundo como que esperando que o desconhecido seja conhecido e o que está oculto seja revelado. De acordo com a Bíblia, o próprio Deus tem satisfeito a busca dos homens por inteligibilidade, revelando-se a si mesmo, ao seu poder divino e à sua vontade para a humanidade, a fim de podermos vir a conhecê-lo.

REVELAÇÃO

Duas espécies de revelação

O salmo 19 chama nossa atenção para as duas espécies de revelação divina. Por um lado, "Os céus declaram a glória de Deus" de tal modo que é impossível para qualquer pessoa não conhecê-la; por outro lado, há no salmo um testemunho a Israel que fornece informação mais específica a respeito do dom de Deus e suas exigências. Chamamos a primeira revelação de "geral" porque é disponível universalmente, e chamamos a segunda revelação de "especial", porque se trata de uma revelação particular sobre como a humanidade pode obter o favor de Deus — revelação dada, em princípio, a determinadas pessoas em particular escolhidas por Deus, mas dirigida no final a toda a humanidade. Embora haja diferença entre a revelação geral e a especial em termos de sua inteireza e orientação, não é necessário levar esse contraste ao extremo. Afinal, há um só Deus, cujo *Logos** espalha o conhecimento do Senhor por toda parte. As duas espécies de revelação permanecem, assim, unidas, em um relacionamento de complementação mútua. Não podemos esquecer que a fonte de revelação em ambos os casos é Deus e que os dois tipos de revelação operam juntos com um mesmo objetivo. A luz da criação, "que ilumina todos os homens", orienta-nos em direção ao Verbo que se fez carne (Jo 1.9,14). A revelação geral nos alerta acerca da realidade de Deus, ao passo que a revelação especial nos chama de modo premente a estabelecermos a paz com Deus. As duas espécies pertencem, assim, a uma só unidade, abrangente, da revelação divina.

Revelação geral

Deus é um mistério. Há quem suponha, atualmente, que ele é incognoscível pelo homem. Kant* desenvolveu uma teoria epistemológica* segundo a qual Deus não pode ser objeto do conhecimento humano. Para alguns estudiosos, essa ideia não passa de simples ateísmo*, enquanto para outros leva a uma negação da revelação geral. Karl Barth*, por exemplo, nega a realidade de uma revelação fora de Jesus Cristo. Mas essa não é a posição das Escrituras. Apesar de transcendente, "Deus não ficou sem testemunho" de si mesmo (At 14.17). Ninguém pode dizer honestamente que não sabe a que se refere a palavra "Deus". A Bíblia nos diz que o eterno poder de Deus e sua divindade podem ser claramente percebidos nas coisas que ele fez (Rm 1.20). Também nos informa que Deus é soberano sobre a história humana e que frequentemente somos capazes de ver a mão de Deus agindo nos acontecimentos deste mundo. A realidade de Deus é detectada, particularmente, na natureza humana, por exemplo na esfera moral. O impulso moral que caracteriza todos os seres humanos aponta para um Deus moral que nos dá à existência (Rm 2.1-16). A existência de Deus é também atestada pela natureza religiosa do homem, no sentido de que o ser humano, em toda parte e em todas as épocas, tem sempre crido em uma realidade mais elevada que si mesmo. Barth estava correto em se preocupar com o mau uso a que a revelação geral foi exposta na teologia liberal, mas que não pode ser desculpa para negar a dimensão da real revelação de Deus.

REVELAÇÃO

Podemos listar diversos pontos valiosos presentes na revelação geral. Em primeiro lugar, significa existir uma base comum entre o crente e o incrédulo. Todos têm determinado conhecimento de Deus, que pode servir de ponto de partida ao diálogo evangelístico. Alguma coisa da verdade, enfim, já é conhecida, quer seja ela bem recebida quer não (ver Cristianismo e outras Religiões*). Em segundo lugar, significa que podemos ser esperançosos quanto à descoberta da verdade de Deus fora da esfera da revelação especial, no mundo. Isso pode ser verdadeiro até mesmo em meio ao que restar de empenhos religiosos do homem. Deus coloca a verdade em toda a extensão de sua criação, e ela está ali para ser descoberta.

Contudo, se de fato existe uma revelação geral objetiva, significa que a teologia natural* é possível e justificável? A opinião da maioria na história da apologética* tem sido a de uma resposta afirmativa. Homens como Tomás de Aquino* e Jonathan Edwards* buscam mostrar, recorrendo a determinados aspectos do mundo, que o teísmo* é uma crença racional; na verdade, a única crença que pode fazer sentido das coisas. Alguns estudiosos protestantes procuram ser mais cautelosos, temendo que esse exercício possa vir a levantar suposições a respeito da integridade da razão humana que não deveriam ser levantadas. Não obstante, devido à realidade objetiva da revelação geral, juntamente com a necessidade prática de estabelecer uma base comum, é provável que a teologia natural tenha futuro. Sendo Deus o criador do mundo, é de esperar que o mundo revele quem o criou. A própria Bíblia confirma essa expectativa. Desse modo, cabe aos cristãos, certamente, continuar a explanação de como isso é para aqueles que desejam que se convertam.

Se assumimos haver uma unidade entre a revelação geral e a especial, pode-se deduzir que ambas possuem potencial salvador e que um pecador pode se voltar para Deus e nele confiar no contexto somente da revelação geral, se ficar limitado a ela? Muitos evangélicos mostram-se muito cautelosos em dar uma resposta afirmativa a essa pergunta, pois, ao fazê-lo, pareceria presumir-se que a salvação é possível de qualquer modo, com ou sem o conhecimento de Cristo por parte do pecador. Cremos ser possível responder afirmativamente e de maneira a afastar esse temor. A graça de Deus é destinada a toda a humanidade, e Cristo propiciou a salvação a todos com sua expiação, de caráter universal (1Jo 2.2). Podemos presumir, sem dúvida, com o apoio das Escrituras, sob a forma do que se poderia chamar de "fator Melquisedeque", que a pessoa que se volta para Deus à luz de qualquer revelação se torne elegível, seja como for, para uma revelação mais plena e a salvação nela implícita. Não que se suponha que alguém possa desfrutar da salvação de Cristo sem Cristo, mas, sim, que uma pessoa que se volte para Deus por sua misericórdia, com base unicamente na revelação geral, certamente a receberá.

Revelação especial
Uma restrição da revelação geral é que chama a atenção para o defeito

REVELAÇÃO

874

moral e religioso que existe em nós, mas não indica uma solução para ele. Com base na revelação geral, a pessoa pode se lançar aos pés de Deus buscando misericórdia, mas sem certeza de que a receberá. É levada a esperar uma revelação adicional e a antecipá-la, manifestando dolorosa tensão entre a obrigação moral e religiosa e a deficiência moral e religiosa. Espera, contra a esperança, que o Deus que fez o mundo haja feito ou dito algo para aliviar tal situação angustiante.

Nada disso permanece hipotético, no entanto, para quem conhece a revelação especial que culmina na encarnação*. O Verbo se torna carne; sua pessoa divina junta em si mesmo o nosso potencial humano com o seu próprio "eu", cruzando, assim, o abismo que dele nos separava. Além disso, com a encarnação, o problema da nossa culpa moral é efetivamente resolvido, mediante um sacrifício que satisfaz a lei moral de Deus e proporciona nossa regeneração moral. Assim, no âmago e no centro da revelação especial está uma solução, divinamente acionada, para a condição moral e religiosa universal do homem, sob a forma de encarnação do Filho de Deus. Como disse Jesus a Filipe: "Quem me vê, vê o Pai" (Jo 14.9).

Recuando um pouco do auge da revelação especial, analisemos agora alguns aspectos dessa revelação de modo genérico. O testemunho da criação não abrange a revelação verbal, deixando-nos refletir por fora a respeito do que se trata. Assim também, podemos conhecer um tanto sobre alguém pela observação de sua aparência e conduta, mas não se pode comparar com o que podemos obter de conhecimento a seu respeito se a pessoa estiver disposta a ser franca conosco. De fato, quando se trata de revelação a respeito de pessoas, diferentemente da de objetos inertes, ela pode realmente acontecer se houver na pessoa o desejo de compartilhar conosco seus pensamentos e anseios. Do mesmo modo, ou mais ainda, se queremos realmente conhecer Deus, torna-se absolutamente necessário que ele se nos revele quem é. De outra forma, seremos deixados simplesmente na obscuridade. Eis por que a Bíblia enfatiza tão destacadamente a autorrevelação de Deus a nós.

A revelação de Deus é pessoal. Ele se revela começando por nos dizer seu nome. Entra em pacto* conosco e se dá a conhecer a nós. É o próprio Deus que é revelado, não simples verdades universais a respeito dele. Além disso, na revelação, Deus se volta e se inclina para nós, a fim de se tornar conhecido de tal modo que possamos captar e entender sua revelação. Chega até nós em categorias de pensamento e ação que fazem sentido para nós.

Além da encarnação, são de particular importância outros dois modos de revelação especial: em eventos históricos e em palavra divina.

Quanto ao primeiro, a linha narrativa do evangelho está estruturada em torno de um recital das obras realizadas por Deus na história humana. Os poderosos feitos do Senhor são repetidamente louvados nas Escrituras. Ele tirou seu povo da terra da servidão; Ele envia seu Filho para realizar

REVELAÇÃO

redenção ainda maior. Não basta considerar os atos de Deus como eventos construídos de um modo perceptível pelas pessoas de fé. Nem é suficiente dizer que Deus se apresenta a nós pessoalmente por meio dos eventos, para resumir os feitos em si mesmos como meios de revelação. Na verdade, na ressurreição, por exemplo, Deus fez algo inteiramente além de nós mesmos, de nossa história e experiência. Com esse ato incomum, miraculoso, Deus proporciona um testemunho objetivo à humanidade, tornando válida e confirmando a reivindicação do próprio Cristo de ser o Ungido de Deus (At 17.31; Rm 1.4). Jesus fora atestado mediante sinais e maravilhas e, levado à morte por homens ímpios, é por Deus ressuscitado e colocado à sua direita como Senhor (At 2.22-36). Está firmada, portanto, sobre sólida realidade histórica a proclamação cristã, ao levar as pessoas a considerar sua vindicação de constituir uma real revelação.

Quanto ao segundo, de importância semelhante, há um componente verbal de revelação especial nas Escrituras. Deus dá sua lei mediante Moisés e nos fala por Jesus Cristo, além de por apóstolos e profetas. A palavra divina, assim como sua ação, exerce papel crucial na revelação. Como diz Hebreus 1.1,2, "... Deus falou muitas vezes e de várias maneiras aos nossos antepassados por meio dos profetas, mas nestes últimos dias falou-nos por meio do Filho...". Os atos de Deus por si mesmos, conquanto significativos, seriam relativamente mudos se não fossem acompanhados pelo comentário verbal, que fornece a percepção ao caráter e aos propósitos de Deus. Não somente Deus ressuscita Cristo crucificado dentre os mortos, mas também nos explica o significado redentor dessa ação. Como escreve Paulo, "Cristo morreu pelos nossos pecados, segundo as Escrituras" (1Co 15.3). Jesus não foi um mero profeta judeu que morreu por causa de sua pregação, mas o substituto de todos nós, divinamente designado, que nos redimiu dos nossos pecados. A interpretação da cruz, divinamente dada no NT, é praticamente tão importante para nós como a própria cruz, no sentido de que nos possibilita sermos capazes de nos apropriarmos de modo compreensível para nós dos seus benefícios. A palavra divina na narrativa bíblica é, em cada detalhe, tão central para a revelação quanto a ação divina relatada. A revelação é encontrada, enfim, tanto nos atos de Deus como em sua palavra.

Uma vez que a revelação especial se constitui de proposição da verdade e de comunicação verbal de Deus, seria de esperar que fosse expressa sob forma escrita. Seria de admirar se não fosse assim, devido ao caráter verbal da revelação, para não mencionar a natureza linguística do próprio ser humano. É de todo razoável, portanto, que a revelação divina encontre expressão em forma escrita, mesmo porque somente o documento escrito seria capaz de preservar no tempo todos os fatos e proposições comunicados na revelação, tornando-os disponíveis para as pessoas que viriam depois. Não se trata de uma hipótese; encontramos na Bíblia informação a respeito da revelação

RICHARDSON, ALAN

não escrita e que responde a essa necessidade (ver Escritura*).

Bibliografia
J. Baillie, *The Idea of Revelation in Recent Thought* (New York, 1956); G. C. Berkouwer, *General Revelation* (Grand Rapids, MI 1955); *idem, Holy Scripture* (Grand Rapids, MI, 1975); J. Cottrell, *What the Bible Says about God the Creator* (Joplin, MO, 1983); B. A. Demarest, *General Revelation: Historical Views and Contemporary Issues* (Grand Rapids, MI, 1982); M. J. Erickson, *Christian Theology* I (Grand Rapids, MI, 1983); C. F. H. Henry, *God, Revelation and Authority I-VI* (Waco, TX, 1976-83); H. D. McDonald, *Ideas of Revelation, An Historical Study 1700-1860* (London, 1959); *idem, Theories of Revelation, An Historical Study 1860-1960* (London, 1963); C. H. Pinnock, *Biblical Revelation, The Foundation of Christian Theology* (Chicago, IL, 1971); *idem, The Scripture Principle* (New York, 1985).

C.H.P.

RICHARDSON, ALAN (1905-1975).
Notável teólogo e ecumenista anglicano, um dos principais expoentes do movimento da teologia bíblica* na Grã-Bretanha, Richardson foi destacado contribuinte da teologia sistemática e filosófica nos meados do século XX.

Grande parte de suas primeiras obras, tais como *The Miracle Stories of the Gospels* [As narrativas de milagres dos Evangelhos] (London, 1941), *The Biblical Doctrine of Work* [A doutrina bíblica do trabalho] (London, 1952) e comentários sobre Gênesis e João, ocupa-se em recuperar a distinção e a unidade da mensagem bíblica. Sua obra mais técnica, *Introduction to the Theology of the New Testament* [Introdução à teologia do Novo Testamento] (London, 1958), tem sido de grande influência e, juntamente com *Theological Wordbook of the Bible* [Vocabulário teológico da Bíblia] (London, 1950), que Richardson editou, um momento importante do movimento da teologia bíblica. A obra mais especificamente teológica de Richardson fez importantes avanços em buscar separar a teologia, propriamente dita, do positivismo* e do empirismo* presentes em muito do clima filosófico de sua época, a começar por seu trabalho *Christian Apologetics* [Apologética cristã] (London, 1947) e culminando com sua principal obra (das Bampton Lectures*) *History, Sacred and Profane* [História, sagrada e profana] (London, 1964). Essa última desenvolve a noção de história* como plataforma apologética* para explicar o querigma*, lançando mão de destacados historiógrafos como Dilthey* e R. G. Collingwood (1889-1943) para explanar a respeito da natureza da revelação*, ressurreição* e ação divina no mundo.

Mais recentemente, no entanto, tanto as obras de teologia como as de filosofia em geral têm-se afastado das preocupações e abordagens de Richardson. Em particular, os mais recentes desenvolvimentos em teoria hermenêutica* e epistemologia* têm sido tais que sua obra, comparativamente, ganhou um teor um tanto ultrapassado.

Bibliografia
J. J. Navone, *History and Faith in the Thought of Alan Richardson*

(London, 1966). *Cf.* C. R. H. Preston (ed.), *Theology and Change: Essays in Memory of Alan Richardson* (London, 1975).

J.B.We.

RITSCHL, ALBRECHT (1822-1889). Teólogo sistemático alemão, professor em Bonn (1852-1864) e Göttingen (1864-1889). Por intermédio de seus escritos e das obras de seus discípulos, especialmente Herrmann* e Harnack*, Ritschl tornou-se provavelmente o mais influente teólogo protestante do continente entre Schleiermacher* e Barth*, e mais certamente durante o período de 1875-1930, o apogeu do protestantismo liberal*.

Ristschl seguiu Kant*, ao rejeitar o conhecimento metafísico de Deus e enfatizar os elementos éticos da religião. Deus devia ser conhecido não em si mesmo, mas por seus atos efetivos junto à humanidade em termos da experiência cristã da justificação* e reconciliação (ver Expiação*) e do avanço em direção ao reino de Deus. Ao propor essa visão, mais claramente expressa no vol. 3 de *The Christian Doctrine of Justification and Reconciliation* [A doutrina cristã da justificação e reconciliação] (1874; TI, Edinburgh, 1900), Ritschl rejeita determinados tipos de experiência religiosa*. Julga muito subjetivo o sentido de "absoluta dependência" de Schleiermacher, descartando todo misticismo* e pietismo* como individualistas, amorais e não dotados de identificação cristã. Deus, pelo contrário, deverá ser conhecido mediante o testemunho de Jesus no evangelho e sua vocação singular para cumprir a vontade de Deus para o mundo com a inauguração do reino, que Ritschl define como "organização da humanidade por meio de ação inspirada pelo amor". Assim, Jesus tem para nós o "valor" de Deus. Compara o cristianismo a uma elipse, com a justificação e reconciliação em um extremo e o reino de Deus* no outro.

Ritschl tem sido criticado por sustentar uma visão de justificação e reconciliação mais ética do que religiosa e de ler Lutero* de modo diferente de Otto*, por exemplo. Sua asserção de que todas as doutrinas religiosas são "juízos de valor", que afirmam ou negam a dignidade e o valor do homem, para muitos se assemelha a colocar uma inaceitável separação entre fato e valor, história e interpretação, salvação subjetiva e objetiva. Todavia, ao insistir na necessidade de justificação e reconciliação, colocando-as primacialmente na Igreja, mais do que no coração do crente, Ritschl vai além do otimismo individualista de Schleiermacher. Pode até mesmo haver contribuído, via Herrmann, para o interesse de Barth em cristologia e a decisão deste em empreender estudo da dogmática da Igreja.

O próprio Barth, no entanto, sempre enfatizou suas diferenças com Ritschl e sua corrente, enfocando em seus mestres teológicos, sobretudo, o suporte que teriam acabado por fornecer à decisão de declaração de guerra pela Alemanha imperial em agosto de 1914, comprovando assim que suas ideias teriam produzido na mente das pessoas uma perigosa confusão entre os valores da civilização alemã e os valores autênticos do reino de Deus. Contudo, o fato de que a teologia ritschliana tenha levado a um mau

ROBINSON, JOHN ARTHUR THOMAS

ou distorcido entendimento de um reino cristão universal não implica, em absoluto, obscuridade na percepção de Ritschl em identificar corretamente o reino de Deus como a preocupação central do ensino de Jesus.

Pode-se acrescentar, ainda, que o repúdio a Ritschl por parte de Barth (cf. *Protestant Theology in the Nineteenth Century* [Teologia protestante no século XIX], London, 1972) não seria o suficiente para se negligenciar a influência de Ritschl em outras áreas da teologia. Todavia, tem sido amplamente desconsiderada a contribuição do conceito de valor-julgamento de Ritschl para a teologia existencial* de Bultmann*, sendo Pannenberg* um dos poucos teólogos contemporâneos a reconhecer, na tentativa pioneira de Ritschl de "construir sua cristologia sobre a questão da divindade do homem histórico Jesus" (*Jesus — God and Man* [Jesus — Deus e homem], Philadelphia, 1968, p. 37), o tipo de atenção e discordância razoável que Barth proporcionou a Schleiermacher.

Bibliografia
H. R. Mackintosh, *Types of Modern Theology* (London, 1937); D. L. Mueller, *An Introduction to the Theology of Albert Ritschl* (Philadelphia, 1969); B. M. G. Reardon, *Liberal Protestantism* (London, 1968); J. Richmond, *Ritschl: A Reappraisal* (London, 1978).

P.N.H.

ROBINSON, JOHN ARTHUR THOMAS (1919-1983). Bispo e teólogo anglicano. Escritor prolífico e controverso, Robinson fez importantes contribuições eruditas nas áreas de NT, teologia sistemática*, apologética*, ética cristã* e liturgia*. Começou sua carreira como professor e reitor do Clare College, de Cambridge (1951-1959), alcançou fama como bispo sufragâneo de Southwark, sul de Londres, com responsabilidade sobre Woolwich (1959-1969), terminando seus dias como reitor do Trinity College, de Cambridge (1969-1983).

Sua obra mais conhecida é *Honest to God* [Sincero com Deus] (London, 1963), que vendeu mais de 1 milhão de exemplares. Trata-se de uma tentativa de recomendar a fé cristã para o homem moderno, que, segundo ele, é incapaz de receber o evangelho apresentado em termos tradicionais. O livro foi criticado fortemente pela maior parte dos eclesiásticos ortodoxos, tornando-se Robinson, por isso, na ocasião, o teólogo mais famoso (e considerado talvez o mais radical) da Inglaterra.

Além desse livro, suas contribuições mais substanciais foram seus estudos do NT, em que muitas de suas ideias mostram-se, surpreendentemente, conservadoras para os padrões da erudição crítica contemporânea. Em uma série de estudos sobre o evangelho de João, culminando em palestra para as Bampton Lectures* que elaborava na época de sua morte (*The Priority of John* [A prioridade de João], ed. J. A. Coakey, London, 1985), argumenta em favor tanto da historicidade essencial quanto da data mais antiga do referido evangelho. Na obra *Redating the New Testament* [Redatando o Novo Testamento] (London, 1976), defende a ideia de que os quatro evangelhos devem ser, todos, datados de antes da destruição de Jerusalém (70 d.C.), assim como expressa opiniões igualmente conservadoras sobre outras questões críticas. Por outro lado, no entanto, *Jesus and His Coming* [Jesus e sua vinda] (London, 1957) revela-se uma desafiadora afirmação da visão de que Jesus não ensinou a respeito de uma futura segunda vinda sua e que não parecia esperar por ela (ver Escatologia*), enquanto em *In the End, God* [No final, Deus] (London, 1950) propõe um universalismo*. Sua doutrina da Igreja, por sua vez, é sacramentalista (ver *The Body: A Study in Pauline Theology* [O corpo: estudo de teologia paulina], London, 1952); sua ética opõe amor à lei; enquanto sua cristologia* e teologia essencial são modernistas (ver *The Human Face of God* [A face humana de Deus], London, 1973).

Bibliografia
A. Kee, *The Roots of Christian Freedom: The Theology of John A. T. Robinson* (London, 1988); R. P. McBrien, *The Church in the Thought of Bishop John Robinson* (Philadelphia, 1966).

W.W.G.

ROMANTISMO. O termo "romantismo" é encontrado em uso em quase toda esfera do pensamento e da atividade humana — religião, filosofia, história, política, literatura, poesia, arquitetura, música, artes visuais, etc. A despeito de seu uso amplo, no entanto, é difícil defini-lo com precisão. Segundo A. O. Lovejoy (1873-1962), o termo "veio a significar tantas coisas que, por si mesmo, nada significa. Deixou de desempenhar a função de um sig-

no verbal" (*On the Discrimination of Romanticisms* [Sobre as Distinções dos Romantismos], 1924; repr. in: *Essays in the History of Ideas* [Ensaios sobre a história das ideias], Baltimore, MD, 1948). É problemática uma definição concorde, porque a palavra assume muitos matizes de significado dentro da mesma disciplina, variando no uso à medida que cruzamos as fronteiras internacionais, bem como de uma geração a outra.

Apesar dessas dificuldades, o termo vem sendo aceito, cada vez mais, como um rótulo, que abarca uma série de princípios e ideias que passaram a ganhar destaque no final do século XVIII e no decurso do XIX. Até mesmo o citado Lovejoy se refere a um chamado "período romântico", que vai de 1780 a 1830.

Poucos dos que consideraríamos "românticos" pensariam de si mesmos como tais. Eles se sentiriam ofendidos pela ideia de fazerem parte de um movimento romântico, por terem como um dos seus princípios mais caros o da particularidade e individualidade. Outro aspecto comum seria igualmente sua rejeição ao classicismo. A. W. von Schlegel (1767-1845) publicou uma série de artigos em 1809-1811 em que comparava o romantismo e o classicismo com as antíteses de "orgânico-mecânico" e "pitoresco-plástico". Para outros, isso era o mesmo que a diferença entre a morte e a vida; a vida, assim como o significado da existência, deveriam ser encontrados na redescoberta de um senso de infinito e uma exploração do elemento irracional na personalidade humana.

Os românticos reagiram fortemente às categorizações racionais do Iluminismo*, que, acreditavam, haviam distorcido tanto a natureza da dimensão espiritual que se corria o risco de destruir o interesse das pessoas e seu envolvimento nela. Ridicularizando os conceitos de um Deus ausente e de um universo mecanicista, Coleridge* condena a tentativa de elaborar provas para a existência de Deus; Schleiermacher desvia a ênfase, das asserções doutrinárias racionalistas para o sentimento ou a experiência individual; e William Blake (1757-1827) e William Wordswoth (1770-1850) modelam a natureza em um jardim em que se pode sentir a proximidade de Deus. O Criador é imanente em tudo que existe, tal como sua força de doação de vida.

O mesmo sentido do imanente permeia a visão romântica do homem. Ele é parte de uma infinidade que o rodeia, mas não o submerge. A consciência de infinito e sua participação nele estão dentro da capacidade do homem. As limitações impostas pelo Iluminismo sobre o alcance da razão discursiva são sobrepujadas por meio de uma faculdade ou capacidade especial, chamada de "sentido ilativo" por J. H. Newman*, de "razão" (para distinguir de "entendimento") por Coleridge e de "sentimento" por Schleiermacher. De acordo com Coleridge, essa faculdade capacita o homem a discernir "realidades invisíveis ou objetos espirituais". A "razão" é a fonte de ideias transcendentais. Para Schleiermacher, a teologia é uma leitura de nossas experiências.

O romantismo serviu para provocar diversas questões investigativas quanto à essência real da religião. Para a teologia, foi triplo o seu legado benéfico. Em primeiro lugar, exigiu que os teólogos empreendessem uma reavaliação radical do relacionamento entre a verdade e sua afirmação verbal. Em segundo lugar, requereu uma revisão da conexão entre a experiência religiosa e a afirmação da verdade. Em terceiro lugar, produziu uma crítica devastadora e convincente da inércia aparentemente imóvel que se apegava tenazmente aos modelos teológicos inflexíveis dos séculos anteriores.

Bibliografia

M. H. Abrams, *The Mirror and the Lamp* (New York, 1953); *idem, Natural Supernaturalism* (New York, 1971); H. N. Fairchild, *Religious Trends in English Poetry*, 5 vols., esp.. vols. 3 e 4 (New York, 1939-1962); L. Furst, *Romanticism in Perspective* (London, 1969); W. T. Jones, *The Romantic Syndrome* (The Hague, 1961); S. Prickett, *Romanticism and Religion* (Cambridge, 1976).

J.H.E.

RUTHERFORD, SAMUEL (1600-1661). Covenanter* ("compactuante") presbiteriano e escritor escocês. Nascido perto de Jedburgh, graduou-se em 1621 em Edimburgo, onde foi mais tarde designado professor de Humanidades, demitindo-se logo desse cargo, em 1625, quando alegada contra ele má conduta moral. Sua natureza instável não o impediu, porém, de vir a ser aceito como estudante de teologia e indicado para a paróquia de Anwoth, Galloway em 1627. Isso, aliás, foi feito "sem se dar satisfação ao bispo", embora o tipo de organização administrativa

RUTHERFORD, SAMUEL

da igreja nacional escocesa fosse, desde 1612, de caráter episcopal (ver Ministério*).

Na visão de Rutherford, o episcopado havia trazido consigo para a igreja escocesa o arminianismo*. Ele escreveu impetuosamente contra isso, que considerava um perigo, em seus *Exercitationes Apologeticae pro Divina Gratia* (Exercícios apologéticos em favor da Divina Graça), obra publicada em Amsterdã em 1636. Esse escrito o levou a ser convidado a ocupar cargos de destaque em instituições holandesas, mas, ao mesmo tempo, a uma convocação da Corte de Alta Comissão, da Escócia, inflamada pelo persistente não conformismo do autor.

Rutherford foi suspenso de seu ministério pastoral, proibido de pregar e exilado para Aberdeen — considerando a si mesmo e lamentando ser "o primeiro no reino a ser totalmente silenciado". Aberdeen, para ele, estava cheia de "papistas ou de homens com a fé pervertida de Gallio". Quando, em 1638, a maioria dos escoceses se rebelou e esboçou o Pacto Nacional contra a duplicidade de Charles I e a liturgia de Laud, Rutherford se apressou a vir do norte para subscrever tal pacto. Em 1639, tornava-se professor de teologia na Universidade de St. Andrews.

Sua *Lex Rex* (Lei rei) (1644), escrita em resposta à teoria do "direito divino dos reis", causou furor nada menos que na Assembleia de Westminster, para a qual deu influente contribuição. A obra asseverava a supremacia do povo e que a lei, não a tirania real, é que era rei; que o poder ilimitado pertencia a Deus somente. Com a Restauração, o autor (embora não seu livro) mal escapou das mãos de um carrasco. Sua doutrina se tornaria a base constitucional dos países democráticos dos tempos modernos; não antes, porém, de muitos outros presbiterianos "compactuantes" haverem morrido para o único Rei e Senhor a quem deviam sua lealdade inabalável.

Em 1649, começando o princípio da tolerância* religiosa a encontrar aceitação na Inglaterra, Rutherford, em *Free Disputation against Pretended Liberty of Conscience* [Contestação por conta própria à pretendida liberdade de consciência], argumentava que essa tolerância era contra as Escrituras e o senso comum; que permitia duas religiões paralelamente, sendo eclesiasticamente ultrajante e civilmente pecaminosa; que os magistrados, como vice-regentes de Deus, enviavam ofensores ao cadafalso não com a ideia de produzir resultados espirituais, mas de fortalecer os fundamentos da ordem civil.

Rutherford não reconhecia a existência de minorias religiosas; o desprezo que expressou pelos cristãos independentes e outros em *A Free Disputation* provocou a acusação crítica de Milton de que "o Novo Presbítero é apenas o Antigo Sacerdote em escala maior". No entanto, o próprio Rutherford veio a ter suas apreensões quanto à presumida infalibilidade do governo do país, então exercido pelo partido dos "compactuantes".

Apesar de um ressurgimento de interesse em suas visões políticas na América do Norte, Samuel Rutherford é atualmente lembrado principalmente não por sua teoria

SÁBADO

política, mas, sim, por suas *Cartas*. Dirigidas a correspondentes seus de todas as classes sociais, oferecem até hoje aconselhamento espiritual tanto bíblico como criterioso, imaginativo e estimulante à reflexão, fazendo-o com verdadeira compaixão nascida da experiência e do entendimento.

Não muito depois, chamado a comparecer para responder a uma acusação de traição, um moribundo Rutherford enviava ao Conselho Privado da justiça do seu país a justificativa do seu total impedimento de poder atender à intimação, declarando ter de responder a uma outra convocação, esta altamente prioritária, de "Juiz e Estância Superior".

Bibliografia
A. A. Bonar (ed.), *Letters of Samuel Rutherford* (repr. Edinburgh, 1984); G. D. Henderson, *Religious Life in Seventeenth-Century Scotland* (Cambridge, 1937); A. T. Innes, *in: The Evangelical Succession*, segunda série (Edinburgh, 1883); M. L. Loane, *Makers of Religious Freedom in the Seventeenth Century* (London, 1960); A. Smellie, *Men of the Covenant* (repr. Edinburgh, 1975).

J.D.Do.

S

SÁBADO. As Escrituras contêm numerosas referências ao sábado. Na maioria dos casos, é uma referência a determinado dia da semana, o sétimo dia (e.g., Êx 20.10; Mc 2.27). Encontra-se também no AT o sistema dos anos sabáticos, que ocorriam a cada sete anos e culminavam a cada cinquenta com o Ano do Jubileu (Êx 23.10,11; Lv 25). A instituição do sábado é essencial na vida de Israel; é um sinal da identidade de Israel como o povo do pacto de Deus (e.g., Êx 31.13; Ez 20.12).

A prescrição e exigência básicas do sábado (palavra no hebraico derivada do verbo *šaḇat*, "parar", "descansar") é de que é o dia a ser guardado como santo ao Senhor, mediante o repouso, a suspensão das atividades, especialmente o trabalho, em relação aos outros seis dias (Êx 20.8-11; 31.14-15; Is 58.13). Uma das principais acusações ao povo de Israel registradas nos livros do AT é a de que tem profanado o sábado por não deixar de fazer negócios como nos outros dias, comuns (*e.g.* Ne 13.15-18; Jr 17.19-23).

O descanso sabático judaico, no entanto, não constitui simplesmente um ócio, uma inatividade inútil, mas, sim, é orientado, na lei, para adoração a Deus. O sábado está determinado como "dia de reunião sagrada" ao povo judeu (Lv 23.3); mas são em maior número os sacrifícios no sábado a serem feitos no tabernáculo (Nm 28.9,10). De que modo Israel, como um todo, adorava no sábado, durante os tempos do AT, é difícil exatamente saber. Algumas indicações são encontradas no costume posterior de adoração semanal na sinagoga, que provavelmente se desenvolveu de prática mais antiga (*cf.* Lc 4.16; At 15.21; 17.2).

Apocalipse 1.10 é a única menção realmente explícita de Dia do Senhor nas Escrituras. Esforços para encontrar nesse versículo uma referência ao Dia do Senhor escatológico (do juízo final) ou ao Domingo de Páscoa (um dia anual) não têm obtido resultados convincentes. Mas não há dúvida de que o primeiro dia da semana está ali entendido. O adjetivo traduzido por "do Senhor" (gr. *kyriakos*) refere-se ao primeiro dia semanal, certamente porque o dia da ressurreição de Cristo foi, de certo modo, separado e assinalado somente para o Senhor, tal como exatamente significa a única outra ocorrência do mesmo adjetivo em 1Coríntios 11.20, quando fala da comida eucarística instituída pelo Senhor para comemorar sua morte (11.20-26). Sob essa luz, Atos 20.7 e 1Coríntios 16.2 são mais bem lidos como alusão à prática regular da Igreja de se reunir para adoração coletiva no domingo.

Contudo, o Dia do Senhor seria o sábado cristão? Essa tem sido uma questão de debate constante na Igreja, especialmente desde a Reforma. Os que respondem negativamente argumentam principalmente que: 1) o sábado não fora instituído até o tempo do êxodo e, então, o foi somente para Israel; 2) com Cristo, o sábado foi abolido, porque constituía um sinal ou "sombra" antecipando a salvação-repouso, realizada pela obra de Cristo (Mt 11.28; Cl 2.17). De maior peso, contudo, são os principais argumentos de uma resposta afirmativa: 1) que o sábado é uma "ordenança da criação", ou seja, tem por base o ato de Deus de abençoar, santificar e ele mesmo descansar no sétimo dia da criação (Gn 2.3; Êx 20.11; 31.17); 2) que o mandamento do sábado, por ser incluído no Decálogo (Êx 20.8-22; Dt 5.12-15), é parte da permanente lei moral de Deus; 3) que, como ensina o escritor de Hebreus, o sinal do sábado aponta para a ordem de descanso escatológico, antecipada por Deus já na criação e assegurada, em razão da queda, pela obra redentora de Cristo; mas que não será desfrutado pelo povo de Deus até o retorno de Cristo (Hb 4.3b-4, 9-11; 9.28).

Bibliografia

R. T. Beckwith & W. Stott, *This is the Day* (London, 1978); D. A. Carson (ed.), *From Sabbath to Lord's Day* (Grand Rapids, MI 1982); J. Murray, *Collected Writings*, vol. 1 (Edinburgh, 1976), p. 205-228.

R.B.G.

SABEDORIA NA CRISTOLOGIA PRIMITIVA. Em poucas ocasiões, o NT fala de Cristo em termos que reflitam referências do AT e intertestamentárias à sabedoria. Esses paralelos não costumam ser muito enfatizados. Embora uma série de textos na literatura de sabedoria judaica pareça "personificar" o conceito de sabedoria, isso deve ser visto mais como um instrumento literário do que uma indicação de que se crê na sabedoria como um "ser divino", separado, de algum modo, do próprio Javé (cf. personificações de "nome", "glória", "poder" ou "braço" do Senhor). A doutrina cristã da preexistência de Cristo como Filho de Deus não é mera adaptação de uma suposta hipostatização judaica da sabedoria divina. Não há evidência de que a Igreja do NT tenha considerado Jesus (ou que Jesus haja considerado a si mesmo) como a encarnação da "sabedoria", no sentido de um ser divino distinto mencionado

SABELIANISMO

ocasionalmente e profeticamente no AT.

Em sua cristologia*, o NT faz uso restrito tanto da expressão "sabedoria" (de Deus) como de passagens referentes à sabedoria do AT. Mas o conceito não está totalmente ausente. O papel cósmico de Cristo, particularmente, é apresentado em termos que nos lembram o papel criador atribuído à sabedoria. Passagens como João 1.1-18 (em que João parece deliberadamente escolher "Verbo", "Palavra" [Logos] preferencialmente a "sabedoria"), 1Coríntios 8.5,6; Colossenses 1.15-17 e Hebreus 1.1-3 mostram certa correlação com os textos de Provérbios 3.19,20 e 8.22-32. Em Provérbios, a sabedoria é descrita como agente mediante a qual Deus cria e sustenta seu mundo. Em 1Coríntios 1.24, Paulo fala de Cristo como "o poder de Deus e a sabedoria de Deus", e subjacente ao ensino de Paulo quanto à pessoa e à obra de Cristo está a ideia de que o poder e a sabedoria de Deus, vistos em sua criação e providência, alcançam sua expressão mais plena e mais clara em Cristo. A associação de sabedoria com Cristo sugerida em certas passagens do NT enfatiza a ligação entre criação e redenção.

Na cristologia da patrística*, o conceito de sabedoria, em particular no tocante à passagem da sabedoria em Provérbios 8.22-32, torna-se mais proeminente do que no NT. Todavia, embora alguns escritores identifiquem a sabedoria com o Espírito Santo (e.g. Ireneu*, Contra heresias IV.xx.3), isso não é típico dos Pais em geral. Justino Mártir (Diálogo com Trifo 61,129) cita Provérbios 8 como parte de seu argumento de que o Verbo (que é a sabedoria divina) é distinto, mas inseparável de Deus. Atenágoras (Mensagem 10) e Tertuliano* (Contra Práxeas 7) citam Provérbios 8 como parte de sua apresentação da história dos "dois estágios" do Logos*: há o Verbo imanente na mente de Deus desde toda a eternidade e há o Verbo expresso ou emitido para propósitos de criação. Ao tempo da controvérsia ariana*, estava tão bem estabelecida a ideia de que as passagens de sabedoria do AT referiam-se diretamente a Cristo que Provérbios 8.22ss, que na LXX fala da sabedoria como "criada", "estabelecida", "feita" e "gerada", tornou-se um destacado foco de debate. Ário usou essa passagem como um de seus textos de prova. Contudo, tal como pensadores anteriores, nem ele nem seus oponentes compreenderam que essa e outras passagens de sabedoria falam poeticamente de um atributo divino, não concretamente de uma pessoa divina.

Bibliografia
J. D. G. Dunn, Christology in the Making (London, 1980); S. Kim, The Origin of Paul's Gospel (Tübingen, 1981/Grand Rapids, MI 1982); T. E. Pollard, Johannine Christology and the Early Church (Cambridge, 1970); M. Simonetti, Sull' interpretazione patristica di Proverbi 8,22, Studi sull'arianesimo (Roma, 1965).

M.D.

SABELIANISMO, ver MONARQUIANISMO.

SACERDÓCIO UNIVERSAL DOS CRENTES. Doutrina definitivamente de origem bíblica, mas classicamente formulada por Lutero*, que

SACERDÓCIO UNIVERSAL DOS CRENTES

afirma a dignidade, o chamado e o privilégio comum de todos os cristãos perante Deus. Israel distinguia-se de outros povos como "um reino de sacerdotes e uma nação santa" perante Deus (Êx 19.6; cf. Is 61.6), e a Igreja é igualmente assim descrita (1Pe 2.9; Ap 1.6; 5.10), chamada a ser "sacerdócio santo, oferecendo sacrifícios espirituais aceitáveis a Deus por meio de Jesus Cristo" (1Pe 2.5), como o louvor e o serviço de amor cristão (Hb 13.15,16; cf. Rm 15.15,16). O NT não liga explicitamente esse sacerdócio real dos cristãos ao sacerdócio de Cristo (mas cf. Hb 10.19-22), em quem o sacerdócio do AT foi plenamente cumprido e, portanto, substituído (cf. Hb 6.20-10.25). Não há nenhuma sugestão no NT para se atribuir qualquer qualificação especial de sacerdócio a pessoas ordenadas para a execução de ministérios na Igreja (como argumenta, e.g., T. F. Torrance*, *The Royal Priesthood* [O sacerdócio real], Edinburgh, 1955).

Pais primitivos chamavam os cristãos "raça (sumo) sacerdotal", que apresentava sacrifícios puros a Deus (*cf.* Ml 1.11). Todavia, a designação de bispos e presbíteros como sacerdotes medianeiros, sacrificadores, nos termos do AT, promovida especialmente por Cipriano*, nos meados do século III, foi obscurecendo cada vez mais o sacerdócio geral, universal, ou seja, de todos os cristãos. Assim, na Idade Média, os cristãos que não eram clérigos ou monges foram, de fato, relegados a uma posição secundária.

Contra essa distorção protestou Lutero, afirmando que "o nosso batismo* nos consagra a todos, sem exceção, e nos torna a todos sacerdotes [...]. Temos todos a mesma autoridade com respeito à palavra e os sacramentos, embora ninguém tenha o direito de administrá-los sem o consentimento dos membros de sua igreja". Em particular, "aqueles que exercem autoridade secular são batizados, como o restante de nós [...]. São sacerdotes e bispos. Eles desempenham seu ofício como um ofício da comunidade cristã" e podiam, por isso, desenvolver a reforma da Igreja. Todas as vocações humanas são aceitáveis perante Deus. "Todo sapateiro pode ser um sacerdote de Deus e dedicar-se à sua profissão ao mesmo tempo que exerce seu sacerdócio". Mais ainda: "Em virtude de seu sacerdócio, o cristão exerce poder juntamente com Deus, porque Deus faz o que ele lhe pede e deseja".

Essa doutrina foi fundamental para toda a Reforma*. Em Calvino*, ela foi mais firmemente baseada no sacerdócio único de Cristo. A Reforma, no entanto, não chegou a abolir propriamente a ordem ministerial, deixando algo de incerto no relacionamento entre o ministério ordenado e o laicato. Na teologia moderna, o sacerdócio universal dos crentes é geralmente reconhecido, mas quase sempre mudado no interesse de um sacerdócio especial dos ordenados, geralmente apresentado como pertencente a uma ordem completamente diferente do sacerdócio geral ("em essência e não somente em grau" — Vaticano II) ou como foco representativo do sacerdócio de todos os demais cristãos. Permanece, então, a verdade: de que, quanto ao sacerdócio universal dos crentes, "nenhuma só igreja tem

SACRAMENTO

sido capaz de expressar, em sua adoração, obra e testemunho, a plena riqueza dessa doutrina" (C. Eastwood).

Bibliografia

E. Best, Spiritual Sacrifice: General Priesthood in the New Testament, *Int* 14 (1960), p. 280-290; J. H. Elliott, *The Elect and the Holy: An Exegetical Examination of 1 Peter 2.4-10 and the Phrase* Βασιλειον ιερατευμα (Supl. de *NovT* 12, Leiden, 1966); C. Eastwood, *The Priesthood of All Believers. An Examination of the Doctrine from the Reformation to the Present Day* (London, 1960); Lutero, ver *LW*, vols. 35, 36, 39.

D.F.W.

SACRAMENTO. Do latim, sacramentum, juramento militar, este termo tem sido comumente usado pela Igreja para denotar ritos ou cerimônias na adoração cristã, que tanto podem ser um sinal exterior como conter um significado interior. Essa palavra não está registrada nas Escrituras nem possui significado estabelecido pela Igreja primitiva. Veio a indicar uma classe distinta de cerimônias, embora não se tenha ainda chegado a um total acordo sobre como essa distinção deva ser definida. A definição original de sacramento é atribuída a Agostinho*; e no *Livro de Oração Comum* é resumida como "um sinal externo e visível de uma graça interior e espiritual". Agostinho, todavia, classificou cerca de trinta cerimônias como sacramento, entre as quais desde o "sinal da cruz" até o batismo* e a comunhão*.

O número de sacramentos foi sistematizado por Pedro Lombardo*

em seus *Libri Quattuor Sententiarum* [Os quatro livros de sentenças]. O quarto desses livros distingue os sacramentos, em número de sete, e as "coisas sacramentais", ritos menores dotados de alguma sacramentalidade. Os sete sacramentos se tornaram norma para a cristandade medieval, sendo posteriormente sistematizados por Tomás de Aquino*. Eram: batismo, confirmação*, comunhão, matrimônio, penitência*, [extrema-]unção (ver Unção*), e ordenação (ver Ministério*). Variavam de algum modo entre si, não ficando claro, na verdade, como era exatamente o sinal externo na penitência, ou *qual* era o sinal na confirmação e ordenação, ou se havia uma ministração *eclesial* no matrimônio.

Os reformadores viram essas definições como incrustadas de um tradicionalismo que clamava por reforma. Assim, sua definição foi modificada pela adição da condição de serem os sacramentos "ordenados por Cristo nosso Senhor no Evangelho" (*cf.* Artigo XV dos Trinta e Nove Artigos). Isso fez que fossem estabelecidos o batismo e a ceia do Senhor como os únicos "sacramentos do evangelho" — ou seja, os dois únicos a serem chamados corretamente de sacramento. Os demais "sacramentos" medievais ficaram sendo considerados, secundariamente, como simplesmente "os cinco [atos] comumente chamados de sacramento".

Os dois verdadeiros sacramentos, remanescentes, traziam consigo mandamentos explícitos de Cristo quanto à sua prática (*cf.* Mt 28.19-20; Lc 22.19-20), sendo, por isso, claramente diferenciáveis dos outros. Correspondem às cerimônias de circuncisão e da páscoa judaica no antigo pacto*, ou seja, o batismo, um sacramento de iniciação, feito uma só vez, e a ceia, um sacramento, repetível, de consolidação e crescimento da fé. Ainda dentro dessa analogia, os dois sacramentos têm um papel complementar em relação um para com o outro, podendo o batismo ser considerado como um rito de admissão à comunhão (*cf.* At 2.37-47; 1Co 10.1,2), embora no protestantismo a relação nem sempre seja considerada assim direta (ver Confirmação*).

Os reformadores não somente corrigiram a sistematização medieval, mas revisaram também o entendimento dos meios pelos quais Deus opera com o uso dos sacramentos. Negaram a doutrina de *ex opere operato* (entendimento de que Deus opera meramente por meio do ato de administração do elemento exterior), colocando maior ênfase, para a eficácia de um sacramento, na dependência de seu recebimento com fé. Na doutrina medieval, era sempre ressaltada, para a eficácia do sacramento, a condição de que "a não ser que o [crente] recipiente apresente uma barreira [*obex*] à graça de Deus" — o que realmente conduzia a uma doutrina mais próxima do entendimento dos reformadores.

Por outro lado, os reformadores compararam a eficácia sacramental bem intimamente com a do ministério da Palavra, o que os capacitou a atribuir ao ministério dos sacramentos poder semelhante ao do ministério da Palavra. Reformadores mais rigorosos restringiram o exercício de ambos os ministérios aos ministros ordenados da Igreja, porque viam correspondência entre as duas espécies de ministério da graça de Deus ou ligados em Mateus 28.19-20. Os reformadores detiveram, de modo geral, uma visão "elevada" dos benefícios conferidos por Deus nos sacramentos, diferenciando-se do pensamento católico medieval e da Contrarreforma não tanto nessa questão e mais no estabelecimento das condições sob as quais se poderia esperar que Deus conferisse a graça.

Questões específicas surgiram a respeito dos dois sacramentos, separadamente, tais como: se as crianças, na Reforma, deveriam continuar a ser batizadas (ver Batismo*), e o que quis dizer o Senhor por: "Isto é o meu corpo". Muitas dessas questões vieram a ter relevância para outras questões gerais a respeito dos sacramentos (*i.e.*, a relação deles com as ordenanças do AT).

Em tempos recentes, o movimento litúrgico e o movimento ecumênico enfatizam um fato que somente esteve presente antes nas discussões do século XVI, mas não posteriormente. Trata-se da importância eclesial dos sacramentos, particularmente em face de um mundo incrédulo. Os sacramentos incorporam os crentes no povo visível de Deus (ver Igreja*) e os sustêm em sua membresia. Assim, mostram claramente aos que os recebem sua vocação para cumprir a tarefa missionária amorosa e pacificadora, assim como outras tarefas de Deus no mundo. Sua importância pode ser enfraquecida em uma Igreja dividida, mas os sacramentos permanecem como testemunho do caráter católico,

SACRIFÍCIO

888

universal, não dividido, do povo de Deus quanto à revelação escriturística, perante a qual temos de avaliar a nós mesmos. São entendidos por serem praticados; e é no contexto de obediência aos mandamentos do Senhor de celebrar os atos litúrgicos — em outras palavras, em nossa adoração sacramental — que podemos esperar ser conduzidos a um verdadeiro entendimento dos sacramentos.

Bibliografia
D. Baillie, *The Theology of the Sacraments* (London, 1957); G. C. Berkouwer, *The Sacraments* (Grand Rapids, MI 1969); J. Calvin, *Institutas*, IV.xiv-xix; N. Clark, *An Approach to the Theology of the Sacraments* (London, 1957); P. T. Forsyth, *The Church and the Sacraments* (London, 1917); B. Leeming, *Principles of Sacramental Theology* (London, 1956); O. C. Quick, *The Christian Sacraments* (London, 1927).

C.O.B.

SACRIFÍCIO. Na Antiguidade, o sacrifício era uma observância religiosa universal. O modo de o sacrifício ser oferecido variava. Em Israel, havia sacrifícios de cereais e líquidos (principalmente vinho), mas os mais importantes eram os de animais. Podemos discernir seis fases no sacrifício judaico de animais: 1) o animal era trazido para o altar; 2) seguia-se a imposição de mãos do(s) adorador(es) sobre a cabeça do animal (em períodos posteriores, pelo menos, essa imposição era acompanhada de confissão dos pecados); 3) morte do animal pelo(s) adorador(es); 4) manipulação do sangue da vítima (feita pelo sacerdote); 5) queima das partes do animal sobre o altar (sendo a carcaça toda em uma oferta queimada); 6) disposição do restante do animal. As oferendas de pecado e culpa eram feitas pelos sacerdotes; nas ofertas pacíficas, o sacerdote participava e o adorador comia o restante.

Por que eram oferecidos sacrifícios? Talvez haja algo de certo na afirmação de que a principal razão seria a promoção da comunhão com Deus; mas não há dúvida de que no Antigo Testamento o elemento mais significativo era a colocação do pecador em posição correta perante Deus. Os sacrifícios eram destinados a "fazer expiação"* pelo pecado (Êx 30.10; Lv 1.4; 4.20; etc.). O pecado* havia colocado o adorador em erro perante Deus; agora, o sacrifício era oferecido para expiar o pecado.

O pecado trazia a ira* de Deus sobre o pecador: "Não sigam outros deuses [...] pois [...] a ira do Senhor, o seu Deus, se acenderá contra vocês, e ele os banirá da face da terra" (Dt 6.14,15): "... e sua ira levantou-se contra Israel, pois eles não creram em Deus..." (Sl 78.21,22). A ira divina se levanta por causa do pecado de toda espécie, sendo muitos pecados especificamente mencionados nas Escrituras, como o da violência (Ez 8.17-18); afligir viúvas e órfãos (Êx 22.22-24); adultério (Ez 23.27); inveja (Jr 6.11-13). Com mais de 580 referências à ira de Deus nas Escrituras (no AT), o israelita não podia ter dúvida da oposição de Deus a toda forma de pecado.

Mas ele não podia ter dúvida também quanto ao amor de Deus. Esse amor era mostrado de muitos modos, especificamente no sistema sacrifical, que era a provisão da graça de Deus para o seu povo pecador, como deixam muito claro os repetidos mandamentos sobre os sacrifícios que se leem no livro de Levítico. Do sangue sobre o altar, especialmente, é dito que "a vida da carne está no sangue, e eu o dei para fazerem propiciação por si mesmos no altar..." (Lv 17.11). O mesmo pode ser dito da totalidade do sistema sacrifical.

Tem-se sustentado que as palavras a respeito de *sangue* e *vida* nos fornecem a chave para o entendimento da abordagem sacrificial. A morte da vítima (nessa visão) é considerada uma necessidade lamentável; acontece somente porque é o único modo de obter a vida de uma forma em que pode ser apresentada a Deus. A vida do adorador está manchada pelo pecado; mas Deus permite sua substituição pela vida pura de uma vítima sem mácula. Essa visão, contudo, não leva em conta a forte conexão bíblica do sangue com a morte*; na maioria de suas ocorrências do AT, refere-se à morte violenta (*e.g.*, Gn 9.6; 37.26; 1Rs 2.5). Levítico 17.11 se refere à vida dada pela morte, e não à vida libertada pela morte.

No NT, os adoradores não oferecem nenhum sacrifício material; seus sacrifícios são espirituais (1Pe 2.5), tais como a oferta de seus corpos na condição de sacrifícios vivos (Rm 12.1), e de um modo geral a prática do bem (Hb 13.15-16; *cf.* Fp 2.17; 4.18). Não há possibilidade de qualquer outro sacrifício, porque Cristo já ofereceu em si mesmo o sacrifício perfeito, que expiou os nossos pecados de uma vez por todas.

Os escritores do NT falam claramente da morte de Jesus como tendo cumprido perfeitamente tudo o que os sacrifícios do AT prefiguravam. É impossível para o sangue de animais remover o pecado humano (Hb 10.4), mas a oferta voluntária de Jesus fez isso (Hb 10.10). Algumas vezes, a morte de Jesus é descrita com referência a um sacrifício em particular, tal como o da Páscoa (1Co 5.7), porém mais comumente a referência é genérica, tal como "Cristo nos amou e se entregou por nós, como oferta e sacrifício a Deus de aroma agradável a Deus" (Ef 5.2).

De um ponto de vista único, Cristo, pelo sacrifício de si mesmo, afastou a ira de Deus de sobre os pecadores. Paulo e João falam dele como "propiciação" (gr. *hilastērion*). Nos tempos modernos, eruditos que rejeitam a ideia da ira de Deus sugerem que deveríamos entender tais passagens como significando "expiação" do que, propriamente, "propiciação". Mas os linguistas retrucam: o grupo de palavras referentes a *hilaskomai* é usado no sentido de "remoção da ira", não expiação). Além do mais, as Escrituras requerem esse conceito. Enquanto a expiação é um termo impessoal (expiamos um pecado, um crime), a propiciação é uma palavra pessoal: propiciamos alguma coisa a alguém. O problema em obtermos nossa salvação é que, por causa do nosso pecado, nos colocamos em posição errônea para com o Deus vivo. Despertamos sua ira, exercida contra todo mal, e é com isso que temos de nos confrontar. Portanto, o modo bíblico de ver a obra salvadora de Cristo é como

SALVAÇÃO

890

evitando a ira divina, ou seja, como propiciação.

O sacrifício na cruz, enfim, traz cinco conclusões: 1) o pecado é poluente; o pecador, estando impuro, não está preparado para se aproximar de um Deus santo; 2) o sacrifício de Cristo purifica o pecador de todos os seus pecados; 3) a morte de Cristo realmente enfrenta o pecado e o remove para sempre; 4) nossa salvação é feita à custa de Deus; 5) aqueles por quem o sacrifício foi oferecido e que o aceitam respondem com uma vida reta, oferecendo seu corpo como sacrifício vivo.

Bibliografia

L. L. Morris, *The Atonement* (Leicester, 1983), p. 43-105; R. de Vaux, *Ancient Israel* (London, 1961).

L.L.M.

SALVAÇÃO. É o termo mais amplamente usado na teologia cristã para expressar a provisão de Deus para nossa condição humana. O grupo de palavras associado com o verbo "salvar" tem um uso secular extenso que não é muito diferenciado de seu uso teológico. Pode ser empregado a respeito de qualquer espécie de situação em que uma pessoa seja liberta de algum perigo, real ou potencial, como, por exemplo, na cura de uma pessoa (Mc 5.28), no livramento dos inimigos (Sl 44.7) ou diante da possibilidade de morte (Mt 8.25). O substantivo "salvação" pode também se referir, positivamente, a um estado resultante de bemestar, não estando restrito à ideia de escape de perigo. No AT, o verbo "salvar" expressa particularmente as ações de Deus na libertação de

seu povo. No contexto de salvar Israel de seus inimigos, o substantivo pode ser traduzido por "libertação" (Sl 3.8); mas é também usado, em um sentido muito amplo, como da soma total dos efeitos da bondade de Deus sobre seu povo (Sl 53.6). Assim, o entendimento que o AT tem da salvação é totalmente concreto e frequentemente cobre mais do que bênçãos espirituais.

Nos Evangelhos, esse grupo de palavras é empregado quanto às obras poderosas de Jesus* na cura das pessoas de suas enfermidades. Mas a terminologia desenvolveu um sentido distinto, fundado basicamente no entendimento do AT a respeito de Deus e de sua ação graciosa e poderosa para com seu povo. Ao tempo dos escritos mais recentes do NT, era comum dar tanto a Deus Pai como a Jesus o título de "salvador" (1Tm 1.1; 2Tm 1.1), e não seria errôneo dizer que esse título sumariza a doutrina cristã de Deus em relação a seu povo. O nome "Jesus", aliás, significa, etimologicamente, "Javé é salvação", significado esse que deve ter sido conhecido dos primeiros cristãos judeus (Mt 1.21). A salvação, porém, passou a ser entendida em um sentido novo. O sentido de resgate ou libertação é ainda superior, mas a nova referência era a da libertação do pecado e da ira de Deus, como o destino supremo que aguardava o pecador (Rm 5.9-10). Os cristãos são aquelas pessoas que têm a certeza de que serão salvas. Afirma-se algumas vezes que esse conceito de uma salvação futura é primacial no NT (At 2.21; Rm 13.11; 1Co 5.5; Hb 9.28; 1Pe 1.15). Contudo, os cristãos também são descritos como "aqueles

SALVAÇÃO

que estão sendo salvos" (At 2.47; 1Co 1.18; 2Co 2.15) e, mesmo, como "aqueles que têm sido (ou já foram) salvos" (Ef 2.5,8). O momento da conversão, enfim, é considerado como o próprio momento da salvação (Tt 3.5).

O uso do termo em si indica uma ação vinda de fora, da parte de Deus, o Salvador; os seres humanos não podem salvar a si mesmos pelos seus próprios esforços (Tt 3.5). A salvação depende da graça de Deus. É efetuada mediante a ação de Jesus Cristo, cuja encarnação e morte expiatória aconteceram para que pudesse salvar os pecadores (1Tm 1.15). É revelada nas Escrituras (2Tm 3.15) e se torna efetiva para os indivíduos por meio da pregação do evangelho (1Co 1.21), desde que respondam com fé e arrependimento. Assim, aqueles que invocam o Senhor são salvos (Rm 10.9,10).

A palavra "salvação" se tornou, desse modo, um termo técnico na teologia do NT para descrever a ação de Deus para resgatar pessoas de seus pecados e de suas consequências e em trazê-las para uma situação em que experimentam suas bênçãos. A salvação, portanto, deve ser entendida de maneira abrangente, como a soma total dos benefícios concedidos aos crentes por Deus (Lc 19.9; Rm 1.16). Embora não seja realizada plenamente até a consumação da nova era, não obstante é uma experiência real, aqui e agora (2Co 6.2; Fp 2.12).

Durante a história da Igreja, desde os primeiros tempos do NT, a doutrina da salvação tem estado constantemente em risco de erros e corrupção. Mais comumente, foi e tem sido crida como alguma coisa que as pessoas deveriam ganhar ou merecer por fazerem ações que agradam a Deus e as fazem alcançar seu favor. Na Reforma, os protestantes insistiram em que a doutrina da justificação* pela fé é a indicação de que a Igreja está de pé ou cai da verdade do evangelho. Perceberam que a salvação é dom de Deus e que a Igreja não pode usurpar seu lugar ao declarar quem possa ou não ser salvo, mesmo sendo de todo verdadeiro que a Igreja foi designada para proclamar o evangelho. Mais recentemente, outros erros têm surgido: a salvação tem algumas vezes sido separada da pessoa de Jesus, que é então considerado como pouco mais do que um mestre de moralidade; tem-se perdido o reconhecimento de que Deus estava em Cristo para reconciliar um mundo pecaminoso consigo mesmo; e a salvação tem sido crida como exclusivamente uma libertação da ignorância, realizada por Deus, e não a purificação do pecado e de sua culpa.

O propósito da salvação tem também sido uma questão controversa. O uso que o AT faz do termo para expressar a ação de Deus em salvar seu povo dos inimigos tem sido tomado como normativa, sendo a salvação entendida mais como a libertação do povo da fome, da pobreza e da ameaça de guerra, de forma que possa viver uma vida abundante e em paz neste mundo. O pensamento de salvação espiritual está afastado dessa visão. Mas, embora não haja dúvida de que os cristãos devem trabalhar para esses fins desejáveis, o efeito pode ser que a ênfase teológica distintiva do termo, que reside no centro da

SANGUE

mensagem do NT, seja perdida. As pessoas deixarão de perceber que a principal necessidade da humanidade é de reconciliação com Deus, e que somente quando há paz entre Deus e a humanidade é que se torna possível a paz duradoura entre os povos do mundo. Em outras palavras, a salvação espiritual não é simplesmente uma parte pequena e dispensável de uma "salvação" mais ampla, mas, sim, a base indispensável de uma nova atitude entre os povos. Reconhecendo que a tarefa da Igreja é cuidar das necessidades espirituais e físicas do povo, o NT vê como prioritária e fundamental a tarefa espiritual, inseparável da preocupação material com o ser.

Bibliografia

W. Foester & G. Fohrer, *TDNT* VII, p. 965-1024; E. M. B. Green, *The Meaning of Salvation* (London, 1965); C. R. Smith, *The Bible Doctrine of Salvation* (London, 1942); D. F. Wells, *The Search for Salvation* (Leicester, 1978).

I.H.Ma.

SANGUE, ver Sacrifício.

SANTIDADE, ver DEUS; Movimento de Santidade; Santificação.

SANTIFICAÇÃO. Na religião bíblica, o conceito da santidade de Deus é de suprema importância. Representa sua justiça pura, assim como sua majestade singular e radiante. O santo não pode ter comunhão com o impuro. Os humanos, pecadores, podem se aproximar dele somente se santificados, i.e., aptos a corresponder à sua santidade (Lv 19.2).

No AT, o termo "santificação" é, primacialmente, um termo técnico de ritual de culto. Guarda a acepção tanto de *limpeza* (*e.g.*, lavagem das vestes como preparação para um encontro com a presença de Deus, Êx 19.10,14) quanto de *consagração*, dedicação ao serviço de Deus (relativamente a sacerdotes, vestes, implementos do culto, Êx 19.22; assim como a guerreiros em preparação para guerra santa, Is 13.3; a primogênitos, Dt 15.19; e ofertas para o templo, 2Sm 8.11).

Contudo, o significado de santificação e santidade se estende além do ritual para a esfera moral. Alguns estudiosos descrevem essa extensão como "um embate entre a religião profética e a religião cúltica" (referindo-se, *e.g.*, a Joel 2.13: "Rasguem o coração, e não as vestes") ou a substituição do sacrifício de animais pelo "sacrifício" de oração, ação de graças e coração contrito (Sl 50.13ss; 51.16ss). O entendimento figurativo (moral) da santificação pode ser também observado no que se pode chamar de Código de Santidade — Levítico 19ss — em que a (auto)santificação consiste na observância das leis de Deus, tanto cerimonial como moral (*cf.* Lv 11.44 com 20.7,8). É entendida (negativamente) como abstenção da corrupção, assim como (positivamente) implementação dos mandamentos de Deus. Além disso, Levítico 20.7 mostra a autossantificação humana tendo como causa, paralelamente, a santificação de Deus no homem, empregando no texto os verbos tanto no tempo imperativo como no indicativo, em harmonia dialética. Todavia, o homem deve não só santificar a si mesmo, mas também "santificar" (honrar, glorificar) a

SANTIFICAÇÃO

Deus (Nm 20.12; Ez 20.41) e/ou suas instituições (*e.g.*, o sábado, Êx 20.11) mediante a obediência a seus mandamentos. Em suma, a santificação é o ato ou processo pelo qual as pessoas ou as coisas são purificadas e dedicadas a Deus, ritual e moralmente.

No NT, embora ocorram eventuais reflexos do sentido puramente cúltico da santificação (Mt 23.19) ou consagração (1Co 7.14; 1Tm 4.5), os conceitos de santidade e santificação enfatizam mais seu significado moral. Isso é sintomático no confronto de Jesus com escribas e fariseus quanto aos preceitos relativos à purificação (Mt 15.19,20). Do mesmo modo, continuam os apóstolos a sustentar que as pessoas devem ser santificadas pela purificação do coração (At 15.9) e da consciência (Hb 9.14), assim como viver ativamente a santificação em sua conduta moral (1Pe 1.15, *cf.* 1Ts 4.1ss). O entendimento figurativo, ou moral, se aplica também à continuação, no NT, dos dois elementos de santificação do AT: a limpeza/purificação (gr. *hagiazein*, com *katharizein*, Ef 5.26; Hb 9.13-14) e dedicação a Deus (gr. *hagiasmos*, com *parhistēmi*, Rm 6.19). Paulo se apropria da linguagem técnica de culto e ritual para o comprometimento espiritual do homem com Deus e sua adoração (Rm 15.16; Cl 1.28): para ele, santificação é o equivalente moral de sacrifício (Rm 12.1,2).

O crente é escolhido e chamado à santificação. É esta a vontade de Deus para conosco (1Ts 4.3), e sem santificação ninguém verá o Senhor (Hb 12.14). Assim, por toda a sua vida afora, não mais deve viver dominado pelas paixões humanas, mas, sim, unicamente pela vontade de Deus (1Pe 4.2). A santificação pertence à alma e ao corpo, sendo expressa em "fazer o bem" (1Pe 2.15, 20; 3.6,17; 3Jo 11) e em "boas obras" (2Tm 2.21; 1Pe 2.12; ver também Mt 25.31-46) que, na verdade, são o objetivo da salvação de Deus para o homem (Ef 2.10; Tt 2.14; 3.1).

Consoante o entendimento moral do conceito, a santificação do crente é vista basicamente no NT como obra de Deus Pai (*cf.* Jo 10.36), de Cristo (Jo 17.19; 1Co 1.30; Ef 5.26; Hb 2.11; 10.10,14; 13.2) e, especialmente, do Espírito Santo (Rm 15.16; 2Ts 2.13; 1Pe 1.2; *cf.* 1Co 6.11). É entendida, primacialmente, como evento salvador ocorrido no passado, pelo qual todos os crentes foram santificados de uma vez por todas (Hb 10.29, no que se refere à cruz de Cristo; e 1Co 6.11, quanto ao seu batismo). Podem os crentes ser assim chamados, normalmente, de *hegiasmēnoi*, "santificados" (1Co 1.2; At 20.32; 26.18; Rm 15.16; referindo-se a um indivíduo, Hb 20.29; 2Tm 2.21) ou *hagioi*, "santos"*. É vista também, no entanto, como obra em processo e futura de Deus (1Ts 5.23; Ap 22.11, *cf.* Jo 15.2). Além disso, pode ser entendida como uma esfera da ação humana.

Assim, *hagiasmos*, o termo grego que significa tanto "santidade" como "santificação", pode denotar um estado *no qual* o crente se encontra (2Ts 2.13; 1Pe 1.2; 1Ts 4.7, *cf* Ef 1.4) e em que deve permanecer (1Tm 2.15; 1Ts 4.7), vivendo de modo correspondente à santidade recebida (*cf.* Ef 5.3); ou, também, um estado *pelo qual* deve se

SANTIFICAÇÃO

empenhar (Rm 6.19, 22), buscar (Hb 12.14) ou se aperfeiçoar (2Co 7.1), a fim de o alcançar plenamente (Hb 12.10). Assim, o crente é tanto sujeito passivo como ativo de sua santificação. Embora os dois verbos gregos associados que denotam purificação e dedicação sejam usados considerando o homem tanto sujeito passivo quanto ativo (2Tm 2.21; cf. 1Jo 3.3), o verbo *hagiazein* ("santificar") pode também, eventualmente, ser usado em sentido ativo, tendo o homem como sujeito, para falar, em construção similar a Números 20.12, da santificação de Deus ou Cristo no coração do crente (1Pe 3.15); isso, todavia, sem parecer conotar a autossantificação humana — exceto somente no caso de Jesus, como em João 17.17. (Em Ap 22.11, tal como Deus Pai em Mt 6.9, Jesus é o sujeito, mas caracteristicamente de um tempo de verbo imperativo passivo.) Em suma, a santificação deve ser considerada ao mesmo tempo como evento e processo, com os crentes *sendo* e se *tornando* santos e *agindo* de maneira correspondente.

Na Igreja primitiva, a doutrina do NT da santificação e da santidade se mostra ainda muito presente no começo. A santidade é pureza de coração (*1Clemente* 29.1). Os cristãos são chamados a serem santos (*1Clem*, Prólogo; 59.3; Hermas, *O Pastor*, Visões 3.1; *Didaquê* 10.5). Porque *são* santos, devem almejar "fazer tudo o que pertence à santificação" (*1Clem* 30.1; cf. *Barnabé* 15.7). Isso inclui disciplina pessoal (*1Clem* 32.2), mas também, especialmente, boas obras de cuidado pelos pobres e necessitados (Hermas, O *Pastor*, Mandados 8.9; 2.4). Os cristãos devem ser dignamente

vistos em seu ambiente pagão — sua santidade se encontra no meio do mundo (*Diogneto* 5); devem, assim, testemunhar de Deus e glorificá-lo em sua conduta diária (*2Clem* 13.22ss; Inácio, *Ef* 14:2; Policarpo, *Ep* 10.2; Aristides, *Apologia* 15.4ss). Desse modo, a santificação torna-se um conceito tanto soteriológico como ético.

Mais tarde, na Igreja grega, a santificação continua como conceito soteriológico, agora ligado ao batismo, mas seu significado moral desaparece, dando lugar à terminologia local de "virtude". Ao mesmo tempo, seu uso ritual retorna, e muito fortemente, denotando a consagração dos sacerdotes, das vestes litúrgicas, dos elementos da eucaristia, da água, do óleo e de locais de culto. A santificação, aqui, é soteriológica ou ritual.

Para Clemente de Alexandria*, o "santo" é ainda o cristão, tanto quanto seu corpo e alma são o templo do Deus santo e ele continua a ser santificado junto ao Salvador. Suas boas obras se refletem na elevação espiritual e material de seus irmãos. Por isso, não é preciso mudar de situação; como peregrino, "vive na cidade como se ela fosse o deserto" (*Estrom.* VII.7,e). Duzentos anos mais tarde, para Teodoreto de Cirro (c. 393-c. 458), os "santos" são o pequeno grupo de ascetas*, que, vivendo de preferência no deserto, se distinguem por brilhantes façanhas de abstinência, recomendáveis de serem imitadas. Não somente o termo "santificação" desapareceu, como também seu conteúdo bíblico mudou de reconhecimento.

Entre os escritores latinos, Tertuliano* resume o conceito moral

SANTIFICAÇÃO

de santificação, identificando-o diretamente com a abstinência sexual, "seja a partir do nascimento ou no renascimento", particularmente pela rejeição de um segundo casamento dos homens ou mulheres viúvos. Agostinho* reenfatiza o aspecto soteriológico: censurando os pelagianos* por reduzirem a justificação* ao perdão de pecados (o próprio crente buscando sua vida moral futura), assevera que a graça salvadora de Deus compreende dois dons, do perdão e da infusão do amor (Rm 5.5), que restauram e capacitam o homem para sua futura vida moral. Para o modo de entender latino, a "justificação" (o tornar justo) não pode representar um simples perdão dos pecados declaratório, mas, sim, incluir a transformação efetiva do ser. Assim, seguindo a tradição de Agostinho, os teólogos católicos incluem geralmente a santificação na justificação, chegando mesmo a definir essa última como se fosse a primeira (*cf.* o Concílio de Trento, Sessão VI) e dando destaque à realidade e à evidência de mudança no homem.

Na Idade Média, tanto Bernardo de Claraval* como Tomás de Aquino* reconhecem e apoiam a tradução de Paulo do significado ritual da santificação para um significado moral. Tal como Tertuliano, Bernardo iguala a santificação à continência carnal. Tomás, no entanto, recupera o conteúdo mais rico do termo, expondo-o de modo triplo: como purificação do pecado, confirmação no bem e dedicação ao serviço de Deus (*Summa Theologica* I/II: 102:4; II/II: 81:8).

A Reforma Protestante teve sua atenção voltada à ambivalência do conceito latino da justificação, ou seja, de que modo seu ingrediente de santificação poderia ser entendido como incluindo uma necessidade de obras humanas para a salvação. Lutero* reenfatizou então a justificação declaratória como perdão de pecados, mas quis conectá-la à santificação, ou regeneração, como conduzindo às boas obras. Desse modo, devemos nos tornar bons a fim de praticar o bem, e não praticarmos bem a fim de nos tornar bons (*Liberdade cristã*; *cf. Apologia*, de Melâncton). Lutero afirmava, a princípio, que as boas obras se seguiriam automaticamente à fé, como frutos de uma árvore, enquanto Melâncton* e Calvino* insistiam na necessidade contínua de exortação, o "terceiro uso da lei". Mais tarde, Lutero lutou resolutamente contra os "antinomianos" (ver Lei e Evangelho*), que não ensinavam a santificação como consequência necessária da justificação. A Reforma determinou a vocação* civil como o campo de santificação, boas obras e perfeição cristã* (Confissão de Augsburgo, artigo 27) e — contrariando um equívoco popular — postulou o progresso na santificação, muito embora a perfeição jamais possa ser alcançada na terra.

Calvino descreve a vida cristã que se segue à justificação e à regeneração*, ou ao arrependimento, em termos de mortificação, meditação sobre a vida futura e estudo da piedade. Em suas *Institutas* III. iii.14 e III.xiv.9, define santificação como o processo pelo qual vamos sendo "cada vez mais consagrados ao Senhor na verdadeira pureza de vida" e sendo "nossos corações

SANTIFICAÇÃO

formados para a obediência à lei" pela habitação em nós de Cristo, mediante o Espírito Santo. Embora Calvino não tenha desenvolvido um capítulo separadamente sobre a santificação, de tal forma é o impulso total de sua teologia nesse sentido que ele chega a ser cognominado de "o teólogo da santificação".

A ortodoxia da Reforma no século XVII elevou a santificação à posição de um tópico teológico separado, empenhando-se por buscar determinar a *ordo salutis** (ordem da salvação) e o lugar da santificação nessa ordem. Sustentava-se em um conceito bíblico de ação dual, de Deus e do homem, em seu processo. O puritanismo* chamou a atenção cristã fortemente para a prática humana da santificação. Assim também, o pietismo*, reagindo contra o intelectualismo de parte da ortodoxia luterana*, lutou contra os "erros perniciosos de que a santificação não fosse nem possível nem necessária ao mesmo tempo" (Spener). O metodismo* compartilhou essa preocupação pela santificação. John Fletcher of Madeley (1729-1785), em seu famoso *Checks to Antinomianism* [Restrições ao antinomianismo] sustenta que "Cristo não é um ministro do pecado, mas um salvador do pecado". O próprio John Wesley enfatizou a santificação, a ponto de falar da "santificação plena" como uma "segunda bênção", pela qual os crentes são aperfeiçoados, não somente com "santidade iniciada, mas santidade completa" (*cf. Sermon 35* [Sermão 35], dos seus *Forty-Four Sermons* [54 sermões], e o hino de Charles Wesley *God of all power, and truth, and grace*

[Deus de todo o poder e verdade e graça]. Daí em diante, desenvolve-se o movimento de santidade* (Keswick), dos séculos XIX e XX, que enfatiza uma "vida vitoriosa" não pelo esforço humano, mas pela total confiança na força de Cristo vivendo no crente (ver Teologia de Vida Mais Elevada*).

Teólogos contemporâneos, por vezes, ignoram esse tópico, ou geralmente lhe conferem apenas um tratamento leve ou destacando arbitrariamente aspectos individuais e excluindo outros. Karl Barth*, por exemplo, vê a santificação estritamente como exclusiva obra de Deus, negando a participação do homem, bem como a ideia de progresso; complementa um de seus tratados, contudo, com um parágrafo altamente original sobre a vocação do crente de testemunhar, em que mostra a necessidade de sinergismo do crente com Cristo. Emil Brunner* apresenta uma visão equilibrada, mas, tal como Paulo Tillich*, rejeita serem os mandamentos princípios orientadores para a santificação.

A teologia de hoje deveria recuperar e apresentar um espectro total de aspectos do ensino bíblico: de que os cristãos são chamados à santificação. A santificação faz parte do propósito de sua eleição e permanece como condição indispensável de sua comunhão com Deus. Como complemento da justificação (perdão de pecados), a santificação é, antes de tudo, uma obra de Deus, mais especificamente do Espírito Santo, tanto na condição de um ato único, válido para sempre, imputando e comunicando a santidade, quanto uma obra contínua e progressiva. Nesse último sentido, torna-se também obra humana. Opera em nossa vida como purificação moral e espiritual e como dedicação da alma e do corpo, capacitando e organizando todas as faculdades humanas para o serviço de Deus, para a edificação da comunhão cristã e para a implementação da vontade de Deus no mundo. A santidade significa estar à disposição de Deus; é orientada em direção a uma tarefa. A santificação encontrará expressão, assim, em uma vida de oração, batalha espiritual e disciplina, *i.e.*, em atos de ascetismo, assim como em boas obras, que beneficiam as pessoas temporariamente e na eternidade. É a restauração da imagem de Deus* no homem, a assimilação gradual do crente a Cristo, à "mente de Cristo" e à "demonstração do poder do Espírito" (1Co 2.4). Dirigida pelo duplo mandamento de amor a Deus e ao próximo, como a definição mais completa da dedicação humana, opera sob instrução e orientação do Espírito Santo, mediante o qual cumprimos as exigências da lei de Deus (Rm 8.14,4) e obedecemos às exortações do NT. Enfim, a santificação, a ansiada busca da santidade em meio a um mundo impuro, é a alternativa positiva ao secularismo, à atitude de um mundo afastado de Deus.

Bibliografia
K. Barth, *CD* IV.2. cap. 66; IV.3. cap. 71; L. Berkhof, *Systematic Theology* (Grand Rapids, MI, 1938); G. C. Berkouwer, *Faith and Sanctification* (Grand Rapids, MI, 1952); D. G. Bloesch, *Essentials of Evangelical Theology*, vol. 2 (New York, 1982); E. Brunner, *Dogma-*tics (London, 1949-1962), vol. 3; H. G. A. Lindström, *Wesley and Sanctification* (London, 1961); S. Neill, *Christian Holiness* (London, 1960); J. C. Ryle, Holiness ([2]1877); repr. London, 1956); O. Weber, *Foundations of Dogmatics* (Grand Rapids, MI, 1983), vol. 2.

K.Bo.

SANTOS. No AT, o povo de Deus frequentemente é chamado de "santo", ou "santos", como separado(s) para o Deus Santo. No NT, "santos" (*hagioi*) tornou-se o titulo mais comum dos cristãos em geral, pelo motivo especial de haverem sido consagrados a Deus pela expiação de Cristo e pelo dom do Espírito Santo. É uma condição de que já desfrutam, e não uma situação a que aspiram chegar. A expressão se aplica, todavia, de modo especial, a homens e mulheres que, pelo seu caráter e conduta, revelam marcas notáveis de sua consagração a Deus e da influência do Espírito Santo sobre eles.

A inclusão de santos no calendário litúrgico* começou no século II. Era, originalmente, uma observância local do dia da morte de cada mártir*. Já a dedicação dos templos, ou igrejas, aos santos começou com a construção de locais de adoração sobre a tumba dos mártires. À medida que a fama dos mártires e dos santos se espalhava, a observância de seus dias de celebração se tornava cada vez mais difundida, vindo os calendários universais de santos a surgir posteriormente na Igreja ocidental e oriental. Foram depois acrescentados santos bíblicos, não comemorados como mártires, incluindo santos do AT, principalmente no

SARTRE, JEAN-PAUL

Oriente. Após a controvérsia nestoriana*, festas em homenagem à Virgem Maria*, como a *theotokos* (a portadora, ou mãe, de Deus), tornaram-se especialmente numerosas e populares.

Correntemente, na Igreja de Roma, um santo se torna qualificado à inclusão no calendário litúrgico ao ser canonizado pelo papa. São exigências para a canonização virtudes heroicas e milagres operados em resposta à suposta intercessão do santo. A virtude heroica contribui para o "tesouro de méritos" (ver Purgatório*). Os milagres são cridos como tendo ocorrido junto à tumba do santo, por meio de suas relíquias ou imagem* ou em santuários onde o santo supostamente haja aparecido, sendo os milagres necessariamente atribuídos a sua intercessão.

As súplicas diretas a um santo por sua intercessão ou outros benefícios são chamados, na Igreja Católica Romana, de "invocação dos santos". A prática presume que os santos podem ouvir tais pedidos e sabem como responder a eles. A prática deve ter começado provavelmente no século IV, sendo mais tarde introduzida na liturgia cristã, tanto no Ocidente como no Oriente. Foi abolida pelos reformadores, como equivalente a oração e tendente a tratar os santos como deuses, sendo inconsistente, portanto, com a mediação* única de Cristo.

Por causa do grande número de dias especiais de celebração dos santos e de lendas e abusos associados a eles, os reformadores estiveram inclinados a remover os santos totalmente do calendário; todavia, na Inglaterra e na Suécia, igrejas protestantes ou reformadas mantiveram celebrações de alguns dos santos do NT e o Dia de Todos os Santos.

Ver também Comunhão dos Santos; Santificação.

Bibliografia
W. E. Addis e T. Arnold, *A Catholic Dictionary* (London, 1960); K. Donovan, The Sanctoral, *in:* C. P. M. Jones *et al.* (eds.), *The Study of Liturgy* (London, 1978); M. Perham, *The Communion of Saints* (London, 1980).

R.T.B.

SARTRE, JEAN-PAUL, ver Existencialismo.

SATANÁS, ver Diabo.

SATISFAÇÃO. Este termo diz respeito à obra de Cristo realizada na cruz, ao suportar a punição exigida pela lei. As Escrituras ensinam que a justiça de Deus (ver Justiça*) foi violada e sua ira* despertada pelo pecado de suas criaturas. Sua natureza santa exigia que o pecado fosse punido pela morte. No plano de Deus, Cristo suportou a penalidade da morte na cruz, pela qual satisfez a justiça divina, evitando sua ira. A satisfação está tão relacionada à expiação* quanto o efeito à causa.

Não se trata, aqui, estritamente de um termo bíblico, embora a ideia que representa esteja entretecida na estrutura dos dois Testamentos. Conforme registrado em Números 35.31, Deus determina, entre os preceitos da lei, que: "Não aceitem resgate pela vida de um assassino" (em algumas versões, em vez de

SATISFAÇÃO

"resgate", está, na tradução, "expiação"). A palavra aqui no original hebraico é *kōper*, que significa, na verdade, o preço pago como uma compensação, ou satisfação. O sistema sacrifical* do AT envolvia a ideia de satisfação. Quando uma vítima era morta e seu sangue espargido sobre o altar, acreditava-se ser satisfeita, ou aplacada, temporariamente, a ira de Deus contra o pecado. No NT, Cristo efetiva o total cumprimento do sistema sacrifical: é ele o Cordeiro morto para remover o pecado do mundo (Jo 1.29); é a oferta pelo pecado (Rm 8.3; 2Co 5.21), a oferta de aroma suave (Ef 5.2), a oferta pacífica (Ef 2.14), o cordeiro pascal (1Co 5.7). Isaías 53.4-6 fala a linguagem dessa expiação, dessa satisfação. A humanidade foi posta sob a maldição do pecado, realizável em si mesma; todavia, o "castigo" (*mûsār*) a nós imputado foi colocado sobre o Servo do Senhor, dando como resultado a experiência da "paz" de Deus, i.e., o perdão e a cura espiritual, para os pecadores.

O principal texto do NT que nos ensina a respeito da satisfação é o que se encontra em Romanos 3.21-26. Em resposta ao pecado universal, e, para demonstrar sua justiça, "Deus o ofereceu (*i.e.*, a Cristo) como sacrifício para propiciação (*hislatērion*), mediante a fé, pelo seu sangue" (v. 25). O mesmo uso de *hilasmos* em 1João 2.2 e 4.10 indica que Cristo tornou Deus propício a nós, ao suportar o castigo dos pecados que não eram seus, mas da humanidade. Como diz 2Coríntios 5.21, Deus fez com que Cristo tomasse o lugar dos pecadores, sofresse a penalidade devida pelos pecados destes e os capacitasse,

desse modo, a se tornarem justos perante um Deus justo. Paulo aborda em Gálatas 3.13 o mesmo assunto, da satisfação trazida pela substituição penal por Cristo.

Pais da Igreja como Orígenes*, Atanásio* e Agostinho* se mantiveram no espírito dos textos anteriormente citados, que ensinam que Cristo ofereceu satisfação devida a Deus ao levar sobre si a penalidade dos pecados do mundo. Foi Anselmo*, no entanto, que desenvolveu extensamente a teoria da satisfação da expiação. Argumentou ele que, visto que o *homem* detinha o pecado, um *homem* deveria ressarcir o que era devido a Deus. Todavia, ninguém mais, a não ser Deus, poderia realizar a satisfação plena da penalidade devida pelos pecados do mundo. A morte do Deus-homem teve então o mérito infinito necessário e suficiente à realização dessa plena satisfação. O Concílio de Trento (1545-1563) confirmou haver Cristo, com sua morte na cruz, realizado a satisfação devida a Deus, pelos pecados, em lugar dos pecadores; mas, segundo o concílio, não plena: pelos pecados cometidos após o batismo, assim ficou decidido, cada indivíduo teria de fazer a devida satisfação, por si mesmo, mediante obras de penitência (Cânones de Trento, XIV.8).

Teólogos da ortodoxia protestante como Lutero*, Calvino*, Owen e Hodge*, por sua vez, sustentaram a visão de satisfação plenamente realizada, com substituição penal, como também o fizeram a Confissão Belga, art. XXI, a Confissão de Westminster, cap. VIII.v, e os Trinta e Nove Artigos, art. XXXI. Já os liberais como Ritschl*, Harnack* e W. N. Clarke

SAUMUR

(1841-1912), não concentraram seu foco na satisfação prestada, pelo padecimento sofrido por Cristo, em lugar dos homens, a um Deus ofendido, mas concentraram-se na cruz como uma demonstração do amor divino, que constrange os pecadores a exercerem o amor em suas vidas.

Bibliografia
J. Calvino, *Institutas*, II.xvi-xvii; L. Morris, *The Apostolic Preaching of the Cross* (London, 1965); J. R. W. Stott, *The Cross of Christ* (Leicester, 1986); O. Weber, *Foundations of Dogmatics* (Grand Rapids, MI, 1983), vol. 2.

B.D.

SAUMUR, ver AMIRALDISMO.

SCHAEFFER, FRANCIS AUGUST (1912-1984). Nascido nos Estados Unidos, Schaeffer estudou com C. Van Til* e outros mestres de destaque no Westminster Theological Seminary [Seminário Teológico Westminster], na Filadélfia, e foi ordenado ao ministério na Bible Presbyterian Church [Igreja Presbiteriana Bíblica]. Mudando-se em 1948 para a Suíça, ali, mais tarde, estabeleceu, em Huemoz (Vaud), a comunidade L'Abri ["A desamparada"], que dirigiu até sua morte. Esse seu ministério especial voltava-se para todos aqueles que houvessem começado a sentir uma desesperança nos ideais humanistas e aos cristãos em perigo de serem levados, pela corrente do existencialismo*, a uma posição relativista*. Schaeffer restaurou em muitos cristãos uma renovada confiança na verdade de Deus. Falava a respeito de uma "verdade verdadeira".

Calvinista ortodoxo, deu ênfase especial à confiabilidade e autoridade da Bíblia. Sua abordagem apologética* tem sido descrita como "apologética cultural", dando maior destaque à graça comum que a apologética de Van Til e dos seguidores de Dooyeweerd*, ajudando os cristãos a argumentar junto aos não cristãos e a expor a impropriedade de sua cosmovisão, assim como a afirmar a verdade objetiva da doutrina e da ética cristãs. Schaeffer colaborou também intensamente com o professor Hans Rookmaaker (1922-1977) no exame da história da arte como uma descrição das tendências filosóficas e religiosas. Seus muitos livros começaram a aparecer em 1968 e, juntamente com seus filmes e seminários abertos, nos Estados Unidos e Europa, propiciaram-lhe uma receptividade e influência de âmbito mundial.

Muito fez Schaeffer para restaurar a confiança dos evangélicos eruditos na teologia ortodoxa. Ajudou a muitos entenderem as tendências culturais e, por esse meio, obterem tanto uma visão mais positiva das artes e seu uso como uma consciência do que era atraente na cultura humanista.

Bibliografia
Complete Works, 5 vols. (Westchester, IL, ²1985); *Escape from Reason* (London, 1968); *The God Who is There* (London, 1968); *He is There and He is Not Silent* (London, 1972); *How Should We Then Live?* (London, 1980); (& C. E. Koop) *True Spirituality* (London, 1972); *Whatever Happened to the Human Race?* (London, 1983). L. T. Dennis (ed.), *Letters of Francis Schaeffer*, vol. 1 (Eastbourne, 1986).

L. T. Dennis, *Francis A. Schaeffer: Portraits of the Man and His Work* (Westchester, IL, 1986); R. W. Ruegsegger (ed.), *Reflections on Francis Schaeffer* (Grand Rapids, MI, 1986); E. Schaeffer, *L'Abri* (London, 1969).

O.R.B.

SCHILLEBEECKX, EDWARD (n. 1919). Teólogo católico-romano progressista, Schillebeeckx é belga, membro da ordem dominicana*. Até sua aposentadoria, em 1982, foi professor de Dogmática e de História da Teologia na Universidade de Nijmegen, na Holanda. Autor prolífico em todos os campos da teologia dogmática, sua obra mais importante aborda os sacramentos, eclesiologia, cristologia e hermenêutica.

Seu primeiro estudo de destaque em teologia sacramental* propunha o abandono das interpretações mecânicas e impessoais (como na ideia da transubstanciação eucarística) para uma visão mais existencial* dos sacramentos, como incorporações da presença pessoal de Cristo e, consequentemente, meios de encontro com Deus em Cristo.

A obra de Schillebeeckx é dominada por sua visão da tarefa hermenêutica* da teologia. Essa tarefa é a de mediar entre as interpretações passadas da experiência cristã da salvação em Cristo (na Bíblia e na tradição) e a situação cultural em que o evangelho deve ser reinterpretado hoje. A substância da fé não pode existir em uma forma não histórica, mas somente nas formas históricas fluidas que assume nos contextos de mudança cultural. Assim, a tradição do passado não deve ser a única norma para a teologia, mas ser criativamente retraduzida à luz de uma interpretação da experiência moderna do mundo. Para a produção dessa hermenêutica, contribuem dois princípios básicos adicionais da abordagem à teologia por Schillebeeckx: 1) ele se recusa a traçar uma distinção extrema entre a natureza* e a graça*; para ele, há uma história universal da presença salvífica de Deus na experiência humana, que a história cristã da revelação somente torna explícita; 2) especificamente sob influência da Escola de Frankfurt*, Schillebeeckx insiste em uma teologia que não deve funcionar como mera ideologia, mas estar intimamente relacionada à práxis* cristã libertadora. Esses dois princípios colaboram também para fazer da dimensão política da experiência uma esfera importante, embora não a única, da práxis e da soteriologia.

Em sua grande obra sobre cristologia*, planejada para três volumes, Schillebeeckx vê, assim, a tarefa da cristologia como a de relacionar duas fontes: as interpretações dos primitivos cristãos de sua experiência de salvação por Jesus e a experiência de vida de cristãos e não cristãos no mundo atual. Com esse objetivo, estuda em detalhes as maneiras pelas quais a Igreja primitiva interpretou Jesus dentro de seu contexto cultural próprio, a fim de destilar determinados princípios, que são estruturas constantes da experiência cristã e que podem construir nosso próprio entendimento da práxis da fé cristã nos diferentes contextos culturais de hoje.

SCHLATTER, ADOLF

A crítica à obra de cristologia de Schillebeeckx tem-se centrado, em grande parte, na importância dada por ele a uma reconstrução especulativa das mais antigas interpretações cristãs de Jesus, que ele pensa que se desenvolveram a partir da interpretação original de Jesus como profeta escatológico. Essa interpretação original seria importante, por preservar o significado da mensagem e da práxis do Jesus histórico, usando-a Schillebeeckx como reparo para as cristologias posteriores, que teriam negligenciado tais aspectos do Cristo. Muito embora não considere o desenvolvimento de uma cristologia encarnacional na tradição joanina e na dos pais como ilegítima em si mesma, ele a julga unilateral, visto que deixou de enfocar o Jesus profeta escatológico e o desafio de sua mensagem e práxis específicas.

Bibliografia

Obras: Christ: The Christian Experience in the Modern World (London, 1980); *Christ the Sacrament* (London, 1963); *The Church with a Human Face* (London, 1985); *Jesus: An Experiment in Christology* (London, 1979); *The Understanding of Faith* (London, 1974).

J. Bowden, *Edward Schillebeeckx* (London, 1983).

E.J.B.

SCHLATTER, ADOLF (1852-1938). Teólogo suíço-alemão, nascido em St. Gall, onde seu pai era farmacêutico e pregador leigo em uma igreja independente, embora a esposa e os filhos frequentassem a Igreja Reformada, estatal. Schlatter estudou em Basileia e Tübingen (1871-1875), assumindo depois breves ministérios em Zurique e em Kasswill-Uttwill (perto do lago Constança). Lecionou Novo Testamento em Berna (1880-1888), Teologia Sistemática em Griefswald (1889-93), Teologia em Berlim (1893-1898) e Novo Testamento em Tübingen (1898-1930). Foi a figura mais importante na faculdade de Teologia em Tübingen em sua época, assim como o professor mais influente de toda uma geração de ministros de etnia alemã.

Sua teologia e exegese bíblico-histórica mostra total contraste com as abordagens feitas por outros da história das religiões* (ver Bultmann*) e da teologia liberal* (ver Harnack*). Firmado solidamente em cuidadoso estudo da linguagem e de dados históricos, com ênfase especial no contexto judaico do NT, ele procurou basear as preocupações teológicas tanto sistemáticas como contemporâneas no texto bíblico, e não em hipóteses especulativas. Resistiu à ideia de separar fé e história, crítica e pregação, teologia e vida. Chega ao estudo da Bíblia inteiramente consciente do fato de ser um teólogo cristão. Embora atribuindo a importância devida às diferenças entre o AT e o NT, insiste em sua unidade subjacente. O ponto mais notável de sua obra é a total convicção de que Jesus é "o Cristo de Deus" e o centro da revelação bíblica, sendo esta a chave hermenêutica* principal dos dois Testamentos.

Schlatter foi escritor prolífico. Talvez sua maior obra seja seu estudo massivo da fé no NT (1885), em que busca corrigir o entendimento hiperluterano da justificação* pela fé. Ele escreveu uma série de

SCHLEIERMACHER, FRIEDRICH DANIEL ERNST

comentários de caráter popular sobre a totalidade do NT, juntamente com estudos mais técnicos e extensos sobre Mateus (1929), João (1930), Lucas (1931), Tiago (1932), as epístolas aos Coríntios (1934), Marcos (1935), Romanos (1935), Timóteo e Tito (1936) e 1Pedro (1937). Os mais importantes são os de Mateus e Romanos, intitulados *A justiça de Deus*. Escreveu ainda uma teologia do NT, em dois volumes (1909), uma história da Igreja primitiva (1926; TI, *The Church in the NT Period* [A Igreja no período do Novo Testamento], London, 1955), assim como importantes obras sobre dogmática (1911) e ética (1914).

Bibliografia
W. W. Gasque, *The Promise of Adolf Schlatter*, Crux 15:2 (June,1979), p. 5-9; R. Morgan (ed.), *The Nature of New Testament Theology: The Contribution of William Wrede and Adolf Schlatter* (incluindo TI, *The Theology of the New Testament and Dogmatics*) (London, 1973); P. Stuhlmacher, Adolf Schlatter's Interpretation of Scripture, *NTS 24* (1978), p. 433-446.

W.W.G.

SCHLEIERMACHER, FRIEDRICH DANIEL ERNST (1768-1834). Teólogo protestante alemão, é comumente considerado como o fundador do protestantismo liberal*, embora transcenda esse movimento e possa ser mais propriamente classificado entre os grandes teólogos que desenvolveram o pensamento protestante posterior à Reforma.

Nascido em família religiosa, Schleiermacher experimentou sua conversão sob influência morávia. Todavia, ao frequentar um semi-nário morávio, viu sua teologia pietista* da juventude como intelectualmente inadequada. Foi então estudar filosofia em Halle, onde mergulhou em Kant* e Platão*. Durante seus estudos ali e seu primeiro trabalho, como tutor e pastor, deu início ao processo de reconstituição do significado de sua fé cristã. Seus anos de maturidade foram vividos em Halle e depois em Berlim, como professor, pregador e ativista político. É principalmente conhecido da teologia de língua inglesa por meio da tradução de sua obra, intitulada em inglês *On Religion: Speeches to its Cultured Despisers* [Sobre religião: arrazoados para as pessoas cultas que a desprezam], e pela edição de sua dogmática, em inglês denominada *The Christian Faith* [A fé cristã], obra de compreensão altamente difícil, que, juntamente com a *Dogmática da Igreja*, de Barth*, é considerada o texto teológico protestante mais importante desde as *Institutas* de Calvino*. Entre seus outros escritos significativos, encontram-se a suma metodológica *Breve introdução ao estudo da Teologia*, a obra póstuma *Hermenêutica* e um grande conjunto de sermões, juntamente com traduções suas de Platão, uma *Dialética*, uma *Ética*, além de muita coisa importante, constante de seu material biográfico, e que permanecem até hoje nos originais, em alemão.

A teologia de Schleiermacher é conscientemente uma teologia da Igreja. Ele considera a teologia como um exercício intelectual que tem suas origens nas formas concretas de vida religiosa. Porque a teologia cristã está relacionada à

SCHLEIERMACHER, FRIEDRICH DANIEL ERNST

piedade corporativa da comunidade cristã, é para ele empírica, e não especulativa: a fé cristã não é primariamente conceitual, sendo as doutrinas uma conceitualização secundária de sua verdade religiosa primária. Estabelecendo a piedade como central, Schleiermacher está, em parte, buscando uma base alternativa para o conhecimento religioso, em resposta às restrições à teologia especulativa pela filosofia crítica de Kant e outros. Sua abordagem da revelação* em *A fé cristã* é, assim, a de um conhecimento de Deus mediado pela experiência corporativa da redenção, em vez de o ser por um conjunto de doutrinas proposicionalmente reveladas. Daí sua perspectiva distinguir claramente, quanto às doutrinas, entre a forma dogmática destas e a realidade corporativa da vida religiosa, à qual as doutrinas dão expressão secundária, podendo ser assim manifestadas alternativamente.

O cerne do entendimento de Schleiermacher dos fenômenos da piedade reside em sua noção, bastante questionada, do "sentimento de absoluta dependência". Propõe que a estrutura primordial da vida religiosa, cristã, ou como quer que a chamem, seja a consciência do eu, determinada por aquilo que o transcende. Ao falar de "sentimento" de dependência, Schleiermacher não quer dizer "emoção": refere-se mais propriamente a uma estrutura fundamental de existência pessoal, anterior à emoção, à ação ou ao pensamento. A autoconsciência é a consciência de dependência, sendo a consciência de Deus, portanto, de onde procede o sentimento. E, assim, a consciência do eu como dependente é a base da autorrevelação de Deus a sua criatura humana.

Em *A fé cristã*, esse entendimento de caráter universal da piedade recebe uma forma cristológica* distinta. Embora em seus escritos *Sobre religião*, Schleiermacher busque afirmar apenas a religião, primacialmente, como base implícita das ciências e das artes, abordando o cristianismo somente de forma secundária, sua dogmática tem por princípio que a consciência cristã de Deus é determinada, ponto por ponto, pela obra redentora de Cristo. Entende a redenção como a impressão causada sobre a comunidade cristã pela consciência nítida de Jesus a respeito de Deus, ou seja, o modo pelo qual a consciência empobrecida da comunidade quanto a Deus é reparada por essa consciência de Deus que Jesus possuía. O relacionamento de Cristo em sua própria história como o arquétipo da consciência de Deus não fica muito claro em Schleiermacher, tendo estado sujeito a críticas diversas desde, principalmente, F. C. Baur (ver Escola de Tübingen*). Além disso, seu modo de abordar a cristologia por meio de uma rota soteriológica significaria, ao que parece, que Schleiermacher descartaria grande parte do aparato da cristologia clássica como expressão inadequada da autoconsciência cristã.

De modo consentâneo, ele se recusa também a fazer uma análise além das condições de piedade para discutir a objetividade de Deus em si mesmo. Assim, em sua doutrina de Deus em *A fé crisã,* não enfoca o dogma da Trindade*, uma vez que, para ele, toda discussão de

SCHLEIERMACHER, FRIEDRICH DANIEL ERNST

distinções dentro da Divindade é oura especulação divorciada da piedade: "Não temos nenhuma formulação a respeito do ser de Deus em si mesmo como distinto do ser de Deus no mundo" (172.2). Desse modo, confere um tratamento prioritário às doutrinas da criação* e da preservação, considerando que se relacionam diretamente à consciência de dependência do homem, enquanto a doutrina da Trindade recebe dele apenas um apêndice (posicionamento que Barth reverte no começo de sua *Dogmática*).

A relação do dogma com a piedade na hermenêutica* de Schleiermacher é paralela, sendo matéria cuja proeminência contemporânea se deve muito à sua obra, sobretudo póstuma e recentemente publicada. Muito embora seus escritos hermenêuticos anteriores enfoquem a objetividade da linguagem, ele viria mais tarde a entender o ato de interpretação como *psicológico*, em vez de *gramatical*, penetrando, através do texto, até a consciência do autor, à qual se teria assim acesso.

Tal como a totalidade de sua teologia, a hermenêutica de Schleiermacher tem frequentemente recebido a acusação de subjetivista. Argumenta-se que, ao sublinhar a primazia da interpretação psicológica, ele dá prioridade à questão de significado, e não da verdade, focalizando o referente no texto por meio de uma consciência subjetiva, e não da condição objetiva das coisas. Assim também, e por uma visão mais ampla, afirma-se que ele enfatiza a autoconsciência religiosa a ponto de subestimar a base objetiva da vida e do pensamento religioso. Consequentemente, é por vezes acusado de haver iniciado o processo (completado por Feuerbach*) de reduzir a teologia à antropologia. Essa linha de crítica foi fortemente adotada por Barth, que, não obstante, guarda grande respeito por Schleiermacher e sua proximidade com ele. Disso, muitos interpretam a discordância inicial de Barth de seu predecessor como apenas uma forma de interpretação de Schleiermacher, que o próprio Barth depois abandonaria. Essa crítica, inclusive, é seriamente afetada pelo fato de Schleiermacher entender o "sentimento de absoluta dependência" como *intencional*, *i.e.*, referindo-se a uma base externa. A autoconsciência religiosa apreende um mundo que transcende o eu, de modo que, por meio da piedade, é revelado "de onde procede" a vida religiosa. Essa interpretação sugere que Schleiermacher está recolocando a ênfase da Reforma na coinerência de Deus com a vida de fé, tal como pode ser encontrado em textos de Lutero*. Permanece aberta, todavia, a questão quanto a poder a teologia de Schleiermacher oferecer apoio a qualquer ideia de ação e presença de Deus, além de sua imanência, o que pode ser confirmado em sua ambivalência para com os milagres* e a providência*. Ademais, é questionável se sua recusa quanto à linguagem especulativa a respeito do próprio ser de Deus em si mesmo não traia nenhuma perda de confiança de sua parte na possibilidade de revelação procedente de fora dos processos da história humana.

Após a hostil recepção que obteve por causa da influência de Barth, a obra de Schleiermacher

SCHWEITZER, ALBERT

veio a ganhar avaliação positiva mais recentemente, notadamente na Alemanha, onde uma nova edição crítica de sua obra suscitou pesquisa acadêmica sobre o desenvolvimento de suas ideias. Não mais é possível, certamente, sustentar os estereótipos pelos quais Schleiermacher tem sido geralmente rejeitado. Ele permanece como expoente da quintessência de uma tradição reformada alternativa da articulada a partir de Calvino e Barth, a saber, alternativa preocupada com a religião humana* como resposta à autorrevelação de Deus. Continua constituindo, além disso, um tipo de resposta às críticas do Iluminismo* às possibilidades da teologia, resposta em que a realidade de Deus está situada na experiência histórica humana.

Bibliografia

Obras: Kritische Gesamtaugsgabe (Berlin, 1980-); *Brief Outline on the Study of Theology* (Richmond, VA, 1966); *The Christian Faith* (Edinburgh, 1928); *Christmas Eve* (Richmond, VA, 1967); *Hermeneutics* (Missoula, MT, 1977); *On Religion: Speeches to its Cultured Despisers* (London, 1894); *Selected Sermons* (London, 1890).

Estudos: K. Barth, *The Theology of Schleiermacher* (Edinburgh, 1982); *idem, Protestant Theology in the Nineteenth Century* (London, 1972); R. B. Brandt, The Philosophy of Schleiermacher (New York, 1941); B. A. Gerrish, *A Prince of the Church: Schleiermacher and the Beginnings of Modern Theology* (London, 1984); *idem, in:* N. Smart (ed.), *Nineteenth Century Religious Thought in the West* (Cambridge, 1985), vol. 1, p. 123-156; H. R.

Mackintosh, *Types of Modern Theology* (London, 1937); R. R. Niebuhr, *Schleiermacher on Christ and Religion* (London, 1964); M. Redeker, *Schleiermacher* (Philadelphia, 1973); S. W. Sykes, *Friedrich Schleiermacher* (London, 1971); R. R. Williams, *Schleiermacher the Theologian* (Philadelphia, 1978).

J.B.We.

SCHWEITZER, ALBERT (1875-1965). Nascido na Alsácia, Schweitzer foi um dínamo humano, dotado dos talentos combinados e a energia de muitos indivíduos, tendo alcançado as realizações de muitos. Possuidor de doutorado em Filosofia, Teologia, Musicologia e Medicina, aos 30 anos tornou--se médico missionário na África Equatorial Francesa, em obediência, conforme se referia, à ordem de Jesus de "perder a vida em seu nome e pelo evangelho". Enfrentando muitas adversidades, inclusive duas guerras mundiais, Schweitzer trabalhou diretamente junto ao povo, vindo a construir seu próprio hospital. Retornava periodicamente à Europa para dar palestras e recitais de órgão. Desenvolveu também, durante toda sua vida, a atividade de escritor, que começara ainda em seu tempo de estudante.

Em sua obra *The Quest of the Historical Jesus* [O questionamento do Jesus histórico] (1906; TI 1909), Schweitzer demonstra quanto todas as reconstruções "históricas" modernas da vida de Jesus simplesmente atribuem a Jesus as ideias de teologia liberal de seus autores. Sustenta ele que Jesus cria que o reino* de Deus apocalíptico* surgiria de um momento

SCHWENCKFELD, CASPAR

para o outro, em resposta à zelosa piedade de si mesmo e seus discípulos. Assim, Jesus ensinava uma "ética temporária", enfatizando a necessidade de justiça* absoluta para quem esperasse ingressar naquele reino. Os valores de Jesus, de "a mais elevada justiça", amor e fé (descritos em termos liberais) exigiam uma aplicação extrema, por causa justamente da extrema condição dos tempos. As pessoas deveriam, assim, renunciar às suas posses, oferecer a outra face e suportar perseguições. Na tribulação iminente, Jesus e seus discípulos morreriam e ressuscitariam, embora ele, Jesus, na posição de Filho do homem.

Todavia, como o fim parecesse demorar a chegar, Jesus teria concluído que deveria enfrentar sozinho a tribulação em favor de seus seguidores e, desse modo, introduzir o reino do Pai. Mais tarde, Paulo arrazoaria que o reino messiânico de Jesus havia começado de fato, embora de forma invisível, tendo início, assim, a ressurreição de seus eleitos. Segundo Schweitzer, as ideias de Paulo sobre sacramentos*, ética*, lei* e justificação* teriam todas por base a própria escatologia*, sem nenhuma influência das religiões de mistério, como sustentavam muitos eruditos.

Em *The Philosophy of Civilization* [Filosofia da civilização] (1923), Schweitzer estabelece sua teoria ética de "reverência pela vida", que ele considerava como o único modo de unir a afirmação do mundo com uma piedade moral mais interior. Todas as criaturas de Deus compartilham da "vontade de viver", mas somente os seres humanos reconhecem esse laço comum.

Temos de cuidar da vida de todos os seres humanos equitativamente e procurar não matar nem mesmo os insetos e as plantas, embora, naturalmente, de forma frequente não possamos evitá-lo. Schweitzer considerava a "reverência pela vida" como o princípio implícito na ética de Jesus. Quando criança, ele se sentira um protetor de toda vida animal, e é possível também que seus estudos da doutrina hindu e jainista de *ahimsa* (não ferir) o tenham fortalecido nesses sentimentos.

Bibliografia

J. L. Ice, *Schweitzer: Prophet of Radical Theology* (Philadelphia, 1971); O. Kraus, *Albert Schweitzer* (London, 1944); G. N. Marshall, *An Understanding of Albert Schweitzer* (New York, 1966).

E.M.P.

SCHWENCKFELD, CASPAR (1489-1561). Teólogo leigo e reformador radical, da Silésia. Schwenckfeld se tornou luterano em 1518 e, de 1522 a 1529, foi o principal conselheiro do duque Frederico II na promoção da Reforma*. Desde cerca de 1524, no entanto, havia abraçado a ideia eucarística*, inaceitável para Lutero*, e acabou se retirando para um exílio voluntário. Sua teologia, quando desenvolvida, o colocou na posição dos chamados espiritualistas, entre os radicais (ver Reforma Radical*).

A eucaristia exerceu destacado papel formador em seu pensamento. A verdadeira eucaristia, sustentava ele, não é a participação exterior no ritual da ceia, mas, sim, constitui uma participação interior, espiritual, uma real alimentação do

SCHWENCKFELD, CASPAR

pão celestial, que é a carne celestial de Cristo. Tal alimentação interior assegura que o comungante possa ser interiormente transformado, mediante a participação plena na natureza divina. Como resultado, a vontade do ser humano, anteriormente paralisada pelo pecado, é libertada, para exercer amor a Deus e ao próximo, conforme ordenado por Cristo. A absorção espiritual da carne celestial de Cristo se torna possível por meio da fé justificada, que corporifica no crente o segundo Adão. Mesmo aqueles fiéis, como Abraão, que viveram antes da encarnação de Cristo, foram participantes, igualmente, do Cristo espiritual, ao exercitarem sua fé, devendo ser considerados também como cristãos.

Schwenckfeld rejeitava o entendimento forense de Lutero sobre a fé justificadora, ligando-a intimamente à alimentação contínua de Cristo. A justificação* encontra-se, desse modo, intimamente ligada à progressiva deificação* do homem. Isso se harmoniza com sua visão sombria do pecado, assim como seu anseio de ver a Reforma produzir uma melhora na moral humana.

A cristologia* de Schwenckfeld está em conformidade com o seu ensino eucarístico. Afirma que a natureza humana de Cristo, embora recebida de Maria, era "gerada, não feita". Jesus é concebido da natureza humana tanto quanto de sua natureza divina, progredindo, de uma condição de humilhação, no ministério terreno, para um estado de glorificação, que é, praticamente, sua deificação. Insiste em que Cristo sofreu sobre a cruz tanto em sua natureza divina como humana. Desse modo, tornou-se a carne celestial de Cristo disponível para os crentes por meio da eucaristia. É difícil discernir, em sua argumentação, a diferença entre as duas naturezas no estado de glorificação, motivo pelo qual Schwenckfeld foi acusado por Lutero de eutiquianismo (ver Monofisismo*).

O contraste entre o "externo" e o "interno" percorre toda a teologia de Schwenckfeld. A palavra "externa" de Deus nas Escrituras é contrastada com a palavra "interna", ou espiritual, no coração. A verdadeira Igreja não é a instituição externa, mas, sim, a congregação de pessoas que se alimentam espiritualmente de Cristo. O batismo* "externo" com água nada significa sem o batismo "interno" do Espírito Santo.

Devido a sua convicção de que o Espírito Santo não pode ser agrilhoado por instituições e cerimônias, Schwenckfeld se retirou da comunhão com igrejas, sem fazer concessões, no entanto, em sua crença pacífica de que a Igreja espiritual verdadeira de Deus fosse formada por membros, fiéis, de todas as tradições cristãs. Com isso, tornou-se protagonista da tolerância*. Por outro lado, argumentava a favor da separação entre Igreja e Estado*, mas cria que o cristão tinha um papel criativo a exercer no governo civil. Além do mais, embora rejeitasse o batismo infantil, não desejava ser confundido com os anabatistas*, sendo as diferenças entre eles claramente definidas em sua longa controvérsia com Pilgram Marpeck (c. 1495-1556).

Bibliografia

W. Loetscher, *Schwenckfeld's Participation in the Eucharistic Controversy* (Philadelphia, 1906);

P. Maier, *Caspar Schwenckfeld on the Person and Work of Christ* (TI) (Assen, Nederland, 1959); S. G. Shultz, *Caspar Schwenckfeld on Ossig* (1489-1561): *Spiritual Interpreter of Christianity, Apostle of the Middle Way* (Norristown, PA, 1946); *G. H. Williams, The Radical Reformation* (Philadelphia, 1962).

R.T.J.

SECULARIZAÇÃO. Este termo teve origem no tratado de paz denominado Paz de Vestefália (1648), que encerrou a Guerra dos Trinta Anos, para designar a transferência de propriedades eclesiásticas para as mãos dos príncipes germânicos. Tem ainda, de certo modo, esse significado, quando se considera que a perda do poder temporal pela Igreja é uma das dimensões mais importantes da "secularização". Seu conceito, porém, tornou-se indefinido pelas controvérsias, algumas das quais foram marcadas justamente pela distinção das definições.

Em primeiro lugar, a secularização se refere, na verdade, à separação entre Igreja e Estado que ocorreu desde os tempos medievais. Embora haja acontecido, posteriormente, de vários modos, em diferentes países e em épocas diversas — nos EUA, por exemplo, não se pode dizer que haja ocorrido uma forte colisão entre Igreja e Estado; enquanto a França aboliu tal enfrentamento simplesmente mediante uma revolução e na Inglaterra, por sua vez, ainda opera uma Igreja estatal, paralelamente a um grande número de igrejas não estatais —, o resultado, no entanto, tem-se mostrado quase sempre similar. Outros pensamentos e opiniões disputam atenção no mercado ideológico, e o cristianismo organizado pouco tem a dizer no tocante a negócios do Estado ou à vida pública em geral. Contudo, muito se deve ao estímulo ou apoio do cristianismo à moderna história das ideologias políticas, assim como à da ciência contemporânea, indústria, educação, arte e comércio, embora essas atividades operem geralmente sem nenhuma referência aos valores e às práticas cristãs.

Em segundo lugar, a secularização frequentemente se refere ao modo com que a sociedade moderna, em contraste com anteriores, orientadas de uma forma mais religiosa ou transcendental, volta-se mais, ou preferencialmente, para preocupações puramente materiais ou temporais. Max Weber* aponta para a mentalidade racional e calculista como típica do capitalismo e da burocracia modernos, sugerindo que sua consequência foi a do "desencanto" do mundo. As pessoas perderam o seu sentido de valor, contrição e adoração religiosos. A previsão e o planejamento tomaram o lugar da fé, da oração e da esperaça na providência divina.

Essa dimensão da secularização representa, de fato, um aspecto da maneira pela qual a sociedade atual se encontra organizada (quem necessita, por exemplo, de uma oração de Ana quando se podem adotar meios científicos de indução à fertilidade?). Mas pode resultar também de outra dimensão: a secularização como política consciente. Desde o Iluminismo*, a ideia de "racionalismo" tem sido colocada contra a de "religiosidade", gerando o tipo de hostilidade "ciência *versus*

SECULARIZAÇÃO

fé". Melhor chamada de "secularismo", essa atitude teve certamente um impacto sobre o movimento e o padrão da secularização.

Contudo, muito embora os cristãos possam considerar o secularismo, com razão, como seu adversário, a secularização em si, como tal, não o é propriamente. A confusão, no entanto, surge de outra conotação: a da secularização como a "mundanidade" *dentro* da Igreja. O cristão, sentindo-se hoje culturalmente "isolado" dentro da sociedade por causa da separação entre Igreja e Estado, mas tendo, mesmo assim, grande parte de sua existência imersa, dia e noite, em contextos onde a comparação custo-benefício e o relógio governam impiedosos e supremos, busca conduzir sua vida de modo não muito diferente do que o faz o mundo "secular". O "sal da terra" se torna, desse modo, um tanto insípido, ao se misturar de forma inócua e sem efeito com as coisas do mundo que o rodeiam. Se a separação entre religião e sociedade dá surgimento a um sentimento de que o cristianismo nada tem a dizer além da salvação individual, sem que haja uma cosmovisão distintiva que afete as formas seculares de educação, política ou negócios, a secularização, nesse sentido, é na verdade corrosiva e altamente prejudicial ao cristianismo.

Alguns teólogos (*e.g.*, J. A. T. Robinson*, Harvey Cox (n. 1929), R. Gregor Smith (1913-68), no entanto, chegaram a turvar as águas da secularização na década de 1960, ao argumentar que a secularização realmente expressa a verdade cristã. Para isso, lan-çaram mão de alguns pronunciamentos de Dietrich Bonhoeffer*. Sob o aspecto de que essa ênfase sublinhava a necessidade da tarefa humana de explorar responsavelmente a criação *sob Deus* (tal como, por exemplo, a ciência anteriormente, sob o encorajamento puritano, *dessacralizara* a natureza; ver Ciência e Teologia*), este é um ponto de vista válido e sadio. Mas, em ideias como a do "homem que alcança a maturidade *[sic]* ", já um outro "programa" ocupa sua mente. O desencanto do ser humano e a preocupação com os afazeres puramente temporais, com os quais a Igreja deveria se acomodar e ficar impassível, são inocentemente oferecidos como se fossem um Cavalo de Tróia teologicamente abençoado.

Nos meados do século XX, cientistas sociais prediziam ousadamente a morte da religião cristã, geralmente referindo-se a um declínio na adesão às instituições religiosas como evidência de sua "secularização". E, no entanto, embora pareça que uma menor adesão seja expressa hoje em dia, e a força do cristianismo tradicional na Europa e nos Estados Unidos tenha se tornado menos fácil de se aferir desde o advento de novos movimentos como os de "células" ou "igrejas domésticas", manifesta-se claramente uma robusta renovação até em determinados setores antes considerados mais "conservadores". Considere-se nesse contexto o tremendo crescimento da Igreja americana na área da costa do Pacífico, assim como da Igreja evangélica mundial em inúmeros países de todos os continentes, inclusive o soerguimento cristão em países

911 SEITAS

antes sob o domínio da Cortina de Ferro, e o quadro está longe de ser sombrio.

Até mesmo onde o declínio da Igreja possa ter parecido alguma vez se manifestar em razão da secularização, isso não chegou a significar a morte de toda preocupação religiosa ou sacra. Novos movimentos religiosos têm proliferado no Oriente e no Ocidente, e muitos ainda orientam sua vida por um resíduo de crença pré-cristã, relegada que foi pelos aspectos mais evidentes da secularização, e, como seria de esperar, muitos itens da vida temporal recebem uma importância sagrada, tornando-se símbolos culturais que dão significado divino à vida. "Secularização", enfim, nada explica; o termo, na verdade, nos indica um grande número de temas relacionados tanto à religião quanto à sociedade. O pluralismo, o deslocamento da "religião" para as esferas particulares da vida, o "encalhamento" persistente da Igreja nas margens sociais, até mesmo a criação de novas "ídolatrias", são alguns deles intimamente ligados à secularização.

Bibliografia

O. Chadwick, *The Secularization of the European Mind in the Nineteenth Century* (Cambridge, 1975); O. Guinness, *The Gravedigger File* (London, 1984); P. Hammond (ed.), *The Sacred in a Secular Age* (Berkeley, CA, 1985); D. Lyon, Secularization: The Fate of Faith in Modern Society? *Them* 10:1 (1984), p. 14-22; *idem*, Rethinking Secularization: Retrospect and Prospect, *Review of Religious Research* 26:3 (1985), p. 228-243;

idem, The Steeple's Shadow: the Myths and Realities of Secularization (London, 1985); D. Martin, *A General Theory of Secularization* (Oxford, 1978); B. Wilson, *Religion in Sociological Perspective* (Oxford, 1982).

D.L.

SEITAS. Grupos religiosos, distintos das principais denominações cristãs, as quais, basicamente, aceitam os credos ortodoxos* (ver Sociologia da Religião*). Pessoas que adotem ideias não ortodoxas acerca da Trindade* e da encarnação* e que venham a atrair um conjunto de adeptos do mesmo pensamento podem formular suas crenças e realizar seus cultos de adoração como uma seita.

É inteiramente impossível listar as inumeráveis seitas ditas cristãs e suas ramificações que existem atualmente (e frequentemente referidas como "cultos"), mas pode-se procurar classificar algumas das principais, com base em sua fonte de autoridade e sua posição em relação à Trindade e à encarnação de Cristo, quer sejam seus padrões religiosos e/ou morais aproximados do ideal cristão quer não. Teremos assim premissas sobre as quais podemos discutir nossas diferenças. Admitir ser correta a maior parte de suas crenças significaria acreditar que Deus teria permitido então que a Igreja cristã, como a conhecemos, tivesse laborado em erro fundamental por dois mil anos, para depois levantar o testemunho verdadeiro a respeito do Filho. Mas que testemunho poderia ser esse, dos muitos e os mais variados que as diversas seitas ou cultos proclamam?

SEITAS

1. A Bíblia como única autoridade, mas reinterpretada de forma nova

Testemunhas de Jeová. Sustentam que a Bíblia, tal qual a que lemos e examinamos, na qual cremos, da qual aprendemos e pela qual nos orientamos, não ensina a plena divindade de Jesus Cristo. Mediante textos especialmente escolhidos, adotam o pensamento da heresia ariana* de que Cristo foi o primeiro ser criado e que ele não é o mesmo Jeová, ou Javé, eterno. As interpretações que dão das Escrituras e suas regras de vida são prescritas a partir de sua sede, nos Estados Unidos. A organização foi fundada por Charles Taze Russel (1852-1916).

Cristadelfianos. Grupo que teve origem com o inglês dr. John Thomas (1805-1871), mas cujo sucessor, Robert Roberts, foi quem lhe atribuiu o lema, do título de um livro de sua autoria, *Christendom Astray from the Bible* [*A cristandade afastada da Bíblia*]. Creem que o Filho veio à existência somente quando a Virgem Maria* deu à luz Jesus. Anteriormente, ele existia potencialmente na vontade divina. Após a ressurreição, sua humanidade foi transformada em divindade.

2. A Bíblia e mais outra revelação escrita, adicional

Mórmons (Igreja de Jesus Cristo dos Santos dos Últimos Dias). Esta organização foi fundada pelo norte-americano Joseph Smith (1805-1844), asseverando haver traduzido o chamado *Book of Mormon* [Livro de Mórmon], de placas douradas, escritas em egípcio antigo, que lhe fora revelado. Mais tarde, Smith produziu dois outros livros, que afirmou serem inspirados, *Doctrines and Covenants* [Doutrinas e Pactos] e *Pearl of Great Price* [Pérola de Grande Preço]. Seus livros utilizam por vezes linguagem ortodoxa, mas ensinam que Deus tem um corpo físico. Todos os seres humanos, incluindo Jesus Cristo, foram gerados por Deus no começo, antes de nascer na terra. Jesus se tornou Deus, e nós também podemos nos tornar deuses.

Ciência Cristã. Este grupo considera, além da Bíblia, o livro *Science and Truth with Key to the Scriptures* [Ciência e verdade, com chave para as Escrituras] como supremamente normativo, devendo ser lido, juntamente com textos bíblicos, em seus cultos. A obra foi escrita pela fundadora da Ciência Cristã, Mary Baker Eddy (1821-1910). A Trindade é ali sumarizada como: Deus, o Pai-Mãe; Cristo, a ideia espiritual de filiação; divina ciência ou o Confortador Santo. Uma de suas crenças básicas é que o espírito e a matéria são tão opostos que não podem coexistir. Consequentemente, a matéria, a doença e, até mesmo, o pecado são erros da "mente mortal". Afirma que "Jesus é o nome do homem que, mais do que todos os outros homens, apresentou o Cristo, a verdadeira ideia de Deus." Em sua ascensão, "o humano, o conceito material, Jesus, desapareceu, enquanto o eu espiritual, o Cristo, continua a existir".

3. A Bíblia com interpretações ditas sobrenaturais, ou visionárias

Swedenborguianismo. Emanuel Swedenborg (1688-1772), cientista, filósofo e visionário, não fundou propriamente um culto ou uma

SEITAS

igreja; seus seguidores é que formaram a Sociedade Swedenborg e a Igreja Nova (Jerusalém). Ele tinha visões de anjos e de pessoas que haviam morrido, mas afirmava que suas revelações da verdade espiritual procediam somente de Deus. Para ele, há um Deus, com três essências, correspondentes a alma, corpo e ação no homem. Na encarnação, o único ser divino tomou o humano para si e, por fim, na cruz, seu ser humano se tornou divino. Swedenborg nega a expiação vicária e a justificação pela fé. A salvação vem por meio de uma vida vivida de acordo com o amor. As Escrituras são interpretadas segundo sua correspondência com verdades espirituais interiores. Os livros bíblicos que, para ele, careciam de "sentido interno" foram por ele rejeitados, *i.e.*: Crônicas, Cântico dos Cânticos, Atos e todas as Epístolas.

Antroposofia. Fundada por Rudolf Steiner (1861-1925), cientista austríaco com dons visionários, tem atraído alguns cristãos pela centralidade que dá a Jesus Cristo e sua crucificação, assim como ao Cristo cósmico como Senhor do universo. Crê em Deus Pai e em Deus Espírito Santo, mas concentra seu pensamento na união com Cristo. Acredita em muitos renascimentos (ver Metempsicose*) para as pessoas comuns, mas a alma pura, nascida de Jesus, será guardada intacta por todas as eras. No batismo de Jesus, o Cristo divino se uniu com sua alma humana, passando a libertar a humanidade da escravidão dos poderes do mundo espiritual maligno. Steiner difere, porém, dos teosofistas, aos quais esteve antes associado, que postulam várias reencarnações para Jesus Cristo, sem elevá-lo acima do plano humano.

Moonismo (Igreja da Unificação). A interpretação que dá da Bíblia é guiada pelos ensinos de seu fundador, Sun Myung Moon (n. 1920), que, segundo ele, foram recebidos em uma série de visões em que ele foi chamado a completar a obra, ainda não acabada, de Jesus Cristo. Esses ensinos foram estabelecidos em sua obra *The Divine Principles* [Princípios divinos], em que afirma ser Jesus "um homem em quem Deus está encarnado. Mas ele mesmo [Jesus] não é Deus". Jesus começou a realizar a salvação espiritual para a humanidade, mas, por deixar de casar e criar uma família, ele não realizou a salvação total, física, que espalharia mais e mais pessoas e famílias perfeitas por todo o mundo.

4. Outros grupos

Igreja da Cientologia. A cientologia é uma filosofia religiosa e religião interdenominacional. A filosofia começou a ser divulgada em 1952 por seu sutor, o escritor e filósofo norte-americano L. Ron Hubbard (1911-1986). Sustenta que os seres humanos são intrinsecamente espirituais e dotados de capacidade e beneficência ilimitadas. A Igreja da Cientologia foi formada por cientologistas em 1954.

Espiritualismo. Há diversos grupos espiritualistas, com crenças variadas. Os comunicadores espirituais falam com vozes diferentes, mas nunca com a confiante alegria da presença de Cristo que encontramos no NT. Alguns negam a verdade da divindade e do sacrifício expiatório de Jesus Cristo. Aqueles

SEMIPELAGIANISMO

que se congregam como igrejas têm elevado respeito por Jesus como líder, mas, em se tratando de sua divindade, nem sempre estão dispostos a declará-la real.

Ver também Novas Religiões.

Bibliografia

M. C. Burrell, *The Challenge of the Cults* (Leicester, 1981); *idem, Wide of the Truth: A Critical Assessment of the Mormon Religion* (London, 1972); *idem*, livretos: *Learning About the Mormons*; *Jehovah's Witnesses; The Unification Church (the Moonies)* (Oxford, 1983); M. C. Burrell & J. Stafford Wright, *Some Modern Faiths* (Leicester, [2]1983), repr.: *Today's Sects* (Grand Rapids, MI, 1983); Horton Davies, *Christian Deviations* (London, [3]1972); A. A. Hoekema, *The Four Major Cults* (Exeter, 1964) (incl. Christian Science, Jehovah's Witnesses, Mormons); J. Stafford Wright, *Understanding the Supernatural* (London, [2]1977).

J.S.W.

SEMIPELAGIANISMO. Amplo movimento monástico de reação contra os ensinos antipelagianos* de Agostinho* — mais corretamente, contra o chamado semiagostinianismo, pois surgiu depois do século XVI.

A denominada "revolta dos mosteiros" teve origem, na verdade, em 427, na África romana, contra as obras de Agostinho *Graça e livre-arbítrio* e *Correção e graça* e como resposta às críticas de sua *Carta 194*. Quando Agostinho soube da dissensão monástica no sul da Gália, onde o ensino de João Cassiano difundia um otimismo origenista* (*cf*. P. Munz em *JEH* 11, 1960, p.

1-22), escreveu *A predestinação dos santos* e *O dom da perseverança*. A controvérsia continuou após sua morte (430), entre o seu crítico mais forte, Vincent de Lérins (ver Catolicidade*), cuja famosa obra *Comunitório* implicitamente acusa a doutrina agostiniana de "não católica", e Próspero de Aquitânia (*c.* 390-*c.* 463), seu incansável defensor. Mais tarde, Fausto de Riez (*c.* 408-*c.* 490) e Fulgêncio de Ruspe (468-533) representariam essas duas posições.

Em 529, sob convocação do bispo Cesário de Arles (*c.* 470-542), reuniu-se o Segundo Concílio de Orange, que condenaria as doutrinas semipelagianas (e pelagianas) e endossar uma teologia agostiniana devidamente qualificada. As decisões do concílio, compiladas parcialmente por Cesário da defesa de Próspero sobre Agostinho, rejeitavam a predestinação* para o mal, afirmavam que, com a graça* de Deus, podemos cumprir sua vontade e silenciava sobre questões como a da graça irresistível, a do destino das crianças não batizadas e da maneira de transmissão do pecado original.

O ponto inicial de diferença entre as doutrinas referia-se ao "início da fé"*. Os críticos de Agostinho insistiam em ser esse um ato da liberdade humana, sem nenhuma ajuda, embora a graça fortalecesse de imediato a fé incipiente. Agostinho sustentava que "a vontade é preparada pela graça preveniente de Deus somente". A investida de caráter pelagiano se estendia contra a "cota fixa" agostiniana, limitada somente aos predestinados à salvação e que recebiam essa graça, com o abandono do restante

SENSO COMUM, FILOSOFIA DO

da "massa perdida" de pecadores, destinada à justa condenação; e também contra a irresistibilidade da graça pelos eleitos e a perseverança* infalível destes até o fim. Era feita também objeção à negação de Agostinho de que Deus "desejava que todas as pessoas fossem salvas", ponto que até mesmo Próspero mais tarde abandonou.

Esse antiagostinianismo surgiu, em parte, de uma espiritualidade cultivada nos mosteiros, pela preocupação de que o fatalismo não viesse a encorajar a letargia (*accidie*) monástica e tornasse sem sentido a repreensão e a exortação, para não dizer a oração e a evangelização. Embora Agostinho temesse um recrudescimento do pelagianismo propriamente dito, os "semiagostinianos" reafirmavam o pecado original e a necessidade da graça para a salvação, embora buscando uma antinomia equilibrada entre a graça e a liberdade; rejeitavam usar do recurso aos conselhos ocultos de Deus na eleição e duvidavam que uma predestinação justa pudesse deixar de estar baseada na presciência.

As questões doutrinárias abertas naqueles anos vieram a reaparecer regularmente, especialmente nos séculos XVI a XVIII (ver Teologia Jesuítica*), bem como no incessante debate entre calvinistas* e arminianos*, no evangelicalismo moderno.

Bibliografia

Obras de Próspero, tr. P. De Letter, *ACW* 14 (1952) e 32 (1963); P. Brown, *Augustine of Hippo* (London, 1967); N. K. Chadwick, *Poetry and Letters in Early Christian Gaul* (London, 1955); O. Chadwick, *John Cassian* (Cambridge, ²1968); G. Fritz, *in: DTC* 11 (1931), cols. 1087-1103; J. Pelikan, *The Christian Tradition,* 1: *The Emergence of the Catholic Tradition (100-600)* (Chicago, IL, 1971); G. Weigel, *Faustus of Riez* (Philadelphia, 1938); E. Amann, *in: DTC* 14 (1941), cols. 1796-1850; F. H. Woods, *The Canons of the Second Council of Orange* (Oxford, 1882).

D.F.W.

SENHOR, ver CRISTOLOGIA; DEUS; JESUS.

SENSO COMUM, FILOSOFIA DO. "Senso comum" é um nome genérico, atribuído a diversas posições filosóficas de anticeticismo, adotadas em resposta ao pensamento de Hume*, que enfatizava a importância filosófica das crenças de senso comum (por exemplo, a respeito da existência do eu, do mundo externo, do passado e de outras mentes), assim como ao senso comum como método de resolver disputas filosóficas. De forma menos destacada, o uso do senso comum pode ser considerado como um posicionamento dialético, que consiste em colocar sobre os próprios céticos o ônus da prova do seu ceticismo.

A filosofia do senso comum recebeu sua expressão e defesa mais capaz por parte de Thomas Reid (1710-1796), pensador teologicamente "moderado". Mas os princípios básicos da "filosofia escocesa do senso comum" foram adotados por numerosos teólogos evangélicos, particularmente os que receberam influência do Princeton College and Seminary [Universidade e Seminário de Princeton*], dos EUA, provavelmente por intermédio do

SER (EXISTÊNCIA)

escocês John Witherspoon (1722-1794). Foram esses princípios os propiciadores tanto da base epistemológica quanto ontológica da teologia natural e da ética filosófica dos referidos teólogos.

A filosofia do senso comum definhou em virtude de suas próprias dificuldades internas, particularmente pela falta de clareza do critério de senso comum; mas, de certo também, mais especialmente, sob o impacto do idealismo*. Tem desfrutado, no entanto, de um reavivamento nos dias atuais, por meio dos trabalhos de G. E. Moore (1873-1958), da linguagem comum usada por filósofos como J. L. Austin (1911-1960) e da epistemologia de R. M. Chisholm (1916-1999).

Bibliografia
R. M. Chisholm, *Theory of Knowledge* (Eaglewood Cliffs, NJ, [2]1977); J. McCosh, *The Scottish Philosophy* (London, 1875); G. E. Moore, *Philosophical Papers* (London, 1959). *Ensaios:* N. Wolterstorff & P. Helm, *in:* H. Hart *et al.* (eds.) *Rationality in the Calvinian Tradition* (Lanham, MD, 1983), p. 41-89.

P.H.

SER (EXISTÊNCIA). "Ser" ou "existência" é quase sempre a propriedade tida como a mais genérica de toda a realidade. O estudo do ser (ontologia) era uma questão primacial na filosofia grega. Considerando as diferenças entre o ser e o não ser e o ser e o vir a ser, Parmênides (515-450 a.C.) e Platão* definiram o puro ser ou a pura existência como aquilo que é imutável, eterno, inalterável, racional e único. Aristóteles*, por sua vez, estava mais interessado nas várias espécies de ser e na diversidade dos usos da palavra "é". A filosofia moderna oscila do idealismo* de Platão a Aristóteles na análise das diferentes espécies de ser. Problemas quanto à existência de entidades fictícias, ideias abstratas e objetos atemporais conduziram à distinção entre o "é" afirmativo e os de existência, classificação e identidade. Criticando as formas do argumento ontológico de Anselmo e Descartes, que argumentam pela existência de Deus com base na realidade do conceito de Deus, Hume*, Kant* e Bertrand Russell (1872-1970) negam que a existência seja um atributo, porque nada acrescenta à descrição de alguma coisa. W. O. V. Quine (1908-2000) desenvolve uma ideia da relatividade ontológica, levantando a seguinte questão: "A crença em determinada teoria nos compromete quanto à existência de que coisas?", e responde que "ser" é "ser o valor de uma variável".

O existencialismo* moderno enfocou a natureza do ser. Sartre separou o ser *en soi* (em si, o ser ou a existência de coisas inanimadas) do ser *pour soi* (por si, o ser ou a existência de pessoas). K. Jaspers separa o *Dasein* (o ser ou a existência comum) do *Existenz* (o ser ou a existência autêntica) e do ser (transcendente). Heidegger o segue e repete, com *Dasein*, *Ex-sistenz* e ser transcendente. O existencialismo está voltado para a distinção entre o ser ou a existência das coisas e a escolha autoconsciente da existência da humanidade, do próprio ser. Esse pensamento influenciou nitidamente a teologia moderna, e Tillich* tipifica tal impacto com sua descrição de Deus como existindo em si mesmo ou como a base da existência ou do ser. Isso parece constituir um retorno à antiga ideia grega do que seja imutável, impassível e eterno, e tem sido criticado pela filosofia e teologia do processo*, que argumenta que o vir a ser tem precedência sobre o ser e que Deus deve ser identificado com o processo da história e/ou natureza no mundo. Esse Deus é apresentado como um ser afetado pelo mundo, participando de seu sofrimento.

Não se encontra na Bíblia nenhuma tentativa de argumentar ou provar a existência de Deus. Seu ser é pacificamente aceito e presumido. É um Deus que se revela a si próprio, quem ele é e o que é. "Eu Sou o que Sou" (Êx 3.14). Não obstante, a existência do mundo e do ser humano não pode ser entendida ou explanada com propriedade, biblicamente, sem referência a Deus. É ele o Criador do mundo e da humanidade, que portam, consequentemente, as marcas desse seu Criador. Os eventos da história, segundo a Bíblia, devem ser entendidos à luz de Deus e de sua vontade para com o mundo e a humanidade. Jesus revela a natureza de Deus, ser de amor, e diz de si mesmo que "Quem me vê, vê o Pai" (Jo 14.9). Essa ideia de Deus não é a de um simples conceito, como argumenta Tillich, ou meramente idêntica à do mundo e da história, como sugere o pensamento do processo; mas, sim, a de um Deus ativo, dinâmico, criador, criativo e atuante, o Deus vivo de Abraão, Isaque e Jacó.

Bibliografia

M. Heidegger, *Being and Time* (London, 1962); J. Macquarrie, *God-Talk* (London, 1967); E. L. Mascall, *He Who Is* (London, 1943); J. Sartre, *Being and Nothingness* (TI, London, 1969, 1976); W. O. V. Quine, *Ontological Relativity and Other Essays* (New York/London, 1969).

E.D.C.

SESSÃO DE CRISTO, ver Ascensão.

SEXUALIDADE. A sexualidade humana é um conceito muito mais amplo do que propriamente a conduta sexual. Seu foco enquadra-se mais sobre o que são as pessoas do que sobre o que elas fazem.

Isso tem por base, claramente, a narrativa bíblica da criação*. Ali, a condição do homem e da mulher como seres sexuais está especificamente ligada à sua criação à imagem* de Deus (Gn 1.27). Biblicamente, portanto, a sexualidade é integrante da personalidade humana.

A doutrina da criação nas Escrituras sublinha também o valor relacional e o propósito da sexualidade. Em Gênesis 2, a mulher é criada como divina provisão à necessidade de relacionamento do homem (v. 18-25). Desse modo, embora a referência primacial, aqui, seja ao casamento, as expressões usadas para descrever o modo de o marido se relacionar com a esposa são aplicadas depois no restante da Bíblia a relacionamentos de caráter bem mais amplo. A expressão "osso dos meus ossos e carne da minha carne" é usada posteriormente, por exemplo, no AT, em forma similar ("sangue do meu [nosso] sangue"), como a referência de um homem à sua família ou como resposta das tribos de Israel ao seu líder

SEXUALIDADE

nacional (Jz 9.2; 2Sm 5.1). Já os fortes termos relativos a união ou inseparabilidade descrevem não somente a intimidade do marido com a esposa em Gênesis, mas, depois também, por exemplo, a afeição filial que uma nora sente por sua sogra a ponto de não querer dela se separar ou a sólida lealdade que um povo sente pelo seu rei (Rt 1.14; 2Sm 20.2). Embora não sendo de natureza sexual, a linguagem da Bíblia apresenta esses relacionamentos como que pertencendo, secundariamente, à mesma expressão referente à sexualidade.

As Escrituras são, portanto, predominantemente positivas no tocante à sexualidade. A teologia da criação declara firmemente a bondade do sexo, contestando qualquer ideal de caráter ascético* que pretenda negar seu valor (*cf.* Pv 5.18,19; Cântico dos Cânticos). O testemunho do NT do valor positivo da sexualidade é até mais impressivo do que o do AT: a alternativa ascética era abertamente propugnada em muitas das jovens igrejas às quais as cartas de Paulo se dirigiam; mas o apóstolo é, particularmente (a despeito de sua imagem de misógino), e de modo bastante lúcido, categórico em sua condenação aos que desprezam o casamento e em manter a afirmação de vida corporal com uma atitude positiva em relação ao sexo, de modo que não dê margem a abuso nem fuja do assunto (*cf.* 1Tm 4.1-5; 1Co 6.12-15; 7.3ss).

É tendo por fundo esse cenário que deve ser visto o veto da Bíblia da relação extramarital. Qualquer conduta que rompa os laços entre sexo, personalidade e relaciona-

mento equilibrado é sintomática de desordem. Além disso, a doutrina da criação era plenamente entendida nos tempos do NT como de limitação da legitimidade da relação sexual ao relacionamento permanente, exclusivo e heterossexual, característico do matrimônio. Daí, a proibição bíblica específica da prostituição, da relação sexual prémarital, do adultério e da conduta homossexual (1Co 6.13-18; Ef 5.3; 1Ts 4.3; Êx 20.14; Rm 1.26,27).

A história da Igreja, no entanto, denuncia uma atitude menos positiva desta quanto à sexualidade do que da própria Bíblia. A Igreja foi logo confrontada, em seus primeiros tempos, por poderoso dualismo* filosófico, que ensinava (dentre outras coisas) a superioridade da mente e do espírito sobre o corpo. Teologicamente, isso foi identificado como heresia e vigorosamente repudiado; mas sua influência sobre o pensamento cristão a respeito da sexualidade foi mais insidiosa do que se poderia esperar, e isso bem pouco antes, também, do idealismo ascético ter ganhado forte domínio sobre a conduta cristã. Com poucas exceções, os pensadores cristãos da patrística e da Idade Média condenaram o prazer sensual do intercurso carnal, mesmo do legítimo, como pecaminoso. Sua atitude para com o casamento era, em decorrência disso, na melhor das hipóteses, ambivalente. Por isso, certamente, consideraram o celibato como preferível — e obrigatório para o clero.

A atitude cristã em geral para com as mulheres, nessa época, revela posição semelhantemente negativa. Havia forte tendência em se culpar apenas ou principalmente

Eva pela queda do homem no pecado.

Os reformadores empenharam-se por restabelecer o equilíbrio. Com as suas Bíblias abertas, condenaram o celibato compulsório para o clero e sustentaram o casamento como dom de Deus, confirmado por sua palavra e salvaguardado pela autoridade de sua lei. Em seus escritos, ressaltam a ênfase bíblica sobre o aspecto relacional do casamento e da vida em família.

Os eruditos contemporâneos são praticamente unânimes em dar um lugar de honra aos valores relacionais da sexualidade. Não obstante, assumem posições as mais diversas no espectro amplo da opinião teológica, e suas conclusões a respeito da conduta sexual diferem, por isso, quase sempre, extremamente. Por um lado, os conservadores afirmam fortemente o aspecto relacional do sexo no casamento, sustentando com a mesma firmeza o veto bíblico sobre toda e qualquer relação extramarital. Já os situacionistas preferem não ver a necessidade de alguém se manter preso à ancoragem tradicional ou bíblica. Em sua visão, as exigências do amor relacional devem cancelar as regras ou os regulamentos, sejam eles guardados "como relíquia" na Bíblia "ou no manual do confessor" (J. Fletcher, *Situation Ethics* [Ética de situação], London, 1966, p. 18).

Conclusões tão divergentes são claramente discerníveis nos debates modernos a respeito de questões ligadas à sexualidade. Sobre divórcio e novo casamento, por exemplo, a principal divisão (embora não a única) ocorre entre aqueles que asseveram, com base na Escrituras ou na tradição, que o casamento é indissolúvel, e aqueles que creem que o divórcio "é o que Cristo recomendaria" (J. Fletcher, *op. cit.*, p. 133) quando um relacionamento de casamento se acha irremediavelmente rompido.

Discussões a respeito da homossexualidade mostram a mesma polarização. Aqui, as vozes das Escrituras e da tradição se juntam em uma condenação consistente de todos os atos homossexuais (*cf.* Lv. 18.22; 20.13; Rm 1.24-27; 1Co 6.9-10; 1Tm 1.9,0). Alguns estudiosos modernos, no entanto, defendem relacionamentos homossexuais estáveis e cheios de afeição com base em que o único critério básico pelo que se julga qualquer conduta sexual é o amor.

Discordâncias entre eruditos a respeito dos parâmetros de expressão sexual legítima salientam os diferentes modos de o "amor" ser definido e aplicado. A. Nygren*, em *Agape and Eros* [Agape e Eros], distingue *agapē* (amor como doação) de *erōs* (amor como posse). Sua tese, popularizada por C. S. Lewis* na obra *The Four Loves* [Os quatro amores] (Glasgow, 1960), é atacada como uma superpolarização. Não obstante, é altamente influente em expor a impropriedade de uma abordagem do *erōs* em uma sexualidade que vê um viciado em sexo, em vez de ver uma pessoa normal.

A Bíblia não ensina que o *agapē* suplanta o amor erótico. Mas ensina, bem claramente, que o erótico somente encontra realização no contexto de *agapē*. Assim, o teste do amor no casamento, de acordo com Paulo, é o relacionamento de

SIÃO

agapē entre Cristo e a igreja (Ef 5.22,23). Enquanto *eros* responde a alguma coisa amável, *agapē* cria e sustenta a capacidade de ser passível de ser amado (no caso do casamento) por "amar" qualidades latentes no parceiro.

Ver também ANTROPOLOGIA; TEOLOGIA FEMINISTA.

Bibliografia

J. Dominian, *Proposals for a New Sexual Ethic* (London, 1977); L. Smedes, *Sex in the Real World* (Tring, 1979); H. Thielicke, *The Ethics of Sex* (London, 1964).

D.H.F.

SIÃO. Tema sugestivo e evocativo nas Escrituras e na teologia cristã.

1. Antigo Testamento

Cidadela murada do reino de Davi, sua capital geográfica, política e econômica, Sião era, ao mesmo tempo, o lugar onde Deus vivia em sua "casa". Na história da salvação, essa pequena "Acrópole" ocupa uma posição proeminente por haver tornado como que visível o compromisso do pacto de Deus de viver entre seu povo e de ser Pai para a dinastia davídica. O nome "Sião" pode também personificar o povo de Jerusalém.

Três fatores contribuem para a linguagem usada a respeito de Sião: eventos formadores da experiência de Israel; palavras da promessa de Deus, apoiadas por milagres; e engajamento polêmico para com as teologias alternativas das cidades/ templos de Canaã e Babilônia.

a. Eventos formadores

A captura de Jerusalém por Davi, tirando-a das mãos dos jebuseus;

a transferência para ali da arca da aliança; a experiência de império dominador e tributador durante a monarquia unida; a inauguração da adoração no templo no reinado de Salomão; o cerco e a retirada de Senaqueribe de Jerusalém; a destruição da cidade e do templo por Nabucodonosor e sua reconsagração pós-exílio ao tempo de Oseias e Zacarias — tudo isso deixaria sua marca nos livros históricos, salmos e profecias.

b. Palavras da promessa

As escolhas que Deus faz de Sião e da dinastia de Davi estão conectadas entre si nos Salmos 2 e 132, refletindo um oráculo dado por meio do profeta Natã (2Sm 7.11-16). Milagres espetaculares marcam Sião como lugar escolhido para entrar na presença do Rei celestial. Fogo do céu sobre o altar de oferta queimada estabelecido por Davi na eira de Araúna (1Cr 21.26) e fogo e glória teofânicos* quando Salomão instala a arca da aliança no Santo dos Santos e dedica o templo (2Cr 5.13-14; 7.1), tais as manifestações que se encontram por trás da radiante poesia com que a posição de Sião é celebrada nos salmos e na profecia escatológica.

A multidão de ideias teológicas associadas a Sião encontra expressão em citações paralelas. É "a Cidade de Davi" (2Cr 5.2); "a cidade de Deus" (Sl 46.4); Seu "santo monte", "belo e santo monte" (Sl 2.6; Dn 9.16; 11.45); Sua "habitação", "lugar de descanso" (Sl 132.13,14); "santa cidade" ou "cidade santa" (Ne 11.1; Is 48.2; 52.1).

c. Engajamento polêmico

Por ser o monte Sião uma colina pequena, comparada com elevações

SIÃO

conhecidas como a alta e nevada montanha do Líbano, há, na verdade, mais exagero em sua descrição como monte do que propriamente na experiência de peregrinos em "subir o monte do Senhor" e "entrar no seu Santo Lugar" (Sl 24.3) por ocasião das festas sagradas. O simbolismo espacial da altura é dramaticamente explorado tanto pelo salmista (Sl 48) quanto pelo profeta (Is 2; Mq 4). Para eles, Sião é proeminente em toda a terra.

Já os textos referentes a Baal localizam seu palácio mítico no topo do monte Zafom, seu "lugar escolhido" e "montanha da vitória", de onde sua voz troveja, colocando seus inimigos em fuga. Por isso, o Salmo 48 claramente assevera a supremacia do monte Sião, promovendo a realeza verdadeira de Javé contra as crenças cananitas a respeito de Baal. Do mesmo modo, o Salmo 46 afirma que Javé governa o cosmo e as nações desde "a cidade de Deus", com suas correntes de águas (cf. Ez 47.1), contestando as alegações cananitas do governo de El desde seu templo na montanha, na nascente dos dois rios. "A cidade do grande Rei" (Sl 48.2) no centro da terra prometida simbolizava as vitórias históricas de Javé como guerreiro cósmico (Êx 15; Jz 5; cf. Is 49; 51—52; 60—63). Percorrer Sião, contornando-a, inspecionar suas torres, muralhas e fortificações (Sl 48.12ss) significava o fortalecimento da fé, um profundo sentido de segurança, a identidade nacional e o desfrutar da presença de Deus. Mas a adoração a Baal e a negligência a um relacionamento pactual correto com Deus trouxeram sobre Sião falsa segurança e o juízo divino (Jr 7).

Isaías 40—55 proclama o retorno de Javé a Sião após o exílio de Judá. Inscrições reais neobabilônicas mostram que Nabucodonosor, seu pai e seus sucessores viam Babilônia como o centro cósmico do império global do criador-guerreiro Marduque, com riquezas de tributos derramando-se sobre ela. As profecias a respeito de Sião em termos nacionais e políticos (e.g., Is 24; 45.14ss; 49.22ss,51,54,60ss) podem ser mais bem interpretadas como uma teologia contestadora e contextualizada, que afirma a realeza do Deus de Israel em Sião, em franca oposição a todas as alegações em contrário.

2. Novo Testamento

O NT descreve Sião em termos não mais que de uma estrutura étnica, territorial e econômica do reino de Davi. Em lugar do templo físico e da cidade santa destinados a tornar visível a realidade do reino de Deus, existe agora Jesus, o Filho de Deus (cf. Jo 4.20ss). De modo que, ao passarem a participar do novo pacto, os crentes já se uniram aos adoradores celestiais e "chegaram ao monte Sião, à Jerusalém celestial, à cidade do Deus vivo" (Hb 12.22; cf. Ap 14.1).

Não há mais cidade sagrada, santuário ou lugar sobre a terra que dê acesso à presença de Deus, como era a Sião do AT. Embora Paulo anteveja a conversão final dos judeus, porque "virá de Sião o redentor" (Rm 11.26), o NT não se refere a Sião como templo terreal reconstruído, nem capital do mundo ou centro de uma ideologia nacional. Ao considerar a escatologia de Sião do AT de maneira literal, a teologia dispensacionalista*, ao que tudo

SIBBES, RICHARD

indica, interpreta erroneamente seu simbolismo poético, seu contexto polêmico e sua releitura via Jesus e o NT. "A Jerusalém celestial" e todas as formas de sionismo terreno não têm continuidade no NT.

Bibliografia
W. D. Davies, *The Gospel and the Land* (London, 1974); B. C. Ollenburger, *Zion, the City of the Great King* (Sheffield, 1986); J. D. Pentecost, *Things to Come* (Grand Rapids, MI, 1958).

D.C.T.S.

SIBBES, RICHARD, ver Teologia Puritana.

SÍMBOLO. Um símbolo tem as características de um sinal: significa, aponta, indica; em resumo, representa alguma coisa. A característica principal de um símbolo, contudo, é que ele traz consigo, juntos, os diversos aspectos do significado daquilo que representa, concentrando-os ou resumindo-os de maneira fértil. Um simples sinal pode funcionar desse modo, desde que sirva, e.g., como símbolo ou prodígio.

Desse modo, as afirmações dos credos e das confissões podem ser consideradas "símbolos", pois resumem de maneira fecunda as crenças de um grupo confessional, significando-as na totalidade e comprimindo-as em um pronunciamento breve. Um símbolo geralmente contrasta, com o que representa, como símbolo da realidade. As ocorrências na dispensação do AT, observadas sob um ponto de vista da revelação final no NT, são símbolos. Prefiguram aquilo que está por vir, a realida-de da salvação em Jesus Cristo, antecipando-a.

A ideia de símbolo tem ganhado destaque no pensamento moderno. Em psicologia, o estado consciente é considerado simbólico de forças irracionais mais profundas; sistemas econômicos, como símbolos da luta de classes; as diversas facetas de uma sociedade são vistas como símbolos do espírito dessa sociedade. Na teologia contemporânea, fala-se em "símbolo infundado", *i.e.*, um símbolo que não tem uma referência que se possa distinguir nele; bem como, presume-se que a realidade suprema somente possa ser discernida mediante símbolos. De acordo com determinadas ideias da filosofia cristã, a simbologia está limitada ao cosmo criado, não devendo ser confundida com a indicação (o significado) que caracteriza a criação, como um todo, em sua carência de autossuficiência em relação ao seu Criador.

Bibliografia
E. Bevan, *Symbolism and Belief* (London, 1938); F. W. Dilistone, *Christianity and Symbolism* (London, 1958); E. L. Mascall, *Theology and Images* (London, 1953); K. Rahner, Theology of the Symbol, *Theological Investigations*, vol. 4 (London, 1966), p. 221-252.

R.D.K.

SIMEÃO, ver Macário.

SIMEÃO, O NOVO TEÓLOGO, ver Teologia Ortodoxa Oriental.

SINCRETISMO. O termo foi primeiramente usado por Plutarco (c. 50-c.125), referindo-se à capacidade das diferentes facções de guerra de Creta de se unirem contra um inimigo comum. Já no século XVII, foi aplicado àqueles que, como George Calixto (1586-1656), procuravam uma unidade entre as diversas denominações protestantes. Dois séculos depois, o termo era adotado pela escola da história das religiões para descrever qualquer que fosse o resultado da fusão de duas ou mais religiões. O siquismo, por exemplo, que é uma fusão de hinduísmo e islamismo, poderia ser, desse modo, considerado como um sincretismo, ou uma religião sincrética. Eruditos bíblicos dessa escola argumentam que tanto a religião do AT quanto a do NT seriam sincréticas nesse sentido: a religião do AT seria uma fusão das religiões babilônia e hebraica (Hermann Gunkel, 1862-1932) ou fenício-cananita e hebraica (Ivan Engnell, 1906-64), enquanto a do NT teria resultado de fusão do judaísmo helênico com a primitiva religião de Jesus (Bultmann*).

O termo é ainda empregado em sentido mais amplo, referindo-se ao processo de captação por uma religião de elementos de outra, de tal modo que não mude o caráter básico da religião que os obtém. É questionável, porém, se tal definição ampla seja útil, visto que, de certo modo, ela tende a considerar toda e qualquer religião, em maior ou menor grau, como sincrética.

Bibliografia
H. Ringgren, The Problems of Syncretism, in: S. Hartman, *Syncretism* (Stockholm, 1969).

D.A.Hu.

SINERGISMO, ver Vontade.

SINGULARIDADE DE CRISTO. Não é somente no sentido subjetivo de lealdade pessoal que o cristão confessa que "Jesus é Senhor" (1Co 12.3), pois ele crê que Cristo é, de fato, Senhor do mundo todo, reconheçam-no as demais pessoas ou não. É bem verdade que, falando de modo estrito, todo indivíduo é "singular"; mas, no sentido usual do termo, ou seja, "sem semelhança", refere-se, legitimamente, tão somente a Jesus.

Jesus foi singular em seu ensino, com suas parábolas incomparáveis e seu conhecimento íntimo tanto de Deus como da natureza humana, tanto quanto na influência que vem exercendo em toda a humanidade, no decorrer de todos esses séculos. Foi singular, ainda, em sua vida e caráter, acima de tudo como "homem de dores" e por sua compaixão infinita pelos pobres, desprezados e pecadores. Jesus foi singular na combinação perfeita de humildade pessoal e bondade com uma autoridade apropriada somente a Deus. Além de tudo, de ninguém mais poderiam seus mais íntimos amigos testificar que "ele não cometeu pecado algum", ou que "nele não há pecado" (1Pe 2.22; 1Jo 3.5).

Contudo, foi sua ressurreição* dentre os mortos o que, sem dúvida, mais compeliu seus seguidores, conquanto convictos e fiéis monoteístas que eram, a se sentirem firmes em adorá-lo, em orar a ele e aplicar à sua pessoa algumas das grandes afirmações monoteístas do AT, que originalmente se referiam somente ao Deus do pacto com Israel. De fato, sua ressurreição não foi a ressuscitação de um cadáver, mas a transformação de um corpo

SÍNODO DE DORT

humano sem vida em um corpo espiritual. Isso fica bastante claro não somente nas narrativas dos Evangelhos a respeito do sepulcro vazio e de seus aparecimentos após a ressurreição, mas também nos textos das epístolas (cf. Rm 6.9; 1Co 15.42-49; Fp 3.21).

O fato de que Deus o havia ressuscitado dentre os mortos não somente confirmou aquilo em que os discípulos já previamente criam (que Jesus era o Cristo), mas acrescentou uma dimensão totalmente nova para a visão que eles tinham do termo "Messias". Foi a ressurreição, também, que lhes provou que sua morte, "crucificado em fraqueza" (2Co 13.4), não constituíra simplesmente o martírio de um justo reformador, mas, muito mais que isso, um sacrifício* expiatório* dos pecados do seu povo. Aquele que não tinha pecado "Deus tornou pecado [ou oferta pelo pecado] por nós", para que "nele nos tornássemos justiça de Deus" (2Co 5.21). A asserção de que "não haveria outro valor suficiente para pagar o preço do pecado", embora verdadeira, é inteiramente inapropriada; porque é impensável que Deus fosse permitir que alguém que não passasse de um simples ser humano maravilhoso portasse "em seu corpo os nossos pecados sobre o madeiro" (1Pe 2.24). Nem teria sido possível a Paulo afirmar que "Deus demonstra o seu amor por nós: Cristo morreu em nosso favor quando ainda éramos pecadores" (Rm 5.8), se não tivesse havido uma identidade básica entre o Pai que enviou e o Filho que morreu.

É à luz de sua vida, morte e ressurreição que deveríamos ver sua concepção ou seu nascimento singular. Disso os Evangelhos dão testemunho inequívoco, embora, aparentemente, não fosse parte da "proclamação" apostólica. Conquanto a mitologia pagã esteja cheia de lendas de heróis nascidos como resultado da relação entre um deus e uma mulher, é igualmente verdadeiro que "a mente judaica (e Mt 1 e Lc 1 são intensamente judaicos) teria ficado revoltada pela ideia de uma relação física entre um ser divino e uma mulher" (Richardson). Seu nascimento virginal é, além disso, inegavelmente consentâneo com a preexistência de Cristo (Jo 8.58; 17.5; Fp 2.6,7).

Bibliografia

J. N. D. Anderson, *Christianity and World Religious: The Challenge of Pluralism* (Leicester, 1984); *idem, Jesus Christ: the Witness of History* (Leicester, 1985); S. Neill, *The Supremacy of Jesus* (London, 1984); A. Richardson, Virgin Birth, *in:* Richarson (ed.), *A Dictionary of Christian Theology* (London, 1969); H. H. Griffith Thomas, *Christianity is Christ* (London, 1925).

J.N.D.A.

SÍNODO DE DORT. Reunião dos representantes da comunidade reformada* internacional, com a intenção de resolver dificuldades doutrinárias que haviam surgido na Holanda no começo do século XVII. Realizou-se em 1618-1619, a convite do governo holandês, com a presença de 62 representantes das províncias batavas e 24 delegados estrangeiros.

Considerável dissensão havia surgido naquele país, no começo do referido século, a respeito do entendimento da soberania divina*.

SÍNODO DE DORT

Foi centro do ensino de Armínio* durante certo período e continuou sendo até mesmo após sua morte. Em 1610, um documento foi emitido, conhecido como *Remonstrance* [Protesto], por aqueles que não concordavam com a doutrina calvinista tradicional, que afirmava: 1) A eleição de Deus é baseada em sua previsão de fé* e perseverança* do crente, assim como a reprovação em sua previsão da incredulidade. 2) A intenção da obra redentora de Cristo foi a salvação de todos os seres humanos, mas o perdão é realmente dado somente aos que creem. 3) A humanidade decaída é incapaz de qualquer bem, especificamente da fé salvadora, exceto por intervenção do Espírito Santo*. 4) Embora a graça* seja necessária para todo o bem, não é irresistível. 5) A questão da perseverança deve ser mais cuidadosamente estudada a partir das Escrituras* antes que qualquer conclusão firme possa ser alcançada.

Uma série de convenções, notadamente em Hague (1611) e em Delft (1613), não resolveu as questões. Buscou-se a solução, assim, em uma grande reunião, em que não apenas a Igreja Reformada Holandesa, mas a comunidade reformada internacional, fosse devidamente representada. As questões foram consideradas na mesma ordem dos assuntos expostos na *Remonstrance*, com o terceiro e o quarto pontos sendo debatidos em conjunto. Todavia, os signatários daquele documento não tiveram nenhuma participação nas deliberações; foram vistos mais como acusados de heresia e sujeitos a julgamento do que como membros do sínodo. As conclusões do conclave foram estabelecidas num documento que ficou conhecido como Cânones de Dort, que consistiam em quatro capítulos, constituídos de uma série de artigos e uma rejeição de erros. Os capítulos se relacionavam, respectivamente, a: predestinação* soberana; expiação definida*; depravação total (ver Pecado*) e graça eficaz; e perseverança de Deus para com os santos. Foi a partir desse documento que surgiu a articulação calvinista de cinco pontos.

A despeito de divergências entre os delegados, particularmente quanto ao segundo ponto, foi geral a aprovação dos cânones, por vezes adaptados de modo que acomodasse certas diferenças de ênfase. Acredita-se que a rejeição dos erros, especialmente, incorporasse forte repúdio ao arminianismo. Os cânones completos, incluindo rejeição de erros, foram aprovados como uma declaração de fé da Igreja Reformada da Holanda, exigindo-se que todos os seus ministros passassem a subscrevê-la. Essa exigência funciona até hoje na Holanda e nas igrejas reformadas de origem holandesa na África do Sul e nos Estados Unidos; mas, em 1620, no Sínodo Nacional de Alais, os pastores reformados franceses foram chamados a subscrever os cânones.

Os que se opõem às conclusões de Dort são quase unânimes em que o sínodo foi excessivamente rigoroso para com os líderes arminianos e suas ideias e que os cânones incorporam uma forma escolástica de doutrina estranha às Escrituras. Aqueles que os aprovam, geralmente, julgam que o consenso reformado sobre esses

SOBERANIA DE DEUS

tópicos difíceis foi expresso de uma maneira própria e equilibrada e que o doloroso desvio da época foi repelido pelo menos por um século no pensamento reformado. A história subsequente dos arminianos na Holanda e a direção tomada pelos grupos arminianos desde então tendem a confirmar essa opinião entre os calvinistas tradicionais, embora alguns pensem que, se os líderes arminianos tivessem sido tratados amigavelmente em Dort e posteriormente, não teriam certamente se movido tão rapidamente para as posições que ocuparam de oposição completa à ortodoxia reformada.

Bibliografia

P. Schaff, *Creeds of Christendom* (New York, 1919) (com TI moderna existente na *Acta* do sínodo de 1985 da Igreja Cristã Reformada); P. Y. DeJong, *Crisis in the Reformed Churches* (Grand Rapids, MI 1968); W. R. Godfrey, *Tensions within International Calvinism: The Debate on the Atonement at the Synod of Dort, 1618-1619* (Tese de PhD, Stanford, 1974); Godfrey & J. L. Boyd III (eds.), *Through Christ's Word* (Phillipsburg, NJ, 1985), p. 121-148; J. I. Packer, "Arminianisms", *The Manifold Grace of God* (Puritan and Reformed Studies Conference Papers, London, 1968); T. Scott, *The Articles of the Synod of Dort* (Utica, NY, 1831).

R.N.

SOBERANIA DE DEUS. A soberania de Deus não é a de uma abstração ou força impessoal, mas, sim, a de Deus e Pai do nosso Senhor Jesus Cristo. O próprio Jesus se encontra no âmago dessa soberania. Como ele e o Pai são o mesmo em substância (*homoousios*; ver Trindade*), não pode haver na soberania de Deus o que quer que seja dessemelhante a Cristo. Ela é santa, sábia e poderosa, graciosa, amorosa e misericordiosa. Além do mais, é não somente marcada pelas qualidades eternas do Filho, mas também enriquecida por sua experiência terrena. Cristo permanece no centro do trono como o Cordeiro de Deus que foi morto e ressuscitou. Nada do que se possa dizer a respeito da soberania divina pode contradizer essa verdade. Preordenação, eleição, governo, reprovação, juízo — tudo deve ser consoante o modo como Deus se definiu em Cristo.

A ideia bíblica de soberania de Deus inclui tudo implícito na realeza divina, o que significa, pelo menos, três coisas:

1. *Domínio*. A palavra hebraica *'adōn*, assim como as duas palavras gregas *kyrios* e *despotēs*, para "Senhor", sugerem "domínio". Além disso, a Bíblia o afirma constantemente. Todas as coisas são de Deus: a terra e os céus, a prata e o ouro e, acima de tudo, os próprios cristãos.

2. Autoridade. Deus tem o direito absoluto de impor sua vontade sobre todas as suas criaturas. Suas ordens, todavia, não são arbitrárias; expressam seu próprio caráter, como amor justo e santo. Estão em plena conformidade com o seu relacionamento para conosco como Pai e redentor. Sua autoridade, contudo, é categórica, e, quando confrontado com ela, não compete ao homem o direito de contemporizar ou negociar, muito menos desobedecer.

SOBERANIA DE DEUS

3. Controle. Deus é Senhor do seu universo. Às vezes, se desagrada e às vezes até se ira com ele. Mas esse controle jamais o engana, frustra ou ameaça.

Soberania e preordenação

O fundamento do controle de Deus é a preordenação feita por ele (ver Predestinação*). Nada no universo pode estar fora de seu plano. Deus opera todas as coisas de acordo com o conselho de sua própria vontade (Ef 1.11). Tem preordenadas: ocorrências fortuitas, tais como a sorte dos dados (Pv 16.33); as ações louváveis dos homens, especialmente as boas obras dos cristãos (Ef 2.10); mesmo ações pecaminosas, como a de Davi contando o povo (1Cr 21.1ss) ou dos judeus crucificando seu próprio Messias (At 2.23).

A ortodoxia cristã guarnece essa doutrina de duas salvaguardas indispensáveis:

1. A preordenação de Deus de todas as coisas não significa que seja ele o autor do pecado*. O pecado, por definição, é ilegalidade (*anomia*). Nada pode justificá-lo — nem mesmo o fato de que Deus o domina e transforma o mal em bem. O pecado absolutamente não deveria existir.

2. A preordenação não significa que Deus anula ou viola a vontade de suas criaturas. Deus dotou homens e anjos da faculdade de escolha. A preordenação não destrói essa faculdade. Ele promove seus planos por meio de decisões livres dos seres humanos. Mesmo quando da conversão* a Cristo, em que sua intervenção atinge o máximo, trata conosco de tal modo que chegamos a ele mediante total liberdade de escolha. A escolha humana é uma opção real.

Por trás dessas duas premissas, reside o princípio de se distinguir entre preordenação e causalidade. Deus preordena todas as coisas e a causa de muitas coisas, mas não de *todas* as coisas. Nossa incredulidade, por exemplo, é *nossa* incredulidade; nossa ida a Cristo é *nossa* ida a Cristo. Resulta em que o cristão, embora possa falar perfeita e propriamente da soberania de Deus, não pode, tal como o muçulmano ou o panteísta*, falar de "onicausalidade" de Deus. O Senhor não é causa de tudo; nós também somos causas, e nossa causalidade não é ilusória, mas real.

Soberania na criação

No que diz respeito à criação*, a soberania de Deus significa não somente que a decisão de criar é inteiramente de Deus, mas também que, no trabalho real de criar, Deus opera com liberdade completa. Uma indicação disso é o fato curioso de que o verbo hebraico correspondente a "criar" (*bārā'*) nunca é sugestivo de determinado material: enquanto o artesão humano está sempre limitado e por vezes frustrado pelo material com que trabalha, Deus, não; para Ele, o material é irrelevante, pois cria seu próprio material e o molda e a ele dá a forma conforme quer.

A soberania de Deus na criação e sobre a criação é a garantia suprema da racionalidade do universo e, consequentemente, da possibilidade da ciência. O mundo foi feito pela palavra e sabedoria de Deus e, portanto, reflete a coerência e a ordem de sua mente. É lógica com a lógica do *Logos*, benigna

SOBERANIA DE DEUS

e racional, porque é sempre *dele*. Podemos, todavia, pesquisá-la, não somente com uma boa consciência, mas com uma boa intrepidez, porque nunca poderemos nos confrontar com uma verdade que contradiga a mente de Cristo.

Soberania e revelação

Tal como na criação, assim também na revelação* a iniciativa é de Deus. A criação já é reveladora em si mesma. As obras de Deus o revelam — ponto sobre o qual a Bíblia é muito enfática (Sl 19.1; Rm 1.18ss). A criação não pode, contudo, revelar os segredos ou os mistérios de Deus. A maravilha de que "há perdão!" somente poderá ser conhecida a partir de uma palavra específica de Deus. Essa palavra nos é transmitida por seus porta-vozes autorizados e acreditados, os profetas* e apóstolos*. A maneira, o tempo e o conteúdo dessa revelação estão sempre sob o controle de Deus. São assim seus limites. Mesmo quando a revelação é completa, existem ainda "coisas encobertas", não reveladas (Dt 29.29). As Escrituras insistem nisso (Mc 13.32; At 1.7). Muito da vida terrena do nosso Senhor, provavelmente revelador, não foi registrado (Jo 21.25). Paulo indica que a ele pessoalmente foram reveladas mais coisas do que lhe fora permitido passar à Igreja (2Co 12.4). Como resultado, o que temos na revelação é Deus nos dizendo somente aquilo que ele sabe ser bom conhecermos.

Soberania na redenção

A soberania divina aparece mais claramente na redenção*. Na concepção, realização e aplicação de nossa salvação, a iniciativa sempre pertence a Deus, que age com liberdade completa e efeito decisivo.

As Escrituras ressaltam aqui a soberania de diversos modos:

1. Nossa salvação é constantemente atribuída à misericórdia de Deus. O exercício da misericórdia é, em sua verdadeira natureza, arbitrária. É um ato de pura clemência. O dom de Cristo como Salvador procede dessa fonte (Tt 3.4), sendo ela assim nossa própria vocação* (Gl 1.15), regeneração, justificação e salvação total (Tt 3.5ss).

2. Nossa salvação começa com a regeneração*, ou o novo nascimento, sem o que ninguém entra no Reino (Jo 3.3). É sempre, todavia, dom de Deus. Somos nascidos do alto, pela ação do sopro de Deus, que sopra onde quer (Jo 3.8). Não contribuímos para isso mais do que o fazemos à nossa concepção e nascimento naturais. É inteiramente um ato de Deus, tal como a criação da luz (2Co 4.6) ou a geração do céu e da terra.

3. A soberania redentora de Deus está presente na eleição (ver Predestinação*). É esse o canal pelo qual nos alcança a sua misericórdia e por meio do qual a sua graça regeneradora opera.

Soberania e evangelização

A soberania de Deus tem sido uma desculpa para não evangelizar*. Do ponto de vista bíblico, isso é simplesmente um absurdo. Deus nos ordena evangelizar, e, quanto mais claramente constatamos sua soberania, mais ansiosos ficamos por obedecer (*cf.* Isaías, Paulo, e os primitivos discípulos: Is 6.1; At 9.3ss; Mt 28.18-20).

Contudo, a soberania de Deus não é tão somente um motivo para obedecermos. É também nosso maior estímulo para a evangelização. Como atividade meramente humana, a pregação do evangelho seria inútil. Todavia, neste mundo apático, hostil e sem capacidade para responder, Deus tem, para isso, seu povo. Este, o único fato que pode manter e sustentar a missão cristã.

Ver também DEUS.

Bibliografia
J. I. Packer, *Evangelism and the Sovereignty of God* (London, 1961); A. W. Pink, *The Sovereignty of God* (London, 1961).

D.M.

SOBORNOST. Em russo *sobor* significa tanto "igreja" como "sínodo" ou "concílio". Nenhuma palavra sozinha em outro idioma corresponde adequadamente a *sobornost*. Seu uso para caracterizar a posição distintiva da igreja* própria da ortodoxia teve origem com o teólogo leigo da Igreja Ortodoxa Russa, Alexis S. Khomyakov (1804-1860). Em sua visão, a índole da ortodoxia reside em evitar a fraqueza polar do romanismo (unicidade imposta externamente, de cima para baixo) e do protestantismo (liberdade individualista), em uma síntese singular de liberdade e unanimidade, diversidade e unidade. Essa unidade comunal pela livre associação em Cristo, *sobornost*, encontra expressão significativa no concílio*, em que a harmonia é obtida por livre consulta. Khomyakov considerava também grande parte da "receptividade" das decisões conciliares pela Igreja como um todo.

A *sobornost* da Igreja seria, então, uma espécie de catolicidade e conciliaridade espiritual e orgânica. Na discussão ecumênica, a *sobornost* tem-se tornado representativa, quase que resumidamente, do modo de abordagem distintivo dos ortodoxos à eclesiologia. Alguns conceitos de certa maneira a ela comparáveis seriam, na prática católica-romana e anglicana, a *coinonia** e, em contextos mais limitados, a conciliaridade e colegialidade*.

Ver também TEOLOGIA ORTODOXA RUSSA.

Bibliografia
S. Bulgakov, *The Orthodox Church* (London, 1935); N. Zernov, *Three Russian Prophets* (London 1944).

D.F.W.

SOBRENATURAL. Não há palavra hebraica no AT equivalente a "natural" nem nenhum conceito de uma ordem natural independente de Deus. O mundo é continuamente dependente de Deus sob todos os aspectos. Aquilo a que nos referimos como "natureza", o AT entende como a exteriorização da providência* graciosa de Deus na história. É Deus quem causa diretamente a mudança das estações, a queda da chuva e o crescimento da relva (Gn 8.22; Jó 38.22ss; Sl 65.9ss; 147.8ss). Nesse contexto, seria totalmente estranha qualquer ideia do sobrenatural como a interrupção de uma ordem natural inabalável de causa e efeito. Um "milagre"* não é um evento de "causa divina", distinto de um de "causa natural"; é, sim, um evento em que o poder de Deus é especialmente evidente (em alguns casos,

SOCIALISMO CRISTÃO

de forma não usual), um "sinal" no qual a graça e o juízo do propósito redentor de Deus são particularmente revelados.

A herança recebida dos gregos da metafísica* e da noção da "alteridade" de Deus levou inevitavelmente a um dualismo* implícito entre Deus e o mundo, entre o sobrenatural e o natural, entre a fé e a razão. No contexto da física de Newton*, o mundo foi considerado um sistema fechado de causa e efeito, sistema em que um evento "sobrenatural" é visto como uma intrusão não autorizada. A retirada de Deus da ordem natural fechada por meio do deísmo* e sua identificação com ela pelo panenteísmo* resultam, ambos, em uma dispensa do sobrenatural, uma demitização das Escrituras e rejeição da possibilidade de milagres no tempo presente.

O uso do termo "sobrenatural" (além de no sentido coloquial de "extraordinário") com conotação dualista não é, portanto, nem proveitoso nem escriturístico, mas, sim, uma digressão desnecessária de uma fé bíblica no Deus de imanência transcendental, cujas ações revelam tanto a fidelidade pactual como a liberdade soberana de sua graça.

Bibliografia
C. E. Gunton, Transcendence, Metaphor, and the Knowability of God, *JTS* 31 (1980), p. 501-516; J. Oman, *The Natural and the Supernatural* (Cambridge, 1950); T. F. Torrance, *Theological Science* (Oxford, 1969).
J.E.C.

SOCIALISMO CRISTÃO. Acredita-se que o movimento socialista cristão tenha tido início no século XIX. Contudo, o interesse de pensadores e praticantes cristãos nos ideais de propriedade comum e uma sociedade universal de fraternidade humana parece ser muito mais antigo. É dito frequentemente que a experiência de Atos 2.44,45, de os seguidores de Jesus terem todas as coisas em comum, foi a primeira socialização de caráter cristão e a primeira dos novos tempos em uma coletividade. O comprometimento com tal tema pode ser encontrado também, depois, nos pais primitivos e no desenvolvimento do movimento monástico. Não obstante, a expressão "socialismo cristão" viria somente a ser usada em relação a ações realizadas no século XIX, muitas das quais tiveram suas raízes na Igreja da Inglaterra.

A experiência social de Robert Owen (1771-1858) em New Lanark marca a primeira tentativa naquele século, na Europa, de uma forma de organização socialista em moldes cristãos. Clérigos houve que mostraram algum interesse nessa tentativa, assim como outros viriam a ser também simpáticos ao movimento Chartist, ocorrido na década de 1840. Contudo, um movimento realmente organizado de líderes cristãos simpáticos ao socialismo teria início a partir da união de J. M. F. Ludlow (1821-1911) com F. D. Maurice (1805-1872). A experiência anterior de socialismo de Ludlow em Paris o levou a considerar a necessidade e possibilidade de um socialismo sob influência do pensamento cristão. Juntamente com Charles Kinsgley (1819-1875) e Thomas Hughes (1822-1896), por algum tempo, Ludlow e Maurice começaram a reagir

SOCIALISMO CRISTÃO

às falhas do movimento Chartist ao experimentarem em pensamento e ação e denominaram sua atividade de "socialismo cristão".

F. D. Maurice enfatizou o caráter universal do reino* de Cristo. Para ele, o evangelho cristão revelava o verdadeiro estado do homem. O ponto de partida para um pensamento e uma perspectiva de caráter cristão, de onde deveríamos ver a vida humana no mundo, é o da realeza de Cristo e o fato de que Deus tanto criou quanto redimiu a humanidade em Cristo. A teologia de Maurice é inclusiva e universalista*. Foi com esse fato de fé que Maurice sustentou suas ideias políticas, em uma época de inquietação social, à medida que a Inglaterra avançava para a era industrial e uma ordem social de classes estruturadas. Repetindo as mesmas falhas do movimento Chartist, em 1848, Maurice e seus amigos procuraram experimentar organizar oficinas cooperativas e desenvolveram um estabelecimento educacional, Working Men's College [Universidade de Homens Trabalhadores], além de labutar no jornalismo e escrever livros tais como *Politics for the People* [Política popular] e *Tracts on Christian Socialism* [Tratado sobre socialismo cristão].

Com seu desenvolvimento, o socialismo cristão assumiria várias formas, no século XIX. Na década de 1870, um grupo de anglo-católicos* começou a se organizar, formando em 1877 a Guild of St. Matthew [Corporação de St. Matthew), tendo como seu principal fundador o padre Stewart Headlam (1847-1924). Essa associação era mais radical e ativista em seu caráter do que havia sido anteriormente o grupo de Maurice. Atacava a injustiça social onde quer que fosse, com declarações públicas sobre o seu pensamento quanto ao que precisava ser feito. Editava uma revista, *The Church Reformer* [O Reformador Eclesiástico], e instava à ação o parlamento britânico sobre questões relativas a moradia, educação e condições sociais em geral. Muitos de seus membros eram dedicados sacerdotes anglo-católicos, que trabalhavam incansavelmente nas favelas do leste e do sul de Londres, considerando seu próprio comprometimento com as classes trabalhadoras e seu empenho em uma ação e reforma radicais como expressão própria de um entendimento encarnacional da fé cristã, uma consequência direta de uma teologia verdadeiramente encarnacional.

Outra organização foi a Christian Social Union (União Social Cristã), fundada em 1889, cuja ação era de modalidade muito mais respeitável ("diluída", foi como Headlam a julgou e denominou). Estava menos preocupada com a ação direta do que com o estabelecimento de princípios sociais de fé cristã. Passou a organizar grupos de estudos e a encorajar escritos sobre o assunto. Um dos seus mais destacados presidentes foi B. F. Westcott*, bispo de Durham nos últimos anos do século XIX. O socialismo de Westcott, igual ao de Maurice, tomou forma a partir de sua convicção da união e unidade do homem em Jesus Cristo. "Os homens são 'um único homem' em Cristo, filhos de Deus e irmãos", disse ele (citado em A. R. Vidler, *F. D. Maurice and Company* [F. D.

SOCINO E SOCINIANISMO

Maurice & Companhia], London, 1966, p. 26). Westcott exerceu importante papel de liderança no estabelecimento da greve dos mineiros de Durham em 1893.

No final do século XIX, a influência desses movimentos na Igreja começou a perder força. Conferências diocesanas e congressos eclesiásticos começaram a emitir resoluções sobre questões sociais — um sinal do crescente sentimento de que a Igreja tinha por dever assumir algumas das consequências contemporâneas da fé cristã na ordem social, com que se achava comprometida.

O movimento socialista cristão continua até hoje. Pode-se afirmar que movimentos como o Jubilee Group [Grupo Jubileu] continuam a tradição da Guild of St. Matthew. Grupos e movimentos socialistas cristãos atuais sustentam a crença de que a forma contemporânea política e social própria do evangelho devem ser encontradas dentro do pensamento e da prática socialistas.

Bibliografia

T. Christensen, *Origin and History of Christian Socialism, 1848-1854* (Aarhus, 1962); D. Hay, *A Christian Critique of Capitalism* (Bramcote, Nottingham, 1975); K. Leech, *The Social God* (London, 1981); F. D. Maurice, *The Kingdom of Christ* (1838; edições diversas); E. R. Norman, *The Victorian Christian Socialists* (Cambridge, 1987).

J.W.

SOCINO E SOCINIANISMO. Dois teólogos leigos com o sobrenome de Socino (em italiano, Sozini ou Sozzini), Lélio (1525-1562) e seu sobrinho Fausto (1539-1604), tiveram ampla influência na Igreja por causa de sua reconstituição convincente do cristianismo primitivo. O mais velho deles era um dos talentosos exilados protestantes italianos, que muito viajou, tendo oportunidade de debater questões teológicas com Calvino*, Melâncton* e Bullinger*. Sua erudição, posição social e personalidade lhe angariaram muitos amigos, embora Calvino o tenha advertido dos riscos espirituais que corria devido à sua inclinação em levantar continuamente questões. Sua obra *Confissão de fé* (1555), que usava termos ortodoxos, mas de maneira ilimitada e inquiridora, fez que alguns protestantes se sentissem desconfortáveis.

Fausto, basicamente autodidata, foi um prolífico escritor de manuscritos anônimos. Embora não haja atraído a atenção do Santo Ofício enquanto na corte de Isabella de Médici (1565-1575), suas primeiras obras mostram que ele havia se desviado bastante da ortodoxia. Por volta de 1562, sua obra *Explicação* levantava questões a respeito da divindade de Cristo, e, em 1563, ele rejeitava a imortalidade* natural da alma. Fausto defendia a autoridade das Escrituras em bases racionais e históricas, não pelo testemunho do Espírito Santo. Sua obra *De Jesu Christo Servatore* [Sobre Jesus Cristo o Servo] (publicada em Basileia somente em 1594) reinterpretava dramaticamente a pessoa e a obra de Cristo, sublinhando seu caráter de exemplaridade.

Fausto Socino chegou à Polônia em 1579, encontrando ambiente adequado às suas ideias

SOCIOLOGIA DA RELIGIÃO

na chamada "Igreja Menor". A piedade bíblica simples e a busca por santidade tinham levado a profundas divisões na Igreja. Socino exerceu uma liderança unificadora, que influenciou profundamente os ministros mais jovens. Parece não ter sido membro de nenhuma igreja em particular, por recusar ser rebatizado*, mas na época próxima de sua morte era o porta-voz eclesiástico mais cheio de autoridade. Seus adeptos começaram a ser chamados de socinianos.

Socino foi capaz de moderar sua alienação e rejeição para com o Estado, mas rejeitou assumir qualquer resistência política. Embora concordasse com a teologia antitrinitária da maioria, guiou-os a uma posição teológica mais coerente e racional, bem expressa no *Catecismo* de Racóvia (1605). Redigido por seus correligionários, esse catecismo exerceria muita influência nas igrejas socinianas e em muitas outras. A ênfase sobre o conhecimento correto como chave para a salvação era básica em seu conteúdo. Diferia em muitos pontos do protestantismo corrente na época. Sua crença era a de que Jesus não morreu para a satisfação* do pecado; seu papel teria sido o de inspirar os discípulos a seguirem seu exemplo, porque somente aqueles que perseverassem em obediência seriam ressuscitados dentre os mortos.

Como sistema de crença e vida cristã, o socinianismo fez adeptos não somente na Polônia e na Hungria, mas em muitos lugares onde houvesse crentes desamparados por amarga luta teológica e que buscassem um cristianismo mais simples, mais bíblico e mais tole-

rante. A publicação das obras de Socino forneceu ampla circulação às suas ideias. A mudança para um entendimento substitutivo da expiação*, a ênfase apologética sobre os milagres de Jesus e uma ênfase maior sobre a interpretação não dogmática das Escrituras deram surgimento, todavia, a uma hostilidade ao seu pensamento. Contudo, a influência do que foi preservado do socinianismo continuou a crescer no século XVII, especialmente com o surgimento de uma abordagem mais histórica e crítica às Escrituras e a busca por um cristianismo mais racional que revelado. No final do século XIX, o socinianismo não era mais considerado uma das principais ameaças à ortodoxia.

Bibliografia
H. J. McLachlan, *Socinianism in Seventeenth Century England* (Oxford, 1951); M. Martini, *Fausto Socino et la pensée socinienne* (Paris, 1967); E. M. Wilbur, *History of Unitarianism*, 2 vols. (Cambridge, MA, 1945-1952); G. H. Williams, *The Polish Brethren*, 2 vols. (Chico, CA, 1980).

I.B.

SOCIOLOGIA DA RELIGIÃO. Em suas origens, no século XIX, a sociologia da religião foi frequentemente hostil ao cristianismo. Seus fundadores, os pensadores franceses Claude Saint-Simon (1760-1825), Auguste Comte (1798-1857) e Émile Durkheim*, consideravam cada qual a sociologia como uma possível substituição para a teologia, tida como superada como fonte de ética. Max Weber*, que acima de tudo deu seu nome a

SOCIOLOGIA DA RELIGIÃO

essa disciplina, parecia, por sua vez, ter pouca esperança com respeito à sobrevivência da religião na era moderna, a despeito da enorme influência do cristianismo no curso da civilização ocidental. Por outro lado, Edward Taylor (1832-1917), cuja antropologia da religião veio a informar a sociologia, desenvolveu uma tendência para explicações evolucionistas. Para ele, a religião se tornaria socialmente extinta, como um aspecto de uma fase transitória da evolução humana.

Nem todos, porém, naturalmente, eram racionalistas ou evolucionistas. Ernst Troeltsch*, que pode ser também considerado um dos pioneiros na área, fez uma distinção analiticamente útil entre "igreja" (ou seja, igreja "estabelecida" ou igreja "oficial") e "seita". Embora sua obra tenha sido aperfeiçoada desde então por outros autores (como Bryan Wilson, 1926-2004), essa distinção ainda ajuda nosso entendimento de organização religiosa. As igrejas tendem a ser conservadoras e tradicionais, enquanto as seitas são geralmente grupos de protesto voluntário, protesto que expressam revivendo pontos esquecidos pela ortodoxia ou propondo heresias novas ou antigas. Na década de 1920, H. Richard Niebuhr* levou essa ideia adiante, argumentando que nos Estados Unidos as seitas tendem a se tornar *denominações* quando organizam programas educacionais, adquirem propriedades etc.

Ao que parece, os que buscavam uma explicação do papel da religião na sociedade moderna eram ouvidos como antagonistas da religião, enquanto os que desenvolviam "tipos ideais" a fim de investigar a dinâmica interior da vida religiosa obtinham de seus estudos uma compensação prática no auto entendimento social das igrejas. Esse simples contraste, porém, não mais pode ser oferecido. Embora até a década de 1960 ainda se pudesse contar com uma avaliação de religião e sociedade (quase sempre em termos de secularização*, da pena de Peter Berger [n. 1929] e Bryan Wilson), alguns desses estudos são atualmente muito mais simpáticos ao cristianismo (*e.g.*, a obra de David Martin, *A General Theory of Secularization* [Teoria geral da secularização], Oxford, 1978). De modo inverso, muitos estudos sociais da vida da igreja são empreendidos por nenhuma outra razão além da curiosidade intelectual.

A sociologia da religião busca colocar os fenômenos religiosos (ver Experiência Religiosa*) em seu contexto social, para: 1) examinar os efeitos desse contexto sobre a forma e a direção que a religião assume; 2) analisar o impacto social produzido pela religião. Apesar de parecerem razoavelmente satisfeitos com essa última finalidade, os cristãos frequentemente suspeitam da primeira. O famoso estudo de Weber *The Protestant Ethic and the Spirit of Capitalism* [A ética protestante e o espírito do capitalismo] (1904-1905; TI, London, 1930), por exemplo, é algumas vezes considerado como a propugnação de um papel nobre para o cristianismo (a despeito da própria ênfase de Weber sobre a apreensão protestante quanto aos aspectos centrais do capitalismo!). Por outro lado, a afirmação de Peter Berger de que o ecumenismo* é uma espécie de equivalente eclesiástico da fusão de grandes negócios e guiado por um racionalismo semelhante é tomada como um menosprezo à honestidade dos participantes de tais fusões comerciais. Tal reducionismo sociológico evidente parece combinar com o reducionismo psicológico ingênuo da obra de William Sargant *Battle for the Mind* [Batalha pela mente] (London, 1957; ver Psicologia da Religião*).

O papel dos fatores sociais é por vezes exagerado na sociologia da religião. A ênfase de Berger do que ele chama de "estruturas de plausibilidade" parece, por exemplo, implicar que a credibilidade de uma doutrina depende da presença de um grupo de apoio que concorde com a sua veracidade. É quase sempre mais fácil crer em algo quando cercado por outros que compartilham da mesma crença; todavia, essa consideração, se tomada em demasia, pode vir a corresponder à negação total da importância da verdade de determinada doutrina para sua sobrevivência. Berger pouco faz para aquietar tais temores ao denominar sua abordagem básica de "ateísmo metodológico". O sociólogo da religião, aconselha ele, deveria "se expurgar" de seus comprometimentos pessoais ao se engajar na investigação social. Essa precaução "higiênica" parece soar bem, mas, na prática, a própria postura de Berger (*schleiermacheriana**) mostra, em sua sociologia (como, por exemplo, na obra *The Heretical Imperative* [O imperativo herético], London, 1980), justamente como o tradicionalismo melancólico de Bryan

Wilson brota provocantemente ao redor das margens de sua professada neutralidade.

Esse problema não está resolvido ainda e, possivelmente, seja insolúvel. A argumentação de Robert Bellah (n. 1927) para que os sociólogos levem a sério suas próprias posturas religiosas, embora possa ser considerada como antídoto aos teóricos da "neutralidade", não conduz a uma saída (ver Epistemologia*). Parece difícil, assim, produzir-se uma sociologia de algum modo verdadeiramente *crítica*. Toda religião se torna igualmente "verdadeira". Uma alternativa seria admitir francamente os comprometimentos religiosos de alguém, permitindo então que conduzam à seleção da teoria mais adequada à pessoa, observando-se ao mesmo tempo, de maneira erudita, os cânones de honestidade, parcimônia, exatidão, etc.

Comentários críticos sobre o método adotado não devem ser tomados em sentido algum como negativos do valor da sociologia da religião. O foco distintivo entre as dimensões *sociais* da fé* e da prática é inestimável, por estar desimpedido tanto pelas ideias evolucionistas como pelas "sociológicas", que, por vezes, minimizam o papel dos agentes humanos conscientes, assim como veem "destino" nas "tendências" ou tratam a religião como "epifenômeno" social. A comparação aparente entre o ecumenismo e a questionada economia comercial de alta escala poderia, por exemplo, levar a um exame de consciência bem apropriado os que são tentados a "dourar a pílula" da verdade no interesse da "unidade". Além do mais, o ministério ou o

SOELLE, DOROTHEE

clero poderia ser ajudado quanto a um auto entendimento e a uma auto estratégia adequada, mediante a constatação, sociologicamente inspirada, de que sua posição "profissional" é bastante ambígua: carecendo das credenciais reais de outros profissionais liberais, o clero ou o ministério pastoral experimenta a atração por outras designações ou mesmo atividades paralelas (professor, assistente social, terapeuta, etc.), que pode contribuir para desviá-lo de suas tarefas biblicamente centrais de pastoreamento.

A sociologia da religião, todavia, não deve ser tomada como que a serviço das igrejas, muito menos como exercício de manipulação de estatísticas sagradas, embora sejam valiosas suas informações para a missão* cristã. Tem finalidade mais ampla, a saber, a interpretação dos relacionamentos de religião e sociedade*. Trabalhando com análise histórica e cultural, a sociologia da religião trata de questões como o padrão das ligações entre Igreja e Estado (este, o enfoque do citado livro de Martin) e o tremendo crescimento dos "novos movimentos religiosos" tanto no Oriente como no Ocidente, durante as últimas décadas (ver Novas Religiões*; Seitas*).

Menos, certamente, "religiosa", no sentido convencional, mas dificilmente escapando dessa categoria sob o ponto de vista bíblico, há outra área sua que vem requerendo crescente atenção: a do estudo da religião "implícita", "comum" ou "costumeira". Nesse caso, o interesse se restringe àquilo em que as pessoas *realmente* creem e que diferença *realmente* faz em sua vida. Do ponto de vista eclesiástico, essa pesquisa pode revelar fendas entre a "ortodoxia" do púlpito e a mescla, por parte dos que estão nos bancos das igrejas, de interpretações de crença e justificações de prática. De um modo mais vasto, incluindo o estudo de religião civil * e de ideologia, investigações desse tipo podem expor os verdadeiros "tesouros" de uma sociedade, ou seja, onde está realmente o seu coração.

Bibliografia

P. Berger, *The Social Reality of Religion* (Harmondsworth, 1966), repr.: *The Sacred Canopy* (New York, 1967); R. Gill, *Theology and Social Structure* (Oxford, 1977); D. Lyon, *Sociology and the Human Image* (Leicester, 1983); J. A. Walter, *A Long Way from Home* (Exeter, 1980), repr.: *Sacred Cows* (Grand Rapids, MI, 1980); B. Wilson, *Religion in Sociological Perspective* (London, 1982).

D.L.

SOELLE, DOROTHEE (1929-2003).
Teóloga alemã radical, ocupava, nos últimos anos de sua vida, o cargo de professora visitante no Union Theological Seminary [Seminário Teológico União], em Nova York. As principais características de sua teologia foram rejeição ao teísmo* tradicional e sua hermenêutica política.

Sua profunda preocupação com as questões levantadas pelos campos de concentração nazistas, que encarceraram e sacrificaram, de forma perversa e injustificada, milhares e milhares de judeus civis na Segunda Guerra, particularmente Auschwitz (ver Holocausto*), levaram-na à fé cristã e a uma ideia de Deus como o onipotente gover-

SOFRIMENTO

nante de um mundo inconcebível. Compartilhava da crítica marxista* ao teísmo tradicional pela atitude de colocar os seres humanos em posição de dependência alienada e de encorajar a aceitação do sofrimento, em vez de incentivar o protesto e a atividade política para aboli-lo. Para Soelle, Deus ama a solidariedade, não a superioridade onipotente. Ela mantém essa concepção em sua obra, em que Deus, constantemente, se mostra somente como símbolo para o amor humano, a libertação e a esperança. Nesse particular, adota o pensamento da demitificação de Bultmann* (ver Mito*). Todavia, rejeita a ideia de Bultmann da privação existencial do cristianismo em favor de uma hermenêutica política do evangelho. As preocupações existenciais, para Soelle, não podem ser separadas da necessidade de aplicação concreta do evangelho às realidades opressoras da política internacional.

Sua defesa apaixonada de uma teologia política* radical combinou com seu envolvimento pessoal, mais recentemente, em comunidades de base e movimentos pela paz, que ela via como os eventos religiosos mais importantes destas últimas décadas.

Bibliografia

Christ the Representative (London, 1967); *The Inward Road and the Way Back* (London, 1979); *Political Theology* (Philadelphia, 1974); *Suffering* (London, 1975).

R.J.B.

SOFRIMENTO. A realidade do sofrimento, especialmente dos desamparados ou inocentes, é um problema para quem quer que postule a existência de uma deidade onipotente e benevolente. A Bíblia, todavia, pouco diz a respeito do sofrimento como um enigma intelectual (ver Teodiceia*). Gênesis 1—3 mostra que o mal* entrou no mundo por meio do pecado*. Ao primeiro sofrimento, emocional e em consequência imediata da desobediência, seguiu-se a maldição de Deus (Gn 3.16-19), que prometeu dor, fadiga e morte*. Embora o sofrimento resulte do pecado, que é um mal moral, ele, em si, não é um mal moral, mas físico, ou material, sendo Deus frequentemente apresentado nas Escrituras como seu dispensador (e.g., Js 23.15; Jó 2.10; Is 45.7; Jr 25.29; Mq 2.3), enviando-o como punição à impiedade de indivíduos e nações (tanto histórica como escatologicamente), em particular de seu povo (ver Escatologia*; Julgamento*; História*).

Como as Escrituras, de modo geral, falam pouco a respeito dos sofrimentos da humanidade, mas extensivamente a respeito do sofrimento do povo de Deus, é com respeito a esse último ponto que se pode formular uma teologia do sofrimento.

O sofrimento assume um caráter destacadamente negativo em muitas partes do AT, devido à natureza do pacto mosaico*, que estipulava para os filhos de Israel saúde, prosperidade e sucesso pela obediência e aflições diversas pela desobediência (*e.g.*, Êx 15.25,26; 23.25,26; Lv 26; Dt 28-30). A natureza corporativa e material do pacto confere às suas bênçãos e maldições uma qualidade distinta daquela de qualquer prosperidade ou sofrimento que não tenha

SOFRIMENTO

como causa principal um relacionamento pactual com base na fidelidade. Daí, o sofrimento como consequência da violação do pacto mosaico ser destituído de mistério. Apesar dessa aparente clareza de causa e efeito, no entanto, o ímpio, em Israel, frequentemente prosperava e afligia o justo, causando a consternação deste quanto aos reais propósitos de Deus (*e.g.*, Sl 37; Sl 73). O julgamento de Deus da apostasia israelita é frequentemente como que retido por algum tempo e, quando revelado, tanto os ímpios quanto os justos são afligidos pelas mesmas calamidades, causando um sentimento de frustração impotente (*e.g.*, Sl 44).

Mesmo durante períodos de sua fidelidade, o povo de Deus é ainda constituído de pecadores, que recebem disciplina* para seu próprio benefício. Deus dá a entender a Abraão que a permanência de seus descendentes no Egito seria como que um tempo de disciplina (Gn 15.13-16). Após lembrar ao povo que o Senhor o havia humilhado e testado no deserto, Moisés diz: "Saibam, pois, em seu coração que, assim como um homem disciplina seu filho, da mesma forma o Senhor, o seu Deus, os disciplina" (Dt 8.5; *cf.* Pv 3.11,12; como exemplo individual, ver Sl 94.12; 119.67,71,75).

Em outras ocasiões, ficavam os aflitos perplexos com o seu sofrimento, sem conseguir encontrar explicação alguma para ele. As Escrituras somente desenvolveram o conceito do sofrimento como mistério e quando, de modo gradativo, o povo de Deus se desligou do que fosse temporal para o eterno, daquilo que era material para

o espiritual. Mesmo os crentes espiritualmente mais sensíveis e maduros, no AT, embora vendo no Senhor sua recompensa suprema, não consideravam as tribulações como experiências com que devessem exultar. Somente após a ressurreição do Servo sofredor é que aqueles em íntima comunhão com Deus puderam captar plenamente a ideia de que, como coerdeiros com ele, deveriam compartilhar seus sofrimentos como pré-requisito para partilhar de sua glória.

Que essa lição ainda não era parte da consciência judaica no tempo de Cristo, é bem ilustrado pela tendência de se considerar determinado pecado específico como causa imediata do sofrimento (*e.g.*, Lc 13.1-5; Jo 9.1-12) e por deixarem os discípulos de Jesus de entender, persistentemente, a natureza redentora de sua missão (*e.g.*, Mt 16.21; 17.12; Lc 17.25; 22.15; Jo 2.19-22). Somente após a ressurreição é que seus seguidores apreenderam a necessidade do sofrimento expiatório do Senhor (ver, especialmente, Lc 24.13-35). Uma vez entendido, seu sofrimento se tornaria o ponto focal da evangelização apostólica (*e.g.*, At 2.23; 3.18; 17.3; 26.22,23) e uma ênfase frequente nas epístolas (*e.g.*, 1Co 5.7; 2Co 5.21; Ef 5.2; 1Pe 1.10,11,18,19; 3.18). Enquanto o AT promete prosperidade pela obediência, Cristo espera aflição (*e.g.*, Mt 5.10-12; 10.24,25; Mc 10.28-30; Jo 15.20), como o fazem também, depois, os discípulos (*e.g.*, At 14.22; Rm 8.17,18; 2Co 1.3-7; Fp 1.29; 2Tm 3.12; Hb 12.5-11; Tg 1.2-4; 1Pe 4.1-2, 12.16).

O sofrimento que o cristão experimenta pode ser de duas

SOFRIMENTO

categorias: 1) Resultado direto da graça. Somente o cristão pode experimentar a guerra civil do espírito e da carne, descrita por Paulo em Gálatas 5.17, e ilustrativamente personalizada em Romanos 7.14-25. Além disso, quando o cristão é perseguido por causa de Cristo, experimenta um tipo de sofrimento que em sua causa e propósito é distinto do que o não regenerado sofre. 2). Consequência de partilhar de uma humanidade caída, em um mundo decaído. Aqui, seu sofrimento não difere qualitativamente do sofrimento do não regenerado. Pode também trazer sofrimento sobre si mesmo por seus próprios erros. Ele experimenta tristeza, pobreza, doença e morte. O cristão é salvo *nesse* sofrimento e não *desse* sofrimento. Partilha com toda a humanidade da experiência dele e da vulnerabilidade a ele. A diferença notável e vital é o uso por Deus do sofrimento e a resposta do cristão a ele. Hebreus 12.5 admoesta os cristãos a não serem indiferentes à aflição nem serem desencorajados por ela, porque o propósito de Deus em disciplinar seus filhos é refiná-los e capacitá-los para o serviço do reino.

O cristão sofredor é sustentado pelo fato de que Cristo não somente sofreu, mas ainda sofre, por seu povo (*e.g.* At 9.4,5; 1Co 12.26,27). É ele seu sumo sacerdote, que se identifica com suas fraquezas e delas se compadece (Hb 4.15; *cf.* 2.18), do mesmo modo que eles partilham também de seus sofrimentos (Rm 8.17; Co 1.5; Hb 13.13; 1Pe 4.13). Sofrer com Cristo é pré-requisito para ser glorificado com ele (Rm 8.16; *cf.* 1Pe 1.16,17; 4.13; 5.10). Consequentemente, o cristão pode se regozijar em Cristo em suas próprias aflições (At 5.41; Rm 5.3; 1Ts 1.6; Tg 1.2).

Além de o sofrimento ao qual os crentes respondem corretamente contribuir para o seu crescimento espiritual e comunhão com Cristo, ele é também uma forma de testemunho — a todo sofredor, de sua própria salvação; aos não salvos, de sua convicção; aos outros cristãos, de sua edificação, encorajamento e conforto; aos principados e potestades, conforme os propósitos de Deus. A disciplina do sofrimento, enfim, como dizem as Escrituras, "produz fruto de justiça e paz para aqueles que por ela foram exercitados" (Hb 12.11). A capacidade do cristão de receber o conforto do Espírito Santo em meio ao sofrimento é acompanhada por uma apreciação da soberania* paternal de Deus, a causa por excelência de uma variedade de incontáveis outras causas que podem se manifestar em sua vida até que Deus enxugue "dos seus olhos toda lágrima" (Ap 21.4).

Por toda a história, diversas têm sido as atitudes para com o propósito do sofrimento. O NT apresenta Cristo como exemplo para o crente em todas as coisas (Fp 2.5), incluindo o sofrimento (1Pe 2.21; Hb 12.3; Lc 9.23). Aplicar a imitação de Cristo* à esfera do sofrimento, contudo, apresenta problemas, uma vez que seu sofrimento foi expiatório e singular em espécie, grau e causa. Não obstante, durante os primeiros séculos do cristianismo, a suficiência do sofrimento expiatório de Cristo foi vista como limitada à remissão da pena da condenação eterna, deixando aos pecadores a satisfação da justiça de Deus, ao

SOLOVYOV, VLADIMIR

sofrerem punição temporal nesta vida (cf. Penitência*), ou (no final da Idade Média) no purgatório*. Essa teologia propiciou aberrações, baseadas em um suposto mérito de sofrimento autoimpingido pelo pecador penitente. Tais discrepâncias vieram a tornar-se muito raras.

No entanto, aberrações diferentes confrontam hoje a Igreja. A teologia do processo*, por exemplo, considera que o sofrimento humano contribui para o desenvolvimento contínuo de Deus. Em linha mais ortodoxa, teólogos têm dado atenção ao sofrimento de Deus em Cristo, como na influente obra de Moltmann*, *The Crucified God* [O Deus crucificado] (TI, London, 1974), e na obra de K. Kitamori, *Theology of the Pain of God* [Teologia do sofrimento de Deus] (1946; TI, Richmond, VA, 1965). Esse pensamento tem sido, em parte, estimulado por uma reflexão sobre o Holocausto* judaico durante a Segunda Guerra Mundial, em um esforço de teologizar com sensibilidade à luz do fato dos campos de concentração nazistas (*cf.* U. Simon, *Theology of Auschwitz* [Teologia de Auschwitz] (London, 1967). Algumas modernas apresentações do evangelho, além disso, deixam pouco espaço para o sofrimento como um aspecto da vida cristã. A tolerância na diversidade de crenças, juntamente com o materialismo, a prosperidade e o avanço dos recursos de tratamento médico, que estimulam uma mentalidade analgésica no Ocidente, condicionam muitos evangélicos a considerar a maioria dos sofrimentos como uma intromissão inopinada na vida tranquila que acham que lhes é devidamente oferecida por Deus (cf.

Cura*). Para tais incongruências, o ensino bíblico pode atuar como um corretivo fornecedor de verdadeira saúde.

Bibliografia

T. Boston, *The Crook in the Lot: The Sovereignty and Wisdom of God in the Afflictions of Men* (1737, repr. Grand Rapids, MI 1978); J. S. Feinberg, *Theologies and Evil* (Lanham, MD, 1979); J. Hick, *Evil and the God of Love* (London, 1966); H. E. Hopkins, *The Mystery of Suffering* (London, 1959); C. S. Lewis, *The Problem of Pain* (London, 1948); H. W. Robinson, *Suffering Human and Divine* (London, 1940); E. F. Sutcliffe, *Providence and Suffering in the Old and New Testaments* (London, 1953); P. Tournier, *Creative Suffering* (London, 1982).

D.W.A.

SOLOVYOV, VLADIMIR, ver Teologia Ortodoxa Russa.

SPINOZA, BENEDICTUS (BARUCH) DE (1632-1677). Pensador holandês complexo, original, proeminente em cargos públicos, Spinoza era de origem judaica portuguesa, tendo sido expulso de sua sinagoga (1656) por suas ideias panteístas* e nada ortodoxas.

Para ele, há somente uma realidade ou "substância", que pode ser chamada de "Deus" ou de "Natureza". Todas as outras coisas são modificações disso. Do mesmo modo, a mente e o corpo são aspectos de uma única unidade humana. Uma vez que Deus/Natureza existe necessariamente, tudo mais segue-se necessariamente. A liberdade humana consiste simplesmente em agir racionalmente em vez de como

SPURGEON, CHARLES HADDON

escravo das paixões. Nosso maior bem é conhecer e amar a Deus; mas Deus, sendo perfeito em si mesmo, não ama nem odeia, exceto em nós. A ideia comum de imortalidade* é um engano; todavia, com o necessário conhecimento tornamo-nos conscientes de um aspecto eterno e atemporal da mente.

De acordo com Spinoza, religiões como judaísmo e cristianismo não expressam uma verdade filosófica; são basicamente modos de comunicar verdades morais para aqueles que são incapazes de percebê-las pela razão. Qualquer religião que nos ajude desse modo, portanto, deve ser tolerada. Ao buscar estudar a Bíblia sem paixão (e tendo datado muitos livros do AT como mais recentes do que considera a tradição), Spinoza tem sido também visto como um precursor da crítica bíblica*.

Bibliografia
Ethics e *De Intellectus Emendatione* (TI, London, 1910); S. Hampshire, *Spinoza* (Harmondsworth, 1951).

R.L.S.

SPURGEON, CHARLES HADDON
(1834-1892). Pregador batista, nascido num lar congregacionalista em Essex, Spurgeon experimentou uma conversão dramática no começo de sua adolescência e buscou ser batizado como crente. Após curto ministério vitorioso na região rural de Cambridgeshire, tornou-se ministro batista na New Park Street Chapel [Igreja da Rua New Park], em Londres, congregação que mais tarde se mudou para o Metropolitan Tabernacle [Tabernáculo Metropolitano], a fim de acomodar o vasto público que comparecia para ouvi-lo pregar. Sua popularidade foi grandemente aumentada pela publicação semanal, de 1855 em diante, de seus sermões, com a venda do que, na Inglaterra e nos Estados Unidos, viria a financiar uma escola teológica que havia estabelecido em 1856.

Seus sermões deram rica expressão tanto às suas firmes convicções calvinistas* quanto à sua preocupação evangelística. Em 1864, seu sermão *Batismal Regeneration* [Regeneração batismal*] o colocou em conflito teológico com pedobatistas e evangélicos. Mais tarde, quando as ideias teológicas liberais* passaram a ganhar terreno, Spurgeon afirmaria sua lealdade absoluta à doutrina bíblica. Durante a controvérsia chamada da "Decadência", de sua própria denominação (1887-1889), expressou sua preocupação a respeito das ideias não ortodoxas, retirando-se, em 1887, "com extrema tristeza", da União Batista. Seus escritos, volumosos (135 livros), que frequentemente refletem sua dívida para com o puritanismo* do século XVII, continuam a ser publicados, preservando sua imensa influência espiritual por todo o mundo evangélico.

Ver também TEOLOGIA BATISTA.

Bibliografia
J. C. Carlile, *C. H. Spurgeon: An Interpretative Biography* (London, 1933); H. F. Colquitt, *The Soteriology of Charles Haddon Spurgeon...* (dissertação não publicada, New College, Edinburgh, 1951); I. H. Murray, *The Forgotten Spurgeon* (London, 1966); G. H. Pike, *The*

STAUPITZ, JOHN

Life and Work of Charles Haddon Spurgeon, 6 vols. (London, 1892-1893); H. Thielicke (ed.), *Encounter with Spurgeon* (London, 1964).

R.B.

STAUPITZ, JOHN, ver Agostinianismo.

STRAUSS, DAVID FRIEDRICH (1808-1874). Nasceu em Ludwigsburg, Württemberg, sul da Alemanha, e estudou em Tübingen, com Ferdinand Christian Baur (ver Escola de Tübingen"). Após estudos posteriores em Berlim, Strauss foi designado tutor no seminário teológico em Tübingen, onde escreveria sua obra mais famosa, A vida de Jesus. Da publicação desse livro, em 1835, podemos datar a abertura da investigação crítica histórica da Bíblia (ver Crítica Bíblica*).

A chave para o entendimento dessa obra não são meramente as ideias hegelianas* de Strauss, mas, sim, suas pressuposições subjacentes não miraculosas e não sobrenaturais. Até o fim de seus dias, ele negou explicitamente a existência de um Deus que fosse tanto transcendente quanto pessoal. Como resultado lógico, nenhum milagre divino seria possível de ocorrer, não sendo autêntica, portanto, qualquer narrativa de milagre nas Escrituras. Dessa forma, os Evangelhos eram considerados por ele narrativas fictícias, elaboradas unicamente com a finalidade de provar que Jesus era o Messias. Assim, por exemplo, se fora profetizado que o Messias curaria os cegos e ressuscitaria os mortos, então milagres como esses teriam de ser atribuídos a Jesus pelos evangelistas, a fim de simplesmente mostrar que ele havia cumprido essas profecias; se Enoque e Elias foram levados para o céu, então Jesus deveria ter também uma ascensão... etc. Os relatos do Evangelho refletiam o poder de construir mitos por parte da piedade de seus seguidores, que se achava imersa nas expectativas do AT.

Essa abordagem mítica foi sugerida por alguns dos predecessores de Strauss, mas foi ele o primeiro a aplicá-la consistentemente a cada parte do NT. É totalmente independente da filosofia hegeliana, somente empregada por ele em sua tentativa concludente de uma reconstrução positiva do cristianismo: Jesus demonstra a realização do Absoluto na raça humana.

Em consequência de seu ataque ao cristianismo histórico, Strauss foi dispensado de seu cargo de tutor no seminário. Uma nomeação para professor de Teologia em Zurique, em 1839, a nada levou, e Strauss dedicou o restante de sua vida a escrever biografias históricas, com renovadas incursões no campo teológico. Em 1864, publicava uma edição revisada de sua obra mais famosa, *Vida de Jesus para o povo alemão*, e em 1872 aparecia sua última obra, *A antiga fé e a nova*, em que aceita um materialismo científico, rejeita a vida após a morte e esposa a evolução darwinista, sendo o primeiro teólogo a fazê-lo.

Strauss foi indubitavelmente uma das figuras teológicas mais significativas do século XIX. Por todo o mundo teológico e eclesiástico, não somente na Alemanha, mas também no exterior, foi amplamente considerado como líder do ataque contra a Bíblia em sua época. Sua obra *Vida de Jesus* fez movimentar todo o chamado

SUBSTÂNCIA

"questionamento sobre o Jesus histórico", precipitando o exame crítico constante das fontes do NT.

Ver também Questionamento Sobre o Jesus Histórico.

Bibliografia
R. S. Cromwell, *David Friedrich Strauss and his Place in Modern Thought* (Fairlawn, NJ, 1974); H. Frei, David Friedrich Strauss, *in:* N. Smart *et al.* (eds.), *Nineteenth Century Religious Thought in the West* (Cambridge, 1985), vol. 1, cap. 7; H. Harris, *David Friedrich Strauss and his Theology* (Edinburgh, 1982).

H.H.

STRONG, AUGUSTUS HOPKINS

(1836-1921). Ministro batista, teólogo e professor de seminário, sua vida, desde seu nascimento até sua morte, e a maior parte de seu ministério se desenvolveram em Rochester, Estado de Nova York. Strong graduou-se em Humanidades em Yale, em 1857, e no Rochester Seminary [Seminário de Rochester] em 1859, tendo completado seus estudos em 1860 em Berlim. Foi ministro na Primeira Igreja Batista de Haverhill, Massachusetts, de 1861 a 1865, e na Primeira Igreja Batista de Cleveland, Ohio, de 1865 a 1872. De 1872 a 1912, foi presidente e professor de Teologia Sistemática do Seminário de Rochester e seu presidente emérito de 1912 a 1921.

Seu pensamento amadurecido está refletido em *Christ in Creation and Ethical Monism* [Cristo na criação e no monismo ético] e na edição de 1907 de sua *Systematic Theology* [Teologia sistemática].

Strong buscava manter a ortodoxia tradicional dentro da estrutura calvinista, enquanto adotava tanto o pensamento evolucionista quanto da alta crítica bíblica. A imanência radical de Cristo na criação foi sua chave para equilibrar esse suposto conflito. Suas ideias a respeito da criação, da providência, de inspiração, pecaminosidade humana, justiça divina, expiação e missões mundiais foram moldadas por esse princípio.

Ver também Teologia Batista do Sul.

Bibliografia
C. F. H. Henry, *Personal Idealism and Strong's Theology* (Wheaton, IL, 1951); G. Wacker, *Augustus H. Strong and the Dilemma of Historical Consciousness* (Macon, GA, 1985).

T.J.N.

SUBORDINACIONISMO, ver Trindade.

SUBSTÂNCIA.

É a palavra mais comumente usada na teologia cristã para denotar a realidade objetiva do ser único de Deus. Em sentido restrito, deriva do latim substantia, equivalente à palavra grega *hypostasis**, que significa "uma realidade objetiva capaz de agir". Contudo, a teologia grega, seguindo Orígenes*, afirmava haver três *hypostaseis* em Deus, o que causou confusão quando Hilário de Poitiers* traduziu esse termo para o latim como *substantiae*, no plural, em sua obra *De Trinitate* (Sobre a Trindade).

O significado latino foi determinado por Tertuliano*, que usou *substantia* para se referir ao que os regos usualmente chamavam *ousia* (essência, ser). Isso aconteceu

SUBSTITUIÇÃO E REPRESENTAÇÃO

provavelmente porque Tertuliano igualou *ousia* a *hypostasis*, como a única realidade objetiva em Deus. Por trás da confusão dos termos, no entanto, encontra-se uma abordagem diferente à teologia, que busca descobrir a Trindade* na unidade de Deus, e não o contrário. No credo de Niceia (325), foi empregado *homoousios*, um composto de *ousia*, para afirmar a plena divindade do Filho, como "de uma única substância" com o Pai (ver Trindade*).

O termo *ousia* era amplamente utilizado na filosofia pré-cristã, na qual seu significado equivalia, aproximadamente, a "coisa real". Contudo, seu uso filosófico era elástico e, embora certamente haja influenciado o pensamento cristão, não se podia contar com um único e bem definido conceito de *ousia*. Os cristãos foram, sem dúvida, convencidos basicamente pelas Escrituras de que a palavra poderia e deveria ser usada a respeito de Deus. Isso porque o Deus da Bíblia era chamado pelo nome Eu Sou (o que Sou) ou Aquele Que É (heb. *hõ on*; Êx 3.14; *cf.* Jo 8.58).

Ramos da tradição cristã mística* têm sustentado que a essência de Deus é, em certo sentido, visível, mas a maioria dos teólogos afirma não ser reconhecível por criatura alguma. João Damasceno* listou seus atributos como: anarquia (*i.e.* sem começo); incriabilidade; ingenitabilidade; imperecibilidade; imortalidade; eternidade; infinidade; ilimitabilidade; onipotência; simplicidade; incomposição; incorporeidade; imutabilidade; impassibilidade; inalterabilidade; e indivisibilidade. Essa lista foi simplificada e sistematizada por Tomás de Aquino*, cujo

ensino se tornou o fundamento do teísmo* ocidental clássico. Os reformadores aceitaram isso no seu todo, embora dispensando a especulação quanto à substância de Deus e instando a Igreja a se concentrar em conhecê-lo e às suas pessoas.

Nos tempos modernos, a linguagem tradicional relativa à substância divina tem estado sob severo ataque. A teologia do processo*, particularmente, a acusa de comunicar uma ideia estática de Deus, muito embora Marius Victorinus* e a tradição agostiniana que o seguia cressem estar o ser de Deus em movimento (*esse=moveri,* "ser é mover"). A teologia do processo adota a tradição da teologia natural*, ao tentar entender a *ousia* de Deus em termos filosóficos e científicos, mas não o consegue fazer com sucesso. Para se falar da substância divina ainda hoje, há que se fazê-lo à luz do ensino da Bíblia sobre Deus como Eu Sou, que não se prende a nenhum sistema filosófico de interpretação.

Bibliografia

J. B. Cobb, *A Christian Natural Theology* (Philadelphia, 1966); E. L. Mascall, *The Openness of Being* (London, 1971); A. Plantinga, *Does God have a Nature?* (Milwaukee, WI, 1980); G. C. Stead, *Divine Substance* (Oxford, 1977); R. Swinburne, *The Coherence of Theism* (Oxford, 1977).

G.L.B.

SUBSTITUIÇÃO E REPRESENTAÇÃO.

É geralmente aceito entre os teólogos cristãos que Jesus agiu como nosso representante em sua obra de expiação. Com isso, se quer significar que sua vida, morte,

SUBSTITUIÇÃO E REPRESENTAÇÃO

ressurreição e intercessão contínua visam a resultar em nosso benefício. Toda a sua obra é realizada em nosso favor.

Contudo, há nas Escrituras outro aspecto importante da substituição na expiação de Cristo, com referência à sua morte. Como é dito em Romanos 3.23-26, Cristo sofreu em nosso lugar como réu substitutivo ao julgamento que merecíamos — e isso fornece a resposta à questão de como Deus pode ser justo e, mais ainda, justificador* do ímpio, se a sua ira se revela exatamente contra toda impiedade e injustiça dos homens. Deus Filho suporta o juízo de Deus Pai como nosso substituto, tornando-se a propiciação pela qual Deus é capaz de receber a nós, pecadores.

Essa ênfase é reforçada quando Cristo é identificado como o Servo sofredor: "... ele foi transpassado por causa das nossas transgressões..." (Is 53.5). Outras passagens falam também de um resgate. Em Marcos 10.45, diz o próprio Jesus que o Filho do homem veio para dar sua vida em resgate por muitos, e, em 1Timóteo 2.6, é dito que Cristo se entregou a si mesmo como resgate por todos. O conceito de resgate tem uma poderosa conotação de substituição. Do mesmo, a aplicação do simbolismo do AT do animal expiatório (Lv 16.8) ao Cordeiro Jesus é indubitavelmente de substituição (Hb 9.7,12,28).

Fora de Romanos, há dois versículos também importantes sobre os quais essa visão se baseia. Em 2Coríntios 5.21, Paulo argumenta que Jesus, que é sem pecado, identifica-se com o pecado de tal maneira que, misteriosamente, foi feito pecado por nós. O conceito de substituição está no fato de ser ele tratado não pelo que é, mas, sim, pelo que somos. Ele se fez nosso legítimo substituto. Em Gálatas 3.13, explana Paulo que, a fim de poder Jesus nos redimir da maldição da lei, ele próprio suportou em nosso lugar a maldição do pecado que merecíamos.

Eruditos que rejeitam esse conceito, da expiação, o fazem, pelo menos, por três razões principais:

1. Vicent Taylor (1887-1968), por exemplo, argumenta que Paulo, ao expor a morte de Jesus, consistentemente não usa a preposição substitutiva *anti* ("em vez de, ao invés de, em lugar de"), mas, sim, *hyper* ("em favor de, em benefício de"). (Taylor rejeita 1Tm 2.6, como não paulino). Em resposta, tem sido assinalado que *hyper* pode ter a força de *anti* no grego helenista e que, em Romanos 3.25, por exemplo, em que é usado com *hilastērion* (propiciação), é claramente substitutivo em seu intento.

2. O conceito da ira pessoal de Deus é questionado por C. H. Dodd*, que pensa dela como sendo incongruente com seu amor inerente e contesta seja vista como consequência inevitável do espírito rebelde do homem. O objeto da expiação é dito, portanto, ser o homem *e seu pecado*, não Deus e sua ira. *Hilastērion* deveria, então, ser traduzida por "expiação", por ser enfocada sobre o pecado e suas consequências para o homem, em vez de "propiciação", que tem como foco o cumprimento da justiça de Deus. Em resposta, deve ser lembrado que a ira, em termos bíblicos, não é um ressentimento incontrolado, mas a resposta inevitável do puro amor pessoal para com o que

SUPERERROGAÇÃO

é impuro. Embora a ira possa ser a necessidade da expiação, o amor é a sua base. Deus toma a iniciativa não somente de lidar com o pecado (mediante a expiação), mas de remover a oposição pessoal para nosso acesso à sua gloriosa presença (propiciação). O amor e a ira não são, portanto, contraditórios em Deus.

3. A ideia da culpa transacional, *i.e.*, de alguém mais ser solicitado a levar nossa própria responsabilidade a fim de poder ser feita nossa reconciliação com Deus, é considerada por alguns como simplesmente imoral. Nesse caso, há que reconhecer que, por vezes, a ideia da substituição de Cristo tem sido apresentada cruamente, esvaziada de seu mistério. Todavia, esse elemento na obra de Cristo deve ser visto sempre como um corolário da graça, pelo qual Deus nos assegura, de modo total e incompreensivelmente, o que não poderíamos fazer por nós mesmos.

Há mais aspectos ligados à expiação do que os de uma mera substituição objetiva feita por Cristo no lugar dos pecadores. É esse um dos motivos, de uma série de razões complementares usadas pelos escritores bíblicos, que aumentam subjetivamente nossa segurança e estimulam nossa adoração. A confiança de que em Cristo não podemos ser condenados, por ele ter sido condenado em nosso lugar, já basta para deixar o cristão maravilhado, tomado de uma admiração humilde e sem limites por essa sua obra e de Deus.

Bibliografia

R. W. Dale, *The Atonement* (London, 1894); J. J. Denney, *The Death of Christ*, ed. R. V. G. Tasker (London, 1951); C. H. Dodd, *The Epistle of Paul to the Romans* (London, 1932); R. S. Franks, *A History of the Doctrine of the Work of Christ* (London, 1918); E. M. B. Green, *The Empty Cross of Jesus* (London, 1984); L. Morris, *The Apostolic Preaching of the Cross* (London, [3]1965); *idem*, *The Cross in the New Testament* (London, 1965); J. K. Mozley, *The Doctrine of the Atonement* (London, 1915); J. R. W. Stott, *The Cross of Christ* (Leicester, 1986); V. Taylor, *The Atonement in New Testament Preaching* (London, 1940).

T.W.J.M.

SUPERERROGAÇÃO, ver MÉRITO.

SUPRALAPSARIANISMO, ver HIPERCALVINISMO; PREDESTINAÇÃO.

SWEDENBORGUIANISMO, ver SEITAS.

T

TAOISMO E CRISTIANISMO. O taoismo foi fundado na China por Lao-tsé (604-531 a.C.), que viveu em um período de guerra e desordem política, durante a média dinastia Chou (ou Zhou, 771-473 a.C.). Lao desejava encontrar uma solução para as lutas internas na China mediante a busca do Tao (o Caminho), ou seja, das leis morais e físicas da natureza.

O taoismo é dividido, principalmente, em dois movimentos distintos: o taoismo filosófico e o religioso. Suas doutrinas se encontram no livro *Tao Te Ching*, escrito por Lao, e em escritos posteriores

TAOISMO E CRISTIANISMO

de seu seguidor, Chuang-tsé (399-295 a.C.). A ideia básica do *Tao Te Ching* é a doutrina da inação (*wu-wei*, literalmente "não fazer"), uma tentativa de se harmonizar com a natureza. Para o taoismo, o melhor caminho de lidar com a pilhagem, a tirania e o crime é não fazer nada, porque, nas relações humanas, a força derrota a si mesma e produz reação. "Quanto mais leis e regulamentos são criados, mais roubadores e ladrões existem."

Lao-tsé advogava o modo natural e espontâneo de viver, em oposição aos regulamentos, organizações e cerimônias artificiais. Esta foi a razão pela qual atacou vigorosamente todas as formalidades e artificialidades. *Wu-wei* não significa que o indivíduo deva evitar toda ação na vida, mas, sim, que deva repudiar toda ação hostil e agressiva de sua parte contra os outros.

Esse taoismo filosófico começou a declinar no século IV a.C., quando o budismo* passou a se espalhar na China. Os budistas adotaram a terminologia taoista para expressar sua filosofia, enquanto os taoistas adquiriram deles ideias religiosas, tais como a da transmigração da alma (ver Metempsicose*) e salvação, assim como suas divindades e cultos. Os taoistas incorporaram também práticas animistas* da religião popular chinesa em suas crenças. Assim, o taoismo e a religião popular se fundiram em uma só crença no pensamento comum do povo. Esse tipo popular de taoismo religioso absorveu as divindades naturais locais, adotando a magia, a adivinhação, o animismo e o suposto controle dos espíritos.

O taoismo, o budismo e o confucionismo* são hoje as três religiões típicas mais expressivas do Extremo Oriente. Enquanto o taoismo e o budismo se caracterizam por maior orientação religiosa, o confucionismo tem sua grande importância, principalmente, na área da ética. O budismo atrai efetivamente as pessoas com sua doutrina de salvação do sofrimento (*nirvana*), enquanto o taoismo proporciona ao povo deuses da natureza e heróis nacionais para sua adoração.

Em contraste com o cristianismo, o conceito taoista de Deus é politeísta*. Seus muitos deuses, que as pessoas cultuam e aos quais fazem orações, incluem o deus da agricultura, da medicina, da literatura, do nascimento, da cidade e da terra, a deusa do mar e heróis nacionais. Seus fiéis creem que as preces a cada um desses deuses traz ajuda e bênçãos àqueles com determinadas carências. Em consequência de sua doutrina da inação, muitos dos taoistas são fatalistas. A não ser nos valores éticos do taoismo, encontrados em seus Cinco Preceitos (contra matar, beber álcool, roubar, mentir, adulterar) e em suas Dez Virtudes (piedade, lealdade, amor, paciência, autossacrifício, repreensão aos maus atos, ajuda aos pobres, defesa do viver em liberdade, plantio de árvores e construção de estradas e doutrinação aos não iluminados), o cristianismo e o taoismo são bem divergentes em suas doutrinas. Tanto o taoismo quanto o budismo e o confucionismo estão centrados no ser humano, no sentido de que deve procurar agradar seus deuses. Já o cristianismo está em contraste direto com essas religiões, ao ensinar que Deus salva a humanidade em Cristo.

TEILHARD DE CHARDIN, PIERRE

Bibliografia
Ching Feng (publicação trimestral), Hong Kong; H. G. Creel, *What is Taoism?* (Chicago, IL, 1970); A. F. Gates, *Christianity and Animism in Taiwan* (San Francisco, 1979); Lao Tzu, *The Way of Lao Tzu*, tr. Wing-Tsit Chan (New York, 1963); H. Welch, *Taoism: The Parting of the Way* (Boston, 1965).

B.R.R.

TEILHARD DE CHARDIN, PIERRE
(1881-1955). Francês, Teilhard de Chardin obteve formação como jesuíta* e paleontólogo. Nos meados da década de 1920, indispôs-se contra seus superiores da Igreja Romana, sendo proibido de continuar a lecionar como geólogo em instituições católicas, por causa de suas ideias não ortodoxas sobre o pecado original, e a relação deste com a evolução. Em 1926, foi para a China, onde desenvolveu importante trabalho como paleontólogo, contribuindo significativamente para o estudo de um espécime de homem primitivo, o Sinanthropus (Homem de Pequim). Retornando à França em 1946, foi proibido pelas autoridades católicas de publicar ou ensinar sobre assuntos filosóficos. Em 1951, mudou-se para Nova York, onde viveu e trabalhou até sua morte.

Ao deixar esta vida, limitada era a influência de Teilhard de Chardin. Daí a pouco, com a publicação de sua obra *The Phenomenon of Man* [O fenômeno do homem] (TI, London, 1959), sua fama rapidamente se espalhou. Em pouco tempo, ocorreu como que uma avalancha de publicação de livros e coleções de seus escritos, incluindo obras devocionais (*Le Milieu Divin* [O meio divino]; TI, London, 1960), estudos paleontológicos, coleções de suas cartas e uma vasta série de textos especulativos (como *The Future of Man* [O futuro do homem]; TI, London, 1964).

O alvo de Chardin era construir uma fenomenologia* do universo com base no pensamento científico, proporcionando uma explicação coerente para o mundo. Sua síntese incorpora imensas ideias evolutivas, que reúnem ciência, filosofia e teologia. Para ele, a evolução é uma condição geral à qual todas as teorias e sistemas devem se conformar e dentro da qual há movimentos em direção a uma crescente complexidade e consciência, convergindo definitivamente para um centro supremo, o Ômega.

Sob grande parte do pensamento de Chardin está o postulado básico de que a matéria detém uma forma de consciência, tal como os seres humanos. Toda matéria tem um "interior" assim como seu próprio "exterior". A evolução é uma elevação à consciência, supremamente manifesta na humanidade.

O pensamento de Chardin consiste em três principais componentes: cósmico, crístico e humano. Deus é considerado parte integrante do processo evolutivo, uma vez que Deus e o universo em desenvolvimento estão unidos. A evolução tem, assim, um centro crístico, devendo a humanidade fazer avançar essa "cristificação". O terceiro componente, o humano, liga o cósmico ao crístico, constituindo a camada de pensamento (noosfera) situada entre a camada viva (biosfera) e a ultra-humana (Ômega, Cristo ou Deus). Sublinhando a visão de Chardin, há um intenso otimismo,

TEÍSMO

um desejo ardente de unir sua ciência com o seu cristianismo, um forte senso místico* e uma rejeição de qualquer forma de dualismo* de mente e matéria. Ele via Cristo, enfim, como o centro orgânico do cosmo, seu corpo equivalendo ao próprio cosmo.

Chardin mantém os conceitos básicos da doutrina católica-romana, embora, para ele, entendidos em termos de um mundo em evolução; daí sua ênfase sobre o papel cósmico de Cristo, em vez de seu significado redentor. Sua cristologia se enquadra na tradição da teologia encarnacional, com Cristo como o alvo e o ponto de coroação da ordem natural.

O mal e o pecado, para ele, são subprodutos da evolução, sendo o pecado parte do processo evolutivo, e a queda, um símbolo de um mundo ainda não concluído. A encarnação de Cristo assume uma importância universal evolutiva, com seu significado limitado à esfera dos indivíduos. A salvação é igualada ao empenho da humanidade em completar o corpo místico de Cristo.

Ver também CIÊNCIA E TEOLOGIA; CRIAÇÃO.

Bibliografia

C. Cuenot, *Teilhard de Chardin* (London, 1965); R. Hooykass, Theilhardism, a Pseudo-scientific Delusion (etc.), *Free University Quarterly* 9 (1963), p. 1-83; D. G. Jones, *Teilhard de Chardin, An Analysis and Assessment* (London, 1969); H. de Lubac, *The Faith of Teilhard de Chardin* (London, 1965); E. Rideau, *Teilhard de Chardin. A Guide to His Thought* (London, 1968); C.

Van Til, Pierre Teilhard de Chardin, *WTJ* 28 (1966), p. 109-144; J. J. Duyvené du Wit, *in:* P. E. Hughes (ed.), *Creative Minds in Contemporary Theology* (Grand Rapids, MI, 1966), p. 407-450.

D.G.J.

TEÍSMO. Em um sentido amplo, o teísmo é sinônimo de crença em Deus, geralmente um Deus, como no monoteísmo*. Esse uso, porém, não o distingue de todo do deísmo* e do panteísmo*, nem visa, além da teoria filosófica, às religiões históricas. Em um sentido mais específico, o teísmo se refere à crença em um Deus criador e pessoal, distinto do mundo (oposto ao panteísmo), mas constantemente ativo nele (oposto ao deísmo), e digno de adoração. Como Criador, o Deus do teísmo é tão inteligente quanto poderoso. Como Deus pessoal, é capaz de autorrevelação, um ser moral com preocupações justas e benevolentes por suas criaturas. Como único ser transcendente, é livre para agir soberanamente na criação*. Nessa atividade, a ele imanente, busca seus próprios bons propósitos para a história em geral e as pessoas em particular.

Nesse sentido mais específico, três principais religiões teístas podem ser identificadas: judaísmo*, cristianismo* e islamismo*. Cada uma delas afirma um Deus criador, pessoal, autorrevelador, ativo na criação e digno de adoração. Das três, o cristianismo dá a descrição mais plena do envolvimento de Deus em sua criação, em termos da encarnação e obra redentora de seu eterno Filho, o Cristo.

O teísmo como posição filosófica pode ser reportado, no Ocidente, a

TEMPLE, WILLIAM

Platão*. Foi cuidadosamente desenvolvido por pensadores judeus, cristãos e muçulmanos, entre os quais, notadamente, Agostinho*, Tomás de Aquino* e Duns Scotus*. Nos tempos modernos, teólogos como João Calvino* e filósofos como Descartes* e Kant* formaram sua tradição. Seus atuais propugnadores de maior destaque incluem, entre outros, Basil Mitchell (*The Justification of Religious Belief* [A justificação da crença religiosa], Oxford, 1981), Richard Swinburne (*The Coherence of Theism* [A coerência do teísmo] Oxford, 1977) e Alvin Plantinga* (*God, Freedom and Evil* [Deus, liberdade e o mal], Grand Rapids, MI, 1978).

A.F.H.

TEMPLE, WILLIAM (1881-1944). Filósofo, teólogo e clérigo, bispo de Manchester (1921-1929), arcebispo de York (1929-1942) e arcebispo da Cantuária (1942-1944), Temple foi uma personalidade de muitas responsabilidades e atividades na Igreja da Inglaterra. Ele cria que "faz parte da visão sacramental do universo, tanto de seus elementos materiais quanto espirituais, que há certa esperança em se praticar a economia e a política humanas tornando-se efetivos tanto o amor como a fé" (*Nature, Man and God* [A natureza, o homem e Deus], Gifford Lectures, London, 1934). Seu pensamento detinha forte foco central sobre a encarnação*.

Conhecido por sua capacidade de dirigente, sabendo valorizar o melhor tanto de outras pessoas como de suas próprias realizações, quer em filosofia e teologia (*cf. Mens Creatrix* [Mente criativa], London, 1917; *Christus Veritas* [A verdade de Cristo], London, 1924), quer em matéria de piedade pessoal (*cf. Readings in St. John's Gospel* [Estudos no evangelho de São João], 2 vols., London, 1939-1940), Temple aplicou-se a muitas causas. Foi presidente da *Worker's Educational Association* [Associação Educacional de Trabalhadores], da Inglaterra (1909). Foi, ainda, membro e, a partir de 1925, presidente da comissão que produziu a *Doutrina da Igreja da Inglaterra* (1938). Também, presidente da Conferência sobre Política, Economia e Cidadania Cristã, de caráter interdenominacional (Birmingham, 1924), e de conferência anglicana similar (Malvern, 1941), a qual, aliás, inspiraria sua obra *Christianity and Social Order* [Cristianismo e ordem social] (Harmondsworth, 1942), texto amplamente lido e conhecido, apontado como "um dos pilares fundamentais de um Estado próspero" (D. L. Munby). Escolhido presidente da segunda Conferência Mundial sobre Fé e Ordem (Edimburgo, 1937) e logo depois do comitê provisório para formação do Concílio Mundial de Igrejas (1938), Temple como que enlaçou em um forte abraço fraternal a Igreja espalhada pelo mundo, considerando-a "o novo grande acontecimento de nossa época".

Bibliografia

R. Craig, *Social Concern in the Thought of William Temple* (London, 1963); F. A. Iremonger, *William Temple, Archbishop of Canterbury* (London, 1948); J. F. Padgett, *The Christian Philosophy of William Temple* (The Hague, 1974); A. M. Ramsey, *From Gore to Temple* (London, 1960); A. M. Suggate, *William*

TEMPO E ETERNIDADE

Temple and Christian Social Ethics Today (Edinburgh, 1987).

P.N.H.

TEMPO E ETERNIDADE. Apesar de o relacionamento entre tempo e eternidade não ser talvez prontamente reconhecido como questão fundamental para a teologia, nada parece, no entanto, ser mais fundamental do que a relação de Deus com o tempo e o espaço. Toda grande doutrina da fé cristã é expressa dentro de uma estrutura de tempo e eternidade.

A eternidade não constitui na Bíblia uma abstração ou um conceito sem noção de tempo: a palavra grega *aiōn* não é um termo atemporal, mas, sim, o mais abrangente termo referente a tempo. A expressão *ho aiōn tōn aiōnōn* poderia ser traduzida por "a era das eras". O Deus vivo não é atemporal, mas revelado como ativo no curso do tempo do homem. A distinção temporal entre Deus e o homem é que Deus é permanente e imutável no tempo; Deus possui tempo duradouro e sempiterno, em contraste com o tempo fugaz e passageiro do homem (Sl 90ss).

A concepção de eternidade como atemporalidade resultou da tentativa de expressar a verdade cristã dentro da estrutura da metafísica* grega. A transcendência de Deus veio a ser considerada em termos de sua absoluta distinção em relação ao tempo, definitivamente expressa por Kant* em sua definição de Deus como numênico, ou seja, objeto de pensamento incognoscível. Como pode tal abstração filosófica, enquadrada em uma distinção transcendente, ser identificada com o Deus vivo da Bíblia, que se revela no tempo e no espaço em Jesus Cristo? Eis por que Oscar Cullmann (ver História da Salvação*) rejeita o conceito abstrato de eternidade, argumentando que o entendimento bíblico de eternidade é o do tempo indefinidamente prolongado, numa duração linear sem fim. Mas serve o elemento de duração como identificação suficiente da distinção entre eternidade e tempo? O tempo de Deus difere do tempo do homem simplesmente em termos de quantidade?

Talvez o aspecto mais significativo do tratamento que dá Karl Barth* à doutrina de Deus seja sua determinação de tratar o assunto exclusivamente em termos dinâmicos, em vez de em termos estáticos. A transcendência de Deus não é sua distinção absoluta ao tempo e ao espaço, mas, sim, constitui sua liberdade automotivada de ser imamente ao homem no tempo e no espaço. A eternidade não deve ser concebida negativamente como a atemporalidade de Deus, mas positivamente, como o tempo de Deus, sua temporalidade autêntica. Essa temporalidade autêntica é distinta do tempo humano não meramente por sua duração (ao contrário de Culmann), mas por aquilo que Barth define como pura simultaneidade. Deus não depende da sucessão e divisão entre passado, presente e futuro; Ele possui o tempo em pura simultaneidade, em que passado, presente e futuro coincidem, sem nenhuma sombra de diferença entre si. A constância de Deus não consiste em qualquer imutabilidade abstrata, mas, sim, em sua total fidelidade no tempo como Deus vivo. Esse tempo autêntico de Deus é o protótipo

TENDÊNCIAS TEOLÓGICAS CONTEMPORÂNEAS

e fonte do tempo humanamente percebido, e em Jesus Cristo esse tempo verdadeiro ocorreu em meio ao tempo decaído, como o cumprimento dos tempos. A eternidade de Deus é o tempo real, em contraste com o tempo irreal, ou decaído, do homem. Deus tem o tempo, nós somente o experimentamos na efemeridade de suas distinções.

Boécio* definiu a eternidade como *interminabilis vitae tota simul et perfecta possessio* — "a posse total, simultânea e perfeita da vida ilimitada". Barth aceitou essa definição não como referência à eternidade abstrata, mas, sim, especificamente, à eternidade do Deus vivo, o *possessor interminabilis vitae*, o possuidor de vida interminável, Aquele que possui vida em liberdade total e completa. As concepções clássicas abstratas da atemporalidade e imutabilidade devem ser reconhecidas como estranhas à fé no Deus vivo da Bíblia.

Bibliografia
K. Barth, CD II. 1, p. 608ss; III. 1, p. 67ss; III. 2, p. 437ss; O. Cullmann, *Christ and Time* (London, 1962); T. F. Torrance, *Space, Time and Incarnation* (London, 1969).

J.E.C.

TENDÊNCIAS TEOLÓGICAS CONTEMPORÂNEAS.
A teologia contemporânea é caracterizada por métodos e propostas tão grandemente divergentes entre si que fica excessivamente difícil esboçar qualquer panorama de suas principais ideias. Isso acontece, em parte, porque os modelos dominantes da geração anterior (Barth*, Bultmann*, Tillich*) deixaram de

existir, mas não foram substituídos; em parte, também, porque muita coisa da teologia moderna é pluralista, abarcando diferentes tradições confessionais e, algumas vezes, religiosas; e em parte, ainda, porque os parceiros de troca de ideias não são mais simplesmente a história, a ética e a filosofia, mas igualmente, por exemplo, a sociologia, a antropologia e a ciência política.

A questão do método encontra-se atualmente em destaque, e as últimas duas décadas têm assistido a um trabalho substancial em torno de temas como pluralismo teológico, relativismo histórico* e natureza da mudança e da continuidade em teologia (D. Tracy, N. Lash, D. Nineham), assim como uma atividade mais específica sobre padrões de procedimento teológico (D. Kelsey) e caráter eclesial da teologia (E. Farley). As áreas tradicionais dos prolegômenos e da epistemologia*, tais como a relação entre fé e razão* ou o alcance da teologia natural*, continuam a ser debatidas (*e.g.*, por W. Pannenberg na Alemanha e K. Ward e R. Swinburne, na teologia inglesa). Contudo, tem havido recentemente uma série de tentativas de mudar a base do debate nessa área, daquilo que alguns consideram ser uma abordagem excessivamente intelectualista para uma pesquisa sobre as raízes da teologia na adoração* e a imaginação religiosa*. Teólogos litúrgicos*, como G. Wainwright (n. 1939) ou R. Prenter (1907-1990), colocam os dados básicos da teologia no louvor a Deus (ver Doxologia*), considerado criticamente pelos teólogos da reflexão. Têm ocorrido também diversas tentativas de afirmar a função heurística da imaginação (T. W. Jennings, J. Hartt, J. Coulson) e o significado cognitivo da linguagem não literal, parcialmente sob a influência de filósofos hermenêuticos*, como H. G. Gadamer e P. Ricoeur. Semelhantemente, a teologia narrativa* (abordada por H. Frei, D. Ritschl, H. O. Jones, S. Hauerwas e outros) tem inquirido sobre a função de relatos e mitos* na articulação da verdade, buscando romper com a hegemonia das epistemologias positivistas* e recuperar a confiança na substância do cristianismo.

A teologia e a ciência social interagem cada vez mais em questões do contexto social da fé cristã e da teologia e do seu papel no estabelecimento e na manutenção dos sistemas sociais. Os teólogos "políticos", ou da teologia da libertação* (G. Gutiérrez, J. Sobriño, J. L. Segundo, L. Boff, J. B. Metz*, J. Moltmann*), buscam colocar em debate temas característicos, tais como quanto à primazia da teoria e da ação política, em identificação com os pobres e oprimidos, como os dados principais para a teologia. Surgida no Terceiro Mundo, notadamente na América Latina, a teologia da libertação chegou ao topo das agendas teológicas de todo o mundo ocidental por meio das teologias negra* e feminista*, que buscam igualmente se opor aos efeitos ideológicos de muito da reflexão teológica tradicional.

Apesar de recentes tentativas de articular uma dogmática* completa (K. Rahner*, H. Berkhof*, G. Ebeling*), ou uma defesa da fé cristã em grande escala (H. Küng*), há ainda muitos trabalhos contemporâneos extremamente cautelosos quanto aos esquemas teológicos abrangentes, especialmente na Grã- Bretanha, onde a crítica doutrinária* tem tido uma abordagem muito difundida. Essa avaliação crítica da doutrina tem sido aplicada especialmente à cristologia* (por M. F. Wiles e A. T. Hanson) e à doutrina da Trindade* (por G. W. H. Lampe, 1912-1980, e J. P. Machey), com uma rigorosa testagem sobre a viabilidade da ortodoxia doutrinária como estrutura da teologia contemporânea. Alguns teólogos como E. L. Mascall (1905-1993) e Galot procuram reafirmar a tradição ou apresentar novas categorias aparentemente menos reducionistas do que as dos críticos doutrinários.

Após um período de abandono, de certo modo sob a influência de Barth, a doutrina da criação* começou a reaparecer, em termos de teologia da natureza* (G. S. Hendry), ou de uma teologia natural, baseada ou no diálogo com as ciências humanas (Pannenberg) ou em um conceito da importância universal de Cristo (Link, W. Krötke, E. Jüngel*).

Por sua vez, a doutrina de Deus tem recebido uma boa dose de atenção. A teologia trinitária, embora muito criticada, vem sendo plenamente reafirmada, notadamente na obra de K. Rahner, mas também de Moltmann, Jüngel e W. Kasper. Quanto aos teólogos da teologia do processo*, retirando sua metafísica de Whitehead e Hartshorne, substituíram a linguagem a respeito do ser divino por uma linguagem a respeito de tornar-se divino, uma vez que, no seu entender, Deus é a instância suprema do processo interativo da realidade (J. Cobb, L.

TENDÊNCIAS TEOLÓGICAS CONTEMPORÂNEAS

Ford). Outros mais fiéis à tradição cristã têm abordado a doutrina de Deus via cristologia, particularmente por meio da morte de Cristo (Moltmann, Jüngel, H. Urs von Balthasar*), chamando atenção para atributos divinos, como a impassibilidade ou imutabilidade, que, conforme alegam, não são compatíveis com a humanidade de Deus em Cristo. A partir daí, tem-se desenvolvido uma considerável literatura teológica e devocional sobre o sofrimento de Deus. A doutrina do Espírito, contudo, é a que fornece a base para uma das peças mais minuciosas da teologia construtiva contemporânea, escrita por Lampe, *Deus como Espírito*, ao mesmo tempo que na Alemanha H. Mühlen e Moltmann deram proeminência à pneumatologia, especialmente nos aspectos relativos ao homem.

O pecado e a expiação têm sido pouco contemplados em nossos dias, além de estudos históricos das teorias antigas. Teólogos contemporâneos, especialmente luteranos, tendem a enfocar a cruz* como a revelação do caráter e dos propósitos de Deus, sem dar atenção maior à sua importância soteriológica. Ainda entre os luteranos, a doutrina da justificação* permanece como artigo fundamental, particularmente para a explanação da doutrina teológica a respeito da humanidade. Além dessas áreas, a soteriologia é principalmente discutida pelos teólogos da libertação e no diálogo com outras religiões — uma das maiores preocupações da teologia contemporânea —, por teóricos importantes como J. Hick* e W. Cantwell Smith. A atenção dada ao aspecto social da prática e da crença religiosas por sociólogos

e filósofos tem contribuído para um atual e difundido reavivamento do interesse em eclesiologia (ver Igreja*), estimulado também pelo empenho ecumênico* contemporâneo.

Por outro lado, a teologia sacramental, especialmente a eucarística*, vem sendo suprida de nova conceitualidade, derivada da fenomenologia dos sinais (notadamente por E. Schillebeeckx*), enquanto dissensões confessionais mais antigas sobre a questão da presença eucarística ou sacrifício têm sido debatidas vigorosamente. De modo geral, o funcionamento do cristianismo como sistema religioso tem estado sujeito a uma análise teológica sofisticada, *e.g.*, por Farley e S. Sykes. Nesse contexto, tem sido extensivamente examinado o funcionamento das Escrituras como regulamentação da vida comunitária cristã.

Os escritos contemporâneos sobre escatologia* enfocam quase sempre a interpretação teológica do significado da história humana*, especialmente no tocante ao tema da esperança*, como na obra de Pannenberg e Moltmann. Teólogos sistemáticos e filosóficos têm também dedicado muita atenção às questões de sobrevivência pessoal e identidade além da morte e da inteligibilidade da linguagem a respeito da vida após a morte (H. D. Lewis, Hick, T. Penelhum).

Embora, enfim, haja muita novidade, a melhor teologia recente, se comparada com a radical, da década de 1960, é metodologicamente mais sofisticada e encontra-se mais envolvida em sérios debates com os textos clássicos da tradição cristã. Apesar de permanecer fundamentalmente como

955 TENTAÇÃO

um exercício crítico, com pouca simpatia pelas autoridades auto-legitimadas, pelos credos confessionais, por matéria eclesial ou escriturística, a teologia contemporânea mostra-se, porém, crescentemente preocupada com suas responsabilidades construtivas.

Bibliografia

A. Richardson & J. Bowden (eds.), *A New Dictionary of Christian Theology* (London, 1983), oferecendo excelente padrão de pensamento recente. P. C. Hodgson & R. H. King (eds.), *Christian Theology* (London, 1983), o melhor panorama recente. *Concilium*, jornal que é um índice útil de preocupações presentes, de caráter internacional. *ExpT*, periódico que traz frequentemente artigos de literatura teológica recente, de diversos países.

J.B.We.

TENTAÇÃO. O destaque à provação é maior do que à tentação, na doutrina bíblica. No AT, Javé prova seu próprio povo para ver (na verdade, para ficar demonstrado) se o povo será sincero ou não quanto à sua parte no pacto (Dt 8.2,16; 13.3; Jz 2.22). É significativo que seja Israel, e não os povos pagãos, que ele coloque à prova. Tais comprovações de fé e obediência são essenciais para o relacionamento especial nisso envolvido (Dt 8.5,6; cf. Hb 12.4-11). Deus coloca os que mais valoriza em situações de provação, quer seja de modo direto (Gn 22.1,2,12) quer indireto (Jó 1.12), a fim de aperfeiçoar sua obediência (Sl 119.67,71; Zc 13.9) e fortalecer sua confiança (Sl 66.10-12). Satanás também prova, mas somente para danificar ou destruir a fé e a obediência e provocar a exasperação e a rebelião contra Deus (Gn 3.1-4; Jó 1.12; cf. Lc 22.31). Até Israel coloca o próprio Deus à prova repetidamente, desafiando sua sabedoria e seu poder, o que é lembrado com tendo sido uma firme advertência para todos nós, no NT (Dt 6.16; cf. 1Co 10.9-11; Hb 3.7-12).

O próprio Jesus foi provado e sutilmente tentado a abandonar o caminho da redenção traçado por Deus e a cancelar o seu programa de conquista messiânica, buscando a paz pelo poder, e não pelo sofrimento (Mt 4.1-11; 16.21-23; 26.36-41; cf. Jo 12.27,38). O próprio relacionamento de Jesus com o Pai, assim como a justiça inerente de Deus, foram, desse modo, colocados em questão (Jo 5.19,20; Fp 2.8; Rm 3.26).

Em todo o NT, o "sofrimento inevitável" é a maior provação para a qual Jesus Cristo deveria estar preparado (Mt 6.13). Uma resoluta obediência à fé levou por vezes os cristãos primitivos a situações de grande tentação (Hb 2.1; 10.34; 12.4). A "provação" da ação de Deus não está em o crente arriscar se envolver em um perigo ou comprometimento pecaminoso, ou mesmo na mudança, necessariamente, da situação e das circunstâncias (1Co 10.13,14), mas em fé determinada (Hb 10.37-39), alegria triunfante (Tg 1.2-4) e graça invicta (1Pe 1.5-7). Uma visão de Cristo em tentação, sofrimento e glória é o antídoto supremo para os desencorajamentos (Hb 4.14-16; 7.25; 12.2-4; cf. Lc 22.31).

Além das tentações características de tempos de perseguição, o cristão enfrenta diariamente a

TEOCRACIA

tentação de Satanás (2Co 2.11; 11.14; 12.7; 1Ts 2.18), de uma sociedade ímpia (Sl 1.1; Jo 17.14-16; 1Jo 2.15-17) e, acima de tudo, do pecado que habita em nós (Gl 5.16-18; Ef 4.22-32; Cl 3.8; Tg 1.13-15; 1Jo 2.15-17). Deixar de enfrentar, resistir e vencer a tentação de pecar rompe nossa comunhão com Deus, enfraquece nosso poder de obedecer e desonra o nome do nosso Senhor. John Owen (ver Teologia Puritana*), em seu clássico devocional *Of Temptation* [Da tentação], lembra as palavras de Cristo no Getsêmani — "Vigiem e orem para que não caiam em tentação" (Mt 26.41) — como um refúgio do crente a todo momento de ameaça e ataque inimigo.

Bibliografia
D. Bonhoeffer, *Temptation* (TI, London, 1955); C. S. Lewis, *The Screwtape Letters* (London, 1942); J. Owen, *Of Temptation* (1658), *in:* W. H. Goold (ed.), *The Works of John Owen* (London, 1850-1855), vol. VI; J. I. Packer, *in: NBD,* p. 1173-1174; W. Schneider, C. Brown & H. Haarbeck, *in: NIDNTT* III, p. 798-811; H. Seesemann, *in: TDNT* II, p. 23-36.

P.H.L.

TEOCRACIA. Em sentido estrito, uma teocracia é uma sociedade humana governada politicamente por Deus. O termo, contudo, tem sido usado geralmente de modo mais amplo para designar uma comunidade em que haja uma real união de Igreja e Estado, ou em que o poder civil seja de certo modo dominado pelo eclesiástico (e que seria mais propriamente chamado hierocracia).

O exemplo mais autêntico de uma teocracia é o de Israel* do AT. Javé era, ali, o Rei (Dt 33.5), Israel era o seu exército (Êx 7.4), e as guerras do seu povo eram sua guerra (Nm 21.14). Não era, porém, um conceito apenas de caráter executivo ou militar. O poder legislativo e o judiciário estavam também nas mãos de Deus. Um líder ou dirigente como Moisés nada mais fazia do que simplesmente mediá-lo (Êx 18.16), e até mesmo o chamado e humano "rei" de Israel nada mais era, na verdade, que um vice-rei, ou um regente, que governava em nome de Deus (Dt 17.15). Sua autoridade e poder de "representante" teocrático lhe obrigava não somente a conduzir a nação em luta nas batalhas de Javé (2Sm 8.5-20), como também a promover a fé em Deus, destruir seus inimigos na própria nação e até implantar, para isso, grandes reformas (como fez, por exemplo, Josias). Em todas suas ações, contudo, permanecia sujeito à direção e ao constante escrutínio divino: todo fato expressado especialmente, à maneira dos grandes videntes (Samuel, Natã e Aías, por exemplo), dizia respeito, inescapavelmente, à ação governativa do monarca. Não lhe era permitido esquecer que "o Senhor é o nosso juiz, o Senhor é o nosso legislador, o Senhor é o nosso rei: é ele que nos vai salvar" (Is 33.22).

O conceito de teocracia está intimamente ligado a duas outras concepções fundamentais do Antigo Testamento: 1) O pacto. A promessa "serei o seu Deus, e vocês serão o meu povo" colocou cada israelita face a face com a vontade de Deus. A vida na teocracia era

TEOCRACIA

intensamente teônoma, *i.e.*, vivida sob os termos da lei divina. 2. Escatologia. Como argumenta Th. C. Vriezen, a visão teocêntrica de vida criou não somente uma sociedade teocrática, mas também um conceito teleológico de história. Fez surgir a esperança de Israel, focada, em si mesma, na teocracia: "Deus estabelecerá sua teocracia, se não entre o presente Israel, junto a um novo Israel que ele constituirá a partir do 'remanescente'. E se a presente casa de Davi mostrar-se indisponível, Deus fará surgir uma nova linhagem da raiz de Jessé para governar o reino teocrático" (*An Outline of Old Testament Theology* [Introdução à teologia do Antigo Testamento], Oxford, 1960, p. 229).

É sob esse cenário que devemos ler o NT. A teocracia parecia ter desaparecido. Os eleitos haviam sido dispersos, sem nação, desorganizados (1Pe 1.1). Todavia, a diferença do AT, na verdade, é mais aparente do que real. A Igreja é o novo Israel*, possuindo todas as características essenciais do antigo (1Pe 2.9). Se não é, por si mesma, exatamente o reino* de Deus, tem muita conexão com ele (Mt 16.18). É, em essência, uma teocracia. Cristo é seu cabeça e a fonte de toda autoridade (Ef 5.23). A disciplina se exerce em seu nome e em Sua presença (1Co 5.4). A igreja tem líderes, mas todos somente no Senhor (1Ts 5.12). A ele devem todos prestar contas (Hb 13.17). Os carismas, mediante os quais os líderes atuam, são dons* seus (Ef 5.11). Sua vontade está tão ligada ao novo Israel quanto era a vontade de Deus Pai para o antigo.

Em um sentido mais amplo, de uma sociedade dominada pela Igreja (ou por seu clero), os estudiosos encontram facilmente exemplos de teocracia, entre outros, no catolicismo medieval, na Genebra de Calvino, na Inglaterra de Cromwell e na doutrina da Confissão de Westminster (ver Confissões*), que reza: "O magistrado civil tem autoridade para providenciar, e é seu dever, que a unidade e a paz sejam preservadas na Igreja, que a verdade de Deus seja mantida pura e integral, que toda blasfêmia e heresia seja suprimida, toda corrupção e todo abuso na adoração e na disciplina sejam evitados ou reprimidos, e todas as ordenanças de Deus devidamente estabelecidas, administradas e observadas" (cap. XXIII.iii). De tudo o que J. T. McNeill diz a respeito da Genebra de Calvino, o mais verdadeiro é provavelmente o seguinte: "Certamente o sistema era uma teocracia, no sentido de ser assumida responsabilidade perante Deus tanto por parte da autoridade secular quanto da eclesiástica e de se propor como seu fim a operação efetiva da vontade de Deus na vida do povo" (*The History and Character of Calvinism* [História e características do calvinismo], New York, 1954, p. 185). Na tradição protestante, contudo, isso nunca significou a subordinação do poder civil à Igreja. A Confissão de Westminster, por exemplo, é inflexível no sentido de que as pessoas "eclesiásticas" não estão isentas do poder dos magistrados, ainda que estes sejam infiéis (XXIII.iv). De modo inverso, no entanto, tanto o Estado como o indivíduo estão sujeitos à vontade de Deus. Como tal, nenhum deles tem o direito de ser

TEODICÉIA

indiferente ou hostil à Igreja, mas, sim, tem o dever de lhe dar apoio e protegê-la. A improbabilidade de tal apoio e proteção em uma sociedade pluralista não anula esse princípio em si.

Hoje, todavia, nem mesmo as igrejas mais ligadas à Confissão de Westminster podem ficar satisfeitas com a forma como é ali expresso o referido princípio. Ele teria de ser suplementado por uma ênfase sobre a liberdade de consciência e uma firme desaprovação de quaisquer traços de perseguição e intolerância.

Bibliografia

W. Eichrodt, *Theology of the Old Testament*, vol. 2 (London, 1967); T. S. Eliot, *The Idea of a Christian Society* (London, 1939); C. Hodge, *The Church and its Polity* (London, 1879); H. Höpfl, *The Christian Polity of John Calvin* (Cambridge, 1982); J. T. McNeill, *The History and Character of Calvinism* (New York, 1954); J. B. Payne, *The Theology of the Older Testament* (Grand Rapids, MI, 1962); T. M. Parker, *Christianity and the State in the Light of History* (London, 1955).

D.M.

TEODICÉIA. Do grego *theos*, "Deus", e da raiz *dik-*, "justo", a teodiceia procura "justificar os caminhos de Deus para o homem" (Milton), mostrando quanto Deus é reto, glorioso e digno de louvor, a despeito de aparências em contrário. A teodiceia questiona como podemos crer que Deus é tão bondoso quanto soberano em face do mal* no mundo — pessoas más e ações más, que desafiam Deus e prejudicam os seres humanos; circunstâncias, acontecimentos, experiências e estados de alma nocivos, que desperdiçam, impedem e destroem valores reais ou potenciais, da humanidade e para ela; em resumo, todos os fatos, físicos e morais, que induzem o sentimento de "não deveria ser assim".

Toda teodiceia vê o mal como algo que contribui, no final, para um bem maior do que aquele que se poderia atingir sem o mal. Assim, Leibniz* (que cunhou a palavra "teodicéia" em 1710) argumenta que um mundo contendo o mal físico e moral é melhor, por ser metafisicamente mais rico do que um mundo que contivesse o bem somente, e que Deus deve ter criado o melhor dos mundos possíveis. Hegel*, panteísta* moderado, sustentava que todo mal aparente é realmente o bem em processo; que ele parece e se mostra mal somente porque o seu caráter como bom é ainda incompleto. Os teólogos do processo* apresentam seu Deus finito lutando contra o mal, na esperança de algum dia dominá-lo. Os teístas* bíblicos, no entanto, raciocinam de modo diverso. Afirmam com Agostinho* que o mal é a ausência do bem, ou uma coisa boa que não vai bem, passando então a asseverar que:

1. A dor, embora faça sofrer, em geral não é realmente má. Age como um alarme, e saber conviver com a dor pode purificar, refinar e enobrecer o caráter. A dor pode ser, assim, um dom e uma misericórdia.

2. A virtude (a escolha do bem) é somente possível onde o pecado (a opção pelo mal) seja também possível. O desempenho programado de um autômato não é virtude

TEODICÉIA

alguma, carecendo do valor desta. Ao fazer o homem capaz de escolher o caminho da obediência com gratidão, Deus o fez capaz também de não agir assim. Embora não seja o autor do pecado, Deus criou a possibilidade do pecado ao criar a possibilidade da retidão.

3. O crescimento moral e a maturidade são somente possíveis quando se pode calcular a consequência de uma ação. Deus quis que este mundo fosse uma escola para o crescimento moral, por isso lhe conferiu regularidade física, de modo que as consequências pudessem ser previstas. As frustrações resultantes de erros de cálculo e os eventos naturais que são chamados desastres porque danificam os seres humanos são, assim, inevitáveis. O homem não decaído também os teria experimentado. Na verdade, amadurecemos moralmente por meio da nossa contenda com eles.

Além desse ponto, na teodiceia, têm início as especulações. John Hick* postula a salvação universal*, argumentando que nada menos do que isso poderia justificar todo o mal que Deus permite no mundo com o propósito de edificação da alma. Os que advogam a "defesa do livre-arbítrio" de Deus (contra a acusação de ser fonte do mal) especulam que ele não poderia evitar que os seres humanos pecassem sem destruir a humanidade deles — o que significaria, também, que os santos glorificados, mas ainda humanos, poderiam pecar. Alguns calvinistas consideram que Deus decretou permissivamente o pecado com o propósito de se mostrar justo, salvando alguns pecadores de seus pecados e condenando outros com justiça pelos seus pecados e neles. Nada disso, porém, é biblicamente correto. O mais seguro em teodiceia é considerar como um mistério a permissão de Deus para o pecado e o mal moral, raciocinando a partir do bem realizado na redenção, talvez do seguinte modo:

a) Neste mundo decaído, em que tudo se afastou de Deus e mereceria o inferno, Deus assumiu a responsabilidade de salvar o homem e renovar o cosmo, ao custo de si mesmo, mediante a morte de seu Filho, Jesus Cristo, na cruz (ver Expiação*; Redenção*; Substituição*). A cruz mostra quanto Deus ama o pecador (Rm 5.8; 8.32; 1Jo 4.8-10), induzindo a uma resposta de amor por parte de todos aqueles que ele chama à fé*. b) Deus capacita o crente, como pecador perdoado, a se relacionar com todo o mal (más circunstâncias, má saúde, mau tratamento, mesmo o seu próprio mal passado) de um modo que produza o bem — crescimento moral e espiritual, sabedoria, benefício a outros pelo exemplo e encorajamento e ações de graças a Deus; de forma que enfrentar o mal se torna para ele um modo de vida criativo de valor. c) No céu, onde se desfrutará do pleno fruto da redenção* de Cristo, os males da terra, em retrospecto, parecerão triviais (Rm 8.18) e sua lembrança somente aumentará nossa alegria* (Ap 7.9-17). Assim, mediante a bondade soberana de Deus, o mal é vencido, não teoricamente, mas, sim, muito praticamente, na vida dos homens.

Essa teodiceia, não especulativa, confessional e pastoral, deixa nas mãos de Deus as coisas ocultas

TEODORETO DE CIRRO

(*cf.* Dt 29.29), justifica e glorifica Deus pelo que está revelado, traz à tona o êxtase e a adoração e resolve o problema do sentimento, tornando o "isso não deveria acontecer" em "Deus sabe fazer e faz bem todas as coisas!" — declaração altamente positiva de que Deus está correto e que deve continuar a ser louvado. Enquanto isso, a lógica declara possível, e a fé, raciocinando como anteriormente, pensa de modo correto, que o estado final das coisas será, como se pode perfeitamente demonstrar, sempre o melhor, por ser simplesmente o melhor qualquer coisa que Deus queira e venha a realizar.

Ver também SOFRIMENTO.

Bibliografia

M. B. Ahern, *The Problem of Evil* (London, 1971); S. T. Davis (ed.), *Encountering Evil: Live Options on Theodicy* (Atlanta, GA, 1986); P. T. Forsyth, *The Justification of God* (London, 1916); P. T. Geach, *Providence and Evil* (Cambridge, 1977); J. Hick, *Evil and the God of Love* (London, 1966); J. W. Wenham, *The Goodness of God* (London, 1974; ed. revisada, *The Enigma of Evil*, Leicester, 1986); J. S. Whale, *The Christian Answer to the Problem of Evil* (London, 1939).

J.I.P.

TEODORETO DE CIRRO, ver ESCOLA DE ANTIOQUIA.

TEODORO DE MOPSUÉSTIA, ver ESCOLA DE ANTIOQUIA.

TEOFANIA. Como a etimologia grega sugere, teofania significa o aparecimento de um deus, ou de Deus, ao homem. O AT registra numerosas teofanias, começando pelos primeiros capítulos de Gênesis, que registram que Deus, depois de haver falado a Adão, foi ter com ele no jardim do Éden (3.8).

Deus se manifesta ao homem, como registram as Escrituras, sob três formas — humana (ver Antropomorfismo*), angélica e não humana e não angélica. A forma de cada teofania é correlata à sua função.

Quando Deus vem para exercer juízo, manifesta-se sob aparência de certo modo temível. Apresenta-se, por exemplo, como um guerreiro irresistível imediatamente antes da conquista de Jericó (Js 5.13-15). A teofania de julgamento, no entanto, embora sempre ameaçadora, traz tanto maldição e temor aos inimigos de Deus como bênção e conforto a seu povo (Na 1.1-9).

A teofania de guerreiro, frequentemente encontrada, demonstra que no AT Deus constantemente aparece em forma de ser humano. Naturalmente, ele assume vários papéis nas muitas teofanias do AT. Em Gênesis 18.1-15, por exemplo, uma das passagens em que Deus confirma suas promessas pactuais a Abraão, aparece sob a forma de um mensageiro.

Um segundo tipo de teofania ocorre quando Deus se revela sob a forma de um anjo. Manoá e sua esposa recebem, de uma figura angélica, o anúncio do nascimento em breve de Sansão, figura essa que mais tarde reconhecem como a do próprio Deus (Jz 13). Muitos eruditos, se não a maioria deles, creem que o anjo do Senhor seja uma aparição pré-encarnação da segunda pessoa da Trindade*, o Filho. Isso é verdade também para teofanias em forma humana. Vez por outra, essas teofanias são consideradas de fato, mais especificamente, como "cristofanias". Nem o AT nem o NT identificam Jesus Cristo diretamente com o chamado anjo do Senhor. Estudiosos, porém, raciocinam em ordem inversa, a partir do ensino do NT (Jo 1.18) de que "ninguém jamais viu a Deus", o Pai.

O terceiro tipo de teofania é o apresentado nas Escrituras nas ocasiões em que Deus aparece a homens e mulheres sob forma não humana ou não angelical. No momento crítico do estabelecimento do pacto abraâmico, por exemplo, Deus passa por entre pedaços de animais, sob a forma de "um fogareiro esfumaçante, com uma tocha acesa" (Gn 15.17).

A teofania por excelência é o advento de Jesus Cristo (Jo 1.1-17; 14.9; Cl 1.15). No NT, a teofania se torna realmente cristofania, ao ser substituída pela real encarnação. Os crentes, hoje, já olham para os últimos dias, quando então "dada a ordem, com a voz do arcanjo e o ressoar da trombeta, o próprio Senhor descerá dos céus" (1Ts 4.16).

Bibliografia
J. A. Borland, *Christ in the Old Testament* (Chicago, 1978); J. Jeremias, *Theophanie: die Geschichte einer Alttestamentlichen Gattung* (Neukirchen-Vluyn, 1965); J. K. Kuntz, *The Self-Revelation of God* (Philadelphia, 1967).

T.L.

TEOLOGIA. Termo derivado do grego (*theologia*), composto de duas palavras, e que significa, basicamente, narrativa ou discurso a respeito dos deuses, ou de Deus. Poetas como Homero e Hesíodo, cujas narrativas abordavam deuses e semideuses, eram chamados, entre os gregos, "teólogos" (*theologoi*). Suas histórias foram classificadas como "teologia mítica" pelos escritores estóicos*, os quais classificaram também a "teologia natural ou racional", próxima da "filosofia teológica" de Aristóteles — de modo geral, o que seria hoje entendido como teologia filosófica* ou metafísica*.

Embora Fílon*, em seus comentários, haja chamado Moisés de "teólogo" (*theologos*), *i.e.*, uma pessoa que fala a respeito de Deus e portavoz de Deus, nenhuma forma dessa palavra grega aparece na LXX do AT — e no NT, tão somente em alguns poucos manuscritos, que intitulam o último livro de "A Revelação de João, o Teólogo". Seu uso cristão começa com os apologistas*, para quem o verbo, algumas vezes, significa "atribuir divindade a chamar de Deus", significado que o termo ganha em suas últimas discussões a respeito da divindade de Cristo (ver Cristologia*) e do Espírito Santo. Por volta do ano 200, no entanto, tanto o termo grego como sua transliteração latina estavam sendo usados no ensino cristão referente a Deus. Atanásio* aplica *theologia* ao conhecimento de Deus em seu próprio ser, como distintivo de suas atuações para com o mundo, enquanto outros, entre os quais Agostinho*, restringem o termo ao ensino sobre a Divindade. Apenas ocasionalmente nos Pais "teologia" se refere a um alcance mais amplo da doutrina da igreja. A palavra passa a pertencer à terminologia

TEOLOGIA

da comunidade da fé, sem que separação alguma seja feita entre o seu significado de ensino a respeito de Deus e de conhecimento (apreensão, experiência) de Deus. *Theologia* passa também significar até mesmo "louvor a Deus".

É principalmente por meio dos escritores escolásticos* e das novas universidades da Europa que a teologia se torna um exercício mais sistemático, um campo de estudo e ensino, ou mesmo uma disciplina ou ciência. O emprego, no caso, não era inteiramente novo — tendo tomado o uso grego pré-cristão e o de alguns pais da Igreja; mas prefigurará o desenvolvimento da teologia como disciplina acadêmica, não mais necessária e estritamente localizada na comunidade cristã. Ao mesmo tempo, distinguem os escolásticos cada vez mais as diferentes espécies de teologia e filosofia, que correspondem, de modo geral, à sua distinção entre fé e razão*. Embora os reformadores não fossem geralmente muito simpáticos às distinções feitas pelos escolásticos, seus sucessores, na época da ortodoxia confessional, ou escolasticismo protestante, adotam ou desenvolvem depois uma classificação, extensiva daquela, das diferentes espécies de teologia.

No mundo moderno, o termo "teologia" é frequentemente usado em sentido abrangente, abarcando, em matéria de ensino, todas as disciplinas envolvidas em um curso universitário, ou em outro nível, de preparação para o ministério da Igreja — disciplinas que abrangem, por exemplo, entre outras, idiomas bíblicos, história da Igreja, pastoral, oratória, homilética, etc. Pode também ser simples disciplina aca-

dêmica, juntamente, por exemplo, com literatura, filosofia, etc. Mais precisamente, a palavra denota o ensino a respeito de Deus e sua relação com o mundo, desde a criação até a consumação, particularmente quando desenvolvido de maneira sistemática, ordenada e coerente, sendo o termo raramente usado isoladamente para se referir à doutrina do próprio Deus.

Geralmente, a teologia é estudada e praticada, de modo mais específico, por um ou mais eruditos, de uma ampla gama e diversidade, podendo seu título indicar: o ramo, a denominação ou a tradição da Igreja a que pertence (*e.g.*, teologia monástica*, católica-romana*, protestante*, reformada*, evangélica*, ecumênica*); seu material básico (*e.g.*, teologia natural*, bíblica*, confessional*, *i.e.*, baseada na confissão de determinada denominação, simbólica, *i.e.*, baseada em símbolos de uma igreja, que aqui significam credos*, etc.); seu conteúdo doutrinário (*e.g.*, teologia batismal*, trinitária*); seu centro de organização, motivo ou foco dominante (*e.g.* teologia do pacto*, da libertação*, encarnacional, feminista*, teologia da cruz* — denotando ser mais que um mero assunto); ou seu propósito, conforme determinado por seus ouvintes (*e.g.*, teologia apologética*, polêmica), etc.

Entre as principais disciplinas do estudo teológico, atualmente, devem ser levadas em conta as teologias bíblica*, histórica*, sistemática*, filosófica*, pastoral* e prática*, assim como outras menos amplamente estudadas, como as teologias dogmática*, litúrgica* e fundamental*. A maioria das espécies de teologia está tendo cada vez menos um caráter confessional ou denominacional.

A "prova de fogo" para toda e qualquer teologia está no que foi muito bem expresso por Tomás de Aquino*, ao defini-la abrangentemente: "A teologia é ensinada por Deus, ensina sobre Deus e conduz a Deus.".

Bibliografia

G. F. van Ackeren, *in: NCE* 14, p. 39-49 (discussão católica, incluindo teologia "positiva" e "especulativa"); G. Ebeling, *in: RGG* VI, cols. 754-769; R. Hedde, *in: DTC* 10, cols. 1574-1595; F. Kattenbusch, Die Entstehung einer Christliche Theologie: Zur Geschichte der Ausdrücke, Θεολογια, Θεολογειν, Θεολογοφ, *ZTK* n.s. 11 (1930), p. 161-205; F. Whaling, The Development of the Word "Theology", *SJT* 34 (1981), p. 289-312.

D.F.W.

TEOLOGIA ANABATISTA. Os anabatistas, juntamente com outros grupos conhecidos hoje como revolucionários, espiritualistas e racionalistas evangélicos, pertenciam à ala radical da Reforma Protestante*. A erudição contemporânea distingue entre os "anabatistas revolucionários", ligados aos chamados Profetas de Zwickau e a Thomas Müntzer (c. 1490-1525) e seus violentos sucessores müntzeritas, e os "anabatistas evangélicos", que tiveram sua origem com Conrad Grebel (c. 1498-1526), Hans Hut (m. 1527), Pilgram Marpeck (m. 1556) e Menno Simons (1496-1561). Os evangélicos começaram em Zurique, Suíça, e se espalharam para o sul da Alemanha, Mo-

rávia e Holanda, com considerável homogeneidade em cada região. Estudos mais recentes, no entanto, têm afirmado mais ter havido múltiplas origens e diversidade do movimento anabatista desses vários centros do que partindo de uma gênese única na Suíça. Consequentemente, a teologia desse movimento não pode ser caracterizada sem que se encontrem exceções e paradoxos. Todavia, suas ênfases teológicas básicas são claramente discerníveis.

Os anabatistas não faziam teologia no sentido clássico, ainda que aceitassem a substância dos credos* cristãos. Sua teologia era muito mais ocasional por natureza. Tratava-se basicamente de uma exposição da doutrina bíblica aplicada à vida. Assim, desenvolveram um foco teológico próprio, paralelamente a uma reação ao protestantismo.

Um dos pontos centrais de diferença entre os anabatistas e os reformadores dizia respeito à questão da natureza humana e da salvação. Enquanto os reformadores definiam o pecado* como escravidão da vontade*, os anabatistas, rejeitando a interpretação agostiniana* da soberania de Deus, viam o pecado como uma perda de capacidade ou uma doença séria do ser humano. Para eles, não havia arrependimento real nem compromisso sem o livre-arbítrio. A teologia anabatista não era, portanto, regulada pelo conceito de pecado, mas, sim, pelo conceito de obediência voluntária. A salvação não seria simplesmente uma certeza de ser salvo da condenação, mas passar a viver em novidade de vida. A ênfase, aqui, está mais sobre a

TEOLOGIA ANABATISTA

regeneração* do novo ser em Cristo do que sobre a justificação* pela fé (em alemão, *Rechtfertigung*). Na verdade, Deus nos torna justos (al. *Gerechtmachung*) em Cristo e então nos aceita com base nessa justiça*. A fim de poder assegurar um Cristo sem pecado, como base para uma forte doutrina da salvação, o anabatismo holandês e do norte da Alemanha sustentava uma ideia questionável da origem e natureza celestiais da carne de Cristo. Essa visão foi mais tarde substituída por uma cristologia mais tradicional.

A presente teologia da Igreja* como comunhão visível de discípulos obedientes, que mostra o caminho do amor sofredor, foi outro dos aspectos dominantes da teologia anabatista que divergiu mais enfaticamente do protestantismo dominante. Várias conceitos de Igreja prevaleciam entre os anabatistas: como congregação; como realidade interior; como comunidade intencional; como reino de Deus*. No entanto, no centro estava a ideia de Igreja como uma comunhão de crentes (al. *Gemeinde*) *versus* Igreja estatal (al., *Volkskirche*).

A prática do batismo de adultos* era essencial na visão eclesiástica anabatista. Sua rejeição ao batismo infantil se baseava simplesmente na falta de evidência do NT para essa prática, enquanto o batismo dos crentes resultava de um entendimento da Igreja como comunhão voluntária, sendo aplicado àqueles que haviam experimentado a conversão e eram então batizados em razão de sua confissão de fé. Constituía uma marca distintiva de separação individual do mundo e compromisso com o discipulado cristão.

Os aspectos centrais da eclesiologia anabatista eram: conversão pessoal real*; vida sã; sofrimento no Espírito de Cristo; prática do amor* e da não resistência; separação do mundo*; comunhão plena na Igreja; obediência à Grande Comissão; manutenção de disciplina da Igreja*; rejeição pelos cristãos do uso do poder político e envolvimento em seus ofícios; liberdade de consciência*. Ao contrário dos reformadores, os anabatistas enfatizavam a decadência do cristianismo e a necessidade da restauração da Igreja do Novo Testamento.

A forte insistência quanto à separação do mundo viria a ser equilibrada por ardente zelo missionário, que levou os anabatistas a se espalharem pelo globo. Livres de preconceitos nacionais e raciais, foram os primeiros a fazer da Grande Comissão uma responsabilidade de cada um e de todos os membros de suas igrejas. Isso representava um rompimento com o princípio territorial e as doutrinas católica e protestante simultaneamente. Mas o relacionamento da Igreja com a sociedade era informado por uma teologia de "dois reinos", em que o conflito entre Igreja e Estado* era considerado bem maior, em princípio, do que para os protestantes. Os anabatistas frisavam a decadência da humanidade e seu potencial para a redenção, não sendo, no entanto, otimistas a respeito da mudança dos sistemas do mundo. Todavia, mantinham sua submissão às autoridades governamentais, ordenada por Deus, embora atentos a que o Estado não os forçasse a comprometer sua lealdade primacial com o caminho da cruz.

TEOLOGIA ANABATISTA

Em sua maioria, os anabatistas eram de índole não resistente. Para eles, os que discordavam da Igreja não deveriam ser tratados pela espada, mas pelo processo de disciplina eclesiástica, mediante o sofrimento do amor em Cristo. Assim, a questão da não resistência incluía mais do que a recusa em se envolver com o governo, guerra* ou serviço militar, aplicando-se também aos relacionamentos pessoal, social e econômico.

Tal modo de vida refletia capacitação do Espírito Santo*. Os anabatistas demonstravam constante sentido de confiança no Espírito. A doutrina do Espírito era nitidamente central na relação do andar em fé*. O Espírito tornava a Bíblia a palavra viva de Deus, que devia ser obedecida e praticada na existência diária. O entendimento espiritual das Escrituras* estava fortemente ligado à comunidade crente, onde a palavra era ouvida e o seu significado e vontade discernidos. A mensagem do Espírito era dada à comunidade dos crentes reunida em torno da Palavra de Deus. Por vezes, no entanto, tendências subjetivistas e espiritualistas vinham à tona.

Em sua interpretação das Escrituras, os anabatistas tinham muito em comum com seus contemporâneos do século XVI. Existiam, contudo, algumas diferenças básicas, especialmente quanto ao relacionamento do Novo Testamento com o Antigo Testamento, sobre até que grau as Escrituras seriam a única autoridade e a interpretação bíblica seria dependente da obediência a Cristo. Para os anabatistas em geral, parte da interpretação da Bíblia estava em imitá-la. Sua hermenêutica* era a da obediência.

A centralidade da vida transformada do discipulado para os anabatistas se encontrava, de modo geral, na perseguição. Para muitos, sofrer à maneira da cruz era essencial para essa espécie de discipulado e moldava profundamente sua escatologia*. O sofrimento* era uma chave para o entendimento do papel do crente na história*. O reino vem e é consumado mediante o sofrimento por Cristo. Geralmente concordavam em que estavam vivendo os últimos dias, a tribulação que precederia a segunda vinda. Todavia, embora existindo entre eles tendências quiliastas (ver Milênio*) e sendo a escatologia central para muitos, não havia acordo quanto ao tempo específico do fim e sua própria posição com respeito a ele.

Ver também REFORMA RADICAL; TEOLOGIA MENONITA.

Bibliografia
H. S. Bender, The Anabaptist Vision, *CH* 13 (1944), p. 3-24; H. Bender *et al.* (eds.), *The Mennonite Encyclopedia*, vols., I-IV (Scottdale, PA, 1955-1959); W. R. Estep, *The Anabaptist Story* (Grand Rapids, MI, 1975); R. Friedmann, *The Theology of Anabaptism* (Scottdale, PA, 1973); H. Goertz, History and Theology: A Major Problem of Anabaptist Research Today, *MQR* 53 (1977), p. 177-188; W. Klassen (ed.), *Anabaptism in Outline* (Scottdale, PA, 1981); J. M. Stayer, W. O. Packull & K. Deppermann, From Monogenesis to Polygenesis: The Historical Discussion of Anabaptist Origins, *MQR* 49 (1975), p. 83-121.

H.J.L.

TEOLOGIA ANGLOCATÓLICA

TEOLOGIA ANGLOCATÓLICA. O anglocatolicismo proveio principalmente da tomada de posição do Movimento de Oxford (1833-1845) ao declarar categoricamente ser a Igreja da Inglaterra não um órgão da coroa ou do do governo britânico, mas, sim, uma instituição divina, verdadeiro ramo ou parte da única santa, católica e apostólica Igreja de Cristo. As implicações dessa retomada da antiga doutrina da Igreja* foram desenvolvidas em uma série de *90 Tracts for the Times* [Tratados oportunos] (1833-1841), escritos principalmente por John Henry Newman*, E. B. Pusey (1800-1982) e John Keble (1792-1886). Esses três dignitários de Oxford procuraram também conscientizar o clero anglicano quanto à rica tradição teológica em que ministravam, traduzindo uma coletânea de escritos dos pais da Igreja, a começar pelas *Confissões* de Agostinho (1838). Essa pesquisa dos laços com a Igreja patrística e medieval levou alguns dos tratadistas, como Newman, a se tornarem católicos-romanos. A maioria dos clérigos aceitou de boa vontade trabalhar para a renovação da Igreja da Inglaterra, passando a considerá-la como o caminho mediano entre o puritanismo* e Roma.

A religião estatal passou a ser levada mais a sério na Inglaterra. Nela foi reintroduzida a confissão particular, ao mesmo tempo que se advogou a volta da adoção do jejum e das regras da vida. Fundaram-se novas escolas teológicas, a vida monástica foi revivida. Comunidades formadas por leigos, homens, mulheres e sacerdotes pobres, como C. F. Lowder (1820-1880), passaram a se dedicar ao cuidado dos menos favorecidos, fortalecendo-se com a prática da comunhão frequente, se não diária. A crença na real presença de Cristo no sacramento, doutrina enfatizada por Pusey, induziu também à adoção de vestes, velas e incenso na adoração.

Evangélicos contemporâneos receberam bem, de modo geral, a ênfase dos tratadistas quanto à santidade pessoal e corporativa (ver Santificação*), compartilhando de sua elevada visão das Escrituras e das doutrinas dos credos*, mas se concentraram em discordar em outros pontos, questionando o entendimento anglo-católico quanto à posição da tradição, ao papel dos bispos e à autoridade do ministério ordenado, à natureza e eficácia dos sacramentos e ao destaque ao ritual e cerimonial de adoração (*cf.* P. Toon, *Evangelical Theology 1833-1856* [Teologia evangélica 1833-1856, London, 1979). Disso resultou um embate partidário na Igreja da Inglaterra, levando ambos os grupos a uma polarização de atitudes, cuja expressão visível, com foco na forma de adoração pública, tornaria necessário ao episcopado e ao parlamento buscar intervir, a fim de banir os excessos.

Embora o "ritualismo" ou reavivamento das práticas eclesiásticas anteriores à Reforma, como o uso de vestes sacerdotais, tenha provocado muita oposição ainda no século XIX, a ênfase anglo-católica na adoração e na centralidade da eucaristia viria a gerar mais tarde frutos por toda a Igreja da Inglaterra, no movimento de Comunhão Paroquial (*cf.* A. G. Hebert, *Liturgy and Society* [Liturgia e sociedade],

London, 1935; *idem*, ed., *The Parish Communion* [Comunhão paroquial], London, 1937). A pesquisa sobre práticas da Igreja primitiva (*cf.* Gregory Dix, *The Shape of the Liturgy* [A formação da liturgia], London, 1945) influenciou novas práticas da comunhão, incorporadas, com o decorrer do tempo, em 1980, no manual oficial *Alternative Service Book (ASB)* [Livro Alternativo de Culto], da Igreja da Inglaterra. Isso representou um desenvolvimento significativo, em uma igreja que valoriza a doutrina implícita na liturgia, com uma consideração tão elevada quanto a de qualquer declaração explícita com base em credo ou confissão de fé (*cf. Believing in the Church,* Doctrine Commission Report [Crendo na Igreja, Relatório da Comissão de Doutrina], London, 1981).

Após o Movimento de Oxford, a publicação de *Lux Mundi* [Luz do mundo] (1889) e *Essays Catholic and Critical* [Ensaios católicos e críticos] (1926) marcaria uma mudança por parte de alguns anglo-católicos quanto à aceitação da moderna crítica bíblica e histórica. Entre os colaboradores de volumes posteriores, contou-se com eruditos da estatura e influência de E. C. Hoskyns (1884-1937), autor, com F. N. Davey, de *The Riddle of The New Testament* [O Enigma do Novo Testamento] (London, 1931) e tradutor para o inglês do comentário *Romanos*, de Barth*; de K. E. Kirk (1886-1954), mais tarde bispo de Oxford, que adaptou a teologia moral da Igreja Católica* ao uso anglicano (*cf. The Vision of God* [A visão de Deus], London, 1931); de L. S. Thornton (1884-1960), especialista em cristologia e eclesiologia

(*cf. The Incarnate Lord* [O Senhor encarnado], London, 1938), *The Common Life in the Body of Christ* [A vida em comum no Corpo de Cristo]; London, 1942); e de Leonard Hodgson (1889-1969), autor de obra de amplo alcance (*cf. For Faith and Freedom* [Pela fé e pela liberdade], 2 vols., Oxford, 1956).

Thornton havia pouco antes contribuído com um ensaio sobre as implicações sociais da fé para *The Return of Christendom* [A volta da cristandade] (London, 1922), que precedeu as tentativas singulares feitas pela Anglo-Catholic Summer School of Sociology [Escola de Férias Anglocatólica de Sociologia] (1925-) e o Grupo da Cristandade (1931-) para a formulação de uma ética social distintivamente anglicana, sob o incentivo do lembrete do bispo Frank Weston ao Congresso Anglocatólico de 1923 sobre o significado de uma religião encarnacional: "Não se pode afirmar adorar a Jesus na igreja se não se tem compaixão de Jesus na favela" (*cf.* John Oliver, *The Church and Social Order* [A Igreja e a ordem social], London, 1968).

A década de 1920 mostrou ser o ponto alto da influência anglo-católica nas paróquias e na teologia acadêmica. Seu declínio subsequente é explicado em parte pela perda de identidade e propósito, após sucesso na realização de muitos de seus alvos, e, em parte, por um conservadorismo que basicamente falhou em satisfazer as mudanças sociais do pós-guerra na Grã-Bretanha e aos desenvolvimentos teológicos e litúrgicos no catolicismo romano, particularmente após o Concílio Vaticano II. Por outro lado, as esperanças

TEOLOGIA APOFÁTICA

de voltar a se reunir com Roma, remontando, pelo menos, às Conversações de Malines (1921-1925) iniciadas por lorde Halifax (1839-1934), tornaram difícil para muitos anglo-católicos apoiar o progresso ecumênico em outras direções ou favorecer, por exemplo, a ordenação de mulheres ao sacerdócio.

O que dizer a respeito do futuro? E. L. Mascall (1905-1993) mostrou ser possível combinar interesse pela ordem e pela união da Igreja com contribuição significativa ao debate acadêmico contemporâneo (*cf. The Recovery of Unity* [A restauração da unidade], London, 1958); assim também a contribuição de C. O. Buchanan: *Growing into Union* [Crescimento para a união] (London, 1970); *Man, Woman, and Priesthood* [O homem, a mulher e o sacerdócio], ed. P. Moore (London, 1978); juntamente com: *The Secularisation of Christianity* [A secularização do cristianismo] (London, 1965); *The Openness of Being* [A sinceridade de ser] (London, 1971) e *Theology and the Gospel of Christ* [Teologia e o evangelho de Cristo] (London ²1984). Kenneth Lich (n. 1939) e o Jubilee Group [Grupo Jubileu] (1974/1975-), por sua vez,. seguem mais na linha do Christendom Group [Grupo Cristandade] em propor uma "ortodoxia revolucionária", incorporando o desenvolvimento de uma crítica teológica ao capitalismo (*cf.* K. Leech & R. Williams (eds.), *Essays Catholic and Radical* [Ensaios católicos e radicais] (London, 1983); Leech, *The Social God* [O Deus social] (London, 1981); *idem, True God* [Deus da verdade] (London, 1985). Avaliações menos radicais do passado, do presente e do fu-

turo do anglocatolicismo podem ser encontradas em G. Rowell, *The Vision Glorious* [A visão gloriosa] (Oxford, 1983); *idem,* ed., *Tradition Renewed: The Oxford Movement Conference Papers* [Tradição renovada: documentos da Conferência do Movimento de Oxford] (London, 1986); assim como em volumes da série *Faith and the Future* [Fé e futuro], ed. D. Nichools (Oxford, 1983). Uma perspectiva histórica mais genérica pode ser obtida com O. Chadwick, *The Victorian Church* [A igreja vitoriana], 2 vols. (London, ³1971; ²1972), e A. Hastings, *A History of English Christianity 1920-1985* [História do cristianismo inglês] (London, 1986).

P.N.H.

TEOLOGIA APOFÁTICA. É o modo da *apophasis*, ou negação, em contraste com o da *cataphasis*, ou afirmação, como base para o conhecimento de Deus. A ideia de que Deus não pode ser entendido nas categorias humanas do pensamento é muito antiga, estando implícita, por exemplo, no segundo mandamento. Como método teológico, no entanto, a teologia apofática geralmente remonta suas raízes ao misticismo de Orígenes* e da Escola de Alexandria. Está intimamente ligada ao neoplatonismo (ver Platonismo*), tendo alcançado seu desenvolvimento clássico na síntese dos monges-filósofos desconhecidos do século VI, cujas obras circularam sob o nome de Dionísio, o Areopagita (cf. At 17.34; ver Pseudo-Dionísio, o Areopagita*), sendo mais tarde aperfeiçoada pela tradição monástica da Igreja Ortodoxa oriental, onde é proeminente ainda hoje.

969 TEOLOGIA BATISTA

Pseudo-Dionísio definia a revelação*, particularmente a revelação dos nomes divinos nas Escrituras, como um convite aos homens para considerarem o conhecimento de Deus. Dizer que Deus é bom, ou que é a verdade, não é errado, mas está preso às limitações do nosso intelecto, porque tais ideias de bondade e verdade são basicamente finitas. Para conhecer Deus, que é essencialmente infinito, deve o crente escapar de sua finitude e ascender ao céu. Essa ascensão ocorre em estágios progressivos de sua transfiguração, sob a iluminação daquela luz incriada que brilhou no monte Tabor (*cf.* Mt 17.2). Envolve não somente um conhecimento de Deus, que habita como não existente em um mundo além de toda concepção, mas de uma hierarquia celestial de seres espirituais. A teologia apofática tem uma angelologia* altamente desenvolvida e um entendimento espiritualizado da realidade que depende muito da interpretação alegórica da Bíblia.

Bibliografia

V. Lossky, *The Mystical Theology of the Eastern Church* (Cambridge, 1957); J. Meyendorff, *St. Gregory Palamas and Orthodox Spirituality* (New York, 1974).

G.L.B.

TEOLOGIA BATISTA. Tradicionalmente cautelosos a respeito do possível uso indevido de suas formulações doutrinárias, os batistas têm dado, não obstante, expressão verbal à sua teologia, compartilhada e distintiva, em diversas confissões de fé*. A Confissão Batista Particular (calvinista) de 1677, forma modificada da (mais conhecida) Confissão de Fé de Westminster, de 1647, e da Declaração de Fé de Savoy, de 1658, assim como o Credo Ortodoxo Batista Geral (arminiano), de 1678, são típicos da variedade teológica não somente na vida batista britânica do século XVII, mas também de outros países e épocas.

Tal qual aconteceu com os anabatistas, quacres, metodistas e outros*, o título denominacional "batista" não foi por eles mesmos escolhido, mas, sim, um termo popular de intenção crítica ou jocosa, que os adeptos do pensamento batista do século XVII repudiaram, com base histórica e teológica. Historicamente, tendia-se a identificá-los com o estigma do radicalismo de Münster (1533-1535), embora teologicamente argumentassem que não eram "rebatizadores", pois não poderiam conscientemente reconhecer o batismo infantil como bíblico, ainda mais por considerá-lo como sinal de ingresso nas igrejas estatais. Comprometidos com a autoridade das Escrituras tanto em doutrina como na prática da fé, as principais convicções dos batistas são de natureza eclesiológica e sacramental.

W. T. Whitley (1861-1947), importante historiador batista, sustenta que "seu aspecto mais distintivo é a doutrina da Igreja"*. Resguardando sua unidade essencial com a totalidade do povo de Deus (Lumpkin, p. 137, artigo 69), os batistas, não obstante, insistem quanto à autonomia essencial da congregação local. Cada "igreja reunida" é constituída de crentes que confessam sua lealdade a Cristo e valorizam seu direito e liberdade

TEOLOGIA BATISTA DO SUL

de discernir harmoniosamente a vontade de Deus para sua vida, obra e testemunho. Asseveram o sacerdócio de todos os cristãos*, estimulando os membros da igreja local a um ministério corporativo e designando seus próprios líderes (pastores e/ou diáconos), responsáveis pela direção da membresia da igreja local, a qual se reúne periodicamente em uma "assembleia" da igreja. Historicamente, os batistas têm-se mantido independentes da eclesiologia dissidente inglesa em comum com os congregacionais*.

Suas convicções quanto ao batismo insistem em que, de modo semelhante à ceia do Senhor, a ordenança é restrita aos cristãos. Os convertidos que hajam professado o arrependimento de seus pecados para com Deus e sua fé pessoal na obra salvadora de Cristo escolhem ser batizados por imersão em água, em nome da Trindade. Além de crer que a imersão total fornece uma expressão simbólica, rica do conceito do NT de identificação do crente com Cristo em sua morte, sepultamento e ressurreição, os batistas destacam ainda que no batismo é o próprio batizando, mais do que esse modo mais apropriado de batizar, o aspecto mais importante do seu testemunho distintivo.

Apesar de acusados por vezes de "sacramentalismo", a maioria dos batistas têm interpretado o batismo, no entanto, principalmente, em termos puramente simbólicos e como um ato individual de testemunho pessoal. Nessas últimas décadas, no entanto, tem ocorrido em alguns grupos batistas a tentativa de se vir a considerar o batismo também como: integran-te do evangelho, de modo que se torne parte de sua proclamação de Cristo; da conversão, considerando o batismo como uma ratificação externa do voltar-se interiormente para Deus; e da participação, ou membresia, eclesial, de modo que o ato sacramental seja considerado não somente em termos pessoais de estar em Cristo, mas também, corporativamente, de estar em seu Corpo, sua Igreja.

Bibliografia

G. R. Beasley-Murray, *Baptism in the New Testament* (London, 1962); K. W. Clements (ed.), *Baptists in the Twentieth Century* (London, 1983); A. Gilmore (ed.), *The Pattern of the Church* (London, 1963); W. L. Lumpkin, *Baptist Confessions of Faith* (Chicago, 1959); E. A. Payne, *The Baptist Union. A Short History* (London, 1958); *idem*, *The Fellowship of Believers* (London, 1952); H. Wheeler Robinson, *Baptist Principles* (London, 1955); *idem*, *The Life and Thought of the Baptists* (London, 1927).

R.B.

TEOLOGIA BATISTA DO SUL. Fundada em 1845, a Southern Baptist Convention [Convenção Batista do Sul], dos Estados Unidos, tem-se distinguido mais pela atividade cristã prática do que por escritos teológicos. Sua atividade missionária, porém, não tem ocorrido sem um embasamento teológico. John L. Dagg (1794-1884), o primeiro teólogo a escrever na Convenção, contribuiu com obras teológicas, eclesiológicas, éticas e apologéticas, dando identidade e direção aos chamados batistas do Sul. Seu *Manual of Theology* [Manual de

Teologia] (1858) é uma exposição devocional, mas teologicamente convincente, do calvinismo* evangélico, fundamentado no princípio essencial do dever de todo homem de amar a Deus. J. P. Boyce (1827-1888), fundador do primeiro seminário teológico batista do Sul, escreveu *Abstract of Systematic Theology* [Súmula de teologia sistemática], sob a forma de manual. Refletindo sobre a educação de Boyce em Princeton, dá voz ao calvinismo consistente de seus contemporâneos batistas do Sul. B. H. Carroll (1843-1914), embora não um teólogo sistemático, exerceu grande influência do pensamento conservador na teologia batista do Sul, por meio do púlpito, da imprensa, de sala de aula e relações pessoais (com G. W. Truett, 1867-1944, e L. R. Scarborough, 1870-1945), sendo fundador do Southwestern Baptist Seminary [Seminário Batista do Sudoeste] (1908).

E. Y. Mullins (1860-1928) preservou as ideias calvinistas sobre eleição, precedência do novo nascimento à fé, justificação pela fé e perseverança, mas seu livro *The Christian Religion in its Doctrinal Expression* [A religião cristã em sua expressão doutrinal] fez da experiência cristã universal uma das fontes mais importantes do método teológico, introduzindo o pragmatismo na teologia batista do Sul do século XX. W. T. Conner (1877-1952) ensinou Teologia Sistemática no Southwestern Seminary por trinta e nove anos. Suas obras *Revelation and God* [Revelação e Deus] e *The Gospel of Redemption* [O evangelho da redenção] mostram claras referências a Mullins e a A.

H. Strong*. Já a obra de Dale Moody (1915-1992) *The Word of Truth* [A palavra da verdade] mostra um relacionamento altamente eclético com as tendências modernas da teologia, uma receptividade cordial à crítica bíblica* e uma rejeição geral do calvinismo batista histórico.

As controvérsias teológicas na denominação batista do Sul têm-se centralizado em duas questões básicas — eclesiologia (ver Igreja*) e Escrituras.

O movimento landmarquista, liderado por J. R. Graves (1820-1893), definindo as origens e a eclesiologia batistas, asseverou que os membros de confissões não batistas não fossem considerados como irmãos cristãos nem seus ministros como ministros cristãos. As principais correntes dos batistas do Sul, contudo, rejeitaram os aspectos mais radicais desse pensamento.

A controvérsia sobre as Escrituras surgiu a partir da introdução gradual nos seminários da crítica bíblica, contestada por uma conscientização cada vez maior de suas implicações destrutivas para as doutrinas da revelação e da inspiração. Outras controvérsias, como a de C. H. Toy no Southern Seminary (1879), a controvérsia sobre evolução (1923-1927), sobre o livro de Ralph Elliott, *The Message of Genesis* [A mensagem do Gênesis] (1961-1963) e sobre o *Broadman Commentary* [Comentário Broadman] (1970ss), foram, na verdade, manifestações individuais produzidas pela tensão daquele único conflito. Na década de 1980, prosseguiram ainda os debates sobre a referida questão.

Ver também Teologia Batista.

TEOLOGIA BÍBLICA

Bibliografia
R. A. Baker, *The Southern Baptist Convention and its People* (Nashville, TN, 1974); L. R. Bush e T. J. Nettles, *Baptists and the Bible* (Chicago, IL, 1980).

T.J.N.

TEOLOGIA BÍBLICA. O termo "teologia bíblica", ao que tudo indica, deve ter sido usado pela primeira vez na metade do século XVII, em deliberado contraste com a teologia escolástica*. Destinava-se a se referir a uma teologia baseada na Bíblia, distinguindo-se de uma teologia que consistia basicamente de ideias filosóficas e tradição religiosa.

De lá para cá, passou a significar algo mais e diferente. De acordo com o significado inicial, seria uma teologia dogmática*, baseada na Bíblia ou coerente com ela, enquanto o significado moderno se refere ao estudo histórico da teologia encontrada na própria Bíblia. A teologia bíblica de hoje é, em princípio, mais objetiva, por ser seu propósito descobrir qual é a teologia na Bíblia, sem necessariamente prejulgar a autoridade dessa teologia ou relacioná-la a uma tradição religiosa específica. Pode ser feita por um protestante ou católico, liberal ou conservador, judeu ou maometano, ou mesmo um ateu, podendo todos, na verdade, cooperar para o entendimento da teologia da Bíblia, a despeito de suas percepções radicalmente diferentes de sua autoridade e relevância nos dias de hoje. Para o cristão, que reconhece a Bíblia como revelação divina, terá certamente uma relevância extremamente prática, conforme expresso por Harrington (1973):

"A teologia bíblica [...] é realmente nossa busca nas Escrituras para alcançarmos vida — vida eterna" (p. 18).

Um problema que ocorre a respeito da validade do uso da palavra "teologia" com referência ao conteúdo da Bíblia é que, se essa palavra for entendida como significando uma afirmação sistemática da doutrina de Deus, será encontrada somente em grau muito limitado na Bíblia; mas em seu uso convencional possui quase sempre um significado bem mais amplo, podendo então incluir quase toda referência à natureza de Deus e sua atividade. Esse significado mais amplo é o que devemos entender quanto à teologia bíblica.

História da teologia bíblica
Reforma. "Deveríamos começar remontando à Reforma, quando a exegese teológica de um Martinho Lutero e de um João Calvino deixa as Escrituras serem abertas e falar com um poder e uma clareza que colocam novas forças regeneradoras atuando não somente na Igreja, mas na totalidade do mundo ocidental" (Smart, 1979, p. 49). Embora o termo "teologia bíblica" não fosse certamente usado naquela época, poderia ser dito que resume os objetivos dos reformadores. Um de seus princípios era o de *sola Scriptura*, "as Escrituras somente", e sua preocupação principal, a de buscar a verdadeira teologia da Bíblia, a fim de assegurar fosse ela a base da teologia cristã.

Johann Philipp Gabler (1753-1826). No século XVII, como vimos, o termo "teologia bíblica" era usado como referência a uma reforma da teologia dogmática*,

TEOLOGIA BÍBLICA

mas, em 1787, Gabler propôs nova definição, fazendo clara distinção entre as duas. Definiu a teologia bíblica como disciplina descritiva, diversa da teologia dogmática, disciplina construtiva: "A teologia bíblica é de caráter histórico e indica o que os escritores sagrados pensavam a respeito de assuntos teológicos; a teologia dogmática, pelo contrário, é didática e ensina o que determinado teólogo deduz, de maneira filosófica e racional, de matérias teológicas, de acordo com seu caráter, tempo, época, lugar, seita ou escola e outras influências similares" (citado por Bright, 1967, p. 114).

O próprio Gabler escreveu uma teologia bíblica, mas o princípio que ele estabeleceu se tornou a base para toda obra futura no assunto. **Crítica histórica**. No século XIX, o interesse pela teologia bíblica diminuiu, devido ao surgimento da crítica histórica. A maioria dos eruditos preocupava-se em desenvolver uma abordagem crítica histórica da Bíblia ou se opor a ela, e poucos deles estavam interessados na Bíblia como livro teológico. Muitos dos livros publicados sob o título "Teologia do Antigo Testamento" ou "Teologia do Novo Testamento" eram, na verdade, substancialmente, *histórias* da religião bíblica, não propriamente teologias. Com algumas notáveis exceções (*e.g.*, Johann von Hofmann, 1810-1877), a abordagem teológica dos reformadores em relação à Bíblia foi substituída por uma abordagem estritamente histórica.

Supunha-se que isso fosse mais objetivo e evitava questões religiosas. Em certo sentido, não deixava de ser verdadeiro, mas o problema fundamental era que se estava voltado somente para os aspectos históricos da Bíblia, ignorando-se os aspectos teológicos, igualmente importantes. Como resultado, surgiu um abismo entre os eruditos bíblicos, com seu interesse puramente histórico, e os cristãos comuns, interessados no significado teológico prático da Bíblia. Os estudantes que se formavam em Teologia nas universidades e seminários estavam academicamente bem qualificados, mas totalmente despreparados para o ministério na Igreja.

Movimento de teologia bíblica. O começo de uma revolução nos estudos bíblicos foi marcado pela publicação na Alemanha do comentário de Karl Barth sobre Romanos. Foi seguido, na década de 1930, pela grande *Teologia do Antigo Testamento* (1933-1939) de Walther Eichrodt e pela obra programática de Wilhelm Vischer intitulada *O testemunho de Cristo no Antigo Testamento* (1934). No mundo de fala inglesa, foram influentes os escritos de H. Wheeler Robinson (AT) (1872-1945) e de C. H. Dodd* (NT).

Diversas obras sobre teologia bíblica foram publicados no período pós-Segunda Guerra Mundial, no frequentemente chamado "movimento de teologia bíblica". Ampla variedade de proeminentes eruditos pode ser mencionada em conexão com tal movimento, como Rudolf Bultmann*, Oscar Cullmann (ver História da Salvação*), Gerhard von Rad (1901-1971), Joachim Jeremias (1900-1979), Ernst Käsemann* e Martin Buber*, na Alemanha; Gabriel Hebert (1886-1963), H. H. Rowley (1890-1969) e Alan

TEOLOGIA BÍBLICA

Richardson*, na Grã-Bretanha; e G. E. Wright (1909-1974), Paul Minear (m. 2007, aos 101 anos de idade), James Smart e John McKenzie, nos Estados Unidos. Childs resumiu cinco pontos principais enfatizados pelo movimento: a redescoberta da dimensão teológica; a unidade de toda a Bíblia; a revelação* de Deus na história; a distinção da mentalidade bíblica (o pensamento hebreu em contraste com o grego); e o contraste da Bíblia com seu ambiente.

É discutível se uma coleção tão diversa de teólogos e teologias como essa pode ser chamada legitimamente de "movimento". Provavelmente, somente o primeiro dos cinco pontos mencionados por Childs seria aceito por todos os acima mencionados. Não há dúvida, porém, de que ocorreram um reavivamento e um desenvolvimento da teologia bíblica, com efeito revolucionário no estudo bíblico e teológico. Novos jornais teológicos, como *Interpretation* (1947), surgiram, e artigos importantes sobre Bíblia e teologia foram publicados no contexto do "movimento". Na Alemanha, houve um avanço contínuo a partir da alentada obra de Gerhard Kittel *Theological Dictionary of the New Testament* [Dicionário teológico do Novo Testamento] (1933-1979; TI, 1964-1976), e uma grande série de comentários com destacada ênfase teológica foi lançada em 1952, sob o título *Comentário bíblico do Antigo Testamento*. A editora SCM Press deu início a uma longa série, *Studies in Biblical Theology* [Estudos de teologia bíblica] (1950), e surgiram muitas obras substanciais sobre teologia do Antigo e do Novo Testamento*.

Teologia bíblica hoje. Não é de admirar que tenha havido reações negativas ao "movimento de teologia bíblica" por parte da erudição bíblica estabelecida, como foi o caso, especialmente, nos Estados Unidos. Um dos críticos mais proeminentes durante a década de 1960, James Barr (1924-2006), mostrou que tinha ocorrido uma simplificação excessiva em se contrastar os pensamentos hebraico e grego e que a revelação na história não deveria ser enfatizada demasiadamente, em comparação com outras formas de revelação. Por sua vez, Childs (1970) chegou a alegar que o movimento havia entrado em colapso. Embora, de fato, alguns de seus aspectos tivessem de ser modificados, manteve-se válida, no entanto, sua realização mais fundamental, a de demonstrar a dimensão teológica da Bíblia.

A teologia bíblica tem sido gradativamente aceita como parte essencial da interpretação bíblica, juntamente com os estudos linguísticos, literários e históricos. Isso se comprova no aumento de conteúdo teológico nos volumes contínuos da *New Century Bible* e da *Anchor Bible*, assim como em uma quantidade de comentários em série com ênfase teológica específica (*e.g.*, *Old Testament Library, International Theological Commentary, Interpretation*, etc.). Desde o Concílio Vaticano II (ver Concílios*), a erudição católica-romana tem adquirido novo interesse em teologia bíblica. Em cada quase todas as denominações, permanece a convicção de que a teologia somente pode ser verdadeiramente cristã se estiver baseada na Bíblia ou pelo menos a ela relacionada.

Unidade da Bíblia

Na prática, a teologia bíblica tem sido geralmente dividida em teologia do AT e do NT. Somente algumas poucas obras têm tentado uma abordagem da teologia bíblica como um todo (*e.g.*, Burrows, 1946; Vos, 1948) ou, então, considerado temas específicos no contexto da totalidade da Bíblia (*e.g.*, Rowley, 1953; Bauer, 1959; Bruce, 1968). O estudo bíblico em geral permanece dividido pelos dois Testamentos, com pouco contato entre a teologia do AT e a do NT, a despeito do reconhecimento teórico da importância de cada uma delas. Mais recentemente, estudos de Gese (1977), Terrien (1978) e Cronk (1980) renovaram a tentativa de escrever uma teologia bíblica, mas ainda em escala relativamente pequena.

Uma razão para isso é, sem dúvida, a magnitude da tarefa. Com mais e mais informação disponível e opiniões a considerar, está se tornando cada vez mais difícil escrever uma teologia de todo o AT ou de todo o NT isolada da totalidade da Bíblia.

Outra razão mais significativa talvez seja a de se protelar uma incerteza a respeito do relacionamento entre o AT e o NT. A desconsideração de Marcião* pelo AT, como um livro judaico sem nenhum valor para os cristãos, não é mais manifestada explicitamente, mas muitos cristãos ainda têm reservas e incertezas a respeito de seu uso na igreja. A base teológica do relacionamento entre os Testamentos tem sido exposta em muitas obras eruditas, por meio de conceitos tais como o reino de Deus*, história da salvação*, promessa e cumprimento, tipologia (ver Hermenêutica*), etc. Tem-se concordado, geralmente, que o relacionamento é complexo, envolvendo tensão entre continuidade e descontinuidade, unidade e diversidade. Por um lado, é reafirmada a unidade da Bíblia, juntamente com a importância vital de cada um de seus Testamentos constituintes. Por outro lado, tem havido uma percepção aprofundada de que o AT e NT são diferentes em função e autoridade e que suas teologias não podem ser simplesmente combinadas para criar uma "teologia bíblica". Um importante objetivo da teologia bíblica como disciplina é, portanto, o de alcançar um entendimento da Bíblia como um todo, que considere plenamente tanto sua unidade quanto diversidade.

Natureza e conteúdo da teologia bíblica

Quaisquer que sejam as críticas de abordagens específicas à teologia bíblica, um princípio essencial se acha estabelecido: a Bíblia é um livro teológico e não pode ser interpretado adequadamente sem referência à sua teologia. Isso não significa negar que a Bíblia contenha também literatura e história nem justificar qualquer interpretação da Bíblia que as ignore. A questão é simplesmente a de que a Bíblia detém um elevado grau de teologia, no sentido amplo de pensamento e ensino a respeito de Deus e de sua atividade, e essa teologia é de importância fundamental para a fé cristã. Daí, ser necessário à erudição bíblica, pelo menos, dar a devida atenção à teologia bíblica, tal como à história e à literatura presentes nas Escrituras.

TEOLOGIA BÍBLICA

O assunto e questão essencial da teologia bíblica é a Bíblia como um todo; o que não quer dizer, necessariamente, que a Bíblia toda deva ser estudada ao mesmo tempo, mas, sim, que cada texto e tema particulares deve ser entendido no contexto da totalidade bíblica. Podemos estudar a teologia dos Salmos ou de Paulo, o conceito do sofrimento em Jó ou o do Espírito em João, contanto que se reconheça que, estando esses estudos focados somente em um aspecto do testemunho bíblico, necessitam ser suplementados e complementados a partir de outras fontes, antes que possam ser chamados de "teologia bíblica".

A teologia bíblica exerce uma influência vital tanto nos estudos bíblicos quanto na teologia dogmática e, na verdade, une os dois. Uma vez que seu propósito é estabelecer a teologia contida na totalidade da Bíblia e nela expressa, faz uso da exegese bíblica, que, por meio de crítica textual, literária e histórica, estabelece a intenção de textos específicos. Por sua vez, fornece material com que a teologia dogmática, ao buscar estabelecer o ensino da Igreja, deve ser construída. Por tomar como seu assunto e questão a Bíblia como um todo é que a teologia bíblica precisa do trabalho dos exegetas bíblicos sobre textos bíblicos específicos. Além disso, é essencial à tarefa da teologia dogmática de relacionar o dogma à Bíblia, à tradição da Igreja, filosofia, cultura, etc.

É importante considerar o papel da teologia bíblica como intermediária entre a exegese e a dogmática. Nenhuma dessas disciplinas pode ficar isolada ou ser omitida. Sem uma exegese completa, a teologia bíblica será superficial. Sem a teologia bíblica, a Igreja estará propensa a abordar a Bíblia como uma coleção de textos antológicos, selecionando aqueles adequados aos seus interesses particulares e ignorando o testemunho da Bíblia como um todo. Sem a teologia dogmática, a Bíblia permanecerá sendo um livro antigo, de uma cultura estranha, sem nenhuma relação com o mundo moderno. Muito frequentemente, a exegese bíblica e a teologia dogmática têm estado trabalhando independentemente uma da outra e da teologia bíblica. Recentemente, tem havido uma tendência para a crescente cooperação entre as três disciplinas, dando a esperança de um entendimento muito melhor da Bíblia e de sua teologia e, por meio disso, da fé cristã, em anos vindouros.

Bibliografia

Definição e história: B. S. Childs, *Biblical Theology in Crisis* (Philadelphia, 1970); G. Ebeling, The Meaning of Biblical Theology, *JTS* 6 (1955), p. 210-225; W. J. Harrington, *The Path of Biblical Theology* (Dublin, 1973); G. F. Hasel, *in: Perspectives on Evangelical Theology,* eds. K. S. Kantzer & S. N. Gundry (Grand Rapids, MI, 1959), p. 179-194; H. J. Karus, *Die Biblische Theologie* (Neukierchen, 1970); J. D. Smart, *The Past, Present and Future of Biblical Theology* (1979); G. E. Wright, *God Who Acts: Biblical Theology as Recital* (London, 1952).

Unidade da Bíblia: B. W. Anderson (ed.), *The Old Testament and Christian Faith* (London, 1964); D. L. Baker, *Two Testaments, One*

TEOLOGIA CATÓLICA-ROMANA

Bible (Leicester, 1976); J. Barr, *Old and New in Interpretation* (London, 1966); J. Bright, *The Authority of the Old Testament* (Nashville, TN, 1967); C. Westerman (ed.), *Essays on Old Testament Interpretation* (London, 1963).

Teologia bíblica: F. F. Bruce, *This is That: The New Testament Development of Some Old Testament Themes* (London, 1968); M. Burrows, *An Outline of Biblical Theology* (Philadelphia, 1946); G. Cronk, *The Message of the Bible* (New York, 1980); H. Gese, *Essays on Biblical Theology* (1977; TI, Minneapolis, MN, 1981); H. H. Rowley, *The Unity of the Bible* (London, 1953); S. Terrien, *The Elusive Presence: Toward a New Biblical Theology* (New York, 1978); G. Vos, *Biblical Theology* (Grand Rapids, MI, 1948).

Jornais e obras de referência: BTB (1971-); HBT (1979-); *Int*, ver especialmente 25 (1971), p. 3-23, 41-62, 78-94 (vários colaboradores, no 25º aniversário); 36 (1982), p. 34-46 (W. E. Lemke, Revelation through History in Recent Biblical Theology); *IDB*, ver especialmente vol. 1, p. 418-437.

D.L.B.

TEOLOGIA CARISMÁTICA, ver BATISMO NO ESPÍRITO; DONS DO ESPÍRITO; PENTECOSTALISMO.

TEOLOGIA CATÓLICA-ROMANA. Muito cedo, surgiram na Igreja* diferentes escolas de teologia, mas o Corpo de Cristo permaneceu essencialmente unido por mais de mil anos, a despeito dos cismas*, das heresias e de extremas controvérsias. Durante esse período, cresceu uniformemente a proeminência da sé de Roma (ver Papado*). Por volta do século XI, sua atribuição autoritária encontrava-se bastante avançada, e determinadas ênfases doutrinárias se tornavam cada vez mais firmes e claras. Somente a partir da divisão entre as igrejas oriental e ocidental (o Grande Cisma), que se formalizaria em 1054, é que se pode falar com maior precisão de uma teologia católica-romana. A ruptura no século XVI, com a Reforma*, tornaria mais aguda sua distinção.

Tão abrangente é a teologia católica-romana que não se pode facilmente sumarizá-la. Torna-se necessário distinguir entre o ensino oficial e variadas opiniões, expressas por diversas escolas dessa teologia. O ministério de ensino doutrinário da Igreja Católica, o *Magisterium*, apresenta uma estrutura muito mais monolítica do que a diversidade das escolas teológicas poderia acaso sugerir. Na Idade Média, por exemplo, ocorreu importante choque entre os seguidores de Duns Scotus* e os de Tomás de Aquino*. Tem sido papel dos bispos de Roma e dos concílios* ecumênicos analisar os achados das várias escolas teológicas. Foi essa a parte mais significativa dos trabalhos do Concílio de Trento (1545-1563), o qual não somente assumiu firme postura face ao desafio do protestantismo*, como também anatematizou muitas das opiniões que vinham sendo debatidas na teologia medieval. Com essa atitude, deixou em aberto um grande número de opções.

Todavia, mesmo os pronunciamentos papais e as definições conciliares têm sido reconhecidos como condicionados historicamente. São constantemente reabertos,

TEOLOGIA CATÓLICA-ROMANA 978

para novas interpretações e aplicações pela viva autoridade* da Igreja Católica. Isso resulta em ampla elasticidade em matéria de elucidação, o que pode constituir fonte de confusão para os não católicos. Aponta também para um fator fundamental na teologia católica-romana, que é sua ênfase na autoridade sacerdotal centralizada, enfocada sobretudo no bispo de Roma, com sua responsabilidade e encargo de chefia e condução da Igreja romana universal, contando com a consultoria, a assistência e o apoio constantes de um colegiado de bispos.

Embora interpretada de modos diversos, a sucessão apostólica no ministério* católico requer ordenação na linhagem dos supostos sucessores de Pedro e estar em total comunhão com a sé de Roma. As graças sacramentais são concedidas aos fiéis somente, ou acima de tudo, mediante o sacerdócio, que exerce, assim, indubitável autoridade na vida da Igreja romana. O Concílio Vaticano II (1962-1965), é bem verdade, procurou redescobrir um papel para o laicato*, ao qual a Igreja Católica prosseguiu, no entanto, atribuindo serviço meramente superficial, enquanto o controle clerical continuou firmemente estabelecido segundo a doutrina do sacerdócio.

Ainda assim, há ampla base católica em comum com os cristãos de outras tradições. Os católicos aceitam as mesmas Escrituras* como normativas, embora em sua versão bíblica sejam incluídos textos considerados apócrifos* pelos protestantes em geral; sustentam os mesmos credos* antigos; creem na doutrina da Trindade* e na di-

vindade de Cristo*. É o ensino da Igreja de Roma, no entanto, que conduz os fiéis a extrapolar as Escrituras, mediante a crença em um presumido desenvolvimento* doutrinário, habilmente exposto por Newman* no século XIX. Desse modo, aquilo que se mostra evidente aos de fora como um dogma* inteiramente inaceitável se apresenta muitas vezes aos católicos e é crido por eles como até escriturístico. Os dogmas marianos da "imaculada conceição" e da "assunção de Maria", por exemplo, ilustram perfeitamente esse ponto (ver Maria*). A alegação da infalibilidade papal compõe apenas essa questão.

A teologia medieval, em seu estágio inicial, foi desenvolvida basicamente em ambiente monástico (ver Teologia Monástica*). A regra dos beneditinos* (c. 540) teve influência duradoura, com o "ofício divino" (adoração em horas regulares) sendo a inspiração para a obra, o estudo e a oração particular, que preenchiam o restante do dia nos mosteiros. Em um tal contexto, a teologia objetivava santidade e dedicação de vida. Uma mudança radical veio com o escolasticismo*, no século XI. Era basicamente um novo método, do qual Anselmo* é considerado pai, embora alguns de seus princípios remontem a Agostinho*. Sustentava que a razão tinha algum acesso à verdade da fé, devendo a fé ser assim mostrada como razoável, mesmo para o incrédulo. Anselmo não era um racionalista: a fé tinha supremacia sobre a razão.

Pedro Abelardo*, enquanto isso, formulava muitas das questões que seriam enfrentadas pelos escolásti-

TEOLOGIA CATÓLICA-ROMANA

cos. Mas a realização suprema para eles foi a *Summa Theologica*, de Tomás de Aquino, no século XII. A redescoberta de Aristóteles* tornou a teologia uma disciplina científica. A razão e a fé foram extremamente diferenciadas. A filosofia era agora uma ferramenta da teologia, sob o risco de a teologia se tornar cada vez mais divorciada da experiência. Tomás de Aquino se tornou de tal modo fundamental para a teologia católica que o ensino filosófico exerceu, durante séculos, um papel muito mais preponderante na preparação para o sacerdócio do que os estudos das Escrituras. Somente mais recentemente esse padrão começou a se reverter.

As categorias filosóficas podem rapidamente se tornar ultrapassadas. Quando santificadas pelo uso teológico, podem vir a se tornar um sério embaraço. Por exemplo, o conceito da "transubstanciação" eucarística, na missa (ver Eucaristia*), pelo qual pão e vinho são considerados como tendo se tornado corpo e sangue de Cristo, respectivamente, foi usado originalmente para tentar corrigir um literalismo físico. Acabou tendo o efeito reverso. Na Reforma*, tornou-se uma grande questão de debate. Para todos os fins, o sacerdote, na missa, estaria oferecendo novamente o sacrifício de Cristo. Embora tal interpretação seja fortemente negada pela maioria dos católicos hoje, a linguagem litúrgica ainda usa as palavras "ofereçemos Cristo". Os teólogos contemporâneos contam, nas categorias aristotélicas de "substância" e "acidentes", com uma ferramenta teológica muito inadequada para suas escusas.

O debate teológico central da Reforma referia-se à natureza da graça*. A situação ficou confusa pelo fato de que quando os católicos falavam de justificação* incluíam a santificação*, enquanto os protestantes diferenciavam perfeitamente as duas. Por outro lado, a teologia católica tem-se preocupado por longo tempo com a questão da liberdade humana* — qual a parte exercida pelo homem em sua salvação*, se é realmente um agente co-responsável. Questões como essas foram as que o Concílio de Trento procurou esclarecer (ver Contrarreforma Católica*). Esse concílio foi considerado ecumênico pela Igreja Católica. Confirmou os sete sacramentos* considerando todos instituídos por Cristo; a doutrina da transubstanciação; autoridade igual das Escrituras e da tradição*, como fontes da verdade; e o direito da Igreja de declarar como a Bíblia deveria ser interpretada. Sua postura contra a Reforma penetrou a teologia católica até bem além do Concílio Vaticano I (1869-1870), afetando a oposição católica à tendência total do Iluminismo* no século XVIII.

Entre os desenvolvimentos modernos na teologia católica, estão o movimento litúrgico* e o retorno aos estudos da patrística e, consequentemente, da Bíblia. O Concílio Vaticano II abriu a porta ao diálogo ecumênico e lançou os fundamentos para a construção da teologia da libertação* na América Latina.

No âmago da teologia católicaromana se encontra seu entendimento exclusivo da Igreja e de sua autoridade. Sua autoridade no ensino se estende à Bíblia e à sua interpretação, enquanto sua

TEOLOGIA CLÍNICA

autoridade sacerdotal exerce o controle sobre a vida sacramental da Igreja. Todavia, há grande diversidade de opinião entre grupos e indivíduos, discernível até mesmo em documentos de um concílio como o Vaticano II. Longe de ser imutável, a Igreja Católica, na verdade, está constantemente em processo de mutação e desenvolvimento: a direção que tomará é que para nós permanece imprevisível.

Bibliografia

G. C. Berkouwer, *The Conflict with Rome* (Philadelphia, 1957); *idem, The Second Vatican Council and the New Catholicism* (Grand Rapids, MI, 1965); G. Carey, *Meeting of the Waters* (London, 1985); F. Copleston, *A History of Philosophy*, vol. 2 (London, 1950); R. Haight, *The Experience and Language of Grace* (Ramsey, NJ, 1979); D. Knowles, *The Evolution of Medieval Thought* (London, 1962); W. Niesel, *Reformed Symbolics: A Comparison of Catholicism, Orthodoxy and Protestantism* (Edinburgh, 1962); K. Rahner, H. Roos, J. Neuner (eds.), *The Teaching of the Catholic Church* (Cork, 1966); V. Subilia, *The Problem of Catholicism* (London, 1964); P. Toon, *Protestants and Catholics* (Ann Arbor, MI, 1984).

J.W.C.

TEOLOGIA CLÍNICA. Abordagem de cuidados e cura pastorais, desenvolvida pelo dr. Frank Lake (1904-1982), que se propõe a capacitar as pessoas com problemas emocionais a identificar e trazer à lembrança memórias traumáticas de seu próprio nascimento e começo de vida, em particular de seus primeiros três meses no útero materno. Lake acredita que tais experiências traumáticas sejam as principais responsáveis pelo sofrimento dos indivíduos, buscando, por isso, levá-los ao conhecimento, à aceitação e à compreensão e liberação desses sofrimentos, o que tem feito mediante cursos e, mais recentemente, "oficinas" de "integração primal", realizados em grupos, em contexto de oração e aconselhamento especializado. As bases teórica e prática dessa abordagem são apresentadas em volumoso manual de sua autoria, *Clinical Theology* [Teologia clínica] (London, 1966), que inclui um conjunto anexo de tabelas e diagramas. A esse livro, seguiu-se um segundo, *Tight Corners in Pastoral Counselling* [Becos sem saída no aconselhamento pastoral] (London, 1981), em que o autor descreve o desenvolvimento de seu pensamento e técnica.

A Associação de Teologia Clínica, sob cuja égide a teologia clínica opera, é composta de clérigos, doutores e leigos. Foi fundada em 1958 e, desde 1962, está situada em Nottingham, Inglaterra, contando ali com um centro residencial de ensino e terapia. Como resultado do apoio recebido de diversos bispos anglicanos, milhares de clérigos da Igreja da Inglaterra, juntamente com os de outras denominações, têm também recebido preparação em teoria e prática de teologia clínica, em grupos reunidos por toda a Grã-Bretanha e no exterior. Os participantes seguem um programa de dois anos de treinamento, sob a orientação de reconhecidos instrutores.

O movimento tem-se dedicado quase que exclusivamente à visão

TEOLOGIA CLÍNICA

e ao ensino do dr. Lake. Tendo ingressado na especialização médica psiquiátrica em sua meia-idade, Lake buscou a abordagem de situações pastorais específicas, nas quais pudesse aplicar a psiquiatria ao sofrimento de pessoas mentalmente doentes dentro de um entendimento cristão da pessoa, cuja necessidade básica, para ele, não é propriamente "a autorrealização, mas, sim, a realização em Cristo". Traçou paralelos bem próximos entre "a angústia do espírito humano ao suportar injúrias ao extremo e as agonias de Cristo em sua crucificação" (*Clinical Theology*, p. xvii). Sendo Lake um evangélico, a base teológica de sua abordagem veio a refletir justamente isso. Reconhecida é sua gratidão a outros cristãos, de várias tradições teológicas, em particular aos místicos*, cuja experiência e escritos parecem estender uma ponte entre as abordagens teológicas e psicológicas do sofrimento. Assim, a linguagem mística, cheia de metáforas e analogias, é frequentemente encontrada em seus escritos — como quando fala da experiência do feto nos primeiros três meses no ventre materno como "marinado nas desgraças de sua mãe" (*Tight Corners*, p. 141).

Conquanto seu processo tenha sido de grande auxílio para muitos, para outros têm parecido mais uma confusão entre analogia e fato. Além disso, a fixação em experiências pré-natais parece sugerir que o desenvolvimento espiritual seja realmente determinado por elas.

A psiquiatria de Lake baseava-se inicialmente nas ideias da psicanálise de Sigmund Freud (ver Psicologia de Profundidade*; Psicologia da Religião*) e particularmente nas de Melanie Klein (1882-1960), incorporando também material de Ivan P. Pavlov (1849-1936). Além disso, experimento próprio seu, com o uso de ácido lisérgico (LSD), visando a resgatar as primeiras experiências de vida de seus pacientes, o convenceram, a despeito de muito ceticismo profissional em torno, de que as descrições pré-natais de seus pacientes fossem verdadeiras e factuais. Mais tarde, porém, reconheceu sua dívida para com novos métodos psicoterápicos e percebeu as afinidades entre seu próprio processo e o de Arthur Janov (n. 1924), da terapia primal. Tudo isso reforçou sua hipótese de que os primeiros três meses após a concepção fossem significativos como fonte de sofrimento do homem, suas desordens de personalidade e tensões psicossomáticas, que ele descreveu como a síndrome de angústia fetal materna, em que a angústia da mãe, "se for essa sua condição, invade o feto sob a forma de um fluxo amargurante e obscuro" (*Tight Corners*, p. x).

Analisa-se ainda em que direção poderá se desenvolver mais a teologia clínica, desde a morte de seu fundador. Todavia, é provável que permaneça como sua maior contribuição o desafio de haver levado os cristãos a olharem com novos olhos para o sofrimento emocional, assim como demonstrado as impropriedades de algumas abordagens pastorais mais tradicionais. No entanto, do ponto de vista médico psiquiátrico, sua teoria e prática, embora aceitas por alguns profissionais da área, são um tanto esotéricas e não verificáveis. Repetidos desafios e críticas

TEOLOGIA CRISTÃ AFRICANA

não encontram as devidas respostas em sua literatura, enquanto a ajuda que muitos pacientes hajam recebido pode também ser atribuída a experiências de grupo e ao carisma pessoal do dr. Lake, além do "ouvir bom e honesto" por parte dos conselheiros.

Ver também TEOLOGIA PASTORAL.

Bibliografia
D. Atkinson e I. Williams, Frank Lake, Explorer in Pastoral Couselling, *Third Way* 5:9 (1982), p. 25-28; M. G. Barker, Models of Pastoral Care *in:* M. A. Jeeves (ed.), *Behavioural Sciences* (Leicester, 1984), p. 239-241; R. F. Hurding, *Roots and Shoots: A Guide to Counselling and Psychotherapy* (London, 1986); F. Lake, *Clinical Theology* (London, 1966), versão resumida por Martin H. Yeomans (London, 1986); F. J. Roberts, Clinical Theology: an Assessment, *TSFB* 64 (1972), p. 21-25.

M.G.B.

TEOLOGIA CRISTÃ AFRICANA. A rápida difusão do cristianismo na África nos últimos anos tem sido um dos aspectos mais notáveis da história cristã moderna. De alguns tempos para cá, chega-se mesmo a cogitar como totalmente possível uma mudança no centro de gravidade geográfico e cultural do cristianismo. Na verdade, as áreas centrais da fé não se encontram mais na cristandade da Europa Ocidental e em sua extensão da América do Norte, mas, sim, nos demais continentes: América Latina, partes da Ásia e do Pacífico e, particularmente, na África tropical.

O notável índice de expansão do cristianismo na África levou à consciência de que a fé cristã ali professada deveria encontrar expressão teológica em termos próprios, surgidos dos valores culturais africanos e sua experiência de vida. O empenho em pensar a fé em Cristo em termos que refletissem autenticamente as perspectivas africanas produziu, desse modo, desde a metade da década de 1950, uma busca por uma teologia cristã africana.

Admite-se que certa porção de "teologização" espontânea derive diretamente da vida e do testemunho das comunidades cristãs da África, o que se tem tornado provavelmente mais evidente nas chamadas igrejas independentes africanas*. Todavia, a teologia africana em sua forma clássica, acadêmica e literária, tem emergido, basicamente, nos departamentos de Religião de várias universidades do continente. É digno de nota que a grande maioria dos acadêmicos teológicos da África são ordenados clérigos e mantêm uma ativa conexão com suas igrejas. Já se pode discernir, assim, algumas realizações positivas desse primeiro florescimento da reflexão teológica africana.

A agenda da teologia africana é surpreendente. As raízes históricas do cristianismo africano se encontram no moderno empreendimento missionário do Ocidente. No entanto, devido à avaliação ocidental geralmente negativa das religiões nativas africanas, tem sido de admirar que os principais teólogos africanos, ainda que devidamente preparados em teologia de acordo com os padrões ocidentais, tenham concentrado suas pesquisas e

TEOLOGIA CRISTÃ AFRICANA

escritos nas tradições religiosas da África "passada", consideradas teologicamente insignificantes. Esse interesse pela herança religiosa africana pré-cristã assumiu proporções tais que um observador do cenário teológico africano se aventurou a sugerir que um dos resultados dessa concentração seja de que "áreas de doutrina cristã tradicionais, que não reflitam o passado africano, desapareçam ou sejam marginalizadas" (Adrian Hastings). Os títulos dados a significativas publicações por alguns dos principais teólogos do continente confirmam essa ênfase. Uma questão importante levantada por outros teólogos cristãos é como reagir ante esse alto nível de interesse que os teólogos africanos manifestam pelas tradições religiosas pré-cristãs do seu continente, quase sempre do seu próprio povo em particular.

Considerando-se que a ideia missionária ocidental a respeito da África pré-cristã era a de uma total pobreza religiosa, pode-se dizer terem consistência os escritos dos teólogos africanos em querer "demonstrar que a experiência religiosa africana e sua herança não eram ilusórias e que deveriam ter constituído o veículo para comunicar as verdades do evangelho à África" (Desmond Tutu). O tema central dessa literatura teológica africana tem sido o caráter da vida e dos valores religiosos pré-cristãos da África e seu "relacionamento de continuidade e não de descontinuidade com a crença cristã" (Hastings).

Tal desejo manifesto de reabilitar a consciência religiosa pré-cristã africana tem sido realizada com tal autoconsciência cristã e empenho teológico que se pode dizer ser também uma tentativa de definir a natureza da identidade cristã africana. Nesse sentido, a espécie de estudo que o teólogo africano faz de sua religião tradicional difere significativamente, em perspectiva, da que possa ser feita por um antropólogo. Nem pode também ser comparada a "uma observação crítica, do tipo que se possa fazer a respeito da religião babilônica; pois estará manipulando dinamite: seu próprio passado e o presente de seu povo" (A. F. Walls).

Os pontos de vista dos principais protagonistas dessa interpretação teológica da herança religiosa pré-cristã africana não são idênticos, de forma alguma, em todos os aspectos. E. Bolaji Idowu (Nigéria) é conhecido por sua posição de que a experiência africana de Deus na tradição pré-cristã é, essencialmente, a mesma da crença cristã. Idowu chega a essa conclusão reduzindo drasticamente todas as "divindades menores" do panteão ioruba, por exemplo, à condição de manifestações ou refrações do Deus Supremo. O mundo africano de divindades constitui, de acordo com Idowu, um mundo de "monoteísmo difuso" (Olódumare, p. 204), de forma que, em uma análise final, "na África, o fator coesivo real da religião é o Deus vivo" (*African Traditional Religion* [Religião tradicional africana], p. 104). Idowu, portanto, não somente insiste em que as antigas religiões da África representam uma fonte autêntica (embora não sendo, de modo algum, a única) da teologia cristã africana, mas tende também à conclusão de que a experiência cristã africana

TEOLOGIA CRISTÃ AFRICANA

pouco fez além de colocar sob um enfoque mais intenso o sentido de Deus que a tradição africana desde há muito possuía.

Os textos de John Mbiti (queniano, diretor, de 1972 a 1980, do Instituto Ecumênico do Concílio Mundial de Igrejas) refletem uma autoconscientização mais determinada, embora digam respeito, do mesmo modo, à interpretação teológica da herança pré-cristã da África em matéria de religião. Escreve ele, no prefácio aos seus *Poems of Nature and Faith* [Poemas de natureza e fé] (Nairobi, 1969): "É com profunda fé cristã, de que me sinto consciente, que reajo ao universo e busco entender alguma coisa da vida". Para Mbiti, é importante não apenas reconhecer que "historicamente o cristianismo é muito mais uma religião africana" (*African Religions and Philosophy* [Religiões africanas e filosofia], p. 229ss), mas também distinguir entre o fenômeno do cristianismo em sua manifestação cultural, como religião missionária trazida à África, e a fé cristã, que, como fé religiosa, é capaz de ser apreendida pelos africanos em termos africanos sem maior dificuldade. Isso significa que a tarefa de construir uma teologia africana com base em uma experiência própria de fé cristã pode acontecer sem nenhuma ansiedade ou autojustificativa. Essa perspectiva marca os escritos de Mbiti com um sentimento de liberdade, que, no contexto da busca dos teólogos africanos por um sentido apropriado de identidade, é digno de nota.

Tal como Idowu, Mbiti atribui um valor positivo à herança pré--cristã africana da religião, mas somente como *praeparatio evangelica*, uma preparação africana para o evangelho, "esse elemento complementador e final que coroa sua religiosidade tradicional e traz a um pleno brilho sua luz antes tremeluzente". Mbiti realiza, assim, uma integração mais profunda do que Idowu do "antigo" com o "novo". Ele defende, com base na própria experiência cristã africana, um ponto de vista teológico africano que reflete as sensibilidades culturais africanas, que Idowu retrata, de modo genérico, como uma concomitância da autoconsciência religiosa africana. Nenhum outro grande teólogo africano usa a expressão "África cristã" de modo tão amplo como Mbiti, para se referir à África de hoje.

Uma interpretação geralmente simpática à tradição religiosa pré-cristã e sua integração na experiência cristã africana, indicada nos textos de Idowu e Mbiti, reflete-se na maioria dos escritos dos teólogos da África. Uma única exceção de destaque foi a do falecido Secretário Geral da Associação de Evangélicos da África e Madagascar, Byang Kato. Ele postulava uma descontinuidade radical entre a tradição pré-cristã africana e a crença cristã. Nenhum outro teólogo africano, depois dele, adotou posição tão extremada quanto Kato. Todavia, com sua morte súbita, em 1975, foram interrompidas as perspectivas, que ele mesmo acenava, de um diálogo frutífero com os pensadores do lado "contrário".

A teologia africana veio aniquilar praticamente todo o veredicto negativo do passado sobre a tradição africana, feita, sob uma perspectiva etnocêntrica da África, pela antiga estimativa missionária ocidental. Não existem no momento indicações de que a teologia cristã africana esteja a ponto de alcançar e discutir com a devida ênfase temas e assuntos que pertencem mais à tendência atual do debate e reflexão cristãos não africanos, como cristologia*, soteriologia, e hermenêutica bíblica*. É razoável supor, no entanto, que esse desenvolvimento seja possível após a abordagem e conclusão efetivas de sua mais importante questão atual, a da identidade cristã africana.

Ver também TEOLOGIA NEGRA.

Bibliografia

K. Appiah-Kubi & Sergio Torres (eds.), *African Theology en route* (New York, 1979); K. Bediako, Biblical Christologies in the Context of African Traditional Religion, *in:* V. Samuel & C. Sugden (eds.), *Sharing Jesus in the Two-Thirds World* (Bangalore, 1983) p. 115-175; K. Dickson & P Ellingworth (eds.), *Biblical Revelation and African Beliefs* (London, 1969); A. Hastings, *African Christianity — An Essay in Interpretation* (London, 1976); E. B. Idowu, *Olódùmarè — God in Yoruba Belief* (London, 1962); *idem, African Traditional Religion — A Definition* (London 1973); B H. Kato, *Theological Pitfalls in Africa* (Kisimu, 1975); J. S. Mbiti, *African Religions and Philosophy* (London, 1969); *idem, Concepts of God in Africa* (London, 1970); *idem, New Testament Eschatology in an African Background* (London, 1970); *idem, The Prayers of African Religion* (London, 1975); C. Nyamiti, *African Tradition and the Christian God* (Eldoret, Kenya, n.d.); *idem,*

Christ as our Ancestor — Christology from an African Perspective (Gweru, 1984); J. S. Pobee, *Toward an African Theology* (Nashville, 1979); H. Sawyerr, *Creative Evangelism — Towards a New Christian Encounter with Africa* (London, 1968); D. Tutu, Whither African Theology? E. W. Fashole-Luke *et al.* (eds.), *Christianity in Independent Africa* (London, 1978), p. 364-369; A. F. Walls, Towards understanding Africa's Place in Christian history, *in:* J. S. Pobee (ed.), *Religion in a Pluralistic Society* (Leiden, 1976), p. 180-189).

K.Be.

TEOLOGIA CRISTÃ ASIÁTICA. Os cristãos asiáticos compartilham a preocupação em relacionar sua fé cristã com a vida real, em vários contextos asiáticos. Refletindo a respeito da natureza e do conteúdo da teologia, os teólogos asiáticos chegaram à conclusão de que toda forma de produção teológica está condicionada culturalmente. Desse modo, tem havido de sua parte, de um lado, uma avaliação crítica da teologia tradicional desenvolvida no Ocidente e exportada para a Ásia e, de outro, uma busca entusiástica de uma teologia contextual, que atenda às presentes questões levantadas pelo povo da Ásia, em meio às mudanças sociais e políticas que ali têm ocorrido.

A teologia asiática já começou seu processo de crescimento, gerando frutos de diferentes espécies. Procuraremos aqui assinalar algumas das tendências e aspectos mais salientes que nela podem ser observados, sem querermos correr o risco de generalização demasiada de um desenvolvimento complexo.

TEOLOGIA CRISTÃ ASIÁTICA

Desde c. 1970, tem havido uma mudança de ênfase na teologia asiática, de "indigenização" para a de "contextualização"*. A primeira tende a ser orientada em relação ao passado, permanecendo como um conceito estático, com sua ênfase sobre a relação do evangelho com as culturas tradicionais*, enquanto a última é orientada em direção ao futuro e dinâmica, preocupada também com o evangelho em relação às mudanças sociais. Em seu conjunto, no entanto, a maioria dos evangélicos asiáticos tem sido lenta em reagir à mudança, não indo realmente além do estágio de "indigenização".

A teologia serve para articular o entendimento de uma pessoa sobre a verdade eterna, em termos de determinado local e contexto. Sendo seu fundamento e fonte, a Bíblia proporciona o conteúdo de qualquer teologia cristã; e sendo o evangelho a resposta dada por Deus a todos os problemas humanos, é tarefa da teologia nativa descobrir quais as questões reais no seu contexto.

Nesse sentido, a teologia asiática pode assumir uma forma sistemática, ditada pelas ênfases em destaque na cultura da Ásia. A questão envolve o evangelho e a cultura, centrando-se sobre a apresentação do evangelho em diferentes contextos, como os contextos totalitários hinduísta*, budista* e islâmico*. Teologicamente, significa que contextos específicos ajudam a decidir qual área particular de fé deve receber ênfase especial. Em anos recentes, as discussões sobre o relacionamento entre evangelismo* e responsabilidade social (ver Missiologia* e Teologia da Sociedade*) têm estimulado os evangélicos a enfrentar algumas das questões mais importantes na Ásia (ver Pacto de Lausanne*). Essas questões abrangem o regime comunista (ver Marxismo e Cristianismo*), pobreza*, superpopulação, fome, sofrimento*, guerra*, corrupção e secularismo*. Contudo, ainda estão por surgir obras teológicas evangélicas que tratem de política*, ética social* e desenvolvimento com profundidade e discernimento.

Bong Rin Ro classifica a teologia asiática em quatro modelos: sincretismo*, acomodação, teologia situacional e teologia biblicamente orientada. Sua análise reflete prevenção evangélica comum para com a teologia asiática contemporânea: temor de sincretismo e de acomodação, mediante os quais o evangelho é diluído e a verdade bíblica se torna comprometida. Para ele, a questão básica existente em toda a argumentação da teologia contextual é "se as doutrinas bíblicas e históricas da Igreja cristã podem ser preservadas sem comprometimento no processo de contextualização".

A força da teologia evangélica reside em sua insistência sobre a singularidade* do evangelho cristão, sobre a natureza reveladora* da verdade bíblica e a necessidade de salvação*. Sua fraqueza, por outro lado, pode ser descrita como uma limitação, auto imposta, de não apreciar adequadamente as riquezas de outras culturas e religiões, como as asiáticas, assim como não reconhecer de modo urgente a gravidade dos efeitos demonizantes dos males políticos e sociais.

TEOLOGIA CRISTÃ ASIÁTICA

A reflexão teológica nos círculos ecumênicos quase sempre toma um ponto de partida diferente desse. Os teólogos ecumênicos têm reagido contra a natureza meramente conceitual, abstrata e confessional da teologia tradicional. Para eles, a teologia é mais do que uma simples articulação de crenças ou uma formulação de doutrinas cristãs (ver Confissões* e Credos*). Sua tarefa é, antes de tudo, refletir sobre a situação contemporânea do homem comum à luz da fé cristã. Assim, a totalidade da vida é o material cru de uma teologia viva e confessante.

Esse tipo de abordagem à teologia asiática, em termos de metodologia e conteúdo, é, em grande parte, determinada pelo contexto. Particularidades distintivas da Ásia são usadas como estrutura de referência na tarefa teológica, entre as quais a pluralidade e diversidade; a experiência colonial no passado; a presente construção da nação, a modernização e o ressurgimento de religiões tradicionais. A teologia asiática está comprometida com o tratamento de questões como injustiça social, pobreza, violação de direitos humanos*, opressão e exploração dos pobres.

Com a mais elevada importância na agenda teológica asiática, está o tema do sofrimento. No Japão, Kazoh Kitamori (1916-1998) destaca a centralidade do sofrimento no evangelho e a realidade do sofrimento humano. O divino e o humano estão, dessa forma, juntos no sofrimento, por meio do qual se pode perceber o amor de Deus. Choan Seng Song (n. 1929) desenvolveria posteriormente esse tema, ao enfatizar que Deus se compromete totalmente com os sofrimentos deste mundo. Sua teologia da cruz* descreve o Deus crucificado (ver Moltmann*) não tanto como o Deus que vicariamente sofre e morre *pelo* mundo (ver Expiação*), mas como o Deus que sofre e morre *com* o mundo. O vicariato é, na verdade, aqui, substituído pela identificação.

A preocupação com a humanidade e a liberdade* é outro tema importante. Na Coreia do Sul, a teologia *do minjung* usa o conceito político do indivíduo que leva esse epíteto, estando voltada justamente para tais pessoas, dominadas por regimes opressores (diferente, por exemplo, do proletariado no marxismo, que é definido de forma socioeconômica); ela aplica temas do reino messiânico* e da ressurreição* de Cristo para interpretar a história e dar significado à sua visão. A história é o processo pelo qual o *minjung* realiza seu próprio destino, para ser uma pessoa livre por meio do sofrimento e da luta contra os poderes opressores. Essa teologia se poderia rotular, de certo modo, como uma versão coreana da teologia da libertação.

O que dizer da longa história dos povos asiáticos e da importância de suas culturas? De que maneira poderíamos perceber a obra de Deus entre eles? C. S. Song sugere que as fronteiras da teologia asiática devem se mover da história de Israel e da história do cristianismo no Ocidente para a história da Ásia, a fim de obter discernimento dos caminhos de Deus para com as nações asiáticas e descobrir qual o lugar que a história, além da tradição judaico-cristã, exerce nos propósitos salvadores de Deus no

TEOLOGIA CRISTÃ INDIANA

mundo. Uma investigação nessa direção poderá apresentar desafios para alguns e problemas para outros.

Os esforços criativos e as abordagens de teólogos ecumênicos oferecem contribuições para a teologia asiática que não podem ser ignorados. Sua força está em sua relevância para com o contexto, abertura para novas ideias e intrepidez para pesquisar o ainda obscuro. Essas iniciativas, no entanto, podem não obter o almejado sucesso se forem negligenciados os fundamentos bíblicos básicos em favor de simples suposições.

Bibliografia

J. Elwood (ed.), *Asian Christian Theology* (Philadelphia, 1980), especialmente ensaios de Shoki Coe, Saphir Athyal e Emertio P. Nacpil; J. C. England (ed.), *Living Theology in Asia* (London, 1981); Kazoh Kitamori, *Theology of the Pain of God* (London, 1958); Bong Rin Ro, Contextualization: Asian Theology, *in:* Bong Rin Ro & Ruth Eshenaur (eds.), *The Bible and Theology in Asian Contexts* (Taichung, Taiwan, 1984), p. 68-75; Choan-Seng Song, *Third-Eye Theology, Theology in Formation in Asian Settings* (Maryknoll, NY, 1979); *idem*, New Frontiers of Theology in Asia, *in:* D. T. Niles & T. K. Thomas (eds.), *Varieties of Witness* (Singapore, 1980); Kim Yong-Bok (ed.), *Minjung Theology* (Singapore, 1981).

W.W.C.

TEOLOGIA CRISTÃ INDIANA. Há três principais tendências na teologia cristã da Índia.

1. A corrente de teologia cristã predominante por muitos séculos foi a da reflexão dos convertidos das castas superiores do hinduísmo*, principalmente os brâmanes. Não restam disso traços muito nítidos. A Igreja da Índia, que alega datar sua existência desde o apóstolo Tomé, firmou-se primitivamente na tradição ortodoxa, tendo seguido, de modo geral, a teologia das igrejas ortodoxas orientais*, inclusive a de pontos controversos com Roma, o que, por estar estabelecida na Índia, pouca ou nenhuma diferença fez, nesse particular. Tendo sua membresia constituída, sobremodo, de pessoas das castas superiores, a Igreja cristã na Índia passou a ser tratada como instituição quase que exclusivamente pertencente às camadas sociais mais elevadas, tradição que ainda permanece.

No século XVII, o jesuíta Robert De Nobili (1577-1656) procurou, na teoria e na prática, relacionar a fé cristã ao exercício do sistema de castas da Índia. Sua reflexão teológica não se concentrou propriamente sobre o cristianismo e o sistema de castas, mas, sim, buscou chegar a termo mediante realidades sociorreligiosas.

O envolvimento ocidental cristão na Índia entre 1600 e 1900 abrangeu primeiramente uma atitude amplamente negativa para com as religiões da Índia. A principal preocupação da teologia cristã ali era apontar os erros, por supor a irracionalidade, das religiões indianas. Ao mesmo tempo, porém, orientalistas do Ocidente ajudaram a despertar uma renovação no hinduísmo, enquanto seus líderes buscaram estimular o melhor em sua própria religião, e alguns deles até, como Vivekananda (1862-

1902), responderam ao impacto da missão cristã na Índia, passando a levar Cristo a sério, como revelador de Deus.

Os líderes cristãos indianos, integrantes, como vimos, das classes brâmanes mais altas, reagiram bem a esse movimento de renovação e reforma no hinduísmo. Isso marcaria o surgimento da teologia cristã da Índia. Esses convertidos de casta superior tinham sido também moldados pela tradição liberal do cristianismo ocidental, que havia respondido ao desafio do Iluminismo* de que não poderia existir um Deus sobrenatural e situando, para tanto, Deus somente na experiência interior do indivíduo. Isso identificava o cristianismo, sobretudo, como uma experiência* religiosa pessoal. Os teólogos cristãos da Índia procuraram então estabelecer paralelos com a experiência religiosa hindu, buscando nela os termos mais adequados para melhor expressar a fé cristã. Foram proponentes desse método Ram Mohan Roy (1772-1833), Brahma-bandhab Upadhyaya (1861-1907) e P. Chenchiah (1866-1959).

2. Uma segunda principal corrente teológica buscou relacionar a fé cristã ao processo de moderna reconstrução da nação, a fim de identificar que papel deveriam exercer os cristãos na Índia pré-independente e pós-independente dos laços que a prendiam à Inglaterra. A Índia viria a se tornar independente em 1947, e logo alguns dos importantes teólogos cristãos da Índia se direcionaram para as realidades sociais e econômicas que confrontavam o novo Estado. P. D. Devanandan (1901-1962), M. M. Thomas (1916-1996), K. M.

George e J. R. Chandran assumiram a liderança. Insistiam em um comprometimento cristão para a reconstrução da Índia, bem como em um movimento ecumênico como penhor e sinal do comprometimento cristão com a união de toda a humanidade. Os cristãos, dificilmente, poderiam argumentar a favor de uma Índia unida se suas próprias fileiras estavam então dilaceradas pela divisão.

Os evangélicos custaram a responder, como deveriam, a essas questões. Na década de 1970, no entanto, a criação da União Evangélica da Comissão de Assistência à Índia e seu envolvimento em projetos de ajuda e desenvolvimento no país viriam a estimular o incremento da obra teológica, com base bíblica, de envolvimento social. Documentos como a Declaração de Madras sobre Ação Social Evangélica refletem essa tomada de posição.

3. Uma terceira corrente teológica começou recentemente a emergir na Índia. Trata-se de uma reflexão cristã a partir do contexto dos párias e dos pobres. Nos séculos anteriores, nenhuma teologia cristã foi feita no país tomando por base as castas sociais e religiosas mais baixas e as pessoas mais pobres. Isso se torna particularmente notável se considerarmos que cerca de 90% dos cristãos da Índia, hoje, procedem dessas camadas. O teólogo católico Sebastian Kappen, embora não pertencente a esses grupos, é um dos que mais procura se identificar com eles.

Algumas questões-chave têm ocupado os teólogos cristãos na Índia desde a independência do país. Uma delas é sobre até que ponto

TEOLOGIA CRISTÃ INDIANA

o cristianismo tem alguma ligação de continuidade com a experiência ou mesmo a revelação das outras religiões, não cristãs, mais adotadas na Índia. H. Kraemer* insiste em que o cristianismo, no caso, encontra-se inteiramente fora de qualquer ligação ou continuação nesse sentido, mas M. M. Thomas refuta sua opinião, referindo-se a certo sincretismo* centrado em Cristo. Assinala Thomas que, em todas as sociedades, o cristianismo tem assumido e endossado aspectos da vida e experiência da sociedade, a fim de poder melhor comunicar seu significado. Por sua própria e verdadeira natureza, alega ele, o cristianismo é sincrético; a questão é se o sincretismo está ou não centrado em Cristo. De acordo com Thomas, uma maneira significativa de reunir as diversas religiões na tarefa da reconstrução da nação seria a do alvo específico da humanização. Ele via a fé cristã como podendo proporcionar uma força definitiva para a humanização e uma força dinâmica em diálogo com os focos verticais de outras crenças, impulsionando-as em direção a novos relacionamentos horizontais no tocante à humanidade.

J. N. Farquhar (1861-1929) havia colocado o cristianismo como a "coroa do hinduísmo". A reflexão teológica pós-independência não acatou esse pensamento. O pensamento predominante viria com Raimundo Panikkar (n. 1918) e M. M. Thomas, ao falarem de um Jesus oculto no hinduísmo, que encontra expressão na compaixão e justiça hindus. S. M. Samartha, por sua vez, aborda a experiência religiosa* como um meio de se relacionar com outras religiões. Ele considera o diálogo como um método não de evangelização, mas de relacionamento, em uma peregrinação aberta infindável, em que a experiência das diferentes religiões influencia os peregrinos na sua busca da verdade e da autêntica experiência religiosa.

Uma segunda questão importante tem sido a de como testemunhar da singularidade* de Cristo em um ambiente de universalismo religioso e pluralismo filosófico. O hinduísmo encontra em Cristo tudo já prefigurado em sua própria experiência religiosa. Como argumentar então, nesse caso, a respeito da singularidade de Cristo? Além disso, o hinduísmo, embora aberto à recepção dos pontos de vista de outras religiões, está fundamentalmente centrado na experiência pessoal. Assim, torna-se impossível apresentar alegações objetivas a favor do cristianismo, uma vez que, para o hinduísta, a experiência religiosa de toda e qualquer pessoa é igualmente válida: como poderia alguém, na verdade, afirmar que a experiência de salvação por meio de Cristo é diferente e singularmente válida sem parecer arrogante e, assim, vir a destruir sua verdadeira pregação da palavra por causa do seu suposto orgulho?

Uma terceira questão é se é próprio usar as categorias religiosas hindus para falar a respeito da fé cristã. Na mitologia hindu, deuses aparecem, ou melhor, reencarnam de tempos em tempos sobre a terra, sob a forma humana, como *avatar*. Poderia a encarnação de Jesus ser descrita nesses termos? Poderia a linguagem religiosa hindu ser usada para as realidades cristãs sem comprometer sua verdade?

Uma quarta questão diz respeito ao contexto socioeconômico da Índia. Como o evangelho pode contribuir para uma nação unida, formada de tantos grupos, divididos e fragmentários? Essa foi uma questão levantada na época da independência, quando os cristãos recusaram uma oferta feita pelo governo indiano de terem certo número de lugares no parlamento, reservado para cristãos eleitos somente por cristãos. A razão alegada foi a de que o objetivo do cristianismo não era o de ser uma seita entre muitas, mas, sim, contribuir com todos os demais grupos para a unidade do todo.

Na esfera socioeconômica, a Igreja na Índia se empenha também em como ser uma voz profética em favor dos pobres. Cerca de 60% da população indiana vive abaixo da linha da pobreza. Deveria a Igreja trabalhar com as estruturas seculares estabelecidas, sejam elas órgãos governamentais ou organizações particulares, para poder garantir a ação de suas próprias instituições, que, em princípio, foram criadas para servir aos pobres, mas que cada vez mais, na Índia, têm servido aos economicamente bem mais favorecidos? Ou deveria operar com grupos de ação de base, nas raízes da sociedade? Deveria encorajar as pessoas a descobrirem sua identidade como criaturas de Deus, com direitos iguais com relação a trabalho, educação, saúde, alimentação, moradia e recursos da terra, pelo processo da provisão de bem-estar ou mediante protesto político? Pensamento importante é o estabelecido nessa área por teó-logos católicos, jesuítas. São eles representados pelo Indian Social Institute [Instituto Social Indiano] e por John Desrochers (autor de *Jesus the Liberator* [Jesus, o libertador], Bangalore, 1976), Sebastian Kappen (*Jesus and Freedom* [Jesus e a liberdade], Maryknoll, NY, 1978), Desmond D'Alreo e Stanley Lourduswamy, que têm contribuído com perspectivas significativas, as quais muito têm em comum com a teologia da libertação* da América Latina.

Outra questão pendente, no entanto, diz respeito ao relacionamento que possa existir entre o papel da Igreja na esfera socioeconômica, na Índia, e sua preocupação quanto ao desafio que tem de enfrentar de levar as pessoas a aceitarem Cristo. Qual seria o verdadeiro relacionamento bíblico entre responsabilidade social e evangelização? Essa questão, no caso, concentra-se especificamente sobre se a Igreja deveria requerer dos candidatos à conversão a renúncia da casta ao se tornarem cristãos ou permitir que surgissem congregações diversas, ligadas às suas respectivas castas.

Uma última questão é como expressar a adoração e a comunicação cristãs sob formas culturais adequadas (ver Contextualização*). Poderiam, por exemplo, os padrões hinduístas de arquitetura, dança, adoração e oração expressar a devoção e a adoração cristãs? Ou o fato de que das expressões religiosas hinduístas não participam as pessoas mais pobres torna isso inteiramente impossível ou impróprio? Poderia um pária se sentir à vontade em uma adoração cristã "hinduizada" e classista? Muito

TEOLOGIA CRISTÃ SIRÍACA

embora as formas ocidentais das práticas da Igreja possam parecer estranhas ao contexto indiano, para muitos a única alternativa às práticas hindus, que as excluem completamente, têm sido a de uma necessária ruptura. Alguns cristãos, no entanto, estão agora constatando que determinadas práticas ocidentais, por si mesmas, podem comprometer a prioridade bíblica em alguns aspectos e estão, por isso, buscando novos modelos. Destacados trabalhos vêm sendo realizados nessa área pelo católico--romano D. S. Amalorpavadass, do National Biblical Catechetical and Liturgical Centre [Centro Nacional Bíblico Catequético e Litúrgico], de Bangalore, e pela organização Christian Arts and Communication Services [Serviços Cristãos de Artes e Comunicação], em Madras.

Em resumo, a resposta dos cristãos indianos ante a realidade religiosa hindu tem sido apresentada de vários modos: 1) o Cristo cósmico, que inclui todas as variadas pluralidades da experiência religiosa indiana; 2) o cristianismo tomando forma dentro de um ambiente pluralista e, assim, tornando-se um sincretismo centrado em Cristo; 3) Cristo como a força desconhecida de justiça dentro do hinduísmo; 4) Cristo sendo o alvo da busca religiosa do hinduísmo; 5) o hinduísmo relacionado ao cristianismo, como o são as Escrituras do AT; 6) cristianismo em total separação do hinduísmo; 7) o contexto indiano, hindu, produzindo uma forma própria e particular de cristianismo da Índia; 8) o hinduísmo devendo ser tratado juntamente com a questão dos pobres e marginalizados, ou

seja, como a questão a respeito de religião que Jesus legitimou.

Ver também CRISTIANISMO E OUTRAS RELIGIÕES; SINGULARIDADE DE CRISTO.

Bibliografia
R. Boyd, *Indian Christian Theology* (Madras, 1969); V. Samuel & C. Sugden, *The Gospel among our Hindu Neighbours* (Bangalore, 1983); G. Shiri, *Christian Social Witness* (Madras, 1983); M. M. Thomas, *The Acknowledged Christ of the Indian Renaissance* (Madras, 1969); *idem, Man and the Universe of Faiths* (Madras, 1975); *Tr* 2:2 (1985) (edição sobre Castas e Igreja).

C.M.N.S. & V.K.S.

TEOLOGIA CRISTÃ SIRÍACA. Em seu sentido mais amplo, a Síria romana era uma extensa área, com centro em Antioquia, abrangendo a Mesopotâmia. Grande parte de seu território era bilíngue, sendo o grego usado tanto quanto os dialetos do aramaico, do qual o siríaco era um deles, dialeto oriental falado principalmente no norte da Mesopotâmia, ao redor de Edessa e Nisibis. Embora basicamente similar aos outros dialetos do aramaico, distinguia-se por sua escrita. Para alguns escritores siríacos, era a única linguagem gráfica de que se utilizavam.

A Síria fazia fronteira com a Palestina (mas, em um sentido mais amplo, incluía a Palestina). Continha também mais judeus do que qualquer outro país fora da Palestina. Por esse motivo, assim como por causa da linguagem aramaica em comum, o cristianismo siríaco primitivo mantinha, peculiarmente, ligações próximas

■ 993 TEOLOGIA DA CRUZ

com o cristianismo palestino e com o judaísmo. Alguns eruditos têm sugerido, inclusive, a influência do judaísmo dos essênios de Qumran sobre o cristianismo siríaco primitivo. A maior parte da literatura cristã inicial da Palestina e da Síria ocidental está em grego e, embora mostre marcas da cultura semítica (*cf.* Escola de Antioquia*), esses sinais estão certamente mais manifestos na literatura escrita no idioma semita, o siríaco. A influência do cristianismo siríaco é também evidente na primitiva literatura cristã da Armênia e da Geórgia.

A antiga tradução siríaca da Bíblia, a *Peshita* ("linguagem clara"), provavelmente se originou de um texto em siríaco do Pentateuco, feito para o governante do reino de Adiabene, após sua conversão ao judaísmo, no século I d.C. Os livros de Crônicas da referida tradução também se acredita sejam uma tradução judaica; mas os outros livros que depois vieram fazer parte dela, tanto do AT como do NT, foram traduzidos por cristãos. Os livros canônicos do AT e o Eclesiástico foram traduzidos do hebraico, mas o restante dos apócrifos, do grego, pouco mais tarde do que os outros. Há uma tradução ainda mais antiga dos Evangelhos que a *Peshita*, a "Antiga Siríaca", mas a mais antiga de todas, conhecida, foi a *Diatessaron* [Harmonia], de Taciano (fl. *c.* 150-172), sobre a qual Efraim (c. 306-373) escreveu extenso comentário.

O gnosticismo exerceu grande atividade na Síria, podendo-se observar maiores ou menores tendências gnósticas em partes da mais antiga literatura cristã siríaca, notadamente *Odes de Salomão* (talvez traduzida do grego) e *Atos de Tomé*. A literatura siríaca ortodoxa sobrevive desde o século IV. Apharahat (fl. 330-350), o autor de 22 *Demonstrações* (breves tratados sobre assuntos bíblicos e eclesiásticos) e Efraim datam dessa época. Efraim escreveu muitos comentários bíblicos e obras de controvérsia, mas é, principalmente, lembrado como poeta e autor de hinos. Seus hinos são acentuadamente teológicos e devocionais no conteúdo, inclinando-se ele fortemente para o ascetismo*. Foi o ascetismo um aspecto marcante do cristianismo siríaco desde os seus primeiros tempos. O celibato chegou a ser condição para o batismo, e o ensino de Marcião* exercia grande atração.

Após as controvérsias nestoriana* e monofisista*, no século V, o cristianismo de fala siríaca afastou-se largamente da comunhão com o cristianismo católico, retendo, porém, muitos de seus traços mais antigos. A liturgia nestoriana de Addai e Mari (apóstolos lendários de Edessa) constitui testemunha importante da evolução inicial da liturgia eucarística.

Bibliografia

S. P. Brock, *The Harp of the Spirit* [TI de dezoito poemas de Efraim] (London, 1983); J. Neusner, *Aphrahat and Judaism* (Leiden, 1971); I. Ortiz de Urbina, *Patrologia Syriaca* (Roma, 1965); R. Murray, *Symbols of Church and Kingdom* (Cambridge, 1975); Selections of works of Ephraim and Apharahat, tr. J. Gwynn, *in: NPNF.*

R.T.B.

TEOLOGIA DA CRUZ. A expressão *theologia crucis* foi primeiramente

TEOLOGIA DA CRUZ

usada por Lutero* para denominar a teologia da Reforma em seu período inicial. Não se refere simplesmente à doutrina da cruz, em que a cruz é vista como o ponto focal da obra de salvação realizada por Cristo (ver Expiação*), mas, sim, a um entendimento da totalidade da teologia, em que a cruz é vista como o ponto focal da revelação que Deus faz de si mesmo e, portanto, fundamento e centro de toda a verdadeira teologia cristã.

Na teologia da cruz, a cruz se torna a chave metodológica de toda a teologia. Segundo o epigrama de Lutero, *Crux probat omnia* ("A cruz comprova [ou é o critério de] todas as coisas") (*Weimarer Ausgabe* , p. 179). Lutero poderia declarar, portanto, como fez, que "somente a cruz é a nossa teologia" (*idem,* p. 176), alegação que lembra as palavras de Paulo em 1Coríntios 2.2, passagem de importância fundamental para a compreensão do conceito de Lutero de uma teologia da cruz (1Co 1—2).

Em suas *Teses de Heidelberg* (1518), Lutero contrastaria sua *theologia crucis* com a *theologia gloriae* (teologia da glória), nova expressão, que resume suas objeções à teologia escolástica* medieval em seu período final. As duas teologias representam duas abordagens ao conhecimento de Deus*: enquanto a teologia da cruz percebe Deus oculto, mas presente na humilhação e no sofrimento da crucificação, a da glória detecta a glória de Deus, seu poder, sua sabedoria e bondade, manifestos nas obras da criação. Lutero não nega haver um conhecimento natural de Deus, vindo do mundo criado (ver Teologia Natural*), mas que é inútil no contexto soteriológico, em que, insiste, *nosso* conhecimento de Deus deverá permanecer. Na verdade, o conhecimento natural de Deus pode vir a ser pior do que inútil, pois o pecador o pode distorcer, fazendo dele um ídolo, que dê suporte às suas próprias tentativas de autojustificação mediante realização moral e intelectual. Na revelação que faz de si mesmo na cruz, Deus destrói os preconceitos humanos quanto a divindade e as ilusões humanas a respeito de como Deus pode ser conhecido. Na cruz, Deus não se revela pelo poder e glória, que a razão natural do homem poderá facilmente reconhecer como característica divina, mas, sim, mediante uma faceta inteiramente oposta de divindade, ou seja, pela desgraça, miséria, sofrimento e morte humanos, em que tudo se nos parece fraqueza e loucura. Paradoxalmente, Lutero declara que Deus se encontra oculto nessa tremenda revelação (ver Deus Oculto e Revelado*), e oculto porque não será ali imediatamente reconhecível como Deus, mas somente pode ser percebido mediante a fé. Reconhecer Deus no Cristo crucificado é atinar que Deus não é reconhecível verdadeiramente pelos que se orgulham de seu progresso em direção à sabedoria e bondade divinas, mas que somente poderá ser reconhecido em um ponto em que a sabedoria humana silencia e as realizações éticas humanas não têm nenhum valor.

Por fim, é importante observar, no conceito de teologia da cruz, de Lutero, que a humilhação e o sofrimento de Cristo, em que Deus oculta sua revelação, correspondem à humilhação e ao sofrimento

TEOLOGIA DA CRUZ

do pecador, em favor do qual efetua sua obra real (*opus proprium*) de salvação, agora escondida por trás de sua estranha obra (*opus alienum*) de humilhação, que a promove. Somente o pecador humilhado, derrubado pela experiência que Lutero chama de *Anfechtung* ("conflito espiritual") pode reconhecer o Deus que, para sua justificação, experimenta a humilhação e a condenação na cruz. Eis por que Lutero, em famosa sentença, insiste na base experimental da teologia da cruz, em oposição a qualquer teologia especulativa: "Viver, ou melhor, morrer e ser condenado é o que faz de alguém um teólogo, e não entender, ler ou especular" (*Weimarer Ausgabe*, 5, p. 163).

O papel central e crítico da cruz na teologia cristã raramente foi percebido com tanta clareza como o foi por Lutero. Todavia, nos tempos modernos, teólogos dos mais diversos matizes, como K. Barth*, K. Rahner*, J. Moltmann* e E. Jüngel, têm buscado fazer justiça a ela e, em certo sentido, a têm impulsionado para mais adiante que Lutero. Em particular, estes e outros têm procurado rever nossos preconceitos (e das tradições teológicas) sobre Deus, à luz da cruz.

Barth, por exemplo, insiste em que é na humilhação da cruz que a divindade de Cristo é mais plenamente revelada. Em sua humanidade, humilhação e sofrimento na cruz, o verdadeiro Deus expressa de fato sua natureza divina, em sua liberdade única de amar a humanidade desse modo, em contraste com todos os falsos deuses, que jamais o poderiam fazer. Uma forte tradição da teologia inglesa dos nossos dias, assim como de outras teologias, como a do luterano japonês K. Kitamori, tem argumentado que a cruz não é devidamente considerada sem que a doutrina do amor sofredor de Deus possa substituir a noção tradicional de impassibilidade divina.

Contudo, as mais notáveis e recentes tentativas de desenvolver uma teologia da cruz são, provavelmente, as de Moltmann (em *O Deus crucificado*) e de Jüngel (em *Deus como mistério do mundo*). Moltmann, cujas ideias muito devem a Lutero, visa a recuperar "o horror e a impiedade da cruz, profanos", que se encontram por trás das interpretações religiosas. A morte de Jesus, abandonado por Deus Pai, deve ser entendida como a amorosa solidariedade do Filho encarnado de Deus para com os homens e mulheres ímpios, abandonados por Deus. Aqui, como em Lutero, Deus se revela pelo seu oposto — em abandono por Deus —, por ser ele o amor que se identifica com o que é estranho. Mas Moltmann faz por atingir as implicações dessa revelação de Deus na cruz até o ponto de chegar a "uma revolução no conceito de Deus", rejeitando todas as noções de Deus não derivadas da cruz. A morte de Jesus, como morte não *de* Deus, mas *em* Deus, como um evento entre Deus e Deus, em que Deus abandona Deus à morte, torna necessário conceber Deus em termos trinitarianos. A cruz é o evento do amor de Deus, em que o Filho sofre o abandono do Pai, o Pai sofre a morte do Filho, e o Espírito Santo é o amor poderoso que estende o abismo entre Pai e Filho, alcançando assim a humanidade abandonada por Deus. Moltmann

TEOLOGIA DA LIBERTAÇÃO

propõe, desse modo, uma *theologia crucis* consistente, para se afirmar tanto uma doutrina trinitária de Deus quanto uma doutrina da possibilidade divina. Alega, ainda, que com essa *theologia crucis* rompe o caminho através do impasse, tanto do teísmo* metafísico quanto do ateísmo*, em face do problema do sofrimento*. Jüngel, de modo semelhante, torna a cruz o ponto de partida de um entendimento trinitário de Deus, que transcende a disputa moderna entre o teísmo metafísico e o ateísmo.

Bibliografia
E. Jüngel, *God as the Mystery of the World* (TI, Edinburgh, 1983); A. E. McGrath, *Luther's Theology of the Cross* (Oxford, 1985); J. Moltmann, *The Crucified God* (TI, London, 1974); W. von Loewenich, *Luther's Theology of the Cross* (TI, Belfast, 1976)

R.J.B.

TEOLOGIA DA LIBERTAÇÃO. O movimento difuso conhecido de modo monolítico como teologia da libertação nasceu na América Latina no final da década de 1960. Basicamente católico-romano em sua orientação, difere de expressões sistemáticas de fé anteriores: procura interpretar a fé cristã na perspectiva do pobre e do oprimido.

As teologias anglo-saxônicas lutam com questões de fé e de ceticismo pós-iluminista*, defendendo o sobrenatural* em um mundo natural. Indagam onde está o Deus da verdade em um mundo científico* e tecnológico*. A teologia da libertação lida com questões de fé e carência pós-colonização, buscando por esperança em um mundo

de pobreza*. Questiona onde está o Deus da justiça* em um mundo de injustiça.

Na linguagem de Gustavo Gutiérrez (n. 1928), um dos mais importantes teólogos da libertação, "o ponto de partida da teologia da libertação é o compromisso com o pobre, com a 'nãopessoa'. Suas ideias procedem da situação da vítima". Dois sacerdotes católicos brasileiros, também destacados líderes dessa corrente de pensamento, os irmãos Leonardo (n. 1938) e Clodovis Boff, falam da teologia da libertação como uma espécie de "reação química": fé + opressão = teologia da libertação.

Desde a década de 1970, especialmente, essas preocupações da teologia da libertação têm estimulado novos interesses fora do seu ambiente original latino-americano. Teologias negras*, como a de James Cone (n. 1938) nos Estados Unidos, voltadas para a opressão racista, começaram a interagir com suas formulações, vendo alguns influência sua no pensamento cristão antissegregacionista da África do Sul (cf. Teologia Cristã Africana*). Uma espécie de teologia da libertação tem emergido também na luta pela independência na Irlanda do Norte. Em ambientes sociopolíticos de pobreza e opressão em geral, sua mensagem tem recebido crescente atenção.

Fontes e desenvolvimento
1. A fonte básica da teologia da libertação é a experiência de pobreza, desamparo e repressão em uma região, como a América Latina, em que o cristianismo tem dominado por séculos. Os teólogos da libertação percebem ser sofrimento contra

a vontade de Deus. Essa teologia constitui um imperativo moral da consciência cristã. Diz Gutiérrez: "Estamos do lado dos pobres, não porque eles são bons, mas porque eles são pobres".

Qual deveria ser a resposta cristã ao ultraje: culpar por se permitilo continuar? Salienta o sacerdote católico Juan Luís Segundo (n. 1925), do Uruguai: "Não podemos nos esquecer de que vivemos, ao mesmo tempo, em uma das terras mais cristãs e uma das mais desumanas".

2. Algumas raízes da teologia da libertação podem ser detectadas na teologia* política, europeia, e na teologia da esperança, de Jürgen Moltmann*. A partir da obra de J. B. Metz*, os teólogos da libertação viram a necessidade de ressaltar as dimensões políticas da fé e uma percepção de Igreja como uma instituição de crítica social. A ênfase de Moltmann sobre o caráter político da escatologia*, assim como da esperança* como tendo uma função libertadora na história, soa de modo muito referencial em temas de Gutiérrez. De Dietrich Bonhoeffer*, por sua vez, vem certamente o chamado para se redefinir a religião* em um contexto secular, dando força à recusa de qualquer dicotomia Igreja-mundo.

Todavia, falar de uma teologia da libertação "produzida na Alemanha" não seria correto. As discussões europeias da questão, alegam os teólogos da libertação, carecem de base concreta, sendo suas reflexões abstrações teóricas, ideologicamente neutras, que não abarcam os pobres e miseráveis, ou seja, o presente injusto, para eles, do "cristianismo do futuro".

3. As raízes teológicas mais profundas, no entanto, residem certamente no interesse cada vez maior da Igreja Católica Romana* em desenvolver um diálogo com o mundo. O Concílio Vaticano II (1962-1965) abriu a porta para uma visão cristã renovada das condições socioeconômicas mundiais. Para uma boa parte do sacerdócio católico latino-americano envolvida desde sempre com os pobres, assinalou a oportunidade de reexame de respostas seculares passadas (como comunismo, socialismo), anteriormente consideradas oficialmente como suspeitas pela Igreja. Esses sinais foram intensamente explorados e ampliados na Conferência Latino-americana de Bispos (Celam), em Medellín, Colômbia, em 1968.

O papado de João Paulo II (1978-1995) foi, porém, consideravelmente mais conservador em relação à teologia da libertação. Na Conferência de Bispos em Puebla (1979), o papa advertiu que "aqueles que ceiam com o marxismo deveriam usar uma longa colher". Uma série de escaramuças teológicas com a cúria do Vaticano continuaram por aí afora. Foram realçadas, sobretudo, pelo interrogatório, em 1984, [e advertência e suspensão posterior pelo Vaticano] do teólogo da libertação Leonardo Boff [que, em protesto, deixou voluntariamente a ordem sacerdotal a que pertencia na Igreja Católica, tornando-se cidadão comum, embora permanecendo católico] e na emissão de *Instruções* pela Sagrada Congregação para a Doutrina da Fé, especificamente dirigidas aos supostos excessos da teologia da libertação [com ações lideradas, sobretudo,

TEOLOGIA DA LIBERTAÇÃO

pelo então cardeal Ratzinger, atual papa Bento XVI].

Em 1986, todavia, o Vaticano emitia nova *Instrução sobre a Liberdade Cristã e Libertação,* que reconhecia diversas formas de teologia da libertação, sublinhando a determinação da Igreja de se identificar com os pobres e oprimidos. Reconhecia também que determinadas condições extremas de repressão política podem, por vezes, exigir até o uso de armas para produzir justiça social e dava prioridade mais alta ao princípio do interesse do bem comum do que ao direito de propriedade privada.

Por trás dessa postura ambígua do Vaticano, prosseguiu o conflito incessante na América Latina entre os que davam suporte aos ensinos tradicionais da Igreja Católica e os que endossavam a teologia da libertação.

4. A causa talvez mais importante do embate do Vaticano com a teologia da libertação tem sido seu uso básico de princípios marxistas*. Não é o marxismo, no entanto, visto pela teologia da libertação como filosofia ou plano holístico de ação política, adaptado para uso. É, sim, utilizado como instrumento de análise social, sendo seu foco sobre o sistema econômico capitalista vigente, como fator-chave de opressão, e sobre a luta de classes, como o campo de batalha contra a opressão. Nos anos mais recentes, segundo observadores, houve até uma diminuição desse uso; mas a oposição do Vaticano às categorias marxistas de hermenêutica* é indubitavelmente um forte fator de conflito.

Esse também pode ser um dos motivos pelos quais não se deva ver a teologia da libertação como um todo monolítico. O erudito mexicano José Miranda parece estar certo quando diz: "Estamos todos cavalgando nos ombros de Marx'"; mas também não há dúvida de que há diferenças cada vez maiores entre os adeptos da teologia da libertação sobre qual deveria ser exatamente, nela, o papel do marxismo. As diferenças têm sido percebidas em toda parte. Samuel Escobar (n. 1934), crítico evangélico peruano, distingue, por exemplo três tipos de teologia da libertação: a pastoral de Gutiérrez; a ênfase acadêmica de Hugo Assmann e Juan Luís Segundo; e o estilo populista, que usa a linguagem da teologia da libertação, mas permanece no antigo estilo do catolicismo.

Em 1985, Juan Luís Segundo falava de "pelo menos duas teologias da libertação coexistindo agora na América Latina":

1) Em um primeiro estágio, a teologia da libertação nascida nas universidades, entre a classe média. Por volta da década de 1970, seus defensores eram cada vez mais pessoas comuns. O símbolo principal dessa mudança foi o crescimento das comunidades eclesiais de base. Eram pequenos grupos leigos, populares, de pobres e pessoas comuns, que se reuniam para orar, para estudos bíblicos e para lutar concretamente, com fé, contra as opressões de molde social, político e econômico de seus ambientes. 2) Os escritos dos teólogos da libertação, que eram primeiramente os de "intelectuais sistematizantes" que falavam *para* os pobres ignorantes; e, depois, mais recentemente, de alguns desses mesmos teólogos (*e.g.,* Gustavo

TEOLOGIA DA LIBERTAÇÃO

Gutiérrez), que consideram seu próprio papel como o de "intérpretes", que falam *com* e *pelos* pobres e socialmente oprimidos, cujo estilo e tom parecem mais com os das ruas e menos com os de estudo.

No estágio inicial, especialmente entre aqueles teólogos que vieram da Europa, a teologia da libertação foi radicalmente separada do "catolicismo popular" como que não sendo cristã. Os líderes católicos tradicionais, lutando por manter as massas na Igreja, vincularam-se fortemente a essa crítica. A teologia da libertação mudou então para uma posição mais positiva.

Método teológico

1. Orientação: a libertação dos oprimidos. A teologia da libertação argumenta que a teologia deve começar pela "visão que vem de baixo", dos sofrimentos dos oprimidos e excluídos. É um comprometimento teológico com os pobres; os pobres são vistos não como objeto da compaixão do evangelho, mas artesãos de uma nova humanidade — moldadores, não moldados. Sobrino comenta que "os pobres são a *fonte teológica* autêntica para o entendimento da verdade e da prática cristãs".

2. Domínio: a situação social concreta como contexto. A missão da Igreja, diz a teologia da libertação, deve ser definida em termos de história e luta histórica por libertação. Qualquer modelo teológico que determine o significado e o propósito da história*, além do aspecto concreto do momento atual histórico, é considerado idealista.

No passado, a teologia respondia a questões filosóficas: como crer em um Deus imutável em um mundo constantemente mutante? Agora, a teologia é chamada a responder a questões de análise social, política e econômica: como crer em um Deus justo em uma sociedade que esmaga os pobres e marginaliza sua humanidade? A ferramenta hermenêutica para o entendimento da Bíblia tornou-se a "opção preferencial pelos pobres".

3. Método: reflexão sobre a práxis.* A teologia deve ser feita, argumenta a teologia da libertação, e não apenas aprendida. Como isso é possível?

Gutiérrez responde com a visão da teologia "como reflexão crítica sobre a práxis histórica". A teologia segue a práxis como segundo estágio. No primeiro estágio, comprometemo-nos com a renovação da sociedade em favor dos pobres oprimidos e juntamente com eles. A práxis é mais do que a experiência à parte da teoria, a aplicação seguindo um princípio. É, no caso, um termo tomado emprestado de Marx, orientado para a análise marxista da sociedade. Representa um tráfego em mão dupla, que acontece continuamente entre ação e reflexão — um engajamento dialético com o mundo em uma ação transformadora. É a precondição do conhecimento com que as pessoas procuram não meramente entender o mundo, mas mudá-lo. Por meio da práxis, as pessoas participam de seu destino sócio-histórico.

Instruções exegéticas e doutrinárias

1. A teologia da libertação procura abordar o estudo bíblico da perspectiva do oprimido. Seus primeiros esforços exegéticos concentraram-se

TEOLOGIA DA LIBERTAÇÃO

no AT, especialmente na narrativa do Êxodo. A narrativa bíblica servia basicamente não como um cânon, mas, sim, como um modelo*, um paradigma* da preocupação pela situação dos pobres.

Estudos mais recentes estão expandindo seus interesses bíblicos. Em face da longa e demorada batalha contra a injustiça social, alguns passaram a refletir sobre a importância do exílio babilônico. O conceito do NT sobre o reino de Deus* tem também recebido muito mais atenção. Em conexão com esses estudos, tem-se ressaltado um corpo de material cada vez maior a respeito da obra de Cristo e sua identificação com os pobres e oprimidos. Não há sinal de que essa expansão da agenda exegética possa assinalar qualquer afastamento do paradigma ou modelo usado pela teologia da libertação para ligar a Bíblia com a América Latina de hoje. Indica, porém, que a teologia da libertação tornou-se mais aplicada ao aperfeiçoamento de suas ferramentas hermenêuticas.

2. Seria um erro reduzir a agenda acadêmica da teologia da libertação à área da ética social cristã. Temas clássicos da teologia estão recebendo sua crescente atenção. Obras importantes têm aparecido sobre cristologia* e eclesiologia (ver Igreja*), especialmente, todas passando por uma revisão à luz da questão principal da teologia da libertação: qual o significado e a importância desse tema, ou dessa verdade, para os oprimidos do nosso continente?

Leonardo Boff, por exemplo, resume os principais temas da teologia da libertação com especial consideração à pessoa e obra de Cristo. Ele vê três ênfases: 1) realce à encarnação* e, mais particularmente, à condição social do Jesus humano*: da pessoa pobre, do trabalhador, que preferiu os pobres, cercou-se deles e com eles se identificou; 2) ênfase na mensagem de Jesus sobre o reino de Deus como "libertação integral — espiritual, sim, mas também material (libertação da fome, sofrimento, desprezo e assim por diante), dentro da história e além dela"; 3. concentração na morte redentora de Jesus como a de uma "vítima de um complô imposto pelos poderosos de sua época".

Algumas determinações preliminares

Para muitos teólogos, inclusive católicos, latino-americanos ou não, a teologia da libertação pode parecer ser alvo fácil para crítica. Oferecemos, então, as seguintes argumentações, sob a forma de questões, conscientes de nossa própria deficiência e do constante risco das generalizações apressadas.

1. A teologia da libertação presta a devida atenção, de modo definitivo, ao vertical, em direção a Deus, da dimensão da salvação*? Em seu legítimo protesto contra a espiritualização do tema bíblico da pobreza, terá a teologia da libertação se perdido em uma dimensão socioeconômica que também precise de ênfase? Dizer que "Deus está do lado dos oprimidos" não significa dizer que "os oprimidos estão do lado de Deus".

2. Em seu necessário protesto contra a redução do pecado* ao âmbito meramente particular, não tem a teologia da libertação nos deixado com uma ideia de pecado

TEOLOGIA DA LIBERTAÇÃO

muito superficial? Algumas das mais ricas abordagens do pecado pela Bíblia não são obscurecidas na teologia da libertação? O pecado provoca a ira* de Deus; é escravidão a Satanás (ver Diabo*); é um estado de morte espiritual;* é uma doença da totalidade da pessoa e da totalidade da sociedade; é, em resumo, um estado de corrupção tão profundo que a mera eliminação da pobreza, da opressão, do racismo, do sexismo, do classismo e do capitalismo ganancioso não pode alterar a condição humana de pecaminosidade de uma maneira, de qualquer modo, radical.

3. Não estará a teologia da libertação em risco de cair inconscientemente numa visão da expiação* por influência moral somente? O que é o evangelho antes que se encerre a luta de classes? É somente um chamado à ação ou um alvo a ser alcançado? Há uma presença real do evangelho antes da chegada do reino consumado? É por isso que a teologia da libertação tem sido acusada de pelagianismo*? O que pode evitar a exigência de libertação social, política e econômica de escorregar para uma cripto-salvação pelas obras socioeconômicas?

4. A ideologia marxista de luta de classes serve realmente como entendimento adequado da opressão? É o seu idealismo pessimista menos distorcido do que um idealismo otimista que torne uma ideologia fora do crescimento econômico e da iniciativa individual como única saída da pobreza e da injustiça? A posição que a teologia da libertação confere ao princípio autônomo da luta de classes como inviolável, como "legado universal"

marxista, representa uma ética do tipo messiânico sem comprometimento messiânico?

5. Como a teologia da libertação garante que as Escrituras possam controlar a práxis, ou o nível de "primeiro estágio" da teologia? O processo de ação-reflexão da práxis, em Marx, é estruturado pelo "pré-entendimento" marxista do conflito social; isso parece ser um dado irrevogável no entendimento da verdadeira natureza da práxis. Não seria essa, no entanto, uma ideologia que deveria merecer a mesma crítica cristã oferecida a qualquer outra forma de suposta autonomia humana? O pensamento marxista, mesmo como mera ferramenta de reflexão social, é construído sobre uma visão metafísica da humanidade moldada pela postura humana do Iluminismo. A teologia da libertação restringe Deus ao "segundo estágio" do círculo hermenêutico. Assim fazendo, cai no risco de docetizar* Deus a um papel secundário, no processo de "pós-comprometimento".

Por outro lado, porém, a teologia da libertação oferece à teologia em geral novas oportunidades de autoexame, desafiando a novas linhas de reflexão que não podem ser recusadas. Em tal agenda emergente, devem estar necessariamente presentes questões como as seguintes:

1. Como pode a teologia acadêmica escapar da esterilidade de uma reflexão abstraída dos problemas concretos sociais e políticos dos pobres? Como orientar a teologia à prática da justiça e compaixão para com os marginalizados?

2. Como reconhecer que toda reflexão teológica acontece em um

TEOLOGIA DA MORTE DE DEUS

contexto social (ver Contextualização*) e, ainda assim, evitar reduzir os dados universais a meros aspectos de uma situação específica? Como desenvolver um método de fazer teologia com humildade e coerência, reconhecendo nossas próprias limitações e evitando inibir outras culturas e sociedades em sua própria reflexão teológica?

3. Como desenvolver um método melhor de hermenêutica, que leve mais em conta o ambiente sociocultural da Bíblia e a limitada visão do intérprete em relação ao seu próprio conjunto de pressuposições socioculturais?

4. Por que nossa distinção entre princípio e aplicação nos impede de ligarmos o poder transformador do evangelho à transformação da sociedade em suas estruturas? Por que o nosso entendimento do processo hermenêutico nos deixa ainda em face de um abismo entre ação e reflexão que silenciosamente leva a um comprometimento cristão somente com o *status quo*?

5. Em que sentido podemos falar *biblicamente* de compromisso com os pobres? Que efeito esse comprometimento deveria ter sobre nossa teologia e como a fazemos, assim como sobre nosso entendimento da relação de Jesus e sua Igreja com os pobres? Haverá alguma "agenda oculta" em nossas formulações teológicas que tem ajudado a tornar a Igreja mais confortável e acomodada com as classes sociais média e superior do que com as inferiores, ou dos pobres?

Ver também Igrejas Independentes Africanas; Missiologia; Teologia Cristã Africana; Teologia Negra.

Bibliografia

L. & C. Boff, *Liberation Theology: From Confrontation to Dialogue* (New York, 1986); R. McA. Brown, *Theology in a New Key* (Philadelphia, 1978); H. M. Conn, Theologies of Liberation, *in:* S. N. Gundry & A. F. Johnson (eds.), *Tensions in Contemporary Theology*, eds. (Grand Rapids, MI, ²1986); M. Cook, Jesus from Other Side of History: Christology in Latin America, *TS* 44 (1983), p. 258-287; G. Gutiérrez, *A Theology of Liberation* (Maryknoll, NY, 1973); *idem, We Drink From Our own Wells* (Maryknoll, NY, 1984); S. Jordan, Bibliography: Latin American Liberation Theology since 1976, *MC* 28 (1986), p. 32-39; J. Kirk, *Liberation Theology: An Evangelical View from the Third World* (London, 1979); D. A. Lane (ed.), *Liberation Theology: An Irish Dialogue* (Dublin, 1977); J. Miguez Bonino, *Doing Theology in a Revolutionary Situation* (Philadelphia, 1975); A. Neely, Liberation Theology in Latin America: Antecedents and Autochthony, *Missiology* 6 (1978); p. 343-370; E. A. Núñez, *Liberation Theology* (Chicago, 1985); J. L. Segundo, *The Liberation of Theology* (Maryknoll, NY, 1976); *idem*, The Shift within Latin American Theology, *JTSA* 52 (1985), p. 17-29; *idem, Theology and the Church: A Response to Cardinal Ratzinger and a Warning to the Whole Church* (London, 1986); J. Sobrino, *Christology at the Crossroads* (Maryknoll, NY, 1978); J. E. Wier, Liberation Theology Comes of Age, *ExpT* 98 (1986), p. 3-9.

H.C.C.

TEOLOGIA DA MORTE DE DEUS. Na metade da década de 1960, o radicalismo contracultural ecoou na

1003   TEOLOGIA DA NATUREZA

teologia quando alguns pensadores resolveram adotar a afirmativa de Nietzsche* de que "Deus está morto". Thomas J. J. Altizer (n. 1927) argumentava que Deus havia se tornado plenamente humano em Cristo, de forma que perdera seus atributos divinos e, portanto, sua existência divina (uma espécie de quenoticismo*). Já William Hamilton (n. 1924), com menos pretensão de profundidade teológica, declarava que as pessoas hoje em dia não eram mais capazes de crer em Deus, e que a Igreja, portanto, deveria buscar atuar sem Deus. Paul van Buren (1924-1998), por sua vez, seguindo os filósofos linguísticos, alegava que o conceito de Deus era "cognitivamente sem significado", pois a existência e a natureza de Deus não eram verificáveis ou falsificáveis mediante métodos científicos (cf. Positivismo Lógico*).

A teologia da morte de Deus foi um movimento pequeno (embora haja trazido grande notoriedade, por um breve período, aos seus autores), mas instrutivo: destacava a bancarrota do liberalismo* e a fraqueza da neo-ortodoxia, teologia predominante no século XX. O quenoticismo extremado de Altizer tinha raízes em Barth*, enquanto o de Hamilton lembrava Bultmann ao falar do homem moderno*. Em Tillich*, aprendemos que alguém é capaz de encontrar Deus ao abraçar apaixonadamente a incredulidade. (O "cristianismo sem religião" de Bonhoeffer, por exemplo, influenciou o movimento, talvez pelo uso indevido que os autores fizeram de Bonhoeffer.) Na verdade, se formos concordar (juntamente com o liberalismo e a neo-ortodo-

xia) que Deus é demasiadamente transcendente para ser descrito em palavras, ou demasiadamente imanente por seus atos e palavras para se distinguir da natureza e do homem, então o que nos resta a não ser um Deus morto ou não existente?

Bibliografia
T. J. J. Altizer, *The Gospel of Christian Atheism* (Philadelphia, 1966)*; idem* & W. Hamilton, *Radical Theology and the Death of God* (New York, 1966); J. Ice & J. Carey (eds.), *The Death of God Debate* (Philadelphia, 1967); J. Montgomery, *The "Is God Dead?" Controversy* (Grand Rapids, MI, 1966); *idem* & T. J. J. Altizer, *The Altizer-Montgomery Dialogue* (Chicago, IL, 1967); C. Van Til, *Is God Dead?* (Philadelphia, 1966).

J.M.F.

TEOLOGIA DA NATUREZA. O termo "natureza" é tradução do grego *physis*. Se tomado no sentido de auto existência não derivada, acha-se em oposição ao conceito bíblico de criação*, de acordo com o qual nada vem de si mesmo, mas procede somente da palavra de Deus (cf. Jo 1.3). Contudo, se entendido no sentido daquilo que "existe anteriormente", i.e., anterior a alguma atividade superveniente, tem amplo uso na teologia cristã, com duas referências principais: 1. aquilo que é anterior à atividade cultural humana, i.e., o mundo natural; 2. aquilo que é anterior à graça salvadora de Deus, i.e., a natureza humana.

Natureza anterior à cultura humana
O pensamento grego clássico colocava *physis* em oposição a *nomos*

TEOLOGIA DA NATUREZA

("lei" ou "convenção"): *physis* se referia à natureza humana comum a todos, uma determinada constante que se basta admitir apenas com uma simples aceitação; *nomos* designava a prática moral, social e política, que pode diferir entre os diversos povos e culturas. Outra corrente do pensamento grego, contudo, sugeria que a natureza em si mesma é moldada pela lei*. O ensino bíblico relembra essa ideia, diferindo dela, porém, em atribuir a lei na natureza à decretação divina. O dito de Paulo de que "quando os gentios, que não têm a Lei (*nomos*), praticam naturalmente (*physis*) o que a lei ordena" (Rm 2.14) presume uma incorporação da lei de Deus na natureza humana. A aplicação desse mesmo princípio ao mundo não humano pode ser inferida de algumas passagens no AT (*e.g.*, Sl 19).

A declaração divina de que tudo que foi feito na criação é "muito bom" (Gn 1.31) estabelece o mundo natural como o contexto próprio para a realização humana. A vocação* da humanidade* deve ser a de respeito pela natureza e de mordomia* em manter a sua ordem, não em fugir dela, para uma liberdade "mais elevada". A negação da bondade do universo material, contrária à visão bíblica, foi um dos aspectos principais de seitas gnósticas* do século II e da heresia maniqueísta* (séculos III a V), que tipificavam a tendência, repetida no Ocidente, de asseverar uma oposição radical entre a natureza, inerte, e a ordem humana, imposta. Em tempos modernos, a polarização idealista* entre natureza e espírito e a rejeição da sacralização medieval da nature-za têm levado constantemente à negação de que a ordem natural seja ou reconhecível ou valiosa. Ao mesmo tempo, o entendimento da vocação humana transferiu-se, de exercer uma mordomia harmônica, obediente a uma ordem divina, para a manipulação tecnológica de um ambiente supostamente difícil, obstinado, recalcitrante. Assim também, os valores passaram a ser baseados nos propósitos a serem impostos sobre um universo indiferente pela criatividade histórica do espírito humano (*cf.* doutrina de "hominização" universal, de Teilhard de Chardin). Essa mudança da base da moralidade tem sido racionalizada em termos de valor supremo da liberdade humana e da alegada impossibilidade de se derivar "valores" de "fatos". A discussão de problemas ecológicos e do caráter da mordomia exige séria reconsideração do ensino bíblico a respeito de uma ordem de valores inerente na criação. O mundo natural detém uma dignidade e uma ordem intrínsecas, anteriores à sua utilização para os propósitos humanos: não pode ser tratado simplesmente como matéria-prima, a ser explorada segundo as conveniências de uma civilização com uma mentalidade prioritariamente tecnológica.

A incorporação da lei de Deus à natureza sugere também a necessidade de se estabelecer um papel para a lei natural (ver Lei*) na ética cristã*, embora seja um conceito, sem dúvida, repleto de dificuldades. Existem pontos em comum nas muitas concepções cristãs e não cristãs de lei natural: 1) preceitos morais e legais "objetivos" (*i.e.*, realmente independentes da

TEOLOGIA DA NATUREZA

vontade ou preferência de agentes humanos; 2) preceitos fundados na natureza; 3) princípios reconhecidos por todas as pessoas, por meio da razão (mesmo que construídos). Assim, a moralidade humana, a despeito de sua aparente diversidade, é fundamentalmente homogênea, e viver a condição de ser humano é compartilhar de determinadas concepções básicas, embora possam ser negadas ou relegadas por simples interesse próprio, ou paixão ou sofisticação corrompida. A lei natural permanece, ao contrário de eventual e suposta identificação do raciocínio moral com: mera articulação ou expressão de preferências (subjetivismo e emocionalismo); previsão de consequências (utilitarismo); resposta sem orientação a situações essencialmente particulares (situacionismo); reflexão sobre tradição comunitária sem nenhuma transcendência (comunitarismo).

Na exposição cristã clássica sobre lei natural (Tomás de Aquino*, *Summa Theologica* II:1:90-105), somente uma parte do conhecimento moral é derivada da razão humana não assistida, a saber, os princípios básicos que compreendem a lei da não contradição e o princípio de que o bem deve ser buscado, e o mal, evitado; assim como dos preceitos primordiais a respeito de homicídio, mentira, roubo, obrigação para com os pais, etc. A maior parte da substância do ensino moral se considera como proporcionada pela lei divina, revelada nas Escrituras* e na lei humana convencional. Mas a lei natural tem aqui também uma função: ela explica como podemos *reconhecer* as verdades morais, como implicações necessárias dos princípios básicos, uma vez que é por seu intermédio que recebemos a instrução da revelação ou da cultura*. A doutrina da lei natural não tem, portanto, o propósito de explanar de que modo chegamos a todos os nossos discernimentos morais, ou mesmo (por se admitir que a cultura exerce nisso seu papel) como alcançamos aqueles geralmente aceitos por todos. Além do mais, pode ser dada para isso uma interpretação compatível com a afirmação de que todo conhecimento é, em última instância, dependente da graça.

Natureza anterior à ação divina

Na teologia protestante*, "natureza" se refere mais comumente à inadequabilidade da humanidade para a presença de Deus antes do ato interventor de sua graça*. Assim, anteriormente, "éramos por natureza merecedores da ira" (Ef 2.3). Nesse contexto, o termo representa a condição decaída da natureza humana, criada originalmente boa e depois corrompida. Deixar de incluir a queda* no contexto da criação tem, algumas vezes, colocado a teologia ilusoriamente polarizada. Por um lado, o catolicismo tem evitado um rompimento inaceitável entre o Deus Redentor e o Deus Criador, mediante a divisão católica da natureza humana em partes "natural" (substancialmente inalterada pela queda) e "sobrenatural" (a concedida pela graça); todavia, esse pensamento tem sido tentado a ser levado a um otimismo de molde pelagiano* quanto à capacidade humana de fazer o bem. Por outro lado, o protestantismo acredita que toda a natureza humana tenha sido corrompida pelo pecado*,

TEOLOGIA DA NOVA INGLATERRA

mas em sua ênfase própria sobre a absoluta dependência humana da graça tende a uma negação maniqueísta da criação.

Contudo, os limites da natureza humana anteriores à graça, apesar da queda, devem ser também enfatizados. Ao contrário do naturalismo, a teologia cristã ensina que os seres humanos não são autossuficientes, mas necessitam da autorrevelação graciosa de Deus para poderem alcançar o alvo de sua existência. O debate a respeito da revelação e da possibilidade da teologia natural* deve ser estabelecido dentro dessa perspectiva. Mediante sua obra de salvação, Deus se deu à humanidade de maneira nova, não implícita na existência humana, pertencente à criação. O conhecimento de Deus é "o mistério que esteve oculto durante épocas e gerações, mas que agora foi manifestado" (Cl 1.26) na pessoa de Cristo: nele são comunicadas a plenitude da graça e a promessa da glória. A natureza humana é chamada à realização do sobrenatural, que a transcende, mas não a abole nem a destrói. O mesmo pode ser dito a respeito da natureza criada, como um todo: é plano de Deus "fazer convergir em Cristo todas as coisas, celestiais ou terrenas, na dispensação da plenitude dos tempos" (Ef 1.10).

Bibliografia
K. Barth, *CD*, III.1-2; J. Finnis, *Natural Law and Natural Rights* (Oxford, 1980); C. S. Lewis, *The Abolition of Man* (Oxford, 1943); Jürgen Moltmann, *God in Creation* (TI, London, 1985); D. J. O' Connor, *Aquinas and Natural Law* (London, 1967); O. O'Donovan, *Resurrection and Moral Order* (Leicester, 1986).

O.M.T.O'D & R.J.S.

TEOLOGIA DA NOVA INGLATERRA. Título genérico dado a uma tradição teológica norte-americana, que se estendeu de Jonathan Edwards a Edwards Amasa Park (1808-1900). Embora tais teólogos da Nova Inglaterra chamassem a si mesmos calvinistas*, não compartilhavam uma crença inteiramente similar à daqueles. Na verdade, o que estabeleceria sua tradição separadamente seria sua abordagem comum à teologia, combinando moralidade prática com especulação filosófica e enfoque preferencial em questões como a liberdade da vontade humana.

O empenho de Jonathan Edwards em favor de um reavivamento cristão na América colonial, que ficou conhecido como Grande Despertamento, definiria os pontos distintivos da teologia da Nova Inglaterra. Em grau fora do comum, ele conseguiu reunir profundidade em experiência religiosa*, refinamento no uso de filosofia corrente e firme comprometimento com convicções calvinistas. Livros seus como *The Freedom of the Will* [O livre-arbítrio] (1754) e *Original Sin* [Pecado original] (1758) defendiam a soberania divina* na salvação*, em oposição a ideias então vigentes em favor da ação moral humana autônoma. Suas obras de teologia prática, tais como *A Treatise on the Religious Affections* [Tratado sobre as preferências religiosas] (1746) e *The Nature of True Virtue* [A natureza da virtude verdadeira] (1765), propunham provas para julgamento da realidade das experiências

TEOLOGIA DA NOVA INGLATERRA

espirituais. As principais ênfases da teologia de Edwards eram a grandeza de Deus, a total dependência de Deus para a salvação e o valor intrínseco da vida santa. Ao promover esses enfoques por meio de cuidadosa atenção tanto ao cristianismo prático quanto à argumentação filosófica neles recôndita, ele sinalizou o caminho para seus seguidores.

Dois dos discípulos de Edwards, Joseph Bellamy (1719-1790) e Samuel Hopkins (1721-1803), propiciariam a transição para os principais teólogos da Nova Inglaterra do século XIX. Bellamy defendeu intensamente a crença de Edwards de que a membresia das igrejas deveria ser reservada somente para aqueles que fizessem sincera profissão de fé salvífica. Hopkins, por sua vez, desenvolveu a ética* de Edwards em um sistema total que chamou de "benevolência desinteressada". Mas, ao mesmo tempo que adotaram as ideias do seu mestre, passaram também a mudá-las, sutilmente. Bellamy deu ênfase maior a uma visão governamental da expiação*, pela qual o sentido de certo e errado de Deus, em vez de sua ira, seria a chave para o entendimento da obra de Cristo. Hopkins veio a considerar o pecado* como uma distorção não tanto do caráter, mas da ação humana.

Os novos teólogos da Nova Inglaterra após Bellamy e Hopkins apresentaram mais alterações posteriores ainda ao legado de Edwards; todavia, tais como esses, compartilharam do comprometimento duplo de Edwards com o reavivamento e a precisão teológica. Jonathan Edwards Jr. (1745-1801) pôs de lado mais firmemente a visão de Deus como um soberano ciumento. Timothy Dwight (1752-1817), neto de Edwards, deu ênfase maior à razoabilidade da fé cristã e aos poderes naturais da vontade humana. O seguidor mais influente de Dwight, Nathaniel William Taylor (1786-1858), tornou-se o expositor mais proeminente das ideias da teologia da Nova Inglaterra na metade do século XIX. Em sua posição de catedrático de Teologia na Yale Divinity School [Faculdade de Teologia de Yale], Taylor retornou ao primitivo Edwards quanto ao livre-arbítrio, ao propugnar pela existência de um poder natural de livre escolha. O último e principal teólogo dessa escola, E. A. Park, desenvolveu longa carreira a partir do Andover Theological Seminary [Seminário Teológico de Andover], situado nas cercanias de Boston. Ele procurou recuar em direção a um pensamento mais próximo do de Edwards, mas, ainda assim, sustentou posições quanto à capacidade humana natural e ao caráter do pecado mais características do otimismo moral do seu século do que do realismo moral de Edwards.

Os teólogos da Nova Inglaterra foram, na verdade, chegados ao racionalismo. Esse tipo de pensamento conduzia, por vezes, a uma pregação um tanto árida, mas costumava também resultar em uma conjunção frutuosa de piedade prática e teologia erudita. Na década de 1930, quando teólogos como Joseph Haroutunian (1904-1968) e H. Richard Niebuhr* redescobriram essa tradição, concentraram sua atenção mais no próprio Edwards do que em seus sucessores. Para eles, Edwards havia visualizado,

TEOLOGIA DA ORAÇÃO

com bastante clareza, os riscos para o cristianismo que representavam as opiniões otimistas a respeito da natureza humana. Desde Haroutunian e Niebuhr, historiadores não têm alterado em muito esse seu julgamento, mas não deixam de assinalar o cuidado e a inteligência com que os sucessores de Edwards mudaram em suas próprias obras o pensamento original deste.

Ver também EDWARDS, JONATHAN; TEOLOGIA DE NEW HAVEN; VONTADE.

Bibliografia
A. C. Cecil, *The Theological Development of Edwards Amasa Park: Last of the Consistent Calvinists* (Tallahassee, FL, 1983); J. A. Conforti, *Samuel Hopkins and the New Divinity Movement* (Grand Rapids, MI, 1981); F. H. Foster, *A Genetic History of the New England Theology* (Chicago, IL, 1907); J. Haroutunian, *Piety Versus Moralism: The Passing of the New England Theology* (New York, 1932); B. Kublick, *Churchmen and Philosophers: From Jonathan Edwards to John Dewey* (New Haven, CT, 1985); H. R. Niebuhr, *The Kingdom of God in America* (New York, 1937); B. B. Warfield, Edwards and the New England Theology, in: *The Works of Benjamin B. Warfield* vol. IX: *Studies in Theology* (New York, 1932), p. 515-540.

M.A.N.

TEOLOGIA DA ORAÇÃO. Oração é a comunicação com Deus em adoração. A oração é possível porque o Deus triúno é pessoal e tem assim revelado que homens e mulheres, feitos à sua imagem, podem se dirigir a ele, invocando-o pelo seu santo nome. Sendo Deus santo, o pecado rompe a comunhão com ele, com a qual é a oração por ele aceitável. Mas a obra graciosa de salvação de Deus, mediante Jesus Cristo, restaura e renova essa comunhão.

Jesus, o Filho encarnado de Deus, orava ao Pai celestial, em comunhão contínua com ele. Jesus começou seu ministério público em oração (Lc 3.21). Orava sozinho antes do alvorecer (Mc 1.35) e marcou como ponto decisivo de seu ministério seus momentos de oração (Lc 5.16; 6.12; 9.18). Antes de seguir para a cruz, agonizou em oração, submetendo-se à vontade do Pai (Mt 26.36-44). Aquele que, como sacerdote, orou pelo seu povo (Jo 17), tornou-se o sacrifício para morrer por todos (Hb 9.24-26). Como sumo sacerdote celestial, o Cristo ressuscitado vive para interceder pelos santos (Rm 8.34; Hb 7.24,25; 1Jo 2.1). Somente em nome de Jesus e por esse caminho único, ao qual ele mesmo abriu acesso, os pecadores podem realmente chegar ao Pai (Jo 14.6). O Espírito Santo, enviado pelo Pai, une-nos a Cristo em fé salvadora e dá-nos a confiança de podermos chamar a Deus de *Aba*, Pai, como o fez Jesus (Mc 14.36; Rm 8.14-17). Não conhecemos o plano pelo qual Deus quer que todas as coisas cooperem juntamente para o nosso bem; não sabemos orar, portanto, de acordo com esse plano. Todavia, o Espírito nos ajuda em nossa fraqueza: ora por nós com gemidos inexprimíveis (Rm 8.26-28).

O Senhor promete ouvir nossas orações e responder a elas quando oramos de acordo com sua vontade (1Jo 5.14,15). Orar de acordo com

TEOLOGIA DA ORAÇÃO

a vontade de Deus significa fazer da palavra de Deus o guia para as nossas orações, buscar que essa palavra revelada se realize assim na terra como no céu. A oração busca a vontade de Deus em fé, crendo em seu poder de resposta em seu universo criado (Mt 21.21,22). A fé não usa a oração como uma prática para alterar a consciência, mas para nos dirigir ao Deus vivo. Por outro lado, a oração não é feita sem nenhum propósito do poder soberano de Deus. Nossas orações, não menos que suas respostas, são parte de seu desígnio. É da vontade de Deus e promessa dele: a oração destina-se à mudança das coisas em seu mundo (Tg 5.16-18).

É a consciência da presença de Deus que molda a resposta à oração. Louvamos a Deus em adoração por quem ele é pelo que faz. "Santificado seja o teu nome" pede que Deus seja Deus, petição que busca bênção não para nós, mas para ele mesmo. A santidade de Deus exige a confissão dos nossos pecados; sua graça nos chama à súplica pelo seu perdão. Buscamos sua vontade, não a nossa, ao fazermos nossa oração buscando orientação, provisão, libertação e proteção. A comunhão em oração aprofunda nossa fé e nosso amor por Deus, não apenas quando dele nos aproximamos e, por nós mesmos, rogamos, mas quando também intercedemos pelas pessoas que o necessitam, pelos amigos e parentes, pelos irmãos em Cristo, pelo mundo perdido.

Deus ouve e abençoa tanto a oração individual como a coletiva (Mt 18.19). Uma vez que a oração é dirigida a Deus somente, sua chave é a fé (Mt 21.22). Pela fé, sabemos que nossas orações em nome de Jesus são ouvidas. Na comunhão pela oração, expressamos nosso amor por Deus e oferecemos a ele o tributo de nossa vida. Nossa consciência do amor de Deus e nosso entendimento de seu propósito nos levam a orar com a fervorosa urgência de espalharmos o evangelho e da vinda de seu reino de justiça, tanto agora como na volta de Cristo. A oração deve ser reverente, mas também franca e persistente, não porque Deus não esteja desejoso de ouvir, mas porque estamos empenhados em pedir de acordo com sua vontade e movidos pelas questões em jogo.

A oração é o sopro vivo da Igreja de Cristo. Pela oração, a Igreja resiste aos assaltos de Satanás (Mt 26.41; Ef 6.13-20); recebe novos dons da graça (At 4.31); busca libertação, cura e restauração para os santos (Ef 6.18; Tg 5.15; 1Jo 5.16); dá testemunho do evangelho (Cl 4.3, 4); roga o retorno do Senhor (Ap 22.20); e, acima de tudo, adora aquele de quem, mediante quem e para quem são todas as coisas.

Através dos séculos, têm sido considerados a prática da oração, seus métodos e formas. A Igreja tem usado a Oração do Senhor, a linguagem dos Salmos e outras formas fixas para orar em uníssono; o "habitar ricamente a palavra de Cristo" tem produzido um concerto de oração, formal e livre, ao redor da terra e no perpassar dos tempos. Formas de oração podem ser exageradas, assim como vãs repetições (Mt 6.7). O risco em contrário é a oração completamente sem forma e sem palavras, que procura uma "absorção" mística da divindade do que propriamente

TEOLOGIA DA PREGAÇÃO

um relacionamento sadio, pessoal e pleno de vida com o Pai mediante Jesus Cristo. O testemunho do Espírito concede júbilo inexprimível aos cristãos em oração; todavia, a oração não deve buscar obter um caráter de êxtase para nós mesmos, mas, sim, dar glória e alegria a Deus.

Bibliografia
D. G. Bloesch, *The Struggle of Prayer* (New York, 1980); J. Bunyan, *Prayer* (repr. London, 1965); J. Calvino, *Institutas*, III. xx; O. Hallesby, *Prayer* (London, 1961); J. Hastings, *The Doctrine of Prayer* (Edinburgh, 1915); F. Heiler, *Prayer: a Study in the History and Psychology of Religion* (New York, 1966); J. Jeremias, *The Prayers of Jesus* (London, 1967); E. Lohmeyer, "Our Father", *An Introduction to the Lord's Prayer* (New York, 1966); D. M. M'Intyre, *The Hidden Life of Prayer* (Minneapolis, MN, 1969); J. Murray, *The Heavenly Priestly Activity of Christ* (London, 1958); J. Owen, A Discourse of the Work of the Holy Spirit in Prayer, *Works* (London, 1967), vol. 4, p. 235-350; B. M. Palmer, *Theology of Prayer* (Richmond, VA, 1984); W. R. Spear, *The Theology of Prayer* (Grand Rapids, MI, 1979).

E.P.C.

TEOLOGIA DA PREGAÇÃO. A pregação exerce importante papel na Bíblia. Isso é verdade no AT (cf. Profecia*), mas particularmente também no NT. Pode-se até mesmo dizer que o NT em si é resultado da pregação. Tanto os Evangelhos quanto as epístolas são plenamente querigmáticos*. O próprio Jesus* proclama continuamente a vinda do reino de Deus*; em suas atividades de pregação e cura*, o reino está sempre presente. Em sua cruz e ressurreição, o ato escatológico de redenção de Deus acontece. Esse é o motivo pelo qual, após sua ressurreição e o derramamento do Espírito, torna-se o próprio Jesus o conteúdo principal da proclamação apostólica.

Não é de admirar, portanto, que o Novo Testamento use mais de trinta verbos para denotar a atividade da pregação. Os apóstolos, comissionados pelo Senhor ressuscitado, pregam a mensagem da ressurreição como a palavra real de Deus (cf. 2Ts 2.13); as epístolas paulinas usam frequentemente expressões como "a palavra de Deus" ou "a palavra do Senhor", ou, em uma fórmula mais curta, "a palavra" (*cf.* 1Ts 1.6,8; 3.1; Cl 4.3; 2Tm 2.9; 4.1, etc.). Em todo esse uso, os termos se referem à *palavra pregada* (*cf. TDNT* IV, 116). Eis por que, também, a palavra pregada por Paulo e outros é eficaz. É uma eficácia que se deve ao talento do pregador, mas cujo segredo reside no complemento: *de Deus* ou *do Senhor*. Na mensagem apostólica (estando sua ênfase sempre *no conteúdo*), é a voz do Deus vivo que está sendo transmitida e ouvida.

Tal ênfase veio a ser compartilhada pelos reformadores. Tanto Lutero* como Calvino* tinham a certeza de que, quando a mensagem do evangelho de Jesus Cristo é proclamada, o próprio Deus está sendo ouvido. Na Segunda Confissão Helvética (1566), capítulo 1, Heinrich Bullinger*, sucessor de Zuínglio*, sumariza a posição dos reformadores em uma concisa afirmação: *Praedicatio verbi Dei est*

1011 TEOLOGIA DA PROFECIA

verbum Dei — "A pregação da palavra de Deus é a palavra de Deus". Na sentença seguinte, interpreta essa afirmação da seguinte maneira: "Portanto, quando essa palavra de Deus (= Escrituras*) é agora pregada nas igrejas por pregadores devidamente vocacionados, cremos que a verdadeira palavra de Deus está sendo proclamada, e recebida pelos fiéis".

A condição indispensável para a verdadeira pregação é a proclamação fiel da mensagem das Escrituras. Todavia, a pregação não constitui uma simples repetição dessa mensagem, que deve ser atualizada para o momento da pregação. Para que a pregação seja verdadeira e relevante, a mensagem das Escrituras deve ser dirigida às pessoas em sua situação histórica concreta. A mensagem bíblica pode não ser simplesmente *adaptada* à situação de hoje, mas, sim, deve ser "enquadrada", "acomodada" (Calvino), à situação. Assim como Deus em Cristo condescendeu em tomar sobre si nossa carne, nossa condição humana (ver Acomodação*, Encarnação*), assim também na pregação da palavra o Espírito Santo condescende em alcançar as pessoas na situação que estejam vivendo. O pregador, portanto, deve ser um exegeta tanto das Escrituras como de sua plateia ou congregação, de modo que a palavra viva de Deus para hoje seja ouvida pela intersecção de texto e situação real.

Bibliografia

E. P. Clowney, *Preaching and Biblical Theology* (London, 1961); C. H. Dodd, *The Apostolic Preaching and Its Developments* (London, 1936); H. H. Farmer, *The Servant of the Word* (London, 1950); D. W. Cleverley Ford, *The Ministry of the Word* (London, 1979); P. T. Forsyth, *Positive Preaching and the Modern Mind* (London, 1949); D. M. Lloyd-Jones, *Preaching and Preachers* (London, 1971); K. Runia, *The Sermon Under Attack* (Exeter, 1983); *idem*, What is preaching according to the New Testament?, *TynB* 29, 1978, p. 3-48; J. R. W. Stott, *I Believe in Preaching* (London, 1982).

K.R.

TEOLOGIA DA PROFECIA. Profecia pode ser definida como: 1) um modo de conhecer a verdade; e, como tal, ser comparada e contrastada com a filosofia. Em sua manifestação bíblica, ela constitui uma parte da: 2) teologia do Espírito Santo*; sendo representada como: 3) um modo da divina revelação* da verdade de Deus, ou, em sentido mais amplo, a totalidade dessa revelação. A profecia pode ser expressa em: 4) variedade de formas literárias; e em: 5) contextos canônicos ou não canônicos. Cada parte dessa definição pode ser desenvolvida como se segue:

1. Tal como a filosofia, a profecia se propõe a oferecer a verdade a respeito de Deus, do homem e do mundo, podendo, por suas abordagens, ser também enquadrada em categorias filosóficas bem conhecidas: O que é o real? Como conhecer a verdade? Como agir? Diferentemente da filosofia, porém, seu ponto de partida é Deus, e sua fonte de conhecimento é a revelação divina — verdade recebida, em vez de alcançada pela razão ou pela experiência humana autônoma. A profecia pressupõe uma cosmovisão

TEOLOGIA DA PROFECIA

transcendente, a saber, um Criador e um espírito do mundo, realidades que são separadas, mas que, não obstante, exercem influência sobre a criação natural e com ela se comunicam, mais especificamente com o homem. A profecia é o modo e o conteúdo, e o profeta, o agente humano, dessa comunicação.

A profecia não representa apenas uma abordagem que se distingue da verdade; no comentário sobre as Escrituras em 1Cotíntios 1.18—3.20 é feita também uma alegação exclusiva a seu favor. Ali, Paulo nega que a razão humana autônoma seja um meio alternativo válido para a verdade, acusação essa contra a sabedoria dos gregos, que deve ter incluído, no contexto, o pensamento filosófico (Godet; *cf. sophia*, "sabedoria", em 1Co 1.19-21; 1Co 2.11-12). Assim, fica excluído qualquer outro tipo de revelação ou discernimento natural de caráter redentor (cf. O. Weber, Barth*).

2. A profecia tem sua fonte no Espírito de Deus. Isto está bastante claro no NT, em que é apresentada como o dom ou ato do Espírito (Rm 12.6; 1Co 12.10; *cf.* 1Co 12.28; Ef 4.8; 1Ts 5.19), sendo o profeta identificado como "homem espiritual" (*pneumatikos* = 1Co 14.37; *cf.* Os 9.7). Mas é também verdade quanto à profecia no AT (1Sm 19.20; 2Rs 2.15; 2Cr 15.1; Ne 9.30; Mq 3.8; *cf.* 2Pe 1.20), muito embora em alguns livros não seja destacado o papel do Espírito, sem ênfase ou não, como distinto do de Javé (Lindblom, *Prophecy* [Profecia]). A esperança de Moisés (Nm 11.16,29; *cf.* Lc 10.1) de que "todo o povo do Senhor fosse profeta" e a profecia de Joel (2.28) de que Deus derramaria seu Espírito "sobre todos os povos" encontram seu significado específico na profecia de João Batista (Mt 3.11) e seu cumprimento na Igreja, pós-ressurreição (At 2.16,33).

3. As variedades da revelação divina são descritas em Jeremias 18.18 como "o ensino da lei pelo sacerdote [...] o conselho do sábio [...] a mensagem do profeta" (*cf.* Is 28.7; 29.10,14). Apesar de os profetas poderem viver congregados em comunidades ou associações (2Rs 2.3ss; 6.1), alguns deles estavam ligados ao templo ou eram até sacerdotes, como, por exemplo, Samuel, Elias, Ezequiel (1.3) e talvez Jeremias (1.1). Ao mesmo tempo, também, os sacerdotes tinham uma função "profética", de interpretar, transcrever e atualizar a lei (Is 28.7). Assim, os papéis do profeta e do sacerdote, no AT, de mediar a palavra de Deus não eram tão diferentes assim entre si como se pode julgar (Pedersen, Johnson).

Quanto aos sábios e mestres de sabedoria, eram também considerados em Israel como recipientes e mediadores de dom divino (Gn 41.38ss; 2Sm 14.20,17; 16.23; 1Rs 3.9,12,28; Von Rad), tendo assim afinidade com os profetas. No final do AT e nos escritos do período intertestamentário, a sabedoria e a profecia manifestam crescentes afinidades uma com a outra, sendo também algumas vezes envolvidas no que era uma função sacerdotal tradicional, a interpretação das Escrituras. Além disso, são dons, por vezes, reunidos nas mesmas pessoas, como Daniel, os mestres sábios (*maśkîlîm*) de Qumran e os "espirituais" (*pneumatikoi*) equiva-

TEOLOGIA DA PROFECIA

lentes nas igrejas paulinas (1Co 2.15; Ellis, *Prophecy* [Profecia]). Quando empregada nesse sentido mais amplo, de ensino revelador por vários tipos de pessoas inspiradas (embora o termo não seja tão usado por Paulo; 1Co 14.6), profecia pode significar a totalidade da revelação divina (2Pe 1.19ss; *cf.* Lc 11.50; At 2.16ss; Tg 5.10s).

4. A profecia tem sido também classificada em termos de forma literária e modo de revelação (*cf.* Aune, Rendtorff-Meyer-Friedrich). Contudo, provavelmente, não pode ser definida ou limitada em termos de categoria literária, tendo sido reconhecida como multiforme em sua expressão no AT, tanto pelo judaísmo (Josefo, *Contra Ápion*, I, 38-42) como pelo cristianismo primitivo (Mc 12.36; At 2.30; 7.37). Por outro lado, há também evidências de a empreitada que subjaz e culmina no NT ser considerada, em toda sua variedade literária, como obra de profeta, ou de pessoas com dons proféticos (Ellis, *Gospels* [Evangelhos]; *cf.* Lindblom, *Gesichte*). As diferentes formas escritas de profecia se caracterizam pela variedade de experiências reveladoras que medeiam a palavra profética, experiências que para os cristãos têm seu protótipo, de modo considerável, no Jesus terreno (Hengel).

5. O profeta não era o juiz final da validade de sua mensagem. Como mostram os conflitos entre profetas, tanto no AT (1Rs 22; Jr 23;28) como no NT (2Co 11.4,13; 1Jo 4.1-3), sua palavra era "provada", por exemplo, pelo seu caráter profético (1Co 14.29) ou sua concordância com o ensino de Moisés (Dt 13.1-5) ou de Jesus (Mt 7.15;

24.11; 2Pe 2.1). Recebia autoridade inquestionável somente após ter sido examinada e comprovada (*cf.* 1Ts 5.19-21). Mesmo quando reconhecida como palavra divina, não se tornava necessariamente palavra canônica. A profecia tinha (e tem) usos importantes para seus recipientes imediatos, mas recebia o aval canônico somente quando reconhecida também como revelação normativa para as gerações futuras e padrão pelo qual as profecias futuras poderiam ser medidas e testadas.

Ver também Dons do Espírito; Ofícios de Cristo.

Bibilografia

D. E. Aune, *Prophecy in Early Christianity* (Grand Rapids, MI, 1983); K. Barth, No, *in: Natural Theology* (London, 1950), p. 90ss; E. Cothenet, Prophetisme dans le Nouveau Testament, *DBS* 8 (1967-1972), p. 1222-1377; E. E. Ellis, Gospels Criticism, *in: Das Evangelium und die Evangelien*, ed. P. Stuhlmacher (Tübingen, 1983), p. 27-54; *idem, Prophecy and Hermeneutics* (Tübingen/TI, Grand Rapids, MI, 1978); F. Godet, *Commentary on First Corinthians* (1889; Grand Rapids, MI, 1977); M. Hengel, *The Charismatic Leader and his Followers* (New York, 1981); D. Hill, *New Testament Prophecy* (London, 1979); A. R. Johnson, *The Cultic Prophet and Israel's Psalmody* (Cardiff, 1979); J. Lindblom, *Gesichte und Offenbarungen* (Lund, 1968); *idem, Prophecy in Ancient Israel* (TI, Oxford, 1967); J. Panagopoulos (ed.), *Prophetic Vocation in the New Testament and Today* (Leiden, 1977); J. Pedersen, The

TEOLOGIA DA REFORMA

1014 ■

Role Played by Inspired Persons...,
Studies in Old Testament Prophecy,
ed. H. H. Rowley (New York, 1950),
p. 127-142; G. von Rad, *Wisdom in
Israel* (London, 1972); R. Rendtorff,
R. Meyer, G. Friedrich, *TDNT* VI, p.
796-861; O. Weber, *Foundations
of Dogmatics* (Grand Rapids, MI,
1981), vol. 1.

E.E.E.

TEOLOGIA DA REFORMA. A Reforma Protestante* produziu uma teologia, que consiste na reafirmação sólida da centralidade de Deus*, da glória de sua soberania* e da primazia de sua graça* na salvação* da humanidade mediante Jesus Cristo*.

Princípios básicos
Para Martinho Lutero*, foi uma descoberta revolucionária que a justiça* de Deus é "a justiça pela qual somos feitos justos" (*LW* 25, p. 151). Os pensadores medievais, segundo ele, haviam desviado a cristandade ao ensinarem que a persistência humana em fazer o bem moral e praticar atos rituais obteria mérito* aos olhos de Deus, capacitando os pecadores a alcançar a salvação; e que as consequências pavorosas do pecado* tinham paralisado tanto a vontade* dos pecadores que não davam um passo sequer para agradar a Deus. Um estudo cuidadoso do ensino de Paulo levou Lutero à convicção de que, mediante a fé* em Jesus Cristo — fé que é, por si mesma, dom de Deus — é concedido ao pecador perdão livre e pleno. O pecador é justificado* pela fé, não por suas próprias obras: Cristo lhe concede os méritos que ele, Cristo, conquistou com sua vitória sobre

o pecado*, a morte*, a lei* e o diabo*, os "tiranos" que mantinham a humanidade pecaminosa em servidão. Assim, a justificação é uma declaração forense de perdão que não depende de modo algum do mérito humano.

Todos os primeiros reformadores seguiram Lutero nessa descoberta. Calvino*, inclusive, frisava que a obra oculta do Espírito Santo* em conduzir um pecador ao exercício da fé também o regenerava* para uma nova vida, porque crer em Cristo significaria necessariamente vir a ter uma união* pessoal com ele. A justiça pela fé, portanto, manifestava-se nas boas obras surgidas dessa união. Essa chamada "dupla justificação", no entanto, em nada prejudica a ênfase dada à justificação primária pela fé somente; é, na verdade, uma maneira de fazer compreender a conexão entre justificação e santificação*. Os reformadores não desejavam minimizar o papel da moralidade na vida cristã, mas foram inflexíveis em afirmar ser ela produto da justificação, e não sua causa.

Concordaram os reformadores sobre a autoridade das Escrituras*. Para Lutero, as Escrituras são a palavra de Deus. Seus autores humanos as escreveram sob a inspiração do Espírito Santo, o que lhes assegura a exatidão — não somente no ensino em geral, mas também em seus detalhes verbais. Isso não impede uma atitude crítica para com o texto transmitido: o conhecimento do hebraico e do grego é necessário para se chegar o mais perto possível dos autógrafos originais. A Bíblia é patrimônio de todo o povo de Deus, e, assim, a tradução para as várias línguas

TEOLOGIA DA REFORMA

nacionais é uma necessidade, pois como poderiam as pessoas adquirir conhecimento da verdade, pergunta William Tyndale, "a não ser que as Escrituras fossem expostas claramente ante seus olhos em seu próprio idioma" (prefácio ao Pentateuco).

Deus Espírito Santo é o verdadeiro expositor da Bíblia, como explica Zuínglio* em seu livro *A clareza e correção da palavra de Deus* (1522). O papado não poderia reivindicar monopólio algum em sua explanação. A chave da interpretação, dizia Lutero em seu apelo *À nobreza cristã da nação alemã* (1520), não foi dada a Pedro e seus sucessores em Roma, mas, sim, "a toda a comunidade" cristã. Calvino reuniu de forma mais sistemática as abordagens de seus precursores, enfatizando o caráter autoautenticador da Bíblia (*Institutas* I. vii. 2-4), assim como ter o seu testemunho objetivo confirmado pelo testemunho interior do Espírito Santo no crente verdadeiro. A relação entre o Espírito Santo e a Bíblia é, portanto, muito íntima. Separar um do outro é abraçar tanto um biblicismo sem vida quanto as fantasias de um falso entusiasmo espiritual.

Aplicação

A aplicação dos dois princípios protestantes *sola fide* e *sola Scriptura* levou a notáveis consequências. Conduziu a uma modificação crítica da crença e prática cristãs medievais. A tradição da Igreja não mais poderia ser reconhecida como padrão independente da Bíblia. Isso significava rigorosa diminuição no crescimento excessivo da interpretação alegórica e uma insistência de que a exposição bíblica fosse baseada no significado literário e histórico do texto. A crença no purgatório* foi abandonada pela Reforma por falta de prova escriturística. Os cultos aos santos e à Virgem Maria* foram demolidos no protestantismo à luz da doutrina de que Cristo é o único mediador entre Deus e o homem. Por outro lado, doutrinas e declarações de fé que estavam de acordo com as Escrituras foram mantidas pelos reformadores: as doutrinas clássicas da Trindade* e da encarnação*, assim como as definições que as expressavam, tais como a do Credo dos Apóstolos, o Credo Niceno e a Definição de Calcedônia.

Logo os reformadores começaram a expor seu próprio entendimento teológico. Embora Lutero não tenha produzido nenhuma exposição sistemática de sua teologia, ofereceu importante contribuição, com grande número de publicações, entre as quais seus tratados de 1520, além de comentários sobre Gálatas e Romanos, essenciais para o entendimento de seu pensamento. Filipe Melâncton* tentou a primeira exposição sistemática da teologia luterana, em seus *Loci Communes* [Lugares comuns] (1521), enquanto o movimento luterano produzia como que uma exposição definitiva de sua fé na Confissão de Augsburgo (1530). Já Zuínglio daria, em 1525, expressão mais madura de sua teologia, em *Verdadeira e falsa religião*. Mas o destaque, no caso, deve ser dado às *Institutas,* ou *Instituições da religião cristã,* de João Calvino. Sua primeira edição, em 1536, foi sendo expandida no decorrer dos anos, até se tornar a

TEOLOGIA DA REFORMA

impressionante obra-prima da edição de 1559. Conquanto usando o padrão do Credo dos Apóstolos como sua estrutura, Calvino quis que seu livro fosse um manual para os leitores da Bíblia. Não é conveniente, portanto, tentar expandir seu pensamento em termos de uma só doutrina predominante, como a predestinação ou a soberania divina. A obra é caracterizada por um tratamento equilibrado de doutrinas que se complementam, cada qual contribuindo para uma integração harmoniosa da riqueza do ensino bíblico.

A Reforma Protestante liberou, assim, vasta quantidade de energia teológica criativa, que é somente e parcialmente sugerida pelos rótulos: "somente a graça, somente a fé, somente as Escrituras", "a Cristo somente e a Deus somente seja toda a glória", etc.

Ênfase diferente

Mesmo em áreas teológicas em que os reformadores aceitaram as formulações anteriores da ortodoxia clássica católica, houve variações. Com respeito à doutrina de Deus, ocorreu um novo dinamismo. Em sua explanação da teologia da cruz*, por exemplo, Lutero apresentou profundas percepções, ao expor o paradoxo do glorioso Deus que se revela e, no entanto, oculta-se (ver Deus Oculto e Revelado*) no mistério da humilhação e do sofrimento*. Do mesmo modo, Deus, para Calvino, não é uma divindade remota e estática, mas alguém que intervém de modo dinâmico e revolucionário na história humana*. Para ambos, a graça divina não constitui uma qualidade impessoal, como se supunha constante-

mente na teologia medieval, mas, sim, um envolvimento pessoal de Deus.

Em cristologia*, ocorreram diferenças de ênfase entre os reformadores. Lutero manteve-se sempre preocupado em acentuar a unidade da pessoa de Cristo, enquanto Zuínglio e Calvino sublinharam distinção entre as duas naturezas. No caso de Calvino, sua exaltação da divindade de Cristo chegou a tal ponto que o deixou até exposto à acusação de minimizar a natureza humana do Senhor. Por outro lado, outros grupos dissidentes do catolicismo, como os anabatistas*, entre eles particularmente os melquioritas, rejeitavam o ensino da Definição de Calcedônia, sustentando que o corpo de Jesus era composto de "carne celestial", produto incomparável, concebido no ventre da Virgem Maria, substancialmente diferente da carne humana comum.

Outra área onde surgiram diferenças de ênfase foi no entendimento do relacionamento entre a lei e o evangelho*. Os primeiros reformadores assumiram uma visão sombria dos efeitos radicais do pecado, rejeitando a doutrina medieval de que os dons naturais do homem haviam sido só parcialmente afetados pela queda*; para eles, pelo contrário, por causa do pecado a vontade do homem tornou-se escravizada, como Lutero argumenta em sua Servidão da vontade (1525), e a mente humana, obscurecida. Para Lutero, a função principal da lei era convencer o homem do pecado; acusava, mas não podia salvar. Somente o evangelho poderia levar à salvação. Desse modo, Lutero e seu amigo Melâncton distinguiam

TEOLOGIA DA REFORMA

extremamente entre lei e evangelho. Já para Calvino, embora não dispensando o aspecto acusatório da lei, revelando a necessidade de um salvador, sua principal função seria, posteriormente, a de inspirar o pecador justificado a almejar a perfeição moral. Assim, segundo Calvino, evangelho e lei deveriam trabalhar lado a lado, com o pacto* da graça proporcionando o ambiente ideal para a lei. Essa convicção foi que injetou no calvinismo seu ativismo moral, tanto na vida do indivíduo como da sociedade*.

De acordo com a Confissão de Augsburgo, a Igreja "é a congregação dos santos, em que o evangelho é corretamente ensinado e os sacramentos corretamente administrados". Calvino concorda com essa definição (*Institutas* IV. i.8). Na verdade, Calvino e Lutero detinham um acordo perfeito quanto à natureza da Igreja*. Para eles, a verdadeira Igreja, conhecida de Deus somente, é uma congregação de pecadores justificados. Todavia, a Igreja visível, tanto em Genebra como em Wittenberg, continha também pessoas hipócritas, que não portavam realmente fé salvadora; daí, ser a Igreja visível uma congregação misturada. No entanto, à medida que ela assegura a pregação correta do evangelho e a administração correta dos sacramentos*, é uma Igreja verdadeira. Calvino, porém, diferençava-se um tanto, nesse ponto, de Lutero: acreditava que, em vista disso, seria necessário à Igreja submeter-se a constante autoexame; seus membros deveriam aceitar um sistema de disciplina* pastoral com a finalidade de purificá-la, exatamente, também, como deveriam ser diligentes seus ministros em testar sua doutrina pela palavra de Deus. Para ambos, todavia, a reforma da Igreja não era um ato, mas um processo. A Igreja reformada deveria ser uma Igreja continuamente se reformando, não uma Igreja que emulasse a jactância da Igreja de Roma de ser *semper eadem*, ou seja, sempre a mesma.

Os sacramentos

Foi devido à aplicação rigorosa dos padrões das Escrituras que os reformadores vieram a rejeitar o sistema sacramental da Igreja de Roma. O ataque sobre este foi lançado por Lutero em *O cativeiro babilônico da Igreja* (1520). O sacrifício* de Cristo no Calvário foi uma oblação completa e definitiva pelos pecados do mundo. Tinha de ser rejeitada, portanto, a doutrina de que a missa seria uma repetição incruenta daquele sacrifício. Tampouco a oferta da missa deveria ser considerada obra meritória. A santa comunhão é doação de Cristo ao seu povo, e somente é oferta do povo a ele no sentido de ser uma oferta de louvor e ação de graças. Embora em 1520 Lutero ainda listasse a penitência* como sacramento (mas somente em sentido rigorosamente qualificado), acabou sendo consenso protestante que Cristo instituiu somente dois sacramentos: o batismo e a eucaristia. Com essa transformação radical no conceito de sacramento, foi anulada de vez a alegação da Igreja de Roma de ser a única dispensadora da graça, e o sacerdócio católico foi despojado de suas pretensões quase mágicas.

Os reformadores procuraram, além disso, erradicar a distinção católica-romana entre o fiel leigo e

TEOLOGIA DA REFORMA

o sacerdote. Lutero trabalhou esse assunto com vigor característico: "Inventou-se que o papa, os bispos, os sacerdotes e os monges deveriam ser chamados de estado espiritual; e que os príncipes, senhores, artífices e camponeses fossem o estado temporal. Esta é uma mentira ardilosa [...] [pois] todos os cristãos são verdadeiramente o estado espiritual".* Para o protestantismo, todos os ofícios na Igreja são funções de um mesmo ministério em comum, de toda a comunidade de fé.

Os reformadores protestantes mantiveram pensamento único em suas críticas às doutrinas católicas dos sacramentos*. Outros grupos dissidentes da Igreja de Roma, porém, aderiram somente em parte a seu pensamento, não concordando inteiramente quanto à natureza exata das doutrinas bíblicas que as substituiriam.

Lutero e Calvino concordavam em que o batismo* envolve o lavar em água em nome da Trindade, como sinal da garantia de Deus em perdoar os pecados, devendo estar intimamente ligado à morte de Cristo e sua ressurreição* e sendo compromisso de arrependimento* para toda a vida. Foram também concordes em ser apropriado batizar crianças, com base em que os benefícios do pacto de Deus com os pais seriam aplicados aos seus descendentes e, além disso, que Jesus havia abençoado as crianças ao declarar que delas "é o reino dos céus"; ainda, no caso de Calvino, porque o Espírito Santo pode bem agir secretamente mesmo na personalidade de uma criança, como foi o caso de João Batista e do próprio Jesus (*Institutas* IV.xvi; Lutero, *O santo e abençoado sacramento do batismo*; Zuínglio, *Sobre o batismo; e Exposição da fé*). A validade do batismo infantil, no entanto, foi contestada pelos anabatistas*. Para eles, o batismo com água não seria de valor algum, a menos que precedido pelo batismo interior, do Espírito*. Por ser o batismo com água, assim, um sinal externo de um compromisso de fé, e uma vez que a criança pequena não é capaz de exercer sua fé, não poderia ser, de maneira apropriada, sujeita ao batismo. Essa foi a posição que levou George Blaurock e Conrad Grebel a rejeitarem o batismo infantil, iniciando, desse modo, o movimento anabatista, rebatizando aqueles que adotavam suas convicções. Outros pontos, no entanto, passaram a integrar o protesto dos anabatistas, tornando-se o batismo por profissão de fé, para eles, a porta de entrada na Igreja. Contestavam assim o princípio, enunciado pelos reformadores, de que a Igreja poderia ser uma "congregação mista", sustentando, pelo contrário, que deveria ser uma comunidade pactual constituída tão somente de crentes sinceros. Tal posição acabou por despertar intensa oposição de autoridades, pois levava diretamente à negação do conceito de uma Igreja estabelecida, em que as pessoas, em virtude de sua cidadania, estivessem também sob a jurisdição pastoral da Igreja.

Por outro lado, criou-se um clima quase que de hostilidade entre os próprios protestantes por causa da eucaristia. No artigo 15 da confissão assinada pelos participantes no Colóquio de Marburgo (1529), reunido para buscar uma solução em comum sobre o assunto, ficou acertado que a ceia do Senhor deveria ser celebrada com ambos os elementos, que a missa não deveria ser considerada uma boa obra que assegurava o perdão para os vivos e os mortos, e que a ceia fosse um sacramento do verdadeiro corpo e sangue de Jesus Cristo. Os signatários deixaram, porém, de esclarecer qual a natureza exata da presença de Cristo no sacramento, a que se referiam.

Lutero sustentava que "na ceia, comemos e tomamos para nós o corpo de Cristo, verdadeira e fisicamente" (*Que estas palavras de Cristo, "Isto é o meu corpo", etc., ainda permaneçam firmes*, 1527). Zuínglio, apoiado por Oecolampadius*, negou essa presença física "em, com e sob" os elementos. Sustentava que o corpo de Cristo está no céu e não poderia ser ubíquo; mas, sendo ubíqua sua natureza divina, ser nutrido pelo sacramento é participar do espírito de Cristo, ao tomarmos a ceia, mediante fé no coração. Zuínglio não nega, desse modo, a presença de Cristo no sacramento, mas frisa ser uma presença espiritual real. Lutero, todavia, foi inflexível em sua opinião. Para ele, no dito de Cristo: "Isto é o meu corpo", a palavra "é" deveria ser tomada em sentido literal, não figurativo. A dissensão permaneceu sem solução.

Calvino ficou insatisfeito com ambas as posições. No Livro IV das *Institutas*, expôs de modo detalhado sua própria opinião. O sacramento não tem eficácia se dissociado do evangelho; palavra e sinal são dados juntos. O sacramento se torna eficaz, todavia, pela operação do Espírito Santo no coração do participante. Assim, na eucaristia há um relacionamento pessoal, não mecânico, entre Deus e o crente. Cristo é a verdadeira substância do sacramento, e o pão e o vinho são sinais da comida invisível que ele proporciona, a saber, seu corpo e sangue. O corpo físico de Cristo não é ubíquo, mas não há nenhum problema de seu ser vir do céu para a mesa mediante sua palavra de instituição da eucaristia; sendo mais correto dizer que, graças à obra do Espírito Santo, os comungantes são elevados aos lugares celestiais para partilhar da comunhão com seu Senhor. Assim, há uma presença real, espiritual e pessoal de Cristo na eucaristia.

Nenhuma dessas proposições encontrou apoio geral entre os protestantes.

Uma teologia da graça enfatizando ser a salvação totalmente obra de Deus levou a ser dado o devido destaque à doutrina bíblica da predestinação* divina. Como a salvação é totalmente obra de Deus, a fé, em si, é um livre dom de Deus. Mas a incredulidade seria também desejada por Deus? Os principais reformadores concordavam em que Deus elege crentes à vida eterna e assegura a salvação definitiva destes, com base em sua própria decisão graciosa, não por causa de qualquer qualificação existente neles. Calvino fez o estudo mais cuidadoso da eleição divina. Mas confessou que não conseguia ver como seria possível a eleição para a vida "a não ser em contraste com a reprovação" (*Institutas* III. xxiii. 1). Não as coloca, no entanto, em igualdade. Enquanto Deus elege ativamente aqueles a quem salva, "deixa de lado" os reprovados. Calvino estava certo, no entanto, de que até mesmo esse

TEOLOGIA DA REVOLUÇÃO

"deixar de lado" se realizava segundo o plano divino, pois o reprovado "é destacado pelo juízo de Deus, justo e inescrutável, para revelar sua glória na condenação deste" (*Institutas* III. xxiv.1-4).

Aqueles que passaram a integrar alas radicais* da Reforma achavam esse "predestinacionismo" inaceitável. Melchior Hofmann (*c.* 1495-1543), em *A ordenança de Deus*, argumenta que aqueles que estivessem em pacto com Deus por meio da perseverança* obteriam a eleição. Por sua vez, Balthasar Hübmaier (?1485-1528), em sua obra *Sobre o livre-arbítrio*, desenvolve a tese de que, a despeito dos efeitos do pecado, o homem não está inteiramente privado da capacidade de escolher: "Deus dá poder e capacidade a todos os homens na medida em que eles próprios os desejam".

A teologia da Reforma Protestante é, enfim, uma realização intelectual majestosa, que haveria de exercer profunda influência sobre toda a civilização moderna.

Bibliografia

Obras: ver Reformadores (em geral) e Reformadores Ingleses*; *Confissões*. *LCC* vols. XV-XXVI: escritos de todos os principais reformadores. Série *Documents of Modern History* (London, 1970-1983), incluindo volumes sobre Lutero, Calvino e Zuínglio. Ver também: H. J. Hillerbrand, *The Reformation in its Own Words* (London, 1964).

Estudos: ver Reformadores (em geral), etc. Ver também: G. W. Bromiley, *Historical Theology: an Introduction* (Edinburgh, 1978); W. Cunningham, *The Reformers and the Theology of the Reformation* (Edinburgh, 1862); R. T. Jones, *The Great Reformation* (Leicester, 1986); E. Léonard, *A History of Protestantism*, 2 vols. (London, 1965-67); J. T. McNeill, *The History and Character of Calvinism* (New York, 1954); W. Pauck, *The Heritage of the Reformation* (Glencoe, IL, ²1961); J. Pelikan, *Reformation of Church and Dogma (1300-1700)* (*The Christian Tradition*) 4, Chicago/London, 1983); B. M. G. Reardon, *Religious Thought in the Reformation* (London, 1981); G. H. Williams, *The Radical Reformation* (London, 1962).

R.T.J.

TEOLOGIA DA REVOLUÇÃO. O termo "revolução" é usado politicamente para descrever a extinção, por meios radicais, de um sistema político/econômico/social e sua substituição por outro.

Mais do que mera transferência do poder entre grupos políticos rivais, a revolução representa um novo modo de ordenar a sociedade. Por tentar mudar valores e criar novas estruturas e/ou instituições políticas e/ou econômicas e/ou sociais, os grupos revolucionários creem, quase sempre, ser possível ordenar a sociedade e a nação, eliminando injustiças ou desequilíbrios e conflitos presentes e futuros. Está associada em nossa mente, desde a Revolução Francesa, ao seu lema, "Liberdade, igualdade e fraternidade"; hoje, também, à visão moderna da luta de classes, de Marx; à destruição do Estado, de Engels, à crença de Lenin de que o capitalismo está condenado a devorar-se a si mesmo; e à vigilância permanente de Trotski contra a burocracia estatal

TEOLOGIA DA REVOLUÇÃO

(ver Marxismo e Cristianismo*). A revolução flui do sonho utópico de que os seres humanos podem agir como parteiras históricas, para fazerem nascer uma sociedade humana qualitativamente nova.

Uma teologia da revolução pode possuir ou combinar qualquer de três tendências diferentes. Pode ser uma reflexão teológica sistemática a respeito da base, da natureza e das implicações da revolução; pode procurar traçar as características revolucionárias da fé cristã; e pode ajudar a dirigir a legítima resposta da Igreja aos movimentos revolucionários.

Embora a revolução em sentido especificamente moderno date do século XVIII, ocorreram em tempos anteriores diversas irrupções políticas que vieram a produzir pensamento teológico (ou algumas vezes foram causadas por ele): a revolta dos camponeses ingleses de 1381; a rebelião dos taboritas, no começo do século XV; a de Münster, na Alemanha do século XVI (ver Reforma Radical*); os *levellers* ("niveladores") e *diggers* ("escavadores") da Inglaterra puritana* do século XVII, etc.

Tanto os calvinistas* quantos os jesuítas*, nos séculos XVI e XVII, argumentaram a favor da rebelião justa em determinados contextos. Já a Igreja do século XIX foi quase toda e uniformemente hostil às ideias resultantes, e que se espalhavam, da Revolução Francesa. Houve, porém, exceções: teólogos como Bruno Bauer (1809-1882) e David Strauss* chegaram a pertencer, por algum tempo (final da década de 1830), ao círculo de políticos radicais chamados "jovens hegelianos"; F. D. Maurice, C. Kingsley e outros formavam em 1850 os socialistas* cristãos; e no final do século XIX, Rauschenbush, nos Estados Unidos, e Ragaz, na Suíça, lideraram um movimento denominado Evangelho Social.

Em nossos dias, quatro principais grupos, pelo menos, têm desenvolvido um pensamento cristão sobre mudanças de caráter revolucionário. O economista britânico R. H. Tawney (1880-1962) é lídimo representante de influentes pensadores do mundo ocidental que têm desafiado o sistema econômico capitalista a partir de uma base cristã. Já o teólogo checo Josef L. Hromadka (m. 1969) foi o mais notável expoente precursor, após a Segunda Guerra Mundial, dos pensadores que desafiaram os cristãos a chegar a um acordo com o Estado socialista. Alguns teólogos da África e da Ásia, por sua vez, têm refletido sobre a como a descolonização e os movimentos atuais de libertação nacional influenciam a fé cristã. Também recentemente, líderes cristãos da América Latina (ver Teologia da Libertação*) e África do Sul (ver Teologia Negra*) têm-se manifestado abertamente a favor de povos oprimidos por regimes racistas e neofacistas, assim como têm refletido teologicamente sobre mudanças sociais.

As teologias da revolução possuem uma gama de características em comum. São críticas da tendência da Igreja oficial de permanecer sem compromisso quando desafiada a endossar mudanças políticas radicais em ocasiões de severas e necessárias modificações sociais. Creem também que a reflexão teológica deve começar pelas circunstâncias reais que são vividas pelas

TEOLOGIA DA REVOLUÇÃO

camadas da população pobre (ver Pobreza e Riqueza*). Além disso, seus pensadores estão convencidos de que a análise social é parte inseparável da tarefa hermenêutica* de tornar concreta a obediência cristã em situações específicas. Por fim, sustentam os teólogos da revolução que a obra teológica não pode ser divorciada de comprometimento ideológico, porque nenhuma disciplina intelectual é neutra em relação ao conflito social.

Essas teologias sustentam os temas básicos em comum que se seguem. A narrativa do êxodo, ou seja, da libertação de Deus e saída do povo oprimido do Egito, é interpretada como paradigma* da atividade libertadora divina por toda a história*. Deus continua a ouvir os clamores daqueles que sofrem repressão de regimes, governos e organizações, não se rendendo à intransigência humana. A justiça* é a categoria máxima para se conhecer a Deus. É ela sua ação em favor dos oprimidos, e somente os que fazem "opção pelo pobre" podem conhecê-lo verdadeiramente. Jesus*, em sua vida e ministério, inaugurando o reino de Deus, encarnou sua justiça — ele sela a intenção de Deus de libertar os pobres da opressão; morreu como resultado de resistir ao complexo do poder político-religioso; sua ressurreição* revela o triunfo de Deus sobre todas as forças da morte — é o sinal da esperança de que os ídolos econômicos, políticos e militares de nosso tempo podem ser destruídos e um novo mundo de justiça e paz pode ser inaugurado.

As teologias da revolução representam, enfim, um tipo de resposta cristã ao desejo inato do homem de ser livre de coações externas à sua autodeterminação política e econômica. Expressam o antagonismo evidente do Deus da Bíblia ao abuso de poder que tritura os indivíduos e povos indefesos, reduzindo-os a pó. Articulam a obra salvadora de Deus em termos sociais, crendo que a vinda de Jesus significa o desencadeamento de um poder capaz de romper sistemas econômicos e políticos aparentemente invulneráveis e fechados. Ganham sua inspiração na esperança de que um mundo melhor possa ser realizado dentro da história; e isso, argumentam, não acontecerá porque a história esteja forçosamente compelida a se revelar em uma só direção predeterminada, mas, sim, porque grupos de pessoas lutam pelas necessárias mudanças, movidos pela convicção de que o poder de Deus é maior do que as forças que causam a morte no mundo de hoje.

Duas principais falhas, todavia, mostram-se evidentes nessa forma de reflexão teológica. A primeira é que, na área da análise política, o diagnóstico tende a ser confundido com a cura. Uma solução correta para o presente sofrimento dos pobres não surgirá automaticamente de uma análise correta de suas causas. O mal se encontra presente neste mundo mais extensivamente do que sua operação nas instituições e diretrizes políticas e econômicas que regem a terra. Em segundo lugar, uma nova espécie de sociedade não pode emergir sem pessoas espiritualmente regeneradas*, vivendo a nova vida que Deus oferece exclusivamente mediante Jesus Cristo. Contudo, nas teologias da revolução, não é suficiente-

1023 TEOLOGIA DA VIDA MAIS ELEVADA

mente dada a ênfase do NT sobre a graça*, que capacita as pessoas a serem livres de culpa*, corrupção e egoísmo mediante uma vida de amor abnegado*. A tendência é ser vista a graça como complementar ao poder* humano, ou à natureza*, quando as pessoas não se sintam por si sós capazes de eliminar o poder contrário às mudanças. Uma revolução pode certamente trazer mudanças. Mas é quase certo que não trará real transformação humana a menos que o poder regenerador da graça de Deus esteja ativo nas comunidades.

Ver também TEOLOGIA POLÍTICA.

Bibliografia
G. Gutiérrez, *The Power of the Poor in History* (London, 1983; A. Kirk, *Theology Encounters Revolution* (Leicester, 1980); J. Miguez Bonino, *Revolutionary Theology Comes of Age* (London, 1975); J. Moltmann, *The Power of the Powerless* (London, 1983); N. Wolterstorff, *Until Justice and Peace Embrace* (Grand Rapids, MI, 1983).

J.A.K.

TEOLOGIA DA VIDA MAIS ELEVADA. Forma de ensino sobre a santidade cristã, popularizada pelo ministro presbiteriano americano William Edward Boardman (1810-1886), a *Higher Christian Life* [Vida mais elevada] (1859), cujo livro contendo seus princípios vendeu mais de 100 mil exemplares, na América e na Europa, assevera que a experiência da santificação* é uma obra distinta da graça e, claramente, separada da justificação*, se não na teoria, certamente na prática (ver Movimento de Santidade*).

Boardman faz questão de frisar que as ideias que preconiza não devem ser confundidas com o que chama de "perfeccionismo"* wesleyano, e sim que foram esposadas desde séculos por notáveis cristãos como Lutero*, Baxter*, Jonathan Edwards* e (o que é surpreendente, em vista de sua estranha aversão ao ensino de Wesley*), por alguns dos primeiros metodistas, como Hester Ann Rogers (1756-1794) e William Carvosso (1750-1835). A popularidade imediata do livro levou Boardman a um ministério itinerante de conferências, durante o qual conheceu engajando-se em seu movimento o casal Robert Pearsall Smith (1827-1898) e Hannah Whitall Smith (1832-1911), que daria aos ensinos dele uma popularidade maior na Inglaterra.

Enfatizando a santificação como uma crise experimentada pela fé, Boardman recusava-se a aceitar não somente a doutrina wesleyana, mas também a reformada*, de santificação, argumentando que Wesley se excedia demasiadamente em sua ênfase sobre o assunto, enquanto puritanos* e reformados, pelo contrário, esperavam muito pouco desse posicionamento. Posteriormente, Robert Pearsall Smith empenhou-se por satisfazer a demanda de literatura popular sobre santidade, escrevendo *Holiness Through Faith* [Santidade mediante a fé] (1870). Sua esposa, Hannah, por sua vez, acrescentaria depois à parceria alguns conceitos procedentes de sua origem quacre* (particularmente, quanto à quietude e à orientação); e essa fusão incomum de wesleyanismo e quacreísmo, exposta em seu livro *The Christian's Secret of a Happy Life* [O segredo

TEOLOGIA DA SOCIEDADE 1024 ∎

cristão de uma vida feliz] (1875), acabaria por se tornar uma das variantes mais notáveis da doutrina da santidade no final do século XIX, ao combinar a ideia de uma crise dramática com o "descanso na fé" (resumida no lema, em inglês, "Let go and let God" — "Deixe de se preocupar, deixe Deus atuar").

A mensagem de Boardman e Smith viria a ser apresentada, na Inglaterra, em conferências sobre santidade, realizadas em Broadlands (1874), Oxford (1874), Brighton (1875) e Keswick (1875). O movimento esteve, em seu começo, a ponto de se concentrar na experiência subjetiva, em vez de no ensino objetivo; alguns de seus discursos iniciais eram mais de natureza de palestras e testemunhos extemporâneos do que propriamente, conforme vieram a ser mais tarde, exposições cuidadosamente preparadas com base nas Escrituras.

Durante décadas, seu ensino foi sendo apresentado no que ficou conhecido como Convenção de Keswick, de âmbito internacional, realizada anualmente no mês de julho. Gradativamente, esse ensino foi mudando. Por toda a sua história, a referida convenção tem evitado formular uma teologia rigorosamente definida de santificação, deixando seus preletores um tanto livres para expor e pregar várias facetas do ensino das Escrituras a respeito da santidade pessoal e prática. O pensamento desse movimento é o de reconhecer que para alguns cristãos, sem dúvida, a apropriação de seus recursos singulares em Cristo pode encontrar seu foco central em determinado momento particular de crise;

mas a convenção tem dado maior destaque, na verdade, a temas bíblicos centrais, como a libertação prometida do pecado confessado; contínua purificação por Cristo e identificação com ele; as implicações práticas do seu senhorio; e perpétuo enchimento do ser pelo Espírito Santo* (ver Batismo no Espírito*), capacitando o cristão a servir no mundo. Forte ênfase missionária e evangelística tem sido dada ao movimento desde os seus primeiros dias, sendo parte inseparável da mensagem principal da convenção.

Bibliografia

S. Barabas, *So Great Salvation: The History and Message of the Keswick Convention* (London, 1952); J. B. Figgis, *Keswick From Within* (London, 1914); C. F. Harford (ed.), *The Keswick Convention* (London, 1907); W. B. Sloan, *These Sixty Years: The Story of the Keswick Convention* (London, 1935); J. C. Pollock, *The Keswick Story* (London, 1964); H. F. Stevenson (ed.), *Keswick's Authentic Voice* (London, 1959); *idem* (ed.), *Keswick's Triumphant Voice* (London, 1963; B. B. Warfield, *Perfectionism,* 2 vols. (New York, 1931)*; The Keswick Week* (London, 1892 em diante).

R.B.

TEOLOGIA DA SOCIEDADE. O conceito de "sociedade" é usado para significar um grupo organizado de pessoas mantido em conjunto por meio de laços comuns de membresia. Essa membresia pode ser vista por uma variedade de modos. Pode refletir a vida em comum de pessoas que vivem dentro das mesmas fronteiras: por exemplo, a

TEOLOGIA DA SOCIEDADE

"sociedade britânica" significando a vida em comum dos que vivem na Grã-Bretanha. Pode ter um significado em termos de cidadania: a "sociedade britânica" como a vida em comum dos cidadãos britânicos. Pode ser vista ainda em termos de nação ou de etnia* — nesse caso, "sociedade inglesa" como uma nação, a Inglaterra, ou sendo essencialmente os anglo-saxões, ou seja, um grupo étnico de pessoas. Assim, o termo "sociedade" se refere sempre à experiência em comum de um grupo de pessoas, cuja membresia está delineada de um modo ou de outro.

Podemos ter uma série de diferentes fatores em mente ao nos referirmos a "sociedade". Usamos o termo frequentemente para falarmos de identidade cultural*. Há, de fato, certos aspectos que, em geral, marcam uma sociedade em particular, distinguindo-a de outras. Isso não quer dizer, necessariamente, que todos os membros tenham qualquer desses aspectos ou todos eles, mas, sim, que há suficiente preponderância desses aspectos nessa referida sociedade, quando vista como um todo, que a faz se tornar de certo modo distintivo. Assim também, podemos ter em mente determinada identidade política ou nacional ao falarmos em termos de "sociedade".

Grande parte da discussão filosófica e prática concernente à sociedade está voltada para a questão dos méritos da sociedade aberta ou fechada. A obra de Karl Popper (1902-1994), *The Open Society and its Enemies* [A sociedade aberta e seus inimigos] (2. vols, London, ²1952), que se tornou famosa, é uma admirável análise racional da sociedade aberta e um ataque à sociedade fechada. A sociedade aberta procura tão somente manter as mínimas condições para existir como membresia; a fechada, muito mais rigorosa, geralmente exige conformidade política, religiosa ou racial para permitir sua membresia aos indivíduos. Outra questão é a da pluralidade na sociedade. Os que argumentam contra a pluralidade assim o fazem com base em diversos fatores, geralmente não preocupados com o que a pluralidade possa fazer pela coesão cultural da sociedade.

Embora não seja o propósito deste breve artigo comentar sobre suas conveniências ou não, há que se notar que muito da história da Igreja cristã tem sido identificada, de modos diversos, com sociedades fechadas e uniformes. Durante séculos, foram elas pequenas seitas*, como os grupos anabatistas* e dissidentes (não conformistas), cuja presença e teologia desafiavam o modelo predominante da sociedade cristã, que equiparava a sociedade organizada a uma forma particular de ordem eclesiástica (ver Cristandade*; Teologia Reformada*). A teologia cristã tem, em sua maior parte, deixado de buscar abordar tais conceitos. Não somente não mais são pertinentes a muita coisa do mundo moderno, como também correm o risco de vir a ameaçar alguns enfoques cristãos importantes. Apesar de a teologia cristã não contar com os recursos para produzir o projeto de uma sociedade cristã — mesmo a Igreja organizada, embora chamada a refletir sobre a descrição do NT do corpo de Cristo, não recebeu uma forma fixa de sua ordenação,

TEOLOGIA DAS IGREJAS AFRICANAS INDEPENDENTES

no NT —, oferece algumas perspectivas críticas extremas sobre diferentes espécies de sociedade. Tem sido rigorosa, por exemplo, em sua oposição a sociedades que excluem as pessoas com base em conceitos de raça, sexo ou crença religiosa. Uma ênfase, pelo contrário, é dada à dignidade de todos os indivíduos (ver Direitos Humanos*), assim como à necessidade de a sociedade ser organizada com base no reconhecimento, igualmente, dessa verdade. Do mesmo modo, o pensamento cristão, de modo geral, opõe-se a sociedades secretas ou organizadas com o fim de manter deliberadamente grande parte de seus membros no desconhecimento total das questões básicas que são propriamente os seus verdadeiros interesses. O comprometimento cristão à verdade e ao "segredo aberto" de Jesus Cristo constitui um motivo indiscutível para a franqueza, a honestidade e a responsabilidade. Além do mais, a crença cristã em Deus como o Único a quem todos nós, de modo igual e sem exceção, devemos prestar contas, bastaria para tornar vazias quaisquer alegações que se pudessem fazer para justificar a existência desse tipo de sociedades. Tentativas de deificar certas formas de sociedade são, ainda mais, uma inaceitável negação total da soberania* de Deus.

Assim, a crença cristã, adequadamente entendida com tal, tem como uma de suas finalidades reduzir ou eliminar iniciativas ou ações extravagantes nessa área e buscar humanizar, cada vez mais, a sociedade, mediante a afirmação inabalável de conceitos de inclu-são, participação e responsabilidade de todos em membresias e comunidades.

Ver também ESTADO; RELIGIÃO CIVIL.

Bibliografia
F. Catherwood, *A Better Way: The Case for a Christian Social Order* (Leicester, 1975; V. A. Demant, *Theology of Society* (London, 1947); T. S. Eliot, *The Idea of a Christian Society* (London, 1942); J. W. Gladwin, *God's People in God's World: Biblical Motives for Social Involvement* (Leicester, 1979); R. Niebuhr, *Moral Man and Immoral Society* (New York, 1934); A. Storkey, *A Christian Social Perspective* (Leicester, 1979); W. Temple, *Christianity and Social Order* (Harmondsworth, 1942); E. Troeltsch, *The Social Teaching of the Christian Churches,* 2 vols.(London, 1931); N. Wolterstorff, *Until Justice and Peace Embrace* (Grand Rapids, MI, 1982).

J.W.G.

TEOLOGIA DAS IGREJAS AFRICANAS INDEPENDENTES. Um aspecto notável do crescimento fenomenal do cristianismo na África, no século XX, foi a emergência das chamadas igrejas africanas independentes. Um levantamento realizado em 1968 identificou 6 mil dessas congregações, com uma membresia total de aproximadamente 10 milhões de pessoas, espalhadas por 34 países do continente africano, com a indicação de que seu número aumentaria muito mais. Uma mostra da importância dessas igrejas é que já podem ser consideradas como o quarto grande segmento cristão do mundo, ao lado das tradições católica, protestante e ortodoxa. Constituem, na maioria dos casos, resultado do desaparecimento das igrejas missionárias. Testificam da vitalidade de uma índole africana para a religião e da capacidade de adaptação de uma fé missionária às necessidades e situações próprias da África.

É bem verdade que nem todos os movimentos agrupados sob esse nome genérico podem ser qualificados como genuinamente formados por igrejas cristãs. Alguns não passam de agrupamentos religiosos não cristãos, que usam símbolos próprios do cristianismo ou que ensinam formas bastante heterodoxas do que consideram cristianismo. É inegável, todavia, que uma grande porção, se não a maioria deles, é composta de igrejas legitimamente cristãs, que revelam, em seus diferentes modos de adoração, uma consistente apreensão da fé cristã em termos africanos.

Quando da busca de uma lídima teologia cristã africana, na década de 1960, foi para as igrejas independentes que se voltaram alguns dos teólogos acadêmicos africanos, a fim de obterem sinais de um cristianismo autenticamente africanizado. Essas Igrejas, no entanto, têm pouca ou talvez nenhuma teologia explícita a oferecer. Demonstram, em vez disso, a disposição e o poder de uma fé cristã em que se acha indubitavelmente implícita uma teologia.

Apesar de revelarem alguma tendência para o uso de ritual e simbolismos remanescentes da prática de religião tradicional africana, essas igrejas manifestam, contudo, uma centralidade radical na Bíblia, indicando uma consciência de estarem em continuidade direta com os tempos proféticos e apostólicos e revelando sua expectativa de que o poder e os dons dos profetas* e apóstolos* encontramse, hoje, disponíveis para elas.

Esse biblicismo radical africano não deve, no entanto, ser confundido de modo algum com o fundamentalismo* típico de outros grupos cristãos. Esse posicionamento das igrejas africanas independentes não provém de "doutrina" alguma, concebida racionalmente a partir da inspiração das Escrituras; mas, sim, para suas congregações, é a própria Bíblia, lida no vernáculo, a palavra *viva* do Deus *vivo* e que, portanto, mostra categoricamente o seu poder *vivo* em experiência *viva*. Curas*, orientação profética, proteção contra os maus espíritos, revelação por meio de sonhos — estes são simplesmente os vários aspectos de uma ampla demonstração de que o Deus de Moisés, de Elias e de Paulo está disponível nos dias de hoje a todos aqueles que o invocam. Nesse sentido, as comunidades africanas ditas independentes têm sido comparadas aos grupos protestantes da Reforma Radical* europeia do século XVI, já tendo sido até chamadas, por alguns, de "os anabatistas* da África" moderna.

Uma vez que sua fé é validada mais em demonstração de poder* de Deus do que em uma articulação racional, algumas delas tendem a ser imprecisas em doutrinas como a da Trindade*. Um senso do senhorio absoluto de Jesus pode, em algumas delas, parecer obscurecer o Pai, enquanto, em outras, uma intensa consciência do poder do

TEOLOGIA DAS RELIGIÕES

Espírito Santo pode parecer obscurecer a pessoa de Cristo. Mesmo assim, vale questionar se a "distinção de pessoas" (ver Hipóstase*) na teologia cristã ocidental está mais próxima da revelação bíblica do que essa tendência das igrejas independentes de considerar a atividade das três Pessoas divinas em sua unidade e intercambialidade.

Das igrejas africanas independentes, enfim, pode-se dizer serem marcantes mais pela espiritualidade* do que por uma teologia; espiritualidade essa que, embora refletindo de certo modo o sentido espiritual da vida na cultura africana tradicional, transpõe a vida africana para uma nova "chave", mediante uma fé radical em Cristo.

Não se pode prever se todas essas igrejas continuarão satisfeitas com uma teologia apenas implícita. Algumas delas, como é o caso da Igreja Kimbanquist, no Zaire, membro do Conselho Mundial de Igrejas, já estabeleceram seus próprios currículos teológicos, com matérias similares às de escolas mantidas ou operadas por igrejas ligadas a missões. Outras, ainda, têm recebido assistência de igrejas missionárias no treinamento de seus líderes, ou participado de treinamento ecumênico para o seu ministério. Nesse processo, a espiritualidade peculiarmente africana dessas igrejas tem-se tornado a grande contribuição de sua parte para o surgimento de uma autêntica teologia cristã africana*, acima, inclusive, de barreiras denominacionais.

Bibliografia
David B. Barret, *Schism and Renewal in Africa: An Analysis of Six Thousand Contemporary Religious Movements* (Nairobi/ London, 1968); M. L. Daneel, *Towards a theologia africana?* The Contribuition of Independent Churches to African Theology, *Missionalia* 12 (1984), p. 64-89; G. M. Bengt Sundkler, *Bantu Prophets in South Africa* (London ²1961); *idem, Zulu Zion and some Swazi Zionists* (Uppsala/ London, 1976); Harold W. Turner, *History of an African Independent Church,* 2 vols. (Oxford, 1967); F. B. Welbourn & B. A. Ogot, *A Place to Feel at Home: A Study of Two Independent Churches in Western Kenya* (London, 1966).

K.Be.

TEOLOGIA DAS RELIGIÕES. Embora o cristianismo tenha estado em contato com outras religiões por toda a sua história, somente nos dois últimos séculos um conhecimento completo das grandes religiões não cristãs se tornou disponível ao mundo cristão. Com o crescente contato entre os adeptos de várias crenças religiosas e cristãs, o relacionamento entre o cristianismo e outras religiões e o posicionamento destas têm-se tornado, para muitos teólogos, questões importantes, que têm ocasionado o surgimento de diversas teologias da religião. Alan Race sugere a existência de três tipos principais de posicionamentos, ou correntes, nessas teologias: os inclusivistas, os pluralistas e os exclusivistas.

Os *inclusivistas* creem que Deus pode ser conhecido em qualquer das tradições religiosas do mundo, mas seu conhecimento pleno e completo somente é encontrado no cristianismo. Essa ideia do cristianismo como realização plena da busca do homem pela verdade tem

TEOLOGIA DAS RELIGIÕES

suas raízes na teologia do *Logos**, de Justino Mártir, apologista* cristão do século II, tendo sido revivida no século XIX por alguns dos fundadores dos estudos modernos da religião, como F. Max Muller (1823-1900). A posição é também claramente expressa na obra de J. N. Farquhar (1861-1929), missionário protestante liberal da Associação Cristã de Moços da Índia. Ainda, desde o Concílio Vaticano II (1962-1965), tornou-se popular entre alguns teólogos católicos, o mais famoso dos quais é Karl Rahner*. Muito embora obediente ao dogma católico de que não há salvação fora da Igreja, Rahner alarga o significado de Igreja*, para incluir aqueles que, dentro de religiões não cristãs, pertencem, no seu entender, espiritualmente, mas não de fato, à Igreja, e aos quais intitula "cristãos anônimos"*.

Os *pluralistas* creem também que Deus pode ser conhecido em qualquer das tradições religiosas do mundo; mas que cabe simplesmente ao cristianismo tomar seu lugar ao lado de outras religiões como um dos caminhos autênticos para Deus. Os primeiros protestantes liberais, como Troeltsch*, W. E. Hocking (1873-1966) e outros, viam isso como a única conclusão lógica do abandono da visão tradicional da revelação*. Entre os expoentes contemporâneos desse pensamento, estão John Hick*, Ninian Smart (1927-2001) e W. Cantwell Smith (1916-2000). Hick, *e.g.*, preconiza uma "revolução copérnica" na teologia, ou seja, exatamente como veio a ser aceita posteriormente a teoria de Copérnico de ser o Sol o centro do universo, assim também os homens e mulheres modernos teriam de aceitar ser Deus, e não o cristianismo, o centro do universo religioso, e que as pessoas, em toda parte, adoram o mesmo Deus, embora por meios de ideias e práticas diferentes. Os resultados evidentes da adoção de tal postura são: deixar de ser Cristo a figura central da revelação e a substituição da proclamação do evangelho pelo diálogo, como o modo mais apropriado para as relações inter-religiosas.

A visão dos *exclusivistas* é a de que há apenas um caminho para Deus e que esse caminho é encontrado tão somente no cristianismo. As religiões não cristãs seriam, desse modo, tentativas falsas de encontrar a Deus. Esta é, essencialmente, a visão cristã ortodoxa, sensivelmente desenvolvida no contexto da situação cristã moderna por autores como H. Kraemer*, J. H. Bavinck*, S. Neill (1900-1984), L. Newbigin (1909-1998) e J. N. D. Anderson (n. 1908). Provavelmente, a afirmação atual mais impressionante sobre esse tema foi feita por Karl Barth*, contrastando religião e revelação. Para ele, toda religião, incluindo o cristianismo, é, por definição, descrença, ou seja, uma busca inútil do homem por encontrar a Deus por meio de seus próprios recursos; enquanto a revelação contradiz todo esforço do homem e o lança de volta, absolutamente, para a graça de Deus em Jesus Cristo. Todos os exclusivistas compartilham dessa forte ênfase na centralidade e singularidade* de Jesus Cristo, em oposição aos inclusivistas, que tendem a uma concepção idealística de Cristo, e aos pluralistas, que abrem mão, além disso, da cristologia tradicional.

TEOLOGIA DAS VERSÕES BÍBLICAS

Ver também CRISTIANISMO E OUTRAS RELIGIÕES.

Bibliografia
J. N. D. Anderson, *Christianity and World Religions* (Leicester, 1984); K. Barth, *CD* 1.2; J. H. Bavinck, *The Church Between the Temple and the Mosque* (Grand Rapids, MI, n.d.); J. Hick & B. L. Hebblethwaite (eds.), *Christianity and Other Religions* (London, 1980); E. J. Hughes, *William Cantwell Smith: A Theology for the World* (London, 1986); P. Knitter, *No Other Name? A Critical Survey of Christian Attitudes towards the World Faiths* (London, 1985); L. Newbigin, *The Open Secret* (Grand Rapids, 1978); A. Race, *Christians and Religious Pluralism* (London, 1983); W. C. Smith, *The Meaning and End of Religion* (London, 1978); *idem, Towards a World Theology* (London, 1980).

D.A.Hu.

TEOLOGIA DAS VERSÕES BÍBLICAS. A tendência teológica de uma tradução das Escrituras resulta de um conjunto de fatores, alguns gerais e outros específicos.

Entre os fatores gerais, está a convicção dos tradutores, em primeiro lugar, de que a tradução se torna *necessária*, pois a mensagem bíblica é para ser transmitida não apenas em seus idiomas originais; em segundo lugar, a convicção de que a tradução é, sem dúvida, perfeitamente *possível*, porque o essencial nas Escrituras é o significado da mensagem bíblica, não sua forma gramatical, podendo qualquer idioma, em princípio, comunicar tal significado. Nem sempre têm os cristãos compartilhado com igual firmeza dessa convicção; mas é difícil traduzir a Bíblia sem possuir, de certo modo, essa ideia geral. A partir desses princípios básicos, os protestantes vêm também, tradicionalmente, chegando à conclusão, que é igualmente cada vez maior em outros ramos cristãos, de que a tradução da Bíblia deve ser, de preferência, diretamente acessível a todos os integrantes de determinada comunidade que fale aquele idioma, ou seja, que a Bíblia deve ser transmitida, o mais que se possa, na língua comunitária, falada por todo o povo.

Os fatores especiais que podem também influenciar a tendência teológica de uma tradução podem ser difíceis de estabelecer, por diversos motivos. Primeiramente, porque a tradução da Bíblia deve ser vista como um todo, não apenas mediante textos isolados. Por exemplo, há versões que não podem ser condenadas só porque, por exemplo, deixam de usar a palavra "virgem" em Lucas 1.27, para usá-la somente adiante, no v. 34. Em segundo lugar, a tradução em si é mais importante do que a tradição, a denominação, o grupo ou a teologia representada pelos tradutores, ou de que eles façam parte individualmente; mais ainda, especialmente, se trabalham como membros de uma equipe interdenominacional ou ecumênica. Em terceiro lugar, a posição teológica e o uso linguístico não devem ser confundidos: há versões da Bíblia teologicamente conservadoras, mas que são linguisticamente liberais.

A história da tradução da Bíblia é marcada por um movimento entre dois extremos: adaptar o significado do texto para adequá-lo à

1031   TEOLOGIA DAS VERSÕES BÍBLICAS

condição do leitor ou manter a estrutura gramatical do original em detrimento da clareza do significado. Ambos os extremos são aspectos superficiais, sob o ponto de vista teológico, quanto à mensagem das Escrituras.

As versões mais antigas das Escrituras foram provavelmente traduções orais em aramaico dos livros do AT. Foram ancestrais dos ainda existentes targuns, versões das Escrituras em aramaico, usadas nas sinagogas após o exílio babilônico, marcadas por propagação da moral, transposições alegóricas, o evitar o uso do nome de Deus e alguns anacronismos. Alguns desses aspectos são encontrados em grau menor na tradução grega do AT, a Septuaginta. Manuscritos dessa tradução foram depois afetados pela influência de copistas cristãos que tendiam a adaptar passagens originais do AT para formas secundárias com que são citadas no NT. A mesma tendência se percebe em versões siríacas posteriores, ao contrário das traduções siríacas mais antigas, que mostram que a autoridade do AT era maior que a do (ainda emergente) NT.

No Ocidente, as traduções do tipo *Vetus latina* se caracterizavam por literalidade excessiva, mas também por expressões vívidas e realistas. A Vulgata, de Jerônimo, planejada para ser uma revisão dessas versões latinas existentes, beneficiou-se do conhecimento de hebraico do tradutor, o que lhe proporcionou uma base mais firme para o entendimento dos originais judaicos. Já no século XVI, a Vulgata havia se tornado teologicamente influente como a Bíblia do Ocidente.

A tradução alemã de Lutero usou com proveito o renascimento na Europa dos estudos de grego antigo e hebraico. Foi basicamente escrita em uma linguagem comum, para pessoas comuns. Algumas vezes, tornou explícita, por ligeiro acréscimo, em alemão, uma informação antes implícita em grego (*e.g.*, "*somente* mediante a fé em Jesus", Gl 2.16).

Nos tempos modernos, a discussão da tradução das Escrituras tende a envolver dois temas principais. O primeiro é até que ponto as chamadas "palavras teológicas chaves" deveriam ser retraduzidas, já que, segundo se alega, termos tradicionais como "justificação"* geralmente não estão sendo mais entendidos. O segundo tema, mais diretamente teológico, é o da unidade e coerência interna da Bíblia, em suas diversas partes. Aqui a escolha fica entre a visão da Bíblia, de um lado, como tendente a minimizar as diferenças (*e.g.,* entre as formas do AT e NT do mesmo texto, ou entre passagens paralelas dos Evangelhos) e, de outro lado, a de fidelidade ao significado dos textos em particular, permitindo que cada parte das Escrituras fale com sua própria voz distintiva, fazendo a unidade da Bíblia emergir de um nível mais profundo.

Bibliografia

B. M. Metzger, *The Early Versions of the New Testament* (Oxford, 1977); F. Kenyon, *The Text of the Greek Bible* (London, 1975); C. Buzzetti, *La Parola Tradotta* (Brescia, 1973); W. Schwarz, *Principles and Problems of Biblical Translation* (Cambridge, 1955).

P.E.

TEOLOGIA DE MERCERSBURG

TEOLOGIA DE MERCERSBURG. Movimento cujo nome se deve à pequena cidade de Mercersburg, Pensilvânia, EUA, onde, no século XIX, funcionava a escola teológica da Igreja Reformada Alemã. Desde 1844, sob a direção de John W. Nevin (1803-1886), anteriormente teólogo presbiteriano da Old School [Antiga Escola] (ver Teologia de Princeton*), e Philip Schaff (1819-1893), jovem historiador alemão, a escola procurou proporcionar uma alternativa calvinista clássica para o que se percebia ser um declínio do calvinismo americano da Nova Inglaterra e de Princeton (ver Edwards, Jonathan*; Teologia da Nova Inglaterra*; Teologia Reformada*) para o subjetivismo reavivalista "puritano". Foi dada ênfase à teologia cristológica* ecumênica da Igreja antiga (ver Credos*), à importância da Igreja* institucional, com seus sacramentos*, ministério* e método catequético, e ao desenvolvimento orgânico dessa Igreja através da história.

Seu ímpeto teológico pode ser considerado como a contraparte americana do anglocatolicismo* da Inglaterra e do luteranismo* da "alta Igreja" da Alemanha no mesmo período, refletindo a mudança filosófica do subjetivismo de Kant* e de Schleiermacher* para as expressões históricas e corporativas da realidade de Hegel* e Ritschl*, que, na Alemanha, devem ser vistas tendo como pano de fundo o pietismo* evangélico.

A realidade da salvação pessoal veio a tornar substancialmente irrelevantes os interesses denominacionais, confessionais* e particularmente sacramentais para uma grande parte da piedade evangélica. Pelo que então se proclamava, o céu seria habitado por representantes de todas as confissões. A questão mais importante não era o batismo* ou participar da membresia de uma igreja, mas, sim, se o crente havia assumido um compromisso pessoal com Cristo. Embora despertamentos e reavivamentos dividissem as denominações, seus adeptos os consideravam como movimentos de unificação dos verdadeiros crentes. Não obstante, dentro do contexto americano, a multiplicidade de denominações parecia conflitar com a unidade experimentada nos despertamentos (ver Reavivamento*).

Várias foram as soluções apresentadas para essa tensão. Os teólogos de Princeton geralmente consideravam o calvinismo como a expressão mais consistente da teologia do reavivamento. Metodistas* e outros se expressavam de modo similar. Já outros (como a Igreja de Cristo, os adventistas e a Igreja dos Santos dos Últimos Dias; ver Seitas*) julgavam ser necessário repudiar todas as denominações existentes e "restaurar" a Igreja primitiva, sendo isso então possível por haver chegado a ocasião das bênçãos dos "últimos dias".

A resposta de Mercersburg foi considerar a Igreja Reformada como corporificação da Igreja protestante e ecumênica. Isso foi visto não como atitude sectária, mas, sim, uma expressão da Igreja em desenvolvimento, com suas raízes na história. Teve como consequência a recusa da experiência de conversão inovadora, em favor da instrução catequética (*Anxious Bench* [Membresia almejada], de Nevin), e uma ênfase sobre a presença real de Cristo na ceia do Senhor (ver Eucaristia*), em lugar do subjetivismo reavivalista (a visão de ceia do calvinismo americano se enfraquecera, de certo modo, em direção ao zuinglianismo* ingênuo, e o entendimento que Nevin teve da herança sacramental reformada foi mais acurado do que o de Charles Hodge*). Característica foi também a renovação do interesse na liturgia reformada e na natureza do ofício ministerial.

Seguindo a direção da investigação alemã sobre o calvinismo, Mercersburg concluiu que a falta de interesse do melanctonismo nos decretos divinos e na rejeição da reprovação (ver Predestinação*) eram mais típicos do calvinismo do que os direcionamentos da Nova Inglaterra e Princeton. Isso talvez tenha sido encorajado por considerar o movimento de Mercersburg haver feito o puritanismo* um mau uso da eleição.

Embora tenha apresentado abordagens úteis e corretivas em um período confuso da história da Igreja americana, o movimento não resultou em orientação duradoura. Sua postura ecumênica foi vista como demasiadamente simpática ao catolicismo romano, tendo deixado de dar uma liderança substancial dentro do cenário emergente da autoridade bíblica (ver Fundamentalismo*; Escritura*). Não obstante, questões a respeito do valor das confissões e sacramentos continuam na ordem do dia na multiforme comunidade evangélica americana, as respostas de Mercersburg podem ainda ser estudadas com proveito.

Bibliografia

J. H. Nichols, *Romanticism in American Theology* (Chicago, 1961);

idem (ed.), *The Mercersburg Theology* (New York, 1966).

D.C.D.

TEOLOGIA DE NEW HAVEN. Último estágio importante da teologia da Nova Inglaterra* (EUA), que começou com a obra de Jonathan Edwards*, e cujo nome deriva da localização da Divinity School (Escola de Teologia) da Yale College [Universidade de Yale) em New Haven, Connecticut. Foi o primeiro professor de Teologia desse seminário Nathaniel William Taylor (1786-1858), seu expositor mais influente.

A experiência pessoal de Taylor inclui diversas passagens de divergência na história teológica da Nova Inglaterra. Cresceu numa comunidade do chamado Antigo Calvinismo, que questionava as ideias rigorosas promovidas por Jonathan Edwards. Frequentou, então, a Universidade de Yale, onde um neto de Edwards, Timothy Dwight (1712-1817), era presidente. Dwight não somente era um indivíduo encantador e um teólogo sólido por seus próprios méritos, mas também ardente promotor de um reavivamento à moda de seu avô. Em sua atividade final, Taylor refletiria essa formação. Era cauteloso quanto às soluções calvinistas* (ou agostinianas*) tradicionais para problemas como a natureza da pecaminosidade, a capacidade inata da vontade humana e o caráter da justiça divina; também além de ser fervorosamente comprometido com o reavivamento e a reforma social.

A obra teológica de Timothy Dwight ajudou a preparar o caminho para Taylor. A preocupação de Dwight com o reavivamento o levou

TEOLOGIA DE PRINCETON

a enfatizar mais intensamente do que o havia feito Edwards a capacidade humana natural de responder ao evangelho. Seus esforços por defender a fé razoavelmente deram às suas ideias um tom mais racionalista do que eram as de seu famoso avô.

Taylor, primeiramente como pastor da destacada Igreja Congregacional em New Haven e depois professor de Teologia em Yale, envolveu-se em demoradas polêmicas, tanto com o emergente grupo unitarista* como com calvinistas mais conservadores do que ele próprio. Embora se considerasse sucessor de Edwards, foi mais longe ainda que Dwight em modificar as ideias do precursor, especialmente quanto à natureza humana. Ficou mais conhecido por seu argumento de que as pessoas detinham um "poder para o contrário" quando defrontadas com a escolha por Deus. Afirmava, ainda, que a pecaminosidade humana surgiu de atos pecaminosos, não da natureza pecaminosa herdada de Adão*. Todos pecaram, sustentava Taylor, mas isso não foi resultado da ação predestinadora de Deus, tampouco da imputação da culpa de Adão.

Um dos fatos que pode explicar as convicções teológicas de Taylor é haver se impressionado muito com a filosofia escocesa do senso comum*. Todavia, diferentemente dos calvinistas presbiterianos do Seminário de Princeton, em Nova Jersey, que usavam a filosofia escocesa, principalmente, como guia para o método teológico, Taylor tornou a concepção escocesa de "senso moral" interior em um aspecto crítico de sua ética*. Para ele, a liberação intuitiva desse "senso moral" — por exemplo, que a vontade teria um poder autodeterminante — constituía uma demonstração teológica conclusiva.

A teologia de New Haven tornou-se um poderoso fator de reavivamento e reforma ao ser assumida por ativistas como Lyman Beecher (1775-1863), amigo de Taylor. Beecher e outros reavivalistas de igual pensamento aplicaram seus princípios na evangelização do oeste dos Estados Unidos e na promoção de uma reforma moral no país. Essa teologia, que remontava suas origens a um calvinista dos tempos coloniais, Jonathan Edwards, exerceu, afinal, maior influência na América que basicamente havia deixado de lado as primitivas convicções calvinistas de seus ancestrais puritanos.

Ver também TEOLOGIA DA NOVA INGLATERRA; TEOLOGIA DO REAVIVAMENTO.

Bibliografia

F. H. Foster, *A Genetic History of the New England Theology* (Chicago, IL, 1907); B. Kuklick, *Churchmen and Philosophers: From Jonathan Edwards to John Dewey* (New Haven, CT, 1985); S. E. Mead, *Nathaniel William Taylor: A Connecticut Liberal* (Chicago, IL, 1942); N. W. Taylor, *The Moral Government of God* (New York, 1859).

M.A.N.

TEOLOGIA DE PRINCETON. Expressão importante do calvinismo conservador (ver Teologia Reformada*) nos Estados Unidos durante os séculos XIX e XX, essa teologia deveu sua força à notável série de teólogos que ensinaram no seminário presbiteriano de Princeton,

TEOLOGIA DE PRINCETON

Nova Jersey, assim como à importância dessa instituição em sua denominação e em todo o país. Os teólogos mais importantes de Princeton foram Archibald Alexander (1772-1851), professor fundador da escola, Charles Hodge*, que lecionou para mais de 3 mil estudantes em seus cinquenta anos como professor de Princeton, e Benjamin Breckinridge Warfield*, que sustentou as posições da Antiga Princeton durante um período de enfraquecimento da influência evangélica. A eles estava ligado um exército de figuras igualmente importantes, entre as quais o filho de Hodge, Archibald Alexander Hodge (1823-1886), dois filhos do primeiro Archibald Alexander, James Waddel (1804-1859) e Joseph Addison (1809-1860), e o erudito e apologista de Novo Testamento J. Gresham Machen*.

Os teólogos de Princeton sustentavam o confessionalismo reformado, defendiam conceitos elevados de inspiração e autoridade da Bíblia, tinham seu pensamento organizado com ajuda da filosofia escocesa do senso comum* e conferiam espaço surpreendentemente grande para o papel do Espírito Santo na experiência religiosa. Os teólogos da Antiga Princeton eram zelosos guardiões das visões calvinistas de preeminência divina na salvação, a unicidade tanto da humanidade na culpa de Adão quanto dos eleitos na obra de Cristo e a incapacidade moral dos seres humanos sem a graça de Deus. Sustentaram essas posições contra o romantismo* e o racionalismo europeus, as formas de subjetividade americanas, os excessos do reavivalismo entusiástico, todas as variedades de liberalismo* teológico e o perfeccionismo* evangélico. Uma das posições reformadas que a escola sustentou mais obstinadamente foi a da infalibilidade* da Bíblia. Foi tema central na apologética de Alexander, fundamento essencial na *Systematic Theology* [Teologia Sistemática] de Charles Hodge, assim como em polêmica que manteve pela *Princeton Review*, e sustentáculo na posição que Warfield defendeu em inúmeros ensaios no final do século XIX. Conhecida monografia sobre "inspiração", feita por Warfileld e A. A. Hodge, em 1881, resumia a posição de Princeton: a crença histórica da Igreja na infalibilidade verbal da Bíblia deveria ser mantida, não somente por causa de comprovação externa do caráter divino das Escrituras, mas também pelo próprio testemunho que a Bíblia dá de si mesma.

Os princípios da filosofia escocesa do senso comum ofereceram orientação para os teólogos de Princeton em sua organização do material escriturístico e abordagem à teologia. Refletiam nisso o ensino de dois presidentes da Princeton College [Universidade de Princeton) nascidos na Escócia, John Witherspoon (1723-1794) e James McCosh (1811-1894), cuja obra influenciou de forma direta ou indireta todos os principais teólogos de Princeton.

No Seminário de Princeton, a filosofia escocesa não constituiu propriamente um guia de convicção a respeito dos poderes naturais do "senso moral", como era o caso entre os calvinistas da Nova Inglaterra*. Em vez disso, forneceu confiança na ciência empírica e nos procedimentos indutivos simples,

TEOLOGIA DIALÉTICA

pelos quais se esquematizaria o curso teológico. A abertura da *Systematic Theology* de Charles Hodge proporciona a mais clara ilustração desse compromisso de procedimento. Mas, mesmo adotando os padrões científicos da filosofia escocesa, Princeton sempre reteve grande espaço para as influências distintamente espirituais. Seus principais teólogos foram todos excelentes pregadores. Embora não confiassem em um reavivalismo irrestrito, trabalhavam pela renovação da Igreja. Charles Hodge, especialmente, em seus comentários e alguns artigos de polêmica, pôde abordar de maneira tocante a obra interior do Espírito Santo quanto qualquer de seus contemporâneos.

Os teólogos de Princeton materializaram suas crenças em instituições poderosas. Seu seminário preparou mais ministros do que qualquer outra instituição similar nos Estados Unidos, durante o século XIX. A *Princeton Review* e periódicos que a sucederam foram órgãos de imprensa denominacionais dos mais influentes em todo o país. Sua universidade foi sempre uma força a ser respeitada na denominação, não somente quando suas posições dominaram segmentos significativos da Igreja, mas, até mesmo, quando seus pontos de vista se tornaram uma posição calvinista minoritária.

Críticos dos teólogos de Princeton os acusam de racionalismo escolástico e biblicismo mecânico. Embora essas alegações possam conter uma pequena fração da verdade, a grande realidade é que os teólogos da Antiga Princeton foram fiéis representantes do calvinismo histórico, que adotaram sua posição confessional de modo enérgico para poderem atender às necessidades e oportunidades da experiência americana.

Bibliografia

C. Hodge, *Retrospect of the History of the Princeton Review, Biblical Repertory and Princeton Review*. Index Volume, no. 1 (1870), p. 1-39; A. W. Hoffecker, *Piety and the Princeton Theologians: Archibald Alexander, Charles Hodge, and Benjamin Warfield* (Phillipsburg, NJ, 1981); T. M. Lindsay, *The Doctrine of Scripture: The Reformers and the Princeton School*, The Expositor, Fifth Series, Vol. 1, ed. W. Robertson Nicoll (London, 1895), p. 278-293; M. A. Noll (ed.), *The Princeton Theology 1812-1921: Scripture, Science, and Theological Method from Archibald Alexander to Benjamin Warfield* (Grand Rapids, MI, 1983); J. C. Vander Stelt, *Philosophy and Scripture: A Study in Old Princeton and Westminster Theology* (Marlton, NJ, 1978); J. D. Woodbridge & R. Balmer, *The Princetonians and Biblical Authority, in: Scripture and Truth*, eds. Woodbridge & D. A. Carson (Grand Rapids, MI, 1983).

M.A.N.

TEOLOGIA DIALÉTICA. Desenvolveu-se como reação ao protestantismo liberal, assim como ao racionalismo, que havia levado os eruditos a supor que um tratado sobre Deus poderia ser resumido em sentenças proposicionais lógicas. A teologia dialética foi introduzida pelo comentário sobre Romanos de Karl Barth* (Der Römerbrief, 1919) e desenvolvida em

TEOLOGIA DIALÉTICA

uma colaboração entre Barth, E. Brunner*, R. Bultmann* e Friedrich Gogarten (1887-1967), sendo intimamente associada à neo-ortodoxia*, porque seus principais proponentes poderiam ser classificados sob essa categoria.

Essa teologia deve mais a S. Kierkegaard* do que a G. W. F. Hegel*, não devendo ser confundida com a filosofia dialética e racional de Hegel, na qual tese e antítese levam à síntese. A dialética de Kierkegaard é existencial*, começando com o indivíduo se defrontando com as oportunidades da existência. A teologia dialética aprende de Kierkegaard a afirmar a distinção qualitativa e infinita entre Deus e a humanidade, entre eternidade e tempo, infinito e finito. São esses contrários que os teólogos dialéticos expõem, juntamente com um modo absolutamente paradoxal* em Jesus Cristo. Não há uma síntese mais elevada que os dois lados, porque os dois permanecem em tensão criativa.

Essa dialética se reflete no encontro humano com Cristo nos dias de hoje: presos pelo tempo, podemos, não obstante, encontrar o Jesus histórico em cada momento presente, mediante a fé. Além disso, o encontro com Jesus é, tanto agora como depois, um só em julgamento e misericórdia. O mesmo evento ou parábola faz precipitar tanto a fé quanto a rejeição. Em Jesus, podem ser vistos tanto o *não* de Deus para a autoconfiança humana ou pecado e seu *sim* à fé e à aceitação da graça divina. Eis por que essa teologia é, algumas vezes, chamada de "teologia da crise". O conhecimento de Deus depende de encontro pessoal, o sujeito divino relacionando-se com o sujeito humano. Isto traz o reconhecimento de que Deus está tão além de qualquer ser ou coisa comumente conhecidos que somos obrigados a falar a seu respeito de um modo que parece contraditório. É como se houvesse dialética no próprio Deus, em seu modo de relacionar-se com o mundo, e, portanto, necessariamente, em nosso modo de falar sobre ele.

Essas novas ideias se espalharam rapidamente na Alemanha e na Suíça, sendo publicadas no periódico *Zwischen den Zeiten* [Entre os tempos], que passou a ser editado por Barth, Gogarten e Eduard Thurneysen (1888-1974) em 1922, quando esses teólogos pareciam ter um só pensamento, uniforme. Contava entre seus primeiros colaboradores com Bultmann e Brunner. Sua publicação cessou no outono de 1933, quando se tornou evidente que Barth e Gogarten haviam desenvolvido suas teologias de tal modo diferentes que um pensamento único sobre o assunto não poderia mais ser sustentado.

Friedrich Gogarten foi pastor luterano alemão, que ensinou mais tarde em Jena e Göttingen. Inspirado por Lutero*, sustentava tão firmemente o princípio da justificação* pela fé que chegou à conclusão de que os cristãos eram livres para viver no mundo sem precisarem se justificar a si mesmos por boas obras — uma ênfase na secularização, que mais tarde se tornaria influente. Além disso, influenciado pelo existencialismo* e defendendo a demitificação de Bultmann (ver Mito*), Gogarten recusou as tentativas de se tratar a história sagrada como se fossem

TEOLOGIA DISPENSACIONALISTA

1038 ▪

fatos objetivos. Era de opinião que a fé deveria se centrar nos propósitos salvadores das atividades de Cristo *a nosso favor* e que a certeza histórica podia ser perfeitamente obtida quando alguém encontrava Cristo por meio do querigma* ou pregação. Esses seus dois conceitos o levaram a uma terceira afirmação: de que o homem "é capaz de visualizar a história somente do ponto de vista de sua própria responsabilidade por ela" (F. Gogarten, *Demythologizing and History* [Demitificação e história], London, 1955, p. 19). Gogarten considerava necessário desenvolver a ética secular com base na "ordem da criação". Foi essa última tendência antropocêntrica ou subjetiva, juntamente com sua voluntariedade em cooperar com a Igreja cristã alemã pró-nazista, que finalmente levou Barth a romper com ele.

O pensamento dialético continuou a ser importante na teologia de todos os seus principais proponentes, mas, enquanto Barth e Brunner enfatizavam o pólo objetivo da revelação dada por Deus, Bultmann e Gogarten enfatizavam sua apreensão subjetiva. Outras diferenças mostrariam que o consenso inicial a respeito do que se deveria rejeitar não levou a um acordo posterior a respeito do que afirmar.

Bibliografia
A. I. C. Heron, *A Century of Protestant Theology* (Guildford, 1980); J. Macquarrie, *Twentieth-Century Religious Thought* (London, 1963); S. P. Schilling, *Contemporary Continental Theologians* (London, 1966); J. D. Smart, *The Divided Mind of Modern Theology* (Philadelphia, 1967).

C.A.B.

TEOLOGIA DISPENSACIONALISTA.
O dispensacionalismo se baseia na ideia de que a interatividade de Deus com os homens tem ocorrido no decorrer de "períodos de tempo bem definidos" (Chafer), chamados "dispensações", em cada um dos quais Deus revela determinado propósito a ser cumprido, a que os homens têm respondido com fé ou incredulidade. Os dispensacionalistas negam ensinar mais do que um único modo de salvação, admitindo apenas que o conteúdo da fé varia de acordo com a revelação dada em cada dispensação. O apoio escriturístico é encontrado em passagens que distinguem, e.g., entre eras passadas (e.g., Ef 3.5; Cl 1.26), a presente (e.g., Rm 12.2; Gl 1.4) e a vindoura (Ef 2.7; Hb 6.5); especialmente. no uso de *aiōnas*, como em Hebreus 1.2 e 11.3. Os dispensacionalistas diferem na identificação das dispensações, mas de modo geral pode-se distinguir: a dispensação da inocência (Adão antes da queda); da consciência (de Adão depois da queda a Noé); da promessa (de Abraão a Moisés); da lei mosaica (de Moisés a Cristo); da graça (atual, do Pentecoste ao vindouro arrebatamento); e a do milênio*. A distinção entre Israel* e a Igreja (exceto na dispensação da graça) é, nesse caso, crucial. A sistematização da teologia dispensacionalista moderna deve muito a J. N. Darby* e à Bíblia de Referência Scofield (1909, do congregacionalista americano Cyrus I. Scofield, 1843-1921).

Seu princípio hermenêutico* básico é o da interpretação literal, sem eliminar símbolos, figuras de linguagem e tipologia, mas insistindo em que, do começo ao fim, "a

TEOLOGIA DO ANTIGO TESTAMENTO

realidade do significado literal dos termos envolvidos" é determinante (Ryrie, *Dispensationalism Today*, p. 87). Assim, por exemplo, a promessa de um reino terreno, dada a Israel como nação, deverá ser cumprida literalmente, em um reino futuro e milenar (como analogia do cumprimento literal das promessas messiânicas relativas a Jesus). Os dispensacionalistas aceitam que os judeus crentes, como indivíduos, têm seu lugar reservado na Igreja ainda durante a dispensação da graça, mas as promessas feitas à semente natural de Abraão esperam, para o cumprimento, o retorno pré-milenar de Cristo e sua Igreja. Terá início, então, a dispensação em que serão concedidas as bênçãos materiais prometidas a Israel — e que serão características, mas não com a exclusão da dimensão espiritual.

Alguns detalhes são motivos de disputa entre os dispensacionalistas, entre os quais o número e as designações das dispensações e o ponto em que teve início a dispensação da graça. O ponto de vista mais extremado é o de E. W. Bullinger (1837-1913), que afirma haver a era da Igreja começado com o ministério de Paulo após Atos 28.28, sustentando que as epístolas de Paulo escritas na prisão são as únicas Escrituras dirigidas *primordialmente* à Igreja, assim como negando que o batismo nas águas e a ceia do Senhor tenham sido instituídos para esta era. Há menos desacordo quanto ao *terminus ad quem* da dispensação da graça, embora alguns creiam que o arrebatamento da Igreja (e seu término) acontecerá no final, e outros, nos meados, da grande tribulação.

Ver também: Escatologia.

Bibliografia

L. S. Chafer, *Systematic Theology*, 8 vols. (Dallas, TX, 1947); A. H. Ahlert, A Bibliography of Dispensationalism, *BS*, *passim* (1944-1946); C. C. Ryrie, *Dispensationalism Today* (Chicago, 1965); E. Sauer, *From Eternity to Eternity* (Exeter, 1954); J. F. Walvoord, *The Millenial Kingdom* (Findlay, OH, 1959).

H.H.R.

TEOLOGIA DO ANTIGO TESTAMENTO. Por duzentos anos, "teologia bíblica" tem sido a expressão aplicada a um método novo e independente de abordar a Bíblia na pesquisa teológica. Desde o discurso de Johann Philipp Gabler, *On the Proper Distinction Between Biblical and Dogmatic Theology and the Specific Objectives of Each* [Sobre a distinção apropriada entre Teologia Bíblica e Dogmática e os objetivos específicos de cada uma delas], na aula inaugural da Universidade de Altdorff, Suíça, em 30 de março de 1787, essa nova disciplina bíblica tem florescido.

Contudo, apesar da volumosa bibliografia e dedicado empenho de duzentos anos, a teologia bíblica tem produzido pouca ou praticamente nenhuma resposta conclusiva. Nesse sentido, a teologia do AT é uma disciplina em busca de uma definição, uma metodologia, um centro ou motivo organizador e de posição permanente no currículo de Teologia.

Gabler (1753-1826) foi o primeiro a fazer face teoricamente à maioria das questões que, na época, traziam problemas para a erudição teológica do AT. Desenvolveu um

TEOLOGIA DO ANTIGO TESTAMENTO

programa com os seguintes passos: 1) coleta de todas as ideias-chave a partir do *corpus* bíblico, com base em cuidadosa exegese do texto; 2) organização dessas ideias de acordo com os períodos históricos de que procediam; 3) eliminação de todas as palavras e ideias condicionadas historicamente, que refletissem o tempo e a situação específicos em que foram escritas; 4) concentração sobre as ideias e palavras que expressassem verdades eternas e noções ou conceitos universais; 5) organização das ideias universais e eternas de cada uma das eras bíblicas em uma teologia da Bíblia.

Gabler enfatizou tão fortemente uma estrita ordem histórica que seu exemplo tendeu a empurrar essa disciplina emergente na direção da história da religião e de uma tarefa puramente descritiva. As teologias do AT dos cinquenta anos seguintes, no entanto, demonstraram uma tendência racionalista. Entre seus autores, estão homens como C. F. Ammon (1792), G. L. Bauer (1796), G. P. C. Kaiser (1813), L. F. O. Baumgarten-Crusius (1828), C. P. W. Gramberg (1829) e D. C. von Cölln (1836). Perto do final desse período, impôs-se a influência do filósofo Hegel* (que em sua filosofia da religião relegou Israel a um mero ponto no desenvolvimento do cristianismo) e a do teólogo Schleiermacher* (que enfatizava os sentimentos religiosos e o aspecto subjetivo da religião).

Esses movimentos não ficaram sem interrupções esporádicas, pois, na metade do século XIX, entrou em sua discussão uma série de teólogos conservadores do AT, como E. W. Hengstenberg (1829-1835), G. L. Oehler (1845, 1873), H. A. C. Hävernick (1848), H. Ewald (1871), J. C. (1843-1844), J. L. S. Lutz (1847), M. Baumgarten (1843-1844), Franz Delitzsch (1881, etc.) e C. F. Keil (1853). Não obstante, no final daquele século, a teologia do AT do tipo "história da religião"* voltava a ganhar posição dominante no campo, principalmente sob a influência exercida pela obra *Prolegomena to the History of Israel* [Prolegômenos à história de Israel] (1878), de Julius Welhausen.

Foi somente após a Primeira Guerra Mundial que a disciplina foi capaz de se livrar suficientemente dessa influência para vir a experimentar combinações com o existencialismo* e a neo-ortodoxia*. A "era dourada" da teologia do AT, daí resultante, foi marcada por duas obras monumentais, de W. Eichrodt (1933) e G. von Rad (1957, 1962). Entre esses dois gigantes, apareceram ainda L. Köhler (1936), P. Heinsch (1940), M. Burrows (1946), Th. C. Vriezen (1949), O. Procksch (1950), G. E. Wright (1952), P. Imschoot (1954, 1956), E. Jacob (1955), E. J. Young (1958), G. A. F. Knight (1959) e J. B. Payne (1962).

A teologia do AT, no entanto, não desapareceu na era pós-von Rad, como alguns haviam predito, mas, pelo contrário, acelerou sua atividade e diversidade. Em uma década, apareceram nada menos que onze novas teologias do AT: as de G. E. Wright (1970), M. G. Cordero (1970), C. K. Lehman (1971), G. Fohrer (1972), J. L. McKenzie (1974), D. F. Hinson (1976), W. Zimmerli (1978), W. C. Kaiser Jr. (1978), C. Westermann (1978), R. E. Clements (1978) e S. Terrien (1978).

Apesar de toda essa atividade, W. Brueggemann concluiu: "É evidente que a organização de uma teologia do AT é atualmente uma questão inteiramente aberta e não resolvida" (*CBQ* 47, 1985, p. 28). A ideia predominante na erudição do AT era preferir o novo paradigma* de uma dialética para organizar a variedade de materiais do AT. Consequentemente, na tentativa de ir além do que muitos consideram como o totalitarismo da busca por um centro, ou *Mittelpunkt,* para a teologia do AT (*e.g.,* Eichrodt), ou da tendência para o historicismo de uma história das religiões ou a abordagem de tradições (*e.g.,* Von Rad), alguns têm experimentado o uso de uma abordagem dialética. Desse modo, cada uma das bipolaridades de "bênção/libertação", "estética/ética", "cósmico/teológico" e *"Grosskult/Kleinkult"* ("muita cultura/pouca cultura") foi estabelecida, respectivamente, por C. Westermann, S. Terrien, P. Hanson, e R. Albertz (W. Brueggemann, *JSOT* 18, 1980, p. 2-18; *idem, CBQ* 47, 1985, p. 28-46; ver também J. Goldingay, *VT* 34, 1984, p. 153-168).

Contudo, a função da teologia do AT não é meramente confessional ou descritiva (B. S. Childs, *HBT* 4, 1982, p. 1-12) ou dialética. Enquanto a teologia do AT continuar a ser usada no singular, deve ser sistemática (R. P. Knierim, *HBT* 6, no. 2, 1984, p. 47-48), "porque teologia, por definição, tem que ver com a ordenação sistemática do pensamento, envolve comparação e contraste, o relacionamento de um entendimento ou prática com outro entendimento ou prática, e a avaliação crítica de vida, pensa-

mento e etos à luz das afirmativas feitas, dentro da tradição, quanto à verdade e ao significado fundamental de tudo" (W. Harrelson, *HBT* 6, no. 1, 1984, p. 60-61). Harrelson continua: "A exigência então para que algumas modalidades qualitativas e quantitativas da relação de Javé com a realidade se mostrem centrais e abrangentes, assim como capazes de o pensamento crítico as reconhecer como centrais e abrangentes, *resulta desse entendimento da teologia como trabalho sistemático*" (grifos do autor).

Como contribuição a essa busca de um paradigma organizador, deveríamos instar a todas as futuras teologias do AT a que tomem uma forma "diacrônica". Isso significa examinar o AT em sua sequência cronológica e histórica por épocas, tendo ao mesmo tempo um "ponto focal", deduzido indutivamente, que fornecerá o centro organizador para o qual o escritor do texto bíblico contribuiu, implícita ou conscientemente, quando o texto emergiu de uma ideia gérmen para um conceito plenamente desenvolvido.

O melhor exemplo para argumentação a favor de um "ponto focal" derivado textualmente é aquele ao qual o NT se referirá posteriormente como "promessa" (*epangelia*; ver W. J. Beecher, *The Prophets and the Promise* [Os profetas e a promessa], Grand Rapids, MI, 1963, p. 175-194), mas que o AT conhecia sob uma constelação de termos (F. R. McCurley Jr., *Lutheran Quarterly* 22, 1970, p. 402, n. 2) e uma rede de aspectos entrelaçados. A "promessa", em geral, encontrava-se mais ou incluída no conteúdo de pactos ou como complemento de um fato revelador.

TEOLOGIA DA EVANGELIZAÇÃO

A "promessa" era a palavra da bênção de Deus destinada a ser ou fazer alguma coisa por seu povo Israel e, por meio disso, a ser ou fazer alguma coisa por todos os demais povos da terra (Gn 12.3). Durante uma dezena de períodos do AT, o "juramento", ou "promessa", "palavra dada", declaração de Deus, continuou a ser revelado, com variedade e especificações cada vez maiores. As eras seguintes mostraram as seguintes ampliações do tema: 1) prolegômenos à promessa: bênção (Gn 1.22,28; 8.17; 9.1,7), semente (Gn 3.15), raça (Gn 9.27) e evangelho (Gn 12.3); 2) era patriarcal: três aspectos básicos da promessa, a saber, herdeiro (Gn 12.7; 13.14-16; 15.4), herança (Gn 12.1,7; 3.15,17; 15.7,8,18; 17.8; 24.7; 26.3,4; 28.13-15) e legado de boas-novas (Gn 12.3; 18.18; 22.18; 26.4; 28.14); 3) era mosaica: o povo da promessa, uma nação santa (Êx 4.22; 19.5) e um sacerdócio real (Êx 19.6); 4) era pré-monárquica: lugar da promessa: lugar de descanso (Nm 10.33; Dt 28.65; Js 21.44,45); 5) era monárquica: o rei da promessa, sucessor de Davi (2Sm 7.12,14) e herdeiro de sua "dinastia" (2Sm 7.11,19,25-27,29), e o "reino" (2Sm 7.12,13,16), como "promessa" eterna (2Sm 7.13,16,24,25,26,29); 6) era da sabedoria: vida na promessa, que se baseia no "temor do Senhor" (Pv 1.7,29; 2.5; 8.13; 9.10; 10.27; 14.26,27; 15.16,33; 16.6; 19.23; 22.4; 23.17) e conduz a uma viva existência, em conformidade com o caminho estabelecido pela lei do Senhor (Pv 2.19; 5.6; 10.17; 15.24), e a alcançar sabedoria (Pv 1.7, 29; 2.5; 8.13; 15.33); 7) profetas do século IX a.C.: o dia da promessa (Jl 3.2,12, Ob 15); 8)

os profetas do século VIII a.C.: o servo da promessa (Is 41.8; 43.5; 44.3; 45.19,25; 48.19; 53.10; 54.3; 59.21; 61.9; 65.9,23; 66.22); 9) profetas do século VII a.C.: a renovação da promessa (Jr 31.31-34); 10) profetas do século VI a.C.: o reino da promessa (Dn 2.34,44,45; 7.13,14; Ez 37.7-30); 11) profetas pós-exílio: o triunfo da promessa (Is 14).

Bibliografia

B. S. Childs, *Biblical Theology in Crisis* (Philadelphia, 1970); W. Dyrness, *Themes in Old Testament Theology* (Downers Grove, 1979); J. Goldingay, *Theological Diversity and the Authority of the Old Testament* (Grand Rapids, MI, 1987); G. Hasel, A Decade of Old Testament Theology: Retrospect and Prospect, *ZAW* 93 (1981), p. 165-183); J. Hayes & F. Prussner, *Old Testament Theology Its History and Development* (Atlanta, GA, 1985); W. C. Kaiser Jr., *Toward an Old Testament Theology* (Grand Rapids, MI, 1978); E. A. Martens, *Plot and Purpose in the Old Testament* (Leicester, 1981); J. Sandys-Wunsch & L. Eldredge, J. P. Gabler and the Distinction Between Biblical and Dogmatic Theology: Translation, Commentary and Discussion of His Originality, *SJT* 33 (1980), p. 133-158; J. D. Smart, *The Past, Present and Future of Biblical Theology* (Philadelphia, 1979).

W.C.K.

TEOLOGIA DA EVANGELIZAÇÃO.

A teologia da evangelização deve emergir do ambiente original em que a palavra foi usada. O verbo grego *euangelizesthai* significa "anunciar boas-novas", sendo

1043 — TEOLOGIA DA EVANGELIZAÇÃO

encontrado 52 vezes no NT. O substantivo *euangelion*, portanto, significa "boas-novas". Ocorre 72 vezes no NT, especialmente em Paulo. O substantivo *euangelistës*, significando "evangelista", aparece somente três vezes (At 21.8; Ef 4.11; 2Tm 4.5).

Evangelização é, desse modo, "compartilhar ou anunciar boas-novas". Como tal, não pode ser definido em termos de métodos em particular; os métodos podem variar amplamente, desde, tão somente, que o seu estilo seja adequado à mensagem a ser proclamada (2Co 2.17; 4.2,5). Tampouco o evangelho deve ser definido em termos de bons resultados. O NT mostra que, onde quer que o evangelho seja proclamado, alguns responderão com arrependimento e fé, e outros o rejeitarão (*e.g.*, At 17.32-34; 2Co 4.3,4).

Recentes debates têm surgido a respeito do alcance das boas-novas. Todos concordam em que a mensagem central é a da salvação* em Jesus Cristo (At 8.35; Rm 1.1,3); ocorrem, porém, diferenças sobre o que é essencial e secundário na explanação da salvação. A evangelização tem sido tradicionalmente endereçada a indivíduos, estando relacionada exclusivamente ao perdão dos pecados. Mas os Evangelhos apresentam a evangelização também no contexto de inauguração do reino de Deus* (*e.g.*, Mc 1.14,15; Lc 4.18,19), argumentando alguns, por isso, ser integral a dimensão social do evangelho. Assim, enquanto enfatizam alguns o interesse de Deus em criar uma nova comunidade, outros argumentam que não pode haver uma separação entre a evangelização, em sentido estrito, e uma ampla ação social. Ainda outros, por motivos similares, argumentam que a proclamação das boas-novas de Jesus não deve ser meramente verbal, mas acompanhada de sinais e maravilhas que testemunhem do poder de Deus e da derrota do inimigo (Mc 16.15-18; At 2.22,43; 4.30; 5.12; 6.8; 14.3; 1Co 4.20).

A teologia da evangelização diz respeito também aos motivos para a evangelização. Entre os principais, identificados na Bíblia, encontram-se os de: proclamação da glória de Deus; obediência à comissão de Cristo (Mt 28.19-20); gratidão pela graça de Deus, preocupação pelo destino dos incrédulos.

O Congresso de Lausanne* sobre Evangelização do Mundo (1974) foi concorde na seguinte afirmação:

"Evangelizar é espalhar as boas-novas de que Jesus Cristo morreu por nossos pecados e ressuscitou dentre os mortos, de acordo com as Escrituras, e que, como Senhor reinante, ele agora oferece o perdão de pecados e a liberação do dom do Espírito a todos os que se arrependem e creem. Nossa presença cristã no mundo é indispensável para a evangelização, assim como toda espécie de diálogo cujo propósito seja ouvir com sensibilidade, a fim de entender. Mas a evangelização em si é a proclamação histórica e bíblica de Jesus Cristo como Salvador e Senhor, com a visão de persuadir as pessoas a vir a ele, pessoalmente, e ser assim reconciliadas com Deus. Ao fazermos o convite do evangelho, não temos o direito de esconder o preço do discipulado. Jesus chama a todos que o seguem para negarem-se a si mesmos, tomarem sua cruz e se

TEOLOGIA DO NOVO TESTAMENTO

identificarem com sua nova comunidade. Os resultados da evangelização incluem obediência a Cristo, incorporação à sua Igreja e serviço responsável no mundo".

Ver também CONTEXTUALIZAÇÃO; MISSIOLOGIA.

Bibliografia
J. D. Douglas (ed.), *Let the Earth Hear His Voice* (Minneapolis, MN, 1975); M. Green, *Evangelism in the Early Church* (London, 1970); J. I. Packer, *Evangelism and Sovereignty of God* (London, 1961); J. R. W. Stott, *Christian Mission in the Modern World* (London, 1975); D. Watson, *I Believe in Evangelism* (London, 1976).

D.J.T.

TEOLOGIA DO NOVO TESTAMENTO.
É de origem relativamente recente como matéria reconhecida dentro dos estudos teológicos.

1. História
A disciplina de Teologia do Novo Testamento surgiu no começo do século XIX, basicamente como resultado da influência do Iluminismo* nos estudos bíblicos. (Uma obra em alemão, em quatro volumes, de G. L. Bauer [1800-1802], foi, ao que tudo indica, a primeira teologia do NT.) A teologia bíblica* havia se originado anteriormente, na ortodoxia protestante do século XVII, como ajuda à dogmática* (teologia sistemática*), por apresentar as passagens bíblicas dando suporte às várias doutrinas da Igreja e, depois, no pietismo*, para renovar a teologia e a vida da Igreja, por purgar suas formulações doutrinárias do que se considerava

como elementos especulativos e filosoficamente estranhos.

No contexto do Iluminismo, contudo, a teologia bíblica assumiu posição radicalmente diferente (como na aula inaugural que fez época, proferida por J. P. Gabler, sobre a diferença entre teologia bíblica e dogmática, 1787). O comprometimento fundamental do Iluminismo era com a autonomia da razão humana ("homem, a medida de todas as coisas"). Isso envolvia a rejeição da inspiração verbal e da autoridade definitiva da Bíblia, que deveria ser tratada como qualquer livro de origem puramente humana, sujeito ao então emergente método "crítico histórico" de interpretação (ver Crítica Bíblica*). Essa negação da inspiração significaria, posteriormente, que não mais poderia ser mantida a integridade canônica das Escrituras (*cf.* a influente obra de muitos volumes de J. S. Semler sobre a "investigação livre" do cânon, 1771-1775). Consequentemente, era cada vez mais questionada a unidade do AT e NT, e a busca por uma teologia bíblica, no sentido de uma teologia única de toda a Bíblia, deu lugar à consideração de cada Testamento separadamente. Foi assim que a teologia do NT, como disciplina específica, nasceu.

A negação da inspiração verbal inevitavelmente levou à disjunção entre revelação* (verdade) e a Bíblia, pois o que os autores humanos ensinam não pode simplesmente ser igualado com a palavra de Deus. Desse modo, a teologia do NT logo percebeu que tinha de se distinguir a tarefa *descritiva* — o que é que os vários autores do NT de fato ensinam e querem que seja

1045

TEOLOGIA DO NOVO TESTAMENTO

crido? — da tarefa *normativa* — o que é, afinal de contas, que deve ser ensinado e crido hoje?. Consequentemente, a teologia do NT se caracteriza em todo o século XIX como um empenho contínuo por assegurar a validade e autoridade permanente do NT. A posição de F. C. Baur (1792-1860; ver Escola de Tübingen*) é uma tentativa especialmente intrépida de unir as tarefas descritiva e normativa em uma só: o NT, analisado como abrangendo, de modo claro, pontos de vista teológicos contraditórios em seu âmago (cristianismo judaico-petrino em conflito com gentílico-paulino), documenta o avanço do "espírito" (*Geist*) para a liberdade da autoconsciência; o cristianismo é uma religião absoluta porque, particularmente em sua história inicial, com Jesus e Paulo, corporifica uma manifestação ímpar do absoluto.

Esse ponto de vista foi ligado à metafísica especulativa de Hegel*, incluindo a visão dialética da história, e sua influência direta decaiu gradativamente. Quase ao final do século XIX, a teologia do NT tornou-se em grande parte uma disciplina puramente descritiva. A abordagem predominante era a de identificar o "conceito doutrinário" principal (*Lehrbegriff*) de cada autor do NT e, então, observar as similaridades e diferenças entre eles. A tendência dessa abordagem foi a de chegar à conclusão, semelhante à de Baur (*e.g.*, H. J. Holtzmann [1832-1910], em 1897), de que o NT é marcado por teologias que competem entre si ou, pelo menos, entram em conflito. O elemento normativo se localizou quase invariavelmente no ensino de Jesus (reconstituído principalmente com base em Marcos), o qual, a despeito da aplicação dos princípios de crítica histórica quanto à distância histórica entre o intérprete e o texto, acabou parecendo um mestre tão suspeito quanto um moralista neokantiano (ver Liberalismo Alemão*).

Um ensaio de Wilhelm Wrede (1859-1906) sobre a tarefa e os métodos da teologia do NT (1897) mostrou ser extremamente importante, esclarecendo de modo convincente o caminho que a teologia do NT havia preferido percorrer desde o Iluminismo, moldando assim o curso de seu desenvolvimento subsequente, no século, até aquele instante. Para Wrede, a designação de "teologia do NT" seria totalmente incorreta (o título do ensaio se refere à "chamada teologia do NT"), pois o NT não é um registro de reflexões teológicas abstratas, mas de religião viva; não contém conceitos doutrinários variados sobre fé, esperança, amor, etc., mas, sim, expressa a crença, a esperança e o amor *real* de seus escritores. Além disso, seria arbitrário restringir a atenção ao NT como se fora a uma coletânea completa ou fechada de textos. A canonicidade é uma imposição subsequente aos documentos do NT, que, na verdade, são fragmentos literários sobreviventes do cristianismo primitivo e pertencem a um só conjunto de obras, juntamente com outra primitiva literatura cristã (ver Pais apostólicos*) assim como com escritos religiosos não cristãos de sua época. Wrede era um propugnador da abordagem do tipo "história das religiões". Esta representava uma aplicação rigorosa do método

TEOLOGIA DO NOVO TESTAMENTO

histórico autônomo, que procurava explicar exaustivamente a origem do cristianismo em termos de fatores religiosos e culturais já existentes no mundo mediterrâneo do século I. Wrede insistia, assim, em que, se a teologia do NT permanecesse fiel às suas raízes iluministas, deveria ser uma disciplina exclusivamente descritiva, com uma abordagem puramente histórica. Segundo ele, ao voltar para o seu aspecto normativo as preocupações de uma afirmação de fé moderna (teologia sistemática), a teologia do NT acabaria por falsificar sua tarefa.

A resposta mais significativa e influente ao desafio de Wrede foi a de Bultmann*. Afirma ele que a tarefa de um intérprete é entender melhor um autor que o próprio autor. Essa postura hermenêutica*, nesse caso, dá surgimento a uma distinção entre o que os escritores do NT *disseram* e o que eles *quiseram dizer*. De modo diverso, frequentemente um ensino autocontraditório no NT enfoca a pessoa e a atividade de Jesus dispostas em linguagem e conceitos de uma visão mítica* do mundo desde muito superada. Mas a *intenção* (demitificada) desse ensino — dar expressão à liberdade contingente do homem, à abertura da existência humana à experiência de transcendência e à existência escatológica autêntica, efetivada na cruz por Jesus — é inteiramente relevante para o homem moderno e as preocupações da fé cristã contemporânea. A teologia do NT de Bultmann (1948-1953) representa o empenho em fazer jus plenamente às exigências de uma abordagem puramente histórica, mas de tal modo que, sem comprometer a reconstituição histórica

autônoma, a coloque a serviço de uma interpretação do NT que tenha algo a dizer ao momento presente.

O projeto de Bultmann tem sido contestado, particularmente, por estar a sua interpretação do NT (demitificação) muitíssimo dependente das categorias do existencialismo* moderno. A obra de O. Cullmann (1902-1999) exemplifica o pólo oposto, de reação a Bultmann. Embora creia que tanto Jesus como os apóstolos erroneamente esperassem seu retorno iminente, Culllmann sustenta que os vários escritores do NT compartilham a mesma visão básica da salvação histórica* e que essa perspectiva é, em grande parte, diretamente aplicável ao presente.

Contudo, a busca por uma teologia única e unificada do NT tem basicamente sido abandonada como demonstrativamente insustentável. A tônica recai sobre o NT abranger (ter "canonizado") divergências doutrinárias e tensões teológicas, nas quais o tênue fio de ligação é a continuidade entre o Jesus histórico e o Cristo exaltado (*e.g.*, E. Käsemann*, J. D. G. Dunn).

Fora da tradição crítica histórica dominante, as obras sobre teologia do NT são poucas e relativamente recentes. Isso, em grande parte, é devido à influência persistente e difundida da ideia, originária do Iluminismo, de que para reconhecer o condicionamento histórico dos documentos bíblicos é necessário negar sua inspiração verbal. G. Vos* liderou a contestação efetiva a essa ideia e ao dilema que propõe, esboçando e desenvolvendo uma teologia bíblica estabelecida na premissa da inspiração verbal e na unidade canônica das Escrituras. As principais teologias do NT nessa tradição são as de G. E. Ladd (1974) e D. Guthrie (1981). A discussão que se segue é confinada a essa abordagem da teologia do NT.

2. Estrutura e conteúdo

A teologia do NT, importante divisão da teologia bíblica, pressupõe, nessa tradição, a origem inspirada verbalmente e a unidade canônica do NT. Essas pressuposições, por sua vez, são confirmadas no desenvolver dessa abordagem, que é a de apresentar o presente ensino no NT como um todo.

Diversos fatores servem para tornar nítida a tarefa:

a. Revelação progressiva. A Bíblia não se originou em uma só unidade, como manual doutrinário ou de ética. Pelo contrário, sendo composta de diversos gêneros literários, é um registro da história da revelação especial* de Deus, história da qual sua própria produção (escrituração; ver Escritura*) é uma parte. Essa longa história começa bem no início de tudo, no jardim do Éden, e, após a queda*, prossegue como atividade redentora* contínua de Deus, acompanhada por sua própria palavra, atestadora e interpretativa, principalmente em seu trato pactual* com Israel, até sua culminação na pessoa e obra de Cristo. A revelação bíblica, então, é essencialmente redentora ou histórico-pactual, e a preocupação da teologia bíblica é investigar e explanar essa historicidade progressiva e o caráter diferenciado da revelação especial.

b. O ponto final da revelação. A preocupação do NT não é tanto com o processo da revelação como o é com o ponto final desse processo. Pelo contrário, o desenvolvimento contínuo e progressivo é marca estrutural do AT. A diferença se reflete na observação de que o AT é escrito no espaço de aproximadamente mil anos e cobre um período consideravelmente mais longo, enquanto o NT é completado em período um pouco maior do que o de uma geração e enfoca o ministério de Jesus e suas consequências históricas imediatas. Além disso, na visão da natureza escatológica* desse ministério, assim como no enfoque do NT sobre ele, o próprio NT marca o ponto final escatológico do processo de revelação (*cf.* Hb 1.1,2, em que, seguindo o processo contínuo de revelação no antigo pacto, em "muitas vezes e de muitas maneiras", o Filho é a revelação final de Deus, "nestes últimos dias"). Isso não significa negar um elemento de progressão na revelação do NT (o ministério de João Batista → o ministério terreno de Jesus → a fundação da Igreja). Essa progressão é, na verdade, básica para a mensagem do NT; o evangelho permanece ou decai na sequência histórica, a partir da humilhação (sofrimento e morte) até a exaltação (ressurreição e ascensão) de Cristo. Mas o desenvolvimento dentro dessas fases básicas não é realçado, e é difícil estabelecer um padrão detalhado de modo convincente, especialmente quanto à Igreja apostólica. Os escritores do NT estão mais preocupados, cada qual a seu modo, com a realidade da morte e ressurreição de Cristo, juntamente com seu futuro retorno, quando da consumação da história redentora. A atenção deles se centra, de modo variado, nesse

TEOLOGIA DO NOVO TESTAMENTO

grande e complexo evento e em suas implicações para a vida da Igreja no mundo. Quanto ao registro do ponto final histórico-redentivo, o NT é basicamente um composto de testemunhos de Cristo (inspirados verbalmente), a partir de uma perspectiva pós-ressurreição; o NT é um testemunho diverso e essencialmente sincrônico do Jesus crucificado e agora exaltado.

c. Jesus e os escritores do NT. O ensino de Jesus não é um cânon dentro do cânon, como se o seu ensino, por causa de sua obra e pessoa incomparáveis, fosse, de alguma forma, a expressão mais pura e profunda da verdade no NT em relação ao ensino mais periférico e menos importante dos apóstolos*. O relacionamento entre Jesus, incluindo seu ensino, e os apóstolos (e outros escritores do NT) é "em geral aquele entre o fato a ser interpretado e a interpretação subsequente do fato" (G. Vos, *Biblical Theology* [Teologia bíblica], p. 325). A unidade orgânica do NT é tal que o ensino de Jesus e os ensinos dos apóstolos são incompletos e até mesmo ininteligíveis se inteiramente separados um dos outros. Esses últimos são a amplificação e a expressão necessárias do primeiro, especialmente se se encontram em uma perspectiva pós-exaltação; o primeiro ensino constitui a indispensável pressuposição e a raiz deles.

d. Unidade e diversidade. É essencial a avaliação do quanto de diversidade inconfundível há no ensino do NT. Essa diversidade não diz respeito simplesmente ao ângulo relacional, humano e histórico do NT, em contraste ou mesmo em tensão com sua uni-

dade ou sua divindade (revelação, verdade, validade permanente), de alguma forma presentes dentro da diversidade. A diversidade resulta em parte, certamente, da autoria humana múltipla do NT, mas procede, sobretudo e mais propriamente, da singular origem divina do NT (*cf.* 1Ts 2.13, em que Paulo diz aceitarem os irmãos o seu ensino, indelevelmente marcado, como era, por sua própria personalidade e capacidades, "não como a palavra de homens, mas conforme ela verdadeiramente é, como palavra de Deus"). Analisar a diversidade do NT não é, portanto, ocupar-se tão somente de sua humanidade, mas estar diretamente envolvido na variada riqueza da revelação de Deus. É errônea a tendência de se suprimir ou ignorar a particularidade histórica do ensino do NT e tentar harmonizá-lo ou unificá-lo prematuramente, talvez por um temor, motivado apologeticamente, de que afirmar a diversidade poderia relativizar ou, até mesmo, minar sua unidade. Essa tendência presta um sério desserviço ao NT, pois acaba obscurecendo "a multiforme [múltipla, multifacetada; *polypoikilos*] sabedoria de Deus" (Ef 3.10). A unidade do NT é unidade na diversidade; ou melhor, refletindo a Pessoa do próprio Deus, é unidade *como* diversidade.

e. Método analítico ou temático? Há dois modos básicos de apresentar a teologia do NT: em termos de ensino específico e talvez distintivo, por sua vez, de cada um dos vários escritores; ou em termos de temas principais do ensino do NT como um todo. Nenhum desses métodos exclui os outros. A abordagem temática deveria levar

1049 TEOLOGIA DO NOVO TESTAMENTO

em consideração as contribuições específicas de cada autor; a abordagem analítica deveria mostrar os inter-relacionamentos e a coerência entre os vários grupos de escritos. Na totalidade, contudo, o método analítico é preferível por, pelo menos, dois motivos: 1) salvaguarda a devida atenção à diversidade do NT, que a abordagem temática tende a minimizar; 2) torna a teologia do NT mais útil do que o faz o método temático à teologia sistemática, que em sua abordagem tópica (temática) unificadora tem de levar em conta não somente o ensino do NT, mas também o do AT, assim como os desenvolvimentos na história da doutrina. A teologia temática do NT pode facilmente se tornar competitiva com a teologia sistemática, confundindo, assim, a tarefa total da teologia da Igreja.

f. Teologia analítica do NT. Em um breve esboço, essa teologia começaria pelo ministério e pregação pré-ascensão de Jesus, como apresentado nos quatro evangelhos. Os Evangelhos, para sermos exatos, não são registros imparciais, como crônicas; foram escritos a partir da tendência da fé em Cristo (*e.g.*, Jo 20.31-21.25) e à luz de sua exaltação, refletindo cada um deles circunstâncias e preocupações da Igreja pós-ascensão. Dentro das narrativas, provavelmente não seja possível distinguir cada instância da atividade editorial dos evangelistas. Lucas pretende que seu evangelho seja lido como uma narrativa de "tudo o que Jesus começou a fazer e a ensinar" (At 1.1) *antes* da ascensão, e os outros evangelistas parecem ter tido essa mesma intenção quanto às respectivas descrições (*cf.* Mc 1.1; Jo 20.30,31; 21.25). Os Evangelhos, portanto, apresentam-se como narrativas dignas de confiança do ministério terreno de Jesus, diferente da situação da Igreja pós-ascensão.

De acordo com os Evangelhos sinópticos, o tema central da proclamação de Jesus é o reino de Deus*: o reino é o governo salvador e abrangente de Deus sobre a criação (Mt 28.18) que finalmente chega, como cumprimento das promessas do AT (Mt 13.16,17; Lc 10.23,24; Mc 1.15), na pessoa e obra de Jesus, o Messias (Mt 16.16; Mc 8.29; Lc 9.20). Essa ordem escatológica, relativa à vinda de Cristo, é não apenas presente (Mt 11.11,12; Lc 16.16; Mt 12.28; Lc 11.20), mas também futura, ou seja, tanto imediatamente (Mt 4.17; 16.28; Mc 9.1; Lc 9.27) como indefinidamente (Mt 8.11,12; Lc 13.28.29; Mt 25.31-34, 41). No evangelho de João, o vocabulário do reino retrocede (mas ver 3.3, 5; 18.36), estando o foco desde o princípio sobre Jesus como o Filho de Deus (1.34,49; 3.16-18) e sobre sua obra como resultado de sua pessoa. Isso se apresenta, principalmente, sob a forma de discursos mais longos, em que Jesus apresenta a salvação como componente essencial do seu ser, tal como a vida, a luz e a verdade (6.35; 8.12,32; 11.25; 12.35,36,46; 14.6; *cf.* 1.4,5,7-9,14,17).

O eixo entre Jesus* e Paulo* compõe o âmago substancial da teologia do NT. Paulo "nada mais faz do que explicar a realidade escatológica, que, no ensino de Cristo, é chamada de reino" (H. Ridderbos, *When the Time Had Fully Come* [Quando o tempo chegar plenamente], Grand Rapids, MI, 1955,

TEOLOGIA DO PROCESSO

48-49). Quanto a Jesus, em Paulo, o reino de Deus é a grande realidade escatológica, tanto futura (1Co 6.9-10; Gl 5.21) como presente (Rm 14.17; 1Co 4.20), mas referências explícitas ao reino não são, relativamente, muito frequentes. O foco de Paulo, pelo contrário, está na morte e ressurreição de Cristo (At 17.2,3; 1Co 15.3,4), sendo o clímax das narrativas dos quatro evangelhos e que é antecipado pelo próprio Jesus como o ponto crítico da vinda do reino (Mt 16.21-28; Mc 9.1,31; Lc 18.31-34). A morte e a ressurreição de Jesus inauguram a era vindoura/a nova criação escatológica, que envolve a presente era/ antiga criação, até seu retorno (*e.g.,* Rm 12.2; 1Co 1.18—2.9; 10.11; 2Co 5.17; Gl 1.4; Ef 2.1-10). Esse cumprimento escatológico é realizado na Igreja pela presença do Espírito Santo (Rm 8.23; 2Co 1.22; 5.5; Ef 1.14), como o correlato do Cristo exaltado (Rm 8.9-10; 1Co 15.45b; 2Co 3.17,18), sendo ainda explanado por meio de temas de maior importância, como reconciliação (2Co 5.10-6.2; Cl 1.19-23), justiça* (Rm 1.17—6.23; Gl 2.16—3.22), adoção (Rm 8.14-30; Gl 3.23—4.7) e Espírito Santo* (Rm 8.1-17; 2Co 3.3-18; Gl 5.16-26).

Os outros escritos do NT compartilham desse foco sobre o ambiente escatológico da morte e ressurreição de Cristo (At 2.14-36; Hb 1.2; 9.26; Tg 5.3; 1Pe 1.20; 2Pe 3.3; 1Jo 2.18; Jd 18; Ap 1.1-7), convergindo de modos variados e, por vezes, distintivos para o eixo principal Jesus-Paulo da teologia do NT.

Bibliografia

História: H. Boers, *What Is New Testament Theology?* (Philadelphia, 1979); R. Bultmann, *Theology of the New Testament,* vol. 2 (London/New York, 1955); L. Goppelt, *Theology of the New Testament* (Grand Rapids, MI, 1981); D. Guthrie, *New Testament Theology* (Leicester, 1981); G. Hasel, *New Testament Theology: Basic Issues in the Current Debate* (Grand Rapids, MI, 1978); G. E. Ladd, *A Theology of the New Testament* (Grand Rapids, MI, 1974); R. Morgan, *The Nature of the New Testament Theology* (London, 1973).

Estrutura e conteúdo: D. Guthrie, *New Testament Theology* (Leicester, 1981); A. M. Hunter, *Introducing New Testament Theology* (London, 1957); G. E. Ladd, *A Theology of the New Testament* (Grand Rapids, MI, 1974); H. Ridderbos, *The Coming of the Kingdom* (Philadelphia, 1962); *idem, Paul. An Outline of His Theology* (Grand Rapids, MI, 1975); G. Vos, *Biblical Theology* (Grand Rapids, MI, 1948); *idem, The Pauline Eschatology* (Grand Rapids, MI, 1953).

R.B.G.

TEOLOGIA DO PROCESSO. Sistema teológico desenvolvido com base na filosofia de Alfred North Whitehead e Charles Hartshorne. Seu nome deriva do princípio central do pensamento de ambos esses filósofos de que a realidade é um processo de se tornar, não um universo estático de objetos. Daí provém um conceito singular tanto de Deus quanto do homem e, por conseguinte, uma teologia completa.

Whitehead (1861-1947) deu início em 1925 a uma série de publicações, que culminaram com sua obra *Process and Reality* [Processo e realidade] (1929). Nela, desenvolve um sistema metafísico* original,

1051 TEOLOGIA DO PROCESSO

baseado na primazia dos eventos. A noção de eventos reúne em uma só as noções, antes separadas, de espaço, tempo e matéria, como indicado pela física de Einstein. Esses eventos (que Whitehead chama de "ocasiões reais") são os átomos do cosmo. Cada átomo é um ponto no processo, que toma do passado e incorpora novas possibilidades em um novo evento, o qual, por sua vez, contribui para o evento futuro. O princípio mais elevado nesse processo é o da criatividade. Ele produz novidade continuamente, em um avanço criativo que maximiza o bem.

Hartshorne (1897-2000), começando com diversas de suas obras principais na década de 1940, desenvolveu uma teologia filosófica do processo completa, detalhando, especialmente, um conceito pleno de Deus.

Esses conceitos foram alvo de uma elaboração extensiva, nas décadas subsequentes, por teólogos e filósofos como John Cobb (n. 1925), David R. Griffin (n. 1939), Schubert Ogden (n. 1928), Daniel Day Williams (1910-1973), Lewis Ford (n. 1933), nos Estados Unidos, e Norman Pittenger (1905-1997) na Inglaterra, para mencionarmos apenas alguns.

A maior parte da teologia do processo se baseia no teísmo* do processo. De acordo com Whitehead, Deus é o exemplo primacial das verdades metafísicas, assim como aquele que dá a direção inicial de cada evento. Assim, nem a natureza geral da realidade nem as livres ações da história* podem ser compreensíveis sem ele.

A visão do processo de Deus tem sido descrita como panenteís-

mo*. Difere do teísmo ao identificar Deus e o universo, mas difere também do panteísmo* em ver Deus como mais do que o universo, ou existindo além dele. Hartshorne e Ogden usam a analogia da relação de uma pessoa com seu corpo: "Eu sou meu corpo, mas sou mais do que ele".

Em Whitehead e Hartshorne, a existência de Deus é exigida por dois fatores diferentes, que produzem um conceito bipolar. Deus, em sua natureza "primordial", eterna e absoluta como mente, contribui com novos alvos ou possibilidades para cada evento que acontece. Em sua mudança "consequente" e natureza crescente, Deus experimenta fisicamente o processo, conhecendo-o e amando-o. Mas essa experiência envolve uma relação ou união real, de modo que o processo cósmico é Deus.

Para Whitehead, Deus é concebido como de si mesmo e como evento único, que, em um ato, abrange o processo todo. Mais recentemente, John Cobb e outros desenvolveram uma visão de Deus como um ser igual a uma pessoa humana, a saber, uma série de eventos abrangentes, identificados por características comuns que continuam em transição.

A doutrina de Cristo (ver Cristologia*) tem-se revelado um problema difícil para os teólogos do processo. Cada evento na história é atividade de Deus, estando inserido em si mesmo. Nesse sentido, toda ocasião é uma encarnação*, e, portanto, nenhum evento isolado pode ser assim exclusivo. Além disso, segundo suas ideias, o verdadeiro Deus não pode determinar eventos. Como resultado, nenhum

TEOLOGIA DO PROCESSO

1052

evento é somente resultado da ação de Deus, e, portanto, a divindade de Cristo é impossível em qualquer sentido estrito.

As cristologias do processo, como em David Griffin, Norman Pittenger e Lewis Ford, geralmente tentam mostrar que a vida de Cristo era a de Deus, no sentido de que foi vivida em total obediência, a saber, que Cristo seguiu perfeitamente o "chamariz" de Deus. Outros podem ter feito isso em um grau também elevado, mas, em Cristo, a obediência foi tão completa que veio a inaugurar uma nova subjetividade total e um novo modo de vida humano.

O resultado da vida e morte de Cristo foi a emergência de uma nova espécie de comunidade, a Igreja*. Este é o significado da ressurreição*: o nascimento do Corpo de Cristo. Ford vê isso como um importante passo na evolução humana. O homem é, a partir de então, radicalmente diferente.

Acrescente-se a isso a ideia de que o Espírito Santo* deve ser entendido como a contribuição de Deus aos objetivos iniciais, e conclui-se que a teologia do processo é unitarista*, e não trinitariana.

O caráter duplo de todos os eventos, tanto os encarnacionais como os autônomos, define a visão de revelação* dos teólogos do processo. Como todos os eventos, incluindo as ações humanas, recebem seu desígnio inicial em Deus, são cada qual uma revelação do seu caráter. Como resultado, a distinção tradicional entre revelação geral e especial desaparece. Existe somente revelação especial: os atos conscientes, diretos e intencionais de Deus. Cada evento, no entanto, tem essa qualidade.

Por outro lado, sendo cada evento autodeterminado em sua realidade, Deus não pode assegurar que qualquer revelação verdadeiramente o represente. O futuro nunca é conhecido, mas sempre livre e aberto. Até que o evento a si mesmo se decida, não possui realidade alguma e não pode ser predito, nem mesmo por Deus. Consequentemente, a revelação não pode ser inerrante. Algumas expressões podem ser mais características do que outras, mas nenhuma pode ser garantida como verdadeira.

A hermenêutica* é vista como uma tentativa de remontar ao processo da revelação para descobrir o fator de "atração", o "chamariz" original de Deus. Assim, contém tanto componentes objetivos como subjetivos, sendo possível somente com a interação do leitor.

Os aspectos gerais da filosofia do processo implicam uma visão do homem muito próxima, se não idêntica, à de Heidegger, Bultmann* e outros existencialistas*. Odgen tem sido a principal figura no desenvolvimento desse ponto. Para ele, uma pessoa é uma série de eventos separados. Cada detalhe é autônomo não somente em relação a todos os outros da mesma série, mas também quanto a Deus; é autodeterminante. Assim também, depende de sua própria decisão existencial: "Eu sou o que eu estou agora decidindo ser".

Como resultado, a atividade redentora de Deus consiste em sua prontidão de aceitar o mal passado, transformá-lo em bem e continuar a atrair cada indivíduo em direção a uma aceitação auto-autenticadora, de valor verdadeiro. A salvação de uma pessoa consiste em seu

TEOLOGIA DO PROCESSO

reconhecimento de deslealdade à "comunalidade" (Ford, Cobb e Griffin) e em sua espontânea aceitação da atração de Deus para ser membro do Corpo de Cristo.

A capacidade do Deus no processo para preservar cada evento como "objeto eterno" acrescenta uma dimensão escatológica* a esse sistema teológico. Não somente o conhecimento contínuo de Deus preserva a realidade (em um sentido subjetivo) de cada ocasião, mas o seu uso do passado na apresentação de novas possibilidades para o futuro também dá significado aos eventos anteriores. Ogden e outros têm usado esse conceito de Whitehead como um modo de decifrar a ideia bíblica da vida eterna e do céu. Nada é esquecido ao amor de Deus, tudo é preservado e continua a afetar o futuro de maneira significativa. Deve ser observado, contudo, que não se trata de uma continuação pessoal consciente e que seja universal em sua aplicação.

Ford, Cobb e outros têm feito muito para desenvolver também uma escatologia geral. Resulta de sua visão da Igreja como emergência de um estado mais elevado da evolução humana (ver Criação*). Esse entendimento permite olhar em direção ao tempo em que os objetivos de Deus finalmente vencerão os eventos individuais maus e produzirão verdadeira comunidade de amor e paz. Hartshorne enraíza essas ideias na visão bíblica do amor como verdadeira união.

Há entre os teólogos do processo ampla diversidade quanto à preocupação de preservar um cristianismo bíblico. Alguns, como Lewis Ford e católicos romanos, mostram forte desejo de permanecerem escriturísticos, mas a maioria está preocupada somente em permanecer dentro de uma tradição amplamente implícita. Outros, como Hartshorne, estão impressionados com os muitos enfoques semelhantes ao do processo existentes no budismo*, assim como em outras religiões, e explicitamente têm rejeitado algumas ideias cristãs em favor delas. Consequentemente, a resposta evangélica à teologia do processo tende a ser bem variada.

De modo geral, no entanto, diversas falhas importantes podem ser indicadas nessa teologia. Primeiramente, sua metafísica geral que nega a visão bíblica da criação* e providência*, com sua distinção radical entre o Criador infinito e o cosmo finito. Alguns, como Hartshorne, têm argumentado que a visão cristã tradicional não é propriamente hebraica, mas grega, e que deve ser rejeitada. Outros têm tentado modificar Whitehead, para permitir a distinção. Em segundo lugar, sua visão universal da encarnação tem impedido qualquer conceito ontológico, mais do que funcional, da divindade de Cristo. Impede também qualquer visão judicial ou verdadeiramente redentora da salvação. Finalmente, a hermenêutica da teologia do processo elimina qualquer conceito de inerrância (ver Infalibilidade*). Deus não pode produzir qualquer evento, nem suas palavras poderiam ter puramente um significado objetivo (Hartshorne).

Bibliografia
D. Brown, R. E. James, G. Reeves (eds.), *Process Philosophy and Christian Thought* (Indianapolis,

TEOLOGIA DO REAVIVAMENTO

IN, 1971); J. Cobb & D. R. Griffin, *Process Theology: An Introductory Exposition* (Philadelphia, 1976/Belfast, 1977); L. Ford, *The Lure of God* (Philadelphia 1978); D. R. Griffin, *A Process Christology* (Philadelphia, 1973); C. Hartshorne, *Man's Vision of God and the Logic of Theism* (Chicago, 1941); S. Ogden, *The Reality of God* (London, 1966); Norman Pittenger, *The Word Incarnate* (New York, 1959); S. Sia, *God in Process Thought* (Dordecht, Netherlands, 1985); A. N. Whitehead, *Process and Reality* (London, 1929).

Resposta: R. Gruenler, *The Inexhaustible God* (Grand Rapids, MI, 1984).

W.D.B.

TEOLOGIA DO REAVIVAMENTO. Reavivamento, no sentido em que a teologia protestante vem empregando o termo há mais de duzentos e cinquenta anos, significa um despertamento de Deus no seio de seu povo, tocando os corações e aprofundando sua obra de graça em suas vidas. É, essencialmente, uma ocorrência corporativa, um revigoramento dos indivíduos, não isoladamente, mas em conjunto. "Avivar", "vivificar", "renovar" "reviver" são alguns dos verbos usados, nas diversas versões da Bíblia, em passagens diversas, para se referir a tal processo de reanimação espiritual (e.g., Sl 85.6; Hc 3.2). "Ressurreição", porém, seria certamente o termo mais adequado para descrever, de modo geral, seu resultado. A Reforma Protestante na Europa, o Reavivamento Evangélico na Inglaterra, o primeiro e segundo Reavivamentos nos Estados Unidos, o Reavivamento de 1904-1905 no País de Gales, o Reavivamento na África Ocidental, além de movimentos similares em outros países e continentes, podem ser citados como exemplos. Nos Estados Unidos, o uso mais estrito do termo "reavivamento" para tal movimento evangelístico concentrado, assim como do termo "reavivalista" para seus adeptos e, sobretudo, seu líder, surgiu, principalmente, com o ministério de Charles G. Finney*, que ele expôs em sua brilhante e ainda influente obra *Lectures on Revivals of Religion* [Estudos sobre reavivamento religioso] (1835).

Um padrão periódico de reavivamento aparece em várias descrições de movimentos espirituais e suas antecipações por toda a Bíblia. Em sua forma neotestamentária, pode-se percebê-lo nas narrativas de evangelização e vida da Igreja primitiva em Atos, bem como nas condições espirituais que as cartas apostólicas refletem ou procuram promover. No reavivamento, assim se afirma, Deus como que desperta e vem ao encontro de seu povo, no sentido de tornar sua santa presença mais forte e intensa (Sl 80; Is 64; Zc 2.10; *cf.* Hc 3; 1Co 14.24,25), de tal modo que sua realidade se revela inescapável, e a ignomínia, a culpa, o autodesmerecimento e a impureza, causados pelo pecado, tornam-se mais nitidamente constatáveis (At 2.37, *cf.* 5.1-11). O evangelho do amor redentor e o livre perdão mediante a cruz são novamente valorizados como as boas-novas, tornando-se vivos e vigorosos os atos e gestos de arrependimento com que os crentes se descartam de seus pecados (confissão a Deus, renúncia

TEOLOGIA DO REAVIVAMENTO

pública ao pecado, desejo manifesto de recuperação, etc.) (Mt 3.5-10; 11.12; At 19.18,19; 2Co 7.9-11; Tg 5.16). Deus opera intensamente, por meio do evangelho (*cf.* 2Ts 3.1), em salvação, santificação e consolidação da fé, ao mesmo tempo que ocorre abundante evangelização de todos os que se encontram em derredor (Zc 8.23; At 2.47), a despeito de toda oposição humana e satânica (At 4; Ef 6.10-13).

O teólogo pioneiro do reavivamento foi Jonathan Edwards*, nos Estados Unidos. Após buscar e alcançar reavivamento em sua própria igreja em 1735 e no Grande Reavivamento de 1740, Edwards escreveria *The Distinguishing Marks of a Work of the Spirit of God* [As marcas distintivas da obra do Espírito de Deus] (1741), *Thoughts on the Revival of Religion in New England in 1740* [Reflexões sobre o reavivamento religioso na Nova Inglaterra em 1741] (1742) e *A Treatise on the Religious Affections* [Tratado sobre os sentimentos religiosos] (1746). Nesses livros, ele oferece uma visão cíclica do reavivamento, como obra da graça que, sob a soberania de Deus, ocorre periodicamente, sob a forma de uma manifestação de ondas sucessivas, sendo, na verdade, o principal meio usado por Deus para estender seu reino na terra. Segundo Edwards, Deus inicia o reavivamento despertando a oração ao Senhor, enquanto Satanás procura falsificar e corromper o reavivamento em fanatismos heréticos e antinomianos, em cada manifestação. J. Edwin Orr (1912-1987), talentoso cronista do reavivamento, manteve a visão de Edwards até os dias atuais.

A teologia arminiana*-pelagiana* de Finney permitiu-lhe reconceber a morfologia do reavivamento de Edwards, ilustrando o que ele considerou ser a lei do reavivamento — ou seja, que a oração, o arrependimento e a busca de Deus, por parte da Igreja, conduzem ao derramamento do Espírito Santo em bençãos de reavivamento, tal como, justamente, sob a graciosa providência de Deus, a semeadura e o cuidado do campo pelo lavrador lhe garantem uma boa colheita. Esse pensamento — de que o reavivamento é a vontade imediata de Deus em que quer que seus servos paguem o preço em oração e penitência fervorosas — tem-se revelado como de grande poder na piedade evangélica popular desde os dias de Finney, embora nem sempre a confirmação seja proporcional à busca.

Mais recentemente, tornou-se corrente a ideia de que o reavivamento, significando cristianismo poderoso, tal como é mostrado em Atos, constitui uma norma permanente para a Igreja e será sempre contínuo desde que removidos os obstáculos (incredulidade, crença errônea, apatia, pecado) e estejam em mira os alvos certos. Essa ideia parece também assumir um conceito arminiano de Deus. Nesse sentido, a renovação carismática, tal como o pentecostalismo* original, é interpretada algumas vezes como um reavivamento contínuo.

Bibliografia
J. Edwards, *Works*, 2 vols. (London, 1974, repr.); C. G. Finney, *Lectures on Revivals of Religion*, ed. W. G. McLaughlin (Cambridge, MA, 1960); R. F. Lovelace, *Dynamics of*

TEOLOGIA DO REINO

Spiritual Life (Downers Grove, IL, 1979); J. I. Packer, *Keep in Step with the Spirit* (Leicester, 1984).

J.I.P.

TEOLOGIA DO REINO. O reino de Deus constitui um dos temas básicos e essenciais das Escrituras, juntamente com o do pacto*, que é a constituição ou política desse reino.

1. A expressão "reino de Deus" não ocorre no AT, mas as referências de Deus como rei e do seu governo real são nele marcantes. Há várias dimensões nessa realeza: como criador e sustentador de tudo que existe, Deus "é o grande Rei sobre toda a terra" (Sl 47.2) "e como rei domina sobre tudo o que existe" (Sl 103.19); seu controle real abrange o passado, presente e futuro ("O teu reino é reino eterno, e o teu domínio permanece de geração em geração", Sl 145.13; ver Providência*, Soberania de Deus*).

Juntamente com essa realeza geral e eterna, Deus é especificamente o rei do povo do pacto, Israel*. Em um sentido particular e exclusivo, que não é verdadeiro para qualquer outra nação, ele é "o rei de Jacó" (Is 41.21). Consequentemente, ele mesmo consagra Israel como "um reino de sacerdotes e uma nação santa" (Êx 19.6). Essa realeza pactual, por sua vez, dá surgimento a uma esperança que está no âmago da expectativa profética da totalidade do AT. Em meio ao declínio nacional, e mesmo no exílio, os profetas anunciam um tempo no qual Deus há de se manifestar como rei, quando, em um clímax sem precedentes, "O Soberano, o Senhor, vem com poder! Com seu braço forte ele governa"

(Is 40.10); quando, para Sião, uma proclamação finalmente se revela verdadeira, em sentido escatológico: "O seu Deus reina" (Is 52.7; *cf.* Dn 2.44; 7.14,27). Esse grande futuro, realizado por meio do ministério do Messias (*e.g.*, Is 11; Is 49), deverá significar salvação e bênção, não somente para Israel, mas para todas as nações (*e.g.*, Is 2.1-4; 49.7; Mq 4.1-5); é o cumprimento da primitiva promessa pactual feita a Abraão de que, por intermédio dele, "todos os povos da terra serão abençoados" (Gn 12.3).

2. Em contraste com o AT, a expressão "reino de Deus" ou "reino dos céus" ocorre no NT frequentemente, em especial nos evangelhos sinópticos, nos quais é o tema central da proclamação feita por Jesus. A expressão é assumida, antes dele, por João Batista (Mt 3.2), procedente do judaísmo da época. Ambos, contudo, dão a ela um sentido radicalmente em desacordo com as concepções legalista e nacionalista que permeiam a grande variedade do material apocalíptico e rabínico. Não há diferença essencial de referência entre "reino de Deus" e "reino dos céus" (*cf.* Mt 4.17 com Mc 1.15; Mt 13.11 com Mc 4.11 e Lc 8.10). Mateus quase sempre usa essa última expressão, em distinção de Marcos e Lucas, provavelmente devido ao pano de fundo judaico de seus leitores para quem "os céus" (ou "o céu") representavam, na verdade, mais um circunlóquio reverente para o nome de Deus. Também a palavra grega *basileia*, convencionalmente traduzida por "domínio", pode ter o significado dinâmico de "reino", "governo", "realeza", assim como significado concreto de "âmbito" ou

TEOLOGIA DO REINO

"território governado por um rei", "reino". Embora cada significado possa claramente sugerir o outro, o sentido dinâmico se encaixa melhor, *e.g.*, nos pronunciamentos registrados em Mateus 4.17; 12.28; Lucas 17.21; *cf.* também João 18.36.

O reino proclamado por Jesus não é uma ordem moral ideal (ver Idealismo*; Liberalismo Alemão*). Nem ele é mais ou menos equivalente à soberania divina. Responde mais à grande expectativa do AT. O que Jesus anuncia é, na verdade, a realização da esperança de Israel, o cumprimento das promessas do pacto feitas aos pais; a ordem nova e final no fim da história chegou finalmente com Jesus. Nesse sentido, sua pregação do reino é mais escatológica*; tem um impulso histórico profundo. Isso se torna claro pela afirmação resumida de seu ministério desde o começo, na Galileia (Mc 1.15; cf. Mt 3.2; 4.17): o chamado do evangelho para o arrependimento e a fé não é atemporal, com citações auto evidentes, mas, sim, baseia-se na situação definida, conjuntamente, pelo que, finalmente, está acontecendo ("o tempo é chegado") e pelo que está por acontecer ("o reino de Deus está próximo").

É importante compreender o padrão temporal do ensino de Jesus. O reino é *futuro:* a) em um futuro *distante,* os judeus e gentios fiéis se reúnem para o grande banquete do reino, enquanto os judeus incrédulos, assim como todos os outros incrédulos, são excluídos, ou seja, no tempo do juízo final* (Mt 8.11,12; *cf.* as referências a "choro e ranger de dentes" nas parábolas do reino, em Mt 13.39-42,49,50). Semelhantemente, o reino herdado pelas "ovelhas" é concomitante com a eliminação dos "bodes", subsequente à vinda do Filho do homem e dos anjos para o julgamento final (Mt 25.31-34,41); b) Contudo, "alguns que aqui se acham de modo nenhum experimentarão a morte antes de verem o reino de Deus" (Lc 9.27; *cf.* Mt 16.28; Mc 9.1; Mt 10.23). Aqui, o reino repousa em futuro *imediato* (*cf.* Mt 4.17; Mc 1.15) e é melhor entendido como que chegando quando da morte e exaltação de Jesus (incluindo o Pentecoste); observe-se como a transfiguração, cuja narrativa se segue imediatamente a essa afirmação de iminência, em todos os três evangelhos sinópticos, é essencialmente uma previsão da ressurreição gloriosa de Cristo (ver especialmente Mt 17.9; Mc 9.9).

Mais notável, no entanto, é o anúncio que Jesus faz de que o reino está *presente*. Os discípulos são abençoados, distinguindo-os justamente daqueles os mais proeminentes sob o antigo pacto, porque a eles foi concedido o conhecimento experimental das "chaves do reino" como realidade presente (Mt 13.11, 16-17). O "menor" presentemente no reino é maior até, nesse sentido, do que João Batista (Mt 11.11; cf. v. 12,13). A cura do homem possuído pelo demônio (Mt 12.22-28) é uma evidência não do reinado de poder de Satanás (v. 26), mas, sim, clara indicação de que "chegou a vocês o reino de Deus" (v. 28; cf. Lc 11.20). Essa mensagem enfática sublinha: o caráter redentor do reino; que seu plano é moldado negativamente, em oposição, com relação ao governo de Satanás; e o poder escatológico do Espírito Santo, como a dinâmica do reino.

TEOLOGIA DO REINO

1058 ▪

Esses aspectos presente e futuro se combinam não como dois ou mais reinos, mas, sim, como único reino escatológico, que chega mediante estágios ou estabelecimentos sucessivos. Em termos concretos, tais estágios são distinguidos por conexões críticas na obra de Cristo, resultando em uma estrutura tríplice básica: 1) período do ministério terreno de Jesus; 2) período desde sua exaltação até seu retorno (tempo da Igreja); 3) período depois de sua volta. Não se trata, claramente, de questão de algum esquema escatológico pré-formado, em que Jesus seja destacável; pelo contrário, o reino e a sua vinda são totalmente *messiânicos*, moldados por exigências singulares da obra de Cristo. Na verdade, trata-se do que se poderia chamar de uma *"autobasileia"* — "o reino em pessoa".

3. Em comparação com o ensino de Jesus, as referências explícitas ao reino não são relativamente tão frequentes no restante do NT. Considerado de forma global, Jesus pregou o reino, e os apóstolos pregaram Jesus como o Cristo. Algumas vezes, isso tem sido visto como evidência de um conflito fundamental: Paulo e outros, presumidamente, teriam tornado a religião de Jesus em religião essencialmente estranha *quanto a* Jesus. Na verdade, porém, a proclamação apostólica "nada mais faz senão explicar a realidade escatológica, que no ensino de Cristo é chamada de o Reino" (H. Ridderbos, *When the Time Had Fully Come* [Quando o tempo chegar plenamente], Grand Rapids, MI, 1955, p. 48-49). Como sua morte e ressurreição, antecipada pelo próprio Jesus como

ponto decisivo na vinda do reino (ver acima, *cf.* Mt 16.21; Mc 9.31; Lc 18.31-34; 24.7), tinha de fato acontecido, seria inevitável que a pregação apostólica e o ensino se centralizassem nesses eventos máximos (reino) (*e.g.*, At 2.14-36; 17.2-3; 1Co 15.3-4; 1Pe 1.10-12), fazendo uso de temas (*e.g.*, reconciliação, justiça, Espírito Santo) que relevam sua importância. De fato, nas poucas referências ao reino em Paulo, por exemplo, o reino, tal como para Jesus, é a grande realidade escatológica, que é tanto futura (1Co 6.9,10; Gl 5.21; Ef 5.5) quanto presente (Rm 14.17; 1Co 4.20; Cl 1.13). Para o apóstolo dos gentios, proclamar "toda a vontade de Deus" é estar "pregando o Reino" (At 20.27, 25).

4. Muito debatido é o relacionamento entre o reino e a Igreja*. A Igreja, de fato, manifesta o reino sem ser identificada com ele, sob todas as circunstâncias, distintamente de um extremo, que os *identifica* (notadamente o catolicismo romano), e de outro extremo, que vê o reino como *presentemente posposto* durante a era da Igreja até o retorno de Cristo (caracteristicamente, na teologia dispensacionalista*). À Igreja somente foram confiadas as "chaves do reino" (Mt 16.18-19), como também somente ela foi comissionada a pregar o evangelho do reino (Mt 24.14). A Igreja, e somente ela, é constituída de cidadãos do reino, aqueles que, pelo arrependimento e fé, submetem-se ao senhorio redentor de Cristo. Mas o escopo de seu governo escatológico, a extensão de seu âmbito, não é nada menos do que a totalidade da criação: todas as coisas estão sujeitas a ele (*cf.*, *e.g.*,

TEOLOGIA EVANGÉLICA

Mt 28.18; 1Co 15.27; Hb 2.8); Paulo apreendeu o equilíbrio exigido: o Cristo exaltado foi designado por Deus "cabeça de todas as coisas para a igreja" (Ef 1.22).

5. A teologia tradicional não captou a presença escatológica do reino anunciada por Jesus. Na verdade, distinguiu dois reinos: um manifesto por meio da Igreja e a presente difusão do evangelho, e outro reino, escatológico, inteiramente futuro, associado ao retorno de Cristo (*e.g.*, distinção é feita em alguns ensinos, como no Breve Catecismo de Westminster, entre "reino presente da graça" e "reino da glória", futuro). A teologia liberal do final do século XIX e do começo do século XX, mantendo a concepção de Jesus como proclamador da ética neokantiana, via o reino de Deus em termos exclusivamente éticos, como ordem moral ideal. Com o surgimento da escola da história das religiões, na virada do século XX, e sua abordagem comparativa, a visão liberal passou a ser considerada uma modernização intolerável. Em seu lugar, o auto entendimento e a mensagem de Jesus foram explicados tendo como pano de fundo as expectativas escatológicas do judaísmo da época. Especificamente, Jesus teria proclamado o final iminente do mundo e a chegada do reino em uma manifestação apocalíptica, tendo a si mesmo como o Messias designado. Essa visão ("escatologia consistente": *e.g.*, J. Weiss [1863-1914]; A. Schweitzer*) implica uma ênfase unilateral e exclusiva sobre o elemento futuro na proclamação do reino por Jesus, eliminando toda referência ao presente. Isso levou, como reação, a uma ênfase, também unilateral, sobre o elemento presente inegável, que busca explicar todas referências ao futuro ("escatologia realizada", *e.g.* C. H. Dodd*). Por volta da metade do século XX, a erudição crítica tinha chegado a um consenso de que o reino proclamado por Jesus é tanto presente como futuro, visão essa que já vinha crescendo desde o começo do século com G. Vos*. O debate, contudo, continua, sobre como essa estrutura escatológica possa ser normativa tornada relevante para o cristianismo contemporâneo, sendo o pólo mais conservador do espectro hermenêutico representado, *e.g.*, pelo pensamento de O. Cullmann (ver História da Salvação*), e o pólo mais radical, *e.g.*, por R. Bultmann*.

Bibliografia
G. R. Beasley-Murray, *Jesus and the Kingdom of God* (Exeter, 1986); O. Cullmann, *Salvation In History* (New York, 1967); W. G. Kümmel, *Promise and Fulfillment* (London, 1957); G. E. Ladd, *A Theology of the New Testament* (Grand Rapids, MI, 1974); H. Ridderbos, *The Coming of the Kingdom* (Philadelphia, 1962); G. Vos, *The Kingdom and the Church* (Philadelphia, 1902; 1972).

R.B.G.

TEOLOGIA DOS IRMÃOS, ver DARBY, J. N.; TEOLOGIA DISPENSACIONALISTA.

TEOLOGIA EVANGÉLICA. A teologia evangélica contemporânea tem raízes longas e profundas. Alguns consideram haver sido primordialmente formada pela reação ao liberalismo teológico*; mas, embora esse conflito haja, sem dúvida, conferido determinado caráter à

TEOLOGIA EVANGÉLICA

teologia evangélica, sua substância básica foi retirada da herança da formação teológica cristã ortodoxa.

A teologia evangélica remonta aos credos* dos primeiros séculos da era cristã, nos quais a Igreja primitiva buscou correlacionar o ensino das Escrituras, penetrar seu significado e defendê-lo. Concomitantemente ao pensamento desse período, a teologia evangélica afirma que: a Bíblia é a revelação verdadeira de Deus e é por seu intermédio que fala a voz divina, doadora da vida; Deus é o Criador todo-poderoso, e somos sua criação, dele dependente; Deus entrou na história humana sob forma redentora, na encarnação de Jesus Cristo; a natureza de Deus existe em expressão trinitária; Jesus Cristo é plenamente divino e plenamente humano; o poder e o julgamento do pecado é uma realidade para toda a humanidade; Deus graciosamente toma a iniciativa de vir a nós de forma salvadora, em Jesus Cristo e no Espírito Santo; Jesus Cristo está edificando sua Igreja; a consumação da história será expressa no segundo advento de Jesus Cristo, com a ressurreição geral, o julgamento final, o céu e o inferno.

A teologia evangélica tem também fortes laços com a Igreja medieval. Baseia-se fortemente na visão de satisfação* (plena quitação), dada pela expiação, como enunciada por Anselmo de Cantuária, compartilhando a correspondente ênfase sobre a paixão de Jesus Cristo, expressa tão plenamente como mais ninguém por Bernardo de Claraval.*

A teologia evangélica tem laços particulares com os elementos distintivos da Reforma* Protestante*. É profundamente comprometida com a centralidade da Bíblia (ver Escritura*), seu poder mediante o Espírito Santo, com referência especial à pregação*, sua autoridade* final em todas as questões de doutrina e vida, a necessidade de se interpretá-la tão naturalmente quanto possível e disseminá-la amplamente no vernáculo. É igualmente comprometida com a justificação* pela fé, em que nossa aceitação por Deus é consequência de confiarmos em sua amorosa autorrevelação e não devido a qualquer realização humana. Afirma que a Igreja* é composta de todos os crentes, que têm sido a ela incorporados pelo Espírito Santo e têm acesso pessoal e constante ao Pai celestial.

A Reforma se expressou por meio de várias estruturas institucionais, que frequentemente resultaram de impulsos nacionalistas, e muitas das diversidades nessas entidades se refletiriam na teologia evangélica. As diferenças foram desde o entendimento da natureza dos sacramentos* até ao posicionamento dos decretos divinos em relação à salvação pessoal (ver Predestinação*), ao tempo do milênio*, à forma de governo da Igreja*, à natureza exata da inspiração bíblica, ao modo de se chegar à certeza da salvação* e à relação da Igreja com a cultura* e o Estado* — a maior parte do que seriam considerados hoje, pelos evangélicos, como assuntos de importância um tanto secundária.

Tem também muito que ver com a série de reavivamentos evangélicos que tiveram início por volta da metade do século XVIII. Aqui, a tendência foi a de reafirmar a teologia da grande e herdada tradição e dar ênfase especial à teologia da vida cristã. A natureza da fé salvadora, ou conversão*, estaria nela continuamente presente, assim como a conscientização humana do amor de Deus em Cristo e as mudanças no temperamento que isso opera, mas reconhecendo que pode haver diferenças a respeito da instantaneidade da conversão. Os meios e as possibilidades da santificação* seriam também enfatizados, embora possa igualmente haver algum desacordo quanto ao tempo e à possibilidade de sua realização. Destaque foi dado, ainda, à teologia da vida espiritual corporativa, levando em consideração especial a renovação da Igreja, a evangelização* do mundo e a melhoria da sociedade.

Por volta da terceira década do século XIX, já se mostram evidências de que a teologia evangélica estava para abrir mão de seu interesse pela teologia da vida cristã e, por meio de séria obra exegética e pensamento reflexivo, fez mais uma vez da herança teológica ortodoxa sua decidida opção, como já havia sido feito no começo da Idade Média e na Reforma. Infelizmente, a teologia evangélica foi golpeada nessa época com a plena força do liberalismo* teológico, que combinava o racionalismo do Iluminismo com a ênfase pós-kantiana da consciência humana como ponte para o conhecimento de Deus — o que era particularmente simpático à era romântica. Tendeu então a escapulir para uma enfraquecedora acomodação às novas ideias, ou a refugiar-se em um gueto, defendendo o que lhe restava e atirando

em quase tudo o que se movesse. Embora tais "confessionalistas" tenham feito um verdadeiro pesado trabalho braçal ao sustentarem os pontos essenciais da teologia ortodoxa, quase sempre o fizeram de tal modo que muito do seu mundo de pensamento contemporâneo foi colocado fora de linha, além de não terem dado maior atenção à ênfase evangélica distintiva de teologia da vida cristã e passarem a impressão de que a formulação final de toda a teologia se achava devidamente encaixada nas confissões* do período da Reforma.

Um vislumbre do que a teologia evangélica poderia ter sido foi a Escola Holandesa, que emergiu mais tarde, na época de Abraham Kuyper.* Seu talento estava em ser capaz de afirmar a tradição ortodoxa, em ter um profundo sentido da importância de uma teologia da vida cristã em todas as suas ramificações e, ao mesmo tempo, ser sensível a muitas das questões e abordagens que estavam surgindo no mundo em que então se vivia.

No final do século XIX, à medida que a pressão do liberalismo teológico se intensificava, e o evangelicalismo enfraquecia, uma teologia evangélica ainda mais defensiva surgia, sob a forma de fundamentalismo*. Seu baluarte principal era um estrito milenarismo, que afirmava estarem a Igreja e a sociedade se jogando violentamente em uma ruína irremediável; o cristianismo nada tinha a dizer às questões do "agora"; tudo estava no "ainda não".

Desde a metade do século XX, tem ocorrido uma revitalização da teologia evangélica. Estudiosos ingleses vêm contribuindo para uma

TEOLOGIA FEMINISTA

abordagem séria e eruditamente exegética; norte-americanos têm trabalhado firmemente em áreas de teologia sistemática* e disciplinas adjuntas, como apologética* e ética*; holandeses e menonitas* têm desenvolvido teologias de ação social com pontos de partida significativamente diversos; pentecostais*/carismáticos vêm enunciando uma teologia do Espírito Santo que insiste que Deus está poderosa e miraculosamente presente, mediante a Igreja, para atender às necessidades e carências da humanidade (ver Batismo no Espírito*; Dons do Espírito*).

Por fim, deve-se destacar que a teologia evangélica é o que poderia ser chamado de teologia espiritual. É dotada de um modo de fazer teologia que é, novamente, parte da grande tradição teológica. É ortodoxia "viva". A Bíblia é não somente o centro da empreitada teológica, mas também se medita com ela, se ora com ela, e ela é estudada. O alvo da obra teológica não é tanto conhecer teologia quanto conhecer a Deus. As tentações do orgulho acadêmico devem ser mortificadas, e a teologia deve ser feita dentro de uma comunidade de amor uns pelos outros e na consciência de que o retorno de Jesus Cristo e o dia do acerto de contas estão próximos. A totalidade da empreitada teológica evangélica, enfim, é para a glória de Deus.

Bibliografia
D. G. Bloesch, *The Evangelical Renaissance* (Grand Rapids, MI, 1973); idem, *The Future of Evangelical Christianity: A Call for Unity Amid Diversity* (New York, 1983); G. W. Bromiley, *Historical Theolo-gy: An Introduction* (Grand Rapids, MI, 1978); E. J. Carnell, *The Case for Biblical Christianity* (Grand Rapids, MI, 1968); C. F. H. Henry (ed.), *Christian Faith and Modern Theology* (New York, 1964); E. Jay, *The Religion of the Heart: Anglican Evangelicalism and the Nineteenth-Century Novel* (Oxford, 1979); G. M. Marsden, *Fundamentalism and American Culture: The Shaping of Twentieth Century Evangelicalism 1870-1925* (New York, 1980); Mark A. Noll, *Between Faith and Criticism: Evangelicals, Scholarship, and the Bible in America* (San Francisco, CA, 1987); B. L. Ramm, *The Evangelical Heritage* (Waco, Tx, 1973); idem, *After Fundamentalism: The Future of Evangelical Theology* (San Francisco, CA, 1985); E. R. Sandeen, *The Roots of Fundamentalism: British and American Millenarianism 1800-1930* (Chicago, 1970); J. D. Woodbridge et al., *The Gospel in America: Themes in the Story of America's Evangelicals* (Grand Rapids, MI, 1979).

I.S.R.

TEOLOGIA FEMINISTA. Aspecto cada vez mais significativo na reflexão teológica dos dias de hoje.

Estudos feministas
O surgimento dos movimentos de "libertação da mulher", sobretudo os da segunda metade do século XX, levou ao desenvolvimento de uma consciência feminista crítica. Essa consciência, interagindo com a Bíblia e com as tradições teológicas cristãs, tem exigido nova investigação de paradigmas passados* e nova agenda de estudo concernentes à mulher, em face do pensamento cristão.

TEOLOGIA FEMINISTA

Essa agenda vem enfocando crescentemente questões hermenêuticas*. Como interpretar o que é visto como orientação masculina da Bíblia? A experiência feminina não deveria ser levada em conta mais do que para uma simples correção no contexto cristão? Não seria também motivo para um novo ponto de partida e novas normas? Em que sentido o feminismo, principalmente o "liberacionismo", poderá servir como parte de uma nova hermenêutica bíblica?

1. A visão de estudos rejeicionista (ou pós-cristã) considera que a Bíblia impõe uma estrutura patriarcal opressiva e rejeita as Escrituras como não normativas. Alguns pensadores recusam a totalidade da tradição judaico-cristã como extremamente chauvinista ("machista"), ou orientada masculinamente. Componentes de alas mais radicais dessa maneira de pensar pregam a restauração das religiões pagãs de feitiçaria, ou são atraídos a um misticismo da natureza baseado exclusivamente na consciência feminina.

2. A visão legalista (ou evangélica) opõe-se de muitos modos à rejeicionista. Recusa-se a desacreditar o testemunho total da Bíblia, não encontrando nenhum sexismo radicalmente opressivo em sua mensagem. Mas se divide em sua abordagem quanto ao material bíblico.

Uma facção desse pensamento aceita o argumento tradicional de manutenção da ordem por meio da hierarquia. Nesse caso, o lugar da mulher na ordem criada de Deus deve ser o de cumprir seu papel de submissão e dependência, na Igreja, na família e (acrescentam alguns) na sociedade. Insiste-se em que esse padrão divino de liderança na vida humana, sendo prerrogativa masculina, ordenada, ligada ao amor conjugal, em nada restringe a liberdade e a dignidade femininas.

A outra ramificação legalista argumenta que as disposições bíblicas exigem igualitarismo e submissão mútua. Adverte sobre a forte tendência da estrutura hierárquica para uma forma de subordinacionismo total feminino.

3. A visão reformista (ou de libertação) compartilha com a rejeicionista a profunda convicção de chauvinismo patriarcal na Bíblia e na história cristã e o desejo de superá-lo. Todavia, seu comprometimento com uma percepção da mensagem central da Bíblia como da libertação humana a resguarda de recusar indiscriminadamente a tradição cristã, como o faz a visão rejeicionista. Alguns de seus adeptos concentram-se em estudos exegéticos, em uma leitura "nas entrelinhas", dos chamados "textos chauvinistas", para trazer à luz o papel positivo da mulher subentendido em fontes bíblicas. Outros lutam contra o que consideram tendências masculinas inúteis nas Escrituras e procuram uma hermenêutica de libertação que possa ser proveitosa, na tradição profética. Em textos que não tratam especificamente de mulheres, eles encontram chamado para criar uma sociedade justa livre, sem nenhuma espécie de opressão social, econômica ou sexista.

A ala mais radical desse ponto de vista preconiza uma "hermenêutica de suspeição", muito mais extensa. Começaria pelo reconhecimento

TEOLOGIA FEMINISTA 1064

de que a Bíblia foi sempre escrita, traduzida, canonizada e interpretada pelo sexo masculino. Sob controle desse sistema, o cânon da fé evidentemente teria de se tornar, como o foi, masculinamente centrado. Por meio de uma reconstituição teológica e exegética eficaz, as mulheres poderiam voltar a participar do estágio central, como lugar que ocuparam na história do cristianismo primitivo.

Hermenêutica do feminismo

A orientação do AT é claramente a do patriarcalismo. A preponderância das figuras bíblicas perante Deus Pai é masculina. Masculina é também a tendência da legislação religiosa e civil. Enquanto o período de impureza da mãe ao dar à luz um filho varão era de sete dias, a uma filha era de quatorze (Lv 12.1-5). Uma filha hebreia vendida à escravidão não poderia ser liberta "como os escravos homens" (Êx 21.7). Um homem poderia se divorciar de sua esposa se encontrasse nela "algo que ele reprove" (Dt 24.1-4), mas, em lugar algum das Escrituras, há menção a uma mulher poder se divorciar do marido. Uma doação, como que de "aquisição" ou "recompensa", o *mõhar*, era feita à família da noiva, para selar o pacto de casamento e unir as duas famílias (mais bem traduzido por "dote", "presente", ou "presente de casamento", mas também traduzido por "dádiva", "preço", nas diversas versões, em Gn 34.12; Êx 22.17; 1Sm 18.25, etc.).

Esse patriarcalismo, no entanto, não chega a ser androcentrismo. Mesmo as figuras masculinas de Deus no AT são apresentadas somente como antropomorfismo.* Diferentemente das deidades do antigo Oriente Médio, o Deus de Israel é Espírito e não deve ser considerado um ser propriamente masculino nem feminino. Na verdade, inclusive, até figuras femininas, embora não comumente, são também usadas nas Escrituras para descrever Javé. O Senhor é descrito como uma mãe que ainda amamenta (Is 49.15), uma parteira (Sl 22.9-10), uma senhora [patroa, dona de casa] (Sl 123.2) e um ajudador da humanidade, tal como Eva foi coadjutora para Adão (Êx 18.4; Dt 33.26; Sl 121.1,2).

Além disso, o patriarcalismo, não raro, é transcendido na Lei. Tanto o pai como a mãe têm o merecimento de honra (Êx 20.12). As mulheres devem compartilhar do descanso sabático de cada sete anos (Êx 20.8), para poderem se beneficiar da leitura da Lei (Dt 31.9-13). Tanto homem como mulher que pratiquem o adultério têm sua condenação à morte (Lv 20.10). As proibições de comida são obrigatórias para ambos os sexos (Lv 11).

A legislação do AT era também sensível aos perigos do abuso de poder.* Muita coisa nesse sentido diz respeito à justiça em favor dos oprimidos, mas também demonstra consciência de ser a mulher objeto de opressão masculina. O marido podia se divorciar da esposa, mas ela estava protegida por uma carta de repúdio, cuja intenção era resguardar sua dignidade de qualquer abuso. Também as viúvas (Êx 22.22-24), as mulheres tornadas cativas na guerra (Dt 21.10-14) e as virgens seduzidas (Êx 22.16-17) são exemplos dessa sensibilidade de justiça e compaixão para com os marginalizados, em uma sociedade pecaminosa e cruel (Êx 22.21-27).

Na descrição que o AT faz das mulheres na vida em sociedade e na adoração hebraica, há similaridades óbvias com as práticas de outras culturas do antigo Oriente Médio. São, todavia, constantemente equilibradas por uma legislação e história que apontam para um lugar mais completo e libertador para as mulheres no plano redentor de Deus. Os papéis sociais tradicionais para as mulheres são por vezes subvertidos. Os filhos não são apenas de responsabilidade especial da mulher (Pv 1.8; 6.20). A esposa ideal trabalha tanto fora como dentro de casa (Pv 31.10ss). Embora não fosse muito usual, as mulheres exerciam ofícios diversos na sociedade hebraica, exceto o de sacerdócio: profetisas (2Rs 22.14; Ne 6.14); juízas (Jz 4.4); mulheres "sábias" (Jz 5.28,29; 2Sm 14.2; 20.16); governantes (2Rs 11.3). Diferentemente de outras religiões do antigo Oriente Médio, não havia sacerdotisas na religião hebraica. Deve-se supor, no entanto, que seria para evitar justamente os riscos para a dignidade feminina dos cultos de fertilidade e da prostituição cultual.

Como reconsiderarmos o que parece ser tradição contraditória ou, pelo menos, descontínua nesses materiais bíblicos? As teologias rejeicionista e reformista respondem negando totalmente qualquer ênfase igualitária, no caso da rejeicionista, ou, no caso da reformista, vendo essas tendências como uma "contracultura" em relação ao foco dominante. Nenhuma delas reconhece a integridade da revelação bíblica e, portanto, repudia de um modo ou de outro qualquer tradição patriarcal encontrada na Bíblia. Tal processo radical torna-se desnecessário se o nosso pensamento for controlado por uma hermenêutica estruturada pela teologia bíblica, a história da revelação especial.

1. A totalidade da mensagem bíblica, incluindo a que se refere às mulheres, gira não em torno do patriarcalismo ou do igualitarismo, mas em torno do pacto* de Deus, de sua forma amorosa e redentora de lidar com a humanidade e a criação. O mais próximo de uma definição bíblica do que somos, homem ou mulher, é a nossa criação como imagem de Deus (Gn 1.27). Essa definição gira em torno da nossa vocação em comum, em unidade um para com o outro e para com a criação, para servir a Deus por dever para com ele e um para com o outro. Essa vocação está além tanto do feminismo quanto do patriarcalismo, para uma vida em pacto.

2. A Bíblia contém o registro da revelação progressiva da vontade de Deus para a humanidade. Sua mensagem se desenvolve gradativamente, sendo a meta do desenvolvimento, sempre, a consumação de todas as coisas e a restauração da criação ao que ela deveria ser. O pacto da parceria de homem e mulher deverá ser plenamente cumprido na renovação final do propósito original de Deus (Gl 3.28).

3. A revelação é progressiva justamente porque Deus apresenta seus propósitos pactuais e redentores para homens e mulheres por meio de uma adequação ou acomodação* divina aos padrões

TEOLOGIA FEMINISTA 1066

culturais humanos em vigência no lugar e no tempo em que dá sua palavra. Esses padrões humanos, muitas vezes, violavam o mandamento básico explícito de Deus, *e.g.*, casamentos polígamos, flagrante opressão masculina, etc. Assim, o Senhor permitia a poligamia, estabelecendo até mesmo normas para sua regulamentação (Dt 21.15-17); permitia o divórcio, etc. — tudo por causa da dureza de nosso coração e de nossa cultura (Mt 19.8) e apesar de sua pura e divina intenção, para nós, de uma monogamia duradoura (Gn 2.24,25; Mc 10.4-9). No NT, o padrão continua. Impro! priedades de caráter humano, ou cultural, é que levam Paulo a advertir as mulheres casadas de evitarem participar das reuniões de adoração com a cabeça descoberta (1Co 11.4-7) ou falarem na igreja (1Co 14.34,35). Nossa liberdade em Cristo não deve jamais ser restringida, mas deve ser exercida atenta a um possível entendimento errôneo cultural causado pela visão distorcida dos "de fora" (1Co 11.5,13,14).

4. A "acomodação" feita por Deus, contudo, é sempre acompanhada de uma divina polêmica escatológica contrária à errônea cultura humana, apontando Cristo como o transformador, o reformulador dos nossos ambientes sociais. Assim, quando Deus nos chama a atenção para não cobiçarmos o boi ou jumento nem a mulher do nosso próximo (Êx 20.17), isso não deve ser visto como afirmação de que a mulher seja um simples objeto de propriedade do homem, em uma cultura de caráter machista, mas, sim, propiciar a defesa de sua integridade e dignidade dentro de tal cultura. Mesmo na ordem antiga, já há uma "intromissão ética", uma intromissão no presente da ordem final a ser trazida por Cristo. O divórcio, embora permitido na ordem antiga, está assim abolido por Cristo no novo dia do reino de Deus (Mt 5.32; 19.9).

Na nova era do Espírito, tanto filhas como filhos, tanto servos como servas serão cheios do Espírito e participantes da capacidade de profetizar de todos os crentes (At 2.16-18). Em oposição às formas de masculinismo judaico do século I, proibindo às mulheres serem testemunhas legais nas cortes de justiça ou estudarem a lei de Deus, são mulheres que testificam em primeiro lugar, perante os homens, da ressurreição de Cristo (Lc 24.1-10) e são as mulheres exortadas por Paulo a "aprender em silêncio [a Palavra]" (1Tm 2.11). A Marta, é recomendado, por Jesus, ser melhor afastar-se um tanto da cozinha (papel de responsabilidade da mulher, culturalmente definido) e ouvir o que ele ensinava (Lc 10.38-42). A liberdade das mulheres em Cristo deve sempre se manter à frente o suficiente de um tempo e cultura específicos para poder continuar sendo chamada de "libertação"; e, todavia, não tanto à frente que não continue a tocar e alterar esse contexto, à luz do desígnio da consumação.

A intenção do pacto de Deus para com a mulher

O propósito da redenção é a restauração da criação ao que ela deveria ter sido. Assim, a salvação pode ser descrita como "nova criação" (2Co 5.17); Jesus, como "o último Adão" (1Co 15.45); e o cristão,

1067   **TEOLOGIA FEMINISTA**

como aquele revestido "do novo homem, criado para ser semelhante a Deus em justiça e em santidade" (Ef 4.24).

Devido à intenção retrospectiva da salvação à criação, a descrição da mulher em Gênesis 1—2 assume nova importância. Em contraste com o masculinismo do antigo Oriente Médio, em que a mulher era propriedade do homem e sempre inferior a ele, a mulher em Gênesis é "imagem de Deus" juntamente com o homem, chamada em parceria real para subjugar e reinar sobre a criação (Gn 1.28). Em vez de uma escrava subordinada ao homem, a mulher, na verdade, foi feita para ser "alguém que o auxilie e lhe corresponda" (Gn 2.18), a contraparte que lhe faltava e que o completa. Tal como o homem, a mulher é criada somente de matéria existente (Gn 2.22). Adão, colocado para dormir por Deus, não participa da criação dela como se fosse algo inferior a ele. Diferentemente dos animais, ela é capacitada com qualidades singulares que complementam o homem (Gn 2.19,20). Sendo, como reconhece Adão, "osso dos meus ossos e carne da minha carne" (Gn 2.23), a mulher possui o mais estreito parentesco social com o homem (Gn 29.14; Jz 9.2; 2Sm 5.1; 19.12-13); e, na verdade, estão os dois destinados a formar "uma só carne" (Gn 2.24). Como "glória do homem" (1Co 11.7), a mulher deve orar e profetizar em público com a cabeça coberta; pois sua glória (valor, importância, honra) é tão radiante que pode até desviar a atenção devida à glória de Deus. Assim, a cabeça coberta não é um sinal de subserviência, mas de autoridade (1Co 11.10).

O efeito do pecado sobre a mutualidade do pacto

Antes da queda em pecado, o homem e a mulher viviam em mutualidade e solidariedade pactual perante Deus. Juntos, em parceria, rebelaram-se contra Deus e anularam sua harmonia, com Adão culpando sua esposa e Deus (Gn 3.12), e a mulher culpando a serpente (Gn 3.13). O juízo de Deus se ajusta então, como sempre, ao delito (Rm 1.24,26,28); o pecado se torna sua própria recompensa. A solidariedade passa a ser substituída por conflito, tirania e desejo de domínio de um parceiro sobre o outro (Gn 3.16b). A guerra dos sexos começa, com o desejo da mulher de controlar o homem e de o homem ter senhorio sobre a mulher (*cf.* Gn 4.7b). A mutualidade se transforma em superioridade e inferioridade.

Essa luta sexual pelo poder se desenvolve em heresia teológica nos tempos do NT. Algumas formas de gnosticismo* falam de sistemas de seres intermediários que cruzam o abismo entre Deus e o homem; e alguns se referem a mulheres como esses seres intermediários e a Eva como a que trouxe luz e vida, a mediadora que trouxe radiação divina à humanidade. Chegam até a embelezar as narrativas do Gênesis, dando algumas vezes a Eva uma existência anterior, em que se havia associado a seres celestiais. As proibições de Paulo às mulheres em geral, em 1Timóteo 2.11-15, devem ter por base contestar esses grupos heréticos que haviam, provavelmente, desencaminhado "mulheres instáveis, sobrecarregadas de pecados" (2Tm 3.6) e até proibido seu casamento (1Tm 4.3).

TEOLOGIA FILOSÓFICA

1068

Opondo-se a eles, Paulo lembra à totalidade da Igreja, e não apenas às mulheres, a obra mediadora singular de Cristo (1Tm 2.5-9). Adão, continua ele, foi criado primeiro do que Eva; e Eva, longe de ser um instrumento de luz, foi enganada (1Tm 2.13-14). Argumenta que ninguém tem uma posição privilegiada com Deus com base no sexo, ou gênero (masculino ou feminino).

A restauração da mutualidade do pacto em Cristo

Em Cristo, a maldição quanto ao casamento é retirada, e a complementaridade, restaurada (1Co 11.11). O papel de liderança do marido (1Co 11.3) e o papel de submissão da esposa são reafirmados, mas radicalmente alterados. A submissão se torna uma vocação mútua (Ef 5.21), transformando a autoridade masculina, de controle de autoridade, para cuidado responsável. Seu paradigma é agora traçado, após a morte sacrifical de Jesus, tendo por base a igreja (Ef 5.25-33); e seu propósito não é mais predominar, mas libertar. A submissão por parte da esposa é transformada, de servidão e subordinação para respeito prestado voluntariamente (Ef 5.33) e em "espírito dócil e tranquilo" (1Pe 3.4). No patriarcado tradicional, o marido era praticamente um déspota, e a esposa praticamente uma escrava. Na mutualidade do pacto centrado em Cristo, cada um complementa o outro, com seus papéis transformados.

Bibliografia

D. G. Bloesch, *Is the Bible Sexist?* (Westchester, IL, 1982); A. Carr, Is a Christian Feminist Theology Possible? *TS* 43 (1982), p. 279-297; H. Conn, Evangelical Feminism..., *WTJ* 46 (1984), p. 104-124; S. B. Clark, *Man and Woman in Christ* (Ann Arbor, MI, 1980); M. Evans, *Woman in the Bible* (Downers Grove, IL/ Exeter, 1983); E. Fiorenza, *In Memory of Her* (Westchester, IL, 1984); S. Foh, *Women and the Word of God* (Phillipsburg, NJ, 1979); J. Hurley, *Man and Woman in Biblical Perspective* (Leicester, 1981); P. Jewett, *Man as Male and Female* (Grand Rapids, MI, 1975); R. & C. C. Kroeger, May Women Teach? Heresy in the Pastoral Epistles, *Reformed Journal* 30:10 (Oct. 1980), p. 14-18; A. Mickelsen, *Women, Authority and the Bible* (Downers Grove, IL, 1986); L. Russel (ed.), *Feminist Interpretation of the Bible* (Philadelphia, 1985); L. Scanzone e N. Hardesty, *All We're Meant to Be* (Waco, TX, 1974); P. Trible, *God and the Rhetoric of Sexuality* (Philadelphia, 1978); B. Witherington III, *Women in the Ministry of Jesus* (London, 1984).

H.M.C.

TEOLOGIA FILOSÓFICA. A filosofia é o exame crítico do significado, da verdade* e das bases das ideias, assim como dos métodos pelos quais elas ocorrem. A filosofia da religião* é o exame crítico das ideias religiosas em geral. Já a teologia filosófica busca examinar as ideias de uma teologia associada a uma religião específica.

A filosofia não é matéria que tenha seu próprio assunto autônomo, como a astronomia, a bioquímica, a literatura ou o direito internacional. É uma disciplina serva, que examina as ideias, as alegações da verdade e os métodos

TEOLOGIA FILOSÓFICA

praticados em outra disciplina, procurando elucidar e avaliar a natureza destes. Assim, existe filosofia da ciência, da conduta (ver Ética*), da arte (ver Estética*), do conhecimento (ver Epistemologia*), da história*, da educação, da lógica, da religião, etc. Em nenhum caso, a filosofia representa um atalho para alcançar resultados duramente obtidos de outra forma na disciplina em questão. É, na verdade, uma tentativa de esclarecer e refletir criticamente sobre o que se afirma nas alegações da verdade da disciplina e sobre os métodos nela empregados. A teologia filosófica cristã toma a fé cristã como base, examinando-a filosoficamente.

Entre as questões examinadas pela teologia filosófica, estão as seguintes:

Bases para a crença na existência de Deus. Isso inclui a discussão dos argumentos tradicionais da existência de Deus: ontológico, cosmológico, teleológico e moral (ver Teologia Natural*). Examina-se também a natureza e a validade de uso de recursos como a experiência e a revelação* (cf. Experiência Religiosa*; Escritura*), assim como a alegação de que a crença em Deus é uma pressuposição necessária para fazer sentido o mundo e a nossa vivência. Levam-se em conta os argumentos do agnosticismo* e de descrença em Deus (cf. Ateísmo*).

A identidade de Deus e a relação de Deus com o mundo. Inclui a avaliação, das teses competitivas entre si, do teísmo*, deísmo*, idealismo*, panteísmo* e panenteísmo*.

Linguagem religiosa. A discussão da estrutura, do significado e do uso da linguagem religiosa tem tido destaque na teologia filosófica desde o advento do positivismo lógico*. Todavia, o problema do uso de linguagem comum para descrição da realidade transcendente foi uma preocupação dos neoplatonistas (ver Platonismo*) e dos pensadores medievais. O positivismo lógico afirmou ser a linguagem religiosa sem sentido, por não estar aberta à verificação do modo com que as alegações científicas são verificáveis. Isso propiciou o surgimento de muita discussão sobre verificação*, falsificação e formas de testar o significado e as alegações da verdade. Mesmo as alegações científicas não são sempre e estritamente confiáveis. As palavras referentes a Deus não são literalmente verdadeiras, já que Deus não é um objeto no tempo e no espaço. Uma comparação a Deus pressupõe analogia*, em vez de correspondência literal direta. Recente investigação sobre linguagem religiosa chama a atenção para a riqueza de sua variedade e usos e para a complexidade do simbolismo.

História e religião. Abrange o modo pelo qual se pode pensar em Deus agindo na história*, a questão dos milagres* e o esclarecimento da distinção entre história e mito*.

Revelação, fé e razão. Abarca a discussão da revelação* como forma de conhecimento, o papel da fé* na cognição, concordância, confiança e interpretação, e o papel da razão na compreensão, no discernimento e na explanação (ver Epistemologia*).

Mal. De que modo a existência do mal* físico e moral pode ser conciliada com a crença em um Deus amoroso e todo-poderoso? (*Cf.* Teodicéia*.)

TEOLOGIA FUNDAMENTAL 1070

Liberdade. Questiona em que sentido podemos falar de liberdade* e livre-arbítrio*, à luz de considerações teológicas a respeito da soberania* de Deus e de considerações filosóficas a respeito dos seres humanos, os quais são produto de seu ambiente físico e cujas atividades são capazes de explicação em termos de processos físicos.

Identidade humana. Os seres humanos são mais do que simples corpos físicos? O que se entende como a mente, o eu e a alma? Qual o relacionamento entre cérebro e mente e entre o corpo e o eu?

Vida após a morte. Que bases há para a crença na vida após a morte e quais suas possíveis formas?

Oração. Que espécie de atividade é a oração*? Quais são a lógica e as implicações da oração intercessória e outras formas de oração?

A relação do cristianismo com outras crenças. Inclui o exame das alegações de verdade, conflitantes, das diferentes religiões e os modos de testá-las.

Bibliografia
C. Brown, *Philosophy and the Christian Faith* (London, 1969); M. J. Charlesworth, *Philosophy of Religion* (London, 1972); A. Flew & A. MacIntyre (eds.), *New Essays in Philosophical Theology* (London, 1955); B. Davies, *An Introduction to the Philosophy of Religion* (Oxford, 1982); S. T. Davis, *Logic and the Nature of God* (Grand Rapids, MI, 1983); C. S. Evans, *Philosophy of Religion* (Downers Grove, IL, 1985); F. Ferré, *Basic Modern Philosophy of Religion* (New York, 1967); N. L. Geisler, *Philosophy of Religion* (Grand Rapids, MI, 1974); J. Hick, *Faith and Knowledge* (London,

[2]1966); *idem, Philosophy of Religion* (Englewood Cliffs, NJ, [3]1983); *idem* (ed.), *Classical and Contemporary Readings in the Philosophy of Religion* (Englewood Cliffs, NJ, [2]1970); G. MacGregor, *Philosophical Issues in Religious Thought* (Boston, 1973); H. A. Meynell, *God and the World* (London, 1971); B. S. Mitchell, *The Justification of Religious Belief* (London, 1973); *idem* (ed.), *The Philosophy of Religion* (London, 1973); N. Smart, *Philosophers and Religious Truth* (London, [2]1969); R. Swinburne, *The Coherence of Theism* (Oxford, 1977); *idem,* The Existence of God (Oxford, 1979); *idem, Faith and Reason* (Oxford, 1981); K. E. Yandell, *Christianity and Philosophy* (Leicester & Grand Rapids, MI, 1984).

C.B.

TEOLOGIA FUNDAMENTAL. Área das mais problemáticas e criativas da teologia cristã. Como disciplina estabelecida da teologia católica-romana*, a teologia fundamental vem sendo reconhecida cada vez mais como demarcação útil também de uma área vital da teologia protestante*. Tendências mais recentes apontam a tentativa de exploração das possibilidades de uma teologia fundamental ecumênica*, politicamente consciente e socialmente autocrítica.

Tradicionalmente, a teologia fundamental propunha-se a examinar as pressuposições da fé cristã — a existência de Deus*, a realidade da revelação* e a capacidade do homem de recebê-la (a área sensível da relação da revelação com a razão; ver Fé e Razão*) —, de modo sistemático, como prolegômeno ao estudo do dogma.*

TEOLOGIA FUNDAMENTAL

Mas os fundamentos já estavam dados, em vez de propostos como hipóteses a serem estabelecidas. Na melhor das hipóteses, essa abordagem poderia ser vista como "fé buscando entendimento" (ver Anselmo*); em sua forma primária, poderia parecer uma tentativa de provar a revelação, uma maneira puramente formal de manipular as questões mais básicas da teologia.

A atual concepção da teologia fundamental provém de reavaliação de Karl Rahner* dessa disciplina, assim como de estímulo oferecido pela Constituição do Concílio Vaticano II sobre a Igreja no Mundo Moderno (ver Concílios*). Essa abordagem se beneficia da antiga disciplina da apologética.* É motivada pela preocupação de recomendar a fé ao mundo e estabelecer suas credenciais à luz do pensamento moderno, mas procura fazer isso mediante uma apresentação crítica da autoexpressão total da fé cristã, em vez de por meio de uma abstração artificial extraída do conteúdo da doutrina cristã (ver Teologia Sistemática*). Rahner buscou reconstituir a teologia fundamental em união com a teologia dogmática, para comunicar ao empreendimento total da teologia cristã um caráter aberto e apologético que responda a questões levantadas pela subjetividade do homem no mundo moderno.

A teologia fundamental se torna vulnerável ao se posicionar entre a doutrina cristã e outras disciplinas relevantes. Mas é uma disciplina teológica, não pré-teológica, pois é conduzida a partir da fé. Aqui se distingue tanto da filosofia da religião* (ver também Teologia Filosófica*; Filosofia e Teologia*), que não exige fé*, quanto da própria apologética*, que, embora conduzida também, evidentemente, a partir da fé, não pressupõe fé em seus ouvintes.

Um novo rumo foi dado à teologia fundamental católica por J. B. Metz*, que, embora não hostil à abordagem de Rahner, considera-a teoricamente ingênua — nem extremamente consciente de suas determinantes teológicas nem comprometida com a luta contra a opressão em nível de práxis* (ver também Teologia Política*). Metz propõe uma teologia fundamental prática, estruturada pelas três categorias hermenêuticas* práticas, as de narrativa, memória e unidade, em relação às quais seriam interpretados os temas-padrão e os problemas da teologia fundamental — a realidade, o caráter e a credibilidade da revelação, assim como os aspectos, as condições e as consequências de sua recepção.

Na teologia protestante, a disciplina da teologia fundamental deve sua dinâmica a G. Ebeling*, para quem ela diz respeito à questão da verdade* da teologia, mediante um processo de verificação* e autocrítica, em um diálogo integrado não somente com outras disciplinas teológicas, mas com todas as fontes relevantes de informação e esclarecimento. Isso, naturalmente, omite, de modo manifesto e intencionalmente, a CD de Barth, mas alcança substancialmente a Teologia Sistemática de Tillich.

Pode-se supor certo grau de coerência nesse variado panorama caso se considere a teologia fundamental análoga à filosofia da ciência ou da história; em outras palavras, se for entendida como

TEOLOGIA HISTÓRICA

1072 ∎

epistemologia* teológica, ou disciplina do método teológico, compreendendo as fontes, o escopo, os alvos e a racionalidade da teologia, em diálogo com a esfera total dos estudos teológicos. A teologia fundamental teria então um aspecto público e serviria para uma função apologética, como ponto de encontro da doutrina cristã com outras disciplinas relevantes.

Bibliografia
P. Avis, *The Methods of Modern Theology* (Basingstoke, 1986); G. Ebeling, *The Study of Theology* (London, 1979); H. Fries, Fundamental Theology, *SM* II, p. 368-372; R. Latourelle, A New Image of Fundamental Theology, *in:* R. Latourelle & G. O'Collins (eds.), *Problems and Perspectives of Fundamental Theology* (Ramsey, NJ, 1982), p. 37-58; J. B. Metz, *Faith in History and Society: Towards a Practical Fundamental Theology* (London, 1980), em colaboração com P. Avis, *SJT* 35 (1982), p. 529-540; K. Rahner, *Foundations of Christian Faith: An Introduction to the Idea of Christianity* (London, 1978).

P.D.I.A.

TEOLOGIA HISTÓRICA. É o estudo da história da doutrina cristã. No decorrer dos séculos, sempre houve algum estudo da teologia de épocas passadas, mas a teologia histórica tornou-se, durante o século XIX, a primeira disciplina estabelecida sob esse aspecto. A história da doutrina cristã se tornou um campo para estudo com o surgimento do método histórico-crítico ou abordagem científica à história*. Enquanto as gerações anteriores olhavam o passado buscando evidências de um cerne imutável da verdade cristã, a teologia histórica viria chamar a atenção para as mudanças ocorridas nas crenças no decorrer dos anos. A teologia histórica aponta também para a influência do clima filosófico e social da época sobre a teologia, mostrando que toda teologia é, intencionalmente ou de qualquer outro modo, contextualizada.

Os dois principais pioneiros da teologia histórica no século XIX foram H. H. Newman*, no lado católico-romano, e A. von Harnack*, na ala protestante. Newman constatou que o fenômeno da mudança de crenças desafiava a alegação de que a crença católica-romana seria sempre a mesma (*semper eadem*). Enfrentou então esse desafio com o seu conceito do desenvolvimento* da doutrina. Harnack viu a mudança em termos de helenização* progressiva da doutrina, processo que remontou ao tempo do apóstolo Paulo.

A teologia histórica é constantemente acusada de ser uma disciplina relativista.* Isso é verdadeiro, no sentido de que salienta o caráter inegavelmente humano e histórico de toda teologia. Como tal, mostra a necessidade constante de ser dirigida para os problemas de hoje à luz da palavra de Deus e não considerar como absolutos os sistemas teológicos do passado.

Bibliografia
J. Pelikan, *Historical Theology* (New York/London, 1971).

A.N.S.L.

TEOLOGIA JESUÍTICA. Entre as Regras para pensar sobre a Igreja,

TEOLOGIA JESUÍTICA

que Inácio de Loyola*, fundador da ordem dos jesuítas, acrescentou aos seus exercícios espirituais, após haver sido confrontado com o protestantismo em Paris, está a obrigação de "honrar tanto a teologia positiva quanto a escolástica*". Os "doutores positivos", como Agostinho*, Jerônimo* e Gregório, o Grande*, segundo Loyola, promovem o amor e o serviço de Deus, enquanto os "doutores escolásticos", como Tomás de Aquino*, Boaventura* e Pedro Lombardo*, definem e explicam para os tempos correntes as coisas necessárias à salvação eterna e refutam e expõem todos os erros e falácias. Suas Constituições, finalizadas em 1550-1551, indicam Aristóteles* como autoridade dos jesuítas em filosofia, e Tomás de Aquino, em doutrina escolástica.

A adoção de Tomás de Aquino, confirmada pelo *Ratio Studiorum* (Esquema de estudo) da Companhia de Jesus, em 1598, ajudaram a tornar este o teólogo predominante do catolicismo, em substituição a Pedro Lombardo. As opiniões de Tomás de Aquino sobre determinadas questões foram declaradas como não obrigatórias; mas, em particular, a crença da minoria (dos escotistas*) na imaculada conceição de Maria foi esposada pelos jesuítas, que provaram assim ser fervorosos mariologistas. Por sua vez, os primeiros dirigentes da ordem, especialmente Claudius Aquaviva (1543-1615), mostraram-se preocupados em assegurar "solidez e uniformidade de doutrina" em suas variadas atividades de ensino.

Embora Inácio de Loyola tenha declarado que "os doutores escolásticos, sendo de data mais recente, [...] têm um entendimento mais claro das Santas Escrituras e dos ensinos dos doutores santos e positivos", o engajamento polêmico dos jesuítas contra o protestantismo e mais tarde contra o jansenismo (ver Agostinianismo*) exigiu atenção cada vez maior de sua parte para com elementos ligados à teologia "positiva", especialmente a Bíblia, os Pais e a história da Igreja. O holandês Pedro Canisius (1521-1597) produziu uma obra amplamente adotada, *Catecismo* (*Summa Doctrinae Christianae* [Suma das doutrinas cristãs], 1554), tendo trabalhado incansavelmente contra o protestantismo na Alemanha e fora dela; mas o mais destacado entre os jesuítas como contestador antiprotestante foi o erudito e prolífico Belarmino*.

Contavam então os jesuítas com sólidos centros de estudo em Louvain, Paris (Collège de Clermont), Colônia, Ingolstadt, Würzburg, Viena, Praga, Alcalá, Valladolid, Cracóvia e outros lugares, e em suas fileiras com um número notável de teólogos e eruditos de peso, como Francisco de Toledo (1532-1596, escolástico), Jakob Gretzer (1562-1625, contestador da patrística histórica), Pedro da Fonseca (1528-1599, cognominado "o Aristóteles Lusitano"), e Leonhard Lessius (1554-1623, teólogo dogmático e moral).

O regulamento de Loyola advertia contra a depreciação do livre-arbítrio e das boas obras pela referência excessiva a predestinação e fé. A partir de 1613, por um decreto de Aquaviva, o ensino oficial dos jesuítas sobre a graça* se tornou no que ficou conhecido

TEOLOGIA JESUÍTICA

como "molinismo", por proceder do espanhol Luís de Molina (1535-1600), cuja obra *Concórdia...* (*Harmonia do livre-arbítrio com os dons da graça*, 1588) ensinava que a eficácia da graça não residia "intrinsecamente" no dom em si mesmo, mas, sim, na cooperação, divinamente prevista, do livre-arbítrio humano com a graça. A graça eficaz, diferentemente da graça suficiente, foi definida como a graça à qual uma pessoa consente. Francisco de Suarez (1548-1617), talvez o maior dos teólogos jesuítas, chamou a isso "congruísmo". Deus concede *gratia congrua*, graça "congruente", ou seja, em conformidade com o seu uso proveitoso pelos que a recebam, o qual já é pré-conhecido pela sabedoria especial de Deus (*scientia media*). Essa posição, sem dúvida antiprotestante, provocou acirrada disputa com os dominicanos*, que eram os tomistas mais fiéis em seguir Agostinho na questão da primazia da graça (irresistível). Uma congregação especial em Roma (De Auxiliis, 1597-1607) terminou com a intolerância de ambos os pontos de vista, mas logo depois o ponto de vista jesuíta acabou prevalecendo, de modo geral, na Igreja Católica.

Nos meados do século XVII, os jansenistas acusaram os jesuítas de pelagianismo* e semipelagianismo*. Os jesuítas lideraram as campanhas contra o jansenismo. Os jesuítas franceses especializados em patrística Denis Petau (Petavius, 1583-1652) e Jean Garnier (1612-1681) contestaram as interpretações jansenistas de Agostinho e os movimentos pelagianos. Cerca de um século antes, o ensino de Michel Baius de Louvain (1513-1589) representou, de fato, uma antecipação do jansenismo, sendo condenado por jesuítas como Belarmino e Lessius. Os jansenistas criticaram também o zelo dos jesuítas pela supremacia papal*, que remontava ao próprio Inácio de Loyola. Dois de seus primeiros seguidores, Diego Lainez (1512-1565) e Alonzo Salmeron (1515-1585), participaram efetivamente do Concílio de Trento como "teólogos [anticonciliaristas] do papa". Canisius foi outro também ativo em Trento. Lainez defendeu a tese de que o poder de jurisdição dos bispos procedia imediatamente do papa, e não de Cristo. Mais tarde, os jesuítas foram diligentes na elaboração da definição da infalibilidade papal no Concílio Vaticano I (1870). Foram, essencialmente, teólogos ultramontanos e antigalicanos. Os primeiros jesuítas conferiram também ao papa um poder "extraordinário e indireto" na esfera temporal. Essa crença foi elemento justificador da legitimidade da rebelião e do tiranocídio, preconizados por Juan de Mariana (1536-1623), Belarmino, Suarez e outros jesuítas (paralelamente às linhas similares de seus contemporâneos calvinistas seus contemporâneos). Tal teologia política trouxe acusações injuriosas de sedição contra os jesuítas, tanto na Inglaterra como, particularmente, na França.

Os jesuítas desenvolveram, ainda, uma teologia e uma espiritualidade ascéticas*, baseadas nos *Exercícios* de Loyola. Na Índia e no Extremo Oriente, missionários pioneiros jesuítas, como Matteo Ricci (1552-1610) e Robert de Nobili (1577-1656), foram intrépidos na teologia e na prática de missões.

TEOLOGIA JOANINA

A teologia moral* jesuíta propiciou amplo espaço ao casuísmo* e ganhou para sua ordem certo grau de notoriedade. Sua ênfase sobre "responsabilidade" significava que alguém poderia pecar sem culpa se não tivesse conhecimento do que cometia, sendo a "boa-fé", consequentemente, sempre uma desculpa válida. Seu "probabilismo", desenvolvido por Suarez e outros, e condenado pelos jansenistas como "lassidão", na verdade isentava a pessoa de obrigação moral quando qualquer dúvida séria se levantasse, em uma reflexão informada e conscienciosa. Baseava-se no princípio de, em caso de dúvida, ser legítimo seguir um curso de ação, tão somente provável, contrário à norma estabelecida, mesmo que uma opinião mais provável pudesse favorecer a norma. O sistema foi motivo de extensa controvérsia na teologia moral católica.

A era dourada da Companhia de Jesus ocorreu no seu primeiro século, quando se tornou o principal fator de revigoramento do catolicismo pós-Reforma (ver Contrarreforma Católica*). Embora vítima de controvérsias e até suspensa a mando de Roma de 1773 a 1814, a ordem jesuíta permaneceria como bastão da ortodoxia escolástica e mesmo de fidelidade ao papa. Mais recentemente, em 1916, o dirigente da ordem promulgava a instrução intitulada *Sobre a devoção crescente ao ensino de São Tomás na Companhia*. Embora poucos anos antes George Tyrrell (1861-1909) tivesse sido expulso da ordem por seu modernismo* católico, foi somente com Teilhard de Chardin* e o Concílio Vaticano II que a imagem tradicional da teologia jesuíta mudou acentuadamente. Os jesuítas permanecem ainda no centro do empenho teológico católico, com suas próprias [pontifícias] universidades espalhadas por toda parte, entre as quais, provavelmente a principal, a Gregoriana, de Roma, e intensa e numerosa publicação de obras e periódicos, enquanto, ao mesmo tempo, suas fileiras têm incluído alguns dos mais controversos, assim como dos mais importantes, teólogos modernos do catolicismo — como Lonergan*, Rahner*, o holandês Piet Schoonenberg (1911-1999), o teólogo da libertação* latino-americano Juan Luis Segundo (1925-1996), Josef Jungmann (1889-1975), o teólogo da liturgia Henri de Lubac (1896-1991) e Jean Daniélou (1905-1974). Todavia, com poucas exceções (*e.g.*, Jean Galot), os jesuítas não mais podem ser caracterizados como defensores da ortodoxia tradicional.

Bibliografia
X. le Bachelet *et al.*, *in: DTC* 8 (1924-1925), cols. 1012-1108; J. de Guibert, *The Jesuits. Their Spiritual Doctrine and Practice* (Chicago, 1964); D. Mitchell, *The Jesuits. A History* (London, 1980).

D.F.W.

TEOLOGIA JOANINA. Os documentos do NT que têm como autor o apóstolo João — seu evangelho, suas cartas, o livro de Apocalipse — são considerados em conjunto em qualquer abordagem da teologia joanina. Essa teologia é mais plenamente desenvolvida, no entanto, em seu evangelho. Este artigo dá, desse modo, preeminência a ele, mas sem ignorar as epístolas e o Apocalipse.

TEOLOGIA JOANINA

1076 ∎

O *corpus* joanino

O problema da autoria — se foi mesmo João ou qualquer outro que escreveu a literatura do NT à qual seu nome está ligado — é questão importante. Mais crucial, no entanto, é a natureza da *tradição* subjacente ao *corpus* joanino, com a possibilidade de que essa tradição possa estar diretamente associada a uma comunidade eclesial reunida de algum modo em torno do apóstolo e por ela interpretada.

A suposição, no caso, é que o apóstolo João, identificado como o "discípulo amado" (Jo 13.23, etc.), tenha passado para um grupo de seguidores seus a sua própria versão da tradição do Jesus histórico e que eles, por sua vez, a desenvolveram à luz do entendimento teológico distintivo de João. A primeira obra joanina escrita a emergir desse grupo pode ter sido o Apocalipse, certamente escrito pelo próprio apóstolo. Seguir-se-ia o evangelho, escrito pelos cristãos joaninos, dirigido a uma comunidade de crentes judeus e helênicos localizada em Éfeso. Os membros desse círculo parece que se dividiam quanto à avaliação da pessoa de Cristo: alguns o consideravam não menos que divino, enquanto outros o viam somente por sua aparência humana (*cf.* Docetismo*). Isso explica a cristologia* equilibrada em João: Jesus é tanto um só com Deus como um só com o ser humano. À medida que o tempo passava e as opiniões heterodoxas dentro da comunidade se polarizavam, importantes "presbíteros" joaninos podem ter escrito 1, 2 e 3João. Seriam tentativas de relembrar à membresia os fundamentos da fé cristã e sua prática, muito embora, a despeito da ênfase sobre o amor e a unidade nas cartas joaninas, assim como em seu evangelho, a desintegração da referida comunidade, que pode ser traçada em ambos os tipos de literatura, parece, finalmente, ter ocorrido (ver 3João, especialmente v. 9-10).

Teologia joanina

A abordagem joanina da salvação* se faz, consistentemente, em dois níveis, ao mesmo tempo: o terreno e o celestial. No evangelho, é uma narrativa apresentada como um drama em dois atos, com um prólogo (Jo 1) e um epílogo (Jo 21). O primeiro ato do drama (Jo 2—12) trata da revelação do Verbo de Deus (*cf. Logos**) ao mundo. Por meio de sinais e ditos, Jesus revela a glória* de Deus ao crescente círculo de judeus, samaritanos e gregos (representando os gentios) que o segue. Para os que tinham "olhos para ver e ouvidos para ouvir", é clara a identidade de Jesus* como o Cristo. O segundo ato do evangelho de João (13—20) mostra ao mundo sua glorificação. A narrativa da paixão que João faz conduz o drama ao seu clímax na exaltação de Cristo e na confissão de Tomé de que Jesus ressuscitado é "Senhor e Deus" (20.28). Com base na revelação e na glorificação de Cristo, o quarto evangelista conclama seus leitores a exercitarem uma fé* que traz vida em Jesus como Messias e Filho de Deus (Jo 20.31). Com base nisso também, os discípulos, começando por Pedro e o próprio discípulo amado, são comissionados e capacitados a seguir Jesus, a apascentar o rebanho de Cristo

1077 TEOLOGIA JOANINA

e a inaugurar a missão* da Igreja ao mundo (Jo 21.1-25).

O âmago da teologia de João é, como vimos, *cristológico*. A principal figura no drama joanino é o próprio Jesus, que é um só em natureza com a humanidade (Jo 16.28a) e, no mesmo sentido, um com o Pai (Jo 16.28b; *cf.* 14.28; 10.30). Essa percepção, que vai muito além da descrição evangélica sinóptica de Jesus, forma a base para o entendimento da salvação em João, normalmente descrita por ele como "vida eterna" (Jo 3.16,36; *cf.* Escatologia*). A vida abundante que Deus dá ao crente é mediada por seu Filho, encarnado, crucificado e exaltado (Jo 10.10; *cf.* 12.32). Vindo de Deus e retornando para Deus, somente Jesus pode ser o caminho para o Pai* (Jo 13.3; 14.6).

Assim, João vê Deus agindo por meio do que é físico, material, sobretudo mediante a encarnação* do Filho, a fim de comunicar o que é essencialmente espiritual (Jo 1.14; 1Jo 1.1,2; Ap 1.17,18). Esse ponto de vista teológico, porém, não se restringe ao evangelho de João. Toda a literatura joanina em geral considera a posição da atividade salvífica de Deus como aquela em que terra e céu, tempo* e eternidade, são reunidos. Sobre esse fundamento, a vida eterna pode tornar-se uma realidade no presente, como na interseção dos mundos "de cima e de baixo" (Jo 1.51; *cf.* 1Jo 4.16,17; Ap 3.14,15; consequentemente, também, a dupla natureza, física e espiritual, dos sete "sinais" no quarto evangelho).

A abordagem teológica básica de João pode ser chamada de "sacramental", não estando João, no entanto, voltado propriamente para os sacramentos* do batismo* e da eucaristia*, mas, sim, para a qualidade sacramental da vida em Cristo. Essa abordagem determina o ensino tipicamente joanino a respeito de *Deus*, tanto transcendente quanto imanente (cf. Jo 4.23,24; 3.16; 1Jo 1.5; 4.9-14; Ap 4.2-11; 5.6-10); a respeito do *mundo*, tanto amado de Deus como oposto a ele (cf. Jo 3.17-19; 17.15,16; 1Jo 2.15-17; 4.14; Ap 11.15; 14.8; *cf.* 21.1,2); e a respeito da *humanidade*, tanto voltada para a luz quanto arrastada às trevas (cf. Jo 12.35,36; 1Jo 1.7; 2.8-11; 3.14; Ap 18.21-24).

Tensão semelhante, entre o que provém "de cima" e o que procede "de baixo" (*cf.* Jo 8.23), é perceptível em outras áreas principais da teologia joanina. Por exemplo, a apresentação que João faz da *morte de Jesus* fala-nos menos do sacrifício* oferecido na cruz do que a respeito da glória divina que o Cristo expõe e comunica, mediante a qual aqueles que creem podem ser libertos do domínio de Satanás (Jo 13.31,32; 1Jo 3.8; Ap 12.10,11). Assim também, a doutrina joanina da *Igreja*ptxt* deixa claro que o fiel pode já partilhar da vida no céu enquanto ainda experimenta as realidades da existência neste mundo (Jo 17.6-19; 1Jo 4.17; Ap 2—3). Nessa eclesiologia, é desenvolvida uma dinâmica posterior, pois João vê a Igreja tanto em termos corporativos como individuais (daí as imagens equilibradas que são usadas no evangelho para descrever o relacionamento Cristo–cristão, notadamente, por exemplo, Jesus como a "videira" e seus seguidores como os "ramos", Jo 15.1-11). A vida na Igreja cristã, sobre a terra

TEOLOGIA LITÚRGICA   1078 ■

e na eternidade, é experimentada tanto pela comunidade como, individualmente, pelos membros desse grupo, universal em membresia e em abrangência potencial (cf. Jo 21.1-9; 1Jo 2.1-3; Ap 7).

A *escatologia** de João, que emerge em todas as partes de seu panorama teológico, é também bipolar em seu caráter. Para ele, o "fim" ainda está por vir, mas, para os discípulos de Jesus, tanto antes como após a ressurreição, já ocorreu. Na verdade, a tensão entre o "agora" e o "ainda não" é fundamentalmente joanina. Para ele, "vida eterna agora" é uma realidade, e não um paradoxo (*cf.* Jo 5.25; 2Jo 8,9; Ap 22; apesar do caráter próprio escatológico do Apocalipse, essa obra tem muito a dizer a respeito do tempo *presente* da salvação).

As tensões em "duas dimensões" da teologia de João são mais aparentes do que reais, pois a solução é encontrada no próprio Cristo. Ao mostrar juntas, de modo extremo, as dimensões material e espiritual, ele torna possível a vida em cada dimensão, assim como o conhecimento salvador de Deus e o exercício de uma vida de fé mediante o Espírito (Jo 16.7-11; 17.3; 1Jo 2.12-14; Ap 2.7).

De acordo com João, é o Espírito-Paracleto (identificado no discurso de despedida de Jesus, em Jo 14-16, como seu *alter ego*) que capacita o indivíduo e a comunidade cristã a permanecerem frutuosamente em Cristo, enquanto peregrinam na luz, como filhos de Deus (Jo 15.1-8; 1Jo 4.12,13; Ap 3.1-3); a adorarem* a Deus de modo verdadeiro; a servirem o próximo de modo sacrifical, por amor de Cristo; e a levarem as boas-novas de Jesus ao mundo (Jo 4.19-26; 20.21,22; 1Jo 3.11-18; *cf.* 2Jo 5,6; Ap 22.17). A teologia do evangelho apostólico de João é, assim, relevante para a vida contínua da Igreja em todas as eras.

Bibliografia

R. E. Brown, *The Gospel According to John*, 2. vols. (London, 1971); *idem, The Community of the Beloved Disciple* (London, 1979); G. B. Caird, *A Commentary on the Revelation of St John the Divine* (London, 1966); C. H. Dodd, *The Interpretation of the Fourth Gospel* (Cambridge, 1953); E. S. Fiorenza, *The Book of Revelation: Justice and Judgment* (London, 1985); G. Goldsworthy, *The Gospel in Revelation* (Exeter, 1984); E. C. Hoskyns (ed. F. N. Davey), *The Fourth Gospel* (London, ²1947); E. Malatesta, *Interiority and Covenant* (Roma, 1978); S. S. Smalley, *John: Evangelist and Interpreter* (Exeter, 1983); *idem,* Johannine Spirituality', *in:* G. S. Wakefield (ed.), *A Dictionary of Christian Spirituality* (London, 1983); p. 230-232; *idem; 1, 2, 3 John* (Waco, TX, 1984); J. R. W. Stott, *The Epistles of John* (London, 1964).

S.S.S.

TEOLOGIA LITÚRGICA. Embora o conceito tenha provavelmente existido em igrejas litúrgicas — aquelas que usam formas estabelecidas de adoração coletiva*, incluindo as de textos recitados —, a teologia litúrgica somente recentemente tem atraído interesse mais amplo, devido a uma nova e crescente atenção na liturgia.

Essa teologia é uma tentativa de alcançar uma interpretação

TEOLOGIA MENONITA

teológica, não meramente uma interpretação devocional ou histórica, das formas tradicionais de liturgia. Mais específica que a teologia da adoração em geral (que inclui adoração não litúrgica), segue também um método diferente. Começa não a partir da Bíblia, traçando o desenvolvimento (bom e mau) dos princípios bíblicos na prática histórica, examinando como, e até onde, isso poderia ser entendido em termos de princípios bíblicos. Seria assim, pelo menos, uma abordagem reformada à teologia litúrgica.

Os escritores de ponto de vista tradicionalista, por outro lado, tendem a ver os princípios da prática litúrgica como auto evidentes e autojustificativos, enquanto os de ponto de vista liberal tendem a interpretar e testar a prática litúrgica pelos princípios da razão e da sociologia, e não pelos da Bíblia.

A visão anabatista* de que a adoração cristã deveria tanto quanto possível reproduzir a prática do NT inalterada não reconhece validade no desenvolvimento histórico da adoração, e, portanto, não aceita qualquer teologia litúrgica. A abordagem luterana*, a anglicana* e (de certo modo) a calvinista (ver Teologia Reformada*) é, contudo, diferente, levando muito em conta a história e permitindo condições de mudança, mas procurando implementar plenamente os princípios bíblicos no contexto das condições mudadas (*e.g.*) no serviço de culto diário e em cerimônias de casamento e sepultamento, com textos específicos para essas cerimônias e outras e um calendário* de festas anuais. A liturgia não foi invalidada por essas igrejas por se concluir que não existia nos tempos bíblicos, mas somente por não concordar com os princípios bíblicos.

As práticas litúrgicas da sinagoga judaica do século I, de que nosso Senhor e seus discípulos compartilhavam, parece que incluía muitos aspectos que não se reportam propriamente ao AT, nem são mencionados no NT. Esse padrão de adoração é que foi remodelado, mas não abolido, pelo impacto do evangelho* e desenvolvido em práticas cristãs históricas. Suas origens, todavia, são válidas e, desse modo, a verdadeira tarefa da teologia litúrgica é interpretá-las pelo ensino da Bíblia, a fim de que possam ser entendidas e usadas do modo mais útil e edificante pela Igreja.

Ver também DOXOLOGIA.

Bibliografia

J. J. von Allmen, *Worship: Its Theology and Practice* (TI, London, 1965); A. Schmemann, *Introduction to Liturgical Theology* (TI, London, 1966); G. Wainwright, *Doxology: a Systematic Theology* (London, 1980).

R.T.B.

TEOLOGIA MENONITA. As raízes da teologia menonita podem ser encontradas nos anabatistas* holandeses, alemães e suíços do século XVI. Menno Simons (1496-1561), Pilgram Marpeck (c. 1495-1556), Conrad Grebel (c. 1498-1526) e outros proporcionaram a inspiração teológica para o movimento que mais tarde tomou o nome de menonita por causa de seu líder holandês mais importante, o já

TEOLOGIA MENONITA

citado Menno. Historicamente, a tradição menonita tem assumido a substância, senão sempre a autoridade, dos credos* cristãos primitivos. Confessionalmente, em afirmações de fé, escritos doutrinários, catecismos*, sermões, hinos, literatura devocional e adoração, tem sido enfatizado temas das Escrituras frequentemente omitidos nos credos e confissões* históricos, especialmente o modo de sofrimento de Cristo por amor, a vida cristã de discipulado* e de obediência e a natureza da Igreja* como separada do mundo. Tem também afirmado o entendimento triúno de Deus, a morte expiatória substitutiva de Cristo e a natureza exemplar da vida de Cristo, o pecado como ato voluntário de desobediência, a responsabilidade humana de fidelidade na vida cristã, a volta de Cristo e a primazia das Escrituras em toda reflexão teológica.

A doutrina da Igreja é o tema mais central da teologia menonita. Suas características são: regeneração*; vida santa; batismo do crente; ceia do Senhor; lava-pés; disciplina eclesiástica*; inconformidade; integridade; não resistência; liberdade religiosa; separação entre Igreja e Estado.*

No curso de suas migrações, tanto na Europa como nas Américas, o movimento menonita veio a estar sob a influência do pietismo.* Os efeitos foram de modo geral benéficos e revitalizadores, especialmente quanto a missões e às dimensões pessoais da salvação. O pietismo, orientado na experiência, contudo, tendeu também a dissipar distinções teológicas menonitas quanto a discipulado e ética cristã.

Os menonitas foram favoráveis à luta fundamentalista* contra o modernismo, sem, todavia, ingressar formalmente em suas fileiras, apesar de alguns setores terem sido fortemente influenciados. A teologia menonita tem sido, de modo geral, conservadora e evangélica*. Todavia, muito embora a teologia liberal* não tenha tido grande impacto sobre o pensamento menonita nos Estados Unidos e na maioria de outros países, interesses éticos comuns entre si têm-se mostrado bastante evidentes em tempos mais recentes. Durante os séculos XIX e XX, por exemplo, a maior parte dos menonitas holandeses e muitos do norte da Alemanha se voltaram em direção ao liberalismo. A assimilação que fizeram também da cultura das principais correntes de pensamento europeias significou, igualmente, o abandono de muitas posições doutrinárias tradicionais. Certa renovação teológica menonita, enfim, tem ocorrido desde a Segunda Guerra Mundial. Atualmente, essa teologia no norte da Europa se apresenta mais ecumênica em seus interesses.

O desenvolvimento da tradição teológica menonita tem-se caracterizado pela luta por uma unidade confessional maior (séculos XVII e XVIII), a busca por estabilidade religiosa e cultural (século XVIII até o começo do século XX) e, mais recentemente, a busca pela identidade teológica (século XX). Desde a Segunda Guerra Mundial, a teologia e a ética menonitas têm como que buscado retornar às suas raízes na Reforma Radical* do século XVI. Essa espécie de "recuperação da visão anabatista" tem procurado retomar a ênfase bíblico-ética

1081 TEOLOGIA MÍSTICA

em discipulado, eclesiologia e não resistência, juntamente com o desafio da responsabilidade social e a natureza da identidade teológica menonita relativa a seu etnocentrismo, pluralismo cultural, evangelicalismo contemporâneo e movimento anabatista histórico.

Representando a tradição de Igreja livre, a fé e a vida menonitas refletem um entendimento da Igreja como comunidade pactual de crentes fiéis. Seu desafio interno maior nos dias de hoje é a busca de sua identidade teológica e a integração de sua eclesiologia com o relacionamento, em mutação, da Igreja com a sociedade.

Ver também TEOLOGIA ANABATISTA; REFORMA RADICAL.

Bibliografia
H. S. Bender *et al.* (eds.), *The Mennonite Encyclopedia,* vols. I-IV (Scottdale, PA, 1955-1959); C. J. Dyck (ed.), *An Introduction to Mennonite History* (Scottdale, PA, 1967); H. J. Loewen, *One Lord, One Faith, One Hope e One God: Mennonite Confessions of Faith in North America — An Introduction* (Newton, KS, 1985).

H.J.L.

TEOLOGIA MÍSTICA. Tal como o misticismo, essa teologia tem sido definida de tantas maneiras que se torna necessário distinguir suas várias conotações.

1. Pode significar, como aconteceu na Idade Média, simplesmente uma experiência pessoal com Deus e reflexão sobre esta (ver Experiência Religiosa*). Nesse sentido, cada teólogo medieval era um místico, pois escrevia a respeito do que ele

próprio havia experimentado. Karl Rahner* pode assim afirmar que "o cristão piedoso do futuro será um 'místico', alguém que terá 'experimentado' alguma coisa, ou nada será (*Theological Investigations* [Investigações teológicas], vol. 7, London, 1971, p. 15). Teologia e misticismo são inseparáveis na teologia ortodoxa oriental*: "Se a experiência mística é uma realização pessoal fora do conteúdo da fé comum, a teologia é uma expressão, para o proveito de todos, daquilo que pode ser experimentado individualmente" (Vladimir Loosky, *The Mystical Theology of the Eastern Church* [A teologia mística da Igreja oriental], Londres, 1957, p. 9).

Os escritores que entendem a teologia mística desse modo, como afetuosa conscientização ou conhecimento de Deus*, não veem nada demais em descrever Jesus e Paulo* como místicos, e como misticismo os ensinos de ambos a respeito de oração*, união* com Deus e Cristo ou vida no Espírito Santo*. Eles assinalam também o fato de que místicos como Teresa de Ávila e João da Cruz costumam estar profundamente imersos nas Escrituras (ver abaixo).

2. Um uso mais restrito do termo se refere aos estágios mais elevados da oração mística, que, semelhantemente aos demais dons*, são dados, segundo a vontade suprema de Deus, a uns e não a outros. Nesse sentido, a teologia mística é distinta da teologia ascética*, que descreve os estágios da oração desde o começo até a oração de "atenção amorosa" ou "pura consideração", que vai além das palavras. Muitos dos escritos sobre oração consideram a contemplação

TEOLOGIA MÍSTICA

desse último tipo disponível a todo cristão.

3. Estudiosos protestantes, embora conscientes do relacionamento entre a teologia e a experiência de Deus, têm sido geralmente relutantes em falar de teologia mística. O termo "místico" tem-se prestado a certa confusão com as religiões greco-romanas de mistério, a uma identificação com o neoplatonismo da obra *Teologia mística* de Dionísio* e com os erros do gnosticismo* e do quietismo*. Alega-se também que a teologia mística passa por alto, negligenciando, o elemento proeminentemente profético ou ético nas Escrituras (*cf.* A. Nygren*, *Agape and Eros* [Agape e eros], 3 vols., London, 1932-1939; G. Ebeling*, *Word and Faith* [Palavra e fé], London, 1963). Alguns místicos podem ter-se tornado alvo de acusação, algumas vezes, por causa de suas tentativas de descrever o indescritível, mas não se pode classificar toda a teologia mística desse modo; cada exemplo deve ser examinado no seu contexto e avaliado pelos seus próprios méritos.

Um panorama da teologia mística ocidental até o século XIII incluiria obrigatoriamente os pais da Igreja, desde Agostinho* a Bernardo de Claraval*, Francisco de Assis* e seu discípulo e biógrafo Boaventura*, sem omitirmos o lado místico de Tomás de Aquino*. A devoção de Bernardo à humanidade de Cristo, sustentada nos escritos de Aelred de Rievaulx (1110-1167), teve uma influência durável no misticismo europeu. A outra grande influência foi a teologia apofática* de Dionísio, traduzida do grego para o latim por Erigena* no século IX e para versão inglesa modificada no sécu-

lo XIV pelo autor anônimo do *The Cloud of Unknowing* [A bruma da ignorância]. *The Cloud* — que também conduziu os leitores ingleses à terceira influência, naquele época, do misticismo europeu, a escola de São Vitor (ver Vitorinos*) — apareceu por volta de 1370 entre as obras de Richard Rolle de Hampole (*c.* 1295-1349) e de outros representantes da fina flor do misticismo inglês: *The Scale of Perfection* [A escala da perfeição], de Walter Hilton (m. 1396), as *Showings* [Demonstrações] ou *Revelations of Divine Love* [Revelações do amor divino], de Juliana de Norwich (*c.* 1342-1416) e *The Book* [O livro], de Margey Kempe (*c.* 1373-1433).

O misticismo floresceu também, durante esse período, em movimentos de renovação espiritual na Alemanha e em Flandres, sob a inspiracão de Meister Eckhart (*c.* 1260-1327), John Tauler (*c.* 1300-1361) e Henry Suso (*c.* 1295-1366). Os três estiveram envolvidos com os Amigos de Deus de Rhineland (que produziram a *Theologia Germanica* [Teologia alemã], um guia anônimo de misticismo para o homem comum e que Lutero*, mais tarde, imprimiu) e contribuíram indiretamente para os Irmãos da Vida Comum, de Flandres, por sua influência sobre Jan van Ruysbroeck (1293-1381). Gerard Groot (1340-1384), discípulo de Ruysbroeck, foi o fundador dos Irmãos, promovendo uma espiritualidade que alcançaria expressão duradoura no século seguinte mediante os escritos de Thomas à Kempis (1380-1471; ver *Imitação de Cristo*).

Se alguns dos escritos mencionados acima sugere que os místicos

TEOLOGIA MONÁSTICA

estariam voltados somente para a vida interior da alma, essa impressão poderia ser facilmente corrigida com um simples estudo das vidas de místicos italianos e espanhóis como Catarina de Siena (1347-1380), Catarina de Gênova (1447-1510), Inácio de Loyola* ou Teresa de Ávila (1515-1582), esta, a carmelita reformadora que elaborou, semelhantemente a seu discípulo e também poeta João da Cruz (1542-1591), análises dos estágios da vida mística jamais sobrepujadas.

Os conflitos surgiram, no século XX, na relação entre oração e ação, desde Bonhoeffer* até recentes teólogos da libertação*. É um tema substancial em Thomas Merton (1915-68; *cf. Contemplation in a World of Action* [Contemplação em um mundo de ação], London, 1971), cuja obra é também importante como contribuição pioneira para a crescente e premente questão do relacionamento entre teologia mística e a experiência religiosa no cristianismo e em outras religiões.

Bibliografia

Volumes individuais da série *Classics of Western Spirituality* (London/New York, 1978-); A. Brancroft, *The Luminous Vision* (London, 1982); L. Bouyer (ed.), *A History of Christian Spirituality*, 3 vols. (London, 1963-1969); P. Grant, *A Dazzling Darkness* (London, 1985); G. Guitars, *We Drink from Our Own Wells* (London, 1984); W. Johnston, *The Wounded Stag* (London, 1985); A. Louth, *The Origins of the Christian Mystical Tradition* (Oxford, 1981); S. Tugwell, *Ways of Imperfection* (London, 1984); G. S. Wakefield (ed.), *A Dictionary of Christian Spiri-*

tuality (London, 1984); R. Williams, *The Wound of Knowledge* (London, 1979). Literatura anterior, incluindo os estudos clássicos de Otto*, Underhill* e von Hügel*, pode ser verificada por meio de bibliografia em: R. Woods (ed.), *Understanding Mysticism* (London, 1981).

P.N.H.

TEOLOGIA MONÁSTICA. No século V, a Europa Ocidental foi devastada por sucessivas ondas de invasões bárbaras. Em 476, o último imperador ocidental foi deposto pelo rei bárbaro dos godos, e o Império Romano do Ocidente efetivamente deixou de existir. O período seguinte, até cerca do ano 1000, pode ser chamado com propriedade, como o é, de idade das trevas. Mas, enquanto a vida intelectual da Europa entrava em decadência, a teologia e a erudição cristã continuaram em relativa segurança, propiciada pelas comunidades de monges (ver Ascetismo*; Bento e a Tradição Beneditina*). Foi a época da teologia monástica.

O termo "teologia monástica" costuma se referir ao ambiente local dos teólogos, mas diz respeito também, e sobretudo, à abordagem que adotaram. Trabalhavam numa atmosfera de comprometimento e piedade, dentro da estrutura da vida dos mosteiros. Seu alvo não era propriamente a busca do conhecimento em si mesmo, mas, sim, edificação e adoração*. Sua abordagem era, acima de tudo, a de contemplação, meditação e adoração. O monge teólogo não era um observador acadêmico, separado para os seus estudos, que analisasse seu material e visse as coisas sob um ângulo externo, mas, sim, um

TEOLOGIA MONÁSTICA

participante comprometido e envolvido com o objeto de seu exame.

Quando a idade das trevas chegou ao fim, levantou-se outra forma de teologia — a escolástica.* A teologia veio a ser estudada fora dos mosteiros, nas universidades e em outros ambientes "seculares". O alvo passou a ser então o conhecimento intelectual objetivo. A abordagem passou a ser de questionamento, lógica, especulação e discussão. A teologia havia se tornado uma ciência objetiva independente. Essa abordagem, no entanto, não eliminou a abordagem monástica mais antiga, apenas a deslocou da linha de frente da teologia. Bernardo de Claraval*, que ficou conhecido como "o último dos pais da Igreja" (ver Teologia Patrística*), foi realmente o derradeiro grande representante da teologia monástica.

Três grandes nomes dominam a era da teologia monástica: Agostinho*, Gregório* e Bento*. Agostinho, o maior dos pais latinos, que esteve em atividade pouco antes da desintegração do Império Ocidental, resumiu muito do ensino dos pais primitivos da Igreja. O papa Gregório I, o maior dos teólogos monásticos da idade das trevas, foi um mestre espiritual muito considerado. J. Leclercq afirma que, "no domínio da análise teológica da experiência cristã, nada de essencial se poderia acrescentar a Gregório, o Grande". O agostinianismo* da idade das trevas, em geral, recebeu e ampliou o ensino de Agostinho conforme filtrado por Gregório. A teologia monástica era vivida, pregada e escrita no mosteiro, sendo a vida monástica centrada no regulamento beneditino. Mas foi somente no século VIII, como resultado do empenho de seu homônimo, Bento de Aniane (c. 750-821), que a Regra de Bento passou a ser amplamente adotada pelo monasticismo ocidental. Em 817, um sínodo reunido em Aachen tornaria oficial esse regulamento para todos os mosteiros.

A teologia monástica era, acima de tudo, uma teologia de experiência (ver Experiência Religiosa*), uma teologia da vida espiritual (ver Espiritualidade*). Os escritos de Agostinho foram apreciados especialmente por seu ensino espiritual. Entre as grandes realizações dessa teologia, está o ensino místico* de Gregório e Bernardo, que seguiram a tradição agostiniana do misticismo neoplatônico (ver Platonismo*). A teologia monástica baseava-se principalmente no texto das Escrituras, que, juntamente com os escritos dos pais, era lido diariamente, no ato chamado *lectio divina* ("leitura divina"). Embora as Escrituras fossem o foco central, o alvo da teologia não era o de uma exegese literal e científica. Mesmo assim, a exegese monástica foi disciplinada. Dava-se forte ênfase ao estudo da gramática, como preparo para o manuseio do texto sagrado. As Escrituras eram interpretadas pelas próprias Escrituras, especialmente por meio de relacionar passagens em que aparecessem em destaque as mesmas palavras. Sua interpretação, porém, era grandemente alegórica (ver Hermenêutica*). O objetivo, enfim, não era o de se analisar o texto de um modo precisamente científico, mas, sim, de se ministrar a mensagem de salvação para os ouvintes. O livro mais frequentemente lido e exposto era o Cântico dos Cânticos,

1085 TEOLOGIA MORAL

interpretado como uma narrativa da relação entre Deus e a alma individual. É digno de nota que nenhum dos reformadores, como Calvino*, que se opunha à alegoria, deixou de ver na teologia monástica, não obstante, a preservação da forma mais pura da teologia agostiniana, depois corrompida pelo escolasticismo.

Bibliografia
C. Butler, *Western Mysticism: The Teaching of Augustine, Gregory and Bernard on Contemplation and the Contemplative Life* (London, ³1967); J. Leclercq, *The Love of Learning and the Desire for God* (New York, 1961).

A.N.S.L.

TEOLOGIA MORAL. Embora a teologia, especialmente no Ocidente, tenha estado sempre preocupada com questões de moralidade cristã, o reconhecimento da teologia moral como disciplina independente data do final do século XVI. A expressão latina *theologia moralis*, todavia, já é encontrada um século antes, ligada aos confessionários medievais que abordam o propósito da penitência, dando orientação ao sacerdote sobre a penalidade* adequada para os vários pecados. Com a teologia moral da Contrarreforma (ver Contrarreforma Católica*), a preocupação é mais profunda e as raízes teológicas mais extensas. Objetiva guiar a consciência confusa do crente em face de complexas deliberações práticas. A teologia é extraída da lei e da psicologia do julgamento moral, como desenvolvido por Tomás de Aquino*, da lei canônica* e do entendimento teológico comum do direcionamento do homem para Deus como o *summum bonum*, derivado de Agostinho*. Cuida, de maneira muito semelhante ao do exame e da análise detalhados, de casos morais — daí o moderno termo "casuística"*. No século XVII, quando a preocupação teológica desloca-se das questões doutrinárias da Reforma, o protestantismo inglês é atraído por essa orientação para questões deliberativas, sendo as principais contribuições à teologia moral feitas pelos puritanos* (e.g., William Perkins, 1558-1602), assim como pelos laudianos (e.g., Jeremy Taylor, 1613-1667).

A validade da teologia moral tradicional tem sido matéria de controvérsia. É típica, de muitos modos, do século XVII, em que floresceu: é individualista em sua concepção de agente consciente, orientada de modo leigo, em sua preocupação pela vida no mundo; todavia, procura impor ordem sobre as percepções morais subjetivas, não tanto mediante apelo às Escrituras e mais por orientação normativa da Igreja institucional. (Esse último ponto se aplica menos à contribuição protestante desse gênero.) Enquanto críticos modernos (*e.g.*, Barth) fazem objeção ao seu autoritarismo, seus contemporâneos (*e.g.* Pascal) contestaram sua acomodação a padrões considerados frouxos. Ambas as críticas são de algum modo justas. Assim são as objeções à sua análise formalista dos problemas morais, ao seu foco sobre os fenômenos patológicos e excepcionais da vida moral e ao seu tradicionalismo escolástico. Não obstante, essa teologia contribuiu enormemente para uma compreensão do tipo

TEOLOGIA MORAL

de discernimento que se requer à interpretação de situações particulares de decisão moral, apontando, assim, para um pensamento cristão moral não legalista nem subjetivo. Essa tradição, contudo, cairia em perda de reputação nos círculos protestantes no século XVIII. No catolicismo romano, alcançou seu ápice no começo do século XVIII, com a obra de Alphonsus Liguori (1696-1787), e vigor renovado no século XIX, vindo a perder apoio somente no século XX.

Os pensadores protestantes se voltaram cada vez mais, para sua orientação moral, às fontes filosóficas, colocando-se desde o final do século XVIII sob a influência da ética de Kant*. A tradição daí resultante de "ética cristã"* tem sido marcada por uma persistente ansiedade sobre como a doutrina kantiana de autonomia ética pode ser aplicada em um contexto teológico. Nunca chegou, talvez por isso, a obter sucesso como teologia moral à luz de uma análise detalhada de situações morais correntes, de forma que, em face de novos desafios sociais, tem frequentemente se mostrado, aparentemente, como perda, limitada a edificar reflexões a respeito da motivação cristã e retornando a um encadeamento de consequências pragmático em questões éticas substanciais. Todavia, a despeito de sua aparente fraqueza, tem prestado alguma valiosa contribuição em questões atuais, como a conduta ética na guerra*, prática e ética médica e relações trabalhistas no mundo de hoje.

Frequentes têm sido as exigências de uma reforma da teologia moral (ou ética cristã, pois a distinção nada tem de utilidade senão histórica) para uma empreitada intelectual mais ampla, com receptividade maior às Escrituras do que mostrou a tradição no passado. Quão efetivamente essa exigência estará sendo satisfeita é cedo para dizer. Os seguintes pontos podem ser tomados, assim, como recomendação:

1. A teologia moral se distingue da "teologia espiritual" (estudo da oração* e adoração*; *cf.* Teologia Litúrgica*; Espiritualidade*) e da "teologia pastoral"* (estudo das tarefas do ministério cristão), por se preocupar com questões mais mundanas que a primeira citada e mais orientada para o leigo que a segunda. Todavia, haverá sempre interação entre as três.

2. A tarefa primordial da teologia moral é deixar claros *os conceitos morais cristãos*, mostrando os diversos modos cristãos de apresentar as questões morais — em termos de mandamento de Deus (ver Lei*), amor* pelo próximo, liberdade* de fé, santificação* do crente, formas de ordem criadas, etc. —, que emergem das Escrituras, e comparando-os com outras formas em que as questões morais possam ser colocadas.

3. A teologia moral deve desenvolver em detalhes certos aspectos da *doutrina cristã da natureza humana*, especialmente da sociedade* e do governo, da sexualidade* e da vida e morte*. Isso dá continuidade à obra da teologia sistemática* nessas áreas, ao levar as ordenanças e os mandamentos bíblicos relevantes a alcançar uma visão sistemática.

4. A teologia moral deve se voltar para *questões decisórias* enfrentadas pelos indivíduos e pela

TEOLOGIA NARRATIVA

sociedade, de tal modo que ela seja aplicável do melhor modo possível. Essas questões costumam se apresentar de três maneiras: a) questionando-se sobre que atitude deve assumir o crente individual que tenha de tomar uma decisão (perspectiva de agente); b) indagando-se de que modo o crente ou a Igreja pode ou deve aconselhar pessoas que tenham decisões a tomar (perspectiva de aconselhamento); c) questionando-se sobre a adoção de uma regra social adequada que poderia orientar a prática (perspectiva legislativa). Todavia, se essas três formas de questionamento não forem mantidas distintas e separadas, poderá resultar em confusão.

5) Não há proveito algum na divisão de teologia moral em "ética pessoal" e "ética social", divisão essa que promove o conceito errôneo de que o pessoal e o social constituem *campos separados* da investigação moral, quando, na verdade, assuntos decisórios contêm tanto aspectos pessoais quanto sociais a ela ligados, conforme esboçado no item 4, acima.

Bibliografia

Barth, *CD* III.4; J. Gustafson, *Protestant and Roman Catholic Ethics* (London, 1979); B. Häring, *The Law of Christ*, 2 vols. (Cork, 1963-1967); S. Hauerwas, *The Peaceable Kingdom: A Primer in Christian Ethics* (London, 1984); J. Macquarrie & J. Childress (eds.), *A New Dictionary of Christian Ethics* (London, 1986); H. R. Niebuhr, *Christ and Culture* (New York, 1951); O. O'Donovan, *Resurrection and Moral Order* (Leicester, 1986); P. Ramsey, *Deeds and Rules in Christian Ethics* (New York, 1967); H. Thielicke, *Theological Ethics*, 3 vols. (Grand Rapids, MI, 1966-1981).

O.M.T.O'D.

TEOLOGIA NARRATIVA. Uma grande dificuldade da Igreja em encontrar um método de interpretar a Bíblia, no decorrer dos séculos, tem sido experimentada, particularmente, em relação à narrativa — que constitui, na verdade, grande parte das Escrituras. A interpretação da narrativa tem-se voltado muito para a alegoria, para uma preocupação excessiva com a historicidade e para uma tendência de ver a descrição como uma mina de afirmações doutrinárias. Reagindo contra essas duas últimas atitudes, a teologia narrativa resulta de uma moderna posição correta de buscar fazer jus à narrativa em seus próprios termos. Isso tem produzido significativa mudança de interesse na direção da apreciação literária, especialmente entre eruditos do AT. A teologia narrativa, em particular, busca, enfim, encontrar os critérios modernos de como a narrativa pode ter significado e se apropriar desses critérios para a teologia.

Há, contudo, dois problemas principais para os expositores da teologia narrativa:

1. Em princípio, ela considera os temas ou assuntos das narrativas não só como procedentes de outras fontes, mas da própria Bíblia. É levantado, assim, de imediato, um problema de autoridade*. Com que base as histórias *bíblicas* podem recomendar a si mesmas como fontes? E como pode a interpretação de *qualquer* história da Bíblia atingir a posição teológica?

2. É inegável que a narrativa comunica a verdade de modo

TEOLOGIA NATURAL

1088

diverso daquele com que o fazem as pressuposições teológicas; ou seja, a narrativa comunica a verdade envolvendo a imaginação*. Além do mais, na narrativa há um sentido de preparar o leitor para perceber uma "nova" verdade — imperceptível por si mesma até agora ou não expressamente contida nas afirmações doutrinárias da Igreja. O problema, porém, é que, antes de mais nada, existe, inevitavelmente, determinado grau de subjetividade na leitura feita, por todo e qualquer leitor, de qualquer parte de uma narrativa; e, em segundo lugar, não há que se supor, necessariamente, que a espécie de "abertura" apropriada à leitura da narrativa acarrete uma rejeição, ainda que temporária, das afirmações doutrinárias tradicionais da Igreja.

Parece ser, enfim, uma questão de posicionamento pessoal ou filosófico a de que, na leitura de uma narrativa bíblica, a sensibilidade de seu caráter como literatura possa envolver ou não a rejeição a uma afirmativa tradicional da verdade ou simplesmente enriquecer um entendimento tradicional de fé. O problema é realmente uma forma do dilema hermenêutico*, perpétuo e universal: como pode alguém estar inteiramente aberto às Escrituras e, ao mesmo tempo, permanecer fiel à "fé de uma vez por todas confiada aos santos" (Jd 1.3)?

Bibliografia

D. J. A. Clines, D. M. Gunn & A. J. Hauser, *Art and Meaning* (Sheffield, 1982); H. Frei, *The Eclipse of Biblical Narrative* (New Have, CT, 1974); R. W. L. Moberly, Story in the Old Testament, *Them* 11:3 (1968), p.

77-82; G. W. Stroup, *The Promise of Narrative Theology* (London, 1984); G. Theissen, *On Having a Critical Faith* (London, 1979).

J.G.McC.

TEOLOGIA NATURAL. É a tentativa de alcançar um entendimento de Deus e seu relacionamento com o universo por meio de reflexão racional, sem lançar mão de revelação especial*, como a autorrevelação de Deus em Cristo e nas Escrituras.

Três tipos principais de argumento para a existência de Deus foram desenvolvidos, os quais evitam apelar à revelação especial. O primeiro, o argumento ontológico, afirma que a existência de Deus é uma necessidade racional. Já os argumentos cosmológico e teológico colocam um criador como a base da causa e do propósito no mundo. O argumento moral atribui a experiência dos valores e obrigações morais a um criador moral e pessoal.

O *argumento ontológico* foi desenvolvido por Anselmo* em seu *Proslogion*. Foi reafirmado pelos filósofos racionalistas nos séculos XVII e XVIII e tem sido muito discutido na filosofia recente. Busca demonstrar, pela razão somente, a necessidade lógica da existência de Deus. Em sua forma mais simples, o argumento define Deus como "aquele do qual nada maior se pode imaginar". Existir na realidade é maior do que existir meramente no pensamento. Portanto, "aquele do qual nada maior se pode imaginar" deve existir tanto na realidade como na imaginação [ou pensamento].

Esse argumento é geralmente considerado como falacioso, por causa de sua natureza tautológica.

TEOLOGIA NATURAL

Definir meramente uma entidade como existindo não proporciona base para se inferir sua existência. Como assinala Kant*, um mercador não pode aumentar sua riqueza acrescentando simplesmente cifras às suas contas. Tal como ao mercador é necessário justificar as cifras acrescidas às suas contas, assim também esse argumento requer uma justificativa plausível para definir Deus como alguém realmente existente, "do qual nada maior se pode imaginar". O argumento, na verdade, deixa de oferecer essa justificativa. Trata a existência como um predicado ou qualidade, que torna algo ou alguém realmente *existente*, "do qual nada maior se pode imaginar", superior simplesmente a um *pensamento* "do qual nada maior se pode imaginar". Mas a existência não é uma simples qualidade, que torne uma entidade que a possua maior do que algo ou alguém que não existe. A existência está aí ou definitivamente não está. A adição da existência à definição de Deus não proporciona, por si mesma, razão alguma para se crer na existência de Deus.

Os argumentos cosmológico e teleológico figuram nos chamados "Cinco Modos", de Tomás de Aquino* (*Summa Theologica* 1:2:3) — os cinco modos pelos quais a existência de Deus poderia ser mostrada. Esses modos remontam a Aristóteles*, que ensinava que Deus era a Primeira e a Última Causa do mundo. Ambos os argumentos recorrem a aspectos observados na experiência humana.

O argumento *cosmológico* argumenta a existência de uma primeira causa no cosmo. Assevera que as coisas que observamos no mundo todo têm causas antecedentes. Nada é inteiramente causado por si mesmo. Há que se colocar então uma primeira causa, causada por si mesma, em algum lugar da cadeia de causa e efeito. De outro modo, o processo de causa e efeito nunca começaria. Essa primeira causa autocausada é identificada como Deus.

O argumento *teleológico* (que é algumas vezes chamado de argumento psicoteológico) deriva seu nome da palavra grega *telos*, que significa "fim". Observa que as coisas em nossa experiência parecem servir a outros fins além de conhecê-las ou ter controle sobre elas. A evidência de propósitos pode ser observada na natureza. Mas o propósito ou desígnio implica a existência de uma mente cósmica fora da natureza com capacidade de implementá-lo. Essa mente cósmica é identificada com Deus.

O argumento *moral* chama a atenção para o fato de que pessoas de culturas e crenças diferentes reconhecem determinados valores e obrigações morais básicas. Esses valores não podem ser reduzidos a mera convenção. Nem podem derivar do mundo material. As coisas materiais existem em um plano puramente material. Os valores morais implicam uma dimensão da realidade que transcende o meramente físico. Pressupõem um ser moral e pessoal como fonte de todos os valores morais e como o único diante do qual todos os seres morais sejam fundamentalmente responsáveis. Esse ser moral supremo é identificado com Deus.

Os argumentos cosmológico, teleológico e moral apontam para

TEOLOGIA NATURAL

pontos importantes. Mas permanecem inconclusos como provas da existência do Deus dos cristãos ou de qualquer outra religião. Não mostram, por si mesmos, que estejam falando a respeito do mesmo Deus. É uma suposição pressupor que o universo seja um sistema único que deve ter somente uma causa, idêntico ao planejador que nele imprimiu seu propósito. É também uma suposição concluir que o Deus de qualquer desses argumentos é o mesmo Deus de qualquer fé religiosa específica. A teoria da evolução, por exemplo, coloca-se contra a ideia de que todas as criaturas foram criadas desde o princípio com um propósito particular em mente. Há ainda muitas coisas no mundo, aliás, para as quais não podemos especificar um propósito. Ninguém está em posição de afirmar, com base apenas na observação, qual é o propósito total do mundo. O máximo que podemos dizer é que ele possui evidências de estrutura.

Embora alguns teólogos protestantes tenham feito uso da teologia natural, ela tem aparecido muito mais na teologia católica-romana. Calvino* não usou os argumentos acima para provar a existência de Deus. Contudo, cria em uma revelação geral de Deus na natureza e na providência*, citando nosso "sentido de divindade" ou "sentido de Deus", para ele "a semente da religião" (*Institutas,* I.iii.4). Embora desfigurada e corrompida pelo pecado, essa consciência de Deus não tem sido obliterada. Para exatidão e conhecimento correto de Deus, devemos nos voltar para sua palavra, nas Escrituras.

A teologia natural foi advogada pelos deístas* do século XVIII, que viam a religião natural como alternativa aos mistérios e ao sacerdócio da religião revelada. O idealismo* de Hegel* e de F. W. J. Von Schelling (1775-1854), no século XIX, e a ontologia existencial de Tillich*, no século XX, são formas adicionais de teologia natural. Substituíram a transcendência de Deus do teísmo cristão por uma filosofia do ser. Deus cessa de ter uma existência independente do mundo e é visto como a base imanente de todo ser. A fé cristã é, então, adaptada a essa visão da realidade.

Importante fonte para o estudo da teologia natural são as Gifford Lectures* [Palestras Gifford], estabelecidas por lorde Gifford, eminente juiz, seguidor de Spinoza*, no século XIX, com esse fim. São palestras ministradas desde 1888 nas antigas universidades escocesas (Aberdeen, Edimburgo, Glasgow, St. Andrews) e disponibilizadas depois sob a forma de edições impressas para o grande público. Gifford desejava promover o estudo da teologia natural no sentido mais amplo do termo, ou seja, o conhecimento de Deus para ser buscado, conforme ele mesmo asseverava, como "ciência puramente natural, a maior de todas as ciências possíveis [...] a do ser infinito, sem referência ou relação a qualquer dita revelação supostamente excepcional ou miraculosa, [...] um estudo exatamente como o são a astronomia ou a química". Os palestrantes têm representado o pensamento religioso dos mais destacados, e entre eles se incluem John Bailie*, Barth* (que justificou sua série como uma exposição de uma "teologia totalmente diferente", sem a qual o desafio à teologia natural

TEOLOGIA NATURAL

perde sua vitalidade), Brunner*, Bultmann*, Christopher Dawson, John Dewey, A. S. Addington (*The Nature of the Physical World* [A natureza do mundo físico]), Austin Farrer*, J. G. Frazer, Gilson*, J. S. Haldane, W. C. Heisenberg, W. R. Inge, W. Jaeger, William James (*The Varieties of Religious Experience* [As variedades da experiência religiosa]), John MacMurray, G. Marcel, E. L. Mascall, Moltmann*, F. Max Muller, Reinhold Niebuhr*, Polanyi*, A. E. Taylor (*The Faith of a Moralist* [A fé de um moralista]), William Temple*, Tillich*, Arnold Toynbee, C. C. J. Webb, e A. N. Whitehead (*Process and Reality* [Processo e realidade]).

A. N. Whitehead deve sua inspiração a este último, uma forma contemporânea da teologia natural, a teologia do processo*, tendo encontrado seguidores, principalmente, nos Estados Unidos. A teologia do processo rejeita a visão bíblica do Deus transcendente, em favor de uma visão que torna Deus um fator finito dentro do processo evolutivo.

Karl Barth* rejeitou toda teologia natural com base em que Deus se revela em sua palavra. Seria inútil, portanto, buscar a revelação em qualquer outro lugar. Essa ideia foi questionada por Emil Brunner*, que cria haver Barth exagerado. Ele defendeu uma teologia natural protestante, na qual pretendeu basear ideias como imagem de Deus, revelação geral, graça preservada, ordenanças divinas, ponto de contato e a argumentação de que a graça não abole a natureza, mas a aperfeiçoa.

A Bíblia em si mesma não contém argumentos para a existência de Deus. Ela presume que Deus já é conhecido, ainda que imperfeitamente, e que se torna conhecido mediante sua palavra. A palavra de Deus corrige nosso conhecimento distorcido e proporciona um conhecimento que não pode ser obtido naturalmente. A revelação geral está mencionada em passagens como Salmo 19; Romanos 1.18-32; 2.12-16 (embora possa se referir a cristãos gentílicos); Atos 14.16-17; 17.27ss. O contexto destas, contudo, mostra que esse conhecimento geral precisa de correção e complementação por parte de revelação especial. O conhecimento de que o mundo foi criado pela palavra de Deus não é uma dedução baseada na observação, mas, sim, uma verdade conhecida pela fé (Hb 1.2-3; *cf.* Gn 1).

Se a teologia natural for vista como tentativa de lançar fundamentos para uma teologia revelada, os resultados se mostrarão desapontadores. Seus argumentos parecerão falaciosos, inconclusos e errôneos. Por outro lado, o reconhecimento de uma carência radical de autossuficiência da criatura, em todos os níveis da existência finita, levanta questões metafísicas e teológicas que somente podem ser respondidas com base na revelação. Os argumentos cosmológico, teleológico e moral não provam a existência do Deus revelado nas Escrituras, mas chamam a atenção para o fato de que a questão fundamental com respeito à causa, propósito e valores morais no universo não pode ser respondida pelo universo em si. Para encontrar respostas para as perguntas peremptórias apresentadas pela natureza, precisamos olhar para a autorrevelação de Deus.

TEOLOGIA NEGRA

Bibliografia

J. Baillie, *Our Knowledge of God* (Oxford, 1939); *idem, The Sense of the Presence of God* (Oxford, 1962); J. Barnes, *The Ontological Argument* (London, 1972); K. Barth & E. Brunner, *Natural Theology* (London, 1946); G. C. Berkouwer, *General Revelation* (Grand Rapids, MI, 1955); F. H. Cleobury, *A Return to Natural Theology* (Cambridge, 1967); W. Craig, *The Cosmological Argument from Plato to Leibniz* (London, 1980); Austin Farrer, *Finite and Infinite* (London, 1943); A. Flew, *God and Philosophy* (London, 1966); J. Hick, *Arguments for the Existence of God* (London, 1970); *idem* & A. McGill (eds.), *The Many-Faced Argument* (London, 1968); B. Lonergan, *Insight* (London, 1957); E. L. Mascall, *He Who Is* (London, 1943); *idem, The Openness of Being: Natural Theology Today* (London, 1971); T. McPherson, *The Argument from Design* (London, 1972); B. S. Mitchell, *The Justification of Religious Belief* (London, 1973); H. P. Owen, *The Moral Argument for Christian Theism* (London, 1965); *idem, The Christian Knowledge of God* (London, 1969); *idem, Concepts of Deity* (London, 1971); A. Plantinga (ed.), *The Ontological Argument* (London, 1968); G. F. Stout, *God and Nature* (Cambridge, 1952); R. Swinburne, *The Coherence of Theism* (Oxford, 1977); *idem, The Existence of God* (Oxford, 1979); *idem, Faith and Reason* (Oxford, 1981); A. E. Taylor, *The Faith of a Moralist*, 2 vols. (London, 1937); W. Temple, *Nature, Man and God* (London, 1934).

C.B.

TEOLOGIA NEGRA. Produto do cristianismo negro norte-americano, as origens da teologia negra se encontram no apoio aberto da liderança de suas Igrejas aos movimentos em favor da igualdade dos direitos civis dos negros, especialmente ao chamado Black Power [Poder Negro], na década de 1960, nos Estados Unidos. Suas relações com esse movimento são afirmadas por James H. Cone (n. 1938), o mais importante expoente da teologia negra, que afirma ser essa teologia "o correspondente religioso da expressão secular do Black Power [...], a explicação religiosa da necessidade de o povo negro definir o objetivo e significado da existência dos negros em uma sociedade racista branca. Enquanto o Poder Negro enfatiza a condição política, social e econômica do povo negro, a Teologia Negra coloca a identidade negra em um contexto teológico, mostrando que o Poder Negro é não somente consistente com o evangelho de Jesus Cristo, mas é o próprio evangelho de Jesus Cristo".

A afirmação de Cone é a mais militante sobre a natureza da teologia negra. Outras posições mais cautelosas foram tomadas por J. Deotis Roberts (n. 1927), Major J. Jones (n. 1919) e Gayraud Wilmore (n. 1921). Contudo, a conexão feita por Cone entre a "identidade negra" e "o evangelho de Jesus Cristo" aponta para uma percepção fundamental, compartilhada por todos os expositores da teologia negra, de que, embora o termo seja relativamente recente, suas intenções e preocupações estão aprofundadas na experiência de opressão, com base étnica, que tem caracterizado a vida do povo negro nos EUA. A teologia negra é, portanto, inseparável da história negra americana.

TEOLOGIA NEGRA

Representa uma forte afirmação, de convicção intelectual, em um povo que veio a considerar como teologicamente significativa sua própria história. A teologia negra é uma tentativa de articular essa importância dentro da comunidade cristã negra e além dela.

Sendo, pois, a expressão de uma tradição negra religiosa e histórica, os escritos sobre teologia negra têm um caráter profundamente pessoal e de experiência. Insiste-se na designação "negra" não meramente porque a teologia negra seja o produto de pessoas negras, mas também porque apresenta uma visão negra, particular, sobre o mundo; emerge de uma leitura negra das Escrituras, um ouvir negro de Jesus e da compreensão negra dele como libertador do povo negro, representando um Messias negro. Em outras palavras, há como que uma espiritualidade negra, experimentada por sua comunidade de adoração, e é isso que definitivamente autentica a teologia negra.

O destaque à sua etnicidade, nesse caso, o fato de ser negra para uma categoria teológica, tem sido aspecto dos mais controversos dessa teologia. Alguns observadores, incluindo negros cristãos, têm-se indagado se a teologia negra poderia ser reivindicada com justeza como cristã. Seus defensores têm pronta a resposta a essa crítica. Para James Cone, o fato de que o povo negro não rejeitou o evangelho que lhe foi dado pelo opressor branco sugere, segundo ele, que "o povo negro teve uma percepção diferente do evangelho que os brancos". Nas palavras de Gayraud Wilmore, o mais eminente historiador contemporâneo do cristianismo negro, "os negros [americanos] têm usado o cristianismo não como lhes foi entregue pelas Igrejas brancas segregadoras, mas autenticado como sua própria verdade na experiência do sofrimento, vindo a reforçar um temperamento religioso arraigado e a produzir uma religião local, orientada para a liberdade e o bem-estar humano".

Considerar o evangelho como dirigido aos negros e Jesus Cristo como se fora um negro é simplesmente articular esse sentido de liberdade do povo negro, que encontra nesse Jesus "diferente", no evangelho "negro", a libertação que lhes foi negada pelo cristianismo restrito dos brancos. A salvação para eles é, por isso, justamente, de caráter negro, e os brancos somente poderão ser salvos caso se tornem como os negros, isto é, caso se aprofundem na experiência negra de opressão pelos brancos, no contexto da qual Jesus é visto como o libertador. Por volta de 1894, Henry McNeal Turner (1834-1915), bispo da Igreja Episcopal Metodista Africana, dos EUA, já declarava que, em vista da discriminação racial praticada pelos cristãos brancos contra o povo negro, "Deus é negro".

A teologia negra se tornou, assim, toda uma estrutura teológica e intelectual, em que é descartada a interpretação e aplicação do evangelho feitas pelos brancos, experimentada pelos negros como desumana, em favor de uma nova interpretação, derivada da compreensão negra particular de Jesus Cristo e do Deus bíblico como seu libertador. A teologia negra tem sido, assim, corretamente

TEOLOGIA NEGRA

chamada de "teologia negra da libertação", consaguínea das teologias de libertação* de outras partes do mundo, como as da África, Ásia e América Latina.

As afinidades da teologia negra de libertação com as da teologia da África do Sul são óbvias: as condições políticas, sociais e econômicas até recentemente ali vigentes, desvantajosas para o povo negro, no sistema racista do *apartheid,* tornaram inevitável que a teologia negra norte-americana fosse bastante atraente para aquele povo. A teologia negra sul-africana, todavia, desenvolveu seus próprios pontos de enfoque e questões particulares, o que a faz destacar-se em alguns aspectos importantes (*cf.* Consciência Negra*). Recusa-se a se conectar com qualquer tipo de ação ou revolução violenta, tendo sido atraída, mais do que a própria teologia negra norte-americana, à opção da não violência de Martin Luther King Jr. (1929-1968). Allan Boesak (n. 1946), destacado expoente da teologia negra sul-africana, declara: "Seguindo a direção assinalada para nós por Martin Luther King Jr., a teologia negra [na África do Sul] leva a sério o amor cristão*, optando pelo *agape,* que permanece no centro das ações libertadoras de Deus para o seu povo". Semelhantemente, Manas Buthelezi (n. 1935) rejeita "uma teologia negra puramente em termos de despertamento do nacionalismo negro ou consolidação do Poder Negro", considerando isso "um alinhamento indiscriminado da consciência negra cristã com um conceito político sobrecarregado emocionalmente".

Consequentemente, a teologia negra sul-africana interpreta a "negritude" como uma categoria teológica um tanto diferente. Boesak identifica o poder negro no contexto da África do Sul mais na equalização do fato de "ser negro" com o fato de "ser humano": "O poder negro é a expressão legítima do fato de sermos humanos; é o povo negro finalmente retomando sua responsabilidade como seres humanos integrais [...]. A negritude, antes de mais nada, não designa propriamente a cor da pele. É uma descoberta, um estado de mente, uma conversão, uma afirmação de ser (que é poder)". Isso torna a "negritude" o equivalente também à "integridade" de Buthelezi, que resulta da percepção de que "o fato de ser negro, tal como o fato de ser branco, é uma boa maquiagem natural de Deus, e não uma maldição cosmológica".

Aqui, a teologia negra sul-africana se insere nas buscas e afirmações da teologia cristã africana* em geral, de modo tal que a teologia negra norte-americana, naturalmente ausente no contexto religioso-cultural da África, seria incapaz de fazer. Eis por que Boesak bem indica que "a teologia negra não pode se divorciar da teologia africana", pois não são "duas teologias separadas, mas dois aspectos da mesma teologia, duas dimensões da mesma experiência existencial e teológica".

Se a teologia negra vier a abarcar cada vez mais a experiência negra total na história negra, certamente se tornará necessário então um diálogo mais profundo e contínuo entre a teologia negra norte-americana e a "dupla" teologia africana.

Bibliografia
Allan Boesak, *Farewell to Innocence: A Socio-Ethical Study on Black Theology and Black Power* (Kampen, 1976; Johannesburg/New York, 1977/ também publicado como *Black Theology, Black Power* (London, 1978); James H. Cone, *Black Theology and Black Power* (New York, 1969); *idem, A Black Theology of Liberation* (Philadelphia, 1970); *idem, God of the Oppressed* (New York, 1975); Major J. Jones, *Black Awareness* (Nashville, 1971); Louise Kretzschmar, *The Voice of Black Theology in South Africa* (Johannesburg, 1986); John S. Mbiti, An African views American Black Theology, *in: Worldview 17* (August, 1974), p. 41-44; Basil Moore (ed.), *Black Theology: the South African Voice* (London, 1973, estudos seminais sobre teologia negra sul-africana); J. Deotis Roberts, *Liberation and Reconciliation: A Black Theology* (Philadelphia, 1971); Gayraud S. Wilmore, *Black Religion and Black Radicalism* (New York, 1973); Gayraud S. Wilmore & James H. Cone (eds.), *Black Theology: A Documentary History 1966-1979* (New York, 1979; importante por conter bibliografia anotada).

K.Be.

TEOLOGIA ORTODOXA ETÍOPE.
Os principais textos clássicos atualmente reconhecidos, além das Escrituras, como fontes da teologia da Igreja Ortodoxa Etíope são a Liturgia Etíope (pré-anáfora com quatorze anáforas) e a obra *Haymanotä abäw* (A fé de nossos pais), uma coleção de excertos sobre a Trindade* e cristologia*.

A Igreja Ortodoxa Etíope é herdeira da rica tradição teológica, que não pode ser descrita resumidamente. Seria necessária uma ampla narrativa, para se observar o que é central e o que é periférico na tradição; para descrever as disputas doutrinárias históricas com outras Igrejas e dentro da própria Igreja Ortodoxa Etíope, o que levou à produção de literatura teológica; para fazer uma resenha das mais recentes mudanças que têm acontecido na tradição principal da Igreja Ortodoxa Etíope; para, enfim, descrever a íntima integração de fé e prática na vida diária dos fiéis.

Os credos* aceitos pela Igreja Ortodoxa Etíope são os contidos na Liturgia Etíope, a saber, o Credo dos Apóstolos (que não é o mesmo Credo Apostólico ocidental) e o Credo Niceno-Constantinopolitano (sem a cláusula de *Filioque*).

Uma estrutura comumente usada para exposição da teologia ortodoxa etíope é a dos chamados "cinco pilares de mistério", a saber, as doutrinas da Trindade, da Encarnação, do Batismo, da Eucaristia e da Ressurreição dos Mortos. Não raro, os textos dos cinco pilares são precedidos de narrativas da criação, e a pregação etíope do evangelho, frequentemente, segue o seguinte padrão: "Adão foi criado, então caiu, e Cristo veio para libertá-lo".

As afirmativas teológicas etíopes modernas contêm também, normalmente, uma referência aos "sete sacramentos" — batismo, unção [consagração] pós-batismal, eucaristia, arrependimento, ordem, casamento e extrema-unção; mas essa sistemática aparece menos nos textos clássicos e pode ter surgido sob influência do ensino católico-romano.

TEOLOGIA ORTODOXA ORIENTAL

Um estudo mais cuidadoso das posições teológicas etíopes específicas há de considerar, ainda, a linguagem com que são expressas. A afirmação, por exemplo, de que a Igreja Ortodoxa Etíope adota a doutrina da transubstanciação ou reverencia ícones é ilusória, pois tais ideias são concebidas na Etiópia de modo diverso, ou então estão associadas a grupos de pensamentos diferentes daqueles da teologia ocidental.

A questão principal que divide a Igreja Ortodoxa Etíope, procedente da maioria de outras Igrejas, tem sido cristológica, a saber, de não aceitação da Definição de Calcedônia, especificamente rejeitando a expressão "em duas naturezas". A posição etíope tem sido considerada monofisista* ou não calcedoniana, mas sua definição preferida é de ser uma cristologia ortodoxa oriental (as Igrejas ortodoxas orientais são: Igreja Copta* do Egito; Igreja Ortodoxa Etíope; Igreja Ortodoxa de Antioquia da Síria; Igreja Ortodoxa Síria da Índia; e Igreja Ortodoxa Armênia).

Ver também Teologia Ortodoxa Oriental.

Bibliografia

D. Crummey, *Priests and Politicians* (Oxford, 1972), esp. cap. 2, com bibliografia adicional; M. Daoud (tr.), *The Liturgy of the Ethiopian Church* (Addis Abeba, 1954); S H. Sellassie (ed.), *The Church of Ethiopia: A Panorama of History and Spiritual Life* (Addis Abeba, 1970); E. Ullendorff, *The Ethiopians: An Introduction to Country and People* (London, 1960), espec. cap. 5.

R.W.C.

TEOLOGIA ORTODOXA ORIENTAL. Teologia das igrejas em comunhão com o patriarcado de Constantinopla (Istambul). O conjunto dessas congregações inclui as Igrejas nacionais da Grécia, de Chipre, da Bulgária, Romênia, Sérvia, Rússia e Geórgia, assim como os antigos patriarcados de Antioquia, Jerusalém e Damasco, além de igrejas ortodoxas menores em diversos outros países, notadamente nos Estados Unidos, na Inglaterra e na França, constituídas principalmente de imigrantes e expatriados de países de forte tradição ortodoxa.

História

O desenvolvimento histórico da teologia ortodoxa oriental pode ser dividido em cinco principais estágios.

O primeiro desses é o *período pré-Calcedônia* (até 451). Durante esse período, são firmados os fundamentos da ortodoxia, mediante os escritos dos pais gregos, de quem os mais notáveis são Atanásio*, João Crisóstomo (*c.* 344/354-407), Cirilo de Alexandria* e os três hierarcas, conhecidos no Ocidente como os pais capadócios: Basílio, o Grande*, de Cesareia; Gregório, o Teólogo, de Nazianzo*; e o irmão de Basílio, Gregório de Nissa*. Esses homens, a maior parte dos quais viveu praticamente na mesma época, expuseram a teologia do primeiro concílio ecumênico, realizado em Niceia em 325, assegurando-se de que sua interpretação seria levada até o segundo concílio (Constantinopla, 381), a qual, além disso, alcançou ainda o terceiro (Éfeso, 431). Sua principal influência vinha da escola teológica de Alexandria, que

TEOLOGIA ORTODOXA ORIENTAL

enfatizava fortemente a unidade do Cristo divino, tanto antes como depois de sua encarnação*. Houve também grande desenvolvimento da teologia trinitariana*, basicamente devido a Basílio de Cesareia. O período termina com o quarto concílio ecumênico, realizado em Calcedônia em 451. Ali, a doutrina de Cristo como pessoa divina em duas naturezas, humana e divina, foi sustentada (ver Cristologia*), a despeito das objeções dos alexandrinos (que favoreciam a doutrina de uma só natureza em Cristo) e dos nestorianos* (que consideravam a pessoa de Cristo como resultado, não como causa, da encarnação). Após Calcedônia, esses grupos se separaram, tornando-se um deles a Igreja Nestoriana, atualmente um pequeno grupo de cerca de 50 mil membros no mundo, e a Igreja Monofisista*, conhecida no Egito como Copta* e na Síria como Jacobita (por causa de seu líder no século V, Jacob Baradeus). Essas igrejas ainda florescem, tanto em seus países de origem como em áreas para onde se espalharam, notadamente na Etiópia* (Copta) e sul da Índia (Jacobita).

A fase seguinte é a do *primitivo período bizantino* (451-843), dominado pela controvérsia cristológica, primeiramente contra os monofisistas e depois os iconoclastas*. O quinto concílio ecumênico (Constantinopla, 553) tentou reconciliar as Igrejas do Egito e da Síria, mas sem sucesso, sendo a tentativa formalmente abandonada no sexto concílio (Constantinopla, 680). O sétimo e, sob o ponto de vista ortodoxo, o último concílio ecumênico (Niceia, 787) condenou os iconoclastas. Os principais teólogos des-se período são Leôncio de Bizâncio (ver Hipóstase*) e seu homônimo, Leôncio de Jerusalém (ambos no século VI), Máximo, o Confessor*, e João Damasceno*. Eles deram à cristologia ortodoxa uma forma que reflete uma apropriação profunda e desenvolvida dos pronunciamentos dogmáticos do Concílio de Calcedônia. O período é notável também pelo desenvolvimento da espiritualidade ortodoxa, especialmente a veneração de ícones, grandes liturgias e regulamentos canônicos que governariam a vida da Igreja. Esses atos foram codificados no chamado Concílio Quinisexto, ou Sínodo *in Trullo*, reunido em Constantinopla em 691-692. Os cânones regulavam práticas como o casamento de clérigos e o uso de pão levedado na eucaristia, rejeitados pela Igreja Ocidental. Muitas das visíveis diferenças entre os ortodoxos e o catolicismo romano remontam aos cânones desse concílio.

O terceiro estágio pode ser chamado de *período bizantino final* (843-1452). Durante esse período, a ortodoxia se envolveu em dura e crescente polêmica com a teologia ocidental e, como contraste, desenvolveu tendências antes latentes na tradição oriental. A principal causa de disputa foi a respeito da chamada cláusula *Filioque*, acrescida ao Credo Niceno no século VI na Espanha e adotado oficialmente pela Igreja de Roma em *c.* 1014. A adição levantou a questão da autoridade papal em matéria de doutrina, assim como a questão teológica da dupla processão do Espírito Santo*. Fócio, patriarca de Constantinopla em 858-867 e novamente em 880-886, liderou a oposição à cláusula *Filioque*, sendo

TEOLOGIA ORTODOXA ORIENTAL

suas ideias até hoje adotadas e repetidas pelos teólogos ortodoxos. Sob uma visão positiva, no entanto, o período testemunhou um notável reavivamento espiritual, que produziu seus frutos primeiramente na conversão dos eslavos (850-1000) e depois na prática da meditação devocional. Foram grandes nomes da época, cujos conselhos são ainda hoje seguidos pelos monges ortodoxos, Simeão, o Novo Teólogo (949-1022), e Gregório Palamas (c. 1296-1359). Esse último liderou um movimento monástico conhecido como hesicasmo*, que praticava um sistema de exercícios físico-espirituais não muito diferente da ioga. Atitudes como essa foram duramente resistidas pela influência ocidentalizante em Constantinopla, mas declaradas serem ortodoxas em 1351. Os ocidentais, que haviam ganhado força na união, que resultou abortiva, das igrejas, no Concílio de Lyon, em 1274, estavam agora na defensiva. Uma segunda união foi proclamada no Concílio de Florença em 1439, mas não chegou a obter sucesso e foi abandonada após a tomada de Constantinopla pelos turcos, em 1453.

Foi, no entanto, ironicamente, durante o *período da dominação turca* (1453-1821) que a influência ocidental alcançou seu ápice no mundo ortodoxo. Após a Reforma, as facções resultantes da divisão eclesiástica ocidental passaram a cortejar as igrejas orientais capazes de poder enviar seus clérigos em potencial para estudar e se preparar no Ocidente. Isso não conduziu, de modo algum, os ortodoxos à causa católica-romana ou protestante, mas acabaria por tornar os teólogos ortodoxos muito mais ocidentalizados em seus métodos e interesses teológicos. No século XVII, Cirilo Lucaris (1572-1638), patriarca, sucessivamente, de Alexandria e Constantinopla, compôs uma confissão* de fé calvinista, publicada em Genebra em 1629. Isto provocou uma reação católica, que pode ser vista nas Confissões de Pedro Mogila (1596-1646) e Dositeu de Jerusalém (1641-1707). Ambas as confissões são atualmente consideradas como mais fiéis à ortodoxa do que a de Lucaris, mas muitos ortodoxos as rejeitam por refletir um método teológico estranho à tradição oriental.

O *período moderno* (de 1821 até o presente) é caracterizado, principalmente, por uma recuperação das tradições monásticas da ortodoxia bizantina e pela luta da Igreja Ortodoxa contra a perseguição tanto do comunismo quanto do islamismo. Durante o século XIX, a tradição teológica estabelecida da Grécia e da Rússia era quase subserviente ao protestantismo liberal alemão. Essa tendência prossegue de algum modo até o presente. Desenvolveu-se assim uma teologia dogmática ortodoxa modelada no Ocidente, como se pode ver nas obras de Chrestos Androutsos (1869-1937), J. Karmiris (n. 1904) e P. N. Trembelas (1886-1977; *Dogmatique de l'église orthodoxe catholique* [Dogmática da igreja católica ortodoxa], 3 vols., Chevetogne, 1966-1968). Um misticismo* quase herético caracteriza os principais teólogos russos* do período, notadamente Aléxis Khomiakov (1804-1860) e Sergei Bulgakov (1871-1944). Essas tendências produziram, contudo, uma

TEOLOGIA ORTODOXA ORIENTAL

reação, agora muito poderosa. Começando no século XVIII, com a edição dos textos patrísticos conhecidos como *Philokalia*, as ideias monásticas começaram a reviver no mundo ortodoxo. Têm produzido frutos de reavivamento, como o do neo bizantinismo, no século XX, associado à obra dos russos Vladimir Lossky (1903-1958) e John Meyendorff (1926-1999) e do teólogo romeno Dumitru Staniloae (1903-1993). Atualmente, a ortodoxia se divide entre tendências liberais e conservadoras, parecendo essa última estar ganhando a supremacia.

Características

A teologia ortodoxa difere da católica e da protestante em uma série de aspectos importantes. Em termos gerais, apoia-se mais na base filosófica do neoplatonismo (ver Platonismo*), que o Ocidente, em sua maioria, abandonou no século XIII. Tem um sentido fortemente místico e parece evitar a definição dogmática tanto quanto pode. Sua autoridade deriva da "tradição", que inclui tanto as Escrituras quanto decisões dos concílios*, especialmente do Credo Niceno*, e os pais gregos. Os pais latinos anteriores ao século XI são honrados também, como parte dessa tradição, mas, na prática, são ignorados. Importante ainda é o testemunho das liturgias, que não têm mudado há cerca de mil anos, e a veneração de ícones, que é muito mais "teológica" em suas características do que qualquer devoção comparável no Ocidente.

A doutrina ortodoxa da Trindade* é, de modo geral, a mesma do Ocidente, com exceção da cláusula *Filioque;* mas, em concepção, é bastante diferente. Os ortodoxos dão ênfase primordial às pessoas da divindade, tendendo a considerar o pai como a hipostatização* da essência divina. Ele é o único manancial da divindade (*pëgē tēs theotētos*), que explica por que não aceitam que o Santo Espírito derive seu ser do Filho e do Pai. Dão grande ênfase, igualmente, às energias de Deus, conceito que é estranho à mente cristã ocidental. Creem que o Espírito Santo, por exemplo, procede do Pai, mas reside no Filho, do qual se torna energia. O conceito é análogo à noção católica da graça, embora os ortodoxos insistam em que não consideram a energia divina como uma substância que possa ser infundida no crente.

Isso se reflete em sua doutrina da santificação e sua teologia sacramental. Os ortodoxos creem na regeneração batismal e administram a crisma (confirmação) e a santa comunhão aos já batizados, incluindo as crianças. Creem que o Espírito Santo desce sobre os elementos do pão e do vinho pela invocação litúrgica (*epiclēsis*; ver Eucaristia*), mas resistem à ideia católica da transubstanciação. O crente é chamado a uma vida de deificação*, o que significa sua transfiguração à imagem e semelhança de Deus. A manifestação suprema disso pode ser encontrada no êxtase da vida contemplativa, que ocupa um lugar de grande importância na espiritualidade ortodoxa, mais que no catolicismo romano.

Pelos padrões ocidentais, é fraca sua doutrina do pecado* e da expiação*. O pecado é considerado como efeito da morte e da finitude, não

TEOLOGIA ORTODOXA RUSSA   1100 ▪

sua causa. A salvação, portanto, tende a ser vista primariamente em termos de liberdade da morte, não libertação da culpa. Em tempos modernos, essa soteriologia tem causado impacto sobre teólogos ocidentais que por vários motivos têm se afastado da doutrina da expiação, podendo sua influência ser vista em recentes revisões litúrgicas.

Desde 1961, as igrejas ortodoxas participam do Conselho Mundial de Igrejas, o que as tem levado a se interessar por outras teologias. Têm estabelecido relações cordiais com as Igrejas não calcedônicas do Oriente e dado alguns passos efetivos em direção a Roma e às igrejas protestantes. No seu todo, no entanto, permanecem como as mais fechadas igrejas dos principais ramos da cristandade. No Conselho Mundial de Igrejas, sua influência tem sido exercida, principalmente, em favor de uma abordagem mais teológica e contra o envolvimento político. Hoje, o pensamento criativo ortodoxo é mais vital do que em qualquer outra época desde o século XIV e se apresenta como um desafio conservador ao cristianismo ocidental. Uma série de sinais mostra que sua influência parece realmente estar crescendo, sendo quase certo que tende a se tornar uma das forças mais importantes nos círculos ecumênicos do futuro.

Bibliografia
V. Lossky, *The Mystical Theology of the Eastern Church* (Cambridge, 1957); G. A. Maloney, *A History of Orthodox Theology since 1453* (Belmont, MA, 1976); J. Meyendorff, *Byzantine Theology* (London, 1974);

T. Ware, *The Orthodox Church* (London, 1963).

G.L.B.

TEOLOGIA ORTODOXA RUSSA. Dentro da tradição teológica ortodoxa* oriental, a teologia ortodoxa russa desenvolveu suas próprias características.

1. Do princípio até c. 1800
A conversão das duas nações eslavas mais populosas, a dos poloneses e a dos russos, começou com o batismo do príncipe polonês Mieszko I, em 966, seguido, vinte e dois anos mais tarde, pelo do grande príncipe russo Vladimir de Kiev (979-1015). Um detalhe aparentemente insignificante nessas duas conversões foi o de influenciar profundamente o desenvolvimento da teologia cristã nas duas nações.

Os poloneses receberam seu cristianismo de crentes de fala latina do Ocidente, e sua consequente orientação latina os integrou à Europa Ocidental. Os russos, no entanto, receberam a fé cristã procedente de Constantinopla, capital do ainda vigoroso Império Romano do Oriente (comumente chamado, de certo modo inexato, Império Bizantino), onde o idioma falado era o grego. Os primeiros missionários aos eslavos, os gregos Cirilo (826-869) e Metódio (c. 815-885), criaram para estes o chamado alfabeto glagolítico, precursor do alfabeto cirílico, usado até hoje pelos russos e diversos outros povos de idiomas eslavos. As traduções que Cirilo fez de textos bíblicos e litúrgicos serviram de fundamento à Antiga Igreja Eslava, passando então a ser amplamente empregadas, e ainda atualmente, na liturgia das igrejas nacionais eslavas. O uso do idioma eslavo provou ser um grande recurso na conversão dos povos desse segmento étnico, sendo depois aplicado também para fazer teologia e até em liturgias menos acessíveis às grandes massas populacionais russas.

Cerca de setecentos anos depois da conversão de Vladimir até o século XVIII, a Igreja russa não produziu literatura teológica original substancial, a despeito da riqueza de sua vida ética e espiritual. Um conjunto de fatores contribuiu para essa aparente estagnação. Os dois mais proeminentes foram: 1) a riqueza da herança da teologia patrística* grega, que entrou na Rússia pela tradução eslava; 2) o isolamento da Rússia em relação ao mundo exterior, particularmente o Ocidente, e que durou séculos, causado pelo cisma de 1054 entre Constantinopla e Roma, mais dois séculos de domínio mongol na Rússia após 1237, e a tomada de Constantinopla pelos turcos muçulmanos em 1453. O grande fluxo de obras teológicas e espirituais traduzidas do grego para o eslavo simplesmente submergiu a Igreja russa e fez a obra original parecer supérflua. O isolamento da Rússia a manteve basicamente inconsciente da teologia como ciência até o século XVII.

Não obstante, logo soaria um toque de importância contínua para a teologia russa através dos séculos, dado pelo primeiro bispo metropolitano russo, e primeiro não grego, de Kiev, Hilarião (fl. 1037-1054), que produziu uma confissão de fé, assim como um sermão que se tornaria clássico, *Sobre a lei e a graça*, por volta de 1051. Esse sermão prenuncia o futuro: Hilarião coloca a Rússia na história redentiva, dando-lhe um papel escatológico*. Além disso, assume o que viria a ser uma posição tipicamente russa a respeito do relacionamento entre fé e boas obras — uma forte ênfase teórica sobre a suficiência da fé, acoplada a uma insistência na prática de boas obras, particularmente ascetismo* e caridade. Durante séculos, no entanto, o bispo permaneceria, praticamente, como apenas um escritor original.

No Ocidente, onde era redigida em latim, a teologia tornou-se um fermento constante e fecundo desde o começo do século XI, produzindo grandes pensadores como Anselmo* da Cantuária, Pedro Abelardo*, Tomás de Aquino* e Duns Scotus*, assim como um exército de pensadores igualmente valiosos, embora de menor importância. A teologia russa, elaborada em eslavo, propiciava orientação sob Constantinopla, mas, por séculos dificultada pelo jugo mongol, deixou de ter o incentivo necessário para manter contato com o Ocidente. A teologia grega que conheceu era altamente conservadora e se desenvolveu basicamente na área do misticismo* e da vida ascética; não havia contraparte no Oriente à florescente teologia escolástica* ocidental.

Quando a Rússia emergiu do jugo mongol, no reinado do cognominado Grande Príncipe de Moscou, Ivã III (1462-1595), Constantinopla havia caído nas mãos dos turcos. Tendo Moscou como seu novo centro de poder, a Rússia assumiu o manto do extinto Império Romano de Constantinopla. A Igreja russa

TEOLOGIA ORTODOXA RUSSA

se apropriou da teologia grega em ampla dose (ver Teologia Ortodoxa Oriental*). Todavia, não veio a desenvolver essa herança teológica senão somente quando começou a sentir o choque da Reforma Protestante e a pressão da expansão católica na Contrarreforma, dois séculos mais tarde.

Ivã colocara em si mesmo o manto imperial caído ao se casar com a princesa bizantina Zoé Paleólogo, sobrinha do último imperador bizantino. A essa continuidade, foi dada uma interpretação teológica pelo abade Filofei de Pskov (fl. c. 1540). Vassily III (1479-1534), sucessor de Ivã, foi o primeiro governante russo a assumir o título de czar (o mesmo título, em russo, de "césar", dos imperadores romanos e bizantinos) e a se apropriar da águia dupla, símbolo do grande império. Filofei o assemelhou a Constantino, o Grande, fundador da Nova Roma (*i.e.*, Constantinopla), e lhe escreveu, dizendo: "Duas Romas caíram, uma terceira permanece, e uma quarta não existirá". Isso assinala o começo de uma notável subserviência da teologia russa à ideologia czarista, parcialmente explicável por causa do fato de derivar a teologia russa de Constantinopla, e não de Roma. Constantinopla jamais ficou sem um imperador cristão (exceto quando do breve reinado de Juliano, o Apóstata, 361-363), desde seu estabelecimento até sua queda em 1453. Consequentemente, o patriarca de Constantinopla não tinha como reivindicar ser o cabeça de toda a cristandade, nem da oriental, como fazia o papa no Ocidente, pois permanecia à sombra do imperador "sacro" e de seu ofício "quase divino".

Em 1589, era estabelecido o patriarcado de Moscou, trazendo o número de patriarcas orientais de volta à tradicional soma de cinco, da Igreja primitiva (com Roma não mais sendo contada). A essa altura, Roma estabelecera firmemente sua orientação para a teologia russa, por dois séculos, ao haver buscado colocar a Igreja russa sob sua influência, uma vez que a Rússia não mais poderia olhar em direção a Constantinopla, dominada pelos turcos. O projeto foi facilitado pelo fato de ser então a maior parte do que agora conhecemos como Rússia Ocidental pertencente à Polônia, ou, mais propriamente, à Lituânia, como território integrado à comunidade polaco-lituana. A Polônia acabava de se recuperar de um "caso" inconsequente com o protestantismo, em que a maioria de sua nobreza abraçara por apenas breve tempo a Reforma. Tendo trazido a maioria desses pseudoprotestantes de volta ao seu rebanho, a Igreja Católica se voltou então para o Oriente, onde alguns poucos católicos poloneses e lituanos viviam no meio de uma maioria ortodoxa.

O forte fluxo da propaganda católica que ali ocorreu provocou séria reação ortodoxa: o príncipe Konstantin Ostrozhsky (1526-1608) logo estabeleceu uma editora para produzir obras teológicas clássicas bizantinas, traduzidas, publicando, em 1581, a chamada Bíblia Ostrog, a primeira Bíblia completa em língua eslava. Por sua vez, o rei Zygmunt (Sigismundo) III, da Polônia-Lituânia, convocou um concílio em Brest, em 1596. A chamada União de Brest, daí resultante, estabeleceu uma Igreja

TEOLOGIA ORTODOXA RUSSA

Oriental unida (*i.e.*, igrejas em comunhão com Roma, mas retendo sua própria língua, liturgia, etc.) e, com um sucesso misto, colocou russos e ucranianos simultaneamente sob o domínio de Zygmunt e a hegemonia papal.

Liderando a oposição a essa união, destacou-se o cretense Cirilo Lucaris (1572-1638), que posteriormente viria a se tornar o primeiro patriarca de Alexandria e depois de Constantinopla. Lucaris levou cinco anos na Polônia-Lituânia tentando evitar a submissão dos ortodoxos a Roma. Sua atuação ilustra bem a interação das ideias greco-ortodoxas e protestantes no desenvolvimento da teologia russa, que continuou a ser receptiva, em vez de criativa, de reação, em lugar de ação. Durante sua estada na Polônia, Lucaris familiarizou-se com a teologia e teólogos protestantes* (principalmente reformados*) Consequentemente, passou a promover as ideias protestantes na Rússia, assim como no Oriente Médio, iniciando a conexão protestante, que produziria na teologia russa um conflito tríplice com a duração de dois séculos. A luta por preservar uma tradição ortodoxa distinta foi empreendida, por vezes, em aliança com o protestantismo, contra a influência católica, e por vezes contra ambos os lados.

O período que começa em 1453, com a queda de Constantinopla, pode-se considerar encerrado com a ascensão do czar Alexandre I ao trono da Rússia, em 1801. Sob esse governante carismático (1801-1825), fortemente influenciado pelo pietismo* protestante báltico e alemão e pela especulação escatológica, a influência protestante pareceu predominar na Rússia. Posteriormente, no entanto, o patrocínio de Alexandre da piedade bíblica protestante estimularia, basicamente como uma reação, o florescimento real da teologia ortodoxa russa, no século XIX.

À geração seguinte a Ostrozhsky e Lucaris, pertenceu o maior nome na teologia ortodoxa no século XVII, que foi Pedro Mogila (1596-1646). Mogila nasceu na Moldávia em 1597, e foi educado na escola latina de L'vov, território da Polônia. Em 1640, publicou sua Confissão de Fé, contendo ênfases protestantes. Essa confissão foi traduzida e revisada por outro cretense, Melitios Syrigos (m. *c.* 1667), que desfez de certo modo a influência protestante de Lucaris, sendo aceita sob essa forma no Sínodo de Jassy, em 1643, como a confissão das igrejas orientais. Mogila publicou ainda um Catecismo Menor, em 1645, de algum modo como resposta à revisão de Syrigo, assim como um manual litúrgico, *Euchologion*, promovendo nesses dois documentos as tendências protestantes.

Assim, a situação dominante no final do século XVII era aquela em que a teologia russa, sem alterar sua posição oficialmente antirromana e antiprotestante, foi permeada de influências reformadas. Em 1660, o patriarca Nikon (1605-1681), de Moscou, revisou a liturgia ortodoxa, que resultou, como reação, no cisma dos Antigos Crentes (*raskolniki*, "os caídos"). É significativo que a principal controvérsia religiosa desse período tenha se baseado não em diferenças teológicas, mas litúrgicas (os Antigos Crentes logo desenvolveriam tendências pronunciadamente ascéticas, separatistas

TEOLOGIA ORTODOXA RUSSA

e quiliásticas, que estão além do alcance de nossas considerações).

O czar Pedro, o Grande (1682-1721), promoveria a ocidentalização da religião russa, no contexto de seus esforços de ocidentalizar toda a vida russa. Um pequeno grupo de teólogos em Moscou, todavia, resistiria às tendências protestantes. Entre estes, Stefan Iavorsky (1658-1722), que desfrutava dos favores de Pedro até produzir sua polêmica obra anti-protestante *Kamen'very* [A Rocha da fé], em 1713, proibida de circular na Rússia. O czar Pedro voltou-se então para Feofan (Theophanes) Prokopovich, de Kiev (sob domínio russo), a fim de que agisse contra as polêmicas antiprotestantes de Iavorsky, que, aos seus olhos, prendiam a Rússia ao passado. Prokopovich era um teólogo russo típico de sua época, que confiava firmemente em dois luteranos ortodoxos, J. A. Questedt (1617-1688) e Johann E. Gerhard (1582-1637). Em sua *Introductio ad Theologiam* [Introdução à Teologia], Prokopovich seguiu os protestantes, excluindo os livros apócrifos do AT; mas em seu principal tratado, *Sobre a justificação graciosa dos pecadores mediante Cristo Jesus*, rejeitou a doutrina protestante da servidão da vontade. Para ele, embora sejamos "salvos somente pela fé", a fé nunca está "só", mas, sim, deve ser acompanhada de boas obras, como havia Hilarião ensinado seiscentos anos antes.

Recebendo oposição dos teólogos de Moscou seguidores de Iavorsky, Prokopovich, a pedido do czar, elaborou uma nova constituição da Igreja Ortodoxa, os *Regulamentos eclesiásticos*, de 1721. Aboliu o patriarcado, criando em seu lugar um "Santo Sínodo", o que colocava a Igreja russa inteiramente sob o controle imperial.

Quase na mesma época, o czar foi visitado pelo matemático e filósofo alemão G. W. Leibniz*, de pensamento religioso ecumênico. Leibniz via a Rússia como predestinada mediadora entre a China e a Europa e tentou, sem sucesso, promover a ideia de um concílio ecumênico, a ser convocado por Pedro, o Grande, como sucessor do primeiro imperador cristão, Constantino, o Grande (exatamente como Filofei de Pskov havia dito um século antes!). Menos espetacular, mas mais importante, foi a influência do teólogo e educador pietista* alemão August Hermann Francke (1663-1727), exercida por intermédio da minoria alemã na Rússia, bem como de prisioneiros de guerra suecos que ali estavam e diplomatas russos que regularmente visitavam Francke em Halle, quando de passagem entre a Rússia e a Europa Ocidental.

Mais tarde, já no século XVIII, Platon Levshin (1737-1812), reitor da Academia de Moscou e posteriormente bispo metropolitano (não patriarca!) de Moscou, perpetuou as tendências protestantes de Prokopovich, pois, como este, seguia firmemente as ideias do teólogo luterano Questedt. Embora Levshin obedecesse à tradição ortodoxa em denunciar "o papismo, o calvinismo e o luteranismo" como "heresias devastadoras", na verdade sustentava as ideias luteranas da autoridade única das Escrituras, assim como ser a Igreja a congregação dos salvos, e não uma instituição. Sua principal obra,

Ensino ortodoxo, ou *Breve teologia* (Moscou, 1765), marca a primeira tentativa de um sistema teológico na Rússia (TI: R. Pinkerton, *The Present State of the Greek Church in Russia...*, Edinburgh, 1814; G. Potessaro, *The Orthodox Doctrine of the Apostolic Eastern Church*, London, 1857). A essa altura, a educação e os escritos teológicos russos já se achavam fortemente marcados pelos modelos ocidentais, católicos e protestantes. Tal teologia importada permaneceria na condição de um transplante frágil, que não poderia atingir raízes profundas na Rússia. Somente no final desse período, Juvenal Medvedsky (1767-1809) comporia a primeira teologia sistemática verdadeiramente russa.

Como sempre, na Rússia, onde a teologia permanecia mais mística e prática do que especulativa, os ascetas foram mais influentes que os teólogos protestantes, como foi o caso de dois monges, São Tikhon de Zadonsk (1724-1783) e Paisy Velichkovsky (1722-1794). Tikhon renunciou a um episcopado em Voronezh para ingressar no mosteiro em Zadonsk. Promovia uma ética de amor prático, baseada na reflexão mística sobre a paixão de Cristo. Velichkovsky deu novo ímpeto à espiritualidade hesicasta* (quietista) da Igreja bizantina, que havia sido por longo tempo popular na Rússia, ao publicar o manual espiritual e devocional hesicasta *Philokalia* (Amor ao bem), em língua eslava. O *Philokalia* enfatiza uma devoção pessoal intensa a Jesus, com base na repetição frequente da "oração do coração" ou "oração a Jesus" — que se resume nesta simples súplica: "Senhor Jesus Cristo, Filho de Deus, tem misericórdia de mim!".

Embora as ideias não dogmáticas e internacionalistas da maçonaria desfrutassem de certa popularidade durante o reinado de Catarina, a Grande (1792-1796), a espiritualidade russa logo voltaria ao fascínio do papel russo previsto para o final dos tempos. O físico alemão Johann Heinrich Jung-Stilling (1740-1817) contribuiu para a tendência nacionalista da especulação teológica russa com sua convicção de que o anticristo tinha estado em ação na Revolução Francesa e que todos os verdadeiros cristãos eram chamados a se reunir no Oriente, na Rússia, para se opor a ele. Assim, o toque de Hilarião de Kiev em 1051, a saber, a presunção de que a Rússia teria um papel importante a exercer no começo dos últimos dias, continuou a ressoar por três quartos de um milênio: o czar Alexandre I seria visto até como o anjo, ou a águia, voando pelo meio do céu de Apocalipse 8.13. Na verdade, a convicção de que cabe à Rússia exercer um papel central nos últimos dias continuou a ser mantida não somente na era czarista, como até na Rússia comunista (em roupagem secularizada) e na época presente, ecoando, de forma alterada, no Ocidente, nas especulações daqueles que viam a União Soviética não como agente de Deus, mas como o oposto — o poder apocalíptico, anticristão, do final dos tempos.

A teologia ortodoxa russa tem sido uma força consistentemente conservadora, mas, embora preservando os elementos principais do pensamento grego da patrística, veio a lhes dar um tratamento

TEOLOGIA ORTODOXA RUSSA

1106

como se fossem russos. Desde o princípio, tem tido traços fortemente nacionalistas e escatológicos, atribuindo à Rússia um papel proeminente na conversão do mundo e na culminação da história da salvação*. Nos séculos XVII e XVIII, a teologia russa foi profundamente influenciada pelo protestantismo, primeiramente pelo escolasticismo luterano e depois pelo pietismo. Por todo o período de 1453 a 1801, nunca foi original ou independente, mas sempre tomando emprestadas as ideias, primeiramente dos gregos, depois dos alemães. Não obstante, tem sido constante no desejo de reivindicar um destino especial para Moscou e para o povo russo, seja em termos de uma "terceira Roma" (Filofei de Pskov), ou da conversão da Ásia (Leibniz), ou nos conflitos finais do final dos tempos (Jung-Stilling). Não sendo produtiva de ideias originais, tem também produzido muito pouca heresia — o que pode ajudar a explicar a sobrevivência da Igreja russa por quase sete décadas de opressão comunista.

Bibliografia

G. P. Fedotov, *The Russian Religious Mind*, 2 vols. (Cambridge, MA, e London, 1946, 1966); G. Florovsky, *Ways of Russian Theology* (Belmont, MA, 1979); P. Kawerau, *Die Christentum des Ostens* (Stuttgart, 1972); G. A. Maloney, *History of Orthodox Theology since 1453* (Belmont, MA, 1976).

H.O.J.B.

2. Do século XIX até o presente

A mais fina flor do pensamento religioso ortodoxo russo começou no século XIX. Suas raízes se encontram na atmosfera mais liberal que seguiu ao rígido governo de Nicolau I (1825-1855), no reavivamento da espiritualidade ascética, conduzido pelos discípulos de Velichkovsky (com um centro influente em Optina) e ricamente exemplificado em São Serafim de Sarov (1759-1833), e na renovação do ensino teológico representado pelo vigoroso líder da Igreja, o bispo metropolitano Filaret*, de Moscou, e por Aléxis Khomyakov (1804-1860). A obra desse último desenvolve forte ênfase na unidade orgânica e na comunidade (*cf. The Church is One* [A Igreja é uma só], Willits, CA, 1974; ver Sobornost*), como a face distintiva da ortodoxia russa. Khomyakov se tornou, assim, um dos inspiradores do movimento que focou a atenção sobre a originalidade e os recursos da cultura religiosa ortodoxa russa.

A inteligência russa do século XIX podia ser identificada como um estrato de indivíduos na sociedade voltado a escrever e a falar a respeito do desenvolvimento social e político de seu país. Na década de 1860, as ideias positivistas*, principalmente as de origem ocidental, haviam estabelecido sua predominância entre eles, e durante a segunda metade do século todas as diferentes tendências da inteligência foram unificadas no ateísmo e em uma postura crítica em relação à Igreja Ortodoxa Russa. Todavia, o mesmo período veria também a promoção dos valores espirituais por gênios isolados como Tolstoi* e Dostoievski*, bem como a reunião, pelo filósofo ortodoxo leigo Vladimir Solovyov [ou Solovyev] (1853-1900), de uma ampla gama de elementos da herança ortodoxa, para

TEOLOGIA ORTODOXA RUSSA

produzir um abrangente sistema religioso-filosófico. Esse sistema, por sua vez, agiria como um catalisador em determinados setores da inteligência russa, produzindo o fenômeno da virada do século conhecido como "nova consciência religiosa" ou "renascença religiosa russa".

Solovyov foi apenas um de uma série de filósofos que se haviam desiludido com o positivismo e se voltado para a ortodoxia —não, contudo, simplesmente para a ortodoxia "oficial" dos pais da Igreja, mas para uma reinterpretação individualista e criativa da fé à luz das realidades modernas. Era ele bem versado nos desenvolvimentos científicos modernos e queria incluir os frutos da ciência em seu próprio esquema religioso-filosófico. Solovyov tem sido chamado de o primeiro filósofo sistemático da Rússia. Seu sistema une elementos da filosofia crítica aos da religião oriental: empirismo*, racionalismo e misticismo, ciência e poesia, todos conciliados em uma grande estrutura, ligados pelo conceito de "unidade total" da realidade. Entre outras coisas, concilia na esfera religiosa as duas principais tendências do começo da vida intelectual russa do século XIX: a "eslavofilia" e o "ocidentalismo". Exerceu também forte influência sobre quase todo filósofo não marxista do século XX.

O conceito fundamental do sistema de Solovyov da "unidade total positiva" é o da "humanidade de Deus". Por meio da encarnação, Deus santificou toda a criação, incluindo a matéria. A totalidade da criação luta por sua reunião com Deus. Tal reunião está sendo alcançada de modo evolutivo, mediante o exercício do amor criativo, que é o poder motivacional da Trindade*. Solovyov adaptou conceitos derivados dos "eslavófilos", como o do "conhecimento integral", de Kireyevsky (1806-1856), e o da *sobornost** (melhor definida como "a diversidade individual na livre unidade"), de Ivan Khomyakov, mas os desenvolveu até a conclusão lógica deles e a um ponto em que seu sistema torna-se vulnerável à acusação de panteísmo.

Durante a década de 1890, a cosmovisão positivista mais abrangente e rigorosamente científica adotada até então pela inteligência russa — o marxismo* — começou a atrair um grande número de seguidores. O sistema de Solovyov era de estatura capaz de desafiar o marxismo e veio a influenciar toda uma geração da inteligência que estava crescendo desiludida com o materialismo* dogmático do marxismo. Liberais idealistas politicamente conscientes, como Pyotr Struve (1870-1944), Sergei Askoldov, Semyon Frank (1877-1950), Nikolai Lossky (1903-1958), Sergei Bulgakov (1871-1944) e Nikolai Berdyayev (1874-1948), passaram a enfatizar o valor absoluto e a primazia do indivíduo no progresso político e social. Muitos deles tinham sido marxistas em sua juventude e preparados em técnicas de crítica; agora, ao voltarem sua própria crítica contra o relativismo ético do marxismo, buscando um sistema ético objetivo em Kant*, logo se transferiram para os ensinos éticos da ortodoxia — novamente, não para a ortodoxia acadêmica oficial, mas para uma reinterpretação criativa, na tradição dos

TEOLOGIA ORTODOXA RUSSA

eslavófilos e de Solovyov. Os irmãos Trubetskoy, Sergei (1862-1905) e Yevgeni (1863-1920), embora permanecendo fiéis discípulos de Solovyov, preferiram dar ênfase maior, mais até do que este havia feito, à *sobornost* e, consequentemente, à liberdade individual. No outro extremo do espectro, poetas simbolistas e decadentes, artistas e escritores participantes do movimento da "nova consciência religiosa", como Dmitri Merezhkovsky (1865-1944), Dmitri Filosofov (1872-1940), Zinaida Gippius (1869-1945) e Andrei Bely (1880-1935), reconheceram ter também uma grande dívida para com Solovyov, não tanto como filósofo, mas como místico, poeta e visionário. Dentro do próprio marxismo, os "construtores de Deus", como Máximo Gorki (1868-1936) e Anatoli Lunacharsky (1875-1933), acreditavam que o socialismo deveria se tornar uma religião; de modo oposto, os famosos filósofos Bulgakov e Berdyayev examinavam o potencial revolucionário e socialista da religião sob a influência direta de Solovyov, como alternativa para uma análise do marxismo totalmente abrangente.

Bulgakov tem sido chamado de "o pai do socialismo cristão" na Rússia. Ele se envolveu com a possibilidade de uma alternativa socialista cristã ao socialismo marxista e a fundação de um partido socialista cristão. Após 1906, contudo, antes mesmo da ascensão bolchevique ao poder, ele se tornou bastante desiludido a respeito da possibilidade de uma mudança política na Rússia e passou a se dedicar cada vez mais à teologia, tornando-se sacerdote em 1918. Berdyayev moveu-se em direção diversa, indo de Kant para Nietzsche*, formulando uma ética de criatividade e uma forma de anarquismo cristão.

Em 1922, mais de uma centena de intelectuais que não eram simpáticos ao marxismo foram banidos da União Soviética para o Ocidente. Entre eles, encontrava-se uma grande proporção de herdeiros intelectuais de Solovyov. O estabelecimento do seminário de St. Serge, em Paris, e mais tarde o de St. Vladimir, em Nova York, proporcionou os centros onde esses pensadores puderam prosseguir em suas atividades e preparar uma nova geração de filósofos russos no exílio. É paradoxal que, enquanto a ideologia que resultou na União Soviética, o marxismo, era de origem ocidental, alemã, a filosofia ortodoxa emigrante, que continua a ser formulada no Ocidente, é derivada da tradição russa. O fecundo cruzamento mútuo da herança ortodoxa com as tradições católica e protestante no Ocidente, desde 1922, vai além do escopo deste artigo.

O exilado mais influente de 1922 foi Berdyayev. Foi uma feliz coincidência que ele haja vindo para o Ocidente em uma época em que o existencialismo* começava a obter popularidade: um enriquecimento mútuo se seguiu. A perspectiva madura de Berdyayev é existencial e escatológica. Dos eslavófilos, ele herdou a sua preocupação insuperável pela pessoa humana, como espírito criativo, e não como o cidadão "burguês" que faz o papel de socializado. Distingue duas esferas de realidade: o espírito, que está vivo e é livre; e a natureza, ou ser, que é passiva, produto da

TEOLOGIA PASTORAL

queda*. O amor criativo de Deus pela humanidade deve ser a fonte da salvação da raça humana e do mundo.

A filosofia madura de Bulgakov continuou a levá-lo em direção diferente. Vê o mundo criado como uma unidade total, ligada conjuntamente pela "Sofia" — a Sabedoria de Deus, como o princípio da criação. O mundo e o Absoluto permanecem distintos, mas a Sofia os relaciona e, em consequência, participa tanto da natureza divina quanto da natureza criada. Sofia, a Sabedoria, é assim como que um terceiro ser entre Deus e o mundo; daí, há um curto passo para a existência de uma "quarta pessoa" da Trindade. Este, um dos motivos pelos quais Bulgakov foi acusado de heresia, por seus ensinos, pelo patriarcado ortodoxo de Moscou.

Na União Soviética, a Igreja Ortodoxa Russa era severamente restringida pelo Estado, e conquanto possuísse estabelecimentos educacionais teológicos, não podia se envolver em nenhum estudo que relacionasse a ortodoxia ao mundo moderno. Nos últimos anos do regime comunista na Rússia, no entanto, jovens convertidos à ortodoxia passaram a estar mais voltados em aplicar sua fé à realidade soviética e a resolver os problemas de sua vida com o uso primacial de armas espirituais. Seus mentores eram geralmente pensadores ortodoxos poderosos, que se haviam convertido ao cristianismo na Rússia já soviética, como o conhecido escritor e crítico do sistema comunista Aleksandr Solzhenitsyn, Anatoli Levitin e outros; mas, além deles, os jovens estavam voltados para Berdyayev e Bulgakov e para Solovyov e a tradição eslavófila, que ele encerrou dentro de seu próprio sistema, mais abrangente.

Bibliografia

J. Billington, *The Icon and the Axe: an Interpretative History of Russian Culture* (New York, 1966); J. M. Edie, J. P. Scanlan, M.-B Zeldin, G. L. Kline (eds.), *Russian Philosophy*, vol. 3 (Chicago, IL, 1965), G. Kline, *Religious and Anti-religious Thought in Russia* (Chicago, IL, 1968); G. E. Putnam, *Russian Alternatives to Marxism: Christian Socialism And Idealistic Liberalism in Twentieth-Century Russia* (Knoxville, TN, 1977); D. Treadgold, *The West in Russia and China: Religious and Secular Thought in Modern Times*, vol. 1: *Russia 1472-1917* (Cambridge, 1973); N. Zernov, *The Russian Religious Renaissance of the Twentieth Century* (London, 1963).

P.M.W.

TEOLOGIA PASTORAL. Embora tomando seu título da figura bíblica do pastor, a teologia pastoral é difícil de definir com exatidão. Tem que ver, na verdade, com o relacionamento mútuo entre a teologia e a obra pastoral. Proporciona o fundamento teológico para o ministério pastoral, estimula a reflexão teológica sobre a experiência pastoral e, ao mesmo tempo, reflete sobre teologia a partir de uma perspectiva pastoral.

Problemas de definição surgem por causa da natureza ambígua de seus limites com disciplinas a ela relacionadas. A teologia prática, disciplina que surgiu no século XIX, tem que ver com as habilitações necessárias para conduzir um ministério e, assim, relaciona-se a

TEOLOGIA PASTORAL

assuntos como adoração*, homilética, missões e administração. A teologia aplicada, por sua vez, relaciona-se à ética* ou à teologia moral*, que, juntamente com a provisão de direção espiritual, tem estado sempre intimamente aliada à teologia pastoral, especialmente no catolicismo. Mais recentemente, a teologia pastoral tem sido frequente e erroneamente identificada com psicologia pastoral. A eclesiologia, em seu sentido mais amplo, significando não apenas a doutrina de organização da Igreja, mas também o entendimento contemporâneo do papel e da missão da Igreja, está em íntimo relacionamento com a teologia pastoral.

Tanto quanto a teologia pastoral atrai essas disciplinas, contribui para elas, embora não se ache por elas limitada, pois se concentra na interface entre a teologia propriamente e a experiência pastoral. Daí, sob o ponto de vista teológico, levantar questões e proporcionar direção quanto à natureza do ministério; e sob o ponto de vista pastoral, olhar para a teologia buscando entendimento e interpretação da experiência humana.

A Bíblia raramente apresenta uma teologia pastoral explícita, mas se pode dizer que o faz em Ezequiel 34; Atos 20.13-38; 2Coríntios e as epístolas pastorais. Muito da Bíblia, no entanto, relaciona-se a uma teologia pastoral implícita; mesmo os Evangelhos podem contribuir para o nosso entendimento da teologia pastoral, se observados os motivos pastorais que estão por trás deles, e não apenas seu propósito evangelístico. Nos primeiros séculos de nossa era, foram escritas diversas obras notáveis sobre a natureza do ministério pastoral, entre as quais *Oration II*, de Gregógio de Nazianzo*, *Sobre o sacerdócio,* de João Crisóstomo, e *Guia pastoral*, de Gregório, o Grande*. Outras obras, conquanto não escritas de modo sistemático sobre o trabalho pastoral, como a *Cidade de Deus*, de Agostinho*, proporcionam também exemplos da teologia pastoral primitiva.

Poucos desenvolvimentos nessa área aconteceram durante a Idade Média, e somente na época das reformas tridentinas, no século XVI, e nos escritos dos reformadores, foi demonstrado um interesse renovado no assunto. Entre os reformadores, o principal expositor sistemático da teologia pastoral foi Martin Bucer*. Os efeitos da Reforma, não limitados ao desenvolvimento de uma orientação espiritual de moldes puritanos*, foram amplamente sentidos no soerguimento dos padrões do ministério, podendo ser claramente observados na obra de Richard Baxter* *O pastor reformado.*

A crescente necessidade de proporcionar um ministério adequadamente preparado levou ao surgimento da teologia pastoral como disciplina independente, em um sentido mais moderno, no final do século XVIII. No século seguinte, foram editadas numerosas obras, que alcançaram a ciência e a filosofia da época, numa tentativa de proporcionar um entendimento sistemático e abrangente do ministério cristão. Na virada do século, contudo, começa a ocorrer um declínio, tornando-se as obras sobre teologia pastoral meros manuais de praticantes que propriamente obras de profundidade teológica.

O século XX testemunharia importantes desenvolvimentos na disciplina, inicialmente mediante a obra de A. T. Boisen (1876-1966), que introduziu no clero o treinamento clínico. Seu discípulo Seward Hiltner (1904-2008) obteria resultados ainda mais marcantes, propondo-se, em seu livro *Preface to Pastoral Theology* [Prefácio à teologia pastoral], a reorganizar a disciplina, em torno do interesse pastoral em prestar cura, assistência e orientação ao rebanho. Enfatizava que a teologia pastoral tradicional, que tratava da vida espiritual em um vácuo psicológico, social e cultural, seria em breve rejeitada e substituída por uma abordagem à pessoa total. Hiltner imprimiu à disciplina a sua marca, ligando firmemente o preparo pastoral a um treinamento psicológico.

Desde então, tem havido inúmeras iniciativas em correlacionar a psicologia com a teologia. Entre as melhores, estão as de Don Browning (n. 1934), James N. Lapsley (n. 1930), Thomas Oden e Daniel Williams (1910-1973). Sua preocupação, em geral, não é tanto a de traduzir a linguagem da religião em linguagem psicológica, mas, sim, mostrar as suposições teológicas e suas implicações de psicologia.

Desenvolvimentos subsequentes têm sido feitos a partir dessa abordagem. Tem havido uma preocupação em romper o "cativeiro psicológico" em que a teologia pastoral se encontrava. Ênfase similar vem sendo colocada sobre a situação social e política do homem. Muitos estudiosos veem as teologias da libertação* como expressão categórica da teologia pastoral, por buscarem proporcionar um entendimento teológico e orientação pastoral em relação aos que são social e economicamente mais oprimidos. Além disso, tem havido preocupação em estabelecer a teologia pastoral como disciplina acadêmica confiável, mais do que como um complemento à psicologia. Ainda, de modo mais significativo, busca-se uma reafirmação da necessidade da teologia pastoral se basear em fundamentos morais e teológicos. Sob Hiltner, a dimensão teológica era liberal, e a dimensão moral, relativista, se não, por vezes, estavam ausentes. Um dos mais recentes e destacados expositores evangélicos da teologia pastoral, Eduard Thurneysen (1888-1974), por exemplo, em seu completo livro *A Theology of Pastoral Care* [Uma teologia de cuidados pastorais], trata de modo técnico e bíblico da necessidade humana de perdão, assinalando a diferença da abordagem distintamente pastoral, em oposição à psicológica, das carências humanas. Sua limitação reside apenas no fato de se confinar a esse assunto, enquanto à teologia pastoral cabe certamente demonstrar preocupações mais amplas, muito embora essa questão seja, naturalmente, central. Mas o amplo espectro da literatura recente sugere que o futuro da teologia pastoral é promissor.

Ver também Teologia Prática

Bibliografia
P. H. Ballard (ed.), *The Foundations of Pastoral Studies and Practical Theology* (Cardiff, 1986); R. Baxter, *The Reformed Pastor* (1656; Edinburgh, 1974); D. S. Browning

TEOLOGIA PASTORAL

(ed.), *Practical Theology* (New York, 1983); S. Hiltner, *Preface to Pastoral Theology* (Nashville, TN, 1958); B. Holifield, *A History of Pastoral Care in America: From Salvation to Self-Realization* (Minneapolis, MN, 1983); J. T. McNeill, *A History of the Cure of Souls* (New York, 1977); H. R. Niebuhr & D. D. Williams (eds.), *The Ministry in Historical Perspective* (New York, 1956); E. E. Shelp & R. Sunderland (eds.) *A Biblical Basis for Ministry* (Philadelphia, 1981); M. Taylor, *Learning to Care* (London, 1983); E. Thurneysen, *A Theology of Pastoral Care* (Atlanta, GA, 1962); D. Tidball, *Skilful Shepherds* (Leicester, 1986); F. Wright, *The Pastoral Nature of the Ministry* (London, 1980).

D.J.T.

TEOLOGIA PATRÍSTICA. É estritamente a teologia dos pais (lat. *Patres*), i.e., dos mestres e escritores da Igreja primitiva, expressa não somente em obras individuais, mas também de forma coletiva, tal como ordens da Igreja e definições conciliares. O nome "teologia patrística" foi usado pela primeira vez no século XVII para distinguir da teologia bíblica, que era escolástica, simbólica e especulativa.

Não há unanimidade quanto ao que se considera ser o período patrístico. Foi a era mais criativa em matéria de doutrina, alcançando seu ápice no Concílio de Calcedônia (451), enquanto o colapso do poder romano no Ocidente, no final do século V, sugere seu declínio histórico; mas muitos consideram Gregório, o Grande*, ou Isidoro de Sevilha (m. 636) como o último dos pais ocidentais, ou então Bernardo* como o último grande mestre pré-escolástico da Igreja. No Oriente, onde o governo romano continuou incólume, João Damasceno* encerraria a era patrística, seguido do último dos concílios* primitivos, Niceia II, em 787; mas, como a ortodoxia oriental é avessa a divisões drásticas, Gregório Palamas foi ainda honrado como pai e doutor da Igreja logo após sua morte, em 1359.

Tradicionalmente, são considerados pais ou doutores (*i.e.*, mestres) da Igreja ocidental: Ambrósio*, Jerônimo*, Agostinho* e Gregório*; e da Igreja oriental: Basílio*, Gregório de Nazianzo* e João Crisóstomo, sendo posteriormente acrescentado Atanásio. Mas há teólogos medievais e modernos reconhecidos também como doutores da Igreja no Ocidente. A categoria é mais ampla que a dos pais, por não ser restrita aos primeiros séculos, ao mesmo tempo que mais restrita, por incluir somente os mais eminentes e exigir uma designação eclesiástica mais formal. Distinção tem sido feita também entre os pais, por sua ortodoxia de doutrina e santidade de vida, e escritores eclesiásticos, como Tertuliano* e Orígenes*, que pertencem à antiguidade cristã, mas desfrutam somente de aprovação qualificada eclesiástica.

A consulta aos pais, em um sentido moderno, começou praticamente no final do século IV e começo do século V, principalmente nas controvérsias cristológicas*. As igrejas ortodoxas não estabeleceram uma linha divisória entre a Bíblia e a tradição teológica da Igreja. A fé, para elas, vinha definitivamente de Deus, mediante Cristo, em continuidade ininterrupta, sendo

TEOLOGIA PATRÍSTICA

recebida, pela Igreja, "das Sagradas Escrituras, dos ensinos dos santos pais e das definições de uma única e mesma fé pelos quatro sagrados concílios" (Constantinopla II, 553). Para o catolicismo romano, as primeiras definições conciliares, que endossaram a doutrina patrística, têm a infalibilidade do magistério da Igreja, enquanto ao consenso geral de outros ensinos patrísticos compete uma autoridade menos exata. Segundo Vincent de Lérins (m. antes de 450), por exemplo, a catolicidade* da fé é reconhecível por sua universalidade, antiguidade e consenso.

Todas as igrejas da Reforma deram atenção especial aos pais primitivos, não como autoridade par a par com as Escrituras, mas, sim, como intérpretes piedosos da fé apostólica, em uma Igreja ainda unida e basicamente não corrupta. A "queda" da Igreja no erro e na superstição medieval foi frequentemente datada pelos reformadores em *c.* 600. Os anabatistas a colocaram no tempo de Constantino e chegaram a desconsiderar os concílios e credos, recorrendo até mesmo aos pais pré-nicenos contra o dogma patrístico posterior. A tradição anglicana, por sua vez, evidenciou sempre uma consideração altamente particular aos pais.

Os pais foram fecundos na maioria dos campos da: teologia apologética* (*e.g.*, Justino, Tertuliano, Orígenes, Agostinho); teologia moral* (*e.g.*, Clemente de Alexandria, Ambrósio, Gregório, o Grande); teologia bíblica* (especialmente Ireneu); teologia dogmática* (*e.g.*, Atanásio, pais capadócios, Agostinho, Cirilo de Alexandria); teologia mística* (*e.g.*, Gregório de Nissa,

Pseudo-Dionísio); teologia ascética* (*e.g.*, os alexandrinos, Cassiano, Evagrius Ponticus, Basílio); teologia sacramental* (*e.g.*, Cipriano, Agostinho); teologia litúrgica* (*e.g.*, Cirilo de Jerusalém); e teologia filosófica* (*e.g.*, Agostinho).

Sua principal contribuição diz respeito à elucidação da Trindade, à cristologia e às doutrinas da Igreja e dos sacramentos, do pecado e da graça. Sobre essa parte de sua obra, manifestou-se claro consenso, no Ocidente ou no Oriente, quando não na totalidade da Igreja, e dela a teologia da Reforma lançou mão sem muita hesitação. Todavia, não foi alcançado consenso quanto ao pensamento patrístico a respeito de expiação, antropologia, escatologia, obra do Espírito Santo e outros tópicos.

Os aspectos distintivos da teologia patrística podem ser definidos de modo geral como se segue:

1. *Era teologia da Igreja.* Os teólogos da patrística eram indubitavelmente homens da Igreja (nem Orígenes e Tertuliano são exceções) e mestres da Igreja. Muitos deles eram bispos (um significado comum de "pai"). Considere-se que não existiam ainda cursos ou seminários teológicos. No cânon de Vincent, a verdade e a Igreja se pertenciam conjuntamente, assim como o erro e o cisma. O catecumenato era importante no ensino doutrinário sistemático. A teologia patrística foi, então, um empreendimento corporativo.

2. *Baseava-se na exegese espiritual das Escrituras.* Sermões e comentários constituíam meios importantes do ensino patrístico. Convencidos da inspiração total das Escrituras, mas carentes

TEOLOGIA PENTECOSTAL

da perspectiva histórica, os pais logo lançaram mão das formas de exegese espiritual, especialmente alegorias e vasta tipologia, particularmente ao lidar com o Antigo Testamento (ver Hermenêutica*). Somente a Escola de Antioquia* seguiu uma abordagem mais gramático-histórica.

3. *Era moldada por adoração e piedade.* Os pais se baseavam na *lex suppliandi* ou *orandi* ("lei da oração") para estabelecer a *lex credendi* ("lei da crença"). Agostinho argumentou a partir da prática do batismo infantil quanto à doutrina do pecado original. Basílio discutiu a importância dogmática das diferentes doxologias; e outros (*e.g.*, nas controvérsias pelagianas*) discutiram as implicações doutrinárias da oração. A devoção a Cristo como *theotokos* ("portador de Deus") foi um ponto de partida para as discussões cristológicas.

4. *Era uma tradição em desenvolvimento.* Os pais construíam sobre os fundamentos de seus predecessores. Daí ser difícil, por exemplo, negligenciar o não reconhecimento por Cipriano do batismo cismático. A explanação dos teólogos ortodoxos foi considerada como meramente o que os apóstolos haviam ensinado de maneira sucinta, mas os hereges é que haviam produzido a novidade. Já a teologia antipelagiana de Agostinho, por sua vez, provavelmente não satisfazia o critério de antiguidade de Vincent, mas o que ele tinha em vista era refutar o uso de Pelágio pelos mestres mais antigos.

5. *Era intensamente sobrenatural.* A maioria dos grandes pais esposou ideais ascéticos*. As influências platônicas comunicaram forte tendência espiritual a muito de sua teologia. Os valores que essa teologia mais caracteristicamente afirmava pertenciam ao mundo interior do espírito ou à esfera transcendente do céu.

6. *Interagia com a filosofia secular.* A partir dos apologistas* do século II, os pais da Igreja fizeram da filosofia a serva da teologia. Difundiu-se a influência do platonismo e do estoicismo* ecléticos, em particular. Os pais se engajaram de modo crítico no pensamento secular, dirigindo-se de forma inteligível à mentalidade pagã. Hoje, no entanto, considera-se que frequentemente deixaram de distinguir entre a teologia filosófica grega e as crenças judaico-cristãs.

Bibliografia

B. Altaner, *Patrology* (Freiburg, 1960); J. N. D. Kelly, *Early Christian Doctrines* (London, [5]1977); J. Pelikan, *The Christian Tradition,* vol. 1: *The Emergence of the Catholic Tradition (100-600)* (Chicago/London, 1971); G. L. Prestige, *Fathers and Heretics* (London, 1954); B. Ramsey, *Beginning to Read the Fathers* (London, 1986); H. Von Campenhausen, *The Fathers of the Greek Church* (London, 1963); *idem, The Fathers of the Latin Church* (London, 1964); M. F. Wiles, *The Christian Fathers* (London, 1966).

D.F.W.

TEOLOGIA PENTECOSTAL. O pentecostalismo é uma corrente dentro do evangelicalismo* arminiano*, com forte ênfase distintiva em experiência adicional do crente, posterior à conversão*, o chamado batismo* no Espírito Santo, que resulta em capacitação de poder

TEOLOGIA PENTECOSTAL

no Espírito, evidenciado no falar em línguas (glossolalia) e em dons* do Espírito dentre os listados em 1Coríntios 12.8-10.

A teologia pentecostal tem suas raízes em vários aspectos do fundamentalismo* surgido no século XIX nos Estados Unidos, a saber: o movimento dito de santidade*, que ensinava que os crentes poderiam, após a conversão, receber uma experiência de santificação* total (ver Teologia Metodista*), às vezes chamada de batismo do Espírito, bem como uma investidura de poder, por parte de alguns líderes de destaque, como Charles Finney*, Asa Mahan (1800-1889) e Phoebe W. Palmer (1807-1887); o ensino de R. A. Torrey (1856-1928) e outros, que pregavam o batismo do Espírito como uma investidura de poder pós-conversão, basicamente para testemunho e serviço, mas não santificação; o ensino de A. B. Simpson (1843-1919) e A. J. Gordon (1836-1895) e outros de que a cura* divina deveria ser recebida pela fé; e o pré-milenarismo (ver Milênio*) e a necessidade de se viver na expectativa do retorno iminente de Cristo, conforme ensinado por J. N. Darby*, C. I. Scofield (1843-1921) e muitos outros. Essas correntes todas contribuíram para a ênfase "quadrangular" da pregação pentecostal: Cristo o salvador, Cristo o batizador no Espírito Santo, Cristo o que cura e Cristo o rei que está para vir.

Origens e difusão

As origens do pentecostalismo podem ser remontadas a 1º de janeiro de 1901, quando a srta. Agnes Ozman, uma estudante do Bethel Bible College [Faculdade Bíblica Betel], de Topeka, Kansas, EUA, falou em línguas, após o diretor, Charles Fox Parham (1873-1929), impor as mãos sobre ela e orar para que recebesse o poder do Espírito. Daí em diante, para os adeptos do pentecostalismo em geral, a evidência categórica de ser batizado no Espírito seria o falar em línguas. É considerado como a abertura para uma experiência vívida com Deus, para uma adoração fervorosa, o recebimento de dons do Espírito, particularmente o de cura divina, e de poder para o testemunho e o serviço cristão.

Em poucos anos, o pentecostalismo se difundiu amplamente nos Estados Unidos, especialmente sob influência da Azusa Street Apostolic Faith Mission [Missão de Fé Apostólica da Rua Azusa], de Los Angeles. Logo alcançaria a Europa, onde obteve pronta resposta à sua mensagem entre crentes influenciados por despertamentos espirituais ainda recentes no País de Gales e em outras partes. O pentecostalismo ganharia uma importante fortaleza na Escandinávia. Daí, se espalharia por todo o mundo.

O novo movimento deu surgimento a considerável controvérsia entre os evangélicos na primeira metade do século XX, especialmente quanto ao batismo no Espírito como segunda experiência após a conversão e a disponibilidade de dons sobrenaturais do Espírito nos dias de hoje, especialmente falar em línguas e cura divina. Embora originado no movimento de santidade, a maioria dos líderes desse movimento rejeitou o pentecostalismo, tendo alguns deles, no entanto, unindo-se à ação pentecostal

TEOLOGIA PENTECOSTAL 1116 ∎

após ter contato com crentes que haviam sido influenciados pela congregação da Rua Azusa. Ainda considerando a santificação como realmente uma "segunda bênção", anterior às experiências pessoais, esses líderes da santidade que aderiram passaram a ter o batismo do Espírito como uma "terceira bênção". A maioria dos pentecostais, contudo, argumentava ser a santificação* uma obra progressiva, após a conversão, sendo por isso o batismo no Espírito, de fato, a "segunda bênção". Alguns grupos pentecostais têm mantido a doutrina wesleyana de santificação plena (ver Perfeição, Perfeccionismo*).

A controvérsia mais séria ocorreu certamente nos Estados Unidos ao tempo da Primeira Guerra Mundial, quando alguns pentecostais passaram a ensinar uma "unicidade" antitrinitária, ou doutrina do "Jesus somente", a saber, que Deus é uma única pessoa, manifesta como Pai, Filho e Espírito, e que a água do batismo era válida se aplicada em nome somente de Jesus. Alguns poucos grupos pentecostais continuaram a manter esse ensino, mas a vasta maioria continuou aderindo à doutrina trinitária tradicional, com alguns praticando até tríplice imersão no batismo.

Com o decorrer dos anos, formaram-se denominações pentecostais diversas por todo o mundo, devido, algumas vezes, a cismas, mas mais frequentemente ao crescimento de igrejas locais. Crescimento considerável ocorreu após a Segunda Guerra Mundial na América do Norte e América do Sul, África e Escandinávia. A Conferência Pentecostal Mundial, que primeiramente

se reuniu em 1947 em Zurique, tem-se reunido desde então a cada três anos. Nas décadas de 1960 e 1970, o ensino e as experiências pentecostais foram introduzidos na maior parte das denominações protestantes*, por meio do movimento carismático (ver Dons do Espírito*). Embora os pentecostais de modo geral, com poucas exceções, tenham se mantido indiferentes ao surgimento desses desenvolvimentos, assim como a movimentos de tendência aparentemente pentecostal mais recentes, desde a década de 1980 tornaram-se mais abertos à comunhão com eles. Por outro lado, desde 1967, o movimento dito "carismático", de caráter visivelmente pentecostal, vem ganhando força cada vez maior na Igreja Católica Romana. Todavia, a não ser em duas séries de diálogos da Igreja Católica-Igrejas Pentecostais, no Vaticano, em 1972-1976 e 1977-1982, tem havido, em geral, pouco empenho entre os pentecostais em favorecer uma comunhão com os católicos. De acordo com a *World Christian Encyclopedia* [Enciclopédia Cristã Mundial] (ed. D. B. Barrett, Nairóbi, 1982), por volta de 1980, o movimento pentecostal havia crescido para 51 milhões de adeptos em todo o mundo, ao mesmo tempo que outros 11 milhões de cristãos se achavam incluídos em movimentos de caráter pentecostal ou carismático nas principais denominações tradicionais.

Doutrinas distintivas
Em apoio à sua doutrina distintiva do batismo no Espírito, os pentecostais argumentam que os discípulos de Jesus, como os santos do AT, foram regenerados* antes do

TEOLOGIA PENTECOSTAL

dia de Pentecoste. Como poderia Jesus ter enviado homens não regenerados para pregar, curar doentes, expelir demônios e ressuscitar os mortos (Mt 10.1,8)? Jesus considerou seus discípulos espiritualmente limpos (Jo 13.10; 15.3), tendo a paz de Deus (Jo 14.27; 20.19,21), obedientes à palavra de Deus (Jo 17.6,8,14) e pertencendo a ele, e não ao mundo (Jo 15.19; 17.6,10,16). Assim, já seriam regenerados *antes* do Pentecoste, quando então foram batizados no Espírito Santo (At 1.5), tornando-se capacitados com poder (Lc 24.49; At 1.8), cheios do Espírito, aptos a falar em línguas e investidos da condição de testemunhas intrépidas e eficazes do Senhor ressuscitado (At 2.4,37,41,43).

Argumentam também que, em Atos, os convertidos samaritanos e os discípulos de Éfeso foram regenerados antes de terem sido batizados no Espírito. Os samaritanos haviam respondido com alegria ao evangelho e sido batizados antes de Pedro e João haverem orado para que pudessem receber o Espírito Santo (At 8.6,8,12,15). Em Éfeso, "discípulos" (termo também usado para os cristãos em geral em Atos), antes batizados apenas em João, mas tendo ouvido e aceito a explanação de Paulo sobre o batismo de Jesus, foram ali mesmo batizados pelo apóstolo, quando então, logo em seguida, ao lhes impor Paulo as mãos, "veio sobre eles o Espírito Santo, e começaram a falar em línguas e a profetizar" (19.4-6). Em outras palavras, "receber o dom do Espírito Santo" (At 2.38; 8.15,17,19; 10.47; 19.2) é receber "o mesmo dom" (At 11.17; 15.8) que o "batismo no Espírito

Santo" (At 1.5; 11.16), que os discípulos receberam no Pentecoste. O Espírito Santo é descrito em Atos como "vindo" ou "descendo" sobre os crentes (1.8; 8.16; 10.44; 11.15; 19.6) com resultados observáveis (2.5-13; 8.18), como o falar em línguas (2.4; 10.46; 19.6). No caso de Cornélio e sua família, o batismo no Espírito parece ter vindo de imediato, acompanhando sua aceitação de Jesus (At 10.44).

Primeira aos Coríntios 12.13 poderia ser perfeitamente parafraseado assim: "Todos nós fomos batizados em um único Espírito, a fim de que pudéssemos manifestar a unidade do corpo de Cristo...". Isso não se refere necessariamente à regeneração, e sua ambiguidade significa que esse versículo não pode ser usado como princípio orientador pelo qual se interprete o recebimento do Espírito em Atos (ver Baker, *Baptized in One Spirit* [Batizados em um único Espírito], p. 18).

Além disso, os pentecostais distinguem entre a habitação do Espírito Santo no ser, como fonte da fé salvadora (Rm 8.9,11; 1Co 3.16; 6.19; 2Tm 1.14), e o derramamento nele do Espírito, que o capacita para o testemunho e o serviço cristão (Lc 24.49; At 1.5,8; 4.31; Rm 15.19; 1Co 2.4; 1Ts 1.5). Segundo o pentecostalismo, a manifestação de dons sobrenaturais e milagres, abundante por todo o período apostólico (At 2.43; 4.30; 28.9; 1Co 12.7-10; 14.1,18, 26; Gl 3.5; Hb 2.4), é ainda da vontade de Cristo para com seu povo (Mc 16.17,18; Jo 14.12-14). Os dons sobrenaturais somente cessarão quando "vier o que é perfeito", a saber, quando virmos Deus "face a face", e não

TEOLOGIA PENTECOSTAL

1118 ■

antes (1Co 13.10,12). Assim como, justamente, Jesus foi ungido "com o Espírito Santo e com poder" (Mt 3.16; 12.15, 18; Mc 1.10; Lc 3.22; 4.14,18,21; Jo 1.32,33; At 10.38), assim também os crentes precisam da capacitação do Espírito. Trata-se de uma manifestação do senhorio messiânico de Jesus e de sua exaltação à destra do Pai (em Jo 7.39, literalmente: "Ele [Jesus] estava se referindo ao Espírito, que mais tarde receberiam os que nele cressem. Até então, o Espírito não tinha sido dado, pois Jesus ainda não fora glorificado"; v. At 2.33, 36), estando assim o batismo no Espírito baseado na ascensão* de Cristo, tal como o perdão dos pecados e a nova vida se baseiam, respectivamente, na morte e na ressurreição de Cristo. O dom do derramamento do Espírito encontra-se, desse modo, integrado aos atos salvíficos de Deus em Cristo.

Os pentecostais, tradicionalmente, consideram o falar em línguas como o principal sinal do batismo no Espírito (At 2.4; 10.46; 19.6; presumindo-se ser, inclusive, o que Simão, o mago, "viu", em At 8.18), mas muitos reconhecem também outros dons como fortes sinais dessa experiência. Reconhecem, ainda, que os cristãos em geral podem perfeitamente viver essa experiência sem ser necessário usar da terminologia pentecostal para descrevê-la. Os pentecostais concordam com o consentimento geral evangélico da necessidade de sermos continuamente cheios do Espírito (Ef 5.18).

Assim como muitos outros evangélicos, os pentecostais enfatizam a importância da pregação evangelística de salvação somente pela fé em Cristo. A substituição penal da expiação* é geralmente sustentada. Em geral, a Bíblia é interpretada literalmente, e a pregação é vigorosa e emocional.

Os pentecostais em geral consideram seu movimento como uma restauração do cristianismo apostólico do NT, daí o uso frequente do termo "apostólico" em seus círculos denominacionais. Alguns grupos reconhecem líderes seus, especificamente, como "apóstolos" ou "profetas"*, em referência direta e consciente a Efésios 4.11; mais geralmente, no entanto, tem sido amplamente reconhecido o ministério de evangelista. Espera-se dos membros da maioria das igrejas pentecostais que se engajem na evangelização pessoal e manifestem santidade pessoal de vida (inclusive, abstendo-se de fumar, beber e dançar secularmente). Os cultos são caracterizados por cânticos animados, com a oportunidade da espontaneidade em oração e de manifestar dons de línguas, interpretação e profecia por parte dos membros da igreja.

Os pentecostais têm rejeitado invariavelmente o batismo infantil, exercendo o batismo* de adultos como pública profissão de fé após a conversão. É considerado como padrão normativo do NT que o batismo no Espírito, em resposta à oração, siga ao batismo nas águas. Uma visão simbólica (zuingliana*) dos sacramentos* tem sido usualmente predominante, juntamente com a ênfase sobre o sacerdócio* de todos os crentes. O governo das igrejas* toma geralmente a forma congregacional* ou presbiteriana*. Há em alguns países uma influência mais recente, proveniente do

TEOLOGIA PENTECOSTAL

movimento de "igreja em casa", que se traduz em reconhecimento maior da igreja local pentecostal como o corpo de Cristo, com implicações de comunhão mútua seriamente compromissada e tendo os presbíteros leigos uma participação governativa e pastoral na assembleia local, juntamente com o pastor.

Oração pela cura dos enfermos com a imposição de mãos* tem sido uma prática regular dos pentecostais, tanto em cruzadas e campanhas evangelísticas quanto em cultos normais das igrejas. Milagres* são relatados e testemunhos de conversão e cura são encorajados, nos cultos. Os pentecostais em geral creem na "cura pela expiação", considerando haver Cristo levado nossas enfermidades, assim como nossos pecados, com a sua morte na cruz, embora mais recentemente sustentem uma doutrina menos dogmática da cura divina.

É frequente a pregação sobre a segunda vinda de Cristo, quase sempre apresentada como iminente, mantendo a maioria dos pentecostais uma visão pré-milenarista da volta do Senhor. Alguns aderiram à escatologia* dispensacionalista* de J. N. Darby e C. I. Scofield, mas tal doutrina é hoje bem menos aceita.

Em grande parte de sua história primitiva, o pentecostalismo foi conduzido, principalmente, por ativistas evangelisticamente orientados e com pouca preocupação por erudição bíblica acadêmica, formação teológica ou preocupações de caráter social. Esses aspectos, no entanto, com o decorrer dos anos, foram sendo perfeitamente aceitos como parte da obra e missão pentecostal. A preparação de pastores é normalmente feita em seminários ou faculdades especializadas. Além disso, igrejas e associações pentecostais têm hoje suas próprias escolas de serviço social e centros de reabilitação, sem falar em grandes editoras denominacionais e outros empreendimentos similares de destaque, em todo o mundo. Conscientes de sua própria história e missão, o pentecostalismo tem, há algum tempo, produzido seus próprios teólogos, eruditos bíblicos e historiadores de seu movimento, assim como de toda a Igreja.

Bibliografia

Escritos pentecostais: P. S. Brewster (ed.), *Pentecostal Doctrine* (Cheltenham, 1976); C. Brumback, *What Meaneth This? A Pentecostal Answer to a Pentecostal Question* (Springfield, MO, 1947); D. Gee, *Concerning Spiritual Gifts: A Series of Bible Studies* (London, ^{2}1967); S. M. Horton, *What the Bible Says about the Holy Spirit* (Springfield, MO, 1976); W. H. Horton (ed.), *The Glossolalia Phenomenon* (Cleveland, TN, 1966); P. C. Nelson: *Bible Doctrines: A Series of Studies Base on the Statement of Fundamental Truths as Adopted by the General Council of the Assemblies of God* (Springfield, MO, ^{2}1948); E. S. Williams, *Systematic Theology, 3 vols.* (Springfield, MO, 1953).

Carismáticos: J. P. Baker, *Baptized in One Spirit: The Meaning of 1Corinthians 12:13* (London, 1967); I. Cockburn, *The Baptism in the Spirit: Its Biblical Foundations* (London, 1971); H. M. Ervin, *Conversion-Initiation and the Baptism in the Holy Spirit* (Peabody, MA, 1985) (uma resposta a Dunn — ver abaixo); K. McDonnell

TEOLOGIA PETRINA

(ed.), *Presence, Power, Praise: Documents of the Charismatic Renewal,* 3 vols. (Collegeville, MN, 1980); J. A. Schep, *Spirit Baptism and Tongue Speaking according to Scripture* (London, 1970); J. R. Williams, *The Gift of the Holy Spirit Today* (Plainfield, NJ, 1980).

Não-pentecostais: D. Bridge & D. Phypers, *Spiritual Gifts and the Church* (London, 1973); F. D. Bruner, *A Theology of the Holy Spirit* (Grand Rapids, MI, 1970); J. D. G. Dunn, *Baptism in the Holy Spirit* (London, 1970); J. R. W. Stott, *Baptism and Fullness: The Work of the Holy Spirit* (London, 1975); M. F. Unger, *The Baptism and Gifts of the Holy Spirit* (Chicago, IL, 1974).

J.W.W.

TEOLOGIA PETRINA. As duas epístolas atribuídas a Pedro no NT são dirigidas para situações especiais e não fornecem uma teologia sistemática petrina. Na melhor das hipóteses, é possível notar as ênfases mais significativas.

A primeira das duas cartas oferece uma forte combinação de teologia e ética. É essencialmente prática e está longe de ser moralista. Fundamenta sua opinião na experiência cristã. Cuida do modo pelo qual um cristão deve se conduzir tendo em vista o que Deus tem feito por ele. Talvez em nenhum outro lugar do NT a emaranhada conexão entre teologia e ética esteja tão claramente deslindada.

Deus está em atividade por toda parte na vida de seu povo. O fato de que ele escolheu e santificou seu povo é enfatizado nas palavras introdutórias (1.1). É seu poder que o guarda (1.5). O povo é um povo peculiar e próprio de Deus (2.9,10). Deus se preocupa com seu sofrimento (2.19,20). É da sua vontade que deva governá-lo (3.17; 4.2). Deus, por sua vez, é um Deus tanto de poder (5.6) quanto de graça (5.10,12). Ele tem preparado um futuro glorioso para o seu povo (1.4; 5.10).

Jesus Cristo está, naturalmente, sempre ativo também, junto a seu povo. A regeneração do povo de Deus é realizada mediante sua ressurreição (1.3;3.21); a redenção, por meio de seu sangue (1.19). O povo de Deus se constitui em um sacerdócio santo, aceitável a Deus por intermédio de Cristo (2.5). É uma casa espiritual de que Cristo é a pedra angular (2.6). O Senhor é exemplo para seu povo quando este sofre (2.21; cf. 4.1; 5.1). Deve ser reverenciado como Senhor (3.15). Morreu pelos pecados de todos, de uma vez por todas (3.18). É por meio dele que Deus é glorificado (4.11). É o pastor e o guardião de seu povo (2.25; 5.4).

É admirável que o que Pedro diz a respeito da expiação* provém de preocupações essencialmente práticas. Após mencionar que Cristo é um exemplo, introduz a ideia de que ele levou nossos pecados em seu corpo sobre o madeiro (2.24). Em outras palavras, uma argumentação ética dá surgimento a uma afirmação teológica. O mesmo ocorre com a introdução do tema do resgate em 1.18. Não há dúvida de que a obra expiatória de Cristo é essencial para a libertação do homem. Não há dúvida também de que a obra redentora de Cristo foi possível por causa de sua própria impecabilidade. Era ele o cordeiro sem defeito (1.19); o justo que morreu pelos injustos (3.18).

O propósito da epístola é encorajar os que sofrem. O aspecto mais profundamente essencial, aqui, é que o sofrimento pode estar de acordo com a vontade de Deus (4.19). Em acréscimo a essa ênfase, destaca-se uma recomendação prática, concentrada no capítulo 5. A despeito das muitas certezas do cuidado de Deus pelo seu povo, o leitor é chamado, não obstante, a fazer a parte que lhe cabe. Deve resistir ao diabo; vigiar; humilhar-se perante Deus; lançar suas preocupações sobre ele (5.6-9). Assim, a iniciativa divina está ligada intimamente à responsabilidade humana.

Alguns estudiosos têm visto o batismo* também como tema-chave em 1Pedro; mas há somente uma referência específica ao batismo (3.21). Outra peculiaridade da carta é a referência não muito clara à pregação aos espíritos em prisão (3.19) e aos mortos (4.6), mas as dúvidas ou dificuldades de interpretação, nesse caso, não afetam a confiança total transmitida pelo restante da teologia petrina.

Por outro lado, muitos eruditos não consideram 2Pedro como propriamente petrina, mas não há motivo para não ver essa carta como também uma afirmação da teologia de Pedro, já que é atribuída ao seu nome. Embora o tema principal da epístola seja o dos falsos mestres que estão trazendo problemas para os crentes, há em seu bojo algumas afirmações teológicas significativas. Deus é visto como justo em seus juízos (2.4ss); não obstante, sabe como libertar os piedosos (2.9). Não tarda quanto ao cumprimento de suas promessas (3.8). Sua pessoa é simplesmente gloriosa (1.17). Além do mais, tal como em 1Pedro, os crentes são chamados à responsabilidade de se empenhar na prática e no desenvolvimento do bem (1.5-10), embora Deus já lhes assegure ingresso em seu reino* (1.11). No curso dessa carta, afirmação importante é feita a respeito das Escrituras* (1.20,21), que tem exercido uma influência poderosa sobre o pensamento cristão.

Ver também PAPADO.

Bibliografia
R. J. Bauckham, *Jude, II Peter* (Wako, TX, 1982); J. N. D. Kelly, *A Commentary on the Epistles of Peter and Jude* (London, 1969); E. G. Selwyn, *The First Epistle of St Peter* (London, 1946); A. M. Stibbs, *The First Epistle General of Peter* (London, 1959).

TEOLOGIA POLÍTICA. Termo que tem tido uma gama de significados na história das religiões, reflete tentativas diferentes de relacionar a religião ao caráter político da sociedade em que é exercida. Seu atual destaque data desde a metade da década de 1960, quando o teólogo católico-romano alemão Johann Baptist Metz* reviveu o termo, referindo-se depois a uma "nova teologia política". Muitos têm seguido seu pensamento, alguns dos quais usando o termo em sentido mais amplo, referindo-se a um grupo de ênfases teológicas relacionadas entre si.

Formas mais antigas
Agostinho* fez um uso estoico* do termo para criticar a "teologia civil", os antigos cultos cívico-religiosos

TEOLOGIA POLÍTICA

romanos oficiais, que legitimavam e santificavam o sistema político (ver *Cidade de Deus* 6:5-12). Na verdade, a mesma tendência já se havia introduzido na Igreja cristã, notadamente na "teologia da corte" de Eusébio*, com sua lisonja a Constantino, e depois no "império cristão" de Teodósio. Há traços dela até mesmo na parte inicial da *Cidade de Deus*, mas Agostinho logo mudaria para a posição apolítica de seus livros posteriores, que deram surgimento à tradição agostiniana do reino espiritual e interior, separado da política. Isso teve continuidade na doutrina dos dois reinos, elaborada por Lutero*.

Todavia, a teologia política da religião* civil seria persistente, acabando por ser aprovada e exaltada por um Maquiavel e um Hobbes. Alcançaria sua plena expressão formal na "teologia política" de Carl Schmitt, com seu elogio do nacionalismo alemão, nas décadas de 1920 e 1930, que encorajava os "cristãos alemães" em sua legitimação de Hitler. Essas ideias foram logo condenadas por Eric Peterson como "monoteísmo político"— um abuso da teologia em justificar a injustiça política (ver o desenvolvimento dessa crítica por Jürgen Moltmann* em *The Trinity and the Kingdom of God* [A Trindade e o reino de Deus] (London, 1981), p. 192-200).

A nova teologia política, de Metz

De acordo com J. B. Metz, não somente o "monoteísmo político", mas também a teologia política mais recente, tem necessidade de correção. No caso da "teologia civil", uma falsa visão do reino de Deus como sistema político deixa a Igreja vulnerável ao pensamento iluminista*, especialmente de Hegel* e de Marx*, que a acusavam de ser meramente uma superestrutura ideológica de padrões sociais e estruturas de poder particulares. Grande parte da teologia moderna, por outro lado, tem uma tendência privatizadora extrema, enfatizando o indivíduo, o transcendental e o existencial, considerando como secundários os aspectos sociais da vida, vendo a caridade como uma virtude pessoal e centrando a religião no relacionamento "Eu-Tu" (ver Buber*), tendo a fé reduzida a uma "decisão atemporal da pessoa". Essa situação, naturalmente, tem implicações políticas definidas, deixando o *status quo* sem questionamento ou tacitamente aprovado. Para Metz, portanto, "a desprivatização da teologia é a tarefa crítica primordial da teologia política" (*Theology of the World* [Teologia do mundo], London, 1969, p. 110). Isso não significa negar a mensagem do NT ao indivíduo. Metz crê que, na verdade, a primeira "função crítica libertadora" da Igreja é proteger o indivíduo "de ser considerado exclusivamente matéria e meio para a construção de um futuro tecnológico inteiramente racionalizado" (p. 118); contudo, a teologia política enfatiza que todas as promessas do reino* no NT, *e.g.*, liberdade, paz, justiça, reconciliação, "não podem se tratar de casos radicalmente particulares [...] não podem ser totalmente interiorizados e espiritualizados como que correspondendo apenas a anelos de liberdade e paz do indivíduo. Tornam o indivíduo livre quanto à sociedade política ao seu redor, no sentido de comprometê-lo com ela

TEOLOGIA POLÍTICA

e ter uma opinião crítica livre a seu respeito" (artigo sobre "Teologia política", *in: SM*, New York, 1970, vol. 5, p. 36).

Em diversos de seus escritos, Metz faz uma importante afirmação geral: "o chamado problema hermenêutico da teologia não é, na verdade, um problema de relacionamento entre teologia sistemática e histórica ou entre dogma e história, mas, sim, um problema de relacionamento entre teoria e práxis* ou entre o entendimento da fé e práxis social" (1969, p. 112; 1970, p. 35-36; *Faith in History and Society* [Fé na história e na sociedade], London, 1980, p. 52). Deveria ser concordância geral que as Escrituras requerem uma tal preocupação, dado o seu testemunho de Jesus em conflito moral com os líderes religiosos e políticos de sua sociedade, a cruz exposta em público e sua Igreja sendo chamada, como portadora de sua mensagem escatológica, a confrontos similares com o mundo político. A Igreja é uma instituição própria dentro da sociedade, com uma série de tarefas críticas e libertadoras: em primeiro lugar, preocupação pelo indivíduo, especialmente por aquele que é vítima de tecnologia impessoal, dedicada a melhorar o futuro do rico; em segundo lugar, uma mensagem de que o futuro depende de Deus; em terceiro lugar, o amor expresso em termos sociais por trazer justiça e paz a todos, mesmo em situações extremas, a ponto de exigir uma mudança revolucionária em nome das vítimas dos sistemas presentes; em quarto lugar, uma visão mudada de si mesma, aceitando a crítica interna de sua liderança (um problema especialmente para a Igreja Católica Romana), acolhendo a verdade que venha de fora, e está preparada a se opor aos poderes políticos existentes.

Teologias políticas

Metz faz parte de uma tendência, difundida na teologia contemporânea, com diversos aspectos em comum, a saber: a) rejeição da concentração, anterior, sobre a ortodoxia denominacional na teologia confessional; b) oposição à preocupação com a decisão pessoal na teologia existencial; c) preocupação sobre como as crenças realmente afetam e são afetadas pelo que é feito ou não para se mudar a sociedade, *i.e.*, mediante a práxis, termo derivado do conceito ou da crítica de Marx, que assevera a interdependência da teoria e da prática quando se relacionam à mudança da sociedade; e advogando a "ortopráxis", palavra popularizada por Metz para enfatizar que toda boa teologia tem de ser orientada pela ação; d) ênfase sobre a natureza essencialmente *pública* do evangelho, por não ser o cristianismo um assunto particular, mas que envolve uma nova comunidade a desafiar todas as estruturas sociais; e) oposição crítica às sociedades mais recentes e à institucionalização da Igreja, no sentido usado pelo filósofo social Jürgen Habermas, *i.e.*, de que não pretenda ser neutra ou isenta de valores, mas, sim, esteja aberta a mudanças e comprometida a encorajar relacionamentos sociais mais justos; f) a convicção geral, compartilhada, de que a *política* tem um papel mediador na boa teologia, ou seja, de que pelo envolvimento em política é feita uma

TEOLOGIA POLÍTICA   1124 ■

conexão que afeta a expressão da fé cristã.

É grande o número de teólogos que se pode incluir nessa tendência, não somente os de toda a teologia negra*, da libertação* e da revolução*, assim como a maioria dos teólogos africanos*, asiáticos*, indianos* e feministas*, mas também os que trabalham com teologia fundamental*, teologia da secularização*, espiritualidade*, pobreza* e marxismo *versus* cristianismo*. Ver discussões a respeito em: Alfredo Fierro, *The Militant Gospel* (London, 1977); Alistair Kee, *Reader in Political Theology* (London, 1974); *idem, Scope of Political Theology* (London, 1978); e outros livros significativos, como: Rex Ambler & David Haslam (eds.), *Agenda for Prophets: Towards a Political Theology for Britain* (London, 1984); Jon Sobrino (de El Salvador), *The True Church of the Poor* (London, 1985); Alan Boesak (líder cristão sul-africano), *Black and Reformed* (New York, 1985). Esse último está relacionado a *The Kairos Document* (London, 1985), importante comentário teológico feito por cristãos envolvidos em resistência ativa ao *apartheid*. Esse grupo de resistência faz distinção entre uma "teologia profética", válida, e uma "teologia estatal", ou "de Estado", termo usado por eles para "teologia cívica" (ver acima), assim como uma "teologia da Igreja", correspondente à teologia "burguesa" criticada por Metz (ver *The Emergent Church*, London, 1981; e acima).

Respostas

A reação da teologia "burguesa' tem-se estendido desde um acordo cauteloso (*e.g.*, Peter Hinchliff, em *Holiness and Politics* [Santidade e política], London, 1982), ou a condenação total de qualquer "politização" (*e.g.*, Edward Norman, em *Christianity and the World Order* [Cristianismo e a ordem mundial], Oxford, 1979), até o "monoteísmo político", revivido em apologias sul-africanas a favor da segregação racial (*e.g.*, *Human Relations and the South African Scene in the Light of Scripture* [Relações humanas e o cenário da África do Sul à luz das Escrituras] (Cape Town, 1976), ou a teologia do "novo direito religioso" (*e.g.*, Rousas Rushdoony, em *Politics of Guilt and Pity* [Política de culpa e piedade], Nutley, NJ, 1970), ou Digby Anderson (ed.), *The Kindness that Kills* [A bondade que mata] (London, 1984). Há uma série de ideias correspondentes entre os evangélicos que passaram a contribuir recentemente para a crescente discussão da teologia política. Richard Mouw mostra-se de modo geral complacente em suas obras *Politics and the Biblical Drama* [A política e o drama bíblico] e *When the Kings Come Marching In* (Grand Rapids, MI, 1976/1983). A resposta de Haddon Willmer a Norman, em C. Elliott *et al.*, *Christian Faith and Political Hopes* [Fé cristã e esperanças políticas] (London, 1979), é positiva, embora enfatize a necessidade de fazer jus à natureza do perdão. Pode-se encontrar um desenvolvimento mais substancial de uma teologia política evangélica em Orlando Costas, *Christ Outside the Gate* [Cristo do lado de fora da porta] (New York, 1982) e Nicholas Wolterstorff, *Until Justice and Peace Embrace* [Até que a justiça e a paz se abracem] (Grand Rapids, MI, 1983).

Conclusão

A natureza mundial da amplitude da Igreja e da empreitada teológica, em uma época de alargamento do abismo entre ricos e pobres, estando a maioria dos cristãos e dos não evangelizados entre os pobres, deveria levar qualquer teologia de vanguarda a ser política, no sentido intentado por Metz, mas não à custa de ter que abandonar o desafio de comprometimento pessoal e obediência a Jesus Cristo.

Ver também RELIGIÃO CIVIL.

C.W.

TEOLOGIA PRÁTICA. Termo amplo, que diz respeito ao relacionamento da teologia com a prática do ministério*. O termo é usado particularmente na educação teológica escocesa, além de outras aplicações. Tradicionalmente, sua abrangência envolve pregação*, adoração* e liturgia*, educação e catequese e cuidados pastorais. Embora Schleiermacher* e outros tenham tentado provê-la de um fundamento teológico disciplinado e sistemático, com uma aplicação informada pela teologia, tendeu a se tornar uma prática à mão para uso dos ministros.

Mais recentemente, a disciplina foi ampliada em uma série de aspectos. O relacionamento entre teologia e prática ministerial não é mais considerada como unilateral, mas, sim, um relacionamento mútuo, em que ocorre um diálogo franco entre a teologia e sua aplicação. Não está mais voltada exclusivamente para o papel e a tarefa do ministro ordenado, mas preocupada com o ministério da totalidade da Igreja. Além disso,

seu campo se alargou, não somente para incluir novos assuntos de aplicação, como administração, comunicação e governo de Igreja*, mas também, mais fundamentalmente, conferir um papel central à ética*, relacionar cuidados pastorais com psicologia contemporânea e incluir dimensões sociais e políticas em seu escopo (*cf.* Teologia da Libertação*), reconhecendo assim que o interesse de Deus não está confinado aos limites da Igreja.

Ver também PRÁXIS; TEOLOGIA PASTORAL.

Bibliografia

P. H. Ballard (ed.), *The Foundations of Pastoral Studies and Practical Theology* (Cardiff, 1986).

D.J.T

TEOLOGIA PURITANA. De acordo com William Ames, a teologia "é para nós o supremo e o mais nobre de todo o ensino específico das artes. É guia e plano mestre para o nosso fim mais elevado, que procede de maneira especial de Deus, trata das coisas divinas, inclina-se para o homem e o conduz a Deus. Não há preceito algum de verdade universal relevante para o bem-viver, seja na economia doméstica, na moral, na vida política, na elaboração de leis, que não pertença devidamente à teologia" (Marrow of Theology [A essência da teologia], 1623).

Essa visão abrangente emergiu do encontro do homem com Deus, ao chamado da espécie humana ao arrependimento e fé em Cristo mediante sua palavra escrita e pregada, energizando santidade por meio de seu Espírito. Embora

TEOLOGIA PURITANA

o termo "puritano" não seja propriamente adequado, os historiadores o têm usado para designar especificamente os cristãos que se empenharam em uma reforma complementar da Igreja da Inglaterra, na época de Elizabeth I e dos Stuarts, como resultado de sua experiência* religiosa específica e seu comprometimento com a Teologia Reformada*. Sua fé se forjou na luta contra a cultura religiosa popular e o catolicismo romano.

Por volta da década de 1580, homens como Thomas Cartwright (1535-1603), Dudley Fenner (c. 1558-1587) e Walter Travers (c. 1548-1643) deram forte ênfase, na teologia reformada da Inglaterra, quanto à pureza moral na adoração bíblica e na política, como parte de uma reforma contínua da Igreja. Uma minoria, porém, não via esperança de reforma sem sua separação da Igreja da Inglaterra, para formar uma Igreja pactual, composta de salvos. Robert Browne (c. 1550-1633), Henry Barrow (c. 1550-1593), John Greenwood (m. 1593) e Francis Johnson (1562-1618) proporcionaram a teologia inicial desse movimento, mas sua prática e conclusões foram rejeitadas não somente pelas autoridades, mas até mesmo pela maioria dos demais puritanos, firmemente comprometidos com a Igreja nacional.

Henry Smith (c. 1550-1591), Richard Greenham (c. 1535-c. 1594), Richard Rogers (c. 1550-1618) e William Perkins trabalharam pela reforma dentro da Igreja da Inglaterra, desenvolvendo uma teologia que obteve crescente recepção popular em um segmento do país. Esses teólogos-pregadores expuseram em detalhes sobre como a graça de Deus pode se identificar na experiência humana, introduzindo-se além da religião formal e causando uma transformação interior, da morte no pecado para a vida em Cristo, baseada na fé plena. Os diários dos puritanos e suas autobiografias revelam quão intensa sua luta seria e quão personalizados foram então os grandes temas da teologia católica e reformada.

Os teólogos da tradição puritana não negligenciaram sua atenção quanto à obra e ao ser de Pai, Filho e Espírito Santo ou aos grandes temas teológicos de eleição, vocação, justificação, adoção, santificação e glorificação, mas sua ênfase sobre a experiência religiosa e a piedade prática deram aos seus escritos uma característica que era incomum entre os teólogos reformados de outras partes da Europa. O Peregrino, de John Bunyan (1676) é um exemplo notável dessa diferença.

Embora P. Helm insista corretamente que não se deva exagerar quanto às diferenças de Calvino, mudanças de ênfase nas doutrinas da predestinação* e da certeza da salvação* refletem uso da obra de Beza* e Zanchius (1516-1590), assim como expansão do uso de uma teologia da lei e do pacto*. Na época em que foram redigidas a Confissão de Westminster e a Declaração de Savoia, tendências na teologia reformada haviam aberto novos canais, inclusive dos revolucionários e apocalípticos. Já a ênfase prática da teologia puritana levou a uma atenção detalhada à ética pessoal e social, em matéria de consciência, discussão de vocação* e relacionamento entre família*,

■ 1127 TEOLOGIA PURITANA

Igreja e comunidade no plano redentor de Deus.

A reforma da adoração e da observância religiosa popular, o ouvir a palavra de Deus e obedecer a ela, e a santificação do tempo se cruzaram com o desenvolvimento do sabatarismo, aspecto singular do cristianismo britânico do século XVII, um dos legados mais douros da aplicação da teologia puritana. O entusiasmo com que foi logo adotado por muitas das corporações profissionais do campo e das cidades indica quão poderosamente a seriedade religiosa dos puritanos e sua visão teológica do sábado* se integraram a aspirações sociais de caráter moral e ético seculares, como o necessário controle do lazer e a disciplina dos socialmente marginalizados e desordeiros.

A teologia de William Perkins (1558-1602) foi o primeiro grande exemplo de uma síntese que refletia a aplicação da teologia agostiniana* e reformada* à transformação da sociedade, da Igreja e dos indivíduos na época elisabetana. Seus primeiros escritos tratavam da piedade popular. Por volta de 1590, ele expôs a tradição reformada em *Armilla Aurea* [A corrente de ouro], que abordava temas teológicos, como "a arte de viver bem", usando a lógica de P. Ramus* e ordenando seus tópicos em tabelas visuais para memorização. O tema do "viver bem" foi explorado em outros dos prolíficos escritos de Perkins sobre adoração, ministério, vida familiar, vocação e consciência, assim como em sermões publicados, polêmicas anticatólicas e comentários bíblicos detalhados. Procurou dar uma visão da majestade da ordem de Deus e suas implicações sociais e pessoais. Como pregador, era considerado capaz de deixar seu auditório de respiração suspensa e coração agitado. Essa mesma intensidade brilhava em seus textos, traduzidos para os idiomas holandês, alemão, francês, checo e húngaro, tornando-se o primeiro teólogo de sua época a alcançar reputação internacional. Sua obra sobre predestinação foi o que levou Armínio* a escrever a refutação que precipitaria um dos debates teológicos mais importantes do século XVII e cujas reverberações são ainda sentidas até hoje. A influência pessoal de Perkins o fez ganhar discípulos importantes, que ajudariam posteriormente no desenvolvimento e na popularização da teologia puritana nas Ilhas Britânicas, na América (Nova Inglaterra) e na Holanda, onde ajudou a moldar o início do pietismo* reformado.

O mais destacado discípulo de Perkins, William Ames (1576-1633), escreveu também prolificamente, mas suas vigorosas críticas à Igreja da Inglaterra o levaram ao exílio na Holanda e ao banimento de seus livros na Inglaterra até a queda da censura sob o Longo Parlamento. Seu ensino em Franeker lhe deu a oportunidade de demonstrar seus dons teológicos a uma grande audiência. Suas obras mais conhecidas são *Marrow of Theology* [A essência da teologia] (1623) e *Cases of Conscience* [Casos de consciência] (1630), mas seus escritos sobre o sistema de governo congregacional e o pacto foram também muito influentes. Ames morreu exatamente antes de sua pretendida migração para

TEOLOGIA PURITANA

a colônia americana de Massachusetts, mas sua influência ali e na Holanda durou até o século XVIII. Do mesmo modo que Perkins, trabalhou profundamente na tradição agostiniana e reformada, transitando também amplamente nos pais da Igreja e nos escolásticos a fim de refutar as críticas do catolicismo às novas ideias protestantes. A teologia prática de Ames oferece uma perspectiva abrangente de como cada parte da vida deve ser dedicada à glória de Deus, devendo o entendimento correto da verdade divina se refletir no significado apropriado de cada detalhe da vida diária.

Ao irromper a guerra civil entre Escócia, Irlanda e Inglaterra, muitos dos adeptos às ideias puritanas migraram para a Nova Inglaterra, por verem pouco futuro para a sua tradição teológica na Igreja da Inglaterra. O regime de Carlos I e os bispos seguidores de Laud passaram a combater as convicções puritanas sobre adoração, ministério e consciência. Além disso, a teologia arminiana, com sua ênfase racionalizante e anticalvinista, parecia ameaçar suas doutrinas fundamentais. Não obstante, a teologia puritana teve ainda alguns expositores formidáveis, tais como Richard Sibbes (1577-1635), Thomas Goodwin (1600-1680) e John Owen (1616-1683). O poder desses expositores como pregadores, líderes e teólogos conferiria à teologia puritana tanto influência popular como profundidade de erudição, complementando a influência de manuais devocionais populares, como *A Plain Man's Pathway to Heaven* [Caminho plano do homem para o céu], (1601), de autoria de Arthur Dent (m. 1607), que apresentava temas da teologia puritana de forma muito acessível. Na verdade, uma das grandes forças da teologia puritana foi ter sido popularizada sem cair no vulgar. Como resultado, sua interpretação das Escrituras penetraram em todos as esferas da sociedade britânica.

Sibbes, por exemplo, era filho de um fabricante de rodas, que estudou como bolsista no St. John's College, em Cambridge, e viria a se tornar membro do conselho diretor universitário, pregador na capela de Gray's Inn e professor do Catherine Hall. Sua atividade como pregador e sua vida lhe proporcionariam destaque como advogado, mas foram suas realizações educacionais em Cambridge as mais consideráveis. Dele, disse seu biógrafo Izaak Walton que "o céu estava nele, antes de ele estar no céu". Sua arte de falar e profunda visão espiritual repousavam sobre sólidos fundamentos teológicos. Sibbes exemplificou a síntese entre a profundeza bíblica e a sensibilidade pastoral, que caracterizavam a teologia puritana no que tinha de melhor. Seus escritos são mais práticos que sistemáticos, mas mostram claramente porque as ênfases puritanas foram tão completamente assimiladas por muitos leigos. Enfatiza a autoridade das Escrituras, e "não fosse sua fé fundada na palavra de um Deus infinito, totalmente apaziguado, sua alma afundaria em grandes tentações". Considera essencial estar debaixo do governo de Cristo essencial para se poder aproveitar as promessas de Deus. Isso significa, para ele, arrasar na pessoa a realização humana para que o templo de Deus possa vir a

TEOLOGIA PURITANA

ser nela construído. Pessimista a respeito do homem natural, Sibbes explora sensivelmente a relação de graça e liberdade nos redimidos. Cada aspecto da vida tem de ser sondado por constantes autoexames, de forma que as tentações sejam repudiadas como se fossem a prática do próprio pecado. Tal piedade vigorosa e precisa poderia se tornar em uma caricatura da liberdade evangélica, caindo em um legalismo sem júbilo (ver Lei e Evangelho*). Todavia, seus enfoques sobre santidade pessoal e corporativa eram inigualáveis. Os escritos de Sibbes, como *A Christian Portion* [Uma porção cristã] e *Christ's Exaltation Purchased by his Humiliation* [A aquisição da exaltação de Cristo por sua humildade], revelam profundas abordagens a respeito da criação e da encarnação, e não um simples foco direto em soteriologia.

Influenciado tanto por Sibbes como por John Preston (1587-1628) foi Goodwin, mostrando-se apto a uma destacada carreira eclesiástica desde que a iniciara, como vigário de Holy Trinity, em Cambridge, em 1632. Renunciaria logo ao cargo, em 1634, persuadido por John Cotton (1584-1652) da probidade de sua independência. Esteve por curto período na Holanda, após contínuos assédios das autoridades inglesas. Em 1641, seu sermão *A Glimpse of Syons Glory* [Um breve relance da glória de Sião] mostraria, então, estar profundamente influenciado pela expectativa de um novo governante divino, liderado pelo Espírito Santo. Pouco depois, exerceria importante papel como advogado da independência na Assembleia de Westminster, sendo um dos autores de *An Apologetical Narration* [Uma narrativa apologética] (1643), que sublinhava a necessidade de uma reforma na política e na vida. Permaneceu como calvinista ortodoxo, mas rejeitou uma Igreja nacional em favor de igrejas pactuais livremente associadas por consulta mútua. Exerceu atividade proeminente no regime de Cromwell e foi presidente do Magdalen College, em Oxford. Juntamente com John Owen, contra-atacou os críticos da tradição intelectual da teologia puritana, advertiu acerca dos perigos do Catecismo da Racóvia (publicado na Inglaterra em 1652) e buscou a unidade entre os independentes e os presbiterianos em sua obra *Christ the Universal Peacemaker* [Cristo, o pacificador universal] (1651). O encontro pessoal e profundo de Goodwin com Cristo permeou todos os seus escritos, chegando próximo da racionalidade, mais a partir da experiência do que das Escrituras, em alguns contextos. Mostrou-se sempre mais interessado na exposição bíblica do que na teologia sistemática, de forma que seus muitos livros são mais propriamente peças ocasionais do que exposições ordenadas dos grandes temas da teologia puritana.

Contudo, o grande pensador sistemático da tradição teológica puritana foi, na verdade, John Owen, juntamente com Richard Baxter. Educado em Oxford, totalmente na tradição aristotélica, Owen travou longa luta espiritual até sua certeza na salvação, cerca de 1642. Dedicou seus notáveis dons espirituais à causa do entendimento. *A Display of Arminianism* [Exposição sobre o arminianismo] (1643)

TEOLOGIA PURITANA

representa uma defesa vigorosa do calvinismo clássico. Inicialmente dotado de ideias presbiterianas, converteu-se aos independentes pela obra de J. Cotton *Keyes of the Kingdom of Heaven* [As chaves do reino do céu](1644), tornando-se, com sua obra *Of Toleration* [Da tolerância] (1648), um defensor influente da tolerância para com os protestantes ortodoxos.

Sua experiência como capelão do Exército lhe deu vívida visão dos problemas surgidos com uma religião do tipo quacre, promotora da "Luz Interior", mas em sua obra *Christ's Kingdom and the Magistrates Power* [O reino de Cristo e o poder dos magistrados] (1652), procura mostrar a diferença entre as autoridades civil e religiosa. Sua definição da autoridade bíblica e unidade das Escrituras pode ser vista em alentado comentário seu sobre Hebreus (1668-1684). Firme opositor da doutrina quacre* da Luz Interior, rejeitaria também as tentativas de se outorgar papel de importância à razão na formulação da teologia, criticando as interpretações de Socino* e de Grócio* sobre a expiação e divindade de Cristo, em livros como *The Death of Death in the Death of Christ* [A morte da morte na morte de Cristo] (1647). A exposição que Owen faz do ofício sacerdotal de Cristo e sua obra clássica sobre o Espírito Santo tornam sua contribuição para a teologia trinitariana britânica de importância permanente. Até o final de sua vida, trabalhou por uma Igreja nacional mais abrangente e uma reconciliação de dissidentes rivais.

A teologia puritana permaneceu influente entre alguns dissidentes britânicos, como C. H. Spurgeon*, até o final do século XIX. Muitos dos principais teólogos puritanos foram republicados em edições mais acuradas. Na Nova Inglaterra, sua influência direta permaneceu forte no século XVIII, por intermédio de eruditos como Jonathan Edwards*. Mais recentemente, ocorreu certo reavivamento de interesse pelos puritanos entre eruditos evangélicos como D. M. Lloyd-Jones* e J. I. Packer (n. 1926). A força intelectual e a coerência da tradição são cada vez mais reconhecidas pelos historiadores, a despeito de seu eclipse durante o apogeu da teologia liberal. Seu êxito na interpretação do mundo do século XVII torna difícil sua adaptação a uma era intelectualmente diferente. Mas, a despeito de sua desconfiança das artes, sua ênfase exagerada no individualismo e sua tendência de desvalorizar os sacramentos como, em sua opinião, meros símbolos, a fidelidade da teologia puritana à revelação das Escrituras, sua abrangência, sua integração da teologia com outros gêneros de conhecimento, sua profundidade pastoral e espiritual e seu sucesso em criar uma tradição duradoura de adoração, pregação e espiritualidade leiga fizeram dessa teologia uma tradição de importância permanente no cristianismo de fala inglesa e nas igrejas reformadas em geral.

Bibliografia

F. J. Bremer, *The Puritan Experiment* (New York, 1976); P. Christianson, *Reformers and Babylon* (Toronto, 1978); J. T. Cliffe, *The Puritan Gentry* (London, 1984); P. Collinson, *English Puritanism*

TEOLOGIA QUACRE

(Historical Association pamphlet, London, 1983); P. Helm, *Calvin and the Calvinists* (Edinburgh, 1982); E. B. Holifield, *The Covenant Sealed* (New Haven, CT, 1974); P. Miller, *The New England Mind* (New York, 1939; Boston, MA, 1954); E. S. Morgan, *Visible Saints* (Ithaca, NY, 1975); R. S. Paul, *Assembly of the Lord* (Edinburgh, 1984); K. L. Sprunger, *The Learned Dr. William Ames* (Urbana, IL, 1972); P. Toon, *God's Statesman* (Edinburgh, 1971); D. D. Wallace, *Puritans and Predestination* (Chapel Hill, NC, 1982); B. R. White, *The English Separatist Tradition* (Oxford, 1971); G. Yule, *Puritans in Politics* (Appleford, 1981); D. Zaret, *The Heavenly Contract: Ideology and Organization in the Pre-Revolutionary Puritanism* (Chicago, IL, 1985).

I.B.

TEOLOGIA QUACRE. Os quacres (Sociedade Religiosa de Amigos) surgiram de controvérsias religiosas na década de 1650 na Inglaterra. Existem atualmente mais de 200 mil membros em todo o mundo dessa denominação, que não possui nenhuma autoridade central.

A primitiva teologia quacre continha elementos tanto puritanos* quanto anabatistas*. Seu fundador, George Fox (1624-1691), ensinava já estar em vigência a apostasia da Igreja visível dos tempos do NT, prevista por Paulo em 2Timóteo 3.1-5, proclamando que Cristo estaria vindo agora para reunir a verdadeira Igreja. A crença exterior não tinha nenhum poder para salvar, sendo a Luz Interior universal (Jo 1.9-18) o único caminho para Cristo. A Luz conduzia os cristãos à unidade, revelava constantemente a verdade das Escrituras (Jo 16.13) e era favorável à não violência, à rigorosa igualdade entre os homens e ao não uso de todas as formas convencionais de atitudes mundanas. Era salvificamente ativa também para com os não cristãos.

Eram rejeitados os sacramentos instituídos da Igreja, considerados como sobreviventes da antiga aliança e impróprios à adoração interior pura, instituída por Cristo (Jo 4.24). Os Amigos [membros] tinham ainda os credos como tendo sido elaborados pelo intelecto humano, limitado e defeituoso, sem orientação da Luz, e rejeitavam doutrinas como da justiça imputada, da depravação humana total e da Trindade. A verdadeira Igreja, a sua, reunia-se para adoração em silêncio, esperando vir o Santo Espírito inspirar orações, sermões ou testemunhos extemporâneos. O ministério, que não era ordenado nem remunerado, estava assim aberto a todos os membros, homens e mulheres.

Foi a obra *Apology for the True Christian Divinity* [Apologia da verdadeira teologia cristã], de Robert Barclay (1648-1690), que proporcionou estrutura e coerência à teologia quacre. As Escrituras e os pais da Igreja são usados para argumentar serem os testemunhos quacres distintivos as verdades centrais do cristianismo do NT, das quais todas as outras doutrinas formais derivam. Essa obra foi tão convincente que nenhum desenvolvimento teológico sério ocorreu entre os Amigos até se virem forçados a desistir de seu quase anabatismo e chegarem a um acordo com um ambiente intelectual diferente, no começo do século XIX.

TEOLOGIA RABÍNICA

Devido, principalmente, à influência de Joseph John Gurney (1788-1847), mais da metade dos quacres do mundo são agora evangélicos. A inerrância das Escrituras e a divindade de Cristo podem ser harmonizadas com a religiosidade quacre tradicional, mas a revelação contínua, o pacifismo doutrinário e a expiação mediante a Luz são mais difíceis de serem acomodados aos princípios evangélicos. Esse ramo dos quacres prepara pastores, mas não os ordena. Adota uma forma de adoração programada, embora mantendo seu testemunho contra ordenanças. Seus movimentos de santidade* têm tido alguma influência. A Declaração de Richmond (1887) é a afirmação-padrão da crença evangélica quacre.

O ramo moderno não evangélico combina as tendências racional, mística e liberal, derivando, em parte, do quacreísmo quietista* do século XVIII. Estende a doutrina da Luz Universal, atenua a da encarnação e afirma a harmonia básica de todas as religiões. O senso de unidade da humanidade conduz esse ramo a ser tão ativo na obra de paz e preocupação social quanto o outro ramo em matéria de missão.

O que divide os ramos são frequentes interpretações opostas de como a mensagem original pode ser entendida para que possa ter significado em circunstâncias já submetidas a mudanças. Os quacres contemporâneos liberais e evangélicos estão sendo desafiados por um movimento, que se encontra em ambos os grupos, que toma a mensagem original de Fox, Barclay e William Penn (1644-1718) como base de seus dados, em lugar de teologias mais atuais.

Bibliografia

R. Barclay, *Apology for the True Christian Divinity* (Amsterdam, 1676); L. Benson, *Catholic Quacreism* (Philadelphia, 1966); J. J. Gurney, *Observations on the Religious Peculiarities of the Society of Friends* (London, 1824); W. Penn, *Primitive Christianity Revived* (London, 1696); W. Pollard, F. Frith & W. Turner, *A Reasonable Faith* (London, 1885); G. Richards, *On Being Incarnate* (London, 1979).

J.A.P.

TEOLOGIA RABÍNICA. Suas fontes mais importantes são a Michná, os talmudes palestino e babilônico, os midrashim e os targuns. Nenhuma delas, porém, nem mesmo a Michná e os talmudes, com suas divisões em tratados, busca construir uma teologia rabínica sistemática. A unidade de Deus e seus atributos de misericórdia e justiça (esses últimos associados aos nomes divinos Javé e Elohim, respectivamente) são afirmados universalmente; a maioria de outros princípios está sujeita a uma diversidade de interpretações que, na Michná, nos Talmudes e nos midrashim, são frequentemente apresentados em uma dialética não resolvida. Em geral, os atributos divinos de onipresença, onipotência e onisciência são reconhecidos — o primeiro representado pelo conceito de *shekinah* (šekînâ), que é o fulgor, a presença ou a glória de Deus ("não há lugar sem *shekinah*", diz o Midrash sobre Êxodo 2.9), e os dois últimos equilibrados por uma crença na liberdade humana ("tudo é previsto, mas a liberdade de escolha é concedida", Michná Aboth iii.16). A extensão

1133   **TEOLOGIA REFORMADA**

da piedade ou impiedade de um indivíduo determina se a *shekinah* é experimentada de forma próxima ou remota.

A Torá (lei) é posse privilegiada de Israel e o que a torna separada de outras nações. Segundo uma visão sobre o assunto, é a obediência dos judeus à Torá que decidirá o tempo exato da vinda do Messias; outros, no entanto, sustentam que o tempo já foi designado por Deus, independentemente dessas considerações. Que o Messias será uma figura essencialmente humana é a visão rabínica predominante, baseada parcialmente nas Escrituras hebraicas e talvez também concebida como reação às alegações dos cristãos a respeito do seu Messias. A função principal do Messias será aliviar Israel da opressão estrangeira e erguer a nação ao seu verdadeiro posicionamento no mundo (*cf.* Targum Is 53.8).

Os rabinos atribuem uma propensão humana para pecar à "má inclinação", que infesta a natureza humana desde o nascimento, se não antes. Para os judeus, contudo, há a compensação da "boa inclinação", que se torna operante na fase do *bar mitzvah*, cerimônia que marca a iniciação do menino em idade adolescente na comunidade religiosa judaica e na observância dos preceitos da Torá.

Com relação à expiação dos pecados, o arrependimento é efetivo em evitar ou, pelo menos, retardar a punição, de todas as maneira e em todas as circunstâncias (Michná Yoma viii.8). O estudo da Torá e a oração regular são considerados como exercícios particularmente apropriados ao fiel, nas ocasiões em que o templo e o culto sejam de difícil acesso ou inviável, mesmo aos residentes na terra de Israel. Tais atos meritórios podem anular o peso de culpa e garantir a aceitação divina, ao final, para aqueles que os desempenharem. Pode-se também receber benefício de atos meritórios de outra pessoa mais justa, como, por exemplo, em escala nacional, os méritos dos pais (patriarcas) foram computados entre as causas da graça preveniente ao povo de Israel. Um paraíso terreno é previsto para aqueles que, principalmente em Israel, mereçam o favor divino no dia do juízo. Para os que o não mereçam, está previsto a *geena*, desde muito preparada; mas o senso de humanidade rabínico é bem ilustrado pela tendência de limitar a duração da punição ali a um período finito, sendo doze meses o prazo geralmente estipulado.

Bibliografia

I. Epstein, *Judaism* (London, 1959); R. A. Stewart, *Rabbinic Theology* (Edinburgh, 1961).

R.P.G.

TEOLOGIA REFORMADA. As afirmações clássicas representativas da teologia reformada se encontram nos catecismos* e confissões* das igrejas reformadas, e.g.: a Confissão Francesa (1559), a Confissão Escocesa (1560), a Confissão Belga (1561), o Catecismo de Heidelberg (1563), a Segunda Confissão Helvética (1566), os Trinta e Nove Artigos da Igreja da Inglaterra (1562, 1571), os Cânones do Sínodo de Dort* (1619), a Confissão de Fé e os Catecismos de Westminster (1647) e a Fórmula de Consenso Helvética (1675). Em um nível secundário, estão os escritos dos

TEOLOGIA REFORMADA

1134

principais teólogos representativos dessas igrejas, e.g.: Ulrico Zuínglio* e Heinrich Bullinger*, de Zurique; Martin Bucer*, de Estrasburgo e Cambridge; João Calvino* e Teodoro Beza*, de Genebra; Pedro Mártir Vermigli*, de Estrasburgo, Oxford e Zurique — juntamente com grandes sintetizadores posteriores, como Amandus Polanus (1561-1610) e Francisco Turretin (1623-1687).

Histórico

A teologia reformada se desenvolveu dentro do protestantismo* do século XVI, distinguindo-se do luteranismo*. Discordância inicial entre Lutero e Zuínglio emergiu na questão da eucaristia*, vindo a ruptura aberta no Colóquio de Marburgo (1529). A consubstanciação na eucaristia, pregada por Lutero, baseava-se em sua visão radical e inovadora da *communicatio idiomatum* ("comunicação de atributos" entre as naturezas divina e humana de Cristo; ver Cristologia*), que encontrava expressão na ubiquidade da humanidade de Cristo. Outras diferenças existiam, mas eram mais de ênfase, ou menos divisórias; *e.g.*, o luteranismo tendia a dar descontinuidade entre a lei e o evangelho*, a permitir maior autonomia à autoridade civil e a focar mais estritamente a soteriologia do que o faziam os protestantes não luteranos chamados reformados. A concordância, no entanto, foi, em compensação, imensamente mais extensa. Juntamente com Roma e Constantinopla, luteranos e reformados sustentaram os dogmas* ecumênicos da Trindade* e os da cristologia*. Também quanto às afirmações centrais da Reforma* (justificação pela fé*, negação da transubstanciação, número limitado dos sacramentos*, autoridade* das Escrituras*), ambas as facções protestantes tinham um só pensamento. Todavia, todas as tentativas para alcançar uma unidade teológica e eclesiástica entre reformados e luteranos não obtiveram sucesso.

Características principais

Centralidade de Deus. Este é um tema que permeia a teologia reformada, que se desenvolveu sob a exigência obrigatória da autor-revelação de Deus nas Escrituras, estando o seu foco supremo na Trindade, com um foco mais imediato em Jesus Cristo como mediador. Diferentemente do luteranismo, em que o empenho de Lutero em favor do perdão divino legou uma concentração na soteriologia estritamente focada na justificação, os reformados buscaram colocar a totalidade da realidade sob o domínio da supremacia de Deus. Isso pode ser considerado eminentemente bíblico, mas não evita os riscos de "ênfases" passageiras. A predominância da doutrina de Deus é expressa de muitas maneiras:

1. O autoconhecimento humano é obtido somente à luz do conhecimento de Deus. Para Calvino, somente somos capazes de reconhecer quem somos quando confrontados pela majestade suprema e santidade transcendente do Deus vivo, com que ele se faz conhecido mediante sua palavra e seu Espírito. Por esse modo, tornamo-nos conhecedores de nosso pecado e desventura, da perversão que permeia a totalidade de nosso ser. Esse pensamento agostiniano* representa, na verdade, uma visão

elevada do homem, já que por ele somos vistos como seres morais, responsáveis perante Deus e conhecidos somente à luz de Deus. Nossa alienação, profundamente enraizada, é fortemente iluminada pelos refletores da grandeza de Deus. Nossa real identidade é revelada como a imagem de Deus*.

2. A salvação é totalmente obra de Deus. Por causa do impacto penetrante do pecado, permanecemos sob a condenação de Deus, incapazes de mudar sozinhos essa nossa condição. A teologia reformada testifica, assim, consistentemente, da atividade soberana e singular de Deus na salvação. A origem da salvação está no propósito eterno de Deus e em sua eleição soberana de seu povo em Cristo antes da fundação do mundo (Ef 1.4), escolha feita inteiramente por ele, sem considerar qualquer coisa intrínseca no homem. Assim também, muito embora de modo diverso, a reprovação soberana é consistentemente reconhecida pela teologia reformada. O propósito de Cristo com sua encarnação* e expiação, portanto, é o de salvar seu povo do pecado. Sua morte não teve a intenção de expiar os pecados de cada ser humano; porque, então, ou ele teria falhado, ou o caminho conduziria a um universalismo*, rejeitado como não bíblico. Tampouco a cruz, segundo os reformados, seria uma expiação provisória por todos, mas intrinsecamente nada realizando e deixando a expiação em suspenso, dependente da apropriação, de cada um, da crença em Cristo. O que Cristo fez, isso sim, foi uma expiação efetiva pelos pecados de todo o seu povo

(ver Expiação, Extensão da*). Do mesmo modo, o Espírito Santo nos atrai irresistivelmente a Cristo. Por estarmos mortos no pecado (Ef 2.1), incapazes de desejarmos confiar em Cristo, a fé (tal como, na verdade, toda virtude cristã), é inteiramente um dom de Deus. O Espírito não somente nos conduz a Cristo, mas nos guarda nele. O processo total da santificação* e de perseverança* requer nosso maior esforço em fé, mas esse esforço é, em si, um dom do Espírito. A teologia reformada sustentou assim com vigor, em Dort, que nenhum eleito pode cair definitivamente da graça a ponto de se perder para sempre.

O recurso mnemônico **TULIP** — **T**otal perversão [do homem]; **U**nilateral (e incondicional) eleição [por Deus, de seu povo]; **L**imitação na expiação [de Cristo na cruz]; **I**rresistibilidade da graça; e **P**erseverança [na fé] — costuma ser usado até hoje, pelos reformados, para sumarizar os Cânones de Dort e a teologia reformada em geral. Incorre na falha, no entanto, de apresentar uma descrição um tanto truncada e condensação incipiente da grandeza panorâmica da visão reformada da Igreja e do cosmo.

3. A totalidade da vida pessoal e corporativa deve ser estar sob a submissão de Deus. A teologia reformada busca ordenar de forma consistente a totalidade da vida, em conformidade com as exigências de Deus presentes nas Escrituras. Desde seu início, em Zurique, Estrasburgo e Genebra, grande empenho foi dedicado a moldar-se desse modo tanto a vida civil quanto a eclesiástica. A teologia reformada

TEOLOGIA REFORMADA

está ligada ao surgimento e desenvolvimento tanto do capitalismo quanto do socialismo, à difusão da educação, alfabetização e ciência, além das marcantes revoluções político-econômico-sociais na França, na Holanda, Inglaterra, Escócia e América. Concomitantemente, dá ênfase maior que o luteranismo à santificação e ao contínuo papel da lei* na vida cristã. Como resultado, busca corresponder à dimensão corporativa do evangelho e, embora haja sido, com o passar do tempo, cada vez mais influenciada pelo individualismo, tem mantido a ideia comunitária da Igreja mais viva e efetiva do que outros ramos do protestantismo. Nesse sentido, a teologia do pacto* exerce forte impacto na teologia reformada. Embora o pacto da graça tenha sido relacionado à soteriologia individual, a noção do pacto das obras, firmado por Deus com Adão antes da queda, foi crescentemente sendo aplicado pela teologia reformada, desde 1600, às responsabilidades cívicas e políticas das nações para com Deus, com base em uma lei da criação de comprometimento universal e permanente.

Cristocentricidade. Na teologia reformada inicial, exposta por Calvino, Knox* e Zanchius (1516-1590), era consistente o evidente foco em Cristo, como base do nosso conhecimento de Deus, como sujeito e objeto da eleição e, justamente por causa da centralidade em Deus, como centro focal imediato da teologia. Mais tarde, a influência do escolasticismo, com seu dedutivismo lógico e rigoroso, e da teologia do pacto, com seu uso preponderante do conceito de aliança (ver abaixo), levaria à introdução de outros fatores, que passaram a assumir destaque e predomínio. Tentativas foram feitas para reafirmar um trinitarismo cristocêntrico, por vezes sob forma extrema, como em Karl Barth*. Um dos méritos dessas propostas tem sido o de chamar a atenção para tendências que se afastam das raízes da teologia reformada.

Pluriformidade. A teologia reformada não é nem tem sido monolítica. Possui vitalidade criativa suficiente para abarcar a diversidade dentro de um consenso total. Antes de Dort, por exemplo, existiam diferenças sobre a questão da expiação limitada. Calvino foi relativamente ambíguo, se não contraditório, sobre a questão, e pode até haver-se inclinado para a expiação universal. Beza, seu sucessor, no entanto, se opôs à fórmula comum ("suficiente para todos, eficiente para os eleitos"), baseado em que isso enfraquecia a ênfase bíblica sobre a expiação limitada ou definida. O Sínodo de Dort, na verdade, elaborou um acordo de compromisso entre a tendência universalista da poderosa delegação britânica e a preocupação particularista da maioria.

O desenvolvimento da teologia do pacto indica diversidade também. Tendo início com Zuínglio, Oecolampadius* e Bullinger e se desenvolvido com Zacharias Ursinus (1534-1583) e Kaspar Olivianus (1536-1587), o movimento chegou à maturidade com Robert Rollock (1555-1599), sendo a teologia posteriormente elaborada por Johannes Cocceius (1603-1669). Embora crescentemente predominante no século XVII, nem todos os seus adeptos foram teólogos do pacto no sentido de usarem o conceito para estruturar sua teologia. Isso aconteceria mais antes de 1600.

Diferenças existiram sobre a natureza do pacto da graça: seria uma imposição unilateral e incondicional de Deus ou um pacto bilateral, com condições a serem cumpridas pelo homem? Os primeiros teólogos do pacto tinham apenas um pacto, o pacto da graça. Posteriormente, surgiria a ideia de um pacto pré-queda, o pacto das obras. A partir de 1648, foi proposto um terceiro pacto, pré-temporal. Cada sugestão teve seus adeptos.

Diversidade houve também sobre questões de piedade. O puritanismo* na Inglaterra e na América (na Nova Inglaterra) foi orientado em direção à práxis*, à santificação e ao aspecto pastoral, ganhando crescimento em direção ao antropocentrismo. Desenvolvimentos semelhantes ocorreriam na Holanda e na Escócia.

Isso tudo representava um contraste com a teologia reformada original e a tradição mais orientada pelo escolasticismo. Essa pluriformidade não se estendeu, porém, ao arminianismo*, que foi banido pelo Sínodo de Dort, por minar a teocentricidade gratuita da salvação.

Calvino e Calvinismo

A teologia reformada é frequentemente chamada de "calvinismo", por causa do inegável impacto causado pelo pensamento de João Calvino. Não é, no entanto, um termo muito adequado. Em primeiro lugar porque, devido à pluriformidade mostrada acima, Calvino não poderia realmente impor, nem impôs, suas ideias a outros. A autonomia dos diversos centros reformados é uma prova disso. A teologia de Calvino, por exemplo, não é moldada pelo conceito de pacto da mesma forma que a teologia reformada posterior; todavia, após sua morte, a teologia do pacto se tornaria cada vez mais influente. Em segundo lugar, é duvidoso que a teologia distintiva de Calvino, enraizada na exegese bíblica, haja sido devida ou inteiramente captada por muitos de seus sucessores. Um recrudescimento do escolasticismo aristotélico* conduziu a uma confiança maior no poder da razão, produzindo um clima teológico notadamente diferente, caracterizado por clareza nas definições, dedução rigorosa, uso maior de análise causal e emprego liberal do silogismo. O biblicismo de Calvino, mais fluido, foi eclipsado. Muitos eruditos chegaram a colocar uma dicotomia entre Calvino e os calvinistas. Isto só poderia ser visto como brincadeira, porque, quaisquer que fossem as diferenças, as partes se veriam sempre como irmãos, jamais como competidores. A despeito de sua antipatia por Aristóteles, Calvino usou, vez por outra, da análise causal aristotélica. Contudo, a reintrodução da lógica aristotélica por Beza, Zanchius e Vermigli pode ter encorajado a ossificação posterior da teologia reformada, no final do século XVII. A viva dinâmica bíblica dos seus primeiros dias, representada por um fluir de comentários bíblicos e tratados sistemáticos com ênfase no trinitarismo, baseados no Credo Apostólico (e as *Institutas* de Calvino são um exemplo disso), tornar-se-ia então em um sistema rígido, lógico e causal, como que tendo sido colocada em uma camisa de força.

TEOLOGIA REFORMADA

Na verdade, era a base que estava sendo preparada para o deísmo*, visto que Deus se tornaria simplesmente a causa primeira por trás de uma cadeia causal imanente. A despeito disso, porém, houve ainda uma grande contribuição para a renovação da teologia reformada no século XVIII na América, feita por Jonathan Edwards*.

Desenvolvimentos posteriores
Um reavivamento da teologia reformada ocorreu no século XIX nos Estados Unidos, onde a teologia de Princeton*, conduzida por Charles Hodge*, A. A. Hodge (1823-1886) e B. B. Warfield*, seguiu e adaptou o calvinismo escolástico de Turretin. Na Holanda, Abraham Kuyper* e Herman Bavinck* também causaram profundo impacto. Kuyper levou sua teologia para a vida pública, fundando uma universidade, um jornal diário e um partido político, tendo chegado a se tornar, posteriormente, primeiro-ministro no governo holandês.

Forte reação ao liberalismo, a *Dogmática da Igreja*, de Karl Barth, mostra ser evidente, em cada página, que muito deve à teologia reformada dos séculos XVI e XVII, em sua receptividade, mesmo que exagerada, à cristocentricidade e em seu vigoroso repúdio ao antropocentrismo. Contudo, não chega a erradicar inteiramente o existencialismo*, tão evidente em seu comentário de Romanos, mas apresenta algo como que uma trégua entre a teologia reformada e o neokantismo.

O século XX testemunha importante aplicação do pensamento reformado à filosofia, como em Herman Dooyeweerd*, e o desenvolvimento de uma teologia unitarista que interage com a física moderna, como em T. F. Torrance*. Além disso, a teologia reformada mostra uma capacidade contínua para a autocrítica e uma renovação que apresenta promissor prognóstico futuro, pois, conforme argumenta Warfield, o futuro do cristianismo é inseparável do bom êxito da fé reformada. Seu interesse em um teocentrismo consistente, sua abrangente cosmovisão e sua cristocentricidade, pelo menos implícita, exemplificam sua rigorosa exploração teológica do evangelho, sua busca de "fé procurando entendimento" e seu movimento em direção à integração da criação com a redenção em Cristo. Na verdade, onde quer que uma oração seja feita, há provavelmente uma igreja protestante se engajando na teologia reformada, reconhecendo o que em outras ocasiões e circunstâncias sua teologia e práxis poderiam por vezes até negar.

Bibliografia
J. W. Baker, *Heinrich Bullinger and the Covenant: the Other Reformed Tradition* (Athens, OH, 1980); J. W. Beardslee (ed.), *Reformed Dogmatics* (New York, 1965); W. R. Godfrey, *Tensions within International Calvinism: the Debate on the Atonement at the Synod of Dort, 1618-1619* [Dissertação de Ph.D., Stanford University, 1974); B. Hall, Calvin against the Calvinists, *in:* G. E. Duffield (ed.) *John Calvin* (Appleford, Abingdon, 1966); H. Heppe (ed.) *Reformed Dogmatics: Set Out an Illustrated from the Sources* (London, 1950); J. T. McNeill, *The History and Character of Calvinism* (New York, 1954); B. B. Warfield,

TEOLOGIA REFORMADA HOLANDESA

Calvinism, in: Calvin and Augustine (Philadelphia, 1974); H. E. Weber, *Reformation, Orthodoxie und Rationalismus*, Teil 2 (Gütersloh, 1937).

R.W.A.L.

TEOLOGIA REFORMADA HOLANDESA. Como o epíteto "holandesa" informa, essa teologia teve origem na Reforma* da Igreja na Holanda. Os primeiros colonizadores holandeses da África a chegarem a um posto de pousada e abastecimento no extremo sul daquele continente, destinado a suprir os navios em sua rota comercial para o Oriente, logo transplantaram a Igreja Reformada Holandesa, do seu solo pátrio, para o solo africano. Por quase dois séculos, sua teologia manteve íntimo contato com preceitos similares da teologia reformada* da Holanda. As três confissões ecumênicas cristãs mais antigas, i.e., os Credos Apostólico, Niceno e Atanasiano, juntamente com três confissões* de fé protestantes, a saber, a Confissão Belga, o Catecismo de Heidelberg e os Cânones de Dort*, formavam sua base confessional. Ainda é obrigatório serem pregados anualmente, pelo menos, doze sermões sobre o Catecismo de Heidelberg em todas as congregações da Igreja Reformada Holandesa, na África do Sul, sendo também um sumário do catecismo ainda usado no preparo dos catecúmenos aspirantes a sua membresia.

Quando, em 1806, a Inglaterra passou a dominar a colônia holandesa na Cidade do Cabo, ministros presbiterianos vieram da Escócia para servir à Igreja Reformada Holandesa, com a intenção de atrair para ela mais habitantes brancos. Isso fez introduzir-se um tipo puritano*, fortemente evangélico, da teologia presbiteriana escocesa, voltada mais para as Escrituras e suas implicações diretas na vida pessoal do indivíduo, em lugar da teologia reformada holandesa, orientada mais de forma confessional e que tendia a se centrar no ensino da Igreja e seu modo peculiar de vida. Sob a direção de Andrew Murray*, em particular, essa influência aumentou e se espalhou, tornando a teologia reformada holandesa intensamente um tipo evangélico, puritano e conservador de teologia reformada.

Após a guerra entre os ingleses e os bôeres (descendentes de holandeses) pelo domínio da África do Sul, no começo do século XX, a Igreja Reformada Holandesa nas províncias mais setentrionais (Estado Livre de Orange e Transvaal) identificou-se mais com a população bôer (*downtrodden Boers*), ou africânder, ou seja, dos brancos de origem batava nascidos na África do Sul. Consequentemente, a teologia reformada holandesa passou a se voltar mais para esse povo, o que já pode ser interpretado como uma tendência nacionalista. Tornou-se então, pouco a pouco, profundamente incrustada no nacionalismo crescente, recentemente despertado, dos africânderes, desenvolvendo-se, subsequentemente, isolada do restante da população do país.

No começo da década de 1930, a Igreja Reformada Holandesa da África do Sul experimentaria severa crise teológica. Um professor do seminário teológico de preparo de seus ministros, na Holanda, foi acusado de heresia quanto ao ensino da natureza divina/humana de Cristo. Como resultado, a maioria

TEOLOGIA REFORMADA HOLANDESA 1140

dos estudantes de teologia passou a frequentar a Universidade Livre de Amsterdã, em lugar da Universidade de Utrecht, onde a maioria tinha estado antes. Amsterdã era considerada mais ortodoxa em seu ensino teológico. Iniciara suas atividades com Abraham Kuyper*, que representava forte pensamento confessional da teologia reformada, e enfatizava esse aspecto confessional em vez de os moldes evangélicos/puritanos existentes. Um aspecto da teologia reformada confessional que particularmente se desenvolveu com intensidade no final da década de 1930 foi o da ênfase na pluriformidade da criação, conforme salientava Kuyper. Essa ênfase na teologia reformada holandesa forneceria a principal motivação e justificativa para o *apartheid* — a política de separação racial* na África do Sul.

Kuyper havia enfatizado fortemente a variedade na ordem criada. Insistia em que Deus amava essa variedade e, por isso, deveria ser preservada. Tal aspecto do seu pensamento teológico exerceu profunda influência sobre professores de teologia na Holanda, mas encontrou solo ainda mais fértil, em que cresceu politicamente, na África do Sul. A variedade preconizada por Kuyper foi considerada perfeitamente aplicável à população sul-africana de brancos e negros, como se tivesse sanção bíblica tanto na divisão dos povos em Babel (Gn 11.1-9) como nas palavras de Paulo em Atos 17.26. A essência da pluriformidade de Kuyper era que Deus havia criado a raça humana tão pluriforme como o restante da criação. Portanto, cada raça teria a responsabilida-

de, dada por Deus, de manter sua identidade.

Outro aspecto peculiar da teologia reformada holandesa a ser mencionado é o de ter sido desenvolvida *na* África, mas em total isolamento *da* África. A separação que fez e estimulou entre brancos e negros fez essa teologia permanecer quase que totalmente europeia, ou branca ocidental, com muito pouca ou nenhuma participação genuinamente africana. A teologia reformada holandesa não tem, assim, grande relevância teológica para o contexto africano em que se desenvolveu. Somente uma reformulação de sentido multirracial poderá vir a tornar a teologia reformada holandesa da África do Sul em uma teologia reformada africana, levando-a, desse modo, a contribuir, com outras teologias próprias daquele continente, para a cristianização efetiva do contexto africano (ver Contextualização*).

Bibliografia

L. Cawood, *The Churches and Race Relations in South Africa* (Johannesburg, 1964); J. W. De Gruchy, *The Church Struggle in South Africa* (Cape Town, 1979); W. A. Landman, *A Plea for Understanding: a Reply to the Reformed Church in America* (Cape Town, 1978); *Reply of the Dutch Reformed Church to the Report of the General Synod of Haarlem, 1973-1975, in Connection with the "Programme to Combat Racism" (Cape Town/Pretoria, 1976);* J. M. Sales, *The Planting of the Churches in South Africa* (Grand Rapids, MI, 1971); J. H. P. Serfontein, *Apartheid, Change and the N.G. Kerk* (Johannesburg, 1982).

N.J.S.

TEOLOGIA SISTEMÁTICA. Como disciplina integrante da ciência do conhecimento de Deus, a teologia sistemática faz duas suposições: 1) O homem, feito à semelhança de Deus, é um ser racional, e em resposta à revelação que Deus tem feito, deve usar sua racionalidade para compreender a Deus. 2) De acordo com a "analogia das Escrituras", a Bíblia revela não somente o caráter de Deus e seus propósitos de graça em Jesus Cristo, mas também que existe harmonia e coerência no modo de Deus se revelar.

O método empregado pelo teólogo sistemático é procurar organizar tematicamente as várias dimensões e ênfases das Escrituras e, em particular, mostrar sua inter-relacionalidade ao comunicarem a palavra de Deus. Esse aspecto da teologia depende da exegese, para se poder discernir o significado das Escrituras; da teologia bíblica*, para captar o processo histórico-redentor de determinados temas específicos; e da teologia histórica*, para se perceber como os elementos de verdade foram formulados e depois desenvolvidos. A teologia sistemática é, portanto, de melhor proveito quando em completa dependência corporativa das outras disciplinas, dentro do panorama teológico, e acompanhada de um espírito de humildade e submissão, em oração, à autoridade das Escrituras.

O resultado refletirá inevitavelmente o *ethos* cultural da comunidade da qual a teologia sistemática emergiu e as questões colocadas ante a Igreja, em qualquer época específica. Contudo, a interação com a Igreja cristã universal e um reconhecimento de influências extrabíblicas sobre nossas formulações é que podem ajudar a produzir uma teologia sistemática melhor e mais biblicamente equilibrada. Ainda assim, será, de todo modo, falível. As Escrituras do AT e NT são a *única* regra infalível de fé e prática.

T.W.J.M.

TEOLOGIA SISTEMÁTICA — HISTÓRICO. Os cristãos sabem e reconhecem que a Bíblia não contém propriamente uma teologia sistemática. A teologia sistemática surgiu com o propósito de organizar os princípios e crenças teológicas específicas num todo coerente, em que cada parte mostra exercer apoio e ter ligação e relevância diretamente para com outras partes. Os teólogos, todavia, geralmente argumentam que ela se encontra implícita na unidade de Deus e na consistência da execução de seu plano de salvação.

A experiência mostrou que muitos tipos diferentes de teologia sistemática são possíveis. Assim, grandes mestres da disciplina têm criado, no decorrer dos tempos, escolas de pensamento que refletem e desenvolvem seus métodos particulares de teologia sistemática. Pode-se remontar as origens básicas dessa sistematização aos escritos de Tertuliano* e Orígenes*. Há no entanto, que se considerar os grandes credos, especialmente o Credo Atanasiano, como os primeiros sistemas teológicos. Na verdade, embora a Igreja primitiva admitisse o princípio da sistematização, nenhum teólogo antigo produziu um sistema próprio completo. A maioria dos escritos

TEOLOGIA SISTEMÁTICA — HISTÓRICO

teológicos limitava-se à defesa de uma doutrina em particular (*e.g.*, a da Trindade), e esse padrão permaneceu até o século XIII.

A teologia sistemática como a conhecemos deve seu começo real, assim, ao escolasticismo medieval, em particular à obra de Tomás de Aquino*. Ele buscou desenvolver argumentos filosóficos para a existência de Deus, o que levou a ele e aos seus sucessores a uma elaboração cada vez maior de seus preceitos. O método clássico usado era o de se proceder a uma pergunta para obter resposta, trazendo à discussão toda uma gama de especulações teológicas. Assim, a questão sobre se Adão tinha ou não umbigo, ou como muitos anjos poderiam dançar na cabeça de um alfinete, era usada como ponto de partida para uma extensa explanação da doutrina da criação, da natureza do homem e do relacionamento entre os mundos espiritual e material.

Os reformadores do século XVI vieram a rejeitar esse método, preferindo desenvolver uma teologia sistemática baseada na evidência bíblica, e não em especulação imaginária e filosófica. Exemplo clássico são as *Institutas* (*Instituições da Religião Cristã*), de João Calvino*, usadas como ajuda para entender seus comentários bíblicos. Gerações posteriores de estudiosos, católicos e protestantes, buscaram elaborar respectivos princípios teológicos em maiores detalhes, desenvolvendo assim uma teologia sistemática destinada a dar suporte às posições de sua confissão específica. O método usual passou a ser, então, o de afirmar e desenvolver determinada posição do pensamento doutrinário ou teológico sob a forma de "ensaio", buscando apoiar suas asserções com textos "provas", da Bíblia, ou, no caso dos católicos, também de escritos dos pais da Igreja.

O apogeu da teologia sistemática desse tipo durou até o século XVIII e mesmo até mais tarde, sendo Charles Hodge* um de seus últimos grandes representantes. Nessa época, a sistemática tradicional teve de travar uma séria batalha, que acabou perdendo, contra o ceticismo, que surgia. No século XIX, muitos teólogos proeminentes consideraram sua disciplina como não científica e mais próxima da arte e da literatura do que da filosofia, chagando a argumentar contra a tradição da sistemática que haviam herdado.

Nos tempos modernos, a teologia sistemática continua a florescer apenas em círculos mais conservadores. Karl Barth* fez uma tentativa de reintroduzi-la nas principais correntes teológicas acadêmicas, em sua grande obra *Dogmática da Igreja*; a despeito da enorme influência que exercia não conseguiu, no entanto, restaurar a teologia sistemática ao lugar que ocupou no século XVII. A oposição a ela, em geral, é ainda tão forte hoje como o foi no século XIX. É duvidoso que ela possa ser revivida sem um correspondente reavivamento da crença na autoridade da Bíblia como repositório de um sistema teológico único. Todo o peso da ênfase está hoje concentrado nos estudos relativistas e comparativos das religiões e crenças, que podem até usar a teologia sistemática como ferramenta ocasional, mas que são fundamentalmente hostis a ela como disciplina intelectual.

TEÓLOGOS CAROLINOS

Bibliografia
H. Blamires, *A Defence of Dogmatism* (London, 1965); B. Hebblethwaite, *The Problems of Theology* (Cambridge, 1980); J. Macquarrie, *Principles of Christian Theology* (London, 1966).

G.L.B.

TEÓLOGOS CAROLINOS. Durante a primeira metade do século XVII, havia três partidos na Igreja da Inglaterra: os puritanos*, críticos do estabelecimento elisabetano e de sua espiritualidade como apenas parte da reforma; a escola de Richard Hooker*, que vindicava o princípio da razão humana dada por Deus como guia para o cristão nas "coisas não significativas", questionando o empenho puritano por uma autoridade exclusivamente bíblica; e o que viria a ser conhecido como o partido "da Igreja Alta", liderado sucessivamente por Richard Bancroft (1544-1610) e William Laud (1573-1645), arcebispos de Canterbury [Cantuária]. Nesse último grupo, emergiu uma plêiade de teólogos de elevada capacidade moral e polêmica, a maioria dos quais veio a ocupar cargos de destaque na Igreja da Inglaterra nos reinados de Carlos I e Carlos II e que ficaram conhecidos, por causa justamente do nome desses soberanos, como "teólogos carolinos". Entre eles, salientam-se Jeremy Taylor (1613-1667), Herbert Thorndike (1598-1672), Gilbert Sheldon (1598-1677) e Henry Hammond (1605-1660).

Embora conferissem posição elevada à autoridade da Bíblia em sua teologia, sua principal fonte de inspiração teológica eram os escritos dos pais da Igreja primitiva, e provavelmente nenhum outro grupo na história da Igreja britânica tenha sido tão apto no uso teológico da patrística*. Como resultado, sua espiritualidade revelava uma abertura ao mistério e a aspectos mais subliminares e menos verbais do relacionamento com Deus que eram bem mais escassos na preocupação puritana em relação à Palavra. Uma expressão desse posicionamento na prática foi o programa de "beleza da santidade", conduzido por Laud na década de 1630, restaurando o uso da cor, da música e da beleza estética na adoração da Igreja. Tal como em outras coisas, sua intenção era, no caso, enfatizar aspectos da Igreja da Inglaterra que refletissem sua continuidade como Igreja pré-Reforma. Eram, no entanto, defensores da instituição eclesiástica elisabetana como *via media* entre os extremos do papado e do sectarismo. Mas não tiveram hesitação alguma em rejeitar as alegações papais de supremacia, embora reconhecendo, de maneira tolerante (como outros jamais o tinham feito), que a Igreja de Roma fosse, de fato, um ramo da Igreja cristã.

Já sua atitude para com outras igrejas protestantes foi mais ambivalente. Tenderam a questionar o direito delas de serem consideradas igrejas autênticas, a menos que fossem ordenadas episcopalmente (ver Ministério*). Consideravam os bispos como elementos integrantes *sine qua non* da direção da verdadeira Igreja, vendo-os até como "glória peculiar" da Igreja da Inglaterra, a qual possuía, aliás, ao mesmo tempo, bispos e uma história de reforma. A fim de protegerem essa insistência sua no episcopado

TERESA DE ÁVILA

contra os ataques dos puritanos, forjaram uma aliança com a monarquia, ligando o episcopado, como teoria, à doutrina do direito divino dos reis, que se empenharam em promover.

Durante o período da história inglesa chamado de Interregno, a maioria dos teólogos carolinos foi para o exílio com o rei, e sua apologia em favor da Igreja da Inglaterra, nesse contexto, foi finalmente formulada, em diálogo com críticos católicos e protestantes, que consideravam a *via media* como experiência que havia falhado. Não é de admirar que os sofrimentos dessa época os hajam conduzido a uma intransigência para com o partido puritano, uma vez ocorrida a Restauração. Os poucos carolinos que permaneceram na Inglaterra durante o Interregno, porém, parecem ter adotado atitudes mais pacíficas: Richard Baxter* lastimou a morte de Henry Hammond, anteriormente cônego da Christ Church, em Oxford, em 1660, por causa de sua iniciativa em buscar apoio para tolerância aos dissidentes dentro da Igreja.

Teologicamente, os teólogos carolinos eram geralmente considerados arminianos*, mas isso refletiria mais a antipatia deles ao puritanismo do que propriamente suas ideias a respeito da salvação. Eles compartilharam com os puritanos, no entanto, a preocupação, predominante no século XVII, de estudo de casos de consciência (ver Casuística*); Robert Sanderson (1587-1663), bispo de Lincoln, foi provavelmente o principal teólogo moral* inglês do século. Estavam, também, profundamente compromissados com o *Livro de Oração*

Comum, e sua piedade, coletiva ou individual, centralizava-se na Santa Comunhão. Sua influência começou a declinar nas décadas finais do século, mas foi revivida com o surgimento do Movimento de Oxford, no século XIX (ver Teologia Anglo-Saxônica), que sustentava serem eles a autêntica tradição do anglicanismo* pós-Reforma.

Bibliografia

R. S. Bosher, *The Making of the Restoration Settlement* (London, 1951); I. M. Green, *The Re-Establishment of the Church of England, 1660-1663* (Oxford, 1979); H. R. McAdoo, *The Structure of Caroline Moral Theology* (London/Nova York, 1949); J. Sears McGee, *The Godly Man in Stuart England* (New Haven, CT, 1976); P. E. Moore & F. L. Cross, *Anglicanism* (London, 1935); J. W. Packer, *The Transformation of Anglicanism, 1643-1660* (Manchester, 1969); N. Sykes, *From Sheldon to Secker* (*Cambridge, 1959*)*;* H. R. Trevor-Roper, *Laud* (London, 1962).

D.D.S.

TERESA DE ÁVILA, ver Teologia Mística.

TERTULIANO. Começou a escrever em Cartago, África do Norte, perto do final do século II, datando as obras que lhe são atribuídas, e comprovadamente de sua autoria, do ano de 196 ao de 212. Alguns eruditos têm afirmado haver detectado novos elementos distintivos doutrinários na parte final de sua obra, quando se tornou favorável ao montanismo*. Tertuliano tem sido caracterizado tanto como "o último dos apologistas gregos"

TERTULIANO

como "o primeiro dos pais latinos". Ambas as designações lhe cabem perfeitamente, pois preserva em seus escritos um compêndio da principal corrente do cristianismo, ao mesmo tempo que prefigura significativamente a preocupação da Igreja Latina com o poder* e enfatiza temas representativos desta como confissão, penitência*, renúncia e mérito*.

Tertuliano concentrou muito do seu "poder de fogo" contra as opões "cristãs" tolerantes ao dualismo*, mais em sua obra Contra Marcião*. Outros sistemas dualistas atacados foram o gnosticismo* e a filosofia de Hermógenes, que, na visão de Tertuliano, colocava a matéria original no mesmo patamar elevado do Deus único e singular.

Em todos os seus escritos, afirma defender a regula fidei (regra de fé) doutrinária sustentada universalmente pela Igreja, segundo a tradição apostólica (Contra Práxeas 2; Prescrição dos heréticos 13, 36; Véu de virgens 2). Os pilares dessa confissão, compartilhados por seu grande predecessor, Ireneu de Lyon, encontravam-se na afirmação de um Criador* de todas as coisas, da encarnação* do Verbo divino e da ressurreição final* dentre os mortos. No desenvolvimento desse esquema simples, no entanto, revela-se um comprometimento com detalhes significativos nele implícitos. Assim, o Criador forma o universo do nada (creatio ex nihilo), o que garante sua singularidade como Deus e protege o valor intrínseco do próprio produto resultante de sua criação. Daí, em sua oposição ao docetismo*, Tertuliano pode vir a considerar a "carne" ou humanidade de Cristo como veículo digno da presença de Deus (Contra Marcião 2.4; 3.10; 5.14; Carne de Cristo 6,16) e, ousadamente, identificar o Deus gracioso em operação em Cristo com o verdadeiro Criador e divindade a quem Marcião dispensou como malévolo e fraco. Tertuliano vai ainda mais longe e inclui o próprio Cristo nas funções de criação e julgamento, colocando-o assim efetivamente do lado divino da divisão entre Criador e criação (Contra Marcião 4.20, 29, 30, etc.), embora ainda sublinhando repetidamente a realidade da natureza humana de Cristo (ibid. 2.27, 5.14; Carne de Cristo 5,15).

A questão da ressurreição geral futura repousa igualmente na doutrina da criação. O poder que fez todas as coisas do nada pode, do mesmo modo, chamar de volta os seres humanos da dissolução da morte e elaborar uma nova ordem, pela ressurreição, na natureza (Ressurreição 7,42,57).

O sentimento do poder divino permeando o presente, no pensamento de Tertuliano, não significa que não tenha uma visão da graça divina. A encarnação, para ele, não se trata de mera exibição do poder e da majestade de Deus, mas, sim, uma operação essencialmente salvadora (Contra Marcião 4.37, 5.14, 17; Carne de Cristo 5,14). O poder que empreendeu nossa salvação alcançou a cruz, onde Cristo "reinou desde o lenho" (Contra Marcião 3.18,19,21). Assim também, o Espírito Santo*, pela virtude do seu poderoso papel na Criação, é o Espírito recriador da graça que opera na santificação* (Contra Práxeas 12), nos sacramentos* (Batismo 3,4), na oração (Oração 1) e no perdão (Pureza 21).

TERTULIANO

Tertuliano ficou principalmente famoso, no entanto, por suas formulações da Trindade*, em sua obra mais madura *Contra Práxeas*, dirigida ao monarquianismo* do século II. Para os monarquianistas, existia somente um poder governante, indiferenciado, que assumia, em sucessão, papéis apropriados na obra da redenção. Tertuliano admite o princípio de um só governante, mas sustenta ser esse governo administrado mediante o Filho e o Espírito Santo, como co-regentes do Pai. A despeito dessa igualdade de posições, Tertuliano reconhece uma *delegação* do reino do Pai ao Filho, na auto-humilhação redentora deste. Faz, desse modo, uma distinção completa entre o Pai e o Filho, pelo menos na economia divina (ver Trindade*), que rompe o estrito molde monoteísta do monarquianismo.

Em sua doutrina trinitariana, Tertuliano faz uso variado e complexo do termo *substantia* (substância)*. A maioria dos eruditos concorda em que a posterior teologia trinitária de Atanásio* e dos concílios* ecumênicos não deve ser lida, certamente, sob a mesma ótica com que Tertuliano empregava esse termo. Para ele, a palavra significa a substância-espírito singularmente divina, da qual o Filho e Espírito compartilham, em virtude, principalmente, de sua emergência do único Deus, na qualidade de agentes na obra da criação. Na base dessa Trindade econômica e dinâmica está a teologia do *Logos*, herdada de apologistas* anteriores, altamente subordinacionista.

Em harmonia com *substantia*, está o termo *persona* (pessoa), basicamente realçando o diálogo (junino*) de Pai e Filho e estabelecendo real distinção entre suas pessoas na economia da redenção. Não se pode presumir uma formulação na mente de Tertuliano de tudo que possa ser equiparável ao sentido moderno de "pessoa" (tal como autoconsciência, autodeterminação, etc.), muito embora a narrativa bíblica correspondente torne de certo modo natural essa concepção (cf. Hipóstase*).

A doutrina trinitária de Tertuliano tem sido chamada, corretamente, de "Trindade econômica", uma vez que todas as suas formulações se encontram relacionadas às obras da criação e redenção, dificilmente se referindo de modo definitivo a uma Trindade dentro da natureza divina que esteja totalmente à parte da atividade de Deus. Isso é geralmente típico de sua teologia, que apresenta muitas das marcas do pensamento funcional e prático latino. Para Tertuliano, Deus é ativo, e não abstrato.

Em suas considerações sobre a morte e ressurreição do Filho de Deus, Tertuliano comenta que "é certa por ser impossível". Essa afirmação, aparentemente paradoxal ou irracional, sublinha sua alegada e conhecida aversão à filosofia. A avaliação dessa posição de Tertuliano, no entanto, deve levar em conta o fato de que ele, não obstante, faz uso, constantemente, embora de modo muito seletivo, de fontes filosóficas de seu tempo (especialmente o estoicismo*), é severamente racionalista em muitos de seus discursos e se mostra principalmente mais interessado em se opor a expressões sincréticas da fé cristã do que propriamente à filosofia em geral.

Embora, algumas vezes, seja questionada a originalidade de Tertuliano como teólogo, e tenha admitido sua dependência de apologistas anteriores (*Contra os valentinianos* 5), sua disposição do material e a própria vigorosa apresentação que faz levam não somente à produção de um compêndio inestimável do pensamento cristão do século II, como também a muitas formulações originais, que justificam sua celebrada posição na história da doutrina cristã.

Bibliografia

R. H. Ayers, *Language, Logic and Reason in the Church Fathers: A Study of Tertullian, Augustine and Aquinas* (New York, 1979); J. Daniélou, *A History of Early Christian Doctrine Before the Council of Nicaea:* vol. 3, *The Origins of Latin Christianity* (London, 1977); E. Evans, *Tertullian's Treatise Against Praxeas* (London, 1948); idem, *Tertullian's Treatise On The Incarnation* (London, 1956); idem, *Tertullian's Treatise On The Resurrection* (London, 1960); J. Morgan, *The Importance of Tertullian in the Development of Christian Dogma* (London, 1928); R. E. Roberts, *The Theology of Tertullian* (London, 1924); W. P. Saint, On Penitence and On Purity, in: *Tertullian: Treatises on Penance* (London, 1952).

R.K.

THIELICKE, HELMUT (1908-1985). Nascido em Barmen, Alemanha, Thielicke obteve seu Ph.D. em 1931 e Th.D. em 1934. Pastoreou e ensinou primeiramente em Württemberg. Considerado como tendo ofendido o regime nazista, por questionar as chamadas "ordens" quanto a raças* e pessoas, foi proibido de falar, escrever ou viajar durante algum tempo, exceto em uma restrita área. Mesmo assim, soube exercer ousadamente um corajoso e poderoso ministério do púlpito durante os anos de guerra e logo após. Em 1945, assumia um magistério em Tübingen e, em 1954, era transferido para Hamburgo, onde seria elevado a reitor em 1961. Tendo-se tornado orador famoso, Thielicke continuou a usar da palavra junto a grandes congregações, promovendo verdadeira campanha evangelística ao difundir cada vez mais a fé cristã por meio de pregação, debates, folhetos de propaganda e entrevistas de rádio e televisão.

Sua principal contribuição, no entanto, seriam seus escritos. Durante a interdição nazista, fez sair do país clandestinamente, usando mala diplomática, uma primeira versão de obra sua sobre a morte. Após a guerra, publicou coletâneas de sermões (*e.g., O silêncio de Deus, A deserção final*), em que prega uma mensagem profética de sentido apocalíptico. Além de algumas de suas primeiras obras, seus trabalhos de caráter acadêmico incluem *Ética teológica,* em vários volumes; *A fé evangélica,* em três volumes, que desenvolve seu pensamento dogmático; e *Fé e pensamento atuais,* que proporciona comentários sobre a recente história teológica, particularmente na Alemanha. Entre as obras destinadas mais ao público em geral, merecem menção especial *A secreta questão de Deus, Viver com a morte* e um ensaio em antropologia* intitulado *Ser humano — tornar-se humano.* Um livro de

THIELICKE, HELMUT

reminiscências, *Zu Gast auf einem shönen Stern*, propicia valiosos enfoques sobre sua vida, pensamento e época.

Como pregador, Thielicke levantou questões profundas sobre a vida que mais emergiam em dias de crise. Sua resposta a elas era pressionar em direção a questões realmente cruciais sobre a natureza e o destino humanos que jazem por trás desses problemas. Reformulava assim as questões, para apontar, afinal, para o propósito divino mais elevado, em Cristo. Para ele, a proclamação da palavra de Deus constitui a tarefa primária da Igreja, no desempenho da qual os pregadores* buscam traçar uma tênue linha divisória entre o que é irrelevante e falsa acomodação. Isso eles podem alcançar melhor se vierem a combinar o material expositivo e tópico com sua confiança na verdade autoevidente da mensagem quando aplicada pelo Espírito.

As questões levantadas por ele em tempos de crise abrangiam muitos problemas éticos*, *e.g.*, mentir para proteger vítimas de perseguição, assassinato político e novas questões relativas a sexo e medicina (ver Bioética*), entre outras. Buscando solucioná-las em sua obra de erudição, Thielicke mostrou haver verdades teológicas que se encontravam sob sua solução, a saber, a criação* à imagem de Deus*, a queda, a relação do indicativo e do imperativo na nova vida, o papel da lei* natural, a tensão de lei e evangelho*, a questão do compromisso de viver a vida cristã em um mundo decaído e a contínua necessidade de perdão quando somos justos em

esperança (*spe*), mas pecadores de fato (*re*).

A discussão de problemas éticos levou Thielicke ao âmago do evangelho, e em sua obra *A fé evangélica* ele aborda a resposta de Deus à condição de alienação humana, que ganha expressão na separação moderna entre religioso e secular. O próprio Deus inicia a restauração ao aceitar a solidariedade conosco em Cristo e nos conduzir a nova vida mediante o Espírito. As utopias sustentam somente falsas promessas, sendo a reconstrução social impossível sem a renovação individual. Todavia, a nova eternidade já raiou, e o avanço é possível pela ação de Deus, mediada pela palavra e pelo Espírito, podendo a humanidade vir a se tornar novamente humana, apesar de toda ameaça. Participar dessa mediação é a primeira responsabilidade da Igreja; a vida ou morte da Igreja depende do seu cumprimento.

O leitor de Thielicke poderá, por vezes, julgá-lo um tanto prolixo, repetitivo, provocativo, e, por vezes, obscuro; todavia, se souber usar de discernimento ao lê-lo, verá que ele oferece notável contribuição à pregação, à ética e à dogmática*. Levanta questões cruciais e mostra sua importância, afinal, ao chegar, por intermédio delas, à questão de Deus, indicando para elas a única solução autêntica na obra que Deus realizou e realiza, mediante Cristo e o Espírito Santo.

Bibliografia
G. W. Bromiley, Helmut Thielicke, in: D. G. Peerman & M. E. Marty (eds.), *A Handbook of Christian Theologians* (Nashville, TN, 21984).

G.W.B.

THORNTON, L. S., ver TEOLOGIA ANGLO-CATÓLICA.

THORNWELL, JAMES HENLEY

(1812-1862). Eminente teólogo, professor, ministro da Igreja Presbiteriana dos Estados Unidos e um dos fundadores da Igreja Presbiteriana dos Estados Confederados da América (1861). Serviu como ministro em Lancaster, SC (1835-1838) e Columbia, SC (1840-1841; 1855-1861). Em 1847, a Assembleia Geral presbiteriana o elegeu como moderador, o mais jovem até então a ser escolhido para o cargo. De 1841 a 1851, foi professor no South Caroline College e seu presidente em 1852-1855. Lecionou Teologia Didática e Polêmica no Seminário de Colúmbia, SC, 1855-1862.

Thornwell foi um forte e eficiente defensor dos padrões de Westminster. Sua capacidade polêmica surgiu mais de sua paixão pela verdade do que devido propriamente a um espírito combativo por natureza.

Antes de a Igreja Presbiteriana dos EUA se dividir entre Norte e Sul, por causa da Secessão, o conflito mais severo com o qual Thornwell se envolveu foi com Charles Hodge*. A disputa alcançou seu auge em um encontro em 1860, em Rochester, Estado de Nova York, convocado para discutir-se a questão de administração de missões. O assunto acabou se estendendo a debates sobre a natureza do presbiterianismo*, com referência, especialmente, à importância dos princípios reguladores e constitutivos das Escrituras; a legitimidade das juntas, praticamente autônomas, de apoio às atividades benevolentes; e se um presbítero regente deveria ser considerado realmente como presbítero. Thornwell defendia o ponto de vista de que o governo da Igreja* era mais assunto de revelação do que de doutrina. Hodge argumentava que os detalhes do sistema não haviam sido dados nas Escrituras. Thornwell era de opinião que as comissões dos presbitérios, em vez das juntas, deveriam controlar as benevolências da Igreja; Hodge não via coisa alguma demais, que não fosse escriturístico, nas juntas. Thornwell considerava os presbíteros regentes como presbíteros plenos, podendo agir pela Igreja nas cortes e, ao mesmo tempo, achava que a teoria de Hodge distinguia muito radicalmente entre clero e laicato*, criando uma hierarquia.

Quanto à questão mais crucial e sensível de sua época, a escravidão* negra, Thornwell acreditava, sinceramente, que a partir de estudo de material bíblico, não se poderia concluir simplesmente que a escravidão por si mesma fosse imoral. Na verdade, porém, era uma questão que já se tornara altamente política e explosiva; de modo que ele acabou por defender a justeza da causa rebelde, confederada, dando apoio à separação das igrejas do Sul para servirem à suposta nova nação.

Bibliografia

The Collected Writings of James Henley Thorwell, 4 vols. (New York, 1871-1872; repr. Edinburgh, 1986); E. B. Holifield, *The Gentleman Theologians: American Theology of Southern Culture, 1795-1860* (Durham, NC, 1978); B. M. Palmer, *The Life and Letters of James*

TICÔNIO

1150

Henley Thornwell (Richmond, VA, 1875; repr. Edinburgh, 1974); T. W. Rogers, James Henley Thornwell, *Journal of Christian Reconstruction* 7 (1980), p. 175-205; L. G. Whitlock, James Henley Thornwell, *in: D. F. Wells* (ed.), *Reformed Theology in America* (Grand Rapids, MI, 1985).

T.J.N.

TICÔNIO, ver DONATISMO.

TILLICH, PAUL (1896-1965). Escrevendo como teólogo filosófico, Tillich procurou mediar entre a teologia cristã e o pensamento secular. Via sua tarefa como pertencente à apologética*, desde que definida a apologética à sua própria maneira, ou seja, uma "teologia de resposta" oferecida com base em uma área compartilhada de terreno em comum. Alemão, Tillich estudou e depois ensinou em diversas universidades de seu país e, embora tenha emigrado para os Estados Unidos quando Hitler assumiu o poder em 1933, seu pensamento permaneceu firmemente enraizado na melhor tradição filosófica germânica. Muito deveu ao movimento romântico* (e.g., Schleiermacher* e F. W. J. von Schelling, 1775-1854), mas também à fenomenologia* de Edmund Husserl (1859-1938) e Martin Heidegger (1889-1976). Muita coisa retirou também da psicologia de Jung, especialmente da obra deste sobre símbolos (cf. Psicologia de Profundidade*; Psicologia da Religião*).

Sua principal obra madura é a *Teologia sistemática,* em três volumes (1951, 1957, 1963). O princípio central da obra é o seu método da correlação, com o uso do qual "a teologia sistemática procede do seguinte modo: faz uma análise da situação humana de onde as questões existenciais surgem e demonstra que os símbolos usados na mensagem cristã são as respostas a essas questões" (*Teologia sistemática,* I, p. 70). A obra de Tillich é, desse modo, organizada em torno de cinco principais correlações: razão e revelação; ser e Deus; existência humana concreta e Cristo; vida em suas ambiguidades e o Espírito; o significado da história e o reino de Deus. Tillich reconhece que essas questões e suas respostas podem influenciar umas às outras em suas formulações. Por isso mesmo, filósofos seculares têm expressado desconfiança sobre a legitimidade das "questões", enquanto há teólogos que criticam as "respostas" como representando adequações em relação às perguntas. Tillich, todavia, encara seu próprio papel como o de um teólogo de mediação: ele busca mediar entre a teologia e a filosofia; entre a religião e a cultura; entre o luteranismo e o socialismo; entre as tradições da Alemanha e as dos Estados Unidos. Destaca que nenhum sistema isolado de doutrina ou teologia pode abarcar a totalidade da verdade. A fragmentação e a compartimentização são símbolos do que é demoníaco; a ideia de totalidade aponta para Deus.

Essa ideia está ligada ao que Tillich chama de "o princípio protestante". Uma vez que nenhum sistema de pensamento pode abarcar a realidade de Deus, a teologia nunca pode ser definitiva. Deve estar sempre em processo e correção. Deus permanece acima e além de todas as formulações da própria Bíblia. Sob o ponto de

TIPOLOGIA

vista pastoral, Tillich considera esse princípio uma defesa contra a idolatria (ver Imagens*). É possível pensar havermos encontrado ou rejeitado Deus, quando na verdade temos diante de nós somente uma imagem reduzida dele. O Deus que é verdadeiramente Deus é supremo. Na linguagem de Tillich, o Senhor "a preocupação suprema". Tillich argumenta que uma atitude de preocupação suprema pode ter somente como seu objeto o Supremo. A "preocupação suprema", assim, tem uma dupla acepção, significando tanto a própria atitude quanto a realidade para a qual esta é dirigida. Com isso, Tillich busca substituir os critérios tradicionais de conteúdo teológico pela prova de uma atitude de seriedade suprema. Mas esse duplo significado de preocupação suprema somente pode parecer plausível dentro de uma tradição filosófica alemã específica.

A teologia, insiste Tillich, usa a linguagem do símbolo*. Os símbolos não só indicam aquilo que representam, como também dele participam, do mesmo modo, por exemplo, que a bandeira de um país é tida como representativa e ao mesmo tempo participante da dignidade nacional. Enfatiza, especialmente, o poder que exercem os símbolos em criar ou destruir, integrar ou fragmentar; abrem dimensões da realidade, mas também ressoam nas profundezas pré-conscientes da mente humana. Com base em Jung, Tillich salienta o poder criativo e curador dos símbolos que brotam do inconsciente. Embora as afirmações cognitivas tenham o efeito de reduzir Deus a "um" determinado ser juntamente com outros seres, Tillich acredita que os símbolos apontam, além deles mesmos, para um Deus que é a base do ser. Os símbolos nascem e morrem à medida que muda a experiência humana. Tillich, porém, muito embora enfatize corretamente o seu poder, não oferece um critério adequado para comprovar a verdade deles, estando sua teoria de símbolos baseada, insuficientemente, em uma abordagem abrangente de linguagem e significado.

Bibliografia

Principais obras de P. Tillich, entre as quais: *The Courage to Be* (New Haven, CN, London, 1953); *The Protestant Era* (Chicago, 1947); *Systematic Theology*, 3 vols. (Chicago, 1951, 1957, 1963); *Theology of Culture* (New York, 1959).

R. C. Crossman (ed.), *Paul Tillich: A Comprehensive Bibliography and Keyword Index of Primary and Secondary Writings in English* (Metuchen, NJ, 1984).

Discussões críticas, entre as quais: J. L. Adams, *Paul Tillich's Philosophy of Culture, Science, and Religion* (New York, 1965); D. M. Brown, *Ultimate Concern — Tillich in Dialogue* (New York, 1965); J. P. Clayton, *The Concept of Correlation* (Berlin, 1980); K. Hamilton, *The System and the Gospel* (London, 1963); C. W. Kegley & R. W. Bretgall (eds.), *The Theology of Paul Tillich* (New York, 1952); D. H. Kelsey, *The Fabric of Tillich's Theology* (New Haven, CT, 1967); W. & M. Pauck, *Paul Tillich* (New York, 1976); J. Heywood Thomas, *Paul Tillich: An Appraisal* (London, 1963).

A.C.T.

TIPOLOGIA, ver Hermenêutica.

TOLERÂNCIA

TOLERÂNCIA. É o reconhecimento de que uma comunidade pode permitir o pluralismo religioso e com isso ser enriquecida. Ideia moderna, torna-se somente possível em sociedades que neguem a autoridade suprema para o Estado ou para a Igreja, que respeitem a liberdade de consciência* individual de chegar a conclusões diferentes e sustentem legalmente a liberdade de investigação e linguagem. O delineamento desses limites nunca é perfeita. Os cristãos com poder de perseguir raramente resistem à tentação de fazê-lo.

Os primórdios de reivindicação maior pela tolerância religiosa na era cristã podem ser constatados, sobretudo, nos séculos XVI a XVIII. Variam desde o desejo dos adeptos da Reforma de adorar a Deus fora do catolicismo romano, passando pela desventurada intolerância de igrejas nacionais que conduziu à separação parcial de Igreja e Estado*, apelos individuais pelo fim à perseguição, desenvolvimento de teorias da lei natural (ver Lei*) e de direitos pessoais, até o reconhecimento das consequências trágicas das guerras religiosas, destruidoras dos fundamentos da religião e da sociedade.

Sebastian Castellio (1515-1563) levantou importantes objeções à perseguição de supostos hereges, como Serveto, mas seus apelos só chegaram a ouvidos surdos. Jacobus Acontius (1492-c.1566) procurou solapar a intolerância estabelecendo a unidade básica e simplicidade da fé cristã e deplorando debates violentos a respeito de pontos delicados do dogma. Argumentação em favor de uma tolerância limitada foi enfatizada tanto por protestantes quanto católicos perseguidos, mas tão somente na Polônia e na França e resultando, em 1660 e 1685, respectivamente, na expulsão dos protestantes de ambos esses países. Na Holanda, surgiria notável tolerância de variedade dentro do protestantismo, propiciando um porto seguro para os refugiados religiosos vindos de toda parte da Europa. Pensadores como Grócio* e Spinoza* deram a justificação filosófica e religiosa para isso. Na Inglaterra, a rejeição da unidade religiosa dentro da Igreja da Inglaterra levou à emergência dos independentes, batistas* e quacres*, que apelaram para a liberdade de consciência e igualdade religiosa. Essa reivindicação viria a ser concedida, de forma limitada, na *Commonwealth* [Comunidade Britânica de Nações] e nos protetorados, e somente alcançada, a bem dizer, no começo do século XX. As colônias de Rhode Island e Pennsylvania proporcionaram as mais destacadas e duradouras experiências em território americano em matéria de tolerância, inspiradas pelas convicções de Roger Williams (c. 1603-1683) e William Penn (1644-1718) e que contribuiriam efetivamente e de modo definitivo para tornarem os Estados Unidos um paraíso dos refugiados religiosos e políticos desde o século XVIII até o XX.

Pensadores como Locke*, Pierre Bayle (1647-1706), Lessing* e J. S. Mill (1806-1873) também ofereceram significativa justificação racional para a tolerância, muito antes de as leis a respeito dessa questão existirem. Essa abordagem de caráter secular da tolerância ganha importância maior nos séculos XIX e XX, quando as revoluções e as

1153   TOLSTOI, LEÃO

mudanças políticas firmemente solapam o poder coercivo das igrejas nacionais.

Um relativismo* cada vez maior tem contribuído certamente para aumentar a tolerância aos contrários, pelo menos temporariamente, com base em suposições seculares, muito embora a constante contrapartida da repressão contemporânea, sobretudo de dissidentes políticos, tenha demonstrado sobejamente quão frágeis são os fundamentos intelectuais da tolerância secular. É digno de nota, porém, o desenvolvimento de uma teologia positiva e um comprometimento com a tolerância religiosa e política, tomando por base a tragédia judaica do Holocausto* como exemplo máximo da intolerância com assentimento aparentemente cristão.

A igualdade perante a lei é considerada hoje essencial, como proteção da liberdade religiosa e política. Para os cristãos, a tolerância deve se basear na criação e na redenção de todos por Deus. Todos os seres humanos portam igualmente a imagem do Deus único, o que é desenvolvido mediante a salvação e nova criação em Cristo. O dom da liberdade interior perante Deus deve ser completado pela liberdade externa, que contribui para um melhor potencial de todos perante Deus.

Bibliografia

R. H. Bainton, *The Travail of Religious Liberty* (Philadelphia, 1951); W. K. Jordan, *The Development of Religious Toleration in England*, 4 vols. (London, 1932-1940); H. Kamen, *The Rise of Toleration* (London, 1967); E. Käsemann, *Jesus Means Freedom* (London, 1969); J. C. Murray, *The Problem of Religious Freedom* (London, 1969); W. J. Sheils (ed.), *Persecution and Toleration* (Oxford, 1984); P. J. Wogoman, *Protestant Faith and Religious Liberty* (Nashville, TN, 1967).

L.B.

TOLSTOI, LEÃO (1828-1910). Romancista russo e reformador social. No começo de sua vida, perdeu seus pais e foi educado pelas tias, em propriedade da família perto de Tula. Membro da aristocracia, desde a infância conheceu a riqueza e o prestígio social. Pouco interesse demonstrou na vida universitária, dela se retirando sem haver se formado, mas lia muito e se tornou empolgado pelas teorias sociais de Jean-Jacques Rousseau (1712-1778). Entre 1857 e 1860, viajou pela Europa, a fim de estudar os sistemas educacionais e governos municipais. Em 1861, libertou por conta própria seus servos. No ano seguinte, casava-se com Sônia (ou Sofia) Andreievna Bers, que lhe deu treze filhos.

A publicação de seu romance *Guerra e paz* (1860), certamente um dos maiores da literatura ocidental moderna, trouxe-lhe grande prestígio. Outro romance seu aclamado foi *Anna Karenina* (1877), uma crítica moral social por meio do estudo magistral de uma mulher forte, mas infeliz. Em sua ficção, Tolstoi enfatiza constantemente a tensão entre a repressão religiosa, moral e social e o desejo natural do ser humano de viver livre de opressão. É um mestre de grandes cenas panorâmicas, estudos de personalidade e penetração nos recônditos da alma.

TOMÁS DE AQUINO

A fama, no entanto, não trouxe paz interior a Tolstoi, e ele preferiu relançar sua sorte junto aos camponeses, assumindo, por volta de 1880, uma experiência de natureza mística. Renegou seu título de nobreza, rompeu com a Igreja Ortodoxa Russa (que acabou o excomungando em 1901) e doou seus bens e riquezas para a esposa e os filhos. Fez depois uma extensa e meditativa viagem de trem com sua filha Alexandra, morrendo, já idoso, no percurso.

Tolstoi amoldou zelosamente o que se poderia chamar de sua própria religião, incorporando elementos cristãos tradicionais e instando, sobretudo, ao amor e à caridade para com todos. Rejeitou o sobrenaturalismo cristão em favor de um poder interior da natureza humana, tomando como seus princípios básicos, adaptados, os preceitos do Sermão do Monte, enfatizando especialmente a não resistência e a simplicidade de vida. Sua rejeição da autoridade eclesiástica e civil tem sido considerada como "anarquismo cristão", tendo-se a palavra "anarquismo", aqui, com o significado do pensamento político revolucionário que representa.

Ver também TEOLOGIA ORTODOXA RUSSA.

Bibliografia

Obras diversas obras em TI, e.g., The Kingdom of God is Within You, 2 vols. (London, 1894); *My Confession and the Spirit of Christ's Teaching* (London, 1889); *What I Believe* (London, 1885); A. H. G. Craufurd, *The Religion and Ethics of Tolstoy* (Garden City, NY, 1967).

P.M.B.

TOMÁS DE AQUINO (1225-1274). O maior dos teólogos escolásticos do século XIII e um dos maiores teólogos de todos os tempos, conhecido tanto por sua obra teológica quanto filosófica, Tomás, filho do conde de Aquino, nasceu em Roccasecca, perto de Nápoles, Itália. Ainda jovem, ingressou nos dominicanos*, então uma nova ordem religiosa mendicante, a despeito da forte oposição de sua família, que desejava que se tornasse monge beneditino* tradicional. Os dominicanos enfatizavam tanto o retorno ao evangelho quanto o aprendizado acadêmico, atribuindo-se a missão de pregar e ouvir confissões. Tomás de Aquino foi logo enviado a estudar na Universidade de Paris. O restante de sua vida passou ensinando teologia, em Paris (1256-1259 e 1269-1272), Roma, Nápoles e Viterbo.

O principal problema enfrentado no século XIII pelo pensamento cristão era como lidar com o recentemente redescoberto ideário de Aristóteles*. Aristóteles oferecia a visão mais rica do mundo natural que o Ocidente jamais havia conhecido; todavia, interpretado pelos comentadores árabes, sustentava posições opostas ao cristianismo, tais como a questão da eternidade do mundo e da existência de uma só mente ou alma em todos os seres humanos. A reação de alguns teólogos foi a de rejeitar Aristóteles por completo; outros o aceitaram sem crítica, mas sustentando que o que é verdadeiro na filosofia nem sempre concorda com o que é verdadeiro na teologia. Contrastando com tais posicionamentos, Tomás de Aquino aceitou o que considerava verdadeiro em Aristóteles e revisou de modo sistemático o que julgava ser errado ou inadequado. Para ele, uma vez que toda verdade é de Deus, ela é única. Não poderia haver, assim, em princípio, qualquer conflito entre fé e razão*. Ao deparar com um conflito, Tomás buscou mostrar que era causado por erros ou equívocos no entendimento humano.

Com respeito à eternidade do mundo, Tomás de Aquino argumenta que a razão não pode provar que o mundo seja eterno, mas o fato de que ele tem um começo e fim foi dado a conhecer pela revelação*. Sobre a questão da imortalidade* pessoal, aprofunda significativamente a psicologia de Aristóteles, mostrando como o homem (ver Antropologia*) é uma simples substância composta de matéria e forma, mas sua forma é imaterial e, portanto, imortal. Com essa base, atacou a visão de que há somente uma alma para todas as pessoas, na interpretação de Aristóteles dada pelo filósofo árabe Averróis* e seus seguidores.

Ao mesmo tempo, Tomás de Aquino contribuiu para modificar a antropologia tradicional no Ocidente cristão, que, em conformidade com Agostinho*, tinha a tendência de ser dualista; e porque adaptou os métodos e princípios aristotélicos à organização da teologia, passou a ser considerado, e até contestado, como um inovador.

Do mesmo modo que outros teólogos escolásticos, Tomás de Aquino começou sua carreira escrevendo um comentário sobre as *Sentenças* de Pedro Lombardo*. Por se opor à sua ordem monástica em Paris, sua licença para ensinar foi adiada, mas logo concedida por decretação direta do papa. Durante toda a sua carreira, Tomás fez preleções a estudantes sobre as Escrituras. Algumas chegaram até nós sob a forma de comentários. Mais conhecidas são suas "questões discutidas": *Sobre a verdade; Sobre o poder de Deus; Sobre o mal; Sobre criaturas espirituais;* e *Sobre a alma* — que são produto de cursos ministrados em universidade e disputas formais. Escreveu também comentários a respeito das obras de Boécio* e da obra de Dionísio *Sobre os nomes divinos*. Seus principais trabalhos como comentador referem-se às mais conhecidas obras de Aristóteles, incluindo as de lógica, *Física, Sobre a alma, Metafísica* e *Ética*. É mais conhecido, no entanto, por duas obras produzidas à parte de seu ensino: a *Summa contra Gentiles* e a *Summa Theologica*. Essa última, que ele pretendeu fosse um sumário de teologia para principiantes, é dividida em três partes: a primeira contém a doutrina de Deus* e a explanação de como as coisas procedem de Deus; a segunda trata de como as criaturas humanas retornam a Deus, cuidando, em primeiro lugar, de assuntos morais em geral e, em seguida, detalhadamente, das virtudes e dos pecados; a terceira parte trata a respeito da encarnação* e dos sacramentos*. Tomás de Aquino havia completado cerca de metade da terceira parte quando parou de escrever e morreu poucos meses depois.

Na abordagem aristotélica das ciências, a parte mais elevada da filosofia incluía a teologia, considerando tal matéria como "primeiro motor", ou causa determinante. Conquanto reconhecendo tal

TOMÁS DE AQUINO

1156

teologia e usando alguns de seus resultados, como, por exemplo, as provas da existência de Deus, Tomás de Aquino argumenta, não obstante, que há necessidade de uma teologia sagrada em adição à dos filósofos. A teologia sagrada se baseia na revelação* e torna conhecidas determinadas verdades a respeito do fim do homem que não podem ser discernidas pela razão. Revela, além disso, outras verdades necessárias à salvação* que a razão é capaz de *captar*, mas que somente pela razão muitos poucos poderiam fazê-lo e, mesmo assim, após muito estudo e misturadas a muitos enganos.

Para Tomás, a teologia sagrada é uma ciência diferente de qualquer outra; porque, enquanto todas as outras estão baseadas na razão humana, ela se baseia no que Deus revela. Uma ampla variedade de assuntos é considerada na teologia sagrada, mas são todos considerados do ponto de vista de haverem sido revelados. Por estar fundada no conhecimento divino, que não pode errar, ela possui uma certeza maior que qualquer ciência fundada na razão humana. Não obstante, por causa de nossa fraca capacidade de entender as coisas divinas, estas podem parecer duvidosas para nós, ainda que corretas por si mesmas. Por causa de sua origem na revelação, o argumento mais forte nessa ciência é o seu apelo à autoridade* — o argumento mais fraco nas demais ciências. Tomás de Aquino nega que seja possível argumentar contra os artigos de fé, que são os princípios dessa ciência, mas é possível apresentar-se objeções baseadas em um falso entendimento. Não é certo procurar usar a razão como base para a fé, mas é meritório tentar entender o que alguém crê (ver Fé e Razão*).

Ao discutir questões diversas, Tomás de Aquino usa consistentemente obras dos pais e de filósofos antigos, adotando o emprego que Paulo faz dos poetas como modelo. Os melhores argumentos dos filósofos mostram que há um "primeiro motor", uma primeira causa determinante ou eficiente, etc., e ele conclui, em toda questão, que é o que cada um entende como Deus. Naturalmente que Deus é muito mais do que simplesmente um primeiro motor, uma causa determinante ou eficiente, de modo que ele continua, a partir desse princípio, mostrando que Deus é único, bom, infinito, eterno e uma Trindade*. Assim também, quanto à finalidade do homem*, aceita a visão de filósofos antigos de que o objetivo do homem é desfrutar de felicidade e alegria, mas argumenta que isso poderá ser encontrado somente no céu, com a visão* de Deus pelo ser humano bem-aventurado; na vida presente, há somente alegria imperfeita, que os filósofos conseguiam captar, em grau menor ou maior. Em sua discussão da lei*, Tomás de Aquino argumenta em favor de uma lei natural, que está no homem, de uma participação na lei divina e de um guia para a formação das leis feitas pelos legisladores humanos. O Decálogo, como dado aos israelitas, ele crê ser uma formulação, divinamente dada, do conteúdo da lei natural. Para ele, a natureza* é de Deus e, portanto, boa, mas, por causa do pecado*, a ajuda divina é necessária, a fim de ser reconquistado

■ 1157 TOMISMO E NEOTOMISMO

o bem da natureza e se retornar a Deus.

Após cinquenta anos de sua morte, os dominicanos* adotaram Tomás de Aquino como o doutor de sua ordem. Centros de erudição tomista têm florescido em muitos países desde o século XV. Tomás de Aquino permanece até hoje como o teólogo mais influente da Igreja medieval e um dos mais importantes em todos estes séculos, de toda a Igreja.

Bibliografia

Obras: *Summa contra Gentiles*, tr. A. C. Pegis *et al., On the Truth of the Catholic Faith*, 5 vols. (Garden City, NY, 1955-1957); repr. *Summa...* (Notre Dame, IN, 1975); *Summa Theologica*, TI, 59 vols. + índex (London, 1964-1981).

Estudos: M. D. Chenu, *Toward Understanding St. Thomas* (Chicago, 1964); E. Gilson, *Le Thomisme* (Paris, ⁶1965); R. McInery, *St. Thomas Aquinas* (Boston, 1977); F. van Steenberghen, *Thomas Aquinas and Radical Aristotelianism* (Washington, DC, 1980); A. Vos, *Aquinas, Calvin and Contemporary Protestant Thought* (Grand Rapids, MI, 1985); J. A. Weisheipl, OP, *Friar Thomas D'Aquino* (Garden City, NY, 1974). Ver também Bibliografia em Tomismo e Neotomismo.

A.V.

TOMISMO E NEOTOMISMO. O tomismo é a tradição teológica que procede de Tomás de Aquino* e seus seguidores.

1. As ideias teológicas de Tomás de Aquino

A ampla abrangência dos escritos de Tomás de Aquino cobriu toda a gama do pensamento cristão de sua época.

***a. Fé e razão*.** Do mesmo modo que Agostinho*, Tomás de Aquino baseia a fé na revelação* de Deus nas Escrituras. O suporte para a fé está nos milagres e em argumentação racional. Ele apresenta "cinco modos" de provar a existência de Deus (*Summa* I:2:3). Acredita que o pecado obscurece a capacidade humana de crer, de modo que a crença (não a prova) se torna necessária à maioria das pessoas. Embora a crença não se baseie na razão, afirma ele, os crentes devem raciocinar sobre sua fé e em favor dela. As razões de Tomás de Aquino para crença na existência de Deus são então explicadas detalhadamente em suas "cinco vias". Ele argumenta: 1) a partir do movimento para um motor imóvel; 2) a partir dos efeitos para uma primeira causa; 3) a partir dos seres contingentes para um ser necessário; 4) a partir de graus de perfeição para um ser o mais perfeito, 5) a partir do desígnio para um designador. Em adição às verdades que estão "de acordo com a razão", há algumas (e.g., Trindade*, Encarnação*) "além da razão" e que podem ser conhecidas somente pela fé.

***b. Epistemologia*.** Tomás sustenta que todo conhecimento começa na experiência. Não há nada na mente que primeiro não tenha estado nos sentidos, exceto a própria mente. Nascemos com a capacidade inata, *a priori*, de conhecer. Todo conhecimento se apoia em princípios básicos, como: 1) identidade (ser é ser); 2) não contradição (ser é não não ser); 3) inexistência de posição média (ser ou não ser); 4) causalidade (não ser não pode causar ser);

TOMISMO E NEOTOMISMO

5) finalidade (todo ser age com um fim). Uma vez que esses princípios sejam devidamente conhecidos, eles se mostram autoevidentes ou redutíveis àquilo que seja autoevidente.

c. Metafísica*. É tarefa de toda pessoa sábia conhecer a ordem. A ordem que a razão discerne em seus próprios atos é lógica. A ordem que a razão produz em ações da vontade é ética. A ordem que a razão produz em coisas externas é arte. Mas a ordem que a razão contempla, mas não produz, é natureza. A natureza contemplada como sensível é chamada ciência física. Se entendida de maneira quantificável, é matemática. Se considerada quanto a ser o que é, é metafísica.

A afirmação mais importante da metafísica de Tomás é: "O ato, na ordem em que é ato, é ilimitado e singular, a menos que esteja ligado com potência passiva". Somente Deus é pura realidade. Todas as criaturas são compostas de realidade e potencialidade. Deus não tem forma, mas é pura realidade. Os anjos são potências completamente realizadas (forma pura). O ser humano é uma composição de forma (alma) e matéria (corpo), com progressiva realização.

d. Deus*. Deus somente é pura Existência ("Eu Sou"). Ele é o próprio ser, ele é a existência: tudo o mais tem existência. A essência de Deus é existir. Ele é o ser necessário. Tudo o mais é contingente. Deus não pode mudar, já que não tem potencialidade para mudança. Assim também, como o tempo envolve mudança (de antes para depois), Deus é atemporal, ou eterno. Deus é simples (indivisível), pois não tem princípio (potência) para divisão. É também infinito (sem fim), por não ter potência para limitá-lo. Além desses atributos metafísicos, Deus é também moralmente perfeito (justo e bom) e infinitamente sábio.

e. Linguagem religiosa*. Nossa linguagem a respeito de Deus é análoga (ver Analogia*). Não pode ser unívoca, uma vez que o conhecimento de Deus é ilimitado, e o nosso, limitado. Nem pode ser equívoca: uma vez que a criação deve lembrar o Criador, o efeito é como sua causa efetiva (cf. Sl 19.1; Rm 1.19,20). Não obstante, há grande diferença entre um Deus infinito e uma humanidade finita. Daí, o modo da negação (via *negationis*; ver Teologia Apofática*) ser necessário. Podemos aplicar a Deus somente a perfeição significada (e.g., bondade, verdade), mas não o modo finito de significação pelo qual essas perfeições são encontradas nas criaturas.

f. Criação*. Deus criou tudo do nada (*ex nihilo*). Uma criação eterna é logicamente possível, porque não há contradição lógica em uma causa que cause desde a eternidade. Todavia, sabemos, pela revelação, que o universo teve um início. Nenhum tempo, portanto, existia antes da criação. Deus não criou *no* tempo; pelo contrário, a criação *do* tempo ocorreu com a do mundo.

g. Humanidade. Corroborando Aristóteles, Tomás sustenta que o ser humano (ver Antropologia*) é uma unidade hilomórfica de corpo e alma. Apesar de sua unidade, não há identidade entre eles. Pelo contrário, a alma sobrevive à morte e espera a reunião com o corpo na

TOMISMO E NEOTOMISMO

ressurreição. Deus cria diretamente cada alma individual humana no ventre de sua mãe (ver Alma, Origem*).

h. Ética. Existem princípios básicos não somente de pensamento, mas também de ação (chamados lei*). A lei eterna é o plano pelo qual Deus governa toda a criação. A lei natural é a participação das criaturas racionais nessa lei eterna. A lei humana é a aplicação da lei natural à coletividade. A lei divina é a revelação da lei de Deus por meio das Escrituras e da Igreja.

Há dois tipos de virtudes: naturais e sobrenaturais. As primeiras são as virtudes clássicas de prudência, justiça, coragem e temperança. As últimas são a fé, a esperança e o amor.

2. Tomismo e neotomismo

O tomismo é um movimento que segue o pensamento de Tomás de Aquino. Após sua morte, seus ensinos foram adotados por muitos, mais notadamente por seus irmãos dominicanos*. Diversas proposições suas foram condenadas pelas autoridades da Igreja em 1277, mas, devido principalmente ao empenho dos dominicanos*, seu sistema teológico veio a ser aceito e estabelecido. Tomás de Aquino foi canonizado em 1323.

Os tomistas passaram a usar, como ele, o modo aristotélico* de pensamento e expressão, em contraste com os franciscanos*, mais platônicos*. Isso levaria a vigorosos debates entre as duas ordens monásticas no decorrer dos tempos.

Figura central no desenvolvimento do tomismo foi o cardeal Tomás de Vio Cajetano (1469-1534), que se opôs a Lutero*. Cajetano sustdeve diversas interpretações próprias de Tomás de Aquino. Singular é a sua ideia de que a analogia é mais bem entendida como a posse de um atributo por duas essências, em vez de propriamente por apenas uma. Pensava também mais em termos de essências abstratas do que de substâncias existentes. Por fim, levantou dúvidas a respeito da demonstrabilidade da existência de Deus e da imortalidade do homem.

Por volta do século XVI, o tomismo se tornaria a escola dirigente do pensamento católico. A ordem dos jesuítas* (aprovada em 1540) alinhou-se com o pensamento de Tomás de Aquino, e o Concílio* de Trento expressou-se deliberadamente em frases tomistas em muitos de seus pronunciamentos. No século XVII, o principal representante do tomismo foi o teólogo e filósofo dominicano português Frei João de São Tomás (1589-1644). No século XVIII, o tomismo decresceria e enfraqueceria. Experimentaria, porém, um reavivamento no século XIX, devido, basicamente, à sua ênfase na dignidade humana, em face da Revolução Industrial. Por ocasião do Concílio Vaticano I (1869-1870), o tomismo estava novamente em voga e triunfaria em 1879, quando o papa Leão XIII, na encíclica *Aeterni Patris*, fez referência oficial a ele, o que deu ímpeto a um movimento conhecido como neotomismo.

O neotomismo é o reavivamento do pensamento tomista no século XX. Dois principais grupos surgiram: 1) Os tomistas transcendentais, como Joseph Marechal (1878-1944), Bernard Lonergan* e Karl Rahner*, que adaptaram o

TORRANCE, THOMAS F.

tomismo ao pensamento kantiano*. 2) Outros, que, sob a liderança de Reginald Garrigou-Lagrange (1877-1964), Etienne Gilson* e Jacques Maritain (1882-1973), buscaram reexpor o pensamento do próprio Tomás de Aquino.

Cruzando as linhas denominacionais, o neotomismo inclui, ainda, anglicanos como E. L. Mascall (1905-1993) e muitos outros não católicos-romanos.

Entre seus representantes mais recentes, estão: Frederick Copleston (1907-1994), na Grã-Bretanha, Joseph Owens (1908-2005), no Canadá, e James Collins (n. 1917) e Vernon Bourke (1907-1995), nos Estados Unidos.

O ensino distintivo do neotomismo é a máxima de que "a existência precede a essência". Com isso, se quer dizer que se conhece intuitivamente *que existe* alguma coisa antes de se saber *o que é*. Eis por que Maritain reivindicava que o tomismo é que deu origem ao existencialismo*.

Bibliografia

V. J. Bourke, *Thomistic Bibliography: 1920-1940* (St Louis, MO, 1945); T. L. Miethe & V. J. Bourke, *Thomistic Bibliography: 1940-1978* (Westport, CN/London, 1980).

F. Compleston, *Aquinas* (Harmondsworth, 1955); K. Foster, *The Life of St. Thomas Aquinas: Bibliographical Documents* (London/Baltimore, MD, 1959); E. Gilson, *The Christian Philosophy of St. Thomas Aquinas* (New York, 1956); M. Grabmann, *The Interior Life of St. Thomas Aquinas* (Milwaukee, WI, 1951); J. Maritain, *Distinguish to Unite, or the Degrees of Knowledge* (New York, 1959); idem, *Scholasti-*

cism and Politics (London, ²1945); A. Walz, *Saint Thomas Aquinas, A Biographical Study* (Westminster, MD, 1951). Ver também Bibliografia sob Tomás de Aquino.

N.L.G.

TORRANCE, THOMAS F. (1913-2007). Filho de um missionário britânico, nasceu na China Ocidental. A. E. Taylor (1869-1945), Norman Kemp Smith (1872-1958) e John Macmurray (1891-1976) foram seus professores de Filosofia. Estudou Teologia com H. R. Mackintosh* e Karl Barth*. Torrance foi professor de Dogmática Cristã no New College, de Edimburgo, de 1952 a 1979, sendo fundador e editor do Scottish Journal of Theology [Jornal Escocês de Teologia] e moderador da Assembleia Geral da Igreja da Escócia em 1976. Foi co editor da edição inglesa da *Dogmática da Igreja*, de Barth, de uma tradução dos comentários do NT de Calvino e autor de mais de uma vintena de livros.

A teologia de Torrance, profundamente influenciada pelos pais gregos (especialmente Atanásio* e Cirilo de Alexandria*), por Calvino* e Barth, é fortemente cristocêntrica e trinitariana. Enfoca particularmente a "humanidade vicária" de Cristo que assume nossa humanidade decaída justamente para redimi-la e santificá-la. A encarnação* e a expiação* são, assim, inseparáveis. A salvação gira em torno de Cristo, não de nossa fé, decisão ou piedade. Em Cristo, Deus age em "graça incondicional" objetivamente, tornando a salvação completa para toda a humanidade, o que, para Torrance, não implica, no entanto, universalismo*.

TORRANCE, THOMAS F.

O pensamento principal de Torrance centraliza-se na área do método teológico* e no relacionamento entre teologia e ciência*. Para ele, grande parte da teologia (em particular, da crítica bíblica*) tem caído na armadilha dos modos de pensar analítico e dualista*, tendentes a cair em desuso em face dos avanços da moderna física. Em vez de rompimento entre "o eu e o mundo, sujeito e objeto, fato e significado, realidade e interpretação", mostra que a ciência moderna (desde James Clerk Maxwell, (1831-1879, e Albert Einstein, 1879-1955) opera com modos de pensamento unitários, integrativos e relacionais. Assim, a verdadeira objetividade científica não repousa mais na separação da realidade (objeto de estudo), mas, sim, em um relacionamento com a realidade, em que as ideias são postas em questão.

Assim, na teologia, começa-se, como qualquer cientista, com fé*, que é uma apreensão plenamente racional, cognitiva e intuitiva da realidade. A realidade, nesse caso, é o Senhor Deus, que se deu em graça, para ser conhecido por meio de sua palavra articulada, tornada carne. A autorrevelação de Deus em Jesus é idêntica ao próprio Deus, porque o Filho é consubstancial com o Pai, de modo que conhecemos Deus somente quando somos reconciliados com ele em Cristo.

Tal como todas as outras ciências, a teologia se distingue no desenvolvimento de seu próprio método particular, adequado ao seu objeto, e de sua própria lógica e estruturas peculiares. Os grandes dogmas da Igreja, particularmente a declaração do Credo Niceno (ver Credos*) de que o Filho é consubstancial (*homoousios*) com o Pai (ver Trindade*), são análogos às grandes construções científicas, como, por exemplo, a teoria da relatividade, de Einstein. São estruturas de pensamento sem limites, propiciando abertura para uma realidade que transcende em muito e misteriosamente o nosso conhecimento dela.

A teologia, se fiel à verdade da revelação de Deus, questiona nossa formulação de doutrina ligada a alguma cultura em particular, determinando que essa relação seja integrativa e ecumênica. Não somente isso. À medida que os modos integrativos de pensamento ganham terreno, Torrance vê emergir uma nova síntese massiva, em que todo o empenho científico se encontra em seu contexto teológico e o homem cumpre o papel que lhe foi dado por Deus de "sacerdote da criação", articulando humildemente a misteriosa inteligibilidade do universo para louvor do Criador.

Bibliografia

Obras: Christian Theology and Scientific Culture (Belfast, 1980); *Divine and Contingent Order* (Oxford, 1981); *God and Rationality* (Oxford, 1971); *The Ground and Grammar of Theology* (Belfast, 1980); *Reality and Evangelical Theology* (Philadelphia, 1982); *Space, Time and Incarnation* (Oxford, 1969); *Space, Time and Resurrection* (Edinburgh, 1976); *Theological Science* (Oxford, 1969); *Theology in Reconciliation* (London, 1975); *Theology in Reconstruction* (London, 1965); *Transformation and Convergence in the Frame of Knowledge* (Belfast, 1984).

Estudos: A. I. C. Heron, *A Century of Protestant Theology* (Cambridge,

TRABALHO

1980), p. 209-214; T. A. Langford, *SJT* 25 (1971), p. 155-170; D. S. Klinefelter, *JR* 53 (1973), p. 117-135; M. Shuster, *Studia Biblica et Theologica* 3 (1973), p. 50-56.

T.A.N.

TRABALHO. Na narrativa inicial de Gênesis, o trabalho é apresentado como uma dimensão básica da existência humana. Sua natureza é moldada, em primeiro lugar, pelo fato de que os seres humanos são criados à semelhança de Deus (Gn 1.26), com capacidade de participar ativamente e de maneira ampla da criação. A comissão dada ao ser humano é a de dominar a criação e administrar os dons de Deus. Em segundo lugar, o trabalho adquire o caráter de penosa necessidade, por causa da queda*. A maldição que se segue à desobediência do homem a Deus (Gn 3.17) significa que sua sobrevivência dependerá de dolorosa fadiga. São estes os dois temas da visão que tem o AT do trabalho. Por toda parte do AT, presume-se que o trabalho faz parte da ordenação divina do mundo. Embora afetado pela pecaminosidade humana, o trabalho deve ser assumido de boa vontade, como um meio da bênção de Deus (Sl 128.1ss). O significado do trabalho, contudo, não está somente no seu caráter de ordenança divina. Tanto a obra da criação de Deus quanto o trabalho do homem têm também um propósito extrínseco, expresso no descanso de Deus no sétimo dia da criação (Gn 2.2) e no mandamento de guardar o sábado (Êx 20.11). Ao contrário da concepção moderna de lazer, esse descanso não é um estado de indolência, mas, sim, uma forma mais elevada de atividade que envolve a adoração a Deus e o desfrutar de sua criação.

O NT valoriza o trabalho do mesmo modo que o AT e o coloca à luz da "obra" de Cristo: seu ministério, milagres e obra da redenção (Jo 4.34). A afirmação da encarnação do Verbo como carpinteiro em Nazaré é o cumprimento perfeito do ensino que o trabalho é necessário e bom. Mas a obra de Cristo leva seu povo, para além da esfera mundana da necessidade, à alegria e liberdade de servir a Deus. Os evangelhos condenam qualquer abordagem ao trabalho que o torne, ou ao seu resultado, um substituto do Reino de Deus, enquanto o conselho das epístolas é de lidar com o trabalho e a vida de cada dia como o campo no qual se efetua o serviço a Deus. Os cristãos são considerados "cooperadores" de Deus (1Co 3.9), sendo sua prioridade básica atuar na prática do evangelho. Assim, seu motivo para trabalhar diligentemente e bem não é apenas um dever ou obediência à lei, mas, sim, uma resposta agradecida à obra de Cristo.

A "vocação" do cristão é para uma nova vida em Cristo. Essa palavra não se refere, portanto, para ele, em primeira instância, à sua profissão ou atividade ocupacional. Os reformadores, todavia, a fim de fazer face à tendência do catolicismo medieval de elevar as ordens monásticas a "vocação divina", empregaram os conceitos de profissão (*Beruf*) e vocação* (*vocatio*) para mostrar que as situações "comuns" da vida podem ser perfeitamente um meio de se glorificar a Deus. Lutero*, Calvino* e outros desejavam reafirmar a visão do NT

TRABALHO

de que o trabalho diário é parte integral da vida cristã, não um impedimento a ela. Já foi comentado, sobretudo por Max Weber*, que a ideia de "vocação" dos reformadores para uma tarefa ou ocupação especial, divinamente ordenada, era um dos elementos importantes na "ética protestante do trabalho", sendo outros elementos importantes a abstinência de prazeres mundanos, a forte propensão de pregar a salvação e o uso disciplinado do tempo. A tese de Weber de ter havido grande afinidade entre essa ética do trabalho e o empreendimento primitivo do capitalismo na Europa renascentista carece de demonstração histórica convincente; mas, sem dúvida, esses valores (ou suas versões seculares) exerceram papel significativo nas atitudes ocidentais em relação ao trabalho e ao emprego e continuam a fazê-lo entre alguns segmentos da população economicamente ativa. A contribuição de Weber está em chamar a atenção para a importância desses valores, incluindo os valores religiosos, tanto no comprometimento do trabalho individual como em sua organização social.

A doutrina do trabalho é explicada detalhadamente nas Escrituras, tendo como cenário os tipos de atividade econômica que prevaleciam no Mediterrâneo oriental entre 2000 a.C. e 100 d.C. Tratava-se, então, de sociedades nômades ou agrárias. O trabalho era organizado em base familiar e intimamente ligado a direitos sobre a terra. Bastante diferentes são as sociedades industriais modernas, baseadas em capital acumulado e mercado livre de trabalho, sendo também diferentes os problemas especí-ficos presentes para a teologia do trabalho. Primeiramente, há uma tendência, ainda prevalecente, de o trabalho constituir sinônimo de emprego pago. Nesse sentido restrito, o trabalho se torna uma medida de valor, sendo desvalorizado, quase sempre, o trabalho doméstico ou em setores voluntários. O segundo problema é que os mercados de trabalho são um mecanismo imperfeito de alocar trabalho, deixando muitas pessoas sem ocupação útil ou exercendo tarefas não apropriadas. Em terceiro lugar, a industrialização e a automação têm acarretado cada vez mais uma divisão complexa do trabalho que reduz muitas tarefas a rotinas repetitivas e sem significado para o indivíduo como pessoa humana. Em vez de serem os sujeitos do processo de trabalho, os seres humanos se tornam os objetos de sistemas técnicos e organizacionais. Todos esses aspectos do trabalho na sociedade industrial têm atraído muita crítica, mas a resposta teológica tem sido morosa. Na verdade, interpretações estreitas do trabalho e da vocação ainda dão suporte, inclusive, a uma ética de negócios que enfatiza a realização e o sucesso material como sinal do favor de Deus. Contudo, gradativamente, abordagens biblicamente bem informadas sobre trabalho, emprego e desemprego vêm mostrando a necessidade de relacionamentos cada vez mais justos e pacíficos na organização social do trabalho. Isto, em lugar do comprometimento do indivíduo para com o trabalho em si mesmo, é a dimensão histórica e culturalmente mais variável e carregada de dificuldades de interpretação.

TRADUÇÃO DA BÍBLIA

Uma teologia do trabalho há que reconhecer a importância contínua e fundamental do trabalho para a existência e o bem-estar humanos. Trata-se de um mandato para cada ser humano, para cada geração, em cada estágio histórico e do desenvolvimento econômico. Embora possa ser bem recebida a aparente liberação de rotina que a automação possa trazer, uma "sociedade de lazer" não é um alvo válido. Não há fim para o trabalho útil dentro do mundo criado. A teologia do trabalho tem de considerar também o valor intrínseco do trabalho à luz dos problemas de autoridade*, controle, tecnologia e alienação*. Tem de se engajar em uma crítica atualizada e contemporânea, a fim de desenvolver uma ética apropriada para o nosso tempo. Enfim, a teologia do trabalho tem de enfrentar o desafio da (des)organização social do trabalho, especialmente o desemprego em massa. Como o meio de sustento, a identidade e a participação social são presentemente obtidos ou negados basicamente pelo mercado de trabalho, o direito social do trabalho útil deve ser estabelecido como questão de prioridade. Um entendimento teológico em relação ao trabalhador individual provavelmente não precise mais ser desenvolvido, como anteriormente. Cabe agora expressar a interdependência dos relacionamentos humanos sob Deus no mundo de trabalho, não menos que na família, na Igreja ou Estado.

Ver também Vocação.

Bibliografia
R. Clarke, *Work in Crisis* (Edinburgh, 1982); A. Richardson, *The Biblical Doctrine of Work* (London, 1952); M. Weber, *The Protestant Ethic and the Spirit of Capitalism* (London, 1930).

H.H.D.

TRADUÇÃO DA BÍBLIA. Desde o começo da Igreja, a missão aos gentios sentiu a necessidade de traduzir para o grego os ditos de Jesus transcritos em aramaico. Havia um precedente para isso na tradução grega do Antigo Testamento, a Septuaginta (LXX), sobre a qual se baseia a maior parte das citações no Novo Testamento. Todavia, os cristãos, mais consistentemente do que, por exemplo, os judeus e muçulmanos, geralmente sempre vindicaram traduções vernaculares das Escrituras, como expressões inequívocas da universalidade de sua fé e seu testemunho. As atuais traduções das Escrituras normalmente se baseiam em princípios não muito diversos daqueles aplicados pelos melhores tradutores mais antigos, mas clarificadas por intervenções úteis da linguística moderna.

O mais fundamental desses princípios, conhecido como o da equivalência dinâmica, é que a tradução deve normalmente dar prioridade a reproduzir o significado do texto, em vez de seus sons ou suas estruturas gramaticais. A exceção a essa regra são traduções especiais, tais como versões interlineares para estudantes da língua bíblica, com textos que contêm no original efeitos sonoros especiais, como trocadilhos e jogos de palavras. O significado, porém, não deve reproduzir somente a acepção, mas também outros aspectos, como ênfase e emoção, para os

1165 TRADUÇÃO DA BÍBLIA

quais busca-se dar equivalência em uma tradução.

O significado tem prioridade, particularmente, sobre a gramática. Um tradutor moderno da Bíblia, por exemplo, traduzirá um substantivo abstrato grego como *metanoia* por "arrepender-se", se o texto se referir a uma ação, devidamente expressa na linguagem do receptor (ou alvo) por um verbo. Assim também, a ordem das palavras e locuções pode ser mudada nas traduções, a fim de comunicar de maneira mais clara, fiel e natural o significado na linguagem do receptor. Os mesmos procedimentos, ou similares, adotados de modo geral para a análise do significado, em cada nível, desde cada palavra até o texto todo, são aplicados pelos tradutores da Bíblia das mais diversas partes do mundo.

As línguas faladas por grandes grupos humanos tendem a operar em níveis ou registros diferentes, desde altamente literários até coloquiais. Há, assim, um amplo acordo mundial atualmente de que, muito embora as traduções literárias da Bíblia tenham sem dúvida função útil, a prioridade deve ser melhor dada às traduções na língua e/ou linguagem comum, ou seja, de uso da grande maioria dos que falam a língua local. Em português, existem atualmente versões diversas da Bíblia que, além de aplicar mais consistentemente o princípio da equivalência dinâmica, utilizam a tradução em linguagem comum, falada hoje.

As traduções modernas da Bíblia são, portanto, destinadas, quase sempre, a transmitir tão precisamente quanto possível o significado e o conteúdo do texto original. São, assim, inteiramente diversas das chamadas "paráfrases" (termo não usado pelos linguistas nesse sentido), que tendem a adaptar ou procurar "atualizar" os aspectos históricos e culturais do original, mesmo que distorcendo-os essencialmente — de forma que (para darmos um exemplo extremo) a cruz passaria a ser uma cadeira elétrica, etc. Isso não é, de modo algum, tradução, que deve constituir sempre e totalmente um processo linguístico; e é, além disso, inteiramente contrário à natureza do cristianismo como fé histórica. Naquilo em que o leitor moderno possa ter dificuldade em entender algo sobre aspectos históricos e culturais, ou até mesmo doutrinários, do texto bíblico, pode ser perfeitamente ajudado e esclarecido por notas de rodapé, glossários, ou outros tipos de auxílio ao leitor, na própria Bíblia, além de ampla gama existente de estudos bíblicos e comentários externos às Escrituras. Onde esses aspectos culturais sejam mencionados incidentalmente, ou tenham pouca importância, como, por exemplo, em símiles e comparações, nada impede que sejam adaptados, desde que isso não afete a essência ou o significado primacial do que se quer transmitir.

Bibliografia

John Beekman & John Callow, *Translating the Word of God* (Grand Rapids, MI, 1974); Mildred L. Larson, *Meaning-based Translation. A Guide to Croo-language Equivalence* (Lanham, MD, 1984); E. A. Nida & C. R. Taber, *The Theory and Practice of Translation* (Leiden, ²1974).

P.E.

TRADUCIANISMO

TRADUCIANISMO, ver ALMA, ORIGEM.

TRANSCENDÊNCIA, ver DEUS.

TRANSMIGRAÇÃO DA ALMA, ver METEMPSICOSE.

TRANSUBSTANCIAÇÃO, ver EUCARISTIA.

TRINDADE. Doutrina cristã segundo a qual Deus é constituído de três pessoas (ver Hipóstase*) em uma só substância* ou essência. A doutrina da Trindade tem sido por vezes atacada como insuficientemente monoteísta*, mas os cristãos negam isso. A doutrina se desenvolveu na Igreja primitiva por ser o único modo pelo qual o testemunho do NT acerca de Jesus e do Espírito Santo* poderia ser adequadamente justificado. Longe de ser uma ideia elaborada sob influências filosóficas e religiosas, tudo indica que a doutrina da Trindade tem sobrevivido justamente contra tentações desse tipo que, de vez em quando, ameaçam empurrar a Igreja para um unitarismo* teórico ou prático.

O aparecimento da Trindade no NT levanta o conhecido problema de interpolação posterior, mas, embora este tenha sido possivelmente o caso em 1João 5.7, não parece ser verdadeiro em outro lugar. Mesmo as palavras de Jesus em Mateus 28.19, embora não poucas vezes acusadas de serem falsas, portam a marca autêntica do mais primitivo trinitarismo, que está conectado ao batismo. Teologia primitiva trinitariana semelhante aparece em 2Coríntios 13.14, na famosa "graça", peculiar, em que a pessoa de Cristo é mencionada em primeiro lugar.

Contudo, há um grande número de referências indiretas à Trindade, das quais Gálatas 4.6 pode ser citada como talvez das mais antigas, se não a mais antiga. É também evidente, pelo que é dito em Atos 8 e em outros lugares, que o batismo trinitário remonta aos primeiros dias da Igreja, quando certamente se entendeu que o batismo em nome de Cristo somente era insuficiente.

Tem sido muito debatido se a Trindade aparece de alguma forma no AT. Estudiosos têm observado ali a aparente personificação do Verbo e do Espírito de Deus, mas que, geralmente se crê, carece de existência pessoal com no NT. Convém ter em mente, no entanto, que, por muitos séculos, foi crido que o aparecimento dos três homens a Abraão (Gn 18) é um exemplo de epifania da Trindade, interpretação que remonta, em parte, à exegese pré-cristã de Fílon*.

As principais passagens da Bíblia usadas na construção do trinitarismo são as encontradas no evangelho de João, especialmente nos capítulos 14—16. Mas os pais da Igreja fizeram grande uso também das epístolas paulinas, de modo que é um engano muito grande supor uma oposição entre João e Paulo nesse ponto.

A especulação trinitária começou no século II, com Atenágoras (fl. *c.* 177), que defendia essa doutrina como parte essencial da fé da Igreja (ver Apologistas*). A doutrina viria a ser exposta minuciosamente por Tertuliano*, que foi basicamente responsável pelo método e pelo vocabulário que a tradição ocidental ainda usa. Tertuliano argumentava haver um só Deus, em quem coexistiam três pessoas. Seu pensamento foi influenciado pelo que é conhecido como trinitarismo econômico — a crença de que Deus Pai gerou suas duas "mãos", o Filho e o Espírito Santo, para servirem como mediadores na criação do mundo. Essa abordagem está relacionada às três fases sucessivas das relações de Deus com o mundo a partir da criação. A economia (gr. *oikonomia*; *cf.* Ef 1.10; 3.9) era esse plano ordenado de Deus. A história humana poderia ser, então, dividida em três períodos, cada um deles pertencente a uma diferente pessoa da Divindade. O AT seria a época do Pai; o período do evangelho, a época do Filho; e o tempo desde Pentecoste para cá, a era do Espírito Santo. Essa visão foi insatisfatória, porque ligava a Trindade à estrutura de tempo e espaço e tendia ao modalismo, crença de que Deus apareceu ao homem de três modos diversos: Criador, como Pai; Redentor, como Filho; Santificador, como Espírito Santo. Essas ideias, uma forma de monarquianismo*, foram atribuídas mais tarde, injustamente, a Sabélio, herege do século III, tornando-se conhecidas como sabelianismo.

Na realidade, Sabélio sustentava uma doutrina mais sutil do que essa. Seu pensamento visava, ao que parece, a superar a objeção ao modalismo, que levava o Pai a sofrer e morrer em nosso lugar (patripassismo). Sabélio postulava haver dois pólos, de oposição e atração, em Deus — o Pai e o Filho. Ambos teriam se tornado encarnados em Jesus Cristo, mas, na cruz, eles se separaram, quando então o Filho bradou: "Meu Deus! Meu Deus! Por que me abandonaste?". No entanto, como o amor do Pai não poderia suportar essa separação, ele produziu o Espírito Santo como uma espécie de elemento adesivo, para ter o Filho de volta unido a ele.

Esse ensino, que parece um tanto primário e grosseiro, contém elementos que retornariam em um posterior trinitarismo ocidental. Os mais importantes desses elementos são as ligações entre a Trindade e a expiação e a tendência de considerar o Espírito Santo como de algum modo impessoal e inferior ao Pai e ao Filho. O trinitarismo ocidental pode-se equiparar ao seu rival oriental, associado ao nome de Orígenes*. Trabalhando totalmente independente de Tertuliano, Orígenes desenvolveu a doutrina das três *hipóstases*, do Pai, do Filho e do Espírito Santo, que revelavam compartilhar da mesma essência (*ousia*) divina. Orígenes as dispôs em ordem hierárquica, com o Pai como Deus-em-si-mesmo (*autotheos*), o Filho como sua imagem exata e o Espírito Santo como a imagem do Filho. Essa ordem existia na eternidade, de modo que não havia como dizer ter ocorrido um tempo em que o Filho não existia; mas, sustentava ele, o Filho sempre foi subordinado ao Pai na hierarquia celestial. Essa visão foi depois questionada por Ário*, que argumentou que um ser subordinado não poderia ser coeterno com o Pai, pois a coeternidade implicaria igualdade. Foi contestado por Atanásio* e outros, que replicaram ser o Filho, de fato, coeterno com o Pai, e não subordinado a ele, exceto no contexto da encarnação.

O trinitarismo clássico se desenvolveria com seriedade a partir do Concílio de Niceia (325). Ali, foi afirmado que o Filho é consubstancial

TRINDADE

(*homoousious*) com o Pai. Pouco depois, no entanto, esse termo-chave e a doutrina que ele incorporava eram amplamente rejeitados, em favor de fórmulas comprometedoras, como da expressão *homoiousios*, ou seja, "de substância similar". Atanásio, quase sozinho no Oriente, mas após o ano de 339 com o apoio do Ocidente, batalhou por um entendimento (refletido sobre o *homoousios*, como ele o entendia), que tornava o Filho numericamente idêntico ao Pai. O Filho não deveria ser, assim, considerado uma parte de Deus, nem uma segunda deidade; ele era simplesmente o próprio Deus, em quem a plenitude da divindade habitava (Cl 2.8) e em quem o próprio Pai deveria ser visto (Jo 14.9).

Esse ponto de vista foi adotado e mantido posteriormente; não antes, porém, de haver irrompido a controvérsia sobre o Espírito Santo. Essa controvérsia dizia respeito à evidência bíblica da divindade do Espírito. Alegavam muitos que, por não ter o Espírito um nome "pessoal", tal como o Pai e o Filho, seria então um ser inferior. Isso foi contestado primeiramente por Atanásio e depois por Basílio de Cesareia*, que argumentou em grande medida que o Espírito Santo era Deus porque as Escrituras o chamam de Senhor e doador da vida, afirmando ainda que ele procedia do Pai (Jo 15.26) e atribuindo-lhe toda a honra de ser adorado juntamente com o Pai e o Filho.

A teologia de Basílio foi declarada ortodoxa no Segundo Concílio* Ecumênico (Constantinopla, 381), desde esse momento passou a ser considerada a base da teologia trinitária na Igreja oriental.

No Ocidente, porém, houve ainda consideravelmente muito mais especulação, sendo grande parte baseada na obra de Basílio e associada ao nome de Agostinho*. Agostinho herdou a teologia de Tertuliano, que ele explorou detidamente em sua obra magistral sobre a Trindade, *De Trinitate*, composta entre 399 e 419. Nessa obra, Agostinho desenvolve sua doutrina das relações trinitárias, que se tornaria o principal elemento de diferença entre o seu pensamento e o dos pais capadócios. Os gregos geralmente pensavam em termos de origens causais para as pessoas da Trindade. O Pai era o não gerado, o Filho gerado, e o Espírito Santo procedente. Como resultado disso, os fatos de não ser gerado, de ser gerado e de proceder tornaram-se as marcas distintivas das pessoas na relação entre elas. Agostinho não rejeitou esse modo de pensar, mas o modificou sensivelmente. Para ele, o único Deus primordial não era o Pai, mas a Trindade. As diferentes pessoas encontraram sua causa não em alguma geração ou processão, mas no relacionamento interno inerentemente necessário entre elas.

Agostinho desenvolveu essa visão usando uma série de analogias*, das quais a mais significativa é a da mente e do amor. Uma mente conhece a si mesma porque ela se concebe a partir de sua própria existência; além disso, ela ama sua autoconcepção. Alguém que ama não pode amar sem haver um ser amado, e há necessariamente um amor que flui entre os dois, mas que não é estritamente idêntico a qualquer um deles. Disso, Agostinho deduz que Deus, a

TRINDADE

fim de ser ele próprio, teve de ser uma Trindade de pessoas, pois, de outra forma, nem sua mente nem seu amor poderiam funcionar.

As implicações desse pensamento foram múltiplas e de amplas consequências. A causalidade foi depois substituída totalmente pelas relações puras, ocorrendo por necessidade no verdadeiro ser de Deus. O Espírito Santo foi, do mesmo modo, considerado fruto do mútuo amor do Pai e do Filho, a parte da unidade que ligava a Trindade em conjunto e revelava sua essência, que era espírito. Isso, por sua vez, tornou necessário a Agostinho afirmar que o Espírito procedia tanto do Pai como do Filho (*a Patre Filioque*), enquanto a tradição oriental havia afirmado sua processão do Pai somente. Esse detalhe causou a grande controvérsia da Idade Média, contribuindo para a posterior separação entre as igrejas do Oriente e do Ocidente. Esse aspecto permanece até hoje como característico da teologia de Agostinho.

O Ocidente passou a aceitar o ensino de Agostinho sem questionamento, embora, na prática, tenha vindo a se desenvolver consideravelmente. A figura mais significativa no trinitarismo na Idade Média foi Richard of St. Victor (m. 1173; ver Vitorinos*), que argumentava em favor de uma Trindade social, na qual o relacionamento das pessoas seria paradigmático ao da sociedade humana na terra. Suas ideias não receberam maior consideração até recentemente, mas a pesquisa moderna o está reabilitando como importante teólogo medieval.

Na Reforma, a doutrina ocidental tradicional foi reafirmada, mas Calvino* deu início a um novo desenvolvimento de pensamento sobre a obra das diferentes pessoas de Deus. Os pais capadócios haviam afirmado que as obras da Trindade fora da Divindade (*ad extra*) não eram divididas, *i.e.*, o Deus que criou o mundo era a própria Trindade. Calvino, porém, seguindo Anselmo*, que havia enfatizado o fato de ser a expiação uma obra de Deus dentro da Trindade (*ad intra*), declarou que os cristãos são admitidos, mediante o Espírito Santo, à participação na vida interna da Divindade. Somos filhos de Deus, não como Cristo o foi, por natureza, mas pela graça da adoção. Como resultado, a tradição reformada viria a testemunhar um *boom* de escritos sobre a obra de Cristo e a obra do Espírito Santo, com uma profundidade até então não revelada.

A doutrina da Trindade seria eclipsada pelo ambiente deísta* do século XVIII, quando muitos teólogos se tornaram unitários*. Na época de Friedrich Schleiermacher*, essa doutrina havia se tornado um estorvo, com o caminho aberto para seu desprezo, como uma mera construção filosófica da Igreja primitiva. Todavia, devido, especialmente, à obra de Karl Barth*, a doutrina da Trindade recuperou-se no século XX, colocando-se novamente no centro do pensamento da Igreja. Tendo por base a Palavra de Deus como o princípio essencial de toda teologia, Barth retrabalhou Agostinho, falando de um revelador, da coisa revelada e da revelação, como os elementos constituintes da Trindade. Assim como Agostinho, Barth sentiu-se um tanto desconfortável com o termo "pessoa" e foi, por

TRINTA E NOVE ARTIGOS

isso, criticado, particularmente sob o ponto de vista do Oriente. Mas o reavivamento do trinitarismo feito por ele produziu frutos em todas as igrejas, sendo a doutrina clássica reafirmada de modos diversos pelos católicos, como Karl Rahner* e Bernard Lonergan*, pelos protestantes, como Jürgen Moltmann* e Eberhard Jüngel*, e pelos ortodoxos, como Vladimir Loosky (1903-1958) e Dumitru Staniloae (1903-1993). Tem havido imensa discussão da cláusula *filioque,* no contexto das relações ecumênicas, parece certo que a doutrina da Trindade continuará ainda sendo enfocada por algum tempo no futuro. Se isso acrescentará algo de valor permanente à tradição, somente o próprio futuro poderá dizer.

Ver TRITEÍSMO.

Bibliografia

E. J. Fortman, *The Triune God* (London, 1972); J. Moltmann, *The Trinity and the Kingdom of God* (London, 1981); L. Vischer (ed.), *Spirit of God, Spirit of Christ* (Genève, 1981); A. Wainwright, *The Trinity in the New Testament* (London, 1962).

G.L.B.

TRINTA E NOVE ARTIGOS, ver CONFISSÕES DE FÉ.

TRITEÍSMO. É a crença de que a Trindade não é um só Deus, mas, sim, três Deuses. Ela tem por base a ideia de que as pessoas da Trindade devam ser consideradas como seres substanciais* por si mesmas, compartilhando a divindade comum somente no mesmo sentido em que os seres humanos compartilham uma humanidade em comum.

O triteísmo nunca foi o ensino oficial em nenhuma igreja ou denominação. Na melhor das hipóteses, é um erro que alguns poucos eruditos cristãos cometeram na tentativa de explicar a Trindade. Jerônimo* acusou a Igreja grega de sustentar uma espécie de triteísmo, com base no fato de os gregos se referirem às pessoas da Trindade como *hipóstases*, que ele entendeu como "substâncias"; mas estava enganado e teve de ser corrigido.

Os cristãos em geral têm sido algumas vezes acusados de triteísmo pelos judeus, assim como, particularmente, pelos muçulmanos, e por seitas* como Testemunhas de Jeová, apesar de a acusação ter sido sempre fortemente repudiada e, de fato, não refletir tendência alguma importante na teologia cristã.

Bibliografia

J. N. D. Kelly, *Jerome* (London, 1975), p. 52-55.

G.L.B.

TROELTSCH, ERNST (1865-1923). Erudito alemão de grande importância, que atuou nas áreas de história, teologia, filosofia e sociologia, Troeltsch lecionou Teologia nas universidades de Bonn (1892) e Heidelberg(1894) e Filosofia na Universidade de Berlim (1915). Foi o teólogo sistemático da escola da história das religiões*, tendo recebido influência, principalmente, de Kant*, Hegel*, Schleiermacher*, Ritschl* e Dilthey*.

Seu principal interesse era o problema do relativismo*, que surgiu do novo entendimento da história*. Juntamente com outros estudiosos, estava convencido da influência da cultura sobre a formação da religião, mas, essa descoberta ameaçava a natureza normativa da moral e dos valores religiosos e a incondicionalidade do cristianismo. Abordou primeiramente esse problema em 1902, em sua obra *The Absoluteness of Christianity and the History of Religion* [A incondicionalidade do cristianismo e a história da religião] e, por fim, pretendia voltar a abordá-lo nas palestras que realizaria na Inglaterra, não fosse sua morte prematura. Essas conferências foram depois publicadas sob o título geral de *Christian Thought: its History and Application* [Pensamento cristão: sua história e seu emprego] (1923).

Ele tanto temia a questão do relativismo histórico, como se sentia fascinado por ela. Buscou uma solução para o problema postulando que o homem era irredutivelmente religioso e que a religião em si não poderia ser reduzida a fatores não religiosos. Argumentou em favor da superioridade da religião cristã, com base em que conferia o maior valor à personalidade humana, mediante a crença em um Deus pessoal, sendo, portanto, de forma mais elevada que as religiões orientais que desvalorizavam a personalidade humana. Mas ele próprio ficaria cada vez menos convencido do caráter absoluto do cristianismo quando, ao progredir em seus estudos, veio a se tornar cético quanto à validade das missões cristãs.

Troeltsch é mais lembrado por sua obra *The Social Teaching of the Christian Churches* [O ensino social das igrejas cristãs] (1912, TI, 1931), em que, com rigoroso critério histórico, relaciona a ética das igrejas à sua situação cultural. Desenvolveu ele a ideia de que o cristianismo tem três orientações organizacionais básicas, a saber: Igreja*, seita* e misticismo*. Suas formulações, muito influenciadas pelo sociólogo alemão Max Weber*, tiveram profundo efeito sobre o desenvolvimento da sociologia* da religião.

Eclesiástico importante do pensamento liberal protestante e político ativo, Troeltsch chegou a ser, durante algum tempo, ministro da Educação de seu país. Suas ideias têm voltado à cena, já que, de muitos modos, lançaram os fundamentos de teologias que creem que a humanidade chegou à sua maturidade, mas cujas respostas aos problemas do relativismo histórico são insatisfatórias, a começar pelo fato de que essas teologias sacrificam grande parte do que é indubitavelmente essencial à fé cristã.

Bibliografia
R. H. Bainton, Ernst Troeltsch — Thirty Years After, *Theology Today* 8 (1951), pp. 70-96; J. P. Clayton (ed.), *Ernst Troeltsch and the Future of Theology* (Cambridge, 1976); B. A. Reist, *Toward a Theology of Involvement: The Thought of Ernst Troeltsch* (London, 1966).

D.J.T.

TYNDALE, WILLIAM, ver REFORMADORES INGLESES.

ULTRAMONTANISMO, ver PAPADO.

UNÇÃO. A prática da unção, seja com óleo ou unguento (crisma), era usual na Antiguidade, com

UNDERHILL, EVELYN

propósitos diversos, religiosos ou seculares. No AT, tanto sacerdotes como reis, são consagrados desse modo. Por esse mesmo motivo, monarcas de países cristãos, em todos os tempos, têm sido ungidos durante a cerimônia cívico-religiosa de sua coroação. O título hebraico. Messiah (gr. *Christos*), significando "o Ungido", surgiu também do costume de se ungir os reis, já que fora profetizado que o Salvador de Israel surgiria da casa real de Davi.

No AT, há ligação entre a unção e o Espírito de Deus (1Sm 16.13; Is 61.1,3); e, no NT, ao serem os cristãos referidos como ungidos, o significado é, por vezes, simplesmente de haverem recebido o Espírito Santo (2Co 1.21ss; 1Jo 2.20-27). No século II, no entanto, surgiu a prática da unção literal de cristãos em seu batismo*, como alternativa ou como complemento à imposição de mãos sobre eles. Essa cerimônia, quando separada do batismo, tornou-se o rito da confirmação (crisma).

Além disso, porém, no NT, a unção literal é também apresentada como um prosseguimento de costumes judaicos, ao se ungir, por exemplo, a cabeça de um convidado, ou se ungir um corpo para prepará-lo para o sepultamento. Como prática cristã, ela ocorre, ainda, no contexto de cura* (Mc 6.13; Tg 5.14). É digno de nota o fato de Tiago afirmar, nessa última passagem, que "a oração feita com fé" é que cura o enfermo, não a unção como tal; assim, a promessa de cura deve ser interpretada do mesmo modo (e com as mesmas qualificações) que a promessa de que Deus responde à oração.

A unção do enfermo foi praticada na Igreja por muitos séculos, mas no Ocidente, no século IX, seu propósito mudou. Passou a ser dada apenas em benefício da alma, após a expectativa de recuperação corporal ter sido abandonada. Daí, o sacramento chamado de extrema-unção, até hoje rito na Igreja de Roma em favor somente do moribundo. Ela foi abolida nas igrejas da Reforma. Uma tentativa de curta duração para restaurar a antiga unção do enfermo, visando à sua cura, foi feita na Inglaterra no Livro de Oração de 1549. Outras tentativas têm sido realizadas até hoje. A unção pela cura é atualmente praticada, em todo o mundo, pelas igrejas e grupos procedentes do movimento pentecostal* ou carismático, ou sob a influência deste.

Bibliografia
D. S. Allister, *Sickness and Healing in the Church* (Oxford, 1981); L. L. Mitchell, *Baptismal Anointing* (London, 1966); F. W. Puller, *The Anointing of the Sick in Scripture and Tradition* (London, 1910).

R.T.B.

UNDERHILL, EVELYN (1875-1941). Na vida pessoal, a Sra. Hubert Stuart Moore, Evelyn Underhill, foi uma expositora anglo-católica* do misticismo (ver Teologia Mística*) e da espiritualidade cristã*. Em seus escritos copiosos e sua peregrinação cristã, ela enfrentou o problema da experiência espiritual pessoal (que, assim ela cria, está presente potencialmente em toda religião viva) em face da teologia formal da Igreja. Sua obra clássica de investigação analítica, *Mysticism* [Misticismo] (London, 1911; 1930),

1173　　　　　　　　　　　UNIÃO COM CRISTO

apresenta as doutrinas cristãs como diagramas ou mapas simbólicos de encontros subjetivos, tanto individuais como corporativos, com a "realidade definitiva".

Todavia, sob a influência do teólogo católico barão Friedrich von Hügel*, Evelyn viria a considerar essas doutrinas como expressão da verdade objetiva quanto à interação contínua e histórica de Deus com sua criação. Por meio delas, seriam sustentados os canais experimental, bíblico, litúrgico e sacramental de revelação divina*, dos quais as doutrinas proporcionariam a chave interpretativa. Esse novo posicionamento é talvez mais claramente desenvolvido em *Man and the Supernatural* [O homem e o sobrenatural] (London, 1927) e em *The School of Charity: Meditations on the Christian Creed* [A escola da caridade: meditações sobre o credo cristão] (London, 1934); mas reflete-se também em muitos outros escritos de seus últimos anos, que culminam com o estudo *Worship* [Adoração] (London, 1936). Sua tese geral é a de que a experiência mística e a teologia cristã ortodoxa são mutuamente complementares. Essa tese, juntamente com seu incansável ministério, como diretora de retiro, conselheira espiritual, jornalista religiosa, pregadora pública e no rádio, contribuiu significativamente para o reavivamento e amplo interesse na vida interior de fé, durante a primeira metade do século XX, na Inglaterra.

Bibliografia
C. J. R. Armstrong, *Evelyn Underhill* (Oxford, 1975); L. Bakway, Evelyn Underhill in her Writings, in: L. Menzies (ed.), *Collected Papers of* *Evelyn Underhill* (London, 1946), p. 7-30; repr. in: E. Underhill, *The Mount of Purification* (London, 1960), p. 135-158; M. Cropper, *Evelyn Underhill* (London, 1958); C. Williams (ed.), *The Letters of Evelyn Underhill* (London, 1943).

S.J.S.

UNIÃO COM CRISTO. A adoração cristã e a literatura devocional, em todos os tempos, muito têm feito, correta e inteligentemente, para a união do crente e da Igreja com Jesus Cristo. O conhecimento, a experiência e o prazer em Deus, no cristão, somente existem mediante Cristo; seu batismo é em Cristo; sua firme posição e todas as suas bênçãos estão em Cristo; seu destino é com Cristo. A Igreja deve ser una com o Senhor como ele o é com o Pai e tal como ele conclama seus seguidores a serem uns para com os outros. As diferentes tradições na Igreja e na teologia cristã têm-se concentrado nas diversas variações desse rico tema, que apresenta cinco aspectos principais:

1. União encarnacional
O fundamento de nossa união com Cristo está no fato de ele haver assumido nossa natureza humana na encarnação. A tradição ortodoxa oriental* sempre enfatizou que, em Cristo, Deus se torna um conosco, a fim de nos tornar um com ele; Deus condescendeu em assumir nossa natureza, para que pudéssemos ser restaurados, a fim de nos tornarmos participantes de sua própria natureza. (Os ortodoxos até mesmo se referem, por vezes, à sua "deificação" de nossa natureza — expressão que conduz a um entendimento inteiramente

UNIÃO COM CRISTO

errôneo). A base teológica sobre a qual repousam todo esse processo e sua interpretação é a de que a humanidade foi feita à imagem de Deus* e que Jesus Cristo é a perfeita imagem do Pai, imagem na qual ele nos restaura por sua encarnação, paixão, morte e ressurreição e mediante o Espírito Santo.

2. União pactual

O NT toma o tema do AT do pacto* entre Deus e a humanidade como a estrutura dentro da qual se entende o relacionamento do cristão e da Igreja com Deus, mediante Cristo. Os cristãos se unem a Deus em um relacionamento pactual, baseado em promessas melhores e em um fundamento mais seguro, por causa da obra de Cristo em nosso favor. A alegoria do casamento, usada por profetas do AT para descrever o pacto de Deus com seu povo, é tomada no NT, com base em parábolas e ditos de Jesus Cristo, e aplicada a ele próprio (o Noivo) e à Igreja (a Noiva). Isso sublinha a natureza da união pactual como um amor mútuo acompanhado de comprometimento, respeito, confiança e sujeição fiel. (Outras descrições, tiradas do relacionamento de família, como de pai e filho, filho primogênito e seus irmãos, etc., também são usadas para isso). Os puritanos*, entre outros, estimavam de forma especial esse tema.

Dentro do caráter geral de pacto das relações de Deus com o homem em Cristo, um aspecto do ensino de Paulo, algumas vezes chamado de *união federal*, tem sido especialmente observado e desenvolvido dentro da tradição teológica reformada*. O modo com que os homens e mulheres são tratados por Deus "em Cristo" é considerado paralelo ao seu modo de tratar a raça humana "em Adão". Deus trata com muitos por meio de um só homem, representativo (o "dirigente federal") em cada caso, imputando o pecado de Adão a seus descendentes e a obediência de Cristo e sua expiação a seus seguidores (*cf.* Rm 5.12-21; 1Co 15.45-49), com todas as consequências disso resultantes em ambos os casos. Isso, em parte, é o significado de uma pessoa estar "em Cristo" ou de sua união com ele. Considera-se a base para as relações de Deus com seu povo, tendo por fundamento um representante, como estabelecida em seus relacionamentos com a humanidade desde Adão*, ou seja, desde o princípio.

3. União sacramental

A tradição católica tem sempre dado grande ênfase à natureza e aos meios sacramentais da união inicial e contínua com Cristo. No NT, a incorporação do cristão em Cristo, pela qual se torna um membro de seu Corpo, ocorre mediante o batismo*, como um rito exterior sacramental de iniciação, ligado ao arrependimento e à fé em Jesus como o Messias, Salvador e Senhor como o meio interior de apropriação. O batismo em nome de Cristo fala da união do batizando com Jesus Cristo, especialmente em sua morte, sepultamento e ressurreição. Assim também, a ceia do Senhor ou Santa Comunhão, como rito ou sacramento do pacto de continuidade em Cristo e seu Corpo, visa a ajudar os cristãos a nutrir, aprofundar e fortalecer seu relacionamento e união com Cristo e o de uns para com os outros nele.

Embora não citando direta e propriamente esse sacramento, João 6.25-59 enfatiza, na linguagem mais forte possível, a necessidade dessa constante nutrição em Cristo. A ceia enfatiza especialmente a morte de Cristo, como demonstração de seu amor e fonte da nova vida dos cristãos nele.

4. União experimental
Jesus se tornou homem e passou pela plena experiência humana na vida, na morte e ressurreição, para unir o povo cristão a si, na mais plena realização de sua vocação e destino. Os cristãos, tendo morrido com Cristo no Calvário, para seus próprios pecados e sua velha vida de egocentrismo, e ressuscitado para uma nova vida com o Senhor, compartilham de sua condição e posição, de seu relacionamento com o Pai e sua vocação, como filhos e filhas de Deus, sendo, por isso, chamados a sofrer com ele, a passar pela morte física para a ressurreição física definitiva e com ele reinar em glória. Como precursor dos salvos nele poderem estar na presença mais imediata do Pai no céu, Cristo é o próprio garantidor da chegada ali de todo o seu povo. Sua herança como homem é também a herança deles. Com vistas a essa meta é que ele chama todos os cristãos a uma progressiva conformidade à sua própria imagem, continuamente renovando e transformando interiormente a personalidade do homem para a semelhança com Deus, pelo poder de seu Santo Espírito e aplicação da Palavra de Deus a todos os setores da vida humana. As tradições tanto evangélicas como católicas tratam enfaticamente dessa união da vocação, da posição, da experiência e do destino. O crente tem de assumir, e viver em sua experiência diária, a posição que é agora verdadeiramente a dele em Jesus Cristo, pelo livre dom de Deus.

5. União espiritual ou mística
O aspecto final importante, enfatizado particularmente pelas tradições mística*, pietista* e carismática* da Igreja, é a união espiritual do cristão com Cristo, com quem agora está vinculado "em um só espírito". Essa união é, algumas vezes, chamada de "mística", por estar enraizada no mistério do encontro do espírito do homem com o Espírito de Deus ou de Cristo. Ela dá origem ao novo nascimento, produzido no interior da pessoa humana pelo Espírito Santo e centrado, daí em diante, em uma vida pessoal e dedicada de oração, meditação (baseada especialmente na palavra de Deus nas Escrituras), contemplação e adoração. O objeto dessas atitudes espirituais é aprofundar o conhecimento no Senhor e um relacionamento de amor com ele em confiança e obediência, sabendo que tal submissão de amor em resposta ao amor de Deus é a rota mais correta para a inteireza verdadeira do espírito e do ser.

Embora o Espírito Santo conceda várias iluminações e experiências ocasionais, o cristão não deve buscar uma experiência mística particular por si mesmo, nem quaisquer experiências à parte do alvo de vir a conhecer e ter prazer no Senhor com o seu ser total e em conformidade moral com a vontade de Deus. O alvo cristão definitivo de união completa com o Senhor, a visão clara de Deus*, não tem, de forma alguma, necessariamente,

UNITARISMO

nenhum conteúdo de "êxtase", no sentido pagão ou de ocultismos, embora venha realmente a satisfazer a alma; não envolve a perda da identidade individual em qualquer "absorção", do tipo budista, em uma "realidade infinita" ou "consciência universal". O cristão verdadeiramente renovado à imagem de Deus desfruta livremente de comunhão plena com o Senhor, liberto de todo engano de "independência" que bloquearia o livre curso do amor puro, da verdade, confiança, obediência cooperativa e prazer entre ele e seu Criador e as outras criaturas.

Bibliografia
L. Berkhof, *Systematic Theology* (Grand Rapids, MI, 1953); D. Guthrie, *New Testament Theology* (Leicester, 1981); J. Murray, *The Epistle to the Romans*, vol. 1 (Grand Rapids, MI, 1959); J. I. Packer, *Knowing God* (London, 1975); J. K. S. Reid, *Our Life in Christ* (Philadelphia, 1963); L. B. Smedes, *Union with Christ* (Grand Rapids, MI, 1983); J. S. Stewart, *A Man in Christ* (London, 1935).

J.P.B.

UNITARISMO. Embora os unitaristas rejeitem os credos* e tenham um espectro amplo de crenças, eles enfatizam a estrita unidade de Deus, negando assim as pessoas divinas, ou divindade, de Jesus Cristo e do Espírito Santo. Afirmam compromisso com a liberdade, a razão e a tolerância como o contexto essencial para uma religião verdadeiramente pessoal e social. Organizados eclesiasticamente somente após a Reforma, têm entre seus precursores os monarquianos* e os arianos*.

Uma atenção excessiva ao significado literal das Escrituras levou eruditos como Juan de Valdés*, Bernardino Ochino* e Miguel de Serveto (1511-1553) a alegarem que a teologia trinitária tinha pouco ou nenhum fundamento bíblico. Serveto acreditou ser necessário purificar o cristianismo de tais "corrupções" e completar-se assim, com a Reforma, a restituição do cristianismo primitivo, acelerando também a conversão, profetizada, de judeus e muçulmanos. Suas ideias foram inteiramente rejeitadas, mas sua execução em Genebra não conseguiu evitar o surgimento de pensamento similar na Hungria e na Polônia, onde as ideias antitrinitárias foram amplamente difundidas.

Na Holanda e Inglaterra, a influência do socinianismo* e a reação à ortodoxia calvinista levaram ao levantamento de questões importantes a respeito da relação das Escrituras com o dogma, por ilustres pensadores como Grócio* e John Milton (1608-1674). Ideias unitaristas foram então apresentadas por John Biddle (1616-1662), que sofreu repressão severa das autoridades e morreu na prisão. Sua preocupação em querer purificar a doutrina de adições não bíblicas era acompanhada de profundo interesse pela santidade de vida. Essa seriedade de atitudes e existência era, aliás, marca permanente do modo de vida unitarista.

A convicção da credibilidade da doutrina da Trindade enfraqueceu quando muitos dissidentes rejeitaram a subscrição aos credos e confissões* como não escriturísticos. Na Igreja da Inglaterra, muitos assumiram uma posição de

UNITARISMO

caráter "ariano", menos rigorosa, porque, como alegou Samuel Clarke (1675-1729), não encontravam justificação bíblica para a doutrina. Como a negação da Trindade continuasse sendo considerada uma ofensa pela Igreja oficial até 1813, muitos ministros e líderes simplesmente cessaram de pregar e ensinar aquilo em que não criam para não correrem o risco de receber a penalidade da negação. Congregações presbiterianas inteiras na Inglaterra e na Irlanda, por sua vez, afastaram-se voluntariamente da ortodoxia de Westminster para um cristianismo menos dogmático e mais simplesmente bíblico. Eclesiásticos de destaque como Richard Price (1723-1791) e Joseph Priestley (1733-1804) rejeitaram doutrinas fundamentais como a divindade de Cristo e a inspiração das Escrituras. Isso abriu a porta para a entrada de novas ideias filosóficas, científicas e religiosas, com a autoridade da razão e da experiência recebendo valor cada vez maior.

Uma variante diferente do unitarismo procedeu de Theophilus Lindsey (1723-1808), que acabou sendo exonerado de seu ministério na Igreja da Inglaterra devido a serem suas preocupações a respeito da adoração corrompidas por acréscimos filosóficos pagãos. Lindsey havia elaborado uma nova liturgia para seus seguidores e chegou a crer que as narrativas do nascimento de Jesus eram lendárias, sendo Jesus só e plenamente humano. Na verdade, a adoração dos unitaristas era dirigida somente ao Pai. Respeitavam e reverenciavam Jesus, sublinhando sua autoridade religiosa, mas humana,

alegando que o entendimento correto das Escrituras os levara à separação necessária de Jesus do Pai, na adoração.

Ao tomarem conhecimento da crítica bíblica* alemã, o uso que os unitaristas faziam das Escrituras como documento normativo mudou. Tiveram de procurar nova base para a autoridade religiosa. Thomas Belsham (1750-1825) organizou a primeira Sociedade Unitarista, em 1791, deixando de fora, especificamente, os arianos. Daí em diante, o termo "unitarista" desenvolveria um significado eclesiástico mais particular, tanto na Grã-Bretanha como, embora mais lentamente, nos EUA, ao mesmo tempo que passaria também a indicar uma gama maior de posições teológicas. Na Inglaterra, destacaram-se duas principais correntes de pensamento. Uma delas enfatizava a religião humana mais do que a realidade de Deus, sendo politicamente radical. A outra mostrava tendências místicas, salientando o caráter intrinsecamente divino do cristianismo. Especialmente importante nessa última área foi James Martineau (1805-1900), que se empenhou em aprofundar a teologia e a espiritualidade das congregações unitaristas.

Lugar de destaque para a razão foi um dos aspectos distintivos do unitarismo no final do século XIX. Os unitaristas acharam difícil equilibrar a fraternidade generosa com o ensino definido. Envolveram-se profundamente com a reforma parlamentar e cívica, o bem-estar social, a educação e a vida intelectual. No século XX, no entanto, sua influência religiosa diminuiu prontamente com o declínio das igrejas

UNIVERSALISMO

livres. Sustentar uma comunidade distintamente religiosa sem limites tem mostrado ser uma tarefa quase impossível.

Tendências similares ocorreram nos EUA, onde muitas igrejas congregacionais adotaram uma posição ariana não dogmática, rejeitando as ênfases calvinistas sobre o pecado original, a expiação e a predestinação, em favor de convicções a respeito da perfectibilidade da raça humana. Os liberalizantes ganharam o controle da Universidade de Harvard no começo do século XIX e, contando com líderes como William Ellery Channing (1780-1842), que buscava libertar o cristianismo de corrupções passadas para aperfeiçoar a natureza humana, o movimento ganhou importância. Influência poderosa tiveram também líderes mais radicais, como Theodore Parker (1810-60), que chegou a deixar confusos os unitaristas mais conservadores ao asseverar que o cristianismo não dependia da existência histórica de Jesus, mas, sim, da verdade do seu ensino.

As ideias unitaristas pareceram a muitos americanos cultos ser a ala mais crescente do protestantismo contemporâneo. As convicções a respeito da unipersonalidade de Deus eram somente uma parte da atração do movimento. A abertura para um novo conhecimento e comprometimento com as reformas sociais ajudava a cristianizar o otimismo pós-revolucionário e científico nos EUA, assim como a proporcionar uma abordagem simpática em relação a outras religiões. Sua ênfase na humanidade de Jesus e sua rejeição da soteriologia e da adoração tradicionais levaram

o unitarismo a se tornar uma religião liberal de automelhoria e benevolência, livre de limites credais e eclesiásticos.

Sua influência declinou, contudo, no século XX, quando a herança teísta e bíblica se tornou menos rigorosa e passou a se moldar cada vez mais pelo contexto social americano. Em um mundo crescentemente mesquinho e pessimista, a mensagem variada unitarista parece cada vez mais limitada em termos culturais. A falta de identidade denominacional da Associação Universalista, formada em 1961, tendeu a tornar sua sobrevivência ainda mais difícil, porque os unitaristas nunca exibiram um forte espírito missionário. Não obstante, têm exercido papel significativo na liberalização das ortodoxias protestantes, por sua abordagem à revelação, sua ênfase sobre a razão e a experiência, sua paixão por liberdade de pesquisa teológica, sua desconfiança a respeito dos credos humanos e da organização institucional como contexto adequado à melhor compreensão de Jesus.

Bibliografia

C. G. Bolam *et al.*, *The English Presbyterians from Elizabethan Puritanism to Modern Unitarianism* (London, 1968); H. McLachlan, *The Unitarian Movement* (London, 1934); E. M. Wilbur, *A History of Unitarianism,* 2 vols. (Cambridge, MA, 1946-1952); C. Wright, *The Liberal Christians* (Boston, MA, 1970).

I.B.

UNIVERSALISMO. A palavra "universalismo" tem sido usada em dois sentidos na teologia cristã. O primeiro é geralmente aceito e o

UNIVERSALISMO

segundo usualmente rejeitado, no pensamento ortodoxo.

1. Com referência ao pensamento bíblico, "universalismo" frequentemente denota a visão, comum ao AT e NT, de que os propósitos de Deus não estão limitados a nenhuma nação ou raça, mas se estendem ao mundo todo. Baseada no monoteísmo*, essa ideia é expressa no escopo mundial das promessas feitas a Abraão (Gn 12.3, etc.), na recepção cordial àqueles vindos de outras nações para o povo de Deus (Raabe, Rute, etc.) e, acima de tudo, na constante visão profética das nações do mundo, dentro dos objetivos da salvação planejada por Deus para seu povo. Essa visão assume duas formas em particular:

a) Os gentios viriam e adorariam o Deus de Israel no monte Sião (Is 2.1-5, etc.).

b) A salvação se estenderia além das fronteiras de Israel, para o mundo pagão (Ml 1.11,14, etc.). No NT, essa crença na abrangência mundial da salvação ganha expressão na missão aos gentios, que Paulo baseia explicitamente no próprio monoteísmo (Rm 3.27-30; 10.12-13), entendido à luz de Cristo e do Espírito Santo. A ênfase, aqui, é de que os povos de toda nação, raça, tribo, língua (e, na verdade, de todo fundamento moral) são bem-vindos no reino de Deus: "Não há judeu nem grego, escravo nem livre, homem nem mulher, pois todos são um em Cristo Jesus" (Gl 3.28). O Deus único tem uma só família. Essa doutrina esteve sob ataque depois da Segunda Guerra Mundial por parte daqueles que sustentavam que Deus teria dois pactos*: um para os judeus e outro (o cristão) para todos os demais povos, mas essa posição não tem base alguma nas Escrituras.

2. O segundo uso da palavra denota a crença de que todos os seres humanos, sem exceção, alcançarão a salvação. Essa crença tem tomado várias formas:

a) Na era patrística, foi originalmente sustentado por Orígenes* e outros, com graus variáveis de certeza, que Deus restauraria a totalidade da ordem criada, incluindo o próprio Satanás, a um estado perfeito (daí a palavra grega *apokatastasis*, "restauração", ser frequentemente usada para designar essa crença). Embora isso possa ter a pretensão de possuir algum fundamento bíblico evidente (*e.g.*, Cl 1.18-20), foi considerado mais platônico* do que bíblico e condenado no Concílio de Constantinopla, em 1553.

b) A poderosa influência de Agostinho* não permitiu que essa forma de universalismo reconquistasse popularidade até a Reforma*, quando foi adotada por alguns dos reformadores radicais extremados (ver Reforma Radical*), sendo condenada, mais uma vez, no capítulo 17 da Confissão de Augsburgo.

c) O universalismo contemporâneo originou-se basicamente de Schleiermacher* (com alguns predecessores no século XVII). Ele argumentava que: 1) o amor soberano de Deus deve ser compelido a salvar posteriormente a todos; 2) o céu seria deteriorado se seus habitantes fossem obrigados a testemunhar os sofrimentos eternos dos condenados. A teologia inglesa do século XIX debateu esses tópicos com algum repúdio. Muitos foram os teólogos que se afastaram da doutrina tradicional do inferno

UNIVERSALISMO

1180 ■

sem formular uma alternativa consistente, alguma opção para a "imortalidade condicional", que pudesse evitar o segundo argumento de Schleiermacher; outros escaparam para a ideia de uma segunda oportunidade após a morte, que relevasse a primeira. A noção de crescimento e desenvolvimento espiritual contínuo, que tem influenciado muito o universalismo contemporâneo, tem uma bom grau em comum com o evolucionismo do movimento romântico*. Alguns grupos universalistas fundaram novas igrejas no século XIX, cujos membros de algumas, mais tarde (1961), uniram-se a grupos unitaristas*.

d) Nos dias de hoje, o universalismo tem-se estendido mais além, parcialmente devido a um afrouxamento da autoridade bíblica. Em termos estritos, embora nem Barth* nem Brunner* tenham ensinado o universalismo propriamente, ambos o sustentaram como uma possibilidade para a qual alguém poderia ter esperança. Tillich*, por sua vez, considerou o inferno como um símbolo que tinha perdido seu caráter de "condenação eterna". Recentemente, J. Hick* tem argumentado que somente o universalismo pode fazer sentido em relação ao sofrimento mundial e evitar que o cristianismo se torne triunfalista em sua atitude para com outras religiões. Em uma das variedades de moderna teologia católica, os adeptos de tal crença são considerados "cristãos anônimos" (Rahner*), a despeito do fato de estarem em erro ou serem suas religiões versões dissimuladas da verdade. No universalismo moderno, a atração é quase sempre um ensino evidente de passagens como Romanos 11.32, sustentado como que em tensão com passagens que predizem o juízo final*, recorrendo-se à ideia das eras ilimitadas de tempo futuro, após a morte, durante as quais o amor de Deus poderá levar todas as pessoas a aceitarem livremente a salvação oferecida. Em escritores como Hick, a doutrina está conectada a uma considerável relativização das alegações cristãs tradicionais, *e.g.*, a respeito da divindade de Cristo.

Os argumentos que podem ser reunidos contra essa segunda espécie de universalismo são como se seguem:

a) A evidência bíblica para a certeza do julgamento futuro e condenação de, ao menos, alguns é extremamente forte, o suficiente para funcionar como advertência, mesmo a cristãos professos (1Co 3.12-15; 10.12); e os textos comumente tidos como que ensinando o universalismo podem ser explanados como outras explicações bem mais prováveis. Não há autorização bíblica para a ideia de uma "segunda oportunidade" após a morte.

b) A segunda espécie de universalismo mina a primeira (que é claramente escriturística), no sentido de que faz do cristianismo um caminho, ou uma família, entre muitos. Isso vem a comprometer a cristologia*, a doutrina do Espírito Santo*, e o próprio monoteísmo — por proporcionar, na melhor das hipóteses, uma alternativa radicalmente diferente ao monoteísmo bíblico, ao considerar todos os deuses adorados no mundo, incluindo o Deus de Abraão, Isaque e Jacó, e Pai de Jesus Cristo, como manifestações diferentes de um só Deus, que está por trás de todos,

UTILIDADE E UTILIZAÇÃO DA LIBERDADE CRISTÃ

visão que detém alguns ecos, pelo menos, da abominação do bezerro de ouro (Êx 32.4).

c) A responsabilidade dos seres humanos em escolher obedecer ao seu Deus Criador é seriamente minada pelo universalismo (isto é mais do que simplesmente dizer que o universalismo corta o nervo da evangelização* e da exortação moral, embora possa também ser verdadeiro). Uma doutrina do inferno pode, assim, ser parte da afirmação de ser da intenção de Deus deixar suas criaturas exercerem à vontade sua responsabilidade humana. O cristianismo ortodoxo não precisa cair no dualismo*, corretamente rejeitado no universalismo, de ver o inferno como uma espécie de campo de concentração no meio do céu. Escolher aquilo que não é Deus é escolher aquilo que distorce, fragmenta e definitivamente destrói a genuína humanidade em si.

d) O universalismo, particularmente sua variedade moderna, tende a reduzir a seriedade do pecado*. Em uma época como a atual, que testemunha o mal moral em proporções e dimensões assustadoras, uma falha em condenar absolutamente seria evidência de cegueira moral básica.

e) Embora uma teologia bíblica não proíba a noção de que alguns possam adorar o verdadeiro Deus e genuinamente até servi-lo sem nem mesmo ter ouvido a mensagem do evangelho (de acordo com alguns, Rm 2.14-16), não é encorajadora a ideia de que possa haver um grande grupo de tais pessoas.

Ver também CRISTIANISMO E OUTRAS RELIGIÕES; ESCATOLOGIA.

Bibliografia

R. Bauckman, N. T. Wright *et al.*, *in: Them* 4:2 (1979), p. 48-69; J. Hick, *Evil and the God of Love* (London, [2]1977); *idem, God and the Universe of Faiths* (London, [2]1977); *idem, Death and Eternal Life* (London, 1976); C. S. Lewis, *The Problem of Pain* (London, 1940); J. A. T. Robinson, *In The End, God* (London, [2]1968); G. Rowell, *Hell and the Victorians* (Oxford, 1974); D. P. Walker, *The Decline of Hell* (London, 1964).

N.T.W.

UTILIDADE E UTILIZAÇÃO DA LIBERDADE CRISTÃ. A liberdade cristã difere da liberdade política ou civil, pois pode ser desfrutada até por aqueles política ou civilmente escravos ou súditos de regimes despóticos. Jesus foi enviado, disse Ele, "para proclamar liberdade aos presos" [ou: "anunciar liberdade aos cativos" (Lc 4.18, citando Is 61.1). A humanidade está sujeita a várias espécies de escravidão, e a liberdade envolve, naturalmente, a libertação de todo e qualquer cativeiro. Jesus, porém, recusou a se tornar um líder de meros combatentes pela liberdade política, dispostos à luta e à resistência apenas contra os opressores romanos (Jn 6.15). Paulo encoraja os escravos cristãos a reconhecerem a si mesmos, antes de tudo, como homens e mulheres livres no Senhor (1Co 7.22). A liberdade para a qual "Cristo nos libertou" (Gl 5.1) é apresentada por Paulo como a liberdade do pecado* e liberdade da lei*.

O pecado é mostrado por Paulo como um senhor de escravos, os quais somente podem ser libertados

UTILIDADE E UTILIZAÇÃO DA LIBERDADE CRISTÃ

pela morte ou por se tornarem propriedade de outro Senhor, mais poderoso. O pecado, ou o mal, é um carcereiro que não solta facilmente seus prisioneiros — mas Cristo, mais poderoso, invadiu essa prisão e os libertou. O cristão é liberto mediante "morrer a morte de Cristo" e ser ressuscitado com ele, para viver então como servo *voluntário* de Deus.

Tanto quanto a libertação do pecado, a libertação da lei, para Paulo, era igualmente essencial à salvação. O pecado se servia da lei como meio de levar o homem a desobedecer a Deus, de modo que o fazia incorrer na culpa e na condenação à morte, que recaíam sobre todo aquele que violasse a lei (Rm 7.11). A libertação dessa sentença implica, portanto, liberdade tanto da lei quanto do pecado. A lei é ainda vista pelo apóstolo, sob outro ângulo, positivamente — como tutor que nos acompanha até aceitarmos a Cristo, quando então alcançamos um estado de "maioridade", em que "não estamos mais sob o controle do tutor" (Gl 3.24). Com a aceitação do evangelho, portanto, não se necessita mais da lei e se pode desfrutar da liberdade dela. Essa liberdade da lei não representa, porém, de modo algum, um paradoxo, um antinomianismo (ver Lei e Evangelho*): o cristão se torna capacitado a fazer voluntariamente ou "de coração a vontade de Deus" (Ef 6.6), em vez de buscar alcançar conformidade tão somente com a lei ou com códigos externos. Na verdade, as exigências justas da lei são satisfeitas, ou cumpridas, tal como o fez Jesus, por aqueles que "andam não de acordo com a carne, mas de acordo com o Espírito" (Rm 8.4).

Servir a Deus e ao próximo não é incompatível com a liberdade cristã; é nesse serviço, voluntário, que a perfeita liberdade justamente consiste. "Porque, embora seja livre de todos", diz Paulo, "fiz-me escravo de todos, a fim de ganhar o maior número possível de pessoas [...] Tornei-me tudo para com todos, para de alguma forma salvar alguns. Faço tudo isso por causa do evangelho, para ser coparticipante dele" (1Co 9.19, 22-23). "O cristão é o mais livre senhor de todos, não sujeito a quem quer que seja; o cristão é o servo mais submisso de todos, sujeito a todos" (Martinho Lutero, *A liberdade de um cristão*).

A liberdade cristã está sujeita somente ao constrangimento, autoimposto, de caridade cristã. Ninguém pode ditar o que o cristão deve fazer em assuntos de menor importância, como, por exemplo, a comida que deve ingerir ou a observância de determinadas datas especiais (ver Adiáfora*). Ele próprio deve apenas limitar sua liberdade voluntariamente, se o exercício desta puder afetar ou prejudicar a vida espiritual dos outros. Em suma, a verdadeira liberdade espiritual não conduz o cristão a atitudes ou ações que o escravizem, nem encoraja a práticas geralmente inúteis e que não levam à edificação sadia de sua comunidade.

A liberdade da lei, por outro lado, não é liberdade para pecar: isto seria mudar uma escravidão pela outra. O legalismo é inimigo da verdadeira liberdade; mas o abuso e a licenciosidade também. "Ora, o Senhor é o Espírito, e onde está o Espírito do Senhor, ali há liberdade" (2Co 3.17).

Essa liberdade será, enfim, consumada na nossa ressurreição, quando "a própria natureza criada será libertada da escravidão da decadência em que se encontra, recebendo a gloriosa liberdade dos filhos de Deus" (Rm 8.21).

Bibliografia
E. Käsemann, *Jesus Means Freedom* (TI, London, 1969); P. Richardson, *Paul's Ethic of Freedom* (Philadelphia, 1979); C. Spicq, *Charité et liberté selon le Nouveau Testament* (Paris, 1964); W. C. van Unnik, *The Christian's Freedom of Speech in the New Testament*, BJRL 44, 1961-1962, p. 466-488.

F.F.B.

VALDENSES. Também chamados de valdensianos ou vaudois, eles são os adeptos de um movimento evangélico ocorrido na Europa no século XII, que começou no contexto do catolicismo, foi repudiado por sucessivos papas, tornou-se cismático e sofreu severa perseguição da Igreja e do Estado, tanto antes como depois da Reforma. Sobrevive até hoje, principalmente nos Alpes Cótios, a oeste de Turim. Semelhante em estilo e inspiração ao movimento dos franciscanos*, de uma geração depois, foi fundado por Pedro Valdo, rico mercador de Lyon, que, em 1173, foi movido pelas palavras de Cristo em Mateus 19.21 para vender tudo o que tinha e dar aos pobres. Ele fez traduzir a parte da Vulgata do NT para o vernáculo, e, a partir de 1177, reuniu ao redor de si homens e mulheres, que se dedicaram a obedecer a Deus e a pregar o evangelho literalmente. Os católicos diziam deles: "Eles saem em grupos de dois, descalços, em roupas de lã, não devendo nada, mas possuindo todas as coisas em comum, como os apóstolos".

Banidos pelo papa Lúcio III em 1184, por pregação não autorizada, esses "Pobres Homens de Lyon" se organizaram numa igreja alternativa que se espalhou largamente pela cristandade latina. Os ministros (chamados *barbes*) eram ordenados bispos, sacerdotes ou diáconos, com votos de pobreza, castidade e obediência. Inicialmente, desviaram-se pouco da ortodoxia católica, mas, mais tarde, negaram-se a prestar qualquer juramento que fosse e o serviço militar, rejeitaram o purgatório* e as indulgências (ver Mérito*), a rezar missa por intenção das almas e outras obras desempenhadas pelos vivos em favor dos mortos. Todavia, guardavam os sete sacramentos do catolicismo, celebravam a eucaristia uma vez por ano, praticavam confissão auricular, faziam penitência e invocavam a Virgem Maria, assim como determinados santos. As mulheres pregavam. A repressão católica foi terrível: só no ano de 1211, cerca de 80 homens e mulheres valdenses foram queimados vivos em Estrasburgo.

Em seu biblicismo, estilo de vida evangélico e condenação dos abusos e mundanidade do catolicismo medieval, os valdenses foram protoprotestantes. Em 1532, em Chanforans, assumiram a causa comum com a Reforma, abrindo mão dos vestígios da prática romana e adotando a doutrina de Genebra da predestinação*. Desde então,

VALDÉS, JUAN DE

têm permanecido como denominação protestante, conhecidos na Itália como *La Chiesa Evangelica Valdése* [Igreja Evangélica Valdense]. Após oposição sanguinária — como o massacre dos valdenses ocorrido no Piemonte em 1655, que provocou até protesto de Cromwell e mereceu um famoso soneto de Milton —, eles receberam liberdade religiosa em 1848 e hoje somam, mundialmente, cerca de 20.000.

Bibliografia

E. Cameron, *The Reformation of the Heretics: the Waldenses of the Alps, 1480-1580* (Oxford, 1984); E. Comba, *History of the Waldenses of Italy, from their Origin to the Reformation* (London, 1889); Th. Kiefner, *Die Waldenser auf ihrem Weg aus dem Val Cluson durch die Schweiz nach Deutschland 1532-1755,* 2 vols. (Göttingen, 1980, 1985); M. D. Lambert, *Medieval Heresy: Popular Movements from Bogomil to Hus* (London, 1977); G. A. Leff, *Heresy in the Later Middle Ages* (Manchester, 1967); *Storia dei Valdési:* vol. 1, A. Molnar (1176-1532); vol. 2, A. A. Hugon (1532-1848); vol. 3, V. Vinay (1848-1978) (Torino, 1984-80); G. Tourn, *The Waldensians — The First Eight Hundred Years,* TI, Camillo P. Merlino *(Torino, 1980);* G. B. Watts, *The Waldenses in the New World* (Durham, NC, 1941).

P.M.J.McN.

VALDÉS, JUAN DE (c. 1498-1541.) Autor católico espanhol de escritos evangélicos, Valdés nasceu em Cuenca e estudou em Alcalá de Henares. Tendo se correspondido com Erasmo*, viria a se tornar um dos líderes espanhóis do pensamento deste. Desentendendo-se com a Inquisição espanhola, por causa do seu *Diálogo de Doctrina Cristiana* [Diálogo de doutrina cristã] (1529), foi declarado herege*, mas escapou das consequências, deixando a Espanha e indo para Roma. Ali, encontrou o favor do papa Clemente VII e foi ordenado sacerdote. Com a eleição, em 1534, do papa Paulo III (a quem ele detestava), Valdés foi para Nápoles, onde permaneceu, em comunhão com a Igreja Católica, até a morte.

A espiritualidade crescente e singular de seus últimos anos deram lugar a algumas experiências profundas, como quando, segundo ele, Cristo lhe foi revelado. Essa revelação se reflete primeiramente em *Alfabeto Cristiano* [Alfabeto cristão] (1536) e depois, plenamente, em seus comentários sobre as Escrituras (Mt, Rm, 1Co, etc.). Valdés viveu como um recluso, ligado ao sobrenatural, mas, mesmo assim, exerceu grande influência sobre um círculo seleto da sociedade, de damas, humanistas* e distintos clérigos: Pietro Carnesecchi (1508-1567), Celio Secundo Curione (1503-1569), Marc Antonio Flaminio (m. 1550), Ochino*, Vermigli* e muitos outros, que ficavam fascinados com o seu ensino. A chave de sua doutrina era a justificação* pela fé (com uma ênfase pré-quacre na "luz interior"), valendo-se, inclusive, de fontes protestantes, especialmente as *Institutas*, de Calvino. Sua principal obra é *The Hundred and Ten Considerations* [Cento e dez considerações] (c. 1540; TI, Oxford, 1638), da qual o original espanhol não sobreviveu.

Ver também: Contrarreforma Católica.

Bibliografia

J. C. Nieto, *Juan de Valdés and the Origins of the Spanish and Italian Reformation* (Genève, 1970).

P.M.J.McN.

VAN TIL, CORNELIUS (1895-1987). Apologista pressuposicional e teólogo, Van Til nasceu em Grootegast, na Holanda, em família calvinista, que migrou para os Estados Unidos em 1905 e se tornou ativa na Igreja Cristã Reformada (holandesa de origem). Estudou no Christian Reformed Calvin College and Seminary [Faculdade e Seminário Cristão Reformado Calvino], em Grand Rapids, MI, continuando sua formação no Princeton Seminary and University [Seminário e Universidade de Princeton]. Nesse seminário, foi discípulo de Geerhardus Vos*, Casper W. Hodge (1870-1937), Robert Dick Wilson (1856-1930), Oswald T. Allis (1880-1973) e J. Gresham Machen*. Na universidade, estudou sob o filósofo idealista personalista A. A. Bowman (1883-1936). Também influente em sua formação em Princeton foi o teólogo bíblico e dogmático B. B. Warfield*.

Em 1925, Van Til casava com Rena Klooster (m. 1978) e em 1927 era ordenado pela Spring Lake Church of Classis Muskegon [Igreja do Presbitério de Muskegon de Spring Lake], em Michigan, que foi o seu primeiro e único pastorado. Ensinou apologética* no Seminário de Princeton em 1928, mas demitiu-se em 1929, juntamente com Wilson, Allis e Machen, ao passar o seminário a ser conduzido por uma junta de diretores teologicamente mais liberal. Naquele mesmo ano, Van Til se tornava um dos primeiros professores do então recentemente organizado Westminster Theological Seminary [Seminário Teológico Westminster], na Filadélfia, que manteve a tradição reformada conservadora do antigo Princeton. Ali permaneceu, lecionando Apologética, até sua aposentadoria em 1975. Era membro da Igreja Presbiteriana Ortodoxa, dos EUA, desde logo após seu início, em 1936.

Da década de 1940 até o final da de 1970, Van Til foi um prolífico escritor. Sua contribuição principal se deu na área de apologética, particularmente com referência a questões fundamentais de metodologia* e estrutura teológicas introdutórias. A abordagem característica de Van Til é o "pressuposicionalismo", que pode ser definido como a insistência sobre uma categoria definitiva de pensamento ou uma estrutura conceitual, que se deve assumir a fim de se fazer uma interpretação sensível da realidade: "A questão entre os crentes e os não crentes no teísmo cristão não pode ser estabelecida diretamente quanto aos 'fatos' ou 'leis' sobre cuja natureza e importância já concordam ambas as partes do debate. A questão diz respeito a estabelecer qual é o ponto de referência definitivo que se requer para tornar os 'fatos' e 'leis' inteligíveis. A questão é quanto ao que os 'fatos' e 'leis' realmente são. São eles o que a metodologia não cristã presume que sejam? São o que a metodologia cristã teísta pressupõe que eles são?" (*Defense of the Faith* [Defesa da fé], Philadelphia, [3]1967).

Não somente para "provar" o cristianismo bíblico, mas também para fazer sentido de qualquer fato

VATICANO

no mundo, Van Til sustenta que se deve pressupor a realidade do Deus triúno "contido em si mesmo" e a revelação "autoatestada" das Escrituras. A partir dessa base, o salvo, então, raciocinará "analogicamente", tentando "pensar os pensamentos de Deus". Significa que os seres humanos podem conhecer verdadeiramente a realidade (porque Deus, a cuja imagem são criados, a conhece verdadeiramente), mas não total e exaustivamente (porque Deus é infinito, e eles são finitos).

O pressuposicionalismo se esforça por demonstrar e convencer aos não salvos, antes de tudo, que, se forem consideradas as pressuposições destes da ocorrência de probabilidades em um universo impessoal, ninguém então poderá se responsabilizar por qualquer espécie de ordem e racionalidade. Procura mostrar, em seguida, que a vida e a realidade fazem sentido somente com base nas pressuposições cristãs.

Van Til critica vigorosamente a abordagem da apologética tradicional, tanto de católicos quanto de protestantes, em deixar de desafiar a visão não cristã do conhecimento, como que permitindo que os pecadores não salvos sejam juízes da realidade suprema, assim como em argumentar meramente quanto às probabilidades do cristianismo. Considerava-se, em seu pressuposicionalismo, alinhado a Kuyper* e Bavinck*, opondo-se ao "evidencialismo" de Tomás de Aquino*, Joseph Butler* e Warfield.

Tanto a apologética de Van Til quanto sua crítica severa a Karl Barth* (como "novo modernista") deram margem a contínua contro-

vérsia. G. C. Berkouwer*, James Daane (n. 1931), J. W. Montgomery (n. 1931), John Gerstner e outros, nas tradições evangélica e reformada, têm escrito detalhadamente contra a posição de Van Til, como tendente ao irracionalismo, ao fideísmo e ao "raciocinar em círculo". Outros estudiosos de Van Til, no entanto, têm buscado desenvolver suas ideias para aplicá-las à teologia e à ética.

Bibliografia

J. Frame, *Van Til the Theologian* (Phillipsburg, NJ, 1976); E. R. Geehan (ed.), *Jerusalem and Athens* (Nutley, NJ, 1971) (inclui bibliografia); R. C. Sproul *et al.*, *Classical Apologetics* (Grand Rapids, MI, 1984); D. Vickers, *Cornelius Van Til and the Theologian's Theological Stance* (Wilmington, DE, 1976); W. White, *Van Til, Defender of the Faith* (Nashville, TN, 1979).

D.F.K.

VATICANO, ver Concílios; Papado; Teologia Católica Romana.

VERDADE. No original do AT, o hebraico *'emet* significa fidelidade, confiabilidade, qualidade moral atribuída tanto a Deus (e.g., Sl 86.15; 132.11; Jr 42.5) como aos seres humanos (e.g., Êx 18.21; Js 24.14). Nesse seu uso básico, destaca-se a atribuição da verdade a ditos e ensinos (e.g., Sl 15.2; 25.5; Zc 8.16). No NT, o termo grego *pistos* continua a ideia de fidelidade (e.g., Mt 24.45; 1Co 1.9), mais explicitamente até do que o faz *alētheia*, palavra e seus cognatos que são mais aplicados a ditos confiáveis e a ensinos verdadeiros (e.g., Mt 22.16; Jo 3.33; 8.44-46).

VERIFICAÇÃO E FALSIFICAÇÃO

De modo significativo, no entanto, a antítese de "verdade" não é apenas "erro", mas, sobretudo, "mentira" ou "engano" (e.g., Rm 1.25; Ef 4.25; Tt 1.14). Uma afirmação verdadeira não é apenas acurada, levando a uma espécie de aquiescência destacada; é inteiramente confiável, digna de confiança e comprometimento pessoal.

A filosofia ocidental tem dado mais atenção à verdade como uma propriedade de afirmações do que ao sentido bíblico de verdade como atributo pessoal. Isso deu surgimento a uma ênfase na pesquisa objetiva e no realce ao assentimento, mais do que na total confiança pessoal; a principal exceção é Kierkegaard*. Como resultado dessa ênfase, a verdade é geralmente definida como a correspondência de uma ideia ao objeto, uma correlação positiva entre uma proposição e o estado de coisas ao qual se refere. O Iluminismo* trouxe expectativas paracientíficas para a precisão e prova de todas as questões de conhecimento e verdade. Os idealistas* hegelianos* romperam com essa tradição, definindo a verdade como a coerência de um conceito dentro do conceito geral do ser. Do ponto de vista teísta*, contudo, em que a referência máxima da verdade está no conhecimento perfeito de Deus e em que Deus transcende à perfeição a criação, que ele conhece, uma espécie de teoria de correspondência parece mais apropriada. A ênfase bíblica na confiabilidade e fidelidade deveria ser ainda distinguida das expectativas do Iluminismo de precisão e realce pessoal.

A verdade como correspondência dá ênfase à referência extramental e extralinguística daquilo que é pensado ou dito. Para possibilitar esse ponto de referência das verdades universais (distintas das particulares), os filósofos medievais falavam da verdade ontológica: a realidade objetiva dos arquétipos universais ideais, que se distinguem dos particulares que os exemplificam (ver Platonismo*). Assim, falar de justiça ou da natureza humana é se referir às suas formas ideais, como na filosofia grega, em vez de oferecer generalizações empíricas ou abstrações mentais. Os medievais, contudo, foram além dos gregos em localizar esses arquétipos universais na mente de Deus — referência teísta suprema da verdade.

Três sentidos de verdade daí resultam: 1) verdade moral ou pessoal; 2) verdade cognitiva ou proposicional; 3) verdade ontológica — o modo grego e medieval de dar às verdades universais um ponto de referência extramental.

Ver também EPISTEMOLOGIA.

Bibliografia

A. F. Holmes, *All Truth is God's Truth* (Leicester, 1977); R. Nicole, The Biblical Concept of Truth, *in:* D. A. Carson & J. D. Woodbridge (eds.), *Scripture and Truth* (Grand Rapids/ Leicester, 1983); A. C. Thiselton, *NIDNTT* III, p. 874-902; G. Quell *et al.*, *TDNT* I, p. 232-250; Tomás de Aquino, *Summa Theologica* I: 15-17.

A.F.H.

VERIFICAÇÃO E FALSIFICAÇÃO. A

verificação é simplesmente o procedimento feito para determinar se uma afirmação é verdadeira ou

VERIFICAÇÃO E FALSIFICAÇÃO

falsa. Os testes usuais da verdade de uma afirmação são a coerência, correspondência com a realidade e pragmatismo. A visão da coerência diz que uma afirmação é verdadeira porque se encaixa ou concorda com todas as outras afirmações. A teoria da correspondência declara que as afirmações verdadeiras são aquelas que correspondem exatamente à realidade ou a descrevem como ela é. A teoria pragmática afirma que o que é verdadeiro é o que opera em termos práticos. Na filosofia moderna, a escola positivista* lógica baseada no Círculo de Viena produziu um esquema para verificação e falsificação.

Positivismo lógico e empirismo

Os positivistas, seguindo a abordagem empírica* do conhecimento, enfatizam que para qualquer sentença ser significativa deve expressar uma afirmação ou proposição que seja analítica (verdadeira por definição, por necessidade, ou *a priori*) ou empiricamente verificável. As afirmações empiricamente verificáveis estão assim, *a posteriori*, ligadas a fatos contingentes, conhecidos somente pela experiência dos sentidos. Essa divisão foi usada pelos positivistas para dispensar a teologia e a metafísica como não tendo significado, empregando o "princípio da verificação".

O princípio da verificação (da verificabilidade)

Esse princípio declara que uma afirmação é significativa se, e somente se, puder ser verificada pela experiência dos sentidos. As afirmações em lógica* e matemática são significativas, em uma base de análise, por serem verdadeiras por definição, embora sem dar informação alguma a respeito do mundo real. As afirmações do fato científico ou empírico são significativas porque podem ser testadas por experiência dos sentidos. As afirmações de ética e estética não são, literalmente, significativas, mas, sim, expressam sentimentos, atitudes, gostos, preferências e a resposta emocional de uma pessoa. Essa abordagem desenvolveu, no positivismo e no empirismo, a "teoria" emotiva da ética, que sugere que todos os julgamentos éticos são expressões do sentimento e tentativas de provocar sentimentos similares em outros. As afirmações da metafísica (*e.g.*, sobre a realidade ou criação) ou da teologia são, literalmente, sem significado. Constituem expressões tanto do gosto pessoal quanto do absurdo. Não podem ser verdadeiras, nem são objetivas, de acordo com o princípio da verificação. A filosofia não pode fazer afirmativas além daquilo que é claramente observável, a não ser somente para esclarecer o que seja significativo na esfera do aqui e agora do fato científico.

Essa posição parecia dar vitória ao empírico e rejeitar as alegações da verdade pela religião e pela teologia. Contudo, o princípio da verificação logo revelou ter problemas. Foi debatido se seria aplicável a sentenças, afirmações ou proposições e como se poderia separar esses níveis diferentes. A condição do princípio era altamente duvidosa nesse particular. Se o princípio da verificação fosse submetido às suas próprias regras, falharia na prova. Assim, era, literalmente, sem significado. Não se poderia argumentar que a afirmação fosse verdadeira

VERIFICAÇÃO E FALSIFICAÇÃO

por definição, pois poderia ser posta em dúvida ou rejeitada sem contradição. Os positivistas tentaram salvaguardá-lo como uma recomendação para ação ou um primeiro princípio assumido, mas isso rescendia a uma apelação.

O princípio também excluía áreas que o positivismo-empirismo gostaria de incluir. Afirmações históricas, como "César cruzou o Rubicão", não poderiam mais ser testadas, porque tinham ficado no passado. Do mesmo modo, e mais gravemente, todas as alegações de forma universal não poderiam ser verificadas. Significava que todas as afirmações ou leis científicas gerais jamais poderiam ser inteiramente verificadas, porque nunca realizamos até a exaustão todas as experiências possíveis dos sentidos e pode existir uma exceção nos esperando na próxima experiência. Assim, ao excluir a religião, a teologia e a metafísica, foram também eliminadas as afirmações científicas e históricas.

Isso levou a tentativas de adaptar o princípio a partir de um forte senso de verificação para um senso mais fraco. Esse senso mais fraco argumentava que uma afirmação é sem significado se, e somente se, soubermos como verificá-la, *em princípio*, pela experiência dos sentidos. Essa versão mais fraca parecia apresentar uma ameaça a menos, pois, enquanto estivesse disponível alguma espécie de verificação, isso satisfaria a condição do "em princípio".

A. J. Ayer (1910-1989) e R. Carnap (1891-1970) tenderam a querer conduzir a verificação na direção da testabilidade e da confirmabilidade. Já Karl Popper (1902-1984)

enfatizou a possibilidade de algo ser falso.

Princípio da falsificação

Seguindo o modelo da ciência natural, Popper percebeu que as afirmações universais não poderiam ser verificadas, mas poderiam ser falsificadas por contra exemplos. Na verdade, a progressão natural na ciência é desenvolver uma hipótese e, depois, testá-la mediante a tentativa de sua desaprovação devido a uma ou mais contingências negativas. Em certo sentido, quanto mais falsificável for uma hipótese, mais valiosa provavelmente ela se torna. Se nenhuma contingência negativa der resultado, podemos confiar na afirmativa da hipótese. Inclui-se nesse fato o reconhecimento de que tanto a aceitação quanto a rejeição da hipótese são sempre temporárias e incompletas. Esse procedimento não pode estabelecer a verdade de leis científicas, nem diz respeito a áreas não científicas como a teologia e a metafísica, exceto que elas não são ciência. O máximo que se pode obter para as leis científicas com o uso do método de falsificação é a *probabilidade*, muito aquém da *certeza*, que seria o alvo ideal do positivista lógico e do empirista.

Movimentos recentes

Enquanto a teologia tem continuado a ser atacada e defendida com base nos princípios da verificação e da falsificação, a filosofia moderna tem tendido a se afastar da verificação estrita para uma abordagem, muito mais ampla, de análise linguística e conceitual. Na filosofia da religião, muito tem sido feito com a abordagem do tipo "Não

VERMIGLI, PIETRO MARTIRE 1190 ■

pergunte pelo significado, mas pelo uso", baseada no mais recente pensamento de Wittgenstein*. Isso parece permitir que a religião e a teologia funcionem em seus próprios termos imunes aos critérios externos ou da crítica. É dentro do próprio círculo teológico que o significado e a verdade devem ser procurados e encontrados. A Bíblia, no entanto, não teme encarar a fé cristã em termos de verdade ou falsidade. Os cristãos simplesmente proclamam sua fé e oferecem evidências em apoio a ela. Paulo, por exemplo, argumenta que, se Cristo não ressuscitou dentre os mortos, então o cristianismo é vão e os cristãos precisariam da compaixão alheia. Essa declaração paulina é caso típico do uso de negação ou falsificação. Os cristãos precisam, enfim, desenvolver cada vez mais critérios apropriados de verdade e falsidade, ortodoxia e heresia*, que permitam serem feitas as alegações da verdade e reforcem a difusão do evangelho e a defesa da fé.

Ver também LINGUAGEM RELIGIOSA.

Bibliografia

A. J. Ayer, *Language, Truth and Logic* (London, ²1946); K. Popper, *Logic of Scientific Discovery* (TI, London, 1959); F. Waismann, Verifiability, *in:* A. Flew (ed.), *Logic and Language* (Oxford, 1951); J. Wisdom, *Philosophy and Psycho-analysis* (Oxford, 1953). Ver também Bibliografia de Positivismo Lógico.

E.D.C.

VERMIGLI, PIETRO MARTIRE (1499-1562). Reformador protestante italiano, nasceu em Florença e morreu em Zurique. Filho de um sapateiro, entrou para os Cônegos Regulares de Santo Agostinho, na Congregação de Latrão, em Fiesole, em 1514, fazendo votos em 1518. Cursou entre 1518-1526 a Universidade de Pádua, onde aprendeu grego e obteve doutorado; mais tarde, aprendeu hebraico em Bolonha.

Abade em S. Pietro ad Aram, Nápoles (1537-1540), recebeu influência de Juan de Valdés*, que lhe ensinou mais perfeitamente o caminho de Deus. Eleito em 1541 prior de S. Frediano, em Lucca, posição de considerável importância, deu início a uma série de reformas, tanto educacionais como eclesiásticas, de grande alcance; chamado, porém, a prestar contas de suas ações, resolveu renunciar a seus votos, fugindo, em 1542, para Zurique, um domínio protestante.

Após cinco anos junto a Bucer*, em Estrasburgo, onde expôs o AT e casou com uma ex-freira de Metz, Vermigli foi convidado, em 1547, a ir para a Inglaterra, por Cranmer (ver Reformadores Ingleses*), onde foi designado professor régio de Teologia em Oxford e cônego da Christ Church. Em maio de 1549, suas preleções sobre 1Coríntios provocariam famosa controvérsia sobre a eucaristia, descrita nos *Acts and Monuments* [Atos e marcos], de John Foxe. No ano seguinte, envolvia-se em outra controvérsia, a das vestes. Vermigli colaborou com Cranmer na revisão da liturgia anglicana (sendo sua parte do culto a da comunhão, de 1552), na reforma das leis eclesiásticas e na formulação dos Quarenta e Dois Artigos (em que lhe é atribuída a afirmação sobre predestinação). Com a ascensão da rainha católica Maria Stuart ao trono da Inglaterra, foi-lhe permitido retornar a Estrasburgo. Em 1556, era convidado a ir para Zurique, onde ocuparia a cátedra de Hebraico até sua morte. Sua última ação destacada foi participar do Colóquio de Poissy, em 1561, quando, falando em dialeto toscano, procurou persuadir sua conterrânea de Florença, Catarina de Médici, a aderir ao protestantismo.

Vermigli influenciou o desenvolvimento da Reforma, tanto por vias visíveis como ocultas. Diferentemente da maioria de seus compatriotas exilados, tornou-se e permaneceu um baluarte da ortodoxia bíblica. Foi amigo e confidente de Bullinger* e Calvino* e pai espiritual de muitos dos exilados da Inglaterra, foragidos da opressão da rainha — especialmente John Jewel (1522-1577), que viveu sob seu teto em Estrasburgo e Zurique. Por causa de seu aconselhamento judicioso, calmo, informado e equilibrado, sua opinião era constantemente consultada em muitas questões da época. A influência que exerceu sobre a rainha Elizabeth I e o estabelecimento da Reforma na Inglaterra foram, de fato, inestimáveis.

Profundo conhecedor de três idiomas clássicos, era excelente em erudição patrística*, ao mesmo tempo que sua formação aristotélica* em Pádua o tornou admirável polemista. Escreveu muito e foi erudito exegeta. Seus comentários sobre as Escrituras têm permanecido por séculos obras-primas de referência protestante. Sua principal contribuição para a Reforma, todavia, foi na área da doutrina eucarística*, e sua *Defensio* [Defesa] contra Stephen Gardiner tem sido considerada o tratado de maior peso sobre o assunto na época. Calvino declarou que "toda [a doutrina da eucaristia] foi desenvolvida por Pietro Martire, que mais nada deixou para ser feito".

Vermigli ensinava que um sacramento* é uma obra de Deus, do começo ao fim, consistindo, mais que um determinado ato, em uma relação dinâmica entre duas realidades distintas. Na eucaristia, essas duas realidades são: o fundamento (o pão e o vinho sobre a mesa) e a finalidade (o corpo de Cristo vivo, no céu). O sacramento resulta da concorrência de três fatores: a instituição histórica de Cristo, a palavra de Deus na consagração e o poder do Espírito na recepção. Empregando uma distinção sutil, mas consistente, sustentava que o crente, verdadeira e espiritualmente (mas não "real" e corporalmente), se alimenta da carne e do sangue glorificados de Cristo, na participação, na ceia, dos elementos consagrados. Esses elementos não sofrem mudança de substância, tornando-se, na eucaristia, não o corpo e o sangue de Cristo, mas o sacramento, a consagração, de seu corpo e sangue. Os signos do pão e do vinho são elevados à dignidade de palavras visíveis de Deus, ao serem transformados em instrumento do Espírito. Todavia, *sacramentum est tantum in usu* ("o sacramento existe somente em seu uso"), significando que a eucaristia é um evento que simplesmente acontece, e não um objeto em si para ser venerado ou preservado; e acontece somente quando recebida em fé. Daí, o que for *manducatio impiorum* ("comido pelo ímpio") nada é como sacramento, ou seja,

VISÃO DE DEUS
1192

não é absolutamente o evento. Para o crente, no entanto, tomar a ceia é um *duplex manducatio* ("comer duplamente"): enquanto, com a boca, ingere os símbolos exteriores, o pão e o vinho, no mesmo ato, com seu espírito, ganha o verdadeiro corpo de Cristo, no céu.

Bibliografia
M. W. Anderson, *Peter Martyr, A Reformer in Exile (1542-1562): A Chronology of Biblical Writings in England and Europe* (Nieuwkoop, 1975); S. Corda, *Veritas Sacramenti: A Sudy in Vermigli's Doctrine of the Lord's Supper* (Zurich, 1975); J. P. Donnelly, *Calvinism and Scholasticism in Vermigli's Doctrine of Man and Grace* (Leiden, 1976); R. M. Kingdon, *The Political Thought of Peter Martyr Vemigli: Selected Texts and Commentary* (Genève, 1980); J. C. McLelland, *The Visible Words of God: An Exposition of the Sacramental Theology of Peter Martyr Vermigli, AD 1500-1562* (Edinburgh/London, 1957); *idem* (ed.), *Peter Martyr Vermigli and Italian Reform* (Waterloo, Ontario, 1980); P. M. J. McNair, *Peter Martyr in Italy: An Anatomy of Apostasy* (Oxford, 1967).

P.M.J.McN.

VISÃO DE DEUS. A visão de Deus, também chamada de visão beatífica, é uma das definições clássicas do objetivo escatológico* da humanidade.

A ideia de que o destino supremo do justo é ver Deus face a face tem suas raízes no AT (Sl 17.15), sendo conhecida no judaísmo intertestamentário (*4 Esdras* 7.98), de onde foi levada para o NT. Deve parte à corte oriental, em que o rei era normalmente inacessível, mas seus auxiliares pessoais próximos tinham o privilégio de desfrutar de sua presença direta (Ap 22.3-4). Há também um contraste entre o conhecimento de Deus indireto, fragmentário e obscuro, que temos nesta vida, e a apreensão clara e direta de Deus, como ele realmente é, a que aspiramos (1Co 13.12).

As qualificações morais para desfrutar da visão de Deus são enfatizadas no NT (Mt 5.8; Hb 12.15; 1Jo 3.3). Enfim, a crença de que a glória de Deus revela-se em Cristo (Jo 14.9; 2Co 4.6) torna a manifestação do Senhor, em sua *parousia*, o veículo da visão escatológica de Deus (1Jo 3.2).

O mundo pagão para o qual o cristianismo primitivo se espalhou também aspirava a uma visão de Deus, na forma pela qual era considerada segundo a tradição platônica (*cf.* Neoplatonismo*). Isso influenciou o desenvolvimento do pensamento patrístico e medieval a respeito da visão de Deus, com alguns resultados não muito felizes. Em lugar de um contexto de comunhão pessoal com Deus, a que pertence a noção bíblica da visão de Deus, a influência platônica promoveu um entendimento dessa visão mais puramente intelectual e individualista, como uma contemplação intelectual do ser eterno, antecipada, nesta vida, em êxtase místico* solitário. Juntamente com essa ideia, surgiu a distinção grega entre contemplação e ação, criando uma tensão no cristianismo medieval entre a busca da visão de Deus na vida contemplativa, que requeria a retirada da pessoa da sociedade em torno, e a prática do amor ao próximo na vida comum e ativa. A forma platônica da visão de Deus também tendeu a relativizar a encarnação. Sendo a visão beatífica considerada simplesmente como alvo da fuga monástica do mundo, da disciplina ascética e das formas excessivamente platônicas do misticismo, os reformadores e a maioria da teologia protestante basicamente deixaram de lado a ideia da visão de Deus; ao fazê-lo, contudo, negligenciaram quanto a um elemento importante na esperança escatológica do NT, perdendo alguns dos mais valiosos enfoques da teologia e da espiritualidade medievais.

Na teologia ocidental medieval, a visão beatífica foi definida como uma visão direta, intuitiva e intelectual da essência de Deus, enquanto a Igreja oriental negava que Deus pudesse ser visto em sua essência (ver Teologia Ortodoxa Oriental; Hesicasmo*; Controvérsias Iconoclastas*). O Concílio de Viena (1311-1312) e a teologia escolástica insistiram em que os poderes naturais do intelecto são incapazes da visão de Deus, que é um dom sobrenatural da graça divina ao fiel após a morte. Uma controvérsia sobre ideias do papa João XXII (1316-1334) levou ao decreto do Concílio de Florença (1439) de que a visão beatífica é desfrutada pelos redimidos no céu antes do juízo final.

A doutrina da visão de Deus devidamente entendida ensina que o próprio Deus é o objetivo supremo da vida humana e que há de ser conhecido pelos redimidos no céu, em um relacionamento imediato, envolvendo a totalidade dos salvos, satisfazendo infinitamente tanto o seu amor à beleza como o seu amor à verdade, como objeto de toda a sua atenção e a fonte de toda a sua alegria. Como Agostinho (*Cidade de Deus* XXII.29) bem reconhece, a visão de Deus não excluirá, mas, sim, incluirá a vida corporativa dos redimidos e a realidade da nova criação; pois na nova criação todas as coisas e todo o povo refletirão a glória de Deus, e ele será visto em tudo.

Bibliografia

G. C. Berkouwer, *The Return of Christ* (Grand Rapids, MI, 1972); A. E. Green, *NCE* II, p. 186-93; K. E. Kirk, *The Vision of God* (London, 1931); V. Lossky, *The Vision of God* (London, 1963); J. Moltmann, *Theology and Joy* (London, 1973).

R.J.B.

VITORINO (AFER), CAIO MÁRIO (fl. 350-365). Cristão neoplatonista da África, mais conhecido como Afer, foi retórico famoso em Roma. Como pagão, escrevera obras de retórica e lógica (a maioria delas, perdida), incluindo traduções ou comentários de Aristóteles, Cícero e dos neoplatonistas Plotino e Porfírio (ver Aristotelismo*; Platonismo*). Representou, assim, ligação importante entre os mundos do pensamento grego e latino. Sua corajosa conversão ao cristianismo, já na vida madura (c. 355) viria a impressionar Agostinho* (*Confissões* VIII, ii. 3 — v. 10), que havia lido suas traduções neoplatônicas. Já cristão, perdeu sua cátedra de mestre sob o imperador pagão Juliano, em 362.

As obras cristãs de Vitorino/Afer que sobreviveram compreendem: três tratados contra o arianismo* (*A Cândido, sobre a geração do Verbo Divino; Contra Ário;* e *Aceitação*

VITORINOS

da homoousios [consubstanciação do Filho com o Pai na Trindade]); comentários sobre Gálatas, Efésios e Filipenses; e hinos. Escreveu também contra o maniqueísmo* e sobre as Escrituras. Foi talvez o primeiro teólogo sistemático da Trindade* (*cf*. P. Henry, *JTS*, 1950, p. 42-55), principalmente em termos metafísicos, mais que em termos escriturísticos, inclusive quanto a um trinitarismo "psicológico", semelhante ao de Agostinho. Sua importância reside também em ter sido pioneiro na síntese cristã-neoplatônica, em que estendeu o neoplatonismo numa tentativa, não totalmente bem-sucedida, de acomodá-lo à fé de Niceia (ver Concílios*). Apesar da complexidade, por vezes obscura, de seu pensamento, ele fez brilhar o caminho para o platonismo cristão no Ocidente.

Bibliografia
Obras trinitárias, *in: Sources Chrétiennes* 68-69, TI *in:* FC 69; comentário paulino, *in:* A. Locher (ed.), *Bibliotheca Teubneriana* (Leipzig, 1972), TI; R. A. Markus, *in: CHLGEMP*, p. 329-340.

D.F.W.

VITORINOS. Grupo de comentadores, poetas, exegetas e escritores místicos do século XII, que faziam parte dos assistentes da Igreja da Abadia de São Vítor, nos subúrbios de Paris. Viviam em comunidade e obedeciam a uma série de instruções ascéticas*, atribuídas a Santo Agostinho*. A comunidade foi constituída em escola em 1108, por Guilherme de Champeaux (c. 1070-1121), professor de Abelardo*, adotando regulamento próprio sob

seu primeiro abade, Gilduin (1135-1153). Os vitorinos tiveram ampla influência sobre diversas comunidades religiosas e mosteiros, na França, Itália, Alemanha, Inglaterra, Dinamarca e Irlanda. Visando a um equilíbrio entre a vida monástica e dedicação à erudição, serviam cultural e educacionalmente à população estudantil de Paris, procurando transmitir uma síntese do então novo ensino das escolas medievais com a tradicional abordagem dos pais da Igreja. Essas atividades, criam eles, deveriam se centrar, sobretudo, na contemplação de Deus e no amor a ele.

Os integrantes mais famosos da escola foram Adão de São Vítor (*c*. 1110-*c*. 1180), poeta lírico e liturgista; Hugo de São Vítor (*c*. 1096-1141), comentador bíblico, que estabeleceu um método de estudo das Escrituras, em sua obra *Didascalion*; Ricardo de São Vítor (c. 1123-1173), escritor espiritual, que enfatizava o significado místico das Escrituras; e André de Wigmore (m. 1175), exegeta que se concentrava no estudo literal da Bíblia.

Bibliografia
F. Copleston, *A History of Philosophy*, vol. 2:1 (Westminster, MD, 1950); J. Leclerq *et al.*, *A History of Christian Spirituality*, vol. 2 (London, 1968); B. Smalley, *The Study of the Bible in the Middle Ages* (Oxford, ²1952).

R.G.C.

VINCENT DE LÉRINS, ver Catolicidade.

VOCAÇÃO. No AT, chamado de Deus para uma pessoa ou pessoas específicas, e.g., Abraão, Moisés,

VOLTAIRE (FRANÇOIS-MARIE AROUET)

os profetas, o povo de Deus; no NT, chamado para seguir a Jesus, ou para a salvação.

O problema é como cumprir esse chamado no mundo. Lutero*, em particular, empenhou-se nessa questão, rejeitando três soluções falsas: 1) a distinção monástica e medieval entre preceito (para os monges) e aconselhamento (para os leigos); 2) repúdio sectário à lei civil e recusa em assumir responsabilidades de governo; 3) o papel político da Igreja medieval como estrutura de poder secularizada. Ele argumentou em favor da distinção do NT entre o reino de Deus* e o reino deste mundo (Deus e César): no reino de Deus, somente a fé prevalece; no reino do mundo, somente o amor ao próximo. Deus ordena paz e ordem nos reinos deste mundo, mas, por causa do pecado do homem, os governos seculares em geral somente podem ser mantidos por meio da espada. Não obstante, esses governos humanos podem vir a ser uma bênção, se proporcionarem as bênçãos temporais necessárias de paz, ordem e prosperidade.

Para Lutero, é nas atividades comuns para as quais todo indivíduo é chamado em sua condição de vida terrena, *e.g.*, pai, mãe, lavrador, artífice, professor, soldado, juiz, funcionário, governante, etc., que podem cumprir sua vocação cristã e exercitar seu amor ao próximo. É por meio dessas atividades que Deus realmente governa o mundo. Assim, o cristão tem um chamado *para* o reino de Deus, mas *no* reino do mundo; e pode mantê-los juntos, em sua distinção, mediante a oração, por meio da qual Deus exerce seu poder de recriação em seu mundo. Confundir esses dois reinos, no entanto, produz a mais terrível confusão (como, para ele, o papado havia feito; como Zuínglio* e os camponeses provavelmente estavam fazendo; e como tem sido feito frequentemente, de modo geral).

Calvino* sustentou uma visão semelhante à de Lutero (*Institutas* III.x.6), embora alguns de seus seguidores tenham modificado sua teologia de acordo com uma tendência zuingliana.

No mundo secularizado de hoje, o termo "vocação" tem sido drenado de seu conteúdo e importância teológicos, e nesse sentido praticamente invalidado.

Ver também Trabalho.

Bibliografia
E. G. Rupp, *The Righteousness of God* (London, 1953); P. Watson, *Let God be God* (London, 1947); G. Wingren, *The Christian's Calling* (Philadelphia, 1957).

J.A.

VOLTAIRE (FRANÇOIS-MARIE AROUET) (1694-1778). O século XVIII na Europa testemunhou o lançamento, em portentosa escala, de um ataque ao cristianismo tradicional e a seus representantes clericais. Dentre os detratores, nenhum talvez foi mais eloquente do que Voltaire. Escritor brilhante, capaz de se apresentar com habilidade devastadora muita coisa do hostil descontentamento de sua época com o que estava estabelecido, Voltaire como que conduziu uma apaixonada cruzada literária pela causa da justiça e da humanidade contra as danosas

VOLTAIRE (FRANÇOIS-MARIE AROUET)

superstições e más práticas da fé como fora recebida. Seus escritos eram prolíficos e diversificados em estilo e assunto, sendo sua obra total a mais variada; mas é a questão religiosa que se destaca proeminentemente em sua produção. Cedo recebeu significativa influência dos deístas* ingleses, e isso, juntamente com outras fontes, levou-o ao desenvolvimento de seu deísmo próprio. Voltaire não foi um filósofo ou teólogo sistemático, ou mesmo profundo; mas foi eficaz o suficiente para desfrutar de muitos aplausos como escritor, tanto na França, sua terra natal, como na Europa, em geral, no final de sua turbulenta vida.

Nos escritos de Voltaire, encontramos a crítica-padrão feita em sua época contra as alegações do cristianismo de ser uma religião revelada. A Bíblia era vista como contendo absurdos, contradições, erros e imoralidades, sendo considerada uma pobre candidata à posição de revelação* divina que vindicava ser. Sua descrição de Deus, especialmente no AT, seria, quando muito, singularmente indigna do verdadeiro ser supremo. Todavia, Voltaire não era ateísta*, nem meramente negativo. Seu Deus era, por assim dizer, real, mas liberado do que achava ser o capricho tirano de sua descrição bíblica usual. O materialismo ateísta de d'Holbach (1723-1789) chegou a arrancar de Voltaire, no final de sua vida, uma defesa do teísmo*. Para ele, o substituto apropriado para a religião revelada seria a religião natural, mediante a qual as virtudes naturais da benevolência e do amor fraternal poderiam resolver inúmeros males sociais, gerados, sobretudo, por crenças religiosas errôneas.

Voltaire também não era, no entanto, um mero otimista superficial. Ao irromper o terremoto em Lisboa, assim como no decorrer da Guerra dos Sete Anos (1756-1763), ele se voltou grandemente para o problema do sofrimento humano e das injustiças sociais. *Candide* (1759), sua obra mais amplamente conhecida, ataca (entre outras coisas) o otimismo filosófico exagerado, que considera este mundo o melhor de todos os mundos possíveis. Menos vigoroso e menos idealista talvez do que seu contemporâneo Jean-Jacques Rousseau (1712-1778), Voltaire não se deixou cegar pelas promessas humanas de reparo às suas perplexidades. No final das contas, somente uma luta vigorosa para mudar o mundo, não um ensaio em metafísica* especulativa, alcançaria os desejados fins.

Voltaire morreu, como ele mesmo afirmou, "adorando a Deus, não odiando meus inimigos, amando meus amigos, detestando a superstição". Seu empenho, na verdade, foi empreendido, resolutamente, fora da estrutura tradicional. Enquanto o debate a respeito dessa estrutura ainda continua, a contribuição de Voltaire, todavia, prossegue esquecida por muitos, sendo poucos, certamente, os que concordam com ele em que "jamais vinte volumes [de uma obra] produzirão uma revolução; mas os livrinhos de bolso de "dez tostões", esses, sim, devem ser temidos".

Bibliografia
T. Besterman, *Voltaire* (Oxford, 1976); H. Mason, *Voltaire* (London,

VON HÜGEL, FRIEDRICH

1975); R. Pomeau, *La Religion de Voltaire* (Paris, 1969); N. L. Torrey, *Voltaire and the English Deists* (New Haven, CT, 1930).

S.N.W.

VOLUNTARISMO. Uma teoria ou doutrina é voluntarista quando dá ênfase explicativa à vontade*, em detrimento, particularmente, do intelecto ou do caráter moral. Nas discussões da relação entre a moralidade e a autoridade divina, por exemplo, alguns escritores (e.g., Duns Scotus* no período medieval, e Samuel Rutherford, no período puritano), empenhados em querer fazer justiça, como a viam, à soberania divina*, sustentavam que um determinado princípio é moralmente bom, ou obrigatório, simplesmente pelo fato de que Deus o deseja (e não porque, segundo diziam, concordasse com a natureza moral de Deus). Desse modo, afirmava Rutherford que, se assim o tivesse desejado, Deus poderia ter perdoado o pecado do homem sem a expiação de Cristo. Como crítica, pode-se dizer que tal debate se dá em torno de uma visão bastante abstrata e especulativa (e talvez demasiadamente antropomórfica*) da natureza divina. Um relato de fé voluntarista, por exemplo, enfatiza o papel da vontade livre e da confiança pessoal, sem levar em conta o alcance e a aceitação da verdade, o que é característico no arminianismo*, mas também, e mais especialmente, no moderno irracionalismo.

O voluntarismo deve ser distinguido do "voluntarioísmo", que é a ideia de que uma Igreja à qual alguém se una e apoie é uma simples questão de escolha pessoal.

Bibliografia
Duns Scotus, The Oxford Commentary on the Four Books of the Sentences, II.xxxvii, tr. D. J. Walsh, *in:* A. Hyman e J. J. Walsh (eds.), *Philosophy in the Middle Ages* (Indianapolis, IN, 1973); J. Owen, A Dissertation on Divine Justice (1653), *in: Works*, ed. W. H. Goold (1850-1855; repr. London, 1965-1968), vol. X; P. Quinn, *Divine Commands and Moral Requirements* (Oxford, 1978).

P.H.

VON HÜGEL, FRIEDRICH (1852-1925). O barão alemão von Hügel foi um dos principais intelectuais católicos de seu tempo, altamente influente em círculos religiosos cultos da Inglaterra, onde se estabeleceu por volta de 1867. Voltado para os mais amplos interesses, abrangendo filosofia, teologia, história, espiritualidade e ciência, e de extensa simpatia religiosa, para com várias tradições, von Hügel mantinha sólidas relações amistosas com importantes pensadores de sua época, notadamente os católicos George Tyrrel (1861-1909) e Maurice Blondel (1861-1949) e o historiador e teólogo protestante Troeltsch*. Foi um dos primeiros sustentadores de pontos de vista críticos com relação ao AT, associando-se ao modernismo* católico-romano da primeira metade do século XX, embora sua própria obra não haja sido condenada, como o foi a de outros pensadores mais destacados desse movimento.

Seu principal legado literário, além de uma correspondência volumosa com eruditos e os que buscavam seu aconselhamento espiritual, é *The Mystical Element*

VONTADE

in Religion [O elemento místico na religião], em que, por meio de um estudo de Catarina de Gênova (1447-1510), argumenta que a vida religiosa necessita manter juntos os elementos emocional, institucional e intelectual. Seu pensamento geral, porém, é desenvolvido em uma gama de direções, em outro livro seu, amplamente conhecido, *Essays and Addresses* [Ensaios e palestras].

Bibliografia

Essays and Addresses (First Series: London, 1921; Second Series: London, 1926); *Eternal Life* (Edinburgh, 1912); *The Mystical Element in Religion* (London 1908); *The Reality of God* (London, 1931). L. F. Barmann, *Baron Friedrich von Hügel and the Modernist Crisis* (Cambridge, 1972); M. de la Bedoyère, *The Life of Baron von Hügel* (London, 1951).

J.B.We.

VONTADE. É uma característica fundamental dos seres humanos o fato de serem capazes de tomar decisões a respeito do que devem fazer e executá-las. De acordo com as Escrituras, esse poder é uma parte importante da *imago Dei* ("imagem de Deus"). Mas o que é, exatamente, o poder de decidir? Como se relaciona à vontade divina e aos efeitos do pecado* e da graça divina* sobre a natureza humana?

Julgam alguns que a vontade está limitada ao poder de executar o que o entendimento crê ser o melhor a fazer, em quaisquer circunstâncias. As pessoas expressam suas preferências por atos mentais apropriados, "volições", que produzirão ação física, a me-

nos que isso seja impedido por determinadas circunstâncias, como fraqueza física ou uma compulsão qualquer, própria ou de outros. Há os que atribuem à vontade, nesse sentido, o poder também de agir contrariamente ao entendimento, o que, algumas vezes, seria chamado de poder de escolha contrária, ou liberdade de negligência, enquanto outros argumentam ser incoerente essa teoria. Agostinho* pensou a vontade em termos mais dispositivos, como direção metafísica e ética da natureza humana, ou um conjunto de preferências que, se não impedidas por fatores externos, expressar-se-á em ação de determinado tipo.

Em qualquer dessas visões, persiste o problema essencial de se conciliar a atividade da vontade humana com a divina. Aqueles que têm atribuído poderes de escolha contrária ou autodeterminação à vontade humana buscam geralmente efetuar essa conciliação limitando o alcance da decretação divina em algum sentido, *e.g.*, negando que Deus preordena todas as ações humanas, ao mesmo tempo reconhecendo que ele as pré-conhece (cf. Predestinação*). Outros se satisfazem com a manutenção de que, embora Deus preordene todas as ações humanas, ele, pelo menos, não é o autor do pecado, já que o pecado é uma deficiência; ou pela sustentação de que, já que ser livre é fazer o que se deseja fazer, a ocorrência desse desejo garante liberdade com responsabilidade, seja qual for a natureza ou o alcance exatos do decreto divino.

A questão dos efeitos do pecado sobre a natureza humana levanta questões mais morais do que

VONTADE

metafísicas (cf. Queda*). Na tradição cristã em geral, não se afirma que o pecado mude a natureza humana para outra espécie de natureza. Todavia, como os seres humanos, sendo escravos do pecado, não podem viver de modo que agradem a Deus guardando sua lei, torna-se necessária a graça divina para renová-los — surgindo então a questão: como a renovação divina pode ser eficaz de tal forma e profundidade se a vontade humana é metafisicamente livre para resistir a ela e rejeitá-la? Assim, um caso especial, na questão geral da relação entre a vontade humana e a vontade divina, é como a vontade divina, em sua operação salvadora graciosa, harmoniza-se com a vontade humana. Mesmo que se diga que a graça divina constitui um resgate, ainda assim é um resgate que não viola os poderes próprios da natureza humana, mas, pelo contrário, os restaura e redirige. Tais conclusões radicais têm sido encontradas até com a adoção de ideias menos radicais sobre a necessidade humana e da provisão divina.

Além dessas questões metafísicas, o efeito do pecado sobre a vontade humana levanta indagações éticas, particularmente sobre se uma pessoa que não haja recebido a graça é eticamente livre.

A discussão torna-se, algumas vezes, confusa por causa de uma falha em se distinguir a dimensão moral da dimensão metafísica; outras vezes, o ensino bíblico sobre a escravidão da vontade ao pecado sofre resistência com base no fato de que não se deve fazer distinção entre moral e metafísica. Fica claro, no entanto, que, segundo as Escrituras, a redenção, em princípio,

assegura a restauração de uma direção ética específica, perdida na queda. A liberdade* que Cristo trouxe não é propriamente um aumento na amplitude dos possíveis poderes humanos, mas, sim, uma mudança nessa amplitude, por meio da libertação do poder corruptor e escravizador do pecado.

Na história da teologia cristã, o agostinianismo*, tanto em sua fase pré-Reforma quanto pós-Reforma, tem igualmente enfatizado a natureza totalmente abrangente do decreto divino e a escravidão da vontade humana ao pecado, muito embora sustentando ainda que Deus não é o autor do pecado nem faz violência à vontade humana na conversão graciosa. Aqueles que, como Jonathan Edwards*, são da tradição agostiniana, mas adotam uma visão não agostiniana da vontade, têm buscado (sem sucesso) mitigar as consequências dessa posição para a responsabilidade humana, distinguindo entre a capacidade e a incapacidade *moral* e a *natural*, argumentando que, enquanto o pecado incapacita moralmente, não o faz com relação à natureza.

Há uma tentativa de mediar entre os conceitos agostiniano e pelagiano* da vontade enfatizando a ideia da *cooperação* (algumas vezes chamada de sinergismo) entre a vontade divina e a humana. Mas se trata de proposta inerentemente insustentável, que acaba resultando em monergismo, tanto da vontade humana como da divina. Não fica claro como, metafisicamente, tal cooperação possa ser efetuada, nem é fácil considerar como tal visão possa fazer jus ao ensino bíblico.

VOS, GEERHARDUS

Se, na visão agostiniana, a vontade é totalmente dependente da graça vivificadora, poderia ser preparada para receber a graça? (*Cf.* Semipelagianismo*.) O debate sobre essa "preparação" tem sido anuviado pela falta de precisão e nitidez dos termos centrais. Para ser franco, nenhum agostinianismo poderia sustentar, consistentemente, que uma pessoa possa se preparar a si mesma para vir a ser renovada, pois essa preparação não faz parte da renovação. Isso não significa que uma pessoa não possa, sem saber, ser preparada pela graça para a conversão, ou então que deva adotar uma política de passividade total em face da oferta de salvação do evangelho.

Bibliografia

Agostinho*, *Livre-arbítrio* e outras obras; D. e R. Basinger (eds.), *Predestination and Free Will: Four Views of Divine Sovereignty and Human Freedom* (Downers Grove, IL, 1986); V. J. Bourke, *Will in Western Thought* (New York, 1964); J. Edwards*, *The Freedom of the Will* (Works, vol. 1; New Haven, CN, 1957); J. Ellul*, *The Ethics of Freedom* (London, 1976); A. Farrer*, The Freedom of the Will (London, 1958); E. Gilson*, *The Christian Philosophy of St. Augustine* (London, 1961); idem, *The Spirit of Medieval Philosophy* (London, 1936); J. N. Lapsley (ed.), *The Concept of Willing* (Nashville, TN, 1967); M. Luther, *The Bondage of the Will*, tr. J. I. Packer & O. R. Johnston (Cambridge, 1957); D. Müller, *NIDNTT III*, p. 1015-1023.

P.H.

VOS, GEERHARDUS (1862-1947). Nascido na Holanda, Geerhardus Vos foi professor de Teologia Bíblica no Princeton Theological Seminary [Seminário Teológico de Princeton], NJ, 1893-1932.

Vos é importante por sua obra pioneira em teologia bíblica*, baseada na convicção de inspiração plena e autoridade suprema das Escrituras. Está entre os primeiros, e, certamente, é o pensador mais bem-dotado, na tradição ortodoxa protestante, em captar o significado fundamental do fato de que a revelação especial e redentora de Deus constitui um processo histórico organicamente revelado, assim como em esboçar as consequências metodológicas (hermenêutica*) desse fato.

Elemento prevalecente em sua obra é que a Bíblia não é vista meramente como uma coleção de livros e postulados a respeito de Deus, do homem e do mundo, mas, sim, que essa revelação verbal* pós-queda é uma função de redenção, invariavelmente focada (e padronizada) na história contínua dos atos redentores de Deus, que têm seu centro e consumação em Cristo. Um efeito importante dessa ênfase no caráter histórico e pactual* da revelação bíblica tem sido indicar os meios de se manter uma adequada visão elevada das Escrituras*, sem cair em um indevido entendimento intelectual da fé cristã, que costuma acompanhar essa visão.

Bibliografia

R. B. Gaffin, Jr. (ed.), *Redemptive History and Biblical Interpretation: The Shorter Writings of Geerhardus Vos* (Philadelphia, 1980) (contendo narrativa da vida de Vos e bibliografia completa).

R.B.G.

W

WARFIELD, BENJAMIN BRECKIN-RIDGE (1851-1921). Foi o último grande teólogo dos presbiterianos conservadores no Seminário Teológico de Princeton*, Nova Jersey. Sua atividade como teólogo coincidiu com o período em que as ideias da alta crítica sobre as Escrituras e as concepções evolucionistas da religião estavam substituindo as convicções evangélicas nas principais instituições de educação superior nos EUA. Warfield distinguiu-se como erudito defensor do calvinismo*, do agostinianismo*, do cristianismo sobrenatural e da inspiração da Bíblia. Algumas de suas ideias, especialmente sobre a inerrância (ver Infalibilidade*) da Bíblia, continuam a exercer importante papel entre os evangélicos até hoje.

Warfield nasceu em rica família da Virgínia.Entrou para o Princeton College (atual Universidade de Princeton) em 1868, ano em que James McCosh, último dos principais proponentes da filosofia escocesa do senso comum*, começava sua atividade ali como presidente. Warfield estudou no Seminário de Princeton sob influência do já idoso Charles Hodge*. Ele havia buscado antes, avidamente, satisfazer seu grande interesse pela ciência, antes de decidir-se então pelo ministério; mas continuaria a ser um insaciável leitor de literatura científica pelo restante de sua vida. Talvez por isso, teve menos dificuldade do que muitos de seus contemporâneos evangélicos em viver em paz com os aspectos científicos do evolucionismo de Charles Darwin* (ver Criação*). Pode também ter sido ajudado nessa direção pelo exemplo de MacCosh, que foi tanto um calvinista sincero quanto um teísta evolucionista sem qualquer constrangimento. Após se graduar no seminário em 1876, Warfield se casou, viajou pela Europa, serviu em um breve pastorado em Baltimore, sendo, então, chamado a ensinar NT num seminário presbiteriano em Allegheny, na Pensilvânia. Em 1887, sucedia Archibald Alexander Hodge (1823-1886) como professor de Teologia Didática e Polêmica em Princeton.

Diferentemente de outros teólogos de Princeton, Warfield não foi um clérigo ativo. Suas preocupações foram quase inteiramente intelectuais e teológicas. Sua personalidade reservada, e talvez os longos anos de cuidado com sua esposa inválida, contribuíram para o que seu irmão chamaria de "uma certa austeridade intelectual, superioridade e indiferença" (Ethelbert Warfield, Biographical Sketch, *in: Works I*, p. viii). Durante todos os seus anos em Princeton, Warfield escreveu incrível número de monografias, tanto dirigidas a eruditos como para o laicato. (Ele publicou também, regularmente, hinos e poesia.) Sua erudição era detalhada e precisa. Providenciou sumários exatos de seus oponentes e poderia até ser severo em apontar erros deles. Embora dotado de uma mente mais aguçada do que qualquer outro futuro teólogo em Princeton, as características da época, especialmente a crescente diversificação da vida acadêmica, deram à sua obra uma forma mais fragmentária do que a de seu maior predecessor, Charles Hodge. A contribuição principal de Warfield reside em três áreas: Bíblia, calvinismo e a natureza da experiência religiosa.

Quando as ideias da alta crítica das Escrituras (ver Crítica Bíblica*) ganharam popularidade nos EUA, juntou-se a outros conservadores para definir com maior exatidão a inspiração divina e a confiabilidade total transmitida pelas Escrituras. Em 1881, publicava, com A. A. Hodge, um famoso ensaio, *Inspiration*, estabelecendo sua posição. Argumentava ali que, no decorrer dos séculos, a Bíblia havia recebido as demonstrações mais convincentes de sua origem divina. A crença histórica da igreja de que tanto a letra como o espírito das Escrituras vieram de Deus era ainda uma posição válida. Para esse artigo, assim como diversos outros, importantes, Warfield investigou meticulosamente o testemunho das Escrituras a respeito delas mesmas. Sua conclusão foi que, quando a Bíblia fala, Deus fala. Esse ensaio de 1881 deu ênfase maior às "provas" a favor das Escrituras do que o havia feito Hodge, e isso ele o realizou de tal modo que a inspiração das Escrituras (e o consequente fato de ser livre de erro) fosse aplicada apenas, de modo estrito, aos autógrafos originais do texto. Warfield, porém, estava somente reafirmando, em resposta à crítica contemporânea, a confiança nas Escrituras que já havia sido fartamente comum, tanto nos círculos católicos como protestantes. Em cerca de cem escritos posteriores sobre a Bíblia, deu atenção constantemente ao testemunho dos textos sagrados a respeito de sua própria autoridade. Declarou, ainda, que termos como "inerrância" não implicavam um processo mecânico de inspiração, mas que a inspiração bíblica envolvia um processo de participação, mediante o qual as ações humanas e a obra do Espírito Santo coincidiam. Significava dizer que o estudo histórico da Bíblia era apropriado, exatamente, enquanto não presumisse uma origem exclusivamente humana para as Escrituras.

As convicções de Warfield a respeito da Bíblia tiveram ampla aceitação em sua época e continuam a ser estudadas seriamente no presente. Não muito bem conhecida é sua aderência à teologia da Reforma*. Quando, no final do século XIX, os presbiterianos americanos debateram sobre se deviam fazer emenda à Confissão de Westminster (ver Confissões*; Teologia Reformada*), ele respondeu com uma série de cuidadosos estudos sobre o significado daquele documento. Sua própria opinião nunca vacilou: os reformadores dos séculos XVI e XVII tinham proporcionado orientações sadias para a igreja. Manipulá-las em favor das ideias modernas da melhoria humana ou da imanência divina seria fatal. Warfield redigiu diversas monografias sobre a confissão, muitos estudos penetrantes do pensamento de Calvino e uma série de tratados acadêmicos sobre figuras de destaque da Igreja primitiva (especialmente Agostinho). Todos puderam testificar de sua crença de que os princípios teológicos dos períodos históricos anteriores eram plenamente suficientes para o presente. Em 1904, recapitulou o valor desses exercícios: "O calvinismo é

WEBER, MAX

apenas religião em sua pureza. Temos somente, portanto, de conceber a religião em sua pureza, e isto é o calvinismo" (*Selected Shorter Writings*, I, p. 389).

As convicções de Warfield sobre a experiência religiosa* foram produto de sua elevada visão das Escrituras e seu fervoroso calvinismo. Enfrentou serenamente dois principais oponentes à ortodoxia em sua época: o modernismo, que exaltava o espírito da época sobre as Escrituras e as tradições confessionais, e a piedade popular, que tratava Jesus como meramente uma força motivadora e o Espírito Santo como propriedade particular para uso e manipulação pessoal. Contra a primeira tendência, ele tentou refutar o empenho em querer se basear a religião no otimismo evolucionista ou no sentido romântico* do eu. Contra o último, escreveu tratados depreciando a superficialidade do fundamentalismo* moderno e muitas obras contestando as pretensões do "perfeccionismo"*.

Em todas essas ações, Warfield sustentava a objetividade da obra de Deus. O Senhor havia dado objetivamente a Igreja como um meio para oferecer sua graça mediante a pregação, a oração e os sacramentos. Aqueles que confiavam na subjetividade interior, fosse de direita ou de esquerda, para encontrar o que Deus tinha objetivamente oferecido iludiam-se a si mesmos e desprezavam a grandiosa obra de Deus.

Warfield se enfileira, juntamente com seus contemporâneos holandeses Herman Bavinck* e Abraham Kuyper*, e com o escocês James Orr*, como um dos maiores teólogos calvinistas con-servadores modernos. Suas obras não são populares na comunidade teológica em geral, nem são muito consideradas pelos evangélicos em geral, exceto no que se refere às Escrituras. Todavia, permanecem como um reservatório para aqueles que, como ele, respeitam a obra de Deus nas Escrituras e na história da Igreja e valorizam o trabalho intelectual meticuloso aplicado ao entendimento dessa obra.

Bibliografia
The Works of Benjamin B. Warfield, 10 vols. (New York, 1927-32); repr. Grand Rapids, MI, 1981)*; Selected Shorter Writings of Benjamin B. Warfield,* ed. J. E. Meeter, 2 vols. (Phillipsburg, NJ, 1970, 1973); J. E. Meeter & R. Nicole, *A Bibliography of Benjamin Breckinridge Warfield 1851-1921* (Nutley, NJ, 1974); J. H. Gerstner, Warfield's Case for Biblical Inerrancy, *in: God's Inerrant Word,* ed. J. Warwick Montgomery (Minneapolis, MN, 1974); W. A. Hoffecker, Benjamin B. Warfield, *in: Reformed Theology in America,* ed. D. F. Wells (Grand Rapid, MI, 1985); T. F. Torrance, Review of Warfield's Inspiration and Authority of the Bible, *SJT* 7 (1954), p. 104-108).

M.A.N.

WEBER, MAX (1864-1920). Sociólogo alemão que, com Émile Durkheim*, é frequentemente chamado de fundador da sociologia moderna. Educado no ambiente idealista alemão, com sua ênfase histórica, interessou-se particularmente pelas mudanças sociais e estudou religião como fator de tais mudanças. Sua obra mais famosa nesse contexto é *The Protestant Ethic and the Spirit of Capitalism*

WESLEY, JOÃO

[A ética protestante e o espírito do capitalismo] (1904-1905; TI, London, 1930), em que ele argumenta que o ascetismo* dos calvinistas*, consequência da doutrina da predestinação*, foi um fato importante na formação da sociedade capitalista. Esse estudo foi explicitamente dirigido contra o determinismo econômico da teoria marxista, deflagrando um debate que ainda não terminou, particularmente porque a revolução tecnológica tem intensificado seu interesse na ética protestante do trabalho*.

Weber, contudo, não foi consistente em sua oposição ao determinismo social. Em apoio à sua tese nessa obra, engajou-se em uma série de estudos das religiões mundiais, que foram deixados incompletos ao morrer. A principal contribuição de sua *Sociology of Religion* [Sociologia da Religião](1922) é considerada o desenvolvimento de um sistema para classificar diferentes tipos de líderes religiosos em termos de sua importância social, *i.e.*, que tipo de pessoas seria atraída para um tipo específico de líder e a espécie de organização estabelecida por este. Essa última faceta foi desenvolvida por um grande amigo chegado de Weber, Ernst Troeltsch*.

Sua influência é ainda muito evidente na sociologia* da religião, que tem persistido com sua tentativa de estabelecer leis naturais na área da sociologia conquanto tenha se apegado mais à crença na autodeterminação humana.

Bibliografia

R. Bendix, *Max Weber* (London, 1960); S. Budd, *Sociologists and Religion* (London, 1973); J. Freund, *The Sociology of Max Weber* (London, 1968).

D.A.Hu.

WESLEY, JOÃO (1703-1791). João Wesley nasceu na residência paroquial de Epworth, Lincolnshire, Inglaterra, sendo o décimo quinto filho do pastor Samuel e de Susana Wesley. Junto com seu irmão mais velho, Carlos (um profícuo autor de hinos), ele liderou o reavivamento evangélico do século XVIII, particularmente com seu movimento metodista*.

Wesley foi criado numa família com profundas convicções religiosas. Seus pais tinham se distinguido como puritanos* não conformistas. Seu pai, quando jovem, fora educado em academias de dissidentes religiosos antes de haver decidido retornar para a Igreja estabelecida e frequentar o Exeter College, em Oxford. Susana Wesley, por sua vez, teria sido, como o foi, a esposa e mãe cristã exemplar em qualquer lugar e época.

Em 1714, quando não havia ainda completado 11 anos, João deixou o lar, indo para uma escola do tipo internato em Charterhouse, em Londres, (1714). Em 1720, iria para a escola da Christ Church, em Oxford, em 1720, formando-se no curso médio em 1724, e no superior em 1727. Não decidiu "tornar a religião o negócio de sua vida" senão em 1725. Essa foi sua conversão religiosa e moral, não menos real ou importante que sua conversão evangélica, treze anos mais tarde. Nesse mesmo ano de 1725, era ordenado diácono e, no ano seguinte, eleito conselheiro do Lincoln College. Pela influência de um "amigo religioso", Wesley foi

WESLEY, JOÃO

levado a ler os escritos de Thomas à Kempis (ver *Imitação de Cristo**), Jeremy Taylor (1613-67) e mais tarde William Law*. No verão de 1727, deixava Oxford para servir como cura junto a seu pai, ministro, em Wroot, onde foi ordenado presbítero, em 1728.

Em 1729, Wesley retorna a Oxford a pedido do Lincoln College e logo se torna o líder espiritual de um pequeno grupo de estudantes, que seu irmão Carlos havia reunido. Esse grupo, cognominado de "Clube Santo" por outros estudantes, viria a ser conhecido mais tarde como "os metodistas", por serem rigorosamente metódicos em seus estudos, reuniões de culto, atividades, etc. Estudavam o grego do NT, numerosas obras teológicas condensadas e obras devocionais; jejuavam duas vezes por semana, participavam do sacramento da comunhão todas as semanas, e regularmente visitavam os doentes ou presos.

Após a morte de seu pai, em 1735, João e Carlos, deixando Oxford, partiram em viagem para a Geórgia, colônia inglesa na América. Os dois principais benefícios resultantes de sua breve missão ali foram o contato com um grupo de crentes morávios alemães e uma nova prática de dar instrução religiosa especial a pequenos grupos, a maioria constituída de paroquianos compromissados, homens e mulheres. Logo depois, tendo João retornado à Inglaterra em 1738, veio a conhecer Peter Böhler, ministro morávio que enfatizava a importância da justificação* somente pela fé, acompanhada da certeza da salvação* e vitória sobre todo pecado conhecido. Convencido pelos argumentos das Escrituras ensinados por Böhler, do cristianismo histórico e da experiência de diversas testemunhas, Wesley começou a buscar e a pregar também a justificação pela fé somente.

Na noite de 24 de maio de 1738, durante uma pequena reunião de adoração dos morávios, na rua Aldersgate, em Londres, Wesley sentiu seu "coração estranhamente aquecido", enquanto ouvia a leitura, pelo pregador, do prefácio de Lutero a Romanos. Eruditos modernos não concordam quanto à natureza exata dessa experiência evangélica, mas a história atesta o fato de que nada em Wesley foi deixado intocado por ela. O calor de sua experiência evangélica foi unida à de seu irmão Carlos e de outro membro do Clube Santo, George Whitefield*, produzindo neles a chama do reavivamento evangélico e vindo a chamar a atenção de Londres, Bristol e da imprensa britânica.

A ênfase evangélica sobre a experiência pessoal de salvação somente pela fé foi considerada uma "nova doutrina", desnecessária, pela maioria dos líderes da Igreja da Inglaterra (pois eles sustentavam estar uma pessoa suficientemente salva em virtude do batismo, inclusive infantil). Igrejas estabelecidas foram fechadas para os pregadores metodistas, forçando-os a falar ao ar livre. Em abril de 1739, George Whitefield convidou João para ir a Bristol, a fim de organizar uma verdadeira multidão de novos convertidos, entre os mineiros de carvão de Kinswood, em pequenos grupos, para sua edificação e discipulado — um dos grande talentos de Wesley.

WESLEY, JOÃO

O centro da teologia metodista era o amor: o amor* de Deus por todas as pessoas e a graça* de Deus, disponível para todos, mediante somente a fé em Jesus Cristo para a salvação.

Essa visão da graça (preveniente) sustentava que Deus alcança toda pessoa, oferecendo um relacionamento pessoal e assegurando a cada qual a oportunidade válida de responder ao chamado. A justificação pela fé salvadora era também resultado da graça. A conversão* era entendida como uma experiência em duas partes inseparáveis: justificação, em que a justiça* de Cristo era atribuída (imputada) ao crente; e o novo nascimento ou regeneração*, em que o Espírito Santo começava a produzir (ou comunicar) a justiça de Cristo. A graça santificadora produzia a obra do Espírito Santo na vida do crente, entre sua conversão e a morte. Wesley entendia essa atividade como tanto instantânea quanto progressiva. Por se tratar de uma obra da graça recebida somente pela fé, a santificação* podia ser até instantânea. Todavia, a "santificação total" era basicamente entendida como amor por Deus e pelos outros. Assim, a santificação era o amor de Deus, dinâmico e infinito, em operação no crente, finito. Nesse sentido, a santificação nunca poderia ser uma condição estática de "perfeição absoluta" (a qual Wesley sempre negou); mas, sim, deveria ser, em qualquer sentido, sempre progressiva (ver Perfeição, Perfeccionismo*).

O metodismo de João Wesley era mais do que apenas teologia. Era um novo entendimento da vida cristã, que enfatizava um relacionamento pessoal e jubiloso com nosso amoroso Pai. Esse relacionamento encontrava expressão na adoração a Deus e ação amorosa para com os outros. O amor por aqueles que estavam perdidos significava "oferecê-los a Cristo", pela evangelização*. O amor pelos pobres significava preocupação social — lares para viúvas e órfãos, ambulatórios de tratamento de saúde gratuitos, ajuda em comida e vestuário, escolas, escola bíblica dominical, etc. O amor pelos recém-convertidos e demais crentes significava provisão para o discipulado — pequenos grupos de edificação; oportunidade de receber o sacramento da comunhão (até para os crentes excluídos ou desviados da Igreja); Bíblias, hinários, livros de oração para crianças, de poemas sagrados e de lições e notas de estudos bíblicos; folhetos; literatura cristã para adultos (tanto teológica como devocional), inclusive uma revista mensal — ao todo, cerca de 400 publicações cristãs diferentes, durante toda a sua vida. O amor pelos outros na comunidade cristã manifestava-se em significativas e sinceras tentativas de todos de se pôr de lado os preconceitos sociais e se voltar mais para a conquista dos perdidos (*Carta a um católico-romano*), juntamente com um sentido ecumênico de dar e receber contribuições espirituais genuínas de todas as tradições.

O amor por todos os povos e as nações fez Wesley dizer, uma vez, que "o mundo é a minha paróquia". Suas próprias viagens evangelísticas e de cunho missionário o levaram à América, depois à Alemanha, ao País de Gales, à Irlanda e à

Escócia, sem falar em seus percursos ininterruptos, a cavalo, por todo o território da Inglaterra, para pregar em todos os cantos, sob chuva ou sol, dia e noite. Durante mais de meio século, ele percorreu, como pregador itinerante, cerca de 4.000 milhas [aproximadamente 6.500 km] anualmente, pregando, ao todo, mais de 40.000 sermões. De 1769 em diante, Wesley passou a enviar novamente pregadores metodistas para a América e, após a Guerra da Independência, ordenou que prosseguissem em sua obra, formando comunidades evangelísticas de caráter local.

Os esforços pessoais de Wesley foram, sem dúvida, formidáveis. Todavia, a genialidade real de sua obra esteve em sua capacidade de saber organizar e desenvolver os talentos espirituais de outros, tanto de mulheres como de homens. Por meio de uma crescente estrutura de pequenos grupos, líderes locais e pregadores itinerantes, Wesley foi capaz de manter tanto a paixão pela evangelização como por seu fruto. Nunca perdeu de vista a necessidade de nutrir, edificar e discipular os recém-convertidos. O metodismo de João Wesley foi um verdadeiro reavivamento em adoração e cuidados pastorais e, singularmente, no entanto, significativo e incomparável produto de um forte ministério de leigos* (tanto de homens quanto de mulheres), como resposta a uma teologia e pregação genuinamente evangélicas. Por João Wesley e o metodismo, espiritualidade* e amor cristãos foram disponibilizados, do alto, às massas sofridas de explorados trabalhadores, esfomeados de pão, amor, humanidade e com-

preensão, na agitada, mas triste, revoltada e instável Inglaterra da revolução industrial que então mal começava, contribuindo, além de evidentes benefícios de ordem espiritual, para a paz, a estabilidade e a justiça social no seio do povo britânico.

Ver também METODISMO.

Bibliografia
Obras: Journal, ed. N. Curnock, 8 vols. (London, 1938); *Letters,* ed. J. Telford, 8 vols. (London, 1931); *Sermons,* ed. E. H. Sugden, 2 vols. (London, 1921); *Sermons,* ed. A. C. Outler (Nashville, TN, 1984); *Works,* ed. T. Jackson, 14 vols. (Grand Rapids, MI, 1975); *Works,* ed. F. Baker *et al.* (Oxford, 1975-).

Estudos: V. H. H. Green, *The Young Mr. Wesley* (London, 1961); R. P. Heitzenrater, *The Elusive Mr. Wesley, 2 vols.* (Nashville, TN, 1984); H. Lindström, *John Wesley and Sanctification* (London, 1946); A. C. Outler (ed.), *John Wesley* (New York, 1964); M. Schmidt, *John Wesley: A Theological Biography,* 2 vols. in 3 (London/Nashville, TN, 1962-1973); R. G. Tuttle, *John Wesley, His Life and Theology* (Grand Rapids, MI, 1978); L. Tyerman, *Life and Times of John Wesley,* 3 vols. (London, 1873); C. W. Williams, *John Wesley's Theology Today* (London, 1960).

T.R.A.

WESTCOTT, BROOKE FOSS (1825-1901). Erudito do NT e bispo, Westcott ficou conhecido por sua parceria com F. J. A. Hort (1828-1892) e J. B. Lightfoot (1828-1889) em um comentário do NT baseado em texto grego confiável. Essa

WHITEFIELD, GEORGE

parceria deu-se em Cambridge, onde ele era, desde 1870, professor régio de Teologia. Embora o projeto não haja sido de todo completo, a introdução de Hort a esse Novo Testamento no Original Grego (1881-1882), de Westcott e Hort, permaneceria como afirmação clássica dos princípios da crítica textual. Os comentários de Westcott sobre João (1880), as epístolas joaninas (1883) e Hebreus (1889) são ainda valiosos, por sua percepção espiritual e aplicação pioneira da exegese da patrística, mesmo sendo o texto, por vezes, traduzido com certo exagero. (Lightfoot, por sua vez, produziu seus próprios e famosos comentários de Gálatas [1865], Filipenses [1868] e Colossenses/ Filemom [1875], assim como edições críticas de alguns dos pais apostólicos* — Clemente de Roma, Inácio e Policarpo.)

Menos lembrada agora, mas talvez mais significativa na época para a Igreja da Inglaterra e a percepção pública de seus interesses, foi a preocupação de Westcott com as questões sociais. Foi ele o primeiro presidente da Christian Social Union [União Cristã Social], fundada em 1889, e, tal como acontecera a Lightfoot antes dele, foi chamado, da vida acadêmica, para ser bispo de Durham (1890-1901). Nesse cargo, usaria de sua influência e capacidade administrativa para mediar, em 1892, uma grande greve dos carvoeiros, mas também desenvolver uma teologia encarnacionista, assim como compartilhar muita coisa do socialismo cristão*, de F. D. Maurice, em seus sermões e discursos, em sua diocese. Diversas das Palestras Memoriais, do

bispo Westcott, tratam de aspectos do seu pensamento.

Bibliografia
S. Neill, *The Interpretation of the New Testament 1861-1961* (London, 1964); F. Olofsson, *Christus Redemptor et Consummator: A Study in the Theology of B. V. Westcott* (Uppsala, 1979).

P.N.H.

WHITEFIELD, GEORGE (1714-1770). Evangelista inglês, nasceu em Gloucester. Estudava em Oxford quando se converteu e sentiu seu chamado para o ministério na Igreja da Inglaterra. Uma vez ordenado, ao pregar seu primeiro sermão, foi dito, depois, que levou ao êxtase seus únicos quinze ouvintes. Tremendas congregações passaram então a fluir das demais igrejas para ouvi-lo. Sendo-lhe negado, pelo seu pouco tempo ainda de atividade eclesiástica, o uso constante do púlpito, Whitefield lançou mão de reuniões ao ar livre. Precisando de ajuda, e vendo inspirativamente excelentes aliados em João (e Carlos) Wesley*, que paralelamente davam início também a uma pregação reavivalista de cunho popular, em locais que não somente igrejas, estimulou-os a empreenderem juntos um ministério de evangelização nas ruas. Tanto quanto, ou até mais que seu também incansável parceiro, João Wesley, Whitefield passou a pregar duas ou mesmo três vezes por dia e mostrando-se admiravelmente capaz de se fazer ouvir com atenção por imensas multidões, de dezenas de milhares de pessoas, em áreas abertas, campos, parques, barrancas de rios, etc., alcançando vidas

WHITEFIELD, GEORGE

e obtendo imediatas conversões em massa. Foi este o seu modo de vida, de pregador evangélico que chegava a levar as plateias ao delírio, mas dotado de uma palavra piedosa e responsável, desde seus 22 anos até falecer, aos 55.

Whitefield levou suas mensagens pela maioria dos países de língua inglesa da época. Importantes foram as sete visitas que realizou às colônias britânicas estabelecidas na América, hoje Estados Unidos, e quinze à Escócia, além de frequente ministério que mantinha no País de Gales. Usou da palavra inúmeras vezes em quase todos os condados da Inglaterra, fundou duas grandes igrejas em Londres e ministrou ainda regularmente à nobreza da casa de lady Huntingdon. Ele e os Wesley passaram a reunir inicialmente seus adeptos e seguidores em sociedades evangélicas, e, durante muito tempo de sua vida, Whitefield ficou conhecido nas Ilhas Britânicas como um dos maiores líderes e um dos fundadores do movimento metodista*, título que João Wesley sempre fez questão de a ele atribuir, reconhecer e prestigiar.

Todavia, Whitefield havia sido conduzido à teologia calvinista*, antes mesmo de sua conversão, e depois desenvolvera sua vida cristã no entendimento das doutrinas reformadas. Um dia, João Wesley, pregando um sermão a uma congregação de Whitefield, deixou escapar, involuntariamente ou não, na condição de arminiano convicto que era, sérias críticas à doutrina calvinista da predestinação*. Whitefield não gostou, mas não disse nada. Depois, como era seu costume, Wesley publicou in-

tegralmente o sermão, e Whitefield escreveu-lhe então forte resposta àquelas críticas. Embora fazendo-o de modo fraterno e cortês, essa réplica intempestiva não agradou Wesley. É bem verdade que Whitefield ainda procurou efetuar uma reconciliação, mas percebeu que havia pouca esperança de isso acontecer enquanto permanecesse na liderança geral metodista par a par com João Wesley. Decidiu então ceder sua parte na liderança em comum, permitindo que Wesley, como fundador pioneiro do movimento, tivesse a primazia. Para os muitos que o instavam a reter sua proeminência, ele replicava, parodiando Paulo: "Que o nome de Whitefield pereça, mas seja Cristo glorificado!". Tornou-se "o servo de todos", e, por todo o restante de sua vida, ajudou sempre qualquer outro ministro, metodista ou não, em pregações. Especialmente, jamais deixou de prestar toda a assistência a Wesley, como sempre o fizera, e a amizade fraterna, o respeito e a admiração mútua entre os dois nunca chegaram propriamente a ser rompidos. De todo modo, o metodismo, mais tarde, na prática, seria dividido em duas alas: a chamada ala "calvinista" (ver Metodismo Calvinista*), reunindo os seguidores do pensamento de Whitefield, e a "arminiana", mais tradicional e fiel a Wesley.

O ministério de Whitefield, tão metodista quanto calvinista, apresenta, singularmente, um exemplo ímpar de declaração da soberania de Deus combinada com a livre oferta de salvação a todos os que cressem em Cristo. Uma urgência poderosa caracterizava sua pregação. Frequentemente, chegava a

WHITEHEAD, A. N. 1210 ■

lágrimas copiosas de emoção e compaixão ao lidar diretamente com os pecadores que se arrependiam e atendiam ao seu apelo de aceitar Cristo. Seus principais temas eram, quase sempre: a santidade de Deus e a pecaminosidade e impotência do homem em se salvar; e a justificação pela graça, mediante a fé somente, pela expiação vicária de Cristo na cruz. Era homem de vida santa, e, como afirmou Wesley emocionado, ao pregar em seu funeral, a história da Igreja jamais registrou antes alguém como George Whitefield, "que haja chamado tantas miríades de pecadores ao arrependimento".

Bibliografia
The Works of the Rev. George Whitefield, 6 vols. (London, 1771); *George Whitefield's Letters* (Edinburgh, 1976).
A. Dallimore, *George Whitefield*, 2 vols. (Edinburgh/ Westchester, IL, 1970, 1980); L. Tyerman, *The Life of the Rev.. George Whitefield*, 2 vols. (London, 1876).

A.D.

WHITEHEAD, A. N., ver TEOLOGIA DO PROCESSO.

WILLIAMS, CHARLES WALTER STANSBY (1886-1945). Romancista, poeta, crítico e teólogo leigo inglês, cresceu em St. Albans, sendo educado na St. Albans Grammar School [Escola Secundária de St. Albans], no University College [Colégio Universitário] e no Working Men's College [Colégio Técnico Profissional Masculino], ambos em Londres. Trabalhou como revisor e editor na Oxford University Press [Imprensa Universitária de Oxford],

de 1908 até sua morte. Escreveu sete romances, dez volumes de poesia (além de editar muitos outros poetas), seis biografias, muitas peças teatrais em versos, quatro obras de crítica literária, diversos tratados de teologia e uma história breve (e idiossincrática) da Igreja, *The Descent of the Dove* [A descida da pomba] (London, 1939).

Williams é mais conhecido pelos seus romances (*e.g.*, *Descent into Hell* [Descida ao inferno], London, 1937, e *All Hallow's Eve* [A consagração de Eva], London, 1945) e pelo seu ciclo de poemas referentes ao lendário rei Artur, publicado em dois volumes, *Taliessin Through Logres* [A Taliessin, via Logres] (Oxford, 1938), e *The Region of the Summer Stars* [A região das estrelas do verão] (Oxford, 1944).

Suas obras de cunho teológico, por sua vez, são difíceis de classificar, pois algumas, como *Religion and Love in Dante* [Religião e amor em Dante], London, 1941, e *The Figure of Beatrice* [A imagem de Beatriz], London, 1943, são tanto teologia quanto crítica literária. De fato, em sua ficção e poesia, assim como em seus ensaios, Williams expôs uma teologia, a "teologia do amor romântico", cuja ideia-chave derivava da visão que o poeta Dante Alighieri teria tido de sua amada Beatriz, como imagem de beleza que lhe acenaria em direção a Deus, a perfeição, enfim, de toda a beleza. Em suas ideias mais teológicas, Williams enfatiza, ainda, as noções de "troca", "substituição" e "coinerência", como sumarizando a lei da "cidade" [de Deus]. Todavia, um antigo interesse seu de caráter místico no movimento esotérico Rosacruz, assim como uma breve

WISLØFF, CARL FREDRIK

afiliação a certa Ordem da Aurora Dourada, não parecem ter comprometido sua longa vida de ortodoxia anglicana.

Bibliografia
G. Cavaliero, *Charles Williams: Poet of Theology* (Grand Rapids, MI, 1983); L. Glenn, *Charles W. S. Williams: A Checklist* (Kent, OH, 1975); A. M. Hadfield, *Charles Williams: An Exploration of His Life and Work* (Oxford, 1983); T. Howard, *The Novels of Charles Williams* (Oxford, 1983).

T.H.

WINGREN, GUSTAV (1910-2000). Sucedeu Anders Nygren* como professor de Teologia Sistemática em Lund, Suécia, e sua obra está em íntimo diálogo tanto com a de seu predecessor como, por meio deste, também com a de Aulén*. Dos três principais teólogos suecos do século XX, Wingren é o menos conhecido, provavelmente porque sua obra é menos ricamente dramática e mais cautelosa e corretiva do que a de Nygren e Aulén.

Sua obra publicada é especialmente notável por sua tentativa de manter juntas as doutrinas da criação e da redenção, de modo tal que a teologia protestante tem tradicionalmente achado difícil. Sua afirmação da criação e da lei moral, como pontos de partida para a teologia cristã, visa a servir de correção tanto para a concentração exclusiva de Nygren sobre o motivo de declínio do *"agape"* quanto para o cristocentrismo de Barth, assim como de hostilidade a toda sugestão de uma ordem da criação relativamente independente. Desse modo, Wingren mostra-se capaz de dar um valor mais pleno à realidade humana fora do evangelho. Em cristologia*, Wingren apoia-se em Nygren e Ireneu*, mas coloca ênfase especial sobre a humanidade de Jesus, o agente da salvação, sublinhando aqui novamente a importância da ação humana.

Bibliografia
The Christian's Calling (Edinburgh, 1958); *Creation and Law* (Edinburgh, 1961); *Gospel and Church* (Edinburgh, 1964); *Man and Incarnation* (Edinburgh, 1959); *Theology in Conflict* (*Edimburgo,* 1958).

B. Erling, Swedish Theology from Nygren to Wingren, *in: Religion in Life* 30 (1960-61); p. 206-208; S. P. Shilling, *Contemporary Continental Theologians* (London, 1966), p. 161-182.

J.B.We.

WISLØFF, CARL FREDRIK (1908-2004). Nascido em Drammen, Noruega, Wisløff graduou-se pela Faculdade Livre de Teologia, Oslo, em 1931. Em 1958, defendeu na Universidade de Oslo sua tese de Ph.D., Nattverd og Messe (TI, *The Gift of Communion: Luther's Controversy with Rome on Eucharistic Sacrifice* [O dom da comunhão: a controvérsia de Lutero com Roma sobre o sacrifício eucarístico], Minneápolis, MN, 1964). Ordenado em 1932, em 1940 foi nomeado reitor do Departamento de Teologia Prática e, em 1961, professor de História da Igreja, da citada faculdade.

Representante dos mais exponenciais do cristianismo evangélico na Escandinávia, luterano* convicto, sempre cooperou com os evangélicos de diversas outras denominações, como, por exemplo, em recente contribuição que prestou a uma nova tradução da Bíblia para o norueguês. Sua defesa vigorosa da inspiração e autoridade das Escrituras* chegou a ser algumas vezes motivo de sérios debates entre ele e seus colegas professores. A justificação* pela fé* é, em suas obras, um dos principais temas de sua teologia.

Documento redigido por Wisløff sobre o Conselho Mundial de Igrejas forneceria aos cristãos noruegueses, em 1952, a necessária orientação para uma atitude crítica quanto ao relativismo teológico então advogado pelo CMI. (O Conselho Missionário Norueguês viria a se retirar do Conselho Missionário Internacional devido à fusão deste com o Conselho Mundial de Igrejas em 1961).

Wisløff jamais deixou de enfatizar fortemente o sacerdócio* universal dos crentes e a instar quanto à liberdade indispensável às organizações e sociedades cristãs dentro da Igreja da Noruega. Foi também durante muitos anos, atuante figura de destaque no Movimento de Estudantes Evangélicos da Noruega e na Comunhão Internacional de Estudantes Evangélicos.

Autor de mais de trinta livros, o mais conhecido deles é *Jeg vet på hvem jeg tror* (TI, *I Know on Whom I Believe* [Eu sei em quem tenho crido], Mineápolis, MN, 1946), dogmática* traduzida em treze línguas.

N.Y.

WITTGENSTEIN, LUDWIG JOSEF JOHANN (1889-1951). Wittgenstein trabalhou principalmente sobre duas abordagens filosóficas distintas do problema de linguagem, significado e necessidade lógica. Sua importância como pensador criativo se estende não somente à filosofia, mas também, embora menos diretamente, a teologia, hermenêutica* e questões de método nas ciências sociais. Foi profundamente influenciado pelo clima intelectual e cultural de Viena, onde nasceu, mas, em 1908, mudou-se para a Inglaterra para estudar engenharia e, após 1930, ensinou Filosofia em Cambridge, por muito tempo, durante o restante de sua vida. Sua preocupação apaixonada em entender os fundamentos sobre os quais se apoiava qualquer problema subsequente retirou-o da engenharia para a matemática, da matemática para a lógica, e da lógica para a filosofia da lógica, que estudou em Cambridge sob Bertrand Russell (1872-1970).

Seu pensamento anterior (por volta de 1913-1929) é dominado pelos problemas da necessidade lógica, dos limites da linguagem e da natureza das proposições. Em seu pensamento posterior, especialmente após 1933, Wittgenstein encontra o fundamento da linguagem não na lógica abstrata, mas na corrente contínua da vida humana em suas formas variadas.

O pensamento anterior de Wittgenstein é avaliável em seus *Notebooks* [Cadernos de notas] e no breve mas rigoroso *Tractatus Logico-Philosophicus* [Tratado lógico-filosófico]. Esse tratado começa por distinguir as coisas (ou os objetos lógicos) dos fatos (ou determinados estados de coisas). Um nome pode se referir a uma coisa; mas uma proposição descreve um estado de coisas. A combinação de elementos lógicos dentro de uma proposição elementar corresponde estruturalmente à combinação de coisas que constituem fatos, ou estados de coisas. Como exemplo alegórico, Wittgenstein refere-se a uma corte de justiça em Paris onde mulheres manequins, modelos, se apresentassem em poses diversas para descrever supostos estados de coisas relacionados a um acidente de carro. Assim, comenta: "Na proposição, é como se um mundo fosse todo apresentado experimentalmente" (*Notebooks*, p. 7). "Uma proposição é um modelo da realidade como o imaginamos" (*Tractatus*, 4.01). "Um pensamento é uma proposição com um sentido" (*idem*, 4). Portanto, se pudéssemos combinar todas as proposições afirmando determinado fato dentro de um único sistema lógico, poderíamos descrever de modo abrangente o mundo inteiro, articular todos os nossos determinados pensamentos e, assim, alcançar o limite máximo da linguagem. Sua proposição final no *Tractatus* é a seguinte: "Aquilo de que não devemos falar convém deixarmos passar em silêncio" (7). Diferentemente de Bertrand Russell e A. J. Ayer, Wittgenstein não considera essa proposição como parte de uma doutrina positivista. Na verdade, o que não deve ser "dito" pode ser profundamente importante.

De 1929 em diante, contudo, Wittgenstein se tornou cada vez mais consciente de que "a pureza cristalina" de uma linguagem factual em sala de aula de um especialista em lógica seria uma "ideia preconcebida", que só pode ser afastada "invertendo-se toda a nos-

sa situação" (*Philosophical Investigations* [Investigações filosóficas], seção 108). Como especialista em lógica, ele tem dito: "Deve haver...", mas se realmente "*olharmos* e *vermos*" (*idem*, 66), aparecerá então diante de nossos olhos uma ampla *variedade* de usos da linguagem, cada qual servindo a uma situação concreta e particular. "O falar da linguagem é parte de uma atividade, ou uma forma de vida" (23). Wittgenstein emprega a expressão "jogo de linguagem" para chamar a atenção para diversos pontos: que frequentemente (embora nem sempre) o significado depende do uso; que o significado surge da totalidade da linguagem e "das ações nas quais está configurado" (7); e que os conceitos mudam quando há mudanças na situação na vida que lhes confere sua gramática particular.

A riqueza e abundância desse último ângulo de abordagem podem ser vistas ao seguirmos Wittgenstein e observarmos exemplos concretos em sua investigação. São usos da linguagem que têm significação para a filosofia, mas muitos também para a teologia e a hermenêutica: entendimento, significado, intenção, crença, pensamento, temor, expectativa, amor e muitos outros. A "gramática" de crer, por exemplo, não pode ser separada da própria postura do orador, na vida real. "Se houvesse um verbo significando 'crer falsamente', não teria certamente qualquer primeira pessoa do presente do indicativo de maior importância." Wittgenstein desenvolve essa abordagem posteriormente, ao examinar a importância das práticas compartilhadas e dos comportamentos compartilhados

WYCLIF (ou WYCLIFFE), JOHN 1214

que utilizam a linguagem. Isso tem consequências de longo alcance para a noção técnica de linguagem "particular".

Lançou ele, assim, os fundamentos da obra sobre linguagem que agora tomamos como certa, tais como a teoria do ato-linguagem, reforçando ainda a importância de questões a respeito de comunidade, contexto e tradição, na hermenêutica e nas ciências sociais.

Ver também LINGUAGEM RELIGIOSA; POSITIVISMO LÓGICO.

Bibliografia

Obras: Tractatus Logico-Philosophicus (London, 1961); *Philosophical Investigations* (Oxford, ³1967); *Zettel* (Oxford, 1967); *On Certainty* (Oxford, 1969); *Remarks on the Foundations of Mathematics* (Oxford, 1956); *Lectures and Conversations on Aesthetics, Psychology, and Religious Belief* (Oxford, 1966).

Estudos: A. Janik & S. Toulmin, *Wittgenstein´s Vienna* (London, 1973); A. Kenny, *Wittgenstein* (London, 1975); N. Malcolm, *Ludwig Wittgenstein. A Memoir* (Oxford, 1958); H. Morick (ed.), *Wittgenstein and the Problem of Other Minds* (New York, 1967); D. Pears, *Wittgenstein* (London, 1971); G. Pitcher, *The Philosophy of Wittgenstein* (Englewood Cliffs, NJ, 1964); R. Thees, *Discussion of Wittgenstein* (London, 1970); Royal Institute of Philosophy Lecture VII: *Understanding Wittgenstein* (London, 1974); A. C. Thiselton, *The Two Horizons* (Exeter, 1980).

A.C.T.

WYCLIF (ou WYCLIFFE), JOHN (c. 1329-1384). Em seus numerosos livros, Wyclif discutiu filosofia, política e teologia. Sua participação na vida política foi guiada pela doutrina do "senhorio", que expôs em *De dominio divino* [Senhorio divino] (1375) e *De civili dominio* [Senhorio civil] (1376). Deus é o supremo Senhor, mas capacitou a humanidade, na criação, com um senhorio derivativo e condicional sobre o mundo. A humanidade recebeu a mordomia [administração] da parte de Deus, mas a mordomia*, dada inteiramente por graça divina, se perde se o homem cai em pecado moral, ainda que possa continuar a manter posses e exercer autoridade. Todavia, aquele que está na graça tem o direito de senhorio, ou mordomia, ainda que privado de recursos. Desse modo, à medida que a Igreja se torne culpada de inumeráveis pecados, deveria perder seu senhorio, podendo o Estado tirar-lhe os bens e riquezas.

O interesse na teologia de Wyclif, como se pode observar, está, sobretudo, em sua notável similaridade com o pensamento dos posteriores reformadores protestantes. A mais admirável dessas similitudes se encontra em sua atitude para com as Escrituras*. Conforme afirma em sua obra *De veritate Sacrae Scripturae* [A verdade sobre as Escrituras Sagradas], elas procedem "da boca de Deus". São a verdade eterna sob forma escrita, proporcionando, em essência, tudo o que é preciso conhecer a respeito de lei, ética e filosofia. São superiores em autoridade ao próprio papa, à Igreja e ao ensino dos pais da Igreja. Constituem "a lei de Deus", e seu foco total está sobre Cristo. A consideração e reverência de Wyclif à

Bíblia como a suprema autoridade abaixo de Deus e Jesus Cristo no pensamento e na vida cristã são amplamente mostradas em suas inumeráveis referências a ela, mas também em sua determinação de tê-la traduzida para o idioma pátrio, o inglês, e disponível para a leitura de todos.

Tendo a Bíblia como seu escudo e padrão, Wyclif lançou crescente e forte ataque contra a riqueza, o poder e decadência da Igreja. Em *De ecclesia* [A Igreja, 1378], expõe que os membros da Igreja são eleitos de Deus porque é a predestinação* o fundamento da Igreja; mas isso não significa que pessoa alguma, nem mesmo o papa, possa estar certa de sua eleição, pois a Igreja visível inclui os "conhecidos de antemão", que são os reprovados também. Todos cristãos sinceros e verdadeiros têm acesso direto e pessoal a Deus e desfrutam de um sacerdócio* comum.

Wyclif coloca forte ênfase no caráter moral como marca do verdadeiro cristão. A imoralidade, o desejo ardente de poder temporal e a absurda riqueza do clero o levaram a reivindicar a abolição das ordens monásticas e do papado*. Elevou a dignidade do verdadeiro cristão leigo a ponto de alegar não haver necessidade de um sacerdote ordenado ministrar a santa comunhão.

Quanto à santa comunhão, rejeitou a doutrina medieval da transubstanciação (ver Eucaristia*), argumentando, em *De Eucharistia* [A Eucaristia] (c. 1380), que o corpo de Cristo está apenas "oculto sacramentalmente" nos elementos. Do mesmo modo, muito antes de Lutero, condenou as indulgências (ver Mérito*) e o culto dos santos*, embora aceitasse que se deveria reverenciar a Virgem Maria*.

Muito embora o pensamento de Wyclif fosse expresso de um modo particular de expressão medieval tipicamente escolástico, seu ensino sobre as Escrituras e a primazia da pregação, assim como sua condenação da transubstanciação e sua elevação da espiritualidade leiga, justificam chamá-lo, como alguns historiadores da Igreja o fazem, de "a estrela matutina da Reforma", com a devida concessão, naturalmente, à posterior clareza e determinação maior da teologia dos reformadores.

Bibliografia
As obras de Wyclif foram publicadas pela Wycliffe Society of Londres, 1843ss; seleções em TI: *LCC* 14, ed. M. Spinka, Advocates of Reform (London, 1953).
E. A. Block, *John Wyclif: Radical Dissenter* (San Diego, CA, 1962); K. B. McFarlane, *John Wycliffe and the Beginnings of English Nonconformity* (London, 1952); J. Stacey, *Wyclif and Reform* (London, 1964); H. B. Workman, *John Wyclif*, 2 vols. (Oxford, 1926).

R.T.J.

XINTOÍSMO E CRISTIANISMO. O xintoísmo é uma religião cósmica e naturalista, um politeísmo* animista*. Representa a cosmovisão original e modo de vida dos japoneses. Seu conceito central é o *kami*. (O símbolo ideográfico do idioma chinês que se pronuncia kami em

XINTOÍSMO E CRISTIANISMO

sua forma simples é pronunciado *xin* em combinações.) *Kami* é geralmente traduzido por "deus" ou "deuses", mas também significa "acima", "superior" ou "divino". Significa qualquer coisa sagrada e/ou extraordinária resultante da veneração, do respeito e/ou do temor do homem (ver R. Otto*). Templos do xintoísmo se espalham por toda a região rural do Japão. O xintoísmo afirma a existência de 800 milhões de *kami*, que se manifestam em elementos belos e benéficos na natureza — montanhas, árvores, animais, pássaros. Mas, como a raça humana faz parte também deste mundo, não se pode separá-la dele. Cada ser é parte da comunidade do universo inteiro e tudo compartilha da natureza dos *kami*. Quando uma pessoa é purificada (*harai*), ela recupera seu *kami* natural, restaurando seu verdadeiro eu. No xintoísmo, as esferas celestial e terrena não são extremamente separadas; tampouco as esferas da vida neste mundo e da vida após a morte. Em muitos lares, os parentes mortos são adorados como *kami*, por meio de sincretismo* com adoração dos ancestrais.

A mitologia do *xin* atribui a origem do céu e da terra ao casamento de uma divindade masculina (*Izanagi*, aquele que convida) com outra feminina (*Iznami*, aquela que é convidada). Disso resultou o nascimento da deusa do Sol, *Amaterasu Oominokami*. Os filhos desta desceram para o domínio humano, e é dito de seu descendente, *Mimmu*, ter sido o primeiro *tenno* (imperador celestial) do Japão.

No começo da história do Japão (século V d.C.), diversos clãs lutaram para se estabelecer no centro do poder político. Cada clã possuía seu próprio *kami*, para quem o clã todo se voltava em tempos de necessidade. O líder do clã agia tanto como principal sacerdote quanto como seu comandante militar. O clã *tenno* (cujo líder é *tenno* até hoje) veio a unir o país. Significa que a deusa de *tenno* era invencível. Como resultado, o xintoísmo passou a exercer um papel central na história do Japão como uma religião civil, um culto imperial patriótico.

Nos séculos V e VI, o xintoísmo foi influenciado pelo confucionismo* e pelo budismo*, que supriram, respectivamente, a ética e a filosofia que faltavam no xintoísmo. Sua simples fé e prática naturalistas se tornaram mais teóricas e ritualistas. No século IX, um budista interpretou o *xin* ou *kami* como uma manifestação local do Buda universal. Isso proporcionou explicação filosófica para a coexistência dessas duas religiões (conhecida como *Ryobu Shinto*), que durou até o século XIX. Os conceitos budistas de renascimento repetido (ver Metempsicose*) e de sucesso ou falha como resultado de pecados em vidas anteriores foram sincretizados com a subjacência das crenças do xintoísmo.

O cristianismo veio para o Japão em três ocasiões diferentes na história e foi considerado por muitos nipônicos como elemento religioso agressivo estrangeiro. Foi primeiramente introduzido no Japão pelo pioneiro jesuíta São Francisco Xavier (1502-1552), em 1549. Naquele tempo, o Japão era nominalmente governado por um *tenno*, mas estava dividido realmente entre

XINTOÍSMO E CRISTIANISMO

senhores feudais. Em tal situação, o cristianismo se difundiu rapidamente e converteu vários senhores feudais. Mas o xogunato (feudo ou baronato) Tokugawa, dominante, uma vez consolidado seu poder político central (1603), passou a perseguir severamente os cristãos, porque pregavam lealdade a Deus mais do que ao xogum (o barão, o "senhor da guerra"). Isolou também o país do Ocidente, para evitar a influência cristã.

Tão logo o Japão reabriu, após 250 anos de isolamento (1854), chegaram missionários protestantes, que obtiveram inicialmente sucesso. Em 1868, o xogunato Tokugawa foi vencido e estabelecido o governo imperial Meiji. Esse governo introduziu diversas estruturas sociais, educacionais, políticas e militares, inclusive a monarquia. Seus líderes, porém, argumentando que o cristianismo era muito individualista para o império japonês e o budismo muito fraco para consolidar o país, escolheram o xintoísmo para exercer o papel de religião oficial, como o cristianismo ainda exercia em algumas das monarquias europeias. Foi esta a origem do xintoísmo estatal do Japão. Documento oficial lido diariamente nas escolas, entre 1889 e 1945, declarava que o Japão era "a nação do *kami*". Assim, quando militaristas e nacionalistas decidiram utilizar o xintoísmo estatal para incrementar o nacionalismo japonês, os cristãos foram novamente confrontados com a escolha entre adorar a Deus ou o imperador, tal como acontecera com os cristãos no Império Romano. A derrota do Japão na Segunda Guerra Mundial, em 1945, foi considerada uma falha do *kamikase* ("vento divino") em proteger o país. Isso causou séria perda de imagem e prestígio para o *kami*, e enfraqueceu o xintoísmo por algum tempo.

Missões cristãs interdenominacionais no Japão no século XX começaram também com algum sucesso; mas logo cristãos japoneses consideraram como ameaças certas tentativas de restabelecer o xintoísmo estatal. Sentiram que qualquer controle sobre o império econômico do Japão poderia significar um retorno ao militarismo, sob a sanção do xintoísmo como um movimento patriótico nacionalista. Nada ocorreu, no entanto, que justificasse esse temor.

A maioria dos cultos cristãos no Japão começa com referência a estações ou ao tempo, que podem ser tanto uma contextualização* desejável, em reconhecimento do verdadeiro Criador, quando um sincretismo com o xintoísmo. Os conceitos cristãos de pecado e purificação são difíceis de entender se a pessoa mantiver preconceitos budistas, mas as ideias sobre profanação e limpeza ritual (o que talvez explique por que os japoneses se banham com frequência e quase que num ritual) têm proporcionado a possibilidade de se ilustrar o modo em que a Bíblia e o cristianismo consideram o pecado e a purificação em Cristo (a limpeza exterior do corpo devendo ser acompanhada pela limpeza do coração). Certa fecundação cruzada tem acontecido, de todo modo, entre cristianismo e o xintoísmo. Hirata Arsutane (1776-1843), xintoísta antibudista e "restauracionista", por exemplo, recebeu certa influência cristã, por meio de um

ZOROATRISMO E CRISTIANISMO

entendimento cristão de Deus, e alguns elementos cristãos já estão incorporados ao xintoísmo. Um cristianismo japonês ultranacionalista e extremo raramente tem sido advogado. A obra *Theology of the Pain of God* [Teologia do sofrimento de Deus] (1946; TI, Richmond, VA, 1965), escrita pelo teólogo K. Kitamori (1916), é uma tentativa deliberada de alcançar a cultura japonesa. Outro escritor, cuja teologia tem buscado ser explicitamente sensível à tradição e experiência japonesas, particularmente após a bomba atômica de Hiroshima, é Kosuke Koyama, notadamente em *Mount Fuji and Mount Sinai: A Pilgrimage in Theology* [Monte Fuji e monte Sinai: uma peregrinação em teologia] (London, 1984).

Bibliografia

Agência para Assuntos Culturais, *Japanese Religion* (Tokyo/ Palo Alto, CA, 1972); H. B. Earhart, *Religion in the Japanese Experience* (Encino/Belmont, CA, 1974); R. Hammer, *Japan's Religious Ferment: Christian Presence amid Faiths Old and New* (London, 1961); J. M. Kitagawa, *Religion in Japanese History* (New York/London, 1966); C. Michalson, *Japanese Contributions to Christian Theology* (Richmond, VA, 1965); S. D. B. Picken, *Shinto: Japan's Spiritual Roots* (Tokyo/New York, 1980).

S.P.K. & MC.G.

Z

ZOROATRISMO E CRISTIANISMO. O zoroastrianismo, religião persa associada a Zoroastro, é uma fé antiga e complexa que se desenvolveu através de muitos estágios. Seus seguidores atuais, os parsis, encontrados principalmente na região de Bombaim, Índia, são mais 100.000 e exercem uma grande influência por causa de sua coesão, riqueza e formação. Seus ancestrais migraram para o noroeste da Índia nos séculos VII e VIII d.C., após a conquista do Irã pelos muçulmanos. Cerca de 20.000 zoroastristas do ramo Gabar vivem ainda no Irã, concentrados na capital, Teerã, em Quirmã e em Iazd.

Muitos eruditos têm argumentado que o zoroastrianismo pode ter influenciado o judaísmo pósexílico nas áreas de demonologia (ver Diabo*) e escatologia*. Outros veem paralelo entre o dualismo* do zoroastrismo e dos manuscritos do mar Morto*. Alguns poucos, ainda (*e.g.*, J. R. Hinnells), argumentam que o conceito zoroastrista do *soshyant* ("salvador") possa ter influenciado o cristianismo. Para avaliarmos essas alegações, faz-se necessário considerar as datas das fontes para o conhecimento dos ensinos zoroastristas.

1. Fontes

Embora muitos eruditos tenham aceitado a data tradicional de fontes árabes de que Zaratustra (gr. Zoroastro) tenha vivido na época da dinastia aquemênida (569-492 a.C.), um consenso cada vez maior considera que ele viveu antes do ano 1000 a.C. por causa da evidência dos *Gathas*, dezessete hinos universalmente reconhecidos como de sua autoria.

A outra fonte mais antiga é a conhecida coletivamente como a *Mais nova Avesta*. São textos que

ZOROATRISMO E CRISTIANISMO

podem datar de antes da era aquemênida ou, principalmente, após ela. Transmitidas oralmente por séculos, talvez somente um quarto das tradições ali existentes foram originariamente preservadas. São principalmente obras usadas em rituais.

As obras zoroastristas que tratam de assuntos como cosmologia, demonologia e escatologia estão escritas em idioma *pahlavi* (médio persa) e datam do século IX, embora se acredite que preservam tradições da era dos sassânidas (226-651 d.C.), quando o zoroastrismo se tornou religião da nação iraniana. Dos seus 55 textos, os dois mais importantes são o *Bundahishn* [A Criação] e o *Denkard* [Atos de religião], este uma enciclopédia que inclui uma biografia lendária de Zoroastro.

Infelizmente, quase nada sobreviveu dos textos persas da época dos pártios (247 a.C. a 225 d.C.), período crucial tanto para o judaísmo quanto para o cristianismo.

Filósofos como Aristóteles* estavam também interessados nas doutrinas persas. Tradições gregas colocam Zoroastro 6.000 anos antes de Platão*.

2. Doutrina

Os *Gathas* indicam que Zoroastro estava voltado à adoração do deus Ahura Mazda ("Senhor Sábio") e mostrava preocupação com o seu "rebanho". Embora muitos considerem esse gado em sentido literal, como em tradições hindus intimamente relacionadas ao assunto, alguns eruditos argumentam que o "rebanho", no caso, deveria ser entendido, metaforicamente, como "boa visão". Questão de controvérsia entre os eruditos é se os ensinos de Zoroastro foram originariamente monoteístas* ou dualistas*, com Angra Mainyu (Pahlavi Ahriman) como o ser do mal. Durante o período sassânida, o zurvanismo, uma heresia pouco identificada, exaltava Zurvã, deus do tempo, como pai desses dois citados "espíritos", Ahura Mazda e Angra Mainyu. Os parsis, influenciados pelo Ocidente e pelo cristianismo, enfaticamente têm destacado o caráter monoteísta de Ahura Mazda.

Sua doutrina é a de que o homem, que é naturalmente bom, deve escolher entre Ahura Mazda e Angra Mainyu. Se escolher o lado da verdade, em vez do da mentira, o homem pode ajudar no triunfo de Ahura Mazda. O homem é salvo de acordo com seus atos. No dia do julgamento, deverá cruzar a Ponte Cinvat, que se estende para o justo passar para o paraíso, mas se contrai a um fio de navalha para o ímpio, que mergulha no inferno.

O ritual é muito importante para os parsis. A oração é constantemente oferecida na presença de fogo, alimentado por sândalo, sendo os textos sagrados recitados de memória. Os parsis devem usar *sudreh* (uma camisa especial) e o *kusti* (um cordão santo). Quando considerados impuros, devem ser submetidos a purificação com urina de touro, na cerimônia chamada *bareshnum*. Seus mortos são expostos aos abutres, em uma Torre do Silêncio, para não corromper os elementos sagrados da terra, fogo ou água.

Embora os *Gathas* usem a palavra *soshyant* para descrever Zoroastro e seus ssguidores como "redentores", os últimos textos

ZUÍNGLIO, ULRICO

em *pahlavi* falam da vinda de um futuro *Soshyant,* nascido de uma virgem da semente de Zoroastro, que teria sido preservada num lago. Esse "salvador" golpeará os demônios, ressuscitará os mortos e há de restabelecer o paraíso.

Conquanto possam ser observados muitos paralelos entre judaísmo/cristianismo e zoroastrismo*, as reais fontes recentes a serem usadas para a reconstituição dos ensinos persas lançam dúvidas em muitos dos casos alegados de sua influência. Um raro caso passível de demonstração de empréstimo ao judaísmo é o aparecimento do demônio Asmodeus no livro (apócrifo) de Tobias, formado certamente a partir do nome do demônio iraniano Aeshma.

Bibliografia

K. Aryanpur, *Iranian Influence in Judaism and Christianity* (Teerã, 1973); M. Boyce, *A History of Zoroastrianism,* 2 vols. (Leiden, 1975, 1982); J. W. Boyd & D. A. Crosby, Is Zoroastrianism Dualistic Or Monotheistic?, *JAAR* 47 (1979), p. 557-588; J. Duchesne-Guillemin, The Religion of Ancient Iran, *in:* C. J. Bleeker e G. Widengren (eds.), *Historia Religionum I: Religions of the Past* (Leiden, 1969); J. R. Hinnells, Christianity and the Mystery Cults, *Th* 71 (1968), p. 20-25; *idem,* The Zoroastrian Doctrine of Salvation in the Roman World, *in:* E. J. Sharpe & J. R. Hinnells (eds.), *Man and His Salvation* (Manchester, 1973); *idem,* Zoroastrian Saviour Imagery and Its Influences on the New Testament, *Numen* 16 (1969), p. 161-185; S. Shaked, Iranian Influence on Judaism: First Century BCE to Second Century ACE,

in: W. D. Davies & L. Findelstein (eds.), *The Cambridge History of Judaism, I: Introduction: The Persian Period* (Cambridge, 1984); R. E. Waterfield, *Christians in Persia* (New York, 1973); J. E. Whitehurst, The Zoroastrian Response to Westernization: A Case Study of the Parsis of Bombay, *JAAR* 37 (1969), p. 224-236; D. Winston, The Iranian Component in the Bible, Apocrypha, and Qumran, *HR* 5 (1965-66), p. 183-216.

E.M.Y.

ZUÍNGLIO, ULRICO (1484-1531), Reformador suíço. Nascido em Wildhaus em 1 de janeiro de 1484, Zuínglio, pioneiro da Reforma suíça, teve sua formação educacional em Basileia, Berna e Viena. Foi tomado do entusiasmo renascentista, especialmente por Erasmo*, e ganhou conhecimento da doutrina da graça por meio de Thomas Wyttenbach. Ordenado em 1506, tornou-se reitor em Glarus, onde fora pastor diligente, pregador eficiente, colega afetuoso e estudante dedicado. O serviço de capelania que foi prestar no exército papal lhe trouxe compensação financeira, mas o mergulhou em conflito, por oposição ao sistema mercenário do Vaticano. Isto causou tensão para ele em Glarus, levando-o a sair dali e assumir, em 1516, novas responsabilidades em Einsiedeln.

Em Einsiedeln, Zuínglio ministrou a muitos peregrinos, no famoso santuário devotado a Maria. Desfrutou dos recursos da biblioteca da abadia e tinha prazer em mergulhar no texto do Novo Testamento grego, de Erasmo. O estudo do texto grego original lhe deu nova compreensão do evangelho, que

ZUÍNGLIO, ULRICO

afetaria toda a sua vida, seu pensamento e sua obra.

Uma vaga em Zurique, em 1519, abriu a porta para sua atividade reformadora. Designado como sacerdote popular, a despeito de sua oposição, usou do púlpito de grande catedral para uma exposição sistemática do NT e mais tarde do AT. Essa pregação alertou o povo e o próprio pregador para o amplo abismo entre as Escrituras e as crenças e práticas da Igreja da época. Uma praga, em 1520, que ceifou a vida de seu irmão e quase lhe custou a própria vida, deu profundidade ao seu ministério. Obtendo adeptos rapidamente, iniciou um programa radical de reforma que mudaria a vida eclesiástica da cidade, do cantão e de cidades vizinhas como Schaffhausen, Basileia e Berna. As mudanças maiores incluíam o fim da prática da missa, rejeição do papado* e da hierarquia, supressão dos mosteiros, tradução da Bíblia e da liturgia, rigorosa moralização dos usos e costumes de acordo com as Escrituras, melhoria no preparo teológico ministerial, estabelecimento de um ministério sinodal, destaque ao papel do laicato* e introdução de um sistema disciplinar* interno mais firme.

Após 1525, Zuínglio infelizmente viu-se não somente em disputa com adversários católicos, mas também com anabatistas* e luteranos*. As controvérsias causaram redução de recursos e enfraquecimento de sua reforma. O isolamento cada vez maior de Zurique, implacável hostilidade dos Cantões da Floresta suíços e a possibilidade de intervenção austríaca em seu país tornaram o fracasso do Colóquio de Marburgo (1529; ver Eucaristia*)

um sério retrocesso. Os Cantões da Floresta enfrentaram uma Zurique despreparada em Kappel, em outubro de 1531, e Zuínglio caiu em derrota, que paralisou, embora não haja revertido, a Reforma na Suíça alemã.

Zuínglio vivia uma vida agitada durante os dias de reforma e reorganização, mas mesmo assim ainda encontrou tempo para publicar diversas obras importantes: *A clareza e a certeza da palavra de Deus*, que saiu em 1522, e em 1523, suas *Sessenta e sete teses*, para as quais escreveu também um comentário e que constituíram a primeira confissão de toda a Reforma. A esse mesmo período pertencem o sermão *Sobre a justiça divina e a humana* e o ensaio *Sobre o cânon da missa*. Talvez o seu tratado teológico mais significativo seja o *Comentário sobre a verdadeira e a falsa religião* (1525). Suas obras *Sobre o batismo* e *Sobre a ceia do Senhor* marcam o começo dos debates sacramentais entre os reformadores, cada um deles seguido por posteriores tratados polêmicos. Em 1530, Zuínglio publica seu discurso em Marburgo, *A divina providência*, e prepara a declaração *Fidei Ratio* [Razão para a fé], para apresentar à Dieta (Parlamento) de Augsburgo. Em 1531, escreveu sua obra final, muito similar, *Exposição da fé*, em um esforço debalde por conquistar o rei da França para a causa da Reforma.

Zuínglio morreu prematuramente, mas não antes de haver lançado a Reforma na Suíça e dar a ela uma marca distintiva. Compartilhava certamente de muitas das abordagens de Lutero*, como a justificação* pela fé, a tradução

ZUÍNGLIO, ULRICO

da Bíblia para o vernáculo, correção de abusos, erudição bíblica, primazia das Escrituras. Foi além de Lutero, contudo, na aplicação radical da regra bíblica. Numa sociedade menos autocrática, deu ao conselho municipal uma voz maior, como representante do laicato da Igreja. Planejou uma liturgia mais simples. Agiu efetivamente para assegurar um ministério mais preparado, com o estabelecimento de um colégio teológico e as chamadas "Casas de Profetas", em que pastores estudariam as Escrituras nas línguas originais. Tomou medidas mais apuradas para a disciplina*, com um conjunto especial incluindo delegados leigos. Moveu-se em direção ao sistema presbiteriano*, ao assumir a supervisão do distante bispado de Constança.

Teologicamente, Zuínglio dirigiu as igrejas suíças para cursos que distinguiriam a família reformada*. Assim, deu ênfase especial à primazia das Escrituras como regra de fé e conduta. As Teses de Berna (1528) expressam seu ponto de vista de que, como a Igreja é nascida da palavra de Deus, pode governar somente sobre essa base. Compartilhando com Lutero uma firme crença na eficácia da palavra, asseverou que, embora a palavra tenha clareza intrínseca, somente a iluminação pelo Espírito Santo nos capacita a penetrar o trançado da interpretação errônea e conhecer e aceitar sua verdade salvadora. A oração* é, assim, um pré-requisito hermenêutico*.

Em debate com os anabatistas e luteranos, Zuínglio desenvolveu duas doutrinas importantes. Com respeito ao batismo, voltou-se para a teologia do pacto* do AT que,

por sua vez, alimentou suas fortes ideias sobre eleição (ver Predestinação*) e dominou seu entendimento de Igreja e sociedade. Concordou com Lutero em rejeitar o sacrifício eucarístico*, mas não via na ceia nenhuma equação necessária de sinal e coisa significada em virtude da presença da humanidade de Cristo, que, para ele, estava agora, de fato, à destra do Pai. A fé somente, pensava ele, percebe sua presença e recebe seus benefícios.

Zuínglio é frequentemente descrito como um reformador humanista, com pouca perspicácia teológica ou profundidade espiritual. Reavaliações, contudo, têm observado suas crises espirituais em Einsiedln e depois em Zurique como resultantes de seus problemas com o celibato obrigatório dos padres, seu estudo do NT, e sua quase doença fatal, que combinaram para lhe dar uma consciência aguda da graça e do governo divinos. Apreciava estilos de argumentação racional, mas uma análise mais chegada de suas obras revela um foco trinitarista* e cristológico* mais profundo. Seu ensino eucarístico inicialmente sugere um memorialismo um tanto fraco, mas que foi claramente ganhando conteúdo quando Zuínglio veio a apreciar a presença divina de Cristo, o conceito de palavra visível e o papel do sacramento na confirmação da fé. Mesmo o que pudesse parecer ter algum compromisso com a religião* civil toma um novo aspecto quando visto no contexto bíblico do pacto e da eleição. Se o próprio Zuínglio não desenvolvesse toda a ênfase que caracteriza as igrejas reformadas, teria projetado muitos dos seus esboços tanto prática como teologicamente. Por

ZUÍNGLIO, ULRICO

isso mesmo, seu ministério breve e mais localizado tem uma importância ampla e duradoura.

Bibliografia

Obras: TIs em G. W. Bromiley, *Zwingli and Bullinger* (London, 1953); G. R. Potter, *Huldrych Zwingli* (London, 1978) —documentos; S. M. Jackson, *Selected Works...* (New York, 1901); *idem, The Latin Works and the Correspondence...*, 3 vols. (New York/Philadelphia, 1912, 1922, 1929).

Estudos: G. W. Bromiley, *Historical Theology* (Grand Rapids, MI, 1978); G. W. Locher, *Zwingl''s Thought: New Perspectives* (Leiden, 1981); G. R. Potter, *Zwingli* (Cambridge, 1976); J. Rilliet, *Zwingli* (London, 1964); W. P. Stephens, *The Theology of Huldrych Zwingli* (Oxford, 1986).

G.W.B.

Sua opinião é importante para nós, por gentileza envie seus comentários pelo e-mail
editorial@hagnos.com.br

Visite nosso site: www.hagnos.com.br

Esta obra foi composta na fonte Book Antigua 10,5
e impressa na imprensa da Fé.
São Paulo, Brasil,
outono de 2011